Código de Processo Civil Anotado

Coordenadores
JOSÉ ROGÉRIO CRUZ E TUCCI
MANOEL CAETANO FERREIRA FILHO
RICARDO DE CARVALHO APRIGLIANO
ROGÉRIA FAGUNDES DOTTI
SANDRO GILBERT MARTINS

Código de Processo Civil Anotado

3ª Edição

GZ
EDITORA
Rio de Janeiro
2018

3ª edição – 2018
2ª edição – 2017
1ª edição – 2016

CIP – Brasil. Catalogação-na-fonte.
Sindicato Nacional dos Editores de Livros, RJ.

C61
3. ed.

Código de processo civil anotado / coordenação José Rogério Cruz e Tucci ... [et al.]. - 3. ed. - Rio de Janeiro: LMJ Mundo Jurídico, 2018.
1609 p.; 24 cm.

Inclui índice
ISBN 978-85-9524-048-3

1. Código civil - Brasil. 2. Direito processual civil. I. Tucci, José Rogério Cruz e.

18-51376
CDU: 347.91/.95(81)

GZ EDITORA

e-mail: contato@editoragz.com.br
www.editoragz.com.br
Av. Erasmo Braga, 299 - Sala 202 - 2º andar - Centro - RJ - CEP 20020-000
Tels.: (0XX21) 2240-1406 / 2240-1416 – Fax: (0XX21) 2240-1511

Impresso no Brasil
Printed in Brazil

APRESENTAÇÃO

A Lei nº 13.105/2015 (CPC) ainda suscita muitas dúvidas e provoca intenso debate doutrinário. Superadas as polêmicas acerca da conveniência na edição de um novo Código de Processo Civil, a comunidade jurídica vem, nestes 24 meses de vigência da lei, conhecendo suas novas disposições, estudando e aplicando novos institutos e, sobretudo, adaptando-se aos desafios trazidos pelo Código.

O novo Código nasceu voltado para uma tutela dos direitos que incluísse a atividade satisfativa e que observasse a garantia da razoável duração do processo. Mais do que apenas declarar o direito, a jurisdição deve agora atender às exigências da esfera material. A primazia do julgamento de mérito e o combate à jurisprudência defensiva são claros exemplos desse novo ideário. A adoção de uma linha principiológica que garanta a aplicação da lei a partir do enfoque constitucional também é uma de suas características mais relevantes. Além disso, a busca de estabilidade na jurisprudência, a criação de sucumbência recursal e o estímulo à solução consensual das controvérsias são contribuições do referido diploma na tentativa de redução do complexo e desgastante fenômeno da litigiosidade.

No entanto, para que esse esforço legislativo produza resultados, é fundamental a colaboração de todos os operadores do Direito. Não é à toa, aliás, que o caráter dialógico da prestação jurisdicional está expressamente previsto entre as normas fundamentais do processo. A lei exige a participação de todos na construção das decisões judiciais. E este aspecto desperta nossa atenção, diante da preocupante constatação de que muitos dispositivos do Código não vêm sendo aplicados adequadamente.

Muitos dispositivos, aliás, já sofreram alterações. Apresentamos, assim, esta terceira edição atualizada com julgados mais recentes sobre diversos temas tratados no Código de Processo Civil.

Não obstante, e justamente por essa razão, cientes de sua missão institucional, a Associação dos Advogados de São Paulo e a Ordem dos Advogados – Seccional do Paraná continuam unindo esforços para o aprimoramento profissional.

Sob a coordenação dos professores José Rogério Cruz e Tucci, Ricardo de Carvalho Aprigliano, Manoel Caetano Ferreira Filho, Rogéria Dotti e Sandro Gilbert Martins, a obra tem um viés prático, voltado ao dia a dia do foro. Justamente por isso, todos os comentadores são professores de processo civil com efetiva atuação na advocacia.

Trata-se de verdadeira complementaridade, a qual foi muito bem retratada nas palavras de Piero Calamandrei:

"O autor, em muitos anos de exercício da profissão forense, convenceu-se de que qualquer aperfeiçoamento das leis processuais permaneceria letra morta, onde, entre juízes e advogados, não fosse ouvida, como lei fundamental da fisiologia judiciária, a inexorável complementaridade de suas funções, rítmica como a dupla batida do coração [...]".

Nesse sentido, o advogado é indispensável à administração da justiça não apenas como procurador da parte que requer em juízo, mas, também, como um qualificado colaborador que atende ao dever ético de contribuir para o aprimoramento das instituições, do Direito e das leis. Tal colaboração deverá criar um ambiente cultural favorável a resultados mais efetivos.

São Paulo, maio de 2018.

Luiz Périssé Duarte Junior
Presidente da AASP

José Augusto Araújo de Noronha
Presidente da OAB Paraná

CURRÍCULOS DOS AUTORES

Adroaldo Furtado Fabricio
Livre-docente pela Universidade Federal do Rio Grande do Sul (UFRGS). Professor da Faculdade de Direito da UFRGS. Advogado.

Alexandre Freire
Doutorando pela Pontifícia Universidade Católica de São Paulo (PUC-SP) e mestre pela Universidade Federal do Paraná (UFPR). Professor da Faculdade de Direito da Pontifícia Universidade Católica do Rio de Janeiro (PUC-Rio), da Universidade Federal do Maranhão (UFMA) e da Universidade de São Paulo (USP).

Alexandre Gustavo Melo Franco Bahia
Doutor e mestre pela Universidade Federal de Minas Gerais (UFMG). Professor da Faculdade de Direito da Universidade Federal de Ouro Preto (UFOP) e do Instituto Brasileiro de Mercado de Capitais de Belo Horizonte (IBMEC-BH). Advogado.

Ana Cândida Menezes Marcato
Mestre pela Universidade de São Paulo (USP). Especialista. Advogada.

Ana Carolina Aguiar Beneti
Mestre em Arbitragem e Direito Processual pela LSE - London School of Economics. Doutoranda pela Universidade de São Paulo (USP). Advogada.

André Almeida Garcia
Doutor e mestre pela Universidade de São Paulo (USP). Advogado.

André de Albuquerque Cavalcanti Abbud
Doutor pela Universidade de São Paulo (USP) e mestre em Direito pela Harvard Law School (EUA-2008) e USP. Professor.

André Luís Monteiro
Junior Academic Visitor na University of Oxford. Doutor e mestre pela Pontifícia Universidade Católica de São Paulo (PUC-SP). Advogado.

André Luiz Bäuml Tesser
Doutorando e mestre pela Universidade Federal do Paraná (UFPR). Professor da Faculdade de Direito da Universidade Tuiuti do Paraná (UTP).

André Pagani de Souza
Doutor e mestre pela Pontifícia Universidade Católica de São Paulo (PUC-SP). Especialista.
Professor da Faculdade de Direito da Universidade Presbiteriana Mackenzie. Advogado.

André Vasconcelos Roque
Doutor e mestre pela Universidade Estadual do Rio de Janeiro (UERJ). Professor da Faculdade de Direito da Universidade Federal do Rio de Janeiro (UFRJ) e da Universidade Federal de Juiz de Fora (UFJF). Advogado.

Antonio Adonias Aguiar Bastos
Doutor e mestre pela Universidade Federal da Bahia (UFBA). Especialista. Professor da Faculdade de Direito da UFBA.

Antonio Carlos Marcato
Doutor e mestre pela Universidade de São Paulo (USP). Professor da Faculdade de Direito da USP.

Arystóbulo de Oliveira Freitas
Pós-graduado em Direitos Difusos e Coletivos. Advogado.

Augusto Tavares Rosa Marcacini
Livre-docente, doutor e mestre pela Universidade de São Paulo (USP). Professor da Faculdade de Direito do Centro Universitário das Faculdades Metropolitanas Unidas (UniFMU-SP). Advogado.

Bruno Garcia Redondo
Doutorando e mestre pela Pontifícia Universidade Católica de São Paulo (PUC-SP). Professor da Faculdade de Direito da Pontifícia Universidade Católica do Rio de Janeiro (PUC-Rio), da Universidade Estadual do Rio de Janeiro (UERJ), da Universidade Federal Fluminense (UFF), do Complexo de Ensino Superior de Santa Catarina (CESUSC) e da Faculdade Baiana de Direito. Advogado.

Carlos Alberto Carmona
Doutor pela Universidade de São Paulo (USP). Professor da Faculdade de Direito da USP. Advogado.

Carlos Augusto de Assis
Doutor e mestre pela Universidade de São Paulo (USP). Professor da Faculdade de Direito da Universidade Presbiteriana Mackenzie. Advogado.

Carlos Eduardo Stefen Elias
Doutor e mestre pela Universidade de São Paulo (USP). Advogado.

Claudia Elisabete Schwerz Cahali
Doutora e mestre pela Pontifícia Universidade Católica de São Paulo (PUC-SP). Professora da Faculdade de Direito da PUC-SP. Advogada.

Claudionor Benite
Mestre pela Faculdade Estadual de Direito do Norte Pioneiro (FUNDINOPI). Professor da Fundinopi. Advogado.

Clito Fornaciari Junior
Mestre pela Pontifícia Universidade Católica de São Paulo (PUC-SP). Advogado.

Daniel Penteado de Castro
Doutor, mestre e especialista pela Universidade de São Paulo (USP). Professor da Faculdade de Direito da Universidade Presbiteriana Mackenzie. Advogado.

Daniel Willian Granado
Doutorando, mestre e especialista pela Pontifícia Universidade Católica de São Paulo (PUC-SP). Advogado.

Daniela Monteiro Gabbay
Doutora e mestre pela Universidade de São Paulo (USP). Professora.

Debora Inês Kram Baumöhl Zatz
Doutora e mestre pela Universidade de São Paulo (USP). Advogada.

Denise Weiss de Paula Machado
Mestre pela Universidade Estadual de Londrina (UEL). Professora da Faculdade de Direito da UEL.

Diego Faleck
Mestre (LL.M.) pela Harvard Law School e especialista pela Pontifícia Universidade Católica de São Paulo (PUC-SP). Professor.

Dierle Nunes
Doutor pela Pontifícia Universidade Católica de Minas Gerais (PUC-Minas)/Università degli Studi di Roma "La Sapienza" e mestre pela PUC-Minas. Professor da Faculdade de Direito da PUC-Minas e da Universidade Federal de Minas Gerais (UFMG). Advogado.

Eduardo Arruda Alvim
Doutor e mestre pela Pontifícia Universidade Católica de São Paulo (PUC-SP). Professor da PUC-SP e da Faculdade Autônoma de Direito (FADISP).

Eduardo Parente
Doutor e mestre pela Universidade de São Paulo (USP). Advogado.

Eduardo Talamini
Livre-docente, doutor e mestre pela Universidade de São Paulo (USP). Professor da Faculdade de Direito da Universidade Federal do Paraná (UFPR). Advogado.

Elias Marques de Medeiros Neto
Doutor e mestre pela Pontifícia Universidade Católica de São Paulo (PUC-SP) e especialista pelo Instituto Internacional de Ciências Sociais (IICS/CEU). Professor da Faculdade de Direito da Universidade de Marília (Unimar), da PUC-SP e da Universidade Presbiteriana Mackenzie. Advogado.

Estefânia Viveiros
Doutora pela Pontifícia Universidade Católica de São Paulo (PUC-SP) e mestre pela Universidade Presbiteriana Mackenzie. Professora da Faculdade de Direito do Centro de Ensino Unificado de Brasília (UniCEUB). Advogada.

Evaristo Aragão Santos
Doutor pela Pontifícia Universidade Católica de São Paulo (PUC-SP) e mestre pela Pontifícia Universidade Católica do Paraná (PUC-PR). Advogado.

Fabiano Carvalho
Doutor e mestre pela Pontifícia Universidade Católica de São Paulo (PUC-SP). Professor associado da Fundação Armando Álvares Penteado (FAAP). Advogado.

Fabio Peixinho Gomes Corrêa
Doutor e mestre pela Universidade de São Paulo (USP) e mestre em Direito Norte-Americano (LL.M.) pela Regent University. Professor. Advogado.

Fabrizzio Matteucci Vicente
Doutor e mestre pela Universidade de São Paulo (USP). Professor do Centro Universitário das Faculdades Metropolitanas Unidas (UniFMU) e da Universidade Mogi das Cruzes. Advogado.

Felipe Scripes Wladeck
Mestre pela Universidade de São Paulo (USP). Professor. Advogado.

Fernanda Tartuce
Doutora e mestre em Direito Processual pela Universidade de São Paulo (USP). Professora do Programa de Mestrado e Doutorado da Faculdade Autônoma de Direito (FADISP). Advogada.

Fernando Fontoura da Silva Cais
Doutor e mestre pela Universidade de São Paulo (USP). Advogado.

Flávia Hellmeister Clito Fornaciari Dórea
Doutora e mestre pela Universidade de São Paulo (USP). Advogada.

Flávia Moraes Barros Fabre
Doutoranda e mestre pela Pontifícia Universidade Católica de São Paulo (PUC-SP) e especialista pela Escola Superior do Ministério Público de São Paulo (ESMPSP).Procuradora do Município de São Paulo.

Flávia Pereira Ribeiro
Doutora e mestre pela Pontifícia Universidade Católica de São Paulo (PUC-SP). Advogada.

Flávio Cheim Jorge
Doutor e mestre pela Pontifícia Universidade Católica de São Paulo (PUC-SP). Professor da Faculdade de Direito da Universidade Federal do Espírito Santo (Ufes). Advogado.

Flávio Luiz Yarshell
Livre-docente, doutor e mestre pela Universidade de São Paulo (USP). Advogado.

Francisco José Cahali
Doutor e mestre pela Pontifícia Universidade Católica de São Paulo (PUC-SP). Professor da Faculdade de Direito da PUC-SP.

Frederico Fontoura da Silva Cais
Mestre pela Universidade de São Paulo (USP). Professor na Faculdade das Américas (FAM). Advogado.

Gelson Amaro de Souza
Doutor pela Pontifícia Universidade Católica de São Paulo (PUC-SP). Professor da Faculdade de Direito da Universidade Estadual do Norte do Paraná (UENP – Campus de Jacarezinho). Advogado.

Gláucia Mara Coelho
Doutora e mestre pela Universidade de São Paulo (USP) e especialista pela Pontifícia Universidade Católica de São Paulo (PUC-SP) e pela Fundação Getulio Vargas (FGV).

Graciela Marins
Doutora e mestre pela Universidade Federal do Paraná (UFPR). Professora de Direito Processual Civil na Faculdade de Direito de Curitiba. Advogada.

Guilherme Augusto Bittencourt Corrêa
Mestre e bacharel em Direito pela Universidade Federal do Paraná (UFPR). Professor de Direito Processual Civil da Universidade Positivo (UP). Advogado.

Guilherme Cardoso Sanchez
Mestre pela Universidade de São Paulo (USP). Advogado.

Guilherme Rizzo Amaral
Doutor pela Universidade Federal do Rio Grande do Sul (UFRGS) e mestre pela Pontifícia Universidade Católica do Rio Grande do Sul (PUC-RS). Professor da Faculdade da Serra Gaúcha (FSG). Advogado.

Gustavo Badaró
Doutor e mestre pela Universidade de São Paulo (USP). Professor da Faculdade de Direito da USP. Advogado.

Heitor Vitor Mendonça Sica
Doutor e mestre pela Universidade de São Paulo (USP). Professor da Faculdade de Direito da USP. Advogado.

Helena de Toledo Coelho
Doutora pela Pontifícia Universidade Católica de São Paulo (PUC-SP) e mestre pela Pontifícia Universidade Católica do Paraná (PUC-PR). Professora da Faculdade de Direito da PUC-PR. Advogada.

Irineu Galeski Junior
Doutor e mestre pela Pontifícia Universidade Católica do Paraná (PUC-PR). Professor da Faculdade de Direito do Centro Universitário Curitiba (UniCuritiba) e da PUC-PR. Advogado.

Ivan Aparecido Ruiz
Pós-doutor pela Faculdade de Direito da Universidade de Lisboa (FDUL), doutor pela Pontifícia Universidade Católica de São Paulo (PUC-SP) e mestre pela Universidade Estadual de Londrina (UEL). Professor da Faculdade de Direito da Universidade Estadual de Maringá (UEM-PR). Advogado.

João Batista Lopes
Doutor pela Pontifícia Universidade Católica de São Paulo (PUC-SP). Professor da Faculdade de Direito da PUC-SP.

João Carlos Areosa
Mestre pela Pontifícia Universidade Católica de São Paulo (PUC-SP). Advogado.

João Francisco Naves da Fonseca
Doutor e mestre pela Universidade de São Paulo (USP). Advogado.

João Paulo Hecker da Silva
Doutor e mestre pela Universidade de São Paulo (USP). Coordenador de pós-graduação e extensão do IBMEC-SP. Advogado.

Joaquim Felipe Spadoni
Mestre pela Pontifícia Universidade Católica de São Paulo (PUC-SP). Advogado.

José Antonio Fichtner
Mestre pela Universidade de Chicago. Professor da Escola de Direito da Fundação Getulio Vargas e da Faculdade de Direito da Pontifícia Universidade Católica do Rio de Janeiro (PUC-RJ). Advogado.

José Roberto dos Santos Bedaque
Doutor e mestre pela Universidade de São Paulo (USP). Professor da Faculdade de Direito da USP. Advogado.

José Rogério Cruz e Tucci
Doutor pela Università di Roma e mestre pela Universidade de São Paulo (USP). Professor e diretor da Faculdade de Direito da USP. Advogado.

Juliana Vieira dos Santos
Doutora pela Universidade de São Paulo (USP) e mestre em Direito pela Harvard Law School. Advogada.

Kleber Cazzaro
Doutor e mestre pela Universidade do Vale do Itajaí (Univali) e especialista. Professor da Faculdade de Direito da Universidade Estadual de Ponta Grossa (UEPG). Advogado.

Leonardo Greco
Doutor pela Universidade de São Paulo (USP). Professor aposentado da Faculdade Nacional de Direito da Universidade Federal do Rio de Janeiro (UFRJ). Advogado.

Leonardo Carneiro da Cunha
Pós-doutorado pela Universidade de Lisboa, doutor pela Pontifícia Universidade Católica de São Paulo (PUC-SP) e mestre pela Universidade Federal de Pernambuco (UFPE). Professor da Faculdade de Direito da UFPE.Procurador do Estado de Pernambuco.

Letícia de Souza Baddauy
Mestre pela Universidade Estadual de Londrina (UEL). Professora da Faculdade de Direito da UEL. Advogada.

Lia Carolina Batista Cintra
Doutora e mestre em Direito Processual Civil pela Universidade de São Paulo (USP). Professora na Universidade São Judas Tadeu. Advogada.

Lilian Patrus Marques
Mestre pela Universidade de São Paulo (USP) e especialista pela Pontifícia Universidade Católica de Minas Gerais (PUC-MG). Advogada.

Lionel Zaclis
Doutor e mestre pela Universidade de São Paulo (USP) e especialista pela Pontifícia Universidade Católica de São Paulo (PUC-SP). Advogado.

Luis Eduardo Simardi Fernandes
Mestre pela Pontifícia Universidade Católica de São Paulo (PUC-SP). Professor da Faculdade de Direito da PUC-SP e da Universidade Presbiteriana Mackenzie. Advogado.

Luis Fernando Guerrero
Doutor e mestre pela Universidade de São Paulo (USP). Advogado.

Luis Guilherme Aidar Bondioli
Doutor e mestre pela Universidade de São Paulo (USP). Advogado.

Luiz Fernando Casagrande Pereira
Doutor e mestre pela Universidade Federal do Paraná (UFPR). Professor. Advogado.

Luiz Henrique Volpe Camargo
Doutorando e mestre pela Pontifícia Universidade Católica de São Paulo (PUC-SP) e especialista pela Universidade Católica Dom Bosco/Instituto Nacional de Pós-Graduação (UCDB/INPG). Advogado.

Luiz Périssé Duarte Junior
Diplomado pela Faculdade de Direito da Universidade de São Paulo (USP). Advogado.

Luiz Rodrigues Wambier
Doutor pela Pontifícia Universidade Católica de São Paulo (PUC-SP) e mestre pela Universidade Estadual de Londrina (UEL). Professor titular da Universidade Paranaense (Unipar). Advogado.

Manoel Caetano Ferreira Filho
Mestre pela Universidade Federal do Paraná (UFPR) e especialista pela Università Degli Studi di Milano. Professor da Faculdade de Direito da UFPR. Advogado.

Marcel Leonardi
Pós-doutorado na Berkeley Law, University of California, doutor e mestre pela Universidade de São Paulo (USP). Professor.

Marcelo Abelha Rodrigues
Doutor e mestre pela Pontifícia Universidade Católica de São Paulo (PUC-SP). Professor da Faculdade de Direito da Universidade Federal do Espírito Santo (Ufes). Advogado.

Marcelo Pacheco Machado
Doutor e mestre pela Universidade de São Paulo (USP). Professor da Faculdade de Direito de Vitória (FDV). Advogado.

Marcelo Truzzi Otero
Doutor e mestre pela Pontifícia Universidade Católica de São Paulo (PUC-SP). Professor das Faculdades Integradas Padre Albino (Fipa) e do Centro Universitário Unifafibe. Advogado.

Marcelo Vieira von Adamek
Doutor e mestre pela Universidade de São Paulo (USP). Advogado.

Marcos André Franco Montoro
Doutor, mestre e especialista pela Universidade de São Paulo (USP). Professor. Advogado.

Maria Lucia Lins Conceição
Doutora e mestre pela Pontifícia Universidade Católica de São Paulo (PUC-SP). Advogada.

Mateus Aimoré Carreteiro
Mestre pela Universidade de São Paulo (USP) e mestre em Direito pela Columbia Law School (NY, EUA). Advogado.

Mayara de Carvalho
Doutoranda pela Universidade Federal de Minas Gerais (UFMG), mestre pela Universidade Federal da Paraíba (UFPB) e especialista pela Universidade para o Desenvolvimento do Estado e da Região do Pantanal (Uniderp). Professora.

Nathaly Campitelli Roque
Pós-doutorado na Universidade Clássica de Lisboa, doutora e mestre pela Pontifícia Universidade Católica de São Paulo (PUC-SP). Professora da Faculdade de Direito da PUC-SP. Procuradora do Município de São Paulo.

Nelson Luiz Pinto
Doutor e mestre pela Pontifícia Universidade Católica de São Paulo (PUC-SP). Professor da Faculdade de Direito da Universidade do Estado do Rio de Janeiro (UERJ), da Universidade Cândido Mendes (Ucam) e da PUC-SP.

Octávio Fragata Martins de Barros
Doutor e mestre pela Universidade Estadual do Rio de Janeiro (UERJ). Professor. Advogado.

Oreste Nestor Souza Laspro
Doutor e mestre pela Universidade de São Paulo (USP). Professor da Faculdade de Direito da USP. Advogado.

Osmar Mendes Paixão Côrtes
Doutor e mestre pela Pontifícia Universidade Católica de São Paulo (PUC-SP). Advogado.

Patricia Miranda Pizzol
Mestre e doutora pela Pontifícia Universidade Católica de São Paulo (PUC-SP). Professora dos cursos de graduação e pós-graduação da PUC-SP. Advogada.

Paula de Magalhães Chisté
Especialista. Advogada.

Paula Pessoa Pereira
Doutoranda e mestre pela Universidade Federal do Paraná (UFPR) e especialista pela Universidade Federal da Bahia (UFBA).

Paulo Eduardo D'Arce Pinheiro
Doutor e mestre pela Pontifícia Universidade Católica de São Paulo (PUC-SP). Professor. Advogado.

Paulo Henrique Santos Lucon
Pós-doutorando na Faculdade de Direito da Universidade de Lisboa, doutor e mestre pela Universidade de São Paulo (USP). Advogado.

Paulo Osternack Amaral
Doutor e mestre pela Universidade de São Paulo (USP). Professor. Advogado.

Pedro Henrique Nogueira
Doutor pela Universidade Federal da Bahia (UFBA) e mestre pela Universidade Federal de Alagoas (Ufal). Professor da Faculdade de Direito da Ufal. Advogado.

Pedro da Silva Dinamarco
Doutor e mestre pela Universidade de São Paulo (USP). Professor. Advogado.

Priscila Faricelli de Mendonça
Mestre pela Universidade de São Paulo (USP). Advogada.

Priscila Kei Sato
Doutora pela Pontifícia Universidade Católica de São Paulo (PUC-SP). Advogada.

Rafael Knorr Lippmann
Doutorando e mestre pela Pontifícia Universidade Católica de São Paulo (PUC-SP). Professor da Faculdade de Direito da Universidade Tuiuti do Paraná (UTP). Advogado.

Renata Polichuk Marques
Mestre pela Universidade Federal do Paraná (UFPR). Advogada.

Renato Santos Piccolomini de Azevedo
Especialista pela Fundação Getulio Vargas (FGV-SP). Advogado.

Renato José Cury
Mestre pela Pontifícia Universidade Católica de São Paulo (PUC-SP). Advogado.

Ricardo Alexandre da Silva
Doutorando e mestre pela Universidade Federal do Paraná (UFPR). Professor da Faculdade de Direito do Centro Universitário Curitiba (UniCuritiba), da Universidade da Região de Joinville (Univille), da Universidade do Vale do Itajaí (Univali), da Faculdade de Ciências Sociais de Florianópolis (Cesusc) e das Faculdades Campo Real de Guarapuava. Advogado.

Ricardo de Carvalho Aprigliano
Doutor e mestre pela Universidade de São Paulo (USP) e especialista pela Universidade de Florença, Itália. Advogado.

Rita de Cássia Corrêa de Vasconcelos
Doutora pela Pontifícia Universidade Católica de São Paulo (PUC-SP) e mestre pela Pontifícia Universidade Católica do Paraná (PUC-PR). Professora da Faculdade de Direito da PUC-PR. Advogada.

Roberto Eurico Schmidt Junior
Doutor e mestre pela Pontifícia Universidade Católica de São Paulo (PUC-SP). Advogado.

Rodolfo da Costa Manso Real Amadeo
Doutor, mestre e especialista pela Universidade de São Paulo (USP). Professor. Advogado.

Rodrigo Otávio Barioni
Doutor e mestre pela Pontifícia Universidade Católica de São Paulo (PUC-SP). Professor da Faculdade de Direito da PUC-SP. Advogado.

Rodrigo Ramina de Lucca
Doutorando e mestre pela Universidade de São Paulo (USP). Professor. Advogado.

Rodrigo Reis Mazzei
Pós-doutorado na Universidade Federal do Espírito Santo (Ufes), doutor pela Faculdade Autônoma de Direito (Fadisp), e mestre pela Pontifícia Universidade Católica de São Paulo (PUC-SP). Professor da Faculdade de Direito da Ufes. Advogado.

Rodrigo Xavier Leonardo
Doutor e mestre pela Universidade de São Paulo (USP). Professor da Faculdade de Direito da Universidade Federal do Paraná (UFPR). Advogado.

Rogéria Dotti
Doutoranda e mestre pela Universidade Federal do Paraná (UFPR). Advogada.

Rogerio Licastro Torres de Mello
Doutor e mestre pela Pontifícia Universidade Católica de São Paulo (PUC-SP). Professor. Advogado.

Rogerio Mollica
Doutor e mestre pela Universidade de São Paulo (USP). Advogado.

Ronaldo Eduardo Cramer Veiga
Doutor e mestre pela Pontifícia Universidade Católica de São Paulo (PUC-SP). Professor da Faculdade de Direito da Pontifícia Universidade Católica do Rio de Janeiro (PUC-Rio). Advogado.

Ronaldo Vasconcelos
Doutor e mestre pela Universidade de São Paulo (USP). Professor da Faculdade de Direito da Universidade Presbiteriana Mackenzie. Advogado.

Sandro Gilbert Martins
Doutor e mestre pela Pontifícia Universidade Católica de São Paulo (PUC-SP). Professor da Faculdade de Direito do Centro Universitário Curitiba (UniCuritiba). Advogado.

Sandro Marcelo Kozikoski
Doutor e mestre pela Universidade Federal do Paraná (UFPR). Professor da Faculdade de Direito da UFPR. Advogado.

Sidnei Amendoeira Jr.
Doutor e mestre pela Universidade de São Paulo (USP). Professor. Advogado.

Stela Marlene Schwerz
Doutoranda e mestre pela Pontifícia Universidade Católica de São Paulo (PUC-SP). Professora da Faculdade de Direito do Centro Universitário Curitiba (UniCuritiba). Advogada.

Teresa Arruda Alvim
Livre-docente, doutora e mestre pela Pontifícia Universidade Católica de São Paulo (PUC-SP). Professora da Faculdade de Direito da PUC-SP. Advogada.

Thiago Ferreira Siqueira
Mestre em Direito Processual Civil pela Universidade Federal do Espírito Santo (Ufes), doutor em Direito Processual Civil pela Universidade de São Paulo (USP).Professor de cursos de pós-graduação.

Thiago Marinho Nunes
Doutor pela Universidade de São Paulo (USP) e mestre pela Université de Paris II. Advogado.

Tiago Figueiredo Gonçalves
Doutor e mestre pela Pontifícia Universidade Católica de São Paulo (PUC-SP). Professor da Faculdade de Direito da Universidade do Extremo Sul Catarinense (Unesc). Advogado.

Umberto Bara Bresolin
Doutor e mestre pela Universidade de São Paulo (USP). Professor. Advogado.

Vera Cecilia Monteiro de Barros
Doutoranda e mestre pela Universidade de São Paulo (USP) e especialista pela Pontifícia Universidade Católica de São Paulo (PUC-SP). Professora. Advogada.

Vitor de Paula Ramos
Doutorando pela Universidade Federal do Rio Grande do Sul (UFRGS) e pela Universidade de Girona (Espanha). Mestre pela UFRGS. Professor da UFRGS e da Faculdade de Direito da Universidade Internacional (Uninter). Advogado.

Viviane Girardi
Mestre pela Universidade Federal do Paraná (UFPR). Advogada.

William Santos Ferreira
Doutor e mestre pela Pontifícia Universidade Católica de São Paulo (PUC-SP). Professor da Faculdade de Direito da PUC-SP. Advogado.

SUMÁRIO

TÍTULO VII
DA DEFENSORIA PÚBLICA

LIVRO IV
DOS ATOS PROCESSUAIS

TÍTULO I
DA FORMA, DO TEMPO E DO LUGAR DOS ATOS PROCESSUAIS

Capítulo I - Da Forma dos Atos Processuais

Seção I - Dos Atos em Geral

Seção II - Da Prática Eletrônica de Atos Processuais

Seção III - Dos Atos das Partes

Seção IV - Dos Pronunciamentos do Juiz

Seção V - Dos Atos do Escrivão ou do Chefe de Secretaria

Capítulo II - Do Tempo e do Lugar dos Atos Processuais

Seção I - Do Tempo

Seção II - Do Lugar

Capítulo III - Dos Prazos

Seção I - Disposições Gerais

Seção II - Da Verificação dos Prazos e das Penalidades

TÍTULO II
DA COMUNICAÇÃO DOS ATOS PROCESSUAIS

Capítulo I - Disposições Gerais

Capítulo II - Da Citação

PARTE GERAL

LIVRO I
DAS NORMAS PROCESSUAIS CIVIS

TÍTULO ÚNICO
DAS NORMAS FUNDAMENTAIS E DA APLICAÇÃO DAS NORMAS PROCESSUAIS

Capítulo I - Das Normas Fundamentais do Processo Civil

Art. 1º - O processo civil será ordenado, disciplinado e interpretado conforme os valores e as normas fundamentais estabelecidos na Constituição da República Federativa do Brasil, observando-se as disposições deste Código.

Autor: José Rogério Cruz e Tucci

I. Aspectos gerais

As normas de direito material, como, v.g., aquelas contidas no CC, regem as relações jurídicas entre os cidadãos. A locação de um imóvel, por exemplo, celebrada entre o proprietário e o inquilino, inicia-se, pode ser prorrogada e se encerra normalmente. E isso ocorre com a grande maioria dos negócios. Todavia, em algumas situações, o comportamento de uma das partes não é aquele esperado, ou mesmo, alguém pode praticar um ato danoso a outrem. Surge então um litígio entre tais sujeitos de direito, que não pode, em regra, ser solucionado pelas próprias mãos, vale dizer, pela autotutela. Assim, não se chegando a uma composição amigável, a qual é sempre recomendável, aquele que se sentiu lesado poderá ir a juízo em busca de uma decisão judicial que reconheça o seu direito.

Da autonomia da ação judicial em relação ao direito material decorre a singularidade do direito processual civil no cotejo com os outros ramos da ciência jurídica.

II. Significado da expressão "processo civil"

"Processo civil" é expressão polissêmica. Comumente, na linguagem da praxe forense, significa toda demanda judicial que tenha por objeto matéria não penal, trabalhista ou eleitoral. Nesse sentido, é muito frequente o emprego da expressão na chamada de ementas de acórdãos proferidos em causas de Direito de Família, de Direito Tributário, de Direito Administrativo, etc. Confira-se, por exemplo: "Processo Civil. Direito de Família. Recurso Especial. Não configuração de violação ao art. 535 do CPC. Execução de obrigação alimentar [...]" (STJ, 4ª Turma, REsp nº 1.332.808-SC, Rel. Min. Luis Felipe Salomão, m.v., j. 18/12/2014, DJe de 24/2/2015); "Processo Civil. Embargos à Execução Fiscal. Inexistência de violação do art. 535 do CPC. Citação por edital [...]" (STJ, 2ª Turma, AgRg no Agravo em REsp nº 649.835-RS, Rel. Min. Humberto Martins, v.u., j. 19/3/2015, DJe de 25/3/2015); "Processo Civil. Administrativo. Licitações e Contratos. Atribuição de efeito suspensivo a recurso especial [...]" (STJ, 2ª Turma, MC nº 23.812-RS, Rel. Min. Humberto Martins, v.u., j. 19/3/2015, DJe de 25/3/2015).

Sob a perspectiva técnica, a locução "processo civil" designa o instrumento pelo qual os cidadãos podem pleitear a tutela de seus direitos perante órgão estatal dotado de jurisdição. Os atos que se desenrolam no âmbito do respectivo procedimento, pelas partes e pelo Estado-juiz, são basicamente disciplinados pelo CPC. Segundo a natureza da prestação jurisdicional requerida, o processo civil pode ser de conhecimento (cuja finalidade é reconhecer um direito); de execução (que visa à satisfação de um direito já reconhecido); e cautelar (que tem por escopo assegurar a efetividade de futura decisão (geralmente) condenatória).

III. Devido processo legal e processo civil

Os atos processuais devem ser regidos, realizados e interpretados em estrita simetria com os princípios que asseguram aos litigantes o devido processo legal, contemplados na CF/1988, especialmente em seu art. 5º. Assinale-se que a CF em vigor, lei suprema que é, situa-se no ponto culminante da hierarquia das fontes do Direito, contendo os fundamentos institucionais e políticos de toda a legislação ordinária. Em seus textos repousam numerosas regras e institutos atinentes ao processo, qualquer que seja a sua natureza. Ademais, ao lado de seu perfil técnico, deslocado para a vertente constitucional, o Direito Processual vem moldado por duas diferentes exigências: precisão formal e justiça substancial. E nesse conflito dialético entre exigências contrapostas, não obstante dignas de proteção, são inseridas as garantias constitucionais do processo nas Cartas Constitucionais dos Estados democráticos modernos.

Destacada página da história da liberdade, a garantia constitucional do devido processo legal deve ser uma realidade em todo o desenrolar do processo judicial, arbitral ou administrativo, de sorte que ninguém seja privado de seus direitos, a não ser que no procedimento em que este se materializa se constatem todas as formalidades e exigências em lei previstas. Por outras palavras, impõe-se assegurar a todos os membros da coletividade um processo que se desenrole publicamente perante uma autoridade competente, com igual tratamento dos sujeitos parciais, para que possam defender os seus direitos em contraditório, com todos os meios inerentes e motivando-se os respectivos provimentos; tudo dentro de um lapso temporal razoável.

Como pressuposto de um processo civil revestido de todas estas prerrogativas, é imprescindível que os titulares de direitos ameaçados ou violados possam submeter as suas respectivas pretensões à apreciação no âmbito de um procedimento no qual lhes sejam asseguradas tais garantias, com absoluta paridade de armas.

Art. 2º - O processo começa por iniciativa da parte e se desenvolve por impulso oficial, salvo as exceções previstas em lei.

I. Iniciativa da parte

A função exercida pelos órgãos do Poder Judiciário é precipuamente caracterizada pela inatuação, afigurando-se, pois, pelo denominado princípio da demanda, sempre imprescindível a provocação do Estado, a fim de que este, substituindo a atuação dos interessados, possa, de modo imparcial, declarar o direito, satisfazer o direito declarado ou, ainda, assegurar o direito cuja declaração é invocada. O juiz não detém o poder de iniciar o processo (ne procedat iudex ex officio), ficando sempre na dependência da vontade do autor (nemo iudex sine actore). Tal dispositivo encontra-se previsto no art. 262 do CPC/1973. Igualmente, o juiz deve conformar-se ao que foi pedido, sendo-lhe defeso conhecer de matéria estranha à demanda e à contestação.

Com a ação da parte, fundada no exercício do direito à jurisdição, ativando os órgãos estatais, detentores da função judicante, na busca de tutela jurisdicional, irrompe também o monopólio de disposição, reconhecido ao demandante.

Com efeito, tal concepção, vigente na generalidade dos ordenamentos processuais democráticos, exprime a supremacia do litigante para instaurar o processo, determinar-lhe o objeto e, ainda, dispensar a proteção jurisdicional pleiteada. Mesmo que indisponível o direito subjetivo material, ainda continua imperando a regra da inércia da jurisdição, tendo o interessado o domínio da demanda. A despeito de o Estado ter interesse direto ou indireto no respectivo litígio, nem por isso se outorga poder de iniciativa ao juiz.

Isso tudo significa que o litigante tem full control sobre o seu direito material e, outrossim, bem revela o poder da parte de livre escolha para o exercício ou não exercício desta prerrogativa; o juiz, por outro lado, nos limites da lei, detém poderes de direção material do processo e de iniciativa probatória, simplesmente porque deve estar comprometido com a solução mais justa possível da controvérsia.

II. Impulso oficial

Depois de ajuizada a demanda cabe ao juiz determinar a realização dos atos processuais, devendo evitar, tanto quanto possível, as chamadas "etapas mortas" do processo, ou seja, a demora injustificada na efetivação de atividades que incumbem às partes ou mesmo aos auxiliares da justiça. É comum, nesse particular, o atraso na devolução de carta precatória ou na conclusão da perícia, sem que o juiz tome qualquer providência para acelerar a marcha do processo.

Ressalte-se, por outro lado, que, uma vez iniciado o processo, a inércia da parte pode acarretar desde a preclusão até a extinção do processo (cf. CPC/2015, arts. 209, § 2º, e 485, incisos II e III).

A literatura processual se preocupou no passado e ainda hoje debate a opção do legislador pela ampliação dos poderes do juiz, seja no que se refere à produção da prova, seja no que concerne à direção do processo. É certo que a concepção de um juiz proativo não implica, tout court, a instituição de um processo necessariamente autoritário. Com efeito, hoje, a dilatação dos poderes judiciais de direção e de instrução deve ser sempre equacionada com as garantias constitucionais do processo ("legalidade"), a permitir que as partes possam participar – cooperando com o juiz, em constante contraditório – de todos os rumos que o procedimento venha a trilhar, por força de decisão judicial, incluindo-se, aí, por óbvio, toda atividade relacionada à produção da prova (consulte-se, à guisa de exemplo, o art. 6º do CPC/2015, com a seguinte redação: "Todos os sujeitos do processo devem cooperar entre si para que se obtenha, em tempo razoável, decisão de mérito justa e efetiva").

De tal modo, ampliando-se embora os poderes do juiz na direção do processo, o legislador deve condicionar o exercício destes à conformação com as normas processuais, o que redunda na negação da discricionariedade, que caracteriza o papel do juiz autoritário.

A tese no sentido de que a inatividade do juiz se justifica pelo caráter privado do objeto discutido no processo civil encontra-se completamente ultrapassada, diante de uma perspectiva publicista ou social do processo, que o concebe como instrumento necessário para o exercício da função jurisdicional do Estado. Mesmo que o cerne dos litígios eclodidos no âmbito do processo civil tenha geralmente natureza privada ou disponível, dúvida não há de que o modo de o processo desenvolver-se é governado pelo Estado-juiz, único titular da função jurisdicional, que se serve do processo como instrumento para garantir a efetividade do ordenamento jurídico.

Ademais, cumpre salientar que a atividade probatória ex officio vem contemplada na grande maioria das legislações processuais do mundo ocidental, como importante regra técnica, quando reputado necessário o seu emprego, de complementação da produção da prova, em prol da adequada solução do litígio.

Frise-se, por outro lado, que a denominada tutela de âmbito coletivo apresenta uma ruptura à tradicional simetria entre o titular do direito material e o legitimado a ingressar em juízo. De idêntico modo, o processo coletivo supera aquela percepção herdada da Idade Média, coroada no Direito alemão, de que o processo era instituto exclusivo das partes (Sache dei Parten), no qual o juiz, inerte, ficava observando o duelo judiciário entre os litigantes, com poderes instrutórios mínimos, limitando-se tão somente a proferir uma sentença em consonância com o que havia ficado provado nos autos. Essa visão individualista que marcou o Direito Civil e o Direito Processual Civil no século XIX, obviamente, influenciou a legislação do século XX.

Em época mais recente, suplantada essa ideologia, pode-se alvitrar um processo com escopos sociais bem mais nítidos, um processo de conotação mais pública do que privada. Em nosso atual Direito Positivo, no contexto da denominada tutela jurisdicional das liberdades, o microssistema formado, em particular, pelas leis que regulamentam a ação popular (Lei nº 4.717/1965), a ação civil pública (Lei nº 7.347/1985), a ação de improbidade administrativa (Lei nº 8.429/1992) e as ações para proteção dos consumidores (Lei nº 8.078/1990) e dos investidores do mercado de capitais (Lei nº 7.913/1989), que interage com a legislação processual codificada, mantém com esta estrito relacionamento no que se refere ao procedimento e às peculiaridades processuais.

Conclui-se, pois, que a atual concepção de "processo justo" não admite qualquer resquício de discricionariedade judicial, até porque, longe de ser simplesmente la bouche de la loi, o juiz proativo de época moderna deve estar determinado a se nortear pelas garantias, asseguradas aos litigantes, do devido processo legal.

III. Exceções previstas em lei

Observe-se que, excepcionalmente, em determinadas situações, a legislação processual investe o juiz da atribuição de proceder de ofício. Contudo, o CPC/2015 diminuiu o âmbito desta prerrogativa, reduzindo-a à arrecadação judicial dos bens vagos (art. 738) e daqueles da herança jacente (art. 744). Não há mais previsão de o inventário ser instaurado por determinação judicial, como ocorria sob a égide do CPC/1973 (art. 989).

E o novel diploma, no que toca a essa questão, foi preciso, até porque o juiz, como terceiro imparcial, não pode mesmo dispor daquele poder inquisitivo, de dar início a processo de caráter litigioso ou não.

Art. 3º - Não se excluirá da apreciação jurisdicional ameaça ou lesão a direito.
§ 1º - É permitida a arbitragem, na forma da lei.
§ 2º - O Estado promoverá, sempre que possível, a solução consensual dos conflitos.
§ 3º - A conciliação, a mediação e outros métodos de solução consensual de conflitos deverão ser estimulados por juízes, advogados, defensores públicos e membros do Ministério Público, inclusive no curso do processo judicial.

I. Inafastabilidade da jurisdição

O art. 5º, inciso XXXV, da CF, consagrando norma idêntica constante das anteriores Cartas Políticas do Brasil, encerra o princípio da reserva legal, também denominado da inafastabilidade da jurisdição, ao preceituar que: "a lei não excluirá da apreciação do Poder Judiciário lesão ou ameaça a direito". Observa-se que o caput do art. 3º do CPC/2015 reitera essa mesma regra, reservando ao Estado-juiz o monopólio da jurisdição.

Isso significa que a ninguém é dado renunciar à defesa de seus direitos diante de uma potencial lesão futura! Daí por que desponta nulo e ineficaz qualquer pactum de non petendo, estipulado como cláusula de negócio jurídico, pelo qual os contratantes se comprometem a não recorrer ao Poder Judiciário caso surja algum litígio entre eles (v., nesse sentido, TJSP, 16ª Câmara de Direito Privado, AI nº 2194531-67.2014.8.26.0000, Rel. Des. Miguel Petroni Neto, m.v., j. 17/3/2015: "[...] O acordo que foi formalizado veio a constituir novo título executivo – se trata de instrumento de confissão de dívida – de forma que se a execução é sobre o novo pacto e incidente sobre o valor principal, constante da cláusula 2ª (conforme cláusula 8ª), ele não poderia afastar o direito de defesa do devedor, uma vez que após a transação pode ter surgido fato que justifique a defesa. Assim, é nula a cláusula 16ª por violar o princípio legal da defesa [...]").

Com a promulgação da CF/1988 e dos inúmeros textos legais que lhe seguiram (v.g.: CDC, reforma da Lei de Ação Civil Pública, etc.), infundiu-se em cada brasileiro um verdadeiro "espírito de cidadania". Os cidadãos passaram a ser senhores de seus respectivos direitos, com a expectativa de verem cumpridas as garantias que lhes foram então asseguradas.

Observe-se ainda que também foram incrementados, a partir do início dos anos 1990, mecanismos processuais adequados a recorrer aos tribunais com maior efetividade, como, por exemplo, a ampliação do rol dos legitimados ativos a manejar as ações diretas de inconstitucionalidade, a ajuizar ações coletivas em prol dos interesses difusos, a consagração da autonomia e independência do Ministério Público e a opção determinada por um modelo de assistência judiciária e de promoção de acesso à justiça.

Diante desse importante fenômeno, houve, como era notório, um vertiginoso crescimento da demanda perante o Poder Judiciário. Os números alarmantes são de conhecimento geral. E isso tudo agravado pela circunstância de que a constitucionalização de um conjunto tão ousado de garantias, sem a consecução consistente de políticas públicas e sociais correlatas, tem propiciado, sem dúvida, maior judicialização dos conflitos.

Tem-se outrossim clara percepção da ineficiência das agências reguladoras de serviços que também contribuem para a intervenção judicial. O recurso aos tribunais para garantir o acesso a medicamentos e tratamentos médicos é constante. Não é crível que nos dias de hoje muitos brasileiros tenham de ir à justiça para obter indenização por atraso de voo e extravio de bagagem, ou, ainda, para forçar adequada prestação de serviço em várias atividades. O Poder Judiciário está se tornando um verdadeiro SAC – Serviço de Atendimento ao Consumidor.

O sistema judicial passa, assim, a suplantar o sistema da Administração Pública, a quem, por óbvio, compete sancionar as referidas falhas.

Chega-se mesmo ao que poderíamos denominar de "banalização de demandas", sem esquecer o papel de exator dos tribunais, na função substitutiva de ser o principal palco da cobrança de tributos, diante dos milhares de executivos fiscais que abarrotam os escaninhos dos cartórios forenses.

Com esse exagerado afluxo de demandas, os processualistas passaram a prestigiar outros meios adequados de solução de conflitos, como a arbitragem, a conciliação e a mediação. Estes mecanismos alternativos podem ser extrajudiciais, mas de qualquer forma visam a propiciar maior acesso à justiça.

II. Reconhecimento expresso da arbitragem

A arbitragem consiste numa técnica de heterocomposição de controvérsias mediante a intervenção de um ou mais árbitros, escolhidos pelas partes, a partir de uma convenção de natureza privada. A sentença proferida pelos árbitros, que não comporta qualquer recurso, equipara-se à decisão judicial. A teor do disposto no art. 1º da Lei nº 9.307/1996, o objeto da arbitragem recai sobre direitos patrimoniais disponíveis, de titularidade de pessoas capazes de contratar.

Para a instauração do processo arbitral, é exigido um compromisso, pelo qual as partes concordam em submeter a decisão do litígio a um árbitro. Verifica-se, destarte, que a convenção de arbitragem é delimitada, sob o aspecto subjetivo, pelas pessoas que a firmaram, na qualidade de contratantes ou mesmo de anuentes.

Se, sob a ótica objetiva, somente é arbitrável o litígio envolvendo matéria atinente a direito disponível, do ponto de vista subjetivo, é apenas arbitrável o litígio entre as partes que subscreveram o instrumento em que presente a respectiva convenção e que sejam capazes.

Cumpre esclarecer, ainda, que o juízo arbitral somente pode ser instituído desde que presentes todas as pessoas que figuraram no instrumento no qual ficou estabelecida a cláusula compromissória. Como a arbitragem se circunscreve aos limites do contrato celebrado entre as partes, sob os aspectos subjetivo e objetivo, não pode ser deflagrada senão entre os protagonistas do respectivo negócio. A legitimidade de parte para o processo arbitral, por isso, só se estabelece entre os sujeitos contratuais. A única via de legitimação, ativa ou passiva, para quem queira participar, ou seja, chamado a integrar a arbitragem, condiciona-se à própria convenção arbitral.

Assim, se determinada pessoa não estiver subordinada a contrato com previsão de arbitragem, não pode ela ser acionada perante o juízo arbitral.

Se o processo arbitral se iniciar sem a presença de todos os sujeitos que firmaram o contrato, só restará ao árbitro encerrar o procedimento sem julgamento de mérito, sob pena de ser nula a sentença que eventualmente vier a ser proferida.

Tendo-se em vista os limites subjetivos da convenção arbitral, não há como se admitir que a imutabilidade do conteúdo decisório da sentença possa atingir terceiros.

Esta é, outrossim, a orientação consolidada da jurisprudência de nossos tribunais, como, e.g., infere-se do julgamento da Apelação nº 0116341-91.2009.8.26.0100, proferido pela 26ª Câmara de Direito Privado do TJSP: "[...]

A substituição da Corte de arbitragem pela via judicial não implica ofensa ao princípio do pacta sunt servanda, porque os réus não foram partícipes do contrato, objeto da demanda. Bem por isso, não há como deixar ao encargo do Tribunal Arbitral o exame das questões discutidas, excluindo-se a participação do Poder Judiciário, isso sem falar que na arbitragem prevalece a regra da relatividade, ou seja, a instituição do compromisso arbitral, sob o aspecto subjetivo, é restrita às pessoas que firmam a cláusula compromissória. Sua extensão subjetiva não pode produzir efeitos senão em relação aos signatários. Segundo entendimento doutrinário, entre as condições gerais da ação arbitral inserem-se a legitimação das partes e o interesse de agir. Na arbitragem, a legitimação das partes fica grandemente simplificada na medida em que só pode invocar juízo arbitral quem tiver firmado a convenção de arbitragem ou tiver saído vitorioso na ação de instituição de arbitragem. A Lei de Arbitragem fala em 'parte interessada' referindo-se à dupla qualidade de quem é parte no contrato e titular do interesse envolvido na controvérsia resultante dele [...] Em suma, são sujeitos do litígio arbitral, única e exclusivamente, os que firmaram a convenção de arbitragem [...].

Em senso análogo, a 11ª Câmara de Direito Privado da mesma Corte bandeirante, ao apreciar o Recurso de Apelação nº 990.09.373821-0, deixou assentado, à unanimidade de votos, que, apesar de a arbitragem somente ser considerada válida se todos os contratantes e intervenientes participarem da mesma: "não se pode impor a eficácia da cláusula compromissária contra quem não manifestou a vontade de aderir a essa forma de solução de conflito".

Já, sob outro enfoque, de conformidade com o disposto no art. 485, inciso VII, do CPC/2015, o juiz não resolverá o mérito na situação em que for acolhida a arguição "de existência de convenção de arbitragem ou quando o juízo arbitral reconhecer sua competência". A convenção, pois, sob a novel legislação, continua sendo classificada como um pressuposto negativo de desenvolvimento válido e regular do processo.

Ainda, no que se refere à arbitragem, mais recentemente, diante da significativa importância que a participação econômica do Brasil passou a ostentar no mundo globalizado, a despeito de a atual lei, vigente há duas décadas, ser vitoriosa e inclusive prestigiada pelos nossos tribunais, entendeu-se oportuno o seu aperfeiçoamento, procurando alinhá-la aos regramentos contemporâneos mais avançados, já colocados à prova na experiência jurídica internacional.

No final do ano de 2012, foi nomeada pelo Senado Federal uma comissão composta por 21 juristas, sob a presidência do ministro Luis Felipe Salomão, com a finalidade de elaborar anteprojeto de reforma da Lei de Arbitragem e de instituição da mediação. Passados alguns meses, a comissão concluiu dois anteprojetos – um propondo alterações na Lei de Arbitragem e o outro propondo a criação da mediação extrajudicial.

Aquele referente à arbitragem (PLS nº 406/2013) transformou-se na Lei nº 13.129/2015, que alterou a Lei nº 9.307/1996, tendo preservado, em linhas gerais, a sistemática já consagrada. Contudo, além de alguns reparos formais e terminológicos, verifica-se que três vertentes governam as respectivas modificações, quais sejam: a) ampliação objetiva da incidência da arbitragem; b) maior liberdade das partes na indicação dos árbitros; e c) delimitação da atividade do juiz togado até a instituição da arbitragem.

III. Fomento à solução consensual dos conflitos

Procurando infundir a cultura da pacificação entre os protagonistas do processo, o CPC/2015, em inúmeros preceitos, sugere a autocomposição. Dispõe, com efeito, o § 2º desse art. 3º que: "O Estado promoverá, sempre que possível, a solução consensual dos conflitos". Dada a evidente relevância social da administração da justiça, o Estado deve mesmo empenhar-se na organização de instituições capacitadas a mediar conflitos entre os cidadãos. No Brasil, o Ministério da Justiça preocupa-se em fornecer os meios necessários a várias organizações não governamentais, que têm como missão precípua a instalação e gestão de sistemas alternativos de administração de controvérsias.

Comprometido com o sistema "multiportas" de solução dos litígios, o Conselho Nacional de Justiça, há alguns anos, instituiu a Semana Nacional da Conciliação, que constitui um esforço concentrado para conciliar o maior número possível de demandantes em todos os tribunais do país. Trata-se de uma campanha de mobilização, realizada anualmente, que envolve todos os tribunais brasileiros, os quais selecionam os processos que tenham possibilidade de acordo e intimam as partes envolvidas para solucionarem o conflito. É, com certeza, uma das principais ações institucionais do CNJ. A Resolução nº 125/2010, do CNJ, dispõe sobre a Política Judiciária Nacional de tratamento adequado dos conflitos de interesses no âmbito do Poder Judiciário e dá outras providências.

No Estado de São Paulo merecem alusão os Centros de Integração da Cidadania, criados pela Secretaria da Justiça e da Defesa da Cidadania.

Aduza-se que o próprio CPC/2015, em seu art. 174, de forma muito original, fomenta a criação, pela União, Estados, Distrito Federal e pelos Municípios, de câmaras de mediação e conciliação, com atribuições relacionadas à solução consensual de conflitos no âmbito administrativo.

IV. Conciliação e mediação

Além destas importantes iniciativas, que seguem tendência mundial, o § 3º do texto legal sob análise recomenda de modo expresso a solução suasória (autocomposição), que deverá ser implementada, na medida do possível e inclusive no curso do processo, "por juízes, advogados, defensores públicos e membros do Ministério Público".

Tanto a mediação quanto a conciliação pressupõem a intervenção de uma terceira pessoa. Na mediação, esta tem a missão de esclarecer as partes, para que as mesmas alcancem a solução da pendência. Na conciliação, pelo contrário, o protagonista imparcial se incumbe não apenas de orientar as partes, mas, ainda, de sugerir-lhes o melhor desfecho do conflito.

Nesta significativa perspectiva, muito mais enfático do que o anterior, o CPC recém-sancionado prevê ainda a criação de centros judiciários de solução consensual de conflitos, responsáveis pelas audiências de conciliação e mediação (art. 165); estabelece os princípios que informam a conciliação e a mediação (art. 166); faculta ao autor da demanda revelar, já na petição inicial, a sua disposição para participar de audiência de conciliação ou mediação (art. 319, inciso VII); estabelece o procedimento da audiência de conciliação ou de mediação (art. 334); e recomenda, nas controvérsias de família, a solução consensual, possibilitando inclusive a mediação extrajudicial (art. 694).

Não é preciso registrar que, à luz desse novo horizonte que se descortina sob a égide do CPC/2015, os aludidos operadores do Direito não devem medir esforços em prol da composição amigável do litígio.

Art. 4º - As partes têm o direito de obter em prazo razoável a solução integral do mérito, incluída a atividade satisfativa.

I. Generalidades

A redação original de nossa CF, como é notório, inseriu, no inciso LIV do art. 5º, uma cláusula geral, assegurando, explicitamente, a garantia do due process of law: "Ninguém será privado da liberdade ou de seus bens sem o devido processo legal". E, ainda, para que ficasse estreme de dúvidas, além dessa preceituação genérica, já suficiente para alcançar o fim por ela colimado, previu, em vários incisos do citado art. 5º e, ainda, no art. 93, inciso IX, incorrendo em manifesta redundância (porém louvável...), inúmeros corolários da garantia constitucional do devido processo legal.

Não havia, contudo, qualquer disposição acerca do direito à tutela jurisdicional dentro de um prazo razoável...

A teor do § 2º do mesmo art. 5º: "Os direitos e garantias expressos nesta Constituição não excluem outros decorrentes do regime e princípios por ela adotados, ou dos tratados internacionais em que a República Federativa do Brasil seja parte". Oportuno, nesse passo, lembrar que o nosso país é signatário do Pacto de San José da Costa Rica, que adquiriu eficácia internacional em 18/7/1978. O Congresso Nacional, posteriormente, mediante o Decreto nº 27, de 26/5/1992, aprovou o seu texto, sendo que o nosso governo, em 25 de setembro do mesmo ano, depositou a respectiva Carta de Adesão à apontada Convenção. Com a ulterior publicação do Decreto nº 678/1992, o Pacto de San José foi promulgado e, finalmente, incorporado ao ordenamento jurídico brasileiro.

Desse modo, apesar de a garantia do devido processo legal pressupor o rápido desfecho do litígio, o direito à duração razoável já estava contemplado, em nosso sistema jurídico, mesmo antes da EC nº 45/2004, dada a evidente compatibilidade de regramentos, em particular, pelo art. 8º, 1, do referido Pacto de San José: "Toda pessoa tem direito de ser ouvida com as devidas garantias e dentro de um prazo razoável [...]".

E, com efeito, a jurisprudência de nossos tribunais foi instada a apreciar alegada ofensa à garantia do jurisdicionado a um processo sem dilações indevidas. Ao inventariar as raras ocorrências de pedido de dano moral gerado pela demora do processo, pode ser colacionado o caso que teve curso perante a 7ª Vara da Justiça Federal da Seção Judiciária de São Paulo (Processo nº 89.0017372-3), promovido contra a União, no qual a sentença de procedência do pedido considerou irrazoável a demora de 20 anos para o deslinde do processo trabalhista e, portanto, constatada a imperfeição do serviço público. A condenação foi fixada em quantia equivalente a 150 salários mínimos.

No plano do processo administrativo, a 6ª Câmara Cível do TJRS, no julgamento da Apelação nº 70006474233, relatado pelo saudoso desembargador Carlos Alberto Alvaro de Oliveira, deu provimento ao recurso de apelação, para impor condenação ao Estado do Rio Grande do Sul, porque reconhecido o excesso de prazo no desenvolvimento da sindicância e do subsequente inquérito administrativo.

II. Adoção expressa e interpretação da garantia

A despeito dessa original orientação pretoriana, visando a espancar qualquer dúvida e afinando-se com as modernas tendências do Direito Processual, o legislador pátrio, por meio da EC nº 45, acabou inserindo o inciso LXXVIII no art. 5º da CF, com a seguinte redação: "a todos, no âmbito judicial e administrativo, são assegurados a razoável duração do processo e os meios que garantam a celeridade de sua tramitação".

Seguindo a mesma premissa que norteou as regras dos arts. 5º, inciso LV, e 93, incisos IX e X, da Constituição, no sentido de garantir, respectivamente, a ampla defesa e o contraditório, a motivação das decisões e a publicidade do procedimento tanto na esfera judicial quanto na administrativa, o texto constitucional passou então a contemplar a garantia do processo, judicial e administrativo, sem dilações indevidas. Assegurou, outrossim, a implementação de meios que garantam a economia e a celeridade processual.

Observe-se, em primeiro lugar, que, dada a profunda diversidade da performance da justiça nos vários quadrantes do Brasil, a aferição do "prazo razoável" será absolutamente diferenciada de Estado para Estado, seja no âmbito da Justiça Estadual, seja no dos Tribunais Federais. De um modo geral, pela inarredável falta constante de recursos materiais destinados ao Poder Judiciário, a justiça no Brasil é lenta.

Ademais, sem embargo da carência de dados estatísticos, pela exigência de metas imposta pelo CNJ, não há dúvida de que, nas Cortes estaduais, tem ocorrido inegável encurtamento do tempo para julgamentos dos recursos e das ações originárias.

Lembro, por outro lado, o famoso art. 6º, 1, da Convenção Europeia para Salvaguarda dos Direitos do Homem e das Liberdades Fundamentais, subscrita em Roma, no dia 4 de novembro de 1950, que tem a seguinte redação: "Toda pessoa tem direito a que sua causa seja examinada equitativa e publicamente num prazo razoável, por um tribunal independente e imparcial instituí-do por lei, que decidirá sobre seus direitos e obrigações civis ou sobre o fundamento de qualquer acusação em matéria penal contra ela dirigida".

Foi, sem dúvida, a partir da edição desse diploma legal supranacional que o direito ao processo sem dilações indevidas passou a ser concebido como um direito subjetivo constitucional, de caráter autônomo, de todos os membros da coletividade (incluídas as pessoas jurídicas) à tutela jurisdicional dentro de um prazo razoável, decorrente da proibição do non liquet, vale dizer, do dever que têm os agentes do Poder Judiciário de julgar as causas com estrita observância das normas de Direito Positivo.

Efetivou-se, outrossim, ao longo do tempo, a necessária exegese da abrangência do supratranscrito dispositivo, tendo-se, unanimemente, como dilações indevidas, os atrasos ou delongas que se produzem no processo por inobservância dos prazos estabelecidos, por injustificados prolongamentos das "etapas mortas" que separam a realização de um ato processual de outro, sem subordinação a um lapso temporal previamente fixado e, sempre, sem que aludidas dilações dependam da vontade das partes ou de seus mandatários.

Todavia, torna-se impossível fixar a priori uma norma específica, determinante da violação à garantia da tutela jurisdicional dentro de um prazo razoável.

E, por isso, consoante orientação jurisprudencial da Corte Europeia dos Direitos do Homem, consolidada em 1987, no famoso caso Capuano, três critérios, segundo as circunstâncias de cada caso concreto, devem ser levados em consideração para ser apreciado o limite temporal razoável de duração de um determinado processo. Por via de consequência, somente será possível verificar a ocorrência de uma indevida dilação processual a partir da análise: a) da complexidade do assunto; b) do comportamento dos litigantes e de seus procuradores; e c) da atuação do órgão jurisdicional.

Esse expressivo precedente impôs condenação ao Estado italiano, fixando-a numa indenização pelo dano moral "derivante do estado de prolongada ansiedade pelo êxito da demanda", experimentado por uma litigante nos tribunais daquele país.

O reconhecimento de tais critérios, que exigem uma análise casuísta, bem revela que as dilações indevidas não decorrem do simples descumprimento dos prazos processuais prefixados.

Assim, é evidente que, se uma determinada questão envolve, por exemplo, a apuração de danos à natureza, a prova pericial a ser produzida poderá demandar muitas diligências que justificarão duração bem mais prolongada da fase instrutória.

Desse modo, não poderão ser taxadas de "indevidas" as dilações proporcionadas pelo esforço das partes, as quais, valendo-se das próprias regras processuais, acabam causando um natural prolongamento do procedimento.

É necessário, pois, que a morosidade, para ser reputada realmente inaceitável, decorra do comportamento doloso de um dos litigantes, ou, ainda, da inércia, pura e simples, do órgão jurisdicional encarregado de dirigir as diversas etapas do processo. É claro que a pletora de causas ou o excesso de trabalho não podem ser considerados, neste particular, justificativa plausível para a lentidão da tutela jurisdicional.

De aduzir-se, por outro lado, que, após a consagração, no plano constitucional, do direito fundamental à duração razoável do processo, o princípio da economia processual, de natureza precipuamente técnica, transformou-se em postulado político.

E isso, certamente porque o supratranscrito inciso LXXVIII do art. 5º não assegura apenas e tão somente a prerrogativa de um processo sem dilações indevidas, mas, na verdade, ainda contempla a inserção de meios técnicos e materiais que "garantam a celeridade de sua tramitação".

III. Garantia da duração razoável

Verifica-se que, apesar de intuitiva, a regra do art. 4º do CPC/2015, para não deixar margem a dúvida, estende-se à fase de cumprimento de sentença e, por certo, inclui também o processo de execução, vale dizer, toda a "atividade satisfativa" em prol da parte vencedora.

Ademais, entre os poderes do juiz, o art. 139, inciso II, preceitua que lhe incumbe: "velar pela duração razoável do processo".

Diversos dispositivos do novo diploma processual concedem ao magistrado o poder de controlar e reprimir atos que possam colocar em risco a celeridade processual. Confira-se, e.g., arts. 113, § 1º, 672, inciso III, 685, parágrafo único.

O art. 139, inciso VI, dispõe que: "O juiz dirigirá o processo conforme as disposições deste Código, incumbindo-lhe: [...] VI - dilatar os prazos processuais e alterar a ordem de produção dos meios de prova adequando-os às necessidades do conflito, de modo a conferir maior efetividade à tutela do direito".

Essa novidade, que tinha um âmbito muito mais abrangente na redação do Anteprojeto, diante do decantado princípio da cooperação entre os protagonistas do processo, sugere que qualquer alteração dos prazos processuais e da ordem da produção das provas deve ser precedida da audiência das partes, de forma democrática, a tornar legítima a respectiva decisão judicial. A exemplo do que sucede no processo da arbitragem, esse contraditório participativo é exigência fundamental para a consecução dos fins do processo. Trata-se, nesta hipótese, de um verdadeiro "negócio jurídico processual", pelo qual todos os integrantes do processo adaptam as regras legais às necessidades reais do processo em curso, em benefício da efetividade (v., por exemplo, CPC/2015, arts. 190, 191, 222, § 1º).

Contudo, importa asseverar que a introdução de mecanismos aptos a assegurar a duração razoável do processo não deve, em qualquer situação, vulnerar o princípio fundamental do devido processo legal.

Art. 5º - Aquele que de qualquer forma participa do processo deve comportar-se de acordo com a boa-fé.

I. Conceito de boa-fé

A boa-fé objetiva, nos domínios do Direito Privado, consubstancia-se numa cláusula geral, que pressupõe um comportamento ético das partes contratantes, as quais têm o dever de lealdade, tanto na manifestação da vontade, ao ensejo do aperfeiçoamento do negócio jurídico, quanto na interpretação das cláusulas contratuais, durante a execução do contrato e até mesmo após o cumprimento das obrigações pactuadas. Concebida como um verdadeiro princípio, a boa-fé objetiva foi contemplada, em nosso ordenamento jurídico, no art. 422 do CC/2002, com a seguinte redação: "Os contratantes são obrigados a guardar, assim na conclusão do contrato, como em sua execução, os princípios de probidade e boa-fé".

A aferição da boa-fé objetiva decorre da interpretação do padrão de conduta normalmente exigível dos sujeitos e dos efeitos jurídicos que razoavelmente deveriam ser esperados pelos contratantes. A resposta a essas duas indagações estabelecerá o conteúdo objetivo do negócio jurídico, ao qual estarão vinculadas as partes.

A teoria da boa-fé objetiva encerra um formidável instrumento de hermenêutica jurídica para detectar eventual abusividade das cláusulas contratuais expressas ou para reconhecer a inaplicabilidade parcial dos efeitos do negócio jurídico, ou ainda para proceder à interpretação integrativa da declaração de vontade, sempre que seja preciso restabelecer o equilíbrio contratual.

II. Cláusula geral de boa-fé de natureza processual

Na mesma linha principiológica, que marca as denominadas "Normas Fundamentais do Processo Civil", constantes do preâmbulo do CPC/2015, inspirando-se, por certo, na dogmática do Direito Privado, o legislador estabelece, nesse art. 5º, uma cláusula geral de boa-fé processual, que deverá nortear a conduta, durante as sucessivas etapas do procedimento, de todos os protagonistas do processo: o juiz, as partes, o representante do Ministério Público, o defensor público e também os auxiliares da justiça (serventuários, peritos, intérpretes, etc.).

O fundamento constitucional da boa-fé decorre da cooperação ativa dos litigantes, especialmente no contraditório, que devem participar da construção da decisão, colaborando, pois, com a prestação jurisdicional. Não há se falar, com certeza, em processo justo e équo se as partes atuam de forma abusiva, conspirando contra as garantias constitucionais do devido processo legal.

A jurisprudência dos nossos tribunais, adiantando-se à novel legislação, tem preconizado que determinadas condutas, caracterizadas como abuso de direito, vulneram a boa-fé processual. Confira-se: "[...] Ocorre que, na hipótese, a apresentação da petição de desistência logo após a concessão dos efeitos da tutela recursal, reconhecendo à autora o direito de receber 2/3 de um salário mínimo a título de pensão mensal, teve a nítida intenção de esvaziar o cumprimento da determinação judicial, no momento em que o réu anteviu que o julgamento final da apelação lhe seria desfavorável, sendo a pretensão, portanto, incompatível com o princípio da boa-fé processual e com a própria regra que lhe faculta não prosseguir com o recurso, a qual não deve ser utilizada como forma de obstaculizar a efetiva proteção ao direito lesionado" (STJ, 3ª Turma, REsp nº 1.285.405-SP, Rel. Min. Marco Aurélio Bellizze, v.u., j. 16/12/2014, DJe de 19/12/2014); "A jurisprudência do STJ é sedimentada em reconhecer a possibilidade da conversão do julgamento em diligência para fins de produção de prova essencial, como o exame de DNA em questão, principalmente por se tratar de ação de estado. O processo civil moderno vem reconhecendo – dentro da cláusula geral do devido processo legal – diversos outros princípios que o regem, como a boa-fé processual, efetividade, o contraditório, cooperação e a confiança, normativos que devem alcançar não só as partes, mas também a atuação do magistrado, que deverá fazer parte do diálogo processual. Na hipótese, deveria o julgador ter se mantido coerente com a sua conduta processual até aquele momento, isto é, proporcionado às partes a possibilidade de demonstrar a viabilidade na feitura de outro exame de DNA (preenchimento dos requisitos exigíveis) e não sentenciar, de forma súbita, o feito. Além disso, acabou por conferir aos demandantes um direito à produção daquela prova em específico, garantido constitucionalmente (CF, art. 5º, LV) e que não pode simplesmente ser desconsiderado pelo Juízo, podendo-se falar na ocorrência de uma preclusão para o julgador no presente caso. Diante das circunstâncias do caso em questão e da vontade das partes, ainda sendo supostamente possível a realização do exame de DNA pela técnica da reconstrução, é de se admitir a baixa dos autos para a constatação da viabilidade e realização da perícia pleiteada" (STJ, 4ª Turma, REsp nº 1.229.905-MS, Rel. Min. Luis Felipe Salomão, v.u., j. 5/8/2014, DJe de 2/9/2014); "O formalismo desmesurado ignora, ainda, a boa-fé processual que se exige de todos os sujeitos do processo, inclusive, e com maior razão, do Estado-Juiz" (STF, 1ª Turma, ED no ARE nº 674.231-RS, Rel. Min. Luiz Fux, v.u., j. 27/8/2013, DJe de 11/9/2013, grifo nosso).

Note-se que a boa-fé processual desdobra-se nos deveres de veracidade e de lealdade na realização dos atos processuais, contemplados nos arts. 77 e 142 do CPC/2015. O descumprimento destes deveres caracteriza ato atentatório à dignidade da justiça e litigância de má-fé, cujas sanções estão detalhadamente previstas nos arts. 77, 80, 81, 100, parágrafo único, 334, § 8º, 536, § 3º, e 702, §§ 10 e 11.

Acrescente-se, por outro lado, que o CPC recém-sancionado também impõe comportamento ético e leal aos órgãos jurisdicionais, coibindo-os, por exemplo, de proferir "decisão-surpresa" (art. 9º). Exemplo marcante da lealdade do órgão jurisdicional em relação aos litigantes vem expresso na preciosa regra do parágrafo único do art. 932 do novo diploma: "Antes de considerar inadmissível o recurso, o relator concederá o prazo de 5 (cinco) dias ao recorrente para que seja sanado o vício ou complementada a documentação exigível".

Os arts. 322, § 2º, e 489, § 3º, do CPC/2015, dispõem, respectivamente, que a interpretação do pedido e da decisão judicial deve ser governada pela boa-fé.

Art. 6º - Todos os sujeitos do processo devem cooperar entre si para que se obtenha, em tempo razoável, decisão de mérito justa e efetiva.

I. Aspectos gerais

À primeira vista, desponta questionável a redação do enunciado legal ora anotado, visto que no processo contencioso, por razões óbvias, nem todos os sujeitos do processo mostram-se dispostos a colaborar entre si. Todavia, o sentido da cooperação aqui preconizado não se refere, por certo, a qualquer concessão das posições de vantagens dos respectivos litigantes.

Na verdade, inspirando-se na moderna doutrina que já adotara entre os princípios éticos que informam a ciência processual o denominado "dever de cooperação recíproca em prol da efetividade", o legislador procura desarmar todos os participantes do processo, infundindo em cada qual um comportamento pautado pela boa-fé, para se atingir uma profícua comunidade de trabalho. E isso, desde aspectos mais corriqueiros, como a simples consulta pelo juiz aos advogados da conveniência da designação de audiência numa determinada data, até questões mais complexas, como a expressa previsão de cooperação das partes ao ensejo do saneamento do processo (CPC/2015, art. 357, § 3º). Trata-se aí de cooperação em sentido formal.

II. Amplitude da regra

Verifica-se, destarte, que o novo CPC ampliou o sentido do art. 339 do velho diploma, agora repetido no art. 378: "Ninguém se exime do dever de colaborar com o Poder Judiciário para o descobrimento da verdade". Afirma-se que, nesta hipótese, a lei prevê a cooperação em sentido material, uma vez que faz recair sobre as partes e terceiros o dever de prestarem a sua colaboração para a descoberta da verdade.

É de ter-se presente que, além de situações de natureza técnica, que impõem a cooperação, valores de deontologia forense, sobrelevados pelos operadores do Direito – juízes, promotores e advogados –, também se inserem na esperada conduta participativa.

III. Deveres do tribunal e das partes

Pela perspectiva cooperativa por parte do tribunal despontam os deveres de prevenção, de esclarecimento, de consulta e de auxílio às partes, que podem ser resumidos da seguinte forma: a) dever de prevenção: cabe ao juiz apontar as inconsistências das postulações das partes, para que possam ser aperfeiçoadas a tempo (v.g.: emenda da petição inicial para especificar um pedido indeterminado; individualizar as parcelas de um montante que só é globalmente indicado); b) dever de esclarecimento: cabe ao juiz determinar às partes que prestem esclarecimentos quanto a alegações obscuras ou circunstâncias que demandem complementações; c) dever de consulta: cabe ao juiz colher previamente a manifestação das partes sobre questões de fato ou de direito que influenciarão o julgamento; e d) dever de auxílio: cabe ao juiz facilitar às partes a superação de eventuais dificuldades ou obstáculos que impeçam o exercício de direitos ou faculdades (por exemplo: o juiz deve proceder à remoção de empecilho à obtenção de um documento ou informação que seja indispensável para a prática de um determinado ato processual).

Já o dever de cooperação dos litigantes repousa no dever de se pautarem por probidade e boa-fé, de apresentarem os esclarecimentos determinados pelo juiz e de cumprirem as intimações para comparecimento em juízo. Esse dever não é apenas retórico. O art. 334 do CPC/2015, que disciplina a audiência de conciliação e de mediação, preceitua, no § 8º, que: "O não comparecimento injustificado do autor ou do réu à audiência de conciliação é considerado ato atentatório à dignidade da justiça e será sancionado com multa de até dois por cento da vantagem econômica pretendida ou do valor da causa, revertida em favor da União ou do Estado", dependendo, é claro, se o aludido ato processual foi designado em processo que se desenvolve, respectivamente, perante a justiça federal ou a justiça estadual.

O mais importante é que a colaboração, ditada pelo novel diploma processual, esteja a serviço da celeridade processual na rota do julgamento de mérito. Nesse sentido, v.g., dispondo sobre as cartas de comunicação processual, o art. 261, § 3º, do CPC/2015, reza que: "A parte a quem interessar o cumprimento da diligência cooperará para que o prazo a que se refere o caput seja cumprido". Procura-se, assim, evitar situações que proporcionem deliberada procrastinação do procedimento ou mesmo nulidade do processo.

Aos poucos a jurisprudência passa a reconhecer o dever de cooperação, como se extrai do seguinte julgado: "Nos termos do art. 535 do CPC, os embargos de declaração constituem modalidade recursal destinada a suprir eventual omissão, obscuridade e/ou contradição que se faça presente na decisão contra a qual se insurge, de maneira que seu cabimento revela finalidade estritamente voltada para o aperfeiçoamento da prestação jurisdicional, que se quer seja cumprida com a efetiva cooperação das partes" (STJ, 1ª Turma, EDcl no AgRg no Ag nº 1.300.872-CE, Rel. Min. Napoleão Nunes Maia Filho, v.u., j. 21/10/2014, DJe de 3/2/2015, grifo nosso).

Firme nesse propósito, o CPC/2015 reprime, de forma veemente, nos arts. 77 e 80, os atos atentatórios à dignidade da justiça e a litigância de má-fé, como, por exemplo, a oposição de resistência injustificada à tramitação do processo ou a provocação de qualquer incidente manifestamente infundado (art. 80, incisos IV e VI).

Art. 7º - É assegurada às partes paridade de tratamento em relação ao exercício de direitos e faculdades processuais, aos meios de defesa, aos ônus, aos deveres e à aplicação de sanções processuais, competindo ao juiz zelar pelo efetivo contraditório.

I. Aspectos gerais

Outro consectário da garantia do devido processo legal firma-se no denominado princípio da isonomia processual, determinante do tratamento paritário dos sujeitos parciais do processo durante todos os atos e termos do respectivo procedimento. Decorre ele, sem dúvida, do enunciado do art. 5º, e seu inciso I, da CF, ao expressar, de modo enfático, e até repetitivo, que "todos são iguais perante a lei, sem distinção de qualquer natureza, garantindo-se aos brasileiros e aos estrangeiros residentes no País a inviolabilidade do direito à vida, à liberdade, à igualdade, à segurança e à propriedade, nos termos seguintes: I - homens e mulheres são iguais em direitos e obrigações, nos termos desta Constituição".

Nem podia ser diferente, até porque o processo civil jamais atingiria plenamente sua finalidade de compor as controvérsias se os litigantes não fossem tratados com igualdade em todo o seu desenrolar. Em suma, assegurando-se a todos os jurisdicionados, indistintamente, a proteção de seus direitos subjetivos materiais, pelos órgãos dotados de jurisdição, por meio do processo, subsiste, também no âmbito da ação, o regramento da isonomia processual, fazendo as partes que nele atuam merecerem igual tratamento, ou seja, as mesmas chances, autêntica paridade de armas (Waffengleichheit).

Com efeito, impondo-se à legislação ordinária amoldar suas normas às preceituações constitucionais, nela não pode haver lugar para o estabelecimento de discriminações ou privilégios, quaisquer que sejam, isto é, de desigualdades entre iguais.

II. Crítica à desigualdade substancial

Por esta razão é que não se pode cogitar de exceção ou exceções ao mencionado princípio constitucional, embora largamente disseminadas ao longo do CPC/1973, como, e.g., a ampliação do prazo em quádruplo e em dobro, respectivamente, para a Fazenda Pública oferecer contestação ou recorrer; e o reexame necessário, nos incisos II e III do art. 475, das sentenças proferidas contra a União, o Estado e o Município. Aliás, não só estas como igualmente outras regras correlatas, revestidas de incontornável inconstitucionalidade, ao favorecerem também a Fazenda Pública e o Ministério Público em determinadas situações processuais de conotação nitidamente patrimonial, que infringem o princípio maior, alusivo à igualdade de todos perante a lei.

O CPC/2015, a propósito deste aspecto criticável, perdeu a oportunidade de dizimar os apontados privilégios, ao manter a "remessa necessária" (art. 496), e estabelecer, como regra, o prazo em dobro para o Ministério Público (art. 180); para a União, Estados, Distrito Federal, Municípios e suas respectivas autarquias e fundações de direito público (art. 183); para a Defensoria Pública, as entidades e os escritórios de prática jurídica das faculdades de Direito, legalmente reconhecidas (art. 186 e § 3º). No entanto, o art. 700, § 6º, admite expressamente a ação monitória em face da Fazenda Pública; e, ainda, no que se refere à delicada questão dos honorários advocatícios, quando a Fazenda Pública é parte, o novo Código, no art. 85, § 3º, traça critérios para a fixação da verba honorária, que evidenciam a valorização e o reconhecimento do exercício profissional do advogado.

III. Abrangência da garantia

Secundando essa tendência, o CPC/2015 apresenta evolução científica a respeito da gratuidade da justiça aos menos favorecidos sob o aspecto financeiro, mediante a assecuração de tal benefício, nos arts. 98 a 102, às pessoas físicas e jurídicas. Nesse particular, vem estabelecida, com tratamento nitidamente desigual, a necessária igualdade ("igualdade substancial") entre os mais e menos afortunados, propiciando a estes idêntica possibilidade de acesso à justiça.

Ressalte-se que a garantia da isonomia espraia-se na realização de todos os atos, devendo o juiz não descurar da bilateralidade da audiência, ou contraditoriedade, que se assenta num importantíssimo regramento, dito princípio de justiça, determinante da exigência de tratamento paritário das partes, a fim de que haja o mais perfeito equilíbrio entre as suas respectivas atividades processuais.

Em síntese: o novel dispositivo em comento reitera a exigência constitucional de que, durante todo o desenrolar do procedimento, o ato praticado por uma das partes seja comunicado à outra, conferindo-lhe, igualmente, a possibilidade de se manifestar, no prazo fixado pela lei ou pelo juiz.

Não é preciso lembrar que a desatenção quanto às garantias da isonomia e do contraditório produz nulidade insanável, consoante construção pretoriana consolidada. V., na jurisprudência: "[...] Esta Corte, em diversos precedentes, tem entendido que o exame psicotécnico deve ser aplicado nos concursos públicos em geral sempre que houver lei prevendo sua exigência. E tal avaliação deverá pautar-se pela objetividade de seus critérios, sob pena de ofensa aos princípios da isonomia, da impessoalidade, da ampla defesa e do contraditório, máxime porque o candidato reprovado certamente encontrará sérios obstáculos à formulação de eventual recurso, diante da obscuridade e da falta de transparência nos motivos que levaram a sua reprovação. Dessa forma, assiste razão ao recorrente-impetrante, sendo de se reconhecer a nulidade do resultado de seu exame psicotécnico devido à subjetividade da avaliação e à ausência de previsão legal dos critérios de avaliação psicotécnica adotados, além do suposto cerceamento do direito à ampla defesa e ao contraditório" (STJ, 2ª Turma, RMS nº 34.576-RN, Rel. Min. Mauro Campbell Marques, v.u., j. 6/9/2011, DJe de 14/9/2011); "[...] 'O princípio do contraditório, com assento constitucional, vincula-se diretamente ao princípio maior da igualdade substancial, sendo certo que essa igualdade, tão essencial ao processo dialético, não ocorre quando uma das partes se vê cerceada em seu direito de produzir ou debater a prova que se produziu' [...]" (STJ, 4ª Turma, REsp nº 74.472-DF, Rel. Min. Cesar Asfor Rocha, v.u., j. 13/5/1996, DJ de 24/6/1996); "[...] O juiz tem o dever de dirigir o processo, assegurando às partes igualdade de tratamento. É ele obrigado a intimar o agravado a oferecer sua resposta, sob pena de ser violado o princípio do contraditório [...]" (STJ, 1ª Turma, REsp nº 199.565-SP, Rel. Min. Garcia Vieira, v.u., j. 16/3/1999, DJ de 3/5/1999).

Art. 8º - Ao aplicar o ordenamento jurídico, o juiz atenderá aos fins sociais e às exigências do bem comum, resguardando e promovendo a dignidade da pessoa humana e observando a proporcionalidade, a razoabilidade, a legalidade, a publicidade e a eficiência.

I. Aspectos gerais

Contendo verdadeira cláusula aberta, essa verba legal fornece importante instrumental hermenêutico ao julgador, a partir de princípios e regras de índole constitucional.

Não podendo se valer de juízo de equidade (art. 140, parágrafo único), o juiz, ao formar o seu convencimento, além de estar circunscrito ao material que consta do processo (art. 141), deverá eleger o fundamento jurídico mais adequado para aplicá-lo ao caso concreto, não podendo desconsiderar "os fins sociais e as exigências do bem comum".

A primeira parte do enunciado do art. 8º é repetição do art. 5º da Lei de Introdução às Normas do Direito Brasileiro (antiga LICC), pelo qual é autorizada a adequação das normas no momento de sua incidência. A interpretação a partir da finalidade social da lei deve nortear toda aplicação do ordenamento jurídico. O conceito de bem comum depende de aspectos políticos e ideológicos, e, ainda, de diversos elementos ou fatores, que encerram importantes valores, como a liberdade, a paz, a justiça e a segurança. O ordenamento jurídico é construído à luz da concepção do bem comum, vale dizer, dos ideais pelos quais uma determinada sociedade é regida.

Tenha-se presente que, na interpretação do Estatuto da Criança e do Adolescente, "levar-se-ão em conta os fins sociais a que ela se dirige, as exigências do bem comum, os direitos e deveres individuais e coletivos, e a condição peculiar da criança e do adolescente como pessoas em desenvolvimento" (art. 6º da Lei nº 8.069/1990).

Igualmente, dispõe o art. 6º da Lei nº 9.099/1995 (Juizados Especiais) que: "O juiz adotará em cada caso a decisão que reputar mais justa e equânime, atendendo aos fins sociais e às exigências do bem comum".

II. Abrangência da regra

Atendendo aos fins sociais e às exigências do bem comum – dois princípios legais de hermenêutica –, a jurisprudência pátria se manifesta, e.g., no seguinte sentido: "[...] O ponto de partida, certamente, deve ser a letra da lei, não devendo, contudo, ater-se exclusivamente a ela. De há muito, o brocardo in claris cessat interpretatio vem perdendo espaço na hermenêutica jurídica e cede à necessidade de se interpretar todo e qualquer direito a partir da proteção efetiva do bem jurídico, ainda que eventual situação fática não tenha sido prevista, especificamente, pelo legislador. Obrigação do juiz, na aplicação da lei, em atender aos fins sociais a que ela se dirige e às exigências do bem comum (art. 5º da Lei de Introdução às Normas de Direito Brasileiro). Mas, quando a lei não encontra no mundo fático suporte concreto na qual deva incidir, cabe ao julgador integrar o ordenamento, mediante analogia, costumes e princípios gerais do direito [...]" (STJ, 2ª Turma, REsp nº 1.251.566-SC, Rel. Min. Mauro Campbell Marques, v.u., j. 7/6/2011, DJe de 14/6/2011, grifo nosso); "[...] A 2ª Seção desta Corte firmou entendimento segundo o qual são abusivas as cláusulas de contrato de plano de saúde limitativas do tempo de internação, 'notadamente em face da impossibilidade de previsão do tempo da cura, da irrazoabilidade da suspensão do tratamento indispensável, da vedação de restringir-se em contrato direitos fundamentais e da regra de sobredireito, contida no art. 5º da Lei de Introdução ao Código Civil, segundo a qual, na aplicação da lei, o juiz deve atender aos fins sociais a que ela se dirige a às exigências do bem comum'. Súmula 302/STJ [...]" (STJ, 4ª Turma, REsp nº 361.415-RS, Rel. Min. Luis Felipe Salomão, v.u., j. 2/6/2009, DJe de 15/6/2009, grifo nosso); "[...] Verifica-se que está havendo uma cobrança, sem a observância da comutatividade, o que implica desequilíbrio contratual, em desacordo com o disposto no art. 4º, III, do CDC, se mostrando excessivamente onerosa para o consumidor, colocando-o em desvantagem exagerada, o que é vedado pelos arts. 39, V, e 51, IV, XV e § 1º, II e III, do CDC, e leva ao reconhecimento de sua nulidade de pleno direito. Reputo que a decisão mais justa e equânime em atendimento aos fins sociais da lei e às exigências do bem comum (art. 6º da Lei 9.099/95), em respeito aos princípios da vulnerabilidade objetiva dos consumidores e do equilíbrio contratual (art. 4º do CDC), é a que divide o valor da mensalidade de R$ 599,00 em sete partes de R$ 85,57 [...]" (STF, ARE nº 671.418-MG, decisão monocrática, Min. Dias Toffoli, j. 26/6/2012, DJe de 1º/8/2012, grifo nosso).

Saliente-se, por outro lado, que os princípios da proporcionalidade, da razoabilidade e da legalidade, embora diferentes, constituem instrumentos de contenção dos excessos e abusos dos tribunais, impedindo-os de proferir decisões revestidas de arbítrio.

A proporcionalidade, como princípio do Estado de Direito, é uma garantia fundamental para a concretização dos valores consagrados na CF. E essa proporcionalidade deve ser sopesada não pelos critérios pessoais do juiz e dos termos literais da lei, mas segundo padrões éticos da sociedade em que vive.

Na direção do processo e nas decisões que proferem, os magistrados devem exercer as suas respectivas funções norteados pela razoabilidade de seus atos a fim de legitimá-los.

O princípio da legalidade, a seu turno, implica que o órgão jurisdicional encontra-se submetido ao Direito, ao ordenamento jurídico, às normas e princípios constitucionais, devendo buscar como meta a igualdade na própria lei.

Infere-se que tais princípios têm orientado inúmeras decisões de nossos tribunais. Confira-se, a propósito: "[...] O Tribunal manteve o valor compensatório em R$ 10.000,00 (dez mil reais), de acordo com as peculiaridades do caso em concreto, seguindo os princípios da razoabilidade e proporcionalidade. Para que se possa rever referida quantia, faz-se necessário o reexame dos fatos e provas constantes dos autos, medida defesa na presente fase processual [...]" (STJ, 3ª Turma, AgRg no Agravo em REsp nº 636.132-MG, Rel. Min. Marco Aurélio Bellizze, v.u., j. 24/3/2015, DJe de 7/4/2015, grifo nosso); "[...] Em regra, não é cabível, na via especial, a revisão do montante indenizatório fixado pela instância de origem, ante a impossibilidade de análise de fatos e provas, conforme a Súmula 7/STJ. Contudo, a jurisprudência desta Corte admite, em caráter excepcional, a alteração do quantum arbitrado, caso se mostre irrisório ou exorbitante, em clara afronta aos princípios da razoabilidade e da proporcionalidade, o que não ocorreu no caso concreto [...]" (STJ, 1ª Turma, AgRg no Agravo em REsp nº 665.221-PR, Rel. Min. Sérgio Kukina, v.u., j. 24/3/2015, DJe de 6/4/2015, grifo nosso); "[...] Somente em hipóteses excepcionais, quando irrisório ou exorbitante o valor da indenização por danos morais arbitrado na origem, a jurisprudência desta Corte permite o afastamento do referido óbice para possibilitar a revisão. No caso, o valor arbitrado pelo Tribunal de origem não se distancia dos parâmetros da razoabilidade e da proporcionalidade [...]" (STJ, 4ª Turma, AgRg no Agravo em REsp nº 654.165-RJ, Rel. Min. Antonio Carlos Ferreira, v.u., j. 24/3/2015, DJe de 30/3/2015, grifo nosso).

Cumpre ressaltar, por fim, que a publicidade e a eficiência, também contempladas no enunciado do art. 8º, já foram aludidas em várias anotações aos precedentes artigos.

Art. 9º - Não se proferirá decisão contra uma das partes sem que ela seja previamente ouvida.
Parágrafo único - O disposto no caput não se aplica:
I - à tutela provisória de urgência;
II - às hipóteses de tutela da evidência previstas no art. 311, incisos II e III;
III - à decisão prevista no art. 701.

I. Amplitude do contraditório

O princípio constitucional do contraditório – e o seu desdobramento na garantia do direito de defesa – corresponde a um postulado considerado eterno. Realmente, nenhuma restrição de direitos pode ser admitida sem que se propicie à pessoa interessada a produção de ampla defesa (nemo inauditus damnari potest), e, consequentemente, esta só poderá efetivar-se em sua plenitude com o estabelecimento da participação ativa e contraditória dos sujeitos parciais em todos os atos e termos do processo.

É que, aliás, ampliando, explicitamente, tradicional regra de nosso ordenamento jurídico, a garantia do contraditório foi elevada ao plano constitucional, no Brasil, pela Constituição de 1946 (art. 141, § 25), tendo sido conservada na Carta de 1967, com a redação que lhe deu a Emenda nº 1, de 1969 (art. 153, § 16), e reiterada na atual CF no inciso LV do art. 5º: "aos litigantes, em processo judicial ou administrativo, e aos acusados em geral são assegurados o contraditório e ampla defesa, com os meios e recursos a ela inerentes".

O processo judicial, arbitral ou administrativo, como instituição eminentemente dialética, em qualquer de suas vertentes, encontra-se sob a égide do princípio do contraditório. Não se faz possível conceber um processo unilateral, no qual atue somente uma parte, visando à obtenção de vantagem em detrimento do adversário, sem que se lhe conceda oportunidade para apresentar as suas razões. Se não deduzi-las, a despeito de ter sido convocado, sofrerá os ônus da inatividade, situação que lhe poderá ser prejudicial. O contraditório, ademais, deve igualmente ser observado no desenvolvimento do processo, para que ambos os protagonistas, em franca colaboração com o juiz, possam efetivamente participar e influir no provimento final.

Acrescente-se que, garantindo aos sujeitos parciais uma equivalência nas respectivas posições, por eles assumidas, o princípio do contraditório sedimenta-se na possibilidade de atuação não em momentos episódicos, mas em todo o iter procedimental, numa sequência de atuações, estratégias e reações, que tornam efetiva a ampla defesa, evitando-se indesejada "decisão-surpresa".

É sabido que a plenitude da contraditoriedade, exercida no processo de conhecimento, não tem a mesma extensão no âmbito da fase de cumprimento de sentença ou no do processo de execução. Seja como for, na execução, tanto o exequente quanto o executado têm direito de ser cientificados dos atos processuais. As partes, no cumprimento de sentença e na execução, podem recorrer dos pronunciamentos judiciais. Diante de eventual questão a ser enfrentada pelo juiz, devem ser intimadas para manifestar-se, contribuindo com o convencimento do magistrado, em atividade tipicamente cooperativa.

Já no que se refere ao princípio do contraditório à luz do CPC/2015, é de se assinalar que o objetivo precípuo da Comissão de Juristas que elaborou o respectivo Anteprojeto veio revelado na própria exposição de motivos, ao ser enfatizado, com todas as letras, que: "A necessidade de que fique evidente a harmonia da lei ordinária em relação à Constituição Federal da República fez com que se incluíssem no Código, expressamente, princípios constitucionais, na sua versão processual. Por outro lado, muitas regras foram concebidas, dando concreção a princípios constitucionais, como, por exemplo, as que preveem um procedimento, com contraditório e produção de provas, prévio à decisão que desconsidera da pessoa jurídica, em sua versão tradicional, ou às 'avessas'. Está expressamente formulada a regra no sentido de que o fato de o juiz estar diante de matéria de ordem pública não dispensa a obediência ao princípio do contraditório [...]" (grifo nosso).

Verifica-se, pois, que, em perfeita simetria com o princípio da publicidade e com o denominado princípio da cooperação entre os protagonistas do processo, a garantia do contraditório é expressamente contemplada neste art. 9º e, ainda, de algum modo, referenciada nos seguintes artigos do CPC/2015: 10, 18, parágrafo único, 98, § 1º, inciso VIII, 115, 135, 329, inciso II, 371, caput e § 2º, 372, 437, § 1º, 493, 503, § 1º, inciso II, 511, 592, 853, 962, § 2º, 983, 1.023, § 2º, 1.036, § 2º. E isso bem demonstra a preocupação do legislador em resguardar, de forma pormenorizada, o contraditório, que é considerado cânone fundamental do processo.

Não podendo ser diferente, os nossos tribunais também exaltam a garantia do contraditório: v., por exemplo: "[...] A intimação da parte agravada para resposta é procedimento natural de preservação do princípio do contraditório, nos termos do art. 527, V, do CPC. A dispensa do referido ato processual ocorre tão somente quando o relator nega seguimento ao agravo (art. 527, I), uma vez que essa decisão beneficia a agravada, razão pela qual se conclui que a intimação para apresentar contrarrazões é condição de validade da decisão que causa prejuízo aos recorrentes [...]" (STJ, 2ª Turma, AgRg no REsp nº 1.506.408-RS, Rel. Min. Herman Benjamin, v.u., j. 19/3/2015, DJe de 6/4/2015); "[...] A jurisprudência do STJ consolidou-se no sentido de que, havendo elementos para a identificação dos interessados e sendo certo o domicílio, a intimação para participação no procedimento demarcatório de terreno de marinha deverá ser realizada de forma pessoal. A desobediência ao correto procedimento administrativo de demarcação ocasiona a sua nulidade por ofensa aos princípios do contraditório e da ampla defesa [...]" (STJ, 2ª Turma, AgRg no Agravo em REsp nº 598.403-RS, Rel. Min. Herman Benjamin, v.u., j. 16/12/2014, DJe de 3/2/2015); "[...] Conquanto inexista previsão legal expressa quanto à necessidade da intimação do embargado para impugnar embargos declaratórios, a jurisprudência dos Tribunais Superiores pacificou-se no sentido de sua exigência, nos casos de resultado modificativo, sob pena de violação do princípio do contraditório e da ampla defesa. Precedentes: REsp. 686752-PA, Rel. Min. Eliana Calmon, DJ 27/06/2005; EEDAGA. 314.971-ES, Rel. Min. Luiz Fux, 1ª Turma, v. u., DJ 31/05/2004; REsp. 316.202-RJ, Rel. Min. Humberto Gomes de Barros, 1ª Turma, v. u., DJ 15/12/2003. É cediço na doutrina que: O princípio do contraditório é reflexo da legalidade democrática do processo e cumpre os postulados de todo e qualquer procedimento que o abandone. A técnica de reconstituição dos fatos através da fala de ambas as partes decorre da necessidade de o juiz prover, o quanto possível, aproximado da realidade. Trata-se de instituto inspirado no dever de colaboração entre as partes para com o juízo e na isonomia processual [...]" (STJ, 1ª Turma, REsp nº 1.080.808-MG, Rel. Min. Luiz Fux, v.u., j. 12/5/2009, DJe de 3/6/2009).

Apenas por ilustração, dentre as novidades de destaque do CPC/2015, merece elogio a exigência de contraditório no âmbito do denominado incidente de desconsideração da personalidade jurídica (art. 133). Dispõe, com efeito, o art. 135 que: "Instaurado o incidente, o sócio ou a pessoa jurídica será citado para manifestar-se e requerer as provas cabíveis no prazo de 15 (quinze) dias". Este era mesmo um tema que reclamava tratamento legislativo. A existência de duas categorias bem nítidas de "terceiros" impõe diferente solução na aferição da respectiva responsabilidade patrimonial. A situação na qual o sócio continua na administração da pessoa jurídica executada não é análoga àquela em que o sócio há muito tempo retirou-se do quadro social. A surpresa da desconsideração da personalidade jurídica para este último, supostamente responsável, recomenda a amplitude da defesa, centrada na sua participação efetiva no mencionado incidente processual.

II. Exceções à regra

A despeito da clareza do enunciado do art. 9º, ora em comento, cabe aqui uma rápida observação. Excepciona-se, nos incisos I a III, o prévio contraditório naquelas situações de urgência ou que possam ocasionar a frustração do direito do requerente. O disposto no inciso I é bem abrangente, incluindo inúmeras situações nominadas no próprio diploma processual, como o arresto (art. 301) e a busca e apreensão (art. 536, § 1º).

Seja como for, em todas estas hipóteses, o contraditório se descortina "postcipato", como, e.g., a técnica do procedimento monitório (CPC/2015, art. 701), em que o pronunciamento jurisdicional perseguido é proferido inaudita altera parte, diferindo-se para um momento ulterior a possibilidade de manifestação da outra parte. Frise-se que tal particularidade, admitida também em caráter excepcional em outras legislações modernas, não fere o devido processo legal.

Art. 10 - O juiz não pode decidir, em grau algum de jurisdição, com base em fundamento a respeito do qual não se tenha dado às partes oportunidade de se manifestar, ainda que se trate de matéria sobre a qual deva decidir de ofício.

I. Aspectos gerais

O enunciado desse dispositivo constitui desdobramento do art. 9º, ao vedar, com todas as letras, o denominado "fundamento-surpresa", ainda que se trate de matéria cognoscível de ofício. Conexos, ainda, com a mesma mens legislatoris, determinam o parágrafo único do art. 493 que: "Se constatar de ofício o fato novo, o juiz ouvirá as partes sobre ele antes de decidir"; e o § 5º do art. 921: "O juiz, depois de ouvidas as partes, no prazo de 15 (quinze) dias, poderá, de ofício, reconhecer a prescrição de que trata o § 4º e extinguir o processo".

Fácil é verificar que estas regras estão definitivamente afinadas com a moderna ótica da ciência processual, que não admite, em hipótese alguma, a surpresa aos litigantes, decorrente de decisão escudada em ponto jurídico fundamental por eles não alvitrado. O tribunal deve, portanto, dar conhecimento prévio de em qual direção o direito subjetivo encontra-se vulnerável, aproveitando apenas os fatos sobre os quais as partes tenham tomado posição. Dessa forma, é evidente que os litigantes terão oportunidade de defender o seu direito e, sobretudo, influir na decisão judicial. É certo que a liberdade outorgada ao tribunal, no que se refere à eleição da norma a ser aplicada, independentemente de ser ela invocada pelos litigantes, decorrente do aforismo iura novit curia, não dispensa a prévia manifestação das partes acerca da questão alvitrada pelo juiz, em inafastável homenagem ao princípio do contraditório. Assevere-se, com prestigiosa doutrina, que este cuidado do legislador não concerne apenas ao interesse das partes, mas se encontra também voltado ao próprio interesse público, na medida em que a qualquer surpresa, qualquer ocorrência inesperada, torna-se mais distante a credibilidade da sociedade na administração da justiça.

II. Amplitude da regra

Verdadeiro dever de consulta do juiz, a cooperação aqui contemplada impõe ao tribunal conceder às partes a oportunidade de manifestação sobre qualquer questão de fato ou de direito. O juiz, antes de se pronunciar sobre determinada matéria não debatida, ainda que seja de conhecimento oficioso, deve abrir prazo para prévia discussão pelas partes, evitando, desse modo, seja proferida decisão calcada em "fundamento-surpresa", circunstância que acarreta a nulidade do pronunciamento judicial por violação à garantia da ampla defesa.

Não é preciso salientar que, quando se consegue a participação no iter de formação de um provimento decisório daqueles que serão os seus destinatários, obtém-se evidente legitimação da tutela do direito litigioso.

III. Julgado

"Vistos. 1) À luz da decisão que deferiu a recuperação judicial da empresa [...], autos n. 0203711-65.2016.8.19.0001, cabível, aqui, o regular trâmite, porquanto não abarcado este caso pelas delimitações da suspensão lá estipulada. 2) Em análise aos autos, depreende-se, ao que tudo indica, indícios de litispendência em relação aos contratos de fls. 293 e 298. A documentação apresentada até o momento, porém, mostra-se insuficiente à verificação da respectiva ocorrência, razão pela qual, determino a apresentação, pela ré, dos documentos aptos ao conhecimento desta questão. Embora a sobredita lacuna seja passível de cognição 'ex officio' (CPC, art. 337, § 5º), por força do substrato principiológico na novel legislação processual, faz-se imprescindível prévia oitiva das partes (CPC, arts. 9 e 10). A propósito, extrai-se do escólio doutrinário: 'Verdadeiro dever de consulta do juiz, a cooperação aqui contemplada impõe ao tribunal conceder às partes a oportunidade de manifestação sobre qualquer questão de fato ou de direito. O juiz, antes de se pronunciar sobre determinada matéria não debatida, ainda que seja de conhecimento oficioso, deve abrir prazo para prévia discussão pelas partes, evitando, desse modo, seja proferida decisão calcada em 'fundamento-surpresa', circunstância que acarreta a nulidade do pronunciamento judicial por violação à garantia da ampla defesa' (coordenação: Cruz e Tucci, José Rogério; et al. Código de Processo Civil anotado. São Paulo: AASP, 2015, p. 21). Diante desse cenário, converto o julgamento em diligência, para manifestação da ré, em quinze dias, acerca das questões lançadas no item 2 [...]" (TJSC, 5ª C. Cível, Proc. nº 0832503-75.2013.8.24.0023).

Art. 11 - Todos os julgamentos dos órgãos do Poder Judiciário serão públicos, e fundamentadas todas as decisões, sob pena de nulidade.
Parágrafo único - Nos casos de segredo de justiça, pode ser autorizada a presença somente das partes, de seus advogados, de defensores públicos ou do Ministério Público.

I. Generalidades

A publicidade e o dever de motivação estão consagrados, pela moderna doutrina processual, na esfera dos direitos fundamentais, como pressupostos do direito de defesa e da imparcialidade e independência do juiz.

A publicidade do processo constitui um imperativo de conotação política, introduzido, nos textos constitucionais contemporâneos, pela ideologia liberal, como verdadeiro instrumento de controle da atividade dos órgãos jurisdicionais.

A garantia em tela justifica-se na exigência política de evitar a desconfiança popular na administração da justiça, até porque a publicidade consiste num mecanismo apto a controlar a falibilidade humana dos juízes.

Considere-se, por outro lado, que, ao lado da publicidade, é absolutamente imprescindível que o pronunciamento da justiça, destinado a assegurar a inteireza da ordem jurídica, realmente se funde na lei; e é preciso que esse fundamento se manifeste, para que se possa saber se o império da lei foi na verdade assegurado.

Com efeito, tendo-se presente a dimensão de seu significado jurídico-político, desponta, na atualidade, a necessidade de controle (extraprocessual) "generalizado" e "difuso" sobre o modus operandi do juiz no tocante à administração da justiça.

Daí por que, a exemplo da publicidade dos atos processuais, o dever de motivação dos atos decisórios vem catalogado entre as garantias estabelecidas nas Constituições democráticas com a primordial finalidade de assegurar a transparência das relações dos jurisdicionados perante o poder estatal e, em particular, nas circunstâncias em que é exigida a prestação jurisdicional.

A garantia da motivação representa a derradeira manifestação do contraditório, no sentido de que o dever imposto ao juiz de enunciar os fundamentos de seu convencimento traduz-se no de considerar os resultados do efetivo debate judicial.

Embora as respectivas garantias da publicidade e do dever de motivação não tenham sido inseridas no rol dos Direitos e Garantias Fundamentais, o legislador constituinte brasileiro as situou nas disposições gerais atinentes ao Poder Judiciário: art. 93, inciso IX: "todos os julgamentos dos órgãos do Poder Judiciário serão públicos, e fundamentadas todas as decisões, sob pena de nulidade, podendo a lei, se o interesse público o exigir, limitar a presença, em determinados atos, às próprias partes e a seus advogados, ou somente a estes".

Seja como for, ambas, com efeito, foram contempladas na CF em vigor, como autênticas garantias processuais.

II. Garantia da publicidade dos atos processuais

No que concerne à garantia da publicidade, verifica-se, de logo, que o novo diploma legal, além de se manter fiel aos dogmas clássicos do processo liberal, assegurando, como regra, a publicidade absoluta ou externa, mostra considerável aperfeiçoamento em relação à antiga legislação. Esclareça-se que publicidade absoluta ou externa é aquela que autoriza o acesso, na realização dos respectivos atos processuais, não só das partes, mas ainda do público em geral; publicidade restrita ou interna, pelo contrário, é aquela na qual alguns ou todos os atos se realizam apenas perante as pessoas diretamente interessadas e seus respectivos procuradores judiciais, ou, ainda, somente com a presença destes.

Em primeiro lugar, como norma de caráter geral, praticamente repetindo o mandamento constitucional (CF, art. 93, inciso IX), dispõe o caput da regra legal sob análise que: "Todos os julgamentos dos órgãos do Poder Judiciário serão públicos, e fundamentadas todas as decisões, sob pena de nulidade".

III. Publicidade restrita

A exceção vem preconizada no respectivo parágrafo único do art. 11. Coerente com tal enunciado, o art. 189 do CPC/2015 preceitua que: "Os atos processuais são públicos, todavia tramitam em segredo de justiça os processos: I - em que o exija o interesse público ou social; II - que versem sobre casamento, separação de corpos, divórcio, separação, união estável, filiação, alimentos e guarda de crianças e adolescentes; III - em que constem dados protegidos pelo direito constitucional à intimidade; IV - que versem sobre arbitragem, inclusive sobre cumprimento de carta arbitral, desde que a confidencialidade estipulada na arbitragem seja comprovada perante o juízo. § 1º - O direito de consultar os autos de processo que tramite em segredo de justiça e de pedir certidões de seus atos é restrito às partes e aos seus procuradores. § 2º - O terceiro que demonstrar interesse jurídico pode requerer ao juiz certidão do dispositivo da sentença, bem como de inventário e partilha resultante de divórcio ou separação".

Mais condizente com o atual ordenamento jurídico, o novel texto manteve, em linhas gerais, a regra do art. 155 do CPC/1973.

Cabem aqui, pois, algumas observações. Nota-se que, assim como o parágrafo único do art. 11, o art. 189 continua utilizando a anacrônica expressão "segredo de justiça", em vez daquela muito mais técnica, qual seja "regime de publicidade restrita".

Ademais, o interesse a preservar, muitas vezes, não é apenas de conotação "pública", mas, sim, "privada" (como, por exemplo, casos de erro médico, nos quais a prova produzida pode vulnerar a dignidade da pessoa envolvida), ou seja, de um ou de ambos os litigantes, devendo o juiz, norteado pelo inciso X do art. 5º da CF, valer-se do princípio da proporcionalidade, para determinar a publicidade restrita na tramitação do respectivo processo. Observe-se que a própria CF, no art. 5º, inciso LX, autoriza a publicidade restrita para proteger a intimidade das partes: "a lei só poderá restringir a publicidade dos atos processuais quando a defesa da intimidade ou o interesse social o exigirem".

Aduza-se, por outro lado, que, a teor de acórdão da 4ª Turma do STJ, de relatoria do ministro Fernando Gonçalves, no julgamento do REsp nº 253.058-MG, restou assentado que: "Nos casos de pessoas públicas, o âmbito de proteção dos direitos da personalidade se vê diminuído, sendo admitidas, em tese, a divulgação de informações aptas a formar o juízo crítico dos eleitores sobre o caráter do candidato".

Andou bem o legislador, ao zelar, de forma expressa (inciso III), pela garantia constitucional da privacidade/intimidade de informações respeitantes às partes ou mesmo a terceiros (CF, art. 5º, inciso XII). Mas isso não basta. Há também outros dados, que, embora não preservados pela mencionada garantia, quando revelados, em muitas circunstâncias, acarretam inequívoco prejuí-zo a um dos litigantes. Refiro-me, em particular, às ações concorrenciais, que têm por objeto dados atinentes à propriedade intelectual, ao segredo industrial, ao cadastro de clientes, etc. Estas informações, igualmente, merecem ser objeto de prova produzida em "regime de publicidade restrita".

Acrescente-se, outrossim, que no capítulo "Da Audiência de Instrução e Julgamento", o art. 368 do novo diploma, de forma incisiva (e até redundante), reza que: "A audiência será pública, ressalvadas as exceções legais".

IV. Garantia da motivação das decisões

Já, por outro lado, quanto ao dever de motivação, partindo-se da regra geral anteriormente transcrita, fácil é concluir que, em princípio, o CPC sancionado não admite pronunciamento judicial, de natureza decisória, despida de adequada fundamentação.

E, desse modo, preceitua o art. 489, inciso II, que o modelo ideal de sentença deve conter, entre os seus requisitos formais, "os fundamentos, em que o juiz analisará as questões de fato e de direito".

Reproduzindo, portanto, o disposto no art. 458, inciso II, do CPC/1973, o CPC/2015 impõe o dever de motivação como pressuposto de validade dos atos decisórios (art. 11 c.c. art. 489, inciso II).

É de se entender que as decisões interlocutórias, as sentenças terminativas (isto é, "sem resolução do mérito"), os acórdãos interlocutórios e, ainda, as decisões monocráticas que admitem ou negam seguimento a recurso comportam fundamentação mais singela, sem embargo da excepcional possibilidade de o juiz ou tribunal deparar-se com situação que imponha motivação complexa.

As sentenças e os acórdãos definitivos (isto é, "com resolução do mérito") devem preencher, rigorosamente, a moldura traçada no referido art. 489, ou seja, conter, no plano estrutural, os elementos essenciais neste exigidos.

V. Decisão desmotivada

De resto, segundo entendimento doutrinário e jurisprudencial generalizado, a falta de exteriorização da ratio decidendi do pronunciamento judicial acarreta a sua invalidade. E nulas, do mesmo modo, restarão as decisões administrativas dos tribunais, sempre que não fundamentadas, aplicando-se-lhes a cominação prevista no inciso IX do art. 93 da CF e expressamente reiterada no artigo ora anotado. Confira-se: "1. A jurisprudência desta Corte Superior de Justiça admite que decisões judiciais adotem manifestações exaradas no processo em outras peças, desde que haja um mínimo de fundamento, com transcrição de trechos das peças às quais há indicação (per relationem). 2. No presente caso, a decisão tida como não fundamentada foi proferida nos seguintes termos: 'Indefiro o pedido de indisponibilidade dos bens do réu, bem como o sequestro de bens e valores dos seus representantes, dada a juntada pelo Requerido dos documentos de fls. 336-579, que elidem a existência de fumus boni juris e periculum in mora necessários para a medida cautelar constritiva postulada'. 3. A simples remissão empreendida pelo Juiz a quo na decisão agravada a mais de duas centenas de documentos não permite aferir quais foram as razões ou fundamentos incorporados à sua decisão para indeferir a indisponibilidade dos bens do réu, bem como o sequestro de bens e valores dos seus representantes, exsurgindo, daí, a nulidade do julgado. 4. Recurso especial provido" (STJ, 2ª Turma, REsp nº 1.399.997-AM, Rel. Min. Mauro Campbell Marques, v.u., j. 17/10/2013, DJe 24/10/2013); "1. Se, em sede de embargos de declaração, o Tribunal se nega a apreciar todos os fundamentos que se apresentam nucleares para a decisão da causa e tempestivamente interpostos, comete ato de entrega de prestação jurisdicional imperfeito, devendo ser complementado. In casu, omitiu-se o julgado em emitir pronunciamento sobre a multa moratória de 30% sobre o valor do débito do ICMS. 2. Reconhecida essa precariedade no acórdão dos embargos, via recurso especial, decreta-se a sua nulidade, determinando-se o retorno dos autos à origem para que seja proferido novo julgamento com o exame obrigatório de todas as questões suscitadas pela contribuinte, apreciando-se e decidindo-se como melhor for construído o convencimento a respeito. 3. Recurso especial provido" (STJ, 1ª Turma, REsp nº 311;022-SP, Rel. Min. José Delgado, v.u., j. 7/6/2001, DJ de 27/8/2001); "1. A matéria agitada no recurso especial, cuja caminhada foi obstada, merece ser reapreciada no âmbito desta Corte de Justiça. Diante disso, necessário se faz determinar a subida do recurso especial, sem prejuízo do juízo de admissibilidade definitivo que será oportunamente realizado neste Tribunal. 2. Ademais, o despacho de admissibilidade negativo, exercido pelo Tribunal de origem, é extremamente genérico. Este fato, por si só, prejudica o exercício do direito de defesa da parte, que fica impossibilitada de compreender quais os pontos específicos que obstaram a subida do apelo [...] Por fim, não custa lembrar que quando o Tribunal de origem afirma que os fundamentos do recurso especial não são suficientes para infirmar as conclusões do acórdão, ele acaba por adentrar na questão de fundo e a exercer juízo de valor que compete a esta Corte Superior [...]" (STJ, 2ª Turma, AgRg no AI nº 1.264.053-SP, Rel. Min. Humberto Martins, v.u., j. 16/3/2010, DJe de 16/4/2010).

O CPC/2015, por outra ótica, prevê original e importante regra no § 1º do art. 489. Atento, ainda uma vez, ao mandamento constitucional do dever de motivação, o CPC/2015, de forma até pedagógica, estabelece os vícios mais comuns que comprometem a higidez do ato decisório.

Se de fato o referido dispositivo legal (art. 489, § 1º) for observado com rigor, verifica-se facilmente que inúmeros provimentos judiciais, inclusive do STJ, serão formalmente "reprovados", porque, como a praxe evidencia, reportam-se ou simplesmente transcrevem a ementa de precedentes, à guisa de fundamentação!

Vigente o CPC/2015, estarão, pois, acoimadas de inarredável nulidade decisões que forem lançadas com o seguinte conteúdo: "[...] Trata-se de recurso especial no qual se alega ofensa a dispositivos de lei federal e dissídio jurisprudencial. O recurso não reúne condições de admissibilidade. Quanto à alegada vulneração aos dispositivos arrolados, observe-se não ter sido demonstrada sua ocorrência, eis que as exigências legais na solução das questões de fato e de direito da lide foram atendidas pelo acórdão ao declinar as premissas nas quais assentada a decisão. Ademais, o acórdão, ao decidir da forma impugnada, assim o fez em decorrência de convicção formada pela Turma Julgadora diante das provas e das circunstâncias fáticas próprias do processo sub judice, sendo certo, por esse prisma, aterem-se as razões do recurso a uma perspectiva de reexame desses elementos. A esse objetivo, todavia, não se presta o reclamo, a teor do disposto na súmula 7 do Superior Tribunal de Justiça, suficiente para obstar o seguimento do recurso, quer pela alínea a, quer pela alínea c do permissivo constitucional. Ante o exposto, nego seguimento ao recurso especial [...]".

Pelo que representa em termos de respeito ao devido processo legal, afinal, a garantia do acesso à justiça só poderá ser considerada atendida se, ao fim, as alegações das partes forem levadas em consideração pelos juízes; e, ainda, pela inestimável contribuição proveniente de pronunciamentos judiciais mais justos, porque mais próximos às peculiaridades de cada caso concreto. Não é exagero afirmar que o art. 489, § 1º, tão atacado pelas entidades representativas de magistrados, constitui uma das principais inovações do CPC/2015, o que estimula o intérprete, portanto, a rebater tantas quantas forem as objeções suscitadas em desfavor de sua vigência, ou que tentem limitar de alguma forma a sua respectiva aplicação.

Art. 12 - Os juízes e os tribunais atenderão, preferencialmente, à ordem cronológica de conclusão para proferir sentença ou acórdão. (Redação dada pela Lei nº 13.256, de 4 de fevereiro de 2016)

§ 1º - A lista de processos aptos a julgamento deverá estar permanentemente à disposição para consulta pública em cartório e na rede mundial de computadores.

§ 2º - Estão excluídos da regra do caput:

I - as sentenças proferidas em audiência, homologatórias de acordo ou de improcedência liminar do pedido;

II - o julgamento de processos em bloco para aplicação de tese jurídica firmada em julgamento de casos repetitivos;

III - o julgamento de recursos repetitivos ou de incidente de resolução de demandas repetitivas;

IV - as decisões proferidas com base nos arts. 485 e 932;

V - o julgamento de embargos de declaração;

VI - o julgamento de agravo interno;

VII - as preferências legais e as metas estabelecidas pelo Conselho Nacional de Justiça;

VIII - os processos criminais, nos órgãos jurisdicionais que tenham competência penal;

IX - a causa que exija urgência no julgamento, assim reconhecida por decisão fundamentada.

§ 3º - Após elaboração de lista própria, respeitar-se-á a ordem cronológica das conclusões entre as preferências legais.

§ 4º - Após a inclusão do processo na lista de que trata o § 1º, o requerimento formulado pela parte não altera a ordem cronológica para a decisão, exceto quando implicar a reabertura da instrução ou a conversão do julgamento em diligência.)

§ 5º - Decidido o requerimento previsto no § 4º, o processo retornará à mesma posição em que anteriormente se encontrava na lista.

§ 6º - Ocupará o primeiro lugar na lista prevista no § 1º ou, conforme o caso, no § 3º, o processo que:

I - tiver sua sentença ou acórdão anulado, salvo quando houver necessidade de realização de diligência ou de complementação da instrução;II - se enquadrar na hipótese do art. 1.040, inciso II.

I. Ordem cronológica da sentença

Contendo norma de cunho prático e moralizador, na redação aprovada, dispunha o caput do art. 12 do CPC que os órgãos jurisdicionais, sem exceção, deveriam determinar a conclusão dos processos para proferir o respectivo julgamento, seguindo a ordem de entrada, do mais antigo para o mais recente. De um lado, os jurisdicionados e os advogados passavam a ter uma expectativa mais concreta da época em que aproximadamente a causa será julgada em primeiro grau e, ainda, perante o tribunal; de outro, evitava-se, com essa previsão temporal, que o magistrado postergasse o julgamento de processos volumosos ou, ainda, que transgredisse a cronologia para atender a alguma solicitação de amigo.

Não é preciso dizer que tal regra legal foi aplaudida pela sociedade, em geral, e pelos advogados, em particular.

Todavia, por motivos bem sabidos, de desagrado de boa parte da magistratura, mais recentemente, antes mesmo da entrada em vigor do diploma processual, sobreveio, em 4 de fevereiro de 2016, a Lei nº 13.256, que, dentre outras alterações, modificou substancialmente o enunciado do art. 12, inserindo o vocábulo "preferencialmente", que acabou retirando toda a eficácia positiva da norma em apreço. De um dever judicial passa-se a mera faculdade, embora acentuado o caráter preferencial de respeito à cronologia da entrada em juízo dos respectivos processos.

Seja como for, é de aduzir-se, sem embargo desta criticável e inoportuna inovação legislativa, que os cartórios, respeitadas as preferências legais, deverão elaborar uma lista dos processos que forem enviados à conclusão do juiz ou do relator, disponibilizando-a à consulta pública na própria serventia e, ainda, na internet, provavelmente, no sítio eletrônico do respectivo tribunal.

Preservando a antiguidade do processo, é interessante notar que, a teor do § 6º, inciso I, se o tribunal, por exemplo, anular a sentença, o processo retornará à vara de origem, mas ocupará o primeiro lugar da lista, "salvo quando houver necessidade de realização de diligência ou de complementação da instrução".

Nesse mesmo sentido, o § 6º, inciso II, prevê que, na seara do julgamento dos recursos extraordinário e especial repetitivos, o processo não perde a ordem na listagem, quando o órgão que proferiu o acórdão recorrido tiver de proceder ao reexame, se aquele julgado contrariar a orientação do tribunal superior (art. 1.040, inciso II).

II. Exclusões legais

O próprio dispositivo, ora sob análise, no § 2º, tratou de excluir da ordem cronológica, que agora se descortina apenas preferencial, uma série de hipóteses que se justificam, seja em relação ao momento da sentença (por exemplo: proferida em audiência; julgamentos de recursos repetitivos; de embargos de declaração), seja no que toca à natureza da decisão (por exemplo: resolução do processo sem julgamento de mérito; não conhecimento de recurso inadmissível).

Constando determinado processo da lista, eventuais requerimentos das partes, como, por exemplo, juntada de substabelecimento ou pedido de certidão, segundo o § 4º, não modificam o "lugar" que ele ocupa naquela, "exceto quando implicar a reabertura da instrução ou a conversão do julgamento em diligência".

Destaque-se o inciso IX, que autoriza o juiz a quebrar a listagem de processos, devendo expressar o motivo respectivo, por meio de decisão fundamentada, quando a causa impuser urgência no julgamento.

Capítulo II - Da Aplicação das Normas Processuais

Art. 13 - A jurisdição civil será regida pelas normas processuais brasileiras, ressalvadas as disposições específicas previstas em tratados, convenções ou acordos internacionais de que o Brasil seja parte.

Autores: **Dierle Nunes / Mayara de Carvalho**

I. Validade espacial do ordenamento jurídico brasileiro

Reconhece a regra da validade espacial do ordenamento jurídico interno para a regulamentação da jurisdição civil brasileira e ressalta a influência das normas de Direito Internacional no exercício da jurisdição interna, desde que ratificadas pela República Federativa do Brasil:

"[...] Ressalvadas as hipóteses previstas em tratados, convenções e regras de direito internacional, os órgãos integrantes do Poder Judiciário brasileiro acham-se delimitados, quanto ao exercício da atividade jurisdicional, pelo conceito – que é eminentemente jurídico – de território. É que a prática da jurisdição, por efeito de autolimitação imposta pelo próprio legislador doméstico de cada Estado nacional, submete-se, em regra, ao âmbito de validade espacial do ordenamento positivo interno. – O conceito de jurisdição encerra não só a ideia de 'potestas', mas supõe, também, a noção de 'imperium', a evidenciar que não há jurisdição onde o Estado-Juiz não dispõe de capacidade para impor, em caráter compulsório, a observância de seus comandos ou determinações. 'Nulla jurisdictio sine imperio'. [...]" (STF, 2ª T., HC nº 102041, Rel. Min. Celso de Mello, unânime, j. em 20/4/2010).

II. Direitos fundamentais e controle de convencionalidade

Em contraponto ao autoritarismo marcante do CPC/1973, o CPC/2015 surge após a redemocratização brasileira, pelo que estabelece um modelo constitucional de processo. O valor normativo do dispositivo é baixo, uma vez que não acrescenta qualquer inovação ao ordenamento jurídico brasileiro. Contudo, tem grande valor simbólico, ressaltando a interpretação conforme e o controle de convencionalidade. Desse modo, o CPC/2015 não só implementa garantias constitucionais (com destaque para as contribuições sobre a garantia de fundamentação das decisões e do contraditório como direito de influência, e não surpresa. V. CRFB/1988, arts. 5º, incisos LIV, LV, LXXVIIII, 93, incisos IX e X; CPC/2015, arts. 1º, 7º, 9º, 10, 11, 489, §§ 1º e 2º, 926), como também reforça o papel do Direito Internacional na regulamentação da jurisdição civil brasileira, em conformidade com a CRFB/1988, art. 5º, § 2º, que determina que os direitos e garantias constitucionais não são exaustivos. Nesse aspecto, é relevante lembrar que o exemplo da *razoável duração do processo*, que já atuava como princípio aplicável ao exercício jurisdicional brasileiro antes mesmo de sua positivação interna até em face da existência de assunção de normatividade do direito convencional. O dispositivo está em consonância com o entendimento sedimentado pelo Supremo Tribunal Constitucional, posteriormente convertido na Súmula Vinculante nº 25, ao analisar a ilegitimidade da prisão de depositário infiel em função da previsão mais favorável presente na Convenção Americana de Direitos Humanos. Confira:

"[...] Não mais subsiste, no sistema normativo brasileiro, a prisão civil por infidelidade depositária, independentemente da modalidade de depósito, trate-se de depósito voluntário (convencional) ou cuide-se de depósito necessário. Precedentes. TRATADOS INTERNACIONAIS DE DIREITOS HUMANOS: AS SUAS RELAÇÕES COM O DIREITO INTERNO BRASILEIRO E A QUESTÃO DE SUA POSIÇÃO HIERÁRQUICA. – A Convenção Americana sobre Direitos Humanos (Art. 7º, n. 7). Caráter subordinante dos tratados internacionais em matéria de direitos humanos e o sistema de proteção dos direitos básicos da pessoa humana. – Relações entre o direito interno brasileiro e as convenções internacionais de direitos humanos (CF, art. 5º e §§ 2º e 3º). [...]" (STF, 2ª T., HC nº 91361, Rel. Min. Celso de Mello, unânime, j. em 23/9/2008).

Art. 14 - A norma processual não retroagirá e será aplicável imediatamente aos processos em curso, respeitados os atos processuais praticados e as situações jurídicas consolidadas sob a vigência da norma revogada.

I. Isolamento dos atos processuais

Trata da aplicação temporal da lei processual, em conformidade com a previsão geral da CRFB/1988, art. 5º, inciso XXXVI, e da LINDB, art. 6º, segundo a redação dada pela Lei nº 3.238/1957, sobre o respeito da lei nova ao ato jurídico perfeito, ao direito adquirido e à coisa julgada. Conforme o princípio do isolamento dos atos processuais, a norma processual aplica-se imediatamente aos processos em curso, no ponto em que estiverem, não retroagindo aos atos processuais realizados ou às situações jurídicas consolidadas na vigência da lei anterior.

"[...] não pode o agravante agora, quando já consumado o trânsito em julgado, obter, com evidente afronta à legislação processual, a reabertura do prazo recursal, com a finalidade de viabilizar, mais uma vez, uma possível interposição de recurso contra a decisão que negou seguimento ao agravo de instrumento, sob pena de transformar uma simples petição em ação rescisória" (STF, 1ª T., AI nº 677.485-AgR, Rel. Min. Cármen Lúcia, j. em 25/8/2009, DJE de 23/10/2009).

"[...] A autoridade da coisa julgada em sentido material estende-se, por isso mesmo, tanto ao que foi efetivamente arguido pelas partes quanto ao que poderia ter sido alegado, mas não o foi, desde que tais alegações e defesas se contenham no objeto do processo (*tantum judicatum quantum disputatum vel disputari debebat*). [...]" (STF, 2ª T., RE nº 577.471-AgR, Rel. Min. Celso de Mello, j. em 19/5/2009, DJE de 12/6/2009).

Art. 15 - Na ausência de normas que regulem processos eleitorais, trabalhistas ou administrativos, as disposições deste Código lhes serão aplicadas supletiva e subsidiariamente.

I. Aplicação supletiva e subsidiária do CPC/2015

Trata da aplicação supletiva e subsidiária das normas processuais civis aos processos eleitorais, trabalhistas e administrativos, quando da inexistência de previsão específica. Reconhece a existência, no processo brasileiro, com suas diversas áreas específicas, de um sistema normativo geral, supletivo e subsidiário, representado pelo Código de Processo Civil. Nesse sentido, antes mesmo da aprovação do CPC/2015, a Lei nº 13.015/2014 alterou a CLT, dispondo sobre o processamento de recursos repetitivos no âmbito da Justiça do Trabalho, com regulamentação conforme o projeto do CPC/2015. O Fórum Permanente de Processualistas Civis, ao analisar o impacto do CPC no processo do trabalho, aprovou os seguintes enunciados:

Enunciado nº 108 do FPPC: "No processo do trabalho, não se proferirá decisão contra uma das partes, sem que esta seja previamente ouvida e oportunizada a produção de prova, bem como não se pode decidir com base em causa de pedir ou fundamento de fato ou de direito a respeito do qual não se tenha oportunizado manifestação das partes e a produção de prova, ainda que se trate de matéria apreciável de ofício" (Grupo: Impacto do CPC no Processo do Trabalho).

Enunciado nº 109 do FPPC: "No processo do trabalho, quando juntadas novas provas ou alegado fato novo, deve o juiz conceder prazo, para a parte interessada se manifestar a respeito, sob pena de nulidade" (Grupo: Impacto do CPC no Processo do Trabalho).

Enunciado nº 112 do FPPC: "No processo do trabalho, se a transação ocorrer antes da sentença, as partes ficam dispensadas do pagamento das custas processuais, se houver" (Grupo: Impacto do CPC no Processo do Trabalho).

Enunciado nº 124 do FPPC: "A desconsideração da personalidade jurídica no processo do trabalho deve ser processada na forma dos arts. 133 a 137, podendo o incidente ser resolvido em decisão interlocutória ou na sentença" (Grupo: Impacto do CPC no Processo do Trabalho).

Enunciado nº 126 do FPPC: "No processo do trabalho, da decisão que resolve o incidente de desconsideração da personalidade jurídica na fase de execução cabe agravo de petição, dispensado o preparo" (Grupo: Impacto do CPC no Processo do Trabalho).

Enunciado nº 131 do FPPC: "Aplica-se ao processo do trabalho o disposto no art. 190 no que se refere à flexibilidade do procedimento por proposta das partes, inclusive quanto aos prazos" (Grupo: Impacto do CPC no Processo do Trabalho).

Enunciado nº 139 do FPPC: "No processo do trabalho, é requisito da petição inicial a indicação do endereço, eletrônico ou não, do advogado, cabendo-lhe atualizá-lo, sempre que houver mudança, sob pena de se considerar válida a intimação encaminhada para o endereço informado nos autos" (Grupo: Impacto do CPC no Processo do Trabalho).

Enunciado nº 145 do FPPC: "No processo do trabalho, é requisito da inicial a indicação do número no cadastro de pessoas físicas ou no cadastro nacional de pessoas jurídicas, bem como os endereços eletrônicos do autor e do réu, aplicando-se as regras do novo Código de Processo Civil a respeito da falta de informações pertinentes ou quando elas tornarem impossível ou excessivamente oneroso o acesso à justiça" (Grupo: Impacto do CPC no Processo do Trabalho).

Enunciado nº 151 do FPPC: "Na Justiça do Trabalho, as pautas devem ser preparadas com intervalo mínimo de uma hora entre as audiências designadas para instrução do feito. Para as audiências para simples tentativa de conciliação, deve ser respeitado o intervalo mínimo de vinte minutos" (Grupo: Impacto do CPC no Processo do Trabalho).

Enunciado nº 167 do FPPC: "Os tribunais regionais do trabalho estão vinculados aos enunciados de suas próprias súmulas e aos seus precedentes em incidente de assunção de competência ou de resolução de demandas repetitivas" (Grupo: Impacto do CPC no Processo do Trabalho).

Enunciado nº 171 do FPPC: "Os juízes e tribunais regionais do trabalho estão vinculados aos precedentes do TST em incidente de assunção de competência em matéria infraconstitucional relativa ao direito e ao processo do trabalho, bem como às suas súmulas" (Grupo: Impacto do CPC no Processo do Trabalho).

Enunciado nº 199 do FPPC: "No processo do trabalho, constatada a ocorrência de vício sanável, inclusive aquele que possa ser conhecido de ofício pelo órgão jurisdicional, o relator determinará a realização ou a renovação do ato processual, no próprio tribunal ou em primeiro grau, intimadas as partes; cumprida a diligência, sempre que possível, prosseguirá no julgamento do recurso" (Grupo: Impacto do CPC no Processo do Trabalho).

Enunciado nº 200 do FPPC: "Fica superado o enunciado 320 da súmula do STJ ('A questão federal somente ventilada no voto vencido não atende ao requisito do prequestionamento')" (Grupo: Ordem dos Processos nos Tribunais e Recursos Ordinários).

Enunciado nº 214 do FPPC: "Diante do § 2º do art. 1.007, fica prejudicada a OJ nº 140 da SDI-I do TST ('Ocorre deserção do recurso pelo recolhimento insuficiente das custas e do depósito recursal, ainda que a diferença em relação ao 'quantum' devido seja ínfima, referente a centavos')" (Grupo: Impacto do CPC no Processo do Trabalho).

Enunciado nº 245 do FPPC: "O fato de a parte, pessoa natural ou jurídica, estar assistida por advogado particular não impede a concessão da justiça gratuita na Justiça do Trabalho" (Grupo: Impacto do CPC no Processo do Trabalho).

Enunciado nº 246 do FPPC: "Dispensa-se o preparo do recurso quando houver pedido de justiça gratuita em sede recursal, consoante art. 99, § 6º, aplicável ao processo do trabalho. Se o pedido for indeferido, deve ser fixado prazo para o recorrente realizar o recolhimento" (Grupo: Impacto do CPC no Processo do Trabalho).

Enunciado nº 250 do FPPC: "Admite-se a intervenção do amicus curiae nas causas trabalhistas, na forma do art. 138, sempre que o juiz ou relator vislumbrar a relevância da matéria, a especificidade do tema objeto da demanda ou a repercussão geral da controvérsia, a fim de obter uma decisão respaldada na pluralidade do debate e, portanto, mais democrática" (Grupo: Impacto do CPC no Processo do Trabalho).

Enunciado nº 266 do FPPC: "Aplica-se o art. 218, § 4º, ao processo do trabalho, não se considerando extemporâneo ou intempestivo o ato realizado antes do termo inicial do prazo" (Grupo: Impacto do CPC no Processo do Trabalho).

Enunciado nº 270 do FPPC: "Aplica-se ao processo do trabalho o art. 224, § 1º" (Grupo: Impacto do CPC no Processo do Trabalho).

Enunciado nº 294 do FPPC: "O julgamento liminar de improcedência, disciplinado no art. 332, salvo com relação ao § 1º, se aplica ao processo do trabalho quando contrariar: a) enunciado de súmula ou de Orientação Jurisprudencial do TST; b) acórdão proferido pelo TST em julgamento de recursos de revista repetitivos; c) entendimento firmado em resolução de demandas repetitivas" (Grupo: Impacto do CPC no Processo do Trabalho).

Enunciado nº 302 do FPPC: "Aplica-se o art. 373, §§ 1º e 2º, ao processo do trabalho, autorizando a distribuição dinâmica do ônus da prova diante de peculiaridades da causa relacionadas à impossibilidade ou à excessiva dificuldade da parte de cumprir o seu encargo probatório, ou, ainda, à maior facilidade de obtenção da prova do fato contrário. O juiz poderá, assim, atribuir o ônus da prova de modo diverso, desde que de forma fundamentada, preferencialmente antes da instrução e necessariamente antes da sentença, permitindo à parte se desincumbir do ônus que lhe foi atribuído" (Grupo: Impacto do CPC no Processo do Trabalho).

Enunciado nº 304 do FPPC: "As decisões judiciais trabalhistas, sejam elas interlocutórias, sentenças ou acórdãos, devem observar integralmente o disposto no art. 499, sobretudo o seu § 1º, sob pena de se reputarem não fundamentadas e, por conseguinte, nulas" (Grupo: Impacto do CPC no Processo do Trabalho).

Enunciado nº 325 do FPPC: "A modificação de entendimento sedimentado pelos tribunais trabalhistas deve observar a sistemática prevista no art. 927, devendo se desincumbir do ônus argumentativo mediante fundamentação adequada e específica, modulando, quando necessário, os efeitos da decisão que supera o entendimento anterior" (Grupo: Impacto do CPC no Processo do Trabalho).

Enunciado nº 326 do FPPC: "O órgão jurisdicional trabalhista pode afastar a aplicação do precedente vinculante quando houver distinção entre o caso sob julgamento e o paradigma, desde que demonstre, fundamentadamente, tratar-se de situação particularizada por hipótese fática distinta, a impor solução jurídica diversa" (Grupo: Impacto do CPC no Processo do Trabalho).

Enunciado nº 329 do FPPC: "Na execução trabalhista deve ser preservada a quota parte de bem indivisível do coproprietário ou do cônjuge alheio à execução, sendo-lhe assegurado o direito de preferência na arrematação do bem em igualdade de condições" (Grupo: Impacto do CPC no Processo do Trabalho).

Enunciado nº 330 do FPPC: "Na Justiça do trabalho, o juiz pode deferir a aquisição parcelada do bem penhorado em sede de execução, na forma do art. 895 e seus parágrafos" (Grupo: Impacto do CPC no Processo do Trabalho).

Enunciado nº 331 do FPPC: "O pagamento da dívida objeto de execução trabalhista pode ser requerido pelo executado nos moldes do art. 916" (Grupo: Impacto do CPC no Processo do Trabalho).

Enunciado nº 332 do FPPC: "Considera-se vício sanável, tipificado no art. 938, § 1º, a apresentação da procuração e da guia de custas ou depósito recursal em cópia, cumprindo ao relator assinalar prazo para a parte renovar o ato processual com a juntada dos originais" (Grupo: Impacto do CPC no Processo do Trabalho).

Enunciado nº 333 do FPPC: "Em se tratando de guia de custas e depósito recursal inseridos no sistema eletrônico, estando o arquivo corrompido, impedido de ser executado ou de ser lido, deverá o relator assegurar a possibilidade de sanar o vício, nos termos do art. 938, § 1º" (Grupo: Impacto do CPC no Processo do Trabalho).

Enunciado nº 335 do FPPC: "O incidente de assunção de competência aplica-se ao processo do trabalho" (Grupo: Impacto do CPC no Processo do Trabalho).

Enunciado nº 347 do FPPC: "Aplica-se ao processo do trabalho o incidente de resolução de demandas repetitivas, devendo ser instaurado quando houver efetiva repetição de processos que contenham controvérsia sobre a mesma questão de direito" (Grupo: Impacto do CPC no Processo do Trabalho).

Enunciado nº 350 do FPPC: "Cabe reclamação, na Justiça do Trabalho, da parte interessada ou do Ministério Público, nas hipóteses previstas no art. 988, visando a preservar a competência do tribunal e garantir a autoridade das suas decisões e do precedente firmado em julgamento de casos repetitivos" (Grupo: Impacto do CPC no Processo do Trabalho).

Enunciado nº 352 do FPPC: "É permitida a desistência do recurso de revista repetitivo, mesmo quando eleito como representativo da controvérsia, sem necessidade de anuência da parte adversa ou dos litisconsortes; a desistência, contudo, não impede a análise da questão jurídica objeto de julgamento do recurso repetitivo" (Grupo: Impacto do CPC no Processo do Trabalho).

Enunciado nº 353 do FPPC: "No processo do trabalho, o equívoco no preenchimento da guia de custas ou de depósito recursal não implicará a aplicação da pena de deserção, cabendo ao relator, na hipótese de dúvida quanto ao recolhimento, intimar o recorrente para sanar o vício no prazo de cinco dias" (Grupo: Impacto do CPC no Processo do Trabalho).

LIVRO II
DA FUNÇÃO JURISDICIONAL

TÍTULO I
DA JURISDIÇÃO E DA AÇÃO

Art. 16 - A jurisdição civil é exercida pelos juízes e pelos tribunais em todo o território nacional, conforme as disposições deste Código.

I. Jurisdição civil e sistema multiportas

Dispositivo equivalente ao CPC/1973, art. 1º, com melhoramento de redação ao prever expressamente a possibilidade do exercício jurisdicional também na modalidade colegiada. Para a proteção, reconhecimento ou efetivação de situações jurídicas concretas, garante-se o exercício jurisdicional por intermédio de terceiro imparcial, de modo imperativo, através de procedimento dotado de contraditório, desde que haja provocação por sujeito interessado e legítimo (CPC/2015, art. 17). Em relação ao dispositivo equivalente do CPC/1973, houve supressão da oração explicativa "contenciosa e voluntária", que caracterizava a jurisdição civil. Apesar disso, o CPC/2015 continua reconhecendo o exercício jurisdicional tanto em face de situação jurídica concreta de cunho litigioso como daquela que se convencionou chamar de "voluntária" (CPC/2015, arts. 719 e ss.). O CPC/2015 reforça a garantia constitucional de inafastabilidade da jurisdição e o princípio do juiz natural (CRFB/1988, art. 5º, inciso XXXV; CPC/2015, art. 3º, *caput*), ao mesmo tempo em que permite a arbitragem, na forma da lei, e incentiva a autocomposição, regulamentada como política pública do Estado brasileiro (CPC/2015, art. 3º, §§ 1º, 2º e 3º) – com o delineamento de um modelo multiportas e integrado de solução de conflitos. Quanto ao exercício da jurisdição civil, estabelece sua abrangência espacial em todo o território nacional, em conformidade com as regras de competência fixadas no ordenamento jurídico.

"[...] os órgãos integrantes do Poder Judiciário brasileiro acham-se delimitados, quanto ao exercício da atividade jurisdicional, pelo conceito – que é eminentemente jurídico – de território. É que a prática da jurisdição, por efeito de autolimitação imposta pelo próprio legislador doméstico de cada Estado nacional, submete-se, em regra, ao âmbito de validade espacial do ordenamento positivo interno. [...]" (STF, 2ª T., HC nº 102041, Rel. Min. Celso de Mello, unânime, j. em 20/4/2010).

Art. 17 - Para postular em juízo é necessário ter interesse e legitimidade.

I. Pressupostos processuais

Dispositivo equivalente ao CPC/1973, art. 3º, com melhoramento de redação, que estabelece como pressupostos processuais a atenção ao binômio necessidade/utilidade do provimento jurisdicional pretendido e a aptidão para conduzir validamente o processo, sob pena de indeferimento da petição inicial (CPC/2015, art. 330):

Súmula nº 365, STF: "Pessoa jurídica não tem legitimidade para propor ação popular".

Súmula nº 628, STF: "Integrante de lista de candidatos a determinada vaga da composição de tribunal é parte legítima para impugnar a validade da nomeação de concorrente".

Súmula nº 630, STF: "A entidade de classe tem legitimação para o mandado de segurança ainda quando a pretensão veiculada interesse apenas a uma parte da respectiva categoria".

Súmula nº 99, STJ: "O Ministério Público tem legitimidade para recorrer no processo em que oficiou como fiscal da lei, ainda que não haja recurso da parte".

"[...] A e. Corte Especial deste c. STJ, no julgamento do Precatório nº 769/DF, firmou novel entendimento no sentido de que, se o instrumento de procuração não indica o nome da sociedade à qual integra o profissional, subentende-se que a causa tenha sido aceita em nome próprio e, nessa hipótese, a sociedade de advogados não possui legitimidade para levantar ou executar a verba honorária. Agravo regimental desprovido" (STJ, 5ª T., AARESP nº 1147615, Rel. Min. Felix Fischer, j. em 2/9/2010, DJe de 4/10/2010).

II. Fim das condições da ação como conceito autônomo

Embora o dispositivo tenha redação semelhante ao CPC/1973, art. 3º, apresenta repercussão diferenciada em relação às condições da ação quando analisado de modo sistemático com o CPC/2015, arts. 330, § 1º, e 485, inciso VI. Isso porque, diferente das previsões equivalentes do código anterior (CPC/1973, arts. 267, inciso VI, e 301, inciso X), o CPC/2015 é intencionalmente omisso em relação à necessidade de possibilidade jurídica do pedido para admissibilidade do processo e à carência da ação como matéria própria da defesa do réu. Abandona, assim, a teoria eclética adotada no CPC/1973. Com isso, o CPC/2015 afasta as únicas regulamentações do diploma anterior em que havia alguma referência à categoria "condições da ação" e adota o exame do interesse de agir e da legitimidade vinculado ao dos pressupostos processuais e a da possibilidade jurídica do pedido junto ao mérito. Isso não significa que o exame da legitimidade, do interesse e da possibilidade jurídica do pedido deixem de existir no processo brasileiro, mas apenas que as condições da ação seriam eliminadas enquanto conceito autônomo. Assim, o exame funde-se ao binômio admissibilidade e mérito, ao invés de exigir terceira análise desvinculada de um dos tipos de juízo típicos dos órgãos jurisdicionais. As questões que compõem o conceito de condições da ação passam, assim, a ser analisadas enquanto questões de mérito, no caso da possibilidade jurídica, ou como pressupostos processuais, na hipótese da legitimidade e interesse.

III. Postulação e dinamismo processual

Outro aspecto relevante e que traz importante inovação ao sistema normativo diz respeito ao fato de o dispositivo falar em "para postular em juízo" em vez de "para propor ou contestar" (como no CPC/1973), ou seja, em qualquer postulação há de se apurar a legitimidade e interesse, desde a propositura, passando pela atividade defensiva e recursal, de reconvir, entre tantas outras. Percebe-se aqui a absorção teórica do entendimento de que o processo é, de fato, uma estrutura normativa sequencial de atos, fatos e posições subjetivas; estrutura dinâmica, e não estática.

IV. Substituição processual e fixação de honorários

Com a extinção no CPC/2015 da figura da nomeação à autoria, a lei cria um *incidente de substituição do réu*, atribuindo o direito para o autor, em hipótese de alegação pelo réu de ilegitimidade na contestação, de alterar a petição inicial para substituição do réu (art. 338, *caput*). Essa medida tem base no devido processo legal e, por consequência, no máximo aproveitamento dos atos processuais, assim como na regra da primazia da solução integral do mérito e da atividade satisfativa (CRFB/1988, art. 5º, inciso LXXVIII; CPC/2015, art. 4º; FPPC, Enunciado nº 278).

Nesta hipótese, em conformidade com o parágrafo único do art. 338, caberá a fixação de honorários em favor do réu excluído, pois não seria razoável que alguém seja compelido a litigar e ainda tenha de arcar com os dispêndios de recursos inerentes ao processo, mormente quando é parte manifestamente ilegítima. Nessa hipótese, os honorários serão fixados entre três e cinco por cento do valor da causa ou, sendo este irrisório, nos termos do art. 85, § 8º.

Esse patamar mínimo poderá ser relativizado, contudo, nas demandas em que seja parte a Fazenda Pública, pois, como se depreende do art. 85, § 8º, é possível que, em determinadas situações, sejam devidos de 3% a 5% de honorários para remunerar o trabalho de *todo* o *iter* processual. Não parece razoável, nesses casos, que o mesmo percentual seja atribuído para remunerar o trabalho do advogado do réu ilegítimo, que seja excluído da lide logo após a contestação.

Examinando-se a proporção empreendida pelo legislador para essa situação específica, nota-se que o percentual fixado é de até 25% do valor que, em tese, poderia ser ganho no final. Esse mesmo critério deve ser aplicado às hipóteses envolvendo a Fazenda Pública, isto é, numa causa cujo valor da condenação seja elevado, a remuneração máxima para quem trabalhar ao longo de todo o processo seria 3% da condenação. Logo, se o teto para quem trabalhou o processo inteiro é 3%, o advogado que representa a parte ilegítima substituída no momento posterior à contestação (art. 338) deve receber até 25% daquele valor, haja vista a proporcionalidade legal empreendida pelo próprio legislador.

V. Cooperação processual na substituição do réu

Ainda em substituição à *nomeação (à autoria)* do CPC/1973, o CPC/2015 cria um dever de cooperação e de boa-fé para o réu que alega a sua ilegitimidade de indicação do "sujeito passivo da relação jurídica discutida *sempre que tiver conhecimento, sob pena de arcar com as despesas processuais e de indenizar o autor pelos prejuízos decorrentes da falta de indicação*" (CPC/2015, art. 339, *caput*). Essa previsão está de acordo com a regra da cooperação presente no CPC/2015, na medida em que analisa o processo a partir de uma comunidade de trabalho capaz de influir ativamente na construção do provimento jurisdicional. Assim, trabalha-se com deveres de lealdade, de esclarecimento e de vedação de danos às partes (CPC/2015, arts. 5º, 6º, 7º). Por essa razão, caberá ao réu que desconhecer o legitimado passivo declinar este desconhecimento na contestação expressamente, sendo possível, caso se demonstre *a posteriori* que tal alegação seja inverídica, a indenização para o autor. Ainda nesta hipótese normativa, o autor poderá substituir o réu (CPC/2015, art. 339, § 1º) ou incluir o indicado como legitimado passivo (CPC/2015, art. 339, § 2º).

VI. Oportunidade para suprimento de pressupostos processuais como decorrência da primazia do mérito

Cabe ainda pontuar que, em face da regra da primazia do mérito (CPC/2015, art. 4º) e dos deveres contrafáticos normativos de comparticipação (cooperação – CPC/2015, art. 6º), o juiz é obrigado, nos moldes do CPC/2015, art. 139, inciso IX, a determinar o suprimento de pressupostos processuais e o saneamento de outros vícios processuais.

Art. 18 - Ninguém poderá pleitear direito alheio em nome próprio, salvo quando autorizado pelo ordenamento jurídico.
Parágrafo único - Havendo substituição processual, o substituído poderá intervir como assistente litisconsorcial.

I. Legitimidade extraordinária decorre do ordenamento jurídico

Estabelece que, salvo quando autorizado pelo *ordenamento jurídico*, o direito deve ser pleiteado em juízo pelo seu titular, sendo este o legitimado ordinário, ou seja, o dispositivo viabiliza que a legitimidade extraordinária seja extraída do sistema (ordenamento jurídico) e não somente pela lei (como estabelecia o CPC/1973). De imediato, se percebe que a legitimação extraordinária é autorizada não somente pela lei, mas pelo ordenamento jurídico, afetando diretamente situações tormentosas que inviabilizavam a atuação do Ministério Público, "fiscal da ordem jurídica" (art. 178).

II. Legitimidade extraordinária e negócio jurídico processual

O dispositivo, ainda, ao ampliar as possibilidades de legitimação extraordinária, permite que a mesma seja estabelecida pela via negociada (CPC/2015, art. 190), em face da ausência da reserva legal para tal modalidade de legitimidade. Nestes termos, será possível a transferência da legitimidade (não do direito) mediante ajuste que respeite a autonomia privada das partes. No polo ativo poderá haver tanto transferência de legitimidade quanto ampliação da mesma (concorrência de legitimação), lembrando-se que, em se tratando de direitos de crédito, com sujeito passivo determinado, far-se-á necessária a intimação deste. No polo passivo, não poderá ocorrer a transferência, em razão do possível prejuízo ao futuro autor, salvo anuência do sujeito ativo, o que se reputa pouco provável de ocorrer. Pode haver, todavia, a atribuição de legitimação extraordinária a terceiro, ampliando a legitimação passiva. Nessa situação, o autor poderá propor a demanda em face de qualquer dos colegitimados, sendo vedado o chamamento ao processo (CPC/2015, arts. 130 e ss.), uma vez que não se trata de solidariedade passiva.

III. Substituição processual e litisconsórcio unitário

Ao tratar a substituição processual como exceção, dispõe que, quando houver, o substituído poderá atuar como assistente litisconsorcial. *O dispositivo atribui o direito do substituído de intervir no processo para ser assistente litisconsorcial (litisconsorte unitário).* Por essa razão, sempre que possível identificar o substituído, deve-se intimá-lo para, querendo, integrar o processo. O Fórum Permanente de Processualistas Civis aprovou o Enunciado nº 110, interpretando nesse sentido a regulamentação do CPC/2015, art. 18, parágrafo único: "110 (art. 18, parágrafo único) - Havendo substituição processual, e sendo possível identificar o substituto, o juiz deve determinar a intimação deste último para, querendo, integrar o processo" (Grupo: Litisconsórcio e Intervenção de Terceiros).

Art. 19 - O interesse do autor pode limitar-se à declaração:
I - da existência, da inexistência ou do modo de ser de uma relação jurídica;
II - da autenticidade ou da falsidade de documento.

I. Ação declaratória

Reconhece a possibilidade de ajuizamento de ação declaratória como forma de prevenir ou resguardar interesses jurídicos concretos a partir da certificação da existência, inexistência ou modo de ser de relação jurídica ou da autenticidade ou falsidade de documento.

"[...] 1. A ação declaratória, segundo o comando expresso no art. 4º, do Código de Processo Civil, é instrumento processual adequado para resolver incerteza sobre a existência de uma relação jurídica, a qual deve envolver fato e situação concreta, narrada no pedido, com todas as suas especificações, de modo a possibilitar que 'a sentença seja certa, não podendo amparar pretensão genérica de declaração em abstrato e difusa, à míngua de relação jurídica direta e concreta' (art. 460, parágrafo primeiro, CPC). (AC 2001.38.00.022488-1/MG, Relator Desembargador Federal Luciano Tolentino Amaral, 7ª Turma, TRF1, DJF 12/03/2010, P.417). 2. 'Revela-se configurada na hipótese a ausência de interesse jurídico, tendo em vista que inexiste um conflito de interesses entre as partes propriamente dito, o qual justifique a intervenção judicial para prestar o seu ofício jurisdicional, ou seja, para pôr fim ao conflito e, não, emitir um parecer sobre situação genérica, que definitivamente não é função do Judiciário' (AC 2001.38.00.022488-1/MG, Relator Desembargador Federal Luciano Tolentino Amaral, 7ª Turma, TRF1, DJF 12/03/2010, P.417). [...]" (TRF-1, 6ª T., AC nº 00038126819994013800, Rel. Juiz Silvio Coimbra Mourthé, j. em 29/10/2012, e-DJF1 de 7/11/2012).

Súmula nº 181, STJ: "É admissível ação declaratória, visando a obter certeza quanto a exata interpretação de cláusula contratual".

Súmula nº 242, STJ: "Cabe ação declaratória para reconhecimento de tempo de serviço para fins previdenciários".

II. Ação declaratória sobre o modo de ser da relação jurídica

Em relação à previsão do CPC/1973, o CPC/2015, art. 19, inciso I, acrescenta a possibilidade de interesse do autor na declaração do modo de ser de determinada relação jurídica.

III. Ação declaratória sobre questões prejudiciais incidentais

O interesse no ajuizamento da ação declaratória autônoma, para fins do efeito previsto no CPC/2015, art. 503, *caput*, subsiste quanto a questões prejudiciais incidentais sempre que, após a citação do réu, este não consentir com aditamento ou alteração do pedido e da causa de pedir, conforme entendimento do Enunciado nº 111 do Fórum Permanente de Processualistas Civis. Confira: "111. (art. 19; art. 329, inciso II; art. 503, § 1º) - Persiste o interesse no ajuizamento de ação declaratória quanto à questão prejudicial incidental" (Grupo: Coisa Julgada, Ação Rescisória e Sentença).

Art. 20 - É admissível a ação meramente declaratória, ainda que tenha ocorrido a violação do direito.

I. Abrangência da ação declaratória

Dispositivo equivalente ao art. 4º, parágrafo único, do CPC/1973, com interpretação implementada pelo CPC/1973, art. 475-N, inciso I, resultante da reforma processual de 2005. O direito de ação abrange não só direitos a prestações, mas também direitos potestativos. A existência de violação de direito não obriga o interessado a ajuizar ação de cunho executivo ou condenatório, ficando a seu critério a escolha do meio mais adequado para salvaguardar o bem jurídico.

II. Sentença declaratória como título executivo

A sentença de eficácia declaratória que reconhece direito exigível constitui título executivo, exigindo exclusivamente a apuração do *quantum* por meio de liquidação para ser executada, desde que, a tempo da execução, o direito não esteja prescrito.

"[...] I - O ART. 4º, PARÁGRAFO ÚNICO, DO CPC, AO PERMITIR O AJUIZAMENTO DA AÇÃO DECLARATÓRIA MESMO APÓS A VIOLAÇÃO DO DIREITO, CONFERIU À SENTENÇA DECLARATÓRIA APTIDÃO PARA RECONHECER O DESCUMPRIMENTO DE UMA OBRIGAÇÃO E, POR CONSEGUINTE, CERTIFICAR SUA EXIGIBILIDADE. PORTANTO, A SENTENÇA DECLARATÓRIA PODE TER FORÇA EXECUTIVA. PRECEDENTES [...]" (TJDFT, 6ª T. Cível, APC nº 20120111696596, Rel. Des. José Divino de Oliveira, j. em 6/11/2013, DJe de 12/11/2013).

TÍTULO II
DOS LIMITES DA JURISDIÇÃO NACIONAL E DA COOPERAÇÃO INTERNACIONAL

Capítulo I - Dos Limites da Jurisdição Nacional

Art. 21 - Compete à autoridade judiciária brasileira processar e julgar as ações em que:
I - o réu, qualquer que seja a sua nacionalidade, estiver domiciliado no Brasil;
II - no Brasil tiver de ser cumprida a obrigação;
III - o fundamento seja fato ocorrido ou ato praticado no Brasil.
Parágrafo único - Para o fim do disposto no inciso I, considera-se domiciliada no Brasil a pessoa jurídica estrangeira que nele tiver agência, filial ou sucursal.

Autor: **Alexandre Freire**

I. Jurisdição nacional

O Capítulo I, Título II, do Livro I do CPC/2015 disciplina as hipóteses em que o Estado brasileiro exerce jurisdição para processar e julgar determinadas demandas. O CPC/2015 aprimora o tratamento do tema em relação ao CPC/1973, pois nomina corretamente o Capítulo I do Livro II como *limites da jurisdição*, e não, como erroneamente dispunha a legislação revogada, *Da competência internacional* (arts. 88 a 90 do CPC/1973). Trata-se, como percebido pelo legislador, de fenômeno distinto. Nos termos do art. 21, confere-se à jurisdição nacional o processamento e o julgamento da demanda quando o réu, independentemente de nacionalidade, estiver domiciliado no território brasileiro; quando se convencionar que a obrigação pactuada no plano material deverá ser cumprida no Brasil e, por fim, quando o fundamento da causa de pedir seja fato ocorrido ou ato praticado – ou que se lhe exija o cumprimento – no Brasil.

Art. 22 - Compete, ainda, à autoridade judiciária brasileira processar e julgar as ações:
I - de alimentos, quando:
a) o credor tiver domicílio ou residência no Brasil;
b) o réu mantiver vínculos no Brasil, tais como posse ou propriedade de bens, recebimento de renda ou obtenção de benefícios econômicos;
II - decorrentes de relações de consumo, quando o consumidor tiver domicílio ou residência no Brasil;
III - em que as partes, expressa ou tacitamente, se submeterem à jurisdição nacional.

I. Outras hipóteses de jurisdição nacional

O art. 22 do CPC/2015 acresce outras situações de jurisdição concorrentemente àquelas arroladas no art. 21, em que se atribuirá ao Estado o poder de dizer o Direito. Assim, compete à autoridade judiciária processar e julgar as demandas de alimentos internacionais, sendo competente a Justiça Comum do domicílio do alimentante; quando o credor tiver domicílio ou residência no Brasil; o réu mantiver vínculos no Brasil, como posse ou propriedade de bens, recebimento de renda ou obtenção de benefícios econômicos, nos termos do previsto nas alíneas *a* e *b* do inciso I do art. 22 do CPC/2015. Essa regra condensa orientação assentada em Tratados Internacionais dos quais o Brasil é signatário, a exemplo da Convenção Interamericana Sobre Obrigação de Alimentar (Decreto Legislativo nº 01, de 28/2/1996), Convenção de Nova Iorque Sobre Prestação de Alimentos no Estrangeiro (Decreto Legislativo nº 10, de 13/11/1958) e a Convenção de Haia. Reserva-se ao Estado brasileiro, outrossim, jurisdição para processar e julgar demandas decorrentes de relação de consumo, quando o consumidor for domiciliado ou mantiver residência no Brasil, eventualmente, em concorrência com outros países, e naquelas situações em que as partes apontarem a autoridade judiciária brasileira como competente para dirimir possíveis controvérsias.

Art. 23 - Compete à autoridade judiciária brasileira, com exclusão de qualquer outra:
I - conhecer de ações relativas a imóveis situados no Brasil;
II - em matéria de sucessão hereditária, proceder à confirmação de testamento particular e ao inventário e à partilha de bens situados no Brasil, ainda que o autor da herança seja de nacionalidade estrangeira ou tenha domicílio fora do território nacional;
III - em divórcio, separação judicial ou dissolução de união estável, proceder à partilha de bens situados no Brasil, ainda que o titular seja de nacionalidade estrangeira ou tenha domicílio fora do território nacional.

I. Jurisdição nacional exclusiva

O art. 23 do CPC/2015 corresponde, com alterações, ao art. 89 do CPC/1973. Nota-se que a norma contempla as situações de competência internacional exclusiva do Estado-Juiz brasileiro para processar e julgar as demandas que elenca. Nestes casos, não se reconhece internamente a jurisdição de outra nação para aplicar o Direito nas hipóteses enumeradas. Assim, por se tratar de jurisdição exclusiva, nestas hipóteses, as decisões proferidas em outros países não terão eficácia no território nacional, visto lhes faltarem requisitos indispensáveis à homologação.

Art. 24 - A ação proposta perante tribunal estrangeiro não induz litispendência e não obsta a que a autoridade judiciária brasileira conheça da mesma causa e das que lhe são conexas, ressalvadas as disposições em contrário de tratados internacionais e acordos bilaterais em vigor no Brasil.
Parágrafo único - A pendência de causa perante a jurisdição brasileira não impede a homologação de sentença judicial estrangeira quando exigida para produzir efeitos no Brasil.

I. Reflexos de ação ajuizada no estrangeiro

O art. 24 do CPC/2015 corresponde, parcialmente, ao art. 90 do CPC/1973, afirmando a primazia da competência da autoridade judiciária brasileira. Desse modo, a ação ajuizada perante a autoridade jurisdicional estrangeira não impede o processamento e o julgamento da mesma causa ou de outras que lhe sejam conexas pela jurisdição interna. É possível, todavia, que o instrumento normativo internacional preveja casos de litispendência quando da simultaneidade de ações com as mesmas partes, causa de pedir e pedido. O parágrafo único reafirma a regra do *caput* do art. 24, pois permite a homologação da sentença estrangeira, apesar da existência de processo iniciado a partir de ação com elementos idênticos.

Art. 25 - Não compete à autoridade judiciária brasileira o processamento e o julgamento da ação quando houver cláusula de eleição de foro exclusivo estrangeiro em contrato internacional, arguida pelo réu na contestação.
§ 1º - Não se aplica o disposto no caput às hipóteses de competência internacional exclusiva previstas neste Capítulo.
§ 2º - Aplica-se à hipótese do caput o art. 63, §§ 1º a 4º.

I. Jurisdição nacional e eleição de foro

O art. 25 contém inovação sem precedente na legislação revogada, uma vez que contempla cláusula geral de eleição de foro estrangeiro. Não obstante, para que tenha eficácia interna, o demandado deverá previamente argui-la, sob pena de se reconhecer a preclusão. Em situações em que se revele o estado de hipossuficiência da parte, o juiz poderá, reconhecendo a abusividade, declarar nula a cláusula de eleição de foro internacional. Porém, nos termos do § 2º, uma vez não suscitada a abusividade na resposta ou sem manifestação do autor em réplica, a questão ficará superada, impondo-se a extinção do processo sem resolução de mérito, sendo a demanda processada no foro de eleição das partes.

Capítulo II - Da Cooperação Internacional

Seção I - Disposições Gerais

Art. 26 - A cooperação jurídica internacional será regida por tratado de que o Brasil faz parte e observará:
I - o respeito às garantias do devido processo legal no Estado requerente;
II - a igualdade de tratamento entre nacionais e estrangeiros, residentes ou não no Brasil, em relação ao acesso à justiça e à tramitação dos processos, assegurando-se assistência judiciária aos necessitados;
III - a publicidade processual, exceto nas hipóteses de sigilo previstas na legislação brasileira ou na do Estado requerente;
IV - a existência de autoridade central para recepção e transmissão dos pedidos de cooperação;
V - a espontaneidade na transmissão de informações a autoridades estrangeiras.
§ 1º - Na ausência de tratado, a cooperação jurídica internacional poderá realizar-se com base em reciprocidade, manifestada por via diplomática.
§ 2º - Não se exigirá a reciprocidade referida no § 1º para homologação de sentença estrangeira.
§ 3º - Na cooperação jurídica internacional não será admitida a prática de atos que contrariem ou que produzam resultados incompatíveis com as normas fundamentais que regem o Estado brasileiro.
§ 4º - O Ministério da Justiça exercerá as funções de autoridade central na ausência de designação específica.

Autor: André de Albuquerque Cavalcanti Abbud

I. Cooperação jurídica internacional: conceito e tipologia

O CPC/2015 inova ao trazer todo um capítulo sobre a cooperação jurídica internacional, sem correspondência no CPC/1973 (STJ, Corte Especial, SEC nº 9.820, Rel. Min. Humberto Martins, j. em 19/10/2016, DJ de 26/10/2016). É a primeira vez que se procura consolidar em uma única lei princípios e regras gerais para a cooperação jurídica internacional, cuja disciplina no direito brasileiro está fragmentada em uma série de normas esparsas e nem sempre compatíveis, como a Lei de Introdução às Normas do Direito Brasileiro, o CPC/1973 e o Regimento Interno do STJ (na redação da Emenda nº 18, de 17 de dezembro de 2014), além de vários tratados bilaterais e multilaterais.

A cooperação jurídica internacional é o intercâmbio entre Estados soberanos para o cumprimento extraterritorial de atos públicos, judiciais, administrativos ou legislativos, provenientes de órgãos de Estado estrangeiro. Engloba tanto atos de cooperação solicitados pelo Brasil a países estrangeiros (cooperação ativa) quanto os requeridos por países estrangeiros ao Brasil (cooperação passiva). Os mecanismos ou instrumentos de cooperação jurídica internacional adotados pelo Brasil são a) as demandas para homologação de decisões estrangeiras (CPC/2015, arts. 960-965), b) as cartas rogatórias (CPC/2015, arts. 36 e 960-965) e c) o auxílio direto (CPC/2015, arts. 28-34) (TJSP, AI nº 2145425-68.2016.8.26.0000, Rel. Des. Francisco Giaquinto, j. em 3/10/2016, DJ de 6/10/2016). Em matéria penal, há também instrumentos específicos como a extradição, transferência de pessoas condenadas e de processos penais.

II. Disposições gerais

Os arts. 26 e 27 do CPC/2015 contêm as Disposições Gerais sobre a cooperação jurídica internacional. De clara inspiração nos tratados internacionais de que o Brasil faz parte sobre a matéria, inclusive de natureza criminal, essas disposições podem se aplicar também à cooperação penal, naquilo em que não forem incompatíveis com norma específica de tratado ou de lei doméstica a respeito.

1. Primazia dos tratados

O *caput* do art. 26 positiva a regra da primazia dos tratados internacionais sobre o direito interno na disciplina da cooperação jurídica internacional, na esteira do que o CPC/2015 já fez para a jurisdição civil em geral (art. 13). Essa norma atende ao disposto na Convenção de Viena sobre o Direito dos Tratados, que impede os Estados-membros, como o Brasil, de justificar o inadimplemento de um tratado com base em disposições de seu direito interno (Decreto nº 7.030/2009, art. 27). Assim, os atos de cooperação jurídica internacional são regulados, prioritariamente, por tratado multilateral ou bilateral em vigor no Brasil aplicável à situação, observados os princípios gerais dos incisos do art. 26 do CPC/2015. Apenas subsidiariamente se aplica o que dispõe o direito interno a respeito. E são muitos os acordos internacionais de cooperação jurídica internacional ratificados pelo Brasil. A lista completa atualizada, tanto na esfera cível quanto na esfera penal, está disponível no sítio do Ministério da Justiça (www.mj.gov.br/drci).

2. Devido processo legal

O inciso I subordina a cooperação ao respeito às garantias inerentes ao devido processo legal no Estado requerente da medida, tanto ativa quanto passiva. A regra tem fundamento constitucional (CF, art. 5º, inciso LIV). Trata-se de restringir a cooperação àqueles pedidos que atendam (ou sejam instrumentais a processos que atendam) no país de origem aos postulados básicos de um processo justo, reconhecidos pela generalidade das nações e por diversos tratados internacionais, como a Declaração Universal dos Direitos do Homem de 1948 (ONU) e a Convenção Americana de Direitos Humanos de 1969 (Pacto de San José da Costa Rica). Na verdade, o devido processo legal é uma faceta da ordem pública, cuja violação já impede a prática de atos de cooperação internacional (CPC/2015, arts. 26, § 3º, e 39).

3. Igualdade de tratamento e assistência judiciária

O inciso II determina que, na cooperação jurídica internacional, o Brasil confira igualdade de tratamento a nacionais e estrangeiros, residentes ou não no país, em relação ao acesso à justiça e à tramitação de processos. E assegura a concessão dos benefícios da assistência judiciária aos necessitados (CF, art. 5º, *caput* e incisos XXXIV e LXXIV). Assim, por exemplo, os brasileiros e estrangeiros residentes no exterior não têm que prestar caução para atos de cooperação que importem na propositura de demandas no Brasil (CPC/2015, art. 83), posição que a jurisprudência já adotava para os processos de homologação de sentenças estrangeiras (STJ, Corte Especial, SEC nº 507, Rel. Min. Gilson Dipp, j. 18/10/2006, DJ de 13/11/2006; SEC nº 880, Rel. Min. Fernando Gonçalves, j. 18/10/2006, DJ de 6/11/2006).

A assistência judiciária gratuita, bastante comum na cooperação internacional para a prestação de alimentos (Convenção sobre a Prestação de Alimentos no Estrangeiro – Decreto nº 58.826/1965, art. IV.3), pode englobar a) a isenção de despesas inerentes à tramitação de processos judiciais, b) as atividades de orientação jurídica e judicial e c) a representação do assistido em processo judicial (CPC/2015, arts. 98 a 102; Leis nºs 1.060/1950, 9.289/1996 e 8.069/1990; Lei Complementar nº 80/1994). Para mais detalhes sobre a assistência judiciária, vejam-se os comentários ao art. 27, inciso V.

4. Publicidade

O inciso III reitera a garantia constitucional de publicidade dos atos processuais à cooperação jurídica internacional (CF, arts. 5º, inciso LX, e 93, inciso IX), salvo nas hipóteses de sigilo previstas na lei brasileira (por exemplo, CPC/2015, art. 189; Lei nº 9.279/1996, art. 206) ou na lei do Estado de origem da medida de cooperação passiva.

5. Autoridade central

O inciso IV estatui que a recepção e transmissão dos pedidos de cooperação será feita, via de regra, por autoridade central. A autoridade central, tal como adotada no direito internacional, é um órgão técnico e especializado designado em tratado para unificar o trâmite, o processamento e o acompanhamento dos pedidos de cooperação jurídica internacional junto às autoridades estrangeiras. Com o objetivo principal de dar celeridade e efetividade aos atos de cooperação internacional, a autoridade central não apenas recebe e transmite os pedidos, como também os analisa e conforma à luz das normas e dos requisitos previstos nos diversos tratados e leis nacionais aplicáveis, além dos costumes e práticas internacionais. Desse modo, a autoridade central não atua apenas como instância burocrática, mas zela para que os pedidos de cooperação sejam corretamente formulados e instruídos para tornar o intercâmbio eficiente (para uma descrição do seu papel, cf. STJ, Rcl nº 2.645, Rel. Min. Teori Albino Zavascki, j. 18/11/2009, DJ de 16/12/2009). Além disso, as autoridades centrais dos países se comunicam diretamente, eliminando intermediários no encaminhamento dos pedidos, como os canais diplomáticos.

6. Cooperação espontânea

O inciso V prevê a possibilidade de que os atos de cooperação consistentes na transmissão de informações a autoridades estrangeiras sejam praticados pelos órgãos nacionais espontaneamente, de ofício, isto é, sem necessidade de provocação prévia do Estado estrangeiro. A chamada *cooperação espontânea*, comum em tratados de cooperação em matéria penal, pode ser relevante no âmbito de ações civis de interesse público (por exemplo, improbidade administrativa, anticorrupção – Leis nos 8.429/1992, 8.666/1993 e 12.846/2013).

7. Trâmite por autoridades centrais ou canais diplomáticos: a reciprocidade

Existem duas formas essenciais de encaminhamento e trâmite internacional de pedidos de cooperação. A primeira é por meio de autoridades centrais, assim nomeadas em acordos de cooperação jurídica internacional. Na ausência de tratado, tem-se a segunda forma, de que trata o § 1º: o trâmite por canais diplomáticos, que poderá se realizar com base em reciprocidade e envolve um maior número de intermediários (como o Ministério das Relações Exteriores, a embaixada do Estado requerente no Brasil na cooperação passiva e a representação diplomática brasileira no exterior na cooperação ativa). Assim, "além dos tratados e acordos bilaterais entre o Brasil e os demais países, a garantia de aplicação do princípio da reciprocidade é também fundamento da cooperação jurídica internacional" (STJ, Corte Especial, CR-AgR nº 7.861, Rel. Min. Felix Fischer, j. em 7/8/2013, DJ de 16/8/2013). O Tribunal de Justiça de São Paulo já indeferiu pedido de cooperação internacional (expedição de carta rogatória) por via diplomática para pesquisa de bens e valores em nome de executada em outro país (AI nº 2145425-68.2016.8.26.0000, Rel. Des. Francisco Giaquinto, j. em 3/10/2016, DJ de 6/10/2016).

O § 2º veda a exigência de reciprocidade para homologação de sentenças estrangeiras, na esteira da tradição do direito brasileiro, que a dispensa para tal fim desde 1894 (Lei nº 221/1894). Não se perquire, assim, o tratamento dado ao país de origem da sentença ou decisão homologanda às decisões brasileiras lá levadas a reconhecimento.

8. Ordem pública nacional

Nos termos do § 3º, não será admitida a prática de atos de cooperação jurídica internacional que violem ou produzam resultado incompatível com "as normas fundamentais que regem o Estado brasileiro". Aplica-se, assim, à generalidade da cooperação internacional passiva e ativa, a regra tradicional de controle que nosso direito já exerce no juízo delibatório para a homologação de decisões estrangeiras e para a concessão de *exequatur* às cartas rogatórias (CPC/2015, arts. 39 e 963, inciso VI; Lei nº 9.307/1996, art. 39, inciso II; Convenção de Nova Iorque – Decreto nº 4.311/2002, art. V.2.b; RISTJ, arts. 216-F e 216-P).

Isso significa que os órgãos destinados a coordenar e dar cumprimento aos atos de cooperação jurídica internacional, como o Judiciário e a autoridade central, devem adequá-los ou deixar de praticá-los caso ofendam a ordem pública nacional. De fato, a locução "normas fundamentais que regem o Estado brasileiro" deve ser entendida como sinônimo do gênero *ordem pública*, que já incorporava outras espécies previstas em textos normativos, como a soberania nacional e os bons costumes (Decreto-Lei nº 4.657/1942, art. 17), e, mais recentemente, a dignidade da pessoa humana (RISTJ, arts. 216-F e 216-P). A ordem pública designa o conjunto de normas e valores fundamentais ao Estado brasileiro, considerados indispensáveis à convivência e à organização sociais segundo os ditames de justiça prevalecentes no atual contexto sociocultural, político, econômico e jurídico. Trata-se de uma válvula de controle político-jurídico da cooperação internacional, outorgada em tributo à soberania do Estado. Por se tratar de norma excepcional, a cláusula de ordem pública deve ser interpretada restritivamente (*exceptio strictissimae applicationis est*), conforme entendimento pacífico do STJ (*v.g.* Corte Especial, SEC nº 9.412, Rel. p/ acórdão Min. João Otávio de Noronha, j. em 19/4/2017, DJ de 30/5/2017; SEC nº 4.278, Rel. Min. Napoleão Nunes Maia Filho, j. 6/5/2015, DJ de 14/5/2015). Assim, só devem ser considerados ofensivos à ordem pública casos extremamente graves, contrários aos mais relevantes fundamentos político-jurídicos da sociedade, e não quaisquer inobservâncias de normas cogentes da lei brasileira, como regras sobre prescrição, coação ou exceção de contrato não cumprido (STJ, Corte Especial, SEC nº 10.118, Rel. Min. Og Fernandes, j. 18/3/2015, DJ de 30/3/2015; SEC nº 8.554, Rel. Min. Luis Felipe Salomão, j. 5/11/2014, DJ de 21/11/2014; SEC nº 507, Rel. Min. Gilson Dipp, j. 18/10/2006, DJ de 13/11/2006).

9. O Ministério da Justiça e outras autoridades centrais

Por fim, o § 4º confere ao Ministério da Justiça (atualmente denominado Ministério da Justiça e Segurança Pública) as funções de autoridade central, na ausência de designação específica em acordo internacional de cooperação jurídica. O Ministério da Justiça já exerce essa função para a maioria dos tratados internacionais em vigor, fazendo-o por meio do Departamento de Recuperação de Ativos e Cooperação Jurídica Internacional da Secretaria Nacional de Justiça (DRCI/SNJ) (Decreto nº 6.061/2007). Mas nada impede que tratados designem outras autoridades centrais. Por exemplo, a Procuradoria-Geral da República é autoridade central para a Convenção sobre a Prestação de Alimentos no Estrangeiro (Decreto nº 58.826/1965) e a Secretaria Especial de Direitos Humanos é autoridade central para as Convenções de Haia sobre Aspectos Civis do Sequestro Internacional de Menores de 1980 (Decreto nº 3.413/2001) e sobre Cooperação Internacional e Proteção de Crianças e Adolescentes em Matéria de Adoção Internacional de 1993 (Decreto nº 3.087/1999).

Art. 27 - A cooperação jurídica internacional terá por objeto:
I - citação, intimação e notificação judicial e extrajudicial;
II - colheita de provas e obtenção de informações;
III - homologação e cumprimento de decisão;
IV - concessão de medida judicial de urgência;
V - assistência jurídica internacional;
VI - qualquer outra medida judicial ou extrajudicial não proibida pela lei brasileira.

I. Objeto da cooperação: rol exemplificativo

O art. 27 traz um rol de atos que podem ser objeto de cooperação jurídica internacional. Sua mais importante norma, no entanto, está no inciso VI, que estipula o caráter *meramente exemplificativo* das medidas listadas nos incisos antecedentes, ao prever ser possível a cooperação para qualquer medida judicial ou extrajudicial não expressamente vedada pela lei brasileira, como seriam aquelas ofensivas à ordem pública (CPC/2015, arts. 26, § 3º, e 39). A regra, portanto, é de abertura do Estado brasileiro ao intercâmbio jurídico com outras nações.

1. Atos de comunicação processual ou extraprocessual

A cooperação pode ter por objeto atos de comunicação processual ou extraprocessual, como citações, intimações e notificações judiciais e extrajudiciais (inciso I), atos de instrução probatória, como produção de documentos, oitiva de testemunhas, tomada de depoimentos pessoais, perícias (exames, vistorias ou avaliações), pedidos de obtenção de informações, dentre as quais são comuns respostas a consultas sobre o direito estrangeiro ou brasileiro, localização de pessoas e bens, informações financeiras (extratos e movimentações bancárias), cópias e informações sobre processos em curso e certidões (inciso II).

A lei brasileira será aplicável à prática do ato de comunicação no território brasileiro, mas as consequências e os prazos que esse ato produzirá no país estrangeiro serão regulados pela lei deste país (STJ, Corte Especial, Rel. Min. Francisco Falcão, j. em 3/8/2016, DJ de 15/8/2016). Esse raciocínio vale, *mutatis mutandis*, para os atos de cooperação ativa: serão praticados no país estrangeiro segundo a lei do local, mas produzirão no Brasil as consequências e os prazos previstos na lei brasileira.

2. Reconhecimento e cumprimento de decisões

A cooperação também pode ter por objeto o reconhecimento e o cumprimento de decisões (inciso III), sejam elas judiciais ou arbitrais, finais ou interlocutórias, ou provimentos não judiciais que, pela lei brasileira, tenham natureza de decisão judicial, como atos administrativos de divórcio (CPC/2015, arts. 960-965; RISTJ, arts. 216-A, § 1º, e 216-O, § 1º; STJ, Corte Especial, SEC nº 9.820, Rel. Min. Humberto Martins, j. em 19/10/2016, DJ de 26/10/2016; SEC nº 8.581, Rel. Min. Gilson Dipp, j. 17/9/2014; DJ de 29/9/2014).

3. Medidas de urgência

De acordo com o inciso IV, a cooperação internacional também pode buscar a concessão de quaisquer medidas judiciais de urgência no Estado requerido. O inciso III inclui a hipótese de pedido de cooperação para o reconhecimento e o cumprimento de tutelas judiciais de urgência proferidas no Estado de origem (CPC/2015, art. 962); no inciso IV, se trata de buscar a própria *concessão* da medida urgente por órgão judicial do Estado destinatário do pedido, como já se vinha admitindo no Brasil em apoio a pedidos de homologação de sentenças estrangeiras, com base no art. 4º, § 3º, da Resolução nº 9/2005 do STJ (atual art. 216-G do RISTJ), e foi agora incorporado ao CPC/2015 (art. 961, § 3º) (STJ, Corte Especial, MC-AgR nº 17.411, Rel. Min. Ari Pargendler, j. 20/8/2014, DJ de 1º/9/2014).

4. Assistência jurídica gratuita

Por fim, o inciso V prevê a cooperação internacional para concessão de assistência jurídica gratuita, que pode beneficiar brasileiros ou estrangeiros, tanto residentes no Brasil que requeiram assistência jurídica no exterior quanto residentes no exterior que requeiram assistência jurídica no Brasil. O escopo dos benefícios foi objeto dos comentários ao art. 26, inciso II. A assistência jurídica gratuita no exterior pode ser concedida a brasileiros nas mesmas condições em que nacionais daquele país têm direito a tal benefício, desde que isso esteja previsto em tratado em vigor no Brasil e no outro Estado, ou em compromisso de reciprocidade. Da mesma forma, a assistência solicitada por estrangeiro residente no exterior pode ser concedida no Brasil nas mesmas condições em que brasileiros têm direito ao benefício, desde que previsto em tratado do qual ambos os países façam parte ou em compromisso de reciprocidade.

Os pedidos de assistência jurídica internacional podem tramitar por duas formas: a) por meio das autoridades centrais designadas em acordos de cooperação internacional sobre a matéria, como o Acordo sobre o Benefício da Justiça Gratuita e a Assistência Jurídica Gratuita entre os Estados-Partes do Mercosul, a República da Bolívia e a República do Chile (Decreto nº 6.679/2008), ou os acordos bilaterais do Brasil com a Espanha, a Itália e a França (Decretos nºs 166/1991, 1.476/1995 e 3.598/2000, respectivamente); ou b) por via diplomática, com base em reciprocidade (CPC/2015, art. 26, § 1º), caso em que a concessão da assistência pelo governo brasileiro é mais difícil, dada a ausência de norma internacional que regule claramente a análise e extensão do benefício.

Seção II - Do Auxílio Direto

Art. 28 - Cabe auxílio direto quando a medida não decorrer diretamente de decisão de autoridade jurisdicional estrangeira a ser submetida a juízo de delibação no Brasil.

Autor: **Octávio Fragata Martins de Barros**

I. Auxílio direto

O auxílio direto define-se pelo cumprimento de pedidos de cooperação judicial internacional entre juízes (ou não, a depender se o auxílio direto é judicial ou administrativo) de dois Estados soberanos. Enquanto corriqueiro no âmbito administrativo, com auxílio direto entre órgãos investigativos de diferentes Estados, o auxílio direto *judicial*, embora existisse no âmbito de tratados de cooperação internacional com alguns poucos países, configura-se, no âmbito interno, novidade apresentada pela Resolução STJ nº 9 e, agora, regulamentada pelo CPC/2015, art. 28.

Demonstrando a atualidade dos ministros do Superior Tribunal de Justiça, ao trazer um instituto que nem sequer era regulado pela lei processual nacional, a Resolução STJ nº 9 limitou-se a dizer que auxílio direto era todo pedido de cooperação que não ensejava juízo de delibação.

Os ministros do Superior Tribunal de Justiça tentaram, assim, regular, ainda que por via interna, uma demanda crescente de cooperação judicial internacional, que, pelo seu objeto, não era de competência do Superior Tribunal de Justiça, por não abranger juízo de delibação.

Os arts. 28 e ss. do Código de Processo Civil de 2015 abrem a todos os Estados estrangeiros (e não só àqueles que tinham tratados do tipo em vigor) a possibilidade do auxílio direto.

II. O auxílio direto e os outros meios de cooperação jurídica internacional

O auxílio direto, junto com a carta rogatória e a homologação de sentença, constituem mecanismos de cooperação jurídica internacional da Justiça brasileira.

Se distinguirmos os atos de cooperação entre aqueles jurisdicionais em geral e executivos, teríamos a carta rogatória e o auxílio direto endereçando os primeiros e a homologação de sentença estrangeira endereçando os segundos. Se assim fosse, a única distinção entre a carta rogatória e o auxílio direto seria o rótulo à medida atribuído.

No entanto, o rótulo não define a substância. Mais do que o rótulo a que se atribui, o que distingue um meio de cooperação jurídica internacional de outro relativo às medidas jurisdicionais em geral é a submissão ao juízo de delibação.

Isso porque não só o art. 28 deste Código faz essa distinção, como a própria Constituição Federal, que, em seu art. 105, inciso I, *i*, prevê que compete ao Superior Tribunal de Justiça processar e julgar a concessão de *exequatur* às cartas rogatórias. Se cabe ao Superior Tribunal de Justiça outorgar *exequatur* à carta rogatória, tal não é o caso do auxílio direto, para o qual o juiz nacional encontra-se permitido a discutir o mérito e o fundo da medida solicitada pelo juiz estrangeiro.

Processo de contenciosidade limitada é a necessidade de submissão ao juízo de delibação que aloca o ato jurídico entre uma medida e outra. Podendo o juiz adentrar o mérito do ato jurídico solicitado, o ato será alocado como "auxílio direto"; se o juiz nacional não puder adentrar no mérito do ato solicitado.

Ao pleitear uma medida cujo fundo esteja submetido ao crivo da autoridade brasileira, o juiz estrangeiro solicita o auxílio direto da autoridade brasileira.

III. Ampla defesa

Com a possibilidade de conhecer do mérito da medida cujo auxílio se requer, ao juiz nacional recai a obrigação de oferecimento da ampla defesa à parte afetada pelo pedido de auxílio direto. Desse modo, a depender da medida pleiteada pelo juiz estrangeiro, o juiz nacional deverá processar tal pedido de modo a assegurar a ampla defesa, sem prejuízo da efetividade do pedido pleiteado.

IV. Tratados

No Brasil, a legislação que regulamenta a cooperação jurídica internacional, notadamente o auxílio direto, é extremamente fragmentada. Além da Resolução STJ nº 9, competiu a alguns tratados ratificados pelo Brasil discorrerem sobre auxílio direto. Alguns utilizam a expressão normativa de "auxílio" propriamente dita, enquanto que outros fazem referência a cooperação mútua, mas cujo objeto se assemelha ao do auxílio direto.

No primeiro caso (*auxílio*), teríamos, a título de exemplo, o Tratado Interamericano de Assistência Recíproca (Pacto do Rio), o Estatuto de Roma do Tribunal Penal Internacional, o Tratado de Amizade, Cooperação e Consulta entre Brasil e Portugal, o Protocolo Adicional à Convenção das Nações Unidas contra o Crime Organizado Transnacional, relativo ao combate ao tráfico de imigrante por via terrestre, marítima e aérea. Já no caso dos segundos (*cooperação mútua*), teríamos, a título de exemplo, a Convenção das Nações Unidas sobre o Direito do Mar (Convenção de Mondego Bay), Acordo relativo à implementação da Parte XI da Convenção das Nações Unidas sobre o Direito do Mar e a Convenção Interamericana sobre Tráfico Internacional de Menores.

Art. 29 - *A solicitação de auxílio direto será encaminhada pelo órgão estrangeiro interessado à autoridade central, cabendo ao Estado requerente assegurar a autenticidade e a clareza do pedido.*

I. Autoridade Central

A organização judiciária de um determinado Estado é matéria íntima de sua soberania; cada Estado estabelece a estrutura jurídica processual que melhor atenda às demandas da sua população. Essa customização do Poder Judiciário faz com que cada Estado module a estrutura jurídica de uma determinada maneira, que, por sua vez, pode ser (e normalmente o é) diferente de outros Estados.

Como os pedidos de Cooperação Jurídica Internacional tomam por referência atos jurídicos estrangeiros que necessitam de processamento interno, é pressuposto da cooperação jurídica internacional facilitar esse processamento interno dos pedidos de cooperação jurídica internacional, dispensando ao juiz estrangeiro a necessidade de conhecer, por si próprio, o sistema judiciário pátrio.

Tratando-se de atos entre jurisdições distintas, deve o pedido de auxílio direto seguir as regras estabelecidas pelo Estado requerido, incluindo aquelas normas internacionais internalizadas em determinado Estado requerido.

Dessa maneira, estabeleceu-se, na comunidade internacional, a figura da Autoridade Central, que unifica um ponto de contato para a tramitação dos pedidos de cooperação. A Autoridade Central é, portanto, o órgão responsável pela boa condução dos pedidos de cooperação jurídica internacional, notadamente os pedidos de auxílio direto.

Os pedidos de auxílio direto deverão ser encaminhados à Autoridade Central para que dê o devido encaminhamento interno.

II. Auxílio direto *ativo* e *passivo*

Historicamente, havia a distinção entre Autoridade Central *ativa* (aquela responsável por processar no *exterior* os pedidos *nacionais* de cooperação jurídica internacional) e Autoridade Central *passiva* (aquela responsável por processar, em território *nacional*, os pedidos *estrangeiros* de cooperação jurídica internacional). Tal distinção, no entanto, não fora realizada em território nacional, sendo, em regra, unificada a Autoridade Central responsável pelo processamento tanto dos pedidos de auxílio direto ativos como passivos.

III. Requisitos de *autenticidade* e *clareza* do pedido

O art. 29 diz que cabe ao Estado requerente assegurar a *autenticidade* e a *clareza* do pedido. Salvo os casos em que o tratado em vigor especifique as informações necessárias para o processamento do pedido de auxílio direto, deve o juiz requerente fornecer o maior número de informações possíveis, de modo a possibilitar que o Estado requerido possa lhe auxiliar da melhor maneira possível, de modo que o pedido de auxílio direto deve conter, ao menos:

i) a autoridade requerente do pedido de auxílio direto e a autoridade requerida do referido pedido, e a indicação das respectivas autoridades centrais;

ii) a base legal por meio da qual se efetua a solicitação;

iii) os nomes e qualificação das pessoas objeto do pedido (autor e réu), incluindo, quando aplicável, os respectivos representantes legais;

iv) a natureza do pedido de cooperação, incluindo toda e qualquer informação necessária ao seu processamento em território nacional; e

v) uma narrativa clara, objetiva e completa do objeto do auxílio direto pleiteado e o vínculo entre as provas pretendidas, as pessoas envolvidas e/ou as medidas solicitadas no auxílio direto.

Se a prova pretendida for a oitiva de testemunha, à autoridade requerente cabe especificar as pessoas cuja oitiva se pretende realizar, incluindo a sua qualificação, e o escopo do depoimento e/ou informações que se pretende obter com a referida oitiva, se possível.

Se a prova pretendida for para a obtenção de algum documento, à autoridade requerente cabe especificar os documentos que se pretende obter e a sua relevância para o julgamento da causa.

Se a prova pretendida for a inspeção de um imóvel, à autoridade requerente cabe especificar o imóvel a ser inspecionado, com as informações que se pretende obter de referida inspeção.

Cabe à autoridade requerente, ainda, especificar a necessidade de alguma formalidade especial na produção da prova, como, por exemplo, obtenção de compromisso do depoente (art. 437).

Sem embargo do anteriormente exposto, o Brasil, hoje, é signatário da Convenção Interamericana sobre Prova e Informação Acerca do Direito Estrangeiro (pendente de ratificação interna), que regula as informações a serem especificadas nos casos de auxílio direto pleiteado entre países signatários. Nesse caso, diz a Convenção Interamericana sobre Prova e Informação Acerca do Direito Estrangeiro que o pedido deverá conter: a) autoridade da qual provêm e a natureza do assunto; b) indicação precisa dos elementos de prova que são solicitados; e c) determinação de cada um dos pontos a que se referir a consulta, com indicação do seu sentido e do seu alcance, acompanhada de uma exposição dos fatos pertinentes para sua devida compreensão.

Art. 30 - Além dos casos previstos em tratados de que o Brasil faz parte, o auxílio direto terá os seguintes objetos:
I - obtenção e prestação de informações sobre o ordenamento jurídico e sobre processos administrativos ou jurisdicionais findos ou em curso;
II - colheita de provas, salvo se a medida for adotada em processo, em curso no estrangeiro, de competência exclusiva de autoridade judiciária brasileira;
III - qualquer outra medida judicial ou extrajudicial não proibida pela lei brasileira.

I. Hipóteses de incidência

O art. 30 especifica as hipóteses em que não haverá o juízo de delibação no território nacional e o auxílio direto poderá ser solicitado. Além dos casos previstos em tratados de que o Brasil faz parte (alguns exemplos a seguir), o auxílio direto poderá ser solicitado para obtenção e prestação de informações sobre o ordenamento jurídico ou a respeito de processos, colheita de prova, como, por exemplo, a oitiva de uma testemunha, a produção de um documento, a inspeção de um *site*; e, por fim, outras medidas não proibidas em lei.

II. Competência exclusiva

O inciso II do art. 30 prevê, dentre as medidas objeto de auxílio direto, a colheita de prova em território nacional para auxílio do juiz estrangeiro. O inciso II teve, prudentemente, o cuidado de excetuar dos pedidos de auxílio direto as situações nas quais a competência do juiz nacional é exclusiva, ou seja, apenas o juiz nacional é competente para processar e julgar aquela matéria.

A competência exclusiva do juiz nacional (art. 23) faz com que qualquer processo tramitando no exterior não detenha eficácia no Brasil, cuja sentença não poderá ser homologada perante o Superior Tribunal de Justiça. Em assim sendo, o legislador entendeu por bem não reconhecer o pedido de auxílio direto para fins de produção de prova nesses casos, uma vez que esse auxílio mostrar-se-ia inócuo, uma vez que a matéria objeto do processo no exterior é de competência exclusiva do Judiciário pátrio.

III. Respeito às regras processuais nacionais

Se o auxílio direto judicial pressupõe a instauração de um processo judicial de mérito em território nacional, é pressuposto que o auxílio direto deva atentar ao disposto na legislação nacional.

A discussão a respeito da lei aplicável à produção de provas é tema controvertido em Direito Internacional Privado, existindo três diferentes teorias. A primeira prevê a aplicação das normas processuais do foro requerente (*lex fori*) para o processamento dos pedidos de produção de prova. A segunda prevê a aplicação da lei aplicável ao mérito em virtude da relação íntima que detém a produção da prova com o mérito de um litígio (*lex causae*). Por fim, há uma terceira corrente, liderada pelos internacionalistas cariocas Jacob Dolinger e Carmen Tiburcio, que entendem que a lei do local onde se pretende realizar determinado ato processual deverá prevalecer (*lex diligentiae*).

Conquanto a Lei de Introdução às Normas do Direito Brasileiro seja silente quanto à lei de regência na produção probatória em casos de auxílio direto, ela prevê, em seu art. 13, que "a prova dos fatos ocorridos em país estrangeiro rege-se pela lei que nele vigorar, quanto ao ônus e aos meios de produzir-se, não admitindo os tribunais brasileiros provas que a lei brasileira desconheça".

Em assim sendo, tendo em vista que o processo judicial instalado no Brasil sob o pedido de auxílio direto limita-se a instruir o processo estrangeiro com provas situadas no Brasil, é de se supor que sobre os meios de produção da prova pleiteada (pedido de auxílio direto) aplicar-se-á o Direito brasileiro.

Ainda que assim não seja e se possa alegar que a instrução probatória deverá ser regida pela lei estrangeira (em vista da sua vinculação com o mérito da questão), o art. 17 da Lei de Introdução às Normas do Direito Brasileiro impõe certos limites à sua vigência em território nacional. Nesse sentido, ainda que se possa argumentar que o Direito estrangeiro deva prevalecer sobre a produção de prova objeto do pedido de auxílio direto, ela não será aplicável se a sua incidência ofender a soberania nacional, a ordem pública ou os bons costumes.

Tais limitações à incidência do Direito estrangeiro seriam aplicadas, por exemplo, nas hipóteses em que a prova objeto do pedido de auxílio direto fosse protegida por regras de sigilo.

IV. Outros casos previstos em tratados

Além dos casos trazidos no art. 30, as hipóteses de auxílio direto no Direito brasileiro podem ser encontradas, ainda, nos tratados e convenções ratificados pelo país.

Na Convenção sobre os Aspectos Civis do Sequestro Internacional de Crianças, por exemplo, o art. 14 indica que as autoridades judiciais ou administrativas do Estado requerido poderão tomar ciência diretamente do direito e das decisões judiciais ou administrativas, sem ter de recorrer a procedimentos específicos. Esta é uma forma de tornar mais célere a decisão da autoridade sobre a permanência da criança no Estado requerido, diminuindo quaisquer prejuízos que lhe possam vir a ser causados.

Na Convenção Interamericana sobre a Restituição Internacional de Menores, o art. 8º aponta como procedimento para a restituição do menor a restituição direta ou por via diplomática.

O Protocolo de Las Leñas, em seus arts. 28 e 32, determina que as Autoridades Centrais dos Estados-partes fornecer-se-ão mutuamente, a título de cooperação judicial, desde que isso não se oponha às disposições da sua ordem pública; e, caso surjam controvérsias na interpretação, aplicação ou não cumprimento das disposições do acordo, procurarão resolvê-las mediante negociações diplomáticas diretas.

Na Convenção Interamericana sobre Prova e Informação do Direito Estrangeiro, art. 7º, fica determinado que as solicitações a que se refere esta convenção poderão ser dirigidas diretamente pelas autoridades jurisdicionais, ou por intermédio da Autoridade Central do Estado requerente, à correspondente Autoridade Central do Estado requerido, sem necessidade de legalização.

A Convenção Interamericana sobre Tráfico Internacional de Menores, por sua vez, determina em seu art. 15 que os pedidos de cooperação previstos na convenção, formulados por via consular ou diplomática ou por intermédio das Autoridades Centrais, dispensarão o requisito de legalização ou outras formalidades semelhantes.

Há também convenções e tratados que preveem auxílio e cooperação mútuos entre os Estados.

O Tratado Interamericano de Assistência Recíproca (Pacto do Rio) determina que os países signatários devam assegurar a paz por todos os meios possíveis, provendo auxílio recíproco efetivo para enfrentar os ataques armados contra qualquer Estado Americano e conjurar ameaças de agressão contra quaisquer deles.

O Estatuto de Roma do Tribunal Penal Internacional determina, em seus arts. 64 e 93, que o Juízo de Julgamento em Primeira Instância poderá, se necessário, requerer o auxílio de outros Estados na ordenação de comparecimento e audição de testemunhas, além da obtenção de documentos e outras provas.

O Tratado de Amizade, Cooperação e Consulta entre a República Federativa do Brasil e a República Portuguesa estabelece, no art. 64, que as partes contratantes comprometem-se a prestar auxílio mútuo em matéria penal e a combater a produção e o tráfico ilícito de drogas e substâncias psicotrópicas.

A Convenção das Nações Unidas sobre o Direito do Mar (Montego Bay) prevê a cooperação entre os Estados no exercício dos seus direitos e deveres referentes ao uso do mar, incluindo construção e melhoramento dos meios de transporte (art. 129), promoção de investigações científicas marinhas (art. 143), controle da poluição (art. 210), entre outros.

Art. 31 - A autoridade central brasileira comunicar-se-á diretamente com suas congêneres e, se necessário, com outros órgãos estrangeiros responsáveis pela tramitação e pela execução de pedidos de cooperação enviados e recebidos pelo Estado brasileiro, respeitadas disposições específicas constantes de tratado.

I. Autoridade Central como meio de comunicação única

O art. 31 aprofunda o disposto no art. 29 no sentido de designar a Autoridade Central como o órgão administrativo centralizador dos pedidos de cooperação jurídica internacional como medida para tornar a cooperação mais célere e eficaz. Se a Autoridade Central já exerce papel primordial nos pedidos de cooperação em geral, esse papel torna-se ainda mais importante quando o meio de cooperação é o auxílio direto, situação na qual o Estado requerente deve se utilizar de instrumentos legais nacionais para ele desconhecidos para a efetivação do seu pedido. A Autoridade Central é, portanto, o caminho para a efetivação da assistência requerida.

Na medida em que dá encaminhamento ao procedimento nacional a ser adotado para atendimento do pedido de auxílio direto recebido e também por deter o poder de devolver e pedir esclarecimentos acerca do pedido recebido, a designação da Autoridade Central como único órgão de comunicação com seu congênere simplifica o procedimento e perfaz instrumento técnico hábil a agregar valor ao pedido com uma comunicação ágil com sua contraparte.

O art. 31 respeita, ainda, a soberania envolta no estabelecimento do ordenamento jurídico interno. Isso porque, embora tenha adotado a figura da Autoridade Central para o processamento no Brasil da cooperação jurídica internacional, reconheceu que outros Estados podem não o fazer, deixando a cooperação a cargo de outros órgãos.

II. Autoridades Centrais nos tratados envolvendo o Brasil

Na ausência de dispositivo em contrário, a autoridade competente para processar os pedidos de cooperação é o Ministério da Justiça, sob o qual vigora o Departamento de Recuperação de Ativos e Cooperação Jurídica Internacional da Secretaria Nacional de Justiça (DRCI/SNJ). O DRCI, por sua vez, se divide internamente a depender da matéria com a qual se necessita cooperação: Coordenação Geral de Recuperação de Ativos, para os procedimentos que envolvem investigações e processos de natureza penal; e Coordenação Geral de Cooperação Jurídica Internacional, para os procedimentos que envolvam Direito Civil, Família, Comercial e qualquer outra matéria que não esteja classificada como penal.

A Secretaria de Direitos Humanos da Presidência da República, integrante da estrutura do Poder Executivo Federal, é a Autoridade Central designada na Convenção da Haia sobre os Aspectos Civis do Sequestro Internacional de Crianças e na Convenção Interamericana sobre a Restituição Internacional de Menores.

O Ministério da Justiça é a Autoridade Central sob a Convenção Interamericana sobre Prova e Informação acerca do Direito Estrangeiro e a Convenção Interamericana sobre Tráfico Internacional de menores.

Por fim, o Ministério de Relações Exteriores é a Autoridade Central nomeada sob o Protocolo de Las Leñas, e o Tratado de Amizade, Cooperação e Consulta entre a República Federativa do Brasil e a República Portuguesa teve designado como Autoridade Central o Ministério das Relações Exteriores.

Art. 32 - No caso de auxílio direto para a prática de atos que, segundo a lei brasileira, não necessitem de prestação jurisdicional, a autoridade central adotará as providências necessárias para seu cumprimento.

I. Cooperação jurídica e jurisdicional

No âmbito do auxílio direto é possível, ainda, que se faça uma distinção entre o auxílio direto jurisdicional (ou administrativo) e o auxílio direto judicial, o qual envolve necessariamente a intervenção do Poder Judiciário.

É o objeto do pedido que irá definir a sua classificação como auxílio direto judicial ou administrativo. Se o objeto do auxílio direto é do tipo que requer a atuação do juiz nacional, como, por exemplo, a oitiva de uma testemunha ou a exibição de um documento, este será judicial e submetido à Advocacia-Geral da União para que tome, em juízo, as devidas providências. Se, por outro lado, o pedido de auxílio direto envolver matéria não judicial, como, por exemplo, informações a respeito de uma investigação, esse pedido será classificado como administrativo e submetido ao Ministério Público Federal para processamento.

Apenas os casos de auxílio direto judicial comportam a participação do Poder Judiciário. Na eventualidade de a Autoridade Central repassar a um órgão do Poder Judiciário um pedido de auxílio direto administrativo, este não o deve conhecer, remetendo-o de volta à Autoridade Central para que tome as devidas providências.

Art. 33 - *Recebido o pedido de auxílio direto passivo, a autoridade central o encaminhará à Advocacia-Geral da União, que requererá em juízo a medida solicitada.*
Parágrafo único - O Ministério Público requererá em juízo a medida solicitada quando for autoridade central.

I. Advocacia-Geral da União

O art. 33 do Código de Processo Civil de 2015 registra a competência da Advocacia-Geral da União como autoridade responsável para processar em juízo o pedido de auxílio direto recebido de um Estado estrangeiro.

II. Ministério Público

Já o parágrafo único do art. 33 do Código de Processo Civil de 2015 registra exceção a esta regra para as hipóteses em que o Ministério Público for a Autoridade Competente. Em assim sendo e dada a competência constitucional prevista no art. 129, incisos VIII e IX, para requisitar diligência investigatória e inquéritos policiais, tendo poderes para manifestar-se em Juízo nessas e nas outras funções a que lhe forem conferidas, caberá ao Ministério Público dar cumprimento à nomeação que recebeu de atuar como Autoridade Central nessas ocasiões.

É o caso, por exemplo, dos tratados envolvendo processos investigativos criminais, como o Tratado de Auxílio Mútuo em Matéria Penal entre o Brasil e Portugal e também aquele entre Brasil e Canadá.

Por meio do art. 33 do Código de Processo Civil de 2015, o legislador deixou claro que a Advocacia-Geral da União e o Ministério Público são imprescindíveis para o processamento do auxílio direto passivo.

Art. 34 - Compete ao juízo federal do lugar em que deva ser executada a medida apreciar pedido de auxílio direto passivo que demande prestação de atividade jurisdicional.

O art. 34 do Código de Processo Civil de 2015 estabelece a competência jurisdicional interna dos juízes federais para processar o pedido de auxílio direto. A bem da verdade, a regra do art. 34 apenas reflete a competência atribuída aos juízes federais prevista no art. 109 da Constituição Federal. Assim o é porque a Advocacia-Geral da União ou o Ministério Público Federal figuram como parte ou, também, porque o pedido esteja fundado em tratado.

Seção III - Da Carta Rogatória

Art. 35 - VETADO.

Art. 36 - O procedimento da carta rogatória perante o Superior Tribunal de Justiça é de jurisdição contenciosa e deve assegurar às partes as garantias do devido processo legal.

§ 1º - A defesa restringir-se-á à discussão quanto ao atendimento dos requisitos para que o pronunciamento judicial estrangeiro produza efeitos no Brasil.

§ 2º - Em qualquer hipótese, é vedada a revisão do mérito do pronunciamento judicial estrangeiro pela autoridade judiciária brasileira.

Autor: Kleber Cazzaro

I. Atualização

O artigo em tela atualizou o que já vigia desde o advento da Emenda Constitucional nº 45, de 30/12/2004, que transferiu do Supremo Tribunal Federal para o Superior Tribunal de Justiça a competência para a concessão de *exequatur* às Cartas Rogatórias que viessem do exterior para serem cumpridas no Brasil.

II. Jurisdição contenciosa

Pelos referenciais do art. 36, o procedimento que pautará as cartas rogatórias que vierem ao Brasil e cumprirem os comandos administrativos do Superior Tribunal de Justiça é de jurisdição contenciosa. Tal fato, por conseguinte, exigirá o asseguramento às partes interessadas da garantia intransigível do devido processo legal.

Em que pese essa garantia, os debates que eventualmente aconteçam durante a restrita instrução da carta rogatória, os argumentos de defesa que eventualmente sejam usados ficarão adstritos ao atendimento dos requisitos para que o pronunciamento judicial estrangeiro, que deu origem ao documento para ser cumprido no Brasil, produza seus efeitos no território brasileiro. Nada mais.

III. Possibilidades da defesa

De qualquer defesa que eventualmente possa ser produzida, seus argumentos estão limitados a levantar apenas aspectos formais relativos aos requisitos fundamentais para a decisão judicial estrangeira.

IV. Revisão por juiz nacional

Além dos limites para defesa, o juiz nacional (brasileiro) não tem poder para revisar o conteúdo da decisão estrangeira. Só fará cumpri-la. Isso respeita, inclusive, à Soberania do Estado nacional.

V. Requisitos para homologação

A se conferir mais adiante, o art. 963, CPC/2015, aponta os requisitos mínimos e necessários para que a homologação da sentença estrangeira aconteça no Brasil. Sem isso, ela não acontece e a negativa do *exequatur* é o comando imperativo que ocorrerá. São eles: I - ser ela proferida por autoridade competente; II - ser precedida de citação regular, ainda que verificada a revelia; III - ser eficaz no país em que foi proferida; IV - não ofender a coisa julgada brasileira; V - estar acompanhada de tradução oficial, salvo disposição que a dispense prevista em tratado; VI - não conter manifesta ofensa à ordem pública.

VI. Regulamentação atual

Atualmente o procedimento da Carta Rogatória está regulado pelo Regimento Interno do Supremo Tribunal Federal, alterado pela Emenda Regimental nº 18/2014. Objetivamente, estão nos artigos seguintes: "*Da Concessão de* Exequatur *a Cartas Rogatórias Art. 216-O* - É atribuição do Presidente conceder *exequatur* a cartas rogatórias, ressalvado o disposto no art. 216-T. § 1º - Será concedido *exequatur* à carta rogatória que tiver por objeto atos decisórios ou não decisórios. § 2º - Os pedidos de cooperação jurídica internacional que tiverem por objeto atos que não ensejem juízo deliberatório do Superior Tribunal de Justiça, ainda que denominados de carta rogatória, serão encaminhados ou devolvidos ao Ministério da Justiça para as providências necessárias ao cumprimento por auxílio direto. *Art. 216-P* - Não será concedido *exequatur* à carta rogatória que ofender a soberania nacional, a dignidade da pessoa humana e/ou a ordem pública. *Art. 216-Q* - A parte requerida será intimada para, no prazo de quinze dias, impugnar o pedido de concessão do *exequatur*. § 1º - A medida solicitada por carta rogatória poderá ser realizada sem ouvir a parte requerida, quando sua intimação prévia puder resultar na ineficiência da cooperação internacional. § 2º No processo de concessão do *exequatur*, a defesa somente poderá versar sobre a autenticidade dos documentos, a inteligência da decisão e a observância dos requisitos previstos neste Regimento. *Art. 216-R* - Revel ou incapaz a parte requerida, dar-se-lhe-á curador especial. *Art. 216-S* - O Ministério Público Federal terá vista dos autos nas cartas rogatórias pelo prazo de dez dias, podendo impugnar o pedido de concessão do *exequatur*. *Art. 216-T* - Havendo impugnação ao pedido de concessão de *exequatur* a carta rogatória de ato decisório, o Presidente poderá determinar a distribuição dos autos do processo para julgamento pela Corte Especial. *Art. 216-U* - Das decisões do Presidente ou do relator na concessão de *exequatur* a carta rogatória caberá agravo. *Art. 216-V* - Após a concessão do *exequatur*, a carta rogatória será remetida ao Juízo Federal competente para cumprimento. § 1º Das decisões proferidas pelo Juiz Federal competente no cumprimento da carta rogatória caberão embargos, que poderão ser opostos pela parte interessada ou pelo Ministério Público Federal no prazo de dez dias, julgando-os o Presidente deste Tribunal. § 2º - Os embargos de que trata o parágrafo anterior poderão versar sobre qualquer ato referente ao cumprimento da carta rogatória, exceto sobre a própria concessão da medida ou o seu mérito. *Art. 216-W* - Da decisão que julgar os embargos cabe agravo. *Parágrafo único* - O Presidente ou o relator do agravo, quando possível, poderá ordenar diretamente o atendimento à medida solicitada. *Art. 216-X* - Cumprida a carta rogatória ou verificada a impossibilidade de seu cumprimento, será devolvida ao Presidente deste Tribunal no prazo de dez dias, e ele a remeterá, em igual prazo, por meio do Ministério da Justiça ou do Ministério das Relações Exteriores, à autoridade estrangeira de origem".

VII. Competência

Concedida a ordem do *exequatur*, por força do art. 109, inciso X, da Constituição Federal, a competência para cumpri-la, seja ela de ordem instrutória, executiva ou outra qualquer, será da Justiça Federal brasileira. Negado o *exequatur*, caberá ao STJ, daí, fazer a restituição da carta sem qualquer diligência que pudesse ser praticada para satisfazer o cumprimento.

VIII. Dispositivo de referência ao CPC/1973

Art. 211.

Seção IV - Disposições Comuns às Seções Anteriores

Art. 37 - O pedido de cooperação jurídica internacional oriundo de autoridade brasileira competente será encaminhado à autoridade central para posterior envio ao Estado requerido para lhe dar andamento.

I. Cooperação ativa

O dispositivo trata da cooperação jurídica internacional ativa formulada por autoridade brasileira, dirigida à jurisdição de outro Estado nacional.

II. Legitimação ativa

O pedido poderá ser requerido tanto pelas partes envolvidas na lide em que o pedido for necessário de ser feito como também pelo Ministério Público ou terceiros interessados e regularmente habilitados a atuar na causa, como, por exemplo, assistentes. Também pode ser admitida a determinação de ofício pelo Juiz se assim entender necessário.

III. Competência

Em todas as possibilidades será da competência da autoridade central brasileira providenciar a remessa do pedido de cooperação, devidamente instruído e documentado, para a autoridade estrangeira respectiva.

Sobre quem será a autoridade central competente, o art. 26, § 4º, do CPC/2015, diz que, na ausência de previsão específica em algum tratado ou lei federal, será do Ministério da Justiça o exercício da função.

IV. Documentação

O rol da documentação que deverá acompanhar e instruir o pedido de cooperação jurídica internacional dependerá de quem for a autoridade que requerê-lo. Andou bem o legislador ao não apresentar o rol respectivo. Tal ato fica por conta de tratados, acordos ou documentos similares de cooperação produzidos de maneira nacional ou transnacional entre Estados nacionais.

V. Encaminhamentos

O Ministério da Justiça do Governo Brasileiro disponibiliza, em seu *site* eletrônico, detalhes sobre cooperação jurídica internacional. O endereço eletrônico é o seguinte: <http://www.justica.gov.br/sua-protecao/cooperacao-internacional>.

A autoridade central brasileira poderá negar o pedido caso não cumpra as formalidades legais. Da decisão prolatada pela autoridade central brasileira caberá mandado de segurança para o Superior Tribunal de Justiça conforme art. 105, inciso I, letra *b,* da CF/1988.

Cumpridos os requisitos e diante da admissibilidade do pedido, a formulação, devidamente instruída, seguirá pelo Ministério das Relações Exteriores através de quem o pedido será encaminhado para a autoridade central estrangeira para cujo auxílio foi solicitada.

VI. Dispositivo de referência ao CPC/1973

Não há.

Art. 38 - O pedido de cooperação oriundo de autoridade brasileira competente e os documentos anexos que o instruem serão encaminhados à autoridade central, acompanhados de tradução para a língua oficial do Estado requerido.

I. Crítica

Em verdade este artigo poderia ter ficado agrupado com o art. 37, de quem é complemento apenas para registrar a necessidade da tradução para a língua oficial do Estado que receberá da autoridade brasileira o pedido de cooperação jurídica internacional.

Desnecessário, pois, um artigo específico para dizer somente isso: que tanto o pedido de cooperação quanto todos os documentos que lhe servirão de suporte instrutório devem ser encaminhados à autoridade central regularmente versados para a língua oficial do Estado para o qual o pleito de cooperação será requerido. Salvo, óbvio, se houver algum documento bilateral firmado e ratificado entre o Brasil e o Estado ou União de Estados que receberá o pedido de cooperação, dispensando formalidades dessa natureza ou qualquer outra semelhante.

II. Ônus para cumprimento

Quanto ao ônus de cumprir tal incumbência, nada obstante o artigo não trazer nenhuma referência sobre isso, caberá, por óbvio, à parte interessada providenciar a tradução respectiva. E se requerida pelo juiz da causa, caberá a quem tal prova servir de benefício promover o enfrentamento das despesas respectivas.

III. Cuidados no encaminhamento

A autoridade central brasileira deverá receber o pedido pronto. Só lhe caberá dar o encaminhamento, nada mais. Tanto que, se não estiver regularmente instruído, o pleito poderá ser indeferido. Portanto, é ônus de quem pretende fazer uso de tal expediente cooperativo diligenciar para que ele seja produzido formalmente, arcando com as consequências caso não o faça com a precisão técnica necessária.

IV. Dispositivo de referência ao CPC/1973

Não há.

Art. 39 - O pedido passivo de cooperação jurídica internacional será recusado se configurar manifesta ofensa à ordem pública.

I. Cooperação passiva

O pedido de cooperação passivo é aquele requerido por Estado estrangeiro para o Estado brasileiro, com objetivo de serem realizados atos dentro deste último e que exijam esforços de agentes públicos nacionais.

II. Excesso de redação

O presente artigo reitera o que já consta de modo mais genérico no art. 26, § 3º, do CPC, onde pode ser incluída a recusa de qualquer pedido de cooperação jurídica internacional feita ao Estado brasileiro e que ofender seus comandos legais, inseridos aí a própria ordem pública nacional.

A propósito do tema, já consta na Lei de Introdução às Normas do Direito Brasileiro (LINDB), através do art. 17, que "As leis, atos e sentenças de outro país, bem como quaisquer declarações de vontade, não terão eficácia no Brasil, quando ofenderem a soberania nacional, a ordem pública e os bons costumes".

III. Referências exemplificativas

Exemplos de atos que ofendem a ordem pública podem ser citados: cobrança de dívida de jogo contraída no exterior; pedido de cooperação para tratar de imóveis situados no Brasil (a competência é exclusiva no Estado brasileiro); pedido de produção de provas para instruir ação através da qual está sendo processada pessoa brasileira, menor de idade; pedido de produção forçada de exame de DNA; pedido de penhora e venda judicial de bem de família, etc.

IV. Dispositivo de referência ao CPC/1973

Não há.

Art. 40 - A cooperação jurídica internacional para execução de decisão estrangeira dar-se-á por meio de carta rogatória ou de ação de homologação de sentença estrangeira, de acordo com o art. 960.

I. Espécies

Por aqui o legislador deixou especificado que a cooperação jurídica internacional para execução de decisão estrangeira dar-se-á por duas formas, quais sejam: carta rogatória ou ação de homologação de sentença estrangeira.

II. Detalhe distintivo

Uma distinção é importante no que diz respeito à decisão executada ser definitiva ou provisória. Em sendo decisão interlocutória, o instrumento de execução será a carta rogatória. Por outro lado, em sendo decisão definitiva, a execução será feita por meio da homologação de decisão estrangeira.

III. Casos de arbitragem

E as decisões que tiverem origem em procedimento de arbitragem, para suas execuções, obedecerão ao disposto em tratado e em lei, aplicando-se, subsidiariamente, as disposições dos arts. 960 a 965 do CPC.

IV. Dispositivo de referência ao CPC/1973

Não há.

Art. 41 - Considera-se autêntico o documento que instruir pedido de cooperação jurídica internacional, inclusive tradução para a língua portuguesa, quando encaminhado ao Estado brasileiro por meio de autoridade central ou por via diplomática, dispensando-se a juramentação, autenticação ou qualquer procedimento de legalização.

Parágrafo único - O disposto no caput não impede, quando necessária, a aplicação pelo Estado brasileiro do princípio da reciprocidade de tratamento.

I. Veracidade dos documentos

No caminho de regular as formalidades passivas para protocolo e tramitação dos pedidos de cooperação jurídica internacional, o artigo atesta a presunção de veracidade dos documentos que são usados para instruírem pedidos de cooperação jurídica internacional quando o trâmite for através de autoridade central, no caso do Brasil o Ministério da Justiça ou por via diplomática.

II. Exceção

A exceção é situação diversa que tenha tratamento diverso do que é adotado pelo Brasil e este daí, pelo princípio da reciprocidade, aplicar a rigidez dos mesmos comandos que lhe podem ser exigidos.

III. RISTJ

Observa-se que o art. 216-C do Regimento Interno do Superior Tribunal de Justiça prevê que a autenticação pela autoridade consular é requisito necessário para o processamento da homologação da sentença estrangeira. Seguindo os comandos do artigo em tela, tal condição fica, em regra, dispensada de cumprimento no caso de o Estado Brasileiro receber o pedido através de autoridade central ou por via diplomática.

IV. Dispositivo de referência ao CPC/1973

Não há.

TÍTULO III
DA COMPETÊNCIA INTERNA

Capítulo I - Da Competência

Seção I - Disposição Gerais

Art. 42 - As causas cíveis serão processadas e decididas pelo juiz nos limites de sua competência, ressalvado às partes o direito de instituir juízo arbitral, na forma da lei.

Autora: **Paula Pessoa Pereira**

I. Jurisdição e competência

A jurisdição, enquanto manifestação do poder estatal, é una e exercida por todo o território nacional, de forma homogênea, com o fim de resolver os problemas não solucionados na vida prática. Para o cumprimento desta função jurisdicional, são selecionados os indivíduos competentes para agir como julgadores, de acordo com a exigência de qualificações prévias estabelecidas na Constituição e legislação especial, os quais exercerão sua competência nas circunstâncias e limites autorizados, em atenção às formalidades processuais exigidas para a formação, desenvolvimento e conclusão do processo judicial.

Nesse cenário, a imparcialidade apresenta-se como elemento essencial da jurisdição, uma vez que o direito fundamental ao processo justo (CF, art. 5º, inciso XXXVII) requer do Estado a prestação de uma tutela jurisdicional adequada e tempestiva, dentro de uma estrutura normativa institucional estável e isenta de qualquer interesse. Não por outra razão, a Constituição Federal erigiu à condição de direito fundamental, entre outros direitos processuais (como a representação técnica adequada, o contraditório, a ampla defesa, a motivação das decisões judiciais, a prova), o do juiz natural. Dentro deste quadro institucional, a imparcialidade, a independência judicial e a competência encontram-se como princípios estruturantes para o desenvolvimento de um julgamento adequado e conforme ao Estado de Direito.

A atividade jurisdicional, para que seja exercida de forma eficiente e ordenada, exige uma distribuição do poder, por meio de diversos órgãos, de acordo com distintos critérios normativos, que devem estar previamente estabelecidos. Ou seja, a competência é a medida da jurisdição, o resultado da combinação entre os distintos critérios de distribuição do poder jurisdicional, nos termos do quanto fixado na ordem normativa.

II. Critérios para a distribuição da competência

A competência é distribuída a partir de vários critérios gerais e abstratos, que estão disciplinados por meio das várias espécies normativas (CPC, art. 44). Os critérios, de acordo com a doutrina, são classificados em três grupos principais: o critério objetivo, o critério funcional (horizontal e vertical) e o critério territorial. O critério objetivo, por seu turno, se subdivide em três outros critérios, quais sejam em razão da matéria, do valor da causa e em razão da pessoa. A necessidade da sistematização dos critérios de distribuição de competência em grupos distintos reside na utilidade que qualquer classificação oferece, bem como na delimitação de atuação das regras de competência, a partir de critérios razoáveis que ajudam tanto a prática jurisdicional quanto o legislador nos projetos de reforma da lei processual.

III. Competência absoluta e competência relativa

Dois são os regimes jurídicos aos quais se submetem as regras de distribuição da competência, quais sejam o absoluto e o relativo, que são configurados a depender do interesse a ser tutelado: público ou particular. A importância da identificação e diferenciação entre os regimes jurídicos de competência faz-se necessária em razão das consequências, da forma e do momento próprio para a arguição do defeito processual.

A competência absoluta, por tratar de norma cogente, de tutela do interesse público, pode ser arguida em qualquer momento e qualquer grau de jurisdição; pode ser conhecida de ofício; não ocorre preclusão para as partes e juiz, de modo que a competência não se prorroga nem se modifica e não está sujeita à negociação das partes. Estão submetidas ao regime da competência absoluta as hipóteses em que esta é fixada por critério em razão da pessoa, da matéria, funcional e, de forma peculiar e excepcional, por critério territorial prescrito no art. 47, § 1º, que, em verdade, trata de uma "competência territorial absoluta".

Por sua vez, a competência relativa, por cuidar de interesse privado, não pode ser conhecida de ofício, cabendo às partes arguir o defeito no prazo legal, sob pena de preclusão e prorrogação da competência; ainda, às partes é facultado convencionarem o foro, por meio de negócio jurídico processual típico (cláusula de foro de eleição). Aqui uma advertência deve ser feita: a forma de alegação da incompetência relativa sofreu modificação com a nova disciplina processual, porquanto não é mais necessário um incidente separado, devendo ser feita no bojo da própria contestação, como preliminar. Estão submetidas a este regime as hipóteses em que a competência é fixada por critério em razão do valor e do território.

Com relação ao critério do valor da causa para a distribuição da competência, a regra do regime relativo não se aplica no contexto do Juizado Especial. Nos Juizados Especiais Estaduais, conquanto os órgãos jurisdicionais que compõem sua estrutura estejam encarregados das causas de menor valor, não detêm competência para o processamento de causas que envolvam valor acima de 40 salários mínimos, salvo se permitido à parte autora o direito de renúncia ao excedente. A competência é relativa para o menos e absoluta para o mais, na medida em que a Justiça comum também é competente para julgar os processos de menor valor. Por outro lado, nos Juizados Especiais Federais o regime adotado é o da competência absoluta (Lei nº 10.259/2001, art. 3º, § 3º).

IV. Juízo arbitral

No Direito brasileiro, a jurisdição estatal convive com o juízo arbitral, sem que o uso deste implique violação ao princípio da inafastabilidade da jurisdição (CF, art. 5º, inciso XXXV). A escolha entre o uso da arbitragem e da jurisdição estatal é dada aos cidadãos, de acordo com seus interesses e condições, sendo que, uma vez reconhecida a competência do Juízo arbitral, este tem precedência ao Poder Judiciário para decidir, de ofício ou por provocação das partes, as questões acerca da existência, validade e eficácia da convenção de arbitragem e do contrato que contenha a cláusula compromissória, nos termos da Lei de Arbitragem (Lei nº 9.307/1996).

A precedência do Juízo arbitral é confirmada no sistema processual brasileiro com a previsão de extinção dos processos sem resolução do mérito, quando verificado pelo juiz do processo em curso a existência de convenção de arbitragem entre as partes ou o reconhecimento da competência pelo Juízo arbitral (CPC, art. 485, inciso VII).

V. Súmula do STJ

Súmula nº 33: "A incompetência relativa não pode ser declarada de ofício" (Súmula nº 33, 2ª Seção, j. em 24/10/1991, DJ de 29/10/1991).

VI. Julgados

Medida de urgência decretada por juízo absolutamente incompetente. Validade dos atos decisórios.

"Ainda que proferida por juízo absolutamente incompetente, é válida a decisão que, em ação civil pública proposta para a apuração de ato de improbidade administrativa, tenha determinado – até que haja pronunciamento do juízo competente – a indisponibilidade dos bens do réu a fim de assegurar o ressarcimento de suposto dano ao patrimônio público. De fato, conforme o art. 113, § 2º, do CPC, o reconhecimento da incompetência absoluta de determinado juízo implica, em regra, nulidade dos atos decisórios por ele praticados. Todavia, referida regra não impede que o juiz, em face do poder de cautela previsto nos arts. 798 e 799 do CPC, determine, em caráter precário, medida de urgência para prevenir perecimento de direito ou lesão grave ou de difícil reparação" (2ª T., REsp nº 1.038.199/ES, Rel. Min. Castro Meira, j. em 7/5/2013, DJe de 16/5/2013).

Juizados especiais. Complexidade das causas. Incompetência absoluta.

"É cabível mandado de segurança, a ser impetrado no Tribunal de Justiça, a fim de que seja reconhecida, em razão da complexidade da causa, a incompetência absoluta dos juizados especiais para o julgamento do feito, ainda que no processo já exista decisão definitiva de Turma Recursal da qual não caiba mais recurso. Inicialmente, observe-se que, em situações como essa, o controle por meio da ação mandamental interposta dentro do prazo decadencial de cento e vinte dias não interfere na autonomia dos Juizados, uma vez que o mérito da demanda não será decidido pelo Tribunal de Justiça. Ademais, é necessário estabelecer um mecanismo de controle da competência dos Juizados, sob pena de lhes conferir um poder desproporcional: o de decidir, em caráter definitivo, inclusive as causas para as quais são absolutamente incompetentes, nos termos da lei civil. Dessa forma, sendo o juízo absolutamente incompetente em razão da matéria, a decisão é, nesse caso, inexistente ou nula, não havendo, tecnicamente, que falar em trânsito em julgado" (4ª T., RMS nº 39.041/DF, Rel. Min. Raul Araújo, j. em 7/5/2013, DJe de 26/8/2013).

Conflito de competência. Oferecimento de exceção de incompetência anterior. Conhecimento.

"O anterior oferecimento de exceção de incompetência não obsta o conhecimento de conflito de competência quando o objeto deste for absolutamente distinto do objeto daquela. Isso porque não se pode interpretar a regra processual contida no art. 117 do CPC – segundo o qual não pode suscitar conflito a parte que, no processo, ofereceu exceção de incompetência – de modo a gerar uma situação de impasse, subtraindo da parte meios de se insurgir contra uma situação que repute injusta, haja vista que o direito processual deve, na máxima medida possível, estar a serviço do direito material, como um instrumento para a sua realização" (CC nº 111.230-DF, Rel. Min. Nancy Andrighi, 2ª Seção, j. em 8/5/2013, DJe de 3/4/2014).

Constatada a previsão de convenção de arbitragem pelas partes, o feito guarda a potencialidade de derrogar a jurisdição estatal e tornar inútil toda a atividade jurisdicional desenvolvida.

"1. A controvérsia instaurada no recurso especial, retido na origem, consiste justamente em saber se há cláusula de convenção de arbitragem, circunstância que, caso reconhecida, tem o condão de derrogar, a princípio, a própria jurisdição estatal, de modo a tornar inócua toda a atividade que venha a ser desenvolvida no processo. 1.1. A simples constatação de previsão de convenção de arbitragem – objeto de discussão no recurso especial – enseja o reconhecimento da competência do Juízo arbitral, que, com precedência ao Poder Judiciário, deve decidir, nos termos do parágrafo único da Lei de Arbitragem (Lei nº 9.307/96), de ofício, ou por provocação das partes, as questões acerca da existência, validade e eficácia da convenção de arbitragem e do contrato que contenha a cláusula compromissória. Precedentes. [...] 2. Agravo Regimental Provido, assim como o agravo a ele subjacente, para afastar a retenção do recurso especial determinada na origem, impondo-se à Corte local que proceda ao processamento da insurgência recursal, e, posteriormente, ao juízo de admissibilidade, como entender de direito" (3ª T., AgRg no AREsp nº 371.993/RJ, Rel. Min. Ricardo Villas Bôas Cueva, Rel. p/ Acórdão Min. Marco Aurélio Bellizze, j. em 14/10/2014, DJe de 6/11/2014).

Execução de sentença arbitral. Aplicação das regras dos arts. 94 a 100 do Código de Processo Civil para aferição do juízo cível competente para execução de sentença arbitral. Cláusula de eleição de foro estabelecida no termo de compromisso arbitral. Competência territorial relativa, sendo viável a modificação pela vontade das partes e impossibilidade de declinação de ofício.

"[...] 1. Violação ao artigo 458 e 535 do CPC não configurada. [...] 2. A utilização do procedimento da arbitragem não constitui desprestígio ao poder estatal de resolução de controvérsias; [...] 2.1 No ordenamento jurídico pátrio, o árbitro não foi contemplado com o poder de império, de coerção, capaz de determinar a execução de suas sentenças, motivo pelo qual, não adimplida voluntariamente a obrigação, deve o credor recorrer ao Poder Judiciário, requerendo o cumprimento da sentença arbitral, cujo processamento dar-se-á no juízo cível competente, nos moldes do art. 475-P, inc. III, do CPC. 2.2. Na hipótese dos autos, para a execução da sentença arbitral, as partes estabeleceram, no respectivo termo de compromisso, alternativamente, o foro da Comarca de São Paulo/SP ou de Salvador/BA, tendo o credor optado por protocolar o petitório no foro paulista. Nítida é a competência territorial ou de foro, considerada caso típico de competência relativa, autorizando a disponibilidade das partes, ante a não compulsoriedade das regras gerais de competência. 2.3. Aplicação do entendimento constante dos enunciados das súmulas 335/STF e 33/STJ, isto é, de que é válida a cláusula de eleição de foro para os processos oriundos do contrato e de que a incompetência relativa não pode ser declarada de ofício. 3. Recurso especial conhecido, rejeitada a preliminar e, no mérito, PROVIDO, a fim de reconhecer a competência do foro Comarca de São Paulo/SP para processamento da execução de sentença arbitral" (4ª T., REsp nº 1312651/SP, Rel. Min. Marco Buzzi, j. em 18/2/2014, DJe de 25/2/2014).

Direito Processual Civil. Execução de título extrajudicial que contenha cláusula compromissória.

"[...] O STJ já decidiu pela possibilidade de o credor executar judicialmente contrato que, embora contenha convenção de arbitragem, possua cláusula que contemple confissão de dívida, a constituir título executivo extrajudicial, haja vista que o juízo arbitral é desprovido de poderes coercitivos; a existência de cláusula compromissória não constitui óbice à execução de título extrajudicial, desde que preenchidos os requisitos de certeza, liquidez e exigibilidade (REsp 944.917-SP, Terceira Turma, DJe de 3/10/2008). Assim, a existência de título executivo extrajudicial prescinde de sentença arbitral condenatória para formação de um outro título sobre a mesma dívida, de modo que é viável, desde logo, a propositura de execução perante o Poder Judiciário" (REsp nº 1.373.710/MG, Rel. Min. Ricardo Villas Bôas Cueva, j. em 7/4/2015, DJe de 27/4/2015).

Art. 43 - Determina-se a competência no momento do registro ou da distribuição da petição inicial, sendo irrelevantes as modificações do estado de fato ou de direito ocorridas posteriormente, salvo quando suprimirem órgão judiciário ou alterarem a competência absoluta.

I. Fixação e continuidade da competência

A competência para o processamento e julgamento de determinada causa é determinada no momento do registro ou da distribuição da petição inicial, em observância ao princípio do juiz natural, e segue até o final do processo, com a satisfação da tutela dos direitos. Assim, definida a competência do órgão jurisdicional, tornam-se irrelevantes as modificações do estado de fato ou de direito ocorridas posteriormente, permanecendo a competência daquele.

O princípio da perpetuação da competência (*perpetuatio jurisdictionis*) implica o reconhecimento de que, para a análise da competência, deve-se sempre levar em consideração a situação de fato e de direito da demanda, quando do momento de seu ajuizamento, e compõe o sistema de estabilidade do processo. O objetivo do dispositivo legal é evitar que as partes façam uso de artimanhas processuais para driblar a regra do juiz natural, em favor da tutela de interesses escusos na prestação da tutela jurisdicional.

II. Incompetência superveniente

A exceção quanto à regra geral da perpetuação da competência reside em duas hipóteses supervenientes: a) supressão de órgão judiciário; b) alteração de competência absoluta, conforme restrição legal feita no final do artigo em comento. A justificativa para a modificação da competência nessas situações está no argumento de que a supressão do órgão judiciário acarreta a ausência de qualquer poder jurisdicional, fato que exige a redistribuição da causa para o órgão que sucedeu aquele extinto; segundo, porque como o regime jurídico da competência absoluta (material, funcional e em razão da pessoa) é definido em função do interesse público, a sua alteração deve ser acompanhada pela demanda, a fim de atender esse interesse.

III. Súmulas do STJ

Súmula nº 58: "Proposta a execução fiscal, a posterior mudança de domicílio do executado não desloca a competência já fixada" (Súmula nº 58, 1ª Seção, j. em 29/9/1992, DJ de 6/10/1992).

Súmula nº 367: "A competência estabelecida pela EC nº 45/2004 não alcança os processos já sentenciados" (Súmula nº 367, Corte Especial, j. em 19/11/2008, DJe de 26/11/2008).

IV. Julgado

Conflito negativo de competência. Ação de destituição de poder familiar. Alteração de domicílio da criança e daqueles que detêm sua guarda. Princípio da *perpetuatio jurisdictionis* x juiz imediato.

"1. Conforme estabelece o art. 87 do CPC, a competência determina-se no momento da propositura da ação e, em se tratando de hipótese de competência relativa, não é possível de ser modificada *ex officio.* Esse mencionado preceito de lei institui, com a finalidade de proteger a parte, a regra da estabilização da competência (*perpetuatio jurisdictionis*). 2. O princípio do juiz imediato vem estabelecido no art. 147, I e II, do ECA, segundo o qual o foro competente para apreciar e julgar as medidas, ações e procedimentos que tutelam interesses, direitos e garantias positivados no ECA, é determinado pelo lugar onde a criança ou o adolescente exerce, com regularidade, seu direito à convivência familiar e comunitária. 3. Embora seja compreendido como regra de competência territorial, o art. 147, I e II, do ECA apresenta natureza de competência absoluta, nomeadamente porque expressa norma cogente que, em certa medida, não admite prorrogação. 4. A jurisprudência do STJ, ao ser chamada a graduar a aplicação subsidiária do art. 87 do CPC frente à incidência do art. 147, I e II, do ECA, manifestou-se no sentido de que deve prevalecer a regra especial em face da geral, sempre guardadas as peculiaridades de cada processo. 5. Conflito de competência conhecido para declarar a competência do Juízo de Direito da 1ª Vara da Infância e da Juventude do Distrito Federal/DF" (CC nº 119.318/DF, Rel. Min. Nancy Andrighi, 2ª Seção, j. em 25/4/2012, DJe de 2/5/2012).

Art. 44 - Obedecidos os limites estabelecidos pela Constituição Federal, a competência é determinada pelas normas previstas neste Código ou em legislação especial, pelas normas de organização judiciária e, ainda, no que couber, pelas constituições dos Estados.

No Estado constitucional brasileiro, a Constituição Federal, no cumprimento da sua função de arquiteta da organização dos poderes e da administração da justiça, definiu as várias espécies de "justiças", a partir do agrupamento de órgãos jurisdicionais, por meio da identificação de litígios comuns. Desse modo, distribuiu a competência por todos os órgãos jurisdicionais com a definição das justiças especializadas, como a trabalhista (arts. 111 e ss.), a eleitoral (arts. 118 e ss.) e a militar (arts. 122 e ss.), e da justiça federal (arts. 106 e ss.) e estadual (arts. 125 e ss.), cuja competência é residual.

Portanto, respeitada a distribuição fixada na Constituição Federal, compete aos Estados organizarem sua Justiça, por meio das respectivas Constituições estaduais, leis e normas de organização judiciária.

Cumpre esclarecer, todavia, que o artigo em comento não estabelece uma ordem de prevalência, mas apenas explicita as espécies normativas que podem disciplinar sobre competência, as quais devem ser conformes à Constituição Federal. Embora no artigo não estejam previstos como norma de distribuição de competência, as normas regimentais e os acordos também fazem parte do sistema de disciplina da matéria.

Art. 45 - Tramitando o processo perante outro juízo, os autos serão remetidos ao juízo federal competente se nele intervier a União, suas empresas públicas, entidades autárquicas e fundações, ou conselho de fiscalização de atividade profissional, na qualidade de parte ou de terceiro interveniente, exceto as ações:
I - de recuperação judicial, falência, insolvência civil e acidente de trabalho;
II - sujeitas à justiça eleitoral e à justiça do trabalho.
§ 1º - Os autos não serão remetidos se houver pedido cuja apreciação seja de competência do juízo perante o qual foi proposta a ação.
§ 2º - Na hipótese do § 1º, o juiz, ao não admitir a cumulação de pedidos em razão da incompetência para apreciar qualquer deles, não examinará o mérito daquele em que exista interesse da União, de suas entidades autárquicas ou de suas empresas públicas.
§ 3º - O juízo federal restituirá os autos ao juízo estadual sem suscitar conflito se o ente federal cuja presença ensejou a remessa for excluído do processo.

I. Competência da justiça federal

Nas ações em que a União, suas empresas públicas, entidades autárquicas, fundações ou conselhos de fiscalização profissional intervierem na qualidade de parte ou de terceiro interveniente, o juízo federal será o competente para o processamento e julgamento das demandas. Excepcionam-se a esta regra as ações de recuperação judicial, falência, insolvência civil e acidente de trabalho, bem como aquelas sujeitas à justiça eleitoral e trabalhista. O artigo replica o texto constitucional que trata do desenho da competência da justiça federal (CF, art. 109), que está encarregada de analisar as causas cíveis que estão fora do espaço da competência das justiças especiais, como a eleitoral (CF, art. 121) e trabalhista (CF, art. 114). Quanto ao ponto, cumpre destacar que sociedade de economia mista não atrai a competência da justiça federal, sendo competente para apreciar as demandas em que estas intervierem, a justiça estadual.

II. Procedimento de remessa

Quando a competência para o processamento e julgamento da demanda for da justiça federal, em razão da intervenção da União e suas empresas no feito, na qualidade de parte autora ou terceiro interveniente, compete ao juízo no qual a causa esteja tramitando proceder com a remessa do feito. Contudo, os autos não serão remetidos ao juízo federal, caso haja na demanda pedido que seja da competência do juízo perante o qual foi proposta a ação. Nessas situações de cumulação de pedidos, caso o juiz não a admita, por motivo de incompetência para apreciar qualquer deles, também não poderá analisar o mérito do pedido em que exista o interesse da União, de suas entidades autárquicas e de suas empresas públicas.

III. Súmulas vinculantes

Súmula Vinculante nº 22: "A Justiça do Trabalho é competente para processar e julgar as ações de indenização por danos morais e patrimoniais decorrentes de acidente de trabalho propostas por empregado contra empregador, inclusive aquelas que ainda não possuíam sentença de mérito em primeiro grau quando da promulgação da Emenda Constitucional nº 45/04".

Súmula Vinculante nº 23: "A Justiça do Trabalho é competente para processar e julgar ação possessória ajuizada em decorrência do exercício do direito de greve pelos trabalhadores da iniciativa privada".

Súmula Vinculante nº 27: "Compete à Justiça estadual julgar causas entre consumidor e concessionária de serviço público de telefonia, quando a ANATEL não seja litisconsorte passiva necessária, assistente, nem oponente".

IV. Súmula do STF

Súmula nº 517: "As sociedades de economia mista só têm foro na justiça federal, quando a União intervém como assistente ou oponente".

V. Súmulas do STJ

Súmula nº 66: "Compete a Justiça Federal processar e julgar execução fiscal promovida por conselho de fiscalização profissional" (Súmula nº 66, 1ª Seção, j. em 15/12/1992, DJ de 4/2/1993, p. 774).

Súmula nº 82: "Compete a Justiça Federal, excluídas as reclamações trabalhistas, processar e julgar os feitos relativos à movimentação do FGTS" (Súmula nº 82, Corte Especial, j. em 18/6/1993, DJ de 2/7/1993).

Súmula nº 150: "Compete a Justiça Federal decidir sobre a existência de interesse jurídico que justifique a presença, no processo, da União, suas Autarquias ou Empresas públicas" (Súmula nº 150, Corte Especial, j. em 7/2/1996, DJ de 13/2/1996, p. 2608).

Súmula nº 170: "Compete ao juízo onde primeiro for intentada a ação envolvendo acumulação de pedidos, trabalhista e estatutário, decidi-la nos limites da sua jurisdição, sem prejuízo do ajuizamento de nova causa, com o pedido remanescente, no juízo próprio" (Súmula nº 170, 3ª Seção, j. em 23/10/1996, DJ de 31/10/1996).

Súmula nº 224: "Excluído do feito o ente federal, cuja presença levara o Juiz Estadual a declinar da competência, deve o Juiz Federal restituir os autos e não suscitar conflito" (Súmula nº 224, Corte Especial, j. em 2/8/1999, DJ de 25/8/1999).

Súmula nº 236: "Não compete ao Superior Tribunal de Justiça dirimir conflitos de competência entre juízes trabalhistas vinculados a Tribunais Regionais do Trabalho diversos" (Súmula nº 236, 2ª Seção, j. em 22/3/2000, DJ de 14/4/2000).

Súmula nº 254: "A decisão do Juízo Federal que exclui da relação processual ente federal não pode ser reexaminada no Juízo Estadual" (Súmula nº 254, Corte Especial, j. em 1/8/2001, DJ de 22/8/2001).

Súmula nº 365: "A intervenção da União como sucessora da Rede Ferroviária Federal S/A (RFFSA) desloca a competência para a Justiça Federal ainda que a sentença tenha sido proferida por Juízo estadual" (Súmula nº 365, Corte Especial, j. em 19/11/2008, DJe de 26/11/2008).

Súmula nº 368: "Compete à Justiça comum estadual processar e julgar os pedidos de retificação de dados cadastrais da Justiça Eleitoral" (Súmula nº 368, 1ª Seção, j. em 26/11/2008, DJe de 3/12/2008).

Súmula nº 374: "Compete à Justiça Eleitoral processar e julgar a ação para anular débito decorrente de multa eleitoral" (Súmula nº 374, 1ª Seção, j. em 11/3/2009, DJe de 30/3/2009).

Súmula nº 480: "O juízo da recuperação judicial não é competente para decidir sobre a constrição de bens não abrangidos pelo plano de recuperação da empresa" (Súmula nº 480, 2ª Seção, j. em 27/6/2012, DJe de 1/8/2012).

VI. Julgado de Recurso Repetitivo

Competência para julgamento das ações que objetivam discutir contrato firmando entre o segurado e a Fundação Rede Ferroviária de Seguridade Social (REFER).

"1. Para efeitos do art. 543-C do Código de Processo Civil: A competência para processar e julgar as demandas que têm por objeto obrigações decorrentes dos contratos de planos de previdência privada firmados com a Fundação Rede Ferroviária de Seguridade Social (REFER) é da Justiça Estadual. 2. Recurso Especial Provido (REsp 1183604 MG, Rel. Ministro Paulo de Tarso Sanseverino, 2ª Seção, Julgado em 11/12/2013, DJE de 3/2/2014). 1. Para efeitos do art. 543-C do Código de Processo Civil: A competência para processar e julgar as demandas que têm por objeto obrigações decorrentes dos contratos de planos de previdência privada firmados com a Fundação Rede Ferroviária de Seguridade Social (REFER) é da Justiça Estadual. 2. Recurso Especial Provido" (REsp nº 1187776/MG, Rel. Min. Paulo de Tarso Sanseverino, 2ª Seção, j. em 11/12/2013, DJe de 3/2/2014).

VII. Julgados

Conflito de competência. Juízo estadual e Juízo federal. Réus distintos. Cumulação de pedidos. Competência absoluta em razão da pessoa.

"Compete à Justiça estadual processar e julgar demanda proposta contra o Banco do Brasil, sociedade de economia mista, e à Justiça Federal processar, nos termos do art. 109, I, da Constituição Federal, julgar ação proposta contra a Caixa Econômica Federal, empresa pública federal. Ante a incompetência absoluta em razão da pessoa, mesmo que se cogite de eventual conexão entre os pedidos formulados na exordial, ainda assim eles não podem ser julgados pelo mesmo juízo" (CC nº 119.090-MG, Rel. Min. Paulo de Tarso Sanseverino, j. em 12/9/2012).

Competência. Indenização por danos morais e materiais. Vínculo trabalhista. Danos alheios à relação de emprego. Justiça Comum.

"O autor foi contratado por uma sociedade voltada à terraplanagem e foi designado para a construção de uma barragem em uma fazenda de propriedade da ré. Sucede que, naquela localidade, seu olho foi atingido por uma pedra arremessada de uma roçadeira operada por um preposto da ré, o que desencadeou a perda de 95% da visão daquele olho. Pediu, então, indenização por danos morais e materiais, não à sua empregadora, mas à sociedade ré. Isso posto, ausentes danos decorrentes de uma típica relação de trabalho, apresentando-se a controvérsia em contornos de natureza eminentemente civil, mesmo diante do disposto no art. 114, VI, da CF/1988 após a redação imposta pela EC n. 45/2004, é competente a Justiça comum estadual para o processo e julgamento desta ação de indenização" (CC nº 72.770-SP, Rel. Min. Nancy Andrighi, j. em 27/6/2007).

Incompetência do juízo universal. Ação de despejo movida contra sociedade empresária em recuperação judicial.

"Não se submete à competência do juízo universal da recuperação judicial a ação de despejo movida, com base na Lei 8.245/1991 (Lei do Inquilinato), pelo proprietário locador para obter, unicamente, a retomada da posse direta do imóvel locado à sociedade empresária em recuperação. A Lei da Recuperação Judicial (Lei 11.101/2005) não prevê exceção que ampare o locatário que tenha obtido o deferimento de recuperação judicial, estabelecendo, ao contrário, que o credor proprietário de bem imóvel, quanto à retomada do bem, não se submete aos efeitos da recuperação judicial (art. 49, § 3º, da Lei 11.101/2005). Na espécie, tratando-se de credor titular da posição de proprietário, prevalecem os direitos de propriedade sobre a coisa, sendo inaplicável à hipótese de despejo a exceção prevista no § 3º, *in fine*, do art. 49 da Lei 11.101/2005 – que não permite, durante o prazo de suspensão a que se refere o § 4º do art. 6º da referida lei, a venda ou a retirada do estabelecimento do devedor dos bens de capital essenciais a sua atividade empresarial –, pois, no despejo, regido por legislação especial, tem-se a retomada do imóvel locado, e não se trata de venda ou mera retirada do estabelecimento do devedor de bem essencial a sua atividade empresarial. Nesse sentido, a melhor interpretação a ser conferida aos arts. 6º e 49 da Lei 11.101/2005 é a de que, em regra, apenas os credores de quantia líquida se submetem ao juízo da recuperação, com exclusão, dentre outros, do titular do direito de propriedade. Portanto, conclui-se que a efetivação da ordem do despejo não se submete à competência do Juízo universal da recuperação, não se confundindo com eventual execução de valores devidos pelo locatário relativos a aluguéis e consectários, legais e processuais, ainda que tal pretensão esteja cumulada na ação de despejo. Precedente citado: AgRg no CC 103.012-GO, Segunda Seção, DJe de 24/6/2010" (CC nº 123.116-SP, Rel. Min. Raul Araújo, 2ª Seção, j. em 14/8/2014, DJe de 3/11/2014).

Ação de improbidade administrativa. Justiça estadual. Verbas federais transferidas mediante convênio e incorporadas ao patrimônio municipal.

"Compete à Justiça Estadual – e não à Justiça Federal – processar e julgar ação civil pública de improbidade administrativa na qual se apure irregularidades na prestação de contas, por ex-prefeito, relacionadas a verbas federais transferidas mediante convênio e incorporadas ao patrimônio municipal, a não ser que exista manifestação de interesse na causa por parte da União, de autarquia ou empresa pública federal. Nessa situação, pode-se, em tese, visualizar conflito entre as Súmulas 208 e 209 do STJ, que determinam, respectivamente, hipóteses de competência da Justiça Federal e da Justiça Estadual. Isso porque, embora a ação tenha por objeto 'verba sujeita a prestação de contas perante órgão federal' (Súmula 208), trata-se de 'verba transferida e incorporada ao patrimônio municipal' (Súmula 209). Ocorre que esses enunciados provêm da Terceira Seção do STJ e, por isso, versam sobre hipóteses de fixação da competência em matéria penal, em que basta o interesse da União, de suas autarquias ou empresas públicas para deslocar a competência para a Justiça Federal, nos termos do inciso IV do art. 109 da CF. No âmbito cível, entretanto, deve-se observar uma distinção na aplicação desses enunciados, visto que o art. 109 da CF elenca a competência da Justiça Federal em um rol taxativo em que, em seu inciso I, menciona as causas a serem julgadas por juízo federal em razão da pessoa, competindo a este último 'decidir sobre a existência [ou não] de interesse jurídico que justifique a presença, no processo, da União, suas autarquias ou empresas públicas' (Súmula 150 do STJ). Assim, a despeito de a Súmula 208 do STJ afirmar que 'Compete à Justiça Federal processar e julgar prefeito municipal por desvio de verba sujeita a prestação de contas perante órgão federal', a competência absoluta enunciada no art. 109, I, da CF faz alusão, de forma clara e objetiva, às partes envolvidas no processo, tornando despicienda, dessa maneira, a análise da matéria discutida em juízo. Nesse contexto, a Segunda Turma do STJ já decidiu que 'A competência da Justiça Federal, em matéria cível, é aquela prevista no art. 109, I, da Constituição Federal, que tem por base critério objetivo, sendo fixada tão só em razão dos figurantes da relação processual, prescindindo da análise da matéria discutida na lide'" (REsp nº 1.325.491-BA, DJe 25/6/2014) (CC nº 131.323-TO, Rel. Min. Napoleão Nunes Maia Filho, 1ª Seção, j. em 25/3/2015, DJe de 6/4/2015).

Art. 46 - A ação fundada em direito pessoal ou em direito real sobre bens móveis será proposta, em regra, no foro de domicílio do réu.

§ 1º - Tendo mais de um domicílio, o réu será demandado no foro de qualquer deles.

§ 2º - Sendo incerto ou desconhecido o domicílio do réu, ele poderá ser demandado onde for encontrado ou no foro de domicílio do autor.

§ 3º - Quando o réu não tiver domicílio ou residência no Brasil, a ação será proposta no foro de domicílio do autor, e, se este também residir fora do Brasil, a ação será proposta em qualquer foro.

§ 4º - Havendo 2 (dois) ou mais réus com diferentes domicílios, serão demandados no foro de qualquer deles, à escolha do autor.

§ 5º - A execução fiscal será proposta no foro de domicílio do réu, no de sua residência ou no do lugar onde for encontrado.

I. Competência territorial para as ações de direito pessoal e real mobiliário

No Direito brasileiro, a regra geral de distribuição da competência territorial para as demandas que versem sobre direito pessoal ou direito real mobiliário é a do foro do domicílio do réu. A disciplina jurídica do domicílio está prevista nos arts. 70-78 do CC. O domicílio da pessoa natural é o lugar onde ela estabelece sua residência com ânimo definitivo (CC, art. 70). Existindo mais de uma residência, o domicílio será estabelecido em qualquer uma delas (CC, art. 71). Também é considerado como domicílio da pessoa natural, quanto às relações concernentes à profissão, o lugar onde esta é exercida (CC, art. 72). Por sua vez, o domicílio da pessoa jurídica é o lugar onde funcionam as respectivas diretorias e administrações ou onde for eleito domicílio especial, no estatuto ou atos constitutivos (CC, art. 75, § 1º).

Na hipótese de o réu possuir mais de um domicílio, caberá ao autor escolher o foro no qual pretende ajuizar a demanda. Caso incerto ou desconhecido o domicílio do réu, o autor poderá demandar no foro em que o réu for encontrado ou no seu próprio domicílio. Se o réu não tiver domicílio ou residência no Brasil, a ação deverá ser proposta no foro do domicílio do autor, e, se o autor também não tiver domicílio no Brasil, caberá a ele a escolha por qualquer foro. Na hipótese de vários réus na demanda, que possuem diferentes domicílios, competirá ao autor escolher o foro de qualquer um deles.

II. Execução fiscal

Nas ações de execução fiscal, a regra geral de competência territorial é o foro do domicílio do réu, da sua residência ou onde este for encontrado.

III. Julgado de Recurso Repetitivo

Ação de cobrança. Acidente de veículo. Seguro obrigatório de danos pessoais causados por veículos automotores de vias terrestres – DPVAT. Demanda de natureza pessoal. Faculdade do autor na escolha do foro para ajuizamento da ação. Foro do domicílio do réu. Art. 94, *caput*, do CPC. Local do acidente ou de seu domicílio. Art. 100, parágrafo único, do CPC.

"1. Para fins do art. 543-C do CPC: Em ação de cobrança objetivando indenização decorrente de Seguro Obrigatório de Danos Pessoais Causados por Veículos Automotores de Vias Terrestres – DPVAT, constitui faculdade do autor escolher entre os seguintes foros para ajuizamento da ação: o do local do acidente ou o do seu domicílio (parágrafo único do art. 100 do Código de Processo Civil); bem como, ainda, o do domicílio do réu (art. 94 do mesmo Diploma). 2. No caso concreto, recurso especial provido" (REsp nº 1357813/RJ, Rel. Min. Luis Felipe Salomão, 2ª Seção, j. em 11/9/2013, DJe de 24/9/2013).

IV. Julgados

Ação de rescisão contratual. Ação de direito pessoal. Exceção de incompetência. Eleição de foro diverso. Foro do domicílio do réu. Ausência de prejuízo. Possibilidade.

"Agravo de instrumento interposto perante o TJ/MS em 8/1/2013. Recurso concluso ao Gabinete em 17/12/2013. 2- Controvérsia que se cinge a definir se o foro de domicílio do réu é competente para o julgamento de ação de rescisão de contrato de compromisso de compra e venda de imóvel no qual foi pactuada a eleição de foro diverso. 3- A ação de resolução de compromisso de compra e venda assenta-se em direito pessoal, não atraindo, assim, a regra de competência absoluta insculpida no art. 95 do CPC. Precedentes. 4- Na eleição de foro, tal circunstância não impede seja a ação intentada no domicílio do réu, inexistente alegação comprovada de prejuízo. Precedentes. 5- Recurso especial provido" (3ª T., REsp nº 1433066/MS, Rel. Min. Nancy Andrighi, j. em 20/5/2014, DJe de 2/6/2014).

Conflito de competência. Direitos possessórios. Direito pessoal. Direito real imobiliário. Competência do foro do domicílio do réu. Exceção.

"1. O entendimento proferido pelo Tribunal de origem encontra amparo na jurisprudência deste Superior Tribunal de Justiça no sentido de que deve ser afastada a competência absoluta de foro prevista no art. 95 do CPC, quando a ação possessória seja decorrente de relação de direito pessoal surgida em consequência de contrato existente entre as partes, devendo prevalecer o foro de eleição pactuado. Precedentes do STJ: REsp n. 967.826/RN, Rel. Min. Nancy Andrighi, DJ de 22.11.2007; REsp n. 332.802/RN, Rel. Min. Luis Felipe Salomão, DJ de 26.2.2009. 2. A agravante, limitando-se a transcrever as ementas dos julgados objeto do dissídio, não promoveu o necessário cotejo analítico entre o aresto recorrido e os paradigmas, de forma que não há como verificar a ocorrência dos pressupostos necessários à comprovação da divergência jurisprudencial deduzida, quais sejam semelhança entre as bases fáticas dos acórdãos confrontados e teses jurídicas divergentes conferidas a um mesmo contexto. 3. Agravo regimental desprovido" (4ª T., AgRg nos EDcl no Ag nº 1192342/MG, Rel. Min. Marco Buzzi, j. em 2/9/2014, DJe de 16/9/2014).

Execução fiscal. Ajuizamento fora do domicílio do devedor. Prorrogação.

"O entendimento firmado no REsp 1.146.194/SC, Rel. Min. Ari Pargendler, fixa tese de que o juízo federal pode declinar de sua competência 'ex officio' para julgar execução fiscal quando o feito não foi interposto no domicílio do réu, sem afastar, contudo, sua legitimidade para o julgamento da demanda. 2. O preceito do art. 15, I, da Lei n. 5.010/66 'visa facilitar tanto a defesa do devedor quanto o aparelhamento da execução, que assim não fica, via de regra, sujeita a cumprimento de atos por cartas precatórias' (REsp 1.146.194/SC, Rel. p/ Acórdão Ministro Ari Pargendler, Primeira Seção, julgado em 14/8/2013, DJe 25/10/2013). 3. Efetivada a execução perante comarca diversa do domicílio do réu, cabe ao executado suscitar eventual incompetência do juízo na primeira oportunidade, o que não ocorreu, visto que se limitou a provocar tal questão quando já lhe havia sido exaurida sentença desfavorável, nas razões da apelação. 4. A tese da prescrição com base no art. 192 do Código Civil não comporta conhecimento, por falta de prequestionamento, visto que o acórdão abordou a questão prescricional com base nos arts. 174 do CTN e 40 da Lei n. 6.830/80, o que atrai a incidência das Súmulas 282/STF e 356/STF ao ponto.[...]" (2ª T., AgRg no REsp nº 1461155/PE, Rel. Min. Humberto Martins, j. em 17/3/2015, DJe de 24/3/2015).

Execução fiscal. Competência.

"Na hipótese em que, em razão da inexistência de vara da Justiça Federal na localidade do domicílio do devedor, execução fiscal tenha sido ajuizada pela União ou por suas autarquias em vara da Justiça Federal sediada em local diverso, o juiz federal poderá declinar, de ofício, da competência para processar e julgar a demanda, determinando a remessa dos autos para o juízo de direito da comarca do domicílio do executado. Isso porque, nas comarcas do interior onde não funcionar vara da Justiça Federal, os juízes estaduais são competentes para processar e julgar os executivos fiscais da União e de suas autarquias ajuizados contra devedores domiciliados nas respectivas comarcas (art. 15, I, da Lei 5.010/1966). Portanto, a decisão do juiz federal que declina da competência quando a norma do art. 15, I, da Lei 5.010/1966 deixa de ser observada não está sujeita à Súmula 33 do STJ, segundo a qual 'a incompetência relativa não pode ser declarada de ofício'. No mesmo sentido é o teor da Súmula 40 do TFR, segundo a qual 'a execução fiscal da Fazenda Pública Federal será proposta perante o Juiz de Direito da comarca do domicílio do devedor, desde que não seja ela sede de vara da Justiça Federal'. 'Será proposta', diz o texto, a significar que não há opção, nem relatividade. Cabe ressaltar, ademais, que essa regra pretende facilitar tanto a defesa do devedor quanto o aparelhamento da execução, que assim não fica, em regra, sujeita a cumprimento de atos por cartas precatórias" (REsp nº 1.146.194-SC, Rel. originário Min. Napoleão Nunes Maia Filho, Rel. para acórdão Min. Ari Pargendler, 1ª Seção, j. em 14/8/2013, DJe de 25/10/2013).

Execução fiscal de dívida fundada em convênio entre autarquia previdenciária e município. Eleição de foro. Possibilidade.

"1. A Primeira Seção, ao julgar os EREsp 787.977/RS (Rel. Min. Eliana Calmon, DJe de 25.2.2008), deixou consignado que o art. 578, *caput*, do CPC prevê ordem de preferência de foro para o ajuizamento da execução fiscal: a) domicílio do executado; ou b) sua residência; ou c) lugar onde o devedor for encontrado. Alternativamente, o parágrafo único do mesmo artigo faculta o ajuizamento da execução, pela Fazenda Pública, no foro do lugar da prática do ato ou ocorrência do fato que deu origem à dívida, mesmo que ali não mais resida o réu. A Seção conferiu uma interpretação sistemática ao art. 578 do CPC, para entender-se que as alternativas do *caput* do citado dispositivo concorrem com os foros previstos no parágrafo único do mesmo artigo. Ainda na Primeira Seção, por ocasião do julgamento do REsp 1.120.276/PA, sob a relatoria do Ministro Luiz Fux e de acordo com o regime dos recursos repetitivos, ficou assentado que o devedor não tem assegurado o direito de ser executado no foro de seu domicílio, salvo se nenhuma das espécies do parágrafo único do art. 578 do CPC se verificar (DJe de 1º.2.2010). 2. O Tribunal de origem decidiu com acerto quando fez consignar, no acórdão recorrido, que a regra de fixação de competência prevista no art. 578 do CPC para o ajuizamento das execuções fiscais refere-se a competência territorial, portanto, relativa, que pode ser modificada pelas partes, nos termos do art. 111 do mencionado Código. [...]. 4. Recurso especial não provido" (2ª T., REsp 1153028/MG, Rel. Min. Mauro Campbell Marques, j. em 6/12/2011, DJe de 13/12/2011).

Art. 47 - Para as ações fundadas em direito real sobre imóveis é competente o foro de situação da coisa.
§ 1º - O autor pode optar pelo foro de domicílio do réu ou pelo foro de eleição se o litígio não recair sobre direito de propriedade, vizinhança, servidão, divisão e demarcação de terras e de nunciação de obra nova.
§ 2º - A ação possessória imobiliária será proposta no foro de situação da coisa, cujo juízo tem competência absoluta.

I. Competência territorial absoluta para as ações de direito real

Nas ações fundadas em direito real e possessória sobre imóveis, a regra geral de competência é a do foro da situação da coisa. O dispositivo legal trata de competência territorial absoluta, porquanto o critério utilizado para a distribuição da competência é o territorial, todavia, o regime jurídico a que se submete é o absoluto, de modo que a incompetência pode ser alegada em qualquer grau de jurisdição e conhecida de ofício, não podendo ser prorrogada. O artigo estabeleceu a possibilidade de foro concorrente, à escolha do autor, que pode optar pelo foro do domicílio do réu ou pelo foro de eleição, para os litígios que não versem sobre direito de propriedade, vizinhança, servidão, divisão e demarcação de terras e de nunciação de obra nova. Portanto, nas ações de direitos reais imobiliários, dois são os regimes de competência a serem observados, o absoluto ou relativo, que serão fixados a depender da matéria que a ação tratar.

II. Súmula do STJ

Súmula nº 11: "A presença da União ou de qualquer de seus entes, na ação de usucapião especial, não afasta a competência do foro da situação do imóvel" (Súmula nº 11, 2ª Seção, j. em 26/9/1990, DJ de 1/10/1990).

III. Julgados

Conflito de competência. Ação anulatória de escritura pública de cessão e transferência de direitos possessórios. Direito pessoal. Direito real imobiliário. Competência do foro do domicílio do réu.

"[...] 2. Discute-se a competência para julgamento de ação declaratória de cessão de direitos possessórios, considerando o disposto no art. 95 do CPC e a existência de outras duas ações, em que se discute a posse do bem, e que tramitam no foro da situação deste. 3. A partir da exegese da norma do art. 95 do CPC, na hipótese do litígio versar sobre direito de propriedade, vizinhança, servidão, posse, divisão e demarcação de terras e nunciação de obra nova, a ação correspondente deverá necessariamente ser proposta na comarca em que situado o bem imóvel, porque a competência é absoluta. 4. Por outro lado, a ação, ainda que se refira a um direito real sobre imóvel, poderá ser ajuizada pelo autor no foro do domicílio do réu ou, se o caso, no foro eleito pelas partes, se não disser respeito a nenhum daqueles direitos especificados na segunda parte do art. 95 do CPC, haja vista se tratar de competência relativa. 5. Na hipótese, conforme apontado pelo juízo suscitante, o litígio analisado não versa sobre nenhum direito real imobiliário, mas sobre a eventual nulidade da escritura de cessão de posse de imóvel, por razões formais. Aliás, é importante mencionar, nesse contexto, que nem mesmo a posse do imóvel é objeto da presente ação. 6. Não há competência absoluta do foro da situação do bem para o julgamento da presente ação, sendo inaplicável o art. 95 do CPC. A competência é relativa, devendo ser fixada de acordo com as regras do art. 100 do CPC. 7. Nem mesmo poder-se-ia pensar em conexão entre a ação declaratória e as ações de reintegração de posse e embargos de terceiro porque não se vislumbra identidade de pedidos ou de causa de pedir, conforme prevê o art. 103 do CPC, para autorizar a reunião dos processos. 8. Conflito conhecido, para declarar a competência do Juízo de Direito de São José do Ouro-RS" (CC nº 111.572/SC, Rel. Min. Nancy Andrighi, 2ª Seção, j. em 9/4/2014, DJe de 15/4/2014).

Ação de desapropriação. Natureza real. Competência absoluta. Foro da situação do imóvel.

"1. A perpetuatio jurisdictionis tem como *ratio essendi* a competência territorial relativa, no afã de fixar-se no domicílio do réu, no momento da demanda, ainda que o demandado altere *a posteriori* o seu domicílio. 2. A competência para as ações fundadas em direito real sobre bem imóvel (CPC, art. 95, *in fine*) é absoluta e, portanto, inderrogável, de modo a incidir o princípio do forum rei sitae, tornando-se inaplicável o princípio da *perpetuatio jurisdictionis*. 3. A superveniente criação de Vara Federal, situada no local do imóvel, desloca a competência para esse Juízo, na forma do art. 87, do CPC, que assim dispõe: Art. 87 - Determina-se a competência no momento em que a ação é proposta. São irrelevantes as modificações do estado de fato ou de direito ocorridas posteriormente, salvo quando suprimirem o órgão judiciário ou alterarem a competência em razão da matéria ou da hierarquia. 4. A competência absoluta do local do imóvel justifica-se em razão da melhor aptidão do juiz de determinado território para exercer a sua função, cuja competência transmuda-se de relativa para absoluta, em face da natureza pública do interesse que a informa. Precedentes: (REsp 936.218/CE, DJ 18.09.2007; AgRg no REsp 958544/PE, DJ 19.10.2007; REsp. 549.508/SP, DJ. 19.12.2005; Resp. 819225/PR, DJ.16.10.2006; CC. 46771/RJ, DJ. 19.09.2005; CC. 5008/DF, DJ. 14.12.1993) 5. Nesse sentido, é cediço em sede de abalizada doutrina: 'A determinação da competência em razão da situação da coisa, ou, mais precisamente, em razão da situação do imóvel, cria o chamado *forum rei sitae*, herança romana, da época imperial. Justifica-se pela evidente conveniência do andamento do processo no foro da situação do imóvel sobre que versar a lide e que se manifesta na diminuição de despesas e de tempo na prática de certos atos e por possibilitar ao juiz da causa o exame direto das coisas sobre que incidir a sua decisão. Com efeito, em quase todas ações relativas a imóvel se produzem vistorias, que são provas de fatos ou circunstâncias inerentes a este, as quais não poucas vezes reclamam a presença do juiz. Demais, é aconselhar-se que, nessas ações, o juiz, 'a fim de se esclarecer sobre fato, que interesse à decisão da causa', se valha da chamada inspeção judicial e se locomova até o imóvel sempre que julgar isso necessário 'para melhor verificação ou interpretação dos fatos que deva observar' (Cód. Proc. Civil, arts. 440 e 442, nº I). O Código de Processo Civil de 1939 instituía o *forum rei sitae* para as ações relativas a imóvel, isto é, para as ações ditas imobiliárias. Restringiu o Código atual a competência daquele foro para as ações reais imobiliárias. (Moacyr Amaral Santos. Primeiras Linhas de Direito Processual Civil, 1º volume, 5ª ed., Editora Saraiva, 1977, p. 199). 6. Recurso especial desprovido" (1ª T., REsp nº 885.557/CE, Rel. Min. Luiz Fux, j. em 11/12/2007, DJe de 3/3/2008 LEXSTJ vol. 224, p. 176).

Art. 48 - O foro de domicílio do autor da herança, no Brasil, é o competente para o inventário, a partilha, a arrecadação, o cumprimento de disposições de última vontade, a impugnação ou anulação de partilha extrajudicial e para todas as ações em que o espólio for réu, ainda que o óbito tenha ocorrido no estrangeiro.

Parágrafo único - Se o autor da herança não possuía domicílio certo, é competente:

I - o foro de situação dos bens imóveis;

II - havendo bens imóveis em foros diferentes, qualquer destes;

III - não havendo bens imóveis, o foro do local de qualquer dos bens do espólio.

I. Competência territorial para ações que versem sobre sucessão

O artigo em comento trata do critério territorial para a distribuição da competência nas ações que versam sobre sucessão. A sucessão abre-se no lugar do último domicílio do falecido (CC, art. 1.785). A regra geral adotada no dispositivo é a de que o foro do domicílio do autor da herança, no Brasil, é o competente para inventário, partilha, arrecadação, cumprimento de disposições de última vontade, impugnação ou anulação de partilha extrajudicial e para todas as demais ações, em que o espólio for o réu, mesmo que o óbito tenha ocorrido no estrangeiro.

II. Foros subsidiários

Se o autor não possuía domicílio certo, o foro competente será aquele da situação dos bens imóveis. Na hipótese de os bens imóveis estarem em foros diferentes, o competente será qualquer um deles, cabendo ao autor a escolha. Caso não haja bens imóveis, o foro competente será o local de qualquer dos bens do espólio.

III. Julgados

Competência. Julgamento de ação anulatória de testamento. Juízo do inventário.

"Compete ao juízo do inventário o julgamento de ação anulatória de testamento, ainda que outro juízo tenha sido responsável pela ação de abertura, registro e cumprimento do testamento. O fato da ação de abertura, registro e cumprimento de testamento ter se processado em determinado juízo não implica sua prevenção para a ação anulatória de testamento. Afinal, trata-se de um processo de jurisdição voluntária, em que não se discute o conteúdo do testamento, limitando-se ao exame das formalidades necessárias à sua validade. [...] Assim, a declaração de nulidade do testamento interessa à herança e, por isso, deve ser apreciada pelo juízo do inventário. Nesse contexto, observa-se que a denominada *vis* atrativa do inventário (art. 96 do CPC) é abrangente, chegando a abarcar não somente as ações relativas à herança, tais como a de sonegados, de petição de herança, de anulação de testamento e outras diretamente ligadas ao direito sucessório, mas também traz para o seu foro outras ações que, em princípio, seriam da competência de outro. Além disso, mesmo que não se discuta a validade do testamento nos próprios autos do inventário, porque se trata de questão de alta indagação (art. 985 do CPC), deve-se reconhecer a competência do juízo do inventário para o julgamento da anulatória também por uma questão de economia processual. [...]. Precedente citado: REsp 420.394-GO, DJ 4/11/2002" (3ª T., REsp nº 1.153.194-MS, Rel. Min. Nancy Andrighi, j. em 13/11/2012, DJe de 21/11/2012).

Conflito positivo de competência. Inventário. Último domicílio do falecido. Domicílio certo. Inexistência de duplo domicílio.

"A competência para o inventário é definida pelo último domicílio do autor da herança. II.- Hipótese em que, diante das provas constantes dos autos, verifica-se que o falecido não possuía duplo domicílio, como alegado pelo suscitante, ou domicílio incerto, mas um único domicílio, no qual deve ser processado o inventário. III.- Conflito conhecido para declarar competente o Juízo de Direito da 7ª Vara de Família Sucessões Interditos e Ausentes de Salvador-BA" (CC nº 100.931/DF, Rel. Min. Sidnei Beneti, 2ª Seção, j. em 13/10/2010, DJe de 27/10/2010).

Conflito de competência. Justiça Federal e estadual. Inventário. União como credora do autor da herança.

"I. A simples qualidade de credora do *de cujus*, embora autorize a União a habilitar seu crédito contra o espólio, não tem o condão de transferir a competência para o processamento do inventário para a Justiça Federal, não se aplicando, ao caso, o art. 109, I, da Constituição Federal. II. Conflito conhecido, declarando-se competente a Justiça Estadual" (CC nº 62.082/MS, Rel. Min. Sidnei Beneti, 2ª Seção, j. em 23/6/2010, DJe de 2/8/2010).

Conflito de competência. Sobrepartilha. Competência do juízo do inventário.

"Conforme o disposto no parágrafo único do art. 1.041 do Código de Processo Civil, a sobrepartilha deve correr nos autos do inventário do autor da herança, assim, compete ao juízo que processou e julgou inventário processar e julgar ação de sobrepartilha. Conflito de Competência conhecido para declarar a competência do Juízo de Direito da Vara de Família Órfãos e Sucessões Infância e Juventude e Primeiro Cível de Planaltina-GO" (CC nº 54.801/DF, Rel. Min. Sidnei Beneti, 2ª Seção, j. 27/5/2009, DJe de 5/6/2009).

Art. 49 - A ação em que o ausente for réu será proposta no foro de seu último domicílio, também competente para a arrecadação, o inventário, a partilha e o cumprimento de disposições testamentárias.

I. Competência territorial do ausente

Nas ações em que o ausente for réu, o foro competente será o do seu último domicílio, que também será o competente para o processamento e julgamento das demandas de arrecadação, inventário, partilha e cumprimento de disposições testamentárias.

A ausência significa o desparecimento de uma pessoa do seu domicílio, sem que tenha deixado notícia, representante ou procurador para a administração dos seus bens (CC, art. 22). Haverá ausência ainda na hipótese de o ausente ter deixado mandatários, quando este não queira ou não possa exercer ou continuar seu mandato, ou seus poderes foram insuficientes (CC, art. 23). A declaração de ausência é decretada judicialmente, a requerimento de qualquer interessado ou do Ministério Público, oportunidade em que nomeado o curador (CC, art. 22).

Art. 50 - A ação em que o incapaz for réu será proposta no foro de domicílio de seu representante ou assistente.

I. Competência territorial do réu incapaz

Nas ações em que o réu for incapaz, o foro competente será o domicílio do seu representante ou assistente. A regra em comento está em conformidade com a disciplina jurídica do incapaz, que estabelece como domicílio necessário do incapaz o do seu representante legal (CC, art. 76, parágrafo único).

II. Julgados

Competência para processar e julgar ação de divórcio quando o marido for incapaz.

"Compete ao foro do domicílio do representante do marido interditado por deficiência mental – e não ao foro da residência de sua esposa capaz e produtiva – processar e julgar ação de divórcio direto litigioso, independentemente da posição que o incapaz ocupe na relação processual (autor ou réu). Por um lado, art. 100, I, do CPC determina que o foro 'da residência da mulher' é competente para 'a ação de separação dos cônjuges e a conversão desta em divórcio'. Por outro lado, o art. 98 do CPC prescreve que a 'ação em que o incapaz for réu se processará no foro do domicílio de seu representante'. No confronto entre essas normas protetivas, deve preponderar a regra que privilegia o incapaz, pela evidente maior fragilidade de quem atua representado, necessitando de facilitação de meios, especialmente uma relação processual formada em ação de divórcio, em que o delicado direito material a ser discutido pode envolver íntimos sentimentos e relevantes aspectos patrimoniais. Na espécie, é inconteste que para o incapaz e seu representante será mais fácil litigar no foro do domicílio deste do que se deslocarem para comarcas outras, o que dificultaria a defesa dos interesses do representado. A prevalência da norma do art. 98 do CPC, por seu turno, não trará grandes transtornos para a demandada, por ser pessoa apta e produtiva. Além disso, na melhor compreensão do referido artigo, não há razão para diferenciar-se a posição processual do incapaz – seja ele autor ou réu em qualquer ação –, pois, normalmente, sempre necessitará de proteção, de amparo, de facilitação da defesa dos seus interesses, possibilitando-se, por isso, ao seu representante litigar no foro de seu domicílio" (4ª T., REsp nº 875.612/MG, Rel. Min. Raul Araújo, j. em 4/9/2014, DJe de 17/11/2014).

Art. 51 - É competente o foro de domicílio do réu para as causas em que seja autora a União.
Parágrafo único - Se a União for a demandada, a ação poderá ser proposta no foro de domicílio do autor, no de ocorrência do ato ou fato que originou a demanda, no de situação da coisa ou no Distrito Federal.

I. Competência territorial nas ações em que a União figura como parte

A competência territorial para as ações em que a União figurar como autora será o foro do domicílio do réu. Nas causas em a União for a demandada, a ação, a critério de escolha do autor, poderá ser ajuizada no foro do domicílio do autor, no da ocorrência do ato ou fato que originou a demanda, no da situação da coisa ou no Distrito Federal. A regra é uma repetição do texto constitucional (CF, art. 109, §§ 1º e 2º). Por tratar de competência territorial, o regime jurídico a que se submete é o relativo.

Art. 52 - É competente o foro de domicílio do réu para as causas em que seja autor Estado ou o Distrito Federal.
Parágrafo único - Se Estado ou o Distrito Federal for o demandado, a ação poderá ser proposta no foro de domicílio do autor, no de ocorrência do ato ou fato que originou a demanda, no de situação da coisa ou na capital do respectivo ente federado.

I. Competência territorial nas ações em que o Estado ou Distrito Federal figura como parte

Nas ações em que o Estado ou Distrito Federal seja o autor, o foro competente é o do domicílio do réu. Por outro lado, nas causas em que o Estado ou Distrito Federal forem os demandados, o foro competente para o processamento e julgamento será o domicílio do autor, o da ocorrência do fato ou ato que originou a demanda, o da situação da coisa ou capital do respectivo ente federado. Este artigo não tem correspondência com o CPC/1973, e foi introduzido no sistema processual civil com o objetivo de compatibilizar o regramento da competência territorial estadual com o da justiça federal, em atenção ao princípio da simetria formal (CF, art. 109, §§ 1º e 2º).

II. Súmula do STJ

Súmula nº 206: "A existência de vara privativa, instituída por lei estadual, não altera a competência territorial resultante das leis de processo" (Súmula nº 206, Corte Especial, j. em 1º/4/1998, DJ de 16/4/1998).

Art. 53 - É competente o foro:
I - para a ação de divórcio, separação, anulação de casamento e reconhecimento ou dissolução de união estável:
a) de domicílio do guardião de filho incapaz;
b) do último domicílio do casal, caso não haja filho incapaz;
c) de domicílio do réu, se nenhuma das partes residir no antigo domicílio do casal;
II - de domicílio ou residência do alimentando, para a ação em que se pedem alimentos;
III - do lugar:
a) onde está a sede, para a ação em que for ré pessoa jurídica;
b) onde se acha agência ou sucursal, quanto às obrigações que a pessoa jurídica contraiu;

c) onde exerce suas atividades, para a ação em que for ré sociedade ou associação sem personalidade jurídica;
d) onde a obrigação deve ser satisfeita, para a ação em que se lhe exigir o cumprimento;
e) de residência do idoso, para a causa que verse sobre direito previsto no respectivo estatuto;
f) da sede da serventia notarial ou de registro, para a ação de reparação de dano por ato praticado em razão do ofício;
IV - do lugar do ato ou fato para a ação:
a) de reparação de dano;
b) em que for réu administrador ou gestor de negócios alheios;
V - de domicílio do autor ou do local do fato, para a ação de reparação de dano sofrido em razão de delito ou acidente de veículos, inclusive aeronaves.

I. Foro das ações de casamento e união estável

A competência para ações que tratam de divórcio, separação anulação de casamento e reconhecimento ou dissolução de união estável é definida a partir do interesse e melhor tutela do filho incapaz. Assim, o foro competente é o do domicílio do guardião do filho incapaz. Caso não haja filho incapaz, o foro competente será o do último domicílio do casal. Na hipótese de nenhuma das partes residir no último domicílio do casal, o foro competente é o do domicílio do réu.

Este artigo alterou regra anterior (CPC/1973, art. 100, inciso I), cujo foro estabelecido para as ações de família era o da mulher, porquanto estava em descompasso com o direito fundamental à igualdade entre homens e mulheres (CF, art. 5º, inciso I) e com o direito de igualdade de direitos e deveres entre os cônjuges (CF, art. 226, § 5º).

II. Foro do alimentando

Para as ações que o pedido seja de alimentos, o foro competente para sua análise é o do domicílio ou residência do alimentado. De acordo com a doutrina, a regra de foro especial aqui em comento também se aplica para as ações de alimentos decorrentes da relação de parentesco, casamento ou união estável, inclusive os alimentos gravídicos (Lei nº 11.804/2008), bem como as ações de prestação de alimentos (Lei nº 5.478/1968, art. 24). Nas ações de alimentos fundadas em ato ilícito ou devidos em face de disposição testamentária ou convenção, a regra de competência que incide é a prevista no art. 46, que trata das ações de direito pessoal.

III. Foro do lugar

Nas ações em que a pessoa jurídica for ré, o foro competente é o do lugar onde está sua sede. Caso a demanda ajuizada tenha por objeto a obrigação contraída pela pessoa jurídica, em nome de sua agência ou sucursal, competente será o foro destas. Já nas ações em que a ré for sociedade sem personalidade, a competência será do local onde exerce sua atividade principal. As causas ajuizadas para o cumprimento de obrigações terão como foro competente o do local onde deve ser satisfeita.

IV. Foro do idoso

Nas ações ajuizadas por idoso que tratem de direito previsto no Estatuto do Idoso (Lei nº 10.741/2003) o foro competente é o da sua residência. A regra aqui em análise, de competência relativa, não tem correspondência com o CPC/1973 e tem como ponto de destaque o reconhecimento da condição de vulnerabilidade e risco social do idoso, cuja tutela constitucional está disciplinada no art. 230 da CF. Cumpre assinalar que a competência fixada no artigo refere-se apenas a ações individuais, porquanto as ações coletivas possuem competência territorial absoluta estabelecida no respectivo Estatuto (Lei nº 10.741/2003, art. 80).

V. Foro da serventia notarial ou de registro

Quando a ação de reparação de dano for decorrente de ato praticado em razão do ofício, o foro competente é o da sede da serventia notarial ou de registro.

VI. Foro do lugar do ato ou fato

É competente o foro do lugar do ato ou fato para as ações de reparação de dano e para aquelas em que o réu for o administrador ou gestor de negócios alheios. A regra tem por nítido objetivo fixar a competência de modo a permitir o efetivo e eficiente acesso à justiça, na medida em que a escolha pelo local do ato ou fato do dano favorece uma melhor colheita de provas com menos custos.

VII. Foro do domicílio do autor ou lugar do fato

Nas ações de reparação de dano decorrente de delito ou acidente de veículo, incluída nessa categoria de fatos a aeronave, o foro competente é o do domicílio do autor ou do lugar do fato. A competência aqui é concorrente, porquanto compete ao demandante a escolha do foro que melhor atende aos seus interesses de facilitação e acesso à justiça. O regime jurídico da competência aqui é relativo, haja vista o critério territorial usado para a sua fixação.

VIII. Súmula do STF

Súmula nº 363: "A pessoa jurídica de direito privado pode ser demandada no domicílio da agência, ou estabelecimento, em que se praticou o ato".

IX. Súmula do STJ

Súmula nº 1: "O foro do domicílio ou da residência do alimentando é o competente para a ação de investigação de paternidade, quando cumulada com a de alimentos".

X. Julgados

Execução de alimentos. Competência. Foro do alimentando.

"[...] 2. 'O foro competente para execução de alimentos é o foro do domicílio ou residência do alimentando, ainda que a sentença exequenda tenha sido proferida em foro diverso. A competência prevista no art. 100, II, do CPC prevalece sobre a prevista no art. 575, II, do CPC.' (REsp N. 436.251/MG, Rel. Ministro Antônio de Pádua Ribeiro, Rel. p/ Acórdão Ministra Nancy Andrighi, Terceira Turma, julgado em 21/6/2005, DJ 29/8/2005). 3. Agravo regimental a que se nega provimento" (3ª T., AgRg no AREsp nº 587.041/RS, Rel. Min. Marco Aurélio Bellizze, j. em 5/2/2015, DJe de 18/2/2015).

Conflito positivo de competência. Ações conexas de guarda e de busca e apreensão de filho menor. Competência absoluta.

"A competência para dirimir as questões referentes à guarda de menor é, em princípio, do Juízo do foro do domicílio de quem já a exerce legalmente, nos termos do que dispõe o art. 147, I, do Estatuto da Criança e do Adolescente. 2. Nos termos da Súmula 383/STJ, 'A competência para processar e julgar as ações conexas de interesse de menor é, em princípio, do foro do domicílio do detentor de sua guarda'. 3. Conflito de competência conhecido para declarar a competência do Juízo de Direito da Vara Cível de Família, Órfãos e Sucessões do Riacho Fundo-DF" (CC nº 125.642/DF, Rel. Min. Raul Araújo, 2ª Seção, j. em 27/11/2013, DJe de 19/12/2013).

Conflito negativo de competência. Execução de prestação alimentícia. Ação ajuizada no foro da residência do alimentando. Sentença exequenda proferida por juízo de foro diverso. Competência funcional. Relativização. Possibilidade.

"1. Conflito negativo de competência suscitado em 24/05/2011, visando à definição do Juízo competente para o processamento de execução de prestação alimentícia ajuizada em 2001. 2. O descumprimento de obrigação alimentar, antes de ofender a autoridade de uma decisão judicial, viola o direito à vida digna de quem dela necessita (art. 1º, III, da Constituição Federal). Em face dessa peculiaridade, a interpretação das normas que tratam de competência, quando o assunto é alimentos, deve, sempre, ser a mais favorável para o alimentando. 3. Em se tratando de execução de prestação alimentícia, a aparente antinomia havida entre o art. 475-P e parágrafo único (e também o art. 575, II) e o art. 100, II, todos do CPC, resolve-se em favor do reconhecimento de uma regra de foro concorrente, que permite ao alimentando escolher entre: (I) o foro do seu domicílio ou residência; (II) o Juízo que proferiu a sentença exequenda; (III) o Juízo do local onde se encontram bens do alimentante, sujeitos à expropriação; e (IV) o Juízo do atual domicílio do alimentante. 4. Na hipótese, é competente para o processamento da execução de alimentos o foro do domicílio ou residência do alimentando, eleito por ele para o ajuizamento da ação, ainda que a sentença exequenda tenha sido proferida em foro diverso. Relativização da competência funcional prevista no art. 475-P do CPC. Precedentes do STJ. 5. Conflito de competência conhecido para declarar a competência do Juízo Suscitado" (CC nº 118.340/MS, Rel. Min. Nancy Andrighi, 2ª Seção, j. em 11/9/2013, DJe de 19/9/2013).

Foro competente para processar e julgar ação de cobrança decorrente de Seguro Obrigatório de Danos Pessoais Causados por Veículos Automotores de Vias Terrestres – DPVAT.

"1. Para fins do art. 543-C do CPC: Em ação de cobrança objetivando indenização decorrente de Seguro Obrigatório de Danos Pessoais Causados por Veículos Automotores de Vias Terrestres – DPVAT, constitui faculdade do autor escolher entre os seguintes foros para ajuizamento da ação: o do local do acidente ou o do seu domicílio (parágrafo único do art. 100 do Código de Processo Civil); bem como, ainda, o do domicílio do réu (art. 94 do mesmo Diploma). 2. No caso concreto, recurso especial provido" (REsp nº 1357813/RJ, Rel. Min. Luis Felipe Salomão, 2ª Seção, j. em 11/9/2013, DJe de 24/9/2013).

Competência. Ação de abstenção de uso de patente de invenção. Reparação de danos. Aplicação da regra específica do art. 100, inciso V, do CPC.

"1. A Segunda Seção desta Corte Superior firmou entendimento de que, uma vez constatada a contrafação ou a concorrência desleal, a ação de reparação de dano tem por foro o lugar onde ocorreu o ato ou fato, ainda que a demandada seja pessoa jurídica com sede em outro lugar, nos termos do art. 100, V, a, parágrafo único, do CPC (EAg 783.280/RS, Rel. Ministra Nancy Andrighi, Segunda Seção, julgado em 23/2/2011, DJe 19/4/2012). 2. Não sendo a linha argumentativa apresentada pela agravante capaz de evidenciar a inadequação dos óbices sumulares invocados pela decisão agravada, o presente agravo não se revela apto a alterar o conteúdo do julgado impugnado, devendo ser ele integralmente mantido pelos seus próprios fundamentos. 3. Agravo regimental não provido" (3ª T., AgRg no REsp nº 1498955/RJ, Rel. Min. Moura Ribeiro, j. em 21/5/2015, DJe de 12/6/2015).

Competência absoluta do foro do domicílio do idoso para processamento e julgamento de ações voltadas à proteção de interesses difusos, coletivos e individuais indisponíveis ou homogêneos.

"1. Competência absoluta da Justiça do Trabalho. Artigos 625 da Consolidação de Leis Trabalhistas e 1º da Lei 8.984/95. Consoante cediço nesta Corte, compete à Justiça Trabalhista processar e julgar demanda versando sobre obrigação decorrente do 'Programa de Assistência Multidisciplinar à Saúde', oferecido pela PETROBRAS aos empregados e aposentados, por força de disposições estabelecidas em Convenção Coletiva de Trabalho, ainda que se trate de inclusão de dependentes, reajuste de mensalidade ou de extensão da cobertura. Precedentes da Segunda Seção: AgRg no AgRg no CC 126.545/BA, Rel. Ministro Ricardo Villas Bôas Cueva, Segunda Seção, julgado em 13.08.2014, DJe 20.08.2014; e CC 111.565/BA, Rel. Ministra Nancy Andrighi, Segunda Seção, julgado em 14.11.2012, DJe 21.11.2012. 2. Alegada violação do artigo 80 da Lei 10.741/2003 (Estatuto do Idoso). Competência 'absoluta' do foro do domicílio do idoso para processamento e julgamento de ações voltadas à proteção dos interesses difusos, coletivos e individuais indisponíveis ou homogêneos. Hipótese diversa da tratada nos autos (interesse individual disponível). Critério territorial de definição da competência jurisdicional que não conflita com o critério objetivo (em razão da matéria). 3. Agravo regimental desprovido" (4ª T., AgRg no AREsp nº 446.494/RJ, Rel. Min. Marco Buzzi, j. em 11/11/2014, DJe de 17/11/2014).

Execução de título extrajudicial (cheque). Foro competente é o local do pagamento do título. Domicílio do idoso. Norma aplicável a ações que versam acerca de interesses difusos, coletivos e individuais indisponíveis.

"[...] A interpretação conjunta dos arts. 100, IV, 'd', 576 e 585, I, do CPC autoriza a conclusão de que o foro do lugar do pagamento (sede da instituição financeira) é, em regra, o competente para o julgamento de execução aparelhada em cheque não pago. 4- O art. 80 da Lei n. 10.741/2003 limita-se a estabelecer, de modo expresso, a competência do foro do domicílio do idoso para processamento e julgamento das ações que versam acerca de seus interesses difusos, coletivos e individuais indisponíveis ou homogêneos (previstas no Capítulo III daquela lei), circunstância não verificada no particular. 5- A aplicação do art. 34 da Lei 7.537/1985 revela-se inviável, na medida em que seu texto não encerra regra de fixação de competência. 6- Recurso especial não provido" (3ª T., REsp nº 1246739/MG, Rel. Min. Nancy Andrighi, j. em 2/5/2013, DJe de 8/5/2013).

Seção II - Da Modificação da Competência

Art. 54 - A competência relativa poderá modificar-se pela conexão ou pela continência, observado o disposto nesta Seção.

Autor: **Felipe Scripes Wladeck**

I. Impossibilidade de modificação da competência absoluta

O art. 54 do CPC/2015 corresponde ao art. 102 do CPC/1973. A diferença entre os dispositivos está no fato de que, no CPC/1973, especificavam-se os critérios que, em geral, determinavam a aplicação do regime de competência relativa ("competência em razão do valor e do território").

A redação do art. 54 do CPC/2015 é mais adequada, pois existem casos em que a competência em razão do valor e do território não será relativa, mas absoluta – e, portanto, não poderá ser modificada (por exemplo: art. 47, *caput* e § 1º, do CPC/2015, correspondente ao art. 95 do CPC/1973; art. 47, § 2º, do CPC/2015; art. 3º, § 3º, da Lei nº 10.259/2001).

II. As ações não precisam estar sujeitas a um mesmo procedimento para que possam ser reunidas

Para que possam ser reunidos por motivo de conexão, continência ou, ainda, prejudicialidade (conforme o art. 55), não é necessário que os processos estejam sujeitos a um mesmo procedimento/rito. Reunidos perante o juízo prevento, os processos continuarão sendo autônomos e seguindo, cada qual, o seu próprio procedimento – até o momento de seu julgamento, que se dará, em princípio, conjuntamente.

III. Impossibilidade de reunião e a suspensão de processo por motivo de prejudicialidade externa

Eventualmente, a despeito do risco de prolação de decisões conflitantes, não será possível reunir o processos em um mesmo juízo para julgamento conjunto – por exemplo, em função de regra de competência absoluta.

Nessa hipótese, se presentes as condições do art. 313, inciso V, alínea *a*, do CPC/2015 (que corresponde ao art. 265, inciso IV, alínea *a*, do CPC/1973), caberá suspender o processo "dependente" até o julgamento do "prejudicial" (pelo prazo total de um ano, conforme o § 4º do art. 313).

IV. Julgados

Impossibilidade de modificação da competência absoluta

STF

"É inaplicável a regra de solução da conexão entre feitos (art. 105 do CPC), uma vez que as ações tramitam perante juízos com competência material distinta – incidindo a vedação decorrente do art. 102 do CPC – e já contam com decisão de mérito – a atrair a aplicação da Súmula 235, do STJ" (Pleno, Agravo no CC nº 7.706, Rel. Min. Dias Toffoli, DJe de 20/4/2015).

STJ

"A competência absoluta não pode ser modificada por conexão ou continência. Não é possível reunir ações, sob o fundamento de que o fato que as originou é o mesmo, se para uma delas a competência do juízo é absoluta" (2ª S., Agravo no CC nº 92.346, Rel. Min. Humberto Gomes de Barros, DJ de 3/9/2008).

TRF da 4ª Região

"A modificação da competência em razão de conexão é cabível, tão somente, em razão do valor ou território (art. 102, CPC). A conexão não tem o condão de modificar a competência firmada em razão da pessoa. Assim, tendo sido a demanda revisional ajuizada perante a Justiça Estadual em face de instituição financeira privada, inviável sua reunião com a presente ação de busca e apreensão" (3ª T., AI nº 5023851-77.2013.404.0000, Rel. Des. Fernando Quadros da Silva, DJe de 5/12/2013).

TRF da 3ª Região

"1. Embora possa caracterizar-se a conexão entre a execução fiscal e a ação declaratória de inexistência de débito, a reunião dos processos somente se verifica quando se tratar de competência relativa, pois a competência absoluta é inderrogável (CPC, art. 111). 2. Não se justifica redistribuir a execução fiscal que tramita em vara especializada, cuja competência é *rationae materiae*, para vara comum sob o fundamento de que haveria prorrogação da competência da última em virtude da conexão. Não obstante, é possível que, na hipótese de a execução já ter sido distribuída, firme-se a prevenção do respectivo juiz para outras demandas passíveis de serem propostas pelo devedor. 3. Conflito improcedente" (1ª S., CC nº 0036903-29.2011.4.03.0000, Rel. Des. André Nekatschalow, DJe de 10/5/2012).

TJSP

"Impossibilidade de prorrogação da competência na hipótese - Foros regionais da comarca da Capital de São Paulo com competência para receber ações em valor de até 500 vezes o salário mínimo - Competência absoluta entre os foros regionais e o foro central da Comarca da Capital de São Paulo - Precedentes jurisprudenciais - Descabimento da prorrogação por prevenção - Agravo provido para o fim de se determinar a distribuição das ações (principal e cautelar) para uma das Varas Cíveis do Foro Central da Comarca da Capital" (12ª Câmara de Direito Privado, AI nº 9004812-20.2009.8.26.0000, Rel. Des. Castro Figliolia, j. em 12/5/2010).

TJPR

"Despropositada, também, a alegada conexão entre os feitos a justificar a remessa dos autos de ação de imissão na posse à Justiça Estadual, na medida em que a competência da Justiça Federal é absoluta e, portanto, não pode ser ampliada por conexão para o fim de conhecer e julgar ação entre particulares" (18ª C. C., AI nº 1.156.012-2, Rel. Des. Luiz Espíndola, DJ de 28/3/2014).

Suspensão de processo por prejudicialidade externa STJ

"[...] 3. Segundo o disposto no art. 109 da CF/88, a Justiça Federal é absolutamente competente para julgar ação em que a União, entidade autárquica ou empresa pública federal tenham interesse na condição de autoras, rés, assistentes ou oponentes. Inexistente essa condição, a reunião de ações para julgamento conjunto não é possível, pois a competência absoluta é improrrogável. 4. Há que se reconhecer a existência de uma relação de prejudicialidade entre as demandas, autorizando a suspensão prevista no art. 265, IV, *a*, do CPC" (2ª S., Agravo no CC nº 112.956-MS, Rel. Min. Nancy Andrighi, DJe de 2/5/2012).

TRF da 4ª Região

"A identidade parcial entre a ação de embargos à execução e a ação ordinária anteriormente ajuizada não constitui litispendência, mas continência, a impor a reunião dos processos. Porém, como os processos estão em fases incompatíveis com a reunião, a solução é suspender os embargos, com base no art. 265, IV, *a*, do Código de Processo Civil" (2ª T., AI nº 501283444.2013.404.0000, Rel. Des. Rômulo Pizzolatti, DJe de 18/9/2013).

TRF da 3ª Região

"I. Quando as normas de organização judiciária criam varas especializadas em execuções fiscais, a competência é fixada em razão da matéria e apresenta natureza absoluta. A atração por conexão ou continência se limita às causas processadas por órgãos jurisdicionais cuja competência seja relativa e suscetível de prorrogação, nos termos do artigo 102 do Código de Processo Civil. II. A identidade de causa de pedir ou pedido apenas gerará a reunião de processos, se ambos os Juízos forem relativamente competentes para processar e julgar os litígios, o que não ocorre com a instituição de vara especializada em execuções fiscais. III. A possibilidade de desarmonia entre as decisões judiciais a serem proferidas na execução fiscal e na ação anulatória de débito pode ser contornada com o reconhecimento de prejudicialidade externa e com a suspensão do procedimento executivo (artigo 265, IV, *a*, do Código de Processo Civil). IV. O sobrestamento do processo depende que o crédito tributário esteja com a exigibilidade suspensa ou que haja penhora de bens do devedor. V. Agravo a que se nega provimento" (5ª T., AI nº 0049817-04.2006.4.03.0000, Rel. Des. Antonio Cedenho, DJe de 1º/8/2012).

TJSP

"Ação civil pública. Improbidade administrativa. Contratação com dispensa de licitação. Pretensa anulação do contrato. Aplicação das penas do art. 12, II, da Lei 8429/92. Anterior ação ajuizada com idêntica causa de pedir. Conexão de causas. Inviável a reunião dos processos já julgados os recursos na primeira ação, pendentes recursos especial e extraordinário. Prejudicialidade caracterizada. Determinada a suspensão do julgamento até o trânsito em julgado daquela ação (art. 265, IV, *a*, do CPC)" (2ª Câmara de Direito Público, AC nº 0001379-70.2010.8.26.0019, Rel. Des. Carlos Violante, j. em 10/3/2015).

TJPR

"III - Só há falar em modificação de competência, para reunião de processos, em virtude de conexão, quando se tratar de competência relativa; a competência absoluta, de que é espécie a competência em razão da qualidade das pessoas (critério subjetivo), não pode ser modificada por conexão ou continência. IV - A competência da Justiça Federal, fixada na Constituição da República, não pode, pela porta da conexão, ser prorrogada para abranger causa em que não figure a União, entidade autárquica ou empresa pública federal (CF, art. 109, inc. I). V - Como na ação de embargos à execução, em curso na Justiça Estadual, não figura qualquer das pessoas indicadas no art. 109, inc. I, da Carta Política, é a Justiça Federal absolutamente incompetente para esta demanda, o que inviabiliza por completo a modificação de competência, pela conexão, para remessa dos autos àquela Justiça, visando à reunião e julgamento simultâneo com a ação de revisão do contrato. VI - Presente, de todo modo, o gravíssimo risco de julgamentos logicamente contraditórios, que clama seja evitado, aplica-se ao caso o instituto da prejudicialidade externa, mediante suspensão do curso do processo, para aguardar-se o julgamento da ação revisional em trâmite pela Justiça Federal" (13ª C. C., AC nº 437.958-6, Rel. Des. Rabello Filho, DJ de 7/12/2007).

Art. 55 - Reputam-se conexas 2 (duas) ou mais ações quando lhes for comum o pedido ou a causa de pedir.

§ 1º - Os processos de ações conexas serão reunidos para decisão conjunta, salvo se um deles já houver sido sentenciado.

§ 2º - Aplica-se o disposto no caput:

I - à execução de título extrajudicial e à ação de conhecimento relativa ao mesmo ato jurídico;

II - às execuções fundadas no mesmo título executivo.

§ 3º - Serão reunidos para julgamento conjunto os processos que possam gerar risco de prolação de decisões conflitantes ou contraditórias caso decididos separadamente, mesmo sem conexão entre eles.

I. A regra de reunião de processos por motivo de conexão ou prejudicialidade

Em termos gerais, o art. 55 do CPC/2015 agrupa as regras que, no CPC/1973, constavam dos arts. 103 e 105. Além disso, em seu § 1º, positiva o entendimento consignado na Súmula nº 235 do STJ e, no § 2º, inciso I, e § 3º, passa a prever expressamente a necessidade (que já era reconhecida pela doutrina e pela jurisprudência) de reunião de processos referentes a ações não propriamente conexas, mas entre os quais haja relação de prejudicialidade.

II. Os elementos relevantes para a configuração da conexão

Importam, para a configuração da conexão, a identidade da causa de pedir remota ou mediata ativa (*i.e.*, os fatos constitutivos do direito alegado) e o pedido mediato (relativo ao próprio bem da vida pretendido).

Ou seja, não são relevantes: i) a causa de pedir próxima ou imediata, que consiste na fundamentação jurídica do pedido; ii) a causa de pedir passiva, compreendida como os fatos violadores ou ameaçadores do direito alegado pelo demandante ou, no caso das ações necessárias, a previsão constitucional ou legal da necessariedade da tutela jurisdicional; e iii) o pedido imediato, *i.e.*, a providência processual através da qual se busca a satisfação da pretensão ao bem da vida.

Também não importam, para a identificação da conexão: a) os fundamentos legais (*i.e.*, as normas jurídicas) invocados; b) os fatos ditos "secundários" ou "acessórios", que são aqueles que, embora possam ser relevantes para a argumentação do demandante ou como indícios da existência dos fatos principais, não são essenciais para a delimitação da pretensão – não integrando, portanto, a causa de pedir remota; e c) o *nomen juris*, que é a qualificação jurídica dada aos fatos em que o demandante apoia a sua pretensão.

Eventualmente, esses elementos serão importantes para identificar a existência de relação de prejudicialidade entre as ações e, assim, a necessidade de sua reunião na forma do § 2º, inciso I, e § 3º do art. 55. Mas, reitere-se, não são relevantes para a configuração de verdadeira e própria conexão.

III. Conexão parcial

Havendo identidade parcial entre os pedidos formulados nas ações, haverá conexão "parcial". Da mesma forma, se a identidade se puser em relação apenas a uma parte das causas de pedir deduzidas. Apesar de "parcial", a conexão ensejará a reunião dos processos em seu todo no juízo prevento.

Note-se que a hipótese em referência não se confunde com a de litispendência ou de continência, pois não se verificará, entre as ações ajuizadas, demanda (em cada um dos seus elementos) repetida.

IV. Reunião de três ou mais processos sem que as ações a que se referem sejam todas conexas entre si

Não existe impedimento a que três ou mais processos sejam reunidos em um mesmo juízo por motivo de conexão. Eventualmente, os processos nem precisarão ser todos conexos entre si. Havendo um processo conexo a outros, ainda que estes não sejam conexos entre si, a reunião de todos em um mesmo juízo poderá ser cabível.

Cabe ressalvar a seguinte situação, considerando-se a hipótese anteriormente aventada: se as ações entre as quais não haja conexão forem distribuídas ou registradas (art. 59) antes da que lhes é conexa, não será possível reunir todos os processos em um mesmo juízo. A última ação será atraída ao juízo de uma das ações anteriores (a mais "antiga", segundo o art. 59), mas não poderá atrair ao mesmo juízo a outra ação que a antecedeu. Restará, assim, aplicar a regra do art. 313, inciso V, alínea *a*, se presentes os requisitos para tanto.

V. Reconvenção e conexão

Pode acontecer de a conexão entre duas ações surgir por conta da formulação de reconvenção em um dos processos – ou em ambos. Mas, nessa hipótese, a reunião dos processos pode ser inviável.

Suponha-se que a reconvenção seja formulada no processo anterior, gerando conexão em relação ao processo posterior. Não seria adequado reunir o segundo processo no juízo do primeiro em função de uma demanda (a reconvenção) mais recente – sob pena de violação aos arts. 58 e 59. Pelas mesmas razões, também não seria possível reunir os feitos no juízo do segundo processo, em vista da anterioridade da ação que originou o primeiro.

No caso do exemplo acima, se presentes as condições do art. 313, inciso V, alínea a, caberá a solução de suspensão do primeiro processo por motivo de prejudicialidade externa.

VI. Cogência da reunião

Presentes as condições legais, a reunião de processos na forma do art. 55 não será uma faculdade, mas *um dever do julgador*. Diferentemente do CPC/1973, que sugeria, no art. 105, a (discutível) facultatividade da reunião, o CPC/2015 emprega fórmula imperativa, prevendo que os processos *serão reunidos* para decisão conjunta. Enfim, não se trata de decisão discricionária, de mera conveniência judicial.

Sobre as consequências da falta de reunião, nos casos em que ela se impunha (se impõe), *vide* os comentários ao art. 58, a seguir.

VII. Conhecimento de ofício ou a requerimento da parte

O conhecimento da conexão, e também da relação de prejudicialidade, continua podendo se dar a requerimento da parte ou de ofício, tal como consignava o art. 105 do CPC/1973. É o que se extrai do art. 337, inciso VIII e § 5º, do CPC/2015.

O fato de a conexão e a prejudicialidade serem cognoscíveis de ofício e a qualquer tempo denota tratar-se de matérias não sujeitas a preclusão. Portanto, se não arguida em contestação, a conexão ou a prejudicialidade ainda poderá ser alegada pela parte interessada por simples petição, independentemente do estágio em que o processo se encontre – devendo-se atentar, todavia, para a ressalva do § 1º, parte final, do art. 55.

VIII. Descabimento da reunião quando uma das causas já tiver sido julgada

O § 1º, parte final, do art. 55 positiva o entendimento consignado na Súmula nº 235 do STJ. Estabelece que, se um dos processos conexos já houver sido sentenciado quando da instauração do outro, será inviável/descabida *a sua reunião*. Afinal, não haverá mais como julgá-los conjuntamente. Isso vale também para processos entre os quais haja relação de prejudicialidade.

Da mesma forma, admitido (conforme os arts. 332, 343, § 2º, 354, parágrafo único, e 356 do CPC/2015) o julgamento fracionado do feito, não caberá a reunião dos processos quando um deles já tiver sido decidido na parte que implica a conexão ou que, em princípio, gerava o risco de conflito ou contradição.

IX. Impossibilidade de reunião dos processos perante o juízo prevento se, para tanto, for necessário modificar competência absoluta

Conforme o art. 54, não será possível reunir processos por motivo de conexão ou prejudicialidade perante o juízo prevento se ele for absolutamente incompetente para a ação conexa ou prejudicial/prejudicada.

Isso não significa que, na referida hipótese, os processos possam ou devam ser reunidos perante o outro juízo – *não prevento (art. 58)*. Mesmo que este não seja absolutamente incompetente para a outra causa, não caberá a reunião. Os processos permanecerão tramitando em juízos diversos e, assim, não poderão ser julgados conjuntamente. Porém, presentes as condições do art. 313, inciso V, alínea *a*, caberá a solução de suspensão de processo por motivo de prejudicialidade externa (item III dos comentários ao art. 54).

Em suma, a reunião de ações conexas ou entre as quais haja relação de prejudicialidade *apenas tem cabimento – quando presentes as condições necessárias – perante o juízo prevento*. A regra do art. 58 não pode ser relevada como forma de viabilizar a reunião de processos.

X. Descabimento de julgamento conjunto nos casos dos incisos I e II do § 2º

Uma vez que em execução não se procede a julgamento de mérito, a reunião nas hipóteses dos incisos I e II do § 2º não se dará para que possa haver a decisão conjunta das causas. Determina-se a reunião para que se tenha ambiente mais favorável ao bom tratamento dos feitos – possibilitando-se, em tese, o seu processamento mais rápido e econômico e, além disso, evitando-se que neles se obtenham resultados contraditórios ou conflitantes.

Claro, porém, que as oposições que venham a ser formuladas em face das execuções reunidas serão, em regra, julgadas conjuntamente (com a ressalva do § 1º, parte final). Da mesma forma, a ação de conhecimento relativa ao título executivo deverá, em princípio (com aquela mesma ressalva), ser julgada em conjunto com outras medidas de que o executado venha a se valer para a ele (o título) se opor.

XI. Reunião de processos em fases distintas

O CPC/2015 não positiva o entendimento jurisprudencial segundo o qual a reunião dos processos será inviável quando, ainda que tramitando na mesma instância, estiverem eles em fases distintas. O § 1º, parte final, do art. 55 deixa claro que apenas quando um dos processos já tiver sido sentenciado é que não será possível a reunião.

Assim, o fato de os processos estarem em fases diversas não se presta, segundo os estritos termos da lei, como impedimento para a sua reunião. O CPC/2015 coloca os benefícios do julgamento conjunto em primeiro plano – não servindo, *a priori*, a alegação de possíveis atrasos em um deles como motivo para obstar a reunião.

XII. Súmulas

Descabimento da reunião de processos quando um deles já foi sentenciado

"A conexão não determina a reunião dos processos, se um deles já foi julgado" (Súmula nº 235 do STJ).

Prevenção para ações conexas de interesse de menor

"A competência para processar e julgar as ações conexas de interesse de menor é, em princípio, do foro do domicílio do detentor de sua guarda" (Súmula nº 383 do STJ).

XIII. Julgados

Interpretação aberta do conceito de conexão

STJ

"São conexas duas ou mais ações quando lhes for comum o objeto (pedido) ou a causa de pedir (art. 103 do CPC), não se exigindo perfeita identidade desses elementos, mas um liame que possibilite a decisão unificada" (3ª T., Agravo no REsp nº 753.638-DF, Rel. Min. Humberto Gomes de Barros, DJ de 12/12/2007).

TRF da 4ª Região

"A conexão pressupõe a existência de causas que, embora não sejam iguais, guardam entre si algum vínculo, uma relação de afinidade, o que denota que o alcance da regra de conexão tem sido alargado, de modo a se interpretar o vocábulo 'comum', contido no texto legal, como uma indicação do legislador de que, para caracterizar a conexão, seria desnecessária a identidade total dos elementos da ação, bastando tão somente uma identidade parcial" (3ª T., AI nº 502036839.2013.404.0000, Rel. Des. Nicolau Konkel Júnior, DJe de 27/2/2014).

TRF da 3ª Região

"I - Consoante o disposto no art. 103, do Código de Processo Civil, 'reputam-se conexas duas ou mais ações, quando lhes for comum o objeto ou a causa de pedir'. II - Para o reconhecimento da conexão, cujos objetivos são, dentre outros, a economia processual e a vedação de decisões contraditórias, não se exige que o objeto ou a causa de pedir sejam absolutamente idênticos, bastando a coincidência de apenas alguns elementos" (6ª T., AI nº 0021031-13.2007.4.03.0000, Rel. Des. Regina Costa, DJU de 18/3/2008, p. 511).

TJSP

"[...] a razão do reconhecimento da conexidade e da aplicação do artigo 105 do CPC está na existência do risco de decisões contraditórias, e exatamente por isso muitas vezes a simples coincidência de causa de pedir remota pode ensejar a iniciativa da reunião dos processos, por causa do risco de virem a ser julgadas separadamente e alcançarem soluções que podem se mostrar incompatíveis [...] De outra parte, impõe-se observar que o artigo 105 do CPC confere ao juiz o poder de decidir a respeito da conveniência e oportunidade da reunião das causas, sempre levando em conta a preocupação de evitar decisões logicamente contraditórias [...] Em ambas as ações a causa de pedir remota é justamente o mesmo contrato, o que permite reconhecer a existência de conexão parcial entre as demandas, de onde decorrem consequências. Entre os elementos dessas ações, portanto, há parcial coincidência de causa de pedir remota, cumprindo então perquirir se existe justificativa para a providência do artigo 105 do CPC. Embora não haja total coincidência entre as causas de pedir, a verdade é que se mostra inegável o relacionamento entre as ações, de modo a justificar a reunião dos processos" (31ª Câmara de Direito Privado, AI nº 222741467.2014.8.26.0000, Rel. Des. Antonio Rigolin, j. em 24/2/2015).

TJPR

"A conexão exige somente a identidade da causa de pedir remota ou, segundo a teoria materialista, que a mesma relação jurídica de direito material seja discutida em mais de um processo, o que ocorre na hipótese da ação de busca e apreensão e da ação declaratória de revisão de contrato cumulada com pedido de depósito das parcelas contratuais" (Extinto TAPR, 5ª C. C., AI nº 121.871-1, Rel. Juiz Albino Jacomel Guerios, DJ de 2/10/1998).

"Conexão" por prejudicialidade

STJ

"1. Constatada a conexão entre a ação de execução fiscal e a ação anulatória de débito fiscal, é conveniente a reunião dos processos para julgamento simultâneo, evitando-se, assim, decisões conflitantes. 2. O instituto da conexão provém da necessidade de segurança jurídica, bem como da aplicação do princípio da economia processual. A sua adoção tem a vantagem de impedir decisões conflitantes entre ações que contenham algum(ns) elemento(s) similar(es). Isso sem contar na economia processual que gera, pois evita que vários juízes julguem concomitantemente causas semelhantes. Existindo – ainda que remotamente – a possibilidade de serem proferidas decisões conflitantes, ou havendo alguma semelhança entre duas demandas, é conveniente que as ações sejam reunidas para fins de prolação de apenas uma sentença (Recurso Especial nº 100.435-SP, Rel. Min. Adhemar Maciel, DJ de 1º/12/1997). 3. Agravo regimental improvido" (1ª T., Agravo no REsp nº 121.438-SP, Rel. Min. Francisco Falcão, DJ de 25/11/2002).

TRF da 4ª Região

"É possível a conexão entre a ação anulatória e a execução fiscal, em virtude da relação de prejudicialidade existente entre tais demandas, recomendando-se o *simultaneus processos*" (1ª S., CC nº 0007342-25.2014.404.0000, Rel. Des. Jorge Antonio Maurique, DJe de 21/1/2015).

TRF da 3ª Região

"Via de regra, a ação anulatória mantém relação de prejudicialidade com a execução fiscal, posto que, se a impugnação vier a ser acolhida, o título executivo que embasa a execução restará desconstituído, razão pela qual tais feitos poderiam ser reunidos por força da conexão. Por outro lado, a reunião não pode provocar a mudança de competência absoluta, já que a conexão apenas prorroga a competência relativa, a fim de se evitarem decisões contraditórias. Tratando-se de Vara Especializada em Execução Fiscal, cuja competência, determinada em razão da matéria, é de natureza absoluta, as ações (anulatória e execução fiscal) devem correr em separado. Precedentes da 2ª Seção deste Tribunal. Conflito negativo de competência julgado procedente" (2ª S., CC nº 0101558-20.2005.4.03.0000, Rel. Des. Marli Ferreira, DJe de 7/10/2010).

TJSP

"Ação revisional e busca e apreensão que possuem por objeto o mesmo contrato, verificando-se a conexão e prejudicialidade externa a recomendar o julgamento conjunto" (12ª Câmara Extraordinária de Direito Privado, AC nº 0005902-69.2012.8.26.0306, Rel. Des. Maria Lúcia Pizzotti, j. em 20/3/2015).

TJPR

"1. Se a ação de conhecimento visa à desconstituição de título executivo extrajudicial, é possível que a decisão proferida naquela venha a comprometer os atos executivos, o que, por razões de celeridade e economia processual, justifica o reconhecimento da conexão e a reunião dos processos" (15ª C. C., AI nº 1.160.954-4, Rel. Des. Jucimar Novochadlo, j. 12/2/2014).

Sobre a reunião de execuções para processamento conjunto

STJ

"- São conexas duas ou mais ações quando lhes for comum o objeto (pedido) ou a causa de pedir (art. 103 do CPC), não se exigindo perfeita identidade desses elementos, mas um liame que possibilite a decisão unificada. - As execuções foram ajuizadas em função do não cumprimento do avençado pelo ora agravado. O fato gerador do direito, em tese, do ora agravante e os fundamentos jurídicos por ele apresentados são os mesmos das demais ações. Os pedidos são diversos, mas, com efeito, há identidade entre as causas de pedir" (3ª T., Agravo no REsp nº 753.638-DF, Rel. Min. Humberto Gomes de Barros, DJ de 12/12/2007, p. 415).

TRF da 4ª Região

"PROCESSUAL CIVIL. CONFLITO DE COMPETÊNCIA. PREVENÇÃO. *INEXISTÊNCIA DE CONEXÃO*. EXECUÇÕES FISCAIS DIVERSAS. RESPONSABILIZAÇÃO SOLIDÁRIA. PEDIDO AUTÔNOMO. 1. Para que ocorra a prevenção, de acordo com o art. 106 do CPC, é necessário que as causas sejam conexas. A causa de pedir de uma execução é o título executivo e, no caso dos autos, as certidões de dívida ativa *são diversas*. O objeto das execuções também não é comum, visto que não há notícia de multiplicidade de penhoras sobre o mesmo bem" (2ª T., AI nº 5022504-09.2013.404.0000, Rel. Des. Rômulo Pizzolatti, DJe de 30/9/2013, grifo nosso).

TRF da 3ª Região

"Há conexão entre execuções ajuizadas pela União em face do mesmo devedor e embasadas no mesmo título executivo, qual seja acórdão proferido pelo Tribunal de Contas da União" (2ª S., CC nº 0015653-03.2012.4.03.0000, Rel. Des. Alda Basto, DJe de 18/12/2012).

TJSP

"CONEXÃO - Execução de título extrajudicial - Notas promissórias - Execução promovida contra o avalista - Existência de outra execução fundada nos mesmos títulos, proposta contra o devedor originário, em separado e em curso paralelamente em outra Vara - Conexão caracterizada - Identidade da causa de pedir das mesmas, configurada - Irrelevância quanto a não terem as execuções identidade de partes - Reunião das execuções determinada" (23ª Câmara de Direito Privado, AC nº 0074086-45.2000.8.26.0000, Rel. Des. Oséas Davi Viana, j. em 16/8/2006).

TJPR

"A conexão, conforme previsão legal, decorre da identidade do pedido ou da causa de pedir. No presente caso, ainda que se considere o fato de haver duas execuções contra o mesmo devedor, *os títulos são independentes, não havendo conexão*" (Extinto TAPR, 8ª C. C., AC nº 263.260-0, Rel. Des. Paulo Roberto Vasconcelos, DJ de 1º/10/2004, grifo nosso).

Conexão parcial

STJ

"3.2. *In casu*, há identidade parcial entre os pedidos formulados no presente mandamus e aqueles formulados no MS 0009766-71.2012.4.03.6100, em trâmite perante a 4ª Vara Federal Cível da Subseção Judiciária de São Paulo. 3.3. Diante da identidade parcial em relação a dois dos fundamentos (prescrição da pretensão punitiva disciplinar e cerceamento do direito de defesa ante a ausência de intimação para apresentação de quesitos periciais complementares e acerca das conclusões da junta médica), observa-se a existência de conexão, que é espécie de litispendência parcial, e enseja a reunião dos processos, na forma do art. 105 do CPC, de modo a evitar o risco de decisões inconciliáveis" (1ª Seção, MS nº 19.348-DF, Rel. Min. Mauro Campbell Marques, DJe de 3/3/2016).

TRF da 4ª Região

"PROCESSUAL CIVIL. MILITAR. CONEXÃO. REUNIÃO DOS FEITOS. PROVA PERICIAL. 1. Hipótese em que, em sendo parcial a identidade da causa de pedir, a conexão deve ser reconhecida e os feitos reunidos, em prestígio aos princípios da economia e celeridade processuais. 2. A mesma prova pericial vai definir se o autor está ou não incapaz para o serviço militar e, conforme a conclusão, se existe possibilidade de cura, o que possibilitará a correta apreciação das duas demandas" (4ª Turma, AI nº 5008649-65.2010.404.0000, Rel. Des. Marga Inge Barth Tessler, j. em 16/3/2011).

TRF da 3ª Região

"AGRAVO DE INSTRUMENTO. SUSPENSÃO DO AUTO DE INFRAÇÃO E DA PENALIDADE. AUSÊNCIA DE OPORTUNIDADE DE DEFESA NO PROCESSO ADMINISTRATIVO. [...] Haveria, em princípio, convergência parcial das postulações versadas na ação originária e em outros processos, qual seja, a pretensa nulidade do mesmo processo administrativo. Ante o reconhecimento da conexão parcial, deve ficar suspensa a eficácia do referido Auto de Infração e da penalidade de cancelamento de atividades da agravada, como ocorreu nos outros processos anteriormente referidos. Agravo de instrumento a que se nega provimento" (4ª Turma, AI nº 0000259-58-2009.4.03.0000, Rel. Des. Marli Ferreira, DJF de 3/10/2014).

TJSP

"AÇÃO DE REPARAÇÃO DE DANOS. ACIDENTE DE TRÂNSITO. NOTÍCIA DA PENDÊNCIA DE OUTRO PROCESSO A RESPEITO DO MESMO FATO, ENVOLVENDO AUTORES DISTINTOS. CONEXÃO PARCIAL ENTRE AS AÇÕES. AUTORIZAÇÃO LEGAL PARA REUNIÃO DOS PROCESSOS, A DEPENDER DA VERIFICAÇÃO

DA CONVENIÊNCIA NO CASO CONCRETO. AGRAVO PROVIDO. Pendem de julgamento ações de indenização que decorrem do mesmo acidente, ajuizadas em face da mesma ré, com autores distintos. Inegável a conexão parcial, dada a coincidência parcial de causa de pedir, o que autoriza a reunião dos processos para processamento simultâneo (artigo 105 do CPC)" (31ª Câmara de Direito Privado, AI nº 0151890-06.2011.8.26.0000, Rel. Des. Antonio Rigolin, DJe de 7/9/2011).

TJPR

"AGRAVO DE INSTRUMENTO – REINTEGRAÇÃO DE POSSE – CONEXÃO COM AÇÃO DE REPARAÇÃO DE DANOS – DESPACHO QUE DETERMINOU A REUNIÃO DOS PROCESSOS PARA INSTRUÇÃO CONJUNTA E JULGAMENTO SIMULTÂNEO – ECONOMIA PROCESSUAL – POSSIBILIDADE DE DECISÕES CONTRADITÓRIAS – RECURSO DESPROVIDO. Havendo coincidência parcial dos elementos da causa de pedir, caracteriza-se a conexão, cujo objetivo é a economia processual e a vedação de decisões contraditórias. Assim, as ações propostas em separado devem ser reunidas, com o julgamento simultâneo" (10ª Câmara Cível, AI nº 314.244-7, Rel. Des. Luiz Lopes, DJ de 2/12/2005).

Possibilidade de conhecer da conexão de ofício

STJ

"A conexão é causa de modificação de competência, não um critério de fixação de competência. Envolve, pois, matéria de ordem pública, examinável de ofício, nos moldes da autorização legal contida no art. 301, § 4º" (1ª S., CC nº 25.735-SP, Rel. Min. Nancy Andrighi, DJ de 7/4/2000, p. 114).

TRF da 4ª Região

"1. Reconhece-se a conexão entre a ação anulatória do débito e a execução fiscal, uma vez que a ação anulatória possui a mesma natureza de ação de embargos do devedor. 2. A competência para o julgamento de ação ordinária anulatória de débito é relativa, ao contrário da competência para o julgamento de execução fiscal, que é absoluta. 3. Embora a competência do juízo *a quo* para o julgamento da anulatória seja relativa, o art. 102 do CPC permite a sua modificação pela conexão ou continência. Nesse caso, o juiz pode, de ofício ou a requerimento de qualquer das partes, ordenar a reunião das ações propostas em separado, a fim de que sejam decididas simultaneamente (art. 105 do CPC)" (1ª T., AC nº 5031838-73.2014.404.7100, Rel. Des. Joel Ilan Paciornik, DJe de 20/11/2014).

TRF da 3ª Região

"I. Em regra, quando houver conexão entre ações, na forma do art. 105, do CPC, será feita a reunião das ações, de ofício ou a requerimento, com o fito do julgamento em conjunto, evitando decisões discrepantes. II. Essa mesma *ratio* está implícita no art. 253, I, do CPC. III. Todavia, em alguns casos, não haverá interesse processual na reunião dos feitos, como na hipótese em comento, pois julgado o anterior processo, não mais será possível o julgamento simultâneo (STJ, Súmula 235). IV. Conflito de competência julgado improcedente" (2ª S., CC nº 003750853.2003.4.03.0000, Rel. Des. Alda Basto, DJe de 17/9/2009).

TJSP

"A conexão existente entre a ação de reintegração de posse e a revisional, dada a parcial coincidência de causa de pedir e, sobretudo, em face do risco de contradição lógica entre as decisões, enseja a reunião dos processos perante o Juízo prevento, nos termos dos artigos 105 e 106 do Código de Processo Civil. O fato de a matéria ter sido ventilada por meio de exceção de incompetência é irrelevante, por ser inerente ao âmbito de conhecimento de ofício" (31ª Câmara de Direito Privado, AI nº 2034375-71.2015.8.26.0000, Rel. Des. Antonio Rigolin, j. em 17/3/2015).

TJPR

"Por força de disposição expressa do art. 105 do CPC, possível o reconhecimento da conexão até mesmo de ofício, razão pela qual o fato de ter sido determinada a reunião dos feitos no Juízo prevento para julgamento simultâneo e não a prejudicialidade externa, como os recorrentes haviam pleiteado, não torna a decisão agravada *extra petita*" (18ª C. C., AI nº 985.015-3, Rel. Des. Luiz Espíndola, DJ de 19/2/2014).

Conexão e preclusão

STJ

"Conquanto não seja a exceção de incompetência o instrumento hábil para suscitar a ocorrência de conexão, referida matéria pode ser decidida até mesmo de ofício, devendo-se afastar o rigorismo do pleito de declaração de impossibilidade jurídica do pedido" (4ª T., Agravo no AI nº 654.809-SP, Rel. Min. Fernando Gonçalves, DJ de 11/4/2005, p. 323).

TRF da 4ª Região

"Contudo, tenho que prospera a alegação do agravante, no sentido de que, ainda que se entenda que os referidos embargos seriam 'mera petição' protocolada nos autos da execução fiscal, ainda assim, o juízo *a quo* deve se pronunciar a respeito da matéria de ordem pública trazida aos autos na ocasião, consubstanciada na alegação de existência de conexão existente entre a Ação Anulatória 50028267320124047200, em trâmite na 6ª Vara Federal Ambiental de Florianópolis, e a posterior Execução Fiscal, ora em discussão, por se tratar de matéria de ordem pública, mormente em face da competência funcional absoluta do Juízo das Execuções Fiscais" (3ª T., AI nº 5026106-08.2013.404.0000, Rel. Des. Carlos Eduardo Thompson Flores Lenz, DJe de 7/11/2013).

TRF da 3ª Região

"Os institutos da conexão e da continência podem ser conhecidos a qualquer tempo e *ex officio*, bem como por meio de alegação do réu, normalmente em sede de contestação, e não por meio de exceção de incompetência" (3ª T., AI nº 0028775-20.2011.4.03.0000, Rel. Juiz Convocado Carlos Delgado, DJe de 26/3/2015).

TJSP

"A conexão é uma das formas de modificação de competência e, nos termos do artigo 103 do Código de Processo Civil, se caracteriza quando diferentes ações possuem objeto ou causa de pedir coincidente. Por ocasião da conexão, as ações ajuizadas em separado serão reunidas, por meio do apensamento de seus autos, para que sejam decididas simultaneamente, em uma mesma sentença, assegurando a harmonia das decisões e evitando o risco de soluções controversas. Por determinação legal, a reunião das ações em caso de conexão pode ser determinada pelo juiz, de ofício, ou a requerimento da parte [...] Sendo passível de cognição *ex officio*, plenamente razoável que seja admitida a arguição de conexão pela via da exceção de incompetência, embora o meio determinado pelo ordenamento processual seja em preliminar de contestação. Pelo mesmo motivo, também deve ser admitida sua alegação a qualquer tempo, dentro ou não do prazo de defesa" (25ª Câmara de Direito Privado, AI nº 2039995-35.2013.8.26.0000, Rel. Des. Hugo Crepaldi, j. em 5/12/2013).

TJPR

"A conexão é matéria de ordem pública e seu descumprimento gera nulidade do processo, devendo ser declarada de ofício pelo magistrado, a qualquer momento, não estando sujeita à preclusão ou ao veredicto de recurso de agravo de instrumento anterior" (18ª C. C., AC nº 388.6002/01, Rel. Des. Abraham Lincoln Calixto, DJ de 6/7/2007).

Art. 56 - Dá-se a continência entre 2 (duas) ou mais ações quando houver identidade quanto às partes e à causa de pedir, mas o pedido de uma, por ser mais amplo, abrange o das demais.

A regra do art. 56 do CPC/2015 repete a do art. 104 do CPC/1973 com alterações redacionais pontuais que não alteram o seu conteúdo.

I. Pedidos mais abrangentes e continência

Há relação de continência entre duas ações quando elas possuem as mesmas partes e a mesma causa de pedir, mas o objeto de uma é mais amplo do que o da outra. Por exemplo: a parte ajuíza ação para pedir, sob a alegação de inadimplemento contratual, a desconstituição do negócio jurídico e a condenação do réu ao pagamento de multa. Se, em outra ação, a mesma parte, com base na mesma alegação de inadimplemento, limita-se a pedir a condenação do mesmo réu ao pagamento da multa contratual, haverá continência. A demanda formulada no segundo processo estará abrangida pelas demandas cumuladas no primeiro processo.

Não se verificará relação de continência entre duas ou mais demandas quando forem idênticas as suas partes e causa de pedir, residindo sua diferença apenas no aspecto quantitativo do bem da vida pretendido. Assim, *v.g.*, se, em uma ação, a parte "x" pede, com base em determinado fato, a condenação da parte "y" ao pagamento de 100, não poderá ela, em uma segunda ação, pedir, com base no mesmo fato, a condenação de "y" ao pagamento de 1.000. Não tendo havido a inclusão de novas causas de pedir (*i.e.*, a alegação de novos fatos que justifiquem a nova pretensão condenatória) na segunda ação, esta não poderá ter seu mérito julgado – por falta de interesse de agir (a parte já terá exercido o pedido de tutela jurisdicional para exatamente aquela mesma situação carente de tutela, não sendo mais necessária) ou mesmo inépcia da inicial (art. 300, § 1º, incisos I e III). Essas conclusões foram obtidas em debate com Eduardo Talamini, coautor da presente obra.

II. Causas de pedir mais abrangentes e continência

Há continência entre duas ou mais ações também quando se verifica identidade quanto ao seu pedido e partes, mas em uma delas as causas de pedir (remotas) são mais amplas, abrangentes da(s) deduzida(s) na(s) outra(s).

Assim, suponha-se, por exemplo, que, em uma primeira ação, a parte "x" formula um só pedido em face da parte "y" com base em mais de uma causa de pedir. Se, em outra ação, "x" formular o mesmo pedido contra "y" com base apenas em uma ou algumas das causas de pedir formuladas na ação anterior, haverá continência. As demandas cumuladas na primeira ação (continente) compreenderão a(s) formulada(s) na segunda (contida).

III. Maior extensão subjetiva e continência

Ademais, uma "ação" poderá conter outra por ser mais extensa em relação aos seus elementos subjetivos.

Imagine-se, por exemplo, que a parte "x" ajuíza ação contra a parte "y" formulando pedido com base em determinada causa de pedir. Suponha-se que, em seguida, a mesma parte "x" ajuíza, em foro diverso, outra ação, dessa vez contra "y" e "z".

Se, na segunda ação, "x" tiver proposto contra "y" a mesma demanda formulada na ação anterior (mesmo pedido e mesma causa de pedir), haverá relação de continência – sejam o pedido e a causa de pedir da demanda proposta contra "z" idênticos ou não aos deduzidos na demanda em face de "y".

Ressalve-se, porém, que, se, no caso do referido exemplo, verificar-se que "z" deve ser demandado no primeiro processo, na condição de litisconsorte necessário de "y", haverá litispendência integral a inviabilizar de todo o prosseguimento do segundo processo. Deverá ser regularizado o polo passivo do primeiro processo, sob pena de sua extinção – ficando eventual novo ajuizamento sujeito ao disposto no art. 286, inciso II (no CPC/1973, art. 253, inciso II).

IV. Elementos objetivos e subjetivos mais amplos e continência

Uma ação pode conter outra por ser-lhe mais abrangente, simultaneamente, em cada um dos seus elementos, objetivos e subjetivos. Ou seja, pode ter, a um só tempo, pedido e causa de pedir mais amplos e, ainda, mais sujeitos em um dos polos processuais ou em ambos. Por exemplo, pense-se, de um lado, em uma ação da parte "x" contra "y" em que o pedido é "i" e a causa de pedir é "a"; e, de outro, uma ação de "x" contra "y" e "z" em que são formulados contra ambos os réus os pedidos "i" e "ii", fundados respectivamente em "a + b" e "c + d".

V. Inexistência de "continência parcial"

Imagine-se que em uma ação "A", entre as partes "1" e "2", sejam formulados dois pedidos, "x" e "y", com base em uma só causa de pedir, "i", e que, em uma ação "B", com as mesmas partes, seja formulado apenas o pedido "x", fundado na causa de pedir "i" e em outra, "ii".

Nessa hipótese, não haverá continência. Isso porque cada ação contemplará uma demanda que não estará abrangida pela outra (a demanda com pedido "y", cumulada na ação "A", não faz parte da ação "B"; a demanda com causa de pedir "ii", da ação "B", não faz parte da ação "A").

Não cabe falar em "continência parcial". Tecnicamente, o que se verifica entre as ações, na situação imaginada, é apenas litispendência parcial, a impedir, no âmbito do processo posteriormente instaurado, o julgamento do mérito da demanda repetida; e conexão entre as demandas não afetadas pela litispendência.

As ações deverão, portanto, ser reunidas, pelo critério da prevenção, conforme os arts. 55, 58 e 59. Ao juízo prevento caberá declarar a litispendência parcial e julgar as demandas remanescentes.

VI. Continência e litispendência

A continência gera, sempre, situação de litispendência. A demanda repetida jamais poderá ser julgada no mérito. O tratamento a ser dado variará conforme a ação continente tenha sido ajuizada antes ou depois da ação contida. Aplica-se o art. 57 (adiante comentado).

VII. O instituto da continência não pode servir como instrumento para contornar a regra do art. 286, inciso II, do CPC/2015

O art. 286, inciso II, do CPC/2015 (correspondente ao art. 253, inciso II, do CPC/1973) prescreve que: "Serão distribuídas por dependência as causas de qualquer natureza [...] quando, tendo sido extinto o processo sem resolução de mérito, for reiterado o pedido, ainda que em litisconsórcio com outros autores ou que sejam parcialmente alterados os réus da demanda".

Não se pode admitir (sob pena de burla ao princípio do juiz natural) que o instituto da continência seja utilizado para contornar a referida regra. Assim, a parte não pode, por exemplo, ajuizar uma ação mais ampla do que outra, anterior, em foro diverso, para depois desistir desta, esperando, com isso, que o processo seja mantido no local do novo ajuizamento – diverso do da ação anterior.

VIII. Julgados

Continência e litispendência

STJ

"1. A litispendência ocorre quando forem propostas ações com as mesmas partes litigantes, o mesmo pedido e a mesma causa de pedir, consoante dispõe o art. 301, § 1º, do CPC. 2. A *ratio essendi* da litispendência visa a que a parte não promova duas demandas visando ao mesmo resultado, o que, frise-se, em regra, ocorre quando o autor formula, em face do mesmo sujeito, idêntico pedido, fundado na mesma causa de pedir. 3. *In casu*, há identidade parcial dos pedidos, porquanto o do segundo *mandamus* (declaração de isenção da COFINS e compensação) é mais abrangente que o do primeiro (declaração de isenção da COFINS), o que configura a continência, que é espécie de litispendência parcial" (1ª T., REsp nº 953.034-PR, Rel. Min. Luiz Fux, DJe de 29/6/2009).

TRF da 4ª Região

"A caracterização da litispendência exige que as ações sejam idênticas, ou seja, que tenham as mesmas partes, a mesma causa de pedir e o mesmo pedido, além de estarem em curso, sem decisão definitiva. A continência, por sua vez, gera litispendência parcial, na medida em que o pedido e a causa de pedir de um dos feitos estão abarcados em outra demanda, mais abrangente" (3ª T., AC nº 5012496-86.2013.404.7205, Rel. Des. Fernando Quadros da Silva, DJe de 16/4/2015).

TRF da 3ª Região

"A situação dos autos se enquadra na hipótese de continência, posto que, embora as partes e a causa de pedir sejam as mesmas, os pedidos não são idênticos, já que o do mandado de segurança é mais abrangente. Todavia, o pedido deste processo está abarcado naquela outra ação, o que gera a litispendência parcial entre as ações" (1ª T., AC nº 0023911-

45.2006.4.03.6100, Rel. Des. Vesna Kolmar, DJe de 8/8/2009).

TJSP

"Extinção do processo sem julgamento do mérito devido ao reconhecimento de litispendência - Identidade de partes e causa de pedir, no entanto, quanto aos pedidos, apenas parcialmente coincidentes - Situação a caracterizar-se como litispendência parcial (continência) - Sentença reformada - Recurso parcialmente provido" (12ª Câmara de Direito Privado, AC nº 920385972.2009.8.26.0000, Rel. Des. Wanderley José Federighi, j. em 1º/12/2010).

TJPR

"Constatando-se que a ação ordinária, além de inaugurar pedidos, também reproduz outros já deduzidos em demandas anteriores, o caso não é de litispendência total, mas parcial (continência)" (5ª C. C., AC nº 1.126.626-7, Rel. Des. Leonel Cunha, DJ de 30/6/2014).

Art. 57 - Quando houver continência e a ação continente tiver sido proposta anteriormente, no processo relativo à ação contida será proferida sentença sem resolução de mérito, caso contrário, as ações serão necessariamente reunidas.

I. Reunião dos processos ou extinção por litispendência

O art. 57 do CPC/2015 consagra entendimento desenvolvido pela doutrina e jurisprudência em torno do art. 105 do CPC/1973, quando afirma que a solução de reunir os processos, em caso de continência, apenas terá cabimento quando a ação continente tiver sido ajuizada depois da ação contida. Na situação inversa, sendo a ação continente anterior, o processo a que se referir a ação contida deverá ser extinto *de plano* sem julgamento de mérito, por motivo de litispendência (art. 485, inciso V).

Observe-se, contudo, que, mesmo quando a ação continente for posterior, depois de reunidos os processos, o juízo da causa não estará autorizado a julgar (no processo originado da ação continente) o mérito da demanda repetida – por motivo de litispendência parcial (art. 354, parágrafo único, c.c. art. 485, inciso V, do CPC/2015).

II. A hipótese de inadmissão de uma das demandas repetidas

Suponha-se que a ação continente seja a anteriormente ajuizada e que ela venha a ser inadmitida (com base no art. 354, parágrafo único) na parte reprisada na ação contida. Nesse caso, não se deve aplicar a solução de extinguir o processo da ação contida sem julgamento de mérito. Não havendo mais litispendência, o processo da ação contida poderá continuar tramitando no próprio juízo em que instaurado – ou, se configurada conexão ou relação de prejudicialidade com o processo anterior (na sua parte não afetada pela decisão de inadmissão), ambos serão reunidos no juízo prevento.

Por outro lado, se a ação contida for a anteriormente ajuizada e ela vier a ser inadmitida por algum motivo, extinguindo-se o respectivo processo sem julgamento de mérito, o processo da ação continente (posterior) prosseguirá normalmente, sem que se possa continuar cogitando de litispendência parcial. Se no momento da inadmissão da ação contida os processos ainda não tiverem sido reunidos, o processo da ação continente será mantido no mesmo juízo em que instaurado.

Ainda na hipótese de a ação contida ser a anteriormente ajuizada: se a ação continente (posterior) for inadmitida na parte que trata da demanda repetida, cessará a litispendência (parcial) que existia, e os processos apenas deverão ser reunidos no juízo prevento (se já não o tiverem sido antes da referida decisão de inadmissão) se verificada conexão ou relação de prejudicialidade entre as ações.

III. Cogência das soluções previstas no art. 57

Segundo alguns, o art. 105 do CPC/1973 estabelecia a facultatividade da reunião dos processos, uma vez que afirmava, textualmente, a mera "possibilidade" de o juiz ordená-la.

O CPC/2015, por sua vez, deixa claro que as soluções previstas em seu art. 57 não são facultativas, mas cogentes. As expressões "será proferida sentença sem resolução de mérito" e "as ações serão necessariamente reunidas" evidenciam a sua imperatividade. Nessa linha, as referidas soluções podem (devem) ser aplicadas não apenas a pedido da parte, mas também de ofício – e a qualquer tempo. A questão não está sujeita a preclusão.

IV. Inviabilidade de reunião de processos

No entanto, a reunião do processo relativo à ação continente (posterior) ao processo relativo à ação contida eventualmente não será possível/cabível. Isso acontecerá quando, no momento do ajuizamento da ação continente, a ação contida já tiver sido sentenciada (por analogia, art. 55, § 1º, parte final). Não haverá, então, alternativa ao juízo da ação continente: deverá ele próprio reconhecer a ocorrência da litispendência parcial (ou, se for o caso, da coisa julgada) e dar seguimento ao processo na parte em que não se verifica mera repetição da ação contida.

Igualmente, não será possível, conforme o art. 54, reunir a ação continente (posterior) à contida se, para tanto, for necessário modificar competência absoluta. Ou seja, se o juízo da ação contida (anterior) for absolutamente incompetente para as demandas formuladas na continente não afetadas pela litispendência, a reunião de processos não terá cabimento. O juízo da ação continente declarará ele mesmo a litispendência parcial e dará seguimento ao feito quanto às demandas não afetadas.

V. A específica situação da ação continente posterior subjetivamente mais extensa

No item III dos comentários ao art. 56, mencionou-se que uma ação poderá conter outra, anteriormente ajuizada, por ser mais extensa em relação aos seus elementos subjetivos. Nesse caso, não haverá necessariamente relação de conexão ou prejudicialidade entre as ações. Na parte em que não coincidir com a ação contida, a continente poderá estar fundada em pedido e causa de pedir próprios, diversos dos daquela, e, além disso, dizer respeito a relação jurídica completamente dissociada da que está por trás da ação contida.

Assim, não havendo relação de conexão ou prejudicialidade, a reunião dos feitos será descabida. O juízo da ação continente deverá reconhecer a existência de litispendência parcial, a impedir o julgamento do mérito da demanda repetida, dando normal processamento ao restante do feito – para julgá-lo no mérito, se presentes as condições necessárias para tanto.

Em suma, o que justifica a reunião de processos entre os quais haja relação de continência (especificamente quando a ação continente é a posterior, hipótese de que se trata neste item) é o risco de prolação de decisões conflitantes ou contraditórias. Esse risco não existirá se não houver relação de conexão ou prejudicialidade entre as demandas não coincidentes das ações e o juízo da continente reconhecer a litispendência parcial, observando os efeitos daí decorrentes.

VI. A Súmula nº 489 do STJ e a regra da imutabilidade da competência absoluta

A Súmula nº 489 do STJ não conflita com a regra da imutabilidade da competência absoluta (art. 54). O que determina o encaminhamento da ação ajuizada na Justiça Estadual para a Justiça Federal é o reconhecimento do interesse da União, entidade autárquica ou empresa pública federal na causa.

Havendo o interesse (jurídico ou econômico, na forma do art. 5º, parágrafo único, da Lei nº 9.469/1997) federal na causa, a remessa para a Justiça Federal se dará por força do art. 109, inciso I, da CF/1988. Na hipótese, pouco importará se a ação ajuizada na Justiça Estadual é a contida ou a continente, nem se é a anterior ou a posterior.

Assim, o juízo estadual não poderá extinguir o processo da ação contida, caso seja ele posterior ao processo da ação continente, em trâmite na Justiça Federal. Sendo absolutamente competente para a causa, apenas o juízo federal poderá ditar o seu resultado. Ou seja, caberá ao juízo federal extinguir o processo da ação contida (posterior) e proceder ao julgamento da ação continente.

Observe-se que, para que o processo instaurado perante a Justiça Estadual possa ser remetido para a Justiça Federal, é necessário que a União, entidade autárquica ou empresa pública federal venha a integrá-lo voluntariamente (por exemplo, assistência) ou de forma provocada (por exemplo, litisconsórcio passivo necessário) segundo alguma das modalidades de intervenção previstas no ordenamento.

Poderá acontecer de, reunidas as causas na Justiça Federal (Súmula nº 489 do STJ), o juiz entender que não existe o interesse federal em um dos processos ou em ambos (Súmula nº 150 do STJ). Na primeira hipótese, os processos deverão ser novamente separados (se o processo em que ausente o interesse federal for o que inicialmente tramitava na Justiça Estadual, caberá devolvê-lo ao mesmo juízo). Na segunda, deverão ser reunidos na Justiça Estadual (por uma questão de coerência com o disposto na Súmula nº 489, a reunião se dará no mesmo juízo estadual em que já tramitava um dos processos).

VII. O juízo competente para declarar a litispendência

Como se viu, a lei diz que, sendo posterior, o processo da ação contida será extinto de plano, sem julgamento de mérito, por motivo de litispendência. Ou seja, não haverá, de regra, *modificação* de competência, com reunião dos processos.

Mas essa regra merece ressalva.

A declaração da litispendência não poderá advir de juízo absoluta ou relativamente incompetente para a ação contida – *abstraída, para a verificação da competência, a questão da relação de continência*. Como os atos processuais em geral, é providência que incumbe a juízo competente para a causa.

Assim, sendo incompetente para a ação contida, o juízo deverá remeter o processo ao competente, para que este declare a litispendência e extinga o processo. Isso apenas não será necessário se, no momento de declarar a litispendência, já tiver havido *a prorrogação* da competência do juízo da ação contida – especificamente em caso de (in)competência relativa.

Com efeito, identificada a litispendência, antes de declará-la, o juízo intimará as partes na forma dos arts. 9º e 10. Nessa oportunidade, se já não tiver havido a *prorrogação* de competência, o réu poderá, em tese, arguir a incompetência relativa. Reconhecida a incompetência, o processo será transferido ao juízo competente, a quem caberá declarar a litispendência.

O "juízo competente", referido nos dois últimos parágrafos, será, em caso de incompetência relativa, o da ação continente. Aplica-se, por analogia, a regra de modificação de competência da parte final do art. 57 c.c. art. 58. Em caso de incompetência absoluta, não modificável, serão observadas as regras gerais de competência aplicáveis.

VIII. Súmulas

Competência da Justiça Federal para decidir sobre sua competência

Súmula nº 150 do STJ: "Compete à Justiça Federal decidir sobre a existência de interesse jurídico que justifique a presença, no processo, da União, suas autarquias ou empresas públicas".

Reunião de processos em trâmite em "Justiças" diversas

Súmula nº 489 do STJ: "Reconhecida a continência, devem ser reunidas na Justiça Federal as ações civis públicas propostas nesta e na Justiça Estadual".

IX. Julgados

Descabimento da reunião por continência se um dos processos já tiver sido julgado

STJ

"Não há reunião de ações em virtude da ocorrência de continência se um dos processos já tiver sido julgado" (3ª T., Agravo no AREsp nº 422.477-MG, Rel. Min. Ricardo Villas Bôas Cueva, DJe de 30/10/2014).

TRF da 4ª Região

"O fato de ainda não ter ocorrido o trânsito em julgado da sentença proferida na ação ordinária não afasta a aplicação do entendimento já sumulado pelo STJ de que a possível existência de conexão ou continência não determina a reunião dos processos, quando já proferida a sentença num deles" (3ª T., AI nº 0013979-60.2012.404.0000, Rel. Des. Fernando Quadros da Silva, DJe de 14/3/2013).

TRF da 3ª Região

"Continência. Em face da identidade parcial de pedidos, sendo um mais abrangente que o outro, configura-se a continência. Inviável, porém, no presente caso concreto, a reunião dos feitos, tendo em vista que já julgado um deles, nos termos da Súmula 235 do STJ. 2. A não reunião dos feitos não impede, ao contrário, impõe ao juízo a extinção parcial da ação declaratória (causa continente), na parte em que apresenta o mesmo pedido deduzido no mandado de segurança (causa contida)" (2ª S., CC nº 0040417-92.2008.4.03.0000, Rel. Des. Lazarano Neto, DJe de 18/12/2008, p. 87).

TJSP

"Descabe a distribuição por prevenção por conexão ou continência, prevista no artigo 253 do Código de Processo Civil, quando há prolação de sentença em uma das ações" (27ª Câmara de Direito Privado, AI nº 2035564-21.2014.8.26.0000, Rel. Des. Gilberto Leme, j. em 8/4/2014).

TJPR

"Com efeito, é cediço que a reunião de processos tem cabimento na hipótese de restar configurado o instituto da conexão ou continência, nos termos do art. 103 e 104 do CPC, de modo que, em verdade, quando há duas ou mais ações com o objeto ou causa de pedir comuns, a sua reunião é uma consequência dessa situação processual. De fato tais institutos visam evitar a prolação de decisões contraditórias, contribuindo, outrossim, para a celeridade e efetividade do provimento judicial. Contudo, no presente caso, não obstante poder se entender que estamos diante de caso que se amolda ao conceito de continência entre feitos, não se impõe a reunião dos processos junto ao juízo supostamente prevento, uma vez que, no momento da decisão que reconheceu a continência, já tinha sido prolatada a sentença de extinção do feito na ação revisional [...] Assim, deve ser aplicada a Súmula 235 do STJ, que, embora trate expressamente da conexão, consoante reiterada jurisprudência, comporta aplicação também nas hipóteses de continência, de modo que, já tendo sido sentenciado um dos feitos, descabida a reunião dos processos" (16ª C. C., Agravo no AI nº 1.004.351-9/01, Rel. Juiz Substituto Francisco Eduardo Gonzaga de Oliveira, DJ de 4/6/2013).

Art. 58 - A reunião das ações propostas em separado far-se-á no juízo prevento, onde serão decididas simultaneamente.

I. Ressalva inicial: a regra da distribuição por dependência prevista no art. 286 do CPC/2015

De acordo com o art. 286 do CPC/2015 (que corresponde ao art. 253 do CPC/1973), serão distribuídas por dependência as ações de qualquer natureza quando se relacionarem por conexão, continência ou prejudicialidade com outra já ajuizada (incisos I e III).

A distribuição por dependência não terá cabimento, entretanto, se o juízo em que tramitar o processo anterior for absolutamente incompetente para a nova ação. Da mesma forma, não caberá distribuir a ação por dependência se a causa anterior já tiver sido julgada (conforme a regra do § 1º do art. 55).

Observe-se, ademais, que, no momento da distribuição, não é relevante saber se a ação anterior é a contida ou a continente. Ainda que seja a continente, caberá a distribuição por dependência. A diferenciação que o art. 57 faz para determinar se o caso é de reunião ou não de processos não se aplica no momento a que se refere o art. 286, mas apenas aos casos em que não houve a distribuição por dependência – por lapso ou porque não havia como realizá-la (por exemplo, porque as ações foram ajuizadas em foros diversos).

II. Aplicabilidade do art. 58 aos casos de conexão, continência e prejudicialidade

O CPC/1973 não esclarecia em qual juízo tinham de ser reunidos os processos relativos a ações entre as quais houvesse relação de continência. Havia regra expressa apenas para o caso de ações *conexas* que tramitassem em separado (art. 106, que determinava sua reunião perante o juízo prevento). Isso levava a divergências no âmbito da doutrina e da jurisprudência, havendo, por um lado, quem entendesse ser aplicável o critério da prevenção e, por outro, quem considerasse que a reunião dos feitos sempre haveria de ser feita perante o juízo em que tivesse sido ajuizada a ação continente.

O art. 58 do CPC/2015 não limita o seu comando aos casos de ações conexas. Seu caráter genérico e sua própria posição no texto do Código evidenciam que, também quando se tratar de reunir ações entre as quais haja relação de continência ou prejudicialidade, aplicar-se-á o critério da prevenção – observado o disposto no art. 54.

III. As consequências da falta de reunião de processos em caso de relação de conexão ou prejudicialidade

O Código de 2015, tal como fazia o CPC/1973, não especifica quais serão as consequências da falta de reunião dos processos conexos ou entre os quais haja relação de prejudicialidade – nos casos em que for ela viável. Infere-se, porém, que, sendo cogente a reunião (*vide* os comentários ao art. 55), a ausência de sua realização implicará a *nulidade absoluta* dos julgamentos ocorridos separadamente.

O caráter absoluto da nulidade não significa que sua decretação deverá ser sempre realizada. Conforme os arts. 277 e 282, § 1º, nulidade nenhuma deve ser decretada na ausência de prejuízo (ou risco de prejuízo). Assim:

i) enquanto um dos feitos não houver sido julgado, a reunião será, em tese, possível – se for o caso, mediante a anulação da decisão já proferida no outro.

ii) se ambos os feitos já tiverem sido decididos, a nulidade apenas deverá ser decretada se verificada a existência de contradição ou conflito entre as decisões proferidas e, além disso, houver um concerto entre os órgãos competentes para os recursos (arts. 67 e seguintes), no sentido de devolver os feitos para um novo julgamento em primeiro grau – dessa vez pelo juízo prevento.

Ademais, não se pode descartar a possibilidade de reunião dos processos na própria instância recursal. Para tanto, os recursos evidentemente deverão estar no mesmo tribunal e será necessário observar o respectivo regimento, para que não haja o atropelamento de normas competenciais internas cogentes. Eventualmente, ao julgar os recursos, o tribunal se verá em condições de decidir desde logo as causas, dando-lhes soluções harmônicas sem precisar devolvê-las ao juízo de primeiro grau.

IV. As consequências da falta de reunião de processos em caso de continência

Conforme o art. 57, os feitos entre os quais haja relação de continência apenas deverão ser reunidos *quando o continente for posterior*. Na hipótese contrária, o juízo da ação contida deverá extinguir o processo desde logo por motivo de litispendência – e o processo da ação continente prosseguirá normalmente.

Sendo caso de reunião, a falta de sua realização *poderá* ensejar a decretação de nulidade – se verificado prejuízo que a justifique. Diferenciam-se as seguintes situações:

a) A ação contida é julgada antes da continente.

Nesse caso, aplicar-se-ão as conclusões expostas no item III, anteriormente. Isso porque, entre a ação contida e a ação continente, na parte em que esta não repete aquela, existe relação de conexão (ressalvado o exposto no item V dos comentários ao art. 57). Uma vez anulada a decisão da ação contida, deverá haver sua reunião com a ação continente, para que as demandas conexas sejam julgadas conjuntamente.

Se a ação continente vier a ser julgada antes da decretação da nulidade da decisão da ação contida pelo tribunal, aplicar-se-á a solução do item III, "ii", anterior. Mas não caberá anular a decisão da demanda repetida (formulada na ação continente) se ela não tiver sido julgada no mérito por litispendência ou qualquer outro motivo. O resultado esperado para ela já terá sido obtido.

b) A ação continente é julgada antes da contida.

Também nesse caso se aplicarão as conclusões do item III.

Mas não se deverá decretar a nulidade da decisão da demanda repetida (formulada na ação continente) caso ela não seja de mérito. O resultado esperado para tal demanda já terá sido atingido. Ou seja, apenas a decisão da demanda conexa à deduzida na ação contida (*i.e.*, a parcela do processo não afetada pela litispendência) é que deverá ser anulada.

Aliás, pelas mesmas razões, não haverá nulidade a ser decretada se o juízo da ação continente (posteriormente ajuizada) declarar ele próprio a litispendência parcial (a impedir o julgamento do mérito da demanda repetida) e remeter o restante do feito ao juízo prevento.

V. Descabimento de agravo de instrumento contra a decisão que não reconhece a necessidade de reunião dos processos

A decisão que deixa de reconhecer a necessidade de reunião de processos relacionados por conexão, continência ou prejudicialidade não está sujeita a agravo de instrumento, conforme o art. 1.015. Ao apelar, a parte interessada poderá tratar da questão, pedindo o reconhecimento da nulidade da sentença – se for o caso.

Como se trata de matéria de ordem pública, o tribunal competente para o recurso de apelação, nos limites da devolução operada no plano horizontal, poderá dela conhecer de ofício, anulando os capítulos sentenciais que estejam eventualmente viciados (por conta do que alguns chamam de "efeito translativo" da apelação, mas que nada mais é do que consequência do efeito devolutivo em sua dimensão vertical).

VI. Possível conflito ou contradição entre coisas julgadas referentes a demandas relacionadas por continência

Do julgamento em separado de ações entre as quais haja relação de continência (mesmo quando não seja caso de reunião) *poderão* resultar coisas julgadas conflitantes ou contraditórias. Ou seja, a mesma demanda poderá ser decidida no mérito mais de uma vez e em sentidos diversos por provimentos transitados em julgado.

Em princípio, de acordo com a jurisprudência predominante, deverá ser observada a segunda coisa julgada formada, por aplicação da regra geral de resolução de antinomias segundo a qual a norma posterior prevalece sobre a anterior. O provimento acobertado pela segunda coisa julgada existirá e será eficaz.

Mas a segunda coisa julgada formada será rescindível, por ofensa à coisa julgada anterior (art. 966, inciso IV) e/ou ao regramento de litispendência (art. 966, inciso V) – neste último caso, especificamente se a segunda coisa julgada disser respeito à demanda repetida, ou seja, à demanda posteriormente proposta, a qual nem sequer podia ter sido julgada no mérito.

Rescindida a coisa julgada posterior por sentença transitada em julgado, haverá a repristinação da primeira.

Note-se que existe a possibilidade de a coisa julgada referente à demanda repetida (i.e., a segunda proposta) prevalecer: se se tratar da segunda coisa julgada formada (se e enquanto ela não for rescindida com fundamento no art. 966, inciso IV e/ou inciso V); ou se for a primeira formada (e não vier a ser rescindida por violação ao regramento da litispendência) e a segunda for desconstituída com fundamento no art. 966, inciso IV.

VII. Conflito positivo de competência

O juízo prevento, de ofício ou a requerimento da parte, deverá solicitar ao juízo diante do qual houver sido ajuizada a ação conexa, prejudicial/prejudicada ou continente que ela lhe seja transferida. Caso o juízo a que dirigida a solicitação não a atenda, afirmando-se competente para a causa que com ele se encontra (e eventualmente prevento também para a causa em trâmite perante juízo solicitante), haverá conflito positivo de competência (art. 66, incisos I e III) – o qual deverá ser dirimido na forma dos arts. 951 e seguintes.

VIII. Conflito negativo de competência

Haverá conflito negativo de competência quando um determinado juízo considerar que a causa que lhe foi distribuída cabe, por prevenção, a outro juízo, mas este entender que a prevenção é justamente daquele (art. 66, incisos II e III).

IX. Julgados

Sobre a ocorrência de nulidade em razão do julgamento em separado de ações conexas

STJ

"O princípio processual da instrumentalidade das formas, também identificado pelo brocardo *pas de nullitè sans grief*, determina que não sejam anulados os atos inquinados de invalidade quando deles não tenha decorrido nenhum prejuízo concreto. Na linha dos precedentes desta corte, essa orientação *se aplica, inclusive, aos casos em que os processos conexos são julgados separadamente*. Precedentes" (3ª T., Agravo nos ED no REsp nº 1.050.727-DF, Rel. Min. Sidnei Beneti, DJe de 5/11/2009, grifo nosso).

TRF da 4ª Região

"Sendo a conexão e continência matérias de ordem pública, o juiz é obrigado a determinar a reunião de ações para julgamento. O magistrado não pode examinar a conveniência ou oportunidade da reunião, pois o comando emergente do CPC (art. 105) é cogente: o juiz tem o dever legal, de ofício, de reunir as ações conexas para julgamento conexo. Tendo o juízo singular reconhecido a continência, mas não tendo ordenado a reunião das ações, proferindo sentença, há de ser decretada a nulidade da mesma, devendo ser reunidos os processos para que haja um único julgamento" (2ª T., AC nº 96.04.57666-6, Rel. Des. Vilson Darós, DJ de 1º/3/2000, p. 458).

TRF da 3ª Região

"1. Remessa oficial e apelações contra sentença de procedência em ação civil pública que anula parcialmente cláusula de contrato de concessão de serviços de telefonia onde se preveem os critérios de reajuste da tarifa de telefonia fixa. 2. Colisão com a decisão proferida pela Primeira Seção do Egrégio Superior Tribunal de Justiça no Conflito de Competência 39.590/RJ, que declarou nulos os atos praticados em ações coletivas conexas e reconheceu a competência da 2ª Vara Federal do Distrito Federal para reunir e julgar todas as ações onde se combatem os reajustes de tarifas autorizados pela ANATEL. 3. Decisão superior que, em nome da segurança jurídica nos contratos de concessão de serviços de telefonia, não se restringe somente aos processos onde é questionado o IGP-DI como fator de reajustamento tarifário, mas a todos em que se combatem os reajustes admitidos pela ANATEL. 4. Anulação da sentença e de todos os atos decisórios, para remessa dos autos à 2ª Vara Federal do Distrito Federal, em cumprimento ao decidido no Conflito de Competência 39.590. 5. Prejudicadas as apelações e a remessa oficial, tida por ocorrida" (3ª T., AC e Remessa Oficial nº 2000.61.00.019309-5, Rel. Des. Márcio Moraes, DJ de 13/1/2009).

TJSP

"CONTRATO BANCÁRIO - Revisional e ação de cobrança - Conexão entre as demandas reconhecida, em razão de elas serem oriundas da mesma relação contratual - Julgamento simultâneo, porém não realizado - Ocorrência de nulidade, na hipótese, tendo em vista o risco de existência de decisões conflitantes, importando prejuízo às partes e à prestação jurisdicional - Defeito insanável, que acarreta a nulidade da sentença - Decisão anulada, para a realização de julgamento conjunto entre todas as demandas - Recurso provido" (17ª Câmara de Direito Privado, AC nº 001253-65.2004.8.26.0169, Rel. Des. Paulo Pastore Filho, j. em 17/9/2014).

TJPR

"1. Reconhecida a existência de conexão da ação revisional de contrato, com ação rescisória já apensada aos autos, deve a sentença compor ambas as lides, sob pena de nulidade, que deve ser pronunciada *ex officio*, por se tratar de matéria de ordem pública (art. 105/CPC). 2. Nulidade declarada de ofício, com determinação de retorno dos autos à origem para que nova sentença seja lançada em ambos os feitos, julgando-se prejudicada a apelação" (17ª C. C., AC nº 867.616-6, Rel. Des. Francisco Jorge, DJ de 14/8/2013).

Conflito entre coisas julgadas

STJ

"Quanto ao tema, os precedentes desta Corte são no sentido de que, havendo conflito entre duas coisas julgadas, prevalecerá a que se formou por último, enquanto não se der sua rescisão para restabelecer a primeira. A exceção de pré-executividade não serviria no caso para substituir a ação rescisória" (6ª T., Agravo Regimental no REsp nº 643.998-PE, Rel. Des. Conv. Celso Limongi, DJe de 1º/2/2010).

"O julgamento posterior da causa contida não elimina a prejudicialidade, muito menos a eficácia da primeira sentença, que foi proferida antes e pelo juiz da causa maior, continente, devendo prevalecer diante da segunda decisão. Embargos de declaração acolhidos para aclarar erro de fato" (3ª T., ED nos ED no REsp nº 681.740-MG, Rel. Min. Nancy Andrighi, DJ de 5/2/2007, p. 219).

TRF da 4ª Região

"1. No caso de duas ações com cumulação sucessiva de pedidos envolvendo as mesmas partes, caso haja em relação ao primeiro pedido identidade de causa de pedir, configura-se a identidade parcial entre as demandas, capaz de suscitar questionamento acerca de qual coisa julgada deve prevalecer. 2. Enquanto não rescindida, a coisa julgada superveniente prevalece sobre a primeira" (5ª T., AC e Reexame Necessário nº 5011247-60.2014.404.7110, Rel. Des. Ricardo Teixeira do Valle Pereira, DJe de 5/12/2014).

TRF da 3ª Região

"De acordo com o sistema processual, tratando-se de coisa julgada, no curso da nova ação proposta, o juiz, de ofício, constatada a sua ocorrência, deve extinguir o feito sem julgamento do mérito (art. 267), cabendo, também, ao réu opor a referida exceção processual (inc. VI do art. 301). Após o trânsito daquela, o julgado pode ser rescindido (inc. IV do art. 485). Entretanto, a sentença proferida por último também se reveste da autoridade da coisa julgada, surtindo efeitos, até ser desconstituída pela ação rescisória. E, caso decorrido o prazo decadencial para a propositura da ação rescisória, subsiste em detrimento da primeira. Isto porque, não podendo se admitir a coexistência de duas decisões conflitantes, a posterior prevalece, substituindo a primeira, tal qual com os atos legislativos. Ademais, se o próprio sistema processual previu prazo preclusivo para o ajuizamento da ação rescisória, submetendo a segunda coisa julgada ao prazo decadencial, passados os dois anos, penso ser um contrassenso prevalecer o título judicial que primeiro transitou em julgado. Não haveria razão de ser do comando previsto do inc. IV do art. 485, tornando desnecessária, por falta de interesse, a propositura da ação rescisória" (AC nº 0002368-32.2010.4.03.6104-SP, Rel. Des. Souza Ribeiro, DJ de 15/5/2014).

TJSP

"Em que pese a relevância da questão mencionada, mormente quando a segunda demanda já se encontra em fase de execução, a solução pretendida (prevalência da primeira coisa julgada) não pode ser alcançada por meio de simples decisão do Juízo na segunda demanda, mas tão somente por meio de ação rescisória, sendo essa, inclusive, uma das hipóteses elencadas no art. 485 do CPC como razão para rescisão da sentença (inciso IV ofender a coisa julgada)" (30ª Câmara de Direito Privado, AI nº 2182605-89.2014.8.26.0000, Rel. Des. Maria Lúcia Pizzotti, j. em 10/12/2014).

TJPR

"São devidos honorários advocatícios reconhecidos em sentença já transitada em julgado, ainda que Lei Estadual preveja expressamente seu afastamento. Entretanto, se em sede de embargos à execução de tais honorários, estes são afastados, também por decisão transitada em julgado, ocorre o conflito de coisas julgadas, devendo prevalecer a segunda, pelo menos até que seja rescindida. Agravo desprovido" (5ª C. C., AI nº 136.391-1, Rel. Des. Bonejos Demchuk, DJ de 9/6/2003).

Art. 59 - O registro ou a distribuição da petição inicial torna prevento o juízo.

I. Os critérios de fixação da prevenção

No CPC/2015, a prevenção deixa de ser um dos efeitos da citação (art. 240, correspondente ao art. 219 do CPC/1973). Passa a ser fixada com o registro da petição inicial ou (no foro em que houver mais de um juízo) com a distribuição da ação (arts. 59 e 284).

Observe-se que registro e distribuição não se confundem com propositura/ajuizamento. Conforme a regra do art. 312, a demanda é considerada proposta quando a petição inicial é protocolada. E o protocolo é ato distinto do registro e da distribuição, sendo-lhes logicamente anterior.

II. As regras de definição do juízo prevento para processos relacionados por conexão, continência ou prejudicialidade

Alteram-se, também, as regras para a definição do juízo prevento nos casos em que ações conexas ou que se relacionem por continência ou prejudicialidade (e que devam, segundo os arts. 55 e 57, ser reunidas para processamento conjunto) tenham sido ajuizadas em órgãos diversos.

No CPC/1973, a solução variava conforme os processos tramitassem em órgãos dotados da mesma competência territorial ou não. No primeiro caso, aplicava-se a regra do art. 106 (considerava-se prevento o juízo que houvesse despachado em primeiro lugar, mandado citar o réu). No segundo, aplicava-se o art. 219 (ficava prevento o juízo perante o qual a citação válida houvesse se dado primeiramente).

Já no CPC/2015, entre juízos com a mesma competência territorial, o critério será necessariamente o da distribuição (afinal, como dispõe o art. 284, onde houver mais de um juízo deve haver distribuição). Por outro lado, entre juízos com competência territorial diversa, o critério poderá ser tanto o do registro como o da distribuição, dependendo do número de juízos existentes em cada um dos foros em questão (ainda conforme o art. 284).

Art. 60 - Se o imóvel se achar situado em mais de um Estado, comarca, seção ou subseção judiciária, a competência territorial do juízo prevento estender-se-á sobre a totalidade do imóvel.

O art. 60 do CPC/2015 traz a mesma regra do art. 107 do CPC/1973, com alguns ajustes (como a menção a seção e subseção judiciária, ao lado de comarca). Substancialmente, nada muda nesse ponto. O dispositivo propõe-se a solucionar eventual impasse ou dificuldade que a aplicação isolada do art. 47 (correspondente ao art. 95 do CPC/1973) poderia gerar.

Caberá ao autor da ação escolher livremente o foro de sua preferência para ajuizar a ação. Não importa em qual localidade esteja a maior ou menor parte do imóvel. Os foros serão concorrentes em qualquer caso.

I. Súmula

Competência para a ação de usucapião especial com a participação de ente federal

Súmula nº 11 do STJ: "A presença da União ou qualquer de seus entes, na ação de usucapião especial, não afasta a competência do foro da situação do imóvel".

II. Julgados

Aplicabilidade da regra em caso de dúvida sobre os limites territoriais dos Estados

STJ

"Conflito de competência. Ações possessórias. Limites imprecisos entre dois Estados. Prevenção. Indefinidos os limites territoriais das Comarcas de São Domingos-GO e Correntina-BA, a competência para processar e julgar as ações possessórias versando sobre um mesmo imóvel localizado na área litigiosa determina-se pela prevenção. Aplicação analógica do art. 107 do CPC" (2ª S., CC nº 9.981-GO, Rel. Min. Ruy Rosado de Aguiar, DJ de 6/2/1995, p. 1.295).

Art. 61 - A ação acessória será proposta no juízo competente para a ação principal.

I. Regra de competência funcional

O art. 61 do CPC/2015 corresponde ao art. 108 do CPC/1973. Na medida em que a ação acessória pressupõe a existência da ação principal (já ajuizada ou a ser ajuizada), justifica-se que ambas sejam julgadas pelo mesmo juízo – e, *se possível*, tramitem e sejam decididas conjuntamente. O juízo competente para ação principal tem *competência funcional (absoluta)* para a ação acessória – e vice-versa.

Nos termos do art. 59, o registro ou a distribuição da petição inicial da ação acessória torna prevento o juízo também para a ação principal. O mesmo vale para a situação inversa.

II. Inaplicabilidade da parte final do § 1º do art. 55 e da Súmula nº 235 do STJ

Como se trata de regra de competência funcional, não se aplicará ao caso o disposto na parte final do § 1º do art. 55 e na Súmula nº 235 do STJ. O juízo perante o qual houver tramitado o processo acessório será competente para a ação principal mesmo que aquele já tenha sido sentenciado quando do ajuizamento desta – e vice-versa.

Ou seja, o art. 61 vincula ao juízo da ação principal a ação acessória – e vice-versa. A competência do juízo persistirá pelo simples fato de ter ele exercido sua função em outro processo. O objetivo da norma não é possibilitar o julgamento conjunto das demandas. Parte-se da premissa (lógica) de que, por atuar ou ter atuado em um dado processo, o juízo terá melhores condições de julgar outro a ele interligado funcionalmente.

III. A regra do art. 381, § 3º, do CPC/2015

Cumpre, aqui, fazer uma ressalva sobre a medida de produção antecipada de provas. O art. 381, § 3º, do CPC/2015 positiva o entendimento consignado na Súmula nº 263 do extinto TFR, prevendo que: "A produção antecipada da prova não previne a competência do juízo para a ação que venha a ser proposta".

A referida regra não deixa de ser uma exceção ao disposto no art. 61.

Na ação de produção antecipada de provas, o juiz não realiza nenhum tipo de juízo sobre o mérito da futura ação principal – que, aliás, pode nem vir a ser ajuizada. Isso, ao lado do fato de a medida de produção antecipada de provas não apresentar um caráter constritivo, faz com que o seu vínculo de acessoriedade com a eventual ação principal seja muito tênue. Justifica-se, assim, o afastamento da regra de competência funcional do art. 61 na hipótese.

IV. Súmula

Medida de produção antecipada de provas e prevenção

Súmula nº 263 do extinto TFR: "A produção antecipada de provas, por si só, não previne a competência para a ação principal".

V. Julgados

Competência funcional do juízo da ação principal para a ação acessória – e vice-versa

STJ

"A medida cautelar na qual se postula a prestação de caução para garantir o juízo de forma antecipada deve ser proposta perante o juízo competente para a futura ação (principal) de execução fiscal, com a qual guarda relação de acessoriedade e de dependência (CPC, art. 800). O STJ não tem, portanto, competência originária para tal demanda" (1ª T., MC nº 12.431-RS, Rel. Min. Teori Albino Zavascki, DJ de 12/4/2007, p. 210).

TRF da 4ª Região

"Os embargos de terceiro são ação acessória do feito do qual se originou a constrição sobre a posse ou propriedade do terceiro alheio à relação processual. Trata-se, nos termos do art. 1.049 do CPC, de procedimento que deve correr em autos autônomos. Note-se que a competência para processá-los e julgá-los será do mesmo juízo competente para a ação principal, da qual, como dito anteriormente, os embargos são ação acessória. Essa competência para processar e julgar os embargos é funcional e, portanto, absoluta. Caso a ação principal seja da competência do juízo de primeiro grau, é dele também a competência para os embargos; caso a ação principal seja da competência originária de tribunal, é do tribunal a competência para a ação acessória de embargos. *In casu*, a competência para julgamento da presente medida cautelar recaiu sobre a 8ª Turma deste Tribunal, especificamente para o eminente Desembargador Luiz Fernando Wowk Penteado. Assim, deve a secretaria de recursos desentranhar os embargos de terceiro e providenciar sua distribuição como ação autônoma para a mesma Turma" (MC de Arresto nº 0008295-91.2011.404.0000, Vice-Presidência, Rel. Des. Luiz Fernando Wowk Penteado, DJe de 22/2/2013).

TRF da 1ª Região

"1. A cautelar preparatória deve ser ajuizada no juízo que – *rationae materiae, rationae personae* e *ratione loci* – seria o competente para a futura ação principal; isso ocorrendo, o juízo que conheceu da cautelar e que teria todas as condições processuais para abrigar a demanda principal para ela tornou-se prevento. 2. Se a regra processual é que as duas demandas se reúnam no mesmo juízo (e é esse o sentido do artigo 800), essa imposição estabelece competência absoluta, funcional, pois ex vi da norma processual é o mesmo juízo que pode – excluídos todos os demais – conhecer da cautelar e da principal; assim, não tem aplicação a Súmula 235 ("a conexão não determina a reunião dos processos, se um deles já foi julgado"). 3. Conflito julgado improcedente para fixar a competência do juízo suscitante" (1ª S., CC nº 0067901-58.2003.4.03.0000, Rel. Des. Johonsom Di Salvo, DJU de 10/9/2004).

TJSP

"Como a ação cautelar de exibição de produção antecipada de prova ajuizada pelas autoras, ora agravadas, em relação às agravantes tramita na 5ª Vara Cível do Foro Regional de Santana [...], está esse juízo prevento para julgar a ação principal, da qual foi extraído este recurso. Tal competência, de natureza funcional, é absoluta. Assim, pode, de ofício, ser declarada a incompetência do juízo *a quo*, por onde tramita a ação principal" (35ª Câmara de Direito Privado, AI nº 2042404-13.2015.8.26.0000, Rel. Des. Morais Pucci, j. em 4/5/2015).

TJPR

"Agravo de instrumento. Ação cautelar de arrolamento de bens. Cautelar incidental. Ação acessória. Competência definida de acordo com a competência para julgamento da ação principal (arts. 800 e 180 do CPC). Ação principal de inventário em trâmite perante a 7ª Vara de Família e Sucessões da Comarca de São Paulo/SP. Competência funcional e absoluta. Possibilidade de reconhecimento de ofício e em qualquer grau. Recurso conhecido, com declaração *ex officio* de incompetência absoluta do juízo *a quo* e remessa dos autos ao juízo competente. Julgamento do agravo prejudicado" (11ª C. C., AI nº 922.590-1, Rel. Des. Ruy Muggiati, DJ de 12/9/2012).

Art. 62 - A competência determinada em razão da matéria, da pessoa ou da função é inderrogável por convenção das partes. (Sem correspondente no CPC/73)

O art. 62 do CPC/2015 prevê a impossibilidade de as partes convencionarem a modificação da competência absoluta.

O novo dispositivo é mais preciso do que o seu correspondente no CPC/1973. Elucida que (além da competência em razão da matéria) a competência funcional é sempre inderrogável (e não apenas quando determinada a partir da hierarquia, como parecia decorrer do art. 111 do CPC/1973) e que também a competência determinada em razão da pessoa não pode ser modificada pela vontade das partes.

Ademais, também nos casos em que a competência em razão do valor ou do território for absoluta (conforme exposto nos comentários ao artigo seguinte), as partes não poderão alterá-la.

I. Julgados

A competência em razão da pessoa é absoluta e, assim, inderrogável

STJ

"Segundo precedentes da Segunda Seção deste Tribunal, tendo os embargos à arrematação natureza de ação, o interesse da Caixa Econômica Federal, empresa pública, que figura como ré neste feito, determina a competência *ratione personae* da Justiça Federal, que detém caráter absoluto e inderrogável, nos termos do art. 109, I, da Constituição" (2ª S., CC nº 35.198-MG, Rel. Min. Sávio de Figueiredo Teixeira, DJ de 1º/9/2003, p. 215).

TRF da 4ª Região

"O art. 109, inciso VIII, da Constituição estabelece a competência da Justiça Federal para processar e julgar os mandados de segurança e os *habeas data* contra ato de autoridade federal, excetuados os casos de competência dos tribunais federais. Trata-se de critério de competência firmado em razão da pessoa, portanto absoluta e inderrogável pela vontade das partes, ressalvadas as regras de competência territorial" (1ª S., CC nº 0002591-29.2013.404.0000, Rel. Des. Francisco Donizete Gomes, DJe de 15/7/2013).

TRF da 3ª Região

"A competência da Justiça Federal é absoluta e definida, de regra, em razão da pessoa. Não há possibilidade de cumulação de ações se, para uma, a competência é da Justiça Estadual e, para outra, a Federal" (6ª T., AC nº 0050999-68.2000.4.03.6100, Rel. Des. Mairan Maia, DJe de 22/3/2012).

TJSP

"É inderrogável a competência (*ratione materiae/personae*) da Justiça Federal para o julgamento de ações em que autarquia federal figure como parte inteligência do art. 111, do CPC, c/c art. 108, II, e art. 109, I, da CF/88. Incompetência absoluta da Justiça Estadual" (4ª Câmara de Direito Público, AC nº 0007887-82.2007.8.26.0101, Rel. Des. Paulo Barcellos Gatti, j. 21/10/2013).

TJPR

"1. Competência *ratione personae*. É da Justiça Federal a competência para processar e julgar embargos de terceiros opostos em que figura no polo passivo a Caixa Econômica Federal, em face da incidência da regra de competência *ratione personae*, na forma do art. 109, inciso I, da Constituição Federal vigente" (Extinto TAPR, 5ª C. C., AC nº 220.923-8, Rel. Des. Jurandyr Souza Junior, DJ de 8/8/2003).

A competência em razão da matéria é absoluta e, portanto, inderrogável

STJ

"A competência em razão da matéria, por ser absoluta e inderrogável, é matéria de ordem pública, não sujeita aos efeitos da preclusão *pro judicato*. Precedentes" (2ª S., CC nº 102.531-PR, Rel. Min. Nancy Andrighi, DJe de 6/9/2010).

TRF da 4ª Região

"A competência é a medida da jurisdição atribuída por lei a cada magistrado, tribunais colegiados, ou porções fracionárias destes para apreciar e julgar determinada causa. A competência discutida no presente caso é em razão da matéria e, sendo assim, é inderrogável por vontade das partes, gerando competência ou incompetência absoluta do magistrado" (1ª T., AI nº 003581208.2010.404.0000, Rel. Des. Álvaro Eduardo Junqueira, DJe de 15/3/2011).

TRF da 3ª Região

"A competência *rationae materiae* é de índole absoluta e por isso a incompetência judicial que a afronta deve ser declarada a qualquer tempo, mesmo *ex officio*" (6ª T., AC nº 001029491.2001.4.03.6100, Rel. Des. Johonsom Di Salvo, DJe de 20/3/2015).

TJSP

"Competência - Acidente do trabalho - Direito comum - Sentença proferida após a edição da Emenda Constitucional 45/2004 - Incompetência absoluta da Justiça Estadual em razão da matéria - Súmula Vinculante 22/STF - Remessa dos autos à Justiça do Trabalho - Recurso não conhecido" (32ª Câmara de Direito Privado, AC nº 0013248-71.2003.8.26.0602, Rel. Des. Caio Marcelo Mendes de Oliveira, j. em 21/8/2014).

TJPR

"Apelação cível e reexame necessário. Ação de individualização de valores do FGTS. Direito decorrente de contrato de trabalho sob regime celetista. Artigo 114, inciso I, da Constituição Federal (com a redação dada pela EC 45/2004). Competência da Justiça do Trabalho em razão da matéria. Precedentes do STJ e deste Tribunal. Apelação Cível e reexame necessário conhecidos para, *ex officio*, declarar a incompetência absoluta desta Justiça Estadual, com remessa dos autos à Justiça Especializada do Trabalho, restando prejudicados o apelo e o reexame necessário" (4ª C. C., AC e Reexame Necessário nº 1.168.295-2, Rel. Des. Cristiane Santos Leite, DJ de 27/4/2015).

A competência em razão da função é absoluta e, portanto, inderrogável

STJ

"A competência funcional tem caráter absoluto e improrrogável, razão pela qual acertada a conduta judicial de reconhecimento da nulidade e revogação de decisão anterior com vistas a sanar o vício despontado nos autos" (3ª S., Ação Rescisória nº 2.628-RJ, Rel. Min. Nefi Cordeiro, DJe de 22/8/2014).

TRF da 4ª Região

"A competência para processar e julgar mandado de segurança é estabelecida em função da categoria ou sede funcional da autoridade impetrada, o que evidencia sua natureza absoluta e improrrogável, bem como a possibilidade de seu conhecimento *ex officio*" (3ª T., AI nº 502228729.2014.404.0000, Rel. Des. Fernando Quadros da Silva, DJe de 27/11/2014).

TRF da 3ª Região

"O artigo 3º da Lei 10.259/2001, ao determinar que compete ao Juizado Especial Federal Cível executar suas sentenças, estipulou regra de competência funcional, porque seu objeto o exercício de uma função dentro de um mesmo processo. Assim, em se tratando de competência funcional, a execução de sentença proferida pelo Juizado Especial Federal Cível por outro juízo implicaria incompetência absoluta" (10ª T., AC nº 0004083-31.2009.4.03.6109, Rel. Des. Sergio Nascimento, DJe de 8/1/2014).

TJSP

"Agravo de instrumento. Ação de cobrança. Prestação de serviços de fornecimento de água. Repartição de competência entre os foros regionais e o central da Comarca da capital que se define pelo critério funcional, de natureza absoluta. Domicílio do réu situado na base territorial do foro central. Decisão mantida" (25ª Câmara de Direito Privado, AI nº 2051762-02.2015.8.26.0000, Rel. Des. Edgard Rosa, j. em 28/4/2015).

TJPR

"As pretensões acessórias aos atos judiciais proferidos sob a égide da justiça especializada são de competência funcional desta, portanto, absoluta, em conformidade com o disposto no artigo 98, I, da Constituição Federal e artigo 3º, § 1º, I, da Lei 9.099/95. O fato de o imóvel, sob o qual pende o pleito de anulação do ato de arrematação, superar o valor de 40 (quarenta) salários mínimos não desloca a competência para a Justiça Comum Estadual, pois a Lei 9.099/95 estabeleceu o limite de valor somente para o momento da propositura da ação" (12ª C. C., CC nº 839.858-7, Rel. Des. Angela Maria Machado Costa, DJ de 11/6/2012).

Art. 63 - As partes podem modificar a competência em razão do valor e do território, elegendo foro onde será proposta ação oriunda de direitos e obrigações.

§ 1º - A eleição de foro só produz efeito quando constar de instrumento escrito e aludir expressamente a determinado negócio jurídico.

§ 2º - O foro contratual obriga os herdeiros e sucessores das partes.

§ 3º - Antes da citação, a cláusula de eleição de foro, se abusiva, pode ser reputada ineficaz de ofício pelo juiz, que determinará a remessa dos autos ao juízo do foro de domicílio do réu.

§ 4º - Citado, incumbe ao réu alegar a abusividade da cláusula de eleição de foro na contestação, sob pena de preclusão.

I. A regra da possibilidade de modificação da competência em razão do valor e do território e suas exceções

O art. 63 do CPC/2015 (art. 111, segunda parte, do CPC/1973) contempla a possibilidade de as partes, de comum acordo, modificarem a competência em razão do valor e a competência em razão do território.

No entanto, a regra comporta exceções, pois existem situações em que a competência em razão do valor ou do território é absoluta e, portanto, inalterável (*v.g.*, art. 47, *caput* e § 1º, do CPC/2015, que corresponde ao art. 95, parte final, do CPC de 1973; art. 47, § 2º, do CPC/2015; art. 3º, § 3º, da Lei nº 10.259/2001).

II. Arguição e reconhecimento da abusividade da cláusula de eleição de foro

Os requisitos de validade/eficácia do acordo de eleição de foro permanecem os mesmos do CPC/1973, tal como a sua extensão subjetiva (ver os §§ 1º e 2º do art. 111

do CPC/1973). Os §§ 3º e 4º do art. 63, por sua vez, refletem o tratamento que doutrina e jurisprudência já conferiam aos arts. 112, parágrafo único, e 114 (com a redação dada pela Lei nº 11.280/2006) do CPC/1973:

a) elimina-se a referência a "contratos de adesão" que constava do parágrafo único do art. 112 do CPC/1973. Conforme o entendimento jurisprudencial consolidado, a cláusula de eleição de foro pode se caracterizar como abusiva mesmo que o contrato de que conste não seja qualificado como de adesão.

b) o simples fato de a cláusula de eleição de foro constar de contrato de adesão não a torna automaticamente abusiva. Se nenhuma das partes do contrato for hipossuficiente ou, então, se a cláusula não inviabilizar nem dificultar o acesso da parte hipossuficiente ao Poder Judiciário, não haverá abusividade.

c) a abusividade da cláusula de eleição de foro pode ser conhecida de ofício apenas antes da citação. Feita a citação, precisará ser alegada pelo demandado na primeira oportunidade que tiver para se manifestar nos autos (em regra, na própria contestação, conforme os arts. 64 e 65, e não mais por exceção, como decorria do art. 112 do CPC/1973), sob pena de preclusão. Ou seja, entre a citação e a apresentação da contestação, segundo os §§ 3º e 4º, o juiz não poderá conhecer da matéria de ofício.

Ainda a respeito dos itens *a*, *b* e *c*, anteriores, é importante observar que: i) em qualquer caso, antes de decidir a questão da abusividade, o juiz deverá oportunizar o exercício do contraditório pelas partes (ex vi dos arts. 9º e 10); e ii) a ausência de reconhecimento da abusividade de ofício não gera nulidade, já que o demandado terá oportunidade de argui-la (em regra) em contestação (sob pena de preclusão).

III. A demanda proposta pela parte hipossuficiente

A possibilidade de reconhecimento da abusividade da cláusula de eleição de foro de ofício (nos limites dos §§ 3º e 4º do art. 63) apenas existe nos casos em que a parte hipossuficiente é demandada. Sendo ela a demandante, o ajuizamento da ação no foro eleito convalidará a cláusula – denotando a sua concordância com a modificação de competência.

A parte demandada não poderá alegar a abusividade da cláusula que ela mesma pretendeu impor ao seu contendente hipossuficiente.

IV. Relatividade dos requisitos formais de validade/eficácia da eleição de foro

O § 1º do art. 63 diz que a eleição de foro só produz efeito quando constar de instrumento escrito e aludir expressamente a determinado negócio jurídico. A inobservância de qualquer dessas formalidades torna a eleição de foro inválida/ineficaz.

Por outro lado, sendo relativa, a competência em razão do valor e do território está sujeita a prorrogação. Logo, se a parte demandada não se opuser oportunamente (art. 64) ao ajuizamento da ação no foro pretensamente eleito, alegando a inobservância das formalidades devidas na celebração da cláusula, haverá prorrogação de competência.

A própria existência da cláusula de eleição de foro será irrelevante na hipótese de a parte demandada não manifestar oportunamente a sua discordância quanto ao ajuizamento da ação perante juízo relativamente incompetente. A competência em razão do valor e do território (com as exceções mencionadas no item I, anterior) é relativa e sujeita-se a prorrogação, tenha havido ou não cláusula de eleição de foro, tenha a cláusula pactuada observado ou não as formalidades do § 1º do art. 63.

Por essas razões, o descumprimento das formalidades previstas no § 1º, em si, não pode ser conhecido e declarado de ofício. O juiz poderá declarar de ofício (nos limites dos §§ 3º e 4º) apenas a abusividade da cláusula de eleição de foro – esteja ela ou não de acordo com aquelas formalidades.

V. Prevalência da relação de conexão, prejudicialidade ou continência sobre a cláusula de eleição de foro

A eleição de foro não prevalece sobre a relação de conexão, prejudicialidade ou continência enquanto fator de modificação de competência. Assim, por exemplo, estando em trâmite perante determinado foro uma causa, eventual nova causa que lhe seja conexa deverá ser processada e julgada nesse mesmo foro (e, obviamente, no mesmo juízo da primeira causa, por prevenção), ainda que em relação a ela tenha havido a eleição de local diverso pelas partes – a menos, claro, que a causa anterior não se encontre em estado que ainda viabilize a reunião dos feitos (caso em que se aplicará a cláusula normalmente).

A competência resultante da conexidade ou continência é absoluta, não podendo por isso mesmo ceder diante de eventual eleição de foro.

VI. Cláusula de eleição de foro e cláusula arbitral

É perfeitamente possível que um contrato contenha cláusula de eleição de foro e cláusula arbitral. Cada uma exercerá seu papel. A cláusula de eleição de foro se aplicará aos casos que não forem arbitráveis ou que tiverem sido expressamente excluídos pela cláusula arbitral. Assim, por exemplo, a cláusula de eleição de foro valerá para a execução judicial da sentença arbitral e para as medidas judiciais prévias ao processo arbitral (como a ação de execução específica da cláusula compromissória vazia ou ações cautelares preparatórias).

VII. Súmula

Limites de aplicação da cláusula de eleição de foro

Súmula nº 335 do STF: "É válida a cláusula de eleição do foro para os processos oriundos do contrato".

VIII. Julgados

Cláusula de eleição de foro e competência relativa

STJ

"*A contrario sensu*, não restando patente a abusividade da cláusula contratual que prevê o foro para as futuras e eventuais demandas entre as partes, é certo que a competência territorial (no caso, do foro do domicílio do consumidor) poderá, sim, ser derrogada pela vontade das partes, ainda que expressada em contrato de adesão (*ut* artigo 114, do CPC). Hipótese em que a competência territorial assumirá, inequivocamente, a natureza relativa (regra, aliás, deste critério de competência)" (3ª T., REsp nº 1.089.993-SP, Rel. Min. Massami Uyeda, DJe de 8/3/2010).

TRF da 4ª Região

"No caso em tela, trata-se de cláusula de eleição de foro, que constitui, em tese, incompetência relativa (competência territorial). Assim, a ré deveria ter arguido a incompetência por meio de exceção, na primeira oportunidade, ou seja, a partir da citação, sob pena de ver prorrogada a competência do juízo" (4ª T., AI nº 5002210-62.2015.404.0000, Rel. Des. Luís Alberto D'Azevedo Aurvalle, DJe de 27/1/2015).

TRF da 3ª Região

"1. Reconhecimento de ofício da incompetência pelo magistrado, em virtude de cláusula de foro de eleição. Não cabimento. 2. Regra de alteração da competência relativa, permitindo-se aos contratantes a eleição de foro conforme sua vontade, nos termos do art. 111 do Código de Processo Civil. 3. O ordenamento vigente, contudo, não permite ao juiz reconhecer a incompetência relativa de ofício, entendimento consolidado na Súmula 33 do STJ. Somente o réu pode alegar incompetência relativa, e deve fazê-lo no primeiro momento que lhe couber falar nos autos, sob pena de preclusão" (1ª S., CC nº 0003857-44.2014.4.03.0000, Rel. Des. Luiz Stefanini, DJe de 17/3/2015).

TJSP

"Impossibilidade de reconhecimento de ofício - Art. 112 do CPC e Súmula 33 do STJ - Contrato de Transporte de Gases e Equipamentos e outras avenças - Negócio de natureza estritamente comercial - Cláusula de eleição de foro - Validade - Artigo 111 do Código de Processo Civil e Súmula 335 do STF - Além disso, a autora tem domicílio em São Paulo-SP" (23ª Câmara de Direito Privado, AI nº 2015154-05.2015.8.26.0000, Rel. Des. Sérgio Shimura, j. em 29/4/2015).

TJPR

"Cláusula de eleição de foro livremente pactuada - Validade (Súmula 335/STF) - Competência territorial relativa (art. 111 do CPC) - Declinação *ex officio* - Impossibilidade - Precedentes da Câmara" (17ª C. C., AI nº 931.207-0, Rel. Des. Fabian Schweitzer, DJ de 30/1/2013).

Possibilidade de conhecer da abusividade da cláusula de eleição de foro de ofício – observadas, agora, as regras dos §§ 3º e 4º do art. 63 do CPC/2015

STJ

"1. Em se tratando de relação de consumo, tendo em vista o princípio da facilitação de defesa do consumidor, não prevalece o foro contratual de eleição, por ser considerada cláusula abusiva, devendo a ação ser proposta no domicílio do réu, podendo o juiz reconhecer a sua incompetência *ex officio*" (2ª S., CC nº 48.647-RS, Rel. Min. Fernando Gonçalves, DJ de 5/12/2005, p. 215).

TRF da 4ª Região

"A cláusula de eleição de foro em contratos de adesão, no âmbito das relações de consumo, pode ser declarada nula sempre que, diante da hipossuficiência do consumidor, dificultar o exercício de sua defesa. Agravo de instrumento desprovido" (3ª T., AI nº 5014959-19.2012.404.0000, Rel. p/ Acórdão Carlos Eduardo Thompson Flores Lenz, DJe de 27/9/2012).

TRF da 3ª Região

"A propósito, não se pode ignorar que, nos termos do art. 112, parágrafo único, do Código de Processo Civil, em se tratando de foro de eleição, a atuação de ofício do magistrado somente terá lugar quando se tratar de reconhecer a abusividade de cláusula inserta em contrato de adesão que altera, em prejuízo do réu, as regras relativas de competência jurisdicional" (1ª S., CC nº 0016853-11.2013.4.03.0000, Rel. Des. Paulo Fontes, DJe de 27/9/2013).

TJSP

"No presente caso, identifica-se que, se a cláusula de eleição de foro permanecesse vigente, ocasionaria especial dificuldade de acesso ao Judiciário por parte dos Agravados. A fim de garantir a efetividade do processo e proteger o direito ao contraditório e à ampla defesa, o art. 112, do Código de Processo Civil, em seu parágrafo único, permite a declaração de nulidade da cláusula de eleição de foro em contrato de adesão, desde que uma das partes encontre um obstáculo intransponível litigar perante o Juízo eleito, ferindo a igualdade dos litigantes, como é o caso dos autos. Precedente do STJ" (38ª Câmara de Direito Privado, AI nº 2171954-95.2014.8.26.0000, Rel. Des. Eduardo Siqueira, j. em 29/4/2015).

TJPR

"Decisão que, de ofício, reconheceu nulidade da cláusula contratual que estabeleceu o foro de eleição, com a consequente remessa dos autos ao juízo competente (do local de domicílio da ré). Nulidade incontestável do ajuste (inteligência dos artigos 1º, 6º, inciso VIII, e 51, inciso XV, do Código de Defesa do Consumidor). Postura que não desestrutura o sistema processual nem vai de encontro ao enunciado 33 da Súmula do Superior Tribunal de Justiça, pois não se trata de reconhecimento de ofício de incompetência relativa, mas de nulidade que acarreta o afastamento do poder de exercer jurisdição no caso concreto. Prevalência da regra geral de competência territorial" (16ª C. C., AI nº 324.091-9, Rel. Des. Magnus Venicius Rox, DJ de 4/4/2008).

Sobre a abusividade da cláusula de eleição de foro em contrato de adesão

STJ

"4. Não se acolhe a alegação de abusividade da cláusula de eleição de foro ao só argumento de tratar-se de contrato de adesão. 5. A cláusula que estipula eleição de foro em contrato de adesão é, em princípio, válida, desde que sejam verificadas a necessária liberdade para contratar (ausência de hipossuficiência) e a não inviabilização de acesso ao Poder Judiciário. Precedentes" (3ª T., REsp nº 1.073.962-PR, Rel. Min. Nancy Andrighi, DJe de 13/6/2012).

TRF da 4ª Região

"A cláusula de eleição de foro estipulada em contrato de adesão há que ser tida como nula quando inviabilizar ou dificultar a defesa judicial da parte hipossuficiente, hipótese em que a competência para processamento e julgamento da causa será do foro do domicílio do consumidor" (4ª T., AI nº 0006589-10.2010.404.0000, Rel. Des. Marga Inge Barth Tessler, DJ de 17/12/2010).

TRF da 3ª Região

"II. Não basta o mero contrato de adesão para a cláusula de eleição de foro ser considerada abusiva e passiva de anulação, é imprescindível ainda que haja hipossuficiência do franqueado a acarretar falta de intelecção suficiente para a cláusula; subjugação do franqueado, no momento da celebração do contrato, dada a disparidade de forças entre os contratantes e impossibilidade do direito de defesa do franqueado no foro eleito, dada a disparidade de forças. Precedentes do C. STJ" (2ª S., CC nº 0022208-70.2011.4.03.0000, Rel. Des. Alda Basto, DJe de 2/4/2012).

TJSP

"Agravo de instrumento. Ação de cobrança. Contrato de prestação de serviços. Cláusula de eleição de foro. Abusividade não caracterizada. Inexistência de situação de hipossuficiência ou obstáculo ao acesso da autora à justiça que imponha a declaração de nulidade da referida cláusula. Decisão reformada" (25ª Câmara de Direito Privado, AI nº 2043554-29.2015.8.26.0000, Rel. Des. Edgard Rosa, j. em 16/4/2015).

TJPR

"Para que seja afastada a incidência de cláusula de eleição de foro, em contrato de adesão, deve a parte provar que é hipossuficiente, pois tal convenção lhe acarreta prejuízo ou dificulta-lhe sobremaneira o acesso ao judiciário, sob pena de validade daquela" (8ª C. C., AI nº 145.1047, Rel. Des. Rafael Augusto Cassetari, DJ de 8/11/2014).

Prevalência da relação de conexão, prejudicialidade ou continência sobre a cláusula de eleição de foro

STJ

"Definida por decisão transitada em julgado a competência para execução de sentença arbitral, a ação de anulação dessa sentença, por força do instituto da conexão e do respeito à coisa julgada, deve ser proposta no mesmo local, não prevalecendo eventual cláusula de eleição de foro. Recurso especial provido" (3ª T., REsp nº 1.130.870-PR, Rel. Min. Nancy Andrighi, Rel. p/ Acórdão Min. João Otávio de Noronha, DJe de 26/5/2014).

TJSP

"A conexão prevalece sobre a cláusula de eleição de foro. Hipótese em que há prevenção do juízo em que correu ação de execução de cédula de crédito rural financeira, garantida pela safra de cana-de-açúcar pela qual também litigam a agravante e a agravada, que firmaram contrato de compra e venda com o mesmo objeto. Recurso improvido" (34ª Câmara de Direito Privado, AI nº 0496852-75.2010.8.26.0000, Rel. Des. Gomes Varjão, j. 14/2/2011).

TJPR

"Em que pese as partes tenham firmado dois contratos distintos, e, em cada um, eleito foros diversos para o julgamento de eventuais conflitos, inegável o reconhecimento de que as questões postas sob análise se inter-relacionam, evidenciando a conexão por prejudicialidade. Tal situação permite o julgamento de ambas as pretensões em um único juízo, mesmo que, com isso, a cláusula de eleição de foro aposta em um dos contratos seja afastada" (12ª C. C., AI nº 952.115-7, Rel. Des. Angela Maria Machado Costa, DJ de 19/4/2013).

Cláusula de eleição de foro e cláusula arbitral

STJ

"A cláusula de eleição de foro não é incompatível com o juízo arbitral, pois o âmbito de abrangência pode ser distinto, havendo necessidade de atuação do Poder Judiciário, por exemplo, para a concessão de medidas de urgência; execução da sentença arbitral; instituição da arbitragem quando uma das partes não a aceita de forma amigável [...] Assim, ambas as cláusulas podem conviver harmonicamente, de modo que as áreas de abrangência de uma ou de outra são distintas, inexistindo qualquer conflito" (3ª T., REsp nº 904.813-PR, Rel. Min. Nancy Andrighi, DJe de 28/2/2012).

TJSP

"Prevalência do juízo arbitral quando, em se tratando de demanda sobre direitos patrimoniais disponíveis, existam no contrato social de sociedade limitada cláusulas compromissória de arbitragem e de foro judicial. Precedentes jurisprudenciais do Superior Tribunal de Justiça e deste Tribunal de Justiça, que admitem a compatibilidade entre referidas cláusulas e restringem a utilização da arbitragem às questões patrimoniais disponíveis, reservando ao âmbito jurisdicional do Poder Judiciário a apreciação e o julgamento das questões não patrimoniais, de estado ou de direito pessoal de família, bem como daquelas que excedam os poderes do

Árbitro ou tratem de resistência à instalação do juízo arbitral e eventuais vícios procedimentais e decisórios. Paralelismo permitido por uma distinção constitucional e legal de desígnios das vias arbitral e judicial, orientada pelos princípios da autonomia de vontade e da inafastabilidade do Poder Judiciário, que, alheios a qualquer hierarquização normativa, em nenhum momento apontam para a prevalência da jurisdição estatal sobre qualquer dos métodos extrajudiciais convencionais de resolução de controvérsias quando discutidos direitos patrimoniais disponíveis" (2ª Câmara Reservada de Direito Empresarial, AC nº 0014672-05.2009.8.26.0032, Rel. Des. José Reynaldo, j. em 18/12/2012).

TJPR

"É dizer, portanto, que previram as partes a escolha da arbitragem como meio de solução de conflitos e, na possibilidade de, verificando um dos incisos do artigo 32 da Lei 9.307/96, poderem se insurgir contra a sentença arbitral perante o Poder Judiciário, em expediente que deverão protocolar no foro de Castro/PR, eleito pelas partes como o de competência para tal discussão. Diante desse contexto, interpretação sistemática leva a conclusão de que, em verdade, a cláusula elencada pela apelada para o fim de afastar a convenção de arbitragem apenas a confirma, referindo-se justamente às situações em que se pretende buscar eventual cautelar, executar a decisão arbitral ou, até mesmo, para os casos de eventual nulidade da sentença arbitral. Não restam dúvidas de que, ao estabelecer o foro de Castro como competente para dirimir questionamentos a respeito do contrato após expressa pactuação de uma cláusula arbitral, estavam as partes a se referir às hipóteses em que o acesso ao Poder Judiciário é indispensável (como os acima citados). Não bastasse o raciocínio anteriormente verificado, vejo que o Superior Tribunal de Justiça sufraga o entendimento de que a cláusula de eleição de foro não é incompatível com o juízo arbitral, pois o âmbito de abrangência pode ser distinto, havendo necessidade de atuação do Poder Judiciário, por exemplo, para a concessão de medidas de urgência; execução da sentença arbitral; a instituição da arbitragem quando uma das partes não a aceita de forma amigável" (11ª C. C., AC nº 1.181.482-3, Rel. Des. Denise Kruger Pereira, DJ de 28/11/2014).

Art. 64 - A incompetência, absoluta ou relativa, será alegada como questão preliminar de contestação.

§ 1º - A incompetência absoluta pode ser alegada em qualquer tempo e grau de jurisdição e deve ser declarada de ofício.

§ 2º - Após manifestação da parte contrária, o juiz decidirá imediatamente a alegação de incompetência.

§ 3º - Caso a alegação de incompetência seja acolhida, os autos serão remetidos ao juízo competente.

§ 4º - Salvo decisão judicial em sentido contrário, conservar-se-ão os efeitos de decisão proferida pelo juízo incompetente até que outra seja proferida, se for o caso, pelo juízo competente.

I. A forma de alegar a incompetência

Segundo o CPC/1973, a incompetência relativa havia de ser alegada por exceção, enquanto que a absoluta, em princípio, precisava ser alegada em preliminar de contestação (arts. 112, 113, *caput* e § 1º, e 301, inciso II).

Os arts. 65 e 337, inciso II, do CPC/2015 alteram parcialmente essa disciplina, estabelecendo que também a incompetência relativa será alegada em preliminar de contestação – ou, caso o demandado se manifeste anteriormente no processo, na respectiva ocasião, sob pena de preclusão.

II. A indevida reunião de processos por motivo de conexão, continência ou prejudicialidade

A distribuição de processo a determinado juízo por motivo de conexão, continência ou prejudicialidade inexistente precisa ser impugnada pela parte interessada na primeira oportunidade que tiver para se manifestar no processo, sob pena de preclusão. No caso do réu, essa primeira oportunidade será, em princípio, a contestação (conforme os arts. 65 e 337, inciso II). A falta de arguição apenas não gerará preclusão se alguma regra de competência absoluta tiver sido violada.

Poderá acontecer, ainda, de o processo ser corretamente distribuído a determinado juízo, mas este, indevidamente, determinar a remessa do feito a outro órgão em razão de suposta conexão, continência ou prejudicialidade. Também nesse caso a parte interessada deverá se opor na primeira oportunidade que tiver, sob pena de preclusão – a não ser que tenha havido violação a norma de competência absoluta.

A decisão que determina a remessa do feito a outro juízo, nas aludidas circunstâncias, não está sujeita a agravo de instrumento (art. 1.015). De todo modo, a parte que dela discordar deverá se manifestar nos termos anteriormente expostos, se pretender evitar que o juízo a que a causa for remetida se torne competente, por prorrogação. A oportuna manifestação evitará a preclusão da matéria e, assim, permitirá que venha ela a ser reiterada pela parte na forma do art. 1.009, § 1º.

Especificamente no caso de indevida reunião de ação posterior a outra, na qual esteja integralmente contida, não haverá nulidade a ser decretada. O juízo em que houver se dado a reunião poderá-deverá desde logo extinguir o processo da ação contida sem julgamento de mérito – exatamente o que o juízo original da causa deveria ter feito.

III. A incompetência absoluta é matéria não sujeita a preclusão

A incompetência absoluta continua sendo matéria de ordem pública, não sujeita a preclusão. O § 1º do art. 64 do CPC/2015 repete (com os ajustes necessários para adequá-la ao *caput* do mesmo artigo) a regra do *caput* do art. 113 do CPC/1973, destacando que a incompetência absoluta "pode ser alegada em qualquer tempo e grau de jurisdição e deve ser declarada de ofício".

IV. As consequências da alegação tardia da incompetência absoluta

O CPC/2015 não define quais serão as consequências da alegação tardia (*i.e.*, posterior ao momento da apresentação da contestação) da incompetência absoluta. Não repete a regra do § 1º do art. 113 do CPC/1973, *in verbis*: "Não sendo [...] [a incompetência absoluta] deduzida no prazo da contestação, ou na primeira oportunidade em que lhe couber falar nos autos, a parte responderá integralmente pelas custas".

Isso se deve, possivelmente, por se tratar de matéria de ordem pública, cognoscível de ofício. Ou seja, considera-se que a parte não pode ser responsabilizada por não arguir matéria que o juiz pode-deve conhecer até mesmo de ofício.

V. Dever de respeito ao contraditório sobre a questão da incompetência

O § 2º do art. 64 prescreve que o autor deve ser intimado para se manifestar sobre a alegação de incompetência formulada pelo réu, antes da decisão da questão. Isso se aplica tanto aos casos de incompetência relativa quanto aos de incompetência absoluta. Da mesma forma, o juiz não deverá declarar sua incompetência absoluta de ofício antes de ouvir as partes. Trata-se de imposição das garantias da ampla defesa e do contraditório, reiterada nos arts. 9º e 10 do CPC/2015.

VI. Precedência da decisão da questão da (in)competência

De acordo com os arts. 64, § 2º, e 340, § 3º, a questão da incompetência (absoluta ou relativa) deve ser decidida antes de todas as demais postas no processo – as quais (*ressalvadas situações urgentes e excepcionais que demandem solução imediata, conforme entendimento jurisprudencial adiante citado*) deverão ser reservadas ao juízo competente. Esse é o tratamento lógico, que já era aplicável no regime do CPC/1973, conforme se extrai dos seus arts. 265, inciso III, e 306. Reconhecendo sua incompetência, absoluta ou relativa, o juiz determinará a remessa dos autos ao juízo competente (§ 3º do art. 64).

VII. Validade e eficácia das decisões proferidas pelo juízo incompetente

O ato que reconhece a incompetência (absoluta ou relativa) do juízo pode, motivadamente, afastar os efeitos das decisões que eventualmente tenham sido por ele proferidas. Não havendo deliberação expressa nesse sentido, as decisões proferidas pelo juízo incompetente produzirão (ou permanecerão produzindo) efeitos normalmente – claro, desde que não haja impedimento de outra ordem a tanto.

Ao receber o processo, o juízo competente poderá, conforme o caso e no exercício do seu livre convencimento motivado, a) confirmar expressamente, ou simplesmente se abster de anular, a decisão do juízo incompetente que esteja vigente; b) substituir a decisão do juízo incompetente, ainda em vigor, por outra, com teor diverso; c) apenas invalidar a decisão do juízo incompetente (sem se pronunciar sobre a questão nela tratada); ou d) proferir nova decisão (com o mesmo teor ou não) no lugar da que o ato declinatório de competência houver invalidado.

É o que se extrai do § 4º do art. 64 – aplicável também aos casos tratados no item II (quando a parte interessada houver questionado oportunamente a reunião dos processos) e aos casos em que o processo é encaminhado (por motivo de conexão, continência ou prejudicialidade) ao juízo prevento apenas depois de decididas questões de mérito ou processuais.

Essa solução é diferente da que constava do CPC/1973. Do art. 113, § 2º, extraía-se que a anulação dos atos decisórios seria uma consequência automática do reconhecimento da incompetência (o que nem sempre é adequado para a proteção de direitos e para assegurar a efetividade do processo). Ademais, não havia no CPC/1973 disposição semelhante para os casos de incompetência relativa – o que gerava a impressão (equivocada) de que atos decisórios praticados por juízo relativamente incompetente (e devidamente reconhecido como tal) eram regulares e intocáveis.

VIII. A declinação de competência na pendência de recurso contra decisão interlocutória anterior

Pode acontecer de o reconhecimento da incompetência pelo juiz se dar na pendência de recurso contra decisão interlocutória (versando sobre mera questão, e não sobre o objeto do processo) por ele antes proferida.

Nesse caso, o recurso pendente não ficará necessariamente prejudicado. Na medida em que os efeitos da decisão se conservem, permanecerá o interesse no julgamento do recurso interposto. Já se, na origem, a decisão vier a ser anulada ou substituída por outra, na forma do art. 64, § 4º, o recurso perderá o objeto.

Ademais, observe-se que, se o juiz declinar a competência para juízo de comarca de outro Estado (Justiça Estadual) ou juízo de (sub)seção judiciária de outra região (Justiça Federal), o recurso já interposto deverá ser transferido (com a remessa dos autos) para o tribunal do Estado ou região do juízo competente.

A transferência do recurso para o outro tribunal apenas não será necessária (*rectius*, será descabida) se, ao se declarar incompetente, o juiz (conforme permite o art. 64, § 4º) anular a sua decisão anterior – caso em que o próprio tribunal perante o qual o recurso tiver sido interposto deverá dá-lo por prejudicado.

Por fim, observe-se que a nova decisão do juízo competente, proferida no lugar da antes proferida pelo juízo declarado incompetente, poderá (se presentes os requisitos necessários – cabimento, interesse recursal, etc.) ser recorrida normalmente, como se o recurso anterior (prejudicado) jamais tivesse existido.

IX. A declinação de competência após o julgamento parcial do objeto processual

No item VI, acima, afirmou-se que, de acordo com os arts. 64, § 2º, e 340, § 3º, a questão da incompetência (absoluta ou relativa) deve ser decidida antes de todas as demais postas no processo. Assim, não é adequado deixar para apreciá-la apenas no momento de sentenciar ou depois de julgada parte do objeto processual.

Suponha-se, entretanto, que o juiz venha a reconhecer a sua incompetência (absoluta, ou a relativa oportunamente arguida) apenas depois de ter julgado (com exame de mérito ou não) parte das demandas formuladas (arts. 332, 354, parágrafo único, 356). Nessa situação, qual será o impacto do reconhecimento da incompetência sobre a parcela do processo já julgada?

De início, cumpre observar que não haverá, na hipótese, oportunidade para o juiz a que o processo for remetido deliberar se mantém ou não a decisão do juiz incompetente. Para a parcela processual já julgada, a primeira instância terá se exaurido. Ou seja, não se aplicará o disposto no art. 64, § 4º, do CPC/2015.

Compreendido isso, cabe analisar as diferentes situações que podem se verificar.

Se no momento do reconhecimento da incompetência já tiver havido o trânsito em julgado da decisão parcial proferida, esta não poderá ser anulada no processo em curso. Sendo de mérito a decisão parcial ou se configurada alguma das hipóteses do § 2º do art. 966, a parte com legítimo interesse poderá lançar mão de ação rescisória (conforme o art. 966, inciso II). Não sendo de mérito e não estando configurada nenhuma das hipóteses do § 2º do art. 966, bastará ao interessado ajuizar nova ação sobre o mesmo objeto da decisão parcial.

Caso ainda não tenha havido o trânsito em julgado da decisão parcial no momento do reconhecimento da incompetência, o tribunal a que couber julgar o recurso interposto deverá, em princípio, invalidá-la. A decisão parcial estará prejudicada pelo ato declinatório de competência. Tratando-se de incompetência relativa, é fundamental que tenha ela sido suscitada no agravo de instrumento interposto ou contrarrazões – por analogia, art. 1.009, § 1º.

Mas a invalidação da decisão parcial não será a solução se o tribunal entender que a incompetência (absoluta ou relativa) declarada não se põe para a parcela do objeto processual abrangida pelo recurso. Admitir-se-á, na hipótese, o "fracionamento" do objeto do processo, de modo que apenas a parcela não contemplada pelo julgamento realizado pelo juízo *a quo* será transferida ao órgão a que declinada a competência.

Por outro lado, nada impedirá que o tribunal, diante do agravo de instrumento interposto contra a decisão parcial, reconheça a incompetência (absoluta, ou a relativa oportunamente arguida na origem e reiterada no recurso ou contrarrazões) ainda não declarada ou que já não tenha sido reconhecida pelo juízo *a quo* – e aplique os efeitos daí derivados. Na medida em que a parcela do objeto do processo lhe tenha sido transferida pelo recurso, o tribunal terá plenas condições de assim proceder (art. 1.013).

Em meio a essas considerações, vale ressalvar que, sendo relativa a incompetência, o autor da ação não terá legítimo interesse em argui-la. Não poderá pretender o seu reconhecimento (para anular decisão que lhe tenha sido desfavorável) mesmo se o réu a tiver arguido oportunamente no processo.

X. Descabimento de agravo de instrumento e preclusão

A decisão que rejeita ou acolhe a alegação de incompetência não está sujeita a agravo de instrumento, conforme o art. 1.015. A parte interessada deverá voltar a tratar da questão em futura e eventual apelação ou nas suas contrarrazões.

Se o caso for de (in)competência absoluta, qualquer das partes poderá tratar da matéria no momento oportuno.

Se o caso for de (in)competência relativa: a) a parte que teve sua arguição de incompetência rejeitada estará autorizada (independentemente de novo protesto) a tratar da matéria – para quem não arguiu a incompetência, terá havido preclusão; b) reconhecida a incompetência, a parte que tiver suscitado a questão não poderá impugnar a respectiva decisão em apelação ou contrarrazões.

XI. Julgados

Indevida reunião de processos por motivo de conexão, continência ou prejudicialidade e preclusão

STJ

"1. A conexão pode ser alegada por qualquer das partes ou ser reconhecida de ofício pelo juízo. É hipótese comum sua alegação pelo autor na petição inicial, momento em que já solicita a distribuição por dependência prevista no art. 253, I, do CPC. 2. Há, no ponto, uma diferenciação importante a ser feita entre a alegação de modificação de competência e a invocação de incompetência relativa. Na primeira situação, o réu pretende a reunião de processos conexos, podendo argui-la, desde logo, em sede de preliminar da contestação, uma vez que, nesse caso, parte da premissa de que o juízo era competente e, por conta da conexão, a competência deve ser prorrogada (art. 301, VII, CPC). O réu, nessa hipótese, invoca a conexão. Ao revés, quando sua pretensão mediata reside no reconhecimento da não ocorrência da conexão, que deu azo – a seu ver – à distribuição equivocada do processo, deve fazê-lo por meio de exceção de incompetência (artigos 307 e seguintes do CPC), uma vez que a premissa básica de seu raciocínio e o seu objetivo imediato são exatamente a incompetência relativa do juízo" (4ª T., REsp nº 1.156.306-DF, Rel. Min. Luiz Felipe Salomão, DJe de 3/9/2013).

TRF da 4ª Região

"[...] a competência em razão do território é relativa, admitindo modificação pela vontade das partes ou pela conexão ou continência. Assim, a incompetência territorial não pode ser reconhecida *ex officio* pelo juiz, dependendo de alegação da parte mediante interposição de exceção de incompetência relativa, sob pena de preclusão" (2ª S., CC nº 2009.04.00.017505-8, Rel. Des. Carlos Eduardo Thompson Flores Lenz, DJe de 23/6/2009).

TRF da 3ª Região

"1 - Recebendo o feito que lhe foi distribuído por prevenção, o juiz determinou a citação do réu que, inclusive, ofereceu contestação. 2 - Posteriormente, entendendo inexistir conexão de causas, determinou sua redistribuição. 3 - Correndo em separado ações conexas perante juízos com a mesma competência territorial, considera-se prevento aquele que despachou por primeiro (CPC, art. 106). 4 - A incompetência relativa não pode ser declarada de ofício (STJ, Súmula 33). 5 - Conflito de competência improcedente" (1ª S., CC nº 0082822-95.1998.4.03.0000, Rel. Des. Oliveira Lima, DJ de 15/6/1999).

TJSP

"Ação de prestação de contas. Reconhecimento de conexão com ação indenizatória. Autos enviados à Vara diversa daquela que abrigava o feito conexo, o que motivou despacho ordenando a redistribuição. Inadmissibilidade de, no agravo contra esse tirado, que carga decisória não teve, discutir-se a ocorrência de conexão, tema já coberto pela preclusão. Agravo não conhecido" (36ª Câmara de Direito Privado, AI nº 0268809-78.2011.8.26.0000, Rel. Des. Arantes Theodoro, j. 26/4/2012).

TJPR

"1. Quando se trata de competência relativa, que pode ser modificada inclusive por conexão, por prevenção de outro Juízo, a exceção de incompetência é a via adequada para a suscitação. 2. O foro eleito no contrato é plenamente válido, não dificultando ou obstaculizando o acesso ao Poder Judiciário aos agravantes. 3. Por outro lado, não houve insurgência na ação proposta, anteriormente, pelos agravados, prorrogando-se a competência. 4. Recurso conhecido e não provido" (18ª C. C., AI nº 308.654-6, Rel. Des. Fernando Wolff Bodziak, DJe de 7/4/2006).

Sobre a possibilidade de concessão de medidas urgentes pelo juízo incompetente

STJ

"2. Não ofende o art. 113, § 2º, do CPC a decisão que, a despeito de declinar da competência para vara especializada, mantém os efeitos da antecipação de tutela já concedida até a sua reapreciação pelo juízo competente" (4ª T., Agravo Regimental no REsp nº 937.652-ES, Rel. Min. Maria Isabel Gallotti, DJe de 28/6/2012).

TRF da 4ª Região

"As medidas urgentes à salvaguarda de direitos podem ser adotadas mesmo por juiz incompetente, excepcionalmente. Trata-se de dar efetividade ao princípio do acesso à jurisdição. Assim, não há falar em nulidade dos atos decisórios posteriores à declaração de incompetência do juízo, pois a situação peculiar, envolvendo direito à saúde e à subsistência, exigia a urgente tomada de decisão, estando o magistrado da Comarca de Curiúva, naquele momento, mais próximo das partes, podendo atuar com maior efetividade para evitar danos irreparáveis" (5ª T., AI nº 000323365.2014.404.0000, Rel. Des. Taís Schilling Ferraz, DJ de 7/8/2014).

TRF da 3ª Região

"Embora caiba a concessão de liminar por Juízo absolutamente incompetente, tal ocorre somente em caráter excepcional, apenas quando material e juridicamente irremediável e irreversível o dano, cujas proporções sejam relevantes, de modo a justificar a proteção como forma de impedir o perecimento do direito" (3ª

T., AI nº 0027000-77.2005.4.03.0000, Rel. Des. Carlos Muta, DJU de 16/11/2005).

TJSP

"Medidas urgentes podem ser deferidas até mesmo por juiz incompetente. A antecipação de tutela, por sua própria natureza, é tutela de urgência, razão pela qual a sua concessão deve ser mantida, observando-se que poderá ser revista pelo magistrado competente" (Extinto TASP, 28ª Câmara da Seção de Direito Privado, AI nº 0063852-91.2006.8.26.0000, Rel. Juiz Neves Amorim, j. em 14/11/2006).

TJPR

"Tendo sido concedida liminar por juízo tido como incompetente em razão da matéria, mas sendo a medida de caráter urgente, há que se manter a liminar concedida, até que o juízo competente se pronuncie a respeito, visando salvaguardar eventual direito material subjacente do agravado" (10ª C. C., AI nº 819.364-4, Rel. Des. Hélio Henrique Lopes Fernandes Lima, DJ de 19/1/2012).

Art. 65 - Prorrogar-se-á a competência relativa se o réu não alegar a incompetência em preliminar de contestação.
Parágrafo único - A incompetência relativa pode ser alegada pelo Ministério Público nas causas em que atuar.

I. Competência relativa e prorrogação

O art. 65, *caput*, do CPC/2015 repete, em termos gerais, a regra do art. 114 do CPC/1973, prevendo que a competência relativa se prorroga caso o réu não alegue a incompetência em preliminar de contestação (art. 64).

Se o réu vier a se manifestar no processo antes de contestar, será em princípio na respectiva ocasião que deverá alegar a incompetência relativa. A menos que no referido momento o réu não tenha as informações mínimas da causa necessárias para levantar a questão, seu silêncio implicará preclusão da matéria e, assim, haverá a prorrogação de competência.

Sobre o caso de indevida reunião de processos por motivo de conexão, continência ou prejudicialidade, *vide* o item II dos comentários ao art. 64.

II. Sobre a possibilidade de o Ministério Público alegar a incompetência relativa

O parágrafo único do art. 65 contém regra inexistente no CPC/1973. O dispositivo autoriza o Ministério Público a alegar a incompetência relativa "nas causas em que atuar".

O entendimento mais razoável e consentâneo com o princípio da liberdade das partes (do qual o princípio dispositivo em sentido processual é corolário) é o de que, no exercício da função de fiscal da lei, o Ministério Público não poderá alegar a incompetência relativa. Apenas terá legítimo interesse para suscitar a questão quando for parte ("principal") do processo.

Observe-se, porém, que, atualmente, a questão é bastante controvertida tanto na doutrina como na jurisprudência.

III. Possibilidade de o Ministério Público arguir a incompetência absoluta mesmo quando intervier como fiscal da lei

Por outro lado, embora o CPC/2015 nada disponha a esse respeito, deve-se entender que o Ministério Público poderá alegar a incompetência absoluta mesmo quando estiver atuando meramente na condição de fiscal da lei. Afinal, trata-se de matéria de ordem pública (art. 64, § 1º).

IV. Julgados

(Im)possibilidade de o Ministério Público arguir incompetência relativa

STJ

"1. As regras de competência relativa são instituídas para a tutela de interesses privados. Consectariamente, é vedado ao juiz declarar *ex officio* a sua incompetência relativa

(Súmula 33 do STJ), porquanto estar-se-ia admitindo inserção na esfera de disponibilidade das partes. 2. Deveras, eleito o foro pelo autor no momento da propositura da ação, e não lhe sendo lícito requerer alteração posterior deste, somente o réu tem legitimidade para arguir a incompetência relativa. Pode ocorrer, entretanto, que haja concordância com o foro eleito para a causa, deixando o demandado de opor exceção, fato que acarreta a prorrogação da competência com a *perpetuatio jurisdictionis* prevista no art. 114 do Código de Processo Civil. 3. Consequentemente, tratando-se de competência territorial relativa, e não tendo sido oposta exceção declinatória do foro pela parte ré, falece ao Ministério Público legitimidade para, na qualidade de *custos legis*, arguir a incompetência. 4. Aliás, *in casu*, versando a ação, repetição de indébito tributário, relativo a direito individual patrimonial, não tem o Ministério Público legitimidade para intervir sequer como *custos legis*" (1ª S., EREsp nº 222.006-MG, Rel. Min. Luiz Fux, DJ de 13/12/2004, p. 199).

"O Ministério Público, quando atua no processo como *custos legis*, o que acontece em inventário no qual haja menor interessado, tem legitimidade para arguir a incompetência relativa do juízo. *Para tanto, deve demonstrar prejuízo para o incapaz*. Não demonstrado o prejuízo, tal legitimidade não se manifesta" (3ª T., REsp nº 630.968-DF, Rel. Min. Humberto Gomes de Barros, DJ de 15/5/2007, p. 280, grifo nosso).

TJSP

"Competência - Incompetência relativa - Necessidade de oposição da exceção de incompetência pela parte interessada - Atuação do Ministério Público, no caso, como *custos legis* e não como polo processual - Hipótese em que se prorroga a competência, já que inexistente a devida exceção - Recurso provido" (17ª Câmara de Direito Privado, AI nº 0025080-25.2007.8.26.0000, Rel. Des. Carlos Luiz Bianco, j. em 27/6/2007).

TJPR

"Aduzem que o Ministério Público não tem legitimidade para opor exceção de incompetência neste caso, tendo em vista que interveio apenas como fiscal, em razão de haver um herdeiro incapaz (interditado) e não como parte no processo. Contudo, razão não assistem os agravantes. Ao contrário do entendimento dos agravantes, o Ministério Público tem legitimidade, isso porque nos termos do inciso I do artigo 82 do Código de Processo Civil: 'Compete ao Ministério Público intervir nas causas em que há interesses de incapazes'. O fato do Ministério Público atuar no processo como *custos legis*, o que ocorre neste autos de inventário, tendo em vista um dos herdeiros ser incapaz (interditado), não retira sua legitimidade para intervir no feito, inclusive para opor exceção de incompetência" (11ª C. C., AI nº 949.742-9, Rel. Des. Augusto Lopes Cortes, DJ de 20/8/2013).

Art. 66 - Há conflito de competência quando:
I - 2 (dois) ou mais juízes se declaram competentes;
II - 2 (dois) ou mais juízes se consideram incompetentes, atribuindo um ao outro a competência;
III - entre 2 (dois) ou mais juízes surge controvérsia acerca da reunião ou separação de processos.
Parágrafo único - O juiz que não acolher a competência declinada deverá suscitar o conflito, salvo se a atribuir a outro juízo.

I. Configuração do conflito negativo de competência

O art. 66 do CPC/2015 corresponde ao art. 115 do CPC/1973.

Chama-se a atenção para o final do inciso II, que esclarece que apenas haverá verdadeiro e próprio conflito negativo de competência quando dois ou mais juízes se considerarem incompetentes *e atribuírem um ao outro a com-*

petência – caso em que (segundo o parágrafo único) o juiz que não acolher a competência declinada deverá suscitar o conflito na forma dos arts. 951 e seguintes.

Se o juízo a quem for declinada a competência entender que a causa compete, na verdade, a um terceiro juízo, deverá encaminhar-lhe os autos, e não instaurar o incidente de conflito (ainda o parágrafo único).

Sobre a ocorrência de conflito de competência em casos de impasse sobre a reunião de processos entre os quais haja conexão, continência ou prejudicialidade, *vide* os itens VIII e IX dos comentários ao art. 58.

II. Inocorrência de conflito positivo entre árbitro e o Poder Judiciário

Suponha-se que, a despeito da existência de convenção de arbitragem, uma de suas partes vai direto ao Poder Judiciário, propondo-lhe demanda sobre a causa que seria, em tese, de competência dos árbitros.

Nesse caso, se a parte contrária deixar de invocar a existência da convenção arbitral na primeira oportunidade que tiver de se manifestar nos autos, o processo judicial prosseguirá normalmente. Terá havido a renúncia tácita ao pacto arbitral com relação ao conflito posto em juízo (art. 337, §§ 5º e 6º, do CPC/2015).

Se, porém, o demandado invocar tempestivamente no processo a existência da convenção arbitral, caberá ao juiz, depois de ouvir o demandante, decidir se a causa a ele submetida efetivamente se enquadra ou não nos seus termos. Concluindo que se enquadra, deve se abster de julgar o mérito da causa (art. 485, inciso VII). Do contrário, deve dar seguimento ao feito – e, com isso, a arbitragem não poderá ser realizada por motivo de litispendência (art. 485, inciso V).

Mas pode acontecer, ainda, de o autor da ação judicial, intimado sobre a preliminar levantada, alegar a irregularidade da convenção. Nessa situação, o juiz deverá verificar, em primeiro lugar, se a causa está ou não compreendida nos termos da convenção: se concluir que não está, a questão da (ir)regularidade da convenção será irrelevante, pois, em qualquer caso, o processo judicial poderá prosseguir; se concluir que está abrangida, deverá, então, decidir a questão da (ir)regularidade da convenção incidentalmente no processo em curso – e, para tanto, poderá determinar a produção das provas que entender necessárias.

Entendendo que a convenção arbitral é irregular e, assim, que é sua a competência para a causa, o juiz dará prosseguimento ao processo judicial, o que inviabilizará a realização da arbitragem (*ex vi* do art. 337, inciso VI, §§ 1º a 3º). Por outro lado, entendendo que a convenção é regular, o juiz porá fim ao processo judicial – deixando livre o caminho da parte interessada para a arbitragem (art. 485, inciso VII).

Note-se que, quando decide sobre os limites e regularidade da convenção arbitral, o Judiciário decide sobre a sua própria competência. Afinal, se a convenção não tiver o condão de estabelecer a competência para os árbitros, a causa será de competência (jurisdição) do Poder Judiciário.

A competência dos árbitros para decidir sobre a sua própria "competência" (arts. 20 da Lei nº 9.307/1996 e 485, inciso II, do CPC/2015) se aperfeiçoa com a instauração da arbitragem. Se a causa chega primeiramente ao Judiciário, a ele é que caberá (devidamente provocado) decidir sobre os limites e regularidade da convenção – e, assim, sobre a sua competência. A menos que o Judiciário se julgue incompetente para a causa que a ele chegou antes do que aos árbitros, haverá litispendência a impedir o início da arbitragem.

Trata-se, como se vê, de hipótese em que o controle judicial da regularidade da arbitragem pode ser dar antes mesmo da prolação da sentença arbitral. Até que o Poder Judiciário decida sobre os limites e/ou validade da convenção arbitral, a arbitragem não deve ser iniciada – ou, se (indevidamente) instaurada, os árbitros devem suspendê-la, respeitando a competência-competência do Judiciário.

Por outro lado, se a arbitragem já estiver instaurada no momento do ajuizamento da ação, haverá litispendência a determinar, de regra, a extinção do processo judicial sem julgamento de mérito. Trata-se de matéria que poderá-deverá ser conhecida até mesmo de ofício pelo Judiciário. Mas é importante que o

Judiciário, antes de decidir a questão, tome as seguintes (uma delas ou ambas, dependendo do caso) providências:

i) Ouvir as partes previamente sobre a litispendência identificada, indagando-lhes se existe um consenso entre ambas em desistir da arbitragem. O ideal é que o juiz fixe um prazo para que as partes se manifestem sobre a questão. Bastará a recusa de uma das partes em desistir da arbitragem, e o processo judicial deverá ser extinto sem julgamento de mérito. Se, todavia, as partes estiverem de acordo em desistir da arbitragem, deverão comprovar o seu encerramento perante juiz, com o que a litispendência cairá por terra e, assim, ficará afastado o impedimento até então existente ao prosseguimento do processo judicial.

Esse contraditório prévio é fundamental mesmo nos casos em que a litispendência é invocada pelo réu do processo judicial – que, assim, já deixa consignada a sua vontade de ter a causa decidida por arbitragem. O contraditório poderá evitar decisões equivocadas. A partir dele poderá ficar evidenciada, por exemplo, a ausência da litispendência alegada e, por conseguinte, o descabimento da extinção do processo judicial.

ii) Aguardar os árbitros decidirem sobre sua competência para a causa – a eles, antes do que ao Judiciário, submetida. Conforme o art. 485, incisos V e VII, do CPC/2015, se os árbitros se julgarem competentes, o processo judicial deverá ser extinto sem julgamento de mérito (ressalvado o exposto em *i*). Já se os árbitros se julgarem incompetentes e a arbitragem vier a ser definitivamente extinta sem julgamento de mérito, o curso do processo judicial poderá ser retomado. Nesse caso, a providência referida anteriormente em *i* ficará, inclusive, dispensada. Não haverá mais a suposta litispendência (*i.e.*, pendência de processo arbitral) que impedia o normal prosseguimento do processo judicial.

III. Inocorrência de conflito negativo entre árbitro e o Poder Judiciário

E se o sujeito indicado como árbitro vier a recusar a sua nomeação ou aceitá-la para declarar a incompetência arbitral? Como resolver o impasse?

Primeiramente, observe-se que ninguém pode ser obrigado a ser árbitro ou forçado a continuar exercendo a função de árbitro. Trata-se de função personalíssima, que depende de convicção pessoal para ser desempenhada. Bem compreendido isso, conclui-se:

i) Havendo a *recusa da nomeação* pelo sujeito indicado para ser árbitro, assumirá o seu lugar o substituto indicado na convenção. Se a convenção não definir previamente um substituto, observar-se-ão as regras nela previstas para a escolha do novo árbitro. No silêncio da convenção sobre a forma de escolha do novo árbitro, nem chegando as partes a um acordo a esse respeito, a interessada deverá proceder na forma do art. 7º da Lei nº 9.307/1996. Ou seja, a definição do novo árbitro se dará perante o Poder Judiciário. São os termos do art. 16 da referida lei.

É possível que as partes tenham pactuado expressamente que não aceitariam substituto para o árbitro – e não revejam tal pacto posteriormente. Nesse caso, com a recusa da aceitação da nomeação, a arbitragem estará frustrada. A parte interessada ficará livre, então, para levar a causa ao Judiciário. Essa mesma solução se aplicará se (tendo sido excluída a possibilidade de substituição, conforme a parte final do § 2º do art. 16) o árbitro vier a renunciar aos seus poderes depois de ter aceitado a nomeação e nas demais situações referidas no *caput* do art. 16.

Com efeito, o Judiciário não poderá se recusar a processar/julgar a causa nos casos em que, verificada alguma das situações previstas no *caput* do art. 16, não for possível (segundo previsão expressa da convenção) a substituição do árbitro. Eventual arguição da existência da convenção não autorizará o juiz a extinguir sem julgamento de mérito o processo instaurado, pois a realização de arbitragem já terá se mostrado inviável.

Por outro lado, se, verificada alguma das situações previstas no *caput* do art. 16, houver a possibilidade de substituição do árbitro, o Judiciário poderá-deverá deixar de dar prosseguimento ao processo perante ele instaurado – até mesmo de ofício, se, quando a causa lhe for submetida, a arbitragem ainda estiver pendente (litispendência); ou mediante provocação da parte interessada, se a arbitragem ainda não estiver pendente.

ii) Na hipótese de o árbitro aceitar a sua nomeação, mas, em seguida, declarar-se incompetente para a causa, a parte interessada ficará livre para submetê-la ao Judiciário – a menos, claro, que o problema não seja de inarbitrabilidade (objetiva e/ou subjetiva) e as partes, *de comum acordo*, tomem as providências necessárias para viabilizar a arbitragem.

O Judiciário deverá, então, julgar a causa – mesmo que tenha, em processo anterior, dela declinado, remetendo as partes para a arbitragem que veio a ser prematuramente extinta (item II, anterior). Eventual arguição da existência da convenção pela parte demandada, no processo judicial, será inócua.

Em suma, se o árbitro nomeado não reconheceu a sua competência para a causa, o Judiciário não tem outra escolha se não a de processá-la e julgá-la. O Judiciário deve respeitar a decisão arbitral e, sob pena de negativa de prestação de tutela jurisdicional, dar normal seguimento ao processo – julgando-o no mérito, se presentes todas as demais condições necessárias a tanto.

IV. A forma de dirimir "conflitos de competência" entre órgãos arbitrais

Havendo "conflito positivo de competência" entre órgãos arbitrais, a questão deverá ser resolvida pelo Poder Judiciário, a pedido da parte interessada, em primeiro grau de jurisdição. A via adequada para tanto será uma ação de conhecimento, que seguirá o procedimento comum do Código.

Em caso de "conflito negativo", se as partes não tomarem, de comum acordo, as providências necessárias para viabilizar a arbitragem em algum dos órgãos em conflito ou perante um terceiro, só lhes restará submeter a causa abrangida pela convenção ao Judiciário, para que este a processe e julgue no mérito.

V. Súmulas

Ausência de conflito quando um dos processos já foi julgado

Súmula nº 59 do STJ: "Não há conflito de competência se já existe sentença com trânsito em julgado, proferida por um dos juízos conflitantes".

Inocorrência de conflito em caso de devolução do feito ao juízo estadual, após a exclusão de ente federal do processo

Súmula nº 224 do STJ: "Excluído do feito o ente federal, cuja presença levara o Juiz Estadual a declinar da competência, deve o Juiz Federal restituir os autos e não suscitar conflito".

Competência para dirimir conflito entre juízo federal e juízo estadual investido de "jurisdição federal"

Súmula nº 3 do STJ: "Compete ao Tribunal Regional federal dirimir conflito de competência verificado, na respectiva região, entre juiz federal e juiz estadual investido de jurisdição federal".

VI. Julgados

Conflito de competência entre instituições arbitrais

STJ

"1. Em se tratando da interpretação de cláusula de compromisso arbitral constante de contrato de compra e venda, o conflito de competência supostamente ocorrido entre câmaras de arbitragem deve ser dirimido no Juízo de primeiro grau, por envolver incidente que não se insere na competência do Superior Tribunal de Justiça, conforme os pressupostos e alcance do art. 105, I, alínea *d*, da Constituição Federal. 2. Conflito de competência não conhecido" (2ª S., CC nº 113.260-SP, Rel. para Acórdão Min. João Otávio de Noronha, DJe de 7/4/2011).

Art. 67 - Aos órgãos do Poder Judiciário, estadual ou federal, especializado ou comum, em todas as instâncias e graus de jurisdição, inclusive aos tribunais superiores, incumbe o dever de recíproca cooperação, por meio de seus magistrados e servidores.

Os arts. 67 a 69 versam sobre a "cooperação nacional", não prevista no CPC/1973.

A cooperação nacional é definida nos arts. 67 e 68 como o "dever de recíproca cooperação" entre os diversos órgãos do Poder Judiciário brasileiro, a ser observado pelos magistrados e servidores, "para a prática de qualquer ato processual".

O dever de cooperação nacional se impõe especialmente nos casos em que, por conta de empecilhos ou dificuldades de ordem material e/ou jurídica (competencial), um determinado juízo necessita do apoio de outro para a prática de ato relevante ou até mesmo indispensável ao adequado desenvolvimento de processo por ele conduzido.

A "cooperação internacional" está prevista nos arts. 26 e seguintes.

Art. 68 - Os juízos poderão formular entre si pedido de cooperação para prática de qualquer ato processual.

Sempre que um juízo necessitar do apoio de outro para realizar ato relevante ou indispensável ao adequado exercício de sua função em relação a processo de sua competência, poderá-deverá pedir sua cooperação. O § 2º do art. 69 enumera algumas situações em que caberá o pedido de cooperação. Trata-se de elenco meramente exemplificativo.

Art. 69 - O pedido de cooperação jurisdicional deve ser prontamente atendido, prescinde de forma específica e pode ser executado como:
I - auxílio direto;
II - reunião ou apensamento de processos;
III - prestação de informações;
IV - atos concertados entre os juízes cooperantes.
§ 1º - As cartas de ordem, precatória e arbitral seguirão o regime previsto neste Código.
§ 2º - Os atos concertados entre os juízes cooperantes poderão consistir, além de outros, no estabelecimento de procedimento para:
I - a prática de citação, intimação ou notificação de ato;
II - a obtenção e apresentação de provas e a coleta de depoimentos;
III - a efetivação de tutela provisória;
IV - a efetivação de medidas e providências para recuperação e preservação de empresas;
V - a facilitação de habilitação de créditos na falência e na recuperação judicial;
VI - a centralização de processos repetitivos;
VII - a execução de decisão jurisdicional.
§ 3º - O pedido de cooperação judiciária pode ser realizado entre órgãos jurisdicionais de diferentes ramos do Poder Judiciário.

Diz o *caput* do art. 69 que o pedido de cooperação não tem forma específica. Isso significa que poderá ser formulado por escrito ou oralmente (neste último caso, o pedido deverá ser certificado nos autos, até para que possa ser devidamente conhecido por todos os sujeitos do processo e controlado), por via física ou digital.

Ressalve-se, porém, que o CPC/2015 contém regras específicas para determinados tipos de pedido de cooperação. As cartas de ordem, precatória e arbitral especificamente, conforme o § 1º do art. 69, deverão ser expedidas e cumpridas em consonância com o regime estabelecido nos arts. 260 e seguintes.

Em qualquer caso, haja ou não uma forma predefinida para o pedido de cooperação, deverá ele ser claro e estar instruído com informações suficientes para que as providências solicitadas possam ser pronta e devidamente cumpridas pelo seu destinatário. E é fundamental, sempre, que o procedimento de cooperação seja, do início ao fim, desenvolvido de acordo com os ditames do devido processo legal – oportunizando-se o pleno exercício das garantias da ampla defesa e contraditório pelas partes.

O modo de prestar cooperação pode variar. O art. 69 fala em auxílio direto, reunião ou apensamento de processos, prestação de informações e prática de atos concertados entre os juízos cooperantes. Trata-se de expressões amplas, abrangentes das mais diversas formas de apoio. Caberá ao juízo solicitante definir (eventualmente, de forma dialogada com o juízo destinatário do pedido) a mais adequada no caso concreto.

Ademais, não existe um rol fechado de possíveis objetos para os pedidos de cooperação, o que é evidenciado pelo próprio § 2º do art. 69. Como se disse em comentário ao art. 68, sempre que um órgão do Poder Judiciário necessitar do apoio de outro para realizar ato relevante ou indispensável ao adequado exercício de sua função em relação a processo que se encontre sob sua condução, poderá-deverá pedir sua cooperação.

Por fim, observe-se que a negativa de "pronto" atendimento a pedido de cooperação (dever do juiz, conforme o *caput* do art. 69) poderá ensejar a responsabilização do seu destinatário ou até mesmo o seu sancionamento no âmbito do Conselho Nacional de Justiça, se presentes os respectivos requisitos legais (arts. 143 e 235 do CPC/2015).

LIVRO III
DOS SUJEITOS DO PROCESSO

TÍTULO I
DAS PARTES E DOS PROCURADORES

Capítulo I - Da Capacidade Processual

Art. 70 - Toda pessoa que se encontre no exercício de seus direitos tem capacidade para estar em juízo.

Autor: **Irineu Galeski Junior**

I. De quem pode estar em juízo. Capacidade de ser parte

Quanto ao artigo ora comentado, houve alteração redacional em relação ao correlato art. 7º do CPC/1973, que era assim redigido: "toda pessoa que se acha no exercício dos seus direitos tem capacidade para estar em juízo". Em regra, todo aquele que tem personalidade jurídica pode estar em juízo. É reflexo da capacidade de direito para os atos da vida civil e representa a condição de ser autor ou réu em demanda judicial.

II. Possibilidade de entes sem personalidade estarem em juízo

A norma processual admite que certos entes sem personalidade também possam ser autor ou réu em demanda judicial, por exemplo, o condomínio, o espólio e a massa falida. Por exemplo, há decisões judiciais em que se admite que o Ofício de Registro, embora não conte com personalidade jurídica, figure como parte no processo: "[...] O Cartório do Ofício de Protesto de Títulos, apesar de não ser detentor de personalidade jurídica, tem capacidade para estar em juízo e responder pelos desdobramentos de seus atos. [...]" (TJDF, 6ª T. Cível, Rec nº 2011.01.1.036952-7, Ac. nº 858.280, Rel. Des. José Divino de Oliveira, DJDFTE de 6/4/2015, p. 288). De outro lado, certos acordos empresariais que podem sugerir a criação de uma personalidade jurídica, como é o caso do consórcio, não conferem ao grupo a condição de estarem em juízo, sendo que o interesse do grupo será representado pela empresa líder: "[...] O consórcio não tem personalidade jurídica e, portanto, não tem capacidade para estar em juízo. A ausência de capacidade jurídica projeta-se no plano do processo civil. A Lei estabelece a possibilidade de eleição de empresa líder do consórcio para a defesa dos interesses, seja na via extrajudicial, seja na via judicial. [...] A empresa líder atua em seu nome para a defesa dos direitos do consórcio. [...]" (TJSP, 9ª Câm. de Direito Público, AI nº 0123574-46.2012.8.26.0000, Ac. nº 6664576, São Paulo, Rel. Des. José Maria Câmara Junior, j. 17/4/2013, DJESP de 25/4/2013).

III. Capacidade postulatória

Diferem da capacidade de ser parte a capacidade processual – tratada a seguir – e a capacidade postulatória, que é a possibilidade de atuar e manifestar em juízo; quem a titulariza é o advogado e o membro do Ministério Público.

Art. 71 - O incapaz será representado ou assistido por seus pais, por tutor ou por curador, na forma da lei.

I. Capacidade processual

Diferentemente da capacidade de estar em juízo tratada no artigo anterior, a capacidade processual de exercício é titularizada por aqueles que têm capacidade de praticar atos processuais por si sós; aqueles que não a têm deverão ser representados ou assistidos.

II. Suprimento da incapacidade

O incapaz poderá ter sua incapacidade de exercício suprida pelos pais, pelo tutor, nas hipóteses previstas no art. 1.728 do CC, ou pelo curador, de acordo com as hipóteses do art. 1.767 do CC. Importante destacar que a figura da curatela prevista no Código Civil, embora semelhante, não se confunde com a figura do curador especial, mencionada no artigo seguinte, cujo cabimento se refere a situações estritamente processuais. É curial se analisar a causa de pedir da demanda a ser proposta a fim de delimitar com a maior precisão a legitimidade ativa e passiva para a propositura. Em algumas hipóteses, especialmente em lides que versem sobre direito de família, mister averiguar com atenção qual é o pedido inerente ao incapaz. Cita-se decisão esclarecedora: "[...] A ação foi corretamente proposta pelo filho, representado pela mãe, pois se trata de menor absolutamente incapaz, que pede alimentos ao genitor. 4. Claro que o direito subjetivo aos alimentos e à visitação é do filho, mas o litígio que existe ocorre entre os genitores, a quem compete o direito-dever de representação, motivo pelo qual tanto a ação pode ser promovida em nome do filho, representado pelo genitor ou pela genitora, como pode também ser promovida por um dos genitores representando o filho. [...]" (TJRS, 7ª Câm. Cível, AI nº 0386864-70.2014.8.21.7000, São Leopoldo, Rel. Des. Sérgio Fernando de Vasconcellos Chaves, j. 29/10/2014, DJERS de 5/11/2014).

Art. 72 - O juiz nomeará curador especial ao:
I - incapaz, se não tiver representante legal ou se os interesses deste colidirem com os daquele, enquanto durar a incapacidade;
II - réu preso revel, bem como ao réu revel citado por edital ou com hora certa, enquanto não for constituído advogado.
Parágrafo único - A curatela especial será exercida pela Defensoria Pública, nos termos da lei.

I. Da nova redação

A redação do artigo teve singela adaptação em relação ao art. 9º do CPC/1973 no que tange aos incisos, sofrendo substancial alteração apenas o parágrafo único. Na redação anterior, mencionava-se que o exercício do cargo de curador especial seria exercido onde houvesse, pelo representante judicial de incapazes ou de ausentes, contudo, o novo Código destinou tal atividade para a Defensoria Pública, a qual foi prevista como instituição permanente e essencial à função jurisdicional do Estado pelo art. 134 da CF.

II. Conflito de interesse entre incapaz e representante

Quanto às situações em que se deve nomear o curador especial, a título de exemplo, os tribunais entendem haver conflito de interesse entre incapaz e representantes nas demandas que versassem sobre disposição de patrimônio, como a demanda para extinção de condomínio: "[...] Tratando-se de atos de disposição do patrimônio, podem resultar interesses divergentes, razão pela qual se impõe a nomeação de curador especial" (TJMG, APCV nº 1.0525.10.000834-7/001, Rel. Des. José Marcos Vieira, j. 8/7/2013, DJEMG de 19/7/2013).

III. Curador especial em prol do réu preso

Já em relação ao réu preso, a nomeação do curador especial se faz necessária enquanto o demandado mantém essa condição, conforme jurisprudência: "[...] Nos termos do art. 9º, inciso II, do CPC, ao réu preso será nomeado curador especial, uma vez que o descumprimento de tal diligência acarreta a nulidade absoluta do feito, a partir da citação do mesmo. Portanto, diante da ausência de nomeação, não há que se falar em revelia da parte, razão pela qual deve ser declarada a nulidade dos atos posteriores à citação do réu, inclusive da sentença, nomeando-se para o réu curador especial (se ainda estiver preso), e caso não mais esteja na prisão, reabrindo-se o prazo para a apresentação da defesa. [...]" (TJRS, 19ª Câm. Cível, AC nº 0387896-13.2014.8.21.7000, Canoas, Rel. Des. Eduardo João Lima Costa, j. 18/12/2014, DJERS de 5/2/2015).

IV. Curador para o réu revel citado por edital ou por hora certa

A revelia – ausência de apresentação de defesa na forma e no prazo legais – não gera por si só a necessidade de nomeação de curador especial. A lei apenas o exige nos casos em que a revelia decorreu de uma citação ficta, que são os casos em que é realizada por edital ou por hora certa.

V. Nulidade parcial em caso de não haver nomeação do curador

A jurisprudência inquina de parcialmente nulo o processo em que, fazendo-se necessária a nomeação de curador especial, não tivesse ocorrido: "[...] Ao réu revel, citado por edital, deve ser obrigatoriamente nomeado Curador Especial, garantindo-se os seus direitos à ampla defesa, ao contraditório e ao devido processo legal, sob pena de nulidade parcial do processo, que pode e deve ser conhecida de ofício" (TJMG, APCV nº 1.0596.09.053850-2/001, Rel. Des. Maurílio Gabriel, j. 28/5/2015, DJEMG de 9/6/2015).

VI. O prazo de defesa do curador é impróprio

Considerando que a contestação a ser feita por curador é obrigatória, seu prazo é impróprio, isto é, o descumprimento não gera a preclusão temporal, sem prejuízo da aplicação de alguma sanção administrativa ou civil.

Art. 73 - O cônjuge necessitará do consentimento do outro para propor ação que verse sobre direito real imobiliário, salvo quando casados sob o regime de separação absoluta de bens.
§ 1º - Ambos os cônjuges serão necessariamente citados para a ação:
I - que verse sobre direito real imobiliário, salvo quando casados sob o regime de separação absoluta de bens;
II - resultante de fato que diga respeito a ambos os cônjuges ou de ato praticado por eles;
III - fundada em dívida contraída por um dos cônjuges a bem da família;
IV - que tenha por objeto o reconhecimento, a constituição ou a extinção de ônus sobre imóvel de um ou de ambos os cônjuges.
§ 2º - Nas ações possessórias, a participação do cônjuge do autor ou do réu somente é indispensável nas hipóteses de composse ou de ato por ambos praticado.
§ 3º - Aplica-se o disposto neste artigo à união estável comprovada nos autos.

I. Outorga de consentimento e a integração de capacidade: a adequação ao regime de bens previsto no Código Civil

O *caput* do artigo ora comentado trata da outorga de consentimento para a formação do polo ativo da demanda que versar sobre direito real imobiliário. A redação do artigo que tratava do tema no CPC/1973 (art. 10) não previa a exceção agora mencionada, quando se torna dispensável o consentimento no caso de casamento celebrado com o regime de separação absoluta de bens. A nova previsão se adequou ao regime de bens instituído pelo Código Civil, especialmente ao previsto no art. 1.647, que prevê essa mesma dispensa quando a lide versar sobre essa espécie de direitos. Deve se entender pela aplicação da exceção, seja no caso de separação convencional ou legal de bens.

II. Litisconsórcio passivo necessário sobre demanda que verse sobre direito real imobiliário

O § 1º, por sua vez, que trata da formação do litisconsórcio passivo necessário, também manteve a mesma estrutura do congênere revogado, com pequenas adequações. O inciso I apenas adicionou a exceção relativa ao regime de bens pela separação absoluta de bens. A jurisprudência consigna que as ações de usucapião, reivindicatória, imissão de posse e demarcatória configuram-se como demandas que versam sobre direitos reais imobiliários: "[...] Na ação de usucapião, devem ser citados não apenas aquele em cujo nome estiver registrado o imóvel usucapiendo, mas, também, os confinantes, e, por edital, os réus em lugar incerto e os eventuais interessados, na forma do art. 942, do CPC, caso em que estes formarão litisconsórcio passivo necessário, não se admitindo sua intervenção na causa apenas como assistente da parte autora. 3. Tratando-se a usucapião de ação que versa sobre direito real imobiliário, é necessária também a citação dos cônjuges dos proprietários do imóvel e dos confinantes, caso estes sejam casados, por força do art. 10, § 1º, I do CPC, devendo este dispositivo legal ser aplicado conjuntamente com o art. 942, do CPC. Precedentes do TJRS e TJMG. [...]" (TJPI, 3ª Câm. Especializada Cível, AC nº 2009.0001.002964-9, Rel. Des. Francisco Antônio Paes Landim Filho, DJPI de 17/4/2015, p. 20); "[...] 1. A demanda posta em juízo (ajuizada em 15 de fevereiro de 1989), *in casu*, ação reivindicatória, tem natureza de direito real, justamente porque versa sobre direito real imobiliário. Diante da natureza real da ação reivindicatória impunha a legislação processual civil, à época do ajuizamento da demanda, por força do artigo 10, parágrafo único, I, do Código de Processo Civil, com redação anterior à Lei nº 8.952/94, a citação de ambos os cônjuges. A exigência da citação de ambos os cônjuges foi mantida pelo artigo 10, §1º, I, do Código de Processo Civil. [...]" (TJES, 2ª Câm. Cível, APL nº 1076729-53.1998.8.08.0024, Rel. Des. Subst. Fábio Brasil Nery, j. 10/3/2015, DJES de 18/3/2015); "[...] Em se tratando de ação de imissão na posse, se mostra necessária a citação do cônjuge réu, por se tratar de direito real imobiliário, consoante art. 10, § 1º, inciso I do Código de Processo Civil. [...]" (TJMG, APCV nº 1.0775.11.002245-3/001, Rel. Des. Amorim Siqueira, j. 24/2/2015, DJEMG de 9/3/2015); "[...] A ação demarcatória tem como pretensão direito real imobiliário, decorrente do domínio sobre o imóvel, razão por que configurada a hipótese descrita no art. 10, § 1º, I, do Código de Processo Civil, a exigir a citação do cônjuge do réu para figurar no polo passivo da ação, sob pena de nulidade processual. 2. Apelo improvido" (TJAC, 1ª Câm. Cível, Rec. nº 0002420-82.2011.8.01.0003, Ac. nº 14.198, Rel. Des. Eva Evangelista de Araújo Souza, DJAC de 10/5/2013, p. 2).

III. Litisconsórcio passivo necessário quando a demanda versar sobre fatos relativos a ambos os cônjuges

Quanto ao inciso II, importante destacar que se aplica aos casos relativos a direitos pessoais, incluindo as discussões contratuais, quando então se faz necessária a formação do litisconsórcio, conforme posição jurisprudencial: "[...] Tendo em vista que o contrato de financiamento habitacional vinculado ao Sistema Financeiro de Habitação (SFH) foi assinado pelo apelante e por sua mulher, há litisconsórcio necessário por disposição de Lei e pela natureza da relação jurídica, uma vez que se verifica hipótese prevista no artigo 10, § 1º, inciso II, do Código de Processo Civil, ou seja, de ação resultante de fatos que digam respeito a ambos os cônjuges ou de atos praticados por eles. 2. Apelação a que se nega provimento" (TRF-1ª R, 3ª T. Suplementar, AC nº 199801000958060, BA, Rel. Juiz Fed. Conv. Leão Aparecido Alves, j. 29/4/2004, DJU de 17/6/2004, p. 103).

IV. Dívidas contraídas por um dos cônjuges

O inciso III adequou a legislação processual à igualdade de gênero instituída pela CF/1988, tendo em vista que a redação do similar revogado já há muito destoava da "Nova Ordem Social", cuja citação vale a título de lembrança: "fundadas em dívidas contraídas pelo marido a bem da família, mas cuja execução tenha de recair sobre o produto do trabalho da mulher ou os seus bens reservados". Em verdade, este inciso tem por objetivo determinar a formação do litisconsórcio passivo na demanda cujo efeito seja atingir, no caso de procedência, a meação do outro cônjuge que, embora não tenha sido o agente principal da relação contratual de débito, tenha auferido proveito com a questão. Nada impede que venha a ser discutida a validade da constrição sobre a meação do cônjuge no momento futuro de cumprimento de sentença, cuja defesa será feita, em regra, por embargos de terceiro.

V. Efeitos em relação à união estável

A maior inovação do artigo em relação ao sistema anterior é a prevista no § 3º, em que se buscou respeitar o disposto no art. 226, § 3º, da CF, que estendeu o efeito da proteção do Estado à união estável como entidade familiar, de modo a prestigiar também seus efeitos patrimoniais. Diante disso, haverá que se respeitar a outorga de consentimento no polo ativo e a formação de litisconsórcio passivo necessário nas mesmas hipóteses previstas para as partes casadas, desde que a união estável esteja "comprovada nos autos".

Embora haja precedentes no sentido de que a norma do art. 10 do CPC/1973 não tem aplicação à união estável, a jurisprudência majoritária já vinha se inclinando no sentido de estender sua aplicação, conforme inúmeros precedentes que determinavam a formação do litisconsórcio necessário quando constatada a existência da união estável nos autos: "[...] Autor convivente em união estável. Cônjuge não citada. Prova oral que consolidou a existência de composse sobre o bem imóvel. Litisconsórcio ativo necessário. Inteligência dos arts. 10, § 2º, e 47 do Código de Processo Civil. Sentença anulada de ofício. Recurso prejudicado" (TJSC, 1ª Câm. de Direito Civil, AC nº 2014.088987-0, Capital, Rel. Des. Domingos Paludo, j. 16/4/2015, DJSC de 5/6/2015, p. 118); "[...] verifica-se que, para a modalidade extraordinária, há necessidade de considerar o tempo da posse da autora exercida em conjunto com o seu ex-companheiro enquanto na constância da união estável. Composse. Imprescindível que o ex-companheiro figurasse no polo ativo da ação, diante da composse, a fim de obter a declaração de domínio. Litisconsórcio ativo necessário, a teor do que dispõe o art. 10 c/c 47 do CPC e art. 1.119 do CC. Julgaram extinto o processo sem resolução de mérito" (TJRS, 19ª Câm. Cível, AC nº 264770-57.2013.8.21.7000, Porto Alegre, Rel. Des. Mylene Maria Michel, j. 17/12/2013, DJERS de 29/1/2014); "[...] Havendo união estável e composse sobre a área do imóvel, impunha-se o litisconsórcio entre a agravante e a o réu da possessória. Falta da citação da agravante que poderá implicar nulidade do processo. RECURSO PROVIDO" (TJSP, 13ª Câm. de Direito Privado, AI nº 2028761-22.2014.8.26.0000, Ac. nº 7501155, São Bernardo do Campo, Rel. Des. Ana de Lourdes, j. 14/4/2014, DJESP de 28/4/2014).

Art. 74 - O consentimento previsto no art. 73 pode ser suprido judicialmente quando for negado por um dos cônjuges sem justo motivo, ou quando lhe seja impossível concedê-lo.
Parágrafo único - A falta de consentimento, quando necessário e não suprido pelo juiz, invalida o processo.

I. O suprimento de outorga

O artigo, afora as adaptações de redação, manteve a mesma previsão de suprimento de outorga prevista no art. 11 do CPC/1973. A recusa em conceder o consentimento pode ser suprida quando verificado que o foi sem justo motivo ou por impossibilidade material, como a ausência do cônjuge. O pedido tem natureza de jurisdição voluntária e deve ser formulado perante o juízo de família, onde houver, tendo em vista o interesse do núcleo familiar envolvido na questão.

Art. 75 - Serão representados em juízo, ativa e passivamente:
I - a União, pela Advocacia-Geral da União, diretamente ou mediante órgão vinculado;
II - o Estado e o Distrito Federal, por seus procuradores;
III - o Município, por seu prefeito ou procurador;
IV - a autarquia e a fundação de direito público, por quem a lei do ente federado designar;
V - a massa falida, pelo administrador judicial;
VI - a herança jacente ou vacante, por seu curador;

VII - o espólio, pelo inventariante;
VIII - a pessoa jurídica, por quem os respectivos atos constitutivos designarem ou, não havendo essa designação, por seus diretores;
IX - a sociedade e a associação irregulares e outros entes organizados sem personalidade jurídica, pela pessoa a quem couber a administração de seus bens;
X - a pessoa jurídica estrangeira, pelo gerente, representante ou administrador de sua filial, agência ou sucursal aberta ou instalada no Brasil;
XI - o condomínio, pelo administrador ou síndico.§ 1º - Quando o inventariante for dativo, os sucessores do falecido serão intimados no processo no qual o espólio seja parte.
§ 2º - A sociedade ou associação sem personalidade jurídica não poderá opor a irregularidade de sua constituição quando demandada.
§ 3º - O gerente de filial ou agência presume-se autorizado pela pessoa jurídica estrangeira a receber citação para qualquer processo.
§ 4º - Os Estados e o Distrito Federal poderão ajustar compromisso recíproco para prática de ato processual por seus procuradores em favor de outro ente federado, mediante convênio firmado pelas respectivas procuradorias.

I. Da representação da União

Quanto ao art. 75, em primeiro lugar, foi previsto que a União será representada pela Advocacia-Geral da União, que é o órgão legítimo para a representação processual do ente federativo. A AGU foi prevista pela CF/1988, na seção destinada à advocacia pública, de função essencial à justiça. Antes da previsão constitucional, a União era representada judicialmente por outros órgãos, de modo que, após a promulgação, foi concentrada na AGU tal atividade.

II. Da representação da sociedade e associação irregulares

As hipóteses seguintes de representação foram mantidas, com exceção da alteração prevista para as sociedades e associações irregulares, as quais serão representadas por aquele que for incumbido pela administração de seus bens.

III. Da sociedade sem personalidade jurídica

A redação do CPC/1973 previa no art. 12, inciso VII, que tratava do tema, que seria representada a sociedade sem personalidade jurídica pela pessoa a quem coubesse a administração de seus bens. Ocorre que há sociedade sem personalidade jurídica que, não obstante, não é considerada irregular, como é o caso da sociedade em conta de participação, cuja representação é feita pelo sócio ostensivo. Assim, para se evitar a aplicação da regra de forma genérica, foi feito constar tal sistemática (pessoa a quem couber a administração dos bens) apenas para aquelas sociedades e associações ditas como intencionalmente irregulares.

IV. Representação da massa falida, herança jacente ou vacante, espólio e condomínio

Trata-se de entes despersonalizados que, como dito em comentário ao art. 70 anteriormente, detêm excepcional capacidade de ser parte, o que se costuma chamar de "personalidade judiciária". São representados pelos indicados no artigo, os quais ostentam a condição por força de nomeação judicial (exemplo do administrador da massa falida) ou por indicação dos interessados (exemplo do síndico do condomínio).

V. Compromisso entre entes federados

O § 4º, por sua vez, é uma inovação com o objetivo de permitir a cooperação entre órgãos federados, racionalizando assim a representação processual em nome da economia, quando, por exemplo, outro Estado poderá ser representado por procuradoria distinta.

Art. 76 - Verificada a incapacidade processual ou a irregularidade da representação da parte, o juiz suspenderá o processo e designará prazo razoável para que seja sanado o vício.

§ 1º - Descumprida a determinação, caso o processo esteja na instância originária:

I - o processo será extinto, se a providência couber ao autor;

II - o réu será considerado revel, se a providência lhe couber;

III - o terceiro será considerado revel ou excluído do processo, dependendo do polo em que se encontre.

§ 2º - Descumprida a determinação em fase recursal perante tribunal de justiça, tribunal regional federal ou tribunal superior, o relator:

I - não conhecerá do recurso, se a providência couber ao recorrente;

II - determinará o desentranhamento das contrarrazões, se a providência couber ao recorrido.

I. Das consequências da irregularidade de representação

O art. 76 trata justamente da irregularidade de representação e suas consequências processuais. No regime anterior, previa-se que, constatado tal caso, o processo seria suspenso até que sanado o vício no prazo prudentemente fixado pelo juiz. Esse procedimento prossegue.

II. Descumprimento da determinação de regularização

Houve pequena adaptação sistemática nas consequências no caso de descumprimento da determinação judicial. Se o sistema anterior previa que a inércia do autor na regularização geraria a nulidade do processo, com mais precisão o novo Código ao prever que a desídia importará sim na extinção do processo, sem análise do mérito. Quanto ao réu, a consequência se manteve, ou seja, será decretada sua revelia. Já quanto ao terceiro, dependendo do polo em que figure, foi acrescentado que será decretada sua revelia quando ele constar do polo passivo ou será excluído quando estiver presente no polo ativo. Contudo, foi esclarecido que essas previsões terão cabimento em primeiro grau de jurisdição.

III. Regularização da capacidade postulatória

Necessário destacar que neste artigo incluem-se as hipóteses de regularização da capacidade postulatória, mediante apresentação do instrumento de mandato (procuração) adequado, entendendo a jurisprudência que o descumprimento do prazo fixado trará as consequências anteriormente mencionadas: "[...] Permanecendo o banco inerte após devidamente intimado para regularizar a representação processual em razão da procuração apresentada nos autos ter prazo de validade expirado, equipara-se a impugnação recursal a recurso sem procuração, impedindo o seu conhecimento (precedentes STJ). 2. Agravo interno a que se nega provimento. Acórdão" (TJPR, 17ª Câm. Cível, AgRg nº 1132414-4/01, Ponta Grossa, Rel. Juiz Conv. Francisco Jorge, DJPR de 1º/7/2014, p. 174).

IV. Regularização da representação em segundo grau

Como foi visto na decisão anterior, os tribunais já aplicavam analogicamente aos recursos as previsões de primeiro grau. O novo Código veio no sentido de trazer norma expressa sobre a questão, ao se prever que, quando a demanda estiver em segundo grau, os efeitos da inércia serão outros, o que foi feito com propriedade. Nessa seara, independentemente de autor ou réu, o que importa é a posição de recorrente ou recorrido. Quanto à inércia do primeiro, passa a ser prevista uma nova hipótese de requisito de admissibilidade recursal, com verificação superveniente, de modo que, desidioso o recorrente, o recurso não será conhecido quando de seu julgamento. Já se o inerte for o recorrido, a única consequência que pode ser aplicada é o desentranhamento das contrarrazões.

Capítulo II - Dos Deveres das Partes e de seus Procuradores

Seção I - Dos Deveres

Art. 77 - Além de outros previstos neste Código, são deveres das partes, de seus procuradores e de todos aqueles que de qualquer forma participem do processo:
I - expor os fatos em juízo conforme a verdade;
II - não formular pretensão ou de apresentar defesa quando cientes de que são destituídas de fundamento;)
III - não produzir provas e não praticar atos inúteis ou desnecessários à declaração ou à defesa do direito;
IV - cumprir com exatidão as decisões jurisdicionais, de natureza provisória ou final, e não criar embaraços à sua efetivação;
V - declinar, no primeiro momento que lhes couber falar nos autos, o endereço residencial ou profissional onde receberão intimações, atualizando essa informação sempre que ocorrer qualquer modificação temporária ou definitiva;
VI - não praticar inovação ilegal no estado de fato de bem ou direito litigioso.
§ 1º - Nas hipóteses dos incisos IV e VI, o juiz advertirá qualquer das pessoas mencionadas no caput de que sua conduta poderá ser punida como ato atentatório à dignidade da justiça.
§ 2º - A violação ao disposto nos incisos IV e VI constitui ato atentatório à dignidade da justiça, devendo o juiz, sem prejuízo das sanções criminais, civis e processuais cabíveis, aplicar ao responsável multa de até vinte por cento do valor da causa, de acordo com a gravidade da conduta.
§ 3º - Não sendo paga no prazo a ser fixado pelo juiz, a multa prevista no § 2º será inscrita como dívida ativa da União ou do Estado após o trânsito em julgado da decisão que a fixou, e sua execução observará o procedimento da execução fiscal, revertendo-se aos fundos previstos no art. 97.
§ 4º - A multa estabelecida no § 2º poderá ser fixada independentemente da incidência das previstas nos arts. 523, § 1º, e 536, § 1º.
§ 5º - Quando o valor da causa for irrisório ou inestimável, a multa prevista no § 2º poderá ser fixada em até 10 (dez) vezes o valor do salário mínimo.
§ 6º - Aos advogados públicos ou privados e aos membros da Defensoria Pública e do Ministério Público não se aplica o disposto nos §§ 2º a 5º, devendo eventual responsabilidade disciplinar ser apurada pelo respectivo órgão de classe ou corregedoria, ao qual o juiz oficiará.
§ 7º - Reconhecida violação ao disposto no inciso VI, o juiz determinará o restabelecimento do estado anterior, podendo, ainda, proibir a parte de falar nos autos até a purgação do atentado, sem prejuízo da aplicação do § 2º.
§ 8º - O representante judicial da parte não pode ser compelido a cumprir decisão em seu lugar.

Autor: **Ronaldo Vasconcelos**

I. Princípio da boa-fé

A principal novidade no que diz respeito ao tratamento dos deveres e responsabilidades dos sujeitos do processo no CPC/15 (arts. 77-81) relaciona-se com a feliz inserção do princípio da boa-fé e todos aqueles decorrentes da garantia do devido processo legal na Parte Geral, Livro I, Capítulo I (arts. 5º a 11º, especialmente), objetivando atribuir às partes o dever de "agir com boa-fé, favorecendo o andamento processual célere e efetivo" (CABRAL, Antônio do Passo; CRAMER, Ronaldo. *Comentários ao novo Código de Processo Civil*. 2. ed. Rio de Janeiro: Forense, 2016. p. 142). Referidos dispositivos deixam claro para o intérprete o que se espera da conduta de todos os sujeitos do processo (boa-fé – art. 5º, cooperação – art. 6º), quais são os objetivos da tutela jurisdicional (celeridade – art. 4º, eficiência – art. 8º) e a possibilidade de aplicação de duras sanções processuais (art. 8º), sem deixar de observar o efetivo contraditório com a publicidade necessária (arts. 9º, 10 e 11).

Desse modo, os arts. 77-81 do CPC/2015 têm a missão de disciplinar tais postulados de modo a orientar os juízes por ocasião da aplicação das penas processuais às partes e procuradores. Certo é que a prudente aplicação de tais normas determinará a adequada obtenção da tão esperada tutela jurisdicional. O desafio reside, contudo, na obtenção do equilíbrio necessário entre a sanção e a indispensável liberdade de atuação dos sujeitos do processo por meio da prática dos atos processuais decorrentes de seus diversos direitos, deveres, ônus e faculdades.

II. Destinatários

Diferentemente da redação atribuída pelo art. 14, *caput*, que dispunha sobre os deveres das partes e dos seus procuradores, no CPC/1973, não restam dúvidas de que a norma e as respectivas sanções alcançam a todos – sem exceções – que de alguma forma participam do processo (autor, réu, servidores públicos, auxiliares da justiça, terceiros intervenientes, advogados, defensores, promotores e procuradores, inclusive). A equivocada interpretação restritiva do dispositivo teria o condão de inquinar a efetividade do processo, diante da necessidade de cumprimento estrito dos comandos judiciais e punição dos efetivos responsáveis pelos graves danos processuais gerados por sua indevida conduta. Não foi por outro motivo que restou inserido o termo "de seus procuradores" na nova redação do *caput* do correspondente art. 77 do CPC/2015, antes inexistente. A interpretação combinada do *caput* com o aparente salvo-conduto apresentado pelo § 6º aos advogados públicos ou privados, membros da Defensoria Pública ou Ministério Público, deve levar à conclusão de que a violação do dever de boa-fé por parte de referidos sujeitos do processo é de competência dos respectivos órgãos correcionais (OAB, corregedorias e conselhos), mas não pode afastar a aplicação das penas no âmbito do processo e de competência do magistrado estipuladas nos §§ 2º a 5º, mesmo que sejam dirigidas à parte por eles representada. Não se pode deixar de apenar a parte sob o fundamento de que quem descumpriu o dever de boa-fé foi o seu advogado ou defensor. O mesmo raciocínio valerá para o membro do Ministério Público quando representante do Estado, uma vez definido claramente o destinatário das verbas oriundas das sanções (§ 3º), que a princípio não se confundem pela finalidade do fundo a ser criado pelo Estado para investimentos e modernização do Poder Judiciário. Nesse caso, sanciona-se o Estado a indenizar o fundo mencionado no art. 97 do CPC/2015, o qual poderá, por sua vez, após regular análise de competência de seus respectivos órgãos correcionais, propor as medidas de punição administrativa e direito de regresso para responsabilizar o membro que agiu indevidamente.

III. Hipóteses não exaustivas

Justamente por conta da alocação do novo sistema de deveres e responsabilidade das partes por dano processual dentro de um contexto principiológico da parte geral do CPC/2015, não se pode concordar com a ideia de que o rol de hipóteses estabelecido no art. 77 encerra condutas exaustivas dos sujeitos do processo sujeitos à sanção pelo descumprimento de seus deveres. Em realidade, apresentam situações fáticas objetivas que merecem a dura intervenção do Poder Judiciário, sem prejuízo da existência de outros deveres das partes alocados ao longo do CPC/2015, tais como o de se comportar com urbanidade em audiência (arts. 416, § 1º, e 445, inciso I), bem como de outras condutas não tipificadas, mas que igualmente atentam contra os princípios informadores da legislação processual, uma vez que há a necessidade de o processo civil ser pautado pela observância da probidade em todos os seus atos e fases.

IV. Dever de veracidade, alegações vazias e atos protelatórios

Ao determinar que os sujeitos do processo exponham os fatos em juízo em conformidade com a verdade (inciso I), exige-se a comprovação do caráter intencional (conduta dolosa) da parte de os fatos serem objetivamente alterados, de modo perfeitamente identificável, sob pena de não caracterizar a infração (p. ex., negar fato consumado e comprovado). Até mesmo porque a denominada "verdade" pode ter diversas versões e facetas no método de reconstrução dos fatos realizado pelo processo, de modo que a apresentação de uma visão parcial da realidade não viabilize necessariamente o sancionamento. Do mesmo modo atua a determinação do elemento doloso na comprovação da conduta da parte que se utiliza de artifícios que visam a protelar o desenvolvimento regular da relação jurídica processual e que violam o dever de lealdade e boa-fé, inquinando o objetivo maior de eficiência da tutela jurisdicional, tais como aquele que formula pretensão ou apresenta defesa notadamente destituída de qualquer fundamento (inciso II) ou, ainda, produz provas e pratica atos processuais nitidamente protelatórios (inciso III). Ao mesmo tempo em que não é dado tolerar o cerceamento do direito de defesa, cabe ao magistrado não coadunar com o comportamento daquele que pratica o abuso de direito pelo processo, consubstanciado na apresentação de teses minimamente sustentáveis juridicamente ou recursos e incidentes desacompanhados da motivação adequada, com o nítido objetivo de retardar a entrega de tutela jurisdicional justa. Todas essas condutas, quando verificadas pelo magistrado, serão objetivamente punidas de acordo com o art. 80, incisos I, II, VI e VII, c.c. o art. 81 do CPC/2015 (multa de 1% a 10%, indenização dos prejuízos causados e pagamento do custo do processo) e revertidas para a parte contrária prejudicada.

V. Litigância de má-fé "qualificada"

Resta claro pela redação dos §§ 1º a 7º que, dentre as hipóteses exemplificativas estabelecidas pelo legislador no art. 77 do CPC/2015, os atos praticados pelos sujeitos do processo que embaraçam diretamente a efetividade da jurisdição merecem a mais dura intervenção do Poder Judiciário. É o caso específico dos incisos IV, "cumprir com exatidão as decisões jurisdicionais, de natureza provisória ou final, e não criar embaraços à sua efetivação", e VI, "não praticar inovação ilegal no estado de fato de bem ou direito litigioso", consideradas hipóteses "qualificadas" de litigância de má-fé e, justamente por isso, ensejadoras de punição ainda mais severa por parte do legislador (§ 2º), quando comparada com a sanção estabelecida pelos tipos comuns do ilícito processual (incisos I, II, III e V). Independentemente dos motivos que levaram o legislador a sancionar as hipóteses dos incisos IV e VI em percentual mais elevado (multa de até 20% em comparação com a multa ordinária de 1% a 10%), não se encontra justificativa plausível para que o destino da verba das demais hipóteses exemplificativas do art. 77 não seja igualmente revertida para o Estado, na medida em que todas as situações encerram violações à jurisdição como um todo, indistintamente. Até mesmo porque o que deveria reparar a parte pelos prejuízos a ela diretamente causados seria apenas e tão somente a fixação da indenização na forma dos arts. 79 e 81, segunda parte, do CPC/2015. Em assim não sendo, certo é que a tais situações são punidas mais severamente e revertem diretamente para o Estado, nos termos do § 3º, caracterizando hipóteses de atos atentatórios à dignidade da justiça que engrossam as fileiras do art. 334, § 8º (não comparecimento à audiência de conciliação ou mediação), e art. 774 (ilícitos do exequente), e não mais "meros" atos de litigância de má-fé.

VI. Obstrução e atentado

Enquanto atos atentatórios à efetividade da jurisdição, o descumprimento ou obstrução de ordens judiciais de qualquer natureza (provisória ou definitiva), bem como o atentado – assim configurado como a "inovação ilegal no estado de fato de bem ou direito litigioso" –, importam a verificação do dolo ou culpa, afastando-se assim qualquer hipótese de responsabilidade objetiva. Desse modo, aquele que não cumpre a decisão porque recorre e busca o efeito suspensivo do ato não pode ser considerado litigante de má-fé qualificado, do mesmo modo que a superveniência de causa constitutiva, modificativa ou extintiva do direito após propositura da demanda não configura o ato atentatório. Não obstante isso, recomenda-se ao magistrado, ao aplicar a sanção nessas hipóteses qualificadas de litigância de má-fé, advertir previamente a parte de que sua conduta poderá ser mais severamente punida (§ 1º). No entanto, nos exatos termos do mencionado § 1º, referida recomendação não encerra qualquer *dever* do magistrado, na medida em que, se assim o fosse, toda a autoridade do magistrado na condução e superintendência do processo restaria prejudicada.

VII. Restabelecimento do estado anterior e proibição de falar nos autos

Seguindo determinação presente no art. 881 do CPC/1973, o § 7º estabelece que, uma vez constatado o atentado, deverá a parte adotar providências que recomponham a situação de fato ao estado anterior à inovação, com verdadeira ordem implícita de fazer ou entregar coisa, ficando ainda proibido de falar nos autos ou recorrer até a purgação da mora. Por sua vez, inexiste óbice para a aplicação combinada da multa sancionatória estabelecida pelo § 2º com aquelas de natureza processual previstas pelo não cumprimento de obrigação de pagar (art. 523, § 1º) e as *astreintes* (art. 536, § 1º), nos exatos termos do § 4º do art. 77 do CPC/2015.

VIII. Valor irrisório ou inestimável

Nos exatos termos do § 5º, estabelece-se que, nas demandas com valor da causa irrisório ou inestimável, poderá ser fixada em quantia de até 10 (dez) vezes o valor do salário mínimo, encerrando assim o caráter ideológico e educador da norma de sancionar independentemente da importância do processo, na medida em que prevalece a estrita observância dos deveres dos sujeitos do processo.

IX. Indicação de endereço

O dever estabelecido no inciso V de "declinar, no primeiro momento que lhes couber falar nos autos, o endereço residencial ou profissional onde receberão intimações, atualizando essa informação sempre que ocorrer qualquer modificação temporária ou definitiva" guarda estreita relação com a importante prerrogativa do advogado defendida pelo § 8º no sentido de não ser obrigado a cumprir decisão no lugar da parte. Isso porque, ao justamente ser facilmente localizado por conta da obrigação constante do inciso V e igualmente presente no art. 39 do CPC/1973, poder-se-ia cogitar de o representante judicial ser compelido a cumprir decisão em sua substituição, em detrimento das prerrogativas dos procuradores.

X. Julgados

"Nos termos dos arts. 5º e 77 do CPC é dever das partes agir conforme os ditames da boa-fé e da cooperação processual. A parte que provoca o Poder Judiciário por mais de uma vez com fundamento no mesmo acidente de trânsito, formulando o mesmo pedido, sem motivo relevante, age como litigante de má-fé" (TJSP, 35ª Câmara de Direito Privado, Foro Central Cível, 21ª Vara Cível, Apelação nº 1111840-67.2015.8.26.0100, Rel. Gilberto Leme, j. em 17/7/2017, data de registro 20/7/2017).

"A multa prevista no art. 601 do CPC/1973 pode ser aplicada de imediato, não havendo a necessidade de prévia advertência do devedor de que a sua conduta constitui ato atentatório à dignidade da justiça" (STJ, 3ª T., AgInt no AREsp nº 1027736/SP, Rel. Min. Marco Aurélio Bellizze, j. em 23/5/2017, DJU de 1º/6/2017).

"No caso concreto, o Tribunal de origem concluiu que a agravante cometeu ato atentatório à dignidade da justiça. Alterar esse entendimento demandaria o reexame das provas produzidas nos autos, o que é vedado em recurso especial" (STJ, 4ª T., AgInt no AREsp nº 991.673/DF, Rel. Min. Antonio Carlos Ferreira, j. em 2/5/2017, DJU de 9/5/2017).

"A responsabilidade processual regula-se da mesma maneira do que a responsabilidade civil: presença do dano, nexo causal e resultado. [...] Nota-se que o dever de lealdade processual refere-se às partes e aos advogados e membros do Ministério Público. Quanto à pena de litigância de má-fé à parte, quando motivas ações em duplicidade, não há dúvidas de que é devida. [...] De regra, os advogados não podem ser responsabilizados quando atuam nos limites da ética, do bom senso, e na defesa dos direitos de seus clientes. Por isso é que a Advocacia foi erigida a atividade essencial à Justiça (art. 133 da Constituição Federal) e instrumento essencial à existência da democracia. Noutro passo, por ser dano ocasionado no bojo dos autos, incide a responsabilidade processual civil da parte que o causou (Livro I, Título II, Capítulo II do Código de Processo Civil), entendendo-se parte em sentido lato, envolvendo todos aqueles envolvidos no processo. Há tempos a questão merece reflexão, principalmente depois da reforma processual advinda com a Lei 10.358/01. Certo é que os advogados não podem ser eximidos da responsabilidade pela litigância de má-fé tão só por não serem partes no processo. Não é possível que se ignore que, na maior parte dos casos, não é a parte que comete ilícitos processuais, mas o patrono, pois é ele, não a parte, que possui capacidade postulatória. Por isso mesmo não se afigura conveniente simplesmente copiar e colar arestos ou ementas produzidos pelo Superior Tribunal de Justiça, no sentido da impossibilidade de condenar o advogado em litigância de má-fé. Os precedentes de tal Corte, produzidos por magistrados oriundos em grande parte da advocacia, não podem servir de paradigma para todas as hipóteses fáticas trazidas a julgamento, em casos de litigância de má-fé. Cada caso, assim, possui peculiaridades próprias, cabendo ao relator considerá-las à luz do direito positivo. *In casu*, a parte autora, por seus advogados, infringiu as normas previstas nos artigos 14, II, e 17, I, II e III, do CPC e mereceu, à nitidez, ser condenada em litigância de má-fé, a pagar multa e indenização, esta fixada consoante o artigo 18 do mesmo código" (STJ, 2ª T., AREsp nº 570.849-SP, Rel. Min. Herman Benjamin, j. 17/9/2014, DJU de 14/10/2014).

"A intimação efetuada em nome de advogado regularmente constituído nos autos atende a norma do art. 236, § 1º, do CPC, e do art. 88 do RISTJ, mormente quando não existiu pedido expresso de intimação exclusiva em sentido contrário e ele praticou todos os atos processuais desde a origem. Nos termos do art. 14, II e III, do CPC, é dever da parte proceder com lealdade e boa-fé, não formulando pretensões, nem alegando defesa, ciente de que são destituídos de fundamento, sob pena de incorrer na multa prevista no *caput* desse artigo. Agravo regimental improvido, com aplicação de multa no percentual de 10% sobre o valor atualizado da causa" (STJ, 2ª T., AgRg nos EDcl no AgRg no Ag nº 580449-MG, j. 28/3/2006, DJU de 27/4/2006).

Art. 78 - É vedado às partes, a seus procuradores, aos juízes, aos membros do Ministério Público e da Defensoria Pública e a qualquer pessoa que participe do processo empregar expressões ofensivas nos escritos apresentados.

§ 1º - Quando expressões ou condutas ofensivas forem manifestadas oral ou presencialmente, o juiz advertirá o ofensor de que não as deve usar ou repetir, sob pena de lhe ser cassada a palavra.

§ 2º - De ofício ou a requerimento do ofendido, o juiz determinará que as expressões ofensivas sejam riscadas e, a requerimento do ofendido, determinará a expedição de certidão com inteiro teor das expressões ofensivas e a colocará à disposição da parte interessada.

I. Evolução do dever de urbanidade

Andou bem a redação do *caput* do art. 78 do CPC/2015 ao formalmente incluir, além das partes e seus advogados, os demais sujeitos do processo que usem de expressões injuriosas no exercício de seus atos processuais, sejam em manifestações orais (§ 1º) ou escritas (§ 2º). O preceito também se aplica, diferentemente do quanto estipulado no *caput* do art. 15 do CPC/1973, aos juízes, promotores, procuradores, defensores públicos, servidores e auxiliares da justiça que de alguma forma atuaram no processo e praticaram o ato ofensivo. Assim é que, além das sanções previstas no próprio dispositivo, que vão desde a cassação da palavra até a eliminação das expressões e expedição de certidão que viabilize a reparação do dano causado na esfera civil (dano moral), punição administrativa (OAB, corregedorias, etc.) e perquirição penal (crimes contra a honra). São consideradas injuriosas as expressões em desacordo com a prática forense e que ofendam a parte, não necessariamente caracterizadores do tipo penal de injúria, tal qual já consagrado pela jurisprudência (STF, Pleno, ADIn nº 1.231-2-AgRg, Rel. Min. Marco Aurélio, j. 28/3/1996, DJU de 22/8/1997). A locução, portanto, é adequadamente aberta para o fim de incidir sobre todas as manifestações que alguma forma atinjam a honra subjetiva do ofendido, sendo que "as medidas processuais de supressão ou cessação das ofensas não excluem medidas reparatórias autônomas" (BUENO, Cássio Scarpinella. *Comentários ao Código de Processo Civil* – vol. 1 (arts. 1º a 317). São Paulo: Saraiva, 2017. p. 433). Se manifestadas ou redigidas por magistrado, a competência da determinação será da Presidência ou Corregedoria do Tribunal ao qual estiver vinculado, de acordo com o que determine o respectivo Regimento Interno do Tribunal. De mais a mais, por inexistir conteúdo decisório – apenas e tão somente a observância de dever processual em homenagem à seriedade do processo –, não cabe qualquer recurso contra referida decisão, mesmo o mandado de segurança.

II. Julgados

"É dever da parte e de seu patrono proceder com lealdade processual, boa-fé e urbanidade, e inadmissível o uso de expressões ofensivas ao magistrado, motivada por contrariedade a decisões que lhe são desfavoráveis. A atuação há de ser técnica, sem ingressar no campo das considerações pessoais sobre o julgador. Afirmações desrespeitosas e infundadas ao julgador atingem o próprio Poder Judiciário. Imprescindível que haja lealdade e exposição dos fatos dentro dos limites do respeito às pessoas e às instituições. As alegações do excipiente, divorciadas da urbanidade e do bom senso, só servem para criar obstáculos à celeridade da prestação jurisdicional e sem qualquer caracterização de suspeição do magistrado. [...] O uso indevido deste incidente implica infração prevista no art. 80, incisos II, V e VI, do Novo Código de Processo Civil, sujeita a aplicação de multa em até 10 (dez) vezes o valor do salário mínimo, nos termos do § 2º do artigo 81" (TJSP, Câmara Especial, Foro de Santos, 9ª Vara Cível, Exceção de Suspeição nº 0006564-65.2017.8.26.0562, Rel. Alves Braga Junior, j. em 10/7/2017, data de registro 12/7/2017).

"Alegação de que o apelado, de forma verbal, ofendeu o apelante com palavras chulas. Prova oral constatou que as ofensas foram recíprocas, portanto, a grosseria se faz presente de ambos os lados. Procedimento deseducado só demonstra a formação de quem assim age. Cabe às partes o entendimento no relacionamento com urbanidade. Improcedência da ação se apresenta adequada" (TJSP, 4ª Câmara de Direito Privado, Foro de Pacaembu, 1ª Vara, Apelação nº 1000352-13.2016.8.26.0411, Rel. Natan Zelinschi de Arruda, j. em 9/7/2017, data de registro 9/7/2017).

Seção II - Da Responsabilidade das Partes por Dano Processual

Art. 79 - Responde por perdas e danos aquele que litigar de má-fé como autor, réu ou interveniente.

I. Regra geral da responsabilidade por perdas e danos

A redação do art. 79 do CPC/2015 é similar àquela consagrada pelo art. 16 do CPC/1973 ao determinar que todos aqueles que violem comportamentos compatíveis com a ética e boa-fé poderão ser sancionados triplamente, nos termos do art. 81 do CPC/2015: I) ao pagamento de multa sancionatória que variará de 1% a 10% do valor atribuído à causa em favor da parte prejudicada – e que nas hipóteses qualificadas dos incisos IV e VI podem atingir até 20% em favor do Estado; II) ao pagamento do custo do processo (despesas processuais e honorários de sucumbência) em favor da parte prejudicada; e III) a fixação de sanção de natureza civil (valor indenizatório) em favor da parte adversa. No entanto, diferentemente do regime estabelecido no CPC/1973 que preestabelecia percentual não superior a 20% para essa sanção de natureza civil (CPC/1973, art. 18, § 2º), referida verba indenizatória será fixada equitativamente pelo magistrado ou objeto de fase de liquidação nas hipóteses em que não for possível a aferição *de plano* por demandar atividade cognitiva do magistrado (CPC/2015, art. 509 e ss.), nos termos do art. 81, § 3º, do CPC/2015. Essa situação certamente acarretará prejuízos e maior demora para a adequada aplicação da sanção.

II. Sujeito passivo da obrigação

Será sempre a parte responsável pelo pagamento da verba indenizatória prevista no art. 79 do CPC/2015, mesmo que os atos ilícitos que deram ensejo à obrigação de indenizar sejam de responsabilidade exclusiva do seu procurador. Trata-se de decorrência lógica da regra de representação. Nem mesmo o advogado público, defensor público ou promotor de justiça estão isentos dessa responsabilização em razão de sua investidura e posse nos respectivos cargos, de modo que o Estado deverá arcar com o eventual pagamento da verba indenizatória, podendo, se assim desejar, obter o direito do regresso do agente responsável pela indevida conduta. No entanto, importante se faz ressaltar que referida indenização deverá sempre ser fixada com a devida prudência e com base na comprovação de condutas dolosas dos agentes, de modo a não ensejar o cerceamento do direito de defesa da parte ou a violação de prerrogativa profissional no exercício de função essencial à justiça. Justamente por isso que a jurisprudência consagra que a boa-fé se presume, inexistindo necessariamente a má-fé e, consequentemente, o direito à indenização em hipótese exemplificativa de nova prática de ato processual já realizado em virtude de displicência ou, ainda, a arguição de teses de direito que encontrem respaldo em doutrina ou votos minoritários (STJ, 1ª T., RMS nº 773, Rel. Min. Garcia Vieira, j. 13/3/1991, DJU de 15/4/1991).

III. Julgado

"É firme a orientação desta Corte quanto à impossibilidade do exame do cabimento da multa por litigância de má-fé aplicada pela instância de origem, na medida em que demanda a análise da existência do elemento subjetivo das hipóteses autorizadoras, o que é vedado a esta Corte, por óbice da Súmula 07/STJ" (STJ, 1ª T., AgRg no AREsp nº 327067-BA, Rel. Min. Napoleão Nunes Maia Filho, j. 20/3/2014, DJU de 20/3/2014).

Art. 80 - Considera-se litigante de má-fé aquele que:
Considera-se litigante de má-fé aquele que:
I - deduzir pretensão ou defesa contra texto expresso de lei ou fato incontroverso;
II - alterar a verdade dos fatos;
III - usar do processo para conseguir objetivo ilegal;
IV - opuser resistência injustificada ao andamento do processo;
V - proceder de modo temerário em qualquer incidente ou ato do processo;
VI - provocar incidente manifestamente infundado;
VII - interpuser recurso com intuito manifestamente protelatório.

I. Requisitos

Ao comparar o texto do art. 17 do CPC/1973 com a redação do art. 80 do CPC/2015, não se encontra qualquer alteração, exceto a substituição do termo "considera-se" por "reputa-se". Ao praticamente reproduzir o texto legal, não há como deixar de considerar, que, para a caracterização da litigância de má-fé, na esteira da jurisprudência já consolidada sobre o assunto, exigem-se no mínimo dois requisitos: I) o enquadramento específico da conduta em uma das hipóteses taxativamente elencadas no art. 80 (incisos I a VII) e II) o dolo específico da parte à efetividade do processo (STJ, 3ª T., REsp nº 418.342, Rel. Min. Castro Filho, j. 11/6/2002, DJU de 5/8/2002 e STJ, 5ª T., REsp nº 316.438, Rel. Min. Felix Fisher, j. 19/6/2001, DJU de 20/8/2001).

Mesmo considerando a alocação do novo sistema de deveres e responsabilidade das partes por dano processual dentro de um contexto principiológico da Parte Geral, Livro I, Capítulo I do CPC/2015 (arts. 5º a 11, especialmente), o que daria ensejo a elucubrar o caráter exemplificativo das hipóteses legais caracterizadoras da litigância de má-fé, certo é que os incisos I a VII apresentam situações fáticas objetivas que merecem a dura intervenção do Poder Judiciário, sem prejuízo da existência de outras hipóteses específicas que possam ser de alguma forma inseridas nos tipos abertos das condutas do art. 80 do CPC/2015.

II. Dever de motivação, *ex officio* e tutela da evidência

O dever de motivar estabelecido no art. 489, § 1º, do CPC/2015, não pode ser desconsiderado em qualquer hipótese, mas encontra adequado exemplo de observância para a boa técnica processual na constatação dos fatos concretos que ensejam a aplicação da sanção por litigância de má-fé, não se mostrando suficiente a afirmação genérica de incidência de quaisquer das hipóteses elencadas no art. 80, incisos I a VII, sob pena de não permitir à parte o exercício da ampla defesa e do contraditório (STJ, 2ª T., REsp nº 1.035.604, Min. Eliana Calmon, j. 5/2/2009, DJU de 26/2/2009). Por encerrar regra de nítido interesse público pode ser decretada de ofício pelo magistrado, desde que devidamente fundamentada nas hipóteses legais, tendo em vista ser "necessária a fundamentação idônea, especialmente em vista dos termos abertos e indefinidos do dispositivo" (WAMBIER, Teresa Arruda Alvim; DIDIER JR., Fredie; TALAMINI, Eduardo; DANTAS, Bruno. *Breves comentários ao novo Código de Processo Civil*. 2. ed. São Paulo: Revista dos Tribunais, 2016. p. 304). Do mesmo modo, pode ensejar ainda o deferimento de tutela de evidência quando "ficar caracterizado o abuso do direito de defesa ou o manifesto propósito protelatório da parte", nos exatos termos do art. 311, inciso I, do CPC/2015, uma vez que todas as situações narradas nos incisos I a VII do art. 80 do CPC/2015 dão margem a esse enquadramento.

III. Casuística (incisos I a III)

Além de constituir infração disciplinar punida pelo Estatuto da Advocacia (art. 34), o advogado que deduzir pretensão contra expresso texto legal ou deturpar o teor de norma, doutrina ou jurisprudência ficará sujeito à sanção processual do § 2º do art. 81 do CPC/2015 (STJ, 3ª T., REsp nº 947.927-AgRg, Rel. Min. Nancy Andrighi, j. 15/4/2008, DJU de 29/4/2008).

O mesmo vale para os demais sujeitos do processo que, nos termos do inciso II, alteram a verdade dos fatos, inquinando o princípio processual da lealdade. Para tanto, impõe-se que os fatos sejam objetiva e deliberadamente alterados, seja por meio da comprovação por documentos ao longo da instrução, seja induzindo testemunha a mentir em juízo.

Por sua vez, para caracterizar a violação estabelecida no inciso III no sentido de "usar do processo para conseguir objetivo ilegal", verifica-se que tal conduta pode decorrer de ação unilateral do sujeito do processo (p. ex., ajuizando diversas ações judiciais em foros distintos a fim de obter uma tutela de urgência que o satisfaça impedindo o cumprimento de ordem processual legítima) ou, ainda, por meio do concurso de atuações de agentes, em verdadeiro conluio fraudulento ou ato simulado. Nessa última hipótese, importante se faz destacar o apoio da disposição constante do art. 142 do CPC/2015, reforçando a necessidade da aplicação das penas por litigância de má-fé nessas hipóteses, inclusive de ofício: "Convencendo-se, pelas circunstâncias, de que o autor e réu se serviram do processo para praticar ato simulado ou conseguir fim vedado por lei, o juiz proferirá decisão que impeça os objetivos das partes, aplicando, de ofício, as penalidades da litigância de má-fé".

IV. Lide temerária, resistência e procrastinação indevidas (incisos IV a VII)

O rol do art. 80 do CPC/2015 apresenta condutas de má-fé objetivamente consideradas pelo legislador, mas nem por isso dispensa o contraditório, a comprovação da má-fé e a consumação do dano marginal do processo. São exemplos de resistência e procrastinação indevidas a apresentação de diversos pedidos de reconsideração, a reiteração de matérias preclusas ou questões transitadas em julgado, o pedido de redesignação de audiências ou julgamentos sem embasamento legal ou regimental com o único propósito de adiar a realização do ato processual, entre outras condutas dignas de repreensão. De mais a mais, caracteriza-se a lide temerária quando o autor, sabendo que não tem razão, ajuíza demanda cuja vitória tem consciência de ser inviável.

Por outro lado, a utilização dos recursos previstos em lei não caracteriza a litigância de má-fé, a não ser que seja comprovado o dolo em obstar o bom encaminhamento do processo (STJ, 5ª T., REsp nº 749.629, Rel. Min. Arnaldo Esteves, j. 16/5/2006, DJU de 19/6/2006). Não se admite, por outro lado, que a parte promova a reiterada utilização de recursos incabíveis para discutir questão com entendimento contrário firmado pelo plenário do STF ou STJ sobre a questão ou, ainda, por meio de petição padronizada inquinando decisão rigorosamente pacífica (STJ, 2ª T., REsp nº 1.192.037, Rel. Min. Eliana Calmon, j. 17/6/2010, DJU de 28/6/2010).

De mais a mais, à luz da redação do inciso VII, que considera litigante de má-fé aquele que "interpuser recurso com intuito manifestamente protelatório", ganha importância a nova técnica de fortalecimento dos precedentes, na medida em que será facilitada a atividade de reconhecimento da fragilidade dos argumentos do recorrente à luz da orientação de uma jurisprudência estável, íntegra e coerente (CPC/2015, arts. 926-927), objetivando assim a constatação do efetivo dolo na conduta do agente ímprobo.

V. Julgados

"Não existe nos autos qualquer indício de que os apelados tenham procurado alterar a situação fática, utilizando-se de subterfúgios para conseguirem objetivo ilícito. Não se verifica em suas condutas nenhuma intenção ardilosa, que justifique suas condenações de litigância de má-fé" (TJSP, 6ª Câmara de Direito Privado, Foro de São José dos Campos, 4ª Vara Cível, Apelação nº 1009022-95.2014.8.26.0577, Rel. Rodolfo Pellizari, j. em 24/7/2017, data de registro 24/7/2017).

"Quanto à pretensão da parte agravada em condenar a ora agravante às penas da litigância de má-fé, constato que não merece guarida, pois, conforme entendimento desta Corte: 'A interposição de recursos cabíveis não implica em litigância de má-fé nem ato atentatório à dignidade da justiça, ainda que com argumentos reiteradamente refutados pelo Tribunal de origem ou sem alegação de fundamento novo' (AgRg nos EDcl no REsp n. 1.333.425/SP, Relatora a Ministra Nancy Andrighi, DJe 4/12/2012)" (STJ, 3ª T., AgInt no AREsp nº 1002977/RS, Rel. Min. Marco Aurélio Bellizze, j. em 25/4/2017, DJU de 4/5/2017).

"Quanto à aplicação da penalidade insculpida no art. 80 do NCPC, urge esclarecer que, em consonância com a jurisprudência pacífica desta Corte Superior, não se vislumbra seu cabimento. Isso porque a parte agravante, ora embargada, interpôs recursos legalmente previstos no ordenamento jurídico, sem abusar do direito de recorrer; pelo que não se verifica afronta ou descaso com o Poder Judiciário" (STJ, 4ª T., EDcl no AgInt no AREsp nº 889.783/RJ, Rel. Min. Luis Felipe Salomão, j. em 27/4/2017, DJU de 3/5/2017).

"Nada obstante, somente se pode reputar litigante de má-fé a parte que, maliciosamente, adulterar a verdade dos fatos com o fito de obter vantagem material ou processual indevida, deixando de proceder com lealdade e boa-fé, opondo resistência injustificada ao andamento do feito, a teor do disposto no art. 17 do CPC" (STJ, 4ª T., AREsp nº 279666/MG, 2013/0002097-1, Rel. Min. Marco Buzzi, DJU de 7/11/2014).

"Litigância de má-fé. Advogado. Equívoco na escolha da ação. Pena cancelada. O simples equívoco na escolha da ação a ser proposta, em matéria controversa, não possibilita a imposição da pena de litigância de má-fé. Recurso conhecido em parte, para excluir a pena. Agravo regimental prejudicado" (STJ, 4ª T., REsp nº 433766/RS, Rel. Min. Ruy Rosado de Aguiar, j. 10/9/2002, DJU de 11/11/2002).

Art. 81 - De ofício ou a requerimento, o juiz condenará o litigante de má-fé a pagar multa, que deverá ser superior a um por cento e inferior a dez por cento do valor corrigido da causa, a indenizar a parte contrária pelos prejuízos que esta sofreu e a arcar com os honorários advocatícios e com todas as despesas que efetuou.

§ 1º - Quando forem 2 (dois) ou mais os litigantes de má-fé, o juiz condenará cada um na proporção de seu respectivo interesse na causa ou solidariamente aqueles que se coligaram para lesar a parte contrária.

§ 2º - Quando o valor da causa for irrisório ou inestimável, a multa poderá ser fixada em até 10 (dez) vezes o valor do salário mínimo.

§ 3º - O valor da indenização será fixado pelo juiz ou, caso não seja possível mensurá-lo, liquidado por arbitramento ou pelo procedimento comum, nos próprios autos.

I. Sanções

A adequada utilização do sistema de responsabilidade das partes por dano processual certamente representa uma das principais técnicas em prol da efetividade da tutela jurisdicional. O desafio reside justamente na obtenção do equilíbrio necessário entre a sanção e a liberdade de atuação dos sujeitos do processo por meio da prática dos atos processuais decorrentes de seus diversos direitos, deveres, ônus e faculdades, especialmente aqueles decorrentes do direito de ação e defesa.

Nos termos do art. 81 do CPC/2015, muito similar ao art. 18 do CPC/1973, o pagamento da multa sancionatória variará de 1% a 10% sobre o valor corrigido atribuído à causa em favor da parte tida por prejudicada, sendo que nas hipóteses qualificadas dos incisos IV e VI do art. 77 pode atingir até 20% do valor da causa, de acordo com a gravidade da conduta e em favor do Estado.

Ademais, poderá ainda ser cumulada a determinação de pagamento de verba indenizatória, igualmente em favor da parte prejudicada pela má-fé, consubstanciada em quantia equitativamente fixada pelo magistrado ou objeto de fase de liquidação nas hipóteses em que não for possível a aferição de plano (CPC/2015, art. 81, § 3º), bem como ao pagamento do custo do processo (despesas processuais e honorários de sucumbência).

II. Cumulação e base de cálculo

Do mesmo modo, não existem óbices para que outra conduta do litigante no mesmo processo seja apenada por outra espécie de sanção (coercitiva ou reparatória), desde que específica e não caracterizadora de *bis in idem* diante da especificidade das multas. O que não pode ocorrer é a cumulação indevida de multas baseadas no mesmo comportamento ímprobo. Por sua vez, a base de cálculo da multa é o valor atualizado da causa, mas nas causas com valor de alçada irrisório ou inestimável, a multa poderá ser fixada em até 10 (dez) vezes o valor do salário mínimo vigente, nos exatos termos do § 2º do art. 81 do CPC/2015.

III. Procurador como sujeito passivo

À luz dos princípios informadores do CPC/2015, especialmente o dever de cooperação estabelecido no art. 6º, não se sustenta mais a ideia de que os advogados e procuradores em geral não seriam atingidos pela sanção, pois é dever concorrente das partes e dos seus procuradores proceder com lealdade e boa-fé, muito embora a jurisprudência produzida à luz da interpretação do art. 18 do CPC/2015 encontre-se dividida sobre o tema.

IV. Princípio da causalidade x regra da sucumbência

Conquanto a regra da sucumbência indique, na grande maioria das causas, o responsável pelo pagamento da sanção processual ou verba indenizatória, nada impede que o vencedor seja considerado litigante de má-fé. Nesse caso, responderá pela multa sancionatória dos arts. 77, § 2º, e 81, § 2º, e eventual verba indenizatória, mas não pela sucumbência, uma vez que é o princípio da causalidade o verdadeiro norteador do sistema de responsabilidade, ou seja, quem deu causa ao ato ilícito.

V. Litisconsórcio

Nos termos do § 1º do art. 81 do CPC/2015, se forem vários os sujeitos do processo de um ato ilícito, responderão solidariamente pela reparação, especialmente quando litisconsortes que deliberadamente ajustam a prática da conduta ilícita para prejudicar a parte contrária ou a jurisdição propriamente dita. Por outro lado, quando possível a aferição da responsabilidade individual, será proporcionalmente fixada à luz do interesse de cada um.

VI. Imposição *ex officio*

"A penalidade por litigância de má-fé pode ser imposta pelo juiz, de ofício, respeitado o limite do valor atualizado da causa, mas a indenização dos prejuízos, excedente desse limite, depende de pedido expresso da parte, submete-se ao princípio do contraditório e é liquidável por arbitramento" (CED do 2º TASP, Enunciado nº 32) ou pelo procedimento comum (CPC/2015, art. 509, inciso II).

VII. Recursos cabíveis

De acordo com a taxativa redação do art. 1.015 do CPC/2015, não consta do rol de decisões sujeitas a agravo de instrumento o ato que decide a prática da litigância de má-fé. Nesse caso, nas hipóteses em que não for possível o enquadramento da decisão quando proferida na fase de liquidação de sentença, cumprimento de sentença, processo de execução e inventário (situações residuais estipuladas no parágrafo único do art. 1.015), será cabível o mandado de segurança ou aplicável o princípio da fungibilidade recursal. Certo é que referida decisão desafiará revisão por instância superior.

VIII. Julgados

"Outrossim, a conduta processual do agravante é de nítida procrastinação, na medida em que vem fundamentar seu recurso com matérias que não foram aduzidas no agravo de instrumento, o que fez de forma consciente, pois é inegável que tem pleno conhecimento do quanto veio ele mesmo sustentar nesta Instância para que fosse reformada a decisão de fls. 276/284. Sendo assim, caracterizada está a hipótese do inc. VII, do art. 80, do Código de Processo Civil de 2015, o que autoriza condenar-se o agravante ao pagamento de multa equivalente a 10% (dez por cento) do valor corrigido da causa, na forma do caput, do art. 81, do mesmo Diploma legal acima indicado" (TJSP, 17ª Câmara de Direito Privado, Foro de Lins, 2ª Vara Cível, Agravo Regimental nº 2097220-42.2015.8.26.0000, Rel. João Batista Vilhena, j. em 24/7/2017, data de registro 24/7/2017).

"Aplicação de multa de 1% (um por cento), além de indenização de 3% (três por cento), ambos incidentes sobre o valor atualizado da causa, a ser suportada pelo advogado subscritor do recurso, em razão da rasura e da adulteração da guia, tudo com apoio nos termos do art. 14, II c/c 17, VII, e 18, *caput*, do CPC, pois é dever das partes e dos seus procuradores proceder com lealdade e boa-fé. Recurso especial não conhecido" (STJ, 2ª T., REsp nº 986443/RJ, Rel. Min. Eliana Calmon, j. 6/3/2008, DJU de 16/5/2008).

Em sentido contrário: "Em caso de litigância de má-fé (CPC, arts. 17 e 18), descabe a condenação solidária da parte faltosa e de seus procuradores. A conduta processual do patrono da parte é disciplinada pelos arts. 14 do CPC e 32 do Estatuto da Advocacia e da Ordem dos Advogados do Brasil. EAOAB (Lei 8.906/94), de maneira que os danos processuais porventura causados pelo advogado, por dolo ou culpa grave, deverão ser aferidos em ação própria" (STJ, 2ª T., AREsp nº 363.333/SP, 2013/0205190-0, Rel. Min. Benedito Gonçalves, DJU de 12/5/2015).

Seção III - Das Despesas dos Honorários Advocatícios e das Multas

Art. 82 - Salvo as disposições concernentes à gratuidade da justiça, incumbe às partes prover as despesas dos atos que realizarem ou requererem no processo, antecipando-lhes o pagamento, desde o início até a sentença final ou, na execução, até a plena satisfação do direito reconhecido no título.
§ 1º - Incumbe ao autor adiantar as despesas relativas a ato cuja realização o juiz determinar de ofício ou a requerimento do Ministério Público, quando sua intervenção ocorrer como fiscal da ordem jurídica.
§ 2º - A sentença condenará o vencido a pagar ao vencedor as despesas que antecipou.

Autor: Luiz Henrique Volpe Camargo

I. Ônus de adiantamento

O art. 82 disciplina o *ônus* de adiantamento (art. 82, *caput* e § 1º) e a *obrigação* de reembolso (§ 2º do art. 82) das despesas processuais. Por outras palavras, trata no art. 82, *caput* e § 1º, da responsabilidade *provisória* da parte interessada e, depois, no § 2º do art. 82, da responsabilidade *definitiva* do vencido de pagar as despesas do processo.

Em regra, o *ônus de adiantamento* é do interessado na prática do ato processual. De início, cabe ao autor realizar o pagamento das custas iniciais e, quando for o caso, da diligência do oficial de justiça ou das custas para a postagem. Após isso, na medida do desenvolvimento do processo, compete à parte interessada, seja ela autora ou ré, o ônus de, previamente, antecipar o numerário para fazer frente a cada despesa necessária. A consequência para a parte que deixa de se desincumbir de tal ônus é a não realização do ato.

Para o autor, este ônus é agravado, já que lhe cabe antecipar as despesas necessárias para a prática de atos processuais determinados de ofício pelo juiz ou a requerimento do órgão do Ministério Público (art. 82, § 1º). Assim, cabe ao autor adiantar não só as despesas dos atos realizados a seu pedido, mas, também, dos realizados por iniciativa do juiz ou do fiscal da ordem jurídica.

II. Obrigação de reembolso

A *obrigação de reembolso* é do vencido e deve integrar a condenação, na forma do art. 82, § 2º. Significa, então, que a sentença necessariamente terá, independentemente de pedido expresso (art. 322, § 1º), de abordar o tema das despesas processuais e condenar o vencido a pagar ao vencedor todas as que este tiver adiantado no curso do processo.

III. Beneficiário da Justiça Gratuita

O beneficiário da Justiça Gratuita está dispensado de adiantar as despesas processuais, tudo nos termos do art. 98 e seguintes.

Art. 83 - O autor, brasileiro ou estrangeiro, que residir fora do Brasil ou deixar de residir no país ao longo da tramitação de processo prestará caução suficiente ao pagamento das custas e dos honorários de advogado da parte contrária nas ações que propuser, se não tiver no Brasil bens imóveis que lhes assegurem o pagamento.
§ 1º - Não se exigirá a caução de que trata o caput:
I - quando houver dispensa prevista em acordo ou tratado internacional de que o Brasil faz parte;
II - na execução fundada em título extrajudicial e no cumprimento de sentença;
III - na reconvenção.
§ 2º - Verificando-se no trâmite do processo que se desfalcou a garantia, poderá o interessado exigir reforço da caução, justificando seu pedido com a indicação

da depreciação do bem dado em garantia e a importância do reforço que pretende obter.

I. Caução de honorários

O art. 83 do CPC/2015 é a reprodução, com algumas alterações, do art. 835 do CPC/1973. O texto trata da especial situação aplicável ao autor que, concomitantemente, não tiver bens imóveis no país e residir fora do Brasil ou, no curso do processo, passar a fazê-lo. Neste caso, deverá o juiz exigir o oferecimento de caução suficiente para garantir, na hipótese de sucumbência, o futuro pagamento de despesas processuais e honorários advocatícios.

Essa regra tem três exceções. Com efeito, a caução será dispensável quando: a) houver, neste sentido, acordo ou tratado internacional de que o Brasil faça parte (por exemplo, art. 4º do Protocolo de Cooperação e Assistência Jurisdicional do Mercosul); b) tratar de execução fundada em título extrajudicial e no cumprimento de sentença; c) na reconvenção.

Em suma, para que a caução seja exigível, é necessária a concorrência dos requisitos do *caput* do art. 83 e não estar presente qualquer das exceções do § 1º do art. 83.

Não se enquadrando nas exceções, a exigência de caução é *pressuposto processual* cuja observância deve ser fiscalizada pelo juiz, tanto que, se o autor não a oferecer, deve o magistrado determinar a emenda, sob pena de indeferimento da petição inicial (art. 321 c.c. art. 485, incisos IV e X).

Além disso, a falta de caução também pode ser arguida pelo réu, tanto que é uma das matérias de defesa descrita no art. 337, inciso XII.

A caução, que pode ser real ou fidejussória, deverá ser mantida durante toda a tramitação processual, sendo certo que, no caso de redução de sua expressão econômica, deverá o juiz, de ofício ou a requerimento, determinar o reforço (art. 83, § 2º). No caso de não atendimento, o caso será de extinção do processo sem resolução de mérito na forma do art. 485, inciso IV.

Art. 84 - As despesas abrangem as custas dos atos do processo, a indenização de viagem, a remuneração do assistente técnico e a diária de testemunha.

I. Despesas processuais

O art. 84 do CPC/2015, na mesma linha do art. 20, § 2º, do CPC/1973, apresenta rol exemplificativo das despesas processuais que é gênero do qual são *espécies* as custas processuais; o selo postal; a diligência de oficial de justiça; eventual despesa com publicação de edital; honorários do perito do juízo; honorários do assistente técnico; honorários da testemunha técnica; despesas com viagem, alimentação e hospedagem para participar de atos do processo; a remuneração de intérprete e tradutor; despesas para obtenção de documentos junto aos cartórios extrajudiciais, à junta comercial ou ao departamento de trânsito; despesas com fotocópias, diária de testemunha que não seja funcionária pública e não trabalhe sob o regime da Consolidação das Leis do Trabalho (arts. 462 e 463); despesas com registro da penhora (art. 844); despesa com averbação da existência da execução (art. 828), despesas com reintegração, manutenção ou imissão na posse; despesas com remoção de bens móveis, dentre outros.

Art. 85 - A sentença condenará o vencido a pagar honorários ao advogado do vencedor.
§ 1º - São devidos honorários advocatícios na reconvenção, no cumprimento de sentença, provisório ou definitivo, na execução, resistida ou não, e nos recursos interpostos, cumulativamente.
§ 2º - Os honorários serão fixados entre o mínimo de dez e o máximo de vinte por cento sobre o valor da condenação, do proveito econômico obtido ou, não sendo possível mensurá-lo, sobre o valor atualizado da causa, atendidos:
I - o grau de zelo do profissional;
II - o lugar de prestação do serviço;
III - a natureza e a importância da causa;
IV - o trabalho realizado pelo advogado e o tempo exigido para o seu serviço.
§ 3º - Nas causas em que a Fazenda Pública for parte, a fixação dos honorários observará os critérios estabelecidos nos incisos I a IV do § 2º e os seguintes percentuais:
I - mínimo de dez e máximo de vinte por cento sobre o valor da condenação ou do proveito econômico obtido até 200 (duzentos) salários mínimos;
II - mínimo de oito e máximo de dez por cento sobre o valor da condenação ou do proveito econômico obtido acima de 200 (duzentos) salários mínimos até 2.000 (dois mil) salários mínimos;
III - mínimo de cinco e máximo de oito por cento sobre o valor da condenação ou do proveito econômico obtido acima de 2.000 (dois mil) salários mínimos até 20.000 (vinte mil) salários mínimos;
IV - mínimo de três e máximo de cinco por cento sobre o valor da condenação ou do proveito econômico obtido acima de 20.000 (vinte mil) salários mínimos até 100.000 (cem mil) salários mínimos;
V - mínimo de um e máximo de três por cento sobre o valor da condenação ou do proveito econômico obtido acima de 100.000 (cem mil) salários mínimos.
§ 4º - Em qualquer das hipóteses do § 3º:
I - os percentuais previstos nos incisos I a V devem ser aplicados desde logo, quando for líquida a sentença;
II - não sendo líquida a sentença, a definição do percentual, nos termos previstos nos incisos I a V, somente ocorrerá quando liquidado o julgado;
III - não havendo condenação principal ou não sendo possível mensurar o proveito econômico obtido, a condenação em honorários dar-se-á sobre o valor atualizado da causa;
IV - será considerado o salário mínimo vigente quando prolatada sentença líquida ou o que estiver em vigor na data da decisão de liquidação.
§ 5º - Quando, conforme o caso, a condenação contra a Fazenda Pública ou o benefício econômico obtido pelo vencedor ou o valor da causa for superior ao valor previsto no inciso I do § 3º, a fixação do percentual de honorários deve observar a faixa inicial e, naquilo que a exceder, a faixa subsequente, e assim sucessivamente.
§ 6º - Os limites e critérios previstos nos §§ 2º e 3º aplicam-se independentemente de qual seja o conteúdo da decisão, inclusive aos casos de improcedência ou de sentença sem resolução de mérito.
§ 7º - Não serão devidos honorários no cumprimento de sentença contra a Fazenda Pública que enseje expedição de precatório, desde que não tenha sido impugnada.
§ 8º - Nas causas em que for inestimável ou irrisório o proveito econômico ou, ainda, quando o valor da causa for muito baixo, o juiz fixará o valor dos honorá-

rios por apreciação equitativa, observando o disposto nos incisos do § 2º.
§ 9º - Na ação de indenização por ato ilícito contra pessoa, o percentual de honorários incidirá sobre a soma das prestações vencidas acrescida de 12 (doze) prestações vincendas.
§ 10 - Nos casos de perda do objeto, os honorários serão devidos por quem deu causa ao processo.
§ 11 - O tribunal, ao julgar recurso, majorará os honorários fixados anteriormente levando em conta o trabalho adicional realizado em grau recursal, observando, conforme o caso, o disposto nos §§ 2º a 6º, sendo vedado ao tribunal, no cômputo geral da fixação de honorários devidos ao advogado do vencedor, ultrapassar os respectivos limites estabelecidos nos §§ 2º e 3º para a fase de conhecimento.
§ 12 - Os honorários referidos no § 11 são cumuláveis com multas e outras sanções processuais, inclusive as previstas no art. 77.
§ 13 - As verbas de sucumbência arbitradas em embargos à execução rejeitados ou julgados improcedentes e em fase de cumprimento de sentença serão acrescidas no valor do débito principal, para todos os efeitos legais.
§ 14 - Os honorários constituem direito do advogado e têm natureza alimentar, com os mesmos privilégios dos créditos oriundos da legislação do trabalho, sendo vedada a compensação em caso de sucumbência parcial.
§ 15 - O advogado pode requerer que o pagamento dos honorários que lhe caibam seja efetuado em favor da sociedade de advogados que integra na qualidade de sócio, aplicando-se à hipótese o disposto no § 14.
§ 16 - Quando os honorários forem fixados em quantia certa, os juros moratórios incidirão a partir da data do trânsito em julgado da decisão.
§ 17 - Os honorários serão devidos quando o advogado atuar em causa própria.
§ 18 - Caso a decisão transitada em julgado seja omissa quanto ao direito aos honorários ou ao seu valor, é cabível ação autônoma para sua definição e cobrança.
§ 19 - Os advogados públicos perceberão honorários de sucumbência, nos termos da lei.

Autor: Renato José Cury

I. Da natureza alimentar dos honorários advocatícios pertencentes ao advogado

A disciplina dos honorários de sucumbência sofreu relevantes modificações e trouxe várias novidades.

A redação do caput do artigo em análise estabelece que o vencido será condenado pela sentença a pagar honorários ao advogado do vencedor. O CPC/2015 deixou expressamente consignado que o titular do direito a receber os honorários é o advogado, reafirmando a garantia expressamente estabelecida na Lei nº 8.906/1994, art. 23.

Nada obstante o caráter alimentar dos honorários advocatícios já estar consagrado na Lei nº 8.906/1994, o CPC/2015 houve por bem reforçar o conceito de que os honorários constituem direito do advogado e têm natureza alimentar. O STF, em recente pronunciamento sobre o tema, editou a Súmula Vinculante nº 47 ("Os honorários advocatícios incluídos na condenação ou destacados do montante principal devido ao credor consubstanciam verba de natureza alimentar cuja satisfação ocorrerá com a expedição de precatório ou requisição de pequeno valor, observada ordem especial restrita aos créditos dessa natureza"), reconhecendo a natureza alimentar dos honorários advocatícios. Os privilégios desse reconhecimento são notórios, principalmente no que diz respeito ao direito ao seu recebimento em caráter prioritário.

II. Da fixação dos honorários advocatícios nas diversas fases do processo

A sucumbência é que determina a condenação no pagamento dos honorários advocatícios, nada obstante o § 10 do art. 85 consagrar também o princípio da causalidade ao disciplinar que, nos casos em que houver a perda do objeto, os honorários deverão ser pagos por quem deu causa ao processo.

Inicialmente, cumpre destacar que o § 1º do art. 85 do CPC/2015 não traz um rol taxativo das hipóteses de condenação da parte vencida no pagamento de honorários advocatícios ao advogado do vencedor. Cuida-se sim de rol exemplificativo, pois o próprio CPC/2015 disciplina outras hipóteses de condenação de honorários de sucumbência, como, por exemplo, na hipótese de denunciação da lide trazida pelo parágrafo único do art. 129: "se o denunciante for vencedor, a ação de denunciação não terá o seu pedido examinado, sem prejuízo da condenação do denunciante ao pagamento das verbas de sucumbência em favor do denunciado".

Uma das principais plataformas trazidas pelo CPC/2015 foi a de diminuir o tempo de tramitação dos processos, em obediência ao disposto na CF, art. 5º, inciso LXXVIII. Em estrito cumprimento a essa plataforma é que o legislador previu que serão devidos honorários advocatícios em várias fases do processo, tudo de forma a inibir a recalcitrância do devedor. A cada incidente processual – reconvenção, cumprimento de sentença, execução e nos recursos interpostos – serão devidos, de forma cumulativa, honorários advocatícios. Ou seja, o novo dispositivo prevê que, quanto mais recursos e medidas forem intentados no curso do processo, maior será o valor devido a título de honorários pelo vencido ao advogado da parte vencedora do processo.

O CPC/2015, ao positivar a fixação de verba honorária na reconvenção, apenas consagra um entendimento já consolidado pelo Superior Tribunal de Justiça sobre a matéria à luz do CPC/1973.

Os honorários advocatícios serão devidos tanto para o cumprimento provisório como para o cumprimento definitivo da sentença. Na hipótese de serem fixados honorários advocatícios para o cumprimento provisório, entendemos que não poderá haver nova fixação de honorários advocatícios caso o cumprimento se torne definitivo. De outro lado, o § 7º do art. 85 do CPC/2015 prevê que não serão devidos honorários no cumprimento de sentença contra a Fazenda Pública que enseje expedição de precatório, desde que não tenha sido impugnada, posição esta já consagrada pela jurisprudência.

No tocante aos honorários advocatícios devidos nos processos de execução, o § 1º do art. 85 do CPC/2015 prevê essa fixação, seja a execução resistida ou não. A própria disciplina do processo de execução consagra esse entendimento, na medida em que o juiz, ao determinar a citação do executado, já fixa a verba honorária devida em favor do advogado do exequente. Por sua vez, o § 13 do mesmo artigo estabelece que as verbas de sucumbência arbitradas em embargos à execução rejeitados ou julgados improcedentes e em fase de cumprimento de sentença serão acrescidas no valor do débito principal.

A fixação de verba honorária nos recursos é uma importante e relevante inovação trazida pelo CPC/2015, cabendo ao órgão julgador fixar o valor dos honorários considerando o trabalho apresentado pelo patrono em sede recursal. Não se trata de faculdade do órgão julgador fixar a sucumbência recursal, mas sim dever decorrente de lei.

Além disso, o valor dos honorários a ser fixado em sede recursal deverá obedecer, conforme o caso, aos parâmetros definidos nos §§ 2º ao 6º do art. 85, sendo vedada a fixação que leve, no cômputo total dos honorários fixados no curso do processo, a uma condenação que ultrapasse os limites estabelecidos nos §§ 2º e 3º.

A sistemática do CPC/1973 não contemplava a fixação de verba honorária em sede recursal. O juiz fixava os honorários na sentença e o tribunal, a menos que houvesse recurso pleiteando a sua majoração, acabava por manter o valor fixado caso a sentença fosse mantida, ou seja, na hipótese de desprovimento do recurso. Logo, todo o trabalho desenvolvido pelo advogado na fase recursal era remunerado pelo valor dos honorários fixado na sentença.

A modificação trazida pelo CPC/2015, especialmente no § 11 do art. 85, alterou a sistemática anterior, pois agora o tribunal, ao julgar o recurso interposto, ficará obrigado a majorar o valor dos honorários fixado anteriormente, independentemente de recurso de apelação para discussão da verba honorária, tudo de maneira a remunerar o trabalho desenvolvido pelo advogado em sede recursal.

Na hipótese de provimento do recurso de apelação interposto e reforma da sentença anteriormente proferida, entendemos que o tribunal não poderá mais simplesmente inverter o ônus da sucumbência, como ocorria sob a vigência do CPC/1973. Isso porque, como, ao fixar a verba honorária no momento da prolação da sentença, o juiz não poderia remunerar o advogado pela sua atuação na fase recursal – até porque nem saberá se haverá interposição de recurso contra a sentença –, caberá ao tribunal fazer essa avaliação no momento do julgamento do recurso interposto, devendo contemplar toda a atuação do advogado no processo, desde a fase de conhecimento até a fase recursal. Assim, deverá o tribunal fixar a verba honorária em favor do advogado do apelante em montante superior ao que fora fixado pelo juiz de primeira instância ao advogado do apelado, obedecendo-se sempre aos limites legalmente estabelecidos.

E se o advogado do apelado não tiver apresentado contrarrazões ao recurso de apelação, tampouco proferido sustentação durante a sessão de julgamento estaria o tribunal obrigado a fixar verba honorária em seu favor em caso de a apelação ser improvida? Ainda assim, entendemos que o tribunal estaria obrigado a fixar verba honorária em favor do advogado do apelado, pois "o trabalho adicional realizado em grau recursal" é critério apenas de quantificação da verba honorária. O Enunciado nº 7 da I Jornada de Direito Processual Civil ratifica este entendimento: "A ausência de resposta ao recurso pela parte contrária, por si só, não tem o condão de afastar a aplicação do disposto no art. 85, § 11, do CPC".

Outra questão poderá surgir nos casos de remessa necessária – art. 496 do CPC/2015 –, nos quais o ato de vontade de submeter o caso para julgamento pelo tribunal decorre de lei e do princípio do duplo grau de jurisdição, e não do ente público envolvido no processo. Independentemente dessa particularidade no caso de remessa necessária, entendemos que, caso seja mantida a sentença submetida, deverá o tribunal majorar o valor dos honorários em favor do advogado do apelado de forma a remunerá-lo pelo trabalho desenvolvido na fase recursal do processo.

Digno de menção que todos os recursos subsequentes ao julgamento da apelação também estarão sujeitos à incidência da verba honorária, tudo de maneira a remunerar o advogado pelo trabalho desempenhado na nova etapa do processo. Entretanto, a valoração da verba honorária estará condicionada ao efetivo trabalho desenvolvido pela parte recorrida. Por exemplo, proferido o acórdão pelo tribunal e opostos embargos de declaração sem que tenha sido aberto prazo para manifestação da parte embargada, entendemos que no julgamento dos embargos não deverão ser fixados honorários advocatícios aos patronos da parte embargada, uma vez que este último não atuou nesta etapa recursal. De outro lado, caso o tribunal tenha determinado a manifestação da parte embargada, entendemos que o tribunal deverá fixar honorários para a parte vencedora nos embargos.

Importante questão que advém dessa inovação trazida pelo CPC/2015 está relacionada ao fato de que verba honorária será sempre objeto de deliberação pelo tribunal no momento do julgamento do recurso, independentemente de o recurso ter abordado especificamente o tema, e levará sempre em conta a atuação dos advogados na fase recursal. Ou seja, a análise da questão da verba honorária, até para que novos honorários sejam fixados em sede recursal obedecendo-se aos limites legais, deverá ser analisada pelo tribunal, valorando o trabalho desenvolvido pelo patrono em sede recursal.

Na hipótese de litisconsórcio unitário em que apenas um dos litigantes apresenta recurso de apelação contra a sentença proferida, caso o tribunal negue provimento ao recurso, apenas o recorrente ficará obrigado pelo pagamento da majoração da verba honorária a ser fixada em favor do advogado do apelado.

A aplicação do § 11 do art. 85 foi analisada pelo STJ, mais especificamente pela 3ª Turma, nos Embargos de Declaração opostos no Agravo Interno no Recurso Especial nº 1.573.573-RJ, da relatoria do ministro Marco Aurélio Bellizze. No referido precedente, o STJ estabeleceu alguns requisitos ou critérios para a fixação de verba honorária em recursos julgados no âmbito daquele tribunal. Em apertada síntese, o STJ consignou que: i) o recurso analisado não deverá ser conhecido na sua integralidade ou improvido pelo relator, em decisão monocrática ou colegiada; ii) a verba honorária deverá ter sido fixada no juízo a quo onde interposto o recurso; iii) não haverá fixação ou majoração da verba honorária no julgamento de agravo interno e de embargos de declaração opostos pela parte que teve seu recurso não conhecido integralmente ou não provido; iv) os limites previstos nos §§ 2º e 3º do art. 85 do CPC/2015 não tiverem sido atingidos, em cada fase do processo; e v) o trabalho adicional do advogado do recorrido é critério de quantificação do valor da verba, e não requisito de comprovação para fixação da verba.

O tribunal ainda está expressamente autorizado a cumular a majoração dos honorários com multas e outras sanções processuais. Nada obstante a natureza distinta dessas verbas, o CPC/2015 disciplinou expressamente essa questão de modo a afastar qualquer tipo de confusão sobre essa possibilidade de cumulação.

Questão que se tem revelado controvertida é a fixação da verba honorária no julgamento de agravo de instrumento. O CPC/2015 reduziu significativamente as hipóteses de cabimento do referido recurso. De qualquer forma, entendemos que a fixação da verba honorária em sede de agravo deverá levar em conta se a decisão recorrida fixou honorários em favor dos patronos da parte contrária. Ao julgar o recurso de agravo interposto, tendo havido a fixação de verba honorária na decisão recorrida, deverá o tribunal fixar tal verba em favor dos patronos da parte vencedora.

De qualquer forma, entendemos que o tribunal, ao julgar o agravo de instrumento interposto contra decisão na qual não houve a fixação de honorários, deverá aplicar o princípio da causalidade para decidir pela fixação ou não de verba honorária em favor dos patronos da parte vencedora. Podemos citar como exemplo a interposição do recurso de agravo de instrumento contra as decisões proferidas em sede de incidente de desconsideração de personalidade jurídica. Se no julgamento do agravo de instrumento o tribunal reformar a decisão que desconsiderou a personalidade jurídica (decidindo que não é caso de desconsideração e redirecionamento da execução às pessoas dos sócios), os patronos dos sócios terão o direito ao recebimento de verba honorária, pois foram obrigados a atuar na defesa dos seus constituintes, que, ao final, não foram mantidos no processo.

Outra importante lição que advém dessa inovação trazida pelo CPC/2015 está no fato de que deverá o advogado, antes de iniciar qualquer um dos incidentes processuais anteriormente elencados ou mesmo de interpor recurso, avaliar cuidadosamente as chances de êxito daquela medida a ser intentada, advertindo sempre o cliente acerca dos riscos de vir a ser obrigado a pagar um valor cada vez maior a título de honorários advocatícios em favor do advogado da parte contrária na hipótese de insucesso na empreitada.

III. Dos parâmetros legais para a fixação dos honorários advocatícios

O § 2º do art. 85 estabelece que os honorários serão fixados entre o mínimo de 10% e o máximo de 20% do valor da condenação, do proveito econômico obtido ou, não sendo possível mensurá-lo, do valor atualizado da causa. Aqui reside uma inovação importante trazida pelo CPC/2015, pois os honorários serão calculados sobre o valor da condenação e, quando esta inexistir, sobre o valor do proveito econômico obtido. A possibilidade de se mensurar o proveito econômico obtido com a medida intentada também é base de cálculo para o cômputo da verba honorária. Apenas na impossibilidade de utilização dessas bases de cálculos é que o valor atualizado da causa será utilizado como parâmetro para fixação dos honorários advocatícios.

Em quaisquer das situações anteriormente descritas, o juiz, ao fixar o percentual da verba honorária, deverá sempre levar em conta o grau de zelo profissional, o lugar de prestação do serviço, a natureza e a importância da causa, o trabalho realizado pelo advogado e o tempo exigido para o seu serviço. De qualquer forma, verifica-se que o CPC/2015, repetindo os mesmos critérios subjetivos já estabelecidos pelo CPC/1973, atribui inteiramente ao juiz o poder dessa avaliação.

O § 6º do art. 85 também traz uma inovação ao dispor que todos os limites e critérios definidos para apuração da verba honorária (§§ 2º e 3º) aplicam-se independentemente do conteúdo da decisão, inclusive aos casos de improcedência ou de sentença sem resolução de mérito. Nesse aspecto, fica garantida a isonomia entre os litigantes, na medida em que o juiz deverá adotar os mesmos critérios na apuração da verba honorária tanto no acolhimento como na rejeição do pedido formulado.

IV. Da fixação dos honorários advocatícios nas demandas em que a Fazenda Pública for parte

O CPC/2015 traz um novo regramento para as causas envolvendo a Fazenda Pública, encerrando um modelo vigente no CPC/1973 que lhe era extremamente favorável, pois permitia que honorários fossem fixados de 10% a 20% quando ela é vencedora, mas autorizando o juiz a fixar valores "por equidade" quando ela é vencida. Na prática, tais regras fizeram surgir enormes distorções e um tratamento não isonômico entre os litigantes, sempre em detrimento dos patronos das partes privadas.

A nova sistemática do CPC/2015 é completa, detalhada, abrangente e altera esse modelo. Primeiro porque fixa a mesma regra "nas causas em que a Fazenda Pública for parte", ou seja, quando ganha ou quando perde. Quanto aos percentuais dos honorários (de 20% a 1%), o CPC/2015 inovou e previu faixas (valores correspondentes que variam de 200 a 100 mil salários mínimos), que estabelecem percentuais decrescentes conforme aumenta o valor (da condenação, ou do proveito econômico, ou da causa).

O percentual dos honorários é inversamente proporcional ao valor da base de cálculo utilizada para apuração da verba honorária. Quanto maior o valor da condenação, do benefício econômico ou da causa, menor será o percentual da verba honorária. Da mesma forma que nas demandas em que a Fazenda Pública não for parte, no momento da fixação do percentual da verba honorária, o juiz, observando a tabela correspondente, deverá levar em conta o grau de zelo profissional, o lugar de prestação do serviço, a natureza e a importância da causa, o trabalho realizado pelo advogado e o tempo exigido para o seu serviço.

O CPC/2015 ainda define, no § 4º, inciso I, do art. 85 que, em qualquer hipótese de condenação da Fazenda Pública, o percentual da verba honorária deverá ser fixado em sentença quando esta for líquida. Não sendo líquida, a definição do percentual da verba honorária somente ocorrerá quando liquidado o julgado. Será ainda considerado o salário mínimo vigente quando prolatada a sentença líquida ou que estiver em vigor na data da decisão de liquidação para fins de enquadramento do percentual da verba honorária dentro das faixas do valor da condenação, do benefício econômico ou da causa.

O § 5º do art. 85 prevê que, na hipótese de a condenação contra a Fazenda Pública ou o benefício econômico obtido pelo vencedor ou o valor da causa for superior ao valor previsto no inciso I do § 3º, a fixação do percentual de honorários deve observar a faixa inicial e, naquilo que a exceder, a faixa subsequente, e assim sucessivamente. Ou seja, verifica-se que o dispositivo em questão trouxe uma forma escalonada do cálculo dos honorários advocatícios, devendo ocorrer o preenchimento total de uma faixa para se passar para a outra até se esgotar o valor da condenação. Por exemplo, em um processo em que houve a condenação da Fazenda Pública em 10.000 salários mínimos e o juiz fixou o piso da verba honorária de cada uma das faixas. Neste caso a verba honorária será de 564 salários mínimos (20 salários na primeira faixa, 144 na segunda faixa e 400 na terceira).

O § 6º do art. 85 anteriormente comentado também se aplica às causas envolvendo a Fazenda Pública. O referido dispositivo dispõe que todos os limites e critérios definidos para apuração da verba honorária (§§ 2º e 3º) aplicam-se independentemente do conteúdo da decisão, inclusive aos casos de improcedência ou de sentença sem resolução de mérito, garantindo a isonomia entre os litigantes, na medida em que o juiz deverá adotar os mesmos critérios na apuração da verba honorária tanto no acolhimento como na rejeição do pedido formulado.

V. Das demais particularidades para a fixação dos honorários advocatícios

No que diz respeito às causas em que for inestimável ou irrisório o proveito econômico ou, ainda, quando o valor da causa for muito baixo, o § 8º do art. 85 do CPC/2015 estabelece que o juiz fixará o valor dos honorários por apreciação equitativa, observando: o grau de zelo profissional, o lugar de prestação do serviço, a natureza e a importância da causa, o trabalho realizado pelo advogado e o tempo exigido para o seu serviço.

Já nas ações de indenização por ato ilícito contra pessoa, o percentual de honorários será calculado sobre a soma das prestações vencidas acrescida de 12 prestações vincendas, conforme disposto no § 9º do art. 85 do CPC/2015.

O CPC/2015 também inova ao vedar, no § 14 do art. 85, o instituto da compensação dos honorários advocatícios em caso de sucumbência parcial. A inovação deve ser aplaudida, pois o expediente da compensação da verba honorária é largamente utilizado pelos juízes em caso de sucumbência parcial na atual sistemática do CPC/1973. Com a entrada em vigor do CPC/2015, o juiz não mais poderá se valer do referido expediente, ficando obrigado a definir o valor da verba honorária para cada qual dos patronos das partes, na medida das respectivas sucumbências.

Observando o disposto no § 14 do art. 85 do CPC/2015, a Escola Nacional da Magistratura (Enfan) editou o Enunciado nº 14, estabelecendo que "em caso de sucumbência recíproca, deverá ser considerado proveito econômico do réu, para fins do art. 85, § 2º, do CPC/2015, a diferença entre o que foi pleiteado pelo autor e o que foi concedido, inclusive no que se refere às condenações por danos morais".

Outra inovação já amplamente utilizada, mas agora expressamente regulada no § 15 do art. 85 do CPC/2015, diz respeito à possibilidade de o pagamento dos honorários ser feito em favor da sociedade de advogados que o advogado integra na qualidade de sócio.

Os juros de mora incidirão a partir da data do trânsito em julgado da decisão que vier a fixar os honorários advocatícios em quantia certa.

O direito ao recebimento dos honorários pelo advogado que atua em causa própria ficou mantido pelo CPC/2015. Da mesma forma, ficou assegurado o direito ao advogado ajuizar ação autônoma para definição e cobrança dos honorários advocatícios não fixados em sentença omissa já transitada em julgado.

Por fim, no que diz respeito aos advogados públicos, ficou reconhecido o direito ao recebimento dos honorários de sucumbência, nos termos da lei que discipline a carreira do respectivo advogado público.

Art. 86 - Se cada litigante for, em parte, vencedor e vencido, serão proporcionalmente distribuídas entre eles as despesas.
Parágrafo único - Se um litigante sucumbir em parte mínima do pedido, o outro responderá, por inteiro, pelas despesas e pelos honorários.

I. Das despesas processuais

A principal alteração trazida pelo CPC/2015 foi ter excluído a verba honorária do rateio entre as partes em caso de sucumbência recíproca. Aliás, o CPC/2015 veda expressamente essa sistemática no que diz respeito aos honorários advocatícios, conforme tivemos a oportunidade de analisar no comentário ao artigo anterior.

A redação do art. 86 expressamente estabelece que apenas as despesas serão proporcionalmente rateadas entre cada um dos litigantes, quando forem, em parte, vencedor e vencido.

Assim, apenas as despesas, estas entendidas como, por exemplo, custas judiciais, honorários de perito, poderão ser rateadas entre as partes litigantes e de acordo com a sua respectiva sucumbência.

A regra de que na hipótese de sucumbência mínima não haverá o rateio das despesas e honorários advocatícios foi mantida no CPC/2015. Isso porque decair de parte mínima do pedido não caracteriza sucumbência suficiente para autorizar o rateio das despesas e dos honorários advocatícios, ficando o litigante derrotado obrigado a arcar com a integralidade dessas verbas.

Art. 87 - Concorrendo diversos autores ou diversos réus, os vencidos respondem proporcionalmente pelas despesas e pelos honorários.
§ 1º - A sentença deverá distribuir entre os litisconsortes, de forma expressa, a responsabilidade proporcional pelo pagamento das verbas previstas no caput.
§ 2º - Se a distribuição de que trata o § 1º não for feita, os vencidos responderão solidariamente pelas despesas e pelos honorários.

I. Pluralidade de partes e rateios dos honorários e despesas

A regra da divisão das despesas processuais e honorários advocatícios na hipótese de haver pluralidade de autores e réus foi mantida no CPC/2015. A referida regra já era contemplada pelo CPC/1973.

Os litisconsortes sucumbentes (sejam autores ou réus) estão obrigados a arcar com todas as despesas processuais e honorários advocatícios. A inovação trazida pelo CPC/2015 está no fato de que a sentença deverá distribuir entre os litisconsortes sucumbentes, de forma expressa, a responsabilidade proporcional pelo pagamento das despesas processuais e honorários advocatícios. Tudo de maneira a coibir uma solidariedade entre os litisconsortes sucumbentes.

A questão da solidariedade entre os litisconsortes sucumbentes já era tratada pela jurisprudência. Vários são os julgados afastando a solidariedade e reconhecendo o direito ao rateio das despesas processuais e honorários advocatícios.

Diante do CPC/2015, caberá ao juiz analisar o papel de cada um dos litisconsortes sucumbentes e atribuir, de forma expressa, a parcela respectiva devida a título das despesas processuais e honorários advocatícios.

De outro lado, a própria lei estabelece que, caso o juiz não venha a definir de forma expressa o rateio das despesas processuais e honorários advocatícios entre os litisconsortes sucumbentes, estabelecer-se-á uma solidariedade entre eles.

Dessa forma, deverão os patronos dos litisconsortes sucumbentes ficar atentos para a nova obrigação atribuída ao juiz para que o rateio seja expressamente previsto na sentença, sob pena de eventual omissão sobre o tema caracterizar a solidariedade entre esses litisconsortes sucumbentes por todas as despesas processuais e honorários advocatícios.

Art. 88 - Nos procedimentos de jurisdição voluntária, as despesas serão adiantadas pelo requerente e rateadas entre os interessados.

Autor: **Luiz Henrique Volpe Camargo**

I. Das despesas nos procedimentos de jurisdição voluntária

Diferentemente do que acontece nos processos que tramitam pelo procedimento comum ou por procedimento especial de jurisdição contenciosa, nos processos que tramitam pelo procedimento de jurisdição voluntária, em vista da inexistência de litigiosidade e da figura do vencedor e do vencido, caberá ao requerente adiantar as despesas e suportá-las em caráter definitivo na proporção de seu interesse. O art. 88 disciplina o *ônus* de adiantamento, mas não regula a obrigação do vencido, já que, pela natureza do procedimento, não há vencedor ou vencido.

Art. 89 - Nos juízos divisórios, não havendo litígio, os interessados pagarão as despesas proporcionalmente a seus quinhões.

I. Das despesas nos juízos divisórios não litigiosos

O art. 89 é complemento do art. 88, já que também regula o *ônus* de adiantamento de despesas em processos que tramitam por específico procedimento de jurisdição voluntária. Quatro ações se encaixam na regra do art. 89: ação demarcatória (arts. 569 a 587), ação divisória (arts. 569 a 573 e arts. 588 a 598), ação de partilha e ação discriminatória para a demarcação de terras públicas. Em qualquer destes casos, caberá ao requerente adiantar as despesas e suportá-las em caráter definitivo na proporção de seu interesse. O art. 89 disciplina o *ônus* de adiantamento, mas não regula a obrigação do vencido, já que, pela natureza do procedimento, não há vencedor ou vencido.

Art. 90 - Proferida sentença com fundamento em desistência, em renúncia ou em reconhecimento do pedido, as despesas e os honorários serão pagos pela parte que desistiu, renunciou ou reconheceu.
§ 1º - Sendo parcial a desistência, a renúncia ou o reconhecimento, a responsabilidade pelas despesas e pelos honorários será proporcional à parcela reconhecida, à qual se renunciou ou da qual se desistiu.
§ 2º - Havendo transação e nada tendo as partes disposto quanto às despesas, estas serão divididas igualmente.
§ 3º - Se a transação ocorrer antes da sentença, as partes ficam dispensadas do pagamento das custas processuais remanescentes, se houver.
§ 4º - Se o réu reconhecer a procedência do pedido e, simultaneamente, cumprir integralmente a prestação reconhecida, os honorários serão reduzidos pela metade.

I. Desistência, renúncia, transação ou reconhecimento do pedido

O art. 90 disciplina a fixação da obrigação de reembolso das custas e/ou pagamento de honorários advocatícios em quatro específicas hipóteses: nos casos de desistência, renúncia, transação ou reconhecimento do pedido.

A desistência e a renúncia são atos que podem ser praticados pelo *autor*; a transação, por sua vez, é ato *bilateral*; o reconhecimento do pedido, ao seu turno, é ato que pode ser exercitado pelo *réu*.

Ressalvada a exceção do § 2º do art. 1.040, o autor-desistente sempre responderá tanto pelas despesas que adiantar quanto pelas antecipadas pelo réu. Responderá, ainda, pelos honorários advocatícios quando a desistência ocorrer após a citação do réu. De outro lado, em vista da inexistência de trabalho do advogado do réu a justificar tal condenação, o autor-desistente está dispensado do pagamento de honorários advocatícios quando sentença homologar a desistência manifestada antes da citação.

Quando o autor renunciar ao direito em que se funda a ação, ato que independe da aquiescência do réu, a sentença homologará esta manifestação de vontade e condenará o autor a pagar honorários ao advogado do réu e também a restituir a este as eventuais custas que houver antecipado no curso do processo.

Transigindo antes de ser proferida sentença que solucione de forma heterocompositiva o litígio, as partes ficam dispensadas do pagamento das custas processuais remanescentes. Essa previsão, que consta do § 3º do art. 90, é novidade que materializa incentivo econômico para que as partes solucionem o conflito pela autocomposição. Além disso, se na transação as partes não definirem a responsabilidade pelo reembolso das despesas antecipadas até a data do acordo, o § 2º do art. 90 impõe a divisão igualitária, cabendo a quem tiver desembolsado menos satisfazer o adverso até atingir a igualdade.

Outrossim, quando o réu, manifestando expressamente a aceitação da pretensão do autor, reconhecer a procedência do pedido, a sentença julgará procedente o pedido deste (art. 487, inciso III, *a*) e condenará aquele ao pagamento de despesas (art. 82, § 4º) e honorários advocatícios (art. 85, *caput*, §§ 2º ou 3º), regra que é reforçada no *caput* do art. 90. Significa, portanto, que, em relação ao reconhecimento da procedência do pedido, a previsão do *caput* do art. 90 é dispensável.

No ponto, a inovação está no § 4º do art. 90, quando diz que os honorários serão reduzidos pela metade "se o réu reconhecer a procedência do pedido e, simultaneamente, cumprir integralmente a prestação reconhecida". O benefício consiste em incentivo econômico para que o réu tome providências materiais para, desde logo, pagar a pretensão reconhecida, dispensando, com isso, o desenvolvimento da fase de cumprimento de sentença.

Sendo parcial a desistência, a renúncia ou o reconhecimento, as despesas e honorários serão fixados em proporção (art. 90, § 1º). O caso será, pois, de cisão do julgamento (art. 356). Portanto, quando houver a homologação de desistência parcial (art. 485, inciso VIII) ou quando houver renúncia parcial (art. 356 c.c. art. 487, inciso III, *c*), serão devidos honorários advocatícios ao advogado do ***réu*** na proporção da pretensão da qual se desistiu ou à qual se renunciou. De outro lado, havendo reconhecimento de um dos pedidos cumulados (art. 356 c.c. art. 487, inciso III, *a*), serão devidos honorários advocatícios ao advogado do *autor* na proporção desta específica vitória, observando-se, conforme o caso, as regras do § 2º do art. 85, se a Fazenda Pública não for parte, ou dos §§ 3º e 4º do art. 85, se, ao reverso, esta integrar um dos polos da relação processual.

Art. 91 - As despesas dos atos processuais praticados a requerimento da Fazenda Pública, do Ministério Público ou da Defensoria Pública serão pagas ao final pelo vencido.

§ 1º - As perícias requeridas pela Fazenda Pública, pelo Ministério Público ou pela Defensoria Pública poderão ser realizadas por entidade pública ou, havendo previsão orçamentária, ter os valores adiantados por aquele que requerer a prova.

§ 2º - Não havendo previsão orçamentária no exercício financeiro para adiantamento dos honorários periciais, eles serão pagos no exercício seguinte ou ao

final, pelo vencido, caso o processo se encerre antes do adiantamento a ser feito pelo ente público.

I. Despesas processuais para a prática de atos a pedido da Fazenda Pública, do Ministério Público ou da Defensoria Pública, como parte

O *caput* do art. 91 dispensa o adiantamento das despesas para a prática de atos processuais a pedido da Fazenda Pública, do Ministério Público ou da Defensoria Pública, quando figuram na condição de *parte*. Neste caso, os atos serão praticados independentemente de qualquer pagamento prévio, o que significa que o *caput* do art. 91 contempla exceção à regra do *caput* do art. 82.

Apesar de dispensar o adiantamento, o *caput* do art. 91 prevê que o vencido deverá, na sentença, ser condenado a pagar as despesas processuais dos atos processuais praticados a pedido da Fazenda Pública, do Ministério Público ou da Defensoria Pública quando qualquer deles, *como parte*, se sagrar vencedor.

As duas únicas despesas que devem ser antecipadas pela Fazenda Pública, Ministério Público ou Defensoria Pública são as necessárias para a) a realização de perícia (cf. Enunciado nº 190 da súmula de jurisprudência dominante do STJ, que diz: "Na execução fiscal, processada perante a justiça estadual, cumpre à Fazenda Pública antecipar o numerário destinado ao custeio das despesas com o transporte dos oficiais de Justiça"); b) o cumprimento de diligência por oficial de justiça (cf. Enunciado nº 232 da súmula de jurisprudência dominante do STJ, que diz que "A Fazenda Pública, quando parte no processo, fica sujeita à exigência do depósito prévio dos honorários do perito").

Os honorários do perito deverão ser adiantados se houver "previsão orçamentária" (art. 91, § 1º). Além da opção de realização da perícia por perito particular, remunerado previamente, é certo que também é possível a realização da perícia "por entidade pública", como, por exemplo, pelas universidades federais ou por qualquer outro órgão público conveniado (art. 95, § 3º).

Art. 92 - Quando, a requerimento do réu, o juiz proferir sentença sem resolver o mérito, o autor não poderá propor novamente a ação sem pagar ou depositar em cartório as despesas e os honorários a que foi condenado.

I. Pagamento de despesas e honorários para propositura de nova ação

No caso de extinção do processo sem resolução de mérito, é lícito ao autor propor nova ação. É, contudo, condição para que o novo processo seja admitido que o autor se desincumba do ônus de pagar as despesas processuais e honorários advocatícios do primeiro processo, extinto por sentença fundada no art. 485.

Sendo a Fazenda Pública a autora da nova ação, a expedição do precatório para o pagamento do crédito de honorários da primeira ação é suficiente para resultar no preenchimento do requisito do art. 92 do CPC/2015 (nesse sentido: 2ª T., REsp nº 1151050/RS, Rel. Min. Castro Meira, j. 5/8/2010, v.u.).

Art. 93 - As despesas de atos adiados ou cuja repetição for necessária ficarão a cargo da parte, do auxiliar da justiça, do órgão do Ministério Público ou da Defensoria Pública ou do juiz que, sem justo motivo, houver dado causa ao adiamento ou à repetição.

I. Adiantamento de despesas no caso de adiamento ou repetição sem justo motivo

Em algumas situações específicas, é possível que um ato processual para o qual a parte antecipou a despesa tenha de ser adiado ou repetido. Se o cancelamento ou a necessidade de repetição decorrer de ato culposo de auxiliar da justiça, de promotor de justiça, defensor público ou juiz, caberá ao causador da prorrogação a responsabilidade pelo adiantamento da nova despesa necessária, salvo justo motivo.

Por exemplo, se, ao elaborar o mandado de intimação da parte para prestar depoimento pessoal, por equívoco, o cartório apontar data diversa da designada para a audiência e, por conta disso, a parte não comparecer, resultando, com isso, no adiamento da audiência, caberá, pois, ao servidor responsável pela equivocada expedição responder pelas novas despesas do oficial de justiça para a repetição do ato.

Art. 94 - Se o assistido for vencido, o assistente será condenado ao pagamento das custas em proporção à atividade que houver exercido no processo.

I. Da condenação de despesas do assistente

O art. 94 cuida da responsabilidade do assistente, seja simples ou litisconsorcial, de arcar com as despesas processuais dos atos que praticar no exercício da assistência. Atento ao seu conteúdo, na sentença, o juiz deverá condenar o assistente a reembolsar o vencedor de seu assistido vencido "na proporção da atividade que houver exercido no processo".

Art. 95 - Cada parte adiantará a remuneração do assistente técnico que houver indicado, sendo a do perito adiantada pela parte que houver requerido a perícia ou rateada quando a perícia for determinada de ofício ou requerida por ambas as partes.
§ 1º - O juiz poderá determinar que a parte responsável pelo pagamento dos honorários do perito deposite em juízo o valor correspondente.
§ 2º - A quantia recolhida em depósito bancário à ordem do juízo será corrigida monetariamente e paga de acordo com o art. 465, § 4º.
§ 3º - Quando o pagamento da perícia for de responsabilidade de beneficiário de gratuidade da justiça, ela poderá ser:
I - custeada com recursos alocados no orçamento do ente público e realizada por servidor do Poder Judiciário ou por órgão público conveniado;
II - paga com recursos alocados no orçamento da União, do Estado ou do Distrito Federal, no caso de ser realizada por particular, hipótese em que o valor será fixado conforme tabela do tribunal respectivo ou, em caso de sua omissão, do Conselho Nacional de Justiça.
§ 4º - Na hipótese do § 3º, o juiz, após o trânsito em julgado da decisão final, oficiará a Fazenda Pública para que promova, contra quem tiver sido condenado ao pagamento das despesas processuais, a execução dos valores gastos com a perícia particular ou com a utilização de servidor público ou da estrutura de órgão público, observando-se, caso o responsável pelo pagamento das despesas seja beneficiário de gratuidade da justiça, o disposto no art. 98, § 2º.
§ 5º - Para fins de aplicação do § 3º, é vedada a utilização de recursos do fundo de custeio da Defensoria Pública.

I. Do adiantamento da despesa com honorários do assistente técnico

O assistente técnico é profissional que atua por indicação da parte e mediante contraprestação financeira definida por ambos. É ônus da parte arcar com tal despesa no valor, tempo e modo definidos em contrato escrito ou verbal.

II. Do adiantamento da despesa com honorários do perito

O assistente técnico é profissional que atua por indicação comum das partes (art. 472) ou por indicação do juiz (art. 465). Quando indicado pelo juiz, cabe a este definir o valor da contraprestação financeira pelo trabalho (art. 465, § 3º), levando em conta a proposta do perito (art. 465, § 2º, inciso I), a manifestação das partes (art. 465, § 3º), a complexidade do trabalho, a sua duração e a "tabela do tribunal respectivo ou, em caso de sua omissão, do Conselho Nacional de Justiça" (§ 3º do art. 95). Por outro lado, quando for indicado, de comum acordo, pelas partes, é conveniente que definam (art. 190 c.c. art. 471), desde logo, o valor dos honorários e a responsabilidade pelo seu pagamento.

III. A quem compete adiantar a despesa

Se a perícia for requerida apenas pelo autor, a este caberá o adiantamento dos honorários; se a perícia for requerida somente pelo réu, a este, ao seu turno, caberá o referido ônus. Se, de outro lado, a perícia for requerida pelas duas partes ou for determinada de ofício pelo juízo, caberá às duas partes o rateio da antecipação dos honorários. Esse pagamento deverá ser realizado em conta judicial e o levantamento pelo perito dependerá de autorização judicial, que deve observar o comando do art. 465, § 4º.

IV. Beneficiário da Justiça Gratuita

O beneficiário da Justiça Gratuita está isento do adiantamento das despesas processuais. Diante disso, quando houver necessidade de realização de perícia em processo do qual participe, esta poderá ser realizada: a) por servidor do Poder Judiciário, caso em que não haverá despesa específica; b) por órgão público conveniado, como, por exemplo, por universidades federais; c) por particular, desde que o pagamento seja adiantado com recursos previamente alocados no orçamento. Significa, portanto, que o ônus de adiantar a despesa não é transferido para o adversário do beneficiário da Justiça Gratuita, mas, sim, para o Estado. Ao final, o Estado, por sua vez, poderá buscar o reembolso do valor adiantado, promovendo execução contra o vencido. Caso o vencido seja o próprio beneficiário da Justiça Gratuita, a exigibilidade deste crédito ficará suspensa por cinco anos (art. 98, §§ 2º e 3º).

Art. 96 - O valor das sanções impostas ao litigante de má-fé reverterá em benefício da parte contrária, e o valor das sanções impostas aos serventuários pertencerá ao Estado ou à União.

I. Destinatário das sanções por má-fé

O art. 96 define o destinatário de eventuais *multas* impostas no curso do processo em duas situações: a) quando imposta a uma das partes, em regra, a multa é devida pelo litigante de má-fé à parte inocente (por exemplo, art. 81 [multa por litigância de má-fé]; art. 202 [multa pelo lançamento de cotas marginais ou interlineares]; art. 234, §§ 1º e 4º [multa pela não devolução dos autos no prazo do ato praticado]; art. 258 [multa pelo requerimento de citação por edital realizado dolosamente]; arts. 380, parágrafo único, e 403, parágrafo único [pela sonegação de informações ou pela recusa de exibição de prova por terceiro]; art. 468, § 1º [trata da substituição do perito quando deixar de cumprir o encargo a ele confiado]; art. 625 [descumprimento do dever de bom exercício do cargo de inventariante]; art. 702, § 11 [utilização indevida e de má-fé, pelo autor, do procedimento monitório]; art. 702, § 12 [pela oposição indevida e de má-fé, pelo réu, à pretensão do autor no procedimento monitório]; art. 774, parágrafo único [por ato atentatório à dignidade da Justiça no processo de execução]; art. 903, § 6º [pela suscitação infundada de vício com o objetivo de ensejar a desistência do arrematante]; art. 1.021, § 4º [quando o agravo interno for declarado manifestamente inadmissível ou improcedente em votação unânime]; art. 1.026,

§§ 2º e 3º [quando manifestamente protelatórios os embargos de declaração]); b) quando imposta a serventuário da Justiça, é devida pelo servidor faltoso ao Estado ou à União, conforme o caso.

Inobstante a regra geral do art. 96, é certo que há outros dispositivos que estabelecem que a multa devida pela parte por ato de má-fé será revertida *ao Estado* – e não à parte inocente (por exemplo, art. 77, §§ 1º e 2º [que trata da multa pelo descumprimento ou embaraço no cumprimento das determinações judiciais ou da "inovação ilegal de fato de bem ou direito litigioso"]; do art. 100, parágrafo único [que trata da multa a quem requerer, indevidamente e de má-fé, os benefícios da Justiça Gratuita]; e do art. 334, § 8º [que trata da multa a que não comparecer injustificadamente à audiência de conciliação ou mediação]).

Art. 97 - A União e os Estados podem criar fundos de modernização do Poder Judiciário, aos quais serão revertidos os valores das sanções pecuniárias processuais destinadas à União e aos Estados, e outras verbas previstas em lei.

I. Fundos de modernização

O art. 97, que não tem correspondente no CPC/1973, institui a faculdade de a União e Estados criarem fundos de modernização do Poder Judiciário aos quais serão destinadas as receitas de sanções pecuniárias impostas às partes e recebidas espontaneamente ou em execução forçada (art. 77, § 3º).

Seção IV - Da Gratuidade da Justiça

Art. 98 - A pessoa natural ou jurídica, brasileira ou estrangeira, com insuficiência de recursos para pagar as custas, as despesas processuais e os honorários advocatícios tem direito à gratuidade da justiça, na forma da lei.
§ 1º - A gratuidade da justiça compreende:
I - as taxas ou as custas judiciais;
II - os selos postais;
III - as despesas com publicação na imprensa oficial, dispensando-se a publicação em outros meios;
IV - a indenização devida à testemunha que, quando empregada, receberá do empregador salário integral, como se em serviço estivesse;
V - as despesas com a realização de exame de código genético - DNA e de outros exames considerados essenciais;
VI - os honorários do advogado e do perito e a remuneração do intérprete ou do tradutor nomeado para apresentação de versão em português de documento redigido em língua estrangeira;
VII - o custo com a elaboração de memória de cálculo, quando exigida para instauração da execução;
VIII - os depósitos previstos em lei para interposição de recurso, para propositura de ação e para a prática de outros atos processuais inerentes ao exercício da ampla defesa e do contraditório;
IX - os emolumentos devidos a notários ou registradores em decorrência da prática de registro, averbação ou qualquer outro ato notarial necessário à efetivação de decisão judicial ou à continuidade de processo judicial no qual o benefício tenha sido concedido.
§ 2º - A concessão de gratuidade não afasta a responsabilidade do beneficiário pelas despesas processuais e pelos honorários advocatícios decorrentes de sua sucumbência.
§ 3º - Vencido o beneficiário, as obrigações decorrentes de sua sucumbência ficarão sob condição suspensiva de exigibilidade e somente poderão ser executadas se, nos 5 (cinco) anos subsequentes ao trânsito em julgado da decisão que as certificou, o credor demonstrar que deixou de existir a situação de insuficiência de recursos que justificou a concessão de gratuidade, extinguindo-se, passado esse prazo, tais obrigações do beneficiário.
§ 4º - A concessão de gratuidade não afasta o dever de o beneficiário pagar, ao final, as multas processuais que lhe sejam impostas.
§ 5º - A gratuidade poderá ser concedida em relação a algum ou a todos os atos processuais, ou consistir na redução percentual de despesas processuais que o beneficiário tiver de adiantar no curso do procedimento.
§ 6º - Conforme o caso, o juiz poderá conceder direito ao parcelamento de despesas processuais que o beneficiário tiver de adiantar no curso do procedimento.
§ 7º - Aplica-se o disposto no art. 95, §§ 3º a 5º, ao custeio dos emolumentos previstos no § 1º, inciso IX, do presente artigo, observada a tabela e as condições da lei estadual ou distrital respectiva.
§ 8º - Na hipótese do § 1º, inciso IX, havendo dúvida fundada quanto ao preenchimento atual dos pressupostos para a concessão de gratuidade, o notário ou registrador, após praticar o ato, pode requerer, ao juízo competente para decidir questões notariais ou registrais, a revogação total ou parcial do benefício ou a sua substituição pelo parcelamento de que trata o § 6º deste artigo, caso em que o beneficiário será citado para, em 15 (quinze) dias, manifestar-se sobre esse requerimento.

Autor: Roberto Eurico Schmidt Junior

I. Diferença entre assistência jurídica e assistência judiciária

Há uma larga diferença entre assistência jurídica e assistência judiciária. Note-se que a gratuidade da justiça tratada na presente seção é consequência do estabelecido na CF (art. 5º, inciso LXXIV), sendo que "o Estado prestará assistência jurídica integral e gratuita aos que comprovarem insuficiência de recursos". De palmar evidência que a norma constitucional é bem mais ampla, uma vez que determina a prestação de *assistência jurídica*, ou seja, para todas as hipóteses em que se torne necessária, ou até mesmo recomendável, a presença de advogado, deve o Estado fornecê-la, incluindo-se aí a consultoria. O Código de Processo Civil estabelece tão só uma das hipóteses de assistência jurídica, qual seja a *assistência judiciária*. Assim sendo, toda e qualquer norma que se possa extrair dos dispositivos constantes da presente seção deve estar em consonância com a garantia constitucional insculpida no mencionado art. 5º.

II. Atividade extrajudicial da Defensoria Pública

"A vertente extrajudicial da assistência jurídica prestada pela Defensoria Pública permite a orientação (informação em direito), a realização de mediações, conciliações e arbitragem (resolução alternativa de litígios), entre outros serviços, evitando, muitas vezes, a propositura de ações judiciais" (STF, Tribunal Pleno, ADI nº 2922, Rel. Min. Gilmar Mendes, j. 3/4/2014, Acórdão eletrônico, DJe 213, divulg. 29/10/2014, publ. 30/10/2014).

III. Vigência da Lei nº 1.060/1950

Importante observar que a Lei nº 1.060/1950 continua vigente, na medida em que o Código revogou apenas alguns dispositivos do mencionado diploma, como se extrai do art. 1.072, inciso III. Efetivamente restam revogados os arts. 2º, 3º, 4º, 6º, 7º, 11, 12 e 17 da citada lei, estando em vigor os demais dispositivos. Ante a existência de dois diplomas tratando da mesma matéria, deve-se buscar a compatibilidade entre aquilo que se encontra disposto no Código e aquilo que dispõe a legislação extravagante. Entretanto, havendo conflito entre o disposto nesta seção e aquilo que se encontra na Lei nº 1.060/1950, deve prevalecer o que estabelece o diploma processual civil, uma vez que *lex posterior derogat legi priori*.

IV. Prazo em dobro para a Defensoria não inclui defensor dativo

O art. 186, *caput*, do Código repete a fórmula que se encontra no art. 5º, § 5º, da Lei nº 1060/1950, atribuindo prazo em dobro para as manifestações da Defensoria Pública, estendendo este benefício aos escritórios de prática jurídica das faculdades e às demais entidades que tenham convênio com a Defensoria para a prestação da assistência judiciária (CPC/2015, art. 186, § 3º). Tal dobra de prazos não se aplica ao advogado dativo, quer seja este nomeado pelo juiz ou indicado pela parte. Neste sentido decidiu o STF que "A jurisprudência desta Corte é no sentido de que o prazo em dobro previsto na Lei nº 1.060/50 é prerrogativa concedida unicamente aos defensores públicos, não sendo extensível aos beneficiários da Justiça gratuita assistidos por advogados, como no caso, de sua livre escolha" (STF, 1ª T., AI nº 242160 AgR, Rel. Min. Dias Toffoli, j. 28/2/2012, Acórdão eletrônico, DJe 069, divulg. 9/4/2012, publ. 10/4/2012).

V. Beneficiários da gratuidade podem ser pessoas físicas ou pessoas jurídicas

Não há qualquer distinção entre pessoa natural, formal ou jurídica para que se conceda o benefício da gratuidade. O que se encontra, a exemplo do que já se consolidou na doutrina e na jurisprudência, são requisitos específicos a cada situação. Diferentemente da Lei nº 1.060/1950, que não era clara neste aspecto (art. 2º), o dispositivo em baila deixa evidente a possibilidade de se conceder o benefício da gratuidade inclusive às pessoas jurídicas de qualquer natureza. Assim, mesmo que as pessoas jurídicas tenham natureza empresarial, como acontece, por exemplo, com as sociedades empresárias, nada mais obsta a concessão a gratuidade. Também a nacionalidade do beneficiário, pessoa natural ou pessoa jurídica, é irrelevante, até mesmo porque o art. 5, inciso LXXIV, da CF não faz qualquer distinção quanto àqueles que podem gozar do benefício da assistência jurídica, exigindo, tão somente, a insuficiência de recursos financeiros. De fato, a única exigência a ser feita para a concessão do benefício é a impossibilidade de o litigante arcar com as custas e as despesas inerentes ao litígio, sendo de se conceder o benefício inclusive a terceiro interveniente, como no caso do art. 94 do Código.

VI. Pessoa jurídica de direito privado e gratuidade

Súmula nº 481 do STJ: "Faz jus ao benefício da justiça gratuita a pessoa jurídica com ou sem fins lucrativos que demonstrar sua impossibilidade de arcar com os encargos processuais".

VII. Assistência jurídica gratuita a sindicato

"Posição da Primeira e Segunda Turmas deste Tribunal no sentido de que descabe a concessão de assistência jurídica gratuita aos sindicados, ainda que pessoa jurídica sem fins lucrativos, considerando que estes recolhem contribuições para o fim específico de promover a defesa dos interesses dos seus associados, desempenhando, inclusive, a função de prestar assistência jurídica (AgRg no REsp 1106416/RS, desta relatoria, Primeira Turma, DJe 12/3/2010)" (STJ, 1ª T., AgRg no REsp nº 1207926/PR, Rel. Min. Benedito Gonçalves, j. 7/6/2011, DJe de 10/6/2011).

VIII. Pedido de gratuidade formulado por espólio

"É admissível o deferimento da justiça gratuita a espólio em hipótese na qual fiquem comprovadas a modéstia do monte a ser transmitido e a impossibilidade de atendimento das despesas inerentes ao processo judicial, porquanto, *a priori*, imagina-se que os custos possam ser suportados pelos bens da massa em razão de seu manifesto cunho econômico, cabendo ao inventariante demonstrar o contrário. Precedentes: AgA 868.533/RJ, Rel. Min. Ari Pargendler, DJU 22.10.07; AgA 680.115/SP, Rel. Min. Fernando Gonçalves, DJU 12.09.05; REsp 257.303/MG, Rel. Min. Barros Monteiro, DJU 18.02.02; REsp 98.454/RJ, Rel. Min. Aldir Passarinho Junior, DJU 23.10.2000" (STJ, 2ª T., REsp nº 1138072/MG, Rel. Ministro Castro Meira, j. 1º/3/2011, DJe de 17/3/2011).

IX. Pedido de gratuidade formulado por massa falida

"REQUERIMENTO DE JUSTIÇA GRATUITA FORMULADO POR MASSA FALIDA. NECESSIDADE DE COMPROVAÇÃO DA INSUFICIÊNCIA DE RECURSOS. AGRAVO REGIMENTAL AO QUAL SE NEGA PROVIMENTO" (STF, 1ª T., AI nº 621770 ED, Rel. Min. Cármen Lúcia, j. 23/8/2011, DJe 176, divulg. 13/9/2011, publ. 14/9/2011, EMENT VOL-02586-02 PP-00253, RT v. 100, n. 913, 2011, p. 485-490).

X. Verbas incluídas na gratuidade

O elenco apresentado no § 1º não é exaustivo, nem poderia sê-lo. Ora, a gratuidade, cujo esteio está na CF, é uma das facetas do acesso à justiça; garantia constitucional. Desta sorte, mesmo as despesas não mencionadas no referido parágrafo, e desde que relacionadas à prestação jurisdicional do Estado, estão abrangidas pela gratuidade, especialmente aquelas mencionadas no art. 84 do Código, inclusive a caução de que trata o art. 83.

XI. Honorários de perito judicial e gratuidade

"Os honorários do perito judicial, nas ações que tramitam sob o pálio da assistência judiciária, devem ao final ser pagos pela parte contrária, se vencida, ou, caso contrário, pelo Estado, responsável pela prestação do benefício" (STJ, 3ª T., REsp nº 1377633/SP, Rel. Min. Nancy Andrighi, j. 18/3/2014, DJe de 26/3/2014).

XII. Depósito em ação rescisória e gratuidade

"Os postulantes beneficiários da Justiça Gratuita estão dispensados do depósito prévio previsto no art. 488, II, do CPC" (STJ, 3ª Seção, AR nº 2.628/RJ, Rel. Min. Nefi Cordeiro, j. 13/8/2014, DJe de 22/8/2014), esclarecendo-se que este julgado aplica-se ao art. 968, inciso II, deste Código, que manteve idêntica redação ao dispositivo (art. 488) anterior.

XIII. Gratuidade e isenção de Imposto de Transmissão *Causa Mortis*

"Cabe ao juiz do inventário à vista da situação dos herdeiros, miseráveis na forma da lei, por isto ao apanágio da Justiça Gratuita, declará-los isentos do pagamento do imposto de transmissão *causa mortis* (REsp n. 238.161/SP, Rel. Min. Eliana Calmon)" (STJ, 2ª T., REsp nº 138.843/RJ, Rel. Min. Castro Meira, j. 8/3/2005, DJ de 13/6/2005, p. 217).

XIV. Custas de processo anterior e repropositura da demanda

Em razão do art. 486, § 1º, do CPC/2015, exige-se, para determinadas hipóteses em que houve extinção do processo sem resolução de mérito, que a parte, ao intentar novamente a demanda, pague, por primeiro, as custas e os honorários sucumbenciais da demanda anterior, como já o determinava o art. 268 do CPC/1973. Entretanto, em se tratando de beneficiário da assistência jurídica gratuita, decidiu o STJ que tal exigência há de ser mitigada. Efetivamente decidiu a Corte Superior que, "Estando o litigante sob o pálio da justiça gratuita, resta mitigada a regra que determina o prévio recolhimento das custas do processo anterior" (STJ, 4ª T., AgRg no Ag nº 1208487/MG, Rel. Min. Aldir Passarinho Junior, j. 2/12/2010, DJe de 15/12/2010).

XV. Justiça gratuita, o art. 798, inciso I, *b*, do CPC/2015 e contador judicial

O art. 798, inciso I, *b*, determina que o credor, ao promover a execução por quantia certa, apresente a memória do cálculo, dispositivo que encontra paralelo no art. 614, inciso II, CPC/1973. Como a elaboração da memória do cálculo (histórico da dívida) demanda gasto se feita por particular, pode o beneficiário de gratuidade propor a ação e requerer que o julgador encaminhe, antes da citação do devedor, para o contador do juízo, com o intuito de que este, o contador, elabore a memória do cálculo. Neste sentido decidiu o STJ que "[...] aqueles que são hipossuficientes, beneficiários da Justiça Gratuita (Lei nº 1.060/50), apesar de terem o dever de apresentar a planilha quando iniciada a execução, podem se valer destes préstimos, porquanto não terão como, por fonte própria, arcar com tais recursos. O magistrado da execução deverá determinar o encaminhamento dos autos a tal setor, para que se proceda à elaboração dos cálculos (cf. REsp nº 140.574/SP e nº 163.443/SP)" (STJ, 5ª T., REsp nº 599.570/RS, Rel. Min. Jorge Scartezzini, j. 4/3/2004, DJ de 26/4/2004, p. 215).

XVI. Sucumbência do beneficiário e verbas sucumbenciais

Sendo o beneficiário a sucumbir, será condenado em custas e honorários, condenação esta que restará suspensa pelo prazo de cinco anos. Neste intervalo de tempo, havendo alteração em seu patrimônio, tais custas e honorários poderão ser cobrados. Assim, como a sucumbência do beneficiário da gratuidade não impede sua condenação em custas e honorários, deve-se aplicar o disposto no art. 82, § 2º, do CPC/2015. Entretanto, em razão do § 3º do mesmo artigo, as verbas sucumbenciais terão a sua exigibilidade suspensa pelo prazo de cinco anos a contar do trânsito em julgado da decisão em que foram dispostas. Sobrevindo ao beneficiário, neste lapso temporal, alteração em sua condição financeira, demonstrando que pode arcar com tais consequências financeiras, poderão estas despesas ser cobradas. Neste sentido o STF decidiu "[...] ser cabível a condenação do Autor na verba de sucumbência, ficando suspensa a exigibilidade na forma da Lei nº 1.060" (STF, 1ª T., ARE nº 663901 AgR, Rel. Min. Luiz Fux, j. 26/6/2012, Acórdão eletrônico, DJe 159, divulg. 13/8/2012, publ. 14/8/2012), tendo o STJ seguido o mesmo caminho: "O beneficiário da justiça gratuita não é isento do pagamento dos ônus sucumbenciais, apenas sua exigibilidade fica suspensa até que cesse a situação de hipossuficiência ou se decorridos cinco anos, conforme prevê o art. 12 da Lei 1.060/50" (STJ, 2ª T., AgRg no AREsp nº 590.499/SP, Rel. Min. Humberto Martins, DJe de 21/11/2014).

XVII. Sucumbência recíproca e compensação de verba honorária

O CPC/2015 (art. 85, § 14) não mais permite a compensação de verba honorária em caso de sucumbência recíproca, contrariamente ao que acontecia no CPC/1973 (art. 21). Entretanto, mesmo na vigência do diploma anterior, o STJ já vinha se posicionando no sentido de não admitir a compensação por entender que "[...] a verba honorária pertence ao advogado, que tem sobre ela direito autônomo" (STJ, 2ª T., EDcl no AgRg no AREsp nº 629.132/RS, Rel. Min. Humberto Martins, j. 28/4/2015, DJe de 6/5/2015).

XVIII. Impossibilidade de compensação de honorários sucumbenciais com resultado útil do processo

Decidiu o TRF da 1ª Região que, "Concedida a justiça gratuita ao hipossuficiente não é crível determinar a compensação da verba honorária de sucumbência com eventuais benefícios pecuniários provenientes do resultado final do processo, razão pela qual deve ser decotada da sentença a parte que autorizou referida compensação, uma vez que, a teor do art. 12 da Lei 1.060/1650, quando concedida justiça gratuita à parte vencida fica suspensa a execução dos honorários da parte vencedora enquanto permanecer o estado de necessidade até o máximo de cinco anos, quando a obrigação restará prescrita" (TRF-1ª Região, 6ª T., AC nº 0034270-77.2013.4.01.3800/MG, Rel. Des. Federal Jirair Aram Meguerian, e-DJF1 de 12/11/2014, p. 148).

XIX. Despesas com carta rogatória

Para o STF e o STJ, as despesas inerentes ao cumprimento de carta rogatória não são alcançadas pela gratuidade, salvo quando requeridas pelo Ministério Público. Neste sentido decidiu o STF que "[...] A gratuidade se refere, exclusivamente, às diligências requestadas pelo órgão ministerial público. Interpretação das letras "b" e "k" do item 10 da Portaria nº 26 de 14 de agosto de 1990, com a redação da Portaria nº 16 de setembro de 2003, ambas do Ministério das Relações Exteriores. Interpretação que afina com o art. 804 do Código de Processo Penal, que se destina aos feitos em curso no Brasil" (STF, 1ª T., HC nº 85653, Rel. Min. Ricardo Lewandowski, Rel. p/ acórdão Min. Carlos Britto, j. 5/8/2008, DJe 177, divulg. 18/9/2008, publ. 19/9/2008), sendo que o STJ seguiu o mesmo caminho ao decidir que "[...] de acordo com o art. 10 da Portaria nº 26/90 do Ministério das Relações Exteriores, para o cumprimento de carta rogatória, os Estados Unidos da América exigem, entre outras providências, o recolhimento prévio das despesas, estando vedada a gratuidade" (STJ, 6ª T., HC nº 37.690/SP, Rel. Min. Nilson Naves, j. 30/6/2005, DJ de 13/2/2006, p. 849).

XX. Litigância de má-fé do beneficiário e multa

A gratuidade não torna o beneficiário imune a toda e qualquer consequência financeira do processo, não estando dispensado do pagamento das multas processuais. Assim, nada impede sofra as sanções do art. 81 do CPC/2015. Nesta hipótese não há qualquer isenção, ou seja, as quantias devidas em decorrência da litigância de má-fé ou as quantias decorrentes de qualquer outra sanção processual são devidas e exigíveis de imediato, não sendo alcançadas pela gratuidade eventualmente concedida. Neste sentido decidiu o STJ que, "De acordo com a jurisprudência desta Corte, a parte beneficiária da justiça gratuita está sujeita ao recolhimento da multa em questão, pois 'o benefício da assistência judiciária não tem o condão de tornar o assistido infenso às penalidades processuais legais por atos de procrastinação ou litigância de má-fé por ele praticados no curso da lide' (STJ, EDcl no AgRg no Resp 1.113.799/RS)" (4ª T., RCD no AREsp nº 444.220/SP, Rel. Min. Marco Buzzi, j. 21/10/2014, DJe de 29/10/2014). No mesmo sentido decidiu o STF que "o benefício da justiça gratuita não isenta a parte do pagamento da multa dos arts. 17 e 18 do CPC" (STF, AI nº 342393 AgR-ED-EI, Rel. Min. Celso de Mello, entre outros). Em sentido contrário, determinando a suspensão da multa, o mesmo STF decidiu que "A circunstância de a parte ser beneficiária da justiça gratuita não a isenta do pagamento das sanções aplicadas na forma da lei processual, devendo, contudo, o recolhimento da multa ficar suspenso, consoante determina o art. 12 da Lei nº 1.060/50" (STF, 1ª T., AI nº 664208 AgR-ED, Rel. Min. Dias Toffoli, j. 16/4/2013, acórdão eletrônico, DJe 148, divulg. 31/7/2013, publ. 1º/8/2013). Esta última decisão encontra-se superada ante o disposto no § 4º deste artigo.

XXI. Gratuidade de recolhimento de multas recursais como pressuposto objetivo de recorribilidade

Em algumas hipóteses, a interposição de recurso manifestamente inadmissível ou improcedente impõe multa ao recorrente, multa esta que condiciona a interposição de outro recurso. Entretanto, em se tratando de beneficiário da gratuidade, tais multas não condicionam a interposição de outros recursos, como se extrai dos arts. 1.021, § 5º, e 1.026, § 3º. Embora os dispositivos mencionados não condicionem a interposição de outros recursos ao recolhimento da multa em se tratando de beneficiário da justiça gratuita, tais quantias são exigíveis ao final, caso o beneficiário venha a sucumbir, não estando alcançadas pelas benesses da gratuidade. No regime do CPC/1973, o STF se posicionava de forma a exigir o pagamento da multa, até mesmo porque naquele diploma legal o pagamento da multa era uma condição de recorribilidade. De fato, decidiu o STF que "A jurisprudência do Supremo Tribunal Federal é no sentido de que a exigência da multa é pressuposto objetivo de recorribilidade consectário do dever de lealdade processual e se aplica também aos beneficiários da justiça gratuita" (STF, 1ª T., AI nº 608833 AgR-ED-ED-ED, Rel. Min. Roberto Barroso, j. 14/4/2015, acórdão eletrônico, DJe 082, divulg. 4/5/2015, publ. 5/5/2015). No mesmo sentido: "Aplica-se ao beneficiário da justiça gratuita a exigência de comprovação do depósito da multa de que trata o § 2º do art. 557 do CPC" (STF, 2ª T., RE nº 286512 AgR-ED, Rel. Min. Cezar Peluso, j. 26/5/2009, DJe 113, divulg. 18/6/2009, publ. 19/6/2009).

XXII. Beneficiário pode contratar advogado particular

O fato de a parte pleitear os benefícios da gratuidade não impõe à mesma o dever de socorrer-se da Defensoria Pública. Os benefícios decorrentes da assistência jurídica gratuita decorrem da condição pessoal do postulante, e não das condições de seu patrono. Assim, mesmo que a parte tenha optado por escolher advogado particular, tal fato não interfere, sob nenhuma ótica, na concessão do benefício. Neste sentido, decidiu a Corte Superior que "[...] nada impede a parte de obter os benefícios da assistência judiciária e ser representada por advogado particular que indique [...]" (STJ, 3ª T., REsp nº 1.153.163/RS, Rel. Min. Nancy Andrighi, j. 26/6/2012, DJe de 2/8/2012).

XXIII. Justiça gratuita e honorários na contratação de advogado particular

O beneficiário da gratuidade não está compelido a socorrer-se da Defensoria Pública ou de qualquer outro aparato estatal destinado a tal mister. Pode ele, desejando, contratar advogado particular e postular o benefício. Tendo optado pela contratação de advogado particular, os honorários avençados são devidos. Neste sentido decidiu o STJ que "De acordo com o entendimento deste Superior Tribunal, a parte deve arcar com a verba honorária que contratou, ainda que litigue sob o pálio da Justiça Gratuita" (STJ, 3ª T., AgRg no REsp nº 1336619/RS, Rel. Min. Paulo de Tarso Sanseverino, j. 11/6/2013, DJe de 19/6/2013). Em voto bastante elucidativo, esta mesma Corte assentou que "'1 [...] havendo a celebração de contrato com previsão de pagamento de honorários *ad exito*, estes serão devidos, independentemente da sua situação econômica ser modificada pelo resultado final da ação, não se aplicando a isenção prevista no art. 3º, V, da Lei nº 1.060/50, presumindo-se que a esta renunciou' (REsp 1.153.163/RS, Rel. Ministra NANCY ANDRIGHI, TERCEIRA TURMA, julgado em 26/6/2012, DJe 2/8/2012). 2. Entendimento contrário tem a virtualidade de fazer com que a decisão que concede a gratuidade de justiça apanhe ato extraprocessual e pretérito, qual seja o próprio contrato celebrado entre o advogado e o cliente, interpretação que vulnera a cláusula de sobredireito da intangibilidade do ato jurídico perfeito (CF/88, art. 5º, inciso XXXVI; LINDB, art. 6º). 3. Ademais, estender os benefícios da justiça gratuita aos honorários contratuais, retirando do causídico a merecida remuneração pelo serviço prestado, não viabiliza, absolutamente, maior acesso do hipossuficiente ao Judiciário. Antes, dificulta-o, pois não haverá advogado que aceitará patrocinar os interesses de necessitados para ser remunerado posteriormente com amparo em cláusula contratual *ad exitum*, circunstância que, a um só tempo, também fomentará a procura pelas Defensorias Públicas, com inegável prejuízo à coletividade de pessoas – igualmente necessitadas – que delas precisam" (4ª T., REsp nº 1065782/RS, Rel. Min. Luis Felipe Salomão, j. 7/3/2013, DJe de 22/3/2013).

XXIV. São devidos honorários sucumbenciais ao beneficiário da gratuidade que vence a demanda

Súmula nº 450 do STF: "São devidos honorários de advogado sempre que vencedor o beneficiário de justiça gratuita".

XXV. A concessão do benefício se estende por toda a relação processual independentemente de renovação do pedido a cada instância

Uma vez concedida a gratuidade, não é necessário que a parte reitere o pedido a cada instância, nem mesmo para a interposição de recurso especial, ou seja, a concessão da gratuidade vale para todo o transcurso da relação jurídica processual enquanto não revogada, sendo, portanto, desnecessária qualquer renovação de pedido. Neste sentido decidiu o STJ que "1. A assistência judiciária gratuita estende-se a todas as instâncias e a todos os atos do processo. 2. A renovação do pedido ou a comprovação de que a parte recorrente é beneficiária da justiça gratuita não é necessária quando da interposição do recurso especial" (STJ, 3ª T., AgRg no AREsp nº 593.007/SP, Rel. Min. João Otávio de Noronha, j. 21/5/2015, DJe de 26/5/2015).

XXVI. Concessão parcial de gratuidade

Não é necessário que o benefício seja concedido em sua integralidade, podendo sê-lo apenas parcialmente. De fato, é possível que o postulante possa arcar com algumas custas, e não com outras. Assim, pode-se, por exemplo, conceder o benefício para os honorários periciais, quando tal verba suplantar as forças econômicas da parte, e não concedê-lo para o depósito inicial ou as diligências do oficial de justiça. Tal possibilidade, assim como a concessão integral, há de ser feita caso a caso, isto é, demanda análise específica da situação posta em juízo. Neste sentido segue a jurisprudência: "O Judiciário pode conferir apenas em parte o benefício de assistência judiciária, desde que vislumbrada certa possibilidade de se arcar com as despesas processuais" (STJ, 6ª T., AgRg no Ag nº 632.839/MG, Rel. Min. Hélio Quaglia Barbosa, j. 28/3/2006, DJ de 15/5/2006, p. 312).

Art. 99 - O pedido de gratuidade da justiça pode ser formulado na petição inicial, na contestação, na petição para ingresso de terceiro no processo ou em recurso.
§ 1º - Se superveniente à primeira manifestação da parte na instância, o pedido poderá ser formulado por petição simples, nos autos do próprio processo, e não suspenderá seu curso.
§ 2º - O juiz somente poderá indeferir o pedido se houver nos autos elementos que evidenciem a falta dos pressupostos legais para a concessão de gratuidade, devendo, antes de indeferir o pedido, determinar à parte a comprovação do preenchimento dos referidos pressupostos.
§ 3º - Presume-se verdadeira a alegação de insuficiência deduzida exclusivamente por pessoa natural.
§ 4º - A assistência do requerente por advogado particular não impede a concessão de gratuidade da justiça.
§ 5º - Na hipótese do § 4º, o recurso que verse exclusivamente sobre valor de honorários de sucumbência fixados em favor do advogado de beneficiário estará sujeito a preparo, salvo se o próprio advogado demonstrar que tem direito à gratuidade.
§ 6º - O direito à gratuidade da justiça é pessoal, não se estendendo a litisconsorte ou a sucessor do beneficiário, salvo requerimento e deferimento expressos.

§ 7º - Requerida a concessão de gratuidade da justiça em recurso, o recorrente estará dispensado de comprovar o recolhimento do preparo, incumbindo ao relator, neste caso, apreciar o requerimento e, se indeferi-lo, fixar prazo para realização do recolhimento.

I. Momento para a formulação do pedido

Em que pese o elenco apresentado no *caput* do dispositivo, a verdade é que o pedido de assistência judiciária pode ser formulado a qualquer tempo, até mesmo porque no curso da relação jurídica processual pode advir à parte situação financeira que a impossibilite de arcar com os custos do processo daquele momento em diante. Desta sorte, o elenco de atos mencionados no *caput* é meramente exemplificativo. Neste sentido decidiu a Corte Superior que "[...] a gratuidade de Justiça pode ser requerida a qualquer momento" (STJ, 2ª T., AgRg no AREsp nº 625.304/MG, Rel. Min. Og Fernandes, j. 26/5/2015, DJe de 11/6/2015).

II. Deferimento de gratuidade no curso do processo não opera efeitos pretéritos

O deferimento do pedido de gratuidade no curso do processo somente opera efeitos "para frente", ou seja, dali em diante, entendendo-se que tal momento é aquele em que o pleito foi formulado. Assim sendo, o pedido de gratuidade após, por exemplo, a interposição do recurso não dispensa o recorrente de ter efetuado o recolhimento das custas recursais, como impõe o art. 1.007 do Código, sob pena de deserção. Neste sentido decidiu o STJ que "[...] a gratuidade não opera efeitos *ex tunc*, de sorte que somente passa a valer para os atos ulteriores à data do pedido [...]" (STJ, 4ª T., REsp nº 556.081/SP, Rel. Min. Aldir Passarinho Junior, j. 14/12/2004, DJ de 28/3/2005, p. 264).

III. Indeferimento do pedido e nova oportunidade para a prática do ato

Concedido o benefício da gratuidade, seus efeitos retroagem à data em que o pedido foi formulado, sem, entretanto, surtir efeitos pretéritos. Todavia, caso o benefício seja indeferido, mesmo que formulado durante o prazo para a prática do ato processual, deve-se oportunizar que a parte efetue o pagamento das custas exigidas pelo ato. Decidiu o STJ que "A assistência judiciária gratuita pode ser pleiteada a qualquer tempo. Todavia, uma vez requerida no curso do prazo para a prática de determinado ato processual, se indeferida, deve ser oportunizado à parte novo prazo para a prática daquele ato" (STJ, 5ª T., RMS nº 22.416/BA, Rel. Min. Felix Fischer, j. 23/10/2007, DJ de 3/12/2007, p. 336).

IV. Pedido de gratuidade após a interposição de recurso sem preparo não afasta a deserção

O pedido de gratuidade, mesmo que deferido, feito após a interposição de recurso que não foi preparado não afasta a deserção. Isto se dá porque a concessão do benefício não opera efeitos pretéritos. Neste sentido decidiu o STF que "O deferimento do benefício da gratuidade da justiça só produz efeitos futuros, assim, julgado deserto o recurso, de nada adiantaria a concessão posterior do benefício" (STF, 1ª T., AI nº 744487 AgR, Rel. Min. Ricardo Lewandowski, j. 15/9/2009).

V. Pedido de gratuidade e omissão quanto ao deferimento ou indeferimento

Por vezes acontece de o julgador não se manifestar sobre o pedido de gratuidade. Nestes casos, ou seja, ante a omissão do juiz, é de se ter por deferido o pedido. Decidiu o Superior que "Apresentado o pedido, e não havendo indeferimento expresso, não se pode, em princípio, estabelecer uma presunção em sentido contrário ao seu deferimento, mas sim a seu favor" (STJ, 3ª T., AgRg nos EDcl no Ag. em REsp nº 475.747/2014-MG, Rel. Min. Sidnei Beneti, j. 24/4/2014, DJ 13/5/2014).

VI. Benefício concedido no cumprimento de sentença não alcança as verbas decorrentes da ação de conhecimento

Por não ter efeitos pretéritos, o deferimento da gratuidade no curso do cumprimento de sentença, quando sucumbente o beneficiário, não suspende a exigibilidade daquilo que a título de verbas sucumbenciais foi fixado na sentença exequenda, posto que a concessão do benefício tem efeitos *ex nunc*. Neste sentido decidiu o STJ que "[...] a gratuidade não opera efeitos *ex tunc*, de sorte que somente passa a valer para os atos ulteriores à data do pedido, não afastando a sucumbência sofrida pela parte em condenação de 1º grau, que somente pode ser revista se, porventura, acatado o mérito da sua apelação, quando do julgamento desta" (STJ, 4ª T., REsp nº 556.081/SP, Rel. Min. Aldir Passarinho Junior, j. 14/12/2004, DJ de 28/3/2005, p. 264); "A Corte Especial deste Tribunal de Uniformização infraconstitucional concluiu ser cabível a concessão do benefício da assistência judiciária gratuita, na fase de execução. Todavia, não se vislumbra a possibilidade de seus efeitos retroagirem para alcançar a condenação nas custas e honorários fixados na sentença do processo de conhecimento transitada em julgado, sob pena de ofensa ao art. 467, do CPC. (STJ, EREsp. nº 255057)" (STJ, 5ª T., REsp nº 294.251/RS, Rel. Min. Jorge Scartezzini, j. 8/6/2004, DJ de 2/8/2004, p. 471).

VII. Procedimento para a formulação do pedido no curso do processo

Diferentemente do que ocorria quando da vigência do art. 6º (revogado) da Lei nº 1.060/1950, não mais se autua o pedido em apartado. O pleito de gratuidade será formulado por simples petição nos autos, sem, todavia, suspender o andamento do processo. Assim, quer na peça vestibular, quer na contestação ou, até mesmo, na petição de interposição do recurso, o pedido pode ser formulado. Deixou-se de lado a vetusta necessidade de autuação em separado. Da mesma forma, a impugnação ao pedido será feita nos próprios autos em que se requereu o benefício.

VIII. Critérios para a concessão do benefício

Por primeiro, note-se que o disposto no § 2º deste artigo cria uma presunção, relativa, é certo, de veracidade da afirmação da parte de que não pode arcar com as custas do processo, ou seja, presume-se a hipossuficiência econômica do postulante, ao menos em relação à pessoa natural, pois para pessoa jurídica se deu tratamento diferenciado. Ademais, os critérios para a concessão ou indeferimento do benefício reclamam análise objetiva em linha de conta às peculiaridades de cada caso. Neste sentido decidiu o STJ que "Esta Corte Superior já refutou a utilização do critério objetivo de renda inferior a dez salários mínimos, pois 'a desconstituição da presunção estabelecida pela lei de gratuidade de justiça exige perquirir, *in concreto*, a atual situação financeira do requerente' (REsp nº 1.196.941/SP, Rel. Min. Benedito Gonçalves, DJe 23/3/2011)" (STJ, 3ª T., AgRg no AREsp nº 626.487/MG, Rel. Min. Ricardo Villas Bôas Cueva, j. 28/4/2015, DJe de 7/5/2015); "Na linha da orientação jurisprudencial desta Corte, a decisão sobre a concessão da assistência judiciária gratuita amparada em critérios distintos daqueles expressamente previstos na legislação de regência, tal como ocorreu no caso (remuneração líquida inferior a dez salários mínimos), importa em violação aos dispositivos da Lei nº 1.060/1950, que determinam a avaliação concreta sobre a situação econômica da parte interessada com o objetivo de verificar a sua real possibilidade de arcar com as despesas do processo, sem prejuízo do sustento próprio ou de sua família" (STJ, 1ª T., AgRg no REsp nº 1437201/RS, Rel. Min. Sérgio Kukina, j. 13/5/2014, DJe de 19/5/2014); "Há violação dos arts. 2º e 4º da Lei n. 1.060/50, quando os critérios utilizados pelo magistrado para indeferir o benefício revestem-se de caráter subjetivo, ou seja, criados pelo próprio julgador, e pelos quais não se consegue inferir se o pagamento pelo jurisdicionado das despesas com o processo e dos honorários irá ou não prejudicar o seu sustento e o de sua família" (STJ, 1ª T., REsp nº 1.196.941/SP, Rel. Min. Benedito Gonçalves, DJe de 23/3/2011).

IX. Existência de imóvel em nome do postulante não impede o benefício

"A propriedade de bem imóvel (que deu origem à dívida do IPTU), bem como a mera constituição de advogado para a causa, por si só, não descaracteriza a hipossuficiência para os efeitos legais" (STJ, 2ª T., REsp nº 1261220/SP, Rel. Min. Diva Malerbi – desembargadora convocada TRF-3ª Região, j. 20/11/2012, DJe de 4/12/2012).

X. Beneficiário não contribuinte do imposto de renda não basta, por si só, para que se conceda o benefício

"A simples apresentação de documento atestando que a pessoa física se acha fora do rol dos contribuintes isentos do pagamento do imposto de renda não é suficiente para afastar a presunção que legitima a concessão da assistência judiciária gratuita" (STJ, 2ª T., AgRg no REsp nº 1239115/RS, Rel. Min. Castro Meira, j. 14/8/2012, DJe de 24/8/2012).

XI. Impossibilidade de indeferimento liminar do benefício

Caso o julgador tenha dúvida sobre a hipossuficiência econômica da parte, pode, de ofício, determinar as diligências necessárias para verificar se existe, ou não, hipossuficiência econômica do postulante. É vedado ao juiz determinar, *de plano*, que a parte comprove seu estado de necessidade financeira para a causa, especialmente com a exigência do famigerado *atestado de pobreza*. Entretanto esta exigência deve ser fundamentada, ou seja, não basta ao juiz pura e simplesmente determinar que a parte demonstre seu estado de necessidade jurídica, mas, isto sim, cumpre ao julgador, minimamente, demonstrar suas dúvidas sobre a necessidade, ou não, de concessão do benefício, até mesmo porque tal análise se dá à luz do caso concreto. "É ilegal a exigência feita aos que requerem a gratuidade da Justiça que comprovem a miserabilidade, apenas porque não utilizam os serviços da Defensoria Pública. Também não está na lei a exigência de que o advogado escolhido pela parte firme compromisso de patrocínio gratuito, pois basta que aceite, ainda que tacitamente, a indicação feita (art. 5º, § 4º, da Lei nº 1.060/50)" (STJ, 4ª T., RMS nº 7.914/RJ, Rel. Min. Ruy Rosado de Aguiar, j. 18/5/1999, DJ de 28/6/1999, p. 113); "Havendo dúvida da veracidade das alegações do beneficiário, nada impede que o magistrado ordene a comprovação do estado de miserabilidade, a fim de avaliar as condições para o deferimento ou não da assistência judiciária" (STJ, 1ª T., AgRg nos EDcl no Ag nº 664.435/SP, Rel. Min. Teori Albino Zavascki, DJ de 1º/7/2005).

XII. Pedido formulado por pessoa física goza da presunção *juris tantum* de necessidade do benefício

Quando o pedido é formulado por pessoa natural, basta a simples alegação de hipossuficiência econômica, havendo, no caso, presunção *juris tantum* de que a parte não pode arcar com as despesas processuais. Tal alegação, por evidente, pode ser impugnada, mas o encargo de desconstituí-la transfere-se ao juiz e à parte contrária. Decidiu o STJ, comentando similar dispositivo da Lei nº 1.060/1950, que "O dispositivo legal em apreço traz a presunção *juris tantum* de que a pessoa física que pleiteia o benefício não possui condições de arcar com as despesas do processo sem comprometer seu próprio sustento ou de sua família. Por isso, a princípio, basta o simples requerimento, sem nenhuma comprovação prévia, para que lhe seja concedida a assistência judiciária gratuita. Contudo, tal presunção é relativa, podendo a parte contrária demonstrar a inexistência do estado de miserabilidade ou o magistrado indeferir o pedido de assistência se encontrar elementos que infirmem a hipossuficiência do requerente" (STJ, 4ª T., AgRg no AREsp nº 552.134/RS, Rel. Min. Raul Araújo, j. 20/11/2014, DJe de 19/12/2014); "É pacífico o entendimento da Corte de que para a obtenção de assistência jurídica gratuita, basta a declaração, feita pelo próprio interessado, de que sua situação econômica não lhe permite ir a Juízo sem prejudicar sua manutenção ou de sua família" (STF, 1ª T., AI nº 649283 AgR, Rel. Min. Ricardo Lewandowski, j. 2/9/2008, DJe 177, divulg. 18/9/2008, publ. 19/9/2008).

XIII. Pedido formulado por pessoa jurídica não goza de presunção de necessidade

Em se tratando de pessoa jurídica ou pessoa formal, a estes incumbe demonstrar que necessitam do benefício, ou seja, a favor destes não milita a mesma presunção de que gozam as pessoas naturais. Assim, quando estas pessoas postulam a gratuidade, incumbe a elas demonstrar a necessidade, ou seja, devem demonstrar que não podem arcar com as despesas processuais.

XIV. Pedido formulado por espólio e necessidade de demonstrar hipossuficiência

"Cabe ao inventariante o ônus de demonstrar a hipossuficiência financeira do espólio, a fim de se lhe deferir o benefício da assistência jurídica pleiteado" (STJ, 4ª T., EDcl no AgRg no Ag nº 730.256/SP, Rel. Min. Maria Isabel Gallotti, j. 7/8/2012, DJe de 15/8/2012).

XV. Pedido formulado por pessoa jurídica de direito privado e necessidade de demonstrar hipossuficiência

"Não basta, à pessoa jurídica, alegar, sem prova, insuficiência de recursos para obter os benefícios da gratuidade de justiça" (STF, 2ª T., RE nº 556515 ED, Rel. Min. Cezar Peluso, j. 5/8/2008, DJe 162, divulg. 28/8/2008, publ. 29/8/2008).

XVI. Critérios para o indeferimento do pedido

O indeferimento do pedido comporta análise objetiva não só à luz das condições financeiras do postulante como, também, se levando em consideração as despesas que o próprio processo exige ou pode exigir. Assim, não é suficiente para deferir o mero argumento de que os rendimentos da parte são parcos, bem como não é suficiente para indeferir o argumento de que a parte obtém renda bastante razoável. O que, além da condição pessoal da parte, se deve perquirir é: para o caso concreto, a parte pode arcar com as despesas processuais? Neste sentido tem se posicionado o STJ: "A mera isenção no pagamento de Imposto de Renda não pode ser sobrelevada como prova única, passível de gerar presunção absoluta de hipossuficiência econômica das partes, devendo o magistrado motivar o indeferimento da 'justiça gratuita' à vista de elementos concretos dos autos, que revelem tanto a condição financeira satisfatória dos postulantes como o impacto razoável das despesas do processo sobre a receita da parte" (STJ, 2ª T., REsp nº 1158335/PR, Rel. Min. Castro Meira, j. 22/2/2011, DJe de 10/3/2011).

XVII. Gratuidade concedida a um litisconsorte não aproveita ao outro que por ela não foi beneficiado

"A suspensão do pagamento dos honorários em razão da gratuidade judiciária, concedida em caráter individual e personalíssimo, não aproveita aos demais litisconsortes que não obtiveram o favor" (STJ, 2ª T., REsp nº 1193795/RS, Rel. Min. Herman Benjamin, j. 3/8/2010, DJe de 14/9/2010).

XVIII. Falsa declaração de pobreza não é crime

"Esta Corte já decidiu ser atípica a conduta de firmar ou usar declaração de pobreza falsa em juízo, com a finalidade de obter os benefícios da gratuidade de justiça, tendo em vista a presunção relativa de tal documento, que comporta prova em contrário" (STJ, 6ª T, RHC nº 46.569/SP, Rel. Min. Maria Thereza de Assis Moura, j. 28/4/2015, DJe de 6/5/2015).

Art. 100 - Deferido o pedido, a parte contrária poderá oferecer impugnação na contestação, na réplica, nas contrarrazões de recurso ou, nos casos de pedido superveniente ou formulado por terceiro, por meio de petição simples, a ser apresentada no prazo de 15 (quinze) dias, nos autos do próprio processo, sem suspensão de seu curso.

Parágrafo único - Revogado o benefício, a parte arcará com as despesas processuais que tiver deixado de adiantar e pagará, em caso de má-fé, até o décuplo de seu valor a título de multa, que será revertida em benefício da Fazenda Pública estadual ou federal e poderá ser inscrita em dívida ativa.

I. Inexistência de preclusão ante a não impugnação ao pedido de gratuidade

Embora o dispositivo assinale ao *ex adverso* o prazo de 15 dias para impugnar o pedido de gratuidade, se trata de matéria de ordem pública, razão pela qual não se submete à preclusão temporal. Ademais, o próprio julgador pode, a qualquer momento, revogar ou conceder o benefício. Entretanto, a revogação do pedido deve ser sempre motivada.

Art. 101 - Contra a decisão que indeferir a gratuidade ou a que acolher pedido de sua revogação caberá agravo de instrumento, exceto quando a questão for resolvida na sentença, contra a qual caberá apelação.
§ 1º - O recorrente estará dispensado do recolhimento de custas até decisão do relator sobre a questão, preliminarmente ao julgamento do recurso.
§ 2º - Confirmada a denegação ou a revogação da gratuidade, o relator ou o órgão colegiado determinará ao recorrente o recolhimento das custas processuais, no prazo de 5 (cinco) dias, sob pena de não conhecimento do recurso.

I. Recurso contra a decisão que concede a gratuidade

Além do disposto neste dispositivo, o art. 105, inciso V, do CPC, deixa claro o cabimento do agravo por instrumento para as decisões que indeferem ou revogam a gratuidade. Entretanto, nada se diz a respeito da sua concessão. Ora, por evidente que se trata de decisão interlocutória, cabendo, assim, o mesmo recurso. A rigor comporta aqui interpretação extensiva. "O agravo de instrumento é o recurso cabível contra a decisão que indefere o pedido de assistência judiciária nos autos principais" (STJ, 3ª T., AgRg nos EDcl no AREsp nº 569.849/SP, Rel. Min. Marco Aurélio Bellizze, j. 7/5/2015, DJe de 21/5/2015).

II. Indeferimento da gratuidade e desnecessidade de preparo do recurso de agravo para impugnar o indeferimento

A questão não era pacífica no STJ antes do CPC/2015, pois havia o entendimento de que o recurso para reformar o indeferimento da gratuidade necessitava ser preparado (maioria), e outros (minoria) a afirmar que o preparo não era necessário. Na sistemática deste CPC, a questão restou pacificada, na medida em que o § 1º deste artigo trouxe disposição expressa no sentido de não ser necessário o preparo.

III. E se houver o preparo do recurso que impugna o indeferimento ou revogação do benefício?

Quando há a interposição de recurso em razão do indeferimento ou da revogação do benefício da gratuidade, não deve haver o preparo. Efetivamente, aquele que efetua preparo de recurso destinado a impugnar a revogação ou o indeferimento da gratuidade incide na prática de atos processuais controversos, o que, por evidente, conduz à preclusão lógica. Neste sentido decidiu o STJ: "Na hipótese, o agravante, ao realizar o preparo prévio do recurso, praticou ato incompatível com o interesse de recorrer da decisão que indeferiu o benefício da assistência judiciária, o que configura preclusão lógica" (STJ, 3ª T., AgRg no AREsp nº 532.790/MG, Rel. Min. Ricardo Villas Bôas Cueva, j. 18/12/2014, DJe de 2/2/2015).

IV. Interposição de recurso especial para discutir justiça gratuita

Como a questão da gratuidade é, basicamente, matéria fático-probatória, não é possível a interposição de recurso especial para impugnar deferimento ou indeferimento da medida, posto que tal análise demandaria reexame das provas, o que é obstaculizado pela Súmula nº 7 do STJ. Neste sentido a Corte já decidiu que "Segundo a orientação jurisprudencial do STJ, a pessoa jurídica, em tese, pode fruir da assistência judiciária, sendo impossível, em sede especial, reverem-se os fatos que levaram o Tribunal estadual à concessão do aludido benefício, ante o óbice da Súmula n. 7" (STJ, 4ª T., REsp nº 556.081/SP, Rel. Min. Aldir Passarinho Junior, j. 14/12/2004, DJ de 28/3/2005, p. 264).

Art. 102 - Sobrevindo o trânsito em julgado de decisão que revoga a gratuidade, a parte deverá efetuar o recolhimento de todas as despesas de cujo adiantamento foi dispensada, inclusive as relativas ao recurso interposto, se houver, no prazo fixado pelo juiz, sem prejuízo de aplicação das sanções previstas em lei.
Parágrafo único - Não efetuado o recolhimento, o processo será extinto sem resolução de mérito, tratando-se do autor, e, nos demais casos, não poderá ser deferida a realização de nenhum ato ou diligência requerida pela parte enquanto não efetuado o depósito.

I. Indeferimento ou revogação da gratuidade e extinção do processo ante o não pagamento das custas pelo autor

Para que o processo tenha curso normal após o indeferimento da gratuidade, deve o beneficiário recolher as custas das quais, até então, foi dispensado. Neste sentido vem se posicionando o STJ: "No caso dos autos, o Juiz de primeira instância negou o benefício da gratuidade de justiça e intimou a parte para recolher as custas, decisão contra a qual foi interposto agravo de instrumento. Após a publicação do acórdão que negou provimento ao agravo e manteve a decisão de primeiro grau, a recorrente não recolheu as custas da ação originária no prazo estipulado, o que acarretou a extinção do processo nos termos do art. 267, IV, do CPC. Incidência da Súmula n.83/STJ" (STJ, 4ª T., AgRg nos EDcl no AREsp nº 428.091/SP, Rel. Min. Antonio Carlos Ferreira, j. 4/9/2014, DJe de 9/9/2014); "Na linha da jurisprudência do Tribunal, a ausência de pagamento das despesas complementares pode acarretar a extinção do processo por abandono (art. 267-III, CPC), e não por ausência de pressuposto processual (art. 267-IV, CPC). Imprescindível, no entanto que, intimada pessoalmente, a parte deixe de cumprir a diligência determinada" (STJ, 4ª T., REsp nº 448.398/RJ, Rel. Min. Sálvio de Figueiredo Teixeira, j. 5/12/2002, DJ de 31/3/2003, p. 231).

II. Indeferimento da gratuidade e não recolhimento das custas pelo réu beneficiário

Quando a gratuidade é do autor, indeferido o pedido e não efetuado o recolhimento das custas, tem-se a extinção do processo sem resolução de mérito. Entretanto, o mesmo não se dá quando a falta de recolhimento das despesas é do réu beneficiário da gratuidade. Neste caso a única consequência é a de que não poderá ser deferida a este réu a prática de qualquer outra diligência, sendo, inclusive, de se suspenderem as que estiverem em andamento quando do indeferimento (ou revogação) do pedido. Nesta hipótese e nada mais havendo sido postulado pelo autor a título probatório, impõe-se o julgamento antecipado do mérito na forma do art. 355 do Código.

Capítulo III - Dos Procuradores

Art. 103 - A parte será representada em juízo por advogado regularmente inscrito na Ordem dos Advogados do Brasil.
Parágrafo único - É lícito à parte postular em causa própria quando tiver habilitação legal.

Autora: Estefânia Viveiros

I. Inscrição na OAB

Tal como o CPC de 1973, o *caput* do art. 103 do CPC/2015 prevê a regra de que a parte será representada em juízo por advogado regularmente inscrito na Ordem dos Advogados do Brasil (EOAB, art. 8º: "Para inscrição como advogado é necessário: I - capacidade civil; II - diploma ou certidão de graduação em direito, obtido em instituição de ensino oficialmente autorizada e credenciada; III - título de eleitor e quitação do serviço militar, se brasileiro; IV - aprovação em Exame de Ordem; V - não exercer atividade incompatível com a advocacia; VI - idoneidade moral; VII - prestar compromisso perante o Conselho").

Essa norma também está prevista no art. 1º do EOAB, que assegura: "são atividades privativas da advocacia: (i) a postulação a qualquer órgão do Poder Judiciário e aos juizados especiais; (ii) as atividades de consultoria, assessoria e direção jurídicas" (também consta no art. 3º do Estatuto da Advocacia e da OAB que "O exercício da atividade de advocacia no território brasileiro e a denominação de advogado são atos privativos dos inscritos na Ordem dos Advogados do Brasil – OAB"). Tal norma tem amparo na própria Constituição Federal, a qual garante a indispensabilidade do advogado à administração da Justiça (CF/1988, art. 133).

II. Capacidade postulatória

A regular inscrição na Ordem dos Advogados do Brasil atribui ao advogado a capacidade postulatória. O advogado, portador da voz da cidadania, detém com exclusividade a capacidade postulatória, que é pressuposto de constituição do processo.

As exceções são pouquíssimas. Nos juizados especiais, a atuação do advogado é dispensada nas causas de até 20 salários mínimos (Lei nº 9.099/1995, art. 9º). No entanto, na fase de interposição de recurso nos juizados, a presença do advogado é indispensável independentemente do valor envolvido na causa, até porque o ato voluntário de interposição de recurso requer conhecimento técnico, cuja ausência acarretaria prejuízos às próprias partes na sua defesa.

O outro exemplo, que afasta a capacidade postulatória do advogado, é na impetração do *habeas corpus* previsto no art. 654 do CPP. Na Justiça do Trabalho, também não é diferente. O *jus postulandi* (CLT, art. 791) é a mitigação da capacidade postulatória do advogado. Sobre o tema, o TST emitiu a Súmula nº 425, *verbis*: "O *jus postulandi* das partes, estabelecido no art. 791 da CLT, limita-se às Varas do Trabalho e aos Tribunais Regionais do Trabalho, não alcançando a ação rescisória, a ação cautelar, o mandado de segurança e os recursos de competência do Tribunal Superior do Trabalho".

No campo administrativo, as hipóteses de perda da capacidade postulatória, permanentes ou provisórias, estão previstas no próprio Estatuto: i) impedimento e ii) suspensão pelo período determinado no julgamento administrativo (EAOAB, arts. 27 a 30 e 37).

A regra é que o ato processual praticado por quem não detém a capacidade postulatória é nulo, nos dizeres do art. 4º do Estatuto da Advocacia e da OAB (EOAB, art. 4º: "São nulos os atos privativos de advogado praticados por pessoa não inscrita na OAB, sem prejuízo das sanções civis, penais e administrativas. Parágrafo único - São também nulos os atos praticados por advogado impedido – no âmbito do impedimento – suspenso, licenciado ou que passar a exercer atividade incompatível com a advocacia"). No entanto, tal regra tem sido mitigada nos tribunais para evitar prejuízos às partes, que muitas vezes estão alheias à perda superveniente da capacidade postulatória do advogado (STJ, REsp nº 91.766/DF, Rel. Min. Sálvio de Figueiredo Teixeira, DJ de 18/12/1998; REsp nº 1.317.835/RS, DJe de 10/10/2012; REsp SP nº 833.342/RS, Rel. Min. Nancy Andrighi, DJ de 9/10/2006). Esse raciocínio tem guarida no campo eminentemente processual, mas no âmbito disciplinar compete à Ordem, com exclusividade, aplicar as sanções cabíveis ao "advogado" desprovido de capacidade postulatória.

III. Atuação em causa própria

Com o novo art. 103 do CPC, o conteúdo não sofreu alterações significativas, aprimorando-se a redação. No campo gramatical topológico, ao abrir o parágrafo único, o legislador menciona expressamente que a parte pode atuar em causa própria quando tiver habilitação geral. É a conhecida hipótese de advogar em causa própria, que, aliás, faz jus ao recebimento da verba honorária, como bem reconhece o art. 85, § 17, do CPC/2015.

Também o novo art. 103 do CPC excluiu corretamente as três hipóteses em que a parte se encontrava dispensada de apresentar advogado: (i) a falta do advogado no lugar; (ii) recusa dos advogados que houver; e (iii) impedimento dos advogados que houver. A verdade é que essa regra estava em desuso, considerando que hoje existem aproximadamente 1.200.000 (um milhão e duzentos mil) advogados em todo o Brasil inscritos na Ordem.

A atuação em causa própria sofre também limitações do advogado impedido e suspenso.

Art. 104 - O advogado não será admitido a postular em juízo sem procuração, salvo para evitar preclusão, decadência ou prescrição, ou para praticar ato considerado urgente.
§ 1º - Nas hipóteses previstas no caput, o advogado deverá, independentemente de caução, exibir a procuração no prazo de 15 (quinze) dias, prorrogável por igual período por despacho do juiz.
§ 2º - O ato não ratificado será considerado ineficaz relativamente àquele em cujo nome foi praticado, respondendo o advogado pelas despesas e por perdas e danos.

I. Exigência de procuração

A atuação do advogado exige procuração, que é o instrumento de mandato. Como regra, a ausência de procuração acarreta a não habilitação do advogado. De toda sorte, o art. 13 do CPC/1973 permitia a regularização do mandato, competindo ao juiz intimar as partes e assinalar prazo para a devida correção. Tal regra foi repetida no CPC/2015, especificamente no art. 76. Descumprida a referida determinação do magistrado, os incisos I, II e III do § 1º indicam as consequências jurídicas, se o processo estiver na instância ordinária, *verbis*: "I - o processo será extinto, se a providência couber ao autor; II - o réu será revel, se a providência lhe couber; III - o terceiro será considerado revel ou excluído do processo, dependendo do polo que se encontre".

Contudo, a regra disposta no art. 13 do CPC/1973 não se aplicava nos tribunais superiores. A ausência de procuração (ou da cadeia dos atos constitutivos) no ato da interposição do recurso acarretava o não conhecimento do recurso, aplicando-se, no caso do Superior Tribunal de Justiça, o óbice da Súmula nº 115 ("Na instância especial é inexistente recurso interposto por advogado sem procuração nos autos"). A juntada da procuração posterior ao ato de interposição do recurso não afastava a aplicação da referida súmula.

De forma inovadora e, pode-se dizer, corrigindo-se o rumo da interpretação restritiva imposta ao art. 13 do CPC/1973, o Código de 2015 trouxe a regra do art. 942, parágrafo único, que permite a intimação da parte para regularizar a representação processual, *verbis*: "Antes de considerar inadmissível o recurso, o relator concederá o prazo de 5 (cinco) dias ao recorrente para que seja sanado vício ou complementada a documentação exigível". Ao interpretar a referida norma, o Supremo Tribunal Federal manifestou-se no sentido de que só se aplica essa norma aos casos em que seja necessário sanar vícios formais, como ausência de procuração ou de assinatura, e não à complementação da fundamentação (STF, ARE nº 953.221-SP, Rel. Min. Luiz Fux, DJe de 5/8/2016). Logo, se o vício for formal, deve ser corrigido no prazo de cinco dias úteis, independentemente da sua gravidade.

Portanto, a ausência de regularização da representação processual no prazo assinalado pelo magistrado acarreta o não conhecimento do recurso, conforme dispõe o art. 76, § 2º, inciso I, do CPC/2015. (No mesmo sentido: STJ, AgInt no AREsp nº 1.018.432-RJ, Rel. Min. Mauro Campbell Marques, DJe de 22/5/2017; AgRg no REsp nº 1.346.255-MG, Rel. Min. Luis Felipe Salomão, DJe de 20/2/2017.) Se couber ao recorrido a regularização processual, e não tiver sido feita no prazo assinalado, o magistrado determinará o desentranhamento das contrarrazões apresentadas, conforme dispõe o § 2º, inciso II, do art. 76 do CPC/2015.

O retardamento (e não a ausência) da juntada da procuração tem previsão na lei e as hipóteses são restritivas, de acordo com o próprio caput do art. 104 do CPC/2015: i) preclusão, ii) decadência, iii) prescrição ou iv) a prática de ato urgente. Nesses casos, o advogado deve comprovar as hipóteses objetivas indicadas no Código e justificar a urgência que dispensa a apresentação de procuração na prática do ato processual.

Também não substitui a procuração "a ata de audiência onde consta que o representante legal da empresa estava acompanhado por seus advogados" (STJ, AgRg no Ag nº 388.274-DF, Rel. Min. Aldir Passarinho Junior, DJ de 18/3/2002). Isso porque a representação em juízo se faz por instrumento formal, descartando a existência de eventual mandato tácito (STJ, AgInt no AREsp nº 932.340-SP, Rel. Min. Marco Aurélio Bellizze, DJe de 28/11/2016).

A regra, portanto, é a da apresentação formal do instrumento procuratório. Todavia, há as conhecidas exceções decorrentes de lei, como é o caso da atuação dos advogados públicos.

II. Prazo para apresentação da procuração

O prazo para apresentação da procuração é de 15 (quinze) dias, que, com amparo no art. 219 do CPC/2015, serão contados em apenas dias úteis a partir do dia seguinte ao da prática do ato processual, independentemente de intimação judicial ou caução. A dilação do referido prazo, por período igual, depende de autorização expressa do magistrado.

De fato, o *caput* do art. 104 não trouxe alteração de conteúdo em relação ao art. 37 do CPC/1973, mas incluiu mais uma hipótese no rol de atos que dispensa a apresentação da procuração no momento da prática do ato processual: evitar preclusão. Essa hipótese permitirá que o advogado possa praticar atos que precluem – que é a grande maioria – sem apresentação de procuração. Ainda na vigência do CPC de 1973, no caso de interposição de recursos, embora apresente o rótulo da preclusividade (STJ, Súmula nº 115: "Na instância especial é inexistente recurso interposto por advogado sem procuração nos autos"), a jurisprudência dos tribunais oscilava sobre o caráter de urgência da medida para fins de autorizar o pedido do art. 37 do CPC/1973 (STJ, EDcl no AgRg no REsp nº 1.304.246-RJ, Rel. Min. Humberto Martins, DJ de 3/9/2012 e Súmula nº 383, inciso II, do TST: "Inadmissível, em instância recursal, o oferecimento tardio de procuração, nos termos do art. 37 do CPC, ainda que mediante protesto para posterior juntada, já que a interposição de recurso não pode ser reputada ato urgente"). Esse impasse foi solucionado pelo art. 942, parágrafo único, do CPC/2015, que impõe a intimação prévia das partes antes para sanar vício processual, antes de não se conhecer do recurso.

III. Plano da eficácia

No aspecto gramatical, criaram-se dois parágrafos ao art. 104, sendo que o § 2º inova trazendo que a consequência do ato não ratificado torna-se ineficaz (e não inexistente), atribuindo ao advogado a responsabilidade (já prevista no CPC/1973) pelo pagamento das despesas e perdas e danos resultantes da não ratificação do ato pelo advogado no prazo previsto em lei.

A lei adequou a técnica processual ao trocar a expressão ineficácia por inexistência, como consta no CPC/1973. O ato ineficaz é aquele que tem a sua validade aparente por determinado tempo (prazo de quinze dias) e poderá ocasionar resultados jurídicos, como o caso de deferimento do pedido de liminar. Após esse prazo e sem ratificação por parte do advogado, o ato será considerado ineficaz (e não inexistente), deixando de produzir toda e qualquer eficácia. Isso porque o ato praticado existiu por determinado período e apenas a sua ratificação gerará a ineficácia do ato e a extinção prematura do processo.

Ainda quanto ao § 2º, a reponsabilidade do advogado não pode ser automática, até porque dependerá do levantamento das circunstâncias que impediram o cumprimento do prazo para a juntada da procuração. Isso porque, para apresentação da procuração, o advogado precisa que o constituinte outorgue poderes para o advogado. Não se trata, portanto, de ato unilateral do advogado. Tal regra demonstra a preocupação do legislador com a eficácia processual, no momento em que a parte aciona o Poder Judiciário para solucionar caso e, ao mesmo tempo, negligencia não apresentando a procuração no prazo assinalado.

Art. 105 - A procuração geral para o foro, outorgada por instrumento público ou particular assinado pela parte, habilita o advogado a praticar todos os atos do processo, exceto receber citação, confessar, reconhecer a procedência do pedido, transigir, desistir, renunciar ao direito sobre o qual se funda a ação, receber, dar quitação, firmar compromisso e assinar declaração de hipossuficiência econômica, que devem constar de cláusula específica.

§ 1º - A procuração pode ser assinada digitalmente, na forma da lei.

§ 2º - A procuração deverá conter o nome do advogado, seu número de inscrição na ordem dos Advogados do Brasil e endereço completo.

§ 3º - Se o outorgado integrar sociedade de advogados, a procuração também deverá conter o nome dessa, seu número de registro na Ordem dos Advogados do Brasil e endereço completo.

§ 4º - Salvo disposição expressa em sentido contrário constante do próprio instrumento, a procuração outorgada na fase de conhecimento é eficaz para todas as fases do processo, inclusive para o cumprimento de sentença.

I. Poderes do advogado

Tal como o art. 38 do CPC/1973, o art. 105 do CPC/2015 prevê os poderes outorgáveis na procuração, ressaltando as hipóteses que devem constar expressamente no mandado procuratório. A procuração geral para o foro (*ad judicia*) habilita o advogado para praticar atos em geral. Nesse rol, não estão inseridos os seguintes atos: receber citação, confessar, reconhecer a procedência do pedido, transigir, desistir, renunciar ao direito sobre o qual se funda a ação, receber, dar quitação, firmar compromisso e assinar declaração de hipossuficiência econômica. Esses poderes, descritos de forma taxativa no *caput* do art. 105, requerem previsão expressa no mandado procuratório.

Na atual redação, o referido artigo trouxe o acréscimo da hipótese da "declaração de hipossuficiência econômica", que exige procuração específica para atuação do advogado. Isso, por sua vez, não exclui a responsabilidade de a parte declarar de cunho próprio a sua hipossuficiência, já que será o beneficiário da declaração da justiça gratuita. Contudo, a assistência do requerente por advogado particular não impede a concessão da gratuidade da justiça (§ 4º do art. 99 do CPC/2015).

Com relação à audiência de conciliação, que se tornou obrigatória se preenchidos os requisitos da lei (CPC/2015, art. 334), a parte, que não poderá comparecer à audiência, poderá indicar representante, por meio de procuração específica, com poderes para negociar, transigir e indicando o processo para o qual outorgou os poderes, conforme determina o § 10 do art. 334 do CPC/2015.

Anote-se que, quanto à citação do réu, que exige também poderes específicos na procuração, a retirada do processo físico pelo advogado para cópia não implica citação regular do réu, salvo se constar da procuração poderes especiais e específicos para "receber citação", conforme prevê o *caput* do art. 105.

II. Poderes do advogado e fases do processo

Nos parágrafos do art. 105, têm-se duas grandes inovações processuais. Uma delas é a validade da procuração para todas as fases do processo. Ultimamente se tem exigido, aqui e acolá, novas procurações para fases distintas do processo (STJ, REsp nº 812.209/SC, Rel. Min. Humberto Gomes de Barros, DJ de 18/12/2006; AgRg no AgRg no Ag nº 1.348.536/MS, Rel. Min. Nancy Andrighi, DJ de 17/8/2011; REsp nº 1.084.622/SP, Rel. Min. Sidnei Beneti, DJe de 26/5/2009). A lei agora é clara ao atribuir validade da procuração para todas as fases do processo judicial.

A outra novidade, que é muito bem-vinda também, refere-se à inclusão do nome da sociedade de advogados devidamente inscrita na OAB na procuração, indicando o número de inscrição da sociedade e o endereço completo. Isso reflete no formato das intimações, que podem ser feitas em nome da sociedade a que pertencem os advogados, mas desde que registrada regularmente na Ordem dos Advogados do Brasil (§ 1º, art. 272, CPC/2015).

As duas inovações no CPC/2015 são grandes conquistas para a advocacia.

A validade da procuração em todas as fases contribui para o regular andamento do processo. O legislador foi incisivo nesse ponto porque ressalta a validade da procuração para todas as fases do processo e, ainda, registra, por oportuno, que está inclusa também a fase do cumprimento de sentença, repudiando logo qualquer dúvida que possa surgir na interpretação desse dispositivo. Isso significa dizer que, no momento em que o outorgante concede poderes para os advogados, não há restrição ao seu uso para o cumprimento do mandado a ele outorgado. Ora, se o outorgante quiser delimitar o tempo para uso do mandado, inclui-se no instrumento de mandado o tempo de validade, o que não impede a outorga de outras procurações para o cumprimento do mandado judicial.

III. Renúncia dos poderes

O outorgante pode a todo e qualquer tempo renunciar os poderes que foram concedidos ao advogado por ser um ato unilateral. A revogação (art. 682, inciso I, CC) pode ser tácita ou expressa. Não é diferente para o advogado, que quer renunciar ao mandato, que ficará, todavia, responsável nos dez dias subsequentes à notificação da revogação ao outorgante dos poderes, de acordo com o art. 5º, § 3º, do EOAB ("Art. 5º - O advogado postula, em juízo ou fora dele, fazendo prova do mandato. [...] § 3º - O advogado que renunciar ao mandato continuará, durante os dez dias seguintes à notificação da renúncia, a representar o mandante, salvo se for substituído antes do término desse prazo."). Essa norma é mitigada quando existem outros advogados constituídos nos autos, dispensando-se, assim, o prazo de espera de dez dias para a constituição de novo advogado, uma vez que a finalidade da norma é que a parte tenha tempo hábil a constituir novo advogado.

A juntada de nova procuração no curso do processo e, principalmente sem ressalva, ocasiona a revogação tácita do instrumento procuratório anterior. A validade da primeira procuração exige a ressalva expressa do novo advogado que juntou ao processo a sua procuração *a posteriori*. Sem ressalva, há a revogação tácita (STJ, AgRg no REsp nº 1.536.684-MT, Rel. Min. Antonio Carlos Ferreira, DJe de 4/2/2016; EDcl no AgRg nos EDcl no AgRg no Ag nº 1.232.008-SP, Rel. Min. Herman Benjamin, DJe de 10/9/2015).

IV. Sociedade de advogados

A indicação do nome da sociedade de advogados para incluir na procuração evita alguns dissabores no cotidiano da advocacia. É o caso, por exemplo, do advogado que deixa o escritório de advocacia e as publicações no órgão oficial continuam em seu nome, impondo peticionamento para alterações de publicações dos atos processuais. Daí a regra do art. 272, § 1º, do CPC/2015, que permite as intimações em nome da sociedade de advogado desde que regularmente registrada na Ordem dos Advogados do Brasil.

A expedição de alvará em nome da sociedade do advogado também passa a ser naturalmente a regra, ampliando a habilitação para qualquer advogado que trabalha para a pessoa jurídica retirá-lo, além dos benefícios fiscais da pessoa jurídica.

V. Forma eletrônica da procuração

A procuração pode ser apresentada de forma digitalizada, como já prevê o § 1º do art. 105 do CPC/2015. Essa norma do CPC/2015 se compatibiliza com a Lei do Processo Eletrônico (Lei nº 11.419), que prevê, no seu art. 20, que a assinatura eletrônica representa uma espécie de identificação inquestionável do signatário, já que é usuário cadastrado junto ao Poder Judiciário.

Art. 106 - Quando postular em causa própria, incumbe ao advogado:
I - declarar, na petição inicial ou na contestação, o endereço, seu número de inscrição na Ordem dos Advogados do Brasil e o nome da sociedade de advogados da qual participa, para o recebimento de intimações;
II - comunicar ao juízo qualquer mudança de endereço.
§ 1º - Se o advogado descumprir o disposto no inciso I, o juiz ordenará que se supra a omissão, no prazo de 5 (cinco) dias, antes de determinar a citação do réu, sob pena de indeferimento da petição.
§ 2º - Se o advogado infringir o previsto no inciso II, serão consideradas válidas as intimações enviadas por carta registrada ou meio eletrônico ao endereço constante dos autos.

I. Requisitos da atuação em causa própria

Esse artigo aprimora as exigências atuais do art. 39 do CPC/1973, que regulamenta os atos proferidos pelo advogado em causa própria.

O advogado em causa própria precisa declarar na inicial ou na sua defesa o seu endereço, o número de inscrição da Ordem dos Advogados do Brasil e, também, o nome da sociedade de advogados da qual participa para o recebimento de intimações, a teor do inciso I do art. 106. Tais requisitos são adequações desse dispositivo ao anterior (CPC/2015, art. 105), que autoriza as intimações em nome da sociedade de advogados, regra pela qual se aplica aos advogados também em causa própria. É, portanto, dever do advogado cumprir os requisitos específicos quando atuar em causa própria, sob pena de intimação para suprir as omissões em cinco dias e, não o fazendo, ocorrerá o indeferimento da inicial e a consequente extinção do feito. Trata-se, portanto, de um requisito específico da inicial, com o prazo menor de cinco dias (e não mais 48 horas) para suprir tais omissões, enquanto o prazo para emendar a petição foi ampliado para quinze dias (art. 321, CPC/2015).

A outra exigência para o advogado que atua em causa própria é comunicar ao juízo qualquer mudança de endereço. Ao não o fazer, as intimações permanecerão realizadas no endereço constante dos autos, mas serão consideradas válidas. É, portanto, dever do advogado manter atualizado seu endereço, sob pena de considerar válidas as intimações feitas em seu nome. Essa regra, que está prevista no § 2º do art. 106 do CPC/2015, também está prevista no art. 137-D, § 1º, do Regulamento Geral da OAB.

Art. 107 - O advogado tem direito a:
I - examinar, em cartório de fórum e secretaria de tribunal, mesmo sem procuração, autos de qualquer processo, independentemente da fase de tramitação, assegurados a obtenção de cópias e o registro de anotações, salvo na hipótese de segredo de justiça, nas quais apenas o advogado constituído terá acesso aos autos;
II - requerer, como procurador, vista dos autos de qualquer processo, pelo prazo de 5 (cinco) dias;
III - retirar os autos do cartório ou da secretaria, pelo prazo legal, sempre que neles lhe couber falar por determinação do juiz, nos casos previstos em lei.
§ 1º - Ao receber os autos, o advogado assinará carga em livro ou documento próprio.
§ 2º - Sendo prazo comum às partes, os procuradores poderão retirar os autos somente em conjunto ou mediante prévio ajuste, por petição nos autos.
§ 3º - Na hipótese do § 2º, é lícito ao procurador retirar os autos para obtenção de cópias, pelo prazo de 2 (duas) a 6 (seis) horas, independentemente de ajuste e sem prejuízo da continuidade do prazo.
§ 4º - O procurador perderá no mesmo processo o direito a que se refere o § 3º se não devolver os autos tempestivamente, salvo se o prazo for prorrogado pelo juiz.

I. Direitos do advogado

Esse dispositivo, que trouxe aprimoramento e inovações processuais, é muito bem-vindo e reforça o reconhecimento dos direitos dos advogados no dia a dia forense, trazendo a concretude da norma constitucional, que no caso é a previsão do art. 133 da CF, que prevê a indispensabilidade do advogado para a administração da Justiça. É verdade que alguns desses direitos já constam em lei (EAOB: "Art. 7º - São direitos do advogado: [...] XIII - examinar, em qualquer órgão dos Poderes Judiciário e Legislativo, ou da Administração Pública em geral, autos de processos findos ou em andamento, mesmo sem procuração, quando não estejam sujeitos a sigilo, assegurada a obtenção de cópias, podendo tomar apontamentos; [...] XV - ter vista dos processos judiciais ou administrativos de qualquer natureza, em cartório ou na repartição competente, ou retirá-los pelos prazos legais; XVI - retirar autos de processos findos, mesmo sem procuração, pelo prazo sde dez dias; [...]". Súmula Vinculante nº 14, STF: "É direito do defensor, no interesse do representante, ter acesso amplo aos elementos de prova que, já documentados em procedimento investigatório realizado por órgão com competência de política judiciária, digam respeito."), mas precisam sempre ser reforçados em razão da sua importância e como aviso aos porventura desavisados. É o caso dos direitos dos advogados.

O art. 107 do CPC/2015 é bastante claro ao prever o direito ao advogado de examinar o processo mesmo sem procuração nos autos e independentemente da fase de tramitação, assegurando a obtenção de cópias e o registro de anotações, exceto nos casos de segredo de justiça. É o cumprimento das prerrogativas do advogado, que é a voz do cidadão e integra o tripé do Poder Judiciário para dirimir os conflitos judiciais.

É verdade também que essa norma tem aplicação aos processos físicos, até porque o Código de Processo Civil tramitou durante quatro anos e meio no Congresso Nacional e, por isso, traz normas de processos físicos, que ainda é a realidade em algumas cidades, e normas de processo eletrônico.

O inciso II do art. 107 do CPC permite que o advogado possa pedir vista dos autos a qualquer processo pelo prazo de cinco dias. Nesse caso, a procuração se torna dispensável para ter acesso ao processo, excetuando os casos de segredo de justiça.

Por fim, o inciso III dita regras de retiradas de processo pelo advogado, mesmo nas hipóteses de prazo comum, ampliando inclusive o tempo de carga do processo para obtenção de cópias pelo intervalo de duas a seis horas, independentemente de ajustes entre as partes e sem prejuízo da continuidade do prazo processual.

É de responsabilidade do advogado o cumprimento do prazo para a devolução dos processos que ainda são físicos, sob pena de infração, no campo administrativo, pela Ordem dos Advogados do Brasil e, no âmbito judicial, o advogado perderá o direito de obtenção de cópias, se não devolver os autos tempestivamente, salvo se o prazo for prorrogado pelo juiz.

Capítulo IV - Da Sucessão das Partes e dos Procuradores

Art. 108 - No curso do processo, somente é lícita a sucessão voluntária das partes nos casos expressos em lei.

Autor: **Arystóbulo de Oliveira Freitas**

I. Sucessão e substituição processual

A sucessão das partes em processo judicial é tema antigo e, com certa frequência, é confundido com o tema da substituição processual, já que semanticamente são assemelhados.

Todavia, juridicamente, são conceitos bastante distintos. Enquanto, na sucessão processual, uma pessoa (jurídica ou natural), estranha à relação processual, passa a defender direito próprio em nome próprio, no lugar de uma das partes, decorrente da alteração de titularidade do direito material (CPC/1973, arts. 41 a 45, e CPC/2015, arts. 108 a 112); na substituição processual, uma pessoa (natural ou jurídica), estranha à relação processual, defende direito de terceiro, em nome próprio, exercitando o que se denomina de legitimação extraordinária (art. 8º, inciso III, da Constituição Federal; CPC/1973, art. 6º, e CPC/2015, art. 18).

Os arts. 41 a 45 do CPC/1973 continham a disciplina sobre a substituição das partes e dos procuradores. No CPC/2015, manteve-se a mesma estrutura da anterior disciplina, introduzindo modificações que refletem mudanças legislativas, como a posterior promulgação do Código Civil, e modificações jurisprudenciais.

No art. 108, ora em comento, houve a substituição da expressão "é permitida" por "é lícita".

A licitude consiste na qualidade do ato, omissivo ou comissivo, promovido de acordo com o direito posto (juridicidade do ato). Dessa forma, mostra-se mais correta e tecnicamente adequada a alteração promovida.

Há hipóteses diversas de previsão legal para a sucessão processual, podendo ser citados os seguintes exemplos: (i) art. 264, CPC/1973 (não há artigo correspondente no CPC/2015); (ii) art. 43, CPC/1973, atual art. 110, CPC/2015; (iii) art. 567 e incisos, e art. 568, incisos II e III, CPC/1973, atuais art. 778, § 1º e incisos, e art. 779, incisos II e III, CPC/2015; (iv) LMS, art. 1º.

Há, também, hipóteses de sucessão processual sem previsão legal específica: (i) alteração da parte na relação processual, tendo em vista a ocorrência de fusão ou incorporação de sociedades (STJ, REsp nº 14.180, Rel. Min. Salvio de Figueiredo, j. em 25/5/1993); (ii) sucessão processual de autoridade coatora em Mandado de Segurança (STF, Pleno, RMS nº 24552, Rel. Min. Gilmar Mendes, j. em 28/9/2004, DJU de 22/10/2004).

Art. 109 - A alienação da coisa ou do direito litigioso por ato entre vivos, a título particular, não altera a legitimidade das partes.
§ 1º - O adquirente ou cessionário não poderá ingressar em juízo, sucedendo o alienante ou cedente, sem que o consinta a parte contrária.
§ 2º - O adquirente ou cessionário poderá intervir no processo como assistente litisconsorcial do alienante ou cedente.
§ 3º - Estendem-se os efeitos da sentença proferida entre as partes originárias ao adquirente ou cessionário.

I. Alienação do objeto litigioso e legitimidade das partes

O texto do art. 109, *caput*, constitui a quase total reprodução do texto anterior do art. 42 do CPC/1973, com exceção da melhoria redacional, haja vista que as alterações efetuadas buscam facilitar o entendimento do texto processual, pois remodelam a disposição das orações inseridas no artigo *supra* e em seus parágrafos, tornando-os ainda mais objetivos e precisos. Ademais, a mudança da palavra "substituindo" por "sucedendo" confere ao texto maior exatidão, por adequar-se melhor ao tema tratado.

Esse artigo dispõe sobre a consequência processual de alteração de titularidade do direito material, quando a coisa ou direito são considerados "litigiosos" (ver arts. 79 a 99 do CC a respeito da definição de bens e direitos). Essa qualificação é dada por meio do art. 240 do CPC/2015 (anteriormente art. 219 do CPC/1973) – "a citação válida [...] torna litigiosa a coisa".

Ou seja, a aplicação do art. 109 é cabível após a citação válida da parte em processo judicial, considerando que a litigiosidade somente se configura após o ato de comunicação processual concluído, sem qualquer nulidade que o contamine, conforme disposto no art. 240, *caput*, do CPC/2015 – antes art. 219 do CPC/1973.

II. Alienação do objeto litigioso e fraude à execução

Esse tema é de especial relevância quando se trata de cumprimento de sentença ou de execução de título extrajudicial. A alienação da coisa ou direito, quando litigiosa, pode se dar em fraude à execução, caso em que o CPC prevê as consequências, no Título "Execução em Geral", Capítulo da "Responsabilidade Patrimonial" (art. 792, incisos I a V, e §§ 1º ao 4º, do CPC/2015).

A fraude à execução atenta não só contra os credores, mas contra a atividade jurisdicional em si. Tendo isso em vista, neste caso, diferentemente da fraude contra credores, é dispensada a necessidade de reconhecimento do ato perante a execução fraudada, ou seja, uma vez verificada a existência de fraude à execução, os bens que dela foram objeto poderão, de imediato e independentemente de ação de conhecimento, ser constritos, isto é, o negócio jurídico fraudulento continuará existindo, não sendo, no entanto, eficaz em relação ao credor que ajuizou a execução pendente.

Tamanha é a gravidade da fraude à execução que sua realização constitui crime tipificado no art. 179 do Código Penal. Ademais, a fraude à execução independe da presença do *consilium fraudis* (intenção maliciosa), bastando somente que o ato praticado se enquadre nas hipóteses do art. 792 do CPC/2015, ou em outra hipótese expressamente prevista em lei (por exemplo, art. 185, CTN), e que reduza o devedor à insolvência.

No final do ano de 2014, foi firmada jurisprudência, perante a Corte Especial do STJ, em regime de recurso repetitivo, a respeito do tema em questão, com a seguinte ementa:

"PROCESSO CIVIL. RECURSO REPETITIVO. ART. 543-C DO CPC. *FRAUDE* DE *EXECUÇÃO*. EMBARGOS DE TERCEIRO. SÚMULA N. 375/STJ. CITAÇÃO VÁLIDA. NECESSIDADE. CIÊNCIA DE DEMANDA CAPAZ DE LEVAR O ALIENANTE À INSOLVÊNCIA. PROVA. ÔNUS DO CREDOR. REGISTRO DA PENHORA. ART. 659, § 4º, DO CPC. PRESUNÇÃO DE *FRAUDE*. ART. 615-*A*, § 3º, DO CPC.

1. Para fins do art. 543-C do CPC, firma-se *a* seguinte orientação:

1.1. É indispensável citação válida para configuração da *fraude* de *execução*, ressalvada *a* hipótese prevista no § 3º do art. 615-*A* do CPC.

1.2. O reconhecimento da *fraude* de *execução* depende do registro da penhora do bem alienado ou da prova de má-fé do terceiro adquirente (Súmula n. 375/STJ).

1.3. A presunção de boa-fé é princípio geral de direito universalmente aceito, sendo milenar a parêmia: a boa-fé se presume; a má-fé se prova.

1.4. Inexistindo registro da penhora na matrícula do imóvel, é do credor o ônus da prova de que o terceiro adquirente tinha conhecimento de demanda capaz de levar o alienante *à* insolvência, sob pena de tornar-se letra morta o disposto no art. 659, § 4º, do CPC.

1.5. Conforme previsto no § 3º do art. 615-A do CPC, presume-se em *fraude* de *execução a* alienação ou oneração de bens realizada após *a* averbação referida no dispositivo.

2. Para *a* solução do caso concreto:

2.1. Aplicação da tese firmada.

2.2. Recurso especial provido para se anular o acórdão recorrido e *a* sentença e, consequentemente, determinar o prosseguimento do processo para *a* realização da instrução processual na forma requerida pelos recorrentes" (REsp nº 956.943/PR, Rel. Min. Nancy Andrighi, Rel. para acórdão Min. João Octávio de Noronha, j. em 20/8/2014, DJe de 1º/12/2014, grifo nosso).

O julgado anterior assevera, em resumo, ser necessária averbação da penhora promovida em processo judicial, no registro do bem constrito, ou, não havendo tal ato, a prova de má-fé do terceiro adquirente, para o reconhecimento de fraude à execução. Havia entendimento doutrinário no sentido de que a fraude à execução poder-se-ia evidenciar, ainda que a penhora não se tivesse efetivado, bastando a citação do devedor para a ação promovida pelo credor, entendimento esse ultrapassado pela jurisprudência.

Esse entendimento veio a ser consolidado também com a promulgação da Lei nº 13.097, de 19/1/2015, que previu a obrigatoriedade de averbações de todos os atos relativos a bens imóveis, inclusive constrições, sob pena de serem considerados eficazes os negócios jurídicos realizados na pendência de ações que versem sobre os mesmos bens.

III. Fraude contra credores

Ainda com relação à alienação de bem ou direito litigioso, vale fazer referência à fraude contra credores.

Esse tipo de fraude está previsto nos arts. 158 a 165 do Código Civil, e consiste na prática maliciosa de atos capazes de levar o devedor ao estado de insolvência, impossibilitando que seus bens possam ser alcançados por seus credores. A fraude contra credores pressupõe a existência conjunta de dois elementos: *(i)* que o ato praticado pelo devedor acarrete insolvência ou que o ato já seja praticado em estado de insolvência (*eventus damni*); e *(ii)* o intuito malicioso de frustrar as pretensões dos credores (*consilium fraudis*).

A fraude contra credores é um defeito do negócio jurídico capaz de promover a anulação dos atos por ela contaminados. Tal anulação se dá por meio de ação revocatória, também conhecida como ação *pauliana*. A ação *pauliana*, cuja legitimidade para proposição atribui-se àqueles que eram credores quirografários do devedor, ao tempo da prática dos atos fraudulentos, tem como objeto principal a anulação do negócio jurídico de alienação ou transferência do bem litigioso.

IV. Formas de intervenção e efeitos da decisão em relação ao adquirente

Há discussão sobre a legitimidade daquele que adquire bem ou direito litigioso opor embargos de terceiro (art. 1046, CPC/1973; atual art. 674, CPC/2015), seja em decorrência da tentativa de substituir os embargos do devedor, seja pelo fato de não compor o polo passivo da execução (Corte Especial, REsp nº 1.091.710/PR, Rel. Min. Luiz Fux, j. em 17/11/2010, DJe de 25/3/2011).

A aquisição do bem ou direito litigioso não impede que a decisão proferida em processo se restrinja às partes originais, considerando o disposto no § 1º, pois o adquirente ou cessionário poderá ingressar em processo por meio do instituto de intervenção de terceiro (assistência simples ou litisconsorcial – art. 50, CPC/1973 e art. 119, CPC/2015), o que é permitido pelos §§ 2º e 3º.

Com relação à sucessão processual, em casos de ocorrência de cessão de créditos em demandas executivas, menciona-se a orientação dos tribunais no sentido de que tal sucessão independe de anuência do devedor, consoante dispõe o art. 567, inciso II, CPC/1973, atual art. 778, § 1º, inciso III, CPC/2015 (TJSP, Recurso Repetitivo REsp nº 1.091.443/SP; AgRg em REsp nº 1.227.749/RS e o Agravo de Instrumento nº 2210362-58.2014.8.26.0000).

Art. 110 - Ocorrendo a morte de qualquer das partes, dar-se-á a sucessão pelo seu espólio ou pelos seus sucessores, observado o disposto no art. 313, §§ 1º e 2º.

I. Sucessão processual por morte

A morte de qualquer das partes provoca a alteração do polo processual, pelo respectivo espólio ou pelos sucessores. Esse artigo contém especial interesse no que se refere à transmissibilidade do direito e, portanto, do efeito da sucessão processual.

Quando o direito é personalíssimo, não há que se falar em transmissão ou sucessão, salvo exceções definidas por nossa jurisprudência. É o caso do direito ao ressarcimento de danos morais. O Superior Tribunal de Justiça já consolidou jurisprudência a respeito da transmissibilidade desse ressarcimento: *"A posição atual e dominante que vigora nesta Corte é no sentido de, embora a violação moral atinja apenas o plexo de direitos subjetivos da vítima, o direito à respectiva indenização transmite-se com o falecimento do titular do direito, possuindo o espólio ou os herdeiros legitimidade ativa ad causam para ajuizar ação indenizatória por danos morais, em virtude da ofensa moral suportada pelo de cujus. Incidência da Súmula n. 168/ STJ*" (Corte Especial, AgRg no EREsp nº 978.651/ SP, Rel. Min. Felix Fischer, j. em 15/12/2010, DJe de 10/2/2011, grifos nossos).

Há, todavia, discussão sobre a possibilidade de ajuizamento da ação ressarcitória pelos sucessores da vítima, se ocorreu a morte antes do início do processo: "*A jurisprudência desta Corte é no sentido de que o espólio pode propor ação própria de reparação de danos morais sofridos pelo de cujus e, com mais razão, pode suceder no direito de receber a indenização por dano moral requerida pelo de cujus em ação por ele mesmo iniciada*" (AgRg no Agravo em REsp nº 195.019/SP, Rel. Min. Sidnei Beneti, j. em 16/10/2012, grifo nosso).

Quando se trata de pessoa jurídica, as alterações societárias que provocam o encerramento ou dissolução de uma pessoa jurídica, transmitindo todos os direitos e obrigações para outra implicam a sucessão processual, independentemente do consentimento da parte contrária. Nesse sentido "*Ementa: Execução. Sucessão processual. Desnecessidade de anuência da parte contrária. Entendimento do art. 43, do CPC. Recurso improvido*" (TJSP, AI nº 0080769-20.2008.8.26.0000, Rel. Luis Carlos de Barros, j. 15/12/2008, publicado em 27/1/2009, grifo nosso).

Art. 111 - A parte que revogar o mandato outorgado a seu advogado constituirá, no mesmo ato, outro que assuma o patrocínio da causa.
Parágrafo único - Não sendo constituído novo procurador no prazo de 15 (quinze) dias, observar-se-á o disposto no art. 76.

I. Revogação do mandato e direito aos honorários

O mandato judicial é disciplinado pelas regras processuais (arts. 36 a 40 do CPC/1973 e arts. 103 a 107 do CPC/2015), pelo Estatuto da Advocacia e da Ordem dos Advogados do Brasil (EAOAB – art. 5º e parágrafos), pelo Código de Ética e Disciplina da OAB (arts. 11 e seguintes), e, supletivamente, pelas regras gerais do contrato de mandato, conforme arts. 653 a 692 do Código Civil.

A parte tem a faculdade de revogar o mandato outorgado a seu procurador judicial, outorgando mandato a novo procurador.

Na hipótese do artigo em comento, há de se verificar que não emergem obrigações apenas para o procurador cujo mandato foi revogado, mas também para o novo procurador. Essas obrigações não se limitam ao campo processual, irradiando efeitos na seara da ética do profissional da advocacia.

O procurador que tem seu mandato revogado não perde o direito aos honorários contratados, inclusive aqueles relativos à sucumbência, conforme art. 14 do Código de Ética da OAB, salvo na hipótese de infração ética ou contratual.

O novo advogado não deve aceitar procuração para patrocínio em causa que já conte com procurador constituído, sem que haja prévio conhecimento desse último (art. 11 do Código de Ética da OAB).

Nesse sentido, vem sendo o entendimento do Conselho Federal da OAB:

"RECURSO 2011.08.02567-05/SCA-PTU. Rectes.: A.J.B. e F.R.C. (Advs.: Angelito José Barbieri OAB/SC 4026 e Def. Dat. Fernando Henrique Becker Silva OAB/SC 17330). Recdos.: Conselho Seccional da OAB/Santa Catarina, L.O.C.M. e M.A.M.P. (Advs.: Luciana Oliveira Cabral Medeiros OAB/SC 12261 e Marcos Aurélio de Melo Pacheco OAB/SC 11568). Relator: Conselheiro Federal Floriano Edmundo Poersch (AC). EMENTA 158/2011/SCA-PTU. Processo disciplinar. Juntada de novo mandato sem revogação do anterior. Infração caracterizada. A juntada de novo mandato sem que o anterior tenha sido revogado, em processo onde havia outros profissionais atuando regularmente, falta disciplinar caracterizada, nos termos do artigo 11 do CED. Conhecido recurso com relação ao primeiro recorrente, improvido, porém quanto ao mérito. Não conhecido o recurso com relação ao segundo recorrente. Mantendo-se a decisão recorrida em todos os seus termos, na forma da fundamentação e do voto. ACÓRDÃO: Vistos, relatados e discutidos os autos do processo em referência, acordam os membros da Primeira Turma de Segunda Câmara do CFOAB, por unanimidade de votos, em não conhecer do Recurso de F.R.C. e conhecer e negar provimento ao Recurso de A.J.B., nos termos do voto do Relator, que integra o presente. Brasília, 14 de junho de 2011. Gilberto Piselo do Nascimento, Presidente da Primeira Turma de Segunda Câmara. Floriano Edmundo Poersch. Relator" (D. O. U, S. 1, 16/8/2011, p. 116).

II. Suspensão do processo

Com a revogação do mandato, a parte torna-se incapaz processualmente, pois a postulação em Juízo somente é possível por intermédio do advogado, salvo casos específicos e disciplinados por lei (Juizados Especiais, Justiça do Trabalho, etc.). Dessa forma, se houver revogação do mandato sem a concomitante nomeação de novo procurador, deve o juiz suspender o curso do processo, nos termos do art. 76 do CPC/2015, designando prazo razoável para a regularização. As consequências processuais da inobservância da determinação judicial estão previstas nos parágrafos e incisos do art. 76 mencionado.

III. Intimação dos atos processuais

Há também um sério problema a ser considerado, qual seja a intimação dos atos processuais em nome de advogados cujos poderes foram revogados.

A intimação dos atos processuais, por meio de publicação em Diários Oficiais Eletrônicos, deve ser realizada na pessoa do advogado cuja procuração encontre-se em vigor na data da intimação. Na hipótese de intimação realizada em nome de procurador cujo mandato houvera sido revogado, há evidente nulidade processual, que deve ser reconhecida e suprida pelo juiz da causa (art. 272, § 2º, CPC/2015). Constitui cautela relevante o expresso requerimento ao juiz, indicando os advogados em nome dos quais devem ser realizados os atos de comunicação processual (art. 272, § 5º, CPC/2015); essa cautela evita que a alteração de advogados no escritório possa repercutir em intimações não comunicadas ao profissional responsável pela causa.

Quando a parte ré revogar o mandato outorgado ao seu patrono e, sendo válida e pessoalmente intimada, não constituir novo patrono na demanda, imputam-se a essa os efeitos da revelia, haja vista a validade dos atos processuais praticados. Nesse sentido, quando ocorrer a mesma situação em casos de revogação de mandato pela parte autora, o juiz poderá decretar a nulidade do processo. *Vide* art. 13, incisos I, II e III, do CPC/1973, atual art. 76, § 1º, incisos I, II e III, e § 2º, incisos I e II, do CPC/2015. A regularização anterior à sentença foi acolhida como suficiente e afastada a revelia em acórdão do STJ (REsp nº 758.136, Rel. Min. Gomes de Barros, j. em 16/10/2007). Há julgado contrário a esse entendimento, como se depreende do acórdão referente ao Recurso de Apelação de nº 0019024-10.2011.8.26.0008, TJSP: "[...] *houve revogação do mandato da patrona dos apelados, contudo sem a constituição de novo patrono. Assim, entendo que contra os apelados correm os prazos como se fossem revéis*" (grifo nosso).

IV. Revogação expressa e tácita

Ademais, a revogação de poderes pode se realizar de modo expresso ou tácito. A revogação tácita consiste naquela em que se constitui novo procurador em determinado litígio sem que haja ressalva em sentido contrário. Nesse sentido, o acórdão no Recurso de Apelação em HC de nº 0191545-90.2011.3.00.0000, TJSP: "*A jurisprudência desta Corte é pacífica no sentido de que a constituição de novo procurador nos autos representa revogação tácita dos mandatos anteriormente outorgados, desde que não haja ressalva em sentido contrário*" (grifos nossos). Sem dúvida, esse entendimento deve ser compatibilizado com os deveres éticos do profissional da advocacia, conforme já mencionado, insculpido no art. 11 do Código de Ética da OAB.

Art. 112 - O advogado poderá renunciar ao mandato a qualquer tempo, provando, na forma prevista neste Código, que comunicou a renúncia ao mandante, a fim de que este nomeie sucessor.
§ 1º - Durante os 10 (dez) dias seguintes, o advogado continuará a representar o mandante, desde que necessário para lhe evitar prejuízo.
§ 2º - Dispensa-se a comunicação referida no caput quando a procuração tiver sido outorgada a vários advogados e a parte continuar representada por outro, apesar da renúncia.

I. Renúncia ao mandato e responsabilidade do procurador

Considerando os efeitos da renúncia do procurador ao mandato que lhe foi outorgado, especialmente no âmbito do processo judicial, o legislador procurou criar regras de proteção ao cliente, mandante, com obrigação de comunicação expressa e comprovada, bem como a continuidade da representação do mandante, pelo profissional da advocacia, durante o prazo de dez dias (o art. 5º do EAOB reproduz essas exigências). Sem a observância das providências em questão, o procurador continuará representando o mandante da procuração judicial, com todas as obrigações inerentes (cumprimento de prazos, zelo, diligência), sob pena de responsabilização, tanto na esfera cível quanto na administrativa, no âmbito da OAB.

O STJ já se pronunciou a esse respeito: REsp nº 320.345, Rel. Min. Fernando Gonçalves, j. em 5/8/2003, DJ de 18/8/2003: "*1. Conforme precedentes, a renúncia do mandato só se aperfeiçoa com a notificação inequívoca do mandante. 2. Incumbe ao advogado a responsabilidade de cientificar o seu mandante de sua renúncia. 3. Enquanto o mandante não for notificado e durante o prazo de dez dias após a sua notificação, incube ao advogado representá-lo em juízo, com todas as responsabilidades inerentes à profissão*" (grifo nosso).

II. Validade da comunicação ao endereço anterior

A demora no trâmite do processo judicial muitas vezes pode dificultar a comunicação formal com o cliente, em decorrência de alteração de endereço. Nesse caso, quando o mandante não informa a mudança de endereço, é considerada cumprida a obrigação de comunicação ao cliente por meio de carta registrada, com informação dos Correios a respeito da mudança. Acordão em Recurso de Apelação de nº 164628/SC 2010.016462-8/TJSC: "*CORRESPONDÊNCIAS DEVOLVIDAS PELOS CORREIOS COM A INFORMAÇÃO DE MUDANÇA DE ENDEREÇO. DESCUMPRIMENTO POR PARTE DAS EMBARGANTES DO DEVER LEGAL DE COMUNICAÇÃO DO ESTADO-JUIZ ACERCA DA MODIFICAÇÃO DE LOGRADOURO. CIRCUNSTÂNCIA QUE FAZ COM SE PRESUMA VÁLIDA A INTIMAÇÃO TENTADA NOS ENDEREÇOS CONSTANTES NO FEITO*" (grifo nosso).

III. Renúncia de apenas um procurador

Quando houver mais de um procurador nomeado pelo mandante, a renúncia de um dos procuradores não altera a condição dos demais, que mantém suas obrigações e deveres profissionais. A esse respeito, o recente acórdão do STJ: "[...] *O substabelecimento de poderes outorgados na procuração a vários advogados enseja a atuação de todos os nominados no instrumento. Havendo renúncia de um dos causídicos ao mandato, os demais continuam validamente atuando no feito*" (HC nº 240.403/PB, Rel. Min. Nefi Cordeiro, j. em 2/6/2015, DJe de 12/6/2015, grifo nosso).

TÍTULO II
DO LITISCONSÓRCIO

Art. 113 - Duas ou mais pessoas podem litigar, no mesmo processo, em conjunto, ativa ou passivamente, quando:
I - entre elas houver comunhão de direitos ou de obrigações relativamente à lide;
II - entre as causas houver conexão pelo pedido ou pela causa de pedir;
III - ocorrer afinidade de questões por ponto comum de fato ou de direito.
§ 1º - O juiz poderá limitar o litisconsórcio facultativo quanto ao número de litigantes na fase de conhecimento, na liquidação de sentença ou na execução, quando este comprometer a rápida solução do litígio ou dificultar a defesa ou o cumprimento da sentença.
§ 2º - O requerimento de limitação interrompe o prazo para manifestação ou resposta, que recomeçará da intimação da decisão que o solucionar.

Autores: Marcelo Abelha Rodrigues e Thiago Ferreira Siqueira

I. Litisconsórcio: conceito e justificação sistemática

Litisconsórcio, como a etimologia prenuncia, é o consórcio na lide, é a presença de dois ou mais sujeitos nas condições de autores e/ou réus de uma mesma relação processual (processo). Trata-se, portanto, da pluralidade de partes em ao menos um dos polos da relação jurídica processual. Decorre do fato de que determinados acontecimentos da vida levados à apreciação jurisdicional envolvem mais de duas pessoas, ou, ainda, de semelhanças presentes nas situações jurídicas de dois ou mais sujeitos. Nestes casos, justifica-se que o processo, do ponto de vista subjetivo, vá além do esquema mínimo (um autor e um réu), na busca por maior economia processual e harmonia de julgamentos.

II. Espécies de litisconsórcio: ativo, passivo e misto

Do ponto de vista da *posição da relação processual* em que se forma, o litisconsórcio pode ser *ativo*, quando há pluralidade de autores, *passivo*, quando há pluralidade de réus, ou *misto* (recíproco, simultâneo), quando a pluralidade se verifica em ambos os polos.

III. Espécies de litisconsórcio: necessário e facultativo

Em relação à *obrigatoriedade de sua formação*, o litisconsórcio pode ser *necessário* ou *indispensável* (CPC, art. 114), quando a pluralidade de partes é essencial para a regularidade do processo e para que a decisão de mérito possa ser eficaz, e *facultativo*, que é aquele que pode se formar, ou não, a depender da escolha da parte autora.

IV. Espécies de litisconsórcio: simples e unitário

Quanto ao *regime jurídico do resultado em relação aos litisconsortes*, o litisconsórcio pode ser *unitário* (CPC, art. 116), quando a resolução do mérito houver de ser uniforme em relação a todos os litisconsortes, e *simples*, quando houver a possibilidade (basta a possibilidade) de prolação de decisões de mérito distintas para os litisconsortes.

A depender dessa questão, varia, também, o *regime jurídico da relação entre os litisconsortes*, como se verá nos comentários ao art. 117.

V. Espécies de litisconsórcio: inicial e ulterior

No que tange ao *momento de sua formação*, o litisconsórcio pode ser *inicial*, quando a petição inicial já indica uma pluralidade de autores e/ou de réus, ou *ulterior* (incidental), quando se forma após a propositura da demanda ou após a citação dos réus inicialmente apontados.

Vários são os motivos que podem levar à formação de litisconsórcio ulterior. É o que ocorre, por exemplo, quando o juiz determina que se promova a citação dos litisconsortes passivos necessários na forma do art. 115 do CPC. Pode resultar, ainda, de algumas das modalidades de intervenção de terceiros, como a denunciação da lide (CPC, arts. 125 a 129), o chamamento ao processo (CPC, arts. 130 a 132), e o incidente de desconsideração da personalidade jurídica (CPC, arts. 133 a 137). Pode decorrer, ademais, da sucessão da parte falecida por seus herdeiros (CPC, art. 313), ou, ainda, da alienação da coisa litigiosa a duas ou mais pessoas em casos nos quais a parte adversa consinta com a sucessão processual (CPC, art. 109, § 1º). Hipótese interessante, inexistente no sistema do CPC/1973, é aquela constante do art. 339, § 2º, do CPC/2015, em que, tendo o réu arguido a sua ilegitimidade passiva e apontado aquele que no seu entender seria o legitimado, o autor, em vez de optar pela substituição do réu, requer a inclusão do sujeito indicado como litisconsorte passivo. Vale mencionar, outrossim, a hipótese de reunião para julgamento conjunto de demandas conexas propostas por sujeitos distintos, ou em face de sujeitos distintos (CPC, art. 55, § 1º).

Questão que suscita certa polêmica diz respeito à possibilidade de ingresso voluntário de sujeito que poderia ter sido litisconsorte ativo facultativo quando da propositura da demanda, mas não o foi, por meio da chamada *intervenção litisconsorcial voluntária*, ou, ainda, do chamado *litisconsórcio ativo ulterior*. Em geral, tanto a jurisprudência do STF (Tribunal Pleno, MS nº 26860, Rel. Min. Luiz Fux, j. em 2/4/2014, Acórdão eletrônico DJe-184 divulg. em 22/9/2014, public. em 23/9/2014) quanto a do STJ (2ª T., AgRg no REsp nº 1022615/RS, Rel. Min. Herman Benjamin, j. em 10/3/2009, DJe de 24/3/2009) se manifestam pela *impossibilidade* de ingresso do litisconsorte após a distribuição do processo, sob pena de permitir que ele escolha o juízo em que tramitará sua demanda, em ofensa à garantia do juiz natural (CF/1988, art. 5º, inciso XXXVII). Pode-se imaginar, por exemplo, hipótese em que, tendo sido deferida liminar em situação análoga à sua, o servidor público pretenda ingressar no processo para obter, em sede de tutela antecipatória, a mesma vantagem funcional concedida ao primitivo autor. A nosso ver, entretanto, cabe fazer uma diferenciação: nos casos em que o litisconsórcio seria *unitário*, deve-se permitir o ingresso posterior daquele que não ajuizou a demanda originariamente, já que, como se verá, o direito discutido também é de sua titularidade, de modo que já seria ele alcançado pela sentença. Nas hipóteses de litisconsórcio simples, por outro lado, como no exemplo mencionado, não é possível haver a intervenção.

VI. Admissibilidade do litisconsórcio: as relações entre os litisconsortes

Para que dois ou mais sujeitos possam figurar como autores ou como réus em um determinado processo, é necessário que exista alguma espécie de vínculo (processual ou material) entre as situações jurídicas em que estão envolvidos e que justifique, em nome da economia processual e da harmonia dos julgamentos, a formação do litisconsórcio. Nesta linha, o art. 113 do CPC elenca as hipóteses taxativas em que pode haver o litisconsórcio.

VII. Litisconsórcio por comunhão de direitos ou de deveres

Admite-se a formação de litisconsórcio na hipótese de *comunhão* dos sujeitos em relação a um mesmo direito ou dever (CPC, art. 113, inciso I). Trata-se de situações em que os litisconsortes são, conjuntamente, sujeitos ativos ou passivos de uma mesma relação jurídica de direito material. Exemplo de litisconsórcio por comunhão de direitos é aquele formado por condôminos, titulares da propriedade de um mesmo bem. Quanto à comunhão de deveres, é de se pensar no litisconsórcio formado por devedores solidários.

VIII. Litisconsórcio por conexão de causas

Pode, ainda, ser formado o litisconsórcio quando houver *conexão* entre as causas que envolvem cada um dos litisconsortes (CPC, art. 113, inciso II). Deve-se lembrar, neste ponto, que a conexão é uma espécie de relação entre duas ou mais demandas que se verifica quando lhes é comum o *pedido* ou a *causa de pedir* (CPC, art. 55). A existência de conexão pode provocar diversos efeitos processuais, como a modificação da competência relativa e a reunião de processos para decisão conjunta (CPC, arts. 54 e 55, § 1º), a permissão para que o réu maneje reconvenção em face do autor (CPC, art. 343) e, finalmente, a formação de litisconsórcio facultativo.

Para que se possa verificar a conexão pela causa de pedir, é necessário que as demandas decorram, ainda que em parte, de um *mesmo fato*, não bastando, portanto, a identidade de fundamentos jurídicos. É o que ocorre, por exemplo, com as situações de duas ou mais vítimas de um mesmo acidente automobilístico, que, por força do art. 113, inciso II, podem se litisconsorciar para buscar, num só processo, as indenizações a que afirmam ter direito. Outro exemplo, recentemente mencionado na jurisprudência do STJ, é o litisconsórcio formado entre o incapaz e seu responsável por danos diretamente causados por aquele, nos termos do art. 928 do CC/2002: nesses casos, embora sejam distintas às responsabilidades – sendo a do incapaz subsidiária à de seu responsável –, ambas decorrem de um mesmo fato danoso (STJ, 4ª T., REsp nº 1436401-MG, Rel. Min. Luis Felipe Salomão, j. em 2/2/2017, DJe de 16/3/2017).

Já a conexão pelos pedidos de duas ou mais demandas é aquela que se verifica quando é idêntico, ainda que em parte, o *bem da vida* nelas perseguido. Trata-se, assim, da identidade de *pedidos mediatos*, não bastando, para que se estabeleça a conexão, a coincidência quanto à espécie de provimento judicial buscado nas demandas (pedido imediato). Exemplo de litisconsórcio por conexão de pedidos se dá em caso em que o proprietário de um imóvel propõe ações de despejos em face de dois inquilinos que ocupam cada qual uma parte do bem.

IX. Litisconsórcio por afinidade

A *afinidade*, por fim, é uma relação entre demandas de caráter mais tênue que a conexão. Há afinidade por *ponto comum de fato* quando as causas de pedir das demandas ajuizadas pelos litisconsortes forem formadas por fatos distintos, mas com alto grau de similitude, de modo que as questões (pontos controvertidos de fato e de direito) que haverão de ser enfrentadas para os respectivos julgamentos sejam praticamente as mesmas, com exceção de algumas particularidades presentes nas situações individuais de cada um dos sujeitos. É o que ocorre, por exemplo, no litisconsórcio formado em ação ajuizada por dois ou mais consumidores em face de um mesmo fornecedor, em virtude de defeitos apresentados por produtos idênticos por eles adquiridos. A afinidade por *ponto comum de direito*, por sua vez, verifica-se quando o fundamento jurídico das demandas em que figurem cada um dos litisconsortes seja o mesmo. Pode-se imaginar, por exemplo, situação em que diversos servidores ajuízem demandas conjuntamente em face de um mesmo ente da federação visando à concessão de idêntico benefício funcional. Ou, ainda, a situação em que diversos autores pretendem a revisão de contratos firmados com uma mesma instituição financeira, em virtude da presença de cláusulas abusivas idênticas, caso em que se tem admitido o litisconsórcio ativo (TJPR, 18ª C. Cível, AC nº 898737-7/Pato Branco, Rel. Sérgio Roberto N. Rolanski, unânime, j. em 5/9/2012).

É importante notar que, ao contrário do que ocorre com a conexidade (CPC, art. 54), a relação de afinidade (muito mais tênue) permite a formação de litisconsórcio (CPC, art. 113, inciso III), mas não é causa suficiente para a modificação da competência, não impondo, ademais, a reunião de demandas que porventura tenham sido ajuizadas separadamente (neste sentido, salientando esta distinção: TJSP, Câmara Especial, Rel. Presidente da Seção de Direito Público, j. em 3/2/2014, data de registro: 6/2/2014).

X. Limitação do litisconsórcio facultativo

Via de regra, a opção pela formação do litisconsórcio nas hipóteses do art. 113 do CPC é faculdade que pertence ao autor ou aos autores, não sendo possível, ao réu ou ao juiz, recusar a pluralidade de partes. Há situações, entretanto, em que o grande número de sujeitos, seja no polo ativo ou no polo passivo da relação processual, pode comprometer a *rápida solução do litígio*, ou, ainda, dificultar o exercício do direito de *defesa* pelo réu, ou a realização do *cumprimento de sentença*. Neste caso, em que é formado o chamado *litisconsórcio multitudinário*, pode o juiz limitar a quantidade de colitigantes (CPC, art. 113, § 1º). São, portanto, razões relacionadas ao *devido processo*, como a *efetividade* e *tempestividade da tutela,* e o *contraditório*, que determinam a limitação judicial do litisconsórcio, que, em tese, não traz prejuízo para os litisconsortes senão porque apenas diminui (pelo desmembramento) a dimensão quantitativa dos consorciados. É importante deixar claro que a possibilidade de limitação do litisconsórcio apenas tem aplicação nos casos de litisconsórcio facultativo, já que, nas hipóteses de necessariedade, é a própria lei que impõe a pluralidade de partes (STJ, 2ª T., REsp nº 1213710/RS, Rel. Min. Mauro Campbell Marques, j. em 16/12/2010, DJe de 8/2/2011). Vale dizer, ainda, que a limitação pode ocorrer a requerimento do réu, ou de ofício, como entende a jurisprudência do STJ (2ª T., AgRg no AgRg no REsp nº 1452805/PR, Rel. Min. Humberto Martins, j. em 3/2/2015, DJe de 9/2/2015).

É de se imaginar, por exemplo, situação em que um vultoso número de servidores públicos pleiteie, em litisconsórcio, um mesmo benefício em face da Administração Pública: neste caso, ao contestar, ainda que possa discutir as questões de direito pertinentes à solução da causa, o réu dificilmente poderia analisar adequadamente as situações individuais de cada um dos requerentes, a fim de aferir quais preenchem os requisitos legais necessários à concessão da vantagem.

Não há, importante dizer, um quantitativo máximo de litisconsortes abstratamente definido para lei. É a situação concreta que se apresenta perante o juiz que definirá se o número de litisconsortes no polo ativo ou passivo é capaz de comprometer a rápida solução do litígio ou dificultar a defesa ou o cumprimento da sentença. Mostra-se equivocado, portanto, o entendimento jurisprudencial segundo o qual "[...] o litisconsórcio facultativo não pode ultrapassar o número de 10 autores [...]" (TRF/1, 2ª T., AG nº 0076762-43.2010.4.01.0000/DF, Rel. Des. Federal Francisco de Assis Betti, Rel. conv. Juiz Federal Cleberson José Rocha, e-DJF1 de 21/3/2014, p. 53).

A análise do art. 113, § 1º, do CPC/2015 revela interessante inovação se comparado ao que consta do art. 46, parágrafo único, do CPC/1973, que diz respeito à possibilidade de limitação do litisconsórcio na fase de liquidação de sentença ou de execução. No sistema revogado, a jurisprudência se estabeleceu no sentido de que a limitação apenas poderia ocorrer na etapa inicial da fase de conhecimento, sob pena de preclusão (STJ, 5ª T., REsp nº 402.447/ES, Rel. Min. Laurita Vaz, j. em 4/4/2006, DJ de 8/5/2006, p. 267). Já nos termos do que consta do art. 113, § 1º, do CPC/2015, é perfeitamente possível a realização da limitação após o término da fase cognitiva, quando se perceber que o grande número de litigantes pode dificultar o cumprimento de sentença.

É importante deixar claro que a aplicação do disposto no art. 113, § 1º, não pode levar, simplesmente, à extinção do processo em relação a alguns dos litisconsortes, sob pena de limitar o seu acesso à justiça. Na verdade, uma vez que o juiz tenha identificado a necessidade de limitação do litisconsórcio, deve *desmembrar o polo ativo ou passivo em grupos menores*, dando azo à formação de outros processos.

Embora o desmembramento possa ser efetuado de ofício, a realização do pedido por parte do réu *interrompe o prazo* para resposta ou para a manifestação pertinente, que apenas recomeçará a correr uma vez que sejam as partes intimadas da decisão do juiz a este respeito.

Vale dizer, por fim, que a decisão que *rejeita* o pedido de limitação do litisconsórcio é, nos termos do art. 1.015, inciso VIII, do CPC, recorrível de imediato pela via do agravo de instrumento. Da mesma forma, a decisão que, de ofício ou a requerimento, entende pela *limitação* é recorrível de imediato em virtude do disposto no art. 1.015, inciso VII, que prevê o cabimento de agravo de instrumento contra as decisões interlocutórias que versem sobre "exclusão de litisconsorte", já que o desmembramento equivale à retirada de alguns dos colitigantes daquela específica relação processual, ainda que possam continuar na defesa de seus direitos em outro processo.

Art. 114 - O litisconsórcio será necessário por disposição de lei ou quando, pela natureza da relação jurídica controvertida, a eficácia da sentença depender da citação de todos que devam ser litisconsortes.

I. Litisconsórcio necessário: conceito

Há litisconsórcio necessário quando a pluralidade de partes for essencial para que o processo se desenvolva de forma regular, e para que a decisão de mérito seja plenamente eficaz. Nos casos em que se impõe a formação do litisconsórcio, a legitimidade pertence, conjuntamente, a todos os sujeitos que devem integrar o contraditório, de modo que a ausência de um deles impõe a extinção do processo sem resolução do mérito (CPC, art. 485, inciso VI).

É nítida, no ponto, a evolução do tratamento dado ao assunto pelo art. 114 do CPC/2015 se comparado ao art. 47 do CPC/1973, cuja redação sempre foi muito criticada pela doutrina por confundir o litisconsórcio necessário com o unitário, espécies que decorrem de classificações que se baseiam em critérios distintos. Já o art. 114 do CPC/2015 evidencia, com maior clareza, as duas situações em que é obrigatória a formação do litisconsórcio, admitindo que o litisconsórcio necessário possa ser simples ou unitário.

II. Litisconsórcio necessário pela natureza da relação jurídica

Nos termos do art. 114, o litisconsórcio será necessário em decorrência da natureza da relação jurídica controvertida (seja ela processual ou material), caso em que a eficácia da sentença estaria na dependência da citação de todos os que devam figurar como partes. Apesar de não explicitar qual seria a característica da relação jurídica deduzida em juízo que torna obrigatória a participação de todos os possíveis litisconsortes, deve-se entender que o dispositivo se refere aos casos de *litisconsórcio unitário*. Explica-se: quando houver uma situação de direito material ou processual que, pelas características que serão analisadas no comentário ao art. 116, torne unitário o litisconsórcio formado por dois ou mais sujeitos, estes deverão, obrigatoriamente, participar do processo na qualidade de litisconsortes. Pode-se dizer, assim, à primeira vista, que o litisconsórcio unitário é, também, necessário. Ainda que não se possa confundir o litisconsórcio unitário com o litisconsórcio necessário – já que, como dito, decorrem de critérios classificatórios distintos –, a questão é que o legislador determinou a necessidade de formação do litisconsórcio nos casos de unitariedade. Assim, nos casos em que a relação jurídica a ser discutida em juízo impor uma solução idêntica para os litisconsortes (unitários), em regra todos os sujeitos afetados por esta solução devem, em respeito ao contraditório, integrar a relação processual. Imagine-se, por exemplo, a demanda em que se pretenda a anulação de um contrato, caso em que os contratantes afetados pela decisão devem integrar a relação processual. Ou, ainda, a hipótese de ação rescisória: como admitir que, neste caso, os sujeitos da causa onde foi prolatada a decisão rescindenda não integrem a relação jurídica processual? É interessante notar nessa linha, aliás, que, recentemente, o STJ fixou o entendimento de que, quando busca desconstituir sentença que tenha fixado honorários de sucumbência, a ação rescisória "deve ser proposta não apenas contra o titular do crédito principal formado em juízo, mas também contra o advogado em favor de quem foi fixada a verba honorária" (STJ, 3ª T., REsp nº 1651057-CE, Rel. Min. Moura Ribeiro, j. em 16/5/2017, DJe de 26/5/2017), justamente porque, nesses casos, o direito pertence ao advogado.

É importante frisar, todavia, que a regra só se aplica de modo invariável aos casos de litisconsórcio unitário passivo, já que, como se verá, o litisconsórcio necessário no polo ativo da relação processual reveste-se de caráter excepcional.

III. Litisconsórcio necessário por disposição de lei

Além dos casos de litisconsórcio necessário pela unitariedade (quando a própria relação jurídica discutida impõe essa necessariedade), há litisconsórcio necessário nas hipóteses em que a *lei* o determinar, independentemente da natureza da relação jurídica submetida à apreciação judicial. É o que ocorre, por exemplo, na ação de usucapião de imóvel, caso em que, exceto quando a demanda tiver por objeto unidade autônoma de prédio em condomínio, devem ser citados, obrigatoriamente, todos os confinantes (CPC, art. 246, § 3º). Note-se que, neste caso, não há obrigatoriedade de que a decisão de mérito seja uniforme para todos os litisconsortes, já que a sentença poderá regular, de modo distinto, a situação de cada confinante em relação ao imóvel usucapiendo. Situação análoga se verifica, ainda, na ação popular, em que o art. 6º da Lei nº 4.717/1965 determina a citação, como litisconsortes passivos, de todos os possíveis envolvidos no ato investigado, o que não resultará invariavelmente na prolação de decisões de mérito uniformes para todos os réus, já que pode ser apurado que um ou alguns deles não tiveram, verdadeiramente, qualquer relação com a lesão.

Há situações, entretanto, em que a lei determina, expressamente, a formação de litisconsórcio necessário em caso em que a natureza da relação jurídica discutida impõe a uniformidade no julgamento do mérito. É o que ocorre, por exemplo, com o litisconsórcio passivo formado entre os cônjuges em ação que verse sobre direito real imobiliário (CPC, art. 73, § 1º, inciso I).

IV. O problema do litisconsórcio necessário ativo

Questão que sempre gerou polêmica na doutrina e na jurisprudência diz respeito à existência, ou não, de litisconsórcio necessário no polo ativo da relação processual. O problema se coloca em virtude do fato de que, por um lado, ninguém pode ser compelido a ajuizar demanda contra sua própria vontade, e, por outro, não se pode vedar o acesso à justiça dos sujeitos que efetivamente desejam deduzir pretensão em juízo, ainda que outros possíveis litisconsortes não o queiram. Diante dessas circunstâncias, poder-se-ia entender que, simplesmente, não existe litisconsórcio ativo necessário.

Há situações, entretanto, em que a lei expressamente determina a participação, num dado processo, de mais de um sujeito na qualidade de autor. É o que ocorre, por exemplo, com a vedação, constante do art. 26 da Lei nº 8.906/1994 (Estatuto da OAB), de que o advogado substabelecido, com reserva de poderes, cobre honorários sem a intervenção do advogado substabelecente, caso em que a jurisprudência do STJ já entendeu existir o litisconsórcio necessário ativo (4ª T., REsp nº 1068355/PR, Rel. Min. Marco Buzzi, j. em 15/10/2013, DJe de 6/12/2013).

Há que se mencionar, ainda, situações em que, a despeito de a lei não obrigar expressamente a formação do litisconsórcio, o que se pretende em juízo é a alteração, mediante decisão constitutiva, de situação jurídica que envolve mais de um sujeito, caso em que é necessária a participação no processo de todos os envolvidos. Exemplo de tal hipótese encontrada na recente jurisprudência do STJ é aquele em que apenas um dos mutuários que figuravam em contrato de financiamento ligado ao Sistema Financeiro de Habitação pretende a sua revisão, caso em que foi reconhecida a necessidade de que o outro mutuário também integrasse o processo (3ª T., REsp nº 1222822/PR, Rel. Min. Ricardo Villas Bôas Cueva, j. em 23/9/2014, DJe de 30/9/2014).

Vale frisar, todavia, que, ao contrário do que ocorre no polo passivo, nem todo o litisconsórcio ativo de caráter unitário será necessário, já que há situações em que a própria lei permite que um dos titulares do direito busque sua proteção em juízo independentemente da participação dos outros, como ocorre com a legitimação de cada um dos condôminos para reivindicar de terceiros a coisa comum (CC, art. 1.314).

Nesta linha é que se vem proclamando, acertadamente, o caráter excepcional do litisconsórcio necessário ativo. De toda sorte, mesmo nas situações em que considera imprescindível a integração ao contraditório dos demais possíveis litisconsortes, a jurisprudência do STJ tem deixado claro, inclusive nos julgados anteriormente mencionados, que se deve "[...] determinar ao autor que possibilite o chamamento dos demais litisconsortes, com a devida intimação, a fim de tomarem ciência da existência da ação, para, querendo, virem integrar o polo ativo da demanda [...]" (4ª T., REsp nº 1107977/RS, Rel. Min. Raul Araújo, j. em 19/11/2013, DJe de 4/8/2014). Basta, portanto, para que se garanta a regularidade do processo, que sejam os demais litisconsortes comunicados do ajuizamento da demanda, para que, se assim entenderem pertinente, possam dela participar na qualidade de requerentes.

Art. 115 - A sentença de mérito, quando proferida sem a integração do contraditório, será:
I - nula, se a decisão deveria ser uniforme em relação a todos que deveriam ter integrado o processo;
II - ineficaz, nos outros casos, apenas para os que não foram citados.
Parágrafo único - Nos casos de litisconsórcio passivo necessário, o juiz determinará ao autor que requeira a citação de todos que devam ser litisconsortes, dentro do prazo que assinar, sob pena de extinção do processo.

I. Vício da sentença prolatada sem a presença de litisconsorte necessário

O CPC/2015 regulou, de forma detalhada, em seu art. 115, as consequências da prolação de sentença sem que do processo tenha participado algum litisconsorte necessário. Para tanto, deve-se diferenciar as hipóteses de litisconsórcio necessário *unitário* e *simples*.

Em caso de litisconsórcio necessário *unitário* – ou seja, aquele em que, pela natureza da relação jurídica, a decisão de mérito deva ser uniforme para todos os litisconsortes (CPC, art. 116) –, a sentença prolatada sem a presença de algum dos sujeitos que deveriam ter participado do contraditório é *nula* (CPC, art. 115, inciso I). Nestes casos, a decisão não produz qualquer efeito, seja entre os sujeitos que atuaram no processo como partes, seja em relação àqueles que deixaram de integrar a relação processual na qualidade de litisconsortes necessários. Não há necessidade sequer de propositura de ação rescisória para o reconhecimento do vício, que pode ser suscitado por simples petição, ou por meio de ação declaratória, como já decidiu o STJ (2ª T., REsp nº 1105944/SC, Rel. Min. Mauro Campbell Marques, j. em 14/12/2010, DJe de 8/2/2011). Mais recentemente, todavia, o STJ decidiu, de forma que nos parece atécnica, ser cabível a ação rescisória nessas situações, o que não exclui, porém, o manejo de *querela nullitatis* (STJ, 3ª T., REsp nº 1600535-RS, Rel. Min. Nancy Andrighi, j. em 15/12/2016, DJe de 19/12/2016).

Já nas hipóteses de litisconsórcio necessário *simples*, a decisão de mérito é *ineficaz* apenas em relação aos sujeitos que não participaram do processo (CPC, art. 115, inciso II). Quer isso dizer que a sentença permanece *válida*, produzindo seus regulares efeitos entre as partes, mas não se projeta sobre aqueles que deveriam ter integrado a relação processual na condição de litisconsortes necessários. Trata-se, assim, de vício identificado como *ineficácia relativa* – porque a decisão fica tolhida de apenas parte de seus efeitos –, ou, ainda, de *inoponibilidade* – já que a sentença, conquanto válida, não pode ser oposta àqueles que não participaram do processo. Nestes casos, também não há necessidade de propositura de ação rescisória por parte do sujeito que deixou de integrar o contraditório, podendo o vício ser arguido por simples petição, ou por meio de ação declaratória.

II. Determinação de citação dos litisconsortes necessários

É dever do juiz evitar que a sentença seja prolatada sem a presença de algum litisconsorte necessário, impedindo, assim, a ocorrência de qualquer dos vícios mencionados nos incisos do art. 115.

Dessa forma, caso a demanda tenha sido proposta sem a presença de sujeito que deva, obrigatoriamente, atuar como parte no processo, caberá ao juiz determinar ao autor que, no prazo fixado, requeira a citação dos demais litisconsortes, sob pena de extinção do processo sem resolução do mérito (CPC, art. 115, parágrafo único). A regra é válida tanto para os casos de litisconsórcio necessário no polo passivo quanto para as excepcionais hipóteses de litisconsórcio necessário ativo. Neste último caso, entretanto, é de se lembrar que bastará, para garantir a regularidade do processo, que os demais sujeitos sejam cientificados da existência do processo, para que, caso queiram, atuem no polo ativo. Interessante notar, sobre este último aspecto, que, no sistema do CPC/2015, a citação não mais é definida como o ato por meio do qual se chama a juízo o réu ou o interessado a fim de se *defender*, como constava do art. 213 do CPC/1973, mas o ato que se presta à convocação de um sujeito para "integrar a relação processual" (art. 238), conceito que se amolda à possibilidade de citação de alguém para atuar no polo ativo do processo.

É importante frisar, ainda, que não caberá ao juiz, de ofício, promover a citação dos litisconsortes, devendo, apenas, determinar que o autor o faça, sob a advertência de que, se assim não proceder, o processo será extinto.

Art. 116 - O litisconsórcio será unitário quando, pela natureza da relação jurídica, o juiz tiver de decidir o mérito de modo uniforme para todos os litisconsortes.

I. Litisconsórcio unitário

É unitário o litisconsórcio quando a decisão de mérito houver de ser, invariavelmente, uniforme em relação a todos os litisconsortes. A ele se contrapõe o litisconsórcio simples (comum), que admite a prolação de julgamentos distintos em relação a cada um dos colitigantes. Como explicita o art. 116 do CPC, é a natureza da relação jurídica (tanto de conteúdo material ou, excepcionalmente, processual) submetida à apreciação jurisdicional que determinará as situações em que é unitário o litisconsórcio. Ou seja, é o direito discutido em juízo que faz com que a decisão de mérito tenha de ser uniforme para todos os litisconsortes.

Nesta linha, pode-se dizer que será unitário o litisconsórcio quando os sujeitos que dele participam discutirem uma *única relação jurídica*, que seja entre eles *incindível*. É, portanto, a *indivisibilidade do direito* discutido por todos os litisconsortes que faz com que a decisão de mérito tenha de ser uniforme entre eles (nesse sentido, tratando adequadamente da questão: STJ, 3ª Turma, REsp nº 1370144-SP, Rel. Min. Ricardo Villas Bôas Cueva, j. em 7/2/2017, DJe de 14/2/2017). Exemplo clássico de litisconsórcio unitário é que aquele que se forma entre marido e mulher em ação de anulação de casamento em face deles ajuizada pelo Ministério Público. Ou, ainda, em demanda reivindicatória movida, conjuntamente, por dois condôminos, em face de quem injustamente possua a coisa. Pode-se imaginar, ainda, ação de anulação de deliberação de sociedade anônima proposta por dois ou mais sócios, conjuntamente. Também quando o mérito da causa envolver situações de Direito Processual é possível a formação de litisconsórcio unitário, como ocorre com a ação de anulação da arrematação movida em face dos sujeitos da execução, dos embargos de terceiros ajuizada contra as partes do processo de onde adveio a constrição judicial que se busca afastar, etc.

Por outro lado, será simples o litisconsórcio sempre que os litisconsortes discutirem direitos ou relações jurídicas distintas. É o que se passa, por exemplo, com processo movido por dois ou mais servidores públicos visando à obtenção de idêntico benefício funcional, em que a sentença pode chegar à conclusão de que alguns deles preenchem os requisitos necessários à concessão da vantagem, e outros não. Ou, ainda, em ação indenizatória movida por diversas vítimas de um mesmo acidente automobilístico, em que podem ser distintas as extensões ou espécies dos danos sofridos por cada uma delas. O mesmo pode ser dito, ademais, em relação à ação de improbidade administrativa ajuizada em face de dois ou mais réus, em que serão analisadas, individualmente, as sanções a serem aplicadas a cada um deles, podendo ocorrer, aliás, que se chegue à conclusão de que alguns dos requeridos não tiveram participação nos atos investigados (neste sentido: STJ, 2ª T., REsp nº 1504780-ES, Rel. Min. Humberto Martins, j. em 5/5/2015, DJe de 11/5/2015).

Também será simples o litisconsórcio quando, a despeito de ser única a relação jurídica de que participam todos os litisconsortes, esta for entre eles *divisível*. É o que ocorre com o litisconsórcio formado entre devedores solidários, em que é possível se pensar na possibilidade de que, em relação a um deles, o pedido condenatório seja julgado improcedente em virtude de alguma exceção pessoal, e, quanto aos outros, ser julgado procedente (neste sentido: STJ, 3ª T., AgInt no REsp nº 1594490-SP, Rel. Min. Marco Aurélio Bellizze, j. em 25/4/2017, DJe de 4/5/2017; STJ, 3ª T., REsp nº 1366676-RS, Rel. Min. Paulo de Tarso Sanseverino, j. em 11/2/2014, DJe de 24/2/2014).

O que se percebe, assim, é que, em casos de litisconsórcio unitário, o que se tem é apenas *um pedido* a ser julgado em relação a todos os litisconsortes, o que impõe, portanto, que o julgamento para todos eles seja único. Já no litisconsórcio simples, a pluralidade de partes leva, também, à cumulação de pedidos, justamente o que possibilita decisões distintas para cada um dos colitigantes.

É relevante notar, ainda, que, para garantir a uniformidade na solução dada pela decisão de mérito ao direito material discutido, o litisconsórcio unitário submete-se a um *regime processual diferenciado*, quando comparado ao litisconsórcio simples, como se pode ver do texto do art. 117 do CPC, que se analisará na sequência.

Art. 117 - Os litisconsortes serão considerados, em suas relações com a parte adversa, como litigantes distintos, exceto no litisconsórcio unitário, caso em que os atos e as omissões de um não prejudicarão os outros, mas os poderão beneficiar.

I. Relações entre litisconsortes simples. Princípio da autonomia dos litisconsortes

No que tange às relações que se estabelecem entre os litisconsortes, e destes com a parte contrária, é nítida a evolução do art. 117 do CPC/2015 se comparado ao art. 48 do CPC/1973, já que, agora, ficou explicitada a diferença de regime jurídico conforme se esteja diante de litisconsórcio simples ou unitário.

Em casos de litisconsórcio simples, vige o princípio da *autonomia dos litisconsortes*, segundo o qual, em regra, os colitigantes são considerados, em relação ao adversário, como partes distintas, de modo que os atos e omissões de um não atingem os demais. É o que ocorre, por exemplo, com os atos de disposição de direito praticados por um dos litisconsortes, como o reconhecimento jurídico do pedido, a transação, ou a renúncia à pretensão (CPC, art. 487, inciso III), que têm seus efeitos limitados àquele que efetivamente os praticou.

O mesmo pode ser dito, ainda, no que concerne ao recurso interposto por um dos litisconsortes simples, que não aproveita aos demais, já que o disposto no art. 1.005, *caput*, do CPC, aplica-se apenas aos casos de litisconsórcio unitário (neste sentido: STJ, 6ª T., EDcl nos EDcl no REsp nº 519.340/SP, Rel. Min. Marilza Maynard (desembargadora convocada do TJSE), j. em 10/6/2014, DJe de 27/6/2014). Excetua-se, entretanto, a regra, nos casos de litisconsórcio simples formado por devedores solidários, situação em que os efeitos da interposição do recurso por um dos sujeitos alcançam os colitigantes que não tenham recorrido, nos termos do art. 1.005, parágrafo único (neste sentido: STJ, 1ª T., AgInt no AREsp nº 179.842-SP, Rel. Min. Gurgel de Faria, j. em 27/6/2017, DJe de 23/8/2017). Vale dizer, ainda, que o STJ tem entendido que, em ação de improbidade administrativa, o recurso interposto por um dos réus aproveita aos demais quando se baseia em defesas comuns, mesmo que a hipótese seja de litisconsórcio simples (STJ, 1ª T., AgRg no AREsp nº 514.865-SP, Rel. Min. Gurgel de Faria, j. em 18/5/2017, DJe de 28/6/2017). Também nessas hipóteses, já se disse que o recurso de um dos réus da ação de improbidade alcançaria os demais quando as condenações decorrerem de um "mesmo bloco fático" (STJ, 1ª T., REsp nº 1426975-ES, Rel. Min. Olindo Menezes (desembargador convocado do TRF-1ª Região), j. em 2/2/2016, DJe de 26/2/2016).

Outra exceção à regra pode se dar nas situações em que, tendo ficado revel um dos litisconsortes simples, outro apresentar contestação questionando fato que seja comum às demandas propostas em face de ambos. Nestes casos, a revelia não produz seu efeito material, de fazer com que se considerem verdadeiras as alegações de fato formuladas pelo autor (CPC, art. 345, inciso I).

Além disso, é natural que as provas produzidas por um dos litisconsortes possam ser utilizadas em benefício ou prejuízo de outro, tendo em vista o chamado princípio da *aquisição da prova* (ou comunhão da prova), segundo o qual, uma vez que seja trazida aos autos, a prova passa a ser do processo, podendo ser livremente utilizada pelo juiz para formar o seu convencimento. Aliás, o CPC/2015 é expresso no sentido de que o juiz é livre para apreciar a prova "independentemente do sujeito que a tiver promovido" (art. 371).

II. Relações entre litisconsortes unitários. Atos benéficos e prejudiciais

Conforme se disse, para que se possa garantir a uniformidade da regulação dada pela decisão de mérito ao direito discutido em juízo, a existência de litisconsórcio unitário impõe a adoção de um regime processual especial no que tange às relações que se estabelecem entre os colitigantes, e destes com a parte contrária. Nestes casos, não tem aplicação o princípio da autonomia dos litisconsortes, sob pena de se inviabilizar a unitariedade.

Nesta linha, os atos e omissões de um litisconsorte atingirão os demais sempre que lhes forem benéficos. É o que ocorre com o recurso interposto por um dos litisconsortes unitários, que produz seus efeitos em relação aos demais, nos termos do art. 1.005, *caput*. Da mesma forma, a contestação apresentada por um dos litisconsortes unitários impedirá que a revelia de outro produza seus efeitos (CPC, art. 345, inciso I), já que os fatos objeto da contestação interessam a ambos.

Por outro lado, os atos ou omissões de um dos litisconsortes unitários não poderão prejudicar os demais. Na verdade, nestes casos, os atos lesivos aos interesses dos litisconsortes, conquanto válidos, são ineficazes também em relação à parte que os praticou, já que, sendo unitário o litisconsórcio, não se admite a produção de efeitos apenas quanto a alguns dos colitigantes.

Assim, por exemplo, os atos de disposição de direito – como a renúncia, a transação ou o reconhecimento do pedido – praticados apenas por um ou alguns dos litisconsortes não produzem qualquer efeito, a menos que confirmados pelos demais.

É de se ressalvar, todavia, uma vez mais, a possibilidade de que a prova produzida por um dos litisconsortes possa beneficiar ou prejudicar os demais, em virtude do princípio da aquisição da prova (CPC, art. 371).

Art. 118 - Cada litisconsorte tem o direito de promover o andamento do processo, e todos devem ser intimados dos respectivos atos.

I. Autonomia dos litisconsortes para a prática de atos processuais

Independentemente da natureza do litisconsórcio, todos os litisconsortes têm plena autonomia para a *prática* de atos processuais isoladamente. Questão distinta é saber se estes atos produzirão, ou não, efeitos em relação aos demais, o que, entretanto, é disciplinado pelo art. 117, conforme se trate de litisconsórcio simples ou unitário.

Aliás, é justamente pela possibilidade de que os litisconsortes pratiquem atos separadamente, e das dificuldades práticas que podem decorrer da necessidade de que dois ou mais colitigantes tenham acesso simultâneo aos autos, é que o art. 229 do CPC outorga prazo em dobro para as manifestações dos litisconsortes que tenham advogados diferentes, de escritórios de advocacia distintos, desde que, é claro, tal situação se manifeste antes do término do prazo (assim: STJ, 2ª T., AgInt no AREsp nº 954.851-SP, Rel. Min. Og Fernandes, j. em 8/8/2017, DJe de 15/8/2017). O benefício, por óbvio, não se aplica aos processos em autos eletrônicos, em que inexiste tal dificuldade.

Ainda sobre o art. 229 do CPC, cabe destacar o entendimento do STJ no sentido de que, caso uma determinada decisão judicial seja prejudicial a ambos os litisconsortes, aplica-se o benefício do prazo em dobro para a apresentação do respectivo recurso. A partir daí, entretanto, caso apenas um deles tenha recorrido, o benefício não se aplica para os recursos subsequentes (STJ, 2ª T., AgInt no AREsp nº 1028534-MG, Rel. Min. Mauro Campbell Marques, j. em 23/5/2017, DJe de 30/5/2017). A regra, entretanto, a nosso ver, não deve ser aplicada nos casos em que, por força do art. 1.005 do CPC, o primeiro recurso tenha atingido os litisconsortes do recorrente, caso em que permanece o interesse em recorrer de todos.

Na mesma linha de raciocínio, todos os litisconsortes devem ser intimados dos atos processuais.

TÍTULO III
DA INTERVENÇÃO DE TERCEIROS

Capítulo I - Da Assistência

Seção I - Disposições Comuns

Art. 119 - Pendendo causa entre 2 (duas) ou mais pessoas, o terceiro juridicamente interessado em que a sentença seja favorável a uma delas poderá intervir no processo para assisti-la.
Parágrafo único - A assistência será admitida em qualquer procedimento e em todos os graus de jurisdição, recebendo o assistente o processo no estado em que se encontre.

Autor: Ronaldo Eduardo Cramer Veiga

I. Noções gerais

Como se sabe, assistência é modalidade de intervenção de terceiros *ad coadjuvandum*, por meio da qual um terceiro ingressa no processo alheio para colaborar com uma das partes. A assistência tem duas espécies: a simples e a litisconsorcial.

De imediato, duas novidades são identificadas nos dispositivos sobre a assistência no CPC/2015.

A primeira refere-se à localização do instituto. No CPC/1973, a assistência encontrava-se inserida no capítulo intitulado "Do Litisconsórcio e da Assistência", em vez de no capítulo sobre intervenção de terceiros.

Andou bem o CPC/2015 ao prever o instituto na parte sobre intervenção de terceiros, mais especificamente no Título III, "Da Intervenção de Terceiros", do Livro III, "Dos sujeitos do processo". Não há dúvida de que a assistência constitui forma de intervenção de terceiros e deve estar regulada entre os demais institutos desse tema.

A segunda novidade está na forma de disposição dos artigos.

O CPC/1973 continha seis artigos sobre assistência, sem discriminar expressamente quais se aplicavam a qual tipo de assistência.

O CPC/2015, por sua vez, previu duas regras gerais na Seção "Disposições Comuns", três dispositivos sobre assistência simples na Seção "Da Assistência Simples" e um artigo sobre assistência litisconsorcial na Seção "Da Assistência Litisconsorcial".

Com efeito, a boa organização dos dispositivos colaborará para a melhor interpretação do texto legal.

O art. 119 é praticamente idêntico ao art. 50 do CPC/1973.

No *caput*, encontra-se a definição de assistência. Assistência constitui modalidade de intervenção de terceiro, em que este, tendo interesse jurídico na vitória de uma das partes, ingressa no processo para colaborar com ela.

A assistência constitui forma de intervenção espontânea, pois a entrada do terceiro no processo depende apenas de sua inciativa.

Os requisitos para a intervenção do assistente são: a) ser terceiro, isto é, não fazer parte do processo no qual deseja ingressar; b) ter interesse jurídico na vitória de uma das partes do processo; c) querer ingressar em processo pendente, no qual a sentença ainda não tenha transitado em julgado.

II. Interesse jurídico

O principal requisito da assistência é o interesse jurídico. Para viabilizar a assistência, pouco importa outro tipo de interesse, como afetivo, religioso, moral, político ou econômico, é preciso que o terceiro tenha interesse jurídico em que uma parte saia vencedora do processo.

Interesse jurídico é demonstrado pela possibilidade de a decisão proferida em processo alheio afetar a esfera jurídica de terceiro.

Por exemplo, é meramente econômico o interesse do credor *A* em que a ação proposta pelo credor *B* contra o devedor comum *C* seja julgada improcedente. Nesse caso, o credor *A* não quer a derrota do devedor *C*, pois tal resultado acarretaria a diminuição do patrimônio deste último e, por conseguinte, poderia impossibilitar o pagamento de seu crédito.

Porém, é jurídico o interesse do devedor solidário *A* em ajudar o devedor solidário *B*, na ação de cobrança da dívida comum. Caso o devedor solidário *B* perca a ação, o devedor solidário *A* terá a responsabilidade de reembolsar o pagamento de sua parte na dívida.

A depender da espécie de assistência, se simples ou litisconsorcial, o interesse jurídico tem dimensões distintas.

Na assistência simples, o interesse jurídico é de menor intensidade, porque o assistente é titular de relação jurídica subordinada à relação jurídica objeto do processo alheio.

Na assistência litisconsorcial, o interesse jurídico apresenta-se mais relevante, uma vez que o assistente se configura integrante da própria relação jurídica discutida em juízo.

Como se verá mais à frente, o assistente litisconsorcial é caso de litisconsórcio unitário facultativo ulterior.

III. Cabimento da assistência

O parágrafo único contém regra já conhecida. Admite-se a assistência em qualquer procedimento e em todos os graus de jurisdição, sendo certo que o assistente recebe o processo no estado em que se encontra.

Como já se pugnava no CPC/1973, "qualquer procedimento" deve ser entendido como qualquer rito que vise à prolação de sentença.

Repare-se que, no *caput* do art. 119, está dito que o assistente é o terceiro com interesse jurídico na prolação de sentença favorável a uma das partes. Logo, só se deve admitir a assistência nos procedimentos que resultem em prolação de sentença sobre o conflito entre as partes, o que afasta o cabimento do instituto em procedimentos executivos, seja no processo de execução, seja na fase de cumprimento de sentença. Ressalte-se, todavia, que cabe assistência nos embargos de devedor, pois estes constituem uma espécie de processo de conhecimento.

A parte final do parágrafo único, que dispõe que o assistente receberá o processo no estado em que se encontra, deve ser compreendida como a impossibilidade de o assistente praticar ou rever atos processuais já realizados.

Art. 120 - Não havendo impugnação no prazo de 15 (quinze) dias, o pedido do assistente será deferido, salvo se for caso de rejeição liminar.

Parágrafo único - Se qualquer parte alegar que falta ao requerente interesse jurídico para intervir, o juiz decidirá o incidente, sem suspensão do processo.

I. Procedimento de admissão do assistente

O art. 120 corresponde ao antigo art. 51. No artigo ora comentado, encontra-se previsto o procedimento para admissão do pedido de assistência.

Como forma de intervenção voluntária, a assistência depende de requerimento de terceiro. Feito o requerimento, o juiz pode, antes de ouvir as partes, indeferi-lo liminarmente. A rejeição liminar do pedido de assistência é uma novidade do CPC/2015.

O indeferimento liminar será possível sempre que o juiz verificar, desde logo, a ausência de qualquer um dos requisitos para a admissão da assistência.

Se não rejeitar liminarmente o pedido, o juiz intimará as partes para se manifestarem no prazo de 15 dias, e não em 5 dias, como era previsto no CPC/1973.

Se qualquer uma das partes impugnar o pedido, o juiz decidirá o incidente, sem suspender o processo, podendo realizar, se for o caso, rápida instrução probatória.

Destaque-se que, diferentemente do CPC/1973, o CPC/2015 não exige a autuação em apenso do pedido de assistência impugnado, o que demonstra que o incidente será julgado nos autos principais.

II. Decisão que julga o pedido de assistência

A decisão que julga o pedido de assistência é interlocutória e está sujeita a agravo de instrumento, por expressa previsão do inciso IX do art. 1.015.

Seção II - Da Assistência Simples

Art. 121 - O assistente simples atuará como auxiliar da parte principal, exercerá os mesmos poderes e sujeitar-se-á aos mesmos ônus processuais que o assistido.
Parágrafo único - Sendo revel ou, de qualquer outro modo, omisso o assistido, o assistente será considerado seu substituto processual.

I. Assistência simples

Esse é o primeiro de três artigos sobre assistência simples e é praticamente idêntico ao seu antecessor.

Assistência simples é a intervenção do terceiro que tem relação jurídica dependente da relação jurídica deduzida em juízo e, por esse motivo, quer ingressar no processo para colaborar com a vitória de uma das partes.

Exemplo de assistência simples é o caso do sublocatário que ingressa na ação de despejo a fim de evitar a derrota do locatário. Como a relação de sublocação é subordinada à de locação, se esta for rescindida, aquela também será extinta.

II. Assistente simples é parte?

A doutrina discute se o assistente simples é parte no processo no qual intervém. Parcela dos autores entende que não, porquanto o assistente simples não pede ou contra ele não se pede nenhuma tutela jurisdicional, sendo mero "auxiliar da parte principal". Outra parcela sustenta que o assistente simples, ao intervir na ação, torna-se parte, já que não pode existir terceiro dentro da relação processual. Entrou na relação processual e passou a poder exercer os mesmos comportamentos das partes é parte.

Fico com a segunda posição. Com efeito, partindo da premissa do conceito liebmaniano de parte, segundo o qual parte é o sujeito do contraditório na relação processual, o assistente simples, ao ingressar no processo e assumir os mesmos poderes, faculdades, deveres e ônus das partes, transforma-se em parte.

O parágrafo único do art. 121 do CPC/2015 reforça esse entendimento ao prever que o assistente simples, na hipótese de omissão do assistido, atua no processo como seu substituto processual. Efetivamente, só pode atuar dessa forma quem é parte na relação processual.

III. Poderes do assistente simples

O *caput* do art. 121 diz que o assistente simples exerce os mesmos poderes e se sujeita aos mesmos ônus do assistido.

Explique-se melhor. O assistente simples atua em reforço dos atos praticados pelo assistido. Porém, quando o assistido não exerce o ato processual, o assistente simples pode suprir a omissão, agindo como seu substituto processual, conforme previsão expressa do parágrafo único do art. 121.

Vejam-se os exemplos: 1) se o assistido interpõe apelação, o assistente simples também pode protocolar a sua apelação; 2) se o assistido não interpõe apelação, o assistente simples pode entrar com o recurso, atuando como seu substituto processual (*vide*, entre outros julgados do STJ, REsp nº 205.516/SP).

Art. 122 - A assistência simples não obsta a que a parte principal reconheça a procedência do pedido, desista da ação, renuncie ao direito sobre o que se funda a ação ou transija sobre direitos controvertidos.

I. O assistente simples não impede atos de disposição de direito

O art. 122 do CPC/2015 repete, com algumas alterações, o art. 53 do CPC/1973.

Como já visto, o assistente simples age no processo para reforçar os atos do assistido, bem como praticar atos não exercidos pelo assistido, atuando como seu substituto processual.

No entanto, conforme dispõe o art. 122, o assistente simples não pode impedir que o assistido reconheça a procedência do pedido, desista da ação, renuncie ao direito sobre o qual se funda a demanda e celebre transação.

Em relação ao antigo art. 53, o art. 122 incluiu, dentre os comportamentos do assistido que não podem ser evitados pelo assistente simples, a renúncia ao direito.

O que o art. 122 quer dizer é que os atos de disposição de direito praticados pelo assistido vinculam o assistente simples, que não pode contrariá-los.

Por exemplo, caso o assistido renuncie expressamente ao direito de recorrer contra uma determinada decisão, o assistente simples não pode interpor o respectivo recurso.

II. Inaplicabilidade do art. 122 no caso de assistência litisconsorcial

Não é demais frisar que o art. 122 somente se aplica à assistência simples. Na hipótese de assistência litisconsorcial, todo e qualquer ato de disposição de direito praticado pelo assistido depende da anuência do assistente, já que existe entre ambos litisconsórcio unitário.

Art. 123 - Transitada em julgado a sentença no processo em que interveio o assistente, este não poderá, em processo posterior, discutir a justiça da decisão, salvo se alegar e provar que:
I - pelo estado em que recebeu o processo ou pelas declarações e pelos atos do assistido, foi impedido de produzir provas suscetíveis de influir na sentença;II - desconhecia a existência de alegações ou de provas das quais o assistido, por dolo ou culpa, não se valeu.

I. Eficácia preclusiva da intervenção

O art. 123 do CPC/2015 corresponde ao art. 55 do CPC/1973.

Ao intervir no processo, o assistente simples não fica sujeito à coisa julgada, isto é, à estabilidade da parte dispositiva da sentença. A coisa julgada somente alcança as partes originárias do processo, que são os sujeitos da relação de direito material deduzida em juízo.

O assistente simples encontra-se submetido a um fenômeno processual de vinculação distinto da coisa julgada, chamado *eficácia preclusiva da intervenção*, conforme disposto no *caput* do art. 123.

A *eficácia preclusiva da intervenção* subordina o assistente simples à justiça da decisão, ou melhor, aos fundamentos da sentença proferida contra o assistido.

Conforme o exemplo clássico: o tabelião intervém como assistente simples na ação em que se pede a anulação de escritura redigida por ele, sob a alegação de que há defeito formal no documento. Após o trânsito em julgado da sentença que julgar procedente o pedido, o tabelião não poderá discutir, na ação regressiva a ser proposta pela parte lesada, a existência do referido defeito.

Em síntese, por força do fenômeno da *eficácia preclusiva da intervenção*, o assistente simples não pode questionar, em qualquer outro processo, os fatos e fundamentos jurídicos da sentença proferida contra o assistido.

A *eficácia preclusiva da intervenção* distingue-se da coisa julgada principalmente por duas características: a) objeto: alcança os fundamentos da sentença, ao passo que a coisa julgada, em regra, atinge apenas a parte dispositiva (arts. 503 e 504); b) meio de impugnação: pode ser afastada nas hipóteses dos incisos do art. 123, enquanto que a coisa julgada somente pode ser desconstituída pela via restrita da ação rescisória.

II. Afastamento da eficácia preclusiva da intervenção

O art. 123 dispõe que a eficácia preclusiva da intervenção não se aplica ao assistente simples em duas situações: 1) se, pelo estado em que recebeu o processo ou pelas declarações e pelos atos do assistido, foi impedido de produzir provas suscetíveis de influir na sentença; 2) se desconhecia a existência de alegações ou de provas das quais o assistido, por dolo ou culpa, não se valeu.

Dessa forma, compete a quem foi assistente simples provar no futuro processo a ocorrência de uma das hipóteses dos incisos do art. 123, para poder afastar a eficácia preclusiva da intervenção e discutir os fundamentos da sentença proferida contra o assistido.

III. Inaplicabilidade à assistência litisconsorcial

O art. 123 somente se aplica à assistência simples, porquanto se encontra inserido na Seção II, "Da Assistência Simples".

De toda a sorte, é bom ressaltar que o assistente litisconsorcial, como litisconsorte unitário da parte assistida, encontra-se sujeito à coisa julgada.

Seção III - Da Assistência Litisconsorcial

Art. 124 - Considera-se litisconsorte da parte principal o assistente sempre que a sentença influir na relação jurídica entre ele e o adversário do assistido.

I. Cabimento

Como dito, o CPC/2015 separa os artigos sobre assistência simples e assistência litisconsorcial. O art. 124 trata da assistência litisconsorcial e constitui reprodução do *caput* do antigo art. 54. Não foi repetida a remissão contida no parágrafo único do art. 54, porque o procedimento de admissão da assistência encontra-se, no CPC/2015, nas disposições comuns do instituto.

O art. 124 dispõe que se considera assistente litisconsorcial o terceiro que tem relação jurídica com o adversário do assistido. Com isso, o artigo quer dizer que a assistência litisconsorcial tem cabimento na hipótese de o assistente integrar a relação jurídica de direito material objeto do processo.

Como já exposto, exemplo de assistente litisconsorcial é o devedor solidário que deseja ingressar na ação de cobrança de dívida, proposta pelo credor comum contra o outro devedor solidário. Veja-se, nesse caso, que o assistente integra a relação jurídica de direito material deduzida em juízo, pois é um dos devedores da dívida cobrada.

A assistência litisconsorcial configura-se hipótese de litisconsórcio unitário ulterior, em que o terceiro ingressa no processo e se torna litisconsorte unitário do assistido, devendo a solução de mérito ser sempre uniforme para ambos.

II. Poderes do assistente litisconsorcial

O assistente litisconsorcial age sem limitação, como se fosse parte originária do processo. Não há nenhuma diferença entre a atuação do assistido e a do assistente litisconsorcial.

Não se aplica ao assistente litisconsorcial a limitação do art. 122, que vincula o assistente simples aos atos de disposição de direito praticados pelo assistido.

Como a assistência litisconsorcial é caso litisconsórcio unitário, a regra de independência entre os litisconsortes é mitigada. As ações ou omissões de um litisconsorte podem favorecer o outro, mas nunca prejudicar.

Logo, os atos de disposição de direito praticados por um litisconsorte apenas têm eficácia se forem ratificados pelo outro.

Sobre os poderes do assistente litisconsorcial, vale destacar o Enunciado nº 11 do Fórum Permanente de Processualistas Civis (FPPC): "O litisconsorte unitário, integrado ao processo a partir da fase instrutória, tem direito de especificar, pedir e produzir provas, sem prejuízo daquelas já produzidas, sobre as quais o interveniente tem o ônus de se manifestar na primeira oportunidade em que falar no processo".

III. Prazo em dobro

Como litisconsortes, assistido e assistente litisconsorcial terão direito a prazo em dobro para praticar qualquer ato do processo, se estiverem representados por advogados de escritórios de advocacia diferentes, conforme dispõe o art. 229.

IV. Coisa julgada

Como litisconsorte e integrante da relação jurídica deduzida em juízo, o assistente litisconsorcial encontra-se submetido à coisa julgada, não se lhe aplicando o art. 123.

Capítulo II - Da Denunciação da Lide

Art. 125 - É admissível a denunciação da lide, promovida por qualquer das partes:
I - ao alienante imediato, no processo relativo à coisa cujo domínio foi transferido ao denunciante, a fim de que possa exercer os direitos que da evicção lhe resultam;
II - àquele que estiver obrigado, por lei ou pelo contrato, a indenizar, em ação regressiva, o prejuízo de quem for vencido no processo.
§ 1º - O direito regressivo será exercido por ação autônoma quando a denunciação da lide for indeferida, deixar de ser promovida ou não for permitida.
§ 2º - Admite-se uma única denunciação sucessiva, promovida pelo denunciado, contra seu antecessor imediato na cadeia dominial ou quem seja responsável por indenizá-lo, não podendo o denunciado sucessivo promover nova denunciação, hipótese em que eventual direito de regresso será exercido por ação autônoma.

Autora: Lia Carolina Batista Cintra

I. Introdução

Importante salientar logo de início que o Código de Processo Civil de 2015 não promoveu modificações substanciais na disciplina da denunciação da lide, mas certamente fez importantes escolhas em relação a algumas polêmicas surgidas na doutrina e na jurisprudência sob a vigência do Código de Processo Civil de 1973.

A denunciação da lide é tradicionalmente estudada como uma das espécies de intervenção de terceiros admitidas no ordenamento brasileiro; é intervenção provocada (não voluntária), pois a iniciativa de ingresso no processo não parte do terceiro, e há ampliação subjetiva e objetiva do processo por meio da introdução de uma demanda incidente movida pelo denunciante ao denunciado veiculando direito regressivo.

Anote-se, contudo, que só é possível falar em verdadeira intervenção de terceiro quando promovida pelo réu; a denunciação da lide de iniciativa do autor nada mais é do que a formação originária de um litisconsórcio eventual, pois o direito em face do denunciado só pode existir se o denunciante for vencido na demanda principal. Como quer que seja, a denunciação da lide depende sempre da iniciativa de uma das partes. Não havendo denunciação da lide, o potencial denunciado poderá intervir voluntariamente como assistente simples, mas aí as consequências processuais desse ingresso serão absolutamente diversas (CPC/2015, arts. 119 a 123).

II. Cabimento no processo de conhecimento e no pedido de tutela provisória antecedente

Tendo a denunciação da lide natureza de demanda condenatória – obrigação de ressarcir – a doutrina entende que se trata de instituto de aplicação exclusiva ao processo de conhecimento. A expressão "processo de conhecimento" não deve ser confundida com a expressão "procedimento comum", de modo que não se afasta aprioristicamente o cabimento da denunciação da lide em alguns procedimentos especiais, inclusive no monitório. Na vigência do Código de Processo Civil de 1973 havia dúvida sobre a possibilidade de trazer para o processo cautelar, em alguns casos (especialmente quando se tratasse de produção antecipada de prova), mediante uma espécie de *assistência provocada*, aquele que poderia figurar como denunciado no processo principal. Esse entendimento foi acolhido na jurisprudência:

"É admissível a intervenção de terceiro em ação cautelar de produção antecipada de prova, na forma de assistência provocada, pois visa garantir a efetividade do princípio do contraditório, de modo a assegurar a eficácia da prova produzida perante aquele que será denunciado à lide, posteriormente, no processo principal" (STJ, 3ª T., REsp nº 213.556/RJ, Rel. Min. Nancy Andrighi, unânime, j. em 20/8/2001, DJ de 17/9/2001).

"[...] denunciação da lide - incabível referido instituto na ação cautelar de produção antecipada de prova - a denunciação da lide pressupõe a possibilidade de uma eventual condenação, o que não se coaduna com o processo cautelar - assistência provocada - possibilidade - a fim de garantir o pleno exercício do princípio do contraditório e assegurar a eficácia da prova produzida nestes autos perante terceiro [...]" (TJSP, 27ª Câmara de Direito Privado, Agravo de Instrumento nº 992.09.068247-4, Rel. Des. Berenice Marcondes Cesar, unânime, j. em 20/10/2009).

"DENUNCIAÇÃO DA LIDE - Medida cautelar - Produção antecipada de provas - Descabimento - Medida que não tem natureza litigiosa - Intervenção de terceiro admitida na forma de assistência provocada - Agravo improvido" (TJSP, 3ª Câmara de Direito Privado, Agravo de Instrumento nº 295.974.4/7, Rel. Des. Luiz Antonio de Godoy, unânime, j. em 5/8/2003).

"ASSISTÊNCIA PROVOCADA. PRODUÇÃO ANTECIPADA DE PROVAS. PRETENSÃO A CITAÇÃO DE TERCEIRO PARA QUE INTERVENHA, QUERENDO, NA CONDIÇÃO DE ASSISTENTE, POSSIBILITANDO EVENTUAL DENUNCIAÇÃO DA LIDE NA AÇÃO PRINCIPAL, SE PROPOSTA. ADMISSIBILIDADE. DEFERIMENTO DA OFERTA DE QUESITOS E INDICAÇÃO DE ASSISTENTE TÉCNICO" (1ª TAC/SP, 12ª Câmara, Agravo de Instrumento nº 1.039.091-7, Rel. Des. José Araldo da Costa Telles, unânime, j. em 4/12/2001).

Essa discussão não está superada com a eliminação do processo cautelar autônomo pelo Código de Processo Civil de 2015, uma vez que há a possibilidade de se pleitear tutela cautelar em caráter antecedente (CPC/2015, arts. 305 e ss.) e existe um regramento específico para a produção antecipada da prova (CPC/2015, arts. 381 e ss.). Nesses casos, parece que tanto autor quanto réu podem indicar os futuros denunciados para que também possam participar desse procedimento antecedente quando for o caso.

III. Facultatividade (ou não obrigatoriedade) da denunciação da lide

O art. 125 do CPC/2015 corresponde ao art. 70 do CPC/1973 e disciplina as hipóteses em que a denunciação da lide é admissível. Destaque-se que aqui se fala em *admissibilidade*, e não em *obrigatoriedade*, como se cogitava diante da redação legal anterior.

Mesmo na vigência do CPC/1973, dúvida real só havia a respeito da obrigatoriedade ou não da denunciação da lide em casos de evicção, menos em razão da redação de seu art. 70, que previa ser obrigatória a denunciação nas hipóteses ali arroladas, e mais em razão da redação do art. 456 do Código Civil. Ainda assim, a jurisprudência do Superior Tribunal de Justiça consolidou-se no sentido de não ser obrigatória a denunciação da lide mesmo nos casos de evicção:

"A jurisprudência do STJ é no sentido de que o direito do evicto de indenizar-se do pagamento indevido diante do anterior alienante não se condiciona à denunciação da lide em ação de terceiro reivindicante. Precedentes" (STJ, 4ª T., AgRg no Ag nº 1.323.028/GO, Rel. Min. Marco Buzzi, unânime, j. em 16/10/2012, DJe de 25/10/2012).

Para não deixar qualquer dúvida, o CPC/2015, além de utilizar a palavra *admissível* em lugar de *obrigatória*, revogou, em seu art. 1.072, inciso II, o art. 456 do Código Civil. E para o bem da clareza, o § 1º do art. 125 do CPC/2015 prevê expressamente a possibilidade de a parte pleitear seu direito regressivo em ação autônoma sempre que, por qualquer motivo, não ocorrer denunciação da lide – se for indeferida, deixar de ser promovida ou não for permitida.

Sendo indeferida a denunciação da lide, será cabível agravo de instrumento (CPC/2015, art. 1.015, inciso IX), mas o denunciante não precisa esgotar as vias recursais para poder se valer da ação autônoma; deverá avaliar a conveniência de recorrer ou não, inclusive levando em consideração que o agravo de instrumento não tem efeito suspensivo automático e que o Superior Tribunal de Justiça entende que, mesmo nos casos em que a denunciação da lide é mal indeferida, o processo não deve ser anulado, porque isso violaria uma das próprias finalidades do instituto, que é a economia processual (ver, nesse sentido, STJ, 2ª T., REsp nº 170.318/SP, Rel. Min. Ari Pargendler, unânime, j. em 18/6/1998, DJ de 3/8/1998 e STJ, 1ª Seção, EREsp nº 128.051/SP, Rel. Min. Franciulli Netto, unânime, j. em 25/6/2003, DJU de 1º/9/2003).

IV. Admissibilidade da denunciação da lide

Apesar de o *caput* do art. 125 do CPC/2015 ter menos incisos em comparação com o *caput* do art. 70 do CPC/1973, as hipóteses em que é admissível a denunciação da lide em um e outro diploma são rigorosamente as mesmas. A redução de três para dois incisos deveu-se à necessária adequação da técnica legislativa, pois no Código revogado o inciso II estava claramente contido no inciso III – e se assim não fosse interpretado, tratar-se-ia de hipótese de nomeação à autoria e não de denunciação da lide, agora contemplada nos arts. 338 e 339 do CPC/2015.

Assim, a denunciação da lide já era e ainda é admissível em duas hipóteses: (I) evicção (CC, art. 447 e ss.) e (II) direito regressivo, previsto em lei ou no contrato.

Em relação ao inciso I, a lei deixa claro que a denunciação deve ser feita ao alienante imediato, o que significa a inadmissibilidade da denunciação *per saltum*; ou seja, não é possível que autor ou réu denunciem a lide a outros alienantes da cadeia. No Código de 1973, cogitava-se da possibilidade de denunciação *per saltum* porque o art. 70 referia-se apenas a *alienante,* e não a *alienante imediato,* e o art. 456 do Código Civil previa a denunciação ao "alienante imediato, ou qualquer dos anteriores". A expressa referência ao alienante imediato também afasta a possibilidade de uma denunciação coletiva em face de todos os alienantes anteriores da cadeia.

Já em relação ao inciso II, o CPC/2015 deixou de se posicionar sobre a talvez mais relevante polêmica sobre denunciação da lide verificada na vigência do CPC/1973. É necessário saber se a denunciação da lide é ou não admissível quando houver inserção de questões novas que ampliem o objeto do processo. São conhecidas na doutrina as teses ampliativa e restritiva, sendo majoritária a primeira.

Na jurisprudência mais recente do Superior Tribunal de Justiça tem prevalecido a tese restritiva:

"Afigura-se inviável a denunciação da lide, fundada no art. 70, III, do CPC, nos casos em que o alegado direito de regresso exige o reconhecimento de fundamento novo não constante da lide originária" (STJ, 3ª T., REsp nº 934.394/PR, Rel. Min. João Otávio de Noronha, unânime, j. em 26/2/2008, DJe de 10/3/2008).

"Nos termos do art. 70, III, do CPC, para que se defira a denunciação da lide, é necessário que o litisdenunciado esteja obrigado, pela lei ou pelo contrato, a indenizar a parte vencida, em ação regressiva, sendo vedado, ademais, introduzir-se fundamento novo no feito, estranho à lide principal. Precedentes" (STJ, 4ª T., REsp nº 701.868/PR, Rel. Min. Raul Araújo, unânime, j. em 11/2/2014, DJe de 19/2/2014).

Essa tese ganhou força especialmente nos casos de responsabilidade civil do Estado e em demandas envolvendo relação de consumo em razão das especificidades de direito material que envolvem essas duas situações.

No tocante às ações contra o Estado, decidiu o Supremo Tribunal Federal no seguinte sentido:

"O § 6º do artigo 37 da Magna Carta autoriza a proposição de que somente as pessoas jurídicas de direito público, ou as pessoas jurídicas de direito privado que prestem serviços públicos, é que poderão responder, objetivamente, pela reparação de danos a terceiros. Isto por ato ou omissão dos respectivos agentes, agindo estes na qualidade de agentes públicos, e não como pessoas comuns.

Esse mesmo dispositivo constitucional consagra, ainda, dupla garantia: uma, em favor do particular, possibilitando-lhe ação indenizatória contra a pessoa jurídica de direito público, dado que bem maior, praticamente certa, a possibilidade de pagamento do dano objetivamente sofrido. Outra garantia, no entanto, em prol do servidor estatal, que somente responde administrativa e civilmente perante a pessoa jurídica a cujo quadro funcional se vincular" (STF, 1ª T., RE nº 327.904/SP, Rel. Min. Carlos Britto, unânime, j. em 15/8/2006, DJ de 8/9/2006).

Esse entendimento gera bastante estranheza por vários motivos, dentre os quais: (I) embora a solvabilidade da pessoa jurídica seja maior, em muitos casos o pagamento é feito por meio de precatório e a condenação da pessoa física poderia ser mais efetiva; (II) é no mínimo estranho entender que a Constituição veda a propositura de demanda contra o próprio causador do dano; (III) há casos em que a própria defesa do Estado traz para o processo discussão sobre a culpa e isso se dá quando alega culpa exclusiva da vítima ou culpa concorrente.

Assim, a denunciação da lide em demandas envolvendo responsabilidade civil do Estado por atos de seus agentes não deve ser excluída de maneira apriorística.

O Superior Tribunal de Justiça firmou entendimento no sentido de não ser obrigatória a denunciação da lide nesses casos (STJ, 1ª Seção, EREsp nº 313.886/RN, Rel. Min. Eliana Calmon, unânime, j. em 26/2/2004, DJ de 22/3/2004), discussão que perde o sentido na vigência do CPC/2015. Já com relação à admissibilidade da denunciação, há significativo julgado em sentido positivo afirmando ser casuística a análise:

"O cabimento da denunciação depende da ausência de violação dos princípios da celeridade e da economia processual, o que implica na valoração a ser realizada pelo magistrado em cada caso concreto" (STJ, 2ª T., REsp nº 975.799/DF, Rel. Min. Castro Meira, unânime, j. em 14/10/2008, DJe de 28/11/2008).

Em relação às demandas envolvendo relação de consumo, o Código de Defesa do Consumidor, em seu art. 88, veda a denunciação da lide em demanda fundada em fato do produto (CDC, art. 13); e o Superior Tribunal de Justiça amplia a proibição para todos os casos de responsabilidade civil por acidente de consumo:

"A vedação à denunciação da lide prevista no art. 88 do CDC não se restringe à responsabilidade de comerciante por fato do produto (art. 13 do CDC), sendo aplicável também nas demais hipóteses de responsabilidade civil por acidentes de consumo (arts. 12 e 14 do CDC)" (STJ, 3ª T., REsp nº 1.165.279/SP, Rel. Min. Paulo de Tarso Sanseverino, unânime, j. em 22/5/2012, DJe de 28/5/2012).

O Código de Defesa do Consumidor, de outro lado, admite o "chamamento ao processo" do segurador em caso de seguro de responsabilidade civil contratado por fornecedor de produtos ou serviços (CDC, art. 101). A figura adequada aqui seria a denunciação da lide. O que o Código objetivava ao regular essa intervenção como chamamento ao processo era favorecer o consumidor, permitindo a condenação solidária do segurador. Com as mudanças no regime da denunciação da lide promovidas pelo Código de Processo Civil de 2015, que admite expressamente a condenação solidária do denunciado nos limites de sua responsabilidade, esse regramento atécnico do Código de Defesa do Consumidor perdeu sua razão de ser.

Não existindo vedação legal expressa à denunciação da lide, como ocorre nos Juizados Especiais (Lei nº 9.099/1995, art. 10), a adoção de uma ou outra tese passa necessariamente pelo exame das vantagens da denunciação da lide. A principal delas sem dúvida é a *harmonia de julgados*, mas é também relevante a *economia processual* encarada sob o aspecto *macro*, uma vez que se resolve em um processo só algo que, não fosse a denunciação da lide, seria resolvido em dois. A desvantagem do instituto é o eventual comprometimento da duração razoável do processo, uma vez que é mais complexo o processo com denunciação da lide.

Como nenhuma novidade trouxe o Código em relação a essa questão específica, a tendência é que as posições se mantenham na doutrina e na jurisprudência. Anote-se que só se cogita desse problema em relação à denunciação da lide feita pelo réu e que uma correta análise da admissibilidade ou não da denunciação da lide deve ser necessariamente casuística, levando-se em consideração que a denunciação não se dá apenas em benefício do denunciante, mas também da parte contrária, que poderá, ao fim da fase de conhecimento, ter à sua disposição título executivo em face tanto do denunciante como do denunciado (CPC/2015, art. 128, parágrafo único).

Mesmo que adotada a corrente ampliativa, não se pode olvidar que a obrigação regressiva, por expressa exigência legal, deve decorrer da lei ou do contrato. Em recente julgado, o Superior Tribunal de Justiça entendeu, interpretando o art. 70, inciso III, do Código de Processo Civil de 1973, vigente à época em que pleiteada a denunciação da lide no processo, que "não cabe a denunciação da lide quando se pretende, pura e simplesmente, transferir responsabilidades pelo evento danoso", uma vez que "a denunciação da lide, baseada no art. 70, III, do CPC/73, restringe-se às ações de garantia, isto é, àquelas em que se discute a obrigação legal ou contratual do denunciado em garantir o resultado da demanda, indenizando o garantido em caso de derrota" (STJ, 3ª T., REsp nº 1.635.636-ES, Rel. Min. Nancy Andrighi, unânime, j. em 21/3/2017, DJe de 24/3/2017). Como não houve alteração legal nesse ponto, o entendimento é aplicável ao art. 125, inciso II, do Código de Processo Civil de 2015.

Ainda em relação ao inciso II, a previsão é extremamente ampla ao tratar de direito regressivo. Não se nega que, em casos de solidariedade ou de fiança, aquele que paga a dívida tem também direito regressivo em face dos codevedores ou do devedor principal. Nesses casos, contudo, como se verá adiante, a lei admite o cabimento do chamamento ao processo, pois aí há relação direta entre o autor da demanda e os chamados, diferentemente do que se passa na denunciação da lide promovida pelo réu. Como quer que seja, diante da possível confusão entre os dois institutos, é imperativa a aplicação da *fungibilidade*, facilitada em razão de o cabimento de uma ou outra intervenção dar-se no mesmo momento processual. Ao aplicar a fungibilidade, deverá o juiz necessariamente esclarecer de que modo deve ser processada a intervenção, pois há entre elas algumas diferenças de regime jurídico.

V. Possibilidade de uma única denunciação sucessiva

Há ainda, por fim, uma importante novidade a ser destacada no § 2º do dispositivo ora comentado. O Código passa a prever expressamente a possibilidade de uma única denunciação sucessiva, limitando uma potencial cadeia de denunciações que em tese era permitida pelo art. 73 do CPC/1973.

O Tribunal de Justiça do Estado de São Paulo já tem julgado aplicando a nova regra:

"Ação de indenização por danos materiais e morais. Prejuízos descritos na inicial apontados como decorrentes de obra de ampliação do sistema produtor Alto Tietê. Denunciações sucessivas da lide pretendida pela denunciada. Descabimento. Instituto facultativo, e não mais obrigatório, de acordo com novo regramento processual. Possibilidade de exercício do direito de regresso expressamente prevista em caso de indeferimento do pedido (art. 125, § 1º, CPC/15). Denunciação sucessiva, admitida uma única vez, de acordo com § 2º do art. 125 do CPC/15, já realizada, no caso, com relação à seguradora da obra. Hipótese, demais, de inviabilidade da inserção nos autos de elemento novo cuja apuração possa prejudicar a pretensão constante da inicial, fundada em responsabilidade civil objetiva. Decisão mantida. Agravo improvido" (TJSP, 34ª Câmara de Direito Privado, Agravo de Instrumento nº 2096551-52.2016.8.26.0000, Rel. Des. Soares Levada, unânime, j. em 20/9/2016).

Observe-se que o julgado acima mencionado adota também posição restritiva em relação à admissibilidade da denunciação da lide (tema abordado no item IV, *supra*).

Art. 126 - A citação do denunciado será requerida na petição inicial, se o denunciante for autor, ou na contestação, se o denunciante for réu, devendo ser realizada na forma e nos prazos previstos no art. 131.

I. Procedimento da denunciação requerida pelo autor

Trata-se de regra procedimental afinada com o objetivo de simplificação do procedimento, uma das linhas mestras do Código de Processo Civil de 2015.

Em se tratando de denunciação promovida pelo autor, já foi dito que se trata de um litisconsórcio eventual e, portanto, é óbvio que isso deve ser feito desde logo na inicial; afinal, seria absolutamente ilógico que – em qualquer caso de litisconsórcio, aliás – fossem apresentadas petições distintas em relação a cada um dos réus.

II. Procedimento da denunciação requerida pelo réu

Já no tocante à denunciação requerida pelo réu, é extremamente saudável a previsão segundo a qual deve ser feita na própria contestação. O CPC/1973 dispunha que a denunciação deveria ser requerida "no prazo para contestação", o que podia gerar dúvida a respeito de eventual necessidade de petição autônoma, já que a denunciação da lide é exercício do direito de ação.

Vale esclarecer, contudo, que em regra o réu não é obrigado a efetivamente contestar a demanda, impugnando a pretensão do autor, para poder promover a denunciação da lide. Poderá limitar-se a requerer a denunciação da lide. Uma possível exceção a essa regra está no art. 787, § 2º, do Código Civil, que impede o segurado de "reconhecer sua responsabilidade ou confessar a ação".

O Superior Tribunal de Justiça já vinha entendendo ser desnecessária petição autônoma para a denunciação da lide requerida pelo réu (ver, nesse sentido, STJ, 3ª T., REsp nº 476.670/SP, Rel. Min. Nancy Andrighi, unânime, j. em 2/9/2013, DJ de 20/10/2013). De todo modo, ganha a segurança jurídica com a clareza do CPC/2015. Além disso, o sistema fica mais coerente, uma vez que agora nenhuma outra defesa será apresentada em petição autônoma. Com o CPC/2015, aquilo que era exceção converte-se em preliminar de contestação (CPC/2015, art. 337) e mesmo a reconvenção deve ser apresentada na mesma peça da contestação (CPC/2015, art. 343).

Recomenda-se, todavia, que a denunciação seja requerida em um capítulo autônomo da petição inicial, de forma bem destacada, para não gerar dúvidas de que está sendo de fato requerida.

III. Ausência de denunciação e preclusão

O momento adequado para a denunciação é a inicial, no caso do autor, e a contestação, no caso do réu; não requerida nesses momentos específicos, haverá preclusão dessa faculdade e eventual direito do autor ou do réu; em face dos potenciais denunciados deverá ser discutido em ação autônoma.

Há curiosa e recente decisão do Superior Tribunal de Justiça admitindo a denunciação extemporânea em nome dos princípios da primazia do julgamento de mérito e da instrumentalidade das formas:

"5. O processo é instrumento para a realização do direito material, razão pela qual, se o denunciado reconhece sua condição de garantidor do eventual prejuízo, não há razões práticas para que se exija que, em virtude de defeitos meramente formais na articulação da denunciação da lide, o denunciante se veja obrigado a ajuizar uma ação autônoma de regresso em desfavor do denunciado. 6. Na presente hipótese, embora a denunciação da lide tenha sido formulada intempestivamente, a recorrida reconheceu, ainda que parcialmente, sua condição de garantidora. Portanto, ao reconhecer esse vício do oferecimento da denunciação da lide e anular todos os atos processuais praticados, o Tribunal de origem agiu em descompasso com os princípios da primazia do julgamento de mérito e da instrumentalidade das formas" (STJ, 3ª T., REsp nº 1.637.108-PR, Rel. Min. Nancy Andrighi, unânime, j. em 6/6/2017, DJe de 12/6/2017).

IV. Prazos para citação do denunciado

O art. 131 do CPC/2015, que está no capítulo relativo ao chamamento ao processo, prevê os prazos para que seja efetivada a citação do denunciado: 30 dias se o denunciado residir na mesma comarca, seção ou subseção judiciária e 2 meses se residir em outra comarca, seção ou subseção judiciárias, ou ainda em lugar incerto. O dispositivo se aplica tanto para a denunciação requerida pelo réu quanto para a requerida pelo autor, uma vez que, como se verá melhor adiante, embora não haja previsão legal expressa, o processo deverá ficar suspenso para a citação do denunciado e, no caso de ser requerida pelo autor, o denunciado deverá ser citado antes mesmo do réu da demanda principal.

Para que a denunciação fique sem efeito por descumprimento dos prazos previstos no art. 131, é necessário que o atraso seja imputável ao denunciante, que deverá providenciar o necessário para a citação. Se o atraso for imputável ao órgão judiciário ou ao próprio denunciado, o denunciante não poderá ser apenado com a ineficácia da denunciação.

Caso a denunciação fique de fato sem efeito por descumprimento dos prazos acima referidos, evidente que ainda assim poderão autor e réu pleitear eventual ressarcimento em ação autônoma, apesar de essa hipótese não estar expressamente disciplinada no § 1º do art. 125; intepretação diversa é inaceitável.

Art. 127 - Feita a denunciação pelo autor, o denunciado poderá assumir a posição de litisconsorte do denunciante e acrescentar novos argumentos à petição inicial, procedendo-se em seguida à citação do réu.

I. Denunciação feita pelo autor: o denunciado deve ser citado antes do réu

Para que essa faculdade possa se concretizar, o denunciado deverá ser citado antes do réu, como prevê a lei; caso o denunciado acrescente novos argumentos à petição inicial, o réu, ao ser citado, deverá ser notificado não só da inicial, mas também da manifestação do denunciado.

II. *Duplo papel* exercido pelo denunciado no processo

Para bem interpretar esse dispositivo, é necessário diferenciar a demanda originária e a demanda visando ao ressarcimento. Evidentemente, o denunciado só poderá assumir a posição de litisconsorte do denunciante na demanda originária, já que, sendo réu na demanda de regresso, não teria qualquer sentido demandar contra si próprio.

Assim, ainda que a lei afirme que o denunciado poderá assumir a posição de litisconsorte do denunciante, ele não será litisconsorte para todos os efeitos naquele processo que contém duas demandas; terá necessariamente um *duplo papel*. Será litisconsorte do denunciante na demanda originária e réu na denunciação (demanda visando ao ressarcimento).

III. Poderes do denunciante-litisconsorte

Importante anotar que o denunciado apenas poderá acrescentar *novos argumentos* à petição inicial; não poderá, assim, promover modificações no pedido ou na causa de pedir. O art. 74 do CPC/1973 falava em possível aditamento da petição inicial, o que provocou polêmicas a respeito da extensão dos poderes do denunciado. A alteração da redação deve ser levada em conta na interpretação do dispositivo.

Anote-se por fim que optando por acrescentar novos argumentos à petição inicial e assumindo a posição de litisconsorte do autor, o denunciado poderá ser condenado ao pagamento de eventuais verbas de sucumbência. Nesse sentido já decidiu o Superior Tribunal de Justiça na vigência do CPC/1973:

"Responde também pelos ônus da sucumbência o litisdenunciado que comparece aos autos e adita a petição inicial, assumindo a posição de litisconsorte do denunciante (art. 74 do CPC)" (STJ, 4ª T., REsp nº 115.894/DF, Rel. Min. Barros Monteiro, unânime, j. em 23/10/2001, DJ de 25/3/2002).

IV. Formação do litisconsórcio e prazo em dobro

Formando-se o litisconsórcio entre denunciante e denunciado, será aplicável o *caput* do art. 229 do CPC/2015, que prevê prazo em dobro para litisconsortes com procuradores distintos. Necessário, contudo, atentar para o fato de que a regra do prazo em dobro não tem aplicação quando se trata de processo eletrônico (CPC/2015, art. 229, § 2º).

V. Outras possíveis posturas do denunciado

Nem sempre o denunciado desejará tornar-se litisconsorte do autor. Assim, o denunciado poderá se limitar a contestar a denunciação da lide ou mesmo permanecer inerte, quando será considerado revel em relação à denunciação da lide.

Art. 128 - Feita a denunciação pelo réu:
I - se o denunciado contestar o pedido formulado pelo autor, o processo prosseguirá tendo, na ação principal, em litisconsórcio, denunciante e denunciado;
II - se o denunciado for revel, o denunciante pode deixar de prosseguir com sua defesa, eventualmente oferecida, e abster-se de recorrer, restringindo sua atuação à ação regressiva;
III - se o denunciado confessar os fatos alegados pelo autor na ação principal, o denunciante poderá prosseguir com sua defesa ou, aderindo a tal reconhecimento, pedir apenas a procedência da ação de regresso.
Parágrafo único - Procedente o pedido da ação principal, pode o autor, se for o caso, requerer o cumprimento da sentença também contra o denunciado, nos limites da condenação deste na ação regressiva.

I. Denunciação feita pelo réu I: denunciado como litisconsorte

A redação do art. 128 do CPC/2015 é muito superior à confusa e incompleta redação do art. 75 do CPC/1973, mas ainda apresenta algumas falhas.

Na vigência do CPC/1973, surgiu relevante controvérsia na doutrina a respeito da real posição ocupada pelo denunciado no processo em relação à demanda principal: parte da doutrina aderia à literalidade da lei, afirmando tratar-se de litisconsorte; outra parte, no entanto, afirmava tratar-se de assistente.

O CPC/2015, no art. 128, inciso I, insiste em prever que, contestando o pedido formulado pelo autor (uma das possíveis posturas que pode adotar no processo), o denunciado será litisconsorte do denunciante na demanda principal (ou originária). Considerando que agora o Código consagrou orientação jurisprudencial no sentido de que o autor pode promover cumprimento de sentença diretamente em face do denunciado (parágrafo único), o que será aprofundado adiante, ganha força a tese segundo a qual o denunciado é litisconsorte do denunciante.

Formando-se o litisconsórcio, será aplicável o *caput* do art. 229 do CPC/2015, que prevê prazo em dobro para litisconsortes com procuradores distintos. Vale esclarecer mais uma vez que a regra não é aplicável em se tratando de processo eletrônico (CPC/2015, art. 229, § 2º).

Anote-se que a preexistência de efetivo litisconsórcio entre denunciante e denunciado não afasta a possibilidade da denunciação. Assim, mesmo quando o potencial denunciado já for réu na demanda principal, é cabível a denunciação da lide:

"Nada obsta a denunciação da lide requerida por um réu contra outro, porque somente assim se instaura entre eles a lide simultânea" (STJ, 3ª T., REsp nº 8.185/SP, Rel. Min. Cláudio dos Santos, unânime, j. em 28/5/1991, DJU de 24/6/1991).

II. Denunciação feita pelo réu II: revelia do denunciado

O inciso II reproduz a ideia contida no parágrafo único do art. 456 do Código Civil, que, antes de ser revogado pelo Código de Processo Civil de 2015, era aplicável aos casos de evicção: "não atendendo o alienante à denunciação da lide, e sendo manifesta a procedência da evicção, pode o adquirente deixar de oferecer contestação, ou usar de recursos". Além de a redação do inciso II ser mais técnica, a regra agora é aplicável a todas as hipóteses de denunciação da lide.

III. Denunciação feita pelo réu III: confissão dos fatos pelo denunciado

Por fim, o inciso III dá a entender que a confissão do denunciado somada à adesão do denunciante leva imediatamente à procedência da demanda principal, o que não é verdade. A confissão não é prova plena e deverá ser apreciada pelo juiz em conjunto com os elementos constantes dos autos. Além disso, ainda que a confissão leve de fato à aceitação dos fatos alegados pelo autor como verdadeiros, o juiz deverá aplicar o direito e isso pode levar ao julgamento de improcedência da demanda principal.

IV. Denunciação da lide e efeitos da sentença: possibilidade de se requerer cumprimento de sentença diretamente em face do denunciado

O Superior Tribunal de Justiça, ao menos em relação às denunciações da lide envolvendo contrato de seguro, já havia consagrado esse entendimento, agora expresso no parágrafo único do art. 128 do CPC/2015, em julgamento de recurso especial repetitivo:

"Para fins do art. 543-C do CPC: Em ação de reparação de danos movida em face do segurado, a Seguradora denunciada pode ser condenada direta e solidariamente junto com este a pagar a indenização devida à vítima, nos limites contratados na apólice" (STJ, 2ª Seção, REsp nº 925.130/SP, Rel. Min. Luis Felipe Salomão, unânime, j. em 8/2/2012, DJe de 20/4/2012).

Uma análise da motivação do acórdão revela que o fundamento da decisão não está necessariamente no direito material (CC, art. 787), embora algumas vozes na doutrina defendam que o caso do contrato de seguro se encaixaria melhor na figura do chamamento ao processo, pois haveria a possibilidade de o segurado ser diretamente demandado pela vítima. De fato, o autor da demanda poderá optar por demandar tão somente o causador do dano ou este em litisconsórcio com a seguradora.

Vale observar, contudo, que em nenhuma hipótese a demanda poderá ser ajuizada exclusivamente em face da seguradora, sem a participação do causador do dano no processo. O Superior Tribunal de Justiça afastou expressamente essa possibilidade também em julgamento de recurso especial repetitivo:

"1. Para fins do art. 543-C do CPC:

1.1. Descabe ação do terceiro prejudicado ajuizada direta e exclusivamente em face da Seguradora do apontado causador do dano.

1.2. No seguro de responsabilidade civil facultativo a obrigação da Seguradora de ressarcir danos sofridos por terceiros pressupõe a responsabilidade civil do segurado, a qual, de regra, não poderá ser reconhecida em demanda na qual este não interveio, sob pena de vulneração do devido processo legal e da ampla defesa" (STJ, 2ª Seção, REsp nº 962.230/RS, Rel. Min. Luis Felipe Salomão, unânime, j. em 8/2/2012, DJe de 20/4/2012).

E referido entendimento foi recentemente sumulado:

"no seguro de responsabilidade civil facultativo, não cabe o ajuizamento de ação pelo terceiro prejudicado direta e exclusivamente em face da seguradora do apontado causador do dano" (Enunciado nº 539 da súmula da jurisprudência dominante do Superior Tribunal de Justiça).

O raciocínio adotado pelo Superior Tribunal de Justiça para permitir o cumprimento de sentença diretamente em face do denunciado estava fundado muito mais em razões de direito processual do que de direito material, o que ampara a generalização legislativa presente no parágrafo único do art. 128 do CPC/2015 no sentido de permitir que o autor da demanda promova o cumprimento da sentença em face do denunciado em qualquer caso:

"No caso da controvérsia ora examinada, é de se ter em vista que, se é verdade que a denunciação da lide busca solução mais expedita relativamente à situação jurídica existente entre denunciante (segurado) e denunciado (seguradora), dispensando ação regressiva autônoma, não é menos verdadeira a afirmação de que a fórmula que permite a condenação direta da litisdenunciada possui os mesmos princípios inspiradores desse benfazejo instrumento processual.

E ainda mais, com a vantagem de não se beneficiar exclusivamente o segurado, exatamente o causador do dano injusto, mas também o autor, a vítima do dano causado injustamente pelo denunciante" (p. 12 do acórdão).

O CPC/2015 não se limitou a simplesmente positivar o entendimento nascido na jurisprudência. Além de não ter restringido a aplicação da regra à denunciação da lide fundada em seguro, o Código não exige que o denunciado tenha sido expressamente condenado em face do autor da demanda, solidariamente com o denunciante; basta que haja a condenação regressiva, o que é essencial para definir também a extensão da responsabilidade do denunciado.

Recentemente a 3ª Turma do Superior Tribunal de Justiça, no julgamento do Recurso Especial nº 1.628.198/RS, cujo acórdão foi publicado em 15 de fevereiro de 2018, não admitiu o cumprimento de sentença prolatada na vigência do CPC/1973 diretamente em face do denunciado em processo que não versava sobre seguro. No processo discutia-se o protesto indevido de títulos e houve denunciação da lide pela empresa-ré ao banco. A sentença condenou a empresa-ré a indenizar o autor e o banco a ressarcir a empresa-ré de parte do valor da condenação, de forma regressiva. O julgamento do recurso especial impediu que o autor promovesse o cumprimento de sentença diretamente em face do banco denunciado.

Foi levado em consideração o precedente acima mencionado a respeito da responsabilidade solidária da seguradora denunciada, mas foi feita distinção: "a tese em questão foi firmada a partir da análise de elementos específicos integrantes dos contratos de seguros, bem como de sua repercussão social e da relação existente entre vítima, segurado e seguradora".

Como já visto acima, essa distinção não se sustenta, pois não foram peculiaridades do contrato de seguro que levaram o Superior Tribunal de Justiça a permitir o cumprimento de sentença em face do denunciado.

Além disso, entendeu-se, no julgamento de referido recurso especial, que seria necessário que a decisão tivesse estabelecido expressamente a responsabilidade do denunciado perante o autor da demanda.

De todo modo, o entendimento externado no Recurso Especial nº 1.628.198/RS terá vida curta, pois além de o CPC/2015 não restringir a possibilidade do cumprimento de sentença em face do denunciado aos casos de denunciação fundada em seguro, é fato que basta ter havido a condenação regressiva, para definir a responsabilidade do denunciado e seus limites, sem a necessidade de que a decisão estabeleça expressamente a responsabilidade do denunciado perante o autor.

Art. 129 - Se o denunciante for vencido na ação principal, o juiz passará ao julgamento da denunciação da lide.
Parágrafo único - Se o denunciante for vencedor, a ação de denunciação não terá o seu pedido examinado, sem prejuízo da condenação do denunciante ao pagamento das verbas de sucumbência em favor do denunciado.

I. A denunciação da lide é uma demanda eventual

O *caput* do art. 129 apenas deixa claro que a denunciação da lide é uma demanda eventual; ou seja, só terá a possibilidade de ter seu mérito julgado na eventualidade de o denunciante sucumbir na demanda principal. Saindo-se vencedor o denunciante, deixa de haver interesse no julgamento da denunciação da lide.

II. Denunciação da lide e sucumbência

O parágrafo único traz importante regra a respeito da sucumbência, pois poderia haver dúvida legítima a respeito de quem deveria arcar com as verbas de sucumbência em favor do denunciado em caso de vitória do denunciante: o próprio denunciante ou seu adversário, sucumbente na demanda principal?

De um lado, poder-se-ia entender que tendo o adversário do denunciante dado causa à instauração da demanda, deveria arcar com todas as verbas de sucumbência, inclusive as devidas ao denunciante, que se valeu da denunciação para exercer seu direito de defesa com a maior amplitude possível. De outro lado, é possível entender que sendo a denunciação da lide facultativa e não obrigatória, foi o denunciante quem deu causa a uma demanda inútil, devendo, portanto, arcar com as verbas de sucumbência em favor do denunciado a despeito de ser vencedor na demanda principal.

Anote-se que outras situações relativas à sucumbência que podem gerar dúvida não foram disciplinadas na lei. É possível, por exemplo, que o denunciante sucumba na demanda principal sem que o denunciado tenha oferecido resistência à denunciação da lide. Nesse caso, mesmo que seja reconhecido o dever de ressarcimento do denunciado, não deverá arcar com as verbas sucumbenciais em favor do denunciante. Nesse sentido, há precedentes do Superior Tribunal de Justiça:

"Inexistindo resistência do denunciado, que aceitou a sua condição e se colocou como litisconsorte da denunciante, é descabida a sua condenação em honorários de advogado pela denunciação da lide. Precedentes do STJ" (STJ, 4ª T., REsp nº 579.386/RJ, Rel. Min. Barros Monteiro, unânime, j. em 17/11/2005, DJ de 19/12/2005).

"A falta de resistência à denunciação da lide enseja o não cabimento de condenação da denunciada em honorários advocatícios quando sucumbente o réu denunciante. Precedentes" (STJ, 4ª T., AgRg no AREsp nº 486.348, Rel. Min. Luis Felipe Salomão, unânime, j. em 8/5/2014, DJe de 22/5/2014).

Art. 130 - É admissível o chamamento ao processo, requerido pelo réu:
I - do afiançado, na ação em que o fiador for réu;
II - dos demais fiadores, na ação proposta contra um ou alguns deles;
III - dos demais devedores solidários, quando o credor exigir de um ou de alguns o pagamento da dívida comum.

I. Introdução

Em relação ao chamamento ao processo, o Código de Processo Civil de 2015 não trouxe nenhuma inovação. O projeto aprovado na Câmara tinha dispositivo que ampliava consideravelmente seu cabimento, admitindo também o chamamento "daqueles que, por lei ou contrato, são também corresponsáveis perante o autor", mas isso foi infelizmente rejeitado no Senado na aprovação do texto final.

O chamamento ao processo é modalidade de intervenção de terceiro provocada (não voluntária), pois a iniciativa de ingresso no processo não é do terceiro, e há ampliação subjetiva do processo; diverge a doutrina a respeito de haver ou não ampliação objetiva. O ingresso do chamado no processo dá origem a um litisconsórcio ulterior, que poderá ser comum, quando a obrigação for divisível, ou unitário, quando a obrigação for indivisível. Formando-se o litisconsórcio, haverá incidência do *caput* do art. 229 do CPC/2015, que prevê prazo em dobro para litisconsortes com procuradores distintos; necessário, contudo, atentar para o fato de que a regra do prazo em dobro não tem aplicação quando se trata de processo eletrônico (CPC/2015, art. 229, § 2º).

II. Cabimento no processo de conhecimento e no pedido de tutela provisória antecedente

Valem aqui as mesmas observações feitas com relação à denunciação da lide (v. item II dos comentários ao art. 125): tendo natureza de demanda condenatória, o chamamento ao processo é instituto de aplicação exclusiva ao processo de conhecimento. A expressão "processo de conhecimento" não deve ser confundida com a expressão "procedimento comum", de modo que não se afasta aprioristicamente o cabimento da denunciação da lide em alguns procedimentos especiais, inclusive no monitório. Será também possível trazer para o procedimento mediante o qual se pleiteia tutela cautelar antecedente, em alguns casos (especialmente quando se tratar de produção antecipada de prova), mediante uma espécie de *assistência provocada*, aquele que poderia figurar como chamado no processo principal.

III. Admissibilidade do chamamento ao processo

Embora o artigo tenha três incisos, seria suficiente dizer que o chamamento é admissível em caso de solidariedade, pois as previsões dos incisos I e II nada mais são do que exemplos de solidariedade. E havendo solidariedade, evidente que o chamado é alguém que já poderia ter sido incluído no polo passivo desde o início. No tocante ao inciso I, contudo, vale deixar claro que apenas o fiador pode promover o chamamento, nunca o afiançado.

A lei silencia a respeito, mas são admissíveis chamamentos sucessivos e quem foi chamado pode ainda denunciar a lide a um terceiro.

IV. Chamamento ao processo e o direito material

Essa modalidade de intervenção sempre recebeu crítica da doutrina em razão de seu contraste com o direito material; com efeito, o Código Civil, em seu art. 275, permite ao credor mover a demanda em face de apenas um dos devedores solidários, benefício que seria afastado pelo Código de Processo Civil ao permitir o chamamento dos demais devedores. Como quer que seja, o fato de não ter o ônus de incluir todos os devedores solidários no polo passivo e de promover a citação de todos já é uma relevante vantagem para o credor; além disso, feito o chamamento, o credor-vencedor poderá, ao final do processo, promover o cumprimento de sentença em face de qualquer um dos réus, quer do originário, quer daqueles que foram chamados, pois o chamamento sempre dá origem a um litisconsórcio passivo ulterior.

V. Restrições jurisprudenciais à admissibilidade do chamamento ao processo

No inciso III, tanto o CPC/1973 quanto o CPC/2015 tratam do chamamento nos casos de obrigação solidária, quando o credor exige de um ou de alguns o pagamento de dívida comum. Não há, na lei, qualquer restrição a respeito do objeto da prestação devida. Contudo, há precedentes do Superior Tribunal de Justiça adotando entendimento restritivo:

"A hipótese de chamamento ao processo prevista no art. 77, III, do CPC é típica de obrigações solidárias de pagar quantia. Tratando-se de hipótese excepcional de formação de litisconsórcio passivo facultativo, promovida pelo demandado, não comporta interpretação extensiva para alcançar prestação de entrega de coisa certa, cuja satisfação efetiva não comporta divisão" (STJ, 1ª T., REsp nº 1.125.537/SC, Rel. Min. Teori Albino Zavascki, unânime, j. em 16/3/2010, DJe de 24/3/2010).

"O chamamento ao processo previsto no art. 77, III, do CPC é típico de obrigações solidárias de pagar quantia. Trata-se de excepcional formação de litisconsórcio passivo facultativo, promovida pelo demandado, que não comporta interpretação extensiva para alcançar prestação de entrega de coisa certa, cuja satisfação efetiva inadmite divisão" (STJ, 2ª T., AgRg no REsp nº 1.281.020/DF, Rel. Min. Herman Benjamin, unânime, j. em 23/10/2012, DJe de 31/10/2012).

Esse entendimento surgiu no julgamento de demandas em que se pleiteia fornecimento de medicamento e foi se sedimentando até alcançar sua consolidação, ainda na vigência do CPC/1973, pela sistemática dos recursos repetitivos:

"PROCESSUAL CIVIL. MATÉRIA REPETITIVA. ART. 543-C DO CPC E RESOLUÇÃO STJ 8/2008. RECURSO REPRESENTATIVO DE CONTROVÉRSIA. SISTEMA ÚNICO DE SAÚDE. FORNECIMENTO DE MEDICAMENTOS. AÇÃO MOVIDA CONTRA O ESTADO. CHAMAMENTO DA UNIÃO AO PROCESSO. ART. 77, III, DO CPC. DESNECESSIDADE. Controvérsia submetida ao rito do art. 543-C do CPC. 1. O chamamento ao processo da União com base no art. 77, III, do CPC, nas demandas propostas contra os demais entes federativos responsáveis para o fornecimento de medicamentos ou prestação de serviços de saúde, não é impositivo, mostrando-se inadequado opor obstáculo inútil à garantia fundamental do cidadão à saúde. Precedentes do STJ. 2. A Primeira Turma do Supremo Tribunal Federal entende que 'o recebimento de medicamentos pelo Estado é direito fundamental, podendo o requerente pleiteá-los de qualquer um dos entes federativos, desde que demonstrada sua necessidade e a impossibilidade de custeá-los com recursos próprios', e 'o ente federativo deve se pautar no espírito de solidariedade para conferir efetividade ao direito garantido pela Constituição, e não criar entraves jurídicos para postergar a devida prestação jurisdicional', razão por que 'o chamamento ao processo da União pelo Estado de Santa Catarina revela-se medida meramente protelatória que não traz nenhuma utilidade ao processo, além de atrasar a resolução do feito, revelando-se meio inconstitucional para evitar o acesso aos remédios necessários para o restabelecimento da saúde da recorrida' (RE 607.381 AgR, Relator Ministro Luiz Fux, Primeira Turma, DJ 17.6.2011). Caso concreto. 3. Na hipótese dos autos, o acórdão recorrido negou o chamamento ao processo da União, o que está em sintonia com o entendimento aqui fixado. 4. Recurso Especial não provido. Acórdão submetido ao regime do art. 543-C do CPC e da Resolução STJ 8/2008" (STJ, REsp nº 1.203.244/SC, Rel. Min. Herman Benjamin, j. em 9/4/2014, DJe de 17/6/2014).

Embora todos os julgados se refiram a casos de fornecimento de medicamento, em que há responsabilidade solidária dos entes federativos, buscando-se, com a vedação ao chamamento, proteger o cidadão e seu direito fundamental à saúde, a premissa genérica da qual se parte, segundo a qual o chamamento ao processo seria típico das obrigações de pagar quantia, pode ser aplicada de forma equivocada em outras situações, deixando alguns réus desprotegidos de maneira injustificada.

VI. Hipóteses de chamamento ao processo disciplinadas fora do Código de Processo Civil

Além das hipóteses arroladas no Código de Processo Civil, a lei ainda trata do chamamento ao processo em duas outras normas: (I) art. 1.698 do Código Civil e (II) art. 101, inciso II, do Código de Defesa do Consumidor.

No caso da obrigação de alimentos, disciplinada no art. 1.698 do Código Civil, o Superior Tribunal de Justiça vem entendendo tratar-se de hipótese de chamamento ao processo ainda que não haja solidariedade entre o devedor principal e os devedores subsidiários (STJ, 4ª T., REsp nº 658.139/RS, Rel. Min. Fernando Gonçalves, unânime, j. em 11/10/2005, DJ de 13/3/2006).

É necessário diferenciar duas situações: (I) no processo movido em face do devedor principal, este poderá chamar ao processo devedores subsidiários; (II) no processo desde logo movido em face dos devedores subsidiários, poderá haver litisconsórcio necessário entre eles, como se dá, por exemplo, no caso de avós maternos e paternos (STJ, 4ª T., REsp nº 958.513/SP, Rel. Min. Aldir Passarinho Junior, unânime, j. em 22/2/2011, DJe de 1º/3/2011).

A hipótese do art. 101, inciso II, do Código de Defesa do Consumidor, embora nominada pela lei de chamamento ao processo, com expressa referência ao art. 80 do CPC/1973, é caso típico de denunciação da lide. A vantagem de abandonar a técnica do Código de Processo Civil para tratar a hipótese como de chamamento ao processo estava na possibilidade de condenação direta da seguradora a indenizar o autor da demanda. No entanto, agora que o CPC/2015 permite a condenação direta do denunciado em face do autor, não faz mais sentido continuar tratando a previsão do art. 101, inciso II, do Código de Defesa do Consumidor como caso de chamamento ao processo. O ideal mesmo seria que esses dois institutos – denunciação da lide e chamamento ao processo – fossem reunidos em um só.

Art. 131 - A citação daqueles que devam figurar em litisconsórcio passivo será requerida pelo réu na contestação e deve ser promovida no prazo de 30 (trinta) dias, sob pena de ficar sem efeito o chamamento.
Parágrafo único - Se o chamado residir em outra comarca, seção ou subseção judiciárias, ou em lugar incerto, o prazo será de 2 (dois) meses.

I. Ausência de chamamento e preclusão

O momento adequado para o chamamento é a contestação; não requerido na contestação, haverá preclusão dessa faculdade e eventual direito do réu em face dos potenciais chamados deverá ser discutido em ação autônoma.

Sendo indeferido o chamamento ao processo, será cabível agravo de instrumento (CPC/2015, art. 1.015, inciso IX).

II. Prazos para citação do chamado

Como já dito nos comentários ao art. 126, que faz remissão expressa ao art. 131, referido dispositivo prevê os prazos para que seja efetivado o chamamento: 30 dias se o denunciado residir na mesma comarca, seção ou subseção judiciária e 2 meses se residir em outra comarca, seção ou subseção judiciárias, ou ainda em lugar incerto. Embora não haja previsão legal expressa, o processo deverá ficar suspenso para a citação do chamado, que poderá apresentar suas defesas.

Para que o chamamento fique sem efeito por descumprimento dos prazos previstos nesse artigo, é necessário que o atraso seja imputável ao réu-chamante, que deverá providenciar o necessário para a citação. Se o atraso for imputável ao órgão judiciário ou ao próprio chamado, o réu-chamante não poderá ser apenado com a ineficácia do chamamento.

Caso o chamamento fique de fato sem efeito por descumprimento dos prazos anteriormente referidos, evidente que ainda assim poderá o réu pleitear eventual ressarcimento em ação autônoma.

Art. 132 - A sentença de procedência valerá como título executivo em favor do réu que satisfizer a dívida, a fim de que possa exigi-la, por inteiro, do devedor principal, ou, de cada um dos codevedores, a sua quota, na proporção que lhes tocar.

I. Chamamento ao processo e efeitos da sentença

Julgada procedente a demanda em favor do autor e reconhecida a solidariedade entre o réu e eventuais chamados, todos eles serão condenados ao pagamento do valor pleiteado pelo autor. Entretanto, assim como já podia demandar apenas um ou alguns dos devedores solidários, poderá também o autor promover o cumprimento integral da sentença apenas em face de um ou de alguns deles – mesmo em face daqueles que o próprio autor não tenha demandado originariamente. É por esse motivo que a lei prevê que a decisão também vale como título executivo em favor daquele que satisfizer a dívida, que poderá promover novo cumprimento nos mesmos autos; do contrário, o chamamento não teria nenhuma utilidade para o réu-chamante.

Anote-se, contudo, que, caso o devedor principal, chamado ao processo, satisfaça a dívida, obviamente não poderá depois exigi-la do fiador.

Capítulo IV - Do Incidente de Desconsideração da Personalidade Jurídica

Art. 133 - O incidente de desconsideração da personalidade jurídica será instaurado a pedido da parte ou do Ministério Público, quando lhe couber intervir no processo.
§ 1º - O pedido de desconsideração da personalidade jurídica observará os pressupostos previstos em lei.
§ 2º - Aplica-se o disposto neste Capítulo à hipótese de desconsideração inversa da personalidade jurídica.

Autor: André Pagani de Souza

I. Nova espécie de intervenção de terceiros

O incidente de desconsideração da personalidade jurídica é uma novidade trazida pelo CPC/2015. Trata-se de uma espécie de intervenção de terceiros que não era encontrada no CPC/1973 e que recebeu disciplina processual expressa pelo novo diploma legal com o objetivo de harmonizar a desconsideração da personalidade jurídica com o princípio do contraditório (CF, art. 5º, inciso LV, e CPC/2015, arts. 7º, 9º e 10).

II. Desconsideração da personalidade jurídica

A pessoa jurídica tem patrimônio próprio distinto dos bens particulares que pertencem aos seus integrantes, sejam eles sócios ou administradores. Entretanto, em determinadas hipóteses expressamente previstas em lei, a autonomia patrimonial da pessoa jurídica pode ser episodicamente desconsiderada pelo juiz de modo a permitir que o patrimônio dos seus integrantes responda pelo cumprimento de obrigações originariamente atribuídas à pessoa jurídica.

Quando isso ocorre, ou seja, quando os efeitos de certas e determinadas obrigações da pessoa jurídica são estendidos aos bens particulares dos seus administradores sócios por ordem judicial e em razão do preenchimento de requisitos expressamente previstos em lei, afirma-se que houve a *desconsideração da personalidade jurídica.*

III. Incidente cognitivo

A utilização de um *incidente cognitivo* para desconsiderar a personalidade jurídica é prescrita pelos arts. 133 a 137 do CPC/2015 como forma de garantir que o princípio do contraditório seja observado sempre que, por determinação judicial, os efeitos de certas e determinadas obrigações sejam estendidos aos bens particulares dos administradores ou dos sócios da pessoa jurídica.

Com a instauração deste incidente, permite-se que seja estabelecido o contraditório entre aquele que pede a desconsideração da personalidade jurídica e aquele que poderá sofrer os seus efeitos, de maneira que o juiz realize a sua cognição e profira a sua decisão *no curso de um processo pendente*, sem prejudicar o direito de defesa do integrante da pessoa jurídica.

IV. Necessidade de haver *pedido* de desconsideração da personalidade jurídica

A desconsideração da personalidade jurídica não pode ser decretada de ofício, sem a provocação das partes ou do Ministério Público. Ela deve ser realizada obrigatoriamente mediante incidente de desconsideração da personalidade jurídica (CPC/2015, art. 795, § 4º), cuja instauração deve ocorrer a requerimento da parte ou do Ministério Público quando lhe couber intervir no processo.

Com efeito, nos termos do *caput* do art. 133 do CPC/2015, que repete o comando do CC, art. 50, a desconsideração da personalidade jurídica dependerá de requerimento da parte ou do *parquet,* nas hipóteses em que lhe couber intervir no processo.

A competência para apreciar tal pedido de desconsideração será do juízo do processo em que ele é formulado e, na fase recursal, ela será inicialmente do relator, cuja decisão monocrática pode ser impugnada por meio de agravo interno (CPC/2015, art. 136, parágrafo único).

Cumpre notar que aqui não está sendo tratado especificamente o processo do trabalho, no qual se permite que a execução seja iniciada de ofício (CLT, art. 889), inclusive com a prática de todos os atos executivos necessários para que o trabalhador não fique sem receber o que lhe é devido. No caso excepcional do processo trabalhista, o entendimento majoritário é o de que a desconsideração da personalidade jurídica pode ser realizada de ofício, sem necessidade de haver pedido das partes ou do Ministério Público, exatamente porque é admitido que se inicie a execução sem provocação da parte. Nesse sentido é o art. 6º da Instrução Normativa nº 36/2016, do Tribunal Superior do Trabalho (TST), que dispõe o seguinte: "Aplica-se ao processo do trabalho o incidente de desconsideração da personalidade jurídica regulado pelo Código de Processo Civil (arts. 133 a 137), assegurada a iniciativa também do juiz do trabalho na fase de execução (CLT, art. 878)".

É importante observar, ainda, que, se houver a desconsideração da personalidade jurídica sem que seja requerido e instaurado o incidente previsto nos arts. 133 a 137 do CPC/2015, aquele que teve o seu patrimônio atingido por uma decisão dessa natureza deve se defender por meio de *embargos de terceiro*, conforme estabelece o art. 674, § 2º, inciso III, do referido diploma legal.

Entretanto, é preciso observar que, se a hipótese não for de desconsideração da personalidade jurídica, mas de responsabilização direta do sócio por uma obrigação da sociedade, tal como ocorre nas hipóteses dos incisos I, II e III do art. 135 do Código Tributário Nacional, há entendimento no sentido de que não é necessária a utilização do incidente de desconsideração da personalidade jurídica, conforme se depreende do Enunciado nº 53 da Escola Nacional de Formação e Aperfeiçoamento dos Magistrados (Enfam): "O redirecionamento da execução fiscal para o sócio-gerente prescinde do incidente de desconsideração da personalidade jurídica previsto no art. 133 do CPC/2015".

V. Necessidade de se observarem os pressupostos previstos em lei específica

Como é cediço, a possibilidade de desconsideração da personalidade jurídica é prevista em mais de um diploma legal, sendo certo que cada um estabelece os seus pressupostos específicos para que ela seja levada a cabo. Por essa razão, o § 1º do art. 133 do CPC/2015 determina que o pedido de desconsideração observará os pressupostos "previstos em lei".

Assim, por exemplo, o art. 50 do CC estabelece como pressupostos para a desconsideração da personalidade jurídica a *confusão patrimonial* ou o *abuso de personalidade.*

Por sua vez, o art. 28, *caput,* do CDC prescreve como pressupostos para desconsideração da personalidade jurídica o *abuso de direito, excesso de poder, infração da lei, fato ou ato ilícito* ou *violação dos estatutos ou contrato social*, praticados em detrimento do consumidor. Ainda se estabelece que a desconsideração também será efetivada quando houver *falência, estado de insolvência, encerramento ou inatividade de pessoa jurídica provocados por má administração*. Já o § 5º do art. 28 do CDC dispõe que poderá ser desconsiderada a pessoa jurídica sempre que sua personalidade for, de alguma forma, *obstáculo ao ressarcimento de prejuízos causados aos consumidores.*

Da mesma forma, também vale mencionar, a título ilustrativo, o art. 4º da Lei nº 9.605/1998 ("Lei do Meio Ambiente"), que estabelece que "poderá ser desconsiderada a pessoa jurídica sempre que sua personalidade for *obstáculo ao ressarcimento de prejuízos causados à qualidade do meio ambiente*".

De outro lado, a Lei nº 12.529/2011 ("Lei Antitruste") também prevê a desconsideração em seu art. 34, ao dispor que "a personalidade jurídica do responsável por infração da ordem econômica poderá ser desconsiderada quando houver da parte deste *abuso de direito, excesso de poder, infração da lei, fato ou ato ilícito ou violação dos estatutos ou contrato social*". O parágrafo único deste dispositivo também estabelece outros pressupostos. Confira-se: "a desconsideração também será efetivada quando houver *falência, estado de insolvência, encerramento ou inatividade da pessoa jurídica provocados por má administração*".

Por derradeiro, vale mencionar a Lei nº 12.846/2013 ("Lei Anticorrupção"), que, em seu art. 14, estabelece que "a personalidade jurídica poderá ser desconsiderada sempre que utilizada com *abuso do direito para facilitar, en-*

cobrir ou dissimular a prática dos atos ilícitos previstos nesta Lei ou para provocar *confusão patrimonial*, sendo estendidos todos os efeitos das sanções aplicadas à pessoa jurídica aos seus administradores e sócios com poderes de administração, observados o contraditório e a ampla defesa".

VI. Desconsideração inversa da personalidade jurídica

Pela desconsideração da personalidade jurídica, os efeitos de certas e determinadas obrigações da pessoa jurídica são estendidos aos bens particulares dos seus administradores ou sócios.

Já pela desconsideração *em sentido inverso*, os efeitos de certas e determinadas obrigações *do sócio ou administrador* é que são estendidos aos bens que pertencem à pessoa jurídica da qual eles fazem parte.

Em geral, a lei material prevê que o sócio ou administrador deve responder pela obrigação da pessoa jurídica, observados os pressupostos legais (CC, art. 50; CDC, art. 28, *caput* e § 5º; Lei nº 12.846/2013, art. 14; Lei nº 12.529/2011, art. 34; Lei nº 9.605/1998, art. 4º).

Entretanto, o § 2º do art. 133 do CPC/2015 veio exatamente para permitir expressamente a desconsideração *inversa* da personalidade jurídica para viabilizar que uma pessoa jurídica responda com seu patrimônio por obrigações do sócio, desde que observados os pressupostos previstos na legislação específica em cada caso concreto.

VII. Julgados

"EMBARGOS DE DIVERGÊNCIA. ARTIGO 50, DO CC. DESCONSIDERAÇÃO DA PERSONALIDADE JURÍDICA. REQUISITOS. ENCERRAMENTO DAS ATIVIDADES OU DISSOLUÇÃO IRREGULARES DA SOCIEDADE. INSUFICIÊNCIA. DESVIO DE FINALIDADE OU CONFUSÃO PATRIMONIAL. DOLO. NECESSIDADE. INTERPRETAÇÃO RESTRITIVA. ACOLHIMENTO.

1. A criação teórica da pessoa jurídica foi avanço que permitiu o desenvolvimento da atividade econômica, ensejando a limitação dos riscos do empreendedor ao patrimônio destacado para tal fim. Abusos no uso da personalidade jurídica justificaram, em lenta evolução jurisprudencial, posteriormente incorporada ao direito positivo brasileiro, a tipificação de hipóteses em que se autoriza o levantamento do véu da personalidade jurídica para atingir o patrimônio de sócios que dela dolosamente se prevaleceram para finalidades ilícitas. Tratando-se de regra de exceção, de restrição ao princípio da autonomia patrimonial da pessoa jurídica, a interpretação que melhor se coaduna com o art. 50 do Código Civil é a que relega sua aplicação a casos extremos, em que a pessoa jurídica tenha sido instrumento para fins fraudulentos, configurado mediante o desvio da finalidade institucional ou a confusão patrimonial.

2. O encerramento das atividades ou dissolução, ainda que irregulares, da sociedade não são causas, por si só, para a desconsideração da personalidade jurídica, nos termos do Código Civil.

3. Embargos de divergência acolhidos." (2ª Seção, EREsp nº 1306553/SC, Rel. Min. Maria Isabel Gallotti, j. em 10/12/2014, DJe de 12/12/2014).

"AGRAVO REGIMENTAL NO AGRAVO EM RECURSO ESPECIAL. DESCONSIDERAÇÃO DA PERSONALIDADE JURÍDICA. RESPONSABILIDADE. SÓCIO MINORITÁRIO.

AFASTAMENTO. POSSIBILIDADE. DECISÃO MANTIDA POR SEUS PRÓPRIOS FUNDAMENTOS. AGRAVO REGIMENTAL IMPROVIDO.

1. O instituto da desconsideração da personalidade jurídica pode ser conceituado como sendo a superação temporária da autonomia patrimonial da pessoa jurídica com o objetivo de, mediante a constrição do patrimônio de seus sócios ou administradores, alcançar o adimplemento de dívidas assumidas pela sociedade.

2. 'O artigo 50 do Código Civil de 2002 exige dois requisitos, com ênfase para o primeiro, objetivo, consistente na inexistência de bens no ativo patrimonial da empresa suficientes à satisfação do débito e o segundo, subjetivo, evidenciado na colocação dos bens suscetíveis à execução no patrimônio particular do sócio – no caso, sócio-gerente controlador das atividades da empresa devedora.' (REsp nº 1.141.447/SP, Rel. Min. Sidnei Beneti, DJe de 5/4/2011).

3. Agravo regimental a que se nega provimento" (3ª T., AgRg no AREsp nº 621.926/RJ, Rel. Min. Marco Aurélio Bellizze, j. em 12/5/2015, DJe de 20/5/2015).

"AGRAVO REGIMENTAL NO RECURSO ESPECIAL - AÇÃO DE INDENIZAÇÃO POR ATO ILÍCITO - INSCRIÇÃO INDEVIDA - DANO MORAL - CUMPRIMENTO DE SENTENÇA - INSOLVÊNCIA DA PESSOA JURÍDICA - DESCONSIDERAÇÃO DA PESSOA JURÍDICA - ART. 28, § 5°, DO CÓDIGO DE DEFESA DO CONSUMIDOR - POSSIBILIDADE - PRECEDENTES DO STJ - DECISÃO MONOCRÁTICA QUE DEU PROVIMENTO AO RECURSO ESPECIAL. INSURGÊNCIA DA RÉ.

1. É possível a desconsideração da personalidade jurídica da sociedade empresária – acolhida em nosso ordenamento jurídico, excepcionalmente, no Direito do Consumidor – bastando, para tanto, a mera prova de insolvência da pessoa jurídica para o pagamento de suas obrigações, independentemente da existência de desvio de finalidade ou de confusão patrimonial, é o suficiente para se 'levantar o véu' da personalidade jurídica da sociedade empresária.

Precedentes do STJ: REsp nº 737.000/MG, Rel. Min. Paulo de Tarso Sanseverino, DJe de 12/9/2011; Resp nº 279.273, Rel. Min. Ari Pargendler, Rel. p/ acórdão Min. Nancy Andrighi, 29/3/2004; REsp nº 1111153/RJ, Rel. Min. Luis Felipe Salomão, DJe de 4/2/2013; REsp nº 63981/SP, Rel. Min. Aldir Passarinho Júnior, Rel. p/acórdão Min. Sálvio de Figueiredo Teixeira, DJe de 20/11/2000.

2. 'No contexto das relações de consumo, em atenção ao art. 28, § 5º, do CDC, os credores não negociais da pessoa jurídica podem ter acesso ao patrimônio dos sócios, mediante a aplicação da *disregard doctrine*, bastando a caracterização da dificuldade de reparação dos prejuízos sofridos em face da insolvência da sociedade empresária' (3ª T., REsp nº 737.000/MG, Rel. Min. Paulo de Tarso Sanseverino, DJe de 12/9/2011).

3. Agravo regimental desprovido." (4ª T., AgRg no REsp nº 1106072/MS, Rel. Min. Marco Buzzi, j. em 2/9/2014, DJe de 18/9/2014).

Art. 134 - O incidente de desconsideração é cabível em todas as fases do processo de conhecimento, no cumprimento de sentença e na execução fundada em título executivo extrajudicial.

§ 1º - A instauração do incidente será imediatamente comunicada ao distribuidor para as anotações devidas.

§ 2º - Dispensa-se a instauração do incidente se a desconsideração da personalidade jurídica for requerida na petição inicial, hipótese em que será citado o sócio ou a pessoa jurídica.

§ 3º - A instauração do incidente suspenderá o processo, salvo na hipótese do § 2º.

§ 4º - O requerimento deve demonstrar o preenchimento dos pressupostos legais específicos para desconsideração da personalidade jurídica.

I. Cabimento do incidente de desconsideração da personalidade jurídica em todas as fases do processo de conhecimento, no cumprimento de sentença, na execução fundada em título extrajudicial e nos Juizados Especiais

Como se sabe, o art. 264 do CPC/1973 estabelecia que, depois de realizada a citação, as modificações que o autor pretendesse introduzir quanto ao pedido, à causa de pedir e às partes do processo dependiam da anuência do réu. O parágrafo único do referido dispositivo legal, por sua vez, dispunha que a alteração do pedido ou da causa de pedir em nenhuma hipótese seria permitida após o saneamento do processo. E mais, o art. 294 do CPC/1973 admitia que o autor aditasse o pedido feito na petição inicial apenas até o momento em que fosse realizada a citação.

Assim, sob a égide do CPC/1973, havia quem sustentasse não ser possível a desconsideração da personalidade jurídica em qualquer momento do processo de conhecimento, devido ao disposto nos arts. 264 e 294 do referido diploma legal, que consagravam o princípio da "estabilização da demanda". Isso porque um requerimento de desconsideração da personalidade jurídica feito de maneira incidental – além de ser um novo pedido de atuação do Estado-juiz – altera a causa de pedir original, acrescendo novos fundamentos, bem como implica a alteração subjetiva da demanda, o que era vedado pela literalidade dos arts. 264 e 294 do CPC/1973.

É bem verdade que esta interpretação rigorosa do princípio da estabilização da demanda passou a ser mitigada com o advento da Emenda Constitucional nº 45/2004, que introduziu o inciso LXXVIII no art. 5º da CF, consagrando o princípio da razoável duração do processo e assegurando a todos os meios que garantam a celeridade de sua tramitação.

Pois bem, o *caput* do art. 134 do CPC/2015 veio em boa hora para extirpar qualquer dúvida quanto ao cabimento do incidente de desconsideração da personalidade jurídica em qualquer momento processual, inclusive no processo de execução fundado em título extrajudicial. Assim, a parte ou o Ministério Público, quando lhe couber intervir no processo, pode pedir incidentalmente a desconsideração da personalidade jurídica em qualquer fase do processo de conhecimento, inclusive no cumprimento de sentença e no processo de execução fundado em título extrajudicial.

Enfim, cabe registrar que o incidente de desconsideração da personalidade jurídica também pode ser instaurado em processo de competência dos Juizados Especiais, por força do disposto no art. 1.062 do CPC/2015. Desse modo, afasta-se a regra restritiva de intervenção de terceiros nesta seara (Lei nº 9.099/1995, art. 10) especificamente no tocante ao incidente de desconsideração da personalidade jurídica disciplinado pelos arts. 133 a 137 do CPC/2015.

II. Comunicação imediata ao distribuidor sobre a instauração do incidente

A instauração do incidente será imediatamente comunicada ao distribuidor para as anotações devidas (CPC/2015, art. 134, § 1º), pois aqueles em face de quem se formula o pedido de desconsideração da personalidade jurídica passam a ser parte do processo e devem ser tratados como tal.

Tal tratamento se faz necessário não apenas para assegurar ao sócio e ao administrador o direito de se defenderem por todos os meios que são franqueados às partes pela lei processual, mas também para garantir que os terceiros de boa-fé também estejam protegidos.

Assim, aquele que sofrerá os efeitos da desconsideração da personalidade jurídica passará a ser parte no processo, pois um pedido de tutela jurisdicional foi formulado em seu desfavor. Tanto isso é verdade que o sócio ou administrador deve ser *citado* para manifestar-se e requerer provas cabíveis no prazo de 15 (quinze) dias (CPC/2015, art. 135, *caput*).

Em razão disso, logo após instaurado o incidente, o distribuidor deve ser comunicado deste fato para anotar que há mais alguém figurando como parte no processo originário em que foi pedida a desconsideração. Tais providências, além de deixarem marcada de forma inequívoca a condição de parte do sócio ou do administrador que sofre a desconsideração da personalidade jurídica, também protegem terceiros de boa-fé que no futuro não poderão alegar que desconheciam o fato de os integrantes da pessoa jurídica serem réus ou executados em determinado processo.

III. Dispensa da instauração do incidente

A instauração do incidente será dispensada somente se o pedido de desconsideração da personalidade jurídica for deduzido no início do processo, na petição inicial (CPC/2015, art. 134, § 2º). Nessa hipótese, não há mesmo que se falar em *incidente*, pois ele pressupõe que já exista um processo em andamento quando o pedido de desconsideração da personalidade jurídica for formulado.

Trata-se de hipótese em que é formado um litisconsórcio inicial entre a pessoa jurídica e o(s) seu(s) integrante(s). Haverá duas causas de pedir. Uma primeira causa de pedir deve dizer respeito à relação jurídica existente entre o autor da demanda e a pessoa jurídica. Uma segunda causa de pedir deve estar relacionada ao preenchimento de um dos pressupostos da desconsideração da personalidade jurídica. Quanto aos pedidos, eles também devem ser dois. Um pedido relativo à condenação da pessoa jurídica e outro referente à extensão dos efeitos da obrigação que originariamente era da pessoa jurídica para o seu integrante (sócio ou administrador).

Para ilustrar esta hipótese, basta imaginar que uma pessoa jurídica *A* celebra um contrato de mútuo com o banco *B*, sendo que a primeira não honra a obrigação de pagar o segundo no prazo avençado. Imagine-se, ainda, que o banco *B* descubra que há confusão patrimonial entre a pessoa jurídica *A* e o seu administrador *C*, que desviou todo o dinheiro do mútuo para a sua conta bancária pessoal e não está utilizando tal valor em atividades relativas ao objeto social de *A*, mas sim para viagens particulares a passeio pela Europa.

Diante desse quadro, o banco *B* pode promover uma demanda condenatória em face da pessoa jurídica *A* e do seu administrador *C*. A primeira causa de pedir será relacionada ao contrato de mútuo celebrado entre *A* e *B* e o inadimplemento da obrigação por parte do mutuário. O pedido relacionado a essa primeira causa de pedir será a condenação de *A* ao pagamento do valor devido para o banco *B* em razão do inadimplemento da pessoa jurídica. A segunda causa de pedir será referente ao fato de existir uma confusão patrimonial entre *A* e o seu administrador *C*, que está fazendo o mau uso da sociedade e desviando o dinheiro do mútuo para o seu patrimônio particular, utilizando-se destes valores para fins pessoais e sem qualquer relação com o objeto social da empresa. O pedido relacionado a essa segunda causa de pedir será a extensão dos efeitos da obrigação que eram de *A* para *C*, a fim de que este responda por uma obrigação que era da pessoa jurídica.

Nesse caso, é dispensada a instauração do incidente porque é formado um litisconsórcio inicial contra a pessoa jurídica e o(s) seu(s) integrante(s), seja sócio ou administrador. Deve haver cuidado, entretanto, com a interpretação literal do § 2º do art. 134 do CPC/2015, porque ambos devem ser citados: o sócio *e* a pessoa jurídica e não "o sócio *ou* a pessoa jurídica" como constou do referido dispositivo. Deixar de citar um dos dois, antes mesmo de se verificar se estão preenchidos os pressupostos para desconsiderar a personalidade jurídica, seria privar um deles do exercício do contraditório, tão caro para o CPC/2015 (arts. 7º, 9º e 10) quanto para a CF (art. 5º, inciso LV).

Outra cautela que se deve adotar com a interpretação do § 2º do art. 134 do CPC/2015 diz respeito à dispensa de instauração do incidente se a desconsideração da personalidade jurídica for requerida na petição inicial. Isso porque tal dispositivo não faz menção expressa à espécie de processo em que pode ser dispensada a instauração do incidente de desconsideração da personalidade jurídica, dando a entender que isso seria possível em *qualquer* processo. Rigorosamente, a dispensa da instauração do incidente do art. 133 e seguintes do CPC/2015 *somente pode ocorrer no processo de conhecimento* pois, se isso acontecer, não haverá qualquer violação do princípio do contraditório e do princípio da ampla defesa (CF, art. 5º, inciso LV). O sócio ou a sociedade, que seriam citados para se defender no incidente no prazo de 15 dias (art. 135, *caput*, CPC/2015), também terão o mesmo prazo para defesa no processo de conhecimento.

Por outro lado, se o incidente for dispensado no processo de execução fundada em título extrajudicial por ter sido requerida a desconsideração da personalidade jurídica na petição inicial, haverá uma flagrante violação do princípio do contraditório e do princípio da ampla defesa, pois o sócio será citado para pagar a dívida no prazo de três dias (CPC/2015, art. 829, *caput*) e não para apresentar resposta como aconteceria por força do art. 135 do CPC/2015. Ou seja, se não for instaurado o incidente na execução e for admitida a desconsideração já na petição inicial, o sócio não teria qualquer oportunidade de defesa da alegação de que estariam preenchidos os requisitos legais para desconsideração da personalidade jurídica, violando-se o seu direito à ampla defesa e ao contraditório, garantidos pelo inciso LV do art. 5º da CF. Por isso, é forçoso reconhecer que o § 2º do art. 134 refere-se apenas ao processo de conhecimento e não ao processo de execução, pois nesse último não se pode dispensar a instauração do incidente de desconsideração da personalidade jurídica, sob pena de grave violação à garantia constitucional da ampla defesa e do contraditório.

IV. Suspensão do processo

Caso o pedido de desconsideração da personalidade jurídica seja formulado incidentemente, ou seja, no curso de um processo, deverá ocorrer a sua suspensão (CPC/2015, art. 134, § 3º). Nessa hipótese, o pedido deve ser deduzido via requerimento endereçado ao juiz do processo ou ao relator do recurso, no qual deve estar demonstrado o preenchimento dos pressupostos legais específicos para desconsideração da personalidade jurídica (CPC/2015, art. 134, § 4º).

Por outro lado, se o pedido de desconsideração da personalidade jurídica for formulado na petição inicial, haverá um litisconsórcio passivo inicial formado entre a pessoa jurídica e o seu integrante (sócio ou administrador), conforme demonstrado no item anterior, sem a necessidade de suspensão do processo.

Art. 135 - Instaurado o incidente, o sócio ou a pessoa jurídica será citado para manifestar-se e requerer as provas cabíveis no prazo de 15 (quinze) dias.

I. Instauração do incidente, comunicação ao distribuidor e *citação* daqueles que poderão ser atingidos pela decisão de desconsideração da personalidade jurídica

O incidente de desconsideração da personalidade jurídica é instaurado a requerimento da parte ou do Ministério Público, quando lhe couber intervir no processo. Tal pedido deve ser deduzido por meio de petição dirigida ao juiz do processo ou ao relator do recurso (se o processo estiver em fase recursal), cuidando-se de demonstrar o preenchimento de todos os pressupostos legais específicos para desconsideração da personalidade jurídica.

Uma vez apresentado o requerimento de desconsideração da personalidade jurídica, o magistrado deverá comunicar ao distribuidor este fato para as anotações devidas (CPC/2015, art. 134, § 2º) e determinar a *citação* (CPC/2015, art. 135) daqueles que serão atingidos pela decisão que porventura o acolher: sócios, administradores e até mesmo a pessoa jurídica (na hipótese de desconsideração em sentido inverso).

II. Finalidade da citação

Cumpre observar que a citação daqueles que serão atingidos pela decisão de desconsideração da personalidade jurídica (CPC/2015, art. 135) *não* será para comparecimento em audiência de conciliação ou mediação (CPC/2015, art. 334, *caput*), salvo se for o caso de dispensa do incidente (CPC/2015, art. 134, § 2º).

A finalidade da citação determinada no bojo do incidente a que se referem os arts. 133 a 137 do CPC/2015 é a de *cientificar* aquele que poderá sofrer os efeitos da desconsideração da personalidade jurídica de que um pedido de tutela jurisdicional foi formulado em seu desfavor, *dar oportunidade para ele se manifestar* sobre os termos deste pedido *e apresentar sua defesa*, bem como *requerer a produção das provas* que entender cabíveis.

A manifestação daquele que poderá ser atingido pela desconsideração da personalidade jurídica, requerendo as provas que entender cabíveis, deve ser apresentada no prazo de 15 (quinze) dias.

Trata-se, portanto, da incidência do princípio do contraditório (CF, art. 5º, inciso LV; CPC/2015, arts. 7º, 9º e 10), também no incidente de desconsideração da personalidade jurídica.

III. Contraditório diferido

Na hipótese de haver risco ao resultado útil do processo se for determinada a *citação* do sócio, do administrador ou da própria pessoa jurídica para se manifestar no incidente de desconsideração da personalidade jurídica, pode-se primeiro pleitear uma tutela de urgência de natureza cautelar (CPC/2015, art. 301), para depois ser realizada a citação a que se refere o art. 135 do CPC/2015 e a prática dos demais atos processuais previstos nos arts. 133 a 137 do CPC/2015, sob pena de se violar o art. 5º, inciso XXXV, da CF.

IV. Julgados

"AGRAVO REGIMENTAL. RECURSO ESPECIAL. CIVIL E PROCESSUAL CIVIL. DESCONSIDERAÇÃO DA PERSONALIDADE JURÍDICA. PRÉVIA CITAÇÃO. DESNECESSIDADE. NULIDADE. AUSÊNCIA. EFETIVO PREJUÍZO. INEXISTÊNCIA. REQUISITOS AUTORIZADORES. REVISÃO. INVIABILIDADE. REVISÃO DO CONTEXTO FÁTICO-PROBATÓRIO. SÚMULA 07/STJ.

1. A falta de citação dos sócios, em desfavor de quem foi superada a pessoa jurídica, por si só, não induz nulidade, a qual apenas será reconhecida nos casos de efetivo prejuízo ao exercício da defesa.

2. O Tribunal local concluiu pelo abuso da personalidade jurídica da sociedade executada, caracterizado pela confusão patrimonial, a partir da análise das provas produzidas. Assim, a alteração das conclusões do acórdão depende do reexame de fatos e provas, o que é vedado em recurso especial.

3. Agravo regimental improvido" (3ª T., AgRg no REsp nº 1471665/MS, Rel. Min. Marco Aurélio Bellizze, j. em 2/12/2014, DJe de 15/12/2014).

"PROCESSO CIVIL. AGRAVO REGIMENTAL NO AGRAVO EM RECURSO ESPECIAL. MEDIDA CAUTELAR. PRINCÍPIO DA ADSTRIÇÃO. INAPLICABILIDADE. PODER GERAL DE CAUTELA. TUTELA DA EFICÁCIA DO PROCESSO. ART. 798 DO CPC. DECISÃO MANTIDA.

1. O poder geral de cautela, positivado no art. 798 do CPC, autoriza que o magistrado defira medidas cautelares *ex officio*, no escopo de preservar a utilidade de provimento jurisdicional futuro.

2. Não contraria o princípio da adstrição o deferimento de medida cautelar que ultrapassa os limites do pedido formulado pela parte, se entender o magistrado que essa providência milita em favor da eficácia da tutela jurisdicional.

3. No caso, a desconsideração da personalidade jurídica foi decretada em caráter provisório, como medida acautelatória. Dessa forma, a aventada insuficiência probatória do suposto abuso da personalidade jurídica não caracteriza ofensa ao art. 50 do Código Civil vigente.

4. Agravo regimental a que se nega provimento." (4ª T., AgRg no AREsp nº 429.451/RJ, Rel. Min. Antonio Carlos Ferreira, j. em 9/9/2014, DJe de 18/9/2014).

"MEDIDA CAUTELAR. HOMOLOGAÇÃO DE SENTENÇA ARBITRAL ESTRANGEIRA.

ARRESTO DE BENS. DESCONSIDERAÇÃO DA PERSONALIDADE JURÍDICA.

Admite-se a concessão de tutela de urgência nos procedimentos de homologação de sentença estrangeira (art. 4º, § 3º, da Resolução nº 09 de 2005, do Superior Tribunal de Justiça).

A alienação de bens que põe em risco a solvência do devedor configura o fundado receio de dano que, demais disso, se confirma pela notícia, nos autos da ação principal de homologação de sentença estrangeira, de que a empresa do devedor encontra-se em processo de liquidação judicial instaurado perante a Suprema Corte do Caribe Oriental (SEC nº 5.692, US).

A sentença estrangeira, ainda que pendente de homologação, constitui prova literal de dívida líquida e certa (CPC, art. 814).

Agravo regimental não provido" (Corte Especial, AgRg na MC nº 17.411/DF, Rel. Min. Ari Pargendler, j. 20/8/2014, DJe de 1º/9/2014).

Art. 136 - Concluída a instrução, se necessária, o incidente será resolvido por decisão interlocutória.
Parágrafo único - Se a decisão for proferida pelo relator, cabe agravo interno.

I. Instrução do incidente

Tanto o art. 135 quanto o art. 136, *caput*, do CPC/2015 não deixam dúvidas de que pode e deve haver ampla produção de provas no bojo do incidente de desconsideração da personalidade jurídica. Não é porque se trata de mero incidente que não se admitirá a produção de prova pericial, oral ou documental.

Assim, compete àquele que foi citado para se manifestar requerer todas as provas que entende cabíveis para se defender do pedido de desconsideração da personalidade jurídica que foi deduzido em seu desfavor.

Somente após concluída a instrução é que será proferida decisão, julgando procedente ou improcedente o pedido de desconsideração da personalidade jurídica.

II. Cabimento de agravo de instrumento ou de agravo interno da decisão que resolver o incidente

A decisão que resolver o incidente de desconsideração da personalidade jurídica será interlocutória (CPC/2015, art. 136, *caput*) e dela caberá agravo de instrumento (CPC/2015, art. 1.015, inciso IV), caso ela tenha sido proferida em primeiro grau de jurisdição.

Por outro lado, se a decisão que resolver o incidente de desconsideração da personalidade jurídica for proferida no âmbito de um tribunal, por meio de um relator, caberá agravo interno para impugná-la (CPC/2015, art. 136, parágrafo único; art. 1.021, *caput*).

Art. 137 - Acolhido o pedido de desconsideração, a alienação ou a oneração de bens, havida em fraude de execução, será ineficaz em relação ao requerente. (Sem correspondente no CPC/73)

I. Desconsideração da personalidade jurídica e fraude de execução

A alienação ou oneração de bens feita pelo sócio ou pelo administrador da pessoa jurídica será considerada como fraude de execução em relação ao requerente, se for acolhido o pedido de desconsideração da personalidade jurídica (CPC/2015, art. 137).

No caso da desconsideração da personalidade jurídica em sentido inverso (CPC/2015, art. 133, § 2º), a alienação ou oneração de bens feita pela pessoa jurídica *também* será considerada fraude de execução, em relação ao requerente, se for acolhido o pedido de desconsideração *inversa* da personalidade jurídica (CPC/2015, art. 137).

Questão de difícil solução será estabelecer o momento a partir do qual a alienação ou oneração de um bem particular do sócio ou do administrador – ou da própria pessoa jurídica, no caso de desconsideração *inversa* – pode ser considerada fraude de execução em relação ao requerente da desconsideração da personalidade jurídica.

Como se sabe, a fraude de execução independe de ação própria para seu reconhecimento, sendo permitido ao juiz que a reconheça incidentalmente no processo. Dentre as hipóteses mais comuns de fraude de execução, há a do inciso IV do art. 792 do CPC/2015, que repete a norma do art. 593, inciso II, do CPC/1973, ou seja, a de se considerar a alienação ou oneração de bens fraudulenta quando "ao tempo da alienação ou oneração, tramitava contra o devedor ação capaz de reduzi-lo à insolvência".

Se assim é, a questão a ser respondida será indicar qual o momento a partir do qual se deve considerar que contra o devedor tramitava ação capaz de reduzi-lo à insolvência: (i) o momento que houve a citação válida da pessoa jurídica no processo em que posteriormente foi instaurado o incidente de desconsideração da personalidade jurídica ou (ii) o momento em que o sócio ou administrador foi citado nos termos do art. 135 do CPC/2015 para se manifestar sobre o requerimento de desconsideração.

Sob pena de se instaurar grave insegurança jurídica para todos os adquirentes de boa-fé, a solução mais adequada para o problema que se apresenta seria considerar fraude de execução a alienação ou oneração de bens por parte do sócio ou administrador da pessoa jurídica somente após eles terem sido validamente citados para se manifestarem no incidente de desconsideração da personalidade jurídica (CPC/2015, art. 135), pois nesse caso o distribuidor já teria sido informado da instauração do incidente e realizado as anotações cabíveis (CPC/2015, art. 134, § 1º), tornando possível ao adquirente tomar conhecimento da existência de "ação capaz de reduzi-lo à insolvência" (CPC/2015, art. 792, inciso IV).

Solução diversa da ora sugerida prejudicaria o adquirente de boa-fé que comprou um bem do sócio ou administrador da pessoa jurídica, fez todas as pesquisas no distribuidor em nome dessas pessoas e não encontrou qualquer demanda capaz de reduzi-los à insolvência. Nem se diga que seria possível ao adquirente consultar algum órgão para saber se o alienante de determinado bem é sócio ou administrador de pessoas jurídicas, pois teria que se fazer uma consulta em todas as juntas comerciais de todos os Estados da nação, depois em todos os cartórios de registro civil das pessoas jurídicas de todas as comarcas do país, além de verificar nos órgãos de classe, como a Ordem dos Advogados do Brasil, que também são responsáveis pelo registro de pessoas jurídicas em todo o território nacional para saber se o alienante integra alguma pessoa jurídica em vias de se tornar insolvente.

Entretanto, parece que o CPC/2015 adotou esta última solução anteriormente indicada como parâmetro para estabelecer o momento a partir do qual determinada alienação ou oneração de bem por parte do sócio deve ser considerada fraude de execução. Isso porque a redação do § 3º do art. 792 é a seguinte: "nos casos de desconsideração da personalidade jurídica, a fraude à execução verifica-se *a partir da citação da parte cuja personalidade se pretende desconsiderar*" (grifo nosso). Assim, pela interpretação literal, se o sócio ou o administrador de determinada pessoa jurídica alienarem ou onerarem um bem particular deles, no curso de um processo movido exclusivamente contra a pessoa jurídica, pode haver risco de tal alienação ou oneração serem consideradas fraude de execução caso no futuro seja formulado um pedido de desconsideração da personalidade jurídica e ele seja acolhido (CPC/2015, art. 137). É esta a interpretação dada pela Enfam no Enunciado nº 52: "A citação a que se refere o art. 792, § 3º, do CPC/2015 (fraude à execução) é a do executado originário, e não aquela prevista para o incidente de desconsideração da personalidade jurídica".

Esta interpretação literal do art. 792, § 3º, do CPC/2015, ao que tudo indica, prejudica os terceiros de boa-fé que não têm como verificar se aquele que aliena ou onera um bem é ou não é sócio ou administrador de uma pessoa jurídica, à míngua de um cadastro unificado das pessoas jurídicas em território nacional.

Uma solução interpretativa para o § 3º do art. 792 do CPC/2015 é considerar que tal dispositivo se refere à hipótese de desconsideração *inversa* da personalidade jurídica (CPC/2015, art. 133, § 2º). Nesse caso, a "citação da parte cuja personalidade se pretende desconsiderar" acontece após a instauração do incidente de desconsideração da personalidade jurídica e a comunicação ao distribuidor para as anotações devidas (CPC/2015, art. 134, § 1º). Assim, o adquirente de um bem da pessoa jurídica não pode alegar desconhecimento de que havia uma demanda capaz de reduzi-la a insolvência (CPC/2015, art. 792, inciso IV).

Caso contrário, é inútil a determinação constante no § 1º do art. 134 do CPC/2015 para que o distribuidor realize as anotações devidas após a instauração do incidente, se for considerada fraude de execução a alienação ou oneração de bens por parte de alguém que nem sequer constava dos registros do distribuidor na época em que tal alienação ou oneração fora praticada. Nesse caso, seria melhor então que se determinasse a todos os cartórios distribuidores que mantivessem um registro de todos os sócios e administradores de todas as pessoas jurídicas que figurassem como parte nos processos sob os seus cuidados. Assim, mediante uma pesquisa no distribuidor, seria possível saber todas as pessoas jurídicas, todos os sócios e todos os administradores que podem ser atingidos por uma decisão de desconsideração da personalidade jurídica, mesmo que não tenham sido *ainda* instaurados os incidentes de desconsideração.

Portanto, para proteger terceiros de boa-fé e garantir a segurança jurídica, o mais adequado seria considerar que a ineficácia da alienação do bem somente deve ser reconhecida se ela for realizada a partir da citação do sócio, administrador ou pessoa jurídica para manifestar-se no incidente.

II. Julgado

"PROCESSO CIVIL. RECURSO REPETITIVO. ART. 543-C DO CPC. FRAUDE DE EXECUÇÃO. EMBARGOS DE TERCEIRO. SÚMULA Nº 375/STJ. CITAÇÃO VÁLIDA. NECESSIDADE. CIÊNCIA DE DEMANDA CAPAZ DE LEVAR O ALIENANTE À INSOLVÊNCIA. PROVA. ÔNUS DO CREDOR. REGISTRO DA PENHORA. ART. 659, § 4º, DO CPC. PRESUNÇÃO DE FRAUDE. ART. 615-A, § 3º, DO CPC.

1. Para fins do art. 543-c do CPC, firma-se a seguinte orientação: 1.1. É indispensável citação válida para configuração da fraude de execução, ressalvada a hipótese prevista no § 3º do art. 615-A do CPC.

1.2. O reconhecimento da fraude de execução depende do registro da penhora do bem alienado ou da prova de má-fé do terceiro adquirente (Súmula nº 375/STJ). [...]" (Corte Especial, REsp nº 956.943/PR, Rel. Min. Nancy Andrighi, Rel. p/ Acórdão Min. João Otávio de Noronha, j. em 20/8/2014, DJe de 1º/12/2014).

Capítulo V - Do *Amicus Curiae*

Art. 138 - O juiz ou o relator, considerando a relevância da matéria, a especificidade do tema objeto da demanda ou a repercussão social da controvérsia, poderá, por decisão irrecorrível, de ofício ou a requerimento das partes ou de quem pretenda manifestar-se, solicitar ou admitir a participação de pessoa natural ou jurídica, órgão ou entidade especializada, com representatividade adequada, no prazo de 15 (quinze) dias de sua intimação.

§ 1º - A intervenção de que trata o caput não implica alteração de competência nem autoriza a interposição de recursos, ressalvadas a oposição de embargos de declaração e a hipótese do § 3º.

§ 2º - Caberá ao juiz ou ao relator, na decisão que solicitar ou admitir a intervenção, definir os poderes do amicus curiae.

§ 3º - O amicus curiae pode recorrer da decisão que julgar o incidente de resolução de demandas repetitivas.

Autor: Pedro da Silva Dinamarco

I. Introdução e evolução legislativa

O art. 138 ora comentado introduziu em todo o sistema processual a figura do *amicus curiae*, que é correntemente traduzido como "amigo da corte". Isso não quer dizer, todavia, que este instituto seja algo totalmente novo no Direito Processual pátrio e no próprio Código de Processo Civil. Leis esparsas já determinavam a intimação (obrigatória) de órgãos especializados como a CVM, o Cade e o Inpi em processos versando sobre questões de suas respectivas competências para, querendo, atuar como uma espécie de *amicus curiae* – há, contudo, quem negue esta natureza de intervenção nas hipóteses anteriores –, podendo oferecer parecer e prestar esclarecimentos. Outras leis também permitiam a intervenção de *amici curiae* em determinados processos ou recursos em trâmite nas instâncias extraordinárias (em especial STF, STJ e TST).

A novidade é que agora o legislador, com o art. 138 do CPC/2015, expressamente passou a permitir sua utilização na generalidade dos casos, sem restringir pela tipicidade da matéria debatida ou do recurso, fixando apenas alguns critérios para nortear sua atuação em casos excepcionais. Outros dispositivos esparsos do CPC também fazem menção a este tipo de intervenção, como seus arts. 950, § 3º, 1.035, § 4º, e 1.038, incisos I e II.

Se no sistema anglo-americano, berço do instituto, o *amicus curiae* assume o papel imparcial de uma espécie de puro auxiliar eventual da justiça, aqui no Brasil ele normalmente assume uma feição mais parcial e sua atuação visa a trazer argumentos para convencer o julgador a respeito de uma determinada tese, isto é, ele costuma ser parcial. Ele não tem interesse jurídico na causa e sua motivação pode ser econômica, política ou puramente institucional (isto é, ser um dos seus escopos enquanto instituição, que transcende seu interesse puramente individual).

Sua atuação, na generalidade dos casos, é próxima a de um assistente, com menos poderes (v. a seguir, item IV). Tem também alguma similitude com a do Ministério Público enquanto *custos legis*, na medida em que ambos não têm interesse próprio no litígio e colaboram com o juiz no descobrimento da verdade e na correta interpretação da lei. Mas ele não é nem assistente nem fiscal da lei, como adverte a doutrina, até porque os requisitos e os limites para sua intervenção são diversos. É um interveniente especial, que, nas hipóteses em que sua atuação é autorizada, pode contribuir para a plenitude do contraditório e, consequentemente, para a legitimidade da decisão judicial a ser proferida. Ou seja, é o abstrato interesse público na correta solução do litígio que justifica o seu ingresso – ainda que não haja algum bem público em litígio. Ademais, ele não está sujeito a suspeição ou impedimento.

A intervenção do *amicus curiae* pode ser voluntária, por iniciativa própria; ou provocada por solicitação do juiz, de ofício ou atendendo requerimento de uma das partes. No caso de lhe ser solicitada a intervenção, a pessoa não estará obrigada a aceitar esse encargo, sendo essa uma mera faculdade. De todo modo, em qualquer caso é sempre recomendável – senão obrigatório – que todas as demais partes sejam ouvidas antes de o juiz decidir sobre a intervenção (CPC/2015, art. 9º).

Ademais, a ausência de um *amicus curiae* no processo, por falta de intimação ou por indeferimento de seu ingresso, não gera sua nulidade.

II. Requisitos

Para que seja autorizada sua intervenção no processo, deve haver "relevância da matéria, a especificidade do tema objeto da demanda ou a repercussão social da controvérsia". Esses requisitos são alternativos e não cumulativos (v. Enunciado nº 395 do Fórum Permanente de Processualistas Civis – FPPC).

Isso quer dizer, num primeiro aspecto, que deve ser sempre apurado o interesse de um determinado grupo ou coletividade qualquer (parte ou não no processo), adequadamente representado pelo interveniente, na solução daquele conflito *sub judice*. Isto é, a discussão *sub judice* deve ter repercussão em interesse ou direito metaindividual (difuso, coletivo em sentido estrito ou individual homogêneo) a justificar essa intervenção – o que, por outro lado, obviamente não implica afirmar que apenas os legitimados da ação coletiva podem ser amigos da corte. Tampouco quer dizer que apenas em demandas de natureza coletiva ou de grande repercussão pode haver o ingresso do *amicus curiae*. Esse é sim o campo mais propício para sua intervenção, em razão da repercussão social que é inerente a essas demandas, mas não há exclusividade. De fato, a matéria em julgamento numa demanda individual também pode ser muito relevante para a sociedade, especialmente quando se repetem discussões semelhantes no Judiciário, pois no CPC/2015 os precedentes jurisprudenciais passam a assumir papel relevantíssimo, influenciando decisivamente as futuras decisões em outros processos (v. arts. 926-928), o que parece justificar a intervenção de representante adequado nos primeiros casos que forem julgados nos tribunais ou quando for discutida eventual alteração da jurisprudência já definida. Basta pensar no primeiro julgamento de um pedido de autorização do casamento homoafetivo pelos Tribunais de Sobreposição (STF ou STJ). Ou um julgamento de um recurso especial, numa ação individual, em que se discute a legalidade da conduta padrão de uma instituição financeira ou de uma seguradora. Ou seja, sua intervenção se dá apenas para contribuir para a fixação de uma determinada tese jurídica.

Ao indicar a especificidade do tema, o *caput* do art. 138 possibilitou ainda a intervenção do *amicus curiae* em processos cuja matéria discutida não seja nem relevante nem de grande repercussão, sendo os requisitos alternativos. Nesta vertente, a questão fática ou jurídica objeto da demanda deve assumir uma especificidade tal que a torne fora do conhecimento ordinário do julgado. Vale dizer, deve haver na causa alguma questão tão específica e complexa que é aconselhável a intervenção do amigo da Corte para trazer elementos, de fato ou de direito, que auxiliem o juiz na tarefa de julgar corretamente. Sob esse fundamento, para ser admitida a intervenção é indiferente se a demanda é individual ou coletiva, ou se ela ainda está em primeiro grau de jurisdição ou nas instâncias extraordinárias.

Como se vê, a existência de interesse público em disputa (isto é, relativo ao mérito do processo) é requisito dispensável para a intervenção do *amicus curiae* – ao contrário do *custos legis* –, apesar de ele estar presente nas causas de relevância social. Da mesma forma, não é necessário que o direito em litígio seja indisponível.

Da mesma forma, a intervenção do *amicus curiae* independe da natureza objetiva ou subjetiva do processo. Vale dizer, ainda que nas ações de controle abstrato de constitucionalidade ou de legalidade, com efeitos *erga omnes*, sua intervenção seja mais relevante, deve-se igualmente admiti-la em algumas demandas versando sobre direito individual puramente subjetivo, desde que tal ingresso seja efetivamente conveniente para a melhor instrução fática ou jurídica da causa. Portanto, não pode prevalecer a afirmação de que esse interveniente seja "previsto para as ações de natureza objetiva, sendo excepcional a admissão no processo subjetivo (*apenas*) quando a multiplicidade de demandas similares indicar a generalização do julgado a ser proferido" (STJ, 1ª Seção, AgRg na PET no REsp nº 1.336.026-PE, Rel. Og Fernandes, unânime, j. em 22/3/2017). Tal entendimento se formou na vigência do CPC de 1973 e vem sendo equivocadamente repetido após a entrada em vigor do CPC/2015, sem a necessária reflexão a respeito das relevantes alterações legislativas.

E ao pedir sua intervenção, por meio de petição subscrita por advogado, o requerente deve expor os motivos pelos quais estariam preenchidos os requisitos legais para seu ingresso no feito.

Acredita-se, porém, que não deve ser admitida intervenção especial como *amicus curiae* quando o "candidato" tiver legitimidade extraordinária para ajuizar demanda idêntica àquela *sub judice*, com mesmo pedido, causa de pedir e substituídos (por exemplo, uma associação de consumidores com legitimidade para ajuizar ação coletiva igual) e, portanto, quando ali também puder intervir como assistente litisconsorcial. Afinal, não seria razoável permitir sua atuação sem riscos de sucumbência e com poderes processuais limitados, quando ele pode ter uma atuação mais ampla como assistente.

Mesmo que sejam preenchidos todos os requisitos legais para a sua intervenção, inexiste o "direito subjetivo a ingresso no feito como *amicus curiae*, dependendo a admissão do exame ponderado caso a caso, inclusive para, v.g., assegurar um certo equilíbrio no debate a envolver a tese afetada" (STJ, 2ª Seção, EDcl no REsp nº 1.483.930-DF, Rel. Min. Luis Felipe Salomão, unânime, j. em 26/4/2017). Justamente para assegurar esse equilíbrio e não tumultuar o andamento do feito, cabe ao juiz evitar o ingresso de uma grande quantidade de terceiros intervenientes. Assim, já havendo um número razoável de ingressos autorizados nos autos, os novos candidatos a amigo da corte devem demonstrar que podem trazer novas contribuições qualitativas ao debate.

Caso seja indeferido o ingresso do terceiro, deverá o juiz decidir expressamente se eventual manifestação previamente apresentada por este poderá ou não permanecer nos autos. E salvo se restar caracterizado claro prejuízo ao andamento do processo ou sua impertinência temática, deverá ser autorizada sua manutenção.

Tanto a decisão que deferir quanto a que indeferir o ingresso do *amicus curiae* são irrecorríveis, apesar de a leitura da cabeça do art. 138 não ser tão clara em relação à segunda hipótese.

III. Representatividade adequada

A cabeça do art. 138 do CPC/2015 autoriza a "pessoa natural ou jurídica, órgão ou entidade especializada, com representatividade adequada" a intervirem num processo como *amicus curiae*.

Apesar da pouca clareza da redação, a representatividade adequada refere-se a todos os possíveis legitimados, sejam eles pessoas físicas ou jurídicas e órgãos ou entidades privadas especializadas. O que o legislador quis dizer com essa expressão é que o interveniente deverá ter amplo conhecimento sobre a matéria em discussão, para poder contribuir efetivamente para o aprimoramento da qualidade da decisão a ser proferida. Esse conhecimento deve ser notório – por exemplo, no caso da associação que reúne os principais fornecedores de determinado produto ou serviço sobre o qual versa o litígio – ou deverá ser comprovado nos autos pelo interessado.

Nesse sentido, ressalvadas as pessoas físicas, quem requerer a intervenção como *amicus curiae* deve demonstrar que sua finalidade estatutária tem pertinência temática com as teses a serem enfrentadas no processo, como forma de demonstrar ser detentor de conhecimento capaz de atender ao interesse público de aprimoramento do julgamento.

Na vigência do CPC/1973, o STJ exigia que a entidade tivesse abrangência nacional para que fosse admitida sua intervenção nos processos em trâmite naquela Corte. Todavia, o art. 138 do CPC/2015 não impõe esse requisito, permitindo excepcionalmente até mesmo a intervenção de pessoas físicas, de modo que a entidade pode eventualmente ter atuação limitada a determinada localidade – desde que preenchidos os demais requisitos.

O interesse próprio do "candidato" – por ter um processo no qual se discute questão idêntica, por exemplo – não justifica sua admissão como *amicus curiae, diferentemente do que ocorre na situação específica do art. 983*. Sua atuação, como dito, é permitida somente para dotar o julgador de mais fundamentos para bem decidir a causa, como auxiliar da instrução. Como bem definiu o STF na vigência do CPC/1973, em raciocínio também válido para o CPC/2015, "o *amicus curiae* é um colaborador da Justiça que, embora possa deter algum interesse no desfecho da demanda, não se vincula processualmente ao resultado do seu julgamento. É que sua participação no processo ocorre e se justifica, não como defensor de interesses próprios, mas como agente habilitado a agregar subsídios que possam contribuir para a qualificação da decisão a ser tomada pelo Tribunal. A presença de *amicus curiae* no processo se dá, portanto, em benefício da jurisdição, não configurando, consequentemente, um direito subjetivo processual do interessado" (STF, Pleno, ADI nº 3.460 ED-DF, Rel. Min. Teori Zavascki, unânime j. em 12/2/2015).

O Poder Público, por seus órgãos da administração direta ou indireta, em tese pode atuar como *amicus curiae*. Aliás, assim já é da nossa tradição, com a possibilidade de intervenção provocada do Inpi, Cade, OAB, etc. O Ministério Público, contudo, não reúne os requisitos para essa intervenção especial, seja diante da improvável representatividade adequada, seja em razão das limitações constitucionais de sua atuação (CF, arts. 127 e 129), em especial quanto aos direitos individuais disponíveis (art. 127, *caput*). O mero fato de atuar em casos semelhantes não legitima a intervenção da Defensoria Pública, conforme já vinha sendo decidido pelo STJ na vigência do CPC/1973, havendo ademais uma vedação absoluta à sua atuação como *amicus curiae*, em razão da delimitação de sua atuação exclusivamente aos necessitados, como determina o art. 134 da Constituição Federal (apesar de doutrina e jurisprudência ainda não terem tratado suficientemente dessa questão).

IV. Situação processual: poderes, ônus e deveres

O *amicus curiae* – assim como o assistente, o denunciado à lide ou o chamado ao processo – é um terceiro que passa a integrar a relação jurídico-processual. E, por esse motivo, nesse momento ele automaticamente passa a ser parte no processo. De todo modo, ele não assume um polo específico dessa relação processual, ativo ou passivo.

Mas é uma parte com poderes limitados, o que se justifica pelo fato de a decisão a ser proferida no processo não interferir em direito subjetivo próprio do *amicus curiae*. O art. 138, § 1º, é expresso em vedar a interposição de qualquer recurso pelo interveniente, ressalvados os embargos declaratórios – que, como se sabe, visam a elucidar e melhorar a qualidade da decisão embargada, não a reformá-la –, bem como a alteração da competência por conta de seu ingresso no processo. Quanto aos demais poderes, o § 2º dispõe que caberá ao magistrado que solicitar ou admitir sua intervenção definir sua extensão, em decisão irrecorrível. Assim, poderá limitar-se a autorizá-lo a fazer uma única manifestação nos autos a respeito da questão *sub judice*, como uma espécie de parecer ou memorial. Ou poderá ampliar esses poderes de forma a aproximá-los bastante aos das partes – sem jamais autorizá-lo a recorrer, salvo quanto aos declaratórios e na hipótese do § 3º. Neste caso, poderá ele requerer a produção de provas (pericial, testemunhal, documental, etc.), apresentar manifestações no curso do processo – desde que relativas ao tema específico que justificou sua intervenção, não aquelas relativas aos interesses exclusivos de uma das partes – e praticar outros atos processuais compatíveis, como sustentação oral perante os Tribunais. Não poderá ser autorizado, contudo, a ampliar o objeto do processo (em sentido de cognição horizontal), requerer tutela de urgência ou a ajuizar demandas conexas, para a defesa de direitos subjetivos das partes, como incidente de falsidade, declaratórias incidentais ou mesmo reconvenção.

O *amicus curiae* não é titular de ônus processuais relevantes, assim entendidos como estímulos ao exercício de poderes processuais e que trazem como consequência possível uma desvantagem estritamente processual (presunção, preclusão, ineficácia do ato), jamais uma sanção material (multa diária, etc.). Desse modo, ele não tem propriamente o ônus de provar e, acredita-se, a ele não pode ser imputado o respectivo ônus financeiro (se ele requerer a prova, em princípio o autor deverá arcar com essa despesa, como se tivesse determinada *ex officio* pelo juiz – CPC/2015, art. 82, § 1º).

Já os seus deveres processuais, enquanto partícipe do processo, são iguais aos de qualquer parte. Esses deveres são apenas os relacionados à boa-fé (arts. 5º e 77) e ao comportamento civilizado (art. 78).

O CPC/2015 trata ainda da colaboração entre todos os partícipes do processo (art. 6º), em especial em relação à produção de provas (arts. 378 e 379, inciso II). Para as partes não se trata propriamente de um dever processual, como afirma parcela de autorizada doutrina, mas sim uma mera recomendação ou, no máximo, um ônus processual. Todavia, como o *amicus curiae* é uma parte especial, que não é titular do direito subjetivo próprio em discussão – daí uma corrente doutrinária dizer que ele nem sequer é parte no processo – e, portanto, a ele não pode ser aplicar a pena de presunção prevista na lei como consequência de sua omissão (CPC/2015, art. 400). Afinal, uma omissão do *amicus curiae* não pode trazer uma situação processual mais desvantajosa para qualquer das partes. Assim, os *amici curiae*, como os terceiros em geral, têm verdadeiro dever de colaboração na produção da prova e a não apresentação de um documento relevante pode gerar sanções como multa diária e outras medidas que assegurem a efetivação da decisão (CPC/2015, art. 403, parágrafo único). Mas isso não quer dizer, vale a ressalva, que ele tenha o dever de aceitar sua intervenção quando solicitada pelo juiz ou de manifestar-se no processo sempre que provocado, sendo essa uma faculdade.

Enquanto os poderes fixados pelo juiz para o *amicus curiae* não se esgotarem, ele tem o direito de ser intimado de todos os atos processuais, como qualquer parte, sob pena de nulidade.

No mais, o *amicus curiae* não pode celebrar nos autos um negócio jurídico processual, tal como disposto no art. 190 do CPC/2015. Vale dizer, ele não pode dispor de seus eventuais ônus, poderes e deveres processuais e tampouco transigir sobre os das demais partes. No máximo, pode anuir com o negócio celebrado, mas sua divergência não passaria de uma mera opinião que pode ser levada em conta, ou não, pelo juiz.

V. Preclusão

Não há preclusão *pro judicato* em torno da decisão que admite ou indefere um pedido de ingresso de um *amicus curiae*. Por isso, o próprio juízo ou a instância superior poderá rever, até mesmo de ofício, a conveniência da intervenção de determinado *amicus curiae* ou alterar a extensão de seus poderes anteriormente fixados.

VI. Conclusão

Como dito, o que justifica a intervenção do *amicus curiae* é o interesse público na administração da justiça, e não o direito subjetivo do próprio interveniente. Essa intervenção, como facilmente se percebe, deve ser admitida apenas em casos realmente excepcionais, de maior relevância para a sociedade ou de altíssima complexidade fática ou jurídica.

Da leitura completa do art. 138 percebe-se também que o legislador não deseja que a intervenção do *amicus curiae* cause atrasos significativos e desnecessários no processo, seja proibindo veementemente que ele interpusesse recursos em geral que pudessem retardar o trânsito em julgado – salvo nas hipóteses que ressalvou expressamente –, seja impedindo a alteração de competência para o julgamento da causa em razão de eventual foro privilegiado a que ele normalmente faria jus. Nessa linha de raciocínio, acredita-se que os tribunais continuarão a adotar a jurisprudência dos Tribunais Superiores no sentido de não admitir a intervenção após a inclusão do processo em pauta, já que pode ser necessário adiar o julgamento a fim de refletir sobre os novos argumentos trazidos.

Ao *amicus curiae* não podem ser impostos os encargos da sucumbência, pois não se pode dizer que ele dê causa ao processo. E esse é o critério central para a condenação nessa verba.

O *amicus curiae* também não está sujeito à coisa julgada, pois não participa da relação jurídica material *sub judice* e, como dito, não é titular de direito subjetivo.

Por fim, deve-se aplicar subsidiariamente a regra do art. 138 do CPC de 2015 ao processo do trabalho. Nos Juizados Especiais, em princípio não se deve admitir, em razão do princípio da celeridade, da inocorrência de grande complexidade nessas causas e pela expressa vedação a qualquer forma de intervenção de terceiros (Lei nº 9.099/1995, art. 10); excepcionalmente, porém, deve ser admitida nos pedidos de uniformização de interpretação de lei federal perante os Juizados Especiais Federais (Lei nº 10.259/2001, art. 14, § 7º). E no processo penal, segundo farta jurisprudência do STJ, não vem sendo admitida essa espécie de intervenção, em especial em *habeas corpus*, salvo quando se tratar de ação penal privada.

TÍTULO IV
DO JUIZ E DOS AUXILIARES DA JUSTIÇA

Capítulo I - Dos Poderes dos Deveres e da Responsabilidade do Juiz

Art. 139 - O juiz dirigirá o processo conforme as disposições deste Código, incumbindo-lhe:
I - assegurar às partes igualdade de tratamento;
II - velar pela duração razoável do processo;
III - prevenir ou reprimir qualquer ato contrário à dignidade da justiça e indeferir postulações meramente protelatórias;
IV - determinar todas as medidas indutivas, coercitivas, mandamentais ou sub-rogatórias necessárias para assegurar o cumprimento de ordem judicial, inclusive nas ações que tenham por objeto prestação pecuniária;
V - promover, a qualquer tempo, a autocomposição, preferencialmente com auxílio de conciliadores e mediadores judiciais;
VI - dilatar os prazos processuais e alterar a ordem de produção dos meios de prova, adequando-os às necessidades do conflito de modo a conferir maior efetividade à tutela do direito;
VII - exercer o poder de polícia, requisitando, quando necessário, força policial, além da segurança interna dos fóruns e tribunais;
VIII - determinar, a qualquer tempo, o comparecimento pessoal das partes, para inquiri-las sobre os fatos da causa, hipótese em que não incidirá a pena de confesso;
IX - determinar o suprimento de pressupostos processuais e o saneamento de outros vícios processuais;
X - quando se deparar com diversas demandas individuais repetitivas, oficiar o Ministério Público, a Defensoria Pública e, na medida do possível, outros legitimados a que se referem o art. 5º da Lei nº 7.347, de 24 de julho de 1985, e o art. 82 da Lei nº 8.078, de 11 de setembro de 1990, para, se for o caso, promover a propositura da ação coletiva respectiva.
Parágrafo único - A dilação de prazos prevista no inciso VI somente pode ser determinada antes de encerrado o prazo regular.

Autor: Fabiano Carvalho

I. O juiz e a direção do processo

Com maior técnica, o art. 139 do CPC/2015 aglutina diversos dispositivos do CPC/1973 (entre outros, arts. 125, 249, 342 e 445). A direção do processo deve ser exercida pelo juiz porque ele é o sujeito imparcial – e não desinteressado! – no processo a quem o ordenamento jurídico confia o exercício da função jurisdicional. O juiz, enquanto agente do Estado, deve ter o interesse na adequada prestação da tutela jurisdicional. A palavra "juiz" está empregada no sentido gênero e refere-se a magistrado que exerce atividade jurisdicional em qualquer grau de jurisdição e em todo processo ou procedimento. Por esse motivo, no desempenho de sua função, de acordo com o art. 8º, "o juiz atenderá aos fins sociais e às exigências do bem comum, resguardando e promovendo a dignidade da pessoa humana e observando a proporcionalidade, a razoabilidade, a legalidade, a publicidade e a eficiência". Para que isso ocorra, preocupa-se o CPC em colocar à disposição do juiz uma série de poderes e deveres, muitos deles dispostos no art. 139 do CPC/2015. Os poderes conferidos ao juiz não o colocam em uma posição de *superioridade* ou *subordinação* relativamente aos outros sujeitos do processo, tão pouco em relação aos advogados e membros do Ministério Público.

II. Conforme disposições deste Código

Na condução do processo, o juiz deve respeitar as normas estabelecidas pelo Código de Processo Civil e conforme os valores e as normas fundamentais estabelecidos na Constituição da República Federativa do Brasil (art. 1º do CPC/2015). Trata-se de verdadeira manifestação do devido processo legal (art. 5º, inciso LIV, da CF).

III. Igualdade de tratamento

A igualdade é uma norma fundamental do processo civil. O art. 7º do CPC/2015 dispõe que "É assegurada às partes paridade de tratamento em relação ao exercício de direitos e faculdades processuais, aos meios de defesa, aos ônus, aos deveres e à aplicação de sanções processuais, competindo ao juiz zelar pelo efetivo contraditório" (sobre a igualdade formal e material no processo, v. notas ao art. 7º do CPC). Não há relação de igualdade entre o sujeito imparcial (juiz) e os sujeitos parciais (partes). No processo judicial, fala-se em igualdade no sentido de posicionar os sujeitos parciais em perfeitas condições de paridade. As partes têm o direito ao isonômico tratamento no processo; o juiz deve garantir esse direito. Por esse motivo, o art. 139, inciso I, do CPC atribui ao juiz, como diretor do processo, o dever de assegurar a igualdade entre as partes, que deve se manifestar em qualquer processo ou procedimento e em todos os graus de jurisdição. Em diversos dispositivos, o CPC pressupõe existir desigualdade entre as partes, e, por esse motivo, procura dar um tratamento distinto, na medida da desigualdade. Assim, por exemplo, ocorre em regras de prazos (*v.g.* arts. 180, 183 e 229), competência (*v.g.* arts. 50 e 53, incisos I e II), provas (*v.g.* art. 373, § 1º) e necessidade de revisão obrigatória de decisão judicial (*v.g.* art. 496). A manifestação desse dever deve ser pautada na cooperação.

IV. Duração razoável do processo

O inciso LXXVIII do art. 5º da CF, acrescido pela EC nº 45/2004, assegura que "a todos, no âmbito judicial e administrativo, são assegurados a razoável duração do processo e os meios que garantam a celeridade de sua tramitação". Trata-se de um direito fundamental. A duração razoável do processo também é norma fundamental do processo civil. Segundo o art. 4º do CPC, para onde se remetem os comentários, "as partes têm o direito de obter em prazo razoável a solução integral do mérito, incluída a atividade satisfativa". O referido dispositivo infraconstitucional tem alcance amplo para compreender, além da solução do litígio, o resultado da atividade jurisdicional executiva. A expressão "duração razoável do processo" é aberta ou indeterminada, que deve ser dotada de conteúdo concreto a partir da análise do caso concreto. Em razão disso, a doutrina tem ponderado os seguintes critérios, por meio dos quais se pode materializar o conceito de prazo razoável, a saber: i) natureza e complexidade do caso; ii) comportamento das partes; e iii) comportamento das autoridades. Apontam-se consequências civis (*v.g.* responsabilidade civil do Estado – art. 37, § 6º, da CF) e administrativas (*v.g.* não promoção de magistrado – art. 93, inciso II, *e*, da CF) quando desrespeitado o preceito da duração razoável do processo.

V. Preservação da probidade processual

Estabelece o art. 5º do CPC/2015: "Aquele que de qualquer forma participa do processo deve comportar-se de acordo com a boa-fé". Para efetivar essa norma fundamental do processo civil, o inciso III do art. 139 confere ao juiz o dever de prevenir ou reprimir qualquer ato contrário à dignidade da justiça e indeferir postulações meramente protelatórias. O CPC coloca à disposição do juiz um conjunto de medidas preventivas que podem ser utilizadas de forma antecipada visando neutralizar um possível comportamento contrário aos escopos da jurisdição. Além disso, caso tenha se efetivado o comportamento contrário à dignidade da justiça ou protelatório, é dever do juiz sancionar o sujeito infrator.

VI. Medidas para assegurar o cumprimento de ordem judicial

O descumprimento de ordem judicial pode comportar múltiplas consequências processuais, inclusive com repercussões para a esfera material do sujeito que participa direta ou indiretamente no processo, que vão desde a advertência até a restrição da liberdade, passando por multa, busca e apreensão, intervenção judicial no domínio privado, entre muitas outras. Daí por que o inciso IV do art. 139 do CPC confere ao juiz o dever de determinar todas as medidas indutivas, coercitivas, mandamentais ou sub-rogatórias necessárias para assegurar o cumprimento de ordem judicial, inclusive nas ações que tenham por objeto prestação pecuniária. As medidas referidas no dispositivo encontram paralelo em outras normas (*v.g.* arts. 77, inciso IV, 536, 537, 538, 772, 773, 774, parágrafo único). O destinatário da "ordem judicial" é a parte ou terceiro, e seu conteúdo poderá ser um dever de natureza obrigacional ou não obrigacional.

VII. Promover autocomposição

O CPC/2015 propõe a mudança do modelo "litigioso" para o "consensual". A afirmação pode ser constatada pela norma fundamental do art. 3º, § 2º, do CPC: "O Estado promoverá, sempre que possível, a solução consensual dos conflitos". O § 3º desse mesmo artigo estabelece que "A conciliação, a mediação e outros métodos de solução consensual de conflitos deverão ser estimulados por juízes, advogados, defensores públicos e membros do Ministério Público, inclusive no curso do processo judicial". Portanto, o inciso V do art. 139 do CPC é evidente desdobramento dos dispositivos antes transcritos. A autocomposição do litígio deve ser incentivada a todo tempo, em qualquer processo ou procedimento, e pode ser alcançada espontaneamente pelas partes ou com o auxílio de terceiros, "preferencialmente" por conciliadores ou mediadores judiciais.

VIII. Dilatar os prazos processuais

De acordo com as especificidades da causa e para conferir maior efetividade à tutela de direito, o juiz, independentemente da vontade das partes, poderá aumentar – e nunca diminuir! – o prazo fixado em lei. A lei não faz distinção sobre a natureza do prazo. Assim, peremptório (art. 222, § 1º, do CPC) ou dilatório (próprio ou impróprio), aplica-se o disposto no art. 139, inciso VI, do CPC. A lei fala em "dilatar" e não "renovar" o prazo. Isso é confirmado pelo parágrafo único do art. 139, segundo o qual a dilação do prazo somente pode ser determinada antes de encerrado o prazo regular.

IX. Alterar a ordem dos meios de prova

No curso do processo podem ocorrer circunstâncias que determinem a modificação da ordem dos meios de prova. É concebível, portanto, colher o depoimento das testemunhas das partes antes de realizada a prova pericial. Alterar a ordem dos meios de prova não significa modificar a sequência dos atos do específico meio de prova. Assim, por exemplo, não é lícito ao juiz inquirir as testemunhas do réu antes de ouvir as do autor, salvo convenção das partes em sentido contrário (art. 456 do CPC).

X. Poder de polícia processual

Para que a atividade jurisdicional transcorra normalmente, o juiz poderá exercer o poder de polícia. O poder de polícia processual caracteriza-se como um conjunto de poderes-deveres atribuídos ao juiz e que são destinados aos interesses públicos do processo (segurança, decoro, organização e documentação). O poder de polícia disciplinado no art. 360 é mais restrito, pois é aplicado apenas na audiência de instrução e julgamento.

XI. Requisição de força policial

A requisição de força policial (*polícia judiciária*) não deixa de ser uma manifestação do poder de polícia. O objetivo da requisição policial é prevenir ou reprimir ilícitos que possam comprometer a regular e adequada atividade jurisdicional. A requisição de polícia judiciária pode ser necessária à segurança interna dos fóruns e tribunais.

XII. Comparecimento das partes

O CPC/2015 é inspirado no modelo "processo cooperativo". O dever de cooperação desdobra-se nos deveres de inquisitoriedade, prevenção ou advertência, esclarecimento, consulta das partes e auxílio das partes. A regra do art. 139, inciso VIII, está relacionada com a inquirição da parte sobre fatos da causa. A inquirição deverá ocorrer em uma audiência previamente designada para esse fim. O não comparecimento injustificado da parte nesta audiência poderá configurar má-fé (art. 80, inciso IV). As informações prestadas pela parte nesta específica audiência não produzem a consequência jurídica da confissão.

XIII. Supressão de vícios processuais

O juiz tem o dever de determinar o suprimento de pressupostos processuais e o saneamento de outros vícios processuais, tudo com o objetivo de conhecer do mérito ("princípio da prevalência da decisão de mérito"). As providências pelo suprimento da falta de pressupostos processuais suscetíveis de saneamento serão tomadas de ofício pelo juiz, que determinará a realização dos atos necessários (maximização do procedimento). A declaração de nulidade deve constituir um meio excepcional, somente quando o vício não pode ser sanado de forma alguma.

XIV. Demandas individuais repetitivas

O juiz, ao se deparar com demandas repetitivas e em seguida oficiar os legitimados coletivos (art. 5º da Lei nº 7.347/1985 e art. 82 do CDC) para promover a ação coletiva respectiva, se afina com os propósitos do CPC/2015, o qual dispõe de meios para racionalizar a litigiosidade de massa (*v.g.*, incidente de demandas repetitivas (arts. 976-987), e regime dos recursos especial e extraordinário repetitivos (arts. 1.036-1.041)).

XV. Julgados

"Designação de magistrado para proceder à instrução e ao julgamento do feito. [...] Falta de juiz de direito na Comarca. Vacância do cargo. Feito complexo. Homenagem à duração razoável do processo. Previsão em lei estadual. Ausência de ofensa ao princípio do juiz natural" (STF, 2ª T., HC nº 86.604, Rel. Min. Gilmar Mendes, j. em 28/6/2011, DJe de 3/10/2011).

"O processo civil deve ser visto como sistema que favoreça, na maior medida possível, um julgamento quanto ao mérito da causa, sempre respeitado o princípio da paridade de armas. Assim, o intérprete deve evitar a criação de óbices que não estejam dispostos expressamente em lei. A decretação de nulidades processuais deve ser excepcional" (STJ, 3ª T., REsp nº 944.040/RS, Rel. Min. Nancy Andrighi, j. em 25/5/2010, DJ de 7/6/2010).

"Diferença de tratamento para situações semelhantes implica desnecessária confusão para os advogados, prejudicando a realização do direito daqueles a quem representam. Não há sentido em estabelecer, para situações idênticas, duas regras distintas. O processo tem de viabilizar, tanto quanto possível, a decisão sobre o mérito das causas. Complicar o procedimento, criando diferenças desvinculadas de causas objetivas, implicaria prestar enorme desserviço à administração da justiça (STJ, 3ª T., REsp nº 975807/RJ, Rel. Min. Nancy Andrighi, j. em 2/9/2008, DJ de 20/10/2008).

Art. 140 - O juiz não se exime de decidir sob a alegação de lacuna ou obscuridade do ordenamento jurídico.
Parágrafo único - O juiz só decidirá por equidade nos casos previstos em lei.

I. Dever de decidir

O processo começa por inciativa da parte e se desenvolve por meio da atividade jurisdicional, que é concluída por uma decisão final. Essa decisão final pode ser uma decisão com ou sem a resolução do mérito ou que declara satisfeita a obrigação. No exercício da atividade jurisdicional é vedado ao juiz o *non liquit*, isto é, a pretexto de lacuna ou obscuridade do ordenamento jurídico, deixa de decidir. A palavra "juiz" está empregada no sentido gênero para compreender qualquer magistrado (juiz, desembargador ou ministro) no desempenho de sua função jurisdicional. *Decidir* significa exteriorizar a função jurisdicional para interpretar e aplicar o direito, produzindo normas, que são concretamente manifestadas em pronunciamentos judiciais (sentença, decisão interlocutória, despacho, decisão unipessoal de membro do tribunal ou acórdão).

II. Decisão por equidade

É norma fundamental do processo civil que, ao aplicar o ordenamento jurídico, o juiz observará a legalidade (art. 8º). Por esse motivo, o julgamento por equidade é exceção no sistema processual civil, reservado para os casos expressos em lei. A equidade é conceito plurissignificativo. No processo civil, equidade pode ser compreendida como o abandono das normas, em tese, aplicáveis ao caso concreto, para, no lugar delas, o juiz adotar seu próprio critério de justiça. No CPC/1939, o art. 114 estabelecia que, quando autorizado a decidir por equidade, o juiz aplicaria a norma que estabeleceria se fosse legislador. São raras as hipóteses em que o CPC/2015 autoriza o juiz a julgar com base na equidade. Na jurisdição voluntária, permite-se o julgamento por equidade (art. 723, parágrafo único: "O juiz não é obrigado a observar critério de legalidade estrita, podendo adotar em cada caso a solução que considerar mais conveniente ou oportuna").

III. Julgados

"Determinando a lei que o juiz decida com auxílio da equidade, o descumprimento dessa regra legal pode ser apreciado em recurso especial" (STJ, 4ª T., REsp nº 163.893/RS, Rel. Min. Ruy Rosado de Aguiar, j. em 21/5/1998, DJ de 19/10/1998).

"A proibição de que o juiz decida por equidade, salvo quando autorizado por lei, significa que não haverá de substituir a aplicação do direito objetivo por seus critérios pessoais de justiça não há de ser entendida, entretanto, como vedando se busque alcançar a justiça no caso concreto, com atenção ao disposto no artigo 5º da Lei de Introdução" (STJ, 3ª T., REsp nº 48176/SP, Rel. Min. Eduardo Ribeiro, j. em 12/12/1995, DJ de 8/4/1996).

"Pode o julgador, respeitando os limites da lide, aplicar as normas legais pertinentes ao caso concreto para solucionar devidamente a controvérsia que lhe foi apresentada, nos termos do art. 126 do Código de Processo Civil [art. 140 do CPC/2015]" (STJ, 5ª T., AgRg no AgRg no REsp nº 1.105.124/MS, Rel. Min. Marco Aurélio Bellizze, j. em 5/3/2013, DJe de 11/3/2013).

Art. 141 - O juiz decidirá o mérito nos limites propostos pelas partes, sendo-lhe vedado conhecer de questões não suscitadas a cujo respeito a lei exige iniciativa da parte.

I. Decisão do mérito nos limites propostos pelas partes

O art. 319, incisos III e IV, estabelece que a petição inicial indicará o fato e o fundamento jurídico do pedido e o pedido com suas especificações. De outro lado, incumbe ao réu alegar, na contestação, toda a matéria de defesa, para nela expor as razões de fato e de direito com que impugna a pretensão do autor (art. 336). A petição inicial e a contestação demarcam os limites da atividade jurisdicional sobre o mérito. Mérito e objeto do processo são palavras sinônimas. Mérito é o pedido formulado pela parte, o qual se encontra delineado por seus fundamentos. O pedido pode ser formulado pelo autor ou pelo réu (*v.g.* reconvenção). O mérito é definido pelas partes, cuja definição delimitará o exercício da atividade jurisdicional. Há uma exata correspondência entre o objeto proposto pelas partes e o resultado da atividade jurisdicional. Daí o conhecido brocardo jurídico: *iudex iudicare debet secundum allegata et probata partium* (o juiz deve julgar de acordo com o que foi alegado e provado pelas partes). Como decorrência do art. 141, é vedado ao juiz proferir decisão de natureza diversa da pedida, bem como condenar a parte em quantidade superior ou em objeto do que lhe foi demandado (art. 492).

II. Questões de iniciativa da parte

As questões atinentes ao mérito constituem uma área de domínio exclusivo das partes, a quem o ordenamento jurídico atribui disponibilidade e responsabilidade para alegá-las e prová-las. Diversamente, as questões de ordem pública podem ser apreciadas pelo juiz, independentemente de provocação de qualquer das partes.

III. Julgados

"O pedido inicial deve ser interpretado em consonância com a pretensão deduzida na exordial como um todo, levando em conta todos os fatos e fundamentos jurídicos presentes, de modo que o acolhimento da pretensão extraído da interpretação lógico-sistemática da peça inicial não implica julgamento extra petita" (STJ, 2ª T., REsp nº 1.365.999/PR, Rel. Min. Humberto Martins, j. em 14/1/2015, DJe de 17/4/2015).

"[...] não há *error in procedendo* no provimento jurisdicional firmado após compreensão lógico-sistemática do pedido, entendido como 'aquilo que se pretende com a instauração da demanda' (AgRg no REsp nº 1155859/MT, Rel. Min. Marco Buzzi, 4ª T., DJe de 4/2/2014), eis que o pedido não é apenas o que foi requerido em um capítulo específico ao final da petição inicial, mas, sim, o que se pretende com a instauração da demanda, sendo extraído de interpretação lógico-sistemática da inicial como um todo (AgRg no REsp nº 1284020/SP, Rel. Min. Humberto Martins, 2ª T., DJe de 6/3/2014)" (STJ, 2ª T., AgRg no REsp nº 1.500.557/SC, Rel. Min. Mauro Campbell Marques, j. em 5/3/2015, DJe de 11/3/2015).

Art. 142 - Convencendo-se, pelas circunstâncias, de que autor e réu se serviram do processo para praticar ato simulado ou conseguir fim vedado por lei, o juiz proferirá decisão que impeça os objetivos das partes, aplicando, de ofício, as penalidades da litigância de má-fé.

I. Processo simulado

Quando a conduta das partes ou quaisquer circunstâncias do processo produzam a convicção segura de que os sujeitos parciais se valem do processo para praticar um ato simulado ou para conseguir um fim proibido pelo ordenamento jurídico, o juiz deve proferir decisão para obstar o ilícito. O ato simulado é produto de um conluio entre as partes, as quais se utilizam do processo para alcançar tutela jurisdicional que não visa ao efeito que juridicamente deveria produzir. A hipótese determina a condenação, de ofício, das partes por perdas e danos, resultado da má-fé. Se no processo simulado houver decisão de mérito transitada em julgado ou decisão que, embora não seja de mérito, impeça nova propositura da demanda ou admissibilidade do recurso correspondente, será possível o ajuizamento da ação rescisória (art. 966, inciso III), cujo prazo será de dois anos, que começa a contar, para o terceiro prejudicado e para o Ministério Público, que não interveio no processo, a partir do momento em que têm ciência da simulação (art. 975, § 3º).

II. Julgados

"Incumbe ao juiz [...] recusar-se a homologar acordo que entende, pelas circunstâncias do fato, ter objeto ilícito ou de licitude duvidosa; violar os princípios gerais que informam o ordenamento jurídico brasileiro (entre os quais os princípios da moralidade, da impessoalidade, da isonomia e da boa-fé objetiva); ou atentar contra a dignidade da justiça" (STJ, 2ª T., AgRg no REsp nº 1.090.695/MS, Rel. Min. Herman Benjamin, DJe de 4/11/2009).

"A regra do art. 129 do CPC [art. 142 do CPC/2015] destina-se a coibir a utilização do processo para fim ilícito, por ambas as partes, autor e réu. Na hipótese em que uma das partes alegadamente se vale do processo para pleitear direito inexistente, a norma não é aplicável" (STJ, 3ª T., REsp nº 1.158.992/MG, Rel. Min. Nancy Andrighi, j. em 7/4/2011, DJe de 14/4/2011).

Art. 143 - O juiz responderá, civil e regressivamente, por perdas e danos quando:
I - no exercício de suas funções, proceder com dolo ou fraude;
II - recusar, omitir ou retardar, sem justo motivo, providência que deva ordenar de ofício ou a requerimento da parte.
Parágrafo único - As hipóteses previstas no inciso II somente serão verificadas depois que a parte requerer ao juiz que determine a providência e o requerimento não for apreciado no prazo de 10 (dez) dias.

I. Responsabilidade civil do juiz

A responsabilidade civil do juiz não se confunde com a responsabilidade civil do estado, demarcada no art. 37, § 6º, da CF, segundo o qual a pessoa jurídica de direito público responderá pelos danos que seus agentes, nessa qualidade, causarem a terceiros. A palavra "juiz" está no sentido pessoal, para incluir qualquer magistrado (juiz, desembargador, ministro). A responsabilidade de que cuida o dispositivo em comento é civil, mas isso não impede a responsabilidade criminal e administrativa do juiz.

II. Hipóteses

O inciso I do art. 143 prevê que o juiz responderá por perdas e danos quando, no exercício de suas funções, proceder com dolo ou fraude. No domínio da responsabilidade civil do juiz, o dolo manifesta-se na conduta jurisdicional do magistrado que adere sua vontade à prática do ilícito. O objetivo do juiz é deliberadamente prejudicar qualquer das partes ou ambas. Para caracterizar a fraude, o juiz deve empregar um meio ou subterfúgio insidioso com o objetivo de um proveito ilícito. Observe-se que a culpa não é motivo de responsabilidade civil do juiz e, portanto, não geral o dever de indenizar. No caso de culpa, a doutrina discute a possibilidade de provocar a tutela jurisdicional contra o estado, na forma do art. 37, § 6º, da CF. De outro lado, o inciso II atrai a responsabilidade do juiz que recusar, omitir ou retardar, sem justo motivo, providência que deva ordenar de ofício ou a requerimento da parte. Nesse caso, a responsabilidade se verifica depois que a parte requerer ao juiz determinada providência ou requerimento.

III. Julgados

"Fundada a ação no artigo 133, II, do Código de Processo Civil [art. 143, II, do CPC/2015], a petição inicial deveria ter atribuído ao juiz a recusa, omissão ou retardamento, sem justo motivo, de providência que deveria ter ordenado; ao revés, relata que o juiz indeferiu o pedido, a significar que praticou o ato judicial" (STJ, 3ª T., AgRg no Ag nº 2.77.244/RJ, Rel. Min. Ari Pargendler, j. em 20/8/2001, DJ de 24/9/2001).

Capítulo II - Dos Impedimentos e da Suspeição

Art. 144 - Há impedimento do juiz, sendo-lhe vedado exercer suas funções no processo:
I - em que interveio como mandatário da parte, oficiou como perito, funcionou como membro do Ministério Público ou prestou depoimento como testemunha;
II - de que conheceu em outro grau de jurisdição, tendo proferido decisão;
III - quando nele estiver postulando, como defensor público, advogado ou membro do Ministério Público, seu cônjuge ou companheiro, ou qualquer parente, consanguíneo ou afim, em linha reta ou colateral, até o terceiro grau, inclusive;
IV - quando for parte no processo ele próprio, seu cônjuge ou companheiro, ou parente, consanguíneo ou afim, em linha reta ou colateral, até o terceiro grau, inclusive;
V - quando for sócio ou membro de direção ou de administração de pessoa jurídica parte no processo;

VI - quando for herdeiro presuntivo, donatário ou empregador de qualquer das partes;
VII - em que figure como parte instituição de ensino com a qual tenha relação de emprego ou decorrente de contrato de prestação de serviços;
VIII - em que figure como parte cliente do escritório de advocacia de seu cônjuge, companheiro ou parente, consanguíneo ou afim, em linha reta ou colateral, até o terceiro grau, inclusive, mesmo que patrocinado por advogado de outro escritório;
IX - quando promover ação contra a parte ou seu advogado.
§ 1º - Na hipótese do inciso III, o impedimento só se verifica quando o defensor público, o advogado ou o membro do Ministério Público já integrava o processo antes do início da atividade judicante do juiz.
§ 2º - É vedada a criação de fato superveniente a fim de caracterizar impedimento do juiz.
§ 3º - O impedimento previsto no inciso III também se verifica no caso de mandato conferido a membro de escritório de advocacia que tenha em seus quadros advogado que individualmente ostente a condição nele prevista, mesmo que não intervenha diretamente no processo.

I. Impedimento do juiz

O impedimento é causa que retira o atributo da imparcialidade do juiz para o regular exercício da atividade jurisdicional e, por esse motivo, provoca seu afastamento de qualquer processo ou incidente que nele funcione. A palavra "juiz" está empregada em sentido gênero para compreender qualquer magistrado (juiz, desembargador, ministro) que, diante do impedimento, fica-lhe vedado exercer suas funções no processo. O impedimento pode ser reconhecido de ofício, hipótese em que ordenará a remessa dos autos a seu sucessor legal, de acordo com as normas de organização judiciária ou do regimento interno do tribunal, ou, ainda, alegado pela parte em petição "específica". O vício do impedimento pode ser reconhecido ou alegado a qualquer tempo e grau de jurisdição, inclusive no STF ou STJ. A imparcialidade é requisito de validade do processo. Assim, o exercício da função jurisdicional por juiz impedido provoca a invalidade do processo. De outro lado, se houver decisão de mérito transitada em julgado ou decisão que, embora não seja de mérito, impeça nova propositura da demanda ou admissibilidade do recurso correspondente, proferida por juiz impedido, será possível o ajuizamento da ação rescisória (art. 966, inciso II, primeira parte, e § 2º).

II. Motivos do impedimento

Os incisos do art. 144 arrolam as causas que determinam o impedimento para o juiz exercer suas funções no processo, levando em conta sua relação com um ou mais sujeitos da relação processual ou com o próprio objeto do litígio. Todos os motivos arrolados pela lei são objetivos e indicam presunção absoluta (*juris et de jure*), ou seja, que não admite prova em contrário.

III. Mandatário da parte ou intervenção em outra função

Se o juiz funcionou como mandatário da parte é porque postulou algum interesse contrário ao interesse do adversário da parte, fato que inegavelmente o torna parcial. A expressão mandatário deve ser interpretada extensivamente não só para compreender a figura do advogado, mas qualquer pessoa que recebe poderes para agir no interesse da parte. O juiz que participou na formação da prova (oficiou como perito ou prestou depoimento como testemunha) também está impedido. O juiz arrolado como testemunha tem o dever de declarar-se impedido, se tiver conhecimento de fatos que possam influir na decisão (art. 452, inciso I, do CPC/2015). Finalmente, o impedimento alcança o juiz que anteriormente funcionou como membro do Ministério Público, seja qual for a condição (parte ou fiscal da lei).

IV. Exercício de função jurisdicional em grau anterior

O juiz que proferiu decisão anterior não pode exercer função jurisdicional em outro grau de jurisdição, seja inferior ou superior. Assim, por exemplo, o juiz que tenha proferido sentença e posteriormente ascendido ao cargo de desembargador não pode processar e julgar a apelação. De outro lado, o juiz convocado para oficiar no Tribunal e que tenha julgado a apelação, regressando para sua função de origem, não pode atuar na execução. Não é qualquer atuação jurisdicional que enseja o impedimento. É preciso que o juiz tenha proferido "decisão" (sentença, decisão interlocutória, acórdão ou decisão unipessoal de relator). Ressalvada a existência de entendimento em contrário, o juiz que participa do julgamento colegiado também está impedido de exercer função jurisdicional. Nesse caso, a perda da imparcialidade é *in re ipsa*. Evidente que a regra não se aplica à técnica de julgamento prevista no art. 942 do CPC/2015 e também nos embargos de divergência (art. 1.043 do CPC/2015).

V. Parentesco de procurador ou membro do Ministério Público

Advogado (privado ou público), defensor público e membro do Ministério Público atuam no processo para promover a defesa de interesses. A condição de cônjuge ou companheiro e a situação de parentesco – limitado ao terceiro grau – entre aqueles sujeitos e o juiz compromete a imparcialidade para o exercício da função jurisdicional. Esclareça-se que o impedimento só se verifica quando o defensor público, o advogado ou o membro do Ministério Público já integrava o processo antes do início da atividade judicante do juiz. A anterioridade exigida pela lei tem por objetivo evitar o impedimento do juiz por fato superveniente, com o intuito de transgredir a norma constitucional do juiz natural. O impedimento, nesse caso, é para o advogado, defensor público ou membro do Ministério Público. Preserva-se o juiz. Daí a regra do § 2º do art. 144: "É vedada a criação de fato superveniente a fim de caracterizar impedimento do juiz". O impedimento do juiz também se verifica no caso de mandato conferido a membro de escritório de advocacia que tenha em seus quadros advogado que ostente a condição de cônjuge, companheiro, ou qualquer parente, consanguíneo ou afim, em linha reta ou colateral, até terceiro grau, mesmo que não intervenha diretamente (§ 3º do art. 144).

VI. Juiz ou parente como parte

Ninguém pode cumular a função jurisdicional com a postulação de tutela jurisdicional de um interesse no mesmo processo. Julgar e postular direito são comportamentos inconciliáveis. O inciso IV do art. 144 consagra a máxima de que "ninguém pode ser juiz em causa própria" (*nemo iudex in causa sua*). Além disso, o inciso IV estende o impedimento para a parte que exibe a condição de cônjuge ou companheiro. O parentesco, consanguíneo ou afim, em linha reta ou colateral, até o terceiro grau, da parte com o juiz, também é motivo para ocasionar o impedimento.

VII. Sócio ou administrador de pessoa jurídica

A Lei Complementar nº 35/1979 veda ao juiz exercer o comércio ou participar de "sociedade comercial" (sociedade empresária), salvo como acionista ou quotista, bem como exercer cargo de direção (art. 36, inciso I). Compreende-se com facilidade o impedimento do juiz para exercer a função jurisdicional em processo que tenha como parte sociedade empresária da qual é sócio ou acionista. Há nítido conflito de interesses no ato de julgar com a postulação da parte (sociedade empresária). De outro lado, embora a hipótese seja mais rara, a lei determina que há impedimento para juiz administrador de pessoa jurídica. Aqui, a expressão "pessoa jurídica", contemplada no inciso V do art. 144, compreende também associação e fundação, de natureza pública ou privada. Assim, por exemplo, o juiz que preside determinada associação de sua classe está impedido para exercer função jurisdicional quando for parte no processo a própria associação.

VIII. Herdeiro presuntivo, donatário ou empregador

No CPC/1973, reputava-se suspeito o juiz herdeiro presuntivo, donatário ou empregador de uma das partes. O inciso VI do art. 144

deslocou esses motivos para a classe do impedimento. Herdeiro presuntivo é a pessoa que normalmente herdará de outra. O juiz que presumidamente herdará de uma das partes está impedido de exercer função jurisdicional. A hipótese de herdeiro presuntivo normalmente se acomodará no caso de impedimento pelo inciso IV do art. 144, ou seja, quando estiver no processo cônjuge ou companheiro e parentes. Pode acontecer, no entanto, de o juiz ser herdeiro de 4º grau (art. 1.839 do CC), fato que atrai o impedimento descrito pelo inciso VI do art. 144. Donatário é a pessoa beneficiária da doação. O juiz que recebe doação de uma das partes manifesta sua proximidade com uma delas, que pode provocar um sentimento de gratidão (art. 555, primeira parte, do CC), comprometendo a função de julgar imparcialmente. Finalmente, o contrato de trabalho gera subordinação do empregado ao empregador. Por esse motivo, o juiz empregador de uma das partes também é impedido para o exercício da atividade jurisdicional.

IX. Relação com instituição de ensino

O art. 26, § 1º, da Lei Complementar nº 35/1979 autoriza o juiz a exercer o cargo de magistério superior, público ou particular, desde que haja correlação de matérias e compatibilidade de horários. A relação de emprego ou contrato de serviços com a instituição de ensino, que dá origem à subordinação, quanto esta faça parte do processo, provoca o impedimento do juiz. De outro lado, não é causa de impedimento para o juiz professor servidor público, mantido pelo regime estatutário, em processo de que faça parte a instituição de ensino a que ele está vinculado.

X. Parte cliente de escritório de advocacia do cônjuge, companheiro ou parente

O salutar inciso VIII do art. 144 estabelece que é vedado ao juiz exercer função jurisdicional em processo que figure como parte cliente do escritório de advocacia de seu cônjuge, companheiro ou parente, consanguíneo ou afim, em linha reta ou colateral, até o terceiro grau, inclusive, mesmo que patrocinado por advogado de outro escritório. Na hipótese do dispositivo em comento, o que gera o impedimento é o fato de a parte se vincular a escritório de advocacia do qual faz parte cônjuge, companheiro ou parente do juiz. A hipótese é diferente daquela disposta no inciso III do art. 144. Lá o impedimento é *imediato*: advogado cônjuge, companheiro ou parente atuando no processo em que o juiz exerce função jurisdicional. Aqui, o impedimento é *mediato*: o cliente tem seus interesses postulados por advogado que compõe escritório de advocacia de que faça parte advogado com relação familiar com o juiz (cônjuge, companheiro ou parente).

XI. Demanda contra a parte ou advogado

O processo judicial é marcado por um campo de manifestação de interesses não convergentes, que produz um sentimento de desconforto entre os sujeitos do litígio. Essa ideia inspirou o inciso IX do art. 144, que estabelece como motivo de impedimento quando o juiz promover demanda – seja qual for a natureza (*v.g.* penal, civil, trabalhista, etc.) – contra a parte ou seu advogado. Observe-se que a hipótese de impedimento é para juiz "autor". A hipótese de demanda proposta pela parte ou por seu advogado contra o juiz, a princípio, não é causa de impedimento, mas pode atrair um motivo para suspeição (art. 145).

XII. Julgados

"Descabe o ingresso do advogado no processo depois que os respectivos autos foram distribuídos para órgão colegiado de que faça parte magistrado com o qual o causídico possui relação de parentesco. Caso contrário, estar-se-ia, em tese, legitimando a criação de impedimento superveniente não aleatório de integrante que, originariamente, já compunha o órgão competente para o julgamento da questão" (STJ, 5ª T., HC nº 300.629/BA, Rel. Min. Felix Fischer, j. em 28/4/2015, DJe de 15/5/2015).

"A regra de impedimento do magistrado somente se aplica nos casos em que o julgador tenha participado em outro grau de jurisdição em um mesmo processo judicial, [..] e não quando a sua participação anterior tenha ocorrido na esfera administrativa, mormente quando essa participação tenha sido sem voto" (STJ, 1ª T., RMS nº 35.299/PE, Rel. Min. Arnaldo Esteves Lima, j. em 6/5/2014, DJe de 13/5/2014).

"O art. 134, III, do CPC [art. 144, II, do CPC/2015] não se aplica aos embargos de divergência. Isto porque, nos termos no art. 2º, § 3º, do RISTJ, a Seção é integrada pelos componentes das Turmas da respectiva área de especialização. Desse modo, os ministros que participaram do julgamento do acórdão embargado não estão impedidos de apreciar os embargos de divergência, tendo em vista que a finalidade precípua desse recurso é eliminar eventual desarmonia jurisprudencial existente entre as Turmas ou as Seções do STJ" (STJ, 1ª Sec., EDcl no AgRg no AgRg nos EAg nº 1.300.397/TO, Rel. Min. Humberto Martins, j. em 11/9/2013, DJe de 23/9/2013).

Art. 145 - Há suspeição do juiz:
I - amigo íntimo ou inimigo de qualquer das partes ou de seus advogados;
II - que receber presentes de pessoas que tiverem interesse na causa antes ou depois de iniciado o processo, que aconselhar alguma das partes acerca do objeto da causa ou que subministrar meios para atender às despesas do litígio;
III - quando qualquer das partes for sua credora ou devedora, de seu cônjuge ou companheiro ou de parentes destes, em linha reta até o terceiro grau, inclusive;
IV - interessado no julgamento do processo em favor de qualquer das partes.
§ 1º - Poderá o juiz declarar-se suspeito por motivo de foro íntimo, sem necessidade de declarar suas razões.
§ 2º - Será ilegítima a alegação de suspeição quando:
I - houver sido provocada por quem a alega;
II - a parte que a alega houver praticado ato que signifique manifesta aceitação do arguido.

I. Suspeição do juiz

Tal como o impedimento, a suspeição é causa que retira o atributo da imparcialidade do juiz para o regular exercício da atividade jurisdicional e, por esse motivo, provoca seu afastamento de qualquer processo ou incidente que nele funcione. A palavra "juiz" está empregada em sentido gênero para compreender qualquer magistrado (juiz, desembargador, ministro) diante da suspeição fica-lhe vedado exercer suas funções no processo. A suspeição pode ser suscitada de ofício ou provocada pela parte mediante petição "específica", salvo o motivo de foro íntimo, que somente o juiz pode declará-lo. Ao contrário do impedimento, o vício da suspeição não pode ser alegado a qualquer tempo. A matéria é preclusiva. A suspeição não é motivo para o ajuizamento da ação rescisória.

II. Motivos da suspeição

O art. 145 arrola as causas que determinam a suspeição para o juiz exercer suas funções no processo, levando em conta sua relação com um ou mais sujeitos da relação processual ou com o próprio objeto do litígio. Os motivos arrolados pela lei marcam indício de parcialidade no exercício da atividade jurisdicional.

III. Amigo íntimo ou inimigo de qualquer das partes ou de seus advogados

Diferente do CPC/1973, a suspeição diz respeito a quem é parte e advogado no processo. O conceito de "amigo íntimo ou inimigo" é juridicamente indeterminado. Não é possível definir, a princípio, todas as situações que ensejariam a suspeição do juiz pelo inciso I do art. 146. De toda forma, é factível estabelecer algumas premissas que poderão, no caso concreto, indicar a existência ou não do vício da suspeição. Somente a amizade íntima, fraterna, muito afetuosa entre a parte ou advogado com o juiz que gera a suspeição. É preciso esclarecer que o simples fato de frequentarem – ou terem frequentado – os mesmos ambientes (trabalho, lazer ou bancos escolares) não qualifica amizade íntima para atrair a suspeição. De outro lado, somente a inimizade hostil, ostensiva, nociva, a malquerença em face da parte é que autoriza a suspeitar que o juiz não terá a imparcialidade necessária para o exercício da atividade jurisdicional. Por esse motivo, para ficar caracterizada a suspeição pela inimizade não basta simples antipatia ou implicância, mas, sim, deve ser profunda, fundada em motivos concretos e pessoais. A diferença ideológica, religiosa, social, entre muitas outras, não é causa, *per si*, a justificar a suspeição. A norma do inciso I do art. 145 se aplica também para a hipótese de o juiz ser amigo íntimo ou inimigo de sócios de pessoa jurídica.

IV. Receber presentes

Receber presentes antes ou depois de iniciado o processo é indício de possível imparcialidade. Na vigência do CPC/1973 afirmava-se que receber dádivas (= presentes) das partes era motivo de suspeição, não, porém, do advogado de qualquer das partes. Esse entendimento, no entanto, pelo CPC/2015, não merece ser prestigiado. O presente pode revelar um laço de intimidade entre o advogado e o juiz. Por esse motivo, a entrega de um agrado pelo advogado também revela forte indício de suspeição. Receber presentes e amizade íntima não são como água e óleo: eles coexistem. Por exemplo, não parece ser suficientemente imparcial o juiz presenteado pelo advogado com uma passagem para o exterior, com todas as despesas pagas, ainda que seja uma data comemorativa da vida do magistrado.

V. Aconselhar alguma das partes

Aconselhar significa direcionar o comportamento da parte em algum interesse, fato que, a um só tempo, viola a igualdade entre as partes e revela um forte indício de suspeição. Se o juiz aconselhou é porque faria o mesmo se estivesse no lugar da parte, e, portanto, decidiria da mesma forma do conselho.

VI. Subministrar meios para atender às despesas do litígio

Por ser o sujeito imparcial da relação processual, o juiz deve ficar alheio aos interesses das partes, bem como aos meios para prover esses interesses. Por isso, o favorecimento material do litígio, seja qual for o percentual ou a especificidade da despesa, é motivo de suspeição do juiz.

VII. Parte credora ou devedora

O inciso III do art. 145 confere a hipótese mais objetiva de suspeição. Há indício de suspeição porque a relação obrigacional existente entre qualquer das partes e o juiz ou entre qualquer das partes e o cônjuge, companheiro ou parente do juiz pode interferir na regular atividade jurisdicional. Há evidente conflito de interesses entre a função de julgar e as possíveis consequências da relação obrigacional. Acrescente-se que a hipótese do dispositivo comentado diz respeito à relação jurídica obrigacional ainda não litigiosa, pois, do contrário, a situação se acomoda no impedimento (art. 144, inciso IV).

VIII. Interessado no julgamento do processo em favor de qualquer das partes

É vedado ao juiz interessado no julgamento do processo em favor de qualquer das partes exercer função jurisdicional. A manifestação de interesse pelo objeto litigioso disputado pelas partes retira do juiz sua condição de sujeito imparcial e o afasta do seu dever de assegurar às partes paridade de tratamento em relação ao exercício de direitos e faculdades processuais (art. 7º). A palavra "interesse" tem sentido amplo, para compreender interesse jurídico, econômico, religioso, político, entre muitos outros. O interesse do juiz para torná-lo suspeito deverá ser demonstrado por fato capaz de beneficiá-lo ou prejudicá-lo. O eventual erro jurisdicional praticado pelo juiz na condução do processo não caracteriza, isoladamente, a suspeita de parcialidade.

IX. Foro íntimo

Na vigência do CPC/1973, o Conselho Nacional de Justiça (CNJ) editou a Resolução nº 82/2009 para estabelecer que, no caso de suspeição por motivo íntimo, o magistrado de primeiro grau faria essa afirmação nos autos e, em ofício reservado, imediatamente exporia as razões desse ato à Corregedoria local ou a órgão diverso designado pelo seu tribunal. No caso de suspeição por motivo íntimo de magistrado de segundo grau, essa informação seria lançada aos autos e, em ofício reservado, imediatamente exporia as razões desse ato à Corregedoria Nacional de Justiça. Nada disciplinou para a hipótese de declaração de suspeição de ministro de tribunal superior por motivo íntimo. Referida resolução foi objeto de questionamentos perante o STF, que houve por bem determinar a suspensão do ato normativo do CNJ. Com a vigência do CPC/2015 ficam prejudicadas a Resolução nº 82/2009 e as respectivas demandas que a questionam. Isso porque o art. 145, § 1º, expõe que o juiz poderá anunciar sua suspeição por motivo de foro íntimo, "sem necessidade de declarar suas razões".

X. Alegação de suspeição ilegítima

O art. 145, § 2º, estabelece ser ilegítimo gerar a suspeição do juiz para impedi-lo de exercer a regular função jurisdicional. Assim, será ilegítimo alegar a suspeição do juiz quando houver sido provocada por quem a alega ou a parte que a alega houver praticado ato que signifique manifesta aceitação do arguido. Hipótese interessante, que parece se acomodar no dispositivo comentado, diz respeito ao juiz arrolado como testemunha. Nesta situação, o juiz deve declarar-se impedido, "se tiver conhecimento de fatos que possam influir na decisão, caso em que será vedado à parte que o incluiu no rol desistir de seu depoimento". Na realidade, a parte que provoca a suspeição do juiz afasta-se do princípio boa-fé processual e seu comportamento pode evidenciar má-fé, tipificada no inciso III do art. 80 ("usar do processo para conseguir objetivo ilegal").

XI. Julgados

"Para o acolhimento de suspeição [...] é necessária prova induvidosa da aventada parcialidade do juiz, não servindo a tanto a mera circunstância de ter havido julgamento antecipado da lide e o vulto da condenação" (STJ, 3ª T., REsp nº 1.424.164/SC, Rel. Min. João Otávio de Noronha, j. em 7/4/2015, DJe de 16/4/2015).

"1. O simples inconformismo da parte acerca da decisão judicial que lhe foi desfavorável não rende ensejo à oposição de exceção de suspeição, que tem cabimento, apenas, nas hipóteses previstas no artigo 135 do Código de Processo Civil. Nessa medida, a compreensão jurídica diversa daquela encerrada na decisão, a toda evidência, não se subsume a qualquer das hipóteses de suspeição constantes do Código de Processo Civil. 2. Caberia à suscitante demonstrar, cabalmente, no que residiria o apontado interesse dos julgadores em favorecer à parte adversa, providência, claramente, não observada, na espécie. 2.1. Com efeito, a falta de efetiva demonstração de fatos que possam macular a imparcialidade do julgador, ficando a alegação somente no campo da retórica, não rende ensejo ao acolhimento de exceção de suspeição. Precedentes do STJ: AgRg na ExSusp nº 87/GO, 2ª Seção, Rel. Min. Fernando Gonçalves, DJe de 16/9/2009; AgRg na ExSusp nº 93/RJ, 3ª Seção, Rel. Min. Jorge Mussi, DJe de 23/5/2009" (STJ, 2ª Sec., AgRg na ExSusp nº 113/SP, Rel. Min. Marco Buzzi, j. em 10/9/2014, DJe de 29/9/2014).

Art. 146 - No prazo de 15 (quinze) dias, a contar do conhecimento do fato, a parte alegará o impedimento ou a suspeição, em petição específica dirigida ao juiz do processo, na qual indicará o fundamento da recusa, podendo instruí-la com documentos em que se fundar a alegação e com rol de testemunhas.

§ 1º - Se reconhecer o impedimento ou a suspeição ao receber a petição, o juiz ordenará imediatamente a remessa dos autos a seu substituto legal, caso contrário, determinará a autuação em apartado da petição e, no prazo de 15 (quinze) dias, apresentará suas razões, acompanhadas de documentos e de rol de testemunhas, se houver, ordenando a remessa do incidente ao tribunal.

§ 2º - Distribuído o incidente, o relator deverá declarar os seus efeitos, sendo que, se o incidente for recebido:
I - sem efeito suspensivo, o processo voltará a correr;
II - com efeito suspensivo, o processo permanecerá suspenso até o julgamento do incidente.
§ 3º - Enquanto não for declarado o efeito em que é recebido o incidente ou quando este for recebido com efeito suspensivo, a tutela de urgência será requerida ao substituto legal.
§ 4º - Verificando que a alegação de impedimento ou de suspeição é improcedente, o tribunal rejeitá-la-á.
§ 5º - Acolhida a alegação, tratando-se de impedimento ou de manifesta suspeição, o tribunal condenará o juiz nas custas e remeterá os autos ao seu substituto legal, podendo o juiz recorrer da decisão.
§ 6º - Reconhecido o impedimento ou a suspeição, o tribunal fixará o momento a partir do qual o juiz não poderia ter atuado.
§ 7º - O tribunal decretará a nulidade dos atos do juiz, se praticados quando já presente o motivo de impedimento ou de suspeição.

I. Petição específica

A alegação de impedimento ou suspeição não se faz mais por exceção, como determinava o CPC/1973. Se não for declarada de ofício pelo juiz, o vício do impedimento ou da suspeição deverá ser alegado, no prazo de 15 dias, pela parte em "petição específica". Para a alegação de suspeição, o prazo de 15 dias é preclusivo. Diversamente, o impedimento poderá ser deduzido a qualquer momento e em qualquer grau de jurisdição. Por "petição específica" entenda-se manifestação da parte destinada exclusivamente para alegação do vício do impedimento ou da suspeição. Isso significa dizer que a "petição específica" não deverá comportar outro assunto que não o vício da parcialidade. Diferentemente do sistema processual penal (art. 98 do CPP), o CPC/2015 não exige procuração com poderes especiais para alegar o impedimento ou a suspeição. À luz do CPC/1973, parcela da jurisprudência não conhecia da exceção de impedimento ou de suspeição caso o interessado deixasse de exibir a procuração com poderes especiais no momento da arguição exigia, cujo entendimento não merece ser repedido, sob pena de serem violadas normas fundamentais do processo civil (legalidade, instrumentalidade, eficiência, entre muitas outras). Caso se exija, a parte que ofereceu a alegação de impedimento ou suspeição deverá ser intimada para complementar a documentação do incidente (procuração com poderes específicos). A "petição específica" será dirigida ao juiz sob o qual pesa a alegação de impedimento ou suspeição, devidamente fundamentada e instruída com os documentos em que se fundar o vício, acompanhada, ainda, do rol de testemunhas. O CPC/2015 não discrimina o número de testemunhas, aplicando-se, por isso, o disposto no art. 357, § 6º.

II. Declaração do impedimento ou da suspeição

Ao receber a "petição específica", o juiz poderá reconhecer o impedimento ou a suspeição. Nessa hipótese deverá o juiz, de imediato, remeter os autos ao seu "substituto legal", na forma da lei de organização judiciária, do regimento interno do tribunal, ou outro ato normativo do tribunal que porventura discipline a matéria.

III. Procedimento em caso de recurso do impedimento ou da suspeição

O juiz sob o qual se alega o impedimento ou a suspeição não pode julgar o incidente para declarar que inexiste o vício. A competência do incidente é do tribunal, especificamente do órgão indicado pelo regimento interno. Por esse motivo, caso o juiz não reconheça o vício, a "petição específica" deverá imediatamente ser autuada em apartado, gerando um incidente processual. Em seguida, no prazo de 15 dias, o juiz apresentará suas razões que serão acompanhadas de documentos e rol de testemunha, se houver. Antes de remeter o incidente ao tribunal, o juiz deverá dar ciência à parte contrária, em estrita obediência ao contraditório. No tribunal, o incidente será distribuído a um relator.

IV. Efeitos do incidente

O simples oferecimento da "petição específica" suspende o processo e durante esse período não serão praticados quaisquer atos até posterior deliberação do relator. Distribuído, o relator poderá receber o incidente sem efeito suspensivo, hipótese em que o processo voltará a correr, mediante a direção do próprio juiz sob o qual recai a alegação de impedimento ou suspeição. De outro lado, o relator poderá receber o incidente no efeito suspensivo, de modo que o processo permanece suspenso e, portanto, não serão praticados quaisquer atos até o julgamento do incidente. Enquanto não for declarado o efeito em que é recebido o incidente ou quando este for recebido com efeito suspensivo, a tutela de urgência, eventualmente necessária no processo, será requerida ao substituto legal.

V. Julgamento do incidente

O incidente será julgado pelo órgão competente do tribunal, indicado pelo regimento interno. A improcedência do impedimento ou da suspeição se dá por pronunciamento formal que pode eventualmente ser objeto de recurso. Se o incidente foi julgado unipessoalmente pelo relator, o recurso cabível é o agravo interno (art. 1.021). Na hipótese de julgamento colegiado, recurso especial e/ou recurso extraordinário, respeitados todos os requisitos constitucionais e legais a eles inerentes. Acolhida a alegação de impedimento ou suspeição, o tribunal condenará o juiz nas custas e remeterá os autos ao seu substituto legal. No caso de procedência do incidente, o juiz tem legitimidade para recorrer. Ainda no caso de ser acolhido o incidente, o tribunal fixará o momento a partir do qual o juiz não poderia ter atuado, decretando a nulidade de todos os atos processuais por ele praticados.

Art. 147 - Quando 2 (dois) ou mais juízes forem parentes, consanguíneos ou afins, em linha reta ou colateral, até o terceiro grau, inclusive, o primeiro que conhecer do processo impede que o outro nele atue, caso em que o segundo se escusará, remetendo os autos ao seu substituto legal.

I. Impedimento por juízes parentes

Segundo o art. 147, há impedimento para funcionar no mesmo processo juízes que forem parentes, consanguíneos ou afins, em linha reta ou colateral, até o terceiro grau, inclusive. O dispositivo repete a omissão do art. 136 do CPC/1973 ao não mencionar o cônjuge. Mas, pelos mesmos motivos que se extraem do art. 147, quando dois juízes forem cônjuges, o primeiro que conhecer da causa impede que o outro atue no processo. O mesmo vale para os companheiros. A norma em comento encontra seu paralelo no art. 128 da Lei Complementar nº 35/1979: "Nos Tribunais, não poderão ter assento na mesma Turma, Câmara ou Seção, cônjuges e parentes consanguíneos ou afins em linha reta, bem como em linha colateral até o terceiro grau". O impedimento decorre do nível de proximidade dos juízes que pode comprometer a imparcialidade. A expressão "conhecer do processo" significa proferir julgamento ou participar de julgamento colegiado.

Art. 148 - Aplicam-se os motivos de impedimento e de suspeição:
I - ao membro do Ministério Público;
II - aos auxiliares da justiça;

III - aos demais sujeitos imparciais do processo.§ 1º - A parte interessada deverá arguir o impedimento ou a suspeição, em petição fundamentada e devidamente instruída, na primeira oportunidade em que lhe couber falar nos autos.
§ 2º - O juiz mandará processar o incidente em separado e sem suspensão do processo, ouvindo o arguido no prazo de 15 (quinze) dias e facultando a produção de prova, quando necessária.
§ 3º - Nos tribunais, a arguição a que se refere o § 1º será disciplinada pelo regimento interno.
§ 4º - O disposto nos §§ 1º e 2º não se aplica à arguição de impedimento ou de suspeição de testemunha.

I. Alcance do impedimento e da suspeição para outros sujeitos do processo

Não é somente o juiz que deve funcionar com imparcialidade no processo. Outros sujeitos também podem ser impedidos ou suspeitos. O art. 148 diz que o impedimento e a suspeição podem alcançar o membro do Ministério Público, os auxiliares da Justiça e demais sujeitos imparciais do processo.

II. Ministério Público

Os arts. 176 a 181 cuidam da atuação do Ministério Público no processo.

III. Auxiliares da Justiça

Auxiliares da Justiça são sujeitos imparciais que atuam no processo para colaborar com o regular exercício da atividade jurisdicional e sem postular interesse. São auxiliares da Justiça, além de outros que a lei de organização judiciária estabelecer, que podem ter sua imparcialidade questionada: o escrivão, o chefe de secretaria, o oficial de justiça, o perito, o depositário, o administrador, o intérprete, o tradutor, o mediador, o partidor, o distribuidor, o contabilista e o regulador de avarias.

IV. Demais sujeitos imparciais

Além dos auxiliares da Justiça, há outros sujeitos imparciais. Por exemplo, mediadores, conciliadores, entre muitos outros.

V. Procedimento do impedimento e da suspeição

O vício do impedimento ou da suspeição deve ser alegado por "petição específica", que tem de ser fundamentada conforme os motivos enumerados nos arts. 144 e 145 e devidamente instruída com provas e rol de testemunha. O prazo para alegar o vício é na primeira oportunidade que a parte tem para se manifestar nos autos, ressalvado o impedimento ou a suspeição de perito, cujo prazo é de 15 dias contados da intimação de sua nomeação. Observe-se que, para a hipótese do art. 148, tanto o impedimento quanto a suspeição estão sujeitos à preclusão. Diversamente do que ocorre com impedimento de juiz, o funcionamento de membro do Ministério Público, auxiliar da Justiça ou demais sujeitos imparciais impedidos em processo com decisão já transitada em julgado não autoriza o ajuizamento da ação rescisória. A "petição específica" é autuada em apartado e gera um incidente processual, que não suspende o processo. A lei diz que o arguido será intimado para se manifestar no prazo de 15 dias, facultando-lhe a produção de prova. A parte que não suscitou o vício também dever ser intimada, tudo em obediência ao princípio do contraditório. Em seguida o juiz proferirá decisão, que não pode ser objeto de recorribilidade imediata por agravo de instrumento, salvo se a questão for suscitada em liquidação de sentença, cumprimento de sentença, processo de execução ou processo de inventário (art. 1.015, parágrafo único). A decisão não fica coberta pela preclusão caso proferida em processo de conhecimento, podendo ser suscitada em preliminar de apelação, eventualmente interposta contra a decisão final, ou contrarrazões de apelação (art. 1.009, § 1º).

VI. Procedimento do impedimento e da suspeição no tribunal

O procedimento para apurar o vício de impedimento ou suspeição de sujeito que deve funcionar no tribunal será regulado pelo regimento interno.

VII. Impedimento ou suspeição de testemunha

As hipóteses de impedimento e suspeição de testemunha estão arroladas no art. 447, §§ 2º e 3º, respectivamente. A alegação de impedimento ou suspeição da testemunha é feita em audiência, mediante contradita (art. 457, § 1º) para onde se remete com os comentários.

Capítulo III - Dos auxiliares da Justiça

Art. 149 - São auxiliares da Justiça, além de outros cujas atribuições sejam determinadas pelas normas de organização judiciária, o escrivão, o chefe de secretaria, o oficial de justiça, o perito, o depositário, o administrador, o intérprete, o tradutor, o mediador, o conciliador judicial, o partidor, o distribuidor, o contabilista e o regulador de avarias.

Autor: Luis Fernando Guerrero

I. Conceito de auxiliar da justiça

O aumento da complexidade social, com um número cada vez maior de tipos de demandas, bem como de simples quantidade de processos, torna necessária a ampliação da estrutura judicial de modo a acompanhar tal realidade.

Ademais, a demanda por maior acesso à Justiça, mote de diversas iniciativas nas três décadas finais do século XX, produziu seus resultados mais latentes nos anos 2000. Trata-se de um aumento exponencial nos processos trazidos ao Judiciário e nos novos atores que passaram a buscar a efetivação dos seus direitos. Cidadãos que estavam à margem da esfera jurisdicional foram nela incluídos.

Exatamente nesse sentido, a estrutural de pessoal dos tribunais também precisa ser não só aumentada, detalhada, de modo a conter um número crescente de profissionais com diferentes habilidades e aptos para atender às questões apresentadas pelas demandas propostas pelos cidadãos. Não por acaso, o rol enumerado de "auxiliares da justiça" existentes cresceu de 6, conforme o art. 139, *caput,* do CPC/1973, para 13, conforme o art. 149, *caput*, do CPC/2015, respectivamente. A expressão "além de outros", para indicar ainda que outros profissionais são "auxiliares da justiça", existe nas duas redações.

Não houve alteração, contudo, ao caráter teleológico da função de "auxiliares da justiça". Sob o regime do CPC/1973 ou do CPC/2015, o fato é que todos esses profissionais têm como função principal participarem da movimentação do processo de algum modo e auxiliarem o magistrado nessa condução e, ao final, permitir que essa confira a prestação jurisdicional. Tradicionalmente, os "Auxiliares da Justiça" não são mencionados como sujeitos do processo (tríade entre autor, juiz e réu), mas indubitavelmente permitem que o juiz participe de diversas relações processuais ao mesmo tempo e, ainda, conferindo a prestação jurisdicional (STJ, 4ª T., REsp nº 213799/SP, Rel. Min. Sálvio de Figueiredo Teixeira, unânime, j. em 24/6/2003, DJ de 29/9/2003, p. 253, e RT vol. 820, p. 188).

Como se verá a seguir, há uma grande heterogeneidade entre as funções que podem ser exercidas decorrente da grande heterogeneidade de demandas que podem ser apresentadas no Judiciário. Alguns desses auxiliares são permanentes ("esquema fixo do tribunal"), isto é, pertencem aos quadros do Poder Judiciário enquanto outros são eventuais, chamados a participar apenas em processos específicos e para exercer funções específicas.

II. Escrivão

O escrivão pertence ao denominado esquema fixo do tribunal. É responsável pelo auxílio mais próximo nas atividades do dia a dia do juiz na condução dos processos e pela prática de alguns atos por conta própria no processo, sem, no entanto, deixar de ter a função precípua de auxiliar o magistrado. Recebe essa denominação em função das Ordenações que vigeram no Brasil ainda Colônia e que serve para designar uma função típica da Justiça Estadual.

III. Chefe de secretaria

O chefe de secretaria, na verdade, é o escrivão da Justiça Federal. Exerce as mesmas funções e tem as mesmas atribuições do escrivão, como se verá a seguir, mas atuando em uma ou em outra esfera do Judiciário.

IV. Oficial de justiça

O oficial de justiça é o auxiliar do juiz para atividades externas e eventualmente acumula algumas funções internas. Tem a função precípua de levar ou anunciar as decisões e ordens dos magistrados até os seus destinatários. Também pertence ao chamado esquema fixo do tribunal.

V. Perito

Perito é o profissional cuja função é fornecer conhecimento ao magistrado acerca de questões técnicas e específicas. É muito comum sua atuação em processos que demandem conhecimento profundo nas áreas de Contabilidade, Economia, Engenharia, Medicina, por exemplo. Além de uma análise do caso, geralmente elabora um laudo técnico com o escopo de esclarecer ou elucidar uma determinada questão específica ao magistrado. Não pertence ao esquema fixo do Tribunal e é indicado por ter a confiança do magistrado.

VI. Depositário

Existem algumas demandas judiciais que dependem da guarda de objetos, de modo que seja garantido o seu resultado prático. É essa a função do depositário, guardar determinado objeto e restituí-lo quando determinado pelo magistrado. Em algumas circunstâncias, o depositário é uma das partes, que adquire também este encargo. Contudo, aqui, trata-se de um terceiro neutro, que não litiga nessa determinada demanda, que exerce tal função de modo remunerado. Também não pertence ao esquema fixo do tribunal, sendo remunerado pelas partes, ao final a sucumbente.

VII. Administrador

Outros tipos de demandas judiciais exigem que um profissional neutro assuma a administração de uma pessoa jurídica (sociedades, associações, etc.) ou *quasi* pessoas (espólios, condomínios, massas falidas, etc.). Nesse caso, um terceiro neutro é chamado a atuar de modo a também garantir o resultado útil do processo ao final da demanda. Esse profissional também não pertence ao esquema fixo do tribunal e é remunerado pelas partes, ao final a sucumbente.

VIII. Intérprete

O intérprete traduz a um terceiro aquilo que uma pessoa diz ou expressa. Não necessariamente em uma linguagem falada, mas também em sinais, no caso do código de libras ou o braile. Também não pertence ao esquema fixo do tribunal.

IX. Tradutor

Trata-se de uma função que não era especificada no CPC/1973. Nada mais é do que uma especificação de um gênero que pode ser atribuído ao intérprete. Especificamente, os tradutores têm conhecimentos em idiomas estrangeiros e realizam traduções escritas, especialmente de documentos, e orais, na hipótese de necessário depoimento de estrangeiros. Não pertence ao esquema fixo do tribunal, mas os denominados tradutores juramentais são certificados pelas Juntas Comerciais e são concursados, são os chamados tradutores juramentados.

X. Mediador

O mediador não estava indicado no CPC/1973, embora a sua existência e sua atuação venham crescendo ainda no bojo do antigo Código. Trata-se de uma atividade resultante da política de incentivo aos denominados métodos adequados de solução de conflitos, e a mediação encontrou ampla e destacada utilização. Trata-se de um método de solução de conflitos consensual, que guarda relação próxima com a conciliação e, excetuando-se o fato de que o mediador não propõe solução às partes, apenas tenta facilitar-lhe o canal de comunicação. O termo "mediação" passou a ser utilizado no Direito brasileiro a partir dos anos 1990 em legislações esparsas até o advento de projeto de lei específico no final da década. A Resolução nº 125 do CNJ regulou inicialmente a atividade no Judiciário em âmbito nacional. Antes, cada tribunal definia o funcionamento de seu núcleo de mediação. Não se sabe por qual motivo o legislador não indicou o adjetivo judicial ao substantivo mediador, o mesmo que foi feito com conciliador judicial. Talvez por um lapso, mas pertencerá ao esquema fixo do tribunal. A mediação também pode ser realizada extraprocessualmente.

XI. Conciliador judicial

O conciliador não estava indicado como auxiliar da justiça no CPC/1973, embora a conciliação como método adequado de solução de conflitos tivesse diversas disposições no antigo Código, que se ampliaram com o passar dos anos, especialmente com as reformas do início dos anos 2000 e a implantação das audiências preliminares. A iniciativa não teve os resultados práticos esperados, mas ampliou-se a utilização do instituto, previsto em nosso ordenamento jurídico desde a época colonial. Pertencerá ao esquema fixo do tribunal. A Resolução nº 125 do CNJ regulou inicialmente a atividade no Judiciário em âmbito nacional. Antes, cada tribunal também definia o funcionamento de seu núcleo de conciliação. A conciliação também pode ser realizada extraprocessualmente.

XII. Partidor

Atua o partidor especialmente em processos que envolvam Direito de Família e das Sucessões. Tem por incumbência realizar cálculos e elaborar plano de partilha de bens hereditários, em casos de menores como herdeiros, por exemplo, em caráter obrigatório, ou do casal, conforme necessário pelo regime de núpcias e litigiosidade da separação. Além disso, também analisa as partilhas que forem apresentadas nas demandas judiciais correlatas com esses temas. Pertence ao esquema fixo do tribunal. Não estava previsto especificamente no texto do CPC/1973 como auxiliar da justiça.

XIII. Contabilista

Pertence ao esquema fixo do tribunal, diferente do perito contábil, por exemplo. As funções também são diversas. O contabilista, nesse caso, será responsável por cálculos mais complexos, não simplesmente aritméticos, que algumas vezes são necessários nos processos e na verificação da regularidade das custas recolhidas e a recolher em demandas judiciais. *Também atua em situações em que há dúvidas nos cálculos realizados pelas partes.*

XIV. Regulador de avarias

Trata-se de profissional cuja denominação é originária do Direito Empresarial, embora seja existente e atue desde a época em que a disciplina ainda recebia a denominação técnica de Direito Comercial, em qualquer circunstância ou época de modo mais específico no Direito Marítimo e Securitário. Classifica os prejuízos causados por avaria grossa ou comum, feita pelo ajustador, fixando a contribuição de cada interessado e para fins de indenização. Via de regra, apura a responsabilidade, os direitos e deveres entre segurado e segurado. Considerando a maior relevância que o CPC/2015 aplica aos julgamentos do Tribunal do Mar, o profissional pode ganhar maior destaque. Não pertence ao esquema fixo do tribunal.

XV. Outros profissionais

Diversos profissionais podem ser necessários em uma demanda judicial. Sem que se possa indicar todos, sob pena de se esquecer de algum ou não abranger profissionais ou profissões ainda não existentes que se tornem necessárias, o legislador mantém uma cláusula geral como válvula de escape, já existente também no CPC/1973. São profissionais que se incluem nessa categoria, por exemplo, o liquidante, espécie de administrador, para casos de liquidação judicial, o escrevente, o técnico judiciário, o menor aprendiz, o estenotipista, enfim, diversos que ao longo do tempo exercem atividades no âmbito forense.

Ainda no contexto do processo eletrônico, profissionais das áreas de informática e processamento de dados ganham destaque no âmbito judicial, quer contratados ou terceirizados para o desenvolvimento, supervisão e manutenção de *softwares*, quer profissionais responsáveis pelo *help-desk* ou auxílio aos usuários.

Seção I - Do Escrivão, do Chefe de Secretaria e do Oficial de Justiça

Art. 150 - Em cada juízo haverá um ou mais ofícios de justiça, cujas atribuições serão determinadas pelas normas de organização judiciária.

I. O título da seção e a novidade na estrutura judicial

O artigo não encontra correspondentes no CPC/1973 e há ainda uma alteração no título da Seção "Do Escrivão, do Chefe de Secretaria e do Oficial de Justiça" em relação ao título presente no CPC/1973, qual seja "Do Serventuário e do Oficial de Justiça". No CPC/1973 a principal crítica era a de que não haveria motivos para destacar o oficial de justiça dos demais serventuários. Embora pudesse se discutir que o oficial de justiça fosse um serventuário com obrigações específicas de tal nível que justificariam essa diferenciação, o fato é que o CPC/2015 altera a lógica e classifica os oficiais de justiça, talvez por essa mesma especialidade, juntamente com os escrivães/chefes de secretaria.

A aproximação parece se justificar na medida em que todos esses profissionais, ainda que de modos diversos, como se analisará a seguir, são os responsáveis mais diretos pela efetivação das decisões judiciais.

II. A estrutura mínima da prestação jurisdicional pelo Judiciário

Trata-se de um reflexo da essência dos auxiliares da justiça. Para cada órgão jurisdicional, juízo, corresponderá um ofício responsável pelo seu suporte organizacional e operacional. Esse é o mínimo que o legislador considera necessário para que um órgão jurisdicional e judicial possa funcionar de modo a garantir a prestação jurisdicional, o funcionamento e a efetivação de todas as atividades a ela auxiliares.

Do ponto de vista de responsabilidade civil, essa aproximação de atividades também se verifica, posto que as regras a respeito desse tema, para ambas as categorias profissionais, são idênticas (CPC/2015, art. 155).

Art. 151 - Em cada comarca, seção ou subseção judiciária haverá, no mínimo, tantos oficiais de justiça quantos sejam os juízos.

I. Ainda a estrutura mínima da prestação jurisdicional pelo Judiciário

Esse artigo encontra correspondência no CPC/1973 (art. 140), embora com a redação um pouco alterada para indicar um mínimo de oficiais de justiça necessários em cada juízo, e não um número específico para o seu funcionamento. Além disso, exclui a determinação de que as atribuições desses profissionais seriam descritas pelas "normas de organização judiciaria". Não se trata, definitivamente, de alterações profundas, isto é, as regras de organização judiciária não deixarão de pautar e impor regras às atividades desses profissionais. O intuito do legislador para privilegiar a redação do Código, com menos destaque para as regras específicas de cada Estado. Contudo, na prática, não se imaginam mudanças.

Art. 152 - Incumbe ao escrivão ou chefe de secretaria:
I - redigir, na forma legal, os ofícios, os mandados, as cartas precatórias e os demais atos que pertençam ao seu ofício;
II - efetivar as ordens judiciais, realizar citações e intimações, bem como praticar todos os demais atos que lhe forem atribuídos pelas normas de organização judiciária;
III - comparecer às audiências ou, não podendo fazê-lo, designar servidor para substituí-lo;

IV - manter sob sua guarda e responsabilidade os autos, não permitindo que saiam do cartório, exceto:
a) quando tenham de seguir à conclusão do juiz;
b) com vista a procurador, à Defensoria Pública, ao Ministério Público ou à Fazenda Pública;
c) quando devam ser remetidos ao contabilista ou ao partidor;
d) quando forem transferidos a outro juízo em razão da modificação da competência;
V - fornecer certidão de qualquer ato ou termo do processo, independentemente de despacho, observadas as disposições referentes ao segredo de justiça;
VI - praticar, de ofício, os atos meramente ordinatórios.
§ 1º - O juiz titular editará ato a fim de regulamentar a atribuição prevista no inciso VI.
§ 2º - No impedimento do escrivão ou chefe de secretaria, o juiz convocará substituto e, não o havendo, nomeará pessoa idônea para o ato.

I. Redação de atos pelo escrivão

A "forma legal" mencionada no artigo deve ser interpretada de dois modos. O primeiro diz respeito à estrutura dos documentos a serem elaborados, que muitas vezes têm disposições legais específicas, bem como padrões de apresentação. O segundo modo está ligado à linguagem dos documentos, não só pelo respeito à norma culta vigente na língua portuguesa, mas adicionalmente pela solenidade do trato entre o órgão judicial e os destinatários da mensagem.

Os documentos elaborados, pela sua variedade, devem ser claros e atingir o destino específico conforme o receptor da mensagem. Por exemplo, os mandados, entregues às partes, devem ter todos os elementos e clareza necessários para que o contraditório e a ampla defesa possam se estabelecer e ser exercidos normalmente. De outro lado, documentos destinados a outros juízos podem ter um caráter eminentemente técnico relacionado ao serviço judiciário, embora, em situa-ções de Cartas Precatórias, se deve ter o cuidado das devidas adequações em face da possível diversidade de atividades dos órgãos judiciários ao redor do mundo.

II. Efetivação das ordens judiciais

O inciso II tem a mesma redação do CPC/1973. Basicamente o profissional com essa função deverá redigir os atos conforme o modelo legal e a linguagem adequada, encaminhando-os para a análise e aprovação do juiz, conforme o caso, sendo responsável pelo seu registro nos autos e pela comunicação das partes pelos meios disponíveis e adequados (medidas para publicação em diário oficial, encaminhamento aos oficiais de justiça ou envio pelo correio).

III. Escrivães, chefes de secretaria e oficiais de justiça em audiências

É algo que ainda se vê no dia a dia forense, mas não raro esses profissionais são substituídos por outros, dada a necessidade de sua presença no cartório ou o exercício de outras atividades no juízo que o magistrado considere mais importantes. A questão básica é a racionalização do serviço do juízo. Justifica-se a presença de profissional dessa qualificação, pois muitas decisões tomadas em audiências precisam ser efetivadas imediatamente ou de modo urgente. Ademais, a documentação dos atos processuais ocorridos em audiência também deve ser feita nas formas indicadas anteriormente.

IV. Guarda e controle dos autos dos processos

Os escrivães devem controlar o fluxo de movimentação dos processos, bem como eventuais saídas de autos das repartições pelas quais sejam responsáveis. Tudo isso para que a estrutura judicial tenha pleno controle dos processos sobre os quais atue e tome todas as medidas necessárias nas hipóteses de esquecimento de devolução por parte de profissionais que tenham acesso e possam retirar os autos de cartório, bem como restituir-lhes em caso de perda. Os autos deixam o cartório judicial mediante aquilo que se convenciona chamar de "carga", com o registro do destino e do destinatário, data de retirada, data prevista para retorno e motivo da retirada (STJ, 3ª T., REsp nº 724462/SP, Rel. Min. Nancy Andrighi, unânime, j. em 14/6/2007, DJ de 27/8/2007, p. 224).

Em geral as hipóteses de envio são temporárias, exceto pelo inciso V. Isto é, os autos deixam o cartório com determinação de retorno, exceto na hipótese de alteração de competência.

Embora tal circunstância seja comum na prática forense, o fato é que a informatização do processo judicial tornará essa responsabilidade, pelo menos no futuro, muito mais um aspecto histórico e pitoresco da história do Judiciário brasileiro. Sem dúvida vivemos um período revolucionário.

V. "Conclusão" dos autos ao juiz

Para tomar qualquer decisão, o magistrado precisa receber os autos do processo em seu gabinete. Esse ato é praticado pelo escrivão, que separa os autos do cartório e envia ao gabinete do magistrado de acordo com a estrutura presente no foro, malote, portador, correio, etc. Nessas circunstâncias o andamento processual indicará via de regra que os autos estão conclusos com o magistrado. Pode haver ainda determinação do magistrado para que essa conclusão se efetive, no despacho, via de regra, "J. Cls." (juntem-se. Conclusos).

VI. Envio aos representantes das partes

Os autos também podem ser enviados, mediante "carga", aos representantes das partes, procuradores em geral, advogados, mas também Defensoria Pública, Ministério Público ou Fazenda Pública, isto é, todos aqueles com capacidade postulatória, ainda que para situações específicas, e que atuem em processos poderão fazer carga dos autos desses processos a fim de analisá-los e tomar as providências necessárias. Esse envio também ocorre sob responsabilidade do escrivão.

VII. Envio dos autos para outros auxiliares da justiça do esquema fixo do tribunal

Diversos profissionais do esquema fixo do tribunal, em algumas circunstâncias, precisarão analisar autos de processos judiciais. Nesses casos, a responsabilidade de envio e de registro é do escrivão também, devendo zelar ainda pelo retorno dos autos com a máxima brevidade possível. Aplica-se a qualquer outro auxiliar da justiça, e não só ao contabilista e ao partidor.

VIII. Modificação da competência do juízo

Hipóteses de modificação de competências gerarão alterações na responsabilidade do escrivão pela guarda dos autos. É algo que acontece, por exemplo, com o acolhimento de exceções de incompetência ou de conhecimento *ex officio*, para casos de competências relativas, ou de acolhimento de preliminares de incompetência absoluta.

Trata-se da única hipótese de saída dos autos de cartório em que o escrivão, a partir do recebimento dos autos pelo outro cartório, deixará de ter a responsabilidade pela guarda dos autos. Essa responsabilidade, contudo, passará a ser de outro escrivão, aquele que atue no cartório a que os autos foram encaminhados.

IX. Fé pública e obrigação de fornecer certidão

Os atos processuais podem ser objeto de certidões que podem ser solicitadas por quaisquer interessados, não necessariamente partes, mas também terceiros. A única exceção a essa regra são aqueles processos dotados de "segredo de justiça", sob os quais informações não podem ser divulgadas quer pelas circunstâncias das partes, quer pelo objeto da discussão.

As certidões são dotadas de fé pública, registrando atos processuais praticados e a própria existência de relações processuais para fins diversos, que vão desde a utilização em outras demandas judiciais, passando por *due diligences* para a compra de empresas e pesquisas para a aquisição de imóveis (cf. CF, art. 52, inciso XXXIV, *b*, e STJ, 4ª T., REsp nº 1002702/BA, Rel. Min. Luis Felipe Salomão, unânime, j. em 26/10/2010, DJ de 4/11/2010).

X. Prática de atos ordinatórios

Trata-se de uma novidade em relação à atividade dos escrivães, que deixam de basicamente efetivar ou registrar atos processuais dos magistrados para praticar atos ordinatórios, de movimentação processual, sob coordenação e por delegação dos magistrados. É uma tentativa de permitir que os magistrados produzam mais e se concentrem na sua atividade jurisdicional, decidindo e pondo fim aos processos.

XI. Regulamentação judicial para a prática dos atos ordinatórios

O magistrado poderá determinar de que modo o escrivão que com ele trabalha poderá praticar atos ordinatórios. Certamente essa novidade trará discussões judiciais, visto que a extensão desses poderes não está delimitada e ficará relegada para a prática, e a análise será casuística. O limite parece ser o de que atos decisórios, de modo algum, possam ser praticados pelos escrivães.

XII. Substituição ou impossibilidade do escrivão

De *caput* de artigo a parágrafo de outro. Essa era a disposição do art. 142 do CPC/1973, que, sob a égide do CPC/2015, tornou-se um parágrafo. Não parece existir, contudo, nenhuma alteração prática, apenas organização da redação legal para tratar de uma exceção ou especificidade às regras enunciadas pelo *caput* e pelos incisos do artigo.

As hipóteses de impedimento e suspeição dos escrivães são as mesmas aplicadas aos juízes, e que serão comentadas oportunamente nesse Código. De qualquer modo, a alegação de impedimento ou suspeição deve ser realizada na primeira oportunidade e poderá gerar nulidades no processo. A importância que tais profissionais têm na condução do processo justifica essa consequência drástica, que só se aprofundará no CPC/2015, com a ampliação de suas funções, especialmente para a prática de atos ordinatórios.

O profissional substituto do escrivão suspeito ou impedido receberá os adicionais apenas durante o exercício da função, sem qualquer incorporação de benefícios aos seus vencimentos. Cessada a função, cessam também as contraprestações específicas (STJ, 5ª T., ROMS nº 7493/MG, Rel. Min. Gilson Dipp, unânime, j. em 18/2/1999, DJ de 15/3/1999, p. 262).

Art. 153 - O escrivão ou o chefe de secretaria atenderá, preferencialmente, à ordem cronológica de recebimento para publicação e efetivação dos pronunciamentos judiciais. (Redação dada pela Lei nº 13.256, de 4 de fevereiro de 2016)

§ 1º - A lista de processos recebidos deverá ser disponibilizada, de forma permanente, para consulta pública.

§ 2º - Estão excluídos da regra do caput:

I - os atos urgentes, assim reconhecidos pelo juiz no pronunciamento judicial a ser efetivado;

II - as preferências legais.

§ 3º - Após elaboração de lista própria, respeitar-se-ão a ordem cronológica de recebimento entre os atos urgentes e as preferências legais.

§ 4º - A parte que se considerar preterida na ordem cronológica poderá reclamar, nos próprios autos, ao juiz do processo, que requisitará informações ao servidor, a serem prestadas no prazo de dois dias.

§ 5º - Constatada a preterição, o juiz determinará o imediato cumprimento do ato e a instauração de processo administrativo disciplinar contra o servidor.

I. Ordem cronológica e o princípio da celeridade e da duração razoável do processo

O dispositivo foi incluído no ordenamento jurídico em decorrência do princípio da duração do processo. Por isso se trata de uma novidade em relação ao CPC/1973. É uma forma de organização macroscópica dos processos no cartório. O escrivão ou chefe de secretaria não são responsáveis apenas pela efetivação dos atos endoprocessuais, no interior dos processos, mas também por garantir a racionalização dos cartórios pelos quais são responsáveis.

A regra não se preocupa com a rapidez apenas. É um objetivo, um norte, uma direção para a efetivação dos atos processuais.

II. Ordem cronológica

A cientificação de atos processuais mediante publicações em Diários Oficiais, bem como a efetivação dos atos processuais, depende do respeito à ordem pelo qual chegam aos cartórios. E essa ordem é cronológica. Via de regra, preferencialmente, o primeiro ato enviado ao conhecimento do escrivão é o primeiro ato que deve ser praticado. A seguir serão tratadas as exceções.

III. Lista com os processos recebidos

Considerando a redação do *caput* do artigo, a lista a ser elaborada deverá conter os processos recebidos para a prática de atos processuais e o estabelecimento dos atos a serem praticados. Não parece ser o caso de uma mera indicação dos processos distribuídos ao cartório. Certamente a medida tem por objetivo permitir que o jurisdicionado cobre a celeridade e acompanhe os trabalhos do cartório.

IV. Exceções: atos urgentes

O inciso I dispõe acerca da primeira das exceções ao respeito à ordem cronológica para a prática dos atos processuais. Medidas de urgências e os atos delas decorrentes terão esse efeito ou essa condição se assim forem reconhecidos pelo magistrado. Não se trata de uma mera decorrência de atos considerados urgentes pelas partes, mas apenas daqueles assim identificados pelos magistrados.

V. Exceções: hipóteses determinadas em lei

No ordenamento jurídico existe uma série de circunstâncias que determinam a preferência de determinados grupos em relação a todos os jurisdicionados. É a expressão do princípio da igualdade (CF, art. 5º, *caput*) na vertente da igualdade substancial, sendo os desiguais tratados de modo diverso. Nesse contexto se enquadram os idosos e portadores de doença grave (Lei nº 12.008/2009 e art. 71 da Lei nº 10.741/2003, para o caso de idosos), bem como outras disposições legais como aquelas relativas a portadores de necessidades especiais (Lei nº 7.853/1989).

Os tribunais ainda poderão contar com listas específicas, contendo regras próprias para a tramitação dos feitos. É o caso, por exemplo, da Resolução nº 408/2009 do STF.

VI. A ordem cronológica dentro das exceções

A ideia de listagem e divulgação de informações aos jurisdicionados também deve ser realizada entre as exceções ao respeito à ordem cronológica dos processos. Desse modo, a lista deverá conter duas ordens para a prática de atos processuais, sempre com base no critério cronológico. A primeira ordem para os processos em geral e a segunda para os processos que envolvam pessoas com preferências legais e os atos urgentes. Esse último grupo terá os atos decorrentes de seus processos praticados de modo prioritário.

VII. Providências em caso de preterição na ordem

A elaboração das listas terá como grande objetivo permitir a fiscalização dos cartórios pelo jurisdicionado e pelos seus representantes. Aquela visão generalizada de que o processo é demorado será posta à prova e se verificará também em que local está o gargalo do processo civil brasileiro. A parte que se sentir preterida poderá reclamar nos próprios autos do processo. O juiz, verificando a reclamação, solicitará informações ao cartório.

VIII. A preterição constatada

Feita a reclamação nos próprios autos e constatada a preterição pelo magistrado, o juiz determinará o imediato cumprimento do ato, que terá prioridade em relação a todos os atos listados em sua respectiva categoria, e determinará a instauração de processo administrativo contra o servidor. A sanção para o desrespeito à ordem estabelecida ou às regras para o estabelecimento na ordem, como se vê, é bastante grave. O magistrado que deixar de responsabilizar o servidor que tenha desrespeitado a ordem pode sujeitar-se a sanção penal nos termos do art. 320 do Código Penal.

Art. 154 - Incumbe ao oficial de justiça:
I - fazer pessoalmente citações, prisões, penhoras, arrestos e demais diligências próprias do seu ofício, sempre que possível na presença de 2 (duas) testemunhas, certificando no mandado o ocorrido, com menção ao lugar, ao dia e à hora;
II - executar as ordens do juiz a que estiver subordinado;
III - entregar o mandado em cartório após seu cumprimento;
IV - auxiliar o juiz na manutenção da ordem;
V - efetuar avaliações, quando for o caso;
VI - certificar, em mandado, proposta de autocomposição apresentada por qualquer das partes, na ocasião de realização de ato de comunicação que lhe couber.
Parágrafo único - Certificada a proposta de autocomposição prevista no inciso VI, o juiz ordenará a intimação da parte contrária para manifestar- -se, no prazo de 5 (cinco) dias, sem prejuízo do andamento regular do processo, entendendo--se o silêncio como recusa.

I. Atos de comunicação e efetivações de decisões judiciais

O oficial de justiça é o responsável pelas diligências diretas de cientificação de atos processuais, bem como para a efetivação de decisões externamente. O oficial de justiça é o responsável pelas diligências externas para a prática dessas atividades. Internamente essa função é do escrivão.

O Código de Processo Civil tem diversas regras atinentes à atuação do oficial de justiça, a depender do tipo de procedimento em que os atos processuais devam ser realizados.

II. Presença de testemunhas

Apenas em atos que assim requeiram a presença de testemunhas será necessária. No geral, a presença pessoal do oficial de justiça e o registro em certidão pormenorizada dos atos praticados serão suficientes em decorrência da fé pública atribuída a ele (STJ, 5ª T., HC nº 138231/SP, Rel. Min. Jorge Mussi, unânime, j. em 2/3/2010, DJe de 5/4/2010).

III. Efetivação das ordens do juiz

Não há muito a explicar por tudo o que já se disse sobre essa obrigação do oficial de justiça e sua relação com o juiz.

Há duas situações, contudo, que podem ser explicitadas e que demandam alguma explicação. O primeiro caso trata das decisões proferidas e que devem ser cumpridas de modo urgente. Nesses casos, o oficial de justiça deve cumpri-las com o rigor exigido, sob pena de torná-las ineficazes, ainda que possam se sobrepor a outras decisões que precise efetivar. O segundo caso diz respeito a medidas eventualmente ilegai, as quais o oficial de justiça não estará obrigado a cumprir, sob pena de responder por improbidade administrativa (Lei nº 8.429/1992).

IV. O mandado e os autos do processo

A entrega do mandado em cartório imediatamente após o seu cumprimento tem o escopo de garantir a celeridade processual e a prática ágil dos atos processuais subsequentes. Com isso, o mandado será analisado pelo magistrado e pelas partes, tendo prosseguimento o processo e eventualmente analisando-se nulidades apontadas. De qualquer modo, ainda que haja nulidades, o grande objetivo é que os atos, ainda que refeitos, causem o menor transtorno possível no processo.

V. Manutenção da ordem

A redação presente no CPC/1973 foi simplificada no CPC/2015. Antes o oficial de justiça precisaria estar presente em audiências e auxiliar o magistrado na manutenção da ordem. Agora só a segunda obrigação está prevista. Assim, quando estiver no cartório, o oficial de justiça ajudará o juiz na manutenção da ordem, bem como nas antessalas de audiências.

VI. Avaliações

Trata-se de uma atividade recente no âmbito das atribuições dos oficiais de justiça que atuam na Justiça Comum Estadual (incluída no CPC/1973 pela Lei nº 11.382/2006). Na Justiça Federal, contudo, essa atribuição já estava prevista no art. 13 da Lei das Execuções Fiscais (Lei nº 6.380/1980). Para o exercício dessa função, o oficial de justiça pode se valer do auxílio de outros profissionais, tais como corretores e profissionais que atuem em setores específicos a fim de que possa exercer esse mister de modo adequado.

VII. Postura ativa no processo autocompositivo

O incentivo aos chamados métodos adequados de solução de conflitos tem mais um destaque com essa disposição legal inovadora acerca das funções do oficial de justiça. Se, ao comunicar algum ato, receber a informação de uma das partes sobre interesse na autocomposição, o oficial deve certificar a proposta em seu mandado. O Código, nesse caso, foi muito feliz em tratar o gênero autocomposição e mais ainda por tornar os oficiais de justiça mensageiros dos métodos de solução de conflitos em geral.

VIII. A consequência da certificação e a autocomposição

Trata-se da expressão máxima da autonomia da vontade das partes para a realização dos métodos autocompositivos.

Se houver certificação de proposta de autocomposição, o juiz intimará a parte contrária para se manifestar no prazo de cinco dias sobre a possibilidade da autocomposição. Caso a resposta seja positiva, processos de conciliação ou mediação poderão ser utilizados. Em caso negativo, e o silêncio também será tomado como uma recusa, o andamento processual não será prejudicado. Incentivam-se, portanto, os métodos adequados de solução de conflitos, mas sem permitir que essa intenção seja usada como subterfúgio para obstar o andamento do processo.

Art. 155 - O escrivão, o chefe de secretaria e o oficial de justiça são responsáveis, civil e regressivamente, quando:
I - sem justo motivo, se recusarem a cumprir no prazo os atos impostos pela lei ou pelo juiz a que estão subordinados;
II - praticarem ato nulo com dolo ou culpa.

I. Obrigação da prática de atos

Os escrivães, chefes de secretaria e oficiais de justiça devem praticar os atos a eles atribuídos, sob pena de responderem civilmente pelos prejuízos que causarem. Trata-se de conduta omissiva. Há uma excludente de ilicitude prevista no próprio texto legal, que é a existência de um "justo motivo" de modo a justificar a renúncia de um determinado ato imposto pela lei ou pelo juiz (as duas fontes das obrigações dos mencionados profissionais).

A responsabilidade civil prescrita nesse artigo é o reverso da fé pública conferida aos atos dos escrivães, dos oficiais de justiça e dos chefes de secretaria (STJ, 2ª T., REsp nº 765007/MG, Rel. Min. Eliana Calmon, unânime, j. em 15/5/2007, DJ de 28/5/2007).

II. A quantificação da indenização

A responsabilidade civil nesse caso não diferirá de dificuldades encontradas em outros campos no tocante à quantificação de eventual indenização. De qualquer modo, ainda que difícil, a apuração deve se dar caso a caso, na extensão da causa, recusa, em face da consequência, danos experimentados.

Essas condutas podem ser crimes também, arts. 317 e 319 do Código Penal, dentre outros, conforme o caso. De outro lado, os profissionais aqui indicados também estarão sujeitos a processos e sanções de ordem administrativa.

III. Prática de ato nulo

O custo do processo e os prejuízos causados por atos praticados de modo inútil são responsabilidade atribuída ao oficial de justiça, ao escrivão e ao chefe de secretaria, conforme o caso. De modo doloso ou culposo tais profissionais responderão pelos prejuízos causados. Trata-se de uma expressão palpável do princípio da economia processual (CF, art. 5º, inciso LXXVIII) norteando o funcionamento do sistema processual. Com a menor quantidade de recursos, devem ser obtidos resultados máximos.

O mesmo comentário do artigo anterior também se aplica no tocante a consequências penais e administrativas.

Seção II - Do perito

Art. 156 - O juiz será assistido por perito quando a prova do fato depender de conhecimento técnico ou científico.

§ 1º - Os peritos serão nomeados entre os profissionais legalmente habilitados e os órgãos técnicos ou científicos devidamente inscritos em cadastro mantido pelo tribunal ao qual o juiz está vinculado.

§ 2º - Para formação do cadastro, os tribunais devem realizar consulta pública, por meio de divulgação na rede mundial de computadores ou em jornais de grande circulação, além de consulta direta a universidades, a conselhos de classe, ao Ministério Público, à Defensoria Pública e à Ordem dos Advogados do Brasil, para a indicação de profissionais ou de órgãos técnicos interessados.

§ 3º - Os tribunais realizarão avaliações e reavaliações periódicas para manutenção do cadastro, considerando a formação profissional, a atualização do conhecimento e a experiência dos peritos interessados.

§ 4º - Para verificação de eventual impedimento ou motivo de suspeição, nos termos dos arts. 148 e 467, o órgão técnico ou científico nomeado para realização da perícia informará ao juiz os nomes e os dados de qualificação dos profissionais que participarão da atividade.

§ 5º - Na localidade onde não houver inscrito no cadastro disponibilizado pelo tribunal, a nomeação do perito é de livre escolha pelo juiz e deverá recair sobre profissional ou órgão técnico ou científico comprovadamente detentor do conhecimento necessário à realização da perícia.

Autora: Renata Polichuk Marques

I. Prova pericial

A prova pericial, também conhecida como prova técnica, visa auxiliar o juízo quando da análise de questões que demandam conhecimento técnico ou científico específico. A prova pericial consiste no exame, vistoria ou avaliação de fatos controversos no processo (CPC, art. 464 e seguintes).

Não é demais lembrar que a prova pericial não consiste em mera opinião do *expert* com relação aos fatos que lhe são apresentados, mas, em verdade, na resposta aos quesitos expressamente formulados pelos sujeitos processuais, incluso, o próprio juiz (CPC, art. 470, inciso II), ficando o perito vinculado à apreciação dos fatos, mediante respostas e explicações objetivas, com o escopo de facilitar o entendimento do juízo a respeito daquelas situações fáticas específicas, sob a ótica da técnica e da compreensão dos aspectos técnico e científicos concretos (ver CPC, art. 473).

Por evidente, a opinião empregada pelo perito na prova pericial não vincula a decisão do juízo, servindo a esclarecer e explicar determinados fatos, permitindo ao juiz o melhor exercício de sua função jurisdicional (CPC, art. 479), porém atraindo o ônus da fundamentação mais densa no caso de desconsideração ou julgamento contrário à prova técnica existente nos autos.

Embora não seja objeto de análise, neste momento do texto legal, cumpre observar que a prova pericial poderá ser substituída pela denominada "prova técnica simplificada" (CPC, art. 464), o que, contudo, não exclui, sobremaneira, a presença do perito, apenas altera a forma de sua atuação, simplificando o procedimento.

Igualmente poderá esta modalidade de prova ser dispensada nos termos do art. 472 deste Código.

II. Perito

O perito deverá ser especialista no ramo do conhecimento cuja perícia se realizará. Assim, o denominado *expert* deve ter domínio da literatura e da prática do ramo do conhecimento em que atua, devendo, necessariamente, exibir suas credenciais que o habilitam para tanto.

Embora auxilie o Poder Judiciário, o perito não será necessariamente um servidor público. Assim, ao perito particular caberá o percebimento de honorários nos termos do art. 465, § 4º, deste Código. Como, também, ao perito público poderá caber ressarcimento ao Estado (CPC, art. 95, § 4º).

Perceba-se que os honorários periciais deverão ser adiantados pelas partes, em regra pela parte que requereu a prova, ou repartidos entre as partes em caso de prova de ofício ou requerimento mútuo. Ao beneficiário da justiça gratuita será assegurado o direito à produção da prova, sem o respectivo adiantamento pela parte com preferência da nomeação de servidores públicos (CPC, art. 478, § 1º), como também sem exclusão da remuneração do perito particular realizada pelo Poder Público (CPC, art. 95, § 3º). Neste compasso, ao perito particular nomeado pelo juízo ou escolhido pelas partes será sempre assegurada a remuneração nos termos desta lei. O texto legal formaliza recomendação já expedida pelo Conselho Nacional de Justiça por meio da Resolução nº 127, de 15 março de 2011.

III. Cadastro de auxiliares da justiça

Os peritos serão nomeados pelos magistrados, que o farão tendo em conta a especialidade que a prova demanda, bem como sua complexidade, buscando os profissionais adequados a servirem a este ofício no caso concreto.

Para o exercício da função de perito o juiz poderá nomear, além dos profissionais legalmente habilitados, também órgãos técnicos ou científicos capacitados, estendendo a estes a obrigação de comunicação ao juízo dos agentes envolvidos na perícia para fins de apuração de eventuais suspeições e impedimentos que são, obviamente, pessoais.

Para auxiliar o juízo nesta nomeação, surge a obrigatoriedade da formação e manutenção de um cadastro, junto ao tribunal respectivo, dos profissionais e órgãos habilitados ao exercício do ofício. O cadastro deve ser criado mediante consulta pública, além de consulta direta a universidades, a conselhos de classe, ao Ministério Público, à Defensoria Pública e à OAB.

O cadastro de auxiliares da justiça não é, necessariamente, uma novidade introduzida pela norma processual de 2015, mas uma normatização e regulamentação de uma prática que já vinha sendo realizada em âmbito estadual por alguns tribunais estaduais (Instrução Normativa nº 4/2014 do Tribunal de Justiça do Estado do Paraná e Provimento nº 797/2003 do Tribunal de Justiça do Estado de São Paulo.) em atendimento às recomendações do Conselho Nacional de Justiça através do art. 2º da Resolução nº 127, de 15 de março de 2011.

Através do gerenciamento de tecnologia da informação é capaz de criar-se um sistema que garanta igualdade de condições entre os interessados em auxiliar a justiça, aumentando a impessoalidade das nomeações, como também permitindo maior controle e fiscalização, contribuindo potencialmente para a eficiência desta atuação.

O cadastro será fiscalizado periodicamente, com avaliação dos inscritos, a fim de verificar-se sua atuação, a necessária atualização e suas experiências. Permitindo que o cadastro mantenha-se dinâmico e atualizado.

Neste contexto, a livre nomeação pelo juiz, fora dos limites do cadastro existente, fica restrita a situações excepcionais, nas quais não seja possível a utilização deste, devendo, contudo, serem cumpridos os requisitos quanto à comprovação da capacidade técnica e científica daquele que exercerá a função de perito.

IV. Prova de autenticidade ou falsidade de documento e prova médico-legal

Quanto à análise da autenticidade ou falsidade de documento, assim como da prova de natureza médico-legal, a nomeação deve recair, preferencialmente, entre os técnicos dos estabelecimentos oficiais especializados (CPC, art. 478). Surge, pois, a preferência na interação entre os poderes do Estado que devem prestar auxílio mútuo como já preconizado pelo texto Constitucional.

V. Julgados

Qualificação técnica

Ementa: "DECISÃO: ACORDAM os integrantes da Décima Terceira Câmara Cível do Tribunal de Justiça do Estado do Paraná, por unanimidade de votos, em CONHECER e

NEGAR PROVIMENTO ao recurso, nos termos do voto da Desembargadora Relatora. EMENTA: AGRAVO DE INSTRUMENTO – PEDIDO DE NOVA AVALIAÇÃO JUDICIAL DO BEM IMÓVEL PENHORADO – IMPUGNAÇÃO AO PERITO NOMEADO, POR NÃO POSSUIR QUALIFICAÇÃO TÉCNICA FORMAL DE ENGENHEIRO CIVIL OU AGRÔNOMO – AUSÊNCIA DE INSURGÊNCIA NO MOMENTO OPORTUNO – PRECLUSÃO, CONSOANTE PRECEDENTES DO STJ – HIPÓTESE, ADEMAIS, EM QUE O PROFISSIONAL NOMEADO É PERITO IMOBILIÁRIO, COM CADASTRO NO CNAI (CADASTRO NACIONAL DE AVALIADORES DE IMÓVEIS) E NO CRECI (CONSELHO REGIONAL DE CORRETOR DE IMÓVEIS), DE MODO QUE POSSUI CAPACIDADE TÉCNICA SUFICIENTE PARA AVALIAÇÃO DE BENS IMÓVEIS – NÃO CONFIGURAÇÃO DE DOLO, ERRO DO AVALIADOR OU DÚVIDA AO VALOR ATRIBUÍDO AO IMÓVEL NA AVALIAÇÃO – AUSÊNCIA DE ELEMENTOS AUTORIZADORES DE NOVA AVALIAÇÃO – ARTIGO 873 DO CPC/15 - LAUDO BEM FUNDAMENTADO, COM DESCRIÇÃO DE TODAS AS BENFEITORIAS – ASSISTENTE TÉCNICO QUE ADOTOU O MÉTODO COMPARATIVO PARA AVALIAÇÃO DO BEM, SEM, CONTUDO, INDICAR VALORES DE OUTROS IMÓVEIS – INEXISTÊNCIA DE ELEMENTOS PROBATÓRIOS QUANTO À EVENTUAL DISPARIDADE DOS VALORES INDICADOS PELO AVALIADOR JUDICIAL COM OS VALORES PRATICADOS NO MERCADO IMOBILIÁRIO LOCAL – AUSÊNCIA DE PLANILHA COMPARATIVA NESSE SENTIDO OU OUTRO VALOR PARA O FIM DE COMPARAÇÃO – MANUTENÇÃO DA DECISÃO. RECURSO CONHECIDO E DESPROVIDO" (TJPR, 13ª C.Cível, AI nº 1546915-3 - Assis Chateaubriand, Rel. Josély Dittrich Ribas, unânime, j. em 15/3/2017).

Ementa: "RECURSO DE APELAÇÃO CÍVEL – AÇÃO DE COBRANÇA – DPVAT - PERÍCIA MÉDICA – NOMEAÇÃO DE PERITA GINECOLOGISTA – IRRESIGNAÇÃO DA PARTE AUTORA – PEDIDO DE NOVA PERÍCIA – CABIMENTO – PREQUESTIONAMENTO EXPLÍCITO – DESNECESSIDADE – SENTENÇA ANULADA - RECURSO PROVIDO. É consabido que embora o juiz seja o destinatário da prova, e a nomeação do perito seja feita à sua discricionariedade, nos termos do Art. 465 e 466 do CPC/15, o mesmo não pode olvidar-se que a prova pericial tem por finalidade de esclarecer questões técnicas e científicas, devendo ser realizada por profissional com o pleno conhecimento da matéria e dotado de habilitação técnica para a elaboração do laudo pericial. Tratando-se de acidente automobilístico que resultou em lesões de ordem traumáticas, nada mais coerente que o médico que irá avaliar as lesões sofridas pelo autor seja especialista na área demandada, pois assim terá melhores condições técnicas de elucidar o grau de invalidez e do nexo causal entre a aludida enfermidade e o acidente noticiado nos autos. É desnecessário o chamado prequestionamento explícito, sendo suficiente que o Julgador exponha, de forma clara e precisa, os argumentos de sua convicção com incidência das normas legais ou jurisprudência em que baseia sua decisão" (TJMT, 5ª Câmara Cível, Ap nº 15888/2017, Des. Cleuci Terezinha Chagas Pereira da Silva, j. em 26/4/2017, publ. no DJe de 8/5/2017).

Remuneração

Ementa: "HONORÁRIOS DO PERITO – SEGURO OBRIGATÓRIO DPVAT – Decisão que deferiu a produção de prova pericial, para tanto nomeou perito e atribuiu o pagamento dos honorários à ré – Cabimento – Ônus da prova e custeio com honorários periciais pela requerida – Aplicável ao caso as normas do Código de Defesa do Consumidor – Inversão cabível nos termos do art. 373, § 1º, do NCPC – Decisão mantida – Recurso improvido" (TJSP, 25ª Câmara de Direito Privado, AI nº 2037192-40.2017.8.26.0000, Rel. Des. Claudio Hamilton, publ. 20/4/2017).

Ementa: "AGRAVO DE INSTRUMENTO. LOCAÇÃO DE IMÓVEL. FASE DE CUMPRIMENTO DE ACORDO JUDICIAL. DECISÃO AGRAVADA QUE REJEITOU A IMPUGNAÇÃO À ESTIMATIVA DE HONORÁRIOS PERICIAIS, ARBITRANDO-OS EM R$ 3.500,00. AVALIAÇÃO DE IMÓVEL CONSISTENTE EM TERRENO DE 135 M². TABELA DE HONORÁRIOS DO ÓRGÃO DE CLASSE QUE NÃO VINCULA AS PERÍCIAS JUDICIAIS. MERA AVALIAÇÃO QUE NÃO REQUER CONHECIMENTOS DE ENGENHARIA, PODENDO, INCLUSIVE, SER REALIZADA POR CORRETORES DE IMÓVEIS. ACOLHIDA A IMPUGNAÇÃO PARA ARBITRAR OS HONORÁRIOS PERICIAIS EM R$ 2.350,00, VALOR QUE SE APROXIMA

DA PRIMEIRA ESTIMATIVA DE HONORÁRIOS FEITA PELO MESMO PERITO ANTERIORMENTE AO ACORDO CELEBRADO ENTRE AS PARTES. Recurso provido" (TJSP, 25ª Câmara de Direito Privado, Agravo de Instrumento nº 2025996-73.2017.8.26.0000, Rel. Des. Edgard Rosa, publ. em 22/5/2017).

Ementa: "APELAÇÃO – BENEFÍCIO PREVIDENCIÁRIO – ACIDENTE DE TRABALHO – PERDA TOTAL OU PARCIAL DA CAPACIDADE LABORAL – PROVA PERICIAL – IMPRESCINDIBILIDADE. GRATUIDADE DA JUSTIÇA – HONORÁRIOS DO PERITO – PAGAMENTO – OBRIGAÇÃO DO ESTADO DE MATO GROSSO. SENTENÇA – NULIDADE – DECRETAÇÃO. A prova pericial é indispensável à comprovação da perda total ou parcial da capacidade laboral, em decorrência de acidente de trabalho. Compete ao Estado de Mato Grosso responder pelos honorários do perito, presente a gratuidade da justiça. A não realização de perícia, quando indispensável, importa em cerceamento de defesa, a impor a declaração de nulidade da sentença. Recurso provido" (TJMT, 4ª Câmara Cível, Ap nº 92099/2016, Des. Luiz Carlos da Costa, j. em 7/3/2017, publ. no DJe de 15/3/2017).

"AGRAVO DE INSTRUMENTO – HONORÁRIOS PERICIAIS – PROVA TÉCNICA DE ENGENHARIA – PROPOSTA ONEROSA – FIXAÇÃO EM VALOR ELEVADO – SUBSTITUIÇÃO DO PERITO. POSSIBILIDADE. Diante da discordância com o elevado valor de honorários apresentado pelo perito para a realização de prova técnica de engenharia e da fixação em valor ainda elevado, é cabível a substituição do perito na tentativa de se obter proposta mais razoável" (TJMG, 9ª Câmara Cível, AI nº 10024142661826001, Rel. Des. Luiz Artur Hilário, publ. 8/11/2016).

Art. 157 - O perito tem o dever de cumprir o ofício no prazo que lhe designar o juiz, empregando toda sua diligência, podendo escusar-se do encargo alegando motivo legítimo.

§ 1º - A escusa será apresentada no prazo de 15 (quinze) dias, contado da intimação, da suspeição ou do impedimento supervenientes, sob pena de renúncia ao direito a alegá-la.

§ 2º - Será organizada lista de peritos na vara ou na secretaria, com disponibilização dos documentos exigidos para habilitação à consulta de interessados, para que a nomeação seja distribuída de modo equitativo, observadas a capacidade técnica e a área de conhecimento.

I. Deveres do perito

O perito – como o próprio nome, título e capítulo no qual está inserido indicam – é um auxiliar da justiça, devendo, por evidente, servir à *Justiça* em sua acepção técnica, relacionada ao Poder Judiciário, como também em sua acepção filosófica, aproximando-se de um agir justo e desprendido de demais interesses meta jurídicos (pessoais, econômicos, políticos, etc.).

Na condição de auxiliar da justiça, o perito goza de fé pública e deve sujeitar-se ao código de ética de sua categoria. Exemplificativamente, o Código de Ética Médica cria no Capítulo XI, arts. 92 a 95, que estabelece vedações ao médico que exerce esta função.

Embora a lei não preveja sanção específica, fica o perito obrigado à observância dos limites da atuação que lhe é submetida e aos prazos fixados pelo juízo, podendo, excepcionalmente, pedir sua prorrogação (ver CPC, art. 476).

II. Escusa do ofício

Como dito, o perito deve buscar os ideais de justiça, e, por isso, não deve atuar quando existirem motivos e fundamentos que o impeçam de agir dentro destes limites, observadas, em especial, sua capacidade técnica, independência e imparcialidade.

Portanto, se o perito não se sentir apto ao exercício do seu dever, seja por razões técnicas ou jurídicas, deve escusar-se de cumpri-lo, sempre indicando o motivo pelo qual o faz.

O perito tem direito ao percebimento de seus honorários e é seu dever estabelecê-lo em parâmetros razoáveis ao trabalho a ser realizado dentre de critérios objetivos. Todavia, a redução do valor ou a exigência de que o pagamento seja realizado somente ao final podem justificar a recusa na realização do trabalho pericial.

III. Impedimento e suspeição

A escusa no cumprimento da nomeação, também, pode se dar por razão de impedimento ou suspeição (CPC, arts. 142, inciso II, e 467).

O impedimento é orientado por critérios objetivos previstos no art. 144, enquanto a suspeição está prevista no art. 145 deste código e reúne questões subjetivas que poderão, em ambos os casos, implicar perda da imparcialidade dos agentes com relação aos quais é alegada.

A imparcialidade do perito é inafastável, tendo em vista que ele auxiliará na tomada de decisões do Poder Judiciário, podendo sua opinião influenciar no julgamento da lide, pelo que lhe impõe o dever de imparcialidade. Estando o perito tendente a beneficiar ou prejudicar qualquer das partes, sua atuação não será indene e deverá ser afastada.

Neste caso o afastamento do perito pode se dar pela iniciativa do próprio auxiliar, ou ainda mediante provocação das partes.

IV. Nomeação do perito

Como já alinhavado, a nomeação do perito deve se dar pelo juiz. Todavia, com a criação do cadastro de auxiliares e listas dos habilitados para o exercício da função, a livre nomeação do juiz fica reservada apenas às localidades onde no cadastro não exista profissional ou órgão cadastrados, mantida a necessidade de comprovação de capacidade técnica para a perícia nomeada.

Não obstante, a norma processual permite às partes a escolha do perito, dispensando-se a nomeação pelo juízo. Todavia, a escolha do perito pelas partes somente poderá acontecer quando houver acordo entre as partes (em causas que admitem autocomposição) e sendo as partes capazes, como disporá o art. 471 desta lei.

As listas permitem, ainda, que as partes conheçam previamente os profissionais habilitados em sua localidade e suas qualificações. Igualmente, permite que a nomeação seja imparcial, buscando-se a justa distribuição entre os habilitados.

V. Julgados

Legitimidade do perito

EMENTA: "EMBARGOS DE DECLARAÇÃO. ACÓRDÃO QUE DEU PROVIMENTO AO RECURSO DE AGRAVO DE INSTRUMENTO PARA ANULAR A NOMEAÇÃO DO ADMINISTRADOR COMO PERITO JUDICIAL. INSURGÊNCIA DE TERCEIRO/ADMINISTRADOR. AUSÊNCIA DE LEGITIMIDADE, IN CASU, PARA RECORRER (ART. 996 DO CPC/15). AUXILIAR DA JUSTIÇA (ART. 149 , CPC/15). PERITO/ADMINISTRADOR QUE POSSUI LEGITIMIDADE APENAS PARA QUESTÕES ENVOLVENDO HONORÁRIOS PERICIAIS, QUANDO JÁ REALIZADO A PERÍCIA. EMBARGOS DE DECLARAÇÃO NÃO CONHECIDOS" (TJPR, 14ª C. Cível, EDC nº 1406986-8/01 – Toledo, Rel. Maria Roseli Guiessmann, unânime, j. em 22/3/2017).

Recusa do perito

EMENTA: "AGRAVO DE INSTRUMENTO. AÇÃO DE INDENIZAÇÃO. DETERMINAÇÃO DE PROVA PERICIAL MÉDICA. RECUSA DO ENCARGO DE PERITO PELO PROFISSIONAL NOMEADO. POSSIBILIDADE, DESDE QUE APRESENTADO MOTIVO LEGÍTIMO. ART. 146 DO CPC/73 (ART. 157, NCPC). ALEGADO EXCESSO DE TRABALHO. COMPROVAÇÃO DE QUE O MÉDICO JÁ ATUA COMO PERITO EM DIVERSOS PROCESSOS. ACÚMULO DE SERVIÇO QUE AUTORIZA A DISPENSA. DECISÃO SINGULAR CONFIRMADA. RECURSO NÃO PROVIDO" (TJPR, 10ª C. Cível, AI nº 1487209-4-Londrina, Rel. Lilian Romero, unânime, j. em 25/8/2016).

Impugnação a nomeação do perito

"IMPUGNAÇÃO AO PERITO JUDICIAL – Rejeitada pela instância singular – Pertinência das razões recursais – Cumprimento de sentença no qual a prova servirá somente a apurar prejuízos em razão da contrafação já reconhecida nas duas instâncias de julgamento – Discussão eminentemente contábil – Impertinência da nomeação de perito com especialidade em engenharia mecânica, pois inexistente qualquer necessidade de análise no âmbito de violação de patente – Necessidade de substituição do perito evidenciada – Decisão reformada – Recurso provido" (TJSP, 2ª Câmara Reservada de Direito Empresarial, Agravo de Instrumento nº 2260432-45.2015.8.26.0000, Rel. Des. Ricardo Negrão, publ. 23/9/2016).

Proposta de honorários razoável

EMENTA: "AGRAVO DE INSTRUMENTO. DECISÃO AGRAVADA QUE REJEITOU O PLEITO DE REDUÇÃO DOS HONORÁRIOS PERICIAIS. RECURSO DA PARTE RÉ. ALEGAÇÃO DE QUE O ÔNUS DO PAGAMENTO DOS HONORÁRIOS PERICIAIS INCUMBE À PARTE AUTORA. NÃO CONHECIMENTO. PRECLUSÃO. PLEITO PELA REDUÇÃO DOS HONORÁRIOS ADVOCATÍCIOS. DESCABIMENTO. AUSÊNCIA DE IMPUGNAÇÃO OBJETIVA DOS CRITÉRIOS UTILIZADOS PELO PERITO PARA CHEGAR AO VALOR PROPOSTO – SIMPLES COMPARAÇÃO COM OUTROS JULGADOS. PERÍCIA CONTÁBIL DE DUAS CONTAS CORRENTES. VALOR DE HONORÁRIOS QUE ATENDE AOS PRINCÍPIOS DA PROPORCIONALIDADE E DA RAZOABILIDADE E SE MOSTRA RAZOÁVEL PARA REMUNERAR O TRABALHO A SER DESENVOLVIDO. PLEITO PELA SUBSTITUIÇÃO DO PERITO. IMPOSSIBILIDADE. RECURSO CONHECIDO EM PARTE E, NA PARTE CONHECIDA, NÃO PROVIDO" (TJPR, 13ª C. Cível, AI nº 1514766-3-Foz do Iguaçu, Rel. Rosana Andriguetto de Carvalho, unânime, j. em 17/8/2016).

Art. 158 - O perito que, por dolo ou culpa, prestar informações inverídicas responderá pelos prejuízos que causar à parte e ficará inabilitado para atuar em outras perícias no prazo de 2 (dois) a 5 (cinco) anos, independentemente das demais sanções previstas em lei, devendo o juiz comunicar o fato ao respectivo órgão de classe para adoção das medidas que entender cabíveis.

I. Responsabilidade do perito

O perito está expressamente dispensado de assinar termo de compromisso (CPC, art. 466), o que obviamente não exclui o seu dever de bem servir à justiça, em especial no que diz respeito à veracidade de suas informações. Nestes casos, rompidas as obrigações do perito, e, causando prejuízo às partes, o perito assume a responsabilidade pela indenização proporcional ao prejuízo causado.

Perceba-se que a norma cria, expressamente, modalidade de responsabilidade subjetiva, porém mais extensiva do que a responsabilidade por erro judiciário, uma vez que admite a indenização na modalidade culposa, ou seja, não é necessária a intenção de causar dano às partes, basta a existência dos elementos caracterizados da culpa, quais sejam: negligência, imprudência ou imperícia.

Nos casos em que a culpa é apurada, deve o juiz comunicar os órgãos de classe de que, além das sanções processuais previstas – inabilitação para atuação como perito – pode o perito sofrer as sanções disciplinares de sua classe, além de eventuais sanções criminais (CP, art. 342).

É importante que se diga que o impedimento no exercício do ofício será aplicado pelo próprio magistrado da causa, porém a responsabilidade decorrente dos danos causados às partes demandará ação autônoma. Desta forma, o contraditório apenas está assegurado para responsabilização civil e penal, sendo que a sanção aplicada no bojo do processo onde ocorreu atuação desafia mandado de segurança.

II. Julgado

Responsabilidade do perito

"PREVIDENCIÁRIO. PROCESSUAL CIVIL. SUSPEIÇÃO DO PERITO. NULIDADE. INOCORRÊNCIA. 1. Deixando o INSS de arguir a suspeição do perito em petição fundamentada e devidamente instruída, na primeira oportunidade em que lhe coube falar nos autos, prejudicada a alegação de suspeição, ante sua extemporaneidade. 2. Hipótese em que não fica a descoberto a parte na medida em ainda tem a seu favor a previsão de responsabilização pessoal do auxiliar do Juiz, caso demonstrado ter agido por dolo ou culpa, nos termos do art. 158 do CPC/2015. 3. Não há óbice a que o mesmo profissional atue como perito nomeado pelo juízo e como assistente técnico da parte autora, desde que em processos distintos. 4. Tendo o perito respondido satisfatoriamente aos quesitos formulados, possibilitando a plena interpretação do exame médico realizado, não se há falar em nulidade da perícia" (TRF-4, 6ª T., Apelação Cível nº 0015351-78.2016.404.9999, Rel. João Batista Pinto Silveira, j. em 22/2/2017).

Seção III - Do Depositário e do Administrador

Art. 159 - A guarda e a conservação de bens penhorados, arrestados, sequestrados ou arrecadados serão confiadas a depositário ou a administrador, não dispondo a lei de outro modo.

I. O depositário e o administrador

Os bens que sofrem constrição judicial precisam ser confiados a alguém até que a decisão final seja atingida com a entrega do bem a quem lhe é de direito, ou, no caso de atos executivos, para que sofram os atos expropriatórios decorrentes de sua alienação para pagamento do credor.

É importante que se assinale que o depositário, assim como o administrador, não detém a posse dos bens que lhe são confiados, mas detém um dever público de detê-las até nova ordem judicial.

Assim, a guarda e conservação dos bens destinados no processo devem ser realizadas preferencialmente a depositários públicos, contudo, podem recair sobre as partes do processo ou terceiros. No caso de este ofício recair sobre terceiro, o exercício deste dever público deve ser confiado à pessoa idônea a quem recaia a confiança do juízo.

O depositário e o administrador judiciais devem, necessariamente, aceitar o encargo que lhes é atribuído, assumindo as responsabilidades desta função. Na qualidade de auxiliares da justiça devem servir ao seu encargo com lealdade e boa-fé.

Não se exige do depositário e do administrador judicial a qualificação específica para o exercício da função, contudo, ao administrador é recomendável que detenha habilidade técnica para tal mister.

Embora a lei, em determinados momentos, não faça distinção técnica entre as duas funções, é necessário assinalar que o depositário detém a obrigação de guarda e conservação do bem, exclusivamente. Enquanto o administrador deve gerir o bem para que seus frutos sejam aproveitados conforme a determinação do juiz.

II. Penhora de créditos decorrentes de cartão de crédito

Dentre outras questões dispostas em norma específica, a função do administrador será sempre exercida no caso de constrição sobre o faturamento de empresa, cuja atividade se mantém, com a administração dos rendimentos para pagamento da obrigação. A controversa reside quando a constrição recai sobre faturamento decorrente de cartão de crédito com relação a créditos vincendos. Nestes casos, o STJ já se posiciona pela necessidade de nomeação de administrador, ante a natureza típica de faturamento.

III. Instituições financeiras

No caso de depósitos judiciais em direito são as instituições bancárias responsáveis pela guarda destes valores. Embora não detenham a função de administradoras do bem, a conservação do bem implica o pagamento da correção monetária dos valores recolhidos, segundo preleciona o STJ.

Súmula nº 179 do STJ: O estabelecimento de crédito que recebe dinheiro, em depósito judicial, responde pelo pagamento da correção monetária relativa aos valores recolhidos.

IV. Julgados

Depositário

"CUMPRIMENTO DE SENTENÇA – Decisão que indeferiu a transferência do encargo de depositário de veículos penhorados a terceiro particular, leiloeiro oficial contratado pela depositária nomeada (advogada da exequente), para cujo pátio foram os veículos transferidos – Conveniente que o múnus seja exercido por quem já vem assumindo a responsabilidade pela guarda e conservação dos bens – Particular indicado revela-se em melhores condições de exercer os deveres referenciados no art. 159 do CPC – Recurso provido" (TJSP, 1ª Câmara de Direito Privado, Agravo de Instrumento nº 2214661-10.2016.8.26.0000, Rel. Rui Cascaldi, j. em 3/3/2017).

"AGRAVO DE INSTRUMENTO. ALIENAÇÃO FIDUCIÁRIA. Inadimplemento parcial. Ação de busca e apreensão com fundamento no Decreto-Lei n. 911/1969. Revogação da liminar. Inércia do autor em se manifestar sobre certidão do oficial de justiça. Sanção, todavia, equivocada. Requisitos do art. 3º do DL 911/69 ainda presentes. A ausência de indicação por parte do credor de pessoa para ser imitido na posse do bem apreendido não prejudica a execução da liminar. Possibilidade de nomeação do próprio devedor como depositário fiel do bem apreendido, caso aceite o encargo, nos termos da Súmula 319 do STJ, ou de depositário judicial, às expensas do credor por não ter ele indicado alguém de sua confiança, apesar de intimado pelo credor. Inteligência do art. 159 do CPC. RECURSO PROVIDO" (TJSP, 25ª Câmara de Direito Privado, Agravo de Instrumento nº 2050439-88.2017.8.26.0000, Rel. Des. Azuma Nishi, j. em 20/4/2017).

Administrador judicial

"INVENTÁRIO. ADMINISTRADOR JUDICIAL. TUTELA PROVISÓRIA. Decisão que reviu decisão anterior e manteve atuação de administrador judicial nomeado para fiscalização da administração de empresa de que o espólio possui cotas. Irresignação de outro sócio da empresa. Alegação de que o administrador judicial manifestou-se, em laudo, pela regularidade da administração da empresa. Impugnação do laudo pelo inventariante. Ausência de decisão judicial acerca da impugnação. Trabalho do administrador judicial, ademais, que não se limita à verificação da regularidade da administração da empresa. Manutenção do trabalho do perito. Decisão reformada mantida. Recurso desprovido" (TJSP, 3ª Câmara de Direito Privado, Agravo de Instrumento nº 13.2016.8.26.0000, Rel. Des. Carlos Alberto de Salles, j. em 13/9/2016, publ. 20/9/2016).

Art. 160 - Por seu trabalho o depositário ou o administrador perceberá remuneração que o juiz fixará levando em conta a situação dos bens, ao tempo do serviço e às dificuldades de sua execução.

Parágrafo único - O juiz poderá nomear um ou mais prepostos por indicação do depositário ou do administrador.

I. Remuneração

Na qualidade de auxiliares da justiça o depositário e o administrador judicial devem ser dignamente remunerados na proporção do trabalho realizado. Recorde-se que a função exercida, não raras vezes, implica investimento para manutenção do local adequado a guarda do bem ou atos necessários à sua manutenção, além da habilidade intelectual na realização de atos de administração, bem como a alta responsabilidade que recai sobre o exercício desta atividade.

Em regra, a remuneração do depositário e do administrador judicial, assim como as demais despesas judiciais, é adiantada pelo credor. Todavia, quando o encargo recai sobre o próprio devedor, a remuneração é dispensada, não sendo razoável que este receba pela administração dos próprios bens.

II. Julgados

Remuneração

"RECUPERAÇÃO JUDICIAL. REMUNERAÇÃO DO ADMINISTRADOR JUDICIAL. Contrato celebrado entre a recuperanda e o administrador judicial acerca da remuneração deste último. Contrato que não tem validade perante a recuperação judicial. Fixação da remuneração do administrador judicial que é atribuição exclusiva do juiz, insuscetível de ajuste entre as partes. Valor da remuneração do administrador judicial que deve observar o limite imposto pelo art. 24, § 1º, da Lei nº 11.101/2005. Remuneração que, no caso concreto, superou o limite legal. Precedentes. Não ocorrência de preclusão. Decisão reformada. AGRAVO PROVIDO" (TJSP, 2ª Câmara Reservada de Direito Empresarial, Agravo de Instrumento nº 2008599-98.2017.8.26.0000, Rel. Des. Alexandre Marcondes, publ. e j. em 27/4/2017).

"RECUPERAÇÃO JUDICIAL. REMUNERAÇÃO DO ADMINISTRADOR JUDICIAL. Arbitramento do valor da remuneração do administrador judicial deve observar as particularidades de cada caso, observado o limite imposto pelo art. 24, § 1º, da Lei nº 11.101/2005. Ausência de situações excepcionais que justifiquem arbitramento em patamar superior ao do limite legal. Precedente da 2ª Câmara Reservada de Direito Empresarial. Administrador judicial que concordou com a redução de sua remuneração. Decisão reformada. AGRAVO PROVIDO" (TJSP, 2ª Câmara Reservada de Direito Empresarial, Agravo de Instrumento nº 2133402-90.2016.8.26.0000, Rel. Des. Alexandre Marcondes, publ. e j. em 14/12/2016).

Art. 161 - O depositário ou o administrador responde pelos prejuízos que, por dolo ou culpa, causar à parte, perdendo a remuneração que lhe foi arbitrada, mas tem o direito a haver o que legitimamente despendeu no exercício do encargo.

Parágrafo único - O depositário infiel responde civilmente pelos prejuízos causados, sem prejuízo de sua responsabilidade penal e da imposição de sanção por ato atentatório à dignidade da justiça.

I. Responsabilidade

Conforme já assinalado, o depositário e o administrador judiciais não estão sujeitos ao encargo, senão por aceitação expressa destes. Assim, assumem a responsabilidade de auxiliares da justiça, devendo responder pelos danos causados na medida de suas ações. Neste compasso, a reponsabilidade destes auxiliares lhes será atribuída na modalidade subjetiva, dependente da prova da culpa ou dolo.

Perceba-se que a responsabilização pode se dar por qualquer sujeito processual, ou, ainda, por ambas as partes a depender da situação fática envolvida. Nos casos de responsabilização dos auxiliares da justiça, esta será apurada em processo próprio exigindo dilação probatória própria, e amplo contraditório. Todavia, a sanção processual – multa por ato atentatório à dignidade da justiça – poderá ser aplicada nos próprios autos da execução.

Anote-se, porém, que pode o depositário escusar-se da obrigação de entrega do bem, desde que configuradas causas excludentes de responsabilidade como é o caso fortuito e força maior, culpa exclusiva da vítima ou, ainda, culpa exclusiva de terceiro.

Uma vez configurada a responsabilidade, haverá perda da remuneração, bem como a obrigação de pagamento de indenização pelos danos causados às partes ou terceiros.

II. Direito à restituição

Reconhecida a responsabilidade do depositário e do administrador judicial, haverá a perda do direito a percepção da remuneração pelo exercício da função, contudo, fica-lhes assegurada a restituição pelos valores comprovadamente despendidos no exercício da função.

III. Depositário infiel

Embora, desde 1992, com adesão do Brasil ao Pacto Internacional dos Direitos Civis e Políticos (art. 11) e à Convenção Americana sobre Direitos Humanos "Pacto de San José da Costa Rica" (art. 7º, 7), não é mais admitida a prisão civil do depositário infiel. Isso não retira sua responsabilidade penal e a imposição de sanção por ato atentatório à dignidade da justiça.

Poderá, portanto, além de responder pela responsabilidade civil e sanções processuais, responder pelo crime de apropriação indébita (CP, art. 168, § 1º, inciso II) e estelionato (CP, art. 171, inciso II).

Súmula Vinculante nº 25 do STF: "É ilícita a prisão civil de depositário infiel, qualquer que seja a modalidade de depósito".

Súmula nº 419 do STJ: "Descabe a prisão civil do depositário judicial infiel".

IV. Julgado

Responsabilidade do depositário

"ADMINISTRATIVO. RESPONSABILIDADE CIVIL DO ESTADO. PRISÃO DE DEPOSITÁRIO QUE NÃO ACEITOU O ENCARGO. ILEGALIDADE. ERRO JUDICIÁRIO. RESPONSABILIDADE OBJETIVA. DANOS MORAIS. CONFIGURAÇÃO. FIXAÇÃO DO 'QUANTUM'. RAZOABILIDADE E PROPORCIONALIDADE. APELAÇÃO PROVIDA. Consoante a jurisprudência pacífica do E. Superior Tribunal de Justiça, descabe impor o múnus de depositário fiel a quem expressamente repele esse encargo. - O C. Supremo Tribunal Federal, apesar de possuir entendimento pacífico de que a teoria da responsabilidade objetiva do Estado não se aplica aos atos jurisdicionais, excetua os casos de erro judiciário e da prisão além do tempo fixado na sentença, nos termos do art. 5º, LXXV, da Constituição da República. É o caso dos autos, no qual se constata a ocorrência de erro da autoridade judicial trabalhista, que expôs o apelante a recolhimento na carceragem da Unidade de Detenção Temporária, Triagem e Encaminhamento de Campinas, quando inexistente a sua caracterização como depositário infiel, de modo que evidente a responsabilidade civil da União Federal pelo dano moral cuja reparação se pretende. Ainda na esteira da jurisprudência da E. Corte Superior de Justiça, em casos de danos morais decorrentes de prisão ilegal por erro judiciário, a fixação da indenização deve basear-se no tempo de duração da prisão indevida. Neste caso, comprovado que a privação de liberdade durou cerca de um dia, bem como considerados os preceitos da razoabilidade e proporcionalidade, fixa-se a indenização por danos morais em R$ 10.000,00 (dez mil reais). Apelação provida" (TRF-3, 6ª T., Apelação Cível nº 00052764020024036105, Rel. Juíza Convocada Leila Paiva, e-DJF3 Judicial 1 7/12/2016, j. em 24/11/2016).

Seção IV - Do Intérprete e do Tradutor

Art. 162 - O juiz nomeará intérprete ou tradutor quando necessário para:
I - traduzir documento redigido em língua estrangeira;
II - verter para o português as declarações das partes e das testemunhas que não conhecerem o idioma nacional;
III - realizar a interpretação simultânea dos depoimentos das partes e testemunhas com deficiência auditiva que se comuniquem por meio da Língua Brasileira de Sinais, ou equivalente, quando assim for solicitado.

I. O intérprete e o tradutor

O intérprete e o tradutor são auxiliares da justiça permitindo que o juízo compreenda a linguagem necessária ao julgamento da lide. Contudo, suas atuações estão voltadas a instrumentos linguísticos diferentes.

O tradutor é responsável por trazer para a língua portuguesa documentos escritos em língua estrangeira, enquanto a função do intérprete é permitir que se compreendam discursos orais que necessitem de interpretação especializada, ou, ainda, promover a interpretação do documento traduzido, imprimindo-lhe significado próprio.

Assim, o tradutor produz documentos em língua portuguesa por meio da tradução de documentos escritos em língua estrangeira. Para tanto, o tradutor precisa ser *expert* na língua estrangeira em que é habilitado e precisa dominar não apenas o idioma, como também deter conhecimento da terminologia própria e das convenções linguísticas utilizadas na elaboração dos documentos que se presta a traduzir. Nesta esteira, a tradução, por ser um trabalho intelectual, possui proteção legal do seu direito autoral (LDA, art. 7º, inciso XI).

Os intérpretes são responsáveis por realizar a interpretação de uma língua para outra de forma oral, podendo tratar-se de depoimentos orais em língua estrangeira ou em linguagem específica, como é o caso da língua brasileira de sinais (Libras). Porém, sua função não se limita às línguas estrangeiras ou de sinais, podendo ser convocados para interpretar documentos com símbolos arqueológicos, hieróglifos, entre outros. O intérprete pode ser utilizado, também, para facilitar a comunicação na própria língua portuguesa, quando haja dificuldade de sua compreensão falada, como é o caso de pessoas com dificuldade motora de fala, mas capazes de se comunicarem com complementação de outros meios, depoimentos prestados por falantes do português de países estrangeiros como Portugal, Angola, povos indígenas, entre outros, que possam gerar dificuldade na comunicação oral ou escrita decorrente de sotaques ou expressões idiomáticas próprias. Podem os intérpretes, também, agir como tradutores no caso de traduções simultâneas ou consecutivas. Podem, ainda, promover a interpretação de documentos já traduzidos que tenham deixado dúvidas sobre sua compreensão.

Ambos os encargos são exercidos dentro da especialidade de cada auxiliar, demandando habilitação própria para o exercício da função. Os intérpretes e os tradutores se assemelham, em certa medida, aos peritos no que concerne ao campo específico de sua formação técnica e científica que precisam ser comprovadas. Atraindo, igualmente, as regras anteriormente estabelecidas quanto aos peritos, no que concerne à responsabilidade e às sanções pela violação de seus deveres.

Sua função se torna de extrema importância na medida em que a lei exige que todos os atos e termos do processo sejam realizados obrigatoriamente em língua portuguesa, incluindo todos os atos escritos e/ou orais. É, em regra, ônus da parte que pretende a utilização de documentos em língua estrangeira a realização da tradução por tradutor oficial ou juramentado – ou outro meio oficial equivalente (CPC, art. 192 e parágrafo único) –, todavia, o dispositivo em comento traz expressamente a possibilidade de o juízo fazer uso deste auxiliar quando entender necessário ao julgamento da lide. Ademais, anote-se que os atos e termos processuais não importam somente ao magistrado, assim, ainda que este domine o idioma estrangeiro ou de sinais em questão não deve dispensar a tradução e a atuação do tradutor e intérprete.

Em sentido contrário, já se firmou a jurisprudência no sentido de que a tradução pode ser mitigada quando não for determinante à solução das questões controversas, bem como for possível a compreensão do texto ou documento ainda que em língua diversa, desde que respeitados a ampla defesa e o contraditório.

II. Julgados

Despesas de tradução

"Agravo de Instrumento – Ação Indenizatória – Documento juntado na inicial em língua estrangeira – Autor beneficiário da gratuidade de justiça – Nomeação de tradutor juramentado – Possibilidade – Previsão expressa na lei – Art. 98, § 1º, inciso VI, CPC – Recurso provido" (TJSP, 4ª Câmara de Direito Público, Agravo de Instrumento nº 2223433-59.2016.8.26.0000, Rel. Des. Ana Liarte, publ. 8/6/2017, j. em 5/7/2017).

"AGRAVO DE INSTRUMENTO – ALIMENTOS – Decisão agravada que determinou providências das autoras para expedição de carta rogatória de citação, sob pena de extinção do processo – Impossibilidade – Agravantes beneficiárias da gratuidade judiciária – Assistência deve ser prestada, pelo Estado, de forma integral, compreendendo todos os atos processuais, inclusive despesas com tradutor e intérprete – Dicção do art. 5º, inciso LXXIV, da Constituição Federal e do art. 98, § 1º, inciso VI do CPC/2015 – Recurso provido" (TJSP, 6ª Câmara de Direito Privado, Agravo de Instrumento nº 2060824-32.2016.8.26.0000, Rel. Des. Mario Chiuvite Junior, publ. 22/8/2016, j. em 22/8/2016).

Art. 163 - Não pode ser intérprete ou tradutor quem:
I - não tiver a livre administração de seus bens;
II - for arrolado como testemunha ou atuar como perito no processo;
III - estiver inabilitado para o exercício da profissão por sentença penal condenatória, enquanto durarem seus efeitos.

I. Limitação ao exercício do ofício

Conforme já aludido, o intérprete e o tradutor são auxiliares da justiça, e, portanto, detêm fé pública na realização de seus atos. Por isso, estão sujeitos a limitações no exercício do ofício que possam interferir nesta função. A profissão de tradutor público e do intérprete comercial, que requerem concurso público, também recebem regulamentação federal através dos Decretos nº 13.609/1943 e nº 20.256/1945, que, além das limitações anteriormente expostas, estabelecem idade mínima a época vinculada à maioridade civil – 21 anos – e a obrigatoriedade de residência na unidade federativa em que pretenda atuar por mais de um ano, além da prova de quitação das obrigações militares e eleitorais.

A capacidade civil é a primeira exigência para o exercício do ofício, assim, deve o auxiliar estar na plena administração de seus bens. Portanto, na qualidade de auxiliares do juízo, o intérprete e o tradutor podem influir na decisão do feito, razão pela qual devem estar no pleno gozo de suas faculdades mentais e deter capacidade civil para gerir os atos da vida civil.

De igual forma, não devem os auxiliares deter nenhuma outra vinculação com o processo que possa influir no exercício de sua atividade, não podendo atuar como testemunha ou perito no mesmo feito.

Por fim, por ser um agente de confiança do juízo deve demonstrar sua idoneidade, estando plenamente apto ao exercício desta função. Nesta medida, não pode o tradutor ou intérprete estar sob efeitos de decisão penal condenatória que o impeça o livre exercício da profissão (CP, art. 47, inciso II).

II. Restauração de autos

Destaque-se que a restrição contida no inciso II do presente artigo não se aplica quando o depoimento, na qualidade de testemunha, se dê justamente quanto à atuação do tradutor ou perito nos autos originários no caso de restauração de autos (CPC, art. 715, § 4º). Neste caso é seu dever prestar depoimento como testemunha a respeito de atos que tenham praticado ou assistido.

III. Julgado

Crime de falso testemunho

"RECURSO CRIMINAL EM SENTIDO ESTRITO. DENÚNCIA REJEITADA. FALSO TESTEMUNHO. ARTIGO 342 DO CÓDIGO PENAL. AUSÊNCIA DE DOLO. 1. O delito de falso testemunho está tipificado no artigo 342 do Código Penal. Trata-se de crime de mão própria, podendo ser praticado somente por testemunha, perito, contador, tradutor ou intérprete, e que tem como objetividade jurídica a reta administração da Justiça. No que diz respeito ao elemento subjetivo, é necessário o dolo, consubstanciado na vontade livre de fazer afirmação falsa, com consciência de que falta à verdade. 2. Evidenciada de plano a ausência de dolo na conduta da acusada, deve ser mantida a decisão que rejeitou a denúncia. 3. Recurso criminal em sentido estrito desprovido" (TRF-4, 8ª T., Recurso Criminal em Sentido Estrito nº 5032073-78.2016.404, Rel. João Pedro Gebran Neto, j. em 30/11/2016).

Art. 164 - O intérprete ou tradutor, oficial ou não, é obrigado a desempenhar seu ofício, aplicando-se-lhe o disposto nos arts. 157 e 158.

I. Responsabilidade

Na condição de auxiliares da justiça, os tradutores ou intérpretes devem agir com lealdade e boa-fé, buscando sempre a verdade e agindo de forma a serem facilitadores da comunicação escrita e oral. Contudo, repita-se que se aplica a estes auxiliares o regime jurídico dos peritos no que diz respeito às sanções e sua responsabilidade (CPC, arts. 157 e 158). De igual forma, na qualidade de auxiliares, estão obrigados a agirem com imparcialidade, submetendo-se às limitações e hipóteses dos impedimentos e suspeições previstos em lei (CPC, art. 148, inciso II).

Perceba-se, porém, que o ofício do tradutor e do intérprete deve ser exercido de forma a serem fiéis ao discurso necessário à compreensão daquela comunicação (escrita ou oral). Assim, não há necessidade de que a tradução se dê forma literal, mas deve, necessariamente, preservar o exato sentido contido na mensagem transmitida. É neste sentido que anteriormente se relatou que deve o tradutor ou intérprete ser *expert* na linguagem que pretende transmitir à linguagem dos autos, para que possa de forma eficaz atingir o objetivo pretendido pelo juízo de compreensão daqueles atos ou termos. Contudo, não pode o auxiliar imprimir impressões pessoais ou fazer julgamento de valor acerca das mensagens que transmite, atendo-se à sua função de intermediador, cuja função cognitiva caberá sempre ao juiz.

É nesta medida que sua responsabilidade é apurada na modalidade subjetiva e em ação própria que lhe permita amplo contraditório e dilação probatória própria.

II. Julgado

Suspeição

"PROCESSUAL CIVIL. ADMINISTRATIVO. RECURSO ESPECIAL. DESAPROPRIAÇÃO PARA FINS DE REFORMA AGRÁRIA. VIOLAÇÃO DO ART. 535 DO CPC. NÃO OCORRÊNCIA. PARENTESCO ENTRE O PERITO E O JUIZ. SUSPEIÇÃO NÃO ARGUIDA NO MOMENTO OPORTUNO. PRECLUSÃO. AFASTAMENTO DA NULIDADE. EMBARGOS DE DECLARAÇÃO SEM CARÁTER PROTELATÓRIO. EXCLUSÃO DA MULTA. 1. Não viola o art. 535 do CPC, tampouco nega prestação jurisdicional, o acórdão que, mesmo sem ter examinado individualmente cada um dos argumentos trazidos pelo vencido, adotou, entretanto, fundamentação suficiente para decidir de modo integral a controvérsia. 2. Ainda que por fundamentos diversos, o aresto atacado abordou todas as questões necessárias à integral solução da lide, concluindo, no entanto, que o juiz não pode nomear como perito o seu próprio irmão. 3. As hipóteses de impedimento e suspeição do juiz estão expressamente previstas nos arts. 134 e 135 do CPC, sendo certo que os motivos de impedimento e de suspeição do juiz também são aplicáveis ao perito, por força do disposto no inciso III do art. 138 do mesmo código. Deve ser observada, ainda, a norma contida no art. 136 da Lei Processual Civil. 4. O legislador, ao definir as hipóteses de suspeição e impedimento, atentou apenas para as possíveis relações existentes entre o juiz e as partes do processo, ou, conforme o art. 138, III, do CPC, entre as partes e o perito, nada dispondo acerca de eventuais vínculos, seja de que natureza for, entre o juiz e os seus auxiliares (peritos, serventuários, intérpretes etc.). 5. Uma vez nomeado para oficiar nos autos, o perito, sendo irmão do juiz que o nomeou, poderia até mesmo – o que seria uma atitude louvável – declarar a sua suspeição por motivo de foro íntimo, nos termos do parágrafo único do art. 135 acima transcrito. 6. Tratando-se, todavia, de hipótese de suspeição, esta deve ser arguida em petição fundamentada e devidamente instruída, na primeira oportunidade em que lhe couber falar nos autos, sob pena de preclusão (CPC, art. 138, § 1º). 7. Assim, conquanto não constitua exemplo de ética profissional, não há na lei processual civil nada que impeça o juiz de nomear o seu próprio irmão para oficiar nos autos como seu assistente, não sendo causa suficiente, portanto, para se declarar, de ofício, a nulidade do julgamento. 8. 'Embargos de declaração manifestados com notório propósito de prequestionamento não têm caráter protelatório' (Súmula 98/STJ). 9. Recurso especial parcialmente provido." (STJ, 1ª T., REsp nº 906598/MT, 2006/0203970-7, Rel. Min. Denise Arruda, j. em 19/6/2007, DJ de 2/8/2007, p. 407).

Seção V - Dos Conciliadores e Mediadores Judiciais

***Art. 165** - Os tribunais criarão centros judiciários de solução consensual de conflitos, responsáveis pela realização de sessões e audiências de conciliação e mediação e pelo desenvolvimento de programas destinados a auxiliar, orientar e estimular a autocomposição.*

§ 1º - A composição e a organização dos centros serão definidas pelo respectivo tribunal, observadas as normas do Conselho Nacional de Justiça.

§ 2º - O conciliador, que atuará preferencialmente nos casos em que não houver vínculo anterior entre as partes, poderá sugerir soluções para o litígio, sendo vedada a utilização de qualquer tipo de constrangimento ou intimidação para que as partes conciliem.

§ 3º - O mediador, que atuará preferencialmente nos casos em que houver vínculo anterior entre as partes, auxiliará aos interessados a compreender as questões e os interesses em conflito, de modo que eles possam, pelo restabelecimento da comunicação, identificar, por si próprios, soluções consensuais que gerem benefícios mútuos.

Autor: Diego Faleck

I. Criação de centros judiciários de solução consensual de conflitos

A previsão mantém a linha esposada pela Resolução nº 125/2010 do Conselho Nacional de Justiça (CNJ), art. 8º, que estabelece o dever dos tribunais de criação dos Centros Judiciários de Solução de Conflitos e Cidadania (Cejuscs), que concentrarão a realização de sessões e audiências de mediação e conciliação.

II. Desenvolvimento de programas destinados a auxiliar, orientar e estimular a autocomposição

A previsão estabelece um raio considerável de atuação para os tribunais, em sintonia com os termos da Resolução nº 125/2010 do CNJ, art. 7º, por meio da criação dos núcleos permanentes de métodos consensuais de solução de conflitos (Nupemecs). Tais núcleos possuem considerável autonomia para desenvolver a política judiciária de tratamento adequado de conflitos e para planejar, implementar, manter e aperfeiçoar ações voltadas ao cumprimento das metas da Resolução nº 125/2010 do CNJ. A liberdade para a interlocução com outros tribunais e criação dos centros, os incentivos à promoção de capacitação e treinamentos e a possibilidade de proposição de convênios e parcerias com entes públicos e privados oferece um amplo leque de possibilidades de atuação aos tribunais. Por esse motivo, a responsabilidade e o dever dos tribunais em inovar e aprimorar os meios pelos quais estes se comportam frente aos conflitos também lhes foi imposto. Em matéria de construção de sistemas de resolução de disputas, a inovação depende da criatividade e da coragem dos tribunais em propor novos mecanismos, construir parcerias inteligentes, ter flexibilidade e capacidade de incorporar o aprendizado com a experiência de seus projetos e iniciativas, o conhecimento sobre experiências nacionais e internacionais bem-sucedidas e a sabedoria de adaptá-las, ou alguns de seus padrões de funcionamento, à realidade de cada tribunal.

III. Definições sobre os centros

O § 1º reforça a sinergia entre o CPC/2015 e as previsões da Resolução nº 125/2010 do CNJ para delimitar a atuação dos tribunais na criação e operação de tais centros. A opção de permitir que cada tribunal tenha competência para definir a composição e organização do respectivo centro, assim como um considerável grau de autonomia com relação à criação e operacionalização de atividades e programas que estabeleçam o uso de métodos consensuais de resolução de disputas, permite não apenas a melhor contextualização das práticas às diferentes realidades socioeconômicas do país, mas também a criação de diferentes laboratórios de experiências. Os sucessos e fracassos de iniciativas de um ou outro tribunal, devidamente medidos, como preconiza a própria Resolução nº 125/2010 do CNJ, podem permitir a construção de sistemas de resolução de disputas aperfeiçoados em outros tribunais e a possibilidade de se replicarem e expandirem experiências bem-sucedidas.

IV. Definição de conciliador e mediador – diferenciação por conceito

O CPC/2015 propõe uma distinção para as figuras do "conciliador" e do "mediador", e em consequência, para os institutos da conciliação e mediação. Com a devida vênia, a previsão distanciou-se da realidade e da prática dos institutos. Existe uma falsa premissa de que na mediação o mediador se abstém de qualquer ação interventiva, sendo sempre e apenas um facilitador do diálogo das partes, que encontrarão suas próprias soluções. Nessa linha, a contrapor-se à figura hipoteticamente pura do mediador, o conciliador teria papel mais interventivo, e, portanto, a prerrogativa de (i) avaliar e manifestar sua opinião sobre o mérito das alegações das partes e (ii) sugerir a opção de acordo. Na verdade e na prática, avaliação e sugestão são questões de grau. Existem mediações mais facilitativas e mais avaliativas, preponderantemente facilitativas, mas com elementos ou momentos sutis de avaliação e sugestão, totalmente avaliativas e assim por diante. E podem existir conciliações facilitativas, ou menos avaliativas, dependendo do caso concreto e do perfil do conciliador. A premissa esposada no dispositivo implica que a conciliação seria o equivalente à mediação totalmente avaliativa e sugestiva. Sendo a avaliação e a sugestão uma questão de grau e inquestionavelmente presentes na prática real das mediações, a distinção não tem sentido lógico nem prático. Existe, sem dúvida, o desafio de se fornecer uma distinção entre a conciliação e a mediação. Ao nosso ver, a conciliação se refere ao conhecido processo previsto no CPC/1973, art. 277, praticado no âmbito judicial desde o momento na história em que o estudo dos fundamentos, técnicas e estratégias da teoria da negociação e resolução de disputas, e dos aspectos jurídicos, econômicos, psicológicos, sociais, humanos e estratégicos respectivos eram pouco desenvolvidos ainda no Brasil e no mundo. Assim, o instituto incorporou historicamente alguns dos vícios intuitivos da atividade de se assistir partes a se chegar a um acordo, normalmente ligados à argumentação aguda, sugestão de uma decisão e inclusive formas mais ou menos veladas de pressão e intimidação. A teoria moderna da negociação baseada em interesses e resolução de disputas é baseada, em grande medida, em conceitos contraintuitivos, como, por exemplo, as práticas de escuta ativa, que requerem treinamento e mudança de hábitos de comunicação do profissional. A mediação, por outro lado, desembarca no Brasil como um conceito mais amplo, permeado pelas técnicas modernas caracterizadoras da atividade de solução de controvérsias por um terceiro neutro. Todavia, a atividade dos conciliadores, hoje em dia, já está procurando inspiração nos conceitos e nas técnicas da mediação, e a mediação, como já mencionamos, também pode ser praticada de maneira mais sugestiva. Com esse movimento, os institutos se aproximam a cada dia. O que os difere é o aspecto histórico: um deles se refere a uma prática forense histórica nacional – conciliação – e o outro – mediação – a uma releitura mais técnica e moderna de uma atividade que tem o mesmo fim e natureza do que a conciliação: a facilitação por um terceiro neutro de uma negociação de partes para resolução de uma disputa, em que este não tem o poder de impor uma decisão para as partes. Por fim, a previsão andou bem a rechaçar os excessos que a prática da conciliação permitiu, como o constrangimento e a intimidação para que as partes conciliem.

V. Definição de conciliador e mediador – diferenciação por aplicação

A previsão estabelece que o conciliador atuará preferencialmente nos casos em que não houver vínculo anterior entre as partes e que o mediador atuará preferencialmente nos casos em que houver vínculo anterior entre as partes. A distinção se baseia na premissa de que a mediação tem maior preocupação com a preservação de relacionamentos. Nessa linha de pensamento, como a solução para a disputa na mediação será construída pelas próprias partes, ela terá maior durabilidade, pois atenderá melhor aos interesses destas do que uma solução trazida de fora por um terceiro, que não tem a exata dimensão dos interesses e desafios das partes. A conciliação, por sua vez, poderia se aplicar a situações episódicas, que, por definição, não implicam relacionamentos continuados das partes. A distinção apresenta, novamente, problemas práticos. A conciliação, hoje em dia, é utilizada largamente em questões envolvendo consumidores e empresas, que, inclusive, estão entre as demandas que mais chegam diariamente às portas dos tribunais. Tais relações pressupõem um vínculo entre as partes, e um relacionamento continuado – as empresas têm o interesse em manter o relacionamento com o cliente, e o cliente em muitos casos tem poucas alternativas no mercado para os produtos e serviços oferecidos pelos chamados grandes litigantes. Caberia à mediação, por exemplo, questões de consumo, casos de família, a vasta maioria dos casos empresariais e as brigas de vizinho. Caberia à conciliação os acidentes de trânsito e demais questões episódicas – difíceis até de especular. De acordo com essa distinção, resta à conciliação uma fatia muito pequena do espectro total de tipos de casos enfrentados pelos tribunais. Talvez para atender melhor à realidade das preocupações do atual sistema de justiça, outros critérios poderiam ser estabelecidos para melhor definir a aplicabilidade da conciliação ou mediação ao caso concreto como, por exemplo, a previsibilidade do resultado judicial, o grau de repetitividade da demanda, o grau de necessidade de confiança no neutro, a vontade das partes, entre outros. Por outro lado, a previsão pode ser um passo para se diminuir o escopo da conciliação, substituindo-a cada vez mais pela mediação no contexto judicial.

Art. 166 - A conciliação e a mediação são informadas pelos princípios da independência, da imparcialidade, da autonomia da vontade, da confidencialidade, da oralidade, da informalidade e da decisão informada.

§ 1º - A confidencialidade estende-se a todas as informações produzidas no curso do procedimento, cujo teor não poderá ser utilizado para fim diverso daquele previsto por expressa deliberação das partes.

§ 2º - Em razão do dever de sigilo, inerente às suas funções, o conciliador e o mediador, assim como os membros de suas equipes, não poderão divulgar ou depor acerca de fatos ou elementos oriundos da conciliação ou da mediação.

§ 3º - Admite-se a aplicação de técnicas negociais, com o objetivo de proporcionar ambiente favorável à autocomposição.

§ 4º - A mediação e a conciliação serão regidas conforme a livre autonomia dos interessados, inclusive no que diz respeito à definição das regras procedimentais.

I. Independência

A atuação de mediadores e conciliadores deve se dar de forma livre e autônoma, sem qualquer forma de subordinação, influência ou pressão com relação às partes envolvidas na disputa. De acordo com a Resolução nº 125/2010 do CNJ, art. 1º, inciso V, é permitido ao mediador e ao conciliador recusar, suspender ou interromper a sessão se ausentes as condições necessárias, tampouco havendo dever de redigir acordo ilegal ou inexequível.

II. Imparcialidade

A atuação de mediadores e conciliadores deve se dar com ausência de favoritismo, preferência ou preconceito, de maneira que valores pessoais não interfiram na atividade. Mediadores e conciliadores devem atuar de maneira equidistante e livre de quaisquer comprometimentos, sejam de que ordem forem, com relação às partes envolvidas na disputa e jamais devem aceitar qualquer espécie de favor ou presente.

III. Autonomia da vontade

A atuação de mediadores e conciliadores deve respeitar os diferentes pontos de vista das partes, permitindo-lhes a liberdade para chegar em suas próprias decisões, voluntárias e não coercitivas, em todo e qualquer momento do processo, sendo-lhes facultado, inclusive, a desistência e a interrupção da mediação e da conciliação a qualquer momento, se assim lhes aprouver.

IV. Confidencialidade

A confidencialidade implica o dever por parte do mediador e do conciliador de manter em sigilo todas as informações obtidas na sessão, salvo autorização expressa das partes para divulgação. Mediadores e conciliadores e membros de suas equipes não poderão ser convocados como testemunhas nos casos que mediaram e conciliaram. A previsão garante para as partes maior conforto para a troca de informações e para a exploração de opções de acordo, sem colocar em risco suas estratégias judiciais. Por esse motivo, o dever de confidencialidade tem o condão de contribuir para maior abertura das partes na condução do processo e, portanto, para melhores resultados em mediações e conciliações. Uma ressalva: os documentos e informações trazidos para a mediação ou conciliação pela própria parte podem ser utilizados por esta em suas ações judiciais. O dever de confidencialidade da parte recai sobre o que ela obteve de informações da outra parte ou do mediador no processo de mediação.

V. Demais princípios

A mediação é um processo informal, construído pelas próprias partes com ajuda do mediador, em que estas devem focar mais seus interesses e possíveis soluções para o problema do que em formalmente expor e convencer umas às outras sobre suas posições jurídicas – ainda que a moldura jurídica seja um elemento importante do processo. O processo é oral, e a estrutura de comunicação é aberta e flexível. A preocupação na mediação é a de que as partes compreendam as visões e perspectivas umas das outras, mesmo sem necessariamente concordar, e que seus interesses sejam discutidos, para que opções possam ser exploradas sem comprometimento, até que um acordo seja alcançado. A decisão das partes na mediação e conciliação deve ser informada, ou seja, o jurisdicionado deve estar plenamente informado quanto aos seus direitos e ao contexto fático no qual está inserido.

VI. Admissão de técnicas negociais

Com a devida vênia, a previsão é dispensável. A mediação e a conciliação são, por excelência, a facilitação por um terceiro neutro de uma negociação entre as partes. Ao afirmar que técnicas são admitidas em negociações, disse o legislador o óbvio ululante. Uma previsão equivalente seria estabelecer-se que se admite a aplicação de técnicas de redação jurídica ao se redigir petições. Além disso, a previsão cria um problema: não existem apenas técnicas colaborativas de negociação. Existem também as técnicas comumente denominadas como "jogo pesado" e constantemente encontradas no mercado – exigências extremas e concessões lentas, ofertas pegar ou largar, entre outras. Tais técnicas podem criar um ambiente de intimidação que, ainda que desfavorável a uma parte, seja favorável a autocomposição. O dispositivo é dispensável e impreciso. Talvez a intenção do legislador tenha sido a de recomendar às partes que se preparem para as suas negociações em conformidade com a boa e moderna técnica – a universalmente aceita teoria da negociação com base em interesses de Harvard, por exemplo.

VII. Processo de mediação

O processo de mediação é flexível. O mediador e as partes definirão a sua estrutura e desenvolvimento, que dependerá do tipo de disputa, do estilo do mediador e das partes, e do programa judicial em que o processo está inserido. O período de tempo do processo varia de caso a caso, a depender da complexidade da disputa. O mesmo, em tese, pode se aplicar à conciliação, que normalmente ocorre em situações com acentuados limites de tempo.

Art. 167 - *Os conciliadores, os mediadores e as câmaras privadas de conciliação e mediação serão inscritos em cadastro nacional e em cadastro de tribunal de justiça ou de tribunal regional federal, que manterá registro de profissionais habilitados, com indicação de sua área profissional.*

§ 1º - Preenchendo o requisito da capacitação mínima, por meio de curso realizado por entidade credenciada, conforme parâmetro curricular definido pelo Conselho Nacional de Justiça em conjunto com o Ministério da Justiça, o conciliador ou o mediador, com o respectivo certificado, poderá requerer sua inscrição no cadastro nacional e no cadastro de tribunal de justiça ou de tribunal regional federal.

§ 2º - Efetivado o registro, que poderá ser precedido de concurso público, o tribunal remeterá ao diretor do foro da comarca, seção ou subseção judiciária onde atuará o conciliador ou o mediador os dados necessários para que seu nome passe a constar da respectiva lista, a ser observada na distribuição alternada e aleatória, respeitado o princípio da igualdade dentro da mesma área de atuação profissional.

§ 3º - Do credenciamento das câmaras e do cadastro de conciliadores e mediadores constarão todos os dados relevantes para a sua atuação, tais como o número de processos de que participou, o sucesso ou insucesso da atividade, a matéria sobre a qual versou a controvérsia, bem como outros dados que o tribunal julgar relevantes.

§ 4º - Os dados colhidos na forma do § 3º serão classificados sistematicamente pelo tribunal, que os publicará, ao menos anualmente, para conhecimento da população e para fins estatísticos e de avaliação da conciliação, da mediação, das câmaras privadas de conciliação e de mediação, dos conciliadores e dos mediadores.

§ 5º - Os conciliadores e mediadores judiciais cadastrados na forma do caput, *se advogados, estarão impedidos de exercer a advocacia nos juízos em que desempenhem suas funções.*

§ 6º - O tribunal poderá optar pela criação de quadro próprio de conciliadores e mediadores, a ser preenchido por concurso público de provas e títulos, observadas as disposições deste Capítulo.

I. Cadastramento

Conciliadores, mediadores e as câmaras privadas de conciliação e mediação deverão realizar um cadastramento duplo: no cadastro nacional e no respectivo tribunal de atuação. Talvez o sistema pudesse ser simplificado, de maneira a evitar o excesso burocrático. Por câmaras privadas pode-se entender qualquer empresa ou instituição privada que desempenhe a atividade de mediação, ainda que o termo não seja claro. O termo "área profissional" parece um pouco amplo. Não se pode facilmente depreender se a previsão trata dos grandes ramos profissionais, como advocacia, administração, economia, psicologia, antropologia, ou do tipo de prática de mediação, como empresarial, familiar, comunitária, escolar, restaurativa. Ou mesmo nessas áreas, se seria necessária a indicação da atuação específica, como imobiliário, construção civil, seguros, divórcio, entre outras.

II. Compilação e classificação de dados

A previsão estabelece a compilação de dados, elencados no § 3º, de maneira exemplificativa. Certamente dados de diferentes ordens podem ser arregimentados para a melhor avaliação da qualidade dos serviços prestados. A ideia de avaliação constante, transparência e responsabilidade são bem-vindas, ainda que haja alguma preocupação com a maneira como tais dados serão organizados e divulgados pelos tribunais.

III. Impedimento de exercício de advocacia

O impedimento do exercício da advocacia por mediadores e conciliadores advogados nos juízos em que atuaram certamente gera um desincentivo aos advogados em se envolverem com mediação e conciliação. A previsão busca evitar os efeitos colaterais advindos das vantagens que a proximidade dos mediadores e conciliadores com o juízo pode lhes trazer, em relação aos demais advogados. A mediação e conciliação nos Cejuscs, por sua vez, se não implicarem contato ou proximidade direta do mediador ou conciliador advogado com o juízo, não implicará impedimento.

Art. 168 - As partes podem escolher, de comum acordo, o conciliador, o mediador ou a câmara privada de conciliação e de mediação.
§ 1º - O conciliador ou mediador escolhido pelas partes poderá ou não estar cadastrado no tribunal.
§ 2º - Inexistindo acordo quanto à escolha do mediador ou conciliador, haverá distribuição entre aqueles cadastrados no registro do tribunal, observada a respectiva formação.
§ 3º - Sempre que recomendável, haverá a designação de mais de um mediador ou conciliador.

I. Escolha do mediador, conciliador ou câmara privada

A previsão prestigiou o princípio da autonomia da vontade. Ao permitir que mediadores não cadastrados pelo tribunal sejam escolhidos, a previsão preservou própria natureza dos processos consensuais. O principal fator para a contratação de mediadores é a confiança das partes – não somente na honestidade, mas na capacidade do profissional de efetivamente ajudá-las, por seu histórico de atuação, competências e habilidades. Faltou a menção no dispositivo de que o cadastro nacional também será dispensado, mas parece óbvio que esse é o sentido da norma.

II. Comediação

Existe algum dissenso na doutrina sobre se e em que circunstâncias a comediação é recomendável, ou mesmo eficiente. Talvez melhores critérios pudessem ter sido oferecidos pela norma a esse respeito, para evitar a imposição de custos e ineficiências às partes em virtude de posturas ideológicas daqueles que determinarão a sua necessidade. Deveria ser facultada à parte a rejeição da comediação. Pesquisas demonstram que os mediadores mais bem-sucedidos são profissionais completos, que conseguem navegar suficientemente bem nos diversos campos do conhecimento que a atividade requer – direito, psicologia social e cognitiva, economia, teoria dos jogos e análise de decisão, negócios, finanças, entre outras. Uma única situação clara em que a comediação se faz pertinente é a do aprendiz, que pode acompanhar mediadores mais experientes, para o seu desenvolvimento.

Art. 169 - Ressalvada a hipótese do art. 167, § 6º, o conciliador e o mediador receberão pelo seu trabalho remuneração prevista em tabela fixada pelo tribunal, conforme parâmetros estabelecidos pelo Conselho Nacional de Justiça.
§ 1º - A mediação e a conciliação podem ser realizadas como trabalho voluntário, observada a legislação pertinente e a regulamentação do tribunal.

§ 2º - Os tribunais determinarão o percentual de audiências não remuneradas que deverão ser suportadas pelas câmaras privadas de conciliação e mediação, com o fim de atender aos processos em que deferida gratuidade da justiça, como contrapartida de seu credenciamento.

I. Remuneração e atividade *pro bono*

Como em qualquer atividade de mercado, a qualidade da remuneração está diretamente relacionada com a qualidade dos prestadores de serviço e com o sucesso dos programas de mediação e conciliação. A imposição para as câmaras privadas de um percentual de sessões e audiências não remuneradas, em contrapartida ao seu credenciamento, parece ser uma solução criativa para a ampliação do alcance dos institutos, desde que aplicada com razoabilidade.

Art. 170 - No caso de impedimento, o conciliador ou mediador o comunicará imediatamente, de preferência por meio eletrônico, e devolverá os autos ao juiz do processo ou ao coordenador do centro judiciário de solução de conflitos, devendo este realizar nova distribuição.

Parágrafo único - Se a causa de impedimento for apurada quando já iniciado o procedimento, a atividade será interrompida, lavrando-se ata com relatório do ocorrido e solicitação de distribuição para novo conciliador ou mediador.

I. Impedimento de mediadores e conciliadores

O CPC/2015, art. 144, definiu nove causas de impedimento, que são aplicáveis aos auxiliares da justiça (art. 148). Conciliadores e mediadores, assim, tiveram as suas condições de impedimento equiparadas àquelas aplicáveis aos juízes. Ocorre, todavia, que a atividade do mediador e do conciliador é vertiginosamente diferente da atividade de um juiz e de um perito, por exemplo. Em primeiro lugar, o mediador e o conciliador não emitirão uma decisão vinculante. Pelo argumento, a sua potencial imparcialidade causará apenas a insatisfação de uma parte e o seu desligamento do caso, mas não causará prejuízos ao caso ou injustiça. O mediador é normalmente uma pessoa de confiança das partes. Muitas vezes, existem situações de potencial impedimento que na prática não causam quaisquer menoscabo à independência ou imparcialidade do mediador. Por isso que a regra mundialmente aceita em casos de mediação é a de que o mediador deve revelar a existência de fatos ou circunstâncias que possam comprometer a sua imparcialidade, como, por exemplo, a existência de relacionamento pessoal com alguma das partes, ou a existência de relacionamento profissional anterior com alguma destas. As partes devem avaliar tais circunstâncias e, se assim preferirem e confiarem no mediador, podem concordar com a sua contratação a despeito de qualquer circunstância que poderia configurar impedimento. A decisão é das partes, em conjunto, após o cumprimento do dever de informação. A previsão de impedimento no sistema do CPC/2015 nos parece descolada da melhor prática e dos padrões internacionais. Além disso, a previsão invade o princípio da autonomia da vontade. Se as partes confiam e estão confortáveis com um profissional, após a devida revelação de seus potenciais impedimentos, e já que o potencial de dano de um mediador é ínfimo, não existe razão de ser ou valor que justifique o impedimento automático.

Art. 171 - No caso de impossibilidade temporária do exercício da função, o conciliador ou mediador informará o fato ao centro, preferencialmente por meio eletrônico, para que, durante o período em que perdurar a impossibilidade, não haja novas distribuições.

I. Impossibilidade temporária

A previsão é de ordem administrativa. Questiona-se a relevância ou necessidade de incluí-la no próprio texto do CPC/2015.

Art. 172 - O conciliador e o mediador ficam impedidos, pelo prazo de 1 (um) ano, contado do término da última audiência em que atuaram, de assessorar, representar ou patrocinar qualquer das partes.

I. Impedimento temporário

O motivo para esta previsão não é óbvio e deve estar relacionado com a preocupação de que mediadores e conciliadores possam se valer de seus ofícios para a captação de clientes. Deve-se esclarecer que a previsão não impede que o mediador ou conciliador atuem como neutros novamente em casos envolvendo alguma das partes – já que é muito comum a existência de litigantes repetitivos nos tribunais. A prática dos meios consensuais admite muitas formas, como, por exemplo, a facilitação, em que o profissional, apesar de neutro, é trazido para o processo por uma das partes e apenas por esta remunerado, a avaliação prévia, o desenho de sistemas de resolução de disputas e inclusive treinamentos e capacitação. Não está claro se estas demais atividades estão enquadradas no conceito de "assessorar, representar ou patrocinar" ou se os dispositivos se referem às atividades típicas da advocacia clássica. Parece claro que a preocupação é dirigida a se evitar a captação de clientes para a advocacia, e as demais atividades do profissional relacionadas aos métodos adequados de solução de controvérsias não estariam incluídas. De qualquer maneira, o efeito da norma não deveria implicar que, na dúvida e em muitas hipóteses, profissionais de excelência se distanciem da prática da mediação e conciliação dos tribunais, para a manutenção de sua subsistência.

Art. 173 - Será excluído do cadastro de conciliadores e mediadores aquele que:
I - agir com dolo ou culpa na condução da conciliação ou da mediação sob sua responsabilidade ou violar qualquer dos deveres decorrentes do art. 166, §§ 1º e 2º;
II - atuar em procedimento de mediação ou conciliação, apesar de impedido ou suspeito.
§ 1º - Os casos previstos neste artigo serão apurados em processo administrativo.
§ 2º - O juiz do processo ou o juiz coordenador do centro de conciliação e mediação, se houver, verificando atuação inadequada do mediador ou conciliador, poderá afastá-lo de suas atividades por até 180 (cento e oitenta) dias, por decisão fundamentada, informando o fato imediatamente ao tribunal para instauração do respectivo processo administrativo.

I. Exclusão de conciliadores e mediadores

O dispositivo demonstra rigor em suas regras de exclusão de conciliadores e mediadores, jamais aplicada aos demais auxiliares da justiça. O potencial danoso de mediadores e conciliadores, que não têm poder de impor uma decisão às partes, é bem inferior ao dos peritos judiciais, por exemplo, que têm como penalidade não a sua exclusão, mas apenas a inabilitação por dois a cinco anos, de acordo com o CPC/2015, art. 158. O mediador e o conciliador não deverão agir com dolo ou culpa, deverão respeitar os princípios e deveres elencados no art. 166, §§ 1º e 2º, ou atuar em casos em que estiverem impedidos ou suspeitos. A apuração dos fatos em processo administrativo garante aos mediadores e conciliadores a prerrogativa do devido processo legal.

II. Afastamento temporário

Não está claro no dispositivo se a atuação inadequada do mediador se refere à violação dos incisos I e II do art. 173, ou a situações diversas. Parece que a primeira hipótese é mais cabível. De qualquer forma, a decisão que o afasta deverá ser fundamentada e o devido processo legal lhe será garantido.

Art. 174 - A União, os Estados, o Distrito Federal e os Municípios criarão câmaras de mediação e conciliação, com atribuições relacionadas à solução consensual de conflitos no âmbito administrativo, tais como:
I - dirimir conflitos envolvendo órgãos e entidades da administração pública;
II - avaliar a admissibilidade dos pedidos de resolução de conflitos, por meio de conciliação, no âmbito da administração pública;
III - promover, quando couber, a celebração de termo de ajustamento de conduta.

I. Inclusão do Estado no movimento pela consensualidade

O Estado é sem dúvida o maior litigante do país, e a iniciativa de envolvê-lo no movimento da consensualidade é muito bem-vinda. Algumas experiências bem-sucedidas demonstraram também a sua aptidão para utilização de métodos consensuais de solução de controvérsias, como, por exemplo, a criação da Câmara de Conciliação e Arbitragem da Administração Federal (CCAF). A previsão, todavia, parece ampla e ambiciosa. Em primeiro lugar, no plano material, o debate sobre a consensualidade e a administração pública não é simples, e envolve diversas questões complexas, entre as quais o conceito de responsividade (*accountability*), conflitos de legalidade administrativa, conflitos entre interesse público e interesses privados, perspectivas de mercado, questões de confidencialidade, o posicionamento de tribunais de conta, a evolução da jurisprudência e, principalmente, a autorização legislativa. Sem o enfrentamento de tais questões e as demais evoluções pertinentes, e concomitantes, os avanços trazidos pela previsão podem se tornar letra morta.

II. Modelo único

Já sob o ponto de vista da teoria e prática de resolução de disputas – e especificamente da disciplina de Desenho de Sistemas de Disputas – a questão é mais profunda. Os problemas da administração pública não vêm em "tamanho único". O corolário da teoria da resolução de disputas reside na construção de soluções sob medida para as tipologias de disputas e conflitos que se busca gerenciar ou resolver. Câmaras de mediação e arbitragem não são um modelo único e capaz de lidar com a miríade de situações conflituosas com que a administração pública lida. É necessário que se conduza um devido diagnóstico sobre a situação conflituosa que se procura resolver, avaliando-se quais são os temas das disputas, como estas são resolvidas, quais os custos e riscos jurídicos de cada um destes temas, tanto em termos de mérito quanto processo, quem são as partes interessadas e afetadas, quais são seus interesses e alternativas, como funciona, quais são as vantagens e desvantagens do sistema existente, entre outros. Deve-se envolver as partes interessadas e afetadas e deve-se pensar a construção de modelos adequados, contando com os métodos adequados, devidamente sequenciados, inclusive os híbridos. Uma disposição que meramente estipula a obrigação para a União, os Estados, o Distrito Federal e os Municípios de criar câmaras de mediação e conciliação nos parece ter pouca eficácia.

III. Exclusão da mediação

Apesar de expressamente mencionar a criação de câmaras de mediação e conciliação, o inciso II se refere apenas à conciliação. Aparentemente não há motivo para a escolha de um dos métodos apenas, e a ausência do termo mediação não deve ser necessariamente interpretada como a exclusão do método.

IV. Termos de ajustamento de conduta

Não parece operacional, também, que o funcionamento das referidas câmaras tenha efetividade na promoção da celebração de termos de ajustamento de conduta, normalmente celebrados por legitimados ativos em casos de investigações de condutas indesejáveis por parte dos administrados.

Art. 175 - As disposições desta Seção não excluem outras formas de conciliação e mediação extrajudiciais vinculadas a órgãos institucionais ou realizadas por intermédio de profissionais independentes, que poderão ser regulamentadas por lei específica.
Parágrafo único - Os dispositivos desta Seção aplicam-se, no que couber, às câmaras privadas de conciliação e mediação.

I. Regulamentação específica

Tramita no Congresso Nacional o PL nº 7.169/2015, que trata sobre mediação e mediadores extrajudiciais. O CPC tem incidência na atuação de jurisdicionados em juízo.

TÍTULO V
DO MINISTÉRIO PÚBLICO

Art. 176 - O Ministério Público atuará na defesa da ordem jurídica, do regime democrático e dos interesses e direitos sociais e individuais indisponíveis.

Autor: Luis Guilherme Aidar Bondioli

I. Linhas mestras para a atuação do Ministério Público

O CPC, art. 176, reproduz no plano legal dispositivo já existente no nível constitucional: "o Ministério Público é instituição permanente, essencial à função jurisdicional do Estado, incumbindo-lhe a defesa da ordem jurídica, do regime democrático e dos interesses sociais e individuais indisponíveis" (CF, art. 127, *caput*).

Como se percebe, compete ao *Parquet* promover a atuação da vontade concreta do direito. Ao passo que o juiz zela pela efetivação do direito de forma inerte, mediante provocação, o membro do *Parquet* o faz de forma ativa, incitando o magistrado a tanto, nos processos em que ele é legi- timado a iniciar ou de alguma forma intervir.

Também compete ao Ministério Público defender o regime democrático, valor constitucional de primeira grandeza, expresso já no primeiro dispositivo da Carta Magna: "a República Federativa do Brasil, formada pela união indissolúvel dos Estados e Municípios e do Distrito Federal, constitui-se em Estado Democrático de Direito" (CF, art. 1º, *caput*). Nessas condições, cabe ao *Parquet* atuar para que o povo brasileiro decida de forma soberana os rumos do país.

Ainda compete ao Ministério Público tutelar interesses da coletividade, interesses transindividuais e valores socialmente relevantes, inclusive de pessoas hipossuficientes. A incumbência de tutelar *interesses individuais indisponíveis* (CF, art. 127, *caput*) autoriza o Ministério Público a agir até na defesa de uma única pessoa, quando está em jogo direito fundamental do qual não se pode dispor. Nesse sentido, a 1ª Seção do Superior Tribunal de Justiça decidiu: "1. O Ministério Público possui legitimidade para defesa dos direitos individuais indisponíveis, mesmo quando a ação vise à tutela de pessoa individualmente considerada. 2. O artigo 127 da Constituição, que atribui ao Ministério Público a incumbência de defender interesses individuais indisponíveis, contém norma autoaplicável, inclusive no que se refere à legitimação para atuar em juízo. 3. Tem natureza de interesse indisponível a tutela jurisdicional do direito à vida e à saúde de que tratam os arts. 5º, *caput* e 196 da Constituição, em favor de menor carente que necessita de medicamento [...]" (STJ, 1ª Seção, ED no REsp nº 819.010, Rel. Min. Teori Zavascki, maioria, j. em 13/2/2008, DJU de 29/9/2008).

Em direção semelhante, a 2ª Seção do Superior Tribunal de Justiça sedimentou o seguinte entendimento: "1.1 O Ministério Público tem legitimidade ativa para ajuizar ação de alimentos em proveito de criança ou adolescente. 1.2. A legitimidade do Ministério Público independe do exercício do poder familiar dos pais, ou de o menor se encontrar nas situações de risco descritas no art. 98 do Estatuto da Criança e do Adolescente, ou de quaisquer outros questionamentos acerca da existência ou eficiência da Defensoria Pública na comarca" (STJ, 2ª Seção, REsp nº 1.265.821, Rel. Min. Luis Felipe, unânime, j. em 14/5/2014, DJU de 4/9/2014).

A atuação do Ministério Público para a tutela de pessoa hipossuficiente nessas circunstâncias, na condição de substituto processual, não atrita com o espaço reservado para que as defensorias públicas a representem em juízo, nos termos da CF, art. 134.

Art. 177 - O Ministério Público exercerá o direito de ação em conformidade com suas atribuições constitucionais.

I. Legitimidade ordinária e extraordinária

O exercício do direito de ação pelo Ministério Público comumente se dá para "pleitear direito alheio em nome próprio" (CPC, art. 18, *caput*). Quando ajuíza demanda para a tutela de interesses da coletividade, o *Parquet* pede em seu nome a proteção de direito pertencente a toda a sociedade. Da mesma forma, quando ingressa em juízo para a proteção do direito individual indisponível de pessoa hipossuficiente, o Ministério Público o faz em seu nome. Trata-se aqui da chamada legitimidade extraordinária, vinculada ao instituto da substituição processual.

Todavia, o exercício do direito de ação pelo Ministério Público pode também se dar para a defesa de direito seu, em típica situação de legitimidade ordinária. Malgrado não disponha de personalidade jurídica plena, o *Parquet* possui interesses próprios, cuja lesão ou ameaça autorizam o seu ingresso em juízo, em seu nome. Assim, reconhece-se em favor do Ministério Público a chamada personalidade judiciária, ou seja, a capacidade de ser parte no processo. Por exemplo, uma vez ameaçada a "autonomia funcional e administrativa" constitucionalmente assegurada (CF, art. 127, § 2º), o Ministério Público pode bater às portas do Poder Judiciário para pedir a tutela dessa autonomia.

II. Atribuições constitucionais do Ministério Público

A CF, art. 129, traz rol com as funções institucionais do Ministério Público, que balizam o exercício do direito de ação pelo *Parquet* (CPC, art. 177). Merece destaque na seara cível o conteúdo dos seguintes incisos: zelar pelo respeito dos entes públicos aos direitos constitucionalmente assegurados (II); "promover o inquérito civil e a ação civil pública, para a proteção do patrimônio público e social, do meio ambiente e de outros interesses difusos e coletivos" (III); "promover a ação de inconstitucionalidade ou representação para fins de intervenção da União e dos Estados" (IV); tutelar os interesses das populações indígenas (V).

Destaque especial é reservado para o inciso IX do referido art. 129: "exercer outras funções que lhe forem conferidas, desde que compatíveis com sua finalidade, sendo-lhe vedada a representação judicial e a consultoria jurídica de entidades públicas". Esse inciso IX funciona como uma *norma de encerramento* e coloca em evidência o caráter meramente exemplificativo do rol do art. 129. Tudo o que se afinar com o disposto na CF, arts. 127 e 129, pode ser considerado dentro das atribuições do *Parquet*. A parte final do inciso IX traz importante diretriz: não pode o Ministério Público atuar juridicamente em favor de entes públicos, ou seja, é vedada a sua atuação em prol do interesse público secundário, cuja defesa fica a cargo da advocacia pública (CF, arts. 131 e 132). Assim, é o interesse público primário que legitima a ação do Ministério Público.

III. Atribuições legais do Ministério Público

A partir dos *landmarks* fixados na Constituição Federal, o legislador estabelece no nível infraconstitucional diretrizes que também orientam o exercício do direito de ação pelo Ministério Público. A Lei Complementar nº 75/1993, art. 5º, e a Lei nº 8.625/1993, art. 25, arrolam, respectivamente, as incumbências do Ministério Público da União e do Ministério Público dos Estados, de forma bastante afinada com a CF, arts. 127 e 129.

No Código de Processo Civil, prevê-se legitimidade para que o Ministério Público: requeira a abertura de inventário e partilha, "havendo herdeiros incapazes" (art. 616, inciso VII); peça a restauração de autos, se atuar no processo cujas peças desapareceram (art. 712, *caput*); dê início a procedimentos de jurisdição voluntária (art. 720); promova a interdição, nos limites ali estabelecidos (arts. 747, inciso IV, e 748); requeira o levantamento da curatela (art. 756, § 1º); peça a remoção do tutor ou curador (art. 761, parágrafo único); promova a extinção de fundação (art. 765, em conjunto com o CC, art. 69); promova a execução forçada, "nos casos previstos em lei" (art. 778, § 1º, inciso I); proponha ação rescisória, em "casos em que se imponha sua atuação" (art. 967, inciso III, especialmente alínea *c*).

No Código Civil, o direito de ação do Ministério Público é previsto para as seguintes hipóteses: declaração de ausência de pessoa desaparecida (art. 22); abertura de sucessão provisória para transmissão dos bens do ausente (art. 28, § 1º); liquidação da sociedade que perde autorização para funcionar (arts. 1.033, inciso V, e 1.037); decretação de nulidade de casamento (art. 1.549); suspensão do poder familiar (art. 1.637).

Na legislação em vigor no país, é pertinente ainda fazer menção à legitimidade do Ministério Público para a tutela da criança e do adolescente (Lei nº 8.069/1990, art. 201, incisos III e IV), dos consumidores (Lei nº 8.078/1990, art. 82, inciso I), da probidade administrativa (Lei nº 8.429/1992, art. 17, *caput*), do filho havido fora do casamento que não tenha paternidade reconhecida (Lei nº 8.560/1992, art. 2º, § 4º) e do idoso (Lei nº 10.741/2003, art. 74, incisos II e III).

Menção especial merece a Lei nº 7.347/1985, que reforça a legitimidade do Ministério Público para a tutela do meio ambiente, do consumidor, de "bens e direitos de valor artístico, estético, histórico, turístico e paisagístico", das ordens econômica e urbanística e de "qualquer outro interesse difuso ou coletivo" (arts. 1º, *caput*, e 5º, *caput* e inciso I). Observe-se que, "em caso de desistência infundada ou abandono da ação por associação legitimada, o Ministério Público ou outro legitimado assumirá a titularidade ativa" da ação civil pública (Lei nº 7.347/1985, art. 5º, § 3º). Disposição similar a esta existe na Lei nº 4.717/1965, art. 9º, em matéria de ação popular.

Por fim, dá-se notícia de três súmulas editadas pelos tribunais superiores que ajudam a compreender a legitimidade ativa *ad causam* do Ministério Público. A primeira, do Supremo Tribunal Federal, enuncia: "o Ministério Público tem legitimidade para promover ação civil pública cujo fundamento seja a ilegalidade de reajuste de mensalidades escolares" (Súmula nº 643). Já as outras duas, do Superior Tribunal de Justiça, são no seguinte sentido: "o Ministério Público tem legitimidade para propor ação civil pública em defesa do patrimônio público" (Súmula nº 329) e "o Ministério Público não tem legitimidade para pleitear, em ação civil pública, a indenização decorrente do DPVAT em benefício do segurado" (Súmula nº 470).

IV. Ministério Público como réu

A contrapartida da outorga do direito de ação ao Ministério Público é a possibilidade de o *Parquet* figurar como réu no processo. O CPC, art. 745, § 4º, contempla expressamente essa possibilidade, na seguinte hipótese: "regressando o ausente ou algum dos seus descendentes ou ascendentes para requerer ao juiz a entrega de bens, serão citados para contestar o pedido os sucessores provisórios ou definitivos, o Ministério Público e o representante da Fazenda Pública, seguindo-se o procedimento comum".

Além dessa situação, é possível vislumbrar o Ministério Público no polo passivo da relação jurídica processual em ações coletivas passivas e em ações rescisórias ajuizadas pelo réu contra decisões proferidas em processos iniciados pelo *Parquet*.

Art. 178 - O Ministério Público será intimado para, no prazo de 30 (trinta) dias, intervir como fiscal da ordem jurídica nas hipóteses previstas em lei ou na Constituição Federal e nos processos que envolvam:
I - interesse público ou social;
II - interesse de incapaz;
III - litígios coletivos pela posse de terra rural ou urbana.
Parágrafo único - A participação da Fazenda Pública não configura, por si só, hipótese de intervenção do Ministério Público.

I. Fiscal da ordem jurídica

A intervenção do Ministério Público como fiscal da ordem jurídica consiste na sua inserção em processo previamente instaurado por iniciativa de outrem, a fim de garantir ativamente a atuação da vontade concreta do direito. A razão dessa intervenção tem a ver com o objeto do processo, sensível aos olhos do legislador, a ponto de justificar a participação ativa de alguém na relação jurídica processual com o objetivo, sobretudo, de garantir que o resultado final seja conforme o direito e os valores tutelados por este, dada a peculiar situação da vida trazida para o Poder Judiciário.

Como se percebe, nessas circunstâncias, não há uma demanda ajuizada pelo Ministério Público nem uma demanda ajuizada em face dele. A integração do *Parquet* ao processo não se dá por ato voluntário seu, do autor, do réu ou de qualquer outro sujeito parcial da relação jurídica processual. A intimação para que o Ministério Público intervenha no processo se dá por ordem do legislador, que deve ser rigorosamente cumprida pelo juiz, uma vez presente causa justificadora da intervenção do *Parquet*.

Uma vez integrado ao processo, ainda que na condição de fiscal da ordem jurídica, o *Parquet* passa a dele participar como parte, isto é, como sujeito da relação jurídica processual, com poderes, faculdades, ônus e deveres compatíveis com a sua posição nessa relação. O CPC, art. 179, reforça esse estado de coisas, ao dispor sobre a intimação do Ministério Público acerca de todos os atos praticados no processo e prever a prática de atos processuais pelo fiscal da ordem jurídica.

II. Intimação para intervenção em 30 dias

A intimação do *Parquet* para intervir no feito como fiscal da ordem jurídica deve se dar no início do processo ou tão logo diagnosticada a causa da sua intervenção. O zelo pela efetivação do direito nos processos eleitos pelo legislador deve acontecer desde sempre, na prática de todos os atos processuais, sob pena de se colocar em risco a missão delegada ao Ministério Público. Lembre-se de que no início do processo são comuns deliberações acerca de tutela de urgência, que podem ser determinantes para a própria sorte dos direitos e interesses discutidos em juízo, mormente quando expostos a algum tipo de dano. Daí a importância da presença liminar na relação jurídica processual de alguém encarregado da defesa da ordem jurídica, zelando para que os primeiros atos praticados no processo já estejam em conformidade com o direito.

A intimação do Ministério Público para intervir no processo como fiscal da ordem jurídica é providência que o juiz deve tomar de ofício, independentemente de requerimento de qualquer das partes. Em regra, com a constatação da presença de matéria que demanda a intervenção do *Parquet* a partir de simples leitura da petição inicial, a intimação do Ministério Público deve acontecer concomitantemente com o primeiro pronunciamento do juiz no processo, qualquer que seja o seu teor. Apenas em situações excepcionais, de tardia erupção do interesse motivador da participação do *Parquet* no processo, é que a intimação do Ministério Público fica postergada.

Assim, o magistrado deve ser bastante cuidadoso na identificação das causas que exigem a intervenção do fiscal da ordem jurídica, pois o CPC, art. 279, dispõe o seguinte: "é nulo o processo quando o membro do Ministério Público não for intimado a acompanhar o feito em que deva intervir" (*caput*) e "se o processo tiver tramitado sem conhecimento do membro do Ministério Público, o juiz invalidará os atos praticados a partir do momento em que ele deveria ter sido intimado" (§ 1º). Logo, o julgador não pode deixar o processo se desenvolver sem a prévia intimação do *Parquet*, sob pena de nulidade dos atos processuais.

Registre-se que a cominação de nulidade no caso é para a ausência de intimação do *Parquet*, e não para a falta de efetiva atuação deste. Se o Ministério Público quedar inerte diante da determinação para sua intervenção no processo, o feito segue adiante normalmente após o transcurso do trintídio legal (CPC, art. 180, § 1º), sem que se possa cogitar da invalidade dos atos processuais. Não é possível forçar a concreta participação do Ministério Público no processo. Nessas circunstâncias, pode até se cogitar da responsabilidade civil do agente ministerial, por omissão dolosa (CPC, art. 181). Todavia, isso não gera qualquer repercussão na validade do processo em que o *Parquet* deixou de se fazer efetivamente presente. Cabe apenas ao juiz esperar o esgotamento do prazo legalmente assinado para a fala do Ministério Público antes de impulsionar o feito adiante.

Constatada com atraso a falta de intimação do Ministério Público, dois cuidados deve o juiz tomar antes de decretar a nulidade dos atos praticados no processo. O primeiro deles consiste na própria "intimação do Ministério Público, que se manifestará sobre a existência ou a inexistência de prejuízo" (CPC, art. 279, § 2º). O segundo é a verificação de prejuízo decorrente da falta de intimação do *Parquet*. Se a ausência de comunicação do *Parquet* não produziu dano ao interesse motivador da sua intervenção, o vício fica superado, sem que se decrete qualquer nulidade. A máxima *pas de nullitè sans grief* permanece viva no ordenamento jurídico nacional (CPC, arts. 277 e 282).

Nada impede que, independentemente de intimação, o *Parquet*, ciente da existência do processo envolvendo interesse justificador da sua intervenção, antecipe-se ao juiz e espontaneamente compareça ao feito como fiscal da ordem jurídica. Competindo ao magistrado o controle do suporte material para a atuação do Ministério Público no processo nessas condições, o ingresso antecipado do *Parquet* no feito fica sujeito a ulterior chancela do juiz. Uma vez caracterizada *fattispecie* descrita no CPC, art. 178, a intervenção do *Parquet* é aceita; ausente hipótese legal para tanto, o magistrado exclui o Ministério Público do processo. Aqui, cabe ao *Parquet* agravar da decisão (interpretação do CPC, art. 1.015, inciso IX).

Por fim, registre-se que o descumprimento do prazo de 30 dias previsto no CPC, art. 178, *caput*, não impede que o Ministério Público venha a intervir no processo futuramente. Todavia, nessa hipótese, ele assumirá o feito no estado em que se encontra (CPC, art. 180, § 1º).

III. Hipóteses previstas em lei ou na Constituição Federal

O CPC, art. 178, *caput*, deixa abertas as portas para que se insiram na Constituição Federal ou na legislação infraconstitucional outras hipóteses de intervenção do Ministério Público no processo como fiscal da ordem jurídica. Para tanto, é preciso considerar comando constitucional no sentido de que apenas sejam atribuídas ao Ministério Público funções "compatíveis com sua finalidade" (CF, art. 129, inciso IX), sendo esta extraível, sobretudo, da CF, arts. 127 e 129.

Na Constituição Federal, o art. 232 prevê que "os índios, suas comunidades e organizações são partes legítimas para ingressar em juízo em defesa de seus direitos e interesses, intervindo o Ministério Público em todos os atos do processo".

No Código de Processo Civil, está prevista a intervenção do *Parquet* nas seguintes hipóteses: inventário e partilha, "se houver herdeiro incapaz ou ausente" (art. 626, *caput*); ações de família em que haja interesse de incapaz ou em que seja realizado acordo (art. 698); requerimento de alteração do regime de bens do casamento (art. 734, § 1º); abertura do testamento cerrado (art. 735, § 2º); publicação do testamento particular, marítimo, aeronáutico, militar ou nuncupativo e de codicilo (art. 737); causas envolvendo a herança jacente (art. 739, § 1º, inciso I); arrecadação dos bens da herança jacente (art. 740, § 6º); interdição (art. 752, § 1º); arguição da inconstitucionalidade de lei ou ato normativo (art. 948); "conflitos de competência relativos aos processos previstos no art. 178" (art. 951, parágrafo único); ação rescisória que contemple "hipóteses do art. 178" (art. 967, parágrafo único); incidente de resolução de demandas repetitivas (art. 976, § 2º); reclamação (art. 991); recurso extraordinário ou especial repetitivo (art. 1.038, inciso III).

No Código Civil, o art. 1.719 dispõe que, "comprovada a impossibilidade da manutenção do bem de família nas condições em que foi instituído, poderá o juiz, a requerimento dos interessados, extingui-lo ou autorizar a sub-rogação dos bens que o constituem em outros, ouvidos o instituidor e o Ministério Público".

Na legislação em vigor no país, cabe destacar a participação do *Parquet* nos seguintes procedimentos: ação popular, com vedação à "defesa do ato impugnado ou dos seus autores" (Lei nº 4.717/1965, art. 6º, § 4º); ação de alimentos (Lei nº 5.478/1968, art. 9º); ação civil pública (Lei nº 7.347/1985, art. 5º, § 1º); "ações de alimentos", "procedimentos de suspensão e destituição do poder familiar, nomeação e remoção de tutores, curadores e guardiães" e "todos os demais procedimentos da competência da Justiça da Infância e da Juventude" (Lei nº 8.069/1990, art. 201, inciso III); ação de improbidade administrativa (Lei nº 8.429/1992, art. 17, § 4º); ação de desapropriação de imóvel rural para fins de reforma agrária (Lei Complementar nº 76/1993, art. 18, § 2º); *habeas data* (Lei nº 9.507/1997, art.

12); "ações de alimentos, de interdição total ou parcial, de designação de curador especial, em circunstâncias que justifiquem a medida" e "todos os feitos em que se discutam os direitos de idosos em condições de risco" (Lei nº 10.741/2003, art. 74, inciso II); mandado de segurança (Lei nº 12.016/2009, art. 12).

IV. Interesse público ou social

O primeiro inciso do art. 178 do CPC contempla a existência de "interesse público ou social" como fator legitimador da intervenção do Ministério Público no processo. Tem-se aqui conceito jurídico indeterminado bastante elástico, que guarda paralelo com a própria missão constitucionalmente outorgada ao Ministério Público na CF, art. 127, e funciona como um amplo guarda-chuva, capaz de abrigar sob sua proteção todas as situações justificadoras da participação do *Parquet* no processo que não contam com expressa previsão legal. Assim, sempre que se fizerem presentes no processo interesses da coletividade, interesses transindividuais e valores socialmente relevantes, que extravasam a esfera pessoal, deve o *Parquet* ser chamado a intervir no feito.

Conforme esclarece o parágrafo único do art. 178 do CPC, o interesse público que justifica a intervenção do Ministério Público na condição de fiscal da ordem jurídica não é o interesse da Fazenda Pública, ou seja, não é o interesse público secundário, mas sim o interesse público primário, ou seja, o interesse geral da sociedade.

Cabe ao juiz controlar a existência do interesse público ou social motivador da intervenção do Ministério Público no processo e assim dar a última palavra a respeito do assunto. Se o *Parquet* não concordar com a decisão que delibera sobre a existência ou inexistência de interesse público ou social no caso, cabe a ele recorrer da decisão, mediante agravo de instrumento (interpretação do CPC, art. 1.015, inciso IX).

V. Interesse de incapaz

O segundo inciso do art. 178 do CPC prevê a participação do Ministério Público "nos processos que envolvam interesse de incapaz". Logo, sendo o incapaz parte no processo, seja na condição de autor, réu ou terceiro interveniente (assistente, denunciado ou chamado), deve o *Parquet* ser intimado para intervir no feito, a fim de garantir a atuação da vontade concreta do direito, sobretudo, sem prejuízos àquele que não está em condições de livre e adequadamente exprimir sua vontade.

Quer se trate de pessoa absolutamente incapaz (CC, art. 3º), quer se trate de pessoa relativamente incapaz (CC, art. 4º), o Ministério Público deve ser convidado a ingressar no processo de que ela participa.

A fiscalização da ordem jurídica no processo em que é parte o incapaz requer certo cuidado do Ministério Público. Em nome da efetivação do direito, o *Parquet* não pode passar a litigar contra o incapaz, sob pena de a parte hipossuficiente na relação jurídica processual vir a ter um adversário a mais para enfrentar, em desvirtuamento da razão que trouxe o Ministério Público para o processo. Todavia, também não pode o *Parquet* afrontar a ordem jurídica que veio fiscalizar, abraçando teses *contra legem* advogadas pelo incapaz, numa defesa cega deste. A chave para a atuação do Ministério Público nesse cenário está no equilíbrio; deve ele cuidar para que não haja violação da ordem jurídica prejudicial ao incapaz. Não deve incentivar pleitos antijurídicos do incapaz, mas também não pode se voltar contra este, ainda que para tanto tenha que silenciar, em vez de tomar qualquer outra medida. Pode-se traçar um paralelo aqui com a Lei nº 4.717/1965, art. 6º, § 4º, que veda que o Ministério Público, na ação popular, assuma "a defesa do ato impugnado ou dos seus autores".

Entretanto, convém registrar que a 4ª Turma do Superior Tribunal de Justiça já decidiu pela possibilidade de o *Parquet* se manifestar contrariamente ao incapaz, em processo no qual ingressara justamente em razão da presença deste: "não está obrigado o representante do Ministério Público a manifestar-se, sempre, em favor do litigante incapaz. Estando convencido de que a postulação do menor não apresenta nenhum fomento de juridicidade, é-lhe possível opinar pela sua improcedência" (STJ, 4ª T., REsp nº 135.744, Rel. Min. Barros Monteiro, unânime, j. em 24/6/2003, DJU de 22/9/2003).

O Código de Processo Civil prevê em mais duas passagens a intervenção do Ministério Público no processo em razão da presença de incapaz: no procedimento de inventário e partilha (art. 626, *caput*) e nas ações de família (art. 698).

VI. Litígios coletivos pela posse de terra rural ou urbana

O terceiro inciso do art. 178 do CPC contempla "litígios coletivos pela posse de terra rural ou urbana". Não é qualquer disputa possessória envolvendo terra que reclama a intervenção do *Parquet*. Controvérsia entre pessoas perfeitamente identificadas, circunscrita aos seus direitos possessórios sobre terra, ainda que em litisconsórcio, não exige a participação do Ministério Público no processo. É para as situações em que o conflito possessório de terra extrapola a esfera pessoal de direitos e ganha contornos sociais que se pensa a atuação do *Parquet* no feito. O pacífico exercício da posse sobre terra é importante fator para a estabilidade das relações em sociedade, seja em área urbana, seja em área rural. Litígios de grandes proporções nessa seara produzem inquietação que coloca em risco a paz social almejada pelo Estado. Atento a isso, o legislador programa a atuação de alguém para garantir ativamente o respeito ao direito nessas circunstâncias, a fim de que a jurisdição alcance não só os seus escopos jurídicos, mas também os seus escopos sociais.

O CPC, art. 565, § 2º, reforça a participação do Ministério Público em litígio coletivo pela posse de imóvel, ao prever expressamente a intimação do *Parquet* para comparecer à audiência ali prevista.

Por fim, o CPC, art. 554, § 1º, dispõe: "no caso de ação possessória em que figure no polo passivo grande número de pessoas, serão feitas a citação pessoal dos ocupantes que forem encontrados no local e a citação por edital dos demais, determinando-se, ainda, a intimação do Ministério Público e, se envolver pessoas em situação de hipossuficiência econômica, da Defensoria Pública.".

VII. Fazenda Pública

O parágrafo único do art. 178 do CPC dispõe que "a participação da Fazenda Pública não configura, por si só, hipótese de intervenção do Ministério Público". Isso se afina com a CF, art. 129, inciso IX ("vedada a representação judicial e a consultoria jurídica de entidades públicas") e coloca em evidência a ideia de que cabe ao *Parquet* a tutela do interesse público primário, e não do interesse público secundário.

Assim, permanece atual a Súmula nº 189 do STJ: "é desnecessária a intervenção do Ministério Público nas execuções fiscais".

Ressalvados os casos de desapropriação de imóvel rural para fins de reforma agrária (Lei Complementar nº 76/1993, art. 18, § 2º), não é obrigatória a intervenção do *Parquet* nas desapropriações, diretas ou indiretas. Conforme pacificado pela 1ª Seção do Superior Tribunal de Justiça: "[...] 3. Tratando-se de ação em que se discute a desapropriação movida pelo Estado de São Paulo de área declarada de utilidade pública para fins de criação de reserva ecológica, a ausência de atuação do Ministério Público como órgão interveniente não conduz à nulidade do feito, na medida em que os dispositivos legais em referência não atribuem competência à entidade para atuar em todas as demandas expropriatórias, mas apenas quando a causa gravita em torno de litígios coletivos pela posse da terra rural – desapropriação direita para fins de reforma agrária, o que, a toda evidência, não é o caso dos autos. [...] Vale ressaltar que não se discute nos autos a causa ambiental, mas simplesmente o montante da indenização cabível. Não há, portanto, que se falar em tutela de interesse público primário, referente ao interesse social ou interesse de toda a sociedade, mas sim interesse público secundário, ou seja, interesse da Administração, cuja proteção está confiada ao órgão constitucionalmente concebido para tal encargo: a Procuradoria-Geral do Estado." (STJ, 1ª Seção, ED no REsp nº 486.645, Rel. Min. Mauro Campbell, unânime, j. em 12/8/2009, DJU de 21/8/2009).

Art. 179 - Nos casos de intervenção como fiscal da ordem jurídica, o Ministério Público:
I - terá vista dos autos depois das partes, sendo intimado de todos os atos do processo;
II - poderá produzir provas, requerer as medidas processuais pertinentes e recorrer.

I. Vista ulterior dos autos e comunicação dos atos processuais

A prerrogativa de "vista dos autos depois das partes" (CPC, art. 179, inciso I) possibilita ao *Parquet* falar no processo após os demais sujeitos parciais, com amplo conhecimento dos seus argumentos fáticos e jurídicos e tendo refletido a seu respeito. Isso dá ao Ministério Público condições de melhor zelar pela ordem jurídica.

O CPC, art. 179, inciso I, ainda prevê que o *Parquet* seja "intimado de todos os atos do processo". Trata-se aqui de intimação ampla e sem exceção. Por mais irrelevante que seja o ato processual, ele deve ser levado ao conhecimento do Ministério Público. Afinal, o zelo pela ordem jurídica deve ser constante durante todo o procedimento. A intimação do *Parquet* acerca dos atos processuais deve se orientar pelo CPC, art. 180, *caput*.

II. Produção de provas, medidas processuais pertinentes e interposição de recurso

Para a fiscalização da ordem jurídica, o legislador municia o *Parquet* com poderes para "produzir provas, requerer as medidas processuais pertinentes e recorrer" (CPC, art. 179, inciso II).

A possibilidade de o Ministério Público requerer a produção de provas é inferida também de outros dispositivos no Código de Processo Civil, relacionados com a perícia (arts. 91, § 1º, e 473, inciso IV), a audiência de instrução e julgamento (art. 362, § 2º) e a prova testemunhal (art. 455, § 4º, inciso IV). Na medida em que o juiz tem a prerrogativa de ordenar de ofício que a parte preste depoimento pessoal (CPC, art. 385, *caput*), pode o *Parquet* formular requerimento nesse sentido, incitando o magistrado a exercer o poder que a lei lhe confere. Como se percebe, dispõe o Ministério Público de amplo poder probatório.

A prerrogativa para "requerer as medidas processuais pertinentes" (CPC, art. 179, inciso II) é amplíssima. Autorizar o *Parquet* a pedir as providências processuais apropriadas significa permitir que ele solicite em juízo a realização de todos os atos compatíveis com a sua função no processo. Talvez, bastasse ao legislador outorgar ao Ministério Público tal prerrogativa para legitimá-lo a produzir provas, recorrer e fazer no feito tudo o mais que precisa para fiscalizar a ordem jurídica.

O Código de Processo Civil traz ao longo de seu texto exemplos de medidas que podem ser requeridas pelo *Parquet* no processo em que atua como fiscal da ordem jurídica. O art. 65, parágrafo único, prevê que "a incompetência relativa pode ser alegada pelo Ministério Público nas causas em que atuar". Naturalmente, em se tratando de ação popular ou de processo no qual figure incapaz como autor, não pode o *Parquet* invocar essa incompetência, pois não pode passar a litigar em favor do réu nesses casos (Lei nº 4.717/1965, art. 6º, § 4º).

O CPC, art. 133, *caput*, dispõe que "o incidente de desconsideração da personalidade jurídica será instaurado a pedido da parte ou do Ministério Público, quando lhe couber intervir no processo". Aliás, o CC, art. 50, já previa que a desconsideração da personalidade jurídica pudesse ser requerida pelo "Ministério Público quando lhe couber intervir no processo".

O CPC, art. 235, *caput*, autoriza o *Parquet* "a representar ao corregedor do tribunal ou ao Conselho Nacional de Justiça contra juiz ou relator que injustificadamente exceder os prazos previstos em lei, regulamento ou regimento interno".

O CPC, art. 364, *caput* e § 2º, possibilita que, após o encerramento da instrução, o Ministério Público apresente suas alegações finais, oralmente ou por escrito.

O CPC, arts. 664 e 665, confere ao *Parquet* poder para interferir na adoção da forma de arrolamento para o processamento do inventário.

O CPC, art. 740, § 6º, prevê que o Ministério Público possa se opor a pleito contrário à arrecadação dos bens que compõem a herança jacente.

No âmbito dos tribunais, o Código de Processo Civil autoriza o *Parquet* ao seguinte: sustentar oralmente suas razões na sessão de julgamento, "nos casos de sua intervenção" (art. 937, *caput*); provocar a assunção de competência (art. 947, § 1º); suscitar conflito de competência (art. 951, *caput*); requerer a instauração do incidente de resolução de demandas repetitivas (arts. 976, § 2º, e 977, inciso III); apresentar reclamação (art. 988, *caput*).

Até no Código Civil está prevista medida que o Ministério Público pode requerer, "quando lhe couber intervir", qual seja o pronunciamento de nulidade do negócio jurídico (CC, art. 168).

Medida processual que o *Parquet* não pode requerer nos processos em que intervém como fiscal da ordem jurídica relaciona-se com o aditamento à petição inicial e a formulação de novos pedidos no feito. Nessas circunstâncias, cabe ao Ministério Público, sobretudo, zelar para que os pedidos já formulados sejam julgados em conformidade com o direito; não pode ampliar o objeto do processo. Assim, por exemplo, mesmo que entenda que um autor incapaz podia ter pedido mais do que pediu na petição inicial, não se autoriza que o *Parquet* supra esse suposto déficit petitório. Como já decidido pela 4ª Turma do Superior Tribunal de Justiça: "I. A legitimidade do Ministério Público na defesa dos interesses de menores não chega ao ponto de se lhe permitir o aditamento, à inicial, de outros pedidos além daqueles formulados pela parte autora, devidamente representada por advogado constituído nos autos, à qual coube a iniciativa da ação e a fixação do alcance da prestação jurisdicional desejada." (STJ, 4ª T., REsp nº 197.573, Rel. Min. Aldir Passarinho Junior, maioria, j. em 25/4/2002, DJU de 23/9/2002).

No tocante à interposição de recurso, o CPC, art. 996, *caput*, reforça o poder de recorrer do Ministério Público, "como parte ou fiscal da ordem jurídica". Assim, sempre que entender que a decisão judicial atrita com o direito, cabe ao *Parquet* recorrer para que a ordem jurídica reste íntegra. Vale aqui advertência já feita anteriormente, no sentido de que, nessas condições, o Ministério Público não pode litigar contra o incapaz ou em favor do réu de ação popular (Lei nº 4.717/1965, art. 6º, § 4º), o que veda a interposição de recurso contra decisão favorável àquele ou contra decisão de procedência desta.

Art. 180 - O Ministério Público gozará de prazo em dobro para manifestar-se nos autos, que terá início a partir da sua intimação pessoal, nos termos do art. 183, § 1º.
§ 1º - Findo o prazo para manifestação do Ministério Público sem o oferecimento de parecer, o juiz requisitará os autos e dará andamento ao processo.
§ 2º - Não se aplica o benefício da contagem em dobro quando a lei estabelecer, de forma expressa, prazo próprio para o Ministério Público.

I. Intimação pessoal

O CPC, art. 180, *caput*, determina que a intimação do Ministério Público acerca dos atos processuais seja "pessoal, nos termos do art. 183, § 1º". O CPC, art. 183, § 1º, por sua vez, dispõe: "a intimação pessoal far-se-á por carga, remessa ou meio eletrônico". Assim, reforça-se ideia já lançada pela Lei nº 11.419/2006, art. 5º, § 6º, no sentido de que intimações por meio eletrônico, "inclusive da Fazenda Pública, serão consideradas pessoais para todos os efeitos legais". Com tudo isso, desmistifica-se a intimação pessoal e a sua relação com atos presenciais, até com a participação de oficial de justiça. Conforme já decidido pela 1ª Turma do Superior Tribunal de Justiça: "[...] 2. A 'intimação pessoal' não pode ser confundida com a 'intimação por oficial de justiça', referida no art. 241, II, do CPC. Esta última, que se efetiva por mandado, ocorre somente em casos excepcionais, como o previsto no art. 239. Já a intimação pessoal não depende de mandado, nem de intervenção do oficial de justiça. Ela se perfectibiliza por modos variados, previstos no Código ou na praxe forense, mediante a cientificação do intimado pelo próprio escrivão, ou pelo chefe de secretaria (art. 237, I, e art. 238, parte final, do CPC), ou mediante encaminhamento da ata da publicação dos acórdãos, ou, o que é mais comum, com a entrega dos autos ao intimado ou a sua remessa à repartição a que pertence. Assim, mesmo quando, eventualmente, o executor dessa espécie de providência seja um oficial de justiça, nem assim se poderá considerar alterada a natureza da intimação, que, para os efeitos legais, continua sendo 'pessoal' e não 'por oficial de justiça'. [...]" (STJ, 1ª T., REsp nº 490.881, Rel. Min. Teori Albino Zavascki, unânime, j. em 14/10/2003, DJU de 3/11/2003).

Aliás, de forma genérica, o CPC, art. 270, *caput*, prevê que todas as intimações se realizem, "sempre que possível, por meio eletrônico". Logo na sequência, o CPC, art. 270, parágrafo único, dispõe: "aplica-se ao Ministério Público, à Defensoria Pública e à Advocacia Pública o disposto no § 1º do art. 246". Por sua vez, esse art. 246, § 1º, é do seguinte teor: "com exceção das microempresas e das empresas de pequeno porte, as empresas públicas e privadas são obrigadas a manter cadastro nos sistemas de processo em autos eletrônicos, para efeito de recebimento de citações e intimações, as quais serão efetuadas preferencialmente por esse meio". Como se percebe, mais do que pessoal, a intimação do Ministério Público deve ser por meio eletrônico, o que facilita e agiliza a comunicação dos atos processuais.

Malgrado a primazia da intimação por ato eletrônico, como visto, o legislador não descuida de outras formas de intimação, caso da carga ou da remessa dos autos do processo (CPC, art. 183, § 1º). Daí o art. 272, § 6º, do CPC dispor: "a retirada dos autos do cartório ou da secretaria em carga pelo advogado, por pessoa credenciada a pedido do advogado ou da sociedade de advogados, pela Advocacia Pública, pela Defensoria Pública ou pelo Ministério Público implicará intimação de qualquer decisão contida no processo retirado, ainda que pendente de publicação".

II. Prazo dobrado para manifestação

O CPC, art. 180, *caput*, concede ao Ministério Público o benefício do "prazo em dobro para manifestar-se nos autos". O dispositivo é amplo e abrange até o prazo para recorrer (CPC, art. 1.003, § 5º), mas tem seu alcance limitado pelo disposto no CPC, art. 180, § 2º: "não se aplica o benefício da contagem em dobro quando a lei estabelecer, de forma expressa, prazo próprio para o Ministério Público". Maior exemplo de prazo próprio para o Ministério Público é o do art. 178, *caput*, do CPC, que prevê ser de 30 dias o prazo para o *Parquet* intervir no processo como fiscal da ordem jurídica. Esse trintídio, naturalmente, não se dobra.

III. Inércia do Ministério Público e andamento do processo

Não é possível forçar o Ministério Público a efetivamente se pronunciar no feito nem aguardar para sempre pelo seu pronunciamento, sob pena de travar o procedimento, a dano da garantia constitucional da razoável duração do processo (CF, art. 5º, inciso LXXVIII). Assim, transcorrido *in albis* o prazo assinado para a manifestação do *Parquet*, o juiz deve dar regular andamento ao processo. A lei comina de nulidade apenas a falta de intimação do Ministério Público para intervir no processo (CPC, art. 279); a ausência de efetiva intervenção do *Parquet* não afeta a validade dos atos processuais.

Registre-se que o silêncio do *Parquet* num primeiro momento não o impede de mais tarde atuar efetivamente no processo. Todavia, a mudança de comportamento do Ministério Público é irrelevante para a validade dos atos processuais praticados no período do silêncio ministerial. O *Parquet* assume o processo no estado em que se encontra por ocasião da sua efetiva intervenção.

Mesmo quando inerte após a intimação para a intervenção inicial, o Ministério Público deve continuar a ser intimado de todos os atos praticados no processo, nos termos do CPC, art. 179, inciso I, até porque, como dito anteriormente, o *Parquet* pode sair da inércia em outro momento do feito.

Art. 181 - O membro do Ministério Público será civil e regressivamente responsável quando agir com dolo ou fraude no exercício de suas funções.

I. Responsabilidade pessoal por ação ou omissão dolosa ou fraudulenta

O CPC, art. 181, trata da responsabilidade civil do membro do Ministério Público "no exercício de suas funções". Prevê o legislador que essa responsabilidade pessoal somente se faz presente nas condutas dolosas ou fraudulentas. Malgrado conste do CPC, art. 181, o verbo *agir*, a omissão do agente ministerial também pode ensejar sua responsabilização no plano civil.

Hipótese que pode ensejar a responsabilidade pessoal do membro do *Parquet* por omissão dolosa é a do agente que deliberada e ilicitamente silencia diante da falha sentença de improcedência de ação civil pública, deixando de interpor a apelação cabível (CPC, art. 996, *caput*), com o intuito de favorecer o réu.

No CPC, art. 234, § 4º, há previsão de sanção para o membro do Ministério Público que se comporta mal no processo: em caso de retenção indevida dos autos, a multa de "metade do salário mínimo" (CPC, art. 234, § 2º) "será aplicada ao agente público responsável pelo ato", "se a situação envolver membro do Ministério Público, da Defensoria Pública ou da Advocacia Pública" (CPC, art. 234, § 4º).

Por fim, consigne-se que a responsabilização do Estado por ação ou omissão danosa do membro do Ministério Público não depende da caracterização de dolo ou fraude por parte deste; a responsabilidade estatal pelos atos dos seus agentes é objetiva. Apenas a responsabilização pessoal do membro do *Parquet* ou o exercício do direito de regresso pelo Estado é que dependem da prova do elemento subjetivo (CF, art. 37, § 6º; CC, art. 43; CPC, art. 181).

TÍTULO VI
DA ADVOCACIA PÚBLICA

Art. 182 - Incumbe à Advocacia Pública, na forma da lei, defender e promover os interesses públicos da União, dos Estados, do Distrito Federal e dos Municípios, por meio da representação judicial, em todos os âmbitos federativos, das pessoas jurídicas de direito público que integram a administração direta e indireta.

Autoras: Flávia Moraes Barros Fabre e Nathaly Campitelli Roque

I. Representação judicial da Fazenda Pública

Dentre as inovações trazidas pelo Código de Processo Civil de 2015 está a instituição de um título específico na parte geral para tratar da Advocacia Pública.

É a Advocacia Pública a instituição criada por lei do ente federado para sua assessoria e consultoria na área jurídica, incluindo entre suas funções a representação judicial. O ente federado pode instituir que sua Procuradoria seja competente para defesa das demais pessoas jurídicas da Administração (autarquias e fundações) ou estabelecer carreira própria para a defesa destas instituições públicas.

O texto em comento acompanha o regime constitucional da Advocacia-Geral da União, a Procuradoria da Fazenda Nacional e as Procuradorias dos Estados (CF, arts. 131 e 132). O CPC/2015 inova ao considerar como Advocacia Pública as Procuradorias Municipais, indo de encontro com a PEC nº 17/2012, ainda em trâmite no Congresso Nacional.

A lei do ente federado é a competente para estabelecer as condições de ingresso, poderes e deveres do advogado público. O acesso deverá ser realizado necessariamente por concurso público de provas e títulos (CF, arts. 37, inciso II, 131 e 132).

II. Dispensa do instrumento de procuração

O membro da Advocacia Pública é dispensado do instrumento de procuração caso a representação decorra diretamente de norma prevista na Constituição Federal (CPC/2015, art. 287, parágrafo único, inciso III). Sendo dispensada a procuração, não é tal documento requisito para a formação do instrumento do agravo, conforme já reconheceu o Superior Tribunal de Justiça, na vigência do CPC/1973:

"PROCESSUAL CIVIL – ALEGAÇÃO DE VÍCIOS FORMAIS – FUNDAMENTOS INSUFICIENTES PARA REFORMAR A DECISÃO AGRAVADA – INDICAÇÃO DO NOME E ENDEREÇO COMPLETO DO ADVOGADO DO AGRAVADO (ART. 524, INCISO III, DO CPC) – PRESCINDIBILIDADE – AUSÊNCIA DE JUNTADA DE CÓPIA DO INSTRUMENTO DE MANDATO CONFERIDO AO PROCURADOR DO ESTADO – DESCABIMENTO DA EXIGÊNCIA – NÃO CABIMENTO DE EXIGÊNCIA DE JUNTADA DE CERTIDÃO ATESTANDO A AUSÊNCIA – AUTENTICAÇÃO DAS PEÇAS TRASLADADAS (ART. 544, § 1º, DO CPC) – AUSÊNCIA DE EXIGÊNCIA LEGAL ESPECÍFICA – PRESUNÇÃO DE VERACIDADE – PRECEDENTES DA CORTE ESPECIAL – JULGAMENTO CONFORME JURISPRUDÊNCIA DO STJ – SÚMULA 83/STJ, APLICÁVEL À ALÍNEA 'A' DO PERMISSIVO CONSTITUCIONAL – AGRAVO REGIMENTAL IMPROVIDO.

1. [...] 2. A exigência contida no inciso III do art. 524 do CPC não é absoluta, de forma que pode ser relevada se existirem nos autos outros elementos que possam identificar o nome e o endereço completo do advogado da agravada, mormente em se tratando de ente público.

3. Partindo-se do pressuposto de que os membros da Advocacia Pública não têm mandato, decorrendo a sua capacidade postulatória diretamente da respectiva nomeação para o cargo exercido, nos termos da lei, por via de consequência lógica, fica afastada, também para a parte ex adversa, a exigência em comento para a formação do instrumento.

4. Tendo em vista a ausência de exigência legal específica no sentido de exigir a declaração de autenticidade dos documentos que compõem o instrumento, não se aplica, neste caso, o disposto no art. 365 do Código de Processo Civil, relativo à força probante dos documentos juntados aos autos. Precedentes do STJ.

Agravo regimental improvido" (2ª T., AgRg no REsp nº 1065571/MA, Rel. Min. Humberto Martins, j. em 16/12/2008, DJe de 4/2/2009).

Também tratam do regime processual da Fazenda Pública diversos dispositivos esparsos no CPC/2015. Destacamos os seguintes:

a) art. 75, incisos I a III: tratam da representação processual da Fazenda Pública Federal, Estadual e Municipal por seus procuradores (ou prefeito, no caso do Município em que não haja procuradoria constituída);

b) art. 85, § 3º: regime de honorários próprio se condenada a Fazenda Pública;

c) art. 247, inciso III: citação pessoal por oficial de justiça, enquanto não implementada a citação por meio eletrônico;

d) art. 496: remessa necessária, como condição do trânsito em julgado de decisões contrárias à Fazenda Pública, nos casos ali previstos;

e) art. 1.007, § 1º: dispensa de custas de recurso;

f) art. 1.021, § 5º: dispensa da multa como requisito para recorrer em caso de condenação de agravo interno;

g) art. 1.026, § 3º: dispensa da multa como requisito para recorrer em caso de condenação de embargos de declaração.

Art. 183 - A União, os Estados, o Distrito Federal, os Municípios e suas respectivas autarquias e fundações de direito público gozarão de prazo em dobro para todas as suas manifestações processuais, cuja contagem terá início a partir da intimação pessoal.
§ 1º - A intimação pessoal far-se-á por carga, remessa ou meio eletrônico.
§ 2º - Não se aplica o benefício da contagem em dobro quando a lei estabelecer, de forma expressa, prazo próprio para o ente público.

I. Prazo em dobro e intimação pessoal

Como prerrogativa, concedeu-se expressamente às Advocacias Públicas a concessão de prazo em dobro para todas as manifestações. Fica derrogada, assim, a regra do prazo quadruplicado para defesa e em dobro para recorrer estabelecido no CPC/1973 (art. 188). Os prazos se contam em dias úteis (CPC/2015, art. 219), observadas as causas de suspensão e de interrupção estabelecido no próprio CPC e em legislação extravagante.

Também estabeleceu que todos os entes mencionados no *caput* do dispositivo terão intimação pessoal. Esta regra deverá ser seguida em qualquer processo em que a Fazenda Pública seja parte e em todos os graus de jurisdição.

II. Forma da intimação pessoal

O termo inicial do prazo iniciar-se-á da carga ou remessa, em se tratando de processos cujos autos sejam físicos ou em autos eletrônicos cuja intimação eletrônica ainda não esteja disponível. Ocorrerá por meio eletrônico, caso os autos sejam digitais e a intimação eletrônica já esteja implementada.

III. Intimação por meio eletrônico

No caso de intimação por meio eletrônico, devem ser observadas as regras legais estabelecidas no CPC e na Lei nº 11.419/2009. Confira-se o entendimento do Superior Tribunal de Justiça sobre o tema:

"PROCESSUAL CIVIL. AGRAVO REGIMENTAL NO RECURSO ESPECIAL. INTIMAÇÃO PESSOAL DO PROCURADOR FEDERAL, POR VIA ELETRÔNICA. INTERPOSIÇÃO DO RECURSO ESPECIAL, APÓS O TRINTÍDIO LEGAL, SEM OBSERVÂNCIA DO PARÁGRAFO ÚNICO, PARTE FINAL, DO ART. 3º DA LEI 11.419/2006, E DO § 6º DO ART. 5º DA MESMA LEI. INTEMPESTIVIDADE DO RECURSO ESPECIAL. AGRAVO REGIMENTAL IMPROVIDO.

I. Nos termos do § 2º, III, b, do art. 1º da Lei 11.419/2006, para o disposto nesta Lei, considera-se assinatura eletrônica a identificação inequívoca do signatário, mediante cadastro de usuário no Poder Judiciário.

II. Segundo o art. 2º da Lei 11.419/2006, o envio de petições, de recursos e a prática de atos processuais em geral, por meio eletrônico, serão admitidos mediante uso de assinatura eletrônica, na forma do art. 1º desta Lei, sendo obrigatório o credenciamento prévio, no Poder Judiciário, conforme disciplinado pelos órgãos respectivos. O credenciamento no Poder Judiciário será realizado mediante procedimento no qual esteja assegurada a adequada identificação presencial do interessado. Ao credenciado será atribuído registro e meio de acesso ao sistema, de modo a preservar o sigilo, a identificação e a autenticidade de suas comunicações.

Os órgãos do Poder Judiciário poderão criar um cadastro único, para o credenciamento previsto neste dispositivo legal.

III. O art. 3º, *caput*, da Lei 11.419/2006 estabelece que se consideram realizados os atos processuais por meio eletrônico, no dia e hora do seu envio ao sistema do Poder Judiciário, do que deverá ser fornecido protocolo eletrônico. Já o parágrafo único desse dispositivo legal estabelece que, quando a petição eletrônica for enviada para atender prazo processual, serão consideradas tempestivas as transmitidas até as 24 (vinte e quatro) horas do seu último dia.

IV. De acordo com o § 6º do art. 5º da Lei 11.419/2006, as intimações feitas por meio eletrônico, em portal próprio, aos que se cadastrarem na forma do art. 2º desta Lei, inclusive a Fazenda Pública, serão consideradas pessoais, para todos os efeitos legais.

V. Em conformidade com o § 6º do art. 5º da Lei 11.419/2006, a Segunda Turma do STJ, ao julgar o REsp 1.247.842/PR (Rel. Ministro MAURO CAMPBELL MARQUES, DJe de 28/11/2011), deixou consignado que, havendo intimação pessoal do Procurador Federal, por via eletrônica, não há que se falar em violação ao art. 17 da Lei 10.910/2004.

Também a Segunda Turma do STJ, por ocasião do julgamento do REsp 1.354.877/RS (Rel. Ministra ELIANA CALMON, DJe de 14/10/2013), proclamou que 'é distinta a intimação feita por meio eletrônico em portal próprio, na forma do art. 5º da Lei 11.419/2006, daquela realizada mediante publicação em Diário Eletrônico'.

VI. No caso, consoante certidão expedida pela Secretaria do Tribunal Regional Federal da 4ª Região, em 28/05/2014, houve intimação pessoal, por via eletrônica, do representante judicial do IBAMA, acerca do inteiro teor do acórdão recorrido, nos termos do art. 1º, § 2º, III, b, da Lei 11.419/2006, tendo sido concedido o prazo recursal de 30 (trinta) dias, com data inicial em 10/06/2014 e data final em 09/07/2014. Ocorre que o IBAMA interpôs o Recurso Especial somente no dia 10/07/2014, de forma intempestiva, visto que não observados o parágrafo único, parte final, do art. 3º da Lei 11.419/2006, e o § 6º do art. 5º desta mesma Lei.

VII. Agravo Regimental improvido" (2ª T., AgRg no REsp nº 1488739/RS, Rel. Min. Assusete Magalhães, j. em 17/3/2015, DJe de 25/3/2015).

IV. Comprovação da tempestividade do recurso

Para fins de comprovar a tempestividade do recurso, a prova da intimação pessoal pode ser feita por qualquer meio apto, como já reconheceu o Superior Tribunal de Justiça:

"PROCESSUAL CIVIL. AGRAVO REGIMENTAL NOS EMBARGOS DE DECLARAÇÃO NO AGRAVO REGIMENTAL NO AGRAVO DE INSTRUMENTO. IRRECORRIBILIDADE DA DECISÃO QUE DETERMINA A SUBIDA DO RECURSO ESPECIAL. CABIMENTO QUANDO OCORREM VÍCIOS NOS PRESSUPOSTOS DE ADMISSIBILIDADE. AUSÊNCIA DE PEÇA OBRIGATÓRIA (ART. 544, § 1º DO CPC). CERTIDÃO DE INTIMAÇÃO PESSOAL DA FAZENDA NACIONAL. TEMPESTIVIDADE AFERIDA POR OUTROS MEIOS. PRINCÍPIO DA INSTRUMENTALIDADE DAS FORMAS. A DECISÃO DE SUBIDA DO RECURSO ESPECIAL NÃO VINCULA O ÓRGÃO JULGADOR. AGRAVO REGIMENTAL DESPROVIDO.

1. [...]. 2. A parte Agravante se insurge acerca da ausência da certidão de intimação no Agravo de Instrumento, uma vez que apenas foi juntada nos autos a certidão de remessa dos autos à Fazenda Nacional, sendo assim cabível o Agravo Regimental na espécie.

3. Sendo a intimação da Fazenda Pública, por expressa previsão legal, pessoal mediante remessa dos autos, a qual será o termo inicial do prazo recursal, tem-se que, nos Agravos de

Instrumento interpostos pelo Ente Público, o termo de abertura de vista e remessa dos autos é suficiente para a demonstração da tempestividade do recurso, podendo, assim, substituir a certidão de intimação da decisão agravada.

4. Ademais, observa-se que a decisão agravada foi proferida em 18.07.2008 e o Agravo de Instrumento, por sua vez, foi interposto em 08.08.2008, logo, inequívoca a tempestividade do recurso.

5. [...]" (1ª T., AgRg nos EDcl no AgRg no Ag nº 1136417/RS, Rel. Min. Napoleão Nunes Maia Filho, j. em 16/4/2015, DJe de 30/4/2015).

V. Existência de prazo próprio

A fim de evitar dúvidas, o § 2º afasta expressamente a aplicação do dispositivo se fixado prazo próprio para a Fazenda. São exemplos: o prazo para impugnar a execução (30 dias – CPC/2015, art. 535), da defesa a ser apresentada em Mandado de Segurança (10 dias – Lei nº 12.016/2009, art. 7º, inciso I), dentre outros.

Art. 184 - O membro da Advocacia Pública será civil e regressivamente responsável quando agir com dolo ou fraude no exercício de suas funções.

I. Responsabilidade civil do advogado público

Como agente público que é, o advogado público tem responsabilidade pessoal tanto civil (sendo esta regressiva, nos moldes anteriormente mencionados) quanto administrativa e disciplinar, sem exclusão de eventual responsabilidade criminal pelos atos praticados em razão de seu cargo.

No que toca à responsabilidade civil, tema objeto do artigo em comento, fica evidenciado que a responsabilização do advogado público será regressiva se demonstrado dolo ou fraude. Tais conceitos devem ser interpretados de acordo com a lei material, entendendo-se por dolo a intenção deliberada de causar dano a ente público ao qual representa, ao oponente ou a terceiro e, como fraude, a participação de conluio para prejudicar o ente público, o oponente ou terceiro.

Lembramos que a responsabilidade do ente federado, da autarquia ou da fundação é objetiva em relação aos atos praticados por seus agentes (CF, art. 27, § 6º), respondendo estes pelos prejuízos causados pelo advogado público independente da demonstração de culpa.

TÍTULO VII
DA DEFENSORIA PÚBLICA

Art. 185 - A Defensoria Pública exercerá a orientação jurídica, a promoção dos direitos humanos e a defesa dos direitos individuais e coletivos dos necessitados, em todos os graus, de forma integral e gratuita.

I. Regime jurídico da Defensoria Pública

Sem correspondência no CPC/1973, o Título VII do CPC/2015 traz previsões voltadas à Defensoria Pública e, juntamente com os mais de quarenta outros dispositivos constantes no CPC/2015, compõe seu regime jurídico processual basilar.

O título trata especificamente dessa instituição de sede constitucional (CF, arts. 5º, inciso LXXIV, e 134), a quem cabe exercer a orientação jurídica, a promoção dos direitos humanos e a defesa dos direitos individuais e coletivos dos necessitados em todos os graus.

O art. 185 praticamente repete a redação contida na CF/1988, com a redação que lhe foi dada pela Emenda Constitucional nº 80/2014, que por sua vez espelha o que já estava previsto no art. 1º da Lei Complementar nº 80/1994, com a redação que lhe foi dada pela Lei Complementar nº 132/2009. Em ambos os dispositivos mencionados fica clara a possibilidade de a Defensoria Pública exercer também a defesa dos direitos coletivos dos necessitados, exercitando a legitimidade que lhe foi outorgada pelo art. 5º, inciso II, da Lei nº 7.374/1983.

II. Legitimidade da Defensoria Pública na defesa de interesses coletivos

A questão é relevante, pois a polêmica sobre essa legitimidade para a defesa de interesses coletivos foi reconhecida como tema de repercussão geral na ARE nº 690838 RG/MG. Eis a ementa sobre o assunto:

"EMENTA DIREITO PROCESSUAL CIVIL E CONSTITUCIONAL. LEGITIMIDADE DA DEFENSORIA PÚBLICA PARA AJUIZAR AÇÃO CIVIL PÚBLICA EM DEFESA DE INTERESSES DIFUSOS. DISCUSSÃO ACERCA DA CONSTITUCIONALIDADE DA NORMA LEGAL QUE LHE CONFERE TAL LEGITIMIDADE. MATÉRIA PASSÍVEL DE REPETIÇÃO EM INÚMEROS PROCESSOS, A REPERCUTIR NA ESFERA DE INTERESSE DE MILHARES DE PESSOAS. PRESENÇA DE REPERCUSSÃO GERAL" (ARE nº 690838 RG, Rel. Min. Dias Toffoli, j. em 25/10/2012, Acórdão eletrônico DJe-223, divulg. em 12/11/2012, public. em 13/11/2012).

A legitimidade da Defensoria Pública para a propositura de Ação Civil Pública foi até mesmo questionada por meio da Ação Direta de Inconstitucionalidade nº 3.943. Em maio de 2015, por unanimidade, o Plenário do STF julgou improcedente essa ADI e considerou constitucional a atribuição da Defensoria Pública para propositura daquela ação.

Essa atribuição fora questionada pela Associação Nacional dos Membros do Ministério Público (Conamp) sob a alegação de que, tendo sido criada para atender gratuitamente a cidadãos sem condições de se defender judicialmente, seria impossível para a Defensoria Pública atuar na defesa de interesses coletivos por meio de ação civil pública. De modo geral, os ministros entenderam que o aumento de atribuições dessa instituição amplia o acesso à Justiça e é perfeitamente compatível com a Lei Complementar nº 132/2009 e com as alterações à Constituição Federal promovidas pela Emenda Constitucional nº 80/2014, que estenderam as atribuições da Defensoria Pública.

A inclusão taxativa da defesa dos direitos coletivos no rol de atribuições da Defensoria Pública é, segundo a ministra Carmen Lúcia, coerente com as novas tendências e crescentes demandas sociais de se garantir e ampliar os instrumentos de acesso à Justiça. Em seu entendimento, não é interesse da sociedade limitar a tutela dos hipossuficientes, pois em um país marcado por inegáveis diferenças e por concentração de renda, uma das grandes barreiras para a implementação da democracia e da cidadania ainda é o acesso à Justiça.

Art. 186 - A Defensoria Pública gozará de prazo em dobro para todas as suas manifestações processuais.

§ 1º - O prazo tem início com a intimação pessoal do defensor público, nos termos do art. 183, § 1º.

§ 2º - A requerimento da Defensoria Pública, o juiz determinará a intimação pessoal da parte patrocinada quando o ato processual depender de providência ou informação que somente por ela possa ser realizada ou prestada.

§ 3º - O disposto no caput aplica-se aos escritórios de prática jurídica das faculdades de Direito reconhecidas na forma da lei e às entidades que prestam assistência jurídica gratuita em razão de convênios firmados com a Defensoria Pública.

§ 4º - Não se aplica o benefício da contagem em dobro quando a lei estabelecer, de forma expressa, prazo próprio para a Defensoria Pública.

I. Prazo em dobro para todas as suas manifestações

A prerrogativa do prazo em dobro para as manifestações processuais do defensor público é antiga. Ela já estava prevista no art. 5º, § 5º, da Lei nº 1.060/1950 desde sua inclusão pela Lei nº 7.871/1989, bem como no art. 128, inciso I, da Lei Complementar nº 80/1994. A previsão no art. 186 do CPC/2015, portanto, vem apenas para sedimentar uma realidade processual há muito existente para o defensor público. A jurisprudência é pacífica a respeito dessa prerrogativa:

"AGRAVO REGIMENTAL NO AGRAVO EM RECURSO ESPECIAL. PROCESSUAL CIVIL. EMBARGOS À EXECUÇÃO. DEFENSORIA PÚBLICA. PRAZO EM DOBRO. ART. 44, I DA LC 80/94. AGRAVO DO MUNICÍPIO DE BELO HORIZONTE/MG DESPROVIDO. 1. O prazo para o ajuizamento de Embargos à Execução deve ser contado em dobro no caso em que a parte é representada pela Defensoria Pública, consoante disposição do art. 44, I da LC 80/94. 2. Agravo Regimental do Município de Belo Horizonte/MG a que se nega provimento" (STJ, 1ª T., AgRg no AREsp nº 141859/MG 2012/0020215-1, Rel. Min. Napoleão Nunes Maia Filho, j. em 2/9/2014, DJe de 17/9/2014).

"APELAÇÃO. EMBARGOS À EXECUÇÃO. DEFENSORIA PÚBLICA. PRAZO EM DOBRO. POSSIBILIDADE. A partir do momento em que a defensoria pública se cadastra nos autos o seu prazo começa a fluir em dobro, conforme LC 80/94, artigo 128, sendo que os embargos à execução não são exceção para esta prerrogativa deste órgão" (TJMG, Câmaras Cíveis/15ª Câmara Cível, AC nº 10701082438584001/MG, Rel. Antônio Bispo, j. em 25/7/2013, data de publicação: 2/8/2013).

II. Contagem do prazo processual a partir da intimação pessoal do defensor público

A Defensoria Pública goza da prerrogativa de intimação pessoal em qualquer processo e grau de jurisdição, mediante a intimação por processo eletrônico ou por meio da entrega dos autos com vista, nos termos do inciso I do art. 89 da Lei Complementar nº 80/1994 e do § 5º do art. 5º da Lei nº 1.060/1950.

A intimação pessoal da Defensoria Pública não constitui mera formalidade processual, mas instrumento de concretização e promoção dos direitos individuais e coletivos dos necessitados, de forma integral e gratuita, no âmbito judicial ou extrajudicial (art. 1º da Lei Complementar nº 80/1994).

Quando a intimação pessoal for mediante processo eletrônico, ela se dará nos termos previstos na lei especial existente a respeito do tema, ou seja, segundo a Lei nº 11.419/2006. De outra banda, quando feita mediante carga, a contagem do prazo se faz a partir do primeiro dia útil seguinte à data constante dos autos como sendo a da abertura de vista. Por fim, quando efetuada mediante remessa, a contagem dos prazos para a Defensoria Pública tem início com a entrada dos autos no setor administrativo do órgão e, estando formalizada a carga pelo servidor, configurada está a intimação pessoal. Veja o julgado a seguir:

"PROCESSUAL CIVIL. AGRAVO REGIMENTAL NO RECURSO ESPECIAL. DEFENSORIA PÚBLICA. INÍCIO DO PRAZO. A PARTIR DA ENTRADA DOS AUTOS NA SECRETARIA DO ÓRGÃO. PRECEDENTES DO STJ E STF. AGRAVO REGIMENTAL NÃO PROVIDO. 1. O Plenário do Supremo Tribunal Federal, quando do julgamento do HC 83.255-5/SP, consolidou entendimento no sentido de considerar como termo inicial da contagem dos prazos, seja em face da Defensoria Pública, seja em face do Ministério Público, o dia útil seguinte à data da entrada dos autos no órgão público ao qual é dada a vista. 2. Tem por finalidade efetivar o tratamento igualitário entre as partes, tem-se que a contagem dos prazos para a Defensoria Pública tem início com a entrada dos autos no setor administrativo do órgão e, estando formalizada a carga pelo servidor, configurada está a intimação pessoal, sendo despicienda, para a contagem do prazo, a aposição no processo do ciente por parte do seu membro. 3. Agravo regimental não provido" (STJ, 2ª T., AgRg no REsp nº 1500613/DF, nº 2014/0279701-0, Rel. Min. Mauro Campbell Marques, j. em 5/3/2015, DJe de 11/3/2015).

III. Possibilidade de intimação da parte patrocinada pela Defensoria Pública para viabilizar ato processual essencial

O dispositivo do art. 186, § 2º, vem atender pleito antigo da Defensoria Pública, diretamente ligado à realidade prática de suas atribuições. Com efeito, por diversas vezes o defensor público tem dificuldade de comunicação com a parte por ele patrocinada, o que o força a pedir em juízo a expedição de mandado de intimação daquele por ele assistido por meio de Oficial de Justiça para que realize providência ou preste informação relevante.

Diante da falta de previsão legal a respeito do fato, havia polêmica a respeito da legalidade do ato em si, visto que a comunicação dos atos processuais se dá entre os sujeitos dotados de capacidade postulatória e se à Defensoria Pública foi dada regular vista dos autos, não restaria caracterizado qualquer cerceamento de defesa ou violação à disposição legal. Ademais, a determinação dessa intimação pelo juízo poderia ser considerada uma violação à imparcialidade jurisdicional, isto é, um modo de ajudar a parte que se quedou inerte. Por essa razão, os pedidos de intimação pessoal da parte assistida pela Defensoria Pública eram com frequência indeferidos, gerando a extinção do processo por abandono da causa. Vejamos alguns acórdãos a respeito do tema, tanto entendendo não ser o caso de deferimento do pedido de intimação pessoal da parte patrocinada pela Defensoria quanto entendendo por sua obrigatoriedade para que a extinção do feito por abandono de causa se dê de forma regular.

1. Posição contrária

"Em julgamento de agravo regimental contrário ao indeferimento da petição inicial em ação rescisória, a Turma negou provimento ao recurso. A Relatora explicou que o agravante ajuizou ação rescisória para desconstituir sentença transitada em julgado, ao argumento de que não foi intimado pessoalmente para se manifestar sobre o seu interesse em recorrer, sendo insuficiente a vista do processo à Defensoria Pública, órgão que patrocinava seus interesses. Segundo a Desembargadora, consta do relatório, a alegação do recorrente de que a conduta omissiva do Defensor Público de não apresentar recurso não pode inviabilizar a defesa de seu direito. Nesse contexto, a Julgadora afirmou que não há previsão legal que imponha o dever de intimação pessoal da parte. Com efeito, a Magistrada observou que não houve cerceamento de defesa ou violação à literal disposição de lei, porquanto a Defensoria Pública teve regular vista dos autos após a prolação da sentença e optou por não apelar ao Tribunal. Para os Desembargadores, cabe ao Defensor, incumbido de praticar os atos processuais, decidir sobre a interposição ou não do recurso, de sorte que a parte que se sentiu prejudicada pode tão somente reclamar eventual reparação ou compensação em ação própria. Dessa forma, por não vislumbrar violação à literal disposição de lei, o Colegiado indeferiu de plano a ação rescisória" (1ª Câmara Cível, Acórdão nº 663317, 20130020027455ARC, Rel. Simone Lucindo, j. em 18/3/2013, DJe de 22/3/2013, p. 60).

2. Posição favorável

"AGRAVO DE INSTRUMENTO. EXTINÇÃO POR ABANDONO. ART. 267 § 1º CPC. INTIMAÇÃO PESSOAL. PARTE PATROCINADA PELA DEFENSORIA PÚBLICA. 1. PARA CARACTERIZAÇÃO DO ABANDONO QUE LEVA À EXTINÇÃO DO PROCESSO, É INDISPENSÁVEL A INTIMAÇÃO PESSOAL DA PARTE PARA QUE DÊ ANDAMENTO AO PROCESSO, CUJA PROVIDÊNCIA INCUMBE AO JUDICIÁRIO, PRINCIPALMENTE QUANDO JÁ FRUSTRADA A INICIATIVA DA DEFENSORIA PÚBLICA NA LOCALIZAÇÃO DA PARTE PATROCINADA. 2. AGRAVO PROVIDO" (TJDF, 4ª T. Cível, Rel. Antoninho Lopes, j. em 1º/8/2012).

3. Posição favorável

"PROCESSO CIVIL. DIREITO DE FAMÍLIA. APELAÇÃO CÍVEL. EXECUÇÃO DE ALIMENTOS. EXTINÇÃO DO PROCESSO. ABANDONO DA CAUSA. INOCORRÊNCIA. INTIMAÇÃO PESSOAL DO EXEQUENTE. PARTE PATROCINADA PELA DEFENSORIA PÚBLICA. INTIMAÇÃO DA DEFENSORIA PÚBLICA. NECESSIDADE. 1. A EXTINÇÃO DO PROCESSO POR ABANDONO DA CAUSA DEVE SER PRECEDIDA DA INTIMAÇÃO PESSOAL DA DEFENSORIA PÚBLICA, PARA QUE POSSA PROMOVER AS DILIGÊNCIAS NECESSÁRIAS AO PROSSEGUIMENTO DO FEITO E, TAMBÉM, DA INTIMAÇÃO PESSOAL DA PARTE EXEQUENTE. 2. SEM COMPROVAÇÃO NOS AUTOS DE QUE HOUVE A REGULAR INTIMAÇÃO DA DEFENSORIA PÚBLICA, IMPÕE-SE A REFORMA DA SENTENÇA QUE EXTINGUE O PROCESSO, SEM RESOLUÇÃO DO MÉRITO, POR ABANDONO DA

CAUSA. 3. RECURSO CONHECIDO E PROVIDO. SENTENÇA CASSADA. UNÂNIME" (TJDF, 2ª T. Cível, APC nº 20090110357413/DF, 0107128-95.2009.8.07.0001, Rel. Fátima Rafael, j. em 28/5/2014, DJe de 30/5/2014, p. 101).

A previsão contida no referido artigo põe fim à discussão, dispondo em lei sobre a obrigatoriedade ("o juiz determinará") de, a requerimento da Defensoria Pública, ser determinada a intimação pessoal da parte por ela patrocinada

.

IV. Extensão expressa da prerrogativa da manifestação em dobro aos escritórios de prática jurídica de Direito e às entidades que prestam assistência jurídica gratuita em virtude de convênios firmados com a Defensoria Pública

Mais uma vez, o CPC/2015 vem fulminar polêmica que pairava sobre a possibilidade ou não de uso, por analogia, da prerrogativa do prazo em dobro dado à Defensoria Pública por advogados particulares que integrem convênio entre OAB/Defensoria, bem como por Departamentos Jurídicos de assistência judiciária gratuita existentes em diversas faculdades de Direito.

Embora a Defensoria Pública esteja em franca expansão, a assistência judiciária gratuita aos necessitados por essa instituição ainda é insuficiente frente à demanda existente no Brasil. Como direito fundamental que é, e também como consequência do que estabelece o art. 5º, § 3º, da Lei nº 1.060/1950, sua prestação positiva e obrigatória pelo Estado depende ainda – em grande parte – de convênios celebrados pela Defensoria Pública com a Ordem dos Advogados do Brasil (OAB), bem como com Departamentos Jurídicos de assistência judiciária gratuita atuantes junto a universidades por todo solo nacional.

Ocorre que o STJ entendia até então, interpretando do art. 5º, § 5º, da Lei nº 1.060/1950, que para ter direito ao prazo em dobro, o advogado da parte deveria integrar serviço de assistência judiciária organizado e *mantido pelo Estado*. Em outras palavras, o prazo em dobro previsto no art. 5º, § 5º, da Lei nº 1.060/1950 não se aplicaria à parte beneficiária da justiça gratuita que estivesse representada por advogado não pertencente aos quadros da Defensoria Pública ou a serviço estatal de assistência judiciária.

Destarte, núcleos de prática jurídica de entidades públicas de ensino superior fariam jus ao prazo em dobro, ao passo que núcleos de entidades de ensino superior privadas e advogados particulares integrantes do convênio com a OAB, não. Vemos alguns acórdãos a respeito do tema:

"EMENTA PROCESSO CIVIL. AÇÃO INDENIZATÓRIA. ASSISTÊNCIA JUDICIÁRIA. NÚCLEO DE PRÁTICA JURÍDICA. UNIVERSIDADE PÚBLICA. PRAZO EM DOBRO. 1. Segundo a jurisprudência desta Corte, interpretando art. 5º, § 5º, da Lei nº 1.060/50, para ter direito ao prazo em dobro, o advogado da parte deve integrar serviço de assistência judiciária organizado e mantido pelo Estado, o que é a hipótese dos autos, tendo em vista que os recorrentes estão representados por membro de núcleo de prática jurídica de entidade pública de ensino superior. 2. Recurso especial provido para que seja garantido à entidade patrocinadora da presente causa o benefício do prazo em dobro previsto no art. 5º, § 5º, da Lei 1.060/50" (Recurso Especial nº 1.106.213/SP (2008/0262754-4), Rel. Min. Nancy Andrighi).

"PRAZO. RECURSO. DOBRO. DEFENSORIA PÚBLICA. CONVÊNIO. OAB. 1. O advogado particular que mantém convênio com a Defensoria Pública não é equiparado ao procurador, servidor concursado dos quadros da instituição, não se beneficiando do prazo em dobro ou da intimação pessoal. 2. Recurso não provido" (TJSP, 14ª Câmara de Direito Privado, Rel. Melo Colombi, j. em 30/7/2014).

"EMBARGOS À EXECUÇÃO - PARTE REPRESENTADA POR ADVOGADA INTEGRANTE DO CONVÊNIO OAB/DEFENSORIA PÚBLICA - CONTAGEM DO PRAZO EM DOBRO - INADMISSIBILIDADE - REJEIÇÃO BEM DECLARADA - Na esteira de entendimento jurisprudencial reiterado, o privilégio processual previsto no artigo 5º, § 5º da Lei nº 1.060/50 não se aplica à parte representada por advogado integrante do Convênio OAB/Defensoria Pública. Daí é que o prazo para o oferecimento de resposta é de quinze dias, sendo descabida a sua contagem em dobro, como pretendido pela parte - Apelo improvido" (TJSP, 35ª Câmara de Direito Privado, APL nº 21421420128260565/SP, 0002142-14.2012.8.26.0565, Rel. José Malerbi, j. em 5/11/2012, data de publicação: 5/11/2012).

"ALIENAÇÃO FIDUCIÁRIA. AÇÃO DE BUSCA E APREENSÃO. CONVERSÃO EM DEPÓSITO. RÉU REPRESENTADO POR ADVOGADA QUE INTEGRA O CONVÊNIO ENTRE A DEFENSORIA PÚBLICA E A OAB. INAPLICABILIDADE DO PRAZO EM DOBRO (ART. 5º, § 5º, DA LEI 1.060/50). Somente gozam da prerrogativa da contagem em dobro dos prazos processuais os defensores públicos e aqueles que atuam em serviço estatal de assistência judiciária. Advogados particulares, ainda que indicados pelo convênio entre a Defensoria Pública e a Ordem dos Advogados do Brasil, não desfrutam do benefício, contando-se para eles singelamente os prazos. Apelação intempestiva. Recurso não conhecido" (TJSP, 27ª Câmara de Direito Privado, APL nº 423939120108260000/SP, 0042393-91.2010.8.26.0000, Rel. Gilberto Leme, j. em 25/9/2012, data de publicação: 28/9/2012).

"AÇÃO DE EXECUÇÃO DE TÍTULO EXTRAJUDICIAL - DEFERIMENTO DO PEDIDO DE PRAZO EM DOBRO FORMULADO PELA EXECUTADA, ASSISTIDA PELO DEPARTAMENTO JURÍDICO DO CENTRO ACADÊMICO 'XI DE AGOSTO', DA FACULDADE DE DIREITO DA USP - AGRAVO DE INSTRUMENTO - Irresignação do exequente com relação ao deferimento do pedido formulado pela executada de contagem em dobro dos prazos processuais - Decisão que deve ser mantida porque a executada é assistida pelo Departamento Jurídico do Centro Acadêmico 'XI de Agosto', da Faculdade de Direito da USP, conveniado com a Defensoria Pública do Estado de São Paulo, que presta assistência jurídica aos necessitados, exercendo função equiparada ao de Defensor Público para fins do art. 5º, § 5º, da Lei nº 1.060/50 - Precedentes do STJ e deste Tribunal. Recurso não provido" (TJSP, 11ª Câmara de Direito Privado, AI nº 20145909420138260000/SP, 2014590-94.2013.8.26.0000, Rel. Marino Neto, j. em 26/9/2013, data de publicação: 1º/10/2013).

"JUIZADOS ESPECIAIS CRIMINAIS. PENAL. ARTIGO 28 DA LEI N. 11.343/2006. SENTENÇA CONDENATÓRIA. INTIMAÇÃO PESSOAL. PRAZO RECURSAL. CONTAGEM EM DOBRO. PARTE PATROCINADA POR ADVOGADO DATIVO INTEGRANTE DE NÚCLEO DE PRÁTICA FORENSE DE FACULDADE DE DIREITO. INEXISTÊNCIA DE PREVISÃO LEGAL. PRAZO SIMPLES. RECURSO INTEMPESTIVO. NÃO CONHECIMENTO. 1. A APELAÇÃO CRIMINAL NO RITO DA LEI DOS JUIZADOS ESPECIAIS (LEI Nº 9.099/95) DEVE SER INTERPOSTA NO PRAZO DE 10 (DEZ) DIAS, CONTADOS DA CIÊNCIA DA DECISÃO HOSTILIZADA, NA FORMA DO ART. 82. 2. NÃO SE PODE CONHECER DO RECURSO APÓS EXPIRADO O PRAZO LEGAL, POR FALTA DE PRESSUPOSTO OBJETIVO DE ADMISSIBILIDADE PERTINENTE À TEMPESTIVIDADE. 3. SOMENTE O DEFENSOR PÚBLICO E O PROFISSIONAL DO DIREITO QUE INTEGRE OS SERVIÇOS DE ASSISTÊNCIA JUDICIÁRIA INSTITUÍDOS, ORGANIZADOS E MANTIDOS PELO PODER PÚBLICO SÃO DESTINATÁRIOS DA PRERROGATIVA DA CONTAGEM EM DOBRO DOS PRAZOS PROCESSUAIS ASSEGURADA PELO ARTIGO 5º, § 5º, DA LEI Nº 1.060/50, COM A REDAÇÃO QUE LHE FORA DITADA PELA LEI Nº 7.871/89. 4. RECURSO NÃO CONHECIDO, AUTORIZANDO A LAVRATURA DO ACÓRDÃO NOS MOLDES FIXADOS PELO ARTIGO 46 DA LEI DOS JUIZADOS ESPECIAIS" (TJDF, 1ª T. Recursal dos Juizados Especiais Cíveis e Criminais do DF, APJ nº 20120410001810/DF, 0000181-03.2012.8.07.0004, Rel. Leandro Borges de Figueiredo, j. em 18/2/2014, DJe de 6/3/2014, p. 361).

Agora, com a nova previsão contida no art. 186, § 3º, farão jus ao prazo processual em dobro não apenas a Defensoria Pública e os serviços estatais de assistência judiciária, como também os escritórios de prática jurídica das faculdades de Direito reconhecidas na forma da lei e as entidades que prestam assistência jurídica gratuita em razão de convênios firmados com a Defensoria Pública.

V. O prazo próprio estabelecido em lei de forma expressa prevalece sobre a regra geral do prazo em dobro para manifestação

A regra do art. 186, § 4º, estabelece que, havendo em dispositivo legal prazo especificamente estipulado para a execução de um dado ato, esse prazo prevalecerá sobre a regra geral da contagem em dobro prevista no art. 186.

Art. 187 - O membro da Defensoria Pública será civil e regressivamente responsável quando agir com dolo ou fraude no exercício de suas funções.

I. Da responsabilidade civil do defensor público por dolo ou fraude no exercício de suas funções

Assim como já se previa para o membro do Ministério Público (art. 85) e para o juiz (art. 133, inciso I) no CPC/1973, o CPC/2015 agora estabelece no art. 187 uma responsabilidade civil mais restrita ao membro da defensoria pública. Segundo o dispositivo, ele responderá apenas por dolo ou fraude no exercício de suas funções. Excluída está, portanto, a possibilidade de sua responsabilização civil na modalidade culposa. Isso não significa, todavia, que a desídia no exercício de suas funções não enseje qualquer sanção. O artigo restringe-se à responsabilidade civil, não havendo qualquer impedimento legal para a aplicação de sanções de natureza administrativa e até mesmo penal ao membro da defensoria pública que agir com culpa, desde que lhe sejam garantidos o devido processo legal, o contraditório e a ampla defesa.

LIVRO IV
DOS ATOS PROCESSUAIS

TÍTULO I
DA FORMA DO TEMPO E DO LUGAR DOS ATOS PROCESSUAIS

Capítulo I - Da Forma dos Atos Prcessuais

Seção I - Dos Atos em Geral

Art. 188 - Os atos e os termos processuais independem de forma determinada, salvo quando a lei expressamente a exigir, considerando-se válidos os que, realizados de outro modo, lhe preencham a finalidade essencial.

Autor: Fernando Fontoura da Silva Cais

I. Atos e termos processuais

Para que se possa bem compreender esse dispositivo, deve-se ter em mente, inicialmente, que *atos processuais* são as condutas ou manifestações de vontade realizadas por qualquer dos sujeitos da relação processual *dentro do processo* que, de alguma maneira, venham a produzir efeitos no processo. Atos realizados fora do ambiente processual que, porventura, venham a produzir efeitos dentro do processo não são propriamente *atos processuais*, como, *v.g.*, um contrato assinado antes do ajuizamento de uma demanda em que seja prevista cláusula com eleição de foro ou prevendo alguma espécie de negócio jurídico processual. Termo processual, por sua vez, é o modo de documentação de um ato processual, normalmente praticado pelos serventuários do órgão jurisdicional. São exemplos de atos processuais a petição inicial, a contestação, o requerimento de produção de prova, as decisões interlocutórias, a sentença, etc. Exemplos de termos são o termo de juntada de uma petição ou de um mandado, a remessa dos autos à conclusão, ao perito, ao representante do Ministério Público, etc.

II. Liberdade da forma

O art. 188 do Código de Processo Civil de 2015 manteve a orientação do CPC/1973 de não especificar uma forma determinada para os atos processuais, demonstrando maior preocupação com o seu conteúdo do que com o modo como é exteriorizado. A forma dos atos processuais em sentido amplo pode ser entendida como o conjunto de fatores que envolvem a exteriorização do ato processual, aí incluídos a *forma em sentido estrito*, que é o modo de expressão do ato, bem como o *tempo* e o *lugar* em que o ato é praticado. O dispositivo em análise refere-se apenas à forma em sentido estrito.

III. Princípios conexos

A completa compreensão desse artigo demanda sua leitura conjunta com os arts. 276 a 283 do CPC/2015, que tratam das nulidades dos atos processuais e, assim como os arts. 243 a 250 do CPC/1973, adotam os princípios da *instrumentalidade das formas*, da *finalidade* e da *economia*. Referidos princípios são o norte interpretativo que deve orientar os aplicadores do direito no momento de analisar problemas relativos à eventual desconformidade entre a forma do ato praticado e o modelo previamente estabelecido em lei. Inspirados na máxima de que não há nulidade sem prejuízo e em uma visão instrumentalista do processo, pela qual se verifica que o processo não é um fim em si mesmo, mas apenas um método de trabalho para solução de problemas de direito material, referidos princípios garantem que os requisitos formais do ato processual sejam utilizados apenas para que alcancem o propósito da lei. Uma vez que esse objetivo seja alcançado, não haverá prejuízo e, consequentemente, não será necessária a declaração de nulidade do ato (ou do procedimento) mesmo que tenha havido desconformidade com o modelo legal previamente estabelecido.

Tem-se, assim, que o legislador previu, de um lado, como regra geral a liberdade de forma, com o que buscou nitidamente valorizar o conteúdo dos atos jurídicos processuais. E, de outro, estabeleceu que mesmo quando a lei impuser uma determinada forma para a prática do ato processual, a consequência de reconhecimento de nulidade do ato praticado em desconformidade com o modelo legal somente deverá ser aplicada quando ocorrer prejuízo para a parte contrária.

IV. Alterações no texto

A redação do art. 188 do Código de Processo Civil de 2015 é praticamente idêntica à do art. 154 do CPC/1973, tendo havido apenas alteração de estilo.

Art. 189 - Os atos processuais são públicos, todavia tramitam em segredo de justiça os processos:
I - em que o exija o interesse público ou social;
II - que versem sobre casamento, separação de corpos, divórcio, separação, união estável, filiação, alimentos e guarda de crianças e adolescentes;
III - em que constem dados protegidos pelo direito constitucional à intimidade;
IV - que versem sobre arbitragem, inclusive sobre cumprimento de carta arbitral, desde que a confidencialidade estipulada na arbitragem seja comprovada perante o juízo.
§ 1º - O direito de consultar os autos de processo que tramite em segredo de justiça e de pedir certidões de seus atos é restrito às partes e aos seus procuradores.
§ 2º - O terceiro que demonstrar interesse jurídico pode requerer ao juiz certidão do dispositivo da sentença, bem como de inventário e de partilha resultantes de divórcio ou separação.

I. Princípio da publicidade

O art. 189 aplica o princípio da publicidade dos atos processuais, que está consagrado em nível constitucional (art. 5º, inciso LX).

Referido dispositivo deve ser analisado sob duas óticas distintas, a primeira é a publicidade geral dos atos processuais. Em regra, todos os atos processuais são públicos e podem ser conhecidos não só pelas partes, como por quaisquer terceiros que queiram analisar o processo. Essa é uma conquista do processo democrático, pois permite que os atos processuais sejam controlados por toda a sociedade, conferindo-lhes maior legitimidade. A publicidade dificulta a ocorrência de conluios e práticas fraudulentas na exata medida em que confere não só às partes interessadas (que muitas vezes podem estar unidas na tentativa de burlar a lei), mas a toda a sociedade o poder de controle dos atos processuais.

Diferentemente do que ocorre em muitos outros países, no nosso sistema até mesmo as sessões de julgamento das Cortes Superiores são públicas, o que, de um lado, é positivo para possibilitar um conhecimento amplo da forma como são julgados os *feitos* nesses tribunais, mas, de outro, tem o inconveniente de trazer ao conhecimento do público em geral e da comunidade jurídica em especial as discussões com cunho político que são mais comumente travadas nos julgamentos dos processos e recursos que tramitam perante essas Cortes. Para evitar esse tipo de problema, em muitos países a sessão de julgamento das Cortes Superiores não é pública, o que não ofende o princípio da publicidade, na medida em que o resultado do julgamento é público e fundamentado.

Mesmo nos processos que tramitam em segredo de justiça a regra é a inexistência de atos processuais secretos e as partes têm direito a conhecê-los e acompanhá-los, o que não se confunde com o trabalho de elaboração desse ato.

II. Segredo de justiça

Por razões de preservação da privacidade, da segurança ou de direitos autorais e conhecimentos estratégicos das empresas, a regra geral da ampla publicidade pode ceder espaço para a tramitação processual em segredo de justiça, hipótese em que os atos processuais deixam de ser de conhecimento público e passam a pertencer ao domínio apenas dos sujeitos que atuam no processo, vale dizer, as partes e seus procuradores e o juiz e os funcionários da repartição do órgão jurisdicional perante o qual tramita o processo.

III. Hipóteses de segredo de justiça

O inciso I do art. 189 segue a regra já contida no inciso I do art. 154 do CPC/1973 de conferir ao juiz o poder de controlar a publicidade dos atos processuais, restringindo-a quando houver *interesse público*. O inciso I foi alterado com a inclusão da possibilidade de restrição da publicidade aos casos em que haja interesse social, deixando claro que o alcance da expressão *interesse público* prevista na lei deveria abarcar as hipóteses em que o segredo de justiça se justificasse em função de um interesse pertencente à sociedade como um todo, e não à administração pública. O exemplo mais comum de interesse público ou social que pode gerar a necessidade de tramitação sigilosa de um processo é a segurança nacional, sendo possível pensar também em razões diplomáticas ou de preservação de outros princípios relevantes para a sociedade, como o da dignidade da pessoa humana, que possam ser enquadrados nessa hipótese legal.

Os exemplos previstos no inciso II dizem respeito a ações que envolvem o Direito de Família, em que a proteção é direcionada a preservar a intimidade das partes envolvidas na demanda. A alteração de redação fez-se para abarcar hipóteses não vislumbradas pelo legislador de 1973.

Para deixar claro a não taxatividade do rol previsto nesse dispositivo, o legislador incluiu o inciso III, preservando contra a publicidade todas as ações em que constarem dados protegidos pelo direito constitucional à intimidade.

É importante destacar que nem sempre todos os atos processuais precisam ser protegidos pelo segredo de justiça. Assim, por exemplo, se em uma determinada ação é pedida a quebra de sigilo fiscal ou bancário de uma das partes e o juiz a defere, apenas os dados protegidos por sigilo é que não serão públicos. Quanto aos demais atos, continuarão sendo de conhecimento público. Na prática deve o juiz determinar que se encartem essas informações em autos apartados, aos quais somente as partes e o juiz terão acesso. Com o processo digital essa medida tornou-se um pouco mais complexa, mas essa é uma questão meramente técnica que deve ser superada pelos setores responsáveis pela informática nos tribunais, já que é plenamente factível que haja na tela de acesso dos dados do processo uma janela com dados protegidos por segredo de justiça aos quais somente terão acesso as partes e o juiz mediante a utilização de uma senha.

O inciso IV contempla hipótese de extensão do segredo de justiça para o processo judicial de ações versando sobre arbitragem, inclusive cumprimento de carta arbitral. Tem-se, assim, que, nos casos em que os atos processuais de uma determinada arbitragem sejam protegidos por sigilo, também as ações judiciais correlatas a essa arbitragem, como eventual ação anulatória, ação para o cumprimento da carta arbitral ou ações versando sobre tutelas antecipadas antecedentes à instauração do juízo arbitral, também deverão tramitar em segredo de justiça.

IV. Extensão do segredo de justiça

Como não poderia deixar de ser, as partes e seus procuradores devem ter acesso a todas as informações relevantes do processo, para que possam exercer seu direito de defesa. Sem que fosse preservada essa garantia a parte não poderia participar adequadamente do processo, formulando suas alegações e pedidos. Questão bastante interessante é a análise do vocábulo *procurador* constante do § 1º do dispositivo em questão. O procurador da parte no processo é o seu advogado, que recebe poderes para atuar na defesa dos seus interesses, mas não parece adequada a leitura restritiva desse dispositivo, pela qual se impede que estagiários de direito não inscritos na Ordem dos Advogados do Brasil possam receber poderes específicos para consultar os autos que tramitam em segredo de justiça. Em que pese ser esse o entendimento aparentemente majoritário, não parece adequado, porque se distancia do objetivo da norma. Quis a lei proteger a intimidade das pessoas envolvidas, impedindo que o público em geral tenha acesso às informações constantes do processo. Nada impede que a própria parte comente sobre o processo com pessoas do seu círculo, sendo certo que eventual dano causado à intimidade ou à quebra de sigilo poderá ser objeto de uma ação própria. Certo é, por outro lado, que dentro de um escritório de advocacia os estagiários costumam ter acesso a todos os dados dos processos, e muitas vezes são eles que protocolam as petições que posteriormente serão protegidas por segredo de justiça. Assim, não parece minimamente razoável impedir que estagiários não inscritos na Ordem dos Advogados do Brasil recebam poderes específicos para consultar os autos de processo que tramite em segredo de justiça, até porque o acesso a informações protegidas por segredo de justiça não se encontra dentre as atividades privativas da advocacia, previstas no art. 1º do Estatuto da Advocacia e a Ordem dos Advogados do Brasil (Lei Federal nº 8.906/1994).

V. Limitação do segredo de justiça

No § 2º o legislador manteve a limitação do segredo de justiça que já estava previsto no CPC/1973. Todo aquele que demonstrar interesse jurídico poderá obter certas informações do processo, que serão prestadas por meio de certidão, a fim de preservar a defesa desses interesses. A redação do dispositivo deveria ter sido alterada, já que na sistemática do CPC/2015 o julgamento do mérito pode ser cindido, solucionando-se uma parte por decisão interlocutória e outra por sentença. A manutenção da redação é tanto mais criticável porque já na vigência do CPC/1973 a doutrina criticava a limitação das informações conferidas aos terceiros interessados às sentenças, dado que com a ampla possibilidade de concessão de tutelas antecipadas não mais se justificava essa limitação, porque o terceiro poderia demonstrar interesse em receber informação acerca do *estado de tutela do bem disputado*, o que justificaria que recebesse informações acerca da existência ou não de concessão de tutela antecipada.

Art. 190 - Versando o processo sobre direito que admita autocomposição, é lícito às partes plenamente capazes estipular mudanças no procedimento para ajustá-lo às especificidades da causa e convencionar sobre ônus, poderes, faculdades e deveres processuais, antes ou durante o processo.
Parágrafo único - De ofício ou a requerimento, o juiz controlará a validade das convenções previstas neste artigo, recusando-lhes aplicação somente nos casos de nulidade ou de inserção abusiva em contrato de adesão ou em que alguma parte se encontre em manifesta situação de vulnerabilidade.

Autores: Fernando Fontoura da Silva Cais e Marcelo Pacheco Machado

Comentários de Fernando Fontoura da Silva Cais

I. Negócios jurídicos processuais

O CPC/2015 permite que as partes plenamente capazes transacionem sobre questões relativas ao processo e ao procedimento, realizando assim negócios jurídicos processuais.

Inúmeras são as questões que surgem em torno da interpretação desse dispositivo, que não contém correspondente no CPC/1973. A primeira delas diz respeito aos processos que permitem às partes formular acordos sobre questões de natureza processual. A lei fala em processos versando sobre *direitos que admitam a autocomposição*, o que sugere uma remissão a demandas cujos objetos sejam direitos disponíveis, que são aqueles passíveis de serem transacionados.

É certo, entretanto, que o próprio conceito de direitos disponíveis não encontra definição muito tranquila na doutrina, especialmente quando se trata de direitos da Administração Pública. Por sorte esse não é um tema novo, pois o art. 1º da Lei de Arbitragem (Lei Federal nº 9.307/1996) já tratou do assunto ao permitir que as partes capazes celebrem acordos para submeter a solução de seus litígios que versarem sobre *direitos patrimoniais disponíveis* a um Tribunal Arbitral. Havendo analogia entre as hipóteses, parece plenamente possível transportar para a interpretação *da primeira parte* do dispositivo as soluções já apresentadas pela doutrina e pela jurisprudência acerca do alcance do art. 1º da Lei nº 9.307/1996. Sendo assim, deve-se admitir, por exemplo, a realização de *negócios jurídicos processuais* envolvendo particulares e a Administração Pública nos casos em que o ente público se insere em campo de atividade privada, bem como em relações particulares que tenham por objeto direitos de natureza patrimonial. É importante ressaltar, apenas, que essa analogia não se estende para a interpretação do restante do dispositivo, conforme ficará claro adiante, porque a figura do juiz e dos órgãos jurisdicionais não é equiparável à do árbitro em muitos aspectos, donde resulta uma limitação do poder das partes para transacionar sobre matéria processual numa demanda que tramitará perante o juízo estatal.

II. Juízo arbitral x juízo estatal

O processo arbitral fundamenta-se na autonomia da vontade das partes, que optaram livremente por submeter a solução do seu litígio a um árbitro privado. A decisão não será proferida pelo Estado, o que traz profundas consequências do ponto de vista do *interesse público* na justa solução do conflito. Não se pretende, por óbvio, negar por completo a possibilidade de inserção do juízo arbitral dentro da teoria do Direito Processual Constitucional, muito menos afirmar que não sejam aplicados para a arbitragem os princípios do devido processo legal. Mas o fato de a solução não ser prestada por um órgão estatal reduz sensivelmente o interesse público na justa solução do conflito, o que, por sua vez, faz com que o interesse privado das partes envolvidas na arbitragem torne-se prevalente. É essa prevalência do interesse das partes na arbitragem que permite um campo muito maior para acordos dispondo sobre questões relativas ao processo e ao procedimento. Em uma demanda que tramite perante o juízo estatal isso jamais ocorrerá. O interesse das partes na solução da demanda não se sobreporá ao interesse público que o Estado tem no exercício da sua atividade jurisdicional. Quando a jurisdição é prestada pelo Estado, existe um interesse público na *melhor prestação* desse serviço, tanto do ponto de vista do resultado da atividade jurisdicional, que deverá ser a mais justa possível, quanto da eficiência na utilização dos recursos públicos. Essas profundas diferenças recomendam ao intérprete que não utilize das lições escritas sobre arbitragem para interpretação da regulamentação dos negócios jurídicos processuais que produzirão efeitos em um processo judicial, ao menos, não sem fazer as distinções necessárias.

III. Controle judicial da validade das convenções

O parágrafo único do art. 190 submete as convenções privadas sobre matéria processual ao controle do juiz. Nada mais natural, uma vez que essas convenções são destinadas a produzir efeitos dentro do processo. As partes podem firmar acordos previamente ou durante a pendência de uma demanda, mas, em regra, esses acordos somente serão aptos à produção dos efeitos programados se o juiz considerá-los válidos.

Ao controlar a validade dos *negócios jurídicos processuais*, o juiz deverá analisar se (i) as partes que celebraram o acordo eram plenamente capazes; (ii) se o objeto da demanda permite a celebração de acordos e (iii) se o objeto do acordo é lícito (CC, art. 166, inciso II).

A parte final do parágrafo único fala que o juiz deve recusar aplicação aos acordos nos casos de *nulidade* ou de *inserção abusiva em contrato de adesão ou em que alguma parte se encontre em manifesta situação de vulnerabilidade*. Parece que o legislador foi didático demais, já que pela sistemática do Código de Defesa do Consumidor as cláusulas abusivas inseridas em qualquer modalidade de contrato de consumo (seja ele de adesão ou não) são nulas. De qualquer forma, a vulnerabilidade não se restringe somente às relações de consumo, e sempre que uma parte vulnerável firmar uma convenção sobre matéria processual o juiz deverá analisar se a vulnerabilidade foi (i) a causa da celebração do acordo e (ii) se esse acordo prejudica a defesa dos interesses da parte vulnerável. Havendo a conjugação das duas hipóteses, deverá o juiz deixar de aplicar o acordo.

Ao analisar a licitude do objeto, que a lei tratou amplamente como casos de *nulidade*, é especialmente a posição do juiz na demanda que deverá ser levada em consideração. Nenhum acordo poderá ser considerado válido se tiver por escopo afastar o juiz da busca da verdade ou, ainda, se comprometer a eficiência da prestação jurisdicional, do ponto de vista da economia. Os recursos do Judiciário são públicos e limitados, e as partes não têm poder para dispor sobre eles, o que significa que qualquer acordo que crie atos inúteis ou que de alguma forma comprometa a eficiência do aparelho judicial não deverá ser admitido pelo juiz, sob pena de, ao preservar a autonomia da vontade das partes, comprometer-se o interesse de toda a sociedade de que o tempo dedicado pelo Estado para a solução de uma demanda seja o mais adequado possível para tanto, sem desperdício de atividade.

Tratando-se de uma novidade, é cedo para tentar analisar as inúmeras hipóteses que permitem ou não o regramento de matéria processual ou procedimental pelas partes, mas é importante lembrar que, embora a possibilidade de celebração *ampla* de acordos nessa seara seja algo novo, o CPC/1973 já tratava da matéria em hipóteses específicas, como é o caso da convenção sobre inversão do ônus da prova prevista no parágrafo único do art. 333. De se notar que no inciso II desse parágrafo já havia a ressalva de que essa convenção seria nula quando tornasse *excessivamente difícil a uma parte o exercício do direito*, o que sempre foi justificado pela impossibilidade de se admitir que as partes pretendessem afastar o juiz da busca pela verdade.

IV. Aplicação prática dos negócios jurídicos processuais

Em razão das amplas limitações que existem para que as partes transacionem validamente sobre matéria processual e procedimental, parece que a aplicação prática do instituto será bastante reduzida. A inserção de cláusulas versando sobre matéria processual em contratos de adesão provavelmente não ocorrerá, porque os fornecedores jamais buscarão inserir cláusulas que lhes sejam prejudiciais e, por outro lado, cláusulas que restrinjam o direito de defesa dos consumidores serão consideradas nulas, quer pela dicção do parágrafo único do art. 190 do CPC/2015 ou pelo disposto no art. 51, incisos IV e XV, do CDC. Em contratos celebrados fora da esfera consumerista é de se duvidar que as partes – que não sabem sequer em qual posição estarão em uma futura demanda – tenham grande interesse em ajustar previamente acordos versando sobre matéria processual ou procedimental, ainda mais quando devem ter em mente que a eficácia dessas cláusulas dependerá do juiz considerá-las válidas.

Comentários de Marcelo Pacheco Machado

I. A vontade das partes e a técnica processual

1. Vontade da parte no processo civil

O interesse e a vontade das partes é fundamental para o processo. A própria existência do processo depende da vontade das partes. Sem o movimento do interessado, a garantia da inércia assegura que a Jurisdição não deverá atuar, restando silente (CPC, art. 2º), e, depois de provocada, somente pode atingir aqueles que participaram do diálogo processual (CPC, art. 506).

Além disso, o "assunto" ou "matéria" a ser tratada pela Jurisdição, objeto do processo, é algo cuja delimitação cabe apenas às partes, por meio da demanda inicial, das defesas e das demandas ulteriores (reconvenção, denunciação da lide, etc.). São fixados os pontos de fato e de direito (e as questões) a serem solucionados pelo juiz (após o contraditório), denominados objeto cognitivo do processo, do mesmo modo que são fixados os limites da própria tutela jurisdicional a ser eventualmente concedida, chamados de objeto litigioso do processo (bem da vida em disputa).

Estas são as referências fundamentais, que tratam do que é mais nuclear no processo, mas a autonomia e o poder das partes não param por aí, os sujeitos parciais também podem convencionar o juízo competente para o julgamento da causa (CPC, art. 63), convencionar sobre ônus da prova (CPC, art. 373, § 3º), determinar a suspensão convencional do processo (CPC, art. 313, inciso II), desistir do processo e do recurso, renunciar ao direito de recorrer (CPC, arts. 998 e 999) ou mesmo a pleitear a extinção do processo pelo reconhecimento do pedido, pela renúncia ao direito ou pela autocomposição (CPC, art. 487, inciso III).

As partes também – naquilo que denominamos fungibilidade de meios – têm o poder de escolher a técnica processual, o caminho a ser seguido pelo Judiciário, especialmente quando lhe são concedidas opções de escolha quanto ao procedimento (universalidade da tutela jurisdicional). O demandante pode escolher livremente entre o procedimento dos juizados especiais cíveis e o comum. Pode ainda escolher entre o procedimento comum e o mandado de segurança (quando o direito violado puder ser caracterizado como líquido e certo), entre aquele e o procedimento das "ações possessórias" ou mesmo entre o procedimento comum, a execução fundada em título extrajudicial e a monitória (Cf. STJ, 4ª T., REsp nº 146189, Rel. Min. Barros Monteiro, j. em 24/3/1998).

2. Visão tradicional: interesse público

Esta situação de liberdade, no entanto, não pode ser caracterizada como regra geral. Ao menos historicamente, as normas processuais civis são "predominantemente cogentes". Daí por que a doutrina tradicional enquadra a disciplina do Direito Processual no âmbito de análise do Direito Público (posição enciclopédica do Direito Processual).

Os atos do processo (Direito Público) têm eficácia vinculada por normas preestabelecidas, que especificam requisitos e prescrevem, desde logo, todos os efeitos a serem produzidos no mundo jurídico. Normalmente, estes efeitos não podem ser modificados pela vontade das partes. As partes simplesmente escolhem entre realizar ou não determinado ato e, cumprindo os requisitos legais, este ato produzirá efeitos previstos em lei (impostos pela lei, e não objeto de acordo entre as partes).

3. Negócios processuais no CPC/1973

No CPC/1973 – e mesmo antes, no CPC/1939 – já existiam hipóteses nas quais as partes tinham autonomia para realizar negócios jurídicos processuais, alterando os parâmetros prévios previstos pela lei. É dizer: dispositivos como os que autorizavam a eleição de foro (CPC/1973, art. 111), o negócio sobre ônus da prova (CPC/1973, art. 333, parágrafo único), a suspensão consensual do processo (CPC/1973, art. 265, inciso II), a aceitação à desistência da ação (CPC/1973, art. 267, § 4º), a renúncia ao recurso (CPC/1973, art. 502), a anuência ao aditamento do pedido após a citação (CPC/1973, art. 264), adiamento da audiência por uma vez (CPC, art. 453, inciso I), convenção de prazos entre litisconsortes (CPC/1973, art. 454, § 1º), redução ou aumento consensual dos prazos dilatórios (CPC/1973, art. 181) e a liquidação por arbitramento convencional (CPC/1973, art. 475-C, inciso I) já permitiam que as partes – muito mais do que simplesmente optarem por realizar ou não os atos previstos em lei – pudessem convencionar efeitos jurídicos no processo. No entanto, estas possibilidades de negociação eram restritas aos casos previstos em lei. Exceções à regra geral. Exemplificativamente, podemos observar que as partes não tinham condições de convencionar para reduzir ou ampliar prazos peremptórios, como os prazos para contestar ou prazos para recorrer (cf. STJ, 3ª T., REsp nº 871.661-RS, Rel. Min. Nancy Andrighi, DJ de 11/6/2007, p. 313). Do mesmo modo, após o saneamento do processo, não seria possível, mesmo com a anuência expressa das partes, alterar o pedido ou a causa de pedir (CPC/1973, art. 264, parágrafo único) (Cf. STJ, 3ª T., AR nº 3.543-MG, Rel. Min. Sebastião Reis Júnior, DJe de 19/12/2013). Também seria inviável que as partes elegessem por acordo próprio o perito da causa (CPC/1973, art. 421), que estipulassem convencionalmente os meios probatórios e os pontos controvertidos (CPC/1973, art. 451) ou mesmo que convencionassem a respeito da realização ou não de audiência preliminar (CPC/1973, art. 331), a respeito do cabimento de recursos (CPC/1973, arts. 522 e 513) ou mesmo a respeito da formação de títulos executivos extrajudiciais (CPC/1973, art. 585), da formação de legitimados extraordinários convencionais (CPC/1973, art. 3º), ou qualquer outra possibilidade que pudesse vir a confabular a criatividade humana.

4. Cláusula geral de negócios jurídicos processuais e quebra de paradigma

O art. 190 do CPC/2015 altera as possibilidades de realização de negócios jurídicos em matéria de processo civil. Como visto, não seria correto dizer que o dispositivo criou ou inovou ao permitir negócios jurídicos processuais, tendo em vista que estes já se encontravam presentes em muitos dispositivos da legislação revogada.

A novidade, portanto, não se encontra na criação de um novo instituto, mas apenas no alargamento de suas possibilidades. Temos uma cláusula geral de negócios jurídicos processuais, pela qual saímos de um sistema no qual convenções das partes somente teriam validade a respeito de normas processuais quando a lei expressamente as permitisse, para um sistema no qual estas mesmas convenções passam a valer como regra, salvo exista norma – constitucional ou infraconstitucional – que a proíba.

O novo sistema admite, portanto, a distinção entre negócios jurídicos processuais típicos e negócios jurídicos processuais atípicos. A primeira categoria tem previsão expressa na lei processual, e no item anterior já mencionamos como exemplo a eleição de foro (CPC, art. 63), a convenção sobre ônus da prova (CPC, art. 373, § 3º), a suspensão convencional do processo (CPC, art. 313, inciso II), a desistência do processo, do recurso e a renúncia ao direito de recorrer (CPC, arts. 998 e 999), e o reconhecimento do pedido, pela renúncia ao direito ou pela autocomposição (CPC, art. 487, inciso III). A segunda categoria não tem previsão legal e decorre diretamente da abrangência concedida à autonomia da vontade em matéria processual pelo art. 190 do CPC. Podemos citar como exemplos o pacto de impenhorabilidade, acordo de rateio de despesas processuais, dispensa consensual de assistente técnico, acordo para retirar o efeito suspensivo de recurso, acordo para não promover execução provisória, pacto de mediação ou conciliação extrajudicial prévia obrigatória, pacto de disponibilização prévia de documentação (pacto de *disclosure*) e previsão de meios alternativos de comunicação das partes. (Cf. Enunciado nº 17 do FPPC-Vitória.)

Outra distinção possível se estabelece quanto às manifestações de vontade dos envolvidos. Há negócios jurídicos processuais unilaterais nos quais a declaração de vontade emana de uma única pessoa, exatamente como ocorre na desistência do processo antes da citação, na desistência do recurso e no reconhecimento jurídico do pedido. Há, ainda, negócios jurídicos bilaterais, nos quais há duas manifestações de vontade coincidentes, tal como ocorreria na fixação consensual dos pontos controvertidos (CPC, art. 357, § 2º), na eleição de foro (CPC, art. 63), na convenção sobre ônus da prova (CPC, art. 373, § 3º), no adiamento da audiência (CPC, art. 362), na liquidação de sentença convencional por arbitramento (CPC, art. 509, inciso I), entre muitos outros casos. Por fim, os negócios jurídicos plurilaterais, os quais envolvem necessariamente mais de dois sujeitos com interesses coincidentes, tal como ocorre na fixação do calendário processual (CPC, art. 191) e na fixação dos pontos controvertidos e das provas em audiência de saneamento (CPC, art. 357, § 3º).

Por força do *caput* do art. 190, uma terceira classificação ainda é viável, levando em consideração o momento da celebração, e distinguindo negócios jurídicos processuais pré-processuais e pós-processuais. Os primeiros são firmados antes do surgimento do processo, tal como ocorre necessariamente com a eleição de foro celebrada em contrato de compra e venda (CPC, art. 63) ou na eleição consensual de perito celebrada em contrato de engenharia. Os segundos, por sua vez, ocorrem depois de surgido o processo, *i.e.*, após apresentada a demanda. Podemos citar como exemplo a realização de calendário processual ou a fixação consensual de pontos controvertidos (CPC, art. 357, § 2º).

II. Validade dos negócios jurídicos processuais

1. Aplicabilidade do Direito Civil

Os negócios jurídicos processuais se submetem aos requisitos gerais de existência, validade e eficácia dos negócios jurídicos. E isto porque, antes de se referirem ao processo, são negócios jurídicos, produto da manifestação de vontade das partes e pautados no princípio da livre estipulação contratual (CC, art. 421). Desse modo, deveremos contar com os pressupostos e requisitos do contrato: capacidade das partes, idoneidade do objeto, legitimação para realizá-lo, consentimento, causa, objeto e forma (CC, arts. 166-184).

2. Capacidade civil

A capacidade civil é a aptidão da pessoa física ou pessoa jurídica de realizar atos da vida civil, contraindo direitos e obrigações (CC, arts. 3º e 4º). As partes devem ser plenamente capazes para a realização dos atos da vida civil, de modo que se admitam entre elas negócios processuais. Isso, no entanto, não impede que negócios jurídicos processuais sejam realizados por relativa ou absolutamente incapazes, desde que estes se mostrem adequadamente assistidos ou representados, exatamente como determina a lei civil (CC, arts. 1.690 e 1.747).

3. Capacidade processual

Os negócios jurídicos processuais não exigem a assinatura de advogado para serem reconhecidos como válidos. Nesse ponto, a omissão da lei processual é relevante (não menciona capacidade postulatória, apenas capacidade das partes), inclusive no sentido de não contrariar entendimento absolutamente pacífico e vigente antes da entrada em vigor no CPC/2015, pelo qual negócios jurídicos como a convenção de arbitragem, a eleição de foro e a convenção sobre os ônus do processo não precisam ser firmados com a presença de advogado para que sejam considerados válidos (Cf. STJ, 4ª T., EDcl no AgRg no REsp nº 878.757-BA, Rel. Min. Maria Isabel Gallotti, DJe de 1º/10/2015). A presença de advogado somente será requisito de validade para os negócios jurídicos pós-processuais, isto é, aqueles firmados no curso do processo, no qual a realização de atos postulatórios depende sempre da presença de advogado, ou do Ministério Público ou de outro indivíduo que na ocasião tenha condições de exercer a chamada capacidade postulatória (CPC, art. 76).

4. Vícios de consentimento e abuso em contrato de adesão

A lei processual não trata deste requisito, mas, por imposição do regramento suplementar do Direito Civil, a manifestação da vontade das partes não pode ser eivada de vícios. O erro, o dolo, a coação, o estado de perigo e a lesão (CC, art. 171, inciso II) são vícios de consentimento que, ao lado da incapacidade relativa (CC, art. 171, inciso I), representam hipóteses de nulidade relativa e, uma vez reconhecidos por decisão judicial (CC, art. 177), impedirão o negócio jurídico processual de atingir seus efeitos. Os negócios processuais eivados de simulação, por sua vez, serão nulos (nulidade absoluta), podendo ser reconhecidos de ofício pelo juiz e impassíveis de confirmação (CC, arts. 168-169).

A relevância da higidez da vontade nos negócios jurídicos processuais é ressaltada pelo disposto no parágrafo único do art. 190 do CPC, o qual determina o controle pelo juiz da "validade das convenções previstas neste artigo, recusando-lhes aplicação somente nos casos de nulidade ou de inserção abusiva em contrato de adesão ou em que alguma parte se encontre em manifesta situação de vulnerabilidade". A proteção ao consumidor, neste ponto, é meramente exemplificativa. A ideia é se pautar na ideia de isonomia formal e impedir a validade de negócio jurídico processual no qual determinado sujeito, consideravelmente mais forte do ponto de vista técnico ou econômico, impõe ao sujeito mais fraco negócio jurídico processual que cerceie ilegitimamente garantias processuais das partes. A norma parece generalizar a proteção específica determinada pelo parágrafo único do art. 112 do CPC de 1973: "A nulidade da cláusula de eleição de foro, em contrato de adesão, pode ser declarada de ofício pelo juiz, que declinará de competência para o juízo de domicílio do réu".

5. Licitude do objeto: hipóteses de direitos que admitam autocomposição

A transação de normas processuais, embora de amplitude mais restrita (não retira o julgamento do Estado-juiz), parece se firmar em princípios comuns à arbitragem, na medida em que autorizaria as partes a delimitarem a forma de desenvolvimento do instrumento de resolução de controvérsias, sem referência a um modelo legal estanque e previamente estabelecido. Na prática, é indiferente falar em "direitos que admitam autocomposição" ou em "direitos patrimoniais disponíveis", como faz a Lei de Arbitragem, pois autocomposição é essencialmente um produto da autonomia privada e pode apenas ocorrer nos casos de direitos patrimoniais aos quais as partes, pela sua manifestação de vontade, têm autorização para dispor livremente a respeito (sem restrições a serem impostas por normas cogentes). A literalidade do Código parece restringir a transação processual às demandas que tiverem como objeto bens da vida de natureza disponível (CC, art. 852). Esta, no entanto, não é a interpretação sistemática mais adequada. Há casos em que os bens da vida em disputa são absolutamente indisponíveis, como a saúde, o meio ambiente e o estado das pessoas, no entanto, nos quais a técnica processual relativamente rígida do procedimento comum ou mesmo de procedimento especial como da ação civil pública não permite que o processo atinja os melhores resultados. Nessa perspectiva, os negócios jurídicos processuais não podem apenas ser concebidos como repercussão da autonomia privada, mas também a partir do acesso à justiça e do princípio da adaptabilidade e da economia processual, permitindo que o processo se adéque às circunstâncias específicas da relação conflituosa e produza melhores resultados e com economia de esforços, de tempo e de recursos. A própria redação do art. 190 nos direciona nesse sentido, ao prescrever que a finalidade dos negócios processuais é exatamente ajustar o processo "às especificidades da causa". Pensemos em demanda que vise a tratar de questões relativas ao estado das pessoas, ou mesmo a impedir a ocorrência de dano ambiental ou destruição do patrimônio público. São bens à luz do Direito Material que *in natura* se mostram indisponíveis, mas ante à complexidade do caso concreto, especialmente do ponto de vista probatório, a realização de negócios jurídicos processuais, firmado em Termo de Ajustamento de Conduta ou mesmo no curso do processo, pode propiciar maior efetividade e maior adequação do procedimento às necessidades das relações de Direito Material. Tanto isso é verdade que os negócios processuais típicos previstos, tanto no CPC/2015 quanto no CPC/1973, não levam em consideração a natureza da relação de Direito Material para sua admissibilidade, mas apenas restrições quanto ao processo. Assim que, exemplificativamente, sendo a causa a respeito de direito disponível ou não, a eleição de foro será admitida para a competência territorial, do mesmo modo que não há vedação para a anuência à emenda da inicial após citação nos casos de demandas que tratem de direitos indisponíveis. As limitações aos negócios jurídicos processuais, com efeito, encontram-se nos requisitos de validade dos negócios em geral e, ademais, no devido processo legal.

6. Licitude do objeto: obrigatória observância ao devido processo legal

Preenchidos os requisitos do Direito Material, a principal restrição à validade dos negócios processuais se encontra no devido processo legal. Tratamos, aqui, de analisar a "licitude do objeto" do negócio jurídico processual, à luz do ordenamento jurídico (CC, art. 166, inciso II). Não está na lei, e não seria sequer necessário o seguinte preceito: a transação quanto à técnica processual e a privatização do processo têm limites objetivos no "núcleo essencial" previsto pelo devido processo legal. É dizer, na necessidade de os princípios do processo serem preservados no seu mínimo essencial. Não é possível acordar pela criação de novas regras e procedimentos, ou mesmo pela supressão destes, caso a vontade das partes entre em colisão com as garantias constitucionais do processo, neutralizando-as. De fato: pela ponderação, estas garantias podem ceder uma à outra, e quando valores se confrontarem diretamente. Assim temos na lei processual casos em que a publicidade recebe restrições em face da dignidade da pessoa humana (CPC, art. 189, incisos II e III) ou mesmo casos em que o contraditório é mitigado pela efetividade e celeridade do processo, admitindo-se decisões sem a prévia possibilidade de manifestação do afetado (CPC, arts. 300 e 311). Ocorre que, com fundamento na simples autonomia privada e liberdade de estipulação contratual, nenhuma lei teria "competência normativa" para autorizar *a priori* as partes a renunciarem (absolutamente) à gama de princípios processuais acobertada pelo devido processo legal, tais quais a publicidade, a imparcialidade, a motivação das decisões judiciais, o contraditório, a vedação da prova ilícita e a inafastabilidade.

Sabemos desta limitação, não por um conhecimento normativo do Direito Processual, mas a partir do escalonamento das normas. Situadas no âmbito constitucional, as garantias constitucionais do processo se mostram como fundamento de validade das normas do Código de Processo Civil, que, por sua vez, dão fundamento de validade para eventuais "contratos processuais". Nesse sentido, não seria possível conceber que estes "contratos processuais", no mais baixo nível de escalonamento, teriam autorização para ignorar as diretrizes gerais previstas na Constituição (de natureza imperativa) quanto à forma de desenvolvimento e os resultados do processo (devido processo legal). No mais, este limite se apresenta como uma vedação geral imposta aos atos civis, à manifestação de vontade, já devidamente reconhecido pela ordem positiva: "Nenhuma convenção prevalecerá se contrariar preceitos de ordem pública, tais como os estabelecidos por este Código para assegurar a função social da propriedade e dos contratos" (CC, art. 2.035, parágrafo único). Vedação similar também é encontrada na Lei de Arbitragem: "Poderão as partes escolher, livremente, as regras de direito que serão aplicadas na arbitragem, desde que não haja violação aos bons costumes e à ordem pública" (Lei nº 9.307/1996, art. 2º, § 1º). A ordem jurídica brasileira mostra claramente que não aceita sentenças produzidas em ofensa do devido processo legal quando veda, inclusive, a homologação de sentenças estrangeiras que ofenderem a ordem pública: "As leis, atos e sentenças de outro país, bem como quaisquer declarações de vontade, não terão eficácia no Brasil, quando ofenderem a soberania nacional, a ordem pública e os bons costume" (LICC, art. 17).

As partes podem transacionar a respeito da técnica, mas não têm competência para renunciar ao devido processo legal. Estão autorizadas a dispor a respeito dos prazos processuais, da realização ou não de audiência, da admissibilidade ou não de recursos, da possibilidade de relativização da estabilização do objeto litigioso, da possibilidade de questões prejudiciais serem encampadas pela coisa julgada material. No entanto, não têm poderes para renunciar ao acesso à justiça, autorizar o desenvolvimento do processo sem contraditório, renunciar à exigência de boa-fé ou moralidade processual, admitir a utilização de provas ilícitas ou mesmo decisões carentes de fundamentação.

7. Licitude do objeto: mudanças na relação jurídica processual

Ainda na perspectiva do objeto da negociação (CC, art. 166, inciso II), é necessário esclarecer se efetivamente todos os poderes, deveres, ônus e faculdades dos sujeitos do processo podem ser objeto de disposição das partes. Antes, definiremos estas categorias. Em princípio, o sujeito que tipicamente exerce poderes é o juiz. Manifestando a função jurisdicional, o juiz atinge esferas jurídicas alheias, impondo uma solução para o conflito. No entanto, as partes também exercem poderes dentro do processo: em determinadas situações, o Direito atribui a determinadas condutas a eficácia de afetar a esfera jurídica de outrem. Tratamos do exercício dos chamados direitos potestativos, cujos exemplos clássicos são: direito de ação e direito de recorrer. Os deveres processuais, por sua vez, são condutas obrigatórias, cujo descumprimento deve ocasionar verdadeiras sanções (administrativas ou processuais). Manifestam-se para o juiz na medida das necessidades de seu ofício, no dever de julgar a causa e prover adequadamente a tutela jurisdicional. Em relação às partes, os deveres dizem respeito à lealdade processual e à boa-fé (CPC, art. 80). Os ônus processuais, por sua vez, por se tratarem de imperativos da vontade individual, são exclusivos das partes. O direito lhes prescreve determinadas condutas a serem realizadas, no entanto, não condiciona o descumprimento de tais preceitos a verdadeira penalidade. O descumprimento de ônus processual não é conduta proibida pelo sistema, tão somente acarreta (1) a não obtenção de um provável benefício; (2) a atribuição de alguma circunstância desfavorável (ônus próprio); ou (3) a mera possibilidade de vir a ser agravada a situação do sujeito no processo (ônus impróprio).

Por fim, as faculdades processuais se referem à livre escolha que a lei atribui aos sujeitos do processo. Quando inexistente regra que especifique determinada conduta, os sujeitos são livres para atuar como bem entenderem (CPC, art. 188). Exemplos de faculdades processuais estariam na escolha das expressões utilizadas nas peças processuais, escolha do momento de interposição do recurso ou da apresentação da defesa, desde que dentro do prazo legal (no primeiro, segundo, terceiro, quarto ou quinto dia, etc.), usar ou não citações de doutrina e jurisprudência, e assim por diante.

Diante desse quadro, definidas as hipóteses em que a transação processual é admitida (causas que versam sobre direitos disponíveis) e as normas processuais que podem vir a ser derrogadas pela vontade das partes (preservação do núcleo essencial do devido processo legal), resta saber se o Código prescreveria autorização para a mudança de todos os aspectos da relação jurídica processual. Os poderes, deveres, ônus e faculdades podem ser objeto de livre estipulação das partes?

Quanto às faculdades processuais, a transação é absolutamente livre. Nesta categoria, está presente de modo inequívoco o predomínio do interesse privado sobre o público. Assim, podemos pensar, *e.g.,* na possibilidade de as partes transacionarem a respeito da obrigação de todos os atos processuais serem realizados de forma eletrônica (ainda que a lei faculte o uso do papel) ou mesmo que as partes ofereçam obrigatoriamente defesa e alegações finais oralmente nos moldes do procedimento comum sumário vigente no CPC/1973, embora a lei faculte o oferecimento de peças escritas.

Preservadas as garantias mínimas, também podemos pensar na possibilidade de as partes convencionarem sobre os ônus processuais, *e.g.,* autorizando como regra geral a contestação genérica (sem impugnação específica), tal como o Código atual prevê para casos especiais (CPC, art. 341). Do mesmo modo, as partes poderiam convencionar sobre os ônus probatórios afirmando que, no surgimento de litígio, caberia a um dos litigantes fazer a prova (positiva ou negativa) do fato constitutivo do direito. Distintamente, não seria possível convencionar sobre ônus da prova caso esta implicasse a criação – em detrimento de uma das partes – do ônus de produzir verdadeira prova diabólica. Fazê-lo seria permitir a renúncia prévia ao devido processo legal (CPC, art. 373, § 3º).

Assim, nas faculdades e ônus, podemos pensar na privatização da técnica processual. O mesmo, todavia, não ocorre nos deveres e poderes processuais. Apenas alguns "poderes" da parte, como o poder de recorrer ou mesmo o poder de desistir do processo e do recurso, poderiam ser objeto de transação, com a renúncia ao recurso ou com a renúncia ao direito de desistir do processo antes da citação (hipótese de pequeno valor prático) ou de desistir do recurso interposto. Estes casos estão diretamente ligados ao interesse privado das partes e não colidiriam com as exigências mínimas do devido processo legal. Os poderes e deveres do juiz (relacionados ao exercício da função jurisdicional), bem como os demais poderes (como o "poder de ação") e os deveres das partes, relacionados a um comportamento ético no processo, não podem ser objeto de transação.

Previsão contratual no sentido de que o juiz não seria obrigado a motivar suas decisões, julgar a causa com parcialidade ou celeridade ou de acordo com as provas dos autos, renunciando a seus deveres mais comezinhos, entraria em clara colisão com o texto constitucional. Do mesmo modo, esta garantia seria diretamente ofendida, caso uma das partes, por meio de contrato, renunciasse a seu poder de ação, afirmando genericamente: na lesão ou ameaça de lesão a direito seu, a parte renuncia a seu direito de formular demanda diante do Estado-juiz.

Situação ainda mais peculiar ocorreria caso as partes, cientes de sua natureza *hobbesiana*, acordassem que – caso surgisse conflito e processo – não estariam obrigadas a litigarem com probidade e boa-fé, estando autorizados a descumprirem todos os deveres impostos pelo art. 80 do Código de Processo Civil, mentindo, interpondo recursos e incidentes com fins procrastinatórios, valendo-se de linguagem ofensiva nos atos processuais, etc. Não é preciso muito esforço para encontrar princípio constitucional que colida com essa possibilidade, dentre os quais a dignidade da pessoa humana (CF, art. 1º, inciso III), o contraditório e cooperação (CF, art. 5º, inciso LV) e – por que não? – a moralidade (CF, art. 37).

8. Licitude do objeto: alterações no formalismo (em sentido estrito)

Definida a relação jurídica processual como o conjunto de vínculos jurídicos estabelecidos entre os sujeitos do processo, mediante deveres, poderes, ônus e faculdades, resta-nos questionar: por qual motivo o Código fala apenas neste aspecto? Não seria mais coerente pensar na possibilidade de as partes transacionarem a respeito do *modo*, *tempo* e *lugar* dos atos processuais e do procedimento formado pelo conjunto destes? Considerando o modo de ser das normas processuais, esta pergunta carece de sentido. Os vínculos jurídicos estabelecidos entre os sujeitos do processo e a forma de realização dos atos processuais são fenômenos umbilicalmente ligados. Todo o formalismo processual em sentido estrito é ligado a deveres, poderes, ônus e faculdades processuais (formalismo em sentido amplo). Daí por que os requisitos *tempo* e *lugar* para a interposição de um recurso estão ligados ao ônus de recorrer (CPC, arts. 1.003 e 1.007). O requisito *tempo* para a defesa do réu está ligado ao ônus de contestar (CPC, art. 348). O requisito *modo* e *lugar* previsto para a petição inicial (CPC, art. 319) está ligado ao poder de ação (demandar) e ao dever do Estado de impulsionar o processo. O requisito *modo* previsto para a sentença (CPC, art. 489) está diretamente ligado ao dever jurisdicional de prestar a tutela. Entre muitos outros exemplos.

Ao prescrever a possibilidade de transação quanto aos aspectos dos vínculos jurídicos dos sujeitos do processo, a lei inequivocamente autoriza a privatização do formalismo em sentido estrito, quanto à técnica processual e ao procedimento.

Comecemos do mais simples. Transacionar a respeito do lugar dos atos processuais já é possível, com a chamada eleição de foro, e por este motivo não seria sequer necessária a previsão do art. 190 para se admitir esta possibilidade. A transação do *tempo* também é viável, desde o CPC/1973. As normas a regularem os chamados prazos dilatórios tinham natureza dispositiva e admitiam convenção, contrariamente aos prazos peremptórios (CPC/1973, art. 181). Pelo art. 190 do CPC esta distinção passa a carecer de relevância, de modo que todos os prazos passam a admitir dilação consensual ou por parte do juiz (CPC, art. 139, inciso VI). Seria inclusive viável cogitar a possibilidade de transação quanto à preclusão temporal estabelecida em fases (e não prazos), tal como ocorre para a estabilização da demanda (CPC, art. 329). E isto porque o devido processo legal exige seja oportunizado o contraditório. Se no caso concreto este será realizado com uma contestação de 60, de 30 ou de 15 dias de prazo, isto é um problema das partes. Como também o seria a aceitação prévia do réu quanto à possibilidade de o autor, mesmo depois da citação, alterar os elementos da demanda, modificando o objeto litigioso do processo. Desde que, depois, renovado o contraditório, a transação quanto a esta norma preclusiva é problema das partes.

Por fim, a transação a respeito do *modo* precisa ser analisada dentro do contexto normativo no qual inserida e, aparentemente, não trará grandes repercussões práticas. Em primeiro lugar, por força da instrumentalidade das formas, sabemos que os requisitos formais dos atos processuais não têm valores intrínsecos, diferentemente, cada exigência legal tem um escopo específico, e o descumprimento da forma apenas deverá ser relevante se implicar a inaptidão de o ato atingir este escopo.

Ora, se a forma – por si só, sem seu relativo escopo – não possui valor, transacionando-se ou não a seu respeito, o descumprimento do mero modelo legal não deverá gerar nenhum efeito relevante. O que importa é o atendimento do escopo específico do ato processual. Isto porque ato formalmente irregular produz todos os seus efeitos, desde que esta irregularidade não impeça o ato de atender a seus escopos específicos (CPC, art. 277).

Em segundo lugar, pois se o problema não for meramente formal, atingindo também os escopos do ato, há grave risco de a convenção esbarrar no devido processo legal, pois os escopos dos atos processuais se relacionam – direta ou indiretamente – com este princípio.

Tomando como referência o *modo* de realização de atos do Estado-juiz, resta muito clara a impossibilidade de as partes convencionarem a respeito dos requisitos da carta precatória (CPC, art. 260, inciso III), suprimindo-lhe a exigência de "menção do ato processual que lhe constitui o objeto" ou mesmo da sentença (CPC, art. 489, § 1º, inciso II), revogando a proibição de emprego de "conceitos jurídicos indeterminados sem explicar o motivo concreto de sua incidência ao caso". Tais requisitos formais têm como razão de ser o contraditório e a motivação das decisões judiciais, que formam o cerne do devido processo legal, suprimi-los pode eventualmente implicar ofensa a estes princípios.

9. Reconhecimento das anulabilidades e das nulidades

Os negócios jurídicos processuais podem se acometer de distintos vícios, os quais variam em intensidade a depender do interesse jurídico envolvido no caso. Tratando de anulabilidade (nulidade relativa), o vício não pode ser pronunciado de ofício pelo juiz, que apenas decidirá a respeito se provocado pela parte interessada (CC, art. 177). Esta provocação, com efeito, poderá ocorrer por meio do ajuizamento de ação anulatória específica para invalidar o negócio jurídico processual, ou por mero incidente ao processo, questão preliminar ao julgamento de mérito (CPC, art. 190, parágrafo único). Nesse caso, bastará petição simples, ou alegação incidental na inicial ou na contestação, para que o juiz seja instado a decidir sobre a validade do negócio jurídico processual.

Diferentemente, tratando de nulidade absoluta, o juiz poderá reconhecê-la de ofício se dela tomar conhecimento no curso de determinado processo. No entanto, esta possibilidade não impede que a parte ajuíze ação específica para a declaração da nulidade, ou que a alegue no curso de processo pendente (CC, art. 168, *caput* e parágrafo único).

Questão especial, no entanto, diz respeito à nulidade decorrente da inclusão abusiva de negócio processual em contrato de adesão. Neste caso, a lei prevê expressamente a possibilidade de o juiz dela conhecer de ofício, isto é, sem a provocação da parte interessada (CPC, art. 190, parágrafo único).

10. Nulidade (relativa e absoluta) e ação própria

No procedimento comum, tendo em vista a amplitude probatória, a alegação incidental tanto de nulidade relativa quanto de nulidade absoluta deverá ser possível. Diferentemente, na ação de execução de título extrajudicial, a matéria – caso seja de alta indagação, exigindo prova oral ou pericial – deve ser relegada aos embargos ou a ação autônoma (CPC, arts. 914 e ss.). Isto ocorre, pois o procedimento de execução é incompatível com a exigência de produção de provas testemunhal ou pericial, as quais eventualmente podem vir a ser necessárias para se averiguar a ocorrência de vício apto a gerar a nulidade de negócio jurídico processual (CPC, art. 518). A ação própria somente será obrigatória nessas hipóteses em que o procedimento regulado pelo negócio jurídico processual for incompatível com as exigências cognitivas para o reconhecimento do vício negocial, tendo natureza constitutiva negativa nas hipóteses de anulabilidades e declaratória negativa nas hipóteses de nulidades absolutas.

11. Nulidade, anulabilidade e preclusão

No Direito Processual Civil, as chamadas nulidades relativas diferenciam-se das nulidades absolutas, entres outros fatores, pela submissão ao regime da preclusão. As segundas podem ser conhecidas a qualquer tempo de ofício pelo juiz, as primeiras, se não alegadas na primeira oportunidade, tornam-se preclusas (CPC, art. 485, § 3º). Este raciocínio se aplica a vícios presentes no curso do processo, relativamente à prática de atos processuais. Exemplificativamente, o vício da incompetência relativa, se não alegado na primeira oportunidade, preclui (CPC, art. 65). Diferentemente, a nulidade da sentença por falta de fundamentação, se não alegada na apelação, pode ser conhecida de ofício pelo tribunal (CPC, art. 10).

A mesma lógica não se aplica aos negócios jurídicos processuais. Exatamente porque sua validade é regulada por normas de Direito Material (CC, arts. 166 e 171). A preclusão é um fenômeno do processo e não atinge a higidez dos negócios jurídicos celebrados adjacentemente à relação jurídica processual.

As nulidades absolutas em negócios jurídicos processuais não se convalidam e são imprescritíveis (CC, art. 169), de modo que, ainda que na ausência da manifestação das partes, deve o juiz delas conhecer de ofício (CPC, art. 502).

As nulidades relativas, diferentemente, submetem-se a prazos decadenciais (CC, art. 178) e não podem ser conhecidas de ofício, dependendo sempre da alegação pela parte interessada (CC, art. 177). Isso, contudo, não significa que devem se submeter a um regime de preclusão análogo às nulidades relativas do processo civil. Caso a parte não alegue a anulabilidade no primeiro momento, esta poderá ainda o fazer em segundo, terceiro, quarto momento, e assim por diante.

Não se trata de uma falta de limites, mas apenas que o limite não se encontra no Direito Processual, mas no Direito Material. A nulidade relativa do negócio jurídico que não for alegada poderá se convalidar nos casos (1) de confirmação expressa pelas partes (CC, art. 173) ou (2) quando, na ausência de alegação, as partes seguirem o disposto em negócio processual anulável sem oportuno questionamento (CC, art. 174). Assim, sendo nulidade relativa, a parte tem o ônus de alegá-la e poderá o fazer desde que, antes, não tenha aceito expressamente o negócio inválido ou tenha dado previamente cumprimento às disposições que pretende ver declaradas inválidas.

Art. 191 - De comum acordo, o juiz e as partes podem fixar calendário para a prática dos atos processuais, quando for o caso.
§ 1º - O calendário vincula as partes e o juiz, e os prazos nele previstos somente serão modificados em casos excepcionais, devidamente justificados.
§ 2º - Dispensa-se a intimação das partes para a prática de ato processual ou a realização de audiência cujas datas tiverem sido designadas no calendário.

Autor: Fernando Fontoura da Silva Cais

I. Calendário processual

O art. 191 cria a possibilidade de o juiz, em comum acordo com as partes, estabelecer um calendário processual fixando de antemão as datas e horários para a prática dos atos processuais. A prefixação de datas para a prática de atos processuais é comum nos países de *common law*, como é o caso da Inglaterra. O ordenamento francês também conta com técnica parecida, e as maiores vantagens desse modelo são a *previsibilidade* quanto ao tempo da tramitação processual em primeiro grau de jurisdição e a economia processual que se obtém com a eliminação de intimações das partes, que já estão previamente cientificadas de quando terão que praticar seus atos, o que, no nosso modelo, está previsto no § 2º da norma em análise.

II. Calendário processual e contraditório

Ao dispor que o juiz e as partes poderão fixar o calendário processual *de comum acordo*, o legislador pretendeu estimular o diálogo entre o juiz e as partes, de modo a preservar o contraditório efetivo que a doutrina clássica sempre pregou (Dinamarco). De um lado, é aconselhável que a fixação do calendário seja fruto de uma interação entre as partes e o juiz para que os atos sejam praticados em tempo adequado. De outro, as partes podem, isolada ou conjuntamente, requerer a designação de audiência para discutir a elaboração do calendário processual com o juiz, não sendo razoável supor que a iniciativa para esse diálogo seja exclusiva do magistrado.

Questão um pouco mais complicada é saber se a aceitação pelas partes é requisito para que o calendário processual possa ser fixado. O *caput* do art. 191 fala em fixação do calendário *de comum acordo* entre as partes e o juiz, e o § 1º afirma que esse acordo *vincula* as partes e o juiz, passando a ideia de que se trate de um negócio jurídico processual realizado entre todos os sujeitos envolvidos na relação processual. Na prática, contudo, pode ocorrer que uma das partes se recuse a aceitar o calendário processual pelos mais variados motivos, que vão desde um receio legítimo de que não conseguirá praticar todos os atos dentro do cronograma previsto, como pelo simples desejo de protelar o andamento do feito. Em casos como esse último é que a dúvida surge, pois não parece uma solução simples tolher o poder do juiz de aplicar uma técnica que possa trazer bons resultados ao processo, em função de um comportamento que se revela nitidamente abusivo. Assim, como extensão dos poderes de direção do processo (art. 139 do CPC/2015), em casos em que a recusa da parte seja injustificada o juiz poderá fixar sem o consentimento dessa o calendário processual. Uma vez fixado o calendário e intimadas as partes, torna-se desnecessária nova intimação para a prática dos atos subsequentes.

Essa solução, contudo, somente deve ser aplicada em casos excepcionais, em que a recusa da parte seja mesmo um modo de tentar protelar o feito, sendo o mais aconselhável que os juízes efetivamente dialoguem com as partes e procurem ajustar o calendário respeitando as limitações de cada uma, para que esse ato não dificulte o direito de defesa e preserve uma relação saudável entre todos os sujeitos que participam da relação processual.

III. A vinculação do juiz ao calendário processual

O juiz não exerce ônus no processo, donde resulta que os prazos para cumprimento dos seus atos processuais serão sempre impróprios. Sendo assim, embora a lei fale que o calendário processual *vincula as partes e o juiz*, certo é que consequências de ordem processual somente podem afetar a posição das partes no processo. Se uma das partes deixar de praticar um ato previamente previsto no calendário processual, a princípio, perderá a faculdade de praticá-lo. Esse fenômeno não atinge os poderes do juiz, donde resulta que o descumprimento do calendário pelo magistrado somente poderá acarretar-lhe consequências nas esferas administrativa e cível, se for o caso.

Essa constatação não parece ser motivo para desânimo por parte dos jurisdicionados, pois é pouco razoável supor que os juízes passem a fixar calendários processuais e descumpri-los aleatoriamente. A experiência empírica demonstra que os juízes tendem a cumprir os prazos que eles mesmos fixam. Exemplo bastante comum dessa praxe pode ser verificado na Justiça do Trabalho, em que alguns juízes, após a audiência, fixam a data em que publicarão a sentença e comumente cumprem esse prazo à risca. De resto, a possibilidade de esse descumprimento ser entendida como uma falta funcional também faz supor que os prazos fixados pelo juiz venham a ser observados por ele.

IV. Vinculação das partes e excepcionalidade de modificação dos prazos

O legislador preferiu utilizar um conceito aberto para definir os casos em que o juiz poderá aceitar alguma espécie de alteração dos prazos prefixados no calendário, tratando-o como casos excepcionais. Primeiramente é necessário distinguir duas situações. Uma em que as partes de comum acordo peçam alguma alteração no calendário processual. Em tal situação, a justificativa das partes não precisa ser alguma hipótese excepcional, bastando demonstrar ao juiz que haverá uma vantagem nessa alteração. Caso o juiz concorde com essa vantagem, por certo que não estará vinculado ao calendário anterior, já que será do interesse comum de todos realizar a modificação do calendário.

Situação distinta ocorre quando apenas uma das partes pede a alteração do calendário, sem a concordância da outra. Como a parte já está vinculada ao cumprimento dos prazos previamente estipulados, deverá convencer o juiz de que o cumprimento desse calendário é impossível ou quase inviável, e que isso acabará por inviabilizar seu direito de defesa. Não bastará que a parte faça meras alegações ou conjecturas sobre prejuízos hipotéticos que possa vir a ter caso mantido o calendário, pois isso acabaria por inutilizar o instituto. A lei fala em casos excepcionais e devidamente justificados, o que faz pensar que a parte deverá ter um motivo muito forte, que esteja relacionado com um fato comprovado.

V. Respeito à ordem de julgamento

O CPC/2015 impõe, no art. 12, o dever dos juízes e tribunais de observarem a ordem cronológica de conclusão para proferir sentença ou acórdão. Essa ordem somente poderá ser desobedecida nas hipóteses previstas nos incisos I a IX do § 2º dessa norma. A novidade foi alvo de duras críticas de setores da magistratura, mas acabou sendo mantida no Código. Assim, até que sobrevenha lei que a revogue, ela está em vigor e deve ser obedecida. Disso resulta que o calendário para prática dos atos processuais não poderá servir para "furar a fila" dos demais processos que estejam pendentes de julgamento perante algum órgão judicial e a previsão do calendário somente poderá ir até a data da conclusão para sentença. Nem mesmo poderiam as partes, conjuntamente com o juiz, prever a designação de uma audiência específica para que seja prolatada a sentença, porque esse ato seria viciado pelo escopo de fraudar a lei. Se o legislador pretende que seja respeitada a ordem cronológica de remessa dos autos à conclusão para sentença, qualquer ato que tiver por objetivo exclusivo evitar o cumprimento da lei será maculado por ter um objetivo fraudulento.

Art. 192 - Em todos os atos e termos do processo é obrigatório o uso da língua portuguesa.
Parágrafo único - O documento redigido em língua estrangeira somente poderá ser juntado aos autos quando acompanhado de versão para a língua portuguesa

tramitada por via diplomática ou pela autoridade central, ou firmada por tradutor juramentado.

I. Idioma nacional

A língua portuguesa é o idioma nacional (*vernáculo*) brasileiro e deve ser usada nos atos e termos processuais, bem como nos documentos que sejam juntados aos autos. A razão de ser dessa norma é a evidente necessidade de que todos aqueles que participam do processo possam compreender o que está sendo dito, quer pelas partes, pelo juiz, pelos auxiliares da justiça ou nos documentos que sejam juntados aos autos.

II. Forma de tradução para a língua portuguesa

A lei não impede, e não seria razoável que o fizesse, que documentos redigidos em língua estrangeira sejam utilizados para provar os fatos nele contidos, mas apenas exige que sejam traduzidos para o idioma nacional. O CPC/2015 deixou claro que, além da tradução juramentada, a versão para a língua portuguesa pode ser feita pela via diplomática ou pela autoridade central.

Como toda norma relativa à forma dos atos processuais, deve-se analisá-la em conjunto com os princípios da *instrumentalidade das formas* e *da finalidade*, relativizando eventual rigor formal que possa distanciar o julgador da melhor solução da causa. Em tempos de economia globalizada, em que inúmeras transações são efetuadas pela *internet*, é bastante comum que alguns documentos escritos em outro idioma contenham as informações principais para a compreensão da controvérsia em números ou nomes dos titulares, e apenas pequenas informações adicionais em outro idioma. Em casos como esse, não havendo impugnação da parte contrária e sendo possível ao juiz compreender corretamente o conteúdo do documento – pense-se, por exemplo, em um bilhete aéreo emitido em inglês e juntado aos autos sem a devida tradução juramentada –, não deve o juiz deixar de levar em conta a prova produzida apenas pelo fato de estar desacompanhada do documento que faça sua tradução de forma válida.

Seção II - Da Prática Eletrônica de Atos Processuais

Art. 193 - Os atos processuais podem ser total ou parcialmente digitais, de forma a permitir que sejam produzidos, comunicados, armazenados e validados por meio eletrônico, na forma da lei.
Parágrafo único - O disposto nesta Seção aplica-se, no que for cabível, à prática de atos notariais e de registro.

Autores: Marcel Leonardi e Guilherme Cardoso Sanchez

I. Introdução

A possibilidade de praticar atos por meio eletrônico não representa uma nova espécie de processo, mas uma inovação de natureza procedimental. Refere-se ao termo *procedimento,* e não *processo,* tendo em vista que se trata apenas do meio e da forma pela qual se desenvolve o processo.

Tampouco há aqui inovação legislativa do CPC/2015. A Lei nº 11.419/2006 já trata da informatização do processo judicial e permanece em pleno vigor, aplicando-se, no que couber, em complementação às novas disposições do CPC, até pela referência tácita ao final do artigo à expressão "na forma da lei".

II. Atos processuais total ou parcialmente digitais

Por "atos processuais" devem ser entendidos os atos praticados no processo pelas partes, pelo juiz ou por serventuários da justiça. Cada ato processual, porém, quando unicamente considerado, somente pode ser digital ou físico. O processo, esse sim, pode ser parcialmente documentado por meio digital. Nesse sentido, aí de forma mais precisa, o art. 209, § 1º, do CPC/2015, alude à possibilidade de o processo ser "total ou parcialmente documentado em autos eletrônicos".

Note-se que o Conselho Nacional de Justiça entende ser legítima a recusa ao recebimento de petições físicas se o Poder Judiciário oferece às partes o *hardware* e a infraestrutura necessária para digitalizar e enviar peças e documentos processuais, com base no princípio da cooperação recíproca e da necessidade de distribuir os ônus da digitalização entre o Poder Judiciário e as partes. Com efeito, nos termos da decisão em Pedido de Providências nº 0006949-79.2014.2.00.0000, o CNJ decidiu que "o órgão do Poder Judiciário que já possua sistema processual eletrônico não está obrigado a receber petições físicas, quando oferecer às partes equipamentos para digitalização e envio de peças processuais e documentos em meio eletrônico. Precedentes deste Conselho. Compatibilidade da regra disposta no artigo 18 da Resolução nº 185 com a prevista no artigo 198 do Código de Processo Civil de 2015".

A obscura redação do art. 193 parece ter se destinado justamente a garantir certa flexibilidade, de modo a permitir a coexistência de processos judiciais digitais e não digitais. Desde já se antevê a possibilidade (concreta) de falta de estrutura adequada – física e tecnologicamente – para implantação total da prática eletrônica dos atos processuais, como também se fundamenta a conversão de processos inicialmente não digitais, como frequentemente ocorre quando do recebimento de recursos pelos tribunais superiores.

Nota-se, porém, uma tendência irreversível à imposição da prática de atos processuais por meios eletrônicos, sem necessariamente se observar o tempo necessário para a acomodação tecnológica e cultural à nova sistemática. Por exemplo, o Tribunal de Justiça do Estado do Rio de Janeiro rejeitou o pedido de advogado idoso e doente crônico que desejava apresentar petição física por não possuir *token* nem certificado digital e por afirmar inexistir vedação legal para tanto. O Conselho da Magistratura do Estado do Rio de Janeiro entendeu pela "impossibilidade de que as ações judiciais sejam materializadas em autos físicos em processos propostos *após a implantação do processo eletrônico, não havendo previsão legal para tratamento excepcional*" (Recurso Hierárquico nº 0000129-05.2017.8.19.0810, Rel. Des. Denise Nicoll Simões, j. em 22/6/2017).

A decisão se fundamenta tanto no art. 2º da Lei nº 11.419/2006 quanto no art. 193 do CPC/2015, além da Resolução nº 185/2013 do CNJ, com a nova redação, dada pela Resolução nº

245, de 12 de setembro de 2016, pela qual "[...] os órgãos do Poder Judiciário que utilizarem o Processo Judicial Eletrônico - Pje manterão instalados equipamentos à disposição das partes, advogados e interessados para consulta ao conteúdo dos autos digitais, digitalização e envio de peças processuais e documentos em meio eletrônico. § 1º - Para fins do *caput*, os órgãos do Poder Judiciário devem providenciar auxílio técnico presencial às pessoas com deficiência ou que comprovem idade igual ou superior a 60 (sessenta) anos".

Ainda que seja compreensível o desejo de que todos os autos sejam digitais após a implantação dos sistemas de processo eletrônico, entendemos ser necessária maior flexibilidade para casos reconhecidamente excepcionais – e sem que seja necessária nova previsão legal nesse sentido – tendo em vista que o próprio jurisdicionado pode ser prejudicado em nome da eficiência que o sistema almejou criar.

III. A produção dos atos e o dever de cadastro nos sistemas processuais eletrônicos

O CPC expande o alcance da Lei nº 11.419/2006 no que se refere à necessidade de manutenção de cadastro nos sistemas processuais eletrônicos como condição para a prática de uma série de atos processuais. Nesse sentido, o art. 246, § 1º, que estabelece a obrigatoriedade de cadastro de empresas públicas e privadas nos sistemas de processo eletrônico, para efeito de recebimento de citações e intimações a serem efetuadas preferencialmente pelo meio eletrônico. A Lei nº 11.419/2006, por outro lado, estabelece que assinatura de documentos produzidos por meio eletrônico seja procedida de cadastro de usuário no Poder Judiciário (art. 1º, § 2º, inciso III, *b*).

A obrigatoriedade desse cadastro nos portais eletrônicos, estabelecida no art. 2º da Lei nº 11.419/2006 como condição para a prática de atos processuais, tem sido alvo de críticas por parte da doutrina, por conta da caracterização de limitação do acesso à justiça, em ofensa à ampla garantia inscrita no art. 5º, incisos XXXV e LX, da Constituição.

Essa resistência tende a cair na mesma medida em que se fortalece a migração do processo para o meio eletrônico e se eliminam as possibilidades de limitação do acesso à justiça. Nesse sentido, aliás, é a própria redação do art. 198 do CPC/2015, claramente destinada a promover a universalização das ferramentas de acesso ao processo eletrônico.

IV. A comunicação dos atos processuais por meio eletrônico

A comunicação dos atos processuais por meio eletrônico tem dois sistemas que coexistem no CPC de forma não necessariamente harmônica. O CPC/2015 mantém a regra de publicação de despachos, decisões interlocutórias, o dispositivo das sentenças e a ementa dos acórdãos por meio do DJe, o Diário de Justiça Eletrônico (art. 205, § 3º). De outro lado, porém, privilegia a intimação por meio eletrônico (art. 270), que ganha precedência em relação à publicação dos atos no órgão oficial (art. 272).

A Lei nº 11.419/2006 já previa que as "intimações serão feitas por meio eletrônico em portal próprio" para quem se cadastrar nos sistemas disponibilizados pelos tribunais, dispensando-se a publicação no órgão oficial. Tal sistema já foi duramente criticado pela doutrina, em razão da infinidade de problemas e perplexidades criados a partir de um sistema que rompe com uma longa tradição baseada no acompanhamento dos atos processuais via Diário Oficial.

A coexistência de dois sistemas não necessariamente harmônicos gera natural insegurança, especialmente danosa quando se trata de tema absolutamente sensível como este. O primeiro e mais grave problema é justamente a aparente inconstitucionalidade de um sistema que simplesmente dispense a publicação das decisões, em contrariedade ao art. 5º, incisos XXXV e LX, da Constituição.

Há também questões práticas envolvendo, por exemplo, a potencial falta de transparência de um portal de intimações que não necessariamente apresente informações idênticas para ambas as partes. Tal desnivelamento seria impensável com autos físicos e a publicação oficial da decisão. Ainda nesse campo, vale lembrar que a prática forense já desenvolveu sistemas e métodos bastante seguros para dar conhecimento às partes e aos advogados das intimações no DJe.

Muito embora não se possa (ou deva) impedir a criação de sistemas mais modernos do que o DJe – que é a transposição para a mídia digital de um sistema criado há muitas décadas –, não se pode fazê-lo às custas da segurança jurídica e do fiel atendimento à garantia de publicidade das decisões judiciais.

V. O armazenamento dos dados

A eliminação dos autos físicos é claramente uma das grandes vantagens do processo eletrônico. Há vantagens em diversos aspectos, como, por exemplo, economia de custos com espaço e com pessoal, especialmente quando se trata de processos já arquivados. Há também ganhos sob aspecto da segurança, seja para evitar a destruição total ou parcial dos autos do processo, seja para limitar o acesso aos autos de processos que corram sob segredo de justiça. Por fim, há ganhos notáveis de eficiência para a consulta e análise do processo, tais como a desnecessidade de carga física dos autos, a possibilidade de visualização simultânea por múltiplos desembargadores e ministros simultaneamente, entre outros.

Há cuidados indispensáveis a serem devidamente instituídos mediante regulamentação, como, por exemplo, um nível adequado de redundância do armazenamento dos dados, bem como de manutenção dos sistemas.

VI. Validação dos atos

O CPC/2015 estabelece a possibilidade de assinatura de documentos por meio eletrônico pelas partes, pelo juiz e pelos serventuários da justiça (v., por exemplo, o art. 943). Novamente, trata-se da incorporação de iniciativa estabelecida pela Lei nº 11.419/2006.

A sistemática de assinatura eletrônica já deu origem a intensos debates na jurisprudência. A Corte Especial do STJ chegou a decidir que, "não havendo identidade entre o titular do certificado digital usado para assinar o documento e o nome do advogado indicado como autor da petição, deve esta ser tida como inexistente, haja vista o descumprimento do disposto nos arts. 1º, § 2º, III e 18, da Lei 11.419/2006 e nos arts. 18, § 1º, e 21, I, da Resolução nº 1, de 10 de fevereiro de 2010, do Superior Tribunal de Justiça" (STJ, Corte Especial, AgRg nos EREsp nº 1.256.563, Rel. Min. Nancy Andrighi, DJe de 23/10/2012). Tal orientação também não escapa da crítica da doutrina, por ser demasiado formalista e defensiva.

Posteriormente, a Corte Especial daquele tribunal modificou seu posicionamento anterior, decidindo que "a prática eletrônica de ato judicial, na forma da Lei n. 11.419/2006, reclama que o titular do certificado digital utilizado possua procuração nos autos, sendo irrelevante que na petição esteja ou não grafado o seu nome." (STJ, Corte Especial, AgRg no REsp nº 1347278/RS, Rel. Min Luis Felipe Salomão, DJe de 1º/8/2013).

VII. Atos notariais e de registro

Muito embora as disposições desta Seção destinem-se essencialmente ao processo judicial, o legislador buscou estender à prática notarial e registrária as inovações do procedimento eletrônico. Na prática, a matéria carecerá de detalhada regulamentação, que deverá estar calcada nos princípios e garantias norteadores do procedimento eletrônico.

De toda forma, os requisitos previstos nos demais artigos – notadamente aqueles de ordem técnica, mencionados no art. 195 – devem ser igualmente respeitados, observada a natureza específica das atas notariais e de registro.

Art. 194 - Os sistemas de automação processual respeitarão a publicidade dos atos, o acesso e a participação das partes e de seus procuradores, inclusive nas audiências e sessões de julgamento, observadas as garantias da disponibilidade, independência da plataforma computacional, acessibilidade e interoperabilidade dos sistemas, serviços, dados e informações que o Poder Judiciário administre no exercício de suas funções.

I. Princípios e garantias norteadores do procedimento eletrônico

São fundamentos de caráter geral, que se destinam a orientar a estruturação dos sistemas de automação processual a serem utilizados pelos tribunais. Tais princípios servem como baliza a ser observada pelas resoluções do CNJ e pelas normas de caráter complementar editadas pelos tribunais.

II. Publicidade

A garantia de publicidade dos julgamentos e fundamentação das decisões judiciais está prevista no art. 93, inciso IX, da Constituição. Trata-se de verdadeira garantia estrutural do processo, que, no CPC/2015, encontra expressa previsão no art. 8º, o qual estabelece que a aplicação das normas deve observar, entre outros, o princípio da publicidade. Na prática essa garantia é observada mediante a publicação de todos os despachos e decisões no Diário de Justiça eletrônico (art. 205, § 3º).

A própria divulgação das decisões por meio do DJe, e sua acessibilidade pela internet, já dá às decisões uma dimensão de publicidade outrora impensável. É comumente aceita na doutrina a distinção entre publicidade *ampla* – destinada a dar conhecimento à sociedade das decisões judiciais, de modo a permitir a esta realizar os necessários controles políticos – e a publicidade *restrita*, voltada às partes do processo e atendendo aos seus interesses específicos. É também em nome da publicidade restrita que se justifica, por exemplo, a restrição da publicidade de decisões quando aplicável a hipótese de segredo de justiça (art. 189). Os conceitos não são necessariamente alternativos, mas complementares: os sistemas de automação processual deverão ser capazes de respeitar o critério da publicidade em seus dois aspectos (amplo e restrito), oferecendo às partes e à sociedade os meios técnicos para tanto.

Por fim, vale apontar que as considerações feitas anteriormente sobre a aplicação do procedimento eletrônico à comunicação dos atos processuais aplicam-se também no que concerne à garantia à publicidade inscrita no artigo ora em comento.

III. Acesso e participação das partes

Não basta que o procedimento eletrônico seja pautado pela publicidade. É preciso, ainda, possibilitar e promover o acesso e a participação das partes na prática eletrônica de atos processuais.

Na perspectiva das partes, advogados, juízes e serventuários da justiça, os sistemas devem primar pela facilidade de acesso, permitindo ao usuário a maior flexibilidade possível na realização dos atos processuais. A possibilidade de que as partes e o juiz tenham acesso ao processo, sem a necessidade de fazer carga de autos, por exemplo, é ganho enorme em termos de eficiência, com eliminação de movimentos processuais desnecessários, como prazos em dobro e a perda de tempo entre uma conclusão e outra. O mesmo pode ser dito da possibilidade de envio de petições até as 24h, faculdade confirmada no art. 213 do CPC/2015.

A adoção de um meio eletrônico para a prática de tais atos, porém, não pode significar qualquer tipo de prejuízo ao direito de defesa ou a possibilidade de produzir provas. Nesse sentido, restrições de determinados sistemas quanto ao tamanho das petições ou quanto ao formato dos arquivos não podem constituir barreiras às partes, em prejuízo a seu direito de defesa. O CPC/2015, a exemplo de seu predecessor, privilegia a liberdade de forma na prática dos atos processuais (art. 188).

A realização de julgamentos virtuais, prática comum à maior parte dos tribunais do país, também encontra fundamento nesse dispositivo. Conforme orientação do CNJ, os tribunais podem "realizar sessões de julgamento mediante meio eletrônico não presencial (virtual) para apreciação dos recursos nos quais não haja viabilidade de manifestação oral por parte do advogado", sem que tal fato caracterize um prejuízo ao direito de defesa (Conselho Nacional de Justiça, Consulta nº 0001473-60.2014.2.00.0000, Rel. Cons. Carlos Eduardo Oliveira Dias, j. em 16/7/2015).

O próprio CPC/2015, por outro lado, estabelece normas que se destinam também a ampliar o acesso e participação das partes. Podem ser mencionadas a necessidade de inclusão dos endereços físico e eletrônico das partes e dos advogados na petição inicial (arts. 287 e 319, inciso II), assim como a menção à citação por meio eletrônico (art. 246, inciso V).

Não se desconhece a importância de estabelecer normas e padrões que viabilizem a prática eletrônica dos atos processuais e o desenvolvimento do processo dessa forma. A despeito disso, a garantia de ampla defesa prevalece sobre restrições procedimentais desmedidas que venham a ser impostas por sistemas de automação processual. Não se pode admitir, portanto, que normas que limitem o tamanho de petições ou de arquivos possam prevalecer quando em conflito com princípios dessa grandeza.

Há, ainda, outro aspecto da garantia de acesso que não diz somente respeito às partes, mas também a terceiros. Muito embora o dispositivo em comento refira-se expressamente apenas às partes e seus procuradores, parece indiscutível que a sociedade e os órgãos de controle devem ter a garantia de acesso para a realização de auditorias e análises que forem úteis ou necessárias. Trata-se de decorrência lógica da extensão do princípio da publicidade, também consagrado neste mesmo dispositivo.

É preciso, assim, que os sistemas eletrônicos garantam não só às partes, mas também a terceiros, o acesso ao processo. Naturalmente, seu nível de acesso não será o mesmo, em virtude dos específicos interesses de partes e de advogados em relação às demandas em que estiverem diretamente envolvidos. Ainda assim, é inconcebível que a transição para o meio digital possa reduzir o acesso de terceiros às informações processuais a um nível menor do que o existente em relação a autos físicos.

Não é demais lembrar, por fim, que o acesso eletrônico elimina problemas logísticos e de conveniência que, por vezes, faziam com que juízes, como medida prática, limitassem o acesso do público a processos de alta repercussão midiática. Prestigiar o acesso e participação das partes, portanto, é dar concretude à garantia constitucional de publicidade do processo.

IV. Garantias legais aplicáveis à prática de atos processuais por meio eletrônico

Por fim, o artigo deixa claro que devem ser observadas diversas garantias em relação aos sistemas, serviços, dados e informações administrados pelo Poder Judiciário, a saber:

1. Disponibilidade

É a proporção de tempo em que um sistema computacional está em funcionamento e acessível, também conhecida pelo jargão *uptime* (em oposição a *downtime*). Dada sua natureza crítica, os sistemas, serviços, dados e informações administrados pelo Poder Judiciário deveriam idealmente manter-se disponíveis 24 horas por dia, 7 dias por semana, utilizando múltiplos equipamentos redundantes para evitar ao máximo sua indisponibilidade. Como nem sempre isso é possível, as manutenções periódicas dos sistemas devem ser realizadas de modo planejado, preferencialmente sem interromper o acesso aos usuários e, quando isso não for possível, ao menos programadas para finais de semana ou horários fora do expediente forense, evitando-se assim a devolução de prazos e prejuízos aos jurisdicionados.

2. Independência da plataforma computacional

Diante da multiplicidade de sistemas operacionais, dispositivos e programas de computador que podem ser utilizados para acessar informações, dados, serviços e sistemas *on-line*, o Poder Judiciário deve assegurar que nenhuma plataforma tenha exclusividade ou preferência sobre outra, de forma que o jurisdicionado e os operadores do direito possam praticar atos processuais em meio eletrônico seja qual for sua escolha de *hardware* ou *software*. Afigura-se de particular importância garantir que o uso de dispositivos móveis seja igualmente compatível com o processo eletrônico.

3. Acessibilidade

Esse conceito não se limita a dizer que sistemas, serviços, dados e informações devem estar acessíveis, mas impõe ao Poder Judiciário o dever de garantir que pessoas com deficiência possam também utilizar essas funcionalidades –

vide, aliás, o art. 199 e comentários. A respeito, o art. 63 do Estatuto da Pessoa com Deficiência expressamente dispõe que "é obrigatória a acessibilidade nos sítios de internet mantidos por empresas com sede ou representação comercial no País ou por órgãos de governo, para o uso da pessoa com deficiência, garantindo-lhes o acesso às informações disponíveis, conforme as melhores práticas e diretrizes de acessibilidade adotadas internacionalmente".

4. Interoperabilidade

Os sistemas, serviços, dados e informações administrados pelo Poder Judiciário devem funcionar com todos os sistemas operacionais e serviços atualmente existentes ou que venham a ser criados no futuro, sem restrições de implementação ou de acesso. No estado atual da tecnologia, por exemplo, isso significa que não importa se o sistema operacional utilizado por um dispositivo é Microsoft Windows, GNU/Linux, Apple OS X ou outros – é preciso assegurar que o processo eletrônico seja compatível com todos eles, sem limitações de funcionalidade nem empecilhos técnicos. Tal como dito anteriormente, os sistemas de processo eletrônico também devem ser compatíveis com dispositivos móveis.

Art. 195 - O registro de ato processual eletrônico deverá ser feito em padrões abertos, que atenderão aos requisitos de autenticidade, integridade, temporalidade, não repúdio, conservação e, nos casos que tramitem em segredo de justiça, confidencialidade, observada a infraestrutura de chaves públicas unificada nacionalmente, nos termos da lei.

I. Padrões abertos para o registro dos atos processuais

A imposição legislativa é importante, pois a utilização de padrões abertos assegura que os registros dos atos processuais possam ser armazenados e consultados eletronicamente por longos períodos de tempo, minimizando o risco de que documentos se tornem ilegíveis ou inacessíveis em razão da evolução tecnológica e da obsolescência de equipamentos e programas de computador.

Ainda que haja divergências na comunidade técnica sobre o conceito de "padrão aberto", com múltiplas interpretações de ordem prática, seu objetivo primordial consiste em permitir a comunicação, a acessibilidade e a interoperabilidade entre aplicações e bases de dados, como inclusive menciona o art. 4º, inciso IV, da Lei Federal nº 12.965/2014 (Marco Civil da Internet).

II. Os requisitos de autenticidade, integridade, temporalidade, não repúdio, conservação e confidencialidade

A lei também menciona diversos conceitos técnicos – autenticidade, integridade, temporalidade, não repúdio e conservação –, alguns dos quais diretamente ligados à criptografia assimétrica:

- por "autenticidade", entende-se que há certeza técnica de que um documento foi produzido por um dispositivo de propriedade de quem afirma ser o seu autor;

- por "integridade", entende-se que há certeza técnica de que o documento não sofreu alterações durante ou após o processo de transmissão e recepção;

- por "temporalidade", entende-se que há certeza técnica de que o documento estará armazenado e disponível para consulta a longo prazo;

- por "não repúdio", costuma-se afirmar que uma pessoa não poderia contestar ("repudiar") sua assinatura digital existente em um documento. Em realidade, porém, ainda que um documento tenha sido assinado digitalmente pelo dispositivo de propriedade de uma pessoa (e isso possa ser matematicamente demonstrado pela associação do par de chaves criptográficas utilizadas), podem ocorrer cenários de invasão de sistemas ou utilização não autorizada do dispositivo para gerar documentos assinados digitalmente. A presunção legal de "não repúdio", portanto, admite prova em contrário (*iuris tantum*), a exemplo do que ocorre com a autenticidade de firmas reconhecidas pelo Cartório de Notas, ainda que tais casos representem exceções raras.

- por "conservação", entende-se que há certeza técnica de que o documento permanecerá acessível, sem sofrer degradação;

- por "confidencialidade", entende-se que o acesso aos documentos dos autos eletrônicos deve ser mantido sob sigilo, adotando-se as configurações técnicas necessárias conforme o sistema utilizado.

III. Estrutura de chaves públicas

O artigo também faz referência à existente infraestrutura de chaves públicas unificada nacionalmente, que foi instituída pela Medida Provisória nº 2.200-2/2001. No entanto, é importante observar que a prática, por meio eletrônico, de atos processuais em geral somente é admitida mediante o uso de *assinatura eletrônica*, como estipula o art. 2º da Lei nº 11.419/2006.

O conceito de *assinatura eletrônica*, por sua vez, é definido pelo art. 1º, inciso III, da Lei nº 11.419/2006: é forma de identificação inequívoca do signatário, sendo admitidos apenas dois métodos para tanto: a) *assinatura digital* baseada em certificado digital emitido por Autoridade Certificadora credenciada, na forma de lei específica; ou b) *cadastro de usuário* no Poder Judiciário, conforme disciplinado pelos órgãos respectivos.

IV. Regra de transição

Por fim, vale menção ao art. 1.053 do CPC/2015, que estabelece regra de validação aos "atos processuais praticados por meio eletrônico até a transição definitiva para certificação digital", "ainda que não tenham observado os requisitos mínimos estabelecidos por este Código, desde que tenham atingido sua finalidade e não tenha havido prejuízo à defesa de qualquer das partes".

Art. 196 - Compete ao Conselho Nacional de Justiça e, supletivamente, aos tribunais, regulamentar a prática e a comunicação oficial de atos processuais por meio eletrônico e velar pela compatibilidade dos sistemas, disciplinando a incorporação progressiva de novos avanços tecnológicos e editando, para esse fim, os atos que forem necessários, respeitadas as normas fundamentais deste Código.

I. Problemas com a repartição de competência normativa para tratar do procedimento por meio eletrônico

Atualmente já existe uma grande quantidade de sistemas em uso pelos diferentes tribunais no país, cada qual com regulamentos distintos e, por vezes, conflitantes. O Conselho Nacional de Justiça (CNJ), em tentativa de uniformizar a prática do processo em meio eletrônico, desenvolveu e vem atualizando seu próprio sistema PJe, que atualmente encontra-se em uso por diversos tribunais do país.

Discute-se, por vezes, a constitucionalidade desse tipo de competência atribuída por lei ao CNJ e, supletivamente, aos tribunais. A Constituição estabelece competência concorrente da União, Estados e Distrito Federal para legislar sobre procedimentos em matéria processual (art. 24, inciso XI). A Constituição estabelece ainda que compete privativamente aos tribunais eleger seus órgãos diretivos e elaborar seus regimentos internos, com observância das normas de processo e das garantias processuais das partes, dispondo sobre a competência e o funcionamento dos respectivos órgãos jurisdicionais e administrativos (CF, arts. 96, inciso I, *a*, e 125, § 1º).

Portanto, nem o CNJ nem os tribunais podem, obviamente, legislar em matéria procedimental. Isso não significa, todavia, que não se deva conceder a eles algum grau de autonomia para desenvolver as plataformas eletrônicas necessárias à concretização do intento do legislador. Parece ser esse o espírito do art. 196 do CPC/2015. Há vantagens inegáveis em se atribuir tal preponderância ao CNJ, tais como o estabelecimento de uma padronização e integração maior das ferramentas, com o objetivo de atender adequadamente advogados e demais jurisdicionados.

Art. 197 - Os tribunais divulgarão as informações constantes de seu sistema de automação em página própria na rede mundial de computadores, gozando a divulgação de presunção de veracidade e confiabilidade.
Parágrafo único - Nos casos de problema técnico do sistema e de erro ou omissão do auxiliar da justiça responsável pelo registro dos andamentos, poderá ser configurada a justa causa prevista no art. 223, caput e § 1º.

I. Divulgação das informações processuais pelos tribunais

O dispositivo não é claro quando menciona genericamente "informações constantes de seu sistema de automação". É possível interpretar que a referência aqui seja feita apenas às informações *processuais*, mas a redação vaga poderá abrir margem a entendimentos diversos.

Há dois objetivos aparentes no artigo em questão: i) estabelecer a obrigação de que os sistemas de automação de cada tribunal sejam acessíveis pela internet; e ii) estabelecer que a divulgação das informações gozará de presunção de veracidade e confiabilidade.

Quanto ao primeiro ponto, embora de constatação óbvia, não se admite qualquer forma de sistema processual que não seja acessível pela internet. O dispositivo menciona ainda "página própria" em alusão à necessidade de que cada tribunal disponibilize referidas informações em sua própria página (na prática, *website*) já existente. Tal exigência não impede, porém, que seja criado um portal único para acesso às informações de todos os tribunais.

O segundo objetivo – presunção de veracidade e confiabilidade – destina-se a reforçar a importância dos portais eletrônicos disponibilizados pelos tribunais como fonte de informação e a afastar a jurisprudência defensiva. *Vide*, nesse sentido, decisão do STJ estabelecendo que "a cópia do acompanhamento processual extraído do *site* oficial do Tribunal Regional Federal da 3ª Região não pode ser reconhecida como meio eficaz de comprovação da data da publicação do acórdão recorrido, porquanto o referido documento não está dotado de fé pública capaz de elidir a certidão de publicação do acórdão recorrido existente nos autos" (STJ, 2ª T., AgRg no AREsp nº 396583/SP, Rel. Min. Herman Benjamin, DJe de 5/12/2013). No mesmo sentido: TJSP, 11ª Cam. D. Priv., Proc. nº 2156296-60.2016.8.26.0000, Rel. Des. Aroldo Viotti, j. em 6/6/2017.

Ao conferir tais efeitos à informação disponibilizada por meio do *site* do tribunal, o dispositivo em comento também oferece fundamentos para sustentar que as partes sejam, de fato, intimadas por meio eletrônico. Da mesma forma, confere-se às partes a segurança para se valerem das informações disponibilizadas pelos sistemas dos tribunais sem a necessidade de certidões e afins, nem tampouco receio de decisões judiciais como a referida anteriormente.

E se as informações divulgadas nos sistemas dos tribunais, presumidamente verossímeis e confiáveis, estiverem em conflito com o que houver sido divulgado via DJe? A questão já vem sendo debatida pela doutrina em comentários à Lei nº 11.419/2006 e a resposta que encontra maior aceitação é a de que prevalece a informação divulgada no DJe, ante seu caráter oficial.

Ao alçar as informações disponibilizadas eletronicamente a um patamar mais elevado, o art. 197 torna essa análise mais complexa. Em linha com os comentários anteriores, contudo, a preferência doutrinária pelo DJe ainda se justifica ante o maior espectro de publicidade desse meio e de sua maior confiabilidade. As informações constantes nos sistemas dos tribunais podem ser alteradas de maneira instantânea e não necessariamente acompanhadas de um registro fiel de todas as alterações realizadas. O caráter dinâmico da informação exibida nesses sistemas – diametralmente oposto à natureza estática da informação presente no DJe – reforçam a constatação de que ainda há um grande desnível em termos de segurança entre essas duas realidades.

II. A hipótese de erro na divulgação de informações pelos tribunais

O parágrafo único do art. 197, no entanto, busca corrigir eventuais distorções ao estabelecer que erros, técnicos ou humanos, devem ser considerados como justa causa para fins do que dispõe o art. 223, deixando de penalizar a parte que teria perdido o prazo.

A prova do erro poderá ser bastante complexa – especialmente quando se tratar de um pretenso erro de sistema. Basta pensar que a parte pode ficar com a difícil missão de ter de comprovar que seu erro foi motivado por uma informação que pode ter sido corrigida dias depois. A parte interessada ficaria com o pesado encargo de frequentemente lavrar atas notariais ou, alternativamente, realizar impressões de telas (*screenshots*), com o intuito de precaver-se contra falhas sistêmicas. Esse cenário está muito longe de ser ideal.

Caberá ao juiz, portanto, aplicar algum grau de flexibilidade – naturalmente coibindo abusos –, buscando suprimir e sanar vícios formais no processo nesses cenários.

Recentemente, ao decidir sobre a tempestividade de recurso interposto no juízo estadual, o Superior Tribunal de Justiça entendeu que o erro do sistema eletrônico de gestão exclusiva do Tribunal estadual, que equivocadamente apontou termo final errado para interposição de recurso, não poderia prejudicar a parte que foi induzida ao erro e protocolizou seu recurso naquele termo, determinando, assim, o acolhimento do recurso como se houvesse sido interposto dentro do prazo legal (STJ, Decisão Monocrática em Recurso Especial nº 1.661.785-TO, Rel. Min. Moura Ribeiro, DJe de 10/5/2017), destacando, com base em decisões anteriores do próprio STJ, que "ainda que os dados disponibilizados pela internet sejam 'meramente informativos' e não substituam a publicação oficial (fundamento dos precedentes em contrário), isso não impede que se reconheça ter havido justa causa no descumprimento do prazo recursal pelo litigante (art. 183, *caput*, do CPC), induzido por erro cometido pelo próprio Tribunal" (STJ, Corte Especial, REsp nº 1.324.432/SC, Rel. Min. Herman Benjamin, DJe de 10/5/2013).

Essa decisão monocrática confirma, portanto, a mais recente jurisprudência do Superior Tribunal de Justiça, no sentido de que *as informações processuais prestadas pelos web sites dos tribunais, embora não possuam caráter oficial, dão ensejo a pedido de devolução de prazo com base em erros ou omissões que constituam justa causa*. A respeito, confira-se também os seguintes precedentes, todos mencionados na decisão: 2ª T., REsp nº 1438529/MS, Rel. Min. Humberto Martins, j. em 24/4/2014, DJe de 2/5/2014; 4ª T., AgRg no REsp nº 1476069/RS, Rel. Min. Maria Isabel Gallotti, j. em 12/5/2015, DJe de 20/5/2015, e AgRg no AREsp nº 640.116/RS, Rel. Min. Benedito Gonçalves, 1ª T., j. em 18/6/2015, DJe de 26/6/2015.

Art. 198 - As unidades do Poder Judiciário deverão manter gratuitamente, à disposição dos interessados, equipamentos necessários à prática de atos processuais e à consulta e ao acesso ao sistema e aos documentos dele constantes.
Parágrafo único - Será admitida a prática de atos por meio não eletrônico no local onde não estiverem disponibilizados os equipamentos previstos no caput.

I. A disponibilidade dos meios para a prática de atos processuais por meio eletrônico

Trata-se de dispositivo de caráter bastante aberto dirigido às unidades do Poder Judiciário, impondo ao Estado o dever de manutenção de equipamentos – entendidos em sentido amplo, de modo a englobar dispositivos, conectividade e similares – cuja única consequência do descumprimento é a autorização para a prática de atos por meio não eletrônico. Indispensável que haja regulamentação acerca do que possa ser entendido como uma infraestrutura adequada para a prática dos atos processuais e a consulta e acesso ao sistema e aos documentos dele constantes.

Daí se extrai que nos lugares onde não estiver disponibilizada essa infraestrutura, ou onde ela estiver disponível, mas inoperante, deverá ser admitida a prática de atos processuais por meio não eletrônico. Na prática, todas as unidades do Poder Judiciário deverão prover meios alternativos para a prática de atos processuais, diante da possibilidade de falhas técnicas ou indisponibilidade dos sistemas.

Art. 199 - As unidades do Poder Judiciário assegurarão às pessoas com deficiência acessibilidade aos seus sítios na rede mundial de computadores, ao meio eletrônico de prática de atos judiciais, à comunicação eletrônica dos atos processuais e à assinatura eletrônica.

I. Acessibilidade e prática de atos processuais por meio eletrônico

Além dos comentários já efetuados ao art. 194 no que diz respeito à acessibilidade das informações, tem-se que a louvável iniciativa de inclusão das pessoas com deficiência promovida por este dispositivo é de necessária, porém complexa, implantação. Trata-se aqui de garantia que a lei assegura aos jurisdicionados de forma geral e, mais especificamente, às partes, aos advogados e aos serventuários da justiça, que são os principais destinatários dos sistemas disponibilizados pelos tribunais.

De certa maneira, a conversão de um processo para o meio digital significa, por si só, um aumento imediato na acessibilidade da informação, na medida em que avança a tecnologia disponível para o uso das pessoas com deficiência. Há, por exemplo, uma infinidade de aplicativos e aparelhos destinados a possibilitar que cegos, por exemplo, tenham acesso à informação. Naturalmente, os sistemas deverão, no mínimo, levar em consideração os tipos mais comuns de deficiência, como a motora, auditiva ou visual – para mencionar algumas poucas – e adaptar seus sistemas às necessidades desses jurisdicionados.

Seja como for, o art. 199 impõe dever compatível com o art. 63 do Estatuto da Pessoa com Deficiência, o qual expressamente dispõe ser "obrigatória a acessibilidade nos sítios de internet mantidos por empresas com sede ou representação comercial no País ou por órgãos de governo, para o uso da pessoa com deficiência, garantindo-lhes o acesso às informações disponíveis, conforme as melhores práticas e diretrizes de acessibilidade adotadas internacionalmente".

Seção III - Dos Atos das Partes

Art. 200 - Os atos das partes consistentes em declarações unilaterais ou bilaterais de vontade produzem imediatamente a constituição, modificação ou extinção de direitos processuais.
Parágrafo único - A desistência da ação só produzirá efeitos após a homologação judicial.

Autor: Fernando Fontoura da Silva Cais

I. Atos jurídicos *stricto sensu* e negócios jurídicos

Todo ato jurídico decorre de uma declaração de vontade. A doutrina costuma separar os atos jurídicos *stricto sensu* dos negócios jurídicos em função da interferência que a vontade das partes tem quanto ao resultado programado do ato. Assim, em termos amplos, se é a lei que dita o resultado do ato, a vontade da parte restringe-se à possibilidade de praticá-lo ou não. De outro lado existem atos que não têm seu resultado previamente ditado pela lei, sendo ele criado pela vontade das partes. Os primeiros são os chamados atos jurídicos *stricto sensu*, enquanto os segundos correspondem aos negócios jurídicos. Tanto os atos jurídicos *stricto sensu* como os negócios jurídicos estão contidos no conceito genérico de atos jurídicos, ou atos jurídicos *lato sensu*.

A primeira dúvida que surge para a melhor interpretação desse dispositivo é: a que modalidade de atos de vontade a lei está se referindo? Aos atos jurídicos em sentido amplo, aos atos jurídicos em sentido estrito ou aos *negócios jurídicos*?

Como a lei se remete aos atos consistentes em declarações de vontade, não faria sentido interpretar o dispositivo legal como relativo a todo ato jurídico, porque o legislador estaria sendo redundante. Se todo ato jurídico decorre de uma manifestação de vontade em sentido amplo, não haveria motivo para o legislador se referir aos *atos jurídicos consistentes em declarações de vontade* se não fosse para limitar sua aplicação aos casos em que a vontade das partes é determinante para o resultado pretendido. A melhor interpretação para o dispositivo, dessa maneira, é a que limita sua aplicação aos negócios jurídicos.

Resta saber, então, se o legislador está tratando dos negócios jurídicos de direito material ou apenas dos negócios jurídicos processuais.

O artigo menciona a constituição, modificação ou extinção de *direitos processuais*, o que remete à ideia de que somente estaria se referindo a negócios jurídicos processuais.

Ocorre que os atos e negócios jurídicos substanciais praticados dentro do processo podem produzir efeitos tanto processuais como na relação jurídica de direito material. Pense-se, por exemplo, em uma transação sobre todo o objeto litigioso do processo. Do ponto de vista substancial, ela terá o efeito de regular a relação jurídica controvertida segundo as cláusulas estabelecidas pela vontade das partes. Já do ponto de vista processual, terá o efeito de eliminar o litígio e conduzir o processo para o seu término, mediante sentença de mérito homologatória da transação (art. 485, inciso III, do CPC/15). Consequentemente, as partes não poderão mais exigir do Poder Judiciário uma resposta diferente para suas pretensões que não a manifestada no acordo de vontades levado ao conhecimento do juiz. Isso afeta suas esferas de direitos de ação e de defesa.

É o objeto do negócio que o define como processual ou material. Se as partes estão contratando sobre um direito material, o negócio jurídico é material, mesmo que seja informado nos autos mediante um ato de Direito Processual, como é a petição que comunica que as partes transigiram e solicita a homologação do acordo. Já se o objeto do negócio jurídico diz respeito ao processo, como, *v.g.*, uma transação para dilatar um prazo não peremptório ou para suspender o processo, esse será um negócio jurídico processual.

A lei não faz qualquer restrição ao objeto do negócio, sendo certo que tanto um como outro podem produzir efeitos nos direitos processuais das partes.

II. Efeitos dos atos jurídicos

A eficácia de um ato jurídico pode ser imediata ou sujeita a condição ou a termo. Condição é um evento futuro e incerto, enquanto o a termo é um evento futuro e certo, normalmente relacionado ao decurso de um prazo determinado. Os atos processuais, em regra, não são condicionados. Do ponto de vista processual, contudo, pode-se comparar a *homologação judicial* de um ato a uma condição para a sua eficácia processual típica. Embora pelo ato de homologação o juiz faça apenas o controle de validade do ato processual, o ato processual que depende de homologação somente produzirá seus efeitos programados se essa homologação ocorrer. Não se trata de condição propriamente falando, mas a comparação é possível, pois a eficácia programada do ato dependerá de um evento incerto, que é a aceitação por parte do juiz da validade do ato, especialmente quando se tratar de um negócio jurídico processual praticado em momento anterior à propositura da demanda.

O dispositivo em análise dispõe que os negócios jurídicos produzem efeitos imediatos nos direitos processuais das partes, o que requer alguns cuidados para sua correta interpretação.

A eficácia imediata que o ato tem nos direitos das partes diz respeito a sua vinculação à vontade manifestada ao praticar o ato, e não aos efeitos típicos que esse ato se proponha a produzir. A parte fica impedida de agir em desconformidade com sua vontade validamente manifestada, mas isso não significa que os efeitos do ato jurídico sejam produzidos de imediato, especialmente quando se tratar de negócio jurídico processual.

O negócio jurídico processual produz efeitos vinculativos imediatos e não permite que uma das partes simplesmente desista do negócio celebrado. Isso não significa, todavia, que os efeitos próprios desse ato serão imediatamente produzidos. Tratando-se de negócio que versa sobre matéria processual, esses efeitos somente serão produzidos em um futuro processo e, ainda, após passar pelo controle de validade realizado pelo juiz. O *caput* do art. 200 deve ser lido conjuntamente com o parágrafo único do art. 190, que dispõe que o juiz controlará *de ofício* ou a requerimento das partes a validade do negócio jurídico por elas realizado. Sendo assim, ainda que a lei não preveja a necessidade de homologação judicial dos negócios jurídicos processuais, os efeitos programados desses atos dependem da aceitação pelo Judiciário de sua validade.

III. Desistência da ação e homologação

A desistência da ação é o ato pelo qual o autor desiste de exigir do Poder Judiciário uma resposta para sua pretensão. Ela gera a extinção do processo sem resolução de mérito (art. 485, inciso VIII, do CPC/2015). O fim programado pelo ato, que é a extinção do processo sem resolução de mérito, depende da concordância do réu, razão pela qual a lei exige a homologação judicial por sentença. O efeito pretendido pelo ato, portanto, não é nem pode ser imediato. Hipótese diferente é a desistência de um recurso, que não depende da concordância da parte contrária, na medida em que o julgamento do recurso só interessa à parte que recorreu. Sendo assim, o efeito programado de não mais submeter a questão ao conhecimento da instância recursal será imediato. Uma vez manifestada a vontade da parte de desistir do recurso, não pode o tribunal analisar o seu mérito.

IV. Preclusão

Parte da doutrina lê nesse dispositivo uma regra geral para as preclusões, havendo quem defenda que se trata de regra geral para a *preclusão consumativa* e quem entenda que se trata de uma regra geral para a *preclusão lógica*.

A interpretação que lê no dispositivo uma regra geral para a *preclusão consumativa* acaba por extrapolar bastante os limites do dispositivo, porque o dissocia por completo do seu elemento volitivo. A *preclusão consumativa* tem por efeito prático impedir a complementação de um ato já praticado ou, então, impedir que outro ato que deva ser praticado conjuntamente com o primeiro possa ser exercido. É o exercício do ato, por si, e não a vontade manifestada, que gera a perda da faculdade de complementá-lo ou de praticar outro ato. Justamente por isso, não parece adequada a interpretação do dispositivo como uma regra geral do sistema sobre a existência dessa modalidade de preclusão, pois o legislador deu ênfase à vontade da parte tanto na prática do ato como na realização dos efeitos programados.

Com relação à preclusão lógica, parece mais adequado extrair essa modalidade de preclusão do dever geral de boa-fé que impede as partes de surpreenderem as expectativas válidas criadas para o seu adversário em função do seu comportamento (*venire contra factum proprium nulli conceditur*). Isso porque não é todo ato da parte que produz efeitos imediatos e gera a consequência de impedir a prática de ato contrário, ou, mais precisamente, a sua desistência, mas, tão somente, os atos que possam gerar uma expectativa válida para a parte contrária. Pense-se, por exemplo, no requerimento de uma prova ou de depoimento pessoal formulado por uma das partes. A parte que pede a prova pode desistir dela, porque esse ato não gera uma expectativa válida para a outra parte, na exata medida em que cada uma tem o ônus de requerer suas próprias provas.

Feito esse esclarecimento, a interpretação do dispositivo como uma regra geral para a preclusão lógica deve ser feita com moderação, para que o instituto da preclusão não seja utilizado de forma contrária aos seus objetivos.

Art. 201 - As partes poderão exigir recibo de petições, arrazoados, papéis e documentos que entregarem em cartório.

I. Certificação de entrega de documentos

O dispositivo CPC/2015 apenas altera a ordem de redação do art. 160 do CPC/1973. Ao prever que as partes podem exigir recibo de petições, arrazoados, papéis e documentos que entregarem em cartório, o legislador conferiu um direito à parte, com o fim de salvaguardá-la contra eventuais problemas ocasionados após a entrega das petições e documentos em secretaria do juízo, que não lhe são imputáveis, bem como para permitir a comprovação futura da tempestividade da prática do ato.

O recibo a que alude o dispositivo é comumente chamado de protocolo, e antes do processo digital era feito mediante a apresentação de uma cópia do documento original que estava sendo entregue na secretaria do juízo ou repartição pública, no qual era estampado um carimbo contendo a data e a hora do recebimento da via original do documento. Com o processo digital, as partes não apresentam mais a cópia do documento, mas recebem uma certificação de que determinado documento foi apresentado, constando o tipo de petição e o nome dos documentos anexados a ela.

O importante é conferir um meio seguro para que a parte possa comprovar que praticou o ato. Caso sejam extraviadas as vias originais da petição, tendo ela a cópia com a comprovação de que foi recebida tempestivamente na secretaria do juízo, ou a mensagem eletrônica que certifique a prática do ato, não sofrerá as consequências da preclusão temporal.

Art. 202 - É vedado lançar nos autos cotas marginais ou interlineares, as quais o juiz mandará riscar, impondo a quem as escrever multa correspondente a meio salário mínimo.

I. Vedação de manifestação por cotas marginais e interlineares

A norma contida no art. 202 do CPC/2015 impede que as manifestações das partes sejam feitas por cotas nos autos. Ao comentar o dispositivo praticamente idêntico constante do CPC/1973, Moniz de Aragão ressaltou que essa norma já estava prevista de forma semelhante nas Ordenações Manuelinas e Filipinas. Trata-se, portanto, de proibição já bastante tradicional que herdamos do Direito lusitano, mas que dificilmente se manterá no futuro, dada a dificuldade de imaginar a manifestação por cotas marginais quando o processo for totalmente eletrônico.

As manifestações por cotas marginais ou interlineares são escritos lançados diretamente às margens de alguma folha ou observações entre linhas de uma petição, de uma decisão, ou de qualquer outro documento constante dos autos.

A lei veda esse tipo de manifestação tanto para manter a integridade dos documentos dos autos como para organizar a forma de debate entre as partes. Se às partes fosse permitida a manifestação por cotas marginais ou lineares nos autos, isso tornaria a leitura dos documentos mais difícil e impediria que o juiz controlasse o prazo de cada manifestação, dado que tais cotas seriam lançadas livremente sem que fossem dirigidas ao juiz por meio de uma petição entregue na secretaria do juízo, ou em outra repartição responsável pelo recebimento de petições mediante o respectivo protocolo.

As consequências do ato são a sanção de ineficácia, sendo dever do juiz mandar riscar as manifestações, e aplicação de penalidade de multa de meio salário mínimo àquele que praticar a infração.

Tratando-se de norma que visa manter a incolumidade dos autos, sua transgressão causa prejuízo à administração da justiça e a multa deve reverter em benefício dos cofres públicos. Importa frisar, ainda, que a multa deve ser imposta diretamente a quem cometeu a infração, o que significa que o advogado da parte deve ser responsabilizado caso seja o autor da infração, até porque a parte não tem nenhuma espécie de controle e responsabilidade por esse ato. Não se aplicam nesse caso as restrições contidas no art. 77, § 6º, do Código de Processo Civil de 2015, pois as hipóteses a que alude esse dispositivo são as tratadas nos seus §§ 2º a 5º, que não englobam o ato previsto no art. 202 em análise.

Seção IV - Dos Pronunciamentos do Juiz

Art. 203 - Os pronunciamentos do juiz consistirão em sentenças, decisões interlocutórias e despachos.
§ 1º - Ressalvadas as disposições expressas dos procedimentos especiais, sentença é o pronunciamento por meio do qual o juiz, com fundamento nos arts. 485 e 487, põe fim à fase cognitiva do procedimento comum, bem como extingue a execução.
§ 2º - Decisão interlocutória é todo pronunciamento judicial de natureza decisória que não se enquadre no § 1º.
§ 3º - São despachos todos os demais pronunciamentos do juiz praticados no processo, de ofício ou a requerimento da parte.
§ 4º - Os atos meramente ordinatórios, como a juntada e a vista obrigatória, independem de despacho, devendo ser praticados de ofício pelo servidor e revistos pelo juiz quando necessário.

Autora: Gláucia Mara Coelho

I. Rol de atos praticados pelo juiz

Como no CPC/1973, os atos processuais também são classificados no CPC/2015 a partir de um critério *subjetivo*, ou seja, levando em consideração o sujeito que pratica o ato. Dessa forma, os atos processuais são divididos em: atos praticados pelas partes (arts. 200 a 202 do CPC/2015), atos praticados pelo juiz (arts. 203 a 205 do CPC/2015) e atos praticados pelo escrivão ou chefe de secretaria (arts. 206 a 211 do CPC/2015).

Os atos que são praticados pelo juiz no curso do processo não se resumem, contudo, àqueles descritos no art. 203 do CPC/2015. Além da prolação de sentenças, decisões interlocutórias e despachos, o juiz também pratica outros atos como as inquirições (dentre elas, a colheita do depoimento pessoal das partes e do depoimento das testemunhas), a tentativa de conciliação entre as partes, as inspeções judiciais e a assinatura dos mais diversos termos que são lavrados nos autos (como, por exemplo, termo de penhora, termo de leilão, etc.). Dessa forma, no curso do processo, o juiz pratica atos jurisdicionais (que são aqueles listados no art. 203 do CPC/2015), mas também atos materiais que podem ter conteúdo instrutório ou de documentação. Daí por que houve a alteração do nome da seção tratada, de "Atos do Juiz" para "Pronunciamentos do Juiz", deixando nítido que os arts. 203 a 205 do CPC/2015 tratam, tão somente, dos provimentos ou resoluções que são emitidos pelo juiz no curso do processo.

II. Conceitos de sentença e decisão interlocutória: CPC/1973 *vs.* CPC/2015

Ao tratar dos pronunciamentos do juiz, o art. 203 do CPC/2015 e seus parágrafos definem os conceitos de sentença, decisão interlocutória e despacho com a precípua finalidade de organizar o sistema recursal. Assim, tais definições são fundamentais para indicar se é cabível ou não a interposição de algum recurso contra o pronunciamento judicial e, em sendo, qual o recurso adequado para revisão dessas resoluções, considerando que o art. 1.009 do CPC/2015 determina o cabimento do recurso de apelação contra a sentença, enquanto o art. 1.015 do CPC/2015 estabelece o cabimento do agravo de instrumento contra as específicas decisões interlocutórias ali listadas. Portanto, a conceituação legal trazida no art. 203 do CPC/2015 e em seus parágrafos impacta direta e profundamente na atividade dos advogados, já que eventuais dificuldades de interpretação dos conceitos legais aqui versados ensejarão questionamentos quanto ao efetivo recurso cabível para impugnar os pronunciamentos feitos pelo juiz. Ao alterar os conceitos de sentença e de decisão interlocutória então existentes no CPC/1973, o CPC/2015 faz ressurgirem discussões que, até então, estavam pacificadas pela jurisprudência e que, provavelmente, serão objeto de novos debates.

No CPC/1973, a sentença e a decisão interlocutória eram definidas a partir do seu *conteúdo*. Nesse sentido, estabelecia o § 1º do art.

162 do CPC/1973 (com a redação dada pela Lei nº 11.232/2005) que sentença era o ato do juiz que implicava alguma das situações previstas nos arts. 267 (extinção do processo sem resolução do mérito) e 269 do CPC/1973 (extinção do processo com resolução do mérito). Já o § 2º do art. 162 do CPC/1973 dizia que a decisão interlocutória seria o ato pelo qual o juiz, no curso do processo, resolvia questão incidente.

O CPC/2015 inova quanto à questão, utilizando conceituação diversa, baseada não apenas no conteúdo do pronunciamento, mas também no *momento processual* em que ele é proferido. Tendo em conta esse critério duplo, o § 1º do art. 203 do CPC/2015 define a sentença como o pronunciamento por meio do qual o juiz, com fundamento nos arts. 485 e 487, põe fim à fase cognitiva do procedimento comum, bem como extingue a execução. O § 2º do art. 203 do CPC/2015, por sua vez, define a decisão interlocutória como todo pronunciamento judicial de natureza decisória que não se enquadre no § 1º. Desse modo, a conceituação de sentença e de decisão interlocutória depende não apenas da análise do fundamento do pronunciamento (conteúdo), mas também se esse pronunciamento põe fim ou não ao processo ou a uma fase processual (momento em que foi proferido).

Como se verifica, foi adotado para a sentença um conceito *restritivo*: é a decisão que resolve (art. 487 do CPC/2015) ou não (art. 485 do CPC/2015) o mérito, mas que, *cumulativamente*, põe fim ao processo (processo ordinário, processo de execução) ou a alguma de suas fases (fase de conhecimento, fase de cumprimento). Já para a decisão interlocutória, foi adotado um conceito *extensivo*: é toda a decisão que não se enquadre no conceito legal de sentença. Interpretando-se o § 2º do art. 203 do CPC/2015 em conjunto com as hipóteses legais de cabimento do agravo de instrumento, trazidas no art. 1.015 do CPC/2015, é possível concluir que a decisão interlocutória também pode ou não tratar do mérito do processo, mas ela não coloca termo ao processo ou a uma de suas fases.

O exame conjugado de todos esses dispositivos citados permite a conclusão de que a diferença entre sentença e decisão interlocutória no CPC/2015 não está propriamente no seu conteúdo (que pode ser o mesmo – o mérito do processo), mas na sua capacidade de encerrar o processo ou uma de suas fases. Corrobora essa conclusão o disposto no parágrafo único do art. 354 do CPC/2015 (que estabelece que a decisão que acolhe hipótese prevista nos arts. 485 e 487, incisos II e III, é interlocutória, impugnável por agravo de instrumento, quando disser respeito a apenas *parcela* do processo) e no art. 356 do CPC/2015 e seu § 5º (que estabelecem ser também interlocutória, passível de agravo de instrumento, a decisão que julga *parcialmente* o mérito nas hipóteses de um ou mais pedidos incontroversos ou em condições de imediato julgamento).

III. Sentenças ilíquidas e recurso cabível

Um problema decorrente desses conceitos diz respeito à situação das sentenças *ilíquidas*. Isso porque a sentença ilíquida não põe fim propriamente à fase cognitiva, haja vista que o processo continuará com a instauração da fase de liquidação. Mas, sob a égide do CPC/1973, esse pronunciamento que fixava o *an debeatur* era qualificado, de forma praticamente pacífica, como sentença passível de apelação. Por outro lado, o pronunciamento que resolve a fase de liquidação (e, portanto, que põe fim a ela) era qualificado no art. 475-H do CPC/1973 como decisão passível de agravo de instrumento, da mesma maneira que o parágrafo único do art. 1.015 do CPC/2015 estabelece o cabimento do agravo de instrumento contra as decisões interlocutórias proferidas na fase de liquidação de sentença. Não obstante os novos conceitos legais trazidos pelos §§ 1º e 2º do art. 203 do CPC/2015, parece que os entendimentos já consolidados acerca da natureza desses pronunciamentos (sentença, no caso dos pronunciamentos que reconhecem o *an debeatur* e que necessitam de liquidação; e decisão interlocutória, no caso dos pronunciamentos que julgam a liquidação) e dos recursos contra eles cabíveis irão prevalecer.

IV. Sentença e procedimentos especiais

O § 1º do art. 203 do CPC/2015 ressalva do conceito de sentença as disposições expressas dos *procedimentos especiais*. Ao que se percebe, buscou o legislador chamar a atenção para o fato de que é comum existir mais de uma fase nos procedimentos especiais. É o que ocorre, por exemplo, na Ação de Exigir Contas (nova denominação para a antiga Ação de Prestação de Contas), prevista nos arts. 550 a 553 do CPC/2015. Esse procedimento especial é marcado pela existência de duas fases: na primeira, o juiz verifica a existência do direito do autor de exigir contas do réu (art. 550 do CPC/2015); existindo tal direito, instaura-se uma segunda fase, na qual o juiz delibera sobre as contas prestadas pelo réu (art. 552 do CPC/2015). Mas, ao dar tal destaque aos procedimentos especiais sob a forma de ressalva, o legislador acabou gerando dúvida quanto ao recurso cabível principalmente contra a decisão proferida na primeira fase desse procedimento. Conforme entendimento hoje pacificado, o pronunciamento judicial que decide a primeira etapa da antiga Ação de Prestação de Contas era considerado sentença, pusesse ou não termo no processo (STJ, 4ª T., AgRg no Ag nº 837/RJ, Rel. Min. Fontes de Alencar, j. em 12/12/1989). Todavia, o § 5º do art. 550 do CPC/2015 não mais chama de sentença o pronunciamento que reconhece a obrigação de prestar contas (julgamento de procedência do pedido formulado pelo autor na Ação de Exigir Contas), mas passa a qualificá-lo como decisão, permitindo o surgimento da dúvida sobre a natureza desse pronunciamento e, por consequência, do recurso cabível. De toda forma, embora qualificando como decisão, parece-nos que o sistema também permanecerá o mesmo quanto ao ponto, cabendo a interposição de recurso de apelação, sujeito aos efeitos devolutivo e suspensivo (art. 1.012 do CPC/2015).

V. Conceito de despacho e os atos meramente ordinatórios

Partindo-se dos conceitos legais, pode-se afirmar que tanto a sentença quanto a decisão interlocutória são pronunciamentos de conteúdo decisório. E é essa característica que distingue tais pronunciamentos do *despacho*, trazido no § 3º do art. 203 do CPC/2015. Despacho, portanto, é todo pronunciamento judicial (ato jurisdicional do juiz, que se distingue, como referido anteriormente, dos atos materiais de instrução ou de documentação) que não se enquadre nos conceitos nem de sentença, nem de decisão interlocutória. O despacho não possui conteúdo decisório, tendo por finalidade impulsionar o procedimento, dando andamento às fases processuais (daí por que são usualmente conhecidos como despachos de *mero expediente*). Sendo desprovidos de cunho decisório, os despachos não admitem a interposição de qualquer modalidade de recurso, na medida em que, não sendo capazes de gerar qualquer tipo de prejuízo para as partes, não permitem a configuração do necessário interesse recursal. São exemplos de despachos os seguintes pronunciamentos judiciais: determinação de remessa dos autos a contador, abertura de vista para que a parte possa se manifestar sobre a juntada de documento aos autos (CPC/2015, art. 437, § 1º), dentre outros.

A possibilidade da prática dos atos meramente ordinatórios pelo servidor, trazida pela Lei nº 8.952/1994, foi mantida no § 4º do art. 203 do CPC/2015, inclusive com a mesmíssima redação do § 4º do art. 162 do CPC/1973. O objetivo desse dispositivo é assegurar ao magistrado mais tempo para proferir os pronunciamentos de cunho decisório (sentenças e decisões interlocutórias), delegando aos serventuários as atividades mais simples ou burocráticas. O rol trazido no § 4º do art. 203 do CPC/2015 é exemplificativo, sendo que tais atos estão sujeitos à revisão do juiz, sempre que necessário. Importante destacar que a prática de atos que possuam algum caráter decisório não está sujeita à delegação ao servidor, constituindo prática ilegal se isso vier a ocorrer.

VI. Julgados

Sentença

"Agravo de instrumento - Ação declaratória - Recurso interposto contra sentença que julgou extinto o feito sem resolução do mérito, nos termos do art. 485, I, c/c 330, III, do CPC - Inadequação da via eleita - Impossibilidade de aplicação do princípio da fungibilidade - Erro grosseiro evidenciado - Recurso não conhecido.

[...] 1) Cuida-se de agravo de instrumento tirado de decisão de fls. 22 deste, que em ação declaratória, julgou extinto o feito sem resolução do mérito, nos termos do art. 485, I, c/c 330, III, do Código de Processo Civil.

[...] Contudo, referida decisão se trata de sentença, razão pela qual o recurso apropriado seria o de apelação e não o de agravo de instrumento" (TJSP, 12ª Câmara de Direito Privado, Agravo de Instrumento nº 2098574-34.2017.8.26.0000, Rel. Des. Jacob Valente, j. em. 7/7/2017).

Decisão interlocutória

"Apelação - Exceção de Suspeição do promotor de justiça levantada pelo réu em Ação Civil Pública por Improbidade Administrativa - Rejeição - Decisão interlocutória - Recurso de apelação que não é cabível - Inaplicabilidade do princípio da fungibilidade - Decisão que rejeitou a exceção que poderá ser impugnada somente em preliminar da apelação contra futura sentença que julgar em definitivo a ação de improbidade administrativa - Inteligência do § 1º do art. 1.009 do CPC - Recurso não conhecido" (TJSP, 9ª Câmara de Direito Público, Apelação nº 0006569-71.2016.8.26.0320, Rel. Des. Moreira de Carvalho, j. em. 13/7/2017).

Despacho

"Conforme se infere dos autos, atendendo ao requerimento do Ministério Público Federal de fls. 2.051, foi proferido o despacho de fl. 2.053 determinando a extração de cópia dos autos deste agravo em recurso especial e posterior remessa ao juízo da condenação para providências inerentes ao início da execução da pena imposta ao agravante.

Contra o referido ato a defesa técnica do agravante interpôs agravo interno, o qual não foi conhecido com fundamento no artigo 34, inciso XVIII, alínea 'a', do RISTJ, em razão da irrecorribilidade dos despachos de mero expediente, conforme preconiza o artigo 1.001 do novo Código de Processo Civil, dando ensejo à presente insurgência.

Irresigna-se o agravante, portanto, com a qualificação dada ao despacho que deferiu o pleito ministerial e autorizou a remessa de cópia destes autos à origem para o início da execução da pena.

Conforme consignado na decisão objurgada, tal determinação não é precedida de qualquer carga decisória, tendo em vista que se limita a dar o devido impulso ao processo conforme as normas legais que disciplinam a sua tramitação.

[...] Portanto, decorrendo do próprio ordenamento jurídico a ausência de efeito suspensivo aos recursos de natureza extraordinária, o ato jurisdicional que lhe dá eficácia cinge-se a impulsionar o processo, já que não soluciona qualquer pretensão de qualquer das partes e seria passível de adoção até mesmo de ofício, enquadrando-se no conceito legal de despacho, previsto no artigo 203, § 3º, do novo Código de Processo Civil [...]" (STJ, 5ª T., AgRg no Agravo em Recurso Especial nº 840.022-SP, Rel. Min. Jorge Mussi, j. em 28/6/2016, DJe de 1º/8/2016).

"Processual civil. Intimação para integrar o polo passivo da execução. Natureza jurídica do provimento jurisdicional. Despacho. Inteligência do art. 162, § 3º, do CPC/73 e art. 203, §3º, do CPC/2015. Violação do art. 535, II, do CPC/73. Inocorrência. Dissenso jurisprudencial defeituoso. Ausência de cotejo analítico.

[...] III - O provimento judicial que determina a intimação de aludida sucessora da RFFSA na execução para integrar o feito no polo passivo não importa em resolução de questão incidente, nem ostenta natureza decisória. Assim, por exceção prevista, tanto no art. 162, § 3º, do CPC/1973, quanto no art. 203, § 3º, do CPC/2015, o ato judicial referido caracteriza despacho, não comportando impugnação na via do agravo de instrumento.

IV - O alegado equívoco no chamamento ao processo é impugnável na via da exceção de pré-executividade ou de embargos à execução. Precedentes: AgRg no AREsp 548.094/RN, Rel. Min. OG Fernandes, segunda turma, julgado em 9/9/2014, DJe 23/9/2014 e REsp 460.214/SP, Rel. Min. João Otávio de Noronha, DJ 2/8/2006, p. 243. V - Recurso especial improvido" (STJ, 2ª T., Recurso Especial nº 1.624.376-SP, Rel. Min. Francisco Falcão, j. em 7/3/2017, DJe de 10/3/2017).

"Assistência judiciária - Intimação para recolhimento das custas iniciais - Ato meramente ordinatório - Interposição de agravo de instrumento - Descabimento - Os atos meramente ordinatórios são praticados pelo servidor e revistos pelo juiz quando necessário - Inteligência do art. 203, § 4º, do Código de Processo Civil em vigor - Recurso não conhecido" (TJSP, 19ª Câmara de Direito Privado, Agravo de Instrumento nº 2085335-60.2017.8.26.0000, Rel. Des. Mario de Oliveira, j. em 26/6/2017).

"Observa-se que o inconformismo do agravante tem por objeto ato ordinatório da serventia do seguinte teor: 'Não houve notificação. Comprovar a regular intimação sob pena de indeferimento da inicial. A notificação deve ser prévia ao ajuizamento.'

O sistema recursal admite interposição de agravo de instrumento contra decisão interlocutória (artigo 1.015, caput, CPC).

Ocorre que referido ato não constitui decisão interlocutória, pois não se enquadra na definição do artigo 203, § 2º do CPC, tanto que fundamentado pelo cartorário nos termos do § 4º do mesmo dispositivo legal, inexistente a resolução de qualquer questão incidente.

Constatada, portanto, a inexistência de pronunciamento judicial, bem como verificado não se tratar de decisão interlocutória, impossível sua revisão pela via eleita" (TJSP, 25ª Câmara de Direito Privado, Agravo de Instrumento nº 2141059-83.2016.8.26.0000, Rel. Des. Claudio Hamilton, j. em. 11/8/2016).

"Execução de obrigação de fazer - Intimação do Município para que cumpra as obrigações impostas no Compromisso de Ajustamento de Conduta firmado no ano de 2008 - Despacho de mero expediente, sem conteúdo decisório - Interpretação dos artigos 1.015 e 203, § 2º e § 3º, do CPC - Ausência de peças obrigatórias, art. 1.017, I, CPC - Recurso não conhecido" (TJSP, 2ª Câmara Reservada ao Meio Ambiente, Agravo de Instrumento nº 2217791-08.2016.8.26.0000, Rel. Des. Miguel Petroni Neto, j. em 6/4/2017).

Art. 204 - Acórdão é o julgamento colegiado proferido pelos tribunais.

I. Conceito de acórdão

O CPC/1973 já estabelecia, em seu art. 163, a conceituação do *acórdão*. A única diferença entre a redação do art. 163 do CPC/1973 e a redação atribuída ao art. 204 do CPC/2015 diz respeito ao vocábulo *colegiado*, que foi inserido na nova redação. A alteração se mostrou acertada na medida em que para a formação do acórdão concorrem os entendimentos de uma pluralidade de juízes, que compõem um órgão colegiado.

São considerados acórdãos todas as decisões proferidas pelos mais diversos órgãos dos tribunais, tais como Câmaras, Turmas, Seções, Cortes Especiais, etc. Do mesmo modo, também são caracterizadas como acórdãos as decisões colegiadas proferidas pelas turmas recursais nos Juizados Especiais. Aos acórdãos se opõem as decisões unipessoais que são proferidas nos tribunais por apenas um dos membros do colegiado, conforme competência conferida seja pelo próprio Código de Processo Civil (art. 932 do CPC/2015, por exemplo), seja pelos regimentos internos dos tribunais.

Art. 205 - Os despachos, as decisões, as sentenças e os acórdãos serão redigidos, datados e assinados pelos juízes.

§ 1º - Quando os pronunciamentos previstos no caput forem proferidos oralmente, o servidor os documentará, submetendo-os aos juízes para revisão e assinatura.

§ 2º - A assinatura dos juízes, em todos os graus de jurisdição, pode ser feita eletronicamente, na forma da lei.

§ 3º - Os despachos, as decisões interlocutórias, o dispositivo das sentenças e a ementa dos acórdãos serão publicados no Diário de Justiça Eletrônico.

I. Documentação dos pronunciamentos do juiz

O art. 205 do CPC/2015 não inova no tocante à documentação dos pronunciamentos do juiz, que continuam podendo ser exarados de maneira escrita ou oral. Em comparação com a antiga redação do art. 164 do CPC/1973, substituiu-se a expressão *verbalmente* pelo vocábulo *oralmente* e abrangeram-se as figuras do *taquígrafo* e do *datilógrafo* na figura do *servidor*, atualizando-se, assim, as referidas expressões para conceitos mais atuais. Mas a sistemática continua sendo a mesma: escritos ou orais, os pronunciamentos do juiz devem ser documentados, haja vista tratar-se o processo de ato formal. Isso não significa dizer que o registro dos atos processuais tenha que ser feito em papel. Com a adoção do processo eletrônico, a documentação dos atos processuais também pode ser feita de forma digital, bastando que esse registro seja feito de modo a respeitar o disposto no art. 195 do CPC/2015.

A ausência de indicação da data em que prolatado o pronunciamento judicial não acarreta a nulidade do provimento, considerando-se, nessa hipótese, que o ato foi praticado na data em que os autos foram devolvidos ao cartório pelo juiz. Os acórdãos devem ser datados com o dia em que proferido o julgamento pelo órgão colegiado e não com o dia em que lavrada a decisão. Por outro lado, a ausência de assinatura do juiz, notadamente na sentença, traz, como consequência, a própria inexistência do ato, que não terá qualquer valor legal como ato processual decisório. No caso de acórdãos, esse entendimento é mitigado, para se permitir a assinatura apenas do relator.

II. Publicação dos pronunciamentos do juiz

Incluiu-se ainda o § 3º ao art. 205 do CPC/2015, para deixar expresso que os pronunciamentos do juiz deverão ser publicados no Diário de Justiça Eletrônico (e, ao menos quanto ao ponto, o legislador esteve atento à inexorável migração do processo escrito para o processo digital). Os despachos e as decisões interlocutórias devem ser publicados em sua integralidade. Por sua vez, admite-se a publicação tão somente do dispositivo da sentença e da ementa do acórdão.

III. Julgados

Assinatura do juiz

"1. A assinatura do juiz em decisão singular é requisito instrumental do ato judicial (art. 164, CPC). A ausência de tal formalidade equivale à inexistência do ato.

2. Não é possível a conversão em diligência, nesta instância Superior, para regularizar defeito na formação do instrumento de agravo. Precedentes do STJ. [...]" (STJ, 1ª T., AgRg no Agravo de Instrumento nº 549.734/DF, Rel. Min. Denise Arruda, j. em 24/8/2004, DJ de 27/9/2004).

"[...] 2. A inexistência da assinatura de um dos magistrados participantes do julgamento não é suficiente para anular o julgado. [...]" (STJ, 6ª T., AgRg no REsp nº 494.354, Rel. Des. Convocada Alderita Ramos de Oliveira, j. em 7/5/2013, DJe de 14/5/2013).

"[...] 3. O art. 164 do CPC não exige que todos os magistrados participantes do julgamento subscrevam o acórdão, pois preceitua, em verdade, a necessidade de que as decisões judiciais sejam assinadas, de forma que a falta da rubrica de um dos desembargadores que examinaram a remessa oficial não tem o condão de retirar a validade ou mesmo fulminar a existência do aresto. Precedentes. [...]" (STJ, 2ª T., REsp nº 819.734/RR, Rel. Min. Castro Meira, j. em 20/5/2008, DJe de 13/8/2008).

"1. Assim dita o art. 164 do CPC: 'os despachos, decisões, sentenças e acórdãos serão redigidos e assinados pelos juízes.'

2. O fato de o acórdão estar assinado pelo Presidente da Turma Julgadora e pelo Desembargador-Relator basta para o cumprimento do art. 164 do CPC, não se exigindo, para a existência do próprio acórdão, a assinatura do terceiro componente da Turma, cuja participação já consta na certidão confeccionada por quem tem fé pública. [...]" (STJ, 2ª T., AgRg nos EDcl no REsp nº 759.571/RR, Rel. Min. Humberto Martins, j. em 17/4/2008, DJe de 5/5/2008).

"1. A assinatura indica não só a veracidade e a autenticidade do ato, mas também demonstra o comprometimento do órgão julgador, que, ao apor a sua assinatura, deve necessariamente analisar e revisar o ato, comprometendo-se com o seu conteúdo e responsabilizando-se por eventuais omissões e erros.

2. Tal entendimento, contudo, dadas as particularidades do caso e do intuito da norma pertinente, há que ser mitigado na presente hipótese. Há dois princípios que se contrapõem no caso em tela, quais sejam o da segurança jurídica e o da celeridade processual. Para dirimir a questão, deve-se levar em conta sobretudo a finalidade da norma processual.

3. O Tribunal recorrido declarou inexistir nulidade da aludida sentença, eis que as circunstâncias do processo permitiriam chegar à conclusão de que o ato judicial seria verdadeiro e válido, tendo o mesmo órgão julgador já prolatado diversas decisões com idêntico conteúdo, tal como permite o respectivo regimento interno do tribunal.

4. Vislumbra-se que, considerando as circunstâncias do caso concreto, não houve abalo ao princípio da segurança jurídica, pois o recorrente não suscitou dúvidas acerca da idoneidade da sentença apócrifa, limitando-se a pleitear pura e simplesmente a sua nulidade, diante da ausência de assinatura. Ademais, não houve comprovação da existência de prejuízo à parte recorrente.

5. Por outro lado, insta salientar que a intenção do artigo 164 do CPC é garantir um mínimo de segurança jurídica ao processo, determinando ao órgão julgador obediência a certos requisitos formais para se garantir a idoneidade da decisão judicial. O intuito dessa norma não é proteger a parte que objetiva pura e simplesmente a nulidade do processo, adiando assim o quanto possível o deslinde e a resolução da questão submetida à análise jurisdicional.

6. Prevalece no caso, portanto, o princípio da celeridade processual, haja vista que o processo não constitui um fim em si mesmo, mas um meio para a consecução do direito material. O recorrente, desse modo, não pode se valer da norma tão somente com o mero intuito de postergar a entrega efetiva do direito material, sob pena de violação aos princípios da celeridade processual e do efetivo acesso à jurisdição [...]." (STJ, 2ª T., REsp nº 1.033.509/SP, Rel. Min. Mauro Campbell Marques, j. em 4/6/2009, DJe de 23/6/2009).

Seção V - Dos Atos do Escrivão ou do Chefe de Secretaria

Art. 206 - Ao receber a petição inicial de processo, o escrivão ou o chefe de secretaria a autuará, mencionando o juízo, a natureza do processo, o número de seu registro, os nomes das partes e a data de seu início, e procederá do mesmo modo em relação aos volumes em formação.

I. Rol de atos praticados pelos auxiliares da Justiça

Nesta Seção, o CPC/2015 cuida dos atos processuais que são praticados pelos auxiliares da Justiça, com a finalidade de permitir o regular andamento do processo. Embora o CPC/2015 mantenha a expressão tradicional *escrivão*, em muitas localidades, essa figura não mais existe, sendo substituída por um escrevente técnico ou por um auxiliar judiciário, muitas vezes supervisionados por um coordenador. Os auxiliares da Justiça gozam de fé pública, podendo atestar com autenticidade os atos praticados na sua presença e emitir certidões.

No caso do art. 206 do CPC/2015, o auxiliar da Justiça pratica atos de documentação, registrando o ato processual representado pela petição inicial. Uma vez registrado, o processo recebe um número que o identificará ao longo de todo o seu curso. Nos processos físicos, a autuação é feita colocando-se uma capa na petição inicial e nos documentos que a instruem, inserindo nessa capa os dados previstos no referido dispositivo legal (juízo, natureza, número de registro, nome das partes e data de início). Nos processos digitais, a autuação corresponde, na verdade, ao registro eletrônico do processo, inserindo no sistema eletrônico as mesmas informações, com a diferença de que isso é feito diretamente pelos advogados, sem a necessidade de intervenção dos funcionários do cartório.

Art. 207 - O escrivão ou o chefe de secretaria numerará e rubricará todas as folhas dos autos.
Parágrafo único - À parte, ao procurador, ao membro do Ministério Público, ao defensor público e aos auxiliares da justiça é facultado rubricar as folhas correspondentes aos atos em que intervierem.

I. Documentação dos atos praticados pelos auxiliares da Justiça

Do mesmo modo, o *caput* do art. 207 do CPC/2015 descreve um ato de documentação praticado pelo auxiliar da Justiça, que deve numerar e rubricar todas as folhas dos autos. O objetivo do dispositivo sempre foi o de garantir o controle da sequência dos atos processuais praticados no curso do processo, dificultando o desaparecimento ou a substituição de petições, documentos e outros atos. Entretanto, a regra prevista no *caput* perde a sua razão de ser quando se examina o processo digital, cuja segurança é garantida por meio de outros elementos (art. 195 do CPC/2015). Nesse ponto, merece crítica o CPC/2015, que em muitos dispositivos parece ignorar o fato de que no futuro teremos apenas processos digitais.

Da mesma maneira, o parágrafo único do art. 207 do CPC/2015 tem o manifesto objetivo de permitir seja reputado autêntico o documento rubricado pelo seu autor, também com a finalidade de garantir a segurança dos atos processuais.

Art. 208 - Os termos de juntada, vista, conclusão e outros semelhantes constarão de notas datadas e rubricadas pelo escrivão ou pelo chefe de secretaria.

I. Registro dos atos de movimentação processual

O dispositivo trata do registro dos atos de movimentação processual, configurando também atos de documentação praticados pelos auxiliares da Justiça. Os termos devem ser datados principalmente para fins de contagem e controle dos prazos processuais. Por sua vez, as rubricas têm a função de garantir a autenticidade dos termos lavrados, como se referiu anteriormente. Mais uma vez, parece que o legislador do CPC/2015 se esqueceu da migração do processo físico para o processo digital, o que, se não levar ao total abandono do dispositivo comentado, deverá mitigar a sua aplicação em grande parte, já que a autenticidade dos atos passa ser conferida pelo próprio sistema eletrônico em que lançados.

Há diversos tipos de termos lançados no curso do processo pelos auxiliares da Justiça. O termo de juntada existe para permitir que as diversas petições e documentos sejam anexados ao processo. Pelo termo de vista é aberta a oportunidade para manifestação dos advogados das partes (públicos ou privados) ou do Ministério Público sobre determinado ponto ou questão, seja por haver determinação do juiz ou por haver determinação legal (nas hipóteses de vista obrigatória). O termo de conclusão é feito todas as vezes que um determinado tema dependa de deliberação do juiz. Também são conhecidos os termos de remessa e recebimento, utilizados para documentar a transferência dos autos entre as diversas unidades cartorárias de um mesmo juízo ou entre o juízo de primeira instância e os tribunais (estaduais, federais e superiores).

II. Julgado

"[...] Para que os atos praticados pelo escrivão (ou chefe ou diretor de secretaria de Tribunal) sejam válidos, é indispensável que sejam assinados ou rubricados pelo próprio escrivão, conforme determinam os arts. 168 e 169 do CPC. Certidão sem assinatura não é certidão. [...]" (STJ, 3ª T., AgRg no Agravo de Instrumento nº 599.457/MG, Rel. Min. Nancy Andrighi, j. em 13/9/2005, DJ de 26/9/2005, RSTJ v. 198, p. 265).

Art. 209 - Os atos e os termos do processo serão assinados pelas pessoas que neles intervierem, todavia, quando essas não puderem ou não quiserem firmá-los, o escrivão ou o chefe de secretaria certificará a ocorrência.

§ 1º - Quando se tratar de processo total ou parcialmente documentado em autos eletrônicos, os atos processuais praticados na presença do juiz poderão ser produzidos e armazenados de modo integralmente digital em arquivo eletrônico inviolável, na forma da lei, mediante registro em termo, que será assinado digitalmente pelo juiz e pelo escrivão ou chefe de secretaria, bem como pelos advogados das partes.

§ 2º - Na hipótese do § 1º, eventuais contradições na transcrição deverão ser suscitadas oralmente no momento de realização do ato, sob pena de preclusão, devendo o juiz decidir de plano e ordenar o registro, no termo, da alegação e da decisão.

I. Registros dos atos e termos no processo eletrônico

O antigo art. 169 do CPC/1973 estabelecia a exigência de que os atos e termos do processo fossem datilografados ou escritos com tinta escura e indelével. O art. 209 do CPC/2015 atualiza essas ideias afastando tais exigências, que perdem completamente sua razão de ser ante a realidade do processo eletrônico. Mantém-se, entretanto, a obrigatoriedade para que esses atos e termos sejam assinados pelas pessoas que nele intervierem, cabendo ao auxiliar da Justiça certificar os casos em que tais pessoas não puderem ou não quiserem firmar tais atos e termos, lembrando que tais certidões são dotadas de fé pública. Nos casos de processos eletrônicos, essa assinatura é digital.

Os §§ 1º e 2º do art. 209 do CPC/2015 repetem disposições que já constavam dos §§ 2º e 3º do antigo art. 169 do CPC/1973, esses últimos introduzidos no CPC/1973 por força da Lei nº 11.419/2006. O § 1º do art. 209 do CPC/2015 mantém a necessidade de documentação dos atos processuais, disciplinando de modo especial as hipóteses em que tais atos são praticados em processo eletrônico e na presença do juiz. O § 2º do art. 209 do CPC/2015, por seu turno, permite o controle de eventuais divergências entre o ato efetivamente praticado e a sua transcrição, o qual deve ser exercido pela parte imediatamente, sob pena de preclusão.

Art. 210 - É lícito o uso da taquigrafia, da estenotipia ou de outro método idôneo em qualquer juízo ou tribunal.

I. Registros dos atos processuais

Nenhuma mudança é trazida pelo art. 210 do CPC/2015, que mantém na íntegra a anterior disposição constante do art. 170 do CPC/1973. Por meio desse dispositivo, permite-se o registro dos atos processuais por qualquer meio idôneo, abrangendo, portanto, além dos métodos de taquigrafia e estenotipia por ele referidos, as gravações e filmagens, desde que usem sistemas seguros e confiáveis.

Art. 211 - Não se admitem nos atos e termos processuais espaços em branco, salvo os que forem inutilizados, assim como entrelinhas, emendas ou rasuras, exceto quando expressamente ressalvadas.

I. Vedação para utilização de espaços em branco

O art. 211 do CPC/2015 apenas melhora a redação então conferida ao art. 171 do CPC/1973, mantendo a vedação já existente para a utilização de espaços em branco, entrelinhas, emendas e rasuras na documentação dos atos e termos processuais. É papel dos auxiliares da Justiça zelarem para que os atos e os termos processuais não tenham tais imperfeições, cabendo ao juiz a decisão acerca das consequências caso isso ocorra. Preocupou-se o legislador, no ponto em análise, com a perfeição quanto à forma da documentação dos atos processuais.

Esses temas também apresentam certa tendência para desaparecer com a consolidação do processo eletrônico. Sua eventual utilização somente ocorrerá no futuro para eventuais interpretações por analogia que sejam necessárias para a superação de dúvidas que venham a surgir no âmbito do processo eletrônico.

II. Jurisprudência

"Conforme o art. 211 do NCPC (art. 171 do CPC/73), 'não se admitem nos atos e termos processuais espaços em branco, salvo os que forem inutilizados, assim como entrelinhas, emendas ou rasuras, exceto quando expressamente ressalvadas'. O acórdão admite a existência de rasuras, ilegibilidade e inconsistência das datas apostas nos autos da carta precatória, consignando a espécie por elas causada; tais vícios, contudo, restam mitigados na espécie pela convincente manifestação do oficial de justiça (termo circunstanciado a fls. 1.723, vol. 9, cuja presunção de veracidade não restou abalada), pela falta de impugnação quanto à data da intimação da penhora aposta de próprio punho pelo intimado, e porque a fundada dúvida deve sempre ser dirimida em favor da defesa, e não contra ela, como forma de assegurar os direitos constitucionais ao contraditório e à ampla defesa. É o entendimento que prevalece, não havendo omissão a suprir nem razão para modifica-lo" (TJSP, 10ª Câmara de Direito Público, Embargos de Declaração nº 0136384-78.2011.8.26.0100/50000, Rel. Des. Torres de Carvalho, j. em 4/7/2016).

Capítulo II - Do Tempo e do Lugar dos Atos Processuais

Seção I - Do Tempo

Art. 212 - Os atos processuais serão realizados em dias úteis, das 6 (seis) às 20 (vinte) horas.

§ 1º - Serão concluídos após as 20 (vinte) horas os atos iniciados antes, quando o adiamento prejudicar a diligência ou causar grave dano.

§ 2º - Independentemente de autorização judicial, as citações, intimações e penhoras poderão realizar-se no período de férias forenses, onde as houver, e nos feriados ou dias úteis fora do horário estabelecido neste artigo, observado o disposto no art. 5º, inciso XI, da Constituição Federal.

§ 3º - Quando o ato tiver de ser praticado por meio de petição em autos não eletrônicos, essa deverá ser protocolada no horário de funcionamento do fórum ou tribunal, conforme o disposto na lei de organização judiciária local.

Autora: Denise Weiss de Paula Machado

I. Atos processuais internos e externos

O artigo evidencia a existência de distintas categorias de atos processuais que, a rigor, têm os limites para sua prática regulados de forma também diferente. Existem, portanto, os chamados atos processuais internos, ou seja, aqueles que devem ser praticados na sede do juízo, e os atos processuais externos, praticados fora da sede do juízo. Para os primeiros, há que se observar o horário de funcionamento do organismo judiciário em que devam se realizar, o chamado horário de expediente forense. Ressalva o § 1º a necessidade de prorrogar-se o limite das 20 h quando o ato já tiver sido iniciado e seu adiamento puder causar prejuízo processual. Já os atos externos seguem os limites compreendidos entre 6 h e 20 h dos dias úteis, podendo realizar-se fora desse limite os atos referidos no § 2º.

II. Dias úteis e limites de horário

A doutrina e a jurisprudência são pacíficas quanto ao entendimento de que a expressão "dias úteis" contida no dispositivo é empregada em oposição a "feriados", assim considerados pelo diploma processual os *sábados, domingos e os dias declarados por lei como tais*, conforme regulamentado no art. 216, adiante comentado. Com relação à expressão "férias forenses", utilizada no § 2º, esta deve ser entendida como *período de recesso*, por força da proibição de férias coletivas decorrente do art. 93, inciso XII, da CF, com a redação que lhe deu a EC nº 45/2004. Considerados como feriados contínuos, os denominados recessos forenses ficam, assim, excluídos da vedação do referido dispositivo constitucional. Comentário a respeito do tema férias e recesso forense é feito no art. 214, a seguir.

Não houve alteração significativa além da inclusão do sábado como dia útil, sendo importante destacar que os tribunais, já pela regra do CPC/1973, admitiam uma interpretação extensiva da relação dos atos passíveis de realização fora dos limites de dias úteis e horários legais, permitindo a prática de outros tais como arresto, sequestro, medidas urgentes e até mesmo a realização de hasta pública, desde que, para tanto, houvesse expressa autorização judicial.

III. Atos processuais urgentes e dispensa de autorização judicial

Relevante alteração respeita à *dispensabilidade de expressa autorização judicial* para a prática dos denominados "atos externos", ou seja, aqueles que se concretizam fora do processo em cumprimento às ordens judiciais. Consoante nova redação, podem ser praticados independentemente da autorização judicial exigida pelo diploma anterior, citações, intimações e penhoras, que ficam assim excluídas dos limites temporais previstos no *caput* do artigo. Tal possibilidade, entretanto, revela-se limitada pelo direito fundamental à inviolabilidade do domicílio na esfera cível. Vale dizer, os atos que impliquem a entrada da casa de qualquer pessoa só poderão ser praticados mediante expressa autorização judicial, conforme entendimento sedimentado nos tribunais. Outro aspecto que merece destaque é o posicionamento adotado pelo Supremo Tribunal Federal de que a proteção constitucional a que se refere o art. 5º, inciso XI, da Constituição da República estende-se também a qualquer compartimento privado não aberto ao público, onde alguém exerça profissão ou atividade. Na mesma perspectiva, ficam amparados quaisquer espaços privados, ocupados como se moradia fossem pelo destinatário do comando judicial, nos quais ele possua autonomia e liberdade, o que implica dizer que assim pode ser considerado até mesmo um quarto de hotel por ele ocupado.

"[...] A GARANTIA DA INVIOLABILIDADE DOMICILIAR COMO LIMITAÇÃO CONSTITUCIONAL AO PODER DO ESTADO EM TEMA DE FISCALIZAÇÃO TRIBUTÁRIA - CONCEITO DE 'CASA' PARA EFEITO DE PROTEÇÃO CONSTITUCIONAL - AMPLITUDE DESSA NOÇÃO CONCEITUAL, QUE TAMBÉM COMPREENDE OS ESPAÇOS PRIVADOS NÃO ABERTOS AO PÚBLICO, ONDE ALGUÉM EXERCE ATIVIDADE PROFISSIONAL: NECESSIDADE, EM TAL HIPÓTESE, DE MANDADO JUDICIAL (CF, ART. 5º, XI). [...] a transgressão, pelo Poder Público, ainda que em sede de fiscalização tributária, das restrições e das garantias constitucionalmente estabelecidas em favor dos contribuintes (e de terceiros) culmina por gerar a ilicitude da prova eventualmente obtida no curso das diligências estatais, o que provoca, como direta consequência desse gesto de infidelidade às limitações impostas pela Lei Fundamental, a própria inadmissibilidade processual dos elementos probatórios assim coligidos. Sendo assim, em juízo de estrita delibação, e sem prejuízo de ulterior reexame da questão suscitada nesta sede processual, defiro o pedido de medida liminar, em ordem a suspender, cautelarmente, até final julgamento do recurso extraordinário em questão, 'qualquer processo, administrativo e/ou judicial, bem assim todo e qualquer procedimento investigativo inquisitorial em curso, que tramitem ou venham a tramitar perante qualquer instância de Poder, relacionados e/ou embasados, direta ou indiretamente, mediata ou imediatamente, nas provas coletadas com ofensa aos direitos e garantias fundamentais'." (STF, AC nº 3091/RS, Rel. Min. Celso de Mello, j. em 19/3/2012, data de publicação: DJe-060 divulg. em 22/3/2012, public. em 23/3/2012).

IV. Atos processuais por petição em meio físico

O § 3º reforça a existência das duas categorias de atos processuais anteriormente referidas. Desse modo, estabelece que os atos processuais internos a serem praticados por petição em meio físico deverão necessariamente respeitar os limites do horário de expediente forense. Relevante observar que as leis de organização judiciária local podem adotar diretrizes quanto ao horário de protocolo, eventualmente não coincidentes com o limite das 20 h previsto no *caput* do referido dispositivo legal. Portanto, o horário de funcionamento do fórum ou tribunal, conforme o disposto na lei de organização judiciária local, há que ser observado para a prática de qualquer ato por petição em autos não eletrônicos. Destaque-se que tal regra incide, inclusive, sobre petição apresentada por protocolo postal, tendo o STJ adotado posição de considerar-se intempestivo o ato praticado por tal via, fora do horário de funcionamento do fórum ou tribunal a que se destine seu aperfeiçoamento.

"PROCESSUAL CIVIL. AGRAVO REGIMENTAL NO AGRAVO EM RECURSO ESPECIAL. PROTOCOLO POSTAL. PETIÇÃO PROTOCOLADA FORA DO HORÁRIO DO EXPEDIENTE FORENSE. INTEMPESTIVIDADE. 1. De acordo com a jurisprudência do STJ, é inadmissível o protocolo de petição recursal após o horário do expediente forense estabelecido pela lei de organização judiciária local. 2. Agravo regimental a que se nega provimento" (STJ, 1ª T., AgRg no AREsp nº 585597 PB 2014/0241831-3, Rel. Min. Sérgio Kukina, j. em 18/11/2014, DJe de 24/11/2014).

Existindo descentralização do serviço de protocolo mediante expressa delegação dos tribunais a outros órgãos jurisdicionais, nos termos do parágrafo único do art. 929 (CPC/1973, art. 547), há que se destacar o posicionamento adotado tanto pelo STF quanto pelo STJ, de incidência da Súmula nº 216, por força da qual a tempestividade dos recursos há de ser aferida pela data do protocolo no tribunal, sendo irrelevante a data da postagem nos Correios.

"PROCESSUAL CIVIL. RECURSO EXTRAORDINÁRIO. INTEMPESTIVIDADE. REMESSA AO TRIBUNAL RECORRIDO POR VIA POSTAL. RESOLUÇÃO 380/2001-CM. CONVÊNIO ENTRE A EMPRESA BRASILEIRA DE CORREIOS E TELÉGRAFOS E O TJRS. AUSÊNCIA DE RAZÕES CAPAZES DE ALTERAR OS FUNDAMENTOS DA DECISÃO AGRAVADA. 1. A jurisprudência do STF é no sentido de que a tempestividade do recurso há de ser aferida pela data do protocolo no Tribunal, sendo irrelevante a data da postagem nos correios. [...] 2. O parágrafo único do artigo 547 do Código de Processo Civil, com redação dada pela Lei 10.352/01, autoriza que os tribunais descentralizem os serviços de seu protocolo, mas devem fazê-lo, se for o caso, mediante delegação a ofícios de justiça de primeiro grau, categoria na qual não se enquadra a Empresa Brasileira de Correios e Telégrafos – EBCT. 3. Agravo regimental a que se nega provimento" (2ª T., ARE nº 694888 AgR/RS, AgRg no Recurso Extraordinário com Agravo, Rel. Min. Teori Zavascki, j. em 19/3/2013, Publicação: DJe-068 divulg. em 12/4/2013, public. em 15/4/2013).

"AGRAVO REGIMENTAL NO AGRAVO EM RECURSO ESPECIAL. PROTOCOLO DO RECURSO VIA CORREIOS. INCIDÊNCIA DA SÚMULA 216/STJ. CARACTERIZADA A INTEMPESTIVIDADE. AGRAVO REGIMENTAL IMPROVIDO. A tempestividade do recurso deve ser aferida pela apresentação no protocolo do Tribunal de origem, e não pela postagem na agência dos Correios, conforme se infere da Súmula 216 do STJ. Agravo Regimental improvido" (5ª T., Rel. Min. Leopoldo de Arruda Raposo (desembargador convocado do TJPE) (8390), j. em 7/4/2015, DJe de 16/4/2015).

Art. 213 - A prática eletrônica de ato processual pode ocorrer em qualquer horário até as 24 (vinte e quatro) horas do último dia do prazo.
Parágrafo único - O horário vigente no juízo perante o qual o ato deve ser praticado será considerado para fins de atendimento do prazo.

I. Horário para a prática de atos por meio eletrônico

Este artigo incorporou a regra contida no art. 10, § 1º, da Lei nº 11.419/2006, abolindo definitivamente os limites do horário de expediente forense previstos para a prática dos atos por petição em autos não eletrônicos. Assim, como já ocorria por força da incidência da referida lei, tais atos não se sujeitam aos horários de funcionamento dos órgãos judiciários, sendo consideradas tempestivas as petições transmitidas até as 24 h do dia-limite para a prática do ato.

Para a determinação do último dia do prazo – o chamado *dies ad quem* – há que se levar em conta as regras previstas no art. 231 (CPC/1973, art. 241), que regulamentam o *dies a quo*, marco inicial do prazo, bem como seu curso em dias úteis, ou seja, aqueles em que há expediente forense, consoante o regramento do art. 216. Estabelecido assim o dia final do prazo para prática do ato, este poderá ser aperfeiçoado até as 24 h. É importante lembrar, porém, que o art. 3º, *caput*, da Lei nº 11.419/2006 estabelece que se consideram realizados os atos processuais por meio eletrônico, no dia e hora do seu envio ao sistema do Poder Judiciário, do que deverá ser fornecido protocolo eletrônico.

É interessante destacar que existe divergência quanto ao que se considera horário-limite, ou de quando estariam atingidas as 24 h do último dia do prazo. Não obstante o entendimento doutrinário predominante seja o de que o ato deva ser praticado até as 23h59m59s do último dia do prazo, há jurisprudência admitindo como tempestivo aquele enviado por petição eletrônica protocolada à 0h00.

"RECURSO DE REVISTA INTERPOSTO PELO RECLAMANTE. INTEMPESTIVIDADE DO RECURSO ORDINÁRIO. PETICIONAMENTO ELETRÔNICO. OBSERVÂNCIA DO HORÁRIO-LIMITE. NÃO CARACTERIZAÇÃO.

Cinge-se a controvérsia em torno da equivalência entre as 24h de um dia e a 00h do dia posterior, para efeitos de aferição da tempestividade do recurso interposto por meio do peticionamento eletrônico. Consoante se depreende das disposições normativas que regulam a matéria (arts. 3º, parágrafo único, da Lei nº 11.419 /06 e 12 da Instrução Normativa nº 30/2007 do TST), serão consideradas tempestivas as petições protocoladas até as 24h do último dia do prazo processual, levando em consideração o horário de recebimento da peça eletrônica no sistema do Tribunal. Ora, referidas normas não disciplinam a questão acerca da equivalência ou distinção entre o registro de 24h de um dia ou de 00h do dia posterior. Nesse contexto, tendo em vista que a legislação não esmiuçou tal distinção, mas se limitou a considerar tempestivo o ato praticado até as 24h do último dia do prazo processual, não cabe ao intérprete fazer a aludida distinção, desconsiderando a equivalência dos horários (24h de um dia e 00h do dia seguinte), sobretudo diante dos princípios norteadores da relação processual, de modo que não se mostra razoável proclamar a intempestividade do recurso ordinário interposto pelo reclamante pelo fato de constar no protocolo 00h do dia 26/5/2011, e não 24h do dia 25/5/2011, obstando o pleno exercício do contraditório e da ampla defesa, bem como a efetiva entrega da prestação jurisdicional, merecendo reforma a decisão recorrida. Recurso de revista conhecido e provido" (TST, 8ª T., ARR nº 1705006320075020361, Rel. Dora Maria da Costa, j. em 15/4/2015, DEJT de 17/4/2015).

II. Horário de verão e diferença de fusos

O parágrafo único do artigo em comento estabelece, ainda, que para a determinação da última hora do prazo será considerado o horário vigente no local onde o ato deva ser praticado. Tal regra previne eventual confusão decorrente da existência de distintos horários no território brasileiro, em razão de fusos horários bem como da adoção do chamado "horário de verão", que podem gerar diferença de até três horas entre uma região e outra do país.

Na circunstância de ocorrer qualquer motivo técnico que torne impossível a prática do ato por meio eletrônico, em razão de indisponibilidade de comunicação eletrônica, aplica-se o disposto no § 1º do art. 224, ficando o prazo automaticamente prorrogado para o primeiro dia útil subsequente à solução do problema.

"PROCESSO CIVIL. AGRAVO DE INSTRUMENTO. PROCESSO ELETRÔNICO. ENCAMINHAMENTO DE PETIÇÃO VIA CORREIO ELETRÔNICO. AUTENTICIDADE DE DOCUMENTOS. NECESSIDADE DE OBSERVÂNCIA DO DISPOSTO NAS LEIS 9.800/99 E 11.419/06. [...] 2 - Dispõe a Lei nº 11.419/2006, em seu artigo 10, § 2º, que 'se o Sistema do Poder Judiciário se tornar indisponível por motivo técnico, o prazo fica automaticamente prorrogado para o primeiro dia útil subsequente à resolução do problema.' Inexistência de prova de que tenha havido qualquer falha no Sistema da Justiça Federal, a ensejar a prorrogação dos prazos. 3 - O processo eletrônico foi instituído para facilitar o processamento, não devendo constituir óbice à prática de atos processuais pelas partes. Em se cogitando de impossibilidade de prática de atos processuais, por qualquer motivo, não é defeso às partes apresentarem seus requerimentos ao Juízo, seja por meio físico, caso em que o eventual documento apresentado será digitalizado, seja nos moldes do disposto na lei nº 9.800/99, caso em que deverá o original da petição encaminhada via correio eletrônico ou fac-símile ser apresentado no prazo legal perante a serventia do Juízo [...] 5 - Agravo de instrumento desprovido." (TRF-2, 5ª T. Especializada, AG nº 201202010151239, Rel. Des. Federal Aluisio Gonçalves de Castro Mendes, j. em 26/3/2013, data de publicação: 19/4/2013).

É de se notar que, por força da Resolução STJ nº 14/2013, desde 9/4/2014 o STJ não mais admite peticionamento por meio físico, sendo que todas as petições a serem protocoladas perante aquela corte devem ser apresentadas exclusivamente em meio eletrônico. Do mesmo modo, os Tribunais de Justiça vêm emitindo regulamentação nesse sentido, e em especial o TJSP, que desde 2013 tornou obrigatório o peticionamento por meio eletrônico na Seção de Direito Privado.

"PROCESSUAL CIVIL. AGRAVO REGIMENTAL. PROCESSO ELETRÔNICO. RESOLUÇÃO STJ N. 14/2013. APRESENTAÇÃO DA PETIÇÃO EM MEIO FÍSICO. INTEMPESTIVIDADE. 1. A Resolução STJ n. 14, de 2013, que regulamentou o processo judicial no âmbito do Superior Tribunal de Justiça, estabeleceu cronograma específico para adaptação dos usuários. Ultrapassado o prazo referido na mencionada resolução, as petições devem ser apresentadas exclusivamente em meio eletrônico. 2. Hipótese em que a petição de agravo regimental foi protocolada após o decurso do prazo legal de 5 (cinco) dias. 3. Agravo regimental não conhecido" (1ª T., Rel. Min. Marga Tessler (juíza federal convocada do TRF-4ª Região), j. em 7/4/2015, DJe de 10/4/2015).

"RECURSO - Agravo de Instrumento - Interposição no prazo legal, porém na forma física - Intempestividade - Ocorrência - Peticionamento eletrônico na Seção de Direito Privado I que se tornou obrigatório desde 01.09.2013 - Comunicado 412/2013, da Presidência deste Tribunal de Justiça - Recurso não conhecido" (6ª Câmara de Direito Privado, Agravo de Instrumento nº 21177483420148260000/SP, Rel. Paulo Alcides Amaral Salles, j. em 9/12/2014, unânime, voto nº 23457).

Art. 214 - Durante as férias forenses e nos feriados, não se praticarão atos processuais, excetuando-se:
I - os atos previstos no art. 212, § 2º;
II - a tutela de urgência.

I. Férias forenses e atividade jurisdicional ininterrupta

É preciso destacar, desde logo, que não obstante o artigo tenha mantido a expressão "férias" nos mesmos moldes do CPC/1973, as férias forenses – enquanto férias coletivas que existiam nos tribunais e juízos conforme normas de organização judiciária – foram abolidas do sistema por força da reforma constitucional de 2004. Nesse sentido é a redação do inciso XII do art. 93 da CF, ao estabelecer que a atividade jurisdicional deve ser ininterrupta, "sendo vedado férias coletivas nos juízos e tribunais de segundo grau, funcionando, nos dias em que não houver expediente forense normal, juízes em plantão permanente". A partir de 2004, portanto, foi proibida a suspensão das atividades forenses, que ocorria regularmente no Poder Judiciário nos períodos de julho e janeiro.

A interpretação extensiva ao Poder Judiciário do princípio da continuidade do serviço público causou reação e, na tentativa de solucionar o conflito, o CNJ, através da Resolução nº 8/2005, liberou os tribunais de Justiça para que decidissem sobre a questão, regulamentando seus períodos de recesso, com a suspensão dos prazos, de audiências, de publicações e do expediente forense, desde que fosse estabelecido esquema de plantão judiciário para atendimento exclusivo dos atos processuais urgentes e necessários à preservação dos direitos.

Com o novo diploma processual, por força da regra do art. 220, suspende-se o curso processual no período compreendido entre 20 de dezembro e 20 de janeiro, o que torna a polêmica superada, eis que, mesmo não existindo as anteriormente denominadas "férias forenses", não se realizarão audiências e tampouco os prazos terão fluência. Deve-se salientar, entretanto, que as atividades de expediente forense permanecem regulares nesse período, ficando suspenso o curso procedimental somente daqueles feitos que não se enquadrem na previsão do art. 215, comentado a seguir.

Nos Tribunais Superiores continuam em vigor as férias coletivas, eis que as disposições constitucionais vedam a concessão desse regime apenas aos juízos de primeiro grau e aos tribunais de segundo grau. Na Justiça Federal, o recesso forense compreende o período de 20 de dezembro a 6 de janeiro, em conformidade com o que estabelece a Lei nº 5.010/1966. Do mesmo modo, a maioria dos tribunais estaduais, com base na Resolução do CNJ nº 8/2005, estabelece período de recesso com suspensão do expediente forense entre os dias 20 de dezembro e 6 de janeiro. A norma do CNJ determina ainda que, nesse período, os tribunais devem também suspender os prazos processuais e a publicação de acórdãos, sentenças e decisões, bem como a intimação de partes ou advogados, na primeira e na segunda instâncias, exceto com relação às medidas consideradas urgentes.

Assim, ainda que a expressão "férias" do *caput* deste artigo possa gerar alguma dúvida conceitual, na prática, somente haverá suspensão das atividades regulares, com o fechamento de fóruns e tribunais, no período de recesso, assim considerado aquele autorizado pelo CNJ e definido pelos respectivos tribunais.

Quanto aos feriados, são assim considerados os dias em que não há expediente forense, e que podem ser feriados nacionais ou exclusivamente judiciários, conforme se esclarece nos comentários do art. 216.

É importante destacar que cabe à parte comprovar a tempestividade do ato quando ocorrer período de recesso durante o curso do prazo para sua prática. A mesma orientação prevalece quanto aos feriados locais ou a suspensão de prazo não certificada nos autos, ressalvando o STJ, nesses casos, a possibilidade de comprovação posterior. Nesse sentido têm-se orientado os tribunais.

"AGRAVO REGIMENTAL NO AGRAVO EM RECURSO ESPECIAL. PROCESSUAL CIVIL. INTEMPESTIVIDADE. NECESSIDADE DE DEMONSTRAÇÃO DO PERÍODO RELATIVO AO RECESSO FORENSE (RESOLUÇÃO Nº 8 DO CONSELHO NACIONAL DE JUSTIÇA). AUSÊNCIA DE COMPROVAÇÃO POSTERIOR AO MOMENTO DA INTERPOSIÇÃO DO RECURSO. RECURSO NEGADO. [...] O Conselho Nacional de Justiça, buscando regular o expediente forense no período de fim e início de ano, editou a Resolução nº 8, possibilitando que os Tribunais de Justiça dos Estados definam as datas em que o expediente estará suspenso, no período entre 20 de dezembro e 6 de janeiro. Nesse contexto, para fins de comprovar a tempestividade do recurso interposto nessa época do ano, é necessário que o recorrente, no ato de interposição do recurso, demonstre qual o período de recesso estabelecido pelo respectivo Tribunal [...] 3. A jurisprudência do Superior Tribunal de Justiça firmou-se no sentido de permitir, em momento posterior à interposição do recurso na origem, a comprovação de feriado local ou suspensão dos prazos processuais não certificada nos autos. 4. Todavia, embora tenha alegado a ocorrência de recesso, a parte agravante não trouxe aos autos documentos hábeis a comprovar a alegação. 5. Agravo regimental a que se nega provimento" (4ª T., AgRg no AREsp nº 548797/PB, Agravo Regimental no Agravo em Recurso Especial nº 2014/0173737-4, Rel. Min. Raul Araújo (1143), j. em 16/4/2015, DJe de 14/5/2015).

"TRIBUTÁRIO E PROCESSUAL CIVIL. INTEMPESTIVIDADE. APELAÇÃO. INTERPOSIÇÃO TARDIA. EXTINÇÃO. PERÍODO DE FÉRIAS COLETIVAS APÓS EMENDA CONSTITUCIONAL 45/2004. [...] 3. Conforme a jurisprudência do STJ, nos termos da EC 45/04, 'a atividade jurisdicional é ininterrupta, sendo vedadas as férias coletivas nos juízos e Tribunais de segundo grau, razão pela qual deve o recorrente por ocasião da interposição do recurso comprovar eventual suspensão dos prazos nesses períodos' [...]" (2ª T., AgRg no AREsp nº 524477/PE, Agravo Regimental no Agravo em Recurso Especial nº 2014/0128366-7, Rel. Min. Herman Benjamin (1132), j. em 25/11/2014, DJe de 16/12/2014).

"PROCESSUAL CIVIL - EMBARGOS DE DIVERGÊNCIA - PRAZO RECURSAL NA JUSTIÇA FEDERAL - RECESSO FORENSE - PREVISÃO NA LEI FEDERAL N. 5.010/66 - DISPENSA DE COMPROVAÇÃO - INAPLICAÇÃO DA RES. Nº 08/2005 DO CNJ NO ÂMBITO DA JUSTIÇA FEDERAL - NORMA DESTINADA AOS TRIBUNAIS DE JUSTIÇA. [...] 2. A jurisprudência desta Corte está firmada no sentido de dispensar a comprovação do recesso forense no âmbito dos processos oriundos da Justiça Federal, por força da Lei nº 5.010/66. 3. A exigência de comprovação, como consta da Resolução nº 08/2005 do CNJ, destina-se exclusivamente aos Tribunais de Justiça, prevendo a possibilidade dessas Cortes suspenderem o expediente forense no período de 20 de dezembro a 06 de janeiro. Precedentes. 3. Embargos de divergência conhecidos e providos" (Corte Especial, EREsp nº 1136395/PR, Embargos de Divergência em Recurso Especial nº 2012/0262273-4, Rel. Min. Eliana Calmon (1114), j. em 2/10/2013, DJe de 10/10/2013).

II. Atos que podem ser praticados nesse período

Os incisos ressalvam os atos que podem ser praticados em período de férias – leia-se recesso –, bem como nos feriados, assim considerados os dias em que não há expediente forense. A norma autoriza expressamente a prática de citações, intimações e penhoras, nos termos do § 2º do art. 212, bem como atos de concretização da tutela de urgência, regrada no Título II do Livro IV deste Código (arts. 300 a 310).

Quanto à abrangência da expressão "tutela de urgência" utilizada no dispositivo, há que se entender que tanto os atos de requerimento quanto os de sua concessão e cumprimento estão autorizados, em razão da própria natureza jurídica dessa espécie de provimento jurisdicional. Em razão da existência da probabilidade do direito aliada ao risco de dano irreversível, tanto os atos de natureza cautelar quanto os de natureza satisfativa têm sua realização autorizada independentemente da ausência de atividade jurisdicional regular, competindo aos juízes de plantão a responsabilidade por sua concessão.

III. Validade de outros atos praticados durante as férias ou recesso

Não obstante possa surgir alguma divergência doutrinária e jurisprudencial a respeito da validade de outros atos aqui não relacionados, a exemplo do que ocorria com relação às disposições do art. 173 do CPC/1973, há que se entender que atos não acolhidos pelo presente artigo que sejam praticados nas férias, no recesso ou em feriados valerão como se tivessem sido praticados após o término desse período. Defender a invalidade desses atos seria contrariar a orientação principiológica adotada pelo novo CPC, especialmente no que respeita à ideia de cooperação, para que se obtenha, em tempo razoável, decisão de mérito justa e efetiva (art. 6º do CPC/2015), e de que o processo deva funcionar como instrumento facilitador desse ideal.

Assim, deferido e praticado o ato urgente durante o recesso ou feriado, e não se tratando de nenhum dos procedimentos expressamente previstos no art. 215, o processo não terá curso até que se retomem as atividades forenses. Exemplificando: caso o réu seja citado ou intimado de determinado ato em dia que é feriado ou durante o recesso forense, não passa a fluir (correr) o prazo para sua manifestação de imediato, mas somente a partir do primeiro dia útil após o término do período de recesso ou do feriado forense.

Art. 215 - Processam-se durante as férias forenses, onde as houver, e não se suspendem pela superveniência delas:
I - os procedimentos de jurisdição voluntária e os necessários à conservação de direitos, quando puderem ser prejudicados pelo adiamento;
II - a ação de alimentos e os processos de nomeação ou remoção de tutor e curador;
III - os processos que a lei determinar.

I. Causas em curso e férias forenses

A norma praticamente repete o contido no art. 174 do CPC/1973, relacionando as causas que têm curso durante as férias e nos recessos forenses. É interessante observar que parcela da doutrina entendia revogado e sem eficácia o art. 174 do CPC/1973 a partir da Emenda Constitucional nº 4/2005, que proibiu as férias coletivas nos juízos de primeiro grau e nos tribunais. Entretanto, a partir da Resolução nº 8/2005 do CNJ, os tribunais passaram a regulamentar seus períodos de recesso, entre 20 de dezembro e 6 de janeiro, o que continuará a acontecer, independentemente do período de suspensão do curso dos processos previstos no referido art. 220.

O artigo trata de causas – processos –, e não de atos processuais, que têm curso regular no período de recesso forense, bem como no período de suspensão do curso processual entre 20 de dezembro e 20 de janeiro, inclusive, por força da nova regra do art. 220. São causas que se processam durante as férias (leia-se recesso), e aqui o termo "processar-se" deve ser entendido de forma ampla, no sentido de ter curso normal, desenvolver-se regularmente, podendo inclusive receber julgamento.

A única alteração ocorrida no artigo, em comparação com a redação anterior, refere-se à supressão da referência às causas de procedimento sumário, porquanto o CPC/2015 divide o processo de conhecimento em procedimento comum e procedimentos especiais, não mais existindo subdivisão do procedimento comum em ritos ordinário e sumário. Assim, além dos relacionados no art. 214, os procedimentos de jurisdição voluntária ou necessários à conservação de direitos que tenham natureza urgente e não possam ser adiados, a concessão de alimentos provisórios, a remoção de tutores ou curadores, bem como as causas que a legislação federal determinar, não terão seu curso suspenso pela superveniência de férias ou recesso forense. Nota-se que o legislador teve a cautela de resguardar a continuidade de procedimentos que, em distintos graus, guardam similitude com a tutela de urgência, visando afastar, assim, o risco de dano a direito.

Vale dizer, por força do art. 220 do CPC/2015, entre 20 de dezembro e 20 de janeiro, os procedimentos referidos no presente artigo terão seus cursos mantidos, enquanto outros feitos aqui não ressalvados ficarão suspensos, independentemente da atividade regular dos serviços judiciários.

II. Causas que não se suspendem por determinação de lei federal

Também têm curso durante esse período, por força do que dispõe o art. 58, inciso I, da Lei nº 8.245/1991, as ações de despejo, consignação em pagamento de aluguel e acessório da locação, revisionais de aluguel e renovatórias de locação. As causas relativas a acidentes de trabalho (art. 129, inciso II, da Lei nº 8.213/1991), as desapropriações (art. 39 do Decreto-Lei nº 3.365/1941), bem como as causas de competência dos Juizados Especiais também não se suspendem pela ocorrência das férias ou do recesso judicial.

"RECURSO ESPECIAL. CIVIL E PROCESSUAL CIVIL. PRESCRIÇÃO. TERMO 'AD QUEM' IMPLEMENTADO DURANTE O RECESSO FORENSE. PRORROGAÇÃO DO PRAZO. CABIMENTO. PRECEDENTES. 1. Controvérsia acerca da prorrogação do prazo prescricional que findou durante o recesso forense. 2. Precedente da Corte Especial acerca da prorrogação do prazo decadencial da ação rescisória. 3. Julgados desta Corte acerca da prorrogação do prazo prescricional. 4. Reconhecimento da prorrogação do prazo prescricional findo no curso do recesso forense, devendo a demanda ser ajuizada no primeiro dia útil seguinte ao seu término. [...] 7. RECURSO ESPECIAL PROVIDO" (3ª T., REsp nº 1446608/RS, Recurso Especial nº 2014/0075229-5, Rel. Min. Paulo de Tarso Sanseverino (1144), j. em 21/10/2014, DJe de 29/10/2014).

"APELAÇÃO CÍVEL - AÇÃO DE DESPEJO - AGRAVO RETIDO - DECRETAÇÃO DA REVELIA - PRAZO QUE SE INICIOU NO TRANSCURSO DO RECESSO - PRAZO QUE NÃO SE SUSPENDE - INTELIGÊNCIA DO ART. 58, I, DA LEI 8.245/91 [...]" (TJPR, 12ª C. Cível, AC nº 970735-7/Jaguariaíva, Rel. Angela Maria Machado Costa, unânime, j. em 6/3/2013).

"AGRAVO REGIMENTAL NO RECURSO ESPECIAL. PROCESSUAL CIVIL E SEGURO. COMPARECIMENTO ESPONTÂNEO DO RÉU. PEDIDO DE JUNTADA DE PROCURAÇÃO NO CURSO DAS FÉRIAS FORENSES. ATO CITATÓRIO INEFICAZ ATÉ O PRIMEIRO DIA ÚTIL SEGUINTE AO FINAL DAS FÉRIAS. TEMPESTIVIDADE DA CONTESTAÇÃO. ATRAÇÃO DOS ENUNCIADOS 284/STF, 5 E 7/STJ" (STJ, 3ª T., AgRg no REsp nº 1249720/DF, 2011/0088941-7, Rel. Min. Paulo de Tarso Sanseverino, j. em 13/8/2013, DJe de 22/8/2013).

Art. 216 - Além dos declarados em lei, são feriados, para efeito forense, os sábados, os domingos e os dias em que não haja expediente forense.

I. Feriados forenses

A importante inovação contida neste dispositivo respeita à inclusão do sábado como feriado para efeito forense, não mais se autorizando, como regra geral, a prática de ato processual neste dia, mesmo aqueles denominados atos externos, produzidos "fora" do processo e que, à luz do CPC/1973, poderiam ser praticados aos sábados. É de se registrar que essa possibilidade gerava certa confusão, considerando-se que atos internos, ou seja, aqueles praticados em juízo referentes ao cumprimento de prazos, deveriam ser praticados de segunda a sexta-feira, em horário legal de expediente forense, enquanto atos que se concretizassem fora da sede do juízo, por exemplo, uma reintegração de posse, poderiam ser praticados aos sábados, considerado como dia útil.

A mudança deve extirpar de vez a confusão ao estabelecer que sábado, para efeitos forenses, é considerado feriado, incidindo assim sobre este dia a regra do art. 214, de que não se praticam atos processuais em feriados, excetuando-se os atos expressamente relacionados nos incisos daquele dispositivo, ou seja, os atos considerados urgentes e as citações, intimações e penhoras.

Outro aspecto relevantíssimo que decorre dessa alteração é a contagem dos prazos, nos termos do que dispõe o art. 219, somente em dias úteis. A regra aqui instituída – compreendida em conjunto com as disposições relativas aos prazos processuais – implica profunda alteração no que respeita ao tempo dos atos processuais, um dos elementos imprescindíveis para a aferição de validade do ato praticado no processo. A contagem dos prazos processuais, portanto, será suspensa pela intercorrência de sábados e domingos, bem como nos demais feriados, quando não houver expediente forense.

Merece registro a interpretação atualmente dada pelo STJ de que, existindo expediente forense, ainda que em período menor do que o habitual, não se considera prorrogado o prazo com vencimento para aquele dia. O art. 234 do CPC/2015 deve solucionar também essa situação e outras assemelhadas, estabelecendo quo o prazo fica protraído para o dia útil seguinte quando o expediente forense for encerrado antes ou iniciado depois da hora normal.

"EMBARGOS DE DECLARAÇÃO EM AGRAVO REGIMENTAL EM AGRAVO EM RECURSO ESPECIAL. RECURSO INTEMPESTIVO. INOBSERVÂNCIA DO PRAZO PREVISTO NO ARTIGO 536 DO CPC E NO ARTIGO 263 DO RISTJ. QUARTA-FEIRA DE CINZAS. DIA ÚTIL. PRECEDENTES. EMBARGOS DE DECLARAÇÃO NÃO CONHECIDOS. 1. [...] 2. Nos termos do inciso III do parágrafo 2º do art. 81 do Regimento Interno do Superior Tribunal de Justiça - RISTJ, são considerados feriados de carnaval somente a segunda e terça-feira. 3. Na forma da jurisprudência desta Corte Superior, a Quarta-feira de Cinzas é considerado dia útil, não obstante o expediente forense seja limitado ao turno vespertino. Precedentes. 4. Embargos de declaração não conhecidos" (4ª T., EDcl no AgRg no AREsp nº 558511/DF, Embargos de Declaração no Agravo Regimental no Agravo em Recurso Especial nº 2014/0194287-8, Rel. Min. Luis Felipe Salomão, j. em 14/4/2015, DJe de 22/4/2015).

II. Feriados nacionais

Como dito anteriormente, além dos sábados e domingos, são considerados feriados os dias em que não há expediente forense por força de expressa previsão legal. São feriados nacionais: 1º de janeiro, 21 de abril, 1º de maio, 7 de setembro, 12 de outubro, 2 e 15 de novembro, 25 de dezembro. São feriados forenses: 8 de dezembro (dia da Justiça), terça-feira de carnaval e sexta-feira santa. Na Justiça Federal são, além desses, considerados feriados a segunda-feira de carnaval, de quarta-feira santa até o domingo de Páscoa, 11 de agosto, 1º de novembro e o período compreendido entre 20 de dezembro e 6 de janeiro (inclusive). Os feriados estaduais são assim declarados pelos respectivos tribunais, o que deverá ser observado para a contagem dos prazos, considerando-se a alteração do art. 219.

"AGRAVO REGIMENTAL EM AGRAVO EM RECURSO ESPECIAL. PRAZO. SUSPENSÃO. INFLUÊNCIA. TERMOS FINAL E INICIAL. PRECEDENTES. 1. 'A suspensão dos prazos processuais pelo Tribunal de origem influencia somente os recursos em que o termo inicial ou final recaia em alguma das datas nas quais não haja expediente forense, acarretando a prorrogação para o primeiro dia útil subsequente, nos termos do art. 184, § 1º, do CPC' (AgRg no Ag nº 1.410.120/RJ, Relatora: Ministra Maria Isabel Gallotti, Quarta Turma, julgado em 13.12.2011, DJe 1º.2.2012). 2. Agravo regimental não provido" (STJ, 3ª T., Rel. Min. Ricardo Villas Bôas Cueva, j. em 17/3/2015).

III. Feriados forenses estaduais e comprovação pela parte

A Lei nº 9.093, de 12/9/1995, dispõe sobre feriados civis, assim entendidos os declarados em lei federal, a data magna do Estado fixada em lei estadual, os dias do início e do término do ano do centenário de fundação do Município fixados em lei municipal e os feriados religiosos declarados em lei municipal, de acordo com a tradição local e em número não superior a quatro.

No Estado de São Paulo e no Paraná, os respectivos Tribunais de Justiça estabelecem anualmente o calendário de feriados e suspensões de expediente nas repartições forenses. Assim, além dos feriados nacionais acima referidos, dia 9 de julho em São Paulo e 19 de dezembro no Paraná são feriados estaduais.

Considerando a nova regra quanto ao curso dos prazos estabelecida no art. 219 – de que estes somente fluem em dias úteis – e que feriados podem ser instituídos por leis federais, estaduais e municipais, é importante que no momento da prática do ato processual sejam apresentadas as portarias ou provimentos que disciplinaram os feriados ou recessos forenses, evitando-se com isso dúvidas com relação à tempestividade do ato praticado. Assim, especialmente no que se refere aos feriados estaduais e municipais, estes deverão ser comprovados pela parte praticante do ato, para o fim de prorrogação do prazo para o dia útil seguinte.

"AGRAVO REGIMENTAL NO AGRAVO EM RECURSO ESPECIAL. SUSPENSÃO DOS PRAZOS PROCESSUAIS NO TRIBUNAL LOCAL. COMPROVAÇÃO POR DOCUMENTO IDÔNEO. NÃO DEMONSTRADA. RECURSO ESPECIAL INTEMPESTIVO. ART. 508 DO CPC. AGRAVO REGIMENTAL NÃO PROVIDO. 1. Nos termos da jurisprudência desta Corte, eventual suspensão do prazo recursal, decorrente de ausência de expediente ou de recesso forense, feriados locais, entre outros, nos tribunais de justiça estaduais deve ser comprovada por documento idôneo. 2. É intempestivo o recurso especial interposto fora do prazo legal de 15 dias previsto no art. 508 do CPC. 3. Agravo regimental não provido" (3ª T., AgRg no AREsp nº 338247/MS, Agravo Regimental no Agravo em Recurso Especial nº 2013/0125430-6, Rel. Min. Moura Ribeiro (1156), j. em 5/2/2015, DJe de 12/2/2015).

"APELAÇÃO CÍVEL. EMBARGOS A EXECUÇÃO. SENTENÇA QUE JULGOU IMPROCEDENTES OS EMBARGOS. RECURSO DE APELAÇÃO INTEMPESTIVO. ALEGAÇÃO DE SUSPENSÃO NO ÚLTIMO DIA DO PRAZO RECURSAL EM VIRTUDE DA SUPERVENIÊNCIA DE FERIADO MUNICIPAL NA COMARCA. AUSÊNCIA DE COMPROVAÇÃO. É ENTENDIMENTO DOMINANTE DO SUPERIOR TRIBUNAL DE JUSTIÇA NO SENTIDO DE QUE INCUMBE À PARTE, NO MOMENTO DA INTERPOSIÇÃO DO RECURSO, COMPROVAR A OCORRÊNCIA DE SUSPENSÃO DOS PRAZOS PROCESSUAIS EM DECORRÊNCIA DE FERIADO LOCAL, AUSÊNCIA DE EXPEDIENTE FORENSE, RECESSO FORENSE, DENTRE OUTROS MOTIVOS. NEGATIVA DE SEGUIMENTO AO RECURSO. RECURSO DE APELAÇÃO A QUE SE NEGA SEGUIMENTO MONOCRATICAMENTE" (TJPR, 13ª Câmara Cível, Processo nº 996014-3, Rel. Rosana Andriguetto de Carvalho, j. em 18/7/2013, DJ 1147, de 24/7/2013).

Seção II - Do Lugar

Art. 217 - Os atos processuais realizar-se-ão ordinariamente na sede do juízo ou, excepcionalmente, em outro lugar em razão de deferência, de interesse da justiça, da natureza do ato ou de obstáculo arguido pelo interessado e acolhido pelo juiz.

I. Atos internos e externos

O artigo em questão destaca o já referido no comentário ao art. 212, no sentido de que, na perspectiva de onde se realizam, existem duas categorias de atos processuais, os internos e os externos. Evidentemente, o *caput* do art. 217 refere-se aos atos processuais internos, que devem acontecer, de ordinário, na sede do juízo. Já os atos externos, tais como citação, intimações, arresto, sequestro, por exemplo, por óbvio estão excluídos dessa exigência, sob pena de inviabilizar-se sua realização, sendo regidos somente quanto ao momento de sua ocorrência e eventuais limites territoriais, que poderão exigir, em determinadas situações, pedidos de cooperação nacional (arts. 67 a 69 do CPC/2015) ou internacional (arts. 38 a 42 do CPC/2015).

II. Inquirição de testemunhas fora da sede do juízo

Entre os atos externos, pode realizar-se fora da sede do juízo, ou do fórum, a inquirição das pessoas relacionadas no art. 454 deste Código, a fim de que o ato de sua oitiva não implique prejuízo de suas funções. O art. 454 do CPC/2015 elenca em doze incisos pessoas que, por deferência, poderão ser ouvidas em sua residência ou onde exercerem suas atividades, competindo ao juiz solicitar à autoridade que indique dia e hora para sua oitiva, nos termos do que estabelece o § 1º do referido dispositivo. Sendo o ato previamente agendado pelo juízo, sua realização há que observar as garantias do contraditório e do devido processo legal, indicando o diploma processual, nos §§ 2º e 3º acrescidos, as alternativas para eventual ausência de manifestação ou de comparecimento da autoridade.

Também ao representante do Ministério Público será concedida tal prerrogativa, nos termos do que dispõe o art. 40, inciso I, da Lei nº 8.625, de 12/2/1993.

Não obstante o art. 453 não mais faça referência à oitiva de testemunha que, por doença ou outro motivo relevante, esteja impossibilitada de comparecer em juízo, nos moldes do que previa o inciso III do art. 410 do CPC/1973, há que se interpretar que, nessas hipóteses, estará presente o interesse público a autorizar a realização do ato processual fora da sede do juízo.

III. Inspeção judicial, perícia e outros atos

Também se realizam fora da sede do juízo outros atos tais como perícias (arts. 420 a 439) e a inspeção judicial (arts. 440 a 443). De qualquer modo, o ato assim realizado deve obedecer às mesmas regras como se em juízo se desse, devendo ser observados os princípios do contraditório, da participação e da ampla defesa. Isso implica dizer que as partes devem estar cientes de que o ato será realizado em determinada hora e lugar, garantindo-se a sua presença e participação. O desrespeito a tais garantias pode resultar em nulidade do ato processual a ser arguida pela parte prejudicada.

Capítulo III - Dos Prazos

Seção I - Disposições Gerais

Art. 218 - Os atos processuais serão realizados nos prazos prescritos em lei.
§ 1º - Quando a lei for omissa, o juiz determinará os prazos em consideração à complexidade do ato.
§ 2º - Quando a lei ou o juiz não determinar prazo, as intimações somente obrigarão a comparecimento após decorridas 48 (quarenta e oito) horas.
§ 3º - Inexistindo preceito legal ou prazo determinado pelo juiz, será de 5 (cinco) dias o prazo para a prática de ato processual a cargo da parte.
§ 4º - Será considerado tempestivo o ato praticado antes do termo inicial do prazo.

Autor: Pedro Henrique Nogueira

I. Noção geral

Prazo, no processo civil, é o intervalo temporal dentro do qual hão de ser praticados os atos processuais. Os prazos garantem o avançar do procedimento, evitando a perpetuação da relação jurídica processual. Termo, por sua vez, corresponde ao momento do qual se parte (termo *a quo*) e até o qual se chega (termo *ad quem*) na contagem do prazo.

II. Tipos de prazo

Sem prejuízo de outras classificações, podem ser classificados os prazos processuais em três grupos: a) de acordo com a fonte, os prazos podem ser (a.1) judiciais, quando fixados em decisão judicial, (a.2) legais, quando previstos na lei, ou (a.3) convencionais, quando estipulados em negócio jurídico; b) de acordo com a possibilidade de preclusão, os prazos podem ser (b.1) próprios, quando do seu não atendimento é possível resultar a preclusão em desfavor de quem não agiu, assim sucedendo com os prazos fixados em favor das partes, ou (b.2) impróprios, quando o seu desatendimento é insusceptível de gerar preclusão, assim sucedendo com os prazos fixados para o juiz; c) de acordo com a exclusividade, os prazos são (c.1) próprios ou particulares, quando fluem em proveito de um sujeito determinado, isoladamente, e (c.2) comuns, quando fluem simultaneamente em favor de diversos sujeitos, inclusive quando no processo ocupem posições antagônicas (autor e réu).

III. Fixação do prazo

De regra, os prazos fixados vêm fixados na lei. Assim sucede, por exemplo, com o prazo para oferecer resposta no procedimento comum, ou para interpor recurso de apelação, etc. Para certos atos, porém, a lei é omissa. Nessa hipótese, a omissão legal será suprida por decisão judicial que fixará o prazo de acordo com a complexidade do ato a ser praticado (por exemplo, prazo para corrigir o defeito de representação processual, nos termos do art. 76 do CPC/2015). Caso não reste fixado na decisão um prazo em favor da parte, este será de cinco dias.

IV. Recurso prematuro

Sob a vigência do CPC/1973, consolidou-se na jurisprudência do STJ o entendimento de que o recurso especial interposto antes do início da fluência do prazo, com a publicação do acórdão recorrido, seria intempestivo (STJ, REsp nº 1.103.074/SP). Trata-se de chamada intempestividade por prematuridade, acolhida também no âmbito do STF (AgRg no AI nº 716630/SP). Esse posicionamento foi cristalizado no enunciado da Súmula nº 418 do STJ: "É inadmissível o recurso especial interposto antes da publicação do acórdão dos embargos de declaração, sem posterior ratificação". A partir da regra prevista no art. 218, § 4º, do CPC/2015, resta superado o entendimento que consagrava a intempestividade por prematuridade, sendo oportuno o cancelamento do enunciado da Súmula nº 418 do STJ, conforme inclusive consignado no Enunciado nº 23 do FPPC.

Art. 219 - Na contagem de prazo em dias, estabelecido por lei ou pelo juiz, computar-se-ão somente os dias úteis.
Parágrafo único - O disposto neste artigo aplica-se somente aos prazos processuais.

I. Contagem em dias úteis

Os prazos processuais podem ser fixados em meses, dias, horas, minutos ou outra unidade de medida de tempo, quando houver possibilidade de sua estipulação pelas partes ou pelo juiz. Os prazos legais ou judiciais, porém, somente serão contados em dias úteis. Trata-se de uma inovação relevante do CPC/2015. A superveniência de feriados forenses durante a fluência do prazo iniciado faz excluir da contagem os dias não úteis, assim entendidos os feriados forenses, tal como definidos no art. 216 do CPC/2015. Na prática, por exemplo, um prazo legal de cinco dias iniciado na quinta-feira somente vencerá na quarta-feira da semana subsequente.

II. Prazos não processuais

A regra de contagem dos prazos em dias úteis somente alcança os prazos processuais, assim entendidos aqueles surgidos na pendência da relação jurídica processual. Os prazos de direito material (prazos prescricionais e decadenciais) continuam disciplinados de acordo com os respectivos regimes jurídicos, sem alteração. O prazo decadencial para impetrar mandado de segurança, por exemplo, que, a rigor, é "pré-processual", não se sujeita a essa nova forma de contagem em dias úteis.

III. Negócio jurídico processual para afastar a regra da fluência em dias úteis

A necessidade de contagem dos prazos em dias úteis alcança apenas e tão somente os prazos legais e judiciais. Desse modo, é permitido às partes firmarem negócio jurídico processual a fim de convencionar a fluência do prazo continuamente. O *caput* do art. 219 do CPC/2015 deixa claro que a contagem em dias úteis se aplica apenas aos prazos fixados em lei ou pelo juiz e o art. 190 do CPC/2015 autoriza as partes a convencionarem sobre os respectivos ônus e faculdades processuais.

Art. 220 - Suspende-se o curso do prazo processual nos dias compreendidos entre 20 de dezembro e 20 de janeiro, inclusive.
§ 1º - Ressalvadas as férias individuais e os feriados instituídos por lei, os juízes, os membros do Ministério Público, da Defensoria Pública e da Advocacia Pública e os auxiliares da Justiça exercerão suas atribuições durante o período previsto no caput.
§ 2º - Durante a suspensão do prazo, não se realizarão audiências nem sessões de julgamento.

I. Suspensão de prazos entre 20 de dezembro e 20 janeiro

O dispositivo traz nova hipótese de suspensão dos prazos processuais, consagrando o que se convencionou denominar de "férias dos advogados", desde a versão do anteprojeto do Código de Processo Civil apresentado ao Senado Federal. Os prazos ficam suspensos entre os dias 20 de dezembro e 20 de janeiro, interregno durante o qual as serventias judiciais e as secretarias dos tribunais hão de funcionar normalmente. Isso porque a regra não alcança os atos processuais praticados pelos auxiliares do juízo, nem as citações, intimações, despachos e decisões, que poderão e deverão ser realizados dentro daquele período. O que não flui é apenas o prazo, mas é lícito ao juiz proferir sentenças, decisões, podendo inclusive intimar as partes a seu respeito durante o intervalo. Apenas o transcurso do prazo processual é que ficará postergado para término do período de suspensão. Ressalte-se que essa suspensão é automática, sendo eficaz pelo simples advento de seu átimo, isto é, 20 de dezembro, revelando-se desnecessários quaisquer atos ou provimentos dos tribunais para se operá-la. Os prazos ficam suspensos *ex lege*, retomando o seu curso após o período de paralisação, também automaticamente.

II. Nulidade

A violação à proibição estabelecida no art. 220 do CPC/2015 gera invalidade do ato processual praticado no período de suspensão, com presunção de prejuízo para parte, tendo em vista o cerceio à participação do advogado no julgamento ou na audiência.

III. Vedação à realização de audiências e sessões de julgamento

No período de 20 de dezembro a 20 de janeiro, também existe proibição expressa para se realizarem sessões de julgamentos nos tribunais e câmaras ou turmas recursais, inclusive para a continuação de julgamentos já iniciados e não concluídos. A vedação alcança as sessões de deliberação colegiada, sendo permitidas, porém, as decisões monocráticas. Veda-se também o início e a continuação de julgamentos em mesa e a realização de audiências em juízos de primeiro grau, inclusive no âmbito dos juizados especiais. O Enunciado nº 269 do FPPC também está no sentido da aplicabilidade dessa regra aos procedimentos dos juizados especiais.

Art. 221 - Suspende-se o curso do prazo por obstáculo criado em detrimento da parte ou ocorrendo qualquer das hipóteses do art. 313, devendo o prazo ser restituído por tempo igual ao que faltava para sua complementação.
Parágrafo único - Suspendem-se os prazos durante a execução de programa instituído pelo Poder Judiciário para promover a autocomposição, incumbindo aos tribunais especificar, com antecedência, a duração dos trabalhos.

I. Suspensão dos prazos

O dispositivo cuida da suspensão dos prazos. Suspender significa paralisar o fluxo do prazo a partir da causa suspensiva, retomando a fluência pelo lapso remanescente após exaurido o fato que ensejou a paralisação. Interromper significa obstaculizar a fluência do prazo, fazendo reiniciar o seu cômputo depois de cessada a causa de interrupção. Na suspensão, cessada a causa suspensiva, o prazo volta a correr pelo remanescente; na interrupção, o prazo começa do início.

II. Reinício do prazo e intimação

O prazo paralisa-se automaticamente com a simples ocorrência do fato ensejador da suspensão, e não da sua comunicação em juízo. Cessada a causa motivadora, o prazo retorna a fluir, devendo ser restituído por tempo igual ao faltante para sua complementação. A retomada do prazo, contudo, não é automática. Exige-se a intimação da parte prejudicada a respeito.

III. Obstáculo com prejuízo à parte

Suspende-se o prazo por obstáculo criado em prejuízo da outra. Configura-se o obstáculo por qualquer conduta que comprometa ou embarace o pleno exercício pelo litigante de algum direito ou faculdade processual. Assim sucede, por exemplo, com a retirada dos autos de cartório durante a fluência do prazo deferido em favor do outro litigante. A retirada dos autos do processo durante a fluência de prazo recursal comum caracteriza o obstáculo criado pela parte, apto a suspender o curso do prazo em favor da parte prejudicada (STJ, REsp nº 1191059/MA). Não é necessária, para configurar-se o obstáculo, a existência de má-fé, ou dolo da parte em causar prejuízo ao adversário. O obstáculo também pode se originar de fato imputado à própria serventia judicial, como sucede, por exemplo, quando os autos são extraviados e não localizados em cartório na fluência do prazo em favor da parte, ou a algum dos auxiliares do juízo, por exemplo, quando o perito retira os autos de cartório sem devolvê-los. Por isso, a greve dos serventuários do Poder Judiciário é obstáculo capaz de suspender o prazo recursal, o qual só recomeça a fluir após a comunicação oficial da regularização do serviço forense (STJ, REsp nº 8677/RJ).

IV. Suspensão do processo

Ocorrendo a suspensão do processo, sucederá, consequentemente, a suspensão dos prazos em curso até a causa de suspensão. Se o prazo ainda não fluíra até o advento da causa suspensiva, o seu início fica postergado. Conquanto o dispositivo em comento preveja que a suspensão do prazo ocorre na hipótese de morte ou pela perda da capacidade processual de qualquer das partes, de seu representante legal ou de seu procurador (CPC/2015, art. 314), deve-se considerar que os prazos restarão suspensos, também, na ocorrência de qualquer das demais causas de suspensão do processo listadas no art. 314 do CPC/2015.

V. Programas voltados à conciliação

O CPC/2015 prevê a suspensão dos prazos durante a execução de programa instituído pelo Poder Judiciário para promoção das atividades de conciliação. A regra objetiva estimular o movimento conciliatório, pois a concomitância da implementação dos programas voltados à conciliação e a fluência dos prazos processuais fomentaria o espírito de litigância e comprometeria a eficácia da solução autocompositiva.

Art. 222 - Na comarca, seção ou subseção judiciária onde for difícil o transporte, o juiz poderá prorrogar os prazos por até 2 (dois) meses.
§ 1º - Ao juiz é vedado reduzir prazos peremptórios sem anuência das partes.
§ 2º - Havendo calamidade pública, o limite previsto no caput para prorrogação de prazos poderá ser excedido.

I. Redução de prazos pelo juiz

Embora seja lícito ao juiz prorrogar os prazos nas comarcas onde difícil for o transporte, veda-se a redução dos prazos processuais. O § 1º do art. 222 do CPC/2015 fala em proibição de reduzir "prazos peremptórios". A regra estabelece ser vedado ao juiz reduzir os prazos, sejam quais forem. O próprio dispositivo cuida de estabelecer a possibilidade de serem reduzidos os prazos com a concordância das partes. Assim, a prorrogação dos prazos pelo juiz está autorizada, mas desde que haja decisão fundamentada, e uma vez preenchido o requisito de se tratar de comarca onde for difícil o transporte. A redução dos prazos pelo juiz é proibida, salvo se as partes concordarem.

II. Prorrogação judicial dos prazos e dificuldade de transporte

O juiz poderá prorrogar os prazos nas comarcas, seções ou subseções judiciárias onde houver dificuldade de transporte. O legislador ficou atento à realidade difícil de algumas localidades no Brasil nas quais o cumprimento do prazo poderia ser seriamente comprometido em razão de ser extremamente complicado e demorado o deslocamento (por exemplo, poucos veículos disponíveis para o transporte terrestre, deficitária escala de embarcações para o transporte fluvial, alto custo para o transporte aéreo em localidade com predomínio da população de baixa renda *per capita*, etc.). O juiz, em decisão motivada, poderá prorrogar os prazos por até dois meses. Note-se que se permite ao magistrado encompridar o prazo, acrescendo-lhe até mais dois meses para seu cumprimento; nisso consiste a prorrogação. Não se trata de simples aumento, que significaria, na prática, substituir o prazo legal, por outro superior, até o limite de dois meses.

III. Calamidade pública

Havendo calamidade pública, o juiz pode prorrogar os prazos processuais das partes por período superior aos dois meses, previsto no *caput* do art. 222. Por calamidade pública, tem-se o evento imprevisível, de grandes proporções, normalmente decorrente de fenômenos da natureza, que afeta um número significativo de pessoas (por exemplo, enchentes que destroem parcialmente o fórum da localidade, cataclismos, tornados, terremotos, etc.).

IV. Negócios jurídicos processuais para redução de prazos

É permitido às partes firmarem negócio jurídico processual a fim de convencionar a redução dos respectivos prazos processuais. O art. 190 do CPC/2015 autoriza a convenção sobre ônus e faculdades processuais. Os litigantes podem, se assim lhes for conveniente, abdicar em parte do prazo legal estabelecido em seu favor e convencionar que os prazos fluirão em prazo inferior (por exemplo, acordo para redução do prazo para interposição da apelação para dez dias).

Art. 223 - Decorrido o prazo, extingue-se o direito de praticar ou de emendar o ato processual, independentemente de declaração judicial, ficando assegurado, porém, à parte provar que não o realizou por justa causa.
§ 1º - Considera-se justa causa o evento alheio à vontade da parte e que a impediu de praticar o ato por si ou por mandatário.
§ 2º - Verificada a justa causa, o juiz permitirá à parte a prática do ato no prazo que lhe assinar.

I. Noção geral

Preclusão temporal é a extinção de uma faculdade processual em razão do transcurso do prazo previsto em lei, decisão judicial ou negócio jurídico, para o seu exercício. Da inércia da parte resulta a perda do direito de praticar o ato. O dispositivo também menciona a extinção da faculdade processual de promover a emenda aos atos processuais. Desse modo, atos postulatórios passíveis de emenda (por exemplo, petição inicial) devem ser emendados no prazo consignado para tal, sob pena de preclusão. Há uma relação direta de causalidade entre os prazos próprios e a preclusão, pois a consequência jurídica traduzida na extinção da faculdade processual não se observa nos prazos impróprios (normalmente, mas não somente, postos ao órgão jurisdicional).

II. Desnecessidade de decisão judicial

A extinção da faculdade processual é consequência automática da inércia da parte quanto ao seu exercício. Não há necessidade de pronunciamento judicial estabelecendo a preclusão, nem muito menos de certidão do serventuário da justiça indicando o decurso do prazo. A preclusão é efeito jurídico direto da conduta omissiva da parte. A decisão judicial que a pronuncia tem natureza declarativa e a certidão de decurso do prazo visa tão somente documentar a omissão nos autos.

III. Justa causa

A justa causa é o evento alheio à vontade da parte que a impeça de praticar o ato. O evento deve ser imprevisto e para ele não haver concorrido a parte interessada. Ademais, o fato há de ser grave e excepcional a ponto de impossibilitar o cumprimento do prazo, seja pela parte, seja por seu advogado. Assim, a doença do advogado pode constituir justa causa, principalmente quando ele for o único procurador constituído nos autos (STJ, AgRg no REsp nº 533852/RJ),

IV. Necessidade de requerimento

A parte deve requerer a restituição do prazo, incumbindo-lhe provar a ocorrência de acontecimento enquadrado como justa causa.

Não cabe iniciativa do juiz nessa matéria, conforme já decidiu o Superior Tribunal de Justiça (STJ, REsp nº 623178/MA). Deve-se, outrossim, estabelecer o contraditório, permitindo-se que a parte adversa se manifeste sobre o requerimento e apresente as provas que reputar necessárias. Todos os meios de prova, inclusive testemunhal e pericial, são admitidos para subsidiar o pedido de reconhecimento da justa causa e a sua negativa.

Art. 224 - Salvo disposição em contrário, os prazos serão contados excluindo o dia do começo e incluindo o dia do vencimento.
§ 1º - Os dias do começo e do vencimento do prazo serão protraídos para o primeiro dia útil seguinte, se coincidirem com dia em que o expediente forense for encerrado antes ou iniciado depois da hora normal ou houver indisponibilidade da comunicação eletrônica.
§ 2º - Considera-se como data de publicação o primeiro dia útil seguinte ao da disponibilização da informação no Diário da Justiça eletrônico.
§ 3º - A contagem do prazo terá início no primeiro dia útil que seguir ao da publicação.

I. Regra geral de contagem

O dispositivo em comento cuida da contagem do prazo processual. A regra fixada no CPC/2015 é tradicional em nosso ordenamento: os prazos são computados com exclusão do dia do começo e com inclusão do dia do vencimento.

II. Expediente forense reduzido

Para fins de contagem do prazo processual, os dias do começo e do vencimento do prazo serão postergados para o dia útil subsequente se houver coincidência com o dia de expediente forense reduzido, em duas situações: a) seja porque encerrado antes do horário correto; b) seja porque iniciado após o horário normal. Assim, por exemplo, se a parte é intimada numa segunda-feira e, na terça-feira, o fórum tiver o horário de expediente encurtado, o primeiro dia na contagem do prazo seria na quarta-feira. O mesmo se verifica quanto ao vencimento: se o prazo iria alcançar o seu término numa sexta-feira e nesse dia o expediente forense foi reduzido, o vencimento do prazo será computado na segunda-feira subsequente (considerando-se não haver expediente aos sábados e domingos). O fenômeno não é raro no Brasil, sendo comumente verificado em época de grandes eventos (por exemplo, copa do mundo de futebol profissional, quarta-feira de cinzas, etc.). O "recesso" forense suspende os prazos, ao contrário dos feriados, ainda que contínuos e/ou contíguos às férias, que apenas os prorrogam (STJ, REsp nº 280326/SP). A parte não poderia ser prejudicada pelo encurtamento do expediente por circunstâncias alheias à sua vontade. Assim, por exemplo, o fechamento antecipado do setor de protocolo não acarretaria a postergação do vencimento do prazo, se em outra subdivisão do local, ou na própria serventia, o recebimento de petições fosse aceito até o horário normal.

III. Indisponibilidade da comunicação eletrônica

A indisponibilidade da comunicação eletrônica, nos casos em que a citação, intimação ou notificação seja feita eletronicamente, também é causa de exclusão do dia para contagem do prazo processual, seja para o início, seja para o vencimento. Segundo o art. 10, § 2º, da Lei nº 11.419/2006, se o sistema adotado pelo órgão do Poder Judiciário se tornar indisponível por motivo técnico, o prazo fica automaticamente prorrogado para o primeiro dia útil seguinte à resolução do problema. Considera-se indisponibilidade, no âmbito do sistema do Processo Judicial eletrônico (PJe), adotado pelo Conselho

Nacional de Justiça, a falta de oferta ao público externo, diretamente ou por meio de *webservice*, de qualquer dos seguintes serviços: a) consulta aos autos digitais; b) transmissão eletrônica de atos processuais; ou c) acesso a citações, intimações ou notificações eletrônicas (Resolução CNJ nº 185/2013, art. 9º). No âmbito do Processo Judicial eletrônico (PJe), porém, não é qualquer indisponibilidade que afeta a contagem do prazo. Segundo o art. 11 da Resolução CNJ nº 185/2013, os prazos a vencerem no dia da ocorrência de indisponibilidade serão prorrogados para o dia útil seguinte, somente quando: a) a indisponibilidade for superior a 60 minutos, ininterruptos ou não, se ocorrida entre 6h00 e 23h00; ou b) a indisponibilidade ocorrer entre 23h00 e 24h00, qualquer que seja a duração. A eventual indisponibilidade ocorrida entre 0h00 e 6h00 dos dias de expediente forense e as ocorridas em feriados e finais de semana, a qualquer hora, não produzirão a prorrogação do vencimento.

IV. Disponibilização em Diário da Justiça

Se a comunicação for veiculada em Diário de Justiça eletrônico, considera-se como data da publicação o primeiro dia útil seguinte ao da respectiva disponibilização. O CPC/2015, no particular, repete a disciplina trazida com o advento da Lei nº 11.419/2006, art. 4º, § 3º.

V. Conceito de dia útil

O dispositivo em comento, em diversas passagens, faz remissão à expressão "dia útil". Em interpretação sistemática, pode-se concluir que dia útil, para fins processuais, é antônimo de feriado forense. Segundo o art. 216 do CPC/2015, são feriados para fins processuais: sábados, domingos e qualquer dia em que não expediente forense. Logo, são dias úteis todos os demais.

Art. 225 - A parte poderá renunciar ao prazo estabelecido exclusivamente em seu favor, desde que o faça de maneira expressa.

I. Renúncia ao prazo

A parte que, em seu favor, tem um prazo a fluir titulariza uma faculdade processual, que deve ser exercida para evitar a sua perda (preclusão). O ordenamento jurídico confere às partes a liberdade de disposição quanto aos prazos, podendo, inclusive, renunciá-los. Há um espaço de livre negociação e disposição que o ordenamento jurídico confere às partes para ajustarem e até abdicarem dos prazos processuais. Trata-se de negócio jurídico processual. A renúncia ao prazo processual pode ser feita unilateralmente, quando a parte beneficiária, isoladamente, pratica ato de disposição, independentemente da adesão ou concordância de outrem. Admite-se também que as partes em situação antagônica no processo (autor e réu) renunciem ao prazo através de uma convenção.

II. Prescindibilidade da homologação

O negócio jurídico processual de renúncia ao prazo independe de homologação judicial. Os negócios processuais, de regra, são eficazes de imediato (CPC/2015, art. 200). Praticado pela parte o ato de disposição, surge em razão dessa manifestação de vontade negocial a preclusão, não lhe sendo permitido voltar atrás e abdicar da renúncia, uma vez que a faculdade processual de praticar o ato se extinguira com o ato de renunciar.

Art. 226 - O juiz proferirá:
I - os despachos no prazo de 5 (cinco) dias;
II - as decisões interlocutórias no prazo de 10 (dez) dias;
III - as sentenças no prazo de 30 (trinta) dias.

I. Prazos impróprios

O dispositivo em comento enuncia os prazos impróprios do juiz, estabelecendo o lapso dentro do qual hão de ser proferidos os despachos e as decisões. Os prazos impróprios não se sujeitam à preclusão temporal. Logo, não há como se cogitar de preclusão *pro judicato* quando o juiz deixa de decidir, despachar ou sentenciar no prazo legal. Não é sem consequência, contudo, o desatendimento aos prazos pelo juiz, já que o art. 235 do CPC/2015 permite a representação contra aquele que, injustificadamente, excedeu os prazos legais, podendo haver atribuição dos autos ao substituto legal.

II. Enumeração dos prazos

O CPC/2015 agrupa os prazos de acordo com o tipo de pronunciamento do juiz. Assim, os despachos devem ser proferidos em cinco dias; as decisões interlocutórias, em dez dias, e as sentenças, em 30 dias.

Art. 227 - Em qualquer grau de jurisdição, havendo motivo justificado, pode o juiz exceder, por igual tempo, os prazos a que está submetido.

I. Prazo impróprio e descumprimento justificado

O descumprimento dos prazos pelo magistrado não é capaz de gerar a preclusão temporal, mas é fato jurídico que produz consequências no plano administrativo-disciplinar e também no plano processual, já que o excesso injustificado de prazo pode ensejar a aplicação do art. 235 do CPC/2015. O juiz, em qualquer grau de jurisdição, pode exceder os prazos estabelecidos para a prática dos atos respectivos, desde que (a) exista motivo justificado e (b) o excesso corresponda ao quantitativo do prazo estabelecido. O dispositivo lançou mão de termo indeterminado justamente para ampliar a abrangência de situações que poderiam motivar o descumprimento justificado de prazo pelo juiz. As razões, portanto, são as mais diversas possíveis, abrangendo desde problemas de saúde a dificuldades estruturais e operacionais para exercício do seu mister.

II. Sanção em caso de excesso de prazo

O CNJ, em seu Regimento Interno, disciplinou, no art. 78, para possibilitar a aplicação de sanção administrativa correspondente aos requisitos para formulação de representação por excesso de prazo, passível de ser formulada por qualquer pessoa com interesse legítimo, por representante do Ministério Público, pelos Presidentes de Tribunais ou, de ofício, pelos próprios Conselheiros.

Art. 228 - Incumbirá ao serventuário remeter os autos conclusos no prazo de 1 (um) dia e executar os atos processuais no prazo de 5 (cinco) dias, contado da data em que:
I - houver concluído o ato processual anterior, se lhe foi imposto pela lei;
II - tiver ciência da ordem, quando determinada pelo juiz.
§ 1º - Ao receber os autos, o serventuário certificará o dia e a hora em que teve ciência da ordem referida no inciso II.
§ 2º - Nos processos em autos eletrônicos, a juntada de petições ou de manifestações em geral ocorrerá de forma automática, independentemente de ato de serventuário da justiça.

I. Prazos dos serventuários da justiça

Os prazos atribuídos aos serventuários da justiça listados no dispositivo em comento são todos impróprios, não se sujeitando à preclusão temporal em caso de inobservância. A regra é dirigida não apenas ao escrivão ou chefe de secretaria, mas a todos os serventuários. Os prazos são fixados em um dia para pôr os autos conclusos ao juiz para despacho ou decisão e cinco dias para os demais atos. Reveste-se de grande importância a observância desses prazos, especialmente do prazo para conclusão, pois dela depende o perfeito funcionamento da sistemática de julgamento segundo a ordem cronológica. Havendo sucessão de atos a cargo do serventuário, o prazo deve ser contado logo após ser concluído o ato anterior (por exemplo, feita a juntada de petição em até cinco dias, colocará os autos conclusos em até um dia). Havendo determinação do juiz para a prática do ato, o prazo flui a partir da ciência do serventuário (por exemplo, recebida a decisão do magistrado com a ordem de citação pelo serventuário, deve-se expedir a respectiva carta em até cinco dias). A fim de haver o controle da observância dos prazos, impõe-se ao serventuário certificar o dia e horário de recebimento dos autos para cumprir as determinações do juiz.

II. Autos eletrônicos e juntada

Harmonizando-se com a disciplina estabelecida pela Lei nº 11.419/2006, art. 10, o CPC previu que, nos autos eletrônicos, os atos processuais de juntada serão feitos automaticamente após o respectivo envio, sem a concorrência de serventuário.

Art. 229 - Os litisconsortes que tiverem diferentes procuradores, de escritórios de advocacia distintos, terão prazos contados em dobro para todas as suas manifestações, em qualquer juízo ou tribunal, independentemente de requerimento.
§ 1º - Cessa a contagem do prazo em dobro se, havendo apenas 2 (dois) réus, é oferecida defesa por apenas um deles.
§ 2º - Não se aplica o disposto no caput aos processos em autos eletrônicos.

I. Litisconsórcio e contagem do prazo em dobro

O Código beneficia com prazo em dobro os litisconsortes representados no processo por diferentes procuradores. É irrelevante, para a incidência da regra, a natureza do litisconsórcio, podendo ser necessário, facultativo, comum ou unitário; basta haver pluralidade de partes, seja no polo ativo, no lado passivo ou em ambos, cada qual representada por advogados diversos, pertencentes a escritórios jurídicos distintos. O requisito da diversidade de escritórios é necessário para evitar o artifício, comumente utilizado sob a vigência do CPC/1973, de dividir-se a representação processual dos litisconsortes entre advogados do mesmo escritório apenas com o propósito de se utilizar da benesse legal. Se os advogados de cada litisconsorte trabalham juntos no mesmo escritório, a justificativa para a benesse já não se faria presente. Desse modo, não se aplica o prazo em dobro se houver um advogado comum a todos os litisconsortes (STJ, REsp nº 1233/PB). Ressalte-se que a dobra de prazo é eficaz para todos os atos do processo (contestação, réplica, razões finais, recursos, manifestações e requerimentos em geral), alcançando todos os litisconsortes. Se os litisconsortes passam a ter procuradores distintos no curso do processo, somente a partir daí é que têm o prazo em dobro à sua disposição (STJ, REsp nº 1309510/AL). Segundo o entendimento firmado no âmbito do Supremo Tribunal Federal (Súmula nº 641 do STF), não se conta em dobro o prazo para recorrer quando só um dos litisconsortes haja sucumbido.

II. Revelia

Não há contagem do prazo em dobro na hipótese de haver apenas dois réus em litisconsórcio com revelia de um deles. O dispositivo andou bem em estabelecer expressamente a cessação do benefício da dobra de prazo nesse caso, deixando claro que o prazo para oferecimento de resposta será dobrado, sendo contados como simples apenas os prazos subsequentes. Cessar o benefício significa interrompê-lo com eficácia prospectiva. A regra é compatível com a tutela da proteção da confiança, inerente ao devido processo legal, já que, ao ser citada, a parte não pode adivinhar se o seu litisconsorte irá ou não contestar a demanda.

III. Prazo em dobro e exclusão de litisconsorte

Um dos elementos do suporte fático da regra jurídica do art. 229 do CPC/2015, *caput*, é a existência de litisconsórcio. Logo, se no curso do procedimento sobrevier decisão extinguindo o processo em relação a uma das partes, fazendo cessar o litisconsórcio até então existente, cessa-se, a partir desse momento, o benefício da duplicação de prazo. Por isso, conforme decidiu o Superior Tribunal de Justiça, é inaplicável o prazo em dobro quando desfeito o litisconsórcio existente na instância ordinária (STJ, EDcl no AgRg no REsp nº 1305705/RS).

IV. Litisconsórcio passivo com três ou mais réus

Se o litisconsórcio passivo for composto de três ou mais réus, a revelia de apenas um deles não faz cessar a dobra de prazo. Apesar de não estar expresso na literalidade do art. 229, § 1º, do CPC/2015, caso a revelia venha a ser de dois dos três réus, o litisconsorte que ofereceu contestação não gozará, a partir daí, do prazo em dobro. Assim sucede pela mesma razão subjacente ao dispositivo em comento: na revelia, os prazos fluirão independentemente de intimação e o litisconsorte que houver contestado provavelmente não sofrerá embaraços no exercício de suas faculdades processuais, já que os autos, ao menos em tese, lhe estarão exclusivamente disponíveis.

V. Autos eletrônicos e prazo simples

Se o processo tramita em autos eletrônicos, exclui-se o prazo em dobro para litisconsortes com procuradores distintos. A regra concretiza o princípio da paridade de armas, pois, no processo eletrônico, há acesso pleno e irrestrito aos autos, continuamente, por todos os advogados. A manutenção da dobra de prazo nessa circunstância redundaria na concessão de privilégio injustificado para os litisconsortes.

Art. 230 - O prazo para a parte, o procurador, a Advocacia Pública, a Defensoria Pública e o Ministério Público será contado da citação, da intimação ou da notificação.

I. Regra geral de fluência dos prazos processuais

O art. 230 do CPC/2015 estabelece um regramento geral para fluência dos prazos no processo civil. Os prazos dirigidos às partes, aos advogados, à Defensoria Pública e ao Ministério Público fluem a partir da citação, intimação ou notificação, conforme o caso. Há, nada obstante, diversas normas no próprio CPC/2015 e na legislação especial que excepcionam essa regra (por exemplo, art. 231 do CPC/2015).

II. Intimação e fluência do prazo em horas

Se o ato a ser praticado objeto da intimação é contado em horas, a fluência do prazo inicia a partir do exato instante da própria intimação, devendo ser consignado na respectiva certidão o horário para possibilitar o controle.

III. Negócio jurídico processual e início da fluência do prazo

Considerando a cláusula geral de negociação processual, extraída do art. 190 do CPC/2015, é lícito às partes ajustarem um regramento diferenciado de fluência dos prazos no processo (por exemplo, acordo para estabelecer que os prazos para autor e réu fluirão no segundo dia útil após a intimação).

IV. Ciência inequívoca

Consolidou-se na jurisprudência o entendimento segundo o qual a ciência inequívoca da parte a respeito de determinado ato do processo torna despicienda a realização da respectiva intimação (STJ, AgRg no REsp nº 1051441/RS). A retirada dos autos de cartório com carga é o exemplo característico de ato de ciência inequívoca da parte a dispensar ulterior intimação. Dessa maneira, o prazo para impugnar determinada decisão flui a partir do momento do conhecimento inequívoco da parte, se houver, e não da intimação, como estabelece o art. 230 do CPC/2015. A carga dos autos pelo advogado da parte, antes de sua intimação por meio de publicação, enseja a ciência inequívoca da decisão que lhe é adversa, iniciando a partir daí a contagem do prazo para interposição do recurso cabível (STJ, AgRg nos EDcl no Ag nº 1.306.136/TO). Se o advogado é intimado para ter vistas dos autos e, ao retirá-los em carga, observa que decisões, ainda pendentes de intimação, foram proferidas, o prazo recursal correspondente para impugná-las flui a partir do recebimento dos autos, denotando aí a ciência inequívoca do que acontece no procedimento, e não da publicação do despacho, conforme já decidiu o Superior Tribunal de Justiça (STJ, REsp nº 1296317/RJ).

Art. 231 - Salvo disposição em sentido diverso, considera-se dia do começo do prazo:
I - a data de juntada aos autos do aviso de recebimento, quando a citação ou a intimação for pelo correio;
II - a data de juntada aos autos do mandado cumprido, quando a citação ou a intimação for por oficial de justiça;
III - a data de ocorrência da citação ou da intimação, quando ela se der por ato do escrivão ou do chefe de secretaria;
IV - o dia útil seguinte ao fim da dilação assinada pelo juiz, quando a citação ou a intimação for por edital;
V - o dia útil seguinte à consulta ao teor da citação ou da intimação ou ao término do prazo para que a consulta se dê, quando a citação ou a intimação for eletrônica;
VI - a data de juntada do comunicado de que trata o art. 232 ou, não havendo esse, a data de juntada da carta aos autos de origem devidamente cumprida, quando a citação ou a intimação se realizar em cumprimento de carta;
VII - a data de publicação, quando a intimação se der pelo Diário da Justiça impresso ou eletrônico;
VIII - o dia da carga, quando a intimação se der por meio da retirada dos autos, em carga, do cartório ou da secretaria.
§ 1º - Quando houver mais de um réu, o dia do começo do prazo para contestar corresponderá à última das datas a que se referem os incisos I a VI do caput.
§ 2º - Havendo mais de um intimado, o prazo para cada um é contado individualmente.
§ 3º - Quando o ato tiver de ser praticado diretamente pela parte ou por quem, de qualquer forma, participe do processo, sem a intermediação de representante judicial, o dia do começo do prazo para cumprimento da determinação judicial corresponderá à data em que se der a comunicação.
§ 4º - Aplica-se o disposto no inciso II do caput à citação com hora certa.

I. Fluência dos prazos

No sistema do CPC/2015, os prazos são contados em dias úteis, excluindo-se o dia de início e incluindo-se o do vencimento. Já no tocante à fluência, de regra, os prazos iniciam o seu curso a partir da ciência do destinatário (citação, intimação e notificação), salvo regras especiais, que fixam outros momentos para seu início.

II. Comunicação pelos correios

Quando a citação ou a intimação se der pelo correio, o prazo começa a fluir a partir da data de juntada aos autos do aviso de recebimento. Tratando-se de processo com litisconsórcio passivo, o prazo para oferecimento de defesa, quando for o caso, fluirá a partir da juntada do último dos avisos de recebimento. Havendo pluralidade de intimados, o prazo fluirá independente e individualmente para cada parte, a partir da juntada de cada aviso de recebimento da respectiva intimação.

III. Citação e intimação por oficial de justiça

Quando a citação ou a intimação se der por meio de oficial de justiça, o prazo começa a fluir a partir da data de juntada aos autos do mandado respectivo, devidamente cumprido. Se houver litisconsórcio passivo, o prazo para oferecimento de defesa, quando for o caso, fluirá a partir da juntada do último dos mandados cumpridos. Enquanto não se cumprirem e forem juntados aos autos todos os mandados, não há como fluir o prazo para o oferecimento de defesa pelos réus, quando for o caso. Se houver vários litisconsortes (ativos e/ou passivos) a serem intimados por meio de oficial de justiça, os prazos fluirão independente e individualmente para cada parte, a partir da juntada do aviso de recebimento de cada intimação. Quando a intimação é feita via oficial de justiça, prerrogativa conferida à Fazenda, o termo *a quo* para a contagem do prazo recursal se inicia da data da juntada do mandado aos autos (STJ, EDcl nos EDcl no AREsp nº 394198/RN). A Advocacia-Geral da União goza da prerrogativa de intimação pessoal. O prazo para a interposição de recurso, quando a intimação se der por oficial de justiça, inicia-se com a juntada do mandado cumprido (STJ, REsp nº 1340151/DF). Nas citações e intimações por hora certa, observar-se-á a mesma sistemática: fluirá o prazo a favor do citado ou intimado, conforme o caso, a partir da data de juntada aos autos do mandado acompanhado da certidão circunstanciada do oficial de justiça confirmando a citação ou intimação por hora certa.

IV. Citação ou intimação pelo escrivão

Realizando-se a citação ou a intimação por ato do escrivão ou do chefe de secretaria, o prazo fluirá a partir da data da sua ocorrência. Se houver litisconsórcio passivo, o prazo para oferecimento de defesa, quando for o caso, que será comum aos réus, fluirá a partir da data da última citação realizada, independentemente da modalidade. Assim, enquanto todos os réus não forem citados, não flui o prazo para oferecimento de defesa, quando for caso. Se houver vários litisconsortes (ativos ou passivos) a serem intimados pelo escrivão, os prazos fluirão independente e individualmente para cada parte, ainda que os demais litisconsortes sejam intimados através de outra modalidade.

V. Citação ou intimação por edital

Nas citações editalícias, o juiz deve fazer constar do edital o prazo, a ser fixado entre 20 e 60 dias, que é exigência do art. 257, inciso III, do CPC/2015. Esse prazo fluirá da data da publicação única, ou, havendo mais de uma, da primeira. Transcorrido o prazo do edital, tem-se como aperfeiçoada a citação ficta. O prazo para oferecimento de defesa, porém, quando for o caso, fluirá a partir do dia útil seguinte ao aperfeiçoamento da citação por edital. A mesma sistemática aplica-se à fluência do prazo relativamente à intimação editalícia. Havendo litisconsórcio passivo, o prazo de resposta, quando for o caso, fluirá a partir do dia útil subsequente à consumação da última das citações. Se houver vários litisconsortes (ativos ou passivos) a serem intimados por edital, os prazos fluirão individualmente para cada parte, a partir do dia útil subsequente ao da respectiva intimação.

VI. Cartas precatória, rogatória ou de ordem

Tratando-se de citação ou intimação por cartas precatória, rogatória ou de ordem, cabe ao juízo deprecado, ordenado e rogado comunicar imediatamente ao juízo deprecante, por meios eletrônicos, a sua ocorrência, conforme exigido pelo art. 232 do CPC/2015. O prazo em favor da parte citada ou intimada, por meio de cartas precatória, rogatória ou de ordem flui a partir da juntada aos autos do juízo deprecante da comunicação quanto à ocorrência de citação ou intimação. Na falta dessa comunicação, o prazo fluirá a partir da juntada aos autos da carta, devidamente cumprida. Na hipótese de serem vários os réus, o prazo fluirá após a juntada da última carta. Se houver vários litisconsortes (ativos ou passivos) a serem intimados por carta, os prazos fluirão individualmente para cada parte, a partir do dia útil subsequente ao da juntada da respectiva comunicação de intimação, ou, em sua falta, da respectiva carta (precatória, rogatória ou de ordem) devidamente cumprida.

VII. Citação ou intimação por meios eletrônicos

Quando a citação ou intimação for eletrônica, o prazo em favor da parte citada ou intimada, conforme o caso, flui a partir do dia útil seguinte (a) à consulta ao seu teor objeto da comunicação, ou (b) ao término do prazo para que a consulta se dê, a qual, segundo o art. 5º, § 3º, da Lei nº 11.419/2006, será até dez dias corridos, contados da data do envio da intimação, sob pena de considerar-se a parte automaticamente intimada após o decêndio. Havendo litisconsórcio passivo, o prazo de resposta, quando for o caso, fluirá a partir da última citação. Para as intimações eletrônicas, os prazos fluirão individualmente para cada parte intimada.

VIII. Intimação por publicação

Havendo intimação através de publicação do ato em Diário da Justiça, impresso ou eletrônico, o prazo fixado em favor da parte fluirá a partir da respectiva data de publicação. Tratando-se, porém, de comunicação por meio de Diário de Justiça eletrônico, considera-se feita a publicação no primeiro dia útil subsequente ao da sua disponibilização, nos termos do art. 4º, § 3º, da Lei nº 11.419/2006.

IX. Fluência de prazos para cumprimento de determinação judicial

Os prazos para a prática de atos que são dirigidos diretamente à parte (por exemplo, prazo para entrega ou depósito de determinada coisa ordenados pelo juiz) ou a outrem (para o perito restituir os autos que se encontram em sua posse), sem a intermediação de representante judicial, fluem a partir do dia da comunicação para cumprimento da determinação judicial correspondente. O dispositivo em comento traz regramento coincidente com a regra do art. 230 do CPC/2015. É possível, inclusive, que da mesma diligência resultem, para a mesma parte, prazos diversos, fluindo cada qual separadamente (por exemplo, se o réu é citado e ao mesmo tempo intimado da tutela de urgência deferida pelo juiz, ordenando-lhe a exibição de documento que se ache em seu poder, tem-se que o prazo para resposta, se não houver autocomposição em audiência no procedimento comum, fluirá a partir da data da audiência, enquanto o prazo para atender à determinação judicial já fluirá da respectiva intimação, contemporânea à citação).

Art. 232 - Nos atos de comunicação por carta precatória, rogatória ou de ordem, a realização da citação ou da intimação será imediatamente informada, por meio eletrônico, pelo juiz deprecado ao juiz deprecante.

I. Citação ou intimação por carta e informação ao juízo deprecante

Tratando-se de citação ou intimação realizados por meio de carta precatória, cumpre ao juízo deprecado, tão logo o ato seja praticado, comunicar ao juízo deprecante, por meios eletrônicos, se for possível, a sua realização. Esse expediente de informação, uma vez juntado aos autos no juízo deprecante, marca o início do prazo contra a parte destinatária, conforme prevê o art. 231, inciso V, do CPC/2015. Como regra, uma vez cumprida a carta precatória, com a realização do ato processual que constitui seu objeto, deve ela ser devolvida ao juízo ou tribunal de origem. A comunicação prevista no dispositivo em comento visa apenas antecipar a notícia ao juízo deprecante quanto ao efetivo cumprimento da carta, fazendo deflagrar, a partir desse momento, o início da fluência do prazo para citação ou intimação, conforme o caso.

Seção II - Da Verificação dos Prazos e das Penalidades

Art. 233 - Incumbe ao juiz verificar se o serventuário excedeu, sem motivo legítimo, os prazos estabelecidos em lei.

§ 1º - Constatada a falta, o juiz ordenará a instauração de processo administrativo, na forma da lei.

§ 2º - Qualquer das partes, o Ministério Público ou a Defensoria Pública poderá representar ao juiz contra o serventuário que injustificadamente exceder os prazos previstos em lei.

I. Fiscalização quanto ao descumprimento dos prazos dos serventuários

Os prazos impostos a serventuários do juízo, não obstante sejam impróprios e, por isso, insusceptíveis de provocar a preclusão temporal, são aptos a ensejar punição àquele que não os observa. É preciso considerar que não é o fato objetivo puro e simples do não cumprimento de prazo que justifica a instauração de processo administrativo disciplinar contra o servidor. O art. 233 do CPC/2015 exige o excesso de prazo injustificado para que seja possível a instauração do processo administrativo. Desse modo, há razões para configurar o motivo legítimo para o excesso de prazo, tais como: acúmulo extraordinário de processos na mesma serventia; número de serventuários desproporcional ao quantitativo de processos em tramitação, etc. Cabe ao juiz fiscalizar o excesso de prazo sem motivo legítimo dos serventuários que lhe são subordinados, dentre os quais o escrivão, oficial de justiça e demais servidores.

II. Representação

Embora ao juiz caiba a fiscalização do cumprimento de prazo pelos serventuários, o Código faculta a qualquer das partes, ao representante do Ministério Público ou defensor público formular representação dirigida ao juiz contra o serventuário que injustificadamente exceder os prazos processuais.

Art. 234 - Os advogados públicos ou privados, o defensor público e o membro do Ministério Público devem restituir os autos no prazo do ato a ser praticado.

§ 1º - É lícito a qualquer interessado exigir os autos do advogado que exceder prazo legal.

§ 2º - Se, intimado, o advogado não devolver os autos no prazo de 3 (três) dias, perderá o direito à vista fora de cartório e incorrerá em multa correspondente à metade do salário mínimo.

§ 3º - Verificada a falta, o juiz comunicará o fato à seção local da Ordem dos Advogados do Brasil para procedimento disciplinar e imposição de multa.

§ 4º - Se a situação envolver membro do Ministério Público, da Defensoria Pública ou da Advocacia Pública, a multa, se for o caso, será aplicada ao agente público responsável pelo ato.

§ 5º - Verificada a falta, o juiz comunicará o fato ao órgão competente responsável pela instauração de procedimento disciplinar contra o membro que atuou no feito.

I. Restituição dos autos

O advogado tem assegurado, de acordo com o art. 7º, inciso XV, do Estatuto da Advocacia, o direito de ter vista dos autos e retirá-los pelos prazos legais. A esse direito, contudo, associa-se o dever jurídico de devolver os autos retirados em carga, no esgotamento do prazo que lhe competir falar. As consequências ao advogado que retém excessivamente os autos em seu poder ocorrem no plano disciplinar e no plano processual. Segundo o art. 235 do CPC/2015, qualquer interessado poderá exigir a intimação do advogado que excedeu o prazo para promover a devolução dos autos. Caso não devolva no prazo de três dias, perderá o direito à vista fora de cartório e incorrerá em multa correspondente à metade do salário mínimo, para cuja aplicação é necessária a comunicação do fato à seccional da OAB para instaurar procedimento disciplinar. Cabe, porém, ressalvar que qualquer sanção da perda do direito de retirar em carga a ser imposta ao advogado é restrita ao processo em que verificada a falta. A regra do art. 7º, § 1º, do Estatuto da Advocacia complementa o dispositivo. Ademais, a intimação ao advogado para devolução é condição necessária para a imposição de sanção de supressão do direito de vistas fora de cartório. A multa mencionada no § 2º do art. 234 é aplicada somente pela OAB e não pelo juiz da causa (STJ, REsp nº 1063330/PR) e é devida pelo advogado e não pela parte, daí resultando a impossibilidade de que seja imposta pelo juiz da causa, razão pela qual se previu a necessária comunicação à OAB, para instaurar processo administrativo disciplinar.

II. Sanção ao representante do Ministério Público e ao defensor público

Se o descumprimento do dever de restituição dos autos no prazo legal recair sobre membro do Ministério Público, defensor público ou advogado público, a sanção de multa, se for o caso, será aplicada ao agente público responsável pelo ato. Para isso, o juiz comunicará o fato ao órgão responsável pela instauração de procedimento disciplinar contra o agente faltoso.

Art. 235 - Qualquer parte, o Ministério Público ou a Defensoria Pública poderá representar ao corregedor do tribunal ou ao Conselho Nacional de Justiça contra juiz ou relator que injustificadamente exceder os prazos previstos em lei, regulamento ou regimento interno.

§ 1º - Distribuída a representação ao órgão competente e ouvido previamente o juiz, não sendo caso de arquivamento liminar, será instaurado procedimento para apuração da responsabilidade, com intimação do representado por meio eletrônico para, querendo, apresentar justificativa no prazo de 15 (quinze) dias.

§ 2º - Sem prejuízo das sanções administrativas cabíveis, em até 48 (quarenta e oito) horas após a apresentação ou não da justificativa de que trata o § 1º, se for o caso, o corregedor do tribunal ou o relator no Conselho Nacional de Justiça determinará a intimação do representado por meio eletrônico para que, em 10 (dez) dias, pratique o ato.

§ 3º - Mantida a inércia, os autos serão remetidos ao substituto legal do juiz ou do relator contra o qual se representou para decisão em 10 (dez) dias.

I. Representação por excesso de prazo

O descumprimento dos prazos pelo magistrado não é capaz de gerar a preclusão temporal, mas produz consequências tanto no plano administrativo-disciplinar como também no plano processual. O CNJ, em seu Regimento Interno, disciplinou, no art. 78, os requisitos para representação por excesso de prazo, permitindo que qualquer pessoa com interesse legítimo, o representante do Ministério Público, Presidentes de Tribunais ou, de ofício, os próprios Conselheiros a formulassem. O CPC/2015, no dispositivo em comento, restringiu esse rol, elencando como legitimados a representar contra o juiz que injustificadamente excedeu os prazos: as partes, Ministério Público e Defensoria Pública. A aparente antinomia se resolve considerando que o procedimento disciplinado pelo art. 78 do Regimento Interno do CNJ tem nítida feição administrativo-disciplinar. Previu-se ali um rol mais amplo de legitimados, como forma de concretizar o direito constitucional de petição, daí por que, a rigor, qualquer interessado pode formular a representação por excesso de prazo contra magistrado. Já o CPC/2015, em seu art. 235, disciplinou as consequências processuais do descumprimento injustificado de prazo pelo juiz, daí por que o legislador teve por bem limitar o espectro de legitimados.

II. Procedimento

Distribuída a representação, o magistrado a quem se imputa o descumprimento de prazo será ouvido, por meio eletrônico, para, querendo, apresentar sua justificativa em 15 dias. Dentro de 48 horas seguintes à apresentação da justificativa ou do término do prazo para fazê-lo, o corregedor do tribunal ou relator, no Conselho Nacional de Justiça, determinará a intimação do representado, por meio eletrônico, para que, em dez dias, pratique o ato. Se o magistrado, atendendo à exortação, decidir ou despachar, ficará sem objeto o incidente, embora isso não interfira no andamento regular do procedimento na instância administrativa, que poderá redundar em eventual penalidade contra o magistrado.

III. Remessa dos autos ao substituto legal

Caso o representado, depois de intimado a praticar o ato, permaneça inerte, os autos serão remetidos ao seu substituto legal para decisão em dez dias. Andou bem o CPC/2015 ao estabelecer que os autos, após apurado excesso de prazo, serão remetidos ao substituto legal, não sendo válido admitir que o presidente do Tribunal viesse a designar outro juiz para causa, pois isso acarretaria violação ao princípio do juiz natural, incompatível com qualquer espécie de escolha ou indicação do novo juiz da causa. A designação do substituto é apenas para causa.

TÍTULO II
DA COMUNICAÇÃO DOS ATOS PROCESSUAIS

Capítulo I - Disposições Gerais

Art. 236 - Os atos processuais serão cumpridos por ordem judicial.
§ 1º - Será expedida carta para a prática de atos fora dos limites territoriais do tribunal, da comarca, da seção ou da subseção judiciárias, ressalvadas as hipóteses previstas em lei.
§ 2º - O tribunal poderá expedir carta para juízo a ele vinculado, se o ato houver de se realizar fora dos limites territoriais do local de sua sede.
§ 3º - Admite-se a prática de atos processuais por meio de videoconferência ou outro recurso tecnológico de transmissão de sons e imagens em tempo real.

Autor: Carlos Augusto de Assis

I. Atos processuais e a cooperação judicial

Esse dispositivo legal destaca, em primeiro lugar, a autoridade judicial presidindo o processo e determinando, sempre que necessário, a prática deste ou daquele ato processual. Ocorre que nem sempre o ato a ser praticado está circunscrito ao local em que o juiz exerce sua atividade jurisdicional. Não é incomum precisar ser praticado um ato (*v.g.*, oitiva de testemunha) fora dos limites da sede do juízo. Em tais situações o princípio da territorialidade da jurisdição torna necessária a cooperação de outro órgão jurisdicional.

Para a solicitação da cooperação de outro órgão jurisdicional, a lei prevê que o juízo solicitante expeça uma carta. No âmbito do território brasileiro, e tratando-se de juízos sem vinculação entre si, temos a carta precatória (art. 237, inciso III). No caso de tribunal que pretende a cooperação de juízo a ele vinculado, temos a carta de ordem (art. 237, inciso I).

O dispositivo legal fala na necessidade de expedição de carta, mas, "ressalvadas as hipóteses previstas em lei". Entre essas hipóteses em que o ato processual é praticado fora dos limites da comarca, seção ou subseção judiciárias, mas sem que seja expedida carta, temos os Juizados Especiais (Lei nº 9.099/1995, art. 13, § 2º), em que se autoriza a prática por qualquer meio de comunicação. Outra ressalva a ser feita refere-se às comarcas contíguas, em que se autoriza que o oficial de justiça realize o ato de comunicação processual fora dos limites territoriais (art. 255). Lembre-se, ainda, que a citação postal, segundo previsão do art. 247, CPC, pode ser feita para qualquer comarca do país, independentemente, portanto, de expedição de carta precatória.

II. Prática de atos processuais por videoconferência

A grande novidade trazida pela novel legislação fica por conta do § 3º, que prevê prática de atos processuais por videoconferência ou meio equivalente (previsão que é complementada nos dispositivos sobre prova testemunhal – art. 453, § 1º, e depoimento pessoal – art. 385, § 3º). Essa previsão é uma realidade no âmbito do processo penal, tendo a Lei nº 11.900, de 8 de janeiro de 2009, alterado o Código de Processo Penal para permitir interrogatório de réu preso, bem como oitiva de testemunha através de videoconferência. No âmbito do processo penal, essa previsão visa a atender necessidades de segurança pública ou de evitar constrangimento a testemunhas, risco de fuga, economia orçamentária, etc. No caso do processo civil, vislumbra-se grande benefício em termos de celeridade (por evitar idas e vindas de precatória) e de oralidade. Com efeito, um dos pilares da oralidade, que possibilita um julgamento de melhor qualidade, é a imediação (através da qual o juiz tem contato direto com a parte, ou testemunha, na coleta da prova oral). Esse pilar é complementado pela identidade física, segundo a qual o juiz que presidiu a instrução, coletando diretamente a prova oral, deverá julgar a causa. No caso, por exemplo, de uma testemunha ouvida por precatória, o juiz que irá julgar a causa não terá tido contato direto com ela por ocasião de seu depoimento, mitigando a oralidade. A videoconferência poderá obviar este tipo de inconveniente. O extraordinário desenvolvimento tecnológico que a área de comunicação vem experimentando pode trazer grandes benefícios para o processo. Naturalmente, da mesma forma que a videoconferência experimentou resistência no processo penal, é de se esperar que no processo civil também encontre opositores. Mesmo defendendo a sua utilização no processo civil, entende-se que as críticas serão úteis para que o dispositivo legal não seja empregado inadequadamente. Acredita-se que esse dispositivo legal deva ser objeto de regulamentação para que sua utilização não seja abusiva. Nesse sentido, lembra-se o disposto no art. 196, do CPC ("Compete ao Conselho Nacional de Justiça e, supletivamente, aos tribunais, regulamentar a prática e a comunicação oficial de atos processuais por meio eletrônico e velar pela compatibilidade dos sistemas, disciplinando a incorporação progressiva de novos avanços tecnológicos e editando, para esse fim, os atos que forem necessários, respeitadas as normas fundamentais deste Código"). Parece certo que a utilização da videoconferência deve ser feita de forma subsidiária. Sempre que a presença física do depoente perante o juiz da causa for possível, sem grandes dificuldades, a videoconferência deve ser afastada. Aliás, o próprio CPC dá um indicativo nesse sentido quando trata da produção da prova testemunhal, determinando que a testemunha deverá depor na audiência de instrução perante o juiz da causa (art. 453, *caput*), mas que é admissível a sua oitiva através de videoconferência se residir em outra comarca (art. 453, § 1º). É preciso dar efetividade à inovação legal, sem descurar das cautelas pertinentes.

Art. 237 - Será expedida carta:
I - de ordem, pelo tribunal, na hipótese do § 2º do art. 236;
II - rogatória, para que órgão jurisdicional estrangeiro pratique ato de cooperação jurídica internacional, relativo a processo em curso perante órgão jurisdicional brasileiro;
III - precatória, para que órgão jurisdicional brasileiro pratique ou determine o cumprimento, na área de sua competência territorial, de ato relativo a pedido de cooperação judiciária formulado por órgão jurisdicional de competência territorial diversa;
IV - arbitral, para que órgão do Poder Judiciário pratique ou determine o cumprimento, na área de sua competência territorial, de ato objeto de pedido de cooperação judiciária formulado por juízo arbitral, inclusive os que importem efetivação de tutela provisória.
Parágrafo único - Se o ato relativo a processo em curso na justiça federal ou em tribunal superior houver de ser praticado em local onde não haja vara federal, a carta poderá ser dirigida ao juízo estadual da respectiva comarca.
O dispositivo em apreço, num primeiro momento, obedece à tradicional divisão das espécies de cartas, a de ordem, a rogatória e a precatória. Em seguida, fala da carta arbitral, uma novidade em relação ao CPC/1973. Vamos examiná-las separadamente.

I. Carta de ordem

A carta de ordem destina-se a formalizar a comunicação processual entre o órgão superior e outro a ele vinculado (*v.g.*, o Tribunal de Justiça para o juízo de uma das comarcas dentro do Estado da sua competência). Serviria, por exemplo, para que o Tribunal determinasse que o juiz de primeiro grau, de determinada comarca a ele sujeita, realizasse uma diligência de modo a permitir que o Tribunal procedesse ao julgamento da causa.

II. Carta rogatória

A carta rogatória, para órgão jurisdicional estrangeiro. Trata-se de um mecanismo de cooperação jurídica internacional, juntamente com a homologação de sentença estrangeira (art. 960, CPC) e o auxílio direto (art. 28, CPC).

Observe-se que a carta rogatória, conforme se costuma classificar, pode ser ativa (quando se requer a um Estado estrangeiro que pratique determinado ato) ou passiva (quando se pratica determinado ato em atendimento à solicitação de um Estado estrangeiro). A competência para a concessão do *exequatur* de uma carta rogatória passiva é do Superior Tribunal de Justiça (art. 105, inciso I, *i*, CF). O artigo em comento, porém, trata da carta rogatória ativa, pois se refere à solicitação feita ao "Estado estrangeiro" para prática de um ato. Em todo caso, como mecanismo de cooperação internacional, depende, fundamentalmente, da adesão a tratados ou acordos bilaterais (não havendo, a atuação poderá se dar na base da reciprocidade, manifestada pela via diplomática – art. 26, § 1º, CPC). Tais acordos, na maioria dos casos, permitem atos de comunicação processual, mas sem caráter executivo. Em outras palavras, nos casos em que o Brasil tenha acordo internacional com outro país, que permita o trâmite e cumprimento de rogatórias, será perfeitamente possível, por exemplo, a realização de citação por este meio (lembrando que na falta de acordo entre os países para cumprimento de rogatória com esta função será o caso de citação por edital, dada a inacessibilidade do réu – ver art. 256, § 1º, CPC), ou a oitiva de testemunha ou outro ato instrutório. Dificilmente, porém, será permitida a penhora de bens situados no estrangeiro através de tal mecanismo. As cartas rogatórias devem tramitar por via diplomática, sob pena de invalidade. Nesse sentido, veja-se a seguinte ementa: "PROCESSO CIVIL. AGRAVO REGIMENTAL. CARTA ROGATÓRIA. TRÂMITE POR VIA PARTICULAR. IMPOSSIBILIDADE. EXIGÊNCIA DA VIA DIPLOMÁTICA. I - Os pedidos de cooperação jurídica internacional, cujas diligências dependem da prévia concessão de exequibilidade pelo Superior Tribunal de Justiça, devem tramitar pela via diplomática, sendo inviável o requerimento articulado diretamente pelo autor do processo em trâmite na Justiça estrangeira. II - Conclusão pacífica na doutrina de Pontes de Miranda, Susan Kleebank e Moniz de Aragão e resultado da interpretação conjunta do art. 211 do Código de Processo Civil, combinado com os arts. 7º, parágrafo único, e 14 da Resolução STJ n. 09 de 2005 e com os arts. 4º e 6º, I, da Portaria Interministerial n. 501, de 2012, que define a tramitação das cartas rogatórias. Agravo regimental desprovido" (Corte Especial, AgRg na CR nº 9.563/EX, Rel. Min. Francisco Falcão, j. em 4/2/2015, DJe de 9/3/2015).

III. Carta precatória

Quanto à carta precatória, trata-se de mecanismo de uso comum relativo à comunicação de atos processuais no âmbito nacional. Serve para prática de atos em comarca (ou seção judiciária) diferente daquela em que tramite a causa. Seria o caso, assim, de citação de pessoa que reside em comarca diversa. Há que ser expedida uma carta precatória para o juiz deprecado determinar a citação na comarca de sua competência, e, após documentado o ato, remeter a precatória para o juízo deprecante. A esse respeito, porém, ressalva seja feita para o caso de citação postal, que pode ser feita para qualquer comarca do país, sem necessidade de expedição de carta precatória, salvo os casos em que a lei excepciona esse modo de citação.

IV. Carta arbitral

A novidade, aqui, fica por conta da arbitragem. O CPC prevê a figura da carta arbitral, para formalizar a comunicação de atos processuais envolvendo a entidade arbitral e o Judiciário. Há várias situações em que tal se fará necessário. A própria lei da arbitragem prevê a cooperação entre o árbitro e o juiz estatal (art. 22, § 4º, Lei nº 9.307/1996). É o caso de o árbitro determinar alguma providência cautelar ou antecipatória. A execução de tais medidas dependerá do Poder Judiciário, cuja atuação estará sujeita a pedido da entidade arbitral. Esta solicitação da intervenção do Poder Judiciário será feita através de carta arbitral. O mesmo se diga do caso de condução coercitiva de testemunha para depor perante árbitro.

V. Cooperação entre justiça federal e estadual

A estrutura das Justiças Estaduais, como se sabe, é bem mais desenvolvida, numericamente falando, do que a da Justiça Federal. Assim, são relativamente poucas as cidades que possuem vara da Justiça Federal, enquanto o mesmo não ocorre no âmbito das Justiças Estaduais. Exatamente por isso que a própria Constituição Federal (art. 109, § 3º) prevê a possibilidade de um processo de competência da Justiça Federal tramitar (em primeiro grau de jurisdição) na Justiça Estadual.

O legislador, no dispositivo em comento, prevê a possibilidade de o órgão da Justiça Federal ou tribunal superior solicitar diretamente a um juízo estadual a prática de um ato, caso não haja vara da Justiça Federal no local.

Capítulo II - Da Citação

Art. 238 - Citação é o ato pelo qual são convocados o réu, o executado ou o interessado para integrar a relação processual.

I. Conceito

O CPC/2015, da mesma forma que o CPC/1973, preocupa-se em apresentar um conceito de citação. É discutível, do ponto de vista de técnica legislativa, a opção de conceituar um instituto através de um dispositivo legal. A par dessa discussão teórica, chama a atenção o fato de que o conceito do CPC/2015 é um pouco diferente do CPC/1973. Este último fala que a citação é o ato pelo qual se chama *o réu ou o interessado a fim de se defender* (art. 213, CPC/1973). Tal conceito, apesar de dar uma ideia razoável do sentido e objetivo da citação, é tecnicamente imperfeito. Entre outras coisas, a indicação de que a convocação era para "se defender" nem sempre corresponde à realidade. O conceito foi elaborado com os olhos postos no processo de conhecimento, mas a citação também se aplica ao processo de execução. Neste último, o executado é citado não para se defender e sim para cumprir sua obrigação. Isso sem contar a situação em que se cita para integrar o polo ativo da relação processual, em que, naturalmente, a convocação do citando não era para que se defendesse.

O conceito do artigo ora em comento é mais perfeito e vincula ao elemento essencial inerente à citação, que é a integração à relação processual. Na citação, comunica-se alguém para que este integre a relação processual (o que esse alguém vai poder fazer a partir do momento em que passa a integrar a relação processual dependerá do caso).

II. Integrar a relação processual

A necessidade de comunicar para integrar a relação processual tem ligação com o princípio do contraditório. Como se sabe, o contraditório envolve necessariamente a comunicação e a possibilidade de reação. A comunicação (a "ciência necessária") é feita, num primeiro momento, através da citação. Justamente pela estreita ligação com o contraditório, o legislador revela grande preocupação com a citação, cercando-a de cuidados para que esta propicie efetiva ciência.

A partir do momento em que alguém, pela citação, passa a integrar a relação processual, os efeitos da coisa julgada material podem lhe atingir (art. 506, CPC).

Justamente porque o citando só atinge a condição de parte da relação processual após ter sido citado, já se teve oportunidade de decidir que não há que se falar em condenação de honorários se a citação nem chegou a ocorrer: "PROCESSUAL CIVIL - AÇÃO ORDINÁRIA - DESBLOQUEIO DE CRUZADOS NOVOS - AUSÊNCIA DE CITAÇÃO DO RÉU - HONORÁRIOS ADVOCATÍCIOS - DESCABIMENTO - VIOLAÇÃO À LEI FEDERAL NÃO CONFIGURADA - DIVERGÊNCIA JURISPRUDENCIAL NÃO COMPROVADA - RISTJ, ART. 255 E PARÁGRAFOS - SÚMULA 13/STJ - CPC, ARTS. 213 E SEGUINTES.- Se o réu não fora citado para compor a relação processual, não há que se falar em litígio, sendo descabida a condenação em honorários de advogado e demais verbas acessórias.- Recurso não conhecido" (2ª T., REsp nº 148.618/SP, Rel. Min. Francisco Peçanha Martins, j. em 14/12/1999, DJ de 13/3/2000, p. 169).

III. Citação e réu falecido

Naturalmente, a citação, como ato processual válido, supõe que o citando seja um ente efetivamente existente no momento em que se realiza o ato. Se, por equívoco, a comunicação é feita a pessoa já falecida, o ato é desprovido de qualquer eficácia. Nesse sentido, julgado do STJ: "PROCESSO CIVIL – EXECUÇÃO FISCAL – IPTU EXERCÍCIO DE 1993 – PRESCRIÇÃO – DECRETAÇÃO DE OFÍCIO ANTES DO AJUIZAMENTO DA AÇÃO – INEXISTÊNCIA DE CITAÇÃO VÁLIDA – PESSOA FALECIDA. 1. A relação jurídica processual só se constitui e validamente se desenvolve com a citação. Por conseguinte, a pessoa indicada como ré somente será parte no processo depois de regularmente citada. 2. Se o executado faleceu antes do despacho de citação, mesmo que venham a ser realizados os movimentos citatórios, nos termos do comando judicial, não há como se configurar perfeição do ato citatório na medida em que uma pessoa somente poderá ser citada se viva estiver. 3. Trata-se de fato inadmissível juridicamente; portanto, a hipótese é de citação inexistente, pois nem sequer há falar em citação dos sucessores universais, uma vez que dessa hipótese o acórdão recorrido não trata. Agravo regimental provido" (2ª T., AgRg no REsp nº 987.201/RJ, Rel. Min. Humberto Martins, j. em 8/4/2008, DJe de 17/4/2008).

Art. 239 - Para a validade do processo é indispensável a citação do réu ou do executado, ressalvadas as hipóteses de indeferimento da petição inicial ou de improcedência liminar do pedido.
§ 1º - O comparecimento espontâneo do réu ou do executado supre a falta ou a nulidade da citação, fluindo a partir desta data o prazo para apresentação de contestação ou de embargos à execução.
§ 2º - Rejeitada a alegação de nulidade, tratando-se de processo de:
I - conhecimento, o réu será considerado revel;
II - execução, o feito terá seguimento.

I. Indispensabilidade da citação

Como já se destacou nas notas ao artigo anterior, a citação é de fundamental importância, visto que é condição para a implementação do contraditório (que requer *ciência* dos atos). Nada mais lógico, portanto, que se repute inválido o processo em que a citação não tenha sido efetua-da. A ressalva encontrada no *caput* diz respeito aos casos de indeferimento de inicial (art. 330) e de improcedência liminar (art. 332). A ressalva é feita porque nesses casos o próprio procedimento prevê a prolação de sentença sem que o réu tenha sido citado. A justificativa, em ambos os casos, é que o réu está sendo beneficiado pela decisão, o que afastaria a violação ao contraditório. No que diz respeito especificamente à improcedência liminar, quando tal instituto foi inserido em nosso sistema (art. 285-A, CPC/1973, na redação dada pela Lei nº 11.277/2006), o Conselho Federal da OAB promoveu uma ação direta de inconstitucionalidade (Adin nº 3.695), alegando, entre outras coisas, violação ao contraditório, mas não obteve liminar. A Adin ainda pende de julgamento.

II. Comparecimento espontâneo

O § 1º deste artigo, que encontra similar no CPC/1973, é clara expressão do princípio da instrumentalidade das formas, de larga aplicação na temática das nulidades (cf. art. 277). Com efeito, a própria indispensabilidade da citação deve ser lida à luz da finalidade almejada. No caso previsto no § 1º, o comparecimento do demandado é sinal de que a finalidade do ato citatório (dar ciência e possibilitar a defesa) foi alcançada, tornando dispensável qualquer exigência de forma. Ressalte-se que, conforme têm entendido o Superior Tribunal de Justiça, a presença do advogado peticionando nem sempre implicará comparecimento espontâneo, para efeito de se reputar suprida a citação. Assim, se o advogado do demandado, que possui poderes específicos para receber citação, apresenta-se nos autos, entende-se que houve comparecimento do réu: "DIREITO PROCESSUAL CIVIL. RECURSO ESPECIAL. AÇÃO DE COBRANÇA. PRAZO DE RESPOSTA. TERMO INICIAL. JUNTADA DE PROCURAÇÃO. PODERES ESPECIAIS PARA RECEBER CITAÇÃO. COMPARECIMENTO ESPONTÂNEO. ARTS. ANALISADOS: 214, § 1º, e 215 DO CPC. [...] 3. A juntada aos autos de procuração com poderes específicos para receber citação configura o instituto do comparecimento espontâneo (art. 214, § 1º, do CPC), inobstante a ausência de imediata carga dos autos. 4. Juntada a procuração, completa-se a formação do processo, abrindo-se ao advogado a possibilidade de acesso aos autos, independente de pedido ou deferimento do juiz" (3ª T., REsp nº 1454841/MG, Rel. Min. Nancy Andrighi, j. em 7/8/2014, DJe de 15/8/2014).

Por outro lado, se o advogado não possuía poderes para receber citação, a simples petição nos autos não configura "comparecimento espontâneo do réu": "AGRAVO REGIMENTAL NO RECURSO ESPECIAL. PROCESSO CIVIL. ADVOGADO SEM PODERES PARA RECEBER CITAÇÃO. COMPARECIMENTO ESPONTÂNEO DO RÉU. REVELIA. NÃO OCORRÊNCIA. PRECEDENTES. 1. O peticionamento nos autos por advogado destituído de poderes para receber citação não pode configurar o comparecimento espontâneo do réu, apto a suprir a necessidade de citação" (3ª T., AgRg no REsp nº 1256389/SP, Rel. Min. João Otávio de Noronha, j. em 2/10/2014, DJe de 9/10/2014); "PROCESSUAL CIVIL. MANIFESTAÇÃO DE ADVOGADO SEM PROCURAÇÃO COM PODERES ESPECIAIS PARA RECEBER CITAÇÃO. AUSÊNCIA DE DEFESA. COMPARECIMENTO ESPONTÂNEO QUE NÃO SE CONFIGURA. NECESSIDADE DE CITAÇÃO. 1. O peticionamento nos autos por parte de advogado destituído de poderes especiais para receber citação, e sem a apresentação de defesa, não poderia configurar comparecimento espontâneo apto a suprir a necessidade de citação, sob pena de comprometer o devido processo legal" (2ª T., AgRg no AREsp nº 410.070/PR, Rel. Min. Eliana Calmon, j. em 26/11/2013, DJe de 3/12/2013).

Note-se, porém, que a juntada de procuração judicial, mesmo sem poderes específicos para receber citação, mas destinada especificamente para contestar aquela demanda, pode ser considerada comparecimento espontâneo, conforme o seguinte julgado: "RECURSO ESPECIAL (ART. 105, III, 'A' E 'C', DA CF) - AÇÃO DE COBRANÇA - REVELIA DECRETADA - PRAZO DE RESPOSTA INICIADO A PARTIR DA JUNTADA DE PROCURAÇÃO DOTADA DE PODERES PARA CONTESTAR ESPECIFICAMENTE A DEMANDA - COMPARECIMENTO ESPONTÂNEO - CORRETA EXEGESE DO ART. 214, § 1º, DO CPC - DIVERGÊNCIA JURISPRUDENCIAL NÃO CARACTERIZADA - ADOÇÃO DO RITO ORDINÁRIO EM LUGAR DO SUMÁRIO - AUSÊNCIA DE PREJUÍZO - JURISPRUDÊNCIA FIRME DESTA CORTE (SÚMULA N. 83/STJ) - RECURSO PARCIALMENTE CONHECIDO E DESPROVIDO. 1. Resta configurado o instituto do comparecimento espontâneo (art. 214, §1º, do CPC) na hipótese em que o réu, antecipando-se ao retorno do mandado ou 'a.r' de citação, colaciona aos autos procuração dotada de poderes específicos para contestar a demanda, mormente quando segue a pronta retirada dos autos em carga por iniciativa do advogado constituído.

Conjuntamente considerados, tais atos denotam a indiscutível ciência do réu acerca da existência da ação contra si proposta, bem como o empreendimento de efetivos e concretos atos de defesa. Flui regularmente, a partir daí, o prazo para apresentação de resposta.

Irrelevante, diante dessas condições, que o instrumento de mandato não contenha poderes para recebimento de citação diretamente pelo advogado, sob pena de privilegiar-se a manobra e a má-fé processual. [...]" (4ª T., REsp nº 1026821/TO, Rel. Min. Marco Buzzi, j. em 16/8/2012, DJe de 28/8/2012).

Igualmente, o seguinte julgado: "AGRAVO REGIMENTAL NO AGRAVO EM RECURSO ESPECIAL. EMBARGOS À EXECUÇÃO. INTEMPESTIVIDADE RECONHECIDA. COMPARECIMENTO NOS AUTOS POR ADVOGADO COM PODERES PARA ATUAR NA AÇÃO. ART. 535. AUSÊNCIA DE OMISSÕES. AGRAVO REGIMENTAL A QUE SE NEGA PROVIMENTO. [...] 2. O comparecimento nos autos de advogado da parte demandada com procuração outorgando poderes para atuar especificamente naquela ação configura comparecimento espontâneo a suprir o ato citatório, deflagrando-se assim o prazo para a apresentação de resposta. Isso porque, nessas circunstâncias, o réu encontra-se ciente de que contra si foi proposta demanda específica, de sorte que a finalidade da citação – que é a de dar conhecimento ao réu da existência de uma ação específica contra ele proposta – foi alcançada. Precedentes. [...] 4. Agravo regimental a que se nega provimento" (STJ, 4ª T., AgRg no AREsp nº 536835/SC, Rel. Min. Luis Felipe Salomão, j. em 18/12/2014, DJe de 3/2/2015).

O mesmo se diga dos casos em que o advogado, mesmo sem poderes específicos para receber citação, comparece em nome do demandado dando-se por citado: "PROCESSUAL CIVIL. CITAÇÃO. PODERES PARA RECEBER CITAÇÃO. COMPARECIMENTO ESPONTÂNEO DO RÉU. REPRESENTAÇÃO. I - O réu não precisa estar representado por advogado com poderes especiais para receber citação quando comparece espontaneamente em juízo e se dá por citado. II - Nestes casos não se exigem poderes especiais do advogado para receber citação (artigo 215 do CPC) porque esta não é feita na pessoa do advogado. Aliás, sequer há citação, mas o suprimento desse ato processual pelo comparecimento espontâneo da parte em juízo, previsto no artigo 214, § 1º, do CPC. III - Não há que se confundir os institutos da citação com o da representação processual. Recurso Especial a que se nega seguimento" (3ª T., REsp nº 805.688/SP, Rel. Min. Sidnei Beneti, j. em 16/6/2009, DJe de 25/6/2009).

Tais entendimentos, emitidos na vigência do CPC/1973, provavelmente serão reafirmados à luz do CPC/2015, dada a semelhança entre os dispositivos pertinentes. Exemplo disso é o seguinte acórdão já prolatado na vigência do CPC/2015: "RECURSO ESPECIAL. PROCESSUAL CIVIL. QUERELA NULLITATIS INSANABILIS. DISSÍDIO JURISPRUDENCIAL. AUSÊNCIA DE COTEJO. NÃO DEMONSTRAÇÃO DA AFRONTA AOS ARTS. 131 E 353 DO CPC. ATRAÇÃO DO ENUNCIADO 284/STF. COMPARECIMENTO ESPONTÂNEO DA PARTE RÉ NO CURSO DE ANTERIOR AÇÃO REIVINDICATÓRIA. INEXISTÊNCIA DE NULIDADE. HIPÓTESE QUE NÃO SE ENQUADRA DENTRE AQUELAS APTA À PROPOSITURA DA QUERELA NULLITATIS. [...] 2. Alegação de nulidade de citação que restou superada na ação em que prolatadas as decisões que, agora, pretende-se sejam desconstituídas. 3. Reconhecimento do comparecimento espontâneo da parte demandada, que deixou transcorrer 'in albis' o prazo para contestação, mesmo tendo adentrado no processo para suscitar a falha de cientificação e, ainda, impugnar a concessão da tutela antecipada. [...]" (3ª T., Recurso Especial nº 1.625.033/SP; negado provimento, v.u., Rel. Min. Paulo de Tarso Sanseverino, j. em 23/5/2017).

III. A alegação de nulidade de citação e suas consequências

O CPC/1973 previa duas situações de comparecimento espontâneo do demandado. Num primeiro caso, ele comparecia e se defendia, ficando suprida a nulidade. No segundo, ele comparecia só para alegar a nulidade, caso em que, se fosse acolhida a alegação, o prazo para apresentar defesa se contaria da "intimação da decisão do juiz que acolheu a alegação".

O CPC/2015 não prevê mais duas situações, tratando o comparecimento espontâneo do demandado de forma unificada. O prazo para defesa (seja contestação, seja embargos à execução) será contado *a partir do momento em que ele comparece*. Do ponto de vista do processo, contar o prazo a partir desse momento faz mais sentido, afinal, se o demandado compareceu, é claro que ele tem *ciência* da demanda (pelo menos a partir daquele instante). Importante notar que o demandado só terá certeza do acolhimento de sua alegação posteriormente, quando o juiz vier a se pronunciar a respeito. Dependendo do caso, esse pronunciamento poderá se dar após a fluência do prazo de defesa. Assim, requer-se especial cuidado com o prazo. A cautela, nesse particular, deve ditar a regra. Se a pessoa, apesar do vício que crê existente no ato citatório, tomar conhecimento a tempo de preparar adequada defesa, o mais prudente é comparecer dentro do prazo, apresentando defesa. Caso o demandado tome conhecimento do processo após ter esgotado o prazo, a saída é comparecer alegando o vício e contar com a devolução do prazo (lembrando, porém, que, conforme se tem entendido, o dispositivo "[...] segundo o qual o prazo para contestar deve ser devolvido ao réu, quando este comparece em juízo para arguir nulidade na citação, somente é aplicável quando, de fato, é reconhecido o vício no ato citatório. Precedentes. 2. Agravo regimental não provido" (2ª T., AgRg no AREsp nº 88.065/PR, Rel. Min. Castro Meira, j. em 9/10/2012, DJe de 18/10/2012). Nesse caso, porém, atentar para o fato de que o prazo para se defender será contado da data do comparecimento e não do pronunciamento do juiz.

A previsão do § 2º é decorrência lógica do sistema. Se o ato citatório foi válido e a pessoa não praticou o ato de defesa (contestação ou embargos à execução) dentro do prazo, ocorre a preclusão. No caso do processo de conhecimento, será reputado revel, aplicando-se, a princípio, a presunção de veracidade do art. 344 (com as devidas ressalvas, que serão tratadas nos comentários ao art. 345). No caso de processo de execução, a parte terá perdido a oportunidade de apresentar embargos (art. 914), que tecnicamente constituem uma nova ação, mas que do ponto de vista constitucional fazem o papel de defesa.

IV. Momento de se alegar nulidade de citação

O comparecimento do demandado, de que trata o presente artigo, pode ocorrer a qualquer momento durante o processo. Veja-se, por exemplo, o que já teve oportunidade de julgar o STJ: "[...] A citação é o ato pelo qual se chama ao juízo o réu ou interessado para defender-se. É condição indispensável para validade da relação processual; a sua ausência ou nulidade, se não suprida, torna viciado o processo, fato este que pode ser reconhecido a qualquer tempo, e até mesmo de ofício. [...]" (2ª T., REsp nº 152.023/RS, Rel. Min. Francisco Peçanha Martins, j. em 16/3/2000, DJ de 2/5/2000, p. 131). Pode acontecer de esse comparecimento se dar com o processo mais adiantado, depois de praticados vários atos do procedimento. Naturalmente, o reconhecimento da nulidade da citação implicará a nulidade dos atos subsequentes. Como mencionado anteriormente, o comparecimento do demandado reabrirá o prazo para a apresentação de defesa.

Mesmo se a nulidade da citação não for apontada antes do trânsito em julgado da sentença que vier a ser proferida no processo, ainda assim o vício poderá ser alegado. Em primeiro lugar, note-se que, no caso de haver a etapa de cumprimento de sentença, intimado o vencido, poderá ele apresentar impugnação, alegando, entre outras coisas, a "falta ou nulidade da citação" (art. 525, § 1º, inciso I, CPC).

Independentemente dessa hipótese, expressamente prevista no CPC, costuma ser reconhecido que no caso de o processo ter corrido à revelia, o vício da citação poderá ser alegado a qualquer tempo, mediante simples ação declaratória (a chamada *querela nullitatis insanabilis*). Observe-se que parte da doutrina entende que a justificativa para essa demanda anulatória sem sujeição a prazo estaria no fato de que a falta de citação acarretaria a própria inexistência do processo. Outros autores, porém, preferem falar simplesmente que a sentença proferida é ineficaz em relação ao réu que não foi citado, que, portanto, pode denunciar tal fato a qualquer tempo. De todo modo, no que diz respeito à possibilidade de impugnação a qualquer tempo, o resultado prático seria o mesmo. Nesse sentido julgado do STJ:

"[...] A nulidade da citação constitui matéria passível de ser examinada em qualquer tempo e grau de jurisdição, independentemente de provocação da parte; em regra, pode, também, ser objeto de ação específica ou, ainda, suscitada como matéria de defesa em face de processo executivo. Trata-se de vício transrescisório. Precedente. [...] Recurso especial parcialmente provido" (3ª T., REsp nº 1138281/SP, Rel. Min. Nancy Andrighi, j. em 16/10/2012, DJe de 22/10/2012).

Também elucidativo nesse sentido o julgado do TJSP: "Apelação. Ação declaratória de nulidade de ato processual. Discussão acerca da nulidade de citação em ação de indenização por danos morais. Extinção sem resolução do mérito afastada. Ação declaratória de nulidade cabível. *Querela nullitatis*. Sentença anulada para determinar o prosseguimento do feito. Recurso provido" (8ª Câmara de Direito Privado, Apelação nº 0039950-56.2012.8.26.0564, Rel. Pedro de Alcântara da Silva Leme Filho, São Bernardo do Campo, j. em 25/2/2015, v.u.). No corpo do acórdão destaca-se o parágrafo: "Ainda que se admita que o juiz possa reconhecer da nulidade da sentença nos próprios autos, uma vez que o sistema processual possibilite a revisão da sentença para as hipóteses da chamada *querela nullitatis*, não existe nenhum impedimento que se faça por ação autônoma".

Art. 240 - A citação válida, ainda quando ordenada por juízo incompetente, induz litispendência, torna litigiosa a coisa e constitui em mora o devedor, ressalvado o disposto nos arts. 397 e 398 da Lei nº 10.406, de 10 de janeiro de 2002 (Código Civil).

§ 1º - A interrupção da prescrição, operada pelo despacho que ordena a citação, ainda que proferido por juízo incompetente, retroagirá à data de propositura da ação.

§ 2º - Incumbe ao autor adotar, no prazo de 10 (dez) dias, as providências necessárias para viabilizar a citação, sob pena de não se aplicar o disposto no § 1º.

§ 3º - A parte não será prejudicada pela demora imputável exclusivamente ao serviço judiciário.

§ 4º - O efeito retroativo a que se refere o § 1º aplica-se à decadência e aos demais prazos extintivos previstos em lei.

I. Efeitos da citação

A citação gera alguns importantes efeitos, dentro e fora do processo, isto é, tanto no plano processual quanto no plano material. O *caput* do artigo em comento aponta três: induzir litispendência, tornar litigiosa a coisa e constituir em mora o devedor. Os dois primeiros são efeitos processuais e o último se opera no plano material. O CPC/1973 incluía, entre os efeitos processuais, o tornar prevento o juízo. A prevenção, como se sabe, é critério de fixação de competência quando há, em tese, mais de um órgão jurisdicional competente para aquela situação. O CPC/1973 adotava dois critérios de prevenção: o primeiro despacho (aplicável especificamente para ações conexas que corriam perante juízes de mesma competência territorial) e a citação (critério geral de prevenção). O CPC/2015 acabou com a dualidade, estabelecendo como critério de prevenção apenas o registro ou a distribuição da petição inicial (art. 59). Assim, a prevenção deixou de ser um dos efeitos da citação.

II. Induzir litispendência

A palavra litispendência, aqui, deve ser entendida no seu sentido próprio, *i.e.*, pendência de uma demanda, não se podendo confundir com o obstáculo da litispendência, previsto no art. 337, § 3º (repetição de demanda igual). Com a citação, completa-se a relação processual e, assim, a demanda considera-se "pendente" para todos os efeitos legais. Isso significa, por exemplo, que a parte não pode alienar um bem que vá torná-la insolvente, pois estaria cometendo fraude à execução (art. 792, inciso IV, CPC), ou que não pode alterar o pedido ou causa de pedir sem a anuência do réu (art. 329, inciso I, CPC). Também quer dizer que não se pode propor demanda igual (art. 337, inciso VI), mas isso é apenas uma das consequências da litispendência. Sobre a caracterização da litispendência, veja-se o seguinte julgado: "*SERVIDOR PÚBLICO ESTADUAL*. VALE-REFEIÇÃO. REAJUSTE - LEI Nº 10.002/93. LITISPENDÊNCIA RECONHECIDA DE OFÍCIO. 1. O art. 219 do CPC estabelece que a citação válida torna prevento o juízo, induz litispendência e faz litigiosa a coisa. Citado o réu em data posterior nesta demanda, impõe-se o reconhecimento da litispendência e a extinção desta ação. 2. Hipótese de identificação das mesmas partes, com o mesmo pedido e a mesma causa de pedir, o que impede a renovação da discussão por meio desta ação. LITISPENDÊNCIA RECONHECIDA DE OFÍCIO. AÇÃO EXTINTA. RECURSO PREJUDICADO. (Apelação Cível Nº 70059640409, Quarta Câmara Cível, Tribunal de Justiça do RS, Relator: Antônio Vinícius Amaro da Silveira, Julgado em 24/06/2014)" (TJRS, 4ª Câmara Cível, AC nº 70059640409/RS, Rel. Antônio Vinícius Amaro da Silveira, j. em 24/6/2014, DJ de 10/7/2014).

III. Tornar litigiosa a coisa

O "tornar litigiosa a coisa" equivale a dizer que, depois da citação, todos devem considerar o bem que está sendo discutido como estando *sub judice*. Note-se que quando se fala em "a coisa", não se quer dizer necessariamente bem físico, mas sim o objeto da discussão. Do fato de o objeto da discussão ser tido como coisa litigiosa, várias consequências podem advir. Assim, por exemplo, se um bem é objeto de disputa judicial, sendo, portanto, coisa litigiosa, a sua alienação provoca os efeitos descritos no art. 109, CPC (adquirente pode figurar como assistente do alienante, etc.). Com relação à aquisição do bem em litígio, prevê a lei, também, que o adquirente não pode reclamar indenização por evicção se sabia que a coisa era litigiosa (art. 457, CC). Dentro, ainda, do contexto da citação tornando a coisa litigiosa, temos a regra da inalterabilidade da coisa, sob pena de configurar ato atentatório à dignidade da justiça (art. 77, inciso VI, e § 1º, CPC). Imagine-se um processo em que são discutidos os limites territoriais entre dois imóveis. Se uma das partes, durante o processo (*i.e.*, depois de completada a relação processual por força da citação), move de lugar a cerca que separa os dois imóveis, está a cometer ato atentatório à dignidade da justiça (a ofensa, nesse caso, diz respeito à própria função jurisdicional). Sobre coisa litigiosa, confiram-se os arestos a seguir:

"SFH. EXECUÇÃO FUNDADA EM CONTRATO DE MÚTUO OBJETO DE AÇÃO DECLARATÓRIA. INEXIGIBILIDADE DO TÍTULO. MEDIDA CAUTELAR DEFERIDA PARA SUSTAR A EXECUÇÃO. - NÃO PODE SER CONSIDERADO TÍTULO LÍQUIDO E CERTO, PARA FINS EXECUTÓRIOS, CONTRATO DE MÚTUO OBJETO DE AÇÃO DECLARATÓRIA. PROPOSTA AÇÃO NA QUAL O MUTUÁRIO PEDE O ACERTAMENTO DA RELAÇÃO JURÍDICA, O CONTRATO DE MÚTUO TORNOU-SE COISA LITIGIOSA, COM A CITAÇÃO DO AGENTE FINANCEIRO DO SFH. MANTÉM-SE, POR CONSEGUINTE, LIMINAR CONCEDIDA EM PROCEDIMENTO ACAUTELATÓRIO QUE VISA EVITAR QUALQUER FORMA DE EXECUÇÃO, ATÉ QUE A AÇÃO PRINCIPAL CHEGUE AO SEU FIM. - AGRAVO DE INSTRUMENTO A QUE SE NEGA PROVIMENTO. DECISÃO UNÂNIME" (TRF-5, 1ª T., AGTR nº 799 CE 90.05.05355-0, Rel. Des. Federal Francisco Falcão, j. em 4/4/1991, DJ de 26/4/1991, p. 8.829).

"RECURSO ESPECIAL. EMBARGOS DE TERCEIRO. TERCEIRO ADQUIRENTE. BOA-FÉ. EFICÁCIA SUBJETIVA DA COISA JULGADA. BEM OU DIREITO LITIGIOSO. MARCO INICIAL. LITISPENDÊNCIA. PROPOSITURA DA AÇÃO. CITAÇÃO VÁLIDA. 1. Na origem, cuida-se de embargos de terceiro opostos por adquirente de bem imóvel que busca a proteção possessória tendo em vista ordem de reintegração emanada do cumprimento de sentença oriunda de ação da qual não fez parte. 2. Segundo a regra geral disposta no artigo 472 do Código de Processo Civil, a coisa julgada só opera efeito entre as partes integrantes da lide. 3. O artigo 42, § 3º, do Código de Processo Civil, por exceção, dispõe que, em se tratando de aquisição de coisa ou direito litigioso, a sentença proferida entre as partes originárias estende os seus efeitos ao adquirente ou ao cessionário. 4. Segundo a doutrina especializada, o bem ou direito se torna litigioso com a litispendência, ou seja, com a lide pendente. 5. A lide é considerada pendente, para o autor, com a propositura da ação e, para o réu, com a citação válida. 6. Para o adquirente, o momento em que o bem ou direito é considerado litigioso varia de acordo com a posição ocupada pela parte na relação jurídica processual que sucederia. 7. Se o bem é adquirido por terceiro de boa-fé antes de configurada a litigiosidade, não há falar em extensão dos efeitos da coisa julgada ao adquirente. 8. Recurso especial conhecido e não provido" (STJ, 3ª T., REsp nº 1458741/GO, Rel. Min. Ricardo Villas Bôas Cueva, j. em 14/4/2015, DJ de 17/4/2015).

IV. Constituição em mora

O dispositivo aponta ainda, como efeito da citação, este na órbita material, o constituir em mora o devedor. A citação opera esse efeito porque é a forma mais eloquente de o credor interpelar e mostrar que está sendo diligente com relação ao seu crédito. O credor não está apenas exortando o devedor a cumprir a obrigação como está exigindo em juízo. Note-se que a mora imaginada pelo legislador é a chamada mora *ex persona* (que depende de notificação – art. 397, parágrafo único, Código Civil), diferentemente da denominada *mora ex re* (em que a simples superveniência do prazo é suficiente para colocar o devedor em mora: *dies interpellat pro homine* – art. 397, *caput*, Código Civil). Aliás, o próprio legislador processual fez questão de se remeter ao Código Civil, arts. 397 e 398, em conjunto com os quais o dispositivo processual deve ser lido. O art. 397 já foi comentado e prevê as duas espécies de mora. O art. 398, por sua vez, refere-se à prática de ato ilícito, reputando o agente em mora desde o momento em que realizou o ato (não se aplicando, portanto, neste caso, a regra do art. 238, CPC). Em termos práticos, o fato de a citação ter por efeito constituir em mora o devedor significa que todas as consequências decorrentes da mora normalmente serão aplicáveis a partir desse momento. É por isso que a incidência de juros de mora como regra se dá a partir da citação (art. 405, Código Civil), mas, a esse respeito, especificamente, se irá detalhar melhor no item seguinte.

Não é demais observar, entretanto, que nestes casos de mora é necessário verificar as disposições especiais de direito material, porque às vezes o legislador exige constituição em mora através de específica notificação prévia à demanda judicial (ex.: rescisão de compromisso de venda e compra do Decreto-Lei nº 58/1937).

V. Os juros de mora, o Código Civil e as súmulas

Para melhor esclarecimento, é importante mencionar algumas súmulas existentes sobre o tema dos juros de mora, analisando-as de acordo com o disposto no CPC e no Código Civil. Nesse sentido, é necessário lembrar que o Código Civil estabeleceu como regra que os juros de mora correm da data da citação (art. 405, CC). Essa regra, entretanto, deve ser lida em conjunto com os arts. 397 e 398, CC, já mencionados. Assim, incidirão juros de mora a partir da citação no caso de obrigação ilíquida, ou que não tenha prazo de vencimento (porque dependerá da constituição de mora, a ser operada pela citação). Entretanto, incidirão juros de mora desde a prática do ato ilícito, no caso de responsabilidade extracontratual, ou desde o vencimento da obrigação, caso ela seja positiva e líquida.

Vale, a respeito da incidência de juros, fazer referência às seguintes súmulas: a) Súmula nº 163, STF: "Salvo contra a Fazenda Pública, sendo a obrigação ilíquida, contam-se os juros moratórios desde a citação inicial para a ação" (observe que a primeira parte dessa Súmula "Salvo contra a Fazenda Pública", restou prejudicada com o advento da Lei nº 4.414/1964, conforme se reconheceu no RE nº 109156, julgado pela 2ª Turma); b) Súmula nº 277, STF: "Julgada procedente a investigação de paternidade, os alimentos são devidos a partir da citação"; c) Súmula nº 426, STJ: "Os juros de mora na indenização do seguro DPVAT fluem a partir da citação"; d) Súmula nº 204, STJ: "Os juros de mora nas ações relativas a benefícios previdenciários incidem a partir da citação válida"; e) Súmula nº 54, STJ: "Os juros moratórios fluem a partir do evento danoso, em caso de responsabilidade extracontratual".

A interpretação aqui exposta está muito bem sintetizada por dois Enunciados das Jornadas de Direito Civil, aprovados a partir dos debates promovidos pelo Centro de Estudos Judiciários do Conselho da Justiça Federal: Enunciado nº 163: "A regra do art. 405 do novo Código Civil aplica-se somente à responsabilidade contratual, e não aos juros moratórios na responsabilidade extracontratual, em face do disposto no art. 398 do novo Código Civil, não afastando, pois, o disposto na Súmula 54 do STJ" (aprovado na III Jornada); Enunciado nº 428: "Os juros de mora, nas obrigações negociais, fluem a partir do advento do termo da prestação, estando a incidência do disposto no art. 405 da codificação limitada às hipóteses em que a citação representa o papel de notificação do devedor ou àquelas em que o objeto da prestação não tem liquidez" (aprovado na Jornada V).

VI. O despacho que ordena a citação e a interrupção da prescrição

O CPC/1973 incluía a interrupção da prescrição como um dos efeitos da citação, que, porém, retroagia à data da propositura da ação, observados determinados requisitos.

O CPC/2015 não mais inclui a interrupção da prescrição entre os efeitos da citação. O legislador do CPC/2015 quis harmonizar a legislação processual e a material, visto que o Código Civil (art. 202, inciso I) prevê que *o despacho que ordena a citação interrompe a prescrição*. De todo modo, assim como previa o CPC/1973, o efeito interruptivo retroage à data da propositura da ação. Com efeito, em matéria de interrupção da prescrição há que se levar em consideração os dois lados: o do credor, que mostra, a tempo, sua intenção de exigir a obrigação quando propõe a ação; o do devedor, que precisa ser cientificado de tal intenção (o que só vai ocorrer com a citação, que será promovida desde que haja despacho judicial nesse sentido). Sobre o momento de interrupção da prescrição, veja-se o seguinte julgado: "EXTINÇÃO DO PROCESSO - Execução - Fundamento no art. 269, inc. IV do CPC - Ausência de inércia da exequente que promoveu as diligências necessárias para que fosse efetivada a citação das requeridas - Ademais, interrupção do prazo prescricional que atualmente pode ser configurada através do despacho que ordenou a citação, nos termos do art. 202, inc. I, do CC/2002 - Precedentes desta Corte - Recurso provido" (TJSP, ApCiv nº 0003279-59.2005.8.26.0344, Rel. Des. Sebastião Junqueira, j. em 13/4/2015, reg. 18/4/2015).

VII. A retroação do efeito interruptivo da prescrição

Como destacado, embora seja o despacho que ordena a citação a causa de interrupção da prescrição, tal efeito retroagirá à data da propositura da ação (momento em que o credor se mostrou diligente, exigindo o cumprimento da obrigação através do ingresso em juízo). Essa diligência do credor não se limita, porém, à propositura da ação. Ele terá que tomar as providências necessárias para que o réu tenha a devida ciência.

A diligência do autor deverá se mostrar, basicamente, no pagamento das custas de mandado, na indicação do endereço para citação e no fornecimento de cópias da petição inicial para instruir o mandado. Caso não seja possível localizar o réu, a diligência se refletirá no requerimento e prática dos atos necessários para a citação por edital.

O CPC/2015, diferentemente do CPC/1973, não mais prevê que a citação deve ser realizada no prazo de 10 dias, prorrogável por 90 dias. O único prazo que o autor deve ter em mente é o de 10 dias, dentro do qual ele deverá tomar todas as providências necessárias para que a citação seja realizada. Caso ele não tome as providências dentro desse prazo, a interrupção, com efeito retroativo à data da propositura da ação, não se operará. Nesse sentido, observe-se o seguinte julgado do TJSP: "MONITÓRIA. PRESCRIÇÃO. Hipótese em que a ação foi ajuizada antes do esgotamento do prazo prescricional. Contudo, o apelante não obteve êxito em citar o réu ao longo de mais de sete anos, ultrapassando desse modo o quinquênio aludido no art. 206, § 5º, I, do Código Civil. Ausência de culpa do serviço judiciário pela demora na citação, uma vez que ignorado o lugar em que o réu se encontrava, cabia ao autor providenciar a citação por edital. Decreto de extinção mantido. RECURSO DESPROVIDO" (23ª Câmara de Direito Privado, Apelação Cível nº 007550-90.2003.8.26.0100, Rel. Elmano de Oliveira, j. em 16/2/2011). Por outro lado, se, apesar de tomadas as providências necessárias, a citação demorar a se realizar, o autor não será prejudicado. Essa expressa disposição tem origem remota em entendimento consolidado na jurisprudência. A antiga Súmula nº 106 do STJ já estabelecia que "proposta a ação no prazo fixado para o seu exercício, a demora na citação, por motivos inerentes ao mecanismo da justiça, não justifica o acolhimento da arguição de prescrição ou decadência".

VIII. A citação ordenada por juiz incompetente

O dispositivo similar do CPC/1973 dava a entender que apenas os efeitos materiais da citação se operavam quando esta tivesse sido ordenada por juiz incompetente. Não vem ao caso, nessa oportunidade, abordar as ressalvas que a doutrina fazia quanto à interpretação literal daquele dispositivo legal. O fato é que o artigo em comento não dá mais margem à dualidade. Todos os efeitos da citação (e mesmo a interrupção da prescrição, que decorre do *despacho* que ordena a citação), operam-se ainda que ela tenha sido ordenada por juiz incompetente.

O dispositivo atual parece ser mais adequado, privilegiando o fato de que, independentemente da questão da competência do juiz (que é um problema fundamentalmente de divisão de trabalho entre os vários órgãos dotados de poder jurisdicional), a citação é apta a dar ciência à parte da existência do processo. Isso é suficiente para que se operem os efeitos aqui tratados.

IX. Efeito retroativo do despacho que ordena citação e a decadência

O legislador mantém o critério, também utilizado no CPC/1973, de aplicar o efeito retroativo da interrupção da prescrição para outras situações que envolvem prazo para exercício de direito. A diferença é que o CPC/1973 aplicava aos demais prazos extintivos todas as regras do dispositivo processual que tratava da interrupção da prescrição, enquanto o CPC/2015 limita-se ao efeito retroativo da interrupção. O CPC/2015 menciona, expressamente, a decadência, mas a regra se aplica para qualquer outro prazo extintivo.

Art. 241 - Transitada em julgado a sentença de mérito proferida em favor do réu antes da citação, incumbe ao escrivão ou ao chefe de secretaria comunicar-lhe o resultado do julgamento.

O dispositivo em questão tem sua razão de ser no fato de que, embora a citação, como regra, seja ato essencial para a validade do processo (art. 239), o sistema processual prevê situações em que poderá não haver citação do réu: indeferimento da inicial (art. 330) e improcedência liminar (art. 332). Em tais situações, portanto, o processo poderá ser extinto sem que o demandado tenha tomado conhecimento da sua existência. No caso do indeferimento da inicial, a comunicação posterior não se faz necessária, visto não ter havido resolução de mérito (art. 485, inciso I), não afetando, portanto, a esfera material do demandado. Lembre-se que a prescrição e a decadência (que na redação do CPC/1973 poderiam ser causa de indeferimento da inicial) são tratadas, no CPC/2015, como hipóteses de improcedência liminar.

Em se tratando de improcedência liminar, porém, como o mérito da causa terá sido apreciado (e, com o trânsito em julgado, em caráter definitivo), é imperioso que o demandado tome conhecimento do fato. Assim, por exemplo, imagine-se que a sentença liminar de improcedência tenha reconhecido a prescrição de uma dívida. O devedor, naturalmente, terá que ser comunicado, de modo a ter ciência de que não precisará mais ter a preocupação de efetuar o pagamento, visto que a dívida deixou de ser exigível.

Art. 242 - A citação será pessoal, podendo, no entanto, ser feita na pessoa do representante legal ou do procurador do réu, do executado ou do interessado.
§ 1º - Na ausência do citando, a citação será feita na pessoa de seu mandatário, administrador, preposto ou gerente, quando a ação se originar de atos por eles praticados.
§ 2º - O locador que se ausentar do Brasil sem cientificar o locatário de que deixou, na localidade onde estiver situado o imóvel, procurador com poderes para receber citação será citado na pessoa do administrador do imóvel encarregado do recebimento dos aluguéis, que será considerado habilitado para representar o locador em juízo.
§ 3º - A citação da União, dos Estados, do Distrito Federal, dos Municípios e de suas respectivas autarquias e fundações de direito público será realizada perante o órgão de Advocacia Pública responsável por sua representação judicial.

I. A pessoalidade da citação

O preceito em comento firma a regra da pessoalidade da citação. É natural que seja assim, pois garante que a pessoa interessada em apresentar defesa ou praticar qualquer ato no processo de que passou a ser parte tenha efetiva ciência. Fala-se, nesse caso, em citação direta. No caso de pessoa natural, maior e capaz, ela se dará realmente na própria pessoa do citando. Em se tratando de incapaz, porém, terá que se dar na pessoa do seu representante legal (ou na pessoa do demandado e de quem o assiste, no caso de relativamente incapaz). Da mesma forma, quando o citando é pessoa jurídica, a citação terá de se efetivar em quem tem, por força de lei ou dos atos constitutivos da entidade, poderes para representá-la ("Para que haja citação válida de pessoa jurídica, é preciso que ela seja feita a quem a represente legitimamente em juízo, de acordo com a designação do estatuto ou contrato social. Recurso especial conhecido e provido" (4ª T., REsp nº 9.109/SP, Rel. Min. Barros Monteiro, j. em 1º/10/1991, DJ de 11/11/1991, p. 16.150).

Referido preceito deve ser lido em conjunto com o art. 75, que trata das pessoas que podem exercer a representação ativa e passiva das diversas entidades de direito público ou privado: a) a União pela AGU; Estados e municípios pelos seus procuradores; b) o Município pelo prefeito ou procurador; c) a autarquia e fundação de direito público por quem a lei pertinente determinar; d) a massa falida pelo administrador judicial; a herança jacente pelo seu curador; e) a pessoa jurídica de acordo com seus representantes, conforme definido nos atos constitutivos; f) a sociedade irregular pela pessoa a quem cabe sua administração; g) a pessoa jurídica estrangeira pelo administrador da agência ou filial aberta no Brasil (aqui incluída a subsidiária brasileira de empresa estrangeira, pois, como tem entendido a jurisprudência, analisando dispositivo semelhante do CPC/1973, há que se dar "[...] interpretação extensiva, pois quando a legislação menciona a perspectiva de citação de pessoa jurídica estabelecida por meio de agência, filial ou sucursal, está se referindo à existência de estabelecimento de pessoa jurídica estrangeira no Brasil, qualquer que seja o nome e a situação jurídica desse estabelecimento" (4ª T., REsp nº 1168547/RJ, Rel. Min. Luis Felipe Salomão, j. em 11/5/2010, DJe de 7/2/2011); h) o Condomínio pelo seu síndico ou administrador.

II. A citação na pessoa do procurador

Apesar da preferência para que a citação se realize na pessoa de quem deverá figurar em juízo, como destacado no item anterior, é perfeitamente possível efetuar-se a citação na pessoa do procurador do citando. Esse procurador, porém, ressalvada a hipótese do § 1º, deverá deter poderes especiais para receber citação. No caso do advogado, por exemplo, para ele receber citação em nome de seu cliente, não basta ter os poderes gerais para o foro (cláusula *ad judicia*), necessitando ter poderes específicos para receber citação.

III. A citação na pessoa de quem praticou o ato

Verdadeira mitigação na regra da pessoalidade pode ser encontrada nos §§ 1º e 2º do artigo em comento. No § 1º, figura a hipótese de o ato que gerou a demanda ter sido praticado por mandatário ou funcionário ("administrador, preposto ou gerente") do citando. Estando o réu ausente, a citação poderá ser feita na pessoa desse mandatário ou funcionário. O legislador, nesse caso, admite esse distanciamento da regra da pessoalidade da citação para não tornar excessivamente difícil a posição do autor (pela possível dificuldade em se localizar o citando, que ordenou a prática do ato).

IV. A citação na pessoa do administrador do imóvel locado

O outro caso em que se distancia da citação pessoal é o do § 2º. Aqui está em jogo a facilitação do acesso à justiça. A situação prevista é do locador que se ausenta do país e não deixa ninguém com poderes para receber citação. Se o locatário precisar promover uma ação, ele poderá citar a pessoa do administrador do imóvel, que está encarregado de receber os alugueres. Exigir a citação pessoal do locador, nesse caso, importaria em injusta dificuldade para o exercício dos direitos do locatário. Observe-se, porém, que os poderes para receber os aluguéres devem ser atuais, conforme já julgou o STJ: "AÇÃO CONSIGNATÓRIA DE ALUGUÉIS. RÉU NO EXTERIOR. CITAÇÃO NA PESSOA DO ADMINISTRADOR - CPC, ART. 215, PAR. 2. Não pode ser citado aquele que afirma não mais estar autorizado a receber os aluguéis e a administrar o imóvel locado. Impertinência da invocação ao art. 333, II, do CPC. Recurso especial não conhecido" (4ª T., REsp nº 1.265/RJ, Rel. Min. Athos Carneiro, j. em 21/11/1989, DJ de 18/12/1989, p. 18.477).

V. A citação indireta pela aplicação da teoria da aparência

Igualmente se pode falar em citação indireta nas situações colhidas na jurisprudência que se formou à luz do CPC/1973, em que a pessoa, apesar de não deter poderes para receber citação, apresenta-se como se tivesse, em condições tais que faz presumir ser verdade, como é o caso da mulher do sócio, que se apresenta à frente dos negócios. Em casos como esse, a citação é admitida pela aplicação da teoria da aparência. É o que se observa dos julgados a seguir indicados:

"PROCESSO CIVIL. PESSOA JURÍDICA. CITAÇÃO. TEORIA DA APARÊNCIA. SUA ADMISSÃO EXCEPCIONAL, SEGUNDO O AFORISMO 'PAS DE NULITE SANS GRIEF', A TRATO DA NOTIFICAÇÃO PREMONITÓRIA E DA CITAÇÃO QUE A ELA SE SEGUIU, FEITAS AMBAS NA PESSOA DA MULHER DO SÓCIO-GERENTE, ENCONTRADA E IDENTIFICADA À FRENTE DOS NEGÓCIOS DA EMPRESA. PRECEDENTES DO S.T.J." (STJ, 5ª T., Rel. Min. José Dantas, j. em 26/10/1994, DJ de 21/11/1994).

"AGRAVO REGIMENTAL NO AGRAVO EM RECURSO ESPECIAL. IMPUGNAÇÃO AO CUMPRIMENTO DE SENTENÇA. MONITÓRIA. CITAÇÃO. VALIDADE. TEORIA DA APARÊNCIA. VERIFICAÇÃO DA EXIGIBILIDADE DOS TÍTULOS. MATÉRIA PROBATÓRIA. AGRAVO NÃO PROVIDO.

1. De acordo com o entendimento desta Corte, que adota a teoria da aparência, considera-se válida a citação válida pessoa jurídica efetivada na sede ou filial da empresa a uma pessoa que não recusa a qualidade de funcionário. Precedentes. [...] 3. Agravo regimental não provido" (STJ, 4ª T., AgRg no AREsp nº 601115/RS, Rel. Min. Luis Felipe Salomão, j. em 24/3/2015, DJe de 30/3/2015).

Art. 243 - A citação poderá ser feita em qualquer lugar em que se encontre o réu, o executado ou o interessado.
Parágrafo único - O militar em serviço ativo será citado na unidade em que estiver servindo, se não for conhecida sua residência ou nela não for encontrado.

I. Local da citação

O CPC/2015 repete regra existente no CPC/1973 no sentido de que o demandado pode ser citado em qualquer lugar em que se encontre. De fato, o demandado não precisa ser necessariamente citado no endereço indicado na petição inicial. Às vezes, por exemplo, a pessoa do citando pouco fica no endereço residencial, que eventualmente tenha sido indicado na inicial. Nada impede, porém, que ele seja citado em outro local que costuma frequentar. Em outros termos, o importante, para o efeito citatório, é que seja dada inequívoca ciência ao citando, sendo irrelevante o fato de isso ocorrer no endereço indicado ou em qualquer outro lugar.

II. Citação do militar

Se o citando for militar, pode ser que o oficial de justiça encontre alguma dificuldade de citá-lo na sua residência, seja pelo desconhecimento do endereço do militar, seja pelo fato de este não permanecer muito tempo na sua casa. Prevendo tal dificuldade, o legislador estipula expressamente que nesses casos o militar poderá ser citado na unidade em que presta serviços. Afora essa ressalva, tem-se que no processo civil (diferentemente do processo penal, art. 358, CPP), a citação do militar não oferece outra peculiaridade: "PROCESSO CIVIL. CITAÇÃO E INTIMAÇÃO DE MILITAR NOS JUIZADOS ESPECIAIS. DESNECESSIDADE DE REQUISIÇÃO AO COMANDO ONDE O MILITAR SERVE. VALIDADE DA CITAÇÃO VIA POSTAL, ENTREGUE NA RESIDÊNCIA DO RÉU, COM AR ASSINADO PELO PRÓPRIO DEMANDADO. INTIMAÇÃO PESSOAL DO MESMO, NA AUDIÊNCIA DE CONCILIAÇÃO, PARA COMPARECIMENTO À AUDIÊNCIA DE INSTRUÇÃO. VALIDADE. 1. Não se confunde citação com intimação, nem há, nos juizados especiais, qualquer regra especial para a citação do militar. No código de processo civil, de aplicação subsidiária à lei nº 9.099/95, a única referência à citação do militar é a que se lê no art. 216, parágrafo único, a dizer que 'o militar, em serviço ativo, será citado na unidade em que estiver servindo, se não for conhecida a sua residência ou se nela não for encontrado'. 2. Se o réu, militar, recebeu citação via postal em sua casa e ele mesmo firmou o aviso de recebimento, nenhum vício se constata em seu chamamento, que, portanto, se realizou de forma válida, produzindo regularmente seus efeitos. 3. É válida, por igual, a intimação pessoal do réu, militar, na própria audiência de conciliação, para comparecer à audiência de instrução e julgamento, até porque é esse o querer do art. 19, § 1º, da lei nº 9.099/95, sendo de nenhuma aplicação o art. 358, do Código de Processo Penal, que diz que 'a citação do militar far-se-á por intermédio do chefe do respectivo serviço'. [...] 5. Recurso improvido. Sentença confirmada" (TJDF, 1ª T. Recursal dos Juizados Especiais Cíveis e Criminais do DF, ACJ nº 91999/DF, Rel. Arnoldo Camanho de Assis, j. em 27/6/2000, DJU de 26/10/2000, p. 68).

Art. 244 - Não se fará a citação, salvo para evitar o perecimento do direito:
I - a quem estiver participando de ato de culto religioso;
II - de cônjuge, de companheiro ou de qualquer parente do morto, consanguíneo ou afim, em linha reta ou na linha colateral em segundo grau, no dia do falecimento e nos sete dias seguintes;
III - de noivos, nos três primeiros dias seguintes ao casamento;
IV - de doente, enquanto grave o seu estado.

I. Impedimento temporário à realização da citação

Encontramos no artigo em pauta algumas restrições temporárias à citação. Elas são ditadas por respeito ao sentimento religioso (inciso I); consideração ao sentimento em relação aos mortos (inciso II); pela importância que o casamento possui na sociedade (inciso III); e para não prejudicar a recuperação do réu enfermo e para não agravar o seu estado (inciso IV). Note-se que não basta ser portador de enfermidade grave, devendo o estado do citando ser grave no momento da citação ("A impossibilidade de citação com base no art. 217, inciso IV do CPC, só se dá em casos que haja demonstração de que a parte se encontra em estado grave. Não há que ser confundido estado grave com doença grave. Sendo assim o mencionado dispositivo legal não alcança o portador de doença ou doenças graves, que não demonstre seu estado grave, capaz de impossibilitar o ato citatório. Negado provimento ao agravo. Decisão unânime" (TJPE, 6ª Câmara Cível, Proc. nº 0010466-25.2011.8.17.0000, Rel. Des. Antônio Fernando Araújo Martins, j. em 29/11/2011, DJEPE de 6/12/2011, p. 161).

Passado o impedimento momentâneo, a citação poderá ser realizada normalmente. Ficam ressalvados os casos em que, apesar de configurada alguma das situações anteriores, a citação deve ser realizada com urgência para que não ocorra perecimento de direito (ex.: prescrição, decadência). Sobre a caracterização ou não do impedimento, naturalmente as circunstâncias do caso concreto serão determinantes, como se percebe do julgado a seguir:

"Ação de cobrança. Despesas de condomínio. Cumprimento da sentença. Agravante que alega nulidade da citação por hora certa em razão de doença grave que o acometeu, sendo caso do art. 217, IV, do CPC. Decisão que, já em cumprimento da sentença, determinou a penhora do imóvel gerador das despesas. Alegações descabidas, porquanto, nos dias em que compareceu o meirinho para efetuar a citação, o réu não estava em repouso por prescrição médica, como atestam os documentos juntados. Ademais, não há prova de que, nos dias em que houve a diligência, o réu estava impedido de receber citação em razão de doença grave. Ocultação evidente. Citação válida. Penhora devida. Agravo de instrumento não provido" (TJSP, 36ª Câmara de Direito Privado, AI nº 0044372-88.2010.8.26.0000, Rel. Des. Romeu Ricupero, j. em 27/5/2010, reg. 2/6/2010).

II. Consequência em caso de violação da norma

Tal dispositivo estabelece regra dirigida, na verdade, ao oficial de justiça, pois ele seria o encarregado de providenciar a citação. Caso não sejam observadas as restrições e a citação seja realizada assim mesmo, devemos verificar qual a sanção a ser aplicada. O legislador processual não é expresso a esse respeito, o que gera dúvida. Poderíamos concluir que, em se tratando de violação direta a um dispositivo legal, a solução deveria ser a nulidade. Por outro lado, poderíamos entender que a ciência se operou, motivo pelo qual a citação deveria ser reputada válida, pois não teria havido prejuízo para o atendimento da finalidade do ato, e, como se sabe, não há nulidade sem prejuízo.

Podemos entrever, nesse passo, uma distinção. Algumas dessas violações poderiam prejudicar a própria essência do ato citatório, por prejudicar a ciência adequada, a ela inerente. Podemos imaginar que o enfermo que tenha sido indevidamente citado não tenha tomado pleno conhecimento do fato por justamente estar combalido, ou no caso de citação em dia de bodas ou de falecimento, pois a pessoa estaria ligada demais ao evento, do ponto de vista emocional, de sorte que a citação e as consequências dela não recebessem a devida atenção. Considerando, porém, a extraordinária importância da citação, parece ser mais razoável concluir, pura e simplesmente, que o não cumprimento da norma, independentemente do caso, gera nulidade do ato citatório. Essa conclusão fica reforçada pelo dispositivo do art. 280, CPC, que, de maneira geral, fulmina de nulidade as infrações às regras em matéria de citação: "As citações e as intimações serão nulas quando feitas sem observância das prescrições legais".

Concluindo pela nulidade por desrespeito à restrição legal, à luz do dispositivo similar do CPC/1973: "AGRAVO DE INSTRUMENTO. AÇÃO MONITÓRIA. Decisão agravada que rejeitou os embargos opostos pelo agravante, considerando válida a citação do 3º réu, bem como dos demais réus, determinando a intimação dos mesmos para pagamento do débito, na forma do art. 475-J do CPC. Inconformismo do 3º réu. Nulidade da citação efetivada ao agravante, eis que contrariou ao disposto no art. 217, II, do CPC. Agravante que foi citado um dia após o falecimento de seu sogro, conforme certidão presente nos autos. Impossibilidade de se reconhecer a prescrição no presente agravo de instrumento, sob pena de supressão de instância. Decisão reformada. Provimento parcial do recurso para declarar nula a citação efetivada pelo juízo *a quo*, bem como todos os atos posteriores, determinando-se o prosseguimento do feito" (TJRJ, 16ª Câmara Cível, AI nº 0022113-60.2011.8.19.0000, Rel. Des. Marco Aurelio Bezerra de Melo, DORJ de 29/7/2011, p. 288).

Art. 245 - Não se fará citação quando se verificar que o citando é mentalmente incapaz ou está impossibilitado de recebê-la.
§ 1º - O oficial de justiça descreverá e certificará minuciosamente a ocorrência.
§ 2º - Para examinar o citando, o juiz nomeará médico, que apresentará laudo no prazo de cinco dias.

§ 3º - Dispensa-se a nomeação de que trata o § 2º se pessoa da família apresentar declaração do médico do citando que ateste a incapacidade deste.
§ 4º - Reconhecida a impossibilidade, o juiz nomeará curador ao citando, observando, quanto à sua escolha, a preferência estabelecida em lei e restringindo a nomeação à causa.
§ 5º - A citação será feita na pessoa do curador, a quem incumbirá a defesa dos interesses do citando.

I. Falta de condições de receber a citação

Já no caso do art. 245, a restrição é de outra natureza. Não se pode realizar a citação da forma normal porque seu destinatário não está em condições de recebê-la. Note-se que não se trata de interditos, pois estes serão citados na pessoa do seu curador. Imaginemos, por exemplo, que o oficial de justiça vai proceder à citação e percebe que o réu não está no pleno gozo das suas faculdades mentais. É certo que o oficial de justiça não poderá proceder à citação naquelas condições. Ele deverá, então, passar uma certidão descrevendo minuciosamente o fato e o juiz nomeará um médico para examinar o citando. O médico apresenta um laudo em cinco dias e, se confirmada a impossibilidade, o juiz nomeará um curador para o réu. Esse curador, porém, terá sua atuação restrita àquela causa, devendo providenciar a competente defesa.

O CPC/2015 inova ao dispensar a nomeação de médico se a família do citando apresentar declaração de médico que ateste a incapacidade do destinatário da citação. Esse dispositivo pode conferir mais agilidade ao incidente e economizar custos.

II. Descumprimento da norma que exige nomeação de curador

O descumprimento da norma em apreço gera nulidade do processo, conforme já se decidiu: "TRIBUTÁRIO. PROCESSUAL CIVIL. EXECUÇÃO FISCAL. CITAÇÃO POR EDITAL. POSSIBILIDADE APÓS O EXAURIMENTO DE TODOS OS MEIOS À LOCALIZAÇÃO DO DEVEDOR. CITANDA INCAPAZ. AUSÊNCIA DE CURADOR *AD LITEM* (ART. 217 DO CPC). NULIDADE DA CITAÇÃO. COMPARECIMENTO ESPONTÂNEO. VALIDADE DO PROCESSO. PRESCRIÇÃO INTERCORRENTE - LEI DE EXECUÇÕES FISCAIS - CÓDIGO TRIBUTÁRIO NACIONAL - PREVALÊNCIA DAS DISPOSIÇÕES RECEPCIONADAS COM *STATUS* DE LEI COMPLEMENTAR - PRECEDENTES. DESPACHO CITATÓRIO. ART. 8º, § 2º, DA LEI Nº 6.830/80. ART. 219, § 5º, DO CPC. ART. 174, DO CTN. INTERPRETAÇÃO SISTEMÁTICA. 1. A citação do devedor por edital na execução fiscal só é possível após o esgotamento de todos os meios possíveis à sua localização. Precedentes: RESP 510791/GO, Rel. Min. Luiz Fux, DJ de 20.10.2003; RESP 451030/SP, Rel. Min. José Delgado, DJ de 11.11.2002; EDRESP 217888/SP, Rel. Min. Paulo Medina, DJ de 16.09.2002; RESP 247368/RS, Rel. Min. José Delgado, DJ de 29.05.2000). 2. A citação por oficial de justiça deve preceder a citação por edital, a teor do que dispõe o art. 224 do CPC, de aplicação subsidiária à Lei de Execução Fiscal (Lei nº 6.830/80, art. 1º). 3. Malograda a citação em face da incapacidade do citando, cumpre ao juiz designar um médico para verificar a impossibilidade, e em caso afirmativo, nomear um curador *ad litem* (art. 218 do CPC). [...] 8. *In casu*, em face da citação defeituosa, mercê do comparecimento espontâneo da parte (art. 214, § 1º, do CPC), a verificação da ocorrência da prescrição deve considerar a data do oferecimento da exceção de pré-executividade, porque esta é a data da ciência da execução pelo executado. 9. Recurso especial provido para reconhecer a ocorrência da prescrição, prejudicada a análise das demais questões suscitadas" (1ª T., REsp nº 837.050/SP, Rel. Min. Luiz Fux, j. em 17/8/2006, DJ de 18/9/2006, p. 289).

Igualmente: "RECURSO ESPECIAL. ALEGAÇÃO DE INSANIDADE DO RÉU. EXAME MÉDICO. CURADORIA. MINISTÉRIO PÚBLICO. NULIDADE. RECURSO PROVIDO. Se por qualquer meio verificar-se ser o réu demente ou estar impossibilitado de receber a citação deve o juiz nomear médico a fim de examinar o citando (art. 218, par. 1. do CPC). Reconhecida a impossibilidade de o réu receber citação, o juiz dará ao mesmo curador, cabendo intervenção do Ministério Público, sob pena de nulidade do processo. RECURSO ESPECIAL CONHECIDO E PROVIDO" (3ª T., REsp nº 9.996/SP, Rel. Min. Claudio Santos, j. em 25/11/1991, DJ de 16/12/1991, p. 18.534).

Art. 246 - A citação será feita:
I - pelo correio;
II - por oficial de justiça;
III - pelo escrivão ou chefe de secretaria, se o citando comparecer em cartório;
IV - por edital;
V - por meio eletrônico, conforme regulado em lei.
§ 1º - Com exceção das microempresas e das empresas de pequeno porte, as empresas públicas e privadas são obrigadas a manter cadastro nos sistemas de processo em autos eletrônicos, para efeito de recebimento de citações e intimações, as quais serão efetuadas preferencialmente por esse meio.
§ 2º - O disposto no § 1º aplica-se à União, aos Estados, ao Distrito Federal, aos Municípios e às entidades da administração indireta.
§ 3º - Na ação de usucapião de imóvel, os confinantes serão citados pessoalmente, exceto quando tiver por objeto unidade autônoma de prédio em condomínio, caso em que tal citação é dispensada.

I. Modalidades de citação

O CPC/2015 discrimina os modos pelos quais a citação pode ser feita. Nessa descrição apenas uma novidade: a citação pelo escrivão ou chefe de secretaria. Encabeça a lista a citação pelo correio, da mesma forma que o faz o CPC/1973. A citação pelo correio goza dessa preferência (reforçada no artigo subsequente) pela sua agilidade e baixo custo.

A modalidade seguinte é a tradicional, pelo oficial de justiça, que ocorre quando a lei o determinar, quando não for possível a citação pelo correio ou quando a parte assim o requerer, justificadamente. A citação por oficial de justiça é a que apresenta maior segurança na sua realização, uma vez que é efetivada por alguém dotado de fé pública. A citação por oficial de justiça é, de regra, pessoal, salvo no caso de citação com hora certa, para os casos de suspeita de ocultação, conforme regulado no art. 252.

Já a modalidade de citação pelo escrivão ou chefe de secretaria ocorre numa situação específica: o citando compareceu em cartório e tomou ciência da demanda. É simples, prático, custo zero, mas só é viável nessa situação específica, que não deverá ocorrer com muita frequência no quotidiano forense.

A citação por edital continua prevista, e, a despeito de seu escasso poder de dar efetiva ciência ao citando, é a única forma possível nos casos em que o citando não pode ser encontrado. Naturalmente, ela é a última opção em termos de modalidade citatória.

Finalmente, a citação por meio eletrônico, já prevista no CPC/1973, que se reporta à legislação pertinente (leia-se: lei do processo eletrônico). A citação por meio eletrônico supõe que o citando esteja previamente cadastrado para receber tal citação. Isso só é razoável para aqueles demandantes contumazes (grandes empresas e Poder Público, basicamente). A comunicação se fará pela inserção da informação no portão próprio e por *e-mail* (arts. 5º e 6º, Lei nº 11.419/2006). O CPC/2015, ao prever tal modalidade de citação, também se reporta à lei pertinente, o que novamente nos remete à lei do processo eletrônico. A novidade, porém, é que o CPC/2015 pretende que ela seja modalidade preferencial para as empresas em geral (salvo as microempresas e as de pequeno porte), além da União, Estados, Distrito Federal,

Municípios e entidades da administração indireta. Para que seja possível a sua utilização preferencial, o legislador as obriga a manter um cadastro nos sistemas processuais. Certamente a intenção aí foi tornar mais prática a efetivação da citação, porém, incorrendo em certo risco.

A preferência pelo meio eletrônico de comunicação em se tratando de ente público já foi reconhecida pelo STJ: "PROCESSUAL CIVIL. ENUNCIADO ADMINISTRATIVO 3/STJ. SISTEMÁTICA PROCESSUAL DO CPC/2015. EXISTÊNCIA DE CADASTRO DO ENTE FEDERADO NOS TERMOS DO ART. 1.050 DO CPC/2015. INTIMAÇÃO ELETRÔNICA. POSSIBILIDADE E SUFICIÊNCIA. PEDIDO DE DEVOLUÇÃO DE PRAZO RECURSAL INDEFERIDO.

1. A interpretação do art. 183, § 1º, c/c os arts. 246, § 2º, e 270, parágrafo único, e 1.050, todos do CPC/2015, não autoriza aplicar regra excepcional aos entes federados, pois, conforme expressamente determinado, estes também se submetem às regras atinentes à intimação eletrônica e aos seus efeitos.

2. Na hipótese em análise, como é possível verificar da análise da certidão de fl. 4 e-STJ – expediente avulso – em 10/06/2016 a Procuradoria do Estado de Tocantins aderiu ao sistema de intimação eletrônica, nos termos do art. 1.050 do CPC/2015, passando, a partir desta data, a ser intimada eletronicamente.

3. A adesão da requerente ao sistema de intimação eletrônica vai ao encontro da previsão contida no § 1º do art. 183 do CPC/2015, segundo a qual a intimação pessoal far-se-á por carga, remessa ou meio eletrônico.

4. Agravo interno não provido"

(2ª T., AgInt na PET no AREsp nº 877.842/TO, Rel. Min. Mauro Campbell Marques, j. em 13/6/2017, DJe de 21/6/2017).

II. Citação na ação de usucapião

O legislador prevê que os confinantes, na ação de usucapião, serão citados pessoalmente. Trata-se de incorporação ao ordenamento jurídico de entendimento jurisprudencial já assentado, conforme Súmula nº 391, STF: "O confinante certo deve ser citado, pessoalmente, para a ação de usucapião.". Observe que no caso de prédio em condomínio, em se tratando de usucapião de unidade autônoma, a citação dos vizinhos é dispensada.

O CPC/2015 não mais prevê um procedimento especial para ação de usucapião, embora faça referência a esse tipo de demanda não só nesse artigo, mas também no art. 259, inciso I (além do art. 1.071, quando acrescenta o art. 216-A à Lei nº 6.015/1973). Apenas a título de registro, pois a questão aqui tratada é outra, note-se que o CPC/2015 inclui o art. 216-A na Lei de Registros Públicos prevendo modalidade de usucapião extrajudicial. Assim, além da usucapião judicial, temos também modalidade administrativa.

Art. 247 - A citação será feita pelo correio para qualquer comarca do país, exceto:
I - nas ações de estado, observado o disposto no art. 695, § 3º;
II - quando o citando for incapaz;
III - quando o citando for pessoa de direito público;
IV - quando o citando residir em local não atendido pela entrega domiciliar de correspondência;
V - quando o autor, justificadamente, a requerer de outra forma.

I. Preferência na citação pelo correio

O CPC/2015, da mesma forma que o CPC/1973, estabelece que a citação postal é a regra. Essa preferência, porém, cede passo à citação por meio eletrônico, no caso de empresas públicas e privadas, exceto as microempresas e empresas de pequeno porte, tudo conforme § 1º do artigo anterior.

II. Citação pelo correio para qualquer comarca do país

O dispositivo legal é claro ao dizer que a citação pelo correio será feita para "qualquer comarca do país". Vale dizer, se o réu se encontrar em comarca distinta daquela em que corre o processo, não há razão para expedição de carta precatória, uma vez que é possível expedir uma carta diretamente ao local. A carta será remetida pelo escrivão ou chefe de secretaria e será registrada para entrega ao citando, *i.e.*, é emitida com aviso de recebimento (A.R.) A entrega deve ser feita, pelo carteiro, diretamente ao citando. Essa possibilidade de se evitar a carta precatória representa grande vantagem em termos de economia processual.

III. Exceções à regra da citação pelo correio

Embora por uma questão de economia processual o legislador tenha dado preferência pela citação postal, razões de segurança ou de ordem prática levam-no a excepcionar a regra. Os casos apontados são:

a) ações de estado (*i.e.*, estado familiar ou político da pessoa, como separação, investigação de paternidade). Aqui, como se trata, normalmente, de direitos indisponíveis, o legislador quis cercar o ato de maior segurança, atribuindo ao oficial de justiça a realização da citação;

b) réu pessoa incapaz: novamente, o direito indisponível gerando a cautela adicional com a citação;

c) ré pessoa de direito público: igualmente a motivação foi a presença de direitos indisponíveis;

d) pessoa que não recebe correspondência em casa: razões práticas motivam a estipulação, visto que a citação pelo correio deve ser com aviso de recebimento, o que dificultaria a sua realização se a pessoa tem, por exemplo, uma caixa de correio na qual a correspondência é normalmente entregue. A despeito da regra, já existente no CPC/1973, observamos julgado em que se admitiu, por circunstâncias especiais, a citação mediante entrega em caixa postal: "Processo civil e direito do consumidor. Citação pela via postal. Correspondência remetida para a caixa postal da ré. Hipótese em que esse era o único endereço por ela fornecido a seus consumidores, nas faturas de cobrança enviadas. Validade. - Consoante a jurisprudência pacificada desta Corte, é possível a citação da pessoa jurídica pelo correio, desde que entregue no domicílio da ré e recebida por funcionário, ainda que sem poderes expressos para isso. - Em hipóteses nas quais a empresa só fornece, nos documentos e correspondências enviados aos seus consumidores, o endereço de uma caixa postal, dificultando-lhes a sua localização, é válida a citação judicial enviada, por correio, para o endereço dessa caixa postal, notadamente tendo em vista a afirmação, contida no acórdão recorrido, de que esse expediente é utilizado para que a empresa se furte do ato processual. - O dever de informação e de boa-fé devem ser sempre colocados em primeiro plano, tanto no desenvolvimento da relação de consumo como no posterior julgamento de processos relacionados à matéria. - Se a caixa postal é apresentada como único endereço para o qual o consumidor possa se dirigir para expor as questões que de seu interesse, é incoerente pensar que tal endereço não sirva, em contrapartida, para alcançar a empresa nas hipóteses em que é o interesse dela que está em jogo. - A revelia da empresa citada na caixa postal é apenas mais um indício do descaso com que trata as correspondências que recebe nesse endereço" (3ª T., Recurso Especial nº 981.887/RS (2007/0202786-9), Rel. Min. Nancy Andrighi, v.u., j. em 23/3/2010);

e) quando autor justificadamente requerer seja feita de outra forma. Aqui, diferentemente do CPC/1973, o CPC/2015 exige que a opção do autor no sentido de fazer citação por outro meio que não a via postal seja justificada. Normalmente, a justificativa mais provável é a de que a citação seria provavelmente frustrada, havendo razões para crer que o réu criaria embaraços para a realização da citação pelo correio (lembrando que o carteiro não dispõe dos mecanismos que o oficial de justiça tem para superar os óbices que o citando possa levantar para impedir a realização do ato).

IV. Citação no processo de execução

O CPC/1973 incluía entre as exceções à citação pelo correio o caso do processo de execução. As razões para isso eram de cunho prático, visto que se o devedor citado não cumprisse, no prazo legal, a obrigação, o oficial de justiça automaticamente retornaria e penhoraria o que pudesse encontrar, para fazer frente ao débito. A restrição não mais subsiste no CPC/2015. É razoável se supor, entretanto, pelo teor das disposições do CPC/2015, em matéria de citação, que no processo de execução ela teria caráter subsidiário, visto que o legislador, a tratar da citação em matéria de execução, começa por falar em mandado do oficial de justiça.

O TJSP já teve oportunidade, várias vezes, de se manifestar pela possibilidade de citação postal no processo de execução, a partir da vigência do CPC/2015. Servem de exemplo os seguintes julgados: "AÇÃO DE EXECUÇÃO DE TÍTULO EXTRAJUDICIAL. CITAÇÃO POR CORREIO. ADMISSIBILIDADE. O ato de citação não se confunde com atos de constrição de bens e, com o advento do Novo Código de Processo Civil, todas as formas de citação são admitidas no processo executivo, inclusive por correio. Exegese do artigo 247 do Código de Processo Civil. Agravo provido. (TJSP - Relator(a): Sandra Galhardo Esteves; Comarca: São Paulo; Órgão julgador: 12ª Câmara de Direito Privado; Data do julgamento: 23/11/2016; Data de registro: 23/11/2016); CITAÇÃO – Citação da executada por correio – O Novo Código de Processo Civil permite esta modalidade de citação na execução – Art. 247 do NCPC- Recurso provido*" (TJSP, 21ª Câmara de Direito Privado, Rel. Maia da Rocha, Comarca São Paulo, j. em. 1º/9/2016; data de registro 1º/9/2016).

Registra-se, porém, a existência de julgado em sentido contrário: "AGRAVO DE INSTRUMENTO. Execução. Citação postal. Inadmissibilidade. Mesmo com a ausência de vedação expressa no Novo CPC, razoável e justo o entendimento de que a citação pelo correio não se adéqua ao procedimento previsto para as execuções, eis que as normas preveem atos a serem realizados exclusivamente por oficial de justiça, decorrentes do cumprimento do mandado de citação. Precedentes do TJSP. RECURSO IMPROVIDO" (TJSP, 24ª Câmara de Direito Privado, Rel. Silvia Maria Facchina Esposito Martinez, Comarca São Paulo, j. em 27/10/2016, data de registro 8/11/2016).

Art. 248 - Deferida a citação pelo correio, o escrivão ou o chefe de secretaria remeterá ao citando cópias da petição inicial e do despacho do juiz e comunicará o prazo para resposta, o endereço do juízo e o respectivo cartório.
§ 1º - A carta será registrada para entrega ao citando, exigindo-lhe o carteiro, ao fazer a entrega, que assine o recibo.
§ 2º - Sendo o citando pessoa jurídica, será válida a entrega do mandado a pessoa com poderes de gerência geral ou de administração ou, ainda, a funcionário responsável pelo recebimento de correspondências.
§ 3º - Da carta de citação no processo de conhecimento constarão os requisitos do art. 250.
§ 4º - Nos condomínios edilícios ou nos loteamentos com controle de acesso, será válida a entrega do mandado a funcionário da portaria responsável pelo recebimento de correspondência, que, entretanto, poderá recusar o recebimento, se declarar, por escrito, sob as penas da lei, que o destinatário da correspondência está ausente.

I. Modo de efetivação da citação postal

Quando se tratar de citação postal, o escrivão ou o chefe de secretaria será responsável pelas providências práticas destinadas a remeter, via correio, a carta de citação. Essa carta, que será registrada, deverá ser acompanhada de cópia da petição inicial e do despacho ordenando a citação, além de indicar prazo para resposta, endereço do juízo e do cartório. No caso de citação em processo de conhecimento, a lei exige, ainda, que constem os dados mencionados no art. 250, o que inclui, se for o caso, a indicação de pena a ser cominada, a intimação para comparecimento em audiência, etc. Enfim, a ideia é de que a citação forneça todas as informações relevantes ao citando.

A efetivação, em si, da citação, dependerá do carteiro, que a entregará ao citando, mediante assinatura do recibo.

II. Citação postal e a Súmula nº 429, STJ

As muitas discussões que a ampliação da possibilidade de utilização da citação postal gerou acabaram por resultar na edição de súmula pelo STJ. Trata-se da Súmula nº 429, vazada nos seguintes termos: "A citação postal, quando autorizada por lei, exige o aviso de recebimento". O enunciado, porém, esclarece pouco, sendo necessário examinar os precedentes que a geraram para que se tenha uma ideia clara do seu conteúdo. Que é necessário o aviso de recebimento não há dúvida. Verdadeira questão é: quem precisa assiná-lo? Essa resposta era diferente conforme se tratasse de pessoa natural ou pessoa jurídica, segundo o entendimento dominante da jurisprudência, conforme se abordará em seguida. A esse respeito, porém, como se poderá observar, o CPC/2015, além de procurar eliminar as dúvidas, disciplina de modo parcialmente diferente.

III. Citação postal de pessoa jurídica

Com efeito, a citação postal da pessoa jurídica, ao contrário do que a literalidade do CPC/1973, art. 223, parágrafo único, poderia fazer crer (ao falar que a entrega deveria ser a pessoa "com poderes de gerência geral ou de administração"), o entendimento que prevaleceu no STJ foi o de que bastava a entrega no endereço certo, mesmo que a pessoa que recebesse não tivesse poderes de administração. É o que se observa, por exemplo, nos seguintes julgados:

"PROCESSUAL CIVIL E CIVIL. AGRAVO REGIMENTAL. IMPUGNAÇÃO AO CUMPRIMENTO DE SENTENÇA. CITAÇÃO DA PESSOA JURÍDICA. CONCLUSÃO DO TRIBUNAL POR PRECLUSÃO QUANTO À ALEGAÇÃO DE NULIDADE DA CITAÇÃO E INEXIGIBILIDADE DO TÍTULO. SÚM. 7/STJ. ACÓRDÃO EM SINTONIA COM A JURISPRUDÊNCIA DO STJ. SÚM. 83/STJ. DISSÍDIO NÃO DEVIDAMENTE FORMULADO. AGRAVO NÃO PROVIDO. [...] 4. 'É válida a notificação efetuada via postal, efetivada no endereço da pessoa jurídica e recebida por pessoa que, embora sem poder expresso para tanto, a assina sem fazer qualquer objeção. Aplicação da teoria da aparência' (RMS 17.605/GO, Rel. Ministra ELIANA CALMON, SEGUNDA TURMA, julgado em 15/06/2010, DJe 24/06/2010) 5. Ante o exposto, nego provimento ao agravo regimental" (4ª T., AgRg no AREsp nº 635.581/SP, Rel. Min. Luis Felipe Salomão, j. em 5/3/2015, DJe de 11/3/2015).

"Processual civil. Agravo no agravo de instrumento. Ação de indenização por danos materiais e morais. Citação. Pessoa jurídica. Via postal.

- 'É possível a citação da pessoa jurídica pelo correio, desde que entregue no domicílio da ré e recebida por funcionário, ainda que sem poderes expressos para isso' (AgRg no Ag 711.722/PE, 3ª Turma, Relator Ministro Humberto Gomes de Barros, DJ de 27.3.2006). Agravo não provido" (3ª T., AgRg no Ag nº 1261226/PR, Rel. Min. Nancy Andrighi, j. em 4/5/2010, DJe de 14/5/2010).

Como se pode perceber, o CPC/2015 acabou consolidando esse entendimento no seu texto, ao acrescentar ser também válida a citação de pessoa jurídica cujo AR seja assinado "por funcionário responsável pelo recebimento de correspondências" (§ 2º).

IV. Citação postal de pessoa natural

Com relação à citação de pessoa natural, o entendimento que prevaleceu no STJ é o de que, atendendo à literalidade do comando legal, a carta de citação deve ser entregue diretamente ao citando, de quem se deve colher o ciente. É assim que vamos encontrar entre os precedentes que geraram a Súmula nº 429 o julgado em ERESP nº 117949/SP (Rel. Min. Menezes Direito, j. em 3/8/2005, publ. em 26/9/2005), afirmando que: "a citação de pessoa física pelo correio deve obedecer ao disposto no art. 223, parágrafo único, do Código de Processo Civil, necessária a entrega direta ao destinatário, de quem o carteiro deve colher o ciente. 2. Subscrito o aviso por outra pessoa que não o réu, o autor tem o ônus de provar que o réu, embora sem assinar o aviso, teve conhecimento da demanda que lhe foi ajuizada".

Tal entendimento veio a ser reafirmado diversas vezes, como se nota do seguinte julgado: "PROCESSUAL CIVIL. SEPARAÇÃO. PROCESSO DE DIVÓRCIO. ENDEREÇO. CITAÇÃO. CORREIO. RECEBIMENTO PELO PORTEIRO. DIVÓRCIO DECRETADO. ABANDONO DE LAR. FORÇA DE REVELIA. SENTENÇA ESTRANGEIRA. JUSTIÇA ARGENTINA. PEDIDO DE HOMOLOGAÇÃO. ENDEREÇO INCERTO. CITAÇÃO POR EDITAL. AUSÊNCIA DE CONTESTAÇÃO. CURADORA ESPECIAL. NOMEAÇÃO. ALEGAÇÃO DE VÍCIO NA CITAÇÃO. PRECEDENTES DO STJ. NECESSÁRIA A ENTREGA AO DESTINATÁRIO. VÍCIO INSANÁVEL. PRINCÍPIO DO CONTRADITÓRIO. PEDIDO INDEFERIDO.

I. O entendimento do STJ é de que, para a validade da citação de pessoa física pelo correio, é necessária a entrega da correspondência registrada diretamente ao destinatário, não sendo possível o seu recebimento pelo porteiro do prédio. II. Incerta, pois, a efetividade da citação da requerida na ação de divórcio, onde restou revel, é de se indeferir o pedido de homologação da sentença estrangeira" (STJ, Corte Especial, SEC nº 1102/AR, Rel. Min. Aldir Passarinho Júnior, j. em 12/4/2010, DJe de 12/5/2010).

O TJSP, já à luz do CPC/2015, reiterou o entendimento de que na citação de pessoa natural via correio a entrega deve ser feita à própria pessoa: "IMPUGNAÇÃO AO CUMPRIMENTO DE SENTENÇA – Citação postal – Pessoa Física – Validade condicionada à entrega na pessoa do citando – Art. 248, do Novo Código de Processo Civil (art. 223, parágrafo único, do CPC revogado) – 'AR' assinado por pessoa desconhecida da agravante – Nulidade dos atos praticados a partir da citação no processo de conhecimento – Precedentes – Determinação de abertura de prazo para defesa – Recurso provido" (TJSP, 14ª Câmara de Direito Privado, Rel. Lígia Araújo Bisogni, Comarca São Paulo, j. em 18/11/2016, data de registro 18/11/2016).

A redação do CPC/2015 não contraria essa ideia básica de que a carta de citação deve ser entregue diretamente à pessoa do citando, mas estabele uma ressalva que pode fazer bastante diferença na prática, principalmente em cidades maiores. A ressalva diz respeito precisamente ao caso dos condomínios (de edifícios ou loteamentos), em que se permite que o porteiro receba a citação e assine o aviso de recebimento. Nesse ponto, como se vê, é oposta ao entendimento prevalente atualmente na jurisprudência. É natural que a prática acabe gerando alguma confusão, sobretudo no começo da aplicação do CPC/2015. Recomenda-se que as normas regulamentares dos condomínios sejam bastante minuciosas para não acarretar inconvenientes para os moradores, com possíveis repercussões para o próprio condomínio. Normalmente os condomínios edilícios têm um caderno de controle de correspondências registradas. A presença deste tipo de controle será ainda mais necessária. Ademais, seria oportuno estabelecer regra interna no sentido de que o morador, quando for se ausentar por alguns dias, deve comunicar formalmente à portaria tal fato. Isso viabilizará a utilização, pelo encarregado da portaria, da ressalva da parte final do § 4º: "poderá recusar o recebimento, se declarar, por escrito, sob as penas da lei, que o destinatário da correspondência está ausente".

Art. 249 - A citação será feita por meio de oficial de justiça nas hipóteses previstas neste Código ou em lei, ou quando frustrada a citação pelo correio.

Autor: Marcelo Pacheco Machado

I. Citação por oficial de justiça e subsidiariedade

Ressalvadas as hipóteses de citação por meio eletrônico (art. 9º, Lei nº 11.419/2006), a regra geral do Código de Processo Civil é a citação por carta. Esta cuida do meio menos dispendioso de atender à necessidade de informar a respeito da existência do processo e constituir o réu sujeito da relação jurídica processual. Importante destacar que o Código de Processo Civil de 2015 admite a citação postal em qualquer comarca ou subseção judiciária do país, dispensando a expedição de carta precatória para essa finalidade (CPC/2015, art. 237, inciso III). A citação por oficial de justiça, por sua vez, somente ocorrerá (i) nas hipóteses em que a lei prevê expressamente este meio de citação (CPC/2015, arts. 247, incisos I, II, III e IV, e 249, primeira parte); (ii) não se tratando de hipótese legal, depois de tentada e frustrada a citação pelo correio (CPC/2015, art. 249, segunda parte); (iii) não se tratando de hipótese legal e não havendo prévia tentativa frustrada de citação pelo correio, o autor demonstre motivo relevante para efetuar, desde logo, a citação por oficial de justiça (CPC/2015, art. 247, inciso V). Para os casos específicos mencionados anteriormente, a citação por oficial de justiça é o meio principal de citação. Para os demais, não albergados expressamente pela lei, a citação por oficial de justiça possui natureza subsidiária, exatamente nos termos da segunda parte do art. 249 do CPC/2015.

II. Hipóteses legais de citação por oficial de justiça

Nas citações por carta, a comunicação do réu é normalmente exercida por funcionário da empresa responsável pelas correspondências postais. O aviso de recebimento e, eventualmente, o informe relativo à impossibilidade de efetivação da citação é preenchido por este funcionário e o juiz, por sua vez, para determinar as consequências relevantes para o processo, deve levar em consideração estas informações prestadas. O Código de Processo Civil entende suficiente a segurança jurídica para este procedimento na maioria dos casos. No entanto, em hipóteses que julga mais sensíveis, a depender da natureza da parte envolvida ou do objeto do processo, há necessidade de uma maior garantia para a validade do ato processual, exigindo-se que a citação seja realizada obrigatoriamente por um servidor público (auxiliar do juiz), com fé pública, que é o oficial de justiça. As hipóteses estão listadas nos incisos I, II, III e IV do art. 247 do CPC/2015. A primeira leva em consideração o objeto do processo, exigindo a citação por oficial de justiça nas chamadas "ações de estado", a qual deverá ser efetivada, necessariamente, na pessoa do réu (CPC/2015, art. 695, § 3º). A segunda leva em consideração a capacidade civil do réu, sendo relativa ou absolutamente incapaz (CC, arts. 3º e 4º), não será admitida a citação por carta, devendo-se proceder imediatamente à citação por oficial de justiça (CPC/2015, art. 247, inciso II). A terceira também trata da pessoa, no entanto, relaciona-se mais diretamente com as prerrogativas da Fazenda Pública no Direito Processual Civil. Sendo o réu pessoa jurídica de direito público, a citação necessariamente deverá ocorrer por oficial de justiça (CPC/2015, art. 247, inciso III). A quarta cuida de limitação material à citação por carta, impossibilidade física de realização, e ressalta a subsidiariedade da citação por oficial de justiça. Esta deverá ocorrer imediatamente caso seja conhecimento do juízo inexistir serviço de entrega de correspondência no domicílio do réu (CPC/2015, art. 247, inciso IV).

III. Citação por oficial de justiça e tentativa frustrada de citação por carta

A norma prevista pela segunda parte do art. 249 ressalta a natureza subsidiária da citação por oficial de justiça. Fora das hipóteses dos incisos I a V do art. 247 do CPC/2015, a citação somente ocorrerá por oficial de justiça após a devida comprovação da tentativa frustrada da citação por carta. Por *frustração*, deve-se entender a impossibilidade de os correios localizarem endereço que se sabe ser do réu ou a inexistência de pessoa apta a receber a correspondência e assinar o aviso de recebimento.

Art. 250 - O mandado que o oficial de justiça tiver de cumprir conterá:
I - os nomes do autor e do citando e seus respectivos domicílios ou residências;
II - a finalidade da citação, com todas as especificações constantes da petição inicial, bem como a menção do prazo para contestar, sob pena de revelia, ou para embargar a execução;
III - a aplicação de sanção para o caso de descumprimento da ordem, se houver;
IV - se for o caso, a intimação do citando para comparecer, acompanhado de advogado ou de defensor público, à audiência de conciliação ou de mediação, com a menção do dia, da hora e do lugar do comparecimento;
V - a cópia da petição inicial, do despacho ou da decisão que deferir tutela provisória;
VI - a assinatura do escrivão ou do chefe de secretaria e a declaração de que o subscreve por ordem do juiz.

I. Formalismo e função da forma processual

O art. 250 do CPC/2015 estabelece os requisitos de modo para a expedição do mandado de citação, o qual deve ser elaborado pelo serventuário da Justiça, escrivão ou chefe de secretaria (CPC/2015, art. 152, inciso I). Cada requisito formal tem um objetivo específico, sendo a sua identificação fundamental para a compreensão da relevância das formas no processo e, especialmente, para a aplicabilidade da norma da instrumentalidade das formas (CPC/2015, arts. 277, 282, § 1º, e 283, parágrafo único).

II. Nome, domicílio e residência

As informações relativas ao nome, domicílio e residência do citando são fundamentais para a viabilidade do ato citatório. Servem para sua identificação e para a localização do endereço onde pode ser encontrado, de modo que a citação possa ser ultimada. Isso, no entanto, não significa que a eventual falta de uma dessas informações deva acarretar necessariamente a invalidação do ato. A regra geral do Código é a da aplicabilidade da instrumentalidade das formas. Nesse sentido, podemos buscar a aplicação por analogia do art. 319, § 2º, do CPC/2015, que, tratando da ausência destes mesmos requisitos quando da petição inicial, determina haver presunção de atendimento do escopo do ato irregular, nas hipóteses de (i) citação bem-sucedida e (ii) comparecimento do réu ao processo. Caso, mesmo faltante um dos requisitos citados, o ato possa ser realizado e a citação seja perfeitamente efetuada, não deverá ser declarada sua nulidade.

III. Função informativa, contraditório e exceção legal

A exigência do inciso II do art. 250 do CPC/2015, o qual determina a indicação no mandado de citação da "finalidade da citação, com todas as especificações constantes da petição inicial, bem como a menção do prazo para contestar, sob pena de revelia, ou para embargar a execução", representa a necessidade de garantia do direito à informação, essencial ao posterior desenvolvimento do contraditório. Isto ocorre pois a reação no processo, e a capacidade de posteriormente influir no resultado do julgamento, apenas é viável a partir do prévio recebimento de informações a respeito do objeto da causa. Exceção feita ao processo de família, no qual o mandado de citação não constará com estas informações, regra criada com o objetivo de aumentar as chances de acordo em eventual audiência de conciliação ou mediação (CPC/2015, art. 695, § 1º).

IV. Alerta e princípio da cooperação

A ninguém é dado alegar o desconhecimento da lei, de modo a escusar seu eventual descumprimento. Esta é a regra geral e o pressuposto de viabilidade do sistema jurídico, e está claramente inserida no art. 3º da Lei de Introdução ao Código Civil (Decreto-Lei nº 4.657/1942). Se o desconhecimento escusasse o infrator, a aplicabilidade das penas (sanções legais) seria praticamente inviabilizada no sistema jurídico. Seguindo esse raciocínio, poderíamos dizer que o prazo para contestar e as eventuais consequências da ausência de contestação estão todas previstas em lei (CPC/2015, arts. 335 e 344), de modo que seria absolutamente desnecessário alertar o réu a esse respeito. Afinal, este não poderia tentar infirmar as consequências da revelia alegando desconhecê-las. Tudo está expresso em lei federal. Ocorre que o Direito Processual é técnico, e ao contrário dos demais atos de comunicação do processo (*e.g.* intimações), a citação se dirige à parte, e não ao advogado, não lhe sendo razoável, à luz do que normalmente acontece, o conhecimento dos meandros do Direito Processual Civil. Por isso determina o inciso II do art. 250 que no mandado de citação deve constar "menção do prazo para contestar, sob pena de revelia, ou para embargar a execução". O alerta tem, portanto, a finalidade de ampliar as possibilidades do contraditório efetivo, representando ato de comunicação do Estado-juiz para com as partes, de modo a prestar esclarecimentos e facilitar o exercício de seus direitos em juízo, exatamente seguindo os ditames do princípio da cooperação, previsto expressamente pelo art. 6º do CPC/2015.

V. Aplicação de sanção

Fundamentando-se, também, no princípio da cooperação (CPC/2015, art. 6º), o Código determina sempre a necessidade de comunicação clara e inequívoca do juiz para com as partes, indicando com precisão como estas devem se comportar na relação jurídica processual (*e.g.* CPC/2015, art. 321, segunda parte). A mesma lógica deve ser seguida quando da determinação do juiz de sanção para o descumprimento de ordem judicial, nos termos do inciso III do art. 250 do CPC/2015. Tratamos aqui das hipóteses de determinações judiciais, das mais variadas, relativamente às tutelas sumárias, nos termos dos arts. 297, 311, inciso III, 380, parágrafo único, 403, parágrafo único. A incerteza na cominação da sanção ou o erro no ato de comunicação deve cominar na sua invalidade, tendo em vista os deveres de cooperação assumidos pelo Estado-juiz na prática do ato.

VI. Comparecimento à audiência

O CPC/2015 atribui nova função à citação, conferindo-lhe a finalidade de informar o réu a respeito da prévia designação de audiência de conciliação ou de mediação, a qual deverá ser o seu primeiro ato de participação no processo, e no qual o comparecimento da parte ou de procurador com poderes específicos para transigir (CPC, art. 334, § 10) e de advogado ou defensor público é obrigatória (CPC/2015, art. 334, § 9º). Pela regra geral do procedimento comum, a audiência de conciliação ou de mediação apenas deixa de ocorrer nas hipóteses legais de afastamento ou na recusa de todas as partes (CPC/2015, art. § 4º, incisos I e II). Esta inovação procedimental significa que a citação não mais deverá ocorrer, como regra, para determinar o prazo para responder à demanda (contestar, reconvir, etc.), mas para comparecimento à referida audiência. O prazo para contestar, nesse caso, terá seu termo inicial no dia seguinte à última audiência realizada (CPC, art. 335, inciso I).

VII. Cópia da inicial e da decisão

Assim como o mandado de citação deve conter a indicação da "finalidade da citação, com todas as especificações constantes da petição inicial" (CPC/2015, art. 250, inciso II), este deve conter cópia da petição inicial (CPC/2015, art. 250, inciso V), com o mesmo objetivo de facilitar o exercício do contraditório. Exceção também aqui feita ao processo de família, no qual o mandado de citação não constará com cópia da inicial, regra criada com o objetivo de aumentar as chances de acordo em eventual audiência de conciliação ou mediação (CPC/2015, art. 695, § 1º). Outrossim, para viabilizar o cumprimento e a compreensão de eventuais decisões proferidas no processo, o Código exige seja o réu citado mediante a contemporânea entrega de cópia de despachos ou decisões proferidas pelo juiz da causa (CPC/2015, art. 250, inciso V).

VIII. Assinatura do escrivão ou chefe de secretaria

A feitura do mandado de citação é ato que compete ao escrivão ou chefe de secretaria, e não ao juiz (CPC/2015, art.152, inciso I). Tal circunstância é esclarecida pelo Código ao determinar que este ato deve conter "a assinatura do escrivão ou do chefe de secretaria e a declaração de que o subscreve por ordem do juiz".

Art. 251 - Incumbe ao oficial de justiça procurar o citando e, onde o encontrar, citá-lo:
I - lendo-lhe o mandado e entregando-lhe a contrafé;
II - portando por fé se recebeu ou recusou a contrafé;
III - obtendo a nota de ciente ou certificando que o citando não a apôs no mandado.

I. Fé pública do oficial de justiça

O oficial de justiça é servidor público e auxiliar da Justiça (CPC/2015, art. 149), gozando de fé pública para a prática dos atos processuais. Desse modo, cabe-lhe realizar a diligência de entrega da contrafé do mandado ao citando (CPC/2015, art. 251, inciso I), para posteriormente declarar em certidão se o recebimento foi aceito ou não (CPC/2015, art. 251, inciso II). Cabe, também, ao oficial tomar a nota de ciente do citando no mandado. Na recusa ou na impossibilidade de o fazer, este ato pode ser substituído pela declaração do próprio oficial (CPC/2015, art. 251, inciso III).

II. Certidão de cumprimento e presunção relativa de validade

O Código concede ao oficial de justiça a relevante função de prestar informações sobre a realização, bem ou malsucedida, do ato de citação, o qual traz grandes repercussões para o processo, principalmente à luz da garantia do contraditório e da ampla defesa (CF, art. 5º, inciso LIV). Nesse sentido, as declarações do oficial de justiça são presumidas verdadeiras, em função de sua fé pública. No entanto, referida presunção é relativa e admite prova em contrário. "[...] Conquanto goze a certidão do Oficial de Justiça de fé pública, a presunção de veracidade não é absoluta, de sorte que pode o Tribunal de Justiça, à luz de outros elementos fáticos concretos encontrados no processo, desconsiderar o resultado da diligência [...]". (STJ, 4ª T., REsp nº 599.513/PR, Rel. Min. Aldir Passarinho Junior, DJe de 16/9/2010).

Art. 252 - Quando, por 2 (duas) vezes, o oficial de justiça houver procurado o citando em seu domicílio ou residência sem o encontrar, deverá, havendo suspeita de ocultação, intimar qualquer pessoa da família ou, em sua falta, qualquer vizinho de que, no dia útil imediato, voltará a fim de efetuar a citação, na hora que designar.

Parágrafo único - Nos condomínios edilícios ou nos loteamentos com controle de acesso, será válida a intimação a que se refere o caput feita a funcionário da portaria responsável pelo recebimento de correspondência.

I. Citação por hora certa

A citação por hora certa tem como pressuposto as dificuldades materiais que podem ser observadas pelo oficial de justiça, no cumprimento de sua diligência, podendo ocorrer tanto no processo de conhecimento como no processo de execução (CPC/2015, art. 830, § 1º). A avaliação dos requisitos para este procedimento é de competência do próprio oficial de justiça, não dependendo de pronunciamento judicial. Isso, no entanto, não elide o oficial de justiça motivar seu ato, estabelecendo na certidão de cumprimento do mandado as razões pelas quais entendeu admissível este meio de citação.

II. Requisitos

Os requisitos para a citação por hora certa são dois. Em primeiro lugar, o oficial de justiça deve tentar, ao menos duas vezes, localizar o citando no local de cumprimento da diligência. Importante ressaltar que o art. 227 do CPC/1973 exigia o comparecimento por três vezes para a validade da citação por hora certa. Em segundo lugar, na impossibilidade de localizar o citando, deve o oficial de justiça identificar indícios de que este estaria praticando atos com o objetivo de se evadir à citação. Apenas preenchidos estes dois requisitos, o oficial de justiça pode se valer da citação por hora certa. Adicionalmente, o CPC/1973 exigia, para a validade da citação, que o oficial de justiça retornasse no dia imediato. O CPC/2015, seguindo a lógica geral dos prazos processuais (CPC/2015, art. 212), exigiu o agendamento para o próximo dia útil.

III. Procedimento

Preenchidos os requisitos legais, a citação por hora certa se operacionaliza pela intimação, por parte do oficial de justiça, de membro da família ou de vizinho do citando, informando-lhes que, em determinada data e hora, retornará ao local para fazer a derradeira tentativa de citação. Retornando na referida data e hora e encontrando o citando, o ato será regularmente realizado. Na ausência do citando, todavia, tal fato será certificado nos autos e a citação produzirá seus efeitos legais. Trata-se de hipótese de citação ficta pela qual, independentemente de o citando haver tomado conhecimento do ato, este será considerado citado para os fins processuais.

IV. Condomínios edilícios e loteamentos com controle de acesso

A razão de ser da prévia intimação de parentes ou vizinhos, como requisito da validade da citação por hora certa, reside na presunção *hominis* de que estes indivíduos mais proximamente ligados ao citando haverão de lhe transmitir o conhecimento – pelos meios disponíveis – do agendamento de data para a citação. Nessa linha, considerando que o funcionário de portaria em condomínio edilício ou mesmo loteamento se encontra em situação análoga, a jurisprudência sob a égide do CPC/1973 se estabeleceu no sentido de que "não invalida a citação com hora certa a só e só intimação realizada na pessoa do porteiro do edifício onde mora o citando." (STJ, 4ª T., REsp. nº 647201/SP, Rel. Min. Cesar Asfor Rocha, DJ de 17/12/2004). O CPC/2015 manteve a integridade do sistema, determinando no parágrafo único do art. 252 que "Nos condomínios edilícios ou nos loteamentos com controle de acesso, será válida a intimação a que se refere o *caput* feita a funcionário da portaria responsável pelo recebimento de correspondência".

Art. 253 - No dia e na hora designados, o oficial de justiça, independentemente de novo despacho, comparecerá ao domicílio ou à residência do citando a fim de realizar a diligência.
§ 1º - Se o citando não estiver presente, o oficial de justiça procurará informar-se das razões da ausência, dando por feita a citação, ainda que o citando se tenha ocultado em outra comarca, seção ou subseção judiciárias.
§ 2º - A citação com hora certa será efetivada mesmo que a pessoa da família ou o vizinho que houver sido intimado esteja ausente, ou se, embora presente, a pessoa da família ou o vizinho se recusar a receber o mandado.
§ 3º - Da certidão da ocorrência, o oficial de justiça deixará contrafé com qualquer pessoa da família ou vizinho, conforme o caso, declarando-lhe o nome.
§ 4º - O oficial de justiça fará constar do mandado a advertência de que será nomeado curador especial se houver revelia.

I. Comparecimento do oficial de justiça

Por se tratar de hipótese legal de citação ficta, na qual há a presunção legal de conhecimento por parte do citando, mas não há certeza quanto a esta circunstância, a lei processual se cerca de formalidades, com o objetivo de conceder o máximo de segurança jurídica ao ato. Em primeiro lugar, para que se efetive a citação por hora certa, o oficial de justiça deve efetivamente comparecer no local, na data e hora previamente designadas. Caso isto não ocorra, o procedimento deve ser repetido, com a intimação de vizinhos e familiares e a designação de nova data e hora, no dia útil subsequente.

II. Investigação do oficial de justiça

Ainda com o objetivo de garantir segurança jurídica ao ato, na hipótese de não comparecimento do citando no local e data da citação, o oficial de justiça, antes de dar por feita a citação, deve buscar informações adicionais quanto ao paradeiro do citando, de modo a confirmar suas suspeitas quanto à vontade de evadir à citação. Motivos que haveriam de justificar a anulação deste procedimento seriam, exemplificativamente, a descoberta de que o citando se encontra em viagem, mudou de endereço, não teve contato com familiares ou vizinhos desde o início das tentativas de citação.

III. Recebimento do mandado

Na ausência do citando, o mandado deve ser entregue ao vizinho, familiar, ao funcionário da portaria (CPC/2015, art. 252, parágrafo único). Determina o § 3º do art. 253 que "da certidão da ocorrência, o oficial de justiça deixará contrafé com qualquer pessoa da família ou vizinho, conforme o caso, declarando-lhe o nome". A recusa destes em receber o mandado, no entanto, não impede a realização da citação, podendo o oficial de justiça certificar tal circunstância, nos termos do art. 251, inciso II, do CPC/2015.

IV. Revelia e curador especial

Tratando a citação por hora certa de hipótese legal de citação ficta, existe incerteza quanto à efetiva ciência do citando relativamente ao ato da citação. Por este motivo, a exemplo do que ocorre nas hipóteses de citação por edital (CPC/2015, art. 257, inciso IV), a lei tem a cautela de, na hipótese de ausência de resposta do réu no prazo legal (revelia), exigir do juiz a nomeação de curador especial, visando a assegurar o contraditório e a ampla defesa. Nesse sentido, determina o § 4º do art. 253 que "o oficial de justiça fará constar do mandado a advertência de que será nomeado curador especial se houver revelia".

Art. 254 - Feita a citação com hora certa, o escrivão ou chefe de secretaria enviará ao réu, executado ou interessado, no prazo de 10 (dez) dias, contado da data da juntada do mandado aos autos, carta, telegrama ou correspondência eletrônica, dando-lhe de tudo ciência.

I. Última formalidade

Com o objetivo de aumentar a probabilidade de ciência efetiva do citando, a lei processual estabelece um último requisito para a validade da citação por hora certa. Após as devidas diligências do oficial de justiça, recebendo o mandado cumprido em cartório e juntando-o aos autos, deverá o escrivão ou chefe de secretaria se valer dos meios admissíveis para cientificar o citando da efetivação do ato. O prazo para fazê-lo é de 10 (dez) dias, a contar da juntada do mandado aos autos. Os meios para tanto não são taxativos, tendo a lei exemplificado a carta, telegrama ou correspondência eletrônica. O CPC/1973 não prescrevia prazo para esta última formalidade e ainda se referia aos meios tecnológicos disponíveis no período: "feita a citação com hora certa, o escrivão enviará ao réu carta, telegrama ou radiograma, dando-lhe de tudo ciência" (CPC/1973, art. 229). Não há dúvidas de que, neste dispositivo, há influência do princípio da cooperação, o qual exige que o Estado-juiz envide todos os esforços na busca, sempre que possível, do contraditório efetivo.

Art. 255 - Nas comarcas contíguas de fácil comunicação e nas que se situem na mesma região metropolitana, o oficial de justiça poderá efetuar, em qualquer delas, citações, intimações, notificações, penhoras e quaisquer outros atos executivos.

I. Citação e economia processual

A economia processual é norma jurídica que impõe ao Estado-juiz a realização dos atos processuais com o menor consumo de recursos e de tempo, desde que efetivamente respeitadas as garantias constitucionais do processo. A norma do art. 255 do CPC/2015 segue precisamente esta linha de raciocínio, esclarecendo ser desnecessária a expedição de carta precatória, para cumprimento pelo oficial de justiça do juízo respectivo, nas hipóteses em que o local do cumprimento da diligência se localize, embora em comarca distinta, "na mesma região metropolitana" ou ainda em comarca contígua "de fácil comunicação". A inovação frente ao CPC/1973 reside no fato de que este limitava as hipóteses às intimações e citações, enquanto o CPC/2015 é expresso em declarar que "o oficial de justiça poderá efetuar, em qualquer delas, citações, intimações, notificações, penhoras e quaisquer outros atos executivos" (CPC/2015, art. 255).

Art. 256 - A citação por edital será feita:
I - quando desconhecido ou incerto o citando;
II - quando ignorado, incerto ou inacessível o lugar em que se encontrar o citando;
III - nos casos expressos em lei.
§ 1º - Considera-se inacessível, para efeito de citação por edital, o país que recusar o cumprimento de carta rogatória.
§ 2º - No caso de ser inacessível o lugar em que se encontrar o réu, a notícia de sua citação será divulgada também pelo rádio, se na comarca houver emissora de radiodifusão.

§ 3º - O réu será considerado em local ignorado ou incerto se infrutíferas as tentativas de sua localização, inclusive mediante requisição pelo juízo de informações sobre seu endereço nos cadastros de órgãos públicos ou de concessionárias de serviços públicos.

I. Citação por edital

A citação é ato essencial para o desenvolvimento do processo. O contraditório exige citação, sendo este o ato que integra o réu como sujeito da relação jurídica processual, passando a incidir sobre ele os deveres, poderes, ônus e faculdades processuais. O princípio da economia processual determina que os meios de citação menos custosos devem ser utilizados para tal mister, razão pela qual a citação por meio eletrônico e a citação por carta passam a figurar em primeiro, bem como a citação por oficial de justiça, em segundo lugar. A citação por edital é o meio mais demorado e custoso, razão pela qual deverá ser utilizado apenas na inviabilidade da citação por carta ou por oficial de justiça. As hipóteses estão tratadas no art. 256 do CPC/2015, o qual determina: "A citação por edital será feita: I - quando desconhecido ou incerto o citando; II - quando ignorado, incerto ou inacessível o lugar em que se encontrar o citando; III - nos casos expressos em lei"

.

II. Desconhecido ou incerto o citando

Resta muito claro que nas demandas em que o sujeito passivo da relação jurídica processual é oculto, desconhecido do autor, tal como ocorreria nas ações possessórias (CPC/2015, art. 554, § 1º, segunda parte), a citação por carta ou mesmo por oficial de justiça restaria inviabilizada. Não haveria informações básicas, como o nome e o endereço, de modo a viabilizá-la. Por este motivo, a citação por edital é o meio adequado para garantir o contraditório nestas hipóteses. Ainda que a citação tenha de se valer de expressões genéricas, do tipo "indivíduos que no momento esbulham tal imóvel", confere-se a partir do ato uma maior possibilidade de informação e reação por parte do sujeito, que, possivelmente, haverá de sofrer os efeitos de uma eventual decisão de mérito.

III. Local da citação: desconhecimento, incerteza e inacessibilidade

Diferentemente da hipótese do inciso I, a do inciso II do art. 256 do CPC/2015 não trata de um réu desconhecido. O autor deve ter condições de identificá-lo pelo nome, deve saber quem de fato este é. No entanto, a dificuldade está em se saber ou se chegar ao local onde este pode ser encontrado, de modo a viabilizar a citação. Esta é, exatamente, a circunstância que inviabiliza a citação por carta ou por oficial, deixando clara a adequação da citação por edital.

IV. Réu em lugar ignorado ou incerto

Para que a citação por edital seja autorizada em função de o réu se situar em lugar ignorado ou incerto, não basta a declaração pelo autor desta circunstância. É preciso mais do que isso; o art. 256, § 3º, estabelece que "o réu será considerado em local ignorado ou incerto se infrutíferas as tentativas de sua localização, inclusive mediante requisição pelo juízo de informações sobre seu endereço nos cadastros de órgãos públicos ou de concessionárias de serviços públicos". Isto significa que não apenas o autor tem o ônus de indicar endereços e comprovar efetivas tentativas infrutíferas de citação por carta e oficial de justiça, como também a colaboração do Estado-juiz, mediante a solicitação de informações a "órgãos públicos ou de concessionárias de serviços públicos", tem de se mostrar insuficiente para tal propósito.

V. Réu em lugar inacessível

A inacessibilidade é uma circunstância física, uma limitação imposta pela natureza aos seres humanos e aos meios de transporte. Em país como o Brasil, que ainda ostenta áreas de natureza preservada, é razoável supor a existência de locais inacessíveis ao homem médio. A inacessibilidade, no entanto, pode ser temporânea ou permanente. Caso decorra de enchente ou desastre natural, de modo a tornar, por determinado período de tempo, inacessível o local da citação, não haverá justificativa para citação por edital, mas para a suspensão do processo (CPC, art. 222, § 2º). Diferentemente, caso a inacessibilidade seja permanente, como uma residência no topo de montanha, dentro de mata fechada, em ilha oceânica desabitada, a citação por edital será autorizada, tendo em vista a impossibilidade de utilização de qualquer outro meio mais econômico de cientificação do réu.

VI. Inacessibilidade ficta

Além das hipóteses que, efetivamente, configuram locais inacessíveis, a autorizar a citação por edital, a lei escolheu dar tratamento jurídico idêntico a situação na qual, a rigor, não haverá inacessibilidade física: a citação de réu residente em país no qual a citação por carta rogatória não é admissível. Isto ocorre pois, nestas hipóteses, embora seja fisicamente possível se chegar ao réu, juridicamente a citação por carta ou por oficial de justiça não pode ser produzida, pela ausência de regramento do direito internacional. Desse modo, determina o § 1º do art. 256 do CPC/2015 que "considera-se inacessível, para efeito de citação por edital, o país que recusar o cumprimento de carta rogatória".

VII. Demais hipóteses legais

Fora das hipóteses do art. 256, a lei autoriza expressamente a citação por edital "I - na ação de usucapião de imóvel; II - na ação de recuperação ou substituição de título ao portador; III - em qualquer ação em que seja necessária, por determinação legal, a provocação, para participação no processo, de interessados incertos ou desconhecidos" (CPC/2015, art. 259). Além disso, o Código remete as partes à citação por edital especialmente nos procedimentos especiais, com o objetivo de viabilizar a citação de réus incertos ou desconhecidos, ou mesmo para viabilizar o ingresso de terceiros com interesse jurídico no feito. O primeiro exemplo se encontra nas ações possessórias, determinando o § 1º do art. 554 que "no caso de ação possessória em que figure no polo passivo grande número de pessoas, serão feitas a citação pessoal dos ocupantes que forem encontrados no local e a citação por edital dos demais, determinando-se, ainda, a intimação do Ministério Público e, se envolver pessoas em situação de hipossuficiência econômica, da Defensoria Pública". O segundo exemplo está na ação de demarcação, a qual exige a citação por edital dos "interessados incertos ou desconhecidos" (CPC, art. 576, parágrafo único). O terceiro exemplo, por sua vez, encontra-se na ação de inventário e partilha, na qual o § 1º do art. 626 determina: "o cônjuge ou o companheiro, os herdeiros e os legatários serão citados pelo correio, observado o disposto no art. 247, sendo, ainda, publicado edital, nos termos do inciso III do art. 259". É preciso considerar ainda que o Código menciona a intimação (e não a citação) por edital relativamente ao cumprimento de sentença (CPC/2015, art. 513, § 2º), à notificação e à interpelação (CPC, art. 726, § 1º) e na arrecadação dos bens dos ausentes (CPC/2015, art. 745, § 1º).

Art. 257 - São requisitos da citação por edital:
I - a afirmação do autor ou a certidão do oficial informando a presença das circunstâncias autorizadoras;
II - a publicação do edital na rede mundial de computadores, no sítio do respectivo tribunal e na plataforma de editais do Conselho Nacional de Justiça, que deve ser certificada nos autos;
III - a determinação, pelo juiz, do prazo, que variará entre 20 (vinte) e 60 (sessenta) dias, fluindo da data da publicação única ou, havendo mais de uma, da primeira;
IV - a advertência de que será nomeado curador especial em caso de revelia.

Parágrafo único - O juiz poderá determinar que a publicação do edital seja feita também em jornal local de ampla circulação ou por outros meios, considerando as peculiaridades da comarca, da seção ou da subseção judiciárias.

I. Requisitos para a citação por edital

A citação por edital, por tratar de meio mais custoso e demorado e, ainda, por se pautar na presunção de ciência do citando (citação ficta), não pode figurar como regra geral no sistema. É necessário que a parte interessada comprove a presença dos requisitos legais para o seu deferimento, o qual deverá ocorrer mediante decisão fundamentada do juiz (CPC/2015, art. 489, § 1º). Nesse sentido, naquelas hipóteses em que a citação por edital é admissível sem que, antes, seja tentada a citação por outros meios, bastará o requerimento fundamentado de citação por edital, a ser formulado pela parte interessada, à qual competirá a prova do preenchimento dos requisitos legais (CPC, arts. 256, incisos I, II e III, e 259). Diferentemente, nas hipóteses em que a citação por edital se fundamenta no fracasso dos outros meios prévios (CPC, art. 256, § 3º), a certidão do oficial de justiça, atestando tal fato, passa a ser requisito para o deferimento da citação por edital (CPC, art. 257, inciso I).

II. Requisitos gerais da citação

Uma vez deferida a citação por edital, este ato processual, para ser considerado válido e produzir os efeitos legais da citação ficta, dependerá do preenchimento de diferentes requisitos formais. Todos, de certo modo, ligados à necessidade de se garantir o máximo de publicidade ao ato processual, de modo a majorar as probabilidades de o citando, efetivamente, vir a tomar conhecimento do ajuizamento de demanda em seu desfavor. A lei não especifica, mas a necessidade de publicidade do ato exige que este, antes de cumprir os requisitos específicos do art. 257, atenda também aos requisitos formais do mandado de citação, indicando o número do processo, o nome completo das partes, o prazo para contestar e contendo alerta sobre a revelia (CPC/2015, art. 250).

III. A publicação do edital

A fim de garantir a publicidade do ato de citação, o inciso II do art. 257 exige sua divulgação simultânea em diferentes meios, sendo estes predominantemente eletrônicos, quais sejam "a publicação do edital na rede mundial de computadores, no sítio do respectivo tribunal e na plataforma de editais do Conselho Nacional de Justiça, que deve ser certificada nos autos". Desse modo, o CPC/2015 passa a encampar novos meios de publicidade, diferentes dos jornais impressos, e com aptidão de alcançar o maior número de pessoas possível.

IV. Meios tecnológicos e exceção

A despeito de privilegiar os meios eletrônicos de realização do edital, o Código reconhece que as especificidades econômicas, geográficas e estruturais de diferentes comarcas, das seções ou das subseções judiciárias podem se mostrar como empecilho à utilização destes mecanismos. Em tais situações, o juiz poderá (i) que o ato seja feito por meio eletrônico e por meio físico simultaneamente (jornal de grande circulação); ou mesmo (ii) que o ato seja exclusivamente realizado por meio físico (jornal de grande circulação), conforme o parágrafo único do art. 257.

V. Prazo de espera e prazo do ato processual

Finalmente, também como requisito da validade, o juiz deve determinar prazo de espera do ato processual, o qual deverá constar necessariamente do próprio edital, sob pena de nulidade. Este prazo não se confunde com o prazo de resposta do citando e representa período temporal no qual o processo simplesmente aguarda, de modo que apenas posteriormente se terá o termo inicial do prazo designado para a resposta do réu ou para a apresentação de embargos à execução. Trata-se de prazo "que variará entre 20 (vinte) e 60 (sessenta) dias, fluindo da data da publicação única ou, havendo mais de uma, da primeira". Somente após transcorrido esse período terá início o prazo processual para a prática do ato de competência do citando, *e.g.* contestação, reconvenção, embargos, agravo, ou outro (CPC, art. 231, inciso IV).

Art. 258 - A parte que requerer a citação por edital, alegando dolosamente a ocorrência das circunstâncias autorizadoras para sua realização, incorrerá em multa de 5 (cinco) vezes o salário mínimo.
Parágrafo único - A multa reverterá em benefício do citando.

I. Litigância de má-fé e cominação de multa

O art. 258 do CPC/2015 concretiza a exigência de probidade e boa-fé na prática dos atos processuais (CPC/2015, art. 5º) e tipifica caso perfeitamente classificável como litigância de má-fé (CPC/2015, art. 80, incisos V e VI), qual seja o requerimento doloso e indevido de citação por edital. Faz-se mister nesta hipótese a comprovação de que o requerente agiu dolosamente ao requerer o meio de citação, que sabia ser indevido. Para a incidência da multa, não é necessário que a citação tenha sido deferida ou mesmo realizada, bastando o requerimento indevido e doloso pelo interessado. A norma afasta a incidência das penalidades previstas pelo art. 81 do CPC/2015 para prever sanção mais específica, no valor de 5 (cinco) vezes o salário mínimo, a qual se reverterá em favor do citando.

Art. 259 - Serão publicados editais:
I - na ação de usucapião de imóvel;
II - na ação de recuperação ou substituição de título ao portador;
III - em qualquer ação em que seja necessária, por determinação legal, a provocação, para participação no processo, de interessados incertos ou desconhecidos.

I. Edital na usucapião de imóvel

A demanda que visa à usucapião de bem imóvel, por decorrência das circunstâncias da relação de direito material, exige atribuição de maior grau de publicidade ao processo. Não apenas é necessária a citação do réu proprietário, devidamente identificado pelo título aquisitivo de propriedade registrado perante o Registro Geral de Imóveis e dos confinantes, como também de eventuais terceiros com direitos de posse ou propriedade sobre o imóvel usucapiendo. Nesse sentido, a realização de edital mostra-se adequada para a sistemática desta demanda, contendo previsão expressa do inciso I do art. 259 do CPC/2015. A previsão é ainda mais relevante, na medida em que a usucapião, no regime do novo Código, deixa de ser um procedimento especial (CPC/1973, art. 941 e seguintes) e passa a ser tutelável por meio do procedimento comum (CPC/2015, arts. 246, § 3º, 259, inciso I, e 318).

II. Edital na ação de recuperação ou substituição de título ao portador

Sistemática similar à da usucapião é estabelecida nas demandas que visam a "recuperação ou substituição de título ao portador". Também pelas circunstâncias da relação de direito material, especificamente pela possibilidade de circulação do título de crédito que se pretende recuperar ou substituir (CC/2002, arts. 904 e 905), a demanda necessita de maior grau de publicidade para garantir o contraditório efetivo, permitindo o ingresso de terceiros juridicamente interessados para participação no debate processual (CPC/2015, art. 259, inciso II).

III. Edital para citação ou intimação de interessados incertos ou desconhecidos

Além dos casos mencionados no art. 256 e nas hipóteses dos incisos I e II do art. 259, o CPC/2015 traz verdadeira cláusula geral para viabilizar a publicação de editais, especialmente com a finalidade de permitir o ingresso no processo de terceiros incertos e desconhecidos que, eventualmente, possam apresentar interesse jurídico para se tornarem efetivos sujeitos da relação jurídica processual. A norma exige, para tanto, que essa publicação seja exigência decorrente da lei, tal como ocorre nas hipóteses dos arts. 576, parágrafo único, 626, § 1º, 734, § 1º, 741 e 746 do CPC/2015 e do art. 216-A, § 4º, da Lei de Registros Públicos.

Capítulo III - Das Cartas

Art. 260 - São requisitos das cartas de ordem, precatória e rogatória:
I - a indicação dos juízes de origem e de cumprimento do ato;
II - o inteiro teor da petição, do despacho judicial e do instrumento do mandato conferido ao advogado;
III - a menção do ato processual que lhe constitui o objeto;
IV - o encerramento com a assinatura do juiz.
§ 1º - O juiz mandará trasladar para a carta quaisquer outras peças, bem como instruí-la com mapa, desenho ou gráfico, sempre que esses documentos devam ser examinados, na diligência, pelas partes, pelos peritos ou pelas testemunhas.
§ 2º - Quando o objeto da carta for exame pericial sobre documento, este será remetido em original, ficando nos autos reprodução fotográfica.
§ 3º - A carta arbitral atenderá, no que couber, aos requisitos a que se refere o caput e será instruída com a convenção de arbitragem e com as provas da nomeação do árbitro e de sua aceitação da função.

Autora: **Helena de Toledo Coelho**

I. Cartas. Linhas gerais

As cartas têm por finalidade a prática de atos fora dos limites territoriais da comarca, da seção ou subseção judiciárias, conforme alude o CPC/2015, art. 236, § 1º. Podem ter por objetivo a comunicação de atos processuais, a instrução do processo ou mesmo atos de natureza constritiva. A carta de ordem é aquela expedida pelo Tribunal a Juízo que lhe seja vinculado, se o ato houver de se praticar fora dos limites territoriais de sua sede; a carta precatória, expedida entre Juízos de mesma hierarquia funcional e de diferentes competências territoriais; e a carta rogatória, aquela emitida com base na cooperação jurisdicional internacional. Pode ser tanto requerida por Juízo brasileiro para cumprimento no exterior quanto ser recebida para cumprimento no Brasil. Nesta hipótese, de carta rogatória passiva, o dispositivo deve ser lido à luz do CPC/2015, art. 36.

II. Carta arbitral

A carta arbitral, prevista no CPC/2015, art. 237, inciso IV, tem por objetivo aperfeiçoar, na prática processual, o princípio de cooperação entre o Juízo Arbitral e o Juízo Estatal. Serve para que o órgão do Poder Judiciário pratique ou determine o cumprimento, na área de sua competência territorial, de ato objeto de pedido de cooperação judiciária formulado por juízo arbitral, inclusive os que importem efetivação de tutela provisória. Especialmente, visa à prática de atos coercitivos, uma vez não deter, o Juízo Arbitral, poder de coerção e execução.

Vale ressaltar que os demais atos de comunicação das partes, realizados pelo Juízo Arbitral, não necessitam da cooperação do Juízo Estatal, devendo ser feitos diretamente pelo órgão privado.

III. Citação em procedimento arbitral

"DIREITO INTERNACIONAL. PROCESSUAL CIVIL. SENTENÇA ARBITRAL. CONTRATO DE COMPRA E VENDA INTERNACIONAL. INADIMPLEMENTO. ALEGADO PREJUÍZO À DEFESA NA CITAÇÃO POR CARTA DE ORDEM. SANADO. OBJEÇÃO POR IRREGULARIDADE NA CITAÇÃO NO PROCEDIMENTO ARBITRAL. INEXISTENTE. APRECIAÇÃO DO MÉRITO DO DECISUM HOMOLOGANDO. INCABÍVEL. PRECEDENTES. REQUISITOS PARA HOMOLOGAÇÃO PRESENTES. [...] 4. 'A citação, no procedimento arbitral, não ocorre por carta rogatória, pois as cortes arbitrais são órgãos eminentemente privados. Exige-se, para a validade do ato realizado via postal, apenas que haja prova inequívoca de recebimento da correspondência' (SEC 8.847/EX, Rel. Ministro João Otávio de Noronha, Corte Especial, DJe 28.11.2013). No caso, foi comprovado o recebimento da via postal, atendido, portanto, o ditame do parágrafo único do art. 39 da Lei n. 9.037/96. Precedente: SEC 10.658/EX, Rel.

Ministro Humberto Martins, Corte Especial, DJe 16.10.2014. [...]" (Corte Especial, SEC nº 3.892/EX, Rel. Min. Humberto Martins, j. em 19/11/2014, DJe de 11/12/2014).

IV. Requisitos das cartas e nulidade

Os requisitos das cartas de ordem, precatória, rogatória e arbitral devem ser integralmente observados sob pena de nulidade absoluta do ato. Trata-se de matéria de ordem pública, a qual poderá ser arguida a qualquer tempo de grau de jurisdição. Não obstante, sempre será necessário verificar se resultou prejuízo, uma vez tratar-se de requisito para declaração da nulidade (*pas de nulitè sans grief*).

V. Carta precatória itinerante. Nulidade. TJSP

"ARRENDAMENTO MERCANTIL - REINTEGRAÇÃO DE POSSE - CARTA PRECATÓRIA ITINERANTE - AUSÊNCIA DE INDICAÇÃO DO JUÍZO DEPRECADO - PREJUÍZO ÀS PARTES NÃO VERIFICADO - NULIDADE - INOCORRÊNCIA. A nulidade processual e a repetição do ato por ela atingido somente são declaráveis se houver demonstração de efetivo prejuízo às partes RECURSO IMPROVIDO" (TJSP, 34ª Câmara de Direito Privado, AG nº 992090757288/SP, Rel. Antonio Nascimento, j. em 5/4/2010, data de publicação: 19/4/2010).

VI. Carta rogatória passiva

"CARTA ROGATÓRIA. AGRAVO REGIMENTAL. ALEGADA AUSÊNCIA DE AUTENTICIDADE DOS DOCUMENTOS. COMISSÃO QUE TRAMITOU PELA AUTORIDADE CENTRAL. QUESTÕES REFERENTES À MATÉRIA DE DEFESA NA AÇÃO AJUIZADA NO EXTERIOR. REMESSA À ANÁLISE DA JUSTIÇA ROGANTE. A comissão tramitou pela autoridade central brasileira, o que confere aos documentos a necessária autenticidade. Questões referentes à matéria de defesa na ação ajuizada no exterior devem ser remetidas à análise da Justiça rogante, tendo em vista o juízo meramente delibatório exercido por este Tribunal no cumprimento das rogatórias. Agravo regimental improvido" (Corte Especial, AgRg na CR nº 5.881/EX, Rel. Min. Ari Pargendler, Rel. p/ Acórdão Min. Presidente do STJ, j. em 2/5/2012, DJe de 6/6/2012).

"AGRAVO REGIMENTAL NA CARTA ROGATÓRIA. EXEQUATUR. HIPÓTESES DE CONCESSÃO. AUSÊNCIA DE OFENSA À SOBERANIA NACIONAL OU À ORDEM PÚBLICA. OBSERVÂNCIA DOS REQUISITOS DA RESOLUÇÃO N. 9/2005/STJ. DOCUMENTAÇÃO SUFICIENTE À COMPREENSÃO DA CONTROVÉRSIA. I - Não sendo hipótese de ofensa à soberania nacional, à ordem pública ou de inobservância dos requisitos da Resolução n. 9/2005, cabe apenas a este e. Superior Tribunal de Justiça emitir juízo meramente delibatório acerca da concessão do exequatur nas cartas rogatórias, sendo competência da Justiça rogante a análise de eventuais alegações relacionadas ao mérito da causa. II - Não são aplicáveis às cartas rogatórias passivas os requisitos do art. 202 do CPC. (Precedentes) III - *In casu*, a rogatória está acompanhada de documentação suficiente à compreensão da controvérsia. Não se vislumbra, portanto, violação à ordem pública ou à soberania nacional. (Precedentes) Agravo regimental desprovido" (Corte Especial, AgRg na CR nº 8.368/EX, Rel. Min. Felix Fischer, j. em 21/5/2014, DJe de 29/5/2014).

"AGRAVO REGIMENTAL NA CARTA ROGATÓRIA. EXEQUATUR. HIPÓTESES DE CONCESSÃO. AUSÊNCIA DE OFENSA À SOBERANIA NACIONAL OU À ORDEM PÚBLICA. OBSERVÂNCIA DOS REQUISITOS DA RESOLUÇÃO N. 9/2005/STJ. NOTIFICAÇÃO. DOCUMENTAÇÃO SUFICIENTE PARA COMPREENSÃO DA CONTROVÉRSIA. AGRAVO REGIMENTAL DESPROVIDO.

I - Não sendo hipótese de ofensa à soberania nacional, à ordem pública ou de inobservância dos requisitos da Resolução n. 9/2005, cabe apenas a este e. Superior Tribunal de Justiça emitir juízo meramente delibatório acerca da concessão do exequatur nas cartas rogatórias, sendo competência da Justiça rogante a análise de eventuais alegações relacionadas ao mérito da causa. II - Não são aplicáveis às Cartas Rogatórias passivas os requisitos do art. 202 do CPC. (Precedentes) III - *In casu*, a comissão objetiva a notificação do interessado e está acompanhada de documentação suficiente para compreensão da controvérsia. Não se vislumbra, portanto, violação à ordem pública ou à soberania nacional. (Precedentes) Agravo regimental desprovido" (Corte Especial, AgRg nos EDcl na CR nº 6.986/EX, Rel. Min. Felix Fischer, j. em 18/12/2013, DJe de 3/2/2014).

Art. 261 - Em todas as cartas o juiz fixará o prazo para cumprimento, atendendo à facilidade das comunicações e à natureza da diligência.
§ 1º - As partes deverão ser intimadas pelo juiz do ato de expedição da carta.
§ 2º - Expedida a carta, as partes acompanharão o cumprimento da diligência perante o juízo destinatário, ao qual compete a prática dos atos de comunicação.
§ 3º - A parte a quem interessar o cumprimento da diligência cooperará para que o prazo a que se refere o caput seja cumprido.

I. Prazo para cumprimento das cartas

O Juízo Deprecante deverá fixar prazo para o cumprimento das cartas, observando a razoa-bilidade do tempo em função do ato a ser praticado. O presente dispositivo deve ser lido especialmente à luz do princípio da cooperação. As cartas devem ser cumpridas dentro do prazo estipulado, com a cooperação da parte a quem interessa o cumprimento da diligência. O prazo é fixado para a parte e não para o Juízo.

II. Necessidade de fixação do prazo

"AGRAVO DE INSTRUMENTO - PROCESSUAL CIVIL - CARTA PRECATÓRIA - PRAZO PARA CUMPRIMENTO. DEFERIDA A EXPEDIÇÃO DE CARTA PRECATÓRIA PARA OITIVA DE TESTEMUNHAS, IMPÕE-SE A FIXAÇÃO DE PRAZO PARA O SEU CUMPRIMENTO, NOS TERMOS DO ARTIGO 203, DO CÓDIGO DE PROCESSO CIVIL. CASO ASSIM NÃO SE PROCEDA, PODERÁ IMPEDIR INDEFINIDAMENTE O JULGAMENTO DO FEITO, DESDE QUE CONDICIONADO À DEVOLUÇÃO DA CARTA PRECATÓRIA DEVIDAMENTE CUMPRIDA. RECURSO CONHECIDO E PROVIDO. UNÂNIME" (TJDF, 5ª T. Cível, AI nº 20000020031464/DF, Rel. Haydevalda Sampaio, j. em 14/9/2000, DJU de 25/10/2000, p. 38).

III. Inobservância do prazo pela parte

Não há penalidade prevista em lei para o descumprimento do prazo da carta precatória fixado pelo Juízo Deprecado. Não obstante, é possível que, extrapolado o prazo por desídia da parte, após a diligência necessária acerca do efetivo cumprimento da deprecata junto ao juízo deprecado, sejam praticados os atos processuais subsequentes. Esse entendimento está de acordo com a previsão contida no CPC/2015, art. 313, §§ 4º e 5º, o qual limita em 1 (um) ano o prazo de suspensão do processo quando a sentença de mérito tiver de ser proferida somente após a verificação de determinado fato ou a produção de certa prova, requerida a outro juízo.

"TRT 1ª REGIÃO. TENDO EM VISTA O PRAZO DE DEVOLUÇÃO DA CARTA PRECATÓRIA A QUE ALUDE O ARTIGO 212 DO CPC, COMPETE À VARA DEPRECANTE DILIGENCIAR ACERCA DO EFETIVO CUMPRIMENTO DA DEPRECATA, ANTES DE PASSAR AO JULGAMENTO DOS EMBARGOS À EXECUÇÃO OPOSTOS NO JUÍZO DE ORIGEM. PRELIMINAR DE NULIDADE DE DECISÃO ACOLHIDA" (TRT-1, 2ª T., AP nº 00441008820055010203/RJ, Rel. Maria Aparecida Coutinho Magalhães, j. em 26/3/2007, data de publicação: 20/4/2007).

"TJMG. TESTEMUNHA - OITIVA VIA CARTA PRECATÓRIA - PRAZO PARA CUMPRIMENTO - FIXAÇÃO SOB PENA DE DECADÊNCIA - PENALIDADE NÃO PREVISTA EM LEI. - O artigo 203 do CPC autoriza a fixação de prazo para cumprimento da carta precatória; todavia, não é lícito ao magistrado impor pena de decadência para o caso de inobservância do interregno temporal fixado, visto tratar-se de sanção não prevista em lei" (TJMG, nº 3251223/MG, 2.0000.00.325122-3/000(1), Rel. Silas Vieira, j. em 12/12/2000, data de publicação: 10/2/2001).

"STJ. PROCESSUAL CIVIL. MINISTÉRIO PÚBLICO. INTERVENÇÃO. IRREGULARIDADE. SUPRIMENTO. PARECER. SEGUNDO GRAU DE JURISDIÇÃO. NULIDADE. INEXISTÊNCIA. CARTA PRECATÓRIA. DESPESAS. ABERTURA DE PRAZO. TRANSCURSO *IN ALBIS*. PRECLUSÃO. OCORRÊNCIA. CIVIL. DANOS MATERIAIS. MORTE. MENOR IMPÚBERE. FAMÍLIA DE BAIXA RENDA. PENSÃO MENSAL. PAGAMENTO. POSSIBILIDADE. 1 – [...]. 2 – Intimado o réu para depositar as despesas de expedição de carta precatória para oitiva de suas testemunhas e transcorrido *in albis* o prazo, a incidência da preclusão temporal é de rigor, apta a fulminar o direito de praticar o ato processual se, como na espécie, não denotado nenhum fato real a justificar a omissão. 3 – [...]" (4ª T., REsp nº 308.662/SC, Rel. Min. Fernando Gonçalves, j. em 18/11/2003, DJ de 1º/12/2003, p. 358).

Art. 262 - A carta tem caráter itinerante, podendo, antes ou depois de lhe ser ordenado o cumprimento, ser encaminhada a juízo diverso do que dela consta, a fim de se praticar o ato.
Parágrafo único - O encaminhamento da carta a outro juízo será imediatamente comunicado ao órgão expedidor, que intimará as partes.

I. Carta precatória itinerante

O caráter itinerante das cartas tem por objetivo a realização dos princípios da celeridade e economia processual, atribuindo efetividade ao ato judicial. Somente após o integral cumprimento da diligência requisitada é que deverá ocorrer a devolução da carta ao Juízo de origem, sendo imperiosa a cooperação entre os diversos órgãos jurisdicionais para a integral prática do ato no local onde deva ser praticado, independentemente da primeira indicação realizada pelo Juízo deprecante.

"AGRAVO INTERNO. AGRAVO DE INSTRUMENTO. ALIENAÇÃO FIDUCIÁRIA. AÇÃO REVISIONAL DE CONTRATO. JUÍZO DE RETRATAÇÃO. PEDIDO DE EXPEDIÇÃO DE CARTA PRECATÓRIA ITINERANTE. Consideradas as particularidades do caso concreto, cabível a expedição da carta precatória, com o efeito itinerante pretendido que lhe é peculiar, por força do texto do art. 204 do CPC. AGRAVO INTERNO PREJUDICADO. AGRAVO DE INSTRUMENTO PROVIDO, EM DECISÃO MONOCRÁTICA DO RELATOR" (Tribunal 14ª Câmara Cível, Agravo nº 70047197496).

Art. 263 - As cartas deverão, preferencialmente, ser expedidas por meio eletrônico, caso em que a assinatura do juiz deverá ser eletrônica, na forma da lei.

I. Carta precatória por meio eletrônico

A expedição de cartas por meio eletrônico atende ao princípio da celeridade processual, na medida em que sua expedição deva ser imediata. Desta forma, colabora para a economia processual de tempo, de insumos resultantes das fotocópias de autos e do tempo utilizado pelo serventuário para tal mister, e de dinheiro, reduzindo o gasto com despesas postais para envio ao Juízo deprecante. Será possível somente se o processo eletrônico estiver implementado tanto no Juízo deprecante quanto no Juízo deprecado. De acordo com a Lei nº 11.419/2006, art. 1º, § 2º, inciso II, transmissão eletrônica é toda forma de comunicação a distância com a utilização de redes de comunicação, preferencialmente a rede mundial de computadores.

Art. 264 - A carta de ordem e a carta precatória por meio eletrônico, por telefone ou por telegrama conterão, em resumo substancial, os requisitos mencionados no art. 250, especialmente no que se refere à aferição da autenticidade.

I. Aferição de autenticidade das cartas

A aferição de autenticidade da carta de ordem e precatória é medida de extrema importância, devendo ser verificada a assinatura eletrônica, com identificação inequívoca do signatário, por meio de assinatura digital baseada em certificado digital emitido por Autoridade Certificadora credenciada ou mediante cadastro de usuário no Poder Judiciário. Havendo dúvida quanto à autenticidade da carta, será legítima a recusa pelo Juízo deprecado, conforme CPC/2015, art. 267, inciso III. Não obstante, antes de recusar o cumprimento, incumbe ao Juízo deprecado as diligências que estiverem ao seu alcance para aferição da autenticidade do ato, como, por exemplo, adotar o procedimento previsto no CPC/2015, art. 265. O dispositivo deve ser interpretado à luz das normas fundamentais de processo civil, em especial o previsto no CPC/2015, arts. 6º e 8º, princípios da cooperação dos sujeitos processuais e da efetividade do processo.

Art. 265 - O secretário do tribunal, o escrivão ou o chefe de secretaria do juízo deprecante transmitirá, por telefone, a carta de ordem ou a carta precatória ao juízo em que houver de se cumprir o ato, por intermédio do escrivão do primeiro ofício da primeira vara, se houver na comarca mais de um ofício ou de uma vara, observando-se, quanto aos requisitos, o disposto no art. 264.
§ 1º - O escrivão ou o chefe de secretaria, no mesmo dia ou no dia útil imediato, telefonará ou enviará mensagem eletrônica ao secretário do tribunal, ao escrivão ou ao chefe de secretaria do juízo deprecante, lendo-lhe os termos da carta e solicitando-lhe que os confirme.
§ 2º - Sendo confirmada, o escrivão ou o chefe de secretaria submeterá a carta a despacho.

I. Transmissão e confirmação do envio da carta

O procedimento do CPC/2015, art. 265, § 1º, deve ser observado como oportunidade de confirmação dos requisitos legais da carta, em especial de sua autenticidade.

Art. 266 - Serão praticados de ofício os atos requisitados por meio eletrônico e de telegrama, devendo a parte depositar, contudo, na secretaria do tribunal ou no cartório do juízo deprecante, a importância correspondente às despesas que serão feitas no juízo em que houver de praticar-se o ato.

I. Competência do Juízo Deprecado

Qualquer assunto referente ao cumprimento das cartas perante o Juízo deprecado deverá ser nele dirimido. Inclusive questões referentes ao pagamento de custas e diligências eventualmente exigidas pelo Juízo Deprecado, que seguem normas de custas regionais, afetas à sua competência.

"RECURSO ESPECIAL. EXECUÇÃO POR CARTA. EMBARGOS À EXECUÇÃO. IMPENHORABILIDADE DO IMÓVEL RESIDENCIAL DA FAMÍLIA. VÍCIO OU DEFEITO DO ATO CONSTRITIVO. COMPETÊNCIA DO JUÍZO DEPRECADO. ART. 747 DO CPC. SÚMULA N. 46-STJ. PRAZO. AUSÊNCIA INTIMAÇÃO DA MULHER. PENHORA SOBRE BEM IMÓVEL DO CASAL. NECESSIDADE. PRECEDENTES. I – 'Compete ao Juízo deprecado analisar as questões relativas à impenhorabilidade do bem de família e à redução da penhora, arguidas pelo devedor sem qualquer irresignação contra a dívida' (CC n.35.346-SP). [...] Recurso especial parcialmente provido" (3ª T., REsp nº 753.453/RJ, Rel. Min. Castro Filho, j. em 24/4/2007, DJ de 14/5/2007, p. 284).

II. Despesas da carta. TJSP

"Agravo de instrumento. Ação busca e apreensão. Massa Falida interessada. Diferimento de custas. Carta precatória itinerante para cumprimento no Estado do Pará. Exigência de recolhimento de taxa judiciária pelo juízo deprecado. Competência legislativa estadual sobre matéria de custas forenses, com efeitos próprios em cada unidade da federação. Embargos. Omissão, obscuridade e contradição. Propósito de efeito modificativo. Embargos de declaração rejeitados" (TJSP, 34ª Câmara de Direito Privado, ED nº 2097878920118260000/

SP 0209787-89.2011.8.26.0000, Rel. Hélio Nogueira, j. em 18/6/2012, data de publicação: 19/6/2012).

"Agravo de instrumento. Ação busca e apreensão. Massa Falida interessada. Diferimento de custas. Carta precatória itinerante para cumprimento no Estado do Pará. Exigência de recolhimento de taxa judiciária pelo juízo deprecado. Competência legislativa estadual sobre matéria de custas forenses, com efeitos próprios em cada unidade da federação. Embargos. Omissão, obscuridade e contradição. Propósito de efeito modificativo. Embargos de declaração rejeitados" (TJSP, 34ª Câmara de Direito Privado, Rel. Hélio Nogueira, j. em 18/6/2012).

Art. 267 - O juiz recusará cumprimento a carta precatória ou arbitral, devolvendo-a com decisão motivada quando:
I - a carta não estiver revestida dos requisitos legais;
II - faltar ao juiz competência em razão da matéria ou da hierarquia;
III - o juiz tiver dúvida acerca de sua autenticidade.
Parágrafo único - No caso de incompetência em razão da matéria ou da hierarquia, o juiz deprecado, conforme o ato a ser praticado, poderá remeter a carta ao juiz ou ao tribunal competente.

I. Juízo de delibação

O Juízo Deprecado somente pode recusar o cumprimento da carta precatória ou arbitral nas hipóteses do CPC/2015, art. 267. Ou seja, a análise do juízo deprecado está adstrita aos requisitos de legalidade do ato, sendo-lhe vedado ingressar no exame de mérito. Tal entendimento já fora construído à luz do CPC/1973, art. 209.

"AGRAVO DE INSTRUMENTO. EXECUÇÃO FISCAL. RECUSA NO CUMPRIMENTO DE CARTA PRECATÓRIA. AUSÊNCIA DE VÍCIOS FORMAIS. IMPOSSIBILIDADE. 1. [...] 3. O cumprimento da carta precatória não pode ser recusado senão por vícios formais ou que obstaculizem a possibilidade de cumprimento material da carta, não sendo possível ao juízo deprecado questionar o conteúdo da decisão do juízo deprecante. 4. Impertinentes as alegações que versam sobre o mérito da decisão daquele juízo, o que inclui a questão acerca da legalidade ou não da penhora de quotas sociais. Essas alegações deverão ser feitas em sede própria, que não é a da carta precatória, pois esta visa apenas à realização do ato material de penhora. 5. Agravo de instrumento improvido" (TRF-2, 4ª T. Especializada, AG nº 200902010125473, Rel. Des. Federal Luiz Antonio Soares, j. em 30/3/2010, data de publicação: 29/4/2010).

II. Remessa ao juízo competente

A novel disciplina privilegia o princípio da celeridade processual, na medida em que possibilita ao Juízo Deprecado remeter ao juiz ou ao tribunal competente carta precatória ou arbitral que lhe fora remetida fora de sua competência.

"CONFLITO NEGATIVO DE COMPETÊNCIA. CARTA PRECATÓRIA. COMARCA INSERIDA NO ÂMBITO DE JURISDIÇÃO DO JUÍZO FEDERAL DEPRECANTE. RECUSA NO CUMPRIMENTO. ART. 209, DO CÓDIGO DE PROCESSO CIVIL. I - Conflito negativo de competência suscitado em razão da expedição de carta precatória à Justiça Estadual para oitiva de testemunha residente em Comarca, cuja jurisdição está inserida no âmbito de competência da Vara da Justiça Federal Deprecante. II - O não atendimento ao ato deprecado só encontra respaldo no caso de ausência de requisitos legais, falta de competência em razão da matéria ou da hierarquia e, por fim, se houver dúvida acerca da autenticidade da carta. Art. 209, do Código de Processo Civil. Hipóteses taxativas. III - Quando o Juízo Federal depreca a oitiva de testemunha ao Juízo de Direito da Comarca de sua residência não está adotando medida conflitante ao alcance da jurisdição de sua Subseção Judiciária se, no caso, o ato deprecado representar a forma mais célere ou menos onerosa às partes ou a terceiros. Inteligência do art. 42, § 1º, da Lei n. 5.010/66. IV - A recusa ao cumprimento da carta precatória somente seria admitida se a Comarca de Diadema também fosse sede de Vara da Justiça Federal. V - Competência do Juízo de Direito da 1ª Vara da Comarca de Diadema. VI - Conflito de competência procedente" (TRF-3, 2ª Seção, CC nº 13634/SP 2009.03.00.013634-8, Rel. Des. Federal Regina Costa, j. em 18/8/2009).

III. Dúvida sobre o cumprimento de carta precatória

"STJ. PROCESSUAL CIVIL. CARTA PRECATÓRIA. JUÍZO DEPRECADO. DÚVIDA SOBRE A POSSIBILIDADE DE CUMPRIMENTO DA CARTA PRECATÓRIA. POSSIBILIDADE DE SUSPENSÃO DO CUMPRIMENTO DA CARTA ATÉ A MANIFESTAÇÃO DO JUIZ DEPRECANTE. 1. O juízo deprecado pode recusar cumprimento à carta precatória, devolvendo-a com despacho motivado, desde que evidenciada uma das hipóteses enumeradas nos incisos do art. 209 do CPC, quais sejam: (i) quando não estiver a carta precatória revestida dos requisitos legais; (ii) quando carecer o juiz de competência, em razão da matéria ou hierarquia; (iii) quando o juiz tiver dúvida acerca de sua autenticidade. 2. Na hipótese dos autos, contudo, o juízo deprecado não recusou o cumprimento da carta precatória. Ele apenas encaminhou os autos ao juiz deprecante para aguardar a sua manifestação sobre as alegações feitas pelo Oficial de Justiça e pelo exequente acerca da possibilidade de se cumprir a determinação inserida na carta. 3. O juiz deprecado, no exercício da sua função de cooperador, pode dialogar com o juiz deprecante acerca do ato processual requerido, pois o diálogo é pressuposto da cooperação e contribui para que a atividade jurisdicional seja pautada pelos princípios constitucionais que informam o processo e exercida sem vícios, evitando-se a decretação de nulidades. 4. Recurso especial não provido" (STJ, 3ª T., REsp nº 1203840/RN 2010/0138374-6, Rel. Min. Nancy Andrighi, j. em 6/9/2011, DJe de 15/9/2011).

IV. Recusa infundada

"CONFLITO DE COMPETÊNCIA. DIREITO PROCESSUAL PENAL. OITIVA DE TESTEMUNHA. DOMICÍLIO DIVERSO. CARTA PRECATÓRIA. RECUSA INFUNDADA. VIDEOCONFERÊNCIA. NÃO OBRIGATORIEDADE. COMPETÊNCIA DO JUÍZO DEPRECADO. 1. A recusa ao cumprimento da deprecata só pode ser embasada nas hipóteses do art. 209 do Código de Processo Civil, aplicado por força de interpretação analógica autorizada pelo art. 3º do Código de Processo Penal. 2. Conquanto recomendável seja realizada por videoconferência, não compete ao Juízo deprecado determinar forma de audiência diversa daquela delegada, recusando-se assim ao cumprimento da deprecata. 3. Conflito conhecido para declarar competente o JUÍZO FEDERAL DA 1A VARA CRIMINAL DA SEÇÃO JUDICIÁRIA DO ESTADO DO ESPÍRITO SANTO" (STJ, 3ª Seção, CC nº 135834/SP 2014/0225689-2, Rel. Min. Nefi Cordeiro, j. em 22/10/2014, DJe de 31/10/2014).

"CONFLITO DE COMPETÊNCIA. PREVIDENCIÁRIO. CARTA PRECATÓRIA. RECUSA PELO JUÍZO DEPRECADO. HIPÓTESES DO ART. 209 DO CPC QUE NÃO SE ENCONTRAM PRESENTES. 1. Esta Casa possui orientação pacífica no sentido de que a carta precatória só pode deixar de ser cumprida pelo juízo deprecado nas hipóteses previstas no art. 209 do Código de Processo Civil, a saber: 'I - quando não estiver revestida dos requisitos legais; II - quando carecer de competência em razão da matéria ou da hierarquia; III - quando tiver dúvida acerca de sua autenticidade'. 2. As cartas precatórias em tela preenchem os requisitos legais, não existindo justificativa para o seu não cumprimento, razão por que devem retornar ao juízo deprecado, a fim de serem realizadas as diligências nelas previstas. 3. Conflito conhecido para fixar a competência do Juízo de Direito da 4ª Vara de Cajazeiras PB, para o cumprimento das cartas precatórias em apreço" (STJ, 3ª Seção, CC nº 76879/PB 2006/0248428-8, Rel. Min. Maria Thereza de Assis Moura, j. em 13/8/2008, DJe de 26/8/2008).

Art. 268 - Cumprida a carta, será devolvida ao juízo de origem no prazo de 10 (dez) dias, independentemente de traslado, pagas as custas pela parte.

I. Devolução da carta após devidamente cumprida

O prazo referido no CPC/2015, art. 268, diz respeito ao prazo para devolução da carta após seu integral cumprimento. O cumprimento das diligências requeridas pelo Juízo Deprecante deverão ocorrer dentro do prazo estipulado no CPC/2015, art. 261.

"STJ. CONFLITO NEGATIVO DE COMPETÊNCIA. PROCESSUAL CIVIL. CARTA PRECATÓRIA. INQUIRIÇÃO DE TESTEMUNHA. DEGRAVAÇÃO DO RESPECTIVO DEPOIMENTO. ART. 417, § 1º, do CPC. COMPETÊNCIA DO JUÍZO DEPRECADO. 1. Em caso de precatória para oitiva de testemunhas, a degravação dos depoimentos colhidos em audiência é de observância obrigatória para o juízo deprecado, pois é procedimento que integra o cumprimento da carta precatória. 2. O Juízo deprecado, pois, quando receber a precatória para tomada de depoimento(s) e desejar implementar método não convencional (como taquigrafia, estenotipia ou outro método idôneo de documentação), deverá ter condições também para a transcrição, devolvendo a carta adequadamente cumprida. 3. Conflito de competência conhecido para declarar competente o Juízo de Direito da 1ª Vara Cível da Comarca de Vacaria/RS, o suscitado" (STJ, 2ª Seção, CC nº 126747/RS 2013/0037492-0, Rel. Min. Luis Felipe Salomão, j. em 25/9/2013, DJe de 6/12/2013).

"AGRAVO REGIMENTAL NOS EMBARGOS DE DECLARAÇÃO NO RECURSO ESPECIAL. 1. EXECUÇÃO. BEM IMÓVEL. ALIENAÇÃO JUDICIAL. DEVEDOR. INTIMAÇÃO PESSOAL. NECESSIDADE. ART. 687, § 5º, DO CPC (REDAÇÃO DA LEI N. 8.953/1994). 2. CARTA PRECATÓRIA. CUMPRIMENTO. PRAZO. FALTA. ARREMATAÇÃO. ANULAÇÃO. AGRAVO REGIMENTAL IMPROVIDO. 1. [...] 2. Na espécie, não se verifica a impossibilidade de intimação pessoal do devedor, visto que, segundo o acórdão recorrido, a praça do imóvel foi realizada na pendência do cumprimento de carta precatória, expedida para outra unidade da federação, frustrada pela falta de tempo hábil para ultimação do ato intimatório. 3. Agravo regimental improvido" (3ª T., AgRg nos EDcl no REsp nº 1279151/SP, Rel. Min. Marco Aurélio Bellizze, j. em 16/9/2014, DJe de 26/9/2014).

Capítulo IV - Das Intimações

Art. 269 - Intimação é o ato pelo qual se dá ciência a alguém dos atos e dos termos do processo.
§ 1º - É facultado aos advogados promover a intimação do advogado da outra parte por meio do correio, juntando aos autos, a seguir, cópia do ofício de intimação e do aviso de recebimento.
§ 2º - O ofício de intimação deverá ser instruído com cópia do despacho, da decisão ou da sentença.
§ 3º - A intimação da União, dos Estados, do Distrito Federal, dos Municípios e de suas respectivas autarquias e fundações de direito público será realizada perante o órgão de Advocacia Pública responsável por sua representação judicial.

Autora: Flávia Hellmeister Clito Fornaciari Dórea

I. Conceito e finalidade do ato de intimação

O art. 269 da nova lei processual não alterou o conceito e a finalidade do ato de intimação, que persiste em ser o ato de comunicação das ocorrências do processo, mantendo a relevância do ato essencial para que os interessados tenham ciência e pratiquem os atos necessários ao andamento do processo e à salvaguarda de seus direitos.

II. Possibilidade de intimação advogado parte contrária

O § 1º da norma inova ao permitir que os advogados possam intimar o advogado da parte contrária também pelo correio, fazendo juntar aos autos cópia do ofício de intimação e do aviso de recebimento emitido pelos correios. O CPC/1973, art. 238, só previa a intimação pelo correio realizada diretamente pelo ofício judicial (escrivão).

Considerando especialmente os ofícios judiciais assoberbados de trabalhos com serviços atrasados, em que as intimações demoram a ser realizadas, a medida poderá conferir agilidade aos processos, especialmente em relação a questões urgentes, não se podendo olvidar que, atualmente, os correios dispõem de uma variedade de modalidades de entrega de correspondências, o que pode ocorrer no próprio dia de sua postagem.

Como se trata de ato a ser realizado pela parte, haverá questionamento quanto à possibilidade de utilização das empresas privadas de entrega de correspondência, o que não aparenta ocasionar qualquer prejuízo. Todavia, para evitar a alegação de nulidades, mostra-se adequada a utilização da empresa pública Correios. Há quem sustente a viabilidade desse tipo de intimação se dar via *e-mail*, mas, ante a previsão expressa da lei, não parece sustentável.

De acordo com o § 2º, o ofício de intimação deve ser acompanhado de cópia da decisão exarada pelo magistrado relativamente à qual se pretende dar ciência, o que se faz essencial para se atingir o objetivo da norma, sem o que a pessoa intimada não poderá se cientificar acerca do conteúdo do ato.

Em que pese a nova forma de intimação prevista pelo CPC/2015, na prática, não se verifica esteja ela ocorrendo.

III. Intimação entes públicos

O § 3º do art. 269 dispõe que os entes públicos serão intimados perante o órgão de Advocacia Pública responsável por sua representação, o que se revela a princípio adequado, haja vista não se poder cogitar da intimação pessoal dos representantes da Fazenda Pública. Todavia, tal dispositivo deve ser interpretado de acordo com os demais objetos do capítulo, que serão adiante analisados, sendo certo que já existe lei em vigor disciplinando a intimação das Fazendas Públicas, nos processos eletrônicos, por meio eletrônico (Lei nº 11.419/2006, art. 9º), o que se admite no CPC/2015, de modo que não se deve interpretar o dispositivo como se obrigatória fosse a intimação pessoal do órgão da Advocacia Pública, em todos os casos.

Art. 270 - As intimações realizam-se, sempre que possível, por meio eletrônico, na forma da lei.
Parágrafo único - Aplica-se ao Ministério Público, à Defensoria Pública e à Advocacia Pública o disposto no § 1º do art. 246.

I. Regra da intimação eletrônica e meios de realização

A nova lei processual buscou abarcar meios de intimação mais modernos, dispondo seu art. 270 que o meio eletrônico deve ser o adotado, sempre que possível. O CPC/1973, art. 237, parágrafo único, estabelecia a possibilidade de utilização da forma eletrônica, pelo que se verifica que o que antes era uma *possibilidade* transformou-se em *regra*, sujeita a suas exceções, acompanhando-se a evolução tecnológica das comunicações.

O art. 270 remete à "forma da lei" o modo de se proceder à intimação por meio eletrônico, pelo que de rigor se analisar o quanto previsto na Lei nº 11.419/2006, que dispõe sobre a informatização do processo judicial. De acordo com o nela disposto (art. 2º, inciso I), meio eletrônico é qualquer forma de armazenamento ou tráfego de documentos e arquivos digitais, nesse conceito incluído, pois, tanto o Diário de Justiça Eletrônico (Lei nº 11.419/2006, art. 4º) quanto a intimação via portal próprio àqueles que se cadastrarem, ao que pode ser agregado o envio de correspondência eletrônica comunicando a existência da intimação (Lei nº 11.419/2006, art. 5º).

II. Intimação dos entes públicos

Para a intimação do Ministério Público, da Defensoria Pública e da Advocacia Pública, o dispositivo remete ao § 1º do art. 246, que dispõe sobre a obrigatoriedade de manutenção de cadastro nos sistemas de processo em autos eletrônicos, para efeito de recebimento de citações e intimações, as quais serão efetuadas preferencialmente por esse meio.

A interpretação dessa norma deve se dar alinhada ao disposto na Lei nº 11.419/2006 relativamente às intimações das Fazendas Públicas. Nesse sentido, a Lei nº 11.419/2006, art. 4º, § 2º, estabelece que os Diários de Justiça Eletrônicos são meios válidos de intimação, "à exceção dos casos que, por lei, exigem intimação ou vista pessoal". Conferindo-se aos entes públicos a prerrogativa de intimação pessoal, a simples publicação no Diário de Justiça Eletrônico não é, pois, suficiente à intimação das Fazendas Públicas, como reconhecem os Tribunais:

"AGRAVO REGIMENTAL EM RECURSO ESPECIAL. CONTRARRAZÕES. AUSÊNCIA DE INTIMAÇÃO PESSOAL DA DEFENSORIA PÚBLICA. NULIDADE. PRECLUSÃO. INOCORRÊNCIA. RECURSO PROVIDO.

1. Este Superior Tribunal de Justiça firmou o entendimento de que o Defensor Público, ou quem lhe faça as vezes, deve ser intimado pessoalmente de todos os atos do processo, sob pena de nulidade absoluta do ato, por violação ao princípio constitucional da ampla defesa.

2. A Defensoria Pública não foi pessoalmente intimada para apresentar contrarrazões ao recurso especial, tendo a intimação ocorrido por meio de publicação no Diário de Justiça Eletrônico.

Assim, está configurado o cerceamento de defesa, mormente em se considerando que houve o provimento do recurso especial interposto pelo Ministério Público do Estado da Bahia. [...]." (STJ, 6ª T., AgRg no REsp nº 1381416/BA, Rel. Min. Rogerio Schietti Cruz, j. em 9/6/2015, DJe de 22/6/2015).

III. Intimação via portal eletrônico

De outro lado, as intimações por meio de portal próprio aos que se cadastrarem são consideradas válidas, como se intimação pessoal fossem, podendo ser utilizadas em relação às Fazendas Públicas, por expressa disposição de lei (Lei nº 11.419/2006, art. 5º, § 6º), constituindo modo de intimação diverso da publicação em Diário de Justiça. Nesse sentido, tem entendimento consolidado o Superior Tribunal de Justiça:

"PROCESSUAL CIVIL. AGRAVO REGIMENTAL NO RECURSO ESPECIAL. INTIMAÇÃO PESSOAL

DO PROCURADOR FEDERAL, POR VIA ELETRÔNICA. INTERPOSIÇÃO DO RECURSO ESPECIAL, APÓS O TRINTÍDIO LEGAL, SEM OBSERVÂNCIA DO PARÁGRAFO ÚNICO, PARTE FINAL, DO ART. 3º DA LEI 11.419/2006, E DO § 6º DO ART. 5º DA MESMA LEI. INTEMPESTIVIDADE DO RECURSO ESPECIAL. AGRAVO REGIMENTAL IMPROVIDO. [...]

IV. De acordo com o § 6º do art. 5º da Lei 11.419/2006, as intimações feitas por meio eletrônico, em portal próprio, aos que se cadastrarem na forma do art. 2º desta Lei, inclusive a Fazenda Pública, serão consideradas pessoais, para todos os efeitos legais.

V. Em conformidade com o § 6º do art. 5º da Lei 11.419/2006, a Segunda Turma do STJ, ao julgar o REsp 1.247.842/PR (Rel. Ministro MAURO CAMPBELL MARQUES, DJe de 28/11/2011), deixou consignado que, havendo intimação pessoal do Procurador Federal, por via eletrônica, não há que se falar em violação ao art. 17 da Lei 10.910/2004.

Também a Segunda Turma do STJ, por ocasião do julgamento do REsp 1.354.877/RS (Rel. Ministra ELIANA CALMON, DJe de 14/10/2013), proclamou que 'é distinta a intimação feita por meio eletrônico em portal próprio, na forma do art. 5º da Lei 11.419/2006, daquela realizada mediante publicação em Diário Eletrônico'.

VI. No caso, consoante certidão expedida pela Secretaria do Tribunal Regional Federal da 4ª Região, em 28/05/2014, houve intimação pessoal, por via eletrônica, do representante judicial do IBAMA, acerca do inteiro teor do acórdão recorrido, nos termos do art. 1º, § 2º, III, b, da Lei 11.419/2006, tendo sido concedido o prazo recursal de 30 (trinta) dias, com data inicial em 10/06/2014 e data final em 09/07/2014. Ocorre que o IBAMA interpôs o Recurso Especial somente no dia 10/07/2014, de forma intempestiva, visto que não observados o parágrafo único, parte final, do art. 3º da Lei 11.419/2006, e o § 6º do art. 5º desta mesma Lei" (STJ, 2a T., AgRg no REsp nº 1488739/RS, Rel. Min. Assusete Magalhães, j. em 17/3/2015, DJe de 25/3/2015).

Há de se anotar que nossos tribunais têm considerado a intimação via portal eletrônica preferencial a qualquer outro meio, também em relação às Fazendas Públicas cadastradas, de maneira a dever ser da data desse ato a contagem do prazo em caso de duplicidade de intimações:

"AGRAVO INTERNO. AGRAVO EM RECURSO ESPECIAL. PROCESSUAL CIVIL. CPC/2015. INTIMAÇÃO ELETRÔNICA PRECEDIDA DE INTIMAÇÃO NO DJE. CONTAGEM DE PRAZO. PREVALÊNCIA DA INTIMAÇÃO ELETRÔNICA. EXEGESE DO ART. 5º DA LEI 11.419/2006. TEMPESTIVIDADE DO AGRAVO EM RECURSO ESPECIAL.

1. Controvérsia acerca da contagem de prazo recursal na hipótese de duplicidade de intimações, um via DJe e outra por meio de portal eletrônico.

2. 'As intimações serão feitas por meio eletrônico em portal próprio aos que se cadastrarem na forma do art. 2º desta Lei, dispensando-se a publicação no órgão oficial, inclusive eletrônico' (art. 5º, 'caput', Lei 11.419/2006, sem grifos no original). 3. Prevalência da intimação eletrônica sobre a intimação via DJe, na hipótese de duplicidade de intimações. Entendimento em sintonia com o CPC/2015.

4. Contagem do prazo recursal a partir da data em que se considera realizada a intimação eletrônica.

5. Tempestividade do recurso, na espécie.

6. AGRAVO INTERNO PROVIDO" (3ª T., AgInt no AREsp nº 903.091/RJ, Rel. Ministro Paulo de Tarso Sanseverino, j. em 16/3/2017, DJe de 27/3/2017).

Art. 271 - O juiz determinará de ofício as intimações em processos pendentes, salvo disposição em contrário.

I. Intimações de ofício

É ressabido que o princípio da inércia orienta o sistema, no sentido de que a jurisdição só poderá ser exercida quando provocada pela parte, mas o desenvolvimento do processo dá-se por impulso oficial (CPC/2015, art. 2º). Assim, exercida a iniciativa da parte, por meio da propositura da demanda, deve o magistrado determinar o necessário para o desenvolvimento regular do processo, no que se incluem as intimações indispensáveis, dando ao processo o impulso oficial.

As intimações de ofício devem ser realizadas sempre que forem condição à validade do ato, garantindo o contraditório e evitando a ocorrência de nulidades processuais que prejudiquem a marcha processual (STJ, Corte Especial, Recurso Repetitivo, REsp nº 1148296/SP, Rel. Min. Luiz Fux, j. em 1º/9/2010, DJe de 28/9/2010).

Art. 272 - Quando não realizadas por meio eletrônico, consideram-se feitas as intimações pela publicação dos atos no órgão oficial.
§ 1º - Os advogados poderão requerer que, na intimação a eles dirigida, figure apenas o nome da sociedade a que pertençam, desde que devidamente registrada na Ordem dos Advogados do Brasil.
§ 2º - Sob pena de nulidade, é indispensável que da publicação constem os nomes das partes e de seus advogados, com o respectivo número de inscrição na Ordem dos Advogados do Brasil, ou, se assim requerido, da sociedade de advogados.
§ 3º - A grafia dos nomes das partes não deve conter abreviaturas.
§ 4º - A grafia dos nomes dos advogados deve corresponder ao nome completo e ser a mesma que constar da procuração ou que estiver registrada na Ordem dos Advogados do Brasil.
§ 5º - Constando dos autos pedido expresso para que as comunicações dos atos processuais sejam feitas em nome dos advogados indicados, o seu desatendimento implicará nulidade.
§ 6º - A retirada dos autos do cartório ou da secretaria em carga pelo advogado, por pessoa credenciada a pedido do advogado ou da sociedade de advogados, pela Advocacia Pública, pela Defensoria Pública ou pelo Ministério Público implicará intimação de qualquer decisão contida no processo retirado, ainda que pendente de publicação.
§ 7º - O advogado e a sociedade de advogados deverão requerer o respectivo credenciamento para a retirada de autos por preposto.
§ 8º - A parte arguirá a nulidade da intimação em capítulo preliminar do próprio ato que lhe caiba praticar, o qual será tido por tempestivo se o vício for reconhecido.
§ 9º - Não sendo possível a prática imediata do ato diante da necessidade de acesso prévio aos autos, a parte limitar-se-á a arguir a nulidade da intimação, caso em que o prazo será contado da intimação da decisão que a reconheça.

I. Intimações via órgão oficial

O art. 272 estabelece a possibilidade de intimações por meio de publicações em órgão oficial, sendo certo que, tendo quase todas as unidades adotado o Diário da Justiça Eletrônico, a modalidade está em desuso, mas as disposições contidas nos parágrafos da norma devem ser aplicadas também à forma eletrônica da publicação.

II. Intimação apenas em nome da sociedade de advogados

Inovação importante é a possibilidade de os advogados requererem que das intimações figure apenas o nome da sociedade registrada na Ordem dos Advogados do Brasil a que pertençam, dispositivo de questionável utilidade e que certamente dificultará os trabalhos dos escassos funcionários da Justiça. De qualquer forma, para que tal tipo de intimação se faça possível, imprescindível que os advogados declinem, na procuração acostada aos autos, o nome da sociedade de que fazem parte, e realizem o pedido expressamente quando de seu ingresso nos autos. Trata-se de uma medida para tentar facilitar a conferência das intimações em sociedades de muitos advogados, unificando os atos, mas há de se observar que não pode ser requerida a intimação dos advogados, em conjunto com da sociedade de advogados, sendo alternativo o pedido, que, se realizado em nome da sociedade, deve ser feito só em nome dela.

III. Requisitos e conteúdo da intimação

Os §§ 2º, 3º e 4º estabelecem a necessidade de a publicação conter o nome das partes e dos advogados, os respectivos números de inscrição na Ordem dos Advogados do Brasil, ou o nome da sociedade de advogados, sem abreviaturas. Tal regramento é essencial para garantir que a intimação atinja seu resultado, sendo certo que, atualmente, em que a grande maioria dos advogados utiliza de empresas de leitura de intimações ou faz busca eletrônica por seus nomes nos Diários de Justiça Eletrônico, qualquer erro de grafia ou abreviatura pode macular o ato de intimação.

IV. Retirada de autos e intimação

O § 6º estabelece que a retirada de autos de cartório por qualquer interessado pendente de intimação implicará a intimação deste, o que é de rigor, haja vista que, retirando o advogado constituído os autos de cartório, terá ele ciência do ocorrido, o que configura o atingimento do objetivo do ato de intimação. Anote-se que, diferentemente do CPC/1973, em que os autos só poderiam ser retirados de cartório pelo advogado ou estagiário inscrito na Ordem dos Advogados do Brasil, o CPC/2015 permite o credenciamento de prepostos para essa atividade, havendo as mesmas consequências da retirada dos autos pelo preposto cadastrado ou pelo advogado.

V. Nulidade da intimação

Os §§ 2º, 5º, 8º e 9º tratam da nulidade do ato de intimação, que ocorre quando dele não constarem os nomes das partes e advogados ou sociedade de advogados, com a grafia correta e com os corretos números de inscrição, ou quando dele não constar o nome da sociedade ou dos advogados em relação a quem se requereu expressamente a intimação, sendo faculdade do advogado escolher, dentre eventualmente vários que constem da publicação, aquele que figurará das intimações. A orientação do Superior Tribunal de Justiça quando em vigor o CPC/1973 era a de não anular por simples equívoco de grafia ou de nome:

"PROCESSO CIVIL. RECURSO ESPECIAL REPRESENTATIVO DE CONTROVÉRSIA. ARTIGO 543-C, DO CPC. INTIMAÇÃO. NÚMERO DE INSCRIÇÃO DO ADVOGADO NA ORDEM DOS ADVOGADOS DO BRASIL – OAB. DESNECESSIDADE. SUFICIÊNCIA DOS NOMES DAS PARTES E DO ADVOGADO. ARTIGO 236, § 1º, DO CPC. ALEGADA HOMONÍMIA NÃO CONFIRMADA PELO ACÓRDÃO REGIONAL. [...]

2. A regra é a de que a ausência ou o equívoco quanto ao número da inscrição do advogado na Ordem dos Advogados do Brasil – OAB não gera nulidade da intimação da sentença, máxime quando corretamente publicados os nomes das partes e respectivos patronos, informações suficientes para a identificação da demanda (Precedentes do STJ: REsp 1.113.196/SP, Rel. Ministro Benedito Gonçalves, Primeira Turma, julgado em 22.09.2009, DJe 28.09.2009; AgRg no Ag 984.266/SP, Rel. Ministro Aldir Passarinho Júnior, Quarta Turma, julgado em 27.05.2008, DJe 30.06.2008; e AgRg no REsp 1.005.971/SP, Rel. Ministro Castro Meira, Segunda Turma, julgado em 19.02.2008, DJe 05.03.2008). [...]

5. Recurso especial desprovido. Acórdão submetido ao regime do artigo 543-C, do CPC, e da Resolução STJ 08/2008." (STJ, Corte Especial, Recurso Repetitivo Temas 285 e 286, REsp nº 1131805/SC, Rel. Min. Luiz Fux, j. em 3/3/2010, DJe de 8/4/2010).

A orientação deve ser modificada em vista da expressa previsão legal, que revogou esse entendimento, mas não se localizou tenha o Superior Tribunal de Justiça já se debruçado sobre a matéria.

Se houver erro nas intimações, o ato é apenado de nulo, porque não atingiu seu objetivo, dada a relevância do ato, essencial ao desenvolvimento regular do processo. Como qualquer outra nulidade processual, cabe à parte arguir a nulidade na primeira oportunidade em que se manifestar, sob pena de preclusão (CPC/2015, art. 278), tão logo verifique o vício, como matéria preliminar do próprio ato que lhe compete praticar, que então será considerado tempestivo, se reconhecido o vício (§ 8º). Se, no entanto, a prática do ato depender de acesso prévio aos autos, a parte deve arguir a nulidade e requerer a devolução do prazo para sua manifestação (§ 9º).

Art. 273 - Se inviável a intimação por meio eletrônico e não houver na localidade publicação em órgão oficial, incumbirá ao escrivão ou chefe de secretaria intimar de todos os atos do processo os advogados das partes:
I - pessoalmente, se tiverem domicílio na sede do juízo;
II - por carta registrada, com aviso de recebimento, quando forem domiciliados fora do juízo.

I. Exceções à intimação por meio eletrônico ou órgão oficial

O art. 273 estabelece alternativa à intimação por meio eletrônico, condicionando a realização por outro meio à inviabilidade da intimação por meio eletrônico e à ausência de publicação em órgão oficial. Trata-se de previsão necessária para localidades em que os serviços de telecomunicação ainda não estejam desenvolvidos, mas essa inviabilidade a que alude o dispositivo é cada vez mais remota, pois o acesso aos meios eletrônicos tem incrementado e atingido parcela considerável daqueles que lidam com o Judiciário.

As alternativas à intimação por meio eletrônico são a intimação pessoal, se a pessoa a ser intimada tiver domicílio na sede do juízo (inciso I), ou por carta registrada, com aviso de recebimento, quando o domicílio for fora do juízo (inciso II), o que também há de se aplicar em sedes muito extensas geograficamente, que poderiam inviabilizar a intimação pessoal.

Art. 274 - Não dispondo a lei de outro modo, as intimações serão feitas às partes, aos seus representantes legais, aos advogados e aos demais sujeitos do processo pelo correio ou, se presentes em cartório, diretamente pelo escrivão ou chefe de secretaria.
Parágrafo único - Presumem-se válidas as intimações dirigidas ao endereço constante dos autos, ainda que não recebidas pessoalmente pelo interessado, se a modificação temporária ou definitiva não tiver sido devidamente comunicada ao juízo, fluindo os prazos a partir da juntada aos autos do comprovante de entrega da correspondência no primitivo endereço.

I. Intimação pessoal ou via correio

O art. 274 dispõe que as intimações serão feitas aos interessados pelo correio ou diretamente no ofício judicial, se presentes em cartório. Logicamente a determinação é complementar àquelas dos arts. 270 e 272, que estabelecem a regra da intimação eletrônica, sempre que ela for possível, ou a intimação pela publicação em órgão oficial.

II. Presunção de validade de intimações realizadas em endereço não atualizado no processo

O parágrafo único estabelece a obrigatoriedade de a parte ou interessado manter atualizado seu endereço nos autos, ainda que haja mudança temporária, sob pena de a correspondência dirigida ao endereço constante dos autos presumir-se válida, ainda que não recebida diretamente pelo interessado. Relativamente ao advogado, a obrigação de informar o endereço e mantê-lo atualizado existe como dever a ele previsto, já se prevendo a validade das intimações realizadas caso não cumprido esse dever (CPC/2015, art. 106 e parágrafo único).

Tal presunção, já existente no CPC/1973 (art. 238, parágrafo único), evita a deslealdade processual de partes ou advogados, que, buscando retardar o andamento do processo, alteram seu endereço, frustrando intimações essenciais. A validade da intimação presumida é amplamente aceita por nossos Tribunais:

"Agravo Regimental no Agravo em Recurso Especial. [...]

Mudança de endereço. Não comunicação ao juízo. Intimação da parte.

Validade. Reconhecimento. Art. 238 do CPC. Dissídio jurisprudencial não configurado. Agravo regimental desprovido." (STJ, 3ª T., AgRg no AREsp nº 386.319/SP, Rel. Min. Paulo de Tarso Sanseverino, j. em 2/9/2014, DJe de 15/9/2014)

"PROCESSO CIVIL. EXTINÇÃO DO PROCESSO POR ABANDONO. INTIMAÇÃO POR CARTA. MUDANÇA DE ENDEREÇO. AUSÊNCIA DE INFORMAÇÃO AO JUÍZO. VALIDADE. [...]

3. O Código de Ética da OAB disciplina, em seu art. 12, que 'o advogado não deve deixar ao abandono ou ao desamparo os feitos, sem motivo justo e comprovada ciência do constituinte'. Presume-se, portanto, a possibilidade de comunicação do causídico quanto à expedição da Carta de Comunicação ao endereço que ele mesmo se furtara de atualizar no processo.

4. A parte que descumpre sua obrigação de atualização de endereço, consignada no art. 39, II, do CPC, não pode contraditoriamente se furtar das consequências dessa omissão. Se a correspondência enviada não logrou êxito em sua comunicação, tal fato somente pode ser imputado à sua desídia. [...]." (STJ, 3ª T., REsp nº 1299609/RJ, Rel. Min. Nancy Andrighi, j. em 16/8/2012, DJe de 28/8/2012)

Art. 275 - A intimação será feita por oficial de justiça quando frustrada a realização por meio eletrônico ou pelo correio.

§ 1º - A certidão de intimação deve conter:

I - a indicação do lugar e a descrição da pessoa intimada, mencionando, quando possível, o número de seu documento de identidade e o órgão que o expediu;

II - a declaração de entrega da contrafé;

III - a nota de ciente ou a certidão de que o interessado não a apôs no mandado.

§ 2º - Caso necessário, a intimação poderá ser efetuada com hora certa ou por edital.

I. Intimação por meio de oficial de justiça

O art. 275 mantém, como na anterior legislação, a intimação por meio de oficial de justiça quando frustrada sua realização pelos demais meios preferenciais, considerados mais céleres (eletrônico, pessoalmente na sede do juízo ou correio).

II. Requisitos da certidão de intimação do oficial de justiça

A certidão de intimação deve conter informações precisas sobre local e pessoa intimada, de preferência com elementos de qualificação, a declaração de que a contrafé foi entregue e a nota de ciente da pessoa intimada, podendo ser suprida por certidão do oficial de justiça, no caso de recusa.

III. Intimação com hora certa e por edital

A hora certa e o edital eram hipóteses antes previstas apenas para as citações (CPC/1973, arts. 227 a 229 e 231 a 233), mas, a despeito do contido na legislação, já vinham sendo admitidas pela jurisprudência também para as intimações, aplicando-se analogicamente a norma, de maneira que a aplicação do dispositivo não deverá sofrer questionamentos:

"PROCESSUAL CIVIL. EXECUÇÃO. INTIMAÇÃO COM HORA CERTA. EQUIPARAÇÃO AO PROCEDIMENTO DE CITAÇÃO. COMUNICADO PREVISTO NO ART. 229 DO CPC.

1. O procedimento de intimação da penhora com hora certa, na vigência da Lei n. 8.953/1994, é perfeitamente admissível nos casos em que, como o dos autos, caracterizar-se o intuito de ocultação do devedor. [...]." (STJ, 3ª T., REsp nº 1291808/SP, Rel. Min. João Otávio de Noronha, j. em 28/5/2013, DJe de 7/10/2013)

"[...] A intimação da penhora com hora certa e admissível, desde que presentes os pressupostos a que alude o art. 227 do CPC. [...]." (STJ, 4ª T., REsp nº 38.127/SP, Rel. Min. Antônio Torreão Braz, j. em 20/11/1993, DJ de 21/2/1994, p. 2174).

Ausente regramento específico para a intimação com hora certa ou por edital, deve-se considerar o que dispõe a norma relativamente à citação com hora certa ou edital (CPC/2015, arts. 254 a 254 e 256 a 258).

TÍTULO III
DAS NULIDADES

Art. 276 - Quando a lei prescrever determinada forma sob pena de nulidade, a decretação desta não pode ser requerida pela parte que lhe deu causa.

Autor: Fabrizzio Matteucci Vicente

I. Introdução: existência, validade e eficácia dos atos processuais

1. A nomenclatura do Título III: nulidades?

O tema das invalidades é sempre motivo de muita divergência doutrinária e, por que não dizer, também jurisprudencial.

Há várias formas de pensar e raciocinar a invalidade, contendo diferentes classificações para o desenvolvimento das invalidades. A começar pelo termo "invalidades", que, como preferiu manter o Código de Processo Civil, tratado com sinônimo mais restritivo sob o termo "nulidades".

O estudo desse tema envolve três planos de análise, partindo do plano da existência, passando pelas invalidades, que, fora do âmbito do Direito Processual, envolve a nulidade e a anulabilidade de atos jurídicos, e o plano da eficácia dos atos jurídicos.

Ao optar pela expressão "nulidades", deixa o legislador entrever, a exemplo do que já ocorria na legislação processual anterior, que o tema tratado nos artigos seguintes diz respeito especificamente ao estudo do plano das invalidades dos atos processuais, restringindo, ainda, o tratamento do tema às nulidades processuais.

Tal direcionamento parte de dois pressupostos: um, presente em outros textos legislativos, ignorando a possibilidade de atos processuais juridicamente inexistentes, e outro, específico da legislação processual, partindo do pressuposto de que atos processuais não estão sujeitos a anulabilidades.

Neste último caso, a questão, mesmo com o tratamento comentado, não é pacífica:

"DIREITO ADMINISTRATIVO. PROCESSUAL CIVIL. AGRAVO REGIMENTAL NO AGRAVO DE INSTRUMENTO. VIOLAÇÃO AO ART. 535, II, DO CPC. NÃO OCORRÊNCIA. MILITAR. REINTEGRAÇÃO ÀS FILEIRAS DA POLÍCIA MILITAR. AÇÃO DECLARATÓRIA COM PEDIDO DE NATUREZA CONDENATÓRIA. DECRETO 20.910/32. APLICABILIDADE. PRESCRIÇÃO DO PRÓPRIO FUNDO DE DIREITO.

PRECEDENTE DO STJ. AGRAVO IMPROVIDO.

[...] 2. *O reconhecimento da ocorrência de eventual cerceamento de defesa no âmbito de um processo administrativo disciplinar não importa na nulidade deste, sendo o caso de anulabilidade, o que, por conseguinte, afasta a tese de imprescritibilidade da pretensão deduzida pela parte autora.*

3. A questão da anulabilidade de um ato jurídico, pela não obediência de forma prescrita ou não defesa em lei (art. 104, III, do Código Civil), não se vincula ao plano de existência dos atos jurídicos, mas ao plano de validade.

4. É firme a jurisprudência deste Superior Tribunal no sentido de que 'a natureza jurídica da ação é definida por meio do pedido e da causa de pedir, não tendo relevância o nomen iuris dado pela parte autora' (AgRg no REsp 594.308/PB, Rel. Min. HERMAN BENJAMIN, Segunda Turma, DJe 20/8/09).

5. O pedido declaratório de nulidade – por suposto cerceamento de defesa – do ato administrativo que importou na exclusão do agravante das fileiras da Polícia Militar, cujo objetivo final é sua reintegração à referida Corporação, reveste-se de natureza condenatória. [...]" (STF, 5ª T., AgRg no Ag nº 1232422/MG, Rel. Min. Arnaldo Esteves Lima, j. em 17/6/2010, DJe de 2/8/2010).

Como se vê, há entendimentos jurisprudenciais no sentido da existência de atos processuais anuláveis, o que, a nosso ver, deveria ser restrito para aqueles atos em que a manifestação de vontade vincula a validade dos resultados e consequências jurídicas por eles gerados, como ocorre, *v.g.*, nos negócios jurídicos.

Nessa linha, caso se reconheça a possibilidade de negócios jurídicos processuais – o que nos parece discutível – somente os negócios jurídicos processuais é que estariam sujeitos à análise no campo das anulabilidades.

Entretanto, quanto a anulabilidades, não há tratamento específico no Código de Processo Civil (a não ser pela previsão da ação anulatória, no art. 966, § 4º). Este tema é tratado no Código Civil (arts. 138 a 165).

Nesse sentido, como nos atos jurídicos processuais a manifestação de vontade é superficial e irrelevante para as consequências que cada ato processual deva gerar no meio jurídico, pois tais efeitos são determinados pela própria lei (por exemplo, pouco importando a vontade do réu que contesta, em afastar os efeitos da revelia ou do juiz, ao sentenciar, de encerrar ou não a fase cognitiva em primeira instância), entendemos que há todo sentido na norma jurídica processual de regular as "nulidades" dos atos processuais e não as invalidades em sentido amplo ou as anulabilidades, propriamente ditas.

Nesse sentido, como nos atos jurídicos processuais a manifestação de vontade é superficial e irrelevante para as consequências que cada ato processual deva gerar no meio jurídico (por exemplo, pouco importando a vontade do réu que contesta, em afastar os efeitos da revelia ou do juiz, ao sentenciar, de encerrar ou não o processo), entendemos que há todo sentido na norma jurídica processual de regular as "nulidades" dos atos processuais, e não as invalidades em sentido amplo ou as anulabilidades propriamente ditas.

Tal raciocínio, parece-nos, é aplicável a todos os atos processuais, na medida em que mesmo na hipótese de "negócio jurídico processual" vislumbramos, na verdade, ato processual *stricto sensu*, não sujeito a anulabilidade, cujos efeitos dependerão de expressa concordância com o que foi convencionado pelo juiz (CPC/2015, art. 190, parágrafo único).

Assim, não trata o Código de Processo Civil de anulabilidades, mas sim de nulidades. Mesmo quando se refere à anulação (CPC/2015, art. 966, § 4º), o faz em relação ao tratamento dado pela lei civil, não pelo próprio Código de Processo.

2. Nulidades x inexistência

Nessa perspectiva, pode-se questionar se o tratamento dado pela novel ordem processual permitiria concluir que é possível tratar dos atos processuais sob a perspectiva de sua existência. Ausente qualquer inovação processual em sentido oposto, parece-nos plenamente possível, desde que, obviamente, o vício do ato processual analisado venha a atingir seus elementos existenciais.

"AÇÃO RESCISÓRIA. - VALOR REAL DA CAUSA, NA DATA DE SEU AJUIZAMENTO. - INOCORRÊNCIA DO PRAZO PRECLUSIVO DO ART. 178, PAR. 10, VIII, DO CÓDIGO CIVIL [de 1916], PARA A RESCISÓRIA DA SENTENÇA NA AÇÃO DE IMISSÃO DE POSSE. - A NULIDADE, DE PLENO DIREITO, DA ARREMATAÇÃO, QUE CONSTITUIU TÍTULO PARA A AÇÃO DE IMISSÃO DE POSSE, PODE SER PRONUNCIADA PELO JUIZ COMO A DOS ATOS JURÍDICOS EM GERAL - ART. 800, PARÁGRAFO ÚNICO, DO CÓDIGO DE PROCESSO CIVIL DE 1939, COMBINADO COM O ART. 146, PARÁGRAFO ÚNICO, DO CÓDIGO CIVIL [de 1916]. - *INAPLICABILIDADE DO PRAZO DO ART. 178, PAR. 10, VIII, DO CÓDIGO CIVIL, A ACTIO NULLITATIS.* - NEGATIVA DE VIGÊNCIA AO ART. 197, III, COMBINADO COM O ART. 199, E AO ART. N. 382, COMBINADO COM ESSES DISPOSITIVOS E COM O ART. 165, DO CÓDIGO DE PROCESSO CIVIL DE 1939. - RECURSO EXTRAORDINÁRIO CONHECIDO E PROVIDO" (STF, 1ª T., RE nº 70829, Rel. Min. Eloy da Rocha, j. em 19/8/1975, DJ de 26/12/1975 PP-09640 EMENT VOL-01010-02 PP-00434 RTJ VOL-00076-02 PP-00491).

No acórdão que gerou a ementa anterior, pronunciou-se o ministro Eloy da Rocha sacramentando o entendimento do Supremo Tribunal Federal no sentido de que é possível tratar de certas nulidades que não estariam sujeitas à prescrição, como ocorre na situação em que o processo é julgado sem válida citação do réu.

Mais recentemente, o Supremo Tribunal Federal voltou a apreciar a questão:

"AÇÃO DE NULIDADE. ALEGAÇÃO DE NEGATIVA DE VIGÊNCIA DOS ARTIGOS 485, 467, 468, 471 E 474 DO C.P.C. PARA A HIPÓTESE PREVISTA NO ARTIGO 741, I, DO ATUAL CÓDIGO DE PROCESSO CIVIL [de 1973] - QUE É A DE FALTA OU NULIDADE DE CITAÇÃO, HAVENDO REVELIA -, PERSISTE, NO DIREITO POSITIVO BRASILEIRO, A 'QUERELA NULLITATIS', O QUE IMPLICA DIZER QUE A NULIDADE DA SENTENÇA, NESSE CASO,

PODE SER DECLARADA EM AÇÃO DECLARATÓRIA DE NULIDADE, INDEPENDENTEMENTE DO PRAZO PARA A PROPOSITURA DA AÇÃO RESCISÓRIA, QUE, EM RIGOR, NÃO É A CABÍVEL. RECURSO EXTRAORDINÁRIO NÃO CONHECIDO" (STF, 2ª T., RE nº 96374, Rel. Min. Moreira Alves, j. em 30/8/1983, DJ de 11/11/1983, PP-07542 EMENT VOL-01316-04 PP-00658 RTJ VOL-00110-01 PP-00210).

Destaque-se que, embora se tenha dado tratamento à questão no âmbito da nulidade da citação, os dois casos geraram inexistência do processo para o revel não citado, a permitir a conclusão de que, mesmo diante da ausência de tratamento expresso dado pelo Código de Processo Civil, é possível apreciar os atos processuais no que diz respeito à existência.

Assim sendo, os atos processuais, relativamente às validades, podem ser apreciados, primeiramente, no plano de sua existência (que, caso negativa, impediria a apreciação do tema no plano das nulidades) e no plano das invalidades, especificamente no que tange às nulidades – que podem ser absolutas ou relativas (sem que estas últimas possam ser confundidas com anulabilidades). As nulidades absolutas ou relativas, no âmbito do processo civil, são avaliadas sob o aspecto de sua sanabilidade ou não. Sendo nulidades sanáveis, estar-se-á diante de nulidade relativa. As insanáveis, para o processo civil, constituem nulidades absolutas.

3. Análise das invalidades no caso concreto

A análise dos três aspectos envolve duas formas de pensar o tema: a) a primeira, de cunho estrutural, não prevista no Código de Processo Civil; b) a segunda, de natureza meritória da invalidade, tratada nos arts. 276 a 283 do mesmo Código.

No que diz respeito à estrutura, é preciso avaliar se o ato processual em análise preenche os elementos existenciais e os requisitos de validade.

Faltando um elemento de existência, o ato deve ser reputado inexistente e, assim, prejudicada a análise de sua validade e logicamente impedido o reconhecimento de sua eficácia. É o que ocorre, por exemplo, com petição inicial sem autor e sem pedido ou com a sentença não proferida por juiz ou sem julgamento, ou se qualquer ato é analisado porque nem sequer foi manifestado. Nesses casos, o não ato processual é inexistente porque desprovido de processo, agente, forma ou objeto.

Por outro lado, se os elementos de existência estão presentes, torna-se possível, diante da existência do ato, avaliar-se a sua validade. Presentes os requisitos de validade, é imperiosa a conclusão no sentido de que o ato é válido, formalmente. Ausente qualquer dos requisitos de validade, formalmente o ato será nulo, restando saber se as regras do Código de Processo Civil autorizam o reconhecimento da nulidade.

Assim, é formalmente nulo o ato praticado por agente incapaz ou incompetente (no caso do juízo), que não atende a forma prescrita em lei ou não contém objeto lícito e possível, determinado ou determinável.

Entretanto, para que se declare a nulidade de um ato processual, é preciso sujeitar a análise estrutural aos princípios que regem o processo civil.

Neste aspecto, destacam-se como norteadores dessa segunda fase da análise os princípios da celeridade, da economia, da instrumentalidade do processo e da instrumentalidade das formas.

São estes os princípios que efetivamente norteiam os arts. 276 a 283 do Código de Processo Civil de 2015, como se passa a analisar.

4. Ninguém pode se beneficiar da nulidade que causou

O artigo, que no CPC/1973 equivale ao art. 243, estabelece a regra de que o causador da nulidade processual não poderá ser beneficiado pelo reconhecimento dela.

Assim, não se deve reconhecer a nulidade de ato processual se a nulidade, a despeito de invalidar atos processuais já praticados, beneficiar o causador da nulidade. Pensar diferentemente seria estimular que uma das partes buscasse a ocorrência de nulidades processuais para delas se beneficiar posteriormente, situação esta que afrontaria o princípio da instrumentalidade das formas.

II. Julgados

Nesse sentido é a jurisprudência dos Tribunais Superiores:

"Embargos de declaração em recurso extraordinário com agravo. 2. Decisão monocrática. Embargos declaratórios recebidos como agravo regimental. 3. Direito Administrativo. Gratificação de Atividade de Combate e Controle de Endemias – GACEN. Incidência de contribuição previdenciária. 4. Natureza da verba. Matéria de índole infraconstitucional. Ofensa reflexa. 5. Pedido de uniformização. Turma Nacional de Uniformização. Análise de direito federal. 6. *Decretação de nulidade de atos processuais. Impossibilidade. Requerimento pela parte que lhe deu causa. Art. 243 do CPC.* 7. Agravo regimental a que se nega provimento" (STF, 2ª T., ARE nº 837277 ED, Rel. Min. Gilmar Mendes, j. em 3/3/2015, Processo eletrônico DJe-051, divulg. 16/3/2015, public. 17/3/2015).

"TRIBUTÁRIO E PROCESSUAL CIVIL. EMBARGOS À ARREMATAÇÃO. INEXISTÊNCIA DOS REQUISITOS PREVISTOS NO ART. 746 DO CPC. ALEGAÇÃO DE PREÇO VIL.

MATÉRIA PRECLUSA. NULIDADE ANTE A AUSÊNCIA DE PUBLICAÇÃO DO EDITAL NOS TERMOS DO ART. 22 DA LEI N. 6.830/80. NECESSIDADE DE COMPROVAÇÃO DE PREJUÍZO. ATO QUE PRODUZIU OS EFEITOS DA PUBLICIDADE. PRINCÍPIO DA INSTRUMENTALIDADE DAS FORMAS. AUSÊNCIA DE PAGAMENTO À VISTA NOS TERMOS DO ART. 690 DO CPC. INOVAÇÃO RECURSAL. SÚMULA 7/STJ. [...]

2. A exegese do Código de Processo Civil privilegia a validade dos atos processuais, desde que os fins de justiça do processo e a finalidade do ato sejam alcançados. É o que consta, aliás, dos arts. 243 e 244 do referido diploma.

3. *A jurisprudência desta Corte tem entendido que a declaração da nulidade dos atos processuais depende da demonstração da existência de prejuízo à parte interessada.*

[...] 5. Irrepreensível o entendimento fixado na origem porquanto, à luz do princípio da instrumentalidade das formas, não se revela razoável o desfazimento da arrematação sob a invocação de que não houve publicação do edital da arrematação, uma vez que a fixação na sede do juízo foi apta o bastante para não frustrar a competitividade da venda.

6. Deixo de conhecer da apontada violação do art. 690 do CPC, tendo em vista que a apresentação de novos fundamentos para reforçar a tese trazida no recurso especial representa inovação, vedada no âmbito do agravo regimental.

7. A análise da irresignação acerca dos vícios referentes ao pagamento do bem arrestado demandaria a incursão no contexto fático dos autos, o que é impossível nesta Corte, ante o óbice da Súmula 7/STJ. Agravo regimental improvido" (STJ, 2ª T., AgRg no REsp nº 1282195/RS, Rel. Min. Humberto Martins, j. em 10/2/2015, DJe de 19/2/2015).

Também é nesse sentido a jurisprudência dos Tribunais de Segunda Instância, da qual se destaca:

"AGRAVO REGIMENTAL EM AGRAVO DE INSTRUMENTO. EXECUÇÃO FISCAL. DECISÃO QUE NEGOU SEGUIMENTO POR INTEMPESTIVIDADE. ERRO MATERIAL EM CERTIDÃO DE INTIMAÇÃO. APLICABILIDADE DO ART. 277, DO CPC/15. FINALIDADE ALCANÇADA. INTIMAÇÃO COMPROVADA. *ALEGAÇÃO DE NULIDADE POR QUEM LHE DEU CAUSA. IMPOSSIBILIDADE. ART. 276, DO CPC/15. PRECEDENTES.* DECISÃO MANTIDA. RECURSO NÃO PROVIDO" (3ª Câmara Cível, Agravo Regimental, Número do Processo: 0008862-57.2014.8.05.0000/50000, Rel. Joanice Maria Guimarães de Jesus, publ. 16/8/2016).

"AÇÃO ANULATÓRIA DE SENTENÇA QUE HOMOLOGOU TRANSAÇÃO. INCOMPETÊNCIA DO JUÍZO. *AUTOR QUE PLEITEOU A HOMOLOGAÇÃO DESISTINDO DA EXCEÇÃO DE INCOMPETÊNCIA NÃO PODE ALEGAR NULIDADE. IMPOSSIBILIDADE JURÍDICA DO PEDIDO. INTELIGÊNCIA DO ART. 243 DO CPC. DECISÃO TOMADA PELAS PRÓPRIAS PARTES. AUSENTE INTERESSE DE AGIR. MANTIDO O INDEFERIMENTO DA INICIAL POR AUSÊNCIA DE CONDIÇÕES DA AÇÃO.* RECURSO DESPROVIDO" (TJPR, 18ª C.Cível, Rio Branco do Sul, AC nº 885222-6, Rel. Carlos Mansur Arida, unânime, j. em 20/2/2013).

Art. 277 - Quando a lei prescrever determinada forma, o juiz considerará válido o ato se, realizado de outro modo, lhe alcançar a finalidade.

I. A instrumentalidade das formas no processo civil

O art. 277, que no CPC/1973 corresponde ao art. 244, estabelece o conceito do princípio da instrumentalidade das formas. É certo que o processo civil depende de certo formalismo para que tenha regular desenvolvimento, estabelecendo-se formas procedimentais que permitam conhecer, sem surpresas, o regular desenvolvimento da relação processual. Entretanto, a formalidade, mesmo quando prevista em lei, não deve se suplantar à finalidade da existência da própria regra processual: deve permitir que a entrega da tutela jurisdicional aconteça, com justiça e celeridade.

Assim, se o ato processual é praticado sem atender as formalidades legais, deve-se, primeiramente, verificar se a finalidade do ato foi prejudicada. Havendo prejuízo à finalidade, deve o ato ser declarado nulo e repetido.

Se o ato processual é praticado sem atender à forma, mas tal informalidade não lhe prejudica a finalidade e não causou prejuízo, o ato deve ser mantido.

O atendimento da finalidade deve ser compreendido em consonância com a ideia (presumida neste artigo) de que o atendimento da finalidade não é capaz de causar qualquer prejuízo para as partes. Se o ato processual atende sua finalidade, mas gera prejuízo à parte, deve ser declarado nulo, combinando-se a regra do art. 277 em análise com a regra do CPC/2015, art. 283, parágrafo único.

II. Julgados

"EMENTA Recurso ordinário em habeas corpus. Falta grave. Fuga. Pretendida nulidade do ato que reconheceu a prática da falta de natureza grave por ausência de procedimento administrativo disciplinar (PAD). Não ocorrência. Nulidade suprida na audiência de justificação. Oitiva do paciente em juízo, devidamente assistido por um defensor e na presença do Ministério Público. Observância dos preceitos constitucionais do contraditório e da ampla defesa (art. 5º, incisos LIV e LV). *Finalidade essencial pretendida no procedimento administrativo disciplinar alcançada de forma satisfatória. Princípio da instrumentalidade das formas (art. 154 e 244 do CPC). Aplicabilidade.* Recurso ao qual se nega provimento. [...]" (STF, 1ª T., RHC nº 109847, Rel. Min. Dias Toffoli, j. em 22/11/2011, Processo eletrônico DJe-231, divulg. 5/12/2011, public. 6/12/2011, grifos nossos).

"PROCESSUAL CIVIL. VIOLAÇÃO DO ART. 535 DO CPC. NÃO OCORRÊNCIA.

NULIDADES POR AUSÊNCIA DE INTIMAÇÃO E DE JUNTADA DO VOTO REVISOR NÃO VERIFICADAS. DEFICIÊNCIA NA FUNDAMENTAÇÃO E JULGAMENTO EXTRA PETITA.

INEXISTÊNCIA. DANOS MATERIAIS. LEI FERRARI. SÚMULA N. 7/STJ. DANOS MORAIS. FALTA DE PREQUESTIONAMENTO. SÚMULA N. 282/STF.

[...] 2. Nos termos do art. 236, § 1º, do CPC, havendo mais de um advogado constituído nos autos e ocorrendo substabelecimento com reserva de poderes, a intimação efetivada em nome de um deles é considerada válida se não formalizado pedido expresso para que se realize a publicação exclusivamente em nome de determinado patrono.

3. Se o Tribunal de origem concluiu que houve o cumprimento do disposto no art. 551 do CPC, com o encaminhamento dos autos ao revisor, que concordou com relatório e pediu dia para julgamento, decidir de modo diverso ensejaria o reexame da matéria fática, o que é vedado em recurso especial. Aplicação da Súmula n. 7/STJ.

4. *Não se pronuncia a nulidade sem a demonstração do prejuízo, consoante o princípio pas de nulitté sans grief, consagrado pelos arts. 244 e 249, § 1º, do CPC.*

[...]. 10. Recurso especial parcialmente conhecido e desprovido" (STJ, 3ª T., REsp nº 1208207/RN, Rel. Min. João Otávio de Noronha, j. em 24/3/2015, DJe de 27/3/2015, grifos nossos).

"AGRAVO DE INSTRUMENTO. EXECUÇÃO FISCAL. ÔNUS SUCUMBENCIAIS. EXCESSO NA EXECUÇÃO DE SENTENÇA. IMPUGNAÇÃO REJEITADA. RECEBIMENTO COMO EMBARGOS À EXECUÇÃO. POSSIBILIDADE. PRINCÍPIO DA INSTRUMENTALIDADE DAS FORMAS. ART. 277 DO CPC/15. O Município de Piraí insurge-se contra decisão que rejeitou impugnação ao fundamento de que o recurso cabível seria de embargos à execução. Aduz o ente tratar-se de mero erro material, tendo o pleito como finalidade combater excesso na execução quanto ao cálculo dos ônus sucumbenciais, o que acarretaria enriquecimento sem causa da parte adversa em detrimento da coletividade. Possibilidade de recebimento da impugnação como embargos à execução ante a ausência de erro grosseiro, visto que *o ato alcança sua finalidade sem acarretar efetivo prejuízo ao exequente*, nos termos dos artigos 277 e 282, § 1º, do CPC/15. RECURSO PROVIDO" (TJRJ, 2ª Câmara Cível, AI nº 00219353820168190000-Rio de Janeiro, Piraí, Vara Única, Rel. Elisabete Filizzola Assunção, j. em 22/6/2016, publ. 24/6/2016).

"DÉBITOS CONDOMINIAIS – AÇÃO ANULATÓRIA – Citação do condômino devedor, através de mandado recebido por sua mãe – Validade – Conjunto probatório hábil a corroborar a inequívoca ciência do devedor quanto aos termos da ação de cobrança – *Ato citatório que atingiu a sua finalidade – Art. 277, do CPC/15* – Litigância de má-fé não configurada – Ação improcedente – Recurso desprovido" (TJSP, 35ª Câmara de Direito Privado, APL nº 10947556820158260100 SP 1094755-68.2015.8.26.0100, Rel. Melo Bueno, j. em 12/12/2016, publ. 12/12/2016).

Art. 278 - A nulidade dos atos deve ser alegada na primeira oportunidade em que couber à parte falar nos autos, sob pena de preclusão.
Parágrafo único - Não se aplica o disposto no caput às nulidades que o juiz deva decretar de ofício, nem prevalece a preclusão provando a parte legítimo impedimento.

I. Nulidade e preclusão

A regra do *caput* do art. 278 estabelece norma preclusiva para a alegação de nulidade. Tal disposição permite extrair a conclusão de que existem no âmbito do Código de Processo Civil duas espécies de nulidades: a nulidade absoluta e a nulidade relativa, que, para alguns, se classifica em nulidade insanável e nulidade sanável.

As nulidades insanáveis, também ditas absolutas, são aquelas que não se corrigem pelo decurso do tempo, pelo avançar do processo e também não dependem de alegação das partes. Tais situações remontam a hipóteses tão graves que não estão sujeitas à incidência da norma do art. 278 e podem ser reconhecidas de ofício pelo juiz.

Entretanto, mesmo nas hipóteses em que se apresente uma nulidade insanável, por força do art. 10 do CPC/2015, não poderá o juiz deixar de ouvir as partes antes de decidir sobre a questão da nulidade. Por essa razão, ainda que o juiz verifique a existência de uma nulidade insanável, que deva conhecer de ofício, ainda assim deverá ouvir as partes para que estas se manifestem antes da decretação da nulidade.

Ainda a respeito das nulidades não sujeitas a preclusão, tem-se que a grande maioria delas é sanada pela formação da coisa julgada, considerada por muitos a sanatória geral de todas as invalidades processuais. Há, por outro lado, hipóteses de nulidades que não são sanadas pela formação da coisa julgada, e, neste aspecto, pode-se dividi-las em duas categorias: as nulidades que causam rescindibilidade da decisão, previstas nos incisos I a V do art. 966 do CPC/2015, e outras não previstas nesses incisos, mas que acabam fulminando de inexistência algum aspecto ou finalidade do ato formalmente nulo.

Não se está aqui defendendo que a ação rescisória seja uma ação de nulidade. São, aliás, ações bem distintas. Enquanto a ação de nulidade (não prevista no Código) é uma ação declaratória, a ação rescisória é uma ação desconstitutiva, que tem por objetivo desconstituir a coisa julgada material para viabilizar novo julgamento da matéria atingida por alguma das hipóteses do art. 966.

Assim, o legislador, a exemplo do que foi feito em 1973, não classificou as hipóteses de cabimento da ação rescisória como hipóteses de nulidade ou de injustiça: tratou todas elas sob a terminologia de rescindibilidades. O que ocorre é que nos incisos mencionados (I a V do art. 966) têm-se nulidades absolutas que por previsão normativa geram a rescindibilidade da coisa julgada material e, portanto, não são por esta sanadas.

1. Nulidade absoluta como causa de inexistência

Há, entretanto, ao menos, outra possibilidade de tratamento de nulidade absoluta também insanável mesmo pela formação da coisa julgada material: a nulidade de citação. Neste caso, embora no âmbito do processo a nulidade de citação possa ser declarada a qualquer tempo no curso do processo civil (um bom exemplo disso é a previsão expressa do art. 525, § 1º, inciso I, do CPC/2015), mesmo a formação da coisa julgada não é capaz de sanar o vício. Isto porque a nulidade de citação, tida pela doutrina como a mais grave das invalidades processuais, gera inexistência jurídica do processo para aquele que deveria ser réu, mas que pela nulidade de citação não o foi. A doutrina trata do tema sob o antitético título de réu revel não citado. O curioso é que, se o réu não foi citado, tecnicamente não é réu, e se não é réu, não poderá jamais ser considerado revel.

Nesta hipótese ganha relevância o quanto afirmado na parte introdutória das nulidades, na medida em que a aparente validade da citação gera o vício de tamanha gravidade que mesmo a coisa julgada material não será capaz de corrigi-la.

Neste caso, embora a coisa julgada possa existir para o autor, não existirá para aquele que deveria ser réu e não foi (art. 506 do CPC/2015). É justamente por essa razão que o mecanismo de impugnação, neste caso, será a *querela nullitatis insanabilis*, que, apesar do nome, não deve ser tratada como ação de nulidade insanável, mas sim como ação de inexistência insanável, na medida em que a correta tradução de *nullum* do latim para o português é "inexistente".

2. Nulidades relativas – a razão de ser do dispositivo

Já as nulidades sanáveis, isto é, aquelas que interessam apenas à parte, caso não impugnadas na primeira oportunidade em que o interessado no seu reconhecimento falar nos autos, ter-se-á preclusão, passando a refletir nos autos mera irregularidade, sem qualquer consequência negativa para o processo.

3. A impugnação da nulidade relativa

Chama a atenção, neste aspecto, a inovação trazida pelo art. 1.009, § 1º, do CPC/2015, que estabelece, para as decisões não relacionadas no art. 1.015, a ausência de preclusão, a permitir que envolvam temas passíveis de debate em sede de apelação. Nesse aspecto, embora a parte interessada permaneça com o ônus de se manifestar na primeira oportunidade em que falar nos autos, para evitar a preclusão da nulidade sanável, em caso de indeferimento do pedido entendemos que tal matéria será passível de alegação nas razões de apelação ou nas contrarrazões de apelação, na forma dos §§ 1º e 2º do art. 1.009 do CPC/2015.

II. Julgados

"AÇÃO DECLARATÓRIA DE NULIDADE DE SENTENÇA POR SER NULA A CITAÇÃO DO RÉU REVEL NA AÇÃO EM QUE ELA FOI PROFERIDA. 1. PARA A HIPÓTESE PREVISTA NO ARTIGO 741, I, DO ATUAL CPC - QUE É A DA FALTA OU NULIDADE DE CITAÇÃO, HAVENDO REVELIA - PERSISTE, NO DIREITO POSITIVO BRASILEIRO - A 'QUERELA NULLITATIS', O QUE IMPLICA DIZER QUE A NULIDADE DA SENTENÇA, NESSE CASO, PODE SER DECLARADA EM AÇÃO DECLARATÓRIA DE NULIDADE, INDEPENDENTEMENTE DO PRAZO PARA A PROPOSITURA DA AÇÃO RESCISÓRIA, QUE, EM RIGOR, NÃO É A CABIVEL PARA ESSA HIPÓTESE. 2. RECURSO EXTRAORDINÁRIO CONHECIDO, NEGANDO-SE-LHE, PORÉM, PROVIMENTO" (STF, Tribunal Pleno, RE nº 97589, Rel. Min. Moreira Alves, j. em 17/11/1982, DJ de 3/6/1983 PP-07883 EMENT VOL-01297-03 PP-00751 RTJ VOL-00107-02 PP-00778).

"PROCESSUAL CIVIL. AGRAVO REGIMENTAL NO AGRAVO EM RECURSO ESPECIAL. EXECUÇÃO DE SENTENÇA. INTIMAÇÃO DA PENHORA E DA AVALIAÇÃO NA PESSOA DO DEVEDOR, NÃO DO PATRONO. NÃO DEMONSTRAÇÃO DE NULIDADE. PAGAMENTO PARCIAL DA DÍVIDA, SEM ALEGAÇÃO DE ERRO. PRECLUSÃO. ARREMATAÇÃO POR PREÇO VIL. INOCORRÊNCIA. AGRAVO NÃO PROVIDO.

1. 'Revelando os autos que os executados estiveram presentes e intervieram diversas vezes sem o reclamo dos vícios apontados, indicando comportamento que pretende obstaculizar efetivamente a execução do título judicial, não há fundamento para a decretação de nulidade' (REsp 640.185/SP, Rel. Ministro CARLOS ALBERTO MENEZES DIREITO, TERCEIRA TURMA, julgado em 20/10/2005, DJ 20/02/2006, p. 333).

2. Tratando-se de nulidade relativa, como ora se apresenta, cabe à parte interessada arguir a irregularidade na primeira ocasião em que interveio nos autos, mas o fez, o que faz incidir a pena de preclusão. Inteligência do art. 245, caput, do CPC.

Precedentes do STJ.

3. O Tribunal aventa a ocorrência de preclusão a respeito da arrematação, ante a existência de diversas manifestações sem ataque ao referido valor; além disso, evidencia a inocorrência de ofensa ao princípio da menor onerosidade do devedor, pois o veículo teria sido adquirido por quantia superior a 50% do valor de avaliação.

Conclusões firmadas com base em fatos e provas e em harmonia com a jurisprudência do STJ - incidência das Súmulas 7 e 83 desta Corte.

4. Agravo regimental não provido" (STJ, 4ª T., AgRg no AREsp nº 642.221/SC, Rel. Min. Luis Felipe Salomão, j. em 7/4/2015, DJe de 13/4/2015).

"AGRAVO DE INSTRUMENTO – NULIDADE PROCESSUAL – AUSÊNCIA DE MANIFESTAÇÃO ACERCA DA TESE DE ILEGITIMIDADE PASSIVA – MATÉRIA DE ORDEM PÚBLICA NÃO PASSÍVEL DE PRECLUSÃO – NECESSIDADE DE DELIBERAÇÃO JUDICIAL A RESPEITO – IRREGULARIDADE NA PUBLICAÇÃO DE DECISÃO – QUESTÃO QUE DEVE SER ARGUIDA NA PRIMEIRA OPORTUNIDADE NOS AUTOS (ART. 278 DO CPC/15) – NULIDADE AFASTADA – *Não havendo preclusão com relação à alegação de ilegitimidade passiva, quer por ausência de arguição em primeira oportunidade (art. 278 do CPC/15), quer em decorrência do julgamento dos embargos à execução (matéria não apreciada em seu bojo), principalmente por se tratar de matéria de ordem pública que pode ser conhecida inclusive de ofício, imperiosa a anulação da decisão atacada no que toca ao reconhecimento de preclusão, para que a questão em comento seja apreciada em Primeiro Grau.* – Tendo vista que o ora agravante não deduz qualquer argumento plausível para o fim de atacar o cálculo apresentado, se atendo tão somente a afirmar que este não correspondia à realidade, pugnando, no mais, pelo depósito da diferença existente entre o valor do bem adjudicado e o crédito anteriormente apontado, não há como afastar o reconhecimento de ausência de insurgência aos cálculos apresentados. – *Sendo certo que a nulidade deve ser arguida na primeira oportunidade em que couber falar nos autos, sob pena de preclusão (art. 278 do CPC/15) e que tal providência não foi adotada pelo agravante e, sendo evidente que não se trata de nulidade que deva ser conhecida de ofício, não há como reconhecê-la principalmente quando esta correu há praticamente um ano e meio.* RECURSO PROVIDO EM PARTE" (TJSP, 30ª Câmara de Direito Privado, AI nº 21340454820168260000 SP 2134045-48.2016.8.26.0000, Rel. Maria Lúcia Pizzotti, j. em 9/11/2016, publ. 16/11/2016).

"EMBARGOS DE DECLARAÇÃO. PLEITEIA A EMBARGANTE QUE SEJA RECONHECIDA NULIDADE DA SENTENÇA RECORRIDA E, POR CONSEGUINTE, DO ACÓRDÃO EMBARGADO ANTE A CONFIGURAÇÃO DE CERCEAMENTO DE DEFESA. SUSTENTA QUE O PEDIDO PARA OITIVA DE TESTEMUNHAS RESTOU IGNORADO PELO JUÍZO DE ORIGEM, O QUE ACARRETOU PREJUÍZOS A SUA DEFESA, VEZ QUE O ACÓRDÃO EMBARGADO REFORMOU SENTENÇA QUE LHE BENEFICIAVA. RECEBO OS EMBARGOS, PORQUE TEMPESTIVOS E, NO MÉRITO, ACOLHO-OS. É CEDIÇO QUE NULIDADE ABSOLUTA PODE SER ARGUIDA A QUALQUER TEMPO PELAS PARTES, OU AINDA, RECONHECIDA DE OFÍCIO PELO MAGISTRADO,

NOS TERMOS DO ART. 245, PARÁGRAFO ÚNICO DO CPC. VERIFICA-SE QUE A NÃO REALIZAÇÃO DE AUDIÊNCIA DE INSTRUÇÃO E JULGAMENTO ACARRETOU PREJUÍZOS A EMBARGANTE, POIS O ACÓRDÃO EMBARGADO REFORMOU SENTENÇA QUE LHE BENEFICIAVA. ASSIM, TEM-SE QUE DEVE SER OPORTUNIZADA A EMBARGANTE A PRODUÇÃO DE PROVAS NECESSÁRIAS PARA O ESCORREITO JULGAMENTO DO FEITO, EVITANDO-SE AFRONTA AO ART. 5º, INC. LV DA CONSTITUIÇÃO FEDERAL. NESSAS CONDIÇÕES, IMPÕE-SE A REFORMA DO ACÓRDÃO EMBARGADO A FIM DE DECLARAR A NULIDADE DA SENTENÇA RECORRIDA, DETERMINANDO A REMESSA DOS AUTOS AO JUÍZO DE ORIGEM PARA REALIZAÇÃO DE AUDIÊNCIA DE INSTRUÇÃO E JULGAMENTO. EMBARGOS ACOLHIDOS. O julgamento foi presidido pelo Sr. Juiz Leo Henrique Furtado de Araújo, com voto, e dele participaram o Sr. Juiz Aldemar Sternadt" (TJPR, 1ª T. Recursal, Santo Antônio do Sudoeste, 0002238-43.2013.8.16.0154/1, Rel. Fernando Swain Ganem, j. em 24/3/2015).

"AÇÃO DE COBRANÇA. CONDOMÍNIO EDILÍCIO. Pretensão contra ex-síndico. Sentença de procedência. Redistribuído por força da Resolução 668/2014. Apela o réu sustentando nulidade por ausência de intimação do assistente técnico para acompanhar os trabalhos realizados pelo perito; e ter a sentença se baseado unicamente na prova pericial. Descabimento. Nulidade arguida apenas nesta sede. Réu-recorrente deixou transcorrer 'in albis' o prazo para se manifestar sobre o laudo pericial. Incidência da preclusão. Inteligência do art. 245, caput, do CPC. Não se pronuncia nulidade sem a constatação do efetivo prejuízo (pas de nullité sans grief). Ausente indicação de qual fora o dano à defesa. Perícia de natureza contábil realizada com base nos documentos carreados. Inteligência dos arts. 244 e 249, §§ 1º e 2º, do CPC. Princípio da persuasão racional autoriza a livre valoração da prova pelo juiz de forma fundamentada. Inteligência do art. 131 do CPC. Prova pericial equidistante e isenta do interesse das partes se afigura adequada para conferir supedâneo à motivação. Inocorrente demonstração nas razões recursais de que a perícia esteja em dissonância com algum outro elemento de convicção. Recurso improvido" (TJSP, 14ª Câmara Extraordinária de Direito Privado, São José dos Campos, Autos nº 0389780-15.2008.8.26.0577, Rel. James Siano, j. em 17/6/2015, data de registro: 17/6/2015).

Art. 279 - É nulo o processo quando o membro do Ministério Público não for intimado a acompanhar o feito em que deva intervir.

§ 1º - Se o processo tiver tramitado sem conhecimento do membro do Ministério Público, o juiz invalidará os atos praticados a partir do momento em que ele deveria ter sido intimado.

§ 2º - A nulidade só pode ser decretada após a intimação do Ministério Público, que se manifestará sobre a existência ou a inexistência de prejuízo.

I. Nulidades e Ministério Público

A norma do art. 279 do CPC/2015 trata das consequências geradas pela ausência de intimação do Ministério Público nas causas em que sua atuação é exigida por lei (*v.g.* art. 178, CPC/2015). Como o art. 178 do CPC/2015, exige a intimação nas situações nele relacionadas e em todas as outras em que o procedimento prevê a intimação do *parquet*, a ausência dessa intimação implicará a nulidade dos atos processuais seguintes.

Tal previsão permite concluir que a ausência de intimação implica a situação de nulidade absoluta, passível de ser reconhecida a qualquer tempo no processo, inclusive, de ofício pelo juiz.

No que diz respeito à necessária oitiva prévia do Ministério Público, a norma, embora já existente no CPC/1973 (art. 246), restou reforçada pelo art. 10 do CPC/2015, para o qual qualquer decisão de ofício do juiz deverá ser precedida da oitiva dos interessados.

1. Nulidades, Ministério Público e instrumentalidade

A novidade do dispositivo está na redação do § 2º, que, expressamente, estabelece que a nulidade somente poderá ser decretada se, ouvido o Ministério Público, houver demonstração de prejuízo.

Na verdade, a redação do § 2º em questão nada mais faz senão reiterar a regra *pas de nullitè sans grief*, especificamente para as situações de participação do Ministério Público. A regra está de acordo com o art. 283, parágrafo único, e, na prática, apenas legaliza a jurisprudência que se consolidou sobre o tema.

II. Julgados

"AGRAVO REGIMENTAL. PROCESSUAL CIVIL. FALÊNCIA. LEILÃO JUDICIAL. AUSÊNCIA. MINISTÉRIO PÚBLICO. INEXISTÊNCIA DE PREJUÍZO. ARGUIÇÃO DE NULIDADE DA INTIMAÇÃO, APÓS A ARREMATAÇÃO DO BEM. IMPRESCINDIBILIDADE DO AJUIZAMENTO DE AÇÃO PRÓPRIA. ART. 486 DO CPC. ARGUMENTO AUTÔNOMO RELEVANTE, NÃO IMPUGNADO. INCIDÊNCIA, POR *ANALOGIA, DA SÚMULA 283/STF.*

1. Não enseja declaração de nulidade do ato a ausência de representante do Ministério Público ao leilão judicial, porquanto inexistente prejuízo às partes e ao processo, máxime diante do fato de que, em segunda instância, manifestou-se o Parquet pela convalidação da hasta pública. Incidência do princípio da instrumentalidade das formas. Precedentes.

[...] 4. Agravo regimental não provido" (STJ, 4ª T., AgRg no AgRg no REsp nº 1193362/SP, Rel. Min. Luis Felipe Salomão, j. em 2/6/2015, DJe de 9/6/2015, grifos nossos).

"EMBARGOS DE DECLARAÇÃO. Intimação. Omissão. – 1. Ministério Público. Oitiva. Ante a unicidade do Ministério Público, a não abertura de vista em segundo grau de agravo interposto pelo próprio Ministério Público não implica em nulidade. Não há demonstração de prejuízo a justificar a anulação da decisão. Hipótese em que o inconformismo pode ser e foi veiculado nos embargos de declaração. Inexistência de prejuízo. Jurisprudência pacífica da Câmara Ambiental e do Superior Tribunal de Justiça. – 2. Omissão. Configura-se a omissão quando o acórdão não aprecia questão que devia apreciar. Não há omissão quando o acórdão examina as questões e fundamentos necessários à solução da controvérsia, deixando de lado questões irrelevantes, implicitamente rejeitadas ou que, pela natureza, não permitem apreciação nesse momento do processo. Omissão inexistente. – Embargos rejeitados" (TJSP, 1ª Câmara Reservada ao Meio Ambiente, Tanabi, Autos nº 2028741-94.2015.8.26.0000, Rel. Torres de Carvalho; j. em 18/6/2015, data de registro: 20/6/2015).

"AGRAVO DE INSTRUMENTO. FAMÍLIA. 'AÇÃO DE AFASTAMENTO DO LAR'. DESCUMPRIMENTO DO ART. 526 DO CPC/73 ARGUIDO E PROVADO PELA PARTE AGRAVADA. INADMISSIBILIDADE DO RECURSO. NULIDADE DO PROCESSO POR AUSÊNCIA DE INTERVENÇÃO DO MINISTÉRIO PÚBLICO NA AUDIÊNCIA EM QUE PROFERIDA A DECISÃO OBJETO DO RECURSO. 1. Nos termos do art. 526 do CPC/73, ainda em vigor quando publicada a decisão agravada, o agravante, no prazo de 3 dias, deve juntar aos autos do processo de origem cópia da petição do agravo de instrumento e do comprovante de sua interposição, assim como a relação dos documentos que instruíram o recurso. O descumprimento do aludido comando, quando arguido e provado pela parte agravada, importa inadmissibilidade do agravo, de acordo com o parágrafo único do referido dispositivo legal. 2. Ante a ausência de intervenção do Ministério Público, ao menos na audiência em que proferida a decisão objeto do recurso, a qual se fazia obrigatória em virtude de haver interesses de incapazes na causa, incidindo o disposto no art. 82, inc. I, do CPC/73, que encontra correspondência no atual art. 178, inc. II, do CPC/15, *impõe-se reconhecer, de ofício, a nulidade do processo a partir daquela audiência, inclusive, mormente pelo fato de que o teor da decisão agravada já importa prejuízo aos menores. Nulidade proclamada com fulcro no art. art. 279 do CPC/15.* NÃO CONHECERAM DO RECURSO E, DE OFÍCIO, DECRETARAM A NULIDADE DO PROCESSO A PARTIR DA FL. 85, INCLUSIVE. UNÂNIME... (Agravo de Instrumento Nº 70068607779, Oitava Câmara Cível, Tribunal de Justiça do RS, Relator: Luiz Felipe Brasil Santos, Julgado em 07/07/2016)" (TJRS, 8ª Câmara Cível, AI nº 70068607779 RS, Rel. Luiz Felipe Brasil Santos, j. em 7/7/2016, publ. Diário da Justiça de 13/7/2016).

Art. 280 - As citações e as intimações serão nulas quando feitas sem observância das prescrições legais.

I. A comunicação dos atos processuais e sua invalidade

Na mesma linha das notas introdutórias acerca dos requisitos formais para a validade dos atos processuais, preocupando-se com a validade dos atos de comunicação processuais, fundamentais para a aplicação dos regimes de preclusão e desenvolvimento dos atos processuais, estabeleceu o legislador regra específica, fulminando de nulidade absoluta o ato de comunicação que não atender aos critérios formais de sua realização.

Entretanto, a nulidade dos atos de comunicação não ensejará, necessariamente, a invalidação do ato eivado de vício. É preciso que o vício formal também atenda os demais critérios meritórios de determinação da nulidade. Se o ato de comunicação, embora nulo, atenda à sua finalidade, poderá ser considerado como mera irregularidade, desde que não cause qualquer prejuízo às partes.

Por outro lado, presente qualquer prejuízo e/ou não atendida a finalidade, deve-se declarar nulo o ato de comunicação, devolvendo-se à parte a oportunidade comunicada no ato declarado nulo, bem como a nulidade de todos os atos processuais seguintes que a ele estejam relacionados (art. 282, CPC/2015).

II. Julgados

"AÇÃO RESCISÓRIA. RECURSOS EXTRAORDINÁRIOS DE TRÊS GRUPOS. RECURSO DE UM DOS GRUPOS (O SEGUNDO) AO QUAL FOI NEGADO SEGUIMENTO. PRECLUSÃO DO DESPACHO INDEFERITÓRIO, POR FALTA DE AGRAVO. RECURSO DO PRIMEIRO GRUPO: TEMPESTIVIDADE. CITAÇÃO REGULAR. RECURSO DO TERCEIRO GRUPO: CITAÇÃO IRREGULAR. NULIDADE. SE AO RECURSO DO SEGUNDO GRUPO [...] FOI NEGADO PROCESSAMENTO, E NÃO FOI INTERPOSTO AGRAVO DE INSTRUMENTO ATACANDO O DESPACHO INDEFERITÓRIO, RESTOU PRECLUSA TAL DECISÃO INDEFERITÓRIA. O RECURSO DO PRIMEIRO GRUPO [...] NÃO É INTEMPESTIVO, JÁ QUE O PEDIDO DE SUSPENSÃO DO PRAZO SE DEU NO ÚLTIMO DIA DESTE, E CONCEDIDA A PRORROGAÇÃO POR 60 DIAS, EM DECORRÊNCIA DO FALECIMENTO DA PROGENITORA DOS RECORRENTES, QUE ERA PARTE NA AÇÃO, O RECURSO FOI INTERPOSTO AINDA DENTRO DO ESPAÇO DE TEMPO CONCEDIDO. ENTRETANTO, A CITAÇÃO, CUJA IRREGULARIDADE FOI SUSCITADA, FOI EFETUADA CORRETAMENTE, POIS A ADVERTÊNCIA SOBRE O ART. 285 DO CPC FOI FEITA, EMBORA PELO ESCRIVÃO, E RATIFICADA PELO JUIZ. ADEMAIS, DA INICIAL JÁ CONSTAVA A ADVERTÊNCIA, O QUE É SUFICIENTE, SEGUNDO O DISPOSTO NO ART. 223, PARÁGRAFO 3º DO CPC. RECURSO NÃO CONHECIDO. O RECURSO EXTRAORDINÁRIO DO TERCEIRO GRUPO [...] FOI CONHECIDO E PROVIDO, PORQUANTO A CITAÇÃO, NO QUE LHE DIZ RESPEITO, FOI NULA, POR NÃO SÓ NÃO LHES TER SIDO ENTREGUE A CONTRA-FÉ DO MANDADO, COMO POR SEQUER LHES TER SIDO LIDO O MANDADO, COMO EXIGE O ART. 226, I, COMBINADO COM O ART. 247, TUDO DO CPC. RECURSO EXTRAORDINÁRIO DO TERCEIRO GRUPO, CONHECIDO E PROVIDO, PARA DECLARAR NULAS AS CITAÇÕES, PELO QUE FICAM ANULADOS OS ATOS, NO QUE LHES DIZ RESPEITO, A PARTIR DE ENTÃO, DEVENDO, APÓS A VOLTA DOS AUTOS AO TRIBUNAL DE JUSTIÇA DO ESTADO PARÁ PODEREM CONTESTAR A AÇÃO RESCISÓRIA CONTRA ELES MOVIDA, SER CITADOS" (STF, 2ª T., RE nº 101580, Rel. Min. Aldir Passarinho, j. em 23/10/1987, DJ de 21/10/1988 PP-27316 EMENT VOL-01520-02 PP-00295).

"PROCESSUAL CIVIL. ADVOGADO. AUSÊNCIA DE INTIMAÇÃO. ARTS. 236, § 1º, E 247 DO CPC. PREJUÍZO. INEXISTÊNCIA. REVISÃO. MATÉRIA FÁTICO-PROBATÓRIA. SÚMULA 7/STJ.

1. Hipótese em que o Tribunal a quo consignou que o autor 'almeja, de forma descabida e em desconsideração para com o princípio da instrumentalidade das formas (CPC, art. 249, § 1º), a anulação do processo desde quando fora formulado o pedido de alteração de patrocínio. E que, em verdade, somente deixara de acudir os chamamentos que lhe foram endereçados quando se deparara com a publicação do acór-

dão que provera o apelo do Distrito Federal, pois, a despeito de não realizadas as anotações provenientes da mudança que reclamara, determinando que as publicações continuassem sendo realizadas em nome do patrono em nome de quem eram realizadas, acudira os chamados anteriores, inclusive para contrariar o apelo, que fora firmado [...].

Ou seja, a omissão cartorária não irradiara, até a solução do apelo, nenhum prejuízo, obstando a resolução pretendida, que certamente fora formulada em face do provimento do apelo do Distrito Federal' (fl. 339).

2. Rever tal entendimento implica, como regra, reexame de fatos e provas, obstado pelo teor da Súmula 7/STJ.

3. Ademais, o STJ possui entendimento no sentido de que não há falar em violação dos arts. 236, § 1º, e 247 do CPC, quando a ausência de intimação não acarreta prejuízo à parte.

4. O agravante reitera, em seus memoriais, as razões do Agravo Regimental, não apresentando nenhum argumento novo.

5. Agravo Regimental não provido" (STJ, 2ª T., AgRg no REsp nº 1410718/DF, Rel. Min. Herman Benjamin, j. em 5/8/2014, DJe de 18/8/2014).

"AGRAVO DE INSTRUMENTO. Requerimento expresso de intimação em nome do advogado indicado. Não observância. Nulidade. Reconhecimento. Acórdão anulado.

'Havendo requerimento expresso de intimação exclusiva, é nula a intimação em nome de outrem, ainda que conste nos autos instrumento de substabelecimento'" (TJSP, 11ª Câmara de Direito Privado, Dois Córregos, Autos nº 2025843-11.2015.826.0000, Rel. Gilberto dos Santos, j. em 25/6/2015, data de registro: 27/6/2015).

"AGRAVO DE INSTRUMENTO - AÇÃO REVISIONAL - AUSÊNCIA DE PUBLICAÇÃO EM NOME DOS ATUAIS ADVOGADOS - PEDIDO DE PUBLICAÇÃO EXCLUSIVA DEFERIDO - ART. 272, § 2º E § 5º E ART. 280, DO CPC/15 - OFENSA AO PRINCÍPIO DO DEVIDO PROCESSO LEGAL, AMPLA DEFESA E CONTRADITÓRIO - CERCEAMENTO DE DEFESA CONFIGURADO - ATOS PROCESSUAIS NULOS A PARTIR DO DEFERIMENTO DO PEDIDO PARA INTIMAÇÃO EM NOME DOS NOVOS PROCURADORES NÃO CUMPRIDA - DECISÃO REVOGADA - RECURSO CONHECIDO E PROVIDO (TJPR - 14ª C.Cível - AI - 1546956-4 - Curitiba - Rel.: José Hipólito Xavier da Silva - Unânime - J. 26.10.2016)" (TJPR, 14ª Câmara Cível, AI nº 15469564 PR 1546956-4 (Acórdão), Rel. José Hipólito Xavier da Silva, j. em 26/10/2016, publ. DJ 1918 de 8/11/2016).

"AGRAVO DE INSTRUMENTO - AÇÃO DE EXECUÇÃO DE TÍTULO EXTRAJUDICIAL - INCIDENTE DE FRAUDE À EXECUÇÃO. 1. Inadequação da via eleita - Não ocorrência - Inexistência de lesividade ou prejuízo à parte agravante - Falta de interesse recursal - Não conhecimento. 2. Eventual fraude à execução - Impossibilidade de análise - Matérias que além de demandar dilação probatória, diz respeito ao mérito da demanda - Não conhecimento. 3. Nulidade na intimação constatada - Ausência do nome da parte agravante - Desatendimento ao disposto no art. 272, § 2º, do CPC/15 - Vício reconhecido - Decisão reformada neste ponto. RECURSO PARCIALMENTE CONHECIDO E, NESTA PARTE, PROVIDO. (TJPR - 14ª C.Cível - AI - 1563054-9 - Guarapuava - Rel.: Octavio Campos Fischer - Unânime - - J. 29.03.2017)" (TJPR, 14ª Câmara Cível, AI nº 15630549 PR 1563054-9 (Acórdão), Rel. Octavio Campos Fischer, j. em 29/3/2017, publ. DJ 2022 de 9/5/2017).

Art. 281 - Anulado o ato, consideram-se de nenhum efeito todos os subsequentes que dele dependam, todavia, a nulidade de uma parte do ato não prejudicará as outras que dela sejam independentes.

I. Consequências das invalidades

O processo civil não é um fenômeno estático, que se limita a apenas um ato jurídico. O processo é uma relação jurídica, que se desenvolve em atos jurídicos logicamente encadeados e dirigidos à entrega de uma tutela jurisdicional. É justamente o fato de ser um fenômeno complexo, composto por vários atos jurídicos, que estabelece a definição legal do art. 281, equivalente ao art. 248 do CPC/1973, quais as consequências que a decretação da nulidade gerará para os atos processuais seguintes.

O dispositivo, de um lado, amplia o vício da nulidade a todos os atos jurídicos processuais que mantenham relação de dependência subsequente com o ato invalidado. De outro, em atendimento aos princípios da celeridade e da economia das formas, mantêm-se os atos processuais independentes dos atos declarados nulos, evitando a sua desnecessária repetição.

1. Nulidades parciais

Por outro lado, se o ato puder ser dividido em partes, a parcela nula não implica a nulidade de todas as demais parcelas.

Para que se entenda, adequadamente, a possibilidade de declaração parcial de nulidade de um ato jurídico processual, é preciso que se compreenda que o processo civil se desenvolve em uma relação de continente e conteúdo, de tal maneira que cada ato processual é continente e o que cada ato processual pode veicular deve ser considerado seu conteúdo.

Nessa perspectiva, um mesmo ato processual pode veicular mais de um conteúdo, atendidos os requisitos processuais para que isso ocorra. É o que se observa na petição inicial, por meio da qual se pode veicular mais de uma ação, desde que se cumulem pedidos; da contestação, em que se veicula mais de uma defesa ou da sentença, em que se veicula mais de um julgamento. É justamente esta premissa que permitiu o desenvolvimento da teoria dos capítulos da sentença, expressamente adotada no CPC/2015, que em seus arts. 1.009, § 3º, e 966, § 3º, tratando, positivadamente de capítulos de sentença ou de decisão.

Assim, o art. 281 em análise refere-se à possibilidade de que um dos conteúdos de um mesmo continente seja eivado de nulidade, mantendo-se a validade dos demais.

II. Julgados

"SENTENÇA. REQUISITOS. UNIDADE. NULIDADE. PRESTAÇÃO DE CONTAS. NULA É A SENTENÇA QUE DEFERE AOS PERITOS A FIXAÇÃO DA RESPONSABILIDADE PELO ALCANCE NA PRESTAÇÃO DE CONTAS, JULGADA DESDE LOGO IMPROCEDENTE, E EM UM SEGUNDO MOMENTO, APÓS A REALIZAÇÃO DA PERÍCIA, CONSIDERA O JUÍZO TÉCNICO, SEM QUALQUER APRECIAÇÃO, COMO INTEGRANTE DO JULGADO. RECURSO EXTRAORDINÁRIO CONHECIDO E PROVIDO" (STF, 1ª T., RE nº 105612, Rel. Min. Rafael Mayer, j. em 6/12/1985, DJ de 19/12/1985 PP-23631 EMENT VOL-01405-05 PP-01045).

"MANDADO DE SEGURANÇA. ATO DO CORREGEDOR-GERAL DA JUSTIÇA DO ESTADO QUE MANDA REINTEGRAR NA POSSE DE IMÓVEL OS REQUERENTES DE CORREIÇÃO PARCIAL, CONTRA ATO DE JUIZ DE DIREITO, EM AÇÃO POSSESSÓRIA. OS BENEFICIÁRIOS DO ATO DO CORREGEDOR-GERAL, IMPUGNADO NO MANDADO DE SEGURANÇA, SÃO LITISCONSORTES PASSIVOS NECESSÁRIOS, NO FEITO MANDAMENTAL. LEI N. 1533/1951, ART-19; C.P.C., ARTS. 47, PARÁGRAFO ÚNICO, E 48. RECURSO EXTRAORDINÁRIO CONHECIDO E PROVIDO, PARA CASSAR O ACÓRDÃO E ANULAR O PROCESSO DO MANDADO DE SEGURANÇA, A PARTIR DAS INFORMAÇÕES EXCLUSIVE, DEVENDO O RECORRENTE, COMO LITISCONSORTE NECESSÁRIO, SER CITADO, PARA COMPOR A RELAÇÃO PROCESSUAL" (STF, 1ª T., RE nº 95752, Rel. Min. Néri da Silveira, j. em 18/6/1984, DJ de 19/10/1984 PP-17480 EMENT VOL-01354-02 PP-00270 RTJ VOL-00114-02 PP-00627).

"PROCESSUAL CIVIL. PEDIDO DE INTIMAÇÃO EXCLUSIVA. PUBLICAÇÃO NO NOME DE ADVOGADO DIVERSO. RECONHECIMENTO DE NULIDADE. ART. 236, § 1º, c/c 248, CPC.

1. Ausente a intimação das partes do julgamento monocrático do recurso especial, conforme certificado nos autos, impera anular os atos processuais posteriores àquele julgamento, com a reabertura do prazo recursal.

2. Requerimento de nulidade deferido" (STJ, 2ª T., PET no AREsp nº 163.496/DF, Rel. Min. Humberto Martins, j. em 11/6/2013, DJe de 19/6/2013).

"AGRAVO DE INSTRUMENTO. DIREITO PRIVADO NÃO ESPECIFICADO. AÇÃO DE COBRANÇA. CUMPRIMENTO DE SENTENÇA. NOMEAÇÃO DE PERITO. INTIMAÇÃO. NULIDADE. Intimações atinentes à nomeação de perito indicado pelas partes, direcionadas exclusivamente à agravada gerando prejuízo à agravante. *Nulidade que deve alcançar todas as decisões subsequentes à primeira, porque dela decorrentes. Inteligência do art. 281 do CPC.* DERAM PROVIMENTO AO RECURSO. UNÂNIME. (Agravo de Instrumento Nº 70073419855, Décima Oitava Câmara Cível, Tribunal de Justiça do RS, Relator: Marlene Marlei de Souza, Julgado em 29/06/2017)" (TJRS, 18ª Câmara Cível, AI nº 70073419855 RS, Rel. Marlene Marlei de Souza, j. em 29/6/2017, publ. Diário da Justiça de 6/7/2017).

"PROCESSUAL CIVIL - AÇÃO CIVIL PÚBLICA AMBIENTAL - NECESSIDADE DE INTIMAÇÃO DO MINISTÉRIO PÚBLICO - ATUAÇÃO OBRIGATÓRIA COMO FISCAL DA LEI QUANDO NÃO INTERVIER COMO PARTE - LACP, 5º, § 1º - INCIDÊNCIA DOS ARTS. 83, 84, 246 E PARÁGRAFO ÚNICO DO CPC - NULIDADE CONFIGURADA - LIMITES DOS EFEITOS DOS ATOS PRATICADOS DA DEMANDA - APLICAÇÃO DA REGRA DO ART. 248 DO CPC - PROCESSO ANULADO, DE OFÍCIO, A PARTIR DA CITAÇÃO - PREJUDICADOS OS RECURSOS DAS PARTES" (TJSP, 1ª Câmara Reservada ao Meio Ambiente, Peruíbe, Autos nº 0005876-59.2009.8.26.0441, Rel. Moreira Viegas, j. em 18/6/2015, data de registro: 19/6/2015).

"APELAÇÃO CÍVEL. EMBARGOS DE TERCEIRO. DECISÃO PROLATADA APÓS A SENTENÇA. IMPOSSIBILIDADE DE A APELAÇÃO, NESTA PARTE, SER CONHECIDA. FALTA DE INTIMAÇÃO VÁLIDA DOS ATOS PROCESSUAIS POSTERIORES À CONTESTAÇÃO. NULIDADE PROCESSUAL. VIOLAÇÃO AO ART. 247 DO CÓDIGO DE PROCESSO CIVIL. 1. O recurso de apelação não é o meio adequado para impugnar decisão interlocutória. Assim, na parte em que a apelação impugna decisão interlocutória posterior à prolação da sentença não pode ser conhecido. 2. A ausência de intimação dos advogados constituídos durante todo o trâmite processual, nos termos do art. 247 do Código de Processo Civil, é causa de nulidade processual, devendo ser reconhecida de ofício. 3. Mesmo não tendo os advogados da embargada sido intimados da decisão que facultou ao embargante manifestar-se sobre a contestação, inviável anular-se o processo para que nova impugnação seja apresentada, até porque, além de ausência de prejuízo, a intimação para manifestar-se sobre a contestação destina-se precipuamente ao autor, e não ao réu" (TJPR, 18ª C.Cível, Cascavel, AC nº 1102825-8, Rel. Eduardo Sarrão, unânime, j. em 4/12/2013).

Art. 282 - Ao pronunciar a nulidade, o juiz declarará que atos são atingidos e ordenará as providências necessárias a fim de que sejam repetidos ou retificados.
§ 1º - O ato não será repetido nem sua falta será suprida quando não prejudicar a parte.
§ 2º - Quando puder decidir o mérito a favor da parte a quem aproveite a decretação da nulidade, o juiz não a pronunciará nem mandará repetir o ato ou suprir-lhe a falta.

I. Relação de dependência entre as nulidades e a forma de aproveitamento dos atos processuais

A regra do art. 282, que corresponde ao art. 249 do CPC/1973, é consequência do art. 281 do CPC/2015: se a declaração de nulidade de um ato processual prejudicará todos os atos processuais que dele sejam dependentes, é fundamental que o juiz declare quais os atos que serão atingidos pela nulidade, bem como que organize o desenvolvimento do processo para que os atos aproveitáveis sejam eventualmente retificados e, se for necessário, que sejam repetidos.

Em atendimento ao princípio da economia processual e, também, ao da celeridade, deve-se preferir a retificação, sempre que possível for, no lugar da repetição do ato que, não raras vezes, prejudica a celeridade e aumenta o custo dos atos processuais.

A fim de que se situe bem a regra, essa determinação de retificação ou mesmo de repetição dos atos processuais só deverá ocorrer se houver prejuízo do ato praticado de forma nula a qualquer das partes. É a combinação da aplicação deste dispositivo com aquela do art. 283 que impõe o princípio *pas de nullité sans grief*.

Já o § 2º do art. 282 do CPC/2015 traz um princípio processual, elevado a este grau pelo CPC/2015, que prefere a decisão de mérito no lugar daquela que se limita a decretar a nulidade do ato processual. A inversão dessa regra implicará a prevalência da regra processual sobre a decisão de mérito, por meio da qual a tutela jurisdicional é efetivamente entregue. Nesse sentido, a regra do art. 282, § 2º, do CPC/2015 se coaduna com a instrumentalidade do processo que impõe o conceito de que a técnica jamais deve se sobrepor à justiça.

Tal dispositivo deve ser estudado em conjunto com os arts. 488, 932, parágrafo único, 938, § 1º, 1.009, § 3º, incisos II e IV, todos do CPC/2015, que preferem a decisão de mérito à decretação de nulidade que venha a impedir o seu julgamento.

II. Julgados

"Ementa: MANDADO DE SEGURANÇA. CONSELHO NACIONAL DE JUSTIÇA. DECISÃO QUE DETERMINA AO TRIBUNAL DE JUSTIÇA DO ESTADO DA PARAÍBA QUE PROCEDA À REMOÇÃO DE SERVIDORES PREVIAMENTE À NOMEAÇÃO DE CANDIDATOS APROVADOS EM CONCURSO PÚBLICO E INTEGRANTES DE CADASTRO DE RESERVA. NÃO SE DECLARA A NULIDADE PROCESSUAL DECORRENTE DA AUSÊNCIA DE CITAÇÃO DE TODOS OS SERVIDORES INTERESSADOS, QUANDO O MÉRITO FOR FAVORÁVEL, TAL COMO IN CASU, À PARTE A QUEM A NULIDADE APROVEITAR (ART. 249, § 2º, DO CPC). MODIFICAÇÃO DA LEGISLAÇÃO ESTATUTÁRIA DOS SERVIDORES DA JUSTIÇA PARAIBANA QUE NÃO ALTERA A SISTEMÁTICA ADOTADA PARA A REMOÇÃO E NOMEAÇÃO DE SERVIDORES. OBRIGATORIEDADE DA PRECEDÊNCIA DA REMOÇÃO SOBRE A INVESTIDURA DE CONCURSADOS. DISCRICIONARIEDADE DA ADMINISTRAÇÃO DA JUSTIÇA PARAIBANA NA ALOCAÇÃO DOS RESPECTIVOS RECURSOS HUMANOS NÃO É IRRESTRITA E FICA ENTRINCHEIRADA PELA LEI E PELO PRINCÍPIO DA PROTEÇÃO DA CONFIANÇA QUE ASSEGURA AOS SERVIDORES O DIREITO DE PRECEDÊNCIA SOBRE OS CANDIDATOS APROVADOS. 1. *O art. 249, § 2º, do CPC impõe o não reconhecimento da nulidade processual quando, tal como na hipótese dos autos, o mérito for favorável à parte a quem a nulidade aproveitar. A ausência de citação de todos os servidores antigos é nulidade que, caso fosse declarada, prejudicaria os próprios servidores e em ofensa ao preceito acima referido do codex processual civil.* 2. [...]" (STF, Tribunal Pleno, MS nº 29350, Rel. Min. Luiz Fux, j. em 20/6/2012, Processo eletrônico DJe-150, divulg. 31/7/2012, public 1º/8/2012, grifos nossos).

"PROCESSUAL CIVIL. ADMISSIBILIDADE. FALTA DE PREQUESTIONAMENTO.

SÚMULA N. 211/STJ. CUMPRIMENTO DE SENTENÇA. EXCEÇÃO DE PRÉ-EXECUTIVIDADE RECEBIDA COMO IMPUGNAÇÃO. NÃO DEMONSTRAÇÃO DE PREJUÍZO. NÃO CONFIGURAÇÃO DE INTERESSE.

1. Aplica-se o óbice previsto na Súmula n. 211/STJ quando a questão suscitada no recurso especial, não obstante a oposição de embargos declaratórios, não tenha sido apreciada pela Corte a quo.

2. O acesso à via excepcional, nos casos em que o Tribunal a quo, a despeito da oposição de embargos de declaração, não regulariza a omissão apontada, depende da veiculação, nas razões do recurso especial, de ofensa ao art. 535 do CPC.

4. *Não se pronuncia a nulidade sem a demonstração do prejuízo, consoante o princípio pas de nulitté sans grief, consagrado pelos arts. 244 e 249, § 1º, do CPC.*

5. A decisão que recebe exceção de pré-executividade como impugnação ao cumprimento de sentença não padece de nulidade se não alegado prejuízo supostamente ocasionado ao excipiente/impugnante, inexistindo interesse de agir em ver declarada a nulidade de tal decisum porquanto inviável aferir a utilidade/necessidade do provimento jurisdicional almejado.

6. Recurso especial parcialmente conhecido e desprovido" (STJ, 3ª T., REsp nº 1513256/SP, Rel. Min. João Otávio de Noronha, j. em 2/6/2015, DJe de 9/6/2015).

"PROCESSUAL CIVIL. NULIDADE PROCESSUAL. Agravo de instrumento contra a decisão que, em ação de indenização por danos morais decorrentes de suposta negligência médica, indeferiu a realização de nova prova pericial.

Houve, de fato, vício na intimação do advogado da agravante, que, portanto, não pôde participar da produção da prova pericial. O Douto Magistrado reconheceu a nulidade processual e, por isso, determinou republicação das decisões tomadas.

Contudo, esta decisão não acarretou a anulação da prova pericial (art. 249, do Código de Processo Civil). Não obstante a falta de apresentação de quesitos e indicação de assistente técnico pelo agravante, certo é que a nulidade pode ser suprida, com a complementação da prova pericial. É o que basta para garantir o contraditório e a ampla defesa. Aplicação do princípio da instrumentalidade das formas.

Recurso parcialmente provido a fim de que seja a prova pericial complementada, de modo a permitir a apresentação de quesitos pelo agravante, bem como a indicação de assistente técnico" (TJSP, 10ª Câmara de Direito Privado, Campinas, Autos nº 2010946-12.2014.8.26.0000, Rel. Carlos Alberto Garbi, j. em 8/4/2014, data de registro: 11/4/2014).

"PREVIDENCIÁRIO. PROCESSUAL CIVIL. SENTENÇA TERMINATIVA. EMENDA À PETIÇÃO INICIAL. VALOR DA CAUSA. 1. O Novo Código de Processo Civil, cuja orientação geral caminha para a solução meritória (art. 4º, CPC/15). Busca-se, inclusive, afastar defeitos formais já que 'quando puder decidir o mérito a favor da parte a quem aproveite a decretação da nulidade, o juiz não a pronunciará nem mandará repetir o ato ou suprir-lhe a falta' (art. 282, § 2º, CPC/15). 2. Exige-se prévia e clara intimação da parte para corrigir os defeito havidos na petição inicial (art. 321, CPC/15). 3. A ausência de elementos identificadores do valor da causa não se insere na falta de 'documentos indispensáveis' à propositura da ação (art. 320, CPC/15)" (TRF-4, 6ª T., AC nº 50233268020144047107 RS 5023326-80.2014.404.7107, Rel. João Batista Pinto Silveira, j. em 31/5/2017).

Art. 283 - O erro de forma do processo acarreta unicamente a anulação dos atos que não possam ser aproveitados, devendo ser praticados os que forem necessários a fim de se observarem as prescrições legais.
Parágrafo único - Dar-se-á o aproveitamento dos atos praticados desde que não resulte prejuízo à defesa de qualquer parte.

I. Instrumentalidade e fungibilidade

O art. 283, que corresponde ao art. 250 do CPC/1973, reafirma, de um lado, a regra dos arts. 281 e 282, restringindo a decretação da nulidade aos atos processuais que não possam ser retificados.

Houve, de outro lado, alteração na redação do dispositivo em questão: no *caput* retirou-se a expressão "quanto possível", que fortalecia o conceito de que as formas não são preponderantes para a validade do ato, embora sejam bom indício dela. De outro, incluiu-se no parágrafo único a expressão "de qualquer parte".

O artigo, em seu *caput*, revela o princípio da instrumentalidade das formas, combinado com o princípio da fungibilidade, admitindo-se expressamente que o ato praticado por forma equivocada não será declarado nulo se puder ser aproveitado. De outro lado, busca a segurança jurídica, estabelecendo-se a eventual necessidade de se adotarem atos de adaptação para garantia das prescrições legais (não mais apenas quando for possível).

1. Instrumentalidade, fungibilidade e ausência de prejuízo

O parágrafo único, uma vez mais, condiciona o aproveitamento do ato processual praticado com erro de forma se, e somente se, não houver prejuízo a qualquer das partes (princípio *pas de nullité sons grife*). É preciso, neste dispositivo, ainda, destacar duas situações que podem ocorrer na aplicação do dispositivo: a fungibilidade, para o fim de permitir que um ato praticado sob determinada forma e que tenha atingido a finalidade de outro seja tratado como se fosse este último (fungibilidade); a outra é a conversibilidade, que se reflete na possibilidade de um ato que deveria atender a determinada finalidade, mas que praticado de outra forma possa ser convertido em outro, a fim de aproveitá-lo, sem prejuízo para as partes, e para colaborar com o desenvolvimento do processo.

Parece-nos que o dispositivo, ante sua redação, permite as duas figuras no processo civil.

II. Julgados

"RECURSO - PRINCÍPIO DA FUNGIBILIDADE. O princípio da fungibilidade consta implicitamente do Código de Processo Civil - artigo 250 - e expressamente do Código de Processo Penal - artigo 579. Descabe empolgá-lo quando o caso é de erro grosseiro, e isso ocorre em se tratando de decisão do Tribunal Superior Eleitoral prolatada em agravo interposto contra pronunciamento do relator que implicou negativa de sequência a recurso especial. Na hipótese, em vez de ser protocolado o extraordinário, foi apresentado o recurso ordinário previsto no artigo 102, inciso II, da Constituição Federal e na parte final do artigo 281 do Código Eleitoral em relação às decisões denegatórias de ordem em habeas corpus ou mandado de segurança. PRESCRIÇÃO - PRETENSÃO PUNITIVA - EXAME. O exame da prescrição da pretensão punitiva há de se fazer a partir de elementos próprios revelados no processo a que responde o acusado, e não em autos formados, objetivando o processamento de extraordinário" (STF, 1ª T., AI nº 504598 AgR, Rel. Min. Marco Aurélio, j. em 23/11/2004, DJ de 17/12/2004 PP-00053 EMENT VOL-02177-11 PP-02229).

"AGRAVO REGIMENTAL. PROCESSUAL CIVIL. NULIDADE. SUBSTABELECIMENTO SEM RESERVAS. POSSIBILIDADE DE APROVEITAMENTO DOS ATOS QUE NÃO TENHAM CAUSADO PREJUÍZO. ART. 535 DO CPC. INEXISTÊNCIA DE OMISSÃO.

1. Tem perfeita aplicação o teor dos arts. 248 a 250 do Código de Processo Civil, referentes ao aproveitamento dos atos tidos como nulos, naquilo que não gerar prejuízo às partes, mesmo nas hipóteses de nulidade absoluta.

2. Calcada em hipótese de anulabilidade, não merece prosperar a alegação de que a decretação de nulidade do instrumento de cessão do mandato conferiu a esta caráter absoluto.

3. O aproveitamento das intimações que sucederam o substabelecimento declarado nulo não acarretou prejuízo à parte autora, uma vez que foram feitas em nome do patrono original, signatário de todas as peças posteriormente protocoladas.

4. Quanto ao mérito, inexiste violação do art. 535 do Código de Processo Civil.

5. Agravo regimental improvido" (STJ, 6ª T., AgRg no AgRg no REsp nº 826.839/DF, Rel. Min. Sebastião Reis Júnior, j. em 20/9/2011, DJe de 17/10/2011).

"APELAÇÃO CÍVEL. AÇÃO DE INTERDITO PROIBITÓRIO. EXTINÇÃO DO PROCESSO SEM RESOLUÇÃO DE MÉRITO. ILEGITIMIDADE ATIVA AD CAUSAM. CERCEAMENTO DE DEFESA. INOCORRÊNCIA. *NULIDADE QUE DEVE SER ANALISADA À LUZ DO PRINCÍPIO PAS DE NULLITÈ SANS GRIEF*. PARTE AUTORA QUE NÃO CUMPRIU A DETERMINAÇÃO JUDICIAL DE FORMA SATISFATÓRIA E IN OPPORTUNO TEMPORE. A LEGITIMIDADE DE PARTES É MATÉRIA DE ORDEM PÚBLICA, COGNOSCÍVEL DE OFÍCIO PELO JULGADOR. AUSÊNCIA DE VIOLAÇÃO AO ART. 398 DO CPC/73. ILEGITIMIDADE ATIVA AD CAUSAM. OCORRÊNCIA. ENCERRADO O INVENTÁRIO E FORMALIZADA A PARTILHA EXTINGUE-SE A FIGURA DO ESPÓLIO, EVIDENCIANDO-SE A IMPOSSIBILIDADE DE VIR A COMPOR O POLO DE EVENTUAL DEMANDA EM QUE SE DISCUTA OS DIREITOS DECORRENTES DOS BENS DEIXADOS PELO DE CUJUS, CONFORME INTELIGÊNCIA DOS ARTS. 1.991 E 1.997 DO CC/02. AUSÊNCIA DE COMPROVAÇÃO DE EVENTUAIS BENS SUJEITOS À SOBREPARTILHA. IMPERTINÊNCIA DOS PARCOS ARGUMENTOS QUANTO À NECESSIDADE DE OBSERVÂNCIA DO PRINCÍPIO DE IDENTIDADE FÍSICA DO JUIZ, HAJA VISTA QUE A AUDIÊNCIA DE JUSTIFICATIVA POSSESSÓRIA, POR TER COMO FINALIDADE APENAS A OBTENÇÃO DE ELEMENTOS NECESSÁRIOS À ANÁLISE DA LIMINAR, NÃO SE CONFUNDE COM A AUDIÊNCIA PARA JULGAMENTO DE MÉRITO, NÃO SE COGITANDO A APLICAÇÃO DO REFERIDO PRINCÍPIO. RECURSO NÃO PROVIDO. (TJPR - 18ª C.Cível - AC - 1559002-6 - Guarapuava - Rel.: Espedito Reis do Amaral - Unânime - J. 15.02.2017)" (TJPR, 18ª Câmara Cível, APL nº 15590026 PR 1559002-6 (Acórdão), Rel. Espedito Reis do Amaral, j. em 15/2/2017, publ. DJ 2001 de 31/3/2017).

"AGRAVO DE INSTRUMENTO. AÇÃO DE BUSCA E APREENSÃO. LIMINAR DEFERIDA. PRETENSA IRREGULARIDADE NA NOTIFICAÇÃO EXTRAJUDICIAL. INEXISTÊNCIA. INADIMPLÊNCIA SUFICIENTEMENTE DEMONSTRADA. MORA CONTRATUAL EVIDENCIADA. ADIMPLEMENTO SUBSTANCIAL. INOCORRÊNCIA. MANUTENÇÃO DE POSSE. INADMISSIBILIDADE. RECURSO CONHECIDO E DESPROVIDO. 1) O art. 2º, § 2º, do Decreto-Lei nº 911/1969, não pode ser utilizado com o único propósito de perpetuar o estado de inadimplência, sob pena de que o judiciário, indevidamente, obstaculize que o credor retome a garantia, que foi posta no momento da celebração do negócio jurídico, por uma questão de excesso de formalismo. 2) Nos termos do art. 250 do Código de Processo Civil, não se decreta a nulidade de ato que não causou prejuízo à parte (pas de nullité sans grief). 3) É inadmissível deferir o pedido de manutenção de posse, sob o fundamento de que o bem é imprescindível ao desenvolvimento de determinada atividade econômica, quanto não se trata de caso excepcional. 4) Não há que se falar em quitação substancial do contrato, na hipótese em que a adimplência não chegar a 50% do quantum pactuado" (TJPR, 17ª C.Cível, Telêmaco Borba, AI nº 945441-1, Rel. Mário Helton Jorge, unânime, j. em 17/10/2012).

"AGRAVO DE INSTRUMENTO. AÇÃO ORDINÁRIA DE RESSARCIMENTO DE VALORES PAGOS INDEVIDAMENTE. LIQUIDAÇÃO DE SENTENÇA. UTILIZAÇÃO DA METODOLOGIA DO ART. 475-B DO CÓDIGO DE PROCESSO CIVIL, COM APLICAÇÃO DA PRESUNÇÃO DO § 2º DO REFERIDO DISPOSITIVO. FASE DE CUMPRIMENTO DE SENTENÇA. IMPUGNAÇÃO. REJEIÇÃO. ARGUIÇÃO DE NULIDADE DO FEITO A PARTIR DA DECISÃO QUE DEU INÍCIO À FASE EXECUTÓRIA E DISPENSOU A HOMOLOGAÇÃO DO CÁLCULO APRESENTADO PELA PARTE AUTORA. NULIDADE CARACTERIZADA. EXISTÊNCIA DE CONTROVÉRSIAS ACERCA DA FORMA DO CÁLCULO DO VALOR A SER RESTITUÍDO, QUE LEVA A UMA DISPARIDADE MUITO GRANDE ENTRE O VALOR FINAL APONTADO POR CADA UMA DAS PARTES. CÁLCULOS DE GRANDE COMPLEXIDADE, QUE NÃO PERMITE IDENTIFICAR A DIFERENÇA DOS PARÂMETROS UTILIZADOS EM CADA UM DOS CÁLCULOS. NECESSIDADE DE PRÉVIA LIQUIDAÇÃO POR ARBITRAMENTO. MATÉRIA DE ORDEM PÚBLICA PASSÍVEL DE SER CONHECIDA DE OFÍCIO. CIRCUNSTÂNCIAS QUE IMPÕEM A DECLARAÇÃO DE NULIDADE DA DECISÃO QUE DEU INÍCIO A FASE DE EXECUÇÃO, COM O APROVEITAMENTO DOS DOCUMENTOS JÁ APRESENTADOS PELAS PARTES NOS AUTOS E DAS QUESTÕES QUE JÁ RESTARAM INCONTROVERSAS. EXEGESE DO ART. 250 DO CÓDIGO DE PROCESSO CIVIL. AGRAVO PROVIDO" (TJPR, 11ª C.Cível, Curitiba, AI nº 982211-3, Rel. Augusto Lopes Cortes, unânime, j. 30/1/2013).

TÍTULO IV
DA DISTRIBUIÇÃO E DO REGISTRO

Art. 284 - Todos os processos estão sujeitos a registro, devendo ser distribuídos onde houver mais de um juiz.

Autor: Luiz Périssé Duarte Junior

I. Registro

O registro é o instrumento da individualização cadastral dos processos, com todas as suas características fundamentais, especialmente quanto às partes, nos polos ativo e passivo, natureza e valor da causa, rito processual, e data do ato de registrar. O lançamento desses dados num rol facilita, com os recursos da informática e da telemática, a identificação imediata de casos de litispendência, de conexão ou de continência; e permite neutralizar os efeitos de um expediente antes muito utilizado quando se buscava obter um provimento de urgência, que consistia em apresentar à distribuição petições iniciais idênticas, de modo que se multiplicassem as possibilidades de sucesso, e se reduzisse a aplicação prática do princípio e da regra do juiz natural. Serve o registro, ainda, como instrumento para a equalização do número dos processos dentre os diversos órgãos judiciais dotados da mesma competência territorial.

II. Distribuição

Distribuição é o ato cartorário de direcionar os novos feitos aos diversos juízos dotados da mesma competência territorial; somente se dá, como é evidente, quando haja pluralidade desses órgãos na mesma unidade territorial de organização judiciária.

Cabe notar que o Código de Processo Civil de 2015 trata apenas de distribuição entre órgãos judiciais, sem prever essa providência relativamente ao escrivão, diversamente do CPC/1973, que previa também a distribuição entre serventuários. O motivo dessa supressão está na circunstância de que o art. 31 do Ato das Disposições Constitucionais Transitórias de 1988 determinou fossem estatizadas as serventias do foro judicial, de modo que não há sentido em prever a hipótese de pluralidade de órgãos dessa natureza relativamente a um mesmo juízo; basta se trate da equalização do número de feitos entre os diversos órgãos judiciais dotados da mesma jurisdição.

Também merece atenção o fato de que, conforme ao CPC/2015, há caso em que também a contestação é passível de ser distribuída: é a hipótese de vir o réu, em preliminar da contestação, arguir a incompetência (absoluta ou relativa) do juízo. Faculta-lhe o novo estatuto, nesse caso, fazê-lo perante o juízo do foro de seu domicílio (art. 340); nessa hipótese, a peça de defesa será distribuída a um dos juizados desse foro, competentes para a causa (art. 340, § 1º), exceto quando a citação tenha ocorrido por meio de carta precatória, à qual se juntará a resposta do réu, para remessa ao juízo deprecante.

III. Prevenção

Conforme ao sistema adotado pelo CPC/2015, em se tratando de ações conexas, dá-se a prevenção da competência pelo critério da primeira distribuição, nos casos em que o ato tenha de ocorrer, ou no *registro*, quando de distribuição não se cogitar, por ausência de pluralidade de órgãos judiciais dotados da mesma competência em determinada unidade territorial de organização judiciária (art. 43). A regra modifica a solução adotada pelo CPC/1973, que considerava prevento, dentre os juízes dotados de idêntica competência, aquele que despachasse em primeiro lugar.

Art. 285 - A distribuição, que poderá ser eletrônica, será alternada e aleatória, obedecendo-se a rigorosa igualdade.
Parágrafo único - A lista de distribuição deverá ser publicada no Diário de Justiça.

I. Distribuição – novidades do CPC/2015

No que diz respeito à distribuição de feitos novos entre os diversos juízos dotados da mesma competência em um determinado setor de organização judiciária (comarca, seção, etc.), em três aspectos o CPC/2015 inova, relativamente ao de 1973.

A primeira inovação está em estabelecer que, ademais de ser alternada, a entrega dos processos novos aos diversos órgãos judiciais haverá de ser *aleatória*. Embora a ideia de sorteio seja intuitiva quando se pensa em distribuição, e tenha sido sempre a prática entre nós, não havia norma expressa na lei processual que a fizesse obrigatória. A regra do CPC/1973 limitava-se apenas a exigir *alternância* – e assim, havendo mais de dois participantes da partilha de processos novos, alguém poderia sugerir a possibilidade de interferência nas escolhas, sem prejuízo da alternância, conforme à interpretação que se adote relativamente a esses conceitos. No sistema do CPC/2015, afasta-se a dubiedade e garante-se melhor, por esse meio, a observância do princípio do juiz natural.

A segunda novidade consiste em contemplar a possibilidade de que a distribuição dos processos se faça por meio eletrônico. A expressão não é unívoca: por *distribuição eletrônica* pode-se entender a que se efetua por meio de computador – como de há muito se utiliza, ao menos nos centros maiores e com unidades judiciárias mais numerosas, mas se aplica, claramente, àquela própria dos *processos eletrônicos*, e que ocorre automaticamente, tão logo haja o envio (por meio de telemática) da petição inicial.

A terceira nota de ineditismo vem no parágrafo único do art. 285, que determina a publicação, no Diário de Justiça, da *lista de distribuição*, a relacionar os feitos registrados em cada dia. Trata-se de medida de publicidade dos atos judiciários, a permitir o controle externo das atividades do distribuidor, especialmente quanto à aplicação concreta, em cada caso, das regras que determinam seja distribuição alternada, aleatória e numericamente igual, considerados os juízos destinatários dos processos novos.

Art. 286 - Serão distribuídas por dependência as causas de qualquer natureza:
I - quando se relacionarem, por conexão ou continência, com outra já ajuizada;
II - quando, tendo sido extinto o processo sem resolução de mérito, for reiterado o pedido, ainda que em litisconsórcio com outros autores ou que sejam parcialmente alterados os réus da demanda;
III - quando houver ajuizamento de ações nos termos do art. 55, § 3º, ao juízo prevento.
Parágrafo único - Havendo intervenção de terceiro, reconvenção ou outra hipótese de ampliação objetiva do processo, o juiz, de ofício, mandará proceder à respectiva anotação pelo distribuidor.

I. Distribuição por dependência

A regra que determina a distribuição aleatória de processos comporta exceções, que atendem a conveniências diversas, examinadas a seguir: são os casos de haver, entre a ação nova e outra em curso, liame de conexão ou de continência, ou de incidir o risco de emergirem decisões reciprocamente conflitantes, ou – ainda – de vir, a ação nova, a reiterar pedido anteriormente veiculado em feito extinto sem julgamento de mérito.

Nesses casos, a petição inicial, em vez de submeter-se a sorteio, é dirigida a um juízo determinado, perante o qual se processa (ou se tenha processado) o outro feito, relacionado com o que se vai distribuir. Vejamos a seguir cada qual dessas hipóteses.

II. Conexão, continência e outros casos de risco de decisões conflitantes

Os conceitos de conexão e de continência estão desenhados no CPC/2015, enunciado do art. 55, *caput* (conexão), e no do art. 56 (continência). Refere-se o primeiro a casos em que duas ou mais ações tenham em comum o *pedido* ou a *causa de pedir*. Entende-se ordinariamente por *pedido* o que se pretende obter por meio do provimento judicial; é o chamado pedido *mediato*, que se distingue do *imediato* (expressão que designa diretamente o provimento propriamente dito que se pleiteia, a espécie de sentença que se quer obter). Por *causa de pedir* compreende-se o conjunto de fatos sobre que se funda a pretensão, e a doutrina costuma, também aqui, estremar os conceitos de causa de pedir *remota* (os fatos alegados em determinado caso) e *próxima* (a regra jurídica que se diz incidente sobre o caso).

Haverá conexão sempre que, consideradas duas ou mais ações, verificar-se entre elas uma relação de identidade quanto às partes, em cada demanda, e quanto à causa de pedir (remota), mas o que se pretende obter por meio de uma delas (pedido mediato) vier a abranger o que se pede na outra, ou nas demais (a propósito, cabe esclarecer que essa ideia de abrangência haverá de entender-se referida a cada um dos pedidos deduzidos, de tal sorte que se houver pluralidade de pleitos em um dos processos e uma repetição de algum ou alguns desses nas outras ações, o caso será de litispendência parcial, e não de continência).

Delineados esses conceitos, retome-se o exame do dispositivo; e já se evidencia que a primeira hipótese de distribuição por dependência (a do inciso I do art. 286 do CPC/2015) verifica-se sempre que uma ação que se vá ajuizar seja *conexa*, relativamente a uma outra já em curso; ou guarde, com essa outra, uma relação de *continência*.

Mas, ainda não exista relação de continência nem de conexão, outros casos há em que a distribuição de uma demanda faz-se por dependência relativamente a outra ajuizada anteriormente. É a hipótese do inciso III desse art. 286, que (referindo-se à hipótese normativa enunciada no § 3º do art. 56) trata dos *processos que possam gerar risco de prolação de decisões conflitantes ou contraditórias caso decididos separadamente*. Assim – mesmo não se caracterize, relativamente a um determinado caso, nem conexão, nem continência – ainda, assim a distribuição da demanda será efetivada por dependência, relativamente a outra já em curso, sempre que se identificar a possibilidade de advirem soluções sentenciais que se contradigam reciprocamente.

Pode-se indagar, a esse propósito, quais sejam os casos não conexos nem ligados por continência de um pedido em face de outro, relativamente aos quais incida o risco de advirem decisões conflitantes. Essas situações poderão caracterizar-se quando suceder que duas ou mais ações tratem de direitos relativos a situações fáticas distintas, mas referidas a um mesmo sujeito, sobre as quais incida (ou se alegue incidir) a mesma norma jurídica (que se pode chamar de causa de pedir imediata ou próxima, conforme à distinção anteriormente mencionada). Assim, *v.g.*, em casos nos quais dois associados de uma única agremiação pleiteassem, separadamente, o reconhecimento do mesmo direito estatutário. Em situações tais, atento ao interesse social, no sentido de que em situações individuais, distintas porém semelhantes, e ligadas por algum liame comum – como o de dirigir-se contra um mesmo réu –, busca o sistema processual prover que recebam soluções harmônicas. Desse modo, no caso figurado, não sucederia que um associado deixasse de ver atendido o pleito que a outro, em condições idênticas, se viesse a conceder.

A razão dessa regra é evidente: trata-se de garantir seja dada, a questões desse modo inter-relacionadas, uma solução que contemple a todas elas, sem risco de produzirem-se comandos reciprocamente conflitantes.

A propósito dessa hipótese de distribuição por dependência, vale assinalar que o CPC/2015 emprega uma técnica diversa daquela utilizada no sistema anterior. Já se viu que, nos termos do enunciado do § 3º do art. 55, o elemento definidor é a possibilidade de incidirem decisões conflitantes ou contraditórias; já a regra expressa no inciso III do art. 153 do CPC/1973 (introduzido em 2006, como visto) fala em *ações idênticas*, sem definir o conceito de identidade.

III. Renovação de pedido deduzido em pleito extinto sem solução do mérito

Figura o enunciado do inciso II do art. 286 do CPC/2015 hipótese em que, extinto um processo sem solução do mérito, o pedido que veiculava naquele venha a ser reiterado em nova ação (ainda que, nessa, haja litisconsórcio ativo antes inexistente, ou que se modifique, em parte, a composição do polo passivo). Nesses casos, estabelece a citada regra, a distribuição no feito novo haverá de se fazer por dependência relativamente ao processo anterior. E a solução será a mesma, ainda que, na ação nova, haja litisconsórcio ativo antes inexistente, ou que se modifique, em parte, a composição do polo passivo relativamente ao feito anterior.

A razão de ser da norma é clara, mas diversa dos casos antes referidos (incisos I e III do art. 286): já não se trata, agora, de evitar a incidência de soluções conflitantes para processos conexos, ligados por relação de continência, ou referidos a situações semelhantes. O objetivo, aqui, é o de coibir a prática de burlar o princípio do juiz natural, por meio das condutas de desistir ou de deixar perecer um processo quando se pretenda tentar a sorte perante um outro órgão judicial, diverso daquele sorteado na distribuição. Para fazer inócua essa postura de provocar a extinção sem julgamento de mérito, cuidou o legislador (como fizera na reforma de 2006) de fazer seja a nova ação dirigida ao mesmo juízo perante o qual se processara a extinta, e que estará desse modo prevento.

A propósito do enunciado do inciso II do art. 253 do CPC/1973, plenamente aplicável no que concerne à regra do inciso II do art. 286 do CPC/2015, afirma-se que a referência a litisconsortes merece uma distinção: quando o litisconsórcio for necessário, de fato a distribuição se faz por dependência, tal como previsto; mas, se o litisconsórcio é meramente facultativo, dá-se que os litisconsortes incluídos no polo ativo formulam pretensão própria e – em rigor – nova, porque não veiculada no processo extinto. Assim, deve o juiz dado como prevento aceitar a distribuição por dependência apenas relativamente à pretensão de quem tenha integrado a relação processual anterior, e determinar sejam os litisconsortes segregados em outra relação processual, que se formará em processo distinto e sujeito a livre distribuição, sob pena de expor a risco de burla a garantia do juiz natural.

Art. 287 - A petição inicial deve vir acompanhada de procuração, que conterá os endereços do advogado, eletrônico e não eletrônico.
Parágrafo único - Dispensa-se a juntada da procuração:
I - no caso previsto no art. 104;
II - se a parte estiver representada pela Defensoria Pública;
III - se a representação decorrer diretamente de norma prevista na Constituição Federal ou em lei.

I. *Jus postulandi* e atuação do advogado

O processo civil brasileiro, de modo geral, reserva aos advogados o assim denominado *jus postulandi* – em outras palavras, a capacidade de atuar perante juízos e tribunais. Deriva a regra, logicamente, do disposto no art. 133 da Constituição Federal, que trata da indispensabilidade do advogado relativamente à administração da justiça, bem assim sua inviolabilidade por atos e manifestações no exercício do múnus profissional; mas, temporalmente, no direito infraconstitucional, enraizou-se muito antes do advento da CF/1988, e está positivada no art. 103 do CPC/2015 e no art. 36 do CPC/1973. Há algumas exceções a essa reserva: assim na impetração de *habeas corpus* (CPP, art. 654), na atuação perante os juizados especiais cíveis, nas causas de valor não maiores do que o de 20 vezes o salário mínimo (art. 9º da Lei nº 9.099/1995), perante as varas e tribunais regionais do trabalho (CLT, art. 791 – mas não em ações rescisórias, em mandados de segurança, nas medidas cautelares e nos recursos de competência do Tribunal Superior do Trabalho, conforme ao estabelecido no verbete nº 425 da Súmula do TST). Apartadas essas exceções, a norma geral é a de que se faz por meio de advogado a representação da parte em juízo. O advogado que atua em causa própria o faz no exercício de sua profissão, e de acordo com o seu múnus (art. 103, parágrafo único); mas, evidentemente, nesse caso não haverá representação.

II. Mandato e procuração

Apartadas as exceções referidas, a representação da parte em juízo se faz, invariavelmente, por meio de advogado – ligado a seu constituinte por uma relação contratual de *mandato*, cujo instrumento é a *procuração*. Bem por isso, nos termos do disposto no art. 287 do CPC/2015, o instrumento de procuração, prova do mandato, deverá acompanhar a petição inicial que se apresentar para registro e distribuição; e conterá, obrigatoriamente, os endereços do advogado, tanto o de seu lugar de atuação ou de moradia quanto o de sua conta de correio eletrônico. As características e requisitos da procuração constam do disposto no art. 105, que é o *locus* apropriado para tratar a matéria, na sistemática do CPC/2015; mas a regra desse art. 287 haverá de ser entendida como complementar à daquele dispositivo anterior, que não contempla a exigência relativa ao endereço eletrônico.

III. As exceções – dispensa da procuração no ato de distribuir

A exigência de que a inicial que se vai distribuir seja acompanhada do instrumento de procuração (CPC/2015, art. 287, *caput*) cede em três exceções, relacionadas nos incisos desse mesmo dispositivo.

A primeira dessas dispensas refere-se aos casos, explicitados no enunciado do art. 104, em que o advogado tenha de intervir imediatamente, seja para evitar preclusão, decadência ou prescrição, seja para praticar ato que se caracterize como urgente. No que concerne às diferenças do regramento de 2015 em face do CPC/1973, a nova regra inova ao alinhar a *iminência de preclusão* como motivo para dispensar-se a juntada do instrumento do mandato no ato de distribuir petição inicial.

A segunda hipótese de dispensa (também inovadora) refere-se à representação da parte por meio da Defensoria Pública. Trata-se, aqui, de norma reflexiva daquela posta no § 6º da Lei Orgânica da Defensoria Pública (Lei Complementar nº 80/1994), com redação dada pela Lei Complementar nº 132/2009, nos seguintes termos: "§ 6º - A capacidade postulatória do Defensor Público decorre exclusivamente de sua nomeação e posse no cargo público". A partir desse dispositivo, sustentam alguns defensores públicos a tese conforme a qual os integrantes dessa carreira estariam dispensados da inscrição na OAB. Esse debate, relevante decerto, não se põe nos limites deste comentário, relativo apenas à dispensa da juntada da procuração na hipótese referida.

A terceira exceção diz respeito a situações em que a representação decorrer diretamente de regra constitucional ou legal; assim, *v.g.*, os casos dos integrantes das procuradorias das pessoas jurídicas de direito público (administração direta, autarquias) nos três níveis da estrutura federativa.

Art. 288 - O juiz, de ofício ou a requerimento do interessado, corrigirá o erro ou compensará a falta de distribuição.

I. Erro, omissão e correção

O sentido do enunciado do art. 288 do CPC/2015 é o de que, nos casos em que a distribuição for obrigatória (ou seja, sempre que houver pluralidade de juízos dotados da mesma competência em certa comarca ou seção judiciária), ocorrendo *erro* ou *omissão* quanto à prática do ato, o juiz, de ofício ou em atenção a requerimento da parte – retificará o primeiro (o erro) ou suprirá a segunda (a omissão, ou falta).

É que, de fato, pode ocorrer um equívoco no ato de distribuir, *v.g.*, fazendo-o mediante sorteio quando seria o caso de direcionamento por dependência, ou o inverso: encaminhando-se o feito a um juízo que se tenha por prevento, embora a distribuição houvesse de ser livre. Em hipóteses assim, cumpre desfazer o erro e repetir o ato pelo modo adequado, redirecionando-se o processo ao juízo a que efetivamente corresponda conforme à regra aplicável, compensando-se com outra distribuição aquele de que o processo mal distribuído tenha sido retirado. E essa compensação (diversamente do que ocorria quanto ao CPC/1973), embora não esteja expressamente referida, é evidentemente imponível, em face da exigência da *rigorosa igualdade* expressa na dicção do art. 285 da lei nova.

Art. 289 - A distribuição poderá ser fiscalizada pela parte, por seu procurador, pelo Ministério Público ou pela Defensoria Pública.

I. Fiscalização – a quem compete

A regra que impõe a distribuição, conforme às regras de sorteio e de rigorosa igualdade, como visto, é instrumento que assegura, em cada caso, a efetivação da garantia do juiz natural; bem por isso, conforme ao disposto no art. 289 do CPC/2015, o procedimento não apenas haverá de ser aberto, como sujeito à *fiscalização* (que vai além da mera presença, porque compreende a verificação de todas as práticas para a concretização do ato), seja pela parte, seja por seu procurador (o que já se aplicava segundo o art. 256 do CPC/1973), seja ainda pelo Ministério Público ou pela Defensoria Pública. O emprego da disjuntiva *ou*, nesse caso, indica que essas entidades, por seus órgãos ou agentes, somente haverão de intervir no ato da distribuição da inicial (ou da contestação, no caso previsto no § 1º do art. 340 do CPC/2015) do feito em que tiverem de autuar.

Art. 290 - Será cancelada a distribuição do feito se a parte, intimada na pessoa de seu advogado, não realizar o pagamento das custas e despesas de ingresso em 15 (quinze) dias.

I. Custas e despesas de ingresso. Conceitos

Custas, sempre no plural, é termo que designa a prestação que remunera serviço público relativo à atividade jurisdicional do Estado. Trata-se, portanto, nitidamente, de *tributo*, da espécie *taxa*, nos termos do que dispõe o Código Tributário Nacional (esse diploma, a que o STF reconhece natureza de lei complementar, considera (art. 177) que "[A]s taxas cobradas pela União, pelos Estados, pelo Distrito Federal ou pelos Municípios, no âmbito de suas respectivas atribuições, têm como fato gerador o exercício regular do poder de polícia, ou a utilização, efetiva ou potencial, de serviço público específico e divisível, prestado ao contribuinte ou posto à sua disposição"). Já no que concerne a *despesas de ingresso*, trata-se de conceito menos preciso: o art. 84 do CPC/2015 estabelece que "[A]s despesas abrangem as custas dos atos do processo, a indenização de viagem, a remuneração do assistente técnico e a diária de testemunha". Dessa definição legal, de caráter denotativo, extrai-se que, para os fins do CPC/2015, a noção de *despesas* compreende o de *custas*, daí por que a dicção do art. 290 seria pleonástica ao referir os dois termos, certo que o primeiro está contido na definição do segundo. Nos usos forenses, entretanto, distingue-se bem o que seja o tributo e o que constitua outras espécies de desembolsos necessários para a prática dos atos do processo. Assim, a interpretação dessa regra não oferece dificuldades no plano prático.

II. Falta do recolhimento das custas e demais despesas iniciais – consequências

Dispõe o art. 290 do CPC/2015 que a distribuição será cancelada se a parte autora não providenciar o pagamento das *custas e despesas de ingresso* dentro em 15 dias contados do dia em que essa distribuição venha a ocorrer – o que implica retirar o feito da relação daqueles submetidos ao juízo destinatário, de modo que outro novo o substitua, observando-se a *rigorosa igualdade* exigida pela regra do art. 285 do CPC/2015. Mais que isso, extingue-se o processo; embora não o diga expressamente a regra desse art. 290, é a consequência necessária da providência de cancelar-se a distribuição.

Discutiu-se longamente, no regime do CPC/1973, discussão sobre a possibilidade de se proceder ao cancelamento da distribuição independentemente da intimação da parte; mais recentemente, o STJ veio a pacificar a questão, entendendo dispensável aquela intimação se, decorrido o trintídio previsto no art. 257 daquele Código, já estivesse ordenada a citação do réu; cumprida essa providência, somente caberia extinguir-se o feito conforme às regras dos incisos I e II do art. 267, intimada a parte. O STJ, por sua Corte Especial, em recurso representativo de controvérsia (embora referida a questão a embargos do devedor ou impugnação ao cumprimento de sentença, aplica-se a conclusão à generalidade dos casos), estabeleceu (i) a desnecessidade de prévia intimação da parte, quando se trata do recolhimento de custas iniciais; (ii) a inviabilidade desse cancelamento se, ainda fora do prazo de 30 dias, o pagamento já houver sido efetuado (Corte Especial, REsp nº 1361811/RS, Rel. Min. Paulo de Tarso Sanseverino, j. em 4/3/2015, DJe de 6/5/2015).

Essas questões estão superadas no sistema do CPC/2015, porque a regra do art. 290, sob exame, é expressa no condicionar o cancelamento da distribuição da inicial à prévia intimação da parte autora, *na pessoa de seu advogado*. Não será demais acentuar que, se passou a exigir essa intimação como antecedente necessário do cancelamento, a mesma regra reduz pela metade o prazo para o pagamento de custas e demais despesas iniciais, que, a partir da vigência do CPC/2015, será de apenas 15 dias.

III. Julgados (CPC/1973)

Cancelamento da distribuição – não cabimento em fase avançada do processo

"[...] 2. Consoante entendimento jurisprudencial, não se determinará o cancelamento da distribuição se o processo já se encontra em fase avançada. [...]" (STJ, 3ª T., EDcl no AgRg nos EDcl no REsp nº 1.411.313/SC, Rel. Min. Paulo de Tarso Sanseverino, j. em 16/6/2015, DJe de 22/6/2015).

TÍTULO V
DO VALOR DA CAUSA

Art. 291 - A toda causa será atribuído valor certo, ainda que não tenha conteúdo econômico imediatamente aferível.

I. Valor da causa – finalidade

Diz o CPC/2015, reproduzindo quase literalmente dispositivo da legislação anterior, que "a toda causa será atribuído um valor certo, ainda que não tenha conteúdo econômico imediatamente aferível". A única diferença, relativamente ao art. 258 do CPC/1973, está em que a regra antiga falava em *conteúdo econômico imediato*. O texto substitui o adjetivo *imediato*, que qualificava a locução *conteúdo econômico*, pelo advérbio *imediatamente*, que modula o adjetivo *aferível*, esse sim relativo à mesma locução *conteúdo econômico*. A redação nova é mais precisa, mas a substância da regra não se modificou.

A atribuição de um valor à causa, nesse contexto, deve corresponder, com a proximidade possível, à mensuração econômica do bem da vida que se pretenda obter por meio do exercício da jurisdição; mas quanto a essa medida, não se pode exigir exatidão, seja porque muitas vezes o que se pede não reveste conteúdo econômico aferível (ou *imediatamente* aferível, como diz o art. 291, de que se trata aqui), seja porque, embora claramente dotado desse conteúdo, nem sempre se faz possível conhecer-lhe a expressão valorativa desde logo, no momento de se iniciar o litígio. Assim, se o valor é conhecido ou se for facilmente apurável, impõe-se determiná-lo e expressá-lo – e o art. 292 estabelece regras para diversos casos dessa aferição, dos quais trataremos em seguida, ao comentar aquele dispositivo; mas, se a apuração não é ainda possível porque as consequências de certo fato central para o caso ainda não se produziram completamente, ou não se faz com facilidade porque depende de exame de prova ou de operações complexas, ou, ainda, se de todo o bem que se busca não comporta uma dimensão econômica, o que se pede do autor é que proceda a valoração por estimativa, utilizando – pensamos nós – os critérios de racionalidade, fundados na experiência comum, que tiver a seu alcance. Em qualquer hipótese, o que o autor indicar será passível de controle, seja pelo juiz, seja por meio de impugnação da parte contrária, como se explicitará adiante.

A indicação do valor da causa, no sistema do CPC/2015, serve como base de cálculo para duas espécies de prestações. A primeira dessas espécies refere-se a *honorários advocatícios* (art. 85, § 8º, aplicável quando o proveito econômico da causa for inestimável ou irrisório, e 338, § 8º, nos casos em que houver substituição do réu por ser parte ilegítima ou não responsável pelo dano cuja indenização se reclame). A segunda diz respeito a diversas cominações de *multa*, tais como a aplicável a partes, procuradores e terceiros que de qualquer forma participem do processo, imponíveis em caso de embaraço ao cumprimento de decisão judicial (art. 77, § 2º, inciso IV), de inovação ilegal no estado de fato do bem ou direito litigioso (*idem*, inciso VI); a imponível às partes que, intimadas, não comparecerem a audiência de conciliação (art. 334, § 8º), e ao perito que retardar o cumprimento de suas funções (art. 468); compreende também o depósito, prévio à distribuição, a cargo do autor de ação rescisória, conversível em multa em caso de improcedência do feito (art. 968, inciso II). Há ainda uma terceira espécie de prestação que se apura, às vezes, a partir do valor da causa: trata-se da *taxa judiciária*, ou *custas*; nesse caso, entretanto, não é da lei processual que se trata, mas das diversas legislações, da União Federal, dos Estados federados, do Distrito Federal, e dos municípios, que muitas vezes utilizam o valor da causa como base de cálculo desse tributo.

Art. 292 - O valor da causa constará da petição inicial ou da reconvenção e será:

I - na ação de cobrança de dívida, a soma monetariamente corrigida do principal, dos juros de mora vencidos e de outras penalidades, se houver, até a data de propositura da ação;

II - na ação que tiver por objeto a existência, a validade, o cumprimento, a modificação, a resolução, a resilição ou a rescisão de ato jurídico, o valor do ato ou o de sua parte controvertida;

III - na ação de alimentos, a soma de 12 (doze) prestações mensais pedidas pelo autor;

IV - na ação de divisão, de demarcação e de reivindicação, o valor de avaliação da área ou do bem objeto do pedido;

V - na ação indenizatória, inclusive a fundada em dano moral, o valor pretendido;

VI - na ação em que há cumulação de pedidos, a quantia correspondente à soma dos valores de todos eles;

VII - na ação em que os pedidos são alternativos, o de maior valor;

VIII - na ação em que houver pedido subsidiário, o valor do pedido principal.

§ 1º - Quando se pedirem prestações vencidas e vincendas, considerar-se-á o valor de umas e outras.

§ 2º - O valor das prestações vincendas será igual a uma prestação anual, se a obrigação for por tempo indeterminado ou por tempo superior a 1 (um) ano, e, se por tempo inferior, será igual à soma das prestações.

§ 3º - O juiz corrigirá, de ofício e por arbitramento, o valor da causa quando verificar que não corresponde ao conteúdo patrimonial em discussão ou ao proveito econômico perseguido pelo autor, caso em que se procederá ao recolhimento das custas correspondentes.

I. Valor da causa na inicial e na reconvenção

O *caput* do art. 292 do CPC/2015 especifica os diversos modos de aplicar-se o preceito contido no artigo anterior ("a toda causa será atribuído um valor certo, ainda que não tenha conteúdo econômico imediatamente aferível"); e explicita a necessidade de fazer o valor da causa constar também da petição reconvencional, ponto sobre o qual silenciou o regramento anterior.

II. Critérios para determinação do valor da causa – visão geral

O CPC/2015, seguindo critério utilizado nas duas codificações processuais civis nacionais que o antecederam, estabeleceu critérios para a fixação do valor da causa, segundo as diversas naturezas das pretensões, e conforme ainda ao modo de formular o pedido, em cada caso. Esse regramento explicita as diversas hipóteses que se põem a partir da multiplicidade dos fatores na formação dos conflitos. Vejamos cada uma das hipóteses contempladas.

1. Ação de cobrança

Dispõe o inciso I desse art. 292 que, nas ações de cobrança de dívida, o valor da causa será a soma (i) do principal, (ii) monetariamente corrigido, acrescido de (iii) juros de mora e (iv) de outras penalidades, se as houver, vencidos até a data da propositura da ação.

2. Validade, cumprimento, modificação, resolução, resilição ou rescisão de ato jurídico

O inciso II refere-se a ações que tenham por objeto do pedido mediato um ato jurídico (conceito mais amplo do que o de negócio jurídico, termo empregado, para fim correlato a este, no inciso V do art. 259 do CPC/1973); nessas hipóteses, o pedido imediato será a obtenção de sentença declaratória ou condenatória que proveja, quanto a determinado ato jurídico, um dos substantivos abstratos alinhados na testilha deste tópico II: validade, cumprimento, modificação, resolução, resilição ou rescisão. Quanto a cada qual dessas hipóteses categoriais, o valor da causa será correspondente ao do ato, seja *por inteiro*, se a pretensão compreender todo o conteúdo patrimonial da relação discutida, seja sobre a *parte dessa relação* sobre que recaia a controvérsia. Note-se, a propósito, o cuidado do legislador em explicitar todas as referidas categorias, ao ponto de distinguir entre resolução, resilição e rescisão – com a nota de que essa distinção é sempre dificultosa, porque divergem largamente os doutrinadores, e o legislador civil não releva nenhum rigor metodológico no emprego que deles faz nos textos normativos pertinentes.

3. Ação de alimentos

Quanto a esse tópico, a interpretação é imediata, e não sugere dúvida; em verdade, a regra é redundante com a que está formulada no texto do § 2º desse art. 292, como se verá adiante. O critério é bem direto e objetivo: nas ações de alimentos, o valor da causa corresponderá a uma anuidade das prestações, calculada conforme ao *quantum* pleiteado.

Seria possível indagar sobre o motivo pelo qual se considera como critério de valoração a soma de uma anuidade, se as prestações alimentícias, muitas vezes, projetam-se no tempo sem limitação prévia e na experiência comum estendem-se por períodos bem maiores do que o de um ano; assim, a efetiva expressão econômica da demanda pode ser (e no mais dos casos será) bem superior ao que corresponde a essa anuidade. De fato, a objeção é dotada de sentido. Por outro lado, é preciso dizer que esse critério já se consolidou pela prática no direito brasileiro; é o que sucede, *v.g.*, quanto às ações locatícias regidas pela Lei nº 8.245/1991 (despejo, consignatória em pagamento de aluguéis, revisionais e renovatórias), por força do disposto no art. 58, inciso III, daquele diploma; constitui, evidentemente, uma escolha política do legislador, na determinação de um critério limitador para a valoração em casos assim.

4. Na ação de divisão, de demarcação e de reivindicação

Nessas hipóteses, estabelece o inciso IV, o valor da causa será *o da avaliação da área ou bem objeto do pedido*. A interpretação do enunciado da regra, também aqui, é simples, não demanda esforço; mas a solução merece reparo quanto à razoabilidade, seja quanto ao critério de valoração em si, em dois casos, seja no que concerne à aplicação prática do comando.

Quanto ao primeiro aspecto referido, sustentamos que o *valor do bem objeto do pedido* (dicção desse inciso IV) corresponderá ao da causa, quando se tratar de ação reivindicatória, em que o autor age para obter domínio – relação jurídica de tal modo dotada de força e abrangência que se identifica com a coisa dominada: exceto as incidências eventuais de direito real sobre coisa alheia, pode-se dizer que o proprietário *tem* o que seja objeto dessa propriedade. Mas tal não ocorre nas duas outras hipóteses – as de demarcação e de divisão.

Veja-se que a ação *demarcatória* compete ao proprietário (portanto, àquele que já é titular de propriedade sobre a coisa); e sua pretensão limita-se ao estabelecimento de marcos limítrofes, que estremem o território de seu domínio relativamente ao de um outro, que lhe seja lindeiro. Ora, por mais útil, conveniente e até mesmo necessário seja estabelecer claramente o traçado dessas linhas limítrofes, não é razoável sustentar que a expressão econômica da demarcação, em si, corresponda ao do bem por inteiro.

Outro tanto se dirá quanto à *ação de divisão*: essa toca ao condômino, que separará do todo uma parte, a qual lhe tocará exclusivamente – e outro tanto os que mais forem, com ele, titulares de frações ideais naquele condomínio. Mas cada um deles, antes ainda da propositura da ação divisória, já será investido de propriedade; e o bem jurídico que se persegue por esse meio não é mais que o da separação, da fixação do domínio que era fracionado (e indiviso) sobre um todo maior, e passa a ser exclusivo, sobre um todo proporcionalmente reduzido. Essa separação constituirá um bem da vida, dotado de certa valência *per se* (de outro modo, não agiria o autor); mas essa valência não pode corresponder, logicamente, àquela relativa ao todo.

Também sob outro aspecto merece restrição uma novidade introduzida pelo CPC/2015, relativamente ao regramento anterior. Veja-se que, conforme ao disposto no inciso VII do art. 259 do CPC/1973, o critério utilizado em casos assim era o "da estimativa oficial para o lançamento do imposto" (predial ou territorial, entende-se). Esse parâmetro foi abandonado pelo legislador de 2015, que (no inciso IV desse art. 292) passou a determinar seja o valor a considerar "aquele decorrente de avaliação da área ou bem objeto do pedido" – o que, se interpretado conforme ao sentido comum das palavras, significa dizer que o autor (ou o reconvinte), em ação reivindicatória, demarcatória ou divisória deverá obter um laudo técnico relativo ao valor do imóvel a que se refira o feito que vai iniciar.

Se a solução do CPC/1973 era imperfeita, porque pouco exatas seriam as atribuições que fazem os municípios ou o Incra para cálculo do IPTU ou do ITR, muito mais inconveniente se revela a que foi adotada pela lei nova, que – interpretada pelo valor semântico corrente dos vocábulos que a expressam, como vimos – conduz a uma oneração desproporcional ao bem social e econômico que possa decorrer da determinação do valor da causa. Bem diversamente, contraria a utilidade social que consiste em franquear o quanto possível o acesso à Justiça para os que necessitam efetivamente de tutela jurisdicional. Espera-se que a sucessão dos casos que surgirem a partir da vigência do CPC/2015 termine por cristalizar uma solução pragmática para essa desnecessária dificuldade – que consista, por exemplo, em aceitar o critério valorativo do ente tributante do IPTU ou do ITR como equivalente à "avaliação", com o que se satisfaria a letra desse inciso IV do art. 292.

5. Na ação indenizatória, inclusive a fundada em dano moral, o valor pretendido

A regra, nesse caso, é clara e adequada. Não oferece dificuldade interpretativa. No que concerne a pleito relativo a dano moral, está a exigir que o autor (ou reconvinte) quantifique a sua pretensão. Na prática vigente sob o regime do CPC/1973, fez-se comum a solução de deixar ao juiz a determinação do dano moral. Ainda sob esse regramento, o STJ preconizou a necessidade de se indicar o valor da causa mesmo quando o pedido se refere a essa espécie de indenização; mas não chegou a imprimir uma orientação segura nessa matéria, prestigiando os casos em que a parte precisou o valor certo da indenização pretendida, mas deixando implícita a possibilidade de superar eventual ausência dessa indicação.

A questão poderá ser examinada de modo mais estrito a partir da vigência do CPC/2015, que, como visto, faz obrigatória a referência ao valor da causa, mesmo no que concerne a danos morais.

6. Cumulação de pedidos e valor da causa

Ao chegar ao inciso VI deste art. 292, depara o analista com uma alteração quanto ao critério relativo à toponímia das matérias no corpo desse dispositivo. É que os cinco incisos anteriores tratavam de diversas hipóteses de ações ou de pretensões, para estabelecer, relativamente a cada qual, o modo peculiar de atribuir valor à causa. Os três incisos finais (VI, VII e VIII) tratam de um aspecto diverso dessa mesma questão; já não tomam a natureza da pretensão como parâmetro, mas as diversas situações em que há pedidos plurais, sejam cumulativos, alternativos e subsidiários.

Assim, em determinado feito, se houver pluralidade de pedidos e esses forem cumulativos (inciso VI), o valor da causa será a soma das expressões econômicas de cada um deles; se forem alternativos (inciso VII – vale dizer, nos casos em que a escolha da prestação, por força de lei ou do contrato, couber ao devedor, conforme ao disposto no parágrafo único do art. 325), toma-se como valor da causa o do que apresentar a maior expressão econômica, dentre todos os que se deduzirem; e, nos termos do inciso VIII, se houver um ou mais pedidos subsidiários (*i.e.*, uma pretensão que se diz *principal*, justaposta outra, ou a outras, que o juiz passará a apreciar se não puder julgar procedente aquela primeira – cf. art. 326), adota-se, dentre todos os valores dos diversos pedidos, aquele que corresponder ao do *principal*.

7. Prestações vencidas e vincendas

Os §§ 1º e 2º do art. 292 tratam da hipótese em que o pedido tenha como objeto prestações diversas, vencidas e vincendas. Estabelece o § 1º que se considerarão os valores de todas; se a obrigação desdobrada em prestações estender-se por tempo indeterminado ou por tempo determinado, mas excedente ao de um ano, a expressão econômica respectiva, no que concerne ao valor da causa, corresponderá a uma prestação anual (§ 2º, primeira parte); e, como decorrência lógica das demais disposições a esse título, a parte final do mesmo § 2º explicita que, se forem as prestações vincendas projetadas no tempo para período inferior ao de um ano, o valor respectivo (que se adicionará ao das vencidas) será o da soma de todas elas.

8. Valor da causa – correção de ofício

Estabelece o § 3º do art. 292 do CPC/2015 que o juiz, se verificar que o valor atribuído à causa "não corresponde ao conteúdo patrimonial da discussão ou ao proveito econômico pretendido pelo autor", corrigirá a discrepância, de ofício e por arbitramento (ou seja, fundado em pareceres ou documentos elucidativos apresentados pela parte e, se necessário, mediante auxílio de perito – cf. art. 510). Acertado assim o valor da causa, a parte suprirá a correspondente diferença nas custas – e parece adequado entender que se aplica, ao caso, a regra do art. 290: intimação do autor (ou do reconvinte), na pessoa de seu advogado, para pagamento em 15 dias; extinção do processo e cancelamento da distribuição em caso de inadimplemento.

Constitui inovação a regra expressa que confere ao juiz a iniciativa de promover a correção do valor da causa; o CPC/1973 não continha disposição expressa nesse sentido – embora em tempos recentes, ainda sob o pálio daquele regramento, a jurisprudência já se inclinasse claramente pelo reconhecimento dessa possibilidade.

Agora, com a regra do § 3º do art. 292 do CPC/2015, a questão está definida de modo claro; e a dicção desse dispositivo não deixa dúvida de que se trata de um dever imposto ao juiz, desde que verifique haver discrepância entre o valor declarado pelo autor (ou reconvinte) e a expressão econômica do bem da vida perseguido na ação.

Resta para examinar, quanto a esse tópico, qual é o meio de impugnar decisão judicial que modifique o valor da causa nessas circunstâncias.

Trata-se, claramente, de decisão interlocutória – visto que, por si, não põe fim ao processo; e, potencialmente, é apta a gerar consequências adversas para o autor, obrigado a despender mais para a satisfação da taxa judiciária. Mas a matéria não se enquadra entre as que, conforme à regra do art. 1.015, são recorríveis por meio de agravo de instrumento – e nem prevê, o CPC/2015, outro meio de impugnação; e a regra do art. 1.009, que preserva da preclusão as questões decididas na fase de conhecimento e insuscetíveis de impugnação por meio de agravo, não atende ao interesse do atingido pela deliberação que aumenta o valor da causa, que teria de despender de imediato o quanto relativo à complementação das custas. Desse modo, a menos venha a prática jurisprudencial a acolher o recurso também nesses casos, pode-se prever a retomada do emprego da ação de mandado de segurança como meio heterogêneo de impugnação de decisões judiciais não dotadas de remédio imediato em instância superior – como sucedia comumente quanto aos agravos de instrumento, até o advento da Lei nº 9.139, de 30/11/1995, que passou a permitir a concessão de efeito suspensivo naqueles recursos.

II. Critérios para determinação do valor da causa – previsões em dispositivos diversos

Este art. 292, como visto, contém a disciplina geral relativa à fixação do valor da causa. Mas não esgota totalmente a matéria no âmbito do CPC/2015, certo que há nele dois outros dispositivos que tratam da matéria: o do art. 303, que se refere ao critério de valoração nos casos de tutela antecipada de caráter antecedente, e o do art. 700, § 3º, referido às ações monitórias. O leitor encontrará, nos tópicos correspondentes a esses dispositivos, comentários completos sobre essas especificidades.

III. Julgados (CPC/1973)

Equivalência ao proveito econômico

"[...] 4. O valor da causa deve corresponder ao proveito econômico pretendido na demanda, decorrente da almejada reclassificação, ainda que seja de recebimento incerto diante do andamento da liquidação extrajudicial do requerido" (STJ, 4ª T., REsp nº 722.982/PR, Rel. Min. Luis Felipe Salomão, j. em 16/9/2010, DJe de 23/9/2010).

Estimativa em caso de indeterminação

"[...] 1. Quando constatada a incerteza do proveito econômico perseguido, mormente quando para o seu conhecimento for indispensável a realização de cálculos complexos, admite-se a fixação do valor da causa por estimativa. Precedentes" (AgRg no Ag nº 874.324/PI, 5ª T., Rel. Min. Laurita Vaz, j. em 9/8/2007, DJ de 10/9/2007, p. 297).

"[...] 2. A jurisprudência desta Corte Superior é firme no sentido de que o valor da causa deve corresponder, em princípio, ao do seu conteúdo econômico, considerado como tal o valor do benefício econômico que o autor pretende obter com a demanda. Contudo, admite-se a fixação do valor da causa por estimativa, quando constatada a incerteza do proveito econômico perseguido na demanda" (STJ, 1ª T., AgRg no AREsp nº 331.238/PI, Rel. Min. Sergio Kukina, j. em 5/8/2014, DJe de 14/8/2014).

Dano moral. Estimativa. Controle pelo juízo

"[...] 3. Quanto ao dano moral prevalece o direcionamento de que o seu valor é meramente estimativo, ficando na dependência do prudente arbítrio judicial. Resp 80.501. Assim, quando estimado esse valor em verdadeira demasia pode o Judiciário adequá-lo à realidade, o mesmo se dando quando alvitrada soma irrisória" (STJ, 4ª T., REsp nº 565.880/SP, Rel. Min. Fernando Gonçalves, j. em 6/9/2005, DJ de 3/10/2005, p. 262).

"[...] 1. Consoante a jurisprudência pacífica do Tribunal de Justiça, o valor estimado da causa, na petição em que se pleiteia indenização por danos morais, não pode ser desprezado, devendo ser considerado como conteúdo econômico desta, nos termos do art. 258 do CPC. 2. Referida orientação não afronta a construção também jurisprudencial de que é cabível a indicação de valor da causa meramente estimativo quando o autor da ação de indenização por danos morais deixa ao arbítrio do juiz a especificação do quantum indenizatório" (STJ, 3ª T., AgRg nº 1.397336/GO, Rel. Min. Ricardo Villas Bôas Cueva, j. em 22/4/2014, DJe de 2/5/2014).

Valoração da relação jurídica

"[...] 5. Leciona a doutrina que 'o valor da causa não corresponde necessariamente ao valor do objeto imediatamente material ou imaterial, em jogo no processo, ou sobre o qual versa a pretensão do autor perante o réu. É o valor que se pode atribuir à relação jurídica que se afirma existir sobre tal objeto' [...] Determina-se, portanto, o valor da causa apurando-se a expressão econômica da relação jurídica material que o autor quer opor ao réu. O valor do objeto imediato pode influir nessa estimativa, mas nem sempre será decisivo' (in Theodoro Júnior, Humberto. Curso de Direito Processual Civil – Teoria geral do direito processual civil e processo de conhecimento. Rio de Janeiro, Forense, 2008, pg. 325)" (STJ, 1ª T., AgRg no REsp nº 1.089.211/RJ, Rel. Min. Luiz Fux, j. em 16/12/2010, DJe de 21/2/2011).

Art. 293 - O réu poderá impugnar, em preliminar da contestação, o valor atribuído à causa pelo autor, sob pena de preclusão, e o juiz decidirá a respeito, impondo, se for o caso, a complementação das custas.

I. Valor da causa – impugnação pela parte contrária

Trata-se aqui de hipótese diversa daquela regrada conforme ao § 3º do art. 292 do CPC/2015: é o caso da impugnação do valor dado à causa, mas por iniciativa da parte contrária.

Nos termos do art. 293 do CPC/2015, a impugnação se oferece como preliminar da contestação – na mesma peça, portanto; contestado o feito sem essa arguição, preclusa estará a matéria. O legislador de 1973, com a intenção aparente de apartar a discussão sobre o valor da causa relativamente ao andamento do feito, determinou que a impugnação, oferecida no prazo da resposta do réu, se processasse em autos distintos, com curso próprio e simultâneo ao dos principais.

Conforme à regra do art. 293 do CPC/2015, retoma-se a solução do CPC/1939, que, no § 1º do art. 48, estabelecia regra semelhante à que agora se adota. Assim, oferecida a impugnação como preliminar da defesa, o juiz decidirá. Não o explicita o dispositivo, mas parece evidente que, para tanto, poderá valer-se dos meios que lhe faculta o enunciado do § 3º do art. 292, quanto à correção do valor da causa *ex officio*: pareceres ou documentos elucidativos apresentados pelas partes e, se necessário, o auxílio de perito. Não determina a lei a suspensão do processo para que se decida sobre a impugnação. Não há regra expressa a respeito, diversamente do que ocorria relativamente ao sistema de 1939 em que a solução era semelhante, como visto: o § 3º do art. 48 determinava o processamento da impugnação conjuntamente com o que chamava de *causa*, com o cuidado de explicitar que a questão valorativa seria decidida no "prazo que mediar entre a contestação e a audiência de instrução e julgamento". No sistema de 2015, entende-se que o juiz decidirá *de plano*, sem necessidade de interromper as demais providências e atos relativos ao processamento do feito. Ainda menos dificuldades se põem para esses andamentos na medida em que os processos passam a ser eletrônicos, o que faz os autos respectivos permanentemente acessíveis, sem necessidade de deslocamentos físicos para diligências, perícias, etc.

A parte autora deve ser intimada para o recolhimento da diferença das custas que decorrer do aumento do valor da causa como resultado do incidente de impugnação. É o que já sucedia sob o regime do CPC/1973, conforme a entendimento reiterado do STJ. A intimação será feita ao advogado, como sucede quanto às decisões judiciais de modo geral.

Pode-se entender que, intimado o advogado quanto à decisão determinante do pagamento da diferença de custas, o inadimplemento dessa prestação acarretará seja extinto o processo, independentemente de nova intimação, como prevê a regra do art. 290? Quer nos parecer que não.

Assim entendemos a partir da consideração de que há uma diferença relevante entre uma e outra dessas situações: na hipótese do art. 290, trata-se de decisão no primeiro estágio do processamento, antecedente à ordem de citação do réu; já quanto ao disposto no art. 293, a decisão que manda complementar o pagamento das custas advém depois de formada inteiramente a relação processual, com a citação e a resposta do réu (veículo para a impugnação). Desse modo, pensamos que a omissão em prover esse pagamento adicional poderá levar à extinção do processo sem julgamento de mérito, mas de acordo com os preceitos dispostos no art. 485, inciso III, do CPC/2015: por abandono da causa, decorridos 30 dias da intimação regular (ao advogado), mas somente depois de, verificada a omissão, intimar-se pessoalmente a parte para que emende a mora, no prazo de cinco dias (CPC/2015, art. 485, inciso III, c.c. § 1º).

Também nos parecem aplicáveis a esta hipótese as conclusões que expusemos relativamente à irrecorribilidade da decisão judicial *ex officio* que corrige o valor da causa: porque não referida entre os casos de agravo de instrumento (art. 1.015), o modo de ataque possível será a impetração de mandado de segurança, que a jurisprudência de há muito entende cabível relativamente a decisão judicial quando não haja, no sistema, recurso específico à disposição da parte afetada.

LIVRO V
DA TUTELA PROVISÓRIA

TÍTULO I
DISPOSIÇÕES GERAIS

Art. 294 - A tutela provisória pode fundamentar-se em urgência ou evidência.
Parágrafo único - A tutela provisória de urgência, cautelar ou antecipada, pode ser concedida em caráter antecedente ou incidental.

Autor: José Roberto dos Santos Bedaque

I. Tutela provisória de urgência e da evidência

O legislador processual adotou o termo *tutela provisória* para identificar modalidade de tutela jurisdicional cujo escopo não é, ao menos em princípio, solucionar definitivamente a crise de direito material.

A definição da regra a ser aplicada ao caso concreto e a respectiva efetivação prática dessa decisão, com a consequente extinção do litígio e a obtenção da pretendida pacificação social, são alcançadas pelas tutelas cognitiva e executiva.

Ao final da fase cognitiva do processo, o juiz profere sentença (declaratória, constitutiva, condenatória e, para quem admite a denominada classificação quinária, mandamental e executiva *lato sensu*). Essas decisões põem termo à controvérsia e tendem a tornar-se definitivas, adquirindo a qualidade da coisa julgada. Quando necessário, o processo prossegue com a prática de atos executivos, destinados à efetivação prática da tutela cognitiva. Isso ocorre, normalmente, nas hipóteses de sentenças condenatórias. Nesses casos, finda a fase cognitiva com a sentença (Código de Processo Civil de 2015, art. 203, § 1º), inicia-se, em seguida, a fase do cumprimento de sentença (Código de Processo Civil de 2015, arts. 513 e ss.). É possível, ainda, a realização de atos executivos independentemente da prévia atividade cognitiva do juiz. Tal se dá nos processos de execução fundados em título extrajudicial (Código de Processo Civil de 2015, arts. 771 e ss.).

Esse é, em linhas gerais, o sistema destinado à eliminação das crises verificadas no plano do direito material e submetidas à atividade jurisdicional do Estado.

Para alcançar esse resultado, todavia, necessário o desenvolvimento regular do processo, para que as partes possam expor suas pretensões ao juiz e ele, responsável por controlar a observância de todas as regras destinadas a regulamentar esse método de trabalho concebido pelo legislador, tenha condições de solucionar o litígio, formulando e efetivando praticamente a regra de direito material.

O processo é, portanto, o instrumento por meio do qual o juiz, no exercício de sua atividade, busca alcançar o escopo da função jurisdicional, qual seja a atuação do direito e a pacificação social. Para tanto, princípios, normas e garantias, constitucionais e infraconstitucionais, devem ser respeitados. Em outras palavras, o método de trabalho concebido para a solução das controvérsias pela via jurisdicional corresponde ao fenômeno designado pela doutrina como devido processo constitucional e legal.

Nessa medida, admitida a premissa segundo a qual o processo deve desenvolver-se em conformidade com o modelo legal previsto pelo legislador, do qual fazem parte contraditório, ampla defesa, publicidade, fundamentação, juiz natural, duplo grau, legalidade procedimental, etc., a entrega da tutela jurisdicional em caráter definitivo demanda tempo.

Daí a necessidade de o legislador regular a atividade do juiz destinada a evitar que a demora do processo possa causar prejuízo à parte, cuja pretensão esteja amparada em argumentos plausíveis, verossímeis. Visa com isso a conferir maior dose de efetividade prática à tutela final, possibilitando a quem faz jus a ela obter resultados na medida do possível semelhantes ao cumprimento espontâneo do direito.

O Código de Processo Civil de 1973 trata desse tema de modo não sistemático, inclusive do ponto de vista procedimental. Regula a tutela antecipada no art. 273 e a tutela cautelar, a ser obtida em processo autônomo, no Livro III (arts. 796/889).

O Código de Processo Civil de 2015 procurou conferir melhor sistematização ao instituto. Em primeiro lugar, denominou-o Tutela Provisória, visando a possibilitar sua identificação no sistema das tutelas jurisdicionais. A expressão leva em consideração a principal característica dessa modalidade de tutela, comum em todas as suas espécies, e apta a distingui-la da Tutela Definitiva, cuja finalidade é eliminar a crise de direito material.

Pois bem. Em atenção à construção doutrinária já consagrada, previram-se duas espécies do gênero Tutela Provisória. A primeira, destinada a eliminar o perigo de dano grave e de difícil reparação, à qual denominou-se Tutela de Urgência. Para obtê-la, necessária a demonstração do motivo capaz de comprometer a efetividade da tutela final e definitiva (*periculum in mora*), além da verossimilhança do direito alegado (*fumus boni iuris*).

Identificou-se também no sistema processual outra modalidade de Tutela Provisória. Trata-se da agora chamada Tutela da Evidência, cujo fundamento é a existência de determinada situação que, ao ver do legislador, autoriza a imediata e provisória proteção do suposto direito afirmado na inicial. Nesse caso, não se verifica o risco de dano grave ou de difícil reparação, mas as circunstâncias justificam a inversão das consequências suportadas em regra pelo autor, em razão da demora do processo. A antecipação da tutela prevista no art. 273, inciso II, e a liminar possessória (art. 928), ambas no Código de Processo Civil de 1973, são exemplos típicos. Em nenhum desses casos, cogita-se do *periculum in mora*. Basta a verossimilhança. Nada mais fez o legislador de 2015, portanto, do que reunir hipóteses legais reguladas de forma esparsa e regulá-las em um único dispositivo (Código de Processo Civil de 2015, art. 311). Essa modalidade de tutela provisória, ao contrário do que pode parecer aos menos avisados, requer a demonstração da plausibilidade do direito alegado. Interpretação diversa contraria a própria natureza dessa modalidade de tutela jurisdicional e a própria denominação a ela atribuída pelo legislador (Tutela da Evidência). Não é crível que se admita a proteção provisória de direito inverossímil.

A Tutela Provisória, que se opõe à final e definitiva, pode fundar-se, portanto, na urgência (perigo e plausibilidade) ou na evidência (plausibilidade).

II. Tutela provisória de urgência antecedente e incidente

O parágrafo único trata de uma das espécies de tutela provisória – a tutela de urgência. Classifica-a, quanto ao seu conteúdo, em cautelar e antecipada. Também considera o momento em que a parte pode requerê-la, resultando daí a tutela de urgência – cautelar ou antecipada – antecedente e incidente.

A tutela de urgência, espécie do gênero tutela provisória, destina-se, como visto, a assegurar a eficácia prática da tutela definitiva. A observância do devido processo legal, com as garantias constitucionais a ele inerentes, impede seja a tutela jurisdicional definitiva prestada imediatamente. O tempo, normalmente mais longo do que o desejado por quem necessita do processo para a solução de determinada controvérsia, é fenômeno inexorável.

Nem sempre, a demora natural do processo, necessária para que se cumpram a normas destinadas a conferir-lhe segurança (contraditório, ampla defesa, produção de provas, duplo grau, fundamentação das decisões, publicidade, juiz natural, etc.), é compatível com a utilidade da tutela final esperada por quem dela precisa. Surge então a necessidade de o sistema processual prever mecanismos destinados a afastar o risco de dano grave e de difícil reparação, causado por especificidades do direito material discutido ou por outro aspecto estranho ao processo. Esses fatores, somados ao tempo, podem impedir que o titular de determinado direito, reconhecido no plano jurisdicional, possa usufruí-lo adequadamente.

A tutela provisória de urgência constitui o principal instrumento processual adotado pelo legislador, para proteger o direito verossímil, plausível, de fatos cuja verificação podem tornar inútil a tutela jurisdicional.

Duas são as espécies de tutela de urgência: cautelar e antecipada. A primeira caracteriza-se pela natureza meramente conservativa. Limita-se a proteger bens, pessoas ou provas, a fim de que, quando e se possível a concessão da tutela final e definitiva, momento em que a verossimilhança transforma-se em certeza, possa o titular do direito dele usufruir. São exemplos típicos o arresto, o sequestro e a produção antecipada de provas. Já a tutela antecipada busca esse mesmo objetivo mediante a técnica da antecipação provisória de efeitos da tutela final. Sua eficácia prática confunde-se, ainda que parcialmente, com a da tutela final (alimentos provisórios, separação de corpos, liberação de mercadorias apreendidas, etc.).

Ambas podem ser requeridas antes do pedido de tutela definitiva ou no curso do respectivo processo. No primeiro caso, eventual tutela definitiva será pleiteada no próprio processo, mediante simples aditamento da inicial (Código de Processo Civil de 2015, art. 303, § 1º, inciso I). Trata-se, aliás, de uma das principais novidades do sistema processual, no âmbito das tutelas provisórias e definitivas. Elas dispensam processos autônomos.

Art. 295 - A tutela provisória requerida em caráter incidental independe do pagamento de custas.

A norma em questão regula uma das consequências naturais à unidade processual, ou seja, ao fato de ambas as tutelas – provisória e definitiva – serem requeridas no mesmo processo. O pedido de tutela provisória formulado incidentalmente não dá origem a nova relação processual. Nessa medida, desnecessário o pagamento de custas.

Nessa mesma linha de raciocínio, formulado em caráter antecedente o pedido de tutela provisória, antecipada ou cautelar, as custas são pagas apenas nesse momento. O aditamento da inicial e o pedido de tutela definitiva, ambos deduzidos no mesmo processo, estão isentos da taxa (Código de Processo Civil de 2015, arts. 303, § 3º, e 308).

Como há regra expressa, não pode o legislador estadual dispor em sentido contrário.

Art. 296 - A tutela provisória conserva sua eficácia na pendência do processo, mas pode, a qualquer tempo, ser revogada ou modificada.
Parágrafo único - Salvo decisão judicial em contrário, a tutela provisória conservará a eficácia durante o período de suspensão do processo.

I. Revogação ou modificação da tutela provisória

A provisoriedade dessa espécie de tutela implica a possibilidade de revogação, caso no curso do processo surjam novos elementos que revelem o não cabimento da medida.

Como a concessão da tutela provisória pressupõe cognição superficial, pode ocorrer que a dilação probatória inerente à tutela definitiva afaste a plausibilidade do direito. Também é possível que o perigo de ineficácia do provimento final deixe de existir. Tais circunstâncias, surgidas após a concessão da medida provisória, revelam o seu não cabimento e acarretam sua revogação.

Quanto à mera retratação, embora haja divergência na doutrina, não parece ocorrer o fenômeno da preclusão para o juiz. Primeiro porque a cognição realizada é sumaríssima, nada impedindo se convença o julgador da impropriedade da solução. Nesse caso, inexiste vedação legal a que ele altere sua posição, mesmo porque a providência determinada não visa a produzir efeitos definitivos no plano material. Se a finalidade da tutela provisória é apenas assegurar o maior grau possível de efetividade à tutela definitiva, pode o julgador verificar, no curso do processo, não haver necessidade da medida, porque inexistente esse risco.

Seria puro formalismo processual, além de indevida invasão da esfera jurídica de uma das partes, manter-se tutela provisória até o final do processo, se verificado o não cabimento da providência.

A rigor, o problema existe apenas em relação à possibilidade de o juiz modificar seu entendimento a respeito, sem alteração do quadro fático e independentemente de recurso. Verificado qualquer desses fenômenos, dúvida não há sobre a admissibilidade da alteração. Mas, mesmo se eles não ocorrerem, conclui-se pela revogabilidade da medida, caso o juiz não a considere mais necessária, podendo fazê-lo até de ofício.

Assim, enquanto não concedida a tutela final, definitiva, parece possível a alteração da medida provisória, o que decorre de sua própria natureza. Imagine-se que, deferido o pedido no curso do processo, após cognição mais profunda, verifique o juiz não ser caso da medida. Não poderá revogá-la mais, mesmo que se convença da desnecessidade da segurança ou da probabilidade de que seu beneficiário não possua o direito que alega? Parece que a conclusão negativa não se coaduna com os objetivos dessa modalidade de tutela jurisdicional, eminentemente provisória e instrumental. Se não há mais o que assegurar, não há por que mantê-la.

Em síntese, consequência natural da provisoriedade é a possibilidade de sua revogação ou modificação no curso do processo. Não obstante as partes devam recorrer da respectiva decisão sobre essa espécie de tutela, sob pena de preclusão, a providência pode ser adotada pelo juiz, mesmo de ofício e sem necessidade de fatos novos. Basta que ele se convença do equívoco cometido. A inexistência de recurso impede a parte de impugnar a decisão sem demonstrar a existência de fatos posteriores incompatíveis com ela. Com relação ao juiz, todavia, não há preclusão.

Se indeferido o pedido de tutela provisória, todavia, deve a parte impugnar a decisão, sob pena de preclusão. Outra decisão a respeito somente será admissível diante de fatos novos. Idêntica a solução se a medida for cassada pelo tribunal. Não poderá o juiz de primeiro grau reexaminar a questão, salvo se sobrevier alguma modificação fática.

Tais afirmações não são incompatíveis com a provisoriedade dessa modalidade de tutela. Sua concessão tem essa característica, o que significa possibilidade de modificação a qualquer tempo. Decisão denegatória, todavia, está sujeita às regras sobre preclusão. Tem a parte o ônus de recorrer da decisão, não podendo simplesmente renovar o pedido, com os mesmos fundamentos de fato.

II. Tutela provisória e suspensão do processo

Eventual suspensão do processo não compromete a eficácia da tutela provisória, salvo se nova decisão revogá-la ou modificá-la. Não verificada essa hipótese, os efeitos produzidos pela tutela provisória, em qualquer das suas espécies, não cessam durante eventual suspensão do curso do processo (Código de Processo Civil de 2015, arts. 313/315).

Art. 297 - O juiz poderá determinar as medidas que considerar adequadas para efetivação da tutela provisória.

Parágrafo único - A efetivação da tutela provisória observará as normas referentes ao cumprimento provisório da sentença, no que couber.

I. Efetivação prática da tutela provisória

O legislador não estabeleceu exatamente a forma de realização prática da tutela provisória, mesmo porque as providências podem variar em função do tipo de medida adequada à situação concreta. Limitou-se às normas relativas ao cumprimento provisório da sentença.

Não obstante essa referência, a tutela provisória não se refere apenas a efeitos da tutela condenatória. Também as tutelas declaratória e constitutiva podem ter a eficácia prática assegurada ou antecipada, total ou parcialmente, o que revela impropriedade da remissão. O cumprimento provisório da sentença será adotado como modelo apenas para a efetivação prática de providências inerentes a essa modalidade de tutela definitiva.

A rigor, mesmo em relação à tutela condenatória, não se pode admitir que a atuação prática da tutela provisória seja efetivada nos moldes do cumprimento provisório da sentença, sob pena de comprometer sua utilidade prática. Se necessário, serão adotadas medidas diversas das previstas naquelas normas.

Caberá ao juiz, dependendo do conteúdo da tutela provisória, determinar quais as providências mais adequadas à sua efetivação.

Nada obsta, portanto, a adoção de outras técnicas, principalmente se verificada a insuficiência da execução por expropriação. A fixação de multa pecuniária pelo descumprimento do provimento antecipatório constitui providência possível, adequada e útil para conferir maior efetividade à antecipação.

A tutela provisória de urgência deve limitar-se à finalidade do instituto, qual seja prevenir a ocorrência de dano. Devem ser utilizados mecanismos que produzam o resultado prático necessário para evitar a lesão. Emitirá o juiz mandados e ordens destinados a alcançar essa finalidade prática, consistente em antecipar os efeitos do provável provimento definitivo.

Em síntese, a eficácia prática da tutela provisória pode depender de medidas coercitivas, destinadas a alcançar o respectivo resultado. Tais providências variam em função da espécie de tutela provisória. Se o pedido disser respeito a tutela cautelar, normalmente as providências conservativas são mais simples (bloqueio, indisponibilidade, depoimento, perícia, etc.). Tratando-se da antecipação de efeitos da tutela final (tutela antecipada), todavia, há necessidade da adoção de medidas aptas a proporcionar a respectiva satisfação, que podem exigir a realização de atos mais complexos, especialmente nas hipóteses de obrigações de fazer. Aplica-se, nesses casos, o disposto no art. 536 do Código de Processo Civil de 2015.

II. Tutela provisória e execução provisória

Para a efetivação prática da tutela provisória, procede-se não apenas em conformidade com as normas relativas ao cumprimento provisório da sentença, mas também ao definitivo, no que couber (Código de Processo Civil de 2015, art. 519). Assim, por exemplo, aplica-se o disposto nos arts. 773, 805, 814 e outros, por força do disposto no art. 513.

Não obstante, certamente a incidência das normas pertinentes ao cumprimento provisório da sentença ocorrerá com mais frequência, tendo em vista existir certa semelhança entre a sentença impugnada por recurso não dotado de efeito suspensivo, e, portanto, suscetível de execução provisória, e a tutela provisória propriamente dita. A sentença, embora configure tutela definitiva, pois tem como efeito a solução da crise de direito material, só produz esse resultado com o trânsito em julgado. Se contra ela foi interposta apelação, sua eficácia imediata é provisória, pois pode ser cassada se provido o recurso. Por esse aspecto, portanto, aproxima-se da tutela provisória. A diferença reside no fato de esta última não ser concebida para eliminar a crise de direito material, embora esse resultado possa ocorrer eventualmente (Código de Processo Civil de 2015, art. 304).

Art. 298 - Na decisão que conceder, negar, modificar ou revogar a tutela provisória, o juiz motivará seu convencimento de modo claro e preciso.

A exigência de motivação das decisões judiciais tem natureza constitucional (CF, art. 93, inciso IX). O Código de Processo Civil de 2015 nada mais fez do que reiterar essa garantia constitucional no plano legal. A norma ora examinada encontra-se expressa de forma genérica no art. 489, § 1º. O legislador enumerou minuciosamente o que considera decisão não fundamentada. Embora a regra tenha causado estranheza, ela tem escopo muito mais didático do que cogente. São previstas situações em que, independentemente do dispositivo, a sentença teria necessariamente de enfrentá-las, sob pena configurar-se o vício da ausência de fundamentação. A redação do anteprojeto era melhor, porque mais simples (art. 472, parágrafo único). Mas o dispositivo, tal como aprovado, visa simplesmente a especificar hipóteses que não podem ficar sem manifestação expressa do julgador. Tem função didática. Espera-se, todavia, não seja utilizado de modo incompatível com a boa-fé processual.

Art. 299 - A tutela provisória será requerida ao juízo da causa e, quando antecedente, ao juízo competente para conhecer do pedido principal.
Parágrafo único - Ressalvada disposição especial, na ação de competência originária de tribunal e nos recursos a tutela provisória será requerida ao órgão jurisdicional competente para apreciar o mérito.

I. Tutela provisória e competência

A competência para o exame do pedido de tutela provisória depende do momento em que requerida. Como visto, ela pode ser antecedente ou incidente (Código de Processo Civil de 2015, art. 294, parágrafo único). Se pleiteada em caráter incidental, nenhuma dificuldade. Como o pedido deve ser formulado nos próprios autos, sem necessidade de processo autônomo, o procedimento é simples. Deve a parte dirigi-lo ao juízo em que tem curso aquele já instaurado. Nem havia necessidade desse esclarecimento pelo legislador.

Tratando-se de tutela provisória antecedente, ou seja, pleiteada antes de deduzida a pretensão à tutela definitiva, devem ser observadas as regras de competência previstas para esta (Constituição Federal, Lei Orgânica da Magistratura, Constituições Estaduais, Normas Estaduais de Organização Judiciária e Código de Processo Civil de 2015 e legislação extravagante).

Leva-se em conta, inicialmente, a organização judiciária do Brasil. O órgão de cúpula do Poder Judiciário é o Supremo Tribunal Federal, que algumas vezes tem competência originária estabelecida na Constituição Federal. Verificada uma dessas hipóteses, deve o pedido de tutela provisória antecedente ser dirigido diretamente a essa Corte.

Se tal não ocorrer, necessário verificar, também na Constituição Federal, qual a Justiça competente, dentre as cinco existentes: Federal e Estaduais (comum), Trabalhista, Eleitoral e Militar (especial). Saliente-se ser a competência da Justiça Comum Estadual determinada por exclusão, ou seja, é residual: o que não for atribuído expressamente na Constituição para as demais Justiças.

Cumprida essa etapa, deve-se atentar para eventual competência originária dos Tribunais Superiores da Justiça Comum (Superior Tribunal de Justiça) e das Justiças Especiais (Tribunal Superior do Trabalho, Tribunal Superior Eleitoral e Superior Tribunal Militar), normalmente previstos também na Constituição Federal.

Também há hipóteses de competência originária de 2º grau em todas as Justiças (Tribunais Regionais Federais, Tribunais de Justiça, Tribunais Regionais do Trabalho, Tribunais Regionais Eleitorais e Tribunais Estaduais Militares).

É excepcional a competência originária dos Tribunais. A regra consiste na competência de 1º grau para a propositura das demandas. Nesse caso, identificada a Justiça competente, deve ser encontrado o foro (área sobre a qual o respectivo órgão jurisdicional tem atribuição). Para tanto, observam-se as normas do Código de Processo Civil sobre competência territorial.

Muitas vezes, em um mesmo foro há vários juízos, podendo a distribuição da competência levar em conta áreas de especialização (família, fazenda pública, registros, cível em geral) ou a subdivisão do território.

Observado esse breve esquema, chega-se ao juízo competente para a demanda com pedido de tutela definitiva e, portanto, para examinar a pretensão à tutela provisória antecedente.

II. Tutela provisória e competência originária dos tribunais

Em princípio, se houver necessidade de tutela provisória em demanda de competência originária do tribunal, o pedido deverá ser formulado perante o respectivo órgão jurisdicional. Incide a regra geral formulada no *caput*, observadas as especificidades decorrentes de a pretensão ser deduzida originariamente em 2º grau.

Se o processo já estiver em curso, o pedido de tutela tem natureza incidental e deve ser dirigido ao relator (Código de Processo Civil de 2015, art. 932, inciso II). Se a pretensão à tutela provisória tiver caráter antecedente, será encaminhada ao Presidente e, distribuída, caberá ao relator determinar as providências previstas no regimento interno (Código de Processo Civil de 2015, art. 932, inciso VIII), especialmente aquelas estabelecidas no art. 303.

O dispositivo incide também na hipótese em que a tutela antecipada for requerida na fase recursal. Nesse caso, todavia, necessárias algumas considerações.

Proferida a sentença, embora sua eficácia não seja imediata, visto que a apelação, em regra, é dotada de efeito suspensivo (Código de Processo Civil de 2015, art. 1.012), pode surgir a necessidade de providência imediata, visando a evitar dano grave e de difícil reparação, mesmo porque há situações em que o recurso não tem o condão de impedir os efeitos da decisão (Código de Processo Civil de 2015, arts. 995 e 1.012, § 1º). Embora não haja mais juízo de admissibilidade na origem, alguns atos devem ser praticados antes da remessa dos autos ao órgão *ad quem* (Código de Processo Civil de 2015, arts. 1.010, §§ 1º a 3º, 1.028, §§ 2º e 3º, 1.030, *caput* e parágrafo único). Nesse ínterim, eventual pedido de tutela provisória deve ser apresentado diretamente no tribunal e dirigido ao Presidente, mesmo antes da remessa dos autos. Realizada a distribuição, o relator sorteado decidirá a respeito e, salvo disposição diversa do regimento interno, ficará prevento para o julgamento do recurso.

Nessa mesma linha de raciocínio, o pedido de atribuição de efeito suspensivo ao recurso ou de antecipação de tutela recursal, que não deixa de ser modalidade de tutela provisória pleiteada em grau de recurso, será examinado pelo relator, observado o mesmo procedimento descrito no parágrafo anterior (Código de Processo Civil de 2015, art. 995, parágrafo único; v. tb. arts. 932, inciso II; 989, inciso II; e 1.029, § 5º).

Se o processo estiver suspenso, em razão de Incidente de Resolução de Demandas Repetitivas (art. 982, inciso I), pedido de tutela provisória de urgência (antecipada ou cautelar) deve ser dirigido ao juízo onde tem curso o processo suspenso (art. 982, § 2º).

TÍTULO II
DA TUTELA DE URGÊNCIA

Art. 300 - A tutela de urgência será concedida quando houver elementos que evidenciem a probabilidade do direito e o perigo de dano ou o risco ao resultado útil do processo.

§ 1º - Para a concessão da tutela de urgência, o juiz pode, conforme o caso, exigir caução real ou fidejussória idônea para ressarcir os danos que a outra parte possa vir a sofrer, podendo a caução ser dispensada se a parte economicamente hipossuficiente não puder oferecê-la.

§ 2º - A tutela de urgência pode ser concedida liminarmente ou após justificação prévia.

§ 3º - A tutela de urgência de natureza antecipada não será concedida quando houver perigo de irreversibilidade dos efeitos da decisão.

Autor: André Luiz Bäuml Tesser

I. Tutela(s) de urgência: conceito e funcionalidade

As tutelas de urgência, como conceituadas no Código de Processo Civil de 2015, representam hipóteses em que a tutela jurisdicional deve ser concedida quando estiver presente o perigo de dano (ao direito) ou um risco ao resultado útil do processo.

Portanto, tutela cautelar e antecipação de tutela, para o Código de Processo Civil brasileiro de 2015 podem ser definidas como tutelas provisórias de urgência. Ou seja, tutelas jurisdicionais que não têm o condão de serem definitivas e que são concedidas com fundamento (e em razão de) um perigo de dano ou de risco ao resultado útil do processo.

II. Fundamentos e requisitos

As tutelas de urgência, porque são medidas voltadas a eliminar ou minorar especificamente os males do tempo do processo, têm por fundamento uma situação de perigo. Nesse sentido, o Código de Processo Civil de 2015 positivou dois "perigos" que podem dar fundamento à concessão da tutela de urgência. São eles: o *perigo de dano* e o *risco ao resultado útil do processo*. Ambas as expressões, em verdade, representam igual fenômeno, qual seja os males que o tempo pode trazer para o processo ou para direito nele postulado.

É bom que se diga que, ao menos no plano legislativo, não houve distinção entre as situações de perigo expressamente previstas no art. 300, do novel códex. Tampouco há relação direta entre cada uma delas e as diversas espécies de tutela provisória de urgência, de maneira que não há como se dizer que uma das situações de perigo é requisito de uma espécie de tutela de urgência. Em verdade, o que parece é que o legislador pretendeu estabelecer que ambas as situações de perigo podem ser fundamento de concessão de qualquer uma das espécies de tutela de urgência.

Além das situações de urgência que representam verdadeiro fundamento do pleito urgente, o Código de Processo Civil de 2015 também estabelece como requisito positivo para a concessão da tutela de urgência a *probabilidade do direito*, ou seja, a análise em sede de possibilidade de que o autor possui o direito que alega e que está sujeito à situação de perigo. Para que a tutela de urgência seja concedida, ainda que não se exija certeza jurídica sobre o direito do autor, há que se ter ao menos aparência desse direito, e, por isso, o juiz faz a apreciação da existência da pretensão do autor em um juízo de cognição sumária, e não exauriente.

Destaque-se, ainda, que o Código de Processo Civil de 2015, mesmo reconhecendo que as tutelas de urgência possam ter natureza *cautelar* ou *satisfativa* (*antecipada*, nos termos da legislação) ao menos no plano do direito positivo, não estabeleceu distinção entre os requisitos positivos para a concessão de ambas, dando a entender que os requisitos para a concessão das medidas, seja de que natureza forem, são os mesmos.

III. Exigência de caução para concessão

A possibilidade de o juiz exigir, se entender necessário, caução real ou fidejussória idônea para concessão da medida tem o condão de visar garantir o ressarcimento de eventuais danos que a execução da tutela urgente possa causar à outra parte. Naturalmente, a exigência de caução não deve ser um obstáculo intransponível à concessão da medida, especialmente nos casos em que a parte não puder ofertá-la. Por isso, ainda que o juiz entenda necessária para a concessão da medida, a caução pode ser dispensada "se a parte economicamente hipossuficiente não puder oferecê-la".

A possibilidade de exigência de caução para concessão da medida é vista como medida que fica sujeita à discricionariedade do juiz. O E. STJ, em julgamento afetado na forma de *Recurso Especial Repetitivo*, já recepcionou o entendimento de que, todavia, a *caução* deve ser exigida para concessão de medida urgente para abstenção da inscrição/manutenção em cadastro de inadimplentes, caso não haja depósito da parcela incontroversa do débito: "[...] a proibição da inscrição/manutenção em cadastro de inadimplentes, requerida em antecipação de tutela e/ou medida cautelar, somente será deferida se, cumulativamente: i) houver ação fundada na existência integral ou parcial do débito; ii) ficar demonstrado que a alegação da cobrança indevida se funda na aparência do bom direito e em jurisprudência consolidada do STF ou STJ; iii) for depositada a parcela incontroversa ou prestada a caução fixada conforme o prudente arbítrio do juiz [...]" (STJ, 2ª Seção, REsp nº 1067237/SP, Rel. Min. Luis Felipe Salomão, j. em 24/6/2009).

IV. Momento de concessão

A legislação processual civil não limita nem estabelece um momento específico para a concessão da antecipação de tutela. Aliás, expressamente permite que a medida seja concedida liminarmente (o que significa dizer, sem a oitiva prévia da parte contrária) ou após justificação prévia (por exemplo, em audiência designada pelo juiz especialmente para a produção de provas para tal finalidade). Assim, admite-se sua concessão a qualquer momento do processo, desde que antes da decisão final definitiva. A medida pode ser concedida, então, antes da citação do réu, durante o curso do processo, e até mesmo na sentença. Quando concedida na sentença, pode-se haver dúvida sobre o recurso a ser manejado contra ela, porquanto sua natureza interlocutória. Não obstante a melhor orientação doutrinária no sentido de que a decisão que concede a medida antecipatória não perde sua natureza interlocutória mesmo se outorgada na sentença – e, portanto, impugnável via agravo de instrumento – a jurisprudência é pacífica no sentido de que o recurso a ser manejado é a apelação que deve ser recebida apenas no efeito devolutivo quanto à antecipação de tutela, em razão da regra do art. 1.012, inciso V, do Código de Processo Civil de 2015. Veja-se a posição do E. STJ: "[...] Não cabe agravo de instrumento contra a sentença que julga pedido de antecipação de tutela. O único recurso oportuno é a apelação." (STJ, 3ª T., AGRg no Ag nº 723.547/DF, Rel. Min. Humberto Gomes de Barros, j. em 29/11/2007). No mesmo sentido: STJ, 3ª T., Resp. nº 1.105.757/DF, Rel. Min. Sidnei Beneti, j. em 16/8/2011. Não se admite, sequer, a fungibilidade entre os recursos, pois "[...] 2. Em homenagem ao princípio da unirrecorribilidade, o recurso de apelação vem sendo considerado o cabível para insurgência inclusive contra provimentos que, se não estivessem no bojo da sentença, poderiam ser considerados de caráter efetivamente interlocutório – o que sequer é o caso dos autos. 3. A aplicação do princípio da fungibilidade recursal resta prejudicada, na hipótese, porquanto se está diante de erro grosseiro, além do que a apelação e o agravo de instrumento são recursos destinados a órgãos jurisdicionais distintos e com prazos diversos" (TRF4, 4ª T., Agravo (Inominado, Legal) em AI nº 0002041-05.2011.404.0000, Rel. Des. Federal Marga Inge Barth Tessler, unânime, j. em 14/4/2011).

V. A irreversibilidade do provimento como requisito negativo

O § 3º do art. 300 consagra a irreversibilidade do provimento como requisito negativo de concessão da tutela de urgência antecipada (de natureza *satisfativa*, portanto, e não *cautelar*), proibindo que a medida seja concedida quando houver perigo de tornar-se irreversível. Tal regra já era prevista no CPC/1973, no art. 273, § 2º. Em razão disso, para além das divergências doutrinárias sobre a natureza dessa irreversibilidade (se ela é fática ou jurídica) e qual seu alcance, a jurisprudência já vem determinando que esse requisito deve ser analisado à luz do caso concreto pelo juiz, mediando-se os interesses postos em juízo, especialmente quando há o perigo de irreversibilidade recíproca. Essa se faz presente quando a concessão da medida causar perigo de irreversibilidade ao réu ao mesmo tempo em que seu indeferimento cause perigo de irreversibilidade ao autor. Nesses casos, adotando-se critérios de proporcionalidade, o juiz deve sopesar as circunstâncias específicas do caso concreto para decidir se concede ou não medida, não devendo significar de forma taxativa que, existindo perigo de irreversibilidade para o réu com o deferimento da medida, a antecipação de tutela não pode ser concedida.

É de se ressaltar que a irreversibilidade do provimento somente pode ser vista como requisito negativo para a concessão da tutela de urgência de natureza *satisfativa*, não podendo ser obstáculo para a concessão da tutela de urgência *cautelar*.

Art. 301 - A tutela de urgência de natureza cautelar pode ser efetivada mediante arresto, sequestro, arrolamento de bens, registro de protesto contra alienação de bem e qualquer outra medida idônea para asseguração do direito.

I. A tutela de urgência cautelar e seus meios executivos. Da *tipicidade* à *atipicidade* da tutela cautelar

O Código de Processo Civil de 2015 consagra legislativamente a ideia da *atipicidade dos meios executivos* para o cumprimento da tutela cautelar. Tal perspectiva representa a correta compreensão do Poder Geral de Cautelar conferido ao juiz (e que já existia expressamente também no CPC/1973, especialmente nos arts. 798 e 799) como expressão do fato de que a tutela cautelar é fenômeno essencialmente atípico, no que tange aos meios executivos idôneos e adequados à sua efetivação, e não como uma simples regra de fechamento do sistema. A jurisprudência do E. STJ também adota essa ideia, pois já se assentou entendimento de que "[...] 1. É admissível o ajuizamento de ação cautelar inominada em face do poder geral de cautela estabelecido no art. 798 do CPC, para fins de assegurar a eficácia de futura decisão em ação de indenização proposta pelo autor, caso lhe seja favorável [...]" (STJ, 4ª T., AgRg no AREsp nº 479770/MG, Rel. Min. Raul Araújo, j. em 14/4/215).

A norma positivada no art. 301 representa uma mudança de direção em relação ao CPC/1973, que expressamente previa uma série de *procedimentos cautelares específicos*, no Capítulo II do Livro III, que, em verdade, nada mais eram do que meras formas executivas diversas de efetivação da tutela cautelar. Justamente por isso, algumas medidas que eram previstas como *procedimentos cautelares específicos* no CPC/1973 foram repetidas a título de exemplos de meios executivos para efetivação da tutela cautelar, como arresto, sequestro, arrolamento de bens, registro de protesto contra alienação de bem. Importa ressaltar que o legislador, todavia, expressamente consagrou a ideia da *atipicidade dos meios executivos* ao estabelecer que pode ser adotada "qualquer outra medida idônea para asseguração do direito".

Art. 302 - Independentemente da reparação por dano processual, a parte responde pelo prejuízo que a efetivação da tutela de urgência causar à parte adversa, se:

I - a sentença lhe for desfavorável;

II - obtida liminarmente a tutela em caráter antecedente, não fornecer os meios necessários para a citação do requerido no prazo de 5 (cinco) dias;
III - ocorrer a cessação da eficácia da medida em qualquer hipótese legal;
IV - o juiz acolher a alegação de decadência ou prescrição da pretensão do autor.
Parágrafo único - A indenização será liquidada nos autos em que a medida tiver sido concedida, sempre que possível.

I. A responsabilidade objetiva pela execução da tutela de urgência. A repetição da regra prevista no art. 811 do CPC/1973

O art. 302 estabelece a *responsabilidade objetiva pela execução da tutela de urgência*, justamente porque a medida urgente permite a intervenção na esfera jurídica do réu sem que haja um juízo de certeza sobre o mérito da lide. Por lógico, é possível então que, se reconheça, na sentença não ter o autor direito que alegava sujeito à situação de perigo que justificava o pleito da tutela de urgência. Assim, o próprio Código de Processo Civil de 2015 tratou de instituir a Responsabilidade Objetiva da parte, que deriva da execução da tutela de urgência, repetindo norma já inserta no CPC/1973, em seu art. 811.

Destaque-se que a responsabilização pela execução da tutela de urgência foi estabelecida no plano legislativo como modalidade de responsabilidade objetiva, uma vez que o *caput* do art. 302 aponta expressamente que ela ocorre "independentemente da reparação por dano processual" (como, aliás, já se previa no *caput* do art. 811 do CPC/1973).

Embora no regime do CPC/1973 a responsabilidade objetiva pela execução da medida urgente apenas estivesse positivada para a tutela cautelar, entende-se por sua aplicação também às hipóteses de tutela urgente satisfativa. Como já decidiu o E. STJ, "[...] 2.1. Os danos causados a partir da execução de tutela antecipada (assim também a tutela cautelar e a execução provisória) são disciplinados pelo sistema processual vigente à revelia da indagação acerca da culpa da parte, ou se esta agiu de má-fé ou não. Basta a existência do dano decorrente da pretensão deduzida em juízo para que sejam aplicados os arts. 273, § 3º, 475-O, incisos I e II, e 811 do CPC. Cuida-se de responsabilidade objetiva, conforme apregoa, de forma remansosa, doutrina e jurisprudência" (STJ, 4ª T., REsp nº 1191262/DF, Rel. Min. Luis Felipe Salomão, j. em 25/9/20012).

II. A hipótese da sentença desfavorável

Inicialmente, deve-se ressaltar que a sentença desfavorável que pode gerar a responsabilidade objetiva, no caso do art. 302, inciso I, do Código de Processo Civil de 2015, não mais apresenta a restrição que se verificava no art. 811, inciso I, do CPC/1973 relativamente à sentença *no processo principal*. Isso porque as mudanças levadas a efeito na nova legislação permitem que a medida urgente seja pleiteada, por vezes, de forma autônoma.

Nada parece mais lógico do que uma parte indenizar a outra, se esta última sofreu interferência em sua esfera jurídica pela tutela urgente, se, na sentença, em sede de cognição exauriente, a parte postulante da medida urgente não obteve decisão favorável. O E. STJ já decidiu que "[...] Trata-se de responsabilidade objetiva do requerente da medida, derivada, por força de texto expresso de lei, do julgamento de improcedência do pedido deduzido na ação principal [...]" (STJ, 3ª T., REsp nº 1236874/RJ, Rel. Min. Nancy Andrighi, j. em 19/12/2012); no mesmo sentido, confira-se 4ª T., REsp nº 1.191.262/DF, Rel. Min. Luis Felipe Salomão, DJe de 16/10/2012, e 3ª T., REsp nº 127.498/RJ, Rel. Min. Waldemar Zveiter, DJ de 22/9/1997).

III. A ausência de fornecimento de meios necessários à realização de citação em 5 (cinco) dias no caso de deferimento liminar da medida

O art. 302, em seu inciso II, mantém a regra já inserta no art. 811, inciso II, do CPC/1973, para a responsabilidade objetiva decorrente da execução da medida urgente quando a parte não realizar a citação da parte adversa em 5 (cinco) dias, no caso de deferimento liminar da tutela de urgência.

No dispositivo do CPC/2015, o legislador melhorou a técnica redacional para deixar claro que tal hipótese não corresponde à simples ausência de citação em cinco dias, mas quando a parte não forneça os meios necessários ao ato citatório. Com efeito, pois não é a parte que deve elaborar e encaminhar a carta de citação, ou tampouco, levar à outra o mandado de citação e intimação da concessão da medida urgente. Essas providências são atribuições dos auxiliares do juiz (escrivão, oficial de justiça, etc.), cabendo à parte apenas, nos casos em comento, adiantar as custas referentes à prática de tais atos (art. 82) e, ainda, fornecer cópia da petição (contrafé) que deverá instruir o mandado citatório.

Essa responsabilidade objetiva busca reparar eventuais danos causados ante a demora injustificada em permitir que a parte adversa possa exercer plenamente seu direito de defesa e o contraditório, pois é após ser citada que se permite que se tenha ciência da medida urgente e igualmente seja possível apresentar provas e argumentos que podem convencer o juiz a revogar a tutela de urgência. No presente caso, há que se ter em mente que o prejuízo deve se ater ao período em que, sem justificativa, a parte ficou ausente do processo pelo atraso na citação.

IV. As hipóteses de cessação de eficácia da tutela de urgência

Na hipótese do inciso III do art. 302, cuida-se da responsabilidade objetiva de indenizar relativa às hipóteses legais de cessação da eficácia da tutela de urgência. A regra é semelhante àquela já prevista no art. 811, inciso III, do CPC/1973, que fazia expressamente referência às hipóteses de cessação da eficácia da medida cautelar, na forma do art. 808 do citado diploma legal. Isso faz com que se possa afirmar que, embora a nova legislação não tenha feito referência expressa às causas de cessação de eficácia da tutela cautelar, previstas no art. 309 do CPC/2015, essa hipótese de responsabilidade objetiva somente pode ser vista a partir desse prisma. Com efeito, pois, eventual perda de eficácia da tutela de urgência *satisfativa* já se pode afirmar abrangida pela norma do art. 302, inciso I (sentença desfavorável). Nessa perspectiva, a parte será objetivamente responsável pelos prejuízos que a execução da tutela cautelar causar à outra nos casos em que a tutela cautelar concedida em caráter antecedente cessar porque: (i) o autor não deduzir o pedido principal no prazo legal (art. 309, inciso I); (ii) (a medida) não for efetivada, naturalmente, por culpa ou fato imputável à parte, dentro de 30 (trinta) dias (art. 309, inciso II); e (iii) o juiz julgar improcedente o pedido principal formulado pelo autor ou extinguir o processo sem resolução de mérito (art. 309, inciso III).

V. O acolhimento da alegação de prescrição ou decadência do direito do autor

A repetição das normas já positivadas no CPC/1973 (especialmente, como visto, em seu art. 811) para a responsabilidade objetiva pela execução da tutela urgente no CPC/2015, ao que parece, não permitiu que o legislador corrigisse o erro já existente na antiga legislação, mantendo-se regra específica para os casos de alegação de prescrição e decadência do direito do autor.

No CPC/1973, a regra autônoma ainda poderia fazer algum sentido, uma vez que a hipótese então prevista no art. 811, inciso I, tratava da sentença desfavorável ao autor *no processo principal*. Portanto, poder-se-ia dizer que, no código então vigente, a alegação de decadência ou prescrição como causa de responsabilidade objetiva era necessária de previsão em regra específica, *para os casos em que tal reconhecimento acontecesse no processo cautelar*.

Todavia, no CPC/2015, como visto, a hipótese do inciso I do art. 302 já prevê que é caso de responsabilidade objetiva a sentença desfavorável, de maneira geral. É desnecessário dizer que o acolhimento de alegação de prescrição e decadência do direito do autor configura hipótese de *sentença desfavorável* e que, em razão disso, é de se afirmar que a hipótese do inciso IV do art. 302 *já se encontra abrangida na norma do inciso I do art. 302*.

Em todo caso, é de clareza luminar que, caso o direito que se alega já houvesse decaído ou a pretensão na qual se funda o pedido já estivesse prescrita, a execução da tutela urgente a eles relativo é medida injusta e que, se sua execução tenha causado prejuízos, tais danos devam ser ressarcidos.

VI. A liquidação da indenização nos próprios autos

O parágrafo único do art. 302 garante que a liquidação dos prejuízos causados deve se dar nos autos em que a medida foi concedida, sempre que possível. Tal regra já se fazia presente no parágrafo único do art. 811 do CPC/1973 e tem por escopo permitir que a parte prejudicada não precise ajuizar ação de indenização autônoma para ressarcimento dos danos causados pela execução injusta da medida urgente. O E. STJ assentou entendimento na compreensão literal do texto legal ao decidir que "[...] Para a satisfação de sua pretensão, basta que a parte lesada promova a liquidação dos danos – imprescindível para identificação e quantificação do prejuízo –, nos autos do próprio procedimento cautelar [...]" (STJ, 3ª T., REsp nº 1327056/PR, Rel. Min. Nancy Andrighi, j. em 24/9/2013), entendimento igualmente aplicável para os casos de responsabilidade objetiva derivada da execução de tutela urgente antecipada (*satisfativa*), pois "[...] A obrigação de indenizar o dano causado ao adversário, pela execução de tutela antecipada posteriormente revogada, é consequência natural da improcedência do pedido, decorrência ex lege da sentença e da inexistência do direito anteriormente acautelado, responsabilidade que independe de reconhecimento judicial prévio, ou de pedido do lesado na própria ação ou em ação autônoma ou, ainda, de reconvenção, bastando a liquidação dos danos nos próprios autos, conforme comando legal previsto nos arts. 475-O, inciso II, c/c art. 273, § 3º, do CPC [...]" (STJ, 4ª T., REsp nº 1191262/DF, Rel. Min. Luis Felipe Salomão, j. em 25/9/2012).

A parte prejudicada pela execução da medida urgente, então, deverá provar a ocorrência de danos, e ainda assim, quantificá-los. Portanto, ainda que a responsabilidade seja objetiva, a obrigação de indenizar dependerá logicamente da existência e comprovação dos danos sofridos. Nesse caso, está-se diante de hipótese clara de liquidação pelo procedimento comum, pois há a necessidade de alegar e provar fato novo, quais sejam os prejuízos decorrentes da execução da tutela de urgência, na forma do art. 509, inciso II, c/c art. 511.

A sentença que reconhecer e quantificar os prejuízos, naturalmente, será passível de cumprimento, na forma estabelecida pelos arts. 525 e seguintes, uma vez que será caso de decisão que reconhece obrigação de pagamento de quantia certa.

Capítulo II - Do Procedimento da Tutela Antecipada Requerida em Caráter Antecedente

Art. 303 - Nos casos em que a urgência for contemporânea à propositura da ação, a petição inicial pode limitar-se ao requerimento da tutela antecipada e à indicação do pedido de tutela final, com a exposição da lide, do direito que se busca realizar e do perigo de dano ou do risco ao resultado útil do processo.

§ 1º - Concedida a tutela antecipada a que se refere o caput deste artigo:

I - o autor deverá aditar a petição inicial, com a complementação de sua argumentação, a juntada de novos documentos e a confirmação do pedido de tutela final, em 15 (quinze) dias ou em outro prazo maior que o juiz fixar;

II - o réu será citado e intimado para a audiência de conciliação ou de mediação na forma do art. 334;

III - não havendo autocomposição, o prazo para contestação será contado na forma do art. 335.

§ 2º - Não realizado o aditamento a que se refere o inciso I do § 1º deste artigo, o processo será extinto sem resolução do mérito.

§ 3º - O aditamento a que se refere o inciso I do § 1º deste artigo dar-se-á nos mesmos autos, sem incidência de novas custas processuais.

§ 4º - Na petição inicial a que se refere o caput deste artigo, o autor terá de indicar o valor da causa, que deve levar em consideração o pedido de tutela final.

§ 5º - O autor indicará na petição inicial, ainda, que pretende valer-se do benefício previsto no caput deste artigo.
§ 6º - Caso entenda que não há elementos para a concessão de tutela antecipada, o órgão jurisdicional determinará a emenda da petição inicial em até 5 (cinco) dias, sob pena de ser indeferida e de o processo ser extinto sem resolução de mérito.

I. O procedimento de requerimento da tutela antecipada em caráter antecedente

O CPC/2015 inova ao permitir que a tutela antecipada (*de caráter satisfativo*) seja requerida em caráter antecedente, possibilitando que apenas o pedido de tutela de urgência dessa natureza seja deduzido, sem integral exposição de toda argumentação relativa à completa compreensão da lide. A sistemática representa verdadeira novidade, pois, no regime do CPC/1973, a tutela antecipada somente poderia ser requerida desde que todos os argumentos e fundamentos da lide, em sua integralidade, estivessem deduzidos, o que se depreende da interpretação dos arts. 273 e 461, § 3º do citado diploma legal.

Assim, quando a urgência for contemporânea à propositura da ação, pode-se deduzir somente o pedido (o código fala em *requerimento*, mas tratando-se de postulação ligada ao *mérito* da ação, é de se reputar verdadeiro *pedido*) de tutela antecipada. Para tanto, a parte deverá indicar o pedido de tutela final, com a exposição da lide, do direito que se busca realizar e do perigo de dano ou do risco ao resultado útil do processo.

Na hipótese de concessão da medida pleiteada, a petição inicial deve ser aditada, complementando-se a argumentação, com juntada de novos documentos e confirmação do pedido de tutela final, o que deve acontecer em 15 (quinze) dias ou em outro prazo maior que o juiz fixar. Esse aditamento será feito nos próprios autos e sem a incidência de novas custas processuais, razão pela qual o valor da causa indicado no pedido inicial (limitado à tutela antecipada) deverá considerar também o(s) pedido(s) de tutela(s) final(is).

Como única forma lógica de se compatibilizar o procedimento e sua funcionalidade com a estabilização da tutela antecipada prevista no art. 304 do CPC de 2015, é de se apontar que o início do prazo para o aditamento previsto no art. 303, § 1º, inciso I, do novel códex, somente pode começar a fluir quando e se o réu insurgir-se contra a decisão que concedeu a tutela antecipada antecedente, demonstrando-a nos autos.

Com o aditamento da petição inicial, o réu será citado e intimado para a audiência de conciliação ou de mediação na forma do art. 334, caso em que, não havendo autocomposição, o prazo para contestação será contado na forma do art. 335.

A não realização do aditamento, todavia, acarretará a extinção do processo sem resolução do mérito.

Entendendo o órgão jurisdicional pela ausência de elementos para a concessão da tutela antecipada, deverá determinar a emenda da petição inicial em até 5 (cinco) dias, sendo que, em caso de não realização satisfatória da emenda, a petição será indeferida e o processo será extinto sem resolução de mérito.

Art. 304 - A tutela antecipada, concedida nos termos do art. 303, torna-se estável se da decisão que a conceder não for interposto o respectivo recurso.
§ 1º - No caso previsto no caput, o processo será extinto.
§ 2º - Qualquer das partes poderá demandar a outra com o intuito de rever, reformar ou invalidar a tutela antecipada estabilizada nos termos do caput.
§ 3º - A tutela antecipada conservará seus efeitos enquanto não revista, reformada ou invalidada por decisão de mérito proferida na ação de que trata o § 2º.

§ 4º - Qualquer das partes poderá requerer o desarquivamento dos autos em que foi concedida a medida, para instruir a petição inicial da ação a que se refere o § 2º, prevento o juízo em que a tutela antecipada foi concedida.
§ 5º - O direito de rever, reformar ou invalidar a tutela antecipada, previsto no § 2º deste artigo, extingue-se após 2 (dois) anos, contados da ciência da decisão que extinguiu o processo, nos termos do § 1º.
§ 6º - A decisão que concede a tutela não fará coisa julgada, mas a estabilidade dos respectivos efeitos só será afastada por decisão que a revir, reformar ou invalidar, proferida em ação ajuizada por uma das partes, nos termos do § 2º deste artigo.

I. A "estabilização dos efeitos da tutela antecipada"

O *caput* do art. 304 estabelece que a decisão que concedente a tutela antecipada em caráter antecedente tornar-se-á estável se não for interposto o respectivo recurso cabível. Em linhas gerais, o que restou estabelecido é a possibilidade de a decisão que concede tutela jurisdicional urgente antecipada (*satisfativa*) continuar a produzir efeitos, sem a necessidade de sua reafirmação em um provimento de cognição exauriente.

Assim, resta estabelecido que, uma vez concedida a medida urgente, caberá ao réu sua impugnação, porquanto, se isso não acontecer, ocorrerá a estabilização da tutela prestada, sem, entretanto, a formação da imutabilidade da coisa julgada material. Dessa forma, continuará existindo, para qualquer das partes, a possibilidade do ajuizamento de ação tendente a reafirmar ou negar a tutela jurisdicional de urgência já concedida, mantendo o Processo Civil ainda dentro de uma esfera de atuação da autonomia privada.

Assim, uma vez concedida uma tutela antecipada satisfativa, esta conservará sempre sua eficácia, enquanto não for proferida decisão revogatória em recurso interposto contra ela, ou processo posterior, no qual se busque discutir o mérito da medida concedida antecipadamente.

O que a nova legislação pretende, ao que parece, é conferir às partes a autonomia para escolher entre a demanda plenária, ou a efetividade imediata dos provimentos de urgência, sem a obrigatoriedade do ajuizamento de demanda de cognição exauriente para manutenção dos efeitos da medida urgente concedida.

É de ressaltar ainda que tal possibilidade apenas existe para os casos de tutela *antecipada* (*satisfativa*), não sendo possível a estabilização de uma tutela de urgência cautelar concedida de forma antecedente, mantendo (como não poderia deixar de ser) o caráter instrumental da tutela cautelar, uma vez que estabelece a perda da eficácia da tutela cautelar antecedente caso o autor não deduza o pedido principal no prazo de 30 (trinta) dias, contados da efetivação da tutela cautelar (arts. 308 e 309, inciso I).

Portanto, o CPC/2015 impõe ao réu o ônus de recorrer especificamente da tutela antecipada concedida de forma antecedente, para evitar que a decisão que a concedeu se estabilize. Isso porque especificamente o *caput* do art. 304 aponta que a estabilização ocorrerá caso o réu não interponha o recurso. E, caso isso aconteça, o processo será extinto sem resolução do mérito.

É de se apontar desde logo que existe razoável divergência doutrinária sobre qual o ato processual a ser praticado para se evitar a estabilização. Parte da doutrina assevera que qualquer modalidade de insurgência apresentada de forma minimamente séria pela parte requerida é suficiente para evitar a estabilização. Dessa forma, admitir-se-ia que a expressão *respectivo recurso*, constante da parte final do *caput* do art. 304, do CPC/2015, deva ser compreendida em termos mais amplos, e não somente em seu sentido literal. Outra parte da doutrina sustenta, todavia, que o texto legal deve ser interpretado de forma restritiva, de forma que somente a interposição do recurso cabível contra a decisão concessiva da tutela antecipada antecedente seria suficiente para evitar sua estabilização.

O TJMG, por exemplo, adotando posição pela interpretação literal do texto legal, já decidiu que "[...] O art. 304 apresenta uma redação clara em relação ao requisito para se tornar estável a tutela de urgência na modalidade antecipada, isto é, a não interposição de recurso contra a decisão que a conceder. O legislador optou por utilizar o termo "recurso" contra a decisão que conceder a tutela de urgência, na modalidade antecipada, não cabendo ao intérprete sua ampliação, no sentido de admitir qualquer impugnação para obstaculizar a estabilização da tutela concedida, com a consequente extinção do processo [...]" (TJMG, 4ª Câm. Cível, Apelação Cível nº 1.0348.16.000489-4/001, Rel. Des. Heloisa Combat, j. em 3/11/2016).

Com todo o respeito às divergências doutrinárias em sentido contrário, parece mais acertada a primeira posição, uma vez que o que o instituto da estabilização da tutela antecipada pretende é evitar o alongamento do processo, quando as partes se dão por satisfeitas com o resultado da medida urgente eventualmente concedida. Assim, qualquer manifestação séria de insurgência da parte requerida parece suficiente para demonstrar que ela pretende aprofundar o debate em juízo e, por conta disso, também deveria bastar para evitar a estabilização da medida.

Portanto, parece possível sustentar que não haverá a estabilização se o demandado (réu) apresentar qualquer tipo de manifestação de inconformismo contra a decisão, minimamente deduzida sob os princípios da boa-fé, a evitar desnecessária e contraproducente enxurrada de recursos nos tribunais, apenas para se evitar a estabilização.

Há ainda debate doutrinário se a estabilização somente pode ocorrer se a tutela antecipada foi concedida em caráter antecedente, retirando-se tal possibilidade nos casos de concessão incidental da medida. Parece haver uma ideia geral de que somente a tutela antecipada antecedente pode se estabilizar, na perspectiva de uma interpretação literal do disposto no art. 304 do CPC de 2015. Veja-se, todavia, decisão do TJSP a respeito, consagrando também a impossibilidade de estabilização se a medida foi concedida em ação completa ou plenária "[...] Fornecimento gratuito de medicamento. Decisão atacada que deferiu a tutela provisória nos termos do art. 303 do NCPC, determinando a intimação da Fazenda Estadual com a advertência do disposto no artigo 304 do NCPC, de que a ausência de recurso importará na estabilização da decisão. Impossibilidade - Hipótese dos autos que não se amolda à concessão de tutela de urgência antecedente, segundo o art. 303 do NCPC - A tutela requerida não precedeu o pedido principal, eis que postulada na própria petição inicial da ação principal, ocasião em que a autora juntou toda a documentação necessária a comprovar o direito que alega fazer 'jus' na inicial [...]" (TJSP, 5ª Câm. de Direito Privado, Agravo de Instrumento nº 2105200-06.2016.8.26.0000, Rel. Des. Maria Laura Tavares, j. em 29/8/2016).

Todavia, um posicionamento que parece mais adequado é sustentar que a estabilização também pode ocorrer nos casos de tutela antecipada concedida incidentalmente, ou seja, quando a demanda plenária já está devidamente ajuizada e completa. É a opinião de Luiz Guilherme Marinoni, para quem, com inegável acerto "não há motivo razoável algum para se entender que apenas a tutela antecipada requerida na forma antecedente pode se tornar estável. Isso seria afirmar que somente o autor que, diante da situação de urgência, não tem tempo para elaborar adequadamente a petição inicial da ação, pode gozar dos benefícios da inércia do demandado. [...] Ao admitir a estabilização da tutela antecipada requerida na forma antecedente, o artigo 304 aceitou implicitamente a estabilização da tutela antecipada requerida na petição inicial da ação regularmente proposta. Raciocínio diverso retiraria a coerência da estabilização da tutela, ou pior do que isso, *estimularia o autor a fingir que não possui documentos e oportunidade para desenvolver adequadamente a causa de pedir da ação apenas para requerer a tutela na forma antecedente*" (MARINONI, Luiz Guilherme; ARENHART, Sérgio Cruz. *Comentários ao Código de Processo Civil*. v. IV. São Paulo: RT, 2016, p.186-187).

II. Da estabilização sem a formação da coisa julgada material

Ao prever a estabilização da tutela antecipada antecedente não impugnada por recurso, o CPC/2015 manteve a lógica tradicional do processo da ausência de produção de coisa julgada material da decisão que é proferida sem cognição exauriente.

Com efeito, pois o § 6º do art. 303 expressamente estabelece que *a decisão que concede a tutela não fará coisa julgada*.

Todavia, após estabilizada, os respectivos efeitos da decisão somente serão afastados por decisão que a rever, reformar ou invalidar a decisão, em ação ajuizada por qualquer das partes (uma vez que o § 2º do art. 303 permite que tanto autor(es) quanto réu(s) ajuíze(m) demanda para discussão meritória integral do direito no qual se fundou o pedido de tutela antecipada). Portanto, não se retirou a possibilidade do ajuizamento de demandas que visem conferir a imutabilidade definitiva que somente a coisa julgada material pode conferir aos provimentos jurisdicionais.

O que, por outro lado, o CPC/2015 não consegue responder é o que acontece com a decisão estabilizada que não for impugnada após 2 (dois) anos, contados da ciência que extinguiu o processo em razão da estabilização. Isso porque o § 5º do art. 303 prevê que *o direito de rever, reformar ou invalidar a tutela antecipada* será *extinto* após dois anos, contados da ciência da decisão que extinguiu o processo.

Ora, se *o direito de rever, reformar ou invalidar a tutela antecipada* será extinto (e, portanto, deve se reputar o prazo de dois anos para fazê-lo como prazo decadencial), o que acontecerá com a decisão que foi estabilizada, se não há formação da coisa julgada material? Que fenômeno processual será esse? Uma hipótese de preclusão qualificada, sem formação de coisa julgada material?

Particularmente (e uma vez que, naturalmente, não há parâmetros jurisprudenciais e até mesmo doutrinários seguros para uma afirmação taxativa), é de se apontar que, na interpretação sistemática do CPC/2015, a decisão estabilizada que, em dois anos da intimação da extinção do processo que a concedeu, não foi objeto de ação para discussão do direito que foi seu objeto mediato, *não poderá formar coisa julgada material*. Isso significa dizer que, *ainda que a decisão estabilizada e seus efeitos não possam ser revistos, reformados ou invalidados*, a parte contra a qual a medida foi concedida poderá alegar em sua defesa eventuais argumentos a serem opostos contra o direito afirmado sumariamente na decisão estabilizada, *uma vez que não se formou, sobre o direito em comento, a coisa julgada material*.

Capítulo III - Do Procedimento da Tutela Cautelar Requerida em Caráter Antecedente

Art. 305 - A petição inicial da ação que visa à prestação de tutela cautelar em caráter antecedente indicará a lide e seu fundamento, a exposição sumária do direito que se objetiva assegurar e o perigo de dano ou o risco ao resultado útil do processo.

Parágrafo único - Caso entenda que o pedido a que se refere o caput tem natureza antecipada, o juiz observará o disposto no art. 303.

Autora: Rogéria Dotti

I. Tutela provisória é gênero que abrange tutela cautelar e tutela antecipada

O CPC/2015 estabelece a tutela provisória como gênero, a qual abrange a tutela de urgência e de evidência. A tutela de urgência, por sua vez, pode ter natureza cautelar ou satisfativa (antecipada, conforme designação da lei). Desde logo percebem-se duas sensíveis mudanças entre o sistema novo e aquele vigente ao tempo do CPC/1973: desaparece a necessidade de um processo autônomo para a tutela cautelar (a qual agora é concedida nos mesmos autos em que será processado o pedido principal) e adotam-se os mesmos requisitos para ambas (tanto a tutela cautelar como a tutela antecipada exigem, para sua concessão, a probabilidade do direito e o perigo de dano ou risco ao resultado útil do processo).

II. Petição inicial e requisitos

Como a tutela cautelar pode ser requerida em caráter antecedente (ainda que nos mesmos autos em que futuramente será requerida a tutela principal), a petição inicial deve, desde logo, indicar a lide e seu fundamento, bem como a exposição sumária do direito que se pretende proteger e a existência do *periculum in mora* (perigo de dano ou risco ao resultado útil do processo). Permanece assim a referibilidade ao pedido principal, típica das medidas cautelares. Em outros termos, quem protege ou assegura assim age em relação a um interesse juridicamente relevante, afirmado pelo autor. Daí por que se faz necessário informar qual é a lide principal e seu fundamento. Tal menção é necessária também para a aferição das condições de ação (legitimidade e interesse processual). Os requisitos para a petição inicial estão previstos nos arts. 319 e 320 do CPC/2015.

III. Possibilidade de emenda e inépcia

Caso o autor não cumpra as exigências legais, deixando de indicar a lide e seu fundamento, por exemplo, a petição será inepta e levará à extinção do processo. Antes disso, porém, deverá o juiz conceder ao autor a possibilidade de emenda. Tal possibilidade já vinha sendo admitida no sistema do CPC/1973 e, com muito maior razão, deve ser agora defendida, vez que o ideário da nova lei é justamente sanar os vícios processuais e propiciar o julgamento de mérito das demandas. Somente poderá então ocorrer a extinção pela inépcia caso o autor, intimado para emendar a petição inicial, não o faça.

IV. Mitigação da exigência de indicação da lide principal no CPC/1973

No sistema do CPC/1973, a jurisprudência vinha admitindo a dispensa do requisito da indicação da lide principal quando a medida tivesse caráter satisfativo. Era o que ocorria, por exemplo, na exibição de documentos. Nesse sentido: "Sentença que julgou procedente a demanda e concedeu ao ministério público prazo de 90 (noventa) dias para devolução dos mandados. Medida cautelar satisfativa, que não se submete à exigência de indicação da ação principal e nem ao prazo de 30 (trinta) dias para sua propositura (exigências dos arts. 801 e 806 do código de processo civil). Precedentes do Superior Tribunal de justiça" (TJPR, 4ª Câmara Cível, ApCiv nº 1119145-6, Londrina, Rel. Juiz Conv. Rafael Vieira de Vasconcellos Pedroso, DJPR de 16/12/2014, p. 80). Todavia, como no sistema do CPC/2015 há um único processo, torna-se imprescindível informar desde logo qual é a lide e o seu fundamento.

V. Possibilidade de concessão de liminar inaudita altera parte

Ainda que não expressamente prevista neste dispositivo, o juiz poderá conceder decisão liminar imediata, antes mesmo da manifestação da parte ré. É o que está disposto no art. 300, § 2º, do CPC/2015. A possibilidade de proteção imediata do direito alegado pela parte constitui aliás o cerne, ou seja, a própria essência da natureza das medidas cautelares.

VI. Fungibilidade de dupla via entre tutela cautelar e tutela antecipada

O parágrafo único assegura a fungibilidade entre tutela cautelar e tutela antecipada ao dar ao juiz a possibilidade de observar o disposto no art. 303 (para as tutelas antecipadas) quando perceber que o pedido tem essa natureza. Nesse caso, deverá ser concedida à parte a possibilidade de emenda, para se adequar às exigências da tutela antecipada antecedente, inclusive no que tange ao benefício da estabilização, que é exclusivo a essa forma de tutela (art. 303, § 5º, do CPC/2015). Observe-se que o CPC/2015 faz o caminho inverso ao que estabelecia o CPC/1973. Agora, a previsão legal é de conversão da tutela cautelar em antecipada, ao passo que, no sistema anterior, a lei previa a conversão da tutela antecipada em cautelar (art. 273, § 7º, do CPC/1973). De qualquer forma, a tendência da jurisprudência será assegurar a fungibilidade de dupla via, ou seja, de um lado para o outro e vice-versa, independentemente da omissão legal. Era o que já vinha acontecendo anteriormente. Afinal, deve-se combater o formalismo excessivo e reconhecer que o objetivo do processo é a proteção do direito material.

VII. A decisão é agravável

Cabe agravo de instrumento em face da decisão que concede ou nega a tutela cautelar (ou seja, espécie do gênero tutela provisória), conforme previsto no art. 1.015, inciso I, do CPC/2015. Importante destacar que, no sistema novo, as hipóteses de cabimento de agravo de instrumento são *numerus clausus*, ou seja, dependem de previsão expressa no rol taxativo do referido dispositivo.

VIII. Julgados

Necessidade de preenchimento dos requisitos do art. 305. Sustação de protesto

"AGRAVO DE INSTRUMENTO – AÇÃO DECLARATÓRIA DE INEXISTÊNCIA DE DÉBITO – TUTELA PROVISÓRIA DE URGÊNCIA DE NATUREZA CAUTELAR ANTECEDENTE – PROTESTO – CHEQUE – CAUÇÃO – Demonstrado o direito que se objetiva assegurar e o perigo de dano, possível sustar os efeitos do protesto realizado em nome da agravada – Autora que alega não ter emitido o cheque em questão, o qual foi devolvido por divergência de assinatura (alínea 22), o que corrobora suas alegações – Requisitos do 305, parágrafo único, e 303, do NCPC, preenchidos – Existência de caução idônea e suficiente nos autos, preenchendo a exigência do art. 300, § 1º, do NCPC – Tutela provisória que pode ser modificada a qualquer tempo – Decisão mantida – Agravo improvido" (TJSP, 24ª Câmara de Direito Privado, Foro de Indaiatuba, 1ª Vara Cível, Agravo de Instrumento nº 2198107-97.2016.8.26.0000, Rel. Salles Vieira, j. em 18/7/2017, data de registro: 18/7/2017).

"AGRAVO DE INSTRUMENTO – PLEITO DE CONCESSÃO DE TUTELA CAUTELAR ANTECEDENTE AO CUMPRIMENTO DE SENTENÇA – DECISÃO QUE INDEFERIU O PLEITO – ACERTAMENTO – REQUISITOS DO ART. 305, DO CPC/2015, NÃO CONSTATADOS – AUSÊNCIA E RISCO AO RESULTADO ÚTIL DO PROCESSO QUE SE OBJETIVA – DECISÃO MANTIDA – RECURSO CONHECIDO E DESPROVIDO" (TJPR, 14ª C. Cível, AI nº 1560179-9-Curitiba, Rel. José Hipólito Xavier da Silva, unânime, j. em 8/3/2017).

Fungibilidade de duplo sentido entre tutela cautelar e tutela antecipada

"[...] EMENDA À PETIÇÃO INICIAL – Decisão que determinou a emenda à inicial, nos termos do art. 303, § 6º, do novo CPC – Possibilidade – Prosseguimento da tutela cautelar antecedente pelo procedimento da tutela antecipada antecedente – Art. 305, parágrafo único, do novo CPC – Aplicação do princípio da fungibilidade entre as tutelas de urgência – Medida que não acarreta prejuízo à autora e assegura a efetividade do processo – Decisão mantida – Recurso improvido, neste aspecto. RECURSO CONHECIDO EM

PARTE E IMPROVIDO, NA PARTE CONHECIDA" (TJSP, 24ª Câmara de Direito Privado, Foro Regional I, Santana, 1ª Vara Cível, Agravo de Instrumento nº 2100169-68.2017.8.26.0000, Rel. Plinio Novaes de Andrade Júnior, j. em 29/6/2017, data de registro 30/6/2017).

"[...] 'Esta Corte Superior já se manifestou no sentido da admissão da fungibilidade entre os institutos da medida cautelar e da tutela antecipada, desde que presentes os pressupostos da medida que vier a ser concedida' (STJ, AgRg no REsp 1.003.667/RS, Rel. Min. HUMBERTO MARTINS, Segunda Turma, DJe de 1º/6/09) [...]" (STJ, 1ª T., AgRg no Ag nº 1333245/PR, Rel. Min. Arnaldo Esteves Lima, j. em 15/9/2011, DJe de 21/9/2011).

"PRESTAÇÃO DE SERVIÇOS. AÇÃO DE OBRIGAÇÃO DE FAZER CUMULADA COM INDENIZAÇÃO POR DANOS MORAIS. TUTELA ANTECIPADA. PEDIDO VOLTADO AO IMEDIATO RESTABELECIMENTO DA LINHA TELEFÔNICA. HIPÓTESE EM QUE AINDA FALTAM ELEMENTOS PARA ACOLHER O PLEITO DE RELIGAÇÃO. NECESSIDADE, PORÉM, DE MEDIDA DE URGÊNCIA QUE IMPEÇA A COMERCIALIZAÇÃO DA LINHA. AGRAVO PARCIALMENTE PROVIDO. 1. Afirma a autora que houve indevida paralisação da prestação do serviço, obtendo a informação de que isso ocorrera em virtude de solicitação de cancelamento da linha, que nega ter apresentado. 2. Não há elementos suficientes para a determinação do restabelecimento do estado de coisas anterior, o que só será possível apreciar com a obediência ao contraditório. 3. Todavia, há inegável risco de dano grave, isto em virtude de estar em vias de comercialização a linha, impossibilitando a continuidade da utilização do número por parte da autora, com repercussões em sua atuação profissional. Assim, mediante a aplicação do princípio da fungibilidade, razoável se apresenta o deferimento de medida cautelar, determinando-se que a concessionária suspenda a comercialização da linha até nova deliberação" (TJSP, 31ª Câmara de Direito Privado, Foro de Americana, 2ª Vara Cível, Agravo de Instrumento nº 2255567-42.2016.8.26.0000, Rel. Antonio Rigolin, j. em 14/2/2017, data de registro: 14/2/2017).

Art. 306 - O réu será citado para, no prazo de 5 (cinco) dias, contestar o pedido e indicar as provas que pretende produzir.

I. Citação

A citação do réu deverá seguir o disposto nos arts. 238 a 259 do CPC/2015, ou seja, poderá ser feita em qualquer lugar em que se encontre o réu, mediante os seguintes meios: pelo correio, por oficial de justiça, pelo escrivão ou chefe de secretaria, por edital ou por meio eletrônico, conforme regulado em lei. As mesmas hipóteses previstas no CPC/1973 quanto às vedações à citação permanecem no sistema atual: não se fará a citação, salvo para evitar o perecimento do direito, de quem estiver participando de ato religioso; do cônjuge, companheiro ou parente do morto no dia do falecimento ou durante os sete dias seguintes; dos noivos nos três dias seguintes ao casamento; e de doente grave. Também não se realizará a citação do mentalmente incapaz, aplicando-se nesse caso o art. 245 do CPC/2015.

II. Contestação

Uma vez citado, o réu terá o prazo de cinco dias para apresentar a contestação, a qual deverá se limitar ao disposto no pedido cautelar (probabilidade do direito e perigo de dano ou risco ao resultado útil do processo). Isso porque, após a fase de apreciação do pedido liminar, o réu deverá formular o pedido principal (art. 308 do CPC/2015), ocasião em que se designará audiência de conciliação ou mediação e facultar-se-á nova oportunidade de contestação. O direito de defesa, em cada uma dessas fases, é uma exigência da garantia constitucional do contraditório (art. 5º, inciso LV, da CF/1988).

III. Indicação de provas

As provas a serem indicadas pelo réu na hipótese do art. 306 devem guardar pertinência com o objeto do pedido cautelar, e não com o pedido principal propriamente dito. Incumbe, portanto, ao réu requerer provas para demonstrar que o direito não é provável, que inexiste o alegado perigo ou que não há risco ao resultado útil do processo. A especificação de provas em relação ao pedido principal deverá ser feita posteriormente, no procedimento comum.

IV. Forma de contagem do prazo

Diversamente do CPC/1973 (que previa a contagem do prazo a partir da juntada do mandado de citação ou do mandado de execução da medida cautelar), o CPC/2015 não prevê nenhuma regra específica para as medidas cautelares. Prevalece então a regra geral de contagem dos prazos, prevista no art. 231 do CPC/2015.

Art. 307 - Não sendo contestado o pedido, os fatos alegados pelo autor presumir-se-ão aceitos pelo réu como ocorridos, caso em que o juiz decidirá dentro de 5 (cinco) dias.
Parágrafo único - Contestado o pedido no prazo legal, observar-se-á o procedimento comum.

I. Revelia e presunção relativa de veracidade

Não houve qualquer alteração entre o sistema anterior e o do CPC/2015 no que diz respeito à revelia na ação cautelar. Diante do silêncio do réu, permanece assim inalterada a presunção de veracidade quanto aos fatos alegados pelo autor. Nessa hipótese, aplica-se a regra geral da revelia (art. 341 do CPC/2015), a qual também não se diferencia da revelia prevista no sistema de 1973. Tal presunção, como é evidente, é relativa, uma vez que vigora a regra do livre convencimento do juiz (art. 371 do CPC/2015). Isso significa que, mesmo diante da revelia do réu, o juiz não estará compelido a julgar procedente o pedido. Por outro lado, caso aplique a presunção de veracidade, esta somente poderá atingir os fatos relativos ao pedido cautelar, não influenciando a decisão quanto ao pedido principal.

II. A decisão é interlocutória e agravável

Na medida em que o processo deverá prosseguir nos mesmos autos, a decisão relativa ao pedido cautelar será interlocutória. Consequentemente, será passível de reforma mediante recurso de agravo de instrumento, conforme previsão do art. 1.015, inciso I, do CPC/2015.

III. Procedimento comum

O parágrafo único desse dispositivo estabelece que, uma vez contestado o pedido (e obviamente sendo tempestiva a contestação), prosseguirá o processo através do procedimento comum. Novamente aqui fica evidenciada a novidade trazida com o CPC/2015: um único processo para a concessão das tutelas cautelar e principal. Trata-se de importante inovação, a qual simplifica muito o trâmite do processo e evita a desnecessária duplicação de ações, tão criticada no sistema anterior.

IV. Julgados

Inadmissibilidade de resposta genérica

"[...] Curadora, por sua vez, que no prazo legal limitou-se a apresentar petitório genérico, destituído de qualquer justificativa. Prazo peremptório, operando-se a presunção preconizada no art. 803 do CPC [...]" (TJSP, 1ª Câmara de Direito Privado, AI nº 2044469-49.2013.8.26.0000, Ac. nº 7930918, São Paulo, Rel. Des. Rui Cascaldi, j. em 14/10/2014, DJESP de 3/3/2015).

"[...] Verifica-se a revelia do ora apelante, eis que devidamente citado deixou de apresentar contestação, na medida em que não se pode considerar que a petição por ele protocolada e juntada aos autos trata-se de sua contestação, pois da leitura de referida peça constata-se que a mesma não pode ser considerada como contestação, eis que não preenche os requisitos previstos no artigo 802 do código de processo civil, aplicando-se ao mesmo o disposto no caput do artigo 803 do código de processo civil [...]" (TJPR, 13ª Câmara Cível, ApCiv nº 0885506-7, Pato Branco, Rel. Des. Luis Carlos Xavier, DJPR de 14/11/2012, p. 305).

Presunção relativa de veracidade

"Ação cautelar. Exibição de documentos. Revelia. Princípio da causalidade. Honorários advocatícios. Majoração. Prequestionamento. Litigância de má-fé. 1. Ainda que os efeitos da revelia recaiam sobre o réu, a presunção dela decorrente não é absoluta, dada a aplicação dos princípios da livre apreciação da prova e da persuasão racional do julgador, não estando este adstrito a acolher a pretensão exordial. Documentos acostados aos autos que demonstram a notificação administrativa da instituição financeira. 2. Presença dos requisitos exigidos para o ajuizamento da presente demanda. Solicitação administrativa que demonstrou a resistência injustificada por parte da instituição financeira. [...]" (TJSP, 21ª Câmara de Direito Privado, Foro de Matão, 2ª Vara Cível, Apelação nº 1001776-88.2016.8.26.0347, Rel. Itamar Gaino, j. em 6/7/2017, data de registro: 6/7/2017).

Art. 308 - Efetivada a tutela cautelar, o pedido principal terá de ser formulado pelo autor no prazo de 30 (trinta) dias, caso em que será apresentado nos mesmos autos em que deduzido o pedido de tutela cautelar, não dependendo do adiantamento de novas custas processuais.

§ 1º - O pedido principal pode ser formulado conjuntamente com o pedido de tutela cautelar.

§ 2º - A causa de pedir poderá ser aditada no momento de formulação do pedido principal.

§ 3º - Apresentado o pedido principal, as partes serão intimadas para a audiência de conciliação ou de mediação, na forma do art. 334, por seus advogados ou pessoalmente, sem necessidade de nova citação do réu.

§ 4º - Não havendo autocomposição, o prazo para contestação será contado na forma do art. 335.

I. Prazo para o pedido principal

Uma vez efetivada a medida cautelar, assim como previa o CPC/1973, o autor terá que apresentar o pedido principal dentro do prazo de 30 dias. A diferença é que agora isso deve ocorrer nos mesmos autos, sem a necessidade de uma ação autônoma. Embora parte da doutrina ainda entenda tratar-se de prazo decadencial, baseando-se na noção de Pontes de Miranda do direito substancial de cautela e de sua caducidade, parece mais adequado considerar-se que o prazo tem natureza processual. Isto porque é a lei processual quem o determina e a consequência não se opera no âmbito do direito material, mas no próprio processo com a perda de eficácia da medida concedida. O decurso do tempo não gera, portanto, o perecimento do direito material, mas tão somente uma consequência processual. Assim sendo, ou seja, tratando-se de prazo processual, o mesmo admite suspensão por morte, convenção das partes, força maior, férias ou recesso forense. E a forma de sua contagem deverá obedecer ao disposto nos arts. 219 e 224 do CPC/2015. Por outro lado, caso não formulado o pedido principal nesse interregno de 30 dias, cessará a eficácia da tutela cautelar (art. 309, inciso I, do CPC/2015). Tal perda de eficácia da tutela cautelar poderá ser declarada de ofício pelo juiz, sem a necessidade de requerimento da parte contrária. É medida automática, prevista pela lei. A regra se justifica diante da referibilidade existente entre tutela cautelar e tutela definitiva, ou seja, deferida a tutela, sua subsistência dependerá de uma apreciação com cognição exauriente. Por tal razão, o disposto neste dispositivo não se aplica caso a tutela cautelar tenha sido indeferida. Nessa hipótese não haverá sequer início do prazo. Destaque-se, por outro lado, que mesmo diante da perda de eficácia da tutela cautelar, o pedido principal poderá ser deduzido a qualquer tempo, desde que dentro do prazo decadencial do direito material. Isso porque uma coisa é a perda de eficácia da medida cautelar (pela perda da referibilidade tempestiva), outra é a possibilidade de formulação do pedido principal dentro dos prazos previstos na lei civil. E, vale a pena lembrar, como se trata de um único procedimento (para ambas as tutelas), a perda de eficácia da medida cautelar não gerará a extinção do processo (como ocorria no sistema do CPC/1973). Isto porque o autor pode prosseguir nos mesmos autos, formulando (ainda que a destempo) o pedido principal. Trata-se aqui do aproveitamento do processo e da valorização do julgamento de mérito.

II. Termo final do prazo

Diante de sua natureza de prazo decadencial, há várias decisões (ainda sob a égide do art. 806 do CPC/1973) permitindo o ajuizamento da ação principal no primeiro dia útil seguinte, sempre que a data final cair em um sábado ou domingo. Os julgados estão transcritos logo a seguir.

III. Tutela cautelar satisfativa e dispensa do prazo dos 30 dias

No sistema do CPC/1973, a jurisprudência se pacificou no sentido de dispensar o ajuizamento da ação principal dentro do prazo de 30 dias quando a medida cautelar tivesse um caráter satisfativo. Era o que ocorria, por exemplo, com a exibição de documentos, com a produção antecipada de provas, dentre outras. Agora, contudo, como a lei de 2015 prevê um único processo, o pedido principal terá que ser apresentado, pois a ação terá que prosseguir.

IV. Mesmos autos e dispensa de novas custas

Como já exposto, os pedidos de tutela cautelar e tutela definitiva serão formulados nos mesmos autos, em um único processo. Isso facilita a prestação jurisdicional e evita a duplicidade desnecessária de ações, que ocorria no sistema anterior. Outra vantagem é a dispensa do pagamento de novas custas. Como se trata de um único processo, as custas serão pagas uma única vez. O mesmo vale para a citação, a qual ocorrerá só no início. Formulado o pedido principal, o réu dele terá conhecimento através da simples intimação de seu advogado. O CPC/2015 trata assim de simplificar a forma de prestação da atividade jurisdicional, deixando para trás a inconveniente existência de dois processos paralelos.

V. Pedido conjunto e procedimento comum

Embora o CPC/2015 estabeleça a possibilidade de a tutela cautelar ser concedida em caráter antecedente, o § 1º do art. 308 autoriza que o pedido principal seja feito desde logo, isto é, conjuntamente. Novamente aqui se percebe o intuito de simplificação da nova lei. Nessa hipótese, contudo, o réu deverá ser citado para contestar ambos os pedidos, devendo então fluir o prazo para a defesa cautelar nos termos do art. 306 (cinco dias), enquanto a defesa do pedido principal deverá seguir o prazo e o procedimento estabelecidos pelo art. 335 (após a audiência de conciliação ou mediação).

VI. Aditamento da causa de pedir

O § 2º do art. 308 do CPC/2015 permite que a causa de pedir seja aditada no momento de formulação do pedido principal. Tal possibilidade de alteração se justifica na medida em que o autor pode não ter ainda todos os elementos necessários no momento em que requer a medida cautelar. Assim, e dentro da ideia de aproveitamento dos atos do processo, poderá ele aditar a causa de pedir.

VII. Audiência de conciliação ou mediação e contestação do pedido principal

Uma vez apresentado o pedido principal, as partes serão intimadas (sem a necessidade de nova citação) para comparecerem à audiência de conciliação ou mediação. O prazo para defesa quanto ao pedido principal terá início então após a audiência, nos termos do art. 335 do CPC/2015. A contestação, evidentemente, deve abranger o objeto do pedido principal, não se confundindo essa defesa com a contestação quanto ao pedido cautelar. Haverá assim duas contestações, com objetos diferentes: a primeira voltada às questões relacionadas à probabilidade do direito e risco de dano, ao passo que a segunda deverá abordar o próprio pedido de tutela definitiva.

VIII. Julgados

Termo inicial com a efetivação da medida cautelar

"[...] Medida cautelar. Art. 806 do CPC. Ação principal. Prazo para propositura. Termo inicial com a efetivação da cautelar. Processo principal proposto fora do prazo decadencial. Extinção da ação que se impõe" (TJPR, 18ª Câmara Cível, ApCiv nº 1300064-1, Barracão, Rel. Des. Athos Pereira Jorge Junior, j. em 16/4/2015, DJPR de 6/5/2015, p. 609).

"[...] Termo a quo que se inicia da data de efetivação da liminar concedida e não do primeiro dia útil subsequente. Decadência operada. Matéria pública. Reconhecimento de ofício. Extinção decretada. Preliminar acolhida. Recurso provido" (TJSP, 9ª Câmara de Direito Privado, AI nº 2005950-68.2014.8.26.0000, Ac. nº 7441174, São Roque, Rel. Des. Conti Machado, j. em 18/3/2014, DJESP de 4/4/2014).

"É decadencial o prazo de trinta dias para o ajuizamento da ação principal (art. 806, CPC). Se o autor não a ajuíza tempestivamente, sujeita-se à cessação da eficácia da medida cautelar e à extinção do processo" (TJSP, 29ª Câmara de Direito Privado, APL nº 0031565-38.2006.8.26.0562, Ac. nº 6344488, Santos, Rel. Des. Silvia Rocha, j. em 14/11/2012, DJESP de 10/9/2014).

"APELAÇÃO CÍVEL. EXIBIÇÃO DE DOCUMENTOS EM FASE DE CUMPRIMENTO DE SENTENÇA. AJUIZAMENTO DA AÇÃO PRINCIPAL NOS MESMOS AUTOS DA AÇÃO CAUTELAR. INDEFERIMENTO DA INICIAL PELO JUÍZO *A QUO*. IRRESIGNAÇÃO DA EXEQUENTE. ACOLHIMENTO. EFETIVAÇÃO DA MEDIDA CAUTELAR QUE SE DEU SOB A ÉGIDE DO NOVO CPC. CPC/2015 QUE DEVE SER APLICADO PARA ANÁLISE QUANTO AO CUMPRIMENTO DA FORMALIDADE E DO PRAZO PARA O AJUIZAMENTO DA AÇÃO PRINCIPAL. ARTIGO 14 DO CPC/2015. ISOLAMENTO DOS ATOS PROCESSUAIS. APLICAÇÃO DO ARTIGO 308 DO CPC/2015. PETIÇÃO PROTOCOLADA ANTES DE ESCOADO O PRAZO PREVISTO PARA TANTO. POSSIBILIDADE DE TRAMITAÇÃO DA AÇÃO PRINCIPAL NOS MESMOS AUTOS DA AÇÃO CAUTELAR. SENTENÇA REFORMADA. Recurso de Apelação conhecido e provido. [...] Isto é, somente se inicia o prazo para a propositura da ação principal quando a tutela cautelar for obtida/efetivada. Luiz Guilherme Marinoni e Daniel Mitidiero deixam em evidência que 'a propositura da ação, ou mesmo a concessão da tutela cautelar sem a sua efetivação, não faz surgir o ônus de propor a ação principal no prazo de 30 (trinta) dias' (in: Código de Processo Civil. Comentado artigo por artigo. São Paulo: Revista dos Tribunais, 2008. p. 756), restando claro, assim, que não é a data do ajuizamento da ação ou do deferimento da medida cautelar que fazem iniciar o prazo para o ajuizamento da ação principal, mas, sim, a sua devida efetivação. E por efetivação da medida 'deve-se entender o cumprimento do mandado judicial que concedeu a cautela (liminar ou definitiva)' (JUNIOR, Nelson Nery; NERY, Rosa Maria de Andrade. Código de Processo Civil Comentado e Legislação Extravagante. 10. ed. São Paulo: Revista dos Tribunais, 2008. p. 1126)" (TJPR, 14ª C. Cível, Região Metropolitana de Maringá, Foro Central de Maringá, AC nº 1698566-5, Rel. Themis Furquim, unânime, j. em 19/7/2017).

"APELAÇÃO. Tutela de urgência requerida em caráter antecedente. Sentença de extinção em razão do descumprimento do prazo para formulação do pedido principal. Pedido principal que deve ser formulado, em regra, a partir da data da efetivação da tutela cautelar. Art. 308 do CPC/2015. Autor que foi intimado para aditar a inicial. Termo inicial do prazo da ciência formal. Sentença de extinção prematura. Recurso provido" (TJSP, 38ª Câmara de Direito Privado, Foro Regional II, Santo Amaro, 14ª Vara Cível, Apelação nº 1048429-19.2016.8.26.0002, Rel. Flávio Cunha da Silva, j. em 19/4/2017, data de registro: 25/4/2017).

Dias úteis ou dias corridos

Há polêmica ainda nos tribunais a respeito da natureza desse prazo – se de direito material ou processual – e, consequentemente, sobre a forma de contagem: se em dias úteis ou corridos.

Atualmente, parece mais adequado o entendimento de que se trata de prazo processual e, consequentemente, submetido à contagem em dias úteis (art. 219). Além disso, deve-se aplicar a regra do art. 224, excluindo-se o dia do começo e incluindo-se o dia do vencimento.

"Agravo de instrumento – tutela antecipada requerida em caráter antecedente – sustação de protesto – art. 303 do Código de Processo Civil – tutela cautelar efetivada – pedido principal terá de ser formulado pelo autor no prazo de 30 dias – natureza jurídica do prazo do art. 308 do Código de Processo Civil – material – prazo que deve ser contado em dias corridos e não em dias úteis – decisão mantida – agravo improvido" (TJSP, 16ª Câmara de Direito Privado, Foro de Matão, 2ª Vara Cível, Agravo de Instrumento nº 2150988-43.2016.8.26.0000, Rel. Coutinho de Arruda, j. em 3/11/2016, data de registro 3/11/2016).

"APELAÇÃO. Tutela de urgência requerida em caráter antecedente. Sentença de extinção em razão do descumprimento do prazo para formulação do pedido principal. Pedido principal que deve ser formulado, em regra, a partir da data da efetivação da tutela cautelar. Art. 308 do CPC/2015. Autor que foi intimado para aditar a inicial. Termo inicial do prazo da ciência formal. Sentença de extinção prematura. Recurso provido. [...] Concernente à natureza jurídica do prazo para apresentação do pedido principal, respeitado o entendimento em sentido contrário, entendo que tal prazo é processual, e, portanto, incide o disposto no art. 219 do aludido diploma [...]" (TJSP, 38ª Câmara de Direito Privado, Foro Regional II, Santo Amaro, 14ª Vara Cível, Apelação nº 1048429-19.2016.8.26.0002, Rel. Flávio Cunha da Silva, j. em 19/4/2017, data de registro: 25/4/2017).

Termo final quando os 30 dias terminarem em final de semana

"Não obstante o prazo para ajuizamento da ação rescisória seja decadencial, se o seu termo final ocorrer em dia não útil, prorroga-se para o dia útil subsequente" (STJ, 5ª T., AgRg no REsp nº 966017/RO, Rel. Min. Arnaldo Esteves Lima, j. em 5/2/2009, DJE de 9/3/2009).

"[...] 1. Controvérsia acerca da prorrogação do prazo prescricional que findou durante o recesso forense. 2. Precedente da corte especial acerca da prorrogação do prazo decadencial da ação rescisória. 3. Julgados desta corte acerca da prorrogação do prazo prescricional. 4. Reconhecimento da prorrogação do prazo prescricional findo no curso do recesso forense, devendo a demanda ser ajuizada no primeiro dia útil seguinte ao seu término. 5. Inocorrência de prescrição no caso concreto. 6. Precedentes específicos do STJ, inclusive da corte especial. 7. Recurso Especial provido" (STJ, 3ª T., REsp nº 1.446.608, Proc. nº 2014/0075229-5, RS, Rel. Min. Paulo de Tarso Sanseverino, DJE de 29/10/2014).

"[...] IX. Prorroga-se até o primeiro dia útil, imediatamente subsequente, o prazo decadencial para ajuizamento de ação rescisória quando expira em férias forenses, feriados, finais de semana ou em dia em que não houver expediente forense. Sendo assim, a prorrogação a que alude o inciso IX da Súmula nº 100 desta Corte diz respeito apenas do dies ad quem para a propositura da ação rescisória e não ao dies a quo (início da contagem do biênio decadencial). Precedente desta Subseção. Recurso ordinário desprovido" (TST, Subseção II Especializada em Dissídios Individuais, RO nº 0003630-32.2011.5.01.0000, Rel. Min. Vieira de Mello Filho, DEJT de 22/5/2015, p. 378).

"[...] Os prazos de natureza decadencial não se interrompem nem se suspendem, podendo ser prorrogados para o primeiro dia útil seguinte, caso o termo final recaia em feriado ou dia em que não haja expediente forense. Precedentes [...]" (TSE, AgRg-AR nº 200-47.2013.6.00.0000, PE, Rel. Min. Dias Toffoli, j. em 8/8/2013, DJETSE de 26/8/2013).

"[...] Nas hipóteses em que o prazo previsto no art. 806 do CPC tenha seu termo final durante o recesso (juízos ou tribunais inferiores) ou férias forenses (tribunais superiores), a parte deve ajuizar a ação principal até o primeiro dia útil seguinte, desde que a causa não seja daquelas que tramitam durante as férias, sob pena de perda da eficácia da medida liminar concedida. Precedentes do Superior Tribunal de Justiça e deste tribunal de justiça. 4. O prazo decadencial de trinta dias, previsto no art. 806 do CPC, para o ajuizamento da ação principal é contado a partir da data da efetivação da liminar, concedida em procedimento preparatório, que na hipótese ocorreu em 30 de novembro de 2010 (data de intimação da medida), tendo, assim, como termo final, em virtude de recesso forense, o dia 07 de janeiro de 2011. [...]" (TJDF, 1ª T. Cível, Rec nº 2011.01.1.005631-0, Ac. nº 750.569, Rel. Des. Alfeu Machado, DJDFTE de 22/1/2014, p. 79).

"[...] Prazo de 30 dias para ajuizamento da ação principal, a contar da efetivação de medida cautelar preparatória (art. 806 do CPC). Termo final que coincide com domingo. Admitida a propositura no primeiro dia útil subsequente. Inteligência do art. 184, § 1º, do CPC. Precedentes [...]" (TJSC, 3ª Câmara de Direito Comercial, AC nº 2010.084568-7, Blumenau, Rel. Des. Ronaldo Moritz Martins da Silva, j. em 25/7/2013, DJSC de 1º/8/2013, p. 271).

"[...] Inconformismo do agravante no sentido de que a ação principal não foi interposta dentro do prazo legal, nos termos do artigo 806 do CPC Inocorrência da decadência suscitada, posto que o agravado distribuiu a ação dentro do prazo legal Razoabilidade do exercício do direito no primeiro dia útil subsequente ao vencimento do trintídio, posto que o prazo encerrou-se em dia no qual não houve expediente forense. [...]" (TJSP, 33ª Câmara de Direito Privado, AI nº 2008290-19.2013.8.26.0000, Ac. nº 6952163, Assis, Rel. Des. Carlos Nunes, j. em 19/8/2013, DJESP de 29/8/2013).

Art. 309 - Cessa a eficácia da tutela concedida em caráter antecedente, se:
I - o autor não deduzir o pedido principal no prazo legal;
II - não for efetivada dentro de 30 (trinta) dias;
III - o juiz julgar improcedente o pedido principal formulado pelo autor ou extinguir o processo sem resolução de mérito.
Parágrafo único - Se por qualquer motivo cessar a eficácia da tutela cautelar, é vedado à parte renovar o pedido, salvo sob novo fundamento.

I. Cessação de eficácia da medida

Assim como no CPC/1973, o CPC/2015 determina a cessação da eficácia da tutela cautelar se o pedido principal não for apresentado dentro do prazo (que no caso é de trinta dias, conforme o art. 308 do CPC/2015); se a medida não for efetivada no mesmo período ou ainda se houver improcedência do pedido principal. Isto porque existe referibilidade entre a tutela cautelar e a tutela definitiva (baseada em cognição exauriente). Assim, se esta não for ajuizada ou se for julgada improcedente, não há sentido em permanecer vigente a decisão baseada em cognição sumária.

II. Tutela cautelar satisfativa

No sistema do CPC/1973, a jurisprudência se pacificou no sentido de dispensar o ajuizamento da ação principal dentro do prazo de 30 dias quando a medida cautelar tivesse um caráter satisfativo. Era o que ocorria, por exemplo, com a exibição de documentos, com a produção antecipada de provas, dentre outras. Agora, contudo, como a lei de 2015 prevê um único processo, o pedido principal terá que ser apresentado, pois a ação não terá como prosseguir sem ele.

III. Improcedência do pedido principal

A lei anterior falava em cessação de eficácia pela extinção do processo principal, com ou sem julgamento de mérito. Isso levou a doutrina a sustentar a manutenção da eficácia da tutela cautelar após a sentença, em algumas situações excepcionais. Por exemplo, quando persistisse o risco e o pedido principal fosse julgado procedente. O mesmo entendimento poderia ser sustentado quando a extinção ocorresse sem o julgamento de mérito. O CPC/2015, de forma mais adequada, determina a cessação da eficácia não pela simples extinção do processo (como o CPC/1973), mas pela improcedência do pedido principal. Isso porque, diante da referibilidade, não há nenhum sentido em manter uma tutela concedida com base em cognição sumária depois de ter sido reconhecida a improcedência pela cognição exauriente. Dessa forma, a regra agora é mais clara: não é possível a manutenção da tutela cautelar após um julgamento de mérito desfavorável ao pedido do autor.

IV. Responsabilidade objetiva

A cessação de eficácia da tutela cautelar gera responsabilidade objetiva do autor em relação a eventuais prejuízos causados ao réu (art. 302, inciso III, do CPC/2015).

V. Necessidade de novo fundamento para renovação do pedido

O parágrafo único estabelece que, após a cessação de eficácia, só poderá haver novo pedido de tutela cautelar caso exista um novo fundamento, ou seja, uma nova causa de pedir.

Cessação de eficácia da liminar deferida

"AGRAVO DE INSTRUMENTO. AÇÃO CAUTELAR DE ARRESTO EXTINTA POR FALTA DE AJUIZAMENTO DA AÇÃO PRINCIPAL. PERDA DA EFICÁCIA DA LIMINAR. LIBERAÇÃO DE ALVARÁ. A falta de ajuizamento da ação principal no prazo do art. 308 do CPC acarreta a perda da eficácia da liminar deferida, bem como a extinção do processo cautelar. Assim, nestes autos, não há razão de se manter o valor arrestado. AGRAVO DESPROVIDO" (TJRS, 17ª Câmara Cível, Agravo de Instrumento nº 70073209074, Rel. Gelson Rolim Stocker, j. em 27/4/2017).

"AGRAVO DE INSTRUMENTO. DISSOLUÇÃO E LIQUIDAÇÃO DE SOCIEDADE. AÇÃO CAUTELAR DE EXIBIÇÃO DE DOCUMENTOS CUMULADA COM DEPÓSITO DE VALORES. DEPÓSITO DE VALORES REFERENTES À VENDA DA EMPRESA. IMPOSSIBILIDADE DE REVOGAÇÃO DA DECISÃO. I. Trata-se de agravo de instrumento interposto contra a decisão que revogou a antecipação de tutela deferida anteriormente, ante a ausência de ajuizamento da ação principal no prazo de 30 dias. II. Nos termos do art. 309, I, do CPC (art. 808, do CPC/1973), cessa a eficácia da medida, se o autor não deduzir o pedido principal no prazo legal estabelecido no art. 308, do CPC (art. 806, do CPC/1973). Contudo, verifica-se que os agravados não cumpriram a medida cautelar concedida (depósito judicial do valor recebido pela venda da empresa), razão pela qual descabe falar em sua revogação. Portanto, a ausência do depósito judicial, no caso em tela, inviabiliza a observância do prazo legal de 30 dias, devendo ser modificada a decisão agravada. AGRAVO PROVIDO" (TJRS, 5ª Câmara Cível, Agravo de Instrumento nº 70071715528, Rel. Jorge André Pereira Gailhard, j. em 29/3/2017).

"APELAÇÃO CÍVEL. ECA. ENSINO FUNDAMENTAL. CAUTELAR INOMINADA. AUSÊNCIA DE AJUIZAMENTO DE AÇÃO PRINCIPAL. EXTINÇÃO DO FEITO. HONORÁRIOS ADVOCATÍCIOS. REDUÇÃO. 1. Caso concreto em que a parte autora não promoveu o ajuizamento de ação principal no prazo legal de 30 dias, o que seria de rigor nos termos do art. 806 do CPC/1973 (vigente ao tempo da propositura e correspondente ao art. 308 do CPC/15), sendo responsável pelo ônus da sucumbência. 2. Tendo em vista a natureza, a importância da causa e a orientação desta Colenda Câmara, impõe-se a redução do valor dos honorários advocatícios. Observância do artigo 85, § 8º, do CPC/15. APELAÇÃO PARCIALMENTE PROVIDA" (TJRS, 8ª Câmara Cível, Apelação Cível nº 70071393227, Rel. Ricardo Moreira Lins Pastl, j. em 15/12/2016).

Art. 310 - O indeferimento da tutela cautelar não obsta a que a parte formule o pedido principal, nem influi no julgamento desse, salvo se o motivo do indeferimento for o reconhecimento de decadência ou de prescrição.

I. Independência entre a tutela cautelar e a tutela definitiva

Tal dispositivo demonstra que, apesar de um único processo, há completa independência entre a tutela cautelar e a tutela definitiva. É verdade que há referibilidade, ou seja, a tutela cautelar depende da apresentação de um *pedido* principal. Contudo, essa referibilidade demonstra apenas a instrumentalidade da proteção cautelar, não significando qualquer influência no julgamento de mérito do pedido principal. Assim, mesmo na hipótese de o juiz indeferir a liminar cautelar, deverá o autor formular o pedido principal para que o processo possa prosseguir através da cognição exauriente. E será plenamente possível a procedência desse pedido principal (vale lembrar, após ampla produção probatória), apesar do indeferimento inicial da tutela cautelar.

II. Prescrição e decadência

Hipótese diversa ocorrerá se o juiz reconhecer, desde logo, a ocorrência da prescrição ou da decadência. Isso porque haverá nesse caso decisão de mérito (art. 487, inciso II, do CPC/2015), apta à formação da coisa julgada material. Importante destacar que há divergência doutrinária quanto ao efeito da decisão que *rejeita* a alegação de prescrição ou decadência. Muitos autores sustentam que, nessa circunstância, não haveria coisa julgada material, podendo a alegação ser novamente apresentada no processo principal. Como o CPC/2015 prevê um único processo, a tendência será que, nessa hipótese, admita-se uma nova alegação de prescrição após a formulação do pedido principal.

III. Julgados

Reconhecimento de prescrição ou decadência em cautelar antecedente

"APELAÇÃO CÍVEL. AÇÃO CAUTELAR DE EXIBIÇÃO DE DOCUMENTOS. EXTRATOS DE CADERNETA DE POUPANÇAL. PLANO COLLOR. O dever de guarda dos documentos pela demandada não pode superar o prazo prescricional para as ações que têm como objeto os atos neles consignados, nos termos do previsto no art. 1.194 do Código Civil. Se de antemão é possível verificar que a tutela do direito material não se efetivará por estar operada a prescrição, cabível sua declaração na ação cautelar. Inteligência do art. 310 do CPC/2015. A ação cautelar de protesto ajuizada no Distrito Federal não interrompe prazo prescricional de ação proposta em data anterior. APELO DOS AUTORES DESPROVIDO" (TJRS, 23ª Câmara Cível, Apelação Cível nº 70071785679, Rel. Clademir José Ceolin Missaggia, j. em 13/12/2016).

"APELAÇÃO CÍVEL. AÇÃO CAUTELAR DE EXIBIÇÃO DE DOCUMENTOS. EXTRATOS DE CADERNETA DE POUPANÇA. PLANOS ECONÔMICOS. PRESCRIÇÃO. PROVA DE INEXISTÊNCIA DA CONTA NO PERÍODO POSTULADO PELO AUTOR (ART. 373, II, DO CPC). O dever de guarda dos documentos pela demandada, não pode superar o prazo prescricional para as ações que têm como objeto os atos neles consignados, nos termos do previsto no art. 1.194 do Código Civil. Se de antemão é possível verificar que a tutela do direito material não se efetivará por estar operada a prescrição, cabível sua declaração na ação cautelar. Inteligência do art. 310 do CPC/2015. Se comprovado pelo réu que a conta-poupança foi aberta em data posterior aos períodos solicitados pelo autor, é improcedente o pedido (inteligência do art. 373, II, do CPC). APELO DO RÉU PROVIDO E RECURSO ADESIVO DO AUTOR PREJUDICADO. UNÂNIME" (TJRS, 23ª Câmara Cível, Apelação Cível nº 70042381434, Rel. Clademir José Ceolin Missaggia, j. em 26/4/2016).

Oportunidade de emenda da inicial

"TUTELA – concessão de liminar mediante prestação de caução – inércia do autor – r. sentença de extinção – recurso do réu – insurgência – possibilidade – inobservância do prazo legal previsto pelo art. 309, II do CPC – necessidade de concessão de oportunidade para emenda da inicial, nos termos do art. 310 do CPC – sentença anulada – recurso provido" (TJSP, 38ª Câmara de Direito Privado, Foro de Itapetininga, 4ª Vara Cível, Apelação nº 1001511-92.2017.8.26.0269, Rel. Achile Alesina, j. em 2/8/2017, data de registro: 3/8/2017).

Prescrição ou decadência – CPC/1973, art. 810 – coisa julgada

"[...] anterior processo cautelar de sustação de protesto não é acobertado pela coisa julgada, já que não houve reconhecimento de prescrição ou decadência. [...]" (TJSP, 16ª Câmara de Direito Privado, APL nº 0015803-24.2011.8.26.0362, Ac. nº 7499028, Mogi Guaçu, Rel. Des. Jovino de Sylos Neto, j. em 1º/4/2014, DJESP de 28/4/2014).

"[...] Cautelar preparatória de exibição de documentos julgada extinta, com resolução de mérito, ante o reconhecimento da ocorrência da prescrição trienal, já com trânsito em julgado Impossibilidade de Reanálise da questão da prescrição, que se encontra sob o manto da coisa julgada material Recurso desprovido" (TJSP, 33ª Câmara de Direito Privado, APL nº 0003351-75.2013.8.26.0664, Ac. nº 7470674, Votuporanga, Rel. Des. Carlos Nunes, j. em 31/3/2014, DJESP de 7/4/2014).

"[...] A união se contrapôs à sentença com o argumento de que seria necessário o julgamento do mérito da causa, para fins de produção de coisa julgada material. Ocorre que não há produção de coisa julgada material em ação de medida cautelar, salvo no caso de ser acolhida a alegação de prescrição ou decadência, nos termos do art. 810 do CPC. 3. Recurso de apelação desprovido" (TRF-2ª Região, 4ª T. Especializada, AC nº 0103916-86.1997.4.02.5101, RJ, Rel. Juiz Fed.

Conv. Theophilo Miguel, DEJF de 16/12/2014, p. 370).

Prescrição ou decadência – a ação principal é obstada

"[...] O artigo 810 do código de processo civil autoriza apreciação tanto da prescrição como na decadência na ação cautelar, cuja análise obsta a propositura da ação principal. [...]" (TJPR, 12ª Câmara Cível, ApCiv nº 1130292-0, Curitiba, Rel. Des. Rosana Amara Girardi Fachin, DJPR de 14/5/2014, p. 537).

"[...] É lícito ao juiz, na cautelar preparatória, desde que provocado para tanto, declarar a prescrição ou a decadência da pretensão principal (art. 810 do CPC). (RESP 822.914/RS, Rel. Ministro Humberto Gomes de Barros, terceira turma, julgado em 01/06/2006, DJ 19/06/2006)" (TJPR, 7ª Câmara Cível, ApCiv nº 1124686-5, Londrina, Rel. Des. Luiz Antônio Barry, DJPR de 22/10/2014, p. 443).

Art. 311 - A tutela da evidência será concedida, independentemente da demonstração de perigo de dano ou de risco ao resultado útil do processo, quando:

I - ficar caracterizado o abuso do direito de defesa ou o manifesto propósito protelatório da parte;

II - as alegações de fato puderem ser comprovadas apenas documentalmente e houver tese firmada em julgamento de casos repetitivos ou em súmula vinculante;

III - se tratar de pedido reipersecutório fundado em prova documental adequada do contrato de depósito, caso em que será decretada a ordem de entrega do objeto custodiado, sob cominação de multa;

IV - a petição inicial for instruída com prova documental suficiente dos fatos constitutivos do direito do autor, a que o réu não oponha prova capaz de gerar dúvida razoável.

Parágrafo único - Nas hipóteses dos incisos II e III, o juiz poderá decidir liminarmente.

I. Tutela da evidência

A tutela da evidência caracteriza-se pela possibilidade de antecipação dos efeitos finais da decisão, satisfazendo-se desde logo o provável direito do autor, mesmo nas situações em que não exista a urgência. Tal previsão permite uma melhor distribuição do ônus do tempo, assegurando uma maior efetividade na prestação jurisdicional. Importante destacar que, no sistema anterior (art. 273, inciso II, do Código de Processo Civil de 1973, com as alterações introduzidas pela Lei nº 8.952, de 13 de dezembro de 1994), já se mostrava possível a antecipação da tutela, independentemente do risco de dano. Tal forma de tutela era cabível sempre que se caracterizasse o abuso do direito de defesa ou o manifesto propósito protelatório do réu. Mas a nova lei prevê agora outras circunstâncias nas quais se autoriza a antecipação, consoante os incisos do art. 311 do referido diploma legal. Em síntese, o que a tutela da evidência assegura é a realização desde logo do direito provável, ainda que este não esteja em risco. Faz-se assim uma clara e válida opção em relação ao peso do tempo no processo. Os quatro incisos aplicam-se nas situações em que, guardadas suas peculiaridades, tenham em comum a inconsistência da defesa do réu.

II. Abuso do direito de defesa ou propósito protelatório do réu

Como já exposto, a tutela da evidência prevista no inciso I do art. 311 do CPC/2015 é a antiga antecipação de tutela decorrente da defesa abusiva ou protelatória (art. 273, inciso II, do CPC/1973). Nesse aspecto, quase nada mudou. A única diferença é que a nova lei não prevê expressamente os requisitos específicos da prova inequívoca e da verossimilhança do sistema anterior. Mas a leitura sistêmica do CPC/2015 permite concluir que a tutela da evidência exige, em todos os seus incisos, a probabilidade do direito do autor. Em outras palavras, o simples abuso do direito de defesa não autoriza, por si só, a concessão da tutela de evidência. Se o direito do requerente não se mostrar provável, o juiz não poderá concedê-la, mesmo que o réu atue de forma abusiva. Por outro lado, o Judiciário poderá (e deverá) conceder a tutela da evidência sempre que além do direito provável houver uma inconsistência *lato sensu* na defesa. Ou seja, mesmo na inexistência de abuso, mas sendo a defesa frágil (sem condições de convencer), a tutela da evidência será cabível. O Enunciado nº 34 do Fórum Permanente de Processualistas Civis estabelece uma das hipóteses de defesa abusiva no âmbito da Administração Pública: "Considera-se abusiva a defesa da Administração Pública, sempre que contrariar entendimento coincidente com orientação vinculante firmada no âmbito administrativo do próprio ente público, consolidada em manifestação, parecer ou súmula administrativa, salvo se demonstrar a existência de distinção ou da necessidade de superação do entendimento".

III. Precedentes

Não há como não perceber que no inciso II do art. 311 do CPC/2015 o legislador disse menos do que deveria. Ao prever a tutela da evidência em relação aos precedentes, mencionou apenas as teses firmadas em súmulas vinculantes e julgamentos repetitivos (abrangidos aqui, obviamente, o incidente de resolução de demandas repetitivas e os recursos repetitivos). Deixou, portanto, de prever as hipóteses de súmulas não vinculantes do STF e STJ e decisões do plenário ou órgão especial dos tribunais locais. Como estabelece o art. 927 do CPC/2015, todas essas decisões têm efeito vinculante, ou seja, devem ser respeitadas por juízes e tribunais. Assim, nada justifica essa omissão do legislador. A interpretação que deve ser dada ao dispositivo, a partir de uma visão sistêmica do Código, é aquela que autoriza a tutela da evidência em todas as hipóteses de decisões vinculantes, nos termos do já mencionado art. 927.

IV. Entrega da coisa e contrato de depósito

Já o inciso III do art. 311 do CPC/2015 autoriza a decisão judicial antecipada para entrega da coisa que seja objeto de contrato de depósito, sempre que houver prova documental nesse sentido. Além disso, nesse inciso, por se tratar de típica obrigação de fazer, o legislador estabeleceu a possibilidade de fixação de multa. Trata-se, assim, da aplicação de um meio coercitivo para garantir a efetividade da decisão.

V. Prova documental consistente

Por fim, o inciso IV autoriza a antecipação da tutela quando o autor puder apresentar prova suficiente da existência de seu direito e o réu não conseguir gerar dúvida razoável mediante contraprova. Tanto aqui como no inciso I, obviamente, a tutela antecipada não poderá ser concedida liminarmente, pois terá que se aguardar para averiguar qual a conduta a ser adotada pelo réu. Ela importará na autorização ou não da tutela da evidência. De qualquer maneira, importante destacar que essa forma de tutela não se confunde com o julgamento parcial de mérito, disposto no art. 356 do CPC/2015. Lá, a cognição será exauriente, enquanto aqui se trata de um gênero de tutela provisória, baseada, portanto, em cognição sumária.

VI. Recurso sem efeito suspensivo

Importante lembrar que contra a decisão interlocutória que concede a tutela provisória (inclusive a tutela da evidência), o recurso cabível é o agravo de instrumento (CPC/2015, art. 1.015, inciso I), o qual não possui efeito suspensivo *ope legis*. Isso significa que a decisão terá eficácia imediata. Da mesma forma, a tutela que venha a ser concedida apenas em sentença poderá ser imediatamente executada, pois o recurso de apelação nessa parte não terá efeito suspensivo (CPC/2015, art. 1.012, inciso V). Assim, a tutela da evidência é uma excelente alternativa em relação ao problema da falta de eficácia da sentença pelo efeito suspensivo da apelação. Vale ainda destacar que o próprio julgamento de mérito (CPC/2015, art. 356) também é impugnável por agravo de instrumento, o qual permite sua eficácia desde logo (CPC/2015, art. 356, § 5º, e art. 1.015, inciso II). São maneiras, previstas na própria lei, para combater a incoerência do sistema que outorga eficácia às decisões sumárias, sem fazer o mesmo em relação às sentenças (baseadas em cognição exauriente).

VII. Cabimento de liminar

Como os incisos I e IV descrevem circunstâncias que somente estarão caracterizadas após a manifestação do réu, a lei só permite a concessão de liminar *inaudita altera parte* nas demais hipóteses (incisos II e III). Nestes, a tutela da evidência poderá ser concedida desde logo, antes mesmo da manifestação do réu. O cabimento da liminar é tema bastante polêmico na doutrina. Ainda que o intuito da tutela da evidência seja a melhor distribuição do ônus do tempo no processo, questiona-se se a concessão da medida, nos casos divorciados da urgência, não violaria a garantia constitucional do contraditório. Ou seja, a urgência justifica a postecipação do contraditório, mas nas situações em que não há urgência, o deferimento da medida *inaudita altera parte* seria violador da respectiva garantia. A solução parece estar na análise do caso concreto e na ponderação dos interesses em jogo.

VIII. Julgados

Indeferimento do pedido liminar antes do contraditório

"ANTECIPAÇÃO DE TUTELA – COMPRA E VENDA – AÇÃO DE RESCISÃO CONTRATUAL – DEMANDA CUMULADA COM PEDIDO DE RESTITUIÇÃO DE QUANTIAS PAGAS – DECISÃO QUE INDEFERIU A TUTELA DE EVIDÊNCIA CONSISTENTE NA PRONTA DEVOLUÇÃO, EM PARCELA ÚNICA, DOS VALORES DESPENDIDOS PELO AUTOR – AUSÊNCIA DOS REQUISITOS DO ART. 311 DO CPC2015 – QUESTÃO QUE SOMENTE PODERÁ SER ANALISADA APÓS A FORMAÇÃO DO CONTRADITÓRIO E QUE DEPENDE TAMBÉM DA RESCISÃO JUDICIAL DO AJUSTE – DECISÃO MANTIDA – RECURSO DESPROVIDO" (TJSP, 8ª Câmara de Direito Privado, Foro de Osasco, 1ª Vara Cível, Agravo de Instrumento nº 2048060-77.2017.8.26.0000, Rel. Theodureto Camargo, j. em 19/6/2017, data de registro: 19/6/2017).

"Nos termos do previsto no artigo 311 do Código de Processo Civil A tutela da evidência será concedida, independentemente da demonstração de perigo de dano ou de risco ao resultado útil do processo, quando: I - ficar caracterizado o abuso do direito de defesa ou o manifesto propósito protelatório da parte; II - as alegações de fato puderem ser comprovadas apenas documentalmente e houver tese firmada em julgamento de casos repetitivos ou em súmula vinculante; III - se tratar de pedido reipersecutório fundado em prova documental adequada do contrato de depósito, caso em que será decretada a ordem de entrega do objeto custodiado, sob cominação de multa; IV - a petição inicial for instruída com prova documental suficiente dos fatos constitutivos do direito do autor, a que o réu não oponha prova capaz de gerar dúvida razoável. Parágrafo único. Nas hipóteses dos incisos II e III, o juiz poderá decidir liminarmente. No caso, embora comprovada a existência de Súmula vinculante, há divergência entre os valores tidos como pagos pelos agravantes e àqueles constantes das planilhas confeccionadas pelas construtoras, razão pela qual deixo de conceder, sem instauração do contraditório, a tutela de evidência requerida ante a ausência dos seus requisitos. Agravo de instrumento desprovido, com base no artigo 932, IV e VIII do Código de Processo Civil e artigo 169, XXXIX do Regimento interno desta Corte" (TJRS, 17ª Câmara Cível, Agravo de Instrumento nº 70072212376, Rel. Liege Puricelli Pires, j. em 25/4/2017).

Requisitos para a concessão liminar da tutela de evidência

"[...] TUTELA DE EVIDÊNCIA. CONCESSÃO DE PLANO. REQUISITOS. Na sistemática do CPC/15 as tutelas de urgência cautelares e de antecipação de direito material estão matizadas sob o regramento da tutela provisória; e que agora pode fundamentar-se em urgência ou tão somente na evidência. A tutela provisória de evidência é antecipação de direito material em que o juízo de evidência do direito dispensa o requisito de urgência para concessão do provimento; e pode ser concedida liminarmente ou quando estabelecido o contraditório. A concessão de plano só é possível quando os fatos dependerem exclusivamente de prova documental ou se tratar de tese enunciada em súmula vinculante ou recurso repetitivo; ou se tratar de pedido reipersecutório fundado em prova documental de contrato de depósito. - Circunstância dos autos em que ausentes os requisitos à concessão da tutela provisória. RECURSO DESPROVIDO" (TJRS, 18ª Câmara Cível, Agravo de Instrumento nº 70074383415, Rel. João Moreno Pomar, j. em 7/7/2017).

Indeferimento da tutela da evidência quando houver necessidade de prova

"CONSUMIDOR - TUTELA DE EVIDÊNCIA - VAREJO DE COMBUSTÍVEIS - Decisão que concedeu a tutela de evidência para determinar à agravante que se abstenha de comercializar etanol e gasolina comum a preço que resulte lucro bruto sobre o valor de compra do produto, superior a percentuais entre 17% e 20%, haja vista, dentre outros fatores, o locupletamento ilícito já consolidado pela ré, sob pena de lacração as bombas de abastecimento desses combustíveis, até final decisão da demanda - Afastamento - Requisitos para a concessão da tutela de evidência inexistentes - Necessidade de realização de prova pericial - Art. 294 e seguintes do CPC - Recurso provido" (TJSP, 25ª Câmara de Direito Privado, Foro de Ribeirão Preto, 5ª Vara Cível, Agravo de Instrumento nº 2209614-55.2016.8.26.0000, Rel. Claudio Hamilton, j. em 20/7/2017, data de registro: 20/7/2017).

Abuso do direito de defesa ou manifesto propósito protelatório (art. 311, inciso I)

"TUTELA PROVISÓRIA DE EVIDÊNCIA INCIDENTAL. PLEITO DE IMEDIATO LEVANTAMENTO DE VALORES PENHORADOS. ABUSO DO DIREITO DE DEFESA OU MANIFESTO PROPÓSITO PROTELATÓRIO NÃO DEMONSTRADOS. Inexistindo risco de frustração da execução, porquanto vigente bloqueio judicial realizado na origem, e não havendo demonstração evidente da ocorrência de abuso de defesa ou de interposição de recurso manifestamente protelatório, nos termos do art. 311 do CPC, descabe, na fase, o deferimento da tutela de evidência para fins de determinar o imediato levantamento de valores depositados em juízo. Existência de apelação 'sub judice'. Para fins de cautela, a questão se submete até o julgamento dos recursos de apelação por esta Corte. TUTELA PROVISÓRIA DE URGÊNCIA INDEFERIDA" (TJRS, 13ª Câmara Cível, Tutela Provisória nº 70072670458, Rel. André Luiz Planella Villarinho, j. em 30/3/2017).

Alegações de fato provadas documentalmente e precedentes do STJ (art. 311, inciso II)

"AGRAVO DE INSTRUMENTO – SUSPENSÃO DA EXIGIBILIDADE DO CRÉDITO TRIBUTÁRIO – ICMS INCIDENTE SOBRE AS TARIFAS DE USO DO SISTEMA DE DISTRIBUIÇÃO (TUSD) E DE USO DO SISTEMA DE TRANSMISSÃO (TUST) – INDEFERIMENTO DA TUTELA PROVISÓRIA. Alegações comprovadas documentalmente e em consonância com jurisprudência consolidada do C. STJ. Possibilidade de concessão da tutela de evidência. Inteligência do art. 311, inciso II, do NCPC. Decisão reformada. Recurso provido" (TJSP, 13ª Câmara de Direito Público, Foro de Bauru, 2ª Vara da Fazenda Pública, Agravo de Instrumento nº 2019094-07.2017.8.26.0000, Rel. Spoladore Dominguez, j. em 19/7/2017, data de registro: 20/7/2017).

"CONCURSO PÚBLICO. Polícia militar. Soldado PM de 2ª Classe. Edital nº DP-1/321/15. Avaliação psicológica. Inaptidão e eliminação. Súmula Vinculante nº 44. Tutela de evidência. [...] É lícita a exigência de que o candidato esteja psicologicamente preparado para exercer o cargo, aí inserida a aprovação em exame próprio. No entanto, a Câmara consolidou seu entendimento pela aplicação mais rigorosa da Súmula Vinculante STF nº 44, ao qual me curvo ante a nova sistemática de julgamento trazida pelo novo Código de Processo Civil. Concessão da tutela provisória de evidência como medida de rigor. Inteligência do art. 311, II do CPC. – Tutela de evidência indeferida. Agravo provido" (TJSP, 10ª Câmara de Direito Público, Foro Central, Fazenda Pública/Acidentes, 3ª Vara de Fazenda Pública, Agravo de Instrumento nº 2065763-21.2017.8.26.0000, Rel. Torres de Carvalho, j. em 8/5/2017, data de registro: 29/5/2017).

Inexistência de prova capaz de gerar dúvida razoável (art. 311, inciso IV)

"AGRAVO DE INSTRUMENTO. AÇÃO DE RETOMADA DE IMÓVEL RURAL. CONTRATO DE ARRENDAMENTO RURAL. TUTELA DE EVIDÊNCIA. AUSÊNCIA DOS PRESSUPOSTOS. A tutela de evidência será concedida, independentemente da demonstração de perigo de dano ou de risco ao resultado útil do processo, quando a petição inicial for instruída com prova documental suficiente dos fatos constitutivos do direito do autor, a que o réu não oponha prova capaz de gerar dúvida razoável (art. 311, IV, do NCPC). Na espécie, dos elementos trazidos aos autos, num juízo perfunctório da questão, observa-se a ausência de prova suficiente dos fatos constitutivos do direito do autor, no sentido de ter retomada a posse do imóvel objeto de arrendamento celebrado com o réu. Revogada a interlocutória que deferiu a tutela de evidência, em razão do não preenchimento dos pressupostos elencados no artigo 311, IV, do Novo Código de Processo Civil. DERAM PROVIMENTO AO RECURSO. UNÂNIME" (TJRS, 18ª Câmara Cível, Agravo de Instrumento nº 70070294293, Rel. Giuliano Viero Giuliato, j. em 12/12/2016).

"AGRAVO DE INSTRUMENTO. TUTELA DE EVIDÊNCIA. Autora que pretende a determinação liminar de devolução, pela ré, do valor pago pelo veículo adquirido pela autora. Alega que houve entrega do bem para reparos e desrespeito aos sucessivos prazos para devolução. Prova documental produzida pela autora que pode ser desconstituída pela ré e que sequer foi citada. Ausência de preenchimento dos requisitos contidos no art. 311, IV, do CPC. Parágrafo único do dispositivo que, ademais, sugere a apresentação de contestação antes da concessão da medida. DECISÃO MANTIDA. RECURSO DESPROVIDO" (TJSP, 25ª Câmara de Direito Privado, Foro de Guarulhos, 4ª Vara Cível, Agravo de Instrumento nº 2110909-85.2017.8.26.0000, Rel. Azuma Nishi, j. em 20/7/2017, data de registro 20/7/2017).

Não cabimento de liminar inaudita altera parte no caso do art. 311, incisos I e IV, do CPC

"OBRIGAÇÃO DE FAZER C/C REPARAÇÃO DE DANOS MATERIAIS E MORAIS. PEDIDO DE TUTELA DE EVIDÊNCIA AMPARADO NOS INCISOS I E IV DO ARTIGO 311, DO CPC. PARÁGRAFO ÚNICO. IMPOSSIBILIDADE DE DEFERIMENTO SEM OPORTUNIZAR O CONTRADITÓRIO. DECISÃO MANTIDA. RECURSO CONHECIDO E NÃO PROVIDO" (TJPR, 18ª C. Cível, AI nº 1593787-2, Cascavel, Rel. Vitor Roberto Silva, unânime, j. em 26/4/2017).

"AGRAVO DE INSTRUMENTO – AÇÃO DE BUSCA E APREENSÃO – INSURGÊNCIA QUANTO À DECISÃO QUE INDEFERE O PLEITO DE TUTELA DE EVIDÊNCIA – PROVA DOCUMENTAL INSUFICIENTE PARA AMPARAR OS FATOS CONSTITUTIVOS ALEGADOS PELO AUTOR – CÓDIGO DE PROCESSO CIVIL/2015, ARTIGO 311, IV – HIPÓTESE QUE NÃO COMPORTA DEFERIMENTO DE LIMINAR INAUDITA ALTERA PARTE – DECISÃO MANTIDA. RECURSO CONHECIDO E DESPROVIDO" (TJPR, 17ª C. Cível, Região Metropolitana de Maringá, Foro Central de Maringá, AI nº 1626369-7, Rel. Luciane Bortoleto, unânime, j. em 7/6/2017).

"AGRAVO DE INSTRUMENTO. AÇÃO DE COBRANÇA. TUTELA DA EVIDÊNCIA. CPC, ART. 311, IV, DO CPC. DEFERIMENTO LIMINAR. NÃO CABIMENTO. CONCESSÃO CONDICIONADA AO PRÉVIO EXERCÍCIO DO CONTRADITÓRIO. INCONSISTÊNCIA DA DEFESA QUE NÃO PODE SER PRESUMIDA. INTELIGÊNCIA DO PARÁGRAFO ÚNICO DO ART. 311. AGRAVO DE INSTRUMENTO PROVIDO" (TJPR, 18ª C. Cível, Curitiba, AI nº 1598326-9, Rel. Vitor Roberto Silva, unânime, j. em 22/3/2017).

"Agravo de Instrumento – ação de rescisão contratual c.c. indenização – tutela de evidência indeferida, no tocante à devolução dos valores a restituir – ausentes os requisitos do art. 300 e 311, IV do CPC – matéria fática que depende do contraditório – O devido processo legal não é compatível com a precipitação e a unilateralidade prudente postergar a análise da tutela de evidência para momento posterior a contestação – Decisão mantida – Recurso não provido" (TJSP, 5ª Câmara de Direito Privado, Foro de Piracicaba, 4ª Vara Cível, Agravo de Instrumento nº 2064208-66.2017.8.26.0000, Rel. Moreira Viegas, j. em 21/6/2017, data de registro: 21/6/2017).

Recurso cabível contra a concessão da tutela de evidência na sentença

"AGRAVO DE INSTRUMENTO. Tutela de evidência concedida no bojo da apelação. Capítulo da sentença que também desafia recurso de apelação (art. 1.009, § 3º, CPC). Recurso não conhecido" (TJSP, , 22ª Câmara de Direito Privado, Foro de Suzano, 4ª Vara Cível, Agravo de Instrumento nº 2101836-89.2017.8.26.0000, Rel. Roberto Mac Cracken, j. em 22/6/2017, data de registro: 17/7/2017).

LIVRO VI
DA FORMAÇÃO DA SUSPENSÃO E DA EXTINÇÃO DO PROCESSO

TÍTULO I
DA FORMAÇÃO DO PROCESSO

Art. 312 - Considera-se proposta a ação quando a petição inicial for protocolada, todavia, a propositura da ação só produz quanto ao réu os efeitos mencionados no art. 240 depois que for validamente citado.

Autor: Adroaldo Furtado Fabricio

I. Âmbito do título

Diferentemente de seu homólogo de 1973 (art. 262), este Código não reserva espaço nesta passagem ao tema da iniciativa da formação do processo e do chamado princípio da demanda. Continua vigente a norma segundo a qual essa iniciativa pertence à parte, embora os atos ulteriores de impulso do processo já instaurado sejam atribuídos à iniciativa judicial. Com técnica mais apurada, cuida dessa matéria no trecho dedicado à jurisdição (art. 2º).

De igual modo, as normas relativas à estabilização da instância, que no Estatuto de 1973 integram o mesmo título (art. 264), foram deslocadas para outra sede, o art. 329, inciso II, deste Código.

Aqui, trata-se apenas da formação do processo, e não da correspondente iniciativa nem da eventual alteração do pedido. Para muitos efeitos, alguns deveras importantes na esfera prática, a definição do momento em que adquire vida o processo e do ato ou conjunto de atos geradores desse fenômeno é objeto único deste título, por isso reduzido a um só artigo.

II. Formação gradual do processo

É corrente na doutrina a ideia da *angularidade* da relação processual, no sentido de que sua representação gráfica assume a figura de um ângulo: dois ramos, ou segmentos de reta, ligando cada uma das partes ao juiz, situado no vértice. Por isso, a formação do processo em sua completa conformação distribui-se em dois momentos distintos e sucessivos.

No que respeita ao autor, o lado do ângulo que lhe corresponde começa a existir no momento em que a petição inicial por ele oferecida é submetida a algum ato do juiz ou do arcabouço judiciário que lhe dá apoio. Até esse instante, a petição, conquanto já elaborada, é papel particular da parte ou de seu advogado; se ela for extraviada, destruída, substituída, modificada ou guardada, sem apresentação ao órgão público destinatário, isso se passa fora do processo, que não terá existido.

Essa noção está direta e intuitivamente ligada ao conceito de processo como relação jurídica. Toda relação, jurídica ou de outra espécie, envolve necessariamente a pluralidade de sujeitos: uma pessoa ou coisa só se pode relacionar com outra pessoa ou coisa. A outorga de mandato a advogado pela parte para o fim específico de propor determinada demanda, com ou sem ajuste de honorários profissionais, certamente estabelece entre ambos uma relação, sem dúvida jurídica, mas ainda não processual.

Ao elaborar a inicial, o advogado dá início ao cumprimento do contrato celebrado, mas a relação jurídica já estabelecida continua a ser de cunho estritamente privado, sem a participação de ente público. Ao revés, desde quando este intervém, praticando qualquer ato relativo à petição oferecida, deixa ela de ser documento particular, publicizando-se. O advogado e a parte já não podem dispor dela a seu talante, como até então poderiam. Acha-se então estabelecida a relação processual; o processo começa a existir.

O segundo ramo da relação processual, que vai ligar o juiz ao réu, quanto à maior e mais importante parcela, só se vai instalar com a citação, como dispõe este artigo remetendo ao art. 240. Mas nem por isso é menos importante o momento inicial da formação do processo: mesmo do ponto de vista do demandado, alguns efeitos podem começar-se a produzir desde então, entre eles alguns de típica sujeição, como nos casos de antecipação de tutela jurisdicional sem oitiva da parte contrária.

De resto, é preciso ter-se em mente que, mesmo entre os efeitos atribuídos à citação e não diretamente ao aforamento da demanda, há importante caso no qual dito efeito, mesmo dependendo do ato citatório, recua à data deste: a interrupção da prescrição (art. 240, § 1º).

III. Protocolo da inicial

Segundo a letra do artigo, é o *protocolo* da inicial que dá nascimento ao processo. Mas não seria razoável atribuir-se ao termo um sentido estritamente formal, cartorário, como a significar que sem protocolo, no corrente significado burocrático da palavra, não poderia existir a relação processual. Esta se instala, vai aqui repetido, pela adição de qualquer ato do órgão jurisdicional, ou de órgão auxiliar dele, à petição primeira.

Pode dar-se que, por razões de extrema urgência, de emperramento do mecanismo cartorial ou de situação outra de força maior, a petição seja diretamente apresentada ao juiz e por ele despachada sem passar pela prévia formalidade do registro em algum livro, do carimbo ou da intermediação de qualquer órgão auxiliar do juízo. Formalidades podem esperar; o exame do direito invocado pela parte nem sempre pode ser protelado sem dano.

A moderna visão finalística dos atos processuais impõe, assim, leitura mais aberta da dicção legal. Entende-se por protocolo, então, a publicização mesma do ato que até então era privado, mediante acréscimo da intervenção do juiz ou de qualquer agente dele. Esse entendimento abrangente era já o do STJ na interpretação do art. 263 do CPC/1973 (*v.g.*, REsp nº 772202, 1ª T., Rel. Min. Humberto Martins, j. em 18/8/2009, publ. DJe de 31/8/2009, unân.; STJ, 3ª T., REsp nº 498798, Rel. Min. Menezes Direito, j. em 6/9/2005, publ. DJ de 21/11/2005, p. 226, unân.).

IV. Momento inicial da existência do processo

Importa enfatizar que o processo adquire existência como tal no momento indicado pelo artigo sob comento, para todos os efeitos, observada apenas a ressalva relativa ao art. 240. Embora incompleta, a relação processual acha-se já instalada desde então. E tanto isso é exato que, mesmo sem a citação do réu, eventualmente comporta a prolação de sentença.

Tal é o caso, por exemplo, do ato decisório que indefere a inicial (art. 330), do qual, aliás, cabe recurso de apelação (art. 331). Interposto este, o réu será citado; porém, se transita em julgado sem recurso a sentença indeferitória, o processo ter-se-á formado e prontamente extinto sem haver-se completado a relação processual. Permanece o demandado alheio a ela: a intimação do art. 331, § 3º (diversa, já se vê, da citação), é ato de mera ciência.

TÍTULO II
DA SUSPENSÃO DO PROCESSO

Art. 313 - Suspende-se o processo:
I - pela morte ou pela perda da capacidade processual de qualquer das partes, de seu representante legal ou de seu procurador;
II - pela convenção das partes;
III - pela arguição de impedimento ou de suspeição;
IV- pela admissão de incidente de resolução de demandas repetitivas;
V - quando a sentença de mérito:
a) depender do julgamento de outra causa ou da declaração de existência ou de inexistência de relação jurídica que constitua o objeto principal de outro processo pendente;
b) tiver de ser proferida somente após a verificação de determinado fato ou a produção de certa prova, requisitada a outro juízo;

VI - por motivo de força maior;
VII - quando se discutir em juízo questão decorrente de acidentes e fatos da navegação de competência do Tribunal Marítimo;
VIII - nos demais casos que este Código regula;
IX - pelo parto ou pela concessão de adoção, quando a advogada responsável pelo processo constituir a única patrona da causa;
X - quando o advogado responsável pelo processo constituir o único patrono da causa e tornar-se pai.
§ 1º - Na hipótese do inciso I, o juiz suspenderá o processo, nos termos do art. 689.
§ 2º - Não ajuizada ação de habilitação, ao tomar conhecimento da morte, o juiz determinará a suspensão do processo e observará o seguinte:
I - falecido o réu, ordenará a intimação do autor para que promova a citação do respectivo espólio, de quem for o sucessor ou, se for o caso, dos herdeiros, no prazo que designar, de no mínimo 2 (dois) e no máximo 6 (seis) meses;
II - falecido o autor e sendo transmissível o direito em litígio, determinará a intimação de seu espólio, de quem for o sucessor ou, se for o caso, dos herdeiros, pelos meios de divulgação que reputar mais adequados, para que manifestem interesse na sucessão processual e promovam a respectiva habilitação no prazo designado, sob pena de extinção do processo sem resolução de mérito.
§ 3º - No caso de morte do procurador de qualquer das partes, ainda que iniciada a audiência de instrução e julgamento, o juiz determinará que a parte constitua novo mandatário, no prazo de 15 (quinze) dias, ao final do qual extinguirá o processo sem resolução de mérito, se o autor não nomear novo mandatário, ou ordenará o prosseguimento do processo à revelia do réu, se falecido o procurador deste.
§ 4º - O prazo de suspensão do processo nunca poderá exceder 1 (um) ano nas hipóteses do inciso V e 6 (seis) meses naquela prevista no inciso II.
§ 5º - O juiz determinará o prosseguimento do processo assim que esgotados os prazos previstos no § 4º.
§ 6º - No caso do inciso IX, o período de suspensão será de 30 (trinta) dias, contado a partir da data do parto ou da concessão da adoção, mediante apresentação de certidão de nascimento ou documento similar que comprove a realização do parto, ou de termo judicial que tenha concedido a adoção, desde que haja notificação ao cliente.
§ 7º - No caso do inciso X, o período de suspensão será de 8 (oito) dias, contado a partir da data do parto ou da concessão da adoção, mediante a apresentação de certidão de nascimento ou documento similar que comprove a realização do parto, ou de termo judicial que tenha concedido a adoção, desde que haja notificação ao cliente.

I. Conceito de suspensão

A suspensão do processo ocorre toda vez que sua marcha deva ser temporariamente interrompida, por razões externas ou internas a ele. Determinados fatos ocorridos no seu curso podem impossibilitar, por algum tempo, previsível ou não, a continuidade dos atos processuais, de modo que, conquanto deva prosseguir depois, o processo tem sustado seu seguimento até que cessem os efeitos desse fato.

Diversamente da extinção, hipótese em que definitivamente cessa a marcha processual, a suspensão é conceitualmente transitória. Ainda assim, determinadas causas suspensivas, a depender de quais sejam e de quanto durem, podem, por sua vez, conduzir à extinção, como mais detalhadamente se analisará no momento próprio.

II. Morte ou incapacidade de parte

Causa intuitiva de suspensão é aquela decorrente da necessidade de recomposição da relação processual, comprometida por ocorrência que lhe afete a estrutura ou integridade. Avulta entre os dessa classe o caso de extinção física da pessoa natural, que seja parte, pela morte. Como deixa de existir uma das pessoas que a integram, a relação não pode prosseguir – definitivamente, no caso excepcional de intransmissibilidade da ação, ou pelo tempo necessário à recomposição, se a ação é transmissível.

O falecimento da pessoa física, conquanto faça transmitir teoricamente e de imediato seu ativo e passivo para os sucessores, pelo princípio da *saisine*, causa uma fratura de continuidade no trâmite processual, pois a própria relação jurídica em que consiste o processo se desconstitui. É imperativo que se promova a habilitação de quem haja de assumir a posição vaga (sucessor), mediante apuração de sua qualidade segundo o Direito Material, sob controle judicial.

Se falecido o réu, cabe ao autor apurar e indicar ao juízo a identidade dos sucessores, desde logo demonstrando-a documentalmente e promovendo a respectiva citação, a ser realizada na pessoa do inventariante, se houver, ou dos herdeiros. Decorrido em silêncio o prazo que o juiz houver fixado, estará configurada a revelia do demandado. No período intercorrente, o processo permanece suspenso.

Se o óbito ocorrido é o do autor, impende providencie o juiz, tão pronto lhe chegue a ciência do fato, a intimação de quem lhe deva suceder para que promova a respectiva habilitação, utilizando-se dos meios de difusão que lhe pareçam adequados a cada caso – dado o eventual desconhecimento ou incerteza da identidade. Omisso o intimado, o processo será declarado extinto ao termo do prazo fixado.

É praxe do foro a comunicação do óbito ao juízo pelo próprio advogado que representava a parte falecida (e cujo mandato se extinguiu na forma do art. 682, inciso II, do Código Civil), caso em que também não é raro apresentar-se ele, desde logo, munido de poderes de representação outorgados pelos sucessores. Essa prática torna simples e expedita a habilitação, que, ouvida e concorde a parte adversa, aí mesmo se esgota, abreviando sobremaneira o período de suspensão.

Se, ao revés, são desconhecidos os sucessores, ou a contraparte questiona sua qualidade, o incidente de habilitação poderá demandar maior tempo e trabalho, inclusive providências de caráter instrutório. De todo modo, tudo se há de processar ante o próprio juízo – de qualquer grau – onde se ache o processo, observado o disposto nas regras específicas (arts. 687 e seguintes) e sempre com suspensão dos atos processuais que não se relacionem ao próprio incidente.

Não o diz a lei, mas tratamento idêntico tem de ser reservado ao caso de extinção da pessoa jurídica que tenha sido parte. Em regra, a extinção da sociedade não será instantânea, havendo uma fase de transição que permitirá os ajustes necessários da relação processual, talvez até sem necessidade de suspensão; casos haverá, porém, de extinção abrupta, como os de retirada de autorização governamental para funcionar, quando indispensável, ou de declaração de ilicitude do objeto em processo criminal, por exemplo.

III. Falecimento de procurador

O falecimento do procurador da parte (se for o único) igualmente impossibilita de pronto a continuação do processo – ressalvadas as raras e excepcionais hipóteses de dispensa legal da representação por advogado. Havendo mais de um, a suspensão não é imperativa, embora não se a exclua em circunstâncias particulares, a serem avaliadas pelo juiz.

De resto, é mister ter-se presente a eventualidade de óbito do procurador no curso de certo ato processual complexo (*v.g.*, audiência ou sessão de julgamento), caso em que, obviamente, a suspensão do ato se impõe, mesmo que não se suspenda propriamente o processo. Em emergência tal, a pluralidade de procuradores é irrelevante.

A suspensão do processo, pelo motivo ora tratado, decorre direta e imediatamente do óbito, independentemente de seu conhecimento pelo juízo. Não se pode admitir a prática válida de atos processuais quando uma das partes já não se acha representada nos autos, em detrimento dela. Se algum tiver sido celebrado, será invalidado e renovado, salvo se, por seu novo mandatário, a parte afetada o placitar.

Tratamento idêntico deve ser dispensado ao caso de cessação da capacidade postulatória ou genérica do advogado (como na suspensão ou cassação da habilitação profissional, ou perda da capacidade civil), mas não no de revogação do mandato ou renúncia a ele, situações que se submetem a regime legal próprio.

Há diferença importante entre a regra do CPC/2015 e sua homóloga no diploma de 1973: esta distinguia e tratava diversamente as hipóteses de ocorrer o falecimento antes ou depois de iniciada a audiência de instrução e julgamento; a norma nova suprimiu a distinção a modo expresso, de tal sorte que o estágio processual não mais influirá sobre a suspensão.

IV. Morte de representante legal

A morte ou perda de capacidade do representante legal da parte igualmente resulta também em suspensão da marcha processual. Tal é o caso, sem dúvida, dos pais (ou outros detentores do pátrio poder ou equivalente), tutores ou curadores e administradores de universalidades de bens (a exemplo da massa falida).

Há importantes opiniões doutrinárias no sentido de que nessa categoria não se incluem os órgãos de pessoas jurídicas que por elas falam e atuam, ao argumento de que não seriam, no exato sentido técnico do termo, representantes, mas *presentantes*. A verdade, porém, é que essa distinção não aparece em qualquer texto legal pátrio. Ao contrário, fala-se invariavelmente de representação das pessoas jurídicas, neste Código, no art. 75; no Código Civil, em seu art. 46, inciso III.

É verdade que, em regra, a sucessão ou substituição do representante da pessoa jurídica acha-se também regulada internamente, de modo a não haver solução de continuidade. Ainda assim, não serão raras as situações em que esses mecanismos legais ou estatutários deixem lugar a dúvidas ou incertezas que se podem instalar e prolongar, inclusive em condições de disputa. Também por isso, convém que se interprete generosamente o conceito de representação, para incluir a espécie na possibilidade de suspensão do processo.

Assim, em caso de perda da capacidade da pessoa física que representa a jurídica, não há necessidade de suspensão do processo desde que o regime estatutário assegure desde logo a certeza da continuidade. Do contrário, a suspensão deve ocorrer.

V. Suspensão convencional

É lícito aos litigantes, em qualquer fase do processo, requerer a suspensão consensual do processo, o que frequentemente ocorre para dar ensejo a entendimentos voltados à realização de acordo. Sendo o processo civil predominantemente dispositivo, e estando particularmente prestigiada por este Código a conciliação, não há razão para se oporem limites a essa faculdade. Em princípio, deve prevalecer a vontade convergente das partes, sendo o ato judicial meramente homologatório.

A doutrina tem oposto restrições a essa possibilidade no curso da prática de atos judiciais de regra contínuos, como a audiência de instrução e julgamento ou o julgamento de recurso. Mas o ponto não é pacífico. De todo modo, não parece haver motivo para a vedação nos casos em que o próprio ato já esteja suspenso, como durante o adiamento da continuação de audiência ou enquanto se aguarda voto após pedido de vista.

A lei limita a duração da suspensão consensual a seis meses (§ 3º), que pode ser insuficiente para os fins a que se propunham as partes. Mas não se trata de regra imperativa e absoluta, devendo-se admitir a eventualidade de prorrogação, se os litigantes acordarem nesse sentido.

VI. Arguição de impedimento ou suspeição

A simples alegação de uma das hipóteses de inabilitação do juízo para o processo gera desde logo a inconveniência de prosseguimento da marcha processual. Antes da prática de qualquer outro ato, faz-se imprescindível a solução do ponto, que põe em xeque a legitimidade do órgão julgador. Conquanto não se desfaça a relação processual, que continua vigente com o Estado no seu polo neutro, os atos subsequentes não terão lugar enquanto perdurar a incerteza quanto a essa legitimidade do agente público.

Ainda assim, segundo as normas pertinentes ao incidente (art. 146), a arguição em foco nem sempre há de acarretar a suspensão do processo, eis que atribuída ao relator daquele o poder de manter paralisado o processo ou ordenar seu seguimento. Contudo, dada a gravidade do tema, dificilmente se admitirá que prossiga a prática dos atos processuais sob a direção de juiz que tenha sido recusado por uma das partes, salvo manifesta improcedência da alegação, ou sua *ilegitimidade* segundo prevista no art. 145, § 2º.

Releva observar que a declaração de suspeição do juiz por motivo de foro íntimo, também prevista pelo sistema, não acarreta suspensão, pois o mesmo ato deverá remeter os autos ao substituto legal, sem necessidade de qualquer outra providência.

VII. Incidente de demandas repetitivas

O incidente de que trata o inciso foi introduzido no sistema por este Código, arts. 976 e seguintes. Trata-se de assegurar, por via dele, objetivos de economia processual e de prevenção de julgados conflitantes sobre a mesma questão de direito que se debata em processos diversos, no âmbito de competência de um mesmo tribunal.

Seguindo a tendência geral do Código, o expediente voltado à unificação centraliza-se nos tribunais, só neles se podendo instaurar o incidente: não há reunião de processos de conteúdo repetitivo na instância originária, segundo modelo também proposto pela doutrina, cabendo apenas aos colegiados o processo e julgamento correspondentes. Daí que a suspensão prevista no inciso sob comentário (como também no art. 982, inciso I) dependerá necessariamente de comunicação sobre o incidente, seja por informação direta do respectivo relator, seja por via de divulgação eletrônica a cargo do Conselho Nacional de Justiça.

A mecânica lenta e pesada da tramitação nos órgãos colegiados, a par do processamento notavelmente burocratizado estabelecido pelo Código para a espécie, torna improvável a ultimação no limite temporal previsto, que é de um ano. Findo esse prazo, a causa retomará seu curso individual, caso em que a eventual uniformização futura de julgados não fica excluída, mas passa a depender dos mecanismos recursais comuns.

VIII. Prejudicialidade

Questões prejudiciais e preliminares compõem o gênero mais vasto das questões prévias, aquelas que, por imperativo lógico, precisam ser dirimidas antes do julgamento do mérito. Diz-se *prejudicial* uma questão quando a solução dela condiciona o sentido em que será decidida a outra (dita *prejudicada*) – diferentemente da preliminar, cuja solução pode determinar a impossibilidade de apreciação da outra.

Este inciso V, letra *a*, contempla a prejudicial externa, isto é, aquela a ser decidida em outro processo como seu objeto principal ou como fato do qual dependa a existência do próprio direito alegado. Ao revés do que ocorre no texto de 1973 (art. 265, inciso IV, *c*), não se estende a previsão legal ao caso da prejudicialidade interna – questão de estado a ser resolvida nos mesmos autos, mediante declaração incidente.

Deve-se o silêncio da nova lei ao fato de ter sido eliminado do sistema o mecanismo da ação declaratória incidental, visto que, independentemente dela, a autoridade da coisa julgada recobre também a apreciação da questão prejudicial, preenchidos determinados pressupostos legais, ou a prejudicial permanece em aberto, imune à coisa julgada, na falta de algum deles. A matéria vem regulada no art. 503 e seus parágrafos deste Código, a cujos comentários remetemos.

IX. Apuração de fatos relevantes

Pode dar-se que a segurança do julgamento de mérito exija a espera pela verificação de fato importante para determinar o sentido dele, ou a produção de prova pendente de produção junto a outro juízo. Essas são também situações que recomendam a suspensão do processo, não apenas quanto ao julgamento em si, mas também quanto às alegações finais das partes que devem precedê-lo, e que se devem produzir com ciência plena das provas.

É bem de ver que, em tal emergência, somente esses atos processuais precisam ser suspensos. No relativo a quaisquer outros, relativos a instrução, diligências e alegações outras que não os debates finais, o processo pode seguir normalmente, até adentrar-se a fase decisória.

A "prova requisitada a outro juízo", em regra, será aquela que se deva produzir mediante carta de ordem, rogatória ou precatória. É de lei que ditas cartas sejam expedidas sempre com prazo fixado para seu cumprimento, mas essa questão do prazo nem sempre terá correlação necessária com a suspensão. Tal seja o caso, a depender da importância que o juiz – destinatário de toda prova – atribua àquela pendente, poderá aguardar o cumprimento mesmo para além do prazo, adotando as medidas cabíveis para tentar agilizar a realização dos atos solicitados.

X. Prazo máximo da suspensão

As hipóteses do inciso só autorizam a suspensão pelo prazo máximo de um ano (§ 4º). Caberia indagar, então, primeiro, se esse limite é absoluto; depois, o que há de ocorrer quando esgotado o prazo sem o desate da prejudicial. Sob a vigência do Código de 1973, que tinha regra similar (art. 265, § 5º), a doutrina tendia a admitir ampliação do prazo, sempre que a demora não fosse imputável à parte.

A proposta merece adesão, conhecido que é o atual nível de lentidão da Justiça e observado o princípio basilar de que restrições de ordem formal devem favorecer, e não empecer, a efetivação dos direitos. Assim, só quando uma das partes cause o retardamento cabe a aplicação inflexível do limite temporal fixado; se a mora é imputável ao serviço judiciário, admite-se prorrogação.

Quanto às decorrências da retomada da marcha processual quando findo o prazo, ampliado ou não, chegando à sentença de mérito, resulta claro que o juiz há de dirimir a prejudicial em caráter meramente incidental, sem força de *res judicata* sobre o ponto, visto ser logicamente impossível a decisão da questão prejudicada sem passar por essa resolução. Quando se trate de fato ou de prova pendente, o juiz o terá por não ocorrido, ou a dispensará.

Com pertinência às cartas, há que observar, ainda, o disposto no art. 377, que estabelece distinção entre as expedidas antes ou depois do saneamento. Entretanto, sempre deve prevalecer o critério de relevância da prova para o convencimento judicial, segundo a avaliação do juízo.

XI. Força maior

Algumas das situações especificamente descritas nos demais incisos podem configurar situa-ção de força maior, mas o Código, prudentemente, acrescenta a previsão genérica à vista da consideração de sempre poderem ser incompletas as enumerações. O conceito de força maior tem seus contornos definidos em doutrina, mas sua aplicação efetiva só se pode dar ao exame de cada caso concreto.

Situação caracterizadora de força maior é aquela em que alguma anormalidade objetiva e transindividual torne impraticável ou inexigível ao homem mediano a continuidade dos serviços forenses. É o que ocorre, por exemplo, durante epidemias graves, convulsão da ordem pública que acarrete perigo grave de vida e saúde, catástrofes meteorológicas que interrompam os serviços de transportes e comunicações, etc.

A jurisprudência tem aplicado o conceito, com frequência, no trato de questões contratuais e de responsabilidade civil, mas não na amplitude que ele assume no contexto do inciso comentado. Em regra, trata-se de avaliação que só se pode fazer *a posteriori*, na análise de determinada situação concreta, diante da qual o órgão judicante declarará ter sido suspenso ou não o processo.

XII. Questão submetida ao Tribunal Marítimo

Trata o inciso de matéria nova, sem precedente legislativo, introduzindo modalidade inédita de prejudicialidade. Aliás, a pesquisa do histórico de tramitação legislativa não permite identificar quando e como foi o inciso introduzido.

O Tribunal Marítimo é órgão administrativo, submetido ao Ministério da Marinha, cabendo-lhe a apuração e regulação de acidentes e ocorrências envolvendo embarcações. Sem embargo da denominação e de sua estrutura judicialiforme, não é órgão jurisdicional, mas administrativo, de modo que as conclusões por ele estabelecidas não vinculam o Poder Judiciário.

Ainda assim, em atenção, provavelmente, à alta especialização de seu trabalho e à notável complexidade das investigações que realiza, o legislador teve por cabível, nos casos em que as questões de fato importantes para o processo possam ser esclarecidas por essas averiguações, dar por suspenso o mesmo até que elas se concluam – ainda que, repita-se, mesmo nessa matéria, possa a decisão judicial divergir das conclusões daquele colegiado.

XII-A. Superveniência de filho ao procurador

A Lei nº 13.363, de 25 de novembro de 2016, com o propósito de estender aos advogados de ambos os sexos benefícios simétricos àqueles assegurados pela legislação aos empregados em geral, acrescentou ao texto os incisos IX e X, assim como os §§ 6º e 7º.

Para assegurar esse objetivo, estatuíram-se novas hipóteses de suspensão do processo, sempre que nele atue, em representação de qualquer das partes, advogada que se torne mãe (biológica ou adotiva) ou advogado ao qual sobrevenha a paternidade, inclusive em condição de adotante. Ainda guardando a mesma simetria, o prazo será de 30 dias quando se trate de advogada ou de oito dias para o advogado pai, sempre contados da data do parto ou adoção.

Cabe ao procurador postular a suspensão, fazendo prova documental do fato que a justifica, mediante certidão ou documento que produza igual certeza (*documento similar*, na dicção algo obscura da lei). Cumpre-lhe igualmente demonstrar haver "notificado" o cliente, supõe-se que pela via extrajudicial, já que o texto comentado sugere a necessidade de prova preconstituída, excluindo a comunicação por via processual *a posteriori*.

XIII. Demais casos

A regra do inciso VIII seria dispensável, por explicitar o óbvio. São vários os casos em que o Código estabelece a suspensão do processo, vários até inseríveis, outros não, em alguma das hipóteses específicas do presente artigo: por exemplo, arts. 76, 315, 377, 919, § 1º, 921 e 922.

De resto, é indevidamente limitante. Parece igualmente óbvio que existem ainda outros casos de suspensão do processo fora do Código, tratados na legislação extravagante. Apenas para exemplificar com caso corrente na prática do foro: o da vigente Lei de Falências (nº 11.101/2005), art. 99, inciso V.

Art. 314 - Durante a suspensão é vedado praticar qualquer ato processual, podendo o juiz, todavia, determinar a realização de atos urgentes a fim de evitar dano irreparável, salvo no caso de arguição de impedimento e de suspeição.

I. Suspensão e prática de atos processuais

Por força do próprio conceito de suspensão, é incompatível com esse estado de letargia a prática de quaisquer atos processuais. Suspender o processo significa exatamente ordenar que, durante certo tempo ou até que se verifique determinado evento ou condição, permaneça ele inerte e sem movimentação, o que necessariamente resulta na abstenção da prática dos atos a ele pertinentes.

Visto que afrontaria proibição legal expressa, a prática de atos processuais estando suspenso o processo acarreta a nulidade desses atos. Naturalmente, essa questão da validade rege-se pelas regras do próprio Código respeitantes ao tema, de sorte que se há de ter em conta sempre, para aquilatar dela, o disposto nos arts. 276 e seguintes. O que fica estabelecido é que, em tese, os atos processuais praticados durante a suspensão são passíveis da declaração de invalidade.

Questão relevante, inclusive à luz dessa consideração, é a da identificação do momento a partir do qual a suspensão ocorre (e produz esse efeito nulificante): o da ocorrência do pressuposto legal ou o da manifestação do juiz a respeito dele. Por outras palavras, o dilema está em considerar constitutiva ou meramente declaratória a decisão do juiz a tal respeito. Sobre o tema, lavra certo dissídio na doutrina. Na verdade, nenhuma das soluções parece inteiramente satisfatória e adequada a todas as hipótese de suspensão.

Parece mais ajuizado indagar-se da natureza de cada uma das causas suspensivas para aplicar-se-lhe um ou outro desses critérios. Com efeito, há motivos de suspensão que correspondem a *fatos naturais* dotados dessa consequência jurídica (tais como morte, incapacidade). Tal pode ser também o caso de algumas das causas de força maior (por exemplo, colapso de comunicações), hipótese em que a suspensão se opera *ipso facto* e independe do despacho, cujo efeito será apenas declaratório. Então, a validade dos atos eventualmente praticados entre os dois momentos (do fato e do despacho) terá de ser examinada caso a caso, à luz das normas específicas dos citados arts. 267 e seguintes.

Em algumas outras situações, ao revés, a necessidade da suspensão decorre de um dado lógico ou jurídico, não diretamente do fato em si, como consequência imperativa. Em tais hipóteses, há espaço para uma avaliação jurídica, e segundo seu resultado o juiz determinará ou não a suspensão. Tal é o caso do inciso V, em qualquer das suas alíneas: o fato determinante da suspensão é, em si mesmo, um ato judicial, cuja repercussão sobre o processo em questão e seu julgamento terá de ser objeto de exame e decisão sobre a prejudicialidade.

Tratamento específico deve ser reservado à hipótese de suspensão convencional. Como todo negócio jurídico processual, sua eficácia fica jungida à homologação judicial, que pode vir a ser denegada (*v.g.*, se a relação jurídica em causa é indisponível, ou faltam a algum dos firmatários os poderes indispensáveis). Em tal emergência, a convenção será imperativa para as partes desde o momento de sua juntada aos autos, por força do princípio da boa-fé objetiva, mas a suspensão só vai ocorrer a partir da decisão homologatória.

II. Medidas urgentes

O artigo abre uma razoável exceção à regra geral para as medidas processuais de caráter urgente, cuja omissão possa acarretar dano irremediável. Esse conceito de prejuízo remete intuitivamente aos interesses das partes em litígio, que podem ser afetados pela demora a tal ponto de não se poder reparar o dano depois, mas também se pode referir ao interesse público envolvido no processo, como o de assegurar o devido processo legal e preservar valores como isonomia processual, efetividade das decisões e economia de atos.

A expressão chama à lembrança, de pronto, as medidas de cunho cautelar, em cujo contexto acha-se o pressuposto da urgência. Mais enfaticamente ainda quando se cuida de provimento liminar cautelar, em que o requisito da urgência se potencializa sobremaneira. Como este Código não destina procedimento específico a esses casos nem identifica as cautelas em espécie, ao contrário da legislação anterior, importa manter-se atento o intérprete à natureza mesma da medida, para identificar sua cautelaridade, baseada na ideia de segurança do resultado do processo.

As medidas judiciais antecipatórias da tutela requerem especial atenção. Nem sempre estará envolvida nelas o pressuposto da urgência. Como a melhor doutrina sempre registrou e agora vem expresso no texto legal, a antecipação pode ser determinada também pela *evidência* do direito da parte, a ponto de dispensar outras indagações antes de atender-se ao seu pedido. O ponto pode ser importante no âmbito destes comentários, porque nessa hipótese não parece estar autorizada a prática excepcional de atos no processo suspenso, que só a urgência justifica.

III. Legitimidade do juízo

A cláusula final do artigo expressa uma exceção à exceção, vale dizer, um retorno à regra. Nenhum juiz pode praticar ato algum em processo, qualquer que seja, se a sua neutralidade estiver de qualquer modo posta em dúvida. Nenhum outro interesse, público ou privado, pode sobrelevar a esse da imparcialidade – não só a real, mas também a aparente.

Certo, a arguição pode vir a ser eventualmente rejeitada, mas, em matéria dessa natureza, a simples dúvida quanto ao resultado final é bastante para recomendar o imediato e completo afastamento do julgador. Seria extremamente desconfortável para as partes e para ele mesmo que prosseguisse na condução do processo, ainda que a título provisório e limitado, durante o procedimento relativo ao incidente.

Bem por isso, causa certa estranheza a regra do art. 146, § 2º, que atribui ao relator do incidente o poder de suspender ou não o processo – ou, mais precisamente, de mantê-lo suspenso ou ordenar o seguimento. Talvez se deva conjugar a regra à do art. 145, § 2º, que prevê a hipótese de "ilegitimidade" da arguição, pois qualquer outro exame dela envolveria o seu mérito.

Remetendo-se o leitor aos arts. 145 e 146, pode-se aqui observar que ao juiz arguido é lícito acolher desde logo a arguição, caso em que nem sequer será necessária a suspensão, pois a decorrência imediata e automática é a remessa dos autos ao substituto legal, findando aí mesmo o incidente. Mas não lhe é permitido declarar-se insuspeito; se lhe parecer improcedente a arguição, há de prontamente encaminhá-la ao tribunal competente, e nessa emergência é que a suspensão se impõe.

Art. 315 - Se o conhecimento do mérito depender de verificação da existência de fato delituoso, o juiz pode determinar a suspensão do processo até que se pronuncie a justiça criminal.
§ 1º - Se a ação penal não for proposta no prazo de 3 (três) meses, contado da intimação do ato de suspensão, cessará o efeito desse, incumbindo ao juiz cível examinar incidentemente a questão prévia.
§ 2º - Proposta a ação penal, o processo ficará suspenso pelo prazo máximo de 1 (um) ano, ao final do qual aplicar-se-á o disposto na parte final do § 1º.

I. Verificação de fato delituoso

A apuração dos fatos delituosos em estrito sentido de Direito Penal, em regra, pertence ao âmbito da Justiça Criminal, jurisdição diversa daquela voltada ao deslinde das controvérsias de Direito Privado e dos demais ramos do Direito Público. É visível que o legislador retorna aqui ao tema da prejudicialidade já tratada no artigo anterior, mas agora destacando em norma própria a chamada *prejudicialidade externa* ou *interjurisdicional*.

As duas jurisdições, penal e civil (mais precisamente, *não penal*), guardam certa independência entre si, mas ela não é absoluta. O próprio Direito Material estabelece certos limites a essa autonomia, ao regular as possíveis influências da sentença penal sobre relações jurídicas estranhas a essa esfera (Código Civil, arts. 935 e 200; Código Penal, art. 74, inciso I). O Código de Processo Penal também cuida do tema (arts. 63 e 65).

Por isso a norma ora comentada ordena que, em certos limites temporais, seja respeitada a competência *preferencial* da Justiça Criminal para a elucidação de tais fatos, assim minimizando a possibilidade de decisões conflitantes quanto a eles. Dois prazos estão fixados: um limita a três meses a suspensão do processo civil para aguardar a instauração do processo penal; o outro, fixado em um ano, é para a conclusão do mesmo – obviamente, uma perspectiva otimista, pois nenhum processo judicial se ultima em lapso tão curto.

Findo qualquer desses prazos de suspensão, retomado o andamento do processo civil, nele se haverá de decidir qualquer questão que pertenceria à outra jurisdição, inclusive as da existência *e autoria* do cogitado fato criminoso – ainda que o texto ora tratado só se refira à existência. Mas, obviamente, o juiz só concluirá sobre o tema *incidenter tantum*: significando isso que a solução dada à matéria não terá força de julgado comunicável à jurisdição criminal.

Em qualquer dos casos, o pressuposto da suspensão é o de ser necessária, isto é, condicionante do juízo civil, a solução da questão afeta à jurisdição penal.

TÍTULO III
DA EXTINÇÃO DO PROCESSO

Art. 316 - A extinção do processo dar-se-á por sentença.

I. Terminologia

Continua cabível a crítica que se faz ao CPC/1973: em verdade, o processo não se extingue com a sentença; muito mais frequente é sua continuação com o advento de recursos, sua tramitação e julgamento. Nem mesmo seria correto supor-se a extinção do procedimento de primeiro grau, pois ele pode prosseguir na atividade de cumprimento do julgado, que, desde a reforma processual da passagem do século, compõe corpo único com o processo de conhecimento.

Não se cuida mais no capítulo da distinção entre sentença extintiva e sentença terminativa, como ocorrida no Estatuto antecedente (arts. 267 e 269). A matéria foi deslocada para outra sede, o Capítulo VIII, relativo à sentença e coisa julgada (arts. 485 e seguintes), cuja Seção I, onde se trata precisamente dos casos de extinção do processo, curiosamente, não lhe é atribuída a denominação de sentença.

II. Conteúdo

Com o deslocamento aludido, o presente capítulo (que poderia sem prejuízo ser suprimido) reduz-se a este artigo, inexato, e ao seguinte, que cuida de matéria estranha ao conceito de extinção, qualquer que ele seja.

Art. 317 - Antes de proferir decisão sem resolução de mérito, o juiz deverá conceder à parte oportunidade para, se possível, corrigir o vício.

Como já adiantado, a regra acha-se deslocada; sua melhor sede seria no bloco de normas que define os casos de resolução e não resolução do mérito. Mas é certamente salutar, prestando-se a evitar surpresa para a parte e assegurar economia processual sempre que os atos praticados, mesmo defeituosos, possam ser aproveitados após complementação ou retificação.

A cláusula "se possível" também é oportuna. Haverá defeitos que, por sua mesma natureza, não comportam reparo ou sanação, como nos casos de impossibilidade absoluta do objeto, material ou jurídica (*v.g.*, reivindicação de terreno na Lua ou declaração de ser o réu escravo do autor). Se a situação concreta comportar qualquer espécie de dúvida, como nas hipóteses de aparente, mas não evidente ilegitimidade, imprecisão do pedido, desconexão entre este e as alegações e outros que tais, pesa ao juiz o dever de provocar a manifestação da parte para eventuais esclarecimentos, adendos ou explicações.

Impende lembrar, ainda, que, mesmo proferida a sentença de rejeição na forma do art. 485, ao juiz ainda se confere a faculdade de reconsiderá-la, à vista das razões do recurso que venha a ser interposto (§ 7º do mesmo artigo).

PARTE ESPECIAL

LIVRO I
DO PROCESSO DE CONHECIMENTO E DO CUMPRIMENTO DE SENTENÇA

TÍTULO I
DO PROCEDIMENTO COMUM

Capítulo I - Disposições Gerais

Art. 318 - Aplica-se a todas as causas o procedimento comum, salvo disposição em contrário deste Código ou de lei.
Parágrafo único - O procedimento comum aplica-se subsidiariamente aos demais procedimentos especiais e ao processo de execução.

Autora: Daniela Monteiro Gabbay

I. Alteração topográfica do artigo

Houve alteração topográfica deste artigo, que estava situado no Livro I (processo de conhecimento) do CPC/1973 e foi inserido no Livro I da Parte Especial do CPC/2015, que dispõe sobre o processo de conhecimento e o cumprimento da sentença.

A organização dos livros do CPC/2015 passou por algumas mudanças. Enquanto o CPC/1973 estava dividido em cinco livros: processo de conhecimento (Livro I); de execução (Livro II); cautelar (Livro III); procedimentos especiais (Livro IV) e disposições finais e transitórias (Livro V), o CPC/2015 está dividido em partes geral e especial, cada uma composta por diversos livros.

A Parte Geral é composta por seis livros: das normas processuais civis (Livro I); da função jurisdicional (Livro II); dos sujeitos do processo (Livro III); dos atos processuais (Livro IV); da tutela provisória (Livro V); da formação, da suspensão e da extinção do processo (Livro VI). A Parte Especial, por sua vez, é composta por três livros: do processo de conhecimento e do cumprimento de sentença (Livro I); do processo de execução (Livro II); dos processos nos tribunais e dos meios de impugnação das decisões judiciais (Livro III). Há ainda um livro complementar, sobre as disposições finais e transitórias. Deixou de existir um livro específico para cautelares (que passaram a integrar o livro sobre tutela provisória da parte geral do Código) e para procedimentos especiais (que passaram a integrar o livro sobre processo de conhecimento da parte especial do Código).

O art. 318 do CPC/2015 corresponde ao art. 271 do CPC/1973, que previa a aplicação do procedimento comum a todas as causas, salvo disposição em contrário do Código ou de lei especial.

II. Procedimento comum e fim da dicotomia entre procedimentos ordinário e sumário

A grande alteração está no que se entende por procedimento comum, pois, enquanto o CPC/1973 previa, em seu art. 272, que o procedimento comum poderia ser ordinário ou sumário, regendo-se este último pelas disposições que lhe eram próprias, o CPC/2015 deixou de dispor sobre o procedimento sumário.

O procedimento sumário estava previsto no CPC/1973 para causas de valor inferior a 60 salários mínimos ou que versassem sobre determinadas matérias, independentemente do valor (como cobrança de quantias devidas ao condomínio, ressarcimento por danos causados em acidente de veículo de via terrestre, cobrança de seguro relativa a danos causados em acidente de veículo, cobrança de honorários de profissionais liberais, dentre outras hipóteses previstas em lei).

Com o procedimento sumário, buscava-se conferir maior celeridade e abreviação ao procedimento. Nesse sentido, na petição inicial o autor já deveria apresentar o rol de testemunhas e, se requeresse perícia, os quesitos, podendo já indicar assistente técnico. O juiz, então, citava o réu para audiência de conciliação a ser realizada no prazo de 30 dias.

Não obtida a conciliação, o réu tinha que oferecer, na própria audiência, resposta escrita ou oral, acompanhada de documentos, rol de testemunhas e eventual prova pericial. No procedimento sumário também não eram admissíveis ação declaratória incidental e a intervenção de terceiros, salvo a assistência, o recurso de terceiro prejudicado e a intervenção fundada em contrato de seguro.

O CPC/1973 previa a possibilidade de conversão do procedimento sumário em ordinário, o que ocorria, por exemplo, quando havia necessidade de instrução do processo com prova técnica de maior complexidade.

Indo no sentido da fungibilidade, o CPC/2015 acabou com a dicotomia entre procedimento ordinário e procedimento sumário, dado que previu apenas um único procedimento comum, que é flexível e pode ser adaptado pelo juiz e pelas partes quando o processo versar sobre direitos que admitam transação (CPC/2015, art. 190).

III. Opção do legislador pela simplificação procedimental

A opção do legislador foi pela simplificação procedimental. Esse procedimento único inspirou-se em elementos que existiam no procedimento sumário, como é o caso da previsão de citação para a audiência de conciliação ou de mediação, antes da apresentação de contestação, com o comparecimento obrigatório das partes sob pena de a ausência injustificada ser considerada ato atentatório à dignidade da justiça, com sanção de multa de até 2% da vantagem econômica pretendida ou do valor da causa (CPC/2015, art. 334, § 8º).

A diferença é que as partes não precisam apresentar a contestação na própria audiência, como no antigo procedimento sumário, pois, de acordo com o CPC/2015, elas têm o prazo de 15 dias para fazê-lo, além de haver a possibilidade de a audiência não ser realizada se ambas as partes manifestarem desinteresse na composição consensual ou se o caso não admitir a autocomposição.

Nas disposições transitórias do CPC/2015, o § 1º do art. 1.046 prevê que as disposições do CPC/1973 relativas ao procedimento sumário e aos procedimentos especiais que forem revogadas aplicar-se-ão às ações propostas e não sentenciadas até o início da vigência deste Código. Trata-se de regra de transição estipulada pelo legislador, diante da mudança ocorrida no Código.

IV. Aplicação subsidiária do procedimento comum aos demais procedimentos

Quanto ao parágrafo único do art. 318, por fim, manteve-se o entendimento que já existia no CPC/1973 sobre a aplicação subsidiária das disposições do procedimento comum aos demais procedimentos. Assim, o procedimento comum, que passa a ser único e não mais separado em ordinário e sumário, é aplicável aos procedimentos especiais e ao processo de execução naquilo em que não houver regulamentação diversa.

Capítulo II - Da Petição Inicial
Seção I - Dos Requisitos da Petição Inicial

Art. 319 - A petição inicial indicará:
I - o juízo a que é dirigida;
II - os nomes, os prenomes, o estado civil, a existência de união estável, a profissão, o número de inscrição no Cadastro de Pessoas Físicas ou no Cadastro Nacional da Pessoa Jurídica, o endereço eletrônico, o domicílio e a residência do autor e do réu;

III - o fato e os fundamentos jurídicos do pedido;
IV - o pedido com as suas especificações;
V - o valor da causa;
VI - as provas com que o autor pretende demonstrar a verdade dos fatos alegados;
VII - a opção do autor pela realização ou não de audiência de conciliação ou de mediação.
§ 1º - Caso não disponha das informações previstas no inciso II, poderá o autor, na petição inicial, requerer ao juiz diligências necessárias a sua obtenção.
§ 2º - A petição inicial não será indeferida se, a despeito da falta de informações a que se refere o inciso II, for possível a citação do réu.
§ 3º - A petição inicial não será indeferida pelo não atendimento ao disposto no inciso II deste artigo se a obtenção de tais informações tornar impossível ou excessivamente oneroso o acesso à justiça.

I. Petição inicial e seus requisitos

A petição inicial é de extrema importância para o processo, ao veicular a demanda do autor e provocar o exercício de jurisdição, permitindo que seja ainda exercido o contraditório com a defesa do réu. Ela deve ser clara, informativa, e seus requisitos precisam ser observados para que a petição inicial seja considerada apta.

Sobre os requisitos da petição inicial, no CPC/2015 houve poucos acréscimos em relação ao que já estava previsto no art. 282 do CPC/1973. As mudanças foram pontuais, conforme descrito a seguir.

II. Indicação do juízo

No inciso I, em vez de se falar que a petição inicial indicará o juiz ou tribunal a que é dirigida, falou-se em termos gerais que se indicará o juízo a que é dirigida, o que engloba o juiz e o tribunal, e deve ser feito a partir das regras de competência.

III. Qualificação das partes

No inciso II, sobre a qualificação das partes, o CPC/2015 determinou a indicação da existência de união estável, já considerada como entidade familiar pela Constituição Federal (art. 226, § 3º) e Código Civil (art. 1.723). Outra novidade foi a necessidade de indicação do número do CPF e CNPJ das partes (o que já vinha ocorrendo muitas vezes na prática), além do seu endereço eletrônico, o que permitirá a comunicação por meio do processo eletrônico. Avançou o CPC/2015, portanto, tendo em vista uma melhor individualização das partes envolvidas.

IV. Diligências judiciais para a obtenção de informações faltantes

Os parágrafos do art. 319 se referem ao inciso II para deixar claro que, caso o autor não disponha de todas as informações previstas, poderá requerer ao juiz as diligências necessárias para a sua obtenção, considerando que a petição inicial não deverá ser indeferida se a obtenção das informações tornar impossível ou excessivamente oneroso o acesso à justiça ou se, a despeito da falta de informações exigidas no inciso II, for possível a citação do réu. Como visto, priorizou-se o acesso à justiça em detrimento do excesso de formalismo.

V. Elementos objetivos da demanda, valor da causa e requerimento de provas

Os incisos III, IV, V e VI foram mantidos com a mesma redação já existente no CPC/1973, tratando dos requisitos da petição inicial referentes à causa de pedir (fática e jurídica), ao pedido, ao valor da causa e às provas com que o autor pretende demonstrar a verdade dos fatos alegados (protesto genérico de provas). Esses são requisitos importantes para a peça inicial que provoca a jurisdição e fornece ao réu a moldura fática e jurídica da lide em relação à qual o mesmo apresentará sua defesa. É em relação a esse objeto, controvertido pela defesa do réu, que decidirá o juiz.

VI. Opção pela audiência de conciliação

O inciso VII foi acrescido para determinar que a petição inicial indique a opção do autor pela realização ou não da audiência de conciliação ou mediação. Essa mudança está em consonância com a designação obrigatória de conciliação ou mediação, a ser realizada antes da abertura do prazo para contestação, a menos que o conflito não admita composição ou quando ambas as partes manifestem, expressamente, desinteresse na composição consensual, razão pela qual o autor precisará se posicionar sobre esse tema já na inicial.

De acordo com o disposto no art. 334, § 5º, do CPC/2015, o autor deverá indicar, na petição inicial, seu desinteresse na autocomposição, e o réu deverá fazê-lo, por petição, apresentada com 10 dias de antecedência, contados da data da audiência. Isso significa que, se o autor nada falar na petição inicial sobre o tema, presume-se seu consentimento com a audiência de mediação ou conciliação, que será realizada na forma prevista no art. 334.

VII. Exclusão do requerimento de citação

O requerimento para a citação do réu foi excluído do rol de requisitos da petição inicial, tal como constava no CPC/1973, o que não quer dizer que a mesma não deva ocorrer, dado que a citação continua sendo o ato pelo qual o réu é convocado para integrar a relação processual, sendo indispensável para a validade do processo e ocorrendo na forma prevista nos arts. 238 e seguintes do CPC/2015.

Mesmo sob a égide do CPC/1973, desde que pagas as custas e indicado o endereço do réu, no silêncio do autor sobre o requerimento da citação já se admitia que a mesma seria feita pelos Correios (regra geral), salvo nos casos previstos em lei em que fosse o caso de citação por oficial de justiça (CPC/1973, arts. 222 e 224, mantidos no CPC/2015, arts. 247 e 249).

Art. 320 - A petição inicial será instruída com os documentos indispensáveis à propositura da ação.

I. Documentos indispensáveis

Este dispositivo legal corresponde ao art. 283 do CPC/1973, sendo reproduzido com os mesmos termos.

Deve o autor juntar os documentos indispensáveis para se desincumbir do ônus de provar os fatos constitutivos que alega na inicial e que fundamentam o seu pedido.

Fatos novos e relativos a direitos supervenientes não se submetem a essa exigência de instrução da inicial. Este artigo deve ser lido em conjunto com o art. 435 do CPC/2015, que considera ser lícito às partes, em qualquer tempo, juntar aos autos documentos novos, quando destinados a fazer prova de fatos ocorridos depois dos articulados ou para contrapô-los aos que foram produzidos nos autos. Nesse sentido, admite-se a juntada posterior de documentos formados após a petição inicial ou a contestação, bem como dos que se tornaram conhecidos, acessíveis ou disponíveis após esses atos, cabendo à parte que os produzir comprovar o motivo que a impediu de juntá-los anteriormente e incumbindo ao juiz, em qualquer caso, avaliar a conduta da parte (CPC/2015, art. 435, parágrafo único).

A efetividade do processo deve ser resguardada e nesse sentido a jurisprudência vem admitindo a juntada de documentos, de cunho comprobatório do direito do autor, em outros momentos do procedimento, como em sede de apelação, respeitado o contraditório e a ampla defesa.

A Primeira Turma do STJ julgou nesse sentido, entendendo que "a juntada de documentos, em fase de apelação, que não se enquadram naqueles indispensáveis à propositura da ação e apresentam cunho exclusivamente probatório, com o nítido caráter de esclarecer os eventos narrados, é admitida, desde que garantido o contraditório e ausente qualquer indício de má-fé, sob pena de se sacrificar a apuração dos fatos sem uma razão ponderável" (STJ, 1ª T., REsp nº 1.176.440/RO, Rel. Min. Napoleão Nunes Maia Filho, j. em 17/9/2013, DJ de 4/10/2013, recurso desprovido, v.u.).

Alguns julgados tentam distinguir documentos indispensáveis de documentos essenciais, estes últimos admitidos durante a instrução do processo, sem que precisem acompanhar a petição inicial. Nesse sentido, a 3ª Turma do STJ entendeu que "o art. 283 do Código de Processo Civil não tem o alcance de substituir a prova do fato no momento processual próprio, sendo certo que a prova documental, ao contrário do que pretende a empresa, não se esgota com a petição inicial. De fato, está correto o acórdão recorrido quando assevera que prova indispensável não equivale a documento essencial. Em precedente, a Corte decidiu que: 'se a ação não requer, para sua propositura, como instrução da inicial, documentos ditos indispensáveis pela substância da relação jurídica que se controverte, outros tantos sem essa conotação poderão embasar a convicção do magistrado'." (STJ, 3ª T., Resp nº 107.109/SP, Rel. Min. Carlos Alberto Menezes Direito, j. em 28/4/1998, DJ de 3/8/1998, recurso não conhecido, v.u.).

A indispensabilidade dos documentos só pode ser aferida no caso concreto, embora em alguns julgados se tente definir o que se entende por documentos indispensáveis. Nesse sentido, a 4ª Turma do STJ considerou que "[...] indispensáveis à propositura da ação ou fundamentais/essenciais à defesa são os documentos que dizem respeito às condições da ação ou a pressupostos processuais, bem como os que se vinculam diretamente ao próprio objeto da demanda, como é o caso do contrato para as ações que visam discutir exatamente a existência ou extensão da relação jurídica estabelecida entre as partes" (STJ, 4ª T., REsp nº 1262132/SP, Rel. Min. Luis Felipe Salomão, j. em 18/11/2014, DJ de 3/2/2015, recurso provido, v.u.).

Em outro julgado, a 4ª Turma do STJ considerou que "por documentos 'indispensáveis', aos quais se refere ao art. 283, CPC, entendem-se: a) os substanciais, a saber, os exigidos por lei; b) os fundamentais, a saber, os que constituem o fundamento da causa de pedir" (STJ, 4ª T., REsp nº 114.052/PB, Rel. Min. Sálvio de Figueiredo Teixeira, j. em 15/10/1998, DJ de 14/12/1998, recurso provido, v.u.).

Entendendo o juiz que faltam documentos indispensáveis, deve determinar a emenda da inicial, dando oportunidade ao autor para suprimento da falha, nos termos do artigo a seguir.

Art. 321 - O juiz, ao verificar que a petição inicial não preenche os requisitos dos arts. 319 e 320 ou que apresenta defeitos e irregularidades capazes de dificultar o julgamento de mérito, determinará que o autor, no prazo de 15 (quinze) dias, a emende ou a complete, indicando com precisão o que deve ser corrigido ou completado.

Parágrafo único - Se o autor não cumprir a diligência, o juiz indeferirá a petição inicial.

I. Emenda da inicial: aumento de prazo e indicação do que deve ser corrigido ou completado

Este dispositivo legal corresponde ao art. 284 do CPC/1973, com duas mudanças: (i) o aumento do prazo de 10 para 15 dias, para que o autor emende a inicial; e (ii) a determinação de que o magistrado indique com precisão o que deve ser corrigido ou completado via emenda.

A emenda da inicial é um direito do autor e evita o indeferimento da inicial quando é possível sanar o vício, considerando a economia processual e a instrumentalidade de formas. A indicação precisa pelo juiz do vício ou do que deve ser completado na inicial auxiliará o autor a suprir a falha, em nome da efetividade do processo. Assim, a cognição do juiz exercida em relação à admissibilidade da petição inicial deve estar atenta à indicação do que precisa ser corrigido e completado para garantir a higidez do procedimento.

Sobre o prazo para emendar a petição inicial, já estava pacificado no STJ que o mesmo não é peremptório, podendo o magistrado prorrogá-lo a seu critério (nesse sentido, STJ, 3ª T., Resp nº 118.141-PR, Rel. Min. Menezes Direito, j. em 24/3/1998, DJ de 25/5/1998, não conhecimento do recurso, v.u.).

II. Vícios não sanados e indeferimento da inicial

Se, dada oportunidade de sanar os vícios, os mesmos persistirem, a petição inicial deve ser indeferida (CPC/2015, art. 330, inciso IV). Isso não obsta que seja dada mais de uma oportunidade ao autor de emendar a inicial, desde que não esteja de má-fé.

Seção II - Do Pedido

Art. 322 - O pedido deve ser certo.
§ 1º - Compreendem-se no principal os juros legais, a correção monetária e as verbas de sucumbência, inclusive os honorários advocatícios.
§ 2º - A interpretação do pedido considerará o conjunto da postulação e observará o princípio da boa-fé.

I. Pedido: conceito

O pedido deve ser certo e determinado (as exceções, em que se admitem pedidos genéricos, estão dispostas no art. 324 a seguir).

O pedido é a forma de o autor transportar o conflito para o processo, decidindo qual parcela do conflito submeterá à cognição do juiz. Doutrinariamente, classifica-se o pedido em pedido imediato (tutela jurisdicional pretendida) e pedido mediato (bem da vida subjacente), que correspondem, respectivamente, aos planos processual e substancial da demanda.

Por meio da petição inicial, o autor apresenta o pedido em relação ao qual o réu se defende (*res in iudicium deducta*). O pedido formulado pelo autor é responsável pela configuração e veiculação da lide processualizada. Assim, a petição inicial é um projeto de provimento, ao indicar o conteúdo pretendido e os limites em que o exercício do poder jurisdicional será legitimamente exercido, à luz dos princípios da inércia da jurisdição e da demanda.

O réu também pode apresentar pleitos, como acontece com a reconvenção, por exemplo.

II. Pedidos implícitos

O § 1º deste artigo explicita o que já determinava a jurisprudência sobre os pedidos implícitos, considerando que no pedido principal estão compreendidos, além dos juros legais (o que já determinava o art. 293 do CPC/1973), a correção monetária e as verbas de sucumbência, inclusive os honorários advocatícios.

A incidência de juros e correção monetária já havia sido objeto de diversas súmulas dos Tribunais Superiores. Nesse sentido, sobre os juros, *vide* as súmulas do STJ nºs 12, 54, 70, 188, 204, 426, 523 e as do STF nºs 121, 163, 224, 254, 255, 412, 416. Sobre correção monetária, *vide* as súmulas do STJ números nºs 43, 162, 271, 287, 288, 362 e as do STF nºs 561, 562, 617, 638, 681, 682, 725.

Quanto aos honorários de sucumbência, embora desde a vigência do CPC/1939 já houvesse súmula do STF no sentido de ser dispensável pedido expresso para condenação do réu em honorários (Súmula nº 256), o CPC/2015 veio deixar claro que as verbas sucumbenciais, inclusive os honorários advocatícios, compreendem-se no pedido principal, sendo consideradas de forma implícita. Já havia também julgados do STJ nesse mesmo sentido, determinando que a condenação em honorários advocatícios, decorrentes da sucumbência, é impositiva (STJ, 1ª T., REsp nº 90395/SP, Rel. Min. Milton Luiz Pereira, j. em 20/3/1997, DJ de 28/4/1997, recurso provido, v.u.).

III. Interpretação do pedido

O § 2º do art. 322 do CPC/2015, por sua vez, determina que a interpretação do pedido deve levar em conta o conjunto da postulação e observar o princípio da boa-fé, como parâmetro interpretativo. Não há mais no CPC/2015 a previsão de que os pedidos devam ser interpretados restritivamente (CPC/1973, art. 293), devendo a sua interpretação se pautar em parâmetros mais amplos.

Isso não quer dizer que a regra da correlação da sentença ao pedido e o princípio dispositivo não devam ser observados, dado que eles refletem a garantia do contraditório. Assim, o autor decide o que leva da lide para a petição inicial, deduzindo seus pedidos em relação aos quais o réu se defenderá e o juiz decidirá. Isso está nos arts. 141 e 492 do CPC/2015, que replicam o que já estava disposto no CPC/1973. O art. 141 determina que "o juiz decidirá o mérito nos limites propostos pelas partes, sendo-lhe vedado conhecer de questões não suscitadas a cujo respeito a lei exige iniciativa da parte" e o art. 492, por sua vez, dispõe que "é vedado ao juiz proferir decisão de natureza diversa da pedida, bem como condenar a parte em quantidade superior ou em objeto diverso do que lhe foi demandado".

Art. 323 - Na ação que tiver por objeto cumprimento de obrigação em prestações sucessivas, essas serão consideradas incluídas no pedido, independentemente de declaração expressa do autor, e serão incluídas na condenação, enquanto durar a obrigação, se o devedor, no curso do processo, deixar de pagá-las ou de consigná-las.

I. Pedido para cumprimento de obrigação em prestações sucessivas

Este dispositivo legal replica o disposto no art. 290 do CPC/1973, com pequenas adaptações na redação, referindo-se a obrigações sucessivas em vez de periódicas, como mencionava o CPC/1973. Trata-se de mais uma hipótese de pedido implícito também contemplada no texto do CPC/2015.

Nesse caso, enquanto durar a obrigação, as prestações sucessivas que vencerão no curso do procedimento serão consideradas incluídas no pedido, independentemente de pedido expresso do autor, e serão incluídas na condenação se o devedor deixar de pagá-las ou de consigná-las. Trata-se de obrigações decorrentes da mesma relação jurídica *sub judice*, não havendo razão para não se admitir tal pedido, ainda que implicitamente considerado.

II. Valor da causa

Quanto ao valor da causa, os §§ 1º e 2º do art. 292 do CPC/2015 determinam que, quando se pedirem prestações vencidas e vincendas, considerar-se-á o valor de umas e outras. O valor das prestações vincendas será igual a uma prestação anual, se a obrigação for por tempo indeterminado ou por tempo superior a um ano, e, se por tempo inferior, será igual à soma das prestações.

Art. 324 - O pedido deve ser determinado.
§ 1º - É lícito, porém, formular pedido genérico:
I - nas ações universais, se o autor não puder individuar os bens demandados;
II - quando não for possível determinar, desde logo, as consequências do ato ou do fato;

III - quando a determinação do objeto ou do valor da condenação depender de ato que deva ser praticado pelo réu.
§ 2º - O disposto neste artigo aplica-se à reconvenção.

I. Pedido determinado e pedido genérico

Este dispositivo legal replica o disposto no art. 286 do CPC/1973. A novidade está na expressa menção de sua aplicação à reconvenção, ato postulatório do réu.

O pedido genérico, portanto, continua sendo excepcional, nas hipóteses previstas em lei: (i) ações universais, como nas de petição de herança em que o autor não consegue individuar os bens demandados; (ii) quando não é possível determinar desde logo as consequências do ato ou fato, quantificando o dano, o que se dá, por exemplo, nas ações coletivas para a defesa de interesses individuais homogêneos, que admitem pedido e sentença genérica sujeita à posterior liquidação, e em alguns casos de pedidos de danos morais; e (iii) quando a determinação do objeto ou do valor da condenação depender de ato que deva ser praticado pelo réu, o que ocorre, por exemplo, na ação de exigir contas, pois a decisão depende das contas que vierem a ser prestadas pelo réu.

Art. 325 - O pedido será alternativo quando, pela natureza da obrigação, o devedor puder cumprir a prestação de mais de um modo.
Parágrafo único - Quando, pela lei ou pelo contrato, a escolha couber ao devedor, o juiz lhe assegurará o direito de cumprir a prestação de um ou de outro modo, ainda que o autor não tenha formulado pedido alternativo.

I. Pedidos alternativos

Este dispositivo legal replica o disposto no art. 288 do CPC/1973, sem nenhuma diferença, prevendo a possibilidade de se apresentar pedido alternativo que se refere no âmbito do direito material à obrigação alternativa do devedor. Quando, pela lei ou no contrato, a escolha couber ao devedor, isso deve ser garantido pelo juiz mesmo quando o autor não tiver formulado pedido alternativo.

Art. 326 - É lícito formular mais de um pedido em ordem subsidiária, a fim de que o juiz conheça do posterior, quando não acolher o anterior.
Parágrafo único - É lícito formular mais de um pedido, alternativamente, para que o juiz acolha um deles.

I. Pedidos subsidiários

Este artigo corresponde ao art. 289 do CPC/1973, que falava em pedidos deduzidos em ordem sucessiva. A substituição do termo sucessivo por subsidiária é tecnicamente correta, pois o juiz só conhece do pedido posterior quando não acolhe o anterior (relação de subsidiariedade). Um exemplo clássico desse pedido é o de tutela específica (para cumprimento de obrigação de não fazer, por exemplo), que, se não for possível de ser obtida, converte-se em perdas e danos.

II. Diferença entre pedidos alternativos e subsidiários

O parágrafo único trata de pedido alternativo, permitindo que a parte formule mais de um pedido para que o juiz acolha um deles. Pedidos alternativos não são a mesma coisa que pedidos subsidiários, pois nos primeiros há uma alternância entre os pedidos que não se confunde com a ordem de preferência existente nos pedidos subsidiários, em que o posterior só será analisado na eventualidade de o primeiro não ser acolhido.

Havendo pedidos alternativos e subsidiários em um único processo, apenas um deles será considerado pelo juiz, diferentemente do que ocorre com a cumulação de pedidos, tema que é abordado no artigo seguinte, em que os pedidos são considerados simultaneamente.

Uma vez acolhido o pedido subsidiário, o autor tem interesse de recorrer em relação ao pedido principal, dado que era sua primeira opção de pedido. Importante destacar também que o pedido subsidiário que não for apreciado pelo juiz – no caso de ter acolhido o pedido principal – é devolvido ao tribunal com a apelação interposta pelo réu, de forma que o juízo *ad quem* pode acolher o pedido subsidiário, sem que isso seja considerado *reformatio in pejus*.

III. Valor da causa

Sobre o valor da causa, o art. 292 do CPC/2015 determina que, na ação em que os pedidos são alternativos, o valor da causa será o do pedido de maior valor e, na ação em que houver pedido subsidiário, o valor da causa será o do pedido principal.

Art. 327 - É lícita a cumulação, em um único processo, contra o mesmo réu, de vários pedidos, ainda que entre eles não haja conexão.
§ 1º - São requisitos de admissibilidade da cumulação que:
I - os pedidos sejam compatíveis entre si;
II - seja competente para conhecer deles o mesmo juízo;
III - seja adequado para todos os pedidos o tipo de procedimento.
§ 2º - Quando, para cada pedido, corresponder tipo diverso de procedimento, será admitida a cumulação se o autor empregar o procedimento comum, sem prejuízo do emprego das técnicas processuais diferenciadas previstas nos procedimentos especiais a que se sujeitam um ou mais pedidos cumulados, que não forem incompatíveis com as disposições sobre o procedimento comum.
§ 3º - O inciso I do § 1º não se aplica às cumulações de pedidos de que trata o art. 326.

I. Cumulação de pedidos: requisitos

Este dispositivo legal replica o disposto no art. 292 do CPC/1973, com alguns pequenos acréscimos. Trata dos requisitos de admissibilidade para a cumulação de pedidos em um único processo, em atenção aos princípios da economia e efetividade do processo.

Não é preciso que haja conexão para a cumulação de pedidos, que depende de três requisitos: (i) compatibilidade dos pedidos; (ii) identidade de competência do juízo para os pedidos que estão sendo cumulados e (iii) adequação do procedimento.

II. Adequação de procedimento

Sobre a adequação do procedimento, importante relembrar que não há mais a dicotomia entre procedimento sumário e ordinário no CPC/2015, havendo um procedimento comum único, que se aplica subsidiariamente aos procedimentos especiais e ao processo de execução. O § 2º do art. 327 previu que, quando, para cada pedido, corresponder tipo diverso de procedimento, será admitida a cumulação sob o procedimento comum, sem prejuízo do emprego das técnicas processuais diferenciadas previstas nos procedimentos especiais a que se sujeitam um ou mais pedidos cumulados, que não forem incompatíveis com as disposições sobre o procedimento.

III. Compatibilidade e pedidos alternativos e subsidiários

O § 3º do art. 327 deixa claro que a compatibilidade entre os pedidos é um requisito de admissibilidade da cumulação que não se aplica aos pedidos subsidiários e alternativos, que não precisam ser compatíveis porque não são simultâneos, aplicando-se a eles apenas os demais requisitos de admissibilidade.

IV. Valor da causa

Sobre o valor da causa, na ação em que há cumulação de pedidos, o valor deve ser correspondente à soma da quantia de todos eles (CPC/2015, art. 292, inciso VI).

Art. 328 - Na obrigação indivisível com pluralidade de credores, aquele que não participou do processo receberá sua parte, deduzidas as despesas na proporção de seu crédito.

I. Obrigação indivisível com pluralidade de credores

Este dispositivo legal replica o disposto no art. 291 do CPC/1973, sem qualquer mudança. Na obrigação indivisível, havendo uma pluralidade de credores, estipula o Código Civil brasileiro que poderá cada um deles individualmente exigir a dívida inteira (CC, art. 260), dada a sua natureza indivisível. Se um só dos credores receber a prestação por inteiro, a cada um dos outros assistirá o direito de exigir dele em dinheiro a parte que lhe caiba no total (CC, art. 261). Indo no sentido do que dispõe o direito material, o art. 328 do CPC/2015 determina que aquele credor que não participou do processo receberá a sua parte, deduzidas as despesas na proporção de seu crédito. Nesse caso, não há litisconsórcio necessário entre os credores, e a decisão deve ser uniforme para todos eles.

Art. 329 - O autor poderá:
I - até a citação, aditar ou alterar o pedido ou a causa de pedir, independentemente de consentimento do réu;
II - até o saneamento do processo, aditar ou alterar o pedido e a causa de pedir, com consentimento do réu, assegurado o contraditório mediante a possibilidade de manifestação deste no prazo mínimo de 15 (quinze) dias, facultado o requerimento de prova suplementar.
Parágrafo único - Aplica-se o disposto neste artigo à reconvenção e à respectiva causa de pedir.

I. Alteração do pedido e causa de pedir e estabilização da demanda

Sobre a possibilidade de alteração do pedido e causa de pedir, manteve-se no CPC/2015 a possibilidade de o autor alterar ou aditar os elementos objetivos da demanda, antes da citação, independentemente do consentimento do réu. Essa regra estava prevista no art. 264 do CPC/1973, que também exigia a manutenção das partes originariamente indicadas, o que não mais se requer no CPC/2015. A modificação do pedido e causa de pedir não traz nenhum prejuízo ao réu, pois é apenas com a citação que o mesmo passa a integrar a relação processual. Antes da citação, portanto, qualquer alteração nos elementos objetivos da demanda pode ser feita pelo autor sem autorização do réu.

Depois da citação, tendo o réu integrado a relação processual, a modificação do pedido e causa de pedir depende de seu consentimento, assegurado ainda o contraditório mediante a possibilidade de manifestação do réu no prazo mínimo de 15 dias, facultado o requerimento de prova suplementar.

Após o saneamento, não é possível a alteração do pedido e causa de pedir, mesmo com o consentimento do réu. Isso porque a demanda precisa se estabilizar para que haja celeridade e o trânsito entre as fases do procedimento. Não há como passar para a fase instrutória e decisória sem se saber qual é a controvérsia a decidir, e é por isso que as partes não podem modificá-la a qualquer momento. O termo final para que isso ocorra é o saneamento, com o término da fase postulatória.

O parágrafo único do art. 329 deixou claro que este dispositivo se aplica à reconvenção e à respectiva causa de pedir, o que faz todo sentido, dado que trata de pleitos apresentados pelo réu.

Seção III - Do Indeferimento da Petição Inicial

Art. 330 - A petição inicial será indeferida quando:
I - for inepta;
II - a parte for manifestamente ilegítima;
III - o autor carecer de interesse processual;
IV - não atendidas as prescrições dos arts. 106 e 321.
§ 1º - Considera-se inepta a petição inicial quando:
I - lhe faltar pedido ou causa de pedir;
II - o pedido for indeterminado, ressalvadas as hipóteses legais em que se permite o pedido genérico;
III - da narração dos fatos não decorrer logicamente a conclusão;
IV - contiver pedidos incompatíveis entre si.
§ 2º - Nas ações que tenham por objeto a revisão de obrigação decorrente de empréstimo, de financiamento ou de alienação de bens, o autor terá de, sob pena de inépcia, discriminar na petição inicial, dentre as obrigações contratuais, aquelas que pretende controverter, além de quantificar o valor incontroverso do débito.
§ 3º - Na hipótese do § 2º, o valor incontroverso deverá continuar a ser pago no tempo e modo contratados.

I. Hipóteses de indeferimento da petição inicial

O presente artigo trata das hipóteses de indeferimento da petição inicial (rol taxativo), replicando em grande parte o que já estava previsto sobre o tema no art. 295 do CPC/1973. Trata-se de um juízo de admissibilidade da petição inicial, essencial para que o juiz dê impulso à fase seguinte do procedimento, determinando a citação do réu para audiência de mediação ou conciliação (art. 334 do CPC/2015), caso a petição inicial preencha os requisitos essenciais e não seja o caso de improcedência liminar do pedido.

Assim, no CPC/2015 foram mantidas as hipóteses de indeferimento da petição inicial nos casos de inépcia, ausência das condições da ação (apenas da legitimidade das partes e interesse de agir, dado que a possibilidade jurídica do pedido passou a integrar juízo de mérito) e dos requisitos da petição inicial, quando as partes não realizam a sua emenda para corrigir as irregularidades e vícios, assim como na ausência de indicação pelo advogado do endereço para o recebimento de intimações (o CPC/2015 especifica que, além do endereço, deve o advogado declarar, na petição inicial ou na contestação, seu número de inscrição na OAB e o nome da sociedade de advogados da qual participa). Trata-se de matérias de ordem pública, que poderiam ser suscitadas ou analisadas posteriormente, dando ensejo à resolução do processo sem julgamento do mérito.

A mudança principal em relação ao indeferimento da petição inicial se deu no que tange à supressão de dois incisos que estavam antes previstos no art. 295 do CPC/1973, um referente à decadência e prescrição e outro à inadequação do procedimento. Além disso, foram acrescidos dois parágrafos no art. 330 do CPC/2015 referentes às ações de revisão de obrigação decorrente de empréstimo, de financiamento ou de alienação de bens e modificadas algumas hipóteses de inépcia da inicial, tal como será comentado a seguir.

Ressalte-se que o indeferimento da petição inicial só deve ocorrer quando não for possível corrigir os vícios e irregularidades, mediante emenda à inicial (art. 321 do CPC/2015), em função dos princípios da instrumentalidade e efetividade do processo.

A decisão de deferimento da petição inicial tem natureza de decisão interlocutória.

II. Inépcia da petição inicial

A petição inicial deve ser indeferida no caso de inépcia, ou seja, quando não for considerada apta a ser processada, o que se verifica quando (i) lhe faltar pedido ou causa de pedir; (ii) o pedido for indeterminado, ressalvadas as hipóteses legais em que se permite o pedido genérico; (iii) da narração dos fatos não decorrer logicamente a conclusão; (iv) contiver pedidos incompatíveis entre si.

De novidade em relação ao que já estava previsto no CPC/1973 está a supressão da hipótese de pedido juridicamente impossível (que foi alçado a mérito e não mais a requisito de admissibilidade da ação) e a previsão de inépcia na hipótese de pedido indeterminado, ressalvadas as hipóteses legais em que se permite o pedido genérico (cf. art. 324, § 1º, do CPC/2015).

Assim, mantém-se a inépcia nos casos em que a falta ou os defeitos dos elementos objetivos da demanda (pedido e causa de pedir) inviabilizam tanto a prestação jurisdicional adequada quanto o exercício do direito de defesa pelo réu.

III. Supressão da decadência e prescrição do rol de hipóteses de indeferimento da petição inicial

Essa supressão decorre do reconhecimento pelo legislador de que a prescrição e decadência não constituem hipóteses de juízo de admissibilidade da demanda, e sim questões de julgamento do mérito. É por essa razão que ambas estão previstas no art. 487, inciso II, do CPC/2015, que prevê que haverá resolução de mérito quando o juiz decidir, de ofício ou a requerimento das partes, sobre a ocorrência de decadência ou prescrição.

IV. Supressão da inadequação do procedimento do rol de hipóteses de indeferimento da petição inicial

A supressão da inadequação procedimental vai no sentido da fungibilidade e simplificação procedimental adotadas pelo legislador, que acabou com a dicotomia entre procedimento ordinário e procedimento sumário, dado que previu apenas um único procedimento comum, que é flexível e pode ser adaptado pelo juiz e pelas partes quando o processo versar sobre direitos que admitam transação.

Esse procedimento único inspirou-se em elementos que existiam no procedimento sumário, como é o caso da previsão de citação para a audiência de conciliação ou de mediação, antes da apresentação de contestação, mantendo-se ainda no CPC/2015 os procedimentos especiais, com algumas adaptações.

V. Ações de revisão de obrigação decorrente de empréstimo, de financiamento ou de alienação de bens

O § 2º do art. 330 do CPC determina que, nas ações que tenham por objeto a revisão de obrigação decorrente de empréstimo, de financiamento ou de alienação de bens, o autor terá de discriminar na petição inicial, dentre as obrigações contratuais, aquelas que pretende controverter, além de quantificar o valor incontroverso do débito, sob pena de indeferimento por inépcia.

Trata-se de uma novidade, e o seu efeito prático está justamente no parágrafo seguinte, que determina que o valor incontroverso deverá continuar a ser pago no tempo e modo contratados, razão pela qual deverão ser especificadas nestas demandas as matérias controvertidas e as incontroversas. Essa determinação legal pode, contudo, onerar demasiadamente o consumidor e criar dificuldades ao seu acesso ao Judiciário.

Art. 331 - Indeferida a petição inicial, o autor poderá apelar, facultado ao juiz, no prazo de 5 (cinco) dias, retratar-se.

§ 1º - Se não houver retratação, o juiz mandará citar o réu para responder ao recurso.

§ 2º - Sendo a sentença reformada pelo tribunal, o prazo para a contestação começará a correr da intimação do retorno dos autos, observado o disposto no art. 334.

§ 3º - Não interposta a apelação, o réu será intimado do trânsito em julgado da sentença.

I. Alteração do prazo para retração do juiz

A decisão de indeferimento da petição inicial é suscetível de apelação, tal como já era previsto no CPC/1973, mas o prazo para retratação do juiz a fim de reformar sua própria decisão aumentou de 48 horas para 5 dias, o que se revela razoável para análise dos fundamentos do recurso do autor pelo juiz.

II. Procedimento para apelação da sentença de indeferimento da petição inicial

Houve algumas alterações no procedimento para apelação da sentença de indeferimento da inicial. Primeiramente, está especificada pelo § 1º do art. 331 do CPC/2015 a necessidade de citação do réu para responder ao recurso, se não houver retratação do juiz, não havendo mais a remessa dos autos ao tribunal sem a citação prévia e sem a participação do réu, como previsto no art. 296, parágrafo único, do CPC/1973.

Sendo citado o réu para responder ao recurso, a relação jurídico-processual se formará e o mesmo participará do contraditório, de forma que se vinculará em relação ao que for julgado pelo tribunal em sede de apelação.

Se a sentença de indeferimento da petição inicial for reformada pelo tribunal, estabelece o § 2º do art. 331 que o prazo para a contestação começará a correr da intimação do retorno dos autos, observado o disposto no art. 334 em relação à designação de audiência de mediação ou conciliação.

Por outro lado, caso o autor não apresente apelação, o réu será intimado do trânsito em julgado da sentença, dispensando-se a citação.

Capítulo III - Da Improcedência Liminar do Pedido

Art. 332 - Nas causas que dispensem a fase instrutória, o juiz, independentemente da citação do réu, julgará liminarmente improcedente o pedido que contrariar:
I - enunciado de súmula do Supremo Tribunal Federal ou do Superior Tribunal de Justiça;
II - acórdão proferido pelo Supremo Tribunal Federal ou pelo Superior Tribunal de Justiça em julgamento de recursos repetitivos;
III - entendimento firmado em incidente de resolução de demandas repetitivas ou de assunção de competência;
IV - enunciado de súmula de tribunal de justiça sobre direito local;
§ 1º - O juiz também poderá julgar liminarmente improcedente o pedido se verificar, desde logo, a ocorrência de decadência ou de prescrição.
§ 2º - Não interposta a apelação, o réu será intimado do trânsito em julgado da sentença, nos termos do art. 241.
§ 3º - Interposta a apelação, o juiz poderá retratar-se em 5 (cinco) dias.
§ 4º - Se houver retratação o juiz determinará o prosseguimento do processo com a citação do réu, e, se não houver retratação, determinará a citação do réu para apresentar contrarrazões, no prazo de 15 (quinze) dias.

Autor: Oreste Nestor Souza Laspro

I. Objetivo da norma

O art. 332 do CPC/2015, na esteira do art. 285-A do CPC/1973, tem como objetivo acelerar o julgamento das demandas de modo a evitar os custos de um processo quando de antemão o julgador vislumbra desfecho contrário ao autor. Trata-se daquilo que a doutrina convencionou denominar julgamento antecipadíssimo da lide, vez que ocorre um julgamento de mérito a favor do réu, sem que nem sequer tenha sido citado. O objetivo da norma está lastreado no pragmatismo da utilidade do processo. Assim, não teria sentido determinar o processamento da demanda, com a citação do réu, se o julgador, da análise dos fatos e fundamentos e do pedido, extrai desde logo sua improcedência. Evita-se, desta forma, o desperdício financeiro e de tempo do Estado e das partes. É interessante destacar que, embora a norma anterior e a nova tenham como objetivo acelerar o julgamento de demandas repetitivas, entre as duas normas há uma flagrante alteração do fundamento político. Com efeito, no CPC/1973, o julgamento liminar de improcedência podia ocorrer caso o juízo já tivesse se pronunciado sobre demanda idêntica. Assim, a base para o julgamento liminar de improcedência era a preservação do convencimento do juízo a respeito de determinado tema, destacando a inutilidade do processamento de uma demanda, quando o órgão julgador já possui entendimento consolidado a respeito do tema. O fundamento era a existência de precedente, mas do próprio juízo. No CPC/2015, esse convencimento do juízo é descartado e substituído pelo entendimento dos Tribunais a respeito da matéria. Ou seja, a ideia de julgar *de plano* processos tidos como inúteis passa a ser lastreada não no entendimento do juízo que processa a demanda, mas sim dos Tribunais, destacando, portanto, o papel nomofilácico destes.

II. Julgamento liminar de improcedência e garantias constitucionais do processo

Questão já trazida a debate no precursor art. 285-A do CPC/1973 é a eventual inconstitucionalidade do dispositivo por violar as garantias do devido processo legal, da igualdade e do contraditório. Assim, do mesmo modo do seu antecessor, acredita-se que este artigo também será objeto de críticas e de afirmações no sentido da sua inconstitucionalidade. Entendemos que não exista essa violação, ainda que o mérito esteja sendo decidido sem nem sequer o réu ter sido citado (vale destacar que, independentemente da alteração havida no CPC/1973, com a introdução do art. 285-A, já estava previsto desde o seu nascedouro o indeferimento da inicial com fundamento na decadência e na prescrição – inciso IV do art. 295 do CPC/1973 – sendo a doutrina uníssona no sentido de que se tratava de um julgamento de mérito). Ou seja, a técnica processual já existia, tendo somente sido ampliada pelo art. 285-A do CPC/1973. O fundamental é que a citação tem por objetivo dar ciência da demanda ao réu e oportunidade de defesa. Assim, como o dispositivo somente prevê a possibilidade de o juiz julgar improcedente a demanda, não vislumbramos nenhuma espécie de prejuízo ao réu a despeito de não lhe ter sido dada a garantia do contraditório. Diferente, por óbvio, seria a hipótese se a lei permitisse ao julgador prolatar uma sentença de procedência sem nem sequer citar o réu. De igual modo, não vislumbramos o argumento de que o autor teria qualquer garantia constitucional violada. Não nos convence a tese de que o julgamento de improcedência liminar violaria o direito à conciliação e o direito do autor de ver reconhecido o pedido pelo réu. De fato, o sistema processual cada vez mais destaca a conciliação e a mediação como mecanismos de solução do conflito. Todavia, entendemos que, embora relevantes para a solução de conflitos, são mecanismos subsidiários que não se sobrepõem à solução jurisdicional. Destarte, ainda que o CPC/2015 tenha elevado a conciliação e a mediação à condição de fases obrigatórias do processo, isto não afasta a possibilidade de o sistema processual prever hipóteses em que a solução do litígio possa ocorrer de outras formas e sem que a fase de conciliação e mediação sejam atingidas. Acreditamos que, nesta hipótese, deve se sobrepor a garantia, esta sim constitucional, a um processo breve (art. 5º, inciso LXXVIII, da CF). De igual modo, não nos parece que a raríssima possibilidade de o réu reconhecer o pedido (quiçá seja mais provável achar um rinoceronte de Java no seu hábitat natural) constitua um direito do autor que impeça o Estado de liminarmente julgar improcedente uma demanda, a partir de técnica processual existente desde o nascedouro do CPC/1973.

III. Limitações a sua utilização

O CPC/2015, na linha do CPC/1973, também limitou as hipóteses em que o juiz pode se valer dessa técnica processual de aceleração de solução do conflito. Essa limitação tem o fim confesso de somente permitir sua utilização em casos que, segundo a legislação, existe uma inconteste possibilidade de a demanda, após a citação do réu, ser julgada improcedente. Não há dúvida de que se trata de meio excepcional e que deve ser utilizado com extrema prudência, razão pela qual os seus requisitos e hipóteses devem ser interpretados de forma não extensiva.

IV. Discricionariedade do magistrado

Dentre as questões polêmicas em torno do art. 332 do CPC/2015, destaca-se a natureza do poder dado ao magistrado de julgar liminarmente improcedente a demanda, ou seja, se se trata de um dever do magistrado ou uma prerrogativa, verdadeira faculdade. Parte da doutrina defende a discricionariedade do juiz, na medida em que o dispositivo em comento não traz nenhuma consequência se o magistrado deixar de atender ao quanto exposto. Em contrapartida, outros doutrinadores defendem que ao juiz não é dada a liberdade de aplicar ou não a norma processual, quando o caso concreto nela se enquadra. Para estes últimos a discricionariedade do juiz violaria a garantia constitucional da igualdade. Se fizermos uma interpretação histórica do dispositivo, a corrente defensora da obrigatoriedade ganha força. Explico. O art. 285-A do CPC/1973 afirma que o juiz "poderá" julgar liminarmente improcedente a demanda, dando a entender que se trata de mera possibilidade. Já o art. 332 do CPC/2015 afirma que "julgará", dando a entender que a norma é imperativa. Apesar dessa alteração na redação, ainda assim entendemos que a primeira corrente, que defende a facultatividade, é a mais correta. Com efeito, salvo a hipótese de súmula vinculante do Supremo Tribunal Federal, todas as demais hipóteses descritas no dispositivo legal não obrigam a instância inferior a seguir a tese do tribunal superior. Assim, da mesma forma, por exemplo, que o juiz de primeiro grau não é obrigado, no decorrer do processo, a se submeter à tese declarada no julgamento de recurso repetitivo, não deve sê-lo quando do recebimento da inicial. Com o máximo respeito, podemos até afirmar que há uma tendência a tornar tais decisões obrigatórias, mas a concretização definitiva desse posicionamento dependeria de modificação do texto constitucional a ampliar as hipóteses de decisões vinculantes. Entretanto, vale destacar que a discricionariedade não subsiste, no nosso entender, se o caso concreto se enquadrar em hipótese de súmula vinculante do Supremo Tribunal Federal.

V. Causas que dispensem fase instrutória

O julgamento liminar de improcedência, sem a citação do réu, é permitido desde que a causa dispense fase instrutória. A rigor, como o réu ainda não foi citado, e, portanto, não há contestação, no sentido literal da norma, a possibilidade de julgamento liminar de improcedência somente seria possível nas demandas que pela sua natureza exigem prova exclusivamente documental que acompanha a inicial. Todavia, não é este o seu real sentido. Na verdade o que a lei pressupõe, como requisito para o julgamento liminar de improcedência, é que ainda que o juiz considere verdadeiros os fatos descritos pelo autor, a demanda deva ser julgada improcedente em razão do seu enquadramento em qualquer dos incisos do art. 382. Assim, não se trata de aferir se os fatos estão ou não provados nem de que forma o seriam, mas sim analisar quais seriam as consequências do quanto afirmado pelo próprio autor. Em última análise, mesmo que os fatos sejam verdadeiros, a consequência jurídica não beneficia o autor, mas, ao contrário, conduz à improcedência da demanda.

VI. Hipóteses

O art. 332 do CPC/2015 traz as hipóteses em que o juiz pode julgar liminarmente improcedente a demanda. Ao contrário do art. 285-A do CPC/1973, que permitia esse julgamento quando "no juízo já houver sido proferida sentença de total improcedência em outros casos idênticos", o art. 332 do CPC/2015 descartou o precedente do próprio juízo como fundamento para a improcedência liminar. Ao invés, prestigiou os precedentes judiciais dos Tribunais, e não do próprio órgão julgador, além das hipóteses de prescrição e decadência (outrora, tratadas como indeferimento da petição inicial, embora com julgamento de mérito). É importante destacar que, apesar de o dispositivo trazer quatro incisos, na verdade se trata de seis hipóteses, vez que o inciso III traz duas hipóteses distintas e o § 1º elenca uma sexta hipótese.

1. Enunciado de súmula do Supremo Tribunal Federal ou do Superior Tribunal de Justiça

Súmulas nada mais refletem do que a síntese do entendimento de um Tribunal a respeito de determinada questão jurídica controvertida, extraída a partir de reiteradas decisões daquele Tribunal em um determinado sentido. A súmula não traz a fundamentação da decisão, mas somente a conclusão sintética. Por essa razão, é importante para o julgador verificar se, de fato, determinada súmula é aplicável ao caso concreto, evitando dar a ela extensão além daquela buscada pelo próprio Tribunal que a editou. De acordo com a redação desta norma, o juiz deve liminarmente julgar improcedente uma demanda caso entenda que a pretensão do autor esbarra em determinada súmula. Além disso, o dispositivo não faz distinção entre as súmulas vinculantes e não vinculantes do Supremo Tribunal Federal, razão pela qual não cabe ao intérprete fazer essa distinção. Importante também ressaltar que o dispositivo limitou a aplicação das súmulas neste caso somente àquelas oriundas do Supremo Tribunal Federal e Superior Tribunal de Justiça, excluindo dessa maneira eventuais enunciados de tribunais de justiça estaduais, salvo se tratar de direito local, e de tribunais regionais federais. Conforme já afirmado anteriormente, entendemos que o dispositivo legal em comento traz uma faculdade ao julgador, que pode optar por processar a demanda ainda que o caso concreto se enquadre nas hipóteses descritas. Essa faculdade, todavia, não persiste em se tratando de súmula vinculante, caso em que cessa a discricionariedade, devendo o juízo liminarmente julgar improcedente a demanda.

2. Acórdão proferido pelo Supremo Tribunal Federal ou pelo Superior Tribunal de Justiça em julgamento de recursos repetitivos

O julgamento de recursos especial e extraordinário repetitivos está regulado pelos arts. 1.036 e seguintes do CPC/2015. A inserção desta hipótese dentre aquelas que admitem o julgamento liminar de improcedência nada mais é do que mais uma afirmação da importância dos precedentes judiciais mormente dos Tribunais Superiores. Com efeito, o art. 1.040 estabelece que a tese fixada no acórdão prolatado em recurso repetitivo deve ser adotada quando do julgamento dos processos suspensos em primeiro ou segundo grau. Ora, se o CPC/2015 determina a aplicação da tese adotada no recurso repetitivo aos processos em andamento por uma questão lógica e até de coerência do sistema, a mesma solução deve ser dada quando o juízo se depara com uma demanda recém-proposta e que é contrária à tese fixada por tribunal superior. É importante destacar que a redação da norma, em um sentido literal, é no sentido de que a aplicação da tese firmada pelo tribunal superior seria compulsória. Todavia, tal interpretação, salvo melhor juízo, levaria à inconstitucionalidade do dispositivo à míngua de dispositivo constitucional tornando tal decisão vinculante. Aliás, não é por outra razão que o inciso II do art. 1.040 do CPC/2015 determina novo julgamento do recurso cujo julgamento foi contrário à tese declarada no tribunal superior e, em caso de manutenção (portanto, admitindo que se julgue contra o entendimento do tribunal superior), os recursos especial ou extraordinário serão processados, consoante o art. 1.041 do CPC/2015.

3. Entendimento firmado em incidente de resolução de demandas repetitivas ou de assunção de competência

O entendimento firmado em incidente de resolução repetitiva é regulado pelos arts. 976 e seguintes do CPC/2015. Neste caso o tribunal também firmará uma tese jurídica, razão pela qual esse precedente poderá ser utilizado pelo juízo para liminarmente julgar improcedente a demanda. Já a assunção de competência é regulamentada pelo art. 947 do CPC/2015. Em relação ao julgamento em assunção de competência como fundamento da improcedência liminar, é interessante destacar um certo contrassenso da norma processual, vez que um dos requisitos para assunção é que não haja múltiplos processos. De qualquer modo, desde que a tese firmada pelo tribunal seja contrária ao fundamento trazido pelo autor na demanda, pode o juízo invocar o precedente para julgar liminarmente improcedente a demanda.

4. Enunciado de súmula de tribunal de justiça sobre direito local

Nesta hipótese o CPC/2015 prevê o julgamento liminar de improcedência a partir da existência de tese sumulada por tribunal de justiça estadual ou distrital desde que tenha por objeto direito local. De fato, os tribunais de justiça, no âmbito de sua competência, podem editar súmulas inclusive sobre legislação federal. Apesar disso, o dispositivo exclui a possibilidade de improcedência liminar nesta hipótese. Desta maneira, preservou o papel unificador da jurisprudência dos Tribunais Superiores, evitando o risco de violação da igualdade. De qualquer modo, é flagrante a contradição da legislação. Com efeito, nas duas hipóteses descritas no inciso anterior, o tribunal de justiça, para julgar o incidente de resolução de demandas repetitivas e de assunção de competência, pode evidentemente interpretar a lei federal e a constituição. Ou seja, o CPC/2015 admite que o juízo julgue liminarmente improcedente a demanda nesses dois casos, ainda que a tese jurídica envolva lei não local, mas, no caso de súmula, limita essa possibilidade à lei local.

5. Decadência ou prescrição

Nesta hipótese, conforme mencionado anteriormente, é irrelevante a necessidade ou não de dilação probatória para a comprovação dos fatos alegados. Com efeito, se a partir dos fatos e fundamentos jurídicos do pedido expostos na inicial, o juízo entender que ocorreu a prescrição ou decadência do direito do autor, pode liminarmente julgar a demanda improcedente. Este dispositivo deve, no entanto, ser interpretado à luz do Código Civil. Desta maneira, no caso da decadência, se for a mesma legal, deve o juiz reconhecê-la de ofício. Todavia, sendo convencional, o art. 211 do Código Civil expressamente exclui a possibilidade de reconhecimento de ofício, razão pela qual não pode o juiz reconhecê-la e julgar liminarmente improcedente a demanda, não sendo, no nosso entender, sustentável a tese de que o mencionado artigo do Código Civil teria sido revogado. No tocante à prescrição, interessante é a compatibilização do art. 191 do CC com a possibilidade de reconhecimento liminar de ofício da prescrição. Com efeito, o mencionado artigo do CC prevê a possibilidade de renúncia por parte do devedor à prescrição desde que não prejudique a terceiro. Ora, como o CPC prevê a improcedência liminar da demanda no caso de prescrição, duas conclusões podemos extrair antagônicas entre si. A primeira é que o juiz, antes de julgar liminarmente improcedente a demanda, deve ouvir o réu para saber se ele renuncia ou não à prescrição. A segunda, no sentido de que o art. 191 permanece em vigor, mas a renúncia deve ocorrer antes da propositura da demanda. Parece-nos, com a devida vênia, que a segunda solução parece ser a mais adequada, mesmo porque o parágrafo único do art. 487 do CPC/2015 é expresso no sentido de que não há necessidade de oitiva das partes para o reconhecimento liminar da prescrição e da decadência.

VII. Julgamento parcial

É possível que o autor tenha cumulado vários pedidos na mesma demanda e que somente alguns desses pedidos atendam aos requisitos e hipóteses de julgamento liminar de improcedência. Se, em conformidade com o CPC/1973, pudessem existir dúvidas, o CPC/2015 expressamente admite as decisões de mérito parciais. Assim, o juiz pode, de acordo com o art. 356 do CPC/2015, julgar antecipadamente parte do mérito, ainda que referido dispositivo não faça expressa menção ao art. 332. Com efeito ele regula o julgamento antecipado de mérito e o art. 332 não é, como já observado, nada além de uma subespécie dele.

VIII. Intimação do réu em caso de não interposição da apelação

O § 2º do art. 332 do CPC/2015 estabelece que, não interposta a apelação, deve o réu ser intimado em conformidade com o art. 241 do CPC/2015. A finalidade da intimação é dar ciência ao réu da sentença de mérito que lhe é favorável. Referida ciência, que não estava prevista na antiga codificação, evita, por exemplo, que o autor, litigando de má-fé, pretenda repropor a demanda, omitindo o julgamento anterior. Além disso, tendo ciência do julgamento, pode o réu utilizar essa decisão em outros processos, resolvendo até mesmo questões prejudiciais. É interessante também destacar que, em tese, a sentença de improcedência pode constituir título executivo judicial a seu favor, consoante inciso I do art. 515 do CPC/2015, caso em que poderá, no mesmo processo, dar início à fase de cumprimento de sentença em conformidade com os arts. 513 e seguintes do Código de Processo Civil.

IX. Interposição de apelação e juízo de retratação

O § 3º do art. 332 do CPC/2015 estabelece que o juiz pode se retratar no prazo de cinco dias, caso em que determinará o prosseguimento do processo com a citação do réu, conforme dispõe o § 4º seguinte. Essa regra constitui exceção ao art. 494 do CPC/2015, segundo a qual o juiz não poderia alterar a sentença, salvo em embargos de declaração ou para corrigir inexatidão ou erro material. Aliás, a retratação neste caso constitui verdadeira declaração de nulidade da sentença anteriormente prolatada. Importante destacar que, embora a lei afirme que o juízo de retratação deve ser exercido no prazo de cinco dias, tratando-se de prazo judicial não é preclusivo, não existindo qualquer nulidade se a retração ocorrer posteriormente.

1. Interposição de recurso de apelação e manutenção da decisão pelo juízo sentenciante

Caso o juízo não se retrate, a apelação será processada com citação do réu para oferecimento de contrarrazões no prazo de 15 (quinze) dias, consoante § 4º do art. 332 do CPC/2015. Essas contrarrazões serão limitadas ao objeto da sentença e do recurso, não havendo necessidade do exame dos demais fundamentos trazidos pelo autor na inicial, vez que, caso provida a apelação, a princípio, será anulada a sentença e ulteriormente intimado o réu para oferecimento de contestação. Questão interessante a ser examinada é a aplicabilidade do § 3º do art. 1.013 nesta hipótese. Com efeito, o mencionado dispositivo prevê a possibilidade de o tribunal julgar desde logo o mérito se o processo estiver em condições de imediato julgamento.

Parece-nos que a resposta, a princípio, é positiva, desde que naturalmente não configure violação às garantias constitucionais das partes. Com efeito, e somente a título de exemplo, é possível que o tribunal entenda que, embora a questão não dependa de dilação probatória, ela não se enquadra nas hipóteses de julgamento antecipadíssimo da lide. Assim, a rigor, deveria ser declarada a nulidade da sentença. Todavia, caso o tribunal entenda que a matéria de direito foi suficientemente debatida pelas partes e já se formou a convicção dos julgadores acerca do tema, não vislumbramos qualquer ilegalidade em reconhecido equívoco do julgamento em primeira instância, partir-se em seguida diretamente para o julgamento do mérito.

Capítulo IV - Da Convenção da Ação Individual em Ação Coletiva

Art. 333 - VETADO.

Capítulo V - Da Audiência de Conciliação ou de Mediação

Art. 334 - Se a petição inicial preencher os requisitos essenciais e não for o caso de improcedência liminar do pedido, o juiz designará audiência de conciliação ou de mediação com antecedência mínima de 30 (trinta) dias, devendo ser citado o réu com pelo menos 20 (vinte) dias de antecedência.

§1º - O conciliador ou mediador, onde houver, atuará necessariamente na audiência de conciliação ou de mediação, observando o disposto neste Código, bem como as disposições da lei de organização judiciária.

§ 2º - Poderá haver mais de uma sessão destinada à conciliação e à mediação, não podendo exceder a 2 (dois) meses da data de realização da primeira sessão, desde que necessárias à composição das partes.

§ 3º - A intimação do autor para a audiência será feita na pessoa de seu advogado.

§ 4º - A audiência não será realizada:

I - se ambas as partes manifestarem, expressamente, desinteresse na composição consensual;

II - quando não se admitir a autocomposição.

§ 5º - O autor deverá indicar, na petição inicial, seu desinteresse na autocomposição, e o réu deverá fazê-lo, por petição, apresentada com 10 (dez) dias de antecedência, contados da data da audiência.

§ 6º - Havendo litisconsórcio, o desinteresse na realização da audiência deve ser manifestado por todos os litisconsortes.

§ 7º - A audiência de conciliação ou de mediação pode realizar-se por meio eletrônico, nos termos da lei.

§ 8º - O não comparecimento injustificado do autor ou do réu à audiência de conciliação é considerado ato atentatório à dignidade da justiça e será sancionado com multa de até dois por cento da vantagem econômica pretendida ou do valor da causa, revertida em favor da União ou do Estado.

§ 9º - As partes devem estar acompanhadas por seus advogados ou defensores públicos.

§ 10 - A parte poderá constituir representante, por meio de procuração específica, com poderes para negociar e transigir.

§ 11 - A autocomposição obtida será reduzida a termo e homologada por sentença.

§ 12 - A pauta das audiências de conciliação ou de mediação será organizada de modo a respeitar o intervalo mínimo de 20 (vinte) minutos entre o início de uma e o início da seguinte.

Autora: Juliana Vieira dos Santos

A lide, propriamente dita, no CPC/2015, começará com uma audiência para tentativa de composição das partes. O legislador pretende implementar uma mudança cultural apostando pesadamente na conciliação e na mediação para solução rápida dos conflitos, ao longo de todo o Código.

I. A antecedência da citação

Para tanto, o artigo prevê a citação do réu com pelo menos 20 (vinte) dias de antecedência. Imagina-se que a jurisprudência seguirá, para este caso, o mesmo tratamento que vinha dando ao art. 277 do CPC/1973 (sobre procedimento sumário), e considerará nula a citação que não obedecer a esse prazo.

A questão será verificar como será contado esse prazo: se da data da juntada do mandado cumprido aos autos, ou da efetiva citação.

A jurisprudência do STJ, relativamente ao art. 277 do CPC/1973, tem entendimentos nos dois sentidos: "O prazo não inferior a dez dias para a realização da audiência no rito sumário conta-se da data de juntada aos autos do mandado" (STJ, 4ª T., REsp nº 416217/MA, Rel. Min. Cesar Asfor Rocha, j. em 5/12/2002, DJ de 12/5/2003, p. 305). No mesmo sentido: STJ, 4ª T., REsp nº 331584/SP, Rel. Min. Aldir Passarinho Junior, j. em 21/11/2006, DJ de 12/2/2007, p. 263.

E em sentido contrário: "No procedimento sumário a audiência não se realizará em prazo inferior a dez dias contados da citação. Este prazo é contado da data da efetiva citação e não da data da juntada aos autos do mandado citatório devidamente cumprido" (STJ, 4ª T., AgRg no REsp nº 1334196/SP, Rel. Min. Luis Felipe Salomão, j. em 12/11/2013, DJe de 21/11/2013). E ainda: STJ, 3ª T., REsp nº 76348/SP, Rel. Min. Carlos Alberto Menezes Direito, j. em 5/11/1996, DJ de 3/2/1997, p. 719.

A justificativa dos julgados que consideram a contagem do prazo da citação efetiva é a compreensão de que a forma de contagem dos prazos prevista no art. 241, inciso II, do CPC/1973 dizia respeito ao procedimento ordinário e não ao sumário, regulado em outra parte do Código.

No CPC/2015, não há mais distinção entre procedimentos e há referência geral sobre contagem de prazos a partir da juntada (no art. 231 do CPC/2015). Possivelmente, portanto, a jurisprudência se firmará no sentido de entender que a antecedência será contada da juntada do mandado de citação nos autos.

II. A obrigatoriedade da tentativa de composição

Buscando a resolução rápida de conflitos, o artigo prevê a possibilidade de realização de várias sessões destinadas à conciliação ou à mediação, e até que essas sessões podem ser realizadas por meio eletrônico (procedimento ainda a ser regulamentado por lei).

Outra novidade é que essas audiências passam a ser um procedimento obrigatório e preliminar à apresentação da defesa pelo réu. O não comparecimento será considerado ato atentatório à dignidade da justiça e dará ensejo à aplicação de multa.

A audiência só não se realiza se todas as partes (incluindo todos os litisconsortes, se for o caso) manifestarem-se expressamente contrárias à composição consensual ou nos casos em que não se admitir a autocomposição (o que se interpreta como os casos que versarem sobre direitos indisponíveis).

Capítulo VI - Da Contestação

Art. 335 - O réu poderá oferecer contestação, por petição, no prazo de 15 (quinze) dias, cujo termo inicial será a data:
I - da audiência de conciliação ou de mediação, ou da última sessão de conciliação, quando qualquer parte não comparecer ou, comparecendo, não houver autocomposição;
II - do protocolo do pedido de cancelamento da audiência de conciliação ou de mediação apresentado pelo réu, quando ocorrer a hipótese do art. 334, § 4º, inciso I;
III - prevista no art. 231, de acordo com o modo como foi feita a citação, nos demais casos.
§ 1º - No caso de litisconsórcio passivo, ocorrendo a hipótese do art. 334, § 6º, o termo inicial previsto no inciso II será, para cada um dos réus, a data de apresentação de seu respectivo pedido de cancelamento da audiência.
§ 2º - Quando ocorrer a hipótese do art. 334, § 4º, inciso II, havendo litisconsórcio passivo e o autor desistir da ação em relação a réu ainda não citado, o prazo para resposta correrá da data de intimação da decisão que homologar a desistência.

Autor: Antonio Carlos Marcato

I. Prazo para a oferta de contestação

Como adiante explicitado em notas ao art. 336, o Código de Processo Civil de 2015 não recepcionou a criticável tripartição de defesas no gênero *resposta do réu,* feita pelo art. 297 do CPC/1973. Ao contrário, em atenção ao *princípio da eventualidade* determina a concentração, na contestação, de todas as defesas úteis ao réu, tanto as processuais quanto as substanciais, estabelecendo prazo geral de 15 (quinze) *dias úteis* (art. 212, *caput*) para a oferta desse ato processual, ressalvados apenas os prazos diferenciados para determinadas situações particulares (arts. 306, 714, 970 e 991).

II. Cômputo diferenciado dos prazos processuais

Em razão da relevância dos interesses cuja defesa patrocinam em juízo, o Ministério Público, a Advocacia Pública e a Defensoria Pública têm, em regra, prazo em dobro para a prática dos atos processuais – exceto quando se tratar de *prazo próprio* (CPC/2015, arts. 180, § 2º, 183, § 2º, e 186, § 4º). Nenhuma outra prerrogativa lhes confere a lei, nesse particular, pois, tanto quanto os demais contestantes, essas três instituições estão sujeitas ao regime da preclusão, devendo irrestrita observância aos prazos legais.

Em atenção à exigência de tratamento isonômico das partes, o art. 229 confere essa mesma prerrogativa aos litisconsortes patrocinados por advogados diferentes e de *escritórios distintos*, com as ressalvas contidas em seus parágrafos.

III. Termo inicial do prazo

O dispositivo sob exame fixa diferentes termos iniciais para o prazo de oferta de contestação, na dependência da realização, ou não, da audiência de conciliação ou de mediação (art. 334). O prazo quinzenal terá curso no primeiro dia útil seguinte: *a)* ao encerramento dessa audiência, motivado *(i)* pelo não comparecimento de qualquer das partes, *(ii)* se, comparecendo, não houver autocomposição ou, *(iii)*, sendo a última sessão de conciliação e inconciliadas as partes, a audiência for encerrada (inciso I); *b)* do protocolo do pedido de cancelamento da audiência formulado pelo réu, em virtude do manifesto desinteresse de ambas as partes na composição consensual (inciso II); e *c)* nos termos iniciais estabelecidos pelo art. 231, se inadmissível a autocomposição.

IV. Situações particulares

Havendo litisconsórcio passivo, o CPC/2015 indica outros termos iniciais de prazo para a oferta da contestação: *(i)* como o cancelamento da audiência de conciliação ou mediação depende da expressa manifestação de vontade das partes, os réus defendidos por patronos diferentes poderão formular autonomamente os respectivos pedidos, iniciando-se o prazo de resposta, nesse caso, a contar do protocolo dos correspondentes requerimentos (art. 335, § 1º); *(ii)* não sendo realizada a audiência, em virtude da inadmissibilidade de autocomposição e o autor desistir da ação em relação a réu ainda não citado, o prazo para a contestação do litisconsorte passivo remanescente terá fluência a partir da intimação da sentença homologatória da desistência (§ 2º). Finalmente, não sendo o caso de incidência de qualquer das normas particulares até aqui examinadas, valerá a disciplina geral estabelecida pelo art. 231 e, no que interessa ao tema sob exame, a previsão do § 1º, no sentido de que, havendo litisconsortes passivos, o prazo de cada um deles terá fluência a contar da última das datas estabelecidas em seus incisos I a VI – se e quando, é evidente, tiverem patronos distintos.

Art. 336 - Incumbe ao réu alegar, na contestação, toda a matéria de defesa, expondo as razões de fato e de direito com que impugna o pedido do autor e especificando as provas que pretende produzir.

I. Direito de defesa

Chamado a juízo, o réu não tem apenas o ônus de defender-se, mas o direito, mesmo, de exigir provimento jurisdicional que solucione o litígio definitivamente, daí a razão, aliás, pela qual a extinção do processo de conhecimento, sem resolução do mérito, pautada na desistência da ação pelo autor, depende de seu consentimento, se já oferecida contestação (CPC/2015, art. 485, § 4º) – ressalvada, apenas, a hipótese contemplada no § 3º do art. 1.040. Sob esse enfoque, a defesa deve ser entendida tanto como ônus processual imposto ao réu (pois o seu descumprimento acarreta as consequências previstas em lei – CPC/1973, arts. 319, 322, 330, inciso II; CPC/2015, arts. 344, 346, 355, inciso II) quanto como o direito processual de opor-se à pretensão do autor, direta ou indiretamente.

II. A contestação

Sob a designação genérica de *resposta do réu*, o CPC/1973 concentrou as atividades processuais desse sujeito passivo em face da pretensão deduzida pelo autor, cuidando, no mesmo capítulo, da *contestação*, da *reconvenção* e das *exceções* – embora também preveja, em capítulos e seções distintos, outras reações possíveis, como a impugnação ao valor da causa, a nomeação à autoria, o chamamento ao processo, a denunciação da lide e a ação declaratória incidental. Portanto, referindo-se à *resposta do réu* esse diploma legal regula três situações distintas: a *legitimidade exclusiva do réu* para contestar (legitimidade para a defesa) e promover ação pela via reconvencional (legitimidade *ad causam*), mais a legitimidade (igualmente conferida ao autor) para opor exceção ritual de incompetência relativa, de suspeição ou de impedimento do juiz.

Ao encartar, no elenco das respostas do *réu*, a contestação, as exceções rituais (incompetência relativa, suspeição e impedimento do juiz) e a reconvenção, o CPC/1973 mereceu justas críticas, seja porque, no regime por ele estabelecido, as exceções de parcialidade do juiz podem ser arguidas também pelo autor (v. art. 304), seja porque a reconvenção não é ato de defesa, mercê de sua natureza jurídica de demanda incidente, seja, finalmente, porque, em capítulos e seções distintos, trata de outras reações possíveis do réu, como a ação declaratória incidental (art. 5º), a nomeação à autoria (arts. 62 a 69), a denunciação da lide (arts. 70 a 76) e a impugnação ao valor da causa (art. 261). Aliás, diante do teor de seu art. 299, determinando a oferta simultânea, em peças autônomas, da contestação e da reconvenção, acabou prevalecendo, em sede jurisprudencial, o entendimento de que, não atendida essa simultaneidade, opera-se a preclusão consumativa:

"[...] 1. A contestação e a reconvenção devem ser apresentadas simultaneamente, ainda que haja prazo para a resposta do réu, sob pena de preclusão consumativa. Precedentes do STJ: REsp 31353/SP, Quarta Turma, DJ 16/08/2004; AgRg no Ag 817.329/MG, Quarta Turma, DJ 17/09/2007; e REsp 600839/SP, DJe 05/11/2008. [...]" (1ª T., AgRg no REsp nº 935.051/BA, Rel. Min. Luiz Fux, j. em 14/9/2010, DJe de 30/9/2010).

"[...] III. Aplica-se o princípio da preclusão consumativa, adotado pela uniforme jurisprudência do Superior Tribunal de Justiça, à regra do art. 299 do CPC, de sorte que tardio o pedido reconvencional apresentado após o oferecimento da contestação pelo mesmo réu, ainda que antes de terminado o prazo original de defesa. [...]" (4ª T., REsp nº 31.353/SP, Rel. Min. Aldir Passarinho Junior, j. em 8/6/2004, DJ de 16/8/2004, p. 260).

Inovando, em boa hora o CPC/2015 abandona essa dispersão de defesas em procedimentos incidentes ao processo – como são as exceções de incompetência relativa e de incompatibilidade do juiz, mais a impugnação ao valor atribuído à causa (art. 293) –, concentrando-as na contestação, sede adequada, portanto, à dedução das defesas processuais e de mérito. Nela também poderá ser formulado o pedido de gratuidade da justiça (art. 99) e apresentada a reconvenção, embora esta possa ser proposta independentemente, mercê de sua já referida natureza jurídica, desde que conexa, evidentemente, com a ação principal (art. 343).

Destinada à veiculação dessas defesas do réu, em atenção à garantia constitucional prevista no art. 5º, inciso LV, da Carta Magna, a contestação não interfere no âmbito de decisão do processo; como ao juiz compete julgar apenas o pedido formulado pelo sujeito ativo (*princípio da adstrição do julgamento ao pedido* – CPC/2015, arts. 141 e 492), a contestação, diferentemente da reconvenção, não amplia os limites do futuro julgamento, mas apenas o âmbito de cognição da causa.

III. Requisitos da contestação

Além da indicação do juízo ao qual é dirigida e dos nomes e prenomes das partes, a contestação deverá conter também as razões de fato e de direito com que o contestante impugna o pedido formulado pelo autor, assim como a especificação das provas que pretenda produzir (CPC/2015, art. 336).

IV. O princípio da eventualidade da defesa

Expresso no artigo sob exame, o princípio da eventualidade traduz a exigência, imposta ao réu, de deduzir na contestação todas as defesas de que disponha naquele momento processual, observada a ordem estabelecida pelo art. 337, a fim de que o juiz possa acolher a posterior, na eventualidade de rejeitar a anterior. Deixando o réu de deduzir defesa substancial, a respeito desta opera-se a preclusão consumativa, ficando então impossibilitado de apresentá-la futuramente (ressalvadas as situações contempladas no art. 342); já as defesas processuais poderão ser deduzidas posteriormente, ou até conhecidas de ofício pelo juiz, mercê de sua natureza de *objeção* (matéria de ordem pública), ressalvadas, apenas, a convenção de arbitragem e a incompetência relativa, a serem alegadas na contestação (art. 337, incisos II e X), sob pena de preclusão (§§ 5º e 6º). Nesse sentido a orientação assentada pelos tribunais, como se extrai da seguinte decisão do Superior Tribunal de Justiça:

"[...] 1.Conforme o princípio da eventualidade, compete ao réu, na contestação, alegar todas as defesas contra o pedido do autor, sob pena de preclusão. [...]" (6ª T., AgRg no Ag nº 588.571/RJ, Rel. Min. Vasco Della Giustina (Desembargador convocado do TJ/RS), j. em 21/6/2011, DJe de 1º/7/2011).

V. Contestação e defesas de mérito

Apresentando defesas de mérito, o réu pretende obter tutela jurisdicional que lhe seja favorável, mediante a rejeição, pelo juiz, do pedido formulado pelo autor. Tais defesas podem ser diretas ou indiretas, entendidas as primeiras como a exposição, na contestação, de *fatos simples* tendentes quer à demonstração da inexistência da situação jurídica narrada na inicial, quer ao modo de ocorrência dos fatos nela contidos (v. art. 373, inciso I); indiretas, quando consistentes, na dicção do art. 373, inciso II, em *fatos jurídicos* com eficácia extintiva, impeditiva ou modificativa do direito afirmado pelo autor (*v.g.*, prescrição, pagamento, novação da dívida – v. art. 350).

A contestação também é o veículo adequado para a formulação de pedido de retenção por benfeitorias, sob pena de preclusão, conforme orientação assentada pelo Superior Tribunal de Justiça:

"[...] 1. O direito de retenção por benfeitorias realizadas deve ser exercido no momento da contestação de ação de cunho possessório, sob pena de preclusão. Jurisprudência do STJ. [...]" (3ª T., AgRg no REsp nº 1273356/SP, Rel. Min. João Otávio de Noronha, j. em 25/11/2014, DJe de 12/12/2014)

"[...] 2. O acórdão encontra-se em sintonia com a jurisprudência deste Tribunal Superior, no sentido de que, tratando-se de ação de reintegração de posse – como no caso dos autos –, o pedido de retenção das benfeitorias deve ser formulado no processo de conhecimento, no bojo da própria contestação (CPC, art. 922), sob pena de preclusão. [...]" (2ª T., AgRg no AREsp nº 385.662/DF, Rel. Min. Herman Benjamin, j. em 12/2/2015, DJe de 6/4/2015).

VI. Contestação e defesas processuais

Por meio dessas defesas preliminares às de mérito, elencadas no art. 337 do CPC/2015, o réu busca a extinção do processo, sem resolução do mérito (*v.g.*, incisos IV a VII, X e XI – v. art. 485, incisos V, VI e VII), a correção de defeitos contaminantes de sua validade (*v.g.*, incisos I, II, IX) ou, ainda, sua reunião a outro, para processamento e julgamento conjuntos, em razão da existência de vínculo de conexão ou de continência (inciso VIII – v. arts. 54 a 58).

Art. 337 - Incumbe ao réu, antes de discutir o mérito, alegar:
I - inexistência ou nulidade da citação;
II - incompetência absoluta e relativa;
III - incorreção do valor da causa;
IV - inépcia da petição inicial;
V - perempção;
VI - litispendência;
VII - coisa julgada;
VIII - conexão;
IX - incapacidade da parte, defeito de representação ou falta de autorização;
X - convenção de arbitragem;
XI - ausência de legitimidade ou de interesse processual;
XII - falta de caução ou de outra prestação que a lei exige como preliminar;
XIII - indevida concessão do benefício de gratuidade de justiça.
§ 1º - Verifica-se a litispendência ou a coisa julgada quando se reproduz ação anteriormente ajuizada.
§ 2º - Uma ação é idêntica a outra quando possui as mesmas partes, a mesma causa de pedir e o mesmo pedido.
§ 3º - Há litispendência quando se repete ação que está em curso.
§ 4º - Há coisa julgada quando se repete ação que já foi decidida por decisão transitada em julgado.
§ 5º - Excetuadas a convenção de arbitragem e a incompetência relativa, o juiz conhecerá de ofício das matérias enumeradas neste artigo.
§ 6º - A ausência de alegação da existência de convenção de arbitragem, na forma prevista neste Capítulo, implica aceitação da jurisdição estatal e renúncia ao juízo arbitral.

I. As defesas processuais

Objetivando a consolidação e a estabilização das fases procedimentais – e, ainda, em atenção ao princípio da economia processual –, o CPC/2015 determina ao réu que deduza toda e qualquer defesa na primeira oportunidade em que deva manifestar-se no processo, assim evitando o alongamento desnecessário de seu curso, se pertinente a sua reação. Considerando que, em regra, o momento procedimental adequado para a primeira manifestação do réu coincide com a oferta da contestação, nesta deverá ele arguir as objeções porventura existentes; arguindo posteriormente qualquer delas, ainda será apreciada pelo juiz, por dever de ofício, como já registrado.

Repetindo, com algumas variações, o rol do art. 301 do CPC/1973, nos incisos de seu art. 337, o CPC/2015 indica as defesas a serem arguidas pelo réu na contestação, em sede preliminar. Excetuadas as defesas fundadas na incompetência relativa e na convenção de arbitragem (*defesas de alegação necessária*, sob pena de preclusão), as demais são *objeções* processuais (*defesa de alegação útil*, mas não indispensável), delas competindo ao juiz conhecer de ofício, pois envolvem matéria de ordem pública, assegurado ao interessado o direito de prévia manifestação, em atenção às garantias do contraditório e da ampla defesa (v. arts. 9º, *caput*, e 10), com as ressalvas legais, entre elas a rejeição liminar do pedido do autor, *"inaudita altera parte"*, em virtude do reconhecimento da decadência legal ou da prescrição (art. 332, § 1º).

Eis o rol do art. 337:

1. Inciso I – inexistência ou a nulidade de citação

Ato de integração do sujeito passivo na relação jurídico-processual e fundamental para a instauração do contraditório, a citação deve ser realizada com a observância dos requisitos legais, sob pena de invalidade.

Reiterando, com variações, o teor do art. 214 do CPC/1973, em seu art. 239 o novo diploma processual civil igualmente proclama a importância e a necessidade da citação como ato de integração de uma relação processual válida, ou seja, formada à luz das garantias constitucionais, com destaque às da ampla defesa e contraditório (CF, art. 5º, inciso LV). Aliás, a indispensabilidade da citação do sujeito passivo funda-se na necessidade de assegurar-se-lhe, mediante a observância de um procedimento previsto em lei, o pleno exercício dessas duas garantias; consequentemente, a falta ou nulidade de citação desfalcará o processo de outra garantia constitucional, a do devido processo legal (*idem*, inciso LIV).

Por conta dessas exigências constitucionais é que, ressalvadas as hipóteses indicadas na parte final do *caput* do art. 239, os atos praticados no processo serão reputados nulos, se e quando o sujeito passivo não for regularmente citado, ou deixar de nele comparecer espontaneamente. Daí a possibilidade de alegação, pelo réu, de inexistência ou de nulidade da citação em sede de contestação (art. 337, inciso I), ou pelo executado, em sua impugnação ou embargos (arts. 525, § 1º, inciso I, 535, inciso I, e 803, inciso II), embora caiba à autoridade judiciária reconhecer qualquer dessas objeções processuais, inclusive de ofício (arts. 337, § 5º, e 803, parágrafo único):

"[...] 2. Os pressupostos de constituição e desenvolvimento válido e regular do processo, assim como as condições da ação – matérias de ordem pública – não se submetem à preclusão nas instâncias ordinárias.

3. A nulidade da citação constitui matéria passível de ser examinada em qualquer tempo e grau de jurisdição, independentemente de provocação da parte; em regra, pode, também, ser objeto de ação específica ou, ainda, suscitada como matéria de defesa em face de processo executivo. Trata-se de vício transrescisório. Precedente.

4. O defeito ou a ausência de citação somente podem ser convalidados nas hipóteses em que não sejam identificados prejuízos à defesa do réu. [...]" (3ª T., REsp nº 1138281/SP, Rel. Min. Nancy Andrighi, j. em 16/10/2012, DJe de 22/10/2012).

A citação será dispensada se o juiz indeferir a petição inicial (CPC/2015, art. 330) ou rejeitar liminarmente o pedido do autor (art. 332), pois essas decisões, prolatadas *inaudita altera parte*, nenhum prejuízo acarretam ao réu nem ofendem as garantias constitucionais aludidas.

2. Inciso II – incompetência absoluta ou relativa

Registrou-se que no regime do CPC/1973 a incompetência relativa é uma das espécies do gênero *respostas* do réu; deve ser arguida por meio de exceção própria, disciplinada pelos arts. 304 a 306, sob pena de prorrogação da competência do órgão jurisdicional perante o qual se instaurou o processo (arts. 112 e 114), ressalvada apenas a hipótese em que o juiz reconheça a abusividade da cláusula de eleição de foro e determine o encaminhamento do processo para o foro onde o réu tenha seu domicílio (art. 112, parágrafo único).

Já na dicção do art. 64 do CPC/2015, a incompetência, absoluta ou relativa, deverá ser alegada na contestação, como questão preliminar (ao mérito da causa); mas a incompetência absoluta, objeção processual que é, não fica submetida à preclusão, podendo ser arguida pelo réu a qualquer tempo e grau de jurisdição, ao juiz competindo, ainda, declará-la de ofício (§ 1º). Quanto à relativa, deverá ser necessariamente arguida na contestação; não o sendo, prorrogar-se-á a competência do órgão jurisdicional (art. 65), exceto quando reconhecida pelo juiz, de ofício, antes da citação do réu, a abusividade de cláusula de eleição de foro (art. 63, §§ 3º e 4º).

3. Inciso III – incorreção do valor da causa

Essa defesa processual, que no regime do CPC/1973 é deduzida e apreciada em autos apartados (art. 261), no CPC/2015 integra o rol das defesas a serem apresentadas na contestação, sem a necessidade, portanto, de instaurar-se incidente procedimental para sua resolução pelo juiz.

4. Inciso IV – inépcia da petição inicial

Procedendo ao juízo prévio de admissibilidade da demanda, o juiz verificará se a petição inicial preenche todos os requisitos legais (CPC/2015, art. 319); constatada qualquer das situações enunciadas nos incisos do art. 330, deverá indeferi-la, extinguindo o processo, sem resolução do mérito (art. 485, inciso I), ressalvadas as situações indicadas no art. 319, §§ 2º e 3º, e a emenda a que alude o art. 321, *caput*.

5. Inciso V – perempção

Instituto de reduzida incidência, a perempção é pena processual imposta ao autor negligente e consiste na perda do direito de promover novamente a mesma ação (ver notas aos arts. 486, § 3º, e 485, inciso V).

6. Inciso VI – litispendência

Entende-se por litispendência a pendência do processo desde o momento de sua instauração até o seu término (CPC/2015, art. 312), com ou sem resolução do mérito, quando se tornar irrecorrível a sentença, acórdão ou decisão monocrática de segundo grau (*v.g.*, indeferimento liminar de petição inicial de ação rescisória) nele proferida. É nítida, portanto, a impropriedade do § 3º do art. 337, que, limitando-se à mera repetição do contido na primeira parte do § 3º do art. 301 do CPC/1973, confunde o instituto da litispendência com um de seus efeitos, qual seja o de impedir a repropositura da mesma ação já em processamento. E isto porque a litispendência não surge da repetição da ação que está em curso (como consta do parágrafo aludido), mas, isto, sim, impede sua repetição – que, vindo a ocorrer, implicará a extinção do novo processo, sem resolução do mérito (CPC/2015, art. 485, inciso V).

A respeito, merecem registro as seguintes decisões do Superior Tribunal de Justiça:

"[...] 1. Sendo a litispendência um pressuposto processual negativo, sua configuração impede a admissibilidade do segundo processo, em repúdio ao bis in idem, razão pela qual ele deve ser extinto de ofício pelo juízo ou a pedido da parte. Tal fenômeno ocorre quando há a renovação de uma demanda em curso, o que, via de regra, é caracterizado pela identidade das partes, das causas de pedir e dos pedidos, fazendo-se mister, portanto, a análise desses três elementos no caso concreto. [...]" (4ª T., REsp nº 1268590/PR, Rel. Min. Luis Felipe Salomão, j. em 10/3/2015, DJe de 25/5/2015).

"[...] 1. A tradição jusprocessualista analítica do instituto da litispendência (e da coisa julgada) apoiava-se na ocorrência da tríplice identidade elementar entre duas ações: mesmas partes, mesmo pedido e mesma causa de pedir, teoria que foi acolhida integralmente pelo CPC/73 (art. 301, § 3º); por isso que era inaceitável a ocorrência de litispendência entre um pedido mandamental e uma ação ordinária, porquanto é óbvio que os respectivos polos passivos são distintos.

2. Entretanto, esta Corte Superior, seguindo orientações doutrinárias mais recentes, entendeu que é excepcionalmente possível a litispendência entre mandado de segurança e ação ordinária, uma vez que tal fenômeno se caracteriza quando há identidade jurídica, ou seja, quando as ações intentadas objetivam, ao final, o mesmo resultado, ainda que o polo passivo seja constituído de pessoas distintas. Precedentes do STJ. Ressalva do ponto de vista do Relator. [...]" (1ª T., RMS nº 38.889/RS, Rel. Min. Napoleão Nunes Maia Filho, j. em 5/12/2013, DJe de 7/2/2014).

7. Inciso VII – coisa julgada

Trata-se, aqui, da coisa julgada material, entendida, na dicção do art. 502 do CPC/2015, como "a autoridade que torna imutável e indiscutível a decisão de mérito não mais sujeita a recurso". Garantia constitucional (art. 5º, inciso XXXVI), a coisa julgada material impede que, reproposta a mesma ação, seja proferido novo julgamento de mérito (art. 485, inciso V), ressalvado novo pronunciamento no *iudicium rescissorium*, se e quando for o caso (arts. 966 e 968, inciso I):

"[...] 1- A coisa julgada material, qualidade de imutabilidade e de indiscutibilidade que se agrega aos efeitos da sentença de mérito, atinge apenas a carga declaratória contida no dispositivo do decisum.

2- Não fazem coisa julgada: 'I - os motivos, ainda que importantes para determinar o alcance da parte dispositiva da sentença; II - a verdade dos fatos, estabelecida como fundamento da sentença; III - a apreciação da questão prejudicial, decidida incidentemente no processo.' (art. 469, do CPC).

3- O fato de a sentença proferida em determinado processo judicial adotar como verdadeira premissa fática absolutamente divergente daquela que inspirou a prolação de sentença havida em processo anterior estabelecido entre as mesmas partes, conquanto incomum, não ofende a autoridade da coisa julgada. [...]" (3ª T., REsp nº 1298342/MG, Rel. Min. Sidnei Beneti, j. em 6/5/2014, DJe de 27/6/2014).

8. Inciso VIII – conexão

Identificadas por seus elementos, duas ou mais ações são conexas quando tiverem em comum o elemento *objetivo* (pedido) ou *causal* (causa de pedir), independentemente de as partes serem as mesmas, pois o elemento *subjetivo* não interfere na formação do vínculo conectivo (v. CPC/2015, art. 55).

Há a necessidade de verificar-se a existência desse vínculo entre ações, por exemplo, *(i)* se houver interesse na constituição de litisconsórcio facultativo (CPC/2015, art. 113, inciso II), *(ii)* for o caso de reunião dos processos, objetivando seu julgamento conjunto (art. 57, parte final) ou para a oferta de reconvenção (art. 343). E, apesar de o inciso sob exame referir-se apenas à conexão, nele se inclui, como defesa preliminar, também a continência (ou *litispendência parcial* – art. 56), que, estando presente, poderá implicar inclusive a extinção do processo relativo à *ação contida* (*rectius*: aquela que veicula o *pedido contido*), se já ajuizada anteriormente a ação veiculando o pedido continente; ou, ocorrendo o contrário, os respectivos processos serão necessariamente reunidos, para processamento e julgamento conjuntos (art. 57).

9. Inciso IX – incapacidade da parte, defeito de representação, falta de autorização

Qualquer das irregularidades processuais apontadas é suficiente, por si só, para invalidar o processo (e seu resultado) se e quando não sanada tempestiva e adequadamente pelo autor – daí o interesse do réu em argui-las em sua contestação (ver notas aos arts. 70 a 73).

10. Inciso X – convenção de arbitragem

A Lei nº 9.307, de 23/9/1996, conhecida como *Lei de Arbitragem*, revogou os arts. 1.072 a 1.102 do CPC/1973 e regulou, sob a denominação genérica de *convenção de arbitragem* (art. 3º), duas modalidades de convenções: a *cláusula compromissória* (ou *cláusula arbitral* – arts. 4º a 8º) e o *compromisso arbitral* (arts. 9º a 12):

"[...] 1. Cláusula compromissória é o ato por meio do qual as partes contratantes formalizam seu desejo de submeter à arbitragem eventuais divergências ou litígios passíveis de ocorrer ao longo da execução da avença. Efetuado o ajuste, que só pode ocorrer em hipóteses envolvendo direitos disponíveis, ficam os contratantes vinculados à solução extrajudicial da pendência.

2. A eleição da cláusula compromissória é causa de extinção do processo sem julgamento do mérito, nos termos do art. 267, inciso VII,

do Código de Processo Civil. [...]" (2ª T., REsp nº 606.345/RS, Rel. Min. João Otávio de Noronha, j. em 17/5/2007, DJ de 8/6/2007, p. 240).

Celebrada a convenção de arbitragem em qualquer dessas duas modalidades, compete ao réu alegá-la na contestação, sua omissão autorizando a presunção legal de que renunciou ao juízo arbitral e aceitou a jurisdição estatal (CPC/2015, art. 337, § 6º). Irrelevante, por sua vez, a época da celebração do contrato, pois "A Lei de Arbitragem aplica-se aos contratos que contenham cláusula arbitral, ainda que celebrados antes da sua edição" (Súmula nº 485 do STJ).

Acolhida essa defesa pelo juiz, ele proferirá sentença terminativa do processo (art. 485, inciso VII); também será o caso de extinção do processo, sem resolução do mérito, se o réu demonstrar a preexistência de processo arbitral, com o reconhecimento, pelo árbitro único ou painel arbitral, da competência do juízo arbitral (*idem*). Rejeitada a alegação de convenção de arbitragem, caberá agravo de instrumento da decisão, sob pena de preclusão e confirmação da jurisdição estatal (art. 1.015, inciso III).

11. Inciso XI – ausência de legitimidade ou de interesse processual

Distanciando-se da terminologia do CPC/1973, o CPC/2015 não utiliza a expressão *carência de ação* (designativa de ausência, no caso concreto, de qualquer das condições da ação), substituindo-a pela explicitação das duas condições aludidas, sabido que a denominada *impossibilidade jurídica* passa a ser tratada como questão pertinente ao mérito da causa, não mais como ausência de uma condição de admissibilidade da ação. Tanto é assim que, ao indicar as situações caracterizadoras de inépcia da petição, entre elas não se inclui essa defesa (v. art. 330, inciso I e § 1º), embora prevista no art. 295, parágrafo único, inciso III, do CPC/1973.

Ausente qualquer daquelas duas condições (interesse processual do autor ou a legitimidade ativa ou passiva), o juiz extinguirá o processo, sem resolução do mérito (art. 485, inciso VI), arcando o autor com o ônus da sucumbência, salvo quando se tratar de *perda do objeto da ação* (*rectius*: desaparecimento de qualquer das condições da ação, superveniente ao seu ajuizamento), caso em que, por força *do princípio da causalidade*, esse ônus será da parte que deu causa ao processo:

"[...] 2. É cabível a condenação em honorários advocatícios na hipótese de o pedido de desistência da ação ter sido protocolado após a ocorrência da citação da ré, ainda que em data anterior à apresentação da contestação. Precedentes do STJ.

3. Em função do princípio da causalidade, nas hipóteses de extinção do processo sem resolução do mérito, decorrente de perda de objeto superveniente ao ajuizamento da ação, a parte que deu causa à instauração do processo deverá suportar o pagamento dos honorários advocatícios. [...]" (4ª T., AgRg no REsp nº 1001516/RJ, Rel. Min. Marco Buzzi, j. em 18/12/2014, DJe de 6/2/2015).

12. Inciso XII – falta de caução ou de outra prestação que a lei exige como preliminar

Deverá o autor da ação, brasileiro ou estrangeiro, residente fora do Brasil ou que dele venha a ausentar-se ao longo da tramitação do processo, prestar caução que garanta, sendo ao final sucumbente, o pagamento das custas e dos honorários do advogado da parte contrária – salvo se possuir bens imóveis no país que assegurem o pagamento (CPC/2015, art. 83 e parágrafos). Igualmente não poderá o autor, uma vez extinto o processo, sem resolução do mérito, ajuizar novamente a mesma ação antes de pagar ou depositar em cartório as despesas e honorários, aos quais foi condenado no processo anterior (art. 92). Descumprida pelo autor qualquer dessas exigências legais, será o caso de extinção do processo, sem resolução do mérito (art. 485, inciso IV).

13. Inciso XIII – indevida concessão do benefício de gratuidade de justiça

Além de dedicar uma seção à gratuidade da justiça (arts. 98 a 102), em seu art. 1.072, inciso III, o CPC/2015 revoga diversos dispositivos da Lei nº 1.060, de 1950 (*Lei de Assistência Judiciária*), não mais sendo previsto o incidente de impugnação à decisão concessiva de gratuidade de justiça a qualquer das partes. Concedida ao autor, o réu poderá impugnar a decisão concessiva na contestação (art. 100) e, revogada que seja a gratuidade, o primeiro deverá interpor agravo de instrumento da decisão revocatória, sob pena de preclusão (art. 101 – v. art. 1.015, inciso V).

***Art. 338** - Alegando o réu, na contestação, ser parte ilegítima ou não ser o responsável pelo prejuízo invocado, o juiz facultará ao autor, em 15 (quinze) dias, a alteração da petição inicial para substituição do réu.*
***Parágrafo único** - Realizada a substituição, o autor reembolsará as despesas e pagará os honorários ao procurador do réu excluído, que serão fixados entre três e cinco por cento do valor da causa ou, sendo este irrisório, nos termos do art. 85, § 8º.*

I. A nomeação à autoria

No regime do CPC/1973, o reconhecimento da ilegitimidade passiva impõe a extinção do processo, sem resolução do mérito, por carência de ação (v. arts. 267, inciso VI, e 295, inciso II), ressalvadas, exclusivamente, as hipóteses contempladas em seus arts. 62 e 63, autorizando a correção do polo passivo da relação processual. Dá-se essa correção mediante o ingresso da parte legitimada, a ser convocada por meio da nomeação à autoria feita pelo réu – modalidade interventiva de terceiro, aliás, de pouca, ou nenhuma aplicação concreta.

Em síntese, quando o autor, induzido em erro pela situação fática que se lhe apresenta, ajuíza ação possessória ou dominial em face do simples detentor da coisa, ou, então, ação indenizatória em face daquele que, em cumprimento de ordem ou instrução de terceiro, veio a causar prejuízo a bem ou direito do qual seja proprietário ou titular, o réu, citado, tem o ônus de nomear ao processo o proprietário ou possuidor (no primeiro caso) ou aquele que deu a ordem ou determinou o cumprimento do ato lesivo, para que venha substituí-lo no polo passivo da relação processual.

II. A técnica substitutiva da nomeação à autoria

Não recepcionada, felizmente, pelo CPC/2015 no elenco das modalidades interventivas de terceiro, a técnica da nomeação à autoria é superiormente substituída por aquela estabelecida nos arts. 338 e 339, a permitir a correção do polo passivo, qualquer que seja *a causa* determinante da ilegitimidade, mediante simples alegação pelo réu, na contestação, de que não é a parte legítima ou o responsável pelo prejuízo invocado pelo autor. Indicado o terceiro legitimado passivo, é facultado ao autor, caso reconheça a pertinência da indicação, alterar a petição inicial para nela incluir esse terceiro, em substituição ao réu original. E, realizada a substituição, com a consequente exclusão deste último do processo, o autor deverá reembolsá-lo das despesas e pagar verba honorária ao seu advogado.

***Art. 339** - Quando alegar sua ilegitimidade, incumbe ao réu indicar o sujeito passivo da relação jurídica discutida sempre que tiver conhecimento, sob pena de arcar com as despesas processuais e de indenizar o autor pelos prejuízos decorrentes da falta de indicação.*
§ 1º - O autor, ao aceitar a indicação, procederá, no prazo de 15 (quinze) dias, à alteração da petição inicial para a substituição do réu, observando-se, ainda, o parágrafo único do art. 338.
§ 2º - No prazo de 15 (quinze) dias, o autor pode optar por alterar a petição inicial para incluir, como litisconsorte passivo, o sujeito indicado pelo réu.

I. O ônus da indicação do terceiro legitimado

Da dicção do art. 339 do CPC/2015 extrai-se que foi mantido o ônus processual de indicação do terceiro legitimado (v. CPC/1973, art. 69), ou seja, não basta ao réu alegar ser parte ilegítima; deverá também indicar, conhecendo-o, o sujeito passivo da relação jurídica litigiosa, sob pena de, omitindo-se e vir a ser posteriormente reconhecida essa ilegitimidade (com a consequente extinção do processo, sem resolução do mérito) ou, então, sobrevier sentença de mérito *inutiliter data*, ser condenado a arcar com as despesas processuais e a indenizar o autor pelos prejuízos resultantes do descumprimento do ônus. É evidente que nada obsta ao réu alegar sua ilegitimidade, caso desconheça o terceiro legitimado, procedendo o juiz, sendo ela reconhecida, à extinção do processo, sem resolução do mérito (CPC/2015, art. 485, inciso VI).

II. Instauração de litisconsórcio passivo facultativo

Caso reconheça a legitimidade passiva concorrente do terceiro indicado, o autor poderá optar por sua inclusão na petição inicial, em litisconsórcio com o réu original, como, por exemplo, em situações envolvendo responsabilidade civil solidária (CC, art. 275).

Art. 340 - Havendo alegação de incompetência relativa ou absoluta, a contestação poderá ser protocolada no foro de domicílio do réu, fato que será imediatamente comunicado ao juiz da causa, preferencialmente por meio eletrônico.
§ 1º - A contestação será submetida a livre distribuição ou, se o réu houver sido citado por meio de carta precatória, juntada aos autos dessa carta, seguindo-se a sua imediata remessa para o juízo da causa.
§ 2º - Reconhecida a competência do foro indicado pelo réu, o juízo para o qual for distribuída a contestação ou a carta precatória será considerado prevento.
§ 3º - Alegada a incompetência nos termos do caput, será suspensa a realização da audiência de conciliação ou de mediação, se tiver sido designada.
§ 4º - Definida a competência, o juízo competente designará nova data para a audiência de conciliação ou de mediação.

I. A incompetência relativa como fundamento de contestação

Adiantou-se, em notas ao art. 337, que a incompetência relativa deverá ser alegada na contestação como questão preliminar (CPC/2015, art. 64, *caput*), sob pena de prorrogação (art. 65), ressalvada apenas a hipótese em que a eleição de foro resulte de cláusula abusiva, como tal reconhecida pelo juiz antes da citação do réu (art. 63, §§ 3º e 4º); se já citado, cumpre-lhe arguir na contestação a incompetência do foro eleito, fundando-a na abusividade da cláusula eletiva; omitindo-se, operar-se-á a prorrogação da competência territorial. Já a incompetência absoluta, improrrogável, pode ser alegada pelo réu a qualquer tempo e grau de jurisdição, além de cognoscível pelo juiz, inclusive de ofício (art. 64, § 1º), até porque nula e rescindível a sentença definitiva emanada de juízo absolutamente incompetente (art. 966, inciso II).

II. A arguição de incompetência do órgão jurisdicional

Citado em *foro* (*rectius*: comarca estadual, seção ou subseção judiciária federal) diverso daquele onde instaurado o processo, o réu, arguindo a incompetência territorial (relativa, portanto) na contestação, poderá protocolá-la no foro onde mantém seu domicílio, à autoridade local competindo comunicar o fato, preferencialmente por meio eletrônico, ao juiz que preside a causa. E, apesar da referência à *incompetência absoluta* contida no *caput* do dispositivo sob exame, essa faculdade conferida ao contestante, dispensando-o do deslocamento para o local onde proposta a ação, só tem sentido quando se tratar de incompetência de *foro,* não a de *juízo*: afinal, a competência deste é absoluta, fundada em critérios objetivo ou funcional, sua incompetência não resultando, portanto, da inobservância de qualquer critério territorial determinativo da competência de foro.

III. Distribuição da contestação

Em regra, a contestação será direcionada ao juízo da causa. Protocolada pelo réu no foro de seu domicílio, será livremente distribuída a qualquer dos juízos cíveis nele existentes, com seu encaminhamento posterior àquele onde instaurado o processo; realizada a citação por carta precatória, esta, devidamente cumprida, será então enviada ao juízo perante o qual tramita o processo.

Diante dessas novidades, vale reiterar que as previsões do § 1º do art. 340 têm sentido quando se tratar de arguição de incompetência relativa; sendo absoluta (*v.g.*, ação de competência da justiça estadual proposta perante juízo federal) e citado o réu em cumprimento a carta precatória, é aceitável a conclusão de que a contestação deva ser apresentada ao juízo deprecado, com seu encaminhamento posterior ao deprecante, em atenção ao *dever de cooperação recíproca* entre os órgãos do Poder Judiciário, estadual ou federal, qualquer que seja o juízo ou o grau de jurisdição, mediante auxílio direto entre os respectivos magistrados e servidores (CPC/2015, arts. 67 a 69). Contudo, sendo outra a modalidade de citação, perante qual dessas "Justiças" deverá ser *livremente distribuída* a contestação se o foro de domicílio do réu for sede de juízos estadual e federal, como são, por exemplo, as capitais dos Estados? Uma pronta conclusão, a ser futuramente corroborada, ou não, pela jurisprudência, é a de que a contestação deverá ser livremente distribuída a juízo da "Justiça" indicada pelo réu como sendo a competente.

Embora versando situação distinta da ora cuidada, a decisão a seguir transcrita presta-se a ilustrar futuros problemas envolvendo a apresentação da contestação, mormente quando o CPC/2015 ainda recepciona normas de nenhuma utilidade para o processo eletrônico:

"[...] 2. Faltam com diligência o advogado que, em processo eletrônico, protocola contestação em papel e o serventuário que a recebe fora das hipóteses previstas na Resolução n. 551/2011, quando deveria recusá-la, informando ao interessado o motivo.

3. Não é razoável exigir que o advogado presuma que o protocolo da petição em papel foi equivocado quando o próprio serventuário a recebeu, dando a entender que foram atendidas as exigências da lei e da Resolução n. 551/2011 para a apresentação do agravo em recurso especial.

3. Aplica-se a regra da instrumentalidade das formas quando se constata que o protocolo do recurso em papel no prazo legal alcançou o objetivo almejado, devendo ser reputado válido.

4. A não impugnação específica dos fundamentos da decisão recorrida suficientes para mantê-la enseja o não conhecimento do recurso. Incidência da Súmula n. 283 do STF. [...]" (3ª T., AgRg no AREsp nº 607.748/SP, Rel. Min. João Otávio de Noronha, j. em 2/6/2015, DJe de 9/6/2015).

IV. Reconhecimento da competência territorial e prevenção do juízo

Reconhecendo a incompetência territorial arguida pelo contestante, o juiz presidente do processo suspenderá a realização da audiência de conciliação ou de mediação eventualmente já designada e determinará o encaminhamento dos autos físicos (se for o caso) àquele juízo perante o qual foi distribuída a contestação ou a carta precatória. Essa distribuição atua como causa determinante da prevenção da competência do respectivo juízo, à autoridade que nele oficia, cabendo, então, designar nova data para a audiência aludida.

V. Conflito negativo de competência

Não reconhecendo a competência do juízo deprecado ou daquele ao qual foi distribuída a contestação, a autoridade judiciária atuante em um ou outro também poderá, se for o caso, igualmente declinar da competência e suscitar o correspondente conflito negativo, a ser dirimido pelo tribunal (v. CPC/2015, arts. 951 e ss.).

Art. 341 - Incumbe também ao réu manifestar-se precisamente sobre as alegações de fato constantes da petição inicial, presumindo-se verdadeiras as não impugnadas, salvo se:
I - não for admissível, a seu respeito, a confissão;
II - a petição inicial não estiver acompanhada de instrumento que a lei considerar da substância do ato;
III - estiverem em contradição com a defesa, considerada em seu conjunto.
Parágrafo único - O ônus da impugnação especificada dos fatos não se aplica ao defensor público, ao advogado dativo e ao curador especial.

I. O ônus da impugnação especificada

Ofertando contestação, submete-se o réu ao ônus da impugnação especificada, ou seja, deverá questionar todos os *fatos pertinentes e relevantes* indicados pelo autor na petição inicial, como causa de pedir (vedada, pois, em regra, a denominada *contestação por negação geral*), sob pena de presumirem-se verdadeiros os não impugnados. Deixando o réu de desincumbir-se desse ônus, ficará o autor dispensado da prova dos fatos não impugnados, porquanto incontroversos (CPC/2015, art. 371, inciso III), circunstância que autoriza, em princípio, até mesmo o julgamento antecipado do pedido (art. 355, inciso II).

Entenda-se, porém, o seguinte: ofertada contestação pelo réu, incontroversos serão apenas os fatos não impugnados (e ressalvadas, ainda, as situações indicadas nos incisos e no parágrafo do art. 341), ao autor cabendo, sendo o caso, o ônus da prova em relação àqueles impugnados (art. 373, inciso I); sendo o réu revel – e descumprindo totalmente, portanto, o ônus sob exame –, terá aplicação, em princípio, o disposto no art. 344, a permitir, como salientado, o julgamento antecipado do pedido. Nesse sentido, por todos:

"[...] 1. O artigo 300 do Código de Processo Civil orienta que cabe ao réu, na contestação, expor defesas processuais e as de mérito passíveis de serem arguidas naquele momento processual, isto é, na peça processual devem estar concentradas todas as teses, inclusive as que, nos termos do artigo 333, II, do CPC, possam demonstrar a existência de fato impeditivo, modificativo ou extintivo do direito do autor, sob pena de a parte sofrer os efeitos da preclusão consumativa.

2. O princípio da eventualidade impõe ao réu que, na contestação, apresente todas as suas teses passíveis de serem arguidas naquele momento processual, para que, em caso de rejeição da primeira, possa o juiz examinar as subsequentes.

3. Os fatos articulados pelo autor, dês que não impugnados, conforme se infere dos artigos 302 e 303 do CPC, passam a ser incontroversos, presumindo-se verdadeiros e, em decorrência da preclusão, não se admite que o réu proponha ulteriormente a produção de provas com o propósito específico de afastar o ponto incontrovertido. [...]" (4ª T., REsp nº 1224195/SP, Rel. Min. Luis Felipe Salomão, j. em 13/9/2011, DJe de 1º/2/2012).

II. O ônus da impugnação especificada e o princípio da autonomia dos litisconsortes

Sendo unitário o litisconsórcio passivo (CPC/2015, art. 116), não prevalecerá o *princípio da autonomia dos litisconsortes* insculpido na primeira parte do art. 117, aproveitando ao revel, portanto, a contestação ofertada por qualquer deles:

"[...] 3. 'Cuidando-se de ação de declaração de nulidade de negócio jurídico, o litisconsórcio formado no polo passivo é necessário e unitário, razão pela qual, nos termos do art. 320, inciso I, do CPC, a contestação ofertada por um dos consortes obsta os efeitos da revelia em relação aos demais. Ademais, sendo a matéria de fato incontroversa, não se há invocar os efeitos da revelia para o tema exclusivamente de direito' (REsp 704.546/DF, Rel. Ministro Luis Felipe Salomão, Quarta Turma, julgado em 01/06/2010, DJe 08/06/2010).

4. 'A revelia, que decorre do não oferecimento de contestação, enseja presunção relati-

va de veracidade dos fatos narrados na petição inicial, podendo ser infirmada pelos demais elementos dos autos, motivo pelo qual não acarreta a procedência automática dos pedidos iniciais' (REsp 1335994/SP, Rel. Ministro Ricardo Villas Bôas Cueva, Terceira Turma, julgado em 12/08/2014, DJe 18/08/2014). [...]" (4ª T., EDcl no AREsp nº 156.417/SP, Rel. Min. Luis Felipe Salomão, j. em 5/5/2015, DJe de 13/5/2015).

III. Questões de fato que independem de impugnação

Mesmo que o réu não se desincumba do ônus da impugnação especificada, em determinadas situações não se estabelecerá a presunção de veracidade prevista em lei, cabendo ao autor o ônus da prova, quando:

a) for inadmissível, a respeito do fato, a confissão (inciso I): há fatos que não se tornam incontroversos, mesmo que o réu os tenha confessado expressamente (*v.g.*, as questões de estado e capacidade das pessoas, que dizem respeito a direitos indisponíveis), competindo então ao autor a produção da prova tendente a sua demonstração, se e quando necessária;

b) o ato somente puder ser provado documentalmente (inciso II): como a lei exige a forma documental pública para a prova de determinados atos jurídicos (*v.g.*, prova do casamento, de propriedade imobiliária, etc.), compete ao autor instruir a petição inicial com os documentos indispensáveis à propositura da ação (v. CPC/2015, arts. 320, 321 e 339, inciso IV). Então, mesmo deixando o réu de impugnar os fatos (não documentados) expostos na inicial, remanescerá para o autor o ônus da produção da prova documental correspondente;

c) os fatos não impugnados estiverem em contradição com a defesa, considerada em seu conjunto (inciso III): pode ocorrer de, mesmo considerados incontroversos por ausência de impugnação expressa pelo réu, determinados fatos contrariem a versão exposta na petição inicial a título de causa de pedir. Constatada essa contradição intrínseca, estará caracterizada a controvérsia envolvendo fatos indicados pelo autor (*questões de fato*, a demandarem dilação probatória), cabendo-lhe o ônus de prová-los, apesar da ausência de impugnação do réu. A título de exemplo, imagine-se que o réu não se desincumba do ônus da impugnação específica, mas oferte reconvenção, fundando-a em moldura fática totalmente diversa daquela exposta pelo autor – caso em que estará estabelecida a controvérsia sobre os fatos narrados na peça inaugural do processo.

IV. Situações de dispensa do ônus da impugnação especificada

Em seu parágrafo, o art. 341 dispensa o defensor público, o advogado dativo e o curador especial do ônus sob exame, permitindo-lhes a oferta de *contestação por negação geral*, em atenção à eventual dificuldade que terão na obtenção e produção de provas. Ofertada essa contestação, dá-se a impugnação integral de todos os fatos indicados pelo autor em sua petição inicial à guisa de causa de pedir, como constitutivos de seu direito, cabendo-lhe, então, o correspondente ônus da prova, nos termos no inciso I do art. 373 do CPC/2015.

Importante observar, ademais, que a não impugnação especificada de todos os fatos declinados na petição inicial não exclui, *prima facie*, a livre apreciação, pelo juiz, dos fatos impeditivos, modificativos ou extintivos do alegado direito do autor, caso provados no processo, independentemente de manifestação do réu, ante o que dispõe o art. 371 do mesmo diploma legal.

Derradeiras observações: como ao Ministério Público é vedada a promoção, em juízo, da defesa de interesses individuais *disponíveis* (CF, art. 127, *caput, contrario sensu*), cabe à Defensoria Pública, além da defesa do réu necessitado da gratuidade da justiça (CPC/2015, art. 185), também ofertar contestação em prol de réu revel fictamente citado ou preso (art. 72, inciso II e parágrafo único), função que, no passado, também podia ser exercida pelos representantes do *parquet*, daí a referência contida no parágrafo do art. 302 do CPC/1973.

Art. 342 - Depois da contestação, só é lícito ao réu deduzir novas alegações quando:
I - relativas a direito ou a fato superveniente;
II - competir ao juiz conhecer delas de ofício;
III - por expressa autorização legal, puderem ser formuladas em qualquer tempo e grau de jurisdição.

I. Defesas dedutíveis após a oferta da contestação

Não obstante o princípio da eventualidade contemplado no art. 336, já examinado, o art. 342 autoriza a dedução pelo réu, após a oferta da contestação, das defesas enunciadas em seus incisos:

1. Inciso I – defesas relativas a direito superveniente

Dispensa maiores considerações a possibilidade de o réu vir a deduzir, depois de haver contestado, alegações relativas a direito superveniente (à contestação); aliás, o art. 493 determina que o juiz leve em consideração, inclusive de ofício, ao proferir sua sentença, qualquer fato constitutivo, modificativo ou extintivo do direito superveniente à propositura da ação, que possa influir no julgamento.

2. Inciso II – defesas cognoscíveis de ofício

Tratando-se de *objeções* (v. notas ao art. 337), delas compete ao juiz conhecer de ofício, podendo o réu, consequentemente, deduzi-las mesmo após a oferta de contestação, como é o caso, por exemplo, das defesas processuais indicadas no § 5º do referido art. 337 e das defesas de mérito consistente na consumação da decadência *legal* (CC, art. 210) e na prescrição, previamente intimado o autor para se manifestar a respeito (art. 487, parágrafo único), salvo quando se tratar de rejeição liminar do pedido por ele formulado (art. 332, § 1º).

3. Inciso III – defesas que, por expressa autorização legal, podem ser formuladas a qualquer tempo e grau de jurisdição

É evidente que esse inciso não se refere às objeções, pois delas trata o anterior; cuida, isto sim, de defesas das quais é defeso ao juiz conhecer de ofício, mas que, por expressa autorização legal, a parte interessada pode alegar a qualquer tempo, valendo como exemplo a alegação de consumação da decadência *convencional* (CC, art. 211).

Capítulo VII - Da Reconvenção

Art. 343 - Na contestação, é lícito ao réu propor reconvenção para manifestar pretensão própria, conexa com a ação principal ou com o fundamento da defesa.
§ 1º - Proposta a reconvenção, o autor será intimado, na pessoa de seu advogado, para apresentar resposta no prazo de 15 (quinze) dias.
§ 2º - A desistência da ação ou a ocorrência de causa extintiva que impeça o exame de seu mérito não obsta ao prosseguimento do processo quanto à reconvenção.
§ 3º - A reconvenção pode ser proposta contra o autor e terceiro.
§ 4º - A reconvenção pode ser proposta pelo réu em litisconsórcio com terceiro.
§ 5º - Se o autor for substituto processual, o reconvinte deverá afirmar ser titular de direito em face do substituído, e a reconvenção deverá ser proposta em face do autor, também na qualidade de substituto processual.
§ 6º - O réu pode propor reconvenção independentemente de oferecer contestação.

Autor: Clito Fornaciari Junior

I. Dos requisitos da reconvenção

Reconvenção é o meio previsto no Código de Processo Civil para o réu, diante da ação ajuizada em face dele pelo autor, demandá-lo, promovendo-lhe, pois, também uma ação. Afasta-se, portanto, o réu-reconvinte da atitude meramente passiva de se defender, passando ao contra-ataque, fazendo, assim, com que se amplie o objeto litigioso do processo e também a atividade jurisdicional, que irá versar sobre ambas as relações jurídicas.

Não é dado, todavia, ao réu promover qualquer ação em face do autor que lhe demanda. Deve existir um vínculo que ligue as duas ações, que é a conexão. Exige a lei processual que a reconvenção seja conexa à ação principal ou ao fundamento da defesa oferecida pelo réu. Esse elemento comum entre as causas permitirá que se tenha atendida a economia processual, de vez que em parte se terá aproveitada a atividade que se desenvolveria para um processo para a solução também do outro.

A conexão, por sua vez, se verifica quando há identidade de pedido ou de causa de pedir entre as duas ações (CPC, art. 55). O pedido a ser considerado é o mediato, ou seja, o bem da vida que está em disputa, sendo indiferente o imediato representado pela natureza da postulação que se apresenta perante o Judiciário. Destarte, diante de uma ação condenatória, pode haver uma reconvenção de natureza declaratória, por exemplo, desde que versando sobre o mesmo bem da vida que se discutia na ação principal. Basta, porém, a identidade de causa de pedir, entendida como os fundamentos de fato e de direito que dão sustentação ao pedido. Assim, de um mesmo contrato ou de um mesmo acidente podem surgir ação e reconvenção. Não integram a causa de pedir e, portanto, são indiferentes para a reunião de ações os fatos simples, aqueles que gravitam em torno do fato jurídico, e o fundamento legal do pedido.

O elo entre ação e reconvenção pode igualmente ser decorrente do fundamento da defesa, sendo mais comum a ligação com a defesa indireta de mérito do que com a direta, embora as duas a tanto sirvam. Pela primeira, o réu traz ao processo fatos novos, extintivos, modificativos ou impeditivos do direito do autor, dos quais possa advir direito de o réu postular algo em seu favor. A defesa direta, embora em bem menor escala, também pode dar amparo à reconvenção. É certo que para a dedução da reconvenção há o requerido de postular algo diferente e maior do que lhe daria a simples improcedência da ação, que bem define o interesse de agir para a via reconvencional. Se o objetivo é somente obter a declaração de que o autor não tem o direito que alega possuir face ao réu, não há interesse de agir na reconvenção, pois isso poderá ser obtido tão só com a defesa, desde que acolhida e, assim, reconhecida a improcedência da ação. Portanto, atrelando-se a reconvenção ao fundamento da defesa direta de mérito, há de se pedir mais do que a improcedência. Seria possível, dessa forma e para exemplificar, reivindicar indenização por força de ofensas irrogadas na inicial da ação.

Além da conexão, é necessário que a ação promovida pela via reconvencional esteja também submetida à competência do juízo perante o qual corre a ação principal. A incompetência para a demanda que se entende pudesse ser proposta por reconvenção, desde que de natureza absoluta, é óbice para o seu ajuizamento. Se o vício for de natureza relativa, no entanto, a questão supe-ra-se, pois as hipóteses assim arroladas pelo Código são passíveis de modificação, de modo que prevalece a competência para a primeira ação à qual a segunda se agregará.

II. Do instrumento para o oferecimento da reconvenção

No sistema do Código de 1973, a reconvenção era uma das modalidades de resposta do réu, instituto que albergava também a contestação e as exceções (incompetência relativa, suspeição e impedimento). O CPC/2015 concentrou todas as manifestações próprias do réu, em sua primeira intervenção no processo, na contestação (CPC, art. 337). Essa passou a ser a peça única de defesa, indo além das exceções e prestando-se também para a impugnação ao valor da causa e à concessão de justiça gratuita, que eram objeto de incidentes específicos apresentados por meio de petição autônoma. Relativamente à reconvenção, firmou que ela deve ser proposta "na contestação".

Adotou, desse modo, o CPC/2015 o mesmo sistema que no procedimento sumário era reservado para o chamado pedido contraposto (CPC/1973, art. 278, § 1º), que poderia ser utilizado pelo requerido para a formulação de pedido "fundado nos mesmos fatos referidos na inicial". O pedido contraposto não aumentava a atividade jurisdicional: os fatos e também as provas eram as mesmas da ação. Havia apenas uma decisão mais ampla. A reconvenção é bem mais que isso, de maneira que se torna difícil, como agora imposto, externá-la no corpo da contestação. Os fatos da ação e da reconvenção não são os mesmos, a não se justificar semelhante simplificação. De qualquer modo, a lei assim impõe.

Sendo a contestação o veículo da reconvenção, nela, então, deverá ter lugar um tópico específico no qual o réu deverá indicar os fatos e fundamentos da demanda reconvencional e formular o pedido, especificando inclusive seus acessórios. Além disso, há de se dar valor à causa e apontar as provas com as quais o reconvinte pretende demonstrar o alegado. Nas reconvenções intentadas juntamente com terceiro ou, então, naquelas promovidas em face do autor e também de terceiro, que, até então, não fazia parte do processo, logicamente há de se indicar e qualificar o novo personagem.

III. Da chamada do reconvindo para se defender e das hipóteses que lhe são dadas

A chamada do autor para se defender diante do pedido formulado pela via reconvencional dá-se não pela sua citação pessoal (CPC, art. 242), mas pela simples intimação, realizada na pessoa do advogado do demandante. Para tanto o advogado não necessita de poderes especiais, como se exige para receber citação em uma ação autônoma (CPC, art. 105), de vez que a lei lhe atribui tal ônus, que não é, pois, decorrente da concessão de poderes pelo mandante.

A intimação realiza-se por meio da publicação do despacho de recebimento da reconvenção no órgão oficial (CPC, art. 272), começando a correr a quinzena para a defesa no dia seguinte ao da publicação. Com a intimação também se produzem os efeitos que, em relação a ações autônomas, ocorrem com a citação (CPC, art. 240), ou seja, induz litispendência, torna litigiosa a coisa, constitui o devedor em mora e interrompe a prescrição, interrupção esta que, na verdade, retroage, por coerência com a ação, ao momento de apresentação da contestação, nela estando deduzida a reconvenção.

O § 1º deste artigo estabelece que o prazo de quinze dias é para o oferecimento de *resposta*, termo que no CPC/1973 tinha conotação mais ampla que a da simples contestação, abrangendo, como antes dito, a contestação, as exceções e a própria reconvenção. Não há, porém, no CPC/2015 o instituto da resposta, de modo que a expressão há de ser entendida nesta lei como simples sinônimo de defesa, de contestação, a que se restringe a possibilidade de manifestação do reconvindo nos autos, sendo incogitável a reconvenção da reconvenção.

A falta de defesa pelo autor-reconvindo importa na sua revelia e, assim, presumem-se verdadeiros os fatos alegados pelo reconvinte, com as ressalvas previstas no art. 345.

IV. Da autonomia da reconvenção

Apesar de a reconvenção ser apresentada no bojo da contestação, ela tem vida própria, guardando substancialmente uma autonomia, de modo a ter que ser decidida, o que acontecerá, em princípio, conjuntamente com a ação principal, em sendo superados os pressupostos de admissibilidade da ação. É certo que, tendo o CPC/2015 admitido julgamento de mérito parcial e antecipado (CPC, art. 356), nada impede que a reconvenção ou a ação principal seja decidida isoladamente, ficando a outra demanda para decisão posterior. Isso deverá ocorrer se a questão debatida for incontroversa; ou se não houver necessidade de produção de outras provas; ou, ainda, se o requerido for revel e forem aplicáveis a ele os efeitos da revelia.

Qualquer vício formal ou ato de vontade (desistência) que afete uma das relações, impedindo, desse modo, o seu julgamento pelo mérito, não contagia a outra, de modo que a extinção de uma (ação principal ou reconvenção) não impedirá o prosseguimento da outra e sua decisão de mérito.

V. Da reconvenção também em face de terceiros

Afronta o princípio da economia processual a admissibilidade pelo CPC/2015 de propositura de reconvenção em face do autor conjuntamente com terceiro, até então, portanto, alheio ao processo. As vantagens que a reconvenção possibilita desaparecem, pois com relação ao terceiro, por exemplo, sua citação terá que ser pessoal, pois não tem advogado constituído nos autos, fato que inviabiliza sua simples intimação. De outro lado, ao terceiro demandado será possível discutir a competência para o processamento da reconvenção, tendo ele, ademais, possibilidade e certamente interesse em deduzir defesa mais ampla e pugnar por maior espaço para a produção de provas.

O termo inicial do prazo para a defesa do terceiro agora réu (não se poderia dizer reconvindo, pois autor não é) não será o mesmo do reservado para o autor-reconvindo, mas seguirá a regra geral (CPC, art. 231). No entanto, tendo em vista que o prazo deve ser comum para os diversos litisconsortes, o benefício maior para o novo requerido há de se estender também ao reconvindo que é autor.

Em razão de a lei ser expressa, não se faz possível indeferir a reconvenção deduzida em face também do terceiro, a pretexto de que sua entrada no processo ampliaria a demanda, comprometendo a mais expedita solução do processo, como, à luz do CPC/1973, a jurisprudência entendia relativamente à denunciação da lide, nas hipóteses em que não era obrigatória. A reconvenção, neste caso, realmente ampliará o âmbito da demanda e da própria atividade jurisdicional, a que o magistrado terá que se render, aceitando a ampliação subjetiva também.

VI. Da reconvenção proposta também por terceiro

Pior que a colocação de terceiro no polo passivo da reconvenção juntamente com o autor é, sem dúvida, a permissão para que a reconvenção seja promovida pelo réu em litisconsórcio com terceiro que, destarte, não era réu. O litisconsórcio tanto pode ser decorrência de ajuste fora do processo entre os que se tornarão litisconsortes como, ainda, no caso de litisconsórcio necessário, por força de determinação judicial, a pedido do reconvinte, de que o terceiro venha a integrar o processo, hipótese em que terá que ser citado pessoalmente, mesmo que para assumir o polo ativo da relação processual nascida com a reconvenção.

Evidente que, sendo a reconvenção ofertada na contestação, há que se ressaltar – e assim há de ser considerado na decisão – que a contestação enquanto peça de defesa é obra exclusiva do réu, limitando-se ao terceiro, agora "autor" da reconvenção, as questões atinentes a esta, de modo a não dever ser imputada a ele nenhuma consequência que não seja exclusiva decorrência do quanto alegado no tópico pertinente à reconvenção.

VII. Da legitimidade para a reconvenção quando a ação for promovida por substituto processual

Se o autor intentar a ação na condição de substituto processual, ou seja, defendendo em nome próprio direito alheio (CPC, art. 18) somente poderá ser demandado por reconvenção também na condição de substituto, de modo que a pretensão de direito material do reconvinte deverá voltar-se contra o substituído, mas desde que o substituto também esteja autorizado a proceder a defesa dos interesses do substituído, que é hipótese não tratada na substituição processual.

A praticidade da regra, tanto quanto na legislação pretérita, é cerebrina, de vez que a legitimidade do substituto tem caráter excepcional, depende de previsão expressa da lei e se coloca sempre no sentido de se *pleitear* direito alheio em nome próprio, ou seja, volta-se ao polo ativo de qualquer ação.

VIII. Da reconvenção sem contestação

A inserção da reconvenção na peça da contestação impõe a distinção entre a peça formalmente e a mesma peça no que toca com seu conteúdo.

A redação do § 6º é, *ao menos do ponto de vista formal*, contraditória, pois, se é na contestação que o réu pode propor a reconvenção, não faz sentido que se reconheça que "o réu pode propor reconvenção independentemente de oferecer contestação". Sem a forma, não há o conteúdo. *Do ponto de vista do conteúdo*, porém, ela faz sentido, devendo ser entendida como a permissão ao réu de, sem atacar as alegações do autor, sendo, pois, revel ou até reconhecendo o pedido formulado pelo demandante, oferecer reconvenção, postulando assim um direito conexo àquele da ação.

Pensável, nessa linha, uma ação requerendo a rescisão contratual, vindo, em reconvenção, o réu a pedir, sem contestar o direito de rescisão do autor, seja o mesmo condenado a lhe pagar indenização em razão da rescisão.

Capítulo VIII - Da Revelia

Art. 344 - Se o réu não contestar a ação, será considerado revel e presumir--se-ão verdadeiras as alegações de fato formuladas pelo autor.

Autores: Eduardo Arruda Alvim e Daniel Willian Granado

I. Conceito de revelia

Caracteriza-se a revelia pelo não oferecimento válido e tempestivo de contestação por parte do réu. A revelia é espécie do gênero contumácia, que abrange também a inércia do autor.

II. Efeitos da revelia

O principal efeito da revelia é a presunção de veracidade dos fatos afirmados pelo autor que não tenham sido objeto de contestação. Para que ocorra o efeito da presunção de veracidade de que cuida o presente dispositivo legal, é imprescindível que do mandado citatório conste a advertência do art. 250, inciso II (aplicável à citação postal, por força do art. 248, § 3º), consistente no prazo de contestação sob pena de revelia, se for o caso. Com efeito, há casos, segundo o regime do CPC/2015, em que o réu não é citado para contestar, mas sim para comparecer à audiência de conciliação de que trata o art. 334. Nesses casos, o prazo para contestar inicia-se a partir da audiência (art. 335, inciso I) ou, ainda, do protocolo do pedido de cancelamento da audiência apresentado pelo réu, quando ambas as partes manifestarem, expressamente, desinteresse na composição consensual (art. 335, inciso II, c.c. art. 334, § 4º, inciso I). Contudo, quando se tratar de direitos que não admitam autocomposição, não terá cabimento a audiência de conciliação ou de mediação, de modo que, nesse caso, o prazo para contestar começa a contar a partir dos termos previstos no art. 231, de acordo com o modo como foi feita a citação (art. 335, inciso III, c.c. art. 231).

III. Revelia e reconvenção

Em caso de reconvenção (art. 343), a falta de contestação também pode implicar a produção dos efeitos de que trata o art. 344, sendo desnecessário que conste do mandado a advertência do art. 250, inciso II, eis que a intimação para oferecimento de contestação à reconvenção é dirigida ao advogado do autor (art. 343, § 1º). Tal regra, contudo, não se aplica se a reconvenção for oferecida contra o autor e terceiro (art. 343, § 3º), caso em que a citação do terceiro deverá conter a advertência do art. 250, inciso II.

Muito embora a reconvenção seja oferecida na contestação (art. 343, *caput*), nada obsta que o réu não conteste e ofereça apenas reconvenção (art. 343, § 6º). Nesse caso, se a reconvenção oferecida tiver o condão de controverter os fatos alegados pelo autor, deverão ser afastados os efeitos da revelia, naquilo que tiver sido objeto de controvérsia.

IV. Revelia e impugnação especificada

Ao lado disso, diante do que estabelece o art. 341, ainda que haja oferecimento de contestação e não sejam impugnados todos os fatos alegados pelo autor, a presunção de veracidade pode se fazer presente quanto aos fatos que não tenham sido impugnados, salvo as exceções previstas nos incisos I, II e III do art. 341, bem como a hipótese do parágrafo único desse mesmo dispositivo legal, que cuida da não aplicação do ônus da impugnação especificada dos fatos ao defensor público, advogado dativo e curador especial.

V. Presunção relativa de veracidade dos fatos alegados

A presunção do art. 344 refere-se a fatos, de modo que a aplicação desse dispositivo não significa, em absoluto, que a demanda deva ser julgada procedente. Em caso de falta de pressupostos processuais, por exemplo, nada obsta que haja extinção do processo sem resolução do mérito em desfavor do autor, ainda que o réu não tenha apresentado contestação, por se tratar de matéria de ordem pública, a respeito da qual cabe ao juiz agir e conhecer de ofício (art. 485, § 3º).

Ao lado disso, cuida-se de presunção relativa de veracidade (presunção *juris tantum*), ou seja, vencível por prova em sentido contrário, desde que, à luz da convicção do juiz, resulte a não veracidade dos fatos constitutivos do pedido do autor.

Deve-se observar, ademais disso, que ao réu revel que tenha sido citado por edital ou com hora certa, ou ainda ao réu preso revel deverá ser nomeado curador especial (art. 72, inciso II), o qual poderá contestar por negativa geral (art. 341, parágrafo único), elidindo, com isso, os efeitos do art. 341, *caput*, que cuida do ônus da impugnação especificada dos fatos articulados na petição inicial.

Caso haja revelia e o efeito mencionado no presente dispositivo legal, uma das consequências que podem recair sobre o réu é o denominado julgamento antecipado do mérito, nos termos do art. 355, inciso II.

Art. 345 - A revelia não produz o efeito mencionado no art. 344 se:
I - havendo pluralidade de réus, algum deles contestar a ação;
II - o litígio versar sobre direitos indisponíveis;
III - a petição inicial não estiver acompanhada de instrumento que a lei considere indispensável à prova do ato;
IV - as alegações de fato formuladas pelo autor forem inverossímeis ou estiverem em contradição com prova constante dos autos.

I. Não incidência dos efeitos da revelia

Cuida-se neste dispositivo dos casos em que o réu não tenha apresentado contestação, mas que, a despeito disso, não lhe seja imposto o efeito da revelia consistente na presunção relativa de veracidade dos fatos articulados pelo autor na inicial de que trata o art. 344.

II. Pluralidade de réus

A primeira exceção, prevista no inciso I do art. 345, cuida da hipótese em que, havendo pluralidade de réus, algum deles contestar o pedido. Tal dispositivo tem aplicação em caso de litisconsórcio passivo unitário, em que a sorte no plano do direito material de todos os litisconsortes deve ser a mesma (art. 116), haja vista se tratar de uma única lide. Em caso de litisconsórcio unitário, considerando-se que os atos de um litisconsorte beneficiam aos outros (art. 117), tem-se que a contestação de um deles tem aptidão de afastar o efeito da presunção relativa de veracidade de que trata o art. 344. Contudo, se se tratar de litisconsórcio passivo simples, diante da independência dos litisconsortes nesse caso (art. 118), a contestação de um deles não afasta automaticamente o efeito do art. 344, salvo se os fatos contestados por um deles forem comuns e puderem ser aproveitados aos demais.

III. Direitos indisponíveis

Ao lado disso, afasta-se a presunção do art. 344 na hipótese de o litígio versar direitos indisponíveis, como no caso de ações de estado. Com efeito, figure-se o caso de ação de investigação de paternidade. Evidentemente, o não oferecimento de contestação pelo réu não acarretará, necessariamente, a presunção relativa de veracidade dos fatos alegados pelo autor. Em outras palavras, a paternidade deverá ser provada, a despeito de não ter havido contestação. Regra de teor equivalente é encontrável no art. 392, no sentido de que não vale como confissão a admissão, em juízo, de fatos relativos a direitos indisponíveis. Também o art. 341, inciso I, que afasta o ônus da impugnação especificada se se tratar de fatos a respeito dos quais não seja admissível a confissão. Inserem-se ainda nessa categoria os direitos submetidos a controle estatal, diante do princípio da indisponibilidade do interesse público.

IV. Instrumento indispensável à prova do ato

A terceira exceção prevista no dispositivo trata do afastamento do efeito da revelia consistente na presunção relativa de veracidade no caso da petição inicial não estar acompanhada de instrumento que a lei considere indispensável à prova do ato. A esse respeito, deve ser mencionado o art. 406, no sentido de que, quando a lei exigir instrumento público como da substância do ato, nenhuma outra prova, por mais especial que seja, pode suprir-lhe a falta. É o caso, por exemplo, do art. 108 do CC/2002, que prescreve que, não havendo disposição legal em sentido contrário, a escritura pública é da substância do ato, nos negócios que envolvam direitos reais sobre imóveis no valor superior a 30 vezes o maior salário mínimo vigente.

V. Alegações inverossímeis

Por fim, há a hipótese do inciso IV do art. 345, caso em que o efeito da revelia do art. 344 será afastado se as alegações de fato formuladas pelo autor forem inverossímeis ou estiverem em contradição com a prova constante dos autos. Com efeito, o juiz não deve dar por verdadeiros fatos absolutamente implausíveis, somente porque não houve contestação do réu. O mesmo se pode dizer se as alegações do autor estiverem em contradição com o material probatório constante dos autos, diante do que estatui o convencimento motivado de que cuida o art. 371.

Art. 346 - Os prazos contra o revel que não tenha patrono nos autos fluirão da data de publicação do ato decisório no órgão oficial.
Parágrafo único - O revel poderá intervir no processo em qualquer fase, recebendo-o no estado em que se encontrar.

I. Efeitos da revelia

Ao lado do efeito de que cuida o art. 344 – presunção relativa de veracidade das alegações do autor –, o dispositivo em apreço trata de outro efeito da revelia, qual seja o transcurso do prazo para o réu revel que não tenha advogado constituído nos autos fluirá da data de publicação do ato no órgão oficial.

II. Prazos para o réu revel

O CPC/2015, nesse particular, acolheu expressamente orientação doutrinária criada à luz do art. 322 do CPC/1973, no sentido de que o prazo para o réu revel deve ter início a partir da publicação do ato decisório no órgão oficial. Em outros termos, deixou-se claro que o termo "publicação" constante de aludido dispositivo legal quer significar a publicação no órgão oficial, e não o mero ato de tornar público, leia-se, acessível às partes, como a disponibilização do ato decisório em cartório. Assim, disponibilizada a sentença no órgão oficial, o prazo para o réu revel recorrer, por exemplo, começa a correr da mesma data que para o autor, ou seja, a partir do dia seguinte à publicação (considerado o dia da publicação, nesse particular, o dia seguinte à disponibilização no órgão oficial, nos termos do art. 224, § 2º).

III. Intervenção do réu revel

É dado ao réu revel comparecer aos autos em qualquer fase, recebendo o processo no estado em que se encontrar. Nesse caso, ao adentrar ao processo devidamente representado por advogado, as intimações deverão ser direcionadas a este último.

Intervindo o réu revel no processo, como regra, não poderá mais rebater os fatos alegados na inicial, o que, em última análise, deveria ter sido feito em contestação. Também não poderá se insurgir em relação a preclusões consumadas. Contudo, poderá alegar qualquer tipo de matéria que seja cognoscível de ofício pelo juiz. Ao lado disso, poderá ainda, se adentrar a tempo, produzir provas (art. 349), segundo orientação cristalizada na Súmula nº 231 do STF: "O revel, em processo cível, pode produzir provas, desde que compareça em tempo oportuno".

Capítulo IX - Das Providências Preliminares e do Saneamento

Art. 347 - Findo o prazo para a contestação, o juiz tomará, conforme o caso, as providências preliminares constantes das seções deste Capítulo.

I. Providências preliminares

Cuida-se aqui das denominadas providências preliminares. Trata-se de providências que o juiz deve tomar logo após a resposta do réu, ou, ainda, após o transcurso do prazo para oferecimento de contestação, ainda que esta não tenha sido apresentada.

II. Fase de saneamento do processo

As providências preliminares dão início à fase de saneamento do processo, que se encerra com a decisão de saneamento (art. 357), salvo, evidentemente, as hipóteses em que o processo termine antes disso. As providências preliminares, tratadas nos dispositivos seguintes, devem ser tomadas, devendo o escrivão fazer a conclusão dos autos ao magistrado após a contestação ou, ainda, após o transcurso *in albis* do prazo para seu oferecimento. Caso haja reconvenção, oferecida juntamente com a contestação, as providências preliminares deverão ocorrer após a contestação à reconvenção ou também do transcurso do prazo para oferecê-la (art. 343, § 1º).

III. Cabimento das providências preliminares

Pode-se dizer que as providências preliminares têm lugar se houver na contestação arguição das preliminares do art. 337 ou defesa indireta (arts. 350 e 351); se houver revelia e não incidirem os seus efeitos (arts. 348 e 349); se houver vícios sanáveis, para que sejam sanados (art. 352) e, ainda, se o réu juntar na contestação prova documental, em função do princípio do contraditório (art. 437).

Seção I - Da Não Incidência dos Efeitos da Revelia

Art. 348 - Se o réu não contestar a ação, o juiz, verificando a inocorrência do efeito da revelia previsto no art. 344, ordenará que o autor especifique as provas que pretenda produzir, se ainda não as tiver indicado.

I. Especificação de provas pelo réu revel

Conforme vimos, a revelia consiste na falta de apresentação de contestação, dentro do prazo, pelo réu que tenha sido regularmente citado. Se tiver havido revelia, mas não o efeito de que cuida o art. 344, deverá o autor especificar as provas que pretenda produzir, se ainda não as tiver indicado, que serão, caso o processo não termine antes disso, deferidas total ou parcialmente na decisão de saneamento (art. 357, inciso II).

O art. 348 cuida de providências preliminares que antecedem ao julgamento conforme o estado do processo (arts. 354 e seguintes). Em referido dispositivo, cuida-se de casos em que há revelia, mas sem os seus efeitos (por exemplo, porque a ação versa direitos indisponíveis, nos termos do art. 345, inciso II). Se isso ocorrer, o juiz deverá ordenar ao autor que especifique as provas com as quais pretende demonstrar a veracidade do que alegara. Isso, claro, se ainda não as tiver indicado na petição inicial (art. 319, inciso VI).

Art. 349 - Ao réu revel será lícita a produção de provas, contrapostas às alegações do autor, desde que se faça representar nos autos a tempo de praticar os atos processuais indispensáveis a essa produção.

I. O réu revel e a produção de provas

Ainda que o art. 349 esteja alocado em Seção intitulada "Da não incidência dos efeitos da revelia", nada obsta que o réu revel (ainda que haja o efeito de que cuida o art. 344) venha a produzir provas, contrapostas às alegações do autor. Evidentemente, deverá adentrar ao processo, devidamente representado por advogado, em tempo de praticar os atos processuais indispensáveis a essa produção. Nesse sentido, a orientação cristalizada na Súmula nº 231 do STF: "O revel, em processo civil, pode produzir provas desde que compareça em tempo oportuno". Caso haja revelia, com o efeito do art. 344, poderá haver o denominado julgamento antecipado do mérito (art. 355), que pode também ser parcial (art. 356). Nesse caso, todavia, se houver requerimento de provas pelo réu revel, nos termos do art. 349, o julgamento antecipado do mérito deve ser afastado (art. 355, inciso II), desde que, evidentemente, as provas requeridas sejam imprescindíveis para a formação da convicção do magistrado. Caso contrário, se o juiz já tiver formado sua convicção, poderá julgar antecipadamente o mérito com fundamento no art. 355, inciso I.

Seção II - Do Fato Impeditivo, Modificativo ou Extintivo do Direito do Autor

Art. 350 - Se o réu alegar fato impeditivo, modificativo ou extintivo do direito do autor, este será ouvido no prazo de 15 (quinze) dias, permitindo--lhe o juiz a produção de prova.

I. Réplica em caso de alegação de fato impeditivo, modificativo ou extintivo

O art. 350 cuida de um dos casos em que o autor pode oferecer a denominada réplica. Nesse sentido, toda vez que o réu alegar fato impeditivo, modificativo ou extintivo do direito do autor, este será ouvido no prazo de 15 dias, permitindo-lhe o juiz a produção de prova. A réplica, portanto, deve ser oferecida no prazo de 15 dias, diferentemente do quanto estatuía o art. 326 do CPC/1973, que cuidava do prazo de dez dias. Cuida o dispositivo das denominadas defesas de mérito.

São fatos impeditivos aqueles que obstam a procedência do pedido do autor (por exemplo, a nulidade do negócio jurídico do qual se originaria a obrigação perseguida pelo autor da ação). De outro lado, são modificativos os fatos que impedem o acolhimento integral do pedido do autor (pagamento parcial, por exemplo). De seu turno, há os fatos extintivos do direito do autor, a exemplo da ocorrência de condição resolutiva do direito do autor.

Caso sejam alegados quaisquer desses fatos, o juiz deverá intimar o autor para que ofereça réplica no prazo de 15 dias. Rigorosamente, portanto, só há que se falar em réplica se o réu alegar algum fato impeditivo, extintivo ou modificativo do direito do autor (art. 350), ou caso alguma questão preliminar seja levantada na contestação (art. 351). Contudo, é comum no dia a dia forense o oferecimento de réplica, ainda que não se esteja diante dessas hipóteses, o que não causa, em nosso sentir, qualquer inconveniente, desde que respeitado o contraditório.

Seção III - Das Alegações do Réu

Art. 351 - Se o réu alegar qualquer das matérias enumeradas no art. 337, o juiz determinará a oitiva do autor no prazo de 15 (quinze) dias, permitindo-lhe a produção de prova.

I. Réplica em função de alegação de preliminar

Assim como o art. 350, o presente dispositivo legal cuida do oferecimento de réplica no prazo de 15 dias, caso o réu levante em contestação as preliminares enumeradas no art. 337, devendo-se permitir produção de prova também nessa hipótese. Nas hipóteses dos arts. 350 e 351, portanto, o juiz ensejará ao autor a oportunidade de se manifestar, caso sejam alegados fatos modificativos, impeditivos ou extintivos do direito do autor ou ainda as preliminares do art. 337. Não existe previsão legal para apresentação de réplica quando apenas forem contestados os fatos propriamente ditos. Contudo, conforme dissemos, não vemos inconveniente algum no oferecimento de réplica mesmo fora das hipóteses dos arts. 350 e 351. Caso sejam anexados documentos na contestação, o autor sobre eles deverá se manifestar em réplica (art. 437).

II. Tréplica

Caso sejam juntados documentos na réplica, o juiz deverá determinar ao réu que se pronuncie a respeito dos mesmos, no prazo de 15 dias, nos termos do art. 437, § 1º. Muito embora não haja no ordenamento disposição expressa sobre a tréplica, deve ser oportunizado ao réu que se manifeste a respeito do documento juntado pelo autor na réplica, por força do que dispõe o art. 437, § 1º, em função da necessidade de observância do contraditório.

Art. 352 - Verificando a existência de irregularidades ou de vícios sanáveis, o juiz determinará sua correção em prazo nunca superior a 30 (trinta) dias.

I. Correção de irregularidades sanáveis

O dispositivo em apreço busca trazer maior rendimento ao processo, evitando-se sua extinção quando houver vícios sanáveis. Trata-se, nessa linha, de um dos desdobramentos do aproveitamento dos atos processuais (art. 283, parágrafo único). Com efeito, nos termos do art. 317, antes de proferir decisão sem resolução de mérito, o juiz deverá conceder à parte oportunidade para, se possível, corrigir o vício. Nessa linha, se houver irregularidades ou vícios sanáveis, o juiz deverá determinar sua correção em prazo nunca superior a 30 dias. Assim, por exemplo, em caso de irregularidade de representação, deverá o juiz determinar a juntada de procuração (art. 76).

Art. 353 - Cumpridas as providências preliminares ou não havendo necessidade delas, o juiz proferirá julgamento conforme o estado do processo, observando o que dispõe o Capítulo X.

I. Encerramento das providências preliminares

Conforme vimos nos dispositivos precedentes, as providências preliminares têm a finalidade de retirar do processo vícios que possa apresentar e que, evidentemente, sejam sanáveis. Por isso, nos termos do art. 352, após o prazo para resposta, quando houver irregularidades ou nulidades sanáveis, o juiz deverá determinar sua correção em prazo nunca superior a 30 dias.

II. Julgamento conforme o estado do processo

Uma vez cumpridas as providências preliminares, ou não havendo necessidade delas, o juiz deverá proferir julgamento conforme o estado do processo, observado o Capítulo X, que pode comportar: a) julgamento com fundamento nos arts. 485 (extinção do processo sem resolução de mérito) ou 489, incisos II e III (extinção do processo com resolução de mérito, em função do reconhecimento de prescrição ou decadência ou, ainda, em função de homologação de reconhecimento de procedência do pedido, de transação ou de renúncia à pretensão). Haverá extinção do processo, evidentemente, se tais decisões disserem respeito a todo o processo, e não apenas a parcela dele, nos termos do art. 354, parágrafo único; b) julgamento antecipado do mérito, nas hipóteses do art. 355; c) julgamento antecipado parcial do mérito, nos casos do art. 356. Poderá, ainda, o juiz, não ocorrendo as hipóteses anteriormente delineadas, sanear e organizar o processo, nos termos do art. 357, passando-se, daí em diante, para sua devida fase instrutória.

Capítulo X - Do Julgamento Conforme o Estado do Processo

Seção I - Da Extinção do Processo

Art. 354 - Ocorrendo qualquer das hipóteses previstas nos arts. 485 e 487, incisos II e III, o juiz proferirá sentença.
Parágrafo único - A decisão a que se refere o caput pode dizer respeito a apenas parcela do processo, caso em que será impugnável por agravo de instrumento.

Autor: Paulo Henrique Santos Lucon

I. Extinção do processo

A extinção do processo, em regra, dá-se após realização da fase instrutória, quando então o juiz dispõe de todos os elementos necessários à formação de seu convencimento. Ocorre que postergar a extinção do processo pode não se justificar quando os elementos que a autorizam se fizerem presentes desde logo, uma vez encerrada a fase postulatória. Por isso, o art. 354 do Código de Processo Civil autoriza o magistrado a proferir sentença se durante a fase ordinatória do processo constatar a presença de alguma das hipóteses previstas nos arts. 485 e 487, incisos II e III, do Código de Processo Civil (a ausência de menção ao inciso I do art. 487, no *caput,* do art. 354, justifica-se, porque tal hipótese de julgamento está contemplada no artigo seguinte). Constatada, por exemplo, a prescrição ou a decadência (CPC, art. 487, inciso II), não há qualquer razão para prosseguir com o processo.

Cada ato processual praticado então, que não a extinção do processo, porque desnecessário, representaria uma violação à economia processual e à duração razoável do processo. A sentença, nesses casos, pode, inclusive, versar a respeito de parcela do processo, dada a possibilidade prevista no art. 356 de julgamento antecipado parcial do mérito.

II. Vedação à decisão-surpresa

Constitui norma fundamental do processo, de acordo com o Código de Processo Civil de 2015, o dever imposto ao juiz de evitar a prolação das chamadas "decisões-surpresa" (CPC, art. 10). Tais são as decisões que se valem de algum fundamento – inclusive aqueles cognoscíveis de ofício – a respeito do qual não se tenha conferido às partes a oportunidade de se manifestar a respeito.

"Decisões-surpresa" violam o contraditório, porque fazem menoscabo da participação das partes no processo e criam um estado de incerteza jurídica, já que, em um sistema em que tais decisões proliferam, não se pode antever o resultado de qualquer decisão. Se tal dever se impõe a toda decisão judicial, o mesmo também ocorre nos casos de julgamento conforme o estado do processo. Uma vez constatada a presença de alguma das hipóteses que autorizam a extinção do processo desde logo, tem o magistrado o dever de previamente ouvir as partes a respeito. A permissão legislativa para que o magistrado realize um corte no procedimento, proferindo sentença antes da realização da fase instrutória, não o autoriza, em prol da celeridade, a desconsiderar essa norma fundamental do processo.

III. Conteúdo das decisões jurídicas

A sentença é o ato jurisdicional por excelência, pois destina-se a pôr fim ao processo. Levando em consideração o conteúdo da decisão, a extinção do processo pode se dar com exame do mérito, circunstância em que o magistrado analisa a pretensão deduzida pelo autor, ou sem exame do mérito, nos casos em que a não observância de certos pressupostos impede o regular desenvolvimento do processo. As hipóteses para tais julgamentos estão respectivamente previstas nos arts. 487 e 485 do Código de Processo Civil.

De acordo com o art. 487, haverá resolução do mérito quando o juiz acolher ou rejeitar o pedido formulado na ação ou na reconvenção (inciso I); decidir, de ofício ou a requerimento, sobre a ocorrência de decadência ou prescrição (inciso II); ou homologar a) o reconhecimento da procedência do pedido formulado na ação ou na reconvenção, b) a transação, ou c) a renúncia à pretensão formulada na ação ou na reconvenção (inciso III). A primeira dessas hipóteses (*julgamento do pedido*) é reconhecida como julgamento de mérito por excelência, dada a identificação do pedido do autor com o objeto do processo. Nas demais hipóteses, em contrapartida, não há necessidade de o juiz julgar a causa, daí por que a sentença é de mérito por equiparação. Mesmo não havendo manifestação a respeito do pedido formulado, diz-se que a aplicação dos incisos II e III do art. 487 do Código de Processo Civil equivale ao julgamento sobre o pedido do autor, uma vez que ela contém a declaração a respeito da crise de direito material que levou as partes a agirem em juízo.

A extinção do processo sem resolução do mérito, por seu turno, segundo o art. 485 do Código de Processo Civil, ocorrerá quando o juiz indeferir a petição inicial (inciso I), quando o processo não for movimentado durante mais de um ano por negligência das partes (inciso II), se o autor abandonar a causa por mais de 30 dias sem promover os atos que lhe incumbir (inciso III), na hipótese de se verificar a ausência de pressupostos de constituição e de desenvolvimento válido e regular do processo (inciso IV), na ocorrência de perempção, litispendência e coisa julgada (inciso V), se verificada ausência de legitimidade ou de interesse processual (inciso VI), se acolhida alegação de existência de convenção de arbitragem ou quando o juízo arbitral reconhecer sua competência (inciso VII), quando homologada desistência da ação (inciso VIII), ou, nos casos de morte da parte, a ação for considerada intransmissível por disposição legal (inciso IX). Tais julgamentos, conforme se constata, não contêm manifestação sobre o direito material e decorrem da não observância de certos requisitos para o regular desenvolvimento do processo. Trata-se de uma extinção necessária, porém não desejável do processo, por isso o legislador impõe ao magistrado o dever de possibilitar à parte a correção do vício constatado sempre que possível e o estimula a julgar o mérito da demanda.

Seção II - Do Julgamento Antecipado do Mérito

Art. 355 - O juiz julgará antecipadamente o pedido, proferindo sentença com resolução de mérito, quando:

I - não houver necessidade de produção de outras provas;

II - o réu for revel, ocorrer o efeito previsto no art. 344 e não houver requerimento de prova, na forma do art. 349.

I. Julgamento antecipado do mérito

O rotineiro, como se sabe, é a extinção do processo após a realização da fase instrutória, quando o magistrado então, enquanto destinatário da prova, dispõe dos elementos necessários para formação de seu convencimento. Ocorre que postergar a extinção do processo pode não se justificar quando a fase destinada à produção de provas se mostrar desnecessária. Por isso, o art. 355 do Código de Processo Civil autoriza o magistrado a proferir sentença desde logo, com o acolhimento ou com a rejeição do pedido formulado na demanda, nos termos do art. 487, inciso I, após o fim da fase postulatória.

O julgamento antecipado, a propósito, não é uma faculdade judicial, mas sim um verdadeiro dever imposto ao juiz, uma vez presentes os requisitos que o autorizam. Não se há de falar em faculdade judicial quando posto o magistrado diante da necessidade de atender aos escopos do processo, no caso a pacificação social em tempo razoável. Não há violação ao direito à prova ("cerceamento de defesa") no julgamento antecipado do mérito (da lide) quando o órgão jurisdicional entender que o processo está suficientemente instruído, declarando por decisão motivada a desnecessidade de dilação probatória por se tratar de matéria de direito ou de fato e de direito e for prescindível a instrução.

Importante destacar a diferença existente entre as decisões fundadas nesse artigo e aquelas proferidas para concessão da tutela de urgência ou da evidência. As primeiras têm base em cognição exauriente e são, por definição, voltadas à definitividade. As segundas são marcadas pela sumariedade da cognição e pela provisoriedade. Tampouco se deve confundir o julgamento antecipado com a estabilização da decisão que concede a tutela provisória de urgência em caráter antecedente. Segundo o art. 304 do Código de Processo Civil, a tutela antecipada de urgência concedida em caráter antecedente torna-se estável se da decisão que a conceder não for interposto o respectivo recurso. Neste caso, o processo em que foi proferida tal decisão será extinto (art. 304, § 1º) e a decisão proferida continuará a produzir seus efeitos enquanto não for revista, reformada ou invalidada (art. 304, § 3º), o que só ocorrerá se no prazo de até dois anos qualquer das partes propuser uma demanda com tal fim (art. 304, §§ 2º, 5º e 6º). Assim, está-se, portanto, diante de duas situações opostas: enquanto nos casos de julgamento antecipado o mérito é analisado logo nas fases iniciais do processo, nas hipóteses de estabilização da tutela antecipada o julgamento do mérito é postergado e condicionado à propositura de uma nova demanda.

II. Requisitos

O primeiro requisito que autoriza o julgamento antecipado do mérito, como já mencionado, é a dispensabilidade da fase instrutória para a formação do convencimento judicial. Exemplos típicos de aplicação desse dispositivo são os casos cujas alegações fáticas são sustentadas unicamente em prova documental, juntada aos autos quando da primeira manifestação das partes em juízo, ressalvadas hipóteses autorizadas em lei de juntada ulterior. Mas não é só. O julgamento antecipado também pode ocorrer caso os fatos que informam a controvérsia independam de prova.

Nesse sentido, o art. 374 do Código de Processo Civil indica série de fatos que dispensam a produção de provas a seu respeito, seja porque I) sobre tais fatos já se possui amplo conhecimento, os chamados fatos notórios, II) decorrem, por sua própria natureza, de presunção legal de existência ou de veracidade ou III) em torno deles as partes não divergem, tendo uma delas confessado os fatos suscitados pela parte contrária. Nesses casos, pois, é irrelevante para os fins do processo qualquer investigação a respeito da veracidade desses fatos, o que justifica a extinção do processo desde logo.

Além disso, o julgamento antecipado do pedido também pode ocorrer quando a demanda versar sobre questão exclusivamente de direito. Uma das mais notáveis inovações do Código de Processo Civil de 2015 foi sua diretiva no sentido de fortalecimento dos precedentes judiciais. Fortalecer os precedentes significa, em apertada síntese, tornar obrigatória sua aplicação aos casos que com eles guardam uma relação de semelhança fático-jurídica. Espera-se, com isso, pôr um fim a discussões repetitivas a partir de uma visão amadurecida das teses jurídicas fixadas pelos tribunais superiores, promovendo-se, assim, a *segurança jurídica*, encarada aqui sob a óptica da previsibilidade; a *isonomia*, já que o mesmo tratamento é dispensado aos sujeitos que se apresentam perante o Poder Judiciário em semelhantes soluções; e a *economia processual*, uma vez que evita-se com isso a prática de atos inúteis, pois contrários ao entendimento dos tribunais responsáveis por ditar a última palavra no tocante a aplicação judicial do direito. O julgamento antecipado do pedido, portanto, pode também ocorrer nos casos em que, desnecessária a instrução probatória, tenha sido a questão jurídica objeto de apreciação pelos tribunais superiores, em especial nos julgamentos de recursos repetitivos, cuja *ratio decidendi* então estabelecida é voltada, por excelência, à aplicação em casos futuros, ou do julgamento do incidente de resolução de demandas repetitivas, outra inovação do Código de Processo Civil para fazer frente à litigiosidade de massa. A propósito, o art. 927 do Código estatui que os juízes e tribunais observarão: I) as decisões do Supremo Tribunal Federal em controle concentrado de constitucionalidade; II) os enunciados de súmula vinculante; III) os acórdãos em incidente de assunção de competência ou de resolução de demandas repetitivas e em julgamento de recursos extraordinário e especial repetitivos; IV) os enunciados das súmulas do Supremo Tribunal Federal em matéria constitucional e do Superior Tribunal de Justiça em matéria infraconstitucional; V) a orientação do plenário ou do órgão especial aos quais estiverem vinculados. Se a tese fixada nesses julgamentos for submetida ao conhecimento de um magistrado, sendo desnecessária a instrução probatória, justificável passa a ser, portanto, o julgamento antecipado do pedido.

Eventual discussão sobre a suficiência do acervo probatório a justificar a extinção do processo em caráter antecipado não ultrapassa as raias das instâncias ordinárias da jurisdição. Aos Tribunais Superiores, em virtude da função por eles desempenhada, não compete a análise de tal matéria por conta da revisão de fatos que ela enseja. Nesse sentido, ver a respeito: "a apuração da suficiência das provas, bem como da inocorrência de cerceamento de defesa, tal como alegado nas razões da insurgência excepcional, impõe o reexame de matéria fático-probatória, tarefa incompatível com a moldura de análise destinada ao Recurso Especial. Súmula 07/STJ. Precedentes" (STJ, 1ª T., AgRg no AREsp nº 512.210/SP, Rel. Min. Napoleão Nunes Maia Filho, j. em 18/12/2014, DJe de 3/2/2015). Mas isso não significa que os Tribunais Superiores não possam rever o enquadramento jurídico dos fatos constantes dos autos, ou seja, compatibilizar corretamente aos cânones legais e constitucionais a matéria fática já constante nos autos e sobre a qual não há questionamento em torno de sua ocorrência.

III. (Segue) Revelia

O julgamento antecipado do pedido também pode ocorrer nos casos em que se verificar a revelia e a consequente presunção de veracidade das alegações suscitadas pelo autor. Deve-se lembrar, contudo, que não se presumem verdadeiros os fatos e, portanto, inviável o julgamento antecipado, nos casos em que, havendo pluralidade de réus, algum deles contestar a demanda quando o litígio versar sobre direitos indisponíveis, se a petição inicial não estiver acompanhada de instrumento que a lei considere indispensável à prova do ato, ou nos casos em que as alegações de fato formuladas pelo autor forem inverossímeis ou estiverem em contradição com a prova constante dos autos (art. 345). Nesses casos, a produção de provas visa a evitar a prolação de decisões injustas, porque desconexas com a realidade. Ademais, é preciso atentar para o disposto no art. 349 do CPC/2015, segundo o qual ao revel será lícita a produção de provas desde que se faça representar nos autos em tempo hábil para tanto. Não verificada qualquer dessas situações, contudo, a extinção do processo com o julgamento antecipado do pedido é medida que se justifica ante a inércia do réu, ato que revela desprestígio ao Poder Judiciário e consequente falta de interesse do réu em se defender, razão pela qual não há de se falar nessas hipóteses em cerceamento do direito de defesa. Assim, diante da revelia do réu e das provas constantes dos autos, não há violação ao direito à prova (cerceamento de defesa) com o julgamento antecipado do mérito.

IV. Julgados

"A jurisprudência desta Corte Superior orienta no sentido de que não ocorre cerceamento de defesa quando o magistrado entende que há provas suficientes nos autos para formar o seu convencimento e indefere a produção daquelas que se mostrarem inúteis ou desnecessárias para a solução da controvérsia. Dessa forma, está correta a decisão agravada ao negar provimento a essa parte do recurso especial, tendo em vista que a decisão da Corte *a quo* está em consonância com a jurisprudência do STJ ao concluir que não houve cerceamento de defesa em razão de o magistrado, como destinatário final da prova, ter entendido que o feito estava pronto para julgamento sem a oitiva das testemunhas arroladas pelo agravante" (STJ, 2ª T., AgInt no AREsp nº 1016498/PR, Rel. Og Fernandes, DJe de 19/5/2017).

"Consoante a jurisprudência desta Corte, 'no sistema de persuasão racional adotado pelo Código de Processo Civil nos arts. 130 e 131, em regra, não cabe compelir o magistrado a autorizar a produção desta ou daquela prova, se por outros meios estiver convencido da verdade dos fatos, tendo em vista que o juiz é o destinatário final da prova, a quem cabe a análise da conveniência e necessidade de sua produção. Com efeito, entendendo o Tribunal recorrido que ao deslinde da controvérsia seriam desnecessárias as provas cuja produção o recorrente buscava, tal conclusão não se desfaz sem o revolvimento de provas, o que é vedado pela Súmula 7/STJ' (STJ, AgRg no Ag 1.406.633/RS, Rel. Ministro Luis Felipe Salomão, 4ª T., DJe de 17/02/2014)" (STJ, 2ª T., AgInt no AREsp nº 848.161/RS, Rel. Assusete Magalhães, DJe de 11/11/2016).

Seção III - Do Julgamento Antecipado Parcial do Mérito

Art. 356 - O juiz decidirá parcialmente o mérito quando um ou mais dos pedidos formulados ou parcela deles:
I - mostrar-se incontroverso;
II - estiver em condições de imediato julgamento, nos termos do art. 355.
§ 1º - A decisão que julgar parcialmente o mérito poderá reconhecer a existência de obrigação líquida ou ilíquida.
§ 2º - A parte poderá liquidar ou executar, desde logo, a obrigação reconhecida na decisão que julgar parcialmente o mérito, independentemente de caução, ainda que haja recurso contra essa interposto.
§ 3º - Na hipótese do § 2º, se houver trânsito em julgado da decisão, a execução será definitiva.
§ 4º - A liquidação e o cumprimento da decisão que julgar parcialmente o mérito poderão ser processados em autos suplementares, a requerimento da parte ou a critério do juiz.
§ 5º - A decisão proferida com base neste artigo é impugnável por agravo de instrumento.

I. Julgamento antecipado parcial do mérito

A possibilidade de que seja proferido julgamento antecipado parcial do mérito consiste em uma das principais inovações do Código de Processo Civil de 2015. Tal dispositivo privilegia, em especial, a efetividade do processo, já que permite a satisfação imediata de direito a respeito do qual nada mais há que se perquirir.

Parcela da doutrina sustentava a possibilidade de julgamento antecipado parcial do mérito, inclusive, quando da vigência do Código de Processo Civil de 1973, com fundamento no art. 273, § 6º, do referido diploma legislativo ("§ 6º - A tutela antecipada também poderá ser concedida quando um ou mais dos pedidos cumulados, ou parcela deles, mostrar-se incontroverso"). É preciso, no entanto, distinguir tais institutos. A antecipação de tutela se insere no quadro das chamadas tutelas diferenciadas, que visam a combater o chamado dano marginal do processo por meio da autorização para que o juiz profira suas decisões com base em cognição não exauriente dos elementos da controvérsia. O julgamento antecipado, por seu turno, apenas tem lugar se proferido com base em cognição exauriente. Nada o difere do julgamento emanado após a fase instrutória, a não ser o momento em que proferido.

O julgamento parcial, ademais, não se confunde com a parcial procedência de um pedido. No primeiro caso uma parcela do processo é decidida desde logo, porque desnecessário o prosseguimento do processo a seu respeito. O segundo caso, por seu turno, diz respeito a fenômeno em que a pretensão do autor encontra apenas parcial acolhida pelo magistrado. Lembre-se também que, no sistema do Código de Processo Civil de 2015, há a possibilidade de estabilização da tutela provisória cuja decisão tornar-se-á estável se não for interposto o respectivo recurso. Neste caso, o julgamento do mérito é postergado. Ele apenas será analisado mediante a propositura de nova demanda (v. art. 304). Nos casos de julgamento parcial, uma parcela do mérito é resolvida em caráter antecedente e a outra, como normalmente ocorre, é analisada apenas após o término da fase instrutória.

II. Requisitos

O julgamento antecipado parcial do mérito terá lugar quando um ou mais dos pedidos formulados ou parcela de um deles mostrar-se incontroverso ou estiver em condições de imediato julgamento, vale dizer, quando não houver necessidade de produção de outras provas ou quando se manifestarem os efeitos da revelia. Um fato se torna incontroverso após não ter sua existência ou modo de ser contestado pela parte contrária. Como se sabe, o ônus da impugnação específica impõe ao réu a necessidade de expor na contestação todas as razões pelas quais o pedido do autor não deve ser acolhido, sob pena de serem presumidos verdadeiros os fatos deduzidos na petição inicial. Assim, por exemplo, em resposta a pedido de condenação em danos morais e materiais, pode o réu concordar com a procedência do segundo pedido e questionar apenas a subsistência do primeiro (reconhecimento parcial do pedido).

O julgamento antecipado parcial do mérito também pode ocorrer nos casos em que parcela de um único pedido restar incontroversa. Imagine-se, a título de ilustração, a seguinte hipótese: o autor formula em face do réu pedido de tutela condenatória consistente na imposição de obrigação de pagamento de quantia. O réu, em sua manifestação, reconhece como devida parcela do valor requerido pelo autor. Por consequência, a parcela não impugnada deve ser desde logo reconhecida pelo juiz como devida, o que possibilitará ao autor a imediata satisfação desse direito (execução definitiva). Nada justificaria, portanto, ter de impor ao autor a necessidade de aguardar o fim do processo para obter a satisfação definitiva de um direito que já lhe foi reconhecido como pertencente.

III. Conteúdo do julgamento parcial

As decisões que julgam em caráter antecipado parcela do mérito não necessariamente precisam versar sobre obrigações líquidas e certas. Em determinadas ocasiões, pode ocorrer que o *quantum* da parcela do mérito não controversa ainda não esteja definido. Nesses casos a decisão que julgar em caráter antecipado parcela do mérito reconhecerá como devida a existência de obrigação ilíquida. Fixado o *an debeatur*, caberá, portanto, ao réu dar início à fase de liquidação para que seja então apurado o *quantum debeatur*. Fazendo uso, uma vez mais, do exemplo antes referido em que o réu não contesta ser devido pagamento de indenização pelos danos materiais por ele ocasionados ao autor e se insurge apenas quanto à indenização por danos morais; pode se dar que o valor devido a título de danos materiais não seja desde logo aferível. A indenização devida a título de lucros cessantes, por exemplo, em regra, demanda apuração em fase de liquidação. Nada impede que o juiz organize o processo e permita a instauração da fase liquidativa sobre um pedido ou parcela dele objeto de julgamento parcial do mérito e, concomitantemente, determine a produção de provas sobre os pontos controvertidos que restam a ser solucionados (v., a propósito, item a seguir). Trata-se de medida destinada a viabilizar um processo adequado, que atende à promessa constitucional de um processo célere (CF, art. 5º, inciso LXXXVIII). Gerir bem o processo significa atender às especificidades da relação jurídica de direito material e ao que já se encontra demonstrado nos autos.

IV. Efeitos da decisão

O principal efeito prático da decisão que julga parcela do mérito em caráter antecedente é o acesso fornecido ao titular do direito reconhecido como devido às vias executivas (ou à fase de liquidação no caso de obrigação ilíquida). A decisão que julga parcela do mérito em caráter antecedente, nesses termos, constitui título executivo, conforme estabelece o art. 515, inciso I, do Código de Processo Civil. A execução então requerida independerá do oferecimento de caução e será definitiva nos casos em que houver o trânsito em julgado da decisão. De acordo com o § 4º do art. 356, a liquidação e o cumprimento da decisão nesses casos poderão ser processados em autos suplementares, se assim o requererem as partes ou se assim estabelecer o juiz. Previsão de caráter procedimental, a tramitação em autos suplementares tende a se tornar a regra nos casos de julgamento parcial, dados os benefícios de ordem prática daí decorrentes.

V. Recurso cabível

A decisão que julga em caráter antecedente parcela do mérito é uma decisão interlocutória. De acordo com o art. 203, § 1º, do Código de Processo Civil, sentença é o pronunciamento judicial que, com fundamento nos arts. 485 e 487, põe fim à fase cognitiva do procedimento comum, bem como extingue a execução. Dois, portanto, são os elementos constitutivos da sentença: julgamento com ou sem resolução do mérito (definição pelo conteúdo) e extinção da fase cognitiva ou da execução (critério topológico). Em contraposição, o Código define decisão interlocutória como todo pronunciamento judicial de natureza decisória que não se enquadre na definição de sentença, ou seja, que não contenha esses dois mencionados elementos (CPC, art. 203, § 2º). Decisões interlocutórias, assim, podem versar sobre o mérito de uma demanda, mas elas não encerram o processo. A possibilidade de decisões interlocutórias versarem a respeito do mérito do processo é confirmada pela previsão do art. 1.015 do Código de Processo Civil, segundo o qual é cabível a interposição de agravo de instrumento contra as decisões interlocutórias que versarem sobre decisão dessa natureza. É isso o que ocorre justamente nos casos de julgamento parcial antecipado. O conteúdo dessa decisão inegavelmente se enquadra nas hipóteses. Tal decisão, contudo, não é apta a extinguir a fase cognitiva do procedimento comum que terá prosseguimento para julgamento da parcela do mérito não resolvida. Em atenção a isso, o art. 356, § 5º, estabelece como cabível o recurso de agravo de instrumento contra a decisão que julgar parcela do mérito em caráter antecedente.

Seção IV - Do Saneamento e da Organização do Processo

Art. 357 - Não ocorrendo nenhuma das hipóteses deste Capítulo, deverá o juiz, em decisão de saneamento e de organização do processo:
I - resolver as questões processuais pendentes, se houver;
II - delimitar as questões de fato sobre as quais recairá a atividade probatória, especificando os meios de prova admitidos;
III - definir a distribuição do ônus da prova, observado o art. 373;
IV - delimitar as questões de direito relevantes para a decisão do mérito;
V - designar, se necessário, audiência de instrução e julgamento.
§ 1º - Realizado o saneamento, as partes têm o direito de pedir esclarecimentos ou solicitar ajustes, no prazo comum de 5 (cinco) dias, findo o qual a decisão se torna estável.
§ 2º - As partes podem apresentar ao juiz, para homologação, delimitação consensual das questões de fato e de direito a que se referem os incisos II e IV, a qual, se homologada, vincula as partes e o juiz.
§ 3º - Se a causa apresentar complexidade em matéria de fato ou de direito, deverá o juiz designar audiência para que o saneamento seja feito em cooperação com as partes, oportunidade em que o juiz, se for o caso, convidará as partes a integrar ou esclarecer suas alegações.
§ 4º - Caso tenha sido determinada a produção de prova testemunhal, o juiz fixará prazo comum não superior a 15 (quinze) dias para que as partes apresentem rol de testemunhas.
§ 5º - Na hipótese do § 3º, as partes devem levar, para a audiência prevista, o respectivo rol de testemunhas.

§ 6º - O número de testemunhas arroladas não pode ser superior a 10 (dez), sendo (3) três, no máximo, para a prova de cada fato.

§ 7º - O juiz poderá limitar o número de testemunhas levando em conta a complexidade da causa e dos fatos individualmente considerados.

§ 8º - Caso tenha sido determinada a produção de prova pericial, o juiz deve observar o disposto no art. 465 e, se possível, estabelecer, desde logo, calendário para sua realização.

§ 9º - As pautas deverão ser preparadas com intervalo mínimo de 1 (uma) hora entre as audiências.

I. Saneamento e organização do processo

Caso não se verifiquem as hipóteses que autorizam o julgamento do mérito, integral ou parcialmente, em momento imediatamente ulterior a fase postulatória, deve o magistrado aferir a regularidade do processo a fim de que seu prosseguimento se dê livre de vícios. No caso de julgamento antecipado parcial, por óbvio, a decisão de saneamento aplica-se apenas à parcela do mérito pendente de julgamento. Contrariam o bom senso e todos os imperativos éticos que devem guiar a administração da justiça *aquelas situações* teratológicas em que após todo o *iter* processual o magistrado extingue o processo, porque presente certo vício que já poderia ter sido constatado quando da instauração do processo. Registre-se, por isso, que atos de saneamento do processo são praticados pelo julgador desde o momento em que ele recebe a petição inicial. Designa-se, contudo, um momento particular do *iter* procedimental para que seja proferida uma decisão específica de saneamento, tendo em vista principalmente os atos que se seguirão a partir daí. Não sendo o caso de julgamento antecipado, atos complexos e dispendiosos serão praticados até a decisão que encerrará o processo. Não se pode, portanto, correr o risco de ao final desperdiçar tudo isso, por conta de um vício presente desde o início do processo, mas que por todos passou despercebido.

Nesse sentido, o art. 357 do Código de Processo Civil estabelece o dever do juiz de, nessa fase intermediária do processo, resolver as questões processuais pendentes, se houver (inciso I); delimitar as questões de fato sobre as quais recairá a atividade probatória, especificando os meios de prova admitidos (inciso II); definir a distribuição do ônus da prova (inciso III); delimitar as questões de direito relevantes para a decisão do mérito (inciso IV); designar, se necessário, audiência de instrução e julgamento (inciso V). Além da atenção para com a regularidade do processo, conforme se constata, essa fase do saneamento visa a preparar as atividades que serão desenvolvidas nas fases seguintes do processo. Quer-se, com essa decisão, não apenas regularizar o processo com a correção dos vícios pendentes, mas também potencializar as atividades que serão desenvolvidas no porvir do processo. Daí o porquê da relevância dessa decisão e do fato de ela ser designada como decisão de saneamento e de *organização* do processo.

Quando da vigência do Código de Processo Civil de 1973, o Superior Tribunal de Justiça já havia se manifestado a respeito da impossibilidade de se ultrapassar a fase de saneamento do processo com a presunção tácita de regularidade do feito: "a fase saneadora do processo é de extrema importância para o seu deslinde, tendo conteúdo complexo, sendo que nela o juiz examinará os pontos arguidos na contestação, de caráter preliminar, assim como os pressupostos processuais e os requerimentos de produção de provas, exigindo-se, para tanto, a devida fundamentação, a teor do art. 165 do CPC. Sendo assim, não há como o julgador deixar de proceder ao despacho saneador, deixando in albis as preliminares suscitadas e passando diretamente para a fase de instrução e julgamento, presumindo-se, assim, que o processo encontra-se sanado, sob pena de nulidade absoluta do feito" (STJ, 1ª T., REsp nº 780.285/RR, Rel. Min. Francisco Falcão, j. em 14/3/2006, DJ de 27/3/2006, p. 218). Se assim já o era com o CPC/1973, com maior vigor tal orientação se aplicará ao Código de

Processo Civil de 2015, que de maneira acertada sobrevaloriza essa fase do processo.

II. Resolução das questões processuais pendentes

Muitas das questões processuais a serem resolvidas para regularização do processo surgem apenas após a primeira manifestação do réu que em sua resposta tende a suscitar questões relativas, por exemplo, à competência do julgador, à legitimidade das partes, ou à falta de interesse do autor. Após recebida a réplica do autor, em respeito ao contraditório, o palco para a resolução de tais questões é essa decisão de saneamento prevista no art. 357 do Código. Convém registrar, no entanto, que, por conta do interesse público envolvido nessas questões, o julgamento de tal matéria não tem a aptidão de se tornar definitivo. Conforme estabelece o art. 485, § 3º, do Código, o juiz conhecerá de ofício, em qualquer tempo e grau de jurisdição, das seguintes matérias: I) pressupostos de constituição e de desenvolvimento válido e regular do processo; II) perempção, litispendência e coisa julgada; III) ausência de legitimidade ou de interesse processual; IV) intransmissibilidade da demanda em caso de morte da parte.

III. Delimitação das questões de fato e otimização da atividade instrutória

Para otimizar a atividade instrutória, fundamental a fixação das questões de fato a serem dirimidas, bem como dos meios de prova que serão admitidos para tanto. Evita-se, com isso, a prática de atos inúteis durante a fase instrutória, porque não relacionados com os aspectos fáticos centrais da causa. No caso de omissão judicial a esse respeito, cabíveis são a oposição de embargos de declaração a fim de que o magistrado explicite quais as questões de fato a serem efetivamente resolvidas. O conhecimento dessas questões não interessa apenas ao convencimento do magistrado, mas também às partes que orientarão suas condutas no tocante à atividade instrutória de acordo com o quanto estatuído nessa fase. A delimitação das questões de fato realizada nessa fase do processo desempenha ainda outra missão relevante, a de facilitar a aplicação da regra da congruência. Uma vez fixadas as questões de fato relevantes para o julgamento da causa, mais facilmente se poderá constatar se o magistrado as respeitou ou não. Se não as respeitou, têm-se, então, as conhecidas hipóteses de julgamento *extra, ultra* ou *citrapetita* (CPC, art. 141).

IV. Distribuição do ônus da prova

Dentre as questões resolvidas nessa fase de saneamento e de organização do processo – a par da delimitação das questões de fato e de direito, que tendem a potencializar a atividade instrutória e o respeito à regra da congruência –, está a decisão a respeito da distribuição do ônus da prova. O art. 373, § 1º, do Código de Processo Civil de 2015 positiva a chamada técnica de dinamização do ônus probatório. De acordo com esse dispositivo, "nos casos previstos em lei ou diante de peculiaridades da causa relacionadas à impossibilidade ou à excessiva dificuldade de cumprir o encargo nos termos do caput ou à maior facilidade de obtenção da prova do fato contrário, poderá o juiz atribuir o ônus da prova de modo diverso, desde que o faça por decisão fundamentada, caso em que deverá dar à parte a oportunidade de se desincumbir do ônus que lhe foi atribuído". São dois, portanto, os requisitos para que se proceda à dinamização: impossibilidade ou excessiva dificuldade da parte em cumprir o ônus que a princípio lhe seria imposto, aliada à maior facilidade de obtenção da prova do fato contrário pela outra parte. Com relação à fase processual em que deve se dar a dinamização, deve ela ocorrer em momento anterior ao início da fase instrutória, daí o porquê da previsão do art. 357, inciso III, pois só assim se ofertará à parte a que foi atribuído esse novo ônus possibilidade efetiva de dele se desincumbir. Caso a dinamização ocorresse em fase posterior, a parte seria surpreendida muito provavelmente com um julgamento desfavorável sem que a ela tenha sido concedida a oportunidade de se desincumbir de um ônus que ela não sabia lhe incumbir.

Em sentido semelhante, aliás, já havia se manifestado o Superior Tribunal de Justiça em julgamento a respeito do art. 6, inciso VIII, do

Código de Defesa do Consumidor, que contempla dispositivo semelhante: "a jurisprudência desta Corte é no sentido de que a inversão do ônus da prova prevista no art. 6º, VIII, do CDC, é regra de instrução e não regra de julgamento, sendo que a decisão que a determinar deve – preferencialmente – ocorrer durante o saneamento do processo ou – quando proferida em momento posterior – garantir a parte a quem incumbia esse ônus a oportunidade de apresentar suas provas. Precedentes: REsp nº 1395254/SC, Rel. Min. Nancy Andrighi, 3ª T., julgado em 15/10/2013, DJe 29/11/2013; EREsp 422.778/SP, Rel. Min. João Otávio de Noronha, Rel. p/ Acórdão Min. Maria Isabel Gallotti, 2ª Seção, julgado em 29/2/2012, DJe de 21/6/2012" (2ª T., AgRg no REsp nº 1450473/SC, Rel. Min. Mauro Campbell Marques, j. em 23/9/2014, DJe de 30/9/2014).

V. Delimitação das questões de direito

Tal como ocorre com a determinação para que sejam fixadas as questões de fato em momento anterior à realização da fase instrutória, o objetivo de se determinar na decisão de saneamento e de organização do processo a fixação das questões de direito que informarão a causa é otimizar os debates que se seguirão, evitando-se, com isso, discussões inúteis. Isso não significa, contudo, que o julgador não se poderá valer de outro fundamento jurídico que não estes previamente defi- nidos. Caso se constate a necessidade de outro enquadramento jurídico às questões de fato que informam a causa, poderá o magistrado fazê-lo, desde que ouça previamente as partes a respeito, conforme determina o art. 10 do Código, que visa a evitar as indesejadas "decisões-surpresa".

VI. Saneamento compartilhado

De acordo com o Código de Processo Civil, como regra geral, tem-se que a decisão de saneamento e organização do processo será proferida após construção solitária pelo magistrado. Após a prolação de tal decisão, de acordo com o art. 357, § 1º, do Código, as partes disporão do prazo de cinco dias para pedir esclarecimentos ou solicitar ajustes na decisão ao magistrado. Como hipótese, excepcional, no entanto, em causas reputadas como de alta complexidade, dispõe o art. 357, § 3º, do Código que o saneamento seja realizado em atividade conjunta entre o juiz e as partes.

Consiste tal dispositivo, portanto, em uma manifestação do princípio da cooperação, previsto no art. 6º do Código. Segundo tal dispositivo, nos casos de complexidade, o juiz designará audiência a que as partes comparecerão com o propósito de integrar ou esclarecer suas alegações. Com a participação das partes, o saneamento, com maior facilidade, tende a cumprir seus objetivos – zelar pela regularidade processual e preparar as fases seguintes do processo –, já que as partes são as que melhor conhecem todos os elementos do litígio entre elas instaurado. Conforme dispõe o art. 357, § 5°, do Código, quando da realização dessa audiência, as partes deverão levar consigo o seu respectivo rol de testemunhas.

VII. Negócio jurídico processual

Uma das principais inovações do Código de Processo Civil de 2015 foi o reconhecimento da existência como categoria autônoma dos chamados negócios jurídicos processuais. Dispõe o art. 190 do Código de Processo Civil que, "versando o processo sobre direitos que admitam autocomposição, é lícito às partes plenamente capazes estipular mudanças no procedimento para ajustá-lo às especificidades da causa e convencionar sobre os seus ônus, poderes, faculdades e deveres processuais, antes ou durante o processo". O fato de as partes poderem "convencionar sobre os seus ônus" permite que elas de comum acordo fixem as questões a respeito das quais recairá a atividade instrutória e a respeito das quais o juiz terá de se manifestar na sentença.

Nada impede ainda que, previamente ao litígio, as partes estabeleçam, em caso de desavença, quais provas serão produzidas, quem será o técnico a atuar como perito, etc. São atos dispositivos prévios a respeito de futuro e incerto processo e por isso representam técnicas de equacionar um processo adequado, que venha a atender as particularidades de discussão que pode surgir entre as partes. Essas medidas podem ser denominadas de atos de disposição processual futura ou, ainda, negócio jurídico processual celebrado antes mesmo de eclodir o litígio.

Conforme mencionado no art. 357, § 2º, do Código de Processo Civil, o juiz, uma vez homologado esse negócio jurídico processual, a ele fica vinculado, de modo que, se ele não o observar, violada estará a regra da congruência. Não reúne condições de ser homologado, por exemplo, acordo que limite os poderes instrutórios do juiz, assegurados pela lei para melhor formação do convencimento judicial. Assim, não poderia ser diferente, aliás, sob pena de se violarem a lógica e a teoria geral do direito. Como sujeitos capazes não podem dispor entre si a respeito da esfera jurídica de um terceiro, não podem as partes querer revogar poderes do juiz conferidos pela lei. Também não poderão as partes de comum acordo retirar do domínio judicial a aplicação de fundamentos jurídicos que o magistrado considerar aplicáveis ao caso. Não se pode esquecer que um dos objetivos da jurisdição é justamente a atuação da vontade concreta do direito objetivo, que não pode ser impedida pela vontade das partes. Para a tutela destas, quando da aplicação de um novo fundamento, assegura-se, como já referido, o direito de elas previamente se manifestarem a respeito desse fundamento não anteriormente debatido.

VIII. Outras providências

Se determinada produção da prova testemunhal, o juiz fixará prazo comum não superior a 15 dias para que cada parte apresente seu respectivo rol de testemunhas. Segundo o art. 357, § 6º, do Código, o número de testemunhas não poderá exceder a dez, sendo três, no máximo, para a prova de cada fato. O juiz, no entanto, dada a complexidade da causa, poderá limitar esse número (CPC, art. 357, § 7º). Nos casos de produção de prova pericial, o juiz nomeará perito (CPC, art. 465) e, se possível, estabelecerá desde logo calendário para realização de referida prova.

IX. Julgado

"O art. 333 do CPC/1973 (art. 373 do CPC/2015) distribui o ônus da prova de acordo com a natureza da alegação de fato a demonstrar. Ao autor cumpre provar a alegação que concerne ao fato constitutivo do direito por ele afirmado. Ao réu, a alegação de fato impeditivo, modificativo ou extintivo do direito afirmado pelo autor. Dessa forma, quando o réu contesta apenas negando o fato em que se baseia a pretensão do autor, todo o ônus probatório é responsabilidade deste (autor). Porém, em casos em que o réu se defende alegando fato capaz de alterar ou eliminar as consequências jurídicas do fato invocado pelo autor, a regra se inverte, já que implicitamente admite como verídico o alegado na Petição Inicial – ao réu cabe o ônus de provar os fatos trazidos em sua resposta" (STJ, 2ª T., REsp nº 1602794/TO, Rel. Herman Benjamin, DJe de 30/6/2017).

Capítulo XI - Da Audiência de Instrução e Julgamento

Art. 358 - No dia e na hora designados, o juiz declarará aberta a audiência de instrução e julgamento e mandará apregoar as partes e os respectivos advogados, bem como outras pessoas que dela devam participar.

Autor: **Daniel Penteado de Castro**

I. Apregoamento de partes e início da audiência de instrução

Com redação semelhante à do código anterior (CPC/1973, art. 450), a audiência de instrução e julgamento se inicia mediante prévio apregoamento das partes e respectivos advogados, com a inovação quanto a expressa menção de outras pessoas também participarem da audiência. A audiência de instrução e julgamento se realizará, por designação do juiz, i) frustrada a tentativa de conciliação ou mediação (CPC/2015, art. 334), ii) nem sendo a hipótese de julgamento conforme o estado do processo (CPC/2015, arts. 354 e 355).

II. Julgados

Necessidade de apregoamento das partes

"É nula a audiência que se realiza sem o prévio pregão; mas o órgão do MP deve comparecer à audiência independentemente do chamamento pelo meirinho." (RT 658/89).

"Procedimento Sumário – Audiência Preliminar – Ausência do Réu. Inocorrência. Comprovado que a patrona do autor encontrava-se no fórum no horário da audiência. Pregão que, ao que tudo indica, não foi realizado de maneira satisfatória, de forma a atingir sua finalidade – Nulidade do ato reconhecida, sob pena de cerceamento de defesa do apelante. Sentença anulada. Apelo provido." (TJSP, 24ª Câm. Dir. Privado, Ap. nº 0023814-66.2008.8.26.0000, Rel. Des. Salles Vieira, j. em 10/11/2011).

Art. 359 - Instalada a audiência, o juiz tentará conciliar as partes, independentemente do emprego anterior de outros métodos de solução consensual de conflitos, como a mediação e a arbitragem.

I. Prévia tentativa de conciliação

A regra do art. 448 do CPC/1973 foi aprimorada para frisar a obrigatoriedade do juiz de tentar conciliar as partes na audiência de instrução, independentemente de prévia tentativa anterior em audiência de conciliação obrigatória (CPC/2015, art. 334). O regramento faz eco ao quanto disposto em outras passagens do CPC/2015 (art. 3º, §§ 2º e 3º), expresso em prever o dever de se promover, sempre que possível, a solução consensual de conflitos, sem prejuízo do poder do juiz de promover, a qualquer tempo, a autocomposição, preferencialmente mediante o uso de conciliadores e mediadores judiciais (CPC/2015, art. 139, inciso V).

II. Meios alternativos de resolução de conflitos

O dispositivo faz remissão a *métodos de solução de conflitos*, a exemplo da mediação e conciliação (CPC/2015, arts. 165 a 175). Por sua vez, dentre os poderes do juiz impõe-se a obrigatoriedade de promover, a qualquer tempo, a autocomposição, preferencialmente com o auxílio de conciliadores e mediadores judiciais (CPC/2015, art. 139, inciso V).

Art. 360 - O juiz exerce o poder de polícia, incumbindo-lhe:
I - manter a ordem e o decoro na audiência;
II - ordenar que se retirem da sala de audiência os que se comportarem inconvenientemente;
III - requisitar, quando necessário, força policial;
IV - tratar com urbanidade as partes, os advogados, os membros do Ministério Público e da Defensoria Pública e qualquer pessoa que participe do processo;
V - registrar em ata, com exatidão, todos os requerimentos apresentados em audiência.

I. Poder de polícia em audiência

O regramento anterior (CPC/1973, art. 445) foi aprimorado para expressamente constar o dever do juiz de tratar com urbanidade todas as pessoas que participem do processo e estejam presentes em audiência, bem como o registro em ata de todos os requerimentos apresentados. A inteligência do dispositivo e respectivos incisos se destina não só a manutenção da ordem e decoro na audiência mediante emprego, se necessário for, de força policial ou ordem de retirada daqueles que se comportam inconvenientemente, mas também impõe o registro de todos os requerimentos apresentados em audiência, circunstância que servirá de garantia das partes quanto à documentação de todos os atos realizados e que eventualmente venham a ser questionados em grau recursal. O CPC/2015 (art. 78) veda não só às partes, mas também a seus procuradores, juízes, membros do Ministério Público e da Defensoria Pública e a qualquer pessoa que participe do processo, empregar expressões ofensivas em escritos apresentados, assim como nas respectivas manifestações orais (CPC/2015, art. 78, § 1º), sem prejuízo do dever de urbanidade previsto no art. 44 do Código de Ética e Disciplina, baixado pelo Conselho Federal da Ordem dos Advogados do Brasil (Lei nº 8.906/1994, art. 33), assim como em relação ao Ministério Público (Lei nº 8.625/1993, art. 43, inciso IX). De igual modo, o dever de urbanidade se estende ao juiz (Lei Complementar nº 35/1979, art. 35, inciso IV), muito embora não seja possível às partes ordenar a retirada do magistrado da sala de audiência, mas tão somente representar eventual conduta desarmoniosa perante os órgãos disciplinares e competentes para a respectivas providências administrativas, sem prejuízo de potencial incursão ao crime previsto no art. 350 do CP caso o magistrado utilize de forma abusiva os poderes previstos no art. 360 do CPC/2015. Por fim, a requisição de força policial (inciso III e art. 139, inciso VII) será necessária apenas em última análise, quando os poderes de polícia previstos nos incisos I e II não surtirem efeitos (hipótese que pode tipificar crimes de desobediência ou desacato – Código Penal, arts. 330 e 331).

II. Extinção do agravo retido em audiência

O CPC/2015 extinguiu o cabimento de agravo retido e apresentação de suas razões de forma oral na própria audiência. Doravante, eventual inconformismo da parte quanto aos atos aperfeiçoados em audiência deverá ser suscitado em preliminar a ser ventilada no recurso de apelação ou contrarrazões (CPC/2015, art. 1.009, §§ 1º ao 3º).

III. Registro de requerimentos em audiência e preclusão

Muito embora o art. 1.009, §§ 1º ao 3º, do CPC/2015 reflita a ideia de extinção do agravo retido, de sorte que o inconformismo sobre as decisões que não se refiram às hipóteses taxativas de cabimento do agravo de instrumento (CPC/2015, art. 1.015) deva ser ventilado em matéria preliminar de apelação ou contrarrazões, é imperioso que a parte exija se façam constar na ata de audiência todos os requerimentos indeferidos (CPC/2015, art. 360, inciso V).

Art. 361 - As provas orais serão produzidas em audiência, ouvindo-se nesta ordem, preferencialmente:

I - o perito e os assistentes técnicos, que responderão aos quesitos de esclarecimentos requeridos no prazo e na forma do art. 477, caso não respondidos anteriormente por escrito;

II - o autor e, em seguida, o réu, que prestarão depoimentos pessoais;

III - as testemunhas arroladas pelo autor e pelo réu, que serão inquiridas.

Parágrafo único - Enquanto depuserem o perito, os assistentes técnicos, as partes e as testemunhas, não poderão os advogados e o Ministério Público intervir ou apartear, sem licença do juiz.

I. Produção das provas orais

Em semelhança ao CPC/1973 (art. 452), o CPC/2015 disciplina a ordem de preferência de produção das provas orais (CPC/2015, art. 361): oitiva do perito e assistente, seguida do depoimento pessoal do autor e réu e, por fim, a oitiva das testemunhas arroladas. O parágrafo único inova ao vedar toda e qualquer interferência do patrono das partes ou do Ministério Público sem autorização do magistrado. A vedação também se estenderá aos defensores públicos em exercício. A ordem estabelecida no art. 452 pode ser flexibilizada em detrimento da economia processual. Por vezes, pode ocorrer de o perito ou assistentes técnicos deixarem de ir à audiência, ao passo em que as testemunhas das partes estarão presentes. Nada impede que o juiz colha o depoimento da testemunha das partes e reserve para outra audiência a oitiva do perito e assistentes técnicos, providência que evitará novo comparecimento de todas as testemunhas. De todo modo, é curial que o juiz consulte as partes quanto a eventual oposição a inversão da ordem preconizada no art. 452.

II. Litisconsórcio e ordem de produção de provas

A ordem preconizada no art. 361 também se aplica à existência de litisconsórcio, seja em relação a oitiva dos assistentes técnicos dos litisconsortes, seja quanto à colheita dos respectivos depoimentos pessoais ou inquirição de testemunhas arroladas.

III. Inversão da ordem legal de colheita das provas em audiência

O art. 139, inciso VI, confere ao juiz o poder de dilatar prazos processuais e alterar a ordem de produção dos meios de prova, adequando-os às necessidades do conflito com vistas a se conferir maior efetividade na tutela de direitos, regra que também se projeta no art. 456, parágrafo único, em permitir a alteração da ordem de oitiva de testemunhas. Tal poder deve ser exercido pelo juiz, assim como por sugestão das partes, mediante prévio contraditório e sempre atendido quando a providência atingir o desiderato de celeridade no processo e cooperação entre as partes (CPC/2015, art. 6º).

IV. Negócio jurídico processual e produção de provas orais em audiência

Inovação traçada no Código de Processo Civil de 2015 diz respeito ao chamado negócio jurídico processual, a prever que nos processos que admitam autocomposição poderão as partes estipular mudanças no procedimento para ajustá-lo a especificidades da causa e convencionar sobre os seus ônus, poderes, faculdades e deveres processuais, antes ou durante o processo (CPC/2015, art. 190). Sob a perspectiva de que a produção da prova é direito das partes, em havendo prévio negócio jurídico processual que estabeleça dinâmica diversa acerca da produção da prova oral, este haverá de ser observado pelo juiz.

V. Julgados

Preferência (e não obrigatoriedade) da ordem de produção da prova oral em audiência

"Prova. Inversão na ordem prevista no art. 452 do CPC. Ausência de prejuízo. Além de não ser peremptória a ordem estabelecida no art. 452 do CPC, a parte deve evidenciar o prejuízo que lhe adviria com a inversão ocorrida.

Aplicação ao caso, ademais, da súmula n. 283-STF." (4ª T., Resp nº 35786/SP, Rel. Min. Barros Monteiro, DJ de 12/12/1994, p. 238).

"Prova pericial. Inversão da ordem estabelecida no art. 452 do CPC. Rol que não é peremptório, e pode ser alterado, a critério do juiz, destinatário da prova. Ausência de prejuízo às partes. Precedentes. Decisão mantida. Agravo não provido." (TJSP, 36ª Câmara de Direito Privado, AI nº 2220190-78.2014.8.26.0000, Rel. Des. Sá Moreira de Oliveira, j. em 5/2/2015).

Em sentido contrário, por entender pela necessária observância da ordem de oitiva de testemunha

"Dano moral. Inversão da ordem de produção de provas. Produção da prova oral antes da conclusão da perícia – É assente que ao juiz, destinatário final das provas, em razão do seu livre convencimento, cabe determinar as provas necessárias à instrução do processo, podendo dispensar a realização de diligências inúteis ou meramente protelatórias. Contudo, uma vez deferida a realização de provas, não sendo caso de sua produção antecipada, deverá seguir a ordem processual de realização, sob pena de inversão tumultuária e nulidade. Na produção da prova testemunhal na audiência, a oitiva do perito e assistentes, precede aos depoimentos pessoais e oitivas de testemunhas (art. 452 do CPC), do que deflui que a perícia deve estar concluída, e o resultado, muitas vezes, vai influir na elaboração do rol de testemunhas a serem inquiridas, ou sua dispensa – Recurso provido." (TJSP, 1ª Câmara de Direito Privado, AI nº 2183623-48.2014.8.26.0000, Rel. Des. Alcides Leopoldo e Silva Júnior, j. em 3/2/2015).

Art. 362 - A audiência poderá ser adiada:

I - por convenção das partes;

II - se não puder comparecer, por motivo justificado, qualquer pessoa que dela deva necessariamente participar;

III - por atraso injustificado de seu início em tempo superior a 30 (trinta) minutos do horário marcado.

§ 1º - O impedimento deverá ser comprovado até a abertura da audiência, e, não o sendo, o juiz procederá à instrução.

§ 2º - O juiz poderá dispensar a produção das provas requeridas pela parte cujo advogado ou defensor público não tenha comparecido à audiência, aplicando-se a mesma regra ao Ministério Público.

§ 3º - Quem der causa ao adiamento responderá pelas despesas acrescidas.

I. Adiamento da audiência mediante requerimento da parte

O dispositivo repete regra semelhante a do CPC/1973 (art. 453), com alguns aprimoramentos pontuais. O adiamento se performa mediante comprovada impossibilidade de comparecimento de *qualquer pessoa* cuja participação seja necessária ao deslinde da audiência, assim como por força de convenção das partes (inciso I) desde que formulado o requerimento até a abertura da audiência (§ 1º).

Quando do adiamento por convenção das partes a providência se revela útil em hipóteses de melhor diálogo entre os litigantes que venha a refletir em conciliação, mormente quando durante a audiência ainda não há espaço ou condições de firmar todas as tratativas necessárias à composição do acordo.

Em relação ao adiamento por *qualquer pessoa* que deva dela participar impõe-se a apresentação de justificativa fidedigna que impeça o comparecimento da parte, testemunha, perito do juízo, assistente técnico das partes, Ministério Público ou dos respectivos advogados. A apresentação de justificativa se presta não só i) para se evitar o respectivo ônus que recai sobre aquele que, injustificadamente deixa de comparecer à audiência (CPC/2015, art. 362, § 2º), ii) mas para examinar, ainda que apresentada a justificativa, em que medida haverá efetiva necessidade de adiamento da audiência (*v.g.*, o juiz pode aceitar a justificativa de não comparecimento da testemunha de uma das partes, a determinar sua oitiva em outra data e, por economia processual, na audiência designada colher os depoimentos das testemunhas ali presentes – CPC/2015, art. 365).

II. Adiamento da audiência por atraso injustificado

O CPC/2015 também disciplinou a hipótese de atraso injustificado do início da audiência apto a conduzir ao adiamento da audiência, desde que transcenda o tempo de 30 (trinta) minutos do horário marcado. A leitura do inciso III convida a prerrogativa da parte quando há atraso no início da audiência por parte do juiz, a evitar a longa espera do início da audiência além do horário inicialmente programado, providência prevista no art. 7º, inciso XX, da Lei nº 8.906/1994 (Estatuto da Advocacia), a assegurar que o advogado está autorizado a se retirar se o atraso superar a 30 (trinta) minutos, comunicando o fato por petição.

III. Ausência de comparecimento do patrono da parte e preclusão da prova

Consoante dispõe o § 2º, o juiz terá a faculdade de dispensar a produção da prova oral requerida pela parte cujo advogado ou defensor deixou injustificadamente de comparecer à audiência, a estender referida regra ao Ministério Público quando atua em representação a uma das partes. Todavia, se a produção da prova requerida pela parte se faz relevante e necessária para o deslinde da causa, poderá o juiz exercer os poderes instrutórios com vistas a extrair do resultado da prova produzida elementos necessários à formação de seu livre convencimento (CPC/2015, art. 370).

IV. Aplicação subsidiária do dispositivo à audiência de tentativa de conciliação

Em relação ao adiamento, o dispositivo merece aplicação subsidiária quanto à audiência de conciliação, em especial com vistas a se evitar a multa prevista quando do não comparecimento injustificado do autor ou do réu na audiência de conciliação ou mediação (CPC/2015, art. 334, § 8º).

V. Julgados

Adiamento frente a concomitância de audiências a se realizar na mesma data e horário

"Constitui cerceamento de defesa o indeferimento do pedido de adiamento de audiência, feito por advogado que prova, por certidão ter outra audiência no mesmo horário." (RT 537/192).

Prova da ausência de comparecimento prescinde a comprovação de prejuízo

"Havendo prova de motivo justificado para a ausência da parte à audiência, o juiz deve adiá-la independentemente da demonstração de prejuízo; este é, no caso, sempre presumido" (RJTJERGS 189/273).

Art. 363 - Havendo antecipação ou adiamento da audiência, o juiz, de ofício ou a requerimento da parte, determinará a intimação dos advogados ou da sociedade de advogados para ciência da nova designação.

I. Designação de nova audiência e intimação das partes

O dispositivo visa proporcionar o exercício da ampla defesa e contraditório mediante a necessária publicidade da decisão que fixa nova data para a audiência, regra semelhante ao CPC/1973 (art. 242, § 2º).

Art. 364 - Finda a instrução, o juiz dará a palavra ao advogado do autor e do réu, bem como ao membro do Ministério Público, se for o caso de sua intervenção,

sucessivamente, pelo prazo de 20 (vinte) minutos para cada um, prorrogável por 10 (dez) minutos, a critério do juiz.

§ 1º - Havendo litisconsorte ou terceiro interveniente, o prazo, que formará com o da prorrogação um só todo, dividir-se-á entre os do mesmo grupo, se não convencionarem de modo diverso.

§ 2º - Quando a causa apresentar questões complexas de fato ou de direito, o debate oral poderá ser substituído por razões finais escritas, que serão apresentadas pelo autor e pelo réu, bem como pelo Ministério Público, se for o caso de sua intervenção, em prazos sucessivos de 15 (quinze) dias, assegurada vista dos autos.

I. Encerramento da instrução e alegações finais

Com reprodução de regra semelhante a do CPC/1973 (art. 454), o dispositivo trata das alegações finais a serem apresentadas após o encerramento da instrução processual. As alegações finais poderão ser apresentadas na própria audiência, de forma oral, no prazo de 20 (vinte) minutos para cada parte, prorrogável por mais 10 (dez) minutos, a critério do juiz ou mediante razões escritas, quando constatada a complexidade de questões de fato ou de direito. Nessa perspectiva, o CPC/2015 acresceu, quando da hipótese de apresentação das alegações finais escritas, a disciplina do prazo sucessivo de 15 (quinze) dias.

A despeito de as alegações finais (orais ou escritas) estarem ligadas à audiência de instrução e julgamento, por vezes alguns magistrados franqueiam às partes a apresentação de alegações finais após o encerramento da instrução mediante término da produção da prova pericial, muito embora as alegações finais não sejam entendidas como um direito da parte.

II. Alegações finais

O conteúdo das alegações se restringe a uma última oportunidade de as partes exporem as respectivas razões de defesa. Não se trata de repetição dos argumentos trazidos na petição inicial e réplica ou contestação, mas da indicação de pontos objetivos, extraídos do resultado da prova, que reforçam a tese de defesa do autor ou réu. Em síntese, a oportunidade de apresentação de alegações finais deve refletir, sob a perspectiva da parte, por quais razões deverá o livre convencimento motivado do juiz se direcionar em favor da defesa de cada uma das partes e em que medida o resultado da prova coligida na instrução processual corrobora a tese de cada uma das partes.

Art. 365 - A audiência é una e contínua, podendo ser excepcional e justificadamente cindida na ausência de perito ou de testemunha, desde que haja concordância das partes.

Parágrafo único - Diante da impossibilidade de realização da instrução, do debate e do julgamento no mesmo dia, o juiz marcará seu prosseguimento para a data mais próxima possível, em pauta preferencial.

I. Concentração dos atos em audiência

Com tratamento semelhante ao CPC/1973 (art. 455), o dispositivo reproduz o Princípio da Concentração dos atos em audiência, elencado como um dos subprincípios ao Princípio da Oralidade. Os aperfeiçoamentos constantes no novel artigo deixam a cargo da concordância das partes o excepcional fracionamento da audiência, assim como o prosseguimento em data mais próxima (ao passo em que o CPC/1973 previa o prosseguimento da audiência para o dia seguinte).

II. Cisão da audiência diante da ausência do perito ou de testemunha

A leitura do dispositivo deve se harmonizar em consonância com a redação do art. 362, inciso II, § 2º, do CPC/2015. Vale dizer, ausente a testemunha da parte mediante prévia apresentação de motivo justificado, caberá ao magistrado examinar o acolhimento ou não da justificativa que autorize a oitiva da testemunha em outra oportunidade em detrimento da declaração de preclusão da prova (CPC/2015, art. 362, § 2º). Ausente o perito do juízo, caberá ao juiz designar nova data da audiência para colheita da oitiva do perito (CPC/2015, art. 362, inciso II). Todavia, em ambas as hipóteses, poderá o juiz fracionar a colheita da prova oral, postergando a oitiva do perito do juízo ou da testemunha que justificadamente deixou de comparecer para outra data, mediante consentimento das partes.

III. Impossibilidade de continuidade da audiência de instrução

O parágrafo único assegura a continuidade da audiência de instrução quando da impossibilidade de sua continuidade no mesmo dia. Alguns fatores concorrem para referido adiamento, tais como a falta de tempo necessário para a conclusão, no mesmo dia, da oitiva de todas as testemunhas arroladas, perito, assistente técnico ou colheita de depoimento pessoal. Outra hipótese de impossibilidade de continuidade da audiência de instrução diz respeito à oitiva da testemunha referida nas declarações da parte ou outra testemunha (CPC/2015, art. 461, inciso I).

IV. Julgado

Possibilidade de anulação da instrução se a fragmentação da audiência causar prejuízo à parte

"Fora das hipóteses legais, não é lícito ao juiz fragmentar o procedimento de colheita da prova testemunhal, deixando de inquirir, no mesmo dia, segundo a ordem e as cautelas da lei, todas as testemunhas arroladas. Se ouve as do autor numa data e, em outra, as do réu, e há prejuízo para o autor, anula-se a instrução" (RT 688/77).

Art. 366 - Encerrado o debate ou oferecidas as razões finais, o juiz proferirá sentença em audiência ou no prazo de 30 (trinta) dias.

I. Proferimento de sentença após razões finais

Em ampliação ao regime anterior, que previa 10 (dez) dias para o juiz proferir sentença após a audiência (CPC/1973, art. 456), o Código de Processo Civil de 2015 passa a prever o prazo de 30 (trinta) dias, contados a partir do recebimento das razões finais escritas. Se as razões finais foram apresentadas de forma oral (CPC/2015, art. 364, *caput*), o juiz poderá sentenciar na própria audiência. Embora disciplinado o prazo de 30 (trinta) dias, o sistema não prevê qualquer ônus ou sanção correspondente à violação do respectivo trintídio. Por sua vez, a depender da complexidade da matéria a ser dirimida, não soa razoável a obrigatoriedade de o magistrado proferir sentença em 30 (trinta) dias. O dispositivo pode servir, portanto, como parâmetro a ser seguido com vistas a se evitar a remessa dos autos à conclusão para sentença por tempo indeterminado, circunstância que, inclusive, viola a cláusula pétrea do Princípio da Duração Razoável do Processo (CF, art. 5º, inciso LXXVIII).

II. Intimação da sentença em audiência e início do prazo recursal

Quando do proferimento de sentença na própria audiência, esta será lavrada pelo escrivão (CPC/2015, art. 367), dela saindo as partes intimadas (CPC/2015, art. 1.003, § 1º), a iniciarem-se os prazos recursais (CPC/2015, art. 1.003).

Art. 367 - O servidor lavrará, sob ditado do juiz, termo que conterá, em resumo, o ocorrido na audiência, bem como, por extenso, os despachos, as decisões e a sentença, se proferida no ato.
§ 1º - Quando o termo não for registrado em meio eletrônico, o juiz rubricar-lhe-á as folhas, que serão encadernadas em volume próprio.
§ 2º - Subscreverão o termo o juiz, os advogados, o membro do Ministério Público e o escrivão ou chefe de secretaria, dispensadas as partes, exceto quando houver ato de disposição para cuja prática os advogados não tenham poderes.
§ 3º - O escrivão ou chefe de secretaria trasladará para os autos cópia autêntica do termo de audiência.
§ 4º - Tratando-se de autos eletrônicos, observar-se-á o disposto neste Código, em legislação específica e nas normas internas dos tribunais.
§ 5º - A audiência poderá ser integralmente gravada em imagem e em áudio, em meio digital ou analógico, desde que assegure o rápido acesso das partes e dos órgãos julgadores, observada a legislação específica.
§ 6º - A gravação a que se refere o § 5º também pode ser realizada diretamente por qualquer das partes, independentemente de autorização judicial.

I. Registro dos atos em audiência

Todos os atos ocorridos em audiência deverão ser registrados no termo da audiência, tal como se performava no CPC/1973 (art. 457) *sob ditado do juiz*, sem prejuízo da possibilidade de registro eletrônico. Inovação constante no Código de Processo Civil de 2015 diz respeito à possibilidade de a audiência ser integralmente gravada em imagem e áudio, em meio digital ou analógico, a se assegurar o rápido acesso das partes e dos julgadores, de sorte que referida gravação também poderá ser realizada por qualquer das partes, independentemente de autorização judicial (CPC/2015, art. 367, §§ 5º e 6º). Esta providência revela maior garantia das partes quanto ao fiel registro de todos os atos ocorridos em audiência, de sorte que a gravação performada por uma das partes poderá servir de contraprova à eventual inexatidão constante na ata da audiência lavrada.

II. Impugnação quanto à inexatidão do registro dos atos em audiência

Eventual impugnação quanto à transcrição dos atos ocorridos em audiência deverá se performar no mesmo ato que precede a assinatura dos advogados das partes, sob pena de preclusão, a fazer constar na ata de audiência o registro do inconformismo da parte (CPC/2015, art. 209, § 1º).

Art. 368 - A audiência será pública, ressalvadas as exceções legais.

I. Publicidade da audiência

Com redação semelhante ao art. 444 do CPC/1973, o art. 368 do CPC/2015 impõe a publicidade da audiência de instrução e julgamento, dispositivo que faz eco ao quanto previsto no art. 11 do CPC/2015, ao dispor que todos os julgamentos dos órgãos do Poder Judiciário serão públicos, assim como os atos processuais (CPC/2015, art. 189, *caput*), salvo as hipóteses de decretação de segredo de justiça.

II. Exceções à publicidade do processo e atos processuais

O Princípio da Publicidade (CF, art. 93, inciso IX) cede espaço ao regramento do art. 5º, inciso LX, da Constituição Federal, ao dispor que "a lei só poderá restringir a publicidade dos atos processuais quando a defesa da intimidade ou o interesse social o exigirem", tema que, no plano infraconstitucional, guarda projeção no art. 189, *caput*, ao prever a publicidade dos atos processuais, seguida das exceções arroladas em referido dispositivo, para assegurar a tramitação, em segredo de justiça, dos processos: I – em que se exija o interesse público ou social; II – que versem sobre casamento, separação de corpos, divórcio, separação, união estável, filiação, alimentos e guarda de crianças e adolescentes; III – em que constem dados protegidos pelo direito constitucional à intimidade; e IV – que versem sobre arbitragem, inclusive sobre cumprimento de carta arbitral, desde que a confidencialidade estipulada na arbitragem seja comprovada perante o juízo. A despeito de o CPC/2015 ampliar as hipóteses de exceção à regra da publicidade, a leitura das expressões "defesa da intimidade ou o interesse social" não deve se restringir ao art. 189. Basta pensar em ação em que se discute relevante modelo de negócio ou segredo industrial entre duas empresas, direitos cujo sigilo detém proteção na Constituição Federal (CF, art. 5º, inciso XXIX). Ainda, por se tratar de conceitos jurídicos indeterminados, cuja leitura se aperfeiçoa mediante interpretação conferida pela jurisprudência do que se aproxima, consoante a conjetura temporal, de "intimidade" e "interesse social", o segredo de justiça não deve ser aplicado restritivamente às situações elencadas no art. 189.

Capítulo XII - Das Provas

Seção I - Disposições Gerais

Art. 369 - As partes têm o direito de empregar todos os meios legais, bem como os moralmente legítimos, ainda que não especificados neste Código, para provar a verdade dos fatos em que se funda o pedido ou a defesa e influir eficazmente na convicção do juiz.

Autor: Vitor de Paula Ramos

I. Direito fundamental à prova

A seção disciplina legalmente o direito fundamental à prova. Sua fundamentalidade é tanto formal, na medida em que positivado no art. 5o, incisos LIV e LV, quanto material, na medida em que é uma função precípua do direito ordenar condutas, aplicando consequências jurídicas somente a fatos que realmente ocorreram.

II. Prova e verdade

A partir dessa visão, a doutrina mais moderna defende uma diferenciação entre o que está provado (quando existem *elementos de juízos suficientes* a favor das hipóteses fáticas) e o que é verdadeiro (dizer que algo é quando é e que não é quando não é). Assim, por um lado, só será verdadeiro que Pedro matou Maria se – sabendo-se quem é Pedro, quem é Maria e qual o significado de "matar" no ordenamento jurídico brasileiro – Pedro efetivamente tiver matado Maria; na realidade, no mundo lá fora. Por outro lado, o processo tem justamente que estar equipado com a busca mais efetiva possível da verdade, já que a relação entre prova e verdade tem que ser de meio e fim: a prova deve buscar a verdade, constituindo uma relação teleológica entre a primeira e a segunda. É certo que, em alguns casos, haverá erros, mas nem por isso se poderá concluir pela irrelevância da verdade para o processo – bem pelo contrário. Essa deve, com efeito, ser o norte de todo o procedimento probatório, já que, caso não se buscasse a verdade, a prova perderia todo o sentido; mais fácil seria decidir os conflitos de maneira igualmente aleatória, mas mais célere: lançando dados.

III. Decisão justa e processo justo

Uma decisão que conclua erroneamente sobre fatos (por exemplo, decidindo que Pedro matou Maria quando, em verdade, Pedro não matou Maria), como é instintivo, é necessariamente uma decisão injusta. E, a fim de que o processo seja justo (como é exigência do Estado Constitucional), é necessário que esteja regulado para a produção tendencial de decisões justas. Ou seja, é necessário, para que o processo seja justo, que busque a verdade de forma idônea.

Sobre a fundamentalidade do direito à prova, inclusive com seus contornos mínimos, *vide*: SARLET, Ingo; MARINONI, Luiz Guilherme; MITIDIERO, Daniel. *Curso de Direito Constitucional*. São Paulo: Revista dos Tribunais, 2012; e PAULA RAMOS, Vitor de. Direito Fundamental à Prova. In: *Revista de Processo*, São Paulo, Revista dos Tribunais, ano 38, v. 224, out. 2013.

Sobre as relações entre prova e verdade, *vide*: FERRER BELTRÁN, Jordi. Prueba y Verdad en el Derecho. 2. ed. Madrid: Marcial Pons, 2005; FERRER BELTRÁN, Jordi. *La Valoración Racional de la Prueba*. Madrid: Marcial Pons, 2007; TARUFFO, Michele. *Uma Simples Verdade*. Trad. Vitor de Paula Ramos. São Paulo: Marcial Pons, 2012.

IV. Imprecisões do texto legal

A nova redação tem o condão de promover uma dupla (e indesejável) personalização: a uma, dá a ideia de que a produção da prova pudesse ser assunto exclusivo das partes e, a duas, a (falsa) ideia de que o juiz pudesse ser o único destinatário da prova. Não obstante, a imprecisão do legislador não pode se espelhar na interpretação.

V. Destinatários da prova

Como reconhece há tempos a doutrina (e como se verá na anotação ao próximo artigo), a produção da prova pode se dar tanto pelas partes como pelos terceiros, como, no sistema brasileiro, por determinação de ofício do magistrado, mesmo sendo certo que as partes são detentoras de um verdadeiro direito fundamental à prova (sobre o ponto, *vide* comentários ao início do capítulo). Por outro lado, considerando a necessidade de contraditório em sentido forte (isto é, de que as partes tenham possibilidade de efetiva influência na formação da decisão judiciária), no sistema brasileiro não importa a "origem" da prova, ou seja, quem a produziu. O elemento de prova que integra o processo deve ser debatido em paridade entre as partes e o juiz, assim seguindo quando em via recursal, a fim de que a decisão possa ser valorada racionalmente, e não com base em convicções subjetivas do juiz. O Enunciado nº 50 do FPPC diz o seguinte: "Os destinatários da prova são aqueles que dela poderão fazer uso, sejam juízes, partes ou demais interessados, não sendo a única função influir eficazmente na convicção do juiz".

VI. Prova ilícita

A utilização de prova ilícita é expressamente vedada pelo dispositivo. Vai nesse sentido, também, a firme jurisprudência das Cortes Supremas: STF, Tribunal Pleno, RE nº 389.808-PR, DJe de 9/5/2011. STJ, REsp nº 1.361.174-RS, Rel. Min. Marco Aurélio Bellizze, j. em 3/6/2014. As Cortes de precedentes, entretanto, reconhecem a possibilidade de sua utilização em situações excepcionalíssimas (*vide* exemplificativamente STJ, REsp nº 1.026.605-ES, Rel. Min. Rogerio Schietti Cruz, j. em 13/5/2014).

Sobre o juiz não ser o único destinatário da prova, *vide*: MITIDIERO, Daniel. *Colaboração no processo civil*. Pressupostos sociais, lógicos e éticos. 2. ed. São Paulo: Revista dos Tribunais, 2011.

Sobre a impossibilidade de se considerar que o que o juiz decide corresponde à verdade, *vide*: FERRER BELTRÁN, Jordi. *Prueba y Verdad en el Derecho*. 2. ed. Madrid: Marcial Pons, 2005.

Sobre a valoração racional da prova, vide: FERRER BELTRÁN, Jordi. *La Valoración Racional de la Prueba*. Madrid: Marcial Pons, 2007; TARUFFO, Michele. *La Prova nel Processo Civile*. Milano: Giuffrè, 2012; HO, Hock Lai. *A Philosophy of Evidence Law*. Oxford: Oxford University Press, 2010 (reimpressão; 1. ed. 2008).

Art. 370 - Caberá ao juiz, de ofício ou a requerimento da parte, determinar as provas necessárias ao julgamento do mérito.
Parágrafo único - O juiz indeferirá, em decisão fundamentada, as diligências inúteis ou meramente protelatórias.

I. Provas de ofício e completude do material probatório

A redação não deixa dúvidas sobre a manutenção da desejável ideia de que o juiz, de ofício, *deve* determinar a produção de todas as provas "necessárias" ao julgamento da causa. Afastada há muito a ideia de que o juiz não pudesse determinar a produção de provas de ofício, o CPC/2015 preocupa-se com a necessária completude do material probatório, uma vez que o ideal é que todas as provas relevantes sejam obtidas. Um objetivo de toda e qualquer apuração de fatos deve ser a busca pela *comprehensiveness*. Afinal, quanto mais completo for o material probatório, mais confirmadas estarão tendencialmente as hipóteses fáticas; mais a prova terá, possivelmente, condições de se aproximar da verdade; mais justo será o processo. A redação do art. 370, interpretada adequadamente, não deixa dúvidas: o juiz "determinará" as provas necessárias, não cogitando, pois, de hipótese em que as provas relevantes não estejam em juízo. O STJ já se manifestou no sentido de que a "iniciativa probatória do magistrado, em busca da veracidade dos fatos alegados, com realização de provas de ofício, não se sujeita à preclusão temporal, porque é feita no interesse público de efetividade da Justiça" (STJ, 1ª T., AgRg no REsp nº

1157796-DF, Rel. Min. Benedito Gonçalves, DJe de 28/5/2010).

II. Admissão de provas

O juiz não pode inadmitir provas com base em critérios subjetivos; por "necessária" deve-se entender aquela prova que tiver aptidão para, em tese, fazer com que um fato que faz parte do mérito da causa seja mais ou menos provável do que seria sem a prova. Será admissível a prova que, ao mesmo tempo, for pertinente e relevante – pertinente será aquela prova que disser respeito ao mérito da causa, e relevante aquela que tiver o condão, em tese, de alterar o resultado do julgamento. Em sentido contrário, entende o STF que "nos termos do artigo 370 do NCPC, o julgador pode indeferir a produção de provas que entender desnecessárias à instrução do processo, as diligências inúteis ou as meramente protelatórias, mormente porque destinadas à formação de seu convencimento" (STJ, 2ª T., REsp nº 1669497-RS, Rel. Min. Herman Banjamin, DJe de 20/6/2017).

III. Negócios processuais e limites à prova

É importante destacar que a previsão do art. 190, que prevê possibilidade de acordos sobre procedimentos, portanto, não poderá redundar na exclusão de provas relevantes por acordo das partes. Afinal, a redação do art. 370, interpretada adequadamente, não deixa dúvidas: o juiz "determinará" as provas relevantes, não cogitando, pois, de hipótese em que as provas relevantes não estejam em juízo.

IV. Admissibilidade como exame prévio

O exame da admissibilidade da prova é prévio ao da valoração, de modo que viola o direito fundamental à prova o indeferimento por "prévio convencimento".

Sobre a necessidade de completude do material probatório, *vide*: TARUFFO, Michele. *La Prova nel Processo Civile*. Milano: Giuffrè, 2012, p. 223-224; HAACK, Susan. *Evidence and Inquiry*. A Pragmatist Reconstruction of Epistemology. New York: Prometheus Books, 2009, p. 132; PAULA RAMOS, Vitor de. Cargas y deberes probatorios de las partes en el nuevo CPC brasileño. In: CAVANI, Renzo; PAULA RAMOS, Vitor de (Coord.). *Prueba y Proceso Judicial*. Lima: Instituto Pacífico, 2015.

Sobre os poderes probatórios do juiz, mormente sobre a recepção equivocada do brocardo *iudex iudicare debet secundum allegata et probata, non secundum conscientiam, vide*: PICÓ I JUNOY, Joan. *El Juez y la Prueba*. Estudio de la Errónea Recepción del Brocardo *Iudex Iudicare Debet Secundum Allegata et Probata, non secundum conscientiam* y su repercusión actual. Barcelona: Bosch Editor, 2007.

***Art. 371 - O juiz apreciará a prova constante dos autos, independentemente do sujeito que a tiver promovido, e indicará na decisão as razões da formação de seu* convencimento.**

I. Valoração da prova e contraditório

Apesar de há muito já se conceber doutrinariamente que "livre apreciação" da prova não acarreta uma liberdade para o magistrado de julgar as causas como bem entender, o CPC/2015 fez questão de retirar a palavra "livre", a fim de deixar clara a opção legislativa no sentido da necessidade de valoração racional da prova. Considerando a necessidade de contraditório em sentido forte (isto é, de que as partes tenham possibilidade de efetiva influência), deve o juiz efetivamente dialogar com as partes, coisa que só restará efetiva quando houver efetivo debate quanto aos pontos trazidos por essas, seja sobre a prova, seja sobre as demais circunstâncias do caso.

II. Imprecisões do texto legal e raciocínio probatório

Duas imprecisões técnicas devem ser vistas na parte final da redação: em primeiro lugar, "indicar as razões" dá a ideia de que o juiz pudesse "ser convencido" por quaisquer circunstâncias. Em verdade, o magistrado deve fazer um raciocínio complexo e objetivo, que não pode ser aqui esmiuçado, mas seguirá basicamente a estrutura que segue: Hipótese (ex.: João atirou em José) – Supostos Adicionais (ex.: quem usa arma de fogo fica com rastros de pólvora nas mãos) – Condições Iniciais (ex.: quem atirou não usou luvas) – Predição (ex.: se João atirou em José, terá, após o disparo, rastros de pólvora nas mãos. Caso João tenha rastros de pólvora nas mãos, a hipótese receberá grau maior de confirmação. O segundo equívoco, que fica bastante evidente a partir do primeiro, é que não se trata, para considerar algo provado, da convicção subjetiva do juiz, como parece sugerir o texto legal. Com o raciocínio demonstrado anteriormente (ou qualquer outro que o valha), o magistrado deverá verificar a corroboração objetiva de hipóteses, de forma que tal possa ser controlado intersubjetivamente, em primeiro lugar pelas próprias partes.

III. Motivação sobre a prova

É importante notar, sobre o ponto, que o dispositivo legal que prevê a motivação da sentença (art. 489, § 1º) deve, necessariamente, ser interpretado conjuntamente com o presente, a fim de que se considere, também, elemento fundamental da sentença (sem o qual essa não poderá ser considerada motivada), a motivação sobre o que restou provado e por quê.

IV. Origem da prova não importa

Por fim, vale ressaltar a locução "independentemente do sujeito que a tiver promovido", segundo a qual a origem da prova não importa; isto é, a prova produzida por uma parte pode ter consequências retiradas contra ela própria.

Sobre a irrelevância do convencimento subjetivo do juiz, *vide*: FERRER BELTRÁN, Jordi. Legal Proof and Fact-Finders' Beliefs. In: *Legal Theory*, v. 12, n. 4. Cambridge University Press, dez. 2006.

Sobre a valoração racional da prova, *vide*: FERRER BELTRÁN, Jordi. *La Valoración Racional de la Prueba*. Madrid: Marcial Pons, 2007; TARUFFO, Michele. *La Prova nel Processo Civile*. Milano: Giuffrè, 2012; HO, Hock Lai. *A Philosophy of Evidence Law*. Oxford: Oxford Universisty Press, 2010 (reimpressão; 1. ed. 2008).

Art. 372 - O juiz poderá admitir a utilização de prova produzida em outro processo, atribuindo-lhe o valor que considerar adequado, observado o contraditório.

I. Prova emprestada e contraditório

A prova emprestada, como reconhece há tempos a jurisprudência do STJ (Corte Especial, EREsp nº 617.428/SP, Rel. Min. Nancy Andrighi, j. em 4/6/2014, DJe de 17/6/2014; 6ª T., RHC nº 48174, Rel. Min. Maria Thereza de Assis Moura, j. em 3/2/2015, DJe de 11/2/2015), tem como sua legitimação justamente o exercício do contraditório (além, por óbvio, da necessidade de superação dos critérios de admissibilidade – sobre o ponto *vide* anotação ao art. 370). O CPC/2015 trouxe para seu texto o entendimento jurisprudencial, de maneira elogiável. O Enunciado nº 52 do FPPC vai no seguinte sentido: "Para a utilização da prova emprestada, faz-se necessária a observância do contraditório no processo de origem, assim como no processo de destino, considerando-se que, neste último, a prova mantenha a sua natureza originária".

II. Valoração da prova emprestada

Deve-se ter cuidado, entretanto, com a locução "atribuindo-lhe o valor que considerar adequado". Por óbvio, novamente aqui, não tem o juiz o poder de valorar a prova como bem entender, devendo proceder com valoração racional. *Vide* comentários ao artigo anterior. Já se decidiu, nesse sentido, que "a prova produzida em outro processo não substitui a prova dos próprios autos, não a torna prova ilícita, nem ilegítima, apenas implica que essa prova emprestada seja valorada pelo julgador no caso concreto, a partir das regras do convencimento do juiz. Ademais, não há qualquer impedimento em sua utilização, se esta for produzida com observância do contraditório e do devido processo legal" (TRF-4ª Região, 2ª T., Apelação nº 5006560-12.2015.404.7205, Rel. Luciane Amaral Corrêa Münch, juntado aos autos em 28/6/2017).

Art. 373 - O ônus da prova incumbe:
I - ao autor, quanto ao fato constitutivo de seu direito;
II - ao réu, quanto à existência de fato impeditivo, modificativo ou extintivo do direito do autor.
§ 1º - Nos casos previstos em lei ou diante de peculiaridades da causa relacionadas à impossibilidade ou à excessiva dificuldade de cumprir o encargo nos termos do caput ou à maior facilidade de obtenção da prova do fato contrário, poderá o juiz atribuir o ônus da prova de modo diverso, desde que o faça por decisão fundamentada, caso em que deverá dar à parte a oportunidade de se desincumbir do ônus que lhe foi atribuído.
§ 2º - A decisão prevista no § 1º deste artigo não pode gerar situação em que a desincumbência do encargo pela parte seja impossível ou excessivamente difícil.
§ 3º - A distribuição diversa do ônus da prova também pode ocorrer por convenção das partes, salvo quando:
I - recair sobre direito indisponível da parte;
II - tornar excessivamente difícil a uma parte o exercício do direito.
§ 4º - A convenção de que trata o § 3º pode ser celebrada antes ou durante o processo.

I. Atribuição fixa

O art. 373 repete a distribuição do ônus da prova entre as partes, incumbindo, em tese, ao autor a prova dos fatos constitutivos e ao réu a prova dos fatos impeditivos, extintivos e modificativos.

II. Atribuição dinâmica

Os parágrafos trazem a inovação de adotarem expressamente a possibilidade que ficou conhecida na doutrina como "dinamização do ônus da prova". As condicionantes materiais e processuais são aquelas previstas nos §§ 1º e 2º, quais sejam: (a) materiais: inadequação da distribuição fixa, posição privilegiada da parte originalmente não onerada e não causação de prova diabólica inversa, isto é, de excessiva dificuldade de provar para a parte contrária; (b) processuais: motivação e correlata oportunidade da nova "onerada" de provar. O STJ, mesmo antes do CPC/2015, já autorizava a dinamização em alguns âmbitos, como o Direito Ambiental (STJ, 2ª T., REsp nº 883656-RS, Rel. Min. Herman Benjamin, j. em 9/3/2010, DJe de 28/2/2012). Os Tribunais de Justiça, com o advento do CPC, decidem de forma semelhante, como exemplificado a seguir: "o § 1º do art. 373 do novo CPC [...] autoriza o juiz atribuir o ônus da prova de modo diverso. Reconhecendo o julgador *a quo* a hiperssuficiência da parte ré em relação à demonstração de que são suficientes para o esclarecimento desse logo da divergência, cabível a inversão do ônus da prova" (TJRS, 18ª Câmara Cível, Agravo de Instrumento nº 70073698698, Rel. Heleno Tregnago Saraiva, j. em 10/8/2017).

III. Polêmicas doutrinárias

Algumas polêmicas doutrinárias circundam, entretanto, a questão do "ônus" da prova. Em primeiro lugar, porque, para alguns, o ônus da prova seria um "ônus imperfeito"; isto é, a adoção da conduta (provar) não levaria, diferentemente de outros ônus, necessariamente à consequência jurídica (vencer a demanda), mas simplesmente aumentaria suas chances; para outros, o ônus da prova simplesmente não se enquadra no conceito científico de ônus, não podendo ser assim considerado. Outra polêmica diz respeito à suposta existência de dois aspectos sobre o ônus da prova: um objetivo (como regra de julgamento) e um outro subjetivo (como regra de instrução). A existência de um aspecto subjetivo no ônus da prova, entretanto, vem criticada por parte da doutrina, que entende que a única função do "ônus" da prova é dar ao juiz uma forma de julgar a causa em casos de insuficiência de provas.

IV. Julgamento pelo ônus da prova como *ultima ratio*

Seja como for, num processo que vê a verdade como fim, deve-se utilizar a regra de julgamento (por insuficiência) somente como *ultima ratio.* Daí a intenção do legislador de prever um verdadeiro *dever* de exibição (art. 400, parágrafo único), para ampliar o material probatório e evitar o julgamento pelo art. 373.

Sobre a dinamização do ônus da prova, *vide*: CARPES, Artur. *Ônus Dinâmico da Prova*. Porto Alegre: Livraria do Advogado Editora, 2010; KNIJNIK, Danilo. As (perigosíssimas) doutrinas do "ônus dinâmico da prova" e da "situação de senso comum" como instrumentos para assegurar o acesso à justiça e superar a *probatio diabolica*. In: FUX, Luiz; NERY, Nelson; WAMBIER, Teresa Arruda Alvim (Coord.). *Processo e constituição* – Estudos em homenagem ao Professor José Carlos Barbosa Moreira. Rio de Janeiro: Forense, 2006.

Sobre ônus da prova em geral, *vide*: VERDE, Giovanni. *L'Onere della Prova nel Processo Civile*. Napoli: Jovene, 1974; MICHELI, Gian Antonio. *L'Onere della Prova*. Padova: Cedam, 1942; PAULA RAMOS, Vitor de. Cargas y deberes probatorios de las partes en el nuevo CPC brasileño. In: CAVANI, Renzo; PAULA RAMOS, Vitor de (Coord.). *Prueba y Proceso Judicial*. Lima: Instituto Pacífico, 2015.

Sobre a categoria do ônus na Teoria do Direito, *vide*: GAVAZZI, Giacomo. *L'Onere* – Tra la Libertà e L'obbligo. Torino: Giappichelli, 1970; PAULA RAMOS, Vitor de. Cargas y deberes probatorios de las partes en el nuevo CPC brasileño. In: CAVANI, Renzo; PAULA RAMOS, Vitor de (Coord.). *Prueba y Proceso Judicial*. Lima: Instituto Pacífico, 2015.

Art. 374 - Não dependem de prova os fatos:
I - notórios;
II - afirmados por uma parte e confessados pela parte contrária;
III - admitidos no processo como incontroversos;
IV - em cujo favor milita presunção legal de existência ou de veracidade.

I. Admissão de provas e fatos que independem de provas

O texto legal é integralmente repetido, mas deve ser interpretado com cuidado. "Não depender de prova" deve significar uma *ultima ratio.* Isto é, não para determinar a inadmissibilidade de provas relevantes disponíveis, mas sim para, em caso de insuficiência probatória, julgar a favor da parte a favor de quem militam as previsões deste artigo. Havendo prova relevante disponível, será em geral preferível que a prova vá a juízo, a fim de que se busque a maior corroboração possível das hipóteses fáticas e, portanto, uma decisão mais justa. Sobre fatos notórios independerem de provas, STJ, 2ª T., REsp nº 1222033-DF, Rel. Min. Mauro Campbell Marques, j. em 26/4/2011, DJe de 5/5/2011).

Art. 375 - O juiz aplicará as regras de experiência comum subministradas pela observação do que ordinariamente acontece e, ainda, as regras de experiência técnica, ressalvado, quanto a estas, o exame pericial.

I. Generalizações e inferências

O juiz, quanto à valoração racional da prova, deverá observar o modo como as coisas normalmente acontecem. Isso, por óbvio, não quer dizer que o juiz não possa considerar situações extraordinárias; quer somente dizer que, para fazer as inferências, os raciocínios a partir das provas, será necessário lançar mão de generalizações dotadas de certas qualidades. Uma afirmação como "todos os solteiros não são casados", por exemplo, é universal, permitindo inferências com altíssimo grau de corroboração. Outras, apesar de não universais, conferem graus bastante elevados de probabilidade, permitindo, também, inferências de grau elevado. Outras ainda são inferências baseadas em generalizações com base na "normalidade", gerando, na melhor das hipóteses, graus de confirmação baixos. As generalizações espúrias, por fim, são aquelas que, quando dirigidas a grupos de pessoas, são taxadas de *preconceitos*; são constituídas por proposições que não possuem qualquer prova em suporte, base científica ou mesmo estatística (algo como "capricornianos são autoconfiantes"). Justamente por isso, conforme prevê o art. 375, não podem servir para a formulação de inferências.

Sobre o tema, *vide*: SCHAUER, Frederick. *Profiles, Probabilities and Stereotypes*. Londres: The Belknap of Harvard University Press, 2003; FERRER BELTRÁN, Jordi. *La Valoración Racional de la Prueba*. Madrid: Marcial Pons, 2007, p. 132; TARUFFO, Michele. *La Prova nel Processo Civile*. Milano: Giuffrè, 2012, p. 223 e ss.

Art. 376 - A parte que alegar direito municipal, estadual, estrangeiro ou consuetudinário provar-lhe-á o teor e a vigência, se assim o juiz determinar.

I. Exceção à regra do *iura novit curia*

Nenhuma novidade em relação ao CPC/1973, salvo quanto à ordem das palavras ao final. Trata-se de exceção à regra de que o juiz conhece o direito (*iura novit curia*). Já se decidiu, sobre o tema, que "o não cumprimento adequado, pelo autor, da determinação judicial para comprovação, no prazo assinalado, do conteúdo da legislação municipal que respalda o direito vindicado, torna inarredável a improcedência dos pedidos, por inobservância do ônus probatório" (TJMG, 5ª Câmara Cível, Apelação Cível nº 1.0278.12.001715-9/001, Rel. Des. Áurea Brasil, j. em 27/4/2017).

Art. 377 - A carta precatória, a carta rogatória e o auxílio direto suspenderão o julgamento da causa no caso previsto no art. 313, inciso V, alínea "b", quando, tendo sido requeridos antes da decisão de saneamento, a prova neles solicitada for imprescindível.
Parágrafo único - A carta precatória e a carta rogatória não devolvidas no prazo ou concedidas sem efeito suspensivo poderão ser juntadas aos autos a qualquer momento.

I. Provas relevantes em juízo

Novamente aqui a ideia de que o julgamento da causa não poderá ser feito enquanto não estiverem no processo todas as provas relevantes disponíveis. *Vide* comentário ao art. 370.

II. Carta rogatória e admissibilidade da prova

O STJ já se manifestou entendendo que a expedição da carta rogatória deverá ocorrer somente se superado o exame de admissibilidade: "[a] atividade probatória das partes submete-se a um filtro de relevância e pertinência, a ser exercido pelo magistrado, que preside a atividade instrutória. [...] Na espécie, a expedição de carta rogatória, à míngua da justificativa de imprescindibilidade, conforme determinação do artigo 222-A do Código de Processo Penal, foi corretamente, indeferida" (STJ, 6ª T., RHC 42500/MG, Rel. Min. Maria Thereza De Assis Moura, j. em 4/11/2014, DJe de 14/11/2014).

Art. 378 - Ninguém se exime do dever de colaborar com o Poder Judiciário para o descobrimento da verdade.

I. Prova e verdade. Completude do material probatório. Deveres de todos

Repetindo o texto do CPC/1973, mas conferindo mais ferramentas para a busca da verdade (como será demonstrado na anotação ao art. 380), traça o legislador brasileiro claramente a relação teleológica entre prova e verdade (*vide* comentário ao início do capítulo) e a necessidade, para tanto, de que o material probatório seja o mais completo possível (*vide* comentário aos arts. 370 e ss.). Para a busca da necessária completude tendencial do material probatório, faz-se mister que nenhum sujeito do processo (salvo casos excepcionais) tenha um "direito" de esconder provas. Afinal, "ninguém" significa nenhuma pessoa, não podendo ser interpretado como "alguém", "alguma pessoa". Daí a importância do quanto é dito sobre o tema na anotação ao art. 379.

Art. 379 - Preservado o direito de não produzir prova contra si própria, incumbe à parte:
I - comparecer em juízo, respondendo ao que lhe for interrogado;
II - colaborar com o juízo na realização de inspeção judicial que for considerada necessária;
III - praticar o ato que lhe for determinado.

I. Âmbito de proteção. *Direito de não autoincriminação*. Inexistência de direito à não produção de provas no âmbito cível sem possíveis consequências criminais

A redação do *caput* do art. 379 traz, em si, inúmeros problemas. O que ocorre, entretanto, é que a CRFB simplesmente não prevê qualquer direito de não produção de provas contra si próprio no âmbito cível se não houver possibilidade de consequências criminais, de modo que a referência do artigo a algum "direito" que pudesse ser "preservado" necessita de interpretação sistemática, considerando principalmente a CRFB. O direito de não produção de provas, *no âmbito penal*, possui origem no *privilege against self-incrimination*, isto é, ao direito de não autoincriminação. Tal direito, já em meados do século XVIII, era reconhecido na Inglaterra, na medida em que nenhuma pessoa poderia ser obrigada a fornecer respostas incriminadoras sob juramento. Na história americana, tal direito foi, posteriormente, positivado pela *Fifth Amendment* à *Federal Constitution.* O texto de tal emenda não deixa dúvidas, entretanto, sobre o âmbito de aplicação da proteção: "[n]inguém [...] poderá ser compelido, em nenhum caso criminal, a ser testemunha contra si mesmo" (*No person* [...] *shall be compelled in any criminal case to be a witness against himself*). Nem mesmo em tais ordenamentos de *common law*, portanto, o direito à não autoincriminação se aplica por extensão em procedimentos que não são criminais, ou em que a regulação legal é exclusivamente civil. Isto é, o réu em ação civil não pode ser obrigado a testemunhar sobre fatos que possam lhe incriminar, mas não tem qualquer *direito* de não produzir provas contra si mesmo em relação a fatos eminentemente civis. No ordenamento jurídico brasileiro, de resto, a clareza solar com que é redigido o texto constitucional não pode mesmo deixar dúvidas sobre o âmbito de aplicação do direito ao silêncio (CRFB, art. 5º, inciso LXIII – "o *preso* será informado de seus direitos, entre os quais o de permanecer calado, sendo-lhe assegurada a assistência da família e de advogado"). O STF, na mesma linha, reconhece, em tal texto, um direito à não autoincriminação, ou *nemo tenetur se detegere*, com suas consequências para os *processos criminais* (STF, 1ª T., HC nº 80.949-9/RJ, Rel. Min. Sepúlveda Pertence, j. em 30/10/2001, DJ de 14/12/2001; STF, 2ª

T., HC nº 94173/BA, Rel. Min. Celso de Mello, j. em 27/10/2009, publicação: 27/11/2009), assim como a doutrina. Vai no mesmo sentido o Enunciado nº 51 do FPPC: "A compatibilização do disposto nestes dispositivos c/c o art. 5º, LXIII, da CF/1988, assegura à parte, exclusivamente, o direito de não produzir prova contra si em razão de reflexos no ambiente penal".

Vide: MORGAN, Edmund. *Basic Problems of Evidence*. Institute of Continuing Legal Education, 1961, p. 144; ALLEN, Ronald J.; MACE, M. Kristin. The Self-Incrimination Clause Explained and its Future Predicted. In: *Journal of Criminal Law and Criminology*, 2003. Disponível em: <http://ssrn.com/abstract=480143> or <http://dx.doi.org/10.2139/ssrn.480143>. Acesso em: 19 mar. 2014; MALAQUIAS, Roberto Antônio Darós. Princípio *Nemo Tenetur se Detegere* no Estado Democrático de Direito. In: *Revista dos Tribunais*, v. 941/2014, mar. 2014.

Art. 380 - Incumbe ao terceiro, em relação a qualquer causa:
I - informar ao juiz os fatos e as circunstâncias de que tenha conhecimento;
II - exibir coisa ou documento que esteja em seu poder.
Parágrafo único - Poderá o juiz, em caso de descumprimento, determinar, além da imposição de multa, outras medidas indutivas, coercitivas, mandamentais ou sub-rogatórias.

I. Deveres do terceiro. Interpretação conjunta com o art. 378

As novidades de redação do presente artigo dizem respeito à necessidade de que o juiz tenha condições efetivas de fazer com que provas relevantes sejam levadas ao processo (sobre o ponto, *vide* comentário ao art. 370), inclusive quando estiverem à disposição de terceiros. Exemplifica, assim, o legislador, em rol apenas exemplificativo (outras medidas poderão ser tomadas), *técnicas processuais* que podem ser utilizadas para fazer com que o terceiro não resista ao cumprimento do seu *dever* de colaborar com o descobrimento da verdade (*vide* anotação ao art. 378).

Seção II - Da Produção Antecipada da Prova

Art. 381 - A produção antecipada da prova será admitida nos casos em que:
I - haja fundado receio de que venha a tornar-se impossível ou muito difícil a verificação de certos fatos na pendência da ação;
II - a prova a ser produzida seja suscetível de viabilizar a autocomposição ou outro meio adequado de solução de conflito;
III - o prévio conhecimento dos fatos possa justificar ou evitar o ajuizamento de ação;
§ 1º - O arrolamento de bens observará o disposto nesta Seção quando tiver por finalidade apenas a realização de documentação e não a prática de atos de apreensão.
§ 2º - A produção antecipada da prova é da competência do juízo do foro onde esta deva ser produzida ou do foro de domicílio do réu.
§ 3º - A produção antecipada da prova não previne a competência do juízo para a ação que venha a ser proposta.
§ 4º - O juízo estadual tem competência para produção antecipada de prova requerida em face da União, de entidade autárquica ou de empresa pública federal se, na localidade, não houver vara federal.
§ 5º - Aplica-se o disposto nesta Seção àquele que pretender justificar a existência de algum fato ou relação jurídica para simples documentos e sem caráter contencioso, que exporá, em petição circunstanciada, a sua intenção.

Autora: Graciela Marins

I. Introdução

O procedimento de produção de prova antecipada visa realizar com antecedência um meio de prova, quer em face de situação de urgência, quer frente à necessidade da prova para a autocomposição ou mera ciência dos fatos.

No CPC/1973, a medida foi prevista no Livro III – Do Processo Cautelar. No CPC/2015, a providência é prevista no procedimento comum do processo de conhecimento, no capítulo das provas. O novo estatuto processual procurou simplificar a previsão, unificando em um só artigo qualquer pedido que implique a antecipação do meio de prova, tanto que previu também o arrolamento e a justificação no mesmo dispositivo legal. E, assim, reconheceu expressamente a possibilidade do pedido autônomo, sem o requisito da urgência e sem a necessidade de um processo principal.

II. Art. 381, inciso I – natureza cautelar

O art. 381, inciso I, prevê a possibilidade da antecipação do meio de prova como tutela cautelar incidental, referindo-se expressamente ao "fundado receio", leia-se *fumus boni iuris*, bem como a "tornar-se impossível ou muito difícil a verificação de certos fatos na pendência da ação", ou seja, *periculum in mora*. Assim, é pedido que visa à asseguração do meio de prova e exige a configuração da situação de urgência para o seu deferimento. Se inexistentes o *periculum in mora* e o *fumus boni iuris*, não poderá ser deferida a antecipação do meio de prova sob o fundamento do art. 381, inciso I. Nesse sentido a jurisprudência:

"[...] 1. Não logrou o agravante demonstrar, quer na petição inicial, que nas razões do recurso, a existência de fundado risco de perecimento do objeto da prova. 2. A produção antecipada de provas é procedimento cautelar típico, estando sujeita às regras disciplinadoras do Código de Processo Civil, que o seu art. 846 admite a concessão da tutela para o interrogatório da parte, a inquirição de testemunha e a realização de exame pericial [...]" (STF, 1ª T., AC nº 1531 AgR/DF – Distrito Federal, Rel. Min. Dias Toffoli, unânime, j. em 21/10/2014, DJe de 19/11/2014).

Quando cautelar, o procedimento a ser adotado é o previsto nos arts. 300 a 302 e 305 a 310 do CPC/2015.

O dispositivo legal refere-se tão somente à possibilidade do pedido cautelar *incidental*. No entanto, é de clara evidência que o pedido cautelar poderá ser antecedente, nos termos dos arts. 305 e seguintes do CPC/2015. Nada impede a antecipação do meio de prova, como tutela provisória de urgência cautelar, antes do ajuizamento do pedido principal. Quando incidental, o pedido deverá ser realizado antes da fase de instrução probatória, própria à realização do meio de prova. Trata-se, portanto, de curto espaço de tempo para o pedido incidental: desde a petição inicial do pleito principal até a fase própria da realização dos meios de prova, que é a instrução probatória. De outro lado, quando se tratar de pedido cautelar antecedente, obrigatoriamente haverá necessidade da apresentação do pedido principal, uma vez deferida a cautela (art. 308 do CPC/2015).

No pedido cautelar não haverá valoração pelo julgador do meio de prova antecipado, mas apenas a análise da configuração dos elementos necessários à cautelaridade (*fumus boni iuris* e *periculum in mora*). Apenas na análise do pedido principal é que o julgador apreciará a prova produzida antecipadamente:

"[...] I – Na ação cautelar de produção antecipada de prova é de se discutir apenas a necessidade e utilidade da medida, sendo incabível o enfrentamento de questões de mérito, que serão dirimidas na apreciação da ação principal, se e quando esta for proposta. Precedentes. II – A decisão proferida na ação cautelar de produção antecipada de prova é meramente homologatória, que não produz coisa julgada material, admitindo-se que as possíveis críticas aos laudos periciais sejam realizadas nos autos principais, oportunidade em que o magistrado fará a devida valoração das provas [...]" (STJ, 3ª T., REsp. nº 1191622, Rel. Min. Massami Uyeda, unânime, j. em 25/10/2011, DJe de 8/11/2011).

III. Art. 381, incisos II e II – jurisdição voluntária

As previsões dos incisos II e III do art. 381 são completamente novas e bem-vindas em relação ao estatuto processual de 1973. Trazem a possibilidade da antecipação do meio de prova para evitar a demanda judicial ou permiti-la com um juízo de maior convicção. É mecanismo cujo principal objetivo é a solução extrajudicial do conflito pela antecipação judicial do meio de prova. Não se exige sequer referência a pedido principal. Nessas hipóteses, o pedido prescinde do requisito da urgência. Basta ao requerente justificar o seu interesse jurídico na propositura da medida.

Trata-se de claro procedimento de jurisdição voluntária, em que não há lide propriamente dita, o julgador não aprecia o mérito da prova, apenas chancela a regularidade do procedimento e não há a formação da coisa julgada material. O que se busca é o conhecimento dos fatos por um meio de prova idôneo, sob a chancela do Poder Judiciário, com a sua respectiva documentação. Qualquer meio de prova poderá ser objeto dessa antecipação de natureza voluntária.

IV. Art. 381, § 1º – arrolamento de bens

No CPC/1973 a ação de arrolamento de bens está prevista no Livro III – Do Processo Cautelar como medida cautelar nominada. Sua natureza sempre foi considerada eminentemente cautelar, a considerar a redação do art. 855 do CPC/1973, que prevê seu cabimento em caso de "fundado receio de extravio ou de dissipação de bens". Por essa razão não se admitia arrolamento de bens sem processo principal:

"[...] 3. A medida cautelar de arrolamento possui, entre os seus requisitos, a demonstração do direito aos bens e dos fatos em que se funda o receio de extravio ou de dissipação destes, os quais não demandam cognição apenas sobre o risco de redução patrimonial do devedor, mas também um juízo de valor ligado ao mérito da controvérsia principal, circunstância que, aliada ao fortalecimento da arbitragem que vem sendo levado a efeito desde a promulgação da Lei nº 9.307/96, exige que se preserve a autoridade do árbitro como juiz de fato e de direito, evitando-se, ainda, a prolação de decisões conflitantes [...]" (STJ, 2ª Seção, CC nº 111230/DF, Rel. Min. Nancy Andrighi, j. em 8/5/2013, DJe de 3/4/2014).

No CPC/2015 o arrolamento assume natureza diversa. Nos termos do art. 381, a medida passa a ser tratada também como procedimento de jurisdição voluntária, em que se objetiva a mera documentação, e não a asseguração do resultado útil do processo, como é o caso da tutela provisória de urgência cautelar. Dessa forma o arrolamento visa à mera descrição dos bens já litigiosos ou não, com a finalidade de documentação e descartada a busca e apreensão. Não haverá necessidade, assim, de apresentação de pedido principal. Pelo CPC/2015, assim, é cabível o pedido autônomo de arrolamento, sem necessidade do pedido principal. Nesse procedimento o julgador não proferirá qualquer julgamento de mérito, atuando apenas como um chancelador da regularidade procedimental.

O arrolamento como meio de prova também poderá ser postulado no trâmite de um processo principal já em andamento ou de modo autônomo. Se existente situação de urgência, com necessidade ou não de busca e apreensão de bens, o procedimento adequado é o dos arts. 300 a 302 e 305 a 310 do CPC/2015, como tutela provisória de urgência.

V. Art. 381, § 3º – prevenção de competência

O § 2º do art. 381 dispõe expressamente que o procedimento de antecipação do meio de prova não previne a competência do juízo para a ação futuramente proposta. Essa regra é válida para o pedido como procedimento de jurisdição voluntária, sem necessidade de apresentação do pedido principal. Nesse caso, efetivamente não há prevenção de juízo.

No entanto, quando a produção antecipada de prova revestir-se de natureza cautelar, com caráter contencioso e julgamento do mérito cautelar, haverá prevenção de juízo, Veja-se:

"Processual civil. Processo cautelar. Produção antecipada de provas. Ação principal. Exceção de incompetência. Prevenção. Inexistência. – Segundo o cânon inscrito no art. 800, do CPC, as medidas cautelares, quando preparatórias, devem ser requeridas ao Juiz competente para conhecer da ação principal, instaurando-se entre elas o vínculo da prevenção. – As medidas cautelares meramente conservativas de direito, como a notificação, a interpelação, o protesto e a produção antecipada de provas, por não possuírem natureza contenciosa, não previnem a competência para a ação principal. Recurso especial conhecido e provido" (STJ, 6ª T., REsp. nº 59.238-0/PR, Rel. Min. Vicente Leal, j. em 9/4/1997, DJ de 5/5/1997).

VI. Art. 381, §§ 2º e 4º – competência para a antecipação do meio de prova

O CPC/2015, no art. 381, § 2º, estabeleceu como juízo competente para apreciar o pedido de antecipação de prova aquele onde a prova deva ser realizada ou o do domicílio do réu.

Trata-se de competência relativa que, uma vez não alegada em preliminar de contestação, prorrogar-se-á (art. 65 do CPC/2015).

Vale observar, no entanto, que essa regra de competência refere-se ao pedido autônomo, sem natureza cautelar. Note-se: se o pedido de antecipação do meio de prova for incidental, será feito no bojo do processo principal, onde este tramitar, por óbvio. Dessa forma, não incide a regra do art. 381, § 2º. Se, de outro lado, o pedido apresentar-se com natureza cautelar, antecedente ao pedido principal, incide a regra do art. 299 do CPC/2015. Assim, o disposto no art. 381, § 2º, aplica-se apenas em relação ao pedido de produção antecipada de prova autônomo, para mera documentação, como procedimento de jurisdição voluntária.

O art. 381, § 4º, resolve problema em relação àqueles pedidos cuja competência é da justiça federal, mas não há vara federal instalada no local da realização da prova ou do domicílio do réu. Nesse caso, poderá o pedido ser ajuizado na justiça estadual. Trata-se de disposição que relativiza regra de competência absoluta, para facilitar a antecipação da prova, como procedimento autônomo, sem natureza cautelar. Se a competência for da justiça estadual, incide a disposição do art. 381, § 2º. É o caso seguinte:

"[...] 1. O caso vertente não se enquadra em nenhuma das hipóteses prevista no art. 109 da Carta Magna, de modo a justificar a competência da Justiça Federal. No procedimento especial de justificação em comento, de jurisdição voluntária, tem a requerente como fim imediato apenas promover judicialmente o reconhecimento da união estável havida com seu falecido companheiro, matéria de Direito de Família, incapaz de provocar o interesse da União, entidade autárquica ou empresa pública federal. Embora exista uma finalidade mediata de levantamento de 'saldo existente em conta do FGTS e PIS' de titularidade do de cujus, a ação deve ser processada e julgada perante a Justiça Estadual (cf. Súmula 53 do extinto TRF). Note-se que a competência estadual não é afetada pela eventual utilização da sentença proferida nos autos da ação de justificação perante empresa pública federal [...]" (STJ, 2ª Seção, CC nº 48127/SP, Rel. Min. Jorge Scartezzini, j. em 8/6/2005, DJE de 22/6/2005).

VII. Art. 381, § 5º – justificação de prova

Justificação serve à documentação de fato ou relação jurídica, mediante prova testemunhal, sem caráter contencioso, com o objetivo de futura prova, se necessário for.

A justificação está prevista no CPC/1973 como medida cautelar nominada. No entanto, apesar de prevista no Livro do Processo Cautelar, nunca apresentou natureza cautelar. Ao contrário, sempre foi considerada procedimento de jurisdição voluntária, pois dispensável a situação de urgência:

"[...] 2. É possível o manejo de mandado de segurança contra sentença proferida em justificação judicial, *procedimento de jurisdição voluntária* destinado, quase sempre, a produzir princípio de prova quanto à existência e veracidade de um fato ou de uma relação jurídica, pois se trata de decisão irrecorrível, não incidindo, assim, o enunciado de nº 267 da Súmula do Supremo Tribunal Federal (RMS 19247/CE, Sexta Turma, Rel. Min. Paulo Gallotti, DO 7.11.2005). O precedente é amparado na redação literal do art. 865 do CPC: 'No processo de justificação não se admite defesa nem recurso' [...]" (STJ, 2ª T., RMS nº 34926/SP, Rel. Min. Herman Benjamin, unânime, j. em 4/12/2012, DJe de 10/12/2012) (grifo nosso).

No CPC/2015, a justificação está prevista, acertadamente, no procedimento de antecipação de meio de prova, como jurisdição voluntária, sem caráter contencioso. Dessa forma, na justificação, o juiz atuará como mero chancelador da regularidade procedimental, sem valorar o fato ou a relação jurídica objeto da justificação. O inciso I do art. 381 não é aplicável à justificação, considerando que é providência que não exige a configuração de situação de urgência.

Art. 382 - Na petição, o requerente apresentará as razões que justificam a necessidade de antecipação da prova e mencionará com precisão os fatos sobre os quais a prova há de recair.
§ 1º - O juiz determinará, de ofício ou a requerimento da parte, a citação de interessados na produção da prova ou no fato a ser provado, salvo se inexistente caráter contencioso.
§ 2º - O juiz não se pronunciará sobre a ocorrência ou a inocorrência do fato, nem sobre as respectivas consequências jurídicas.
§ 3º - Os interessados poderão requerer a produção de qualquer prova no mesmo procedimento, desde que relacionada ao mesmo fato, salvo se a sua produção conjunta acarretar excessiva demora.
§ 4º - Neste procedimento, não se admitirá defesa ou recurso, salvo contra decisão que indeferiu totalmente a produção da prova pleiteada pelo requerente originário.

I. Art. 382 – a necessidade da demonstração do interesse jurídico

Para que seja possível a antecipação do meio de prova, há necessidade de o requerente demonstrar seu interesse jurídico, justificando a necessidade da antecipação em razão de uma situação de perigo, seja para viabilizar autocomposição ou ainda para conhecimento de fatos que corroborem o ajuizamento de futura demanda, ou a evitem (art. 381, CPC/2015). Para isso precisará expor o risco de o litígio vir a existir, inclusive identificando as partes nele eventualmente envolvidas, bem como a lide da demanda principal. Tudo no estrito limite da demonstração do interesse na antecipação do meio de prova, e não na discussão do litígio principal que poderá vir ou não a existir. Desnecessário identificar pelo *nome iuris* qual ação poderá ser proposta, importando mencionar os fatos que, porventura, poderão ensejar sua propositura.

II. Art. 382, § 1º – a necessidade do contraditório

No pedido de antecipação do meio de prova, o requerente deverá apontar os interessados no acompanhamento da realização da prova. Esses interessados são aqueles que integrarão o processo principal se, eventualmente, vier a ser proposto. O objetivo é justamente proporcionar eficácia à prova perante todos os integrantes do eventual litígio mediante o regular contraditório.

No caso de inexistir caráter contencioso, o fato a ser registrado documentalmente adotará procedimento com natureza de jurisdição voluntária.

III. Art. 382, § 2º – limites da atuação do julgador

O dispositivo legal deixa claro que, no procedimento de antecipação de prova, o juiz não julgará o mérito da prova, apenas apreciará o cabimento do pedido e a sua regularidade procedimental. A existência do fato e as consequências jurídicas decorrentes do meio de prova realizado são questões a serem apreciadas no processo principal. Nesse sentido entendimento do Superior Tribunal de Justiça:

"Processual civil. Medida cautelar de produção antecipada de prova. Antecipação da discussão da questão de mérito. Matéria de prova. I – Na medida cautelar de produção antecipada de prova, não se antecipa o exame da questão de mérito da ação principal a ser proposta, porque isto implicaria transmudar a medida cautelar antecipada em processo contencioso [...]" (STJ, 3ª T., REsp. nº 51353/SP, Rel. Min. Waldemar Zveiter, j. em 25/10/1994, DJ de 8/5/1995).

IV. Art. 382, § 3º – o aproveitamento do procedimento para antecipação de outros meios de prova

Sempre com o objetivo de evitar o formalismo exagerado, o dispositivo legal permite que no transcorrer da ação de antecipação do meio de prova, se houver interesse jurídico por qualquer das partes na realização de mais um meio de prova, o procedimento possa ser aproveitado. Apenas duas limitações são apontadas: a) relação da prova com os mesmos fatos, ou seja, com a mesma causa de pedir da eventual ação principal que deverá ser demonstrada para qualificar o interesse jurídico na antecipação da prova e; b) desde que não acarrete excessiva demora. Quanto à relação com os mesmos fatos, nem poderia ser diferente, pois, uma vez modificados os fatos objeto da prova, modificam-se, não raras vezes, os interessados, impondo a distribuição de outro pedido.

De outro lado a excessiva demora induz questionamento interessante. Quando o dispositivo legal refere-se a interessados, está permitindo que também a parte contrária ao requerente da produção antecipada de prova possa postular a antecipação de outro meio de prova. Nessa perspectiva é que a excessiva demora tem relevância, pois poderá postergar o término do procedimento, contrariando assim interesse do requerente. No entanto, se o pedido de realização de nova prova for realizado pelo próprio autor, não parece relevante o requisito da excessiva demora, pois é o próprio interessado quem a pleiteia.

V. Art. 382, § 4º – possibilidade de recurso

O procedimento de produção de prova antecipada não admite recursos, diante do teor do novo dispositivo legal. No entanto, o § 4º do art. 382 abre exceção quando houver decisão indeferindo totalmente a produção da prova *pelo requerente originário*. A possibilidade do recurso, portanto, dá-se quando: a) a decisão indeferir totalmente a antecipação do meio de prova pretendido e; b) for requerida pelo autor.

A disposição afigura-se razoável porquanto se for requerida pelo réu e indeferida, nada impede a propositura de pedido autônomo.

Se incabível recurso próprio, só restará ao interessado a possibilidade do mandado de segurança:

"[...] 2. O ato judicial que determinou a remessa dos autos ao Tribunal de Justiça tem natureza de despacho, porquanto conferiu andamento ao processo. Nesse contexto, inexistindo recurso próprio para discutir o referido ato judicial (art. 504, do CPC), cabível o manejo de mandado de segurança. Escólio doutrinário [...]" (STJ, 4ª T., RMS nº 45649/SP, Rel. Min. Marco Buzzi, j. em 7/4/2015, DJe de 16/4/2015).

As questões de ordem pública (como, p. ex., legitimidade de parte, pressupostos processuais, etc.), no entanto, são passíveis de impugnação por qualquer das partes e podem ser conhecidas de ofício pelo juiz.

Art. 383 - Os autos permanecerão em cartório durante 1 (um) mês para extração de cópias e certidões pelos interessados.
Parágrafo único - Findo o prazo, os autos serão entregues ao promovente da medida.

A disposição legal é própria aos procedimentos de jurisdição voluntária. Encerrado o procedimento, com a publicação da sentença que homologar o meio de prova antecipado, os autos permanecem apenas por um mês no cartório para que os interessados possam fotocopiar o feito, considerando também a impossibilidade de recurso (art. 382, § 4º, CPC/2015). Após, os autos serão definitivamente entregues ao requerente para que, se necessário, sejam utilizados em outro processo. Vale lembrar que essa sentença homologatória apenas atestará a regularidade procedimental da produção antecipada de prova, sem adentrar ao mérito da prova. O mérito da prova será objeto do processo principal, se for proposto.

O CPC/2015 nada refere quanto às verbas de sucumbência. Portanto, a princípio, as custas processuais são da responsabilidade do requerente sem fixação de honorários de sucumbência. Se houver resistência pelo requerido ou pedido desse para antecipação de outro meio de prova (art. 382, § 3º, CPC/2015), o julgador deverá distribuir proporcionalmente as custas e fixar honorários de sucumbência.

Outro aspecto que merece realce é quanto ao pedido cautelar de produção antecipada de prova (art. 381, inciso I, CPC/2015). Como se referiu anteriormente, nesse caso o procedimento a ser adotado é o da tutela provisória de urgência (art. 300 e seguintes, CPC/2015) e por essa razão haverá possibilidade de recurso e o processo não será entregue ao requerente.

Seção III - Da Ata Notarial

Art. 384 - A existência e o modo de existir de algum fato podem ser atestados ou documentados, a requerimento do interessado, mediante ata lavrada por tabelião.
Parágrafo único - Dados representados por imagem ou som gravados em arquivos eletrônicos poderão constar da ata notarial.

A ata notarial vem reconhecida no CPC/2015 como meio de prova, figura já amplamente admitida pela jurisprudência:

"[...] Ata notarial que informa que tabelião esteve no local e constatou a oscilação da tensão elétrica, objeto da obrigação de fazer [...]" (TJRS, 1ª T. Recursal Cível dos Juizados Especiais Cíveis, Recurso Cível nº 71004057345, Rel. Lucas Maltez Kachny, j. em 6/8/2013, DJe de 8/8/2013).

A ata notarial é prova documentada, lavrada por tabelião dotado de fé pública, que atesta fato, suas circunstâncias, modo de existir, dados representados por imagens, sons, reduzindo-os à escrita. Está prevista na Lei nº 8.935/1994, arts. 6º, inciso III, e 7º, inciso III. Trata-se de meio de prova sem dúvida útil para a instrução probatória do processo. É corriqueiro o uso da ata notarial, por exemplo, para atestar mensagens ou gravações em celulares, publicações em *sites*, estado de determinado bem móvel ou imóvel, etc.

Seção IV - Do Depoimento Pessoal

Art. 385 - Cabe à parte requerer o depoimento pessoal da outra parte, a fim de que esta seja interrogada na audiência de instrução e julgamento, sem prejuízo do poder do juiz de ordená-lo de ofício.

§ 1º - Se a parte, pessoalmente intimada para prestar depoimento pessoal e advertida da pena de confesso, não comparecer ou, comparecendo, se recusar a depor, o juiz aplicar-lhe-á a pena.

§ 2º - É vedado a quem ainda não depôs assistir ao interrogatório da outra parte.

§ 3º - O depoimento pessoal da parte que residir em comarca, seção ou subseção judiciária diversa daquela onde tramita o processo poderá ser colhido por meio de videoconferência ou outro recurso tecnológico de transmissão de sons e imagens em tempo real, o que poderá ocorrer, inclusive, durante a realização da audiência de instrução e julgamento.

I. Depoimento pessoal e interrogatório

O dispositivo legal refere-se tanto ao depoimento pessoal quanto ao interrogatório da parte. O depoimento pessoal é requerido pela parte contrária, sob pena de confissão pelo não comparecimento ou recusa em responder às perguntas, e ocorre na audiência de instrução e julgamento. Já o interrogatório é determinado de ofício pelo juiz, sem pena de confissão e pode ocorrer em qualquer fase do procedimento.

O interrogatório serve para esclarecer o julgador quanto a fatos do processo.

II. Pena de confissão

A pena de confissão é aplicada em relação ao depoimento pessoal da parte, quando esta, apesar de intimada pessoalmente sob pena de confesso, não comparece à audiência de instrução e julgamento ou, comparecendo, recusa-se a responder às perguntas.

A recusa às respostas pode ocorrer ostensivamente quando o depoente afirmar não querer responder, mas pode ocorrer também por respostas diversas do conteúdo da pergunta, quando o depoente tergiversa sobre as questões, configurando da mesma forma a recusa que origina a aplicação da pena de confissão, considerando-se verdadeiros os fatos contra o depoente alegados.

Se a recusa der-se justificadamente e o juiz aceitar a justificativa, não haverá a incidência da pena de confissão, como, por exemplo, nas hipóteses do art. 388 do CPC/2015 (por exemplo, quando referir-se a fatos criminosos ou torpes imputados ao depoente).

A pena de confissão não implica presunção absoluta, mas sim relativa, pois será valorada com conjunto com os outros elementos de prova, como reconhece a jurisprudência:

"[...] II – A pena de confissão, para ser aplicada, depende, além da advertência, da intimação pessoal da parte para prestar o depoimento pessoal. III – A confissão é mero meio de prova a ser analisado pelo juiz diante do contexto probatório colacionado aos autos, não implicando presunção absoluta de veracidade dos fatos" (STJ, 4ª T., Rel. Min. Sálvio de Figueiredo Teixeira, REsp. nº 54809/MG, j. em 8/5/1996, DJ de 10/6/1996).

"[...] Confissão ficta. Não comparecimento da parte à audiência em que seria tomado o seu depoimento pessoal. Presunção relativa. Cotejo com as demais provas constantes nos autos. Princípio do livre convencimento do juiz. Mitigação do art. 343, § 2º do CPC. [...]. A presunção que decorre da confissão ficta pelo não comparecimento da parte à audiência e quem seria tomado o seu depoimento pessoal é relativa, não prevalecendo quando dissociada dos demais elementos de prova constantes nos autos, de acordo com o livre convencimento do juiz [...]" (TJPR, 16ª Câm. Cível, Apelação Cível nº 12596082, Rel. Paulo Cezar Bellio, j. em 17/12/2014, DJ de 28/1/2015).

III. A possibilidade da oitiva da parte por videoconferência ou outro recurso tecnológico

A novidade no CPC/2015 é a possibilidade do depoimento pessoal da parte por videoconferência ou outro recurso tecnológico de transmissão de sons e imagens em tempo real. No entanto, essa possibilidade está restrita aos casos em que a parte residir em comarca, seção ou subseção diversa daquela onde está tramitando o processo. Quando a parte residir na comarca onde tem andamento o processo, deverá ela comparecer pessoalmente à audiência de instrução e julgamento.

A ouvida da parte por videoconferência poderá ocorrer em data designada exclusivamente para a tomada do depoimento pessoal ou no próprio curso da audiência de instrução e julgamento, quando também serão ouvidas presencialmente ou não as testemunhas arroladas.

Outra restrição constante do CPC/2015 é a ouvida da parte em tempo real. Ou seja, é possível a tomada do depoimento pessoal dos litigantes por qualquer recurso tecnológico que permita a oitiva em tempo real, quando o juiz e a parte contrária poderão inquirir diretamente o depoente e obter suas respostas no mesmo ato, com o respectivo registro. Dessa forma, a impressão pessoal do julgador quanto às reações do depoente continuará a existir, pois as respostas serão em tempo real. E também será possível revisitar a oitiva da parte a qualquer tempo pela gravação de vídeo e áudio efetuada.

O dispositivo legal refere-se, a princípio, tanto ao depoimento pessoal quanto ao interrogatório da parte pelo julgador.

Trata-se de expediente que visa à agilização da instrução probatória, evitando, assim, o tempo gasto com a expedição, cumprimento e devolução da carta precatória. Outra restrição está na exigência de ouvida em "tempo real".

IV. O procedimento do depoimento pessoal

Na audiência de instrução e julgamento, em primeiro lugar ouve-se o depoimento da parte autora, sem a presença do réu na sala de audiência. Isso porque, nos termos do art. 385, § 2º, "é vedado a quem ainda não depôs assistir ao interrogatório da outra parte". Após concluída a oitiva do autor, passa-se à oitiva do réu. Nesse caso, o autor poderá permanecer na sala de audiência, pois já prestou seu depoimento. Apenas o juiz e o advogado da parte contrária poderão inquirir o depoente. O advogado do próprio depoente não faz perguntas. É boa a novidade do novel estatuto, pois torna a outra menos burocrática.

O CPC/2015 permite que o advogado da parte contrária faça perguntas diretamente ao depoente (art. 459, CPC/2015), cabendo ao juiz apenas fiscalizar e intervir quando necessário.

Não há que se falar em contradita, pois a parte já é parcial, podendo defender seus interesses. Da mesma forma não há condução sob vara, considerando que o não comparecimento da parte leva à aplicação da pena de confissão.

Art. 386 - Quando a parte, sem motivo justificado, deixar de responder ao que lhe for perguntado ou empregar evasivas, o juiz, apreciando as demais circunstâncias e os elementos de prova, declarará, na sentença, se houve recusa de depor.

Quando o julgador reconhecer a recusa da parte em prestar depoimento, aplicar-lhe-á a pena de confissão (art. 385, § 1º, CPC/2015). Essa recusa poderá ser explícita quando o depoente afirmar que não irá responder, ou poderá também ser configurada quando as respostas forem evasivas, desviando-se do ponto principal. A caracterização dessa segunda hipótese ficará a critério do julgador.

Se a recusa explícita às respostas for justificada, como, por exemplo, nas hipóteses do art. 388 do CPC/2015 ou quando os fatos referem-se a situações profissionais que estejam sob sigilo, e o julgador entender como aceitável a recusa, não haverá incidência da pena de confissão.

Art. 387 - A parte responderá pessoalmente sobre os fatos articulados, não podendo servir-se de escritos anteriormente preparados, permitindo-lhe o juiz, todavia, a consulta a notas breves, desde que objetivem completar esclarecimentos.

I. Depoimento da pessoa física e jurídica – ato personalíssimo

O depoimento da parte implica a sua resposta pessoal e direta às perguntas formuladas pelo juiz e pelo advogado da parte contrária. Trata-se de ato personalíssimo.

A parte pessoa física, quando residente na comarca em que tramita o processo, deverá comparecer pessoalmente à audiência de instrução e julgamento para prestar seu depoimento. Se residente em outra comarca, poderá ser ouvida também pessoalmente por videoconferência ou outro recurso tecnológico de sons e imagens em tempo real (art. 385, § 3º, CPC/2015).

A pessoa jurídica para prestar depoimento pessoal deve estar representada por pessoa que efetivamente possa representá-la, figurando no estatuto social e com conhecimento sobre os fatos objeto do processo. A jurisprudência, no entanto, admite o depoimento pessoal da pessoa jurídica por mero preposto, sem constar do estatuto social da sociedade, desde que com poderes para prestar depoimento pessoal ou confessar e ciência dos fatos da causa:

"1. Preposto. Ausência de poderes especiais. Constituição irregular. Confissão ficta. Presunção relativa de veracidade. 2. [...]. 1. A pessoa jurídica devidamente intimada para comparecer em audiência de instrução e julgamento, sob pena de confissão, pode ser representada por preposto, o qual deve ser devidamente constituído, inclusive com poderes especiais, entre outros, para prestar depoimento pessoal. No caso concreto, ante o não preenchimento destes requisitos, mostra-se correta a imposição da pena de confissão ficta, a qual gera presunção relativa que pode ser elidida pelas demais provas trazidas aos autos [...]" (TJPR, 10ª Câmara Cível, Apelação Cível nº 872.999-7, Rel. Des. Jurandyr Reis Junior, j. em 30/8/2012, DJ de 18/9/2012).

"[...] Da pena de confissão ficta. A aplicação da pena de confissão ficta à ré, diante do desconhecimento do preposto acerca dos fatos questionados, quando da tomada do seu depoimento pessoal, insere-se no princípio do livre convencimento do juiz, cuja penalidade, embora aplicada, não acarretou prejuízo à requerida, porquanto a magistrada avaliou o conjunto probatório colhido, para o reconhecimento da culpa" (TJRS, 12ª Câm. Cível, Apelação Cível nº 70037097862, Rel. Ana Lucia Carvalho Pinto Vieira Rebout, j. em 24/11/2011, DJ de 28/11/2011).

II. Consulta a notas breves

O depoimento pessoal é meio de prova que possibilita a impressão pessoal do julgador quanto à veracidade das respostas fornecidas pela parte. Por essa razão é vedada a consulta a textos previamente elaborados que retiram a naturalidade das respostas.

O depoente poderá, no entanto, consultar breves notas ou documentos para, por exemplo, lembrar data certa de determinado ato. A consulta a essas notas não poderá retirar a espontaneidade do depoimento.

Art. 388 - A parte não é obrigada a depor sobre fatos:
I - criminosos ou torpes que lhe forem imputados;
II - a cujo respeito, por estado ou profissão, deva guardar sigilo;

III - acerca dos quais não possa responder sem desonra própria, de seu cônjuge, de seu companheiro ou de parente em grau sucessível;
IV - que coloquem em perigo a vida do depoente ou das pessoas referidas no inciso III.
Parágrafo único - Esta disposição não se aplica às ações de estado e de família.

I. A não incidência da pena de confissão

A parte que presta depoimento pessoal está sob o jugo da penalidade da confissão. Se, devidamente intimada, não comparecer à audiência de instrução e julgamento ou, comparecendo, recusar-se a responder às perguntas que lhe forem feitas pelo juiz e/ou pela parte contrária, ser-lhe-á aplicada a pena de confissão.

No entanto, existem certos fatos sobre os quais a lei exclui a aplicação da pena de confissão pela ausência de resposta do depoente. Ou seja, o depoente tem direito ao silêncio frente a perguntas que envolvam os fatos elencados no presente dispositivo legal.

O CPC/2015 acrescentou os incisos III e IV, elastecendo as hipóteses de não aplicação da pena de confissão. No entanto, trata-se de rol meramente exemplificativo, pois o juiz, segundo prudente critério e justificadamente, poderá não aplicar a pena de confissão pelo silêncio da parte em relação a fatos diversos daqueles contemplados no art. 388, em conformidade ao contexto probatório.

II. Fatos criminosos ou torpes

A parte não é obrigada a se autoincriminar, por isso admite-se seu silêncio em relação a fatos qualificados como criminosos. No mesmo sentido em relação a fatos infames, obscenos, como, por exemplo, o adultério em demanda cível, que não verse sobre questões de família ou estado.

III. O dever de sigilo

Também não há pena de confissão pelo silêncio da parte quanto a fatos que deva guardar sigilo. Exemplo conhecido é o direito de o advogado não depor sobre fato relacionado a pessoa de quem seja ou foi advogado (art. 7º, inciso XIX, do Estatuto da Advocacia e da OAB). Se o direito ao silêncio vale ao advogado como testemunha, valerá igualmente ao depoimento como parte em processo.

IV. Fatos que impliquem perigo de vida ou desonra própria, de seu cônjuge, de seu companheiro ou de parente em grau sucessível

Bem lançada a nova redação do CPC, permitindo o silêncio da parte quanto a fatos que impliquem risco de vida ou desonra do próprio depoente, de seu cônjuge ou de parente sucessor. Como é vedado ao depoente mentir em juízo, o novo estatuto permite-lhe o silêncio. No entanto, tal conduta deverá ser justificada nos termos do art. 388, incisos III e/ou IV, para que o julgador afaste a pena de confissão.

Seção V - Da Confissão

Art. 389 - Há confissão, judicial ou extrajudicial, quando a parte admite a verdade de fato contrário ao seu interesse e favorável ao do adversário.

I. Conceito de confissão e extinção do processo

Confissão é ato da parte reconhecendo fato contrário a seu interesse e favorável ao adversário. Vale ressaltar, confissão tem por objeto fatos, e não direitos. E mais: fatos que favoreçam interesse da parte contrária. Apesar da referência expressa no dispositivo legal a "admissão", há diferença substancial com a confissão. Confessar é um agir, a admissão decorre de uma conduta meramente omissiva.

Como a confissão tem por objeto apenas fato, não direito, não acarretará, necessariamente, extinção do processo, pois pode: a) referir-se a apenas um dos fatos objeto da lide, e não a todos; b) haver confissão do fato, mas discordância quanto à sua qualificação jurídica; c) exigir a produção de outros meios de prova, em face da presunção relativa da confissão. Por exemplo, uma ação de despejo por falta de pagamento, em que o autor alegue a existência de contrato de locação verbal e ausência de pagamento de aluguéis. O réu poderá confessar a existência de contrato verbal de locação, mas negar a falta de pagamento. Houve apenas confissão, sem reconhecimento da procedência do pedido.

A confissão apresenta presunção relativa de veracidade do fato. O juiz apreciará todo o arcabouço probatório do litígio para o julgamento do feito, considerando a confissão como um meio de prova entre os diversos outros. Nesse sentido entendimento da jurisprudência:

"[...] II – A pena de confissão, para ser aplicada, depende, além da advertência, da intimação pessoal da parte para prestar o depoimento pessoal. III – A confissão é mero meio de prova a ser analisado pelo juiz diante do contexto probatório colacionado aos autos, não implicando presunção absoluta de veracidade dos fatos" (STJ, 4ª T., REsp. nº 54809/MG, Rel. Min. Sálvio de Figueiredo Teixeira, j. em 8/5/1996, DJ de 10/6/1996).

"Processual civil. Pena de confissão. Presunção relativa quanto à veracidade dos fatos. [...]. I – A confissão, enquanto meio de prova, conduz a uma presunção relativa da veracidade dos fatos, devendo ser analisada pelo juiz diante de todo o contexto probatório produzido nos autos. E foi exatamente o que ocorreu no caso vertente, ao assinalar a câmara julgadora que o depoimento pessoal não poderia se sobrepor à prova documental carreada ao processo, notadamente o contrato de prestação de serviços firmado entre as partes, base de toda a controvérsia deduzida em juízo [...]" (STJ, 3ª T., REsp., Rel. Min. Castro Filho, j. em 16/10/2003, DJ de 3/11/2003).

"Processo civil. Confissão ficta. A pena de confissão ficta não pode prevalecer sobre o conjunto idôneo das demais provas. Agravo regimental não provido" (STJ, 3ª T., AgRg no Ag nº 475600, Rel. Min. Ari Pargendler, j. 29/11/2005, DJ de 1º/2/2006).

II. Espécies de confissão

A confissão pode ser judicial, quando realizada em juízo, ou extrajudicial, se efetivada fora dele. Pode ser ainda classificada em ficta ou real.

É ficta quando a parte deixa de comparecer à audiência de instrução e julgamento, apesar de intimada pessoalmente para prestar depoimento pessoal, ou, comparecendo, nega-se a responder as perguntas que lhe são feitas (art. 385, § 1º, CPC/2015). Também há confissão ficta quando o réu deixa de apresentar contestação, configurando-se a revelia. É confissão real quando realizada verbalmente ou por escrito pela parte ou seu mandatário com poderes para confessar. É a jurisprudência:

"[...] I – Na primitiva ação de investigação de paternidade proposta, a improcedência do pedido decorreu de confissão ficta pelo não comparecimento da mãe do investigando à audiência de instrução designada [...]" (STJ, 3ª T., REsp. nº 427117/MS, Rel. Min. Castro Filho, j. em 4/11/2003, DJ de 16/2/2004).

"Processo civil. Cerceamento de defesa. Nulidade processual. Revelia. 1. A revelia autoriza a pena de confissão ficta do art. 330 do CPC, quanto aos direitos disponíveis, o que afasta a aplicação da sanção processual, em relação aos direitos da pessoa jurídica de direito público" (STJ, 2ª T., REsp. nº 416816/SP, Rel. Min. Eliana Calmon, j. em 26/3/2006, DJ de 29/9/2003).

Também pode ser espontânea ou provocada, objeto dos comentários ao art. 390 do CPC/2015.

III. Confissão e reconhecimento da procedência do pedido

A confissão diferencia-se do reconhecimento da procedência do pedido porque tem por objeto apenas fatos, e não a qualificação jurídica atribuída a eles pela parte contrária. No reconhecimento da procedência do pedido, ao contrário, há reconhecimento de fato e também da sua respectiva qualificação jurídica, pois o réu reconhece a procedência do pedido do autor, levando à extinção do feito. Nesse caso há reconhecimento do fato e do direito alegado pelo suplicante.

Decidiu-se:

"[...] Reconhecimento da procedência do pedido. Extinção do processo com resolução de mérito, na forma do art. 269, II, do CPC, não obstante a adoção de tese adicional que, eventualmente, pudesse ensejar a devolução dos autos à instância de origem para abertura da instrução probatória [...]" (STJ, 3ª T., EDcl. no REsp. nº 1317749/SP, j. em 3/6/2014, DJe de 17/6/2014).

Art. 390 - A confissão judicial pode ser espontânea ou provocada.
§ 1º - A confissão espontânea pode ser feita pela própria parte ou por representante com poder especial;
§ 2º - A confissão provocada constará do termo de depoimento pessoal.

É espontânea a confissão que ocorre em juízo por iniciativa da própria parte, oralmente ou por escrito, pessoalmente ou por mandatário com poderes específicos para confessar. Por exemplo, quando o advogado, dotado de procuração com poderes especiais, protocola petição reconhecendo fato contrário aos interesses de seu cliente e favoráveis à parte contrária. Oralmente, pode ocorrer em qualquer outro ato processual diverso da audiência de instrução e julgamento, como, por exemplo, na audiência de tentativa de conciliação ou mediação. É sempre judicial, como consta expressamente do dispositivo legal.

A confissão provocada é aquela em que a parte reconhece fatos favoráveis ao adversário e em seu desfavor, no momento em que presta depoimento pessoal na audiência de instrução e julgamento, respondendo às perguntas do juiz e da parte contrária. Diz-se provocada porque a confissão não se deu *sponte propria*, mas sim por um ato provocado pela parte adversa ou pelo julgador, que é designação da audiência de instrução e julgamento com a intimação da parte para prestar depoimento. Tal espécie de confissão não pode ocorrer por mandatário, pois o depoimento pessoal é ato personalíssimo e sempre ocorre em juízo, por isso é sempre judicial:

"Processo civil. Recurso especial Depoi-mento pessoal. Mandatário com poderes especiais. O depoimento pessoal é ato personalíssimo, em que a parte revela ciência própria sobre determinado fato. Assim, nem o mandatário com poderes especiais pode prestar depoimento pessoal no lugar da parte. Recurso parcialmente provido" (STJ, 3ª T., REsp. nº 623575/RO, Rel. Min. Nancy Andrighi, j. em 18/11/2004, DJ de 7/3/2005).

Art. 391 - A confissão judicial faz prova contra o confitente, não prejudicando, todavia, os litisconsortes.
Parágrafo único - Nas ações que versarem sobre bens imóveis ou direitos reais sobre imóveis alheios, a confissão de um cônjuge ou companheiro não valerá sem a do outro, salvo se o regime de casamento for o de separação absoluta de bens.

O dispositivo legal deixa claro que os efeitos da confissão atingem somente o confitente, e não os seus litisconsortes. A regra tem incidência tanto em relação à confissão ficta, decorrente da ausência da parte à audiência de instrução e julgamento ou da sua recusa em responder as perguntas que lhe forem feitas, como quanto à confissão real, decorrente de ato oral ou escrito da parte. Problema maior, no entanto, surge em relação à confissão real.

Imagine-se o polo passivo de certa demanda, composto por vários réus, em que um deles vem a confessar por petição a veracidade de determinado fato, em seu desfavor e atendendo aos interesses da parte adversa. Essa conduta não poderá atingir os outros réus litisconsortes, como prevê o dispositivo legal, mas, evidentemente, constituirá forte elemento probatório nos autos.

O parágrafo único prevê disposição específica em relação à confissão de um dos cônjuges nas ações que versarem sobre bens imóveis ou direitos reais sobre imóveis alheios. A confissão isolada de apenas um dos cônjuges nessas demandas somente terá validade se o regime de casamento for o de separação absoluta de bens, ou seja, quando os bens adquiridos pelos cônjuges na constância da união não se comunicam. Da mesma forma, na união estável, somente se houver pacto estipulando separação total de bens terá validade a confissão solitária de um dos cônjuges.

O novo estatuto processual inova ao prever expressamente a extensão do dispositivo legal ao companheiro e também ao permitir a eficácia da confissão isolada de um dos cônjuges ou companheiro quando o regime da união for o de separação absoluta de bens.

Art. 392 - Não vale como confissão a admissão, em juízo, de fatos relativos a direitos indisponíveis.
§ 1º - A confissão será ineficaz se feita por quem não for capaz de dispor do direito a que se referem os fatos confessados.
§ 2º - A confissão feita por um representante somente é eficaz nos limites em que este pode vincular o representado.

I. Direitos indisponíveis

Os direitos indisponíveis, aqueles sobre os quais o sujeito de direito não pode dispor (alienando, transacionando, renunciando, etc.), não podem ser objeto de confissão. Por exemplo, não se admite confissão de fatos relativos ao direito à vida, a partes do corpo humano, à paternidade:

"Processo civil. Investigação de paternidade. Propositura de ação anteriormente ajuizada, que teve seu pedido julgado improcedente pelo não comparecimento da representante legal do investigando à audiência de instrução. Confissão. Coisa julgada. Afastamento. Direito indisponível.

[...] Observe-se que, em se tratando de direito de estado, o próprio Código de Processo Civil prescreve que a revelia não produz seus efeitos, por estar em julgamento direitos indisponíveis (art. 320, II), não se podendo esquecer, ainda, ser inadmissível a confissão, quanto a fatos relativos a direitos dessa natureza (art. 351) [...]" (STJ, 3ª T., REsp. nº 427117/MS, Rel. Min. Castro Filho, j. em 4/11/2003, DJ de 16/2/2004).

Trata-se de regra também disposta no art. 213 do Código Civil.

II. Ineficácia da confissão por incapaz

Se o incapaz de dispor de seus direitos vier a reconhecer fatos relativos a esses direitos em favor da parte contrária e contra si, esse reconhecimento não terá efeitos de confissão. Esse é o teor do § 1º do art. 392.

No entanto, dependendo do grau da incapacidade, esse reconhecimento poderá valer como elemento de prova, sem configurar a grave figura da confissão. Imagine-se o incapaz, com 14 (quatorze) anos de idade, que reconheça em juízo determinado fato em favor da parte contrária e em seu desfavor. Tal reconhecimento não poderá configurar-se como confissão, mas não se poderá negar que constituirá elemento de prova, segundo prudente valoração do julgador.

III. Eficácia da confissão por representante

A confissão em juízo, por representante, só terá eficácia se realizada com poderes especiais para confessar, identificando-se o fato ou fatos objeto da confissão. A perfeição do instrumento de mandato outorgando os poderes especiais à confissão será objeto da avaliação pelo julgador no caso concreto. Por exemplo, a procuração com poderes para confessar outorgada a um preposto de pessoa jurídica para representá-la em audiência de instrução e julgamento, identificando-se o processo específico, é instrumento hábil à configuração da confissão real.

A disposição legal também está prevista no parágrafo único do art. 213 do Código Civil.

Art. 393 - A confissão é irrevogável, mas pode ser anulada se decorreu de erro de fato ou de coação.
Parágrafo único - A legitimidade para a ação prevista no caput é exclusiva do confitente e pode ser transferida a seus herdeiros se ele falecer após a propositura.

A confissão é ato jurídico irrevogável. Isso significa que o confitente não poderá voltar atrás nas suas declarações. Uma vez confessado o fato, confissão houve. E tal realidade não se modifica, a não ser se decorreu de erro de fato ou de coação, vícios de vontade que maculam a perfeição do ato da confissão.

O novo estatuto processual corrigiu imperfeição técnica do art. 352 do CPC/1973, que previa a possibilidade de "revogação" da confissão por erro, dolo ou coação. Conforme ampla crítica doutrinária, esses casos levam à anulação e não revogação do ato jurídico. Bem lançada a nova redação.

O presente dispositivo legal também excluiu a possibilidade da invalidação da confissão quando emanada de dolo, prevista no CPC/1973, no art. 352. O novo estatuto processual, portanto, permite apenas a anulação em decorrência do erro de fato e não do erro de direito e quando decorrente da coação. São, portanto, hipóteses mais restritas do que as previstas no CPC/1973.

A coação implica forte pressão ao sujeito de direito, retirando-lhe a liberdade das declarações. Por isso, obviamente, implica nulidade do ato efetuado sob coação. Já o erro de fato retira a veracidade da confissão, pois, quando incide sobre elemento essencial do fato confessado, altera a circunstância fática confessada.

Art. 394 - A confissão extrajudicial, quando feita oralmente, só terá eficácia nos casos em que a lei não exija prova literal.

A confissão extrajudicial é aquela que ocorre fora do juízo. Pode ser escrita ou oral. O dispositivo legal veda a confissão extrajudicial oral quando relativa a fatos cuja prova exige a lei seja literal.

São exemplos de casos em que se exige o instrumento escrito para a validade do ato: transferência, modificação ou renúncia de direitos reais sobre imóveis de valor superior a trinta vezes o maior salário mínimo do país (art. 108 do Código Civil); pacto antenupcial (art. 1.653 do Código Civil); contrato de seguro (art. 758 do Código Civil), etc. Nesses casos e em todos os outros cuja literalidade é da essência do ato, não caberá confissão feita oralmente e fora do juízo.

No CPC/1973 o art. 353 traz eficácia diversa também em relação à confissão extrajudicial por escrito, pois apenas aquela feita diretamente à parte ou a quem a represente teria a mesma eficácia da confissão judicial. Se realizada frente a terceiro ou contida em testamento, seria livremente apreciada pelo juiz como elemento probatório, mas sem os efeitos de confissão. No CPC/2015 essa limitação não existe mais. O Código de Processo Civil de 2015 manteve apenas a restrição à confissão extrajudicial oral. Assim, se a confissão for extrajudicial e escrita, dirigida à parte ou não, terá plena validade:

"Execução. Escritura pública de confissão de dívida com garantia hipotecária. Agiotagem. Prova exclusivamente testemunhal. Negócio jurídico que excede o décuplo do salário mínimo vigente. Art. 401, CPC c/c art. 227, CC. Prova oral inadmissível. Ilicitude não demonstrada. Em negócios jurídicos que excedam o décuplo do salário mínimo vigente ao tempo de sua celebração, não se admite produção de prova exclusivamente testemunhal (artigos 227, do CC, e 401, do CPC). Apelação não provida" (TJPR, 15ª Câm. Cível, Rel. Des. Hamilton Mussi Correa, j. em 26/6/2013, DJ de 24/7/2013).

Art. 395 - A confissão é, em regra, indivisível, não podendo a parte que a quiser invocar como prova aceitá-la no tópico que a beneficiar e rejeitá-la no que lhe for desfavorável, porém cindir-se-á quando o confitente a ela aduzir fatos novos, capazes de constituir fundamento de defesa de direito material ou de reconvenção.

I. A indivisibilidade da confissão

A confissão pode ser simples, quando contiver apenas reconhecimento de fatos favoráveis à parte adversária, ou complexa, quando tiver por objeto declarações referentes a fatos favoráveis, mas também desfavoráveis à parte contrária. O dispositivo legal refere-se às confissões complexas, que deverão ser valoradas no conjunto de todas as declarações, e não separadamente. A indivisibilidade diz respeito à obrigatoriedade da análise da confissão no seu contexto integral, ou seja, juntamente com as demais declarações que não são favoráveis à parte contrária do confitente.

Evidentemente que aquela declaração constante no mesmo instrumento da confissão, mas desfavorável à parte adversa do confitente, não será confissão, mas mero elemento de prova a integrar a demanda judicial. Essa indivisibilidade dependerá sempre da criteriosa análise do julgador, pois imagine-se confissão agregada a fatos que não dizem respeito ao litígio judicial. Por óbvio, os fatos que extravasam os limites da lide não poderão ser considerados, daí a necessidade da divisibilidade nesse caso.

II. A possibilidade de cisão

O dispositivo legal permite a cisão da confissão quando o confitente alegar fatos: a) novos; b) capazes de constituir fundamento de defesa de direito material ou de reconvenção. Apenas quando preenchidos esses dois elementos é que a confissão poderá ser dividida.

Fato novo é aquele ainda não alegado no processo. Esse fato novo deverá ter a qualidade de servir como elemento de defesa do direito material pleiteado em juízo pelo confitente ou de reconvenção. Nessa situação poderá ser considerada apenas a confissão, sem levar em conta os demais fatos novos constantes do instrumento.

Seção VI - Da Exibição de Documento ou Coisa

Art. 396 - O juiz pode ordenar que a parte exiba documento ou coisa que se encontre em seu poder.

Autor: Marcos André Franco Montoro

I. A exibição de documento ou coisa. Primeiras observações

Existem situações na vida em que uma pessoa pode ter o interesse (juridicamente protegido) de ter acesso a documento ou coisa que não possui. Via de regra esse interesse pode surgir em duas situações diferentes: a) quando, em razão de disputa judicial já em curso, uma das partes quer ter acesso a documento ou coisa (que não possui) para provar determinado fato controvertido; b) quando ainda não existe processo judicial, mas determinada pessoa quer ter acesso a documento ou coisa (que não possui), por qualquer razão (juridicamente válida), independentemente de ser ou não utilizada em outro processo judicial.

Essa distinção não é baseada no fato de o pedido de exibição ser proposto contra a outra parte ou contra "terceiro" (expressão criticada em comentário ao art. 401): na situação do item *a*) o pedido pode ser feito contra parte ou contra terceiro; já na situação do item *b*) não existe processo prévio, motivo pelo qual não é relevante (e mesmo causa confusão) a distinção entre parte e terceiro. A distinção entre o pedido de exibição contra parte ou contra terceiro é feita adiante.

O pedido de exibição regulada nos arts. 396 a 404 é um dos instrumentos previstos na legislação processual destinado a possibilitar que uma pessoa tenha acesso a determinado documento ou coisa. Os demais instrumentos existentes no CPC/2015 estão mencionados adiante nestes comentários ao art. 396.

Todavia, a exibição judicial não tem por objetivo transferir a posse ou a propriedade de determinado documento ou coisa. Feita a exibição, e tendo o interessado a possibilidade de efetuar o registro do conteúdo do documento ou da coisa, então o apresentante tem o direito de receber o documento ou a coisa em devolução (o que, obviamente, pode ser desnecessário em determinadas situações, por exemplo, quando o que é apresentado no processo é cópia do documento original). Se o que a parte quer não é só examinar, ter acesso ao documento ou à coisa, mas sim receber (ser-lhe transferida) a posse ou a propriedade do documento ou da coisa, o meio processual adequado não é o pedido de exibição de documento ou coisa.

II. Exibição de documento ou coisa em poder da outra parte e em poder de terceiro

Além da distinção (ou classificação) efetuada anteriormente, existe outra, muito mais comum na doutrina, que afirma que o pedido de exibição de documento ou coisa pode ser efetuadao contra: i) a outra parte de processo já em curso; ou ii) pessoa que não é parte de demanda em que participa o interessado (em examinar o documento ou coisa), sendo essa outra pessoa denominada, nos arts. 401 a 404, de "terceiro" (expressão criticada em comentário ao art. 401).

Assim, os arts. 396 a 400 não mencionam expressamente o terceiro. Esse só é mencionado (na regulamentação da exibição de documento ou coisa) nos arts. 401 a 404. Todavia, em determinados momentos ou situações as regras dos arts. 397 a 399 também se aplicam no pedido feito perante o terceiro, o que será apontado nos respectivos comentários a tais dispositivos.

Tal situação já ocorria no CPC/1973, cujos arts. 355 a 359 não mencionam o terceiro, que é tratado nos seus arts. 360 a 363. Assim, a doutrina, examinando tais regras do CPC/1973, ensina que existem dois tipos diferentes de pedido de exibição de documento ou coisa: o pleiteado contra a outra parte de processo em curso; e o pleiteado contra terceiro, que não é parte do processo movido pelo interessado em ter acesso ao documento ou à coisa. Tal lição continua válida no CPC/2015, eis que a disciplina do pedido de exibição de documento ou coisa apresentada contra a outra parte de processo em curso tem algumas diferenças relevantes em relação ao pedido efetuado contra o "terceiro".

Uma diferença que já merece ser destacada refere-se à natureza jurídica do instituto. Para parte da doutrina, quando o pedido de exibição é contra terceiro, a natureza jurídica seria a de ação, sendo que, quando o pedido é apresentado contra a outra parte do processo, a sua natureza jurídica seria de mero incidente processual. Todavia, existe controvérsia sobre esse ponto, pois parte da doutrina defende que, quando o pedido de exibição é apresentado contra a outra parte de processo em curso, ele também teria natureza de ação.

III. Conceito de documento ou coisa, para fins de aplicação dos arts. 396 a 404

Os arts. 396 a 404 regulamentam o pedido de exibição de documento ou coisa. Assim, importante fixar quais seriam os documentos ou as coisas cuja exibição pode ser pleiteada no modo previsto em referidos dispositivos legais.

Como os dispositivos em questão não contêm qualquer limitação, não cabe ao intérprete fazer limitações, salvo quando existir outra regra jurídica que, de algum modo, impeça a exibição de determinado tipo específico de documento ou coisa. Assim, salvo eventual vedação legal específica, qualquer tipo de documento ou coisa pode ser objeto de pedido de exibição de documento.

As coisas imóveis também podem ser objeto de pedido de exibição? Em tese sim, sobretudo quando o que a parte necessita é somente documentar (fotografar) o estado do bem imóvel, ou apurar a existência ou inexistência de determinada característica, ou a existência ou inexistência de determinada benfeitoria ou acessão. Mas em várias situações o meio probatório mais adequado será outro, em especial a perícia (arts. 464/480) e/ou a inspeção judicial (arts. 481/484), eventualmente solicitados por meio de pedido de produção antecipada de prova (arts. 381/383). Contudo, parte da doutrina não aceita que o pedido de exibição verse sobre bem imóvel, ou sobre bem cujas dimensões não permitam o transporte.

Em relação aos documentos públicos (e/ou arquivados em órgãos públicos), apesar de em tese ser possível a utilização do pedido de exibição para obtê-los, normalmente o meio processual mais simples é o do art. 438, qual seja pedir que o juiz solicite ao órgão público a apresentação do documento, o que é operacionalizado pela expedição de ofício. Também existem outras normas processuais, fora do CPC/2015, que estabelecem o dever da administração pública em fornecer documentos, como o § 4º do art. 1º da Lei de Ação Popular (Lei nº 4.717/1965), e o § 1º do art. 6º da Lei de Mandado de Segurança (Lei nº 12.016/2009).

O documento eletrônico também pode ser objeto de pedido de exibição. Não só o documento eletrônico propriamente dito (como um contrato, ou foto, arquivado em meio eletrônico), como também dados em geral armazenados em meio eletrônico, inclusive dados cadastrais de usuários de programas de computador. Assim, o pedido de exibição de documentos pode ser utilizado para obter informações sobre cadastros de usuários de mensagens eletrônicas, ou de aplicativos como Facebook, Twitter, Instagram, etc. A situação mais usual é quando enviada mensagem ou feita publicação na Internet considerada ofensiva, de forma anônima (por ex., usando nome que não identifica o verdadeiro autor), sendo que o ofendido quer descobrir quem é o autor da mensagem ou da publicação (para que essa cesse, ou ainda para obter reparação pecuniária). Como o art. 5º, inciso IV, da Constituição Federal não protege o anonimato (pelo contrário), os tribunais têm considerado possível solicitar, através do pedido de exibição de documento, que os provedores de internet, ou empresas que gerenciam os *sites* ou aplicativos, ou ainda empresas de telefonia, forneçam os dados de cadastro da conta que enviou a mensagem ou efetuou a publicação considerada ofensiva; nesse sentido, no STJ, o decidido no julgamento do REsp nº 879.181.

Em relação a documentos bancários, o STJ fixou, no julgamento do REsp (repetitivo) nº 1.349.453, o entendimento de que o cliente pode ingressar com o pedido de exibição judicial desde que demonstre a relação jurídica entre as partes, a comprovação de prévio pedido à instituição financeira não atendido em prazo razoável, e o pagamento do custo do serviço.

Em sentido similar, o STJ também fixou, no julgamento do REsp (repetitivo) nº 982.133, o entendimento de que é cabível pleitear a exibição de documentos com dados societários de sociedade anônima desde que o requerente tenha previamente apresentado requerimento formal à ré e efetuado o pagamento do serviço respectivo (art. 100, § 1º, da Lei nº 6.404/1976). Em tal julgamento o STJ inclusive expandiu os requisitos previstos na Súmula nº 389 do STJ, que está assim redigida: "A comprovação do pagamento do custo do serviço referente ao fornecimento de certidão de assentamentos constantes dos livros da companhia é requisito de procedibilidade da ação de exibição de documentos ajuizada em face da sociedade anônima".

Aliás, oportuno recordar que o STF tem duas antigas súmulas que tratam de livros comerciais, cuja redação é a seguinte: "Súmula 260 do STF: O exame de livros comerciais, em ação judicial, fica limitado às transações entre os litigantes"; "Súmula 390: A exibição judicial de livros comerciais pode ser requerida com medida preventiva". Todavia, na prática não é comum efetuar o pedido de exibição de livros comerciais, pois, em razão da sua complexidade e extensão, normalmente são objeto de prova pericial.

Por fim, as dimensões da coisa (objeto do pedido de exibição) não constituem impedimento à utilização do pedido de exibição. Sobre essa questão, ver, adiante, os comentários sobre o meio de efetuar a exibição do documento ou da coisa.

IV. Poder do juiz em determinar a exibição de documento ou coisa

O art. 396 do CPC/2015 inicia a regulamentação do pedido de exibição afirmando que o juiz tem o poder de ordenar que a parte exiba documento ou coisa que esteja em seu poder.

O poder previsto no art. 396 nada mais é do que consequência – ou especificação, detalhamento, explicitação – do poder geral de instrução do processo previsto no art. 370 do CPC/2015 (que equivale ao art. 130 do CPC/1973). Por tal motivo, e pela própria redação do art. 396, trata-se de poder que o juiz pode exercer de ofício ou a requerimento da parte.

O poder do juiz de determinar a exibição de documento ou coisa (possuído por uma das partes do processo ou por terceiro) também está previsto em diversos outros dispositivos do CPC/2015, como: i) os arts. 380, inciso II, e 403, que estabelecem que o juiz pode determinar a exibição de documento ou coisa pelo "terceiro" (regras que no CPC/1973 estavam nos arts. 341, inciso II, e 362); ii) os arts. 420 e 421, que tratam da exibição de livros empresariais e documentos (regras que no CPC/1973 estavam nos arts. 381 e 382); e iii) o art. 438, que trata das requisições dirigidas às repartições públicas (regra que no CPC/1973 estava no art. 399).

O poder do juiz em determinar a exibição de documento ou coisa não se restringe às hipóteses nas quais a lei expressamente o prevê em determinada situação (como nas anteriormente citadas) nem fica restrito às regras que preveem a obrigação da parte de apresentar certos tipos de documentos ou coisas (como nas situações disciplinadas pelo art. 399). O art. 396 é norma aberta, que abrange uma grande quantidade de situações não previstas expressamente.

Todavia, o poder do juiz de determinar a apresentação de documento ou coisa não é ilimitado, existem situações na quais o possuidor do documento ou da coisa pode se recusar a apresentá-lo, não sendo então lícito que o juiz determine a sua exibição. Por exemplo, nos casos previstos no art. 404.

V. Dever de colaboração da parte ou do terceiro

Além do poder do juiz, anteriormente explicado, necessário também recordar que existe o dever de colaboração das partes e de terceiros, regulada nos arts. 378 a 380. E complementando tais regras, oportuno mencionar o inciso IV do art. 77, que estabelece a obrigação das partes, procuradores e de qualquer um que participe do processo de cumprir as decisões jurisdicionais.

Em relação ao dever de colaboração das partes, o *caput* do art. 379 ressalva o direito da parte de não produzir prova contra si própria. Contudo, interpretação expansiva de tal norma tornaria letra morta o pedido de exibição de documento.

O dever de colaboração é ainda, de certo modo, detalhado ou especificado no art. 399.

VI. O ato de exibir o documento ou a coisa: autos físicos ou eletrônicos, e dimensões do documento ou da coisa

A forma de exibir o documento ou a coisa dependem de dois fatores: primeiro, se os autos são físicos ou eletrônicos; segundo, qual é a dimensão do documento ou da coisa.

Se os autos do processo são físicos, então qualquer *documento*, independentemente do seu tamanho, pode ser juntado aos autos, sendo essa a forma da sua exibição. Pode ocorrer de a parte, por qualquer motivo protegido em lei, não querer juntar aos autos a via original do documento, situação na qual poderá apresentar cópia autenticada (art. 411, incisos I e II), ou mesmo cópia simples, que será considerada autêntica caso não tenha sido impugnada pela parte contrária (art. 411, inciso III); mas se mesmo assim o juiz determinar a apresentação da via original, a parte pode eventualmente solicitar que seja marcado local, data e hora para a exibição da via original do documento. E em certas situações pode ocorrer a apresentação parcial do documento ou da coisa, o que está regulado no parágrafo único do art. 404.

Ainda se tratando de *autos físicos*, quando o pedido for de exibição de *coisa*, então é necessário apurar as suas dimensões. Se a coisa puder ser encartada aos autos, sem risco de ser danificada, a exibição ocorre pela sua juntada aos autos. Mas se a juntada aos autos acarretar no risco de a coisa ser danificada, então o juiz deve determinar o modo específico da sua exibição, marcando local, data e hora para tanto. Isso também deve ocorrer quando as dimensões da coisa impedem a sua juntada aos autos (por exemplo, uma cadeira), ou mesmo o transporte da coisa (por exemplo, uma máquina de grandes dimensões).

Se os autos são eletrônicos, então qualquer *documento*, independentemente do seu tamanho, pode ser juntado aos autos, sendo essa a forma da sua exibição. Obviamente, a juntada nunca será da via original do documento, mas sim de cópia digitalizada. Dependendo da situação, pode ser necessário que o juiz determine a apresentação da via original do documento, marcando local, data e hora para tanto.

Ainda se tratando de *autos eletrônicos*, sendo pedida a exibição de *coisa*, nunca será possível a sua juntada aos autos. Dependendo da situação, a parte pode apresentar o registro fotográfico da coisa. Mas se isso não for suficiente, o juiz deve determinar o modo de exibição da coisa, marcando local, data e hora para isso ocorrer.

Independentemente de os autos serem físicos ou eletrônicos, em todas as situações nas quais o juiz deve estabelecer local para apresentar a via original de determinado documento ou coisa, a solução mais prática é estabelecer a sua exibição em cartório, quando poderá inclusive ser examinada pelo magistrado. Mas se as dimensões ou características da coisa impedirem a sua apresentação em cartório, deverá ser estabelecido outro local, até mesmo o local onde a coisa se encontra, caso não possa ser transportada (ou o transporte seja demais trabalhoso ou custoso). Em tais situações, nada impede – e em muitos casos é mesmo recomendável – que a exibição do documento seja realizada em conjunto com a inspeção judicial (arts. 481 a 484).

VII. Os arts. 844 e 845 do CPC/1973. A tutela de urgência na exibição de documento ou coisa

No CPC/1973 a exibição de documento ou coisa também é regulada pelos arts. 844 e 845, que regulam o pedido cautelar (preparatório) de exibição. O CPC/2015 não repetiu esses dispositivos, o que não significa que, a partir da vigência da nova legislação processual, seria vedado pleitear a concessão de medida de urgência (com conteúdo cautelar ou antecipatório) relacionada com a exibição de documento ou coisa, seja perante a outra parte, seja perante terceiro.

O que ocorre é que, assim como em diversas outras situações que no CPC/1973 eram tuteladas através de medidas cautelares típicas (como arresto, sequestro, etc.), no CPC/2015 deixa de existir a medida cautelar típica de exibição, passando tal situação a ser regulada pelo poder geral de cautela, ou melhor, pelo poder geral que o juiz tem para determinar medidas de urgência. Assim, as situações da vida que eram tuteladas pelos arts. 844 e 845 do

CPC/1973 passam a ser agora protegidas pelas regras que regulam a tutela de urgência no CPC/2015 (art. 294 e ss.).

Todavia, a aplicação das regras que regulam a tutela de urgência no CPC/2015 em determinada situação (na qual se pleiteia a exibição de documento ou coisa) não afasta a aplicação dos arts. 396 a 404 em tal demanda. Mesmo havendo pedido de tutela de urgência, a exibição de documento ou coisa continua sendo regulada pelos arts. 396 a 404 do CPC/2015, sem prejuízo de também aplicarem-se as regras que regulam a tutela de urgência. Podem existir conflitos (entre o determinado nas regras da exibição de documento ou coisa e as regras da tutela de urgência), sendo que caberá ao aplicador do direito compatibilizar a aplicação conjunta desses dois grupos de regras em cada caso concreto.

VIII. Meios jurídicos regulados no CPC/2015 para pleitear a exibição de documento ou coisa

A doutrina, examinando o CPC/1973, costuma explicar a existência de três "maneiras" de se pleitear a exibição de documento ou coisa: a) pela apresentação de pedido incidental de exibição de documento ou coisa, contra outra parte em processo já em curso; b) através da propositura de ação autônoma, processo de conhecimento pelo rito comum, ordinário ou sumário, cujo pedido (objeto do processo) é determinar que o réu exiba documento ou coisa; e c) através da apresentação da ação cautelar preparatória regulada nos arts. 844 e 845 do CPC/1973. Parte da doutrina também defendia – com apoio da jurisprudência – que a ação cautelar dos arts. 844 e 845 do CPC/1973 era "satisfativa", e que não seria necessário propor qualquer ação principal.

Essas lições da doutrina devem ser revisitadas, tendo em vista ao menos duas questões.

Primeiro, como antes explicado, não existe no CPC/2015 regra similar à que havia nos arts. 844 e 845 do CPC/1973. Mas, novamente como já mencionado, um pedido de exibição de documento pode ser objeto de tutela de urgência com base nas regras do CPC/2015 (arts. 294 e ss.), situação na qual continuam sendo aplicadas as regras que regulam a exibição de documento ou coisa (arts. 396 a 404 do CPC/2015). Desse modo, quando se trata de pedido contra "terceiro" (ver crítica a esse termo em comentário ao art. 401), o interessado pode ingressar com ação pelo procedimento comum (art. 318 e ss.) ou ingressar com o procedimento que visa à concessão de tutela de urgência em caráter antecedente (art. 294, parágrafo único), seja mediante pedido de tutela antecipada (arts. 303 e 304), seja mediante pedido de tutela cautelar (arts. 315 a 310). Ressalve-se ainda que também pode ser pleiteada a concessão de tutela de evidência (art. 311) relacionada com a exibição de documento ou coisa; mas em tal situação não se trata de um meio diferente para se obter a exibição de documento ou coisa, que é pleiteada através do procedimento comum, no qual é feito o pedido de concessão de tutela de evidência.

Segundo, a ação cautelar de produção antecipada de prova regulada pelos arts. 846 a 851 do CPC/1973 sofreu várias alterações no CPC/2015, no qual não é mais tratada como demanda cautelar, estando regulado, nos arts. 381 a 383, no capítulo das provas. Além da "perda" do caráter exclusivamente cautelar (que havia na produção antecipada de prova no CPC/1973), houve significativa ampliação do escopo – das hipóteses em que é possível a utilização – da produção antecipada de prova na nova legislação processual. Então, a indagação que deve ser feita é se na produção antecipada de prova no CPC/2015 seria ou não possível pleitear, como "produção" de uma prova, a mera apresentação (exibição) de documento ou coisa já existentes.

No regime do CPC/1973 não é possível usar a produção antecipada de prova para a mera obtenção de documento, pois o seu art. 846 estabelece que: "A produção antecipada da prova pode consistir em interrogatório da parte, inquirição de testemunhas e exame pericial". Ou seja, na produção antecipada de prova no CPC/1973 realiza-se a efetiva "criação" ou "constituição" (em suma, "produção") de prova que não existia antes, sobretudo a prova oral e a pericial. Já no CPC/2015 não existe regra similar ao art. 846 do CPC/1973, e, como mencionado, há regras que claramente ampliaram o escopo da produção antecipada de prova (art.

381, incisos II e III, e § 5º). Então uma possível resposta para a indagação antes efetuada é que a produção antecipada de prova no CPC/2015 também poderia ser usada para a mera obtenção de mero documento pré-constituído.

Todavia, essa conclusão deve ser afastada. É verdade que a produção antecipada de prova teve seu escopo ampliado, mas sempre respeitado o limite de que seu objetivo é "produzir", "constituir", "criar" prova até então não existente. Se o objetivo é obter documento ou coisa já existentes, o instrumento processual não é a produção antecipada de prova, mas sim o pedido de exibição de documento ou coisa. Acrescente-se ainda que o § 4º do art. 382 do CPC/2015 estabelece que na produção antecipada de prova "não se admitirá defesa ou recurso"; ora, tal regra está em flagrante contradição com os arts. 398 e 401 do CPC/2015, que preveem, respectivamente à parte ou aos terceiros, o direito de apresentar defesa contra o pedido de exibição de documento ou coisa. De qualquer modo, ressalve-se que existe entendimento doutrinário em contrário, o qual, analisando as regras do CPC/2015, entende que é possível utilizar a produção antecipada de prova para viabilizar a exibição de documento ou coisa.

Tendo em vista as observações anteriores, *no CPC/2015 continua sendo possível utilizar-se de 3 (três) vias processuais para a obtenção de documento ou coisa*: i) o pedido incidental de exibição de documento ou coisa previsto nos arts. 396 a 400, e 404; ii) a ação de rito comum (art. 318 e ss.) contra o "terceiro", aplicando-se inclusive o estabelecido nos arts. 401 a 404; e iii) a utilização do procedimento que visa à concessão de tutela de urgência em caráter antecedente (art. 294, parágrafo único), seja mediante pedido de tutela antecipada (arts. 303 e 304), seja mediante pedido de tutela cautelar (arts. 305 a 310). E nas duas primeiras vias processuais é possível pleitear, incidentalmente (no processo em curso) a concessão de tutela provisória, de urgência ou de evidência.

Fora do CPC/2015, merece menção a utilização do *Habeas Data*, previsto no inciso LXXII do art. 5º da CF, e regulado pela Lei nº 9.507/1997.

Art. 397 - O pedido formulado pela parte conterá:
I - a individuação, tão completa quanto possível, do documento ou da coisa;
II - a finalidade da prova, indicando os fatos que se relacionam com o documento ou com a coisa;
III - as circunstâncias em que se funda o requerente para afirmar que o documento ou a coisa existe e se acha em poder da parte contrária.

I. O pedido de exibição de documento ou coisa: petição escrita ou requerimento verbal

Ao ser apresentado um pedido de exibição de documento ou coisa, é necessário proceder conforme disciplinado no art. 397, incisos I a III. Em outras palavras, para formular um pedido de exibição, é necessário apresentar requerimento cujo conteúdo contemple o previsto nos incisos I a III do art. 397, que, indiretamente, estabelecem requisitos não só para a formulação do pedido de exibição, quanto também para o próprio acolhimento dessa pretensão pelo juiz. Isso pelo fato de que, se o requerente não observar tais regras, o juiz pode indeferir o seu pedido.

Parte da doutrina admite que o pedido seja feito oralmente, em audiência. Todavia, a forma mais prática é através de petição por escrito.

II. Conteúdo do pedido de exibição de documento ou coisa: os incisos I, II e III do art. 397

Conforme ventilado no comentário anterior, ao apresentar o pedido de exibição, é necessário abordar as questões tratadas nos incisos I a III.

O objetivo do *inciso I* é que a parte, ao formular o pedido de exibição, apresente a descrição, o detalhamento, a explicação do que é, do que se constitui o documento ou coisa. Esse é o sentido da "individualização" prevista no dispositivo em comento. A falta de atendimento desse requisito pode levar o juiz a indeferir o pedido de exibição, por ter concluído que, se o requerente não sabe individualizar o documento ou a coisa, esse então nem sequer existe. O juiz pode também concluir que o objetivo do pedido é meramente procrastinatório, ou ainda que se trata de *fishing expedition*, expressão comum no Direito norte-americano (e que pode ser aplicada neste contexto no Direito brasileiro) que indica que a parte não sabe se existe ou não o documento ou a coisa, ela está tentando descobrir se existe algo que desconhece, está fazendo pedido "no escuro", o que não é admitido no sistema brasileiro. Realce-se que a questão da existência do documento também é tratada no inciso III.

O *inciso II* menciona a finalidade da prova, ou seja, qual questão de fato discutida no processo se relaciona com o documento ou coisa. Aqui, deve a parte preocupar-se em demonstrar que a prova (o documento ou coisa objeto do pedido de exibição) atende aos requisitos genéricos relacionados com a admissibilidade de qualquer prova (arts. 370, parágrafo único, e 374).

Já o *inciso III* contém duas regras. De um lado, o requerente deve afirmar que o documento ou coisa está com o requerido, e também justificar esta afirmação, ou seja, apontar as "circunstâncias" que levam o requerente a afirmar que o documento ou coisa "se acha em poder da parte contrária"; se não o fizer, se não explicar por que entende que o requerido está com o documento ou a coisa, o juiz não terá como concluir com quem está o documento ou coisa. De outro lado, o requerente deve explicar que o documento ou a coisa existe; essa regra complementa o já explicado no comentário ao inciso I, valendo aqui também as explicações antes efetuadas.

III. O conteúdo do pedido de exibição de documento ou coisa que não está previsto nos incisos do art. 397

Além do conteúdo previsto nos incisos I, II, e III do art. 397, o pedido de exibição – apresentado contra a parte contrária de demanda já em curso – também deve ser elaborado tendo em vista o art. 400, incisos I e II, que regula a consequência da falta de apresentação do documento ou coisa. Assim, é necessário que o requerente informe quais fatos pretende provar com a exibição do documento ou da coisa, para que o juiz, se for o caso, possa aplicar a sanção estabelecida no art. 400, incisos I e II.

Esse requisito é, de certo modo, indiretamente relacionado com o previsto nos incisos I e II do art. 397, antes comentados. Veja-se que o inciso I do art. 397 determina que a parte deve "individualizar" o documento ou coisa, ou seja, descrevê-lo, explicar o seu conteúdo. Já o inciso II estabelece que deve ser explicada a finalidade da prova, apontando-se quais fatos se relacionam com o documento ou a coisa. Assim, apesar de os incisos I e II não mencionarem expressamente que a parte deve informar quais fatos seriam provados com a apresentação do documento ou coisa, é possível chegar à conclusão de que isso precisa constar na petição, em razão do disposto no art. 400, incisos I e II.

IV. Momento para formular o pedido incidental de exibição

Como já explicado em comentário anterior, o art. 397 estabelece o conteúdo da petição (ou do pedido verbal) na qual se solicita a apresentação de documento ou coisa. O que o art. 397 não menciona é em que momento o pedido incidental de exibição pode ser feito.

Na falta de indicação expressa na lei de qual é o momento (ou de quais seriam os momentos) para se pedir a exibição de documento ou coisa, a melhor interpretação é que, via de regra, o pedido pode ser apresentado a qualquer momento no processo de conhecimento, até o encerramento da instrução probatória.

Assim, o Autor pode apresentar o pedido incidental na sua petição inicial, sobretudo quando antever que o Réu possui documento ou coisa que, provavelmente, não será apresentado espontaneamente na contestação. Deve ficar claro que a situação ora examinada não se confunde com o pedido de exibição de documento feito contra o "terceiro" (ver crítica a essa expressão em comentário ao art. 401): quando o pedido é contra o terceiro, o objetivo é fazer prova em outro processo, ou ainda ter simples acesso ao documento, sem qualquer objetivo de fazer prova no mesmo processo; já na situação examinada, a parte quer ter acesso ao documento para esse ser usado como prova no mesmo processo, sendo que, já antevendo a sua não apresentação pelo réu, apresenta o pedido de exibição já na petição inicial.

O pedido também pode ser feito, na contestação (inclusive relacionado com a reconvenção), ou na réplica, ou em qualquer momento posterior. Nada impede que, durante a realização de perícia, seja necessário obter determinado documento ou coisa, levando a parte a formular pedido de exibição de documento ou coisa. O critério mais adequado, assim, parece ser que o pedido pode ser formulado quando a prova for necessária.

Em ao menos duas situações excepcionais também é possível aceitar a apresentação do pedido de exibição de documento *após o encerramento da instrução*. A primeira hipótese é quando ocorre, na instância recursal, a conversão do julgamento em diligência, nos termos do art. 932, inciso I, e 938, § 3º; em tal situação, tendo a instrução probatória sido reaberta, então, para provar a questão de fato ainda pendente, pode ser necessário apresentar pedido de exibição de documento ou coisa. A segunda hipótese é quando ocorre, na instância recursal, a aplicação do art. 933, que veda as chamadas "decisões surpresas", estabelecendo que o relator deve determinar que as partes debatam questões ainda não examinadas no processo e que podem ser levadas em consideração no julgamento do recurso pendente; em tal situação pode existir questão que envolva matéria probatória, sendo eventualmente necessário apresentar pedido de exibição de documento ou coisa.

Durante a fase de *liquidação de sentença* também pode ser apresentado o pedido, caso seja necessário obter documento ou coisa para, assim, efetuar a liquidação de sentença.

E existe ao menos uma situação em que o pedido de exibição pode ser apresentado em fase de *cumprimento de sentença* ou em processo de *execução*, que ocorre quando o oficial de justiça não consegue avaliar o bem penhorado, e o juiz tem que nomear avaliador (parágrafo único do art. 870). Se para efetuar a avaliação do bem penhorado o avaliador nomeado pelo juiz precisar ter acesso a determinado documento ou coisa que não está presente nos autos, então o exequente pode eventualmente ter o interesse em apresentar o pedido de exibição contra o executado ou contra terceiro.

V. Aplicação do art. 397 no pedido de exibição contra "terceiro"

Apesar de não estar expresso no art. 397, esse dispositivo aplica-se também nos casos de apresentação de pedido de exibição contra terceiro, com algumas ressalvas/adaptações.

Assim, tratando-se de pedido de exibição contra terceiro, o conteúdo previsto nos incisos I a III do art. 397 deve constar na petição inicial da ação de exibição. Então, a petição inicial deve observar tanto as regras genéricas do art. 319 do CPC/2015 (equivalente ao art. 282 do CPC/1973) quanto as normas específicas do art. 397.

Por outro lado, como na exibição contra terceiro não se aplica o previsto no art. 400, então não é necessário preparar a petição tendo em vista esse dispositivo.

Art. 398 - O requerido dará sua resposta nos 5 (cinco) dias subsequentes à sua intimação.
Parágrafo único - Se o requerido afirmar que não possui o documento ou a coisa, o juiz permitirá que o requerente prove, por qualquer meio, que a declaração não corresponde à verdade.

I. O "requerido"

O art. 398, ora comentado, e também os arts. 399 e 400, utilizam o termo "requerido". Para tais regras, quem é o "requerido"? O réu do processo? Ou a parte contra a qual foi apresentado o pedido de exibição de documento ou coisa?

O pedido de exibição de documento ou coisa pode ser feito tanto pelo Autor quanto pelo Réu. Assim, a parte que tiver apresentado o pedido de exibição é o requerente em tal incidente. E a parte contra a qual foi pedida a exibição é o requerido (mencionado nos arts. 398 a 400).

Se o pedido de exibição for apresentado por integrante do polo passivo da ação, esse será, ao mesmo tempo, réu no processo e requerente no incidente de pedido de exibição de documento. Já se o pedido de exibição for apresentado por integrante do polo ativo da ação, esse será, ao mesmo tempo, autor no processo e requerente no incidente de pedido de exibição de documento.

Portanto, a figura do "requerido" dos arts. 398 a 400 não deve ser confundida com a figura do réu. O réu só é o requerido dos arts. 398 a 400 se o pedido de exibição de documento tiver sido formulado contra ele.

E se existir litisconsórcio ativo ou passivo, e o pedido de exibição for apresentado somente contra um (ou alguns) dos integrantes do litisconsórcio, os outros integrantes não são nem requerentes nem requeridos, eis que não são "partes" do incidente.

II. Prazo para resposta

O art. 398 estabelece que o prazo do requerido para responder é de 5 (cinco) dias. Trata-se de prazo processual, motivo pelo qual são 5 (cinco) dias úteis, nos termos do art. 219.

O prazo se inicia com a intimação do requerido, ou seja, da parte contrária. Apesar de a regra mencionar expressamente a parte ("o requerido"), a intimação pode – e usualmente deve – ser feita mediante intimação do advogado que o representa (art. 272). Todavia, se a parte contrária não tiver advogado constituído – seja por ser revel, seja pelo fato de o seu advogado ter renunciado –, a intimação deverá ser feita na pessoa da parte, podendo ser por correio (art. 274).

O prazo do art. 398 não se aplica quando o pedido de exibição incidental de documento é feito na petição inicial ou na reconvenção. Em tal situação, o prazo para manifestação é o mesmo prazo para apresentar contestação (à ação ou à reconvenção). Deve ficar claro que a situação ora examinada não se confunde com o pedido de exibição de documento feito contra o "terceiro" (ver crítica a essa expressão em comentário ao art. 401): quando o pedido é contra o terceiro, o objetivo é fazer prova em outro processo, ou ainda ter simples acesso ao documento, sem qualquer objetivo de fazer prova no mesmo processo; já na situação examinada, a parte quer ter acesso ao documento para esse ser usado como prova no mesmo processo, sendo que, já antevendo a sua não apresentação pelo réu, apresenta o pedido de exibição já na petição inicial.

III. Conteúdo da resposta do requerido

O parágrafo único do art. 398 dá a impressão de que a única alternativa de comportamento do requerido seria afirmar que não possui o documento ou a coisa. Na verdade, existem três diferentes alternativas do que o requerido pode fazer, ou, em outras palavras, três diferentes atitudes que pode tomar.

A *primeira alternativa* é apresentar o documento ou a coisa. Nesse caso, o incidente se resolve, nada mais é necessário fazer em decorrência da sua apresentação. Posteriormente, o documento ou a coisa será examinado pelo juiz junto com o restante do acervo probatório quando for o momento oportuno para tanto, geralmente quando for proferida a sentença, inclusive eventual "sentença parcial" (prevista no art. 356 do CPC/2015, que a denomina de Julgamento Antecipado Parcial do Mérito).

A *segunda alternativa* é o requerido não apresentar o documento ou a coisa nem impugnar o pedido de exibição. Nesse caso, via de regra aplica-se o inciso I do art. 400, ou seu parágrafo único. Todavia, existem situações na quais o juiz não procede do modo previsto em tais dispositivos; tal questão, e outras, é abordada nos comentários ao art. 400.

A *terceira alternativa* é o requerido não apresentar o documento ou a coisa e impugnar o pedido de exibição. Essa terceira alternativa se subdivide em 3 (três) possibilidades, dependendo do conteúdo da impugnação.

i) O requerido pode impugnar o pedido afirmando que não possui o documento ou a coisa. Esse é o comportamento previsto e regulado pelo parágrafo único do art. 398, a seguir examinado.

ii) Outra possibilidade seria o requerido concordar que possui o documento ou a coisa (ou não negar esse fato afirmado pelo requerente), mas alegar que não pode (ou não quer) apresentá-lo, justificando sua recusa com base em um dos incisos no art. 404 ou em outro fundamento legal. Neste cenário, a alegação do requerido deverá ser apreciada pelo juiz, tendo em vista também o art. 399. Se o juiz concluir que a recusa em apresentar o documento ou a coisa é ilegítima, aplicará o previsto ou no inciso II do art. 400, ou no parágrafo único do mesmo art. 400. Se concluir que a recusa é legítima, deverá declarar isso em decisão interlocutória ou mesmo na sentença (parcial ou final), quando apreciar o conjunto probatório; em tal situação, o fato que o requerente quer provar não será considerado comprovado.

iii) Por fim, nada impede que o requerido afirme que não possui o documento ou a coisa e também alegue que, ainda que tivesse na sua posse, não poderia apresentá-lo em função do estabelecido em um dos incisos do art. 404 (ou em outra norma legal). Daí o juiz terá que verificar tanto se o requerido possui o documento ou a coisa quanto se a recusa é justa, aplicando-se as regras explicadas antes.

IV. Prazo do requerente para se manifestar sobre o documento ou a coisa apresentada ou sobre o conteúdo da resposta do requerido

Os arts. 396 a 403 não preveem qual é o prazo que o requerente tem para se manifestar sobre o documento ou a coisa apresentada pelo requerido, nem o prazo para se manifestar sobre a resposta do requerido, quando esse se recusa a apresentar o documento ou a coisa.

Se o requerido apresenta o documento ou a coisa, a situação se enquadra no previsto no § 1º do art. 437, que estabelece prazo de 15 (quinze) dias para a parte se manifestar. E o requerente também pode pedir a dilação desse prazo, nos termos do § 2º do mesmo art. 437.

Se o requerido não apresenta o documento ou a coisa, o requerente deve receber prazo para se manifestar sobre a recusa. Nesse caso, o prazo dependerá de alguns fatores. Assim: i) Se o pedido de exibição foi feito na petição inicial (ou na reconvenção), e a recusa consta na contestação (da ação ou da reconvenção), então é necessário apurar se, em razão do conteúdo da contestação, será dado prazo para o autor apresentar réplica, o que somente ocorre nas situações previstas nos arts. 350, 351 e 437; em todas essas hipóteses, como o prazo para réplica é de 15 (quinze) dias, esse também será o prazo para se manifestar sobre a recusa em exibir o documento. Mas se o conteúdo da contestação não se enquadrar no previsto nos arts. 350, 351 e 437, então em tese não deve ser concedido prazo para réplica; mas, mesmo assim, deve ser concedido prazo para o autor se manifestar sobre a recusa em apresentar o documento ou a coisa; em tal situação, não existe prazo fixado em lei, cabendo ao juiz estabelecê-lo; na omissão do juiz, o prazo é o de 5 (cinco) dias previsto no § 3º do art. 218. ii) Se o pedido de exibição tiver sido feito por outra petição que não a petição inicial (ou reconvenção), então não se aplicam as regras de prazo para réplica, sendo que como não existe prazo fixado em lei, cabe ao juiz estabelecê-lo; na omissão do juiz, o prazo é o de 5 (cinco) dias do § 3º do art. 218.

V. O parágrafo único do art. 398. Ampliação do objeto da prova

Como explicado anteriormente, uma das possíveis respostas do requerido é afirmar que não possui o documento ou a coisa. Quando isso ocorre, aplica-se o parágrafo único do art. 398.

Em tal situação a controvérsia existente (a questão de fato a ser dirimida) é se o requerido possui ou não o documento ou a coisa. Assim, o parágrafo único do art. 398 afirma que o requerente pode tentar provar, por qualquer meio de prova, que a afirmação do requerido – de que não possui o documento ou a coisa – não é correspondente à verdade. E, apesar de não estar expresso no art. 398, o requerido também tem o direito de tentar provar, por qualquer meio de prova, que sua afirmação é verdadeira.

Desse modo, o objeto da prova do processo em questão é ampliado, pois, além das questões de fato relacionadas com o objeto do processo, também poderá (deverá) ser produzida prova relacionada com a questão de o "requerido" (a parte contra a qual foi apresentado o pedido de exibição, como antes explicado) ter ou não o documento ou a coisa cuja exibição foi solicitada.

Se o juiz concluir que o requerido possui o documento ou a coisa, aplicará a sanção do art. 400, inciso II, ou determinará a realização das medidas do parágrafo único do art. 400. Mas se concluir que o requerido não possui – ou que não existe – o documento ou a coisa, deverá declarar tal fato em decisão interlocutória ou mesmo na sentença (parcial ou final), quando apreciar o conjunto probatório; quando isso ocorre, o fato que o requerente quer provar não será considerado comprovado.

VI. O parágrafo único do art. 398 e o ônus da prova sobre a posse do documento ou da coisa

O parágrafo único do art. 398 parece estabelecer que, quando o requerido nega que está com o documento ou a coisa, o ônus da prova (sobre a posse do documento ou da coisa pelo requerido) seria sempre do requerente, ou seja, de quem pediu a exibição. Essa conclusão – válida para a maioria das situações – decorre de dois fatores. Primeiro, em função da redação do parágrafo único do art. 398, que, ao estabelecer que o requerente pode tentar provar que o requerido está na posse do documento ou da coisa, implicitamente afirma que, para ser aplicada a sanção do art. 400, inciso II, o requerente tem o ônus de provar que o requerido está na posse do documento ou a coisa. Segundo, em virtude da regra geral de ônus da prova do art. 373 do CPC/2015 (cujo conteúdo é parcialmente similar ao art. 333 do CPC/1973).

Todavia, existem ao menos duas situações em que o ônus da prova – sobre a posse do documento ou da coisa pelo requerido – não é do requerente, mas sim do requerido. Ou seja, há situações nas quais compete ao requerido comprovar que ele não está na posse do documento ou da coisa.

A *primeira* situação decorre da correta aplicação das regras do ônus da prova (art. 373 do CPC/2015) ao pedido de exibição de documento. Se o requerido nega que tenha algum dia recebido o documento ou a coisa, o ônus da prova de que ele recebeu o documento ou coisa é efetivamente do requerente, eis que esse último alegou fato constitutivo do seu direito (de examinar o documento), e tal fato foi negado pelo requerido (art. 373, inciso I). Todavia, se o requerido, na sua resposta, concorda que anteriormente teve a posse do documento ou da coisa, mas que agora não tem mais a sua posse (por qualquer razão), então o que o requerido está fazendo, em tal exemplo, é alegar fato impeditivo do direito do requerente; ora, o ônus da prova do fato impeditivo é de quem o alegou, do requerido, a teor do estabelecido no art. 373, inciso II.

A *segunda* situação decorre da eventual aplicação da inversão do ônus da prova (§§ 1º ao 4º do art. 373 do CPC/2015). Sendo determinada a inversão, então, ao contrário do previsto no parágrafo único do art. 398, o requerido é que passa a ter o ônus de comprovar que não está mais na posse do documento ou da coisa. Todavia, podem existir situações nas quais essa inversão do ônus da prova implique exigir do requerido a prova de fato negativo, que, para pedaço da doutrina, é prova impossível (para alguns, "diabólica"), e que jamais poderia ser fixada para uma das partes do processo; quando isso ocorre, não deve o juiz (ou as partes, em negócio jurídico processual estabelecido nos termos do art. 190) prever que o ônus da prova compete ao requerido, sob pena de violação do art. 373, § 2º, e § 3º, inciso II. Feita essa ressalva, podem perfeitamente existir situações nas quais a inversão do ônus da prova (de quem está na posse do documento ou da coisa objeto do pedido de exibição) seja adequada e não constitua prova impossível.

Art. 399 - O juiz não admitirá a recusa se:

I - o requerido tiver obrigação legal de exibir;

II - o requerido tiver aludido ao documento ou à coisa, no processo, com o intuito de constituir prova;

III - o documento, por seu conteúdo, for comum às partes.

I. O "requerido"

Ver comentário ao art. 398.

II. A recusa do requerido em apresentar o documento ou a coisa

Em comentário feito ao art. 398, explicou-se que o requerido, após intimado a responder o pedido de exibição, pode adotar diferentes posturas. Uma dessas hipóteses é impugnar o pedido de exibição de documento, afirmando que tem o documento ou a coisa (ou não negando que está em seu poder), mas ao mesmo tempo informar que não pode ou não quer apresentá-lo, o que, na terminologia usada pelo CPC, constitui "recusa" em exibir.

Ao afirmar que não pode ou não quer apresentar o documento ou a coisa, o requerido deve explicar o motivo para a sua postura, ou seja, justificar a sua recusa. Os argumentos podem ser baseados no art. 404, ou em outro fundamento legal.

Cabe ao juiz apreciar os argumentos da recusa. E dando alguns parâmetros ao juiz, o art. 399 estabelece três situações nas quais o juiz não deve aceitar a recusa do requerido.

Se o juiz, aplicando um dos incisos do art. 399, concluir que a recusa em apresentar o documento é ilegítima, via de regra é então aplicada a sanção do art. 400, inciso II, ou proferida decisão nos termos do parágrafo único do mesmo art. 400. Mas, como detalhado nos comentários ao art. 400, pode ocorrer de o juiz não aplicar tal dispositivo, em virtude do conteúdo das demais provas produzidas no processo.

E antes de comentar os incisos do art. 399, necessário destacar que esse rol não é taxativo, eis que, além do nele previsto, podem existir outras situações nas quais o juiz deve/pode considerar que a recusa é ilegítima.

III. O inciso I: obrigação legal de exibir o documento ou a coisa

O inciso I do art. 399 estabelece a primeira situação na qual o juiz não deve aceitar a recusa do requerido (em exibir o documento ou a coisa), qual seja quando o requerido tiver a obrigação, estabelecida em lei, de exibir o documento ou a coisa.

Alguns exemplos: quando o requerido possui um testamento cerrado de terceiro, que deve ser exibido no processo em questão; os documentos que estão sob a guarda de um profissional liberal, como os documentos contábeis confiados ao contador; os documentos sob guarda de tutor ou curador, etc.

IV. O inciso II: menção do documento ou da coisa no processo

O inciso II do art. 399 estabelece a segunda situação na qual o juiz não deve aceitar a recusa do requerido (em exibir o documento ou a coisa), qual seja quando o próprio requerido tiver mencionado, no processo, que o documento ou a coisa existe, e constitui prova de determinado fato.

Essa hipótese tem ligação direta com o princípio da atuação processual com boa-fé presente no art. 5º, eis que, se o requerido afirmou anteriormente que o documento ou a coisa existe e que constitui prova, então tem ele a obrigação de apresentá-lo, caso isso seja solicitado pela parte contrária.

V. O inciso III: documento ou coisa comum às partes

O inciso III do art. 399 estabelece a terceira situação na qual o juiz não deve aceitar a recusa do requerido (em exibir o documento ou a coisa), qual seja quando o conteúdo do documento da coisa é comum às partes. O documento é comum às partes quando contém declaração que se relaciona com as partes. Um exemplo seria um contrato firmado pelas partes, que tem conteúdo comum pois regula determinada relação jurídica entre elas; nesse sentido, o STJ decidiu, no AgRg no Ag nº 511.849, que um contrato de abertura de crédito em conta-corrente é documento comum às partes. Outros exemplos seriam um recibo, uma apólice de seguro, uma correspondência entre as partes, etc.

Apesar de o inciso III mencionar expressamente só o documento, tal hipótese também se aplica à exibição da coisa que eventualmente seja comum às partes.

VI. Aplicação do art. 399 no pedido de exibição contra "terceiro"

Apesar de não estar expresso no art. 399, os incisos I e III desse dispositivo aplicam-se também nos casos de apresentação de pedido de exibição contra "terceiro" (ver crítica a essa expressão no comentário ao art. 401).

O inciso I é aplicado pois também o terceiro pode ter obrigação legal de apresentar documento ou coisa.

O inciso III também é aplicado pois o documento ou coisa pode ter conteúdo comum ao requerente e ao terceiro.

Somente o inciso II não se aplica, pois ele regula a hipótese de o requerido ter previamente mencionado o documento ou a coisa, o que não ocorre a ação de exibição é contra "terceiro".

Art. 400 - Ao decidir o pedido, o juiz admitirá como verdadeiros os fatos que, por meio do documento ou da coisa, a parte pretendia provar se:
I - o requerido não efetuar a exibição nem fizer nenhuma declaração no prazo do art. 398;
II - a recusa for havida por ilegítima.
Parágrafo único - Sendo necessário, o juiz pode adotar medidas indutivas, coercitivas, mandamentais ou sub-rogatórias para que o documento seja exibido.

I. O "requerido"

Ver comentário ao art. 398.

II. Nem sempre é necessário aplicar o art. 400

O art. 400 regula a decisão do incidente decorrente do pedido de exibição de documento ou coisa apresentado por uma das partes do processo contra a outra parte do mesmo processo. Todavia, existe ao menos uma situação na qual o juiz não profere decisão "julgado" o incidente, ou seja, não aplica o art. 400.

Isso ocorre quando o requerido apresenta o documento ou a coisa, que é uma das suas possíveis atitudes, como explicado em comentário ao art. 398. Se o documento ou a coisa já foi apresentado, a prova foi produzida, e o juiz não precisa (ou melhor, não deve) julgar o incidente nem aplicar o art. 400. Em tal hipótese, o juiz deve (no momento oportuno, geralmente na sentença) apreciar diretamente a prova em questão, ou seja, o documento ou a coisa apresentada pelo requerido a pedido do requerente.

III. Conteúdo "positivo" ou "negativo" da decisão efetuada com base no art. 400

O art. 400, *caput*, incisos I e II, e parágrafo único, pode eventualmente passar ao intérprete a impressão de que o juiz somente deve proferir decisão – no pedido de exibição – quando ocorrerem as hipóteses estabelecidas nos incisos I e II, ou no parágrafo único, ou seja, quando o juiz tem uma conclusão "positiva" em relação ao pleito do requerente, no sentido de que o requerido tem a obrigação legal de apresentar o documento ou a coisa. Nessa linha de raciocínio, o juiz não precisaria proferir decisão a respeito do pedido de exibição caso sua conclusão seja "negativa" (contra o requerente), por entender que não estão caracterizadas as situações previstas nos incisos I e II, ou em função da aplicação de outra regra que favoreça a recusa do requerido, como as do art. 404.

Todavia, a interpretação anteriormente explicada deve ser afastada. O juiz deve sempre decidir o pedido de exibição de documento ou coisa, seja quando essa decisão é favorável à exibição (tendo o conteúdo "positivo" antes mencionado), seja quando essa decisão é desfavorável à exibição (tendo o conteúdo "negativo" antes mencionado). Essa conclusão é decorrente de dois fundamentos.

O primeiro fundamento é o princípio do dispositivo. Havendo pedido, pretensão (mesmo que não seja de direito material), deve haver decisão.

O segundo fundamento relaciona-se com o dever do juiz de motivar as suas decisões, o que, além de ser decorrente de comando constitucional (art. 93, inciso IX, da CF), está previsto no art. 489, inciso II e § 1º, do CPC/2015. Aliás, esse último dispositivo ampliou, reforçou, detalhou o dever de motivação do juiz (em comparação ao modo como a motivação está regulada no CPC/1973).

Desse modo, caso o juiz, por qualquer motivo (inclusive em razão do art. 404), entenda que o pedido de exibição deva ser rejeitado, indeferido, deve proferir decisão nesse sentido. Em tal caso, obviamente, não aplicará as regras do art. 400. Mas será decisão proferida "no lugar", ou "em substituição" ao regulado pelo art. 400.

Nos comentários seguintes, contudo, será examinada somente a efetiva aplicação do art. 400, ou seja, quando o juiz defere o pedido de exibição, e aplica as regras adiante detalhadas.

IV. O *caput* do art. 400: a presunção de veracidade dos fatos

Nos comentários ao art. 397, explicou-se que ao ser apresentado o pedido de exibição de documento ou coisa, o requerente, além de observar o previsto nos incisos I, II e III, do art. 397, também precisa informar quais fatos pretende provar com a apresentação do documento ou da coisa (em função do estabelecido no *caput* do art. 400).

Assim, ocorrendo as hipóteses dos incisos I e II (a seguir comentados), o *caput* do art. 400 estabelece verdadeira presunção legal, determinando que devem ser considerados verdadeiros os fatos que seriam provados pelo documento ou pela coisa não apresentado pelo requerido.

Essa presunção legal, contudo, é relativa, a qual pode ser objeto de prova em contrário. No sistema processual brasileiro, não vigora o sistema da prova tarifada, mas sim o sistema da presunção racional do juiz, de modo que não existe prova absoluta, devendo o conjunto probatório ser examinado como um todo. Entendimento similar ao ora defendido foi adotado pelo STJ no julgamento do REsp nº 867.132, nos seguintes termos: "A princípio, presumem-se verdadeiros os fatos que se pretendiam provar com os documentos que a parte se recusou a exibir, não obstante a determinação judicial expressa, mas a presunção de veracidade poderá ser infirmada pelo julgador quando da formação do seu livre convencimento em face das provas constantes dos autos".

Há, contudo, quem entenda, na doutrina, que não se trata de presunção, mas sim de ficção jurídica. E, sob outro prisma, parte da doutrina afirma que também se trata de sanção, a qual existe no sistema processual para desencorajar o requerido a esconder o documento ou coisa. Outra corrente afirma que haveria ônus do requerido (parte do processo) em apresentar o documento ou a coisa, sendo que, quando a pretensão de exibição for contra terceiro, esse teria o dever de exibir, caso a demanda seja julgada procedente.

V. O inciso I: a inércia do requerido

O inciso I estabelece a primeira hipótese de aplicação da presunção de veracidade anteriormente explicada, que ocorre quando o requerido, além de não apresentar o documento ou a coisa, também não se manifesta sobre o pedido de exibição (não justifica os motivos da sua recusa).

Apesar dos termos peremptórios da regra em comento, o juiz pode, em razão dos demais elementos probatórios colhidos no processo, não aplicar tal sanção, não estabelecer a presunção de veracidade, decidido que o fato não foi provado. Os motivos são os explicados no comentário anterior.

Aliás, trata-se de situação similar ao que ocorre com a revelia (art. 344), eis que, mesmo quando presentes os efeitos da revelia (art. 345), o juiz não é obrigado a considerar que os fatos ocorreram conforme narrado pelo autor, podendo chegar a outra conclusão em razão do conjunto probatório (inciso IV do art. 345).

VI. O inciso II: a recusa ilegítima

O inciso II estabelece a segunda hipótese de aplicação da presunção de veracidade anteriormente explicada, que ocorre quando o requerido apresenta justificativa para se negar a exibir o documento ou coisa (ou seja, o requerido formula recusa), tendo o juiz decidido que a recusa é ilegítima.

Para decidir se a recusa é legítima ou ilegítima, o legislador previu alguns critérios, tanto no art. 399 (que lista hipóteses de recusa ilegítima) quanto no art. 404 (que estabelece situações nas quais a recusa é legítima).

E repetindo o explicado no comentário ao inciso I, apesar dos termos peremptórios da conjunção do *caput* com o inciso II, o juiz pode considerar que a recusa é ilegítima, mas, em razão dos demais elementos probatórios colhidos no processo, não estabelecer a presunção de veracidade, decidido que o fato não foi provado. Os motivos são os constantes no comentário ao *caput* do art. 400.

VII. O parágrafo único: explicações iniciais

O parágrafo único do art. 400 do CPC/2015 – que não tem regra similar no CPC/1973 – amplia e flexibiliza as alternativas colocadas à disposição do juiz ao decidir o pedido de exibição. No sistema do CPC/1973, se o documento ou a coisa não fosse apresentado, e sendo a recusa considerada injusta, a única alternativa concedida ao juiz era a aplicação da presunção de veracidade antes explicada. Então, ao menos em tese, o sistema do CPC/1973 somente dá ao juiz duas alternativas (em caso de recusa fundamentada do requerido): ou considera legítima a recusa do requerido e rejeita o pedido de exibição, ou considera ilegítima a recusa do requerido e considera provado o fato alegado pelo requerente que seria supostamente comprovado com a apresentação do documento ou da coisa.

No sistema do CPC/2015 existe uma alternativa "intermediária", que é exatamente a aplicação das medidas de apoio do parágrafo único do art. 400. Assim, o juiz pode considerar que a recusa é ilegítima, mas ficar na dúvida se o conteúdo do documento ou da coisa é o que foi alegado pelo requerente. Então, em tal hipótese, em vez de aplicar a presunção de veracidade prevista no *caput* e nos dois incisos do art. 400, o juiz deve tomar as medidas necessárias para a obtenção física do documento ou da coisa. Isso ocorre pela aplicação das medidas de apoio listadas no parágrafo único, que podem ser indutivas, coercitivas, mandamentais ou sub-rogatórias (examinadas adiante).

Outra possibilidade de aplicação das medidas do parágrafo único do art. 400 ocorre quando o requerido alega que não tem a posse do documento ou da coisa, e o juiz, após regular instrução (prevista no parágrafo único do art. 398), conclui que o requerido está falando a verdade. Pode ocorrer que, apesar de o requerido não ter a posse do documento ou da coisa, apesar de a sua recusa ser assim legítima, seja possível aplicar alguma das medidas previstas no parágrafo único do art. 400, para assim viabilizar a efetiva exibição do documento ou da coisa.

O parágrafo único do art. 400 não menciona expressamente a coisa, somente se refere à sua aplicação para viabilizar a exibição de documento. Contudo, essa omissão do legislador não pode ser considerada intencional, e sim mera desatenção de redação. Até pelo fato de que não existe qualquer restrição de ordem prática ou legal que impeça a aplicação das medidas do parágrafo único quando o objeto do pedido de exibição é uma coisa. Por isso é que, nos comentários feitos ao parágrafo único, menciona-se tanto o documento quanto a coisa.

VIII. O parágrafo único: impossibilidade de cumulação com a presunção de veracidade

Se o juiz aplica a presunção de veracidade prevista no *caput* e nos dois incisos do art. 400, não precisa – ou melhor, não deve – aplicar as medidas previstas no parágrafo único. São situações alternativas, ou o juiz aplica a presunção de veracidade, ou determina a aplicação das medidas de apoio, para viabilizar a exibição efetiva do documento ou da coisa. Se o juiz estabelece a presunção de veracidade prevista no *caput* e nos incisos do art. 400, o documento ou a coisa não precisa mais ser apresentado, pois o fato que o requerente pretendia demonstrar pela exibição do documento ou da coisa já foi considerado comprovado pelo juiz (de forma presumida).

A exibição de determinado documento ou coisa não tem um fim em si mesmo, trata-se de ato processual que serve para comprovar determinado fato alegado pelo requerente; se esse fato já foi estabelecido pela aplicação da presunção prevista no *caput* e nos incisos do art. 400, então é completamente desnecessário determinar a aplicação de qualquer medida de apoio do parágrafo único, pois não é mais necessário obter (exibir) o documento ou a coisa.

IX. O parágrafo único: as medidas de apoio

O parágrafo único do art. 400 estabelece que, para viabilizar a efetiva exibição do documento ou da coisa, o juiz pode adotar medidas indutivas, coercitivas, mandamentais ou sub-rogatórias. Tal dispositivo nada mais é do que reflexo do poder geral do juiz em determinar tais tipos de medidas, o que está previsto no art. 139, inciso IV.

Apesar de não estar mencionado expressamente, entre as medidas coercitivas inclui-se a fixação de multa pecuniária diária, ou seja, de *astreintes*.

Ocorre que a posição do STJ, na vigência do CPC/1973, é contra a aplicação de multa diária em exibição de documento ou coisa. Nesse sentido, é a Súmula nº 372 do STJ, com a seguinte redação: "Na ação de exibição de documentos, não cabe a aplicação de multa cominatória". E após a edição dessa súmula o STJ deixou mais claro o seu entendimento ao julgar o REsp (repetitivo) nº 1.333.988, cuja ementa estabelece o: "Descabimento de multa cominatória na exibição, incidental ou autônoma, de documento relativo a direito disponível".

Como no CPC/2015 existe, no parágrafo único do art. 400, a expressa previsão da possibilidade de serem adotadas medidas indutivas, coercitivas, mandamentais ou sub-rogatórias, o explicado entendimento do STJ deve ser revisto. Havendo norma expressa, o entendimento restritivo do STJ não mais se sustenta.

Todavia, ressalte-se que existe entendimento doutrinário, manifestado à luz das regras do CPC/2015, de que o juiz não poderia aplicar multa para forçar a parte a exibir o documento, eis que isso não está previsto expressamente no parágrafo único do art. 400; para essa corrente, se as demais medidas de apoio não derem resultado, o juiz deve então aplicar a presunção de veracidade prevista no *caput* e no inciso II do art. 400.

X. "Momento" ("local") da decisão do pedido de exibição

Como já mencionado, o art. 400 regula a decisão do incidente decorrente do pedido de exibição de documento ou coisa apresentado por uma das partes do processo contra a outra parte do mesmo processo.

Todavia, o dispositivo em comento não determina quando essa decisão deve ser proferida. Ou seja, não prevê se tal decisão deve ocorrer: i) imediatamente após o requerente se manifestar sobre a recusa do requerido (ou após ser produzida a prova prevista no parágrafo único do art. 398); ou ii) ao final do processo, quando é apreciado todo o conjunto probatório.

Se o legislador não estabelece o "momento", então também não estabelece o "local", ou seja, se: a) deve ser proferida decisão interlocutória; ou b) se deve ser proferida sentença, final ou "parcial" (essa última prevista no art. 356 do CPC/2015, que a denomina de Julgamento Antecipado Parcial do Mérito).

O fato de o legislador não ter fixado expressamente nem o momento nem o local específico para ser proferida decisão com base no art. 400 foi proposital. Ao não se estabelecer regra rígida (um momento ou local específico, predeterminado), essa questão foi regulada de modo flexível, aberto, cuja solução vai depender da situação em concreto, das necessidades (inclusive instrutórias) do processo específico. Em outras palavras, o "momento" e o "local" em que deve ser aplicado o art. 400 dependerá das circunstâncias do caso concreto.

Em alguns processos, será mais adequado que o juiz profira decisão interlocutória com base no art. 400, para assim desde logo estabelecer que determinados fatos já são (ou não) considerados provados, o que, em consequência, terá repercussões no restante da instrução probatória. Por exemplo: simplificando/restringindo a colheita das provas ainda pendentes, em razão de determinado fato já estar provado; ou, ao contrário, ampliando a colheita das provas, por ter o juiz proferido decisão contra a exibição; ou ainda, melhor organizando a fase instrutória, tendo em vista a decisão (positiva ou negativa) tomada no incidente de exibição.

Também será caso de proferir decisão interlocutória quando o juiz entender necessário aplicar o parágrafo único do art. 400.

De outro lado, podem existir situações nas quais o juiz considere melhor proferir a decisão prevista no art. 400 junto com – ou melhor, no mesmo ato em que é exarada – a sentença (parcial ou final), quando também resolverá questões de mérito de tal processo. Isso pode ocorrer, por exemplo, quando: a1) o juiz verifica ser prematuro proferir decisão interlocutória com base no art. 400, sendo preferível aguardar a produção de todas as demais provas, de modo assim a poder efetuar a avaliação, no mesmo momento, tanto da recusa em exibir o documento ou coisa, quanto dos demais elementos de prova colhidos no processo; a2) o juiz avalia que a instrução probatória terá mais condições de sucesso, inclusive decorrente de um maior esforço de ambas as partes, se a decisão prevista no art. 400 for deixada para a sentença; b3) a prova objeto do pedido de exibição de documento ou coisa seja a única a ser produzida naquele processo; e b4) o fato a ser provado pela exibição do documento ou coisa seja suficiente para o esclarecimento dos fatos da causa.

Note-se que nas situações (a1) e (a2) anteriores o juiz até poderia proferir decisão interlocutória, mas prefere, por motivos relacionados com a melhor instrução da causa, aplicar o art. 400 ao caso concreto quando for proferida a sentença (eventualmente parcial). Já nas situações (b3) e (b4), o que ocorre é que, se nada mais necessita ser provado, se basta decidir o incidente e passar ao julgamento do processo, o juiz pode então proferir desde logo sentença (inclusive parcial), na qual resolve tanto o incidente de exibição quanto as questões de mérito do processo.

XI. Recurso cabível contra a decisão do pedido de exibição formulado contra a outra parte: agravo de instrumento ou apelação?

Foi explicado em comentário anterior que a decisão do incidente decorrente do pedido de exibição de documento pode ser feita em decisão interlocutória ou em sentença. E sendo em sentença, essa pode ser a sentença final ou a sentença parcial, prevista no art. 356 do CPC/2015 (que a denomina de Julgamento Antecipado Parcial do Mérito).

Se no caso concreto for proferida *decisão interlocutória* aplicando o art. 400, incisos I ou II, ou ainda o seu parágrafo único, o recurso cabível é o agravo de instrumento, em decorrência da expressa previsão do inciso VI do art. 1.015, assim redigido: "Art. 1.015. Cabe agravo de instrumento contra as decisões interlocutórias que versarem sobre: [...] VI - exibição ou posse de documento ou coisa; [...]". Essa regra não estabelece que cabe agravo de instrumento somente contra as decisões que determinarem a exibição de documento ou coisa, mas sim contra as decisões que "versarem" sobre a exibição. Então a hipótese do inciso VI do art. 1.015 abrange: a) as decisões que determinam a exibição de documento ou coisa (como, por exemplo, as que aplicam o parágrafo único do art. 400); b) as decisões que negam (indeferem) o pedido de exibição de documento ou coisa (pelos motivos previstos no art. 404, ou por outra razão); e c) as decisões que, mesmo sem determinar ou indeferir a exibição de documento ou coisa, tenham conteúdo relacionado com o pedido de exibição, como as que aplicam o previsto nos incisos I e II do art. 400.

Se a decisão prevista no art. 400 for tomada na *sentença final*, o recurso cabível é a apelação, nos termos do art. 1.009. Destaca-se que a apelação é o recurso usado para impugnar todas as questões tratadas na sentença final, inclusive àquelas que poderiam ter sido resolvidas em decisão interlocutória, mas foram tratadas na sentença final; esse entendimento já era prevalente no sistema do CPC/1973, e deve continuar sendo aplicado, até por ser coerente com o previsto nos §§ 1º e 3º do art. 1.009 do CPC/2015. Então, sendo aplicado o art. 400 na sentença, o recurso cabível é a apelação. Todavia, parte da doutrina que examinou tal questão no CPC/2015 afirma que o recurso cabível seria sempre o agravo de instrumento, em razão do previsto no art. 1.015, inciso VI; tal interpretação deve ser afastada, pois ela ignora o previsto no § 3º do art. 1.009.

Se a decisão prevista no art. 400 for tomada em sentença parcial, o recurso cabível é o agravo de instrumento, expressamente previsto no § 5º do art. 356. E repetindo a explicação anterior, o agravo de instrumento é o recurso usado para impugnar todas as questões tratadas na sentença parcial, inclusive aquelas que poderiam ter sido resolvidas em decisão interlocutória, mas foram tratadas na sentença parcial.

XII. Interesse recursal quando aplicado o parágrafo único

Apesar de as medidas previstas no parágrafo único do art. 400 parecerem "violentas", na *prática* verifica-se que, quando determinadas, de certo modo o requerido é beneficiado, eis que a pior alternativa para o requerido é a aplicação da presunção de veracidade prevista no *caput* e nos dois incisos do art. 400. E, invertendo-se o foco, a aplicação das medidas do parágrafo único do art. 400 também constitui, de certo modo, pequena derrota do requerente, pois a sua vitória completa seria a aplicação da presunção de veracidade.

Desse modo, quando alguma medida de apoio é determinada pelo juiz, tanto o requerente quanto o requerido têm interesse em recorrer: o requerente pode recorrer pedindo que seja aplicada a presunção de veracidade estabelecida no *caput* e nos incisos do art. 400; e o requerido pode recorrer pedindo que a sua recusa seja considerada legítima, com a consequência de que ele não tem que apresentar o documento.

Art. 401 - Quando o documento ou a coisa estiver em poder de terceiro, o juiz ordenará sua citação para responder no prazo de 15 (quinze) dias.

I. A exibição de documento ou coisa contra terceiro. Primeiras observações

Os arts. 401 a 404 regulam o pedido – na verdade demanda autônoma – de exibição de documento, formulada contra o "terceiro" (expressão essa criticada adiante em comentário a esse art. 401).

Nos comentários ao art. 396 explicam-se diversas questões introdutórias relacionadas com o pedido de exibição de documento, as quais, via de regra, também se aplicam à exibição de documento movida contra "terceiro". Assim, para não repetir as observações presentes no referido art. 396, reporta-se o leitor aos comentários a tal dispositivo, que versam sobre: i) primeiras observações; ii) exibição de documento ou coisa em poder da outra parte e em poder de terceiro; iii) conceito de documento ou coisa, para fins de aplicação dos arts. 396 a 404; iv) poder do juiz em determinar a exibição de documento ou coisa; v) dever de colaboração da parte ou do terceiro; vi) o ato de exibir o documento ou a coisa: autos físicos ou eletrônicos, e dimensões do documento ou da coisa; vii) os arts. 844 e 845 do CPC/1973 e a tutela de urgência na exibição de documento ou coisa; e viii) meios jurídicos para pleitear a exibição de documento ou coisa.

II. Crítica à expressão "terceiro" mencionada nos arts. 401 a 404

Os arts. 401 a 404 mencionam a figura do "terceiro". Apesar de essa expressão servir para identificar o que o legislador pretende regular, ela também merece certa crítica, pois pode induzir o intérprete a erro.

Conforme já exposto em comentário ao art. 396, existem duas diferentes situações na vida em que uma pessoa pode ter o interesse em ter acesso a documento ou coisa que não possui: a) quando, em razão de disputa judicial já em curso, uma das partes quer ter acesso a documento ou coisa (que não possui) para provar determinado fato controvertido; b) quando ainda não existe processo judicial, mas uma pessoa quer ter acesso a documento ou coisa (que não possui), por qualquer razão (juridicamente válida), independentemente de ser ou não utilizada em outro processo judicial.

A distinção anterior não é baseada no fato de o pedido de exibição ser proposto contra a outra parte ou contra "terceiro": na situação do item (a) o pedido pode ser feito contra a outra parte do processo em curso ou contra terceiro; já na situação do item (b) não existe processo prévio, motivo pelo qual não é relevante (e mesmo causa confusão) a distinção entre parte e "terceiro".

Desse modo, os arts. 401 a 404 são aplicados em dois tipos de situação.

Na primeira situação, há processo já em curso, no qual surge a necessidade de se examinar documento ou uma coisa que está com pessoa que não é parte de tal demanda. Assim, o interessado em usar o documento ou a coisa como prova no processo original propõe outra demanda judicial, agora contra o "terceiro". Nesse segundo processo, contra o "terceiro", normalmente o único objeto é pedir a exibição do documento ou da coisa, para que essa possa ser utilizada como prova no processo "original".

Na segunda situação, uma pessoa quer ter acesso a determinado documento ou uma coisa (que não possui), por qualquer razão (juridicamente válida), independentemente de ser ou não utilizada em outro processo judicial a ser eventualmente proposto no futuro. Para tanto, havendo resistência de quem possui o documento ou a coisa, o interessado deve ajuizar processo de conhecimento cujo objeto é o pedido de exibição de documento. Então, nessa segunda situação, apesar de também serem aplicados os arts. 401 a 404 no processo de conhecimento em questão, não há sentido em falar que o requerido é "terceiro".

Na primeira das duas situações, existe certa lógica em se utilizar a expressão "terceiro". Mas na segunda situação, a expressão "terceiro" pode eventualmente causar confusão ao intérprete. Por isso a importância dessa crítica.

De qualquer modo, apesar da crítica anterior, nos comentários seguintes é utilizada a expressão terceiro, adotada pelo legislador.

III. O pedido de exibição de documento ou coisa apresentado contra terceiro não é incidente processual, mas sim processo de conhecimento autônomo

Quando o pedido de exibição de documento ou coisa é apresentado em face da outra parte de processo já em curso, então trata-se de incidente processual, que ocorre dentro do processo já em curso, sem que seja necessário propor nova demanda, sem estabelecer nova relação jurídica processual.

Mas quando o pedido de exibição é apresentado contra o terceiro, é necessária a propositura de demanda judicial contra quem tem a posse do documento ou da coisa. Essa conclusão decorre de ao menos dois fatores: i) o terceiro não é parte de outro processo judicial, e para ser feito o pedido de exibição, e para ser esse concedido ou negado, deve existir processo judicial; e ii) o art. 401 determina que o terceiro deve ser citado.

A demanda que deve ser proposta contra o terceiro é *processo de conhecimento, pelo rito comum*, com as adaptações decorrentes da aplicação, do que for cabível em cada caso concreto, dos arts. 396 a 404. Esclarece-se que não são só os arts. 401 a 404 se aplicam nesta demanda contra o "terceiro", podendo também ocorrer a aplicação dos arts. 396 a 400, como explicado em comentários feitos em tais dispositivos.

O objeto deste processo de conhecimento (o pedido a ser feito pelo autor) é estabelecer a obrigação do terceiro em exibir o documento ou a coisa. Portanto, visa à obtenção de sentença que estabeleça obrigação de fazer.

Deve também ficar claro que o processo de exibição movido contra o terceiro não é disciplinado pelas regras que regulam a produção antecipada de prova (arts. 381 a 383), pelos motivos já explicados em comentário ao art. 396.

Por fim, sendo processo de conhecimento autônomo, é encerrado por sentença, que se for de mérito, faz coisa julgada (o que foi reconhecido pelo STJ ao julgar o REsp nº 165.303).

IV. Competência

Se já existe outra demanda em curso, na qual o documento ou a coisa necessita ser exibido como meio de prova, e o interessado tem que apresentar pedido de exibição contra o terceiro que possui o documento, então essa segunda demanda deve ser distribuída, por prevenção, ao mesmo juízo no qual já corre a demanda "original". A segunda ação é claramente acessória, o que é critério para fixar a competência perante o juízo da demanda principal (art. 61). E parte da doutrina também entende que existe conexão entre tais processos, em função de a causa de pedir ser comum, o que também leva à fixação da competência (art. 55).

Situação diferente ocorre quando é ajuizada ação que tem por objeto exclusivamente a exibição de documento, sem ter sido previamente ajuizada outra demanda (ver comentários ao art. 396). Em tal hipótese, não existe juízo prevento, e a distribuição é livre.

V. Conteúdo da petição inicial

Como explicado em comentário anterior, ação de exibição de documento proposta contra o terceiro é processo de conhecimento, que segue o rito comum.

Assim, a sua petição inicial deve observar tanto as regras genéricas do art. 319 e ss. quanto o estabelecido no art. 397, incisos I, II e III. Esses últimos dispositivos, apesar de regularem o pedido incidental de exibição de documento apresentado contra a outra parte de processo já em curso, aplicam-se subsidiariamente na ação movida contra o terceiro.

VI. Citação do terceiro: para responder ou para comparecer em audiência de tentativa de conciliação?

O art. 401 do CPC/2015, praticamente repetindo os termos do que consta no art. 360 do CPC/1973, estabelece que o terceiro é citado para responder ao pedido no prazo de 15 (quinze) dias. A única alteração redacional efetiva é o aumento de prazo, que era de 10 (dez) dias corridos, e agora é de 15 (quinze) dias úteis: sobre o prazo, ver comentário efetuado a seguir.

Ocorre que, como explicado em comentário anterior, quando a exibição de documento é apresentada contra "terceiro", deve ser proposta demanda autônoma, que é processo de conhecimento, pelo rito comum. E no processo de conhecimento, pelo rito comum, o réu, via de regra, não é citado para responder aos termos da ação, ele é citado para comparecer na audiência de tentativa de conciliação do art. 334.

Desse modo, apesar dos termos aparentemente peremptórios do art. 401, o juiz pode perfeitamente determinar a citação do terceiro, não para responder no prazo de 15 (quinze) dias, mas sim para comparecer em audiência de tentativa de conciliação regulada pelo art. 334, sendo que o prazo para responder (se não houver acordo) será então regulado pelo art. 335.

VII. O prazo do terceiro para responder

Independentemente do explicado no comentário anterior, deve ser realçado que, como se trata de citação em processo de conhecimento, para a contagem do prazo de 15 (quinze) dias para responder aplicam-se as regras normais, comuns a todos os demais processos, com as que estabelecem o termo inicial de contagem do prazo (art. 231), e que o prazo, por ser processual, é contado em dias úteis (art. 219).

VIII. Conteúdo da resposta do terceiro

Ver em comentário ao art. 402.

Art. 402 - Se o terceiro negar a obrigação de exibir ou a posse do documento ou da coisa, o juiz designará audiência especial, tomando-lhe o depoimento, bem como o das partes e, se necessário, o de testemunhas, e em seguida proferirá decisão.

I. O "terceiro"

Ver em comentário ao art. 401 observações e críticas à expressão "terceiro", utilizada pelo legislador nos arts. 401 a 404.

II. Conteúdo da resposta do terceiro

O art. 402 dá a impressão de que as únicas alternativas de comportamento do terceiro – no momento em que deve apresentar a sua resposta – seriam afirmar que não possui o documento ou a coisa, ou negar a obrigação de exibi-lo. Na verdade, seguindo o já explicado em comentário ao art. 398, existem três diferentes atitudes que o terceiro pode tomar.

A *primeira alternativa* é apresentar o documento ou a coisa. Esse tipo de comportamento pode em tese caracterizar reconhecimento jurídico do pedido. E então, após regular vista ao autor, bastaria ao juiz proferir sentença, na qual inclusive deverá estabelecer os ônus da sucumbência. Contudo, existe forte controvérsia jurisprudencial, principalmente em processos ajuizados com base nos arts. 844 e 845 do CPC/1973, se o terceiro que apresenta espontaneamente o documento ou a coisa, ou ainda não opõe resistência à liminar que determinou a sua exibição, deve ou não ser responsabilizado pelos ônus da sucumbência.

A *segunda alternativa* é o terceiro não apresentar o documento ou a coisa nem responder aos termos da demanda. Nesse caso, ocorre revelia (art. 344), sendo que, se forem produzidos os efeitos da revelia (art. 345), isso deverá ser levado em conta pelo juiz no momento seguinte do processo, quando deve proferir as decisões previstas no art. 403, *caput* e parágrafo único.

A *terceira alternativa* é o terceiro não apresentar o documento ou a coisa e impugnar o pedido de exibição. Essa terceira alternativa se subdivide em 4 (quatro) possibilidades, dependendo do conteúdo da impugnação.

i) O terceiro pode impugnar o pedido afirmando que não possui o documento ou a coisa. Esse comportamento é previsto e regulado inicialmente pelo art. 402 (adiante examinado), e posteriormente pelo art. 403.

ii) Outra possibilidade seria o terceiro concordar que possui o documento ou a coisa (ou não negar esse fato afirmado pelo requerente), mas alegar que não pode (ou não quer) apresentá-lo, justificando sua recusa em um dos incisos no art. 404 ou em outro fundamento legal. Esse comportamento é inicialmente previsto e regulado pelo art. 402 (adiante examinado). A alegação do terceiro deverá ser apreciada pelo juiz, tendo inclusive em vista o art. 399, incisos I e III (aplicáveis ao terceiro, como destacado em comentário feito a tais dispositivos). Se o juiz concluir que a recusa em apresentar o documento ou a coisa não é justa, deve então proferir as decisões previstas no art. 403.

iii) Tratando-se de resposta em processo de conhecimento, o terceiro pode apresentar qualquer tipo de defesa ou argumento que considerar necessário. A sua defesa não está restrita a possuir ou não o documento ou a coisa, ou ter ou não o dever de exibi-lo. Como o "terceiro" dos arts. 401 a 404 é verdadeiro réu em tal demanda, ele tem amplo direito de defesa garantido constitucionalmente (CF, art. 5º, inciso LV), e pode assim usar todas as armas e apresentar todos os argumentos permitidos pela legislação processual. E as partes deverão observar e o juiz aplicar as regras atinentes a cada tipo de defesa utilizada pelo terceiro, ou a cada argumento por ele apresentado.

iv) Por fim, nada impede que o terceiro, na mesma petição, cumule todas as – ou 2 (duas) das – 3 (três) possibilidades explicadas nos itens (i), (ii) e (iii).

III. Prazo do requerente para se manifestar sobre o documento ou a coisa apresentada ou sobre o conteúdo da resposta do terceiro.

Os arts. 396 a 403 não preveem qual é o prazo que o requerente tem para se manifestar sobre o documento ou a coisa apresentada pelo terceiro, nem o prazo para se manifestar sobre a resposta do terceiro, quando esse se recusa a apresentar o documento ou a coisa.

Se o terceiro apresenta o documento ou a coisa, a situação se enquadra no previsto no § 1º do art. 437, que estabelece prazo de 15 (quinze) dias para a parte se manifestar. E o requerente também pode pedir a dilação desse prazo, nos termos do § 2º do mesmo art. 437.

Se o terceiro não apresenta o documento ou a coisa, o requerente deve receber prazo para se manifestar sobre a recusa. Nesse caso, o prazo dependerá de alguns fatores. Assim, como a recusa consta na contestação do terceiro, então é necessário apurar se, em razão do conteúdo de tal contestação, será dado prazo para o autor apresentar réplica, o que somente ocorre nas situações previstas nos arts. 350, 351 e 437; em todas essas hipóteses, como o prazo para réplica é de 15 (quinze) dias, esse também será o prazo para se manifestar sobre a recusa em exibir o documento. Mas se o conteúdo da contestação não se enquadrar no previsto nos arts. 350, 351 e 437, então, em tese, não deve ser concedido prazo para réplica; mas, mesmo assim, deve ser concedido prazo para o autor se manifestar sobre a recusa do terceiro em apresentar o documento ou a coisa; em tal situação, não existe prazo fixado em lei, cabendo ao juiz estabelecê-lo; na omissão do juiz, o prazo é o de 5 (cinco) dias previsto no § 3º do art. 218.

IV. A instrução probatória prevista no art. 402

Em comentário anterior foi explicado que entre as atitudes que o terceiro pode tomar estão negar possuir o documento ou a coisa ou negar a obrigação em exibi-lo.

Quando qualquer uma dessas situações ocorre, aplica-se o art. 402, que determina a realização de audiência especial, na qual é tomado o depoimento do terceiro, das partes e, se necessário, das testemunhas. São várias as observações decorrentes desse dispositivo, aparentemente simples, mas que regula (insatisfatoriamente) a instrução probatória na ação de exibição de documento ou coisa contra terceiro.

Inicialmente, a efetiva necessidade de instrução probatória, e o seu objeto, vai depender do conteúdo da resposta do terceiro. Se esse somente negar ter a posse do documento ou da coisa, a instrução provavelmente será necessária, e terá por objeto só apurar se o terceiro possui ou não o documento ou a coisa. Mas se o terceiro não negar que possui o documento ou a coisa, mas alegar que não tem obrigação de exibi-lo, então pode ser que a instrução não seja necessária, que a questão seja somente de direito; em tal hipótese geralmente não é necessário realizar a instrução, apesar dos termos aparentemente peremptórios do art. 402, devendo o juiz proferir as decisões reguladas no art. 403, *caput* e parágrafo único.

O art. 402 menciona que deve ser marcada audiência "especial". Todavia, a audiência mencionada em referido dispositivo não tem nada de especial, ela não difere da audiência comum de instrução (art. 358 e ss.). Inclusive, também se aplicam, para a colheita da prova oral em tal audiência, as regras que regulam o depoimento pessoal das partes e o de testemunhas.

O art. 402 estabelece expressamente que o terceiro e as partes serão ouvidos em audiência. Ocorre que o "terceiro", em tal processo, é a parte ré. Então, quem são as partes mencionadas no art. 402? Aqui o legislador está se referindo às partes do processo original, no qual o documento ou a coisa será usado como prova; mas se não existe processo original (como explicado em comentários ao arts. 396 e 401), então o dispositivo deve ser interpretado como fazendo referência somente ao autor do processo de exibição proposto contra o "terceiro".

E como o art. 402 faz expressa referência ao depoimento do terceiro e das partes, esses devem ser inquiridos independentemente de pedido de qualquer um dos litigantes. Mas o juiz pode dispensar o depoimento de qualquer um desses, caso entenda que a prova é desnecessária.

Realizada a instrução, a etapa seguinte do processo está regulada no art. 403.

V. O art. 402 e o ônus da prova

O art. 402 não estabelece quem tem o ônus da prova na instrução probatória prevista em tal dispositivo. Assim, aplicam-se as regras normais sobre o ônus da prova (art. 373).

Se o terceiro nega que tenha algum dia recebido o documento ou a coisa, o ônus da prova de que ele recebeu o documento ou coisa é do autor, eis que esse último alegou fato constitutivo do seu direito (de examinar o documento ou a coisa), e tal fato foi negado pelo terceiro (art. 373, inciso I).

Já se o requerido, na sua resposta, concorda que anteriormente teve a posse do documento ou da coisa, mas que agora não tem mais a sua posse (por qualquer razão), então o que o terceiro está fazendo, em tal exemplo, é alegar fato impeditivo do direito do autor. E o ônus da prova do fato impeditivo é de quem o alegou (art. 373, inciso II), no caso, do terceiro.

De outro lado, se a controvérsia fática não é sobre a posse do documento ou da coisa, mas sim se o terceiro tem o direito de se recusar a exibi-lo (se a recusa é justa ou injusta), então, a princípio o ônus da prova é do autor, que deve provar que tem o direito de examinar o documento ou a coisa (obviamente, se não for questão exclusivamente de direito).

Todavia, pode acontecer de o terceiro não negar o direito do autor em examinar o documento ou a coisa, mas alegar outro fato, outra questão, que, se provada, lhe daria o direito de se recusar a exibir; por exemplo, quando ocorre uma das hipóteses do art. 404. Ora, essa alegação do terceiro é, dependendo da situação, fato impeditivo, modificativo ou extintivo do direito do autor. E, nesse caso, o ônus da prova será do terceiro (art. 373, inciso II).

Por fim, também é possível ocorrer a inversão do ônus da prova. Sobre o tema, ver comentários efetuados ao parágrafo único do art. 398.

VI. Após a instrução, o juiz proferirá decisão: sentença (final ou parcial) ou decisão interlocutória?

Na parte final do art. 402 do CPC/2015, determina-se que, finalizada a instrução probatória, o juiz proferirá "decisão".

No CPC/1973 a regra a sistemática é diferente, pois o seu art. 361 estabelece que o juiz deve proferir "sentença".

A regra do CPC/2015 é melhor, pois a decisão a ser proferida ao final da instrução poder ser – e normalmente será – sentença (final ou parcial), eventualmente pode ser decisão interlocutória, dependendo de alguns fatores, a seguir examinados. O art. 402 não estabelece expressamente se o juiz dever proferir sentença ou decisão interlocutória, dando assim ao magistrado poder para exarar o tipo de decisão que considerar mais adequada ao caso concreto, tendo em vista inclusive a necessária rapidez na prestação da tutela jurisdicional (CF, art. 5º, inciso LXXVIII; CPC/2015, art. 4º).

Se o juiz conclui que o terceiro não possui o documento ou a coisa, ou ainda que a sua recusa em o exibir é justa (por ser baseada em hipótese estabelecida no art. 404, ou em outro fundamento), então não deve ser proferida decisão interlocutória, mas sim sentença final, julgando o processo improcedente. E, nessa situação, não se aplicará posteriormente o previsto no art. 403.

De outro lado, o juiz pode concluir que as defesas apresentadas pelo terceiro devem ser rejeitadas, e que o documento ou coisa deve ser exibido. Nessa situação, o juiz deve proferir decisão na qual i) afasta as alegações de defesa apresentadas pelo terceiro e ii) acolhe o pedido do requerente e assim estabelece a obrigação em exibir o documento ou a coisa, nos termos previstos no *caput* do art. 403. Ocorre que esse tipo de decisão é uma sentença de mérito, na qual o juiz aprecia os argumentos do autor e do réu e julga o pedido (art. 487, inciso I).

Desse modo, no momento previsto no art. 402, o juiz normalmente proferirá sentença. O problema é que contra a sentença cabe apelação, que de ordinário tem efeito suspensivo (art. 1.012). E o comando presente na sentença – a exibição do documento ou da coisa – fica suspenso. E as medidas previstas no art. 403 e respectivo parágrafo único também não podem ser aplicadas (executadas) enquanto não julgada a apelação.

Uma possível solução para esta questão seria a concessão de tutela provisória (arts. 294 a 311, que parte da doutrina prefere denominar de medidas de urgência) antes de a sentença ser proferida, eis que, então, a apelação teria efeito somente devolutivo (art. 1.012, inciso V).

Outra alternativa seria o juiz proferir "sentença parcial", prevista no art. 356 do CPC/2015 (que a denomina de Julgamento Antecipado Parcial do Mérito). Assim, dependendo do conteúdo dos argumentos das partes, o juiz considera mais adequado proferir sentença parcial, decidindo parte das questões, sem encerrar o processo, e desde já determinando a exibição do documento ou da coisa (nos termos estabelecidos no *caput* do art. 403). Outro exemplo seria quando o autor pleiteia a exibição de mais de um documento ou coisa, e o juiz decide somente a pretensão relacionada com determinado documento ou coisa.

Todavia, a utilização da sentença parcial pode não ser satisfatória – ou mesmo possível – nos processos nos quais a sentença denominada de parcial na verdade resolve todas as questões objeto do processo. O operador do Direito deve estar atento, pois a utilização errada do instituto restará por criar mais confusões processuais do que benefícios.

Apesar de pouca aplicação na prática, não pode ser descartada a possibilidade de que, em alguns casos, o juiz, no momento do art. 402, possa proferir decisão interlocutória. Aliás, do ponto de vista da necessária tempestividade da tutela jurisdicional, o mais recomendável seria que o magistrado proferisse decisão interlocutória, contra a qual cabe agravo de instrumento (que de ordinário não tem efeito suspensivo).

Necessário apontar que parte da doutrina tem defendido que a decisão proferida na ação autônoma de exibição, movida contra o terceiro, teria sempre natureza de decisão interlocutória.

VII. Recurso cabível contra a decisão do pedido de exibição formulado contra terceiro: agravo de instrumento ou apelação?

Ver, sobre o tema do cabimento recursal, comentário ao art. 400, cujas explicações também se aplicam quando o pedido de exibição é contra terceiro.

Acrescente-se somente que para a corrente doutrinária que defende que a decisão proferida na ação de exibição contra terceiro seria sempre decisão interlocutória, então o recurso cabível seria sempre o agravo de instrumento, em razão do previsto no art. 1.015, inciso VI.

Art. 403 - Se o terceiro, sem justo motivo, se recusar a efetuar a exibição, o juiz ordenar-lhe-á que proceda ao respectivo depósito em cartório ou em outro lugar designado, no prazo de 5 (cinco) dias, impondo ao requerente que o ressarça pelas despesas que tiver.
Parágrafo único - Se o terceiro descumprir a ordem, o juiz expedirá mandado de apreensão, requisitando, se necessário, força policial, sem prejuízo da responsabilidade por crime de desobediência, pagamento de multa e outras medidas indutivas, coercitivas, mandamentais ou sub-rogatórias necessárias para assegurar a efetivação da decisão.

I. O "terceiro"

Ver em comentário ao art. 401 observações e críticas à expressão "terceiro", utilizada pelo legislador nos arts. 401 a 404.

II. Decisão na ação de exibição movida contra o "terceiro"

No art. 402, anteriormente analisado, é previsto que, após ser feita a instrução, deve o juiz decidir a ação de exibição de documento ou coisa apresentada contra terceiro.

Assim, o *caput* do art. 403 estabelece o conteúdo da decisão "positiva", ou seja, quando é determinada a exibição do documento ou da coisa. O juiz somente aplica o art. 403 se afastar a defesa do "terceiro", que é o réu em tal processo. Essa conclusão decorre de dois fatores. Primeiro, pelo fato de que o *caput* do art. 403 afirma, logo no seu início, que tal regra deve ser aplicada se ocorrer recusa "sem justo motivo", ou seja, se a recusa foi considerada ilegítima pelo juiz, situação que acarreta no estabelecimento da obrigação em exibir. Segundo, pelo teor completo do art. 403, *caput* e parágrafo único, que regulam as medidas relacionadas com a exibição compulsória do documento ou da coisa, o que somente tem sentido quando o pedido de exibição é acolhido, é julgado procedente.

Se a ação contra o terceiro for julgada improcedente, estabelecendo que ele não tem o dever de exibir o documento ou a coisa, então o art. 403 e parágrafo único não serão aplicados no caso concreto.

Os arts. 402 e 403 não estabelecem de forma expressa se a decisão "positiva" (que determina a exibição) deve ser exarada na forma de sentença final, sentença parcial (prevista no art. 356 do CPC/2015, que a denomina de Julgamento Antecipado Parcial do Mérito), ou mesmo decisão interlocutória. Tal questão é examinada em comentário ao art. 402.

III. A possível aplicação conjunta do art. 403, *caput* e parágrafo único, com as regras que regulam o cumprimento de sentença que reconheça a exigibilidade de obrigação de fazer (arts. 536 a 537)

Conforme explicado em comentário ao art. 402, a decisão prevista no final desse dispositivo, que aplica o estabelecido no *caput* do art. 403, via de regra será proferida em sentença final ou parcial. O juiz julga procedente a ação autônoma de exibição contra o terceiro (na verdade réu em tal processo), condenando-o a exibir o documento, nos termos do *caput* do art. 403.

Ocorre que a sentença que decide a ação autônoma de exibição de documento movida contra o terceiro nada mais faz do que estabelecer uma obrigação de fazer, qual seja a de exibir o documento ou a coisa. Como explicado em comentário ao art. 396, o objeto do pedido de exibição de documento ou coisa não envolve a transferência da posse ou da propriedade do documento ou da coisa, mas somente propicia a sua exibição. Por isso, a sentença proferida em tal demanda não estabelece uma obrigação de dar coisa certa, mas sim uma obrigação de fazer, de exibir o documento ou a coisa. Aliás, após realizada a exibição, o documento ou a coisa é devolvido ao apresentante.

Desse modo, no momento em que for aplicado o art. 403, *caput* e parágrafo único, também devem ser observadas as normas que regulam o cumprimento de sentença que reconheça a exigibilidade de obrigação de fazer (arts. 536 e 537). Por tal motivo, em parte dos comentários seguintes serão feitas menções às regras presentes nesses últimos dispositivos.

IV. O *caput* do art. 403: visão geral

Conforme já ventilado, o *caput* do art. 403 somente é aplicado se o juiz acolher o pedido e determinar a exibição do documento ou da coisa.

Em tal situação, o *caput* do art. 403 estabelece 3 (três) regras que regulam como deve ser proferida a ordem de exibição. Essas são: a) o depósito em cartório ou outro local; b) o prazo de 5 (cinco) dias; e c) o ressarcimento das despesas relacionadas com o depósito. Cada uma dessas regras é examinada em separado a seguir.

V. O *caput* do art. 403: depósito em cartório ou em outro lugar

A primeira regra é que o terceiro deve efetuar o depósito do documento ou da coisa em cartório, ou em outro lugar a ser fixado pelo juiz. A questão do modo de realizar o ato de exibição – depósito – do documento ou da coisa já foi tratada em comentário ao art. 396, no qual foi explicado que a realização desse ato dependerá de os autos do processo serem físicos ou eletrônicos, bem como se o que deve ser depositado é documento ou coisa.

VI. O *caput* do art. 403: o prazo de 5 (cinco) dias

O *caput* do art. 403 também estabelece que o prazo que o "terceiro" tem para apresentar o documento é de 5 (cinco) dias. Trata-se de prazo processual, motivo pelo qual são 5 (cinco) dias úteis, nos termos do art. 219.

O prazo se inicia com a intimação do "terceiro", que na verdade é a parte ré deste processo autônomo. Apesar de a regra mencionar expressamente a parte ("o terceiro"), a intimação pode – e usualmente deve – ser feita mediante intimação do advogado que o representa (art. 272). Todavia, se o terceiro não tiver advogado constituído, seja por ser revel, seja pelo fato de o seu advogado ter renunciado, a intimação deverá ser feita na sua própria pessoa, podendo ser por correio (art. 274).

Em determinadas situações especiais o juiz poderá estabelecer prazo superior a 5 (cinco) dias para a apresentação do documento ou da coisa. Essa dilação de prazo é autorizada pelo art. 139, inciso VI. A dilação de prazo pode ser necessária quando for patente que, no caso concreto, o depósito (exibição) do documento ou da coisa demande mais tempo do que o previsto no art. 403. Por exemplo, quando se tratar de depósito de coisa cujo transporte necessite de providências especiais.

VII. O *caput* do art. 403: o ressarcimento das despesas relacionadas com o depósito.

A parte final do *caput* do art. 403, que estabelece o ressarcimento de despesas, deve ser examinada com cuidado.

O ressarcimento de despesas é questão relacionada com a atribuição dos ônus da sucumbência, sendo que o § 2º do art. 82 estabelece que a sentença condenará o vencido a ressarcir o vencedor das despesas que esse teve ao longo do processo.

Ocorre que o juiz somente aplica o *caput* do art. 403, e manda o terceiro (na verdade, réu de demanda autônoma) depositar (exibir) o documento ou a coisa, caso tenha concluído que o autor tem razão, que o terceiro tem a obrigação de exibir. Então, nessa situação, o terceiro foi derrotado nesta ação autônoma de exibição, e cabe a ele ressarcir as despesas que o autor teve em tal demanda.

Ocorre que a parte final do *caput* do art. 403 estabelece uma regra diferente da regra geral anteriormente explicada. O dispositivo em exame regula a responsabilidade por uma despesa específica, que é a eventual despesa incorrida pelo terceiro para efetuar o depósito (exibição) do documento ou da coisa. Dependendo da situação em concreto, o terceiro pode ter despesas significativas para efetuar o transporte do documento ou da coisa para o cartório ou para o local determinado pelo juiz.

Assim, o *caput* do art. 403 estabelece que o "requerente", qual seja o autor da ação autônoma de exibição, deve ressarcir o terceiro (réu dessa mesma ação) das despesas que tiver para efetuar o depósito, ou seja, para exibir o documento ou a coisa no local designado. A regra em exame não determina que o terceiro deve ser ressarcido de todas as despesas que teve na ação de exibição, mas somente das despesas que teve para efetuar o depósito (exibição) no local determinado pelo juiz.

A opção do CPC/2015 (neste particular repetindo o regulado no CPC/1973) foi estabelecer que, apesar de o terceiro ser responsável pelas demais despesas do processo (pois foi derrotado, sendo assim aplicado o art. 82, § 2º), não deve arcar com as despesas relacionadas com a realização do depósito (exibição) do documento ou da coisa. Entendeu o legislador que tal despesa específica cabe ao requerente, autor da ação autônoma de exibição, pois o depósito (a exibição) é medida feita para atender o seu interesse em examinar o documento ou a coisa.

VIII. A previsão da aplicação de multa por descumprimento ou outras medidas ao se proferir a decisão prevista no *caput* do art. 403

O *caput* do art. 403 não prevê se, ao conceder prazo para o terceiro depositar (exibir) o documento ou a coisa, o juiz também pode e/ou deve desde logo estabelecer que, em caso de descumprimento de tal comando, haverá a incidência de multa ou a aplicação de outra medida de apoio, como as previstas no parágrafo único do art. 403 e nos arts. 536 e 537 (cuja aplicação neste momento está justificada em comentário anterior).

Veja-se que a aplicação de medidas de apoio, inclusive multas, não consta no *caput* do art. 403, somente está prevista no parágrafo único desse dispositivo, regra essa que disciplina o conteúdo de outra decisão do juiz, a ser proferida se a primeira decisão (a do *caput* do art. 403) não tiver sido cumprida pelo terceiro.

Assim, surge a dúvida se, ao proferir a decisão prevista no *caput* do art. 403, pode ou não o juiz desde logo estabelecer sanções ou consequências em caso de descumprimento do seu comando. Em outras palavras, se no momento do *caput* do art. 403 podem ser determinadas medidas com as previstas no parágrafo único do art. 403 (que, na redação literal do CPC, seriam aplicadas ao se proferir nova decisão, posterior ao descumprimento da primeira decisão) e nos arts. 536 e 537. Duas diferentes interpretações são possíveis.

A *primeira* interpretação é que o juiz *não* pode, ao proferir a decisão prevista no *caput* do art. 403, estabelecer multa diária ou outra medida. Nessa linha de raciocínio, a omissão do legislador, em não estabelecer multa ou outras medidas no *caput* do art. 403, foi proposital, pois preferiu prever que somente no momento seguinte do procedimento, quando caracterizado o descumprimento da ordem, é que então o juiz poderia aplicar multa ou outra medida, conforme previsto no parágrafo único do art. 403. Mais ainda, não se aplica o previsto nos arts. 536 e 537, que seriam regras gerais, enquanto o art. 403 é a regra especial. Em suma, o legislador não permite a aplicação de multa ou outras medidas quando proferida a decisão do *caput* do art. 403, tendo somente previsto que a multa e outras medidas podem ser determinadas quando for proferida a decisão regulada no parágrafo único do art. 403.

A *segunda* interpretação possível, que é em sentido contrário ao anteriormente exposto, considera que o juiz pode *sim*, ao proferir a decisão prevista no *caput* do art. 403, estabelecer multa diária ou outra medida. A base desse entendimento é que o *caput* do art. 403 não precisa prever expressamente a aplicação de multa ou de outra medida, pois o art. 139, inciso IV, já estabelece que o juiz sempre tem poder para determinar qualquer medida indutiva, coercitiva, mandamental ou sub-rogatória, com o objetivo de assegurar o cumprimento de ordem judicial. Mais ainda, a aplicação de multa e outras medidas também estão previstas nos arts. 536 e 537, que não colidem com o *caput* do art. 403, pelo contrário, o complementam. E o fato de o parágrafo único do art. 403 regular a possibilidade de aplicação de tais medidas não retira o poder do juiz de estabelecer a multa ou outra medida ao proferir decisão baseada no *caput* do art. 403. O parágrafo único teria assim a função de reforçar o comando genérico do art. 139, inciso IV, e não para retirar qualquer poder do juiz em outros momentos do processo (como quando profere a decisão prevista no *caput* do art. 403).

Essa segunda interpretação é a mais adequada, especialmente sob o enfoque da tempestividade e da efetividade da tutela jurisdicional.

IX. O parágrafo único do art. 403

O parágrafo único do art. 403 estabelece que, sendo descumprido o comando judicial de depósito (exibição) do documento ou da coisa, o juiz pode tomar diversas medidas, destinadas a dar efetividade ao que determinou.

A primeira medida prevista no parágrafo único do art. 403 é a expedição de "mandado de apreensão". Trata-se, na verdade, do mandado de busca e apreensão, que, conforme previsto no art. 536, § 2º, deve ser cumprido por dois oficiais de justiça, aplicando-se, se necessário, o estabelecido nos §§ 1º ao 4º do art. 846, caso exista a necessidade de arrombamento.

O parágrafo único do art. 403 também prevê que, para possibilitar o cumprimento do mandado de apreensão, o juiz pode requisitar *apoio de força policial*. A utilização do apoio da força policial no cumprimento de mandado de busca e apreensão também está previsto e regulado nos arts. 536, §§ 1º e 2º, e 846, §§ 2º e 3º. E, em termos genéricos, a requisição de força policial pelo juiz também é autorizada nos arts. 139, inciso VII, 360, inciso III, e 782, § 2º.

O parágrafo único do art. 403 também menciona possibilidade de o terceiro incorrer em *crime de desobediência*, caso não exiba (deposite) o documento ou a coisa. O crime de desobediência está previsto no art. 330 do Código Penal (Decreto-Lei nº 2.848/1940), do seguinte modo: "Art. 330. Desobedecer a ordem legal de funcionário público. Pena: detenção, de quinze dias a seis meses, e multa". Outras regras do CPC/2015 também estabelecem a possibilidade de a parte incorrer em crime de desobediência em determinadas situações: arts. 524, § 3º, 529, § 1º, 536, § 3º, 846, § 3º, e 912, § 1º. O crime de desobediência também é mencionado no art. 26 da Lei do Mandado de Segurança (Lei nº 12.016/2009).

Por fim, o parágrafo único do art. 403 permite ao juiz estabelecer a incidência de *multa e outras medidas* indutivas, coercitivas, mandamentais ou sub-rogatórias. Tal regra é decorrência do poder geral concedido ao juiz, previsto no art. 139, inciso IV, de determinar qualquer uma dessas medidas para assegurar o cumprimento de ordem judicial. Mais ainda, a aplicação de multa e outras medidas também estão previstas nos arts. 536 e 537 (cuja aplicação neste momento está justificada em comentário anterior).

Ao mencionar a possibilidade de aplicação de multa, o parágrafo único do art. 403 não especifica se a multa seria em valor fixo, em percentual sobre o valor da causa, ou ainda com incidência diária, por dia de atraso (*astreintes*). Se a norma não limita o tipo de multa, o juiz pode aplicar qualquer uma dessas.

Ainda sobre a multa, recorde-se que a posição do STJ, interpretando regras do CPC/1973, é contra a aplicação de multa diária em exibição de documento ou coisa; todavia, em face das explicadas regras expressas do CPC/2015, tal entendimento restritivo do STJ não mais se sustenta. Essa questão é explicada de forma detalhada em comentário ao parágrafo único do art. 400.

Art. 404 - A parte e o terceiro se escusam de exibir, em juízo, o documento ou a coisa se:

I - concernente a negócios da própria vida da família;

II - sua apresentação puder violar dever de honra;

III - sua publicidade redundar em desonra à parte ou ao terceiro, bem como a seus parentes consanguíneos ou afins até o terceiro grau, ou lhes representar perigo de ação penal;

IV - sua exibição acarretar a divulgação de fatos a cujo respeito, por estado ou profissão, devam guardar segredo;

V - subsistirem outros motivos graves que, segundo o prudente arbítrio do juiz, justifiquem a recusa da exibição;
VI - houver disposição legal que justifique a recusa da exibição.
Parágrafo único - Se os motivos de que tratam os incisos I a VI do caput disserem respeito a apenas uma parcela do documento, a parte ou o terceiro exibirá a outra em cartório, para dela ser extraída cópia reprográfica, de tudo sendo lavrado auto circunstanciado.

I. O "terceiro"

Ver em comentário ao art. 401 observações e críticas à expressão "terceiro", utilizada pelo legislador nos arts. 401 a 404.

II. Visão geral do art. 404

Em comentário ao art. 396 foram explicados tanto o poder do juiz em determinar a exibição de documento ou coisa quanto o dever de colaboração das partes e de terceiros no processo.

Todavia, o poder do juiz de determinar a apresentação de documento ou coisa não é ilimitado, existem situações na quais o possuidor do documento ou da coisa pode se recusar a apresentá-lo, não sendo então lícito que o juiz determine a sua exibição.

Assim, o art. 404 estabelece algumas situações nas quais o possuidor do documento ou da coisa pode se recusar a exibi-lo. São situações em que a recusa é legítima, é baseada em justo motivo.

Em função do determinado nos incisos V e VI do art. 404, verifica-se que tal artigo não contém rol taxativo, fechado. Pelo contrário, pode a lei prever (como efetivamente já estabelece) outras restrições à exibição judicial de documento ou coisa. E isso mesmo fora do CPC/2015.

III. O inciso I: documento ou coisa relacionado com negócios da própria vida da família

O inciso I do art. 404 estabelece que o possuidor do documento ou da coisa "concernente a negócios da própria vida da família" pode se recusar a exibi-lo.

Esse dispositivo tem relação direta com o inciso X do art. 5º da CF, que estabelece que: "são invioláveis a intimidade, a vida privada, a honra e a imagem das pessoas, assegurado o direito a indenização pelo dano material ou moral decorrente de sua violação".

Todavia, tais regras devem ser interpretadas com moderação, pois a sua leitura ampla abrangeria uma quantidade muito grande de documentos. Somente devem ser enquadrados nesta classificação os documentos ou as coisas que sejam relacionados com questões da intimidade da família, e que não tenham direta relação com o objeto do processo no qual tal documento ou coisa será usado como prova.

O inciso I não deve ser aplicado quando a questão objeto do processo (no qual o documento ou a coisa serão usados como prova) for exatamente algo "concernente a negócios da própria vida da família", por exemplo, em ação de divórcio, ou de interdição, ou de guarda de crianças ou adolescentes. Essa interpretação é baseada inclusive na regulamentação do depoimento pessoal das partes (art. 388, inciso III e parágrafo único), regras essas que, apesar de não serem aplicadas na exibição de documento ou coisa, estabelecem um adequado balizamento da norma em estudo.

IV. O inciso II: documento ou coisa cuja apresentação puder violar dever de honra

O inciso II do art. 404 estabelece que o possuidor do documento ou da coisa pode se recusar a exibi-lo quando isso "puder violar dever de honra".

Esse dispositivo também tem relação direta com o inciso X do art. 5º da CF, transcrito no comentário antecedente, cujas observações igualmente se aplicam nesta situação.

Desse modo, o inciso II não deve ser aplicado quando a questão objeto do processo (no qual o documento ou a coisa serão usados como prova) for exatamente algo relacionado com o dever de honra e/ou sua violação, por exemplo, em ação na qual se pleiteia a condenação por danos morais decorrentes da conduta indigna do réu. Essa interpretação é baseada inclusive na regulamentação do depoimento pessoal das partes (art. 388, inciso II e parágrafo único), regras essas que, apesar de não serem aplicadas na exibição de documento ou coisa, estabelecem um adequado balizamento da norma em estudo.

V. O inciso III: documento ou coisa cuja apresentação puder redundar em desonra da parte ou de terceiro, bem como de parentes, ou representar perigo de ação penal

O inciso III do art. 404 estabelece que o possuidor do documento ou da coisa pode se recusar a exibi-lo quando sua publicidade "redundar em desonra à parte ou ao terceiro, bem como a seus parentes consanguíneos ou afins até o terceiro grau, ou lhes representar perigo de ação penal".

Aplicam-se nesta hipótese as mesmas observações e ressalvas feitas nos comentários aos incisos I e II do art. 404.

Também importante mencionar que a parte final desse inciso, ao mencionar o perigo de ação penal, está se referindo à garantia constitucional de não produzir prova penal contra si mesmo. Aliás, o inciso ora examinado está em consonância com o *caput* do art. 379. E, para demonstrar a importância que o legislador dá a esse tema, relembre-se que o art. 388, inciso I, também estabelece que a parte pode se recusar a prestar depoimento pessoal sobre fatos criminosos ou torpes que lhe forem imputados.

VI. O inciso IV: documento ou coisa cuja exibição acarrete a divulgação de fatos a cujo respeito, por estado ou profissão, deva guardar segredo

O inciso IV do art. 404 estabelece que o possuidor do documento ou da coisa pode se recusar a exibi-lo quando esse contenha fatos protegidos por regra de sigilo, seja decorrente de relação profissional, seja por motivo do estado da pessoa.

Essa regra visa evitar que fatos cobertos pelo sigilo profissional sejam revelados no processo. Aliás, o sigilo profissional também é resguardado na regulamentação da prova oral, tanto no depoimento pessoal das partes (art. 388, inciso II e parágrafo único) quanto na oitiva de testemunhas (art. 448, inciso II).

Em relação ao advogado, as regras que protegem o sigilo profissional são os arts. 7º, inciso XIX, e 34, inciso VII, do Estatuto do Advogado e da OAB (Lei nº 8.906/1994).

Em relação ao árbitro, estabelece o § 6º do art. 13 da Lei de Arbitragem (Lei nº 9.307/1996) que, no desempenho das suas funções, o árbitro deve proceder com discrição. Parte da doutrina aponta que, dessa regra, advém o dever de sigilo do árbitro. De qualquer modo, se existir previsão de sigilo no regulamento – ou em qualquer outra regra estabelecida pelas partes – aplicado na arbitragem, o árbitro terá, sem dúvida, obrigação de sigilo profissional.

Outras áreas de atuação profissional na quais se costuma valorizar fortemente o sigilo profissional são os médicos e psicólogos. Todavia, o STF decidiu, no RE nº 91.218, que: "A obrigatoriedade do sigilo profissional do médico não tem caráter absoluto. A matéria, pela sua delicadeza, reclama diversidade de tratamento diante das particularidades de cada caso. A revelação do segredo médico em caso de investigação de possível abortamento criminoso faz-se necessária em termos, com ressalvas do interesse do cliente".

VII. O inciso V: outros motivos graves que, segundo o prudente arbítrio do juiz, justifiquem a recusa da exibição do documento ou da coisa

O inciso V do art. 404 estabelece que o possuidor do documento ou da coisa pode se recusar a exibi-lo quando o juiz, aplicando o seu prudente arbítrio, entender que existem motivos graves que justificam a não exibição.

O legislador busca nesta regra proteger situações que não se enquadrem nas reguladas nos demais incisos, mas que, na avaliação do juiz, mereçam ser protegidas, evitando-se a exibição de documento ou de coisa.

Dentro deste inciso pode ser enquadrada a corrente jurisprudencial que entende que o possuidor de um documento não é obrigado a apresentá-lo quando já ocorreu prescrição para a propositura de qualquer demanda envolvendo o fato objeto do documento ou da coisa. Nesse sentido, o STJ, ao julgar o REsp nº 1.046.497, assim decidiu: "Ocorrida a prescrição, não mais sobrevive o dever de guarda de documentos, sendo legítima a recusa fundada no transcurso do prazo prescricional. Pensar diferente seria impor à parte obrigação juridicamente impossível". Em tal acórdão menciona-se ainda o art. 1.194 do Código Civil.

VIII. O inciso VI: documento ou coisa cuja exibição seja vedada por disposição legal

O inciso VI do art. 404 estabelece que o possuidor do documento ou da coisa pode se recusar a exibi-lo quando existir alguma regra específica, mesmo que fora do CPC, que vede ou justifique a recusa em efetuar a exibição.

O inciso em comento deixa claro que outras normas – inclusive de direito material – podem restringir a apresentação de documento ou de coisa em juízo. O inciso VI visa assim evitar qualquer discussão tanto de que as restrições à exibição judicial de documento ou coisa somente poderiam estar previstas em regra processual quanto de que o rol do art. 404 seria taxativo.

Como exemplos de regras restritivas (à exibição de documento ou coisa), podem ser mencionados os arts. 1.190 e 1.191 do Código Civil (apesar do previsto no art. 421 do CPC/2015).

IX. O parágrafo único: dever de exibir somente parte do documento ou da coisa

O parágrafo único regulamenta situação em que somente parcela de determinado documento ou coisa se enquadrar em uma das restrições presentes nos incisos do art. 404.

A solução dada pelo parágrafo único é estabelecer que o possuidor do documento ou da coisa deverá exibir em cartório a outra parcela do documento ou da coisa (ou seja, a parcela que não se enquadra no previsto nos incisos), para que então seja extraída cópia reprográfica pelos auxiliares da justiça, e lavratura de auto circunstanciado.

Apesar de essa solução ser adequada, quatro ressalvas devem ser feitas.

A primeira ressalva é que, para saber quais parcelas de um documento ou de uma coisa podem ser exibidas, e quais não devem ser exibidas, muito provavelmente será necessário exibir o documento como um todo para o juiz (ou para um dos seus auxiliares), sem que a outra parte tenha acesso ao seu conteúdo integral. Caberá ao magistrado – ou ao seu auxiliar, por delegação – decidir quais parcelas do documento ou da coisa devem ser exibidos. Essa sistemática parece ser inevitável, apesar de ela poder afetar o direito ao contraditório e ampla defesa do requerente da exibição, o qual, sem acesso ao inteiro teor do documento ou da coisa, não terá elementos para defender – até mesmo em eventual recurso – a sua exibição integral.

A segunda ressalva é que, dependendo das características e/ou dimensões do documento ou da coisa, a exibição em cartório pode eventualmente não ser a melhor opção. Pode ocorrer que, pelos mais variados motivos de ordem prática, o local mais adequado para efetuar a exibição não seja em cartório; esse ponto já foi tratado em comentário ao art. 396, quando se tratou do modo de realizar o ato de exibição. Então, apesar dos termos aparentemente peremptórios do parágrafo único do art. 404, o juiz pode determinar que a exibição parcial seja realizada em outro lugar que não o cartório (como, aliás, está previsto no art. 403).

A terceira ressalva é que nem sempre a forma adequada de documentação da exibição parcial será a extração de cópias reprográficas. Em especial, quando se tratar de exibição parcial de coisa, é mais provável que a documentação correta seja mediante o registro fotográfico ou cinematográfico, os quais estão previstos no art. 422.

A quarta ressalva é que, em determinadas situações, a melhor solução não é aplicar o previsto no parágrafo único do art. 404, mas sim decretar segredo de justiça (art. 189), com a exibição integral do documento ou da coisa.

Por fim, relembre-se que o art. 421 também prevê a exibição parcial de livros e de documentos. Todavia, a regra do art. 421 não depende do enquadramento de tais documentos em alguma das situações reguladas pelos incisos do art. 404.

Seção VII - Da Prova Documental

Subseção I - Da Força Probante dos Documentos

Art. 405 - O documento público faz prova não só da sua formação, mas também dos fatos que o escrivão, o chefe de secretaria, o tabelião ou o servidor declarar que ocorreram em sua presença.

Autor: Paulo Osternack Amaral

I. Documento público e documento particular

O documento público é o que se forma perante oficial público (escrivão, chefe de secretaria, tabelião ou servidor), no exercício da função pública. Por exclusão, são particulares todos os demais documentos que não forem constituídos por agente público.

II. Autoria material e autoria intelectual

A autoria material consiste na identificação de quem confeccionou o documento. É o responsável pela criação do suporte sobre o qual o fato está representado. A autoria intelectual identifica-se com o responsável pelo conteúdo das declarações prestadas. No documento público, a autoria material recai sobre a autoridade pública que o lavra e a autoria intelectual, sobre o autor da declaração.

III. Força probante do documento público

O documento público faz prova da sua formação e dos fatos que ocorreram na presença do oficial público. Disso decorre que a fé pública incide sobre a formação do ato e sobre tudo que se passou na presença do oficial. Assim, as declarações feitas pelo oficial público ostentam presunção de veracidade, o que dispensa o beneficiário do ato de produzir provas a esse respeito (CPC, art. 374, inciso IV). Contudo, tal presunção de veracidade é relativa, pois admite prova em contrário. A fé atribuída aos documentos públicos não pode ser recusada pela União, Estados, Distrito Federal e Municípios (CF, art. 19, inciso II). As declarações feitas por particular ao oficial público não estão abrangidas pela fé pública e podem ser impugnadas por todos os meios de prova. Nesse caso, o documento público prova apenas que tal declaração foi prestada pelo particular ao oficial público, o que não equivale a reconhecer que o conteúdo de tal declaração seja verdadeiro.

IV. Julgados

A força probante do documento público

STJ

"Documento público. Valor probante. O documento público faz prova dos fatos que o funcionário declarar que ocorreram em sua presença. Assim, tratando-se de declarações de um particular, tem-se como certo, em princípio, que foram efetivamente prestadas. Não, entretanto, que seu conteúdo corresponda à verdade" (STJ, 3ª T., REsp nº 37.173/SP, Rel. Min. Eduardo Ribeiro, DJ de 26/9/1994, p. 25.646).

TJSP

"[...] Escritura pública de declaração de união estável. Documento público contendo declarações de um particular prova, em princípio, que as declarações foram prestadas, não, porém, que o conteúdo da declaração corresponde à verdade. Art. 364, CPC. [...]" (TJSP, 35ª Câmara de Direito Privado, ApCiv nº 0038886-59.2009.8.26.0000, Campinas, Rel. Des. Morais Pucci, j. em 4/5/2015).

A fé pública decorrente da declaração prestada por oficial público

TJPR

"[...] 1. Embora o Poder Judiciário venha agindo com cautela e rigor formal em relação à comprovação da mora, com a juntada do respectivo aviso de recebimento da notificação, fato é que, conforme alega o recorrente, a certidão do cartório que atesta ter sido a correspondência entregue no domicílio do devedor goza de fé pública, fazendo prova de seu conteúdo (art. 364, CPC). 2. Apelação à que dá provimento, cassando-se a sentença para o regular prosseguimento do feito" (TJPR, 17ª Câmara Cível,

ApCiv nº 559.007-0, Foz do Iguaçu, Rel. Des. Francisco Jorge, DJPR de 19/5/2009).

"[...] 1. A notificação extrajudicial encaminhada por serventia de comarca diversa do endereço do devedor é plenamente eficaz para cumprir seus objetivos de informar sobre a inadimplência do contrato, ainda que não tenha sido entregue pessoalmente. 2. A fé pública outorgada pelo Estado a seus órgãos, agentes e delegados e por consequência, aos atos por eles praticados confere credibilidade à certidão do Oficial do Cartório que confirma a entrega da notificação no endereço do devedor, conferindo-se assim a validade do ato questionado" (TJPR, 18ª Câmara Cível, Agravo Interno nº 760.299-9/01, Curitiba, Rel. Des. Luis Espíndola, DJPR de 18/10/2011).

Art. 406 - Quando a lei exigir instrumento público como da substância do ato, nenhuma outra prova, por mais especial que seja, pode suprir-lhe a falta.

I. A exigência de instrumento público para a validade do ato

A formalidade de que trata o art. 406 do CPC não se relaciona com a formação da convicção judicial a respeito de uma alegação de fato. Logo, não é norma de direito processual (direito probatório). Trata-se de norma de direito material. A exigência de instrumento público é requisito de validade do ato jurídico. São exemplos dessa exigência: a formalização de escritura pública acerca de bens imóveis com valor superior a 30 vezes o salário mínimo (CC, art. 108), os negócios jurídicos firmados com cláusula de não valer sem instrumento público e a celebração de pacto antenupcial (CC, art. 1.640, parágrafo único).

II. A impossibilidade de suprimento do vício por outras provas

Quando a lei exigir o instrumento público como requisito de validade do ato, o descumprimento de tal formalidade implicará a sua invalidade (CC, art. 166, incisos IV e V). Esse vício não poderá ser suprido no processo por meio de outras provas. Não se trata de uma relação de hierarquia entre as provas, mas apenas de reconhecer a existência de limitação ao princípio do livre convencimento motivado (CPC, art. 371), imposta pelo direito material. Tal interpretação harmoniza-se com a regra segundo a qual a ausência de contestação não implica a presunção de veracidade dos fatos afirmados pelo autor se "a petição inicial não estiver acompanhada de instrumento que a lei considere indispensável à prova do ato" (CPC, art. 345, inciso III).

III. Julgados

O instrumento público como substância do ato

STJ

"[...] O ato de renúncia à herança deve constar expressamente de instrumento público ou de termo nos autos, sob pena de invalidade. Daí se segue que a constituição de mandatário para a renúncia à herança deve obedecer à mesma forma, não tendo a validade a outorga por instrumento particular. [...]" (STJ, 3ª T., REsp nº 1.236.671/SP, Rel. Min. Massami Uyeda, Rel. p/ acórdão Min. Sidnei Beneti, DJe de 4/3/2013).

Impossibilidade de suprimento da falta do instrumento público

TJPR

"Apelação Cível. Pleito de adjudicação compulsória embasada em comprova de compra e venda de bem imóvel e contrato de cessão de direitos. Ausência de prova da existência do imóvel em discussão. Certidões expedidas por cartórios de registros de imóveis que dão conta da inexistência do registro do apartamento adquirido pelo autor. Documentação particular que não supre a não comprovação do direito através de documento público, sob pena de violação ao art. 366 do Código de Processo Civil. [...]. 2. Em feito de adjudicação compulsória, a ausência de comprovação quanto à própria existência do imóvel o qual se pretende a incidência da tutela jurisdicional acarreta a falta de interesse de agir. 3. 'Quando a lei exigir, como da substância do ato, o instrumento público, nenhuma outra prova, por mais especial que seja, pode suprir-lhe a falta' (art. 366 CPC)" (TJPR, 7ª Câmara Cível, ApCiv nº 382.887-5, Matinhos, Rel. Des. José Mauricio Pinto de Almeida, DJPR de 11/10/2007).

Art. 407 - O documento feito por oficial público incompetente ou sem a observância das formalidades legais, sendo subscrito pelas partes, tem a mesma eficácia probatória do documento particular.

I. Irregularidade do documento público

O documento público é o que se forma perante oficial público, no exercício da função pública. Sua regularidade pressupõe a confecção por agente competente e a observância de formalidades legais, tais como as exigidas para a validade da escritura pública (CC, art. 215, § 1º).

II. Eficácia particular do documento público irregular

O documento público irregular assumirá a eficácia de documento particular, desde que o instrumento público não seja da substância do ato e que o documento seja subscrito pelas partes (v. CC, art. 221). Disso decorre que o documento público irregular não terá presunção de autenticidade das assinaturas, da regularidade das declarações prestadas pelas partes e das declarações feitas pelo oficial público dos fatos que presenciou. Contudo, caso o instrumento público seja da substância do ato, o descumprimento de tal formalidade não permite que o ato irregular seja aproveitado.

III. Julgado

Atribuição de eficácia particular a documento público irregular

STJ

"[...] Transação formulada por instrumento público sem observância das formalidades legais, sendo subscrito pelas partes, tem a mesma eficácia probatória do documento particular [...]" (STJ, 3ª T., REsp nº 2.055/MS, Rel. Min. Waldemar Zveiter, DJ de 17/9/1990, p. 9.507).

Art. 408 - As declarações constantes do documento particular escrito e assinado ou somente assinado presumem-se verdadeiras em relação ao signatário.
Parágrafo único - Quando, todavia, contiver declaração de ciência de determinado fato, o documento particular prova a ciência, mas não o fato em si, incumbindo o ônus de prová-lo ao interessado em sua veracidade.

I. Documento particular

Considera-se particular o documento que não foi constituído por agente público no exercício da função pública. Repare-se que a regra do art. 408 do CPC não se aplica a todos os documentos particulares, mas apenas àqueles que estejam assinados.

II. A relevância da assinatura

A assinatura possui relevância porque a lei presume que o subscritor do documento particular é responsável pela autoria das declarações nele contidas. Tal presunção apenas existirá se não houver dúvida acerca da autenticidade do documento (CPC, art. 412, *caput*).

III. Eficácia probatória do documento particular

O documento particular não tem fé pública em relação à regularidade da sua formação, pois não emanou de um agente público. Logo, não haverá presunção legal de regularidade do ato. O documento particular poderá conter declaração de ciência em relação a determinado fato. Nesse caso, ele fará prova da declaração, mas não do fato declarado. Significa dizer que o documento prova apenas a existência da declaração nele constante, mas não prova que o seu conteúdo é verdadeiro. O conteúdo da declaração (fato declarado) deverá ser provado de acordo com o regime geral de distribuição do ônus da prova (CPC, art. 373). Não se aplica ao fato declarado em documento particular a presunção legal de veracidade (CPC, art. 374, inciso IV).

IV. Os efeitos do registro público do documento particular

O dispositivo presume a veracidade das declarações constantes do documento particular apenas em relação aos signatários (CC, art. 219). Para que surta efeito perante terceiros, é necessário que seja submetido a registro público (CC, art. 221, *caput*).

V. Julgados

Presunção relativa de veracidade das declarações

STJ

"[...] O documento particular faz prova da declaração, mas não do fato declarado; seu conteúdo é invocável apenas em relação aos subscritores e não a terceiros; e que a veracidade das declarações nele contidas é de natureza *juris tantum*. [...]" (STJ, 5ª T., AgRg no Ag nº 1.088.781/MG, Rel. Min. Laurita Vaz, DJe de 11/5/2009).

TJSP

"[...] Declarações particulares que não se prestam a provar o fato declarado (art. 368, § único, CPC), com a consequente rejeição da pretensão a lucros cessantes [...]" (TJSP, 27ª Câmara de Direito Privado, ApCiv nº 0017609-95.2010.8.26.0664, Votuporanga, Rel. Des. Mourão Neto, j. em 28/4/2015).

Ônus da prova em relação ao fato declarado

STJ

"[...] Quando a matéria devidamente alegada choca-se com a quitação passada no contrato mediante documento particular cabe à parte o ônus de provar a veracidade daquela alegação, eis que o documento particular prova a declaração, mas não o fato declarado. [...]" (STJ, 3ª T., REsp nº 1.918/RS, Rel. Min. Waldemar Zveiter, DJ de 16/4/1990, p. 2876).

TJSP

"[...] Declaração assinada, com firma reconhecida por semelhança, com efeito apenas em face do emitente do documento (art. 368, 'caput', do CPC) – Fato declarado no documento não provado, que era ônus do interessado na veracidade. [...]" (TJSP, 12ª Câmara de Direito Privado, ApCiv nº 0007948-92.2004.8.26.0344, Marília, Rel. Des. Cerqueira Leite, j. em 15/4/2015).

Art. 409 - A data do documento particular, quando a seu respeito surgir dúvida ou impugnação entre os litigantes, provar-se-á por todos os meios de direito.
Parágrafo único - Em relação a terceiros, considerar-se-á datado o documento particular:
I - no dia em que foi registrado;
II - desde a morte de algum dos signatários;
III - a partir da impossibilidade física que sobreveio a qualquer dos signatários;
IV - da sua apresentação em repartição pública ou em juízo;
V - do ato ou do fato que estabeleça, de modo certo, a anterioridade da formação do documento.

I. Incerteza quanto à data do documento particular

O art. 409 do CPC trata de incerteza acerca da data do documento particular. A dúvida pode derivar da inexistência de indicação de data no documento ou da inserção de data equivocada.

II. Dúvida ou impugnação surgida entre os litigantes

A dúvida ou a impugnação em relação à data do documento particular pode se estabelecer entre os litigantes, assim entendidos os participantes da formação do documento.

Nesse caso, a disputa acerca da data será dirimida pela produção de todos os meios de prova.

III. Eficácia do documento perante terceiros

A segunda parte do dispositivo disciplina a eficácia do documento particular perante sujeitos que não participaram da formação do documento. Caso seja oposto um documento particular a terceiro e ele impugne a sua data, a lei presume que tal documento não foi datado em momentos posteriores aos previstos nos incisos I a V do parágrafo único do art. 409 do CPC. As hipóteses contidas nos incisos I a V são exemplificativas, o que se evidencia pela amplitude da hipótese prevista no inciso V ("do ato ou do fato"). Assim, presume-se que o documento foi datado (I) no dia registro (no Cartório de Títulos e Documentos, de Registro Civil, de Registro de Imóveis, etc.), (II) desde a morte de qualquer dos signatários, (III) a partir da impossibilidade física impeditiva a qualquer dos signatários de firmar o documento e (IV) no dia do protocolo, arquivamento ou juntada do documento na repartição pública ou em juízo. Se o caso concreto incidir em mais de uma hipótese objetiva para a aferição da data, prevalecerá a hipótese que determine a maior antiguidade do documento. Caberá a produção de provas pela parte que tiver interesse em demonstrar que a data do documento particular não corresponde à presunção relativa estabelecida na lei.

IV. Julgados

Exigência de prova testemunhal para corroborar data de documento

STJ

"[...] 1. Imprescindível, para fins de comprovação do labor rurícola e a concessão do benefício de aposentadoria, a produção de início de prova material, contemporânea aos fatos, corroborada por prova testemunhal robusta e idônea. [...]" (STJ, 6ª T., AgRg no REsp nº 857.579/SP, Rel. Des. Conv. do TJSP Celso Limongi, DJe de 19/4/2010).

Prova da data da alienação de automóvel por *outros meios*

STJ

"Automóvel. Alienação. Recibo não registrado na serventia de registro de títulos e documentos. Possibilidade de determinar-se a data de sua elaboração por outros meios – CPC, Artigo 370, V" (STJ, 3ª T., REsp nº 24.601/MS, Rel. Min. Nilson Naves, Rel. p/ Acórdão Min. Eduardo Ribeiro, DJ de 14/12/1992, p. 23.920).

TAPR

"Acidente de trânsito. Veículo transferido em data anterior à do evento. Tradição igualmente comprovada. Prova de que o Réu/Denunciante não mais era o proprietário do bem. Elementos seguros acerca do fato. Confirmação da compra pelo próprio adquirente. [...]" (extinto TAPR, 9ª Câmara Cível, ApCiv nº 219.713-5, Cruzeiro do Oeste, Rel. Juiz Antônio Renato Strapasson, DJPR de 2/5/2003).

Data da apresentação do documento na repartição pública

TJSP

"[...] Compromisso de venda e compra formalmente datado de fevereiro de 2001. Reconhecimento da firma dos contratantes em outubro de 2008. Documento particular que se considera datado, em relação a terceiros (dentre outros), da sua apresentação em repartição pública. Artigo 370, inciso IV, do Código de Processo Civil. [...]" (TJSP, 29ª Câmara de Direito Privado, ApCiv nº 0064386-82.2008.8.26.0576, São José do Rio Preto, Rel. Des. Carlos Henrique Miguel Trevisan, j. em 11/3/2015).

"[...] Se há relevante dúvida quanto à data da elaboração do documento particular de venda e compra, considerar-se-á a data em que apresentado na repartição pública ou em juízo. Aplicabilidade do art. 370, IV, do CPC. [...]" (TJSP, 30ª Câmara de Direito Privado, ApCiv nº 0190344-17.2009.8.26.0100, São Paulo, Rel. Des. Marcos Ramos, j. em 11/2/2015).

Art. 410 - Considera-se autor do documento particular:

I - aquele que o fez e o assinou;

II - aquele por conta de quem ele foi feito, estando assinado;

III - aquele que, mandando compô-lo, não o firmou porque, conforme a experiência comum, não se costuma assinar, como livros empresariais e assentos domésticos.

I. Autoria e assinatura

O autor material do documento é o sujeito que o confeccionou. Já o autor intelectual identifica-se com o responsável pelo conteúdo das declarações contidas no documento. Caso a autoria material e a intelectual recaiam sobre o mesmo sujeito, o documento será *autógrafo*. Quando o autor material e o intelectual são sujeitos distintos, o documento é chamado de *heterógrafo*.

II. Autoria do documento particular

Apenas a autoria intelectual assume relevância para a identificação do autor do documento particular. Os dois primeiros incisos do art. 410 do CPC atribuem a autoria do documento particular (inciso I) a quem confeccionou e assinou o documento ou (inciso II) a quem solicitou a sua realização em seu próprio interesse. O inciso III destina-se a identificar a autoria dos documentos que costumeiramente não são assinados. Muito embora o inciso III cite dois exemplos de documentos que não costumam ser assinados ("livros empresariais e assentos domésticos"), será considerado autor de um documento particular não assinado o sujeito que determinou a sua confecção, sendo irrelevante quem efetivamente o fez.

III. Julgado

A força probante dos documentos que não costumam ser assinados

STJ

"[...]. I - Não é imprescindível que o documento esteja, para embasar a inicial da Monitória, assinado, podendo mesmo ser acolhido o que provém de terceiro ou daqueles registros, como os do comerciante ou dos assentos domésticos que não costumam ser assinados, mas aos quais se reconhece natural força probante (CPC, art. 371). [...]" (STJ, 3ª T., REsp nº 164.190/SP, Rel. Min. Waldemar Zveiter, DJ de 14/6/1999, p. 186).

Art. 411 - Considera-se autêntico o documento quando:
I - o tabelião reconhecer a firma do signatário;
II - a autoria estiver identificada por qualquer outro meio legal de certificação, inclusive eletrônico, nos termos da lei;
III - não houver impugnação da parte contra quem foi produzido o documento.

I. A autenticidade do documento particular

A autenticidade de que trata o dispositivo relaciona-se com a certeza de que o responsável pelo documento particular é o sujeito nele indicado. Caso o tabelião ateste que a assinatura constante do documento foi aposta na sua presença, tal declaração do agente conferirá fé pública em relação à autoria do ato, gerando presunção relativa de veracidade.

II. O reconhecimento de firma

A autenticidade do documento particular pode ser comprovada por meio de reconhecimento de firma. Nesse caso, o agente público atestará que a assinatura existente no documento corresponde ao sujeito a quem ela é atribuída. O reconhecimento de firma poderá ser por semelhança ou presencial. Por semelhança, o oficial público comparará a assinatura que lhe é apresentada com outra que esteja registrada em seus arquivos (p. ex., autógrafos lançados em cartões próprios). No reconhecimento presencial a parte comparece perante o oficial, subscreve o documento na sua presença e tal circunstância é certificada com força de fé pública. Em qualquer das duas hipóteses a presunção será relativa, que poderá ceder diante de prova em contrário.

III. Falso reconhecimento de firma

O art. 300 do Código Penal dispõe que caracteriza delito reconhecer como verdadeira, no exercício da função pública, firma ou letra que não o seja.

IV. Autoria de documentos eletrônicos

Além do reconhecimento de firma pelo tabelião, admite-se a comprovação da autoria do documento particular por qualquer outro meio legal de certificação. O inciso II do art. 411 alude expressamente à autenticação por meio eletrônico. A Lei nº 11.419/2006 dispõe sobre a informatização do processo judicial. O art. 1º, § 2º, inciso III, prevê duas formas para a assinatura eletrônica: (*i*) assinatura digital baseada em certificado digital emitido por autoridade certificadora credenciada e (*ii*) mediante cadastro de usuário no Poder Judiciário, conforme disciplinado pelos órgãos respectivos. Em ambos os casos, o documento eletrônico particular será considerado autêntico.

V. Ausência de impugnação e presunção de autenticidade

O silêncio da parte em relação ao documento particular fará presumir que o tem por verdadeiro. Também implicará presunção de veracidade a admissão expressa pela parte acerca da autenticidade da assinatura ou da veracidade do contexto do documento particular. Contudo, caso o documento particular não contenha prévio reconhecimento de firma e sobrevenha impugnação tempestiva acerca de sua autenticidade, cessará temporariamente a fé do documento, até que seja comprovada tal situação (CPC, art. 428, inciso I).

VI. Julgados

Firma reconhecida de forma presencial ou por semelhança

STJ

"[...] O art. 369 do CPC, ao conferir presunção de autenticidade ao documento, quando o tabelião reconhecer a firma do signatário, declarando que foi aposta em sua presença, não excluiu a possibilidade de o julgador considerar cumprido o ônus do apresentante pela exibição de documento cuja firma tenha sido reconhecida por semelhança. 3. Se, de um lado, o reconhecimento por semelhança possui aptidão, tão somente, para atestar a similitude da assinatura apresentada no documento com relação àquelas apostas na ficha de serviço do cartório, também é certo que, assim como o reconhecimento de firma por autenticidade, tem a finalidade de atestar, com fé pública, que determinada assinatura é de certa pessoa, ainda que com grau menor de segurança. [...]" (STJ, 3ª T., REsp nº 302.469/MG, Rel. Min. Ricardo Villas Bôas Cueva, DJe de 7/10/2011).

"[...] Impugnação da assinatura que é, via de regra, suficiente à cessação da fé advinda de documentos particulares. Inteligência do art. 388, I, do CPC. Reconhecimento da firma aposta no instrumento da alteração que, todavia, confere presunção de autenticidade ao documento. Art. 369 do CPC. Simples negativa de autoria do documento por parte do signatário que, nessas circunstâncias, não elide a presunção advinda do ato notarial. [...]" (TJSP, 2ª Câmara Reservada de Direito Empresarial, Ag Instr nº 2047068-87.2015.8.26.0000, São Paulo, Rel. Des. Fabio Tabosa, j. em 18/5/2015).

Desnecessidade de autenticação de documentos

STJ

"[...] De regra, mostra-se desnecessária a autenticação de documentos carreados aos autos, na medida em que 'o documento ofertado pelo autor presume-se verdadeiro, se o demandado, na resposta, silencia quanto à autenticidade (CPC, Art. 372)' (EREsp 179147/SP, Rel. Ministro HUMBERTO GOMES DE BARROS, CORTE ESPECIAL, julgado em 01/08/2000, DJ 30/10/2000, p. 118) [...]" (STJ, 4ª T., REsp nº 999.799/DF, Rel. Min. Luis Felipe Salomão, DJe de 19/10/2012).

Ausência de impugnação das cópias não autenticadas

STJ

"[...] Deixando a parte de alegar a ausência dos documentos originais ou a sua autenticação no momento em que devia, ocorre a preclusão consumativa do seu direito para tanto. 4. Pacífico o entendimento nesta Corte Superior no sentido de que as cópias não autenticadas juntadas aos autos, e que não são impugnadas pela parte adversa no momento próprio, têm o mesmo valor probante dos originais. 5. Cópia xerográfica de documento juntado por particular merece legitimidade até demonstração em contrário de sua falsidade (CPC, art. 372). 6. Agravo regimental não provido" (STJ, 1ª T., AgRg no Ag nº 535.018/RJ, Rel. Min. José Delgado, DJ de 10/5/2004, p. 178).

Presunção de autenticidade dos documentos da inicial

TJPR

"[...]. Nos termos do artigo 372 do Código de Processo Civil, a presunção de autenticidade dos documentos que acompanham a inicial torna-se relativa somente quando os mesmos são impugnados pela parte contrária" (TJPR, 16ª Câmara Cível, Ag Instr nº 690.323-7, Curitiba, Rel. Des. Lidia Maejima, DJPR de 11/11/2010).

Art. 412 - O documento particular de cuja autenticidade não se duvida prova que o seu autor fez a declaração que lhe é atribuída.

Parágrafo único - O documento particular admitido expressa ou tacitamente é indivisível, sendo vedado à parte que pretende utilizar-se dele aceitar os fatos que lhe são favoráveis e recusar os que são contrários ao seu interesse, salvo se provar que estes não ocorreram.

I. Eficácia probatória do documento particular

O *caput* do art. 412 dispõe que o documento particular autêntico (assim reconhecido pelo tabelião ou admitido pela parte contrária) prova que o seu autor fez a declaração que lhe é atribuí-da. Nas hipóteses previstas no *caput* do art. 412, a presunção de veracidade é relativa.

II. A indivisibilidade do documento particular

O documento particular é incindível, desde que admitido expressa ou tacitamente. Disso decorre a impossibilidade de a parte aproveitar apenas a parcela do documento que lhe favorece, rejeitando as que repute contrárias a seus interesses. O documento será visto e valorado em sua integralidade. Contudo, caso o documento expresse vários fatos, admite-se que a parte prove pelos demais meios probatórios que um ou alguns deles são inverídicos.

III. Julgados

Presunção relativa de veracidade

STJ

"[...] A presunção de autenticidade de documento fornecido por empresa particular é meramente *iuris tantum* e cede em face de lei que determina a certificação por entidade profissional, com status de representante da categoria e, portanto, em condições de aferir questões alusivas à capacitação técnica. Recurso especial provido" (STJ, 2ª T., REsp nº 324.498/SC, Rel. Min. Franciulli Netto, DJ de 26/4/2004, p. 158).

Indivisibilidade das informações contidas no documento

TJSP

"[...] Não pode o contribuinte aceitar somente os fatos que lhe são favoráveis, recusando os que são contrários ao seu interesse. Entendimento do art. 373, parágrafo único, do CPC [...]" (TJSP, 8ª Câmara de Direito Público, ApCiv nº 0006398-56.2010.8.26.0472, Porto Ferreira, Rel. Des. Ponte Neto, j. em 19/2/2014).

Art. 413 - O telegrama, o radiograma ou qualquer outro meio de transmissão tem a mesma força probatória do documento particular se o original constante da estação expedidora tiver sido assinado pelo remetente.

Parágrafo único - A firma do remetente poderá ser reconhecida pelo tabelião, declarando-se essa circunstância no original depositado na estação expedidora.

I. A eficácia probatória dos meios de transmissão de dados

Os meios de transmissão de dados têm a mesma eficácia probatória do documento particular. Para tanto, basta que a via original constante da estação expedidora tenha sido assinada pelo remetente. Tal providência permitirá a eventual conferência da cópia transmitida com o original assinado. Presumem-se verdadeiras em relação ao signatário as declarações constantes dos meios de transmissão de dados.

II. O reconhecimento de firma

Caso a via original do documento contenha reconhecimento de firma por tabelião, tal circunstância deverá constar no documento que ficará depositado na estação expedidora e será informada na cópia transmitida.

III. Os protocolos via fax

O art. 413 do CPC deve ser interpretado em conjunto com a Lei nº 9.800/1999, que admite e disciplina a utilização de sistema de transmissão de dados e imagens tipo fac-símile ou outro similar para a prática de atos processuais que dependam de petição escrita. Exista ou não prazo para a prática do ato processual, se ele for realizado (transmitido) por fax, a via original deverá necessariamente ser apresentada em juízo em até cinco dias após a transmissão.

IV. Julgados

A admissão dos protocolos via fax

STJ

"[...]. 1. A legislação processual civil admite a interposição de peças processuais via fax, nos termos do art. 374, do CPC. 2. A regra, todavia, há que ser conjugada com o disposto no art. 2º, da Lei nº 9.800/99, que dispõe ser imprescindível a apresentação do respectivo original, dentro de cinco dias, a contar da interposição via fac-símile. Precedentes: EDcl no Ag 804704; Relator Ministro João Otávio de Noronha; 2ª Turma DJ 26.02.2007 p. 578; AgRg no CC 61903; Relator Ministro Humberto Gomes de Barros; 2ª Seção; DJ 07.12.2006 p. 269; AgRg no REsp 824.609/RS, 1ª Turma, Rel. Min. Francisco Falcão, DJ de 1º.6.2006; EDcl no AgRg no Ag 756.696/MG, 5ª Turma, Rel. Min. Arnaldo Esteves Lima, DJ de 18.12.2006. [...]" (STJ, 1ª T., AgRg no Ag nº 765.541/SP, Rel. Min. Luiz Fux, DJ de 9/4/2007, p. 228).

Admissão da interposição de recurso por telex

STJ

"Processual civil. Recurso interposto via telex: possibilidade. Embargos rejeitados. I - Por força do art. 374 do CPC, admite-se a interposição de recurso via telex. II - É tempestivo o recurso, se o telex deu entrada no tribunal ad quem dentro do prazo legal. [...]" (STJ, 2ª T., EDcl no REsp nº 129.476/SP, Rel. Min. Adhemar Maciel, DJ de 15/12/1997, p. 66.361).

"[...] 1. Consoante iterativa jurisprudência, do pretório e desta corte, não se admite recurso por meio do telex, sem que o mesmo esteja autenticado, com o reconhecimento de firma do seu subscritor. [...]" (STJ, 6ª T., AgRg nos EDcl no REsp nº 34.758/RJ, Rel. Min. Anselmo Santiago, DJ de 6/10/1997, p. 50.061).

Art. 414 - O telegrama ou o radiograma presume-se conforme com o original, provando as datas de sua expedição e de seu recebimento pelo destinatário.

I. Presunção de conformidade com o original

Enquanto o art. 413 do CPC cuida da eficácia probatória das transmissões de dados, o art. 414 trata da fidelidade da transmissão em relação ao documento original. A presunção relativa de conformidade da transmissão com o original existirá se houver prova da data da expedição e do recebimento pelo destinatário. A data da expedição do telegrama será de mais fácil comprovação e normalmente coincidirá com a data do seu recebimento *pela estação receptora*. A data do efetivo recebimento do telegrama *pelo destinatário* deve ser comprovada por um recibo de entrega.

II. Julgado

Conformidade dos telegramas com o original

TJPR

"[...] Sobre os documentos em fls. 13/14 (telegramas), de fato possuem 'a mesma força probatória do documento particular, se o original constante da estação expedidora foi assinado pelo remetente' (art. 374, CPC), contudo, 'presume-se conforme com o original, provando a data de sua expedição e do recebimento pelo destinatário' (art. 375, CPC). E, apesar 'fonados', constam juntados por autora/destinatária (fls. 13/14, exordial) sob forma original, datados de 17.01.03, efetivamente configurando-os hábeis patentear irregular conduta [...]" (TJPR, 8ª Câmara Cível, ApCiv nº 367.766-5, Curitiba, Rel. Des. Arno Gustavo Knoerr, j. em 10/10/2008).

Art. 415 - As cartas e os registros domésticos provam contra quem os escreveu quando:
I - enunciam o recebimento de um crédito;
II - contêm anotação que visa a suprir a falta de título em favor de quem é apontado como credor;
III - expressam conhecimento de fatos para os quais não se exija determinada prova.

I. Cartas e registros domésticos

Cartas são escritos que veiculam uma declaração, uma mensagem ou o registro de um pensamento endereçado ao destinatário (outra pessoa ou grupo de pessoas). Registros domésticos são quaisquer anotações particulares informais (diários, agendas, blocos, etc.), destinados a permitir ao seu autor rememorar determinados fatos. Tanto as cartas quanto os registros domésticos se caracterizam por serem documentos formados unilateralmente.

II. Eficácia probatória contra o autor intelectual

As cartas e os documentos domésticos fazem prova contra o seu autor intelectual, isto é, contra quem efetivamente é o responsável pelo conteúdo escrito. Nesse caso é irrelevante a identificação de quem elaborou o documento (autor material).

III. A relevância do conteúdo dos escritos

A regra do art. 415 do CPC deve ser interpretada de forma conjugada com o art. 408 do CPC, o que permite extrair a conclusão de que as cartas e registros domésticos, quando assinados, farão prova contra o seu signatário, independentemente do seu teor. Contudo, se tais documentos não estiverem assinados, somente fará prova contra o seu autor nas hipóteses enumeradas no art. 415 do CPC. O inciso I do art. 415 admite que tais documentos informais enunciem o recebimento de um crédito, tal como ocorre com o recibo ou instrumento de quitação, sendo que este conterá o valor e espécie da dívida quitada, nome do devedor, ou quem por este pagou, o tempo e o lugar do pagamento, com a assinatura do credor, ou do seu representante (CC, art. 320, *caput*). A quitação valerá mesmo que não preencha todos esses requisitos, se de seus termos ou das circunstâncias resultar haver sido paga a dívida (CC, art. 320, parágrafo único). O inciso II trata de anotação que caracterize reconhecimento de débito pelo autor do documento. O inciso III traduz hipótese mais ampla que as anteriores, afirmando que o documento que expresse conhecimento de fatos, para os quais não se exija *determinada prova* (entendida como prova essencial à validade do ato no plano do direito material), faz prova contra o seu autor.

IV. Julgados

Imprestabilidade da carta anônima para o processo

STJ

"DOCUMENTOS. Carta anônima. Juntada aos autos. Decidiu-se, por maioria e de acordo com o voto médio, manter apensadas por linha cópias de documentos de outros processos, devendo ser destruídas as cartas anônimas" (STJ, 4ª T., AgRg no REsp nº 295.155/RJ, Rel. Min. Sálvio de Figueiredo Teixeira, DJ de 5/8/2002, p. 347).

Escrito unilateral prova contra o seu autor

TJSP

"COBRANÇA DE ALUGUERES. ALEGAÇÃO DE PAGAMENTO. FALTA DE SUBSTRATO DOCUMENTAL PROBATÓRIO. Cerceamento de defesa. Não caracterização. Anotações em folhas de caderno onde referidos de forma imprecisa os supostos pagamentos. Desnecessidade de dilação probatória. O escrito unilateral só se presta a produzir prova contra o seu autor. Inteligência do art. 376 do Código de Processo Civil. Recurso desprovido" (TJSP, 27ª Câmara de Direito Privado, ApCiv nº 0001827-04.2009.8.26.0302, Jaú, Rel. Des. Gilberto Leme, j. em 25/9/2012).

Art. 416 - A nota escrita pelo credor em qualquer parte de documento representativo de obrigação, ainda que não assinada, faz prova em benefício do devedor.
Parágrafo único - Aplica-se essa regra tanto para o documento que o credor conservar em seu poder quanto para aquele que se achar em poder do devedor ou de terceiro.

I. Eficácia probatória de anotação em documento

A anotação relevante feita pelo credor em documento representativo de obrigação faz prova em benefício do devedor. Não se exige que a nota esteja assinada pelo credor. Essa regra será aplicável tanto se o documento estiver em poder do credor quanto se ele se encontrar com o devedor ou com terceiro.

II. Julgados

Insuficiência da nota escrita sem identificação

TJPR

"[...] De outro giro, não é possível a aplicação do artigo 377, do Código de Processo Civil, pois, nestes casos, é necessária a valoração da prova e a peculiaridade do caso, e a simples anotação de pago existente nas notas fiscais, desacompanhada de outra prova, não nos permite interpretar os fatos em benefício do devedor, até porque não se sabe quem efetuou a referida anotação, já que inexiste a assinatura do credor ou de seu representante ou, mesmo, indício algum que mostre que a referida inscrição tenha sido feito por este, embora, inexistente a assinatura. [...]" (TJPR, 6ª Câmara Cível, ApCiv nº 153367-9, Paranavaí, Rel. Des. Milani de Moura, DJPR de 4/3/2005).

Nota escrita do credor prova em favor do devedor

TJSP

"[...] Alegação de quitação fornecida pela instituição de ensino. Contrato de consumo. Artigo 320, parágrafo único do Código Civil, c.c art. 377 do CPC. Declaração dada pela autora de que nada constava em nome da ré. Interpretação favorável à devedora. [...]" (TJSP, 21ª Câmara de Direito Privado, ApCiv nº 0018916-26.2010.8.26.0554, Santo André, Rel. Des. Virgilio de Oliveira Junior, j. em 9/11/2011).

TASP

"[...] Requerido que não nega o negócio, mas alega pagamento total. Comprovação de pagamento parcial, conforme anotado no documento de compra e venda (parcela de R$30,00 no ato). Valor que deve ser abatido do título executivo. [...]. A propósito de considerar-se a observação no referido documento, como prova de pagamento, a autorização está no CPC, art. 377: 'A nota escrita pelo credor em qualquer parte de documento representativo de obrigação, ainda que não assinada, faz prova em benefício do devedor'" (Extinto 1º TAC, 10ª Câmara, ApCiv nº 857.621-3, Itápolis, Rel. Juiz Enio Zuliani, j. em 23/3/2004).

Art. 417 - Os livros empresariais provam contra seu autor, sendo lícito ao empresário, todavia, demonstrar, por todos os meios permitidos em direito, que os lançamentos não correspondem à verdade dos fatos.

Autor: André Almeida Garcia

I. Alteração terminológica

Preocupou-se aqui legislador com mudanças apenas de ordem terminológica, sem alterar o sentido da norma, substituindo a antiga expressão "livros comerciais" (CPC/1973, art. 378) por "livros empresariais", e "comerciante" por "empresário", em sintonia com o que já tem sido praticado no ordenamento (CC/2002, arts. 966 e seguintes).

Continuam sendo, no entanto, livros empresariais, por exemplo, os mesmos *livros diários, livro razão, livros fiscais, livro inventário, livro de apuração do lucro real, escrituração contábil digital*, etc., ou seja, os documentos que, de modo geral, registram os atos e as atividades empresariais.

II. O "autor" dos livros empresariais

De acordo com o dispositivo, os livros empresariais podem ser utilizados contra o seu "autor"; assim, a título de esclarecimento, o "autor" a que se refere o dispositivo é, por óbvio, a empresa responsável pela sua confecção, que pode ocupar tanto o polo ativo como o passivo na demanda judicial.

III. Da disciplina da força probante dos livros empresariais

Cabe aqui uma brevíssima reflexão: por qual razão, numa sociedade com uma pluralidade tão diversa de relações, gerando toda a sorte de documentos, teria o legislador, em detrimento da regra geral abstrata do livre convencimento motivado do magistrado, optado por regulamentar especificamente a *força probante* dessa específica modalidade de prova documental, mantendo-se praticamente na integralidade a disciplina que já vigorava no regime anterior do CPC/1973?

Talvez a resposta a essa indagação esteja, ao menos em parte, em dispositivo do Código Penal (CP, art. 297, § 2º), que, para fins de enquadramento no tipo *falsificação de documento público,* equipara os livros "mercantis" a um documento público, disso acarretando ao infrator uma pena potencialmente mais grave do que aquela a que se submete quem falsifica um documento particular (CP, art. 298).

Aliando-se a isso regras próprias inerentes ao sistema contábil que deve ser mantido pelo empresário e pela sociedade empresária (CC, arts. 1.179 e seguintes, e legislação especial), com escrituração regida por solenidades especiais, que deve ser realizada e conservada por força legal, constata-se uma espécie diferenciada – ou especial – de documento particular a justificar um tratamento normativo também diferenciado (*instrumentalidade*).

IV. Da força probante dos livros empresariais: presunção x vinculação?

No mais, quanto à "força probante" (título da subseção) dos livros empresariais, o dispositivo encontra-se plenamente inserido no conceito geral dos documentos particulares: em princípio, são produzidos justamente com o escopo de virem a servir de prova em sentido contrário àquele que o confeccionou, que, em princípio, não pode pretender utilizá-lo para se beneficiar.

Dessa forma, o artigo reproduz a regra geral de que os fatos representados no documento particular são presumidamente verdadeiros em face daquele que o produziu, constante do art. 408, CPC/2015 (art. 368, CPC/1973); tratando, pois, da incidência dessa regra geral ao ramo empresarial, com suas especificidades, o legislador apenas acabou por exemplificar – ou até mesmo adotar uma postura pedagógica – de como seria a aplicação dessa presunção de veracidade; assim também o fez anteriormente a legislação civil, replicando o conteúdo da norma: CC, art. 226.

O empresário responsável pela escrituração contábil não poderá, em princípio, beneficiar-se do constante nos livros; todavia, se confirmarem algo em sentido contrário ao seu interesse, poderão ser utilizados para dirimir algum ponto fático controvertido.

Contudo, tal qual ocorre no sistema probatório processual civil, não estará o juiz automática e necessariamente vinculado ao resultado indicado nesses livros empresariais, estando sua sentença absolutamente condicionada àquela constatação.

Com efeito, muito embora o dispositivo esteja na subseção que trata da "força probante dos documentos" – o que ainda revela manifesto resquício do legislador ao período em que vigorava o sistema da prova legal ou tarifada –, isso não significa que os livros empresariais terão necessariamente tal ou qual força probante única e exclusivamente por força daquilo que está aprioristicamente estabelecido na lei.

Afinal, no processo civil moderno, permeado pelas garantias e princípios constitucionais, haverá sempre de ser analisada a situação do caso concreto, cotejando-se todos os elementos probatórios existentes, atribuindo o magistrando, de maneira individualizada, a eficácia persuasiva de cada meio de prova produzido, indicando pormenorizadamente como influenciaram no seu convencimento (CF, art. 93; CPC/2015, art. 489, § 1º).

V. Julgados

Prova em sentido contrário – presunção relativa

"Cabe ainda registrar que é dever da empresa recorrente manter a correta escrituração dos seus livros fiscais, fazendo estes inclusive prova em contrário com presunção relativa de veracidade, nos termos do art. o artigo 378 do CPC" (STJ, 2ª T., RMS nº 32.508/BA, Rel. Min. Eliana Calmon, votação unânime, j. em 16/5/2013, DJe de 24/5/2013).

"É dever da empresa recorrente manter a correta escrituração dos seus livros fiscais, fazendo estes inclusive prova em contrário com presunção relativa de veracidade. Assim dispõe o artigo 378 do CPC" (STJ, 2ª T., AgRg no Ag nº 1116433/MG, Rel. Min. Mauro Campbell Marques, votação unânime, j. em 9/6/2009, DJe de 23/6/2009).

Art. 418 - Os livros empresariais que preencham os requisitos exigidos por lei provam a favor de seu autor no litígio entre empresários.

I. Alteração terminológica e escopo

Assim como no artigo anterior, o dispositivo teve apenas mudanças redacionais com relação ao CPC/1973, art. 379, para atualização terminológica.

Tem por premissa a existência de litígio entre empresários, ou sociedades empresariais, com relações comerciais escrituráveis, e tem sua ênfase no preenchimento dos requisitos legais pelos livros empresariais para que eles possam ser utilizados de modo a atestar a veracidade das afirmações que neles estão contempladas.

II. Hipóteses de incidência e eficácia probatória

A partir da leitura da norma, três possibilidades vêm à mente: os livros empresariais de ambas as partes preenchem os requisitos (e, portanto, "provam a favor de seu autor no litígio"), ambos não preenchem ou apenas o de uma das partes preenche (sobre os requisitos, que podem ser intrínsecos ou extrínsecos, CC, art. 226).

Em qualquer hipótese, contudo, será necessário verificar as circunstâncias específicas do caso concreto para então apurar se as informações obtidas com o cruzamento dos dados dos livros comerciais foram suficientes para dirimir a controvérsia fática existente; caso contrário, deverá o juiz valer-se de outros meios de prova para formar a sua convicção (atentando-se, contudo, para as circunstâncias restritivas da própria lei; cfr. p. ex., CC, art. 226, parágrafo único: exigência de escritura pública).

Afinal, mesmo os livros irregulares geram, quando muito, apenas uma presunção simples, relativa, em sentido contrário ao seu autor, fazendo com que sobre ele recaiam os ônus da prova caso sejam insuficientes os elementos probatórios quando vier a ser proferida a sentença.

III. Litígios entre empresários e não empresários

As ponderações que foram anteriormente lançadas merecem também incidir nos conflitos judiciais que envolvem empresários e não empresários: muito embora a norma não preveja de modo expresso, não quer isso dizer que os livros empresariais regulares não possam ser utilizados para dirimir determinada questão fática.

Art. 419 - A escrituração contábil é indivisível, e, se dos fatos que resultam dos lançamentos, uns são favoráveis ao interesse de seu autor e outros lhe são contrários, ambos serão considerados em conjunto, como unidade.

I. Indivisibilidade e comunhão da prova

Não houve alteração substancial com relação ao CPC/1973, art. 380; apenas pequenas modificações de redação.

Trata-se de regra que se compatibiliza com o CPC, art. 412, parágrafo único, que dispõe também sobre a necessidade de aceitação do documento particular como um todo, por ser indivisível. Assim é qualquer documento, por sua própria natureza conceitual: objeto material representativo da realidade. Ora, se tem por escopo representar a realidade, sendo um veículo de transporte dessa realidade, não há como pretender que se ignore seu conjunto, restringindo-se a apenas uma parte, de interesse daquele que invoca a sua utilização.

Além de compatível, portanto, com o mencionado CPC, art. 412, parágrafo único, e em consonância com o princípio da comunhão da prova, essa regra probatória, em específico, harmoniza-se com a própria integridade da escrituração contábil.

Assim, por força desse dispositivo, todos os elementos constantes da escrituração contábil regular poderão ser considerados pelo juiz, não havendo restrição quando a quem se beneficiará com o fim da controvérsia.

Verifica-se, nesse ponto, a busca pelo escopo social do processo, permitindo-se a pacificação com justiça, com a efetiva aplicação do direito pelo magistrado.

Art. 420 - O juiz pode ordenar, a requerimento da parte, a exibição integral dos livros empresariais e dos documentos do arquivo:
I - na liquidação de sociedade;
II - na sucessão por morte de sócio;
III - quando e como determinar a lei.

I. Da necessidade de requerimento da parte

Há reprodução do antigo CPC/1973, art. 381, com as adaptações de redação.

A ampliação dos poderes instrutórios do juiz foi uma marca constante das anteriores reformas processuais e, principalmente, da evolução doutrinária e jurisprudencial. Diante das declaradas propostas desse Código de Processo Civil de 2015, não teria sido o momento de excluir esse "requerimento da parte" como condição para a exibição integral dos livros?

Ou, colocando de outro modo: mesmo com essa condição, poderá o juiz de ofício requerer a exibição dos livros? E se, por algum motivo, não interessar à parte contrária?

II. Sigilo empresarial

Em verdade, o legislador, além de condicionar o requerimento da parte, ainda elenca duas específicas hipóteses (liquidação de sociedade e sucessão por morte de sócio – cfr. CC, art. 1.191) em que essa exibição *integral* seria possível – situações, aliás, nitidamente justificáveis –, indicando, no inciso III, que se trataria mesmo de um rol taxativo, que restringe essa exibição integral apenas e tão somente para os casos que tiverem expressa autorização legal, tratando-se de preceito que se harmoniza com o sigilo dos livros empresariais (CC, art. 1.190).

III. Julgado

"A não exibição do documento requerido pelo autor na via judicial implica a admissão da presunção da verdade dos fatos que se pretendem comprovar por meio daquela prova sonegada pela parte *ex adversa*, restando este fato a única sanção processual cabível" (STJ, 1ª T., REsp nº 845.860/SP, Rel. Min. Luiz Fux, por maioria, j. em 7/5/2009, DJe de 10/6/2009).

Art. 421 - O juiz pode, de ofício, ordenar à parte a exibição parcial dos livros e dos documentos, extraindo-se deles a suma que interessar ao litígio, bem como reproduções autenticadas.

I. Exibição parcial

Também não foram feitas modificações nesse dispositivo (CPC/1973, art. 382).

Ao contrário do que foi visto no dispositivo anterior, por se tratar, aqui, de hipótese de exibição apenas parcial dos livros comerciais, sem exposição de todas as transações realizadas pela empresa, o legislador entendeu possível a determinação de exibição de ofício por parte do magistrado.

Para que não fiquem os dados expostos, extrai-se a suma, um resumo, uma síntese certificada que poderá ser utilizada (reproduções autenticadas) com a mesma eficácia probatória que os próprios livros.

II. Proteção ao sigilo empresarial

Apesar de o dispositivo não conter qualquer limitação quanto ao que seria objeto da exibição parcial, para evitar indevidas intromissões, conhecimentos de dados sigilosos e impertinentes à controvérsia submetida ao exame judicial, foi editada a Súmula nº 260 pelo Supremo Tribunal Federal, que assim delimitou o campo da exibição: Súmula nº 260/STF: "O exame de livros comerciais, em ação judicial, fica limitado às transações entre os litigantes".

III. Julgado

"Os arts. 19, CCom, e 382, CPC, não impõem a terceiros a obrigação de exibir livros e documentos, mas somente às partes da relação jurídica processual" (STJ, 4ª T., REsp nº 206.946/PR, Rel. Min. Sálvio de Figueiredo Teixeira, votação unânime, j. em 3/4/2001, DJe de 7/5/2001).

Art. 422 - Qualquer reprodução mecânica, como a fotográfica, a cinematográfica, a fonográfica ou de outra espécie, tem aptidão para fazer prova dos fatos ou das coisas representadas, se a sua conformidade com o documento original não for impugnada por aquele contra quem foi produzida.

§ 1º - As fotografias digitais e as extraídas da rede mundial de computadores fazem prova das imagens que reproduzem, devendo, se impugnadas, ser apresentada a respectiva autenticação eletrônica ou, não sendo possível, realizada perícia.

§ 2º - Se se tratar de fotografia publicada em jornal ou revista, será exigido um exemplar original do periódico, caso impugnada a veracidade pela outra parte.

§ 3º - Aplica-se o disposto neste artigo à forma impressa de mensagem eletrônica.

I. Evoluções tecnológicas

Esse dispositivo contempla inovações, incorporando ao CPC/2015 algumas das evoluções tecnológicas como as fotografias digitais, a internet e as mensagens eletrônicas, que abrangem todas as suas modalidades (*e-mails*, *SMS*, WhatsApp, etc.).

A novidade, com relação ao CPC/1973, foi a introdução da impugnação ou não como critério de validade da força probante dos documentos reproduzidos. Tinha havido, porém, tentativa nesse sentido no CC, art. 225.

Agora, contudo, há detalhes procedimentais definidos, validando e viabilizando, com isso, a adoção de todos esses novos meios de prova: se houver a impugnação da reprodução juntada pela parte contrária, afirmando que não corresponde ao documento original, terá de ser ou apresentada a autenticação eletrônica ou realizada perícia (o que vale tanto para as fotografias digitais como para o que foi obtido na internet, além das mensagens eletrônicas e perícias nas suas respectivas plataformas e/ou provedores/servidores).

Apenas convém frisar que, caso haja impugnação de fotografias digitais, com a realização de subsequente perícia, deverá o trabalho recair sobre o *arquivo* digital da foto (para descobrir se foi manipulado), e não sobre a fotografia digital em si – e muito menos sobre a fotografia impressa.

II. Julgado

"A lei processual admite a produção de prova por meio de fotocópias de documentos particulares ou por outros tipos de reprodução mecânica. Suscitado incidente de falsidade documental das cópias reprográficas e realizado exame pericial dos documentos impugnados, não há ofensa ao art. 383, *caput* e parágrafo único, do CPC, mas seu estrito cumprimento" (STJ, 4ª T., REsp nº 1.046.497/RJ, Rel. Min. João Otávio Noronha, votação unânime, j. em 24/8/2010, DJe de 9/11/2010).

Art. 423 - As reproduções dos documentos particulares, fotográficas ou obtidas por outros processos de repetição, valem como certidões sempre que o escrivão ou o chefe de secretaria certificar sua conformidade com o original.

I. Força probante das cópias

Com mudanças de redação e inclusão da figura do chefe da secretaria, não houve alteração na substância da norma (CPC/1973, art. 384): com a certificação pelo escrivão ou pelo chefe da secretaria, podem ser extraídas cópias dos autos com a mesma força probante dos documentos originais que se encontram juntados nos autos.

II. Julgado

"Eventual vício existente na correta demonstração da capacidade postulatória deve ser articulado e provado no devido tempo, isto é, nas instâncias ordinárias, ou na primeira oportunidade que a parte teve acesso aos autos (art. 245 do Código de Processo Civil). Não adotada esta providência, não é adequado fazê-lo depois de conferida à causa resultado desfavorável à parte, até porque, ainda que se afaste o tema relativo à preclusão, vale destacar que a exigência de o escrivão portar por fé a conformidade da reprodução do documento com o original, na forma do art. 384 do Código de Processo Civil, no caso de impugnação relevante, onde se deduza, por exemplo, contrafacção, falta de dados, dados errôneos, em outras palavras, falsidade do documento, reclama que o arguente impugne a sua veracidade e suscite, de pronto, o incidente de falsidade. Uma vez não impugnada a exatidão do documento, como no caso, mas simples arguição destituída de conteúdo, incide o art. 225 do Código Civil de 2002" (STJ, 2ª Seção, AgRg no REsp nº 963.283/RS, Rel. Min. Fernando Gonçalves, votação unânime, j. em 25/6/2008, DJe de 1º/7/2008).

Art. 424 - A cópia de documento particular tem o mesmo valor probante que o original, cabendo ao escrivão, intimadas as partes, proceder à conferência e certificar a conformidade entre a cópia e o original.

I. Dispositivo anacrônico

Houve a reprodução literal do CPC/1973, art. 385, mas atualmente, s.m.j., seria dispensável o dispositivo: considerando-se a facilidade para reprodução (CPC, art. 423), não se compreende o motivo de intimar e convocar as partes para participar de conferência, certificando-se "a conformidade entre a cópia e o original".

II. Julgado

"Assinale-se, ademais, que nos termos do artigo 424 do Código de Processo Civil/15: 'A cópia de documento particular tem o mesmo valor probante que o original...'. E o Superior Tribunal de Justiça já enunciou que 'É sem importância a não autenticação de cópia de documento, quanto não impugnado o seu conteúdo' (RSTJ 87/310 e 100/197 – (nota 1 ao artigo 385 do CPC, in Código de Processo Civil e legislação processual civil em vigor, Theotonio Negrão e José Roberto F. Gouvea, 29ª ed., Saraiva, p. 497)" (TJSP, 37ª Câmara de Direito Privado, Apelação nº 1013528-46.2016.8.26.0577, Rel. Des. João Pazine Neto, votação unânime, j. em 11/10/2016, DJe de 19/10/2016).

Art. 425 - Fazem a mesma prova que os originais:
I - as certidões textuais de qualquer peça dos autos, do protocolo das audiências ou de outro livro a cargo do escrivão ou do chefe de secretaria, se extraídas por ele ou sob sua vigilância e por ele subscritas;
II - os traslados e as certidões extraídas por oficial público de instrumentos ou documentos lançados em suas notas;
III - as reproduções dos documentos públicos, desde que autenticadas por oficial público ou conferidas em cartório com os respectivos originais;
IV - as cópias reprográficas de peças do próprio processo judicial declaradas autênticas pelo advogado, sob sua responsabilidade pessoal, se não lhes for impugnada a autenticidade;
V - os extratos digitais de bancos de dados públicos e privados, desde que atestado pelo seu emitente, sob as penas da lei, que as informações conferem com o que consta na origem;
VI - as reproduções digitalizadas de qualquer documento público ou particular, quando juntadas aos autos pelos órgãos da justiça e seus auxiliares, pelo Ministério Público e seus auxiliares, pela Defensoria Pública e seus auxiliares, pelas procuradorias, pelas repartições públicas em geral e por advogados, ressalvada a alegação motivada e fundamentada de adulteração.
§ 1º - Os originais dos documentos digitalizados mencionados no inciso VI deverão ser preservados pelo seu detentor até o final do prazo para propositura de ação rescisória.
§ 2º - Tratando-se de cópia digital de título executivo extrajudicial ou de documento relevante à instrução do processo, o juiz poderá determinar seu depósito em cartório ou secretaria.

I. Força probante

Sem mudanças com relação ao que já estava previsto no CPC/1973, art. 365, apenas com a inclusão do chefe da secretaria para certidões (inciso I) e da Defensoria Pública para reproduções digitalizadas, esse art. 425 e seus incisos preconizam que terão a mesma força probante que os documentos originais cópias, certidões, traslados e reproduções ali relacionadas.

Por uma interpretação literal, para que a eficácia persuasiva dessas cópias de fato seja a mesma dos documentos originais, bastaria a observância dos procedimentos descritos – e também que não haja impugnação.

II. Prova emprestada

Todavia, a extração dessas cópias muitas vezes tem por objetivo sua utilização em outro processo, fazendo uso do que se convencionou chamar de "prova emprestada". Por conta disso, há de se acautelar contra a ênfase do *caput* no sentido de que essas reproduções fariam "a mesma prova que os originais": aqui, não se poderá considerar o termo pela acepção de eficácia persuasiva, pois diversas outras circunstâncias haverão de ser consideradas que certamente influenciarão de modo diverso na convicção do magistrado, como se poderá observar no exame mais aprofundado do tema.

Por conta disso, remete-se ao disposto no art. 372 deste novel diploma: "o juiz poderá admitir a utilização de prova produzida em outro processo, atribuindo-lhe o valor que considerar adequado, observado o contraditório".

III. Julgados

"Assim, se esta Corte já admitiu como válida, em ocasiões pretéritas, a simples cópia (em papel) de documentos extraídos da internet, quer me parecer que há excesso de formalismo em recusar, para fins do art. 365, VI, do CPC/1973 (*reproduzido no art. 425, VI, do CPC/2015*), a validade da reprodução digitalizada de cópia integral dos autos, juntada pela Procuradoria da Fazenda Nacional" (STJ, 2ª T., REsp nº 1.608.298-SP, Rel. Min. Herman Benjamin, j. em 1º/9/2016, DJe de 6/10/2016).

"Como já indicado, o recurso especial interposto não tem regularmente efeito suspensivo, o que torna inequívoca a aptidão da decisão desta Turma Julgadora. Nem se cogita a necessidade de 'comunicação oficial' porque a juntada da cópia digitalizada do v. acórdão pelo nobre advogado faz a mesma prova que os originais (*art. 425, inciso VI, do Novo Código de Processo Civil*)" (TJSP, 30ª Câmara de Direito Privado, AI nº 2198242-12.2016.8.26.0000, Rel. Des. Maria Lúcia Pizzotti, j. em 22/2/2017, DJe de 1º/3/2017).

"Para ser considerado como elemento de prova, o extrato de banco de dados, conforme dispõe o inciso V do art. 365 do CPC, deve ser atestado pelo seu emitente. No caso dos autos, todavia, o acórdão recorrido consignou que o documento em questão nada prova, pois é 'apócrifo [...], sem assinatura, sem timbre, sem autenticação [...]'." (STJ, 1ª T., AgRg no Ag nº 1357301/MG, Rel. Min. Benedito Gonçalves, j. em 13/3/2012, DJe de 15/3/2012).

"As certidões lavradas por Oficiais de Justiça têm fé pública de acordo com o disposto nos artigos 364 e 365 do CPC, contando, portanto, com presunção de legitimidade e veracidade, razão pela qual, qualquer alegação em sentido contrário deve apresentar robusta comprovação" (STJ, 5ª T., HC nº 128593/SE, Rel. Min. Napoleão Nunes Maia Filho, j. em 13/8/2009, DJe de 14/9/2009).

Art. 426 - O juiz apreciará fundamentadamente a fé que deva merecer o documento, quando em ponto substancial e sem ressalva contiver entrelinha, emenda, borrão ou cancelamento.

I. Livre convencimento motivado

Chama a atenção a alteração de advérbio constante de dispositivo que impõe o modo como deverá o juiz apreciar documento que "contiver entrelinha, emenda, borrão ou cancelamento": *livremente*, dizia o CPC/1973, art. 386; *fundamentadamente*, é a nova redação do CPC/2015. No entanto, essa modificação terminológica não mudou a substância e o sentido da norma: o texto anterior dizia que juiz apreciaria "livremente" a fé que deva merecer o documento, ao passo que agora deverá fazê-lo "fundamentadamente".

Em verdade, a liberdade do juiz sempre foi limitada pela própria racionalidade, que deveria ser exposta justamente na motivação de sua decisão (daí o sistema probatório do livre convencimento motivado (CPC/2015, art. 371) também ser chamado de sistema da *persuasão racional*).

Ou, de outro modo: não há razão para visualizar nessa alteração qualquer modificação de conteúdo: como o sistema de valoração da prova pátrio era, e ainda é, o do livre convencimento motivado (ou da persuasão racional), o "livremente" do CPC/1973 era necessariamente interpretado como "livremente *motivado*" (ou *fundamentado*), do mesmo modo que o "fundamentadamente" do CPC/2015 deve ser sempre compreendido como "livremente fundamentado" (ou *motivado*). Motivação que sempre existiu, alçada a patamar constitucional (CF, art. 93, inciso IX), e reforçada no CPC/2015, art. 489).

II. Vícios extrínsecos

Especificamente com relação aos efeitos que os vícios extrínsecos (entrelinha, emenda, borrão ou cancelamento) trarão para o documento, competirá mesmo ao magistrado, de acordo com sua capacidade de análise, reputar o quanto ainda pode ser utilizado ou não e qual a sua respectiva força probante, deixando isso de modo muito claro na motivação da decisão que proferir (CPC, art. 489).

Art. 427 - Cessa a fé do documento público ou particular sendo-lhe declarada judicialmente a falsidade.
Parágrafo único - A falsidade consiste em:
I - formar documento não verdadeiro;
II - alterar documento verdadeiro.

I. Declaração de falsidade

Não sofreu alterações (CPC/1973, art. 387).

Existem algumas maneiras para que seja declarada a falsidade de um documento: incidentalmente, por arguição de falsidade (CPC, art. 430); ação declaratória autônoma (CPC, art. 19, inciso II); ação rescisória (CPC, art. 966, inciso VI) e sentença penal. Dependendo de como isso ocorreu, a consequência processual será distinta, sobretudo se já tiver havido sentença lastreada justamente nessa prova.

De qualquer maneira, o essencial é que, uma vez reconhecida a falsidade do documento, a consequência lógica e automática será apenas desconsiderá-lo do conjunto probatório: a partir de então, ou amplia-se a atividade instrutória, com a produção de novas provas para suprir a ausência desse documento, ou então profere-se decisão com apoio nos elementos já disponíveis, se suficientes.

Art. 428 - Cessa a fé do documento particular quando:
I - for impugnada sua autenticidade e enquanto não se comprovar sua veracidade;
II - assinado em branco, for impugnado seu conteúdo, por preenchimento abusivo.
Parágrafo único - Dar-se-á abuso quando aquele que recebeu documento assinado com texto não escrito no todo ou em parte formá-lo ou completá-lo por si ou por meio de outrem, violando o pacto feito com o signatário.

I. Ajuste terminológico

A redação do CPC/1973, art. 388, teve alterada apenas o verbete *contestada* por *impugnada* apenas por ajuste terminológico.

Conceitualmente, esse preceito encontra-se extremamente relacionado ao anterior, por implicitamente também versar sobre falsidade material de documento. Como se trata de um documento particular, a mera impugnação sobre a autenticidade (autoria) ou sobre seu conteúdo (quando assinado em branco) já abala a confiança no documento, esvaziando-se sua força probante até seja comprovada sua veracidade. Note-se que, com isso, a impugnação acaba por implicar um ônus probatório para aquele que deseja confirmar que o documento de fato representa a realidade do que aconteceu.

II. Assinatura em branco

Causa certa estranheza, no dispositivo, reproduzido do CPC/1973, a assinatura de papel em branco. Talvez há 40 anos, quando havia mais confiança entre as pessoas, o número de exemplos pudesse ser mais recorrente; o fato, no entanto, é que não se cogita de muitas hipóteses em que ainda se adote essa prática de preservar um papel em branco assinado guardado com instruções a serem preenchidas de certa maneira caso tal circunstância se verifique. Esse tipo de acerto entre as pessoas não mais se verifica com habitualidade. Contudo, talvez a hipótese de assinatura sob coação, essa assim, ainda remanesça, a justificar a permanência do dispositivo.

III. Julgados

"AGRAVO DE INSTRUMENTO - AÇÃO DE EXECUÇÃO - PRETENSÃO À EXTINÇÃO DO PROCESSO - ALEGAÇÃO DE APURAÇÃO DE FALSIDADE DE RUBRICAS EM CONTRATO CELEBRADO ENTRE AS PARTES - Hipótese de suspensão da execução até que se verifique a real extensão contratual existente entre as partes, inclusive eventual falsidade das rubricas, haja vista que tal alegação faz cessar a fé do documento particular. *Art. 428 do CPC*" (TJSP, 22ª Câmara de Direito Privado, AI nº 2180304-04.2016.8.26.0000, Rel. Des. Roberto Mac Cracken, j. em 2/12/2016, DJe de 12/12/2016).

"Logo, se não se interessar a agravante pela prova do fato de seu interesse, prevalecerá o disposto no *artigo 428, inciso I*, do mesmo Estatuto, no sentido de que cessa a fé do documento particular se for impugnada sua autenticidade" (TJSP, 23ª Câmara de Direito Privado, AI nº 2234416-20.2016.8.26.0000, Rel. Des. Sebastião Flávio, j. em 2/3/2017, DJe de 9/3/2017).

"Insta consignar que a fé do documento particular cessa quando impugnada a sua autenticidade e, nesse caso, cabe à parte que produziu o documento impugnado comprovar a sua autenticidade (*artigos 428 e 429, do NCPC*) (TJSP, 24ª Câmara de Direito Privado, AI nº 0003491-65.2003.8.26.0404, Rel. Des. Denise Andréa Martins Retamero, j. em 15/12/2016, DJe de 20/1/2017).

Art. 429 - Incumbe o ônus da prova quando:
I - se tratar de falsidade de documento ou de preenchimento abusivo, à parte que a arguir;
II - se tratar de impugnação da autenticidade, à parte que produziu o documento.

I. Distribuição do ônus da prova

Em princípio, nos moldes do CPC/1973, art. 389, o legislador optou por manter a regra geral do ônus da prova para a hipótese de falsidade documental, fixando que ele recairá sobre aquele que a arguir (sem prejuízo, no entanto, de o juiz, diante das circunstâncias do caso concreto, eventualmente optar pela sua *inversão*, adotando-se a técnica da distribuição dinâmica do ônus da prova (art. 373, § 1º, CPC).

No entanto, foi introduzida nova hipótese, que registra a opção do legislador por, também de maneira apriorística, definir que, em caso de impugnação de autenticidade do documento, aquele que o produziu terá de provar que ele é mesmo de sua autoria, supondo o legislador sua maior facilidade para fazê-lo.

Aqui, da mesma forma, em tese será possível haver eventual redistribuição desse ônus, dependendo das especificidades com que o magistrado se deparar (caso, ao final, não existam elementos probatórios suficientes para a formação do seu convencimento).

II. Julgados

"A realização de exame pericial grafotécnico foi determinada em razão da negativa de assinatura por parte do agravado.

E, nesse sentido, ao contrário do quanto sopesado nas razões de agravo, incumbe ao agravante fazer frente às despesas oriundas da referida prova, diante da natureza da perícia, como dispõe o *art. 429, II, do novo CPC*: 'Art. 429. Incumbe o ônus da prova quando: II - se tratar de contestação de assinatura, à parte que produziu o documento'.

Por outro lado, se não tem interesse na prova, que lhe é necessária para desconstituir as alegações do agravado, basta ao agravante não depositar os honorários periciais, porém, o prejuízo será seu, que terá de suportar a consequência decorrente de tal ato.

Como se verifica neste caso, é indispensável a prova pericial para se comprovar a autenticidade da assinatura aposta no contrato em questão e, falhando o banco agravante na produção da prova que lhe compete, pode mesmo haver decisão contrária aos seus interesses" (TJSP, 17ª Câmara de Direito Privado, AI nº 2129034-38.2016.8.26.0000, Rel. Des. Paulo Pastore Filho, j. em 28/9/2016, DJe de 6/10/2016).

"AGRAVO DE INSTRUMENTO – Ônus da prova – Perícia grafotécnica – Impugnação quanto à autenticidade de assinatura em documento – Hipótese em que se aplica o *artigo 429, II do Código de Processo Civil de 2015* – Ônus que incumbe à parte que produziu o documento, no caso, o agravado – Inversão do ônus da prova – Decisão que não redistribuiu o ônus nos termos do artigo 373, §1º do Código de Processo Civil de 2015 – Mantida a regra geral de distribuição do ônus da prova, decisão não impugnável por meio de agravo de instrumento – Devolução possível apenas em apelação ou contrarrazões – De qualquer forma, sem decisão expressa, possível à parte reiterar pronunciamento do MM. Juízo 'a quo' a respeito" (TJSP, 33ª Câmara de Direito Privado, AI nº 2192982-51.2016.8.26.0000, Rel. Des. Sá Moreira de Oliveira, j. em 5/12/2016, DJe de 7/12/2016).

"COBRANÇA – Prova – Ônus – Negado pela ré que tenha assinado o contrato no qual embasa o pedido de cobrança, cabia ao autor, que produziu o documento em seu favor, a prova de que o tenha firmado – *Inteligência do inciso II do art. 429 do CPC/2015* – Improcedência da ação – Recurso desprovido" (TJSP, 1ª Câmara de Direito Privado, AI nº 1026615-51.2015.8.26.0000, Rel. Des. Alcides Leopoldo e Silva Júnior, j. em 28/11/2016, DJe de 30/11/2016).

"ALIENAÇÃO FIDUCIÁRIA – BUSCA E APREENSÃO – ALEGAÇÃO DE FALSIDADE NA ASSINATURA DO CONTRATO – ÔNUS DA PROVA INCUMBE A QUEM PRODUZIU O DOCUMENTO – APLICAÇÃO DO ART. 429, II, DO NOVO CPC/2015 – RECURSO NÃO PROVIDO. Contestada a assinatura do contrato, tendo o réu alegado sua falsidade, não se aplica a regra geral do art. 95 do novo CPC/2015, mas sim a regra específica do art. 429, vez que não se trata de uma perícia qualquer, mas sim uma que se faz necessária para comprovar a autenticidade do documento, especificamente a assinatura" (TJSP, 31ª Câmara de Direito Privado, AI nº 2209581-65.2016.8.26.0000, Rel. Des. Paulo Ayrosa, j. em 22/11/2016, DJe de 22/11/2016).

"PERÍCIA GRAFOTÉCNICA. ANTECIPAÇÃO DAS DESPESAS COM A REMUNERAÇÃO DO 'EXPERT'. ENCARGO PROBATÓRIO DO RÉU, QUE PRODUZIU O DOCUMENTO. INTELECÇÃO DO ARTIGO 429, INCISO II, DO CPC/2015" (TJRS, 9ª Câmara Cível, AI nº 70069696177, Rel. Des. Miguel Ângelo da Silva, j. em 31/5/2016, DJe de 7/6/2016).

Subseção II - Da Arguição de Falsidade

Art. 430 - A falsidade deve ser suscitada na contestação, na réplica ou no prazo de 15 (quinze) dias, contado a partir da intimação da juntada do documento aos autos.
Parágrafo único - Uma vez arguida, a falsidade será resolvida como questão incidental, salvo se a parte requerer que o juiz a decida como questão principal, nos termos do inciso II do art. 19.

Autor: João Paulo Hecker da Silva

I. Objeto

Tanto os documentos públicos quanto os particulares podem ser objeto do incidente de falsidade, desde que sejam essenciais para a solução do litígio e constituam pressuposto do próprio pedido feito pelas partes. É possível ainda arguir a falsidade de documento quando este possa influenciar diretamente no resultado da produção da prova no processo, a exemplo de documentos contábeis em uma perícia. Pode ser objeto do incidente de falsidade a *falsidade material*, ou seja, pode-se reconhecer o vício do documento em si, referente à sua formação ou a suas características físicas, tais como a que a assinatura aposta não é verdadeira ou que o documento foi ulteriormente manipulado para adulteração de seus dados. A *falsidade ideológica*, aquela voltada ao conteúdo do documento, não pode ser objeto de incidente de falsidade porque outra ideia, conteúdo ou realidade dos fatos nele expostos devem ser contestados via outros meios de prova, principalmente quando constituírem ato ou relação jurídica. Nesse caso, será necessário ajuizar demanda de nulidade ou anulação de ato jurídico, mas, se tal pedido tiver sido manejado na demanda ou em reconvenção, nada impede que se instaure, nesse caso específico, o incidente de falsidade. Há, contudo, doutrina e jurisprudência que admitem, em casos que não pressuponham desconstituição de ato ou relação jurídica, o cabimento do incidente para arguir a falsidade do conteúdo do documento porque seu objetivo seria tão somente o reconhecimento de sua inviabilidade como meio de prova de determinado fato.

II. Natureza jurídica

O incidente de falsidade em sua essência é verdadeira ação declaratória incidental e, por isso, seu julgamento produz coisa julgada material se decidida em caráter *principaliter* (CPC, art. 430, parágrafo único, c.c. 503, *caput*, § 1º). A ausência do incidente de falsidade não impede que o juiz reconheça de ofício a falsidade de um documento se chegar a essa conclusão em razão das outras provas produzidas ou mesmo que a parte alegue a falsidade como argumento de defesa (CPC, art. 436, inciso III). Contudo, nesses casos, o julgamento a respeito da falsidade do documento não fará coisa julgada material, gerando assim efeitos somente dentro do processo em que foi reconhecida, salvo se houver esse pedido específico, até mesmo em reconvenção (CPC, arts. 19, inciso II, 343 e ss. e 433).

III. Prazo

O incidente de falsidade, se não arguido na contestação ou na réplica, deve ser arguido no prazo preclusivo de 15 dias a partir da intimação da juntada do documento nos autos. A despeito de a parte poder arguir a falsidade a qualquer tempo no processo ou mesmo que possa o juiz de ofício reconhecê-la, o prazo de 15 dias é preclusivo no que se refere à qualidade de coisa julgada material da decisão que tratar da falsidade do documento. Caso o juiz prorrogue o prazo para manifestação das partes sobre o documento nos termos do art. 437, § 2º, do CPC, o prazo para a arguição do incidente será do mesmo modo prorrogado, porque sua arguição constitui uma das formas pelas quais a parte pode se manifestar a respeito de documento juntado aos autos. Na hipótese de se tomar conhecimento da falsidade do documento depois do prazo para sua arguição, nem por isso o juiz será impedido de processar o incidente. Isso porque o art. 223, § 2º, do CPC, determina ao juiz que permita a prática do ato se provada justa causa. Evidentemente que a verificação da justa causa para não se ter conhecimento da falsidade de determinado documento no prazo de 15 dias de sua juntada aos autos não deve servir de salvo conduto para a parte desidiosa que deixou de proceder à análise intrínseca da prova. Na hipótese de falsidade de assinatura da própria parte, é natural que se tenha conhecimento dessa circunstância objetiva logo que se depara com o documento, não sendo possível utilizar o mesmo raciocínio no caso de assinatura de terceiro: para esses casuísmos é que a lei dispõe genericamente que se considera "justa causa o evento alheio à vontade da parte e que a impediu de praticar o ato por si ou por mandatário" (CPC, art. 224, § 1º). O prazo para a arguição da falsidade nesses casos é de 15 dias a partir da ciência da falsidade ou do momento em que passou a ser possível a sua arguição. Não será sempre necessário que a parte venha aos autos e peça para o juiz assinalar novo prazo, uma vez que a arguição de falsidade pode ocorrer nos autos juntamente e na mesma manifestação em que se prova a justa causa para sua não apresentação nos termos do art. 430, *caput*, do CPC.

IV. Legitimidade

São legitimados para requerer a instauração de incidente de falsidade a parte que não juntou o documento aos autos ou o Ministério Público quando atua como fiscal da lei. A legitimidade passiva é de quem trouxe o documento aos autos. Na hipótese de o documento vir aos autos por meio de terceiros (ofícios judiciais, perito judicial, assistente técnico, *amicus curiae*, etc.), o incidente de falsidade poderá ser manejado pela parte contra quem o documento é produzido ou por quem foi prejudicado, em face daquela parte que foi beneficiada com a juntada. É importante a definição da legitimidade ativa e passiva especialmente para repartição dos ônus da sucumbência.

V. Suspensão

O incidente de falsidade não suspende o processo principal como era previsto no CPC/1973 (art. 394), nem tampouco a instrução do processo.

VI. Sucumbência

Nos termos do art. 85, § 1º, do CPC, o incidente de arguição de falsidade cuja decisão se requereu expressamente fosse feito em caráter *principaliter* tem o condão de obrigar ao vencido o pagamento de honorários advocatícios ao vencedor exatamente por sua natureza de ação declaratória incidental (CPC, art. 19, inciso II), assemelhada à reconvenção, expressamente referida em tal dispositivo. Da mesma forma, serão devidas ao vencedor do incidente as custas e despesas incorridas na arguição de falsidade, como honorários periciais, indenização de viagem, remuneração do assistente técnico, diária de testemunha e demais despesas processuais (CPC, arts. 82, § 2º, e 84). É importante notar que pouco importa se o vencedor da arguição de falsidade sagrou-se do mesmo modo vendedor na ação principal porque os arts. 86 e 87 do CPC expressamente afastam a compensação de honorários ou a chamada sucumbência recíproca. Havendo litisconsortes, cabe ao juiz distribuir a sucumbência entre eles proporcionalmente e de forma expressa, sendo que em caso de omissão responderão todos de forma solidária (CPC, art. 87, §§ 1º e 2º).

VII. Honorários advocatícios e quantificação

Nada obstante a grande dificuldade de se quantificar o conteúdo econômico de uma ação declaratória, o art. 292, inciso II, do CPC dispõe que o valor da causa na ação em que tiver por objeto a existência ou a validade de ato jurídico será o do ato ou o de sua parte controvertida. Dessa forma, como na arguição de falsidade documental se obtém a falsidade de um ato jurídico, evidentemente que os honorários advocatícios na arguição de falsidade devem ser fixados com base no conteúdo econômico do documento tido como falso. Caso tal documento não tenha conteúdo econômico definido, deverá o juiz fixar um valor por apreciação equitativa, nos termos do art. 85, § 8º, do CPC, sempre tendo em vista o conteúdo patrimonial em jogo com a pretensão declaratória. Em casos nos quais a arguição de falsidade for objeto de recurso, o art. 85, § 11, do CPC permite ao Tribunal majorar os honorários fixados anteriormente levando em conta o trabalho adicional realizado em grau recursal até o teto de 20% sobre o conteúdo econômico do documento em questão. Evidentemente que, se a arguição for decidida como mero incidente, não haverá condenação em honorários ou mesmo em custas ou despesas processuais.

VIII. Julgados

"Não cabe condenação em honorários advocatícios no incidente de falsidade" (STJ, 3ª T., REsp nº 757.846-GO, Rel. Min. Humberto Gomes de Barros, j. em 6/4/2006, DJ de 15/5/2006).

"Na via do incidente de falsidade documental somente se poderá reconhecer o falso ideológico quando tal não importar desconstituição de situação jurídica" (STJ, 3ª T., AgReg REsp nº 1.024.640-DF, Rel. Min. Massami Uyeda, j. em 16/12/2008, DJ de 10/22009).

"Denunciação da lide em incidente de falsidade. Descabimento. Dissídio. Recurso não conhecido. Apresenta-se impertinente a denunciação da lide em incidente de falsidade. Não se confundem falsidade de assinatura e falsidade de documento. O enunciado da norma legal não se mostra imprescindível quando se evidenciam a questão federal e a tese desenvolvida" (STJ, 4ª T., REsp nº 2.544-SP, Rel. Min. Sálvio de Figueiredo, j. em 19/6/1990, DJ de 6/9/1990).

"Incidente de falsidade documental. Legitimidade do Ministério Público. Falsidade ideológica. Cabimento. Intempestividade. Possibilidade de se averiguar a falsidade de ofício e no curso do processo principal" (STJ, 2ª T., EDcl no REsp nº 257263-PR, Rel. Min. Franciulli Neto, j. em 17/5/2001, DJ de 1º/10/2001).

"Ação declaratória incidental. Falsidade de documento. Ajuizamento intempestivo. Prazo estipulado pelo art. 390 do CPC. Preclusivo. Extinção do processo. Manutenção. O prazo para a apresentação do incidente de falsidade é preclusivo" (STJ, AgRg no REsp nº 1273629-SP, Rel. Min. Nancy Andrighi, j. em 14/5/2010, DJ de 8/6/2010).

"Locação. Processual civil. Contrariedade ao art. 535 do Código de Processo Civil. Arguição genérica. Incidência da súmula n.º 284 do Supremo Tribunal Federal. Incidente de falsidade ideológica. Desconstituição da situação jurídica. Impossibilidade. 1. Quanto à suposta contrariedade ao art. 535, inciso II, do Código de Processo Civil, não foram esclarecidas de maneira específica, quais as questões, objeto da irresignação recursal, não foram debatidas pela Corte de origem, incidindo, portanto, a Súmula n.º 284 do Pretório Excelso. 2. O incidente de falsidade ideológica será passível de admissibilidade tão somente quando não importar a desconstituição da própria situação jurídica. Precedentes. 3. Recurso Especial conhecido e desprovido" (STJ, 5ª T., REsp nº 717.216-SP, Rel. Min. Laurita Vaz, j. em 4/12/2009, DJe de 8/2/2010).

"Preliminarmente, é imprescindível afastar a alegada tese de intempestividade do presente incidente de falsidade documental formulada pela parte suscitada, uma vez que especificamente na presente hipótese, exatamente em razão dos fatos ocorridos, apenas a data da intimação do não conhecimento do agravo de instrumento por ausência de traslado completo das peças dos autos é que deve sinalizar o início do termo para o intento do incidente. O documento que se reputa falso é exatamente aquele cuja suposta ausência no traslado implicou a negativa de provimento ao agravo, e a tempestividade do presente incidente é aferida, necessariamente, a partir da data em que o exequente tomou conhecimento da falsidade, qual seja a data da intimação do teor do decisum que negara provimento ao AG nº 1.256.398/GO, ocorrido em 05/03/2010. Efetivamente, não se tem por certa a data da alegada juntada da documentação reputada falsa aos autos [...]. Ademais, inviável contar-se o prazo da protocolização do recurso de agravo de instrumento perante esta Corte Superior, notadamente porque os carimbos apostos pela serventia judicial ou por pessoa que deles se serviu – carimbos esses sobre os quais se insere a controvérsia acerca da falsidade documental – teriam sido lançados, como está sendo alegado, após a data do protocolo do reclamo. Inadequado, também, tomar-se como termo inicial para o manejo do presente incidente de falsidade a data de 22/01/2010 quando ocorreu a juntada aos autos da renúncia de poderes e dos novos mandatos de procuração aos novos advogados da casa bancária, haja vista que o ato de juntada de peças processuais se fazia à época pelos serventuários da justiça e não pelos causídicos que patrocinam as partes. Por fim, não há falar na possibilidade de que o prazo seja contabilizado da data da distribuição do recurso ao então relator originário do feito, pois referido ato apenas informa às partes qual o Ministro competente para a análise do reclamo [...]. Desse modo, não apenas por aporte lógico dedutivo, mas também legal, é de se reputar tempestivo o intento do incidente em foco, uma vez que o pleno exercício do contraditório somente exige o incremento de ato ou providência das partes, após a adequada ciência para tanto, o que na hipótese sub judice somente pode ser considerado em seguida à efetiva intimação da deliberação que não admitiu o agravo de instrumento" (STJ, 4ª T., Pet Nº 7.808-GO, Rel. Min. Marco Buzzi, j. em 7/2/2017, DJe de 28/3/2017).

"O meio adequado para que a parte ré questione a autenticidade formal de documento juntado com a inicial é o incidente de falsidade tratado no artigo 430 e seguintes do CPC/2015, sendo o prazo de defesa – impugnação – o prazo de sua arguição quando juntado com a inicial da execução de sentença coletiva. Agravo improvido tão somente para reconhecer a tempestividade do incidente de falsidade na forma de precedentes do STJ e desta Corte de Justiça, sem imiscuir-se quanto à autenticidade ou não do documento questionado" (TJBA, AI nº 0015343-65.2016.8.05.0000, Rel. Des. Maurício Kertzman Szporer, publ. em 25/10/2016).

Art. 431 - A parte arguirá a falsidade expondo os motivos em que funda a sua pretensão e os meios com que provará o alegado.

I. Pedido

É imprescindível que a arguição de falsidade exponha, como uma verdadeira petição inicial (CPC, art. 319 – em conteúdo e não forma), os fatos e fundamentos jurídicos da pretensão da parte. Isso significa que o pedido, além de fundamentado, deve ser certo e determinado, com a perfeita identificação do documento supostamente falso e no que consiste a falsidade. É imprescindível também que sejam apontados os meios de prova que se pretende produzir para demonstração da falsidade, sob pena de preclusão da produção de qualquer prova nos autos.

II. Forma

Não é necessário que a arguição de falsidade, quando apresentada com a contestação ou réplica, seja manejada em petição em separado, nem tampouco por meio de incidente a ser autuado em apartado. Em qualquer das hipóteses de cabimento, basta que a arguição de falsidade esteja contida no bojo das respectivas manifestações, devidamente identificada como tal.

III. Indeferimento liminar

Alegações genéricas de falsidade sem apontar no que ela consiste (p. ex., falsidade de assinatura, documento pós-datado, adulteração de determinado dado, troca de determinada página, etc.), que não tenham sido sanadas nos termos do art. 321 do CPC, geram o indeferimento liminar do incidente por absoluta violação ao contraditório e à ampla defesa (CPC, art. 321, parágrafo único). Da mesma forma, deve haver a exposição clara dos meios de prova de que a parte pretende se valer para demonstração da falsidade, ou seja, uma clara especificação e justificação das provas a serem produzidas. Essa providência tem razão de ser, não só por constituir requisito formal, mas principalmente na necessária análise que o juiz deve fazer a respeito da pertinência da prova requerida com a demonstração da falsidade arguida pela parte. A exemplo de uma evidente correlação lógica entre um pedido de perícia datiloscópica para caso de falsidade de assinatura, o juiz deve questionar seriamente o cabimento de incidente que se baseia em prova testemunhal em um caso que demanda prova pericial.

IV. Ônus da prova

O ônus da prova é de quem argui a falsidade do documento (CPC, art. 429, inciso I). Caso o juiz opte por distribuir diversamente o ônus da prova, a exemplo do art. 373, § 1º, do CPC, deverá fazê-lo por decisão fundamentada não só dando à parte efetiva oportunidade de se desincumbir desse ônus, mas também se atendando para que o encargo não seja impossível ou excessivamente difícil (CPC, art. 373, §§ 1º e 2º). Deve-se, a todo custo, evitar as "decisões-surpresa". De qualquer forma, como as regras de ônus da prova têm por objetivo evitar o *non liquet*, há uma tendência no processo civil moderno de atribuir importância às regras sobre o ônus da prova somente na hipótese de ausência ou insuficiência da prova produzida. Isso porque ao juiz incumbe analisar o conjunto probatório em sua globalidade, sem perquirir a quem competia o ônus *probandi*. Constando dos autos a prova, ainda que desfavorável a quem a tenha produzido, é dever do juiz tomá-la em consideração na formação de seu convencimento.

V. Julgados

"De acordo com o art. 389, I do CPC, 'incumbe o ônus da prova quando: I- se tratar de falsidade de documento, à parte que a arguir'. Tendo, na espécie, ficado patente a inércia da parte na condução do processo, não pode ela, depois, querer beneficiar-se de sua própria torpeza, travestida de um cerceamento de defesa que jamais existiu. Os juízos de primeiro e segundo graus de jurisdição, sem violação ao princípio da demanda, podem determinar as provas que lhes aprouverem, a fim de firmar seu juízo de livre convicção motivado, diante do que expõe o art. 130 do CPC. Não é cabível a dilação probatória quando haja outros meios de prova suficientes para o julgamento da demanda, devendo a iniciativa do juiz se restringir a situações de perplexidade diante de provas contraditórias, confusas ou incompletas" (STJ, 3ª T., REsp nº 980191/MS, Rel. Min. Nancy Andrighi, j. em 21/2/2008, DJ de 10/3/2008).

"Somente há interesse processual para a instauração de incidente de falsidade documental quando o documento que se pretende inquinar de falso tenha relevância ou influência na decisão da causa. Inteligência do artigo 390 do Código de Processo Civil. RECURSO CONHECIDO E NÃO PROVIDO. [...] é indispensável que o procedimento de arguição de falsidade seja feito por petição em apartado, incidentalmente ao processo executivo ou no próprio corpo dos embargos à execução, consoante se depreende do excerto da decisão proferida pela Ministra Nancy Andrighi, no Recurso Especial n.º 1.024.759-RJ: 'O art. 390, CPC, tem redação razoavelmente ambígua, pois autoriza a parte interessada suscitar o incidente na contestação ou no prazo de 10 (dez) dias, contados da intimação da sua juntada nos autos'. Ocorre que a doutrina, ao interpretar este dispositivo, tem sido firme ao estabelecer que os prazos diversos dizem respeito a situações distintas. Luiz Guilherme Marinoni e Sérgio Cruz Arenhart, por exemplo, afirmam que 'a arguição do falso pode ocorrer em qualquer tempo ou grau de jurisdição, devendo a parte que tem interesse em fazê-lo suscitá-lo na contestação (quando o documento tenha sido juntado aos autos na petição inicial), ou, então, no prazo de dez dias, contados da juntada aos autos do documento questionado (art. 390 do CPC)' (*Processo de Conhecimento*. São Paulo: RT, 2006, p. 359), p. 364- 365). No mesmo sentido, Nelson Nery Jr. e Rosa Maria de Andrade Nery afirmam que 'o prazo de dez dias, contados da intimação da juntada dos documentos nos autos, é para o caso de os documentos terem sido juntados ou exibidos posteriormente, ou pelo réu em contestação, ou por qualquer parte, em virtude de eventual juntada com base no CPC 397)' (*Código de Processo Civil Comentado e legislação extravagante*. 7ª ed. São Paulo: RT, 2003, p. 748). Com a transposição da referida norma para a esfera do processo de execução, as seguintes conclusões podem ser daí extraídas: (i) se a falsidade diz respeito ao próprio título executivo, o incidente haveria de ser suscitado com a defesa, ou seja, no próprio corpo dos embargos do devedor" (STJ, 4ª T., REsp nº 112.959-GO, Rel. Min. Ruy Rosado de Aguiar, j. em 24/3/1997, DJ de 10/11/1997).

"Na espécie, nas razões do recurso especial, a parte ora agravante alega que 'a rubrica não é um elemento necessário para configurar um título de crédito extrajudicial. Um contrato sem rubrica ou com rubrica falsa é um título extrajudicial, se possuir assinatura verdadeira'. Afirma que 'o maior suspeito desta falsificação é a própria suscitante' e que 'o valor do contrato estava na última folha ao lado da sua assinatura, incontroversamente verdadeira'. Por outro lado, a Corte local, com base nos elementos fático-probatórios dos autos, concluiu que o contrato de locação em análise não é título líquido, certo e exigível, ante a falsidade documental constatada e a fundada dúvida em relação ao valor do locativo" (STJ, 4ª T., AgInt no AREsp nº 1034480-SP, Rel. Min. Luis Felipe Salomão, j. em 21/3/2017, DJe de 28/3/2017).

Art. 432 - Depois de ouvida a outra parte no prazo de 15 (quinze) dias, será realizado o exame pericial.

Parágrafo único - Não se procederá ao exame pericial se a parte que produziu o documento concordar em retirá-lo.

I. Contraditório e prazo

Como não poderia deixar de ser, a arguição de falsidade se submete ao contraditório e o prazo para que a parte contrária se manifeste é de 15 dias. Se houver litisconsortes no polo ativo ou passivo, todos eles deverão ser intimados a se manifestar, no mesmo prazo, sobre a arguição de falsidade, até pelo princípio do contraditório e pelo disposto no art. 437, *caput* e § 1º, do CPC.

II. Revelia

A parte que intimada a falar sobre a arguição de falsidade e nada diz é considerada revel e por isso não só incide no caso o disposto nos arts. 344 e ss. do CPC, como também se opera presunção relativa sobre a arguição de falsidade do documento. Exatamente por ser relativa, essa presunção não desonera a parte que arguiu a falsidade de provar suas alegações de fato nem tampouco impede que o juiz determine a produção de provas se ainda não convencido da veracidade dos fatos ou se as alegações de fato formuladas pelo autor forem inverossímeis ou estiverem em contradição com prova constante dos autos (CPC, art. 345, inciso IV). A revelia não produz ainda seus efeitos se alguma das partes contestar a arguição de falsidade ou quando o litígio versar sobre direitos indisponíveis (CPC, art. 345, incisos I e II).

III. Produção de provas

O exame pericial deverá ocorrer como uma verdadeira prova pericial, nos termos dos arts. 464 e ss. do CPC, cujo procedimento ocorrerá sempre em contraditório, facultando às partes a nomeação de assistentes técnicos e oferecimento de quesitos (CPC, art. 465, § 2º) ou mesmo indicando perito de comum acordo, o que a lei convencionou chamar de perícia convencional (CPC, art. 471). O *caput* do art. 432 do CPC possui um duplo conteúdo implícito na afirmação de que será realizado exame pericial. O primeiro diz que, se o juiz já estiver convencido dos fatos com base na prova documental já produzida pelas partes na arguição de falsidade e na resposta (p. ex., pareceres técnicos juntados pelas partes, revelia ou pelo simples fato de a falsificação ser grosseira), poderá ser dispensada a produção da prova pericial. A dispensa deve ser fundamentada, da mesma forma como se opera a dispensa da prova pericial pelo art. 464, § 1º, do CPC. O segundo conteúdo implícito diz que não só a prova pericial poderá ser produzida, mas qualquer outra, desde que apta a amparar a alegação de fato das partes, a exemplo da prova oral no caso de a falsidade ser provada por meio da oitiva da pessoa que participou da formação do documento ou mesmo de inspeção judicial para constatação judicial de alguma situação de fato vinculada à formação do documento. Para aqueles que entendem o cabimento da arguição para declaração de falsidade ideológica, a ampla produção de provas além da pericial se justifica ainda mais pela circunstância objetiva de esses fatos demandarem, no mais das vezes, produção de prova que suplanta o conhecimento técnico ou a mera aferição de defeitos na formalização do documento. De qualquer forma, a *racio* do art. 432 do CPC é a de permitir a instrução probatória na amplitude necessária no caso concreto, em cumprimento aos princípios do contraditório e da ampla defesa.

IV. Negócio jurídico processual unilateral e retirada do documento

A parte que apresentou o documento arguido como falso pode, no momento em que receber a arguição de falsidade, retirar o documento dos autos. Essa faculdade do parágrafo único do art. 342 do CPC consiste em verdadeiro negócio jurídico processual (CPC, art. 190) unilateral, vale dizer, a juntada ou retirada de qualquer documento nos autos é faculdade que cabe unicamente à parte que a juntou nos autos. A exemplo da desistência da demanda, da cláusula de eleição de foro, da suspensão do processo por convenção das partes, a retirada do documento prevista nesse dispositivo é negócio jurídico processual, apenas não bilateral, ou seja, nesse caso independe de homologação judicial ou mesmo de concordância de quem instaurou a arguição de falsidade. A justificativa dessa sistemática reside no principal objetivo da arguição: impedir que o documento juntado influencie o livre convencimento motivado do juiz ao julgar a causa. Evidentemente que se houver a concordância com a retirada do documento, mas ainda assim houver interesse de qualquer das partes (inclusive daquela que desistiu de juntá-lo aos autos), nada obsta que se ajuíze ação autônoma para declarar a sua autenticidade ou sua falsidade (CPC, art. 19, inciso II), que poderá ou não ser distribuída por prevenção à ação preexistente com fundamento em prejudicialidade ou conexão (CPC, art. 55, § 3º, c.c. art. 286). Caso o documento tenha sido juntado por mais de um litisconsorte, evidentemente será de haver a desistência de todos eles para que a arguição de falsidade reste prejudicada.

V. Julgados

"Incidente de falsidade. Fotografias. Expediente protelatório. Propondo-se a parte que produziu o documento a retirá-lo dos autos, o incidente perde a razão de ser. Fotografias que corresponderiam a outro estabelecimento de recolhimento de idosos. Equívoco que poderia ser demonstrado nos autos independentemente do incidente" (STJ, 4ª T., REsp nº 297.440-RJ, Rel. Min. Ruy Rosado de Aguiar, j. em 22/3/2001, DJ de 7/5/2001).

"Em sendo o recorrente estranho à relação jurídico-processual, é de se reconhecer a sua ilegitimidade para suscitar incidente de falsidade. Inteligência do artigo 390 do Código de Processo Civil" (STJ, 6ª T., AgReg-Pet nº 2533-PI, Rel. Min. Hamilton Carvalhido, j. em 16/10/2003, DJU de 15/12/2003).

"Agravo regimental no agravo de instrumento. Processual civil. Incidente de falsidade documental. Prova pericial. Responsabilidade pelo pagamento da perícia por quem a requereu. 1. 'As regras do ônus da prova não se confundem com as regras do seu custeio, cabendo a antecipação da remuneração do perito àquele que requereu a produção da prova pericial, na forma do artigo 19 do CPC'" (STJ, 4ª T., REsp nº 908.728-SP, Rel. Min. João Otávio de Noronha, j. em 6/4/2010, DJe de 26/4/2010).

"O incidente de falsidade se destina em regra à arguição de falsidade material, admitindo-se seu manejo no caso de falsidade ideológica somente nas hipóteses em que o reconhecimento do falso importe, por consequência, apenas efeito declaratório. Portanto, o incidente de falsidade não é via adequada para arguição de falsidade ideológica quando o seu reconhecimento implicar desconstituição de relação jurídica" (TRF-3, AC nº 30363-SP, Rel. Juiz Jediael Galvão, j. em 3/4/2007, DJU de 18/4/2007).

Art. 433 - A declaração sobre a falsidade do documento, quando suscitada como questão principal, constará da parte dispositiva da sentença e sobre ela incidirá também a autoridade da coisa julgada.

I. Coisa julgada material enquanto questão principal

Se a arguição de falsidade for requerida pela parte que seja decidida em caráter principal na sentença, nos termos do art. 430, parágrafo único, do CPC, seu julgamento produz coisa julgada material (CPC, art. 430, parágrafo único, c.c. 503, *caput*, § 1º), independentemente do resultado. Por se tratar de sentença declaratória, seja pelo reconhecimento da falsidade, seja pela rejeição da pretensão, seu resultado sempre fará coisa julgada material. Para tanto, é preciso que a parte, ao requerer a instauração do incidente, faça pedido expresso de que a arguição seja decidida no dispositivo da sentença, até pela menção pelo legislador do disposto no art. 19, inciso II, do CPC. A omissão desse pedido expresso não impede o julgamento do incidente, mas seu resultado não será acobertado pela coisa julgada material.

II. Coisa julgada formal enquanto questão incidental

A parte que argui a falsidade documental por meio do incidente do *caput* do art. 430 do CPC tem a opção de fazê-lo de forma que o juiz o decida na fundamentação da sentença. Ou seja, a falsidade de determinado documento, se não requerida expressamente como questão principal a ser decidida no dispositivo da sentença, será tratada como mera questão no processo, viabilizando tão somente a impossibilidade de o juiz dele se valer para formação de seu livre convencimento motivado. Nesse caso, a resolução dessa questão não fará coisa julgada material, viabilizando assim a discussão das partes sobre a falsidade do documento em outras esferas ou processos. A eficácia da decisão que resolve o incidente de falsidade enquanto questão incidental será endoprocessual, sendo incapaz de deflagrar efeitos para fora do processo. Na hipótese de o juiz reconhecer de ofício a falsidade de um documento (caso chegue a essa conclusão por outros motivos), o julgamento nesse caso, do mesmo modo, não fará coisa julgada material. Não se opera coisa julgada material também na hipótese de a parte alegar a falsidade como argumento de defesa (CPC, art. 436, inciso III), salvo se houver esse pedido específico em reconvenção ou demanda autônoma (CPC, arts. 19, inciso II, e 343 e ss.).

III. Falsidade documental e art. 503 do CPC

Diz o art. 503, § 1º, do CPC que, em determinadas hipóteses (dos incisos I, II e III e § 2º), a resolução de questão prejudicial, decidida expressa e incidentemente no processo, tem força de lei nos limites da questão principal expressamente decidida. Dessa forma, uma visão sistemática do CPC impõe conferir qualidade de coisa julgada à arguição de falsidade enquanto mera questão incidental se dessa resolução depender o julgamento do mérito, se a seu respeito tiver havido contraditório prévio e efetivo (exceto em caso de revelia e incompetência de juízo), bem como se no processo não houver restrições probatórias ou limitações à cognição que impeçam o aprofundamento da análise da falsidade documental.

IV. Julgados

"A sentença há de limitar-se a seu objeto, ou seja, a falsidade ou autenticidade do documento. As repercussões do decidido serão examinadas no processo em que suscitado o incidente" (STJ, 3ª T., REsp nº 44 509-4-PA, Rel. Min. Eduardo Ribeiro, j. em 30/5/1994, DJ de 20/6/1994).

"Falsidade documental - alteração na data de vencimento do cheque - adulteração confessada - resultado, entretanto, que deve ser analisado pelo juiz na ação principal - confessando o apelado que adulterou o ano de vencimento do cheque, mas sustentando acordo com o apelante nesse sentido, deve ser acolhido o pedido de falsidade, por expressa imposição legal. A força da declaração da falsidade deverá, entretanto, ser valorada juntamente com as demais provas pelo juiz no processo principal" (TJSP, 21ª Câmara de Direito Privado, Ac. nº 7095496000-SP, Rel. José Guilherme Di Rienzo Marrey, j. em 15/5/2008, DJU de 9/9/2008).

"A natureza do incidente de falsidade está calcada na realidade dos autos, como assinalado pelo próprio recorrente, o que está fora do alcance do especial" (STJ, 3ª T., REsp nº 41.158-MG, Rel. Min. Carlos Alberto Menezes, j. em 20/8/1996, DJ de 30/9/1996).

"O incidente de falsidade documental tem a mesma natureza da ação declaratória incidental" (STJ, 3ª T., REsp nº 30.321-RS, Rel. Min. Cláudio Santos, j. em 24/5/1994, DJ de 27/6/1994).

"Sobre a citada certidão e acerca do incidente de falsidade requerido na origem, o magistrado singular, após a oitiva do Oficial de Justiça, o qual lavrara o aludido documento, manifestou-se pelo descabimento do incidente, pois desinfluente para o deslinde da controvérsia, porquanto não restou dúvida, pelos demais documentos coligidos aos autos, da existência de execução fiscal contra os ora agravantes, além do fato de que uma simples diligência do meirinho não consubstancia falsidade material do documento. [...]. Assim, nesse ponto, seria imprescindível, para acolhimento do apelo extremo, derruir as conclusões das instâncias de origem – no sentido (i) da desnecessidade do incidente de falsidade, haja vista ter restado incontroverso nos autos a existência de execução fiscal em cujo polo passivo constava a pessoa jurídica ora agravante, bastando tal fato para a solução da lide, e (ii) do não cabimento do referido incidente, porquanto ausente situação de falsidade material a ser apurada – o que, forçosamente, ensejaria em rediscussão de matéria fática, incidindo, na espécie, o óbice da Súmula 7 deste Superior Tribunal de Justiça, sendo manifesto o descabimento do recurso especial" (STJ, 4ª T., AgInt no AREsp nº 232.516-PA, Rel. Min. Marco Buzzi, j. em 4/10/2016, DJ de 3/11/2016).

"Nesse sentido, bem pontuou o D. Magistrado sentenciante: '[...] desnecessária, senão protelatória, a realização de exame pericial, pois independente se a assinatura emanou (ou não) do próprio punho dos requeridos, a se considerar que o documento particular não serve para renunciar à herança [...]' (sic) (fls. 102) (grifo nosso). [...]. Portanto, considerando que a instrução do feito destina-se ao Magistrado, que, em sintonia com o sistema de persuasão racional adotado pelo Código de Processo Civil, pode dispensar as provas que entender protelatórias ou prescindíveis ao deslinde da causa, não há que se falar em cerceamento de defesa, devendo ser mantido irretocável o r. decisum monocrático" (TJSP, 5ª Câmara de Direito Privado, Rel. Fábio Podestá, j. em 7/7/2017, DJu de 7/7/2017).

"O Incidente de Falsidade, ainda que tenha sido autuado em apenso, foi decidido na própria Sentença. E prevê § 1º, do artigo 162, do Código de Processo Civil então vigente: 'Sentença é o ato do Juiz que implica alguma das situações previstas nos arts. 267 e 269 desta Lei'. E ainda, prevê o art. 513, do mesmo Estatuto, que 'da sentença caberá Apelação'. Portanto, descabida a interposição de Agravo Retido do indeferimento do Incidente de Falsidade decidido na própria Sentença. Desta forma, a interposição de Agravo Retido constituiu-se em erro grosseiro ante a inexistência de dúvida objetiva, não se havendo que falar na aplicação do Princípio da Fungibilidade" (TJSP, 30ª Câmara de Direito Privado, Rel. Penna Machado, j. em 5/7/2017, Dju de 6/7/2017).

Subseção III - Da Produção da Prova Documental

Art. 434 - Incumbe à parte instruir a petição inicial ou a contestação com os documentos destinados a provar suas alegações.
Parágrafo único - Quando o documento consistir em reprodução cinematográfica ou fonográfica, a parte deverá trazê-lo nos termos do caput, mas sua exposição será realizada em audiência, intimando-se previamente as partes.

I. Conceito

O conceito amplo de documento o define como qualquer coisa capaz de representar um fato, não havendo nenhuma necessidade de a coisa ser materializada em papel ou conter informações escritas, podendo consistir em apresentações de imagens cinematográficas, fotográficas ou mesmo fonográficas. Há de se pensar também nos documentos eletrônicos, naqueles disponíveis na rede mundial de computadores e nos que consistem em programas de computador, cuja instrumentalização pode ocorrer em diversas mídias. O Direito brasileiro, portanto, adotou um conceito amplo, sendo significativa a quantidade de coisas que são consideradas como documentos para fins probatórios no processo judicial. Documento não se confunde com instrumento, sendo o segundo espécie do primeiro. O instrumento é produzido com o objetivo de servir de prova, como ocorre na celebração de um contrato ou de uma escritura.

II. Produção da prova documental

Deve o autor produzir a prova documental já na petição inicial e o réu, na contestação. Trata-se de uma exceção à regra de que as provas no processo são produzidas na fase instrutória. Esse dispositivo deve ser interpretado de forma ampliativa, no sentido de que o documento que embasa qualquer pretensão de direito material ou processual deve ser juntado no momento em que o requerimento é feito nos autos. Além disso, em qualquer das intervenções de terceiro (CPC, art. 119-138: assistência, denunciação da lide, chamamento ao processo, incidente de desconsideração da personalidade jurídica, *amicus curiae*), nos pedidos incidentais de tutela provisória (CPC, art. 294-311: antecipada, cautelar e da evidência), na arguição de falsidade (CPC, art. 430), etc., a juntada de documentos deverá ocorrer no momento do respectivo requerimento.

III. Ônus e preclusão

É ônus do autor juntar a integralidade de prova documental na inicial e, do réu, com a contestação ou defesa, sob pena de preclusão. Ultrapassada essa fase, sem que haja justificativa ou que não se enquadre em qualquer exceção legal (p. ex.: documento novo, prova sobre fato novo ou ainda documento que por justa causa não se pode juntar antes – CPC, art. 435, *caput* e parágrafo único), é vedada às partes a juntada de quaisquer documentos nos autos. Apesar de esse ônus comportar uma série de exceções no que se refere à ocorrência da preclusão, o processo não pode servir de palco para artimanhas processuais que objetivem surpreender as partes ou alcançar algum objetivo ilegal. Assim, desde que não decorrente de má-fé ou deslealdade, bem como seja respeitado o princípio do contraditório pela intimação para a parte contrária se manifestar no prazo legal, doutrina e jurisprudência tendem a permitir a juntada de documentos no processo a qualquer momento.

IV. Má-fé e caráter emulativo

Deve o juiz sempre ficar atento a eventuais atitudes das partes que possam configurar quebra da boa-fé processual (CPC, arts. 5º e 322, § 2º) e indeferir a juntada extemporânea de documentos se houver qualquer indício de que uma das partes está se valendo da juntada *a posteriori* para obter alguma vantagem. O juiz deve ainda ficar atento ao caráter emulativo da parte que não junta documentos necessários no prazo, em cujo expediente se objetiva atrasar o andamento do processo, aplicando as sanções processuais por má-fé (CPC, arts. 80 e 81). Quando a não juntada de determinado documento oferecer resistência injustificada à produção de outra prova (p. ex.: perícia técnica), o juiz deve aplicar, sempre que cabível, a consequência do art. 400 do CPC, quando não apresentados no prazo, impedindo sua ulterior juntada.

V. Indeferimento da petição inicial

Segundo o art. 320 do CPC, a petição inicial será instruída com os documentos indispensáveis à propositura da ação. Diante dessa disposição legal, a petição inicial que não vem acompanhada de documentos indispensáveis à sua propositura deve ser indeferida e o processo, extinto sem resolução do mérito, caso o defeito não seja sanado no prazo de 15 dias, nos termos do art. 321, *caput* e parágrafo único, do CPC. Se houver requerimento do autor nos termos do art. 401 do CPC, para que o réu ou terceiro exiba o documento indispensável à propositura da demanda que em sua posse se encontra, o autor fica dispensado do ônus de juntá-lo na petição inicial.

VI. Apresentação de documentos fonográficos ou cinematográficos

Nos processos físicos, o documento consistente em reprodução cinematográfica ou fonográfica, instrumentalizado em CD, *pen drive*, fita de vídeo ou cassete, etc. pode ser juntado nos próprios autos ou entregue em secretaria para acondicionamento devido e posterior contraditório das partes. Nos processos eletrônicos, a juntada de documentos que não sejam na forma de arquivos Word, PDF ou correlatos têm gerado grandes dificuldades aos operadores do Direito porque o sistema vigente não prevê a possibilidade de se fazer o carregamento dos arquivos. Não há disponibilidade, ainda, de se valer da tecnologia para acessar, via sistema do processo eletrônico, outras mídias como vídeos, arquivos de som ou de animação com imagens. Nesses casos, enquanto o sistema do processo eletrônico não se adapta para essas tecnologias, resta ao operador do Direito recorrer novamente à secretaria e apresentar tais arquivos para acondicionamento devido e ulterior vista às partes, nos termos do art. 4º, §§5º e 6º, da Lei nº 11.419/2006 (Lei do Processo Eletrônico) que assim dispõem: "§ 5º - Os documentos cuja digitalização seja tecnicamente inviável devido ao grande volume ou por motivo de ilegibilidade deverão ser apresentados ao cartório ou secretaria no prazo de 10 (dez) dias contados do envio de petição eletrônica comunicando o fato, os quais serão devolvidos à parte após o trânsito em julgado. § 6º - Os documentos digitalizados juntados em processo eletrônico somente estarão disponíveis para acesso por meio da rede externa para suas respectivas partes processuais e para o Ministério Público, respeitado o disposto em lei para as situações de sigilo e de segredo de justiça".

VII. Reprodução de documentos fonográficos ou cinematográficos e desnecessidade de audiência

O parágrafo único do art. 434 dispõe que, quando o documento consistir em reprodução cinematográfica ou fonográfica, a parte deverá trazê-lo nos termos do *caput*, mas sua exposição será realizada em audiência, intimando-se previamente as partes. Uma vez apresentados tais documentos no processo, sua reprodução deve ocorrer em uma desnecessária audiência. Isso porque não há qualquer relevância de se reproduzir essas mídias com a presença de todas as partes em uma sala de audiência, frequentemente despreparada para esse tento. É recomendável que cada parte, inclusive o juiz, possa, no conforto de seu local de trabalho, reproduzi-las da melhor forma que lhe convier. Na experiência da arbitragem, determinadas Câmaras Arbitrais têm se valido da tecnologia para possibilitar não só a juntada nos processos dessas mídias eletrônicas, como também possibilitado sua reprodução interativa em salas de audiência devidamente estruturadas para tanto. Contudo, não sendo essa ainda a realidade do Poder Judiciário, pelo menos por enquanto, referida audiência se mostra dispensável e facultativa a sua ocorrência no processo judicial.

VIII. Julgados

"Agravo de instrumento: traslado: necessidade de autenticação das peças que o compõem. Se aplicáveis ao agravo de instrumento as regras disciplinadoras da produção da prova em juízo, não há como afastar a incidência, na espécie, do art. 383 C. Pr. Civil, segundo o qual 'qualquer reprodução mecânica, como a fotográfica, cinematográfica, fonográfica ou de outra espécie faz prova dos fatos ou das coisas representadas, se aquele contra quem foi produzida lhe admitir a conformidade', já que a agravada admitiu tacitamente essa conformidade. De qualquer modo, a MP 1490-15/96 (em vigor na data da interposição do recurso) dispensou as pessoas jurídicas de direito público de autenticar as cópias reprográficas de quaisquer documentos que apresentem em juízo" (STF, 1ª T., RE nº 228.048-SP, Rel. Min. Sepúlveda Pertence, j. em 26/5/1998, DJ de 6/11/1998).

"Somente os documentos tidos como indispensáveis é que devem acompanhar a inicial e a defesa. A juntada dos demais pode ocorrer em outras fases e até mesmo na via recursal, desde que ouvida a parte contrária e inexistentes o espírito de ocultação premeditada e de surpresa de juízo" (STJ, 4ª T., REsp nº 795.862-PB, Rel. Min. Jorge Scartezzini, j. em 17/10/2006, DJU de 6/11/2006).

"Processual civil. Produção de provas. Intimação para especificação das provas a serem produzidas. Inércia da parte. Preclusão caracterizada. Cerceamento do direito de defesa. Não ocorrência. 1. O requerimento de produção de provas divide-se em dois momentos. O primeiro consiste em protesto genérico na petição inicial, e o segundo, após eventual contestação, quando intimada a parte para a especificação das provas. 2. Intimada a parte para especificação das provas a serem produzidas e ausente a sua manifestação, resta precluso o direito à prova, mesmo que haja tal pedido na inicial. Precedentes. 3. Não se configura cerceamento de defesa a hipótese em que a parte autora, após a contestação, foi intimada para especificação das provas, contudo, manteve-se silente, o que resulta em preclusão, mesmo que tenha havido pedido na inicial. Precedentes. Agravo regimental improvido" (STJ, 2ª T., AgRg no REsp nº 1376551-RS, Rel. Min. Humberto Martins, j. em 18/6/2013, DJe de 28/6/2013).

"Considerando o fato de que a prova material produzida pela parte 'pode projetar seus efeitos de forma proativa o Superior Tribunal de Justiça tem entendido que não é necessário que o início de prova documental para comprovação de exercício de atividade rural abranja todo o período de carência, sobretudo quando a prova testemunhal é suficientemente forte para corroborar o deferimento da aposentadoria' (Precedente: AR 3.771/CE, Rel. Ministra MARIA THEREZA DE ASSIS MOURA, TERCEIRA SEÇÃO, julgado em 27/10/2010, DJe 18/11/2010.). É pacífica a jurisprudência do STJ e desta Corte no sentido de que o rol do art. 106 da Lei 8.213/91 é meramente exemplificativo (STJ AgRG no REsp 1073730/CE), sendo admissíveis, portanto, outros documentos hábeis à comprovação do exercício de atividade rural, além dos ali previstos" (STJ, 2ª T., REsp nº 1649636-MT, Rel. Min. Herman Benjamin, j. em 28/3/2017, DJ de 19/4/2017).

"Da análise dos documentos que instruíram o feito, as instâncias de origem entenderam que a prova documental acostada aos autos era suficiente para a solução da lide. Sendo assim, não há que se falar em cerceamento de defesa, uma vez que esta Corte Superior já firmou a orientação de que não ocorre cerceamento de defesa na hipótese de julgamento antecipado da lide, tendo em vista o princípio do livre convencimento motivado do juiz. Precedentes: AgRg no REsp. 1.574.755/PE, Rel. Min. SÉRGIO KUKINA, DJe 9.3.2016; AgRg no AREsp. 648.403/MS, Rel. Min. OG FERNANDES, DJe 29.5.2015; AgRg no AREsp. 341.358/SP, Rel. Min. MARCO BUZZI, DJe 24.11.2015" (STJ, 1ª T., AgInt no AREsp nº 1036144-BA, Rel. Min. Napoleão Nunes Maia Filho, j. em 20/6/2017, DJ de 29/6/2017).

Art. 435 - É lícito às partes, em qualquer tempo, juntar aos autos documentos novos, quando destinados a fazer prova de fatos ocorridos depois dos articulados ou para contrapô-los aos que foram produzidos nos autos.
Parágrafo único - Admite-se também a juntada posterior de documentos formados após a petição inicial ou a contestação, bem como dos que se tornaram conhecidos, acessíveis ou disponíveis após esses atos, cabendo à parte que os produzir comprovar o motivo que a impediu de juntá-los anteriormente e incumbindo ao juiz, em qualquer caso, avaliar a conduta da parte de acordo com o art. 5º.

I. Exceções ao momento de juntada de documentos

As principais exceções à regra geral de juntada de documentos no processo contida no art. 434 do CPC estão dispostas no art. 435, *caput* e parágrafo único, do CPC.

II. Documentos novos e fatos novos

A primeira exceção consiste na possibilidade de se juntar a qualquer tempo documentos novos, desde que relativos a fatos ocorridos depois da inicial (para o autor) ou da defesa (para o réu). Nesse caso, não poderia se operar qualquer preclusão na produção da prova documental porque sua juntada aos autos na inicial ou defesa não poderia ter ocorrido porque o fato em si não existia.

III. Documentos novos em contraposição àqueles dos autos

A segunda exceção consiste na possibilidade de se juntar a qualquer tempo documentos novos, ainda que relativos a fatos "antigos", mas para se contrapor aos documentos que foram trazidos pela parte contrária ou por qualquer dos atores do processo. O que se objetiva aqui é fazer prova contrária à que foi produzida nos autos (em defesa, em réplica ou em qualquer momento no processo) com relação ao mesmo contexto fático.

IV. Documentos novos e fatos pretéritos

A terceira exceção, na verdade, constitui uma exceção à primeira, no sentido de que é viável a juntada de documentos novos sobre fatos pretéritos, ou seja, ocorridos antes da petição inicial ou da defesa, mas desde que por justo motivo: não eram de conhecimento da parte ou não eram acessíveis naqueles momentos. Para que a parte possa se valer de documentos novos sobre fatos pretéritos, a justificativa deve necessariamente vir acompanhada de prova do motivo pelo qual fora impedida de juntá-los, cujo motivo deve passar ao largo de qualquer negligência, imprudência ou imperícia sua, sequer tangenciando a má-fé, já que o juiz está expressamente obrigado a avaliar a pertinência dessa juntada à luz do disposto no art. 5º do CPC: "aquele que de qualquer forma participa do processo deve comportar-se de acordo com a boa-fé".

V. Documentos novos e supervenientes

É possível a juntada a qualquer tempo de documentos que tenham sido produzidos depois da inicial, defesa ou de qualquer outra oportunidade dentro do processo em que surja a necessidade de prova documental. São os chamados documentos supervenientes, ou seja, aqueles que não poderiam ter sido juntados no momento em que a lei manda simplesmente porque ainda não existiam. Mesmo que referentes a fatos pretéritos, tais documentos supervenientes podem ser juntados aos autos a qualquer momento, desde que imediatamente após terem sido formados ou criados. Nesses casos, a sua juntada se justifica até pela boa-fé com que as partes têm de agir no processo, já que vêm aos autos na primeira oportunidade em que isso é possível.

VI. Ônus e preclusão

É ônus da parte produzir a prova documental por meio de sua juntada nos autos no primeiro momento em que é possível fazê-lo. O art. 435, *caput* e seu parágrafo único, do CPC tem fundamento em regra de transparência, de boa-fé (CPC, art. 5º) e na vedação de surpresa às partes e ao próprio juiz. Daí a justificativa para se impor esse ônus, cujo desatendimento gera a preclusão da produção dessa prova específica. Evidentemente, a preclusão da juntada desse documento não impede de a parte, relativamente a tais fatos, tentar prová-los pela produção de outros meios de prova, tais como prova oral, pericial ou inspeção judicial, sempre que requeridos tempestivamente.

VII. Julgados

"Juntada de documentos após a inicial. Possibilidade. Precedentes. Reexame probatório. 1. É admitida a juntada de documentos, em outras fases do processo, até mesmo na via recursal, desde que respeitado o contraditório e inexistente a má-fé. Precedentes. 2. O acolhimento da pretensão recursal quanto à possibilidade de juntada de documentos para comprovar fatos anteriormente alegados, demanda reexame do conjunto fático-probatório dos autos, o que não é possível em sede de recurso especial por força da Súmula nº 7/STJ" (STJ, 3ª T., AgRg no AREsp nº 359719-SP, Rel. Min. Ricardo Villas Bôas Cueva, j. em 25/3/2014, DJ de 3/4/2014).

"A juntada de documentos no curso do processo pelas partes, inclusive em grau de recurso, é admitida desde que não se tratam daqueles que, por serem substanciais ou fundamentais à prova das alegações, devam instruir a petição inicial ou a resposta do réu (art. 396 c/c arts 283 e 297 do CPC). A jurisprudência ressalva também não poder existir má-fé na conduta da parte que pretende a juntada posterior, bem ainda, a necessidade de observância do contraditório, nos termos do art. 398 do CPC. [...] 5. No intuito de evitar declarações de nulidade sem a ocorrência de prejuízo efetivo, a construção pretoriana tem também delineado que, para se exigir o contraditório, i) o documento deve ser desconhecido da parte contrária; ii) precisa guardar relevância e pertinência com o deslinde da controvérsia, influindo de forma direta e determinante em sua solução; e iii) seu conteúdo não deve se limitar a mero reforço de argumentação. Hipótese em que o documento juntado aos autos, não obstante a falta de contraditório imediato, era conhecido do recorrente e, ademais, não foi determinante para solução da controvérsia" (3ª T., REsp, nº 1.435.582-MG, Rel. Min. Nancy Andrighi, j. em 10/6/2014, DJe de 11/9/2014).

"Recurso especial. Processo civil. Indeferimento de prova. Ausência de impugnação oportuna. Preclusão. Juntada de documento em fase recursal. Vista à parte contrária para manifestação. Necessidade. Princípio do contraditório. 1. Ausente impugnação oportuna ao indeferimento da prova realizado em audiência de conciliação, a questão não pode ser discutida em sede de apelação, ante a ocorrência da preclusão. 2. Em atenção ao princípio do contraditório, a juntada de documento novo, mesmo na fase recursal, enseja sempre a manifestação da parte contrária. 3. Recurso especial conhecido em parte e provido" (STJ, 4ª T., REsp nº 592.888-MG, Rel. Min. João Otávio de Noronha, j. em 2/2/2010, DJe de 11/2/2010).

"Agravo regimental. Agravo em recurso especial. Embargos à execução. Negativa de prestação jurisdicional. Inocorrência. Juntada de documentos determinada pelo magistrado. Prazo não observado pela parte. Preclusão. Inocorrência. 1. Se as questões trazidas à discussão foram dirimidas, pelo Tribunal de origem, de forma suficientemente ampla e fundamentada, deve ser afastada a alegada violação ao art. 535 do Código de Processo Civil. 2. 'A iniciativa probatória do magistrado, em busca da veracidade dos fatos alegados, com realização de provas de ofício, não se sujeita à preclusão temporal, porque é feita no interesse público de efetividade da Justiça' (STJ, 1ª T., AgRg no REsp 1157796-DF, rel. Min. Benedito Gonçalves, j. 18.05.10 DJe 28.05.10). 3. Agravo regimental a que se nega provimento" (STJ, 4ª T., AgRg no AREsp nº 668.463-GO, Rel. Min. Maria Isabel Gallotti, j. em 14/4/2015, DJe de 20/4/2015).

"Previdenciário. Agravo regimental em recurso especial. Aposentadoria rural. Documentação em nome de cônjuge trabalhador urbano. Impossibilidade de prova exclusivamente testemunhal. Aposentadoria rural indevida. Recurso especial representativo da controvérsia. Juntada de documento novo. Preclusão consumativa. Agravo desprovido. 1. Esta Corte, no julgamento do Recurso Especial 1.304.479/SP, representativo da controvérsia, firmou entendimento de que, embora seja admissível a comprovação de atividade rural mediante a qualificação de lavrador do marido na certidão de casamento, é inaceitável a utilização desse documento como início de prova material quando se constata, como no caso em apreço, que o cônjuge, apontado como rurícola, vem a exercer posteriormente atividade urbana. 2. A juntada de documentos em sede de Agravo Regimental nesta instância especial mostra-se inviável, à luz da preclusão consumativa" (STJ, 1ª T., AgRg no REsp nº 1312586-SP, Rel. Min. Napoleão Nunes Maia Filho, j. em 27/5/2014, DJe de 3/6/2014).

"No caso, conforme delineado pelo eg. Tribunal de origem, tem-se que a agravante foi intimada sobre os documentos juntados posteriormente ao ajuizamento da presente ação e que referidas provas não eram imprescindíveis para demonstrar a presença dos pressupostos processuais e condições da ação, não havendo vedação legal para produção de prova documental após o fim da fase postulatória" (STJ, 4ª T., AgInt nos EDcl no AREsp nº 919.372-MG, Rel. Min. Raul Araújo, j. em 21/3/2017, DJ de 7/4/2017).

Art. 436 - A parte, intimada a falar sobre documento constante dos autos, poderá:
I - impugnar a admissibilidade da prova documental;
II - impugnar sua autenticidade;
III - suscitar sua falsidade, com ou sem deflagração do incidente de arguição de falsidade;
IV - manifestar-se sobre seu conteúdo.
Parágrafo único - Nas hipóteses dos incisos II e III, a impugnação deverá basear-se em argumentação específica, não se admitindo alegação genérica de falsidade.

I. Ônus e preclusão

É ônus da parte se manifestar sobre qualquer documento juntado ao processo, sob pena de não mais poder se valer das faculdades estatuídas nos incisos do art. 436 do CPC. Essa verdadeira preclusão deve ser interpretada com algum temperamento, já que o juiz, na busca da verdade real e da pacificação com justiça (um dos escopos do próprio processo), não deve ignorar algumas situações, tais como um documento grosseiramente falso ou ainda a absoluta impertinência de uma prova. Afinal, "o juiz apreciará a prova constante dos autos, independentemente do sujeito que a tiver promovido, e indicará na decisão as razões da formação de seu convencimento" (CPC, art. 371).

II. Devido processo legal

Pelo princípio constitucional do contraditório, da ampla defesa e do devido processo legal, a parte tem o direito de manifestar-se sobre todos os documentos dos autos, independentemente de quem os juntou. Mesmo que seja para tão somente arguir a intempestividade da juntada do documento aos autos, a parte tem o direito de, sobre ele, falar. A ausência de intimação gera consequência de o juiz dele não poder se valer para fundamentar sua decisão. A questão aqui é de avaliar se a inexistência de contraditório a respeito de determinada documentação seria capaz de anular uma decisão judicial que dela não se utilizou em sua fundamentação ou que nela se tenha afirmado total irrelevância para desate da questão. O juiz, na atividade cerebrina de decidir, vale-se de elementos objetivos contidos no processo, como as provas produzidas, os fatos notórios, as alegações provadas ou não, e ainda de elementos subjetivos, como as regras de experiência. Todo esse arcabouço de elementos converge para formação de seu livre convencimento, mesmo que não seja expressado na motivação da decisão. Assim, para que o juiz possa formar o seu convencimento da maneira mais completa e justa possível, deve ele sempre ouvir as partes sobre todo e qualquer elemento de prova dos autos, principalmente os documentos que neles são juntados, sob pena de nulidade da decisão. Se ao juiz não é dado decidir, sequer de ofício, sobre questão sem ouvir as partes (CPC, art. 10), dirá sobre elemento de prova sobre fatos controversos. Aliás, a prova é produzida nos autos não a um juiz específico (p. ex.: juiz de primeiro grau de jurisdição), mas também a todos aqueles que nele oficiarão (p. ex.: desembargadores do Tribunal).

III. Admissibilidade

Impugnar a admissibilidade da prova documental significa negar a assertiva de prova de determinado fato, bem como alegar que sua produção é inoportuna, intempestiva, contra os princípios da boa-fé ou ainda em ofensa ao devido processo legal. É o caso da manifestação com contraposição de outras provas para demonstração de existência de fato impeditivo, modificativo ou extintivo do direito, ou ainda das provas ilícitas, como a interceptação telefônica.

IV. Autenticidade

Documento autêntico é aquele cuja autoria é certa. Segundo o art. 411 do CPC, considera-se autêntico o documento quando o tabelião reconhecer a firma do signatário, a autoria estiver identificada por qualquer outro meio legal de certificação, inclusive eletrônico, nos termos da lei ou quando não houver impugnação da parte contra quem foi produzido o documento.

V. Arguição de falsidade

Arguir a falsidade de determinado documento significa afirmar que, em caso de falsidade material, p. ex., ele é adulterado, com rasuras ou alterações que modifiquem formalmente seu conteúdo ou ainda que a assinatura nela aposta é falsa. Em caso de falsidade ideológica, significa sustentar que seu conteúdo é falso. Nada obstante os questionamentos acerca da viabilidade de se alegar a falsidade ideológica de determinado documento em arguição de falsidade, esse fundamento pode ser trazido ao processo por meio de incidente específico (CPC, art. 430) ou como mero argumento de defesa (CPC, art. 436, inciso III), cada qual com suas consequências próprias. Em havendo arguição por meio de incidente, este se transcorrerá nos termos dos arts. 430 e ss. Se apresentado como mero argumento de defesa, sem a instauração de incidente, o juiz sobre ele deve resolver como questão secundária na fundamentação, cujo desate não constará do decisório. Por isso, nesse caso, não haverá formação de coisa julgada material. O ônus da prova é de quem argui a falsidade do documento (CPC, art. 429, inciso I).

VI. Julgados

"Não se declara a nulidade do processo com base no art. 398 do CPC se o documento juntado aos autos, sobre o qual não foi dada vista à parte contrária, não influiu na solução da controvérsia" (STJ, 4ª T., AgRg no AREsp nº 493127-SP, Rel. Min. Marisa Isabel Gallotti, j. em 10/6/2014, DJe de 27/6/2014).

"A ausência de intimação específica para manifestação sobre documentos novos não viola o art. 398 do CPC, se, após a juntada deles, a parte teve acesso aos autos e praticou atos processuais. Não se declara a nulidade do processo, igualmente, se o documento juntado aos autos nessas condições não influiu na solução da controvérsia" (STJ, 4ª T., EDcl nos EDcl no Ag nº 83.641-MT, Rel. Min. Maria Isabel Gallotti, j. em 7/4/2015, DJe de 17/4/2015).

"Previdenciário. Processual civil. Documento. Juntada. Manifestação da parte contrária. Ausência prejuízo. Não ocorrência. Recurso especial conhecido e improvido. 1. É firme a jurisprudência do Superior Tribunal de Justiça no sentido de que não há falar em violação ao art. 398 do CPC quando a parte não houver sido intimada para se pronunciar sobre documento novo acostado aos autos, se este for desinfluente para o julgamento da controvérsia, não acarretando prejuízo para os litigantes. 2. Hipótese em que o Tribunal de origem, com base no conjunto probatório dos autos, firmou o entendimento segundo o qual o documento acostado aos autos pelo recorrido não influiu no julgamento da controvérsia. 3. Recurso especial conhecido e improvido" (STJ, 5ª T., REsp nº 438188-MG, Rel. Min. Arnaldo Esteves Lima, j. em 20/11/2006, DJe de 11/12/2006).

"Processo civil. Mandado de segurança. Cabimento. Ato judicial. Defesa. Manifestação. Parte contrária. Documentos. Manifestação. Parte contrária. Inexistência. Ausência de prejuízo. Alimentos definitivos. Exoneração. Recurso especial. Efeito suspensivo. Inexistência. [...] O CPC não impõe a manifestação da parte contrária acerca da defesa apresentada, inclusive pelo litisconsorte, limitando-se a dispor, nos termos do art. 398, seja oportunizada a manifestação sobre documentos juntados. Por outro lado, mesmo havendo a falta de audiência da parte contrária acerca da juntada de documento, não rende ensejo à nulidade quando constatada ausência de prejuízo" (STJ, 3ª T., RMS nº 25837-SP, Rel. Min. Nancy Andrighi, j. em 21/10/2008, DJe de 5/11/2008).

Art. 437 - ***O réu manifestar-se-á na contestação sobre os documentos anexados à inicial, e o autor manifestar-se-á na réplica sobre os documentos anexados à contestação.***

§ 1º - Sempre que uma das partes requerer a juntada de documento aos autos, o juiz ouvirá, a seu respeito, a outra parte, que disporá do prazo de 15 (quinze) dias para adotar qualquer das posturas indicadas no art. 436.
§ 2º - Poderá o juiz, a requerimento da parte, dilatar o prazo para manifestação sobre a prova documental produzida, levando em consideração a quantidade e a complexidade da documentação.

I. Contraditório

Da mesma forma que poderão produzir prova documental em momentos predeterminados (CPC, arts. 435 e 434), as partes poderão sobre elas se manifestar. O momento para manifestação do réu sobre documentos juntados pelo autor é na contestação e, do autor, na réplica, sobre documentos juntados com a defesa, sempre sob pena de preclusão.

II. Prazo

O prazo para manifestação a respeito de documentos juntados aos autos é de 15 dias úteis (CPC, art. 219). Entretanto, poderá o juiz dilatar esse prazo em decisão fundamentada se considerá-lo insuficiente para a tomada de qualquer das medidas previstas nos incisos do art. 436 do CPC (arts. 7º e 8º). Considerando o fato de que os 15 dias de prazo são contados somente em dias úteis, o que o torna demasiadamente dilatado em via de regra, qualquer ampliação pelo juiz deve se revestir de caráter excepcionalíssimo, em atendimento ao direito das partes de obter a resolução do processo em tempo razoável (CPC, art. 4º). Vale ressaltar que não se confunde complexidade da documentação com o volume ou quantidade de documentos juntados. Cada qual tem sua peculiaridade, diante da circunstância objetiva de que, se por um lado um número grande de documentos pode não gerar propriamente complexidade em sua compreensão, de outro é possível um único documento de poucas folhas conter em si certa complexidade de compreensão de seu conteúdo.

III. Dilação de prazo para contestação e réplica

Como o prazo de 15 dias coincide com aquele da apresentação de defesa e de réplica, é natural que nessas oportunidades se manifestem as partes sobre os documentos juntados e também sobre as demais matérias previstas nessas manifestações. Nesse contexto, a faculdade do § 2º do art. 437 do CPC permite, do mesmo modo, que o juiz dilate o prazo para a apresentação da defesa ou da réplica, por ser esse um de seus poderes na condução do processo, nos termos do art. 139, inciso VI, do CPC. A grande realidade é que aquele primeiro dispositivo servirá como verdadeiro fundamento para esse último ampliar os prazos de defesa e de réplica, exatamente para uma melhor adequação às necessidades do conflito de modo a conferir maior efetividade à tutela do direito.

IV. Julgados

"O E. Superior Tribunal de Justiça já decidiu que 'é nula a sentença ou o acórdão se, tratando-se de documento relevante, com influência no julgamento proferido, a parte contrária não se manifestou após a sua juntada aos autos" (STJ, 4ª T., REsp nº 6081-RJ, Rel. Min. Sálvio de Figueiredo Teixeira, j. em 21/5/1991, DJ de 25/5/1992).

"O fato de o documento ser conhecido da parte contrária não é razão bastante para dispensar-se a vista. Há que se lhe ensejar examiná-lo, e a respeito se pronunciar, pois não se proferirá sentença sem que as partes possam se manifestar sobre todos os elementos de prova" (STJ, 3ª T., REsp. nº 49.976-3-RS, Rel. Min. Eduardo Ribeiro, j. em 10/10/1994, DJU de 14/11/1994).

"Não há que se falar em produção de provas quando o conjunto probatório dos autos é suficiente à valoração e formação da convicção do magistrado, nos termos do artigo 131 do Código de Processo Civil. 2. Nos termos da reiterada jurisprudência do STJ, 'a tutela jurisdicional deve ser prestada de modo a conter todos os elementos que possibilitem a compreensão da controvérsia, bem como as razões determinantes de decisão, como limites ao livre convencimento do juiz, que deve formá-lo com base em qualquer dos meios de prova admitidos em direito material, hipótese em que não há que se falar em cerceamento de defesa'" (STJ, 1ª T., AgREsp nº 839.217-RS, Rel. Min. José Delgado, j. em 5/9/2006 DJ de 2/10/2006).

"Sendo o juiz o destinatário final da prova, cabe a ele, em sintonia com o sistema de persuasão racional adotado pelo CPC, dirigir a instrução probatória e determinar a produção das provas que considerar necessárias à formação do seu convencimento" (STJ, 3ª T., REsp nº 844778-SP, Rel. Nancy Andrighi, j. em 8/3/2007, DJ de 26/3/2007).

"A ausência de intimação específica para manifestação sobre documentos novos não viola o art. 398 do CPC, se, após a juntada deles, a parte teve acesso aos autos e praticou atos processuais. Não se declara a nulidade do processo, igualmente, se o documento juntado aos autos nessas condições não influiu na solução da controvérsia" (STJ, 4ª T., EDcl no Ag nº 836.413-MT, Rel. Min. Maria Isabel Gallotti, j. em 20/11/2014, DJe de 27/11/2014).

"A alegação da nulidade de publicação errônea deve ocorrer na primeira oportunidade de se falar nos autos" (STJ, 3ª T., RMS nº 31.408-SP, Rel. Min. Massami Uyeda, j. em 13/11/2012, DJe de 26/11/2012).

"Não há, nos autos, efetiva comprovação de prejuízos suportados pelo Recorrido, em razão da alegada falta de oportunidade para apresentar perguntas à vítima e sua genitora. Conclusão em sentido diverso demandaria dilação probatória, o que não é possível em sede de mandado de segurança, via processual que exige prova documental pré-constituída. Ausente, portanto, direito líquido e certo à reintegração ao serviço público" (STJ, 1ª T., REsp nº 1378767-PE, Rel. Min. Regina Helena Costa, j. em 4/4/2017, DJ de 10/4/2017).

Art. 438 - O juiz requisitará às repartições públicas, em qualquer tempo ou grau de jurisdição:
I - as certidões necessárias à prova das alegações das partes;
II - os procedimentos administrativos nas causas em que forem interessados a União, os Estados, o Distrito Federal, os Municípios ou entidades da administração indireta.
§ 1º - Recebidos os autos, o juiz mandará extrair, no prazo máximo e improrrogável de 1 (um) mês, certidões ou reproduções fotográficas das peças que indicar e das que forem indicadas pelas partes, e, em seguida, devolverá os autos à repartição de origem.
§ 2º - As repartições públicas poderão fornecer todos os documentos em meio eletrônico, conforme disposto em lei, certificando, pelo mesmo meio, que se trata de extrato fiel do que consta em seu banco de dados ou no documento digitalizado.

I. Dever de prestar informações

O juiz poderá requerer a prestação de informações e documentos constantes na base de dados do poder público e as repartições públicas deverão responder. Eventual recusa ou omissão, prestação de informações falsas ou ainda de documentos, etc. do funcionário ou agente público responsável pode constituir crime conforme o caso (Código Penal, arts. 313-A, 313-B, 314, 319, 320, 323, 325, 326, 330, etc.; Lei nº 12.537/2011, arts. 7, § 4º, 32 e 33).

II. Obtenção extrajudicial de dados públicos

Salvo em hipóteses em que há fundada dificuldade de obtenção extrajudicial dessas informações, o juiz poderá se recusar a requerer às repartições públicas nos termos desse dispositivo, por ser ônus das partes a produção de prova em amparo às suas pretensões. Entretanto, o juiz, em razão de seus poderes instrutórios, poderá requerer, inclusive de ofício, quaisquer dessas informações ou documentos, independentemente de haverem sido previamente requeridos pela parte sem sucesso.

III. Dados sigilosos

Tal dispositivo tem relevância para casos nos quais as partes precisam acessar banco de dados públicos revestidos de sigilo, tais como endereço informado em declaração de imposto de renda para viabilizar a citação ou como prova da residência de uma das partes. Afinal, se as partes puderem obter extrajudicialmente a informação, a ausência de sua juntada na inicial ou defesa (ou em demais momentos legalmente previstos) gera a preclusão na produção da prova documental. Uma vez nos autos, essas informações sigilosas devem ter preservado seu sigilo, por meio de arquivamento em pasta própria na secretaria com acesso limitado às partes e seus procuradores.

IV. Lei de Acesso à Informação

A Lei nº 12.527/2011, que regulamentou o art. 5º, inciso XXXIII, da Constituição Federal, dispõe, em seu art. 23, uma plêiade de informações sigilosas que, conforme classificação do *caput* do art. 24, podem ter seu sigilo mantido por determinado tempo (§§ 1º e 2º). Nada obstante isso, sua finalidade precípua é propiciar ao cidadão o direito fundamental de acesso à informação (art. 3º). Basta, no entanto, valer-se do procedimento previsto na própria lei, nos arts. 10 e ss.

V. Julgados

"Para autorizar a expedição de ofícios ao Banco Central, a 1ª Turma do STJ entendeu relevantes os seguintes acontecimentos prévios: falta de nomeação de bens à penhora, frustração das diligências realizadas pelo oficial de justiça e insucesso na busca de bens junto ao departamento de trânsito e ao cartório de registro de imóveis locais" (STJ, 1ª T., AgRg no REsp nº 743.586-SP, Rel. Min. José Delgado, j. em 21/6/2005, DJ de 6/8/2015).

"Execução fiscal - informações sobre existência de bens do contribuinte - requisição de ofício a receita federal - autoridade judiciária - impossibilidade. Não há lei ou convênio que obrigue o Banco Central do Brasil a quebrar sigilo bancário de executado porque ele mudou de endereço. Também não constitui hipótese de requisição regular da autoridade judiciária. A obtenção do atual endereço do devedor e a existência ou não de bens de sua propriedade a serem penhorados e obrigação do exequente" (STJ, 1ª T., REsp nº 163405-RS, Rel. Min. Garcia Vieira, j. em 17/4/1998, DJ de 8/6/1998).

"Processual civil e tributário. Agravo regimental no agravo em recurso especial. Execução fiscal. Requisição de informações junto à receita federal. Quebra de sigilo de informações. Princípio da privacidade. Acórdão fundamentado no art. 5º, X, da Constituição Federal. Ofensa ao art. 535 do CPC. Não ocorrência" (STJ, 2ª T., AgRg no AREsp nº 467.094-RJ, Rel. Min. Og Fernandes, j. em 22/4/2014, DJe de 2/5/2014).

"Na hipótese dos autos, o Tribunal de origem negou provimento ao Agravo de Instrumento, ao fundamento de que, 'tanto o sistema financeiro quanto o Fisco dispõem de incontáveis e preciosas informações da intimidade pessoal e negocial dos cidadãos que, se obtiveram em razão do ofício ou dos poderes que detém, devem guardá-las com rigor absoluto. A quebra do sigilo, assim fiscal como bancário, implica indevida intromissão na privacidade do cidadão, expressamente amparada pela Constituição Federal (artigo 5º, X)'. III. Assim, há, no acórdão recorrido, fundamento constitucional, não impugnado mediante recurso extraordinário, o que atrai a incidência da Súmula 126 do STJ, que preceitua: 'É inadmissível recurso especial, quando o acórdão recorrido assenta em fundamentos constitucional e infraconstitucional, qualquer deles suficiente, por si só, para mantê-lo, e a parte vencida não manifesta recurso extraordinário'. Precedentes. IV. Agravo Regimental não provido" (STJ, 2ª T., AgRg no AREsp nº 271.343-RS, Rel. Min. Assusete Magalhães, j. em 4/11/2014, DJe de 14/11/2014).

"A jurisprudência do Superior Tribunal de Justiça é pacífica e remansosa no sentido de que: 'a requisição judicial à Receita Federal, à Telesp, ao Detran para que informem sobre a declaração de bens do executado somente se admite em casos excepcionais, demonstrado que a exequente esgotou os esforços possíveis para obtê-los, com resultado infrutífero'" (STJ, 4ª T., REsp nº 191961-SP, Rel. Min. Ruy Rosado de Aguiar, j. em 1º/12/1998, DJ de 5/4/1999).

"A jurisprudência do STJ acolhe entendimento no sentido de que não se justifica pedido de expedição de ofício a órgãos públicos para obter informações sobre bens de devedor, no exclusivo interesse do credor, mormente quando não demonstrado qualquer esforço de sua parte nesse sentido, devendo prevalecer o sigilo de que aquelas são revestidas" (STJ, 3ª T., AgReg no Ag nº 189.288-AL, Rel. Min. Waldemar Zveiter, j. em 17/11/1998, DJ de 18/12/1998).

"A requisição judicial, em matéria deste jaez, apenas se justifica desde que haja intransponível barreira para a obtenção dos dados solicitados por meio da via extrajudicial e, bem assim, a demonstração inequívoca de que a exequente envidou esforços para tanto, o que se não deu na espécie, ou, pelo menos, não foi demonstrado. Falecendo demonstração cabal de que foram exauridas, sem êxito, as vias administrativas para obtenção de informações referentes aos bens dos sócios, não há demonstração de vulneração aos arts. 399 do CPC e 198 CTN, que conferem ao magistrado a possibilidade de requisitá-las" (STJ, 2ª T., REsp nº 204.329-MG, Rel. Min. Franciulli Neto, j. em 9/5/2000, DJ de 19/6/2000).

"As informações sobre a movimentação bancária do executado só devem ser expostas em casos de grande relevância para a prestação jurisdicional. *In casu*, a varredura das contas em nome do executado, visando posterior penhora, não justifica a quebra do sigilo bancário" (STJ, 2ª T., AgReg no Ag nº 225634-SP, Rel. Min. Nancy Andrighi, j. em 17/2/2000 DJ de 20/3/2000).

"Não merece trânsito recurso especial que discute questão já superada no âmbito do Superior Tribunal de Justiça, qual seja, a impossibilidade de quebra de sigilo bancário como forma de possibilitar, no interesse exclusivo da instituição credora e não da Justiça, a expedição de ofício ao Banco Central para obtenção de dados acerca de depósitos em nome do devedor passíveis de penhora pela exequente" (STJ, 4ª T., REsp nº 181.567-SP, Rel. Min. Aldir Passarinho Junior, j. em 16/11/1999, DJ de 21/2/2000).

Seção VIII - Dos Documentos Eletrônicos

Art. 439 - A utilização de documentos eletrônicos no processo convencional dependerá de sua conversão à forma impressa e da verificação de sua autenticidade, na forma da lei.

I. Autenticidade de documentos eletrônicos juntados em via impressa

No processo convencional, ou seja, aquele de autos físicos de papel, o legislador optou por transformar os documentos eletrônicos em papel impresso. Na conversão do documento digital em físico, deve-se registrar sua autenticação, que pode ocorrer com a própria declaração de autenticidade do advogado ao juntá-los nos autos (CPC, art. 425, inciso IV), em casos restritos de documentos judiciais), ou ainda com a certificação por tabelião (CPC, art. 411, inciso II). São comuns os casos de juntada impressa de *e-mails*, imagens extraídas da rede mundial de computadores, *sites* de relacionamento ou ainda arquivos contendo dados de computador, que, para não depender do disposto no art. 411, inciso III, do CPC, devem vir acompanhados de ata notarial lavrada por tabelião para certificação de elementos constitutivos importantes, como data de acesso, do local de extração da informação do sistema, etc.

II. Documentos eletrônicos de áudio e vídeo

Esses documentos até por sua natureza própria não podem ser objeto de reprodução impressa. Contudo, é possível que haja a degravação das falas e dos acontecimentos via transcrição impressa em vernáculo ou imagens. Em casos como esses, a via impressa deve ser juntada aos autos com o documento eletrônico em CD, *pen drive* ou qualquer outra mídia para ser obrigatoriamente acondicionada em secretaria. Isso porque as partes têm o direito de conferir a veracidade da degravação e das informações ali contidas. A juntada unicamente da via impressa sem estar acompanhada do respectivo arquivo eletrônico, se questionada sua autenticidade, falsidade ou validade, mesmo que de forma genérica pela impossibilidade de se auditar a mídia, deve gerar duas consequências: a primeira de conferir-se prazo para que a parte disponibilize o arquivo eletrônico e, decorrido o prazo sem a disponibilização, ser o documento impresso imediatamente desentranhado dos autos.

III. Julgados

"Prova - Cabe ao juiz, como destinatário da prova, avaliar sobre a necessidade ou não de sua realização - Art. 130 do CPC - Juiz da causa que indeferiu o pedido para que fosse realizada prova pericial consistente na degravação de CD de áudio de conversas telefônicas que a agravante manteve com o agravado - Não demonstrado pela agravante que essa prova seja útil ao deslinde da controvérsia - Agravado que não negou que recebeu o dinheiro da agravante - Prova pericial que, em princípio, em nada contribuirá para a formação do convencimento do juiz de origem. [...] Prova - Ação de cobrança - Pretendida pela agravante a permanência, nos autos, do CD de áudio e da transcrição do conteúdo das gravações - Agravado que não impugnou o teor das conversas transcritas pela agravante - Transcrição dessas conversas que pode, eventualmente, servir como fonte de informações ao julgador no momento da prolação da sentença - Prudente a manutenção de tais peças nos autos principais - Agravo provido em parte" (TJSP, 23ª C. de Direito Privado, AI nº 990101767732, Rel. Des. José Marcos Marrone, j. em 30/6/2010, DJe de 14/7/2010).

"Apelação cível. Danos morais. Responsabilidade civil. Transcrições de gravações telefônicas. Documentos unilaterais, destituídos de valor probatório. Fitas de áudio não submetidas à perícia. Veracidade do conteúdo não comprovada. Alegada impossibilidade de obtenção de emprego atribuída à demandada. Ausência de prova. Ônus do requerente. Artigo 333, inciso I, Código de Processo Civil. Obrigação de indenizar rejeitada. Sentença de improcedência mantida. Recurso desprovido" (TJSC, 4ª C. Cível, Ac. nº 146693, Rel. Des. Ronaldo Moritz Martins da Silva, j. em 12/11/2009, DJ de 7/12/2009).

"Invertendo a regra geral de distribuição do ônus da prova, o Código de Processo Civil enuncia em seu art. 389, inciso II, que quando se tratar de contestação de assinatura, o ônus de provar a sua autenticidade é da parte que produziu o documento. Ausente norma específica para os casos em que parte a autora alega não ser dela a voz que aparece no áudio apresentado pelo réu como prova da contratação do empréstimo, aplica-se o dispositivo retro mencionado, atribuindo o encargo da perícia ao banco réu, por ter sido quem produziu a prova" (TJMG, 16ª C. Cível, AI nº 10024110419496001, Rel. Des. Batista de Abreu, j. em 31/7/2013, DJ de 9/8/2013).

"Segundo o § 2º do art. 11 da Lei n. 11.419/2006, os documentos digitalizados, ou seja, aqueles que possuíam suporte físico inicial e foram, posteriormente, vertidos na forma de documentos eletrônicos, possuem a mesma força probante dos originais físicos e dos documentos com assinatura digital que foram produzidos diretamente de forma eletrônica. Precedentes: SEC 7.811/EX, Rel. Ministra Eliana Calmon, Corte Especial, DJe 15.8.2013; SEC 7.878/EX, Rel. Ministra Eliana Calmon, Corte Especial, DJe 1º.7.2013; SEC 6.647/EX, Rel. Ministro João Otávio de Noronha, Corte Especial, DJe 12.6.2013; e SEC 7.124/EX, Rel. Ministro Napoleão Nunes Maia Filho, Corte Especial, DJe 10.5.2013" (STJ, Corte Especial, SEC nº 8.810/EX, Rel. Min. Humberto Martins, j. em 2/10/2013, DJ de 16/10/2013).

Art. 440 - O juiz apreciará o valor probante do documento eletrônico não convertido, assegurado às partes o acesso ao seu teor.

I. Contraditório efetivo

As partes, independentemente da espécie de documento, devem ter o direito de sobre ele se manifestarem, sob pena de violação ao princípio do contraditório. No documento eletrônico esse direito se mostra ainda mais premente, já que a sua análise nos autos do processo convencional é limitada à versão impressa em papel. Nos casos em que o documento eletrônico é juntado aos autos somente em mídia própria

(CD, *pen drive*, etc.), o juiz deve garantir que as partes tenham efetivo acesso ao seu conteúdo. Em se tratando de documentos eletrônicos comuns, tais como arquivos Word, PDF, Excel, .jpg, mp3, etc., é de se esperar não haver maiores dificuldades para processá-los em qualquer computador e, com isso, seu conteúdo estar disponível para consulta.

II. Perícia

Em casos nos quais é necessário se valer de programas técnicos específicos ou de configurações especiais de computador, pode o juiz não só determinar (de ofício ou a requerimento da parte) a realização de uma prova técnica (perícia) como também simplesmente não aceitar a juntada desse documento eletrônico. De qualquer forma, o *caput* do art. 440 do CPC permite ao juiz ainda, nesses casos, desconsiderar o valor probante do documento eletrônico se não for apresentada alternativa para que as partes possam ter a exata compreensão de seu conteúdo ou mesmo a possibilidade de verificação de sua autenticidade e falsidade.

III. Definição de documento eletrônico e seu valor probante

Documento eletrônico é aquele em conformidade com o disposto na Medida Provisória nº 2.200/2001, que institui a Infraestrutura de Chaves Públicas Brasileira (ICP-Brasil). Se seus requisitos não forem observados, e isso constitui matéria eminentemente técnica aferível via perícia judicial, o documento não poderá ser considerado idôneo como meio de prova. Se estiver em conformidade com os requisitos da lei, o juiz poderá levá-lo em consideração para formação de seu livre convencimento motivado.

IV. Julgados

"O termo 'documento' não se restringe 'a qualquer escrito ou papel'. O legislador do novo Código Civil, atento aos avanços atuais, conferiu-lhe maior amplitude, ao dispor, no art. 225 que '[a]s reproduções fotográficas, cinematográficas, os registros fonográficos e, em geral, quaisquer outras reproduções mecânicas ou eletrônicas de fatos ou de coisas fazem prova plena destes, se a parte, contra quem forem exibidos, não lhes impugnar a exatidão'" (STF, 2ª T., RHC nº 95.689-SP, Rel. Min. Eros Grau, j. em 2/9/2008, DJe de 16/10/2008).

"Processual civil. Agravo regimental interposto em face de decisão que negou seguimento ao recurso especial. Documento extraído da internet. Ausência de fé pública. Impossibilidade de oposição contra o STJ. Decorrência da medida provisória nº 2.200/01. Juntada de documento em sede de agravo regimental. Inadmissibilidade. Preclusão consumativa. Incidência do art. 511, *caput*, do CPC. Multa do art. 557, § 2º, do CPC. Recurso improvido. [...] Primeiramente, é importante salientar que documento não é somente o papel escrito e assinado. O doutrinador Luiz Rodrigues Wambier (1) informa que: 'conceitua-se documento como todo objeto capaz de 'cristalizar' um fato transeunte, tornando-o, sob certo aspecto, permanente'. Assim, considera-se documento todo aquele objeto que representa, por meio de alguma linguagem, de forma permanente ou temporária, um fato da vida real, uma manifestação de pensamento. O documento eletrônico, nesse sentido, seria segundo Gandini, Salomão e Jacob (2) aquele 'que se encontra memorizado em forma digital, não perceptível para os seres humanos senão mediante intermediação de um computador. Nada mais é do que sequência de bits, que, por meio de um programa computacional, mostrar-nos-á um fato'. A Medida Provisória nº 2.200/01 que instituiu a Infraestrutura de Chaves Públicas Brasileira – ICP-Brasil, assim como regulou a utilização da certificação digital no Brasil, determina em seu artigo 10, § 1°, que 'as declarações constantes dos documentos em forma eletrônica produzidos com a utilização de certificação disponibilizado pela ICP-Brasil presumem-se verdadeiros em relação aos signatários'. Por outro lado, a Medida Provisória tratou também dos documentos eletrônicos criados sem o 'atributo' da certificação digital. O artigo 10, § 2º, da MP determina que 'não obsta a utilização de outro meio de comprovação da autoria e integridade de documentos em forma eletrônica, inclusive os que utilizem certificados não emitidos pela ICP-Brasil, desde que admitido pelas partes como válido ou aceito pela pessoa a quem for oposto o documento'. [...] Nesta esteira, ainda quando não for documento certificado pela ICP-Brasil, é preciso que haja a aceitação contra quem é oposto. [...] Outrossim, destaco que, segundo o autor argentino Aníbal A. Pardini (3), o documento eletrônico, para ser considerado um meio de prova seguro, deve reunir três características capazes de convencer o julgador, quais sejam: a integridade, a possibilidade de se atribuir o documento à pessoa que o subscreve e a autenticidade; todas elas ligadas à impossibilidade de alteração da forma ou do conteúdo do documento. No âmbito da doutrina nacional, vale a pena sublinhar as observações de Renato M.S. Opice Blum (4) quanto à segurança jurídica dos documentos, pelo que transcrevo: 'Deve-se ressaltar que só é possível atribuir um manto de eficácia jurídica plena aos documentos, em meios tradicionais ou eletrônicos, se esses possuírem determinadas características que tornem possíveis não só a identificação de sua autoria, mas também a certeza de sua não modificação ou indícios de tal. Os documentos, como legítimas manifestações de vontade e representações fáticas, geram responsabilidades e, se alterados, podem trazer prejuízos para pessoas físicas ou jurídicas. Assim, os documentos (em meios físicos ou virtuais) devem, além da originalidade, possuir determinadas qualidades que não permitam que sejam, totalmente ou em parte, modificados, alterados, ou suprimidos sem que tal fato possa ser descoberto. Melhor ainda se, além da possibilidade da descoberta dessas alterações, seja possível obter sua reconstituição, em sua forma original'" (STJ, 4ª T., AgRg no REsp nº 1.103.021-DF, Rel. Min. Luis Felipe Salomão, j. 26/5/2009, DJ de 8/6/2009).

"Uso indevido de marca. Danos materiais e morais. Ausência de prova. Documento extraído de sítio eletrônico. Empresa autora que alega utilização de sua marca registrada por outra empresa, em curso ministrado na mesma área de atuação, pleiteando indenização por danos morais, materiais e lucros cessantes. Apresenta documento extraído de sítio eletrônico. Diante da negativa expressa da apelada, tinha a empresa apelante o encargo de provar que o documento jungido aos autos era realmente verídico, não bastando, nesse caso, a mera juntada de cópia que se diz extraída pela internet, eis que não configurado como originário de órgão público, requerendo, para tanto, certeza de sua veracidade e não havendo, na atualidade, meios de se aferir a veracidade da afirmação da autora por não constar no endereço eletrônico outrora indicado. Necessidade de ter realizando uma ata notarial ou mesmo ter providenciado a autenticação do site. Ausência de prova. Exegese do artigo 333, I, CPC. Sentença Mantida. Apelo Desprovido" (TJSP, 2ª C. Reservada de Direito Empresarial, Ac. nº 00154303220138260003, Rel. Des. Ramon Mateo Júnior, j. em 26/1/2015, DJe de 29/1/2015).

Art. 441 - Serão admitidos documentos eletrônicos produzidos e conservados com a observância da legislação específica.

I. Legislação específica

Os arts. 193-199 do CPC trazem disposições a respeito da prática de atos processuais na forma eletrônica. A Lei nº 11.419/2006, que dispõe sobre a informatização do processo judicial, em seu art. 11 dispõe que "os documentos produzidos eletronicamente e juntados aos processos eletrônicos com garantia da origem e de seu signatário, na forma estabelecida nesta Lei, serão considerados originais para todos os efeitos legais". A Lei nº 12.682/2012 dispõe sobre a elaboração e arquivamento de documentos eletrônicos e em seu art. 3º que "o processo de digitalização deverá ser realizado de forma a manter a integridade, a autenticidade e, se necessário, a confidencialidade do documento digital, com o emprego de certificado digital emitido no âmbito da Infraestrutura de Chaves Públicas Brasileira – ICP-Brasil". A Medida Provisória nº 2.200/2001, que institui a Infraestrutura de Chaves Públicas Brasileira (ICP-Brasil), em seu art. 10º, § 2º, traz o entendimento de que a validade de documentos eletrônicos assinados por meio de certificados não vinculados ao ICP-Brasil está restrita à hipótese de as partes terem previamente sua aceitação e validade ou, depois de apresentado, ter sido aceita pela pessoa a quem foi oposto o documento. A título de exemplo, nos Tribunais Superiores são apenas aceitos os certificados eletrônicos emitidos pela ICP-Brasil.

II. Fotos da internet e *e-mails* impressos

O art. 422 do CPC traz a presunção de conformidade e de prova das imagens reproduzidas nas fotos extraídas da rede mundial de computadores e dos *e-mails* enviados, desde que não impugnados por aquele contra quem foi produzida a prova. Havendo impugnação, deve ser apresentada a respectiva autenticação eletrônica ou, não sendo possível, realizada perícia (CPC, art. 422, §§ 1º e 3º). O mesmo vale para as demais formas de comunicação eletrônica, como *blogs*, *chats*, WhatsApp, MSN, Google Talk, Messenger, mensagens de texto, postagens em redes de relacionamento, etc. Uma alternativa à realização de uma custosa e demorada perícia é a própria realização de inspeção judicial pela qual o próprio juiz poderá, em determinadas situações (resguardadas as objeções da parte que dependam de estudo técnico), verificar ele mesmo na rede mundial de computadores ou nos *smartphones* e *tablets* das partes ou de terceiros, a própria existência da mensagem, da ocorrência de troca de correspondências, do envio de arquivos como fotos ou vídeos, etc.

III. Julgados

"Concurso público. Ingresso nas atividades notariais e de registro. Exclusão do certame. Fase de investigação de vida funcional e individual. Prova pré-constituída. Certidão desabonadora. Princípios da razoabilidade e da proporcionalidade. [...] 2. O ato coator é consubstanciado na exclusão do recorrente do concurso público por não comprovação de requisito constante do edital, sendo certo que essa exclusão está devidamente comprovada através de comunicação eletrônica (e-mail) recebida, pelo recorrente, em sua caixa de correio eletrônico. Deveras, esse documento tem a propriedade de comprovar o ato coator e as consequências que dele derivam, o que torna despicienda a juntada do edital. Logo, ressoa inequívoco que o *writ of mandamus* está guarnecido de prova pré-constituída" (STJ, 1ª T., RMS nº 29.073-AC, Rel. Min. Benedito Gonçalves, j. em 25/5/2010, DJe 28/6/2010).

"*Mandamus* impetrado contra ato judicial. Teratologia ou prejuízo irreparável ou de difícil reparação. Ausência de demonstração. Agravo não provido. [...] 3. O mandado de segurança não constitui o meio processual adequado para provar um fato. Exige prova pré-constituída do seu direito líquido e certo. No caso, busca o impetrante demonstrar que houve uma falha técnica que o impediu de ter acesso aos autos em tempo hábil, a fim de interpor o recurso de agravo regimental. Ocorre que a simples cópia do e-mail mencionado em suas razões não se mostra, por si só, hábil a amparar sua pretensão" (STJ, Corte Especial, AgRg no MS nº 16.007-DF, Rel. Min. Arnaldo Esteves Lima, j. em 5/12/2011, DJe de 27/4/2012).

"Prestação de serviço de assessoria jurídica na regulação do sinistro ocorrido no empreendimento conhecido como 'vila do pan'. Prova escrita consubstanciada na correspondência eletrônica travada entre as partes. Documento que atende as exigências do art. 1.102-A do CPC. Cumprimento da prestação pelo mandatário. Indenização securitária recebida. Reforma da sentença. Conversão do mandado em título executivo. A ação monitória cabe a quem dispuser de prova escrita que demonstre a assunção de responsabilidade de crédito pela outra parte, mas que não constitui título executivo extrajudicial. Prova escrita consubstanciada na correspondência eletrônica travada entre as partes é documento que atende as exigências do art. 1.102-A do CPC, posto que demonstra as bases da contratação do serviço, a correspondente contraprestação e o cumprimento da obrigação assumida pelo Apelante. É devida a constituição de título executivo em favor do apelante convertendo-se o mandado inicial em executivo, posto que admitido pelo réu em documento eletrônico e em sede de embargos monitórios, que o pagamento do serviço somente não ocorreu em razão das dificuldades financeiras oriundas do bloqueio na conta-corrente efetivado pela Caixa

Econômica Federal, por motivos estranhos à relação jurídica aqui travada. Conhecimento e provimento do recurso" (TJRJ, 22ª C. Cível, Ac nº 00112194820098190209, Rel. Des. Rogério de Oliveira Souza, j. em 28/1/2014, DJe de 24/3/2014).

"A impressão de um e-mail é a materialização da prova, sua reprodução mecânica não é a prova em si. Tanto quanto a fotografia deve ser juntada aos autos com seus negativos, o e-mail impresso só terá validade se acessível o próprio e-mail, isto é, o arquivo eletrônico. Em outras palavras, competiria aos agravantes fazer juntar aos autos os dados inseridos na memória do computador ou transmitidos por via eletrônica. Somente assim se viabiliza a perícia. A decisão agravada, isso considerado, é correta. Os agravantes não apresentaram o documento, mas cópia do documento. O incidente, portanto, sequer seria necessário, pois de documento não se trata. E, em não se tratando de documento, não há presunção de legitimidade que favoreça os agravantes. Por este motivo, ainda, não compete aos agravados o ônus de demonstrar a falsidade do documento. É importante consignar que, no caso concreto, alega-se a perda do HD em que inserto o e-mail. Isso considerado, a cópia impressa e juntada aos autos deve ser valorada em face das demais provas produzidas. Destarte, deve ser mantida a decisão agravada, não se admitindo como prova a cópia de e-mail apresentada" (TJSP, 2ª C. de Direito Privado, AI nº 389881320118260000, Rel. Des. Neves Amorim, j. em 19/4/2011, DJe 28/4/2011).

Seção IX - Da Prova Testemunhal

Subseção I - Da Admissibilidade e do Valor da Prova Testemunhal

Art. 442 - A prova testemunhal é sempre admissível, não dispondo a lei de modo diverso.

Autor: Gustavo Badaró

I. Noções gerais: da prova testemunhal

A testemunha é o indivíduo que, não sendo parte nem sujeito interessado no processo, depõe perante um juiz sobre fatos pretéritos relevantes para o processo e que tenham sido percebidos pelos seus sentidos.

Não se deve confundir testemunhar com depor. Testemunhar é presenciar algo, isto é, ter contato com um determinado fato. Depor é declarar perante o juiz o que foi presenciado, isto é, reproduzir o que os sentidos perceberam. A pessoa que presenciou um fato relevante para o processo é testemunha. Já o depoimento é o ato por meio do qual a testemunha narra em juízo os fatos que presenciou.

II. Testemunho direto e indireto

Quanto ao *conteúdo*, a testemunha pode ser direta ou indireta. As testemunhas diretas são aquelas que falam sobre um fato que presenciaram, reproduzindo uma sensação (por exemplo, visão ou audição) percebida por elas próprias. As testemunhas indiretas depõem sobre conhecimentos obtidos por intermédio de terceiros e os transmitem ao juiz "por ouvirem dizer".

A "testemunha de ouvir dizer" não pode ser aceita como verdadeira prova testemunhal, mas sim como uma "prova de segunda mão". Tal elemento de informação pode ser válido para que se descubra a fonte de prova originária, isto é, a testemunha presencial, e produzir esta prova em juízo. Entretanto, a testemunha indireta não é prova válida para o juiz formar o seu convencimento. A "testemunha de ouvir dizer" não tem nenhuma responsabilidade por seu testemunho, mesmo que ele não corresponda à verdade. Além disso, seu depoimento, quanto ao fato, não poderia ser explorado contraditoriamente, pois ela não é fonte originária dos fatos.

De acordo com a *forma de percepção* dos fatos, as testemunhas podem ser visuais ou auditivas. As testemunhas visuais são aquelas que prestam depoimento sobre o que viram. Já as testemunhas auditivas prestam testemunho sobre o que ouviram, isto é, foi captado pela audição.

Quanto ao *objeto*, as testemunhas podem ser próprias e impróprias. Testemunha própria é aquela que depõe sobre o *thema probandum*, isto é, sobre o objeto do litígio. Já a testemunha imprópria é aquela que prestará depoimento sobre um ato do processo, por exemplo: a testemunha instrumentária do auto de prisão em flagrante, quando o acusado se recusa a assiná-lo ou não souber ler (CPP, art. 304, § 3º).

III. Das provas pré-constituídas e provas constituendas: diferenças quanto ao regime do contraditório

Uma importante classificação para a compreensão do regime jurídico da prova testemunhal é a distinção entre a natureza das fontes de prova, na medida em que implicam diferentes modalidades de produção dos meios de prova. As provas pré-constituídas dizem respeito a fontes de conhecimento preexistentes ao processo, enquanto as constituendas são constituídas e produzidas com atos do processo. As *provas constituendas* se formam no âmbito do processo, enquanto as provas pré-constituídas existem fora do processo, em procedimentos extraprocessuais.

As *provas constituendas*, como, por exemplo, aquelas decorrentes de fontes de provas pessoais (p. ex.: partes e testemunhas), têm sua produção no curso do próprio processo, exigindo a realização de atividades processuais das partes e do juiz, bem como demandando tempo para sua produção em contraditório. Já as *provas pré-constituídas*, como os documentos, são simplesmente juntadas aos autos do processo, já tendo sido criadas previamente e extra-autos. Justamente por isso, o juízo de admissibilidade e o procedimento de produção de tais provas são diversos.

Aliás, nesse ponto, o próprio ordenamento jurídico diferencia o regime legal de admissão da prova documental dos demais meios de prova. Justamente por se tratar de prova pré-constituída, é desnecessário um prévio juízo de admissibilidade, não havendo necessidade sequer de se perquirir sobre a relevância do documento. A prova documental é diretamente produzida, isto é, juntada aos autos na própria petição na qual, impropriamente, "se requer a juntada" de algo que já se está juntado aos autos. No máximo, há um juízo *a posteriori*, em razão de alegações de inadmissibilidade da prova documental, mas por critérios jurídicos de exclusão, como, por exemplo, tratar-se de uma carta obtida por meios ilícitos.

Quanto ao momento de produção da prova documental, embora se exija que a parte instrua a petição inicial e a contestação "com os documentos destinados a provar-lhes as alegações" (CPC, art. 344, *caput*), no regime anterior a interpretação era bastante restritiva sobre o que eram esses documentos imprescindíveis. Por outro lado, gozou de interpretação larga o conceito de "documento novo" que pode ser juntado a qualquer tempo (CPC, art. 345, *caput*). A mesma liberdade, porém, não existe para a produção da prova decorrente de fonte pessoal, sujeita a limites legais de admissibilidade e produção bem mais rígidos. Há restrição legal quanto ao momento de requerimento da prova oral, o número de testemunhas e o rito para a produção da prova testemunhal.

Quanto a este último aspecto, oralidade da produção do depoimento, em contraditório de parte, na presença do juiz, configura um denominador mínimo de *forma oral* e de controle dialético, que não pode ser substituído por uma equivalente *forma de depoimento escrito*, realizado fora do contraditório.

Mas a regra de que a prova deve se formar em contraditório vale somente *no processo*, ou seja, para as *provas constituendas*, que propriamente são criadas no processo; já para as outras provas, isto é, as *pré-constituídas*, o importante é que seja garantido o contraditório, não para a formação da prova, mas para a sua valoração. Neste caso, basta que as provas pré-constituídas sejam submetidas ao contraditório, antes da decisão judicial.

IV. Direito à prova e as regras de admissibilidade da prova

Um princípio epistêmico, um tanto quanto óbvio, é que, quando se busca acertar a veracidade de um enunciado fático, deve se poder utilizar todas as informações úteis para tal finalidade. Bentham já advertia que a prova é a base da justiça, e "excluir a prova é excluir a justiça"!

O direito à prova, porém, admite restrições legítimas, nos casos em que outros valores tutelados constitucionalmente devem prevalecer. Isto é, o "direito à prova" não implica o "direito à admissão de todas as provas" requeridas pelas partes.

Sendo o direito à prova assegurado constitucionalmente, ainda que de forma implícita, toda e qualquer restrição deve decorrer de hipóteses legais de inadmissibilidade probatória. Os limites quanto à admissibilidade da prova podem ter fundamentos extraprocessuais (*políticos*) ou processuais (*lógicos e epistemológicos*).

Os *limites lógicos* determinam as exclusões de provas impertinentes e irrelevantes ou, o que é o reverso da medalha, a regra geral é que toda prova relevante deve ser admitida. Já os *limites epistemológicos*, ou regras de exclusão por motivos intrínsecos, buscam previamente restringir o ingresso de elementos de provas que, embora relevantes e dotados de elevado potencial persuasivo, poderiam gerar uma inexata reconstrução histórica dos fatos. Hipótese sempre lembrada como limite epistemológico, embora não vigorante entre nós, é a *hearsay rule*, que veda a utilização do testemunho de ouvir dizer, por não possibilitar o exame cruzado da fonte de prova originária. Finalmente, os *limites políticos de admissibilidade da prova*, ou por razões de política extrínseca, justificam-se, como facilmente se percebe, pela necessidade de proteção de outros valores, mesmo que capazes de colocar em risco a "descoberta da verdade". Neste caso, o exemplo clássico é o da vedação das provas obtidas por meios ilícitos, em especial no caso de violação de liberdades públicas, como as provas obtidas mediante tortura, interceptação telefônica ilegal, violação do domicílio ou da correspondência. Tais provas, ainda que tenham por objeto fatos pertinentes, relevantes e sejam de elevado potencial cognitivo para a reconstrução dos fatos, não serão admissíveis.

Isso porque, embora a verdade seja algo relevante no processo, não se trata de um fim a ser buscado a qualquer custo ou qualquer preço. Não há que se adotar o "princípio de que os fins justificam os meios, para assim legitimar-se a procura da verdade através de qualquer fonte probatória".

V. Admissibilidade geral da prova testemunhal

A regra é a admissibilidade da prova testemunhal. Sua exceção, a inadmissibilidade nos casos em que há vedação legal. O Código, contudo, nesse dispositivo, não deixa de ser um resquício de um modelo que partia da premissa de uma maior credibilidade e confiabilidade objetiva dos documentos, representando uma positivação da máxima *lettres passent témoins*, limitando a possibilidade do ingresso da prova testemunhal no processo.

A existência de tais limites se funda na premissa de que, sendo possível a produção de uma prova com melhor idoneidade e potencial cognitivo, não se pode aceitar uma menos qualificada.

VI. Vedações legais à prova testemunhal

Sendo a regra a admissão da prova testemunhal, as hipóteses de sua inadmissão exigem expressa previsão legal, normalmente por impor a forma documental de demonstração de algum fato, como a prova da fiança (CC, art. 819), a prova do estado de casado (CC, art. 1.543), do distrato do contrato escrito (CC, art. 472), do contrato de seguro (CC, art. 758), etc.

Estas exceções à admissão da produção da prova testemunhal não têm nenhuma relação com a valoração concreta que o juiz já tenha exercido sobre o *thema probandum* ou sobre outros meios de prova. A análise deve ser feita em abstrato, apenas a partir do fato probatório que se pretende demonstrar. Trata-se de julgamento *a priori* sem qualquer necessidade de juízo de verossimilhança da alegação ou mesmo de grau de convencimento gerado sobre outros meios de prova já produzidos, como ocorre, por exemplo, na hipótese do inciso I do art. 443.

Art. 443 - O juiz indeferirá a inquirição de testemunhas sobre fatos:
I - já provados por documento ou confissão da parte;
II - que só por documento ou por exame pericial puderem ser provados.

I. Fatos já provados por documento ou confissão

A vedação da inquirição de testemunha sobre fato já provado por documento ou confissão da parte liga-se a uma ideia mais ampla de desnecessidade da prova.

O princípio de economia processual exige maior rigor na admissão de um meio de prova decorrente de fonte pessoal (depoimento pessoal ou inquirição de testemunhas) que na hipótese de uma fonte real, em especial a juntada de documentos. Neste último caso, tratando-se de prova pré-constituída, a atividade judicial para a sua produção e o tempo necessário para o procedimento probatório é baixíssimo. Em verdade a produção já se dá com o próprio requerimento, que já vem acompanhado do meio respectivo. E, mesmo no caso em que seja necessária, por exemplo, a expedição de ofício, a atividade será, praticamente toda ela, extraprocessual.

Logo, se um fato já estiver provado por documento, não se admitirá a prova testemunhal. A referência a "fatos já provados por documentos" do inciso I do art. 447 não se confunde com a do inciso II, relativa a fatos "que que só por documento [...] puderem ser provados".

O inciso I trata de restrição da prova documental nos contratos de forma livre. Isto é, embora não imposta a forma documental para um determinado negócio jurídico, se já houve a produção de prova documental capaz de comprovar o fato, não há que se admitir a prova testemunhal, que seria inútil para a solução do processo. Já no caso do inciso II do mesmo artigo, trata-se de situação de negócios jurídicos em que a forma escrita é exigida *ad substantiam vel probationem*. Aqui, a vedação não se dá em razão da inutilidade da prova, por superfluidade, mas em inutilidade da prova, por sua inadequação.

Voltando a hipótese do inciso I, também não se admitirá a prova testemunhal que tenha por objeto fatos já confessados por uma das partes. No caso da confissão, o fato, ou melhor, a alegação sobre o fato, nem sequer será objeto da prova, posto que o art. 374, inciso II, do CPC estabelece que não dependem de prova os fatos incontroversos.

II. Prova supérflua ou inútil

A vedação de provas sobre fatos já comprovados por documentos ou confessados por uma das partes liga-se à noção de prova supérflua. É dever das partes não produzir provas inúteis ou desnecessárias (CPC, art. 77, *caput*, inciso III).

A prova supérflua, assim como a prova irrelevante, é uma prova inútil. A não produção de prova manifestamente supérflua tem por finalidade tutelar o princípio de economia processual, na medida em que tais provas levariam a um resultado cognoscitivo já produzido, ou que poderia ser obtido por meio diverso. Nesse caso, a elaboração da prova teria custos consideráveis e não serviria para nada além de produzir uma prova cujo conteúdo já foi amplamente constatado por outros meios de prova já produzidos. Não se trata de um critério originário de inadmissão da prova, mas de fator que operara já no curso da instrução, depois de haver atividade probatória já realizada.

Por outro lado, a inadmissibilidade da prova supérflua é um critério subsidiário, que só deve ser considerado depois de um juízo positivo de pertinência e relevância sobre o próprio meio de prova que se reputa supérfluo. Ou seja, a superfluidade pode levar à exclusão de um meio de prova, ainda que seja pertinente.

Em suma, a prova supérflua não se confunde com a prova irrelevante *lato sensu*, embora ambas sejam provas inúteis. A prova supérflua é aquela que tem o mesmo objeto de outra prova já produzida no processo. A prova irrelevante é a que tem por objeto fatos que não integram o fato jurídico ou fato principal que constitui a *regiudicanda*. No primeiro caso a relação é de objeto da prova com objeto da prova, no segundo, de objeto da prova com objeto do processo.

III. Fatos que somente podem ser provados por documentos

A prova testemunhal não será admissível nos casos em que somente por documento ou exame pericial se puder comprovar um fato. Nos casos em que se imponha a elaboração por escrito a um determinado negócio jurídico, a inobservância da forma prescrita em lei implicará a nulidade do ato (CC, art. 166, inciso IV). Logo, o problema não é processual, mas de direito material. A questão não é probatória, de correta reconstrução dos fatos que caracterizam a hipótese de incidência da norma, mas sim de hermenêutica, de verificação dos pressupostos de validade do ato jurídico. Por exemplo, ainda que se pretenda utilizar a prova testemunhal para demonstrar a compra e venda de um imóvel, no máximo seria demonstrada a veracidade de uma situação fática que gerou um negócio jurídico nulo.

IV. Fatos que somente podem ser provados por exames periciais

A prova testemunhal não será admissível nos casos em que somente por documento ou exame pericial se puder comprovar um fato.

Diferentemente da prova documental, que em muitos casos o direito material impõe a forma escrita para certos negócios jurídicos, não há regras que imponham a perícia como comprobatória de certos atos da vida civil. Todavia, há restrições probatórias, baseadas também em uma desconfiança com a prova testemunhal, que exigem a prova pericial para a demonstração de certos fatos.

V. Julgados

Reconhecendo a impossibilidade da prova testemunhal para demonstrar fato provado por documento

"Transferência de quotas sociais, mediante preço indexado à variação do IGP-M.

Indexador mantido em confissão de dívida subsequente ao inadimplemento, bem assim em termo aditivo. Requerimento de produção de prova testemunhal no sentido de que as partes convencionaram a indexação em dólares americanos. Indeferimento, justificado, sem qualquer cerceamento de defesa. Contexto em que a prova testemunhal não poderia se sobrepor à prova documental" (STJ, 3ª T., REsp nº 198.497/MS, Rel. Min. Ari Pargendler, j. em 28/9/1999, v.u.).

"O Tribunal a quo não pode, por um lado, indeferir a prova testemunhal requerida pelo Autor por considerar que os mesmos fatos também foram comprovados documentalmente e, contraditoriamente, julgar improcedente o pedido por ausência de comprovação. O art. 400 do CPC só autoriza que seja dispensada a prova testemunhal nas hipóteses em que os fatos estejam, efetivamente, comprovados por documentos (inciso I) ou nas hipóteses em que tal modalidade de prova seja inadequada, técnica ou juridicamente, porque o direito a ser comprovado demanda conhecimentos especializados, ou recai sobre negócio jurídico cuja forma escrita seja requisito essencial (inciso II)" (STJ, 3ª T., REsp nº 798.079/MS, Rel. Min. Nancy Andrighi, j. em 7/10/2008, v.u.).

Reconhecendo que indeferimento de prova testemunhal não cerceia a defesa

"Processual Civil. Agravo Regimental no Agravo em Recurso Especial. Ação Civil Pública. Dano ao Erário. Revaloração da prova para redução da Pena. Possibilidade. Indeferimento de prova testemunhal. Aplicação do art. 400, I, do CPC. Ausência de cerceamento de defesa. Reexame de matéria fático-probatória. Súmula 7/STJ. 1. Não há cerceamento de defesa quando o juízo, analisando os documentos carreados aos autos, conclui pela inutilidade de produção de prova testemunhal (art. 400, I, do CPC)" (STJ, 1ª T., AgRg no AREsp nº 117668/SP, Rel. Min. Benedito Gonçalves, j. em 7/8/2012, v.u.).

Art. 444 - Nos casos em que a lei exigir prova escrita da obrigação, é admissível a prova testemunhal quando houver começo de prova por escrito, emanado da parte contra a qual se pretendia produzir a prova.

I. Antecedente legislativo

Não mais subsiste no CPC/2015 a generalizada vedação de prova exclusivamente testemunhal para os contratos acima de dez salários mínimos. Além disso, o art. 1.072, inciso II, do CPC revogou expressamente o art. 227 do CC, que continha vedação equivalente da prova testemunhal.

II. Limite legal à prova testemunhal

Hipótese de limite legal à prova testemunhal, exigindo corroboração de prova escrita, é a regra do art. 55, § 3º, da Lei nº 8.213/1991, sobre a prova testemunhal para benefícios previdenciários: "A comprovação do tempo de serviço para os efeitos desta Lei, inclusive mediante justificação administrativa ou judicial, conforme o disposto no art. 108, só produzirá efeito quando baseada em início de prova material, não sendo admitida prova exclusivamente testemunhal, salvo na ocorrência de motivo de força maior ou caso fortuito, conforme disposto no Regulamento". No mesmo sentido, inclusive, é a Súmula nº 149 do STJ: "A prova exclusivamente testemunhal é insuficiente para comprovação da atividade rurícola para obtenção de benefícios previdenciários".

III. Conceito de "começo de prova por escrito"

A expressão "começo de prova por escrito" não está a indicar a exigência de um documento em sentido estrito. A clara desconfiança com a prova testemunhal parece indicar uma crença do legislador na maior fiabilidade das provas reais sobre as decorrentes de fontes pessoais.

Deve se dar à expressão "prova escrita", nesse contexto, um sentido amplo, de qualquer suporte material que contenha um registro de fato juridicamente relevante para o processo sobre o qual se pretenda a produção de prova testemunhal. Embora não falte quem diga que o "escrito" tem que ser um escrito privado em sentido técnico, tal conceito tem que ser relido com a evolução dos tempos e novas formas de registros dos fatos. Assim, essa "prova por escrito" poderá ser um DVD que contenha um arquivo de áudio e vídeo que comprove a celebração de um contrato. Poderá ser, também, por óbvio, um "documento eletrônico" que, do ponto de vista do suporte material e da forma de registro, nada tem de "prova escrita".

Do ponto de vista do resultado probatório, esse "começo de prova escrita" deve fornecer um mínimo lastro probatório decorrente de fontes reais, para se admitir a prova testemunhal. Ou seja, deve-se poder extrair de tal elemento a probabilidade de que o fato que se pretende provar por testemunhas – ou melhor corroborar o que já se tem um início de prova escrita – é verdadeiro. Deve haver, portanto, um nexo lógico entre o conteúdo "escrito" e o conteúdo do fato que se pretende comprovar com a prova testemunhal. Não é necessário que entre ambos haja uma relação de identidade ou mesmo de implicação necessária, sendo suficiente que do conteúdo de um se possa inferir logicamente a veracidade do conteúdo do outro, para que a prova testemunhal seja admissível.

Por fim, tem se exigido que esse "começo de prova escrita" emane da parte contrária, contra quem se pretende utilizar tal prova, ou mesmo de quem a represente, não sendo válida a prova escrita originária, direta ou indiretamente, de terceira pessoa.

IV. Julgados

Reconhecendo que o documento emanado da parte contrária é começo de prova escrita

"É admissível a prova testemunhal, qualquer que seja o valor do contrato, quando houver começo de prova escrita, reputando-se tal o documento emanado da parte contra quem se pretende utilizá-lo como prova (art. 402, I, CPC)" (STJ, 4ª T., AgRg no AREsp nº 522.481/MS, Rel. Min. Luiz Felipe Salomão, j. em 9/6/2015, v.u.).

Reconhecendo a possibilidade da prova exclusivamente testemunhal para demonstrar as obrigações e efeitos dos contratos

"Em interpretação edificante e evolutiva do art. 401 do CPC, este Tribunal tem entendido que só não se permite a prova exclusivamente por depoimentos no que concerne à existência do contrato em si, não encontrando óbice legal, inclusive para evitar o enriquecimento sem causa, a demonstração, por testemunhas, dos fatos que envolveram os litigantes, bem como das obrigações e dos efeitos decorrentes desses fatos" (STJ, 4ª T., AgRg no AREsp nº 315.136/MG, Rel. Min. Marco Buzzi, j. em 6/11/2014, v.u.).

"No tocante ao artigo 401 do CPC, o Acórdão recorrido encontra-se em harmonia com o entendimento do Superior Tribunal de Justiça no sentido de que 'é admitida a prova exclusivamente testemunhal para comprovar os efeitos decorrentes do contrato firmado entre as partes, devendo tal prova, no caso ora em análise, ser considerada para a demonstração do cumprimento das obrigações contratuais'" (STJ, 3ª T., AgRg no AREsp nº 400.662/RS, Rel. Min. Sidnei Beneti, j. em 25/2/2014, v.u.).

Art. 445 - Também se admite a prova testemunhal quando o credor não pode ou não podia, moral ou materialmente, obter a prova escrita da obrigação, em casos como o de parentesco, de depósito necessário ou de hospedagem em hotel ou em razão das práticas comerciais do local onde contraída a obrigação.

I. A impossibilidade moral e material

O art. 445 prevê hipótese em que se afasta a restrição à produção de prova exclusivamente testemunhal, admitindo-a, ainda que seja o único meio de prova. Trata-se de mais uma exceção, em que se admite a prova testemunhal, mesmo que haja restrição legal à admissibilidade de tal prova, porque se trata de negócios jurídicos ou situações em que, segundo a valoração do juiz, não seria possível ao credor obter um documento escrito, ou não lhe seria razoável moralmente exigir tal prova.

O conjunto de tais situações foi deixado propositalmente aberto pelo legislador, que se vale de expressões amplas e elásticas, que deverão ser valoradas caso a caso, de acordo com aspectos objetivos e subjetivos relevantes.

Caberá à parte que requer a produção da prova testemunhal em tal caso o ônus de alegar e provar a situação de impossibilidade material ou moral de obtenção da prova escrita.

Trata-se de expressões abertas, seguidas de um rol meramente exemplificativo, no qual o legislador se vale da intepretação analógica. Cabe ao intérprete considerar situações semelhantes às do rol, embora não descritas explicitamente pelo legislador, desde que tenham características que impedissem o credor de obter documento, seja do ponto de vista moral (p. ex.: um católico que empresta dinheiro ao padre para uma obra da igreja) ou material.

II. Julgado

Reconhecendo a possibilidade da prova exclusivamente testemunhal para demonstrar contrato entre mãe e filho

"I - Os artigos 400 e 403 do Código de Processo Civil vedam a prova 'exclusivamente' testemunhal para comprovação do pagamento quando o valor exceder o décuplo do salário mínimo; *mutatis mutandis*, havendo início de prova documental, perfeitamente cabível seu complemento por meio de testemunhas. II - Hipótese que, além de se amoldar à previsão acima, também se inclui na exceção do artigo 402, inciso II, do referido Estatuto, onde é admitida a prova exclusivamente testemunhal, porquanto as partes envolvidas no negócio são parentes (mãe e filho)" (STJ, 3ª T., REsp nº 651315/MT, Rel. Min. Castro Filho, j. em 9/8/2005, v.u).

Art. 446 - É lícito à parte provar com testemunhas:
I - nos contratos simulados, a divergência entre a vontade real e a vontade declarada;
II - nos contratos em geral, os vícios de consentimento.

I. Exceção a vedação da prova testemunhal

O art. 446 deve ser interpretado no contexto de um regime que, admitindo a prova testemunhal como regra, também traga exceções que vedem a utilização de tal prova.

Se a regra geral é a admissão da prova testemunhal, salvo as vedações previstas em lei, a teor do art. 442, uma leitura isolada do art. 446 indicaria tratar-se de uma norma desnecessária. Se em regra admite-se a prova testemunhal, por que explicitar a admissibilidade da prova testemunhal para provar simulação e vícios de consentimento?

O art. 446 trata da exceção à exceção. Ou seja, nos casos de exceção, em que não se admite a prova testemunhal (p. ex.: contrato de fiança), ainda assim o depoimento será admissível para demonstrar a simulação e os vícios de consentimento.

II. Hipóteses de cabimento da prova testemunhal

No caso de demandas em que se controverta sobre a simulação na celebração de contratos, ou a ocorrência de vícios de consentimento em geral, aptos de tornar nulos, será admissível a prova testemunhal, ainda que haja vedação de prova testemunhal em relação ao contrato ou negócio jurídico em si.

Por exemplo, é possível demonstrar a simulação no contrato de seguro, mesmo que este deva ser celebrado por escrito (CC, art. 758). Também se admite a prova testemunhal para demonstrar que a fiança foi dada mediante coação, embora o art. 819 do CC exija que o contrato de fiança seja celebrado por escrito.

Art. 447 - Podem depor como testemunhas todas as pessoas, exceto as incapazes, impedidas ou suspeitas:
§ 1º - São incapazes:
I - o interdito por enfermidade ou deficiência mental;

II - o que, acometido por enfermidade ou retardamento mental, ao tempo em que ocorreram os fatos, não podia discerni-los, ou, ao tempo em que deve depor, não está habilitado a transmitir as percepções;
III - o que tiver menos de 16 (dezesseis) anos;
IV - o cego e o surdo, quando a ciência do fato depender dos sentidos que lhes faltam.
§ 2º - São impedidos:
I - o cônjuge, o companheiro, o ascendente e o descendente em qualquer grau e o colateral, até o terceiro grau, de alguma das partes, por consanguinidade ou afinidade, salvo se o exigir o interesse público ou, tratando-se de causa relativa ao estado da pessoa, não se puder obter de outro modo a prova que o juiz repute necessária ao julgamento do mérito;
II - o que é parte na causa;
III - o que intervém em nome de uma parte, como o tutor, o representante legal da pessoa jurídica, o juiz, o advogado e outros que assistam ou tenham assistido as partes.
§ 3º - São suspeitos:
I - o inimigo da parte ou o seu amigo íntimo;
II - o que tiver interesse no litígio.
§ 4º - Sendo necessário, pode o juiz admitir o depoimento das testemunhas menores, impedidas ou suspeitas.
§ 5º - Os depoimentos referidos no § 4º serão prestados independentemente de compromisso, e o juiz lhes atribuirá o valor que possam merecer.

I. Antecedente legislativo

O CPC/2015 traz duas importantes e acertadas exclusões do rol dos sujeitos suspeitos para depor: os condenados por falso testemunho, de um lado, e as pessoas "indignas de fé", de outro.

Não se reproduziu a suspeição *a priori* do inciso I do § 3º do art. 405 do CPC/1973, que vedava o depoimento do "condenado por crime de falso testemunho, havendo transitado em julgado a sentença". Evidente que o fato de uma pessoa já ter sido condenada por falso testemunho é relevante do ponto de vista da valoração do seu testemunho. Até mesmo porque, no depoimento, são valorados não somente o *dictum* pela testemunha, mas a *fides* de quem presta seu depoimento.

Todavia, era exagerada a vedação geral do testemunho do condenado por falso testemunho, o que implicaria considerar que quem mente uma vez mente sempre, o que não é correto.

Merecedora de ainda maiores aplausos foi a exclusão da vedação do testemunho de quem, "por seus costumes, não for digno de fé". Inegavelmente os costumes são distintos no tempo e no espaço. Segundos os "bons costumes" de outrora já se consideraram "indignos de fé" a "meretriz e os que as exploram, o ébrio habitual e o jogador profissional". Mais remotamente, o Direito Canônico já considerou suspeitos infiéis, heréticos, excomungados, e se negou capacidade até mesmo às mulheres. Inegavelmente os costumes são distintos no tempo e no espaço. O que se elencava como caracterizador de pessoas indignas de fé era um desfilar anacrônico e preconceituoso de generalizações e pretenso senso comum, que muitas vezes nem sequer correspondiam ao que geralmente acontece. Nenhuma dessas situações justifica atualmente um temor ou um risco tamanho de falsear a verdade, que justifique, *a priori*, a exclusão da testemunha, não se lhe admitindo o depoimento. Melhor, portanto, admiti-lo, deixando ao julgador a valoração do mesmo, que envolverá não só o que foi dito, mas também as qualidades e defeitos da testemunha.

II. Dever de depor, proibição de depor e dispensa de depor

Em regra, toda pessoa tem o dever de depor pode servir como testemunha. É o que se extrai, *a contrario sensu*, dos arts. 448 e 447, respectivamente. Não se pode fazer qualquer distinção em razão de sexo, nacionalidade, condição social ou econômica, fama ou reputação. A regra é a capacidade para depor.

Há, contudo, pessoas que são *incapazes* para depor (art. 447, § 1º), outras que são *impedidas* de depor (art. 447, § 1º) e aquelas que são *suspeitas* (art. 447, § 3º). Além disso, existem sujeitos que estão *dispensados* do dever de depor (art. 448, incisos I e II).

III. Incapacidade do menor de 16 anos

Não há como negar que, em regra, o depoimento dos menores exige cuidados. A criança, por natureza, é uma pessoa imatura psicologicamente, dotada de forte poder de imaginação e grande sugestionabilidade. Além disso, não tem maturidade moral suficiente para compreender a relevância ou a importância de dizer a verdade e o prejuízo que a mentira pode causar para a busca da verdade. Por tudo isto, o testemunho infantil deve ser visto com reserva, o que não significa que seja inadmissível. O Código, contudo, mantendo a tradição, preferiu considerá-la impedida de depor, embora trate-se de incapacidade relativa, como deixa claro o § 4º do art. 447.

Considerando que o dispositivo trata da incapacidade para "depor como testemunha", evidente que tal norma se refere à produção do meio de prova em juízo, isto é, depor como testemunha. Logo, não importa a data que a pessoa tinha quando testemunhou o fato, captando-o com seus sentidos e registrando em sua memória, mas sim o momento em que irá prestar seu depoimento em juízo.

IV. Incapacidade do cego e do surdo

Não há uma exclusão absoluta do depoimento dos cegos e dos surdos. A sua incapacidade somente ocorre nos casos em que "ciência do fato depender dos sentidos que lhes faltam". A razão da incapacidade para o depoimento é óbvia, sendo materialmente impossível ao cego captar fatos que dependam da visão, bem como ao surdo conhecer fatos que dependam da audição. São, pois, incapazes de depor sobre fatos que estão fisicamente inibidos de conhecer.

Evidente que o cego pode depor sobre algo que tenha ouvido, bem como o surdo pode depor sobre algo que tenha visto, não havendo qualquer incapacidade para tanto.

V. Impedimento por parentesco

O bem querer recíproco que, normalmente, há entre os parentes justifica a exclusão, que, contudo, não é absoluta. O legislador parte da premissa de que os parentes seriam capazes dos maiores sacrifícios para proteger os membros de sua família, colocando em risco, até mesmo, seu dever de dizer a verdade.

O impedimento para testemunhar por parentesco com as partes aplica-se ao cônjuge, incluindo o companheiro, o ascendente e o descendente, em qualquer grau, bem como o colateral, até o terceiro grau, de qualquer das partes. Isso quer no caso de parentesco consanguíneo ou por afinidade.

Para o cômputo dos graus de parentesco, aplica-se a regra do art. 1.594 do CC: na linha reta (ascendente e descendente), os graus são contados pelo número de gerações; na linha colateral, também pelo número de gerações, mas subindo de um dos parentes, até o ascendente comum, e depois descendo até o outro parente.

Embora a lei somente se refira ao parentesco consanguíneo ou por afinidade, entendemos que o mesmo se aplica ao parentesco civil, decorrente de adoção. As razões que levam o legislador a tornar suspeito o parente consanguíneo ou por afinidade não se distingue das do parentesco civil. O bem querer que no primeiro coloca em risco o dever de dizer a verdade também existe no segundo caso.

A mesma impossibilidade do cônjuge e do companheiro vale em relação a união homoafetiva entre a parte e a testemunha. O mesmo amor que une pessoas do sexo oposto une as do mesmo sexo e, se no primeiro caso, torna uma impedida de depor na causa em que a outra é parte, igual impedimento existe no segundo. Poderá haver maior dificuldade probatória, nos casos em que não haja um documento formal, como a certidão de casamento, a demonstrar tais relações, mas, uma vez comprovada por qualquer meio tal situação, é de se reconhecer o impedimento.

O impedimento, contudo, não é absoluto. Não estarão impedidos de depor os parentes das partes, quando o exigir "o interesse público" ou, "tratando-se de causa relativa ao estado da pessoa", a prova não puder ser feita por outra pessoa.

O "estado da pessoa" é o seu modo particular de existir. Pode ser físico, de família e político. O estado físico é o modo de ser da pessoa em relação à integridade mental (sãos de espírito e alienados), à idade (menores e maiores), ao sexo (homem e mulher). O estado de família distingue as pessoas em: casadas, solteiras, parentes e afins. O estado político transcende a ordem privada. É o direito constitucional que determina quem é cidadão e quem é estrangeiro.

VI. Impedimento das partes

As partes estão impedidas de atuar como testemunhas em causa própria. A razão do princípio *nullus idoneus testis in re sua intelligitur* é elementar: o interesse na própria causa. Ninguém pode ser parte e testemunha ao mesmo tempo. A testemunha é, por definição, pessoa estranha ao feito, havendo insuperável incompatibilidade entre as partes no processo e a função de testemunhar.

Isso, contudo, não significa que seus conhecimentos sobre os fatos objeto do processo não serão levados em conta para a correta reconstrução história dos fatos. As partes, assim como as testemunhas, são fontes de provas, mas não deporão na qualidade de testemunha, e sim prestarão seu depoimento.

Se houver litisconsorte, não pode depor como testemunha de uma das partes aquele que consigo ocupa o mesmo polo do processo.

O assistente da parte também não poderá depor, justamente por ter interesse jurídico na vitória do assistido.

VII. Impedimento dos representantes das partes

Também é impedido de depor como testemunha quem intervém em nome de uma parte, como o tutor e o representante legal da pessoa jurídica.

No caso do mandatário *ad negotia*, se ele representa o mandante no feito, há impedimento para depor como testemunha; se não representa, não haverá incompatibilidade, embora não se possa deixar de considerar que algum interesse poderá ter no feito.

VIII. Impedimento do juiz

O juiz é o destinatário da prova. Evidente que nessa condição ele não poderá ser fonte de prova, no caso, testemunha. Ao juiz cabe valorar a prova que lhe é apresentada. Se o juiz presenciou o fato, e atuar como testemunha, está impedido de atuar na causa, sendo hipótese de suspeição (CPC, art. 144, *caput*, inciso I). Juiz é sujeito processual imparcial e testemunha é fonte de prova. A incompatibilidade é insuperável.

IX. Impedimento do advogado

O advogado e outros que assistam ou tenham assistido as partes estão impedidos de depor. O advogado, inclusive, tem o dever de sigilo profissional que já o dispensaria do dever de depor (art. 448, inciso II), mas o art. 447 foi além, considerando sua função incompatível com a de testemunha, impedindo-o de depor.

O impedimento aplica-se a quem é advogado da parte no próprio processo em que se poderia pretender que fosse chamado a depor, mas também a quem já foi advogado da parte, em outros processos, mesmo que já findos, como se extrai da expressão "tenham assistido".

X. Suspeição do inimigo

O inimigo da parte é testemunha suspeita, pois há evidente interesse em prejudicá-la. Não mais exige a lei que se trate de inimizade *capital*. Isso não significa, contudo, que basta a mera malquerença ou animosidade para tornar o testemunho suspeito. A origem da exigência de que a inimizade fosse *capital*, isto é, ao ponto de desejar a morte do outro, vinha das Ordenações do Reino, cuja definição exigia que se tivesse praticado algum crime contra o outro, ou o houvesse "aleijado ou malferido". Evidente que não é necessário chegar a tanto, mas a inimizade, para gerar a suspeição da testemunha, deve ser aquela que traduz ódio, rancor ou desejo de vingança.

XI. Suspeição do amigo íntimo

A amizade íntima também é motivo de suspeição, pelo manifesto interesse na solução do litígio. Não basta, porém, a mera amizade decorrente das normais relações sociais ou uma simples frequência a um mesmo ambiente de trabalho ou clubes e associações. Amizade íntima é aquela que uma pessoa nutre pela outra como se fosse um parente próximo, é a amizade fraternal, capaz de levar um amigo a todos os sacrifícios pelo outro. Também são indicativos da suspeição por amizade: o trabalho em comum ou a anterior existência de sociedade em negócios, a extrema familiaridade, a frequência assídua na residência do amigo ou a relação de compadrio.

XII. Necessidade do depoimento de testemunhas incapazes, impedidas e suspeitas

Excepcionalmente, pode ser necessário admitir o depoimento de testemunhas suspeitas, impedidas ou incapazes. O § 4º do art. 447 admite o depoimento dos menores (incapazes) e das testemunhas impedidas (art. 447, § 2º) e suspeitas (art. 447, § 3º). De se observar que, enquanto em relação aos incapazes a regra admite somente o depoimento dos menores de 16 anos, para os impedidos e suspeitos, a admissão do depoimento, no caso de necessidade, é ampla, para qualquer impedido ou suspeito. O legislador não admite, em caráter absoluto, o depoimento do interdito, do enfermo ou retardado mental (incisos I, II e IV do § 1º do art. 447).

O legislador não definiu quais serão as hipóteses de "necessidade" do depoimento dos incapazes, impedidos ou suspeitos, cabendo ao juiz, no caso concreto, analisar e justificar a necessidade de tal depoimento. Por exemplo, quando se trata de fatos que ocorram no ambiente doméstico, sua prova poderá ser viável apenas com o depoimento de parentes que coabitam com uma das partes. Ou no caso de um evento sucedido em uma creche, com depoimento de menores.

Por outro lado, embora não haja uma vedação de tais depoimentos, bem como não haja uma predeterminação abstrata dos valores da prova testemunhal, de acordo com as características ou condições do depoente, é evidente que tais depoimentos devem ser analisados com muito mais cuidado, sendo seu valor tendencialmente menor que o das testemunhas em geral. É nesse sentido que o § 5º prevê que tais depoimentos serão prestados sem que se tome o compromisso de a testemunha dizer a verdade "e o juiz lhes atribuirá o valor que possam merecer".

Art. 448 - A testemunha não é obrigada a depor sobre fato:
I - que lhe acarrete grave dano, bem como ao seu cônjuge ou companheiro e aos seus parentes consanguíneos ou afins, em linha reta ou colateral, até o terceiro grau;
II - a cujo respeito, por estado ou profissão, deva guardar sigilo.

I. Fatos que acarretem grave dano

A testemunha fica dispensada de depor no caso em que o depoimento, com o dever de dizer a verdade, possa lhe causar dano grave. Foi mantida a expressão aberta "grave dano", como hipótese de dispensa do dever de depor. A testemunha também não é obrigada a depor sobre fato que possa causar grave dano "aos seus parentes consanguíneos ou afins, em linha reta ou colateral, até o terceiro grau".

Sem definir o que é esse grave dano nem restringindo a espécie de dano, é de se admitir o dano moral e o dano material. Todavia, os pequenos e médios danos não são suficientes para afastar o dever de depor. Somente os danos de maior monta são aptos a pôr em risco, ao ver do legislador, o dever de dizer a verdade imposto à testemunha, colocando-a em situações que até mesmo poderiam levar a uma exclusão de culpabilidade pelo crime de falso testemunho, em razão da inexigibilidade de conduta diversa.

O art. 77, inciso I, impõe às testemunhas o dever de dizer a verdade. Tal dever, contudo, não é absoluto, sendo excepcionado no art. 448. O inciso I do artigo em comento traz regra inspirada no princípio *nemo tenetur se detegere*, segundo o qual ninguém é obrigado a produzir prova contra si. No caso, a previsão é até mais ampla, desobrigando qualquer pessoa de produzir prova contra si ou seu parente enunciado no artigo.

Embora a lei somente se refira a parentes "consanguíneos ou afins", as mesmas razões de respeito ao sentimento familiar que afastam o dever de depor da testemunha em relação aos parentes justificam a extensão da dispensa no caso de parentesco decorrente de adoção. A relação de parentesco considerada não é a do momento do crime, mas sim a existente por ocasião do depoimento, pois é neste momento que a necessidade de preservação dos laços familiares deve ser observada.

Em tais hipóteses, o legislador previamente realiza o seu juízo de valores e estabelece limites antiepistêmicos, afastando a obrigatoriedade do depoimento, por considerar que há valores em conflito, que, no caso concreto, são merecedores de maior tutela que uma busca desenfreada e ilimitada pela verdade.

II. Fatos protegidos pelo sigilo profissional

O inciso II do art. 448 afasta o dever de depor nos casos de fatos protegidos pelo sigilo profissional. Isto é, ao lado do dever de veracidade, há também o dever de guardar sigilo profissional. Assim, por uma escolha abstrata do legislador, este deve prevalecer sobre aquele e os fatos de que a testemunha tomou conhecimento em razão de seu estado ou profissão não deverão ser revelados em juízo.

Assim, por exemplo, o médico não é obrigado a depor sobre as doenças de seus pacientes; o sacerdote, sobre o que soube em segredo de confessionário; ou o advogado, sobre os segredos revelados na relação cliente-advogado.

De se ver, contudo, que não se trata de pessoas proibidas de depor. Neste caso, a vedação da proibição poderia caracterizar prova ilícita e, como tal, não passível de ser valorada. Há, apenas, a dispensa do dever de depor. Todavia, no caso do sigilo profissional, testemunha dispensada do dever de depor poderá prestar o seu depoimento, se a parte interessada no segredo (por exemplo, o paciente) desobrigá-la (por exemplo, o médico). Mesmo assim, o detentor do segredo somente prestará seu depoimento se assim quiser, podendo preferir não depor.

Por outro lado, nos casos em que a lei imponha um dever de sigilo profissional, e não houver a dispensa do titular do segredo, se o profissional depuser mesmo assim, tal ato poderá caracterizará crime de violação de segredo profissional (CP, art. 154). Uma vez desobrigado do segredo, a testemunha terá a faculdade de depor, não podendo o juiz lhe impor o testemunho.

III. O sigilo do advogado

O sigilo do advogado, em certo sentido, mostra-se mais intenso que outros sigilos profissionais. Isso porque a própria lei impõe o sigilo e, por conseguinte, a proibição (e não mera dispensa) do depoimento, mesmo que o causídico seja desobrigado por seu cliente. O Código de Ética e Disciplina da OAB, em seu art. 26, estabelece que "o advogado deve guardar sigilo, mesmo em depoimento judicial, sobre o que saiba em razão de seu ofício, cabendo-lhe recusar-se a depor como testemunha, [...] mesmo que autorizado ou solicitado pelo constituinte". Neste caso, o depoimento do advogado, mesmo que dispensado do sigilo por seu cliente, caracterizará prova ilícita.

IV. Outras vedações

Os diplomatas também podem se recusar a depor fora de seus respectivos países. O art. 31, § 2º, da Convenção de Viena sobre Relações Diplomáticas prevê que: "O agente diplomático não é obrigado a prestar depoimento como testemunha".

Art. 449 - Salvo disposição especial em contrário, as testemunhas devem ser ouvidas na sede do juízo.
Parágrafo único - Quando a parte ou a testemunha, por enfermidade ou por outro motivo relevante, estiver impossibilitada de comparecer, mas não de prestar depoimento, o juiz designará, conforme as circunstâncias, dia, hora e lugar para inquiri-la.

I. Local do depoimento

Em geral, a oitiva das testemunhas acontece na sede do juízo (CPC, art. 449, *caput*). Tal regra, contudo, não é absoluta. Excepcionalmente, as testemunhas que, por enfermidade, estejam impossibilitadas de comparecer ao fórum para depor poderão ser ouvidas em local diverso, especialmente designado pelo juiz para inquiri-las (por exemplo, na sua residência, no hospital, etc.). Além da enfermidade, outro motivo pode determinar a oitiva em lugar especial, como a situação de uma pessoa muito idosa.

Outra exceção é prevista no art. 454 do CPC, que confere a determinadas autoridades a prerrogativa de serem ouvidas em sua residência ou onde exercem a função (por exemplo, na casa do presidente da República ou no gabinete do senador).

A regra geral da oitiva na sede do juízo também é excepcionada pelo § 1º do art. 453, que incorpora a possibilidade de oitiva de testemunha por videoconferência ou recurso tecnológico similar.

Por outro lado, embora o novo art. 449 não preveja a regra geral de que as testemunhas serão ouvidas na audiência de instrução e julgamento, o mesmo regime se encontra no *caput* do art. 336 do CPC/2015.

Subseção II - Da Produção da Prova Testemunhal

Art. 450 - O rol de testemunhas conterá, sempre que possível, o nome, a profissão, o estado civil, a idade, o número de inscrição no Cadastro de Pessoas Físicas, o número de registro de identidade e o endereço completo da residência e do local de trabalho.

Autor: João Batista Lopes

I. Dados exigidos para o rol de testemunhas

Para que a testemunha seja inquirida pelo juiz, é indispensável que seu nome figure em rol depositado pela parte no prazo estabelecido no art. 357, § 4º. Referido prazo, que não pode ser superior a 15 dias, é fixado pelo juiz ao ensejo do saneamento do processo e tem caráter preclusivo (preclusão temporal). O depósito do rol em cartório, no prazo que for assinado, destina-se a permitir que a parte contrária tome conhecimento das testemunhas e possa oferecer contradita apontando alguma causa de suspeição, impedimento ou incapacidade.

É inquestionável, porém, a possibilidade de o juiz converter o julgamento em diligência para ouvir testemunhas não arroladas tempestivamente pelas partes.

O art. 407 do CPC/1973 dispunha simplesmente que o rol de testemunhas deveria indicar o nome, a profissão e a residência delas.

O CPC/2015 é minucioso a esse respeito acrescentando o *estado civil*, o número de inscrição no CPF, o número de registro de identidade e o endereço completo da residência e local de trabalho.

Tais dados são importantes para evitar problemas decorrentes da homonímia e também para facilitar a localização da testemunha. A ausência de um dos dados pessoais não justifica, porém, *per se*, a recusa do juiz em ouvir a testemunha.

Art. 451 - Depois de apresentado o rol de que tratam os §§ 4º e 5º do art. 357, a parte só pode substituir a testemunha:
I - que falecer;
II - que, por enfermidade, não estiver em condições de depor;
III - que, tendo mudado de residência ou de local de trabalho, não for encontrada.

I. Hipóteses em que é possível substituir a testemunha

Como já foi exposto, a parte tem o ônus de apresentar o rol de testemunhas no prazo fixado pelo juiz no saneamento do processo.

Pode ocorrer, porém, a impossibilidade de inquirição das testemunhas arroladas, seja por motivo de falecimento, enfermidade ou mudança de endereço, hipóteses em que se faculta sua substituição.

A hipótese de falecimento dispensa comentários. Já a enfermidade deve ser comprovada por atestado médico que não deixe dúvidas quanto à impossibilidade de prestar depoimento. Pode ocorrer, porém, que a enfermidade somente impeça a locomoção da testemunha, e não o depoimento, caso em que o juiz de deslocará à residência da testemunha, ao hospital ou casa de saúde em que ela estiver internada. A substituição da testemunha por mudança de residência ou de local de trabalho deverá ser precedida de diligência para tentativa de sua localização não sendo suficiente a simples afirmação da parte.

Art. 452 - Quando for arrolado como testemunha, o juiz da causa:
I - declarar-se-á impedido, se tiver conhecimento de fatos que possam influir na decisão, caso em que será vedado à parte que o incluiu no rol desistir de seu depoimento;
II - se nada souber, mandará excluir o seu nome.

I. Juiz arrolado como testemunha

O juiz é um dos sujeitos da relação jurídica processual (sujeito imparcial) e, à evidência, não pode acumular a função jurisdicional com a de prestar depoimento como testemunha.

O artigo contempla duas hipóteses: a) se o juiz tiver conhecimento dos fatos, terá o dever de declarar-se impedido e, assim, estará em condições de ser ouvido como testemunha; b) se nada souber a respeito dos fatos, limitar-se-á a mandar excluir seu nome do rol apresentado.

Na primeira hipótese, não é dado à parte desistir do depoimento do juiz.

Art. 453 - As testemunhas depõem, na audiência de instrução e julgamento, perante o juiz da causa, exceto:
I - as que prestam depoimento antecipadamente;
II - as que são inquiridas por carta.
§ 1º - A oitiva de testemunha que residir em comarca, seção ou subseção judiciária diversa daquela onde tramita o processo poderá ser realizada por meio de videoconferência ou outro recurso tecnológico de transmissão e recepção de sons e imagens em tempo real, o que poderá ocorrer, inclusive, durante a audiência de instrução e julgamento.
§ 2º - Os juízos deverão manter equipamento para a transmissão e recepção de sons e imagens a que se refere o § 1º.

I. Depoimento das testemunhas na audiência perante o juiz da causa

Assinale-se, de início, que "a audiência é o palco da oralidade" (LIEBMAN). Nela o juiz ouve as partes e as testemunhas mantendo contato direto com elas. Os depoimentos são prestados oralmente, não se admitindo, portanto, sua leitura. Assim, o juiz pode sentir o comportamento dos depoentes, suas evasivas ou outras reações que certamente contribuem para formar sua convicção. Cuida-se de dever imposto ao juiz da causa, que não pode ser delegado a servidores ou aos advogados.

II. Exceções à regra geral

Essa regra admite duas exceções: a) na produção antecipada de prova, que, em seu perfil atual, é uma ação autônoma, não há falar em audiência de instrução e julgamento, mas em simples colheita de depoimentos. Nessa hipótese, o juiz que atuar na antecipação da prova não ficará prevento para a causa; b) quando a testemunha residir fora da comarca, será expedida carta precatória ou de ordem e, se a residência for fora do país, carta rogatória.

Com o avanço da tecnologia, a lei admite a oitiva da testemunha "por meio de videoconferência ou outro recurso tecnológico de transmissão e recepção de sons e imagens em tempo real". Com essa redação, o legislador deixa aberta a porta para a utilização de outro meio que venha a ser criado ou descoberto pela tecnologia.

A inovação legislativa tem sido recebida com reservas por alguns sob o argumento de que o contato físico direto do juiz com as partes e as testemunhas é indispensável para que o princípio da oralidade, em sua configuração clássica, seja cumprido.

Contudo, não há como obstar a utilização de novas técnicas de captação de imagens e sons sobretudo nas grandes cidades, em que a mobilidade urbana é um grave problema.

Já a eficácia do § 2º pode ser posta em dúvida considerando que a maioria das comarcas brasileiras enfrenta dificuldades financeiras, como é público e notório.

De qualquer modo, o dispositivo serve de apoio para que o Judiciário reivindique recursos financeiros para a modernização de suas instalações e equipamentos.

Art. 454 - São inquiridos em sua residência ou onde exercem sua função:
I - o presidente e o vice-presidente da República;
II - os ministros de Estado;
III - os ministros do Supremo Tribunal Federal, os conselheiros do Conselho Nacional de Justiça e os ministros do Superior Tribunal de Justiça, do Superior Tribunal Militar, do Tribunal Superior Eleitoral, do Tribunal Superior do Trabalho e do Tribunal de Contas da União;
IV - o procurador-geral da República e os conselheiros do Conselho Nacional do Ministério Público;
V - o advogado-geral da União, o procurador-geral do Estado, o procurador-geral do Município, o defensor público-geral federal e o defensor público-geral do Estado;
VI - os senadores e os deputados federais;
VII - os governadores dos Estados e do Distrito Federal;
VIII - o prefeito;
IX - os deputados estaduais e distritais;
X - os desembargadores dos Tribunais de Justiça, dos Tribunais Regionais Federais, dos Tribunais Regionais do Trabalho e dos Tribunais Regionais Eleitorais e os conselheiros dos Tribunais de Contas dos Estados e do Distrito Federal;
XI - o procurador-geral de justiça;
XII - o embaixador de país que, por lei ou tratado, concede idêntica prerrogativa a agente diplomático do Brasil.
§ 1º - O juiz solicitará à autoridade que indique dia, hora e local a fim de ser inquirida, remetendo-lhe cópia da petição inicial ou da defesa oferecida pela parte que a arrolou como testemunha.
§ 2º - Passado 1 (um) mês sem manifestação da autoridade, o juiz designará dia, hora e local para o depoimento, preferencialmente na sede do juízo.
§ 3º - O juiz também designará dia, hora e local para o depoimento, quando a autoridade não comparecer injustificadamente, à sessão agendada para a colheita de seu testemunho no dia, hora e local por ela mesma indicados.

I. Testemunhas que são inquiridas em sua residência ou onde exercem sua função

A regra geral de que a testemunha deve prestar depoimento na sede do juízo é excepcionada neste artigo, que concede às autoridades indicadas a possibilidade de opção entre prestarem depoimento em sua residência ou onde exercem sua função. Não se cuida, à evidência, de *privilégio* concedido à pessoa física, mas de *prerrogativa,* em atenção à função pública que exercem.

O cotejo entre o artigo em análise e o art. 411 do CPC/1973 mostra claramente a extensão da prerrogativa a autoridades antes não incluídas, a saber: a) os conselheiros do Conselho Nacional de Justiça; b) os conselheiros do Conselho Nacional do Ministério Público; c) o advogado-geral da União; d) o procurador-geral do Estado; e) o procurador-geral do Município; f) o defensor público-geral Federal e o defensor público-geral do Estado; g) o prefeito; h) os deputados distritais; i) os desembargadores dos Tribunais Regionais Federais.

Tomando conhecimento de que uma dessas autoridades foi arrolada como testemunha, o juiz solicitará que ela indique dia, hora e local para a inquirição, enviando-lhe cópia da petição inicial ou da defesa (§ 1º). Se, decorrido um mês, não houver manifestação da autoridade, será designada nova data para colheita do depoimento, preferencialmente na sede do juízo (§ 2º). O mesmo procedimento será adotado quando a autoridade deixar de comparecer, injustificadamente, no dia, local e hora por ela mesma designados.

II. Consequência do não comparecimento da autoridade

Põe-se a questão de saber como deve o juiz proceder quando a autoridade deixar de comparecer à nova data designada pelo juiz para o depoimento.

Como é curial, ninguém pode furtar-se ao cumprimento do dever legal de colaborar com a Justiça, razão por que, na hipótese de omissão da autoridade, é de rigor a aplicação da regra geral da condução coercitiva da testemunha, a teor do art. 455, § 5º.

Art. 455 - Cabe ao advogado da parte informar ou intimar a testemunha por ele arrolada do dia, da hora e do local da audiência designada, dispensando-se a intimação do juízo.
§ 1º - A intimação deverá ser realizada por carta com aviso de recebimento, cumprindo ao advogado juntar aos autos, com antecedência de pelo menos 3 (três) dias da data da audiência, cópia da correspondência de intimação e do comprovante de recebimento.
§ 2º - A parte pode comprometer-se a levar a testemunha à audiência, independentemente da intimação de que trata o § 1º, presumindo-se, caso a testemunha não compareça, que a parte desistiu de sua inquirição.
§ 3º - A inércia na realização da intimação a que se refere o § 1º importa desistência da inquirição da testemunha.
§ 4º - A intimação será feita pela via judicial quando:
I - for frustrada a intimação prevista no § 1º deste artigo.
II - sua necessidade for devidamente demonstrada pela parte ao juiz;
III - figurar no rol de testemunhas servidor público ou militar, hipótese em que o juízo requisitará ao chefe da repartição ou ao comando do corpo em que servir;
IV - a testemunha houver sido arrolada pelo Ministério Público ou pela Defensoria Pública;
V - a testemunha for uma daquelas previstas no art. 454.
§ 5º - A testemunha que, intimada na forma do § 1º ou do § 4º, deixar de comparecer sem motivo justificado será conduzida e responderá pelas despesas do adiamento.

I. Intimação da testemunha pelo advogado

O preceito constitui inovação no sistema ao dispensar a intimação da testemunha pela via judicial, atribuindo esse encargo ao advogado. A *ratio legis* é reduzir a carga de trabalho confiada aos oficiais de justiça, que poderão ocupar-se de outros encargos mais difíceis (ex.: cumprimento de mandados de reintegração de posse, arresto, etc.)

O problema, porém, é que a intimação (ou informação) pela via postal, com aviso de recebimento, nem sempre surte o resultado esperado, já que, em muitas partes do país, esse serviço apresenta deficiências. Se é certo que o serviço postal vem sendo aprimorado ao longo dos anos, não menos exato é que ele ainda não atingiu a segurança exigida para a comprovação de atos processuais. Em razão disso, certamente serão muitos os problemas decorrentes da não devolução oportuna de sobredito comprovante, cabendo ao juiz considerar as circunstâncias de cada caso.

II. Juntada aos autos do A.R.

A lei exige que o advogado junte aos autos, "com antecedência de pelo menos 3 (três) dias da data da audiência, cópia da correspondência de intimação e do comprovante de recebimento". E a inércia na realização da intimação faz presumir a desistência da testemunha (§§ 1º e 3º).

Num ponto, porém, o legislador manteve o regime do CPC/1973: no que toca à possibilidade de a parte se comprometer a levar a testemunha para depor, presumindo-se a desistência na hipótese de ela não comparecer (§ 2º). Tem-se, pois, que, ao se comprometer a levar a testemunha para depor, a parte assume o risco decorrente do não comparecimento à audiência, ou seja, de não produzir a prova requerida.

Também não há inovação relativamente à necessidade de depósito prévio do rol de testemunhas, providência indispensável para que o adversário possa, na audiência, oferecer contradita.

III. Hipóteses em que a intimação deve ser feita por oficial de justiça

Há hipóteses, contudo, em que a intimação deverá ser feita pela via judicial. Assim, pode ocorrer a frustração da tentativa de intimação pelo correio. Também será exigida a intimação por oficial de justiça se a parte demonstrar a necessidade de utilização dessa via ou quando a testemunha for arrolada pelo Ministério Público ou pela Defensoria Pública ou, ainda, se se cuidar de uma das autoridades indicadas no art. 454, servidor público ou militar. Esclareça-se, porém, quanto às autoridades mencionadas no citado art. 454 que cumprirá ao juiz, previamente, solicitar a elas a designação de data, local e hora para a inquirição.

Art. 456 - O juiz inquirirá as testemunhas separada e sucessivamente, primeiro as do autor e depois as do réu, e providenciará para que uma não ouça o depoimento das outras.
Parágrafo único - O juiz poderá alterar a ordem estabelecida no caput se as partes concordarem.

I. Ordem de inquirição das testemunhas

O *caput* do artigo repete disposição do CPC/1973 (art. 413).

Esclareça-se, de início, que, em rigor técnico, não existem *testemunhas do autor,* nem *testemunhas do réu*, pois todas as testemunhas são do juízo e, portanto, terceiros imparciais. O texto legal deve ser entendido como testemunhas *arroladas* pelo autor e testemunhas *arroladas* pelo réu.

É natural que as testemunhas arroladas pelo autor sejam ouvidas em primeiro lugar, já que se impõe antes a apuração dos fatos por ele alegados para, depois, verificar-se a ocorrência dos articulados pelo réu. Por outro lado, essa ordem facilita a atuação do advogado do réu, que, ao formular perguntas, poderá valer-se do que foi declarado pelas testemunhas arroladas pelo autor, o que atende ao princípio do contraditório em seu perfil mais atual.

O parágrafo único permite, porém, a inversão dessa ordem, desde que haja concordância das partes.

II. Nulidade da inversão da ordem

Põe-se, porém, a questão: haverá nulidade se o juiz inverter essa ordem sem a anuência das partes?

A questão foi objeto de controvérsia na vigência do CPC/1973 e pode suscitar dúvida com o CPC/2015, considerando-se o disposto no art. 139, inciso VI, que permite ao juiz alterar a ordem de produção dos meios de prova.

Deve prevalecer, porém, a orientação no sentido de que, não havendo concordância das partes, a inversão poderá acarretar nulidade se for comprovado prejuízo para a parte.

Cumpre registrar que, na hipótese de não comparecimento de uma ou mais testemunhas arroladas pelo autor, é razoável que o juiz, atento ao princípio da celeridade processual, passe a tomar o depoimento das testemunhas arroladas pelo réu.

Art. 457 - Antes de depor, a testemunha será qualificada, declarará ou confirmará seus dados e informará se tem relações de parentesco com a parte ou interesse no objeto do processo.
§ 1º - É lícito à parte contraditar a testemunha, arguindo-lhe a incapacidade, o impedimento ou a suspeição, bem como, caso a testemunha negue os fatos que lhe são imputados, provar a contradita com documentos ou com testemunhas, até 3 (três), apresentadas no ato e inquiridas em separado.
§ 2º - Sendo provados ou confessados os fatos a que se refere o § 1º, o juiz dispensará a testemunha ou lhe tomará o depoimento como informante.
§ 3º - A testemunha pode requerer ao juiz que a escuse de depor, alegando os motivos previstos neste Código, decidindo o juiz de plano após ouvidas as partes.

I. Qualificação e contradita da testemunha

1. Qualificação da testemunha

Ao ensejo do oferecimento do rol de testemunhas, a parte deve indicar-lhes os dados que permitam sua identificação (nome, estado civil, profissão, números do CPF e da carteira de identidade e endereço). Em seguida, a testemunha confirmará ou retificará essas informações e será interpelada sobre eventual parentesco ou interesse na causa.

2. Contradita da testemunha

A parte poderá contraditar a testemunha, ou seja, insurgir-se contra a tomada de seu depoimento, apontando alguma causa de suspeição ou impedimento.

Apresentada a contradita, o juiz dará a palavra à testemunha para se manifestar sobre a alegada existência de suspeição ou impedimento e, na hipótese de negativa, possibilitará a produção de prova documental ou testemunhal pela parte que suscitou o incidente.

Não sendo demonstrada a procedência da contradita, o juiz tomará o depoimento da testemunha; caso contrário, poderá ouvi-la como informante, sem o compromisso de dizer a verdade, ou dispensar seu depoimento, se outros elementos de convicção houver nos autos.

Importa registrar que, nas causas que envolvem direito de família, é frequente a inquirição de parentes ou amigos da parte, porque justamente essas pessoas é que podem elucidar os fatos controversos.

Esclareça-se, também, que a impugnação à testemunha pode ser apresentada mesmo antes da audiência, e que a dispensa do depoimento por incapacidade independe de oferecimento de contradita.

Art. 458 - Ao início da inquirição, a testemunha prestará o compromisso de dizer a verdade do que souber e lhe for perguntado.
Parágrafo único - O juiz advertirá à testemunha que incorre em sanção penal quem fez afirmação falsa, cala ou oculta a verdade.

I. Testemunha. Compromisso de dizer a verdade

Como terceiro imparcial, a testemunha tem o *dever jurídico* de dizer a verdade e, em razão disso, cumpre ao juiz tomar-lhe o compromisso de dizer o que souber e lhe for perguntado sobre os fatos.

II. Juramento

O compromisso de dizer a verdade não se confunde com o juramento, instituto adotado em outros sistemas, em que a testemunha dá sua palavra perante Deus ou os homens, assumindo o *dever moral* de não mentir.

Sem embargo da discussão jurídica e filosófica a respeito do conceito de verdade, a *ratio legis* é obrigar a testemunha a relatar tudo o que percebeu, por seus sentidos, que possa contribuir para elucidação dos fatos. Assim, é possível, em muitos casos, que a percepção da testemunha não tenha correspondência exata com os fatos, por decorrer de deficiência sua ou por outros fatores. Por exemplo, a testemunha, sem incorrer em falso testemunho, pode, por falha de percepção ou de memória, declarar, em hipótese de acidente de trânsito, que o sinal semafórico era verde, quando, na verdade, era vermelho.

III. Omissão ou ocultação da verdade

A omissão ou a ocultação da verdade também se incluem no compromisso assumido pela testemunha.

Após assumir o compromisso legal, o juiz advertirá a testemunha de que constitui infração penal fazer afirmação falsa, calar ou ocultar a verdade. Tal advertência pode ser renovada ao longo do depoimento caso haja alguma indicação de falsidade ou hesitação da testemunha.

Na hipótese de o juiz deixar de tomar o compromisso legal e de advertir a testemunha sobre as consequências do falso testemunho, poderá a parte, por seu advogado, requerer que a omissão seja suprida e, em caso de indeferimento, que passe a constar do termo o ocorrido.

De qualquer modo, a omissão do juiz, nessa hipótese, não acarreta a nulidade do depoimento, mas poderá servir como argumento a ser apresentado pela parte nas alegações finais ou em grau de recurso.

Art. 459 - As perguntas serão formuladas pelas partes diretamente à testemunha, começando pela que a arrolou, não admitindo juiz aquelas que puderem induzir a resposta, não tiverem relação com as questões de fato objeto da atividade probatória ou importarem repetição de outra já respondida.
§ 1º - O juiz poderá inquirir a testemunha tanto antes quanto depois da inquirição feita pelas partes.
§ 2º - As testemunhas devem ser tratadas com urbanidade, não se lhes fazendo perguntas ou considerações impertinentes, capciosas ou vexatórias.
§ 3º - As perguntas que o juiz indeferir serão transcritas no termo, se a parte o requerer.

I. Inquirição das testemunhas diretamente pelas partes

Trata-se de inovação em relação ao CPC/1973. Sempre prevaleceu o entendimento de que as perguntas formuladas pelos advogados deveriam ser endereçadas ao juiz, que, considerando-as pertinentes, as repetiria para a testemunha. O argumento central para essa orientação era a necessidade de evitar que os advogados pudessem pressionar ou intimidar as testemunhas, sobretudo quando elas fossem pessoas humildes ou simples. Contudo, o procedimento então adotado era burocrático e passível de falhas, na medida em que as perguntas eram muitas vezes repetidas de forma incompleta pelo juiz, o que provocava incidentes desnecessários.

A alteração legislativa contribuirá, certamente, para a celeridade dos trabalhos da audiência.

Deverá o juiz, porém, indeferir perguntas que possam sugerir a resposta e impedir que os advogados, de algum modo, possam exercer influência nas respostas.

II. Inquirição pelo juiz

A lei permite que o juiz formule perguntas à testemunha antes ou depois da inquirição feita pelos advogados.

Considerando-se que a testemunha, ao cumprir seu dever de comparecer e depor está, também, colaborando com a atividade jurisdicional, a lei impõe seja ela tratada com urbanidade não se lhe fazendo perguntas ou considerações impertinentes, capciosas ou vexatórias.

Por último, as perguntas indeferidas deverão ser transcritas no termo, se a parte o requerer.

Art. 460 - O depoimento poderá ser documentado por meio de gravação.
§ 1º - Quando digitado ou registrado por taquigrafia, estenotipia ou outro método idôneo de documentação, o depoimento será assinado pelo juiz, pelo depoente e pelos procuradores.
§ 2º - Se houver recurso em processo em autos não eletrônicos, o depoimento somente será digitado quando for impossível o envio de sua documentação eletrônica.
§ 3º - Tratando-se de autos eletrônicos, observar-se-á o disposto neste Código e na legislação específica sobre a prática eletrônica de atos processuais.

I. Admissibilidade de registro do depoimento por gravação

Já foi dito que a audiência é o palco da oralidade (LIEBMAN). É curial, porém, que tudo o que for dito na audiência (depoimentos, esclarecimentos do perito, alegações, decisões) tem de ser registrado para constar do processo e ser examinado a qualquer tempo, porque *verba volant, scripta manent*.

II. Registro por taquigrafia ou estenotipia

Sem embargo da introdução do processo eletrônico, com suas normas próprias, ainda tramitam, em muitas comarcas, processos físicos, hipóteses em que esse registro pode ser feito por taquigrafia, estenotipia ou outro meio idôneo de documentação.

Em qualquer hipótese, os atos processuais praticados na audiência devem ser assinados, fisicamente, na primeira hipótese e digitalmente na segunda.

Art. 461 - O juiz pode ordenar, de ofício ou a requerimento da parte:
I - a inquirição de testemunhas referidas nas declarações da parte ou das testemunhas;
II - a acareação de 2 (duas) ou mais testemunhas ou de alguma delas com a parte, quando, sobre fato determinado que possa influir na decisão da causa, divergirem as suas declarações.
§ 1º - Os acareados serão reperguntados para que expliquem os pontos de divergência, reduzindo-se a termo o ato de acareação.
§ 2º - A acareação pode ser realizada por videoconferência ou por outro recurso tecnológico de transmissão de sons e imagens em tempo real.

I. Testemunhas referidas

Além das testemunhas arroladas, o juiz poderá ouvir testemunhas referidas em depoimentos ou em documentos. Cuida-se de um dos poderes instrutórios do juiz cujo exercício visa a complementar a prova colhida. Por exemplo, em acidente de trânsito, pode ocorrer que pessoas mencionadas no boletim de ocorrência não sejam arroladas pelas partes. Nessa hipótese, o juiz pode designar data para ouvi-las a fim de colher maiores informações sobre os fatos.

II. Acareação

Acareação, acareamento ou *careação* é o ato pelo qual o juiz põe frente a frente duas ou mais testemunhas ou alguma delas com a parte, quando detectar divergência entre seus depoimentos sobre ponto relevante da lide.

O simples conflito entre depoimentos não justifica, porém, a acareação, podendo o juiz dar prevalência a um depoimento sobre outro, desde que coerente e circunstanciado.

III. Acareação é ato discricionário?

Discute-se se a acareação é ato discricionário do juiz, ou seja, se bastaria a *conveniência* ou *oportunidade* para sua determinação.

A resposta é negativa, uma vez que os atos judiciais devem ter como suporte a *necessidade* de sua realização. No que toca aos atos probatórios, o art. 370 é expresso ao estabelecer que o juiz determinará as provas *necessárias* ao julgamento do mérito, e não as que sejam simplesmente *convenientes* ou *oportunas*.

O dispositivo em tela não autoriza, porém, a acareação entre as partes, no pressuposto de que o ato resultaria infrutífero, uma vez que raramente se lograria a alteração do depoimento de uma delas.

Postos os depoentes *vis-à-vis*, o juiz exporá os pontos em que se registrou divergência e solicitará explicações que serão reduzidas a termo.

Do mesmo modo que os depoimentos, também a acareação pode ser efetuada por videoconferência ou outro recurso igualmente idôneo à transmissão de sons e imagens.

Art. 462 - A testemunha pode requerer ao juiz o pagamento da despesa que efetuou para comparecimento à audiência, devendo a parte pagá-la logo que arbitrada ou depositá-la em cartório dentro de 3 (três) dias.

I. Direito da testemunha ao pagamento da despesa efetuada para comparecimento à audiência

O comparecimento da testemunha à audiência para prestar depoimento sobre o que souber dos fatos constitui um dever que, porém, para ser cumprido exige, muitas vezes, despesas com transporte e alimentação.

O texto tem aplicação sobretudo na hipótese de comarcas distantes do endereço residencial da testemunha, obrigando esta a deslocar-se em veículo próprio ou coletivo, o que, à evidência, onera seu patrimônio.

Assim, caberá ao juiz apreciar requerimento apresentado pela testemunha e arbitrar valor compatível com as despesas efetuadas, devendo a parte suportá-las imediatamente ou efetuar o devido depósito no prazo de três dias.

Art. 463 - O depoimento prestado em juízo é considerado serviço público.
Parágrafo único - A testemunha, quando sujeita ao regime da legislação trabalhista, não sofre, por comparecer à audiência, perda de salário nem desconto no tempo de serviço.

I. Caráter público do depoimento prestado em juízo

O texto não exige maior explicação. Ao comparecer para depor, a testemunha está colaborando para a elucidação dos fatos e, portanto, contribuindo para a efetividade do processo. Assim, o depoimento é considerado serviço público e, como corolário, a testemunha não poderá sofrer desconto em sua remuneração pelo comparecimento a juízo.

Seção X - Da Prova Pericial

Art. 464 - A prova pericial consiste em exame, vistoria ou avaliação.
§ 1º - O juiz indeferirá a perícia quando:
I - a prova do fato não depender de conhecimento especial de técnico;
II - for desnecessária em vista de outras provas produzidas;
III - a verificação for impraticável.
§ 2º - De ofício ou a requerimento das partes, o juiz poderá, em substituição à perícia, determinar a produção de prova técnica simplificada, quando o ponto controvertido for de menor complexidade.
§ 3º - A prova técnica simplificada consistirá apenas na inquirição de especialista, pelo juiz, sobre ponto controvertido da causa que demande especial conhecimento científico ou técnico.
§ 4º - Durante a arguição, o especialista, que deverá ter formação acadêmica específica na área objeto de seu depoimento, poderá valer-se de qualquer recurso tecnológico de transmissão de sons e imagens com o fim de esclarecer os pontos controvertidos da causa.

Autor: William Santos Ferreira

I. Prova pericial – admissibilidade, perito e cabimento

A perícia deve ser determinada quando a prova de algum fato depender de conhecimento técnico ou científico (cf. art. 156, *caput*). Nas mais diversas áreas, os especialistas (*experts*) podem ter sua atuação certificada nos planos científico, em geral envolvendo graduação universitária (ex., medicina, engenharia), ou técnico, no caso de cursos em geral mais curtos que os universitários e voltados a objetivos profissionalizantes (ex., corretagem de imóveis, de valores) (sobre perito, v. arts. 156 a 158).

O perito judicial é considerado auxiliar da Justiça (art. 149) e desempenha atividade relevante e de extrema responsabilidade, especialmente por dominar elementos que não são usualmente do conhecimento dos sujeitos do processo, o que impõe um controle efetivo sobre este "poder persuasivo".

Além de conhecimento técnico e científico, nada impede que determinado conhecimento *específico*, não decorrente de cursos, possa ser utilizado quando for útil para o esclarecimento do fato probando.

Embora o disposto no § 1º do art. 464 indique as hipóteses para *indeferimento* da prova pericial, sua aplicação se dá, evidentemente, nos dois sentidos, que são, portanto, *requisitos* de *cabimento* deste meio de prova, que devem estar presentes cumulativamente:

1. Utilidade

O fato probando depende de conhecimento especial para ser esclarecido e houver potencialidade deste esclarecimento, sendo irrelevante se o juiz possui ou não referido conhecimento, porque não se admite o acúmulo de atividades (juiz-perito).

2. Necessidade

Em casos específicos podem outros meios de prova já terem esclarecido o fato, exemplificativamente, pela juntada de documentos que, por si sós, são suficientes para a solução. Mas por envolver certa medida de elementos para análise crítica, a desnecessidade deve ser cercada de cuidados, porque o óbvio para aquele que não tem elementos para se opor à evidência de uma outra prova pode ser um grande equívoco na análise de quem possua elementos crítico-valorativos fundamentais. Na dúvida, a prova pericial deve ser deferida, não só porque no âmbito probatório vige o *in dubio pro* direito à prova (arts. 369 e 370, *caput*), como também porque a *necessidade* ou *não* da prova pericial já pode, por si só, ser uma *questão técnica*.

3. Praticabilidade

Este requisito envolve as *condições* para os trabalhos periciais, em alguns casos determinadas perícias serão impossíveis por falta de elementos que permitam uma análise. Um cuidado adicional deve ser tomado, nem sempre a *perícia direta* (com análise do próprio objeto) poderá ser realizada, devido às peculiaridades do caso, pode ser viável uma *perícia indireta* para que se possa chegar a uma conclusão técnica sobre os fatos controversos.

II. Julgados

"RECURSO INOMINADO. AÇÃO DE INDENIZAÇÃO POR DANOS MATERIAIS. AUTENTICIDADE DE PRODUTO. NECESSIDADE DE PROVA PERICIAL COMPLEXA. INCOMPETÊNCIA DO JUIZADO ESPECIAL. EXTINÇÃO DO FEITO SEM RESOLUÇÃO DO MÉRITO. SENTENÇA CASSADA. RECURSO CONHECIDO E PROVIDO. Ante o exposto, esta 1ª Turma Recursal - DM92 resolve, por unanimidade dos votos, em relação ao recurso de DANDARAH CHRISTIE CAVALCANTI LIMA DE MELLO, julgar pelo Provimento nos exatos termos do voto" (TJPR, 1ª Turma Recursal-DM92 nº 0000579-38.2016.8.16.0107-Mamborê, Rel. Fernanda Bernert Michelin, j. em 7/8/2017).

"AGRAVO REGIMENTAL NO RECURSO ESPECIAL. PROCESSUAL CIVIL. PERITO. FORMAÇÃO PROFISSIONAL INADEQUADA. IMPUGNAÇÃO NA PRIMEIRA OPORTUNIDADE QUE A PARTE PUDER SE MANIFESTAR, SOB PENA DE PRECLUSÃO. RAZÕES DO RECURSO ESPECIAL DISSOCIADAS DOS FUNDAMENTOS DO V. ACÓRDÃO ESTADUAL. INCIDÊNCIA DA SÚMULA 284/STF. AGRAVO DESPROVIDO. 1. A jurisprudência desta eg. Corte firmou-se no sentido de que a discordância para com a formação profissional do perito judicial deve ser deduzida na primeira oportunidade que a parte tem para se manifestar nos autos, sob pena de preclusão. 2. No caso, operou-se a preclusão, pois não houve impugnação no momento oportuno, tendo, inclusive, a parte ora agravante indicado e, posteriormente, requerido a substituição de assistentes técnicos. 3. A dissociação entre as razões recursais e os fundamentos do v. acórdão estadual inviabiliza o recurso especial, atraindo a incidência, por analogia, da Súmula 284/STF. 4. Agravo regimental desprovido" (4ª T., AgRg no REsp nº 1248340/RS, Rel. Min. Raul Araújo, j. em 23/5/2017, DJe de 1º/6/2017).

III. Técnicas periciais

Embora haja dissenso, pode-se afirmar que a prova pericial é um *meio de prova* que pode adotar três técnicas distintas:

1. Vistoria

Quando demandar análise visual, em geral atestando estado de coisas e pessoal de maneira mais superficial, pelo que exteriorizam.

2. Avaliação

Quando o objetivo é definir especificamente o valor de algo.

3. Exame

A espécie de perícia de maior espectro, que pode ou não também abranger vistoria ou avaliação, mas a estas não se limita, demandando uma análise mais aprofundada, pormenorizada e que pode ter vários objetivos distintos.

IV. Prova técnica simplificada (perícia oral)

Se o ponto controvertido não contiver dificuldades tais que indiquem análises mais aprofundadas, pormenorizadas, que imponham trabalhos específicos, ou documentações, ou cálculos, enfim, tudo aquilo que indicasse que a confecção de um *laudo pericial* seria o mais adequado, concluir-se-á ser uma perícia *de menor complexidade*, estando autorizada a oitiva do perito e de assistentes-técnicos em audiência.

A determinação judicial de prova técnica simplificada pode se dar de ofício ou a requerimento da parte interessada e consistirá na inquirição de um *expert* em audiência; embora o § 3º fale que a inquirição será pelo juiz, evidentemente, a prova pericial é um *direito das partes* e não do Estado-juiz que a utiliza, organiza os trabalhos e decide, portanto a inquirição é *coordenada* pelo juiz que poderá formular questões, mas as partes não somente poderão formular perguntas, como também arrolar *especialistas* para serem ouvidos sobre os mesmos pontos, aplicando-se, neste caso, as técnicas de oitiva das testemunhas, inclusive com perguntas diretas.

Está expressamente autorizada, e até indicada, a utilização de recursos tecnológicos voltados à adequada compreensão dos esclarecimentos dos *experts*, não podendo se olvidar que a documentação é sempre fundamental, pois não basta a *imediatidade*, o contato direto do juiz de primeira instância com os esclarecimentos, pois estes precisarão estar da melhor maneira possível documentados nos autos, para serem utilizados também pelas partes, em debates e eventuais recursos, como também por juízes em outras instâncias.

A legislação claramente visa estimular a adoção de tecnologias como *instrumentos* que permitam maior compreensão dos elementos técnicos, especialmente com o acesso facilitado a estes recursos, o que impõe a quebra de paradigmas, do imobilismo tão caraterístico da seara probatória.

V. Julgados

"PROCESSUAL CIVIL. ADMINISTRATIVO. AGRAVO INTERNO NO AGRAVO EM RECURSO ESPECIAL. VIOLAÇÃO AO ART. 535 DO CPC/73. FUNDAMENTAÇÃO DEFICIENTE. SÚMULA 284/STF. LAUDO PERICIAL. DISCUSSÃO ACERCA DA LEGITIMIDADE DO LAUDO E DA CAPACIDADE TÉCNICA DO PERITO. REEXAME DE MATÉRIA FÁTICA. IMPOSSIBILIDADE. SÚMULA 7/STJ. 1. É deficiente a fundamentação do recurso especial em que a alegação de ofensa ao art. 535 do CPC se faz de forma genérica, sem a demonstração exata dos pontos pelos quais o acórdão se fez omisso, contraditório ou obscuro. Aplica-se, na hipótese, o óbice da Súmula 284 do STF. 2. A alteração das conclusões adotadas pela Corte de origem acerca da legitimidade do laudo pericial e da capacidade técnica do perito para a sua produção, tal como proposta pela recorrente, demandaria, necessariamente, novo exame do acervo probatório constante dos autos, providência vedada em recurso especial, conforme o óbice previsto na Súmula 7/STJ. 3. Agravo interno a que se nega provimento" (1ª T., AgInt no AREsp nº 933.985/SP, Rel. Min. Sérgio Kukina, j. em 23/5/2017, DJe de 29/5/2017).

"AGRAVO DE INSTRUMENTO. AÇÃO DE DESAPROPRIAÇÃO INDIRETA. IMÓVEL ADQUIRIDO EM LOTEAMENTO REALIZADO PELO ENTE PÚBLICO MUNICIPAL EM ÁREA DE RISCO. DECISÃO QUE DETERMINOU A INVERSÃO DO ÔNUS DA PROVA PERICIAL. CUSTEIO DA PERÍCIA POR PARTE DO MUNICÍPIO SANTA LÚCIA. PEDIDO DE SUBSTITUIÇÃO POR PRODUÇÃO DE PROVA TÉCNICA SIMPLIFICADA. IMPOSSIBILIDADE. PONTO CONTROVERTIDO DE MAIOR COMPLEXIDADE. SITUAÇÃO FÁTICA QUE DEMANDA PERÍCIA TÉCNICA. DECISÃO MANTIDA. 1. O fato poderá dispensar a prova pericial quando puder ser plena e satisfatoriamente constatado de forma simples o que, todavia, não é o caso dos autos. 2. A simples inquirição de especialista, pelo juiz, sobre ponto controvertido da causa que demande especial conhecimento científico ou técnico não é suficiente para a elucidação dos fatos, se não estiver amparado em uma perícia individualizada sobre o caso específico discutido na demanda. RECURSO NÃO PROVIDO" (TJPR, 5ª C. Cível, AI nº 1605284-9-Capitão Leônidas Marques, Rel. Nilson Mizuta, unânime, j. em 7/3/2017).

Art. 465 - O juiz nomeará perito especializado no objeto da perícia e fixará de imediato o prazo para a entrega do laudo.

§ 1º - Incumbe às partes, dentro de 15 (quinze) dias contados da intimação do despacho de nomeação do perito:

I - arguir o impedimento ou a suspeição do perito, se for o caso;

II - indicar assistente técnico;

III - apresentar quesitos.

§ 2º - Ciente da nomeação, o perito apresentará em 5 (cinco) dias:

I - proposta de honorários;

II - currículo, com comprovação de especialização;

III - contatos profissionais, em especial o endereço eletrônico, para onde serão dirigidas as intimações pessoais.

§ 3º - As partes serão intimadas da proposta de honorários para, querendo, manifestar-se no prazo comum de 5 (cinco) dias, após o que o juiz arbitrará o valor, intimando-se as partes para os fins do art. 95.

§ 4º - O juiz poderá autorizar o pagamento de até cinquenta por cento dos honorários arbitrados a favor do perito no início dos trabalhos, devendo o remanescente ser pago apenas ao final, depois de entregue o laudo e prestados todos os esclarecimentos necessários.

§ 5º - Quando a perícia for inconclusiva ou deficiente, o juiz poderá reduzir a remuneração inicialmente arbitrada para o trabalho.

§ 6º - Quando tiver de realizar-se por carta, poder-se-á proceder à nomeação de perito e à indicação de assistentes técnicos no juízo ao qual se requisitar a perícia.

I. Perito e especialização

Não basta a confiança do juiz, é determinação expressa do art. 465 do CPC/2015 "perito espe- cializado no objeto da perícia", devendo, portanto, o juiz identificar do que a perícia deverá tratar e relacionar com os conhecimentos específicos, caso isto não ocorra haverá infringência da norma. A perícia é determinada justamente nas hipóteses em que identificada necessidade de solução de questão fática que envolva conhecimento especializado ou específico, não podendo este elemento ser afastado, já que é justamente o que justifica os trabalhos instrutórios periciais.

Nas localidades mais distantes, desde que não seja viável economicamente, pelo porte da causa, nomear perito altamente especializado, é possível encontrar um equilíbrio entre o grau de especialização e as condições mínimas para realização de uma perícia efetiva.

II. Julgado

"APELAÇÃO CÍVEL - AÇÃO DE COMPLEMENTAÇÃO DE SEGURO OBRIGATÓRIO DPVAT - JULGAMENTO ANTECIPADO DA LIDE, ACARRETANDO UM JULGAMENTO DE MÉRITO DESFAVORÁVEL AO APELANTE - CERCEAMENTO DE DEFESA CONFIGURADO - OBRIGATORIEDADE LEGAL DA REALIZAÇÃO DE PERÍCIA MÉDICA PELO IML, ADMITIDA A SUA SUBSTITUIÇÃO POR PERITO DE CONFIANÇA DO JUÍZO, PARA ATESTAR A EXISTÊNCIA DA INVALIDEZ PERMANENTE E QUANTIFICAR A SUA EXTENSÃO - INTELIGÊNCIA DO ART. 5º, § 5º, DA LEI Nº 6194/74 - SENTENÇA ANULADA - DETERMINAÇÃO DE RETORNO DOS AUTOS À ORIGEM PARA REABERTURA DA FASE INSTRUTÓRIA. RECURSO DE APELAÇÃO PROVIDO" (TJPR, 8ª C. Cível, AC nº 1653498-0-Região Metropolitana de Maringá, Foro Regional de Sarandi, Rel. Gilberto Ferreira, unânime, j. em 3/8/2017).

III. Ônus das partes com a nomeação do perito

Embora o § 1º do art. 465 literalmente indique que "incumbe" às partes, o que relaciona não é uma mera atribuição, faculdade ou dever, porque são atos processuais possíveis, contudo se não realizados haverá para a parte inerte certas consequências, o que denota tratar-se de ônus processuais.

Com a intimação acerca da nomeação do perito as partes podem ter basicamente atitudes de impugnação do perito e de início dos trabalhos periciais. Em relação aos trabalhos, podem indicar assistentes técnicos, isto é, podem também contar com os conhecimentos especializados de um *expert*, que poderá participar dos trabalhos periciais e apresentar, se o caso, parecer crítico. Podem também as partes apresentar "quesitos", ou seja, perguntas que à luz do objeto da perícia possam agregar quantitativa e qualitativamente elementos àqueles que normalmente o perito judicial já deveria realizar. Normalmente os quesitos são apresentados de maneira a induzir, no plano positivo, a perícia a transitar por pontos relevantes que interessem ao formulador destas perguntas.

Em relação ao ônus de apresentar pedido de impedimento ou suspeição do perito há uma questão importante, diferente do que ocorria no CPC/1973. Agora, com a proposta de honorários, o perito, em 5 dias, deve apresentar currículo comprovando sua especialização (§ 2º do art. 465). Ora, currículo não envolve apenas *indicação de especialização*, mas também referência às instituições de ensino frequentadas, trabalhos e empregos, enfim, elementos que permitam não só analisar a efetiva especialização do perito, como também eventuais elementos que indiquem seu impedimento ou suspeição. Portanto, salvo fatos notórios, o prazo para apresentação de pedido de impedimento e suspeição, cujas causas são as mesmas para o juiz de direito (arts. 144 e 145), somente se iniciará após o *conhecimento* dos motivos para tais exceções, o que, se os elementos estiverem no currículo, somente da ciência deste é que se iniciará o prazo para as respectivas impugnações, inclusive no tocante a ausência de especialidade do mesmo.

IV. Julgados

"APELAÇÃO CÍVEL - NOVO CÓDIGO DE PROCESSO CIVIL - APLICAÇÃO IMEDIATA DA NORMA PROCESSUAL, RESPEITADO O ATO JURÍDICO PERFEITO - INCIDÊNCIA DA TEORIA DO ISOLAMENTO DOS ATOS PROCESSUAIS - AÇÃO PREVIDENCIÁRIA - PLEITO DE CONCESSÃO DE AUXÍLIO-DOENÇA ACIDENTÁRIO OU APOSENTADORIA POR INVALIDEZ - SENTENÇA IMPROCEDENTE: APELO: PLEITO DE NULIDADE DO JULGADO, ANTE A AUSÊNCIA DE INTIMAÇÃO PARA INDICAR ASSISTENTE TÉCNICO - IMPOSSIBILIDADE - ÔNUS QUE INCUMBE ÀS PARTES - INTELIGÊNCIA DO ARTIGO 421, §1º, Apelação Cível nº 1.478.860-8INCISO I, DO CPC/73 (ATUAL ARTIGO 465, §1º, INCISO II, DO CPC/15) - ALEGAÇÃO DE CERCEAMENTO DE DEFESA, EM RAZÃO DO INDEFERIMENTO DE QUESITOS SUPLEMENTARES - INOCORRÊNCIA - MAGISTRADO QUE PODE SENTENCIAR LIVREMENTE - PRINCÍPIO DO LIVRE CONVENCIMENTO MOTIVADO - ARGUIÇÃO DE EXISTÊNCIA DE NEXO CAUSAL - OCORRÊNCIA - NEXO TÉCNICO EPISTEMOLÓGICO CONFIGURADO - INTELIGENCIA DO ARTIGO 21-A DA LEI Nº 8.213/91 - TERMO 'A QUO' DO BENEFÍCIO CORRESPONDENTE À DATA DO REQUERIMENTO ADMINISTRATIVO - ENUNCIADO Nº 19 DESTA CORTE - APLICAÇÃO DE CORREÇÃO MONETÁRIA E JUROS DE MORA - SUCUMBÊNCIA INVERTIDA - APELO PARCIALMENTE PROVIDO. SENTENÇA REFORMADA - APELO PARCIALMENTE PROVIDO. Artigo 21-A: A perícia médica do INSS considerará caracterizada a natureza acidentária da incapacidade quando constatar ocorrência de nexo técnico epidemiológico entre o trabalho e o agravo, Apelação Cível nº 1.478.860-8 decorrente da relação entre a atividade da empresa e a entidade mórbida motivadora da incapacidade elencada na Classificação Internacional de Doenças - CID, em conformidade com o que dispuser o regulamento" (TJPR, 6ª C. Cível, Curitiba, AC nº 1478860-8, Rel. Prestes Mattar, unânime, j. em 3/5/2016).

"DECISÃO: ACORDAM os integrantes da Décima Quarta Câmara Cível do Tribunal de Justiça do Estado do Paraná, por unanimidade de votos, em conhecer em parte o recurso, e nessa extensão, negar-lhe provimento, nos termos do voto do relator. Participaram do julgamento os Exmos. Srs. Desembargadores RABELLO FILHO, Presidente com voto, JOSÉ HIPÓLITO XAVIER DA SILVA, OCTÁVIO CAMPOS FISCHER. Curitiba, 09 de Agosto de 2017 Desembargador RABELLO FILHO EMENTA: Ação revisional de contrato cumulada com repetição do indébito. 1. Pretensão de que o autor arque integralmente com o ônus de antecipar o pagamento dos honorários do perito - Questão resolvida em decisão anterior, sem que houvesse interposição de recurso a respeito - Preclusão temporal - CPC, art. 507. 2. Pretensão de redução do valor arbitrado a título de honorários periciais - Impossibilidade - Agravante que se limita a deduzir considerações genéricas, sem apresentar elementos concretos capazes de demonstrar o excesso do montante arbitrado - Prova técnica, ademais, que contemplará lançamentos realizados na conta-corrente do autor durante aproximadamente 5 anos, demandando elevado tempo de trabalho - Necessidade de observância dos princípios da razoabilidade, da proporcionalidade, bem como da justa remuneração do trabalho profissional. 3. Recurso conhecido em parte, e nessa extensão, desprovido" (TJPR, 14ª C. Cível, Cascavel, AI nº

1678847-9, Rel. Rabello Filho, unânime, j. em 9/8/2017).

V. Deveres do perito com a nomeação do perito

O perito, no prazo de 5 (cinco) dias da ciência de que foi nomeado, deve apresentar:

a) Proposta de honorários para o trabalho a ser realizado; no qual o valor deverá ser apresentado diante do que for necessário para realização da perícia;

b) Currículo com *comprovação de especialização*, portanto não basta a relação usual de especialidades, cursos realizados, trabalhos e empregos na história do perito nomeado, mas também a demonstração "documental" da especialização, o que representará normalmente o que mais se relaciona ao objeto da perícia, em regra, diplomas e certificados emitidos por instituições reconhecidas;

c) Contatos profissionais, com destaque para o obrigatório endereço eletrônico, porque, a partir do Código de Processo Civil de 2015, as intimações pessoais do perito serão realizadas por este meio.

VI. Demais atos após a nomeação do perito

Com a juntada da proposta de honorários, as partes serão intimadas para que se manifestem sobre esta no prazo de 5 (cinco) dias. Sequencialmente o juiz arbitrará o valor dos honorários periciais para os fins do art. 95, já que agora haverá o rateio dos honorários, além das hipóteses dos beneficiários da Justiça Gratuita. O § 4º do art. 465 indica que o juiz pode, embora não seja obrigatório, liberar até 50% dos honorários arbitrados, sendo o restante pago ao final, com entrega do laudo e após prestados "todos" os esclarecimentos. Não se fala nas novas regras em "honorários provisórios", mas em liberação de até metade dos honorários que são definitivos. Isto não significa que, em casos específicos, honorários definitivos não possam ser revistos à luz de trabalhos adicionais necessários e que representaram custos não previstos originariamente, desde que mediante decisão fundamentada e presentes os requisitos da situação não imaginada.

Se a perícia não apresentar conclusões ou for deficiente, com responsabilidade do perito, ao juiz caberá a redução da remuneração, isto sem prejuízo de outras hipóteses em que couber até devolução integral e responsabilização por prejuízos causados às partes.

VII. Perícias em localidades diversas do juízo por onde tramita a causa

Nos casos em que a perícia deva ocorrer em local diverso da sede do juízo por onde tramite a causa, normalmente a prova ocorrerá por carta (seja de ordem, precatória ou rogatória), hipótese em que, dependendo das peculiaridades, a nomeação de perito e a indicação de assistentes pode ocorrer no juízo onde será realizada.

Art. 466 - O perito cumprirá escrupulosamente o encargo que lhe foi cometido, independentemente de termo de compromisso.
§ 1º - Os assistentes técnicos são de confiança da parte e não estão sujeitos a impedimento ou suspeição.
§ 2º - O perito deve assegurar aos assistentes das partes o acesso e o acompanhamento das diligências e dos exames que realizar, com prévia comunicação, comprovada nos autos, com antecedência mínima de 5 (cinco) dias.

I. Perito e assistentes técnicos

Com a nomeação e aceitação, o perito tem o dever de atuar para desincumbir-se do encargo, não sendo necessária a formalização por termo de compromisso, que já se dá com a mera aceitação.

Os assistentes técnicos não assumem compromisso, sendo legalmente definidos como "de confiança da parte", portanto, a parcialidade técnica, com boa-fé, é legalmente reconhecida, não cabendo falar-se em impedimento ou suspeição.

Embora os trabalhos periciais sejam presididos pelo perito judicial, é fundamental para observância do contraditório e ampla defesa que os assistentes das partes tenham plenas condições de acesso e acompanhamento das diligências e exames, sempre devendo ocorrer *prévia comunicação*, com comprovação nos autos, com antecedência mínima de 5 (cinco) dias. O objetivo evidente é assegurar a divulgação do ato a ser realizado, permitindo sempre que os assistentes possam participar ativamente da perícia.

Perícia não deve ser considerada tão somente a elaboração e entrega de um "laudo pericial", porque este é exclusivamente a documentação de todo trabalho realizado, a síntese dos elementos relevantes e a análise técnica com conclusões em linguagem clara e acessível ao juiz e às partes. Por isto, para observância do § 2º do art. 466, não é suficiente a mera intimação para manifestação sobre o laudo juntado. Se aos assistentes técnicos não foi assegurado o acompanhamento, quando houver, de diligências ou exames, a perícia está viciada, cabendo o reconhecimento do vício e o reinício dos trabalhos.

Um ponto delicado, mas que não pode ser deixado de lado, é o caso de anulação de perícias com laudos e conclusões já apresentados porque não tiveram os assistentes técnicos o direito de acompanhar o perito. Nestes casos o perito deve ser substituído por outro para novos trabalhos periciais, porque há um risco enorme de apenas formalmente dar aos assistentes ciência, mas simplesmente reiterar tudo que concluiu, até para insistir na correção do que havia feito, o que denota a suspeição do perito e impõe, a bem da solução equilibrada das questões, a nomeação de um outro perito.

Art. 467 - O perito pode escusar-se ou ser recusado por impedimento ou suspeição.

Parágrafo único - O juiz, ao aceitar a escusa ou ao julgar procedente a impugnação, nomeará novo perito.

I. Perito – escusa, recusa ou procedência da impugnação

Quando da nomeação o perito pode escusar-se imediatamente, seja por não ter condições para realizar o trabalho, como também por *de plano* reconhecer ser impedido ou suspeito.

Também pode inicialmente aceitar e diante do impedimento ou suspeição reconhecer a hipótese.

Finalmente, caso o perito mantenha sua posição de condições para realização da perícia, diante do pedido de impedimento ou suspeição, caberá ao juiz a decisão, que, no caso de procedência, caberá a nomeação de outro perito, e na improcedência, o prosseguimento dos trabalhos periciais.

Em primeiro plano a recorribilidade desta decisão ficará para o momento de razões ou contrarrazões de apelação. Porém, em casos urgentes, será possível, diante do não cabimento de agravo de instrumento (art. 1.015), impetração de mandado de segurança.

II. Julgados

"EMENTA: RECURSO ESPECIAL. EXCEÇÃO DE SUSPEIÇÃO DO PERITO. OMISSÃO DO ACÓRDÃO RECORRIDO. INEXISTÊNCIA. CAUSAS DE IMPEDIMENTO E SUSPEIÇÃO DO JUIZ. EXTENSÃO AO PERITO. ART. 138, III, DO CPC. PRAZO DE ARGUIÇÃO. OFERECIMENTO DE MAIS DE UM INCIDENTE NO MESMO PROCESSO. POSSIBILIDADE. INTERESSE NO JULGAMENTO DA CAUSA CONFIGURADO. RECURSO PROVIDO.

1. Consoante dispõe o art. 535 do Código de Processo Civil, destinam-se os embargos de declaração a expungir do julgado eventuais omissão, obscuridade ou contradição, não se caracterizando via própria ao rejulgamento da causa.

2. Embora o juiz não fique adstrito às conclusões do perito (CPC, art. 436), podendo formar a sua convicção com outros elementos ou fatos provados nos autos, é iniludível que o trabalho por ele realizado, em regra, contribui para

a formação do convencimento do magistrado, razão pela qual o laudo pericial não pode conter qualquer eiva de parcialidade, que possa influir no julgamento da causa.

3. Aplicam-se ao perito os motivos de impedimento e suspeição previstos para o juiz (CPC, art. 138, III), devendo o interessado arguir o incidente no prazo de 15 (quinze) dias contados da data em que tomou conhecimento dos fatos. Precedentes.

4. Não há óbice legal que impeça o oferecimento de mais de uma exceção de suspeição no mesmo processo, desde que, em observância às regras de preclusão e pertinência com a coisa julgada, não estejam elas fundadas em idênticos fatos.

5. No caso, o perito se revela suspeito para elaborar laudo contábil em ação revisional proposta em desfavor do Banco do Brasil, pelo fato de ele próprio figurar como autor em demanda de igual natureza ajuizada contra a instituição financeira.

6. Recurso especial provido" (STJ, 3ª T., REsp nº 1.433.098/GO, Rel. Min. Marco Aurélio Bellizze, j. 26/5/2015, DJe de 15/6/2015).

"EMENTA: ADMINISTRATIVO. RECURSO ORDINÁRIO EM MANDADO DE SEGURANÇA. NOMEAÇÃO DE PERITO JUDICIAL. NECESSIDADE DE SUBCONTRATAÇÃO DE OUTROS PROFISSIONAIS. SEVERA REDUÇÃO DOS HONORÁRIOS PELO JUIZ. HIPÓTESE DE RECUSA LEGÍTIMA DO OFÍCIO. PENALIDADES DO ART. 424, PARÁGRAFO ÚNICO, DO CPC. AFASTAMENTO.

1. Trata-se, originariamente, de mandado de segurança atacando ato consistente na ordem de anotação no prontuário de perita junto ao CREA, por motivo de recusa à sua nomeação para atuar em ação de desapropriação indireta, considerada injustificável.

2. A significativa redução dos honorários periciais de forma unilateral e injustificada pelo Juiz constitui hipótese de recusa legítima do perito nas circunstâncias do caso – havia a necessidade de contratação de profissionais de outras áreas de conhecimento para a realização perícia –, sendo inaplicáveis as providências previstas no art. 424, parágrafo único, do CPC.

3. Recurso ordinário em mandado de segurança provido" (STJ, 2ª T., RMS nº 33.485/SP, Rel. Min. Mauro Campbell Marques, j. em 9/9/2015, DJe de 16/9/2015).

"EMENTA: AGRAVO DE INSTRUMENTO – EMBARGOS À EXECUÇÃO DE TÍTULO EXTRAJUDICIAL – ARGUIÇÃO DE SUSPEIÇÃO DO PERITO – DECISÃO QUE DETERMINOU A SUBSTITUIÇÃO DE OFÍCIO DO PERITO – IMPOSSIBILIDADE – NECESSIDADE DE PROCESSAMENTO E JULGAMENTO DA EXCEÇÃO DE SUSPEIÇÃO – PREVISÃO LEGAL DOS CASOS DE SUBSTITUIÇÃO DO PERITO (ARTS. 423 E 424 DO CÓDIGO DE PROCESSO CIVIL). RECURSO PROVIDO.

1. Ao juiz do processo não é lícito nos próprios autos do processo em curso reconhecer de oficio a suspeição do perito anteriormente e nomear desde logo um outro em substituição sem a instauração do procedimento incidental que permita a manifestação da parte interessada, na forma do art. 138, parágrafo único, do Código de Processo Civil.

2. Permite-se a substituição do perito somente quando ocorrer um dos motivos previstos no art. 424 do Código de Processo Civil" (TJPR, 14ª Câmara Cível, Agravo de Instrumento nº 0022088-41.2005.8.16.0000, Rel. Des. Celso Seikiti Saito, j. em 22/2/2006).

Art. 468 - O perito pode ser substituído quando:
I - faltar-lhe conhecimento técnico ou científico;
II - sem motivo legítimo, deixar de cumprir o encargo no prazo que lhe foi assinado.
§ 1º - No caso previsto no inciso II, o juiz comunicará a ocorrência à corporação profissional respectiva, podendo, ainda, impor multa ao perito, fixada tendo em vista o valor da causa e o possível prejuízo decorrente do atraso no processo.
§ 2º - O perito substituído restituirá, no prazo de 15 (quinze) dias, os valores re-

cebidos pelo trabalho não realizado, sob pena de ficar impedido de atuar como perito judicial pelo prazo de 5 (cinco) anos.
§ 3º - Não ocorrendo a restituição voluntária de que trata o § 2º, a parte que tiver realizado o adiantamento dos honorários poderá promover execução contra o perito, na forma dos arts. 513 e seguintes deste Código, com fundamento na decisão que determinar a devolução do numerário.

I. Substituição do perito e efeitos

Além do impedimento e da suspeição, o perito ainda pode ser substituído por motivos relacionados à ausência de condições para desincumbir-se do encargo ou então pela não realização dos trabalhos.

As duas últimas hipóteses encontram-se no art. 468. Por isto, em regra, as partes podem questionar a ausência de capacidade técnica ou científica do perito e, desta forma, obter a sua substituição. Normalmente esta se dá em razão de elementos abstratos, tais como ausência de certificação em área necessária para a perícia, conhecimento geral, mas não do ponto específico da perícia, entre outros.

Também a substituição pode se dar, mesmo presentes condições técnicas e científicas, quando o perito, sem justa causa, não realiza os trabalhos periciais no prazo especificado ou os realiza de maneira insatisfatória. Neste caso, além da comunicação ao órgão de classe, que já existia no sistema de 1973, agora cabe ao juiz também a fixação de multa tendo como base o valor da causa e o possível prejuízo decorrente do atraso. Conforme o § 2º do art. 468, também ocorrerá a determinação de devolução de quantias recebidas antecipadamente, no prazo de 15 (quinze) dias, caso isto não ocorra:

a) Caberá ao juiz fixar um período de até 5 (cinco) anos, em que o perito ficará impedido de atuar como perito, o que ocorrerá não somente na vara respectiva, mas também em outras do mesmo tribunal. Embora isto não esteja expressamente determinado no dispositivo, não faria sentido haver a respectiva punição, admitindo-se que nada mudasse pelas nomeações de outros juízes, retirando qualquer espectro pedagógico da medida, inclusive em desprestígio da atividade jurisdicional. É importante constatar que a pena encontra-se no mesmo local em que determinada a comunicação ao órgão de classe, portanto, há uma natureza mais geral e pública da medida que não se coadunaria com uma restrição apenas ao juízo que determinou o impedimento de atuação. Por isto caberá aos tribunais não somente a manutenção de uma lista de peritos habilitados, mas também daqueles que não poderão ser nomeados.

b) Poderá a parte que despendeu antecipadamente os valores executar, nos termos dos arts. 513 e seguintes, a execução do perito (regime jurídico do cumprimento de sentença), sendo título judicial a decisão que determinou a devolução. Embora silencie o dispositivo, esta deve ocorrer perante o mesmo juízo, porém em autos em apartado para não gerar conturbação com relação ao prosseguimento da demanda que seguirá com os trabalhos periciais e o novo perito.

II. Julgados

"EMENTA: PROCESSUAL CIVIL E ADMINISTRATIVO. VIOLAÇÃO DO ARTIGO 535 DO CPC. NÃO OCORRÊNCIA. MILITAR. TEMPORÁRIO. REINTEGRAÇÃO PARA TRATAMENTO DE SAÚDE. PERÍCIA INCONCLUSIVA. PROFISSIONAL QUE ALEGA NÃO DETER OS CONHECIMENTOS NECESSÁRIOS. VIOLAÇÃO DO ART. 424, I, DO CPC. CERCEAMENTO DE DEFESA CONFIGURADO.

1. Não há violação do art. 535 do CPC quando o Tribunal de Origem resolve a controvérsia de maneira sólida e fundamentada, apenas não adotando a tese do recorrente.

2. A reintegração do militar temporário, para fins de tratamento de saúde, dispensa a relação de causa e efeito da doença com o serviço prestado, sendo suficiente que a moléstia incapacitante tenha se manifestado durante o período de caserna, o que basta para que fique caracterizado o nexo de causalidade.

3. A Jurisprudência desta Corte Superior é assente no sentido de que 'o juiz não está adstrito ao laudo pericial, podendo, inclusive, formar a sua convicção com outros elementos ou fatos provados nos autos, desde que dê a devida fundamentação, a teor do disposto no art. 436 do Código de Processo Civil' (REsp 802.568/SP, Rel. (a) Min. Denise Arruda, DJ 19/10/2006).

4. Verifica-se, todavia, que o Tribunal *a quo* entendeu não haver comprovação do surgimento da doença do autor durante o período de caserna com base em laudo reconhecidamente frágil, lacunoso e contestável, realizado por profissional que, apesar de ser formado em medicina, reconhece expressamente a necessidade de um neurologista para a realização da perícia.

5. Sendo o laudo inconclusivo quanto à moléstia ser ou não preexistente ao ingresso do autor no serviço militar, necessária a reabertura da fase de instrução probatória, a fim de que seja produzida nova perícia, por profissional capacitado para tanto, sob pena de cercear o direito de defesa do autor.

6. Recurso especial provido em parte" (STJ, 2ª T., REsp nº 1.215.169/RS, Rel. Min. Castro Meira, j. em 26/4/2011, DJe de 10/5/2011).

"Agravo de instrumento – Execução de título extrajudicial – Prova pericial realizada para avaliação dos imóveis penhorados – Homologação do trabalho técnico – Insurgência manifestada pelos executados – Pretensão de substituição do experto e elaboração de nova perícia – Indeferimento – Requisitos dos arts.468, inciso I, e 873, ambos do NCPC, não demonstrados – Decisão mantida – Recurso desprovido" (TJSP, 37ª Câmara de Direito Privado, Foro Central Cível, 25ª Vara Cível, Agravo de Instrumento nº 2127165-06.2017.8.26.0000, Rel. Sergio Gomes, j. em 29/8/2017, data de registro 30/8/2017).

Art. 469 - As partes poderão apresentar quesitos suplementares durante a diligência, que poderão ser respondidos pelo perito previamente ou na audiência de instrução e julgamento.
Parágrafo único - O escrivão dará à parte contrária ciência da juntada dos quesitos aos autos.

I. Quesitos suplementares

Quesitos suplementares são perguntas formuladas pelas partes durante os trabalhos periciais, normalmente elaboradas pelos assistentes técnicos destas (mas não necessariamente). O objetivo, em regra, decorre de elementos que as partes almejam que o perito aprecie.

A novidade, em relação ao CPC/1973, está na parte final do *caput,* em que expressamente consta que a resposta do perito ocorrerá prévia ou na própria audiência de instrução e julgamento.

Uma vez apresentados quesitos suplementares, o escrivão deve dar ciência dos quesitos à parte contrária, a quem caberá não somente manifestação, como também até quesitos suplementares em contraditório.

Um ponto em que o CPC é omisso é se cabem questionamentos após a entrega do laudo pericial. A resposta não pode ser outra senão a de que é possível, até porque, se são possíveis perguntas prévias à audiência ou na própria, não faz sentido impedir a parte da respectiva formulação.

II. Julgados

"PROCESSUAL CIVIL. TRIBUTÁRIO. EXECUÇÃO FISCAL. INDENIZAÇÃO. LIQUIDAÇÃO. LAUDO PERICIAL. REVISÃO. IMPOSSIBILIDADE. FALTA DE REBATIMENTO DE FUNDAMENTO SUFICIENTE PARA MANTER A DECISÃO RECORRIDA. SÚMULA N. 283/STF. I - Hipótese em que o Tribunal de origem, com base no conjunto fático-probatório dos autos, concluiu que o Estado teve ampla oportunidade de se manifestar sobre o laudo, inclusive formulando quesitos suplementares, pelo que, ausente qualquer vício na perícia. Rever tal entendimento implica reexame da matéria fático-probatória, o que é vedado em recurso especial. Enunciado n. 7 da Súmula do STJ. II - O reexame do acórdão recorrido, em confronto com as razões do recurso especial, confirma o entendimento exarado na decisão agravada, segundo o qual o fundamento referente à venda de terras a non dominio foi a razão do reconhecimento do direito à indenização e que impossibilitou a posse dos autores sobre os lotes, utilizado de forma suficiente para manter a decisão proferida no Tribunal a quo, não foi rebatido no apelo nobre, o que atrai o óbice das Súmulas n. 283 e 284, ambas do STF. III - Agravo interno improvido" (AgInt no AREsp nº 953.053/PR, Rel. Min. Francisco Falcão, 2ª T., j. em 8/6/2017, DJe de 22/06/2017).

"EMENTA: AGRAVO DE INSTRUMENTO – AÇÃO DE INDENIZAÇÃO POR DANOS MORAIS E MATERIAIS – DECISÃO DE INDEFERIMENTO DE QUESITOS SUPLEMENTARES – PETIÇÃO INCOMPLETA, CONSTANDO DOS AUTOS APENAS A SUA ÚLTIMA PÁGINA, COM OS REQUERIMENTOS FINAIS – IMPOSSIBILIDADE DE AFERIR QUAIS FORAM OS QUESITOS FORMULADOS, TAMPOUCO DE AVALIAR A SUA RELEVÂNCIA E PERTINÊNCIA PARA O DESLINDE DA CAUSA – QUESISTOS SUPLEMENTARES QUE DEVERIAM SER ENTREGUES DURANTE A DILIGÊNCIA E ANTES DA ENTREGA DO LAUDO PERICIAL – PRECLUSÃO TEMPORAL – INTELIGÊNCIA DO ART. 425 DO CPC – POSSIBILIDADE DE O PERITO PRESTAR ESCLARECIMENTOS EM AUDIÊNCIA DE INSTRUÇÃO, ACASO HAJA REQUERIMENTO DO AGRAVANTE, CONFORME RESSALVADO PELO JUÍZO *A QUO* E A TEOR DO ART. 435 DO CPC – AUSÊNCIA DE PREJUÍZO À AMPLA DEFESA – DECISÃO MANTIDA. RECURSO NÃO PROVIDO" (TJPR, 8ª Câmara Cível, Agravo de Instrumento nº 0054200-48.2014.8.16.0000, Rel. Des. Gilberto Ferreira, j. em 28/5/2015).

"AGRAVO DE INSTRUMENTO. CUMMPRIMENTO DE SENTENÇA EM AÇÃO REVISIONAL DE CONTRATO DE FINANCIAMENTO COM CLÁUSULA DE ALIENAÇÃO FIDUCIÁRIA EM GARANTIA. PERÍCIA NA LIQUIDAÇÃO. HONORÁRIOS DO PERITO. VALOR. INSURGÊNCIA EM TERMOS GENÉRICOS. AUSÊNCIA DE IMPUGNAÇÃO ESPECÍFICA DE ACORDO COM A FORMA DE REMUNERAÇÃO DO PERITO E CÁLCULOS NECESSÁRIOS À LIQUIDAÇÃO E RESPOSTA AOS QUESITOS SUPLEMENTARES. EXPLICAÇÃO DO PERITO DE QUE AS RESPOSTAS AOS QUESITOS SUPLEMENTARES EXIGIRÃO MAIOR TRABALHO DO QUE AQUELE REALIZADO EM CASOS MAIS COMUNS. VALOR ARBITRADO PELO JUÍZO DE ORIGEM QUE DEVE SER MANTIDO. RECURSO NÃO PROVIDO" (TJPR, 5ª C. Cível, São José dos Pinhais, AI nº 1669740-6, Rel. Rogério Ribas, unânime. j. em 25/7/2017).

Art. 470 - Incumbe ao juiz:
I - indeferir quesitos impertinentes;
II - formular os quesitos que entender necessários ao esclarecimento da causa.

I. Atribuições do juiz na perícia

Usualmente a posição do juiz no processo civil brasileiro é extremamente formal, nomeando perito e aguardando entrega do laudo que será objeto de análise no momento da sentença. Dificilmente há uma participação ativa do juiz.

O CPC/2015 não muda a redação do art. 426 do CPC/1973, apontando que o juiz tem a incumbência de indeferir *quesitos impertinentes*, ou seja, aqueles que não têm qualquer contribuição para a solução da questão fática submetida à perícia. Esta regra, embora literalmente seja a mesma do CPC/1973, integra tessitura normativa nova e diferenciada, pois o novo sistema processual aponta como um dos escopos do processo a *eficiência* (art. 8º), definindo ser dever de "todos os sujeito do processo [juiz é *sujeito imparcial*] [...] cooperar entre si para que se obtenha, em tempo razoável, decisão de mérito *justa* e efetiva" (art. 6º), sendo *dever-poder* do juiz deferir provas necessárias e úteis, mas indeferir diligências inúteis e protelatórias (art. 370), portanto espera-se do juiz uma postura *mais ativa* na *or-*

ganização dos trabalhos periciais, delimitando efetivamente as questões de fato da atividade pericial (art. 357, inciso II), devendo inclusive pleitear ao perito informações de como melhor especificar o *espectro da perícia* e se o caso até designar *audiência* para saneamento compartilhado, uma autêntica reunião para definir com as partes, seus advogados, toda a instrução, especialmente em relação à prova pericial.

Certamente muitos trabalhos poderiam ser mais objetivos se, em demandas que justifiquem, haja um trabalho preparatório para evitar perícias incompletas, como objetivos equivocados ou meramente formais. Impõe-se uma *nova mentalidade* atenta ao princípio da *máxima eficiência dos meios probatórios*, em que cada etapa da instrução seja efetivamente um momento de contribuição para a solução das questões fáticas, e não uma mera fase a ser formalmente ultrapassada.

Nesta mesma linha, integra-se o inciso II do art. 470 determinando que é atribuição do juiz também formular quesitos que entenda necessários para o esclarecimento das questões fáticas da causa. Também o juiz pode formular quesitos suplementares ou questões antes ou na audiência de instrução e julgamento.

II. Julgado

"DIREITO PROCESSUAL CIVIL. AGRAVO DE INSTRUMENTO. AÇÃO DE PRESTAÇÃO DE CONTAS - 2ª FASE. (1) PEDIDO DE AMPLIAÇÃO DO OBJETO DA PERÍCIA TÉCNICA. (2) DESNECESSIDADE. (2.1) DECISÃO AGRAVADA QUE NÃO LIMITOU O OBJETO DA PERÍCIA, POIS SOMENTE ATENDEU À SOLICITAÇÃO DO EXPERT PARA QUE PUDESSE ESTIMAR O CUSTO DO TRABALHO A SER DESENVOLVIDO. (2.2) FASE DE QUESITAÇÃO, PREVISTA NO ARTIGO 421, § 1º, II, CPC/73 (ou ART. 465, § 1º, III, CPC/2015), QUE POSSIBILITARÁ ÀS PARTES A VEICULAÇÃO DE TESES PARA FORMAÇÃO DA CONVICÇÃO DO JULGADOR. (2.3) POSSIBILIDADE, TAMBÉM, DE O JULGADOR INDEFERIR OS QUESITOS IMPERTINENTES (ART. 426, I, CPC/73 ou ART. 470, I, CPC/2015). (2.4) PROVA PERICIAL QUE SERÁ ANALISADA EM SEU TODO. RECURSO CONHECIDO E NÃO PROVIDO. Agravo de Instrumento nº 1.568.923-9 f. 2" (TJPR, 6ª C. Cível, São José dos Pinhais, AI nº 1568923-9, Rel. Renato Lopes de Paiva, unânime, j. em 18/10/2016).

Art. 471 - As partes podem, de comum acordo, escolher o perito, indicando-o mediante requerimento, desde que:
I - sejam plenamente capazes;
II - a causa possa ser resolvida por autocomposição.
§ 1º - As partes, ao escolher o perito, já devem indicar os respectivos assistentes técnicos para acompanhar a realização da perícia, que se realizará em data e local previamente anunciados.
§ 2º - O perito e os assistentes técnicos devem entregar, respectivamente, laudo e pareceres em prazo fixado pelo juiz.
§ 3º - A perícia consensual substitui, para todos os efeitos, a que seria realizada por perito nomeado pelo juiz.

I. Perícia consensual

Sem correspondência no CPC/2015, a perícia consensual trata-se da indicação pelas partes de um perito que impõe, salvo situações extraordinárias e mediante fundamentação, a nomeação pelo juiz, não podendo este recusar-se. Portanto, esta modalidade é substitutiva daquela realizada por perito nomeado.

São requisitos indispensáveis para o cabimento da perícia consensual, cumulativamente: a) partes capazes e b) causa que admita autocomposição.

Há, nesta hipótese, negócio processual típico, mas a definição do perito não significa que as partes ou o juiz fiquem vinculados às conclusões do perito, tanto que o § 3º do art. 471

descreve que esta modalidade "para todos os efeitos substitui a realizada por perito nomeado pelo juiz", razão pela qual o regime jurídico é o mesmo. Em uma das versões do projeto na Câmara constava que as conclusões técnicas desta "perícia consensual" seriam vinculativas para as partes e para o juiz, no entanto nos trabalhos legislativos isto foi suprimido.

Em que pese ser, para alguns casos específicos, uma solução que reúne pontos positivos, haverá aqui, no mínimo, um grande choque, porque no Brasil o "perito" é da confiança (técnica e ética) do juiz que o nomeia.

Particularmente, não vejo aqui obstáculo para este consenso, contudo, caso o juiz não se sinta confortável, sendo ele o responsável pela decisão que precisa ser fundamentada (como a seguir descrito), terá o magistrado, mesmo sem regra literalmente expressa, o dever-poder de nomear "perito-consultor" para análise crítico-consultiva do que foi ou estará sendo realizado.

Art. 472 - O juiz poderá dispensar prova pericial quando as partes, na inicial e na contestação, apresentarem, sobre as questões de fato, pareceres técnicos ou documentos elucidativos que considerar suficientes.

I. Dispensa da prova pericial

Quando há uma questão fática que demande conhecimento *especial* técnico, científico ou específico, a prova pericial deve ser determinada, o que decorre do disposto no art. 464, § 1º, inciso I, interpretado *contrario sensu* e em combinação com o disposto no art. 156, *caput*.

Pode ser que, embora exista o *fato probando,* o contraditório foi de tal modo efetivo que trouxe uma *riqueza informativa* decorrente de *pareceres técnicos* ou *documentos elucidativos* em que o juiz considere suficientemente bem tratados os pontos necessários, a ponto de permitir uma decisão efetivamente bem fundamentada. Neste caso, com todos os cuidados inerentes, a perícia poderá ser dispensada, contudo, não basta que o juiz assim considere ou afirme, será indispensável a demonstração disto no momento da decisão, com expressa fundamentação, conforme impõe o § 1º do art. 489.

É fundamental compreender também que, mesmo que o juiz reúna conhecimentos, por exemplo, por outra formação que possua (engenheiro, médico, químico, físico, etc.), esta capacitação não pode liberar a prova pericial que não é "do juiz", mas sim um *direito das partes* (art. 369). O conhecimento do juiz pode contribuir com quesitos, questionamentos, compreensão efetiva do laudo, mas jamais de forma substitutiva agindo como um *juiz-perito*. Por isto, o disposto no art. 472 impõe *pareceres técnicos* ou *documentos elucidativos*, mas que um conhecedor do direito possa superar para decidir, jamais dependendo de outras áreas de conhecimento, o que, ocorrendo, impõe a determinação da perícia.

II. Julgados

"EMENTA: PROCESSUAL CIVIL. PODER INSTRUTÓRIO DO JUIZ. MATÉRIA COMPLEXA. NECESSIDADE DE REALIZAÇÃO DA PROVA PERICIAL AINDA QUE O MAGISTRADO DISPONHA DE CONHECIMENTO TÉCNICO. PRESTÍGIO À AMPLA DEFESA E AO CONTRADITÓRIO. COMPLEXIDADE DA MATÉRIA. SÚMULA 7/STJ.

1. O art. 145 do CPC estabelece que 'quando a prova do fato depender de conhecimento técnico ou científico, o juiz será assistido por perito, segundo o disposto no art. 421'. O art. 421, § 1º, do CPC, por sua vez, dispõe em linhas gerais que o juiz nomeará perito, fixando de imediato o prazo para a entrega do laudo, cabendo às partes indicarem assistente técnico e a apresentarem quesitos.

2. Em se tratando de matéria complexa, em que se exige o conhecimento técnico ou científico, a perícia deve ser realizada. O juiz, ainda que não esteja vinculado às conclusões do laudo pericial, não pode realizar os cálculos 'de próprio punho'. Isso porque, com a determinação da perícia, as partes terão a oportunidade

de participar da produção probatória, com a nomeação de assistentes técnicos e a formulação de quesitos.

3. O indeferimento da perícia só pode ocorrer nas hipóteses prevista no parágrafo único do art. 420 do CPC, quais sejam: I) quando a prova de o fato não depender do conhecimento especial de técnico, II) quando for desnecessária, em vista de outras provas produzidas, e III) quando a verificação for impraticável.

4. Assim, a realização da prova pericial, quando o fato a ser demonstrado exigir conhecimento técnico ou científico, é um direito da parte, não podendo o magistrado indeferi-la, ainda que possua capacitação técnica.

5. A esta conclusão se chega não apenas em decorrência do prestígio ao contraditório e ampla defesa, mas também da interpretação, feita a contrário senso, do art. 421, parágrafo único, I, do CPC. Este dispositivo permite ao juiz indeferir a perícia quando 'a prova do fato não depender, do conhecimento especial de técnico'. Ora, se o magistrado pode indeferir a perícia quando a prova do fato não depender de conhecimento especial de técnico, pode-se dizer, então, que, quando a prova depender deste conhecimento, ela não poderá ser indeferida.

6. Portanto, no caso dos autos, acertou o Tribunal de origem quando entendeu que, em face da complexidade da matéria, é necessária a realização de prova pericial, facultando às partes a nomeação de assistentes técnicos e a formulação de quesitos.

7. Não há como fugir da conclusão do acórdão recorrido, de que a presente demanda envolve matéria complexa, pois, para isto, seria necessário revolver o contexto fático-probatório, o que esbarra na Súmula 7 desta Corte Superior.

Agravo regimental improvido" (STJ, 2ª T., AgRg no AREsp nº 184.563/RN, Rel. Min. Humberto Martins, j. em 16/8/2012, DJe de 28/8/2012).

Art. 473 - O laudo pericial deverá conter:
I - a exposição do objeto da perícia;
II - a análise técnica ou científica realizada pelo perito;
III - a indicação do método utilizado, esclarecendo-o e demonstrando ser predominantemente aceito pelos especialistas da área do conhecimento da qual se originou;
IV - resposta conclusiva a todos os quesitos apresentados pelo juiz, pelas partes e pelo órgão do Ministério Público.
§ 1º - No laudo, o perito deve apresentar sua fundamentação em linguagem simples e com coerência lógica, indicando como alcançou suas conclusões.
§ 2º - É vedado ao perito ultrapassar os limites de sua designação, bem como emitir opiniões pessoais que excedam o exame técnico ou científico do objeto da perícia.
§ 3º - Para o desempenho de sua função, o perito e os assistentes técnicos podem valer-se de todos os meios necessários, ouvindo testemunhas, obtendo informações, solicitando documentos que estejam em poder da parte, de terceiros ou em repartições públicas, bem como instruir o laudo com planilhas, mapas, plantas, desenhos, fotografias ou outros elementos necessários ao esclarecimento do objeto da perícia.

I. Fundamentação pericial

A fundamentação é outra marca do CPC/2015 e não se limita aos pronunciamentos judiciais, atingindo, também e de forma correta, o perito, apontando, didaticamente, que o laudo pericial "deve" conter, segundo o art. 473:

a) A exposição do objeto da perícia;

b) A análise técnica ou científica realizada pelo perito;

c) A indicação do método utilizado, esclarecendo-o e demonstrando ser predominantemente aceito pelos especialistas da área do conhecimento da qual se originou;

d) Resposta conclusiva a todos os quesitos apresentados pelo juiz, pelas partes e pelo órgão do Ministério Público.

E ainda impõe a adoção de "linguagem simples" e "coerência lógica", devendo apontar "como alcançou suas conclusões".

Como se vê, a perícia não é um ato de "vontade", mas um "ato vinculado" a um interesse público e resultado do exercício de um *múnus público* e, por isto, há expressa vedação a emissão de "opiniões pessoais que excedam o exame técnico ou científico do objeto da perícia", com isto meras impressões sobre declarações de pessoas, suposições sobre elementos não encontrados, declarações sem confirmação técnica ou científica não serão admitidas.

É dever responder todos os quesitos. O que fica muito claro nas regras atinentes ao laudo é que são intoleráveis atos de fuga, "achismos" sem embasamento técnico ou tergiversação para não enfrentar pontos fulcrais. O perito não pode utilizar do domínio de determinada área do conhecimento apenas para rotular opiniões sem bases sólidas, como se fossem "constatações científicas".

Repetindo, a prova pericial é importantíssima para o julgamento, para o juiz, mas, antes de tudo, é um direito das partes, cuja não realização de perícia ou sua aparência de realização são altamente prejudiciais e violadoras dos dispositivos que garantem a sua efetiva realização.

II. Poderes do perito e dos assistentes técnicos

A prova pericial não é exclusivamente o laudo pericial, mas sim todo o conjunto de atos processuais especificamente voltados à apresentação de elementos para a busca da solução de questões fáticas, técnicas ou científicas, elementos estes que não se restringem aos trazidos pelo perito judicial, mas também pelos assistentes técnicos e pelas próprias partes, para tal, o perito e os assistentes técnicos podem se valer de todos os meios necessários. O § 3º do art. 473 apresenta apenas um rol exemplificativo, relacionando entre os poderes, por exemplo, ouvir testemunhas, obter informações, solicitando documentos que estejam em poder da parte, de terceiros ou em repartições públicas, bem como instruir o laudo com planilhas, mapas, plantas, desenhos, fotografias ou outros elementos necessários ao esclarecimento do objeto da perícia.

Para boa evolução dos trabalhos o perito judicial preside as solicitações, funcionando como um catalisador das solicitações dos assistentes, até para se evitar riscos de exagero, exigências descabidas, violadoras de segredos, etc., contudo, isto não significa que o perito possa obstaculizar pretensões regulares e legítimas dos assistentes, que deverão documentar as restrições e comunicar o juiz para que haja correção de rumos.

III. Julgado

"EMENTA: PROCESSUAL CIVIL – PROVA PERICIAL – SEGUNDA PERÍCIA – ARTIGO 429 DO CPC.

I - Tendo em vista os princípios da livre apreciação da prova e da não adstrição do juiz ao laudo pericial, estando devidamente fundamentada a decisão, fica ao seu prudente arbítrio deferir a realização da segunda perícia. Sem que a parte interessada tenha impugnado oportunamente a qualificação do perito ou nomeado assistente técnico, não pode impor ao juiz a realização de nova perícia, apenas porque a primeira lhe foi desfavorável.

II - Para a realização da perícia, o perito e o assistente técnico podem socorrer-se de todos os meios de coleta de dados necessários, inclusive conhecimentos técnicos de outros profissionais, devidamente qualificados nos autos.

III - Só se conhece de recurso especial pela alínea 'c' do permissivo constitucional, se o dissídio estiver comprovado nos moldes exigidos pelos artigos 541, parágrafo único, do Código de Processo Civil e 255, parágrafos 1º e 2º, do Regimento Interno do Superior Tribunal de Justiça.

Recurso especial não conhecido" (STJ, 3ª T., REsp nº 217.847/PR, Rel. Min. Castro Filho, j. em 4/5/2004, DJe de 17/5/2004).

Art. 474 - As partes terão ciência da data e do local designados pelo juiz ou indicados pelo perito para ter início a produção da prova.

I. Acompanhamento e atuação durante a perícia

O CPC/1973, embora já apresentasse uma evolução no ponto que assegurava às partes o direito de comunicação de dia e local de início de trabalhos periciais, como já tive oportunidade de criticar, o acompanhamento não pode se limitar apenas ao *início*, como o art. 474 parece induzir, sendo assim, este direito de acompanhamento e atuação se estende por todo o curso dos trabalhos periciais, como novas visitas, análises de documentos, entre outros elementos. Neste ponto o art. 474 não pode ser lido isoladamente, já que o CPC/2015, no § 2º do art. 466, expressamente determina o direito a esta participação, impondo que o perito "deve assegurar aos assistentes das partes o acesso e o acompanhamento das diligências e dos exames que realizar, com prévia comunicação, comprovada nos autos, com antecedência mínima de cinco dias", sob pena de nulidade.

II. Julgado

"AGRAVO INTERNO NO RECURSO ESPECIAL. AÇÃO INDENIZATÓRIA. 1. INVALIDEZ PERMANENTE. CERCEAMENTO DE DEFESA. OCORRÊNCIA. RECONHECIMENTO DA INVALIDEZ PERMANENTE. LAUDO DO INSS. ÚNICA PROVA. PRESUNÇÃO RELATIVA. NECESSIDADE DE REALIZAÇÃO DA PROVA PERICIAL REQUERIDA. 2. CONCESSÃO DE APOSENTADORIA POR INVALIDEZ PELO INSS. PROVA APTA AO PAGAMENTO DA COBERTURA SECURITÁRIA. PREVISÃO CONTRATUAL. ACOLHIMENTO DESSA TESE. IMPOSSIBILIDADE. INCIDÊNCIA DAS SÚMULAS 5 E 7 DO STJ. 3. AGRAVO INTERNO DESPROVIDO.

1. A jurisprudência desta Casa dispõe no sentido de que a concessão, pelo INSS, de aposentadoria decorrente de invalidez permanente não constitui prova absoluta da invalidez total e permanente do recorrido para fins do contrato de seguro privado. Precedentes. Determinado o retorno dos autos à origem para dar continuidade à instrução probatória, tendo em vista estar configurado o cerceamento de defesa.

2. O acolhimento da tese sustentada pela parte recorrente nas contrarrazões ao recurso especial e no respectivo agravo interno (acerca da existência de previsão contratual admitindo a utilização da concessão de aposentadoria por invalidez pelo INSS para o segurado comprovar o direito à percepção da cobertura securitária contratada) demandaria o reexame dos fatos e das provas dos autos e a interpretação de cláusulas contratuais, o que não se admite nesta instância extraordinária, ante o disposto nas Súmulas 5 e 7 do STJ.

3. Agravo interno desprovido" (3ª T., AgInt no REsp nº 1635373/PR, Rel. Min. Marco Aurélio Bellizze, j. em 16/2/2017, DJe de 1º/3/2017).

Art. 475 - Tratando-se de perícia complexa que abranja mais de uma área de conhecimento especializado, o juiz poderá nomear mais de um perito, e a parte, indicar mais de um assistente técnico.

I. Perícia complexa

A perícia complexa se dá quando houver necessidade de mais de uma área do conhecimento, hipótese em que o juiz nomeia tantos peritos quantas sejam as especialidades. Nada impede que um perito tenha mais de uma área, porém, com as áreas cada vez mais específicas, o processo não poderia ignorar esta realidade e até dela fazer uso, por isto, desde a reforma do CPC/1973 que introduziu o art. 431-B, esta possibilidade foi expressamente prevista.

Devido à especialização, os peritos podem ser da mesma área, mas não da mesma subárea.

Embora na perícia haja mais de um perito, o laudo emitido é apenas um, não se confundem "duas periciais" com "perícia complexa de duas áreas", neste último caso o laudo é um só, porém os trabalhos periciais são de dois que têm o dever de homogeneizar seus posicionamentos.

Do mesmo modo, havendo perícia complexa, é direito das partes a indicação de mais de um assistente técnico também.

Caso haja mais de uma área do conhecimento, porém o perito reúna as áreas necessárias, nada impede que as partes tenham mais de um assistente técnico.

II. Julgado

"AGRAVO DE INSTRUMENTO. AÇÃO CIVIL PÚBLICA. Pedido de realização da perícia pela CETESB recusado. INADMISSIBILIDADE. O juiz é livre para nomear perito de sua confiança e não aquele pretendido pela parte. PERÍCIA MULTIDISCIPLINAR. Cabe ao juízo nomear equipe multidisciplinar para produção da prova pericial. Inteligência do artigo 475 do CPC. NEGADO PROVIMENTO." (TJSP, 1ª Câmara Reservada ao Meio Ambiente, Foro de Presidente Epitácio - 1ª Vara, Agravo de Instrumento nº 2007425-88.2016.8.26.0000, Rel. Ruy Alberto Leme Cavalheiro, j. em 7/7/2016, data de registro 11/7/2016).

Art. 476 - Se o perito, por motivo justificado, não puder apresentar o laudo dentro do prazo, o juiz poderá conceder-lhe, por uma vez, prorrogação pela metade do prazo originalmente fixado.

I. Prorrogação do prazo para entrega do laudo

Não é incomum o atraso na entrega dos laudos. O CPC/1973, em seu art. 432, previa a possibilidade de, por motivo justificado, o juiz conceder prorrogação "por uma vez" conforme "seu prudente arbítrio". Seguramente por uma extensão muito grande do prazo para entrega, o CPC/2015 foi no art. 476 mais direto, autorizando o juiz a conceder prazo adicional, porém da metade do prazo originariamente fixado.

A regra é clara: autorização adicional, por uma vez e da metade do prazo anterior. Contudo, isto se dá nas hipóteses em que o mesmo escopo vai ser perseguido. Caso haja ampliação do espectro da perícia ou haja algum elemento novo a ser considerado, este prazo da metade pode ser flexibilizado.

II. Julgado

"EMENTA: AGRAVO DE INSTRUMENTO. AÇÃO ORDINÁRIA DE RESSARCIMENTO. APRESENTAÇÃO DE LAUDO PERICIAL. REQUERIMENTO DE PRORROGAÇÃO DO PRAZO PREVISTO NO ART. 433, PARÁGRAFO ÚNICO, DO CPC. INDEFERIMENTO. REFORMA. QUESTÃO COMPLEXA. PRAZO DILATÓRIO. APLICAÇÃO ANALÓGICA DO ART. 432 DO MESMO CÓDEX. RECURSO PROVIDO" (TJPR, 5ª Câmara Cível, Agravo de Instrumento nº 0003398-12.2015.8.16.0000, Rel. Des. Carlos Mansur Arida, j. em 23/6/2015).

Art. 477 - O perito protocolará o laudo em juízo, no prazo fixado pelo juiz, pelo menos 20 (vinte) dias antes da audiência de instrução e julgamento.

§ 1º - As partes serão intimadas para, querendo, manifestar-se sobre o laudo do perito do juízo no prazo comum de 15 (quinze) dias, podendo o assistente técnico de cada uma das partes, em igual prazo, apresentar seu respectivo parecer.

§ 2º - O perito do juízo tem o dever de, no prazo de 15 (quinze) dias, esclarecer ponto:

I - sobre o qual exista divergência ou dúvida de qualquer das partes, do juiz ou do órgão do Ministério Público;

II - divergente apresentado no parecer do assistente técnico da parte.
§ 3º - Se ainda houver necessidade de esclarecimentos, a parte requererá ao juiz que mande intimar o perito ou o assistente técnico a comparecer à audiência de instrução e julgamento, formulando, desde logo, as perguntas, sob forma de quesitos.
§ 4º - O perito ou o assistente técnico será intimado por meio eletrônico, com pelo menos 10 (dez) dias de antecedência da audiência.

I. Entrega do laudo e prazo mínimo para a audiência

O laudo pericial deve ser entregue no prazo designado pelo juiz, não podendo a audiência de instrução ocorrer em prazo menor de 20 dias. Porém, se a perícia não é conclusiva, o prazo para realização da audiência ainda não terá início, não podendo a audiência realizar-se.

O art. 477 ainda especifica com mais clareza inúmeros pontos em relação ao CPC/1973. O perito terá o dever de em 15 dias de sua intimação esclarecer não somente dúvidas das partes, Ministério Público ou do juiz, mas especialmente divergências entre quaisquer uns destes, o mesmo ocorrendo com divergências dos assistente.

Realizada a manifestação complementar do perito, caso persista necessidade, a parte pode requerer comparecimento do perito e de assistentes técnicos em audiência para esclarecimentos, mas devem já formular perguntas, das quais comunicados por meio eletrônico perito e assistentes técnicos com prazo mínimo de 10 (dez) dias. É importantíssimo ficar claro que estes quesitos não impedem a técnica fundamental de reperguntas em audiência, até porque a utilidade da técnica oral estará justamente nestas reperguntas e na análise pelo juiz do comportamento e do conteúdo das repostas.

Fica claro que o perito tem o dever de enfrentar as divergências com os assistentes e, quando verificar equívocos ou incompletude, ter a elevação técnica e a responsabilidade para reposicionar suas manifestações e conclusões, o que somente elevará sua posição ética e de seriedade para com o elevado mister do qual foi incumbido. Isto certamente lhe trará frutos positivos, e não negativos, como usualmente pensam os peritos que insistem em equívocos só porque acham que isto lhes desqualificará perante os juízes que os nomeiam. Esta cultura precisa mudar, rapidamente.

A verdade é que falta a nós, trabalhadores no processo, humildade e reconhecimento de que temos falhas e nossas responsabilidades devem falar muito mais alto que nossos egos sustentando acertos eternos, impossíveis, que prejudicam severamente a qualidade da prestação jurisdicional e colocam as partes, suas vidas e a verdade em planos secundários, inadmissíveis no Estado democrático de Direito.

II. Julgados

"EMENTA: RECURSO ESPECIAL. ADMINISTRATIVO. MILITAR. REFORMA. MOLÉSTIAS NA ATIVA. DIREITO À REFORMA. NULIDADE DO LAUDO PERICIAL. INEXISTÊNCIA E INTIMAÇÃO DA UNIÃO PARA COMPARECER AO EXAME. IMPRESTABILIDADE DO ASSISTENTE TÉCNICO. ART. 433, PARÁGRAFO ÚNICO, DO CPC. SÚMULA 7/STJ. INEXISTÊNCIA DE ARGUMENTOS APTOS A ENSEJAR A MODIFICAÇÃO DA DECISÃO AGRAVADA.

Agravo regimental improvido" (STJ, 6ª T., AgRg no REsp nº 1.152.955/RN, Rel. Min. Sebastião Reis Júnior, j. em 5/6/2012, DJe de 18/6/2012).

"EMENTA: RECURSO ESPECIAL - PROCESSUAL CIVIL - PERITO - PARECER - ASSISTENTE TÉCNICO - APRESENTAÇÃO INTEMPESTIVA DA MANIFESTAÇÃO - PRAZO PRECLUSIVO - DESENTRANHAMENTO - INTELIGÊNCIA DO ARTIGO 433, PARÁGRAFO ÚNICO DO CPC

1. O prazo de que dispõe o assistente técnico para juntada do parecer é preclusivo, cuja apresentação extemporânea impõe o seu desentranhamento. Precedentes: REsp 792.741/RS, Rel. Ministra NANCY ANDRIGHI, DJ 25/10/2007; REsp 800.180/SP, Rel. Ministro JORGE SCARTEZZINI, DJ 08/05/2006; REsp

299.575/MG, Rel. Ministro ANTÔNIO DE PÁDUA RIBEIRO, DJ 15/12/2003.

2. Recurso especial desprovido" (STJ, 1ª T., REsp nº 918.121/SP, Rel. Min. Luiz Fux, j. em 2/12/2008, DJe de 17/12/2008).

"EMENTA: AÇÃO DE COBRANÇA. ROYALTIES. LITISCONSORTE COLIGADA À RÉ. ILEGITIMIDADE PASSIVA. CERCEAMENTO DE DEFESA. PERÍCIA. PEDIDO DE ESCLARECIMENTO. NÃO APRECIAÇÃO. OFENSA AO ART. 435 DO ESTATUTO PROCESSUAL.

Não pode sofrer as consequências da condenação quem foi posto no polo passivo exclusivamente para apresentar documentos pertinentes à causa.

Pendente pedido de esclarecimento da prova pericial, não pode a lide ser julgada com fundamento exclusivo na perícia inconclusa em prejuízo de quem postula aclará-la, sem que tal pedido tenha sido apreciado.

Recurso especial parcialmente conhecido e, nessa extensão, provido" (STJ, 4ª T., REsp nº 737.758/SP, Rel. Min. Cesar Asfor Rocha, j. em 13/2/2007, DJe de 14/5/2007).

Art. 478 - Quando o exame tiver por objeto a autenticidade ou a falsidade de documento ou for de natureza médico-legal, o perito será escolhido, de preferência, entre os técnicos dos estabelecimentos oficiais especializados, a cujos diretores o juiz autorizará a remessa dos autos, bem como do material sujeito a exame.

§ 1º - Nas hipóteses de gratuidade de justiça, os órgãos e as repartições oficiais deverão cumprir a determinação judicial com preferência, no prazo estabelecido.

§ 2º - A prorrogação do prazo referido no § 1º pode ser requerida motivadamente.

§ 3º - Quando o exame tiver por objeto a autenticidade da letra e da firma, o perito poderá requisitar, para efeito de comparação, documentos existentes em repartições públicas e, na falta destes, poderá requerer ao juiz que a pessoa a quem se atribuir a autoria do documento lance em folha de papel, por cópia ou sob ditado, dizeres diferentes, para fins de comparação.

I. Nomeações preferenciais e gratuidade na perícia

Nas perícias médico-legais e de verificação de falsidade ou autenticidade de documentos, inclusive pelas possíveis implicações criminais, determina-se a nomeação, preferencialmente, de peritos de estabelecimentos oficiais, como institutos de criminalística, departamentos especializados em universidades públicas, entre outros, sendo que nestes casos os autos e eventuais materiais a serem periciados deverão ser enviados ao diretores dos órgãos.

Nos casos em que o exame envolver análise de autenticidade de letra ou firma, o perito está autorizado a requisitar documentos que se encontrarem em repartições públicas, justamente para comparação técnica e, caso não seja possível, admite-se obtenção de letras ou firmas por meio de ditado para comparação, atualmente a autenticidade de meios eletrônicos pode também necessitar de diferentes técnicas, que poderão ser empregadas, porque, no plano finalístico, o objetivo será analisar se são de fato de determinada pessoa, porém inútil seria exigir assinaturas físicas.

Se houver beneficiário da justiça gratuita, repartições públicas podem com seus especialistas e *expertise* colaborar com a Justiça e deverão observar o prazo estabelecido pelo Juiz e tratar o trabalho como preferencial em relação a outros, cabendo pedido de prorrogação do prazo, desde que por justificativa plausível.

Art. 479 - O juiz apreciará a prova pericial de acordo com o disposto no art. 371, indicando na sentença os motivos que o levaram a considerar ou a deixar de considerar as conclusões do laudo, levando em conta o método utilizado pelo perito.

I. Valoração da prova pericial e decisão sobre questões fáticas

Em várias oportunidades chegou-se a afirmar que o CPC/2015 não traria grandes modificações, não seria uma verdadeira quebra de paradigmas. Todavia, há marcantes modificações que dependerão muito do (re) conhecimento dos participantes do processo, principalmente juízes, advogados e promotores de que não é do que se tratará, mas sim como.

Dentre as mudanças está o que se compreende por contraditório e sua operacionalização (meio) no processo, a vedação a decisões-surpresa e sobre o que deve ser considerado fundamentação, para tanto havendo o disposto no art. 489, que descreve o que não se admite como fundamentação de qualquer decisão:

a) se limitar à indicação, à reprodução ou à paráfrase de ato normativo, sem explicar sua relação com a causa ou a questão decidida;

b) empregar conceitos jurídicos indeterminados, sem explicar o motivo concreto de sua incidência no caso;

c) invocar motivos que se prestariam a justificar qualquer outra decisão;

d) não enfrentar todos os argumentos deduzidos no processo capazes de, em tese, infirmar a conclusão adotada pelo julgador;

e) limitar-se a invocar precedente ou enunciado de súmula, sem identificar seus fundamentos determinantes nem demonstrar que o caso sob julgamento se ajusta àqueles fundamentos;

f) deixar de seguir enunciado de súmula, jurisprudência ou precedente invocado pela parte, sem demonstrar a existência de distinção no caso em julgamento ou a superação do entendimento.

Mas, em que pese toda a preocupação identificável no artigo citado, especificamente na valoração da prova pericial, há mais uma regra que especifica, ainda mais, o disposto no art. 371, para não dar margem a qualquer dúvida que na valoração da prova pericial deverão ser indicados "na sentença os motivos que levaram o juiz a considerar ou deixar de considerar as conclusões do laudo, levando em conta o método utilizado pelo perito" (art. 479) e esta valoração terá relação direta com a "fundamentação pericial", pois, se esta não existir, em geral impossibilitada estará a demonstração dos motivos pelo juiz.

Segundo o art. 371: "O juiz apreciará a prova constante dos autos, independentemente do sujeito que a tiver promovido, e indicará na decisão as razões da formação de seu convencimento."

Portanto, os deveres de fundamentação pericial e judicial são vasos comunicantes e é de sua conjugação que serão observados os requisitos de validade das soluções das questões fáticas envolvendo elementos técnicos ou científicos.

Não serão admissíveis declarações como: "convencido dos fundamentos do laudo", "extraído das conclusões apresentadas pelo expert resulta cristalino...", enfim, descritivos não para demonstrar as razões do convencimento, mas que apenas anunciam um convencimento.

No Estado de Direito, a atividade jurisdicional não é um ato de vontade, com isto não cabe se descrever com se vontade do Estado fosse, porque não há suporte político-institucional para tal conduta, daí a imposição de fundamentação na Constituição Federal (art. 93, inciso IX, da CF).

A atividade jurisdicional atende a uma *finalidade pública* que se, por um lado, autoriza a invasão da esfera jurídica do particular pelo Estado-Juiz, por outro, impõe que esta atuação se dê mediante fundamentação justificadora, legitimadora da conduta, isto porque o ato de julgar não é uma tomada de posição, mas antes uma solução escorada em um sistema jurídico e um processo que deve reunir os elementos justificadores para tal atuação, portanto o foco não está na conclusão (no *decisum*), mas na sua estrutura de base, na fundamentação descritivo-legitimadora.

Magistrados e peritos têm papéis fundamentais para a sociedade e a fundamentação efetiva nos processos é dever estabelecido, o que, finalisticamente, enaltece, valida e qualifica seus atos.

II. Julgados

"EMENTA: PROCESSUAL CIVIL. AGRAVO REGIMENTAL NO AGRAVO EM RECURSO ESPECIAL. RESPONSABILIDADE CIVIL DO ESTADO. ERRO MÉDICO. VIOLAÇÃO AO ART. 535 DO CPC. NÃO CARACTERIZAÇÃO. OFENSA AO ART. 436 DO CPC. INEXISTÊNCIA. NÃO VINCULAÇÃO AO LAUDO PERICIAL. REEXAME DE PROVAS. NÃO CABIMENTO. SÚMULA 7/STJ.

1. O Tribunal de origem dirimiu, de forma clara e fundamentada, as questões que lhe foram submetidas, apreciando integralmente a controvérsia posta nos presentes autos. Não se pode confundir julgamento desfavorável ao interesse da parte com negativa ou ausência de prestação jurisdicional.

2. Nos termos do art. 436 do CPC, o juiz não está adstrito a conclusões do laudo pericial, uma vez que pode formar suas convicções com base em outros elementos ou fatos existentes nos autos, o que ocorreu na espécie.

3. No caso, a Corte de origem, à luz da prova dos autos, concluiu pela configuração de todos os pressupostos da responsabilidade civil. Desse modo, a alteração das conclusões adotadas pelo Tribunal *a quo*, tal como colocada a questão nas razões recursais, demandaria, necessariamente, novo exame do acervo fático--probatório constante dos autos, providência vedada em recurso especial, conforme o óbice previsto na Súmula 7/STJ.

4. Agravo regimental a que se nega provimento" (STJ, 1ª T., AgRg no AREsp nº 480.046/ES, Rel. Min. Sérgio Kukina, j. em 5/3/2015, DJe de 11/3/2015).

"APELAÇÃO CÍVEL. AÇÃO PREVIDENCIÁRIA. SENTENÇA DE IMPROCEDÊNCIA. AUXÍLIO-DOENÇA ACIDENTÁRIO. POSSIBILIDADE. MAGISTRADO QUE NÃO ESTÁ ADSTRITO AO LAUDO PERICIAL. LIVRE CONVENCIMENTO DO JUIZ. EXISTÊNCIA DE CAT. ACIDENTE DE TRABALHO QUE CONTRIBUIU PARA A DOENÇA. CONCAUSA. ARTIGO 21, I, DA LEI 8213/91. APLICAÇÃO DO PRINCÍPIO DO IN DUBIO PRO MISERO. TERMO INICIAL. ENUNCIADO Nº 19 DESTE TRIBUNAL. REQUERIMENTO ADMINISTRATIVO. JUROS E CORREÇÃO MONETÁRIA. FIXAÇÃO. ART. 1ºF DA LEI 9494/1997. INVERSÃO DOS ÔNUS SUCUMBENCIAIS. RECURSO CONHECIDO E PROVIDO" (TJPR, 7ª C. Cível, Santa Fé, AC nº 1635164-1, Rel. D'Artagnan Serpa Sá, unânime, j. em 18/7/2017).

Art. 480 - O juiz determinará, de ofício ou a requerimento da parte, a realização de nova perícia quando a matéria não estiver suficientemente esclarecida.

§ 1º - A segunda perícia tem por objeto os mesmos fatos sobre os quais recaiu a primeira e destina-se a corrigir eventual omissão ou inexatidão dos resultados a que esta conduziu.

§ 2º - A segunda perícia rege-se pelas disposições estabelecidas para a primeira.

§ 3º - A segunda perícia não substitui a primeira, cabendo ao juiz apreciar o valor de uma e de outra.

I. Segunda perícia

A segunda perícia ocorre quando o objeto da perícia não esteja suficientemente esclarecido, envolvendo também dúvida quando aos métodos e critérios adotados pelo perito. A denominação é segunda pois a primeira é válida, sendo que aquela ocorrerá com as mesmas disposições da que lhe foi anterior e no momento da valoração as duas deverão ser consideradas; por isto se diferencia completamente da perícia que é anulada, quando a subsequente a substitui, não cabendo a consideração da primeira.

Tanto a anulação quanto a segunda perícia podem ser determinadas pelo juiz a requerimento ou de ofício, incluindo decisão no âmbito recursal, podendo a perícia ocorrer no juízo de primeiro grau ou em sede recursal, o que, em regra, parece ser muito mais eficiente, já que a nomeação e o desenvolvimento já se darão pelo relator e a decisão valorando a prova será pelo órgão colegiado.

II. Julgados

"EMENTA: AGRAVO DE INSTRUMENTO. AÇÃO DE INDENIZAÇÃO. LIQUIDAÇÃO DE SENTENÇA. – PLEITO DE JULGAMENTO MONOCRÁTICO DO RECURSO. IMPOSSIBILIDADE. AUSÊNCIA DOS REQUISITOS DO ART. 557, §1º-A DO CPC. – NOMEAÇÃO DE NOVO PERITO. ALTERAÇÃO DA ESPECIALIDADE DA PERÍCIA. APRESENTAÇÃO DE NOVOS QUESITOS. POSSIBILIDADE. NULIDADE DA PRIMEIRA PERÍCIA QUE IMPLICA A NULIDADE DE TODO O PROCEDIMENTO REFERENTE À REALIZAÇÃO DA PERÍCIA. – NULIDADE DA DECISÃO AGRAVADA. OCORRÊNCIA. CONTRADITÓRIO E AMPLA DEFESA NÃO OBSERVADOS. APRESENTAÇÃO DE NOVOS QUESITOS POR AMBAS AS PARTES DIANTE DA NOMEAÇÃO DE NOVO PERITO RELACIONADO À NOVA ÁREA DE ESPECIALIDADE. – RECURSO CONHECIDO E PROVIDO" (TJPR, 9ª Câmara Cível, Agravo de Instrumento nº 0003732-46.2015.8.16.0000, Rel. Des. Vilma Régia Ramos de Rezende, j. em 14/5/2015).

"Agravo de instrumento. Ação revisional de contratos de compra e venda de insumos e cédulas de produto rural. Novos documentos acostados aos autos. Ausência de intimação da parte contrária para manifestação. Violação ao princípio do contraditório configurada. Perícia complementar. Realização de forma espontânea pelo perito. Ausência de determinação judicial. Irregularidade constatada. Violação ao art. 480, do Código de Processo Civil de 2015. Nulidade reconhecida. Recurso provido. Não sendo oportunizada à parte agravante a manifestação quanto aos novos documentos acostados e não havendo nos autos qualquer determinação judicial para a realização de perícia complementar, entendo que a realização da segunda perícia se deu, com efeito, ao arrepio dos arts. 436 e 480, do CPC/15, de modo deve ser declarada nula" (TJPR, 16ª C. Cível, AI nº 1676128-1, Santa Mariana, Rel. Hélio Henrique Lopes Fernandes Lima, unânime, j. em 23/8/2017).

"APELAÇÕES CÍVEIS. PROCESSO CIVIL. PREVIDENCIÁRIO. AÇÃO DE CONCESSÃO DE AUXÍLIO-ACIDENTE E/OU APOSENTADORIA POR ACIDENTE DE TRABALHO OU AUXÍLIO-DOENÇA POR ACIDENTE DE TRABALHO COM PEDIDO DE TUTELA ANTECIPADA. SENTENÇA QUE JULGOU IMPROCEDENTES OS PEDIDOS. RECURSO 2 - PRELIMINAR DE NULIDADE DA PROVA PERICIAL REALIZADA - ACOLHIMENTO - LAUDO PERICIAL QUE ESTÁ PARCIALMENTE COMPROMETIDO, POIS DISSOCIADO DE OUTROS ELEMENTOS CONSTANTES NOS AUTOS - NECESSIDADE DA PROVA TÉCNICA PARA A VERIFICAÇÃO DA EXISTÊNCIA DE INCAPACIDADE LABORAL OU MESMO REDUÇÃO DA CAPACIDADE DE TRABALHO, ALÉM DO NEXO ENTRE AS DOENÇAS E O TRABALHO EXERCIDO - APLICAÇÃO DO PREVISTO NO ART. 480 DO CÓDIGO DE PROCESSO CIVIL DE 2015 - CASSAÇÃO DA SENTENÇA, COM RETORNO DOS AUTOS À VARA DE ORIGEM PARA A REALIZAÇÃO DE NOVA PERÍCIA, PREJUDICADA A ANÁLISE DAS DEMAIS QUESTÕES SUSCITADAS. RECURSO PROVIDO, PREJUDICADO O EXAME DO RECURSO" (TJPR, 6ª C. Cível, Curitiba, AC nº 1619154-5, Rel. Roberto Portugal Bacellar, unânime, j. em 8/8/2017).

Seção XI - Da Inspeção Judicial

Art. 481 - O juiz, de ofício ou a requerimento da parte, pode, em qualquer fase do processo, inspecionar pessoas ou coisas, a fim de se esclarecer sobre fato que interesse à decisão da causa.

Autor: Ivan Aparecido Ruiz

I. Considerações preliminares necessárias acerca da Inspeção Judicial

Estas anotações ao CPC/2015 se referem à *inspeção judicial*. Encontra-se a mesma na Seção XI (*Da Inspeção Judicial*), do Capítulo XII (*Das Provas*), do Título I (*Do Procedimento Comum*), do Livro I (*Do Processo de Conhecimento e do Cumprimento de Sentença*), da Parte Especial do Código de Processo Civil de 2015 (Lei federal nº 13.105, de 16 de março de 2015, publicada no DOU de 17 de março de 2015, com período de 1 (um) ano de *vacatio legis*, nos termos de seu art. 1.045). É de se ressaltar que o CPC/2015, diferentemente do CPC/1973, previu em seu bojo uma *Parte Geral*, mas não foi nessa Parte Geral que a Inspeção Judicial mereceu tratamento jurídico, como era de se esperar, assim como todo o conteúdo da prova. Pensa-se que o legislador perdeu uma grande oportunidade de fazer esse tratamento no âmbito da Parte Geral, a qual projetaria suas normas para toda a *Parte Especial*. Como se pode observar, o legislador, embora tenha inovado, nesse diploma legal, ao prever uma Parte Geral, no tratamento da Prova preferiu manter o mesmo entendimento ao cuidá-la no âmbito do Processo de Conhecimento, o qual está inserido na *Parte Especial*. É de registrar, finalmente, que o CPC/2015 cuida da Prova no contexto do Processo de Conhecimento. Assim, embora não tenha o legislador cuidado da Prova na Parte Geral, todo Capítulo da Prova, no que couber, tem aplicação aos Procedimentos Especiais, aos Procedimentos de Jurisdição Voluntária, ao Livro II, da Parte Especial (*Processo de Execução*), ao Livro III, da Parte Especial (Processos nos Tribunais e dos Meios de Impugnação das decisões judiciais), em especial os *processos de competência originária dos tribunais*. Ainda, vale lembrar, não só com relação à *inspeção judicial*, mas a todos os meios de provas, o magistrado ou tribunal, como destinatários da prova, deve estar atento ao comando do art. 1º do CPC/2015, quando estabelece que "O processo civil será ordenado, disciplinado e interpretado conforme os valores e as normas fundamentais estabelecidos na Constituição da República Federativa do Brasil, observando-se as disposições deste Código"

II. Comparação da redação do CPC/1973 com a do CPC/2015

O art. 481 do CPC/2015, objeto destas anotações, reproduz, sem qualquer alteração em sua redação, o art. 440 do CPC/1973, que tem a seguinte redação, *in verbis*: "Art. 440. O juiz, de ofício ou a requerimento da parte, pode, em qualquer fase do processo, inspecionar pessoas ou coisas, a fim de se esclarecer sobre fato, que interesse à decisão da causa".

III. A natureza jurídica da inspeção judicial

A inspeção judicial, embora haja discussão na doutrina, é um meio de prova, tanto que ela vem tratada no Capítulo *Das Provas*. Este artigo do Código de Processo Civil de 2015 cuida do *objeto* e da *finalidade* da inspeção judicial. É uma modalidade de prova que se realiza fora da sede do juízo (edifício do Fórum ou Tribunal), abrindo exceção a regra geral, prevista no art. 217 do CPC/2015, de que os atos processuais são realizados ordinariamente na sede do juízo. Consiste ela, portanto, no meio de prova *complementar* em que o juiz procede a coleta da prova diretamente, por seus próprios sentidos, inspecionando pessoas ou coisas, que possam interessar à causa, influenciando no seu convencimento. É um ato realizado diretamente pelo juiz, onde ele próprio examina a coisa ou a pessoa (o magistrado não se utiliza de instrumentos ou pessoas para colher elementos indispensáveis à formação de seu convencimento). Por isso a cizânia na doutrina a respeito da natureza jurídica da inspeção judicial, considerando-a como *prova complementar* ou *prova especial*.

IV. A inspeção judicial e o princípio da imediatidade

Tem-se, aqui, que observar o *princípio da imediatidade*, porquanto compete ao magistrado proceder direta e pessoalmente à colheita das provas. Aqui, interessante registrar que o CPC/2015 não reproduziu a regra constante do art. 446, inciso II, do CPC/1973 (Compete ao juiz em especial: proceder direta e pessoalmente à colheita das provas), que tratava, especificamente, de modo geral, do princípio da imediatidade. No entanto, o art. 481 do CPC/2015, nos mesmos moldes do CPC/1973, estabelece que "O juiz, de ofício ou a requerimento da parte, pode, em qualquer fase do processo, inspecionar pessoas ou coisas, a fim de se esclarecer sobre fato que interesse à decisão da causa". Como se percebe, a inspeção judicial é ato pessoal do juiz. É ele que deve proceder a inspeção em pessoas ou coisas. Não pode delegar essa função ou atividade a outrem, nem mesmo aos Auxiliares da Justiça. É que é ele o destinatário da prova, principalmente quando da formação de seu convencimento.

V. Incidência da inspeção judicial

Esse meio de prova recai em *pessoas* e *coisas*, estas, móveis ou imóveis e, nestes compreendidos os lugares (*v.g.* servidão). Entre as pessoas deve-se, também, compreender as *partes* e os *terceiros*. Quanto às *partes*, registre-se que é *dever*, imposto pelas normas jurídicas processuais, que elas submetam-se à inspeção judicial. O *terceiro* também está sujeito à inspeção judicial, porquanto tem o *dever* de colaborar com o Poder Judiciário para o descobrimento da verdade.

VI. Incidência da inspeção judicial em pessoas, em hipóteses que envolvem direitos fundamentais e direitos da personalidade

Em se tratando de *inspeção judicial* sobre pessoas deve o juiz, ainda, estar atento aos *Direitos Fundamentais* e, principalmente, sobre os *Direitos da Personalidade*, a fim de que não ocorra a violação da intimidade, da vida privada, da honra e da intimidade daquelas, principalmente diante dos *Princípios Fundamentais* e de um dos *fundamentos* da República Federativa do Brasil, que é a *dignidade da pessoa humana*. A inspeção judicial é ato processual do juiz. Portanto, a inspeção judicial deve ser realizada pessoalmente pelo Juiz, e não por meio de interposta pessoa (Escrivão, Auxiliar da Justiça, Estagiário, etc.), porquanto ele é o destinatário da prova.

VII. A inspeção judicial como meio de prova e o princípio da fundamentação

Em matéria de Prova, em especial no que se refere à *inspeção* judicial, o magistrado, pelo CPC/2015, além dos comandos estabelecidos na Constituição da República Federativa do Brasil de 1988, no concernente aos princípios fundamentais, aos direitos e garantias fundamentais, deve, também, não só estar atento ao comando do art. 93, inciso IX, da CRF/1988, em conjunto com o art. 1º do CPC/2015, mas, sobretudo, cuidar de sua correta aplicação, porquanto todos os julgamentos dos órgãos do Poder Judiciário serão fundamentados, sob pena de nulidade (art. 11 do CPC/2015). Em caso de sentença essa exigência da fundamentação também vem prevista no art. 489 e seus incisos, devendo o julgador fica atento ao que dispõe o § 1º e incisos I a VI do CPC/2015. Também nesse contexto da inspeção judicial, é importante ressaltar que se o magistrado valer-se dela nos casos da tutela provisória, de urgência (cautelar e antecipada) e de evidência, deverá observar o comando do art. 298 do CPC/2015, que exige que a decisão seja motivada, quanto ao seu convencimento, de modo claro e preciso.

VIII. Do cabimento da inspeção judicial e do poder de iniciativa do juiz quanto a essa modalidade de prova

Tem a *inspeção judicial* cabimento toda vez que tenha por objetivo esclarecer fato que interessa à decisão a ser proferida pelo órgão jurisdicional, ou seja, quando há um ponto de fato controvertido, porquanto fatos incontroversos não dependem de prova. Daí o caráter de complementaridade da inspeção judicial. A iniciativa pode ser do próprio juiz, de ofício, sem requerimento das partes. Para tanto deverá haver pronunciamento nesse sentido no processo, normalmente por intermédio de despacho, onde deverá indicar, com precisão, a coisa ou pessoa a ser inspecionada, o fato que necessita de esclarecimento, a nomeação de perito, se for o caso, bem como a menção do dia, hora e lugar em que esse ato processual, inspeção judicial, deverá ser realizado. Isto porque os poderes instrutórios do juiz, atualmente, foram remodelados, ampliados. Em matéria probatória não pode mais o magistrado ficar adstrito, sujeito, ao *Princípio Dispositivo*, em sua leitura original, onde o processo seria "coisa das partes". Não. O magistrado atual deve ser um sujeito ativo, preocupado com a entrega da prestação jurisdicional pautada na verdade e certeza. Como afirma a doutrina, o juiz não pode ser visto como um "convidado de pedra". Vive-se outro tempo, em que o processo tem uma natureza essencialmente pública. Deve o magistrado, no entanto, toda vez que determinar a realização da inspeção judicial, seja de pessoas ou coisas, repita-se, fundamentar a sua decisão.

IX. Momentos da proposição e realização da inspeção judicial

As partes também têm o poder de iniciativa (proposição) dessa modalidade de prova, devendo a parte autora *indicar* na petição inicial (art. 319, inciso VI, do CPC/2015), ao passo que a parte ré deve *especificar* na contestação (art. 336 do CPC/2015). Esses são os momentos adequados para a sua proposição pelas partes. No entanto, essa modalidade de prova – inspeção judicial – poderá ser requerida (proposta), deferida e *produzida em qualquer momento do curso do procedimento*, ou no dizer da lei, em qualquer fase do processo, antes da resolução do mérito. Não se deve perder de vista que a *inspeção judicial* é um meio de prova complementar e, por essa razão, o juiz, sempre visando formar o seu convencimento, poderá determiná-la, de ofício, até mesmo por ocasião do *despacho liminar ordinatório*. Mas, se entender conveniente, poderá determinar a realização da inspeção judicial depois da produção das demais provas. Apesar de a *inspeção judicial* (realiza-se de forma endoprocessual e no curso do procedimento) não se confundir com a *exibição* (realiza-se de forma extraprocessual e antes da incoação do processo), estão as coisas móveis sujeitas a ela nas mesmas hipóteses de cabimento desta (arts. 438 e 444, todos do CPC/2015).

X. Julgados

"A utilização da inspeção judicial como meio de prova se justifica sempre que houver necessidade de o magistrado melhor avaliar ou esclarecer um fato controvertido, ou seja, naquelas situações em que essa percepção não puder ser obtida pelos outros meios de prova comumente admitidos no processo" (STJ, 3ª T., AgRg. no REsp. nº 1110215/RJ, Agravo Regimental no Recurso Especial nº 2008/0272598-5, Rel. Min. Sidnei Beneti, j. em 27/10/2009, DJe de 6/11/2009, v.u.).

"Ementa: Agravo de Instrumento 1.361.636-9, da 5ª Vara Cível da Região Metropolitana de Maringá - Foro Central de Maringá. Agravante: Guairacá Loteamentos Ltda. Agravados: Conterpavi Construções Terraplanagem Pavimentações Ltda. e Pedreira Ingá Indústria e Comércio Ltda. Relator: Des. Fábio Haick Dalla Vecchia. Ementa. Agravo de Instrumento. Processual Civil. Ação de Obrigação de Fazer. Determinação de Inspeção Judicial. Meio de Prova Subsidiário. Faculdade do Juiz. Livre Convencimento motivado. Arts. 130, 131, 440 e 461 do CPC. 1. Sempre que os demais meios de provas se mostrem insuficientes para o convencimento, pode o juiz, de ofício ou a requerimento da parte, em qualquer fase do processo, determinar a inspeção judicial para esclarecer fatos que interessem à decisão da causa, inserindo-se tal determinação nos poderes instrutórios do julgador, por conta do seu livre convencimento motivado, bem como da faculdade que a lei lhe concede em determinar providências que assegurem o resultado prático da obrigação de fazer. 2. Agravo de instrumento conhecido e não provido" (TJPR, 7ª Câmara Cível, Processo nº 1361636-9, Acórdão nº 52998, Rel. Dalla Vecchia, DJ 1675, j. em 22/9/2015, publ. 23/10/2015).

"Acidentária - Laudo médico negativo - Pedido de realização de inspeção judicial - Inadmissibilidade no caso concreto. 'Verificado nos autos que a prova médica produzida traz subsídios suficientes para o deslinde da demanda, não se vislumbra configurado qualquer cerceamento de prova e tampouco razão a justificar eventual complementação e/ou repetição da perícia'. Acidentária - Quadro depressivo, lesões na coluna e nos membros superiores - Prejuízo funcional afastado pela perícia - Improcedência. 'Atestado pela prova médica, de forma cabal e taxativa, que a autora não ostenta nenhuma sequela incapacitante decorrente de moléstia de origem ocupacional, não há que se cogitar de indenização no âmbito da infortunística'" (TJSP, 16ª Câmara de Direito Público, Foro Central - Fazenda Pública/Acidentes, 4ª Vara de Acidentes do Trabalho, Apelação nº 1042664-11.2016.8.26.0053, Rel. Luiz De Lorenzi, j. em 22/8/2017, data de registro 28/8/2017).

Art. 482 - Ao realizar a inspeção, o juiz poderá ser assistido por um ou mais peritos.

I. Comparação da redação do CPC/1973 com a do CPC/2015

O art. 482 do CPC/2015, objeto destas anotações, reproduz a redação do art. 441 do CPC/1973, com pequena alteração de grafia, sem qualquer alteração de essência do texto. O citado art. 441 do CPC/1973 tem a seguinte redação, *in verbis*: "Art. 441. Ao realizar a inspeção direta, o juiz poderá ser assistido de um ou mais peritos".

II. A realização da inspeção judicial, o juiz e os auxiliares da justiça

A realização da inspeção judicial direta é ato pessoal do juiz. Não se confunde a inspeção judicial direta, realizada pelo juiz, em pessoas, coisas ou lugares, com a prova pericial em seu sentido estrito, pois por meio dela o próprio juiz quem examina, inspeciona *ictu oculi* o objeto que deva recair a prova. Poderá, no entanto, o magistrado, na produção dessa modalidade de prova, contar com um Auxiliar da Justiça, no caso o Perito, que, por possuir conhecimento técnico ou científico, acompanhará e assistirá o juiz nos esclarecimentos de fatos que interessem ao deslinde da causa. É, aliás, o que dispõe o art. 156 do CPC/2015.

III. A inspeção judicial e o perito, bem como os motivos de impedimento e suspeição do perito

No caso do perito, estando presente um dos motivos de *impedimento* ou de *suspeição*, poderá a parte interessada arguir o impedimento ou a suspeição, em petição fundamentada e devidamente instruída, na primeira oportunidade em que couber falar nos autos do processo, prosseguindo-se o processamento do incidente em separado e sem suspensão do processo nos termos da legislação processual civil (art. 148 e parágrafos do CPC/2015). Ressalte-se, no entanto, que "Os assistentes técnicos são de confiança da parte e não estão sujeitos a impedimento ou suspeição" (art. 466, § 1º, do CPC/2015). Saliente-se, também, que o perito, havendo motivo de impedimento ou suspeição, poderá ele próprio escusar, comunicando, para tanto, o juiz, em requerimento nesse sentido.

IV. O juiz e o perito, as partes e os assistentes técnicos, na inspeção judicial

Entende-se que, em havendo necessidade de o juiz ser *assistido* por um ou mais peritos, também as partes, até mesmo em obediência ao Princípio constitucional da ampla defesa e do contraditório (art. 5°, inciso LV, da CRF/1988), deverão ser intimadas para, querendo, indicar os seus assistentes técnicos (auxiliares da parte) para acompanhar a inspeção judicial. A não observância desse direito e garantia da parte, caracterizada pela não intimação, com ofensa ao princípio da ampla defesa e do contraditório levará a nulidade do ato processual inspeção judicial. Evidente que essa possibilidade – o juiz ser assistido por um ou mais peritos – só se mostra possível e viável quando fato a ser comprovado, no momento da realização da inspeção judicial, ou quando a assistência por parte do perito dependerem de conhecimento técnico ou científico (conhecimentos específicos). O perito na inspeção judicial assiste o juiz, acompanhando-o. Na prova pericial, em sentido estrito, o perito externa a sua opinião na condição de alguém que tem conhecimento específico, de especialista, cuja opinião se mostra relevante para o deslinde da causa.

V. Do momento (tempo) para a realização da inspeção judicial

A inspeção judicial, como ato processual que é, deve realizar-se em dias úteis, das 6 (seis) às 20 (vinte) horas, podendo ser concluído após as 20 (vinte) horas os atos iniciados antes, quando o adiamento prejudicar a diligência ou causar grave dano.

Art. 483 - O juiz irá ao local onde se encontre a pessoa ou a coisa quando:
I - julgar necessário para a melhor verificação ou interpretação dos fatos que deva observar;
II - a coisa não puder ser apresentada em juízo sem consideráveis despesas ou graves dificuldades;
III - determinar a reconstituição dos fatos.
Parágrafo único - As partes têm sempre direito a assistir à inspeção, prestando esclarecimentos e fazendo observações que considerem de interesse para a causa.

I. Comparação da redação do CPC/1973 com a do CPC/2015

O art. 483 do CPC/2015, objeto destas anotações, reproduz a redação do art. 442 do CPC/1973, com pequena alteração de grafia, sem qualquer alteração de essência do texto. Para comparação, veja-se a redação do citado art. 442 do CPC/1973, *in verbis*: "Art. 442. O juiz irá ao local, onde se encontre a pessoa ou coisa, quando: I - julgar necessário para a melhor verificação ou interpretação dos fatos que deva observar; II - a coisa não puder ser apresentada em juízo, sem consideráveis despesas ou graves dificuldades; III - determinar a reconstituição dos fatos. Parágrafo único. As partes têm sempre direito a assistir à inspeção, prestando esclarecimentos e fazendo observações que reputem de interesse para a causa".

II. Local da prática dos atos processuais em geral e da inspeção judicial de coisas

Os atos processuais realizam-se, de ordinário, na sede do juízo, no edifício do Fórum ou do Tribunal. Aí é o *habitat* próprio para a prática dos atos jurídicos processuais. Excepcionalmente, e quando previsto em norma jurídica processual, essa regra, que é geral, abre exceção, podendo, então, o magistrado dirigir-se até onde se encontre a coisa ou a pessoa. Isso ocorre quando a coisa, pela sua natureza – coisa imóvel – não puder ser transportada à sede do juízo, ou se puder, venha acarretar despesas ou graves dificuldades.

III. Local da prática do ato processual inspeção judicial, envolvendo pessoas

Com relação às pessoas, também como regra geral, devem comparecer na sede do juízo e aí serem inquiridas. No entanto, em muitos casos, pelas suas peculiaridades, a legislação abre exceção e permite que o juiz dirija-se até o local onde se encontre a pessoa, como é o caso, por exemplo, das pessoas enfermas, ou, por outro motivo relevante, estiver impossibilitada de comparecer, mas não de prestar depoimento, ou certas autoridades, este em razão de deferência, por motivo da função, ou, ainda, no interesse da justiça. Isto, se for o caso, também se aplica a inspeção judicial.

IV. Participação ou não das partes e do procurador da parte na realização da inspeção judicial

Conforme se depreende do texto legal, as partes, *que não sejam objeto da inspeção ju-*

dicial têm a *faculdade* (conduta prevista e permitida na lei, cuja conduta se exaure na esfera jurídica da própria pessoa) e o *direito* de assistir à inspeção judicial, prestando esclarecimentos e fazendo as observações que reputem de interesse ao deslinde da causa, isto porque, diferentemente do *dever*, não lhe é exigida uma conduta, ou seja, a lei processual não impõe o dever de acompanhar o ato processual relativo à inspeção judicial. Apesar de o parágrafo único não ser expresso nesse sentido, o direito de estar presente a esse ato processual – *inspeção judicial* – também se estende ao procurador da parte (o advogado devidamente habilitado). Registre-se, novamente, por oportuno, que, para a preservação dos direitos fundamentais, dos direitos da personalidade e a dignidade da pessoa humana da pessoa a ser inspecionada (objeto de exame), poderá o juiz solicitar que a outra parte se retire do ambiente, permanecendo, no entanto, somente, ao ato, o procurador da retirada, assim como de seu assistente técnico, se houver. Assim, embora as partes tenham o *direito* de assistir à inspeção judicial, acompanhando as diligências, e não o *dever*, é recomendável que elas, principalmente por meio de seus procuradores, participem desse ato processual, pois poderão tornar a ampla defesa e o contraditório mais pleno, efetivo e equilibrado, com intervenções e observações.

V. Do princípio da cooperação na inspeção judicial

O CPC/2015, no art. 6º, introduz na legislação brasileira, como norma processual fundamental, o *princípio da cooperação*, muito embora a doutrina pátria já o reconhecia, estabelecendo que todos os sujeitos do processo devem cooperar entre si para que se obtenha, em tempo razoável, decisão de mérito justa e efetiva. Não foge o Direito brasileiro do que já se encontrava no Direito português (art. 7º, número 1, do atual Código de Processo Civil de 2013, norma essa que se encontrava no art. 266 do CPC de 1961), ao estabelecer, quando trata do *princípio da cooperação*, que "Na condução e intervenção no processo, devem os magistrados, os mandatários judiciais e as próprias partes cooperar entre si, concorrendo para se obter, com brevidade e eficácia, a justa composição do litígio". O legislador processual brasileiro, nesse dispositivo legal (princípio da cooperação), se preocupou também com o princípio do acesso à justiça e dos seus desdobramentos, o princípio da duração razoável do processo e o princípio do contraditório e da ampla defesa. Nessa nova sistemática legal, as partes têm o direito de participar da inspeção judicial, cooperando com o órgão jurisdicional, com o objetivo de alcançar uma decisão de mérito justa e efetiva. Ademais, almejando as partes o acesso à justiça, consoante dispõe o art. 378, do atual do CPC/2015, ninguém se exime do dever de colaborar com o Poder Judiciário para o descobrimento da verdade. Porém, entendendo a inspeção judicial como um meio de prova, não se pode olvidar o comando do art. 379, inciso I, do CPC/2015, ou seja, mesmo com a incumbência de se colaborar com o juízo na realização de inspeção judicial que for considerada necessária, a preservação do direito de não produzir prova contra si própria é um imperativo constitucional e legal, que não pode ser olvidada pelo órgão jurisdicional.

VI. Esclarecimentos e exibição de documentos ou coisas no desenvolvimento da inspeção judicial

Durante a inspeção judicial o juiz, se entender conveniente, poderá solicitar esclarecimentos de outras pessoas, ordenar a exibição de documentos ou coisas, fotografar, filmar os lugares, ordenar a realização de desenhos, gráficos, enfim, praticar todos os atos processuais nesse momento, documentando-os, a fim de que possa, quando da entrega da prestação jurisdicional, estar munido de todos estes elementos probatórios que servirão a formação de seu convencimento, que, necessariamente, constarão da fundamentação de sua decisão.

VII. Local da realização da inspeção judicial e a postura do juiz

Afirma a lei processual que o juiz poderá ir ao local onde se encontre a pessoa ou a coisa quando julgar necessário para a melhor verificação ou interpretação dos fatos que deva observar. O que interessa é a busca da verdade real, muito embora no processo civil se contente com a verdade formal. Registre-se, na presente hipótese prevista na lei processual, que o exemplo da servidão ou direito de passagem é de transcendental importância a ida do juiz no local da servidão, o que pode espancar qualquer dúvida de interpretação, formando o seu pronto convencimento acerca da existência ou não da servidão. Ainda poderia pensar em exemplos como de avaliação de coisas, para fins de indenização. A presença do juiz, para fins de exame, pode perfeitamente eliminar dúvida acerca do contido em laudo de avaliação. Também, a título de exemplo, em hipóteses de imóveis tombados, de incapacidade civil, interdição e prodigalidade, demarcação de área indígena, em que a matéria fática pode-se apresentar extremamente controvertida, incerta e duvidosa. Ainda, o juiz poderá ir ao local onde se encontre a coisa, quando a mesma não puder ser apresentada em juízo sem consideráveis despesas ou graves dificuldades, assim como para determinar a reconstituição dos fatos. Nesta última hipótese, pense-se, por exemplo, nos acidentes de veículos, quando diante a controvérsia fática, a inspeção judicial poderá se apresentar com um meio de prova complementar extremamente útil. Nesse contexto, aliás, tem inteira aplicação o conteúdo da norma do art. 217 do CPC/2015.

VIII. Julgado

"Ementa: Incapacidade Civil. Interdição. Prodigalidade. Laudo Pericial. Não está o juiz adstrito ao laudo dos profissionais, podendo formar convicção pelas demais provas, inclusive pela inspeção judicial. Inocorrência de ofensa aos Artigos 450 do Código Civil e 1183 do Código de Processo Civil. O reexame das provas, por outro lado, é incomportável na via extraordinária. Recurso Extraordinário não conhecido" (1ª T., RE nº 92040/RJ – Rio de Janeiro, Rel. Min. Rafael Mayer, j. em 7/4/1981, DJ de 15/5/1981, p. 04430, Ement., V. 1212-02, p. 500, RTJ, V. 98-01, p. 385).

Art. 484 - Concluída a diligência, o juiz mandará lavrar auto circunstanciado, mencionando nele tudo quanto for útil ao julgamento da causa.
Parágrafo único - O auto poderá ser instruído com desenho, gráfico ou fotografia.

I. Comparação da redação do CPC/1973 com a do CPC/2015

O art. 484 do CPC/2015, objeto destas anotações, reproduz a redação do art. 443 do CPC/1973, não realizando qualquer alteração do texto. Para comparação, veja-se a redação do citado art. 443 do CPC/1973, *in verbis*: "Art. 443. Concluída a diligência, o juiz mandará lavrar auto circunstanciado, mencionando nele tudo quanto for útil ao julgamento da causa. Parágrafo único. O auto poderá ser instruído com desenho, gráfico ou fotografia".

II. Inspeção judicial e o auto circunstanciado. Princípio da Documentação

A inspeção judicial, como meio de prova complementar e ato processual que é, objetivando esclarecimentos de fatos que interessem ao deslinde da causa, precisa ser documentada após a sua conclusão. Surge a necessidade de se documentar em virtude do Princípio da Documentação. Deve-se observar, então, nesse momento, o Princípio da Documentação dos atos processuais. Para tanto, o juiz deverá ordenar ao seu auxiliar da justiça, normalmente o escrivão, ou quem o fizer as suas vezes nessa ocasião, que se lavre *auto*, devidamente circunstanciado e noticiando todo o ocorrido, inclusive os *incidentes* que possam ter ocorrido durante a realização da inspeção judicial, assim como a decisão pronunciada pelo juiz, cujo auto circunstanciado deverá ser juntado aos autos do processo.

III. A presença do Oficial de Justiça como coadjuvante do juiz no desenvolvimento da inspeção judicial

O Juiz, se entender necessário, poderá também ordenar o Oficial de Justiça que esteja presente na inspeção judicial, a fim de coadjuvá-lo.

Lavrado o auto deverão ser colhidas as assinaturas de todos que participaram nesse ato processual.

IV. A necessidade do auto circunstanciado quando da realização da inspeção judicial e sua força probatória.

A ausência do auto circunstanciado no processo, apesar da inspeção judicial realizada, torna esse meio de prova sem valor, porquanto isto implicaria apenas conhecimento pessoal do juiz, que não pode ser testemunha de processo que vai julgar. Se apesar da realização da inspeção judicial e da ausência do auto circunstanciado o juiz, ao decidir, na sentença não se valer de meio de prova – inspeção judicial –, mas, sim, de outras provas que forem suficientes à formação de seu convencimento, sua decisão não é nula.

V. Julgados

No corpo do voto no AgRg nº 14646/MG encontra-se a seguinte passagem: "Em sua petição de agravo regimental de fls. 186, esclarecem os agravantes que interpõem o presente recurso, aduzindo as mesmas razões constantes de seu agravo de instrumento e que não foi dado o devido valor à inspeção realizada pelo MM. Julgador monocrático. Ora, todas estas razões foram devidamente examinadas e rebatidas no despacho agravado de fls. 183/184. Por este está bem claro que o julgador singular, ao proceder à inspeção, não cumpriu o disposto no artigo 443 do CPC, não mandou 'lavrar auto circunstanciado, e nada constou do termo sumário' (fls. 71). Por ser defeituosa, não tem qualquer valor probatório, restando apenas o conhecimento pessoal do julgador que não pode ser testemunha de processo que vai julgar" (STJ, 1ª T., AgRg no AG nº 14646, Rel. Min. Garcia Vieira, j. em 9/12/1992, trânsito em julg. 6/5/1993).

"A ausência do auto circunstanciado, lavrado a partir da diligência feita pelo juiz, não é capaz de macular a sentença quando, como no caso dos autos, outras provas forem suficientes à formação da convicção do julgador" (STJ, 4ª T., AgRg no Ag nº 676160, Rel. Min. Maria Isabel Gallotti, j. em 23/11/2010, trânsito em julg. 16/2/2011).

Capítulo XIII - Da Sentença e da Coisa Julgada

Seção I - Disposições Gerais

Art. 485 - O juiz não resolverá o mérito quando:
I - indeferir a petição inicial;
II - o processo ficar parado durante mais de 1 (um) ano por negligência das partes;
III - por não promover os atos e as diligências que lhe incumbir, o autor abandonar a causa por mais de 30 (trinta) dias;
IV - verificar a ausência de pressupostos de constituição e de desenvolvimento válido e regular do processo;
V - reconhecer a existência de perempção, de litispendência ou de coisa julgada;
VI - verificar ausência de legitimidade ou de interesse processual;
VII - acolher a alegação de existência de convenção de arbitragem ou quando o juízo arbitral reconhecer sua competência;
VIII - homologar a desistência da ação;
IX - em caso de morte da parte, a ação for considerada intransmissível por disposição legal; e
X - nos demais casos prescritos neste Código.
§ 1º - Nas hipóteses descritas nos incisos II e III, a parte será intimada pessoalmente para suprir a falta no prazo de 5 (cinco) dias.
§ 2º - No caso do § 1º, quanto ao inciso II, as partes pagarão proporcionalmente as custas, e, quanto ao inciso III, o autor será condenado ao pagamento das despesas e dos honorários de advogado.
§ 3º - O juiz conhecerá de ofício da matéria constante dos incisos IV, V, VI e IX, em qualquer tempo e grau de jurisdição, enquanto não ocorrer o trânsito em julgado.
§ 4º - Oferecida a contestação, o autor não poderá, sem o consentimento do réu, desistir da ação.
§ 5º - A desistência da ação pode ser apresentada até a sentença.
§ 6º - Oferecida a contestação, a extinção do processo por abandono da causa pelo autor depende de requerimento do réu.
§ 7º - Interposta a apelação em qualquer dos casos de que tratam os incisos deste artigo, o juiz terá 5 (cinco) dias para retratar-se.

Autor: Leonardo Greco

I. Decisão terminativa

O longo artigo em comento, que corresponde ao art. 267 do CPC/1973, deve ser interpretado conjuntamente com o § 1º do art. 203, no capítulo relativo à sentença e à coisa julgada, que ao presente artigo se refere ao enunciar o conceito de sentença. Em todos os casos enumerados neste artigo, o juiz extingue o processo sem resolução do mérito, isto é, sem julgar o pedido do autor, sem se pronunciar sobre a sua procedência ou improcedência, seja ele processo de conhecimento, de execução ou cautelar. Poder-se-ia dizer, numa síntese, que o juiz deve assim decidir quando ocorrer a falta de condições da ação ou de pressupostos processuais, se a petição inicial for inepta (art. 330, § 1º), se o autor e até mesmo o réu negligenciarem no dever de colaborar com o juiz no impulsionamento do processo ou se o autor desistir da ação. Está subjacente no dispositivo a noção, que era expressa no CPC/1973, de que em todos esses casos o juiz extingue o processo. E, por isso, no § 7º, o artigo se refere ao cabimento de apelação contra a decisão. No entanto, a alteração de redação se justifica porque, se houver cumulação de ações, seja por iniciativa do próprio autor, seja em consequência de reconvenção do réu, pode o juiz excluir da relação processual uma das ações cumuladas, com fundamento em algum dos motivos deste artigo, sem extinguir o processo como um todo. Nesse caso, o recurso cabível, apesar da redação do § 7º, não será o de apelação, será o de agravo de instrumento se a hipótese puder ser capitulada em algum dos incisos do art. 1.015. Caso contrário, deverá o prejudicado aguardar a sentença final para impugnar a decisão (art. 1.019, § 1º).

II. Indeferimento da inicial

No inciso I o artigo menciona como fundamento da extinção o indeferimento da petição inicial, regulado no art. 330, cabendo observar a esse respeito que nesse indeferimento o CPC/2015 difere do CPC/1973 em dois pontos: por não mais incluir nesse instituto a decretação liminar da decadência ou da prescrição, que constituem matérias de mérito, e por incluir nas hipóteses de inépcia expressamente a indeterminação do pedido (art. 330, § 1º, inciso II, c.c. o art. 324).

III. Paralisação do processo

Os incisos II e III têm o mesmo conteúdo dos incisos correspondentes no art. 267 do CPC/1973, cabendo ressaltar, quanto ao inciso III, que o prazo de trinta dias é bem mais longo porque, no CPC/2015, na contagem dos prazos de dias se incluem apenas os dias úteis (art. 220). Tal como no CPC/1973, nesses casos, antes da decisão de extinção ou de exclusão, o juiz deverá intimar a parte pessoalmente para suprir a falta (§ 1º), aumentando o prazo de 48 horas para cinco dias. A intimação continua a ser pessoal, o que significa, no regime do CPC/2015, intimação por mandado, direta pelo escrivão, pelo correio ou por meio eletrônico, se cadastrado o destinatário para receber esse tipo de intimação. Na intimação pelo correio aplica-se o disposto no parágrafo único do art. 274. O destinatário é a própria parte, e não o seu advogado. O § 2º disciplina a distribuição proporcional das custas, na hipótese de paralisação por mais de um ano por negligência bilateral, e a imputação ao autor das custas e dos honorários da sucumbência se este abandonar a causa por mais de trinta dias. No caso de desistência, a responsabilidade pelas despesas é objeto do art. 90, e, nos demais casos de extinção, parece decorrer do art. 92 que o autor responda pelas despesas e honorários da sucumbência. Parece-me que essas regras não possam se aplicar, quanto aos honorários da sucumbência, aos seguintes casos: a) às hipóteses dos incisos I e VIII, se o indeferimento da petição ou a desistência ocorrer antes de que o réu tenha constituído advogado; b) à hipótese do inciso IX, porque a morte da parte em ação considerada intransmissível, é fato inteiramente alheio à vontade de qualquer das partes.

IV. Falta de pressupostos processuais e de condições da ação

Os incisos IV, V e VI, que correspondem no CPC/1973 aos incisos IV, V e VI do art. 267, referem-se à falta de pressupostos processuais e de condições da ação. Quanto às condições da ação, objeto específico do inciso VI, o texto apresenta duas inovações em relação ao diploma anterior. A primeira é o desaparecimento da possibilidade jurídica como condição da ação, na esteira de boa parte da doutrina que não vislumbra na ilicitude do pedido a ausência de direito à jurisdição, mas verdadeiramente o fundamento para um juízo de improcedência que adentraria ao próprio mérito do litígio. Além dessa crítica, também se argumentou que, como regra, a ilicitude do pedido deveria ser repelida por um juízo definitivo com força de coisa julgada. São argumentos ponderáveis que não podem impedir, entretanto, que o juiz poupe o réu do ônus de se defender de uma pretensão manifestamente ilícita. A meu ver, o silêncio do Código de Processo Civil de 2015 sobre a possibilidade jurídica do pedido não significa que ela tenha deixado de existir. Ela sobrevive na condição da ação do interesse de agir. Se o pedido é ilícito, o autor não tem necessidade nem utilidade a extrair da pretensão de acolhimento do seu pedido, porque o juiz não poderá acolhê-lo. Aliás, se essa ilicitude transparecer claramente da hipótese formulada pelo autor na petição inicial, esta deverá ser liminarmente indeferida por inepta, porque da narração dos fatos não poderá decorrer logicamente a conclusão pretendida (CPC/2015, art. 330, § 1º, inciso III).

Quanto à falta de pressupostos processuais, que dizem respeito à validade e regularidade da relação processual, a doutrina mais difundida os classifica em subjetivos relativos ao juiz – jurisdição, competência e imparcialidade –, subjetivos relativos às partes – capacidade de ser parte, capacidade de estar em juízo e capacidade postulatória – e objetivos – inexistência de fatos impeditivos e a subordinação do procedimento às normas legais (V. SANTOS, Moacyr Amaral. *Primeiras linhas de Direito Processual Civil*. v. I. 29. ed. São Paulo: Saraiva, 2012. p. 364). Entre esses pressupostos, que devem verificar-se desde o primeiro ato do processo e em todos os atos subsequentes, existem aqueles cuja inobservância gera nulidade absoluta, nulidade relativa ou mera irregularidade. Diante de quaisquer desses vícios, deve o juiz ter assegurado ao autor a possibilidade de supri-los ou remediá-los, nos termos dos arts. 321, 351 e 352. Mas somente nos casos de nulidades absolutas não remediadas ou de nulidades relativas, arguidas oportunamente com comprovado prejuízo e não corrigidas, é que o juiz extinguirá o processo. Nos casos de nulidades relativas não arguidas oportunamente ou sem comprovação de prejuízo, estarão convalidadas, não determinando a extinção do processo. E no caso de meras irregularidades, como o emprego de expressões injuriosas ou de cotas marginais ou interlineares (arts. 202 e 77), o juiz adotará de ofício as providências para corrigi-las, igualmente sem extinção do processo.

V. Convenção de arbitragem

O inciso VII diz respeito à alegação de existência de convenção que submete o litígio ao juízo arbitral que, por força de lei, subtrai a causa da apreciação do Poder Judiciário, retirando do autor o interesse em promover a ação. O dispositivo refere-se à "existência de convenção de arbitragem ou quando o juízo arbitral reconhecer sua competência". Na primeira hipótese está em jogo a existência ou não da convenção de arbitragem. Se o juiz concluir que ela existe e que o seu objeto abrange o da ação que lhe é submetida, deverá extinguir o processo após a devida audiência prévia do autor. Na segunda hipótese, está em jogo a validade da convenção de arbitragem ou a competência do tribunal arbitral para o litígio em questão. A essa segunda hipótese, aplica-se o disposto no art. 20 da Lei nº 9.307/1996, devendo a matéria ser previamente arguida perante o juízo arbitral. Há quem entenda que, nesse caso, tendo o juízo arbitral repelido a arguição de incompetência ou de nulidade da convenção de arbitragem, o processo judicial deve ser extinto, porque o reexame judicial dessa questão somente poderia ser suscitado ao final do processo arbitral, por meio da ação anulatória da sentença arbitral, de que tratam os arts. 32 e 33 da Lei de Arbitragem (v. DIDIER JR., Fredie. *Curso de Direito Processual Civil*. v. I. 17. ed. Salvador: Juspodivm, 2015. p. 720). Essa interpretação me parece incompatível com o disposto no inciso XXXV do art. 5º da Constituição. Ninguém pode ser impedido de ingressar em juízo para submeter-se aos deveres e ônus decorrentes de um processo arbitral que considera nulo. Assim, se ainda não tiver havido pronunciamento do tribunal arbitral a respeito da validade da convenção de arbitragem ou da sua competência, o juiz deverá pedir o seu prévio pronunciamento, se já instituída a arbitragem. Se declarada por este a sua competência, poderá o juízo suspender o processo por até um ano, nos termos do art. 313, inciso V, do Código de Processo Civil de 2015. Essa suspensão é facultativa, devendo resultar de uma avaliação positiva da probabilidade de acerto da decisão do juízo arbitral.

VI. Desistência da ação

O inciso VIII faculta ao autor desistir unilateralmente da ação. De acordo com o parágrafo único do art. 200, correspondente ao mesmo parágrafo do art. 158 do CPC/1973, essa desistência depende de homologação judicial. No Código de Processo Civil de 1973 (art. 267, § 4º), essa desistência unilateral, independentemente da concordância do réu, tinha o limite temporal do término do prazo para a resposta do réu. O § 4º do artigo ora comentado redige diferentemente a regra, estabelecendo que o limite temporal é o momento de oferecimento da contestação. Se a nova redação deixa mais claro do que a anterior que a contestação antes do término do prazo para resposta também impede, desde então, a desistência unilateral do autor, o que, aliás, era desnecessário explicitar porque o oferecimento da resposta já teria implicado preclusão consumativa do prazo para apresentá-la, por outro lado, o disposto não prevê a hipótese de revelia, em que se escoe o prazo de resposta sem o seu oferecimento. Parece-me que, nesse caso, preservará o autor a faculdade de desistência da ação até a sentença (§ 5º) ou até que o réu intervenha no processo (art. 346, parágrafo único). Na execução a desistência da ação se sujeita a regras específicas, de acordo com o art. 775.

VII. Morte da parte

O inciso IX determina a extinção do processo por morte da parte, se a ação for intransmissível por força de lei. A morte da parte normalmente determina a suspensão do processo. Mas se a pretensão de direito material exercitada em juízo por qualquer das partes for intransmissível, ou seja, personalíssima, o processo se extingue. É o que ocorre, exemplificativamente, nas ações de separação e de divórcio, na interdição se falecer o interditando, na remoção de tutor ou curador. Nesses casos de ações em curso, mesmo que já tenha sido proferida sentença impugnada por recurso, caducará o processo em relação à postulação inicial. Somente o trânsito em julgado preservará os efeitos de eventual sentença já proferida.

VIII. Outros casos

No inciso X, o artigo admite que, em outros casos, o próprio Código contenha previsão de extinção do processo sem resolução do mérito, como, por exemplo, no art. 115, parágrafo único, pela falta não suprida de citação de litisconsorte passivo necessário. Igualmente nos arts. 76, § 1º; 102, § 1º; 303, §§ 2º e 6º; 313, inciso II e § 3º; 542, parágrafo único; 775, parágrafo único; e 924, inciso I, que contemplam hipóteses abrangidas por um ou mais incisos anteriores do art. 485.

IX. Conhecimento de ofício

O § 3º deve ser interpretado em harmonia com as demais regras que disciplinam os diversos institutos nelas envolvidos. Assim, a decretação de ofício nas hipóteses do inciso IV, falta de pressuposto processual, não se aplica às nulidades relativas, que dependem de arguição oportuna pelo interessado, nem às irregularidades, que normalmente devem ser corrigidas sem prejuízo da continuidade do processo. Por outro lado, há casos de decretação de ofício não contemplados no dispositivo. Os motivos de indeferimento da petição inicial (inciso I) o juiz conhece de ofício, antes mesmo da citação do réu. Do mesmo modo, a extinção por paralisação do processo durante mais de um ano por negligência bilateral (inciso II) não depende de provocação. Na hipótese de abandono pelo autor por mais de trinta dias (inciso III), o § 6º distingue: até o oferecimento da contestação, é apreciável de ofício; depois, depende de requerimento do réu. Os demais casos prescritos no Código (inciso X), enumerados anteriormente, normalmente se incluem nos poderes de direção e impulsionamento do processo pelo art. 139, sendo reconhecíveis de ofício. Em todos os casos, entretanto, não se olvide, sejam os de cognição oficial, sejam os de cognição a requerimento de algum interessado, o juiz deverá ouvir previamente a parte prejudicada, nos termos dos arts. 9º e 10 do CPC/2015.

X. Termo final da desistência

O § 5º estabelece que a desistência da ação pode ser requerida até a sentença, o que significa que, proferida esta, a jurisdição do juiz de primeiro se exauriu. Na pendência de recurso contra a sentença, pode haver desistência do recurso, não da ação, embora no mandado de segurança, especialmente quando a desistência da ação já julgada é pressuposto de algum benefício de que possa desfrutar o contribuinte junto à Administração, haja decisões permitindo a desistência da ação, mesmo após a sentença (V. NEGRÃO, Theotonio. Et al. *Código de Processo Civil e legislação processual em vigor.* 48. ed. São Paulo: Saraiva, 2017. Nota 2ª ao artigo 6º da Lei 12.016/2009, p. 1.616).

XI. Retratação da extinção

No § 7º, o artigo estende a todos os casos de extinção do processo sem resolução do mérito a possibilidade de retratação do indeferimento pelo juiz no prazo de cinco dias, se interposta apelação, tal como no indeferimento da inicial (art. 331) e na improcedência liminar do pedido (art. 332, § 3º).

Art. 486 - O pronunciamento judicial que não resolve o mérito não obsta a que a parte proponha de novo a ação.

§ 1º - No caso de extinção em razão de litispendência e nos casos dos incisos I, IV, VI e VII do art. 485, a propositura da nova ação depende da correção do vício que levou à sentença sem resolução do mérito.

§ 2º - A petição inicial, todavia, não será despachada sem a prova do pagamento ou do depósito das custas e dos honorários de advogado.

§ 3º - Se o autor der causa, por 3 (três) vezes, a sentença fundada em abandono da causa, não poderá propor nova ação contra o réu com o mesmo objeto, ficando-lhe ressalvada, entretanto, a possibilidade de alegar em defesa o seu direito.

I. Possibilidade de repropositura da ação

Em todos os casos do art. 485, a decisão não examina o mérito da causa, ou seja, não se pronuncia sobre a pretensão de direito material do autor, nem sobre as defesas do réu que podem ilidir essa pretensão. Em consequência, a decisão não produz a imutabilidade da coisa julgada (art. 502), pois esta se restringe às decisões sobre o mérito, porque somente com a prolação destas o Estado-juiz se desincumbe do seu dever de prestar a jurisdição. De fato, em todas essas decisões, a postulação do autor ficou sem resposta e, portanto, o próprio inciso XXXV do art. 5º da Constituição assegura que o autor volte a dirigir-se ao Poder Judiciário, veiculando a mesma pretensão de direito material para vê-la afinal acolhida ou rejeitada. O processo se extinguiu, no todo ou em parte, mas a ação, como direito de exigir do Estado o exercício da jurisdição sobre a pretensão de direito material, sobrevive.

II. Limitações à repropositura e rescisória

Mas o Estado não está obrigado a agasalhar pretensões manifestamente inviáveis, quando essa ausência de condições mínimas para um julgamento da postulação de direito material não é corrigida e o autor reitera a mesma petição inicial, com o mesmo defeito. Por isso, o § 1º estabelece que, nos casos de litispendência, de falta de condições da ação ou de pressupostos processuais e de alegação de convenção de arbitragem, é necessária a correção do vício que ensejou a extinção do processo para que a ação seja renovada.

O dispositivo do CPC/1973 correspondente é o art. 268, que veda a renovação da ação apenas na extinção por litispendência, coisa julgada ou perempção. A redação do CPC/2015 não mais menciona a perempção e a coisa julgada, mas inclui o indeferimento da inicial, a falta de condições da ação ou de pressupostos processuais, a existência de convenção de arbitragem. Quanto à perempção, que examinaremos adiante, e à coisa julgada, justifica-se a omissão, porque não comportam a correção do vício, como prescreve o dispositivo.

A proibição de renovação da ação sem que tenha sido corrigido o defeito da postulação extinta poderia induzir à conclusão de que nas hipóteses enumeradas o legislador tivesse, por via transversa, estendido a coisa julgada a decisões sobre matéria estritamente processual ou que, na verdade, essas questões, no fundo, fossem de direito material, como alguns já sustentaram em relação às condições da ação (MARINONI, Luiz Guilherme. *Teoria Geral do Processo.* São Paulo: Revista dos Tribunais, 2006. p. 179-182). A correção do defeito pode dar-se pela redefinição de algum dos elementos individualizadores da ação – parte, pedido ou causa de pedir (art.

337, § 2º), pela ocorrência de fato superveniente ou pelo suprimento da informação ou da prova da circunstância cuja falta ensejou a extinção do processo. Mas, além disso, a ausência de coisa julgada não pode impedir a renovação da ação, desde que o autor ofereça novos elementos objetivos ou novos argumentos que evidenciem que o defeito não existe. É o que pode ocorrer, por exemplo, na extinção por falta de interesse processual, como condição da ação, em que a necessidade ou utilidade hipotética da postulação pode evidenciar-se numa exposição mais clara dos fatos e circunstâncias que os cercam.

O fato de, nesses casos, o CPC/2015 possibilitar a ação rescisória (art. 966, § 2º) não significa que haja coisa julgada. Abre-se a possibilidade de rescindir a decisão terminativa também por ação rescisória, sem prejuízo da renovação da ação, se corrigido o defeito ou mais bem esclarecida a sua inexistência.

III. Recolhimento das despesas do processo extinto

O § 2º deste artigo, que corresponde à segunda parte do *caput* do art. 268 do CPC/1973, estabelece, como pressuposto processual para a admissibilidade da nova postulação, a prova do pagamento ou depósito das custas e dos honorários da sucumbência impostos na sentença ou decisão terminativa do processo extinto. Evidentemente dessa exigência estão dispensados os beneficiários da assistência judiciária gratuita. Dessa comprovação não está isenta a Fazenda Pública, pois o benefício de que desfruta, nos termos do art. 91, diz respeito ao pagamento a final das despesas do novo processo e não do anterior. Também não se aplica a exigência às hipóteses em que não há repetição da mesma ação, com os mesmos elementos individualizadores, mas a alteração da causa de pedir, por exemplo.

Sou obrigado aqui a reproduzir a crítica que fiz alhures à instituição do pagamento ou depósito prévio de despesas processuais como pressuposto processual ou pressuposto de admissibilidade de recurso (v. GRECO, Leonardo. *Instituições de Processo Civil. Vol. I: Introdução ao Direito Processual Civil.* 5. ed. Rio de Janeiro: Forense, 2015. p. 418). A meu ver essa exigência é inconstitucional, porque cria irrazoável obstáculo econômico ao acesso à justiça, estabelecendo verdadeiro *solve et repete* tão energicamente repelido no campo do Direito Tributário. Obriga-se aquele que não se considera devedor a desembolsar o que considera indevido para poder obter um provimento que reconheça que a dívida não existe.

IV. Perempção da ação

O § 3º regula a perempção, que é a perda do direito de ação por ter dado causa três vezes à extinção do processo sobre a mesma ação em razão do abandono. A perempção, tal como a coisa julgada, não consta do rol do § 1º, porque não faculta a correção do vício. O dispositivo se aplica apenas à hipótese do inciso III do art. 485. A perempção não gera coisa julgada a respeito da demanda veiculada nos processos repetidamente extintos, que não foi objeto de qualquer provimento jurisdicional, mas constitui sanção processual ao litigante remisso.

Art. 487 - Haverá resolução de mérito quando o juiz:
I - acolher ou rejeitar o pedido formulado na ação ou na reconvenção;
II - decidir, de ofício ou a requerimento, sobre a ocorrência de decadência ou prescrição;
III - homologar:
a) o reconhecimento da procedência do pedido formulado na ação ou na reconvenção;
b) a transação;
c) a renúncia à pretensão formulada na ação ou na reconvenção.
Parágrafo único - Ressalvada a hipótese do § 1º do art. 332, a prescrição e a decadência não serão reconhecidas sem que antes seja dada às partes oportunidade de manifestar-se.

I. Decisão final de mérito

Este artigo, que corresponde ao art. 269 do CPC/1973, trata da sentença de mérito ou sentença definitiva, aquela que julga, no todo ou em parte, o pedido procedente ou improcedente. Diferentemente da redação original do CPC/1973, o CPC/2015, reproduzindo enunciado originário da Lei nº 11.232/2005, não mais se refere à extinção do processo, pelos motivos explanados no início do nosso comentário ao art. 485, aos quais acresce o de que a sentença condenatória, encerrando a fase cognitiva do processo, não extingue o processo como um todo, pois este prosseguirá com a fase de cumprimento de sentença. A partir da referida lei, o processo civil brasileiro criou o chamado *processo sincrético*, encadeando a cognição, eventual liquidação e a execução em fases sucessivas do mesmo processo. Assim, a sentença condenatória não mais encerra o processo como um todo, mas apenas a sua fase cognitiva porque o mesmo processo prossegue com o chamado *cumprimento de sentença*. Por outro lado, com a adoção dos institutos da improcedência liminar do pedido (art. 332), do qual se aproxima o disposto no art. 285-A do Código de Processo Civil de 1973, e do julgamento antecipado parcial do mérito (art. 356), decisões interlocutórias poderão conclusivamente julgar um ou mais pedidos cumulados, tenham eles sido formulados pelo autor na inicial ou pelo réu na reconvenção, sem encerrar a própria fase cognitiva do processo, que terá sequência com a instrução e ulterior julgamento dos remanescentes.

As hipóteses de resolução do mérito são as mesmas do CPC/1973, a saber: julgamento da procedência ou improcedência do pedido, reconhecimento da decadência ou prescrição, reconhecimento do pedido por parte do réu, transação e renúncia à pretensão por parte do autor.

II. Julgamento do pedido

No acolhimento ou rejeição do pedido, no reconhecimento e na reconvenção, o art. 487 explicita que são situações que se aplicam tanto à ação quanto à reconvenção, o que parece óbvio, porque a reconvenção é indiscutivelmente uma ação, embora incidente.

III. Decadência e prescrição

Em relação à decadência e à prescrição, cabem algumas observações: a primeira é a de que o juiz não decide *principaliter* a decadência ou a prescrição, mas como fundamento da improcedência do pedido, o que já estaria abrangido pela hipótese de acolhimento ou rejeição deste. Por outro lado, seguindo a orientação anteriormente adotada com a edição da Lei nº 11.280/2006, que acrescentou um § 5º ao art. 219 do CPC/1973, todas as hipóteses de prescrição passaram a ser decretáveis de ofício. A inovação positiva que o dispositivo introduz se encontra no parágrafo único, que prescreve que, salvo no julgamento da improcedência liminar do pedido, ao despachar a petição inicial (art. 332), sempre o reconhecimento da decadência e da prescrição deverá ser previamente submetido à manifestação das partes. O preceito reafirma o princípio solenemente proclamado nos arts. 9º e 10, segundo o qual o juiz não pode proferir qualquer decisão que afete os interesses das partes sem ouvi-las antecipadamente, ainda que se trate de matéria cognoscível de ofício. No caso da prescrição, estão em jogo interesses das duas partes: do autor, porque, se acolhida, seu pedido será rejeitado; do réu, que pode renunciar à prescrição, se versar sobre direito patrimonial, para obter uma sentença de improcedência por outros fundamentos. O preceito exclui da prévia audiência das partes o julgamento da improcedência liminar do pedido, o que acrescenta mais uma exceção ao rol constante do parágrafo único do art. 9º. Ainda assim, parece-me que, com fundamento na prescrição de direitos patrimoniais, o juiz não pode julgar liminarmente improcedente o pedido sem assegurar ao réu a oportunidade de exercer o seu direito de renúncia assegurado pelo art. 191 do Código Civil.

IV. Reconhecimento do pedido, transação e renúncia

O artigo em comento agrupa no inciso III as decisões homologatórias do reconhecimento do pedido, da transação e da renúncia ao pedido. Na primeira e na terceira hipóteses há também, como consequência desses atos, acolhimento ou rejeição do pedido. Na segunda hipótese a homologação normalmente se limita a extinguir o processo, sem se pronunciar sobre a procedência ou não do pedido, porque o direito material é objeto do acordo apresentado pelas próprias partes à homologação. De qualquer modo, as três hipóteses configuram atos de disposição das partes em que a cognição do juiz sobre o direito material não é exaustiva, mas superficial, na qual o magistrado se limita a verificar o preenchimento de requisitos extrínsecos de validade, como a capacidade das partes, e se o objeto do reconhecimento, renúncia ou transação não vulnera qualquer disposição de ordem pública.

Esse tratamento está em harmonia com o disposto no § 4º do art. 966, que exclui do âmbito de admissibilidade da ação rescisória justamente os atos de disposição de direitos praticados pelas partes ou por outros participantes do processo e homologados pelo juiz. A impugnação desses negócios processuais somente é cabível por meio de ação anulatória.

Art. 488 - Desde que possível, o juiz resolverá o mérito sempre que a decisão for favorável à parte a quem aproveitaria eventual pronunciamento nos termos do art. 485.

I. Convalidação das nulidades pelo julgamento do mérito

O dispositivo harmoniza-se com os preceitos constantes dos §§ 1º e 2º do art. 282, que estabelecem que o ato não será repetido, nem sua falta será suprida quando não prejudicar a parte, bem como que, podendo o juiz decidir a causa a favor da parte a quem aproveite a decretação da nulidade, não a pronunciará nem mandará repetir o ato ou suprir-lhe a falta. Essas regras são estendidas expressamente às hipóteses de extinção do processo, total ou parcial, sem resolução do mérito (art. 485). Normalmente, a extinção do processo sem resolução do mérito beneficia o réu da ação ou o autor-reconvindo da reconvenção. Mas há casos, entre os enumerados no art. 485, em que a extinção beneficiaria o autor, como o da desistência unilateral da ação, antes da contestação (§ 4º). Já na hipótese de desistência com a concordância do réu após a contestação, o interesse na extinção é de ambas as partes. Também na extinção pelo reconhecimento da existência de convenção de arbitragem, prejudicadas pelo julgamento do mérito que ignore esse argumento podem ser ambas as partes.

Por outro lado, há nulidades absolutas insanáveis, o que pode parecer uma tautologia, porque toda nulidade absoluta se diz insanável. Invoco aqui o conceito de nulidade absoluta adotado em outra obra (GRECO, Leonardo. *Instituições de Processo Civil. Vol. I: Introdução ao Direito Processual Civil.* 5. ed. Rio de Janeiro: Forense, 2015. p. 384), como nulidade "insanável, decretável de ofício a qualquer tempo, independentemente de prejuízo, se atinge requisito do ato imposto de modo imperativo para assegurar proteção de interesse público precisamente determinado, o respeito a direitos fundamentais e a observância de princípios do devido processo legal, quando indisponíveis pelas partes". A instrumentalidade das formas e a máxima de que o processo não pode constituir um fim em si mesmo, o que deve levar o juiz, sempre que possível, a julgar o mérito da controvérsia para que o litígio não se perpetue, têm levado o Direito Processual à progressiva relativização das nulidades absolutas para que o juiz as ignore se a parte por elas prejudicada puder obter um juízo favorável no mérito. Entretanto, como vimos anteriormente, há casos em que o julgamento do mérito pode prejudicar ambas as partes ou até mesmo a parte que viria a ser beneficiada por uma eventual decisão de mérito, como há outros em que a ordem pública estaria violada se o juiz adentrasse no mérito, ignorando o fundamento que ensejaria a não resolução do mérito. Assim, a falta de condições da ação é matéria de ordem pública, porque diz respeito ao direito das partes ao exercício da jurisdição. Em nenhuma hipótese, o juiz pode ignorar a falta de interesse ou de legitimidade da parte, julgando o mérito a favor do réu. Igualmente não pode o juiz, em caso de morte da parte, julgar o mérito da causa se se tratar de ação considerada intransmissível por disposição de lei. Neste último caso, desapareceu a legitimidade, como condição da ação, por fato superveniente. Diante da existência de convenção de arbitragem devidamente alegada pelo réu, também não pode o juiz julgar o mérito da causa, mesmo que seja a favor desse réu, porque aquela convenção retira da causa o interesse de agir em juízo, condição da ação.

Haverá casos em que, apesar do benefício para a parte a quem aproveitaria a extinção do processo sem resolução do mérito, o juiz não pode decidir o mérito da causa, como, por exemplo, o da incapacidade do autor de estar em juízo, que caracteriza a falta de um pressuposto processual subjetivo, sendo menor não representado pelo pai ou responsável. Intimado para regularizar a sua representação e não atendida a intimação, o juiz não pode ignorar o vício de representação do autor e julgar o pedido improcedente a favor do réu. O art. 76 do CPC/2015, tal como o art. 13 do CPC/1973, é categórico, determinando que, nesse caso, não suprida a incapacidade, o processo seja extinto.

Seção II - Dos Elementos e dos Efeitos da Sentença

Art. 489 - São elementos essenciais da sentença:
I - o relatório, que conterá os nomes das partes, a identificação do caso, com a suma do pedido e da contestação, e o registro das principais ocorrências havidas no andamento do processo;
II - os fundamentos, em que o juiz analisará as questões de fato e de direito;
III - o dispositivo, em que o juiz resolverá as questões principais que as partes lhe submeterem.
§ 1º - Não se considera fundamentada qualquer decisão judicial, seja ela interlocutória, sentença ou acórdão, que:
I - se limitar à indicação, à reprodução ou à paráfrase de ato normativo, sem explicar sua relação com a causa ou a questão decidida;
II - empregar conceitos jurídicos indeterminados, sem explicar o motivo concreto de sua incidência no caso;
III - invocar motivos que se prestariam a justificar qualquer outra decisão;
IV - não enfrentar todos os argumentos deduzidos no processo capazes de, em tese, infirmar a conclusão adotada pelo julgador;
V - se limitar a invocar precedente ou enunciado de súmula, sem identificar seus fundamentos determinantes nem demonstrar que o caso sob julgamento se ajusta àqueles fundamentos;
VI - deixar de seguir enunciado de súmula, jurisprudência ou precedente invocado pela parte, sem demonstrar a existência de distinção no caso em julgamento ou a superação do entendimento.
§ 2º - No caso de colisão entre normas, o juiz deve justificar o objeto e os critérios gerais da ponderação efetuada, enunciando as razões que autorizam a interferência na norma afastada e as premissas fáticas que fundamentam a conclusão.
§ 3º - A decisão judicial deve ser interpretada a partir da conjugação de todos os seus elementos e em conformidade com o princípio da boa-fé.

Autora: Maria Lucia Lins Conceição

I. Os elementos da sentença

São elementos essenciais da sentença: o relatório, a fundamentação e o dispositivo. A deficiência ou ausência desses elementos pode levar à *nulidade* ou até mesmo à *inexistência* da decisão. Contudo, a omissão, como também eventual incoerência interna entre os elementos da sentença, que comprometam a sua racionalidade, podem ser arguidas no curso do processo, por meio de embargos de declaração e outros recursos (em regra, a apelação e o agravo de instrumento), e corrigidas. Nesse sentido: TJSP, 26ª Câmara de Direito Privado, AI nº 2164938-56.2015.8.26.0000, Rel. Des. Renato Sartorelli, j. em 24/9/2015, DJe de 26/9/2015; TJSP, 9ª Câmara de Direito Privado, AI nº 2180509-33.2016.8.26.0000, Rel. Des. Piva Rodrigues, j. em 18/10/2016, DJe de 18/10/2016. Na hipótese de o processo já se ter encerrado, a parte poderá lançar mão de ação rescisória (TJRS, 5º Grupo de Câmaras Cíveis, Ação Rescisória nº 70049656796, Rel. Marcelo Cezar Muller, j. em 23/11/2012; 3ª Seção, AR nº 687/SE, Rel. Min. Maria Thereza de Assis Moura, j. em 28/3/2008, DJe de 29/5/2008), ou, segundo parte da doutrina, de ação declaratória de inexistência de relação processual (*actio nullitatis*). Há situações, ainda, em que bastará à parte propor nova ação, para que seja julgado pedido que, embora formulado em ação anterior, deixou de ser apreciado pelo juiz (Corte Especial, EREsp nº 1264894/PR, Rel. Min. Nancy Andrighi, j. em 16/9/2015, DJe de 18/11/2015; TJSP, 35ª Câmara de Direito Privado, Foro de Boituva, 1ª Vara, Apelação nº

0002274-65.2012.8.26.0082, Rel. Morais Pucci, j. 4/5/2015, Data de Registro 5/5/2015; TJSC, Apelação nº 0000811-04.2013.8.24.0052, de Porto União, Rel. Des. João Henrique Blasi, j. em 3/5/2016).

II. O relatório

No *relatório*, o juiz identifica as partes, expõe as alegações de fato e de direito apresentadas tanto pelo autor quanto pelo réu, o pedido, as provas requeridas, as provas produzidas, eventuais recursos interpostos até então, o teor da manifestação do Ministério Público e de eventuais terceiros, se tiver havido. Enfim, no relatório, o juiz *narra as principais ocorrências* havidas no processo. É difícil encontrarem-se decisões que decretem a nulidade da sentença tão só pela falta de relatório. A nulidade é decretada, no mais das vezes, quando a falta desse elemento compromete a compreensão da própria fundamentação (TJMG, 2ª Câmara Cível, Ap. Cível/Reex. Necessário nº 1.0313.10.021038-1/001, Rel. Des. Raimundo Messias Júnior, DJe de 18/5/2015). Veja-se, ainda: "Ação de Prestação de Contas – Segunda fase – Contas que foram aceitas pela decisão – Ausência de relatório – Relatório que é elemento essencial da sentença – Precedente do E. STJ – Nulidade da sentença verificada – Retorno à origem – Recurso provido" (TJSP, 7ª Câmara de Direito Privado, Apelação nº 0004122-19.2015.8.26.0297, Rel. Des. Luiz Antonio Costa, j. em 14/3/2017, DJe de 24/3/2017).

III. A fundamentação

Todas as decisões judiciais devem ser fundamentadas. O dever de fundamentar é previsto na CF/1988, art. 93, inciso IX, bem como no CPC/2015, art. 11, que dispõem que todos os julgamentos dos órgãos do Poder Judiciário serão públicos e *fundamentadas todas as decisões sob pena de nulidade*. Na *fundamentação*, o juiz *expõe as razões de fato e de direito que o levaram a formar o seu convencimento quanto ao mérito* ou à existência de *óbices processuais que o teriam impedido de analisá-lo*. No que se refere às provas, não basta ao juiz se referir apenas àquelas que levou em consideração para formar sua convicção. Deve também expor as razões pelas quais reputou irrelevantes as que deixou de acolher. A fundamentação deve necessariamente *estar relacionada ao caso concreto, ser expressa, clara, coerente e completa*, de maneira a que as partes e terceiros possam compreender a decisão e, se for o caso, impugná-la, exercendo o *controle* sobre a correção do pronunciamento. Ao proferir decisão fundamentada, o juiz estará dando concretude ao *dever de cooperar com as partes* (CPC/2015, art. 6º), a que o legislador do CPC/2015 atribuiu acentuada relevância. Além de possibilitar que da decisão se recorra, a fundamentação é meio de se evitar que o juiz decida com base em suas impressões pessoais, cometendo arbitrariedades. Para impedir que as partes *sejam colhidas de surpresa*, o juiz deve observar, ainda, o que dispõe o CPC/2015, art. 10, assegurando o prévio contraditório na hipótese de surgirem fundamentos novos (fato ou direito supervenientes, por exemplo), que possam influir no teor do julgamento, ou serem constatadas nulidades absolutas. O CPC/2015 deu ênfase ao dever do juiz de motivar sua decisão, indicando parâmetros para que se possa reputar completa e válida a fundamentação. Tais parâmetros estão dispostos nos incisos do § 1º do art. 489 do CPC/2015, e sua inobservância, em regra, ensejará a nulidade da decisão (TJSP, 5ª Câmara de Direito Público, Apelação/ Reexame Necessário nº 0000709-47.2010.8.26.0596, Rel. Des. Francisco Bianco, j. em 17/7/2017, DJe de 20/7/2017; TJRS, 3ª Câmara Cível, Agravo de Instrumento nº 70074380908, Rel. Ricardo Bernd, j. em 15/8/2017; TJPR, Região Metropolitana de Londrina, Foro Central de Londrina, 14ª Câmara Cível, AC nº 1656078-0, Rel. José Hipólito Xavier da Silva, unânime, j. 9/8/2017).

IV. O dispositivo

O dispositivo ou decisório é a parte da sentença que contém a resolução do pedido, ou seja, onde o juiz afirma se o *acolhe* ou *rejeita*, como também, se for o caso, onde *decreta a extinção* do processo, sem julgamento de mérito, por eventual óbice processual. Nos termos do CPC/2015, art. 492, é vedado ao juiz proferir decisão de natureza diversa daquela que é objeto do pedido, bem como condenar a parte em quantidade superior ou em objeto diverso do que lhe foi demandado. Também lhe é vedado deixar de se pronunciar sobre pedido formulado pelo autor. Pelo princípio da congruência, cabe ao juiz pronunciar-se sobre *tudo* o que foi objeto do pedido e *somente* sobre o que foi objeto do pedido, sob pena de nulidade da decisão. Para parte da doutrina, a ausência de dispositivo é causa de inexistência da própria decisão. Nos termos do § 3º deste art. 489, a interpretação da decisão deve se dar a partir da conjugação de todos esses elementos e em conformidade com o princípio da boa-fé. Nesse sentido, vejam-se: 2ª T., REsp nº 1593461/SP, Rel. Min. Humberto Martins, j. em 2/8/2016, DJe de 10/8/2016; 1ª T., AgRg no REsp nº 1337068/RJ, Rel. Min. Napoleão Nunes Maia Filho, j. em 14/4/2015, DJe de 30/4/2015; 6ª T., AgRg no REsp nº 980.242/RS, Rel. Min. Rogerio Schietti Cruz, j. em 20/5/2014, DJe de 29/5/2014.

V. A fundamentação como manifestação do contraditório

Seguindo a orientação do legislador de que o processo civil deve ser compreendido à luz da Constituição Federal, o art. 489 dá ênfase à *garantia da fundamentação*, que, além de estar prevista expressamente na CF/1988, art. 93, inciso IX, está diretamente relacionada ao *princípio do contraditório*, também de índole constitucional. O princípio do contraditório, atualmente, não é entendido apenas como o direito da parte de ser cientificada dos atos processuais e de se manifestar nos autos, demonstrando o direito que alega ter. Compreende, ainda, o direito a que suas alegações sejam levadas em conta no momento da decisão, expondo o juiz as razões pelas quais as acolheu ou rejeitou. Em outras palavras, *a motivação é uma das facetas do contraditório* e deve estar presente em qualquer decisão judicial, seja sentença, decisão interlocutória ou acórdão. No RE nº 434.059-3/DF, o ministro Gilmar Mendes manifestou-se sobre a questão, esclarecendo que a pretensão à tutela jurisdicional compreende os seguintes direitos: "(I) – *direito de informação* [...], que obriga o órgão julgador a informar à parte contrária dos atos praticados no processo e sobre os elementos dele constantes; (II) – *direito de manifestação* [...], que assegura ao defendente a possibilidade de manifestar-se oralmente ou por escrito sobre os elementos fáticos e jurídicos constantes do processo [...]; (III) – *direito de ver seus argumentos considerados* [...], que exige do julgador capacidade de compreensão e isenção de ânimo [...] para contemplar as razões apresentadas [...] Sobre o direito de ver os seus argumentos contemplados pelo órgão julgador, que corresponde, obviamente, ao dever do juiz de a eles *conferir atenção*, pode-se afirmar que envolve não só o dever de tomar conhecimento, como também o de *considerar*, séria e detidamente, as razões apresentadas" (STF, RE nº 434.059, Rel. Min. Gilmar Mendes, DJ de 11/9/2008).

O art. 489, § 1º, do CPC/2015 parte dessa concepção do contraditório, que compreende o direito da parte de ser cientificada dos atos processuais; de participar do processo; bem como de *influenciar* na construção da decisão, e ter seus *argumentos e provas efetivamente apreciados* pelo juiz.

VI. Hipóteses em que a decisão não será considerada fundamentada

O art. 489, em seus parágrafos, traça os *parâmetros de qualidade da fundamentação*, que, se não atendidos, implicarão a nulidade da decisão. De acordo com esse dispositivo legal, que contém um rol meramente exemplificativo, *não se reputará fundamentada* decisão que: a) se limitar a indicar, reproduzir ou reportar-se ao enunciado do texto de lei, utilizando-se de outras palavras; b) empregar conceitos vagos sem explicar sua vinculação ao caso; c) invocar motivos genéricos que poderiam justificar qualquer outra decisão; d) não enfrentar todos os argumentos deduzidos no processo que, em tese, poderiam infirmar a conclusão do julgador; e) se limitar a invocar precedentes ou enunciados de súmula, sem demonstrar sua pertinência ao caso ou que deixar de segui-los, sem esclarecer a distinção com o caso concreto. Desse modo, será nula por vício de fundamentação a sentença que não estabelecer o nexo entre o dispositivo de lei aplicado e o caso concreto; que não explicar a razão pela qual o princípio da boa-fé, por exemplo, não teria sido observado na situação objeto da lide; que se mostre superficial, genérica, podendo servir a qualquer processo, como a que defere liminar por estarem presentes seus pressupostos, sem relacioná-los à argumentação formulada pelas partes; que não esclarecer as razões pelas quais considerou relevantes determinados fundamentos e provas apresentados pelas partes, e desconsiderou outros. Nula também será a decisão em que o juiz deixe de esclarecer racionalmente as escolhas que fez; que aplique o precedente ou a súmula sem demonstrar a sua similitude fática com o caso em exame, ou, ao contrário, que deixe de aplicar o precedente ou a súmula, sem expor o aspecto que distinguiria os casos e imporia solução diferente. O art. 489, incisos V e VI, do CPC/2015, dentre outros ao longo do Código, deixa claro que o legislador deu ênfase ao respeito aos precedentes, sendo essa uma das linhas mestras do novo Código.

VII. Colisão entre normas

Será nula, também, nos termos do art. 489, § 2º, a decisão que, em situação de conflito entre princípios, não explicitar como se deu o juízo de ponderação do juiz, que o levou a optar por um ou pelo outro princípio. No julgamento da ADI nº 4815, por exemplo, o STF expôs os fundamentos que levaram a Corte a afastar a exigência de prévia autorização para biografias, fazendo prevalecer o princípio da liberdade de expressão da atividade intelectual, face à garantia da inviolabilidade da intimidade e da privacidade dos biografados, aos quais se ressalvou o direito de resposta (STF, ADI nº 4.815, Rel. Min. Cármen Lúcia, j. em 10/6/2015, DJe de 29/1/2016). Em outra oportunidade, entendeu-se que o disposto no art. 225 da Constituição Federal, que veda prática que acabe por submeter os animais à crueldade, deve prevalecer ao pleno exercício de direitos culturais (STF, Tribunal Pleno, ADI nº 4983, j. em 6/10/2016, Rel. Min. Marco Aurélio, DJe de 27/4/2017). Em situações dessa natureza, caberá ao juiz proceder ao sopesamento dos princípios colidentes, e, por meio da fundamentação racional da decisão judicial, demonstrar os motivos que o levaram a mitigar a existência de um em relação ao outro.

Art. 490 - O juiz resolverá o mérito acolhendo ou rejeitando, no todo ou em parte, os pedidos formulados pela parte.

I. A fixação dos limites da lide

A sentença de mérito propriamente dita, nos termos do CPC/2015, art. 487, inciso I, é aquela por meio da qual o juiz *acolhe* ou *rejeita* o pedido formulado na ação ou na reconvenção. Embora, em regra, seja o autor da ação que formula o pedido, fixando os limites da lide, também o réu, na condição de reconvinte, poderá fazê-lo na hipótese de reconvenção (CPC/2015, art. 343).

II. Cumulação simples de pedidos

Tanto ao autor da ação principal quanto ao réu reconvinte (que é o autor da reconvenção) é permitida a cumulação de pedidos. Na hipótese de cumulação simples de pedidos (CPC/2015, art. 327), o juiz deve analisar *todos* eles, podendo concluir pela sua total procedência ou improcedência, ou pela procedência de um e improcedência do outro, quando então acolherá *em parte* os pedidos do autor ou do réu/reconvinte. É considerada formalmente una, mas substancialmente cindível, a sentença que decide mais de um pedido. A lei veda ao juiz, porém, que deixe de apreciar algum dos pedidos, pois, em situação como essa, a sentença será *infra* ou *citra petita* (TJSP, 9ª Câmara de Direito Público, Ap. nº 1028218-39.2015.8.26.0602, Rel. Des. Décio Notarangeli, j. em 20/7/2017, DJe de 20/7/2017). Assim, por exemplo, em ação em que o autor pede indenização por lucros cessantes e danos morais, o juiz poderá acolher ou rejeitar ambos os pedidos, bem como poderá condenar o réu ao pagamento dos lucros cessantes, mas não à reparação dos danos morais ou vice-versa. Contudo, é vedado ao julgador se pronunciar apenas sobre os lucros cessantes, acolhendo-os, ou não, e ser omisso em relação à condenação ao pagamento de indenização pelos danos morais.

III. Cumulação sucessiva e cumulação subsidiária

Na cumulação sucessiva de pedidos, o segundo pedido somente será analisado se o primeiro for acolhido. Assim, o pedido de reintegração na posse do bem (segundo pedido) será apreciado apenas na hipótese de acolhimento do pedido de rescisão do compromisso de compra e venda (primeiro pedido). A situação é distinta na cumulação subsidiária (CPC/2015, art. 326), ou eventual. Neste caso, o autor formula um pedido em ordem subsidiária, que somente será apreciado se o principal, pelo qual tem preferência, for rejeitado.

IV. Cumulação alternativa

Diz-se que há a cumulação alternativa, quando o autor formula vários pedidos, satisfazendo-se com a procedência de *qualquer* deles. A situação é diferente daquela da cumulação simples, em que o autor formula vários pedidos, requerendo a procedência de *todos* eles e da cumulação subsidiária, em que o autor formula os pedidos numa escala decrescente de preferências.

V. Sucumbência recíproca

Há sucumbência recíproca quando, na cumulação simples de pedidos, o juiz julga procedentes um ou alguns deles e improcedentes os demais. O juiz pode, ainda, em face de pedido único, mas decomponível, acolhê-lo apenas em parte. Também aí haverá *sucumbência recíproca,* uma vez que autor e réu serão, simultaneamente, vencido e vencedor. Modificando entendimento que prevalecia à luz do CPC/1973, retratado na Súmula nº 306/STJ, o art. 85, § 14, do CPC/2015 afasta a possibilidade de compensação dos honorários advocatícios, na hipótese de sucumbência recíproca.

Art. 491 - Na ação relativa à obrigação de pagar quantia, ainda que formulado pedido genérico, a decisão definirá desde logo a extensão da obrigação, o índice de correção monetária, a taxa de juros, o termo inicial de ambos e a periodicidade da capitalização dos juros, se for o caso, salvo quando:
I - não for possível determinar, de modo definitivo, o montante devido;
II - a apuração do valor devido depender da produção de prova de realização demorada ou excessivamente dispendiosa, assim reconhecida na sentença.
§ 1º - Nos casos previstos neste artigo, seguir-se-á a apuração do valor devido por liquidação.
§ 2º - O disposto no caput também se aplica quando o acórdão alterar a sentença.

I. Decisão líquida

Este dispositivo diz respeito apenas às ações que têm por objeto obrigação de *pagar quantia*, e contém diretriz fixada para o juiz, no sentido de que deve, ao máximo, proferir *decisões líquidas*. Ou seja, o juiz deve procurar fixar desde logo o *quantum debeatur,* que é o valor a ser pago pelo vencido, mesmo que o pedido formulado pelo autor tenha sido genérico (CPC/2015, art. 324). Dessa forma, estar-se-á dando concretude aos princípios da razoável duração do processo (CPC/2015, art. 6º) e da eficiência da tutela jurisdicional (CPC/2015, art. 8º), permitindo ao vencedor iniciar desde logo a fase de cumprimento de sentença. Ao julgador (seja o magistrado em 1º grau ou os integrantes do órgão colegiado, no Tribunal) caberá expor as razões pelas quais, em determinada ação, não se mostre viável a prolação de decisão líquida.

II. Da liquidação

A liquidação (CPC/2015, art. 509), seja por arbitramento ou pelo procedimento comum, somente deverá ser instaurada caso (a) não tenha sido possível determinar, de modo definitivo, o montante devido ou (b) a apuração do valor dependa de prova cuja produção é demorada e dispendiosa. Assim, por exemplo, será necessária a liquidação se, numa ação em que se pede a rescisão do contrato de empreitada para construção de Pequena Central Hidrelétrica (PCH) e indenização por perdas e danos, tiver sido possível, por meio da perícia realizada na fase de conhecimento, apurar-se desde logo a causa do rompimento da barreira, mas não o valor dos danos emergentes (investimentos já realizados para construção da obra) e lucros cessantes, que deverão ser apurados por meio de perícia específica.

III. Dos juros e correção monetária

Os juros legais e a correção monetária reputam-se incluídos no pedido, assim como as verbas de sucumbência, inclusive os honorários advocatícios (art. 322, § 1º, do CPC/2015).

Art. 492 - É vedado ao juiz proferir decisão de natureza diversa da pedida, bem como condenar a parte em quantidade superior ou em objeto diverso do que lhe foi demandado.
Parágrafo único - A decisão deve ser certa, ainda que resolva relação jurídica condicional.

I. O princípio da congruência entre a ação e sentença

O art. 492 está umbilicalmente ligado ao CPC/2015, art. 141, segundo o qual o *juiz decidirá o mérito nos limites propostos pelas partes*. Significa dizer que deve haver correlação entre o que se pede na ação e o que se julga na sentença, ou, em outros termos, *congruência entre o pedido e a tutela jurisdicional,* cabendo ao juiz pronunciar-se sobre *tudo* o que foi objeto do pedido e *somente* sobre o que foi objeto do pedido. Trata-se do princípio da *congruência* ou *correspondência entre a ação e sentença,* que está diretamente relacionado ao princípio dispositivo, segundo o qual cabe ao autor, que se diz titular do direito a ser tutelado, provocar a atuação do Poder Jurisdicional. E o autor assim o fará, formulando o seu *pedido* em juízo, por meio da petição inicial (CPC/2015, art. 319, inciso IV), que fixará os limites da lide dentro dos quais cabe ao juiz decidir.

II. Sentenças *ultra*, *extra* e *citra petita*

É vedado ao juiz conceder à parte *mais* do que pediu, quando então a decisão de mérito será *ultra petita*, ou algo *diferente* do que pediu, com base em causa de pedir estranha à petição inicial, quando então a sentença será *extra petita*. Destaque-se que o que a lei veda é que juiz julgue com base em fatos (causa de pedir remota) diferentes daqueles apresentados pelo autor. Não será *extra petita,* porém, a sentença que, após observado o contraditório (art. 10, CPC/2015), vier a ser proferida com base em fundamento jurídico diferente daquele exposto na inicial, pois nesse caso o juiz estará apenas requalificando juridicamente os fatos alegados pelo autor. Serão também *ultra* ou *extra petita* as sentenças que *julgarem improcedente pedido nem sequer formulado*. A sentença *infra* ou *citra petita,* por sua vez, não é aquela que acolhe ou rejeita *em parte* o pedido do autor, mas, sim, a que *desconsidera, deixa de julgar* pedido que tenha sido formulado.

III. A "decisão supresa" e a violação ao contraditório

O réu, ao contestar, apresenta sua defesa em relação ao pedido tal como formulado na inicial. As decisões, que julgam fora do pedido (*extra petita)* ou além do pedido *(ultra petita),* são nulas porque *surpreendem o réu*, que deixa de ter a oportunidade, que lhe é constitucionalmente garantida, de ser previamente ouvido, sendo tolhido no seu direito de produzir prova e influir no convencimento do juiz (CPC/2015, art. 10).

IV. Nulidade absoluta

Costuma-se afirmar que as decisões *extra, ultra* ou *infra petita* padecem de nulidade absoluta, que pode ser conhecida de ofício, e não se sujeitam à preclusão. Trata-se, contudo, de vício que, embora grave, pode ser corrigido no curso do processo. É preciso, porém, compatibilizar o art. 492 com o que prevê o CPC/2015, art. 494. O juiz, de acordo com o art. 494, não pode alterar a sentença depois que tenha sido publicada, mesmo que venha a se dar conta da nulidade absoluta. A parte, entretanto, poderá provocá-lo por meio de embargos de declaração. Há quem sustente que, no caso da decisão *ultra* ou *extra petita*, estar-se-ia em face de hipótese de inexistência, porque não há pedido (= pressuposto de existência do processo) em relação à parte que excede ou que atribui ao demandante algo diferente do que é objeto da pretensão. Quanto à sentença *infra petita*, a inexistência decorreria da ausência de dispositivo (decisório) em relação ao pedido sobre o qual o juiz, injustificadamente, omitiu-se.

V. A possibilidade de correção do vício de fundamentação pelo Tribunal

Ainda que a questão não tenha sido suscitada pela parte em 1º grau, nem no recurso de apelação (ou, eventualmente, em agravo de instrumento), o tribunal local poderá conhecer de ofício o vício de que padecem as decisões *ultra, extra* ou *citra petita*, corrigindo-o (TJSP, 11ª Câmara de Direito Privado, Apelação nº 0025365-79.2012.8.26.0602, Rel. Des. Antonio Luiz Tavares de Almeida, j. em 22/6/2017, DJe de 23/6/2017). De acordo com o CPC/2015, art. 1.013, § 3º, incisos II e III "Se o processo estiver em condições de imediato julgamento, o tribunal deve decidir desde logo o mérito quando: [...] II - decretar a nulidade da sentença por não ser ela congruente com os limites do pedido ou da causa de pedir; III - constatar a omissão no exame de um dos pedidos, hipótese em que poderá julgá-lo". Note-se que o Tribunal poderá desde logo decidir se a *causa estiver madura,* ou seja, se estiver devidamente instruída. No caso de decisão *extra petita,* em que se tenha decidido coisa diversa daquela que foi objeto do pedido do autor, e haja necessidade de produção de prova para que se possa julgar o pedido tal como formulado, o Tribunal, reconhecendo o vício, devolverá os autos ao 1º grau, para novo julgamento ou diligência. O Tribunal somente julgará desde logo o pedido se não houver necessidade de instrução. O mesmo se pode dizer quanto às decisões *infra petita*: se já houver nos autos elementos para que o Tribunal julgue o pedido sobre o qual o juízo de 1º grau se omitiu, o colegiado deverá fazê-lo. Na hipótese de sentença *ultra petita,* em regra, o próprio Tribunal reduzirá a decisão de mérito aos limites do pedido, decotando o excesso.

O TRF5, por exemplo, anulou sentença *extra petita* em que, embora o pedido tivesse sido de concessão do benefício de pensão por morte de segurado especial rural, o magistrado em 1º grau decidiu sobre a concessão de salário-maternidade. De acordo com o Colegiado local, "apesar de os documentos acostados aos autos servirem como início de prova material, estes não foram corroborados pela prova testemunhal", razão pela qual determinou a conversão do feito em diligência para que a prova oral fosse produzida, com o retorno do feito, em seguida, à relatora (TRF5, 2ª T., Processo nº 00041198120124059999, AC548373/CE, Rel. Des. Federal Francisco Barros Dias, DJe de 29/11/2012). O TRF2 declarou de ofício a nulidade de sentença que deixou de apreciar pedido relativo à revisão das prestações devidas em financiamento habitacional, determinando que outra fosse proferida pelo juízo de 1º grau, após a realização da perícia contábil, eis que necessária para análise do reajuste das prestações (TRF-2, Apelação Cível nº 170681 RJ 98.02.18503-5, Rel. Des. Federal Luiz Paulo S. Araújo Filho, DJU de 8/8/2007). O Tribunal de Justiça do Paraná, à sua vez, de ofício, afastou a limitação da taxa de juros e o expurgo da cobrança capitalizada de juros, impostos pela sentença, por não ter havido pedido nesse sentido, formulado pelo autor na petição inicial (TJPR, Apelação nº 13025860 PR 1302586-0 (Acórdão), Rel. Hamilton Mussi Correa, DJe de 3/3/2015).

VI. Cabimento de ação rescisória

As decisões *ultra*, *extra* ou *infra petita* podem ser corrigidas ao longo do processo. Mas, uma vez encerrado este, se a parte pretender atacá-las, deverá fazê-lo por meio de uma ação de impugnação autônoma. Para aqueles que reputam tais decisões nulas, cabível será a ação rescisória, com base no CPC/2015, art. 966, inciso V. Esse já era o entendimento do STJ à luz do CPC/1973 (STJ, 2ª T., REsp nº 1226074/RS, Rel. Min. Humberto Martins, j. em 6/5/2014, DJe de 15/8/2014). No mesmo sentido, TJSP, 6º Grupo de Direito Privado, Ação Rescisória nº 2184642-21.2016.8.26.0000, Rel. Des. Jacob Valente, j. em 21/6/2017, DJe de 23/6/2017. Para parte da doutrina, que entende que o vício é de inexistência e não de nulidade, cabível será a ação declaratória de inexistência de relação processual, que não está adstrita ao prazo decadencial de dois anos, aplicável à ação rescisória. Quanto às decisões *infra petita*, o STJ já decidiu no sentido da desnecessidade de se intentar ação rescisória ou ação declaratória de inexistência, bastando o ajuizamento de nova demanda, em que a parte formulará o mesmo pedido objeto da ação anterior, mas que, naquela oportunidade, não foi julgado: "[...] 3. Por essa razão, a parte que não foi decidida – e que, portanto, caracteriza a existência de julgamento *infra petita* –, poderá ser objeto de nova ação judicial para que a pretensão que não fora decidida o seja agora" (STJ, Corte Especial, EREsp nº 1264894/PR, Rel. Min. Nancy Andrighi, j. em 16/9/2015, DJe de 18/11/2015).

VII. Relação jurídica condicional

Nos termos do parágrafo único do art. 492 do CPC/2015, a decisão deve ser certa, ainda que resolva relação jurídica condicional. A regra praticamente reproduz o parágrafo único do art. 460 do CPC/1973, e, de acordo com o STJ, significa que "1. A eficácia da decisão judicial não pode estar condicionada ao cumprimento desse ou daquele requisito da parte, uma vez que cabe à sentença reconhecer ou não o direito que se pede. 2. O STJ firmou entendimento de que a sentença que sujeita a procedência ou improcedência do pedido a acontecimento futuro e incerto é nula. *In casu*, a agravante não pode litigar pelo direito à complementação de aposentadoria, quando ainda nem sequer aposentou-se. [...]" (STJ, 5ª T., AgRAgRg no Ag nº 952.063/SP, Rel. Min. Napoleão Nunes Maia Filho, j. em 26/10/2010, DJe de 6/12/2010). No mesmo sentido: STJ, 3ª T., REsp nº 1541031/RJ, Rel. Min. Paulo de Tarso Sanseverino, j. em 3/5/2016, DJe de 5/9/2016.

Art. 493 - Se, depois da propositura da ação, algum fato constitutivo, modificativo ou extintivo do direito influir no julgamento do mérito, caberá ao juiz tomá-lo em consideração, de ofício ou a requerimento da parte, no momento de proferir a decisão.
Parágrafo único - Se constatar de ofício o fato novo, o juiz ouvirá as partes sobre ele antes de decidir.

I. Fato superveniente

Costuma-se afirmar, com acerto, que o julgamento deve refletir o estado de fato da lide no momento da entrega da prestação jurisdicional. O art. 493 leva em conta exatamente isso, ao permitir ao juiz conhecer de ofício, bem como às partes fazerem chegar ao seu conhecimento *fato ocorrido posteriormente ao ajuizamento da ação*, desde que tenha o condão de *influir no teor da decisão,* levando o julgador a acolher ou rejeitar o pedido, ou a nem mesmo conhecê-lo. É por essa razão que o STF já entendeu que a posterior revogação, pela administração pública, do ato impugnado por mandado de segurança é exemplo de fato novo a ser considerado pelo juiz, ao julgar a ação, posto que leva à extinção do processo sem análise do mérito, pela perda superveniente do interesse de agir (condição da ação) (STF, AgRg no RE nº 598.609/MG, Rel. Min. Ricardo Lewandowski, DJe de 15/8/2014). Nesse sentido, também:

STJ, 3ª T., REsp nº 1624393/DF, Rel. Min. Paulo de Tarso Sanseverino, j. em 15/12/2016, DJe de 7/2/2017.

II. O contraditório

Embora possa parecer, pelo teor do parágrafo único, que as partes deverão ser ouvidas previamente ao julgamento somente na hipótese em que a constatação do fato novo se der de ofício pelo juiz, o *contraditório* deve ser assegurado também quando o fato superveniente for comunicado por uma delas. O outro litigante deverá ser previamente intimado, de modo a evitar decisão surpresa (CPC/2015, art. 10).

III. O que se deve entender por fato novo

Deve-se entender por fatos novos, para fins de incidência do art. 493, tanto aqueles que aconteceram depois do ajuizamento da ação como os que ocorreram antes, mas as partes deles só vieram a tomar conhecimento posteriormente. A regra aplica-se tanto em 1º grau de jurisdição quanto em grau recursal, inclusive nos tribunais superiores. Nesse sentido, à luz do CPC/1973: a) "1. A regra do art. 462 do CPC deve ser observada também no Superior Tribunal de Justiça, não podendo sua aplicação ficar restrita às instâncias ordinárias. Precedentes" (STJ, 3ª T., EDcl no AgRg no AREsp nº 59.315/SP, Rel. Min. João Otávio de Noronha, j. em 17/5/2016, DJe de 23/5/2016); b) "Esclareço que o fato foi comunicado ao magistrado quatro anos após a sua ocorrência, quando a lide já estava decidida pelo TRF. Portanto, o *decisum* impugnado está em conformidade com precedente do Superior Tribunal de Justiça no sentido de que o fato novo deverá ser levado em consideração no julgamento da causa. Contudo, o fato antigo guardado a 'sete chaves' para ser utilizado no melhor momento processual para a parte ofende a boa-fé objetiva e deve ser repugnado pelo Poder Judiciário. 4. Recurso Especial não provido" (STJ, 2ª T., REsp nº 1586921/SP, Rel. Min. Herman Benjamin, j. em 21/6/2016, DJe de 12/9/2016).

IV. Alegação de direito superveniente

A possibilidade de o réu vir a alegar fato superveniente consiste em exceção ao princípio da concentração da defesa, nos termos do CPC/2015, art. 342, inciso I. Esse artigo prevê que, depois da contestação, somente é lícito ao *réu* deduzir novas alegações quando relativas a *direito ou a fato superveniente*. Ou seja, o dispositivo refere-se ao *réu* e a direito *ou* a fato novo, enquanto o art. 493, ora em comento, alude às *partes* e se refere apenas a *fato novo*. Isso, contudo, não significa que somente o réu pode alegar direito superveniente. Não bastasse tal interpretação ser contrária ao princípio da igualdade no processo (CPC/2015, art. 7º), por fato novo devem ser compreendidas todas as *situações supervenientes, relacionadas aos fundamentos de fato e de direito*, que podem influir no julgamento da lide, como a edição de uma nova norma jurídica, desde que não implique ofensa a direito adquirido, ato jurídico perfeito ou coisa julgada. Confira-se: "Em hipóteses semelhantes, que tratam de execução oriunda da Ação Coletiva 97.0004375-4, o STJ já reconheceu que a mencionada compensação não poderia ter sido suscitada durante o processo cognitivo, porquanto 'a apelação do INSS foi julgada em 15/02/2000 e o recurso extraordinário foi interposto em 23/08/2001; assim, a Lei 10.355, de 27/12/2001 - que promoveu a reestruturação da carreira previdenciária -, constitui fato superveniente passível de ser alegado nos embargos à execução, para fins de limitação temporal do pagamento do reajuste de 28,86%' [...]". (STJ, 1ª T., AgInt no REsp nº 1274079/RS, Rel. Min. Sérgio Kukina, j. em 13/6/2017, DJe de 22/6/2017).

V. Fato superveniente durante a fase recursal

O CPC/2015, art. 933, trata da hipótese em que a constatação do fato novo dá-se no decorrer do trâmite recursal. O dispositivo prevê que, se o relator constatar a ocorrência de fato superveniente à decisão recorrida, que possa influir no julgamento do recurso, intimará as partes para se manifestarem em cinco dias. Se a constatação ocorrer durante a sessão de julgamento, esse será suspenso a fim de que as partes se manifestem especificamente. Se a constatação se der em vista dos autos, deverá o juiz que a solicitou encaminhá-los ao relator, que tomará as providências previstas no *caput* do CPC/2015, art. 933, e após solicitará a inclusão do feito em pauta, para prosseguimento do julgamento. Sobre a questão, ainda à luz do CPC/1973, o STJ vinha entendendo, que "se o alegado direito superveniente surgiu antes do julgamento da apelação, era imprescindível, para fins de recurso especial, sua apreciação pelo tribunal recorrido, provocado, se fosse o caso, por embargos de declaração, sem o que configurou-se a ausência de prequestionamento" (STJ, 1ª T., AgRg no Ag nº 456.538/MG, Rel. Min. Teori Albino Zavascki, j. em 17/6/2003, DJ de 4/8/2003). Em outras palavras, se o direito superveniente surge ou o fato torna-se conhecido quando ainda não foi interposto o recurso especial, a parte deverá lançar mão dos embargos de declaração, em face do acórdão do tribunal local, para suscitar a questão e provocar a manifestação do juiz a seu respeito. Se, porém, a norma foi editada ou o fato surgiu ou tornou-se conhecido após já ter sido interposto o recurso de estrito direito, caberá aos tribunais superiores levá-lo em consideração no julgamento do recurso, seja no exercício do juízo de admissibilidade, seja no rejulgamento da causa. Nesse sentido, com base ainda no CPC/1973, são os seguintes acórdãos: "O art. 462 do CPC não possui aplicação restrita às instâncias ordinárias, devendo o STJ conhecer de fato superveniente que, surgido após a interposição do recurso especial, é suficiente para alterar o resultado do julgado" (STJ, EDcl no AgRg no REsp nº 1145754/ES, Rel. Min. João Otávio de Noronha, j. em 12/8/2014, DJe de 19/8/2014; e STJ, 3ª T., EDcl no AgRg no AREsp nº 59.315/SP, Rel. Min. João Otávio de Noronha, j. em 17/5/2016, DJe de 23/5/2016). O STJ já reconheceu como fato novo, relevante para o julgamento do recurso especial interposto em ação de indenização pela utilização indevida de objeto patenteado, a coisa julgada produzida em ação declaratória de nulidade de patente (STJ, 3ª T., EDcl no AgRg nos EDcl no REsp nº 621.179/SP, Rel. Min. Ricardo Villas Bôas Cueva, j. em 18/12/2014, DJe de 5/2/2015). Em outra ocasião, ainda, aplicou legislação editada após a interposição do recurso especial: "O art. 462 do CPC, por seu turno, admite que o fato tido por superveniente, capaz de influenciar no julgamento da causa, deva ser considerado pelo julgador, ainda que em sede recursal. Nas instâncias extraordinárias, esse fenômeno personifica o efeito translativo do recurso, por meio do qual se confere à Corte a prerrogativa de julgar a causa a partir da aplicação do direito à espécie, desde que o recurso ultrapasse o juízo de admissibilidade. Essa é a inteligência da Súmula nº 456/STF, que assim orienta: "O Supremo Tribunal Federal, conhecendo do recurso extraordinário, julgará a causa, aplicando o direito à espécie". Em outros termos, "estabelecida a extensão do pedido contido no recurso, o Tribunal não precisa se ater à legislação invocada pelos litigantes ou mesmo consignada no aresto impugnado, devendo entregar a prestação jurisdicional pela aplicação da norma cabível" (STJ, 2ª T., REsp nº 1461382/SP, Rel. Min. Og Fernandes, j. em 2/10/2014, DJe de 13/10/2014).

Art. 494 - Publicada a sentença, o juiz só poderá alterá-la:
I - para corrigir-lhe, de ofício ou a requerimento da parte, inexatidões materiais ou erros de cálculo;
II - por meio de embargos de declaração.

I. Preclusão consumativa

A regra, em nosso sistema, é da *inalterabilidade* da sentença. Uma vez publicada, opera-se para o juiz a *preclusão consumativa*, o que o impede de alterar a decisão, salvo em algumas situações previstas em lei. Ao utilizar o termo *publicada a sentença,* o art. 494 não está se referindo à publicação, enquanto intimação por meio do órgão da imprensa oficial, mas no sentido de se tornar pública porque foi lançada aos autos ou, na linguagem forense, porque a decisão foi entregue em cartório pelo juiz. A partir daí não poderá mais ser alterada.

II. Erros materiais e embargos de declaração

O art. 494 prevê duas exceções à regra da inalterabilidade, que têm aplicação tanto em 1º quanto em 2º graus, bem como nos tribunais superiores: a correção de inexatidões materiais ou erros de cálculo, ou o julgamento de embargos de declaração. O juiz pode corrigir de ofício, ou a requerimento da parte, inclusive depois de transitada em julgado a decisão (STJ, 3ª T., REsp nº 1.294.294/RS, Rel. Min. Ricardo Villas Bôas Cueva, j. em 6/5/2014, DJe de 16/5/2014), erros materiais que são aqueles *enganos manifestos, involuntários, perceptíveis pelo homem médio*. Considera-se erro material, por exemplo, o equívoco do órgão julgador ao redigir dispositivo da sentença, julgando procedente o pedido, quando toda a fundamentação exarada foi no sentido da improcedência da ação (STJ, 2ª T., RMS nº 43.956/MG, Rel. Min. Og Fernandes, j. em 9/9/2014, DJe de 23/9/2014). Percebe-se, facilmente, numa situação como essa, que o que está escrito na parte dispositiva da decisão *não corresponde à intenção do juiz*, havendo na decisão inexatidão material. O erro de cálculo é o *erro aritmético*, que não se confunde com a aplicação de um ou outro critério de correção monetária e de juros de mora (STJ, 6ª T., EDcl no AgRg no REsp nº 1.175.999/PR, Rel. Min. Rogerio Schietti Cruz, j. em 27/6/2014, DJe de 4/8/2014). Os *embargos de declaração*, por sua vez, não têm por finalidade específica modificar a decisão. Esse recurso volta-se à correção de *contradições*, esclarecimento de *obscuridades* e dissipação de *omissões* (CPC/2015, art. 1.022). Ocorre, entretanto, que ao suprir quaisquer desses vícios, o juiz poderá acabar alterando o pronunciamento judicial. É o que pode acontecer quando, em ação em que o autor pede indenização por lucros cessantes e danos morais, o juiz julga procedente o primeiro pedido, mas se omite em relação ao segundo, e a parte opõe embargos de declaração para suprir a omissão. O juiz, ao julgar os embargos, poderá concluir que também o segundo pedido é procedente, majorando, portanto, a condenação do autor. Nesse caso, a *modificação do julgado* será consequência direta da supressão da omissão. O embargado deverá ser intimado para, querendo, no prazo de cinco dias, manifestar-se sobre os embargos opostos, caso seu eventual acolhimento implique a modificação da decisão embargada.

III. Outras hipóteses de cabimento dos embargos de declaração

Por meio dos embargos de declaração, ainda, a parte pode provocar a manifestação do juiz sobre *nulidades absolutas* (STJ, 6ª T., EDcl nos EDcl nos EDcl nos EDcl no AgRg no Ag nº 1002596/SC, Rel. Min. Sebastião Reis Júnior, j. em 1º/10/2013, DJe de 9/10/2013); outras questões que poderiam até mesmo ser conhecidas de ofício, como a *decadência e prescrição* (TJPR, 5ª C.Cível, EDC nº 451401-4/01, Castro, Rel. Rosene Arão de Cristo Pereira, unânime, j. em 12/8/2008); sobre *fatos e direito supervenientes* que podem influir no julgamento da lide (STJ, 1ª T., EDcl no AgRg no AREsp nº 330.023/ES, Rel. Min. Benedito Gonçalves, j. em 24/2/2015, DJe de 4/3/2015); ou sobre *tese* formada em julgamento de processos repetitivos ou em incidente de assunção de competência aplicável ao caso (CPC/2015, art. 1.022, parágrafo único). Em relação a essa última hipótese, confira-se: "4. Nesse sentido, assim também já decidiu a Corte Especial do STJ no julgamento do EDcl no AgRg no EREsp 924.992/PR, da relatoria do eminente Ministro Relator, Humberto Martins, onde restou firmado que 'não é possível, em sede de embargos de declaração, adaptar o entendimento do acórdão embargado em razão de posterior mudança jurisprudencial. Orientação que somente tem sido mitigada, excepcionalmente, a fim de adequar o julgamento da matéria ao que ficou definido pela Corte, no âmbito dos recursos repetitivos' (julgado em 15/05/2013, DJe 29/05/2013)". Confira-se, ainda, STJ, 2ª T., EDcl no REsp nº 734.403/RS, Rel. Min. Mauro Campbell Marques, j. em 14/3/2017, DJe de 17/3/2017. O juiz, ao se pronunciar sobre tais questões, poderá eventualmente alterar a decisão embargada, como no caso em que, após julgar procedente a lide, vier a acolher a alegação de prescrição, suscitada em embargos de declaração. Em quaisquer dessas situações, deve-se proporcionar ao embargado, previamente ao julgamento, o exercício do direito ao contraditório (CPC/2015, art. 1.023, § 2º). Embora a parte não precise lançar mão dos embargos de declaração para esse fim, esse recurso pode ser oposto também para provocar a correção de erro material ou erro de cálculo (art. 1.022, inciso III): "1. Admite-se, excepcionalmente, que os embargos, ordinariamente integrativos, tenham efeitos infringentes desde que constatada a presença de um dos vícios do artigo 1.022 do Código de Processo Civil de 2015, cuja correção importe alteração da conclusão do julgado. 2. O acórdão embargado incorreu em erro material ao não conhecer do agravo interno por ausência de procuração do advogado (certidão de fl. 516 e-STJ), que, no entanto, encontra-se nos autos". (STJ, 3ª T., EDcl no AgRg no AREsp nº 771.188/MT, Rel. Min. Ricardo Villas Bôas Cueva, j. em 28/3/2017, DJe de 4/4/2017). Independentemente de requerimento da parte, o juiz pode, em embargos de declaração opostos para outro fim, conhecer de ofício de nulidades absolutas.

IV. Outras exceções à regra da inalterabilidade

Além das hipóteses previstas nos incisos do art. 494, constituem exceção à regra da inalterabilidade as situações previstas: no CPC/2015, art. 331, que prevê a possibilidade de o juiz se retratar em apelação interposta contra sentença que indefere a petição inicial; no CPC/2015, art. 485, § 7º, que permite ao juiz voltar atrás em apelação interposta contra sentença que extingue o processo sem análise do mérito, por uma das causas indicadas nos incisos desse mesmo dispositivo; no CPC/2015, art. 332, § 3º, que dispõe sobre a retratação em apelação interposta contra sentença que, antes mesmo da citação do réu, julga liminarmente improcedente o pedido do autor; no CPC/2015, art. 1.040, inciso II, que prevê a possibilidade de retratação pelo Colegiado local com base em acórdão paradigma oriundo de recurso de estrito direito julgado sob o regime dos repetitivos.

Art. 495 - A decisão que condenar o réu ao pagamento de prestação consistente em dinheiro e a que determinar a conversão de prestação de fazer, de não fazer ou de dar coisa em prestação pecuniária valerão como título constitutivo de hipoteca judiciária.

§ 1º - A decisão produz a hipoteca judiciária:

I - embora a condenação seja genérica;

II - ainda que o credor possa promover o cumprimento provisório da sentença ou esteja pendente arresto sobre bem do devedor;

III - mesmo que impugnada por recurso dotado de efeito suspensivo.

§ 2º - A hipoteca judiciária poderá ser realizada mediante apresentação de cópia da sentença perante o cartório de registro imobiliário, independentemente de ordem judicial, de declaração expressa do juiz ou de demonstração de urgência.

§ 3º - No prazo de até 15 (quinze) dias da data de realização da hipoteca, a parte informá-la-á ao juízo da causa, que determinará a intimação da outra parte para que tome ciência do ato.

§ 4º - A hipoteca judiciária, uma vez constituída, implicará, para o credor hipotecário, o direito de preferência, quanto ao pagamento, em relação a outros credores, observada a prioridade no registro.

§ 5º - Sobrevindo a reforma ou a invalidação da decisão que impôs o pagamento de quantia, a parte responderá, independentemente de culpa, pelos danos que a outra parte tiver sofrido em razão da constituição da garantia, devendo o valor da indenização ser liquidado e executado nos próprios autos.

I. A hipoteca judiciária como direito real de garantia

A hipoteca é um direito real de garantia sobre imóvel do devedor ou de terceiros, que confere ao credor o direito de excutir o bem e satisfazer seu crédito com o valor daí decorrente. Pode ser convencional, legal ou judicial. Será convencional, quando for constituída mediante acordo de vontades; legal, quando resultar da lei; e judicial (ou judiciária), quando decorrer de uma decisão judicial condenatória.

II. A hipoteca judiciária se produz automaticamente

A hipoteca judiciária é instituto que visa a assegurar a *efetividade* dos pronunciamentos que impõem condenação ao pagamento de *prestação em dinheiro*, pois afeta bem imóvel, que compõe o patrimônio do vencido, e que poderá ser expropriado, na fase de cumprimento de sentença, utilizando-se o respectivo produto para satisfazer o crédito do vencedor (= credor). É em verdade *subespécie da hipoteca legal,* uma vez que se constitui independentemente de pedido da parte e do exercício de qualquer juízo de valor pelo juiz. Trata-se de *efeito anexo* do pronunciamento judicial de cunho condenatório, o que significa que se produz *automaticamente*, tão só pelo fato de ter sido proferida decisão dessa natureza: "Hipoteca judiciária constitui efeito imediato da sentença, não importa o efeito do recebimento do apelo" (TJSP, 28ª Câmara de Direito Privado, Agravo de Instrumento nº 2094557-86.2016.8.26.0000, Rel. Des. Celso Pimentel, j. em 19/7/2016, DJe de 19/7/2016).

III. Decisões que agregam o efeito anexo da constituição da hipoteca

Não é toda decisão condenatória que a lei agrega o efeito da constituição automática da hipóteca. A utilização, no *caput*, da expressão *"decisão que condenar"*, em substituição à *"sentença que condenar"*, como previa o CPC/1973, art. 466, não significa que se passou a admitir que também as decisões proferidas em cognição sumária teriam aptidão para constituir a garantia. Apenas as decisões condenatórias, proferidas em cognição exauriente, têm essa eficácia, aí compreendidos tanto a sentença ou acórdão de mérito quanto as decisões interlocutórias de mérito (CPC/2015, art. 356). Outrossim, nos termos do CPC/2015, art. 495, essa eficácia se produz apenas em relação às decisões que condenam o vencido ao pagamento de prestação consistente em *dinheiro*, ou que determinam, a pedido do credor ou pela impossibilidade do cumprimento específico, a *conversão* em prestação pecuniária da prestação originariamente de fazer, não fazer ou de dar coisa.

IV. A hipoteca judiciária recai sobre o patrimônio do vencido

É importante destacar que a hipoteca judiciária, diferentemente do que o *caput* do art. 495 parece sugerir ao se referir a *réu,* pode recair também no patrimônio do *autor*, quando ele é o vencido, e, portanto, condenado ao pagamento de *honorários advocatícios.* Esse capítulo da sentença de improcedência é título constitutivo da hipoteca judiciária. Por essa razão, melhor teria sido se o dispositivo legal tivesse se referido a *vencido* e não a *réu.*

V. Possibilidade de constituição ainda que a sentença seja ilíquida; existam bens arrestados; seja cabível a execução provisória; ou esteja pendente recurso com efeito suspensivo

O CPC é claro no sentido de que a constituição da hipoteca se dá ainda que: a) a condenação seja *ilíquida*. O Tribunal de Justiça do Paraná já decidiu, com base no CPC/1973, em autos de ação civil pública por ato de improbidade administrativa que "Ante o fato de a hipoteca judiciária decorrer automaticamente de sentença condenatória, possuindo efeito secundário e acessório, basta que a sentença traga em si alguma condenação pecuniária ou entrega de coisa para assegurar a sua incidência, ainda que a condenação seja ilíquida ou esteja pendente de recurso" (TJPR, 5ª C.Cível, AI nº 697102-6, Maringá, Rel. Luiz Mateus de Lima, unânime, DJe de 12/01/2011); b) haja *bens arrestados* para garantia do mesmo crédito; c) seja cabível *execução provisória*, o que ocorre nas hipóteses em que a decisão condenatória não se sujeita a recurso com efeito suspensivo. Nesse caso, caberá ao credor escolher entre proceder ao registro da hipoteca judiciária ou dar início à execução provisória, com a realização de penhora; d) a decisão seja impugnável por *recurso com efeito suspensivo.*

VI. Registro

A hipoteca judiciária deve ser levada a *registro*, no cartório de registro de imóveis, para assegurar ao credor hipotecário o *direito de preferência*, com base na anterioridade do registro, e o *direito de sequela*. Ou seja, é a partir do registro que o credor poderá fazer valer a garantia perante terceiros, inclusive para fins de evitar fraude à execução, pois o adquirente não poderá alegar desconhecimento da existência da ação e da condenação ao adquirir imóvel gravado por hipoteca judicial (TJSP, 37ª Câmara de Direito Privado, Apelação nº 1023568-97.2015.8.26.0100, Rel. João Pazine Neto, São Paulo, j. em 18/8/2015, DJe de 18/8/2015). Nos termos do § 2º do art. 495, basta ao credor apresentar *cópia da decisão judicial* perante o cartório de registro de imóveis para que se proceda ao registro da hipoteca judiciária. Será indispensável, contudo, que sejam adotadas providências voltadas a assegurar, no mínimo, a autenticidade e atualidade da decisão para fins de registro, adotando-se, por analogia, o que se prevê no CPC/2015, art. 828. O credor deverá informar a efetivação da hipoteca judiciária, ao juízo da causa, dentro de 15 dias do respectivo registro. O art. 495 não prevê qualquer sanção para o descumprimento dessa regra, o que não impede que sejam aplicadas à parte, se for o caso, as penas por litigância de má-fé, uma vez que a comunicação é importante para dar ciência ao devedor acerca da constituição da hipoteca e possibilitar o contraditório. Também se pode sustentar, por analogia ao CPC/2015, art. 828, § 3º, que, diante da inércia do credor em comunicar em juízo o registro da hipoteca, considerar-se-á desconstituída a garantia.

VII. O contraditório e a intimação do devedor

O posicionamento do STJ, à luz do CPC/1973, consolidou-se no sentido de que o devedor deveria ser ouvido previamente à constituição de hipoteca judicial. No sistema instaurado pelo CPC/2015, porém, o possível devedor – e se diz *possível* porque a garantia pode ser efetivada mesmo que ainda pendam recursos contra a decisão condenatória – somente será intimado *após* ter-se efetivado o registro da hipoteca. Confira-se: "HIPOTECA JUDICIÁRIA [...] Efeito secundário da própria sentença". Inteiro teor: "No mais, encontrando-se presentes os requisitos da lei processual vigente, o deferimento da hipoteca judiciária é de rigor, descabendo se falar em ofensa ao contraditório e, nulidade da decisão, pois trata-se do efeito secundário da própria sentença" (TJSP, 2ª Câmara de Direito Privado, Agravo de Instrumento nº 2151565-55.2015.8.26.0000, Rel. Des. Alvaro Passos, j. em 17/5/2016, DJe de 17/5/2016). Uma vez intimado do registro da hipoteca, então, mediante aplicação subsidiária das regras acerca da penhora, poderá o devedor insurgir-se, buscando a *liberação* de parte dos bens hipotecados ou a *substituição* do bem imóvel em situações como aquela em que a hipoteca tenha recaído sobre bem de família. Tem-se entendido que, nas hipóteses de sentenças ilíquidas, o disposto no inciso I, § 1º, art. 495, deve ser relativizado, para que ocorra o contraditório prévio, sob o fundamento de que a constituição de hipoteca judicial deve tomar um parâmetro certo e seguro. Ou seja, que caberá ao juiz, nessas situações, proceder a uma estimativa da responsabilidade, para delimitar o alcance da garantia.

VIII. Reforma da decisão condenatória

O § 5º do art. 495 estabelece que, na hipótese de reforma da decisão condenatória de que decorreu a hipoteca judiciária, a garantia deverá ser desfeita, cabendo àquele, que era o vencedor, indenizar, dos prejuízos que sofreu, a parte que até então era considerada devedora. Os prejuízos serão apurados nos próprios autos e a *responsabilidade é objetiva*.

Seção III - Da Remessa Necessária

Art. 496 - Está sujeita ao duplo grau de jurisdição, não produzindo efeito senão depois de confirmada pelo tribunal, a sentença:

I - proferida contra a União, os Estados, o Distrito Federal, os Municípios e suas respectivas autarquias e fundações de direito público;

II - que julgar procedentes, no todo ou em parte, os embargos à execução fiscal.
§ 1º - Nos casos previstos neste artigo, não interposta a apelação no prazo legal, o juiz ordenará a remessa dos autos ao tribunal, e, se não o fizer, o presidente do respectivo tribunal avocá-los-á.
§ 2º - Em qualquer dos casos referidos no § 1º, o tribunal julgará a remessa necessária.
§ 3º - Não se aplica o disposto neste artigo quando a condenação ou o proveito econômico obtido na causa for de valor certo e líquido inferior a:
I - 1.000 (mil) salários mínimos para a União e as respectivas autarquias e fundações de direito público;
II - 500 (quinhentos) salários mínimos para os Estados, o Distrito Federal, as respectivas autarquias e fundações de direito público e os Municípios que constituam capitais dos Estados;
III - 100 (cem) salários mínimos para todos os demais Municípios e respectivas autarquias e fundações de direito público.
§ 4º - Também não se aplica o disposto neste artigo quando a sentença estiver fundada em:
I - súmula de tribunal superior;
II - acórdão proferido pelo Supremo Tribunal Federal ou pelo Superior Tribunal de Justiça em julgamento de recursos repetitivos;
III - entendimento firmado em incidente de resolução de demandas repetitivas ou de assunção de competência;
IV - entendimento coincidente com orientação vinculante firmada no âmbito administrativo do próprio ente público, consolidada em manifestação, parecer ou súmula administrativa.

I. Reexame necessário e proteção ao erário

O art. 496 dispõe a respeito do reexame necessário, também denominado de reexame obrigatório, remessa necessária ou duplo grau de jurisdição obrigatório, instituto em torno do qual ainda paira discussão, entendendo alguns que é contrário ao princípio da igualdade, e outros, que sua razão justificadora é resguardar o erário, na defesa do patrimônio público.

II. Natureza jurídica

Não se trata de recurso, pois lhe falta a voluntariedade, mas de *condição de eficácia da sentença* proferida contra a Fazenda Pública, que não transita até que o reexame seja julgado pelo Tribunal (Súmula nº 423 do STF: "Não transita em julgado a sentença por haver omitido o recurso *ex officio*, que se considera interposto *ex lege*"). Em outras palavras, até que seja julgado o reexame necessário pelo Tribunal, não se opera a coisa julgada material em relação à sentença de mérito proferida contra a União, os Estados, o Distrito Federal, os Municípios e suas respectivas autarquias e fundações de direito público.

III. Hipóteses de reexame necessário. Processo de conhecimento

O reexame necessário é um instrumento de exceção, razão pela qual o art. 496 deve ser interpretado *restritivamente*. O inciso I do art. 496 refere-se ao processo (ou fase) de conhecimento e às sentenças proferidas *contra* a Fazenda Pública, entendendo-se como tal as *sentenças de mérito contrárias à* União, Estados, Distrito Federal, Municípios e suas respectivas autarquias e fundações de direito público (seja porque foi julgado procedente pedido formulado em face desses entes, seja porque o pedido por eles formulado foi julgado improcedente). As sentenças proferidas contra sociedades de economia mista e empresas públicas não se sujeitam ao duplo grau de jurisdição. As sentenças de mérito dirigidas contra agências reguladoras, por sua vez, sujeitam-se ao instituto, uma vez que têm natureza jurídica de autarquias (TJRS, 22ª Câmara Cível, Reexame Necessário nº 70060537024, Rel. Maria Isabel de Azevedo Souza, j. em 6/7/2014, DJe de 30/7/2014; TJSP, 7ª Câmara de Direito Público, Reexame Necessário nº 0969572-38.2012.8.26.0506, Rel. Des. Eduardo Gouvêa, j. em 30/5/2016, DJe de 31/5/2016). O dispositivo legal é aplicável tanto nas hipóteses de sentenças de mérito totalmente desfavoráveis quanto apenas parcialmente desfavoráveis à Fazenda Pública.

IV. Decisões interlocutórias

Tendo em vista que o CPC/2015 passou a admitir o julgamento parcial de mérito, por meio das decisões interlocutórias de mérito (CPC/2015, art. 356), estas, em razão do seu conteúdo, também se submetem ao duplo grau de jurisdição obrigatório, que se processará em autos suplementares. Não há remessa necessária das demais decisões interlocutórias, ainda que concessivas de antecipação de tutela; de acórdãos, mesmo que proferidos em ações de competência originária dos Tribunais; nem de sentenças processuais, ainda que contenham capítulo que imponha condenação em honorários de sucumbência contra a Fazenda Pública (STJ, 2ª T., REsp nº 1460980/RS, Rel. Min. Humberto Martins, j. em 24/2/2015, DJe de 3/3/2015; TJMG, 2ª C. Cível, Agravo de Instrumento nº 1.0000.16.016740-9/001, Rel. Des. Raimundo Messias Júnior, j. em 16/5/2017, DJe de 17/5/2017; TJMG, 2ª C. Cível, Agravo de Instrumento nº 1.0000.16.028739-7/001, Rel. Des. Raimundo Messias Júnior, j. em 30/11/2016, DJe de 1º/12/2016).

V. Fase executiva

No âmbito do processo de execução, por sua vez, o reexame obrigatório é cabível em relação às sentenças que julgam, no todo ou em parte, procedentes *embargos do devedor à execução fiscal* (que é aquela proposta contra o contribuinte, com base em certidão de dívida ativa), a que equivalem aquelas que acolhem objeções, extinguindo a execução, por exemplo, pelo reconhecimento da prescrição (TJPR, nº 10296445/PR, Rel. Fernando César Zeni, j. em 25/6/2013, DJe de 16/7/2013; TJMG, 4ª C. Cível, Ap Cível/Rem Necessária nº 1.0702.11.029774-5/005, Rel. Des. Dárcio Lopardi Mendes, j. em 1º/9/2016, DJe de 6/9/2016), bem como resolvem impugnação ao cumprimento de sentença promovido pela União, Estados, Distrito Federal, Municípios e suas respectivas autarquias e fundações de direito público (TJSP, 9ª Câmara de Direito Público, AI nº 20325555120148260000/SP 2032555-51.2014.8.26.0000, Rel. Décio Notarangeli, j. em 14/5/2014, data de publicação: 15/5/2014). Note-se que o inciso II do art. 496 alude a *embargos à execução fiscal,* o que significa dizer que não se submetem ao duplo grau de jurisdição as decisões proferidas em impugnação oferecida pela Fazenda Pública, em execução fundada em sentença que lhe tenha sido desfavorável, prolatada na fase de conhecimento (STJ, 6ª T., AgRg no REsp nº 1.011.409/RJ, Rel. Min. Marilza Maynard, DJe de 28/2/2014). Isso porque, tendo havido já o reexame necessário na fase de conhecimento, em virtude da condenação da Fazenda Pública, não se justifica nova remessa de ofício em eventual impugnação que ofereça no processo de execução, pois implicaria duplo reexame.

VI. Dispensa do reexame necessário

Os §§ 3º e 4º preveem hipóteses de *dispensa* do reexame necessário. O § 3º exclui o reexame quando a condenação, em *valor líquido e certo,* ou o proveito econômico envolvido no litígio for *inferior:* a *mil* salários mínimos em relação à União, suas autarquias e fundações de direito público; *quinhentos* salários mínimos em relação aos Estados e suas capitais, o Distrito Federal, suas respectivas autarquias e fundações de direito público; *cem* salários mínimos para todos os demais Municípios e respectivas autarquias e fundações de direito público. Não importa o valor que tenha sido atribuído à causa, mas o valor da condenação ou do direito controvertido ao tempo em que proferida a sentença. A dispensa *não se aplica* a sentenças ilíquidas (STJ, 1ª T., REsp nº 1300505/PA, Rel. Min. Ari Pargendler, j. em 21/8/2014, DJe de 1º/9/2014): "1. A Corte Especial, no julgamento do REsp 1.101.727/PR, proferido sob o rito do art. 543-C do CPC/1973, firmou o entendimento de que é obrigatório o reexame da sentença ilíquida proferida contra a União, os Estados, o Distrito Federal, os Municípios e as respectivas autarquias e fundações de direito público (art. 475, § 2º, CPC/73)" (STJ, 2ª T., REsp nº 1664062/RS, Rel. Min. Herman Benjamin, j. em 13/6/2017, DJe de 20/6/2017). Enquanto a dispensa do reexame necessário, nas hipóteses do § 3º, está relacionada ao valor da condenação imposta à Fazenda Pública ou ao conteúdo econômico da lide, as hipóteses previstas no § 4º relacionam-se à tese jurídica em discussão no processo, excluindo-se o duplo grau de jurisdição obrigatório quando a sentença contrária à Fazenda Pública estiver em consonância com súmula vinculante dos tribunais superiores ou com *precedentes judiciais* (CPC/2015, arts. 928 e 947), bem como *orientação vinculante interna da Administração*, consolidada em parecer ou súmula administrativa.

VII. Procedimento do reexame necessário

No que diz respeito ao procedimento do reexame necessário, cabe ao juiz determinar a remessa dos autos ao Tribunal, independentemente de ter sido interposta, ou não, apelação pelo vencido. Se o juiz não o fizer, o Tribunal pode avocar os autos a pedido das partes ou de ofício. Não há prazo na lei fixado para a remessa. No Tribunal, o procedimento é o mesmo que o da apelação, no que couber. Deve haver inclusão em pauta, com, pelo menos, cinco dias de antecedência (CPC/2015, art. 935); é cabível a sustentação oral (CPC/2015, art. 936); a remessa necessária pode ser julgada monocraticamente, pelo relator (CPC/2015, art. 932), nos termos do enunciado da Súmula nº 253 do STJ, com o julgamento da remessa necessária, opera-se o efeito substitutivo (CPC/2015, art. 1.008). Ao contrário da apelação, no reexame necessário não cabe o julgamento ampliado previsto no art. 942, do CPC/2015, conforme excepciona o seu § 4º: "Não se aplica o disposto neste artigo ao julgamento: II - da remessa necessária". Nesse sentido os seguintes julgados: TJMG, 1ª Câmara Cível, Reexame Necessário-Cv nº 1.0440.14.000164-3/001, Rel. Des. Washington Ferreira, j. em 2/8/0016, publicação em 11/8/2016; TJSP, 15ª Câmara de Direito Público, Foro de Campinas - 2ª Vara da Fazenda Pública, Embargos de Declaração nº 0062940-09.2007.8.26.0114, Rel. Raul De Felice, j. em 9/2/2017, Data de Registro: 13/2/2017.

VIII. Efeito devolutivo

A remessa oficial devolve ao Tribunal o reexame de todas as parcelas da condenação suportadas pela Fazenda Pública, inclusive dos honorários advocatícios (Súmula nº 325 do STJ). É defeso, porém, ao Tribunal, no reexame necessário, agravar a condenação imposta à Fazenda Pública (Súmula nº 45 do STJ), mesmo em face de nulidades absolutas flagradas pelo Relator ou o Colegiado (STJ, REsp nº 1437663, Min. Assusete Magalhães, dec. monocrática, j. em 29/10/2014, DJe de 4/11/2014; STJ, 2ª T., REsp nº 1600115/GO, Rel. Min. Herman Benjamin, j. em 18/8/2016, DJe de 12/9/2016), o que, porém, não nos parece ser o melhor entendimento.

IX. Ação popular

Além das hipóteses previstas no CPC, há outros casos de remessa necessária. A Lei nº 4.717/1965, que disciplina a *ação popular*, prevê, em seu art. 19, o duplo grau de jurisdição obrigatório em relação à sentença que extingue o processo sem resolução de mérito ou que julga improcedente o pedido do autor (STJ, 1ª T., REsp nº 1115586/DF, Rel. Min. Gurgel de Faria, j. em 2/8/2016, DJe de 22/8/2016). No caso, o cidadão, que propõe a ação popular, age no interesse público, questionando a validade de atos que considera lesivos ao patrimônio público, à moralidade administrativa, ao meio ambiente e ao patrimônio histórico e cultural. Esses bens, que o cidadão visa a tutelar, são reputados pelo legislador mais relevantes que o interesse pecuniário dos entes públicos, razão pela qual não está sujeita ao duplo grau de jurisdição obrigatório a sentença que julga procedente a ação popular, ainda que contra a União, Estados, Distrito Federal, Municípios e respectivas autarquias e fundações de direito público, mas aquela que deixa de admitir ou julga a ação improcedente.

X. Aplicação por analogia à ação civil pública

No STJ há decisões que, por analogia à Lei nº 4.717/1965, entendem cabível o reexame necessário das sentenças que extinguem sem análise de mérito ou julgam improcedente ação civil pública, embora não haja previsão legal expressa nesse sentido (STJ, 2ª T., AgRg no REsp nº

1219033/RJ, Rel. Min. Herman Benjamin, j. em 17/3/2011, DJe de 25/4/2011). Para essa corrente, seja a pessoa jurídica de direito público autora ou ré, se a *ação civil pública* (que compõe o microssistema das ações coletivas) vier a ser julgada improcedente ou houver carência, impor-se-á o duplo grau de jurisdição pelo tipo de interesse em jogo (coletivo ou difuso): "É pacífico o entendimento no STJ de que o Código de Processo Civil deve ser aplicado subsidiariamente à Lei de Improbidade Administrativa. Assim, é cabível o reexame necessário na Ação de Improbidade Administrativa, nos termos do artigo 496 do CPC/2015. 5. No mais, por 'aplicação analógica da primeira parte do art. 19 da Lei nº 4.717/65, as sentenças de improcedência de ação civil pública sujeitam-se indistintamente ao reexame necessário' (REsp 1.108.542/SC)" (STJ, 2ª T; REsp nº 1613803/MG, Rel. Min. Herman Benjamin, j. em 16/2/2017, DJe de 7/3/2017). A questão, porém, não é pacífica, havendo, também no âmbito do STJ, decisões em sentido diverso, que partem da premissa, que nos parece correta, de que o reexame necessário é um instrumento de exceção e que, por isso, não se aplica a situações não previstas em lei (STJ, 1ª T., REsp nº 1220667/MG, Rel. Min. Napoleão Nunes Maia Filho, j. em 4/9/2014, DJe de 20/10/2014).

XI. Mandado de segurança

A Lei nº 12.016/2009, art. 14, § 1º, estabelece que se submete à remessa necessária a *sentença concessiva de mandado de segurança*, independentemente da condição da parte demandada, se pessoa jurídica de direito público ou não: "Apelação cível - Mandado de Segurança - Direito Processual Civil - Reexame necessário admitido apenas na hipótese de procedência do pedido em sede de mandado de segurança, o que não se verificou no caso em apreço - Demanda de rito especial julgada improcedente, o que não autoriza a técnica no reexame necessário - Inexistência de qualquer prejuízo de ordem jurídica e/ou econômica ao Ente Público, uma vez que vencedor da contenda - Inteligência do disposto no art. 14, § 1º, da Lei 12.016/09 - Reexame necessário não conhecido" (TJSP, 3ª Câmara de Direito Público, Reexame Necessário nº 1000070-73.2016.8.26.0443, Rel. Des. Marrey Uint, j. em 16/5/2017, DJe de 17/5/2017; TJSP, 1ª Câmara de Direito Público, Reexame Necessário nº 0002125-14.2014.8.26.0498, Rel. Des. Marcos Pimentel Tamassia, j. em 21/6/2016, DJe de 23/6/2016).

XII. Demais situações legais

Também se sujeita ao duplo grau de jurisdição a sentença que decide pedido de nacionalidade de filhos de brasileiros nascidos em outro país (Lei nº 818/1949, art. 4º, § 3º). Há previsão na Lei nº 7.853/89 (art. 4º, § 1º), que, nesse ponto, não foi alterada pela Lei nº 13.146/2015, dispondo sobre o apoio às *pessoas com necessidades especiais*, de que é cabível o reexame necessário das sentenças que concluírem pela carência ou improcedência de ações civis públicas propostas com base naquele diploma legal. A Lei Complementar nº 76/1993, que disciplina a desapropriação do *imóvel rural* (art. 13, § 1º), bem como o Decreto-Lei nº 3.365/1941, que dispõe sobre *desapropriações por utilidade pública* (art. 28, § 1º), também preveem o duplo grau de jurisdição obrigatório quando o expropriante é condenado a pagar indenização em valor superior àquele oferecido (TJSP, 4ª Câmara de Direito Público, Reexame Necessário nº 4004554-25.2013.8.26.0269, Rel. Des. Ana Liarte, j. em 6/2/2017, DJe de 9/2/2017; TJSP, 6ª Câmara de Direito Público, Reexame Necessário nº 0011892-96.2012.8.26.0320, Rel. Des. Maria Olívia Alves, j. em 16/6/2014, DJe de 18/6/2014).

XIII. Causas de dispensa

Discute-se se as causas de dispensa do reexame necessário, elencadas no CPC, aplicam-se às hipóteses de reexame obrigatório previstas nessas leis esparsas. O STJ tem entendido que não (STJ, 2ª T., REsp nº 1274066/PR, Rel. Min. Mauro Campbell Marques, j. em 1º/12/2011, DJe de 9/12/2011), mas não nos parece que essa seja a melhor solução. O reexame necessário, conforme já se disse, é instrumento de exceção e como tal a interpretação acerca do seu cabimento deve ser restritiva, o que nos leva a afirmar que as causas de dispensa também se aplicam nessas hipóteses.

Seção IV - Do Julgamento das Ações Relativas às Prestações de Fazer, de Não Fazer e de Entregar Coisa

Art. 497 - Na ação que tenha por objeto a prestação de fazer ou de não fazer, o juiz, se procedente o pedido, concederá a tutela específica ou determinará providências que assegurem a obtenção de tutela pelo resultado prático equivalente.
Parágrafo único - Para a concessão da tutela específica destinada a inibir a prática, a reiteração ou a continuação de um ilícito, ou a sua remoção, é irrelevante a demonstração da ocorrência de dano ou da existência de culpa ou dolo.

Autor: Guilherme Rizzo Amaral

I. Tutela específica dos deveres de fazer, não fazer e entregar coisa

O art. 497 trata da tutela dos deveres de fazer, não fazer e entrega de coisa. O dispositivo reafirma a preferência pela tutela específica, é dizer, aquela que realiza *in natura* o direito material. Assim, antes de determinar a tutela pelo equivalente ao valor do dano ou pelo valor pecuniário da prestação, o juiz *deve*, na medida do possível, buscar a realização da tutela específica, salvo se o autor já houver requerido a conversão da prestação em pecúnia (*vide* art. 499).

II. Tutela pelo resultado prático equivalente

A tutela específica pode ser buscada inclusive mediante técnicas de tutela ou medidas concretas *distintas* daquelas postuladas pelo autor, ou seja, por meio da tutela pelo resultado prático equivalente. Por exemplo, caso o autor postule a interdição de casa noturna em função do ruído excessivo causado pelo som mecânico, pode o juiz, para tutelar o direito do autor, determinar a instalação de isolamento acústico que alcance o mesmo objetivo.

III. Técnicas de tutela

Além da pequena correção no texto do art. 461 do CPC/1973 – que dava a falsa impressão de que a tutela específica da obrigação seria concedida independentemente da procedência do pedido, na medida em que esta somente se vinculava à adoção de providências que assegurassem o resultado prático equivalente ao do adimplemento –, o art. 497 cindiu o regramento contido naquele artigo, mantendo o que era disposto em seu *caput* e eliminando as referências específicas à concessão da tutela antecipatória e às técnicas de tutela disponíveis (mandamental e executiva), que passam a ser dispostas, respectivamente, nos arts. 297 a 311 e 536 a 537.

De qualquer forma, os deveres de fazer, não fazer e entrega de coisa devem ser tutelados pelas técnicas de tutela mandamental – exercício de pressão para que o réu cumpra voluntariamente a decisão – ou executiva – realização da atividade tendente à tutela do direito pelo próprio Estado, mediante sub-rogação (ex. sequestro, busca e apreensão, etc.), não sendo admitida a técnica de tutela condenatória.

Todas essas medidas preferencialmente devem ser indicadas já na sentença. Todavia, mesmo após o trânsito em julgado desta última, poderá o juiz modificar o comando sentencial, de forma a adequá-lo à situação concreta. É o caso, por exemplo, do réu que, mesmo diante da imposição de multa diária, recusa-se a cumprir a obrigação de fazer. Está autorizado o juiz a determinar medidas que substituam a conduta do demandado, resultando ainda assim na tutela específica do direito do autor. A indústria que se recusa a instalar filtro para evitar a poluição de determinado rio pode ter as suas portas fechadas por determinação judicial, impedindo a sua atividade poluidora. É claro que, no exemplo, diante do princípio da execução menos gravosa para o devedor (art. 805 do CPC), primeiramente deve lhe ser dada a oportunidade de voluntariamente cumprir o comando sentencial.

Aqui, exerce um papel importante o método de resolução do conflito entre os valores efetividade e segurança. O postulado da proporcionalidade impõe que a técnica de tutela empregada seja adequada, necessária e proporcional em sentido estrito. Atenhamo-nos ao conceito de necessidade. A agressão causada à esfera jurídica do demandado, no exemplo anterior, é sem dúvida maior quando do emprego da técnica de tutela executiva. O fechamento de uma fábrica (que traz inclusive reflexo para terceiros, como seus funcionários) causa danos bem maiores do que a determinação para que o réu tome as medidas necessárias para o cumprimento da sentença. Nesse particular, muito embora possa ser adequada para alcançar o fim pretendido, a utilização direta da técnica executiva é desnecessária. Esse balanço poderá restar invertido em outras hipóteses nas quais uma medida executiva pode gerar menos transtornos para o réu, com igual ou maior efetividade para o autor. Pensemos na hipótese da sentença de que trata o art. 501 do CPC. O próprio legislador considerou que a substituição da vontade do réu, com a equiparação da sentença aos efeitos da declaração de vontade não realizada pelo réu, seria medida mais adequada e menos gravosa para este último. Outro exemplo, este recorrente na jurisprudência, diz respeito à opção pelo bloqueio de valores do erário (medida executiva) em detrimento da imposição de multa diária ao Estado para o cumprimento de seu dever de prover pela saúde dos cidadãos.

Em outros casos, o direcionamento da técnica mandamental poderá variar, de forma a trazer maior efetividade para o autor e menor gravame para o réu. O típico exemplo é o da sustação de protesto, na qual a ordem é dirigida ao tabelionato onde o aponte do título foi realizado, não se cogitando da intimação do réu para que este promova o cancelamento do protesto ou medida de efeitos análogos.

O que importa, ao final, é que o foco da atividade jurisdicional seja a tutela específica ou a produção de resultado prático equivalente, com maior efetividade ao credor e menor gravame possível para o devedor.

IV. Tutela contra o ilícito

O parágrafo único do art. 497 deixa claro o que já se poderia depreender da sistemática anterior: admite-se a tutela contra o *ilícito*, que é independente e autônoma em relação à tutela contra o *dano*. Independe a tutela contra o ilícito, igualmente, da demonstração de culpa ou dolo do agente. Havendo risco de ocorrência ilícito ou já sua configuração, autorizada está a tutela jurisdicional estatal para sua inibição ou remoção.

V. Tutela preventiva

A tutela contra o ilícito pode, ainda, assumir tanto o caráter repressivo quanto preventivo. Assim, o juiz poderá determinar a inibição da prática do ilícito, impedir sua reiteração ou continuação, ou ainda determinar sua remoção. Em qualquer dessas hipóteses, poderá adotar medidas coercitivas (ex. multa periódica – *vide* art. 537) ou executivas (remoção de pessoas, interdição de estabelecimento, etc. – *vide* art. 536, § 1º).

Art. 498 - Na ação que tenha por objeto a entrega de coisa, o juiz, ao conceder a tutela específica, fixará o prazo para o cumprimento da obrigação.
Parágrafo único - Tratando-se de entrega de coisa determinada pelo gênero e pela quantidade, o autor individualizá-la-á na petição inicial, se lhe couber a escolha, ou, se a escolha couber ao réu, este a entregará individualizada, no prazo fixado pelo juiz.

I. Tutela dos deveres de entrega de coisa

Não houve alterações substanciais no dispositivo que trata do cumprimento da sentença que reconheça a exigibilidade de obrigação de entregar coisa, na medida em que se mantém, no § 3º do art. 538, praticamente a mesma redação do § 3º do art. 461-A do CPC/1973. Com isso, continuam as técnicas de tutela destinadas ao cumprimento das sentenças de obrigação de fazer e de não fazer também aplicáveis, no que couber, ao cumprimento das sentenças de entrega de coisa.

Assim, ao conceder a tutela específica do dever de entrega de coisa, o juiz poderá tanto determinar a entrega desta sob pena de multa (técnica de tutela mandamental) quanto determinar a busca e apreensão da coisa ou a imissão na posse (técnica de tutela executiva). Salvo circunstâncias excepcionais (ex. recalcitrância conhecida do réu, risco de perecimento ou violação da coisa, etc.), o juiz deverá fixar prazo para que o réu entregue a coisa, sob pena de multa, e na mesma decisão determinar que, descumprida a decisão, dever-se-á proceder à imediata busca e apreensão ou imissão na posse, sem prejuízo da incidência da multa periódica (art. 537) até que seja realizada a entrega da coisa.

II. Individualização da coisa

A sistemática para a individualização da coisa incerta – determinada pelo gênero e quantidade – continua idêntica àquela prevista no CPC/1973, tendo sido deslocada para o parágrafo único do art. 498 do CPC/2015 que, tal qual o § 1º do art. 461-A do CPC/1973, prevê que caberá ao autor individualizar a coisa incerta na petição inicial caso lhe caiba a escolha; cabendo esta ao réu, o juiz fixará na sentença prazo para que se entregue a coisa individualizada.

III. Retenção por benfeitorias

Passa-se a prever de forma expressa na lei processual (art. 538, § 2º) que o direito de retenção por benfeitorias deve ser alegado pelo réu ainda na fase de conhecimento, mais especificamente em sua contestação, sendo, portanto, descabida tal alegação em sede de impugnação ao cumprimento de sentença. Este já vinha sendo o entendimento doutrinário e jurisprudencial (3ª T., REsp nº 1278094/SP, Rel. Min. Nancy Andrighi, j. em 16/8/2012, DJe de 22/8/2012) na vigência do CPC/1973.

Assim, não arguido o direito de retenção por benfeitorias pelo réu na contestação, restará preclusa tal oportunidade. Isso não significa que o réu não possa, inclusive por meio de ação autônoma, buscar o *ressarcimento* das benfeitorias que realizou na coisa, pretensão essa distinta do direito de retenção.

Art. 499 - A obrigação somente será convertida em perdas e danos se o autor o requerer ou se impossível a tutela específica ou a obtenção de tutela pelo resultado prático equivalente.

I. Tutela pelo equivalente pecuniário

O art. 499 prevê a possibilidade de se converter as obrigações de fazer, não fazer e entrega de coisa em seu equivalente pecuniário. Reafirma, aqui, o quanto já disposto no art. 497: de regra, tal se dará somente quando (i) expressamente requerido pelo autor ou (ii) impossível a tutela específica ou a obtenção da tutela pelo resultado prático equivalente.

No tocante ao requerimento pelo autor, a despeito do que possa dar a entender a redação do art. 499, quando se estiver diante de relação contratual, nem sempre estará autorizado o autor a requerer a conversão da obrigação em perdas e danos. Salvo hipóteses expressamente previstas na relação de direito material existente entre o credor e o devedor – ex. previsão de cláusula penal para a hipótese de descumprimento –, o primeiro deve oportunizar ao segundo a possibilidade de cumprir especificamente a obrigação. Somente frustrado o cumprimento da obrigação específica pela sentença é que poderá o autor requerer sua conversão em perdas e danos.

Por outro lado, a busca da tutela específica, ainda que possível, diante das circunstâncias do caso concreto, nem sempre será a medida mais adequada a tomar. Em determinadas situações, o gravame causado pela tutela específica não se justificará diante do benefício trazido por ela. Aqui operará um juízo de proporcionalidade. Exemplo clássico diz respeito à tutela específica das obrigações cujas prestações envolvem a atividade criativa do devedor (direito de autor). A doutrina há muito reafirma a incoercibilidade de tais obrigações, impondo a conversão em perdas e danos como saída mais adequada.

II. Liquidação

Determinada a conversão em perdas e danos, proceder-se-á à sua liquidação, na forma dos arts. 509 e seguintes do CPC.

Art. 500 - A indenização por perdas e danos dar-se-á sem prejuízo da multa fixada periodicamente para compelir o réu ao cumprimento específico da obrigação.

I. *Astreintes* e indenização por perdas e danos

As *astreintes* (multa do art. 537) possuem caráter *coercitivo,* e não punitivo ou ressarcitório. Sendo assim, eventual indenização por perdas e danos não será excluída ou diminuída em razão de ter incidido a multa coercitiva.

Contudo, uma vez requerida a conversão da obrigação específica em perdas e danos, não mais se exigirá seu cumprimento na forma específica pelo réu, de modo que a *incidência* da multa coercitiva cessará. O crédito dela resultante será, assim, devido, juntamente com eventual indenização por perdas e danos.

Art. 501 - Na ação que tenha por objeto a emissão de declaração de vontade, a sentença que julgar procedente o pedido, uma vez transitada em julgado, produzirá todos os efeitos da declaração não emitida.

I. Tutela dos deveres de declarar vontade: técnica de tutela executiva

O direito à prestação consistente na declaração de vontade é tutelado por meio de técnica *executiva,* dado que o Estado age de modo a produzir para o autor titular do direito o mesmo resultado que seria alcançado com o adimplemento do réu.

Não há espaço, aqui, para se conceder prazo para que o réu produza a declaração de vontade que lhe caberia, tampouco para fazê-lo mediante ameaça de multa (tutela mandamental). Dada a praticidade para o autor e menor gravame para o réu, sempre que se estiver diante de inadimplemento de obrigação de declarar vontade, a técnica de tutela empregada há de ser aquela descrita no art. 501.

II. Antecipação da tutela

Aqueles efeitos que, naturalmente, decorreriam da declaração de vontade podem ser antecipados ao autor, desde que presentes as hipóteses previstas nos arts. 294 e seguintes.

III. Eficácia da sentença e desnecessidade de trânsito em julgado

O art. 501 faz referência ao trânsito em julgado da sentença, associando-o à produção dos efeitos da declaração não emitida. É preciso ressaltar, contudo, que, independentemente do trânsito em julgado, a sentença, desde que não tenha sua eficácia suspensa (por exemplo, pelo cabimento de recurso com efeito suspensivo), produz efeitos normalmente desde o momento em que é proferida. O que depende do trânsito em julgado da sentença é tão somente a autoridade da coisa julgada material.

Seção V - Da Coisa Julgada

Art. 502 - Denomina-se coisa julgada material a autoridade que torna imutável e indiscutível a decisão de mérito não mais sujeita a recurso.

Autor : Eduardo Talamini

I. Coisa julgada e Constituição

A coisa julgada é uma garantia constitucional (CF, art. 5º, inciso XXXVI). Ao proibir que a lei fira a coisa julgada, a Constituição está também proibindo que o juiz, que é aplicador da lei, desrespeite a coisa julgada. Há ofensa direta à Constituição quando se desconsidera o próprio cerne da coisa julgada.

II. Coisa julgada material e coisa julgada formal

O dispositivo tem redação razoavelmente apurada. Mas a vinculação da coisa julgada à decisão *de mérito* merece um reparo. A coisa julgada consiste sempre na imutabilidade e indiscutibilidade do comando da decisão sobre o qual ela recai. O atributo de formal ou material é do comando, e não da coisa julgada. O comando formal é aquele que se limita a encerrar o processo (ou sua fase cognitiva). Assim, coisa julgada formal consiste na proibição de reabertura e redecisão de um processo já encerrado (ou da fase cognitiva processual já encerrada). Toda sentença, seja de mérito ou não, faz coisa julgada formal, pois sempre veicula comando que encerra o processo como um todo ou sua fase cognitiva (CPC, art. 203, § 1º). Como seu comando principal limita-se a isso, a sentença extintiva do processo sem julgamento de mérito não proíbe a repropositura da ação (CPC, art. 486; Súmula nº 304/STF). Já o comando material é o que repercute sobre a esfera jurídico-substancial dos jurisdicionados (condenando, declarando, constituindo, mandando...). A coisa julgada que recai sobre esse comando – material – proíbe que, mesmo em outro processo entre as mesmas partes, ele seja revisto. Por isso, é comum dizer-se que apenas as sentenças de mérito fazem coisa julgada material. Mas, por exemplo, o comando secundário de condenação em verbas de sucumbência, em regra presente mesmo em sentenças que não julgam o mérito, é material – e empresta essa qualidade à coisa julgada que o acoberta. A coisa julgada material, em princípio, só pode ser revista mediante mecanismos rescisórios previstos em lei (v. nota IX, a seguir).

III. Trânsito em julgado

Enquanto pender ou ainda couber qualquer recurso ou reexame necessário contra a decisão (art. 496), não há seu trânsito em julgado nem, consequentemente, coisa julgada.

IV. Âmbito de incidência: sentenças e decisões interlocutórias

O art. 356 do CPC explicita a possibilidade de solução parcial do mérito, com o prosseguimento do processo para instrução probatória da outra parcela. O pronunciamento terá natureza de decisão interlocutória, passível de agravo de instrumento (art. 356, § 5º). Transitando em julgado essa decisão interlocutória, ela terá eficácia definitiva (art. 356, § 3º). Em coerência com tais regras, atribui-se à interlocutória de mérito transitada em julgado a autoridade de coisa julgada: o art. 502 alude genericamente a "decisão de mérito", em vez de "sentença". As referências exclusivas à "sentença" nos dispositivos legais seguintes devem ser compreendidas como abrangentes da decisão interlocutória de mérito.

V. Coisa julgada e cognição sumária

A perpetuação de pronunciamentos fundados na simples aparência não é consentânea com um modelo de processo razoável, exigido pela cláusula do devido processo legal (CF, art. 5º, inciso LIV). A coisa julgada material é incompatível com a cognição superficial de mérito. A decisão proferida nessas condições não é apta a perpetuar-se; é provisória. A atividade jurisdicional amparada na mera plausibilidade do direito presta-se a produzir resultados rápidos e é imprescindível para situações em que há urgência. Mas a celeridade paga um preço: é menos estável. Por isso, a tutela antecipada concedida em caráter antecedente, mesmo quando estabilizada por falta de impugnação recursal do réu, não faz coisa julgada (CPC, art. 304, § 6º). Do mesmo modo, a decisão concessiva de mandado monitório não embargada (CPC, art. 701, § 2º) não faz coisa julgada material: para caber ação rescisória contra tal ato houve a necessidade de uma especial disposição normativa, o que seria desnecessário se o pronunciamento se revestisse daquela autoridade. O § 2º do art. 503 do CPC também expressa a incompatibilidade entre cognição sumária e coisa julgada.

VI. Eficácia da sentença e coisa julgada

A coisa julgada não se confunde com os efeitos sentenciais. Ela confere imutabilidade ao comando do qual se extraem os efeitos da sentença. Portanto, é um *plus* em relação aos efeitos, conferindo-lhes estabilidade. A distinção é importante para fins práticos, especialmente em relação aos limites subjetivos da coisa julgada (v. art. 506).

VII. Possibilidade de modificação dos efeitos da sentença pelas partes

A coisa julgada não imutabiliza os efeitos da sentença, mas apenas o comando sentencial de que eles provêm. Se a relação jurídico-material for disponível, as partes, mesmo depois do trânsito em julgado, podem desconsiderar, modificar ou extinguir os efeitos da sentença (o beneficiário da condenação pode perdoar a dívida; o réu vencedor da investigação de paternidade pode reconhecer o autor como seu filho; as partes do contrato resolvido por inadimplemento podem pactuar mantê-lo...). O que não se admite é que o Poder Judiciário emita nova sentença entre as mesmas partes e sobre o mesmo objeto.

VIII. Coisa julgada e negócio jurídico processual

A coisa julgada (não a eficácia sentencial) está fora do âmbito de disponibilidade das partes. Mesmo que o réu não argua sua existência, cumpre ao juiz conhecê-la de ofício (CPC, arts. 337, § 5º, e 485, § 3º). Por isso, não é possível um negócio jurídico processual que elimine a coisa julgada ou lhe diminua o alcance. Mas, observados os requisitos do art. 190 do CPC, as partes podem convencionar a obrigação de não rediscutir pronunciamentos e questões que não estão abrangidos pela coisa julgada (o que, em termos práticos, poderia ser impropriamente qualificado como uma *ampliação* dos limites da coisa julgada).

IX. Relativização da coisa julgada

Usa-se o termo para designar a impugnação e desconstituição da coisa julgada em hipóteses e por vias alheias àquelas autorizadas em lei (arts. 525, §§ 12 e 15, e 966). Ainda que a coisa julgada seja garantia constitucional, por vezes a sentença veicula grave violação à Constituição – estabelecendo-se um conflito entre princípios constitucionais. Mas nem mesmo isso autoriza a pura e simples desconsideração da *coisa julgada inconstitucional*. Será imprescindível a ponderação dos valores jurídicos concretamente envolvidos no caso concreto: o princípio que prevalecer sacrificará o outro apenas na medida estritamente necessária para a consecução das suas finalidades.

X. Súmula do STF

Súmula nº 304: "Decisão denegatória de mandado de segurança, não fazendo coisa julgada contra o impetrante, não impede o uso da ação própria".

XI. Julgados

Todos os julgados citados a seguir referem-se ainda ao CPC/1973. São citados por se referirem, no essencial, a normas que equivalem às veiculadas no CPC/2015.

Coisa julgada é garantia constitucional
STF

"Coisa julgada. Garantia constitucional. A garantia constitucional da coisa julgada dirigida a lei, que não poderá prejudicá-la, estende-se a coisa julgada processual, visto que 'a sentença, que julgar total ou parcialmente a lide, tem força de lei nos limites da lide e das questões decididas' (art. 468 do CPC). Cabe, pois, recurso extraordinário pela letra *a*, com fundamento em contrariedade ao art. 153, § 3º, da Constituição da República, quando se funda na alegação de que o acórdão recorrido ofendeu a coisa julgada" (STF, 2ª T., RE nº 91.825/PR, Rel. Min. Soares Muñoz, DJ de 26/9/1980, p. 7.427).

"Coisa julgada: a ofensa ocorre no caso de ocorrer erro conspícuo quanto ao conteúdo e à autoridade, em tese, da coisa julgada. Se o reconhecimento da ofensa ao art. 5º, XXXV, CF, depender do exame *in concreto*, dos limites da coisa julgada, não se tem questão constitucional que autorizaria a admissão do recurso extraordinário" (STF, 2ª T., RE nº 226.887/PE, Rel. Min. Carlos Velloso, DJ de 11/12/1998, p. 1.254).

"- A sentença de mérito transitada em julgado só pode ser desconstituída mediante ajuizamento de específica ação autônoma de impugnação (ação rescisória) que haja sido proposta na fluência do prazo decadencial previsto em lei, pois, com o exaurimento de referido lapso temporal, estar-se-á diante da coisa soberanamente julgada, insuscetível de ulterior modificação, ainda que o ato sentencial encontre fundamento em legislação que, em momento posterior, tenha sido declarada inconstitucional pelo Supremo Tribunal Federal, quer em sede de controle abstrato, quer no âmbito de fiscalização incidental de constitucionalidade. - A superveniência de decisão do Supremo Tribunal Federal, declaratória de inconstitucionalidade de diploma normativo utilizado como fundamento do título judicial questionado, ainda que impregnada de eficácia *ex tunc* – como sucede, ordinariamente, com os julgamentos proferidos em sede de fiscalização concentrada (RTJ 87/758 – RTJ 164/506-509 – RTJ 201/765) –, não se revela apta, só por si, a desconstituir a autoridade da coisa julgada, que traduz, em nosso sistema jurídico, limite insuperável à força retroativa resultante dos pronunciamentos que emanam, *in abstracto*, da Suprema Corte. Doutrina. Precedentes. - O significado do instituto da coisa julgada material como expressão da própria supremacia do ordenamento constitucional e como elemento inerente à existência do Estado Democrático de Direito" (Agravo no RE nº 592.912/RS, 2ª T., Rel. Min. Celso de Mello, DJe de 21/11/2012).

Intangibilidade da coisa julgada
STF

"COISA JULGADA – INTANGIBILIDADE – ARTIGO 17 – ATO DAS DISPOSIÇÕES CONSTITUCIONAIS TRANSITÓRIAS. A cláusula temporária e extravagante do artigo 17 do Ato das Disposições Constitucionais Transitórias da Carta de 1988 não alcança situações jurídicas cobertas pela preclusão maior, ou seja, pelo manto da coisa julgada" (STF, 2ª T., RE nº 146.331/SP, Rel. Min. Marco Aurélio, DJ de 6/3/1998, p. 17).

"5. A introdução, no art. 6º da Lei nº 9.469/97, de dispositivo que afasta, no caso de transação ou acordo, a possibilidade do pagamento dos honorários devidos ao advogado da parte contrária, ainda que fruto de condenação transitada em julgado, choca-se, aparentemente, com a garantia insculpida no art. 5º, XXXVI, da Constituição, por desconsiderar a coisa julgada, além de afrontar a garantia de isonomia da parte obrigada a negociar despida de uma parcela significativa de seu poder de barganha, correspondente à verba honorária. 6. Pedido de medida liminar parcialmente deferido" (STF, Pleno, MC na ADI nº 2.527/DF, Rel. Min. Ellen Gracie, DJe de 22/11/2007).

"Mandado de Segurança. - Determinação de suspensão de pagamento de vantagem pessoal aos impetrantes que fere a coisa julgada. - Mandado de segurança deferido, para tornar sem efeito a decisão do Tribunal de Contas da União com relação aos ora impetrantes" (STF, Pleno, MS nº 23.758/RJ, Rel. Min. Moreira Alves, DJ de 13/6/2003, p. 10).

Coisa julgada formal e material
STF

"Processual civil. Coisa julgada. A coisa julgada é formal quando não mais se pode discutir no processo o que se decidiu. A coisa julgada material é a que impede discutir-se, noutro processo, o que se decidiu (Pontes de Miranda). Se a Câmara julgadora do Tribunal de Justiça já decidira sobre a liquidação da sentença, em acórdão transitado em julgado, não poderia outra Câmara, no mesmo processo, voltar a apreciar a mesma questão. Processo conhecido e provido" (STF, 2ª T., RE nº 102.381, Rel. Min. Carlos Madeira, DJ de 1º/8/1986, p. 12.890).

TJPR

"PROCESSUAL CIVIL – COISA JULGADA MATERIAL – INOCORRÊNCIA – EXTINÇÃO DO PROCESSO SEM JULGAMENTO DO MÉRITO – IMPOSSIBILIDADE – RECURSO PROVIDO. Não faz coisa julgada material a decisão que acolhe preliminar de carência da ação por falta de interesse de agir, extinguindo o processo sem julgamento do mérito. Nada impede que outra ação seja proposta porque a decisão extintiva somente faz coisa julgada formal, isto é, a imutabilidade da sentença dentro dos estreitos parâmetros do processo em que foi proferida" (Extinto TAPR, 6ª CC, AC nº 073919-7, Rel. Des. Bonejos Demchuk, DJ de 17/3/1995).

Coisa julgada e efeitos da sentença

STJ

"(i) a eficácia da sentença, por ser distinta da eficácia da coisa julgada, produz-se independentemente desta; (ii) a eficácia da sentença, desde que não confundida com a figura do trânsito em julgado, não sofre qualquer limitação subjetiva: vale perante todos; (iii) a imutabilidade dessa eficácia, ou seja, a impossibilidade de se questionar a conclusão a que se chegou na sentença, na visão clássica do processo civil, limita-se às partes do processo perante as quais a decisão foi proferida, e só ocorre com o trânsito em julgado da decisão" (STJ, 2ª S, REsp nº 1189679/RS, Rel. Min. Nancy Andrighi, DJe de 12/12/2010).

Relativização da coisa julgada

STF

"2. Deve ser relativizada a coisa julgada estabelecida em ações de investigação de paternidade em que não foi possível determinar-se a efetiva existência de vínculo genético a unir as partes, em decorrência da não realização do exame de DNA, meio de prova que pode fornecer segurança quase absoluta quanto à existência de tal vínculo. 3. Não devem ser impostos óbices de natureza processual ao exercício do direito fundamental à busca da identidade genética, como natural emanação do direito de personalidade de um ser, de forma a tornar-se igualmente efetivo o direito à igualdade entre os filhos, inclusive de qualificações, bem assim o princípio da paternidade responsável" (STF, Tribunal Pleno, RE nº 363.889/DF, Rel. Min. Dias Toffoli, DJe de 15/12/2011).

"Investigação de paternidade. Demanda anterior julgada improcedente. Coisa julgada em sentido material. Superveniência de novo meio de prova (DNA). Pretendida 'relativização' da autoridade da coisa julgada. Prevalência, no caso, do direito fundamental ao conhecimento da própria ancestralidade. A busca da identidade genética como expressão dos direitos da personalidade. Acolhimento da postulação recursal deduzida pela suposta filha. Observância, na espécie, pelo relator, do princípio da colegialidade. RE conhecido e provido. Ressalva da posição pessoal do relator (ministro Celso de Mello), minoritária, que entende que o instituto da *res judicata*, de extração eminentemente constitucional, por qualificar-se como elemento inerente à própria noção conceitual de Estado democrático de direito, não pode ser degradado, em sua condição de garantia fundamental, por teses como a da 'relativização' da coisa julgada. Na percepção pessoal do relator (ministro Celso de Mello), a desconsideração da autoridade da coisa julgada mostra-se apta a provocar consequências altamente lesivas à estabilidade das relações intersubjetivas, à exigência de certeza e de segurança jurídicas e à preservação do equilíbrio social. A invulnerabilidade da coisa julgada material deve ser preservada em razão de exigências de ordem político-social que impõem a preponderância do valor constitucional da segurança jurídica, que representa, em nosso ordenamento positivo, um dos subprincípios da própria ordem democrática" (STF, RE nº 649154, Rel. Min. Celso de Mello, decisão monocrática, DJe de 28/11/2011).

STJ

"A propositura de nova ação de investigação de paternidade cumulada com pedido de alimentos não viola a coisa julgada se, por ocasião do ajuizamento da primeira investigatória – cujo pedido foi julgado improcedente por insuficiência de provas –, o exame pelo método DNA não era disponível tampouco havia notoriedade a seu respeito" (STJ, 3ª T., REsp nº 826.698/MS, Rel. Min. Nancy Andrighi, DJe de 23/5/2008).

"PROCESSO CIVIL. INVESTIGAÇÃO DE PATERNIDADE. REPETIÇÃO DE AÇÃO

ANTERIORMENTE AJUIZADA, QUE TEVE SEU PEDIDO JULGADO IMPROCEDENTE POR FALTA DE PROVAS. COISA JULGADA. MITIGAÇÃO. DOUTRINA. PRECEDENTES. DIREITO DE FAMÍLIA. EVOLUÇÃO. RECURSO ACOLHIDO. Não excluída expressamente a paternidade do investigado na primitiva ação de investigação de paternidade, diante da precariedade da prova e da ausência de indícios suficientes a caracterizar tanto a paternidade como a sua negativa, e considerando que, quando do ajuizamento da primeira ação, o exame pelo DNA ainda não era disponível e nem havia notoriedade a seu respeito, admite-se o ajuizamento de ação investigatória, ainda que tenha sido aforada uma anterior com sentença julgando improcedente o pedido... A coisa julgada, em se tratando de ações de estado, como no caso de investigação de paternidade, deve ser interpretada *modus in rebus*. Nas palavras de respeitável e avançada doutrina, quando estudiosos hoje se aprofundam no reestudo do instituto, na busca sobretudo da realização do processo justo, 'a coisa julgada existe como criação necessária à segurança prática das relações jurídicas e as dificuldades que se opõem à sua ruptura se explicam pela mesmíssima razão. Não se pode olvidar, todavia, que numa sociedade de homens livres, a Justiça tem de estar acima da segurança, porque sem Justiça não há liberdade'" (STJ, 4ª T., REsp nº 226.436/PR, Rel. Min. Sálvio de Figueiredo Teixeira, DJ de 4/2/2002, p. 370).

"AÇÃO DE NEGATIVA DE PATERNIDADE. EXAME PELO DNA POSTERIOR AO PROCESSO DE INVESTIGAÇÃO DE PATERNIDADE. COISA JULGADA. 1. Seria terrificante para o exercício da jurisdição que fosse abandonada a regra absoluta da coisa julgada que confere ao processo judicial força para garantir a convivência social, dirimindo os conflitos existentes. Se, fora dos casos nos quais a própria lei retira a força da coisa julgada, pudesse o magistrado abrir as comportas dos feitos já julgados para rever as decisões não haveria como vencer o caos social que se instalaria. A regra do art. 468 do Código de Processo Civil é libertadora. Ela assegura que o exercício da jurisdição completa-se com o último julgado, que se torna inatingível, insuscetível de modificação. E a sabedoria do Código é revelada pelas amplas possibilidades recursais e, até mesmo, pela abertura da via rescisória naqueles casos precisos que estão elencados no art. 485. 2. Assim, a existência de um exame pelo DNA posterior ao feito já julgado, com decisão transitada em julgado, reconhecendo a paternidade, não tem o condão de reabrir a questão com uma declaratória para negar a paternidade, sendo certo que o julgado está coberto pela certeza jurídica conferida pela coisa julgada. 3. Recurso especial conhecido e provido" (STJ, 3ª T., REsp nº 107.248/GO, Rel. Min. Carlos Alberto Menezes Direito, DJ de 29/6/1998, p. 160).

TJPR

"AGRAVO DE INSTRUMENTO. DECLARATÓRIA. COISA JULGADA. RELATIVIZAÇÃO. FATO NOVO POSTERIOR. PONDERAÇÃO PRINCIPIOLÓGICA. SEGURANÇA JURÍDICA. PROPORCIONALIDADE. FORMAS TÍPICAS. PREPONDERÂNCIA DA SEGURANÇA JURÍDICA. 1. É possível a relativização da coisa julgada desde que fique assegurado o respeito ao Princípio da Segurança Jurídica. 2. Para a relativização é necessário o esgotamento de todas as vias típicas para sanar os possíveis conflitos principiológicos do caso concreto" (TJPR, 11ª CC, AI nº 938953-5, Rel. Des. Vilma Régia Ramos de Rezende, DJe de 19/2/2013).

"EMBARGOS À EXECUÇÃO DE SENTENÇA – ALEGAÇÃO PELA NECESSIDADE DE RELATIVIZAÇÃO DA COISA JULGADA – AFASTADO – RELATIVIZAÇÃO QUE DEVE OCORRER SOMENTE EM SITUAÇÕES EXCEPCIONAIS – VALOR DEVIDO A TÍTULO DE INDENIZAÇÃO QUE FOI AMPLAMENTE ANALISADO PELO PODER JUDICIÁRIO, COM O RESPEITO DA AMPLA DEFESA E CONTRADITÓRIO DAS PARTES – PERÍCIA QUE DEVIDAMENTE OBSERVOU A DECISÃO PROLATADA – AUTORES QUE OBTIVERAM O TÍTULO DE DOMÍNIO DAS TERRAS MEDIANTE FRAUDE À LEI – INOCORRÊNCIA" (TJPR, 3ª CC, AC nº 1005039-2, Rel. Des. Dimas Ortêncio de Mello, DJe de 21/6/2013).

Art. 503 - A decisão que julgar total ou parcialmente o mérito tem força de lei nos limites da questão principal expressamente decidida.

§ 1º - O disposto no caput aplica-se à resolução de questão prejudicial, decidida expressa e incidentemente no processo, se:

I - dessa resolução depender o julgamento do mérito;

II - a seu respeito tiver havido contraditório prévio e efetivo, não se aplicando no caso de revelia;

III - o juízo tiver competência em razão da matéria e da pessoa para resolvê-la como questão principal.

§ 2º - A hipótese do § 1º não se aplica se no processo houver restrições probatórias ou limitações à cognição que impeçam o aprofundamento da análise da questão prejudicial.

I. A "lide" e os limites objetivos da coisa julgada

A coisa julgada vigora nos limites do pedido e da causa de pedir (art. 301, §§ 1º a 3º), que, conjugados, constituem o objeto do processo ("lide"). Modificando-se qualquer desses dois elementos em relação à ação já sentenciada, tem-se nova ação, cujo conhecimento não é obstado pela anterior coisa julgada. A causa de pedir relevante para esse fim é a remota (fática).

II. Julgamento total ou parcial da lide

Se apenas uma parte do objeto do processo receber julgamento de mérito, apenas essa parcela será objeto da coisa julgada material.

III. Força maior do que a de lei

Nem mesmo uma lei pode desconstituir a coisa julgada (CF, art. 5º, inciso XXXVI).

IV. Questões decididas e coisa julgada

A coisa julgada atinge apenas as questões decididas em caráter principal, como dispositivo da sentença, e não a motivação sentencial (v. CPC, art. 504).

V. Questões prejudiciais: noção

Qualificam-se como prejudiciais as questões atinentes à existência, inexistência ou modo de ser de uma relação ou situação jurídica que, embora sem constituir propriamente o objeto da pretensão formulada (mérito da causa), são relevantes para a solução desse mérito (por exemplo, relação de filiação na ação de alimentos ou de petição de herança; validade do contrato na ação de cobrança de uma de suas parcelas). São inconfundíveis com as questões preliminares, que concernem à existência, eficácia e validade do processo. As preliminares podem conduzir apenas à impossibilidade do julgamento do mérito, não contribuindo para a sua solução (são questões meramente processuais).

VI. Resolução de questão prejudicial e coisa julgada

O disposto no § 1º do art. 503 não constitui exceção à norma do art. 504 do CPC. A decisão expressa da questão prejudicial, uma vez observados os pressupostos dos §§ 1º e 2º, faz coisa julgada precisamente porque se trata de um comando sentencial, e não simples fundamentação. Não se trata de exceção à regra que limita a coisa julgada aos dispositivos. A hipótese constitui exceção, isso sim, à norma que permite que o juiz apenas decida as pretensões efetivamente postas pelas partes. Nesse caso, basta que se estabeleça o efetivo contraditório sobre questão prejudicial do âmbito de competência absoluta do juízo para que o juiz sobre ela emita *decisum*. Ou seja, em contraste com o CPC/1973, a novidade não está em estender-se a coisa julgada à fundamentação, mas sim em dispensar-se a ação declaratória incidental para que o juiz possa proferir comando sobre a questão prejudicial.

VII. Extinção da ação declaratória incidental como figura geral

Por essas razões, o CPC/2015 não prevê mais, como figura geral, a ação declaratória incidental para a solução de questões prejudiciais. Hipótese dessa ação permanece prevista especificamente para a declaração de falsidade de documento (CPC, art. 433).

VIII. Pressuposto necessário para o julgamento da lide

Se a questão nem sequer for pressuposto para o julgamento do mérito, ela não se caracteriza como prejudicial. Não poderá ser objeto de comando sentencial nem consequentemente ter sua resolução acobertada pela coisa julgada. Aliás, nessa hipótese, ela não precisa ser solucionada nem mesmo na fundamentação, dada sua irrelevância para a solução da lide. Por outro lado, é desnecessário que a questão prejudicial seja concretamente decisiva para a resolução da lide. Basta que em tese ela se ponha como tal.

IX. Contraditório prévio e questão prejudicial

Para que a decisão sobre a questão prejudicial revista-se de coisa julgada, é imprescindível que haja possibilidade plena de contraditório prévio a respeito dela. Vale dizer, não basta o fato de poder-se subsequentemente recorrer da decisão. Há de se permitir o debate e a instrução probatória sobre a questão, para que só depois seja decidida.

X. Contraditório efetivo e questão prejudicial

O contraditório também deve ser *efetivo*. Tal pressuposto tem de ser devidamente compreendido. É preciso que a questão seja posta no processo e fique claro para as partes que ela é relevante para a solução da lide e receberá uma decisão expressa. Cumpre ao juiz – em respeito aos deveres de debate e prevenção, ínsitos aos princípios do contraditório e da cooperação (CF, art. 5º, inciso LV; CPC, arts. 6º, 9º e 10) – advertir as partes quanto a isso. Em princípio, o saneamento do processo é a ocasião oportuna para tanto (CPC, art. 357). Por um lado, mesmo que o juiz não cumpra esse dever de advertência, se as partes efetivamente debaterem a questão, está preenchido esse requisito para a incidência da coisa julgada. Por outro lado, uma vez posta claramente a existência da questão prejudicial, e sendo dada às partes a oportunidade de instrução jurídica e probatória, está também preenchido o requisito. A circunstância de uma ou ambas as partes, uma vez devidamente cientes de que a questão prejudicial está posta, não se dedicar à sua instrução jurídica e fática, em regra, não obstará que a decisão expressa do juiz sobre tal questão tenha autoridade de coisa julgada. No processo civil, vigora o princípio da disponibilidade do contraditório.

XI. Revelia e não formação da *questão* prejudicial

Se houver revelia, a decisão sobre ponto prejudicial à solução de mérito não fará coisa julgada. A regra expressa na parte final do inciso II do § 1º indica a preocupação do legislador em evitar que se forme contra o revel coisa julgada relativamente a uma pretensão acerca da qual ele não foi citado. Mas tal norma até seria dispensável: *ponto* é a afirmação (sobre fato e [ou] direito; sobre aspecto processual ou de mérito...) que uma parte faz no processo; se o ponto é impugnado pelo adversário, ele se torna uma *questão*. Se há revelia, a questão prejudicial nem sequer se constitui.

XII. Cognição plena e questão prejudicial

Se existem restrições probatórias à investigação da questão prejudicial ou por qualquer outra razão, a profundidade da sua cognição é limitada, a decisão acerca dela não fará coisa julgada. A norma do § 2º nada mais é do que expressão da incompatibilidade entre cognição superficial e coisa julgada (v. nota V ao art. 502, anterior).

XIII. Competência absoluta para a questão prejudicial

A exigência de que o juiz detenha competência material (isto é, competência absoluta) para julgar em caráter principal a questão prejudicial é apenas requisito para a incidência da coisa julgada, e não para que ele possa dirimir a questão. O juiz estatal civil sempre tem o poder de resolver apenas na fundamentação questões prejudiciais para as quais não teria competência de julgamento em caráter principal. Por exemplo, está apto a resolver a questão relativa à existência de um contrato de trabalho que seja prejudicial ao julgamento do mérito, embora não possa emitir a respeito uma decisão expressa apta a fazer coisa julgada material.

XIV. Litisconsórcio necessário para a questão prejudicial

Se a questão prejudicial depender de litisconsórcio necessário e unitário, que não foi observado para a lide principal (para a qual ele não era exigível), a resolução daquela não fará coisa julgada, se resolvida contrariamente aos litisconsortes preteridos. Tal requisito, não explicitado no art. 503, advém dos limites subjetivos da coisa julgada (CF, art. 5º, inciso LV; CPC, art. 506).

XV. Decisão expressa sobre a questão prejudicial

Para haver coisa julgada, é indispensável decisão expressa do juiz sobre a questão prejudicial. Não basta que ela possa ser intuída, dessumida ou pressuposta a partir da decisão dada ao mérito. É preciso que haja efetivo enfrentamento da questão prejudicial pelo juiz.

XVI. Inserção formal do comando

Pouco importa que esse comando resolutório da questão prejudicial esteja formalmente inserido na motivação ou na parte dispositiva da sentença ou da interlocutória de mérito. Respeitados os pressupostos dos §§ 1º e 2º, ele fará coisa julgada.

XVII. Autoridade e efeito de *decisum*

Observados os requisitos do art. 503, a resolução da questão prejudicial não só recebe a autoridade de decisum (coisa julgada) como produz todos os efeitos deste. P. ex., se na ação de petição de herança constatar-se a filiação em resolução de questão prejudicial, tal reconhecimento, preenchidos os pressupostos do art. 503, fará coisa julgada e terá a eficácia de comando sentencial declaratório da filiação: poderá ser levado a registro no cartório competente, etc.

XVIII. Súmula do STJ

Súmula nº 344: "A liquidação por forma diversa da estabelecida na sentença não ofende a coisa julgada".

XIX. Julgados

Limites objetivos da coisa julgada

STJ

"Segundo entendimento pacífico desta Corte, para que se opere a coisa julgada, deve haver tríplice identidade entre as ações, ou seja, suas partes, causa de pedir e pedido devem ser os mesmos" (STJ, 3ª T., REsp nº 332.959/PR, Rel. Min. Nancy Andrighi, DJ de 27/6/2005, p. 363).

"É cediço que é o dispositivo da sentença que faz coisa julgada material, abarcando o pedido e a causa de pedir, tal qual expressos na petição inicial e adotados na fundamentação do *decisum*, compondo a *res judicata*. Esse o posicionamento do STJ, porquanto 'a coisa julgada está delimitada pelo pedido e pela causa de pedir apresentados na ação de conhecimento, devendo sua execução se processar nos seus exatos limites' – REsp 882.242/ES, Rel. Min. Laurita Vaz, Quinta Turma, DJe 01.06.2009. Podemos citar ainda: Agravo no AI 1.024.330/SP, Rel. Min. Fernando Gonçalves, DJe 09.11.2009; REsp 11.315/RJ, Rel. Min. Eduardo Ribeiro, DJU 28.09.92; REsp 576.926/PE, Rel. Min. Denise Arruda, DJe 30.06.2006; REsp 763.231/PR, Rel. Min. Luiz Fux, DJ 12.03.2007; REsp 795.724/SP, Rel. Min Luiz Fux, DJ 15.03.2007" (STJ, 1ª S., Reclamação nº 4.421/DF, Rel. Min. Luiz Fux, DJe de 15/4/2011).

TJPR

"Para que se verifique se há coisa julgada entre a causa anteriormente decidida e a nova ação proposta, é necessário verificar se as ações são idênticas, ou seja, se são as mesmas partes, mesmo pedido e mesma causa de pedir. No caso, como a causa de pedir é diversa, não há que se falar em coisa julgada" (TJPR, 9ª CC, AC nº 943235-5, Rel. Des. Francisco Luiz Macedo Junior, DJe de 6/2/2013).

"O Código de Processo Civil, no concernente à causa de pedir, adotou a teoria da substanciação, aliás tradicional em nosso direito; consoante tal sistema, ao contrário do que ocorre com a teoria da individuação, a coisa julgada tem menor extensão, de sorte a permitir a renovação do mesmo pedido, desde que baseado em outro fato que o autor aponta como constitutivo do seu invocado direito" (TJPR, 3ª CC, AC nº 1487/80, Rel. Des. Plínio Cachuba, DJ de 13/4/1981, p. 6).

Desnecessidade de competência absoluta para enfrentar questão prejudicial apenas na fundamentação da sentença

TJPR

"Agravo de instrumento – Ação ordinária de concessão de pensão por morte – Necessidade de reconhecimento da união estável para a concessão do benefício pleiteado – Alega-se a incompetência absoluta da Vara da Fazenda para processar e julgar o feito – Decisão agravada afastou a preliminar de incompetência – Desfecho acertado – O reconhecimento da união estável, como motivação para a concessão da pensão, não invade a competência do juízo de família, já que trata-se de fundamento e não o próprio dispositivo da decisão – Os motivos da sentença, a verdade dos fatos e apreciação de questão prejudicial não fazem coisa julgada consoante preconiza o art. 469, I, II e III, do CPC – Decisão mantida – Recurso conhecido e não provido" (TJPR, 7ª CC, AI nº 633806-5, Rel. Des. Luiz Sérgio Neiva de Lima Vieira, DJe de 7/6/2010).

Art. 504 - Não fazem coisa julgada:
I - os motivos, ainda que importantes para determinar o alcance da parte dispositiva da sentença;
II - a verdade dos fatos, estabelecida como fundamento da sentença.

I. Limitação da coisa julgada aos comandos decisórios

A autoridade de coisa julgada recai apenas sobre a parte decisória da sentença ou da interlocutória de mérito. Ou seja, somente os comandos que acolhem ou rejeitam os pedidos fazem coisa julgada. Formalmente, eles devem constar da parte dispositiva do pronunciamento decisório. Mas se, por um defeito de técnica redacional, o comando de acolhimento ou rejeição estiver inserido na motivação, ele fará coisa julgada mesmo assim.

II. Fundamentação não faz coisa julgada

O inciso II apenas especifica essa diretriz, já posta no inciso I. O enfrentamento de questões de fato e de direito empreendido para o fim de motivar a sentença não fica acobertado pela coisa julgada. Ainda que a motivação contenha argumentos que seriam em tese perfeitamente aproveitáveis para a solução de outro objeto processual (pedido e causa de pedir), não será ela vinculante para o juiz que venha a julgar essa outra ação. Esse é o sentido da Súmula nº 239 do STF (v. a seguir).

IV. A relevância da motivação para a compreensão do *decisum*

Por vezes a exata identificação do sentido e alcance do comando – e, portanto, da coisa julgada – depende da consideração dos fundamentos da decisão (por exemplo, determinar o exato alcance de um julgamento parcial de procedência quando o *decisum* está mal redigido). Mesmo nesse caso, os fundamentos não farão, em si mesmos, coisa julgada.

V. Súmula do STF

Súmula nº 239: "Decisão que declara indevida a cobrança do imposto em determinado exercício não faz coisa julgada em relação aos posteriores".

VI. Julgados

Questões resolvidas na fundamentação não fazem coisa julgada

STJ

"A fundamentação da sentença não faz coisa julgada, permanecendo livre para nova apreciação judicial, sempre que o objeto do processo seja outro" (STJ, 3ª T., REsp nº 1.151.982/ES, Rel. Min. Nancy Andrighi, DJe de 31./10/2012).

TJPR

"ADUÇÃO DE OCORRÊNCIA DA COISA JULGADA. NÃO ACOLHIMENTO. MATÉRIA TRATADA INCIDENTALMENTE. AUSÊNCIA DA TRÍPLICE IDENTIDADE. ART. 469 DO CPC. A matéria tratada incidentalmente em outro feito, que não guarda similitude com o presente no que tange ao pedido e causa de pedir, não faz coisa julgada, nos termos do art. 469 do Código de Processo Civil" (TJPR, 11ª CC, AC nº 619227-2, Rel. Des. Vilma Régia Ramos de Rezande, DJe de 4/10/2010).

"Ação declaratória. Processo civil. Advogado que postula declaração judicial de que sua atuação profissional não foi negligente. Matéria abordada na fundamentação de sentença proferida no Juizado Especial. Motivo e verdade dos fatos. Coisa julgada. Inocorrência. Inteligência do art. 469, I e II, do CPC. Precedentes jurisprudenciais. Sentença cassada. Recurso provido. Os motivos e a verdade dos fatos, ainda que importantes para determinar o alcance da parte dispositiva da sentença, não fazem coisa julgada, pois somente a parte dispositiva o faz (TJPR, 9ª CC, AC nº 621207-1, Rel. Des. Hélio Henrique Lopes Fernandes Lima, DJe de 23/6/2010).

Comando sentencial faz coisa julgada, ainda quando impropriamente inserido na motivação

TJPR

"EMBARGOS DE DECLARAÇÃO. ALEGADA OMISSÃO CONSISTENTE NO FATO DE NÃO TER CONSTADO EXPRESSAMENTE NO DISPOSITIVO DO ARESTO QUE HOUVE INVERSÃO DOS ÔNUS SUCUMBENCIAIS. DECISÃO CONSTANTE DA FUNDAMENTAÇÃO, O NECESSÁRIO PARA NÃO SE CONFUNDIR COM MEROS 'MOTIVOS' DO ART. 469, I, DO CPC. EXCESSO DE FORMALISMO. DESPROVIMENTO RECURSAL. Consoante entendimento jurisprudencial, 'é exato dizer que a coisa julgada se restringe à parte dispositiva da sentença; a essa expressão, todavia, deve dar-se um sentido substancial e não formalista, de modo que abranja não só a parte final da sentença, como também qualquer outro ponto em que tenha o juiz eventualmente provido sobre os pedidos das partes' (RT 623/125)" (TJPR, 7ª CC, ED em AC nº 284061-7/01, Rel. Des. José Maurício Pinto de Almeida, DJ de 19/5/2006, p. 241/243).

Relevância da motivação para a compreensão do dispositivo

STJ

"1. O dispositivo da sentença, comando atingido pela eficácia preclusiva da coisa julgada, deve ser interpretado de forma lógica, de acordo com as premissas que lhe conferem alicerce. Assim, o art. 469 do CPC, ao estabelecer as partes da sentença não abarcadas pela *res judicata*, pretendeu retirar a imutabilidade das questões que compõem os fundamentos jurídicos aduzidos pelo autor, enfrentados pelo réu e decididos pelo juiz. Porém, não retira os efeitos da coisa julgada das premissas essenciais à matriz lógica da decisão, mediante a qual se alcançou o comando normativo contido no dispositivo da sentença. 2. Há um eixo lógico que une a causa de pedir à fundamentação da decisão, e o pedido ao dispositivo. Evidentemente, recorre-se à inicial quando a própria sentença não traz em seu bojo os termos em que o pedido foi acolhido, ou seja, quando o dispositivo é do tipo 'indireto', simplesmente acolhendo o pedido do autor" (STJ, 4ª T., REsp nº 846.954/MG, Rel. Min. Luis Felipe Salomão, DJe de 9/2/2012).

Art. 505 - Nenhum juiz decidirá novamente as questões já decididas relativas à mesma lide, salvo:

I - se, tratando-se de relação jurídica de trato continuado, sobreveio modificação no estado de fato ou de direito, caso em que poderá a parte pedir a revisão do que foi estatuído na sentença;

II - nos demais casos prescritos em lei.

I. Coisa julgada e preclusão

O *caput* não apenas reafirma a autoridade da coisa julgada e seus limites objetivos. Nele também está consagrada a norma da preclusão consumativa do poder decisório do juiz. Ver nota ao art. 507. A preclusão distingue-se da coisa julgada por não repercutir diretamente fora do processo. Em regra, o juiz perde o poder de decidir novamente, no curso do processo, a questão que já decidiu.

II. Relação jurídica continuativa

É aquela cuja hipótese de incidência concerne a fatos ou situações que perduram no tempo, de modo que suas posições jurídicas internas (direitos, deveres, ônus...) podem ser modificadas ou redimensionadas no curso da relação, conforme varie o panorama fático ou jurídico (por exemplo, direito a alimentos; relação locatícia de imóvel urbano, no que tange ao direito ao valor de aluguel compatível com o preço de mercado; relação previdenciária atinente a auxílio por incapacidade temporária, etc.).

III. Falsa exceção à coisa julgada, no inciso I

A decisão de mérito que tem por objeto relação continuativa faz normalmente coisa julgada. Se houver alteração no panorama fático ou jurídico que repercuta sobre as posições jurídicas internas da relação continuativa, tem-se uma nova causa de pedir. Assim, a nova ação, que tome por base esse novo panorama, não será idêntica à anterior, não sendo alcançada pelos limites objetivos da coisa julgada antes estabelecida. Assim, é a técnica a redação do art. 15 da Lei nº 5.478/1968.

IV. Aplicação do inciso I às relações sucessivas que sejam objeto de uma única ação

Pode haver relações jurídicas múltiplas e sucessivas, porém homogêneas, entre os mesmos sujeitos, que podem ser objeto de uma única ação destinada a atingir inclusive as relações futuras (por exemplo, cada incidência do tributo nos sucessivos exercícios ou nas reiteradas operações praticadas pelo contribuinte implica uma específica relação jurídica: essas reiteradas relações, inclusive as futuras, podem ser objeto de uma única ação). Sobrevindo após a coisa julgada alteração fática ou jurídica que repercuta sobre essas relações, ter-se-á igualmente nova causa de pedir, autorizadora de nova ação.

V. Modo de obtenção de nova sentença, na relação continuativa

Há casos em que o ordenamento prevê uma ação típica para a obtenção de nova sentença relativa ao novo panorama estabelecido na relação continuativa (por exemplo, revisional de alimentos – CC/2002, art. 1.699; Lei nº 5.478/1968, art. 13). Na falta de previsão específica, cabe a simples propositura de nova ação, segundo as regras gerais.

VI. Exceções legais à coisa julgada

São exemplos de exceção à coisa julgada, enquadráveis no inciso II, a ação rescisória (arts. 966 e seguintes) e a reabertura de possibilidade de julgamento da causa após a procedência da impugnação ao cumprimento de decisão de mérito inconstitucional (art. 525, § 12).

VII. Exceções legais à preclusão consumativa do poder de decidir

São exemplos de exceção à preclusão consumativa do poder de decidir, enquadráveis no inciso II: o juízo de retratação em apelação (CPC, arts. 331 e 332, § 3º, art. 485, § 7º), em agravo de instrumento (CPC, art. 1.018, § 1º), em agravo interno (CPC, art. 1.021, § 2º) e em julgamentos dos tribunais (CPC, arts. 1.040, inciso II, e 1.041, § 1º); a possibilidade de correção de erros materiais (CPC, arts. 494, inciso I, e 1.022, inciso III); a possibilidade de eliminação de omissões, contradições e obscuridades mediante embargos declaratórios (CPC, arts. 494, inciso II, e 1.022, incisos I e II); o julgamento dos embargos infringentes previstos no art. 34 da Lei nº 6.830/1980; etc.

VIII. Questões processuais de ordem pública e preclusão dos poderes do juiz

Além disso, as questões processuais de ordem pública (pressupostos processuais, condições da ação...), que o juiz pode decidir de ofício (CPC, arts. 337, § 5º, e 485, § 3º), podem ser reexaminadas, de ofício ou por provocação da parte – desde que a decisão anterior não tenha sido no sentido de extinguir o processo ou sua fase cognitiva, hipótese em que se aplica o art. 494 do CPC. Portanto, a Súmula nº 424 do STF (v. a seguir) não se aplica às questões de ordem pública.

IX. Decisão interlocutória de mérito, questões de ordem pública e preclusão para o juiz

As decisões interlocutórias de uma parcela do mérito, uma vez irrecorridas e não cabendo seu reexame necessário, transitam em julgado (CPC, art. 356, § 3º). Mesmo que, no curso da instrução probatória relativa à parte do mérito ainda não julgada, o juiz depare-se com questão de ordem pública que atingiria também a parcela já resolvida, não poderá alterar o julgamento já proferido. Também a esse caso aplica-se extensivamente o art. 494 do CPC.

X. Súmula do STF

Súmula nº 424: "Transita em julgado o despacho saneador de que não houve recurso, excluídas as questões deixadas, explícita ou implicitamente, para a sentença".

XI. Julgados

Preclusão dos poderes do juiz

TRF-4

"PROCESSO CIVIL. PRECLUSÃO *PRO JUDICATO*. ART. 471 DO CPC. A existência de prévia decisão sobre a matéria impede que ela seja novamente apreciada, respeitando-se o instituto jurídico da preclusão *pro judicato*, previsto no art. 471 do CPC, segundo o qual 'nenhum juiz decidirá novamente as questões já decididas, relativas à mesma lide'" (TRF4, 1ª T., AI nº 2008.04.00.033129-5, Rel. Des. Marcelo de Nardi, DE de 10/2/2009).

TJPR

"PEDIDO DE REVISÃO DE DECISÃO QUE JÁ FOI OBJETO DE RECURSO. PRECLUSÃO *PRO JUDICATO*. ARTIGOS 471 E 473 DO CPC. RECURSO NÃO PROVIDO. 'Embora não se submetam as decisões interlocutórias ao fenômeno da coisa julgada material, ocorre frente a elas a preclusão, de que defluem consequências semelhantes às da coisa julgada formal. Mesmo quando o juiz não enfrenta o mérito, e, portanto, sua decisão não pode fazer coisa julgada material, o ato judicial não fica sujeito a ser livremente desfeito ou ignorado por seu prolator ou por outros juízes. Há, em relação a todas as decisões processuais, a chamada preclusão *pro judicato*, segundo a qual, com ou sem solução do mérito, nenhum juiz decidirá novamente as questões já decididas, relativas à mesma lide (art. 471)' (TJPR, AC 0645261-7, 15ª CC, Rel. Des. JURANDYR SOUZA JUNIOR, DJ 19.04.2010, p. 214 a 219)" (TJPR, 18ª CC, Agravo nº 635.630-9/01, Rel. Des. Mário Helton Jorge, DJe de 12/7/2010).

"IRREGULARIDADES. ANÁLISE. RECURSO PRECEDENTE. CUMPRIMENTO DE SENTENÇA. IMPUGNAÇÃO. REDISCUSSÃO DA MATÉRIA. DESCABIMENTO. PRECLUSÃO CONSUMATIVA. NOVA DECISÃO. IMPOSSIBILIDADE. PRECLUSÃO *PRO JUDICATO* [...] 1. As matérias examinadas em recurso precedente estão acobertadas pela preclusão consumativa, de modo que não podem ser rediscutidas em idêntico grau de jurisdição. 2. 'Nenhum juiz decidirá novamente as questões já decididas, relativas à mesma lide' (artigo 471, do CPC)" (TJPR, 15ª CC, AI nº 1030181-0, Rel. Des. Luiz Carlos Gabardo, DJe de 1º/8/2003).

Ausência de preclusão para redecidir questões de ordem pública

STJ

"Por outro lado, o art. 471 do CPC estabelece a preclusão *pro judicato*, determinando que 'nenhum juiz decidirá novamente as questões já decididas, relativas à mesma lide'. Todavia, encontra-se consolidado na jurisprudência desta Corte que a preclusão imposta ao órgão jurisdicional por força do mencionado dispositivo não deve ser aplicada nas hipóteses em que a matéria objeto da decisão for de ordem pública ou versar sobre direito indisponível, já que o próprio dispositivo, em seu inciso II, prevê o seu afastamento 'nos demais casos prescritos em lei'" (STJ, 2ª T., REsp nº 1.244.469/RS, Rel. Min. Mauro Campbell Marques, DJe de 16/5/2011).

"PROCESSUAL CIVIL. RECONHECIMENTO DE INCOMPETÊNCIA ABSOLUTA. INEXISTÊNCIA DE PRECLUSÃO *PRO JUDICATO*. 1. A Segunda Seção do STJ, ao julgar o REsp 1.020.893/PR (Rel. p/acórdão Min. João Otávio de Noronha, DJe de 7.5.2009), decidiu que a questão relativa à competência absoluta é de ordem pública e não está sujeita aos efeitos da preclusão. Assim, se o juízo for absolutamente incompetente, a nulidade é absoluta ante a falta de pressuposto processual de validade, podendo ser arguida a qualquer tempo e grau de jurisdição pelas partes. De fato, inexiste preclusão *pro judicato* para o reconhecimento da incompetência absoluta (CC 108.554/SP, 2ª Seção, Rel. Min. Nancy Andrighi, DJe de 10.9.2010; REsp 1.054.847/RJ, 1ª Turma, Rel. Min. Luiz Fux, DJe de 2.2.2010; CC 102.531/PR, 2ª Seção, Rel. Min. Nancy Andrighi, DJe de 6.9.2010)" (STJ, 2ª T., REsp nº 1.331.011, Rel. Min. Mauro Campbell Marques, DJe de 28/8/2012).

TJPR

"Diante do princípio da garantia da segurança jurídica, deve-se observar que a proibição, do artigo 471 do CPC, de que o juiz não pode decidir o que já foi por ele decidido (Preclusão 'Pro Judicato'), a mesma não abrange questões de ordem pública, como a ausência de citação válida" (TJPR, 12ª CC, AI nº 817.319-1, Rel. Des. Angela Maria Machado Costa, DJe de 31/7/2012).

"ADMINISTRATIVO. IMPOSSIBILIDADE JURÍDICA DO PEDIDO. AFASTADA. CONDIÇÃO DA AÇÃO. NÃO ALCANÇADA PELA PRECLUSÃO. CONCURSO PÚBLICO. CLASSIFICAÇÃO. VAGAS OFERTADAS NO EDITAL. NÃO CONFIGURA ATO VINCULADO. MERA EXPECTATIVA. OPORTUNIDADE E CONVENIÊNCIA DO PODER PÚBLICO. 1. A preclusão *pro judicato* não alcança as questões de ordem pública, que a qualquer tempo e grau de jurisdição podem ser conhecidas (Extinto TAPR, 9ª CC, ACR nº 259577-1, Rel. Des. Nilson Mizuta, DJ de 17/9/2004, p. 146-158).

Relações continuativas

STJ

"Tratando-se de relação jurídica continuativa, afasta-se, na hipótese, a alegação de existência de coisa julgada – art. 471, I do CPC. Violação não caracterizada" (STJ, 5ª T., REsp nº 506.440/RS, Rel. Min. José Arnaldo da Fonseca, DJ de 10/5/2004, p. 330).

"EXECUÇÃO DE SENTENÇA. TAXA DE JUROS. NOVO CÓDIGO CIVIL. VIOLAÇÃO À COISA JULGADA. INEXISTÊNCIA. ART. 406 DO NOVO CÓDIGO CIVIL. TAXA SELIC. 1. Não há violação à coisa julgada e à norma do art. 406 do novo Código Civil, quando o título judicial exequendo, exarado em momento anterior ao CC/2002, fixa os juros de mora em 0,5% ao mês e, na execução do julgado, determina-se a incidência de juros previstos nos termos da lei nova..." (STJ, CE, REsp nº 1.111.117/PR, Rel. Min. Luis Felipe Salomão, DJe de 2/9/2010).

"1. Não há violação à coisa julgada e à norma do art. 406 do novo Código Civil, quando o título judicial exequendo, exarado em momento anterior ao CC/2002, fixa os juros de mora em 0,5% ao mês e, na execução do julgado, determina-se a incidência de juros de 1% ao mês a partir da lei nova. 2. Segundo a jurisprudência das duas Turmas de Direito Público desta Corte, devem ser examinadas quatro situações, levando-se em conta a data da prolação da sentença exequenda: (a) se esta foi proferida antes do CC/02 e determinou juros legais, deve ser observado que, até a entrada em vigor do Novo CC, os juros eram de 6% ao ano (art. 1.062 do CC/1916), elevando-se, a partir de então, para 12% ao ano; (b) se a sentença exequenda foi proferida antes da vigência do CC/02 e fixava juros de 6% ao ano, também se deve adequar os juros após a entrada em vigor dessa legislação, tendo em vista que a determinação de 6% ao ano apenas obedecia aos parâmetros legais da época da prolação; (c) se a sentença é posterior à entrada em vigor do novo CC e determinar juros legais, também se considera de 6% ao ano até 11 de janeiro de 2003 e, após, de 12% ao ano; e (d) se a sentença é posterior ao Novo CC e determina juros de 6% ao ano e não houver recurso, deve ser aplicado esse percentual, eis que a modificação depende de iniciativa da parte. 3. No caso, tendo sido a sentença exequenda prolatada em 08 de outubro de 1998 e fixados juros de 6% ao ano, correto o entendimento do Tribunal de origem ao determinar a incidência de juros de 6% ao ano até 11 de janeiro de 2003 e, a partir de então, da taxa a que alude o art. 406 do Novo CC, conclusão que não caracteriza qualquer violação à coisa julgada" (STJ, 1ª S., REsp 1.112.746/DF, Rel. Min. Castro Meira, DJe de 31/8/2009).

TJPR

"AÇÃO ACIDENTÁRIA. EMBARGOS À EXECUÇÃO DE TÍTULO JUDICIAL. PRELIMINARES [...] ALTERAÇÃO DE CRITÉRIOS DE REAJUSTES DE APOSENTADORIA. INAPLICABILIDADE AO CASO JULGADO. AFASTAMENTO DE COISA JULGADA NA RELAÇÃO JURÍDICA CONTINUATIVA" (TJPR, 16ª CC, AC nº 290.641-2, Rel. Des. Shiroshi Yendo, DJ de 26/8/2005, p. 192-202).

"AÇÃO REVISIONAL – PENSÃO DECORRENTE DE RESSARCIMENTO POR ATO ILÍCITO – RELAÇÃO JURÍDICA CONTINUATIVA – POSSIBILIDADE DE REVISÃO – AUSÊNCIA DE VIOLAÇÃO À COISA JULGADA – INCIDÊNCIA DO § 3º DO ART. 475-Q E DO INCISO I DO ART. 471, AMBOS DO CPC" (TJPR, 9ª CC, AC nº 489892-6, Rel. Des. José Augusto Gomes Aniceto, DJ de 20/6/2008, p. 215-222).

Relações sucessivas

TJPR

"COISA JULGADA. LIMITES OBJETIVOS. CONTRIBUINTE DE ICMS. RELAÇÃO JURÍDICA CONTINUATIVA. DIREITO SUBJETIVO À CORREÇÃO MONETÁRIA DE CRÉDITOS ESCRITURAIS RECONHECIDO EM AÇÃO DECLARATÓRIA. ALTERAÇÃO LEGISLATIVA QUE NÃO CONFIGUROU MUDANÇA NO ESTADO DE DIREITO. SENTENÇA MANTIDA POR FUNDAMENTOS DIVERSOS. RECURSO DESPROVIDO E SENTENÇA MANTIDA EM REEXAME NECESSÁRIO" (TJPR, 2ª CC, AC nº 616144-6, Rel. Des. Eugenio Achille Grandinetti, DJ de 23/3/2010, p. 114-120).

Art. 506 - A sentença faz coisa julgada às partes entre as quais é dada, não prejudicando terceiros.

I. Limite subjetivo da coisa julgada e garantias constitucionais

A coisa julgada só opera perante as partes do processo em que ela se estabeleceu. Eis uma imposição das garantias do acesso à justiça, devido processo legal, contraditório e ampla defesa (CF, art. 5º, incisos XXXVI, LIV e LV): apenas a parte tem a possibilidade de exercer o direito de ação ou defesa em sua plenitude dentro do processo; portanto, apenas ela pode ficar vinculada ao resultado desse processo. O sujeito torna-se parte quando propõe a demanda ou é citado para o processo.

II. Sucessores das partes

Os sucessores das partes também são atingidos pela coisa julgada. Com a sucessão, são transferidas todas as posições jurídicas relativas ao objeto da sucessão (universal ou singular), inclusive as de caráter processual, como é a coisa julgada. Nesse sentido, o sucessor não detém a condição de terceiro. Ele assume as próprias posições materiais e processuais do sucedido, nos limites do objeto da sucessão.

III. Efeitos da sentença podem atingir terceiros

A limitação da coisa julgada às partes não impede que os *efeitos* da decisão de mérito atinjam terceiros. São fenômenos distintos (*vide* nota VI ao art. 502 anterior). Os terceiros serão atingidos pelos efeitos sentenciais na proporção em que se relacionem com o objeto do litígio. Podem ter benefícios ou desvantagens, mas não ficarão impedidos de discutir em demanda própria aquele mesmo objeto processual, na medida em que detenham legitimidade e interesse para tanto.

IV. Terceiros titulares de direitos comuns ou de direitos ou ações concorrentes

Assim, se um dos vários legitimados para a impugnação de um ato único ou para a defesa de um direito comum obtém sucesso na ação que propôs, o resultado favorável também produz efeito em face dos demais legitimados (por exemplo, impugnação de deliberação assemblear por um dos vários sócios; Lei nº 12.016/2009, art. 1º, § 3º; CC/2002, arts. 260,

267, 1.314, 1.791, parágrafo único etc.). O efeito da improcedência (manutenção do ato impugnado; ausência de proteção jurisdicional ao direito comum) também atinge os terceiros. Mas eles não estão impedidos, pela coisa julgada, de tornar a propor a mesma ação. Já na primeira hipótese, faltar-lhes-ia interesse de agir para pedir aquilo que já foi concedido na ação do outro legitimado.

V. Não extensão da coisa julgada individual aos titulares de pretensões análogas (homogêneas)

A situação examinada no tópico anterior é distinta da que se tem quando diversas pessoas possuem pretensões homogêneas contra um mesmo sujeito (p. ex., inúmeros contribuintes contra o Fisco; consumidores contra um fornecedor; pensionistas contra o órgão previdenciário etc.). Nesses casos, trata-se de direitos individuais homogêneos: são posições análogas, mas que não integram uma mesma relação jurídico-material unitária. Em tais casos, o sucesso de um dos titulares de pretensão homogênea em sua ação não se estende aos demais titulares da posição análoga (ex.: não é porque um dos milhões de contribuintes ganhou uma ação contra o Fisco que isso se aplicará automaticamente a todos os demais; a vitória de um consumidor em face do fornecedor, em ação individual, não se estende aos demais – e assim por diante). Para esses casos, para que se tenha resultado que aproveite a todos, é preciso empregar-se ação coletiva.

VI. Substituição processual e coisa julgada

A sentença de mérito em princípio faz coisa julgada em face do substituto processual, mas não necessariamente em face do substituído. A sua vinculação à coisa julgada depende de que o substituído tenha tido: (i) prévia oportunidade de exercer a ação e não o tenha feito; (ii) possibilidade de ciência do processo em que ocorria sua substituição, sendo-lhe permitido, caso queira, ingressar nesse processo (exemplos: CPC, art. 42, observados determinados requisitos; Lei nº 12.016/2009, art. 3º; Lei nº 6.404/1976, art. 159, §§ 3º e 4º; etc.). Exemplos de casos em que o substituído não fica vinculado à coisa julgada: Lei nº 8.560/1992, art. 2º, §§ 4º e 5º; Lei nº 8.906/1994, art. 54, inciso II.

VII. Terceiros intervenientes

Serão abrangidos pela coisa julgada sempre que, mediante a intervenção, assumam a condição de parte. É o que ocorre com o terceiro na assistência litisconsorcial, denunciação da lide, chamamento ao processo e na desconsideração de personalidade jurídica. Não é o que se dá na assistência simples e na intervenção do *amicus curiae*. O assistente simples submete-se às consequências previstas no art. 123 do CPC, que não se identificam com a coisa julgada, por serem, sob certo aspecto, mais extensas (o assistente simples em princípio vincula-se à própria fundamentação da decisão de mérito, isto é, à "justiça da decisão", e, sob outro, mais tênues (o assistente simples não fica vinculado à autoridade da sentença se demonstrar a ocorrência das hipóteses dos incisos I e II do art. 123).

VIII. Julgados

Coisa julgada não atinge terceiros

STF

"A sentença faz coisa julgada entre as partes que intervieram na relação processual (CPC, art. 472), não se estendendo a terceiros estranhos ao processo, quer para beneficiá-los, quer para prejudicá-los. *Res inter alios judicata tertiis nec prodest, nec nocet*" (STF, 2ª T., Agravo no MS nº 23.221/DF, Rel. Min. Celso de Mello, DJ de 14/6/2002, p. 149).

STJ

"A coisa julgada material produz efeitos entre as partes, não sendo apta a prejudicar a parte que deveria figurar no polo passivo da ação. Além disso, a ausência de citação ou a citação inválida configuram nulidade absoluta insanável por ausência de pressuposto de existência da relação processual" (STJ, 4ª T., REsp nº 695.879/AL, Rel. Min. Maria Isabel Gallotti, DJe de 7/10/2010).

TJPR

"AÇÃO DECLARATÓRIA DE NULIDADE DE ATO JURÍDICO. EXTINÇÃO POR RECONHECIMENTO DE COISA JULGADA. INEXISTÊNCIA DO ÓBICE.

AUSÊNCIA DE LEGITIMAÇÃO EXTRAORDINÁRIA DA PARTE QUE AGIU NA AÇÃO ANTERIOR [...] 1. Embora a pretensão da ação declaratória seja idêntica à da ação anterior de embargos à execução (nulidade da fiança por falta de consentimento dos herdeiros), não há que se cogitar do óbice da coisa julgada material (CPC, art. 267, V) porque os ora Autores não foram parte nos embargos (CPC, art. 462) e não há qualquer regra expressa que confira, para este caso, a condição de substituto processual à mãe em relação aos seus herdeiros, o que exigido por força do art. 6º do CPC" (TJPR, 12ª CC, AC nº 875081-2, Rel. Des. Ivanise Maria Tratz Martins, DJe de 25/10/2012).

Efeitos da sentença podem atingir terceiros
STJ

"A sentença também produz efeitos em relação a terceiros, no entanto, a imutabilidade do provimento jurisdicional, garantida pela autoridade da coisa julgada, limita-se às partes, sendo facultado ao terceiro discussão posterior acerca da sentença eventualmente prejudicial a seu interesse jurídico. A sentença, prolatada em processo do qual o garante não participou, produz efeitos em relação a este" (STJ, 3ª T., REsp nº 612302/MA, Rel. Min. Nancy Andrighi, DJU de 11/9/2005, p. 250).

Causas relativas ao estado de pessoa
TJPR

"Ação declaratória de união estável promovida por ex-esposa contra os herdeiros do ex-marido, seus filhos. Transação. Reconhecimento do pedido. Sentença homologatória com extinção do processo com julgamento de mérito [...] Inocorrência de coisa julgada em relação a terceiro que não foi litisconsorte necessário em ação que versava sobre estado de pessoa. Art. 472 do CPC" (TJPR, 8ª CC, AR nº 163035-5, Rel. Des. Augusto Lopes Cortes, DJ de 24/2/2006).

Art. 507 - É vedado à parte discutir no curso do processo as questões já decididas a cujo respeito se operou a preclusão.

I. Preclusão

Consiste na perda de uma faculdade ou poder processual no curso do processo. Pode ser ocasionada: (a) pelo decurso do prazo, ou pela passagem da fase processual, para exercício do poder ou faculdade (preclusão temporal – art. 223); (b) pelo anterior exercício do poder ou faculdade (preclusão consumativa); (c) pela prática de ato logicamente incompatível com o exercício do poder ou faculdade (preclusão lógica – exemplo, art. 1.000, parágrafo único).

II. Preclusão das faculdades das partes e dos poderes do juiz

As faculdades das partes podem submeter-se às três modalidades de preclusão anteriormente referidas. Os poderes do juiz, em regra, submetem-se apenas à preclusão consumativa. A regra do art. 507 expressa, relativamente às partes, a repercussão da preclusão dos poderes do juiz prevista no art. 505.

III. Exceções à preclusão da faculdade das partes

Precisamente por isso, em todos os casos em que é dado ao juiz redecidir a questão no curso do processo (v. notas VII a IX ao art. 505), não incide a regra do art. 507. Nessas hipóteses, permite-se às partes pleitear ao juiz tal redecisão.

IV. Julgados

Preclusão dos poderes do juiz
STJ

"PROCESSUAL CIVIL E ADMINISTRATIVO. IMPROBIDADE. LICITUDE DE PROVA. QUESTÃO DEFINITIVAMENTE JULGADA. REDISCUSSÃO. INCABÍVEL. 1. Com a prolação do acórdão de fls. 162/169, que entendeu pela licitude da prova de gravação audiovisual, não poderia o juiz, em momento posterior, analisar novamente a questão para concluir pela ilicitude da referida prova. 2. Ao agir assim, o magistrado violou os arts. 471, 473 e 512 do CPC, que vedam a rediscussão de matérias já apreciadas (preclusão *pro judicato*) e que determinam que o julgamento proferido pelo Tribunal substituirá a sentença ou decisão recorrida. 3. Em suma, se já houve pronunciamento do Tribunal a respeito da licitude da prova, esta questão está definitivamente decidida e não poderia ser posteriormente reapreciada pelo juiz" (STJ, 2ª T., Agravo no REsp nº 1.335.371/MG, Rel. Min. Humberto Martins, DJe de 10/10/2012).

Preclusão lógica

STJ

"A preclusão é instituto que decorre da lei e existe para manutenção da segurança jurídica. A preclusão lógica decorre da incompatibilidade entre o ato praticado e outro que se queira praticar. No caso, intimada dos cálculos, a União apresentou impugnação. Elaborado o laudo complementar, concordou com ele expressamente. Daí não ser possível, após a sua concordância, querer, em sede de embargos à execução, rediscutir esses mesmos cálculos" (STJ, 4ª T., REsp nº 770.849/RS, Rel. Min. Luis Felipe Salomão, DJe de 31/3/2011).

Preclusão consumativa

STJ

"Manejados dois recursos pela mesma parte em face de uma única decisão, resta impedido, por força dos princípios da unirrecorribilidade e da preclusão consumativa, o conhecimento daquele interposto em segundo lugar" (STJ, 3ª T., Agravo no AI nº 1.301.037/PR, Rel. Min. Paulo de Tarso Sanseverino, DJe de 2/9/2013).

Preclusão temporal

TJPR

"PEDIDO DE CONCESSÃO DO BENEFÍCIO DA JUSTIÇA GRATUITA – PRETENSÃO NÃO ACOLHIDA – DECISÃO INTERLOCUTÓRIA NÃO RECORRIDA NO MOMENTO OPORTUNO – IMPUGNAÇÃO EM SEDE DE RECURSO DE APELAÇÃO – IMPOSSIBILIDADE – PRECLUSÃO TEMPORAL – INOBSERVÂNCIA AO PRINCÍPIO DA DIALETICIDADE – APLICAÇÃO DO ARTIGO 473 DO CPC" (TJPR, 17ª CC, AC nº 1010393-4, Rel. Des. Fabian Schweitzer, DJe de 20/8/2013).

Art. 508 - Transitada em julgado a decisão de mérito, considerar-se-ão deduzidas e repelidas todas as alegações e as defesas que a parte poderia opor tanto ao acolhimento quanto à rejeição do pedido.

I. Ausência de "julgamento implícito" ou de coisa julgada sobre as questões não deduzidas

A regra não consagra o "julgamento implícito" das alegações que poderiam haver sido realizadas e não o foram. Tampouco significa que haja coisa julgada relativamente a elas. Até porque, ainda que elas houvessem sido efetivamente aduzidas no processo, seu enfrentamento dar-se-ia na motivação da sentença, de modo que nem mesmo nessa hipótese a expressa solução delas faria coisa julgada.

II. Eficácia preclusiva da coisa julgada

Apenas fica vedado à parte valer-se dessas alegações a fim de tentar obter outro provimento acerca do mesmo pedido e causa de pedir e em face do mesmo adversário. Ou seja, a regra proíbe que a parte invoque alegações que poderia oportunamente ter feito e não fez como um subterfúgio para desconsiderar a coisa julgada. A coisa julgada traz consigo o veto à apresentação tardia de argumentos que teriam sido relevantes se oportunamente apresentados. É a eficácia preclusiva da coisa julgada.

III. Incidência nos limites objetivos e subjetivos da coisa julgada

Por essas razões, tal eficácia preclusiva põe-se apenas nos limites objetivos e subjetivos da coisa julgada. Assim, se for diverso o pedido ou a causa de pedir, tem-se nova ação, não atingida pela coisa julgada anterior – e, na medida em que também seja relevante para essa nova ação, a alegação ou defesa não formulada no processo anterior poderá ser então aduzida.

IV. Julgados

Eficácia preclusiva da coisa julgada

STF

"A norma inscrita no art. 474 do CPC impossibilita a instauração de nova demanda para rediscutir a controvérsia, mesmo que com fundamento em novas alegações, pois o instituto da coisa julgada material – considerada a finalidade prática que o informa – absorve, necessariamente, 'tanto as questões que foram discutidas como as que o poderiam ser' (LIEBMAN), mas não o foram. A autoridade da coisa julgada em sentido material estende-se, por isso mesmo, tanto ao que foi efetivamente arguido pelas partes quanto ao que poderia ter sido alegado, mas não o foi, desde que tais alegações e defesas se contenham no objeto do processo (*'tantum judicatum quantum disputatum vel disputari debebat'*). Aplicação, ao caso, do art. 474 do CPC. Doutrina. Precedentes" (STF, 2ª T., Agravo em MS nº 25.453/DF, Rel. Min. Celso de Mello, DJe de 18/6/2013).

STJ

"Há de se observar o disposto no art. 473 do CPC, que se refere à eficácia preclusiva da coisa julgada, assegurando a impossibilidade de se rediscutir questões já definitivamente decididas, invocando-se mudanças no quadro fático ou jurídico da relação estabelecida entre as partes, se, à época em que a lide estava em curso, a parte poderia tê-las suscitado e não o fez" (STJ, 5ª T., Agravo no REsp nº 1.031.113/DF, Rel. Min. Felix Fischer, DJe de 23/6/2008).

"Em observância à estabilidade das relações jurídicas, todas as questões que as partes poderiam suscitar no processo de conhecimento têm-se como deduzidas e decididas, com a superveniência do trânsito em julgado da sentença, o que se denomina efeito preclusivo da coisa julgada. Inteligência dos arts. 467, 468 e 474 do CPC" (STJ, 3ª S., Petição nº 2.516/DF, Rel. Min. Arnaldo Esteves Lima, DJ de 20/11/2006, p. 268).

TRF-4

"PREVIDENCIÁRIO. APOSENTADORIA RURAL POR IDADE. COISA JULGADA MATERIAL. 1. Estando presentes as mesmas partes, causa de pedir e pedido, deve ser reconhecida a existência de coisa julgada material, nos termos do artigo 267, inciso V, do CPC. 2. O fato de a causa de pedir ser aparentemente diversa da ação anterior não obriga este Tribunal a enfrentá-la, não havendo que se falar em aplicação do art. 515, § 3º do Código de Processo Civil. Isso porque, *in casu*, trata-se do que a doutrina convencionou chamar de eficácia preclusiva da coisa julgada, a qual impede que nova demanda seja proposta para rediscutir a lide, com base em novas alegações. Inteligência do art. 474 do CPC" (TRF-4, 6ª T., AC nº 0024660-46.2009.404.7000, Rel. Des. Luís Alberto D'Azevedo Aurvalle, DE de 20/5/2010).

TJPR

"COISA JULGADA. CARACTERIZAÇÃO. DEMANDAS COM PARTES, CAUSA DE PEDIR E PEDIDO IDÊNTICOS. SENTENÇA ANTECEDENTE. IMPROCEDÊNCIA DOS PEDIDOS ANTE A AUSÊNCIA DE DEPÓSITO DAS DIFERENÇAS DA CONTRIBUIÇÃO QUE COMPETE AO PARTICIPANTE DO PLANO COMPLEMENTAR DA FUNDAÇÃO COPEL. NOVA DEMANDA QUE VISOU CORRIGIR O LAPSO. PRECLUSÃO. ART. 474 DO CPC. IMPOSSIBILIDADE DE DISCUTIR O DEDUZIDO E SUSCITAR O DEDUTÍVEL. Tratando-se de demandas com partes, causa de pedir e pedidos idênticos, opera-se a eficácia preclusiva da coisa julgada, impedindo-se, pois, a rediscussão do tema, considerando que a primeira sentença, confirmada pelo Tribunal, é definitiva, ou seja, põe fim ao processo com a resolução do mérito (art. 269 do CPC), tornando imutável a norma jurídica aplicada no caso concreto e que se encontra na parte dispositiva da decisão" (TJPR, 6ª CC, AC nº 476986-8, Rel. Des. Luiz Cezar Nicolau, DJ de 1º/12/2008, p. 207-212).

Capítulo XIV - Da Liquidação de Sentença

Art. 509 - Quando a sentença condenar ao pagamento de quantia ilíquida, proceder-se-á à sua liquidação, a requerimento do credor ou do devedor:
I - por arbitramento, quando determinado pela sentença, convencionado pelas partes ou exigido pela natureza do objeto da liquidação;
II - pelo procedimento comum, quando houver necessidade de alegar e provar fato novo.
§ 1º - Quando na sentença houver uma parte líquida e outra ilíquida, ao credor é lícito promover simultaneamente a execução daquela e, em autos apartados, a liquidação desta.
§ 2º - Quando a apuração do valor depender apenas de cálculo aritmético, o credor poderá promover, desde logo, o cumprimento da sentença.
§ 3º - O Conselho Nacional de Justiça desenvolverá e colocará à disposição dos interessados programa de atualização financeira.
§ 4º - Na liquidação é vedado discutir de novo a lide ou modificar a sentença que a julgou.

Autor: Luiz Rodrigues Wambier

I. A liquidação de sentença na sistemática do CPC/2015

É a simplificação do sistema um dos principais vetores do Código de Processo Civil de 2015. Em regra, deve a atividade judicial ser instrumentalmente dirigida à declaração – em sentido amplo – e à efetivação do direito material. Daí a necessidade de o sistema processual ser sobretudo operativo e funcional, dando-se máxima utilidade à atividade jurisdicional, que se destinará a resolver, preponderantemente, a controvérsia havida no plano do direito material. É por isso que a liquidação de sentença, assim como no sistema vigente sob a égide do CPC/1973, deve ser cingida a hipóteses excepcionais. No CPC/1973, art. 475-A, admitia-se a liquidação sempre que a sentença não determinasse o valor devido ou não individuasse o bem. Já no CPC/2015, as hipóteses permissivas da liquidação são mais restritas. É o caso, por exemplo, da regra do art. 491, segundo a qual, na ação relativa à obrigação de pagar quantia, mesmo que a parte tenha formulado pedido genérico, deverá a decisão, ao definir a extensão da obrigação, fixar o índice de correção monetária, a taxa de juros e os respectivos termos *a quo*. Além disso, se couber a capitalização de juros, deverá a decisão determinar a sua periodicidade, exceto quando não se puder definir o montante devido (inciso I), ou quando a apuração do valor depender de prova cuja produção seja demorada ou excessivamente cara (inciso II). Não andou bem o legislador ao referir-se à hipótese de definição da extensão da obrigação, pois nessa ação se buscará exclusivamente a fixação de valor em dinheiro. A teor do que dispõe a regra do art. 509, o manejo da liquidação de sentença será possível apenas quando a sentença efetivamente deva ser ilíquida, isto é, quando não houver elementos para que sua liquidez seja desde logo afirmada. Nesse dispositivo também há uma imprecisão. Aqui, o legislador optou por restringir a liquidação à hipótese de condenação ao pagamento de quantia ilíquida quando, na verdade, a ação de liquidação é necessária também quando não houver a definição quanto à mensuração da quantidade de coisas, indicação de extensão, volume, medida e, portanto, à grandeza ou ao tamanho daquilo que deva ser prestado pelo devedor.

II. Conceito e natureza jurídica

A ação de liquidação deriva da excepcionalíssima possibilidade de que sentenças genéricas (ou ilíquidas) sejam proferidas. São hipóteses em que o juiz não tem condições de determinar desde logo o montante da condenação ou de individuar o objeto da obrigação. O escopo da ação de liquidação é, portanto, conceder exequibilidade à sentença. Trata-se de ação de conhecimento autônoma, que não depende da ação em que se proferiu a sentença ilíquida, nem do subsequente cumprimento de sentença. É conveniente destacar que o legislador do período de reforma do CPC/ 1973 optou por tratar as ações que se sucedem ao longo da relação jurídica processual sincrética, como se de meras fases se tratasse. Essa mesma postura foi adotada pelo legislador do CPC/2015. Trata-se, todavia, de opção decorrente de razões pragmáticas. Essa opção não retira nem altera a natureza jurídica dessas ações que são ajuizadas em sequência, na mesma relação jurídica processual. Dessa maneira, a ação de conhecimento em que a parte formula pedido de prestação da tutela jurisdicional, é tida como fase de conhecimento. Se a sentença proferida nessa ação (fase de conhecimento) for ilíquida, haverá a subsequente ação (fase, de acordo com a opção legislativa) de liquidação. E, ao final, havendo decisão de mérito da ação da liquidação, determinando o valor da obrigação ou a sua extensão, seguir-se-á a ação de execução, que o legislador denomina de fase de cumprimento da sentença.

III. Requerimento

A ação de liquidação de sentença inicia-se pelo pedido de liquidação, que, nos termos do que dispõe o art. 509, *caput*, pode ser formulado tanto pelo credor quanto pelo devedor. Isso significa que o órgão jurisdicional somente se movimenta após expressa provocação, seja pelo credor, seja pelo devedor, observando-se o princípio da inércia da jurisdição. É natural que, sendo ilíquida a sentença, o credor queira desde logo manejar a ação de liquidação para que se determine o *quantum debeatur*, obtendo-se o título executivo judicial, que será objeto do subsequente cumprimento de sentença, onde se realizarão os atos de constrição destinados à satisfação da obrigação. A concessão ao devedor da legitimidade para o requerimento da liquidação de sentença é uma novidade muito positiva trazida pelo CPC/2015, pois sem que se saiba o valor do título judicial, fica o devedor impossibilitado de realizar o pagamento em dinheiro ou destinar patrimônio suficiente para tanto. Sem esse valor, aliás, nem mesmo a responsabilidade patrimonial pode ser delimitada.

IV. Procedimentos de liquidação

Na sistemática do CPC/2015, existem somente dois procedimentos de liquidação: o da liquidação por arbitramento e o da liquidação pelo procedimento comum (antiga liquidação por artigos), cabível quando houver a necessidade de alegação e prova de fato novo. É líquida, portanto, a sentença que condene ao pagamento de valor que se possa determinar por meio da realização de simples cálculo, sendo desnecessário o manejo da ação de liquidação.

V. Parte líquida e parte ilíquida

O CPC/2015, assim como o CPC/1973, admite que o credor promova simultaneamente o cumprimento da parte líquida da sentença e a liquidação da parte ilíquida. Embora o § 1º do art. 509 faça referência apenas ao credor, a interpretação em conjunto com a regra do *caput* nos faz crer que, em relação à parte ilíquida, tanto o credor quanto o próprio devedor podem promover a ação de liquidação.

VI. Apuração do valor por cálculo aritmético

Como já dito, a sentença cujo cumprimento dependa apenas de cálculos aritméticos não é ilíquida. Nessa hipótese, portanto, não cabe ação de liquidação de sentença. O § 2º do art. 509 apenas deixa clara regra que já era prevista no CPC/1973 reformado. Assim, se a sentença depender apenas de cálculos aritméticos, deverá o credor, quando do requerimento do cumprimento de sentença, apresentá-los sob a forma de memória discriminada, que deverá conter o débito atualizado.

VII. CNJ e programas de cálculo

A teor do que dispõe o § 3º do art. 509, o Conselho Nacional de Justiça deverá desenvolver e colocar à disposição de todos programa único de atualização financeira. Essa regra é novidade e será de grande utilidade na medida em que se evitarão discussões tão presentes na jurisprudência das últimas décadas, a respeito do cabimento deste ou daquele índice de atualização. O CNJ não tem competência para determinar os índices aplicáveis, mas deve oferecer aos interessados esses programas, optando pelos índices que tenham sido definidos como adequados pela autoridade monetária e assim aceitos pelo Superior Tribunal de Justiça.

VIII. Vedação à rediscussão da lide ou modificação da sentença

O § 4º do art. 509 afasta, na ação de liquidação, a discussão, de qualquer espécie ou natureza, sobre o mérito da ação resolvida na sentença ilíquida que a julgou. O pedido formulado pelo autor da ação de liquidação, portanto, fica restrito aos limites da condenação, fixados na sentença ilíquida. Mesmo que da liquidação pelo procedimento comum se trate, em que se admite expressiva atividade probatória, a observância aos limites da sentença liquidanda é inafastável. Caso contrário, desrespeitar-se-á a coisa julgada que se tenha formado (se se tratar de liquidação de sentença transitada em julgado) ou a própria sentença liquidanda ainda sujeita a recurso (art. 512). Portanto, a cognição na ação de liquidação – seja pelo procedimento comum, seja por arbitramento – deve limitar-se ao *quantum debeatur* ou à extensão da obrigação. Por outro lado, os juros de mora e o índice de correção monetária, assim como seus termos iniciais ou a periodicidade da capitalização de juros, se houver, poderão ser objeto de discussão na ação de liquidação, desde que a sentença liquidanda seja omissa quanto a tais questões.

IX. Resultado igual a zero

A liquidação zero ocorre em duas situações: quando a parte não se desincumbe com eficiência do ônus de provar ou quando, apesar da farta produção de provas, o valor a que se chegue, na ação de liquidação, seja efetivamente igual a zero. Nesse caso, conclui-se pela inexistência de prejuízo, já que o *an debeatur* não pode ser juridicamente qualificado como um dano. Trata-se de hipóteses de improcedência da ação de liquidação, aplicando-se a regra geral da incidência da coisa julgada, mesmo sobre sentenças de improcedência.

X. Fato superveniente

Outra situação excepcional, mas possível, é a que diz respeito a fato novo, superveniente à decisão de liquidação, decorrente direta e imediatamente do mesmo conjunto de fatos que determinou a condenação ilíquida, e que, sem ofender a coisa julgada, modifique a quantia do objeto do cumprimento de sentença. Em situações como essa, é possível ao credor promover nova ação de liquidação, decorrente da mesma sentença condenatória, visando a obtenção de nova definição de valor ou objeto referente a tais fatos supervenientes.

Art. 510 - Na liquidação por arbitramento, o juiz intimará as partes para a apresentação de pareceres ou documentos elucidativos, no prazo que fixar, e, caso não possa decidir de plano, nomeará perito, observando-se, no que couber, o procedimento da prova pericial.

I. Liquidação por arbitramento

Se houver necessidade de atividade pericial para fixação do valor ou da extensão do objeto da sentença ilíquida, o procedimento cabível será o da liquidação por arbitramento. A regra do art. 510 dispõe que as partes deverão ser intimadas para que apresentem documentos e pareceres destinados a dar respaldo ao juiz para a determinação do *quantum debeatur* ou da extensão da obrigação. O termo *partes*, no contexto do dispositivo, deve ser entendido como quem não tenha apresentado o pedido de liquidação. Tais documentos e pareceres já deverão ser juntados pelo autor (credor ou devedor) da liquidação com o pedido inicial. Se forem insuficientes os documentos apresentados pelas partes, deverá o juiz nomear perito judicial com conhecimento na área do saber humano em que se insira o objeto da condenação, observando-se, a partir desse momento, naquilo que for aplicável, o procedimento da prova pericial.

II. Adequação do procedimento

Embora a sentença ilíquida tenha determinado a liquidação por arbitramento, pode ocorrer que, durante seu curso, seja constada a ausência de elementos necessários à liquidação e o procedimento por arbitramento não se revele adequado. Assim, se a prova de fato novo se mostrar imperiosa para a determinação do valor ou da extensão da obrigação, pode o juiz da liquidação a ela aplicar o procedimento comum. Trata-se de regra que respeita o princípio do máximo aproveitamento dos atos processuais, dando utilidade à sentença condenatória genérica que equivocadamente determinou um rito procedimental de liquidação inadequado ao caso.

Art. 511 - Na liquidação pelo procedimento comum, o juiz determinará a intimação do requerido, na pessoa de seu advogado ou da sociedade de advogados a que estiver vinculado, para, querendo, apresentar contestação no prazo de 15 (quinze) dias, observando-se, a seguir, no que couber, o disposto no Livro I da Parte Especial deste Código.

I. Fato novo

A liquidação pelo procedimento comum é cabível quando, para se determinar o *quantum debeatur* ou a extensão da obrigação, houver necessidade de alegação e prova de fato novo. Pode-se dizer que fato novo é todo acontecimento real que é relevante para o fenômeno jurídico, pois desse fato decorrem consequências jurídicas. No âmbito processual, o fato novo pode ocorrer antes ou depois do ajuizamento da ação, desde que relacionado com a apuração do valor ou da extensão da obrigação. Portanto, também considera-se fato novo aquele já existente quando da instrução da ação de conhecimento, mas que tenha sido na época desconsiderado, devendo agora ser objeto da cognição judicial, destinada a determinar o valor ou a extensão da obrigação.

II. Intimação do advogado com eficácia de citação

Inicia-se a ação de liquidação com o pedido formulado pelo autor (credor ou devedor), que deverá requerer a intimação da parte contrária, na pessoa de seu advogado ou da sociedade de advogados a que este esteja vinculado. Embora não se trate de citação, os efeitos dessa intimação a ela se equiparam, pois abre-se prazo para a contestação que, se não apresentada, acarretará a revelia do réu da liquidação (art. 344). Outro ponto que merece destaque é o cabimento da ação rescisória contra a decisão que julga a liquidação de sentença, nas hipóteses previstas no Código (art. 966). Essa possibilidade se justifica na medida em que a decisão que julga a liquidação faz coisa julgada quanto ao pedido de liquidação.

III. Decisão atacável por recurso de agravo

Embora a decisão que julga a liquidação se trate substancialmente de sentença, porque põe fim à lide de liquidação, o art. 1.015 dispõe que o recurso cabível é o agravo de instrumento. Trata-se substancialmente de sentença porque possui objeto absolutamente distinto da ação condenatória que a precede. Se na primeira, o que se pretende é o reconhecimento de determinada obrigação; na liquidação, busca-se a fixação do *quantum debeatur* ou da extensão da obrigação imposta na sentença ilíquida. O projeto original do Código de Processo Civil previa a possibilidade de sustentação oral para essa hipótese de interposição de agravo. Porém, infelizmente, essa disposição foi excluída no curso do processo legislativo, criando evidente desproporcionalidade entre as sentenças propriamente ditas, que são recorríveis por apelação, e a decisão de liquidação, recorrível por agravo, muito embora as duas estejam situadas substancialmente no mesmo plano, na medida em que em ambas há o julgamento do mérito.

Art. 512 - A liquidação poderá ser realizada na pendência de recurso, processando-se em autos apartados no juízo de origem, cumprindo ao liquidante instruir o pedido com cópias das peças processuais pertinentes.

I. Liquidação na pendência de recurso

O CPC/2015, assim como o CPC/1973, admite a liquidação provisória, que é aquela manejada na pendência de recurso e que deve ser processada em autos apartados, no juízo de origem. Nesse caso, a liquidação é provisória porque, se for provido o recurso interposto contra a sentença liquidanda, o objeto da liquidação poderá ser total ou parcialmente alterado.

TÍTULO II
DO CUMPRIMENTO DA SENTENÇA
Capítulo I - Disposições Gerais

Art. 513 - O cumprimento da sentença será feito segundo as regras deste Título, observando-se, no que couber e conforme a natureza da obrigação, o disposto no Livro II da Parte Especial deste Código.

§ 1º - O cumprimento da sentença que reconhece o dever de pagar quantia, provisório ou definitivo, far-se-á a requerimento do exequente.

§ 2º - O devedor será intimado para cumprir a sentença:

I - pelo Diário da Justiça, na pessoa de seu advogado constituído nos autos;

II - por carta com aviso de recebimento, quando representado pela Defensoria Pública ou quando não tiver procurador constituído nos autos, ressalvada a hipótese do inciso IV;

III - por meio eletrônico, quando, no caso do § 1º do art. 246, não tiver procurador constituído nos autos;

IV - por edital, quando, citado na forma do art. 256, tiver sido revel na fase de conhecimento.

§ 3º - Na hipótese do § 2º, incisos II e III, considera-se realizada a intimação quando o devedor houver mudado de endereço sem prévia comunicação ao juízo, observado o disposto no parágrafo único do art. 274.

§ 4º - Se o requerimento a que alude o § 1º for formulado após 1 (um) ano do trânsito em julgado da sentença, a intimação será feita na pessoa do devedor, por meio de carta com aviso de recebimento encaminhada ao endereço constante dos autos, observado o disposto no parágrafo único do art. 274 e no § 3º deste artigo.

§ 5º - O cumprimento da sentença não poderá ser promovido em face do fiador, do coobrigado ou do corresponsável que não tiver participado da fase de conhecimento.

Autor: Sandro Gilbert Martins

I. Cumprimento de sentença é execução

O CPC/2015 manteve a sistemática inaugurada pela Lei nº 11.232/2005, no sentido de que a realização da obrigação contida numa decisão judicial será feita, *em regra*, como etapa final de um processo único (*sincrético*), depois de um *tempus iudicati* concedido para o cumprimento espontâneo, sem necessidade de um *novo* processo de execução. É de se destacar, no entanto, que este modelo simplificado de prestação jurisdicional mantém a autonomia funcional da execução, uma vez que continuará a existir uma *fase* voltada à realização do comando do pronunciamento judicial. Neste sentido, reforçando a referência contida no *caput* deste art. 513 do CPC/2015, que dispõe se aplicar ao cumprimento de sentença, no que couber, o previsto no Livro II que regula a atividade executiva, o art. 771 do CPC/2015 também estabelece que as disposições estabelecidas neste Livro II se aplicam ao cumprimento de sentença, o que significa dizer que esta *fase* propicia a prática de atos executivos voltados à satisfação do crédito (líquido, certo e exigível) constante de um título executivo judicial. Portanto, o cumprimento de sentença não é uma fase do processo de conhecimento, é fase de execução de um processo que passa a se apresentar numa unidade: cognição seguida de execução. Desse modo, permite-se uma melhor interação de ambas as funções dentro desta atividade continuativa que é o processo, o que atende melhor às exigências do direito material a ser satisfeito.

II. Cumprimento de sentença como *fase* e como *processo*

Como salientado, o cumprimento de sentença, *em regra*, será uma *fase posterior* à fase de conhecimento do processo. Todavia, também poderá ser uma *fase interior* ao trâmite da fase predominantemente de conhecimento, como se houvesse uma *bolha* ou um *enxerto* de atividade executiva dentro da atividade de conhecimento, que é o que ocorre, por exemplo, quando se executa uma decisão de tutela provisória (CPC, art. 297, parágrafo único). Por sua vez, o cumprimento de sentença poderá inaugurar um *processo* de execução, que exigirá petição inicial e citação do executado, o que sucederá nas hipóteses descritas no art. 515, § 1º do CPC/2015.

III. Cumprimento de sentença e natureza da obrigação

Seja qual for a natureza da obrigação constante do título executivo judicial (pagar soma em dinheiro, fazer ou não fazer, entregar coisa), ela será objeto de execução por cumprimento de sentença. O que irá variar será apenas o rito executivo adequado a cada uma dessas obrigações, nos termos das disposições legais estabelecidas no CPC/2015 (quantia certa: arts. 523-527, fazer e não fazer: arts. 536-537, entrega de coisa: art. 538). Aliás, o CPC/2015 inovou em também estabelecer procedimento de cumprimento de sentença para obrigação alimentar (arts. 528-533) e em face da Fazenda Pública (arts. 534-535).

IV. Cumprimento de sentença provisório e definitivo

A referência constante do § 1º do art. 513 do CPC/2015 equivale à tradicional classificação da execução em provisória e definitiva (CPC/1973, art. 475-I, § 1º), cujo critério, na verdade, diz respeito à condição do título executivo. Assim, o cumprimento será definitivo quando estiver fundado em decisão judicial já transitada em julgado e, por sua vez, será provisório quando a decisão judicial em que se funda a execução estiver pendente de recurso ao qual não foi atribuído efeito suspensivo. A execução que pese provisória poderá ser completa, ou seja, satisfazer o exequente, muito embora esta eficácia fique subordinada ao resultado do recurso pendente. A esse respeito, *vide* arts. 520 a 522 do CPC/2015.

V. Termo inicial do cumprimento de sentença de obrigação de pagar soma em dinheiro

A interpretação acerca do termo inicial do prazo de 15 (quinze) dias previsto no art. 475-J do CPC/1973 gerou diversas teorias doutrinárias, o que fez o Superior Tribunal de Justiça ir alterando seu entendimento ao longo do tempo. Destarte, inicialmente, o STJ definiu que o prazo de 15 (quinze) dias do art. 475-J do CPC/1973 tinha início do trânsito em julgado da sentença, independentemente de intimação específica para que o executado efetuasse o pagamento do valor devido (STJ – 3ª T. – REsp nº 954.859/RS – Rel. Min. Humberto Gomes de Barros – j. em 16/8/2007 – DJ de 27/8/2007). Depois, entendeu que a fase de cumprimento de sentença não se efetivava de forma automática, ou seja, logo após o trânsito em julgado da decisão, pois, de acordo com o art. 475-J combinado com os arts. 475-B e 614, inciso II, todos do CPC/1973, caberia ao credor o exercício de atos para o regular cumprimento da decisão condenatória, especialmente requerer ao juízo que dê ciência ao devedor sobre o montante apurado, consoante memória de cálculo discriminada e atualizada (STJ – 4ª T. – AgRg no Ag nº 1.058.769/RS – Rel. Min. João Otávio de Noronha – j. em 17/11/2009 – DJe de 30/11/2009). Por último, na hipótese em que o trânsito em julgado da sentença ocorresse em sede de instância recursal (STF, STJ, TJ e TRF), após a baixa dos autos à comarca de origem e a aposição do *cumpra-se* pelo juiz de primeiro grau, entendeu o STJ que o devedor haveria de ser intimado na pessoa do seu advogado, por publicação na imprensa oficial, para efetuar o pagamento no prazo de quinze dias, a partir de quando, caso não efetuado o pagamento, passaria a incidir sobre o montante da condenação a multa de 10% (dez por cento) prevista no art. 475-J do CPC/1973 (STJ – Corte Especial – REsp nº 940.274/MS – Rel. p/ Acórdão Min. João Otávio de Noronha – j. em 7/4/2010 – DJe de

31/5/2010). Visando encerrar essa polêmica, o legislador do CPC/2015 definiu que, para o início do prazo para pagamento voluntário por parte do devedor, seja a execução provisória ou definitiva, caberá ao credor fazer um requerimento, cujo conteúdo foi definido no art. 524 do CPC/2015, a partir do que será determinada a intimação do executado para que efetue o respectivo pagamento. Portanto, o cumprimento de sentença para pagamento de quantia certa não poderá ser determinado de ofício pelo juiz, pois dependerá de iniciativa do credor.

VI. Intimação do executado no cumprimento de sentença de obrigação de pagar soma em dinheiro

Como se percebe das mencionadas posições adotadas pelo STJ, outra divergência surgida na interpretação do art. 475-J do CPC/1973 era sobre a necessidade, ou não, de intimação do executado para o início do prazo de pagamento e, no caso de ela ser necessária, se essa intimação deveria ser pessoal ou poderia ser na pessoa de seu advogado. A orientação que prevaleceu é a de que o executado deveria ser intimado para o início do cômputo do prazo, muito embora essa intimação pudesse ser feita na pessoa de seu advogado. O § 2º do art. 513 do CPC/2015 consagra este entendimento, mas aproveita para tratar de outras possíveis situações, o que igualmente contribuirá para evitar dúvidas de interpretação. Assim, desde que o requerimento do credor seja formulado em no máximo 1 (um) ano do trânsito em julgado da decisão, conforme estabelece o § 4º do art. 513 do CPC/2015, o executado será intimado para cumprir o comando da decisão judicial por meio de publicação no Diário da Justiça, na pessoa de seu advogado constituído nos autos, salvo se houver alguma ressalva na procuração que assim não permita, conforme estabelece o art. 105, § 4º do CPC/2015. Por sua vez, a intimação do executado será pessoal, pelo correio, por meio do envio de carta com aviso de recebimento (AR) nas seguintes hipóteses: i) caso o requerimento seja formulado depois de 1 (um) ano do trânsito em julgado da decisão (CPC/2015, art. 513, § 4º); ii) quando haja ressalva na procuração que impeça o advogado do executado ser intimado na fase de cumprimento de sentença (CPC/2015, art. 105, § 4º); iii) quando o devedor seja representado pela Defensoria Pública (CPC/2015, art. 513, § 2º, inciso II); e iv) quando o executado não tenha advogado constituído no processo (CPC/2015, art. 513, § 2º, inciso II). Todavia, mesmo não tendo advogado constituído no processo ou no caso em que a procuração impeça o advogado de ser intimado para fins de cumprimento de sentença, não se procederá intimação pelo envio de AR, segundo o disposto no art. 513, § 2º, inciso III do CPC/2015, se o executado for empresa privada ou pública que possua obrigação de manter cadastro nos sistemas de processo em autos eletrônico, hipótese em que a intimação deverá ser efetuada por meio eletrônico, nos termos do art. 246, § 1º do CPC/2015. Por fim, estabelece o art. 513, § 2º, inciso IV do CPC/2015 que, tendo sido o réu citado por edital na fase de conhecimento e tendo restado revel, sua intimação na fase de cumprimento de sentença também far-se-á por edital. Ao que parece, esta última previsão somente será observada nos casos em que, atingida essa fase de cumprimento de sentença, este réu revel citado fictamente por edital continue sem advogado constituído no processo. Ou seja, se, a despeito da citação por edital e da revelia que a ela se seguiu, o executado compareceu nos autos e constituiu advogado ou se passou a ser representado por Defensor Público, nos termos do art. 72, inciso II do CPC/2015, prevalecerá a intimação tal como antes exposto: ou por meio de intimação de seu advogado pelo Diário da Justiça (CPC/2015, art. 513, § 2º, inciso I) ou por envio de AR (CPC/2015, art. 513, § 2º, inciso II), respectivamente.

VII. Intimação do executado no cumprimento de sentença de obrigação de fazer, não fazer e entrega de coisa

A previsão do art. 513, § 2º do CPC/2015 também é aplicável ao cumprimento de sentença de obrigações de fazer, não fazer e entrega de coisa, pelo que, portanto, a Súmula nº 410 do STJ ("A prévia intimação pessoal do devedor constitui condição necessária para a cobrança de multa pelo descumprimento de obrigação de fazer ou não fazer.") deverá ser revista, uma vez que poderá ser admitida a intimação do advogado do executado. Neste sentido, já vinha decidindo o STJ, a exemplo: STJ – 2ª Seção – EAg nº 857.758/RS – Rel. Min. Nancy Andrighi – j. em 23/2/2011 – DJe de 25/8/2011 e STJ – 3ª T. – REsp nº 1.121.457/PR – Rel. Min. Nancy Andrighi – j. em 12/4/2012 – DJe de 20/4/2012.

VIII. Intimação presumida

O art. 513, § 3º do CPC/2015 estende ao cumprimento de sentença a regra do art. 274, parágrafo único do CPC/2015 (CPC/1973, art. 238, parágrafo único), no sentido de que, no caso de intimação pessoal realizada por meio de envio de carta de recebimento (AR) ou meio eletrônico, se presumirá válida a intimação dirigida ao último endereço (físico ou eletrônico) indicado nos autos, ainda que não seja atual, uma vez que é ônus das partes informar ao juízo qualquer modificação temporária ou definitiva de endereço. Logo, os advogados devem ter a preocupação de orientar seus clientes que lhes comuniquem essas alterações a fim de manter atualizados os dados no processo. Trata-se, por óbvio, de uma presunção relativa que admitirá ser revista caso se comprove que houve esta informação de atualização de endereço (físico ou eletrônico) nos autos e que ela não fora respeitada pela serventia.

IX. Legitimação passiva no cumprimento de sentença

O art. 513, § 5º do CPC/2015, em homenagem ao devido processo legal e ao contraditório, bem como em respeito aos limites subjetivos da coisa julgada material, consagra o entendimento jurisprudencial que vinha se formando junto ao Superior Tribunal de Justiça, de que a execução de título judicial somente poderá ser promovida em face daqueles sujeitos que participaram da fase (anterior) de conhecimento, o que engloba, também, a liquidação de sentença. Ou seja, somente poderá ser parte passiva da execução aquele sujeito contra quem o título executivo judicial foi formado. A natureza *propter rem* da dívida não autoriza superar a necessária vinculação entre o polo passivo da ação de conhecimento e o polo passivo da ação de execução (STJ, 3ª T., AgInt no REsp nº 1.368.254-RJ, Rel. Min. Moura Ribeiro, j. em 28/3/2017, DJe de 17/4/2017). Assim, o fiador, o coobrigado ou o corresponsável que não tenha tido a oportunidade de participar da fase de conhecimento e, eventualmente, da liquidação da sentença, não poderá ter seu patrimônio atingido por atos executivos no cumprimento de sentença. Neste sentido, no STJ, a Súmula nº 268: "O fiador que não integrou a relação processual na ação de despejo não responde pela execução do julgado". Também do STJ: "[...] 2. A regra civil é a de que a execução de título judicial se desenvolve entre as partes que figuraram no processo de conhecimento em que se formou a relação obrigacional objeto de implemento forçado" (STJ – 1ª T. – AgRg no REsp nº 1.233.392/RS – Rel. Min. Napoleão Nunes Maia Filho – j. em 6/10/2011 – DJe de 26/10/2011). No entanto, essa regra não exclui que o cumprimento de sentença seja voltado contra o sujeito que, embora não tenha participado da fase de conhecimento, integrou acordo homologado em juízo, conforme previsão do art. 515, § 2º do CPC/2015; se apresente como sucessor do executado a qualquer título, nos termos do art. 779, incisos II e III do CPC/2015; ou daquele sujeito atingido pela desconsideração da personalidade jurídica, conforme art. 790, inciso VII do CPC/2015.

Art. 514 - Quando o juiz decidir relação jurídica sujeita a condição ou termo, o cumprimento da sentença dependerá de demonstração de que se realizou a condição ou de que ocorreu o termo.

I. Execução diferida

A situação descrita neste dispositivo legal corresponde à chamada execução diferida, porque a eficácia da obrigação objeto da decisão judicial não é imediata, e, sim, retardada, vez que o seu fator tempo, caracterizado na exigibilidade da obrigação, foi alçado para algum momento adiante: a realização da condição (suspensiva) ou a ocorrência do termo (inicial).

II. Condição suspensiva

Por condição (CC/2002, art. 121) deve ser entendida aquela oriunda da vontade das partes ou da lei, que subordina o início ou o fim dos efeitos jurídicos de um ato, no todo ou em parte, à verificação ou não de um evento futuro e incerto, isto é, a um fato (condicionante) posterior ao próprio ato (condicionado). A condição supõe, portanto, um intervalo de tempo entre o cumprimento do ato condicionado e a produção do evento condicionante, ao que se denomina *estado de pendência*. A condição será suspensiva ou resolutiva, conforme o respectivo implemento faça começar ou cessar a eficácia do ato jurídico. Portanto, a execução diferida somente trata da condição suspensiva, pois dela depende o começo (= a exigibilidade) da obrigação a ser executada.

III. Termo inicial

Pode-se definir como termo o evento futuro e certo do qual depende o começo (termo inicial) ou o fim (termo final) da eficácia do ato jurídico. Para a execução diferida, somente interessa o termo inicial da obrigação (CC/2002, art. 131), que é o momento a partir do qual a obrigação passa a ser exigível.

IV. Prova da realização da condição suspensiva ou da ocorrência do termo inicial

Como resta óbvio, tratando-se de uma condenação para o futuro, enquanto não verificada a condição suspensiva ou não atingido o termo inicial, o comando da decisão judicial carece de exigibilidade, isto é, não pode produzir o efeito executivo, nos termos do art. 786 do CPC/2015. Por isso é ônus do exequente instruir o requerimento do cumprimento de sentença com a prova de que se realizou a condição suspensiva ou sobreveio o termo inicial. Tal aspecto poderá ser analisado de ofício pelo juiz, bem como poderá ser arguido pelo executado a qualquer tempo (CPC/2015, art. 803, parágrafo único), em sede de impugnação de sentença (CPC/2015, art. 525, inciso III) ou mediante simples petição (CPC/2015, art. 518).

V. Sentença condicional

A sentença que tem por objeto direito subordinado a condição não é, em si mesma, sentença condicional. A condição do direito que a sentença se limita a reconhecer não atinge o ato de tutela jurisdicional para torná-lo condicional também. Assim, se a obrigação reconhecida na sentença e objeto da condenação estiver sujeita a condição, antes do implemento desta, a obrigação é inexigível, porque é ineficaz. Vale dizer, não estará na sentença: "condeno o réu, se tal fato suceder", mas sim "condeno o réu, com execução subordinada à realização de tal fato". Logo, somente se poderia falar em sentença ou decisão condicional quando a eficácia desta, enquanto ato processual, fica na dependência da verificação de um evento futuro e incerto determinado na própria decisão. De modo geral, tendo em conta o previsto no parágrafo único do art. 492 do CPC/2015 (CPC/1973, art. 460, parágrafo único), tem-se entendido que o mencionado dispositivo legal veda a chamada decisão ou sentença condicional, porém admite que a decisão possa regular negócio jurídico que contemple condição (STJ – 4ª T. – REsp nº 164.110/SP – Rel. Min. Sálvio de Figueiredo Teixeira – j. em 21/3/2000 – DJ de 8/5/2000). Segundo se extrai, o ato decisório condicional seria vedado por se entender que é da essência do julgamento a sua certeza, não sendo lícito subordinar sua eficácia ao implemento de condição estranha ao objeto examinado ou a cargo de uma das partes ou de terceiros. Por isso, tem-se entendido, nos termos do art. 803, inciso III do CPC/2015 (CPC/1973, art. 618, inciso III) ser nula a sentença condicional (no STJ, por exemplo: 6ª T. – AgRg no REsp nº 1.295.494/BA – Rel. Min. Rogerio Schietti Cruz – j. em 21/10/2014 – DJe de 4/11/2014; 2ª T. – AgRg no AREsp nº 104.589/SP – Rel. Min. Herman Benjamin – j. em 8/5/2012 – DJe de 23/5/2012; 5ª T. – RMS nº 25.927/SP – Rel. Min. Laurita Vaz – j. em 20/10/2011 – DJe de 1º/12/2011; 5ª T. – AgRg no Ag nº 1.059.867/SP – Rel. Min. Arnaldo Esteves Lima – j. em 16/10/2008 – DJe de 17/11/2008; 5ª T. – AgRg no Ag nº 867.932/SP – Rel. Min. Laurita Vaz – j. em 26/6/2007 – DJ de 6/8/2007; 1ª T. – REsp nº 770.895/SC – Rel. Min. Luiz Fux – j. em 13/3/2007 – DJ de 2/4/2007; 5ª

T. – AgRg no Ag nº 770.078/SP – Rel. Min. Felix Fischer – j. em 12/12/2006 – DJ de 5/3/2007 e 1ª T. – REsp nº 697.278/SC – Rel. Min. Denise Arruda – j. em 2/6/2005 – DJ de 1º/7/2005.), embora fosse melhor considerá-la apenas ineficaz. Poder-se-ia citar como exemplo de decisão condicional aquela que atrela seus efeitos: à produção de determinada prova (no STJ: 3ª T. – REsp nº 35.997/RJ – Rel. Min. Eduardo Ribeiro – j. em 13/6/1994 – DJ de 27/6/1994; 3ª T. – REsp nº 115.088/RJ – Rel. Min. Eduardo Ribeiro – j. em 3/8/1999 – DJ de 7/8/2000; 5ª T. – AgRg no REsp nº 674.965/SP – Rel. Min. José Arnaldo da Fonseca – j. em 8/11/2005 – DJ de 5/12/2005 e 1ª T. – REsp nº 866.203/PR – Rel. Min. Teori Albino Zavascki – j. em 7/8/2007 – DJ de 20/8/2007.); à prestação de garantia, caução ou depósito, quando esta condição não é exigida por lei (no STJ: 1ª T. – REsp nº 48.499/SP – Rel. Min. Milton Luiz Pereira – j. em 9/8/1995 – DJ de 11/9/1995; 2ª T. – REsp nº 79.197/CE – Rel. Min. Antônio de Pádua Ribeiro – j. em 2/10/1997 – DJ de 3/11/1997; 1ª Seção – EREsp nº 90.225/DF – Rel. Min. Helio Mosimann – j. em 23/11/1998 – DJ de 14/12/1998; 2ª T. – REsp nº 70.884/MG – Rel. Min. Peçanha Martins – j. em 17/9/1998 – DJ de 22/3/1999 e 1ª T. – REsp nº 249.627/SP – Rel. Min. Humberto Gomes de Barros – j. em 12/12/2000 – DJ de 19/3/2001); à eventual validade da situação ou de norma a ser posteriormente verificada (no STJ: 1ª T. – REsp nº 674.219/RS – Rel. Min. Teori Albino Zavascki – j. em 14/12/2004 – DJ de 9/2/2005; 4ª T. – AgRg no REsp nº 877.616/RS – Rel. Min. Hélio Quaglia Barbosa – j. em 7/11/2006 – DJ de 4/12/2006; 2ª T. – REsp nº 751.681/PR – Rel. Min. João Otávio de Noronha – j. em 5/12/2006 – DJ de 8/2/2007 e 1ª T. – REsp nº 770.895/SC – Rel. Min. Luiz Fux – j. em 13/3/2007 – DJ de 2/4/2007.); ao preenchimento de determinado requisito pela parte (no STJ: 1ª T. – REsp nº 605.848/PE – Rel. Min. Teori Albino Zavascki – j. em 5/4/2005 – DJ de 18/4/2005; 5ª T. – AgRg no Ag nº 770.078/SP – Rel. Min. Felix Fischer – j. em 12/12/2006 – DJ de 5/3/2007; 6ª T. – AgRg no AgRg no Ag nº 543.119/SP – Rel. Min. Maria Thereza de Assis Moura – j. em 1º/7/2008 – DJe de 18/8/2008 e 6ª T. – AgRg no Ag nº 847.569/SP – Rel. Min. Nilson Naves – j. em 2/12/2008 – DJe de 27/4/2009. *Vide*, também, RT 472/150 e *RePro* 130/217), etc. Todavia, embora pareça realmente correto entender que não é possível aceitar que a decisão ou sentença contemple uma *condição voluntária*, imposta pelo órgão judicial, para sua eficácia, o mesmo não ocorre se é a própria lei que impõe determinada condição para a eficácia da decisão e esta apenas a reconhece. Ou seja, não parece possível negar a possibilidade de uma decisão ou sentença estar sujeita a uma *condição legal*. A questão aqui suscitada é que pode a lei processual subordinar a eficácia da decisão ao implemento de uma condição legal, tornando a decisão em si mesma condicional. É o caso, por exemplo, do reexame necessário (CPC/2015, art. 496). De maneira *ex lege*, prolonga-se o estado natural de ineficácia (externa) de algumas sentenças, constituindo-se, pois, em uma condição suspensiva a que está sujeita a sentença. Outra hipótese é a do deferimento de satisfação completa em sede de execução provisória que, em algumas hipóteses, poderá estar condicionada à prestação de caução (CPC/2015, art. 520, inciso IV). Outro exemplo é o da sentença genérica referente à relação de consumo (CDC, art. 95), cuja liquidação não se limitará à definição do *quantum debeatur*, mas, também, terá que definir a condição do lesado (direito individual homogêneo): a sua legitimidade e a intensidade dos danos suportados. Portanto, desde que se aceite a existência de condições legais, é mesmo possível vislumbrar a existência e a aceitação pelo sistema positivo, de decisões ou sentenças condicionais.

Art. 515 - São títulos executivos judiciais, cujo cumprimento dar-se-á de acordo com os artigos previstos neste Título:

I - as decisões proferidas no processo civil que reconheçam a exigibilidade de obrigação de pagar quantia, de fazer, de não fazer ou de entregar coisa;

II - a decisão homologatória de autocomposição judicial;

III - a decisão homologatória de autocomposição extrajudicial de qualquer natureza;
IV - o formal e a certidão de partilha, exclusivamente em relação ao inventariante, aos herdeiros e aos sucessores a título singular ou universal;
V - o crédito de auxiliar da justiça, quando as custas, emolumentos ou honorários tiverem sido aprovados por decisão judicial;
VI - a sentença penal condenatória transitada em julgado;
VII - a sentença arbitral;
VIII - a sentença estrangeira homologada pelo Superior Tribunal de Justiça;
IX - a decisão interlocutória estrangeira, após a concessão do exequatur à carta rogatória pelo Superior Tribunal de Justiça;
X - (VETADO).
§ 1º - Nos casos dos incisos VI a IX, o devedor será citado no juízo cível para o cumprimento da sentença ou para a liquidação no prazo de 15 (quinze) dias.
§ 2º - A autocomposição judicial pode envolver sujeito estranho ao processo e versar sobre relação jurídica que não tenha sido deduzida em juízo.

I. Título executivo judicial/jurisdicional

O dispositivo em questão contempla pronunciamentos jurisdicionais de qualquer natureza (civil, penal, contenciosa, voluntária, etc.), decorrentes de atividade pública (judicial) ou privada (arbitragem), nacional ou estrangeira, aos quais se atribui força executiva e se submetem ao regime do chamado cumprimento de sentença. Muito embora sejam tradicionalmente designados como *títulos executivos judiciais*, seria melhor contemplá-los como *títulos executivos jurisdicionais*, pois decorrem da atividade jurisdicional, não se limitando apenas aos oriundos da atividade desenvolvida pelo Poder Judiciário. Os títulos executivos apresentam classificação, não obstante, frise-se, a eficácia executiva seja idêntica para todos eles. Além do judicial, há os *títulos executivos extrajudiciais* (CPC/2015, art. 784), que decorrem da vontade das partes nos termos admitidos pela lei. Há, também, os *títulos executivos mistos*, os quais têm seus elementos integrativos representados por documentação em parte de origem extrajudicial e em parte com certificação jurisdicional. E, ainda, há os *títulos executivos instrumentalmente complexos*, que são aqueles formados por mais de um documento.

II. Natureza do pronunciamento e força executiva

O CPC/1973, inicialmente em seu art. 584, depois revogado pela inserção do art. 475-N, apenas se referia à *sentença* como título executivo e, considerando que a execução é orientada pelo princípio da tipicidade, ou seja, compete à lei, e não ao intérprete, definir que representação documental tem força executiva, surgiu dúvida se outros pronunciamentos, especialmente uma decisão interlocutória, poderiam dar lugar à execução. Neste particular, o CPC/2015 apresenta importante avanço, porque deixa claro que qualquer *decisão* (interlocutória, sentença ou acórdão) tem força executiva, o que é mais adequado à noção de efetividade da tutela jurisdicional. Em verdade, não haveria qualquer necessidade desse elemento normativo ou de catalogação legal de atribuição de eficácia executiva, porque as decisões podem ensejar diversos efeitos, entre eles, o executivo, em maior ou menor escala. Melhor dizendo, a *tutela jurisdicional plena* – sob a ótica da relação direito material e processo –, sem dúvida, pode não terminar com a prolação da decisão, podendo exigir a continuidade necessária para que o bem da vida em objeto realmente seja entregue ao cidadão que buscou na jurisdição a resolução de seu conflito. Nesses casos, o objeto final do processo não deve ser localizado no provimento que define o direito, mas sim na execução, isto é, na sua realização.

III. Decisões que importam execução

É consenso que o cidadão tem o direito a uma tutela jurisdicional capaz de realizar o seu direito conforme as peculiaridades que esse mesmo direito exige (princípio da efetividade); assim como que as sentenças espelham apenas o modo (a técnica) através do qual o processo tutela os diversos casos conflitantes (crises jurídicas). Em razão disso, a tutela jurisdicional costuma ser distribuída em dois grandes grupos, tendo em conta a sua satisfatividade. O primeiro grupo seria composto por aquelas formas de tutela que por si só esgotam toda a necessidade da parte, uma vez que atuam exclusivamente no plano jurídico-normativo. São ditas satisfativas ou autossuficientes. Refere-se, basicamente, à tutela de conhecimento, realizada mediante as sentenças declaratórias e constitutivas, as quais debelam, respectivamente, *crises de incerteza* ou de *situação jurídica*. O outro grupo é composto pelas formas de tutela que, depois de definidas, exigem uma atividade jurisdicional complementar ou de repercussão física. São, por isso, não satisfativas ou não autossuficientes. É possível, portanto, reunir num mesmo e amplo gênero todas as sentenças (condenatórias, mandamentais, executivas) que impliquem atuação prática (material, concreta) no mundo dos fatos. Tais sentenças debelam *crises de cooperação* (ou de *adimplemento* ou de *prestação*), formulando uma regra concreta a ser cumprida por quem violou ou ameaçou o direito de outrem. De nada importa, para este segundo grupo de sentenças, a forma (típica ou atípica) como será realizado o direito, se por *meios* coercitivos ou de sub-rogação, isto é, com ou sem o concurso de vontade do adversário. Referidos meios, assim como as sentenças, são técnicas para uma adequada prestação jurisdicional, cuja variação depende da natureza (fazer ou não fazer) ou do objeto (coisa ou dinheiro) da conduta a ser cumprida. Importa que esses meios adotados produzam resultado prático igual (ou o mais coincidente possível) àquele que o direito exige. Logo, são essas sentenças não satisfativas ou não autossuficientes que constituem os títulos executivos judiciais e autorizam o cumprimento de sentença.

IV. Sentenças declaratórias e constitutivas como título executivo antes do CPC/2015

A despeito do que exposto no item precedente, baseando-se em noções de economia, celeridade e simplicidade que deveria apresentar a técnica processual, à luz do previsto no art. 475-N, I do CPC/1973, passou a se entender que a sentença declaratória que reconhece a existência de obrigação líquida, certa e exigível tem a mesma eficácia de título executivo, antes apenas atribuída às sentenças condenatórias/mandamentais/executivas (no STJ: 1ª T. – REsp nº 588.202/PR – j. em 10/2/2004 – DJU de 25/2/2004; 1ª T. – REsp nº 587.061/RS – j.em 3/2/2004 – DJU de 25/2/2004; 1ª T. – REsp nº 513.740/PR – j. em 23/3/2004 – DJU de 3/5/2004; 1ª T. – REsp nº 614.577/SC – j. em 23/4/2004 – DJU de 3/5/2004, todos esses de relatoria do Min. Teori Albino Zavascki, e 1ª S. – EREsp nº 502.618/RS – Rel. Min. João Otávio de Noronha – j. em 8/6/2005 – DJU de 1º/7/2005). E, se num primeiro momento vislumbrou-se essa eficácia executiva apenas na sentença declaratória positiva (no STJ: 1ª Seção – EREsp nº 609.266/RS – Rel. Min. Teori Albino Zavascki – j. em 23/8/2006 – DJ de 11/9/2006; 6ª T. – AgRg nos EDcl no REsp nº 796.343/PE – Rel. Des. Conv. TJSP Celso Limongi – j. em 14/4/2009 – DJe de 11/5/2009; 4ª T. – AgRg no REsp nº 1.209.724/RJ – Rel. Min. Luis Felipe Salomão – j. em 8/11/2011 – DJe de 16/11/2011, e 3ª T. – AgRg no AREsp nº 426.202/RS – Rel. Min. Ricardo Villas Bôas Cueva – j. em 20/5/2014 – DJe de 30/5/2014), não demorou o pensamento evoluir e também alcançar a sentença declaratória negativa (no STJ: 1ª Seção – REsp nº 1.261.888/RS (repetitivo) – Rel. Min. Mauro Campbell Marques – j. em 9/11/2011 – DJe de 18/11/2011; 1ª T. – REsp nº 1.300.213/RS – Rel. Min. Teori Albino Zavascki – j. em 12/4/2012 – DJe de 18/4/2012; 3ª T. – REsp nº 1.309.090/AL – Rel. Min. Sidnei Beneti – j. em 6/5/2014 – DJe de 12/6/2014; 3ª T. – AgRg no REsp nº1.446.433/SC – Rel. Min. Sidnei Beneti – j. em 27/5/2014 – DJe de 9/6/2014; e 3ª T. – REsp nº 1.481.117/PR – Rel. Min. João Otávio de Noronha – j. em 3/3/2015 – DJe de 10/3/2015), isto é, reconheceu-se ao réu o direito de promover execução de sentença declaratória de improcedência, independentemente de reconvenção. Nessa mesma esteira, também já se reconhece efeito executivo à sentença constitutiva, positiva ou negativa (STJ – 2ª T. – AgRg no REsp nº 1.018.250/RS – Rel. Min. Herman Benjamin – j. em 21/8/2014 – DJe de 25/9/2014).

V. Sentenças declaratórias e constitutivas como título executivo a partir do CPC/2015

À luz do art. 475-N, I do CPC/1973, é título executivo judicial a sentença que reconheça "a existência" de obrigação, enquanto que o art. 515, inciso I do CPC/2015 estabelece ser título executivo judicial a decisão que reconheça "a exigibilidade" de obrigação. Embora possa parecer que o conteúdo praticamente não tenha sido alterado, é valiosa a distinção entre *existência* e *exigibilidade* da obrigação contida no título executivo judicial. A existência abrange a certeza e a liquidez da obrigação, ou seja, seus elementos: natureza (fazer, abster-se, entregar ou pagar), sujeitos (credor e devedor) e objeto/*quantum* (determinação de valor ou coisa). A exigibilidade pressupõe essa existência e vai além: importa na demonstração de que não há qualquer óbice (temporal, condicional, etc.) para o cumprimento da obrigação existente. Portanto, quando se refere à exigibilidade, o texto do CPC/2015 está indicando que a sentença, para poder ser executada, deve ser *completa* em relação à individualização da obrigação nela contida. Neste particular, portanto, o novo texto legal se apresenta mais bem elaborado, porque adotou definição muito mais técnica e adequada para a exata dimensão da hipótese. Embora essa alteração no texto legal não descarte *de per si* a possibilidade de execução de sentença declaratória ou constitutiva a partir da vigência do CPC/2015, certamente a sua efetivação deverá ser repensada à luz da exigência de contraditório do art. 10 do CPC/2015, cuja finalidade é evitar surpresas no processo, ou seja, que as partes sejam surpreendidas, no momento da decisão judicial, com um fundamento sobre o qual não houve qualquer anterior manifestação e que, se tivesse havido tal oportunidade prévia, as partes poderiam debater e influir em sua não aplicação ao caso. Realmente, se o autor deduz uma demanda com pedido apenas declaratório positivo, citado o réu, ele sabe que o máximo que poderá sofrer, em caso de derrota, será a declaração pedida pelo autor. Por sua vez, em caso de improcedência de uma declaratória negativa, se declarará apenas que os fatos alegados com a petição inicial não são aptos ao reconhecimento da situação jurídica objeto do pedido, dada a limitação da coisa julgada à causa de pedir. Isto é, não se exclui que, por força de outros fatos e/ou fundamentos de direito, a declaração negativa admita acolhida. Sendo assim, se a demanda de natureza declaratória envolver uma obrigação de qualquer natureza, tendo em conta o pedido à luz do contraditório, em nenhum momento o réu vislumbra que eventual certificação positiva a favor do autor servirá, a seguir, para produzir a execução da obrigação declarada. Da mesma forma, tendo em conta a limitação com a causa de pedir, o autor de uma declaratória negativa não vislumbra que a improcedência do seu pedido autorizará o réu a, independentemente de provocação, eventualmente seguir com a execução da obrigação "inversamente" reconhecida ou não negada. Portanto, a fim de evitar esse tipo de surpresa para as partes, tendo em conta o novo paradigma do CPC/2015, caberá ao magistrado, diante de demanda envolvendo a *declaração* positiva de obrigação, buscar o esclarecimento da parte autora, mediante determinação de emenda à petição inicial (art. 319), quanto aos limites da sua pretensão, isto é, se o autor tão só visa com a sentença mera declaração ou se pretende, também, a realização da obrigação. Caso o autor manifeste, a despeito de o pedido deduzido ter sido de declaração, que seu intuito é ver a obrigação cumprida pelo réu, este será citado e terá exata noção do que lhe poderá ocorrer de pior e, assim, adotar as providências que entender adequadas para sua defesa, inclusive provocando a análise da prescrição, que numa pretensão meramente declaratória seria inadequada, uma vez que a pretensão de mera declaração é imprescritível. Da mesma forma, tratando-se de demanda declaratória negativa, deverá buscar esclarecer junto ao réu se, em caso de improcedência, pretenderá executar a obrigação não negada ao autor, o que poderá ocorrer mediante alerta na citação, fazendo constar de forma expressa no mandado que para esse fim será necessário pedido a ser deduzido de forma clara e expressa ou quando do saneamento do processo (art. 354), a fim de ordenar o que se seguirá nos autos. Enfim, o que não se poderá admitir, sob pena de violação ao art. 10 do CPC/2015 e aos demais que reproduzem seu preceito (CPC/2015, arts. 141

e 489), é que a execução da sentença declaratória ou constitutiva, positiva ou negativa, se apresente como surpresa para o executado que em nenhum momento anterior no processo debateu sobre a chance de isso vir a acontecer. Portanto, inequivocamente, para que a orientação que prevalece na jurisprudência do STJ continue aplicável à luz do CPC/2015, terá que ter sido analisada, no caso concreto, a questão da formação do título executivo à luz do efetivo contraditório, com a finalidade de evitar o malfadado efeito surpresa.

VI. Decisão homologatória

Como é dever do magistrado empregar esforços para obter a solução consensual dos conflitos (CPC/2015, art. 3º, §§ 2º e 3º), os incisos II e III do art. 515 do CPC/2015 estabelecem ser título executivo judicial misto a decisão que homologa conciliação, transação ou mediação realizada em juízo ou extrajudicialmente, sendo que, se a autocomposição foi obtida em juízo, poderá envolver sujeito estranho ao processo e versar sobre relação jurídica diversa daquela deduzida em juízo, conforme expressa previsão do § 2º do art. 515 do CPC/2015. Os atos negociais das partes podem ser homologados pelo juiz, ocasião em que lhe cumpre examinar a sua validade e a sua eficácia, mediante *juízo de delibação*, conforme lição de Cândido Rangel Dinamarco. Segundo este autor, "são cinco os pontos que lhe cumpre verificar, mas nenhum deles referentes aos possíveis direitos das partes: a) se realmente houve um reconhecimento, transação ou renúncia; b) se a matéria comporta ato de disposição; c) se os contratantes são titulares do direito do qual dispõem total ou parcialmente; d) se são capazes de transigir; e) se estão adequadamente representados" (*Instituições de direito processual civil*, vol. III, Ed. Malheiros, 2001, p. 268). Qualquer vício do acordo homologado não poderá ser debatido na impugnação ao cumprimento de sentença, devendo ser objeto de ação autônoma (CPC/2015, art. 966, § 4º. Neste sentido: STJ – 1ª T. – EDcl no REsp nº 725.362/SC – Rel. Min. Teori Albino Zavascki – j. em 12/5/2005 – DJ de 23/5/2005). Todavia, se o vício for do ato de homologação, pode ser debatido nos próprios autos em que foi realizado (STJ – 3ª T. – REsp nº 1.046.068/MG – Rel. Min. Sidnei Beneti – j. em 19/3/2009 – REPDJe de 25/11/2009 – DJe de 30/3/2009). Convém assinalar que tem entendido o STJ que "a ausência de homologação judicial do instrumento de transação, por si só, não retira do documento o caráter de título executivo, embora lhe subtraia a possibilidade de execução como título judicial" (3ª T. – REsp nº 1.061.233/SP – Rel. Min. Nancy Andrighi – j. em 1º/9/2011 – DJe de 14/9/2011). No mesmo sentido, também do STJ: 5ª T. – REsp nº 363.006/RJ – Rel. Min. Felix Fischer – j. em 26/2/2002 – DJ de 18/3/2002; e 4ª T. – REsp nº 234.385/SP – Rel. Min. Sálvio de Figueiredo Teixeira – j. em 4/4/2000 – DJ de 14/8/2000.

VII. Formal e certidão de partilha

Se a sentença que põe fim ao inventário (CPC/2015, arts. 654 e 655) reconhecer obrigação líquida, certa e exigível, seja de pagar quantia, entregar coisa, etc., poderá ser objeto de execução forçada, nos termos do inciso IV do art. 515 do CPC/2015, embora somente vincule o inventariante, os herdeiros e os sucessores a título singular ou universal.

VIII. Crédito de auxiliar da justiça e outras despesas ou custas aprovadas judicialmente

O inciso V do art. 515 do CPC/2015 inova em relação ao previsto no CPC/1973 (art. 585, inciso VI), e com acerto, ao alterar para título executivo judicial o crédito de auxiliar de justiça (perito, tradutor, leiloeiro, etc.), ou de outras despesas (testemunhas) ou custas, todas aprovadas judicialmente. Sim, se houve aprovação do magistrado, outra não poderia ser a natureza deste título executivo.

IX. Sentença penal condenatória

Entre os efeitos da sentença penal condenatória transitada em julgado está a imposição ao condenado de reparar à vítima, e seus sucessores, o dano causado pelo crime (CP, art. 91, inciso I). Caso o juiz criminal não fixe valor mínimo para a reparação dos danos causados pela infração (CPP, art. 387, inciso IV), esta lacuna reclamará a apuração dos prejuízos sofridos pelo ofendido mediante liquidação de sentença no juízo cível.

X. Sentença arbitral

A sentença arbitral pode impor uma obrigação de qualquer natureza que, se não cumprida de forma voluntária, reclamará sua execução, que, como não pode ser realizada perante o tribunal arbitral que carece de poder de império, far-se-á perante o Poder Judiciário e pelo regime do cumprimento de sentença. Colhem-se perante o STJ: "[...] No ordenamento jurídico pátrio, o árbitro não foi contemplado com o poder de império, de coerção, capaz de determinar a execução de suas sentenças, motivo pelo qual, não adimplida voluntariamente a obrigação, deve o credor recorrer ao Poder Judiciário, requerendo o cumprimento da sentença arbitral, cujo processamento dar-se-á no juízo cível competente, nos moldes do art. 475-P, inc. III, do CPC. [...]" (4ª T. – REsp nº 1.312.651/SP – Rel. Min. Marco Buzzi – j. em 18/2/2014 – DJe de 25/2/2014) e "[...] A sentença arbitral produz entre as partes e seus sucessores os mesmos efeitos da sentença judicial, constituindo, inclusive, título executivo judicial quando ostentar natureza condenatória. [...]" (Corte Especial – SEC nº 4.516/EX – Rel. Min. Sidnei Beneti – j. em 16/10/2013 – DJe de 30/10/2013). De outro lado, também já decidiu o STJ que "[...] Mesmo em contrato que preveja a arbitragem, é possível a execução judicial de confissão de dívida certa, líquida e exigível que constitua título executivo nos termos do art. 585, inciso II, do Código de Processo Civil, haja vista que o juízo arbitral é desprovido de poderes coercitivos. Precedente do STJ. [...]" (3ª T. – REsp nº 1.373.710/MG – Rel. Min. Ricardo Villas Bôas Cueva – j. em 7/4/2015 – DJe de 27/4/2015). "Não se pode negar ao processo arbitral as mesmas garantias executivas e acauteladoras colocadas à disposição daqueles que optam pela via judicial" (STJ, Corte Especial, MC nº 17.411-DF, Rel. Min. Benedito Gonçalves, j. em 24/10/2016, DJe de 4/11/2016).

XI. Sentença e decisão interlocutória estrangeira

Salvo exceções (CPC/2015, art. 962, § 4º), tanto a sentença quanto a decisão interlocutória estrangeiras para que possam se constituir título executivo judicial nos termos dos incisos VIII e IX do art. 515 do CPC/2015 e, por conseguinte, possam produzir efeitos no Brasil, dependem da homologação do Superior Tribunal de Justiça. O procedimento de homologação é regulado nos arts. 960 a 965 do CPC/2015 e pela Resolução nº 9/2005 do STJ.

XII. Citação

Segundo a previsão do art. 515, § 1º do CPC/2015, nas hipóteses dos incisos VI, VII, VIII e IX do art. 515 do CPC/2015, em que a *fase de conhecimento* que fez originar o título executivo judicial não tramitou perante o juízo cível, porque se deu perante o juízo penal, arbitral ou estrangeiro, o cumprimento de sentença não terá como ser uma *continuidade* pura e simples deste processo originário, ou seja, não tem como o cumprimento se constituir numa fase (posterior à cognição). Logo, nestas hipóteses, embora aplicável o regime do cumprimento de sentença porque se atribui eficácia de título executivo judicial a essas espécies, será necessário iniciar um processo perante o juízo cível, pelo que exigirá, além de petição inicial, a citação do executado. Convém esclarecer, entretanto, que, caso seja necessário proceder, antes, a liquidação da obrigação contida nessas espécies de sentenças, a exigência de petição inicial e citação será para este fim e, daí, por óbvio, o cumprimento será uma fase seguinte à liquidação.

Art. 516 - O cumprimento da sentença efetuar-se-á perante:
I - os tribunais, nas causas de sua competência originária;
II - o juízo que decidiu a causa no primeiro grau de jurisdição;
III - o juízo cível competente, quando se tratar de sentença penal condenatória, de sentença arbitral, de sentença estrangeira ou de acórdão proferido pelo Tribunal Marítimo.

Parágrafo único - Nas hipóteses dos incisos II e III, o exequente poderá optar pelo juízo do atual domicílio do executado, pelo juízo do local onde se encontrem os bens sujeitos à execução ou pelo juízo do local onde deva ser executada a obrigação de fazer ou de não fazer, casos em que a remessa dos autos do processo será solicitada ao juízo de origem.

I. Competência *funcional*

Os incisos I e II do art. 516 do CPC/2015 consagram a regra de que é competente para processar a execução de sentença o juízo em que esta foi emitida, que, salvo posterior modificação, será o órgão judicial perante o qual se formou a relação processual ao tempo do ajuizamento da ação. Logo, se a causa que resultou o título executivo judicial era de competência originária (inicial e direta) de tribunal (estadual, federal ou superior), este será competente para processar o respectivo cumprimento da decisão ou do acórdão. Mesmo que o tribunal possa ter julgado o processo em grau de recurso, isto não será suficiente para atrair para ele a competência executiva. Por sua vez, se a demanda tramitou inicialmente perante o juízo cível de primeiro grau, dele é, em princípio, a competência para processar a fase de cumprimento de sentença. Diz-se *em princípio* porque, conforme autorização do parágrafo único do art. 516 do CPC/2015 (CPC/1973, art. 475-P, parágrafo único), tal regra foi flexibilizada, permitindo ao exequente poder promover, desde logo ou supervenientemente, o cumprimento de sentença em juízo diverso daquele onde se formou o título executivo judicial. Neste sentido: "[...] 3. O juízo competente para o cumprimento da sentença em execução por quantia certa será aquele em que se processou a causa no Primeiro Grau de Jurisdição (art. 475-P, II, do CPC), ou em uma das opções que o credor poderá fazer a escolha, na forma do seu parágrafo único: local onde se encontram os bens sujeitos à expropriação ou o atual domicílio do executado. [...]" (STJ – Corte Especial – REsp nº 940.274/MS – Rel. Min. João Otávio de Noronha – j. em 7/4/2010 – DJe de 31/5/2010).

II. Competência territorial comum

O inciso III do art. 516 do CPC/2015, por sua vez, estabelece que, para a execução da sentença penal condenatória, arbitral ou estrangeira, a competência será do juízo cível competente, ao que serve de subsídio as indicações constantes do art. 781 do CPC/2015, que importam em regra de competência *relativa*, porque *territorial*. Nestes casos, portanto, há juízos concorrentes, cabendo ao exequente optar em qual deles irá prosseguir com a execução do título executivo judicial. A parte final deste dispositivo, que se refere a "acórdão proferido pelo Tribunal Marítimo" deve ser desconsiderada devido ao veto presidencial relativo à criação de título executivo judicial desta natureza (CPC, art. 515, inciso X).

III. Competência absoluta do tribunal

Tendo sido excluída da previsão do parágrafo único do art. 516 do CPC/2015 a menção ao inciso I do mesmo dispositivo, tem-se que a competência do tribunal para a fase de cumprimento é *absoluta*, porque não admite qualquer modificação. Não obstante isso, se aceita que o tribunal delegue a órgão hierarquicamente inferior, mediante carta de ordem, a realização de atos materiais voltados à satisfação da obrigação. Tal delegação, porém, não deve compreender a prolação de atos decisórios, que permanecem sendo de exclusiva competência do tribunal.

IV. Competência para execução de decisão estrangeira

A competência para a execução de decisão ou sentença estrangeira, depois de homologada pelo Superior Tribunal de Justiça, é da Justiça Federal, nos termos do art. 109, inciso X da Constituição Federal. Nesta hipótese, portanto, não se aplica a regra do inciso I do art. 516 do CPC/2015, pois, embora homologada a decisão ou sentença estrangeira pelo STJ, dele não será a competência para o processamento da execução.

V. Competência nos alimentos

"PROCESSUAL CIVIL. CONFLITO NEGATIVO DE COMPETÊNCIA. EXECUÇÃO DE PRESTAÇÃO ALIMENTÍCIA. AÇÃO AJUIZADA NO FORO DA RESIDÊNCIA DOS ALIMENTANDOS. SENTENÇA EXEQUENDA PROFERIDA POR JUÍZO DE FORO DIVERSO. COMPETÊNCIA FUNCIONAL. RELATIVIZAÇÃO. POSSIBILIDADE. ARTS. ANALISADOS: 100, II, E 475-P, DO CPC. [...] 3. Em se tratando de execução de prestação alimentícia, a aparente antinomia havida entre o art. 475-P e parágrafo único (e também o art. 575, II) e o art. 100, II, todos do CPC, resolve-se em favor do reconhecimento de uma regra de foro concorrente, que permite ao alimentando escolher entre: (I) o foro do seu domicílio ou residência; (II) o Juízo que proferiu a sentença exequenda; (III) o Juízo do local onde se encontram bens do alimentante, sujeitos à expropriação; e (IV) o Juízo do atual domicílio do alimentante. 4. Na hipótese, é competente para o processamento da execução de alimentos o foro do domicílio ou residência do alimentando, eleito por ele para o ajuizamento da ação, ainda que a sentença exequenda tenha sido proferida em foro diverso. Relativização da competência funcional prevista no art. 475-P do CPC. Precedentes do STJ. 5. Conflito de competência conhecido para declarar a competência do Juízo Suscitado" (STJ – 2ª Seção – CC nº 118.340/MS – Rel. Min. Nancy Andrighi – j. em 11/9/2013 – DJe de 19/9/2013).

VI. Competência para liquidação e execução individual de sentença de ação coletiva

"PROCESSUAL CIVIL. CONFLITO NEGATIVO DE COMPETÊNCIA. SERVIDOR PÚBLICO FEDERAL. AÇÃO COLETIVA. EXECUÇÃO INDIVIDUAL NO DOMICÍLIO DO AUTOR. FORO DIVERSO DAQUELE DO PROCESSO DE CONHECIMENTO. POSSIBILIDADE. CONFLITO CONHECIDO. COMPETÊNCIA DO TRIBUNAL REGIONAL FEDERAL DA 4ª REGIÃO. 1. A Corte Especial do STJ fixou, sob o rito do art. 543-C do CPC e da Resolução STJ 8/2008, que 'a liquidação e a execução individual de sentença genérica proferida em ação civil coletiva pode ser ajuizada no foro do domicílio do beneficiário' (REsp 1.243.887/PR, Rel. Ministro Luis Felipe Salomão, Corte Especial, DJe 12.12.2011). 2. A execução individual de sentença condenatória proferida no julgamento de ação coletiva não segue a regra geral dos arts. 475-A e 575, II, do Código de Processo Civil, pois inexiste interesse apto a justificar a prevenção do Juízo que examinou o mérito da ação coletiva para o processamento e julgamento das execuções individuais desse título judicial. 2. Obrigar os beneficiados pela sentença coletiva a liquidá-la e a executá-la no foro em que a ação coletiva foi julgada implica inviabilização da tutela dos direitos individuais. 3. No mesmo sentido: AgRg na Rcl 10.318/RS, Rel. Ministro Antonio Carlos Ferreira, Segunda Seção, DJe 29.4.2013; CC 96.682/RJ, Rel. Ministro Arnaldo Esteves Lima, Terceira Seção, DJe 23.3.2010; REsp 1.122.292/GO, Rel. Ministro Castro Meira, Segunda Turma, DJe 4.10.2010; AgRg no REsp 1.316.504/SP, Rel. Ministra Maria Isabel Gallotti, Quarta Turma, DJe 20.8.2013; REsp 1.098.242/GO, Rel. Ministra Nancy Andrighi, Terceira Turma, DJe 28.10.2010 4. Agravo Regimental não provido" (STJ – 1ª Seção – AgRg no CC nº 131.123/DF – Rel. Min. Herman Benjamin – j. em 26/2/2014 – DJe de 21/3/2014).

VII. Competência itinerante

A autorização contida no parágrafo único do art. 516 do CPC/2015, de que a execução poderá tramitar em juízo diverso de onde foi formado o título executivo judicial, tem por fim evidente facilitar o exequente na busca da satisfação do seu direito. As hipóteses descritas neste parágrafo único do art. 516 do CPC/2015 apresentam-se de forma concorrente para o exequente e são de competência *relativa*. Para se beneficiar de tal circunstância, deverá o exequente, de forma fundamentada, requerer ao juízo escolhido para que defira o trâmite da execução e, por conseguinte, que solicite a remessa dos autos do juízo de origem. A fundamentação se faz necessária para que o juízo no qual foi apresentado o requerimento possa analisar a efetiva demonstração de uma das hipóteses legais que permitem se afaste a competência do juízo que formou o título executivo judicial. Logo, se o juízo escolhido entender que não houve demonstração suficiente da hipótese suscitada pelo exequente para a modificação da competência, indeferirá o requerimento. De outro lado, essa alteração de competência poderá ocorrer mais de uma vez, desde que, por óbvio, o exequente apresente nova hipótese de sua modificação, pelo que poderá ocorrer um cumprimento de sentença *itinerante*.

VIII. Incompetência

Nos termos do art. 525, inciso VI do CPC/2015, a incompetência do juízo (relativa ou absoluta) poderá ser suscitada pelo executado na impugnação ao cumprimento de sentença. Não obstante isso, como salientado no item anterior, nos casos de modificação de competência fundados no parágrafo único do art. 516 do CPC/2015, caberá controle (inicial) de ofício pelo juízo provocado. Todavia, uma vez deferido o requerimento do exequente, o juízo somente poderá rever o tema por meio de arguição do executado, porque é defeso ao juízo declarar de ofício incompetência que seria relativa: STJ – 1ª Seção – CC nº 120.987/SP – Rel. Min. Mauro Campbell Marques – j. em 12/9/2012 – DJe de 18/9/2012.

Art. 517 - A decisão judicial transitada em julgado poderá ser levada a protesto, nos termos da lei, depois de transcorrido o prazo para pagamento voluntário previsto no art. 523.
§ 1º - Para efetivar o protesto, incumbe ao exequente apresentar certidão de teor da decisão.
§ 2º - A certidão de teor da decisão deverá ser fornecida no prazo de 3 (três) dias e indicará o nome e a qualificação do exequente e do executado, o número do processo, o valor da dívida e a data de decurso do prazo para pagamento voluntário.
§ 3º - O executado que tiver proposto ação rescisória para impugnar a decisão exequenda pode requerer, a suas expensas e sob sua responsabilidade, a anotação da propositura da ação à margem do título protestado.
§ 4º - A requerimento do executado, o protesto será cancelado por determinação do juiz, mediante ofício a ser expedido ao cartório, no prazo de 3 (três) dias, contado da data de protocolo do requerimento, desde que comprovada a satisfação integral da obrigação.

I. Protesto de sentença

No regime instituído pelo art. 1º da Lei nº 9.492/1997, que é a legislação que se deve tomar em referência conforme previsão do *caput* do art. 517 do CPC/2015, o protesto passou a ter duas finalidades evidentes: 1º) constituir o devedor em mora e provar a sua inadimplência; e 2º) servir de modalidade alternativa para cobrança de dívida que foi desvinculada dos títulos estritamente cambiariformes para abranger todos e quaisquer *títulos ou documentos de dívida*. Foi por força desta maior abrangência que a jurisprudência passou a autorizar o protesto de decisões judiciais condenatórias, líquidas e certas, transitadas em julgado. No STJ: 3ª T. – REsp nº 750.805/RS – Rel. Min. Humberto Gomes de Barros – j. em 14/2/2008 – DJe de 16/6/2009; monocrática – REsp nº 835.480/RS – Min. Sidnei Beneti – j. em 24/8/2009 – DJe de 1º/9/2009; monocrática – REsp nº 1.196.134/PR – Min. Paulo de Tarso Sanseverino – j. em 22/6/2012 – DJe de 28/6/2012; monocrática – AREsp nº 17.357/SC – Min. Massami Uyeda – j. em 8/8/2012 – DJe de 14/8/2012; 3ª T. – AgRg no AREsp nº 291.608/RS – Rel. Min. Ricardo Villas Bôas Cueva – j. em 22/10/2013 – DJe de 28/10/2013; e 2ª T. – REsp nº 1.126.515/PR – Rel. Min. Herman Benjamin – j. em 3/12/2013 – DJe de 16/12/2013). Conta-se, portanto, que os efeitos negativos que o protesto implica ao devedor, especialmente ao comerciante ou ao empresário, poderão estimular o pagamento da dívida.

II. Requisitos para o protesto

Para a efetivação do protesto perante o tabelião competente, além da liquidez e certeza da obrigação e do trânsito em julgado da condenação, deve ter o devedor deixado de efetuar o pagamento da obrigação de soma em dinheiro no prazo de 15 (quinze) dias estabelecido no art. 523 do CPC/2015. Todos esses requisitos, bem como os dados do processo (vara de origem, número e qualificação dos sujeitos) deverão constar de *certidão de teor da dívida*, conforme estabelecem os §§ 1º e 2º do art. 517 do CPC/2015. Tal certidão deverá ser fornecida pela serventia de onde tramita o cumprimento de sentença num prazo de 3 (três) dias depois de requerida pelo credor, pelo que, portanto, não precisa ser deferida pelo juiz.

III. Sustação do protesto

O executado poderá obter, nos próprios autos do cumprimento de sentença e depois do necessário contraditório, decisão judicial que suste o protesto, quando demonstre a ausência de qualquer dos requisitos necessários para a efetivação do protesto. Eventual ajuizamento de ação rescisória pelo devedor que questione o comando da decisão judicial levada a protesto apenas permitirá a anotação de sua existência à margem do título protestado, conforme previsto no § 3º do art. 517 do CPC/2015. Ou seja, o executado não poderá impedir o protesto da sentença condenatória por meio de tutela provisória concedida em ação rescisória (CPC/2015, art. 969).

IV. Cancelamento do protesto

O protesto poderá ser cancelado por determinação judicial, a requerimento do executado, mediante ofício a ser expedido ao cartório, no prazo de 3 (três) dias, contado da data de protocolo do requerimento, desde que comprovada a satisfação integral da obrigação realizada em juízo. Neste caso, portanto, o contraditório do credor será posterior à determinação judicial de cancelamento de protesto. Para o cancelamento com base em outras possíveis causas, como prescrição, por exemplo, será necessário prévio contraditório antes de o cancelamento ser determinado pelo juiz. De outro lado, optando o devedor pelo pagamento integral da dívida diretamente perante o tabelião de protesto, deverá comunicar ao juiz que assim procedeu, com prova do ato.

Art. 518 - Todas as questões relativas à validade do procedimento de cumprimento da sentença e dos atos executivos subsequentes poderão ser arguidas pelo executado nos próprios autos e nestes serão decididas pelo juiz.

I. Exceção de pré-executividade

A despeito das divergências doutrinárias, a exceção de pré-executividade generalizou-se como forma (exótica) de defesa à disposição do executado ou de terceiros, a ser utilizada de forma endoprocessual (nos próprios autos da execução por simples petição), cujo objetivo seria alertar o juiz quanto à existência de vícios ou falhas relacionados à admissibilidade da execução, podendo, até, culminar com a extinção da atividade executiva. Esse foi o entendimento adotado pelo Superior Tribunal de Justiça por meio da Súmula nº 393, que assim definiu os seus limites: "A exceção de pré-executividade é admissível na execução fiscal relativamente às matérias conhecíveis de ofício que não demandem dilação probatória". Muito embora o enunciado apenas tenha tratado da execução fiscal, não há distinção do fenômeno na execução comum. Seja como for, resta claro que a exceção de pré-executividade está associada a qualquer matéria sobre a qual o magistrado deva apreciar de ofício (ilegitimidade de parte, incompetência absoluta, inexigibilidade da obrigação, iliquidez da obrigação, impenhorabilidade absoluta do bem penhorado, ausência de documento essencial, falha de citação ou de intimação, prescrição, etc.) e, por isso, como não estão sujeitas à preclusão, podem ser arguidas a qualquer tempo e independentemente de defesa própria (no caso de execução fundada em título executivo judicial: impugnação ao cumprimento de defesa).

II. A previsão do art. 518 do CPC corresponde à exceção de pré-executividade?

Certamente haverá quem associe a previsão do art. 518 do CPC/2015 à exceção de pré-executividade. Todavia, tal entendimento não parece correto. Ao se imaginar as "questões relativas à validade do procedimento" ou "dos atos executivos" que "poderão ser arguidas nos próprios autos e nestes serão decididas pelo juiz", pode-se vislumbrar algumas questões que não serão daquelas que o juiz deva conhecer de ofício, mas que ainda assim dizem respeito à validade do procedimento ou dos atos havidos na execução. Ou seja, seriam nulidades relativas e não absolutas. Essas nulidades relativas, como cediço, não podem ser conhecidas de ofício, pelo que dependem de provocação do interessado, sob pena de preclusão (CPC/2015, art. 278). Ou seja, o dispositivo engloba apenas parcela dos temas que poderiam ser objeto da chamada exceção de pré-executividade, bem como atingem outros que por meio desta não poderiam ser veiculados.

III. Conteúdo da defesa por simples petição

O primeiro aspecto que merece aqui ser apontado é que, tendo o legislador previsto que *todas as questões de validade* relacionadas à execução podem ser objeto desta defesa, bem se percebe que o seu conteúdo pode versar sobre questões processuais e/ou de mérito. Assim, desde que o tema suscitado tenha por consequência uma nulidade, é irrelevante sua natureza, processual ou de mérito. Desse modo, não há mais óbice para que esta defesa por simples petição possa suscitar pagamento (STJ, 4ª T., REsp nº 1.078.399-MA, Rel. Min. Luis Felipe Salomão, j. em 2/4/2013, DJe de 9/4/2013; STJ, 2ª T., AgRg no AREsp nº 268.511-CE, Rel. Min. Herman Benjamin, j. em 12/3/2013, DJe de 18/3/2013 e STJ, 4ª T., REsp nº 204.626-RS, Rel. Min. Sálvio de Figueiredo Teixeira, j. em 20/2/2003, DJ de 24/3/2003), prescrição ou decadência (STJ, 2ª T., REsp nº 595.979-SP, Rel. Min. Eliana Calmon, j. em 7/4/2005, DJ de 23/5/2005), compensação (STJ, 1ª T., AgRg no REsp nº 1.085.914-RS, Rel. Min. Luiz Fux, j. em 20/05/2010, DJe de 15/6/2010), nulidade do título executivo (STJ, 3ª T., AgRg no Ag nº 1.185.026-SP, Rel. Min. Nancy Andrighi, j. em 7/10/2010, DJe de 19/10/2010; STJ, 4ª T., REsp nº 812.004-SP, Rel. Min. Jorge Scartezzini, j. em 20/6/2006, DJ de 1º/8/2006 e STJ, 3ª T., REsp nº 264.850-SP, Rel. Min. Nancy Andrighi, j. em 15/12/2000, DJ de 5/3/2001), etc., porquanto se trata de causas que retiram a certeza ou a exigibilidade do título executivo e, por consequência, verifica-se nulidade que impede o início ou o prosseguimento da execução (CPC, art. 803, incisos I e III, e seu parágrafo único). A seguir, esta defesa por simples petição agora pode versar sobre qualquer nulidade verificada no curso da execução, absoluta ou relativa, ou seja, as nulidades podem ser daquelas cognoscíveis de ofício ou que exigem provocação da parte para serem enfrentadas pelo magistrado. Porém, não é demais o alerta de que, em relação à nulidade relativa, a falta de provocação na primeira oportunidade em que couber a parte falar nos autos acarretará a preclusão (CPC, art. 278). São exemplos de nulidade absoluta na execução: impenhorabilidade do bem penhorado (STJ, 4ª T., AgRg no AREsp nº 652.666-SC, Rel. Min. Luis Felipe Salomão, j. em 19/3/2015, DJe de 25/3/2015; STJ, 1ª T., REsp nº 1.104.317-RS, Rel. Min. Teori Albino Zavascki, j. em 10/5/2011, DJe de 17/2/2011 e STJ, 3ª T., REsp nº 180.286-SP, Rel. Min. Ari Pargendler, j. em 16/9/2003, DJ de 15/12/2003) e ilegitimidade passiva (STJ, 2ª T., REsp nº 1.018.779-SP, Rel. Min. Eliana Calmon, j. em 22/4/2008, DJe de 8/5/2008). É exemplo de nulidade relativa na execução: a inobservância da regra prevista no art. 313, inciso I, do CPC/2015 (CPC/1973, art. 265, inciso I), que determina a suspensão do processo com a morte de qualquer das partes (STJ, 3ª T., AgRg no AREsp nº 107.788-GO, Rel. Min. João Otávio de Noronha, j. em 19/5/2015, DJe de 25/5/2015). Do mesmo modo, o excesso de penhora após ser realizada a avaliação do bem penhorado (STJ, 4ª T., AgRg no AREsp nº 88.893-SP, Rel. Min. Raul Araújo, j. em 23/6/2015, DJe de 3/8/2015).

IV. Procedimento

A *defesa endoprocessual* prevista neste dispositivo pode ser aplicada tanto no cumprimento de sentença quanto na execução de título extrajudicial (CPC/2015, art. 513, *caput* e art. 771) e não excluiu nem retira a necessidade de o executado apresentar defesa própria (impugnação ao cumprimento de sentença, nos termos do art. 525 do CPC/2015 ou embargos à execução, nos termos do art. 914). Em verdade, ela terá campo fértil de aplicação para as situações havidas depois de expirado o prazo da defesa própria (CPC, arts. 525, § 11 e 917, § 1º). Se versar sobre nulidade absoluta, poderá ser arguida a qualquer tempo; mas se tratar de nulidade relativa, caberá ao executado arguir a irregularidade num prazo de 15 (quinze) dias da comprovada ciência do fato ou da intimação do ato, sob pena de preclusão. Se o juiz entender ser adequado, poderá conceder a ela efeito suspensivo, nos termos do art. 294 do CPC/2015, ou seja, paralisar (no todo ou em parte) o prosseguimento da execução, independentemente de segurança do juízo. Arguida a invalidade, caberá ao juiz, antes de decidir, oportunizar o contraditório ao exequente, concedendo prazo razoável não superior a 15 (quinze) dias. Embora esta oposição deva se concentrar em prova documental, nada impede que exija do juiz, para seu julgamento, alguma outra investigação instrutória, podendo até buscar auxílio de *expert*. Trata-se de uma *bolha* ou de um *enxerto* de cognição dentro da execução. Caso a decisão relativa a esta oposição não resulte a extinção da execução, contra ela será cabível agravo de instrumento (CPC/2015, art. 1.015, parágrafo único); por sua vez, se dela resultar a extinção (total) da execução, será cabível apelação (CPC/2015, art. 203, § 1º c/c o art. 1.009). Seja qual for a decisão, poderá ensejar a fixação de honorários advocatícios a favor do vencedor (CPC/2015, art. 85).

V. Carta precatória

Se a validade do procedimento ou do ato executivo atacado tiver sido realizada perante o juízo deprecado, a este caberá a competência para sua análise (CPC/2015, art. 914, § 2º).

Art. 519 - Aplicam-se as disposições relativas ao cumprimento da sentença, provisório ou definitivo, e à liquidação, no que couber, às decisões que concederem tutela provisória.

I. Tutela provisória e execução/efetivação

Como apontado nos comentários ao art. 513 do CPC/2015, o cumprimento de sentença poderá ser uma *fase interior* ao trâmite da fase predominantemente de conhecimento, como se houvesse uma *bolha* ou um *enxerto* de atividade executiva dentro da atividade de conhecimento, que é o que ocorre quando se executa (ou se efetiva) uma decisão de tutela provisória, ao que está autorizado o magistrado a determinar as medidas que considerar adequadas para a execução/efetivação da tutela provisória, nos termos do art. 519 c/c o art. 297, *caput* e parágrafo único, ambos do CPC/2015. De outro lado, é irrelevante a natureza da decisão que veicula essa tutela provisória, porque um dos avanços do CPC/2015, tal como já salientado quando dos comentários ao art. 515 do CPC/2015, foi deixar claro que qualquer pronunciamento com conteúdo decisório (interlocutória, sentença ou acórdão) pode ter força executiva, o que é mais adequado à noção de efetividade da tutela jurisdicional.

II. Liquidação de obrigação objeto de tutela provisória

Inova o texto legal ao contemplar a possibilidade de liquidação da obrigação objeto da tutela provisória, ao que será aplicável o previsto nos arts. 509 a 512 do CPC/2015. Além da hipótese da fixação do pagamento de obrigação ilíquida, a aplicação da liquidação poderá dizer respeito à hipótese de conversão da obrigação específica (de fazer, não fazer ou entrega de coisa) em obrigação genérica (soma em dinheiro), ou seja, para apuração dos valores de perdas e danos. Neste sentido, do STJ: "PROCESSO CIVIL. AUSÊNCIA DE PREQUESTIONAMENTO.

OBRIGAÇÃO DE FAZER. EXECUÇÃO. OBRIGAÇÃO INADIMPLIDA. CONVERSÃO EM PERDAS E DANOS. PROCEDIMENTO DE LIQUIDAÇÃO DE SENTENÇA. NÃO REALIZAÇÃO. ARBITRAMENTO. LAUDO PERICIAL. CERCEAMENTO DE DEFESA. NÃO APLICAÇÃO DO PRINCÍPIO DA INSTRUMENTALIDADE DAS FORMAS. [...] 2. Se o executado para cumprir obrigação de fazer não promover a sua satisfação, poderá o credor requerer a conversão em indenização, que será apurada em liquidação, seguindo-se a execução para cobrança de quantia certa. 3. Caso a indenização seja arbitrada sem o procedimento de liquidação e sem a garantia da ampla defesa e do contraditório, torna-se inaplicável o princípio da instrumentalidade das formas, que não tem vez se a nulidade sacrifica os fins de justiça do processo. 4. Recurso especial não conhecido" (4ª T. – REsp nº 885.988/ES – Rel. Min. João Otávio de Noronha – j. em 9/3/2010 – DJe de 22/3/2010).

III. Tutela provisória e meios executivos

A tutela provisória poderá ter por objeto obrigação de soma em dinheiro, fazer ou não fazer ou entrega de coisa. Portanto, o cumprimento dessa decisão, provisória ou definitiva, seguirá, desde que não inviabilize a própria satisfação da medida, o meio executivo (de coerção ou de sujeitação/sub-rogação) previsto para cada uma dessas obrigações (CPC/2015, arts. 520-527, arts. 536-538). Convém assinalar que, fixada multa diária como medida de apoio ao cumprimento da tutela provisória de fazer, não fazer ou entrega de coisa, não obstante se admita seu cumprimento provisório, o levantamento do valor depositado somente poderá ocorrer se a sentença favorável à parte transitar em julgado ou na pendência de agravo de instrumento para qualquer dos recursos extremos (especial ou extraordinário), nos termos do art. 537, § 3º do CPC/2015.

IV. Execução da tutela provisória e caução (contracautela)

Como se observa do art. 294 do CPC/2015, a tutela provisória pode ser de urgência ou de evidência. Em sendo a tutela de urgência, o art. 300, § 1º do CPC/2015 inovou ao autorizar o juiz, conforme o contexto fático do caso, isto é, desde que não frustre a utilidade da medida, a exigir caução do autor quando este tenha condições econômicas, como uma *condição legal* para o próprio deferimento da medida urgente. Vale dizer, nesta situação, a caução não será exigida no momento de sua execução; será exigida antes mesmo de sua concessão, condicionando seu deferimento. Neste sentido, já havia julgados do STJ, a exemplo: 3ª T. – AgRg no Ag nº 1.315.000/SP – Rel. Min. João Otávio de Noronha – j. em 20/6/2013 – DJe de 28/6/2013; e 3ª T. – REsp nº 952.646/SC – Rel. Min. Nancy Andrighi – j. em 4/11/2008 – DJe de 4/8/2009. Por sua vez, em se tratando de tutela de evidência, o regime da caução, quando for o caso, será o previsto para o cumprimento provisório da decisão (CPC/2015, art. 520, inciso IV). Logo, a caução, no caso de execução/efetivação da tutela de evidência, poderá ser dispensada (CPC/2015, art. 521).

Capítulo II - Do Cumprimento Provisório da Sentença que Reconhece a Exigibilidade de Obrigação de Pagar Quantia Certa

Art. 520 - O cumprimento provisório da sentença impugnada por recurso desprovido de efeito suspensivo será realizado da mesma forma que o cumprimento definitivo, sujeitando-se ao seguinte regime:
I - corre por iniciativa e responsabilidade do exequente, que se obriga, se a sentença for reformada, a reparar os danos que o executado haja sofrido;
II - fica sem efeito, sobrevindo decisão que modifique ou anule a sentença objeto da execução, restituindo-se as partes ao estado anterior e liquidando-se eventuais prejuízos nos mesmos autos;
III - se a sentença objeto de cumprimento provisório for modificada ou anulada apenas em parte, somente nesta ficará sem efeito a execução;
IV - o levantamento de depósito em dinheiro e a prática de atos que importem transferência de posse ou alienação de propriedade ou de outro direito real, ou ***dos quais possa resultar grave dano ao executado, dependem de caução suficiente e idônea, arbitrada de plano pelo juiz e prestada nos próprios autos.***
§ 1° - No cumprimento provisório da sentença, o executado poderá apresentar impugnação, se quiser, nos termos do art. 525.
§ 2° - A multa e os honorários a que se refere o § 1º do art. 523 são devidos no cumprimento provisório de sentença condenatória ao pagamento de quantia certa.
§ 3° - Se o executado comparecer tempestivamente e depositar o valor, com a finalidade de isentar-se da multa, o ato não será havido como incompatível com o recurso por ele interposto.
§ 4° - A restituição ao estado anterior a que se refere o inciso II não implica o desfazimento da transferência de posse ou da alienação de propriedade ou de outro direito real eventualmente já realizada, ressalvado, sempre, o direito à reparação dos prejuízos causados ao executado.
§ 5° - Ao cumprimento provisório de sentença que reconheça obrigação de fazer, de não fazer ou de dar coisa aplica-se, no que couber, o disposto neste Capítulo.

Autor: Paulo Eduardo D'Arce Pinheiro

I. Definição do "cumprimento provisório de sentença"

No CPC/2015, a disciplina do "cumprimento provisório de sentença" corresponde à "execução provisória" do CPC/1973, que, após a Lei nº 11.232/2005, teve o seu regime estabelecido no art. 475-O. A expressão introduzida no CPC/2015 ("cumprimento provisório de sentença") e aquela prestigiada no CPC/1973 ("execução provisória") não retratam adequadamente o conteúdo deste instituto, agora regido pelos arts. 520 a 522. Isso porque a provisoriedade não é atributo do "cumprimento da sentença" ou da "execução". Na realidade, provisório é adjetivo que qualifica o pronunciamento judicial ("título executivo") que autoriza e na qual se apoia esta atividade executiva. *Por conseguinte, o "cumprimento provisório de sentença" é a atividade executiva fundada em pronunciamento judicial não transitado em julgado, porque atacado por recurso privado de efeito suspensivo.* Note-se que o simples sobrestamento do recurso especial pela pendência de julgamento pelo STJ de recurso repetitivo sobre a matéria não é capaz de suspender o prosseguimento do cumprimento provisório (STJ, 2ª T., MC nº 20.854-DF, Rel. Min. Humberto Martins, j. em 11/6/2013, DJe de 19/6/2013). Embora suficiente apenas para identificar essa modalidade de atividade executiva, sem descrever o seu respectivo regime jurídico, a definição anteriormente lançada é relevante para fixar duas de suas principais características: i) o "cumprimento provisório de sentença" sempre se refere aos títulos executivos judiciais; ii) a noção de "cumprimento provisório de sentença" não corresponde à ideia de "execução incompleta".

A importância desses dois traços justifica a sua análise em separado.

II. Inaplicabilidade do regime do "cumprimento provisório de sentença" aos títulos executivos extrajudiciais

Antes da introdução de modificação pela Lei n° 11.382/2006, a chamada "execução provisória", no CPC/1973, somente era aplicável aos títulos executivos judiciais. Já a execução fundada em título extrajudicial *sempre* era definitiva. O texto do art. 587 afastava outra interpretação, prescrevendo o quanto segue: "Art. 587. A execução é definitiva, quando fundada em sentença transitada em julgado ou em título extrajudicial; é provisória, quando a sentença for impugnada mediante recurso, recebido só no efeito devolutivo". As repercussões da regra advinda desse texto eram evidentes: por um lado, como dito, a execução provisória estava jungida aos títulos executivos judiciais, mais precisamente, aos títulos representados por pronunciamentos não transitados em julgado, em função da interposição de recurso não dotado de efeito suspensivo. Por outro, a execução de título extrajudicial sempre, do início ao fim, era definitiva. Daí o enunciado da Súmula nº 317 do STJ: "É definitiva a execução de título extrajudicial, ainda que pendente apelação contra sentença que julgue improcedentes os embargos".

Contudo, a Lei nº 11.382/2006 alterou a redação do art. 587, que passou a ser a seguinte: "É definitiva a execução fundada em título extrajudicial; é provisória enquanto pendente apelação da sentença de improcedência dos embargos do executado, quando recebidos com efeito suspensivo (art. 739)". Com efeito, em razão dessa mudança, n'alguns casos (embargos recebidos com efeito suspensivo e depois julgados improcedentes), a execução de título extrajudicial, que se iniciava como definitiva, transformava-se em provisória. A modificação, obviamente, comprometeu o entendimento consagrado no enunciado da Súmula n° 317 do STJ, pois, quando os embargos tivessem sido recebidos com efeito suspensivo e, posteriormente, fossem rejeitados, era provisória a execução de título extrajudicial na pendência da apelação manejada contra a sentença que julgou improcedente a referida defesa do executado. *O CPC/2015 mudou essa sistemática, retomando o regime existente antes da alteração feita pela Lei n° 11.382/2006, no art. 587 do CPC/1973. Assim sendo, o* "cumprimento provisório de sentença" *apenas é aplicável aos títulos executivos judiciais. Já a execução fundada em títulos extrajudiciais sempre, do início ao fim, será definitiva, voltando a ser integralmente válida a orientação retratada no enunciado da Súmula n° 317 do STJ.* Cumpre destacar que esse entendimento não é afastado pelo disposto no inciso III do § 1º do art. 1.012 do CPC/2015. Referido preceptivo retira o efeito suspensivo da apelação interposta contra sentença que "extingue sem resolução do mérito ou julga improcedentes os embargos do executado". Evidentemente, a sentença proferida nos embargos à execução não se confunde e nem desnatura o título executivo extrajudicial, que aparelhou a execução. Assim, a eventual condenação contida na sentença que extinguiu ou julgou os embargos (por exemplo, condenação em honorários advocatícios) se sujeita ao cumprimento provisório, quando atacada por apelação, que será recebida apenas no efeito devolutivo. Já a execução, que se fundou em título extrajudicial, era e continua sendo definitiva.

III. No "cumprimento provisório de sentença" a execução pode ser completa

No Direito brasileiro, durante muito tempo, se confundiu a denominada "execução provisória" com "execução incompleta". Ou seja, o direito positivo, inclusive o CPC/1973, relacionava a "execução provisória" com a prática de apenas alguns atos executivos, especialmente a penhora. Outros atos executivos, notadamente os de expropriação e satisfação, eram expressamente vedados. Em 2002, com a Lei n° 10.444, o art. 588 do CPC/1973 foi alterado, e esta miscelânea conceitual foi superada. A partir de então, mesmo na chamada "execução provisória", a execução poderia ir até o final, com a satisfação do direito (execução completa), desde que atendidos determinados requisitos. Essa disciplina foi mantida pela Lei n° 11.232/2005, quando da criação do "cumprimento de sentença" e consequente deslocamento da "execução provisória" para o art. 475-O. O CPC/2015 igualmente preserva esse regime. *Desse modo, no "cumprimento provisório de sentença" podem ser praticados todos os atos executivos necessários à efetiva satisfação do direito retratado no título (execução completa), inclusive levantamento de dinheiro e expropriação de bens, desde que, como regra, seja prestada caução.*

IV. Dos aspectos centrais do regime jurídico do "cumprimento provisório de sentença"

O primeiro parâmetro para a determinação do regime jurídico do "cumprimento provisório" é dado pelo *caput* do art. 520 do CPC/2015: este "será realizado da mesma forma que o cumprimento definitivo". A determinação deste critério revela que todas as normas relativas ao cumprimento definitivo incidem no "cumprimento provisório", ressalvadas tão somente as restrições decorrentes da sistemática estabelecida no próprio art. 520. Aparentemente, a afirmação soa desprovida de grande valor. Todavia, inúmeras situações podem ser adequadamente encaminhadas a partir desse parâmetro. Por exemplo: no "cumprimento provisório", o juiz pode se valer dos poderes executórios, atipicamente atribuídos no art. 139, inciso IV? No "cumprimento provisório", é possível a utilização da alienação por iniciativa particular (art. 880)? Quando se tem em mira o parâmetro aqui analisado, em ambas as situações, a resposta deve ser afirmativa. Embora seja o primeiro, é intuitivo que o critério em análise não seja o único. A este se somam exatamente os outros parâmetros que tornam o regime do "cumprimento provisório" diverso do cumprimento definitivo. Nessa linha, cumpre perpassar cada um desses pontos, que são peculiares ao "cumprimento provisório".

1. "Cumprimento provisório" como faculdade do exequente e a responsabilidade daí advinda

O "cumprimento provisório" constitui faculdade do exequente, que pode, ou não, lançar mão deste mecanismo. Contudo, caso utilize o "cumprimento provisório" e posteriormente haja modificação ou invalidação do pronunciamento que embasou a atividade executiva, *o exequente responderá objetivamente pelos danos causados pelo executado.* A propósito, já no CPC/1973, o caráter objetivo dessa responsabilidade foi tranquilamente reconhecido pela jurisprudência, conforme entendimento assentado pelo STJ no julgamento dos Recursos Especiais nos 1.384.418/SC e 1.401.560/MT, que observaram o rito dos recursos repetitivos (CPC/1973, art. 543-C). A característica do "cumprimento provisório" ora analisada é bem retratada pelos termos "iniciativa" e "responsabilidade", empregados pelo legislador no inciso I do art. 520. Em outras palavras e recorrendo a expressão popularmente consagrada, poder-se-ia dizer que o "cumprimento provisório" corre "por conta e risco" do exequente (STJ, 2ª T., RMS nº 43.440-SP, Rel. Min. Humberto Martins, j. em 17/11/2015, DJe de 4/12/2015).

2. Modificação ou invalidação do pronunciamento e suas repercussões

Consequência lógica da provisoriedade do pronunciamento judicial, que ampara essa modalidade de atividade executiva, é a possibilidade de sua modificação ou invalidação. Verificado qualquer desses dois cenários, devem ser tomadas medidas para que as partes retornem ao estado existente antes do início do "cumprimento provisório", conforme estabelece o inciso II do art. 520. Contudo, aqui, podem ocorrer, pelo menos, três variações: *i) a restituição ao* status quo ante *não é integral e o executado suporta algum tipo de prejuízo. Nesta hipótese, nos próprios autos, o executado poderá liquidar e cobrar os danos que sofreu; seja de natureza material, seja de cunho moral (STJ, 3ª T., AgRg no REsp nº 1.371.833-PR, Rel. Min. Nancy Andrighi, j. em 3/9/2013, DJe de 9/9/2013); ii) do ponto de vista fático, é impossível o restabelecimento ao estado anterior. Neste caso, restará ao executado, nos próprios autos, liquidar e cobrar os danos que suportou; iii) na perspectiva fática, o retorno ao estado anterior até seria viável, mas o próprio regime do "cumprimento provisório" afasta tal possibilidade. Cuida-se, pois, de imposição de limitação jurídica ao retorno ao* status quo ante. *É exatamente a hipótese disciplinada no § 4º do art. 520.* É dizer: a restituição ao estado anterior não poderá conduzir ao "desfazimento da transferência de posse ou da alienação de propriedade ou de outro direito real eventualmente já realizada", restando ao executado o caminho da liquidação e reparação pelos danos que sofreu. Claramente, o legislador fez uma ponderação dos valores (defesa x efetividade e segurança jurídica) que, em tese, estão envolvidos e optou pela proteção da segurança jurídica, preservando os interesses e expectativas daqueles terceiros que, legitimamente e confiando no ato estatal de desapossamento ou expropriação, assumiram a posse ou a titularidade do bem. Cumpre lembrar que, conquanto não haja previsão correspondente especificamente no regime da "execução provisória", no CPC/1973 a restrição legal ao desfazimento da alienação era estabelecida na disciplina da arrematação (art. 694, *caput*, e § 2º) e vinha sendo aplicada pela jurisprudência (*v.g.*, STJ, AgRg no REsp nº 1.454.444/SE). A essa altura, duas observações são relevantes. Por primeiro, cumpre notar que a limitação jurídica imposta pelo § 4º do art. 520 não pode ser invocada pelo próprio exequente, diretamente beneficiado pelo desapossamento ou pela expropriação, como acontece, por exemplo, quando ele adjudica ou arremata o bem. Aqui, a invocação da segurança jurídica deixa de ter sentido. Além disso, solução em outra direção esvaziaria significativamente a responsabilidade que deve ser imputada ao exequente, que tomou a iniciativa de promover o cumprimento provisório. Mesmo porque o inciso II do art. 520, ao tratar do retorno ao estado anterior, contempla o termo *"parte"* no plural, de maneira que o restabelecimento também deve alcançar o exequente, o que não se verificaria com a manutenção da adjudicação ou arrematação feita por ele. A segunda observação se prende à já mencionada ponderação de valores (defesa x efetividade e segurança jurídica) realizada pelo legislador. Não é adequado supor que essa ponderação seja *sempre* definitiva, alcançada toda e qualquer situação. Certamente poderão existir casos, que não foram e nem poderiam ser de antemão considerados pelo legislador, que justificarão a realização de nova ponderação pelo aplicador da norma, cujo resultado poderá revelar, *naquele caso concreto e diante das circunstâncias específicas aí existentes, a inconstitucionalidade da aplicação da norma*, que estabelece limitação jurídica ao retorno ao *status quo ante*.

2.1. Modificação ou invalidação parcial do pronunciamento

O CPC/2015, no inciso III do art. 520, dispõe sobre a modificação ou invalidação parcial do pronunciamento. Nestas situações, dever-se-ão avaliar, em cada caso, a extensão da modificação ou anulação e, consequentemente, os atos executivos alcançados. Determinado esse alcance, em relação aos atos atingidos, são aplicáveis as mesmas considerações lançadas no item 2 anterior.

3. Oferecimento de caução como pressuposto da satisfação, do desapossamento ou da prática de atos expropriatórios

Duas realidades decorrem da sistemática do "cumprimento provisório": i) como o pronunciamento que o ampara é provisório, pode ocorrer a sua modificação ou invalidação; ii) mesmo em se tratando de pronunciamento provisório, a execução pode ser completa, conduzindo à realização de atos necessários à satisfação do direito. Esses atos, quase sempre, serão efetivados por meio da invasão da esfera jurídica do executado, o que, por sua vez, pode lhe causar prejuízos.

Neste contexto, para conferir equilíbrio aos valores em jogo (defesa x efetividade), *como regra*, no inciso IV do art. 520, impõe-se ao exequente a obrigação de oferecer "caução suficiente e idônea, arbitrada *de plano* pelo juiz e prestada nos próprios autos". Observe-se que, conquanto a obrigação seja imposta ao exequente, nada impede a prestação de caução por terceiro, o que, a propósito, já era reconhecido pela jurisprudência no CPC/1973 (STJ, AgRg no AREsp nº 676364/SP; TJPR, Processo n° 1234955-0). Além disso, a exigência de idoneidade da caução revela que tal garantia deverá ser real ou, se pessoal, deverá ser prestada por terceiro (*e.g.*, fiança bancária ou seguro-garantia). Ressalvada a hipótese de concordância do executado, a aceitação de garantia pessoal oferecida pelo próprio exequente esvazia o conteúdo da proteção, pois o patrimônio deste último já responderá pelos danos causados independentemente do oferecimento da caução.

Questão interessante é aquela em que a caução prestada pelo exequente e admitida pelo juiz, mesmo com a oposição do executado, revela-se, posteriormente, insuficiente ou inidônea. Nessa hipótese, caso o exequente não tenha patrimônio para ressarcir os danos causados ao executado, parece irrecusável a possibilidade de responsabilização do Estado, que, em função de ato judicial, contribuiu decisivamente para a ocorrência do dano.

V. Outros aspectos do regime jurídico do "cumprimento provisório"

Afora a disciplina das características centrais do "cumprimento provisório", inovando em relação ao direito anterior, o CPC/2015 apresenta regramento mais detalhado e completo do instituto, o qual será esmiuçado a seguir.

1. Possibilidade de impugnação no "cumprimento provisório"

O § 1° do art. 520, fazendo remissão ao art. 525, estabelece a possibilidade de oferecimento, pelo executado, de impugnação ao "cumprimento provisório". Embora essa introdução deva ser aplaudida, não se trata, propriamente, de novidade, porquanto, mesmo no CPC/1973, a possibilidade de utilização dessa modalidade de defesa na "execução provisória" decorria do próprio sistema. Esta defesa deverá ser oferecida em 15 dias, contados do final do prazo estabelecido para cumprimento voluntário (art. 525, *caput*).

No tema em comento, duas questões sobressaem: i) *a determinação das matérias que podem ser alegadas nesta impugnação*. Não é possível propor questões que já foram ou deveriam ter sido suscitadas na fase cognitiva, que antecedeu o "cumprimento provisório", nem mesmo aquelas deduzidas no recurso ainda pendente, que impede o trânsito em julgado do pronunciamento exequendo. No regime da execução provisória, assim já decidiu o TJPR no julgamento do Agravo de Instrumento nº 1310945-4. Além disso, com razão, no julgamento do Agravo Regimental nº 2052951-15.2015.8.26.0000/50000, o TJSP reputou como ato atentatório à dignidade da Justiça a tentativa de rediscutir questões já decididas na fase de conhecimento, em sede de impugnação à execução provisória; ii) *os efeitos da impugnação*. À impugnação poderá ser concedido efeito suspensivo, desde que presentes os requisitos fixados no § 6° do art. 525. Ocorre que a análise do preenchimento desses pressupostos deve ser feita à luz das matérias articuladas na impugnação e não daquelas que são objeto do recurso ainda pendente.

Mesmo sem previsão expressa, a interpretação sistemática do CPC/2015 e o primeiro parâmetro do regime jurídico do cumprimento provisório (este "será realizado da mesma forma que o cumprimento definitivo" - *vide* item IV anterior) mostram que, também neste ambiente, o executado poderá se valer de outros meios de defesa, previstos no art. 518 e no § 6º do art. 525.

2. Aplicação no "cumprimento provisório" da multa e dos honorários previstos no § 1º do art. 523

No CPC/1973, com as mudanças trazidas pela Lei n° 11.282/2005, surgiu séria divergência na doutrina sobre a aplicação, ou não, da multa do art. 475-J, na execução provisória. Parte dos estudiosos sustentava a incompatibilidade entre cumprimento "espontâneo" e o inconformismo do executado, manifestado pela interposição do recurso. Argumentava-se, ainda, que o cumprimento seria um ato incompatível com o direito de recorrer, o que conduziria ao não conhecimento do recurso. Outra parcela da doutrina aduzia que a multa também poderia incidir na execução provisória, em razão do pronunciamento atacado pelo recurso desprovido de efeito suspensivo. É dizer: este pronunciamento estava produzindo efeitos e, por isso, deveria ser cumprido. Não se tratava de pagamento "voluntário" ou "espontâneo", mas de cumprimento forçado decorrente da atividade executiva fundada naquele pronunciamento. Por outro lado, o pagamento feito com ressalva não representava ato incompatível com o direito de recorrer. A divergência também refletiu na jurisprudência, mas acabou prevalecendo o entendimento que sustentava a inaplicabilidade da multa do art. 475-J na "execução provisória", conforme se verifica, por exemplo, no julgamento, pelo STJ, do AgRg no REsp nº 1474197/SP. *No entanto, no § 2º do art. 520, o CPC/2015 adotou orientação diametralmente oposta, positivando que a multa, agora disciplinada no § 1º do art. 523, é devida no cumprimento provisório de sentença condenatória ao pagamento de quantia certa.*

Outra mudança diz respeito aos honorários. No CPC/1973, o entendimento consagrado na jurisprudência apontava pela não existência de honorários na "execução provisória". O início dessa atividade executiva constituiu o exercício de faculdade por parte do exequente. Em sendo assim, o executado não dera causa à sua instauração e, por isso, não poderia ficar sujeito ao pagamento de honorários. O tema chegou a ser enfrentado e foi assim definido pela Corte Especial do STJ, no julgamento do REsp nº 1.291.736/PR, julgado sob o rito do art. 543-C do CPC/1973. *Também aqui o CPC/2015 acolheu o caminho oposto e, no § 2º do art. 520, expressamente dispôs sobre o cabimento da imposição de honorários no cumprimento provisório de sentença condenatória ao pagamento de quantia certa. Afora a prescrição contida no dispositivo por último citado, a incidência dos honorários no cumprimento provisório igualmente decorre do disposto no § 1º do art. 85.*

2.1. Depósito elisivo da multa

Ao executado é assegurada a possibilidade de afastar a incidência da multa. Para tanto, nos termos do § 3º do art. 520 do CPC/2015, deve ele "comparecer tempestivamente e depositar o valor", sendo que "o ato não será havido como incompatível com o recurso por ele interposto". Na realidade, o legislador expressamente contemplou um mecanismo para o executado, a um só tempo, cumprir o julgado e continuar atacando o pronunciamento exequendo, por meio do recurso ainda pendente. Trata-se da realização de pagamento, com a ressalva de que, na hipótese de modificação ou anulação do pronunciamento, haverá o retorno ao estado anterior. De outra parte, o exequente poderá postular o levantamento de dinheiro, desde que, se for o caso, ofereça caução ou que não haja a oposição de impugnação, recebida com efeito suspensivo.

3. Sentenças que admitem o "cumprimento provisório"

A decisão judicial que admite o cumprimento provisório pode dizer respeito a qualquer tipo de obrigação: de pagar quantia certa, mesmo em alimentos (STJ, 4ª T., AgRg no Ag nº 1.257.761-SP, Rel. Min. Aldir Passarinho Junior, j. em 7/10/2010, DJe de 20/10/2010 e STJ, 4ª T., HC nº 212.934-SP, Rel. Min. Marco Buzzi, j. em 11/12/2011, DJe de 19/12/2011) e contra a Fazenda Pública (STJ, 1ª T., AgInt no REsp nº 1.314.383-MS, Rel. Min. Napoleão Nunes Maia Filho, j. em 15/9/2016, DJe de 29/9/2016 e STJ, 1ª T., AgInt no REsp nº 1.598.706-RS, Rel. Min. Sérgio Kukina, j. em 13/9/2016, DJe de 23/9/2016). A jurisprudência do STJ, todavia, firmou-se no sentido de que a vedação de execução provisória de sentença contra a Fazenda Pública restringe-se às hipóteses previstas no art. 2º-B da Lei nº 9.494/1997). Porém, não se admite cumprimento provisório que tenha por base sentença penal condenatória (CPC, art. 515, inciso VI), sentença arbitral (CPC, art. 515, inciso VII) e sentença estrangeira homologada pelo STJ (CPC, art. 515, inciso VIII), pois todas essas, para poder ensejar atividade executiva, já devem ter transitado em julgado. Também podem ser objeto de "cumprimento provisório" os pronunciamentos que reconheçam a exigibilidade de obrigação de fazer ou de não fazer ou de entrega de coisa (CPC, art. 520, § 5º). O CPC/1973 não dispunha sobre o tema, e o preenchimento desta lacuna, pelo § 4º do art. 520 do CPC/2015, merece aplauso. Todavia, nem todas as disposições do "cumprimento provisório" são compatíveis com as modalidades em pauta, devendo-se fazer adaptações, quando necessário.

4. "Cumprimento provisório" e tutelas provisórias

Na "execução" ou na "efetivação" da tutela provisória o "juiz poderá determinar as medidas que considerar adequadas" (CPC/2015, art. 297). Neste contexto, serão observadas as "normas referentes ao cumprimento provisório da sentença, no que couber" (CPC/2015, art. 297, parágrafo único). A locução "no que couber" indica que, diante das especificidades do caso concreto, parte ou aspectos do regime do cumprimento provisório pode não ser utilizado, com o propósito de assegurar a efetividade de tutela provisória. Assim como acontece no cumprimento definitivo das obrigações de soma em dinheiro, fazer ou não fazer ou entrega de coisa, num primeiro momento, será necessário utilizar ou constatar a inefetividade dos meios executivos típicos (de coerção ou de sujeitação/sub-rogação) previstos para cada uma dessas obrigações (CPC/2015, arts. 520 a 527, arts. 536 a 538). Feito isso, poder-se-á lançar mão de medidas atípicas (CPC/2015, art. 139, inciso IV).

Vale destacar que a multa coercitiva fixada para estimular o cumprimento de obrigação de fazer, não fazer ou entrega de coisa, embora possa ser objeto de cumprimento provisório, o levantamento do depósito dependerá do trânsito em julgado da sentença favorável à parte, conforme estabelece o art. 537, § 3º, do CPC/2015.

VI. "Cumprimento provisório" e negócio jurídico processual

Conforme prescreve o art. 190 do CPC/2015, "versando o processo sobre direitos que admitam autocomposição, é lícito às partes plenamente capazes estipular mudanças no procedimento para ajustá-lo às especificidades da causa e convencionar sobre os seus ônus, poderes, faculdades e deveres processuais, antes ou durante o processo". Inequivocamente, o negócio jurídico processual poderá alcançar o "cumprimento provisório". A título de ilustração, vale lembrar o Enunciado n° 262 do Fórum Permanente de Processualistas Civis, no sentido de que "é admissível negócio jurídico processual para dispensar caução no cumprimento provisório". É certo que haverá debate sobre correção deste entendimento. Particularmente sobre a dispensa de caução, poder-se-á argumentar que se trata de ato executivo, cuja conformação refoge à disponibilidade das partes. Todavia, parece-nos que, conquanto inserida como pressuposto para a realização de atos executivos, a caução é estipulada no interesse do executado. Com efeito, as partes podem entabular negócio jurídico dispensando tal proteção. Diga-se de passagem que, nesta seara, o grau de disponibilidade é tão amplo que, mesmo não havendo nenhum negócio jurídico processual, verificada a modificação ou invalidação do pronunciamento, o executado poderá não exigir o ressarcimento pelos danos que suportou. Se este ato (não pedir o ressarcimento) se encontra dentro de sua esfera de disponibilidade, como limitar o negócio jurídico que envolva a dispensa de caução, que é apenas um mecanismo para assegurar o pagamento da indenização? Seja como for, mesmo que não se concorde com a dispensa de caução, existirá espaço para a incidência do negócio jurídico processual no campo do "cumprimento provisório". As partes poderão estabelecer, por exemplo, o seguinte: i) o não cabimento do "cumprimento provisório" em eventuais processos decorrentes deste ou daquele contrato; ii) as características da caução a ser oferecida; iii) os parâmetros para determinar o valor da indenização, na hipótese de modificação e substituição do pronunciamento exequendo; iv) a destinação dos frutos de determinado bem na pendência do "cumprimento provisório", independentemente do desapossamento do executado ou da expropriação do bem.

Para além da análise casuística, o negócio poderá açambarcar poderes (no sentido de direitos subjetivos ou potestativos das partes, o que inclui a categoria das faculdades), ônus, obrigações e deveres. Quanto aos deveres, o negócio jurídico versará sobre a especificação de seu exercício, sendo inviável afastar ou restringir o seu alcance. Ou seja, não é válida a disposição que afaste ou restrinja o dever de cooperação. Contudo, a forma de exercício do dever de cooperação pode ser regulamentada para indicar que a parte fica obrigada a adotar tal postura ou a fornecer este ou aquele tipo de informação na hipótese de necessidade de liquidação dos danos advindos do "cumprimento provisório". Por derradeiro, as posições jurídicas subjetivas envolvidas no negócio devem dizer respeito exclusivamente às partes. Por isso é inviável a celebração de negócio para afastar a limitação jurídica ao retorno ao estado anterior, prescrita no § 4° do art. 520, com o fito de proteger direito do terceiro adquirente.

VII. "Cumprimento provisório" e embargos de declaração

O CPC/2015 inovou ao não conferir efeito suspensivo aos embargos de declaração (art. 1.026, primeira parte). Todavia, a possibilidade do "cumprimento provisório" na pendência dos embargos de declaração sempre dependerá também da análise do efeito atribuído ao recurso genuinamente destinado à impugnação do pronunciamento, para a sua substituição ou invalidação. Ou seja, para fins de cabimento do "cumprimento provisório", a inexistência de efeito suspensivo dos embargos de declaração deve se somar à ausência de efeito suspensivo ou da apelação, ou do agravo de instrumento, ou do recurso especial, etc. Neste sentido, cumpre lembrar o Enunciado n° 218 do Fórum Permanente de Processualistas Civis: "A inexistência de efeitos suspensivos dos embargos de declaração não autoriza o cumprimento provisório da sentença nos casos em que a apelação tenha efeito suspensivo".

Art. 521 - A caução prevista no inciso IV do art. 520 poderá ser dispensada nos casos em que:
I - o crédito for de natureza alimentar, independentemente de sua origem;
II - o credor demonstrar situação de necessidade;
III - pender o agravo do art. 1.042; (Redação dada pela Lei nº 13.256, de 4 de fevereiro de 2016)
IV - a sentença a ser provisoriamente cumprida estiver em consonância com súmula da jurisprudência do Supremo Tribunal Federal ou do Superior Tribunal de Justiça ou em conformidade com acórdão proferido no julgamento de casos repetitivos.
Parágrafo único - A exigência de caução será mantida quando da dispensa possa resultar manifesto risco de grave dano de difícil ou incerta reparação.

I. Casos de dispensa de caução

Como visto, para o levantamento de dinheiro ou para a prática de atos expropriatórios ou que possam causar lesão grave ao executado, a regra é o oferecimento de caução. Todavia, os incisos do art. 521 contemplam exceções a essa regra. E o regime excepcional fixado no CPC/2015 é mais abrangente do que o previsto no CPC/1973. Relativamente aos alimentos (art. 521, inciso I), não há limitação de valor e nem restrição quanto à origem. Igualmente, não há a fixação de valor máximo quando o credor demonstrar situação de necessidade (art. 521, inciso II). Ainda poderia ser dispensada a caução nas hipóteses dos incisos II e III do art. 1.042, ou seja, quando fosse inadmitido, "com base no art. 1.040, inciso I, recurso especial ou extraordinário sob o fundamento de que o acórdão recorrido coincide com a orientação do tribunal superior", ou quando fosse inadmitido "recurso extraordinário, com base no art. 1.035, § 8º, ou no art. 1.039, parágrafo único, sob o fundamento de que o Supremo Tribunal Federal reconheceu a inexistência de repercussão geral da questão constitucional discutida". Ocorre que a Lei nº 13.256, de 4 de fevereiro de 2016, alterou a redação do art. 1.042, caput e § 2º, além de revogar todos os incisos desse dispositivo. Assim sendo, não tinha mais sentido a referência feita apenas aos incisos II e III do art. 1.042, de modo que, com a alteração promovida pela Lei nº 13.256/2016, pode ser dispensada a caução sempre que pender agravo interposto, nos termos do art. 1.042, isto é, agravo contra a decisão do "presidente ou do vice-presidente do tribunal recorrido que inadmitir recurso extraordinário ou recurso especial". Também é possível afastar a caução quando "a sentença a ser provisoriamente cumprida estiver em consonância com súmula da jurisprudência do Supremo Tribunal Federal ou do Superior

Tribunal de Justiça ou em conformidade com acórdão proferido no julgamento de casos repetitivos" (art. 521, inciso IV). Inovação interessante, prevista no parágrafo único do art. 521, é o poder conferido ao juiz de afastar a dispensa quando esta "resultar manifesto risco de grave dano de difícil ou incerta reparação". Percebe-se que, nos casos de dispensa, o legislador fez uma ponderação dos valores (defesa x efetividade) que, em tese, estão envolvidos e optou por prestigiar a efetividade. Contudo, expressamente, diante das circunstâncias do caso, fica assegurado ao juiz o poder de refazer a ponderação e proteger o direito de defesa.

Art. 522 - O cumprimento provisório da sentença será requerido por petição dirigida ao juízo competente.

Parágrafo único - Não sendo eletrônicos os autos, a petição será acompanhada de cópias das seguintes peças do processo, cuja autenticidade poderá ser certificada pelo próprio advogado, sob sua responsabilidade pessoal:

I - decisão exequenda;

II - certidão de interposição do recurso não dotado de efeito suspensivo;

III - procurações outorgadas pelas partes;

IV - decisão de habilitação, se for o caso;

V - facultativamente, outras peças processuais consideradas necessárias para demonstrar a existência do crédito.

I. Apresentação e documentação do cumprimento provisório

O "cumprimento provisório" será requerido por petição dirigida ao juízo competente. Em não se tratando de autos eletrônicos, constitui ônus do exequente instruir a sua petição com as peças indicadas nos incisos I a IV do art. 522, "cuja autenticidade poderá ser certificada pelo próprio advogado". Evidentemente, outras peças também poderão ser apresentadas. Além disso, como o "cumprimento provisório" pode ser requerido assim que publicada a sentença (art. 1.012, § 2º) contra a qual a apelação não tem efeito suspensivo, nesta hipótese, no momento do ajuizamento, poderá não existir a "certidão de interposição do recurso não dotado de efeito suspensivo".

Capítulo III - Do Cumprimento Definitivo da Sentença que Reconhece a Exigibilidade de Obrigação de Pagar Quantia Certa

Art. 523 - No caso de condenação em quantia certa, ou já fixada em liquidação, e no caso de decisão sobre parcela incontroversa, o cumprimento definitivo da sentença far-se-á a requerimento do exequente, sendo o executado intimado para pagar o débito, no prazo de 15 (quinze) dias, acrescido de custas, se houver.
§ 1º - Não ocorrendo pagamento voluntário no prazo do caput, o débito será acrescido de multa de dez por cento e, também, de honorários de advogado de dez por cento.
§ 2º - Efetuado o pagamento parcial no prazo previsto no caput, a multa e os honorários previstos no § 1º incidirão sobre o restante.
§ 3º - Não efetuado tempestivamente o pagamento voluntário, será expedido, desde logo, mandado de penhora e avaliação, seguindo-se os atos de expropriação.

Autora: Flávia Pereira Ribeiro

I. Introdução

O artigo em questão foi redigido, especialmente no que diz respeito ao seu *caput,* na forma positiva, diferentemente daquele que foi substituído, o qual trazia, na forma negativa, o seguinte texto: "Caso o devedor, condenado ao pagamento de quantia certa ou já fixada em liquidação, não o efetue no prazo de quinze dias, o montante da condenação será acrescido de multa no percentual de dez por cento e, a requerimento do credor, [...] expedir-se-á mandado de penhora e avaliação" (CPC/1973, art. 475-J). A eventualidade do não pagamento saiu do *caput* e foi encaixada no § 1º do novo artigo. Da mesma forma, saíram do mencionado *caput*, passando para o § 3º, as consequências do não pagamento, como a penhora, a avaliação e a expropriação.

Em tese, o pagamento deveria ser espontâneo, tão logo houvesse o trânsito em julgado da sentença, pelo princípio da lealdade. Em não havendo o pagamento voluntário, o credor teria, então, o procedimento de cumprimento de sentença à sua disposição. No entanto, o legislador, de forma expressa, vinculou a obrigação líquida, certa e exigível de pagar à prévia intimação do devedor, por provocação da parte credora.

II. Parcela incontroversa

O novo artigo mencionou expressamente a possibilidade do cumprimento das decisões interlocutórias de mérito. O conceito de sentença até a reforma havida pela Lei nº 11.232/2005 era: o ato que extingue o processo, com ou sem julgamento do mérito. Esse conceito levava em conta apenas a finalidade da decisão. Após a mencionada reforma, a lei passou a utilizar o critério misto do conteúdo e da finalidade. Assim, sentença é o pronunciamento do juiz que contém uma das matérias dos arts. 485 ou 487 do CPC e que, ao mesmo tempo, extingue o processo. Em havendo mais de um pedido, se o juiz reconhecer juridicamente um deles e proferir decisão definitiva, haverá decisão interlocutória de mérito, porque não haverá extinção do processo. Nesse sentido, pode haver cisão do julgamento da lide e a parcela incontroversa ser objeto de cumprimento de sentença.

III. Requerimento da parte – princípio dispositivo

O artigo informa, de maneira categórica, que o cumprimento de sentença ocorre por requerimento do credor (princípio dispositivo), afastando definitivamente o ato de ofício. Assim, a parte terá que peticionar e requerer o início da fase de cumprimento de sentença, na forma do art. 524 do Código de Processo Civil.

IV. Intimação na pessoa do advogado

Essa questão foi muito polêmica na ocasião em que o sistema do cumprimento de sentença foi introduzido no ordenamento jurídico, quando do advento da Lei nº 11.232/2005. As discussões foram sedimentadas em razão da fixação jurisprudencial. O CPC/2015 levou o assunto para as disposições gerais do cumprimento de sentença, estabelecendo regras específicas no seu art. 513.

A citação realizada na fase de conhecimento continua sendo válida e eficaz também para a fase de execução, bastando haver simples intimação da parte, na pessoa de seu advogado, para o início do cumprimento da sentença. Essa afirmação não era pacífica; gerando muita discussão e o surgimento de diversas correntes doutrinárias a respeito.

De maneira genérica, podem-se destacar três correntes distintas acerca do momento inicial do cumprimento da sentença: a primeira delas dispensava qualquer intimação da parte para que se cumprisse a obrigação, de forma que o prazo para a incidência da multa iniciava-se desde logo estivesse a sentença apta a surtir seus efeitos; outra corrente entendia que a intimação era condição necessária para o início do cumprimento da sentença e incidência da multa. Parte dessa última corrente entendia que a intimação deveria ser realizada na pessoa do devedor, e outra parte julgava que deveria ser realizada na pessoa do advogado, por meio da imprensa oficial.

Inicialmente manifestou-se o Superior Tribunal de Justiça, quando do julgamento do Recurso Especial nº 954.859/RS, em acórdão relatado pelo ministro Humberto Gomes de Barros, no sentido de que o escopo da lei foi tirar o devedor da passividade e impor-lhe o ônus da iniciativa de cumprir a obrigação tão logo houvesse o trânsito em julgado da sentença. O termo inicial do cumprimento, portanto, independeria de intimação do advogado ou da parte, e caso não realizasse o pagamento de forma voluntária e rápida, teria o devedor sua dívida acrescida em 10% automaticamente.

Em precedente mais recente (REsp nº 940.274), ao discutir a polêmica aplicação da multa (CPC/1973, art. 475-J), o STJ entendeu que: "Na hipótese em que o trânsito em julgado da sentença condenatória com força executiva ocorrer em sede de instância recursal (STF, STJ, TJ e TRF), após a baixa dos autos à Comarca de origem e a aposição do 'cumpra-se' pelo juiz de primeiro grau, o devedor haverá de ser intimado na pessoa do seu advogado, por publicação na imprensa oficial, para efetuar o pagamento no prazo de quinze dias, a partir de quando, caso não o efetue, passará a incidir sobre o montante da condenação, a multa de 10% (dez por cento) prevista no art. 475-J, *caput*, do Código de Processo Civil".

Mais tarde, esse entendimento foi reforçado pelo julgamento de recursos repetitivos, tema 380, no REsp nº 1147191, ministro Napoleão Nunes Maia Filho. O Código de Processo Civil de 2015, então, incorporou a orientação ao ordenamento jurídico.

V. Multa, honorários e custas

A multa do devedor faltoso deve incidir sobre o valor atualizado, com aplicação de juros e correção monetária, nos exatos termos da sentença.

A inclusão expressa no artigo de lei do cabimento de honorários advocatícios no caso do início da nova fase processual, qual seja o da execução, encerra definitivamente o largo debate sobre o assunto.

Logo de início, a ministra Nancy Andrighi, da 3ª Turma do Superior Tribunal de Justiça, em decisão proferida no REsp nº 978.545/MG, decidiu pela possibilidade de condenação de honorários advocatícios na fase de cumprimento de sentença, nos termos da sistemática imposta pela Lei nº 11.232/2005. A questão foi pacificada, especialmente porque o STJ confirmou reiteradamente tal posição em outros julgados – Súmula nº 517. Assim, o Código de Processo Civil de 2015 vem apenas consagrar o que já estava consolidado na jurisprudência e em prática no dia a dia forense.

VI. Pagamento parcial. Não pagamento. Mandado de penhora e avaliação

O novo artigo prevê a possibilidade do pagamento parcial, ocorrido pela falta de recursos, pelo erro nos cálculos aritméticos, entre outros exemplos. Se houver justificativa, acredita-se que se deveria oportunizar a complementação do pagamento antes da aplicação da multa e dos honorários sobre a parte restante. Não é, todavia, o que diz a lei.

Na sequência, será expedido o competente mandado de penhora e avaliação, seguindo-se os atos de expropriação. O mesmo ocorrerá na ausência de pagamento.

Art. 524 - O requerimento previsto no art. 523 será instruído com demonstrativo discriminado e atualizado do crédito, devendo a petição conter:
I - o nome completo, o número de inscrição no Cadastro de Pessoas Físicas ou no Cadastro Nacional da Pessoa Jurídica do exequente e do executado, observado o disposto no art. 319, §§ 1º a 3º;
II - o índice de correção monetária adotado;
III - os juros aplicados e as respectivas taxas;
IV - o termo inicial e o termo final dos juros e da correção monetária utilizados;
V - a periodicidade da capitalização dos juros, se for o caso;
VI - especificação dos eventuais descontos obrigatórios realizados;
VII - indicação dos bens passíveis de penhora, sempre que possível.
§ 1º - Quando o valor apontado no demonstrativo aparentemente exceder os limites da condenação, a execução será iniciada pelo valor pretendido, mas a penhora terá por base a importância que o juiz entender adequada.
§ 2º - Para a verificação dos cálculos, o juiz poderá valer-se de contabilista do juízo, que terá o prazo máximo de 30 (trinta) dias para efetuá-la, exceto se outro lhe for determinado.
§ 3º - Quando a elaboração do demonstrativo depender de dados em poder de terceiros ou do executado, o juiz poderá requisitá-los, sob cominação do crime de desobediência.
§ 4º - Quando a complementação do demonstrativo depender de dados adicionais em poder do executado, o juiz poderá, a requerimento do exequente, requisitá-los, fixando prazo de até 30 (trinta) dias para o cumprimento da diligência.
§ 5º - Se os dados adicionais a que se refere o § 4º não forem apresentados pelo executado, sem justificativa, no prazo designado, reputar-se-ão corretos os cálculos apresentados pelo exequente apenas com base nos dados de que dispõe.

I. Conteúdo do requerimento

O artigo traz maior detalhamento das informações as quais devem estar contidas no demonstrativo discriminado e atualizado de crédito – antes chamado de demonstrativo atualizado de débito (CPC/1973, art. 614, inciso II). No entanto, o mencionado artigo não muda radicalmente a praxe forense, uma vez que esses cálculos há muito trazem, se não todas, a maior parte das novas exigências, a exemplo do que se observa das tabelas práticas de cálculos e atualizações da AASP, como a identificação das partes, índice de correção, taxa de juros, termos inicial e final da obrigação, descontos obrigatórios, entre outros. Até mesmo a indicação do CPF ou CNPJ do devedor (réu) é praxe forense.

O principal destaque do *caput* e incisos parece ser a substituição do termo *poderá indicar* (CPC/1973, art. 475-J, § 3º) para *deverá indicar, sempre que possível*, bens passíveis de penhora no aludido demonstrativo. Entende-se que a parte deverá justificar, se o caso, a impossibilidade de indicação de bens penhoráveis em seu requerimento, sob pena de indeferimento.

II. Cálculo do contador

O Código de Processo Civil de 2015 trata de forma diferente a liquidação de sentença, excluindo daquele capítulo, corretamente, os casos nos quais são necessários meros cálculos aritméticos. Nessas situações, *o credor poderá promover, desde logo, o cumprimento da sentença* (CPC/2015, art. 509, § 2º), de modo que o Código passa a tratar da questão no capítulo em comento. Dessa forma, o CPC/2015 deslocou parte do quanto previsto no CPC/1973, arts. 475-A e B – liquidação de sentença –, para o capítulo do cumprimento definitivo da sentença. A alteração foi feliz.

Quando o valor apontado no demonstrativo aparentar excesso de execução, poderá o juiz, de ofício, solicitar o auxílio do contador do juízo para a conferência dos cálculos. Não se trata de uma obrigação do juiz e sim de uma faculdade, diante do vocábulo *poderá*.

Apesar de o artigo silenciar sobre a questão, entende-se necessário ser aberto o contraditório sobre os cálculos apresentados pelo técnico contábil.

Art. 525 - Transcorrido o prazo previsto no art. 523 sem o pagamento voluntário, inicia-se o prazo de 15 (quinze) dias para que o executado, independentemente de penhora ou nova intimação, apresente, nos próprios autos, sua impugnação.
§ 1º - Na impugnação, o executado poderá alegar:
I - falta ou nulidade da citação se, na fase de conhecimento, o processo correu à revelia;
II - ilegitimidade de parte;
III - inexequibilidade do título ou inexigibilidade da obrigação;
IV - penhora incorreta ou avaliação errônea;
V - excesso de execução ou cumulação indevida de execuções;
VI - incompetência absoluta ou relativa do juízo da execução;
VII - qualquer causa modificativa ou extintiva da obrigação, como pagamento, novação, compensação, transação ou prescrição, desde que supervenientes à sentença.
§ 2º - A alegação de impedimento ou suspeição observará o disposto nos arts. 146 e 148.
§ 3º - Aplica-se à impugnação o disposto no art. 229.
§ 4º - Quando o executado alegar que o exequente, em excesso de execução, pleiteia quantia superior à resultante da sentença, cumprir-lhe-á declarar de imediato o valor que entende correto, apresentando demonstrativo discriminado e atualizado de seu cálculo.
§ 5º - Na hipótese do § 4º, não apontado o valor correto ou não apresentado o demonstrativo, a impugnação será liminarmente rejeitada, se o excesso de execução for o seu único fundamento, ou, se houver outro, a impugnação será processada, mas o juiz não examinará a alegação de excesso de execução.
§ 6º - A apresentação de impugnação não impede a prática dos atos executivos, inclusive os de expropriação, podendo o juiz, a requerimento do executado e desde que garantido o juízo com penhora, caução ou depósito suficientes, atribuir-lhe efeito suspensivo, se seus fundamentos forem relevantes e se o prosseguimento da execução for manifestamente suscetível de causar ao executado grave dano de difícil ou incerta reparação.
§ 7º - A concessão de efeito suspensivo a que se refere o § 6º não impedirá a efetivação dos atos de substituição, de reforço ou de redução da penhora e de avaliação dos bens.
§ 8º - Quando o efeito suspensivo atribuído à impugnação disser respeito apenas a parte do objeto da execução, esta prosseguirá quanto à parte restante.
§ 9º - A concessão de efeito suspensivo à impugnação deduzida por um dos executados não suspenderá a execução contra os que não impugnaram, quando o respectivo fundamento disser respeito exclusivamente ao impugnante.
§ 10 - Ainda que atribuído efeito suspensivo à impugnação, é lícito ao exequente requerer o prosseguimento da execução, oferecendo e prestando, nos próprios autos, caução suficiente e idônea a ser arbitrada pelo juiz.
§ 11 - As questões relativas a fato superveniente ao término do prazo para apresentação da impugnação, assim como aquelas relativas à validade e à adequa-

ção da penhora, da avaliação e dos atos executivos subsequentes, podem ser arguidas por simples petição, tendo o executado, em qualquer dos casos, o prazo de 15 (quinze) dias para formular esta arguição, contado da comprovada ciência do fato ou da intimação do ato.

§ 12 - Para efeito do disposto no inciso III do § 1º deste artigo, considera-se também inexigível a obrigação reconhecida em título executivo judicial fundado em lei ou ato normativo considerado inconstitucional pelo Supremo Tribunal Federal, ou fundado em aplicação ou interpretação da lei ou do ato normativo tido pelo Supremo Tribunal Federal como incompatível com a Constituição Federal, em controle de constitucionalidade concentrado ou difuso.

§ 13 - No caso do § 12, os efeitos da decisão do Supremo Tribunal Federal poderão ser modulados no tempo, em atenção à segurança jurídica.

§ 14 - A decisão do Supremo Tribunal Federal referida no § 12 deve ser anterior ao trânsito em julgado da decisão exequenda.

§ 15 - Se a decisão referida no § 12 for proferida após o trânsito em julgado da decisão exequenda, caberá ação rescisória, cujo prazo será contado do trânsito em julgado da decisão proferida pelo Supremo Tribunal Federal.

I. Introdução

Toda a matéria referente à impugnação ao cumprimento de sentença está concentrada em um único artigo. A grande novidade do *caput* está no fato de que eventual impugnação será apresentada independentemente da segurança do juízo pela constrição de bens. A penhora era, e não mais, requisito de admissibilidade para a reação do devedor. A alteração é bastante relevante. Haverá certa celeuma acerca da subsistência da exceção ou objeção de pré-executividade, uma vez que ela conviveu até então com a impugnação, em franca utilização, diante da desnecessidade de penhora prévia, para situações nas quais houvesse vícios de ordem pública ou de prova pré-constituída, visando à extinção da execução. Certamente haverá redução da utilização desse meio de defesa endoprocessual, mas a exceção ainda deve permanecer no dia a dia forense para aqueles casos nos quais o devedor perde o prazo de impugnação, em razão até mesmo de alguma nulidade processual. Além disso, deve-se considerar o quanto previsto no § 11 do artigo em questão e no art. 518 do Código.

Quanto às hipóteses de cabimento, há pouca alteração relevante, valendo o registro de que foi incluída a incompetência absoluta ou relativa do juízo da execução ao catálogo legal. Os parágrafos trazem alterações, mas basicamente detalham o procedimento da impugnação ao cumprimento de sentença.

II. Honorários e custas processuais

O Código de Processo Civil/2015 mostrou-se silente acerca da possibilidade de determinação de honorários advocatícios no caso da apresentação da impugnação. Esse assunto vem gerando enormes divergências doutrinárias: há quem entenda que os honorários serão devidos em qualquer hipótese, de acolhimento ou rejeição, em razão do princípio da causalidade; há quem entenda que os honorários ficam condicionados à rejeição da impugnação pelo devedor, em razão do princípio da sucumbência; e há quem entenda, ainda, que não é devida nenhuma verba honorária em razão da natureza incidental da impugnação.

Em julgamento de recursos repetitivos, entendeu o Superior Tribunal de Justiça:

"Tema: 409. Ordem de Inclusão: 456. Descrição: Em caso de sucesso da impugnação, com extinção do feito mediante sentença (art. 475-M, § 3º), revela-se que quem deu causa ao procedimento de cumprimento de sentença foi o exequente, devendo ele arcar com as verbas advocatícias, RESP 1134186, Ministro LUIS FELIPE SALOMÃO, julgado o mérito do tema". Posterior edição de súmula: "Súmula nº 519 - Na hipótese de rejeição da impugnação ao cumprimento de sentença, não são cabíveis honorários advocatícios" (Súmula nº 519, Corte Especial, j. em 26/2/2015, DJe de 2/3/2015).

Também não há qualquer previsão legal em relação às custas da apresentação da impugnação. No entanto, serviços públicos adicionais serão prestados, o que torna conveniente verificar o regimento de custas vigente em cada Estado da Federação. Alguns Estados regulamentaram a matéria, uma vez que, em julgamento de recursos repetitivos, entendeu o Superior Tribunal de Justiça:

"Tema: 674/675. Ordem de Inclusão: 846. Descrição: 'Cancela-se a distribuição da impugnação ao cumprimento de sentença ou dos embargos à execução na hipótese de não recolhimento das custas no prazo de 30 dias, independentemente de prévia intimação da parte'. RESP 1361811, Ministro PAULO DE TARSO SANSEVERINO. Ordem de Inclusão: 871, RESP 1388096, Ministro PAULO DE TARSO SANSEVERINO. Ordem de Inclusão: 877, RESP 1389036, Ministro PAULO DE TARSO SANSEVERINO. Julgado o mérito do tema".

No Estado de São Paulo não há regulamentação específica, de modo que não há incidência de custas:

"AGRAVO DE INSTRUMENTO – EXPURGOS INFLACIONÁRIOS – AÇÃO CIVIL PÚBLICA – IMPUGNAÇÃO AO CUMPRIMENTO DE SENTENÇA – Recolhimento de custas com base no conteúdo econômico da causa, sob pena de cancelamento da distribuição da impugnação – Inadmissibilidade – Impugnação ao cumprimento de sentença que não se trata de ação incidental, mas de incidente processual de defesa à iniciativa executiva – Ausência de previsão no CPC sobre sua distribuição, bem como sobre recolhimento de custas para sua oferta – Natureza incidental que demandaria a existência de lei própria que previsse o recolhimento em questão, o que inexiste no âmbito do Estado de São Paulo – Inviabilidade da exigência do pagamento de custas, diante do disposto no art. 5º, inc. II, da CR. Recurso desprovido" (TJSP, AI nº 2233524-14.2016.8.26.0000, Rel. João Batista Vilhena, DJ de 29/5/2017).

O Estado do Paraná é um dos muitos que regulamentou a incidência de custas para a impugnação ao cumprimento de sentença:

"AGRAVO DE INSTRUMENTO. IMPUGNAÇÃO AO CUMPRIMENTO DE SENTENÇA. [...] PEDIDO PARA CANCELAMENTO DA DISTRIBUIÇÃO DA IMPUGNAÇÃO. ACOLHIMENTO. PROCESSO SINCRÉTICO. CUSTAS PROCESSUAIS DEVIDAS. INSTRUÇÃO NORMATIVA Nº 05/2008 DA CORREGEDORIA-GERAL DE JUSTIÇA DO ESTADO DO PARANÁ C/C ARTIGO 19, DO CÓDIGO DE PROCESSO CIVIL. CANCELAMENTO DA DISTRIBUIÇÃO. AUSÊNCIA DE PAGAMENTO NO PRAZO LEGAL. RECURSO REPETITIVO DO SUPERIOR TRIBUNAL DE JUSTIÇA. DEMAIS QUESTÕES PREJUDICADAS. RECURSO DO EXEQUENTE CONHECIDO E PROVIDO" (TJPR, AI nº 1299448-8, Rel. Lenice Bodstein, Rel. designado para o acórdão Rosana Andriguetto de Carvalho, DJ de 26/8/2015).

III. Impugnação. Natureza jurídica

A natureza jurídica da impugnação ao cumprimento de sentença foi ponto nevrálgico das várias discussões que surgiram com as reformas advindas com a Lei nº 11.232/2005. Muitos processualistas opinaram sobre o assunto. Para parcela da doutrina, quando o devedor vai a juízo formular seu pedido de trancamento ou redução da execução, ele espera uma prestação de tutela jurisdicional, a qual não é típica do processo de execução. Nessa linha, tal pretensão (mérito) só poderia ser formulada por meio de uma ação, e nunca por meio de um mero incidente processual dentro da execução. Outra parte dos doutrinadores flexibilizou alguns conceitos preconcebidos e tentou interpretar a vontade do legislador, adotando, então, posição intermediária. Nessa esteira, surgiram duas correntes: a primeira delas defende a natureza híbrida de ação e defesa da impugnação; a outra postula a natureza variável, ora de ação, ora de defesa, conforme o conteúdo abordado na impugnação.

Uma terceira parcela, por sua vez, tentando modernizar o processo civil e construir novos conceitos, assumiu ser possível defender-se no próprio corpo da fase executiva, nada impedindo que, por meio de um incidente processual, haja julgamento de mérito, sentença e coisa julgada. Essa última é a posição defendida.

IV. Dispensa de penhora prévia. Subsiste a exceção de pré-executividade?

Nos termos do CPC/1973, art. 475-J, tão logo o juízo estivesse assegurado pela constrição de bens – requisito de admissibilidade da reação do devedor –, seria realizada a intimação da penhora, quando, então, querendo, poderia o devedor apresentar impugnação no prazo de quinze dias. Essa posição nunca foi pacífica, e desde a reforma de 2005 certa corrente doutrinária defende a desnecessidade de garantia do juízo para viabilizar a impugnação. Essas vozes foram ouvidas e, assim, dispensada a penhora prévia como requisito de admissibilidade da impugnação.

Nesse passo, é pertinente deter-se a respeito da sobrevida da exceção de pré-executividade, tendo em vista a estatura alcançada por essa forma de defesa – de construção pretoriana – contra a injusta medida executiva sem a prévia segurança do juízo, desde que atinentes à falta de eficácia executiva do título.

Inicialmente, a exceção de pré-executividade tinha sua utilização restrita às questões de ordem pública, por não parecer razoável que o devedor sofresse constrição patrimonial, ou pior, fosse impedido de se defender por não possuir bens passíveis de penhora, quando as matérias alegadas deveriam ter sido declaradas de ofício pelo Juízo. Já em uma segunda fase, passou-se a aceitá-la também nos casos que diziam respeito ao direito material subjacente à execução, desde que não fosse necessária qualquer instrução probatória para a demonstração do alegado.

Assim, cabe exceção de pré-executividade para discutir matérias que o próprio Magistrado deve conhecer de ofício ou, ainda, situações nas quais existe prova pré-constituída, possibilitando a verificação *de plano* da imperativa extinção da execução.

Com o CPC/2015, surge nova questão para o debate dos estudiosos do direito processual: coexistem as figuras da exceção de pré-executividade e da impugnação, já que ambas são defesas endoprocessuais que dispensam a prévia garantia do juízo? Entende-se que a exceção de pré-executividade permanece como opção de defesa, mas que sua utilização será restrita, especialmente em razão do quanto previsto no § 11 do artigo sob comento: "As questões relativas a fato superveniente ao término do prazo para apresentação da impugnação, assim como aquelas relativas à validade e à adequação da penhora, da avaliação e dos atos executivos subsequentes, podem ser arguidas por simples petição, tendo o executado, em qualquer dos casos, o prazo de 15 (quinze) dias para formular esta arguição, contado da comprovada ciência do fato ou da intimação do ato.

Por fim, há quem defenda que, em harmonia com o mencionado parágrafo, o art. 518 do CPC/2015 pretendeu "regularizar" a exceção de pré-executividade, cujo teor é: "Todas as questões relativas à validade do procedimento de cumprimento da sentença e dos atos executivos subsequentes poderão ser arguidas pelo executado nos próprios autos e nestes serão decididas pelo juiz". Tal linha de raciocínio estende-se ao conteúdo do parágrafo único do art. 803 do Código, relativo às nulidades passíveis de alegação nos próprios autos da execução, independentemente de embargos à execução.

V. Classificação das matérias previstas em lei e alegáveis na impugnação

Utiliza-se a seguinte classificação: i) impugnação de mérito (substância do débito) e ii) impugnação de forma (vícios formais do processo sincrético). Todavia é relevante informar que parte da doutrina utiliza outra classificação, dividindo a impugnação de forma em: i) matéria processual e ii) condição da ação.

A impugnação de mérito é aquela prevista no art. 525, § 1º, inciso VII, do novel Código de Processo Civil e admite somente causas supervenientes à sentença. Segundo as palavras da lei, tais matérias consistirão em "qualquer causa modificativa ou extintiva da obrigação, como pagamento, novação, compensação, transação ou prescrição, desde que supervenientes à sentença". A impugnação de forma está antevista nos demais incisos – I a IV – do dispositivo legal mencionado.

A decisão da impugnação pode ter eficácia que transcenda os limites da relação processual executiva, projetando seus efeitos para fora do processo – coisa julgada material – por dizer respeito ao próprio direito material e atingir a própria obrigação. Tal hipótese ocorre, por exemplo, na declaração da extinção do crédito em razão de pagamento, prescrição, entre outros. Aqui o recurso cabível é o de apelação. Na impugnação de forma (relativa à matéria processual e às condições da ação), a situação é outra: a coisa julgada também se opera na decisão proferida em sede de impugnação, a qual declara uma das partes ilegítima ou o direito inexigível, por exemplo, mas seus efeitos serão projetados apenas para o processo de execução – coisa julgada formal. Aqui o recurso cabível contra a decisão na impugnação é o agravo de instrumento – art. 1.015, parágrafo único, do Código.

Por fim, nota-se relevante alteração na redação do artigo, já que anteriormente previa-se que "A impugnação somente poderá versar sobre [...]" e agora estabelece que "Na impugnação, o executado poderá alegar:". Na redação anterior, a interpretação era de que o objeto da impugnação deveria limitar-se, obrigatoriamente, às causas arroladas no dispositivo. Desatendendo o executado à imposição e alegando matéria estranha ao catálogo, o juiz deveria rejeitar a impugnação. A interpretação da novel legislação caminha no sentido de que o rol não é taxativo, podendo haver alegação de outras matérias pertinentes.

1. Falta ou nulidade da citação se, na fase de conhecimento, o processo correu à revelia

Há enorme dissenso doutrinário acerca da natureza jurídica do vício da sentença proferida em processo com irregularidades na citação, quando verificada a revelia: *nulidade* ou *inexistência*. Consequentemente, também há divergência sobre a função rescindente ou não da impugnação, a qual decide tal questão.

O ponto de vista que se sustenta é o da *inexistência*, tendo em vista que a citação é pressuposto processual. A sentença prolatada em processo em que não tenha havido citação ou em que essa tenha sido viciada, aliado ao fato de o réu ter se mantido inerte, é inexistente, porque todo o processo também inexiste – não houve angularização processual.

Por tal razão, o único vício do processo de conhecimento, o qual pode ser alegado na impugnação ao cumprimento da sentença, é a falta ou nulidade da citação, desde que o processo tenha corrido em revelia. Acerca de toda e qualquer outra matéria que poderia ser alegada no processo declaratório, ainda que pronunciável de ofício e a qualquer tempo, há preclusão máxima.

Tal vício leva ao reconhecimento da inexistência, e não nulidade, da sentença proferida nessas condições, a qual sequer chega a constituir coisa julgada. Por essa razão, os efeitos da decisão (na impugnação) que reconhece esse defeito não são rescindentes, já que não há coisa julgada para rescindir, mas declaratórios da inexistência da sentença e de todos os atos processuais praticados desde (e inclusive) a citação. Em consequência, a marcha processual retrocederá para o início do processo de conhecimento, realizando-se, então, a regular citação da(s) parte(s) ré(s).

2. Ilegitimidade das partes

Não se trata de ilegitimidade de partes, a qual poderia ter sido arguida na fase de conhecimento – em razão da preclusão da coisa julgada –, mas de ilegitimidade superveniente, estritamente ligada à fase executiva.

Não só defeitos referentes à titularidade da obrigação podem ser alegados, mas também eventuais problemas na representação processual (capacidade de estar em juízo), como, por exemplo, a necessidade da participação do Ministério Público nos casos de incapazes.

3. Inexequibilidade do título ou inexigibilidade da obrigação

O título que autoriza o cumprimento de sentença é aquele que, à primeira vista, evidencia a certeza, liquidez e exigibilidade. A exigibilidade, por si só, é a qualidade do título, a qual impõe ao devedor o *imediato* cumprimento da obrigação contida na sentença, que deve estar certificada pelo trânsito em julgado, não pendendo qualquer condição ou termo – há que se observar o adimplemento da obrigação do exequente, quando, sem isso, não se pode reclamar o implemento da obrigação do executado.

Esse *imediato* deverá ser lido sob nova interpretação, qual seja, após a intimação para pagamento da obrigação, nos termos do *caput* do artigo 523 do CPC.

O sistema admite o cumprimento da sentença independentemente da certificação da coisa julgada se estiver pendente recurso recebido sem efeito suspensivo, iniciando-se, então, a execução provisória da sentença. Caso o recurso tenha sido recebido no efeito suspensivo, o credor poderá dar início à execução, prestando-se caução idônea e suficiente, no arquétipo do art. 520 e seguintes do Código.

Não se observando a certeza, a liquidez e a exigibilidade, o título será inexequível e, via de consequência, se o credor der início à execução, ela poderá ser impugnada.

Ademais, de acordo com o § 12 do presente artigo, para o fim do inciso III (inexequibilidade do título ou inexigibilidade da obrigação) do § 1º do mesmo artigo, "considera-se também inexigível a obrigação reconhecida em título executivo judicial fundado em lei ou ato normativo considerado inconstitucional pelo Supremo Tribunal Federal ou fundado em aplicação ou interpretação da lei ou do ato normativo tido pelo Supremo Tribunal Federal como incompatível com a Constituição Federal, em controle de constitucionalidade concentrado ou difuso".

Não se trata de relativizar a coisa julgada, tampouco de uma extraordinária hipótese de rescisão da coisa julgada, mas, tão somente, de uma forma de declarar a inexistência de uma sentença a qual não tem o condão de transitar em julgado. Explica-se: o título judicial fundamentou-se em lei declarada inconstitucional, ou seja, em lei que nunca entrou no ordenamento jurídico e, assim, que não poderia ter sido aplicada. Não pode subsistir sentença com base em lei que não existe. De todo modo, a procedência da impugnação não desconstituirá o título, limitando-se a tornar inadmissível sua execução.

O texto do § 14 do art. 525 do Código restringe o cabimento da impugnação incidental aos casos em que houver *prévio pronunciamento* do Supremo Tribunal Federal, seja em controle difuso ou concentrado, acerca da incompatibilidade da lei aplicada na sentença com a Constituição Federal. Compreende, também, a interpretação ou a aplicação de lei em forma considerada incompatível com a Constituição pelo Supremo Tribunal Federal – inconstitucionalidade da exegese e não da lei propriamente dita. Caso o pronunciamento tenha sido posterior, caberá ação rescisória, respeitando-se o prazo legal.

É necessário observar que o Supremo Tribunal Federal pode modular os efeitos dessa decisão, nos termos do § 13 do artigo sob comento, o que significa determinar que a decisão retroaja ou não no tempo. Assim, o STF poderá decidir pela eficácia *ex tunc* ou *ex nunc* do acórdão, fixando o *dies a quo* da vigência da decisão. A regra é pela irretroatividade, uma vez que uma lei inconstitucional não existe no mundo jurídico. No entanto, em casos em que a eficácia *ex tunc* possa gerar danos à sociedade, o tribunal pode transformar essa eficácia em *ex nunc* – por exemplo, a valer da data do trânsito em julgado do acórdão.

4. Penhora incorreta ou avaliação errônea

Deve-se considerar que, diante da alteração legal que afastou a obrigatoriedade da garantia prévia do juízo para a apresentação da impugnação, tal alegação venha a ser pouco utilizada. Vale dizer, inclusive, que existe previsão e oportunidade para que o devedor alegue tais matérias após a realização da penhora e avaliação, por simples petição, nos termos do § 11 do artigo em explanação.

De todo modo, caso ocorra penhora antes da apresentação da impugnação, erros poderão ocorrer na avaliação, abrindo-se, então, a oportunidade para o devedor defender-se quanto a essa quantificação. O impugnante deverá declinar o valor que entende correto do bem penhorado, sob pena de indeferimento liminar da impugnação.

Além da avaliação errônea do bem penhorado, pode haver incorreção na própria penhora, levando-se em conta, especialmente, que a indicação de bens está nas mãos do credor, o qual deverá realizá-la no requerimento do cumprimento de sentença. Desse modo, havendo, por exemplo, penhora de bens impenhoráveis ou em desrespeito à ordem de preferência do Código, poderá o devedor oferecer impugnação discutindo a validade da penhora.

5. Excesso de execução ou cumulação indevida de execuções

O excesso refere-se à sobeja do efetivamente devido no título executivo. A obrigatoriedade de se declarar de imediato o valor que se entende correto, sob pena de rejeição liminar da impugnação (tese firmada em recursos repetitivos do STJ, tema 673), é alteração trazida pela última reforma (Lei nº 11.232/2005) e mantida no CPC/2015, a qual proporciona significativo impacto para a celeridade processual. Essa orientação – de que a demonstração do *quantum* entendido correto é ônus do impugnante – visa coibir impugnações genéricas, protelatórias e abusivas.

Em casos de excesso, há sempre uma parcela incontroversa nos valores, sob a qual não pende a impugnação. Ora, se excesso é o que está além do devido (a sobeja), o devido já é certo e exigível, de forma que a execução da parte não impugnada deve prosseguir normalmente, independentemente do requerimento do credor.

A cumulação de execuções deve seguir os parâmetros do art. 780 do CPC: "O exequente pode cumular várias execuções, ainda que fundadas em títulos diferentes, quando o executado for o mesmo e desde que para todas elas seja competente o mesmo juízo e idêntico o procedimento". Em estando a cumulação em desacordo com os termos legais, poderá ser matéria de impugnação – novidade do CPC/2015.

6. Incompetência absoluta ou relativa do juízo da execução

Incompetência é a falta de poder do juiz ou autoridade judicial para conhecer e julgar – e mais especificamente executar – determinada questão, que a outro compete.

O Código de Processo Civil de 2015 passou a permitir a alegação da incompetência em qualquer de suas modalidades na impugnação ao cumprimento de sentença. A incompetência absoluta, por se tratar de matéria de ordem pública, poderá ser alegada em qualquer ocasião, por simples petição nos autos, nos termos do § 11 do artigo em debate.

7. Qualquer causa modificativa ou extintiva da obrigação, como pagamento, novação, compensação, transação ou prescrição, desde que supervenientes à sentença

O adimplemento abraça todos os modos, diretos ou indiretos, de extinção da obrigação pela satisfação do credor, e engloba, portanto, o pagamento, a novação, a compensação, a confusão, a remissão de dívidas, a transação, entre outros.

O pagamento é ato liberatório, por meio de cumprimento voluntário da obrigação, seja quando o próprio devedor toma iniciativa, seja quando atende à solicitação do credor, desde que não o faça de modo compelido. O pagamento é, pois, o meio normal ou ordinário de extinção das obrigações.

Já a novação é a constituição de uma nova obrigação em substituição e extinção da anterior. Por meio da novação, a primitiva obrigação perece e uma outra surge, tomando o seu lugar. Desse modo, a novação é uma operação que, em um mesmo ato, extingue uma obrigação e a substitui por outra, nascida naquele instante.

A compensação, por sua vez, é a extinção de duas obrigações em que os credores são devedores um do outro ao mesmo tempo. É um desconto recíproco: os débitos extinguem-se até onde se compensam e se contrabalançam – há um encontro de contas. Se os créditos forem de igual valor, ambos desaparecem integralmente; se forem de valores diferentes, o maior se reduz à importância correspondente ao menor. Procede-se como se houvesse ocorrido pagamento recíproco, substituindo a dívida apenas na parte não resgatada.

Por meio da transação, as partes fazem concessões recíprocas em relação a seus interesses, modificando-os, reduzindo-os em seu valor ou extinguindo-os definitivamente. O Código Civil disciplina, nos arts. 840 a 850, a sua admissibilidade e efeitos.

Além das formas de extinção ou modificação da obrigação pelo implemento, o Código de Processo Civil também prevê a extinção da pretensão pelo decurso do tempo – prescrição. Com a ocorrência da prescrição, não é mais possível exigir que alguém cumpra o dever jurídico, embora seja ele ainda devido, já que não existe relação de pertinência entre o exercício da pretensão e o direito subjetivo. Melhor esclarecendo, diante do decurso do prazo prescricional, subsiste o direito subjetivo, o qual pode ser legitimamente atendido pelo sujeito passivo, se assim o desejar, não sendo possível, todavia, o exercício dessa pretensão em juízo.

Eis os fatos impeditivos, modificativos ou extintivos elencados no artigo. No entanto, diante das locuções *qualquer causa* e *como* da sua redação, resta claro que tal rol é meramente exemplificativo, não impedindo que qualquer outra causa extintiva ou modificativa seja alegada na impugnação, tal como a remissão, confusão, impossibilidade de cumprimento, entre outras.

VI. Efeito suspensivo

O oferecimento da impugnação não suspende o procedimento executivo. Todavia, o magistrado pode, a requerimento do executado, conceder a suspensão do procedimento executivo, desde que relevantes seus fundamentos e o prosseguimento da execução seja manifestamente suscetível de causar ao executado grave dano de difícil ou incerta reparação. Assim, cabe ao executado requerer, demonstrar e descrever a situação de dano, a relevância da fundamentação, e fazer prova da existência dos requisitos genéricos das cautelares: *fumus boni iuris* e *periculum in mora*. A suspensão da impugnação ao cumprimento de sentença opera-se, portanto, *ope iudicis* e não *ope legis*.

A execução pode prosseguir mesmo tendo o juiz concedido o efeito suspensivo, vez que o Código prevê uma contracautela do exequente: direito subjetivo de obter o prosseguimento da execução, desde que prestada caução idônea nos próprios autos.

A suspensão pode recair apenas contra parte da execução, prosseguindo-se em relação ao restante do montante; caso haja mais de um devedor, não necessariamente a suspensão concedida a um deles alcança o(s) outro(s).

Art. 526 - É lícito ao réu, antes de ser intimado para o cumprimento da sentença, comparecer em juízo e oferecer em pagamento o valor que entender devido, apresentando memória discriminada do cálculo.

§ 1º - O autor será ouvido no prazo de 5 (cinco) dias, podendo impugnar o valor depositado, sem prejuízo do levantamento do depósito a título de parcela incontroversa.

§ 2º - Concluindo o juiz pela insuficiência do depósito, sobre a diferença incidirão multa de dez por cento e honorários advocatícios, também fixados em dez por cento, seguindo-se a execução com penhora e atos subsequentes.

§ 3º - Se o autor não se opuser, o juiz declarará satisfeita a obrigação e extinguirá o processo.

I. Iniciativa do devedor na extinção da obrigação

O legislador tratou, no Código de Processo Civil de 2015, do comparecimento espontâneo do devedor para oferecimento do valor entendido como correto, realizando-se o pagamento e oferecendo-se memória de cálculo. Trata-se de uma novidade legislativa, mas não forense, uma vez que a prática tornou-se comum para se evitar a então nova multa de 10% incidente no cumprimento definitivo da sentença (CPC/1973, art. 475-J, *caput*).

Tendo em vista os primeiros pronunciamentos do Superior Tribunal de Justiça no sentido de que a multa incidiria logo após o trânsito em julgado da sentença, independentemente de intimação, a cautela do devedor pedia o cumprimento voluntário da obrigação a partir do momento em que a sentença tornava-se exigível (*cumpra-se*) e dentro do prazo de 15 dias subsequentes (*tempus iudicati*). Assim, o advogado deveria informar o valor da dívida e o ônus do não pagamento ao seu cliente, sob pena de responsabilidade, tão logo fosse certificado o trânsito em julgado da decisão.

A jurisprudência flexibilizou-se para definir que a imposição da multa prevista no CPC/1973 dependia da intimação do devedor, na figura do seu advogado. A jurisprudência fixou-se definitivamente por meio de julgamento de recursos repetitivos: "Tema: 380. Ordem de Inclusão:

420, Descrição: 'No caso de sentença ilíquida, para a imposição da multa prevista no art. 475-J do CPC, revela-se indispensável (i) a prévia liquidação da obrigação; e, após, o acertamento, (ii) a intimação do devedor, na figura do seu Advogado, para pagar o *quantum* ao final definido no prazo de 15 dias', RESP 1147191, Ministro NAPOLEÃO NUNES MAIA FILHO. Julgado o mérito do tema".

Independentemente da praxe forense, há de se registrar que o Código de Processo Civil de 2015 previu o procedimento do pagamento espontâneo, no qual o devedor, ainda que não intimado, pode satisfazer a obrigação, depositando a importância que entender devida em juízo e ofertando seu demonstrativo de cálculo, com a discriminação dos elementos da apuração do valor. Após, o credor deve ser ouvido em cinco dias, quando poderá levantar o valor incontroverso, concordando ou não com os cálculos – sem que tenha prejudicado seu direito de impugná-los, postulando a diferença.

Caberá ao juiz decidir acerca da correção dos cálculos, e caso entenda ter sido realizado depósito a menor, fixar multa e honorários de 10% sobre a diferença, dando-se continuidade aos procedimentos executivos – penhora, avaliação e expropriação – sobre o valor residual.

Ante a lealdade processual demonstrada pelo devedor, parece que seria apropriado oportunizar ao devedor o pagamento da diferença apurada antes das incidências legais.

Art. 527 - Aplicam-se as disposições deste Capítulo ao cumprimento provisório da sentença, no que couber.

I. Aplicação subsidiária

O cumprimento de título judicial provisório observa, subsidiariamente, as regras do cumprimento definitivo, exceto no que diz respeito às regras destinadas à efetivação da obrigação. Não haverá expropriação enquanto não houver decisão transitada em julgado.

Capítulo IV - Do Cumprimento de Sentença que Reconhece a Exigibilidade de Obrigação de Prestar Alimentos

Art. 528 - No cumprimento de sentença que condene ao pagamento de prestação alimentícia ou de decisão interlocutória que fixe alimentos, o juiz, a requerimento do exequente, mandará intimar o executado pessoalmente para, em 3 (três) dias, pagar o débito, provar que o fez ou justificar a impossibilidade de efetuá-lo.

§ 1° - Caso o executado, no prazo referido no caput, não efetue o pagamento, não prove que o efetuou ou não apresente justificativa da impossibilidade de efetuá-lo, o juiz mandará protestar o pronunciamento judicial, aplicando-se, no que couber, o disposto no art. 517.

§ 2° - Somente a comprovação de fato que gere a impossibilidade absoluta de pagar justificará o inadimplemento.

§ 3° - Se o executado não pagar ou se a justificativa apresentada não for aceita, o juiz, além de mandar protestar o pronunciamento judicial na forma do § 1°, decretar-lhe-á a prisão pelo prazo de 1 (um) a 3 (três) meses.

§ 4° - A prisão será cumprida em regime fechado, devendo o preso ficar separado dos presos comuns.

§ 5° - O cumprimento da pena não exime o executado do pagamento das prestações vencidas e vincendas.

§ 6° - Paga a prestação alimentícia, o juiz suspenderá o cumprimento da ordem de prisão.

§ 7° - O débito alimentar que autoriza a prisão civil do alimentante é o que compreende até as 3 (três) prestações anteriores ao ajuizamento da execução e as que se vencerem no curso do processo.

§ 8° - O exequente pode optar por promover o cumprimento da sentença ou decisão desde logo, nos termos do disposto neste Livro, Título II, Capítulo III, caso em que não será admissível a prisão do executado, e, recaindo a penhora em dinheiro, a concessão de efeito suspensivo à impugnação não obsta a que o exequente levante mensalmente a importância da prestação.

§ 9° - Além das opções previstas no art. 516, parágrafo único, o exequente pode promover o cumprimento da sentença ou decisão que condena ao pagamento de prestação alimentícia no juízo de seu domicílio.

Autor: Guilherme Augusto Bittencourt Corrêa

I. Alimentos

Antes de adentrar no procedimento, cumpre destacar que os alimentos não podem ser entendidos apenas como o valor necessário à alimentação, mas sim, a quantia necessária à satisfação de todas as necessidades que o alimentando tenha com alimentação, saúde, vestuário, lazer, educação, etc.

Destacam-se, ainda, as várias classificações da verba alimentar. Com relação à origem podem ser legítimos (devidos em face do parentesco, casamento e união estável); voluntários (decorrentes de negócio jurídico); e indenizativos (aqueles fixados judicialmente em virtude da prática de um ato ilícito).

Uma segunda classificação divide os alimentos em provisórios (fixados em decisão judicial sujeita a recurso) ou em definitivos (decorrentes de acordo homologado judicialmente ou de sentença ou acórdão transitado em julgado). Lembre-se de que a menção a alimentos provisionais foi retirada da legislação, sendo estes agora pertencentes ao grupo dos provisórios.

O estudo que se iniciará a seguir trata dos alimentos fixados judicialmente, independentemente de sua origem ou grau de estabilidade. O importante é que exista um procedimento judicial em que tenha havido a fixação dos alimentos. Destaca-se, ainda, que eventual acordo judicial de alimentos, desde que homologado pelo magistrado, submete-se às regras que serão adiante explicitadas.

II. O início do procedimento e a intimação do devedor

Para o início do procedimento, há a necessidade de requerimento do credor, o que desautoriza o início do procedimento de ofício pelo magistrado. Salienta-se que, apesar de a lei mencionar cumprimento de "sentença", o *caput* do presente dispositivo deixa claro que é possível a adoção do procedimento em questão quando existir sentença ou decisão interlocutória determinando o pagamento da verba alimentar. Além disso, não há razões para excluir a possibilidade do procedimento em questão também em caso de acórdão que determine o cumprimento da obrigação alimentar.

Por ser procedimento dentro do próprio processo em que foram fixados os alimentos, não há que se falar em citação do devedor; por isso é prevista a intimação pessoal do devedor, e não somente na pessoa do seu advogado. Realizada a intimação do devedor, abre-se o prazo de 3 (três) dias para a realização do pagamento, a prova deste ou a justificativa a respeito da impossibilidade de realizá-lo.

A respeito do tema, importante destacar que o STJ entende inviável o uso do habeas corpus como meio de afastar a prisão do devedor que alega a impossibilidade de cumprir com o pagamento da verba alimentar. Segundo a Corte, a verificação da justificativa apresentada pelo devedor, para o não pagamento da verba, demanda a análise de provas, o que não encontra espaço no citado remédio constitucional:

"[...] 1. Não é admissível a utilização de habeas corpus como sucedâneo ou substitutivo de recurso ordinário cabível. Precedentes. [...] 4. A verificação da incapacidade financeira do alimentante e a revisão das justificativas apresentadas para o inadimplemento da obrigação demandam dilação probatória, não se mostrando o writ a via adequada para este mister. Precedentes. [...]" (STJ, 3ª T., HC nº 374.764-SP, Rel. Min. Moura Ribeiro, j. em 4/4/2017, DJe de 18/4/2017).

"[...] HABEAS CORPUS. PRISÃO CIVIL. DEVEDOR DE ALIMENTOS. EXECUÇÃO. ADIMPLEMENTO PARCIAL DO DÉBITO. IMPOSSIBILIDADE. CAPACIDADE FINANCEIRA DO EXECUTADO E NECESSIDADES ALIMENTARES DOS ALIMENTADOS. QUESTÃO DE FATO. INCIDÊNCIA DA SÚM 7/STJ. IMPOSSIBILIDADE DE DISCUSSÃO NA VIA ESTREITA DO WRIT. [...] 4. O remédio heroico, possuindo cognição sumária, é infenso à dilação probatória, tampouco admite aprofundada análise de fatos e provas controvertidos. É pacífico o entendimento do STJ no sentido de que a sede própria para examinar aspectos probatórios em torno da capacidade financeira do paciente é a execução de alimentos. 5. Assim, em sede de habeas corpus, não há como concluir, apenas no âmbito limitado de cognição do remédio constitucional, se as necessidades alimentares dos credores estão sendo supridas e se o devedor realmente tem condições de satisfazer sua obrigação, sem incidir no óbice da Súm 7/STJ. [...]" (STJ, 4ª T., HC nº 312.551-SP, Rel. Min. Raul Araújo, Rel. p/ Acórdão Min. Luis Felipe Salomão, j. em 12/4/2016, DJe de 11/5/2016).

Ainda em relação à impossibilidade de pagamento, a legislação deixa claro que a justificativa para o não pagamento somente será aceita no caso de impossibilidade absoluta. Além disso, a impossibilidade não pode ser permanente, ou seja, deve ser somente temporária. Desta forma, a alegação de justificativa que leve à exoneração completa da obrigação alimentar ou modificação permanente no *quantum* da obrigação deve ser feita pela via da ação própria, qual seja, a ação de exoneração ou de revisão de alimentos. O STJ enfrentou bem a questão:

"[...] EXECUÇÃO DE ALIMENTOS. PRISÃO CIVIL. JUSTIFICATIVA APRESENTADA PELO DEVEDOR. COMPROVAÇÃO DA SITUAÇÃO DE PENÚRIA. FATO NOVO. IMPOSSIBILIDADE MOMENTÂNEA. AFASTAMENTO TEMPORÁRIO DA PRISÃO. [...] 3. A justificativa deverá ser baseada em fato novo, isto é, que não tenha sido levado em consideração pelo juízo do processo de conhecimento no momento da definição do débito alimentar. 4. Outrossim, a impossibilidade do devedor deve ser apenas temporária; uma vez reconhecida, irá subtrair o risco momentâneo da prisão civil, não havendo falar, contudo, em exoneração da obrigação alimentícia ou redução do encargo, que só poderão ser analisados em ação própria. [...]" (STJ, 4ª T., REsp nº 1185040-SP, Rel. Min. Luis Felipe Salomão, j. em 13/10/2015, DJe de 9/11/2015).

"[...] Na execução de alimentos, não cabe ao devedor alegar em sua defesa a existência de causa exoneratória da obrigação alimentar. Matéria a ser discutida em ação própria [...]" (STJ, 3ª T., HC nº 242654/SP, Rel. Paulo de Tarso Sanseverino, unânime, j. em 5/3/2013, DJE de 26/3/2013).

Portanto, da análise dos julgados anteriores, facilmente conclui-se que a impossibilidade de pagamento deve ser temporária, em sendo definitiva, cumpre ao devedor buscar a revisão ou exoneração por meio de ação própria.

III. A possibilidade do protesto da decisão e da prisão civil

Caso o devedor não pague, não prove o pagamento, não justifique a ausência do pagamento, ou apresente justificativa que não seja aceita pelo magistrado, este determinará o protesto do título (decisão interlocutória, sentença e acórdão) que tenha fixado os alimentos. Tal possibilidade representa inovação legal e que possui o intuito de forçar o devedor a cumprir, o que mostra o caráter coercitivo da medida. Destaca-se que o protesto é feito independentemente de requerimento da parte, já que o código ordena ao juiz a realização de tal ato em caso de ausência de pagamento.

Não há que se falar em suposta violação do princípio da demanda em caso de ausência do pedido de protesto pela parte e mesmo assim o magistrado decidir neste sentido. O protesto aqui é visto apenas como um meio de efetivação da decisão judicial, e não como a própria tutela jurisdicional prestada. Destaca-se que o uso pelo magistrado de medidas para fazer cumprir o comando judicial encontra amparo também no art. 139, inciso IV, do CPC/2015.

Mesmo antes da entrada em vigor do atual código de processo civil, o STJ já aceitava o protesto da decisão que fixa alimentos: "[...] PROTESTO E INCLUSÃO DO NOME DO DEVEDOR NOS CADASTROS DE RESTRIÇÃO AO CRÉDITO (SPC E SERASA). POSSIBILIDADE. FORMA DE COERÇÃO INDIRETA DO EXECUTADO. MÁXIMA EFETIVIDADE AOS DIREITOS FUNDAMENTAIS DA CRIANÇA E ADOLESCENTE. MÍNIMO EXISTENCIAL PARA SOBREVIVÊNCIA. 1. A proteção integral está intimamente ligada ao princípio do melhor interesse da criança e adolescente, pelo qual, no caso concreto, devem os aplicadores do direito buscar a solução que proporcione o maior benefício possível para o menor. [...] 2. O norte nessa seara deve buscar a máxima efetividade aos direitos fundamentais da criança e do adolescente, especificamente criando condições que possibilitem, de maneira concreta, a obtenção dos alimentos para sobrevivência. [...] 4. O direito de família é campo fértil para a aplicação dessa tutela específica, notadamente pela natureza das relações jurídicas de que cuida – relações existenciais de pessoas –, as quais reclamam mecanismos de tutela diferenciada. Realmente, a depender do caso concreto, pode o magistrado determinar forma alternativa de coerção para o pagamento dos alimentos, notadamente para assegurar ao menor, que sabidamente se encontra em situação precária e de vulnerabilidade, a máxima efetividade do interesse prevalente – o mínimo existencial para sua sobrevivência –, com a preservação da dignidade humana por meio da garantia de seus alimentos. 5. É plenamente possível que o magistrado, no âmbito da execução de alimentos, venha a adotar, em razão da urgência de que se reveste o referido crédito e sua relevância social, as medidas executivas do protesto e da inscrição do nome do devedor de alimentos nos cadastros de restrição ao crédito, caso se revelem como meio eficaz para a sua obtenção, garantindo à parte o acesso à tutela jurisdicional efetiva. 6. Isso porque: i) o segredo de justiça não se sobrepõe, numa ponderação de valores, ao direito à sobrevivência e dignidade do menor; ii) o rito da execução de alimentos prevê medida mais gravosa, que é a prisão do devedor, não havendo justificativa para impedir meio menos oneroso de coerção; iii) a medida, até o momento, só é admitida mediante ordem judicial; e iv) não deve haver divulgação de dados do processo ou do alimentando envolvido, devendo o registro se dar de forma sucinta, com a publicação ao comércio e afins apenas que o genitor é devedor numa execução em curso. [...] 8. Trata-se de posicionamento já consagrado em legislações de direito comparado, sendo inclusive previsão do novo Código de Processo Civil, que estabeleceu expressamente a possibilidade do protesto e da negativação nos cadastros dos devedores de alimentos (arts. 528 e 782). [...]" (STJ, 4ª T., REsp nº 1533206-MG, Rel. Min. Luis Felipe Salomão, j. em 17/11/2015, DJe de 1º/2/2016).

Além desta medida coercitiva, mantém-se hígida a possibilidade do uso da prisão civil, também prevista no revogado CPC/1973. Tal medida possui caráter eminentemente coercitivo e jamais punitivo. Na prática significa dizer que, com o pagamento, o devedor deve ser posto imediatamente em liberdade, sob pena de ilegalidade da prisão, o que legitima inclusive a impetração de *habeas corpus*.

Outro ponto que reforça o caráter coercitivo da prisão civil aqui aplicada é que o cumprimento integral do prazo da prisão não libera o devedor do pagamento da quantia devida, como bem dispõe o § 5º, do presente dispositivo.

Ressalta-se que, por não ter caráter punitivo nem criminal, o Código determina que haja a separação dos presos civis, para que estes não fiquem alojados no mesmo recinto que os presos condenados que cumprem pena. A discriminação aqui é acertada. Há evidente desigualdade entre o preso condenado criminalmente que cumpre pena e busca a ressocialização e aquele preso que apenas descumpriu a obrigação alimentar e que não cumpre pena, mas apenas sofre a restrição à liberdade como forma de coerção e incentivo ao cumprimento da prestação alimentar.

Importante salientar que o caráter coercitivo da prisão civil, dentro do prazo fixado pelo juiz, somente cessará com o pagamento integral do débito. Sendo assim, o pagamento apenas parcial do valor devido não revoga nem suspende o decreto prisional:

"[...] INADIMPLÊNCIA DO DEVEDOR. PRISÃO CIVIL. [...] PAGAMENTO PARCIAL DA PENSÃO NÃO AFASTA O DECRETO DE PRISÃO. PRECEDENTES. [...] 6. A jurisprudência dominante do STJ segue no sentido de que o não pagamento integral das parcelas alimentares devidas autoriza a prisão civil do devedor de alimentos. Precedentes" (STJ, 3ª T., HC nº 405.934-SP, Rel. Min. Moura Ribeiro, j. em 22/8/2017, DJe de 31/8/2017).

"[...] REVOGAÇÃO DO DECRETO PRISIONAL. NÃO CABIMENTO. [...] 2. O pagamento parcial da obrigação alimentar não afasta a legitimidade da prisão civil. Precedentes. [...]" (STJ, 4ª T., AgInt no RHC nº 81.501-SP, Rel. Min. Antonio Carlos Ferreira, j. em 3/8/2017, DJe de 9/8/2017).

Destaca-se ainda que o legislador optou por manter o prazo máximo da prisão em três meses, ou seja, manteve a redação do § 1°, do art. 733, CPC/1973. Em uma primeira análise, não haveria nenhum problema nisso, porém, com uma análise mais profunda, pensa-se que o legislador acabou por desrespeitar o princípio da menor onerosidade do devedor. A Lei nº 5.478/68 (Lei de Alimentos) no art. 19, prevê que o prazo de prisão civil não será superior a sessenta dias. Então, existia este conflito de normas, já que o CPC/1973 falava em três meses e a Lei de Alimentos, em sessenta dias.

Alguns entendiam que, em homenagem ao princípio da menor onerosidade do devedor, deveria ser aplicado o menor prazo para a prisão civil, ou seja, no limite de 60 dias.

Porém, o CPC/2015, ao fixar o prazo máximo de três meses, desconsiderou este entendimento, ou seja, agora então, ao menos em princípio, aplica-se o prazo máximo de três meses para a prisão, ignorando-se a disposição da Lei de Alimentos. Por óbvio que a jurisprudência pode vir a fixar entendimento diferente disso e teria dois bons argumentos para isso. O primeiro seria a questão do princípio da menor onerosidade do devedor. O segundo seria um argumento mais retórico do que jurídico, explica-se.

O CPC/2015 revogou alguns dispositivos da Lei de Alimentos. De acordo com o art. 1.072 do CPC/2015, revogam-se os arts. 16 a 18 da Lei nº 5.478/1968, ou seja, o art. 19 mantém-se intacto. E aqui a indagação. Se o legislador optou por revogar alguns dispositivos da Lei de Alimentos, por que não aproveitou também para revogar o art. 19, que trata do prazo de prisão? Pode-se pensar que foi esta mesmo a intenção do legislador, ou seja, manter este prazo em vigência.

Nesta linha de raciocínio, o TJPR possui julgado recente aplicando o prazo máximo de 60 dias, nos termos da Lei de Alimentos:

"[...] PRAZO PRISIONAL. REDUÇÃO. POSSIBILIDADE. ANTINOMIA ENTRE ARTIGO 733, § 1, DO CÓDIGO DE PROCESSO CIVIL/73, ATUAL 528, § 3, E O ARTIGO 19 DA LEI 5.478/68. CRITÉRIO DE ESPECIALIZAÇÃO LEGISLATIVA. AUSÊNCIA DE REVOGAÇÃO EXPRESSA PELA LEI POSTERIOR. INTELIGÊNCIA ARTIGO 2º DA LEI DE INTRODUÇÃO AO DIREITO BRASILEIRO. RESTRIÇÃO DA PRISÃO AO PRAZO MÁXIMO DE 60 (SESSENTA) DIAS. RECURSO CONHECIDO E PARCIALMENTE PROVIDO PARA LIMITAR O PRAZO PRISIONAL PARA NO MÁXIMO 60 (SESSENTA) DIAS. 1. Não havendo revogação expressa do artigo 19 da Lei de Alimentos pelo Novo Código de Processo Civil, entende-se que o prazo prisional máximo civil por dívida alimentar é de 60 (sessenta) dias, pela especialidade da lei" (TJPR, 11ª C. Cível, AI nº 1414056-0-Lapa, Rel. Lenice Bodstein, unânime, j. em 18/5/2016).

Certamente, a definição do prazo máximo para a prisão civil será assunto que movimentará a jurisprudência dos tribunais pátrios.

Um último ponto sobre a prisão refere-se às parcelas que estão sujeitas à cobrança por meio da prisão civil. O § 7° do art. 528 apenas repetiu o entendimento consolidado da jurisprudência, representado pelo enunciado da Súmula nº 309 do STJ: "O débito alimentar que autoriza a prisão civil do alimentante é o que compreende as três prestações anteriores ao ajuizamento da execução e as que se vencerem no curso do processo". Desta forma, apenas as parcelas vencidas até três meses antes do pedido de cumprimento de sentença, bem como as vincendas, poderão utilizar-se da prisão civil como meio coercitivo.

Tal disposição tem causado alguma confusão entre as pessoas, já que alguns entendem que há a necessidade de um atraso de, no mínimo, três meses no pagamento das parcelas mensais para somente então ser possível o uso da prisão civil. Esclareça-se que isso é um equívoco. Para o uso da prisão civil, basta a inadimplência e a ausência de justificativa plausível para tanto. O que a lei veda é o uso da prisão civil para a cobrança de parcelas muito antigas, aqui entendidas aquelas anteriores a três meses, contadas da data do ajuizamento do pedido.

IV. O uso da expropriação e do desconto em folha

Conforme dito, nem todas as parcelas podem ser cobradas com o uso da prisão civil, ficando esta restrita às parcelas vencidas no máximo três meses antes do ajuizamento do pedido, bem como as vincendas. Porém, não custa ressaltar que as parcelas anteriores a este período podem ser cobradas, desde que não afetadas pela prescrição, mas neste caso deve ser adotado o procedimento de cumprimento de sentença de pagar quantia certa (arts. 523 e seguintes do CPC/2015) ou o do desconto em folha (art. 528, CPC/2015), este a ser demonstrado nos próximos tópicos.

Salienta-se que, além destas parcelas que não podem ser cobradas por meio da prisão civil, o uso da medida restritiva de liberdade é faculdade do credor, ou seja, se este desejar, todas as parcelas poderão ser cobradas sem o uso da prisão civil.

Em caso de cumprimento de sentença pela via expropriatória, o devedor poderá apresentar impugnação ao cumprimento de sentença, sendo que esta não possui efeito suspensivo, podendo o juiz concedê-lo por meio de decisão judicial. Para que isso seja possível, um dos requisitos é a garantia do juízo, que pode, por exemplo, ser prestada na forma de penhora. Caso haja penhora sobre dinheiro e o juiz conceda efeito suspensivo à impugnação, não haverá impedimento para o levantamento da importância mensal devida a título de alimentos.

V. Competência

Em relação à competência, cumpre salientar o benefício que possui o alimentando no momento do início do procedimento para o cumprimento da obrigação alimentar. Este pode optar por realizar o cumprimento da sentença em seu domicílio, além da possibilidade de seguir as regras gerais de competência para a execução, quais sejam: juízo que prolatou a sentença exequenda, domicílio do executado ou local dos bens passíveis de penhora, nos termos do art. 516 do CPC/2015.

Art. 529 - Quando o executado for funcionário público, militar, diretor ou gerente de empresa ou empregado sujeito à legislação do trabalho, o exequente poderá requerer o desconto em folha de pagamento da importância da prestação alimentícia.

§ 1° - Ao proferir a decisão, o juiz oficiará à autoridade, à empresa ou ao empregador, determinando, sob pena de crime de desobediência, o desconto a partir da primeira remuneração posterior do executado, a contar do protocolo do ofício.

§ 2° - O ofício conterá o nome e o número de inscrição no Cadastro de Pessoas Físicas do exequente e do executado, a importância a ser descontada mensalmente, o tempo de sua duração e a conta na qual deve ser feito o depósito.

§ 3° - Sem prejuízo do pagamento dos alimentos vincendos, o débito objeto de execução pode ser descontado dos rendimentos ou rendas do executado, de forma parcelada, nos termos do caput deste artigo, contanto que, somado à parcela devida, não ultrapasse cinquenta por cento de seus ganhos líquidos.

I. A técnica do desconto em folha

O presente dispositivo regula a tradicional execução por desconto em folha. Tal medida deve ser a preferida pelas partes e pelo juiz, já que alia dois princípios importantes da execução: efetividade e menor onerosidade do devedor.

A efetividade é evidente, já que, com o desconto em folha, o alimentando (credor) recebe mensalmente a quantia sem a necessidade de a cada mês buscar patrimônio do devedor. Além disso, impede qualquer tentativa de esquiva por parte do devedor, como, por exemplo, gastos excessivos no mês, greve em bancos, problemas na transferência de valores, etc.

Já com relação à menor onerosidade, esta também aparece respeitada, uma vez que não priva o devedor de sua liberdade, fazendo com que este continue desenvolvendo normalmente suas atividades, situação inversa à verificada quando do uso da prisão civil. Sendo assim, nos casos em que é possível o adimplemento da obrigação por meio do desconto em folha, mostra-se inviável e incabível o uso da prisão civil: "[...] É possível o pagamento de débito alimentício pretérito mediante desconto em folha. 2. No caso de as prestações atuais estarem sendo adimplidas, não é aconselhável a decretação da prisão civil do alimentante. [...]" (STJ, 3ª T., AgRg no AResp nº 333295/MS, Rel. Min. João Otávio de Noronha, unânime, j. em 25/11/2014, DJE de 12/12/2014).

Ainda, em complemento à ideia da menor onerosidade do devedor, deve continuar sendo observado o trinômio da obrigação alimentar, analisando-se a necessidade do alimentando, a possibilidade do alimentante e a proporcionalidade (razoabilidade):

"[...] A fixação da pensão alimentícia, deve-se observar o trinômio necessidade-possibilidade-razoabilidade, devendo, em um primeiro momento, atender à necessidade do alimentado e à possibilidade do alimentando de provê-los, para, em seguida, observar a razoabilidade dos valores devidos no caso concreto, sobretudo, com as condições econômico-financeiras" (STJ, TutPrv no Agravo em Recurso Especial nº 1.082.244-RN, Rel. Min. Maria Isabel Gallotti, decisão monocrática).

O respeito ao trinômio em questão é justamente evitar que a urgência da verba alimentar seja utilizada como pretexto para a ruína do alimentante. Alimentando e alimentante necessitam de dinheiro para sobreviver. Então, de nada adianta um desconto em folha abusivo a ponto de satisfazer o alimentando, mas, por outro lado, fazer com que o alimentante não tenha condições adequadas de sobrevivência.

É de curial importância esclarecer que qualquer rendimento periódico do executado pode servir de base para o desconto aqui mencionado, como, por exemplo, aluguéis, aplicações financeiras, etc.

II. O procedimento e o dever de colaboração de terceiros

Com relação ao procedimento propriamente dito, não há qualquer novidade. Deve ser expedido ofício ao empregador ou autoridade para que proceda ao desconto no mês seguinte ao do protocolo do ofício. Deixa-se clara a advertência de que o descumprimento da ordem leva à tipificação do crime de desobediência, previsto no art. 330 do Código Penal, bem como no art. 22, parágrafo único, da Lei de Alimentos. Esta última tipifica hipótese específica de crime de desobediência, o que leva a crer na sua aplicação em detrimento do dispositivo contido na legislação penal.

Neste ofício devem constar os dados do credor e do devedor, o valor e o tempo que deve durar o desconto. Ressalta-se que a obrigação pode ser por tempo indeterminado. Além disso, deve ser mencionada no referido ofício a conta para a qual o valor descontado será transferido.

Inova o legislador ao possibilitar o desconto em folha também para as parcelas vencidas. Por tal disposição, apura-se o valor dos valores vencidos e não pagos e desconta-se do valor da remuneração do credor, de forma total ou parcelada.

Nessa hipótese, a legislação, buscando a conciliação entre os princípios da efetividade da execução e o da menor onerosidade do devedor, limita o percentual deste desconto. O valor da prestação mensal, somado ao que será descontado em virtude do inadimplemento das parcelas vencidas, não poderá exceder a 50% (cinquenta por cento) da remuneração líquida do devedor.

Art. 530 - Não cumprida a obrigação, observar-se-á o disposto nos arts. 831 e seguintes.

I. Medida subsidiária: a expropriação

Caso os meios especiais de cumprimento de sentença (prisão civil e desconto em folha) não sejam suficientes ao cumprimento da obrigação alimentar, o credor deverá seguir o procedimento tradicional de execução de pagar quantia, por meio da penhora e posterior expropriação de bens.

Mesmo no silêncio do legislador, há que se entender que a penhora e a expropriação também poderão ser utilizadas quando o credor não desejar os meios específicos previstos para a execução de alimentos, em homenagem ao princípio da disponibilidade da execução pelo credor.

Art. 531 - O disposto neste Capítulo aplica-se aos alimentos definitivos ou provisórios.
§ 1° - A execução dos alimentos provisórios, bem como a dos alimentos fixados em sentença ainda não transitada em julgado, se processa em autos apartados.
§ 2° - O cumprimento definitivo da obrigação de prestar alimentos será processado nos mesmos autos em que tenha sido proferida a sentença.

I. A uniformidade dos meios executivos para os alimentos definitivos e provisórios

A disposição em questão não discrimina os alimentos em virtude de sua estabilidade. Significa dizer que, sejam provisórios ou definitivos, a prisão civil, o desconto em folha e a expropriação de bens podem ser livremente utilizados.

Lembre-se que o uso das diversas formas de execução é prerrogativa do credor-alimentando, respeitadas as regras anteriormente descritas.

Por questão de organização e a fim de evitar tumulto processual, a execução de alimentos provisórios, sejam os fixados em decisão interlocutória ou em sentença ou acórdão não transitados em julgado, tramitará em autos apartados. Por outro lado, a execução dos alimentos definitivos segue nos próprios autos.

Tais disposições apenas seguem o que já acontecia com o cumprimento de sentença previsto nos arts. 475-J e seguintes do CPC/1973 e que já vinham sendo aplicadas também no procedimento de cumprimento de sentença que condena ao pagamento de alimentos.

Art. 532 - Verificada a conduta procrastinatória do executado, o juiz deverá, se for o caso, dar ciência ao Ministério Público dos indícios da prática do crime de abandono material.

I. A possibilidade do crime de abandono material

O juiz, de ofício ou a requerimento do interessado, deverá cientificar o órgão do Ministério Público a respeito da existência de indícios de abandono material por parte do alimentante, a fim de que se verifique a viabilidade da ação penal.

Salienta-se que o crime em questão vem disposto no art. 244 do Código Penal, porém este deixa claro que o crime só existe em virtude da ausência de prestar subsistência decorrente de relações familiares, ou seja, a partir do descumprimento da obrigação de prestar os alimentos legítimos.

Sendo assim, não há que se falar no cometimento de crime, no caso de descumprimento da obrigação alimentar, quando este for decorrente de ato ilícito, por exemplo.

Um segundo ponto de destaque aqui é o da desnecessidade de tal dispositivo. A Lei de Contravenções Penais, no art. 66, inciso I, já determina que comete contravenção penal aquele "que deixar de comunicar à autoridade competente crime de ação pública incondicionada, de que teve conhecimento no exercício de função pública". Salienta-se que o crime de abandono material é crime de ação penal pública incondicionada. Portanto, ao que parece, o CPC/2015 apenas reforçou obrigação já existente ao magistrado.

Destaca-se que não há a necessidade de provocação do juiz para que o Ministério Público investigue a ocorrência do crime em questão. Importante fazer este comentário, já que, em muitos casos em que se tem a execução de alimentos, o Ministério Público deve intervir de forma obrigatória, como, por exemplo, nas hipóteses em que há interesse de incapaz em discussão (art. 178, inciso II, CPC/2015). Nesta situação então, verificando a ocorrência do crime, pode o Ministério Público, independentemente de manifestação judicial, apurar o cometimento do delito.

Cumpre o destaque de que a competência para processamento e julgamento do crime será do juízo criminal. Aqui então surge um questionamento. No caso de comarca de vara única, poderia o promotor, nos próprios autos em que foi verificado o crime em questão, oferecer a denúncia? A resposta é negativa, sendo necessário o ajuizamento da competente ação penal, totalmente independente da execução de alimentos.

Por fim, salienta-se que as aplicações das disposições do Código Penal não impedem a punição do executado que age de forma procrastinatória, por meio das sanções previstas àquele que atenta contra a dignidade da justiça (art. 77 do CPC/2015) e ao litigante de má-fé (arts. 80 e 81 do CPC/2015).

Art. 533 - Quando a indenização por ato ilícito incluir prestação de alimentos, caberá ao executado, a requerimento do exequente, constituir capital cuja renda assegure o pagamento do valor mensal da pensão.
§ 1° - O capital a que se refere o caput, representado por imóveis ou por direitos reais sobre imóveis suscetíveis de alienação, títulos da dívida pública ou aplicações financeiras em banco oficial, será inalienável e impenhorável enquanto du-

rar a obrigação do executado, além de constituir-se em patrimônio de afetação.
§ 2° - O juiz poderá substituir a constituição do capital pela inclusão do exequente em folha de pagamento de pessoa jurídica de notória capacidade econômica ou, a requerimento do executado, por fiança bancária ou garantia real, em valor a ser arbitrado de imediato pelo juiz.
§ 3° - Se sobrevier modificação nas condições econômicas, poderá a parte requerer, conforme as circunstâncias, redução ou aumento da prestação.
§ 4° - A prestação alimentícia poderá ser fixada tomando por base o salário mínimo.
§ 5° - Finda a obrigação de prestar alimentos, o juiz mandará liberar o capital, cessar o desconto em folha ou cancelar as garantias prestadas.

I. Os alimentos indenizativos e a impossibilidade do uso da prisão civil

Questão que atormenta parte da doutrina é a diferenciação do procedimento para a execução de alimentos, a partir da origem da obrigação alimentar.

O STJ firmou entendimento de que não é possível o uso da prisão civil no caso de execução de alimentos decorrentes de ato ilícito, ou seja, os alimentos indenizativos:

"*HABEAS CORPUS*. ALIMENTOS DEVIDOS EM RAZÃO DE ATO ILÍCITO. PRISÃO CIVIL. ILEGALIDADE. 1. Segundo a pacífica jurisprudência do Superior Tribunal de Justiça, é ilegal a prisão civil decretada por descumprimento de obrigação alimentar em caso de pensão devida em razão de ato ilícito. [...]" (STJ, 4ª T., HC nº182228/SP, Rel. Min. João Otávio de Noronha, unânime, j. em 1º/3/2011, DJE de 11/3/2011).

O entendimento vem sendo repetido pelos tribunais:

"AGRAVO DE INSTRUMENTO. AÇÃO DE INDENIZAÇÃO DECORRENTE DE ACIDENTE DE TRÂNSITO. CUMPRIMENTO DE SENTENÇA. PLEITO DE PRISÃO CIVIL PARA PAGAMENTO DA CONDENAÇÃO EM ALIMENTOS IMPOSTA PELA SENTENÇA. IMPOSSIBILIDADE. ATO RESTRITIVO DE LIBERDADE QUE SOMENTE SE ADMITE NA HIPÓTESE DE ALIMENTOS DEVIDOS EM RAZÃO DE VÍNCULOS FAMILIARES. DECISÃO MANTIDA. É incabível o decreto de prisão civil nos débitos alimentares decorrentes de obrigação por ato ilícito, porque a obrigação alimentar indenizatória derivada de delito não se converte em obrigação de prestar alimentos. Recurso desprovido" (TJPR, 8ª C. Cível, AI nº 1396770-5-Região Metropolitana de Londrina-Foro Central de Londrina, Rel. Themis Furquim Cortes, unânime, j. em 26/1/2015).

"[...] Fase de cumprimento de sentença. Prisão civil por dívida de alimentos proveniente de ato ilícito. Executado que ainda não foi intimado para o pagamento. Necessidade do contraditório e da ampla defesa. Medida coercitiva que se restringe às dívidas oriundas do direito de família. Recurso desprovido" (TJSP, 28ª Câmara de Direito Privado; Foro de Tietê - 2ª Vara, Agravo de Instrumento nº 2119528-04.2017.8.26.0000, Rel. Dimas Rubens Fonseca, j. em 18/7/2017, data de registro: 24/7/2017).

Tal questão é amplamente criticada pela parte da doutrina que entende tal diferenciação totalmente despropositada e anti-isonômica. Não haveria qualquer motivo que levasse à diferenciação, já que, independentemente da origem, os alimentos, tanto os indenizativos como os legítimos, servem à subsistência e dignidade do alimentando, valores constitucionais muito caros.

Porém, o CPC/2015 mantém o que se tinha no CPC/1973, razão pela qual pensa-se que, infelizmente, o posicionamento da jurisprudência será mantido, qual seja, a vedação do uso da prisão civil para a cobrança de alimentos indenizativos. Os julgados anteriores demonstram que, até o momento, o posicionamento vem sendo mantido.

Além desta tendência da jurisprudência, o fato de estar previsto um procedimento específico para a execução de alimentos decorrente de ato ilícito reforça o argumento de que deve ser adotado tal procedimento especial, sem o uso da prisão civil.

II. O procedimento para a cobrança dos alimentos indenizativos

Pela previsão legal, que repete o que se tinha no art. 475-Q do CPC/1973, caberá ao executado, a pedido do exequente, constituir capital que gere renda suficiente à manutenção do pagamento dos valores mensais de pensão.

O § 1º traz um rol de como pode ser formado este capital: imóveis, direitos reais sobre imóveis suscetíveis de alienação, títulos da dívida pública ou aplicações financeiras em banco oficial. Pensa-se que tal rol é meramente exemplificativo, devendo ser aceita qualquer espécie de capital que gere renda suficiente ao pagamento da obrigação alimentar.

Importante destacar que o capital em questão, a fim de garantir o pagamento integral da obrigação, será inalienável e impenhorável durante o período da obrigação, constituindo-se em patrimônio de afetação.

O § 2º do dispositivo em questão apresenta alternativa à constituição de capital, demonstrando que o rol anteriormente citado é meramente exemplificativo. A regra em questão possibilita que se inclua o exequente em folha de pagamento de pessoa jurídica de notória capacidade econômica ou, a requerimento do executado, por fiança bancária ou garantia real em valor que deve ser arbitrado pelo juiz.

Tal disposição apenas reforça a ideia de que há a necessidade de se criarem meios para garantir o pagamento da prestação alimentar durante toda sua vigência.

Por fim, o § 5º apenas determina a liberação do pagamento, o fim dos descontos em folha e o cancelamento das garantias no caso de findar-se a obrigação alimentar.

III. A possibilidade de revisão dos alimentos de forma incidental

Neste ponto, mais especificamente no § 3º do presente dispositivo, o CPC/2015 possibilita a revisão dos alimentos, seja para aumentar ou reduzir a prestação, situação que deve pautar-se pelo trinômio necessidade-possibilidade-razoabilidade. Nisso, nenhuma novidade observa-se, já que consentânea com o direito constitucional de ação, previsto no inciso XXXV do art. 5º da CF/1988 e repetido no art. 3º do CPC/2015.

A questão está em entender o porquê da previsão de revisão neste dispositivo. Uma possibilidade seria entender que o objetivo do legislador foi possibilitar a revisão de forma incidental, não sendo necessária demanda específica para tanto, o que certamente contribui para a razoável duração do processo, garantia inserta no texto constitucional (art. 5º, inciso LXXVIII), prevista também no CPC/2015, mais especificamente no art. 4º. Obviamente, além de tal princípio, haveria evidente fomento à economia processual e à redução do número de processos, problema que afeta há tempos o Poder Judiciário.

IV. A fixação da verba alimentar em salários mínimos

A questão aqui está mais afeta ao direito material do que ao processo civil. O § 4º indica a possibilidade de fixação de alimentos com base no salário mínimo, ou seja, trata dos alimentos em si, e não de sua execução.

Tal previsão, em uma primeira análise poderia ser tida por inconstitucional, já que flagrantemente contrária ao que dispõe o art. 7º, inciso IV, da CF/88, que dispõe: "São direitos dos trabalhadores urbanos e rurais, além de outros que visem à melhoria de sua condição social: [...] IV - salário mínimo, fixado em lei, nacionalmente unificado, capaz de atender a suas necessidades vitais básicas e às de sua família com moradia, alimentação, educação, saúde, lazer, vestuário, higiene, transporte e previdência social, com reajustes periódicos que lhe preservem o poder aquisitivo, sendo vedada sua vinculação para qualquer fim".

Porém, ao analisar o dispositivo em questão, verifica-se que o que se busca vedar é a utilização do salário mínimo como indexador de outras obrigações que não abranjam despesas com moradia, alimentação, educação, saúde, etc. Desta forma, como os alimentos servem justamente para propiciar todas estas garantias, não há que falar em inconstitucionalidade do dispositivo.

Tanto é assim que na atualidade mostra-se bastante comum a fixação dos alimentos com base no salário mínimo, e a jurisprudência do STF tem entendido de igual forma:

"[...] 2. *A utilização do salário mínimo como base para calcular o valor inicial da pensão mensal decorrente de reparação por ato ilícito, não ofende a Constituição Federal, em vista de seu caráter alimentar.* [...] Pessoa jurídica de direito privado prestadora de serviço público responde objetivamente pelos danos que seus agentes, nessa qualidade, causarem a terceiros (CF, art. 37, § 6º) 2 – Provada a incapacidade para exercício de atividade laborativa da vítima de acidente de trânsito, devida pensão vitalícia, no valor do salário que ela percebia à época do acidente (CC, art. 950). 3 – Porque têm natureza diversa, benefício previdenciário recebido pelo segurado não se compensa com pensão civil por ato ilícito. *4 – A vedação do art. 7º, IV, da CF, não abrange o cálculo e atualização de pensão por ato ilícito. E a estipulação dos alimentos em salários mínimos, atualmente prevista no art. 475-Q, § 4º, do CPC (redação da L. 11.232/05), resguarda o caráter alimentar da condenação e se presta a simplificação de futuras atualizações.* [...]" (STF, 1ª T., RE nº 662582/DF, Rel. Min. Luiz Fux, maioria, j. em 27/3/2012, DJE de 27/4/2012).

Portanto, não restam dúvidas do acerto e constitucionalidade do dispositivo em questão.

Capítulo V - Do Cumprimento de Sentença que Reconheça a Exigibilidade de Obrigação de Pagar Quantia Certa pela Fazenda Pública

Art. 534 - No cumprimento de sentença que impuser à Fazenda Pública o dever de pagar quantia certa, o exequente apresentará demonstrativo discriminado e atualizado do crédito contendo:
I - o nome completo e o número de inscrição no Cadastro de Pessoas Físicas ou no Cadastro Nacional da Pessoa Jurídica do exequente;
II - o índice de correção monetária adotado;
III - os juros aplicados e as respectivas taxas;
IV - o termo inicial e o termo final dos juros e da correção monetária utilizados;
V - a periodicidade da capitalização dos juros, se for o caso;
VI - a especificação dos eventuais descontos obrigatórios realizados.
§ 1º - Havendo pluralidade de exequentes, cada um deverá apresentar o seu próprio demonstrativo, aplicando-se à hipótese, se for o caso, o disposto nos §§ 1º e 2º do art. 113.
§ 2º - A multa prevista no § 1º do art. 523 não se aplica à Fazenda Pública.

Autor: Leonardo Carneiro da Cunha

I. Dispositivos correspondentes no CPC/1973

Não há correspondência.

II. Previsão constitucional

Art. 100 da CF.

III. Disciplina constitucional do precatório

A execução contra a Fazenda Pública tem seu regime jurídico disciplinado pela Constituição Federal, previsão de emissão de precatório ou de requisição de pequeno valor. Por causa disso, não é possível ao legislador infraconstitucional promover mudanças substanciais nesse tema. O CPC/2015 promoveu alterações para melhor sistematizar a execução contra a Fazenda Pública, observando as disposições constitucionais que impõem a expedição de precatório ou de requisição de pequeno valor.

IV. Aplicação da bipartição: cumprimento de sentença *versus* execução fundada em título extrajudicial contra a Fazenda Pública

No CPC/1973, a execução contra a Fazenda Pública fazia-se por meio de ação autônoma, independentemente de o título ser judicial ou extrajudicial. Não havia diferença procedimental. Diversamente, a execução civil entre particulares continha uma bipartição: se o título fosse judicial, o procedimento era o do cumprimento da sentença, sendo outro o procedimento se o título fosse extrajudicial. Essa distinção foi mantida no CPC/2015, que a estendeu para as execuções propostas contra a Fazenda Pública. A execução contra a Fazenda Pública pode fundar-se em título judicial ou em título extrajudicial. Quando o título for judicial, há cumprimento de sentença contra a Fazenda Pública (arts. 534 e 535). Sendo extrajudicial, propõe-se a execução disciplinada no art. 910. Tanto numa como noutra, é necessário observar o regime de precatórios ou de requisição de pequeno valor (RPV), previsto no art. 100 da Constituição Federal.

V. Liquidação de sentença

Sendo a Fazenda Pública condenada ao pagamento de quantia certa, sua efetivação ou execução faz-se mediante cumprimento de sentença, regulado que está nos arts. 534 e 535 do CPC. O procedimento comum do cumprimento de sentença não se aplica à Fazenda Pública. A sentença que condenar a Fazenda Pública pode, contudo, ser ilíquida, devendo, em razão disso, ser objeto de uma liquidação para, somente depois, poder ser executada. Os tipos de liquidação de sentença – por procedimento comum e por arbitramento – são perfeitamente aplicáveis aos processos que envolvam a Fazenda

Pública. As regras – contidas nos arts. 509 a 512 do CPC – são *aplicáveis* aos processos de que faça parte a Fazenda Pública, motivo pelo qual a liquidação de sentença proferida contra qualquer pessoa jurídica de direito público segue, igualmente, os ditames daquelas regras.

VI. Cumprimento de sentença contra a Fazenda Pública

O cumprimento de sentença constitui uma fase do processo. O processo, que é um só, divide-se em duas fases: a de acertamento e a de cumprimento. Não é, rigorosamente, apropriado falar em *fase* de cumprimento de sentença nos casos de obrigações de fazer, não fazer e dar coisa, pois a decisão esgota a tutela dessas situações jurídicas. A fase de cumprimento ocorre, única e exclusivamente, para a execução de decisões que reconhecem obrigação de pagar quantia, pois nelas não se tutela satisfativamente o direito reconhecido. Nos casos de sentença condenatória de obrigação de pagar, haverá, então, outra fase, que é a do cumprimento de sentença. O cumprimento de sentença que pretende o pagamento de quantia certa há de ser requerido pelo exequente, a quem cabe apresentar memória de cálculo contendo os elementos relacionados no art. 534 do CPC. Nos casos de obrigação de fazer, não fazer e entregar coisa, não se aplica o art. 534, aplicando-se as regras gerais dos arts. 536 e 538. Não qualquer peculiaridade no cumprimento de sentença contra a Fazenda Pública quando se tratar de obrigação de fazer, não fazer e entregar coisa. A peculiaridade – com incidência dos arts. 534 e 535 – está apenas quando a obrigação for de pagar quantia certa, atraindo, igualmente, a incidência do art. 100 da Constituição Federal. Diante das particularidades impostas pelo art. 100 da Constituição Federal, o procedimento comum do cumprimento de sentença não se aplica à Fazenda Pública. Esta é executada por meio de um procedimento especial de cumprimento de sentença, regulado nos arts. 534 e 535 do CPC.

1. Cumprimento provisório contra a Fazenda Pública

O cumprimento da sentença é uma execução fundada em título judicial. O título judicial pode ser provisório ou definitivo. Quando a decisão exequenda ainda pode ser revista, por estar sendo impugnada por recurso sem efeito suspensivo, o título é provisório. Se, por outro lado, já tiver havido trânsito em julgado, o título é definitivo. É possível o cumprimento provisório de sentença contra a Fazenda Pública. O art. 100 da Constituição Federal exige, para expedição de precatório (§ 5º) ou de RPV (§ 3º), o prévio trânsito em julgado. Isso, porém, não impede o cumprimento provisório da sentença contra a Fazenda Pública. O que não se permite é a expedição do precatório ou da RPV antes do trânsito em julgado, mas nada impede que já se ajuíze o cumprimento da sentença e se adiante o procedimento, aguardando-se, para a expedição do precatório ou da RPV, o trânsito em julgado.

2. Requerimento do exequente

O cumprimento da sentença que reconhece o dever de pagar quantia faz-se por requerimento do exequente. Tanto no cumprimento provisório como no definitivo, é necessário o requerimento do exequente (CPC, art. 513, § 1º). Não se exige o requerimento do exequente para o cumprimento das obrigações de fazer, não fazer (CPC, art. 536) e entregar coisa (CPC, art. 538). Embora se trate de um só processo, cada fase tem início por uma demanda própria. Há, para cada fase, uma pretensão à tutela jurisdicional distinta. A exigência de requerimento caracteriza o cumprimento de sentença que reconhecer a obrigação de pagar quantia certa como uma demanda contida no mesmo processo. Sendo o cumprimento de sentença apenas uma das fases de um mesmo processo, o juiz, de acordo com a regra do impulso oficial (CPC, art. 2º), poderia, em princípio, dar início, de ofício, à fase do cumprimento da sentença. Só que não lhe é possível fazê-lo, justamente porque o cumprimento da sentença (no caso de obrigação pecuniária) instaura-se por demanda proposta pelo exequente. Tal requerimento do exequente nada mais é do que uma petição inicial simplificada, cujos requisitos – quando ajuizada contra a Fazenda Pública – estão relacionados no art. 534 do CPC.

VII. Inaplicabilidade da multa

O cumprimento de sentença contra a Fazenda Pública é regulado pelo disposto nos arts. 534 e 535 do CPC. Não há penhora, nem apropriação ou expropriação de bens para alienação judicial, a fim de satisfazer o crédito executado. Isso porque os bens públicos são inalienáveis e impenhoráveis. Daí por que a execução é especial, resultando, ao final, na expedição de precatório ou de requisição de pequeno valor. No cumprimento de sentença, a Fazenda Pública não é intimada para pagar. É intimada para apresentar impugnação. Não há, por isso mesmo, incidência da multa prevista no § 1º do art. 523.

VIII. Honorários de advogado no cumprimento de sentença contra a Fazenda Pública

De acordo com o § 7º do art. 85: "Não serão devidos honorários no cumprimento de sentença contra a Fazenda Pública que enseje expedição de precatório, desde que não tenha sido impugnada". O dispositivo concretiza o entendimento manifestado pelo Plenário do STF, ao julgar o RE nº 420.816/PR, quando considerou constitucional o art. 1º-D da Lei nº 9.494/1997 ("Não serão devidos honorários advocatícios pela Fazenda Pública nas execuções não embargadas"), conferindo-lhe, porém, interpretação conforme a Constituição para reduzir seu campo de incidência, de modo a excluir "os casos de pagamento de obrigações definidos em lei como de pequeno valor". Significa que, nos cumprimentos de sentença que tenham a Fazenda Pública como *executada* e que acarretem a expedição de *precatório*, não haverá condenação em honorários sucumbenciais caso não haja impugnação.

1. Súmula nº 345 do STJ

"São devidos os honorários advocatícios pela Fazenda Pública nas execuções individuais de sentença proferida em ações coletivas, ainda que não embargadas."

IX. Cumprimento de sentença em caso de litisconsórcio ativo contra a Fazenda Pública

Proposta uma demanda contra a Fazenda Pública por mais de um autor, cada um deve apresentar seu próprio requerimento de cumprimento de sentença, com seu correspondente demonstrativo de cálculo. Em caso de litisconsórcio ativo, será considerado o valor devido a cada um deles, expedindo-se *cada* requisição de pagamento para *cada* um dos litisconsortes (STF, 2ª T., AC-Ag nº 653/SP, Rel. Min. Joaquim Barbosa, j. 7/3/2006, DJ de 12/5/2006, p. 17; STF, 1ª T., RE nº 634.707, Rel. Min. Marco Aurélio, j. 17/4/2012, acórdão eletrônico DJe-086, divulg. em 3/5/2012, public. 4/5/2012). Pode ocorrer, porém, de serem expedidos, simultaneamente, requisitos de pequeno valor e requisições mediante precatório. Se houver uma grande quantidade de litisconsortes que comprometa o cumprimento da sentença ou dificulte a defesa da Fazenda Pública na impugnação a ser apresentada, o juiz pode limitar a presença dos litisconsortes, aplicando-se o disposto nos §§ 1º e 2º do art. 113 do CPC.

1. Enunciado nº 386 do Fórum Permanente de Processualistas Civis

"A limitação do litisconsórcio facultativo multitudinário acarreta o desmembramento do processo."

2. Enunciado nº 387 do Fórum Permanente de Processualistas Civis

"A limitação do litisconsórcio multitudinário não é causa de extinção do processo."

Art. 535 - A Fazenda Pública será intimada na pessoa de seu representante judicial, por carga, remessa ou meio eletrônico, para, querendo, no prazo de 30 (trinta) dias e nos próprios autos, impugnar a execução, podendo arguir:

I - falta ou nulidade da citação se, na fase de conhecimento, o processo correu à revelia;

II - ilegitimidade de parte;

III - inexequibilidade do título ou inexigibilidade da obrigação;

IV - excesso de execução ou cumulação indevida de execuções;
V - incompetência absoluta ou relativa do juízo da execução;
VI - qualquer causa modificativa ou extintiva da obrigação, como pagamento, novação, compensação, transação ou prescrição, desde que supervenientes ao trânsito em julgado da sentença.
§ 1º - A alegação de impedimento ou suspeição observará o disposto nos arts. 146 e 148.
§ 2º - Quando se alegar que o exequente, em excesso de execução, pleiteia quantia superior à resultante do título, cumprirá à executada declarar de imediato o valor que entende correto, sob pena de não conhecimento da arguição.
§ 3º - Não impugnada a execução ou rejeitadas as arguições da executada:
I - expedir-se-á, por intermédio do presidente do tribunal competente, precatório em favor do exequente, observando-se o disposto na Constituição Federal;
II - por ordem do juiz, dirigida à autoridade na pessoa de quem o ente público foi citado para o processo, o pagamento de obrigação de pequeno valor será realizado no prazo de 2 (dois) meses contado da entrega da requisição, mediante depósito na agência de banco oficial mais próxima da residência do exequente.
§ 4º - Tratando-se de impugnação parcial, a parte não questionada pela executada será, desde logo, objeto de cumprimento.
§ 5º - Para efeito do disposto no inciso III do caput deste artigo, considera-se também inexigível a obrigação reconhecida em título executivo judicial fundado em lei ou ato normativo considerado inconstitucional pelo Supremo Tribunal Federal, ou fundado em aplicação ou interpretação da lei ou do ato normativo tido pelo Supremo Tribunal Federal como incompatível com a Constituição Federal, em controle de constitucionalidade concentrado ou difuso.
§ 6º - No caso do § 5º, os efeitos da decisão do Supremo Tribunal Federal poderão ser modulados no tempo, de modo a favorecer a segurança jurídica.
§ 7º - A decisão do Supremo Tribunal Federal referida no § 5º deve ter sido proferida antes do trânsito em julgado da decisão exequenda.
§ 8º - Se a decisão referida no § 5º for proferida após o trânsito em julgado da decisão exequenda, caberá ação rescisória, cujo prazo será contado do trânsito em julgado da decisão proferida pelo Supremo Tribunal Federal.

I. Dispositivos correspondentes no CPC/1973

"Art. 741. Na execução contra a Fazenda Pública, os embargos só poderão versar sobre: I – falta ou nulidade da citação, se o processo correu à revelia; II – inexigibilidade do título; III – ilegitimidade das partes; IV – cumulação indevida de execuções; V – excesso de execução; VI – qualquer causa impeditiva, modificativa ou extintiva da obrigação, como pagamento, novação, compensação, transação ou prescrição, desde que superveniente à sentença; VII – incompetência do juízo da execução, bem como suspeição ou impedimento do juiz. Parágrafo único. Para efeito do disposto no inciso II do *caput* deste artigo, considera-se também inexigível o título judicial fundado em lei ou ato normativo declarados inconstitucionais pelo Supremo Tribunal Federal, ou fundado em aplicação ou interpretação da lei ou ato normativo tidas pelo Supremo Tribunal Federal como incompatíveis com a Constituição Federal. Art. 742. Será oferecida, juntamente com os embargos, a exceção de incompetência do juízo, bem como a de suspeição ou de impedimento do juiz."

II. Previsão constitucional

Art. 100 da CF.

III. Procedimento

Requerido o cumprimento da sentença, a Fazenda Pública será intimada (e não citada) para apresentar, em trinta dias, sua impugnação. A intimação é pessoal (CPC, art. 183), feita ao advogado público que já acompanhava o processo ou a qualquer outro que o substitua, podendo realizar-se por carga, remessa ou meio eletrônico (CPC, art. 183, § 1º). Não apresentada impugnação ou transitada em julgado a decisão que a inadmitir ou rejeitar, deverá ser expedido precatório ou RPV, seguindo-se com a observância das normas contidas no art. 100 da Constituição Federal.

IV. Súmula nº 144 do STJ

"Os créditos de natureza alimentícia gozam de preferência, desvinculados os precatórios da ordem cronológica dos créditos de natureza diversa."

V. Súmula nº 655 do STF

"A exceção prevista no art. 100, *caput*, da Constituição, em favor dos créditos de natureza alimentícia, não dispensa a expedição de precatório, limitando-se a isentá-los da observância da ordem cronológica dos precatórios decorrentes de condenações de outra natureza."

VI. Impugnação como meio de defesa

No cumprimento de sentença, a Fazenda Pública defende-se por impugnação, e não por embargos. Os embargos constituem o meio de defesa que a Fazenda Pública apresenta na execução fundada em título extrajudicial. A impugnação é uma defesa, não ostentando a natureza de ação ou demanda judicial.

1. Litisconsórcio multitudinário, pedido para sua limitação e interrupção do prazo para impugnação

O cumprimento de sentença contra a Fazenda Pública pode ser promovido em litisconsórcio ativo. Nos termos do § 1º do art. 534, cada litisconsorte deve requerer seu cumprimento de sentença, apresentando sua correspondente memória de cálculo. Se houver uma grande quantidade de litisconsortes que comprometa o cumprimento da sentença ou dificulte a defesa da Fazenda Pública na impugnação a ser apresentada, o juiz pode limitar a presença dos litisconsortes, aplicando-se o disposto nos §§ 1º e 2º do art. 113 do CPC. A Fazenda Pública pode, antes de impugnar, pedir a limitação ao juiz. Tal pedido interrompe o prazo para impugnação, que será integralmente devolvido à Fazenda Pública a partir da intimação da decisão que acolhê-lo ou rejeitá-lo (CPC, art. 113, § 2º).

2. Prazo para impugnação e sua contagem

A Fazenda Pública é intimada para apresentar impugnação no prazo de trinta dias. A intimação da Fazenda Pública é pessoal (CPC, art. 183), podendo ser feita por carga, remessa ou meio eletrônico (CPC, art. 183, § 1º). Quando a intimação for feita por carga, considera-se dia do começo do prazo o dia da carga (CPC, art. 231, inciso VIII). Sendo a intimação feita por remessa dos autos, a contagem do prazo, segundo entendimento já firmado no âmbito da jurisprudência do STJ, "[...] inicia-se no dia da remessa dos autos com vista, ou, se as datas não coincidirem, do recebimento destes por servidor do órgão, e não a partir do dia em que o representante ministerial manifesta, por escrito, sua ciência do teor da decisão" (STJ, 5ª T., EDcl no RHC nº 43.374/PA, Rel. Min. Laurita Vaz, j. 22/4/2014, DJe de 30/4/2014). Quando a intimação se realizar por meio eletrônico, considera-se dia do começo do prazo o dia útil seguinte à consulta ao teor da intimação ou ao término do prazo para que a consulta se dê (CPC, art. 231, inciso V). O prazo de trinta dias para impugnar é específico, sendo próprio para a Fazenda Pública. Logo, não deve ser computado em dobro (CPC, art. 183, § 2º). O prazo para impugnar é de trinta dias, computando-se apenas, na sua contagem, os dias úteis (CPC, art. 219).

3. Efeito suspensivo

A impugnação apresentada pela Fazenda Pública no cumprimento da sentença é dotada de efeito suspensivo. Nos termos do § 6º do art. 525 do CPC, "A apresentação de impugnação não impede a prática dos atos executivos, inclusive os de expropriação, podendo o juiz, a requerimento do executado e desde que garantido o juízo com penhora, caução ou depósito suficientes, atribuir-lhe efeito suspensivo, se seus fundamentos forem relevantes e se o prosseguimento da execução for manifestamente suscetível de causar ao executado grave dano de difícil ou incerta reparação". Tal dispositivo não se aplica ao cumprimento de sentença proposto contra a Fazenda Pública, pelos seguintes motivos: a) o efeito suspensivo depende de penhora, depósito ou caução. A Fazenda Pública não se sujeita a penhora, depósito nem caução, não precisando garantir o juízo; b) a expedição de precatório ou requisição de pequeno valor depende do prévio trânsito em julgado (CF/1988, art. 100, §§ 3º e 5º), de sorte que somente pode ser determinado o pagamento se não houver mais qualquer discussão quanto ao valor executado. Em outras palavras, o precatório ou a RPV somente se expede depois de não haver mais qualquer discussão quanto ao valor executado, valendo dizer que tal expedição depende do trânsito em julgado da decisão que julgar a impugnação. Por essa razão, a impugnação apresentada pela Fazenda Pública deve, forçosamente, ser recebida no efeito suspensivo, pois, enquanto não se tornar incontroverso ou definitivo o valor cobrado, não há como se expedir o precatório ou a RPV. O trânsito em julgado a que se referem os §§ 3º e 5º do art. 100 da Constituição Federal é o da sentença que julgar a impugnação ao cumprimento da sentença ou os embargos à execução fundada em título extrajudicial. E isso porque o valor a ser incluído no orçamento deve ser definitivo, não pendendo qualquer discussão a seu respeito. Observe-se que toda lei orçamentária que é aprovada estabelece, em um de seus dispositivos, que somente incluirá dotações para o pagamento de precatórios cujos processos contenham certidão de trânsito em julgado da decisão exequenda e, igualmente, certidão de trânsito em julgado dos embargos à execução ou, em seu lugar, certidão de que não tenham sido opostos embargos ou qualquer impugnação aos respectivos cálculos. Ora, se o precatório somente pode ser expedido quando já definitivo o valor, não havendo mais discussão a seu respeito – o que se pode comprovar por certidão de trânsito em julgado dos embargos à execução ou da impugnação ao cumprimento da sentença –, é evidente que a impugnação ou os embargos devem, necessariamente, ser recebidos com efeito suspensivo. A simples apresentação da impugnação acarreta a suspensão do cumprimento da sentença.

4. Impugnação parcial

Quando a impugnação for parcial, a parte não questionada, nos termos do § 4º do art. 535, será, desde logo, objeto de cumprimento, expedindo-se o precatório ou a RPV. Isso porque a parte questionada acarreta a suspensão imediata do cumprimento da sentença. Nesse caso, não incide a vedação do § 8º do art. 100 da CF/1988, pois não se trata de intenção do exequente de repartir o valor para receber uma parte por RPV e outra por precatório.

5. Objeto da impugnação

A Fazenda Pública, no cumprimento da sentença, somente pode alegar as matérias relacionadas no art. 535 do CPC. A Fazenda, em sua impugnação, apenas pode tratar de vícios, defeitos ou questões da própria execução, podendo, ainda, suscitar causas impeditivas, modificativas ou extintivas da obrigação, desde que supervenientes à sentença. É *taxativo* o elenco de matérias previstas no art. 535 do CPC, não podendo o executado alegar, em sua impugnação, qualquer outro tema. Ressalvadas a falta ou nulidade de citação, se o processo correu à revelia (CPC, art. 535, inciso I) e a chamada *coisa julgada inconstitucional* (CPC, art. 535, § 5º), à Fazenda Pública não se permite alegar questões anteriores à sentença, restringindo-se a suscitar matéria que diga respeito à própria execução ou que seja superveniente à sentença. E isso porque as questões anteriores à sentença já foram alcançadas pela preclusão ou pela coisa julgada, não devendo mais ser revistas na execução. Na execução fundada em título extrajudicial, a Fazenda Pública defende-se por embargos à execução, cujo conteúdo é amplo e irrestrito, não se aplicando a limitação de matérias prevista no art. 535 do CPC. Tratando-se de título extrajudicial, não há razão para restringir o âmbito dos embargos, pois não há preclusão nem coisa julgada relativamente ao título que impeça a alegação de questões pertinentes à obrigação ou à relação jurídica que deu origem ao crédito. Os limites impostos no art. 535 do CPC, não custa repetir, incidem apenas à impugnação ao cumprimento da sentença, não se referindo aos embargos à execução fundada em título executivo extrajudicial. De acordo com o § 2º do art. 910 do CPC, "Nos embargos, a Fazenda Pública poderá alegar qualquer matéria que lhe seria lícito deduzir como defesa no processo de conhecimento".

6. Alegação de excesso de execução – *exceptio declinatoria quanti*

Se, em sua impugnação, a Fazenda Pública alegar excesso de execução, deverá demonstrar em que consiste o excesso. Caso não se desincumba desse ônus, sua impugnação será rejeitada liminarmente. Havendo outras alegações além da alegação de excesso de execução, esta última alegação não será apreciada se não houver a demonstração do valor que seria o correto, prosseguindo-se o exame da impugnação nos demais pontos. O disposto no § 2º do art. 535 do CPC supera o entendimento do STJ, firmado no julgamento do REsp nº 1.387.248/SC, submetido ao regime dos recursos repetitivos. Ali o STJ concluiu que a *exceptio declinatoria quanti* não se aplica à Fazenda Pública. Tal entendimento do STJ, manifestado sob a égide do CPC/1973, não prevalece mais diante do CPC/2015. É que no § 2º do art. 535 está expresso que "Quando se alegar que o exequente, em excesso de execução, pleiteia quantia superior à resultante do título, cumprirá à executada declarar de imediato o valor que entende correto, sob pena de não conhecimento da arguição".

7. Unificação das matérias de defesa – regime idêntico ao do cumprimento da sentença comum

A Fazenda Pública defende-se, no cumprimento de sentença, por impugnação. As matérias a serem alegadas estão relacionadas no art. 535 do CPC, sendo as mesmas que devem ser alegadas na impugnação ao cumprimento de sentença comum. Com efeito, todas as matérias relacionadas no § 1º do art. 525 do CPC coincidem com as que estão mencionadas no seu art. 535, com exceção da alegação de "penhora incorreta ou avaliação errônea", exatamente porque não há penhora nem avaliação no cumprimento de sentença contra a Fazenda Pública.

7.1. Enunciado nº 57 do Fórum Permanente de Processualistas Civis

"A prescrição prevista nos arts. 525, § 1º, VII e 535, VI, é exclusivamente da pretensão executiva."

8. Disciplina exaustiva da coisa julgada inconstitucional

O art. 535 reproduz a disciplina exaustiva da coisa julgada inconstitucional que já se encontra nos parágrafos do art. 525. O regime jurídico é o mesmo, as razões são as mesmas. Isso confirma que houve uma unificação das matérias de defesa. Tudo que diz respeito à impugnação no cumprimento de sentença comum é igual no cumprimento de sentença contra a Fazenda Pública.

8.1. Enunciado nº 58 do Fórum Permanente de Processualistas Civis

"As decisões de inconstitucionalidade a que se referem os arts. 525, §§ 12 e 13 e art. 535, §§ 5º e 6º devem ser proferidas pelo plenário do STF."

9. Procedimento

Apresentada a impugnação, o juiz poderá rejeitá-la liminarmente, quando intempestiva ou quando verse sobre matéria não prevista no art. 535 do CPC, caso em que deve ser considerada manifestamente protelatória. Não há previsão para essa rejeição liminar, mas constitui uma decorrência lógica da previsão de prazo para seu ajuizamento e, igualmente, da regra inscrita no aludido art. 535. Ora, se há um prazo para ajuizamento da impugnação, é curial que deve ser rejeitada quando sua apresentação for intempestiva. De igual modo, se a impugnação somente pode versar sobre determinadas matérias (CPC, art. 535), revela-se incabível quando não tratar de qualquer uma delas, impondo-se sua rejeição liminar. Também pode haver rejeição liminar quando o executado alegar excesso de execução, mas não declarar, em sua impugnação, o valor que entende correto. Essa hipótese de rejeição liminar está, expressamente, prevista no § 2º do art. 535 do CPC. Não sendo caso de rejeição liminar da impugnação, o juiz irá recebê-la. Em seguida, deverá determinar a intimação do exequente para sobre ela manifestar-se. Não há previsão legal quanto ao prazo do exequente para manifestação sobre a impugnação. Daí por que o exequente deve manifestar-se no prazo que lhe for assinado pelo juiz, levando em conta a maior ou menor complexidade da causa (CPC, art. 218, § 1º). Não assinado o prazo pelo juiz, será de cinco dias (CPC, art. 218, § 3º). Diante do silêncio da lei, deve o juiz fixar o prazo para que o exequente se manifeste sobre a impugnação; deixando de fazê-lo, o prazo será de cinco dias. Mesmo intimado, é possível que o exequente não se pronuncie sobre a impugnação. A ausência de manifestação do exequente não implica qualquer presunção de veracidade quanto ao afirmado pelo executado. A sentença que se executa é título executivo, gozando de presunção de certeza, liquidez e exigibilidade, estando, ademais, acobertada pela preclusão e, tratando-se de execução definitiva, pela coisa julgada. Ao executado incumbe o ônus da prova das alegações que fizer, não se operando a presunção de veracidade dos fatos alegados, em razão de simples inércia do exequente, ao deixar de se pronunciar sobre a impugnação. Após a manifestação do exequente, poderá o juiz determinar a produção de provas adicionais e designar audiência de instrução e julgamento. Não havendo necessidade de outras provas, o juiz poderá, diversamente, já decidir a impugnação.

10. Recursos

A impugnação, como já se afirmou, pode ser rejeitada liminarmente pelo juiz. Da decisão que rejeitar, desde logo, a impugnação cabe agravo de instrumento. A lista taxativa de decisões agraváveis, prevista no art. 1.015 do CPC, não se aplica à fase de cumprimento de sentença. No cumprimento de sentença, todas as decisões interlocutórias são agraváveis, nos termos do parágrafo único do art. 1.015 do CPC. Se processada e, ao final, rejeitada a impugnação, também cabe agravo de instrumento. A rejeição da impugnação fez-se por decisão interlocutória, sendo admissível agravo de instrumento. Diversamente, se acolhida a impugnação para extinguir a execução, extinguindo essa fase do processo, aí cabe apelação. Caso, porém, a impugnação seja acolhida apenas para diminuir o valor da execução ou suprimir alguma parcela cobrada, não será caso de extinção da execução. Nesse caso, o cumprimento da sentença deve prosseguir, com um valor menor. Cabível, então, agravo de instrumento, e não apelação. Julgado o agravo de instrumento ou a apelação, caberão recursos especial e extraordinário, desde que presentes seus requisitos específicos. De todas as decisões, cabem, desde que haja omissão, obscuridade, contradição ou erro material, embargos de declaração.

Capítulo VI - Do Cumprimento de Sentença que Reconheça a Exigibilidade de Obrigação de Fazer, de Não Fazer ou de Entregar Coisa

Seção I - Do Cumprimento de Sentença que Reconheça a Exigibilidade de Obrigação de Fazer ou de Não Fazer

Art. 536 - No cumprimento de sentença que reconheça a exigibilidade de obrigação de fazer ou de não fazer, o juiz poderá, de ofício ou a requerimento, para a efetivação da tutela específica ou a obtenção de tutela pelo resultado prático equivalente, determinar as medidas necessárias à satisfação do exequente.

§ 1° - Para atender ao disposto no caput, o juiz poderá determinar, entre outras medidas, a imposição de multa, a busca e apreensão, a remoção de pessoas e coisas, o desfazimento de obras e o impedimento de atividade nociva, podendo, caso necessário, requisitar o auxílio de força policial.

§ 2° - O mandado de busca e apreensão de pessoas e coisas será cumprido por 2 (dois) oficiais de justiça, observando-se o disposto no art. 846, §§ 1° a 4°, se houver necessidade de arrombamento.

§ 3° - O executado incidirá nas penas de litigância de má-fé quando injustificadamente descumprir a ordem judicial, sem prejuízo de sua responsabilização por crime de desobediência.

§ 4° - No cumprimento de sentença que reconheça a exigibilidade de obrigação de fazer ou de não fazer, aplica-se o art. 525, no que couber.

§ 5° - O disposto neste artigo aplica-se, no que couber, ao cumprimento de sentença que reconheça deveres de fazer e de não fazer de natureza não obrigacional.

Autor: Joaquim Felipe Spadoni

I. Início do cumprimento

A sentença que julga procedente ação que tem por objeto prestações de fazer ou não fazer (CPC, art. 497) possui natureza mandamental e executiva *lato sensu*. Nela, o juiz não se limita a reconhecer a existência de um direito (declaratória) ou a impor uma sanção ao réu (condenação). O magistrado determina, desde logo, as medidas que irão outorgar ao autor a tutela específica de seu direito, seja ela uma *ordem* a ser cumprida sob pena de multa, seja ela uma medida *sub-rogatória* que alcance resultado prático equivalente ao adimplemento.

É do cumprimento desta sentença que o art. 536 trata. No CPC/1973, não havia dispositivo específico que tratasse da fase de cumprimento dessas sentenças, sendo toda a matéria relativa a esta ação tratada no art. 461. No CPC/2015, o legislador procurou tratar separadamente a ação e seu objeto (art. 497) do cumprimento da sentença que a julga procedente (arts. 536 e 537).

De qualquer modo, a separação legislativa não tem o condão de separar o que é, por natureza jurídica, indissociável. O cumprimento da sentença que tem por objeto prestações de fazer ou não fazer *independe* de novo pedido do autor. A rigor, ele deve se iniciar sem qualquer requerimento do autor, já com a própria sentença, que conterá uma ordem de cumprimento dirigida ao réu ou uma determinação de adoção de medida sub-rogatória.

O *caput* procura deixar claro, entretanto, que todas as medidas voltadas à obtenção da tutela específica ou do resultado prático equivalente podem ser adotadas *ex officio* ou *a requerimento* do autor. Portanto, se as medidas iniciais contidas na decisão executada não forem suficientes para tutelar o direito do autor, outras podem ser levadas a efeito, por impulso oficial ou mediante provocação da parte interessada.

II. Medidas de cumprimento

Para a efetivação da tutela específica ou para a obtenção do resultado prático equivalente, o juiz está autorizado a determinar "as medidas necessárias à satisfação do exequente".

Outorgou-se ao magistrado o poder de determinar e fazer atuar, independentemente de pedido expresso do autor, e independentemente da vontade do réu, as providências que julgar necessárias para que seja concedida ao jurisdicionado a tutela do direito pleiteada perante o Poder Judiciário.

Embora o § 1º do art. 536 elenque várias medidas que podem ser utilizadas pelo magistrado, observa-se que se trata de rol meramente exemplificativo, o que se evidencia pelo emprego da locução "entre outras medidas", que o antecede. Isto ocorre em virtude da necessidade de se dar cumprimento ao dever constitucional de se emprestar o máximo de eficácia à atividade jurisdicional, o que só pode ser alcançado com a possibilidade de diversificação do tratamento dado às também diferentes situações fáticas e jurídicas que são levadas ao conhecimento do Poder Judiciário.

Assim, pode o magistrado fazer uso de medidas coercitivas, sub-rogatórias, constitutivas ou cautelares, ou mesmo um conjunto delas, de acordo com a maior aptidão destas em tutelar adequadamente o direito do autor diante das nuances do caso concreto. Pode, inclusive, utilizar-se de medida de busca e apreensão, inclusive com arrombamento, que deverá observar os requisitos do § 2º.

Em virtude dessa possibilidade de adequar a forma de atuação jurisdicional diante da situação concreta, criando-se medida nova ou escolhendo-se uma já existente no sistema processual para que seja satisfeito o direito pleiteado, é que se mostra lícito vislumbrar nesse poder conferido ao juiz pelo art. 536 do CPC um poder análogo ao reconhecido *poder geral de cautela*. Enquanto este confere ao magistrado o poder de determinar a medida de urgência cautelar mais adequada ao caso concreto, o art. 536 confere ao magistrado o poder de determinar a medida que julgar a mais adequada à satisfação do direito pleiteado, podendo-se falar, então, em um "poder geral de satisfação dos direitos".

III. Litigância de má-fé e crime de desobediência

É dever da parte cumprir com exatidão as decisões judiciais, sejam elas provisórias ou finais, bem como não criar embaraços à sua efetivação (art. 77, inciso IV). O não atendimento deste dever é considerado ato atentatório ao exercício da jurisdição, passível de punição com multa de até 20 por cento do valor da causa (art. 77, § 2º). Mas, se não bastante esta sanção processual, o legislador foi expresso em ainda caracterizar o descumprimento de ordem judicial como litigância de má-fé (art. 536, § 3º), sujeitando o réu recalcitrante, também, às penas previstas no art. 81. Ressalvou, apenas, que só o cumprimento *injustificado* caracteriza o ilícito processual. A responsabilidade, portanto, é subjetiva, dependendo de aferição de culpabilidade para ser imposta.

O legislador também foi expresso a respeito da possibilidade de ser cumulada sanção penal, em caso de desobediência da ordem judicial. Diante do silêncio do CPC/1973, muito se discutiu a respeito da possibilidade e adequação de caracterizar o descumprimento da ordem judicial como crime de desobediência. Mas, no CPC/2015, o legislador foi claro, suprimindo lacuna existente no regime anterior. E, com isso, superou duas divergências da doutrina e jurisprudência. Com efeito, além de ter deixado claro que o *descumprimento de ordem judicial* é ato tipificado no art. 330 do CP, também não mais permite a adoção do entendimento de que, por ser cominada multa para atendimento da ordem, a desobediência seria conduta atípica, como se observa em alguns julgados do STJ (5ª T., HC nº 22.721/SP, Rel. Min. Felix Fischer, DJ de 30/6.2003, p. 271).

IV. Impugnação ao cumprimento

O CPC/2015 é expresso em admitir impugnação ao cumprimento de sentença que julga ações de cumprimento de obrigação de fazer ou não fazer. No sistema anterior, este cabimento não era admitido, sendo a defesa feita por simples petição, tendo-se em vista a natureza mandamental e executiva *lato sensu* da decisão (STJ, 1ª T., REsp nº 654.583/BA, Rel. Min. Teori Zavascki, DJ de 6/3/2006, p. 177).

Mas o legislador do CPC/2015 preferiu deixar expressa a garantia de contraditório e ampla defesa do réu, que agora deverá ser feita por *impugnação*, aplicando-se, *no que couber*, o art. 525 (art. 536, § 4º).

Importa destacar, novamente, que, em regra, não haverá petição do autor requerendo o cumprimento da sentença. A própria sentença dará, *ex officio*, início ao seu cumprimento, através de sua publicação e respectiva intimação do réu, na pessoa de seu advogado, da ordem a ele dirigida ou da determinação de adoção de medida sub-rogatória.

Assim, o prazo para a impugnação, que será de 15 dias (art. 525, *caput*), deve ser contado, a princípio, a partir da intimação da sentença. Entretanto, acaso a sentença se limite a expedir *ordem* de cumprimento ao réu, fixando prazo para cumprimento da ordem, sob pena de multa diária, então deve ser aplicada a regra do *caput* do art. 525, contando-se o prazo para impugnação apenas após transcorrido o prazo para cumprimento espontâneo concedido pelo magistrado.

Além das matérias previstas no § 1º do art. 525 (com exceção do inciso IV), o réu poderá e deverá questionar, na oportunidade da impugnação, os meios executivos determinados na sentença, como valor ou periodicidade de eventual multa diária ou adequação de medida sub-rogatória.

No atual regime, com a previsão expressa do cabimento da impugnação, a não contestação dos meios executivos utilizados pelo magistrado na sentença através da *impugnação* implicará preclusão, não mais sendo admitida sua discussão pelo réu.

Acaso, entretanto, o magistrado altere, depois da sentença, os meios executivos utilizados, o réu poderá questionar esta nova decisão não pela impugnação, já interposta ou preclusa, mas sim através de simples petição, como era de praxe no regime anterior.

V. Aplicação a deveres de fazer e não fazer de natureza não obrigacional

O sistema processual de tutela específica das obrigações de fazer e não fazer aplica-se integralmente às prestações de idêntico conteúdo que não tenham origem contratual, mas derivem de lei. O § 5º do art. 536 quis deixar claro que o espectro de abrangência da norma é amplo, englobando prestações de fazer ou não fazer de origem contratual ou não, com ou sem valor econômico, de qualquer natureza.

Art. 537 - A multa independe de requerimento da parte e poderá ser aplicada na fase de conhecimento, em tutela provisória ou na sentença, ou na fase de execução, desde que seja suficiente e compatível com a obrigação e que se determine prazo razoável para cumprimento do preceito.

§ 1° - O juiz poderá, de ofício ou a requerimento, modificar o valor ou a periodicidade da multa vincenda ou excluí-la, caso verifique que:

I - se tornou insuficiente ou excessiva;

II - o obrigado demonstrou cumprimento parcial superveniente da obrigação ou justa causa para o descumprimento.

§ 2° - O valor da multa será devido ao exequente.

§ 3° - A decisão que fixa a multa é passível de cumprimento provisório, devendo ser depositada em juízo, permitido o levantamento do valor após o trânsito em julgado da sentença favorável à parte. (Redação dada pela Lei nº 13.256, de 4 de fevereiro de 2016)

§ 4° - A multa será devida desde o dia em que se configurar o descumprimento da decisão e incidirá enquanto não for cumprida a decisão que a tiver cominado.

§ 5° - O disposto neste artigo aplica-se, no que couber, ao cumprimento de sentença que reconheça deveres de fazer e de não fazer de natureza não obrigacional.

I. Conceito

Um dos principais meios executivos colocados à disposição do órgão jurisdicional para alcançar a efetividade da decisão que impõe o cumprimento de prestação de fazer ou não fazer é a sanção pecuniária disciplinada no art. 537 do CPC.

Inspirada no modelo francês das *astreintes*, a multa ali prevista representa vigoroso meio coercitivo de caráter patrimonial, destinado a pressionar a vontade do réu para que ele cumpra o mandamento jurisdicional.

Através dela, impõe-se ao sujeito passivo a ameaça de ser obrigado a pagar um valor pecuniário determinado, que pode ser cumulável dia a dia, em caso de recalcitrância no cumprimento da ordem judicial.

Assim, serve a multa como um meio de pressão sobre a vontade do réu, intimidando-o a realizar a prestação que deve, sob pena de a ameaça de sanção pecuniária concretizar-se. Daí advém o seu caráter coercitivo.

II. Regra de caráter geral

Sendo instrumento destinado a garantir o cumprimento de ordens judiciais, que podem ser proferidas em qualquer momento e em qualquer sede processual (CPC, art. 139, inciso IV), o regime de aplicação da multa, disciplinado no art. 537, é regra de aplicabilidade geral, aplicável a quaisquer espécies de prestações de fazer, de origem contratual ou legal, material ou processual, embora inserida no capítulo que trata do cumprimento de sentença.

III. Momento de imposição

A multa por descumprimento de ordem judicial pode ser imposta a qualquer momento, como forma de coagir o réu ou mesmo terceiro a cumprir a ordem judicial. O art. 537 é claro ao afirmar que pode ser imposta em fase de conhecimento ou execução, seja em tutela provisória ou definitiva. Ainda, pode ser imposta em decisões interlocutórias com finalidades diversas, a teor do que autoriza o art. 139, inciso IV, do CPC.

IV. Requisitos de cabimento

A fixação de *astreintes* para caso de descumprimento de ordem judicial só é possível quando, no momento de sua fixação, o cumprimento da ordem, pelo réu, é fática e juridicamente possível. Se o descumprimento da obrigação já está definitivamente consumado, ou se o réu da ação não possui todos os poderes legais para praticar o ato determinado, a imposição da multa não é cabível. De igual modo, a fixação da multa só tem cabimento se ela possui aptidão de constranger o réu a cumprir a decisão. Assim, se o réu é insolvente ou está em estado falimentar, a imposição de multa não tem cabimento, devendo o magistrado utilizar-se de meios sub-rogatórios para o atingimento da tutela específica.

V. Fixação de prazo para cumprimento

A fixação de prazo para o cumprimento da ordem judicial não é ato necessário ou obrigatório. Ao contrário, é ato que fica a critério do juiz, que deverá levar em consideração a natureza da obrigação, os atos necessários para seu cumprimento, e a urgência da tutela, a fim de avaliar a compatibilidade da fixação de prazo para cumprimento do preceito.

Quando a ameaça de prática do ato ilícito é iminente, ou mesmo quando este já está em curso, dar-se prazo ao réu para cumprir a ordem pode significar o mesmo que lhe permitir violar o direito do autor, pois durante o seu transcurso não há medida coercitiva produzindo os seus efeitos inibitórios. O prazo dado ao réu pode ser, muitas vezes, o espaço temporal de que necessita para agravar a violação do direito ou mesmo consumá-la, frustrando-se por inteiro a eficácia da tutela jurisdicional específica.

VI. Periodicidade

A periodicidade de incidência da multa deve ser estipulada pelo juiz de acordo com as particularidades do caso concreto.

A multa diária, ou seja, aquela multa incidente a cada dia de não cumprimento da ordem judicial, é, de fato, a adequada para as hipóteses em que se estiver tratando de ilícitos continuados, que não se exaurem em ato único, sejam eles violadores de obrigações positivas ou negativas.

É que nestes casos, mesmo se não for atendido imediatamente o comando judicial, continua revelando-se possível a tutela específica do direito em relação ao comportamento futuro do réu, isto é, com relação à possibilidade da continuidade ou repetição da conduta ilícita. Por isso mesmo, deve continuar a incidir sobre o réu a coerção para o cumprimento, com a finalidade de impedir que este não mais continue ou repita a violação do direito do autor.

Mas se se tratar de ilícitos instantâneos, que consumam a violação do direito em um único ato, a aplicação diária da multa cominatória mostra-se absolutamente incompatível e inadequada. É que, se a finalidade da multa cominatória é coagir o réu a atender a ordem judicial, ela só tem cabimento enquanto se revelar possível esta mesma conduta do réu. De nada adianta continuar a coagir o réu a determinado comportamento, com vistas a se evitar a prática do ato ilícito, se este já está consumado. Nesse caso, a multa cominatória nem mais teria a possibilidade de incidir concretamente, já que a violação da ordem judicial também não mais seria possível, posto que já realizada e em um único ato instantâneo.

Por essa razão, naqueles casos em que a violação é instantânea, só será compatível a imposição de multa fixa, ou seja, de multa incidente em um único momento de violação à ordem.

E, justamente por incidir em um único momento, o valor da multa fixa será, em regra, mais elevado do que se fosse imposta multa diária. Na fixação de seu valor devem ser levados em consideração aqueles parâmetros indicados no item seguinte, devendo englobar a quantia suficiente para desestimular o réu a praticar o ato ilícito ameaçado.

VII. Valor da multa

Por estar completamente desvinculada de qualquer finalidade ressarcitória, e por não guardar relação direta com o direito material objeto de tutela, o valor da multa fixada pelo juiz para caso de descumprimento de sua ordem não se submete ao valor da obrigação a ser adimplida, assim como também não se submete a qualquer convenção das partes. Diante do caráter processual da multa, ela não se encontra na órbita de disponibilidade das partes, e, por isso, nem mesmo pedido do autor indicando a quantia a ser arbitrada impõe ao juiz um limite valorativo.

É tendo-se em vista a finalidade coercitiva da multa cominatória que deve ser atribuído o seu montante. Isto significa dizer que o juiz deve levar em consideração, no arbitramento de seu valor, a possibilidade de a multa cominatória influir na vontade do réu, fazendo-o entender que melhor é cumprir o comando judicial do que se manter recalcitrante. Para tanto, a análise da capacidade econômica do réu é fundamental. Com esta, o valor arbitrado deve guardar estreita proporcionalidade, devendo sempre se revelar significativamente oneroso para o obrigado. A verificação das possíveis vantagens que a parte obtém com a prática do ilícito também se mostra necessária, pois de nada adianta impor multa cominatória de valor inferior ao lucro obtido com o ilícito, pois o interesse pelo lucro continuará a ser preponderante ao interesse pelo cumprimento da ordem judicial.

VIII. Modificação e revogação

No regime do CPC/1973, firmou-se entendimento no STJ de que a decisão que fixa multa diária não transita em julgado, podendo ser alterada a qualquer tempo, inclusive em fase de execução (*vide*, por exemplo, STJ, 4ª T, REsp nº 691.785/RJ, Rel. Min. Raul Araújo, DJe de 20/10/2010; STJ, 3ª T., REsp nº 1.085.633/PR, Rel. Min. Massami Uyeda, DJe de 17/12/2010). *Este entendimento não tem mais guarida no CPC/2015*, que modificou relevantemente o regime de alteração da multa por descumprimento.

Não mais se admite a modificação ou supressão da multa fixada e vencida, ou seja, da multa referente a descumprimentos já caracterizados antes da decisão de modificação ou revogação, ainda que o valor acumulado da multa tenha atingido valor expressivo.

O CPC/2015 é expresso ao continuar a autorizar a modificação ou revogação da multa, *mas apenas a da multa vincenda*, isto é, da multa que vier a incidir em relação a descumprimentos futuros.

O que o § 1º do art. 537 está a disciplinar é que a decisão de modificação ou revogação terá eficácia apenas com relação à multa que vier a incidir a partir do fato que deu ensejo à modificação ou revogação, seja ele o cumprimento parcial ou total da obrigação pelo réu ou o atingimento parcial ou total da tutela específica através de meio sub-rogatório – que implicaria redução ou exclusão da multa –, seja a consumação do ilícito – que revele a ineficácia da continuidade da multa –, ou ainda outro fato relevante demonstrado pelas partes, que leve o juiz a considerar a revogação, redução ou mesmo majoração *ex nunc* do valor da multa.

Portanto, o fato de o CPC/2015 autorizar apenas a modificação da multa *vincenda modifica o regime jurídico* até então em vigor da multa periódica, naquilo em que a jurisprudência predominante afirmava ser ela não acobertada pela coisa julgada formal. Por isso, a jurisprudência do STJ sobre esta questão não será mais aplicável, diante da alteração expressa da legislação em sentido diferente daquele previsto no art. 461, § 6º do CPC/1973.

Assim, o magistrado, agora, não pode mais rever, a qualquer tempo, o valor da multa já vencida, aquela que já incidiu. A multa, depois de fixada pelo magistrado, e já vencida, poderá ser revista apenas em sede de agravo de instrumento (art. 1.015, parágrafo único) apresentado pelo réu em face da decisão que a fixou.

Acaso o réu não impugne a decisão que fixou a multa, e esta venha a incidir em razão do descumprimento, haverá impedimento legal para sua modificação ou revogação. O réu não mais poderá alegar posteriormente ser ela de valor excessivo, pleiteando sua redução. O magistrado está impedido de fazer esta revisão. Em termos processuais, o legislador, ao dispor que o magistrado pode modificar ou revogar apenas a multa *vincenda*, estabeleceu preclusão *pro judicato* sobre a decisão que fixa a multa.

Entretanto, como a multa incide, em regra, em relações jurídicas de trato continuativo, a decisão que a fixa tem implícita a cláusula *rebus sic stantibus*. Apenas a alteração do quadro fático da demanda permitirá nova decisão sobre o valor da multa, cuja decisão terá eficácia apenas sobre o novo contexto da causa.

Aliás, a orientação mais recente do STJ já vinha assim ressalvando: "Nessa ordem de ideias, impõe-se reconhecer que, ainda que tenha ocorrido prévia manifestação judicial, será possível a revisão da multa fixada a fim de adequá-la *a novo contexto fático*, seja para reduzi-la, seja para agravá-la, adequando-a aos critérios de suficiência e de compatibilidade invocados pelo legislador no § 4º do art. 461 do CPC. Em contrapartida, também é verdade que o afastamento do efeito preclusivo da coisa julgada dependerá necessariamente de situação fática nova e apta a alterar a proporcionalidade entre a finalidade da medida e a multa aplicada na hipótese concreta. Do contrário, o afastamento indiscriminado da coisa julgada material importará em reconhecer a possibilidade de rediscussão judicial da matéria *ad eternum*, retirando da medida sua força coercitiva e incentivando o descumprimento de decisões judiciais transitadas em julgado" (STJ, 3ª T., REsp nº 1383779/SC, DJe de 1º/9/2014).

IX. Titularidade

O CPC/2015 deixa claro que a titularidade da multa é do autor da ação, acabando com divergência doutrinária existente no regime anterior.

X. Incidência

O fato gerador da multa é o descumprimento da ordem judicial. Por isso, ela é devida desde o dia em que se configurar o descumprimento até o dia em que este cessar, ou a multa for revogada, ou a tutela específica do direito do autor for atingida por outros meios.

Para que se configure o descumprimento, é necessário que a parte ré tenha sido devidamente intimada para cumprir a ordem. Acaso o devedor possua advogado constituído nos autos, esta intimação será feita na pessoa do causídico, tal como ocorre com a intimação para cumprimento de obrigação de pagar quantia certa, cujo não atendimento implica sanção monetária de acréscimo de 10% sobre o valor devido. Esta é, aliás, a regra expressa do art. 513, § 2º, inciso I, do CPC/2015.

Considerando-se os deveres das partes e procuradores, considerando-se que no CPC/2015 o princípio da celeridade processual deve ser sempre levado em consideração, e considerando-se a disposição expressa do art. 513, § 2º, inciso I, não há mais espaço para o entendimento predominante no CPC/1973 de que a imposição da multa depende de prévia intimação *pessoal* do devedor para cumprimento. Portanto, resta superada a Súmula nº 410 do STJ, que reza: "a prévia intimação pessoal do devedor constitui condição necessária para a cobrança de multa pelo descumprimento de obrigação de fazer ou não fazer".

XI. Execução

O § 3º do art. 537 procura dirimir sérias divergências doutrinárias e jurisprudenciais existentes na vigência do CPC/1973 a respeito da possibilidade de execução da multa periódica e sua dependência do resultado final da demanda.

O dispositivo deixa clara a possibilidade de o valor da multa ser imediatamente executado pelo autor da demanda, através do rito da execução provisória (arts. 520 e seguintes), devendo os valores decorrentes da execução ser mantidos em depósito judicial enquanto não alcançado o trânsito em julgado da sentença favorável ao autor.

Na maioria dos casos, será dispensável a prévia liquidação dos valores arbitrados a título de multa, pois um simples cálculo aritmético que multiplique os dias de não atendimento à ordem pelo valor cominado pelo juiz pode aferir com suficiente precisão o valor a ser executado.

Entretanto, acaso seja necessária a prova do descumprimento ou sua extensão, a liquidação da condenação pode ser necessária, nos termos do art. 509, inciso II, do CPC/2015.

Seção II - Do Cumprimento de Sentença que Reconheça a Exigibilidade de Obrigação de Entregar Coisa

Art. 538 - Não cumprida a obrigação de entregar coisa no prazo estabelecido na sentença, será expedido mandado de busca e apreensão ou de imissão na posse em favor do credor, conforme se tratar de coisa móvel ou imóvel.
§ 1° - A existência de benfeitorias deve ser alegada na fase de conhecimento, em contestação, de forma discriminada e com atribuição, sempre que possível e justificadamente, do respectivo valor.
§ 2° - O direito de retenção por benfeitorias deve ser exercido na contestação, na fase de conhecimento.
§ 3° - Aplicam-se ao procedimento previsto neste artigo, no que couber, as disposições sobre o cumprimento de obrigação de fazer ou de não fazer.

I. Técnicas de tutela

As técnicas processuais voltadas à obtenção da tutela específica das obrigações de fazer ou não fazer aplicam-se inteiramente ao cumprimento de sentença de obrigações de entregar coisa, conforme expressa disposição do § 3º do art. 538. Por isso, os comentários aos arts. 536 e 537 se aplicam inteiramente ao cumprimento de sentença previsto no art. 538.

Como o objeto da obrigação é um bem individualizado ou individualizável, a medida executiva por excelência a ser utilizada pelo juiz é a busca e apreensão ou a imissão na posse, conforme se tratar de coisa móvel ou imóvel.

II. Coisa certa ou incerta

O artigo é aplicável tanto às obrigações de entrega de coisa certa como incerta. A individualização da coisa a ser entregue não é regulada pelo art. 538 do CPC, mas sim pelo art. 498, ao qual remetemos o leitor.

III. Retenção de benfeitorias

O CPC/2015 segue a orientação legal e jurisprudencial já adotada pelo CPC/1973, com a reforma da Lei nº 10.444/2002, de não mais admitir embargos de retenção por benfeitorias em execução de sentenças que tenham por objeto a entrega de bem móvel ou imóvel (*vide* REsp nº 424.300/MA, Rel. Min. Castro Filho, 3ª T., DJ de 4/12/2006; REsp nº 232.859/MS, Rel. Min. Barros Monteiro, 4ª T., DJ de 3/5/2011).

A existência de benfeitorias e eventual pleito de ressarcimento a elas relativo deve ser exercido em contestação, sob pena de preclusão. A alegação do direito sobre benfeitorias deve ser exercida de forma específica e discriminada, atribuindo-se valor às benfeitorias que o réu pretende ver indenizadas, com a apresentação de documentos que justifiquem as quantias alegadas, sob pena de indeferimento.

Acaso as benfeitorias não sejam suscitadas em contestação, não poderão ser objeto de ação autônoma que pretenda vê-las reconhecidas, como já decidiu o Superior Tribunal de Justiça (3ª T., REsp nº 1.278.094/SP, Rel. Min. Nancy Andrighi, DJe de 22/8/2012), em orientação cuja aplicabilidade não será prejudicada pelo advento da nova legislação.

TÍTULO III
DOS PROCEDIMENTOS ESPECIAIS

Capítulo I - Da Ação de Consignação em Pagamento

Art. 539 - Nos casos previstos em lei, poderá o devedor ou terceiro requerer, com efeito de pagamento, a consignação da quantia ou da coisa devida.
§ 1º - Tratando-se de obrigação em dinheiro, poderá o valor ser depositado em estabelecimento bancário, oficial onde houver, situado no lugar do pagamento, cientificando-se o credor por carta com aviso de recebimento, assinado o prazo de 10 (dez) dias para a manifestação de recusa.
§ 2º - Decorrido o prazo do § 1º, contado do retorno do aviso de recebimento, sem a manifestação de recusa, considerar-se-á o devedor liberado da obrigação, ficando à disposição do credor a quantia depositada.
§ 3º - Ocorrendo a recusa, manifestada por escrito ao estabelecimento bancário, poderá ser proposta, dentro de 1 (um) mês, a ação de consignação, instruindo-se a inicial com a prova do depósito e da recusa.
§ 4º - Não proposta a ação no prazo do § 3º, ficará sem efeito o depósito, podendo levantá-lo o depositante.

Autora: Priscila Kei Sato

I. Hipóteses de cabimento da consignação em pagamento

As hipóteses de cabimento da consignação em pagamento estão previstas no art. 335 do Código Civil, art. 164 do Código Tributário Nacional e art. 67 da Lei do Inquilinato.

O projeto original do CPC/2015 autorizava a aplicação do procedimento extrajudicial à consignação de aluguéis. Todavia essa disposição foi suprimida pelo Senado, sob o entendimento de que o CPC (lei geral) não deveria tratar de aspectos da Lei do Inquilinato (lei especial – Lei nº 8.245/1991). Fez-se, ainda, menção ao entendimento predominante da jurisprudência de que o procedimento extrajudicial se aplica à locação predial urbana, não sendo o caso de se alterar essa orientação com o novo diploma processual.

II. Legitimidade

O devedor e o terceiro interessado (o fiador, por exemplo) são legitimados para propor a ação. Os terceiros não interessados juridicamente, pois não respondem pela dívida, também estão legitimados. O credor tem legitimidade ativa. Nas hipóteses do art. 335, incisos IV e V, do Código Civil, a ação deverá ser proposta em face de todos os possíveis credores e contra os litigantes sobre o bem objeto do pagamento, respectivamente.

III. Consignação extrajudicial

A consignação extrajudicial é uma faculdade do obrigado. Mas não poderá ser realizada a consignação extrajudicial de débitos fiscais, nem de depósitos decorrentes de relação locatícia, que têm procedimento previsto em lei específica. Se não houver estabelecimento bancário oficial (banco sob o controle da União ou do Estado-membro), a consignação poderá ser feita perante o estabelecimento bancário particular. Cada estabelecimento bancário tem normas internas próprias a respeito do procedimento a ser adotado para a consignação extrajudicial, sendo recomendável consultá-lo antes da realização de qualquer depósito. No caso de recusa parcial do depósito, admite-se o levantamento da quantia depositada, sendo necessário, contudo, que o credor faça a ressalva sobre a necessidade de complementação da prestação.

IV. Depósito em conta com correção monetária

O § 1º do art. 539 não faz alusão à exigência de depósito "em conta com correção monetária". Não obstante, entendemos que a exigência não deve ser afastada, sob pena de se admitir que o credor fique privado da simples atualização da moeda (equivalência de seu poder aquisitivo), sujeita a desvalorização. Os prejuízos decorrentes de uma interpretação em sentido contrário ficam, ainda, mais evidentes em períodos inflacionários. Oportuno mencionar que, de acordo com os arts. 6º e 7º da Resolução nº 2814/2001 do Banco Central (editada para regulamentar a consignação em pagamento de que tratou a Lei nº 8.951/1994), o depósito só é considerado como judicial a partir da comunicação da existência da ação judicial de consignação em pagamento à instituição financeira. Disso decorre que, nos termos do art. 11, § 1º, da Lei nº 9.289/1996, uma vez ajuizada a ação de consignação, os depósitos sujeitos apenas à correção monetária passarão a seguir as mesmas regras referentes à remuneração básica e ao prazo das cadernetas de poupança (STJ, 3ª T., RMS nº 28841/SP, Rel. Sidnei Beneti, j. em 12/6/2012, DJe de 2/8/2012).

V. Aviso de recebimento

A interpretação literal do § 1º do art. 890 do CPC/1973 poderia resultar na conclusão de que não seria exigível que o credor tivesse conhecimento efetivo do depósito, ao se utilizar a expressão "aviso de recepção" (STJ, 5ª T., RESP nº 618295/DF, Rel. Felix Fischer, j. em 6/6/2006, DJ de 1º/8/2006). Assim, a alteração para "aviso de recebimento" afasta qualquer dúvida quanto à necessidade de ciência por parte do credor a respeito do depósito realizado. Atualmente, as instituições financeiras depositárias se encarregam de encaminhar a notificação com aviso de recebimento, como dispõe o art. 7º da Resolução nº 2814/2001 do Banco Central: "[...] a instituição financeira, quando do recebimento de depósitos de consignação em pagamento, deve expedir, dentro de dois dias úteis, a correspondente notificação ao credor, cujo aviso de recepção deve ser assinado pessoalmente pelo destinatário e conservado pela instituição para os fins previstos em lei].

VI. Prazo

O prazo para ajuizamento da ação de consignação foi alterado, passando de 30 dias para um mês.

VII. Julgados

Ônus da prova

"A consignação em pagamento, seja ela judicial ou extrajudicial, somente tem lugar na hipótese em que o devedor, por algum fato vinculado ao credor (mora do credor), não consegue realizar o pagamento do débito de forma direta. Não comprovado que o credor dificultou ou recusou o recebimento da quantia devida, resta afastada a possibilidade da consignação extrajudicial dos valores. Além disso, para que reste verificado o efeito liberatório da consignação extrajudicial do valor devido, deve ser comprovada a notificação extrajudicial do credor quanto à consignação e a sua posterior recusa em receber as quantias. Ausentes os requisitos legais, não deve ser considerado quitado o débito pela consignação extrajudicial, sendo legítima a manutenção do nome do devedor nos órgãos restritivos de crédito" (TJMG, 18ª Câmara Cível, Ap nº 1.0707.15.006266-9/001, Rel. Vasconcelos Lins, j. em 28/3/2017, DJe de 31/3/2017).

Consignação em pagamento relativamente às locações

"Os casos de consignação encontram-se previstos no Código Civil, sendo os mais comuns, relativamente às locações: o locador, sem justa causa, recusar receber o pagamento, ou dar quitação na forma devida; o locador não ir, nem mandar receber o aluguel no lugar, tempo e condições devidas; ocorrer dúvida sobre quem deva legitimamente receber o aluguel; e, finalmente, pender litígio sobre o objeto do pagamento. A mais constante dessas alegações, no entanto, está relacionada à recusa do senhorio em receber a renda. Essa negativa, porém, quase nunca é frontal, direta. Por vezes, ele exige aluguel maior em face do reajuste contratual ou legal, do que se infere que está recusando o locativo que o inquilino pretende pagar, com o argumento de que é menor do que o devido. Nesse caso, em ocorrendo a consignatória, caberá ao Juiz decidir se o aluguel ofertado pelo inquilino está certo, ou não. [...] As matérias passíveis de discussão, na ação de consignação de aluguel e acessórios de locação, estão disciplinadas no artigo 67, inciso V, alíneas 'a' a 'd', da Lei 8.245/91, ou seja, além da matéria de direito que possa caber, ficará adstrita, quanto à matéria de fato: a) não ter havido recusa ou mora em receber a quantia devida; b) ter sido justa a recusa; c) não ter sido efetuado o depósito no prazo ou no lugar do pagamento; e, d) não ter sido o depósito integral. Na hipótese dos autos, o valor depositado corresponde efetivamente às quantia pagas pela autora, anteriormente à rescisão do contrato de locação, fls. 16/21. Ressalta-se que não pode simplesmente a locadora, ora apelante, recusar a receber o pagamento do aluguel, sob o argumento de insuficiência na quantia depositada, pois a locatária depositou o valor que efetivamente lhe era cobrado, não tendo concordado com o valor que a requerida pretendia receber, de forma injusta e arbitrária, sem amparo em contrato" (TJSP, 26ª Câmara de Direito Privado, Ap nº 0002914-68.2013.8.26.0006, Rel. Bonilha Filho, j. em 6/4/2017, DJe de 7/4/2017).

Desnecessidade de depósito prévio

"A ausência de depósito extrajudicial não impede o ingresso direto do devedor com a ação de consignação em pagamento. Incabível o indeferimento da petição inicial. Sentença desconstituída." (TJRS, 18ª Câmara Cível, Ap nº 70065834749, Rel. Giuliano Viero Giuliato, j. em 23/2/2017, DJe de 23/2/2017).

Consignação de tributos

"Não há qualquer vedação legal a que o contribuinte lance mão da ação consignatória para ver satisfeito o seu direito de pagar corretamente o tributo quando entende que o fisco está exigindo prestação maior que a devida. É possibilidade prevista no art. 164 do Código Tributário Nacional. Ao mencionar que 'a consignação só pode versar sobre o crédito que o consignante se propõe a pagar', o § 1º daquele artigo deixa evidenciada a possibilidade de ação consignatória nos casos em que o contribuinte se propõe a pagar valor inferior ao exigido pelo fisco. Com efeito, exigir valor maior equivale a recusar o recebimento do tributo por valor menor. 5. Recurso especial provido. (STJ, 1ª T., REsp nº 659.779/RS, Rel. Min. Teori Albino Zavascki, j. em 14/9/2004, DJ de 27/9/2004).

Art. 540 - Requerer-se-á a consignação no lugar do pagamento, cessando para o devedor, à data do depósito, os juros e os riscos, salvo se a demanda for julgada improcedente.

I. Competência

A consignação extrajudicial deverá se dar no local do pagamento, assim como o ajuizamento da ação de consignação, como estabelecia o art. 976 do CC/1916, atual art. 337 do CC/2002 combinado com art. 980 do CC/1916, atual art. 341 do CC/2002. Contudo, a cláusula de eleição de foro pode ser afastada se prevista em contrato de adesão e dificultar o exercício do direito da parte hipossuficiente.

A exclusão do parágrafo único do art. 891 do CPC/1973 se deu, provavelmente, por seu limitado âmbito de aplicação. Como observado por Adroaldo Furtado Fabrício (*Comentários ao Código de Processo Civil*, 9. ed. v. VIII. Tomo III, artigos 890 a 945, Rio de Janeiro: Forense, 2008, p. 91) o parágrafo estabelecia uma faculdade para devedor quando não tivesse sido estipulado com precisão o lugar do pagamento ou da entrega, ou que a entrega tivesse que ser realizada onde quer que a coisa se encontrasse ao tempo do vencimento.

II. Efeitos

Com o depósito, cessa a incidência dos juros (compensatórios e moratórios) e da correção monetária vincenda. O CPC/2015 estabeleceu o termo final (data do depósito) a partir do qual se deve considerar o devedor liberado da incidência de juros e dos riscos. Esse já era o entendimento da jurisprudência.

III. Julgados

Competência

"A ação de consignação em pagamento proposta por ente estatal em face de sociedade empresária contratada para a prestação de serviços terceirizados à Administração Pública, visando elidir a responsabilidade trabalhista subsidiária, prevista na Súmula 331/TST, deve ser julgada pela Justiça Laboral. 3. Conflito conhecido para declarar competente a Justiça do Trabalho" (STJ, 2ª Seção, CC nº 136.739/RS, Rel. Min. Raul Araújo, j. em 23/9/2015, DJe de 15/10/2015).

Recuperação judicial

"A jurisprudência desta Corte está sedimentada, portanto, no sentido de que o juízo onde se processa a recuperação judicial é o competente para os atos de constrição, de expropriação e de disposição de bens da sociedade empresária, que sejam objeto de ação trabalhistas, da respectiva execução e, consequentemente, de ação de consignação em pagamento proposta para depositar supostos créditos da recuperanda com o propósito de sanar dúvida acerca do legítimo dono". (STJ, 2ª Seção, AgRg no CC nº 138.477/MG, Rel. Min. Antonio Carlos Ferreira, j. em 9/9/2015, DJe de 21/9/2015).

Efeitos da consignação

"Nos termos do disposto no art. 891 do Código de Processo Civil, efetuado o depósito judicial para garantia do juízo cessam para o devedor os juros e a correção monetária, sendo que estes só podem incidir sobre a diferença entre o devido e o depositado. Dessa forma, a controvérsia acerca da remuneração dos valores depositados não pode ser dirigida contra a empresa executada, e sim contra o banco depositário. Precedentes" (STJ, 4ª T., EDcl no REsp nº 1349700/RS, Rel. Min. Luis Felipe Salomão, j. em 20/11/2012).

Art. 541 - Tratando-se de prestações sucessivas, consignada uma delas, pode o devedor continuar a depositar, no mesmo processo e sem mais formalidades, as que se forem vencendo, desde que o faça em até 5 (cinco) dias contados da data do respectivo vencimento.

I. Prestações sucessivas

A redação do art. 892 do CPC/1973, ao adotar a expressão "prestações periódicas", poderia resultar no entendimento de que o direito de consignar as parcelas vincendas durante o trâmite da lide, sem pedido expresso nesse sentido, só poderia ocorrer se se tratasse de prestações que se repetiriam no tempo, a intervalos regulares (Adroaldo Furtado Fabrício, *Comentários ao Código de Processo Civil,* 9. ed. v. VIII. Tomo III, artigos 890 a 945, Rio de Janeiro: Forense, 2008, p. 99). A alteração do dispositivo visou afastar essa interpretação equivocada. O direito de consignar as demais prestações que se vencerem durante o curso do processo, sem pedido expresso na inicial nesse sentido, pode ser exercido mesmo em não se tratando de prestações periódicas, sendo suficiente que as prestações se sucedam no tempo ("prestações sucessivas"), independentemente de sua regularidade ou não.

II. Julgados

Depósito das parcelas vincendas no curso da lide

"Nas ações em que a controvérsia se limita à adoção de índice de reajuste das prestações, deve ser admitida a consignação de prestações após a publicação da sentença, porquanto tal solução privilegia, de um lado, a efetividade do princípio da economia processual, e, de outro, a natureza eficacial da sentença que dirime conflito acerca de obrigações que envolvam prestações periódicas.

- A conferência das prestações consignadas após a publicação da sentença deverá ser realizada pelo Juízo de primeiro grau, após o trânsito em julgado da decisão" (STJ, 2ª Seção, REsp nº 439489/SP, Rel. Min. Nancy Andrighi, j. em 10/12/2003).

Prestações sucessivas

"Na ação de consignação em pagamento, tratando-se de prestações periódicas, autorizada a consignação da primeira, pode o devedor consignar as demais no mesmo processo e sem mais formalidades, nos termos do art. 892 do Código de Processo Civil. 4. Estando a parte em débito, inexiste qualquer irregularidade em relação à inscrição de seu nome nos cadastros de inadimplentes, por configurar exercício regular de direito do credor, não havendo que se falar, pelo mesmo fundamento, em imposição de multa à empresa em razão da negativação. 5. Apelação conhecida, preliminar rejeitada e, no mérito, não provida" (TJDFT, 1ª T. Cível, Ap nº 906881, 20110111154319, Rel. Simone Lucindo, 18/11/2015, DJe de 27/11/2015).

Prazo para o depósito nas prestações sucessivas

"Nas ações de consignação em pagamento, tratando-se de obrigação de prestações periódicas, a não observância do prazo para depósito das parcelas constante no artigo 892 do CPC/73 não resulta na improcedência dos pedidos iniciais, mas sim no reconhecimento restrito da eficácia liberatória dos depósitos realizados a tempo e modo" (TJMG, 13ª Câmara Cível, Ap nº 1.0024.08.268314-5/001, Rel. José de Carvalho Barbosa, j. em 15/12/2016, DJe de 27/1/2017).

Depósito das prestações sucessivas – faculdade do consignante

"A regra do art. 892, do CPC, trata de faculdade – e não obrigação – do consignante, de consignar na mesma ação as demais prestações vincendas após o ajuizamento da ação. Admitido o ajuizamento de diversas ações de consignação em pagamento. Para caracterização da litispendência é necessária identidade de partes, de causa de pedir e de pedido" (TJMG, 16ª Câmara Cível, Ap nº 1.0024.12.255476-9/001, Rel. José Marcos Vieira, j. em 13/2/2014, DJe de 24/2/2014).

Art. 542 - Na petição inicial, o autor requererá:
I - o depósito da quantia ou da coisa devida, a ser efetivado no prazo de 5 (cinco) dias contados do deferimento, ressalvada a hipótese do art. 539, § 3º;
II - a citação do réu para levantar o depósito ou oferecer contestação.
Parágrafo único - Não realizado o depósito no prazo do inciso I, o processo será extinto sem resolução do mérito.

I. Requisitos da petição inicial

Além dos requisitos específicos mencionados nesse dispositivo, devem ser observados os requisitos gerais da petição inicial previstos nos arts. 282 e 284. Se o autor tiver realizado o depósito extrajudicial, nos termos do art. 890, deverá juntar o respectivo comprovante, assim como a recusa do credor, à inicial.

II. Depósito de coisa

Se o objeto do depósito não for dinheiro, o depósito deverá se dar junto ao depositário judicial.

III. Contestação

A redação anterior era mais precisa, pois fazia menção à possibilidade de o réu apresentar resposta, e não apenas contestação. Mesmo que o atual art. 542 faça referência tão somente à contestação, entendemos que deve ser admitido ao réu opor exceção de incompetência e reconvenção, conforme entendimento predominante na doutrina e jurisprudência.

IV. Extinção do processo, sem resolução do mérito

A ausência de depósito resulta na extinção da ação de consignação sem resolução do mérito. Essa solução já era adotada pela jurisprudência, com fulcro no art. 267, § 1º, CPC/1973.

V. Julgados

Prazo para contestação

"Na ação de consignação em pagamento, consoante a regra do art. 893 e incisos do CPC, com as alterações introduzidas pela Lei 8951/94, o autor requererá, na petição inicial, o depósito e a citação do réu. Esta deverá ocorrer, no entanto, após a efetivação daquele, sob pena de se subverter o procedimento adequado" (STJ, 3ª T., REsp nº 124676/SP, Rel. Min. Waldemar Zveiter, j. em 16/6/1998).

Consignação em pagamento sem depósito

"Tratando-se da falta do depósito em ação consignatória, quando o Juízo já havia determinado à parte que realizasse tal providência, a extinção do processo não depende de prévia intimação. Inaplicável à hipótese em questão o § 1º, do artigo 267 do Código de Processo Civil" (STJ, 3ª T., AgRg no Ag nº 396222/SP, Rel. Min. Carlos Alberto Menezes Direito, j. em 8/10/2001).

Consignação de chaves

"A ação de consignação de chaves constitui o instrumento destinado ao locatário que, pretendendo restituir o imóvel objeto da locação depara com a resistência do senhorio. O procedimento a adotar é o disciplinado pelo CPC, que, diferentemente daquele estabelecido pela Lei de Locação, contempla também a consignação de coisa. A providência do depósito judicial é expressamente prevista no artigo 542, I, do CPC, e constitui requisito indispensável para a admissão do processamento. Não se trata de medida provisória, e por isso não depende da verificação de quaisquer de seus requisitos" (TJSP, 31ª Câmara de Direito Privado, Ap nº 2054894-96.2017.8.26.0000, Rel. Antonio Rigolin, j. em 11/4/2017, DJe de 11/4/2017).

Art. 543 - Se o objeto da prestação for coisa indeterminada e a escolha couber ao credor, será este citado para exercer o direito dentro de 5 (cinco) dias, se outro prazo não constar de lei ou do contrato, ou para aceitar que o devedor a faça, devendo o juiz, ao despachar a petição inicial, fixar lugar, dia e hora em que se fará a entrega, sob pena de depósito.

I. Prestação de coisa incerta ou alternativa

A consignação, nessa hipótese, pressupõe a prestação de coisa incerta (arts. 243-246, CC) ou alternativa (arts. 252-256, CC) e a escolha cabível ao credor (arts. 244 e 252, CC).

Art. 544 - Na contestação, o réu poderá alegar que:
I - não houve recusa ou mora em receber a quantia ou a coisa devida;
II - foi justa a recusa;
III - o depósito não se efetuou no prazo ou no lugar do pagamento;
IV - o depósito não é integral.
Parágrafo único - No caso do inciso IV, a alegação somente será admissível se o réu indicar o montante que entende devido.

I. É possível arguir outras matérias de defesa?

Sim. Todas as matérias previstas no art. 297, inclusive reconvenção e art. 301. Caberá, ainda, a oposição de exceção de incompetência. O réu poderá demonstrar que não estava em local inacessível e poderá, ainda, reconhecer juridicamente o pedido.

II. Consignatória após o vencimento do débito

Se a consignação for realizada após o vencimento do débito, o valor a ser depositado deverá ser acrescido dos prejuízos sofridos pelo credor em razão do atraso do pagamento (art. 401, CC). Caso a mora já tenha produzido suas consequências, como o ajuizamento da respectiva ação para cobrança do seu crédito (execução, busca e apreensão, etc.), a jurisprudência não tem admitido a ação consignatória.

III. Ausência de indicação do montante que o réu entende devido

A única alteração no dispositivo foi o acréscimo da expressão "somente", para reforçar o ônus imposto ao réu de indicar o montante que entende devido, se alegar a insuficiência de depósito. Segundo a jurisprudência, essa exigência se justificava mesmo antes do advento do parágrafo único do art. 896, CPC/1973, em razão da interpretação sistemática do inciso IV do art. 896 e do art. 899, ambos do CPC/1973 (STJ, 4ª T., REsp nº 260.743/SP, Rel. Min. Aldir Passarinho Junior, j. em 3/10/2006, DJ de 23/10/2006, p. 314).

IV. Julgados

Mora do devedor

"Acaso pretendessem, em razão de injusta recusa, realmente se livrar dos encargos moratórios incidentes sobre as parcelas vincendas, aos agravantes cumpria propor, na ocasião, ação de consignação em pagamento, em vez de aguardar para, nos embargos de declaração da sentença, suscitar omissão oriunda de anterior pedido de depósito. Precedente do STJ. 3- Agravo regimental a que se nega provimento" (STJ, 4ª T., AgRg no Ag nº 7090027/RJ, Rel. Min. Maria Isabel Gallotti, j. em 7/8/2012).

Necessidade de o credor indicar o montante devido

"Réu alega que os valores depositados são inferiores aos efetivamente devidos e que, portanto, não haveria recusa injustificada; todavia, deixou de declinar aqueles que entende adequados, ônus que lhe incumbia, nos moldes do que estabelece o art. 544 do CPC/2015 – Suficiência do depósito realizado pela autora – Manutenção da sentença – Recurso desprovido" (TJSP, 24ª Câmara de Direito Privado, Ap nº 1026808-40.2015.8.26.0506, Rel. Jonize Sacchi de Oliveira, j. em 26/5/2017, DJe de 26/5/2017).

Justa recusa pelo credor

"Autor intimado a complementar o valor inicialmente consignado, que efetuou depósito em valor insuficiente. Recusa justa pela credora, que não está obrigada a receber prestação menor da que é devida. Ação improcedente. Possibilidade de execução do saldo remanescente nos próprios autos (art. 899, § 2º, do CPC/73 e 545, § 2º, do CPC/15). Recurso desprovido" (TJSP, 36ª Câmara de Direito Privado, Ap nº 0121793-59.2007.8.26.0001, Rel. Milton Carvalho, j. em 15/5/2017, DJe de 15/5/2017).

Contestação – inobservância do disposto no art. 544 do CPC

"Réu que não contesta adequadamente o feito, em desatenção à regra do art. 544 do CPC – Cenário diante do qual cabe ao julgador concluir que o depósito realizado pela consumidora autora é bastante para a satisfação da obrigação – Sentença reformada, com a proclamação da procedência da demanda e com a inversão da responsabilidade pelas verbas da sucumbência. Dispositivo: Deram provimento à apelação" (TJSP, 19ª Câmara de Direito Privado, Ap nº 1003050-36.2016.8.26.0655, Rel. Ricardo Pessoa de Mello Belli, j. em 8/5/2017, DJe de 29/5/2017).

Art. 545 - Alegada a insuficiência do depósito, é lícito ao autor completá-lo, em 10 (dez) dias, salvo se corresponder a prestação cujo inadimplemento acarrete a rescisão do contrato.

§ 1º - No caso do caput, poderá o réu levantar, desde logo, a quantia ou a coisa depositada, com a consequente liberação parcial do autor, prosseguindo o processo quanto à parcela controvertida.

§ 2º - A sentença que concluir pela insuficiência do depósito determinará, sempre que possível, o montante devido e valerá como título executivo, facultado ao credor promover-lhe o cumprimento nos mesmos autos, após liquidação, se necessária.

I. Causa de resolução do contrato que impedirá a complementação do depósito

Caso o inadimplemento seja absoluto, ou seja, se a prestação não for mais útil ao credor, este poderá recusá-la. Exemplo dessa hipótese seria a entrega de produtos sazonais, como ovos de páscoa ou enfeites natalinos.

II. Insuficiência do depósito

A alteração trouxe ao *caput* do art. 545, CPC/2015 a frase "alegada a insuficiência do depósito", que constava no § 1° do art. 899, CPC/1973, tornando o dispositivo mais coerente. Além disso, entendemos que, com o novo art. 545, seria possível ao réu alegar a insuficiência do depósito e ao autor complementar o depósito, mesmo que a ação não tenha sido contestada, já que o *caput* não restringe mais a essa hipótese.

III. Liquidação e cumprimento de sentença

No caso de procedência da ação, a sentença declarará a extinção da dívida pela quitação. No entanto, no caso de improcedência do pedido, o provimento jurisdicional será condenatório. Nessa hipótese, sempre que possível a sentença estabelecerá o valor devido, e valerá como título executivo, devendo ser observado o procedimento previsto pelo art. 513, CPC/2015. Se houver necessidade, deve-se proceder à liquidação da quantia, conforme o procedimento previsto pelo art. 509, CPC/2015. A modificação do dispositivo tornou-o harmônico com as alterações legislativas ocorridas, ainda, sob a égide do CPC/1973 (Lei nº 11.232/2005).

IV. Julgados

Insuficiência do depósito

"A insuficiência do depósito não enseja a improcedência do pedido de consignação em pagamento, podendo haver posterior complementação. 2. Na hipótese, houve efetiva controvérsia acerca da necessidade de complementação do depósito em razão de a parte credora ter procedido à resilição unilateral do contrato de compra e venda e procedido à devolução do sinal para terceiro, pessoa distinta do comprador, motivo pelo qual o acréscimo referente ao sinal fora realizado após a deliberação do juízo acerca do valor controvertido. 2.1 O só fato do autor complementar o depósito feito em ação de consignação em pagamento não lhe impõe os encargos da sucumbência, desde que seja vitorioso na contenda. Precedentes. Incidência da Súmula 83/STJ. 3. Agravo regimental desprovido" (STJ, 4ª T., AgRg no AREsp nº 231.373/CE, Rel. Min. Marco Buzzi, j. em 6/6/2017, DJe de 12/6/2017).

Levantamento com oposição de ressalvas

"O levantamento da quantia depositada pelo credor, com ressalvas, não significa, por si só, extinção do total da dívida. É possível ao credor discutir, em via própria, a diferença por ele alegada. Recurso especial conhecido e provido" (STJ, 4ª T., REsp nº 189019/SP, Rel. Min. Barros Monteiro, j. em 6/5/2004).

Levantamento do valor incontroverso

"Ausência de disposição sobre o destino da quantia depositada nos autos. Depósito que compõe valor incontroverso e tem objetivo de liberação imediata (ainda que parcial) do devedor. Quantia que deve ser levantada pelo Réu. Inteligência do art. 545, § 1º, do NCPC. Precedentes do C. STJ" (TJSP, 12ª Câmara de Direito Privado, Ap nº 0940475-90.2012.8.26.0506, Rel. Tasso Duarte de Melo, j. em 30/5/2017, DJe de 30/5/2017).

"Contrato de mútuo garantido por alienação fiduciária. Ação revisional cumulada com pedido de consignação em pagamento. Improcedência. Pedido de levantamento dos depósitos judiciais pelo autor. Impossibilidade. Valores que correspondem às parcelas incontroversas da dívida e que, por isso, pertencem ao credor. Utilização do numerário para realização de acordo que deve ser precedida de manifestação do réu. Recurso desprovido" (TJSP, 36ª Câmara de Direito Privado, AI nº 2034984-83.2017.8.26.0000, j. em 29/3/2017, Rel. Milton Carvalho, DJe de 29/3/2017).

Depósito consignatório insuficiente

"O depósito insuficiente, na ação de consignação em pagamento, acarreta a sua improcedência, quando não exercida a faculdade de complementação prevista no *caput* do art. 899 do código de processo civil. Nos termos, todavia, do parágrafo 1. Do referido artigo, introduzido pela lei nr. 8.951/94, em ocorrendo insuficiencia do depósito, e facultado ao credor levantar, desde logo, a quantia ou a coisa depositada, com a consequente liberação parcial do autor, prosseguindo o processo quanto a parcela controvertida" (STJ, 4ª T., REsp nº 27949/RJ, Rel. Min. Sálvio de Figueiredo Teixeira, j. em 19/9/1995).

"Reconhecimento da insuficiência do depósito – Diferença dos valores que deve ser objeto de ação de execução, nos próprios autos – Inteligência e aplicação do art. 545, § 2º, do CPC/15" (TJSP, 12ª Câmara de Direito Privado, Ap nº 1090075-11.2013.8.26.0100, Rel. Ramon Mateo Júnior, j. em 12/7/2017, DJe de 12/7/2017).

Agravo – técnica processual

"Ainda ao tempo da antiga redação do art 896, do CPC, exigível do credor, na contestação, a indicação exata do valor que entendia devido, ante a possibilidade de complementação do depósito no prazo de dez dias, direito disponibilizado ao devedor pelo art. 899, da mesma lei adjetiva' [...]" (STJ, 4ª T., AgRg no Ag nº 1075698/RJ, Rel. Min. Luís Felipe Salomão, j. em 21/6/2011).

Indicação do valor da dívida em contestação

"[...] Ainda ao tempo da antiga redação do art. 896, do CPC, exigível do credor, na contestação, a indicação exata do valor que entendia devido, ante a possibilidade de complementação do depósito no prazo de dez dias, direito disponibilizado ao devedor pelo art. 899, da mesma lei adjetiva. 'A simples interpretação de cláusula contratual não enseja recurso especial' (Súmula n. 5/STJ). 'A pretensão de simples reexame de prova não enseja recurso especial' (Súmula n. 7/STJ). É de se afastar a penalidade imposta em sede de embargos declaratórios, quando não identificado nem o propósito procrastinatório, nem a má-fé, apenas a necessidade de prequestionar a matéria para acesso às instâncias nacionais *ad quem*. Incidência da Súmula n. 98 do STJ. Recurso especial conhecido em parte e, nessa parte, parcialmente provido" (STJ, 4ª T., REsp nº 260743/SP, Rel. Min. Aldir Passarinho Júnior, j. 3/10/2006).

Art. 546 - Julgado procedente o pedido, o juiz declarará extinta a obrigação e condenará o réu ao pagamento de custas e honorários advocatícios.
Parágrafo único - Proceder-se-á do mesmo modo se o credor receber e der quitação.

I. Revelia

Embora o art. 897, CPC/1973, estabelecesse que incidiriam os efeitos da revelia caso não contestada a ação, a jurisprudência já se manifestava em desfavor dessa interpretação (STJ, 1ª T., REsp nº 984897/PR, Rel. Min. Luiz Fux, j. em 19/11/2009). Assim a exclusão referente à incidência dos efeitos da revelia está em harmonia com o entendimento jurisprudencial, sendo oportuno mencionar que, em assim sendo, mesmo na ausência de contestação, o juiz está autorizado a julgar o pedido improcedente desde que haja elementos nos autos que o convençam a decidir dessa forma (STJ, 3ª T., REsp nº 769468/RJ, Rel. Min. Nancy Andrighi, j. em 29/11/2005).

II. Julgados

Procedência parcial dos pedidos

"Na ação de consignação em pagamento, a insuficiência do depósito não conduz à improcedência do pedido, mas sim à extinção parcial da obrigação, até o montante da importância consignada. Ademais, na hipótese de procedência parcial dos pedidos, os ônus de sucumbência devem ser suportados por ambas as partes. 3. Agravo interno a que se nega provimento" (STJ, 4ª T., AgInt no AREsp nº 609.219/RS, Rel. Min. Raul Araújo, j. em 11/10/2016, DJe de 4/11/2016).

Extinção da obrigação – custas e honorários advocatícios

"Dessa forma, a recusa da ré, quanto ao recebimento dos valores afirmados pela autora, é injusta e abusiva. De rigor destacar, ainda, que o valor depositado em conta judicial vinculada aos autos (fls. 108) é suficiente para o integral cumprimento da obrigação, levando-se em consideração que compreende, inclusive, os valores indevidamente cobrados a título de cubagem. Diante dessas circunstâncias, de rigor a reforma da r. sentença hostilizada, para o fim de julgar procedente a ação e declarar extinta a obrigação. Em relação ao ônus sucumbencial, tendo a recorrida dado causa à propositura da ação, condeno-a ao pagamento das custas, despesas processuais e honorários advocatícios, que ora fixo em 10% sobre o valor atualizado da causa, nos termos do artigo 85, §2º, do Código de Processo Civil" (TJSP, 16ª Câmara de Direito Privado, Ap nº 1063363-13.2015.8.26.0100, Rel. Daniela Menegatti Milano, j. em 25/7/2017, DJe de 28/7/2017).

Art. 547 - Se ocorrer dúvida sobre quem deva legitimamente receber o pagamento, o autor requererá o depósito e a citação dos possíveis titulares do crédito para provarem o seu direito.

I. Abrangência do dispositivo

A redação do art. 895 do CPC/1973 era criticada pela doutrina, porque pareceria restringir a incidência do dispositivo à hipótese prevista no inciso V do CC/2002 (disputa sobre o objeto do pagamento). A alteração excluiu a restrição e, desse modo, prevalece o entendimento de que o dispositivo abrange as hipóteses previstas no art. 335, incisos III, IV ou V, do CC. Em outras palavras, qualquer dúvida sobre a titularidade do crédito pode ensejar a consignação, mas esta deve ser devidamente fundamentada. Os possíveis credores serão citados para demonstrar a titularidade do crédito (art. 548, CPC/2015).

II. Julgados

Dúvida quanto aos entes tributantes

"Não obstante o entendimento doutrinário no sentido de admitir a ação de consignação em pagamento, com base no art. 164, III, do CTN, apenas quando houver dúvida subjetiva em relação a entes tributantes que possuam a mesma natureza (Estado contra Estado e Município contra Município) – tese acolhida pelo Tribunal de origem –, a doutrina majoritária tem admitido a utilização da ação mencionada quando plausível a incerteza subjetiva, mesmo que se trate de impostos cobrados por entes de natureza diversa. Acrescente-se que, nos termos do art. 895 do CPC, 'se ocorrer dúvida sobre quem deva legitimamente receber o pagamento, o autor requererá o depósito e a citação dos que o disputam para provarem o seu direito'. Como bem esclarecem Nelson Nery Junior e Rosa Maria de Andrade Nery, nessa hipótese, 'a providência do devedor é acautelatória de seus direitos', pois 'quer pagar bem e não incorrer no risco que lhe adviria de pagar para quem não é o legítimo credor da prestação' (*Código de Processo Civil Comentado e legislação extravagante*, 10ª ed., São Paulo: Ed. Rev. dos Tribunais, 2007, pág. 1.151). No caso concreto, considerando que a autora (ora recorrente) é prestadora de serviço de conexão à Internet, revela-se plausível a dúvida quanto ao imposto devido – ICMS ou ISS –, tendo em vista que ambos foram exigidos pelos respectivos entes tributantes. Assim, a circunstância de a dúvida recair sobre impostos diversos que incidem sobre um mesmo fato gerador, por si só, não enseja a inviabilidade da ação de consignação em pagamento com a consequente extinção do processo sem resolução de mérito. Recurso especial provido" (STJ, 1ª T., REsp nº 931566/MG, Rel. Min. Denise Arruda, j. em 23/4/2009).

Dúvida sobre quem deva legitimamente receber o objeto do pagamento

"A ação de consignação em pagamento é cabível em caso de dúvida sobre quem tenha legitimidade para receber determinado pagamento. 2. Afasta-se o fundamento adotado pelo acórdão recorrido que extinguiu a ação consignatória pela falta de interesse de agir, quando o fez após proclamar o efetivo credor das quantias e afirmar que a ele os pagamentos deveriam ter sido realizados. 3. Existindo fundada dúvida, no momento do ajuizamento da ação, acerca de quem deve legitimamente receber, há interesse de agir para propor a consignação em pagamento. 4. A consignatória não tem por finalidade apurar eventuais responsabilidades do credor com relação a contrato firmado com terceiro e do qual não participou o devedor. Todavia, o comportamento das partes envolvidas e a existência da disputa judicial pode lançar dúvida sobre quem deve receber os valores; assim, o devedor, para afastar o risco do pagamento indevido, poderá exonerar-se mediante consignação. 5. Recurso especial provido" (STJ, 3ª T., REsp nº 1526494/MG, Rel. Min. João Otávio de Noronha, j. em 26/5/2015, DJe de 29/5/2015).

Art. 548 - No caso do art. 547:
I - não comparecendo pretendente algum, converter-se-á o depósito em arrecadação de coisas vagas;
II - comparecendo apenas um, o juiz decidirá de plano;
III - comparecendo mais de um, o juiz declarará efetuado o depósito e extinta a obrigação, continuando o processo a correr unicamente entre os presuntivos credores, observado o procedimento comum.

I. Ainda sobre a dúvida a respeito dos credores

Esse dispositivo reflete as hipóteses previstas no art. 335, incisos III, IV ou V, do CC e complementa o art. 547.

II. Arrecadação de coisas vagas

A consignatória, nesse caso, se divide em duas fases: na primeira, o magistrado deverá extinguir a obrigação (sendo cabível agravo de instrumento contra esta decisão), liberando o devedor, e, na segunda, decidirá sobre quem tem o direito ao pagamento. Nesse último caso, o procedimento a ser adotado será o comum (que não mais é denominado ordinário – art. 316, CPC/2015). A adoção do procedimento para arrecadação dos bens dos ausentes na hipótese de não comparecimento de pretendentes sempre foi criticada pela doutrina (Adroaldo Furtado Fabrício, *Comentários ao Código de Processo Civil,* 9. ed. v. VIII. Tomo III, artigos 890 a 945, Rio de Janeiro: Forense, 2008, p.165/166). Isso porque esse procedimento se aplica à hipótese em que o titular está desaparecido, mas é certo. No caso previsto no dispositivo comentado, não se tem conhecimento de quem seja o titular do direito. Assim, a alteração adotou corretamente o procedimento mais adequado ao caso (titular incerto), sendo as normas a respeito da arrecadação de coisas vagas perfeitamente aplicáveis à espécie (art. 744, CPC/2015).

III. Julgados

Dúvida acerca do credor

"Na ação de consignação proposta com fundamento na dúvida do devedor acerca de quem seja o credor, a decisão do processo se dá em duas fases: inicialmente, libera-se o devedor e, após, o processo continua pelo procedimento ordinário para determinar quem, entre os que disputam o crédito, tem titularidade para recebê-lo. Inteligência do art. 898, do CPC. [...] O terceiro que se apresentou como legítimo credor, por não ter participado da ação de consignação, não pode ser prejudicado pela decisão ali proferida. Assim, o pagamento do devedor, promovido a ele, é alheio ao depósito anteriormente efetuado na ação de consignação. Com o pagamento feito ao terceiro titular do crédito, o devedor se sub-roga de seus direitos de credor, e com base nesse título procura disputar, com os réus da consignatória, o levantamento da quantia depositada em juízo, mediante propositura da ação de repetição de indébito" (STJ, 3ª T., REsp nº 825795/MS, Rel. Min. Nancy Andrighi, j. em 7/2/2008).

"Na especialíssima ação de consignação abre-se ensejo à hipótese em que a demanda se bifurca, para extinguir-se a relação entre o autor e os credores chamados para receberem a obrigação e uma segunda relação, quando ambos os credores não se entendem. Ao ser extinta a relação com o autor, vitorioso e desonerado da obrigação, tem direito a receber as custas desembolsadas e os honorários. Encargos debitados a ambos os réus, os credores serão de logo pagos com o depósito, para posterior ressarcimento ao vencedor da segunda fase. Recurso especial provido" (STJ, 2ª T., REsp nº 325140/ES, Rel. Min. Eliana Calmon, j. em 16/5/2002).

"Apelação Cível. Consignação em pagamento fundada em dúvida quanto ao credor. Sentença da primeira fase, que declarou efetuado o depósito e extinguiu a obrigação do autor. Necessidade de prosseguimento do feito entre os credores, diante da ausência de consenso entre eles. Recurso negado, com observação" (TJSP, 32ª Câmara de Direito Privado, Ap nº 1056394-16.2014.8.26.0100, Rel. Maria de Lourdes Lopez Gil, j. em 30/3/2017, DJe de 3/4/2017).

Conflito de competência

"Compete à Justiça do Trabalho, de acordo com o art. 114, III, da CF/88, com a redação dada pela EC nº 45/2004, processar e julgar ação de consignação em pagamento de contribuição sindical que tenha, de um lado, uma sociedade empregadora e, de outro, entidades sindicais. Aplicação, por analogia, do entendimento desta Corte de que a nova competência, inaugurada pela EC 45/2004, abrange as demandas visando à cobrança da contribuição sindical. No que se refere às questões de direito intertemporal, decidiu-se que a nova regra de competência alcança os processos em curso ainda não sentenciados na data da entrada em vigor da EC 45/04. Nesse sentido: CC 55749/SP, 1ª S., Min. Castro Meira, DJ de 03.04.2006; CC 57915/MS, 1ª S., Min. Teori Albino Zavascki, DJ de 27.03.2006; AgRg nos EDcl no CC 50610/BA, 2ª S., Min. Castro Filho, DJ de 03.04.2006; AgRg no CC 52517/SP, 2ª S., Min. Barros Monteiro, DJ de 19.12.2005.Tratando-se de consignatória fundada em dúvida sobre quem deva legitimamente receber e que tem mais de um pretendente para o recebimento da quantia depositada, seu procedimento é cindido em duas fases subsequentes: na primeira, o juiz analisa a adequação, suficiência e pertinência do depósito e, se for o caso, extingue a obrigação do autor, e na segunda, decide o destino a ser dado à quantia depositada. (art. 898 do CPC). No caso, tendo o juízo de direito do Distrito Federal proferido decisão na primeira fase, que foi objeto de recurso de apelação já julgado pelo respectivo Tribunal de Justiça, antes da vigência da EC 45/2004, firma-se a competência desse Juízo para o prosseguimento da demanda, na sua segunda fase, com o que fica preservada a unidade do sistema recursal na causa. Conflito conhecido, declarando-se a competência do Juízo de Direito da 6ª Vara Cível de Brasília - DF, o suscitado" (STJ, 1ª Seção, CC nº 86542/DF, Rel. Min. Teori Albino Zavascki, j. em 26/09/2007).

Art. 549 - Aplica-se o procedimento estabelecido neste Capítulo, no que couber, ao resgate do aforamento.

I. Enfiteuse

Não houve alteração nesse dispositivo. O enfiteuta pode utilizar a consignação caso haja oposição ao resgate do aforamento (art. 693, CC/1916 e arts. 122 a 124 do Dec. Lei nº 9.760/46) ou ao pagamento do laudêmio (art. 335, incisos I, II, III, IV ou V, CC).

II. Julgado

Imóvel situado em área limítrofe

"Remessa Necessária. Ação de consignação em pagamento. Laudêmio. Imóvel situado em área limítrofe entre os Municípios de Lauro de Freitas e Salvador. Definição da Titularidade da Exação esclarecida no Recurso Extraordinário nº 74923. Trânsito em julgado. Levantamento da verba consignada em Favor do Município de Salvador. Honorários sucumbenciais. Aquiescência da comuna. Sentença mantida em reexame necessário" (TJBA, 4ª T., RN nº 0006827-45.1982.8.05.0001, Rel. Emílio Salomão Pinto Resedá, DJe de 17/9/2015).

Capítulo II - Da Ação de Exigir Contas

Art. 550 - Aquele que afirmar ser titular do direito de exigir contas requererá a citação do réu para que as preste ou ofereça contestação no prazo de 15 (quinze) dias.
§ 1º - Na petição inicial, o autor especificará, detalhadamente, as razões pelas quais exige as contas, instruindo-a com documentos comprobatórios dessa necessidade, se existirem.
§ 2º - Prestadas as contas, o autor terá 15 (quinze) dias para se manifestar, prosseguindo-se o processo na forma do Capítulo X do Título I deste Livro.
§ 3º - A impugnação das contas apresentadas pelo réu deverá ser fundamentada e específica, com referência expressa ao lançamento questionado.
§ 4º - Se o réu não contestar o pedido, observar-se-á o disposto no art. 355.
§ 5º - A decisão que julgar procedente o pedido condenará o réu a prestar as contas no prazo de 15 (quinze) dias, sob pena de não lhe ser lícito impugnar as que o autor apresentar.
§ 6º - Se o réu apresentar as contas no prazo previsto no § 5º, seguir-se-á o procedimento do § 2º, caso contrário, o autor apresentá-las-á no prazo de 15 (quinze) dias, podendo o juiz determinar a realização de exame pericial, se necessário.

Autor: Lionel Zaclis

I. Titularidade para a propositura da ação

O tratamento que o Código de Processo Civil de 2015 dá ao instituto é significativamente superior em termos técnicos ao que lhe dava o anterior, o qual estabelecia caber a denominada "ação de prestação de contas" tanto a quem tivesse o direito de exigi-las como a quem tivesse a obrigação de prestá-las. É oportuno lembrar, antes de tudo, que o credor das contas pode ser o devedor de pagamento e vice-versa, ou seja, o devedor das contas pode ser o credor de pagamento. Na realidade, quem é obrigado a prestar contas (devedor de contas) vê-se em face da seguinte alternativa: se for credor de pagamento, cabe-lhe promover ação de cobrança do montante correspondente ao seu saldo credor; se for devedor de pagamento, a ação que lhe tocará será a de consignação em pagamento. E isso porque, tanto numa hipótese como na outra, se ele reconhece a obrigação de prestar contas e, à evidência, delas tem pleno conhecimento, não faria o menor sentido obrigá-lo à propositura de uma ação judicial, cuja finalidade seria exclusivamente a apuração do saldo. Já aquele a quem o direito material atribui o direito de exigir contas necessita, antes de tudo, tomar conhecimento da situação contábil referente à relação jurídica de que participa, para, em seguida, verificar-se se é credor ou devedor de pagamento.

II. Ação de prestação de contas e a orientação da jurisprudência

De um modo geral, prestar contas significa apresentar, de modo circunstanciado, os créditos e débitos relativos à administração ou gestão de bens, negócios ou interesses alheios, a cujos titulares a lei concede a ação de exigir contas do responsável pela administração. Trata-se, exemplificativamente, das hipóteses de mandato, gestão de negócios, tutela, curatela, inventariança, etc. De acordo com o Enunciado nº 259 da Súmula do STJ, a ação pode ser proposta pelo titular de conta-corrente bancária, mas é necessário que a petição indique o período e aponte concreta e fundamentadamente as irregularidades que se têm por existentes. Já nos contratos de mútuo e financiamento, a 2ª Seção do STJ definiu em julgamento de recurso repetitivo (tema 615) que o tomador de empréstimo não tem interesse de agir (*rectius*: não tem legitimação ativa) para a propositura dessa espécie de ação, uma vez que o banco não administra recursos do financiado.

De acordo com o voto condutor do ministro Luis Felipe Salomão, "Trata-se de contrato fixo, em que há valor e taxa de juros definidos, cabendo ao próprio financiado fazer o cálculo, pois todas as informações constam do contrato" (STJ, 4ª T., REsp nº 1.293.558).

O objetivo da ação de exigir contas não é, apenas, o de receber o demonstrativo de créditos e débitos, mas, fundamentalmente, o de apurar-se a existência de um saldo, que tanto pode ser credor como devedor, a ser executado por aquele que tenha o direito ao recebimento.

III. Caráter dúplice e procedimento bifásico

A ação de exigir contas é potencialmente dúplice. Explica-se: a titularidade para a sua propositura é exclusiva de quem afirme ser titular do direito de exigir contas. Quem se afirme titular da obrigação de prestá-las não tem o direito de promovê-la, como anteriormente dito. No entanto, a partir do momento em que se apura o saldo, credor ou devedor, e se passa à fase de cumprimento da respectiva sentença, a ação de exigir contas deixa ver sua natureza dúplice, uma vez que o polo ativo será assumido por quem a sentença houver reconhecido como credor, e, em contrapartida, o passivo por quem ela houver reconhecido como devedor.

Portanto, o procedimento da ação, no caso, é bifásico, contendo, num mesmo procedimento, duas fases distintas, embora em ambas o processo seja de conhecimento: a primeira, em que se discutirá a relação jurídica alegada pelo autor, seu direito a exigir contas e, em contrapartida, a obrigação do réu de prestá-las. Essa fase culmina, caso julgada procedente a demanda, numa decisão pela qual o réu é condenado a prestar as contas. Essa fase é preliminar da seguinte, a qual se destina ao exame das contas propriamente ditas, com o objetivo de apuração do saldo, credor ou devedor. A decisão na segunda fase declarará a existência ou não de saldo, e, em caso positivo, a quem toca a qualidade de credor, condenando o devedor a pagar o montante do aludido saldo. Se esse pagamento não ocorrer voluntariamente, caberá ao credor o direito de cobrá-lo por meio de execução.

IV. Requisitos da petição inicial

O art. 550, § 1º, ordena ao autor que especifique na petição inicial, de modo detalhado, as razões pelas quais exige as contas, instruindo-a com documentos comprobatórios dessa "necessidade", se existirem. Os requisitos da petição inicial são aqueles constantes do art. 319 do CPC/2015. A expressão "razões pelas quais exige as contas" equivale, em outras palavras, aos "fatos e fundamentos jurídicos" que, de acordo com o disposto no art. 319, inciso III, do CPC/2015, toda e qualquer petição inicial deve contar. Trata-se, em última análise, da exposição da causa de pedir. Conclui-se, por conseguinte, ser expletiva a expressão em foco, cuja inserção no dispositivo legal nada agrega ao que a lei já exige em termos gerais.

Além disso, a utilização do termo "necessidade" no § 1º não é adequada. A que "necessidade" se alude? Se se trata da "necessidade" de promover a ação, e isso precisa ser provado, o Código já trata do assunto no art. 320, ao estabelecer que a petição inicial será instruída com os documentos indispensáveis à propositura da ação, de modo que também esta inserção é inútil.

V. Prazo para manifestação do autor e provas

Dispõe o § 2º do art. 550 que, se o réu prestar as contas, o autor terá 15 dias para manifestar-se sobre elas, prosseguindo o processo na forma do Livro I da Parte Especial, Título I, Capítulo XII, que trata das provas no procedimento comum. Em outras palavras, abre-se, nessa hipótese, uma etapa probatória, na qual as partes têm o direito de empregar todos os meios legais, bem como os moralmente legítimos, ainda que não especificados no Código, para provar a verdade dos fatos em que se funda o pedido ou a defesa e influir eficazmente na convicção do juiz (art. 369 do CPC).

Embora a matéria esteja disciplinada de modo detalhado no aludido Capítulo XII, é importante salientar que as cartas e os registros domésticos provam contra quem os escreveu, quando enunciam o recebimento de um crédito ou contêm anotação que visa a suprir a falta de título em favor de quem é apontado como credor; e a nota escrita pelo credor em qualquer parte de documento representativo de obrigação, ainda que não assinada, faz prova em benefício do devedor (art. 416 do CPC). Os livros empresariais provam contra seu autor. É lícito ao empresário, todavia, demonstrar, por todos os meios permitidos em Direito, que os lançamentos não correspondem à verdade dos fatos (art. 417 do CPC) e os livros empresariais que preencham os requisitos exigidos por lei provam a favor do seu autor no litígio entre empresários (art. 418 do CPC), cabendo observar, outrossim, que a escrituração contábil é indivisível; se, dos fatos que resultam dos lançamentos, uns são favoráveis ao interesse de seu autor e outros lhe são contrários, ambos serão considerados em conjunto, como unidade (art. 419 do CPC).

VI. Não contestação, julgamento antecipado e consequências legais

Se o réu não contestar, optando, ao contrário, pela prestação das contas, sua conduta implicará reconhecimento do pedido, e, nessa hipótese, o autor terá 15 dias para manifestar-se sobre elas, prosseguindo o processo na forma do Capítulo XII do Título I deste Livro, que disciplina as provas, como antes ressaltado. Se não optar por nenhuma das alternativas a que alude o art. 550, *caput*, o juiz proferirá julgamento antecipado do mérito, de acordo com o disposto no art. 355 do CPC. Esta é a hipótese de revelia. Reza o § 5º que a decisão que julgar procedente o pedido condenará o réu a prestar as contas no prazo de 15 dias, sob pena de não lhe ser lícito impugnar as que o autor apresentar. Por sua vez, o § 6º dispõe que, se o réu apresentar as contas no prazo fixado, o autor terá 15 dias para manifestar-se sobre elas, prosseguindo o processo de igual modo àquele no qual as contas são prestadas de início. Caso o réu não apresente as contas, o autor as apresentará no prazo de 15 dias, podendo o juiz ordenar a realização de exame pericial, se necessário. Embora seja evidente, é sempre bom lembrar que a abertura da etapa probatória só ocorrerá se houver necessidade, o que deverá ser aquilatado pelo juiz, a quem as provas se dirigem.

VII. Natureza da decisão na primeira fase

A decisão judicial, na primeira fase do procedimento, não é uma sentença, uma vez que, por força do disposto no art. 203, § 1º, do CPC, "Ressalvadas as disposições expressas dos procedimentos especiais, sentença é o pronunciamento por meio do qual o juiz, com fundamento nos artigos 485 e 487, põe fim à fase cognitiva do procedimento comum, bem como extingue a execução". Em se tratando, porém, de procedimento especial, e não havendo ressalva expressa da lei, aludida decisão deve ser considerada interlocutória, nos termos do disposto no art. 203, § 2º, combinado com o art. 1.015, inciso II, ambos do CPC, porquanto, sem embargo de sua natureza decisória e de versar sobre o mérito da causa, não extingue o processo e não se enquadra na dicção do § 1º do art. 203 do CPC, de modo que se sujeita a agravo de instrumento. A interposição desse recurso não impede a eficácia da decisão, salvo decisão judicial em sentido diverso. Tal eficácia poderá ser suspensa por decisão do relator, se da imediata produção de seus efeitos houver risco de dano grave, de difícil ou impossível reparação, e for demonstrada a probabilidade de provimento do recurso (art. 995, parágrafo único, do CPC).

Saliente-se que, em nenhuma hipótese, o papel do juiz é de simples homologador das contas prestadas, seja pelo réu, seja pelo autor. Ao contrário, ele deve exercer um papel ativo na fiscalização da regularidade das contas, cabendo-lhe, de ofício, determinar a realização das provas que entender necessárias ao julgamento.

Art. 551 - As contas do réu serão apresentadas na forma adequada, especificando-se as receitas, a aplicação das despesas e os investimentos, se houver.

§ 1º - Havendo impugnação específica e fundamentada pelo autor, o juiz estabelecerá prazo razoável para que o réu apresente os documentos justificativos dos lançamentos individualmente impugnados.

§ 2º - As contas do autor, para os fins do art. 550, § 5º, serão apresentadas na forma adequada, já instruídas com os documentos justificativos, especificando--se as receitas, a aplicação das despesas e os investimentos, se houver, bem como o respectivo saldo.

I. A forma adequada para a prestação de contas

O art. 551, *caput*, prescreve que as contas do réu sejam apresentadas "na forma adequada, especificando-se as receitas, a aplicação das despesas e os investimentos, se houver". O que significa "na forma adequada"? O adjetivo "adequado" tem o sentido de "apropriado". Com escusas pela tautologia, a forma apropriada para prestar contas é a forma contábil, consistente no lançamento dos créditos e dos débitos e na apuração do saldo, credor ou devedor, ressalvando-se, contudo, que mais importante até do que a própria forma é a informação correta sobre a substância da operação, de modo que esta seja consistente com sua forma contábil. A norma do § 2º incide em evidente equívoco terminológico, ao utilizar a expressão "aplicação das despesas". Do ponto de vista financeiro, o que se aplica são os recursos ativos, ou seja, as receitas, assim como as disponibilidades líquidas. O melhor teria sido a exclusão da palavra "aplicação".

II. Impugnação específica e prazo para o réu

Na hipótese de o autor impugnar as contas de modo específico e fundamentado, o juiz estabelecerá prazo razoável para que o réu apresente os documentos justificativos dos lançamentos que tenham sido individualmente impugnados, isto é, não basta que o autor impugne as contas de modo genérico e sem fundamento consistente: terá ele que identificar a conta impugnada e expor as razões pelas quais a impugna, sob pena de indeferimento da impugnação. Uma vez oferecida esta, com as características mencionadas, o réu deverá apresentar a documentação comprobatória dos lançamentos realizados. Para tanto, a lei deixa a fixação do prazo ao prudente critério do juiz, considerando-se que cada situação apresenta sua própria especificidade e aquilo que pode ser fácil para o réu num caso simples pode tornar-se muito difícil em outro mais complexo, demandando, portanto, um tempo maior para o respectivo atendimento.

Art. 552 - A sentença apurará o saldo e constituirá título executivo judicial.

I. Natureza da decisão na segunda fase e forma de cumprimento

Já na segunda fase do procedimento, ou seja, naquela em que se apura o saldo das contas, a decisão consubstancia-se numa sentença, nos termos do art. 203, § 1º, do CPC, uma vez que o juiz põe fim à fase cognitiva do procedimento. Essa sentença, como diz a lei, "apurará" o saldo e constituirá título executivo judicial. Na realidade, a sentença declarará o autor ou o réu, conforme o caso, credor do saldo apurado, e condenará a parte adversa ao pagamento do respectivo valor. Trata-se, por conseguinte, de sentença condenatória e não meramente declarativa. O cumprimento da sentença far-se-á segundo as regras dos arts. 513 e seguintes.

Art. 553 - As contas do inventariante, do tutor, do curador, do depositário e de qualquer outro administrador serão prestadas em apenso aos autos do processo em que tiver sido nomeado.

Parágrafo único - Se qualquer dos referidos no caput for condenado a pagar o saldo e não o fizer no prazo legal, o juiz poderá destituí-lo, sequestrar os bens sob sua guarda, glosar o prêmio ou a gratificação a que teria direito e determinar as medidas executivas necessárias à recomposição do prejuízo.

I. Prestação de contas em virtude de atuação judicial

Como ressalta do texto, as pessoas ali referidas devem ter sido nomeadas pelo juiz em procedimentos para o exercício dos respectivos encargos, cabendo salientar que as contas serão prestadas a ele, que é quem dispõe de legitimação para exigi-las, embora assista aos interessados o direito de provocá-lo para que tome as providências necessárias. Há quem atribua a essa espécie de prestação de contas o qualificativo de "administrativa", considerando-se não existir ação, ou mesmo jurisdição, no sentido próprio de jurisdição contenciosa. A tomada de contas pelo juiz é, na realidade, atividade administrativa deste. No entanto, a decisão judicial, no caso, tem suficiente carga de condenatoriedade para constituir-se em título executivo. No tocante à competência, a norma não deixa dúvida ao esclarecer que as contas deverão ser prestadas em apenso aos autos do processo em que tiver ocorrido a nomeação da pessoa que deve prestá-las. Trata-se de um procedimento que alguns autores chamam de "prestação de contas por dependência", o que, em última análise, embute uma regra sobre competência, pois o juiz que dirige qualquer dos procedimentos nos quais há a nomeação do auxiliar da justiça será também competente para apreciar a prestação de contas.

Capítulo III - Das Ações Possessórias

Seção I - Disposições Gerais

Art. 554 - A propositura de uma ação possessória em vez de outra não obstará a que o juiz conheça do pedido e outorgue a proteção legal correspondente àquela cujos pressupostos estejam provados.

§ 1º - No caso de ação possessória em que figure no polo passivo grande número de pessoas, serão feitas a citação pessoal dos ocupantes que forem encontrados no local e a citação por edital dos demais, determinando-se, ainda, a intimação do Ministério Público e, se envolver pessoas em situação de hipossuficiência econômica, da Defensoria Pública.

§ 2º - Para fim da citação pessoal prevista no § 1º, o oficial de justiça procurará os ocupantes no local por uma vez, citando-se por edital os que não forem encontrados.

§ 3º - O juiz deverá determinar que se dê ampla publicidade da existência da ação prevista no § 1º e dos respectivos prazos processuais, podendo, para tanto, valer-se de anúncios em jornal ou rádio locais, da publicação de cartazes na região do conflito e de outros meios.

Autor: Rodrigo Xavier Leonardo

I. Introdução: a posse e as ações possessórias

As ações possessórias são destinadas à proteção da posse ameaçada ou atingida por duas espécies de agressões: o esbulho e a turbação.

No esbulho, a violência à posse é mais severa, uma vez que o possuidor é privado dos poderes de fato até então exercidos sobre o objeto. Na turbação, verifica-se um ataque à posse que causa um embaraço ao possuidor, sem despojá-lo dos poderes de fato exercidos sobre a coisa.

Antes mesmo do esbulho ou da turbação, pode existir grave ameaça que, como antessala de um esbulho ou de uma turbação, já pode ser objeto de proteção inibitória por meio das ações possessórias.

As ações possessórias também são denominadas "interditos possessórios", em virtude da terminologia encontrada nas fontes de direito romano (do interdito *recuperandae possessionis,* do interdito *retinandae possessionis* e do interdito proibitório). O CPC utiliza o termo apenas para a tutela aos casos de ameaça à posse.

O termo "interdito possessório" manteve-se na prática forense contemporânea com o significado de um rito especial que, para proteger uma situação de fato com urgência, possibilitava uma tutela mediante uma cognição não exauriente.

Ao contrário do que usualmente sucede, as ações possessórias não se destinam a proteger um direito, pretensão, ação ou outra *situação jurídica ativa* de titularidade de um autor contra um réu. Isso porque, no direito civil brasileiro, a posse é um *fato,* que produz uma relação *de fato* entre o possuidor e o *alter.* Não é um direito subjetivo.

Eis o texto do Código Civil cuja incompreensão lamentavelmente grassa, mormente pela leitura acrítica por intermédio de lentes provenientes de outros sistemas: "Considera-se possuidor todo aquele que tem de fato o exercício, pleno ou não, de algum dos poderes inerentes à propriedade" (CC, art. 1.196).

Pede-se atenção ao leitor para o texto do Código Civil. Qualifica-se como *possuidor* aquele que, *de fato,* exerce perante as demais pessoas, em moldes plenos ou não, algum dos poderes, igualmente fáticos, que são inerentes à propriedade (poderes de usar, gozar, dispor e de reaver de quem injustamente a detenha (CC, art.1.228).

Essa opção dogmática não pode ser menosprezada, e o texto adotado pelo CC/2002, que não foi substancialmente alterado em relação ao CC/1916, deveria afastar as tentativas de explicação da posse, seja à luz das correntes denominadas subjetivas (Savigny), seja à luz das correntes denominadas objetivas (Ihering). O particular tratamento da posse em direito brasileiro, e a leitura coerente ao direito positivo nacional, é encontrada na obra de Pontes de Miranda.

O CC em vigor, nalguma medida, reforçou esta opção dogmática ao estabelecer que a aquisição da posse se dá a partir do momento em que se torna possível o exercício, em nome próprio, de qualquer dos poderes inerentes à propriedade (CC, art. 1.204).

A posse é um fato. Como fato, integra o suporte fático de alguns fatos jurídicos. Caso somem-se a este fato outros componentes, integrará o suporte fático suficiente de diferentes fatos jurídicos (*v.g.*, a usucapião, em suas diversas modalidades, o direito de retenção, o direito de percepção de frutos, entre outros).

Se a posse é um fato, a sua configuração independe da titularidade de qualquer direito real, seja porque há direitos reais sem posse (*v.g.*, hipoteca), seja porque há posse sem a titularidade de direito subjetivo algum.

Cite-se, nesse sentido, a Súmula nº 415 do STF: "Servidão de trânsito não titulada, mas tornada permanente, sobretudo pela natureza das obras realizadas, considera-se aparente, conferindo direito à proteção possessória".

O Capítulo das ações possessórias, objeto destes comentários, trata exatamente de uma das hipóteses em que o *fato* posse integra o suporte fático de certas regras jurídicas que, ao incidirem, constituem um fato jurídico que gera efeitos jurídicos, no caso, os interditos possessórios.

Razões de ordem social e econômica exigem que a situação de fato da posse seja protegida contra atos ou ameaças de violência que, caso fossem livremente permitidos, violariam a paz social. A vedação à violência e ao exercício arbitrário das próprias razões, que orienta o ordenamento jurídico nacional, serve de justificativa para as ações possessórias.

A posse, adicionada aos efetivos atos de ameaça, de turbação e de esbulho, compõe o suporte fático de fatos jurídicos específicos, cujos efeitos, não da posse, mas desses fatos jurídicos, são traçados no direito material a partir do CC, art. 1.210: "O possuidor tem direito a ser mantido na posse em caso de turbação, restituído no de esbulho, e segurado de violência iminente, se tiver justo receio de ser molestado".

O direito de ser mantido, restituído e segurado de violência iminente *não nasce da posse*. Esse direito não é, rigorosamente, efeito da posse. Trata-se de efeito proveniente do fato jurídico constituído a partir da incidência das regras jurídicas que tratam da lesão ou ameaça de lesão ao estado de fato, posse, conforme indicado no CC, art. 1.210.

Anteriormente ao advento das tutelas de urgência, e até mesmo em virtude dessa lacuna, verificavam-se diversos precedentes que admitiam a utilização das ações possessórias para a tutela de bens imateriais.

Tratava-se de equívoco em virtude de a inadequação da posse recair sobre bens imateriais, similar ao erro verificável na chamada posse de direitos. Com as tutelas de urgência (CPC, art. 300), não se justifica a continuidade do erro.

Daí a orientação geral contrária à tutela possessória de bens imateriais, retratada na Súmula nº 228 do STJ: "É inadmissível o interdito proibitório para a proteção do direito autoral".

II. A detenção e as ações possessórias

Se a ameaça e a agressão à posse são vedadas pelo ordenamento jurídico – e as ações possessórias ocupam um capítulo especial nessa proteção –, mostra-se necessário diferenciar outras situações, de fato, que não seguem a mesma sorte, apesar de aparentarem corresponder àquilo que o art. 1.196 qualifica como *posse*. A principal delas corresponde à chamada *detenção*, descrita no CC, art. 1.198: "Considera-se detentor aquele que, achando-se em relação de dependência para com outro, conserva a posse em nome deste e em cumprimento de ordens ou instruções suas".

A ameaça ou a agressão à detenção não se protege por meio das ações possessórias.

III. As ameaças e as agressões que fundamentam as ações possessórias

As ações possessórias são destinadas a proteger a posse contra duas espécies de agressões: o esbulho e a turbação. Também podem ser manejadas contra a justa ameaça de agressão. Cada espécie de investida contra a posse enseja o manejo de uma adequada ação possessória.

O esbulho é a agressão que resulta na perda da posse. Para que ocorra, nos casos em que o possuidor encontra-se ausente no momento da agressão, é necessário observar o CC, art. 1.224: "Só se considera perdida a posse para quem não presenciou o esbulho, quando, tendo notícia dele, se abstém de retornar a coisa, ou, tentando recuperá-la, é violentamente repelido".

A turbação, por sua vez, envolve uma investida contra a posse que não resulta no afastamento do possuidor.

O justo receio, por fim, deve ser qualificado. Noutras palavras, deve existir um justo temor e a probabilidade de iminente agressão à posse.

A ação de reintegração de posse é adequada contra o esbulho. Nos casos de turbação da posse, a ação correta é a de manutenção na posse. Nos casos de justo receio, o interdito proibitório é a ação acertada. A relação entre cada uma das ações e a ameaça ou agressão à posse é apresentada no CC, art. 1.210: "O possuidor tem direito a ser mantido na posse em caso de turbação, restituído no de esbulho, e segurado de violência iminente, se tiver justo receio de ser molestado".

IV. As ações possessórias e as ações petitórias

As ações possessórias, destinadas a proteger o estado de fato da *posse* contra a violência, praticada ou ameaçada, não se confundem com as chamadas ações petitórias, que são fundamentadas na propriedade.

A posse, como fato, é autônoma em relação à propriedade. A proteção da posse não guarda relação com a titularidade ou a ausência da titularidade da propriedade, que é direito subjetivo, a teor do CC, art. 1.225, inciso I. A posse, ao lado de outros elementos, conduz à formação de fatos jurídicos alheios à propriedade.

O proprietário tem o direito de possuir (*ius possidendi*). Este direito de possuir não se confunde com os direitos que surgem de fatos jurídicos alicerçados na posse (*ius possessiones*), usualmente denominados *efeitos da posse* (expressão que deve ser compreendida com cuidado, conforme esclarecimentos feitos no item I).

Se a petição inicial busca fundamento na propriedade (causa de pedir) e formula pedido possessório, há desconexão entre o pedido e a causa de pedir que, a teor do art. 330, § 1º, inciso III, do CPC, enseja a inépcia da petição inicial. Citamos, nesse sentido, precedente do TJPR: "A despeito do sustentado pelo autor, a petição inicial em questão é completamente inepta, nos termos do art. 295, parágrafo único, do CPC, seja porque lhe falta a causa de pedir própria das ações de reintegração de posse (art. 927 do CPC), ou mesmo porque da narração dos fatos não decorre logicamente a conclusão. No que tange à falta de causa de pedir, verifica-se que não consta na petição inicial (fls. 02/06) ou nas emendas que lhe sucederam (fls. 38/48 e 182/186) a exposição dos fatos relativos ao exercício anterior de posse pelo autor sobre os imóveis em litígio. [...] O pedido de reintegração de posse, no entanto, conforme disposição legal expressa (art. 927 do CPC), deve ter como causa de pedir o exercício anterior de posse e a prática de esbulho (perda injusta da posse)" (TJPR, 17ª C. Cível, AC nº 1144540-0, Curitiba, Rel. Fernando Paulino da Silva Wolff Filho, unânime, j. em 18/3/2015).

Há incongruência inadmissível entre o pedido possessório e a causa de pedir fundamentada na titularidade da propriedade.

V. A característica da fungibilidade nas ações possessórias

O *caput* do art. 554 do CPC enuncia uma das características das ações possessórias: a chamada *fungibilidade*.

Justamente porque a posse é um fato, o nível e a intensidade de agressão a este estado de fato podem variar no tempo, sendo comum o manejo de um determinado pedido possessório, alicerçado originariamente em uma espécie de violência que se transmuta em outra, antes mesmo de o pedido ser analisado (suponhamos uma justa ameaça que se transforme em efetivo esbulho).

Daí a opção legislativa pela fungibilidade das ações possessórias. O magistrado, ao analisar um determinado pedido de proteção possessória, pode, diante da situação concreta, decidir e ordenar uma providência possessória diversa daquela que lhe foi endereçada.

Cabe salientar que a fungibilidade das ações possessórias não permite transformá-las em ações petitórias. Nesse sentido, mencionamos precedente do STJ: "[...] A ação de reintegração não pode ser utilizada para a reivindicação de bens sobre os quais os autores nunca tiveram a posse, porque a aplicação do princípio da fungibilidade autorizada pelo artigo 920 do CPC é adstrita às possessórias, culminando com a extinção do feito por força do artigo 267, IV, do mesmo Estatuto [...]" (STJ, Agravo de Instrumento nº 1.243.208, DJ de 3/12/2010).

Sublinhamos, também, precedente do TJPR: "[...] não pode ser o *ius possidendi* o móvel único de uma demanda que visa arrostar esbulho possessório. [...] Ainda que se confirmasse que o réu está ocupando indevidamente parte desse bem, a demanda, ainda assim, deveria ter sido deduzida em pedido de cunho dominial, jamais possessório'. [...] Impossível, por outro lado, a aplicação do 'Princípio da Fungibilidade das Ações'" (TJPR, 17ª C. Cível, AC nº 515791-9, Paraíso do Norte, Rel. Stewalt Camargo Filho, unânime, j. em 1º/10/2008).

A fungibilidade, portanto, ocorre entre as ações possessórias. Não há fungibilidade entre as ações possessórias e as ações fundamentadas na propriedade (ações petitórias).

VI. As ações possessórias movidas contra coletividades

A elaboração da teoria da posse e das ações possessórias é marcada pelo individualismo, que, na modernidade, se projetou na noção de direito subjetivo e sujeito de direito, no direito material, e no processo civil, na relação jurídica processual entre partes, individualmente dotadas de capacidade, e apenas excepcionalmente plurais.

Em tempos mais recentes, o direito processual civil alcançou a dimensão coletiva, inicialmente a partir do polo ativo (nos casos de direitos coletivos, difusos e individuais e homogêneos) e, posteriormente, também em relação ao polo passivo.

Os §§ 1º, 2º e 3º ao art. 554 do CPC tratam de situações em que a demanda é coletiva em razão do polo passivo, tal como expressamente prevê o início do § 1º sob comentário: "No caso de ação possessória em que figure no polo passivo grande número de pessoas [...]".

Essa regra jurídica tem aplicação nos inúmeros conflitos possessórios envolvendo centenas de pessoas, muitas vezes decorrentes da severa desigualdade social e econômica, tendo por ambiente, também, mas não necessariamente, a atuação de movimentos sociais. Há precedentes em ações possessórias envolvendo situações de formação de favelas nos grandes centros urbanos.

Aqueles que buscavam a tutela possessória, à luz do CPC/1973, objetavam que seria contrário aos princípios da inafastabilidade do Poder Judiciário e do acesso à justiça exigir a citação de todos os envolvidos em ação possessória, providência materialmente impossível diante da pluralidade de réus, ainda que cada um desses réus fosse um sujeito de direito, titular do direito de personalidade ao nome e imune aos efeitos da sentença e da coisa julgada, caso não figurassem regularmente como parte da relação jurídica processual.

Por outro lado, a defesa nessas demandas usualmente busca o reconhecimento de seu caráter supraindividual e a necessidade de se tomar em consideração a concepção contemporânea de posse e de propriedade.

Acerca do tema, cite-se o Enunciado nº 492 da V Jornada de Direito Civil do CJF: "A posse constitui direito autônomo em relação à propriedade e deve expressar o aproveitamento dos bens para o alcance de interesses existenciais, econômicos e sociais merecedores de tutela".

Sob a perspectiva processual, o CPC supera a questão do atingimento dos inúmeros ocupantes determinando que seja realizada, em uma diligência, a citação pessoal dos ocupantes que forem encontrados no local e a citação dos demais por edital (§ 1º). Para além dessa providência, "o juiz deverá determinar que se dê ampla publicidade da existência da ação prevista no § 1º e dos respectivos prazos processuais, podendo, para tanto, valer-se de anúncios em jornal ou rádio locais, da publicação de cartazes na região do conflito e de outros meios" (§ 3º).

De outra banda, exige-se a citação do Ministério Público para a intervenção na qualidade de *custos legis,* diante da dimensão social que demandas dessa espécie envolvem, e também a citação da defensoria, nas hipóteses, como sói ocorrer, de o conflito envolver pessoas em situação de hipossuficiência econômica.

A regra seria mais adequada caso tornasse a intervenção do Ministério Público obrigatória nessas situações. O Ministério Público, ao agir como *custos legis,* deve buscar a especial atenção do Poder Judiciário para a aplicação do CPC, art. 8º: "Ao aplicar o ordenamento jurídico, o juiz atenderá aos fins sociais e às exigências do bem comum, resguardando e promovendo a dignidade da pessoa humana e observando a proporcionalidade, a razoabilidade, a legalidade, a publicidade e a eficiência".

Cabe sublinhar, por fim, que nos termos do CC, art. 1.212: "O possuidor pode intentar a ação de esbulho, ou a de indenização, contra o terceiro, que recebeu a coisa esbulhada sabendo que o era".

Art. 555 - É lícito ao autor cumular ao pedido possessório o de:
I - condenação em perdas e danos;
II - indenização dos frutos.
Parágrafo único - Pode o autor requerer, ainda, imposição de medida necessária e adequada para:
I - evitar nova turbação ou esbulho;
II - cumprir-se a tutela provisória ou final.

O art. 555 do CPC trata da possibilidade da cumulação de pedidos de naturezas diversas sob o manto do mesmo rito especial. Ao assim proceder, estabelece exceção à regra geral de que a cumulação entre pedidos de naturezas distintas apenas pode ocorrer mediante a observação do rito comum.

Estabelece-se a possibilidade de cumulação do pedido possessório com a condenação em perdas e danos, tal como anteriormente previa o CPC/1973, art. 921, inciso I.

O CPC inova ao especificar, no parágrafo único, inciso I, ao art. 555, a possibilidade de indenização dos frutos e também ao facultar pedido de imposição de medida, necessária e adequada, para evitar nova turbação ou esbulho.

Trata-se de regra que viabiliza a concessão de tutela inibitória para obstar nova turbação ou esbulho, o que não se confunde com a cominação de pena (CPC/1973, art. 921, inciso I). A fixação de uma multa diária é apenas uma dentre as inúmeras providências possíveis no rol aberto que a interpretação do parágrafo único, inciso I, ao art. 555 permite (cite-se, exemplificativamente, o reforço policial).

Ao se evitar eventual novo esbulho ou turbação, confere-se maior eficácia social à decisão proferida na ação possessória, evitando a eternização do conflito e a necessidade da propositura de novas demandas.

A medida, necessária e adequada, para evitar nova turbação ou esbulho deverá ser dirigida ao polo passivo da ação possessória. Em caso de o polo passivo ser coletivo, deve-se conferir publicidade à decisão nos mesmos moldes que o § 2º e o 3º ao art. 554 exigem para a citação.

A minudência da regra processual, ao expressamente mencionar a indenização pelos frutos que o autor deixou de perceber, parece desnecessária. A possibilidade da condenação à indenização pelas perdas e danos experimentados já poderia abranger os frutos que o autor deixou de perceber em virtude da agressão possessória. Acerca da indenização dos frutos, deve-se observar o CC, arts. 1.214-1.216.

O art. 555 do CPC deixa de mencionar, como fazia o CPC/1973, art. 921, inciso III, a cumulação do pedido possessório com o desfazimento de construção ou plantação feita em detrimento da posse. Trata-se de equívoco. A cumulação do pedido possessório com pedido de desfazimento é essencial ao deslinde de conflitos dessa espécie. Compreende-se que este pedido continua a poder ser formulado com fundamento no art. 497 do CPC.

A possibilidade de cumular pedidos de diferentes naturezas é uma prerrogativa que não afasta o ônus da alegação, o ônus da prova específico e, tampouco, o cuidado na formulação dos pedidos. Não se pode presumir a existência de pedido indenizatório em ações possessórias.

Há precedente do STJ que julga ser *extra petita* a condenação ao pagamento de indenização, em ação possessória, se não há pedido específico a este respeito. Colhe-se da *ratio decidendi*: "Não tendo sido a indenização objeto de pedido pela autora não há como se aplicar ao caso o artigo 920 do CPC" (STJ, 4ª T., REsp nº 1.060.748, Rel. Min. Luis Felipe Salomão, DJe de 18/4/2013).

Art. 556 - É lícito ao réu, na contestação, alegando que foi o ofendido em sua posse, demandar a proteção possessória e a indenização pelos prejuízos resultantes da turbação ou do esbulho cometido pelo autor.

Além da fungibilidade, tratada no CPC, art. 554, as ações possessórias também são caracterizadas pela duplicidade. O demandado em ação possessória, ao se defender, pode dirigir ao Poder Judiciário um pedido possessório, cumulado com pedido indenizatório, em seu favor.

Justamente em virtude do caráter dúplice das ações possessórias, essas medidas podem ser requeridas pelo réu diretamente em sua contestação, sem que seja necessário apresentar reconvenção.

Trata-se de uma faculdade que exige a conduta adequada do réu, ou seja, a efetiva formulação de pedido possessório e eventual pedido de condenação a indenizar em sua contestação. Esses pedidos não podem ser presumidos pelo magistrado. Eventual decisão possessória em favor do réu, sem que haja pedido expresso em contestação, ensejará a nulidade da sentença por ser *extra petita*.

O réu que formular pedido possessório e pedido indenizatório deverá observar o ônus da afirmação, justificando a causa de pedir dos requerimentos endereçados ao juízo e, também, o ônus da prova do fato constitutivo do seu pedido.

O caráter dúplice das ações possessórias exige do polo autor evidente cautela, pois, além de correr o risco de restar vencido e sucumbir, como sói ocorrer em qualquer demanda, em virtude do caráter dúplice dessas ações, o autor pode sofrer a imposição de decisão possessória, de natureza executiva, e a condenação em indenização de perdas e danos. A este respeito, cf. STJ, 3ª T., REsp nº 1.483.155, Rel. Min. João Otávio de Noronha, DJe de 16/3/2015).

Art. 557 - Na pendência de ação possessória é vedado, tanto ao autor quanto ao réu, propor ação de reconhecimento do domínio, exceto se a pretensão for deduzida em face de terceira pessoa.
Parágrafo único - Não obsta à manutenção ou à reintegração de posse a alegação de propriedade ou de outro direito sobre a coisa.

O art. 557, em linhas gerais, versa sobre a vedação de se buscar a tutela possessória com fundamento no domínio que, em termos técnicos, corresponderia ao sentido mais amplo da propriedade.

Caso fosse possível ao réu se defender de uma ação possessória mediante a alegação e a prova da propriedade ou, ainda, caso fosse possível ao autor manejar uma ação possessória com fundamento na propriedade, restariam cambulhados os lindes entre a propriedade, como direito subjetivo, e a posse, como estado de fato que é protegido pelo ordenamento jurídico.

A vedação à *exceptio dominni* decorre da distinção entre a posse e a propriedade no direito brasileiro e encontrou um caminho desuniforme na legislação, até mesmo pelo percurso necessário para o reconhecimento da autonomia da posse. Isso se deu por sucessivas alterações legislativas que, desde o século XX, se iniciaram no art. 505 do Código Civil de 1916, alterado pelo art. 923, CPC/1973, e pela Lei nº 6.820/1980.

A primeira parte do art. 557, ao enunciar que "na pendência de ação possessória é vedado, tanto ao autor quanto ao réu, propor ação de reconhecimento do domínio", aproxima-se do sentido contemporâneo conferido ao tema, ainda que se verifique uma inconveniente ambiguidade.

O que seria uma ação de reconhecimento de domínio? Quais os lindes da vedação? A abrangência da regra jurídica seria reduzida à interdição da propositura de uma ação declaratória da existência da relação jurídica de propriedade (admitindo, como nos parece correto, que a propriedade enseja uma relação jurídica de direito das coisas e não apenas uma situação jurídica, conforme sustentado por parcela da doutrina) ou, ainda, envolveria toda e qualquer demanda fundamentada na propriedade?

De certo modo, o sentido da regra jurídica é explicado pelo parágrafo único ao art. 557 do CPC (que, apenas por essa razão, não se torna redundante): "Não obsta à manutenção ou à reintegração de posse a alegação de propriedade ou de outro direito sobre a coisa". Esse artigo reproduz, textualmente, o CC, art. 1.210, § 2º.

A alegação da propriedade ou de outro direito real não pode ser obstáculo, ou seja, não pode representar um impedimento para o deferimento do pedido possessório, justamente pela relevante diferença entre a tutela possessória e a tutela petitória, que foi objeto dos comentários ao CPC, art. 554.

Sob essa interpretação, compreende-se que a Súmula nº 487 do STF não pode ter aplicabilidade perante o ordenamento jurídico atual: "[...] será deferida a posse a quem, evidentemente, tiver o domínio, se com base neste for ela disputada".

A vedação envolve a propositura de ação de usucapião no curso de disputa possessória, conforme precedente do STJ: "[...] 1. A usucapião integra o rol de formas de aquisição originária da propriedade e, consequentemente, a ação que busca seu reconhecimento, invariavelmente, discutirá o domínio do bem. 2. A jurisprudência do Superior Tribunal de Justiça orienta-se no sentido de vedar o manejo de ação de usucapião, quando pendente ação possessória envolvendo as mesmas partes e o mesmo objeto, conforme inteligência do artigo 923 do Código de Processo Civil" (STJ, 4ª T., AgRg no AgRg no AREsp nº 318166/SP, Rel. Min. Raul Araújo, DJe de 28/3/2014).

Há corrente doutrinária que defende a manutenção da aplicação da Súmula nº 487 do STF circunscrita às demandas possessórias em que ambas as partes, autora e ré, formulam e se defendem de pedido possessório alicerçadas na propriedade.

Essa interpretação não é condizente com o CPC, art. 557. Se não é possível, seja ao autor seja ao réu, intentar nova ação com fundamento no domínio, que é uma vedação maior, nessa regra está abrangida a vedação menor de se obter de uma tutela possessória com fundamento na propriedade, ainda que autor e réu, simultaneamente, incorram neste mesmo equívoco.

A interpretação proposta encontra conformidade com dois enunciados das Jornadas de Direito Civil do CJF/STJ: a) Enunciado nº 78 da I Jornada de Direito Civil do CJF/STJ: "Tendo em vista a não recepção, pelo novo Código Civil, da *exceptio proprietatis* (art. 1.210, §2.º) em caso de ausência de prova suficiente para embasar decisão liminar ou sentença final ancorada exclusivamente no *ius possessionis,* deverá o pedido ser indeferido e julgado improcedente, não obstante eventual alegação e demonstração de direito real sobre o bem litigioso"; b) Enunciado nº 79 da I Jornada de Direito Civil do CJF/STJ: "A *exceptio proprietatis,* como defesa oponível às ações possessórias típicas, foi abolida pelo Código Civil de 2002, que estabeleceu a absoluta separação entre os juízos possessório e petitório".

A vedação prevista no CPC, art. 557, e, também, no CC, art. 1.210, § 2º, é conforme à Constituição, não representando violação ao direito de manejo da ação petitória, que poderá ser exercido após o término da demanda possessória.

O CPC, art. 557, no entanto, abre uma via para a propositura de ações que digam respeito à propriedade quando forem movidas contra terceiros, ou seja, contra partes diversas daquelas que integram a relação jurídica processual da ação possessória.

Art. 558 - Regem o procedimento de manutenção e de reintegração de posse as normas da Seção II deste Capítulo quando a ação for proposta dentro de ano e dia da turbação ou do esbulho afirmado na petição inicial.
Parágrafo único - Passado o prazo referido no caput, será comum o procedimento, não perdendo, contudo, o caráter possessório.

Para a interpretação do art. 558, deve-se distinguir a chamada posse nova, perdida ou ameaçada a menos de ano e dia, e a posse velha, perdida ou ameaçada há mais tempo. A distinção terá consequências no rito e na tutela processual.

A ação possessória voltada para proteger a posse nova (atingida dentro de ano e dia) seguirá o rito especial da Seção II do Capítulo sob comento (CPC, art. 560 e seguintes), o que permite o deferimento de tutela de urgência com fundamento em provas circunscritas à questão possessória (CPC, art. 561), inclusive sem a oitiva da outra parte (CPC, art. 562, primeira parte), como exceção à vedação do procedimento comum, do deferimento de tutela de urgência sem a oitiva da outra parte (CPC, art. 9º).

A contagem do prazo para qualificar a posse como nova ou velha terá o termo inicial a partir dos atos de esbulho ou de turbação. No caso de turbação continuada, o prazo se inicia a partir do primeiro ato de turbação. Caso haja a passagem da turbação para o esbulho, o prazo para a ação de reintegração de posse inicia da data da efetiva perda da posse.

Em qualquer um dos casos, de turbação ou esbulho de posse nova ou velha, a ação manterá a natureza possessória. A natureza jurídica da sentença será a mesma. O rito a ser observado, todavia, será o comum.

As sentenças de reintegração de posse são predominantemente executivas. As sentenças de manutenção de posse e do interdito proibitório são predominantemente mandamentais.

Mesmo seguindo o rito comum, é possível a tutela de urgência para a reintegração ou para a manutenção da posse com fundamento no CP, art. 300 e art. 498. Neste caso, deverão ser demonstrados os requisitos para a liminar de antecipação de tutela, conforme os dispositivos antes citados, sem prejuízo da prova da posse, da turbação ou esbulho e de sua data, conforme CPC, art. 561.

Ressalva deve ser feita aos litígios possessórios coletivos. Ainda que o esbulho ou a turbação se dê em posse velha, ou seja, com mais de ano e dia, o procedimento comum é alterado, nos termos do art. 565 do CPC.

Art. 559 - Se o réu provar, em qualquer tempo, que o autor provisoriamente mantido ou reintegrado na posse carece de idoneidade financeira para, no caso de sucumbência, responder por perdas e danos, o juiz designar-lhe-á o prazo de 5 (cinco) dias para requerer caução, real ou fidejussória, sob pena de ser depositada a coisa litigiosa, ressalvada a impossibilidade da parte economicamente hipossuficiente.

A tutela de urgência possessória pode gerar danos ao réu que, com fundamento em uma cognição provisória, foi indevidamente afastado de sua posse pela manutenção ou reintegração deferida em favor do autor.

Nos casos em que o autor carecer de idoneidade financeira, ou seja, que não ostentar ativos patrimoniais compatíveis para responder pelas perdas e danos eventualmente causadas ao réu, o magistrado deve conferir o prazo de cinco dias para que o autor apresente caução, real ou fidejussória.

A escolha entre a caução de natureza real ou fidejussória é uma prerrogativa do autor. O importante é o alcance da segurança efetiva que a garantia deve propiciar ao réu. Insere-se, dentre as garantias possíveis, o seguro-garantia. A regra também propicia alternativa à caução mediante o depósito do objeto sobre o qual pende o litígio possessório.

O dever de prestar caução, no entanto, é mitigado ao final do CPC, art. 559, quando se faz a ressalva desse ônus à "impossibilidade da parte economicamente hipossuficiente". Trata-se de alteração relevante, ante a inexistência dessa condição no CPC/1973, art. 559.

Eis uma dificuldade de interpretação. O dever de prestar caução é dirigido à parte que carecer de idoneidade financeira para garantir uma eventual futura indenização, nos termos da primeira parte do CPC, art. 559. É usual que a parte economicamente hipossuficiente carece de idoneidade financeira.

Em termos absolutos, portanto, a segunda parte do CPC, art. 559, aniquilaria a primeira parte.

Para superar a aparente contradição, deve-se recorrer à interpretação, no caso concreto, para as situações em que a parte autora, economicamente hipossuficiente e, portanto, evidentemente carecedora de idoneidade financeira para assegurar futura indenização, demonstre adequadamente, além da posse e da violência ou ameaça sofrida, a imprescindibilidade da tutela para a preservação de direitos para além da segurança pretendida pelo CPC, art. 559.

Um excelente exemplo ocorre nas situações em que a agressão ou a ameaça atinge a moradia de autores economicamente hipossuficientes. Neste hipotético caso, a impossibilidade econômica de prestação de caução não poderia impedir a adequada tutela da posse, sob pena de negativa de acesso à justiça aos menos favorecidos.

Art. 560 - O possuidor tem direito a ser mantido na posse em caso de turbação e reintegrado em caso de esbulho.

O art. 560 enuncia regra de direito material que, em considerável medida, reproduz o CC, art. 1.210: "O possuidor tem direito a ser mantido na posse em caso de turbação, restituído no de esbulho, e segurado de violência iminente, se tiver justo receio de ser molestado".

A posse, conforme explicado nos comentários ao art. 554, é um fato. É o exercício, de fato, de algum dos poderes inerentes à propriedade. Esse estado de fato cria uma relação, igualmente fática (e, portanto, não jurídica) entre o possuidor e o *alter*.

Para a preservação da paz nas relações sociais, a posse, como fato, deve ser protegida. Daí o ordenamento jurídico estabelecer regras destinadas a coibir a violência à posse, como, no caso, o art. 560.

Aquele que tem a posse e sofre uma turbação, ou seja, um incômodo, uma perturbação que ameaça a situação de fato, tem o direito subjetivo a repelir esta ofensa e à respectiva ação de manutenção de posse. Eventual sentença de manutenção de posse ostenta a eficácia predominante mandamental.

Quem, por sua vez, tem a posse e vem a perdê-la, vitimado por esbulho, tem o direito subjetivo a ser reintegrado, ou seja, a ser restituído na posse, e à respectiva ação de reintegração de posse. A sentença de reintegração de posse ostenta a eficácia predominante executiva.

Para além da ação, em sentido material e processual, de reintegração e de manutenção na posse, o possuidor pode repelir a ameaça à posse por suas próprias forças, ou seja, mesmo sem recorrer ao Poder Judiciário, desde que o faça imediatamente e com o emprego de forças razoáveis e moderadas, não podendo ir além do estritamente necessário à manutenção ou reintegração da posse (CC, § 1º ao art. 1.210).

A respeito da noção de posse, da distinção de outras figuras, do cabimento das ações possessórias e da distinção em relação às ações possessórias, sugerimos ao leitor os comentários ao art. 554.

A ação possessória deve ser proposta perante o foro da situação da coisa. Trata-se de regra de competência absoluta, conforme CPC, art. 47, § 2º: "A ação possessória imobiliária será proposta no foro da situação da coisa, cujo juízo tem competência absoluta".

Nas hipóteses de composse entre cônjuges ou companheiros, ou seja, quando simultaneamente possuírem coisa indivisa (CC, art. 1.199) ou, de outro vértice, se ambos os cônjuges praticaram o ato de agressão à posse, há litisconsórcio necessário no polo ativo ou passivo da ação possessória, segundo os §§ 2º e 3º do CPC, art. 73: "Nas ações possessórias, a participação do cônjuge do autor ou do réu somente é indispensável nas hipóteses de composse ou de ato por ambos praticado [...]. Aplica-se o disposto neste artigo à união estável comprovada nos autos".

Art. 561 - Incumbe ao autor provar:
I - a sua posse;
II - a turbação ou o esbulho praticado pelo réu;
III - a data da turbação ou do esbulho;
IV - a continuação da posse, embora turbada, na ação de manutenção, ou a perda da posse, na ação de reintegração.

O ônus da prova, nas ações possessórias, diz respeito aos componentes do fato jurídico do esbulho e da turbação, quais sejam: a existência da posse, o ato de turbação ou esbulho e a sua data, além da continuidade da posse, no caso de turbação, e da efetiva perda da posse, no caso de esbulho.

Diante do esbulho ou da turbação, deixa de existir apenas a posse, como fato. Passa a incidir o CC, art. 1.210, e o CPC, art. 560. A posse integra o suporte fático dessas regras jurídicas. O ônus da prova recai sobre os componentes desse suporte fático.

O CPC, art. 521, identifica os fatos constitutivos para sustentar os pedidos de manutenção e de reintegração de posse e, desse modo, diz respeito diretamente à tutela de urgência que é franqueada pelo CPC, art. 522.

Ante a possibilidade de cumulação de pedidos (CPC, art. 555), outros fatos constitutivos podem ser objeto de prova (*v.g.*, a ocorrência de perdas e danos em geral e, especificamente, em relação aos frutos, entre outros), ainda que tais fatos constitutivos não influenciem diretamente a específica providência possessória almejada.

Aquele que busca a tutela possessória, em primeiro lugar, deve provar a posse. Deve comprovar o exercício *efetivo* de algum dos poderes que são inerentes à propriedade e encontram-se descritos no CC, art. 1.228: "O proprietário tem a faculdade de usar, gozar e dispor da coisa, e o direito de reavê-la do poder de quem quer que injustamente a possua ou detenha".

Cite-se, a esse respeito, precedente do STJ: "[...] Não tendo os autores da ação de reintegração se desincumbido do ônus de provar a posse alegada, o pedido deve ser julgado improcedente e o processo extinto com resolução de mérito" (STJ, 3ª T., REsp nº 930336-MG, Rel. Min. Ricardo Villas Bôas Cueva, DJe de 20/2/2014).

Os meios de prova podem ser inúmeros: fotografias, filmagens, as imagens colhidas pela internet (nomeadamente o Google Maps é usualmente utilizado), fotografias obtidas por satélites, declaração de vizinhos, de terceiros, etc.

Mostra-se, por outro lado, evidentemente insuficiente e inadequada a tentativa de prova da posse por meio da apresentação da matrícula do imóvel, que é documento hábil a comprovar a propriedade do objeto. Igualmente insuficiente mostra-se a apresentação da prova do pagamento de tributos, que é fruto de relação jurídica diversa, inábil a comprovar a posse, conforme delineada no CC, art. 1.196.

A necessidade da efetiva prova da posse é indispensável para apartar as ações possessórias das ações petitórias. Daí ser necessário repelir as tentativas de apresentação de provas, nas ações possessórias, que digam respeito exclusivamente à titularidade da propriedade.

Os mesmos meios de prova anteriormente citados podem ser utilizados para comprovar os atos de turbação e esbulho, a sua data e a repercussão no exercício da posse.

A prova da data do esbulho ou da turbação é indispensável para a definição do rito, a teor do CPC, art. 558, anteriormente comentado.

Art. 562 - Estando a petição inicial devidamente instruída, o juiz deferirá, sem ouvir o réu, a expedição do mandado liminar de manutenção ou de reintegração, caso contrário, determinará que o autor justifique previamente o alegado, citando-se o réu para comparecer à audiência que for designada.
Parágrafo único - Contra as pessoas jurídicas de direito público não será deferida a manutenção ou a reintegração liminar sem prévia audiência dos respectivos representantes judiciais.

O rito traçado entre os arts. 562 e 565 do CPC corresponde ao núcleo daquilo que há de especial nas ações possessórias, no sentido de algo diverso do procedimento comum.

Numa leitura textual do art. 562 do CPC, a tutela de urgência é condicionada à devida instrução da petição inicial. Trata-se de uma imprecisão da regra jurídica que se repete do CPC/1973 ao CPC/2015.

A decisão pela tutela de urgência *initio litis* e *inaudita altera parte* não guarda relação direta com a *instrução* da petição inicial. O que se exige é apresentação de provas suficientes para a cognição sumária do pedido possessório e, para isso, o que efetivamente concerne ao rito especial é a verificação do fato constitutivo cujos componentes são indicados no art. 561 do CPC.

A avaliação probatória realizada pelo magistrado não é, nem poderia ser, exauriente. A cognição sumária deve sustentar o pedido liminar.

Caso os componentes de prova do fato constitutivo não sejam suficientes, mesmo para uma cognição sumária, deve o magistrado convocar uma audiência de justificação de posse, destinada a facultar ao autor a apresentação de provas mais robustas para alicerçar o seu pedido. Daí a denominação "audiência de justificação".

O réu deve ser citado para a audiência de justificação. O termo citação, perante o CPC/1973, estava equivocado, uma vez que na legislação revogada a citação seria destinada a chamar o réu para se defender (CPC/1973, art. 213). No art. 238 do CPC agora se define a citação como "o ato pelo qual são convocados o réu, o executado ou o interessado para integrar a relação processual".

Nesse momento, o réu não é instado a apresentar uma defesa em sentido próprio. Tampouco é facultado ao réu requerer e produzir provas na audiência de justificação (*v.g.*, indicar testemunhas, requerer uma prova pericial, etc.).

Isso não significa, todavia, que se relegue ao réu uma posição passiva. A melhor interpretação do art. 562 do CPC, que se construiu a partir da hermenêutica ao art. 928 do CPC/1973, garante ao réu a possibilidade de formular perguntas, de contraditar testemunhas e, em geral, de se portar ativamente na produção probatória.

O parágrafo único ao art. 562 do CPC mantém a imunidade, em favor das pessoas jurídicas de direito público, contra o deferimento de liminares possessórias sem a prévia audiência de seus representantes judiciais. Essa imunidade alcança as pessoas jurídicas de direito público interno e externo.

A esse respeito, sublinhe-se a Súmula nº 262 do STF: "Não cabe medida possessória liminar para liberação alfandegária de automóvel".

Art. 563 - Considerada suficiente a justificação, o juiz fará logo expedir mandado de manutenção ou de reintegração.

Com a audiência de justificação, confere-se ao autor uma segunda oportunidade para demonstrar ao Poder Judiciário, ainda sob uma cognição não exauriente, os requisitos para o deferimento liminar da tutela possessória.

Caso haja suficiência de provas a respeito dos requisitos necessários para a tutela possessória (e, repita-se, o suficiente não corresponde ao exauriente), o magistrado deve imediatamente proferir a decisão e expedir mandado para o seu cumprimento. O art. 563 do CPC reafirma a urgência que deve estar presente nas ações possessórias.

Art. 564 - Concedido ou não o mandado liminar de manutenção ou de reintegração, o autor promoverá, nos 5 (cinco) dias subsequentes, a citação do réu para, querendo, contestar a ação no prazo de 15 (quinze) dias
Parágrafo único - Quando for ordenada a justificação prévia, o prazo para contestar será contado da intimação da decisão que deferir ou não a medida liminar.

A efetiva oportunização da defesa ao réu ocorre a partir da citação de que trata o art. 564 do CPC e não da comunicação processual, também denominada *citação*, para o comparecimento na audiência de justificação de que trata o art. 562 do CPC.

Isso pode ocorrer em diferentes situações. Ante o deferimento *initio litis* da liminar possessória, o réu deve ser, em um mesmo ato, intimado para cumprir a decisão (de natureza executiva, na reintegração de posse, e de natureza mandamental, na manutenção de posse) e citado para ofertar defesa. Caso a liminar seja deferida após a audiência de justificação, igualmente, a comunicação para a apresentação da defesa deve ser simultânea à intimação para o cumprimento da decisão possessória. Na hipótese de a liminar ser deferida em audiência, estando presente o réu, é possível e recomendável promover a intimação ao final da audiência, servindo tal data como termo inicial para a apresentação de contestação.

Caso a liminar não seja deferida, mesmo que o réu já tenha sido convidado a participar da audiência de justificação de posse, deve ser realizada uma específica comunicação para facultar ao réu a apresentação de contestação aos pedidos.

Repete-se no art. 564 do CPC o equívoco de se atribuir ao autor o ônus e o poder de promover a citação do réu. Trata-se de ato processual, ordenado pelo magistrado, que é cumprido pelo Poder Judiciário. Em concreto, o ônus de promover a citação, que usualmente é atribuído ao autor, corresponde a: i) requerer a citação, no prazo de cinco dias; ii) providenciar, nesse mesmo prazo, o pagamento das custas processuais necessárias ao cumprimento da diligência.

Registre-se que o CPC, art. 269, permite, em seu § 1º, que os advogados promovam a intimação dos advogados da outra parte via correio: "É facultado aos advogados promover a intimação do advogado da outra parte por meio do correio, juntando aos autos, a seguir, cópia de ofício de intimação e do aviso de recebimento".

Art. 565 - No litígio coletivo pela posse de imóvel, quando o esbulho ou a turbação afirmado na petição inicial houver ocorrido há mais de ano e dia, o juiz, antes de apreciar o pedido de concessão da medida liminar, deverá designar audiência de mediação, a realizar-se em até 30 (trinta) dias, que observará o disposto nos §§ 2º e 4º.
§ 1º - Concedida a liminar, se essa não for executada no prazo de 1 (um) ano, a contar da data de distribuição, caberá ao juiz designar audiência de mediação, nos termos dos §§ 2º a 4º deste artigo.
§ 2º - O Ministério Público será intimado para comparecer à audiência, e a Defensoria Pública será intimada sempre que houver parte beneficiária de gratuidade da justiça.
§ 3º - O juiz poderá comparecer à área objeto do litígio quando sua presença se fizer necessária à efetivação da tutela jurisdicional.
§ 4º - Os órgãos responsáveis pela política agrária e pela política urbana da União, de Estado ou do Distrito Federal e de Município onde se situe a área objeto do litígio poderão ser intimados para a audiência, a fim de se manifestarem

sobre seu interesse no processo e sobre a existência de possibilidade de solução para o conflito possessório.
§ 5º - Aplica-se o disposto neste artigo ao litígio sobre propriedade de imóvel.

O art. 565 é destinado aos litígios possessórios coletivos, seja no polo ativo, seja no polo passivo, em que o esbulho ou a turbação ocorre em posse velha, ou seja, com mais de ano e dia.

Essa regra jurídica causa várias perplexidades. Em primeiro lugar, no *caput* desse artigo, determina-se a sua aplicação para a tutela da posse velha, ou seja, com a agressão ocorrida em tempo superior a ano e dia, antes da apreciação do pedido liminar.

De que pedido liminar se trata?

Se a posse é velha, sendo coletivo ou não o conflito, a tutela liminar do art. 562 e do art. 563 do CPC deveria ser vedada.

Seria uma liminar em tutela de urgência, nos termos do art. 300 do CPC? Não há nenhuma indicação expressa nesse sentido. De qualquer modo, a interpretação, sob os critérios sistemático e teleológico, recomenda esta conclusão. Só se pode imaginar uma tutela de urgência para a posse velha, mesmo em conflito coletivo, que atenda aos pressupostos e seja fundamentada no art. 300 do CPC e nunca nos requisitos específicos do CPC, art. 562.

Em segundo lugar, conforme explicado nos comentários ao CPC, art. 558, as ações possessórias destinadas à tutela da posse velha seguiriam o rito comum. Aparentemente, o art. 565 do CPC afasta-se desta orientação. Em se tratando de ação possessória coletiva, a despeito de o esbulho ou a turbação ter ocorrido há mais de ano e dia, o rito comum é superficialmente alterado para se promover uma mediação, envolvendo a Defensoria Pública (caso, como de costume, estejam envolvidas pessoas em situação economicamente hipossuficiente) e o Ministério Público.

Ainda que, sob a perspectiva teleológica, a busca pela mediação nessas situações seja efetivamente necessária, a elaboração do enunciado normativo gera ambiguidades desnecessárias.

A mediação de que trata o CPC, art. 565, é de singular importância nas ações possessórias em que a discussão sobre o esbulho ou a turbação envolve uma coletividade de pessoas economicamente hipossuficiente, ressaltando o caráter social do conflito.

Justamente por isso, a presença do Ministério Público é fundamental para a atuação como *custus legis,* para além do interesse das partes envolvidas, privilegiando a elaboração de uma solução que evite a violência, pacifique o conflito e, nos casos do deferimento da tutela possessória contra uma coletividade empobrecida, que favoreça um resultado que ampare as famílias desapossadas. Mais uma vez, a regra deve ser aplicada segundo os critérios gerais traçados no CPC, art. 8.

Para viabilizar alternativas, o § 4º ao art. 565 determina a intimação dos "órgãos responsáveis pela política agrária e pela política urbana da União, de Estado ou do Distrito Federal e de Município onde se situe a área objeto do litígio" para participar da audiência de mediação, até mesmo para que esses órgãos possam manifestar o seu interesse no processo e a possibilidade de solução para o conflito possessório (exemplificativamente, mediante uma desapropriação ou uma realocação das famílias desapossadas).

O § 3º ao art. 565 do CPC, ao determinar que "o juiz poderá comparecer à área objeto do litígio quando sua presença se fizer necessária à efetivação da tutela jurisdicional", parece, no mínimo, desnecessário.

Inexiste interdição à presença do magistrado para cumprir e efetivar decisões judiciais quando isso se fizer necessário e, se é assim, torna-se despicienda uma regra que faculte esta possibilidade.

O CPC, art. 565, também aborda as situações, em ações possessórias coletivas, nas quais a liminar não é cumprida. Caso isso perdure por um ano, nos termos do § 1º ao art. 565 do CPC, deve o magistrado convocar uma audiência de mediação do conflito.

A regra também parece inadequada. Seria necessário esperar um ano para tomar a referida providência?

Em uma interpretação literal, o CPC, art. 565, poderia envolver a seguinte situação: um esbulho de mais de um ano, seguido de mais um ano, desde a distribuição da demanda possessória até o descumprimento de uma tutela de urgência.

Todo esse tempo é incompatível com a busca de uma solução adequada para os conflitos coletivos, pois privilegiará a consolidação de uma situação de fato que pode ser irreversível. Por essa razão, a melhor interpretação aponta para a faculdade de o magistrado designar a audiência de mediação em qualquer momento posterior à verificação do obstáculo ao cumprimento da tutela de urgência.

O § 5º ao art. 565 do CPC exige uma intepretação cuidadosa ao determinar a aplicação da regra, destinada aos conflitos coletivos envolvendo a posse velha, aos litígios acerca da propriedade imóvel.

Essa regra jurídica não pode servir para subverter a diferença entre as ações possessórias e as ações petitórias.

Caso seja manejada uma demanda possessória contra uma coletividade com fundamento na propriedade, a petição inicial deverá ser indeferida, nos termos do comentário ao CPC, art. 557, sendo vedado estabelecer uma fungibilidade entre as ações possessórias e as ações petitórias com fundamento no § 5º ao art. 565 do CPC.

Em uma demanda petitória (*v.g.*, em uma ação reivindicatória) movida contra uma coletividade, a regra do art. 565 do CPC deve ser aplicada para a busca de uma mediação do conflito que tome em consideração a problemática social existente, conforme exposto nos comentários precedentes.

Art. 566 - Aplica-se, quanto ao mais, o procedimento comum.

O rito particular, especial às ações possessórias, encontra-se nos artigos procedentes. Na sequência, deve ser observado o procedimento comum.

Seção III - Do Interdito Proibitório

Art. 567 - O possuidor direto ou indireto que tenha justo receio de ser molestado na posse poderá requerer ao juiz que o segure da turbação ou esbulho iminente, mediante mandado proibitório em que se comine ao réu determinada pena pecuniária caso transgrida o preceito.

O interdito proibitório é uma ação possessória. A diferença em relação às demais ações possessórias encontra-se no fato de o interdito proibitório se destinar a uma tutela preventiva, ou seja, antes que ocorra a turbação ou o esbulho.

Trata-se de uma antiga ação inibitória que precedeu à tutela inibitória teorizada e desenvolvida no Brasil ao final dos anos 1990, vez que predominantemente voltada à proteção de interesses patrimoniais.

O interdito proibitório exige a prova da posse e o justo receio de o autor sofrer moléstia à posse, ou seja, de ser vitimado por turbação ou esbulho.

A natureza da decisão de interdito proibitório é mandamental. Ordena-se ao réu que não viole a posse do autor, sob pena do pagamento de multa.

Lamentavelmente, a eficácia social do interdito proibitório é reduzida à fixação de uma multa. Trata-se de uma medida que, em determinados casos, pode ser inadequada à tutela do direito.

Em casos em que houve turbação que cessou ou esbulho que foi repelido, o interdito proibitório pode ser utilizado para evitar que novas agressões à posse sejam realizadas.

Conforme antes exposto, o direito brasileiro não admite a posse de bens imateriais e, por consequência, não se mostra adequada a tutela possessória nestes casos, inclusive via interdito proibitório. Nesse sentido, sublinhe-se o enunciado da Súmula nº 228 do STJ: "É inadmissível o interdito proibitório para a proteção do direito autoral".

Art. 568 - Aplica-se ao interdito proibitório o disposto na Seção II deste Capítulo.

A seção II de que trata o art. 568 do CPC versa sobre o rito especial das demais ações possessórias. Ao se determinar a aplicação dessas regras ao interdito proibitório, possibilita-se o manejo da especial tutela possessória a partir de uma cognição simplificada e não exauriente, inclusive por meio de liminar sem a oitiva da outra parte (exceção, portanto, ao CPC, art. 9º).

Os requisitos que devem ser comprovados serão aqueles pertinentes ao interdito proibitório, conforme exposto nos comentários ao art. 567 do CPC.

No mais, os importantes setores dedicados à tutela de urgência, à audiência de justificação, às demandas coletivas, são integralmente aplicáveis, considerando as particularidades preventivas que qualificam o interdito proibitório.

Capítulo IV - Da Ação de Divisão e da Demarcação de Terras Particulares

Art. 569 - Cabe:
I - ao proprietário a ação de demarcação, para obrigar o seu confinante a estremar os respectivos prédios, fixando-se novos limites entre eles ou aviventando-se os já apagados;
II - ao condômino a ação de divisão, para obrigar os demais consortes a estremar os quinhões.

Autores: Rodrigo Reis Mazzei e Tiago Figueiredo Gonçalves

I. Breves considerações

A incerteza na fixação dos limites entre prédios confinantes ou ainda a mantença da coisa indivisa entre os condôminos são situações fáticas que limitam o pleno exercício dos poderes inerentes à propriedade pelo titular do direito real. As ações demarcatória e divisória – espécies de procedimentos especiais – dentro de tal contexto, propiciam, respectivamente, a delimitação fronteiriça de imóveis em relação aos confinantes e a divisão interna de bem imóvel em condomínio.

II. Âmbito no Direito Privado

As ações demarcatórias e divisórias previstas no Código de Processo Civil, tanto na vigência do CPC/1973 como também em relação ao CPC/2015, têm âmbito de incidência restrito ao Direito Privado, ou seja, aplicam-se apenas para "terras particulares", conforme expressamente anunciado pelo próprio Capítulo IV do Título III (Procedimentos Especiais) do Livro I da codificação comentada. As terras devolutas, bens públicos dominicais e figuras afins de Direito Público não se sujeitam à aplicação (ao menos direta) dos regramentos codificados para a ação divisória e/ou demarcatória, às quais, no particular, aplica-se legislação especial, com destaque para a Lei nº 6.383/1976, que prevê a chamada ação discriminatória.

III. Direito material e direito processual

Como em muitas situações envolvendo os procedimentos especiais, ao tratarmos das ações demarcatórias e divisórias, há necessidade de compatibilização em vários momentos do direito material com o direito processual, não sendo incomum a verificação de dispositivos com feição *heterotópica* ou *bifronte*. Ainda que de forma bem resumida, vale lembrar que deve ser considerada como regra *heterotópica* aquela que está *deslocada*, ou seja, está em *diferente* (*héteros*) *lugar (topikòs)* do que se habitualmente espera. Assim, quando o diploma legal for de índole material – como é o caso do Código Civil – e nele for localizado dispositivo de caráter eminentemente processual, este terá natureza *heterotópica*, já que *difere* na essência dos demais artigos da legislação, estando, sob tal enfoque, *deslocado*. De forma diversa, os dispositivos bifrontes não são identificados pela sua posição topográfica deslocada, mas pelo fato de terem – simultaneamente – dupla faceta: material e processual. Assim, ao se falar em *bifronte,* o foco estará nas consequências materiais e processuais do dispositivo, diante da sua carga dupla. Feita tal advertência, é de se notar que situações legais afetas às ações demarcatórias e divisórias sofrem, muitas vezes, um duplo influxo, recebendo regulação tanto do direito material (em especial, do Código Civil) quanto do direito processual (CPC).

IV. Possibilidade de demarcação e/ou divisão extrajudicial

Caso os interessados estejam de acordo, e desde que sejam maiores e capazes, poderão proceder com a demarcação e divisão por meio de escritura pública (*vide* comentários ao art. 571).

V. Duplicidade

Afirma-se, a partir de um conceito sedimentado na doutrina, que as ações demarcatórias e divisórias têm natureza *dúplice*. Isso porque ao réu da ação demarcatória e da ação divisória não é necessário manejar reconvenção, podendo postular a demarcação que entende correta, assim como os marcos de divisão na própria contestação. Além de tal fato, trata-se de direito comum a qualquer dos confrontantes ou condôminos, podendo cada um figurar como autor ou réu das ações, situação que não importará no resultado final, já que a demarcação e/ou divisão não levará em conta o polo em que a parte se encontra da ação, mas sim a sua repercussão no imóvel.

VI. Ação demarcatória: conceito e requisitos

Nas situações em que há dois prédios confinantes (urbanos ou rurais) cujos limites não estejam estremados, ou, ainda, quando há esta delimitação, mas de forma confusa, o art. 1.297 do Código Civil concede ao proprietário o direito de cercar, murar, valar ou tapar de qualquer modo o seu prédio, podendo constranger o seu confinante a proceder com ele à demarcação entre os dois prédios, a aviventar rumos apagados e a renovar marcos destruídos ou arruinados, repartindo-se proporcionalmente entre eles as respectivas despesas. Não havendo consenso na realização desta atividade entre o proprietário e os confinantes, a ação demarcatória permite não só delimitar os limites entre prédios contíguos, mas também fixar novos limites, aviventar rumos apagados e renovar marcos destruídos.

VII. Compatibilização entre o Código Civil e o CPC/2015 acerca do alcance da ação demarcatória

É interessante observar que existe pequena diferença na redação do art. 569, inciso I, do CPC/2015 em relação ao art. 1.297 do Código Civil, pois o segundo possui maior amplitude. Isso porque a lei civil, além de dispor que o proprietário poderá postular que sejam fixados novos limites ou aviventar os já apagados (situações também açambarcadas pelo art. 569, inciso I, da codificação processual), prevê ainda a possibilidade de *renovação dos marcos destruídos* (possibilidade não constante do corpo do art. 569, inciso I). O art. 569, inciso I, da codificação processual não pode ser interpretado como limitador do espectro da ação demarcatória, afigurando-se oportuna (e correta) a conclusão firmada no Enunciado n° 69 do FPPC, no sentido de que "Cabe ao proprietário ação demarcatória para extremar a demarcação entre o seu prédio e do confinante, bem como fixar novos limites, aviventar rumos apagados e a renovar marcos destruídos".

VIII. Legitimados da ação de demarcação

Embora o art. 569 aduza que o proprietário é o agente legitimado na ação de demarcação (STJ, 4ª T., REsp nº 20.529/AL, Rel. Min. Dias Trindade, DJ de 20/9/1993, p. 19179), entendemos que esta interpretação restritiva não é a melhor a ser adotada. Assim, não só o titular de direito real sobre coisa própria (= *proprietário*) tem legitimidade no manejo desta ação, mas também titulares de direito real de gozo e fruição sobre coisa alheia. É nesse sentido, inclusive, o Enunciado n° 68 do FPPC: "Também possuem legitimidade para a ação demarcatória os titulares de direito real de gozo e fruição, nos limites dos seus respectivos direitos e títulos constitutivos de direito real". A posição que defendemos, de certa maneira, é parelha à que vem se formando para a admissão de ação reivindicatória por titulares de direito real de gozo e fruição sobre coisa alheia, como é o caso do usufruto (STJ, 2ª T., AgRg no REsp nº 1291197/MG, Rel. Min. Humberto Martins, DJe de 19/5/2015; 3ª T., REsp nº 1202843/PR, Rel. Min. Ricardo Villas Bôas Cueva, DJe de 28/10/2014; 3ª T., REsp nº 28.863/RJ, Rel. Min. Nilson Naves, DJ de 22/11/1993, p. 24947). Tem se admitido também ação demarcatória para fixar limites dentro do mesmo edifício (condomínio com unidades autônomas), depurando-se a área comum da área privativa (STJ, 3ª T., REsp nº 165.223/RJ, Rel. Min. Eduardo Ribeiro, DJ de 8/3/1999, p. 221). De toda sorte, ainda que se permita o alargamento da legitimidade para a propositura da ação demarcatória típica, esta somente terá espaço para titulares de direito real acima posto, sendo fundamental a prova documentada do registro imobiliário. Tanto assim que a jurisprudência se posiciona no sentido de que a eventual alegação de que o direito imobiliário decorre de direitos hereditários, com alusão à Carta de Sesmaria, sem prova documentada registral, é insuficiente para autorizar a ação demarcatória (STJ, 3ª T., REsp nº 926.755/MG, Rel. Min. Sidnei Beneti, DJe de 4/8/2009).

IX. Diferença básica entre ação demarcatória e ação reivindicatória

Na ação demarcatória há imprecisão na confrontação entre os imóveis (STJ, 2ª T., REsp nº 662.775/RN, Rel. Min. Humberto Martins, DJe de 29/6/2009), ao passo que a reivindicatória está firmada na perfeita identificação do imóvel reivindicado, sem que o proprietário tenha a seu favor, em razão de postura de terceiro (vizinho ou não), a possibilidade de exercício pleno dos poderes descritos no art. 1.228 do Código Civil, notadamente o direito ao uso do imóvel. Com tal bússola, é cabível a ação demarcatória quando a "linha divisória existente não corresponde aos títulos e não há outros limites, devidamente definidos no terreno" (STJ, 3ª T., REsp nº 38.199/MG, Rel. Min. Eduardo Ribeiro, DJ de 28/11/1994, p. 32615), pois, "mesmo havendo marcos no terreno, permite-se o manejo da demarcatória para fixar os limites se existe divergência de área entre a realidade e os títulos dominiais, geradora de insegurança e controvérsia entre as partes [...] o ponto decisivo a distinguir a demarcatória em relação à reivindicatória é a circunstância de ser imprecisa, indeterminada ou confusa a verdadeira linha de confrontação a ser estabelecida ou restabelecida no terreno" (STJ, 4ª T., REsp nº 60.110/GO, Rel. Min. Sálvio de Figueiredo Teixeira, DJ de 2/10/1995, p. 32377).

X. Ação de divisão

Enquanto a ação de demarcação pressupõe a existência de dois prédios vizinhos, a ação de divisão é plasmada sob uma situação fática na qual um só imóvel é compartilhado por dois ou mais agentes, isto é, na figura do condomínio. A ação divisória, dentro deste quadro, está atrelada ao disposto no art. 1.320 do Código Civil, segundo o qual a todo tempo será lícito ao condômino exigir a divisão da coisa comum, respondendo o quinhão de cada um pela sua parte nas despesas da divisão.

XI. Legitimados da ação divisória

A legitimidade para ajuizamento de ação de divisão está normalmente vinculada aos proprietários de bem imóvel que estão numa situação de *compropriedade*, ou seja, formando condomínio. De toda sorte, não se pode descartar hipótese em que o condomínio seja formado por titulares de direito real de gozo e fruição sobre determinado bem, como pode ocorrer em relação à concessão de usufruto ou de direito de superfície de determinado imóvel para mais de uma pessoa, sem a identificação divisória para o exercício do direito real respectivo. Pensamos ser possível a adaptação do art. 1.320 do Código Civil para tais titulares de direito real de gozo e fruição, podendo ser exigida a divisão, caso a concessão assim não vede e não ocorra oposição do proprietário acerca da postulação divisória.

XII. Divisão econômica

A ação divisória aqui tratada tem comunicação específica com o art. 1.320 do Código Civil, não se confundindo com o disposto no art. 1.322 do mesmo diploma, que trata de procedimento para a divisão por apuração econômica do bem. Com efeito, prevê o art. 1.322 do Código Civil que, quando a coisa for indivisível, e os consortes não quiserem adjudicá-la a um só, indenizando os outros, será vendida e repartido o apurado, preferindo-se, na venda, em condições iguais de oferta, o condômino ao estranho, e, entre os condôminos, aquele que tiver na coisa benfeitorias mais valiosas, e, não as havendo, o de quinhão maior. Em tal caso, não havendo solução amigável, o caminho deverá ser a solução residual prevista no art. 730 do CPC/2015, com a alienação judicial do bem.

Art. 570 - É lícita a cumulação dessas ações, caso em que deverá processar-se primeiramente a demarcação total ou parcial da coisa comum, citando-se os confinantes e os condôminos.

I. Ação demarcatória e divisória: possibilidade de cumulação

O art. 570, reproduzindo regra prevista no CPC/1973, torna possível a cumulação das ações de demarcação e de divisão. Tendo em vista o escopo de cada uma delas, a situação fática que permite o manejo desta técnica processual pode ser visualizada quando os condôminos desejam a repartição da coisa comum, mas, por outro lado, também se torna necessário estabelecer limites entre o imóvel objeto de compropriedade com os prédios confinantes, já que aqueles (os limites) não se encontram perfeitamente identificados. Trata-se, nesse contexto, de duas ações distintas (com cumulação) num único processo.

II. A cumulação de pedidos do art. 327 x cumulação de pedidos do art. 570

Estabelece o art. 327 do CPC/2015 ser lícito ao autor cumular num mesmo processo, *contra o mesmo réu*, vários pedidos, ainda que entre eles não haja conexão. Para tal, é preciso atentar quanto ao preenchimento de certos requisitos, quais sejam: a) os pedidos sejam compatíveis entre si; b) seja competente para conhecer deles o mesmo juízo; c) seja adequado para todos os pedidos o tipo de procedimento. Há, no art. 570, um desenho que não é idêntico ao que está plasmado no art. 327, bastando observar que não há necessária identidade de sujeitos passivos entre a demarcatória e a divisória: naquela, os réus são os confinantes; nesta, são os condôminos.

III. Tramitação processual

Dispõe o art. 570 que, na cumulação de pedido demarcatório com divisório, deverá ser processada primeiramente a demarcação total ou parcial da coisa comum. Fixados os marcos da linha de demarcação, proceder-se-á à divisão. Há, portanto, duas *ações* resolvidas num único processo, tendo o legislador estabelecido uma ordem na resolução das questões por um critério lógico: é preciso que se tenha perfeitamente identificados os limites da coisa comum para, então, proceder-se à divisão entre os condôminos (um dos requisitos para postular o pedido de divisão, dentro desse contexto, é a indicação dos limites do terreno, nos termos do art. 588 do CPC/2015).

IV. Desenho e sequência processual

O art. 572 prevê o desenho e a sequência processual a serem seguidos em caso de cumulação da ação demarcatória com ação divisória.

Art. 571 - A demarcação e a divisão poderão ser realizadas por escritura pública, desde que maiores, capazes e concordes todos os interessados, observando-se, no que couber, os dispositivos deste Capítulo.

I. Demarcação e divisão pela via extrajudicial

O CPC/2015 apresenta regra inédita no tocante à disciplina das pretensões de divisão e demarcação, passando a prever de maneira expressa a possibilidade de resolução de questões relativas à demarcação e divisão de imóveis por via extrajudicial. Em tais casos, o instrumento utilizado pelas partes para pôr a termo os pontos definidos será a escritura pública (art. 108 do CC). Trata-se de semelhante técnica utilizada na partilha (art. 2.015 do CC), quando a legislação civil permite a partilha amigável se os herdeiros forem capazes (e, logicamente, estando concordes e tendo capacidade plena para exercer os atos da vida civil).

II. Requisitos

Em relação aos requisitos para a realização da demarcação e divisão por escritura pública, os interessados devem: a) ser maiores; b) ser capazes; c) estar de acordo com a resolução da questão. É de se destacar, ademais, que o art. 571 estatui que, na realização do ato, deverão ser observados os dispositivos deste Capítulo (Da ação de divisão e da demarcação de terras particulares), tais como os arts. 583 e 584.

III. Direito registral

Por envolver direitos reais, a escritura pública prevista no art. 571 do CPC/2015 deverá ser devidamente registrada no Cartório de Registro de Imóveis. Aplica-se, no particular, a Lei de Registros Públicos (Lei nº 6.015/1973), especialmente os arts. 212 e 213.

Art. 572 - Fixados os marcos da linha de demarcação, os confinantes considerar-se-ão terceiros quanto ao processo divisório, ficando-lhes, porém, ressalvado o direito de vindicar os terrenos de que se julguem despojados por invasão das linhas limítrofes constitutivas do perímetro ou de reclamar indenização correspondente ao seu valor.

§ 1º - No caso do caput, serão citados para a ação todos os condôminos, se a sentença homologatória da divisão ainda não houver transitado em julgado, e todos os quinhoeiros dos terrenos vindicados, se a ação for proposta posteriormente.

§ 2º - Neste último caso, a sentença que julga procedente a ação, condenando a restituir os terrenos ou a pagar a indenização, valerá como título executivo em favor dos quinhoeiros para haverem dos outros condôminos que forem parte na divisão ou de seus sucessores a título universal, na proporção que lhes tocar, a composição pecuniária do desfalque sofrido.

I. Abrangência da regra prevista no *caput* do art. 572

Para melhor entendimento, é preciso estabelecer como premissa que a situação regulada no art. 572 se refere à hipótese de cumulação das ações de demarcação e divisão (art. 570). Em tais casos, deverá processar-se primeiramente a demarcação total ou parcial da coisa comum. Fixados os marcos da linha de demarcação, inicia-se então o procedimento do pleito divisório. É justamente esta passagem que é prevista nesta disposição legal. Enquanto na demarcação os confinantes atuam diretamente na resolução da questão, por se tratar de pretensão comum, na resolução de pontos relativos à divisão, *a priori*, não terão grande destaque, visto que a relação diz respeito aos condôminos, no intuito de extinguir o condomínio com a divisão da coisa comum. Neste momento, são considerados terceiros, portanto. Mas ainda subsiste interesse destes no deslinde do procedimento, interesse este que advém do direito material, podendo vindicar os terrenos de que se julguem despojados por invasão das linhas limítrofes constitutivas do perímetro ou de reclamar indenização correspondente ao seu valor.

Art. 573 - Tratando-se de imóvel georreferenciado, com averbação no registro de imóveis, pode o juiz dispensar a realização de prova pericial.

I. Imóvel georreferenciado

O georreferenciamento consiste numa forma de estabelecer os limites de um imóvel através de coordenadas georreferenciadas ao Sistema Geodésico Brasileiro. Segundo a Associação Brasileira de Georreferenciamento e Geomática, georreferenciamento é "uma técnica aprimorada de descrição de imóveis rurais e urbanos, voltada para o controle tanto do cadastro de imóveis rurais e urbanos como dos direitos a eles relativos; visando a identificação de lotes urbanos e terras devolutas Federais e Estaduais, com finalidade de combater a superposição de áreas e as fraudes decorrentes" (disponível em: www.abrageo.com.br/estatuto.php. Acesso em: 26 de maio de 2015). Diante da precisão deste tipo de fixação dos limites de um terreno, pode o juiz dispensar a realização de prova pericial. Sem prejuízo do escopo do dispositivo (que é a dispensa de prova pericial), merece salientar que o georreferenciamento é prova técnica que deve ser prestigiada, devendo ser trazida sempre quando possível, até mesmo diante dos ditames legais acerca da sua obrigatoriedade para imóveis rurais, segundo o gabarito da Lei nº 6.015/1973 (STJ, 3ª T., REsp nº 1.123.850/RS, Rel. Min. Nancy Andrighi, DJe de 27/5/2013). *Vide* comentário a seguir.

II. Direito Registral

A Lei de Registros Públicos (Lei nº 6.015/1973) recepciona o georreferenciamento. No sentido, vale observar que o disposto no § 3º do art. 176 prevê que, em casos de desmembramento, parcelamento ou remembramento de imóveis rurais, a identificação do imóvel será obtida a partir de memorial descritivo assinado por profissional habilitado e com a devida Anotação de Responsabilidade Técnica – ART, contendo as coordenadas dos vértices definidores dos limites dos imóveis rurais, georreferenciadas ao Sistema Geodésico Brasileiro e com precisão posicional a ser fixada pelo Incra. A técnica é citada na legislação especial em outros dispositivos (*vide* arts. 176, § 6º; 195-A, inciso I; 213, inciso I, *d*, e § 11, inciso III; 225, § 3º).

Seção II - Da Demarcação

Art. 574 - Na petição inicial, instruída com os títulos da propriedade, designar-se-á o imóvel pela situação e pela denominação, descrever-se-ão os limites por constituir, aviventar ou renovar e nomear-se-ão todos os confinantes da linha demarcanda.

I. Origem do instituto

A origem da ação de demarcação de terras (assim como da ação de divisão) remonta ao Direito Romano, tendo estes institutos se mantido fiéis a esta origem, vez que continuam tendo finalidades semelhantes às que desempenhavam outrora. Quanto ao regramento, observa-se que o Código de Processo Civil de 2015 em pouco modificou os dispositivos que versam sobre o tema, tendo permanecido com uma abordagem bem semelhante ao que era previsto no revogado Código de 1973.

II. Requisitos da petição inicial da ação de demarcação

A seção referente à demarcação inicia-se estipulando regramentos quanto à petição inicial da ação. Saliente-se que deverão ser obedecidos os requisitos específicos, trazidos no artigo em comento, como também os itens gerais necessários a qualquer exordial (arts. 319 a 321). As condições especiais trazidas pelo artigo em análise referem-se a dois requisitos. O primeiro deles alusivo à necessidade de o autor explicitar todas as características de identificação do imóvel, descrevendo os limites por constituir, aviventar ou renovar de sua propriedade, além de nomear todos os confinantes dos marcos territoriais da área, com vistas a delimitar bem a causa de pedir em que se funda o pedido demarcatório. Sem estes elementos, a inicial pode ser considerada inepta, aplicando-se o regramento geral previsto no art. 330. Além deste requisito, há também a necessidade de instruir a inicial com os títulos de propriedade, documento considerado indispensável à propositura da ação (art. 320), vez que se trata de uma ação petitória. Sendo documento substancial do ato, nenhum outro pode suprir-lhe a falta (art. 406).

III. Expressão "títulos de propriedade"

Embora o art. 574 se refira explicitamente à necessidade de o autor trazer na petição inicial os "títulos da propriedade", não se deve tirar do dispositivo uma interpretação restritiva de somente se autorizar a ação demarcatória para o proprietário do bem. Em caso concreto, poderá ser viável que titulares de outros direitos reais que não a propriedade tenham a possibilidade de ajuizar ação demarcatória, com aplicação adaptada da inteligência firmada para a ação divisória, consoante se extrai da redação do Enunciado nº 68 do FPPC (*vide* comentário aos arts. 569 e 575).

Art. 575 - Qualquer condômino é parte legítima para promover a demarcação do imóvel comum, requerendo a intimação dos demais para, querendo, intervir no processo.

I. Legitimidade concorrente dos condôminos

O dispositivo em voga prevê uma legitimidade concorrente de qualquer condômino para a demarcação do imóvel comum, ou seja, para efeito do disposto no art. 1.297 do Código Civil. Contudo, o legislador condiciona tal legitimidade a "intimação" dos demais condôminos. Interessante observar que a solução adotada no art. 575 do CPC/2015 não é igual à que está definida, ao menos a partir de uma interpretação literal, do art. 1.314 do Código Civil, que permite que cada um dos condôminos possa exercer todos os direitos compatíveis com a indivisão, inclusive reivindicá-la de terceiro, defender a sua posse. Isso porque, no destacado dispositivo da lei civil, não há qualquer alusão a "intimação" dos demais condôminos, em situação que demonstra algum afastamento entre os arts. 575 do CPC/2015 e 1.314 do Código Civil. Afigura-se, *a priori*, a necessidade de uma solução comum, sendo possível se projetar a exigência do art. 575 do CPC/2015 para as ações de reivindicação e possessórias – tratadas genericamente – no art. 1.314 do Código Civil.

II. Intervenção móvel

O artigo em análise versa sobre a hipótese de existir mais de um proprietário, de modo que cada um dos condôminos é considerado parte legítima para promover a ação. Contudo, deverão ser incluídos os outros coproprietários na relação jurídica processual, vez que a eficácia da sentença do processo também os atingirá. Muito embora o art. 575 do CPC/2015 indique que os demais condôminos serão "intimados", tem-se que se trata de hipótese de *citação*, permitindo ao citado que adote três posturas: a) adira ao polo ativo; b) apresente resistência ao pedido (ainda que parcial – por exemplo, não concordando com a demarcação previamente apresentada pelo autor); c) fique inerte (ou seja, que não se manifeste inicialmente e, mais tarde, possa indicar o polo em que deseja figurar). Pensamos que se trata de hipótese de *intervenção móvel*, admitindo inclusive a *retratação* (mudança de polo), aplicando-se – com adaptações – semelhante raciocínio ao que ocorre na ação popular (e na ação de improbidade administrativa), por força do art. 6º, § 3º, da LAP. Basta observar que, antes da prova pericial, dificilmente algum dos condôminos poderá apresentar postulação segura de concordância ou resistência ao pedido, situação que justifica a mobilidade aqui defendida.

III. Necessidade de observância ao art. 73 do CPC/2015

Para todas as partes aplica-se o art. 73 do CPC/2015. Assim, o cônjuge necessitará do consentimento do outro para propor ação demarcatória, do mesmo modo que ambos os cônjuges serão necessariamente citados para a ação, excetuando-se a hipótese de casamento sob o regime de *separação absoluta de bens*. A regra é extensiva para união estável comprovada nos autos.

Art. 576 - A citação dos réus será feita por correio, observado o disposto no art. 247.
Parágrafo único - Será publicado edital, nos termos do inciso III do art. 259.

I. Citação na ação de demarcação

O Código de Processo Civil de 2015 trouxe inovações valorosas ao artigo em comento, vez que a redação do antigo art. 953 era duramente criticada pela doutrina, sendo taxada inclusive de inconstitucional, vez que limitava desnecessariamente o contraditório. Isto ocorria porque era previsto antigamente que os réus que não residissem na mesma comarca da área demarcanda deveriam ser citados de maneira ficta, através de edital, dificultando a formação de um contraditório efetivo. Logo, o artigo em análise veio em boa hora, apresentando uma redação mais condizente com o modelo de processo que o CPC/2015 busca implementar, de sujeição às garantias constitucionais inerentes à cláusula do devido processo legal ou processo justo. Assim, as citações devem ser realizadas seguindo o procedimento comum a este ato de comunicação, obedecendo, deste modo, ao regramento do art. 247. A citação por edital somente será realizada quando os litisconsortes estiverem em local incerto e não sabido, seguindo, destarte, as regras normais para a incidência deste tipo de ato (art. 259, inciso III).

Art. 577 - Feitas as citações, terão os réus o prazo comum de 15 (quinze) dias para contestar.

I. Contestação

Realizadas as citações, a sequência do procedimento da ação de demarcação se dá com a oportunização de defesa conferida aos réus. O prazo de defesa diminuiu com o CPC/2015, de modo que agora os réus terão 15 dias para apresentarem sua contestação, oportunidade em que alegarão toda a matéria de defesa que julgarem pertinente, incluindo as exceções (art. 337). O artigo em análise define que o prazo é comum para os réus, do que se entende que todos eles terão lapsos temporais idênticos para se defenderem, independentemente da possibilidade de possuírem patronos diferentes, não se aplicando o disposto no art. 229. Cumpre observar, por derradeiro, que o prazo de contestação será o mesmo na eventualidade de o polo passivo ser composto por apenas uma pessoa.

Art. 578 - Após o prazo de resposta do réu, observar-se-á o procedimento comum.

I. Procedimento comum

O artigo comentado explicita que, após a contestação do réu, deve ser observado o procedimento comum. Quanto a tal prescrição vale destacar que, diferentemente do regramento contido no Código de 1973, a partir de agora não mais existe subdivisão dentro do procedimento comum (art. 318), o qual se aplica a todas as causas, salvo disposição em contrário. Assim, no que concerne à ação de demarcação, realizada a resposta do réu, deverá ser seguido o previsto no Código em relação ao trâmite comum do processo, ou seja, das providências preliminares e saneamento até chegar à fase decisória.

Art. 579 - Antes de proferir a sentença, o juiz nomeará um ou mais peritos para levantar o traçado da linha demarcanda.

I. Necessidade de prova pericial

O artigo em foco define a obrigatoriedade de ser realizada prova pericial no que toca ao terreno discutido em juízo, a fim de tornar claro ao magistrado os limites do objeto material da ação, de modo a dotá-lo de elementos suficientes para declarar com convicção a linha demarcanda. Destarte, somente após a realização desta inspeção é que deverá o juiz proferir a sentença. É de bom alvitre salientar que do preceito normativo em destaque se extrai que, mesmo em caso de revelia do réu (situação que normalmente implica presunção de veracidade dos fatos alegados pelo autor), a prova pericial precisará ser realizada, na medida em que se configura essencial ao julgamento do mérito. É válido destacar também que o CPC/2015 passou a referir-se aos *experts* que realizam esta inspeção como peritos, apenas; não mais especificando a qual tipo se refere, como era feito outrora. Quanto ao regramento especial de nomeação dos peritos, segue-se o disposto nos arts. 156 e seguintes. De igual modo, observa-se também, quanto às especificidades das provas periciais, o previsto nos dispositivos 464 e seguintes. Registre-se, por fim, que, com base no direito à publicidade do processo (art. 5º, inciso LX, da Constituição Federal), às partes é facultada a indicação de assistentes técnicos para acompanhar a realização dos trabalhos do perito.

II. Possibilidade de aplicação do art. 472 (dispensa de perícia)

O juiz poderá dispensar prova pericial quando as partes, na inicial e na contestação, apresentarem, sobre as questões de fato, pareceres técnicos ou documentos elucidativos que considerar suficientes (art. 472). Trata-se de hipótese perfeitamente aplicável à ação aqui comentada, notadamente se comprovado que a prova pericial elucida os fatos, tendo elementos que assim indiquem, tais como fotos, levantamentos técnicos e apresentação minuciada dos imóveis.

III. Nomeação de mais de um perito

O art. 475 do CPC/2015 permite que, no caso de perícia complexa, que abranja mais de uma área de conhecimento especializado, o juiz nomeie mais de um perito, e a parte indique mais de um assistente técnico. Tal situação pode perfeitamente ocorrer, até mesmo diante do disposto no art. 585 do CPC/2015, que parece indicar que haverá dois auxiliares do juiz para questões técnicas distintas. O ideal, todavia, é a nomeação de perito que tenha condições de acumular todas as funções técnicas da questão, aplicando-se o art. 475 se assim não for possível.

Art. 580 - Concluídos os estudos, os peritos apresentarão minucioso laudo sobre o traçado da linha demarcanda, considerando os títulos, os marcos, os rumos, a fama da vizinhança, as informações de antigos moradores do lugar e outros elementos que coligirem.

I. Laudo técnico

O artigo em análise versa sobre as especificidades da função dos peritos, aduzindo que estes deverão realizar trabalho minucioso e com o máximo de informações possíveis sobre o traçado da linha demarcanda, levando em consideração os títulos, marcos, rumos, fama da vizinhança, além de informações de antigos moradores do local e outros dados que conseguirem reunir. Trata-se de regra que guarda semelhança com a do art. 473, § 3º, do Código Processual Civil, atento ao fato de que todas as disposições atinentes aos peritos em geral também se aplicam aos *experts* aqui referidos. Destarte, devem estes valer-se de todos os meios necessários, ouvir testemunhas, solicitar documentos, bem como instruir laudo com planilhas, mapas, desenhos e quaisquer outros itens que possam acrescentar referências úteis ao processo. Terminado o trabalho, deverão entregar ao magistrado o relatório completo do que foi obtido, a fim de muni-lo de informes necessários sobre o processo.

II. Laudo técnico e observância ao contraditório

As partes deverão ser intimadas acerca do laudo técnico a que alude o art. 580, prestigiando-se o contraditório, sob pena de violação ao disposto no art. 10 do CPC/2015, regra de evidente inspiração constitucional. Assim, deverá ser oportunizada a manifestação das partes interessadas acerca do laudo, nos exatos termos da redação do Enunciado nº 70 do FPPC: "Do laudo pericial que traçar a linha demarcanda, deverá ser oportunizada a manifestação das partes interessadas, em prestígio ao princípio do contraditório e da ampla defesa".

Art. 581 - A sentença que julgar procedente o pedido determinará o traçado da linha demarcanda.
Parágrafo único - A sentença proferida na ação demarcatória determinará a restituição da área invadida, se houver, declarando o domínio ou a posse do prejudicado, ou ambos.

I. Sentença de procedência

O juiz, após receber o laudo dos peritos e colhido o contraditório (art. 580), em caso de julgamento de mérito, determinará o traçado da linha demarcanda. Trata-se de decisão que põe termo à primeira fase da ação de demarcação, qual seja a fase de conhecimento. Terá ela natureza declaratória ou constitutiva, a depender das especificidades do caso concreto. No caso de já existir uma linha demarcanda, cujos limites apenas precisam ser reforçados devido a marcos destruídos ou arruinados, a decisão assumirá o caráter declaratório. De outra banda, em não havendo limites e marcos anteriores, a sentença terá feição constitutiva, vez que o juiz, ao decidir, estará fixando limites que outrora não existiam, ou seja, estará constituindo situação jurídica nova. Cumpre ressaltar, ainda, que a sentença que julgar o mérito, além de definir os novos marcos da área demarcanda, determinará, como via de consequência, a restituição da área invadida, declarando o "domínio" ou a posse do prejudicado, ou ambos.

II. Apelação

Da decisão que julga o pedido da ação demarcatória, cabe o recurso de apelação (arts. 1.012 e 1.013), o qual será recebido em seus efeitos devolutivo e suspensivo. Saliente-se que a hipótese de exceção trazida no inciso I do § 1º do art. 1.012 citado anteriormente, que afasta o efeito suspensivo do recurso de apelação, refere-se à sentença que homologa a demarcação, sobre a qual se falará adiante, no art. 587.

Art. 582 - Transitada em julgado a sentença, o perito efetuará a demarcação e colocará os marcos necessários.
Parágrafo único - Todas as operações serão consignadas em planta e memorial descritivo com as referências convenientes para a identificação, em qualquer tempo, dos pontos assinalados, observada a legislação especial que dispõe sobre a identificação do imóvel rural.

I. Comparação com o dispositivo revogado

O artigo em exame versa sobre os procedimentos a serem tomados após o trânsito em julgado da sentença da ação de demarcação de terras. Logo no início do dispositivo, observa-se a modificação da expressão referente ao momento em que recai sobre a sentença a qualidade de imutabilidade. Afora essa alteração, nota-se também a utilização do verbete "perito" de maneira genérica, diferentemente do CPC de 1973, no qual se citava o tipo de *expert* a que se estava referindo (no caso do artigo em análise, o agrimensor). Nota-se, ainda, a inclusão da parte final do dispositivo, que faz uma ressalva no sentido de se observar a legislação especial no que dispõe sobre a identificação do imóvel rural.

II. Execução do comando da sentença

Transitada em julgado a sentença que definiu a linha demarcanda, adentra-se na segunda fase do procedimento da ação de demarcação, qual seja a execução da sentença que reconheceu o direito do autor. Destarte, deverá o perito efetuar a demarcação, colocando nos limites definidos os marcos necessários. O parágrafo único traz os elementos a serem observados pelos *experts* neste momento de cumprimento da sentença, os quais devem consignar em planta e memorial descritivo as operações realizadas, fazendo as referências necessárias à identificação dos pontos assinalados, observada a legislação especial que dispõe sobre a identificação do imóvel rural, como, por exemplo, o Estatuto da Terra (Lei nº 4.504/1964). Serão assim sinalizados os limites do terreno, sendo tudo registrado em um relatório, o qual tem finalidade probatória, indicando os atos realizados, para consulta a qualquer tempo.

III. Imóvel urbano

Embora o parágrafo único do art. 582 faça alusão apenas a imóvel rural, ao se referir a necessidade de observância da legislação especial que dispõe sobre a identificação do imóvel rural, não há óbice para a demarcação alvejar imóveis urbanos. Em tal situação, igualmente deverá ser observada a legislação pertinente, ou seja, a urbanística.

Art. 583 - As plantas serão acompanhadas das cadernetas de operações de campo e do memorial descritivo, que conterá:
I - o ponto de partida, os rumos seguidos e a aviventação dos antigos com os respectivos cálculos;
II - os acidentes encontrados, as cercas, os valos, os marcos antigos, os córregos, os rios, as lagoas e outros;
III - a indicação minuciosa dos novos marcos cravados, dos antigos aproveitados, das culturas existentes e da sua produção anual;
IV - a composição geológica dos terrenos, bem como a qualidade e a extensão dos campos, das matas e das capoeiras;
V - as vias de comunicação;
VI - as distâncias a pontos de referência, tais como rodovias federais e estaduais, ferrovias, portos, aglomerações urbanas e polos comerciais;
VII - a indicação de tudo o mais que for útil para o levantamento da linha ou para a identificação da linha já levantada.

I. Relatórios da fase de cumprimento da sentença demarcatória

O artigo em apreço apresenta uma regra técnica a ser observada pelos *experts* nomeados pelo juiz na elaboração das plantas, cadernetas de operação de campo e memorial descritivo utilizados no procedimento de demarcação da linha definida na sentença. Aborda, portanto, os elementos que devem constar nestes relatórios, como, por exemplo, o ponto de partida, os rumos seguidos e a aviventação dos antigos, os acidentes do terreno, a descrição dos novos marcos, assim como dos antigos aproveitados, a composição geológica do terreno, a extensão dos campos, matas e capoeiras, as vias de comunicação, as distâncias a pontos de referência, como estradas ou aglomerações urbanas, bem como a indicação de todos os pontos necessários ao levantamento da linha ou à identificação da linha já existente. Ou seja, referem-se a itens que auxiliam a demarcação dos limites do terreno, bem como facilitam seu reconhecimento.

Art. 584 - É obrigatória a colocação de marcos tanto na estação inicial, dita marco primordial, quanto nos vértices dos ângulos, salvo se algum desses últimos pontos for assinalado por acidentes naturais de difícil remoção ou destruição.

I. Delimitação da área

Trata-se também de uma regra técnica a ser seguida pelos peritos na indicação da linha demarcanda. Refere-se à necessidade de se identificar o marco primordial, a partir do qual serão definidos os limites. De igual modo, devem ser sinalizados os vértices dos ângulos, também com vistas a fixar as bordas do terreno. Estas prescrições serão dispensadas no caso de existirem, no local onde deveria estar o marco, acidentes naturais de difícil remoção ou destruição.

Art. 585 - A linha será percorrida pelos peritos, que examinarão os marcos e os rumos, consignando em relatório escrito a exatidão do memorial e da planta apresentados pelo agrimensor ou as divergências porventura encontradas.

I. Conferência da linha demarcada

Este artigo delimita também uma regra técnica, utilizada pelos peritos em caráter de conferência do serviço realizado, ou seja, efetivadas as medidas de demarcação, com a colocação dos marcos e rumos, os peritos percorrerão a linha demarcada, de modo a conferir se de fato seguiu-se o traçado determinado pelo juiz. A partir desta aferição ou conferência, os *experts* deverão confeccionar relatório escrito contendo a exatidão do memorial e da planta e explicitando as divergências encontradas. Cumpre destacar que esta atividade fazia mais sentido no CPC/1973, quando havia a especificação de agrimensores e arbitradores, sendo que os primeiros realizavam a demarcação *in solo*, utilizando as regras inerentes do seu trabalho e as definidas em lei, ao passo que os segundos verificavam o trabalho realizado pelos agrimensores. No novo diploma, estes profissionais são referidos apenas como "peritos", sem especificação. De toda sorte, deve-se interpretar o presente dispositivo como um momento de conferência dos atos executados em relação à decisão definida pelo juiz.

II. Do "erro material" constante no dispositivo

Uma das alterações efetuadas no CPC/2015 foi a não obrigatoriedade da figura do agrimensor para a demarcação, tratando o auxiliar do juízo responsável pela prova técnica como *perito*, ou seja, com o uso de nomenclatura mais genérica, que revelará o tipo de profissional que irá fazer a perícia a partir da realidade do caso concreto. Nada obstante tal opção, por deslize material, consta no art. 585 a figura do agrimensor como o responsável pelo memorial e pela planta, situação que poderá não ocorrer, a depender da nomeação do(s) *expert(s)* e da própria situação peculiar (por exemplo, dispensa de perícia).

III. Novas técnicas

É possível que novas técnicas aplicáveis à ação demarcatória sejam usadas, desde que seguras e aceitas (motivadamente) pelo juiz. Assim, a aplicação do art. 585 poderá ser flexibilizada e adaptada de acordo com a técnica empregada.

Art. 586 - Juntado aos autos o relatório dos peritos, o juiz determinará que as partes se manifestem sobre ele no prazo comum de 15 (quinze) dias.
Parágrafo único - Executadas as correções e as retificações que o juiz determinar, lavrar-se-á, em seguida, o auto de demarcação em que os limites demarcandos serão minuciosamente descritos de acordo com o memorial e a planta.

I. Manifestação das partes

A partir da juntada aos autos do relatório dos peritos, o juiz determinará a oitiva das partes para que se manifestem sobre ele. Neste momento é que as partes poderão indicar pontos que discordam, assim como assinalar alguma obscuridade, omissão ou contradição. Cumpre destacar que ao longo do procedimento realizado pelos peritos será facultado às partes indicar assistentes técnicos para acompanhar a realização dos trabalhos, e neste momento, a participação destes pode ser de grande valia às partes, vez que com as informações por eles fornecidas elas terão mais elementos para se manifestarem quanto ao relatório apresentado. Pode o juiz, também, em caso de questionamentos, promover a oitiva dos peritos a fim de que estes, especialistas no assunto e conhecedores da área demarcanda, possam esclarecer eventuais dúvidas. Ato contínuo, executadas as correções e retificações necessárias, será lavrado o auto de demarcação em que os limites serão minuciosamente descritos de acordo com o memorial e a planta.

Art. 587 - Assinado o auto pelo juiz e pelos peritos, será proferida a sentença homologatória da demarcação.

I. Sentença homologatória da demarcação

Tendo sido lavrado o auto de demarcação, este será assinado pelo juiz e pelos peritos, e a partir disto será proferida a sentença homologatória da demarcação, pondo fim ao procedimento da ação de demarcação. Desse ato decisório cabe apelação, a qual deverá ser recebida somente em seu efeito devolutivo, produzindo efeitos imediatamente após sua publicação (art. 1.012, § 1º, inciso I).

II. Coisa julgada

A decisão homologatória propicia a formação de coisa julgada material acerca das linhas fixadas e, respectivamente, homologadas. Trata-se de hipótese de ação rescisória, não se aplicando os termos do § 4º do art. 966 do CPC/2015. Isso porque tal dispositivo contempla apenas os atos de disposição de direitos, praticados pelas partes ou por outros participantes do processo e homologados pelo juízo, bem como os atos homologatórios praticados no curso da execução, hipóteses que não se coadunam com o disposto no art. 587 do CPC/2015 e os regramentos da ação demarcatória.

Seção III - Da Divisão

Art. 588 - A petição inicial será instruída com os títulos de domínio do promovente e conterá:

I - a indicação da origem da comunhão e a denominação, a situação, os limites e as características do imóvel;

II - o nome, o estado civil, a profissão e a residência de todos os condôminos, especificando-se os estabelecidos no imóvel com benfeitorias e culturas;

III - as benfeitorias comuns.

Autor: Mateus Aimoré Carreteiro

I. Demanda para divisão

A finalidade da demanda divisória é desfazer o estado de unidade do bem comum entre os condôminos (CC, art. 1.320).

II. Divisão de terras particulares

A demanda divisória trata exclusivamente da divisão de terras particulares. Terras devolutas ou bens públicos dominicais, por exemplo, deverão ser objetos de demandas discriminatórias (Lei nº 6.383/1976).

III. Bem indivisível

Se o bem for indivisível ou a divisão torná-lo impróprio à sua finalidade, a solução será a adjudicação do imóvel a um só condômino ou a alienação do bem (CC, art. 1.322).

IV. Caráter dúplice

A demanda divisória possui caráter dúplice. Nela, as partes assumem, recíproca e simultaneamente, as posições ativa e passiva da relação jurídica processual, e a tutela ao bem da vida pode ocorrer independentemente da posição formal assumida pelas partes. A divisão pode ser feita de acordo com o interesse do réu, sem que este tenha que reconvir ou formular pedido contraposto. Como se pode perceber, o caráter dúplice não possui relação com a possibilidade ou não de o réu ingressar com reconvenção ou pedido contraposto.

V. Desligamento de apenas um condômino

Em princípio, a divisão é total, mas pode acontecer de, por exemplo, apenas um dos condôminos pretender se desligar dos demais. Neste caso, a divisão será de todo o imóvel, uma vez que a divisão sempre reflete a atribuição do respectivo quinhão a cada condômino, mas apenas o dissidente desliga-se do condomínio.

VI. Imprescritibilidade

A demanda divisória não está sujeita à prescrição. O direito de dividir é potestativo e, portanto, quando for o caso, sujeito à decadência. No entanto, o CC, art. 1.320, prevê que o condômino pode exigir a divisão da coisa comum "a todo tempo", o que ratifica a ausência de prazo para exercício do direito potestativo. Este poderá ser exercido enquanto houver o domínio do bem pelo condômino.

VII. Duas fases

Há duas fases na demanda divisória: (i) a primeira relativa ao direito de dividir em si mesmo, com a extinção do condomínio; (ii) a segunda homologatória da divisão, extinguindo-se o processo (CPC, art. 597, § 2º). A decisão que homologa a divisão produz efeitos imediatamente após a sua publicação (CPC, art. 1.012, inciso I).

VIII. Competência

De acordo com o art. 47, a competência é do foro de situação do bem. Essa competência é absoluta (CPC, art. 47, § 1º).

IX. Competência para imóvel localizado em mais de uma localidade

Se o imóvel estiver localizado em mais de um Estado, comarca, seção ou subseção judiciária, o juízo prevento terá competência sobre a totalidade do imóvel (CPC, art. 60).

X. Legitimidade

São legitimados ativamente qualquer condômino e passivamente todos os demais (CPC, art. 569, inciso II, e CPC, art. 575, este aplicável ao caso por remissão do art. 598).

XI. Consentimento do cônjuge

Por se tratar de direito real, há a necessidade de consentimento do cônjuge para propositura da demanda (CPC, art. 73).

XII. Valor da causa

Na demanda de divisão, o valor da causa deve ser o equivalente ao valor de avaliação da área ou do bem objeto do pedido (CPC, art. 292, inciso IV).

XIII. Petição inicial

A petição inicial deverá obedecer, além do que exige o art. 319, as regras do CPC, art. 588.

XIV. Títulos de domínio do promovente

Trata-se, em princípio, de documento essencial para a propositura da demanda divisória (porém, dispensável no caso de divisão de composse), sem o qual o juiz deve determinar a emenda à inicial, sob pena de indeferimento (CPC, art. 321).

XV. Formal de partilha

O STJ possui entendimento de que "[o] formal de partilha que adjudicou os bens da herança, em condomínio *pro indiviso* a todos os herdeiros, em partes iguais, embora não registrado, é título hábil a instruir a ação de divisão ajuizada apenas entre esses herdeiros, posto constituir ele prova suficiente do domínio e da origem da comunhão (art. 946, II, CPC)" (STJ, 4ª T., REsp nº 48.199/MG, Rel. Min. Sálvio de Figueiredo Teixeira, j. 30/5/1994, DJ de 27/6/1994, p. 16990).

XVI. Cumulação com pedido de imissão na posse

O STJ entende que é possível a cumulação da demanda divisória com imissão de posse: "Embora suprimida, como procedimento especial, pelo CPC de 1973, subsiste a pretensão de direito material a imitir-se na posse de imóvel quem tenha título legítimo para tanto" (STJ, 4ª T., REsp nº 34.163/SP, Rel. Min. Antonio Torreão Braz, j. 13/6/1995, DJ de 14/8/1995, p. 24027).

Art. 589 - Feitas as citações como preceitua o art. 576, prosseguir-se-á na forma dos arts. 577 e 578.

I. Citação

A citação dos réus com domicílio determinado será feita por correio, observado o disposto no CPC, art. 247 (CPC, art. 576).

II. Citação por edital

Os interessados incertos ou desconhecidos deverão ser citados por edital (CPC, art. 259, inciso III).

III. Citação do cônjuge

Tratando-se de direito real, há a necessidade de citação do cônjuge (CPC, art. 73).

IV. Prazo para resposta

Os réus terão o prazo comum de 15 (quinze) dias para apresentar resposta (CPC, art. 577). Não se aplica, portanto, o prazo em dobro do CPC, art. 229. Além disso, o prazo começa a fluir da juntada aos autos do último aviso de recebimento ou mandado de citação devidamente cumprido (CPC, art. 231, § 1º).

V. Nulidade por ausência de citação

O STJ possui entendimento de que "[o] processo divisório, para o qual não são convocados todos os condôminos, padece de nulidade *pleno iure*" (STJ, 4ª T., REsp nº 13.366/MS, Rel. Min. Sálvio de Figueiredo Teixeira, j. 30/3/1993, DJ de 3/5/1993, p. 7799).

VI. Procedimento

O procedimento da demanda divisória é, em geral, igual ao da demanda demarcatória. Essa é a razão da remissão do CPC, art. 589.

VII. Reconvenção

Por tratar-se de demanda de caráter dúplice, falta interesse de agir para reconvenção com relação ao pedido de divisão, mas se admite reconvenção para outra finalidade, tal como pedido de perdas e danos ou de restituição de frutos e rendimentos.

VIII. Prova pericial

É recomendável que o juiz determine prova pericial no bem comum antes de encerrar a primeira fase, pois o juiz precisa, por exemplo, informar-se sobre a forma material dos quinhões permitida pelo terreno (CPC, art. 370). De forma semelhante, no que diz respeito à demarcatória, veja o CPC, art. 579.

IX. Sentença da primeira fase

Embora os artigos sejam silentes, terminadas as providências acima, o juiz profere sentença sobre o direito de dividir em si mesmo, com a extinção do condomínio. Mesmo no CPC/2015, esta sentença ainda comporta recurso com efeito suspensivo (CPC, art. 1.012).

X. Atos de partilha apenas na segunda fase

Conforme entendimento do STJ, "[...] os atos previstos nos artigos 979 e 980 do CPC [CPC/2015, arts. 596, 597] somente deverão ser realizados após encerrada a primeira fase, dita contenciosa" (STJ, 3ª T., REsp nº 165.782/PR, Rel. Min.Waldemar Zveiter, j. 24/5/1999, DJ de 27/11/2000, p. 156).

XI. Honorários advocatícios

O STJ já decidiu que "não fere o art. 20 do CPC [CPC/2015, art. 85] a sentença que (confirmada pelo acordão), julgando procedente a ação, deixa a fixação dos honorários para a segunda fase ('os encargos sucumbenciais serão apurados e determinados ao final da segunda fase')" (STJ, 3ª T., REsp nº 96.427/PR, Rel. Min. Nilson Naves, j. 24/11/1997, DJ de 16/3/1998, p. 109).

Art. 590 - O juiz nomeará um ou mais peritos para promover a medição do imóvel e as operações de divisão, observada a legislação especial que dispõe sobre a identificação do imóvel rural.
Parágrafo único - O perito deverá indicar as vias de comunicação existentes, as construções e as benfeitorias, com a indicação dos seus valores e dos respectivos proprietários e ocupantes, as águas principais que banham o imóvel e quaisquer outras informações que possam concorrer para facilitar a partilha.

I. Peritos

Deixando corretamente a qualificação do profissional que fará a medição do imóvel para o juiz, o art. 590 apenas estabelece que o juiz nomeará um ou mais peritos para promover a medição do imóvel e as operações de divisão. O CPC/1973, art. 969, falava expressamente de arbitrador e agrimensor. Aliás, o atual modelo ratifica a possibilidade de divisão dos trabalhos conforme a especialidade do perito.

II. Atividade do perito

De forma a guiar a atividade do perito, o art. 590, parágrafo único, elenca elementos obrigatórios do laudo para facilitar a partilha, tais como (i) as vias de comunicação existentes; (ii) as construções e as benfeitorias, com a indicação dos seus valores e dos respectivos proprietários e ocupantes; (iii) as águas principais que banham o imóvel.

III. Indicação de assistente técnico

Conforme entendimento do STJ, "é permitido às partes indicar assistentes técnicos ao agrimensor e aos arbitradores" (STJ, 4ª T., REsp nº 38.026/SP, Rel. Min. Barros Monteiro, j. 25/10/1993, DJ de 6/12/1993, p. 26668).

IV. Dispensa da prova pericial

O juiz pode dispensar a realização de prova pericial no caso de imóvel georreferenciado, com averbação no registro de imóveis (CPC, art. 573).

V. Imóvel rural e georreferenciamento

De acordo o STJ, "[...] cabe às partes, tratando-se de ação que versa sobre imóvel rural, informar com precisão os dados individualizadores do bem, mediante apresentação de memorial descritivo que contenha as coordenadas dos vértices definidores de seus limites, georreferenciadas ao Sistema Geodésico Brasileiro" (STJ, 3ª T., REsp nº 1123850/RS, Rel. Min. Nancy Andrighi, j. 16/5/2013, DJe de 27/5/2013).

Art. 591 - Todos os condôminos serão intimados a apresentar, dentro de 10 (dez) dias, os seus títulos, se ainda não o tiverem feito, e a formular os seus pedidos sobre a constituição dos quinhões.

I. Intimação dos condôminos

O art. 591 mantém a regra, já consolidada no CPC/1973, de que os condôminos terão prazo de 10 (dez) dias, contados da intimação, para apresentar seus títulos de propriedade e formular os seus pedidos sobre a constituição dos quinhões.

II. Objetivo

O objetivo da norma é instruir o juiz a respeito da situação do imóvel e da divisão teórica dos quinhões equivalentes, ou seja, das frações do bem que as partes pretendem para si.

Art. 592 - O juiz ouvirá as partes no prazo comum de 15 (quinze) dias.
§ 1º - Não havendo impugnação, o juiz determinará a divisão geodésica do imóvel.
§ 2º - Havendo impugnação, o juiz proferirá, no prazo de 10 (dez) dias, decisão sobre os pedidos e os títulos que devam ser atendidos na formação dos quinhões.

I. Divisão geodésica do imóvel

Depois da oitiva das partes, caso não haja divergência, o juiz determinará a divisão consoante a apuração feita pelos peritos.

II. Formação dos quinhões

Existindo divergência, a decisão será do juiz, levando em conta os títulos e pedidos apresentados.

III. Decisão interlocutória

Essa decisão será interlocutória (CPC, art. 203, § 2º) e desafia agravo de instrumento (CPC, art. 1.015, parágrafo único).

IV. Coisa julgada

O STJ possui entendimento de que "[...] encerrada, por sentença irrecorrida, a primeira fase da divisória (contenciosa), não mais se mostra admissível, já na segunda (executiva), reabrir-se a discussão de matéria relativa a existência e extensão de domínio sobre o imóvel comum" (STJ, 4ª T., REsp nº 13.420/GO, Rel. Min. Sálvio de Figueiredo Teixeira, j. 27/10/1992, DJ de 30/11/1992, p. 22617).

Art. 593 - Se qualquer linha do perímetro atingir benfeitorias permanentes dos confinantes feitas há mais de 1 (um) ano, serão elas respeitadas, bem como os terrenos onde estiverem, os quais não se computarão na área dividenda.

I. Exclusão das benfeitorias

As benfeitorias dos confinantes, desde feitas há mais de 1 (um) ano, devem ser respeitadas. Da mesma forma, os terrenos onde estiverem não devem ser computados na área dividenda.

II. Definição de benfeitorias permanentes

Sob a vigência do CPC/1973, art. 973, parágrafo único, as benfeitorias permanentes eram descritas como "as edificações, muros, cercas, culturas e pastos fechados, não abandonados há mais de 2 (dois) anos". Entendia-se, assim, que a benfeitoria deveria ter sido feita há mais de 1 (um) ano e não poderia estar abandonada há mais de 2 (dois) anos. Como o CPC/2015 é silente no que diz respeito à definição de benfeitoria permanente, cabe ao juiz decidir diante do caso concreto, guiando-se pela doutrina e jurisprudência.

Art. 594 - Os confinantes do imóvel dividendo podem demandar a restituição dos terrenos que lhes tenham sido usurpados.
§ 1º - Serão citados para a ação todos os condôminos, se a sentença homologatória da divisão ainda não houver transitado em julgado, e todos os quinhoeiros dos terrenos vindicados, se a ação for proposta posteriormente.
§ 2º - Nesse último caso terão os quinhoeiros o direito, pela mesma sentença que os obrigar à restituição, a haver dos outros condôminos do processo divisório ou de seus sucessores a título universal a composição pecuniária proporcional ao desfalque sofrido.

I. Decisão divisória e terceiros

A decisão divisória não prejudica os vizinhos do imóvel que se pretende dividir (CPC, art. 506). Na prática, porém, o traçado dos limites de divisão pode usurpar área alheia. Neste caso, os vizinhos do imóvel dividendo, que são terceiros com relação ao processo divisório, podem reivindicar a restituição dos terrenos que lhes tenham sido usurpados (CC, art. 1.228). Se os vizinhos forem apenas possuidores, cabe pedido de reintegração de posse (CC, art. 1.210).

II. Reivindicação dos vizinhos

Se a sentença homologatória de divisão ainda não transitou em julgado, todos os condôminos serão citados na qualidade de litisconsortes passivos e necessários. Por outro lado, se a sentença homologatória de divisão já transitou em julgado, todos os quinhoeiros dos terrenos vindicados serão citados na qualidade de litisconsortes passivos e necessários.

III. Denunciação da lide

Em caso de insucesso, os quinhoeiros têm o direito de regresso contra os demais condôminos do processo divisório ou de seus sucessores por título universal (CPC, art. 594, § 2º). De acordo com o art. 594, § 2º, todavia, os réus ficam dispensados de denunciar os antigos condôminos. Para parte da doutrina, trata-se de "efeito anexo da sentença de procedência e, nessas condições, produzir-se-á haja ou não denunciação dos condôminos e respectivos sucessores a título universal" (Arruda Alvim, Araken de Assis, Eduardo Arruda Alvim, *Comentários do Código de Processo Civil*, Rio de Janeiro: GZ, 2012, p. 1456). Para outra parte da doutrina, "fere o direito fundamental ao processo justo entender que há título executivo contra os demais condôminos ou contra os seus sucessores sem que tenha havido denunciação da lide julgada procedente" (Luiz Guilherme Marinoni, Sérgio Cruz Arenhart, Daniel Mitidiero, *Novo Código de Processo Civil Comentado*, São Paulo: RT, 2015, p. 627).

IV. Remissão

Esta demanda é a mesma tratada no CPC, art. 572, motivo pelo qual se remete o leitor aos comentários feitos naquele artigo também.

Art. 595 - Os peritos proporão, em laudo fundamentado, a forma da divisão, devendo consultar, quanto possível, a comodidade das partes, respeitar, para adjudicação a cada condômino, a preferência dos terrenos contíguos às suas residências e benfeitorias e evitar o retalhamento dos quinhões em glebas separadas.

I. Forma de divisão

A divisão deve dar a cada um o que lhe é de direito. Além disso, deve preocupar-se em evitar problemas futuros, respeitando, quando possível, a preferência dos condôminos de acordo com as necessidades do caso concreto.

II. Conteúdo do laudo pericial

O laudo deve ser devidamente fundamentado. O laudo pericial deverá observar os elementos pertinentes do CPC, art. 473.

Art. 596 - Ouvidas as partes, no prazo comum de 15 (quinze) dias, sobre o cálculo e o plano da divisão, o juiz deliberará a partilha.
Parágrafo único - Em cumprimento dessa decisão, o perito procederá à demarcação dos quinhões, observando, além do disposto nos arts. 584 e 585, as seguintes regras:
I - as benfeitorias comuns que não comportarem divisão cômoda serão adjudicadas a um dos condôminos mediante compensação;
II - instituir-se-ão as servidões que forem indispensáveis em favor de uns quinhões sobre os outros, incluindo o respectivo valor no orçamento para que, não se tratando de servidões naturais, seja compensado o condômino aquinhoado com o prédio serviente;
III - as benfeitorias particulares dos condôminos que excederem à área a que têm direito serão adjudicadas ao quinhoeiro vizinho mediante reposição;
IV - se outra coisa não acordarem as partes, as compensações e as reposições serão feitas em dinheiro.

I. Prazo

O prazo para a manifestação das partes sobre o cálculo e o plano de divisão, em comparação ao CPC/1973, aumentou de 10 (dez) para 15 (quinze) dias, mas continua a ser comum para as partes.

II. Deliberação da partilha na demanda divisória

De acordo com o STJ, a "deliberação da partilha em ação divisória, nos termos em que posta pelo art. 979, CPC [CPC/2015, 596], constitui decisão interlocutória, agravável no sistema do Código de Processo Civil vigente (STJ, 4ª T., REsp nº 40.691/MG, Rel. Min. Sálvio de Figueiredo Teixeira, j. em 29/3/1994, DJ de 13/6/1994, p. 15111).

III. Coisa julgada

O STJ possui entendimento de que "[...] encerrada, por sentença irrecorrida, a primeira fase da divisória (contenciosa), não mais se mostra admissível, já na segunda (executiva), reabrir-se a discussão de matéria relativa a existência e extensão de domínio sobre o imóvel comum" (STJ, 4ª T., REsp nº 13.420/GO, Rel. Min. Sálvio de Figueiredo Teixeira, j. 27/10/1992, DJ de 30/11/1992, p. 22617).

Art. 597 - Terminados os trabalhos e desenhados na planta os quinhões e as servidões aparentes, o perito organizará o memorial descritivo.
§ 1º - Cumprido o disposto no art. 586, o escrivão, em seguida, lavrará o auto de divisão, acompanhado de uma folha de pagamento para cada condômino.
§ 2º - Assinado o auto pelo juiz e pelo perito, será proferida sentença homologatória da divisão.
§ 3º - O auto conterá:

I - a confinação e a extensão superficial do imóvel;
II - a classificação das terras com o cálculo das áreas de cada consorte e com a respectiva avaliação ou, quando a homogeneidade das terras não determinar diversidade de valores, a avaliação do imóvel na sua integridade;
III - o valor e a quantidade geométrica que couber a cada condômino, declarando-se as reduções e as compensações resultantes da diversidade de valores das glebas componentes de cada quinhão.
§ 4º - Cada folha de pagamento conterá:
I - a descrição das linhas divisórias do quinhão, mencionadas as confinantes;
II - a relação das benfeitorias e das culturas do próprio quinhoeiro e das que lhe foram adjudicadas por serem comuns ou mediante compensação;
III - a declaração das servidões instituídas, especificados os lugares, a extensão e o modo de exercício.

I. Auto de divisão

As partes devem ser intimadas para se manifestar no prazo comum de 15 (quinze) dias antes da lavratura do laudo de divisão (CPC, art. 586).

II. Sentença da segunda fase

A decisão homologatória da divisão começa a produzir efeitos imediatamente após a sua publicação (CPC, art. 1.012, inciso I).

III. Coisa julgada

Apesar de denominada decisão "homologatória de divisão", trata-se de decisão definitiva de mérito (sentença), impugnável por meio de apelação (CPC, 1.009), e faz coisa julgada (CPC, art. 502).

IV. Impossibilidade de demanda anulatória

Tratando-se de decisão de mérito, é cabível apenas a propositura de rescisória (CPC, 966). Conforme entendimento do STJ, "em se tratando de partilha judicial e havendo interesse de incapaz, a sentença não pode ser vista como meramente homologatória, motivo pelo qual só pode ser desconstituída por meio de ação rescisória" (STJ, 3ª T., REsp nº 137.305/RS, Rel. Min. Humberto Gomes de Barros, j. 26/4/2005, DJ de 10/5/2005, decisão monocrática).

Art. 598 - Aplica-se às divisões o disposto nos arts. 575 a 578.

I. Aplicação subsidiária

Os arts. 575 a 578 estabelecem regras sobre legitimidade, citação e resposta na ação de demarcação e são, por expressa previsão legal, aplicáveis à ação de divisão, no que couber. O CPC, art. 589 anterior, já havia determinado a aplicação subsidiária dos arts. 577 e 578.

Capítulo V - Da Ação de Dissolução Parcial de Sociedade

Art. 599 - A ação de dissolução parcial de sociedade pode ter por objeto:
I - a resolução da sociedade empresária contratual ou simples em relação ao sócio falecido, excluído ou que exerceu o direito de retirada ou recesso; e
II - a apuração dos haveres do sócio falecido, excluído ou que exerceu o direito de retirada ou recesso; ou
III - somente a resolução ou a apuração de haveres.
§ 1º - A petição inicial será necessariamente instruída com o contrato social consolidado.
§ 2º - A ação de dissolução parcial de sociedade pode ter também por objeto a sociedade anônima de capital fechado quando demonstrado, por acionista ou acionistas que representem cinco por cento ou mais do capital social, que não pode preencher o seu fim.

Autor: Luiz Fernando Casagrande Pereira

I. Procedimento especial. Abrangência

O CPC concebeu um novo procedimento especial para a dissolução parcial de sociedade, além de prever regras de direito material que resolveram algumas controvérsias em torno do tema. Em relação ao procedimento, resolveu-se uma lacuna do CPC/1973, que só disciplinava a dissolução total por dispositivos do revogado CPC/1939, mantidos excepcionalmente em vigência nas disposições transitórias (CPC/1973, art. 1.218, inciso VII). O Código Comercial previa apenas a dissolução e liquidação total de sociedades. Nesta parte foi revogado pelo atual Código Civil. A Lei das Sociedades Anônimas (Lei nº 6.404/1976, art. 206) também prevê apenas a dissolução total. A dissolução parcial tem origem em construção jurisprudencial. Prevista a possibilidade de dissolução total, o interesse social na preservação da empresa impõe a admissão da dissolução parcial. É a lógica jurídica da origem da jurisprudência, agora com previsão expressa no procedimento especial.

O procedimento especial contemplou um objeto amplo para a *ação de dissolução*. Além da resolução da sociedade em relação a um sócio, também atraiu para o procedimento especial a exclusão de sócio (CC, art. 1.030) e a apuração de haveres (mesmo quando proposta de forma independente – não cumulada). A exclusão não se confunde com a dissolução; ambas têm em comum apenas a apuração de haveres. Dissolução é resolução (rompimento) judicial da sociedade em relação a um ou mais sócios – e consequente alteração do contrato social (por ofício à Junta Comercial, em *execução imprópria*). Há duas hipóteses de retirada: a motivada e a imotivada. A primeira tem as hipóteses enunciadas no art. 1.077 do CC (para as limitadas), art. 137 da Lei das Sociedades Anônimas, e segunda parte do art. 1.029 do CC (sociedades simples). A segunda, o rompimento imotivado, depende de duas premissas: sociedade por prazo indeterminado e regência supletiva das sociedades simples (CC, art. 1.029, parte primeira). As duas hipóteses podem ser extrajudiciais. Basta que a sociedade acolha o pedido de rompimento e promova a alteração do contrato social. Resta a apuração de haveres – que também pode ser extrajudicial. A dissolução parcial é a demanda judicial proposta para superar a resistência ao exercício de recesso ou retirada e, consequentemente, abrir caminho para pagamento dos haveres (condenatória cumulável com a dissolução). O procedimento especial contempla todas as hipóteses.

II. Dissolução total de sociedade

O procedimento especial não contempla a dissolução total de sociedade. Antes disciplinada pelo CPC/1973, agora se submete ao procedimento comum, por força do § 3º do art. 1.046. Sempre se admitiu que, proposta a dissolução total, a dissolução parcial pode ser resultado de procedência parcial, com apuração de haveres. Neste caso deve ser aproveitado o procedimento especial.

III. Contrato social consolidado

O § 1º prevê a necessidade de instruir a inicial com o contrato social consolidado (estatuto – no caso das sociedades anônimas). É óbvio que o contrato social consolidado é documento indispensável à propositura da dissolutória ou da apuração de haveres – art. 320. Constatada a ausência do contrato social, é de se determinar a emenda, como está no art. 321.

IV. Sociedades Anônimas. Limitadas com dois sócios

Há regras apenas sobre liquidação total na Lei das Sociedades Anônimas (Lei nº 6.404/1976, arts. 206 e seguintes). O § 2º prevê expressamente a possibilidade dissolução parcial de sociedades anônimas de capital fechado. Doutrina e jurisprudência já admitiam há algum tempo a possibilidade, desde que reconhecida a existência de *affectio societatis*, comum em sociedades anônimas familiares. O dispositivo autoriza a propositura da dissolutória apenas aos acionistas que detenham pelo menos cinco por cento do capital social, critério a ser aferido apenas ao momento da propositura da ação (STJ, REsp nº 408.122/PR, Rel. Min. Humberto Gomes de Barros – Rel. p/ Acórdão Min. Nancy Andrighi, 27/11/2006). Trata-se do mesmo percentual mínimo já previsto no art. 206, inciso II, *b*, da Lei das Sociedades Anônimas, para a dissolução total e exigível para o exercício de alguns direitos pelos acionistas minoritários (exibição de livros, art. 105, por exemplo). Trata-se de *legitimidade qualitativa*.

O § 2º vincula o cabimento da dissolutória para os casos em que as sociedades anônimas *não podem preencher o seu fim*. O entendimento prevalente é que basta a quebra do *affectio societatis* (3ª T., REsp nº 1303284/PR, Rel. Min. Nancy Andrighi, 13/5/2013).

Embora não tenha havido referência no procedimento especial, segue possível a dissolução parcial mesmo em limitadas compostas por apenas dois sócios (STJ, REsp nº 138428/RJ, Rel. Min. Ruy Rosado de Aguiar, 17/12/1997). O art. 1.030 do Código Civil, a exigir maioria para exclusão, não é óbice a pedido judicial dissolutório. Procedente a dissolutória, o sócio remanescente deve optar entre restabelecer a pluralidade ou transformar o seu tipo societário para Eireli (Empresa Individual de Responsabilidade Limitada) ou, ainda, empresário individual.

Art. 600 - A ação pode ser proposta:

I - pelo espólio do sócio falecido, quando a totalidade dos sucessores não ingressar na sociedade;

II - pelos sucessores, após concluída a partilha do sócio falecido;

III - pela sociedade, se os sócios sobreviventes não admitirem o ingresso do espólio ou dos sucessores do falecido na sociedade, quando esse direito decorrer do contrato social;

IV - pelo sócio que exerceu o direito de retirada ou recesso, se não tiver sido providenciada, pelos demais sócios, a alteração contratual consensual formalizando o desligamento, depois de transcorridos 10 (dez) dias do exercício do direito;

V - pela sociedade, nos casos em que a lei não autoriza a exclusão extrajudicial; ou

VI - pelo sócio excluído.

Parágrafo único - O cônjuge ou companheiro do sócio cujo casamento, união estável ou convivência terminou poderá requerer a apuração de seus haveres na sociedade, que serão pagos à conta da quota social titulada por este sócio.

I. Legitimidade ativa

Antes de tudo, legitimidade ativa têm os sócios, independentemente da participação societária (o percentual mínimo de 5%, § 2º do art. 599, é exigência exclusiva para as sociedades anônimas).

O espólio do sócio falecido, mencionado nos incisos I, II e III, quando não houver o ingresso dos sucessores, tem legitimidade tanto para a dissolutória quanto para a apuração de haveres, proposta de forma independente. Se houver previsão vedando o ingresso dos sucessores (ou, condicionado o ingresso à aprovação dos remanescentes, houver recusa), a dissolução parcial se opera com a morte do sócio (ou recusa de ingresso de sucessores), independentemente de *ação dissolução*. Neste caso o que se cogita é de uma ação dissolutória de natureza *declaratória*, se houver resistência à alteração do contrato social. Em idêntica medida a ação dos sucessores, depois de ultimada a partilha (inciso II), ou pela sociedade, se a resistência for dos sucessores ou espólio em relação à não admissão. Em resumo: a dissolução se opera pelo falecimento ou recusa da admissão dos sucessores (conferir art. 605) – o que pode ser *declarado* em *dissolutória* se houver resistência na alteração do contrato social (STJ, 3ª T., REsp nº 646221/PR, Rel. Min. Humberto Gomes de Barros, 30/5/2005). Não havendo o ingresso, a legitimidade do espólio (ou dos sucessores) está apenas na apuração dos haveres. Aí a pretensão é de condenação da sociedade ao pagamento dos haveres.

Idêntica conclusão quanto à legitimidade dos sócios que exercem direito de retirada ou recesso. A legitimidade é para *declarar* a retirada ou recesso se a alteração não for providenciada no prazo de dez dias. Promovida a alteração do contrato social, a legitimidade (e o interesse) destes sócios está apenas para a condenação da sociedade ao pagamento de haveres.

A sociedade tem legitimidade tão só para os casos de impossibilidade de exclusão extrajudicial. Em verdade, o que a sociedade não tem quando houver possibilidade de exclusão extrajudicial é interesse processual (*necessidade*). Concluída a exclusão judicial, a sociedade tem o dever de apurar os haveres. Se não o fizer, o sócio excluído tem legitimidade para esta apuração.

O sócio excluído (inciso VI) só tem legitimidade ativa para a ação de apuração de haveres. É ilegítimo para dissolutória, por não ostentar mais o *status socii*. Se o objetivo do excluído for questionar a própria exclusão, adequada é a *ação de anulação da deliberação social* de exclusão (inúmeras causas de pedir possíveis).

O art. 600 deve ser lido com o cuidado de separar a legitimidade para dissolutória e para a apuração de haveres, tratadas, equivocadamente, de forma indistinta. Equívoco que decorre de se tratar a *apuração de haveres* como se fosse (e não é) espécie do gênero *dissolução parcial*.

II. Cônjuge ou companheiro do sócio

Hipótese já admitida em jurisprudência, a outorga de legitimidade ativa a cônjuge ou companheiro não atrai para a apuração de haveres a controvérsia em torno da meação. Em divórcio ou em dissolução de união estável, definida a meação, abre-se a oportunidade da propositura da apuração de haveres. Não se estabelece um marco temporal, mas em apuração de haveres se deve atenção ao decidido em divórcio ou dissolução de união estável sobre o período da comunhão – de forma a se fixar a *data da resolução*.

Art. 601 - Os sócios e a sociedade serão citados para, no prazo de 15 (quinze) dias, concordar com o pedido ou apresentar contestação.
Parágrafo único - A sociedade não será citada se todos os seus sócios o forem, mas ficará sujeita aos efeitos da decisão e à coisa julgada.

I. Contestação, conciliação e negócio processual na dissolução parcial

A previsão do art. 601 não dispensa a designação de prévia audiência de conciliação (art. 334) por aplicação subsidiária do procedimento comum (art. 318, § único). Assim, a contagem do prazo de quinze dias se inicia com a realização da audiência – à exceção, por óbvio, da hipótese de não realização da audiência conciliatória (art. 335). A conciliação é um vetor importante do CPC (art. 3º, § 3º). A audiência de conciliação pode também ser o momento para que a concordância com o pedido dissolutório seja incentivada (passando-se diretamente à apuração), com a possibilidade da exclusão de honorários sucumbenciais (art. 603, § 1º).

A audiência de conciliação, em caso de dissolução e apuração de haveres, é também oportunidade importante para, não havendo conciliação, estabelecer-se um *negócio processual* (art. 190) que facilite a solução da controvérsia, especialmente a apuração de haveres, com delimitação consensual, desde já, de pontos controvertidos (art. 357, § 2º), calendário processual (art. 191) e a escolha do perito (art. 604, inciso III, c/c art. 471).

II. Legitimidade passiva na dissolução e na apuração

Em dissolução de sociedade, há perspectiva de alteração da esfera jurídica dos sócios e da sociedade. Todos devem ser demandados, em litisconsórcio necessário e, aqui por óbvio, unitário (a decisão será necessariamente idêntica para todos os litisconsortes – arts. 114 e 166). Na omissão do autor, o Juiz deve mandar emendar a inicial para incluir todos os litisconsortes necessários. A sentença em dissolutória é ineficaz em relação à sociedade que, não tendo sido citada, não tenha tido a oportunidade de defesa (art. 506). O STJ, em criticável decisão, já admitia que a citação de todos os sócios dispensaria a citação da pessoa jurídica – o que agora está expressamente admitido no parágrafo único. O correto é interpretar que a citação da sociedade se considera realizada pela citação de todos os sócios. E todos os sócios sempre serão citados, pois não se cogita a dispensa da citação de sócios, litisconsortes necessários que são. Importante ainda considerar que o art. 602 prevê a possibilidade de reconvenção pela sociedade – reforçando a necessidade/pertinência da citação (*só quem é parte pode reconvir*).

Já a ação autônoma de apuração de haveres, condenatória, deve ser proposta apenas em face da sociedade. A citação de todos os sócios tem aplicação apenas para a dissolução (cumulada ou não com *apuração*). É a sociedade que responde com seu patrimônio pelo pagamento dos haveres. Nem mesmo de assistência se pode cogitar, pois o interesse dos sócios é meramente econômico (ausentes, portanto, os requisitos do art. 119 do CPC). Ressalva-se a orientação do STJ a exigir a citação dos sócios em litisconsórcio com a Sociedade (3ª T., AgRg no REsp nº 947.545/MG, Rel. Min. Sidnei Beneti, 22/2/2011).

Art. 602 - A sociedade poderá formular pedido de indenização compensável com o valor dos haveres a apurar.

I. Reconvenção

Admite-se a reconvenção apenas se houver conexidade (art. 343), em um sentido, é verdade, mais amplo em relação ao conceito do art. 55 (pedido ou causa de pedir comuns). Ainda assim, a mera dissolutória (proposta de forma isolada) não abre espaço para a reconvenção da sociedade, não apenas por ausência absoluta de conexão, mas especialmente por ofensa ao princípio da economia processual. A previsão de reconvenção do art. 602 só se justifica se houver pedido (isolado ou cumulado) de apuração de haveres. E mesmo assim com relevantes ressalvas.

Havendo pedido de apuração de haveres, na própria peça de contestação a sociedade pode apresentar a reconvenção, como autoriza o art. 343. O dispositivo deve ser interpretado com todo o cuidado. O procedimento especial para a apuração de haveres foi concebido tendo em consideração uma limitação horizontal de cognição. A controvérsia está restrita à aferição dos valores das quotas (4ª T., REsp nº 1444790/SP, Rel. Min. Luis Felipe Salomão, 25/9/2014). No ambiente deste procedimento são fixados os critérios da apuração, deposita-se o incontroverso (com autorização de levantamento) e a perícia (restrita à avaliação das quotas) aponta o valor controverso. Atento às peculiaridades de direito material, o legislador concebe um procedimento mais adequado em relação ao comum – que só se justifica (a concepção do procedimento) se houver *acréscimo de eficiência*. Admitir a reconvenção é ampliar o objeto litigioso (o *thema decidendum*) e, em razão disso, praticamente eliminar as vantagens da concepção de um procedimento especial. Admitida a reconvenção, o procedimento comum (arts. 318 e seguintes) deverá ser adotado – com a instrução voltada às múltiplas causas de pedir que podem ensejar um pedido reconvencional da sociedade. Pouco sobra de *técnicas processuais* úteis do procedimento especial (art. 327, § 2º). Por outro lado, se a reconvenção está autorizada pela sociedade, não há como deixar de admitir a cumulação de um pedido indenizatório pelo autor da dissolutória cumulada com apuração de haveres. E mais: os §§ 3º e 4º do art. 343 criaram, de forma expressa, a *reconvenção ampliativa*, com a ampliação subjetiva da demanda. A sociedade pode incluir um terceiro como litisconsorte ativo do pedido reconvencional e, ao mesmo tempo, ampliar o polo passivo original.

Todas estas externalidades negativas da possibilidade de cumulação objetiva e ampliação subjetiva da relação processual devem ser analisadas a partir da compatibilidade com a lógica fundante dos procedimentos especiais (*ganho de eficiência*). Não mais apenas o legislador, mas também o juiz (adaptabilidade judicial) é destinatário do compromisso de adequar o procedimento às exigências de direito material, especialmente a partir do maior poder de direção do processo exigido do Juiz pelo art. 139 e da submissão ao princípio da eficiência. Atento ao compromisso da duração razoável do processo (art. 139, inciso II), o juiz pode restringir ampliações objetivas e subjetivas que dificultem a célere solução do conflito societário. Não por acaso a jurisprudência sempre foi relutante em admitir cumulação e reconvenção em dissolução parcial de sociedade (TJ-MG, 1.0024.04.522341-9/001(3), Rel. Guilherme Luciano Baeta Nunes, 26/3/2010).

Art. 603 - Havendo manifestação expressa e unânime pela concordância da dissolução, o juiz a decretará, passando-se imediatamente à fase de liquidação.
§ 1º - Na hipótese prevista no caput, não haverá condenação em honorários advocatícios de nenhuma das partes, e as custas serão rateadas segundo a participação das partes no capital social.
§ 2º - Havendo contestação, observar-se-á o procedimento comum, mas a liquidação da sentença seguirá o disposto neste Capítulo.

I. Julgamento antecipado da dissolutória cumulada com apuração. A dissolutória sempre observará o procedimento comum

Ressalvada a previsão de dispensa de honorários do § 1º, o art. 603 não acrescenta nada à hipótese de procedência por reconhecimento do pedido (art. 487, inciso III, *a*). É evidente que a manifestação expressa e unânime pela concordância da dissolução equivale ao reconhecimento do pedido e conduz à procedência (*decreto* de dissolução). Neste caso, *decretada* a dissolução, passa-se imediatamente à *fase* de liquidação. Ora, decretada a dissolução sem *expressa e unânime concordância*, também se passa imediatamente à *fase* de liquidação. A dissolução pode ser *decretada* sem a necessidade de instrução por reconhecimento do pedido (aqui com a particularidade da dispensa dos honorários) ou se não houver necessidade de produção de prova (art. 355, inciso I). Até aqui a dissolução parcial de sociedade não tem nenhuma particularidade em relação ao procedimento comum. Também por isso é sem sentido o disposto no § 2º – que determina a observância do procedimento comum se houver contestação. A dissolução (autônoma ou cumulada com a apuração) sempre segue o procedimento comum. Havendo contestação, pode ou não ter instrução (pelo procedimento comum). Não contestada, julga-se antecipadamente, sem nenhuma diferença para o procedimento comum (TJ-PR, 18ª Câmara Cível, AC nº 4068064/PR 0406806-4, Rel. Des. Abraham Lincoln Calixto, j. em 4/7/2007). O procedimento especial está na *fase* (que não é propriamente *fase*) da *liquidação* (que não é propriamente *liquidação*). Evidente que a dissolução antecipadamente *decretada* não reduz a latitude da eventual controvérsia em torno da *apuração*. Noutros termos, concordância expressa e unânime em relação à dissolução não implica consenso na apuração de haveres (nos critérios de apuração de haveres; nos cálculos).

De qualquer forma, raras são as hipóteses de a dissolutória reclamar instrução. A controvérsia dificilmente é factual. Em sociedade por prazo indeterminado – e regência supletiva pelas sociedades simples –, basta manifestar o direito potestativo ao rompimento. Também por isso são frequentes os casos de reconhecimento jurídico do pedido em dissolutória, agora incentivado com a dispensa dos honorários.

II. Julgada a dissolutória, segue-se para julgamento da apuração (condenação). Trata-se de cumulação. Não há liquidação de sentença

É importante compreender que a dissolutória (constitutiva ou declaratória) pode ser proposta de forma autônoma ou cumulada com a apuração de haveres (condenatória) – que, por sua vez, também pode ser proposta, como está no art. 599, de forma autônoma (o que é mais frequente). Também não é apenas *causa petendi* em apuração de haveres. Há, enfim, uma pretensão autônoma à dissolução (em face da pretensão resistida ao rompimento unilateral). Se proposta de forma autônoma, gera sentença; cumulada com apuração, faz surgir decisão interlocutória de mérito (art. 356, inciso II). A apuração de haveres (autônoma ou cumulada) é inconfundível com a liquidação de sentença (art. 509). A sentença condenatória (título judicial) é sempre pressuposto da liquidação de sentença. Inegável, por isso, a imprecisão técnica do § 2º ao mencionar que, havendo contestação, será observado o procedimento comum, mas a *liquidação de sentença* seguirá o disposto neste Capítulo. O dispositivo sugere que haveria uma liquidação da sentença da dissolutória – o que é incogitável. A sentença da dissolutória dissolve o vínculo societário (ou o declara dissolvido). O valor dos haveres é escopo da condenatória (apuração) subsequente, cumulada. Na apuração de haveres não se liquida nada; condena-se a sociedade ao pagamento de um valor (apurado em perícia) ao sócio retirante ou excluído. É por esta razão que há julgados admitindo a constituição de hipoteca judiciária (art. 495, § 2º) a partir de sentença em apuração de haveres. Apesar da redação do art. 599, apuração de haveres não é *espécie* do *gênero* dissolução. E a apuração de haveres também não é apenas uma *fase* da dissolutória.

A cumulação entre dissolutória e apuração de haveres é sucessiva. O pedido condenatório (apuração de haveres) só será apreciado se procedente for o principal, constitutivo ou declaratório (dissolução de sociedade). Improcedente a dissolutória (ausência de justa causa em sociedade por tempo determinado, por exemplo), a apuração de haveres não é apreciada (ausência de interesse).

III. O procedimento especial da dissolutória fixa a cindibilidade obrigatória do julgamento dos pedidos cumulados (dissolutória + apuração)

A dificuldade resultante da ausência de um procedimento especial para a dissolutória sempre esteve em dois pontos: fazer a dissolutória aguardar o resultado da perícia que só interessava à apuração de haveres (condenatória) e a indefinição dos critérios desta apuração. O procedimento especial determinou a cindibilidade obrigatória do julgamento dos pedidos cumulados, apresentou definições em relação aos critérios (com regras de direito material) e definiu um marco prévio e determinado, anterior ao início da perícia, para estas definições (art. 607 – conferir comentários). A verdade é que nunca houve sentido em se condicionar o julgamento da dissolutória (que estivesse madura para julgamento) ao término da instrução que só à apuração cumulada interessava. Noutras palavras, cumulada a dissolutória com apuração de haveres, se a apuração demandar instrução, o julgamento deve ser cindido, com julgamento antecipado da dissolutória. A dissolutória não pode ter a eficácia postergada em função da demora da apuração. Recentemente, à luz do CPC/1973, mesmo depois da mudança do conceito de sentença operada pela Lei nº 11.232/2005 no art. 162 do CPC revogado, o STJ reafirmou a teoria da unidade estrutural da sentença, impedindo a pluralidade de sentenças parciais (4ª T., EDcl no AREsp nº 213.454/RS, Rel. Min. Luis Felipe Salomão, 20/4/2015). Agora a questão está resolvida com o art. 356, autorizando expressamente o julgamento parcial de mérito para os pedidos passíveis de imediato julgamento (art. 355). É exatamente o que prevê o procedimento especial da dissolutória: julgamento parcial de mérito da dissolução (agravável, conforme art. 356, § 5º) e subsequente apuração de haveres a demandar perícia (impropriamente batizada de *liquidação*).

IV. Honorários

O § 1º cria uma *sanção premial*, um incentivo, ao demandado que concordar com a dissolução. É exceção à regra que está no art. 90 para os casos de reconhecimento do pedido – que atribui os ônus da sucumbência à parte que reconhece o pedido. A regra também determina o rateio das custas em atenção ao capital social, desconsiderando as regras ordinárias de distribuição de ônus de sucumbência para as despesas processuais (art. 82, § 2º).

Art. 604 - Para apuração dos haveres, o juiz:
I - fixará a data da resolução da sociedade;
II - definirá o critério de apuração dos haveres à vista do disposto no contrato social; e
III - nomeará o perito.
§ 1º - O juiz determinará à sociedade ou aos sócios que nela permanecerem que depositem em juízo a parte incontroversa dos haveres devidos.
§ 2º - O depósito poderá ser, desde logo, levantando pelo ex-sócio, pelo espólio ou pelos sucessores.
§ 3º - Se o contrato social estabelecer o pagamento dos haveres, será observado o que nele se dispôs no depósito judicial da parte incontroversa.

I. Definição prévia dos critérios que orientam a perícia

O art. 604 tem de ser lido em consonância com o art. 607. Os dois dispositivos estabelecem um marco temporal claro para a definição dos critérios da apuração de haveres. Aqui o procedimento especial resolve um grande dilema das dissoluções parciais julgadas antes do CPC/2015: iniciar a perícia sem solução definitiva dos critérios. Havia uma irracionalidade no procedimento que autorizava o início da perícia sem esta prévia definição de critério. A decisão resolve parcela do mérito da demanda de apuração de haveres (a controvérsia em torno dos critérios).

Há alguns critérios possíveis para a apuração (considerando ou não o que está no contrato): datas da resolução e elementos que devem integrar a avaliação. A sentença condena a sociedade nos valores devidos ao sócio, a partir da definição destes critérios, controvertidos pelas partes. Definidas as balizas, a apuração do valor exato demandará perícia. A prova técnica é instrumento apto à avaliação da parcela atribuível. O sócio retirante tem direito a uma fração do valor apurado. Isso é, enfim, apuração de haveres, com pedido inicialmente ilíquido, mas que redunda em sentença líquida. A perícia proporciona a identificação dos elementos indeterminados ao momento da concepção do pedido. Elementos inicialmente indeterminados, por certo, não são indetermináveis.

Os arts. 604 e 607 estabelecem uma fase decisória prévia ao início da perícia. Antes de iniciar a perícia (que não se confunde com *liquidação*), os critérios já devem estar todos determinados; determinável, por perícia, fica sendo apenas o *quantum*. Admite-se, a pedido das partes, a *revisão* dos critérios definidos, mas até o início da perícia (exceção à regra da preclusão – arts. 505 e 507).

II. Decisão agravável

Esta decisão não está no rol taxativo do art. 1.015, responsável por definir as decisões agraváveis. É necessário admitir, no entanto, a interposição de agravo de instrumento por analogia. Antes do CPC/2015, muitas sentenças em apuração de haveres apenas definiam os critérios, relegando o cálculo para *fase de liquidação*. Estas sentenças eram apeláveis, por óbvio. O procedimento especial criou uma *fase* para esta decisão e posterior perícia, apontando sempre para uma sentença líquida. A decisão que resolve a controvérsia em torno dos critérios é, por esta razão, agravável. Supor que a decisão esteja contemplada nas hipóteses de *preclusão diferida* (art. 1.009, § 1º) é autorizar que seja necessário esperar o julgamento da apelação para reverter a decisão que fixou os critérios e autorizou a realização de uma imprestável perícia – que se desenvolveu a partir de critérios depois reputados incorretos. Não deve haver inútil instrução para desvendar haveres a partir de critérios depois descartáveis no julgamento da apelação. Seria desconsiderar o postulado da economia processual. A previsão de uma *fase* para resolver as controvérsias em torno dos critérios é o ponto mais importante do procedimento especial. Vedar o agravo é mutilar a técnica processual responsável pelo maior ganho de eficiência da dissolução parcial em procedimento especial. A jurisprudência já definia a conveniência da definição prévia dos critérios antes da perícia em apuração (5ª Câmara Cível, TJ-RS, AI nº 70.055.796.247, Rel. Sergio Luiz Grassi Beck, 16/9/2013).

III. Apuração de haveres sem perícia

Em tese é possível imaginar uma sociedade simplificada a ponto de autorizar um pedido condenatório determinado ou líquido de valores (a dispensar a fase da perícia). Uma sociedade em pré-operação, sem ativos intangíveis, em exemplo possível. Neste caso, evidente, o Juiz não deve nomear perito – definindo os critérios na própria sentença de julgamento antecipado.

IV. Depósito da parcela incontroversa dos haveres devidos. Levantamento. Critério do contrato social. Decisão agravável

O § 1º determina o depósito da parte incontroversa do valor da apuração e o § 2º autoriza o imediato levantamento pelo autor da demanda. Adota-se aqui a técnica de julgamento antecipado de parcela do pedido que se mostra incontroversa (art. 356, inciso I), com eficácia imediata e cumprimento definitivo de sentença (levantamento dos valores), sem necessidade de caução ou qualquer submissão à disciplina cumprimento provisório (art. 520). O último balanço aprovado pela sociedade em conjunto com o último balancete consolidado são bons parâmetros para revelar a parte incontroversa a ser depositada. Trata-se de técnica processual eficaz de distribuição mais equânime do ônus do tempo do processo. Mitiga-se, assim, o dano marginal do processo. Como a apuração quase sempre está a demandar intrincada perícia, o ônus do tempo necessário para a exata aferição do *quantum* não fica apenas em prejuízo do autor (sócio que se retira), o que se resolve, em boa medida, com a entrega do valor incontroverso. Em jurisprudência já se admitia a antecipação da parte incontroversa (STJ, AgRgAREsp nº 1.289.151, Rel. Min. Sidnei Beneti, DJe de 26/11/2010). O § 3º manda respeitar os critérios do contrato social para o depósito desta parcela incontroversa. O dispositivo deve ser lido em dois sentidos. Primeiro para que a parcela incontroversa siga eventual parcelamento que o contrato social preveja para o pagamento dos haveres (conferir comentários ao art. 608). E, em segundo lugar, se cogita que os novos contratos sociais, a partir deste novo dispositivo, possam disciplinar o critério de aferição da parcela incontroversa que merece depósito e levantamento imediatos. Esta decisão é impugnável por agravo de instrumento, por aplicação analógica do § 5º do art. 356.

V. Tutela antecipada da parte controversa

A hipótese do item anterior não elimina a possibilidade de concessão, cumulativa, de tutela antecipada em relação à parcela *controversa, mas verossímil*. Nem sempre haverá uma parcela que se repute mesmo incontroversa, especialmente agora que se cogita de reconvenção pela sociedade (art. 602). Especificamente sobre a relação entre parte incontroversa, controversa e reconvenção, é sempre necessário considerar que não se admite compensação entre dívida líquida e, noutra ponta, ilíquida, como já decidiu o STJ em caso de dissolução parcial (4ª T., REsp nº 1.229.843/MG, Rel. Min. Luis Felipe Salomão, 17/3/2014).

Cumulada com a dissolutória ou proposta de forma autônoma, a apuração de haveres (condenatória) autoriza a antecipação de parcela do valor pretendido pelo sócio retirante. Antecipa-se do valor a ser apurado, mas sempre, em alguma medida, já estimado na inicial. É esta estimativa que deve oferecer o limite do valor da tutela antecipada (o pedido é sempre o limite máximo da tutela antecipada).

Algumas decisões concedem um pró-labore ao sócio retirante. Trata-se de grosso equívoco. É elementar a distinção entre haveres pelo rompimento (ou a distribuição de lucros, enquanto não concluída a dissolução-exclusão) e pró-labore (conferir comentários ao art. 608).

A antecipação de soma em dinheiro em apuração de haveres é entrega antecipada e provisória dos haveres. Decisão sumária de natureza satisfativa. Não se subordina, por certo, aos limites do cumprimento provisório ("no que couber", fixa o art. 297, parágrafo único. Aqui a incompatibilidade é evidente). A antecipação implica a efetiva *entrega do dinheiro* ao sócio dissidente. Incogitável o mero depósito do valor. Exatamente como no caso do depósito da parcela incontroversa, o levantamento está autorizado. A antecipação de tutela em apuração de haveres é inconfundível com a cautelar de arresto (conferir item VI). A parcela incontroversa pode se revelar insuficiente. Neste caso, a antecipação de soma em dinheiro se justifica pela eventual irreparabilidade de um direito absoluto conexo (sobrevivência do dissidente durante a tramitação da apuração-liquidação). Sem se descurar do cuidado com a higidez financeira da sociedade (*periculum in mora* inverso).

VI. Dissolução, apuração de haveres e arresto cautelar

Havendo risco de dilapidação do patrimônio da sociedade (demandada na condenatória de apuração, porque responsável pelo pagamento dos haveres), pode ser decretado, com fundamento no art. 301, o arresto cautelar de bens equivalentes aos haveres estimados (o último balanço aprovado é sempre um parâmetro útil para o grau de verossimilhança exigido nas medidas sumárias). Diferentemente da antecipação de tutela em apuração de haveres, aqui o *periculum in mora* não está retratado no direito conexo à sobrevivência do sócio que se retira, mas à higidez do patrimônio que responderá pela futura execução (cumprimento de sentença). Assim, a medida assecuratória deve abarcar todo o valor que, por estimativa, é atribuível ao sócio que se retira (18ª Câmara Cível, TJ-PR nº – 7662866 PR 766286-6 (Acórdão), Rel. Des. Ivanise Maria Tratz Martins – j. em 25/7/2012). Não se pode falar de arresto de todos os bens da sociedade, mas apenas da parcela atribuível, por estimativa, ao sócio retirante. Na penhora o valor é líquido; no arresto em apuração é estimável.

O efeito colateral da cautelar para o bom funcionamento da sociedade (*periculum in* mora inverso) deve ser objeto de ponderação na análise do caso concreto. O arresto não deve ser instrumento de paralisação da atividade empresarial, na mesma medida em que também o pagamento dos haveres do sócio que se retira tem este *limite social*.

O *periculum in mora* está invariavelmente relacionado à dilapidação dos bens da sociedade, o que deve ser, com a cognição sumária própria das cautelares, demonstrado pelo autor do arresto. A medida condiciona-se à demonstração de atos da sociedade que apontem para o esvaziamento e consequente frustração da futura execução do valor atribuível ao sócio que se retira. Trata-se de pressuposto incontornável. O arresto é medida excepcional, especialmente em função do ônus que acarreta à sociedade. E pode ser proposto incidentalmente ou em caráter antecedente (art. 305).

VII. Dissolução, apuração de haveres, sequestro, arrolamento e protesto contra alienação de bens

O sequestro cautelar pode ser cogitado nos casos em que a liquidação total da sociedade redunde em partilha dos bens remanescentes (sociedades anônimas, Lei nº 6.404/1976, art. 215, § 1º). Se houve disputa em torno destes bens, o sequestro pode ser deferido. Função similar tem o arrolamento com o objetivo de especificar e preservar a universalidade de bens da sociedade. No mesmo sentido, o protesto contra alienação de bens, também admitido em jurisprudência em matéria de apuração de haveres. Todas as medidas estão exemplificativamente previstas como hipóteses de *tutela provisória* de natureza cautelar no art. 301.

VIII. Produção antecipada de prova

Não raro haverá uma distância entre a data-base para a apuração dos haveres (notificação de recesso do dissidente, por exemplo) e a efetiva *apuração* (fase de perícia). Se as circunstâncias do caso concreto indicarem a necessidade de salvaguardar a existência e a eficiência das provas relacionadas à apuração, cabe produção antecipada de prova para o exame pericial (art. 381, inciso I). Na produção antecipada de prova, o Juiz se obriga a definir previamente os critérios da apuração, em atenção aos arts. 604, inciso II, e 607. Deve-se aproveitar aqui, na produção antecipada de prova, a técnica processual que autoriza o *ganho de eficiência* do procedimento especial da dissolução parcial.

Art. 605 - A data da resolução da sociedade será:
I - no caso de falecimento do sócio, a do óbito;
II - na retirada imotivada, o sexagésimo dia seguinte ao do recebimento, pela sociedade, da notificação do sócio retirante;
III - no recesso, o dia do recebimento, pela sociedade, da notificação do sócio dissidente;
IV - na retirada por justa causa de sociedade por prazo determinado e na exclusão judicial de sócio, a do trânsito em julgado da decisão que dissolver a sociedade; e
V - na exclusão extrajudicial, a data da assembleia ou da reunião de sócios que a tiver deliberado.

I. Data da resolução e momento da eficácia da sentença

O art. 605 estipula de forma clara a data da resolução que deve ser levada em consideração para o balanço de determinação (ou outra forma prevista em contrato social) que apurará o valor dos haveres (art. 606). E também define o período de *status socii*, com todas as consequências deste marco temporal no período subsequente à resolução ou propositura da dissolutório (conferir art. 608). Por este dispositivo o procedimento especial resolve de forma eficiente uma enorme controvérsia de direito material em dissoluções parciais. A data da resolução, no entanto, não necessariamente coincide com a data da eficácia da sentença dissolutória (conferir item II).

II. Sentença (decisão interlocutória de mérito) de natureza declaratória ou constitutiva. Eficácia. Trânsito em julgado

A *sentença* em dissolução parcial de sociedade (decisão interlocutória de mérito, se cumulada com apuração) tem natureza declaratória, com efeitos *ex tunc*, nos casos em que a resolução se opera independentemente de decisão judicial (STJ, 3ª T., AgRg no REsp nº 474168/MG 2002/0142813-7, Rel. Min. Humberto Gomes de Barros, 19/6/2006). Assim para o óbito, a partir do momento em que houver recusa na admissão dos herdeiros (havendo previsão de admissão em contrato social). Também para a retirada e o recesso. E, por fim, na exclusão extrajudicial. As hipóteses do inciso IV têm a eficácia vinculada à decisão judicial. É a própria decisão judicial que opera a dissolução.

Nestes casos, a sentença é constitutiva. Nos primeiros casos, a sentença reconhece-declara; nas hipóteses do inciso IV, é a própria sentença que opera a modificação do estado jurídico da sociedade. A *causa petendi* indica a natureza da *sentença* dissolutória. É imprópria a vinculação da eficácia da decisão das hipóteses do inciso IV ao trânsito em julgado. A eficácia desta decisão parcial de mérito é imediata, na medida em que é agravável (art. 1.015, inciso II). Ressalvada orientação de parcela da doutrina e da jurisprudência, não há vinculação da dissolutória (força constitutiva ou declaratória) ao prévio trânsito em julgado. Nenhuma relação válida há entre natureza constitutiva e declaratória e subordinação da decisão ao trânsito em julgado.

III. Tutela antecipada em dissolutória para evitar a vinculação ao trânsito em julgado

A data da resolução para orientar a apuração de haveres não esgota a consequência da eficácia da sentença na dissolutória. O art. 1.032 do CC, por exemplo, fixa a averbação da resolução da sociedade como marco temporal para contagem dos prazos atinentes à responsabilidade. Não há sentido em fazer o sócio aguardar o trânsito em julgado para esta averbação. Mesmo em relação aos incisos I, II, III e V, se houver resistência à averbação da resolução, a eficácia da dissolutória, para todos os efeitos, não aguarda o trânsito em julgado. E nos dois casos, declaratória ou constitutiva, os efeitos podem ser antecipados em *tutela provisória* (art. 294).

Preenchidos os requisitos da tutela de urgência (ou de evidência), cabe liminar de *dissolução antecipada do vínculo* (TJ-PR, 17ª Câmara Cível, AI nº 1083799-9, Rel. Luis Sérgio Swiech, 22/7/2013). Esta dissolução antecipada do vínculo pode alterar o marco temporal para a apuração de haveres nos casos do inciso IV, inclusive o período de participação nos lucros (art. 608). Na exclusão judicial (que, a rigor, dissolução não é), por exemplo, não há sentido em deixar o sócio participando dos lucros até o trânsito em julgado. Pode haver, preenchidos os requisitos, *exclusão sumária*, com antecipação da eficácia da decisão para todos os efeitos decorrentes. Para os demais incisos, em que o marco temporal (para cômputo da apuração e participação nos lucros) não depende da eficácia da decisão na dissolutória, a tutela antecipada presta-se a antecipar o registro da averbação da alteração do contrato social, antecipando a repercussão jurídica (a eficácia) do ato. Não há óbice processual à averbação sumária e provisória do rompimento.

Art. 606 - Em caso de omissão do contrato social, o juiz definirá, como critério de apuração de haveres, o valor patrimonial apurado em balanço de determinação, tomando-se por referência a data da resolução e avaliando-se bens e direitos do ativo, tangíveis e intangíveis, a preço de saída, além do passivo também a ser apurado de igual forma.
Parágrafo único - Em todos os casos em que seja necessária a realização de perícia, a nomeação do perito recairá preferencialmente sobre especialista em avaliação de sociedades.

I. Critério e forma de apuração dos haveres. Critério do contrato social não é soberano

O art. 606 também se presta a resolver controvérsia de direito material da dissolução parcial, oferecendo a nitidez que o art. 1.031 do CC não apresenta. O *balanço de determinação* já era um critério adotado pela jurisprudência (TJ-SP, 1ª Câmara Reservada de Direito Empresarial, AI nº 2200542-15.2014.8.26.0000, Rel. Teixeira Leite, 13/3/2015). O STJ definiu que o sócio não se submete obrigatoriamente ao critério do contrato social na apuração de haveres. Se o critério contratado representar enriquecimento ilícito, a boa-fé objetiva impõe a alteração judicial e a adoção de outro mais consentâneo com a *exata verificação dos valores do ativo* (3ª T.,

REsp nº 1335619/SP, Rel. Min. Nancy Andrighi, Rel. p/ Acórdão Min. João Otávio de Noronha, 27/3/2015). Tratando-se de direito disponível, o espaço de controle do judiciário deve ser limitado, apenas quando a previsão do contrato social escapar de uma *margem de soluções razoáveis*.

II. Perito *especialista*. Liquidante é para dissolução total de sociedade. Escolha pelas partes. Empresa especializada

Para a apuração o Juiz nomeará um perito. O liquidante é apenas para as dissoluções totais, agora submetidas ao procedimento comum. Na dissolução parcial, não se liquida ativo ou se paga passivo (atribuições típicas do liquidante). Apenas se apura um crédito do sócio que se retira ou é excluído, a partir de critérios apontados no procedimento especial. O parágrafo único determina a nomeação de perito especialista em avaliação de sociedades. O art. 465 já determina que a nomeação deve ser sempre de *perito especializado no objeto da perícia* – que, inclusive, deve ser substituído se lhe faltar conhecimento técnico (art. 468, inciso I). O art. 156, §§ 2º e 3º, prevê avaliações e reavaliações para a formação de cadastros de peritos nos Tribunais.

A escolha do perito pode ser uma opção consensual das partes (art. 604, inciso III, c/c art. 471). A propósito, nada obsta (recomenda-se, aliás) que a escolha do perito (ou empresa especializada) já esteja previamente definida no contrato social. O art. 156, § 1º, em inovação, cogita a nomeação de órgão técnico ou científico, mas a jurisprudência já admitia que a escolha pudesse recair em empresa especializada em avaliações de sociedades (TJ-SP, 7ª Câmara de Direito Privado, AG nº 990.100.150.006, Rel. Luiz Antônio Costa, 31/5/2010). As partes, portanto, podem escolher de comum acordo empresa especializada em avaliações de empresas – o que hoje é bem desempenhado pelas grandes empresas de consultoria.

Art. 607 - A data da resolução e o critério de apuração de haveres podem ser revistos pelo juiz, a pedido da parte, a qualquer tempo antes do início da perícia.

I. Data limite para a revisão dos critérios

Os arts. 604 e 607 estabelecem uma fase decisória prévia ao início da perícia. Antes de iniciar a perícia, os critérios já devem estar todos determinados; determinável, por perícia, fica sendo apenas o *quantum*. O art. 607 admite, a pedido das partes, a *revisão* dos critérios, mas até o início da perícia (exceção à regra da preclusão – arts. 505 e 507). Reitere-se que o STJ admite a *revisão judicial* dos critérios estabelecidos em contrato social (3ª T., REsp nº 1335619/SP, Rel. Min. Nancy Andrighi, Rel. p/ Acórdão Min. João Otávio de Noronha, 27/3/2015).

Art. 608 - Até a data da resolução, integram o valor devido ao ex-sócio, ao espólio ou aos sucessores a participação nos lucros ou os juros sobre o capital próprio declarados pela sociedade e, se for o caso, a remuneração como administrador.
Parágrafo único - Após a data da resolução, o ex-sócio, o espólio ou os sucessores terão direito apenas à correção monetária dos valores apurados e aos juros contratuais ou legais.

I. Data da resolução e participação nos lucros. Relação com a eficácia da *dissolutória*

Em relação à distribuição de lucros, há julgados do STJ vinculando-a à eficácia da dissolutória. Esta orientação garantiria aos sócios a distribuição de lucros durante a tramitação da dissolução parcial – o que não faz sentido, especialmente nos casos de recesso e retirada. O procedimento especial resolveu a questão, estabelecendo as datas da resolução (art. 605). E no art. 608 definiu que a participação nos lucros e/ou os juros sobre capital próprio integram o valor nos limites destes marcos temporais. O tema fica mal resolvido nas hipóteses em que a data da resolução reclama decisão judicial (art. 605, inciso IV) – o que pode ser mitigado com a manipulação judicial do momento da eficácia da decisão dissolutória (conferir item III, art. 605). Lucro não pode ser distribuído a quem não mais é sócio (ou acionista), por vedação de enriquecimento sem causa (art. 884, CC). E é possível deixar de ser sócio por decisão sumária.

II. Manutenção da distribuição do lucro e da remuneração do administrador. Inibitória

Ao mesmo tempo em que limita o recebimento dos lucros pelos sócios, de acordo com as datas de resolução do art. 605, o dispositivo também assegura este recebimento aos sócios no período anterior à resolução. Se houver direito ao recebimento pelo sócio que está se retirando (ou sendo excluído), a Sociedade deve fazê-lo ao tempo certo, ficando impedida de suspender os repasses e deixar que sejam incluídos, apenas ao final, no montante da *apuração*. Se a Sociedade suspender os repasses, em afronta ao art. 608, o sócio tem à disposição a tutela inibitória (contra o ilícito do não pagamento) para impor um fazer (repasses dos lucros) – conforme parágrafo único do art. 497. Nesta hipótese não há, a toda evidência, depósito dos haveres incontroversos (art. 604, §§ 3º e 4º) ou *antecipação de haveres* (antecipação de soma em dinheiro em condenatória de apuração de haveres). Trata-se de ordem para manutenção do repasse ordinário dos lucros durante a tramitação do processo.

Reitera-se aqui que a *antecipação de haveres* também não guarda nenhuma relação com o *pró-labore*, a despeito de muitas decisões sumárias neste sentido. É comum em sociedades de pessoas que haja acúmulo das posições de sócio e administrador. A manutenção do *pró-labore* (remuneração pelo trabalho que é) só faz sentido se houver a manutenção das atribuições de administrador ao sócio retirante, aqui também por vedação de enriquecimento sem causa (TJ-PR, 18ª Câmara Cível, AI nº 3682068/PR 0368206-8, Rel. Des. Rabello Filho, j. em 1º/11/2006).

Reconhecendo a distinção, o art. 608 determina a manutenção da remuneração do administrador (quando o sócio permanecer na administração) até a data da resolução. Violação a esta garantia também pode ser resolvida com inibitória. E cobrança de pró-labore em atraso pode ser buscada em demanda cumulada pelo sócio que se retira ou em reconvenção em ação de exclusão.

III. Contagem dos juros

O parágrafo único determina que, depois da data da resolução, impõe-se apenas a correção e incidem os juros contratuais ou legais. O STJ manda aplicar o art. 405 do CC e estabelece que os juros (um por cento ao mês – art. 406 do CC e 161, § 1º, do CTN) sejam contados desde a citação inicial (EREsp nº 564711/RS, Rel. Min. Ari Pargendler, 27/8/2007). O STJ admitiu Recurso Especial para discutir a incidência de juros em relação ao valor da apuração nos casos em que o sócio dissidente segue recebendo lucros e juros sobre capital próprio (art. 605, inciso IV). A controvérsia estaria em torno da dupla remuneração do capital (Ag. em REsp. nº 567.514, Rel. Min. Marco Bussi, 18/3/2015). O parágrafo resolve a controvérsia.

Art. 609 - Uma vez apurados, os haveres do sócio retirante serão pagos conforme disciplinar o contrato social e, no silêncio deste, nos termos do § 2º do art. 1.031 da Lei nº 10.406, de 10 de janeiro de 2002 (Código Civil).

I. A prevalência do contrato social não é absoluta na estipulação da forma de pagamento dos haveres. Forma de contagem

O § 2º do art. 1.031 do CC, citado no art. 609, prevê o pagamento dos haveres em noventa dias a partir da *liquidação*. A regra só prevalece, estipulam os mesmos dispositivos (CPC e CC), se não houver regra em sentido diverso no contrato social. Há julgados que entendem que a disposição do contrato social acerca do pagamento pode ser afastada se for reputada abusiva. E o STJ entende que, em apuração de haveres, a sociedade é constituída em mora com a citação válida – o que deve ser considerado como termo inicial para o pagamento das parcelas. É dizer: se no contrato social houver previsão de pagamento dos haveres em 48 (quarenta e oito) parcelas, as vencidas durante o tempo de tramitação têm de ser pagas imediatamente ao momento do cumprimento de sentença (STJ, 4ª T., REsp nº 1.239.754, Rel. Min. Luis Felipe Salomão, 22/5/2012).

II. Desconto dos valores antecipados (incontroversos ou antecipados em liminar)

Do pagamento final dos haveres devem ser descontados os valores da parte incontroversa que tenha sido antecipada e também os valores antecipados em eventuais decisões sumárias de pagamento de soma em dinheiro (TJ-SP, 2ª Câmara Reservada de Direito Empresarial, APL nº 0045025-29.2012.8.26.0224, Rel. Ramon Mateo Júnior, 12/12/2014).

Capítulo VI - Do Inventário e da Partilha

Seção I - Disposições Gerais

Art. 610 - Havendo testamento ou interessado incapaz, proceder-se-á ao inventário judicial.

§ 1º - Se todos forem capazes e concordes, o inventário e a partilha poderão ser feitos por escritura pública, a qual constituirá documento hábil para qualquer ato de registro, bem como para levantamento de importância depositada em instituições financeiras.

§ 2º - O tabelião somente lavrará a escritura pública se todas as partes interessadas estiverem assistidas por advogado ou por defensor público, cuja qualificação e assinatura constarão do ato notarial.

Autores: Francisco José Cahali e Renato Santos Piccolomini de Azevedo

I. Da sucessão *causa mortis*

Em decorrência da morte da pessoa natural, respeitado o ordenamento jurídico vigente pelo qual "é garantido o direito de herança" (CF, art. 5º, inciso XXX), direito esse fundamental da pessoa humana, imperiosa a arrecadação dos bens por ela deixados para a futura distribuição entre os seus sucessores. A sucessão *causa mortis*, que objetiva dar continuidade à propriedade dos bens do falecido, bem como às relações e obrigações por ele assumidas, pode se dar por força de lei, assim entendida a sucessão legítima, prevista no Título II, do Livro V do Código Civil, assegurando ao cônjuge, companheiro e demais herdeiros sucessíveis parcela de participação mínima nesse patrimônio, bem como por expressa vontade do falecido, assim entendida a sucessão testamentária, prevista no Título III do mesmo Livro e Código mencionados.

Esse procedimento de arrecadação dos bens, identificação dos sucessores e distribuição do patrimônio se faz por meio de inventário, que poderá ser judicial ou extrajudicial.

II. Do inventário judicial – processo necessário

Como regra, compete aos herdeiros, preenchidos requisitos específicos, escolher se o processamento do inventário será em juízo, pelas regras processuais previstas no Código de Processo Civil, ou pela via extrajudicial, possibilidade introduzida no CPC/1973 pela Lei nº 11.441, de 4 de janeiro de 2007, e mantida no CPC/2015.

Apesar de se tratar de faculdade conferida aos herdeiros interessados, a legislação reserva e confere competência exclusiva para a via judicial ao processamento de inventários quando presentes duas situações especificamente descritas em lei, a saber: existência de testamento ou de interessado incapaz. Não são essas situações cumulativas, bastando a existência de uma apenas para a reserva do procedimento judicial.

Neste ponto, diferentemente do quanto anotado na edição anterior, de acordo com o art. 1º do Provimento CGJ nº 37/2016 da Corregedoria-Geral da Justiça do Estado de São Paulo, publicado em 28/6/2016, admite-se a realização de inventário por escritura pública, mesmo que existente testamento válido, bastando que se obtenha "expressa autorização do juízo sucessório competente, nos autos de abertura e cumprimento de testamento".

A terceira situação que exige o processamento pela via judicial é a inexistência de consenso entre todos os herdeiros. Essa hipótese, observada a contrario sensu do quanto previsto no § 1º do artigo em estudo, em conjunto ou isoladamente com as anteriores, afasta por absoluto a possibilidade de realização do inventário pela via extrajudicial.

Por último, "o (a) companheiro(a) que tenha direito à sucessão é parte, observada a necessidade de ação judicial se o autor da herança não deixar outro sucessor [...]" (Resolução nº 35 CNJ, art. 18).

III. Da existência de testamento

A legislação não faz distinção entre as espécies de testamento que forçariam o processamento do inventário pela via judicial, de modo que tanto os elaborados de forma ordinária (CC, art. 1.862), quais sejam: público, particular e cerrado, quanto os de forma especial prevista em lei (CC, art. 1.886), quais sejam: o marítimo, o aeronáutico e o militar, devem assim ser realizados.

O codicilo (CC, art. 1.881), por sua vez, apesar de não revestido com a forma e conteúdo de testamento, bem como por ausência de previsão no *caput* do art. 610, em tese, não afastaria a faculdade de realização do inventário administrativo. Porém, em interpretação sistemática com o art. 737, § 3º, do CPC/2015, havendo necessidade de procedimento judicial próprio para sua publicação, forçoso se concluir também pelo processamento e cumprimento em juízo. Em sentido contrário: "A existência de codicilo não impede a lavratura de escritura pública de inventário e partilha" (Provimento nº 11/2013 da Corregedoria-Geral da Justiça do TJMA, art. 652, § 4º).

A verificação de existência de testamento é diligência que deve ser averiguada a requerimento do juiz, do tabelião ou pelos próprios herdeiros, sendo, em algumas hipóteses, de mais fácil solução e, em outras, de consulta mais apurada. No caso do testamento público e do testamento cerrado, em razão do lançamento nos livros oficiais pelo tabelião competente, possível a busca ou consulta ao RCTO (Registro Central de Testamentos Públicos On-line), inclusive através do sítio do Colégio Notarial do Brasil, exigindo-se do interessado cópia da certidão de óbito e recolhimento da taxa devida (Provimento CGSP nº 40/2012, arts. 157 a 162). A existência de testamento marítimo ou aeronáutico demanda consulta nos registros de diário de bordo (CC, art. 1.888, parágrafo único). Por sua vez, o testamento particular e o testamento militar exigem, de uma forma ou de outra, disposição e confiança das pessoas em posse do documento ou informação, dependendo de essas informarem sobre a existência de manifestação de última vontade.

Cumprida a diligência de arrecadação do testamento, relevante questionar se a sua existência sempre levará à judicialização do inventário, ainda que este padeça de algum vício. Isso porque, consoante a regra material e em situações específicas, poderá ter sido o testamento revogado, poderá ter ele sua validade contestada por sentença judicial ou, ainda, ser reconhecido como roto. Quanto ao tema, tem-se que o espírito da legislação ao consagrar a via judicial quando da existência de testamento é, inadvertidamente, fazer prevalecer e assegurar o cumprimento das disposições ali contidas. Assim, se, de alguma forma, essa declaração de vontade padece de vício ou perde a sua eficácia, evidente que não permanece merecedora da proteção judicial, autorizando-se a realização do inventário extrajudicial.

Ao enfrentar o questionamento anterior, a Corregedoria-Geral da Justiça do Estado de São Paulo entendeu que "É possível a lavratura de escritura de inventário e partilha nos casos de testamento revogado ou caduco ou quando houver decisão judicial, com trânsito em julgado, declarando a invalidade do testamento" (Provimento CGSP nº 40/2012, art. 129). Igual solução deve ser dada na hipótese de renúncia de todos os herdeiros instituídos e legatários, lembrando ser possível a renúncia parcial da herança desde que o herdeiro a receba por títulos diferentes (CC, art. 1.808, §§ 1º e 2º).

IV. Dos interessados incapazes

Assim como afastada a possibilidade da lavratura de escritura pública de inventário diante da existência de testamento, salvo com autorização judicial, também fica prejudicada a sua realização quando existente um ou mais interessados incapazes. Pertinente para a aplicação do texto legal, de início, a identificação de quem são os interessados na sucessão.

Em primeira análise, os interessados na sucessão seriam exclusivamente os herdeiros sucessíveis, aqui tratando-se especificamente dos herdeiros legítimos, uma vez que os testamentários e/ou os legatários pressupõem a existência de testamento, que por si só afasta a via extrajudicial.

Dentre os herdeiros legítimos (CC, art. 1.829), de uma forma geral, seriam interessados tanto os herdeiros necessários (CC, art. 1.845), a saber: o cônjuge, descendentes (filhos, netos, bisnetos, etc.) e ascendentes (pais, avós, bisavós, etc.), quanto os facultativos, assim entendidos os colaterais de até quarto grau (irmãos, sobrinhos, tios, primos, sobrinhos-netos e tios-avôs), além daqueles que herdam por representação ou são chamados à sucessão em razão da exclusão de outro.

Para os fins do *caput* do art. 610, porém, interessados são aqueles beneficiários de vantagem patrimonial direta proveniente da sucessão aberta. Com isso, há que se verificar, na ordem de vocação hereditária, qual ou quais seriam aqueles chamados a suceder. Decorre disso que, mesmo havendo um colateral incapaz, diante da existência de descendentes, cônjuge ou ascendentes capazes, inexistiria o obstáculo para o processamento do inventário na via extrajudicial. Repise-se, a incapacidade só tem o condão de forçar o inventário pela via judicial quando se tratar o incapaz de beneficiário direto e imediato da sucessão.

Em relação ao companheiro que vivia com o falecido em união estável, prevalece a regra prevista no *caput* do artigo estudado, sendo vedada a solução pela escritura pública em caso de sua incapacidade e, também, na hipótese de "[...] o autor da herança não deixar outro sucessor [...]" (Resolução nº 35 CNJ, art. 18), conforme já mencionado.

Por fim, dentre aqueles que se poderiam considerar interessados na sucessão, tem-se que a incapacidade do credor não influenciaria na escolha dos herdeiros por uma ou outra via, uma vez que este, podendo se valer de seu representante, possui os meios ordinários para satisfazer o seu débito, não se relacionando à proteção que se pretende dar ao herdeiro incapaz. Nesse sentido, "a existência de credores do espólio não impedirá a realização do inventário e partilha, ou adjudicação, por escritura pública" (Resolução nº 35 CNJ, art. 27).

Verificados aqueles que podem ser considerados interessados, há que se esclarecer que o Código não distingue incapacidade absoluta da incapacidade relativa, razão pela qual a existência de qualquer delas (CC, arts. 3º e 4º), com a nova redação trazida pela Lei nº 13.146/2015, também impede o inventário administrativo, realizado em Tabelionato de Notas, com as ressalvas do art. 5º, parágrafo único, do Código Civil. Nesse sentido, "Admitem-se inventário e partilha extrajudiciais com viúvo(a) ou herdeiro(s) capazes, *inclusive por emancipação* [...]" (Resolução nº 35 CNJ, art. 12, grifo nosso).

Ainda, importante anotar que a capacidade não é aferida no momento da abertura da sucessão, mas sim do momento da abertura do inventário ou da lavratura da escritura pública. Quer isto dizer que, a depender do tempo de duração do inventário, se sobrevier a cessação de qualquer das causas de incapacidade, inclusive pela morte, fica autorizada a realização do inventário extrajudicial.

No sentido oposto, se em um primeiro momento, preenchidos os requisitos, sobrevier qualquer causa que retire a capacidade do interessado, forçosa a migração para a via judicial.

Questão mais controvertida e de extrema importância é a eventual incapacidade do cônjuge ou companheiro de qualquer dos interessados (herdeiros ou legatários), uma vez que, apesar de não ser beneficiário direto da herança, a depender do regime de bens, poderá vir a ser contemplado com o patrimônio no futuro.

A resposta à indagação vem do art. 17 da Resolução nº 35 do CNJ, que disciplina a Lei nº 11.441/2007, ao exigir que "[...] os cônjuges dos herdeiros deverão comparecer ao ato de lavratura da escritura pública de inventário e partilha quando houver renúncia ou algum tipo de partilha que importe transmissão [...]". Ou seja, se não houver ato que importe em ofensa ao art. 1.647 do CC (hipóteses de obrigatoriedade da vênia conjugal), mesmo sendo o cônjuge de um dos herdeiros incapaz, viável a realização do inventário por escritura pública.

V. Do inventário extrajudicial

Tratando o artigo em seu *caput* das hipóteses em que é obrigatório o processamento do inventário judicial, traz o § 1º a possibilidade de realização do inventário extrajudicial, modalidade inaugurada pela Lei nº 11.441, de 4 de janeiro de 2007. O CPC/2015 pouco alterou a redação anteriormente consolidada pelo CPC/1973, retirando a modalidade extrajudicial da segunda parte do antigo *caput,* transformando-a no atual § 1º do texto legal.

Em sua essência, permanece a possibilidade de realização do inventário extrajudicial quando não obrigatório o inventário judicial, ou seja, quando não há testamento – ou, ainda, quando este tem sua validade ou eficácia prejudicada – bem como diante de todos os interessados maiores e capazes.

O § 1º, conforme já exposto, traz em sua redação uma terceira e última exigência, que nada mais é do que o consenso entre as partes envolvidas. A questão é simples. Para ter validade, a escritura demanda a assinatura de todos os herdeiros e interessados, ou seja, um acordo. Caso algum deles não concorde com o ali disposto, não oporá sua respectiva firma, e a escritura não se lavrará, salvo se a assinatura e realização se deu por erro, dolo ou coação, hipóteses em que também desaguarão na nulidade do ato.

Também como já ressaltado, a via extrajudicial, preenchidos os requisitos, é facultativa e não obrigatória aos herdeiros. Decorre disso que não pode a autoridade judiciária afastar a realização do inventário judicial. Nesse sentido o Tribunal de Justiça assim se posicionou: "INVENTÁRIO - Procedimento - Interpretação do art. 982 do CPC, com a nova redação dada pela Lei n. 11.441/2.007 - Hipótese de faculdade de o interessado optar pela via judicial ou extrajudicial - Reconhecimento - Inadmissibilidade de negar acesso à ordem jurídica - Prosseguimento do inventário em Juízo, como desejado pelas partes - Determinação - Recurso provido" (TJSP, 4ª Câm. Dir. Priv., AI nº 502.941-4/9, Rel. Des. Ênio Santarelli Zuliani, j. 12/4/2007, v.u.).

Quanto ao tema, ainda pertinente anotar que "aplica-se a Lei nº 11.441/07 aos casos de óbitos ocorridos antes de sua vigência" (Provimento CGSP nº 40/2012, art. 127). Também, pelos arts. 25 e 26 da Resolução nº 35 do CNJ, respectivamente, admissível a sobrepartilha dos bens pela via extrajudicial, ainda que a primeira partilha tenha sido judicial, e a adjudicação dos bens deixados por herdeiro universal.

Por fim, vale anotar a evolução da matéria relativa à possibilidade de realização de inventário por escritura pública, quando existente testamento válido. Na edição anterior, o entendimento prevalente era "[...] no sentido da impossibilidade, por expressa vedação legal, de realização de inventário extrajudicial em existindo testamento válido, ainda que todos os sucessores sejam capazes e manifestem sua concordância" (Processo nº 2014/62010, Hamilton Elliot Akel, j. em 18/7/2014, DJE de 23, 25 e 29/7/2014).

Agora, porém, com a publicação do Provimento CGJ nº 37/2017 da Corregedoria-Geral da Justiça do Estado de São Paulo, em 28/6/2016, tem-se que "Diante da expressa autorização do juízo sucessório competente, nos autos do procedimento de abertura e cumprimento de testamento, sendo todos os interessados capazes e concordes, poderão ser feitos o inventário e a partilha por escritura pública, que constituirá título hábil para o registro imobiliário".

Na prática, os interessados se valem da ação de abertura registro e publicação do testamento e, após, com autorização judicial, realizariam o inventário perante tabelionato de notas, desde que todos capazes e concordes.

Julgado

"Autos de abertura e cumprimento dos testamentos - Decisão que determinou que se proceda ao inventário judicial, nos termos do art. 610, do NCPC - Inconformismo - Acolhimento - Nos termos do Provimento 37/2016, da Corregedoria-Geral da Justiça, que deu nova redação ao item 129 e subitens, do Capítulo XIV, das NSCGJ, sendo todos os interessados capazes e concordes, poderão ser feitos o inventário e a partilha por escritura pública - Decisão reformada - Recurso provido" (TJSP, 8ª Câm. Dir. Priv., AI nº 2022083-83.2017.8.26.0000, Rel. Des. Grava Brazil, j. em 20/4/2017, v.u.).

VI. Do procedimento

É competente para a lavratura da escritura pública de inventário e partilha o Cartório de Notas (ou Tabelionato de Notas), daí por que falar-se em ato notarial, exigindo-se todas as formalidades e características próprias deste. Diferentemente da competência de jurisdição prevista no Código de Processo Civil, "[...] é livre a escolha do tabelião de notas [...]" (Resolução nº 35 CNJ, art. 1º).

No que tange à forma, o conteúdo é similar ao das declarações e propostas de partilha realizadas no processo de inventário judicial, devendo constar a identificação do *de cujus* com a especificação dos dados de seu óbito, a identificação dos herdeiros, dos bens, e a forma de divisão com a individualização dos respectivos quinhões (Resolução nº 35 CNJ, art. 12). Em semelhança ao procedimento judicial, é possível a nomeação de inventariante através de escritura pública, não demandando observância à ordem do art. 617, CPC/2015, pois presumido o acordo entre os envolvidos quanto à escolha do representante.

Quanto à parte final do § 1º do dispositivo estudado, identifica-se parcial alteração quanto ao Código revogado, para tornar a escritura pública não apenas título hábil para o "registro imobiliário" (CPC/1973, art. 982), como para qualquer ato de registro, assim podendo se estender àqueles junto a todo e qualquer órgão oficial, como, por exemplo, para a transferência de veículos, de participações societárias, etc. Outra louvável inovação, a consolidar o que antes já se verificava na prática, é a expressa menção à aptidão do documento público para o levantamento de ativos financeiro, junto às instituições financeiras, sejam elas públicas ou privadas.

Quanto ao mais, necessária a presença de advogado para o ato, podendo um advogado atuar representando todos os herdeiros, como também possível que estes sejam representados por patronos diferentes e, ainda, podem participar no mesmo ato advogado e defensor público. A presença é obrigatória no ato da lavratura da escritura.

VII. Da gratuidade do ato

A legislação atual não reproduziu o § 2º do artigo correspondente no CPC/1973, que dizia que "a escritura e demais atos notariais serão gratuitos àqueles que se declararem pobres sob as penas da lei", texto acrescentado pela Lei nº 11.965, de 3 de julho de 2009. Apesar da omissão, entende-se que deve prevalecer a gratuidade prevista na Lei Especial citada, em cotejo com os preceitos constitucionais de acesso gratuito à justiça.

Julgado

"AGRAVO DE INSTRUMENTO. Inventário. Insurgência contra o indeferimento de pedido de extensão da assistência judiciária gratuita aos emolumentos do Cartório de Registro de Imóveis. Possibilidade. Decisão reformada. A gratuidade da justiça gratuita concedida em processo judicial deve ser estendida aos atos extrajudiciais de notários e de registradores. Viabilização do cumprimento de decisão do Poder Judiciário e garantia da prestação jurisdicional plena. Precedentes do C. STJ. RECURSO PROVIDO" (TJSP, 6ª Câm. Dir. Priv., AI nº 2031862-96.2016.8.26.0000, Rel. Des. José Roberto Furquim Cabella, j. em 16/5/2016, v.u.).

Art. 611 - O processo de inventário e de partilha deve ser instaurado dentro de 2 (dois) meses, a contar da abertura da sucessão, ultimando-se nos 12 (doze) meses subsequentes, podendo o juiz prorrogar esses prazos, de ofício ou a requerimento de parte.

I. Prazos do inventário

Motivada pela necessidade de transmissão dos bens e obrigações do *de cujus*, a legislação imprime prazos para a abertura e realização do inventário. O primeiro prazo tratado neste Capítulo de Inventário e Partilha, no tocante ao tempo para a abertura do inventário, foge à regra pela qual os prazos são contados em dias úteis (CPC/2015, art. 219), e não mais corridos, como na antiga sistemática processual (CPC/1973, art. 178). O artigo correspondente da codificação anterior (CPC/1973, art. 983) até previa a contagem diária para a abertura do inventário – naquela redação, especificamente, 60 dias – agora convertido em dois meses, evitando-se, assim, que o cômputo em dias úteis pudesse ampliar em muito o prazo para a abertura do inventário.

Por sua vez, a *manutenção* do prazo de dois meses para a abertura do inventário (leia-se, o equivalente a 60 dias no CPC/1973) vem corroborar e consolidar a prevalência do prazo previsto no Código Processual sobre aquele de 30 dias previsto no art. 1.976 do Código Civil, discussão há muito debatida pela doutrina e jurisprudência, admitindo-se a revogação deste último.

O artigo estudado se refere como início do cômputo do prazo a abertura da sucessão, sendo certo que essa se dá com a morte do autor da herança, seja ela natural ou presumida (CC, arts. 6º e 7º).

Para a contagem do prazo agora estabelecido em meses, pois, deve-se considerar como termo inicial o dia útil subsequente ao da data do óbito, recaindo o termo final naquele mesmo dia, dois meses depois. Se o dia do termo final recair em dia não útil (sábado, domingo ou feriado) ou, ainda, não houver dia correspondente (exemplo: falecido no dia 30 de julho, início do prazo em 31 de julho, o termo final seria em setembro, que só tem 30 dias), o prazo deverá ser estendido até o próximo dia útil.

No que se refere ao prazo para a instauração do inventário, porém, a nova legislação processual não mais se compatibiliza, por exemplo, com a legislação tributária do Estado de São Paulo, que faz sua contagem em dias (Lei nº 10.705/2000, art. 21), podendo surgir divergência com o prazo do CPC/2015, agora contado em meses.

Assim, considerando que a principal implicação da demora na abertura do inventário é justamente a imposição de multa pela Exatoria Estadual, cuja instituição é considerada constitucional pelo Supremo Tribunal Federal, nos termos da Súmula nº 542 ("Não é inconstitucional a multa instituída pelo Estado-membro, como sensação pelo retardamento do início ou da ultimação do inventário"), forçoso será equalizar o prazo da legislação federal com o da lei estadual que institui o referido imposto.

Sendo esses os limites temporais mínimo e máximo estabelecidos, a própria norma prevê a possibilidade de prorrogação dos prazos tanto de instauração quanto de encerramento. A dilação do prazo de abertura (ou instauração), conforme mencionado, guarda relevância em razão da multa estabelecida pela legislação bandeirante, podendo, "por motivo justo", o magistrado autorizar o seu afastamento (Lei Estadual nº 10.705/2000, art. 17, § 1º).

A prorrogação se mostra adequada não só para a abertura, como também para a conclusão do inventário, tendo em vista que o prazo de 12 (doze) meses é, por mais das vezes, inexequível, seja pela necessidade de arrecadação da documentação dos bens (situados em locais diversos), quanto para a citação dos herdeiros, impugnações, além da própria morosidade do Poder Judi-ciário.

Nesse sentido, a prática mostra que a prorrogação dos inventários se dá de ofício, sem qualquer maior formalidade. Trata-se de prazo impróprio, e o seu não cumprimento poderá acarretar, se comprovada a desídia, a remoção do inventariante ou o não pagamento do prêmio ao testamenteiro, se houver.

No tocante ao inventário extrajudicial, diferentemente do que era observado na prática, quando não se exigia qualquer prazo para o início ou término do procedimento, ao menos no Estado de São Paulo, o prazo de 60 dias estabelecido pela legislação estadual passou a ser aplicado também para as escrituras públicas de inventário e partilha.

A mencionada cobrança encontra amparo nas normas da corregedoria-geral da Justiça do Estado de São Paulo, que entende poder "a escritura pública de inventário e partilha [...] ser lavrada a qualquer tempo, cabendo ao Tabelião de Notas fiscalizar o recolhimento de eventual multa, conforme previsão em legislação tributária específica" (Provimento nº 40/2012, art. 128). Tal artigo, por sua vez, comporta severas críticas, em razão do entendimento de que os prazos do art. 611 do CPC/2015 (CPC/1973, art. 983) não se estenderiam ao inventário extrajudicial. Ademais, a própria diferença dos procedimentos traria dificuldades de ordem técnica e prática para, como no inventário judicial, apenas se requerer a abertura do inventário.

Por fim, cumpre elucidar que o desatendimento quanto ao prazo para ultimação do inventário, ainda que por falta de provocação, não importa na extinção do feito, mas sim o seu arquivamento, podendo o seu curso normal ser restaurado a qualquer tempo. O Tribunal de Justiça de São Paulo assim se posicionou a respeito: "A realização do inventário se sobrepõe à conveniência dos próprios herdeiros, diante do interesse social de que não pairem dúvidas acerca da perfeita descrição dos bens do morto e identificação dos atuais proprietários" (TJSP, 1ª Câmara de Direito Privado, Apel. nº 0025218-32.2002.8.26.0011, Rel. Des. Alcides Leopoldo e Silva Júnior, j. 25/2/2014, DJ de 25/2/2014).

Art. 612 - O juiz decidirá todas as questões de direito desde que os fatos relevantes estejam provados por documento, só remetendo para as vias ordinárias as questões que dependerem de outras provas.

I. Da limitação objetiva do inventário

O processo de inventário é, por essência, um processo administrativo de arrecadação de bens da pessoa falecida, com a discriminação dos seus respectivos beneficiários, cônjuge e herdeiros, destinando a cada um deles, ao final, a porção que lhe cabe por força da lei ou testamento.

Nessa toada, não se admite a ampliação do seu limite objetivo ou subjetivo para questões de *alta indagação*, entendidas, assim, não aquelas matérias de direito complexas sobre a qual teria que se debruçar o magistrado, pois em princípio ao magistrado se presume a capacidade técnica suficiente para tanto, mas àquelas que demandam maior investigação no campo probatório, escapando ao rito tratado, de caráter meramente administrativo. Ressalta-se que "[...] Na linha da doutrina e da jurisprudência desta Corte, questões de direito, mesmo intrincadas, e questões de fato documentadas resolvem-se no juízo do inventário e não na via ordinária [...]" (STJ, 4ª T., REsp nº 114.542/RJ, Rel. Min. Sálvio de Figueiredo Teixeira, j. 27/5/2003). É o caso, por exemplo, da discussão sobre a investigação e reconhecimento de paternidade, ou de união estável (TJSP, 8ª Câmara de Direito Privado, AI nº 2007326-89.2014.8.26.0000, Rel. Des. Silvério da Silva, unânime, j. 17/12/2014, DJ de 17/12/2014), além das matérias que envolvem o próprio bem inventariado, como a discussão sobre a propriedade de um imóvel, por exemplo.

Essas matérias (de *alta indagação*) fogem à alçada do juiz do inventário, por necessidade de produção de provas outras que não podem ali ser produzidas, em razão da incompatibilidade de rito, ou até mesmo da convocação de pessoas alheias aos herdeiros, protagonistas daquela sucessão tratada.

Com a alteração legislativa promovida, o CPC/2015 suprimiu a consagrada expressão ("alta indagação"), o que em um primeiro momento parece ser apenas a eliminação de possível redundância existente entre o referido termo e o das "questões de direito que [...] dependerem de outras provas". Isto porque, como visto, a "alta indagação" não se traduziria por questões jurídicas complexas, mas sim aquelas que, conforme o próprio texto legal já pronunciava, demandariam ampliação probatória.

Daí por que a opção do legislador pela simples manutenção no texto da impossibilidade de análise das "questões de direito que [...] dependerem de outras provas" bastaria para o fim pretendido, sem a necessidade de se complementar com o afastamento das questões de "alta indagação".

Ainda quanto ao tema, as "questões de fato" (CPC/1973, art. 984) não foram repetidas no texto da atual codificação, dentre aquelas que poderiam ser apreciadas no inventário, também, ao que parece, por razões semânticas. Somente interessam ao direito as questões de fato que tenham repercussão jurídica. Não competiria a qualquer magistrado, menos ainda em sede de inventário, decidir sobre qualquer questão de fato, assim apenas por decidir, sem que essa tenha alcance expressivo na esfera jurídica.

Nesse sentido, os fatos a que refere a norma são aqueles que repercutem nas questões de direito e devem estar suficientemente provados para reconhecimento no processo de inventário.

Para concluir, possível afirmar que as questões que podem ser decididas pelo juiz nos limites do inventário são as mesmas de que trata o art. 355, inciso I, do CPC/2015, quanto ao julgamento antecipado do mérito, ou seja, quando "não houver necessidade de produção de outras provas".

II. Da limitação do meio de prova

Como visto, a exigência para julgamento das questões de direito é que os fatos a elas inerentes estejam comprovados por documentos.

Documentos são todos aqueles enunciados no art. 405 e seguintes do CPC/2015, podendo ser levados ao processo pelos próprios herdeiros interessados, como também requisitados pelo magistrado, através dos sistemas de parcerias do Poder Judiciário para requisições de informações oficiais (Infojud, Bacenjud, Renajud, etc.), pela expedição de ofícios para órgãos públicos e/ou instituições privadas para verificação de informações.

Essas informações, aliás, são extremamente relevantes e pertinentes para a própria apuração do patrimônio inventariado, muitas vezes desconhecido na integralidade pelos herdeiros.

Cita-se, como exemplo, imóvel adquirido pelo *de cujus* em parte quando era solteiro e parte quando casado com a viúva. Nesse caso, dependendo do regime de bens do mencionado casamento, para apurar o quanto é patrimônio pessoal e o quanto é patrimônio particular, sugere-se oficiar a construtora para apresentar o extrato financeiro, possibilitando ao juiz identificar e decidir sobre a questão.

Em razão da limitação à prova documental, não se admite no rito de inventário a colheita de prova oral, razão pela qual, nos processos de inventário, raras são as audiências designadas, limi-tadas às audiências de conciliação ou de mediação (CPC/2015, art. 334 e seguintes).

Importa registrar, ainda, que a limitação da produção probatória aos documentos apenas encontra campo no processo de inventário, havendo possibilidade da produção de outros meios de prova, por exemplo, no incidente de remoção de inventariante (CPC/2015, art. 623).

Não mais se faz a inquirição das testemunhas no processo de publicação do instrumento particular, marítimo, aeronáutico, militar e nuncupativo (CPC/1973, art. 1.330), da mesma forma como não mais prevista audiência de instrução e julgamento na ação de prestação de contas (CPC/1973, art. 916, § 2º).

Assim, diante da referida limitação, poderia ser objeto de discussão e decisão em inventário, por exemplo, a cláusula de dispensa de colação oposta no contrato de doação a um dos filhos, ou, conforme mencionado, se um bem foi adquirido antes ou após do casamento, o que implicaria diretamente o direito de meação e de sucessão. Não se admitiria, de outra parte, a realização do exame de DNA de parte que alega ser filha do falecido, ou o reconhecimento de união estável com o qual não concordam os interessados, etc.

Com a nova redação empregada à produção antecipada de prova, vislumbra-se a oportunidade de qualquer dos interessados produzir judicialmente a prova antes da abertura do inventário, desde que com fundamento no art. 381, inciso II, do CPC/2015, quando "a prova a ser produzida seja suscetível de viabilizar a autocomposição ou outro meio adequado de solução do conflito". Assim, nada impede que o companheiro, produzindo prova suficiente a levar ao inventário, possa ter seu direito reconhecido pelos próprios herdeiros. Tal possibilidade não se aventava no CPC/1973: "Indeferimento de inicial medida cautelar de produção de provas [...] Inadequação da medida. Interessada que deseja provar a existência de bens a inventariar por testemunhas e reunir documentos necessários para futura abertura de inventário. Inadmissibilidade [...] Não provimento" (TJSP, 5ª Câm. Extr. Dir. Priv., Apel. nº 0015372-73.20098.26.0066, Rel. Des. Ênio Zuliani, j. 25/6/2014, v.u.).

III. Remessa às vias ordinárias

Pelo conteúdo do dispositivo, vias ordinárias são aquelas que, desde o princípio, seriam as competentes para a discussão daquela matéria, seja de procedimento comum ou de procedimento especial, e que assim deverão abrigar a discussão, por impropriedade de isso se fazer no inventário, seja por incompatibilidade de rito, das partes ou a insuficiência da prova. Exemplificando, sobre o fato de viver ou não o *de cujus* em união estável com certa pessoa no momento do falecimento, deverá ser ajuizada a respectiva ação de reconhecimento e dissolução de união estável, conforme decidido no julgado: TJSP, 9ª Câmara de Direito Privado, AI nº 2061320-95.2015.8.26.000, Rel. Des. José Aparício Coelho Prado Neto, j. 28/4/2015; outro, se pessoa suscita em inventário ser filho do falecido, a ação competente para o julgamento é a da investigação de paternidade.

IV. Agravo de instrumento

A decisão que remetia a discussão de questões às vias ordinárias no CPC/1973 era atacável por agravo de instrumento ou agravo retido. Não mais se vislumbra na nova ordem processual a modalidade do recurso retido, remanescendo a modalidade de instrumento nas apertadas hipóteses do art. 1.015 do CPC/2015. Dentre as hipóteses descritas no referido artigo, não se enquadra a hipótese da remessa de discussões de alta indagação às vias ordinárias, porém, referido artigo, em seu parágrafo único, faz a ressalva de que "também caberá agravo de instrumento contra decisões interlocutórias proferidas [...] no processo de inventário".

Deste modo, tratando-se inegavelmente de decisão interlocutória, a referida hipótese está prevista dentre as poucas remanescentes hipóteses de recurso de agravo de instrumento, somente por ser proferida no processo de inventário.

Assim, louvável a manutenção da via recursal para reparar eventuais distorções e situações flagrantes sobre as quais deveria o juiz decidir, mas assim não o fez, ainda que, com a nova redação do artigo, não mais remanesça a dúvida de que questões de alta indagação não se traduzem naquelas questões de direito de alta complexidade, devendo obrigatoriamente o magistrado sobre elas se debruçar.

Por fim, importante registro merece ser feito quanto à necessidade de manejo do recurso nessa hipótese, pois, em razão de a matéria comportar agravo de instrumento, não poderá a parte as arguir em preliminar de apelação, tal qual autoriza o art. 1.009, § 1º, do CPC/2015, sob pena de preclusão, essa limitada à possibilidade de análise da questão de direito e não ao mérito da questão.

Art. 613 - Até que o inventariante preste o compromisso, continuará o espólio na posse do administrador provisório.

I. Administração provisória

Tratando-se a herança de universalidade indivisível, considerada bem imóvel (CC, art. 80, inciso II), com sua imediata transmissão pelo *princípio da saisine*, poderá qualquer dos herdeiros reclamar e defender sua posse. Mas, ainda que cada um dos herdeiros possa proteger a posse, uma vez que a transmissão da posse dos bens ocorre *ope legis* (STJ, 3ª T., REsp nº 537.363/RS, Rel. Min. Vasco Della Giustina, j. 20/4/2010), o legislador elege a figura do administrador provisório como se uma pessoa só fosse.

Nesse sentido "[...] apesar de a herança ser transmitida ao tempo da morte do *de cujus* (princípio *saisine*), os herdeiros ficarão apenas com a posse indireta dos bens, pois a administração da massa hereditária será, inicialmente, do administrador provisório, que representará o espólio judicial e extrajudicialmente [...]" (STJ, REsp nº 777.566/RS, Rel. Min. Vasco Della Giustina – Desembargador convocado do TJRS, j. 27/4/2010).

O art. 613, diferentemente do art. 1.797 do Código Civil, que se entende revogado pela nova regra processual, não relaciona quem seriam os possíveis administradores provisórios, fazendo referência exclusivamente àquele que detém a posse, inclusive, mas não somente, os legitimados para requerer a abertura do inventário (CPC/2015, art. 616). Em se tratando de um casal que tinha como regime de bens eleito o da comunhão universal, facilitada a visualização do cônjuge e/ou companheiro supérstite como administrador provisório de toda a herança, especialmente quando poucos são os bens a inventariar.

Se, porém, diversos eram os bens, e o regime de bens era, por exemplo, o da separação obrigatória, no qual em princípio não há comunicação, a prática pode gerar certo desconforto entre o viúvo e os demais herdeiros, salvo em relação ao imóvel que servia a residência do casal, no qual fica garantido o direito real de habitação (CC, art. 1.831), como julgado pelo Tribunal de Justiça de São Paulo (TJSP, 10ª Câm. Dir. Priv., Apel. nº 0070850-36.2010.826.0000, Rel. Des. Araldo Telles, j. 15/4/2014).

Ao enfrentar a questão, a jurisprudência já se posicionou: o regime de bens não influencia na administração provisória se, ao tempo do falecimento, o cônjuge supérstite estava de fato na posse dos bens da herança. Até porque trata-se de encargo provisório, com mais obrigações do que poderes, logo superado pela nomeação de inventariante.

II. Herança jacente

Exceção à regra anteriormente estudada é a hipótese de, após aberta a sucessão, não se apresentarem herdeiros sucessíveis para recolher a herança. Trata-se da hipótese da herança jacente (CC, art. 1.819 e seguintes), pela qual a posse dos bens vagos somente se transmite ao Poder Público após o trânsito em julgado da sentença declaratória de vacância, não retroagindo à data da abertura da sucessão.

Consequência disso é que os bens vagos poderão ser objeto de usucapião até a transmissão aos Municípios e ao Distrito Federal, sendo que, após, vedada a aquisição da propriedade de bens públicos pelo transcurso do tempo. Nesse sentido, "se a sentença de declaração de vacância foi proferida depois de completado o prazo da prescrição aquisitiva em favor das autoras da ação de usucapião, não procede a alegação de que o bem não poderia ser usucapido porque do domínio público, uma vez que deste somente se poderia cogitar depois da sentença que declarou vagos os bens jacentes [...]" (STJ, 4ª T., REsp nº 209.967/SP, Rel. Min. Ruy Rosado de Aguiar, j. 6/12/1999, v.u.).

Art. 614 - O administrador provisório representa ativa e passivamente o espólio, é obrigado a trazer ao acervo os frutos que desde a abertura da sucessão percebeu, tem direito ao reembolso das despesas necessárias e úteis que fez e responde pelo dano a que, por dolo ou culpa, der causa.

I. Representação judicial e extrajudicial

É da essência do instituto das sucessões que a propriedade não fique sem um dono, emergindo o *droit de saisine* a solucionar eventual desamparo ao domínio dos bens, no período compreendido entre o falecimento e a efetiva distribuição dos bens. Da mesma forma, o direito das sucessões visa socorrer os institutos de direito privado, quanto aos negócios jurídicos encabeçados pelo agora falecido, permitindo a continuidade dessas obrigações perante os herdeiros daquele, obviamente respeitadas as forças da herança (CF, art. 5º, inciso XLV).

Assim, ainda que desprovido de personalidade jurídica própria, o espólio é nada mais que a continuidade da personalidade jurídica daquela pessoa falecida, permanecendo com o direito de defender as suas propriedades e de honrar com suas obrigações. Decorre daí que o espólio precisa de uma pessoa para o representar na defesa de seus interesses e direitos, pois, obviamente, não o pode fazer o *defunto*.

Dúvida não há que a representação do espólio deve ser conduzida pelo inventariante, nos termos do art. 75, inciso VII, do CPC/2015. Entretanto, por diversas as razões, nem sempre a nomeação do representante legalmente instituído é célere, forçando a regra contida no artigo antecedente (CPC/2015, art. 613) quando a representação se dará pelo cônjuge, companheiro e/ou herdeiro que esteja na posse dos bens (quanto aos possíveis legitimados, *vide* comentários ao art. 613, CPC/2015).

A representação dos bens e obrigações deve se dar tanto na esfera judicial quanto na seara particular e/ou administrativa, cabendo ao administrador provisório, no que compatível, as mesmas incumbências a que está obrigado o inventariante no art. 618 do CPC/2015. Ressalta-se a necessária compatibilidade, pois distintas as obrigações entre eles. A exemplo, não é ofício do administrador prestar as primeiras declarações.

Por esse regramento, pois, a legitimidade para receber citações, intimações e defender o espólio em juízo seria de exclusividade do administrador provisório, acarretando a ilegitimidade passiva daquele herdeiro que não possui a administração dos bens. Nesse sentido: "[...] evidenciada a ilegitimidade dos herdeiros para comporem o polo passivo de ação proposta com base em descumprimento de obrigação pessoalmente assumida pelo autor da herança, e também demonstrada a possibilidade de a ação prosseguir contra o espólio, representado pelo administrador provisório, na falta de inventário aberto e, portanto, não havendo nomeação de inventariante" (TJSP, 10ª Câm. Dir. Priv., AI nº 0029211-33.2013.8.26.0000, Rel. Des. João Carlos Saletti, j. 9/4/2013, v.u.) e "[...] Conforme entendimento desta Corte, até que seja nomeado o inventariante, o administrador provisório representa o espólio judicial e extrajudicialmente [...]" (STJ, 3ª T., AgRg nos EDcl no Ag nº 670.583/PR, Rel. Min. Castro Filho, j. 1º/3/2007, DJ de 19/3/2007).

A substituição processual pelo administrador deve ser, contudo, provisória, sendo que a falta de ajuizamento do inventário e/ou falta de nomeação pode ensejar na inclusão dos herdeiros no polo ativo ou passivo (TJSP, 10ª Câm. Dir. Priv., AI nº 0178330-68.2013.8.26.0000, Rel. Des. Roberto Maia, j. 15/10/2013).

O herdeiro que não se encontra na posse dos bens da herança não pode figurar como representante, salvo se em caso de iminente risco de lesão ao espólio e, por consequência, à sua herança.

II. Da restituição dos frutos

Assim como o inventariante, salvo se dativo (CPC/2015, art. 617, inciso VII), o administrador provisório exerce o múnus sem qualquer remuneração ou benefício. O seu cargo, mais equivalente a um encargo, é exercido de forma gratuita, exclusivamente para a manutenção do patrimônio deixado pelo falecido, para a posterior divisão aos herdeiros.

Apesar de o administrador provisório estar na posse direta dos bens do espólio, os frutos e produtos desses observam a regra geral de propriedade (CC, art. 1.232), pela qual pertencem ao seu proprietário. Tendo como regra primordial do direito das sucessões a transmissão imediata dos bens com o evento morte, são proprietários os herdeiros sucessíveis e, dessa forma, beneficiários dos frutos por eles produzidos.

A restituição dos frutos ao monte é, pois, obrigação do administrador provisório, que apenas poderá abater as despesas de conservação, assim entendidas as úteis e as necessárias. A título de exemplo, se o falecido deixou imóvel que gera receita locatícia, deverá o administrador agregar os aluguéis ao monte. Poderá abater dos aluguéis recebidos, porém, a despesa que teve com a troca do telhado do imóvel.

Quanto às benfeitorias voluptuárias implementadas após a abertura da sucessão, por não estarem previstas expressamente no texto legal, entende-se razoável a possibilidade de o administrador provisório as levantar, desde que não deteriore ou prejudique o principal.

Não faz jus o administrador provisório ao direito de retenção pelo não reembolso das despesas na conservação da coisa, devendo se valer das vias próprias para eventual cobrança.

III. Prestação de contas

Considerando o exercício de suas funções, assemelhadas às do inventariante, o administrador provisório está obrigado a prestar contas de sua administração, nos termos do art. 618, inciso VII, do CPC/2015. Nesse sentido "administração provisória de bem do espólio [...] dever dos réus de prestar contas relativas ao período em que ocuparam e receberam aluguéis de imóvel comercial que compõe a herança [...] necessária demonstração contábil que discrimine os créditos e os débitos relacionados à gestão do bem" (TJSP, 4ª Câm. Dir. Priv., Apel. nº 0002588-51.2010.8.26.0156, Rel. Des. Francisco Loureiro, j. 7/4/2011, v.u.).

Seção II - Da Legitimidade para Requerer o Inventário

Art. 615 - O requerimento de inventário e de partilha incumbe a quem estiver na posse e na administração do espólio, no prazo estabelecido no art. 611.

Parágrafo único - O requerimento será instruído com a certidão de óbito do autor da herança.

I. Do pedido de instauração de inventário

O "requerimento de inventário e da partilha" constitui-se ato processual formal para a instauração do procedimento (nos termos do CPC/2015, art. 611), também conhecido na prática como *pedido de abertura de inventário*.

A providência preliminar não exige maiores formalidades, sendo imprescindível, entretanto, a qualificação do administrador do espólio, ou de qualquer dos legitimados concorrentes que eventualmente venham a fazer o requerimento (CPC/2015, art. 616), bem como a apresentação da certidão de óbito do autor da herança, com sua qualificação. Não se faz necessário, nesse primeiro momento, a identificação dos bens ou herdeiros, que serão necessariamente apresentados nas primeiras declarações.

Deve ser o requerimento distribuído dentro do prazo estabelecido no art. 611 do CPC/2015, lembrando-se tratar de prazo contado em meses, e não em dias úteis. A principal implicação do não cumprimento à providência é a aplicação de multa prevista na legislação tributária, cobrança essa considerada constitucional pela Súmula nº 542 do STF. Por essa razão, a prática recomenda que, mesmo sem a documentação pertinente completa, seja feito o pedido de abertura do inventário mediante petição simples, cumprindo-se, dessa forma, o disposto nos arts. 611 e 615 do CPC/2015, com afastamento da aplicação das multas mencionadas.

A eventual falta de documentação essencial ao pedido de instauração, assim entendida a certidão de óbito do *de cujus*, poderá ser posteriormente superada, inclusive com a possibilidade de o magistrado determinar a emenda da inicial no prazo de 15 dias (CPC/2015, art. 321).

Também considerado documento obrigatório, o pedido inicial deve vir acompanhado da procuração outorgada a advogado (CPC/2015, art. 287), situação que igualmente comporta exceção à luz do que dispõe o art. 104 do CPC/2015, quando será dispensada a apresentação imediata para se evitar prejuízo ao cliente. A procuração deverá ser exibida em juízo dentro de 15 dias, prorrogáveis por igual período, por decisão judicial.

Julgado

"Inventário. Indeferimento da inicial por falta de indicação dos nomes e endereços dos herdeiros. Requerimento de abertura de inventário por credor do 'de cujus'. Lei exige apenas certidão de óbito. Dados dos herdeiros deverão ser informados pela inventariante nas primeiras declarações. Recurso" (TJSP, 7ª Câm. Dir. Priv., AI nº 1036337-67.2015.8.26.0000, Rel. Des. Luiz Antonio Costa, j. em 4/10/2016, v.u.).

Art. 616 - Têm, contudo, legitimidade concorrente:
I - o cônjuge ou companheiro supérstite;
II - o herdeiro;
III - o legatário;
IV - o testamenteiro;
V - o cessionário do herdeiro ou do legatário;
VI - o credor do herdeiro, do legatário ou do autor da herança;
VII - o Ministério Público, havendo herdeiros incapazes;
VIII - a Fazenda Pública, quando tiver interesse;
IX - o administrador judicial da falência do herdeiro, do legatário, do autor da herança ou do cônjuge ou companheiro supérstite.

I. Concorrência para requerer o inventário

Vista a incumbência do administrador provisório em instaurar o inventário (CPC/2015, art. 615), por razões práticas de se encontrar na posse dos bens do espólio, o Código Processual elenca outros tantos personagens que podem concorrer com aquele no mesmo pedido.

A concorrência trazida pelo artigo, porém, não deve ser interpretada como *embate* ou *disputa* dos legitimados para querer, um antes do outro, instaurar o inventário. Até porque a legitimação para pedir a abertura não se confunde ou não confere preferência à nomeação deste como inventariante, como, por exemplo, o direito reservado ao credor de requerer a abertura, no entanto sem legitimidade para atuar como inventariante (TJSP, 2ª Câm. Dir. Priv., AI nº 0120317-76.2013.8.26.0000, Rel. Des. Flavio

Abramovici, j. 27/8/2013). E, como visto, o pedido de instauração é meramente formal e em quase nada interfere no procedimento como um todo. Diz-se isso com ressalva, pois não descartada a eventual atuação mal-intencionada dos legitimados, que se apressam em pleitear a abertura do inventário, com a obtenção da certidão de inventariante para prática de atos danosos ao próprio espólio e interesse dos demais herdeiros. Outro possível reflexo da legitimidade concorrente pode surgir na questão da competência, a seguir mais bem analisada.

Via de regra, deve-se entender por concorrência, pois, a possibilidade de todos os interessados elencados nos incisos do artigo estudado fazerem o requerimento na hipótese de não o fazer o administrador provisório, da forma como lhe competia.

A afirmação anterior não é pacífica na doutrina e jurisprudência. Discute-se se os legitimados do art. 616 do CPC/2015 são autorizados a concorrer no requerimento de inventário desde o princípio com o administrador provisório ou se esses só estariam autorizados na inércia daquele. Em que pesem os bons argumentos para se defender a legitimidade subsidiária dos interessados descritos no artigo em relação ao administrador provisório, entende-se que deve prevalecer a corrente que prega a desnecessidade de se aguardar o esgotamento do prazo daquele para o pedido de abertura, ou seja, a concorrência imediata (TJSP, 4ª Câm. Dir. Priv., Apel. nº 0009994-20.2012.8.26.0297, Rel. Des. Natan Zelinschi de Arruda, j. 31/1/2013).

Chega-se a essa conclusão, pois todos os herdeiros, ainda que não tenham posse direta dos bens, recebem em igualdade a universalidade de bens no momento da abertura da sucessão, mesmo que em proporções diferentes. É direito deles, interessados e beneficiários diretos, pedir o processamento do inventário, até porque a inércia do administrador provisório poderia ser extremamente prejudicial a eles, em razão das multas tributárias aplicáveis.

II. Sequência dos legitimados

Conforme defendido outrora, da mesma forma como podem concorrer os herdeiros com o administrador provisório para a abertura, entende-se não ser sequencial a ordem do artigo estudado, podendo cada um, desde que legitimado, pedir a abertura, independentemente de qualquer outro fazê-lo ou não. Corrobora esse entendimento a leitura do novo art. 617 do CPC/2015, que estabelece, expressamente, ordem sequencial para nomeação de inventariante, diferentemente da redação anterior. Assim, quisesse o legislador também estabelecer ordem entre os legitimados concorrentes para abertura do inventário, o teria feito expressamente como na hipótese da inventariança. Exceção a essa regra seriam os legitimados constantes dos incisos IV, VI, VII, VIII e IX, pois não se trata dos beneficiários diretos da herança, devendo, nesse caso, aguardar o decurso do prazo para o pedido.

III. Legitimados

O inciso I do artigo estudado vem corrigir o art. 988 do CPC/1973 ao legitimar o partícipe de união estável ao pedido de abertura de inventário. A regra há muito vinha sendo reconhecida pela doutrina e jurisprudência, pois, no mais das vezes, o companheiro sobrevivente seria o próprio administrador provisório, não cabendo distinção entre os dois institutos para as regras processuais, a despeito da larga discussão no âmbito do direito material. Nesse sentido o Tribunal de Justiça de São Paulo deferiu o pedido de abertura realizado pela companheira do *de cujus*, sendo que a união estável ainda não havia sido reconhecida (TJSP, 3ª Câm. Dir. Priv, AI nº 9040710-94.2009.8.26.0000, Rel. Des. Egidio Giacoia, unânime, j. 6/10/2009, DJ de 10/10/2009).

Para um ou para outro, cônjuge ou companheiro, a legitimidade deve subsistir apenas se estes convivessem com o autor da herança no momento do falecimento, afastando-se, dessa forma, o cônjuge separado judicialmente, extrajudicialmente, separado de fato e o companheiro cuja união já tenha se dissolvido.

Ainda, no contexto atual em que existem várias decisões conferindo direitos decorrentes da relação homossexual, há de se admitir que o sobrevivente desta convivência também se qualifique como legítimo para requerer a abertura do inventário.

Os herdeiros constantes do inciso II são tanto aqueles legítimos quanto os testamentários, não fazendo a lei qualquer distinção entre eles. Também não distingue a lei se um herdeiro prefere ao outro, reforçando-se a legitimação concorrente inclusive entre os interessados de mesma natureza. O mesmo vale para os herdeiros legatários, para os cessionários, etc.

IV. Definição da competência

O maior – se não o único – problema da legitimidade concorrente estabelecida é a possibilidade de, não possuindo o autor da herança domicílio certo (CPC/2015, art. 48, parágrafo único), o inventário ser instaurado em foros diversos.

Na hipótese de todos os imóveis em uma mesma localidade, a solução parece ser mais simples, pois será competente o foro da situação daqueles bens, resolvendo-se a questão pela litispendência (CPC/2015, art. 240).

Se, porém, vários são os imóveis e estes estão situados em foros diferentes ou, ainda, inexistindo bens imóveis, os bens móveis se encontram em diferentes localidades (CPC/2015, art. 48, parágrafo único, incisos II e III), a solução que parece mais adequada é de se seguir, apenas nessa hipótese, a ordem sequencial do art. 616.

V. Legitimidade subsidiária do juiz

O CPC/2015 retirou a legitimidade subsidiária obrigatória atribuída ao juiz para a abertura do inventário, constante do art. 989 do CPC/1973, que assim dispunha: "o juiz determinará, de ofício, que se inicie o inventário, se nenhuma das pessoas mencionadas nos artigos antecedentes o requerer no prazo legal".

Apesar de remota a situação antes prevista, que inclusive comportava severas críticas da doutrina, em razão de afronta à inércia da jurisdição, não trouxe o CPC/2015 qualquer outro legitimado para requerer a instauração do inventário além dos taxativamente previstos, devendo, em primeira análise, ficar o encargo à Fazenda Pública, que deverá se movimentar para a cobrança dos impostos.

Importante mencionar que a provocação por parte do Ministério Público é limitada à defesa de herdeiro incapaz, não podendo ser ampliada para a legitimidade subsidiária antes tratada no art. 989 do CPC/1973.

Julgado

"[...] Tampouco se mostra viável condicionar a continuidade da ação com o requerimento do inventário por parte do agravante. Certo é que ele figura como um dos legitimados para tanto, conforme o art. 616 do CPC/2015, porém somente quando houver herdeiros incapazes, o que não ocorre neste caso e impediria o processamento do feito" (TJSP, 2ª Câm. Res. Meio Ambiente, AI nº 2269751-37.2015.8.26.0000, Rel. Des. Alvaro Passos, j. em 14/4/2016, v.u.).

Seção III - Do Inventariante e das Primeiras Declarações

Art. 617 - O juiz nomeará inventariante na seguinte ordem:

I - o cônjuge ou companheiro sobrevivente, desde que estivesse convivendo com o outro ao tempo da morte deste;

II - o herdeiro que se achar na posse e na administração do espólio, se não houver cônjuge ou companheiro sobrevivente ou se estes não puderem ser nomeados;

III - qualquer herdeiro, quando nenhum deles estiver na posse e na administração do espólio;

IV - o herdeiro menor, por seu representante legal;

V - o testamenteiro, se lhe tiver sido confiada a administração do espólio ou se toda a herança estiver distribuída em legados;

VI - o cessionário do herdeiro ou do legatário;

VII - o inventariante judicial, se houver;

VIII - pessoa estranha idônea, quando não houver inventariante judicial.

Parágrafo único - O inventariante, intimado da nomeação, prestará, dentro de 5 (cinco) dias, o compromisso de bem e fielmente desempenhar a função.

I. Da ordem de nomeação

Instaurado o inventário pelo administrador provisório ou por qualquer daqueles que possuam legitimidade concorrente, tem-se por primeira providência nos autos a nomeação de inventariante, que será aquele escolhido para representar o espólio ativa e passivamente, nos termos do art. 75, inciso VII, do CPC/2015.

Alteração importante foi introduzida pelo novo diploma legal no *caput* do art. 617, com a inclusão da expressão "na seguinte ordem", que suprimiu dúvida antes existente no CPC/1973 quanto à necessidade de observância – ou não – da ordem das pessoas previstas em seus incisos para assumir o encargo.

A inclusão segue orientação jurisprudencial, que já se inclinava no sentido de que "[...] a ordem de nomeação de inventariante insculpida no art. 990 do Código de Processo Civil deve ser rigorosamente observada, excetuando-se as hipóteses em que o magistrado tenha fundadas razões para desconsiderá-la, com o fim de evitar tumultos processuais desnecessários [...]" (STJ, 4ª T., REsp nº 283.994/SP, Rel. Min. Cesar Asfor Rocha, j. 6/3/2011, v.u.). A regra não deve ser vista de forma absoluta, entretanto. Foge à ordem sequencial, por exemplo, se de comum acordo as partes deliberam que determinada pessoa deverá assumir o múnus, mesmo encontrando-se ela em posição posterior às outras. Nesse sentido, pode o representante legal do herdeiro menor (CPC/2015, art. 617, inciso IV) ser escolhido inventariante no lugar do cônjuge sobrevivente.

De igual forma, poderá aquele antecessor na ordem legal renunciar ao encargo, renunciar à herança, ceder os seus direitos hereditários, assumindo o seu posto aquele que o sucede nos incisos. Outrossim, pode lhe faltar capacidade (CC, arts. 4º e 5º), hipótese em que a inventariança sempre será direcionada a outra pessoa daquela mesma classe e, não havendo, à classe subsequente.

Não se pode perder de vista, ainda, a possibilidade de o falecido ter expressamente indicado pessoa a cumprir esse múnus, em testamento (TJSP, 7ª Câm. Dir. Priv., AI nº 0056835-28.2011.8.26.0000, Rel. Des. Gilberto de Souza Moreira, j. 18/5/2011), por exemplo, entendendo-se que a disposição de última vontade deve prevalecer mesmo com o advento da ordem expressamente sequencial incluída pelo CPC/2015, posição essa não pacífica nos tribunais.

Outra possibilidade de afastamento da sequência legal é na hipótese de a animosidade entre os herdeiros ser tão elevada, ao ponto de colocar em risco o próprio patrimônio, quando se admite a nomeação de inventariante dativo em detrimento dos demais (TJSP, 9ª Câm. Dir. Priv., AI nº 2018458-41.2017.8.26.0000, Rel. Des. José Maria Câmara Junior, j. em 18/4/2017).

II. Dos nomeados

O primeiro a encabeçar a lista sequencial é o cônjuge ou o companheiro. Trata-se de decorrência natural do quanto já tratado para o administrador provisório. Falecida a pessoa casada ou que vivia em união estável, geralmente é o cônjuge ou companheiro que com ele convivia que está na administração dos bens.

É clara a intenção do legislador em assegurar ao cônjuge os direitos tanto em relação à herança, quanto à sua administração, o que se evidenciou ainda mais com a sua inclusão dentre o rol dos herdeiros necessários (novidade trazida pelo CC/2002, art. 1.845), como também quando lhe assegurou o direito real de habitação (CC, art. 1.831), sendo este o entendimento pacífico no STJ (STJ, 4ª T., REsp nº 1.203.144/RS, Rel. Min. Luis Felipe Salomão, j. 27/5/2014).

No que se refere ao companheiro, confirmada sua legitimidade para representar o espólio na qualidade de inventariante, de acordo com o que já havia sido introduzido pela Lei nº 12.195/2010 ao inciso I do art. 990 do CPC/1973, reafirmada recentemente pela equivalência dos regimes sucessórios do casamento e da união estável quando do julgamento pelo STF da inconstitucionalidade do art. 1.790 do CC.

Da mesma forma que não há distinção legal entre casamento e união estável para os fins de nomeação do inventariante, inexiste exigência legal quanto ao regime de bens do cônjuge ou do companheiro que pretende a inventariança. Implicação dessa legitimação incondicionada é a possibilidade do cônjuge ou companheiro assumir o encargo ainda que nada venha a receber a título de herança (TJSP, 4ª Câm. Dir. Priv., AI nº 2053799-31.2017.8.26.0000, Rel. Des. Natan Zelinschi de Arruda, j. em 21/6/2017).

Para ilustrar, casal que teve imposto o regime da separação obrigatória de bens (CC, art. 1.641), com um filho comum, tendo como único patrimônio a casa onde moram. No falecimento de um dos cônjuges, o outro não é herdeiro, por vedação expressa (CC, art. 1.829, inciso I), deferindo-se a universalidade da herança ao filho. Nessa hipótese, em respeito à ordem legal, o cônjuge deverá ser nomeado inventariante, mesmo não recebendo a herança. Afigura-se acertada a nomeação, inclusive para a preservação do direito real de habitação (CC, art. 1.831).

O posto mais alto encabeçado pelo cônjuge e pelo companheiro, entretanto, não é absoluto, trazendo o próprio inciso I a condição de convivência entre o casal no momento do falecimento para que aqueles sejam nomeados.

A convivência exigida pelo artigo para se empossar na inventariança representa, *a contrario sensu*, sua exclusão do encargo quando houver separação judicial e/ou separação extrajudicial, divórcio judicial e/ou extrajudicial, bem como a dissolução da união estável judicial e/ou extrajudicial (TJPR, 2ª Câmara Cível, AI nº 1058076-2, Rel. Des. Rosana Amara Girardi Fachin, v.u., j. 24/7/2013, DJ de 7/8/2013).

O convívio tutelado, pois, é qualificado e não no sentido amplo, exigindo a comunhão de vida no momento do falecimento. Quanto ao tema, faz-se referência ao criticado e não revogado art. 1.830 do CC, que habilitaria o cônjuge a participar da herança, desde que "não separado de fato há mais de 2 (dois) anos, salvo prova [...] de que essa convivência se tornara impossível sem culpa do sobrevivente", mostrando-se a norma civil obsoleta e carente de reforma.

Tratando-se de ordem expressamente sequencial e sem qualquer condição senão a anteriormente estabelecida, não importa se o cônjuge ou o companheiro tenha ou não a administração provisória dos bens.

Decorre disso que, apenas na inexistência dos legitimados do inciso I, na sua renúncia e/ou incapacidade, é que é chamado ao encargo o herdeiro que se achar na posse e administração do espólio. Novamente, o Código não distingue quem seriam os herdeiros, podendo ser eles legítimos, dentre os quais, os descendentes (filhos, netos, bisnetos...), ascendentes (pais, avôs, bisavôs ...) de qualquer grau e os colaterais até quarto grau (irmãos, sobrinhos, tios, primos, tios-avôs e sobrinhos-netos), ou, ainda, os testamentários, assim entendidos apenas os herdeiros instituídos (sucessor universal), e não o legatário (sucessor singular).

A inventariança defere-se àquele que estiver na posse e administração do espólio, conforme primeira parte do art. 617, inciso II, do CPC/2015. Na prática, a solução que parece mais adequada, porém, é atribuir o encargo ao herdeiro beneficiário direto da sucessão. Isto porque poderíamos ter uma situação na qual um neto que estivesse na posse do único imóvel do *de cujus* poderia ter a inventariança em detrimento dos filhos do falecido, que na sucessão excluem aqueles primeiros (CC, art. 1.833), gerando indesejável situação de conflito.

Não havendo cônjuge ou companheiro, tampouco qualquer herdeiro na administração provisória dos bens, a inventariança pode ser exercida por qualquer deles, valendo a última observação quanto aos herdeiros e beneficiários diretos, nomeado entre eles em consenso ou, na hipótese de dissenso, escolhido pelo juiz aquele que melhor tiver capacidade para exercer a função. Não há presunção ou privilégio quanto ao filho mais velho ou mais novo, ou ao homem ou à mulher, em consagração à igualdade constitucionalmente estabelecida entre filhos (CF, art. 226, § 7º).

Somando à normatização anterior, o CPC/2015 trouxe como legitimados a exercer a inventariança o herdeiro menor, por seu representante legal, e o cessionário do herdeiro ou legatário, construção aproveitada da jurisprudência que já admitia excepcionalmente essas hipóteses (TJRS, 8ª Câmara Cível, AI nº 70053915039, Rel. Des. Luiz Felipe Brasil Santos, j. 6/6/2013). Esses somente serão chamados ao cargo de inventariante se não existentes aqueles que os precedem na lista de preferência do artigo.

O testamenteiro somente será chamado, na sua ordem, quando preenchida uma das duas hipóteses previstas no inciso V, quais sejam (i) ter sido a ele confiada a administração do espólio; ou (ii) a herança estiver distribuída em legados. As situações não são cumulativas, bastando a ocorrência de uma para legitimar o testamenteiro à inventariança. Anotação importante quanto à segunda condicional, pois, a teor do art. 1.923, § 1º, do Código Civil, "não se defere de imediato a posse da coisa, nem nela pode o legatário entrar por autonomia própria". Se todos os herdeiros são legatários, ou seja, sucedem a título singular, nenhum deles tem a posse dos bens da herança, competindo ao testamenteiro a obrigação de entregá-los, cumulando sua função inicial com a de inventariante.

O último da lista de preferência, após o inventariante judicial, é o inventariante dativo (CPC/2015, art. 617, inciso VIII), hipótese em que o encargo é assumido por pessoa sem qualquer relação com o *de cujus*, desde que com notória idoneidade.

III. Compromisso de inventariante

Diante do múnus imposto a qualquer dos legitimados tratados no artigo, terá ele que, após a intimação de sua nomeação, comparecer em juízo para prestar o respectivo compromisso. Quando o inventário se processar pela forma de arrolamento, previsto na Seção IX do CPC/2015, o inventariante nomeado fica dispensado de prestar o compromisso do parágrafo único do artigo comentado, investindo-se no cargo de inventariante com a intimação da respectiva decisão.

Uma vez intimado e convocado para firmar o compromisso, poderá o inventariante ser representado por seu advogado, desde que a procuração contenha poderes específicos para o ato.

IV. Agravo de instrumento

Consoante já comentado no art. 612 anteriormente as decisões interlocutórias proferidas em inventário são passíveis de reforma por agravo de instrumento, previsto no parágrafo único do art. 1.015 do CPC/2015. Superada a possibilidade de recurso, de rigor investigar se a decisão que nomeia inventariante tem ou não conteúdo decisório, a permitir o mencionado recurso. No sistema anterior, apesar de existente entendimento quanto ao não cabimento, a massiva jurisprudência era no sentido de possibilitar o recurso pela via instrumental.

Registro importante deve ser feito quanto aos recursos que usualmente se manejavam contra decisão que nomeava inventariante, consignando que a grande maioria deles, invariavelmente, acabava por discutir se a ordem do então art. 990 do CPC/1973 era ou não sequencial. A inovação legislativa, expressa quanto à ordem de nomeação, acabará por limitar a fundamentação desses recursos, devendo, por consequência, reduzir significantemente o número das insurgências.

Não fica afastada a hipótese do recurso, pois essencialmente a decisão possui sim caráter interlocutório, conferindo a administração do espólio a certa pessoa. Entretanto, entende-se que as discussões terão maior amplitude e abrangência na hipótese de concorrência da legitimidade entre herdeiros de mesma classe (mesmo inciso), quando, entre todos os possíveis, deverá se encontrar aquele mais apto.

Art. 618 - Incumbe ao inventariante:

I - representar o espólio ativa e passivamente, em juízo ou fora dele, observando-se, quanto ao dativo, o disposto no art. 75, § 1º;

II - administrar o espólio, velando-lhe os bens com a mesma diligência que teria se seus fossem;

III - prestar as primeiras e as últimas declarações pessoalmente ou por procurador com poderes especiais;

IV - exibir em cartório, a qualquer tempo, para exame das partes, os documentos relativos ao espólio;

V - juntar aos autos certidão do testamento, se houver;

VI - trazer à colação os bens recebidos pelo herdeiro ausente, renunciante ou excluído;

VII - prestar contas de sua gestão ao deixar o cargo ou sempre que o juiz lhe determinar;

VIII - requerer a declaração de insolvência.

I. Representação em geral

O inventariante nomeado será aquele incumbido de representar e administrar o acervo hereditário, qualificado como *espólio*, durante todo o processo, ou, "desde a assinatura do compromisso até a homologação da partilha" (CC, art. 1.991). Ou seja, com a partilha, a propriedade resolúvel que antes os herdeiros tinham sobre o todo passa a ser definitiva com relação aos bens por eles recebidos.

A exceção quanto à regra de representação é subscrita na parte final do inciso I, com remissão ao art. 75, § 1º, do CPC/2015, que dispõe: "quando o inventariante for dativo, os sucessores do falecido serão intimados no processo no qual o espólio seja parte". Neste caso, dever-se-á se observar o litisconsórcio necessário, com a participação dos herdeiros, assim compreendido no julgado TJSP, 31ª Câm. Dir. Priv., Apel. nº 843067-07, Rel. Des. Adilson de Araújo, j. 5/12/2006.

Em relação aos incisos I e II, verifica-se a autonomia do inventariante para os atos, condicionada, porém, à posterior prestação de contas. São esses atos os de simples e corriqueira administração, inerentes à própria existência da coisa, que não demandam a aprovação dos demais herdeiros ou juiz, a fim de não tornar impraticável a sua administração.

É do inventariante, por exemplo, a obrigação legal de fazer as declarações de imposto de renda do espólio, a declaração final de espólio e a apuração e pagamento de eventual ganho de capital, assim previsto no art. 10, §§ 4º e 5º, da Instrução Normativa SRF nº 84/2001 ("§ 4º - Na hipótese do § 2º, o inventariante deve apurar o ganho de capital por meio do Programa Demonstrativo de Ganhos de Capital do ano-calendário correspondente ao que for proferida a decisão judicial ou lavratura da escritura pública e importar os respectivos dados para a Declaração Final de Espólio;

§ 5º - O imposto devido sobre ganho de capital de que trata este artigo deve ser pago pelo inventariante até 30 (trinta) dias do trânsito em julgado da decisão judicial da partilha, sobrepartilha ou adjudicação ou lavratura da escritura pública").

II. Atos processuais próprios

Além dos atos de mera administração e de representação formal do espólio, previstos nos dois primeiros incisos, o Código traz obrigações processuais a serem cumpridas pelo inventariante no próprio processo de inventário, estando essas especificadas nos incisos III a VIII do artigo ora comentado.

Dentre essas obrigações processuais, a apresentação das primeiras declarações, no prazo e forma estabelecidos pelo art. 620 do CPC/2015, a seguir estudado.

Na qualidade de administrador e representante do espólio, que ao final será partilhado aos demais herdeiros, possui o inventariante a obrigação de apresentar todos os documentos relativos ao acervo hereditário. Tal providência é, via de regra, cumprida com a própria apresentação das primeiras declarações, oportunidade na qual são juntados aos autos os respectivos títulos dos bens da herança. Porém, nada impede que o herdeiro, querendo, exija a apresentação anteriormente ao ato processual.

A não apresentação dos documentos poderá ensejar a sua busca e apreensão, além da remoção do inventariante (TJSP, 1ª Câm. Dir. Priv., Apel. nº 9247235-45.2008.8.26.0000, Rel. Des. Claudio Godoy, j. 29/1/2013). Quanto à apresentação dos documentos, não se vislumbra a multa por descumprimento, na linha do quanto incluído pelo CPC/2015 para a recusa de entrega dos bens após a remoção do inventariante (CPC/2015, art. 625).

Em relação à juntada da certidão de testamento (CPC/2015, art. 618, inciso V), *vide* comentários ao art. 610, "Da existência de testamento".

A obrigação do inventariante quanto à colação dos bens das pessoas elencadas no inciso VI ("herdeiro ausente, renunciante ou excluído") decorre do natural desinteresse dessas em ver a elas computados os bens já recebidos, uma vez que nada mais terão em seu benefício.

III. Prestação de contas

Conforme tratado, os atos do inventariante ficam condicionados à prestação de contas. Consiste, em síntese, de apresentação, na forma mercantil, da contabilidade do espólio, especificando a movimentação de créditos (rendimentos de aluguel, aplicações, dividendos de ações, etc.) e débitos (pagamento de impostos, condomínio, taxas, despesas processuais, serviços de manutenção e conservação dos bens, etc.).

Da mesma forma como se observava no CPC/1973, a prestação de contas deverá ser autuada em apenso, consoante dispõe o art. 553 do CPC/2015.

A apresentação pode ser espontânea pelo inventariante, a requerimento de qualquer dos interessados, ou de ofício pelo próprio juiz, podendo se dar a qualquer tempo e, obrigatoriamente, quando ele deixar o cargo.

IV. Declaração de insolvência

O art. 991, inciso VIII, do CPC/1973, que tratava da declaração de insolvência, fazia remissão ao art. 748 daquele mesmo Código, que assim dispunha: "Dá-se a insolvência toda vez que as dívidas excederem à importância dos bens do devedor", não havendo qualquer remissão no artigo correspondente do CPC/2015.

A declaração de insolvência traduz-se no inventário negativo, permanecendo o espólio com a obrigação de saldar as dívidas deixadas, sempre lembrando que essas não podem ultrapassar as forças da herança para atingir os herdeiros (CC/2002, art.1.792) (TJSP, 7ª Câmara de Direito Privado, ED nº 0000735-73.2010.8.26.0619, Rel. Des. Mendes Pereira, v.u., j. 21/8/2013, r. 27/8/2013 e TJSP, 1ª Câmara de Direito Privado, Apel. nº 0100096-21.2008.8.26.0009, Rel. Des. Virgilio de Oliveira Junior, j. 20/8/2012, r. 3/9/2012).

Art. 619 - Incumbe ainda ao inventariante, ouvidos os interessados e com autorização do juiz:
I - alienar bens de qualquer espécie;
II - transigir em juízo ou fora dele;
III - pagar dívidas do espólio;
IV - fazer as despesas necessárias para a conservação e o melhoramento dos bens do espólio.

I. Incumbências condicionadas

Sem prejuízo das obrigações do inventariante constantes do art. 618 do CPC/2015, as quais podem ser realizadas pelo representante com certa autonomia, com a devida prestação de contas, o Código enumera situações nas quais, obrigatoriamente, devem ser ouvidos os demais herdeiros interessados e o juízo do inventário.

As hipóteses tratadas nos incisos do art. 619 do CPC/2015, entretanto, não são propriamente obrigações do inventariante, isto é, não representam incumbências ao cargo, apesar de ser esse o verbo empregado no *caput*. Tem-se isso claro nas situações dos incisos I e II, consistentes na alienação de bens do espólio e no direito de transigir em juízo e fora dele. São essas faculdades que podem ser exercidas pelo representante do espólio, com as condições prescritas. Outra leitura não pode ser dada, sob pena de se entender que, obrigatoriamente, como incumbência intrínseca ao cargo, deverá o inventariante proceder à alienação de todos os bens da herança.

Fica evidente, pois, que a obrigação do inventariante nessas hipóteses é, além de representar o espólio no respectivo negócio jurídico, ouvir os demais herdeiros e requerer a chancela judicial.

Em comum, todas as hipóteses previstas, reproduzidas a partir do CPC/1973, são de atos que importam em transformação ou diminuição do acervo hereditário, razão pela qual exigida a oitiva dos demais interessados, condôminos daquela universalidade de bens.

Ainda que se trate de herdeiro único e universal, a autorização judicial se faz necessária a fim de preservar eventuais direitos de terceiros e credores. A falta de autorização, porém, atinge o plano da eficácia do negócio jurídico (da alienação), e não o da validade, pois, concluído o inventário com a transferência dos bens ao(s) alienante(s), tem-se por aperfeiçoado o negócio jurídico.

II. Alienação

A alienação tratada no artigo importa em todo e qualquer ato de transferência dos bens do espólio, seja ele gratuito ou oneroso. Não há no comando legal a obrigatoriedade de justificativa para a alienação, apesar da recomendação da exposição dos fundamentos, os quais podem ocorrer por diversos motivos.

Um deles é a oportunidade de um bom negócio, do qual se aproveitarão todos os herdeiros, negócio que normalmente não pode esperar a finalização do inventário para ser realizado. Outra usual situação é o desinteresse dos herdeiros no bem e no condomínio que a partilha pode gerar, preferindo eles a alienação para a divisão do saldo em dinheiro. E, ainda, o que ocasionalmente se verifica nos inventários é a falta de recursos dos herdeiros para a satisfação da obrigação de pagamento do imposto de transmissão *causa mortis*, de suas responsabilidades tributárias, exigindo, assim, a liquidação de parte da própria herança para o seu pagamento e consequente conclusão do inventário.

Nesse sentido, valioso precedente: "AGRAVO DE INSTRUMENTO. INVENTÁRIO. Pedido de expedição de alvará para a venda de patrimônio do espólio indeferido. Pretensão da inventariante à venda de 12,5% de um dos imóveis a inventariar, sob alegada necessidade de pagamento de tributos em atraso, bem como do imposto causa mortis. Admissibilidade. Inventariante que é a única herdeira do falecido, além de existir outros bens a inventariar. Não dispondo a herdeira de recursos para satisfazer o pagamento do imposto causa mortis (ITCMD), se faz necessário o deferimento do alvará para que seja possível concluir o inventário. Decisão reformada. Recurso provido" (TJSP, 7ª Câm. Dir. Priv., AI nº 2044198-06.2014.8.26.0000, Rel. Des. Ramon Mateo Júnior, j. 4/7/2014, v.u.).

A questão tributária, nesse sentido, comporta contundente crítica, filiando-se ao entendimento de que o imposto deveria incidir sobre o patrimônio líquido, pois, ao revés, estar-se-á pagando imposto inclusive sobre o próprio imposto.

III. Transação

Quanto à possibilidade de transação prevista no inciso II do comentado artigo, por óbvio que, tratando-se do interesse do espólio e, assim, dos demais herdeiros, com possível liberalidade e diminuição patrimonial, todos devem ser ouvidos e, pelo juiz, verificada se a transação não prejudica direitos de terceiros, como, por exemplo, os credores habilitados. Trata-se, outrossim, de importante medida para evitar fraudes.

Eventual transação realizada sem a autorização judicial não é nula, porém anulável, podendo ser posteriormente convalidada (TJSP, 7ª Câm. Dir. Priv., AI nº 2024048-67.2015.8.26.0000, Rel. Des. Fábio Podestá, j. 16/4/2015) ou questionada pelos herdeiros.

IV. Dívidas e despesas

As dívidas são obrigações assumidas e não pagas pelo autor da herança, competindo ao inventariante satisfazê-las com os recursos do próprio espólio.

As despesas, por sua vez, são aquelas inerentes à conservação dos próprios bens, entendendo-se por melhoramento as benfeitorias úteis e necessárias, as quais independem da autorização dos demais herdeiros. As benfeitorias voluptuárias, entretanto, exigem a anuência dos demais interessados. Todas as despesas inerentes à conservação deverão integrar a prestação de contas (CPC/2015, art. 618, inciso VII).

V. Agravo de instrumento

Da decisão do juiz que não autoriza a alienação ou transação prevista nesse artigo, cabe agravo de instrumento a ser interposto pelo inventariante, ao passo que a concessão da autorização judicial contra a vontade de qualquer dos herdeiros habilita esse que se entende prejudicado a manejar o recurso previsto no art. 1.015, parágrafo único, do CPC/2015.

Art. 620 - Dentro de 20 (vinte) dias contados da data em que prestou o compromisso, o inventariante fará as primeiras declarações, das quais se lavrará termo circunstanciado, assinado pelo juiz, pelo escrivão e pelo inventariante, no qual serão exarados:

I - o nome, o estado, a idade e o domicílio do autor da herança, o dia e o lugar em que faleceu e se deixou testamento;
II - o nome, o estado, a idade, o endereço eletrônico e a residência dos herdeiros e, havendo cônjuge ou companheiro supérstite, além dos respectivos dados pessoais, o regime de bens do casamento ou da união estável;
III - a qualidade dos herdeiros e o grau de parentesco com o inventariado;
IV - a relação completa e individualizada de todos os bens do espólio, inclusive aqueles que devem ser conferidos à colação, e dos bens alheios que nele forem encontrados, descrevendo-se:
a) os imóveis, com as suas especificações, nomeadamente local em que se encontram, extensão da área, limites, confrontações, benfeitorias, origem dos títulos, números das matrículas e ônus que os gravam;
b) os móveis, com os sinais característicos;
c) os semoventes, seu número, suas espécies, suas marcas e seus sinais distintivos;
d) o dinheiro, as joias, os objetos de ouro e prata e as pedras preciosas, declarando-se-lhes especificadamente a qualidade, o peso e a importância;
e) os títulos da dívida pública, bem como as ações, as quotas e os títulos de sociedade, mencionando-se-lhes o número, o valor e a data;
f) as dívidas ativas e passivas, indicando-se-lhes as datas, os títulos, a origem da obrigação e os nomes dos credores e dos devedores;
g) direitos e ações;
h) o valor corrente de cada um dos bens do espólio.
§ 1º - O juiz determinará que se proceda:
I - ao balanço do estabelecimento, se o autor da herança era empresário individual;
II - à apuração de haveres, se o autor da herança era sócio de sociedade que não anônima.
§ 2º - As declarações podem ser prestadas mediante petição, firmada por procurador com poderes especiais, à qual o termo se reportará.

I. Definição e prazo

As declarações judiciais traduzem o principal objetivo do processo de inventário, que é nada mais que a arrecadação de bens e identificação dos herdeiros sucessíveis.

A sua primeira apresentação deve se dar no prazo de 20 dias úteis a contar da data do compromisso assinado pelo inventariante. Cuida-se de prazo impróprio, podendo ser prorrogado pelo juiz.

A contagem em dias úteis estabelecida pelo CPC/2015 trouxe pequeno alívio ao exíguo prazo para a arrecadação de bens e identificação de herdeiros, ainda assim se revelando árdua a tarefa do inventariante para a apresentação da documentação pertinente no prazo legal.

Isto porque bastante extensa a exigência das informações necessárias, servindo de justificativa ao pedido de dilação a dificuldade de se encontrarem todos os bens, em razão de estarem situados em Estados diversos, ou até mesmo a compilação de documentos de todos os herdeiros, muitas vezes com residências em municípios, Estados e até países diferentes. Tudo além da notória burocracia do país para a obtenção de documentos oficiais, como, por exemplo, os lançamentos fiscais de imóveis. Vislumbra-se, porém, cada vez mais, um avanço no acesso fácil às informações, sendo possível hoje se encontrarem diversos documentos e informações via internet, como, por exemplo, as informações fiscais dos imóveis junto a algumas prefeituras, certidões de matrículas dos imóveis, cotações de ações em bolsa, certidões negativas de impostos, etc.

II. Qualificação dos bens e herdeiros

A identificação dos bens e dos herdeiros faz-se necessária perfeita e detalhada, em razão, primeiro, da comprovação da propriedade daqueles bens deixados pelo *de cujus*, como também da legitimação sucessória daqueles elencados, em observação às regras sucessórias vigentes; segundo, para que sejam devidamente atendidas e cumpridas as exigências registrais para a futura transferência dos bens com a partilha dos bens.

Imperioso que se inventariem todos os bens, direitos e obrigações deixados pelo falecido, sendo esses móveis ou imóveis, corpóreos ou incorpóreos, situados no Brasil ou no exterior.

Quanto aos bens situados no exterior, pressupondo que seja competente a autoridade brasileira para o processamento do inventário, em razão do domicílio do autor da herança (CPC/2015, art. 48), estes deverão igualmente ser inventariados, sem afastamento de eventual concorrência da jurisdição alienígena. A cobrança do imposto de transmissão sobre os bens situados fora do Brasil, por sua vez, mostra-se ilegal, em razão da ausência de lei complementar regulatória, tal como exigência constitucional (CF, art. 155, § 1º, inciso III, *a* e *b*).

É também nesse momento processual que devem ser levados à colação (CC, art. 2.005) os bens recebidos do autor da herança em vida, a título de adiantamento de legítima.

Por fim, a título de observação, interessante acréscimo trazido pela atual codificação é a necessidade de informação do endereço eletrônico dos envolvidos.

III. Valor dos bens

Em conjunto com a relação e descrição dos bens, deverão ser apresentados os seus respectivos valores e a soma dos bens do espólio. Quanto a esse ponto específico, grande celeuma se instaura, pois deparam-se as partes e operadores do direito com uma extensa gama de valores possíveis a serem considerados.

Em princípio, pela expressão "valor corrente" constante do inciso IV, alínea *h*, dever-se-ia entender o valor real dos bens inventariados, também podendo se denominar valor de mercado ou até valor de liquidação. Na prática, auferir esses valores demandaria não só grande intervalo de tempo, como também dispendioso custo às partes com avaliações, perícias, etc., o que não interessaria nem ao próprio Poder Judiciário, que acumularia enormes pilhas e pilhas de processos (ou *bytes* e *bytes* – na sua versão eletrônica), inclusive em desatendimento à esperada duração razoável do processo.

Assim, salvo em casos de litígio, é aceitável o lançamento dos valores dos bens pelas partes, com parâmetro em alguns valores contidos em documentação oficial, como, por exemplo, os lançamentos fiscais para os imóveis urbanos (IPTU) e rurais (ITR), os saldos das aplicações financeiras constantes de extratos bancários, o valor nominal das participações societárias, o valor das ações negociadas em bolsa, tabelas e índices de institutos reconhecidos (Tabela Fipe, para carros), ou, ainda, os valores lançados nas declarações de bens e rendimentos do *de cujus*, etc. Sempre esses valores, em razão do princípio da *saisine*, tomando por base a data da abertura da sucessão, quando se dá a transmissão e o fato gerador para a cobrança de impostos.

Admissível, portanto, que as partes convencionem e atribuam os valores dos bens, desde que respeitado um mínimo dos valores oficiais anteriormente mencionados. Mas, ainda, podem ser considerados valores eleitos ou atribuídos pela Secretaria da Fazenda Estadual, responsável pela cobrança do ITCMD, que, dentro de suas próprias regras, define a base de cálculo dos bens para pagamento do imposto.

A título de exemplo, a Secretaria da Fazenda do Estado de São Paulo, que tem por base de cálculo para os imóveis situados no Município de São Paulo o valor venal de referência, instituído com base no Decreto nº 5.502/2009. São, pois, diversos valores a serem considerados, tornando-se verdadeiro desafio às partes a composição da partilha, ajustando o pagamento do quinhão de cada um dos herdeiros.

Também é com base no valor do monte-mor (ou acervo hereditário, ou espólio, ou monte partível, etc.) que são recolhidas as custas processuais.

Não havendo consenso com os valores, prossegue-se o inventário com a perícia para determinação e apuração dos valores dos bens, conforme art. 630 e seguintes do CPC/2015.

IV. Da forma de apresentação

Apesar de o *caput* do artigo conservar a prestação das primeiras declarações mediante *termo circunstanciado*, herança do CPC/1973, o CPC/2015 uma vez mais incorporou a prática e possibilitou a apresentação das primeiras declarações por petição, através de procurador com poderes especiais para tanto.

Consoante esclarecido, a identificação dos herdeiros e, especialmente, dos bens deve ser feita de forma pormenorizada e idêntica à dos documentos oficiais, possibilitando o seu respectivo registro quando da expedição do formal de partilha. Na prática, em especial quanto aos bens imóveis, não incomum a ausência de registro do formal por divergência de informações.

Verificando o inventariante erro, omissão e/ou qualquer outra situação, poderá promover a qualquer tempo a retificação, aditamento e ajustes em geral nas declarações judiciais, apresentando-se, ao final, as últimas declarações consolidadas juntamente com o plano ou proposta de partilha.

Art. 621 - Só se pode arguir sonegação ao inventariante depois de encerrada a descrição dos bens, com a declaração, por ele feita, de não existirem outros por inventariar.

A sonegação é instituto de direito material previsto nos arts. 1.992 a 1.996 do Código Civil, que aplica a pena ao sonegador de perda dos direitos sobre o bem não declarado em inventário.

De acordo com o anteriormente estudado, incumbe ao inventariante a identificação e descrição dos bens que compõem a herança, o que deve ser feito por meio das primeiras declarações. Prestadas as primeiras declarações, em descobrindo o inventariante outros bens da herança, poderá ele emendar, aditar e, ainda, retificar aquelas primeiras prestadas, impondo-se, ao final, antes da partilha de bens, a apresentação das últimas declarações.

Após encerradas as declarações, com eventuais ajustes ao longo do inventário, compete ao inventariante a declaração formal de que não mais existiriam bens a inventariar. Somente após referido pronunciamento, havendo bens do *de cujus* não arrolados no inventário, é que se permitiria arguir a sonegação.

Os bens omitidos podem ser de qualquer espécie ou natureza, móveis e imóveis, corpóreos e incorpóreos.

Para a aplicação da pena, deve ficar comprovado o dolo do inventariante, não podendo ele ser penalizado pela não inclusão de bem que desconhecia.

Consoante a regra material, poderão os demais herdeiros sofrer a pena de sonegados se, na administração de bens do espólio, não comunicarem ao inventariante ou deixarem de levar à colação os bens recebidos em adiantamento de sua legítima.

Art. 622 - O inventariante será removido de ofício ou a requerimento:
I - se não prestar, no prazo legal, as primeiras ou as últimas declarações;
II - se não der ao inventário andamento regular, se suscitar dúvidas infundadas ou se praticar atos meramente protelatórios;
III - se, por culpa sua, bens do espólio se deteriorarem, forem dilapidados ou sofrerem dano;
IV - se não defender o espólio nas ações em que for citado, se deixar de cobrar dívidas ativas ou se não promover as medidas necessárias para evitar o perecimento de direitos;
V - se não prestar contas ou se as que prestar não forem julgadas boas;
VI - se sonegar, ocultar ou desviar bens do espólio.

I. Das causas de remoção

Atribuídas as funções do inventariante nos artigos anteriores, o Código prevê que, não sendo elas cumpridas, ou não cumpridas a contento, o inventariante deverá ser removido do seu encargo. A dura providência tem um único escopo, conferir ao inventário celeridade e segurança na transmissão dos bens da herança, cumprindo o direito fundamental previsto no art. 5º, inciso XXX, da CF.

Conclusão essa tirada das próprias causas explicitadas no art. 622, sendo as duas primeiras relacionadas ao tempo e as demais à higidez da herança.

Como visto, o prazo para apresentação das primeiras declarações é impróprio e pode ser dilatado a pedido do inventariante, o que no mais das vezes se figura razoável, inclusive. Daí se entender que a não apresentação das primeiras declarações a ensejar a remoção deva estar atrelada ao não cumprimento à ordem judicial, quando após sucessivos pedidos de adiamentos, estando a hipótese intimamente ligada ao próprio inciso II.

A segunda hipótese, pois, é de caráter subjetivo e não por descumprimento a um ato processual específico. Deve o magistrado atentar quanto à condução do inventariante, observando se essa segue um curso normal e com vistas a concluir o processo, ou se os atos são praticados para o não andamento ou retardamento do encerramento. É obrigação do inventariante levar o processo de forma diligente, atuando com todos os esforços necessários para a adequada partilha dos bens.

Com relação à higidez da herança, preocupou-se o Código em: (i) proteger os bens existentes, fazendo-se ressalva quanto àqueles que perecem sem a culpa do inventariante (inciso III); (ii) evitar a diminuição do patrimônio decorrente de ações judiciais (inciso IV, primeira parte); (iii) garantir a satisfação dos créditos existentes e os direitos (inciso IV, segunda parte); (iv) fazer mau uso do patrimônio (inciso V) ou; (v) por fim, dilapidar o acervo hereditário por ação ou omissão (inciso V).

II. Remoção de ofício

Antes do CPC/2015, textualmente, somente poderia a remoção se dar mediante requerimento das partes. Ou seja, a conduta prejudicial do inventariante ao espólio ou ao processo deveria ser suscitada pelos outros herdeiros interessados, sendo que o silêncio deles implicaria a complacência com a condução do então nomeado.

O CPC/2015 trouxe, como uma de suas boas novidades para o Capítulo de Sucessões, a inclusão da possibilidade de remoção do inventariante de ofício pelo juiz. A possibilidade, porém, já era largamente observada e corroborada pela jurisprudência. Nesse sentido "[...] pode o Juiz, constatado qualquer dos vícios do art. 995 do Código de Processo Civil, promover de ofício a remoção" (STJ, 3ª T., REsp nº 539.898/MA, Rel. Min. Carlos Alberto Menezes Direito, j. 29/3/2005, v.u.).

Importante anotar que, ainda que ex officio, deverão as partes ser ouvidas a respeito da remoção. É o que se extrai da regra contida nos arts. 10 e 623 do CPC/2015. A falta de oitiva das partes implica a nulidade da r. decisão (TJSP, 3ª Câm. Dir. Priv., AI nº 2097534-51.2016.8.26.0000, Rel. Des. Alexandre Marcondes, j. em 10/8/2016). A inclusão, pois, não trouxe significativa modificação, pois se a intenção era possibilitar ao juízo uma substituição rápida, para a movimentação de um processo estanque, acabou por abrir uma nova discussão dentro do próprio inventário. Em verdade, se convocadas as partes para se manifestar sobre a remoção, essa será quase certa, uma vez que o juízo deve ter vislumbrado fundamento bastante para a quebra da inércia. A manifestação das partes, então, será de caráter eminentemente de justificativa ao que se pretende remover, enquanto de aceitação para os possíveis candidatos ao encargo.

III. Agravo de instrumento

A decisão que mantém ou remove inventariante é atacável por recurso de agravo de instrumento, diante do que dispõe o parágrafo único do art. 1.015 do CPC/2015.

Art. 623 - Requerida a remoção com fundamento em qualquer dos incisos do art. 622, será intimado o inventariante para, no prazo de 15 (quinze) dias, defender-se e produzir provas.
Parágrafo único - O incidente da remoção correrá em apenso aos autos do inventário.

O requerimento de que trata o artigo poderá ser feito por qualquer das partes interessadas, dentre elas os herdeiros, legítimos ou testamentários, credores (TJSP, 1ª Câm. Dir. Priv., AI nº 0275797-18.2011.8.26.0000, Rel. Des. Rui Cascaldi, j. 17/4/2012) e, de acordo com a modificação legislativa, o próprio juiz de ofício. Apesar de diferentes os interesses de cada qual, fato é que a má administração do espólio prejudica a todos em seus interesses, tornando-os aptos a questionar o inventariante.

Em todos os casos, inclusive quando de ofício, deverá ser o inventariante intimado para, no prazo de 15 dias, apresentar a sua defesa. Anote-se que, no art. 996 do CPC/1973, o prazo era de apenas cinco dias, o que se mostrava, por vezes, inviável para a apresentação de defesa adequada quanto à administração exercida.

De acordo com o já estudado no art. 622 do CPC/2015, ainda que de ofício, em atendimento ao art. 10 do CPC/2015, deverá o juiz intimar o inventariante para sua defesa na manutenção no cargo, reiterando-se o caráter de justificativa da manifestação, uma vez vislumbrado, pelo próprio juízo da causa, fundamento suficiente para a remoção.

A defesa do inventariante e as provas por ele juntadas devem ser exclusivamente ligadas à demonstração do fiel cumprimento ao encargo, dentre as obrigações previstas no art. 618 do CPC/2015, tratando-se de incidente com estreito limite objetivo, também assim devendo se limitar as provas.

Diferentemente, porém, da limitação do art. 612, pela qual o juiz decidirá as questões de direito desde que os fatos estejam documentalmente provados, no incidente de remoção de inventariante, até por seguir caminho paralelo e independente ao curso do inventário, admite-se a produção de outras provas que não somente a documental, assim também estabelecido no julgado TJSP, 6ª Câm. Dir. Priv., AI nº 122.122.4/1, Rel. Des. Testa Marchi, j. 19/8/2014. Nesse sentido, possível a realização de audiência.

A autuação do incidente, assim como na codificação anterior (CPC/1973, art. 996, parágrafo único) será feita em apenso aos autos de inventário.

Art. 624 - Decorrido o prazo, com a defesa do inventariante ou sem ela, o juiz decidirá.
Parágrafo único - Se remover o inventariante, o juiz nomeará outro, observada a ordem estabelecida no art. 617.

Trata-se de decisão interlocutória, seja ela a favor ou contrária à remoção de inventariante, sendo passível de reforma por meio de agravo de instrumento (CPC/2015, art. 1.015, parágrafo único). Necessariamente com a remoção daquele primeiro inventariante nomeado, deverá o juiz nomear outro em seu lugar. Cuida-se de dever legal do magistrado, não podendo ele relegar a escolha do representante do espólio para outro momento.

A ausência de nomeação sugere a oposição de embargos de declaração (CPC/2015, art. 1.022, inciso II), considerando, por óbvio, que o espólio não pode ficar desamparado de representante.

Reforça o parágrafo único a necessária observância à ordem sequencial do art. 617, salvo se os demais elegíveis convencionarem de forma diferente ou recusarem o encargo, quando deverá ser nomeado inventariante dativo (CPC/2015, art. 617, inciso VIII).

Diante da remissão à ordem sequencial, não necessariamente aquele que requereu a remoção é o herdeiro que será nomeado inventariante, podendo o incidente ter sido provocado, por exemplo, pelo herdeiro menor, por seu representante legal (CPC/2015, art. 617, inciso IV), enquanto o legitimado subsequente para o cargo de inventariante é um outro herdeiro maior.

Nada impede, também, que seja nomeado inventariante dativo, em razão do alto grau de litigiosidade entre as partes (TJSP, 1ª Câm. Dir. Priv., AI nº 990.10.361186-1, Rel. Des. Luiz Antonio de Godoy, j. 16/11/2010), posição da qual somos críticos, pois o mero desentendimento das partes não teria o condão de afastar aquele inventariante que está cumprindo regularmente com o seu encargo.

Art. 625 - O inventariante removido entregará imediatamente ao substituto os bens do espólio e, caso deixe de fazê-lo, será compelido mediante mandado de busca e apreensão ou de imissão na posse, conforme se tratar de bem móvel ou imóvel, sem prejuízo da multa a ser fixada pelo juiz em montante não superior a três por cento do valor dos bens inventariados.

O herdeiro substituto receberá os bens, após transitada em julgada a decisão, devendo firmar em juízo o compromisso (CPC/2015, art. 617, parágrafo único). Importa o momento da transmissão, pois, uma vez determinada a remoção, a obrigação de entrega pelo removido deve ser imediata. Não o fazendo imediatamente, eventual deterioração ou perecimento da coisa será de sua integral responsabilidade, salvo se a coisa se perder por caso fortuito ou força maior, obrigando o removido ao ressarcimento dos demais herdeiros em perdas e danos. Se, porém, querendo entregar os bens, o nomeado em substituição dificulta ou se recusa a recebê-los, responderá esse último pelos danos e pelo eventual perecimento da coisa. Equipara-se para esse fim a responsabilidade civil pela obrigação *de dar coisa certa* (CC, art. 233 e seguintes). Na impossibilidade de entregar os bens, poderá o inventariante removido promover ação de consignação em pagamento e/ou promover o depósito dos bens em juízo, desonerando-se de qualquer obrigação.

A não entrega espontânea e imediata dos bens pelo inventariante removido ensejará na emissão de mandado de busca e apreensão ou imissão na posse (TJSP, 6ª Câm. Dir. Priv., AI 375.738-4/3, Rel. Des. Magno Araújo, j. 10/3/2005), expedido pelo próprio juízo do inventário.

Sem prejuízo dos mandados coercitivos já antes autorizados pelo Código de 1973, o CPC/2015 agregou nova penalidade ao inventariante removido em mora na entrega dos bens. Trata-se de multa pecuniária a ser arbitrada pelo magistrado, no valor não superior a três por cento do valor dos bens inventariados. A multa poderá ser revista, *dentro do limite estabelecido*, nas hipóteses de se tornar insuficiente ou excessiva (CPC/2015, art. 537, § 1º), ou quando do cumprimento parcial da obrigação ou, ainda, havendo justa causa para o seu descumprimento (CPC/2015, art. 537, § 1º).

Louvável a preocupação do legislador em querer atribuir maior efetividade ao comando legal, imputando onerosa sanção ao inventariante desidioso. Sem qualquer previsão legal, entende-se que a multa prevista será revertida em benefício dos demais herdeiros, em uma intepretação sistemática aos arts. 538, § 3º e 537, § 2º do CPC/2015, os quais tratam do cumprimento de sentença de obrigação de entregar coisa. Outra não poderia ser a solução, pois os únicos prejudicados na retenção dos bens seriam os próprios herdeiros, sendo inimaginável, de outra banda, que o beneficiário fosse o espólio, do que também se aproveitaria o inventariante removido.

Questionamento que surge, então, diante da inovação legislativa, é a própria execução da multa; quando pode ser feita, qual é a forma e se, eventualmente, poderia ela ser abatida do próprio quinhão do inventariante removido, na hipótese de ele ser herdeiro.

Quanto às duas primeiras questões, momento e forma, entende-se ser mais tranquila a sua solução, podendo os credores exigir o seu cumprimento nos próprios autos do processo, em interpretação sistemática ao rito previsto no CPC/2015 para a execução da obrigação de entregar coisa e obrigação de fazer.

Por esses, é devida a multa "desde o dia em que se configurar o descumprimento da decisão e incidirá enquanto não for cumprida a decisão que a tiver cominado" (CPC/2015, art. 357, § 4º), "devendo ser depositada em juízo, permitido o levantamento do valor após o trânsito em julgado [...]" (CPC/2015, art. 357, § 3º).

Vislumbra-se, por fim, a possibilidade de abatimento direto do valor da multa fixada no quinhão a ser recebido pelo inventariante removido, na hipótese de ele também ser herdeiro, desde que observado o devido processo legal para a sua cobrança.

Seção IV - Das Citações e das Impugnações

Art. 626 - Feitas as primeiras declarações, o juiz mandará citar, para os termos do inventário e da partilha, o cônjuge, o companheiro, os herdeiros e os legatários, e intimar a Fazenda Pública, o Ministério Público, se houver herdeiro incapaz ou ausente, e o testamenteiro, se houver testamento.

§ 1º - O cônjuge ou o companheiro, o herdeiro e o legatário serão citados pelo correio, observado o disposto no art. 247, sendo, ainda, publicado edital, nos termos do inciso III do art. 259.

§ 2º - Das primeiras declarações extrair-se-ão tantas cópias quantas forem as partes.

§ 3º - A citação será acompanhada de cópia das primeiras declarações.

§ 4º - Incumbe ao escrivão remeter cópias à Fazenda Pública, ao Ministério Público, ao testamenteiro, se houver, e ao advogado, se a parte já estiver representada nos autos.

Autor: Rafael Knorr Lippmann

I. Legitimidade "passiva"

O dispositivo estabelece o rol de sujeitos que, como partes, deverão integrar o processo de inventário e partilha, na qualidade de litisconsortes necessários, devendo cada uma delas receber uma cópia das primeiras declarações. Tratando-se de litisconsórcio necessário, a não citação gera a ineficácia da sentença com relação ao litisconsorte não citado, bem como a extinção do processo caso o defeito não seja sanado no prazo assinalado pelo juiz (CPC, art. 115, inciso II e parágrafo único) (CPC, art. 115, parágrafo único).

II. Citação editalícia

O art. 626, em seu § 1º, corrige o equívoco redacional do art. 999, § 1º, do CPC/1973, determinando a citação por *correio* do cônjuge/companheiro, dos herdeiros e legatários, independentemente de residirem, ou não, no local do foro onde tramita a demanda. Não obstante, o dispositivo continua a exigir a publicação de editais para que se dê ciência sobre o inventário aos "interessados incertos ou desconhecidos", nos moldes do art. 259, inciso III.

III. Intimação da Fazenda Pública e do Ministério Público

Em seu *caput,* o dispositivo também cuidou de corrigir a imprecisão terminológica do CPC/1973, no tocante a substituição, com relação à Fazenda Pública, ao Ministério Público e ao testamenteiro, da expressão "citação" por "intimação". O Ministério Público (quando houver herdeiro incapaz ou ausente), a Fazenda Pública e o testamenteiro não integrarão a lide como partes, razão pela qual deverão ser intimados, e não citados, para se manifestarem sobre seu interesse na demanda.

IV. Julgados

Constitucionalidade do art. 999, § 1º, CPC/1973 (art. 626, § 1º, CPC/2015)

"[...] A citação por edital prevista no art. 999, § 1º, do Código de Processo Civil, não agride nenhum dispositivo da Constituição Federal. [...]" (STF – Tribunal Pleno – RE nº 552598/RN – Rel. Min. Menezes Direito – DJe de 21/11/2008).

Publicação de edital para cientificação de eventuais interessados - imprescindibilidade

"Considerando que o art. 626, § 1º, do CPC, de forma expressa, ordena a publicação do edital para fins de cientificação de eventuais interessados incertos e desconhecidos (art. 259, III, do CPC), o que reclama o próprio inventariante, mostra-se descabida a sua dispensa. Decisão reformada. [...]" (TJRS – 8ª Câmara Cível – Agravo de Instrumento nº 70073140808 – Rel. Ricardo Moreira Lins Pastl – j. em 22/6/2017).

Ausência de citação de litisconsorte no inventário - nulidade absoluta

"PROCESSUAL CIVIL. INVENTÁRIO. FALTA DE CITAÇÃO DA EX-ESPOSA DO FALECIDO. LI TISCONSÓRCIO NECESSÁRIO (CPC, ART. 999). NULIDADE CONFIGURADA. APELOS PROVIDOS PARA CASSAR A SENTENÇA. 'O art. 999, CPC, impõe a formação de um litisconsórcio necessário. [...]'. A ausência de citação de litisconsorte necessário gera invalidade da decisão judicial (art. 47, CPC)" (TJSC – Segunda Câmara de Direito Civil – Apelação cível nº 232412 – Rel. Des. Luiz Carlos Freyesleben – j. 16/6/2011).

Art. 627 - Concluídas as citações, abrir-se-á vista às partes, em cartório e pelo prazo comum de 15 (quinze) dias, para que se manifestem sobre as primeiras declarações, incumbindo às partes:

I - arguir erros, omissões e sonegações de bens;

II - reclamar contra a nomeação do inventariante;

III - contestar a qualidade de quem foi incluído no título de herdeiro.

§ 1º - Julgando procedente a impugnação referida no inciso I, o juiz mandará retificar as primeiras declarações.

§ 2º - Se acolher o pedido de que trata o inciso II, o juiz nomeará outro inventariante, observada a preferência legal.

§ 3º - Verificando que a disputa sobre a qualidade de herdeiro a que alude o inciso III demanda produção de provas que não a documental, o juiz remeterá a parte às vias ordinárias e sobrestará, até o julgamento da ação, a entrega do quinhão que na partilha couber ao herdeiro admitido.

I. Contagem do prazo

O prazo para manifestação das partes sobre as primeiras declarações foi majorado de 10 (dez) dias, no CPC/1973, para 15 (quinze) dias no CPC/2015, configurando seu *dies a quo* com a juntada aos autos do último comprovante de citação (CPC, art. 231, § 1º) ou, no caso de citação por edital, no dia útil seguinte ao fim da dilação assinada pelo juiz (CPC, art. 231, inciso IV).

II. Reserva de quinhão

Questionando-se a qualidade de herdeiro (CPC, art. 627, inciso III) e constituindo tal alegação *matéria de alta indagação* (CPC, art. 612), deverá a controvérsia ser resolvida através de ação autônoma, devendo o juízo do inventário reservar o quinhão cabível àquele cuja qualidade de herdeiro foi controvertida.

III. Substituição de inventariante x remoção de inventariante

Conforme sólido entendimento jurisprudencial pátrio (vide julgados abaixo), o pedido de substituição de inventariante não exige maiores formalidades e pode ser formulado por simples petição nos próprios autos de inventário. Diferentemente, o pedido de remoção do inventariante (art. 622, CPC/2015) exige a formação de incidente apenso (art. 623, parágrafo único, CPC/2015) bem como a observância ao contraditório constitucional (art. 623, caput, CPC/2015).

IV. Natureza e recurso cabível

O pronunciamento jurisdicional que decide sobre a impugnação às primeiras declarações tem natureza de decisão interlocutória, impugnável por recurso de agravo de instrumento (CPC, art. 1.015, parágrafo único).

V. Julgados

Impugnação à nomeação de inventariante x requerimento de remoção de inventariante

"AGRAVO DE INSTRUMENTO. INVENTÁRIO. REMOÇÃO DE INVENTARIANTE. SUBSTITUIÇÃO DE INVENTARIANTE. O pedido de substituição de inventariante está previsto no inciso II do art. 627 do CPC, podendo ser deduzido mediante petição da parte interessada nos próprios autos do inventário, ou de ofício (art. 622), diferente do pedido de remoção de inventariante, na qual é necessária a intimação do inventariante para defender-se e produzir prova, consoante art. 622 do CPC. [...]" (TJRS – 7ª Câmara Cível – Agravo de Instrumento nº 70071034425 – Rel. Jorge Luís Dall'Agnol – j. em 26/10/2016).

"AGRAVO DE INSTRUMENTO. AÇÃO DE INVENTÁRIO. INVENTARIANTE. DESTITUIÇÃO. REMOÇÃO. DISTINÇÃO. DEVIDO PROCESSO LEGAL. AMPLA DEFESA. OBSERVÂNCIA. [...] 4. Mera destituição da função de inventariante, que dispensa a formação de incidente em autos apartados. Art. 627, II, do CPC/2015. Distinção para hipótese de remoção. Art. 622 do CPC/2015. Doutrina e jurisprudência. [...]" (TJRJ – AI nº 00170495920178190000 – publ. 27/4/2017 – j. 24/4/2017 – Rel. Ricardo Couto de Castro).

"AGRAVO DE INSTRUMENTO. INVENTÁRIO. RECLAMAÇÃO QUANTO A ORDEM DE NOMEAÇÃO PARA A INVENTARIANÇA. INCIDENTE PRÓPRIO. DESNECESSIDADE. Quando a remoção do inventariante está fundada em alguma das hipóteses do art. 622 do NCPC, é imprescindível seja instaurado o incidente próprio, assegurando-se o exercício de ampla defesa e do contraditório, na forma dos art. 623 do CPC. No entanto, quando se cuida de reclamação prevista no art. 627 , inc. II do NCPC, em razão da não observância da ordem preferencial prevista no art. 617 do NCPC, inexiste razão para instaurar o incidente processual. Precedentes. [...]" (TJRS – 8ª Câmara Cível – Agravo de Instrumento nº 70073489031 – Rel. Rui Portanova – j. em 22/6/2017).

Possibilidade de recorrer da nomeação de inventariante antes da impugnação às primeiras declarações

"[...] Estabelecida, assim que iniciado o processo de inventário, disputa pela inventariança, a decisão que nomeia o inventariante desafia, desde logo, agravo de instrumento. [...]"(STJ – 3ª T. – REsp nº 141548/RJ – Rel. Min. Antônio de Pádua Ribeiro – DJU de 13/6/2005).

Recurso cabível – agravo de instrumento

"[...] Contra a decisão que julga impugnação oposta à habilitação de herdeiro, cabível o agravo de instrumento [...]" (STJ – 3ª T. – REsp nº 63247/RJ – Rel. Min. Eduardo Ribeiro – DJU de 28/8/2000).

Necessidade de reserva de quinhão quando a discussão sobre qualidade de herdeiro configurar questão de alta indagação

"AGRAVO DE INSTRUMENTO. SUCESSÕES E PROCESSUAL CIVIL. PROCEDIMENTO DE INVENTÁRIO.AÇÃODERECONHECIMENTODEPATERNIDADE. TRAMITAÇÃO EM PARALELO - INTERLOCUTÓRIO DE SUSPENSÃO DO INVENTÁRIO. QUALIDADE DE HERDEIRO. DISCUSSÃO NA VIA ORDINÁRIA. ART. 1.001 DO CPC. RESERVA DE QUINHÃO. DIREITOS RESGUARDADOS [...]". (TJSC – 5ª Câmara de Direito Civil – Agravo de Instrumento nº 2012.088418-0 – Rel. Des. Henry Petry Junior – j. 5/3/2014).

Art. 628 - Aquele que se julgar preterido poderá demandar sua admissão no inventário, requerendo-a antes da partilha.

§ 1º - Ouvidas as partes no prazo de 15 (quinze) dias, o juiz decidirá.

§ 2º - Se para solução da questão for necessária a produção de provas que não a documental, o juiz remeterá o requerente às vias ordinárias, mandando reservar, em poder do inventariante, o quinhão do herdeiro excluído até que se decida o litígio.

I. Inclusão de herdeiro preterido

Enquanto o art. 627 traz a possibilidade de questionar a inclusão no inventário de quem não é herdeiro, o art. 628 contempla a hipótese oposta, permitindo àquele que, embora herdeiro, não tenha sido inserido na demanda como tal. O deslinde da controvérsia segue o mesmo raciocínio: prescindindo-se de dilação probatória, as partes são intimadas a se manifestar no prazo de 15 (quinze) dias e, após, o juiz decidirá sobre a qualidade de herdeiro. Caso contrário, configurando a controvérsia *questão de alta indagação* (CPC, art. 612), deverá ser decidida em ação própria, reservando-se o quinhão correspondente ao herdeiro excluído e prosseguindo-se no inventário com relação aos bens remanescentes.

II. Julgados

Reconhecimento de qualidade de herdeiro em ação autônoma implica automaticamente a anulação da partilha, se esta já tiver sido levada a efeito

"[...] Julgados procedentes os pedidos formulados em sede de ação de investigação de paternidade cumulada com petição de herança, disso resulta lógica e automática a nulidade da partilha realizada sem a presença e participação do autor vitorioso [...]" (STJ – 4ª T. – REsp nº 16137/SP – Rel. Min. Sálvio de Figueiredo Teixeira – DJU de 27/3/1995).

Na pendência de ação que tenha por objeto definir a qualidade de herdeiro, não se admite suspensão do inventário, mas tão somente a reserva de quinhão

"[...] A existência de demanda visando à declaração da condição de herdeiro não obsta, por si só, o andamento do inventário [...]" (STJ – 3ª T. – Ag nº 523610/SP – Rel. Min. Castro Filho – DJU de 2/8/2005).

"[...] A decisão de reservar bens para assegurar quinhão do eventual herdeiro, cuja adoção que lhe concedeu tal condição (a adoção foi revogada por escritura pública) está sendo questionada em ação própria, não viola o art. 1.001 do CPC [...]" (STJ – 3ª T. – REsp nº 57156/MS – Rel. Min. Cláudio Santos – DJU de 11/9/1995).

Natureza cautelar da pretensão de reserva de quinhão deduzida por herdeiro excluído do inventário

"[...] A reserva de quinhão é medida cautelar e, portanto, sujeita aos requisitos do *fumus boni iuris* e do *periculum in mora*. [...]" (STJ – 3ª T. – REsp nº 628724/SP – Rel. Min. Nancy Andrighi – DJU de 30/5/2005).

"[...] A reserva de bens, em poder do inventariante, até o deslinde da ação de reconhecimento de sociedade de fato tem natureza cautelar, sendo indispensáveis os requisitos de *fumus boni iuris* e *periculum in mora*. [...]" (STJ – 4ª T. – REsp nº 310904/SP – Rel. Min. Jorge Scartezzini – DJU de 28/3/2005).

Possibilidade de reserva de bens do inventário por companheira do *de cujus*, ainda que ele casado fosse

"[...] É possível a reserva de bens em favor de suposta companheira de homem casado no processo de inventário deste, na proporção de sua participação para a formação do patrimônio. [...]" (STJ – 4ª T. – REsp nº 310904/SP – Rel. Min. Jorge Scartezzini – DJU de 28/3/2005).

Art. 629 - A Fazenda Pública, no prazo de 15 (quinze) dias, após a vista de que trata o art. 627, informará ao juízo, de acordo com os dados que constam de seu cadastro imobiliário, o valor dos bens de raiz descritos nas primeiras declarações.

I. Informação do valor dos imóveis pela Fazenda Pública

A fase de *inventário* tem por finalidade identificar, um a um, os bens e direitos que compõem o acervo hereditário, mensurando-os em seu valor para, após, viabilizar a definição dos quinhões hereditários para a *partilha*. Neste propósito, cabe à Fazenda Pública trazer a juízo, no tocante aos bens imóveis deixados pelo *de cujus*, o seu respectivo valor constante do cadastro imobiliário. Este valor, inclusive, poderá ser levado em consideração para cálculo do ITCMD. A única modificação na redação do dispositivo, com relação ao seu equivalente no CPC/1973, foi a redução do prazo, de 20 (vinte) para 15 (quinze) dias, para que a Fazenda Pública preste a informação em Juízo.

II. Julgados

Parâmetros para cálculo do ITCMD – valor venal no momento da abertura da sucessão

"INVENTÁRIO - IMPOSTO DE TRANSMISSÃO *CAUSA MORTIS* E DOAÇÃO - BASE DE CÁLCULO. O ITCMD tem como base de cálculo o valor venal do imóvel por ocasião da abertura da sucessão, desde que observada a atualização pela UFESP - Decisão reformada - Agravo provido, com observação" (TJSP – 6ª Câmara de Direito Privado – Agravo de Instrumento nº 0080926-85.2011.8.26.0000 – Rel. Des. Percival Nogueira – Publicado em 23/8/2011).

"[...] De acordo com o art. 13 da Lei 8.927/88, que dispõe sobre a respeito do imposto sobre a transmissão *causa mortis* e doação de quaisquer bens ou direitos, a base de cálculo para o imposto será o valor venal dos bens, apurados mediante avaliação procedida pela Fazenda Pública Estadual [...]" (TJPR – 8ª Câmara Cível – Agravo de Instrumento nº 164133-0 – Rel. Des. Celso Rotoli de Macedo – j. 16/2/2005).

Seção V - Da Avaliação e do Cálculo do Imposto

Art. 630 - Findo o prazo do art. 627 sem impugnação ou decidida a impugnação que houver sido oposta, o juiz nomeará, se for o caso, perito para avaliar os bens do espólio, se não houver na comarca avaliador judicial.

Parágrafo único - Na hipótese prevista no art. 620, § 1º, o juiz nomeará perito para avaliação das quotas sociais ou apuração dos haveres.

I. Avaliação dos bens do espólio

Superada a etapa inicial do procedimento, dedicada à identificação dos sucessores do *de cujus* e do seu respectivo acervo patrimonial, passa-se à fase de avaliação dos bens, destinada tanto para o cálculo do imposto quanto para definir-se numericamente o montante partível. A avaliação será realizada por *expert* do juízo e custeada pelo próprio espólio, exceto quando houver litígio entre herdeiros sobre determinado(s) bem(ns), hipótese em que as despesas de avaliação deverão ser arcadas pela parte interessada, conforme preleciona o art. 95, CPC/2015.

II. Julgados

Responsabilidade pelas despesas de avaliação

"[...] Em se tratando de inventário, seu processamento é de cunho administrativo, regendo a lei as etapas a serem observadas para a transferência patrimonial *causa mortis*. É evidente que se houver litigiosidade, a regra do art. 33 é aqui também aplicável. [...]" (STJ – 4ª T. – REsp nº 11570/SP – Rel. Min. Aldir Passarinho Junior – DJU de 26/11/2002).

Para cálculo do ITCMD, prevalece a avaliação judicial sobre avaliação anterior realizada pela Fazenda Pública Estadual

"[...] no âmbito judicial, deve o magistrado se ater aos ditames da legislação processual civil, que prevê a avaliação dos bens do espólio pelo avaliador judicial ou perito nomeado (CPC, art. 1.003). [...]" (TJPR – 12ª Câmara Cível – Agravo de Instrumento nº 503369-6 – Rel. Des. Antônio Loyola Vieira – j. 10/12/2008).

"Avaliação" (quantificação) de valores existentes em conta corrente de titularidade do autor da herança ou de seu companheiro(a) – possibilidade de expedição de ofício ao Banco Central

"AGRAVO DE INSTRUMENTO. INVENTÁRIO. AVALIAÇÃO JUDICIAL. EXPEDIÇÃO DE OFÍCIO AO BANCO CENTRAL. Em inventário litigioso, com presença de menor, havendo divergência quanto ao valor dos bens do espólio, é de rigor proceder-se a avaliação judicial (CPC/15, art. 630 e seguintes). Como o de cujus vivia em união estável com a inventariante, é viável projetar a possibilidade de que ele pudesse ter meação sobre eventuais valores depositados em contas dela, na data do óbito. Por isso, para evitar cerceamento de defesa e prejuízo aos herdeiros, é de rigor deferir oficiamento ao Banco Central, para apurar saldo em contas bancárias em nome da inventariante, na data do óbito do de cujus. DERAM PROVIMENTO" (TJRS – 8ª Câmara Cível – Agravo de Instrumento nº 70069959179 – Rel. Rui Portanova – j. em 11/8/2016).

Art. 631 - Ao avaliar os bens do espólio, o perito observará, no que for aplicável, o disposto nos arts. 872 e 873.

I. Critérios procedimentais para avaliação dos bens do espólio

O dispositivo determina que a avaliação de bens, no rito de inventário e partilha, deve seguir o procedimento previsto para avaliação de bens penhorados em processo de execução. Assim, incumbe ao avaliador observar os requisitos estabelecidos para a elaboração do laudo (CPC, art. 872), bem como as hipóteses em que se admite nova avaliação (CPC, art. 873). Para além das hipóteses elencadas no art. 873, simétricas àquelas estampadas no art. 683, do CPC/1973, a jurisprudência do STJ tem admitido também nova avaliação quando decorrido longo período de tempo desde a sua realização

.

II. Julgados

Necessidade de nova avaliação após decorrido longo período desde sua realização

"Inventário. Partilha. Nova avaliação. Precedentes da Corte. 1. Decorrido longo período da avaliação, presente uma realidade econômica corrosiva da moeda, e considerando a igualdade na partilha, prevista no art. 1.775 do Código Civil, não agride a nenhum dispositivo de lei federal o comando judicial para que nova avaliação seja feita [...]" (STJ – 3ª T. – REsp nº 34.880/PR – j. 13/9/2001 – DJ de 29/10/2001).

"[...] 5. Passado longo período desde a aquisição dos imóveis pelo casal, sendo controvertidos os valores atribuídos aos mesmos, considerando, ademais, a oscilação do mercado imobiliário, para se chegar a uma divisão mais igualitária na partilha, faz-se necessária, mesmo por prudência, a realização de avaliação de tais bens, por perito idôneo. [...]" (STJ – 3ª T. – AgRg no REsp nº 1171641/SP – Rel. Des. Convocado Vasco Della Giustina – j. 7/4/2011 – DJe de 14/4/2011).

Art. 632 - Não se expedirá carta precatória para a avaliação de bens situados fora da comarca onde corre o inventário se eles forem de pequeno valor ou perfeitamente conhecidos do perito nomeado.

I. Dispensa de avaliação

A dispensa de avaliação de bens de pequeno valor ou conhecidos do perito, quando situados em local distinto do foro no qual tramita o inventário, vai ao encontro dos princípios da celeridade e da razoável duração do processo (CF, art. 5º, inciso LXXVIII). Nestes casos, o valor do bem será definido por estimativa do perito.

II. Julgado

Aplicação dos princípios da celeridade e economia processual ao procedimento de inventário e partilha

"[...] embora admita-se o levantamento de questões extraordinárias em sede de inventário, deferindo-se eventualmente medidas estranhas ao rito, tal se deve em homenagem aos princípios da celeridade e economia processual [...]" (TJPR – 12ª Câmara Cível – Agravo de Instrumento nº 911480-3 – Rel. Des. Ivanise Maria Tratz Martins – j. 12/12/2012).

Art. 633 - Sendo capazes todas as partes, não se procederá à avaliação se a Fazenda Pública, intimada pessoalmente, concordar de forma expressa com o valor atribuído, nas primeiras declarações, aos bens do espólio.

I. Dispensa de avaliação

Como a avaliação dos bens do espólio tem por finalidade, além de definir o montante partível, possibilitar o cálculo do imposto, também em prol da celeridade e do razoável tempo de duração do processo (CF, art. 5º, inciso LXXVIII) admite-se a sua dispensa quando todos os sucessores e também a Fazenda Pública Estadual concordem com o valor atribuído aos bens pelo inventariante nas primeiras declarações.

II. Julgado

Discordância entre herdeiros – necessidade de avaliação – ônus financeiro do espólio

"Agravo de instrumento. Inventário. Avaliação em caso de discordância dos herdeiros. Sendo a avaliação feita visando ao escopo específico da partilha, que é a correta divisão dos bens entre aqueles contemplados com a herança, seu custo é pago, via de regra, pelo monte [...]" (TJ/SP – 10ª Câmara de Direito Privado – Agravo de Instrumento nº 2043674-09.2014.8.26.0000 – Rel. Des. Cesar Ciampolini – j. 12/8/2014).

Art. 634 - Se os herdeiros concordarem com o valor dos bens declarados pela Fazenda Pública, a avaliação cingir-se-á aos demais.

I. Dispensa de avaliação

Calcado nas mesmas premissas dos artigos antecedentes (CF, art. 5º, inciso LXXVIII), caso os herdeiros concordem com o valor constante do cadastro imobiliário apresentado nos autos pela Fazenda Pública (CPC, art. 629), com relação a estes bens (imóveis), dispensa-se a avaliação judicial.

II. Julgado

Exigência de intimação prévia da Fazenda Pública

"[...] A dispensa da avaliação exige expressa concordância da Fazenda Pública. Não basta a concordância das partes, se capazes. [...]" (STF – 1ª T. – RE nº 84723/RJ – Rel. Min. Soares Muñoz – j. 10/4/1987).

Art. 635 - Entregue o laudo de avaliação, o juiz mandará que as partes se manifestem no prazo de 15 (quinze) dias, que correrá em cartório.
§ 1º - Versando a impugnação sobre o valor dado pelo perito, o juiz a decidirá de plano, à vista do que constar dos autos.
§ 2º - Julgando procedente a impugnação, o juiz determinará que o perito retifique a avaliação, observando os fundamentos da decisão.

I. Prazo para manifestação sobre o laudo de avaliação

Ao estabelecer que o prazo *correrá em cartório,* o dispositivo vedou a possibilidade de carga dos autos por qualquer das partes, que deverão manifestar-se em 15 (quinze) dias sobre o laudo de avaliação dos bens. Havendo impugnação, o pronunciamento jurisdicional que a julga tem natureza de decisão interlocutória, impugnável por recurso de agravo de instrumento (CPC, art. 1.015, parágrafo único). Nos termos da Súmula nº 112, do STF, "o imposto de transmissão *causa mortis* é devido pela alíquota vigente ao tempo da abertura da sucessão".

II. Pronunciamento jurisdicional que decide a respeito do valor da avaliação – necessidade de fundamentação

Em observância ao art. 93, inciso IX, CF, e art. 489, § 1º, CPC, havendo controvérsia a respeito do valor da avaliação e ultimados os atos processuais pertinentes, caberá ao juiz decidir a respeito do valor correto em pronunciamento jurisdicional necessariamente fundamentado, não considerado como tal aquele que se limita a reprisar os termos técnicos do laudo apresentado pelo avaliador (vide julgados a seguir).

III. Súmula do STF

Súmula nº 112 (aprovada em 13/12/1963): "O imposto de transmissão *causa mortis* é devido pela alíquota vigente ao tempo da abertura da sucessão".

IV. Julgados

Possibilidade de realização de nova avaliação além das hipóteses previstas em lei

"[...] Decorrido longo período da avaliação, presente uma realidade econômica corrosiva da moeda [...] não agride a nenhum dispositivo de lei federal o comando judicial para que nova avaliação seja feita" (STJ – 3ª T. – REsp nº 34880/PR – Rel. Min. Carlos Alberto Menezes Direito – DJU de 29/10/2001).

"[...] Não tem cabimento nova avaliação, se o prazo decorrido não foi longo o suficiente para justificar alteração de porte [...]" (STJ – 3ª T. – REsp nº 34880/PR – Rel. Min. Carlos Alberto Menezes Direito – DJU de 20/4/1998).

"[...] cabível a realização da nova avaliação dos bens inventariados, para o cálculo do pagamento do imposto *causa mortis,* se os valores tributáveis já se encontram defasados" (STJ – 1ª T. – REsp nº 14880/MG – Rel. Min. Demócrito Reinaldo – DJU de 19/6/1995).

Pronunciamento jurisdicional que decide a respeito do valor da avaliação – necessidade de fundamentação

"[...] É nula, por falta de fundamentação, a decisão que indefere a impugnação feita pelo inventariante contra a avaliação fazendária, com base em critérios e parâmetros sérios e pertinentes, mas sem lançar mão de qualquer argumento ou razão para expor os motivos que levaram à formação do convencimento judicial. [...]" (TJRS – 8ª Câmara Cível – Agravo de Instrumento nº 70072077902 – Rel. Rui Portanova – j. em 17/8/2017).

Art. 636 - Aceito o laudo ou resolvidas as impugnações suscitadas a seu respeito, lavrar-se-á em seguida o termo de últimas declarações, no qual o inventariante poderá emendar, aditar ou completar as primeiras.

I. Últimas declarações

Finda a etapa de avaliação dos bens, cumpre ao inventariante apresentar as últimas declarações, que têm por finalidade trazer a juízo, agora de forma definitiva, o retrato fidedigno do quadro de sucessores e dos bens e direitos que compõem o acervo hereditário, retificando-se, caso necessário, as informações trazidas nas primeiras declarações. Até as últimas declarações, portanto, é possível trazer ao juízo do inventário a informação sobre os bens deixados pelo *de cujus*, sendo que a não indicação, após a prática deste ato, caracteriza a sonegação (CPC, art. 621).

II. Julgado

Últimas declarações – última oportunidade para trazer à colação bens sonegados

"[...] Decisão que, acolhendo requerimento de herdeiro, determinou a colação dos bens recebidos em doação pelos descendentes, do autor da herança. Admissibilidade. Doação que, aqui, é incontroversa. Incidência do disposto no artigo 2.002 do Código Civil, não se cuidando de questão de alta indagação. Ausente situação excepcional a que alude o art. 2.005 do mesmo Estatuto. Descabido cogitar-se em preclusão, à luz do disposto no art.636 do Novo CPC [...]" (TJSP – 8ª Câmara de Direito Privado – AI nº

2134464-68.2016.8.26.0000 – Rel. Des. Salles Rossi – j. em 30/8/2016).

"[...] A ação de sonegados deve ser intentada após as últimas declarações prestadas no inventário, no sentido de não haver mais bens a inventariar [...]" (STJ – 4ª T. – REsp nº 265859/SP – Rel. Min. Sálvio de Figueiredo Teixeira – DJU de 7/4/2003.)

Art. 637 - Ouvidas as partes sobre as últimas declarações no prazo comum de 15 (quinze) dias, proceder-se-á ao cálculo do tributo.

I. Cálculo do ITCMD

O tributo a que faz alusão o dispositivo é o imposto sobre a transmissão *causa mortis* e doação de quaisquer bens ou direitos – ITCMD, de competência dos Estados e do Distrito Federal (CF, art. 155, inciso I). No CPC/2015, o prazo para manifestação das partes sobre as últimas declarações foi majorado de 10 (dez) para 15 (quinze) dias. Orientam ainda o cálculo do ITCMD as Súmulas nº 112, 113, 114, 115, 331 e 590, todas do STF.

II. Julgado

Evento morte como fato gerador do ITCMD

"[...] a transmissão dos bens aos herdeiros e legatários ocorre no momento do óbito do autor da herança. Forçoso concluir que as regras a serem observadas no cálculo do ITCMD serão aquelas em vigor ao tempo do óbito do *de cujus*" (STJ – 2ª T. – REsp nº 1142872/RS – Rel. Min. Humberto Martins – DJe de 29/10/2009).

III. Súmulas do STF sobre o tema

Súmula nº 112 (aprovada em 13/12/1963): "O imposto de transmissão *causa mortis* é devido pela alíquota vigente ao tempo da abertura da sucessão".

Súmula nº 113 (aprovada em 13/12/1963): "O imposto de transmissão *causa mortis* é calculado sobre o valor dos bens na data da avaliação".

Súmula nº 114 (aprovada em 13/12/1963): "O imposto de transmissão *causa mortis* não é exigível antes da homologação do cálculo".

Súmula nº 115 (aprovada em 13/12/1963): "Sobre os honorários do advogado contratado pelo inventariante, com a homologação do juiz, não incide o imposto de transmissão *causa mortis*.

Súmula nº 331 (aprovada em 13/12/1963): "É legítima a incidência do imposto *causa mortis* no inventário por morte presumida".

Súmula nº 590 (aprovada em 15/12/1976): "Calcula-se o imposto de transmissão *causa mortis* sobre o saldo credor da promessa de compra e venda de imóvel, no momento da abertura da sucessão do promitente vendedor".

Art. 638 - Feito o cálculo, sobre ele serão ouvidas todas as partes no prazo comum de 5 (cinco) dias, que correrá em cartório, e, em seguida, a Fazenda Pública.
§ 1º - Se acolher eventual impugnação, o juiz ordenará nova remessa dos autos ao contabilista, determinando as alterações que devam ser feitas no cálculo.
§ 2º - Cumprido o despacho, o juiz julgará o cálculo do tributo.

I. Prazo para impugnação e natureza do pronunciamento jurisdicional

Ao estabelecer que o prazo *correrá em cartório*, o dispositivo vedou a possibilidade de carga dos autos por qualquer das partes, que deverão manifestar-se no prazo comum de 5 (cinco) dias sobre o cálculo do imposto. Havendo impugnação e sendo ela acolhida, deverá ser determinada a remessa dos autos ao contabilista, para novo cálculo que, uma vez elaborado, será julgado pelo magistrado através de pronunciamento jurisdicional que tem natureza de decisão interlocutória, impugnável por recurso de agravo de instrumento (CPC, art. 1.015, parágrafo único).

II. Declaração de isenção do imposto pelo magistrado

De acordo com entendimento pacificado perante o STJ, cabe ao próprio juiz do inventário, no momento em que julga o cálculo do imposto, declarar a sua isenção, razão pela qual o respectivo requerimento deve ser formulado em Juízo, "a despeito da competência administrativa atribuída à autoridade fiscal pelo artigo 179, do CTN" (STJ – 1ª Seção – REsp Repetitivo nº 1150356/SP – Rel. Min. Luiz Fux – DJe de 25/8/2010).

III. Julgados

Momento da constituição do ITCMD

"[...] enquanto não homologado o cálculo do inventário, não há como efetuar a constituição definitiva do tributo, porque incertos os valores [...]" (STJ – 2ª T. – REsp nº 1257451/SP – Rel. Min. Humberto Martins – DJe de 13/9/2011).

Isenção do ITCMD – declaração pelo juízo do inventário

"[...] em sede de inventário propriamente dito [...] compete ao Juiz apreciar o pedido de isenção do Imposto sobre Transmissão Causa Mortis, a despeito da competência administrativa atribuída à autoridade fiscal pelo artigo 179, do CTN" (STJ – 1ª Seção – REsp Repetitivo nº 1150356/SP – Rel. Min. Luiz Fux – DJe de 25/8/2010).

"[...] Agravante que busca a declaração de isenção do recolhimento do ITCMD. Decisão de primeiro grau que determinou a apresentação de declaração junto ao órgão fiscal. Irresignação. Acolhimento. Compete ao juízo do inventário decidir quanto à isenção postulada (arts. 637, 638 e 612 do CPC) [...]" (TJSP – Agravo de instrumento nº 2008450-05.2017.8.26.0000 – 7ª Câmara de Direito Privado – Rel. Des. Rômolo Russo – j. em 31/3/2017).

Seção VI - Das Colações

Art. 639 - No prazo estabelecido no art. 627, o herdeiro obrigado à colação conferirá por termo nos autos ou por petição à qual o termo se reportará os bens que recebeu ou, se já não os possuir, trar-lhes-á o valor.
Parágrafo único - Os bens a serem conferidos na partilha, assim como as acessões e as benfeitorias que o donatário fez, calcular-se-ão pelo valor que tiverem ao tempo da abertura da sucessão.

Autora: Claudia Elisabete Schwerz Cahali

I. Da colação

Esse artigo mantém correspondência parcial com o art. 1.014 do CPC/1973. Destaca-se que a inovação introduzida pelo *caput* do art. 639 consiste na previsão expressa de que o herdeiro também pode formular a sua manifestação por meio de petição, circunstância que evidencia ter o legislador acolhido a prática rotineira do meio forense.

Considerando que a lei determina, relativamente à legítima, que os descendentes sejam tratados de modo igualitário (CC, art. 1.834), aqueles que receberem doações em vida do ascendente comum devem levar ao inventário o valor das doações, com a finalidade de se nivelarem as legítimas.

Caberá ao herdeiro, no prazo comum de 15 dias, na forma estabelecida no art. 627, por termo ou por petição, informar no inventário a situação dos bens recebidos em doação do autor da herança, ou se já não os possuir, levar o valor, a fim de igualar a legítima (CC, art. 2.002).

Deixar de colacionar os bens doados configura sonegação (CC, art. 2.002, *caput*).

II. Valor dos bens a serem colacionados

Diz o parágrafo único que os bens a serem conferidos (que já deverão constar desde as primeiras declarações, CPC, art. 620, inciso IV) serão calculados pelo valor que tiverem ao tempo do falecimento do *de cujos*. Somente os bens doados entrarão em colação, devendo ser deles excluídas as acessões e as benfeitorias acrescidas, as quais pertencerão ao donatário (CC, art. 2.004, § 2º).

Impende anotar que o Código Civil estabelece que os bens serão calculados pelo valor que tiverem ao tempo da doação (CC, art. 2.004, *caput*), a revelar contradição com o parágrafo único do art. 639, que dispõe ser o valor da colação dos bens doados à época da sucessão.

Neste particular a doutrina civilista sustenta que a solução para a antinomia se extrai das regras do direito intertemporal, qual seja o art. 2.004 do Código Civil de 2002 teria revogado o parágrafo único do Código de Processo Civil de 1973 (o parágrafo único do art. 639 do CPC/2015 repete a norma contida no parágrafo único do art. 1.014 do CPC/1973).

Se adotada a mesma premissa de raciocínio para promover a interpretação, a conclusão seria que o parágrafo único do art. 639 do CPC/2015 teria revogado o art. 2.004 do Código Civil, na parte referente à definição do momento de se considerar o valor do bem a colacionar. Todavia, é razoável sustentar que a melhor solução para resolver a antinomia seria entender que o valor do bem colacionado é aquele à época da liberalidade, atualizando-se até a sucessão (na mesma data em que os demais bens serão considerados), conferindo-se rendimento a ambos os dispositivos legais.

Outra solução que se harmoniza com o ordenamento jurídico é aquela prevista pelo Enunciado nº 119 do CJF/STJ, aprovado na I Jornada de Direito Civil: "119 – Art. 2.004: para evitar o enriquecimento sem causa, a colação será efetuada com base no valor da época da doação, nos termos do *caput* do art. 2.004, exclusivamente na hipótese em que o bem doado não mais pertença ao patrimônio do donatário. Se, ao contrário, o bem ainda integrar seu patrimônio, a colação se fará com base no valor do bem na época da abertura da sucessão, nos termos do art. 1.014 do CPC, de modo a preservar a quantia que efetivamente integrará a legítima quando esta se constituiu, ou seja, na data do óbito (resultado da interpretação sistemática do art. 2.004 e seus parágrafos, juntamente com os arts. 1.832 e 884 do Código Civil)".

III. Julgados

"[...] Colação de imóvel doado pelo falecido. Valor que deve ser aquele constante do ato de liberalidade. Inteligência do artigo 2.004 do Código Civil. Correção do valor, entretanto, até a data da abertura da sucessão. Necessidade. Precedentes desta E. Corte. [...]" (TJSP, 5ª Câmara de Direito Privado, Agravo de Instrumento nº 2052845-53.2015.8.26.0000, Rel. Des. A. C. Mathias Coltro, j. em 29/4/2015, Registro 13/5/2015).

"[...] 1. Os bens doados pelo *de cujus* deverão ser colacionados levando em consideração o valor dos bens à época da referida doação. Consoante dispõe o art. 2004, § 1º, do Código Civil: 'O valor de colação dos bens doados será aquele, certo ou estimativo, que lhes atribuir o ato de liberalidade. § 1º - Se do ato de doação não constar o valor certo, nem houver estimação feita naquela época, os bens serão conferidos na partilha pelo que então se calcular valessem ao tempo da liberalidade" (TJSP, 10ª Câmara de Direito Privado, Agravo de Instrumento nº 2188981-91.2014.8.26.0000, Rel. Des. Carlos Alberto Garbi, j. em 24/3/2015, Registro 25/3/2015).

Art. 640 - O herdeiro que renunciou à herança ou o que dela foi excluído não se exime, pelo fato da renúncia ou da exclusão, de conferir, para o efeito de repor a parte inoficiosa, as liberalidades que obteve do doador.

§ 1º - É lícito ao donatário escolher, dentre os bens doados, tantos quantos bastem para perfazer a legítima e a metade disponível, entrando na partilha o excedente para ser dividido entre os demais herdeiros.

§ 2º - Se a parte inoficiosa da doação recair sobre bem imóvel que não comporte divisão cômoda, o juiz determinará que sobre ela se proceda a licitação entre os herdeiros.

§ 3º - O donatário poderá concorrer na licitação referida no § 2º e, em igualdade de condições, terá preferência sobre os herdeiros.

I. Redução da doação inoficiosa

Esse dispositivo preserva a regra contida no art. 1.015 do CPC/1973, referindo-se à redução da doação inoficiosa. Entende-se por doação inoficiosa aquela parte da doação que exceder a legítima e mais a parte disponível (CC, art. 2.007).

A renúncia à herança ou a exclusão de herdeiro não o desobriga a repor a parcela inoficiosa da doação.

II. Da preferência do donatário

Cabe ao donatário a escolha dos bens, dentre os doados, daquele que deverá retornar ao acervo patrimonial do falecido e ser dividido com os demais herdeiros.

Na hipótese de a parte inoficiosa recair sobre bem imóvel que não admita divisão, o juiz determinará que se proceda à concorrência entre os herdeiros, na qual o donatário, em igualdade de condições, terá preferência sobre os demais para aquisição do imóvel.

III. Julgado

"Direito Civil e Processual Civil. Ação declaratória de nulidade de doação e partilha. Bens doados pelo pai à irmã unilateral e à ex-cônjuge em partilha. Doação inoficiosa. Prescrição. Prazo decenal, contado da prática de cada ato. [...] 4. A transferência da totalidade de bens do pai da recorrida para a ex-cônjuge em partilha e para a filha do casal, sem observância da reserva da legítima e em detrimento dos direitos da recorrida caracterizam doação inoficiosa. 5. Aplica-se às pretensões declaratórias de nulidade de doações inoficiosas o prazo prescricional decenal do CC/02, ante a inexistência de previsão legal específica. Precedentes. 6. Negado provimento ao recurso especial" (STJ, 3ª T., REsp nº 1321998/RS, Rel. Min. Nancy Andrighi, j. em 7/8/2014, DJe de 20/8/2014).

Art. 641 - Se o herdeiro negar o recebimento dos bens ou a obrigação de os conferir, o juiz, ouvidas as partes no prazo comum de 15 (quinze) dias, decidirá à vista das alegações e das provas produzidas.
§ 1º - Declarada improcedente a oposição, se o herdeiro, no prazo improrrogável de 15 (quinze) dias, não proceder à conferência, o juiz mandará sequestrar-lhe, para serem inventariados e partilhados, os bens sujeitos à colação ou imputar ao seu quinhão hereditário o valor deles, se já não os possuir.
§ 2º - Se a matéria exigir dilação probatória diversa da documental, o juiz remeterá as partes às vias ordinárias, não podendo o herdeiro receber o seu quinhão hereditário, enquanto pender a demanda, sem prestar caução correspondente ao valor dos bens sobre os quais versar a conferência.

I. Controvérsia ou resistência para proceder à colação

Se o herdeiro oferecer resistência a conferir os bens no inventário, ou se instaurar controvérsia sobre a questão, o juiz ouvirá as partes no prazo comum de 15 dias e decidirá considerando as alegações das partes e da prova documental produzidas nos autos. Trata-se de decisão recorrível por meio de agravo de instrumento (CPC/2015, art. 1.015, parágrafo único) a ser prolatada nos próprios autos do inventário.

Diante do julgamento de improcedência da oposição, o herdeiro terá o prazo de 15 dias para apresentar os bens, sob pena de, não o fazendo, sujeitar-se ao sequestro dos bens ou ao desconto do respectivo valor, caso não mais os possuir.

II. Ação autônoma

Na hipótese de afigurar-se necessário proceder a instrução probatória em razão de a prova documental ser insuficiente, o juiz remeterá as partes às vias ordinárias, para solução por meio de ação autônoma, de conhecimento, conforme dicção do § 2º, ficando o herdeiro impedido de receber o seu quinhão hereditário enquanto perdurar a demanda, exceto se prestar caução idônea correspondente ao valor dos bens sobre os quais se referir a conferência.

III. Julgado

"[...] Inexistência de provas de que tais doações foram realmente feitas. [...] Questões que dependem de prova para serem dirimidas. Procedimento do inventário não comporta dilação probatória. Questão de alta indagação que deve ser resolvida em via ordinária. Inteligência dos arts. 984 e 1.016, § 2º, do CPC. [...]" (TJSP, 4ª Câmara de Direito Privado, Rel. Des. Milton Carvalho, j. em 14/5/2015, Registro 18/5/2015).

Seção VII - Do Pagamento das Dívidas

Art. 642 - Antes da partilha, poderão os credores do espólio requerer ao juízo do inventário o pagamento das dívidas vencidas e exigíveis.
§ 1º - A petição, acompanhada de prova literal da dívida, será distribuída por dependência e autuada em apenso aos autos do processo de inventário.
§ 2º - Concordando as partes com o pedido, o juiz, ao declarar habilitado o credor, mandará que se faça a separação de dinheiro ou, em sua falta, de bens suficientes para o pagamento.
§ 3º - Separados os bens, tantos quantos forem necessários para o pagamento dos credores habilitados, o juiz mandará aliená-los, observando-se as disposições deste Código relativas à expropriação.
§ 4º - Se o credor requerer que, em vez de dinheiro, lhe sejam adjudicados, para o seu pagamento, os bens já reservados, o juiz deferir-lhe-á o pedido, concordando todas as partes.
§ 5º - Os donatários serão chamados a pronunciar-se sobre a aprovação das dívidas, sempre que haja possibilidade de resultar delas a redução das liberalidades.

I. Pagamento das dívidas vencidas e exigíveis

Antes de partilhado o acervo hereditário, os credores poderão requerer ao juízo de inventário o pagamento das dívidas vencidas e exigíveis, mediante petição acompanhada de prova literal da dívida.

A petição será distribuída por dependência e autuada em apenso ao processo de inventário.

Feita a partilha, os herdeiros beneficiados pela sucessão respondem pelas dívidas do falecido na proporção da parte que lhes coube na herança (CC, art. 1.997), e não necessariamente no limite do quinhão hereditário. Não há solidariedade entre os herdeiros de dívidas divisíveis, cabendo ao credor executar os herdeiros na proporção da parte que couber a cada um.

II. Habilitação do crédito no inventário

Se as partes concordarem com o pedido, o juiz declarará habilitado o credor e mandará que se faça a separação dos bens tantos quantos garantam o pagamento.

III. Reserva de bens

Reservados os bens suficientes para proceder o pagamento dos credores habilitados, o juiz determinará a sua alienação, na forma prevista pelo Código.

A Fazenda Pública (CTN, art. 187) e os credores com garantia real não necessitam habitar seu crédito.

A novidade introduzida neste dispositivo legal localiza-se no § 5º, ao estabelecer que os donatários serão intimados a manifestar-se sobre a aprovação do pagamento das dívidas, sempre que delas derivar a possibilidade da redução das liberalidades.

IV. Julgado

"[...] II. Inexigível, para a reserva de que trata o art. 1.018, parágrafo único, do CPC, que a dívida cobrada do espólio seja líquida e certa, bastando a suficiente comprovação documental da sua existência" (STJ, 4ª T., REsp nº 98.486/ES, Rel. Min. Aldir Passarinho Jr, j. em 16/8/2005, DJ de 5/9/2005).

Art. 643 - Não havendo concordância de todas as partes sobre o pedido de pagamento feito pelo credor, será o pedido remetido às vias ordinárias.

Parágrafo único - O juiz mandará, porém, reservar, em poder do inventariante, bens suficientes para pagar o credor quando a dívida constar de documento que comprove suficientemente a obrigação e a impugnação não se fundar em quitação.

I. Do ajuizamento de ação própria diante da discordância dos herdeiros

Caso os herdeiros se oponham ao pedido de pagamento feito pelo credor, será necessário o ajuizamento de ação própria contra o espólio (processo de conhecimento, monitória ou execução). Nessa hipótese o credor contará com um benefício, qual seja a reserva de bens suficientes para garantir o pagamento, que o juiz assim determinará, desde que a dívida conste de documento que comprove de modo suficiente a obrigação (independentemente de não apresentar os requisitos de certeza e liquidez), e a impugnação não se fundamente em quitação.

A ação deverá ser proposta no prazo de 30 dias pelo credor não admitido (CPC/2015, art. 668, inciso I, e CC, art. 1997, § 2º), sob pena de cessar a eficácia da tutela provisória de reserva de bens concedida em seu favor.

II. Julgado

"[...] Não havendo concordância de todas as partes sobre o pedido de pagamento feito pelo credor na habilitação, deve ele remetido para os meios ordinários (art. 1.018, CPC). Não obstante, o juiz pode determinar que sejam reservados bens em poder do inventariante para pagar o credor, desde que a dívida esteja consubstanciada em documento que comprove suficientemente a obrigação e a impugnação não se fundar em quitação. - A reserva de bens na habilitação tem feição de arresto. Reservam-se os bens do espólio para que possa haver patrimônio suficiente a garantir a satisfação coercitiva do crédito. - O credor não tem interesse em buscar a anulação da partilha para alcançar garantia cautelar quando a solução da dívida já se encontra suficientemente assegurada, nas vias ordinárias, pela penhora. Precedentes. Recurso Especial não conhecido" (STJ, 3ª T., REsp nº 703.884/SC, Rel. Min. Nancy Andrighi, j. em 23/10/2007, DJ de 8/11/2007).

Art. 644 - O credor de dívida líquida e certa, ainda não vencida, pode requerer habilitação no inventário.
Parágrafo único - Concordando as partes com o pedido referido no caput, o juiz, ao julgar habilitado o crédito, mandará que se faça separação de bens para o futuro pagamento.

I. Dívida líquida e certa e não vencida

Na hipótese de o credor requer habilitação no inventário de dívida líquida e certa, ainda não vencida, concordando as partes com o pedido, o juiz, ao julgar habilitado o crédito, reservará bens suficientes para o pagamento futuro.

II. Julgado

"[...] Concordando as partes com o pedido de habilitação de crédito e sendo inexigível o débito, desde que líquida e certa a dívida, imperiosa a habilitação do credor no inventário, determinando-se a reserva de bens do espólio suficientes para o seu futuro pagamento. Aplicação literal do artigo 1.019 do Código de Processo Civil" (TJMG, 5ª Câm. Cível, Apelação Cível nº 1.0433.03.073883-8/001, Rel. Des Maria Elza, j. em 26/1/2006, DOE de 21/2/2006).

Art. 645 - O legatário é parte legítima para manifestar-se sobre as dívidas do espólio:
I - quando toda a herança for dividida em legados;
II - quando o reconhecimento das dívidas importar redução dos legados.

I. Legado

Legado é a forma de atribuição de bem determinado, a título singular por meio de testamento. Diferentemente da herança, que contempla a sucessão a título universal.

O legatário tem legitimidade para manifestar-se sobre as dívidas do espólio, a fim de preservar o bem que lhe foi atribuído de pretensões descabidas ou excessivas, quando toda a herança for dividida em legado ou na hipótese de o reconhecimento das dívidas resultar na redução dos legados.

Sobre o art. 645 em apreço, o Fórum Permanente de Processualistas Civis redigiu o Enunciado nº 181: "A previsão do parágrafo único do art. 662 [art. 647] é aplicável aos legatários na hipótese do inciso I do art. 660 [art. 645] desde que reservado patrimônio que garanta o pagamento do espólio".

Art. 646 - Sem prejuízo do disposto no art. 860, é lícito aos herdeiros, ao separarem bens para o pagamento de dívidas, autorizar que o inventariante os indique à penhora no processo em que o espólio for executado.

I. Penhora de bens

Os bens reservados serão preferencialmente constritos em futura execução, podendo o inventariante indicá-los à penhora no processo em que o espólio for executado. Tal ocorre sem prejuízo do disposto no art. 860 mencionado, que diz respeito à penhora no rosto dos autos, ou seja, constrição sobre bens ou direitos objeto de disputa em juízo, com averbação nos respectivos autos.

II. Julgado

"[...] 5. Tratando-se de espólio devedor deve-se proceder a penhora no rosto dos autos, nos termos do art. 674, CPC, não sendo possível a penhora sobre bem determinado, a não ser que o inventariante indique (art. 1.021, CPC)" (TRF 4ª R., 1ª T., Apelação Cível nº 2002.70.01.003877-1/PR, Rel. Des. Federal Álvaro Eduardo Junqueira, j. em 12/5/2010, D.E. de 26/5/2010).

Seção VIII - Da Partilha

Art. 647 - Cumprido o disposto no art. 642, § 3º, o juiz facultará às partes que, no prazo comum de 15 (quinze) dias, formulem o pedido de quinhão e, em seguida, proferirá a decisão de deliberação da partilha, resolvendo os pedidos das partes e designando os bens que devam constituir quinhão de cada herdeiro e legatário.

Parágrafo único - O juiz poderá, em decisão fundamentada, deferir antecipadamente a qualquer dos herdeiros o exercício dos direitos de usar e de fruir de determinado bem, com a condição de que, ao término do inventário, tal bem integre a cota desse herdeiro, cabendo a este, desde o deferimento, todos os ônus e bônus decorrentes do exercício daqueles direitos.

Autor: Umberto Bara Bresolin

I. Partilha e quinhão

Partilhar significa *dividir em partes*, separar em *porções*.

Com a morte, abre-se a sucessão e, por ficção jurídica, *a herança se transmite, desde logo, aos herdeiros legítimos e testamentários* (CC, art. 1.784). Tal transmissão imediata, contudo, se defere *como um todo unitário, ainda que sejam vários os herdeiros* (CC, art. 1.791), e atribui aos *co-herdeiros*, direito *indivisível quanto à propriedade e posse da herança*, que se *regula pelas normas relativas ao condomínio* (CC, art. 1.791, parágrafo único).

É a *partilha* que põe fim ao estado de indivisão da herança e proporciona a formação das *partes* (*porções*) que serão atribuídas a cada um dos herdeiros ou legatários. Cada uma dessas *partes* (*porções*) é o *quinhão* de cada sucessor, representativo dos bens individuados sobre os quais passará a ter direito exclusivo.

Uma vez julgada a *partilha*, o direito de cada coerdeiro fica *circunscrito aos bens do seu quinhão* (CC, art. 2.023).

II. Partilha amigável, partilha judicial e partilha litigiosa

Partilha amigável é aquela feita por acordo celebrado entre herdeiros capazes, formalizado por *escritura pública* (forma que dispensa homologação judicial – CPC/2015, art. 610, §§ 1º e 2º), *termo nos autos do inventário, ou escrito particular, homologado pelo juiz* (CC, art. 2.015).

Partilha judicial é aquela que se processa perante o juiz de direito e respectivos auxiliares. Tem lugar a *partilha judicial*, obrigatoriamente, se há sucessores incapazes (inclusive menores e interditos), e, facultativamente, se os sucessores maiores e capazes não concordarem, todos eles, em partilhar a herança de modo consensual (CC, art. 2.016): "[...] Contrato particular de partilha de bens que não se reveste de todos os requisitos legais para a validade do ato – Divergência entre os herdeiros configurada – necessidade de realização de inventário judicial [...]" (TJPR, 11ª Câmara Cível, AI nº 1.143.193-7, Rel. Des. Renato Lopes de Paiva, unânime, j. em 15/4/2014, DJPR de 9/5/2014).

Havendo dissenso na constituição dos quinhões, a partilha judicial assumirá feição contenciosa.

III. Legitimidade para requerer a partilha

Pode requerer a partilha qualquer herdeiro, ainda que o testador o proíba, seus cessionários e credores (CC, art. 2.013).

IV. Partilha feita pelo autor da herança

Em respeito à autonomia da vontade, admite a lei civil que o próprio autor da herança, em vida, predetermine a composição dos quinhões hereditários, para evitar disputa posterior entre seus sucessores.

Poderá fazê-lo em testamento, caso em que a partilha será designada *testamentária*, vinculante para os herdeiros, *salvo se o valor dos bens não corresponder às quotas estabelecidas* (CC, art. 2.014) e desde que seja respeitada a legítima dos herdeiros necessários e eventual participação obrigatória do cônjuge ou companheiro.

De outro giro, também se admite que o autor da herança realize a partilha por ato *entre vivos*, assim chamada *partilha em vida*, cujos limites são dados, mais uma vez, pela *legítima dos herdeiros necessários* (CC, art. 2.018) e eventual participação obrigatória do cônjuge ou companheiro.

V. Desnecessidade de partilha

Havendo um só herdeiro, este receberá toda a herança, não havendo necessidade de partilha. Neste caso, o juiz *adjudicará* os bens ao herdeiro único, por sentença (CPC/1973, art. 1.031, §§ 1º e 2º, e CPC/2015, art. 659, §§ 1º e 2º).

VI. Pedido de quinhão

Na derradeira fase do procedimento de inventário, depois de avaliados os bens e calculado o imposto (CPC/1973, arts. 1.003 e seguintes, e CPC/2015, arts. 630 e seguintes), trazidos à colação os bens ou valor equivalente (CPC/1973, arts. 1.014 e seguintes, e CPC/2015, arts. 639 e seguintes) e pagas as dívidas ou remetidas as discussões às vias ordinárias (CPC/1973, arts. 1.017 e seguintes e CPC/2015, arts. 642 e seguintes), após a *separação de tantos bens quantos forem necessários para o pagamento dos credores habilitados* (CPC/1973, art. 1.017, § 3º, e CPC/2015, art. 642 – § 3º), terão as partes o prazo comum de *15 (quinze) dias* para formular seu pedido de quinhão. Sob a égide do CPC/1973, o prazo era de 10 (dez) dias (CPC/1973, art. 1.022).

Nesta ocasião, poderão as partes indicar, do acervo hereditário, quais bens pretendem que constituam seu quinhão.

VII. Decisão de deliberação da partilha

Formulados ou não os pedidos de quinhão, o juiz *decidirá* sobre a partilha. Cabe-lhe, neste momento, estabelecer como se dará a sucessão, designar que bens serão atribuídos a quais sucessores, resolver os pleitos das partes e solucionar incidentes ainda pendentes.

Note-se que, diante de sua natureza decisória, o atual legislador adotou, acertadamente, a expressão *decisão* para designar tal *pronunciamento* realizado pelo juiz (CPC/2015, art. 203, §1º), e não previu prazo específico para que seja proferido, ao contrário do anterior, que o nominava impropriamente *despacho* e estabelecia prazo de 10 dias para que fosse prolatado (CPC/1973, art. 1.022).

VIII. Recurso cabível

Contra tal *decisão interlocutória* proferida em *processo de inventário*, cabível recurso de *agravo de instrumento* (CPC/2015, art. 1.015, parágrafo único), e neste sentido inclinou-se a jurisprudência majoritária firmada à luz do Código de Processo Civil de 1973: "*Agravo de instrumento* - ação de divisão - decisão de deliberação de partilha [...] *recurso conhecido* e improvido" (TJPR, 9ª Câmara Cível, AI nº 172989-7, Rel. Des. Marco Antonio de Moraes Leite, j. em 29/9/2005, DJPR de 21/10/2005, grifo nosso).

IX. Deferimento antecipado de uso e fruição de determinados bens

Sem paralelo no diploma processual anterior, o atual legislador, sensível à realidade fática, previu a possibilidade de, antes mesmo da partilha (vale dizer, quando a herança, juridicamente, ainda constitui um todo *indivisível* que se *regula pelas normas relativas ao condomínio* – CC, art. 1.791, parágrafo único), qualquer *herdeiro* postular e o juiz, fundamentadamente, decidir, sobre o uso e fruição antecipada de determinados bens do acervo.

A ideia é a de que tais bens específicos, ao final da partilha, integrarão o quinhão daquele *herdeiro* que os requereu antecipadamente, o qual fica, então, e sob esta condição, autorizado a deles desde logo *usar* e *fruir* (mas não *dispor*), suportando, em contrapartida e desde tal momento, *todos os ônus e bônus decorrentes do exercício daqueles direitos* (CPC/2015, art. 647, parágrafo único).

Na hipótese de disputa entre herdeiros acerca de determinado bem, descabe antecipar a um deles o uso e fruição: "[...] Decisão que indefere pedido de concessão aos herdeiros dos direitos de uso e fruição [...]. Circunstâncias do caso concreto que não possibilitam acolher a pretensão das herdeiras. Inteligência do art. 647, parágrafo único, do CPC/2015.

Litigiosidade elevada entre as partes [...]" (TJSP, 1ª Câmara de Direito Privado, AI nº 2143298-60.2016.8.26.0000, Rel. Des. Francisco Loureiro, unânime, j. em 9/9/2016, DJSP de 9/9/2016).

Como o texto legal referiu-se expressamente aos herdeiros, dúvida há se a hipótese de uso e fruição antecipada poderia ser postulada por legatário, que, via de regra, não se investe de imediato na posse da coisa legada (CC, art. 1.923, § 1º). Os processualistas reunidos no Fórum Permanente de Processualistas Civis entenderam que sim, seja na hipótese de toda a herança ter sido dividida em legados (CPC/2015, art. 645, inciso I) e contanto que se tenha reservado suficiente patrimônio para garantir o pagamento do espólio (Enunciado nº 181 do FPPC: "A previsão do parágrafo único do art. 647 é aplicável aos legatários na hipótese do inciso I do art. 645, desde que reservado patrimônio que garanta o pagamento do espólio"); ou ainda quando ficar evidenciado que os pagamentos do espólio não irão reduzir os legados (Enunciado nº 182 do FPPC: "Aplica-se aos legatários o disposto no parágrafo único do art. 647, quando ficar evidenciado que os pagamentos do espólio não irão reduzir os legados").

O pronunciamento judicial aqui considerado, mais uma vez, tem natureza de *decisão interlocutória*, que pode ser atacada por recurso de *agravo de instrumento* (CPC/2015, art. 1.015, parágrafo único).

Salvo ajuste em contrário e sem prejuízo do novel dispositivo, há de ser mantido o entendimento no sentido de que, para evitar desequilíbrio, na hipótese de se deferir a um herdeiro o uso exclusivo de imóvel comum, poderão os demais postular que se lhes pague indenização sob a forma de aluguel correspondente às respectivas frações: "[...] Imóvel comum. Condomínio. Partes que são filhos do de cujus. [...] Aluguel devido aos demais coproprietários na proporção de suas quotas. [...]" (TJSP, 4ª Câmara de Direito Privado, ApCiv nº 1034772-47.2015.8.26.0001, Rel. Des. Hamid Bdine, unânime, j. em 1º/12/2016, DJSP de 13/12/2016).

Art. 648 - Na partilha, serão observadas as seguintes regras:
I - a máxima igualdade possível quanto ao valor, à natureza e à qualidade dos bens;
II - a prevenção de litígios futuros;
III - a máxima comodidade dos coerdeiros, do cônjuge ou do companheiro, se for o caso.

I. Regras da partilha

Em versão modernizada das vetustas regras trazidas pelo Código de Processo Civil de 1939, o atual diploma consagrou três balizas que deverão nortear a partilha: (i) a *máxima igualdade possível*, que deve se perseguir não apenas no *valor*, mas também na *natureza* e *qualidade* dos bens (CPC/1939, art. 505, inciso I; CC/2002, art. 2.017, e CPC/2015, art. 648, inciso I); (ii) a *prevenção de litígios futuros* (CPC/1939, art. 505, inciso II, e CPC/2015, art. 648, inciso II); e (iii) a *máxima comodidade dos coerdeiros, cônjuge ou companheiro* (CPC/1939, art. 505, inciso III, que mencionava tão somente os coerdeiros, e CPC/2015, art. 648, inciso III).

"[...] na partilha, deve ser observada a maior igualdade possível, não apenas quanto a valores, mas também quanto à natureza e qualidade dos bens que integrarão cada quinhão. Trata-se de concreção plena do princípio da igualdade, segundo o qual, na divisão de bens, deve-se considerar não apenas a igualdade formal, ou seja, a equivalência matemática dos quinhões, evitando a necessidade de instituição de condomínio, mas também a igualdade qualitativa e a natureza dos bens partilháveis [...]"(STJ, 2ª Seção, Ação Rescisória nº 810/RS, Rel. Min. Paulo de Tarso Sanseverino, unânime, j. em 8/6/2011, DJE de 16/6/2011).

II. Máxima igualdade, partilha fracionária e prevenção de futuros litígios

Tendo em vista a regra do inciso I, parece justificável que, em prol da igualdade, sejam todos os bens divididos em partes ideais (partilha fracionária), estabelecendo-se, assim, condomínio entre os sucessores.

"[...] Determinação de partilha em condomínio. Possibilidade. [...] Divergência evidente quanto ao plano de partilha, decisão judicial que determinou a partilha em cotas idênticas na modalidade de condomínio. Decisão adequada ao inc. I do art.648 da Lei n. 13.105/2015 (Código de Processo Civil). [...]" (TJPR, 12ª Câmara Cível, AI nº 0001107-72.2012.8.16.0120, Rel. Des. Mário Luiz Ramidoff, j. em 21/6/2017, DJPR de 28/6/2017).

Necessário, no entanto, que a regra da igualdade seja conjugada com a da prevenção de litígios futuros, o que impõe, tanto quanto possível e sobretudo em casos de intensa litigiosidade entre os sucessores, que o condomínio, sabidamente fonte de desavenças, seja evitado; ainda que, para isto, seja necessária a avaliação dos bens do espólio e pagamento direto a quem não pretende receber fração ideal de bem. Do contrário, a efetividade da prestação jurisdicional ficaria comprometida e tenderia a levar as partes a novas demandas, com o objetivo de extinguir o condomínio estabelecido na partilha.

"[...] Litigiosidade excessiva entre os herdeiros e evidência concreta da possibilidade de acomodação dos quinhões dos sucessores sem a necessidade de estabelecer condomínios sobre cada bem. Prevalência da efetividade da tutela jurisdicional. [...]" (TJSP, 3ª Câmara de Direito Privado, AI nº 2164162-22.2016.8.26.0000, Rel. Des. Donegá Morandi, unânime, j. em 29/11/2016, DJSP de 1º/12/2016).

" [...] antes da referida partilha, e para se prevenir litígios futuros como eventual ação de alienação judicial, cabível a realização da pretendida avaliação para o pagamento direto do quinhão da referida herdeira. [...] (TJSP, 3ª Câmara de Direito Privado, AI nº 2211791-89.2016.8.26.0000, Rel. Des. Egídio Giacoia, unânime, j. em 19/5/2017, DJSP de 19/5/2017).

III. Máxima comodidade

Além da igualdade e da prevenção de litígios, também deve orientar a divisão do acervo hereditário em quinhões a máxima comodidade dos coerdeiros, cônjuge ou companheiro, que deve ser aferida à luz da utilidade de cada bem específico para cada um dos sucessores. Por exemplo, se um dos sucessores já residia em determinado imóvel, razoável que tal situação, tanto quanto possível, seja preservada.

Art. 649 - Os bens insuscetíveis de divisão cômoda que não couberem na parte do cônjuge ou companheiro supérstite ou no quinhão de um só herdeiro serão licitados entre os interessados ou vendidos judicialmente, partilhando-se o valor apurado, salvo se houver acordo para que sejam adjudicados a todos.

I. Escopo de divisão

Certo de que a permanência de bens em condomínio é fonte potencial de litígios, o legislador estimula que a partilha alcance a divisão completa do acervo, embora respeite a vontade manifestada por todos em sentido contrário; vontade que, de resto, deve ser livre (Enunciado nº 187 do FPPC: "No emprego de esforços para a solução consensual do litígio familiar, são vedadas iniciativas de constrangimento ou intimidação para que as partes conciliem, assim como as de aconselhamento sobre o objeto da causa").

II. Acordo, adjudicação ou venda judicial

Se determinado bem não for suscetível de divisão cômoda e inexistindo *acordo para que seja adjudicado a todos*, três são as soluções antevistas pela norma em comento: (i) ou o bem se acomoda *na parte do cônjuge ou companheiro supérstite ou no quinhão de um só herdeiro*, sempre respeitadas as regras da partilha *supra* referidas (CPC/2015, art. 648); (ii) ou o bem é adjudicado por um ou mais dentre os herdeiros e cônjuge ou companheiro, *após avaliação atualizada*, sendo obrigatória a licitação no caso de mais de um indivíduo ou grupo interessados, compensando-se pecuniariamente aqueles que não ficaram com o bem; (iii) ou, em último caso, procede-se à venda judicial do bem, partilhando-se entre os herdeiros o montante em dinheiro apurado (CC/2002, art. 2.019 e CPC/2015, art. 649).

"[...] Conquanto se denota que todas as partes têm interesse na prévia venda do bem imóvel, para a sua liquidação em dinheiro, de modo a evitar a inviabilidade de sua divisão cômoda, há que se impor solução equânime (art. 1.109, CPC), por intermédio de alienação judicial em hasta pública (arts. 686/707, CPC), independentemente de ação de extinção de condomínio (art. 1.112, V, CPC), respeitada a necessidade de precedente avaliação [...]"(TJSP, 8ª Câmara de Direito Privado, ApCiv nº 0219066-02.2011.8.26.0000, Rel. Des. Salles Rossi, unânime, j. em 8/2/2012, DJSP de 9/2/2012).

Art. 650 - Se um dos interessados for nascituro, o quinhão que lhe caberá será reservado em poder do inventariante até o seu nascimento.

I. Direito do nascituro para suceder

Por estarem seus direitos *a salvo desde a concepção* (CC/2002, art. 2º), reconhece-se ao *nascituro* direito potencial à sucessão, porque *já concebido no momento de sua abertura* (CC/2002, art. 1.798). Tal direito, todavia, segundo doutrina majoritária, se aperfeiçoa a partir do *nascimento com vida*, termo inicial da *personalidade civil* (CC/2002, art. 2º):

"[...] A criança, na época do falecimento do pai, estava sendo gestada e, como nascituro nascido com vida, é sucessor do pai [...]" (TJSP, 6ª Câmara de Direito Privado, ApCiv nº 0001804-08.2009.8.26.0060, Rel. Des. Alexandre Lazzarini, unânime, j. em 6/9/2012, DJSP de 6/9/2012).

Há importantes discussões no Direito Civil acerca de reconhecer-se o direito à sucessão mesmo antes do nascimento com vida e de estender-se tal direito aos embriões formados por técnicas de reprodução assistida.

II. Reserva do quinhão do nascituro

Até que sobrevenha o nascimento com vida, condição para que o então nascituro possa efetivamente suceder, previu o atual legislador, em dispositivo sem correspondência no Código de Processo Civil de 1973, que o quinhão que couber ao nascituro "será reservado em poder do inventariante" (CPC/2015, art. 650).

Art. 651 - O partidor organizará o esboço da partilha de acordo com a decisão judicial, observando nos pagamentos a seguinte ordem:
I - dívidas atendidas;
II - meação do cônjuge;
III - meação disponível;
IV - quinhões hereditários, a começar pelo coerdeiro mais velho.

I. Esboço da partilha

Em cumprimento à *decisão de deliberação da partilha* (CPC/1973, art. 1.022; CPC/2015, art. 647), específico *auxiliar da justiça*, denominado *partidor* (CPC/2015, art. 149), deverá elaborar o *esboço da partilha*, também conhecido no foro como *plano de partilha*. Trata-se de ato de preparação da partilha definitiva, de um projeto desta, que deve seguir ordem determinada.

II. Ordem dos pagamentos

Reproduzindo *ipsis literis* o que já dispunha o CPC/1973, deve o esboço da partilha, partindo do *monte-mor* (ou herança bruta) discriminado em todos os seus valores: (i) *descontar as dívidas* (CPC/1973, art. 1.023, inciso I, e CPC/2015, art. 651, inciso I), cujo resultado, acrescido dos bens trazidos à colação (CPC/1973, art. 1.014 e seguintes, e CPC/2015, art. 639 e seguintes), constitui o *monte partível* (ou herança líquida);

(ii) separar, se o caso, a *meação do cônjuge* ou do companheiro (CPC/1973, art. 1.023, inciso II, e CPC/2015, art. 651, inciso II, que, desta vez e diferentemente de outros dispositivos, não lembrou expressamente do *companheiro*); (iii) apurar, se o caso, a *meação disponível* (CPC/1973, art. 1.023, inciso III, e CPC/2015, art. 651, inciso III) e, por fim, (iv) especificar os *quinhões hereditários*, começando pelo do co-erdeiro mais velho (CPC/1973, art. 1.023, inciso IV, e CPC/2015, art. 651, inciso IV).

III. Inventário negativo

Ainda que as dívidas superem o *monte-mor*, nada sobrando para aquinhoar os sucessores, deve-se proceder à partilha para a formalização de tal situação: "[...] Alegação de desnecessidade do esboço de partilha, por se tratar de inventário negativo. Descabimento. Hipótese em que o plano deverá demonstrar que todos os bens serão consumidos pelas dívidas deixadas pelo *de cujus* e que nenhum quinhão hereditário será transmitido. Aplicação do artigo 1.023 do CPC. Necessidade de apresentação também para proteção da menor herdeira [...]" (TJSP, 7ª Câmara de Direito Privado, ApCiv. nº 0177343-66.2012.8.26.0000, Rel. Des. Walter Barone, unânime, j. em 20/2/2013, DJSP de 13/3/2013).

Art. 652 - Feito o esboço, as partes manifestar-se-ão sobre esse no prazo comum de 15 (quinze) dias, e, resolvidas as reclamações, a partilha será lançada nos autos.

I. Manifestação das partes sobre o esboço

Apresentado o esboço pelo partidor, serão os interessados intimados para que possam se manifestar e apresentar ao juiz as suas eventuais reclamações (expressão aqui adotada em sentido atécnico, não se confundindo com aquela prevista no CPC/2015, art. 988), que por ele serão resolvidas. A única diferença da atual regra em comparação à do Código de Processo Civil de 1973 é o prazo para manifestação, que foi ampliado de *cinco* (CPC/1973, art. 1.024) para *quinze dias* (CPC/2015, art. 652). A ausência de intimação caracteriza nulidade por cerceamento de defesa: "[...] Havendo sido omitido o nome do patrono de um dos interessados, é nula a intimação feita, tanto mais que concreto o prejuízo daí advindo à parte, a quem não se facultou oportunidade de deduzir em tempo hábil as suas objeções ao esboço de partilha [...]" (STJ, 4ª T., REsp nº 67055/MG, Rel. Min. Barros Monteiro, unânime, j. em 8/5/1996, DJU de 24/6/1996).

"Abertura de prazo para manifestação das partes - Artigo 1024 CPC - Ausência - Cerceamento defesa caracterizado [...]" (TJMG, 6ª Câmara Cível, ApCiv nº 1.0024.96.038079-8/001, Rel. Des. Selma Marques, unânime, j. em 3/6/2014, DJMG de 13/6/2014).

Havendo alteração do esboço, pela mesma razão anteriormente declinada, deverão ser as partes novamente intimadas: "INVENTÁRIO - Homologaçãodepartilha-Inconformismodeherdeira-Cabimento – Herdeira que não foi intimada para se manifestar sobre ratificação de plano de partilha - Violação aos princípios do contraditório e da ampla defesa [...]" (TJSP, 6ª Câmara de Direito Privado, ApCiv nº 9282395-34.2008.8.26.0000, Rel. Des. Sebastião Carlos Garcia, unânime, j. em 28/4/2011, DJSP de 5/5/2011).

II. Decisão sobre reclamações dos interessados. Recurso cabível

Havendo conteúdo decisório no pronunciamento judicial acerca das reclamações manifestadas pelos interessados, forçoso admitir o cabimento de agravo de instrumento (CPC/2015, art. 203, § 2º, c/c art. 1.015, parágrafo único).

III. Despacho de lançamento da partilha

Diferentemente das decisões sobre as reclamações, o ato de *lançamento da partilha nos autos* é mero despacho, inatacável por recurso. As partes poderão se insurgir, isto sim, contra a sentença homologatória da partilha (CPC/1973, art. 1.026, e CPC/2015, art. 654).

Art. 653 - A partilha constará:
I - de auto de orçamento, que mencionará:
a) os nomes do autor da herança, do inventariante, do cônjuge ou companheiro supérstite, dos herdeiros, dos legatários e dos credores admitidos;
b) o ativo, o passivo e o líquido partível, com as necessárias especificações;
c) o valor de cada quinhão;
II - de folha de pagamento para cada parte, declarando a quota a pagar-lhe, a razão do pagamento e a relação dos bens que lhe compõem o quinhão, as características que os individualizam e os ônus que os gravam.
Parágrafo único - O auto e cada uma das folhas serão assinados pelo juiz e pelo escrivão.

I. Conteúdo da partilha

Compõe-se a partilha de dois elementos principais: o *auto de orçamento* e a *folha de pagamento*.

No *auto de orçamento*, identificam-se nominalmente todos os *sujeitos* (o falecido, o inventariante, o cônjuge ou companheiro supérstite, os herdeiros, os legatários e os credores admitidos) e discriminam-se os aspectos *objetivos*, notadamente o *ativo*, o *passivo* e o líquido partível, assim como o *valor de cada quinhão*.

Na *folha de pagamento*, indicam-se, para cada parte, *a razão do pagamento e a relação dos bens que lhe compõem o quinhão, as características que os individualizam e os ônus que os gravam*.

Todos esses documentos devem ser assinados pelo juiz e pelo escrivão.

A regra em comento é idêntica à do anterior Código (CPC/1973, art. 1.025), com a única diferença de que o atual menciona o *companheiro* entre os sujeitos que podem ser indicados no auto de orçamento (CPC/2015, art. 653, inciso I, *a*), o que, de resto, já era aceito pela doutrina e pela jurisprudência.

II. Extensão dos requisitos à escritura de inventário

Sem prejuízo do atendimento de outras normas, inclusive advindas das respectivas corregedorias, os Cartórios de Registro de Imóveis não devem registrar escritura de inventário da qual não constem informações mínimas exigidas pelo artigo em comento: "[...] o instrumento público foi omisso quanto à exigência do art. 1025, I, alínea "b", do Código de Processo Civil [...]. O caso dos autos exige a retificação do ato notarial por meio de novo instrumento para fim de registro" (TJSP, Conselho Superior da Magistratura, ApCiv nº 0015227-89.2012.8.26.0590, Rel. Des. José Renato Nalini, unânime, j. em 18/4/2013, DJSP de 25/4/2013).

Art. 654 - Pago o imposto de transmissão a título de morte e juntada aos autos certidão ou informação negativa de dívida para com a Fazenda Pública, o juiz julgará por sentença a partilha.
Parágrafo único - A existência de dívida para com a Fazenda Pública não impedirá o julgamento da partilha, desde que o seu pagamento esteja devidamente garantido.

I. Quitação dos tributos e julgamento da partilha

Determina a norma material tributária que "nenhuma sentença de julgamento de partilha ou adjudicação será proferida sem prova da quitação de todos os tributos relativos aos bens do espólio, ou às suas rendas" (CTN, art. 192).

Dando-lhe cumprimento, estabelece a lei processual que, como regra geral, a sentença de julgamento da partilha só será prolatada depois de quitado *o imposto de transmissão a título de morte e juntada aos autos certidão ou informação negativa de dívida para com a Fazenda Pública* (CPC/2015, art. 654, *caput*). A redação do *caput* do artigo em comento é praticamente idêntica à do anterior diploma (CPC/1973, art. 1.026), com a diferença de que este último, ao aludir à certidão negativa de débitos fiscais, usava a expressão "junta aos autos", e não "juntada aos autos", como preferiu o atual.

Os tribunais prestigiam a regra geral de exigir a comprovação da quitação fiscal como condição para o julgamento da partilha e expedição do respectivo formal: "[...] Para julgamento ou homologação da partilha e posterior expedição e entrega do respectivo formal, é obrigatória a comprovação do pagamento de todos os tributos relativos aos bens do espólio e às suas rendas. [...]" (STJ, 4ª T., AgRg no REsp nº 667.516-SP, Rel. Min. João Otávio de Noronha, unânime, j. em 1º/9/2009, DJE de 14/9/2009).

"[...] Expedição de formal de partilha que depende de prévia manifestação das partes, quitação de impostos e juntada da certidão ou informação negativa de dívida junto à Fazenda Pública (art. 654 do NCPC) e trânsito em julgado da sentença (art. 655 do NCPC). [...]" (TJSP, 4ª Câmara Cível, AI nº 2055231-85.2017.8.26.0000, Rel. Des. Maia da Cunha, j. em 8/6/2017, DJSP de 13/6/2017).

II. Garantia de pagamento de tributos e julgamento da partilha

A experiência forense revela que, muito frequentemente, o procedimento acaba por ficar estacionado por longo tempo, sem que se possa encerrar o inventário, justamente pela pendência de dívida para com a Fazenda Pública, a qual muitas vezes só se poderia quitar com recursos provenientes da própria herança.

Sensível a tal realidade e procurando dar cumprimento aos objetivos de celeridade e simplificação da tramitação dos feitos, o Código de Processo Civil de 2015 introduziu exceção à regra geral estabelecida no *caput* e passou a permitir expressamente que as partilhas sejam julgadas e os inventários possam se encerrar ainda que os créditos fazendários não estejam satisfeitos, entendendo ser suficiente que estejam devidamente garantidos (CPC/2015, art. 654, *parágrafo único*).

Os estudiosos reunidos no Fórum Permanente de Processualistas Civis acolheram a tese de que não se pode exigir a garantia de parte hipossuficiente, que não puder prestá-la (Enunciado nº 71 do FPPC: "Poderá ser dispensada a garantia mencionada no parágrafo único do art. 654, para efeito de julgamento da partilha, se a parte hipossuficiente não puder oferecê-la, aplicando-se por analogia o disposto no art. 300, § 1º").

Do contrário, via de regra, a garantia há de ser prestada: "[...] Decisão que indeferiu pleito de levantamento de valores relativos a aluguéis de imóvel pertencente ao espólio bem como a suspensão do processo – Manutenção da decisão agravada – Impossibilidade de levantamento de valores que pertencem ao espólio antes de ultimada a partilha, até porque não há garantia de pagamento de dívidas do espólio, em especial do ITCMD, ainda não recolhido [...]" (TJSP, 1ª Câmara de Direito Privado, AI nº 2051608-13.2017.8.26.0000, Rel. Des. Christine Santini, unânime, j. em 18/4/2017, DJSP de 19/4/2017).

III. Sentença que julga a partilha. Recurso cabível

A partilha é julgada por sentença (CPC/2015, art. 203, § 1º, c/c art. 654, *caput*), atacável por recurso de *apelação* (CPC/2015, art. 1.009).

Há discussão acerca da eficácia preponderante de tal sentença, se declaratória ou se constitutiva, prevalecendo este último entendimento, na medida em que tal sentença extingue estado jurídico anterior de comunhão (CC, art. 1.791, parágrafo único) e estabelece novo estado jurídico, no qual cada coerdeiro passa a ter direito *circunscrito aos bens do seu quinhão* (CC, art. 2.023).

Art. 655 - Transitada em julgado a sentença mencionada no art. 654, receberá o herdeiro os bens que lhe tocarem e um formal de partilha, do qual constarão as seguintes peças:

I - termo de inventariante e título de herdeiros;

II - avaliação dos bens que constituíram o quinhão do herdeiro;
III - pagamento do quinhão hereditário;
IV - quitação dos impostos;
V - sentença.
Parágrafo único - O formal de partilha poderá ser substituído por certidão de pagamento do quinhão hereditário quando esse não exceder a 5 (cinco) vezes o salário-mínimo, caso em que se transcreverá nela a sentença de partilha transitada em julgado.

I. Encerramento do inventário

Uma vez *transitada em julgado* (o Código anterior adotava a expressão, menos técnica, *passada em julgado*, sendo essa a única diferença entre o CPC/1973, art. 1.027, e o CPC 2015, art. 655) a sentença que julgou a partilha, encerram-se o inventário e, como consequências procedimentais, o espólio e sua representação pelo inventariante: "[...] I - Encerrado o inventário, com a homologação da partilha, esgota-se a legitimidade do espólio, momento em que finda a representação conferida ao inventariante pelo artigo 12, V, do Código de Processo Civil [...]" (STJ, 3ª T., REsp nº 1.162.398-SP, Rel. Min. Massami Uyeda, unânime, j. em 20/9/2011, DJE de 29/9/2011).

II. Atribuição, ao herdeiro, dos bens integrantes de seu quinhão

Nesta ocasião, sob o plano jurídico material, cada herdeiro passa a ter direito próprio e *circunscrito aos bens do seu quinhão* (CC, art. 2.023).

III. Formal de partilha ou certidão de pagamento de quinhão

Para documentar os direitos que adquiriu por força da sucessão, cada herdeiro receberá um *formal de partilha*, constituído por peças obrigatórias indicadas por lei, a saber: o *termo de inventariante e título de herdeiros; a avaliação dos bens que constituíram o quinhão do herdeiro; o pagamento do quinhão hereditário; a comprovação de quitação dos impostos* ou de sua dispensa na hipótese de crédito fiscal garantido (CPC/2015, art. 654, parágrafo único); e a *sentença*, com a certificação do trânsito em julgado.

Na hipótese de o valor do quinhão *não exceder a 5 (cinco) vezes o salário mínimo*, o documento poderá ser simplificado, substituindo-se o formal de partilha por *certidão de pagamento de quinhão*, na qual deverá ser transcrita a sentença de partilha transitada em julgado.

IV. Formal de partilha, título executivo e título hábil para registro imobiliário

Documentando o direito havido por herança, o formal de partilha (ou a certidão de pagamento do quinhão) constitui *título executivo judicial em relação ao inventariante, aos herdeiros e aos sucessores a título singular ou universal* (CPC/1973, art. 475-N, e CPC/2015, art. 514, inciso IV). Vale lembrar que se trata de título executivo limitado, pois, ordinariamente, permite a incoação de execução *por quem* (exequente) e *em face de quem* (executado) participou do processo de inventário.

Se houver *bem imóvel* no quinhão, é o *formal de partilha*, expedido em conformidade com seus requisitos legais, o *título hábil* para ingresso no Cartório de Registro de Imóveis (Lei nº 6.015/1973, art. 221, inciso IV) e registro de propriedade (Lei nº 6.015/1973, art. 167, inciso I, 24 e 25).

O interesse na apresentação do formal de partilha a registro é do herdeiro aquinhoado com o imóvel, não se podendo exigir tal ato do inventariante; e, mesmo se extraviado o formal, será o herdeiro quem terá legitimidade para postular eventual segunda via: "[...] Ausência de obrigação legal do Inventariante de proceder ao registro do formal Legitimidade dos demais herdeiros para requerer expedição de segunda via do Formal de Partilha, a fim de proceder ao registro [...]" (TJSP, 7ª Câmara de Direito Privado, ApCiv nº 2031731-92.2014.8.26.0000, Rel. Des. Luiz Antonio Costa, unânime, j. em 25/6/2014, DJSP de 26/6/2014).

Art. 656 - A partilha, mesmo depois de transitada em julgado a sentença, pode ser emendada nos mesmos autos do inventário, convindo todas as partes, quando tenha havido erro de fato na descrição dos bens, podendo o juiz, de ofício ou a requerimento da parte, a qualquer tempo, corrigir-lhe as inexatidões materiais.

I. Emenda da partilha

O *trânsito em julgado* da partilha não impede que, no próprio inventário e de maneira simples, sejam corrigidos *erros materiais*. Pode a iniciativa partir do próprio juiz, para a correção de *inexatidões materiais*, ou, como mais frequentemente ocorre, pode partir de qualquer interessado, para a correção de *erro de fato na descrição dos bens*: "[...] na situação prevista no art. 1.028, se evidenciado erro de fato na descrição de bens da partilha, poderá o juiz, de ofício ou a requerimento das partes, a qualquer tempo, corrigir as inexatidões materiais [...]"(STJ, 2ª T., Ag no REsp nº 290.919/RJ, Rel. Min. Herman Benjamin, unânime, j. em 21/3/2013, DJE de 9/5/2013).

A regra é a mesma que já havia no Código anterior (CPC/1973, art. 1.028), com aperfeiçoamento técnico da redação, e guarda coerência com os limites de alteração da sentença por seu prolator (CPC/1973, art. 463, inciso I, e CPC/2015, art. 494, inciso I).

A hipótese não se confunde com a de *sobrepartilha* (CPC/1973, art. 1.040, e CPC/2015, art. 669).

II. Necessidade de concordância de todas as partes

Impõe a lei a concordância de *todas as partes* para *a correção de erro de fato na descrição dos bens*. Cogita aqui a doutrina de hipóteses como *descrição incorreta do estado do bem, descrição inadequada da raça de um rebanho*, etc. Não há de se confundir tal hipótese com simples ajustes de *inexatidões materiais* (erros evidentes entre o que se desejou e o que se declarou, erros de cálculo, aposição equivocada de dígitos, letras, etc.), que podem ser realizados até mesmo de ofício pelo juiz, para os quais não se exige consenso – embora não dispensem a ciência para que as partes possam se manifestar a respeito (CPC/2015, arts. 9º e 10).

III. Limites da emenda

Só se permite corrigir *erro material*, desprovido de *conteúdo decisório*: "[...] o erro material, passível de ser corrigido de ofício e não sujeito à preclusão, é o reconhecido *primu ictu oculi*, consistente em equívocos materiais sem conteúdo decisório propriamente dito" (STJ, 3ª T., AgRg na MC nº 18514/SP, Rel. Min. Nancy Andrighi, unânime, j. em 8/11/2011, DJe de 17/11/2011).

Inadmissível nesta sede, ainda que com concordância de todas partes, promover alteração que possa implicar modificação no conteúdo dos quinhões, em seu valor ou em sua distribuição: "[...] Retificação da partilha já homologada por sentença transitada em julgado. Inadmissibilidade. Hipótese em que a existência de coisa julgada formal impede a rediscussão nos mesmos autos dos termos da divisão efetuada [...]" (TJSP, 6ª Câmara de Direito Privado, AI nº 2037482-94.2013.8.26.0000, Rel. Des. Vito Guglielmi, unânime, j. em 16/12/2013, DJSP de 17/12/2013).

IV. Recurso cabível

Tratando-se de mera correção de erro material, aparentemente poderia não haver interesse recursal, inadmitindo-se recurso contra o pronunciamento judicial positivo ou negativo a esse respeito. Na prática, contudo, pode haver situações em que o interessado sofra efetivo prejuízo. Cogite-se da hipótese de imóvel integrante de seu quinhão ter sido mal descrito (erro no número da matrícula, referência à matrícula já encerrada, desmembrada, retificada, etc.), a impedir o registro do formal perante o Cartório de Registro de Imóveis. Neste caso, sem prejuízo de outras formas de alteração, se o juízo indeferir requerimento de alteração, há de se admitir o cabimento de agravo de instrumento (CPC/2015, art. 203, § 2º, c/c art. 1.015 parágrafo único).

Incabível, por certo, recurso de apelação: "[...] Pretensão de retificação do formal homologado pela sentença – Indeferimento, em sede de decisão interlocutória – Inconformismo manifestado por meio de recurso de apelação – Descabimento – Recurso cabível que seria o agravo de instrumento – Erro grosseiro na interposição – Impossibilidade de aplicação da fungibilidade recursal [...]" (TJPR, 12ª Câmara Cível, ApCiv nº 12465188, Rel. Des. Denise Krüger Pereira, unânime, j. em 4/3/2015, DJPR de 17/3/2015).

Art. 657 - A partilha amigável, lavrada em instrumento público, reduzida a termo nos autos do inventário ou constante de escrito particular homologado pelo juiz, pode ser anulada por dolo, coação, erro essencial ou intervenção de incapaz, observado o disposto no § 4º do art. 966.

Parágrafo único - O direito à anulação de partilha amigável extingue-se em 1 (um) ano, contado esse prazo:

I - no caso de coação, do dia em que ela cessou;

II - no caso de erro ou dolo, do dia em que se realizou o ato;

III - quanto ao incapaz, do dia em que cessar a incapacidade.

I. Anulação da partilha amigável

Negócio jurídico que é, decorrente de manifestação de vontade das partes ainda quando homologado judicialmente, a partilha amigável pode ser anulada por qualquer das causas de anulação previstas na lei civil (CC art. 171, incisos I e II). Seguindo a redação do Código de Processo Civil anterior (CPC 1973, art. 1.029), que, por sua vez, se apoiava no antigo Código Civil, perdeu o atual legislador processual a oportunidade de atualizar as causas de anulabilidade e se referiu expressamente às hipóteses de anulação por *incapacidade*, *erro*, *dolo* e *coação*. A doutrina, no entanto, estende as hipóteses de anulação da partilha amigável também para os demais *vícios de consentimento*, como estado de *perigo* e *lesão*.

II. Ação anulatória

À luz do anterior Código de Processo Civil, era assente o entendimento de que, para anulação da *partilha amigável*, deveria ser observado o disposto para a ação anulatória (CPC/1973, art. 486). O atual Código tornou expresso tal entendimento ao remeter expressamente para norma que trata de atos de disposição de direitos passíveis de anulação (CPC/2015, art. 966, § 4º). Diferentemente, a partilha *judicial* é passível de rescisão: "[...] a partilha amigável (CC/1916, art. 1.773; CC/2002, art. 2.015) é passível de anulação, nos termos dos arts. 486, 1.029 e 1.031 do CPC, enquanto a partilha judicial é rescindível, conforme preconizam os arts. 485 e 1.030 do CPC [...]" (STJ, 4ª T., REsp nº 803608/MG, Rel. Min. Raul Araújo, unânime, j. em 25/3/2014, DJe de 2/4/2014).

"Inventário – Insurgência contra sentença que homologou plano de partilha amigável. [...]. Inadequação da via eleita. Pedido de anulação da r. sentença para apresentação de novo plano de partilha. Anulação que deve ser requerida em ação própria [...]" (TJSP, 5ª Câmara de Direito Privado, ApCiv nº 0005567-56.2011.8.26.0283, Rel. Des. Fábio Podestá, unânime, j. em 3/5/2017, DJSP de 5/5/2017).

III. Legitimidade

A ação anulatória pode ser proposta por qualquer um dos participantes da partilha amigável. Devem figurar no polo passivo, em litisconsórcio necessário, todos os demais sujeitos que a integraram.

IV. Prazo para propositura

A despeito da singeleza da redação do parágrafo único e incisos do artigo em comento, os quais repetem as disposições do Código anterior (CPC/1973, art. 1.029, parágrafo único, incisos I a III), com um único ajuste técnico – a substituição do vocábulo *prescreve* por *extingue-se*, já que a hipótese não trata de prescrição, mas sim de decadência, posto que a pretensão veiculada é constitutiva negativa –, a interpretação do termo inicial do prazo de um ano para a propositura da ação anulatória não é literal.

Razoável o entendimento de que, em se tratando de partilha submetida à homologação judicial, deva se contar tal prazo decadencial não do vício em si (erro ou dolo) ou de sua cessação (coação e incapacidade), mas sim do trânsito em julgado da decisão homologatória: "[...] a ação para anular homologação de partilha amigável prescreve em um ano a contar do trânsito em julgado da sentença homologatória CPC [...]". (STJ, 3ª T., REsp nº 279177/SP, Rel. Min. Humberto Gomes de Barros, unânime, j. em 4/4/2006, DJ de 14/8/2006).

"[...] Ação de anulação de partilha. Reconhecimento de prescrição. Prazo prescricional que tem início a partir do trânsito em julgado da sentença homologatória da partilha amigável realizada [...]" (TJPR, 12ª Câmara Cível, ApCiv nº 1.187.872-1, Rel. Des. Ivanise Maria Tratz Martins, unânime, j. em 2/7/2014, DJPR de 21/7/2014).

"[...] conta-se o prazo de decadência para anulação de homologação de partilha amigável da data do trânsito em julgado da sentença homologatória" (TJMG, 2ª Câmara Cível, ApCiv nº 1.0521.11.023273-8/001, Rel. Des. Marcelo Rodrigues, unânime, j. em 16/6/2014, DJMG de 26/6/2014).

Art. 658 - É rescindível a partilha julgada por sentença:
I - nos casos mencionados no art. 657;
II - se feita com preterição de formalidades legais;
III - se preteriu herdeiro ou incluiu quem não o seja.

I. Rescisão da partilha judicial

Havendo decisão judicial de mérito que julgue pedidos, prolatada ao término de processo no qual foram solucionadas questões de fato e de direito, em ambiente litigioso, será cabível a *ação rescisória*. Este entendimento foi corroborado no Fórum Permanente de Processualistas Civis (Enunciado nº 137 do FPPC: "Contra sentença transitada em julgado que resolve partilha, ainda que homologatória, cabe ação rescisória").

Contudo, se a sentença tiver se limitado meramente a homologar acordo das partes, a hipótese será de *ação anulatória* (CPC/1973, art. 486, e CPC/2015, art. 966, § 4):

"[...] A análise da ação adequada à invalidação da partilha tem por pressuposto a análise do conteúdo e dos limites da sentença proferida nos autos do inventário: se homologada, simplesmente, a partilha, mesmo que para aprovar o plano apresentado pelo inventariante, mas desde que ausente litigiosidade, deve-se ajuizar a ação anulatória; se, ao revés, na sentença forem resolvidas questões suscitadas pelos interessados quanto à divisão de bens e/ou à admissão de herdeiros, cabível é a ação rescisória [...]" (STJ, 3ª T., REsp nº 1.238.684-SC, Rel. Min. Nancy Adrighi, unânime, j. em 3/12/2013, DJE de 21/2/2014).

Dão causa à rescisão qualquer das situações contempladas para as sentenças de mérito (CPC/1973, art. 485, incisos I a VIII, e CPC/2015, art. 966, incisos I a IX) e, em especial, (i) as situações que, no âmbito de partilha amigável, teriam dado causa à sua anulação, mas que aqui permitem a rescisão por se tratar de partilha judicial (CPC/1973, art. 1.030, inciso I, e CPC/2015, art. 658, inciso I); (ii) a preterição de formalidades legais (CPC/1973, art. 1.030, inciso II, e CPC/2015, art. 658, inciso II) e (iii) a preterição de herdeiro que tenha participado do inventário, ou a inclusão de quem não o tenha (CPC/1973, art. 1.030, inciso III, e CPC/2015, art. 658, inciso III).

II. Ação rescisória

Aplicam-se aqui as regras atinentes à ação rescisória (CPC/1973, art. 485 e seguintes, e CPC/2015, art. 966 e seguintes.)

"[...] A sentença de partilha é rescindível, mas para esse efeito o interessado deve propor a ação prevista no art. 1.030, III, do Código de Processo Civil [...]" (STJ, 3ª T., REsp nº 853133-SC, Rel. Min. Humberto Gomes de Barros, unânime, j. em 6/5/2008, DJE de 20/11/2008).

III. Legitimidade

A ação rescisória pode ser proposta por qualquer uma das partes no processo ou seus sucessores, jungidas que estão à coisa julgada material de que se reveste a sentença lá prolatada, bem ainda por terceiro juridicamente interessado, pelo Ministério Público (CPC/1973, art. 487, e CPC/2015, art. 967), e devem figurar no polo passivo, em litisconsórcio necessário, todos os demais participantes.

IV. Prazo para propositura

O prazo para propositura da ação rescisória é de dois anos, contados do trânsito em julgado (CPC/1973, art. 495, e CPC/2015, art. 975 e seguintes).

V. Situação do incapaz

A jurisprudência tem admitido o cabimento de ação rescisória em se tratando de partilha judicial que envolva interesse de incapaz: "[...] Tratando-se de partilha judicial, face à existência no inventário de interesse de menor, o meio impugnativo cabível da sentença proferida é o da ação rescisória e não o da ação de anulação [...]" (STJ, 3ª T., REsp nº 586.312-SC, Rel. Min. Castro Filho, unânime, j. em 18/4/2004, DJE de 16/8/2004).

VI. Petição de herança

Diferentemente da situação contemplada no inciso III do dispositivo em comento é a do herdeiro que não participou do processo de inventário. A este assiste a chamada *petição de herança*, por força da qual o herdeiro preterido postula *"reconhecimento de seu direito sucessório, para obter a restituição da herança, ou de parte dela, contra quem, na qualidade de herdeiro, ou mesmo sem título, a possua"* (CC, art. 1.824). Não lhe interessa a *ação rescisória*, posto que a *coisa julgada* não se operou contra si (CPC/1973, art. 472, e CPC/2015, art. 506). Nesse sentido a conclusão alcançada no Fórum Permanente de Processualistas Civis (Enunciado nº 183 do FPPC: "A ação rescisória de partilha com fundamento na preterição de herdeiro, prevista no inciso III do art. 658, está vinculada à hipótese do art. 628, não se confundindo com a ação de petição de herança (art. 1.824 do Código Civil), cujo fundamento é o reconhecimento do direito sucessório e a restituição da herança por aquele que não participou, de qualquer forma, do processo de inventário e partilha").

O prazo prescricional para o ajuizamento de tal demanda é de *dez anos* (CC, art. 205).

"[...] Herdeira necessária que não participou dos processos - Inadmissibilidade da via rescisória. Para anular a partilha, a herdeira necessária dela excluída e que não participou dos arrolamentos deve utilizar-se da ação de petição de herança c/c nulidade de partilha, com prazo prescricional de 10 (dez) anos [...]" (TJSP, 3ª Câmara de Direito Privado, Ação Rescisória nº 6185464700, Rel. Des. Egídio Giacoia, unânime, j. em 16/12/2008, DJSP de 12/1/2009).

Seção IX - Do Arrolamento

Art. 659 - A partilha amigável, celebrada entre partes capazes, nos termos da lei, será homologada de plano pelo juiz, com a observância dos arts. 660 a 663.

§ 1º - O disposto neste artigo aplica-se, também, ao pedido de adjudicação, quando houver herdeiro único.

§ 2º - Transitada em julgado a sentença de homologação de partilha ou de adjudicação, será lavrado o formal de partilha ou elaborada a carta de adjudicação e, em seguida, serão expedidos os alvarás referentes aos bens e às rendas por eles abrangidos, intimando-se o fisco para lançamento administrativo do imposto de transmissão e de outros tributos porventura incidentes, conforme dispuser a legislação tributária, nos termos do § 2º do art. 662.

Autor: Rodrigo Ramina de Lucca

I. O procedimento de arrolamento

O arrolamento é um procedimento simplificado de partilha utilizado quando: (i) inexiste conflito entre os sucessores, tratando-se de partilha amigável; (ii) há apenas um herdeiro ou legatário, bastando que se lhe adjudiquem os bens deixados pelo autor da herança. Nesses dois casos a lei chama o procedimento de "arrolamento sumário" (CPC/2015, art. 660). Além deles, também será utilizado o arrolamento (*comum*) quando o valor dos bens a serem partilhados for inferior a mil salários mínimos (CPC/2015, art. 664).

II. Nova redação

O art. 659 do CPC/2015 recebeu redação significativamente distinta da redação do art. 1.031 do CPC/1973, seja quanto à forma, seja quanto ao conteúdo. Sob o ponto de vista formal, o art. 659 deixou de fazer referência expressa ao art. 2.015 do Código Civil, evitando a sua compulsória atualização caso o Código Civil venha a ser alterado. Com efeito, a redação original do art. 1.031 do CPC/1973 já havia sido modificada em 1982, quando passou a fazer referência nominal ao art. 1.773 do CC/1916. Com a promulgação do Código Civil, o dispositivo teve que ser corrigido pela Lei nº 11.441, permanecendo desatualizado por mais de quatro anos. Sob o ponto de vista material, o CPC/2015 seguiu a tendência de simplificação do procedimento de arrolamento, que já vinha desde a reforma de 1982 pela Lei nº 7.010, e reduziu a ingerência da Fazenda Pública no curso do processo.

III. Homologação da partilha e adjudicação a herdeiro único independentemente de prova da quitação de tributos

O CPC/1973 exigia a comprovação de quitação dos tributos relativos aos bens do espólio e suas rendas tanto para a homologação da partilha amigável quanto para a adjudicação dos bens a herdeiro único. A Fazenda Pública ainda deveria anuir à expedição de formal de partilha e carta de adjudicação, de modo a atestar a regularidade do pagamento dos tributos (CPC/1973, art. 1.031, parágrafo único). A fiscalização pela Fazenda Pública, porém, já era de certa forma limitada, vedando-se discussões no curso do processo sobre pagamento de Imposto de Transmissão e sobre o valor atribuído aos bens pelos herdeiros (nesse sentido, STJ, 2ª T., REsp nº 1373317/SP, Rel. Min. Assusete Magalhães, j. em 3/4/2014, DJe de 22/4/2014). O CPC/2015 foi além, simplificando ainda mais o procedimento e atribuindo-lhe mais celeridade e eficácia. De acordo com o art. 659 do CPC/2015, a partilha amigável deverá ser homologada e os bens, adjudicados ao herdeiro único independentemente do recolhimento de tributos e de anuência da Fazenda Pública. A fiscalização administrativa será realizada integralmente *a posteriori* e fora do processo, mediante a intimação da Fazenda Pública, após a entrega dos bens aos sucessores, para que efetue o lançamento tributário.

1. Exceção ao art. 192 do CTN

O art. 659 do CPC/2015 excepciona a previsão do art. 192 do CTN de que "Nenhuma sentença de julgamento de partilha ou adjudicação será proferida sem prova da quitação de todos os tributos relativos aos bens do espólio, ou às suas rendas".

IV. Incapacidade superveniente

Havendo incapacidade superveniente de algum dos sucessores, o procedimento de arrolamento deverá ser convertido em procedimento de inventário e partilha.

Art. 660 - Na petição de inventário, que se processará na forma de arrolamento sumário, independentemente da lavratura de termos de qualquer espécie, os herdeiros:
I - requererão ao juiz a nomeação do inventariante que designarem;
II - declararão os títulos dos herdeiros e os bens do espólio, observado o disposto no art. 630;
III - atribuirão valor aos bens do espólio, para fins de partilha.

I. Petição formulada por todos os interessados

A homologação da partilha amigável depende de acordo sobre a partilha entre todos os sucessores, incluindo legatários. Na vigência do CPC/1973, a jurisprudência acertadamente considerava nula a homologação de partilha amigável que não fosse requerida por todos os interessados. O entendimento deverá ser mantido na vigência do CPC/2015.

II. Dispensa de compromisso do inventariante

No arrolamento sumário, por ter sido nomeado a pedido de todos os interessados, o inventariante está dispensado de compromisso.

III. Atribuição do valor dos bens do espólio pelas próprias partes

A atribuição do valor dos bens do espólio pelas próprias partes aplica-se tanto à homologação de partilha amigável quanto à adjudicação a herdeiro único. Diversamente do que ocorre no procedimento de inventário e partilha, como regra, o procedimento de arrolamento não comporta avaliação de bens (CPC/2015, art. 661).

IV. Julgados

Nulidade por falta de requerimento de todos os interessados

"Arrolamento de bens. Partilha homologada sem anuência de herdeiros. Esboço de partilha apresentado por herdeiro não inventariante e sem a anuência dos demais herdeiros. Decisão que deve ser anulada para prosseguimento do feito com apresentação de novo esboço de partilha pelo inventariante, colhendo a anuência de todos os herdeiros. Recurso provido para anular a r. sentença e determinar o regular prosseguimento do feito" (TJSP, 3ª Câmara de Direito Privado, AC nº 9132136-27.2008.8.26.0000, Rel. Des. Adilson de Andrade, j. 22/11/2011).

Art. 661 - Ressalvada a hipótese prevista no parágrafo único do art. 663, não se procederá à avaliação dos bens do espólio para nenhuma finalidade.

I. Avaliação dos bens: exceção

No procedimento de arrolamento sumário não há avaliação de bens, salvo quando o credor impugnar o valor atribuído aos bens que lhe foram reservados para pagamento (CPC/2015, art. 663, parágrafo único). A regra é lógica, sobretudo diante da dispensa de anuência da Fazenda Pública para expedição do formal de partilha e da carta de adjudicação. Tratando-se de homologação de partilha amigável, o acordo entre as partes sobre a partilha pressupõe acordo também quanto aos bens partilhados;

e tratando-se de adjudicação a herdeiro único, apenas ao Fisco interessa a apuração do valor real dos bens – o que poderá ser feito *a posteriori* e no âmbito administrativo.

II. Julgados

Desnecessidade de avaliação dos bens do espólio no arrolamento sumário

"ARROLAMENTO SUMÁRIO – Desnecessidade de avaliação dos bens do espólio - Inteligência do art. 1.033, do Código de Processo Civil - Desnecessidade de comprovação dos valores de venda e de mercado dos bens constantes das primeiras declarações evidenciada – Exigência formulada que se reputa descabida - Desnecessidade, ademais, de inclusão de veículo no monte a ser partilhado - Existência de pleno consenso no que tange a venda do bem móvel constatada - Procedimento do arrolamento sumário que não se presta à resolução de questões que envolvam a correção do valor estimado dos bens do espólio - Hipótese em que eventual diferença de valores do tributo devido, apurada em feito administrativo, deverá ser feita pelo fisco [...]" (TJSP, 1ª Câmara de Direito Privado, AI nº 0341567-26.2009.8.26.0000, Rel. Des. Luiz Antônio de Godoy, j. 11/8/2009).

Art. 662 - No arrolamento, não serão conhecidas ou apreciadas questões relativas ao lançamento, ao pagamento ou à quitação de taxas judiciárias e de tributos incidentes sobre a transmissão da propriedade dos bens do espólio.

§ 1º - A taxa judiciária, se devida, será calculada com base no valor atribuído pelos herdeiros, cabendo ao fisco, se apurar em processo administrativo valor diverso do estimado, exigir a eventual diferença pelos meios adequados ao lançamento de créditos tributários em geral.

§ 2º - O imposto de transmissão será objeto de lançamento administrativo, conforme dispuser a legislação tributária, não ficando as autoridades fazendárias adstritas aos valores dos bens do espólio atribuídos pelos herdeiros.

I. Fiscalização tributária *a posteriori*

O art. 1.034 do CPC/1973 já disciplinava que a fiscalização da regularidade fiscal pela Fazenda Pública deveria ser realizada na esfera administrativa. Considerando que o CPC/2015 dispensou até mesmo o comprovante de recolhimento dos tributos referentes aos bens e às rendas do espólio para homologação da partilha amigável e adjudicação a herdeiro único, o art. 662 apenas reitera o que está disposto no art. 659 (não haverá discussões sobre pagamento de taxas judiciárias e tributos no curso do procedimento de arrolamento) e na legislação tributária (o Fisco não está vinculado aos valores dos bens do espólio atribuídos pelos sucessores).

II. Julgados

Inexistência de nulidade pela falta de intimação da Fazenda Pública antes da expedição do formal de partilha (interpretação do CPC/1973, art. 1.034)

"ARROLAMENTO SUMÁRIO - Ausência de intimação da Fazenda Pública Municipal antes da expedição do formal de partilha - Nulidade processual - Inocorrência - Possibilidade de a autoridade fazendária satisfazer eventuais créditos na via administrativa - Inteligência do § 2º do art. 1.034 do CPC - Decisão mantida - Recurso improvido" (TJSP, 7ª Câmara de Direito Privado, AI nº 0111078-58.2007.8.26.0000, Rel. Des. Álvaro Passos, j. 30/7/2008).

Art. 663 - A existência de credores do espólio não impedirá a homologação da partilha ou da adjudicação, se forem reservados bens suficientes para o pagamento da dívida.

Parágrafo único - A reserva de bens será realizada pelo valor estimado pelas partes, salvo se o credor, regularmente notificado, impugnar a estimativa, caso em que se promoverá a avaliação dos bens a serem reservados.

I. Reserva de bens para pagamento de credores – condições

O art. 663 manteve integralmente a lacônica redação do art. 1.035 do CPC/1973. Segundo o que dispõe, eventuais dívidas do espólio não prejudicam a homologação da partilha amigável ou a adjudicação de bens a herdeiro único, desde que sejam reservados os bens necessários ao pagamento da dívida. Uma interpretação apressada do dispositivo poderia levar à conclusão de que a reserva de bens seria uma consequência necessária da existência de dívidas em nome do espólio. No entanto, assim como ocorre no procedimento de inventário e partilha, também no arrolamento sumário o pagamento de dívidas estará condicionado ao preenchimento de requisitos legais.

II. Aplicação subsidiária dos arts. 642, 643 e 644 do CPC/2015

Nos termos do art. 667 do CPC/2015, os arts. 642, 643 e 644 aplicam-se subsidiariamente ao procedimento de arrolamento sumário.

III. O credor deve possuir direito certo e líquido

É imperativo lógico que a obrigação do espólio seja certa e líquida. Se a dívida não for certa e líquida, é impossível saber o que deve ser pago e quanto deve ser pago, impossibilitando a anuência dos herdeiros ao pagamento e a própria separação de bens prevista no *caput*.

IV. Os credores do espólio devem apresentar prova literal da dívida

A reserva de bens no procedimento de inventário e partilha está condicionada à apresentação, pelo credor, de "prova literal da dívida" (CPC/2015, art. 642, § 1º). Tal exigência também se aplica ao arrolamento (v., p. ex., TJSP, 3ª Câmara de Direito Privado, AI nº 0062835-10.2012.8.26.0000, Rel. João Pazine Neto, j. 8/5/2012, p. 9/5/2012). Com efeito, não é possível impor aos herdeiros tamanha restrição patrimonial, postergando a partilha dos bens, se não houver elevada probabilidade de que a dívida cobrada pelo credor efetivamente existe.

V. Reserva de bens e recusa de pagamento fundada em quitação da dívida

Nos termos do art. 643, parágrafo único, do CPC/2015, aplicado subsidiariamente ao procedimento de arrolamento, não haverá reserva de bens quando a impugnação ao pagamento estiver fundada em quitação da dívida.

VI. Reserva de bens para pagamento de créditos inexigíveis

A reserva de bens prevista no art. 663 do CPC/2015 depende de prova literal de dívida certa, líquida e *exigível* (art. 642 do CPC/2015). Caso a dívida ainda não esteja vencida, a reserva de bens dependerá de concordância das partes com a habilitação do crédito (art. 644 do CPC/2015). Se as partes discordarem da habilitação, o credor poderá aguardar o vencimento da dívida e pleitear o pagamento nos termos do art. 642.

VII. Avaliação dos bens

O art. 663 do CPC/2015 contém a única hipótese de avaliação de bens no procedimento de arrolamento sumário. Se o credor de obrigação líquida, certa, exigível e demonstrada por prova literal impugnar o valor atribuído pelos herdeiros aos bens que lhe foram reservados para pagamento, o juiz mandará avaliá-los. Caso se apure que os bens reservados são insuficientes para pagar a obrigação, a reserva poderá ser substituída ou complementada.

VIII. Julgados

Obrigatória apresentação de prova literal da dívida para reserva de bens em procedimento de arrolamento

"Agravo de Instrumento. Ação de indenização contra o espólio. Arrolamento. Reserva de bens. Inexistência de prova literal da dívida. Ação indenizatória que ainda pende de julgamento. Pedido baseado em mera expectativa de direito. Ausência de título hábil a demonstrar seja o espólio devedor. Reserva de bens que não encontra respaldo legal. Decisão mantida. Recurso não provido" (TJSP, 3ª Câmara de Direito Privado, AI nº 0062835-10.2012.8.26.0000, Rel. Des. João Pazine Neto, j. 8/5/2012, p. 9/5/2012).

Art. 664 - Quando o valor dos bens do espólio for igual ou inferior a 1.000 (mil) salários mínimos, o inventário processar-se-á na forma de arrolamento, cabendo ao inventariante nomeado, independentemente de assinatura de termo de compromisso, apresentar, com suas declarações, a atribuição de valor aos bens do espólio e o plano da partilha.

§ 1º - Se qualquer das partes ou o Ministério Público impugnar a estimativa, o juiz nomeará avaliador, que oferecerá laudo em 10 (dez) dias.

§ 2º - Apresentado o laudo, o juiz, em audiência que designar, deliberará sobre a partilha, decidindo de plano todas as reclamações e mandando pagar as dívidas não impugnadas.

§ 3º - Lavrar-se-á de tudo um só termo, assinado pelo juiz, pelo inventariante e pelas partes presentes ou por seus advogados.

§ 4º - Aplicam-se a esta espécie de arrolamento, no que couber, as disposições do art. 672, relativamente ao lançamento, ao pagamento e à quitação da taxa judiciária e do imposto sobre a transmissão da propriedade dos bens do espólio.

§ 5º - Provada a quitação dos tributos relativos aos bens do espólio e às suas rendas, o juiz julgará a partilha.

I. Arrolamento comum

O procedimento de arrolamento comum será observado quando o valor dos bens do espólio for inferior a mil salários mínimos. Não se exige consenso entre os sucessores. O arrolamento comum é um procedimento simplificado do inventário em razão do baixo valor dos bens.

II. Encargos do inventariante e avaliação dos bens

No arrolamento comum, é função do próprio inventariante a avaliação dos bens e a apresentação de um plano de partilha. A avaliação dos bens será realizada por perito designado pelo juiz quando houver impugnação do valor indicado pelo inventariante por qualquer das partes ou pelo Ministério Público.

III. Audiência

A deliberação sobre a partilha e a decisão sobre o pagamento de dívidas serão proferidas em audiência, o que visa a dar maior celeridade ao procedimento.

IV. Pagamento de dívidas

O pagamento de dívidas no arrolamento comum segue a mesma sistemática do pagamento de dívidas no inventário e no arrolamento sumário. O credor deve apresentar prova literal de obrigação certa, líquida e exigível, e as partes deverão anuir ao pagamento; caso não lhe anuam, e desde que a recusa não esteja fundada sobre quitação, serão reservados bens.

V. Fiscalização tributária *a posteriori* do imposto de transmissão

Também no procedimento de arrolamento comum, a fiscalização do recolhimento do imposto de transmissão é realizada *a posteriori* e na esfera administrativa, nos termos do art. 662 do CPC/2015.

VI. Tributos relativos aos bens do espólio e às suas rendas

Diversamente do que ocorre no procedimento de arrolamento sumário (CPC/2015, art. 659), e de acordo com a regra do art. 192 do CTN, as partes deverão comprovar o recolhimento dos tributos relativos aos bens do espólio e às suas rendas antes do julgamento da partilha.

VII. Julgados

Arrolamento comum – desnecessidade de consenso entre herdeiros

"INVENTÁRIO - Decisão que ordenou o processamento do feito no rito de arrolamento simples - Rito do art. 1.036 do CPC que não se confunde com o arrolamento sumário do art. 1.031 do CPC - Desnecessário o consenso entre os herdeiros, bastando o reduzido valor do acervo hereditário - Decisão mantida - Recurso desprovido (TJSP, AI nº 2031273-12.2013.8.26.0000, 1ª Câmara de Direito Privado, Des. Rui Cascaldi, j. 25/2/2014, public. 27/2/2014).

Art. 665 - O inventário processar-se-á também na forma do art. 664, ainda que haja interessado incapaz, desde que concordem todas as partes e o Ministério Público.

I. Efetividade do processo

O CPC/2015 consagra a efetividade do processo ao permitir que o inventário seja processado de acordo com o procedimento simplificado do arrolamento comum, ainda quando houver interessado incapaz. Para tanto, basta que todas as partes e o Ministério Público estejam de acordo. Com efeito, a mera existência de interessado incapaz não impede a adoção de procedimento mais simples e célere para a partilha de bens de baixo valor, desde que ausente prejuízo. O art. 665 (assim como o art. 671, inciso II, do CPC/2015) vem facilitar o trâmite de processos de inventário e partilha quando presente interessado incapaz.

II. Julgados

Validade do procedimento de arrolamento *comum* mesmo quando houver herdeiro incapaz

"[...] PROCEDIMENTO DE ARROLAMENTO COMUM - SENTENÇA HOMOLOGATÓRIA NO JUÍZO *A QUO* - INCONFORMISMO - VALOR DO ESPÓLIO INFERIOR A 2000 ORTNs - HERDEIRO MENOR - IRRELEVÂNCIA - VIA ADEQUADA DE ARROLAMENTO [...] O inventário é processado através de arrolamento comum (art. 1.036 do CPC) se o valor do espólio não ultrapassa 2.000 ORTNs, independentemente da presença de incapaz ou de concordância entre os herdeiros. [...]" (TJSC, 2ª Câmara de Direito Civil, AC nº 256487, Rel. Des. Monteiro Rocha, j. 16/3/2006).

Validade do procedimento de arrolamento *sumário* mesmo quando houver herdeiro incapaz

"AGRAVO DE INSTRUMENTO. INVENTÁRIO - CONVERSÃO EM ARROLAMENTO - MENOR RELATIVAMENTE INCAPAZ - POSSIBILIDADE - PRINCÍPIOS DA INSTRUMENTALIDADE E DA CELERIDADE - ARTIGO 5º, INCISO LXXVIII, DA CONSTITUIÇÃO FEDERAL. 1. 'Não ofende o devido processo legal a decisão que converte o inventário em arrolamento, a pedido dos herdeiros, se o plano de partilha respeitar os interesses do herdeiro incapaz, e tiver por finalidade o atendimento à celeridade processual, como princípio previsto no art. 5º, LXXVII, da Constituição Federal' (Parecer proferido pelo Ilustre Procurador de Justiça Milton José Furtado - fl. 116). 2. O princípio da instrumentalidade conduz à aplicação teleológica racional das normas processuais, evitando a literalidade, os excessos do formalismo e que a própria norma se converta em um fim em si mesma. 3. Recurso conhecido e provido" (TJPR, 11ª C.Cível, AI nº 713784-0, Rel. Des. Ruy Muggiati, j. 2/ 2/2011).

Art. 666 - Independerá de inventário ou de arrolamento o pagamento dos valores previstos na Lei nº 6.858, de 24 de novembro de 1980.

I. Pagamento direto de créditos relativos a Fundo de Garantia do Tempo de Serviço e Fundo de Participação PIS-PASEP

O art. 664 do CPC/2015 mantém a redação do art. 1.037 do CPC/1973, a qual foi modificada pela Lei nº 7.109/1982. De acordo com o dispositivo, o pagamento de créditos não recebidos em vida pelo autor da herança decorrentes do FGTS e do Fundo de Participação PIS-PASEP poderá ser realizado diretamente aos dependentes ou sucessores, independentemente de inventário ou arrolamento.

II. Julgados

Inclusão de diferenças salariais no processo de inventário e partilha

"[...] DIFERENÇAS SALARIAIS. FALECIMENTO DO TITULAR. INVENTÁRIO E PARTILHA. LEI 6858/80, § 1º. NÃO APLICAÇÃO. [...]

1. A Lei 6858/80, regulamentada pelo Decreto 85.845/81, destina-se a permitir o rápido acesso a quantias contemporâneas ao óbito, de reduzido montante, notadamente às verbas salariais remanescentes do mês de falecimento do empregado ou do servidor público, e às decorrentes do fim abrupto da relação de trabalho ou do vínculo estatutário, necessárias à sobrevivência imediata de seus dependentes.

2. Os atrasados oriundos de diferenças salariais correspondentes ao reajuste de 28,86% concedido aos servidores públicos federais pelas Leis 8.622 e 8.627, ambas de 1993 e Medida Provisória 1704-2, de 1998, não recebidos em vida pelo titular, devem ser incluídos no inventário e submetidos à partilha entre os herdeiros, da mesma forma como ocorre com as verbas rescisórias obtidas em reclamação trabalhista, não tendo aplicação, nesses casos, a fórmula concebida pela Lei 6858/80. [...]" (STJ, 4ª T., REsp nº 1155832/PB, Rel. Min. Luis Felipe Salomão, Rel. p/ Acórdão Min. Maria Isabel Gallotti, j. 18/2/2014, DJe de 15/8/2014).

Art. 667 - Aplicam-se subsidiariamente a esta Seção as disposições das Seções VII e VIII deste Capítulo.

I. Nova redação

O art. 667 do CPC/2015 recebeu uma redação sutilmente distinta da que tinha o art. 1.038 do CPC/1973, mas que certamente torna mais clara a interpretação dos dispositivos que disciplinam o arrolamento. Com efeito, o art. 667 restringe a aplicação subsidiária dos dispositivos constantes da Seção VII, relativa ao pagamento das dívidas do espólio, e da Seção VIII, que trata do procedimento de partilha. Embora restritiva, a nova redação facilita a compreensão do art. 663, esclarecendo que o pagamento de dívidas no procedimento de arrolamento deve obedecer às regras previstas para o procedimento de inventário e partilha. Quanto à aplicação subsidiária da Seção X, nada foi alterado, uma vez que os arts. 668 a 673 incidem sobre todo o presente Capítulo VI (Capítulo IX, do Livro III, do CPC/1973).

Art. 668 - Cessa a eficácia da tutela provisória prevista nas Seções deste Capítulo:
I - se a ação não for proposta em 30 (trinta) dias contados da data em que da decisão foi intimado o impugnante, o herdeiro excluído ou o credor não admitido;
II - se o juiz extinguir o processo de inventário com ou sem resolução de mérito.

I. Nova redação

A supressão da distinção entre tutela cautelar e tutela antecipada pelo CPC/2015, consideradas em conjunto como "tutelas provisórias" fundadas em "urgência ou evidência" (arts. 294 e seguintes), exigiu a adaptação da redação do art. 668. A antiga referência a "medidas cautelares previstas nas várias seções deste Capítulo" foi substituída por "tutela provisória prevista nas Seções deste Capítulo".

II. A tutela antecipada prevista nas Seções do Capítulo

A tutela provisória prevista nas Seções do Capítulo consiste na reserva de quinhões e créditos de possíveis herdeiros e credores do espólio até que seja apurada definitivamente, em processo próprio, a condição de herdeiro ou a legitimidade da cobrança. Tal qual no CPC/1973, são protegidos os interesses de eventuais herdeiros e credores do espólio diante da iminente partilha dos bens inventariados. Ainda são três as situações tratadas pelo Código, sempre relacionadas à reserva de quinhão ou créditos quando a controvérsia não puder ser resolvida no próprio processo de inventário e tiver de ser direcionada "às vias ordinárias" para a produção de provas que não a documental: (1) reserva de quinhão de herdeiro incluído nas primeiras declarações, mas contestado por alguma das partes (art. 627, § 3º); (2) reserva de quinhão daquele que se julga herdeiro preterido e tem a sua admissão no inventário contestada por alguma das partes (art. 628, § 2º); (3) reserva de bens para pagamento de dívida de terceiro comprovada documentalmente, mas cujo pagamento não tenha sido aceito por todas as partes do inventário (art. 643, parágrafo único). Além da comprovação documental da dívida, a reserva de créditos só será realizada quando a impugnação não estiver fundada em quitação.

III. Cessação da eficácia das medidas cautelares

O dispositivo mantém as duas hipóteses de cessação da eficácia da tutela antecipada que já constavam do CPC/1973: (i) a não propositura da ação no prazo de 30 (trinta) dias pela parte contestante, pelo herdeiro inadmitido ou pelo credor cujo pagamento foi contestado e (ii) a extinção do processo de inventário. Com a perda da eficácia da tutela antecipada, o quinhão e os bens reservados voltam a ser objeto de partilha entre os herdeiros admitidos no processo e, no caso do herdeiro contestado, deverá ser-lhe entregue o quinhão correspondente.

IV. Necessária propositura da ação principal

Tanto no CPC/1973 quanto no CPC/2015, as tutelas de urgência do processo de inventário e partilha não configuram medidas satisfativas de direitos, mas protetivas e assecuratórias de eventuais direitos. Sendo assim, os quinhões e créditos dos supostos herdeiros e credores devem ser reservados apenas enquanto houver controvérsia envolvendo a condição de herdeiro e a legitimidade da cobrança. No CPC/1973, as medidas cautelares estavam sujeitas ao regime do Processo Cautelar (Livro III), segundo o qual a parte deveria propor a ação principal no prazo de trinta dias da efetivação da medida cautelar (art. 806). No CPC/2015 as tutelas de urgência foram unificadas e o procedimento para pedido e concessão de tutelas de urgência cautelares foi simplificado e otimizado, mas o autor continua com o ônus de formular o pedido principal em até trinta dias após a efetivação da tutela cautelar (art. 309). Se não houvesse a obrigatoriedade de propositura da ação principal em prazo previamente fixado, a conclusão do processo de inventário e partilha ficaria impedida de forma indefinida e injustificável.

V. Contagem do prazo para a propositura da ação principal

O prazo para propositura da ação principal é de 30 (trinta) dias. O início de contagem do prazo dependerá de cada uma das hipóteses de concessão de medida cautelar: (1) no caso de contestação da qualidade de quem foi incluído no título de herdeiro (CPC/2015, art. 627, § 3º), o prazo será contado a partir da intimação, do impugnante, da decisão que remeteu a controvérsia aos meios ordinários; (2) no caso de pedido de admissão no inventário (CPC/2015, art. 628, § 2º), o prazo será contado da intimação do pretenso herdeiro da decisão de indeferimento; e (3) no caso de discordância de pagamento ao credor (CPC/2015, art. 643, parágrafo único), o prazo será contado da intimação da decisão que remete as partes aos meios ordinários.

VI. Extinção do processo

A segunda hipótese de perda de eficácia da tutela antecipada no CPC/2015 é a extinção do processo de inventário. Note-se que o processo de inventário, segundo entendimento consolidado na vigência do CPC/1973 e que deve ser mantido com o CPC/2015, não pode ser extinto enquanto houver quinhão ou bens reservados para eventuais herdeiros e credores (STJ, 4ª T., REsp nº 977.365/BA, Rel. Min. Fernando Gonçalves, p. 10/3/2008). A partilha dos bens reservados permanecerá suspensa até o julgamento final da demanda que discute a qualidade de herdeiro ou a legitimidade da cobrança. Ademais, o processo de inventário e partilha não se extingue por abandono da causa. Constatando a excessiva morosidade na conclusão do processo, o juiz deverá substituir o inventariante (art. 622, inciso II) e nomear um inventariante dativo se for o caso. O processo de inventário e partilha será extinto quando não houver bens a inventariar e partilhar.

VII. Julgados

Cessação da eficácia da medida cautelar após o decurso do prazo para propositura da demanda principal

"AGRAVO DE INSTRUMENTO - INVENTÁRIO - RESERVA DE BENS - MEDIDA CAUTELAR - DECORRIDOS MAIS DE TRINTAS DIAS, SEM A PROPOSITURA DA AÇÃO PRINCIPAL - PERDA DA EFICÁCIA. A reserva de bens é uma medida cautelar e, de acordo com o art. 1.039 do CPC, para garantir a eficácia é necessária a propositura da ação principal em até 30 dias da intimação do despacho que concedeu a reserva. RECURSO PROVIDO" (TJPR, 6ª Câmara Cível, AI nº 132281-4, Rel. Des. Eraclés Messias, j. 11/6/2003).

Extinção do processo cautelar quando reconhecida a qualidade de herdeiro no processo de inventário

"APELAÇÃO CÍVEL. AÇÃO CAUTELAR DE RESERVA DE BENS. POSTERIOR RECONHECIMENTO DA AUTORA COMO HERDEIRA NOS AUTOS DE INVENTÁRIO. PERDA SUPERVENIENTE DO INTERESSE DE AGIR EM RELAÇÃO À AÇÃO CAUTELAR. CORRETA EXTINÇÃO DO PROCESSO SEM RESOLUÇÃO DO MÉRITO. DISTRIBUIÇÃO DO ÔNUS DA SUCUMBÊNCIA. PRINCÍPIO DA CAUSALIDADE. INVERSÃO DA CONDENAÇÃO. RECURSO CONHECIDO E PROVIDO PARCIALMENTE" (TJPR, 11ª C.Cível, AC nº 837919-7, Rel. Des. Fernando Wolff Bodziak, j. 16/5/2012).

Manutenção do espólio enquanto houver bens a partilhar

"Encerrado o inventário, mas ainda havendo bens a partilhar, não se pode concluir pela extinção da figura do espólio. Precedente. [...]" (STJ, 4ª T., REsp nº 977.365/BA, Rel. Min. Fernando Gonçalves, DJe de 10/3/2008).

Art. 669 - São sujeitos à sobrepartilha os bens:
I - sonegados;
II - da herança descobertos após a partilha;
III - litigiosos, assim como os de liquidação difícil ou morosa;
IV - situados em lugar remoto da sede do juízo onde se processa o inventário.
Parágrafo único - Os bens mencionados nos incisos III e IV serão reservados à sobrepartilha sob a guarda e administração do mesmo ou de diverso inventariante, a consentimento da maioria dos herdeiros.

I. Sobrepartilha

A sobrepartilha é uma nova partilha de bens do autor da herança que não foram objeto de partilha anteriormente realizada. O art. 669 mantém as situações autorizadoras da sobrepartilha que já eram discriminadas pelo art. 1.040 do CPC/1973: (a) quando o bem deixar de ser inventariado pela sonegação promovida por algum dos herdeiros (inciso I) ou pelo desconhecimento de sua existência (inciso II); ou (b) quando o bem, apesar de conhecido e inventariado, não puder ser partilhado sem atrasar indevidamente a partilha dos demais bens (incisos III e IV). No entanto, todo bem que não tenha sido partilhado no momento oportuno pode ser objeto de sobrepartilha (CC, art. 2.022).

II. A sobrepartilha e a celeridade do processo de inventário e partilha

O objetivo da sobrepartilha é imprimir celeridade à conclusão do processo de inventário e partilha, reduzindo os eventuais e potenciais conflitos entre os herdeiros. Quanto antes cada herdeiro receber o seu quinhão, ou ao menos parte dele, maior é a paz social proporcionada pelo processo. Além disso, é sempre importante lembrar que, pelo princípio da *saisine*, a herança é imediatamente transferida aos herdeiros com a abertura da sucessão (CC, art. 1.784). A morosidade na partilha impede o efetivo exercício da propriedade de bens que já são dos herdeiros, mas permanecem indivisos sob o controle do espólio. Diante de tudo isso, permite-se que bens conhecidos e facilmente partilhados assim o sejam rapidamente, deixando aqueles de difícil divisão para um momento posterior.

III. Prazo prescricional da sobrepartilha

Muito embora a sobrepartilha (assim como a partilha) tenha natureza constitutiva, sujeitando-se portanto à decadência, a jurisprudência consolidou-se no sentido de que a sobrepartilha deve ser pedida no prazo prescricional geral das ações pessoais. Ainda que tecnicamente equivocado, esse entendimento deve ser mantido na vigência do CPC/2015. Sob a vigência do Código Civil de 1916, o prazo era de 20 anos entre presentes e 15 anos entre ausentes; sob a vigência do atual Código Civil, o prazo é de 10 anos. Em qualquer hipótese, o início do prazo deve obedecer à regra da *actio nata*, isto é, o prazo deve ser contado a partir do momento em que a sobrepartilha poderia ser pedida pelo interessado.

IV. Bens sonegados

Bens sonegados são aqueles ocultados dolosamente do processo de inventário, seja pelo inventariante (CPC/1973, art. 993, inciso IV; CPC/2015, art. 620, inciso IV), seja pelos herdeiros que não os levaram à colação no momento oportuno (CPC/1973, arts. 1.014 e 1.015; CC, art. 1.992; CPC/2015, arts. 639 e 640). A sobrepartilha de bens sonegados, porém, não é uma regra absoluta, competindo ao juiz decidir sobre a colação do bem no próprio processo de inventário quando as provas estiverem pré-constituídas (CPC/1973, art. 1.016; CPC/2015, art. 641) e não houver ação dos demais herdeiros visando à aplicação da pena de sonegação (CC, art. 1.994). A sobrepartilha será aplicável quando a sonegação for descoberta pelos demais herdeiros após a conclusão do inventário ou quando a análise da sonegação exigir "dilação probatória diversa da documental" (CPC/2015, art. 641, § 2º). No entanto, nessa segunda hipótese, nada impede que, remetidas as partes às "vias ordinárias", ainda assim a questão seja resolvida em tempo de inventariar e partilhar o bem sonegado com os demais.

V. Bens desconhecidos

Os bens desconhecidos são relegados à sobrepartilha justamente por não terem sido inventariados no momento oportuno. O prazo prescricional para a sobrepartilha de bens desconhecidos deve ser contado a partir do momento em que os herdeiros descobriram a existência do bem.

VI. Bens litigiosos e de liquidação difícil ou morosa

Os bens litigiosos e de liquidação difícil ou morosa serão objeto de sobrepartilha sempre que protelarem indevidamente a partilha dos demais bens do espólio. Não obstante ser controversa a jurisprudência na vigência do CPC/1973, prevalecia o entendimento doutrinário de que bens litigiosos, desde que não houvesse nenhuma restrição judicial, poderiam ser partilhados pelos herdeiros, os quais assumiriam o risco do processo em curso. A questão não foi dirimida pelo CPC/2015.

VII. Bens situados em lugar remoto

O fato de estar situado em lugar distante do foro do inventário não implica, por si só, que o bem será reservado à sobrepartilha. O que determina a sobrepartilha de bem situado em lugar remoto é a concreta dificuldade de sua inventariação e o indevido atraso provocado na partilha dos demais bens.

VIII. Inventariante e sobrepartilha

A existência de bens conhecidos, mas relegados à sobrepartilha, impõe a manutenção do espólio e, como consequência, a manutenção do inventariante para administração de tais bens, obedecendo-se à regra geral de nomeação (CPC/2015, art. 617). O dispositivo mantém a essência da redação anterior ao referir-se a "consentimento da maioria dos herdeiros". Igualmente ao que ocorria no CPC/1973, a expressão deve ser compreendida com reserva. A função do inventariante é garantir a correta inventariação e partilha dos bens a todos os herdeiros, e não satisfazer apenas os interesses da maioria. Verificada a transgressão dos deveres inerentes à inventariança, ainda que contrariando a vontade da maioria dos herdeiros, o juiz deverá substituir o inventariante.

IX. Recurso cabível contra decisão que autoriza a sobrepartilha de bens

O CPC/2015 estabeleceu expressamente que decisões proferidas em processo de inventário estão sujeitas a agravo de instrumento (art. 1.015, parágrafo único). Desse modo, a decisão que autoriza a sobrepartilha de bens poderá ser impugnada por recurso de agravo de instrumento.

X. Alteração promovida pelo CPC/2015

O CPC/1973 previa uma exceção à sobrepartilha no parágrafo único do art. 1.045: no inventário a que se procedesse por morte do cônjuge herdeiro supérstite, poderiam ser descritos e partilhados bens omitidos no inventário do cônjuge pré-morto, independentemente de sobrepartilha. Essa hipótese não foi mantida no CPC/2015.

XI. Julgados

Cabimento da sobrepartilha de qualquer bem não partilhado

"[...] INVENTÁRIO. LEVANTAMENTO DE VALORES QUE NÃO FORAM OBJETO DE PARTILHA HOMOLOGADA JUDICIALMENTE. [...] 2. Cabimento de sobrepartilha de todo e qualquer bem do espólio que deveria ter vindo à partilha, qualquer que seja a causa da omissão ou retardamento. Precedentes. [...]" (STJ, 3ª T., AgRg no REsp nº 1151143/RJ, Rel. Min. Paulo de Tarso Sanseverino, DJe de 10/9/2012).

Prazo *prescricional* vintenário da sobrepartilha sob a vigência do Código Civil de 1916

"A pretensão a sobrepartilha de bens não se subordina ao prazo prescricional do art. 178, § 9º, I, *c*, mas ao disposto no art. 177 do Código Civil de 1916" (STJ, 4ª T., AgRg no Ag nº 740.560/SP, Rel. Min. Raul Araújo, DJe de 2/8/2010).

Sobrepartilha de bem litigioso

"AGRAVO DE INSTRUMENTO - SOBREPARTILHA DE BEM LITIGIOSO - MERA EXPECTATIVA - INDEFERIMENTO - DECISÃO CORRETA - RECURSO CONHECIDO E DESPROVIDO. Os bens litigiosos ficam reservados à sobrepartilha, mas é necessário que antes ocorra decisão final quanto ao direito, passando tais bens à esfera de domínio do espólio" (TJPR, 7ª C.Cível, AI nº 161912-9, Rel. Espedito Reis do Amaral, j. 9/11/2004).

Art. 670 - Na sobrepartilha dos bens, observar-se-á o processo de inventário e de partilha.
Parágrafo único - A sobrepartilha correrá nos autos do inventário do autor da herança.

I. Sobrepartilha e partilha

O CPC/2015 preservou disposição no sentido de que a sobrepartilha deve observar o processo de inventário e partilha. Na verdade, como já se entendia sob a vigência do CPC/1973, a sobrepartilha é uma etapa do próprio processo de inventário e partilha original, o qual não se extingue enquanto não forem inventariados e partilhados todos os bens. Daí manter-se a previsão de que a sobrepartilha correrá nos mesmos autos do inventário do autor da herança.

II. Competência

Tratando-se de mesmo processo, é competente para a sobrepartilha o mesmo foro em que tramitou o processo de inventário e partilha.

III. Legitimidade

A legitimidade para pedir a sobrepartilha é idêntica àquela para pedir o inventário (CPC/2015, arts. 615 e 616).

IV. Manutenção do espólio

Remanescendo bens indivisos e conhecidos, tais quais os litigiosos, de difícil liquidação ou localizados em lugar remoto, o espólio continuará existindo, ainda que já tenha sido proferida a sentença de partilha dos demais bens (STJ, 3ª T., REsp nº 284669/SP, Rel. Min. Nancy Andrighi, j. 10/4/2001, p. 13/8/2001).

V. Descabimento de ação rescisória de partilha

A omissão ou sonegação de bens não autoriza a propositura de ação rescisória da sentença de partilha. Em ambas as hipóteses, os bens deverão ser, simplesmente, objeto de sobrepartilha.

VI. Julgados

Legitimidade dos herdeiros para defender em juízo bens ainda não partilhados

"CIVIL E PROCESSO CIVIL. SUCESSÃO. INVENTÁRIO E PARTILHA. LEGITIMIDADE DO CO-HERDEIRO PARA DEFENDER EM JUÍZO A UNIVERSALIDADE DA HERANÇA.

I - Nos termos do artigo 1.580 do Código Civil de 1916, até a partilha, 'qualquer dos co-herdeiros pode reclamar a universalidade da herança ao terceiro, que indevidamente a possua'.

II - Considerando que é a própria indivisibilidade do bem objeto da herança que cria em favor dos herdeiros a situação de condomínio que lhes autoriza a, de per si, atuar na defesa do patrimônio comum, é de se concluir que sempre que presente essa situação, estará configurada a legitimidade destacada.

III - Em outras palavras, a restrição temporal imposta pelo artigo 1.580, parágrafo único, do Código Civil de 1916 - 'até a partilha', só se aplica em relação aos bens que foram objeto da partilha, porque em relação aos demais, sujeitos a uma sobrepartilha, persiste a situação de indivisibilidade e, por conseguinte, a legitimação. [...]" (3ª T., REsp nº 844.248/RS, Rel. Min. Sidnei Beneti, j. 20/5/2010, DJe 10/6/2010).

Manutenção do espólio quando houver bens a ser sobrepartilhados

"Recurso especial - Processual Civil - Dissídio jurisprudencial - Comprovação - Espólio - Sentença que homologa a partilha - Trânsito em julgado - Art. 1.040, III e IV, do CPC - Bens sujeitos à sobrepartilha.

[...] II - Na hipótese de existirem bens sujeitos à sobrepartilha por serem litigiosos ou por estarem situados em lugar remoto da sede do juízo onde se processa o inventário, o espólio permanece existindo, ainda que transitada em julgado a sentença que homologou a partilha dos demais bens do espólio.

Recurso Especial a que se dá provimento, na parte em que foi conhecido" (3ª T., REsp nº 284669/SP, Rel. Min. Nancy Andrighi, j. 10/4/2001, DJ de 13/8/2001, p. 152).

Art. 671 - O juiz nomeará curador especial:
I - ao ausente, se o não tiver;
II - ao incapaz, se concorrer na partilha com o seu representante, desde que exista colisão de interesses.

I. Nomeação de curador especial ao ausente

Mantida quase que na integralidade a redação do art. 1.042 do CPC/1973, o art. 671 reitera, no âmbito do processo de inventário e partilha, a regra geral de que a todo ausente deve ser nomeado um curador especial que administre os seus bens e o represente nos atos jurídicos em geral, sobretudo em juízo (CC, arts. 22 a 25).

II. Nomeação de curador especial ao incapaz

O inciso II prevê a nomeação de curador especial ao incapaz quando, concorrendo na partilha com o seu representante, houver conflito de interesses entre eles. O CPC/2015 teve o cuidado de apontar situação que já estava sedimentada na doutrina e na jurisprudência: a mera concorrência na partilha é insuficiente para que o representante seja afastado de suas funções e seja nomeado um curador especial ao incapaz.

III. Julgados

Curador especial em caso de conflito de interesses

"INVENTÁRIO. ADJUDICAÇÃO. NULIDADE. HERDEIRO PRETERIDO. PRESCRIÇÃO. NOMEAÇÃO DE CURADOR ESPECIAL. Somente se justifica a nomeação de Curador Especial quando colidentes os interesses dos incapazes e os de seu representante legal. Precedentes do STJ. [...]" (STJ, 4ª T., REsp nº 114.310/SP, Rel. Min. Barros Monteiro, DJ de 17/2/2003).

Art. 672 - É lícita a cumulação de inventários para a partilha de heranças de pessoas diversas quando houver:
I – identidade de pessoas entre as quais devam ser repartidos os bens;
II – heranças deixadas pelos dois cônjuges ou companheiros;
III – dependência de uma das partilhas em relação à outra.
Parágrafo único - No caso previsto no inciso III, se a dependência for parcial, por haver outros bens, o juiz pode ordenar a tramitação separada, se melhor convier ao interesse das partes ou à celeridade processual.

I. Cumulação de inventários e partilhas

Em prol da economia processual e efetividade do processo, o art. 1.043 do CPC/1973 permitia a cumulação de inventários dos bens dos cônjuges quando o falecimento do cônjuge meeiro supérstite ocorresse antes da partilha dos bens do cônjuge pré-morto e quando os herdeiros fossem os mesmos. O art. 1.044, por sua vez, permitia a cumulação dos inventários do autor da herança com o do herdeiro quando este falecesse na pendência do inventário daquele, desde que não houvesse outros bens além do seu quinhão na herança. Ambas as hipóteses foram reunidas no art. 672 do CPC/2015 sob uma disciplina de cumulação de inventários mais simples e mais ampla. De acordo com o art. 672, permite-se a cumulação em três hipóteses distintas: quando houver identidade entre aqueles que receberão os bens inventariados; quando os inventários a ser cumulados forem de cônjuges ou companheiros; e quando houver dependência de uma das partilhas em relação à outra (como ocorria, por exemplo, no caso do art. 1.044 do CPC/1973).

II. Existência de bens diversos

Sob a vigência do CPC/1973 entendia-se que os inventários e partilhas dos cônjuges poderiam ser cumulados ainda que os bens de um e de outro fossem diversos. De maneira um pouco lacônica, o CPC/2015 consolida tal entendimento ao retirar a referência a "cônjuge meeiro" e prever genericamente a cumulação de inventários de heranças deixadas por cônjuges ou companheiros, independentemente de confundirem-se, ou não, os bens.

III. Procedimento

Tal qual ocorria na vigência do CPC/1973, ambos os inventários poderão ser abertos ao mesmo tempo pela propositura de uma única demanda. O procedimento de cumulação seguirá a regra geral de cumulação entre processos e, embora o CPC/2015 silencie sobre o assunto, parece evidente que o inventariante será o mesmo para ambos os inventários. Em caso de cumulação superveniente, pode-se manter o inventariante nomeado para o primeiro inventário ou nomear-se um novo. O descumprimento dos deveres da inventariança em relação a um dos inventários implicará a substituição do inventariante também no outro.

IV. Obrigatoriedade da cumulação

Apesar da expressão "É lícita a cumulação" presente no *caput* do art. 672, é de se concluir que a cumulação de inventários é uma imposição legal. Se assim não fosse, não haveria razão para estabelecer uma exceção expressa à cumulação de inventários em caso de dependência meramente parcial (parágrafo único). Desse modo, sempre que verificadas as hipóteses legais, os inventários deverão ser cumulados, salvo quando houver dependência parcial entre as partilhas e os bens adicionais puderem tumultuar indevidamente o andamento do processo.

V. Julgados

Existência de bens diversos

"O art. 1.043 do Código de Processo Civil prescreve que 'as duas heranças serão cumulativamente inventariadas e partilhadas, se os herdeiros de ambos forem os mesmos', sendo este, portanto, o único requisito legal para a reunião dos inventários, não repercutindo para esse efeito a existência de bens diversos. [...]" (STJ, 3ª T., REsp nº 311.506/AL, Rel. Min. Carlos Alberto Menezes Direito, DJ de 9/9/2002).

Obrigatoriedade da cumulação

"AGRAVO DE INSTRUMENTO - INVENTÁRIO - FALECIMENTO DE CÔNJUGE MEEIRO SUPÉRSTITE ANTES DA PARTILHA DE BENS - DECISÃO SINGULAR QUE INDEFERE PEDIDO DE CUMULAÇÃO DE INVENTÁRIOS E NOMEIA TERCEIRO ESTRANHO PARA O CARGO DE INVENTARIANTE DATIVO - VIOLAÇÃO A LITERAL DISPOSIÇÃO DE LEI - DECISÃO REFORMADA - RECURSO PROVIDO" (TJPR, 12ª C.Cível, AI nº 921771-2, Rel. Joeci Machado Camargo, j. 19/9/2012).

Cumulação de inventários quando distintos os herdeiros, mas idênticos os bens

"AGRAVO DE INSTRUMENTO - REMOÇÃO DE INVENTARIANTE - NOMEAÇÃO DE NOVA INVENTARIANTE - EXISTÊNCIA DE CUMULATIVIDADE DE HERANÇAS - HERDEIROS DISTINTOS - MESMOS BENS - EFEITO SUSPENSIVO INDEFERIDO - DESPROVIMENTO. 'Não se mostra razoável a nomeação de dois inventariantes para a administração dos mesmos e indivisos bens, embora diversos os herdeiros, devendo, o inventário, nesse caso, ser feito de acordo com o disposto no art. 1043 do Código de Processo Civil'. [Acórdão nº 12588, 1ª Câmara Cível, Relator Des. J. Vidal Coelho]" (TJPR, 6ª C.Cível, AI nº 137976-8, Rel. Leonardo Lustosa, j. 27/8/2003).

"COMPETÊNCIA – CONFLITO NEGATIVO – INVENTÁRIOS - IRMÃS SOLTEIRAS - REUNIÃO. Recomendável é a reunião de inventários que se processam em juízos diversos, da mesma comarca, de heranças de irmãs solteiras, sob o mesmo inventariante, e restritas aos mesmos bens. Inteligência dos arts. 1043 e 1044 do CPC, sob o prisma do princípio da economia processual e do caráter instrumental do processo. Competente o juízo suscitante" (TJPR, II Grupo de Câmaras Cíveis, CC nº 40660-8, Rel. Newton Luz, j. 22/6/1995).

Aplicabilidade do art. 1.044 do CPC/1973

"RECURSO DE AGRAVO DE INSTRUMENTO – INVENTÁRIO – MORTE DE FILHO HERDEIRO – SUCESSÃO DOS NETOS, POR DIREITO DE TRANSMISSÃO – DECISÃO ACERTADA – RECURSO NÃO PROVIDO. Observada a morte do herdeiro, posteriormente à abertura da sucessão, e não tendo outros bens a inventariar a não ser aqueles que receberia por herança de seu falecido pai, é de ser aplicada a norma do artigo 1.044 do Código de Processo Civil, com a habilitação dos seus herdeiros nos autos de inventário do avô falecido, para que se realize a partilha, por direito de transmissão. Recurso não provido" (TJPR, 8ª C.Cível, AI nº 156934-2, Guarapuava, Rel. Jorge Wagih Massad, j. 6/10/2004).

Impossibilidade de partilha de herdeiro falecido quando o inventário já estiver encerrado

"AGRAVO DE INSTRUMENTO. ARROLAMENTO. PRETENSÃO DE PARTILHA DO QUINHÃO DE HERDEIRO FALECIDO NO CURSO DO PROCESSO. EXEGESE DO ART. 1.044 DO CPC. IMPOSSIBILIDADE. PROCESSO JÁ ENCERRADO, DEVIDO AO TRÂNSITO EM JULGADO DA SENTENÇA HOMOLOGATÓRIA DA PARTILHA. AUSÊNCIA DE DEMONSTRAÇÃO DA INEXISTÊNCIA DE OUTROS BENS DO HERDEIRO FALECIDO. NULIDADE. INOCORRÊNCIA À AUSÊNCIA DE PREJUÍZO. RETIFICAÇÃO. IMPOSSIBILIDADE. INCLUSÃO DE HERDEIROS DO HERDEIRO FALECIDO QUE NÃO SE TRATA DE MERA RETIFICAÇÃO E, QUE POR SE TRATAREM DE MENORES, IMPLICARIA EM ALTERAÇÃO DO RITO DE ARROLAMENTO PARA INVENTÁRIO. NECESSIDADE DE ABERTURA DE OUTRO INVENTÁRIO. AGRAVO DESPROVIDO" (TJPR, 11ª Câmara Cível, AI nº 535123-7, Rel. Augusto Lopes Cortes, j. 28/1/2009).

Obrigatória citação de herdeiros do herdeiro falecido

"[...] FILHO HERDEIRO QUE FALECE NO CURSO DO PROCESSO - INEXISTÊNCIA DE CITAÇÃO DOS SUCESSORES DO HERDEIRO FALECIDO - NULIDADE RECONHECIDA DE OFÍCIO RESTANDO PREJUDICADA A ANÁLISE DO APELO E DO AGRAVO RETIDO.

[...] Ocorrendo o falecimento de herdeiro, no curso do inventário, necessário se faz a citação de seus sucessores, sob pena de nulidade da partilha" (TJPR, 12ª C.Cível, AC nº 568939-6, Rel. Rafael Augusto Cassetari, j. 5/8/2009).

Art. 673 - No caso previsto no art. 672, inciso II, prevalecerão as primeiras declarações, assim como o laudo de avaliação, salvo se alterado o valor dos bens.

I. Aproveitamento das primeiras declarações e laudo de avaliação

Mais uma vez o legislador buscou garantir economia processual ao permitir que as primeiras declarações e o laudo de avaliação dos bens apresentados para a partilha do autor da herança pré-morto sejam aproveitados também para a partilha dos bens do cônjuge ou companheiro supérstite. Mesmo que haja habilitação de novos herdeiros ou haja novos bens a ser partilhados, isso não invalida as informações constantes das primeiras declarações. Como regra, deverá ser levado em consideração o último laudo de avaliação elaborado no processo de inventário do pré-morto. Será desconsiderado, porém, quando houver alteração no valor dos bens. Nesse caso, uma nova avaliação deverá ser realizada.

Capítulo VII - Dos Embargos de Terceiros

Art. 674 - Quem, não sendo parte no processo, sofrer constrição ou ameaça de constrição sobre bens que possua ou sobre os quais tenha direito incompatível com o ato constritivo, poderá requerer seu desfazimento ou sua inibição por meio de embargos de terceiro.

§ 1º - Os embargos podem ser de terceiro proprietário, inclusive fiduciário, ou possuidor.

§ 2º- Considera-se terceiro, para ajuizamento dos embargos:

I - o cônjuge ou companheiro, quando defende a posse de bens próprios ou de sua meação, ressalvado o disposto no art. 843;

II - o adquirente de bens cuja constrição decorreu de decisão que declara a ineficácia da alienação realizada em fraude à execução;

III - quem sofre constrição judicial de seus bens por força de desconsideração da personalidade jurídica, de cujo incidente não fez parte;

IV - o credor com garantia real para obstar expropriação judicial do objeto de direito real de garantia, caso não tenha sido intimado, nos termos legais dos atos expropriatórios respectivos.

Autor: Rodolfo da Costa Manso Real Amadeo

I. Conceito, natureza e finalidade dos embargos de terceiro

Os embargos de terceiro podem ser conceituados como uma ação autônoma, de procedimento especial, incidente em outro processo, pela qual o terceiro pretende desconstituir (ou evitar a prática de) ato constritivo judicial sobre bens de sua posse, de sua propriedade ou sobre os quais tenha direito incompatível com a constrição judicial.

Sua natureza, portanto, é de ação autônoma, com eficácia desconstitutiva (ou constitutiva negativa), tendo por finalidade principal desfazer (ou inibir no caso dos embargos de terceiro preventivos) a prática de atos judiciais de constrição de bens, como a penhora, o arresto, o sequestro, etc. Embora sirvam para impugnar atos judiciais, os embargos de terceiro não têm natureza de recurso, incluindo-se entre os *meios autônomos de impugnação*, como a ação rescisória e o mandado de segurança.

II. Interesse de agir para oposição de embargos de terceiro

O interesse de agir para a oposição de embargos de terceiro surge em razão da realização ou da ameaça concreta e iminente de realização de ato de constrição judicial de um determinado bem sobre o qual o terceiro tenha posse, propriedade ou outro direito incompatível com a prática desse ato.

Os atos de constrição judicial que dão ensejo à oposição dos embargos de terceiro podem ter sido praticados em processo de execução de título extrajudicial, na fase de cumprimento de sentença (v.g. penhora) ou mesmo na fase de conhecimento, por meio de tutela provisória (v.g. arresto) ou de sentença definitiva (v.g. nas ações possessórias). Podem ainda ser provenientes tanto de procedimentos de jurisdição contenciosa quanto de jurisdição voluntária, como no caso da alienação judicial (CPC/2015, art. 730).

Em regra, é a prática do ato de constrição judicial que faz nascer o interesse de agir para a oposição dos embargos de terceiro. Tal ato deve ter sido praticado em processo pendente, que ainda não tenha sido encerrado por uma sentença transitada em julgado (CPC/2015, art. 675), sendo necessário, ainda, que o próprio ato de constrição permaneça existente na época do ajuizamento e durante todo o curso dos embargos de terceiro. Se o ato de constrição impugnado deixar de existir, haverá perda superveniente do interesse de agir nos embargos de terceiro, pois o objetivo que se buscava – desconstituir o ato judicial de constrição – já terá sido alcançado.

O art. 674 ainda prevê a figura dos embargos de terceiro preventivos, que se voltam não contra um ato de constrição já praticado, mas sim contra a ameaça de constrição. Tal modalidade preventiva de embargos de terceiro não era expressamente prevista no CPC/1973, mas já era admitida pela jurisprudência. É necessário, contudo, que a ameaça de constrição seja concreta e iminente. Vale dizer, é necessário que o bem do terceiro já tenha sido identificado como o objeto do ato de constrição e que tal ato esteja na iminência de ser praticado. Por exemplo, não basta a mera indicação à penhora do bem do terceiro pelo exequente ou pelo executado para configurar a existência de interesse de agir para os embargos de terceiro preventivos. É preciso que o juiz já tenha deferido a penhora sobre o bem, o que indica que sua constrição é iminente.

III. Legitimidade ativa

Os §§ 1º e 2º do art. 674 do CPC/2015 estabelecem os casos de legitimados ativos para a oposição dos embargos de terceiro.

Regra geral, o embargante será o *terceiro* titular de posse, propriedade (inclusive fiduciária) ou outro direito sobre o bem que seja incompatível com a sua constrição judicial proveniente daquele processo onde se realizou o ato que se quer desconstituir.

O conceito de *terceiro*, aqui, é eminentemente processual, opondo-se à condição de parte. Assim, será terceiro todo aquele que não seja parte no processo onde foi praticado o ato de constrição judicial.

Não se deve perquirir sobre a relação jurídica de direito material. Assim, mesmo aqueles que poderiam – ou mesmo deveriam – ter sido partes no processo principal e não o foram (*v.g.* devedores solidários e litisconsortes unitários não incluídos no polo passivo do processo) serão terceiros e, portanto, poderão atacar eventual ato constritivo de seus bens por meio dos embargos de terceiro.

Para que se configure a legitimidade ativa para oposição dos embargos de terceiro, não basta que o embargante seja apenas terceiro em relação ao processo principal. Exige-se também que seja *titular de posse, propriedade ou direito incompatível com o ato de constrição do bem*.

Quanto à *posse* para efeito de aferição da legitimidade ativa para oposição de embargos de terceiro, não interessa a sua qualificação. Ainda que a posse do terceiro seja injusta ou de má-fé, ele estará legitimado para opor embargos de terceiro. As questões concernentes à qualificação e aos defeitos da posse invocada pelo embargante escapam à análise da legitimidade ativa, situando-se já no plano do mérito dos embargos de terceiro, onde se verificará se o direito invocado pelo embargante justifica ou não a desconstituição do ato constritivo emanado do processo principal.

Diferentemente do que ocorria no regime do CPC/1973, o § 1º do art. 674 do CPC/2015 atribui legitimidade ativa ao titular de *propriedade* totalmente destituído de posse, como o do proprietário esbulhado ou o do adquirente que ainda não foi imitido na posse do bem adquirido. Nessa mesma linha e positivando o que já vinha sendo admitido na jurisprudência, o CPC/2015 atribui legitimidade ativa também ao *proprietário fiduciário*. Assim, por exemplo, também a instituição financeira que for proprietária fiduciária do bem poderá opor embargos de terceiro para desconstituir ato de constrição judicial que recaia sobre o bem objeto da garantia que esteja na posse direta do devedor.

Por fim, são legitimados ativos para a oposição dos embargos de terceiro os *titulares de direitos incompatíveis com o ato de constrição*, como o caso sociedade em relação à penhora de cotas sociais de um de seus sócios. Ou, ainda, o caso expressamente previsto no art. 674, § 2º, inciso IV, do CPC/2015, em que o credor com garantia real usa os embargos de terceiro para obstar a expropriação judicial do bem objeto da garantia, preservando seu direito de preferência.

Ao lado da regra geral da legitimidade ativa, o § 2º do art. 674 do CPC/2015 traz quatro casos específicos de pessoas que são consideradas terceiros para efeitos de oposição dos embargos, quais sejam: (i) o cônjuge ou companheiro para defender seus bens próprios ou de sua meação; (ii) o adquirente de bem em fraude à execução; (iii) o sócio (ou a sociedade, no caso de desconsideração "inversa" – CPC/2015, art. 133, § 2º) que não participou do incidente de desconsideração da personalidade jurídica e que, não obstante, teve seus bens em razão dessa desconsideração; e (iv) o já mencionado caso do credor com garantia real.

Em relação ao *cônjuge e ao companheiro*, o art. 674, § 2º, inciso I, do CPC/2015 positivou o entendimento da Súmula nº 134 do Superior Tribunal de Justiça, segundo o qual "embora intimado da penhora em imóvel do casal, o cônjuge do executado pode opor embargos de terceiro para defesa de sua meação". A única ressalva feita pelo dispositivo diz respeito à incidência do art. 843 do CPC/2015, que trata da penhora de quota-parte de bens indivisíveis. Nesse caso, ainda que os embargos de terceiro sejam julgados procedentes, a penhora subsistirá e a quota-parte relativa à meação do cônjuge ou do companheiro recairá sobre o produto da alienação do bem. O dispositivo, aqui, refere-se ao caso em que o cônjuge ou o companheiro não figuram como parte no processo em que o ato constritivo foi praticado. Sendo parte, o cônjuge ou companheiro deverão se opor ao ato pelos meios próprios do processo em que figurem, como os embargos à execução ou a impugnação ao cumprimento de sentença (CPC/2015, arts. 525 e 914).

O CPC/2015 prevê expressamente, no inciso II do § 2º do seu art. 674, que se considera terceiro o *adquirente de bens em fraude à execução*. Jamais se teve muita dúvida quanto à qualidade de terceiro do adquirente de bens em fraude de execução. O que talvez o legislador de 2015 tenha querido deixar claro é que os embargos de terceiro são o meio mais adequado para a oposição do terceiro contra o ato constritivo judicial decorrente de fraude de execução, e não o mandado de segurança ou o recurso de terceiro prejudicado.

Quanto à desconsideração da personalidade jurídica, a interpretação conjunta dos arts. 135 e 674, § 2º, inciso III, do CPC/2015 indica que os embargos de terceiro só podem ser opostos pelo sócio, acionista, administrador (ou pela sociedade, no caso da "desconsideração inversa"), se estes não foram citados para fazer parte do incidente previsto nos arts. 133 a 137. No sistema do CPC/1973, havia séria dúvida sobre o cabimento de embargos de terceiro ou de embargos à execução no caso da desconsideração da personalidade jurídica, sobretudo se o sócio tivesse sido intimado da decisão da desconsideração no processo principal. O CPC/2015 põe fim a essa dúvida. A defesa do sócio deverá ocorrer por meio do incidente de desconsideração da personalidade jurídica e, apenas nos casos excepcionais em que não tenha participado desse incidente, é que ele poderá opor embargos de terceiro.

Por fim, o art. 674, § 2º, inciso IV, do CPC/2015 atribui legitimidade ativa para opor embargos de terceiro ao *credor com garantia real* que não foi intimado do ato de constrição do bem objeto da garantia. O objetivo desses embargos é obstar a realização da alienação judicial do bem para garantir ao credor seu direito de preferência. Deve-se ressaltar que só é legitimado ativo o credor com garantia real *que não foi intimado* do ato constritivo. Se o credor tiver sido intimado do ato (CPC/2015, art. 799, inciso I), ele já terá tido oportunidade de defender seu direito de preferência no processo principal.

IV. Súmulas do STJ

Súmula nº 84: "É admissível a oposição de embargos de terceiro fundados em alegação de posse advinda do compromisso de compra e venda de imóvel, ainda que desprovido de registro."

Súmula nº 134: "Embora intimado da penhora em imóvel do casal, o cônjuge do executado pode opor embargos de terceiro para defesa de sua meação."

V. Julgados

"[...] É cediço na Corte que os embargos de terceiro são cabíveis de forma preventiva, quando o terceiro estiver na ameaça iminente de apreensão judicial do bem de sua propriedade. Precedentes: REsp 751513/RJ, Rel. Ministro Carlos Alberto Menezes Direito, DJ 21/08/2006 Resp. nº 1.702/CE, Relator o Ministro Eduardo Ribeiro, DJ de 9/4/90; REsp nº 389.854/PR, Relator o Ministro Sálvio de Figueiredo, DJ de 19/12/02. 4. A ameaça de lesão encerra o interesse de agir no ajuizamento preventivo dos embargos de terceiro, máxime à luz da cláusula pétrea da inafastabilidade, no sentido de que nenhuma lesão ou ameaça de lesão escapará à apreciação do judiciário (art. 5º, inciso XXXV, da CF)." (STJ, 1ª T., REsp nº 1.019.314, Rel. Min. Luiz Fux, j. 2/3/2010).

"A jurisprudência desta Corte é assente no sentido de que os embargos de terceiro são admissíveis não apenas quando tenha ocorrido a efetiva constrição, mas também preventivamente." (STJ, 2ª T., AgRg no REsp nº 1.367.984, Rel. Min. Humberto Martins, j. 11/11/2014).

"Nos termos da jurisprudência do STJ, é possível ao credor a oposição de embargos de terceiro para resguardar o bem alienado fiduciariamente, que foi objeto de restrição judicial (sequestro)." (STJ, 4ª T., REsp nº 622.898, Rel. Min. Aldir Passarinho Jr., j. 4/5/2010).

"Já assentou a jurisprudência das duas Turmas que compõem a Seção de Direito Privado desta Corte, que a sociedade tem legitimidade ativa para opor embargos de terceiros com o objetivo de afastar a penhora incidente sobre as quotas de sócio." (STJ, 3ª T., REsp nº 285.735, Rel. Min. Menezes Direito, j. 20/8/2001).

"A jurisprudência desta Corte Superior, desde o seu início, firmou-se no sentido de admitir a oposição de embargos de terceiro para desconstituir penhora de cotas do capital social de empresas (bem incorpóreo). [...] Essa interpretação extensiva das hipóteses de cabimento dos embargos de terceiro vai ao encontro do disposto no Código de Processo Civil de 2015, estatuindo expressamente que os embargos de terceiro também serão cabíveis para a defesa de 'direito incompatível com o ato constritivo' (art. 674, caput, da Lei 13.105/15)" (STJ, 3ª T., REsp nº 1.554.729, Rel. Min. Paulo de Tarso Sanseverino, j. 3/5/2016).

"É cediço que a impetração de mandado de segurança contra ato judicial, pelo terceiro prejudicado, não se revela admissível na hipótese em que cabível o manejo de embargos de terceiro, remédio processual adequado quando necessária ampla dilação probatória (Precedentes do STJ: AgRg no RMS 32.420/ES, Rel. Ministro Vasco Della Giustina (Desembargador Convocado do TJ/RS), Terceira Turma, julgado em 16.09.2010, DJe 22.09.2010; AgRg no RMS 28.664/SP, Rel. Ministro Massami Uyeda, Terceira Turma, julgado em 15.12.2009, DJe 04.02.2010; AgRg no RMS 27.942/SP, Rel. Ministra Nancy Andrighi, Terceira Turma, julgado em 01.10.2009, DJe 18.11.2009; e RMS 27.503/MS, Rel. Ministro Fernando Gonçalves, Quarta Turma, julgado em 01.09.2009, DJe 14.09.2009)." (STJ, 1ª T., RMS nº 24.487, Rel. Min. Luiz Fux, j. 16/11/2010).

"Embargos de Terceiro. Execução em Locação. Penhora de bem imóvel. Embargante que é coproprietária e não é parte na execução. Bem imóvel indivisível. Prosseguimento da execução pela totalidade. Reserva do produto da alienação. Inteligência do artigo 843, do Novo Código de Processo Civil. Dispositivo legal que deu nova redação, mais abrangente, ao antigo artigo 655-B do Código de 1973, equiparando o coproprietário ao cônjuge alheio à execução. Inaplicabilidade do entendimento firmado pelo Superior Tribunal de Justiça quanto à possibilidade de penhora de fração ideal de imóvel indivisível, ainda com base na legislação processual anterior. Mantida a penhora do imóvel em sua totalidade, resguardada a quota-parte do produto da arrematação" (TJSP, 33ª Câm. Dir. Priv., Apel. nº 0010795-27.2013.8.26.0223, Rel. Des. Sá Moreira de Oliveira, j. 31/10/2016).

Art. 675 - Os embargos podem ser opostos a qualquer tempo no processo de conhecimento enquanto não transitada em julgado a sentença e, no cumprimento de sentença ou no processo de execução, até 5 (cinco) dias depois da adjudicação, da alienação por iniciativa particular ou da arrematação, mas sempre antes da assinatura da respectiva carta.

Parágrafo único - Caso identifique a existência de terceiro titular de interesse em embargar o ato, o juiz mandará intimá-lo pessoalmente.

I. Prazo para oposição dos embargos de terceiro

O art. 675 do CPC/2015 estabelece os prazos para a oposição dos embargos de terceiro. Como visto anteriormente, os embargos de terceiro cabem tanto na fase de conhecimento do processo quanto na fase de cumprimento de sentença ou no processo de execução.

Quando o ato de constrição judicial tiver sido praticado na fase de conhecimento do processo (v.g. arresto ou sequestro concedidos em tutela provisória), o prazo para oposição dos embargos terminará com o trânsito em julgado da sentença. Há situações, no entanto, em que é possível a oposição de embargos de terceiro mesmo após o trânsito em julgado. Trata-se dos casos de ações executivas lato sensu, em que o ato de constrição do bem seja praticado após o trânsito em julgado, mas sem a instauração propriamente dita de uma fase de cumprimento de sentença (v.g. ação possessória em que não houve o deferimento da liminar, CPC/2015, arts. 554 e ss.).

Já quando o ato de constrição judicial tiver sido praticado na fase de cumprimento de sentença ou no processo de execução, os embargos de terceiro serão cabíveis até cinco dias após a alienação do bem, seja por adjudicação, alienação por iniciativa particular ou arrematação, salvo se a respectiva carta for assinada pelo juiz em prazo menor. A assinatura da carta marca o término do prazo para oposição de embargos de terceiro.

Situação interessante é a da constrição de dinheiro pertencente ao terceiro. Como não há carta a ser assinada pelo juiz para a transmissão de dinheiro, firmou-se o entendimento jurisprudencial de que o prazo para a oposição dos embargos de terceiro termina após cinco dias do deferimento da expedição de guia de levantamento em favor do credor.

Por fim, o parágrafo único do art. 675 do CPC/2015 prevê que, nos casos em que seja facilmente identificável o terceiro que tenha interesse em embargar o ato constritivo, o juiz determinará a sua intimação para que exerça seu direito ao contraditório. Um exemplo claro é o da penhora de bem imóvel em fraude à execução. Se o exequente apresenta a matrícula do imóvel demonstrando que o bem foi alienado no curso do processo e pleiteia a decretação da fraude à execução e a penhora do bem, já é possível ao juiz identificar na própria matrícula o terceiro adquirente do bem, que deverá ser intimado pessoalmente, em obediência ao art. 675, parágrafo único, do CPC/2015.

Nos casos de fraude à execução, como no exemplo anterior, incide também o art. 792, § 4º, do CPC/2015, que prevê o prazo especial de 15 dias, contados de sua intimação, para o terceiro opor seus embargos. Por se tratar de norma específica, o prazo do art. 792, § 4º, prevalece sobre o prazo geral do art. 675 do CPC/2015.

A perda do prazo para a oposição dos embargos de terceiro não acarreta nenhum efeito no plano do direito material. O terceiro não perde sua posse, sua propriedade ou o outro direito incompatível com o ato de constrição judicial de que seja titular. Continua ele com a possibilidade de defender seu direito material por meio de outra demanda, pelo procedimento comum. Apenas não terá ele direito ao procedimento especial dos embargos de terceiro, notadamente à liminar do art. 678 do CPC/2015, sujeitando-se aos requisitos gerais da tutela provisória previstos nos arts. 294 e ss. do CPC/2015.

II. Julgados

"O trânsito em julgado de decisão proferida em ação de reintegração de posse não obsta a oposição de embargos de terceiro." (STJ, 3ª T., REsp nº 341.394, Rel. Min. Nancy Andrighi, j. 12/11/2001).

"Embargos de terceiro. Indeferimento inicial. Reintegração de posse. Cumprimento de sentença transitada em julgado. Oposição. Possibilidade. Sentença cassada. Recurso provido. O ora apelante não figurou como parte no processo principal, sendo considerado, portanto, terceiro alheio à lide, eis que sofreu ou poderá sofrer esbulho em sua posse, em razão do cumprimento do mandado reintegratório expedido, já na fase de cumprimento de sentença. O fato de já haver sentença transitado em julgado não impede a oposição dos embargos de terceiros, conforme é o entendimento do Superior Tribunal de Justiça" (TJPR, 18ª Câm. Cív., Apel. nº 1.689.624-3, Rel. Des. Marcelo Gobbo Dalla Dea, j. 2/8/2017).

"Em hipótese de utilização do sistema BACEN-JUD, considera-se realizada a penhora no momento em que se dá a apreensão do dinheiro depositado ou aplicado em instituições financeiras, mas a alienação somente ocorre com a colocação do dinheiro à disposição do credor, o que acontece com a autorização de expedição de alvará ou de mandado de levantamento em seu favor, devendo este ser o termo *ad quem* do prazo de 5 (cinco) dias para apresentação dos embargos de terceiro." (STJ, 3ª T., REsp nº 1.298.780, Rel. Min. João Otávio de Noronha, j. 19/3/2015).

"A perda do prazo para oposição dos embargos de terceiro não produz qualquer modificação no plano do direito material de modo que a parte interessada poderia repetir a demanda (com as mesmas partes, pedido e causa de pedir), sob a forma de uma ação autônoma. A única diferença é que essa ação autônoma seria desprovida do efeito suspensivo automático previsto no art. 1.052 do CPC/1973 [...]" (STJ, 3ª T., REsp nº 1.627.608, Rel. Min. Paulo de Tarso Sanseverino, j. 6/12/2016).

"Necessidade de intimação prévia dos terceiros adquirentes para oposição de embargos de terceiro. Art. 792, § 4º, do Código de Processo Civil. Caso concreto em que não restou observada tal determinação legal. Ofensa ao contraditório reconhecida de ofício. Cassação da decisão agravada para fins de efetivo cumprimento da legislação processual civil. 'O terceiro adquirente deve ser intimado para manifestar-se, antes de declarada a fraude à execução. Neste caso, poderá, querendo, opor embargos de terceiro no prazo de quinze dias (cf. § 4º do art. 792 do CPC/2015).' Medina, José Miguel Garcia. Novo curso de processo civil comentado: com remissões e notas comparativas ao CPC/1973. 4. ed. São Paulo: Revista dos Tribunais, 2016, p. 1.126. Decisão cassada de ofício, por ofensa ao contraditório" (TJPR, 13ª Câm. Cív., AI nº 1.568.371-5, Rel. Des. Francisco Eduardo Gonzaga de Oliveira, j. 22/3/2017).

Art. 676 - Os embargos serão distribuídos por dependência ao juízo que ordenou a constrição e autuados em apartado.

Parágrafo único - Nos casos de ato de constrição realizado por carta, os embargos serão oferecidos no juízo deprecado, salvo se indicado pelo juízo deprecante o bem constrito ou se já devolvida a carta.

I. Competência

A regra geral do art. 676 do CPC/2015 é no sentido de que o órgão competente para o julgamento dos embargos de terceiro é o mesmo que ordenou o ato de constrição.

Tal competência funda-se em critério de funcionalidade, tendo em vista que seu objetivo é atribuir ao mesmo órgão que determinou a prática do ato constritivo a análise das razões para o seu desfazimento ou inibição. Por fundar-se em critério funcional, a competência prevista no art. 676 do CPC/2015 trata-se de *competência absoluta*.

Embora a regra do art. 676 seja clara, há situações em que sua aplicação torna-se difícil. São os casos, por exemplo, dos embargos de terceiro opostos pela União ou por outros entes federais; e dos embargos de terceiro opostos quando o processo principal estiver em tribunal de segundo grau de jurisdição ou em tribunal de superposição.

Quanto aos embargos de terceiro opostos pela União Federal ou por outros entes federais, o art. 109, inciso I, da Constituição da República prevê caso de competência absoluta da Justiça Federal. Assim, se o processo principal estiver correndo na Justiça Estadual, haverá conflito de duas regras de competência absoluta.

Diante dessa situação, no regime do CPC/1973, a jurisprudência já firmou entendimento no sentido de prevalecer a competência da Justiça Federal para a tramitação dos embargos, pois o Código de Processo Civil, lei infraconstitucional, não poderia criar exceção às regras de competência absoluta fixadas na Constituição da República.

Definida a competência da Justiça Federal para o julgamento dos embargos, qual será o destino do processo principal nessa situação? Permaneceria ele sob a competência da Justiça Estadual ou também teria sua competência deslocada para a Justiça Federal?

No Superior Tribunal de Justiça, tem prevalecido o entendimento de que o processo principal permanece na Justiça Estadual, devendo ser sobrestado até o julgamento dos embargos de terceiro, mas há corrente minoritária entendendo que também o processo principal teria sua competência deslocada para a Justiça Federal.

Quanto ao caso em que o processo principal esteja em tribunal de segundo grau de jurisdição ou em tribunal de superposição por força de interposição de recurso, a dúvida que se coloca é saber se a competência para a apreciação dos embargos de terceiro será do juízo de primeiro grau ou do tribunal.

Neste caso, como os atos de constrição serão praticados, em regra, em execução provisória que será processada em primeiro grau, os embargos deverão ser opostos em primeiro grau. No entanto, duas situações devem ser ressalvadas. A primeira quando o processo for de competência originária do tribunal, e a segunda quando o ato constritivo tiver sido ordenado pelo próprio tribunal, por meio de carta de ordem. Em ambos os casos, os embargos de terceiro deverão ser ajuizados diretamente no tribunal.

Ainda outra observação deve ser feita em relação à competência recursal dos embargos de terceiro. Como os embargos de terceiro são ação autônoma e que suspendem, ao menos em parte, o processo principal (CPC/2015, art. 678), geralmente alcançarão a fase recursal antes do processo principal. Nesse caso, a conexão também deve se manter no tribunal, e o recurso interposto nos embargos de terceiro também deve ser distribuído para o mesmo órgão competente para o julgamento do recurso principal.

Por fim, nota-se que o parágrafo único do art. 676 do CPC/2015 resolve questão antiga ao prever que, nos casos de ato constritivo realizado em carta precatória, a competência para a oposição dos embargos de terceiro será do juízo deprecado, salvo se a indicação do bem tiver partido do juízo deprecante ou se a carta precatória já tiver sido devolvida.

II. Julgados

"Conflito de competência. Embargos de terceiro. Usucapião. Competência absoluta. A reunião de ações, em virtude de conexão, não se mostra possível quando implicar alteração de competência absoluta. O foro competente para a ação de usucapião de bem imóvel será sempre o da situação da coisa (art. 95 do CPC/1973 e art. 57 do CPC/2015), configurando hipótese de competência matéria, portanto, absoluta e improrrogável. A Competência para julgamento dos embargos de terceiro é do juiz que determinou a constrição na ação principal, nos termos do art. 1.049 do CPC/1973 (art. 676 do CPC/2015), de modo que, por se tratar de hipótese de competência funcional, é também absoluta e improrrogável" (STJ, 2ª Seção, CC nº 142.849, Rel. Min. Luis Felipe Salomão, j. 22/3/2017).

"É competente a Justiça Federal para o julgamento dos embargos de terceiro opostos pela Caixa Econômica Federal, devendo ser sobrestada na Justiça Estadual, a ação de execução, até julgamento dos referidos embargos, pela Justiça Federal, para evitar prolação de decisões conflitantes." (STJ, 2ª Seção, CC nº 93.969, Rel. Min. Sidnei Beneti, j. 28/5/2008).

"A União ajuizou embargos de terceiro contra decisão proferida pelo juízo comum estadual, que determinou, nos autos de execução de título judicial movida por pensionistas de ex-ferroviários, a penhora de créditos da Rede Ferroviária Federal S/A, sucessora da FEPASA - Ferrovia Paulista S/A, que entende lhes pertencer. Nos termos do art. 109, I, da CF/88, compete à justiça comum federal o exame dos embargos de terceiro, pois presente a União no polo ativo da demanda. Todavia, apenas os embargos de terceiro se deslocam para a justiça federal, devendo o processo executório em curso na justiça comum estadual lá permanecer. Isso porque a competência da justiça federal é absoluta e, por isso, não se prorroga por conexão." (STJ, 3ª Seção, CC nº 83.326, Rel. Min. Maria Thereza Moura, j. 27/2/2008).

Em sentido contrário, admitindo a competência da Justiça Federal tanto para os embargos de terceiro quanto para o processo principal:

"A peculiaridade, no caso concreto, é que, em ação de execução de competência da Justiça Estadual – já que nele os figurantes são entidades particulares – sobreveio ação conexa, de embargos de terceiro, proposta por autarquia federal. [...] É da jurisprudência do Supremo Tribunal Federal que compete à Justiça Federal processar e julgar não só os embargos de terceiro assim interpostos (RE 88.688, 2ª Turma,

Min. Moreira Alves, RTJ 98/217; RE 104.472, 2ª Turma, Min. Djaci Falcão, RTJ 113/1.380. No mesmo sentido era a jurisprudência do TFR: AC 94.795, 6.ª Turma, Min. Américo Luz, RTFR 119/225), como também a própria ação de execução (STF, Conflito de Jurisdição 6.390, Pleno, Min. Néri da Silveira, RTJ 106/946)." (STJ, 1ª Seção, CC nº 54.437, Rel. Min. Teori Zavascki, j. 14/12/2005).

Art. 677 - Na petição inicial, o embargante fará a prova sumária de sua posse ou de seu domínio e da qualidade de terceiro, oferecendo documentos e rol de testemunhas.

§ 1º - É facultada a prova da posse em audiência preliminar designada pelo juiz.

§ 2º - O possuidor direto pode alegar, além da sua posse, o domínio alheio.

§ 3º - A citação será pessoal, se o embargado não tiver procurador constituído nos autos da ação principal.

§ 4º - Será legitimado passivo o sujeito a quem o ato de constrição aproveita, assim como o será seu adversário no processo principal quando for sua a indicação do bem para a constrição judicial.

I. Petição inicial

Por se tratar de ação autônoma, os embargos de terceiro devem ser opostos por meio de petição inicial com os requisitos dos arts. 319 e 320 do CPC/2015.

Assim, a petição inicial dos embargos de terceiro deve indicar (i) o juiz ou tribunal a que é dirigida; (ii) a qualificação das partes; (iii) os fatos e os fundamentos jurídicos do pedido; (iv) o pedido com suas especificações; (v) o valor da causa; (vi) as provas com que o embargante pretende demonstrar a verdade dos fatos alegados; e (vii) a opção do embargante pela realização ou não de audiência de conciliação ou de mediação.

Além desses requisitos, o embargante deverá apresentar na petição inicial a prova sumária de sua qualidade de terceiro, bem como da posse, do domínio ou de outro direito incompatível com o ato constritivo de que seja titular. Pela redação do § 2º do art. 677, é ainda permitido ao terceiro que seja possuidor direto do bem constrito ou ameaçado de constrição invocar como fundamento dos embargos o domínio ou outro direito alheio que seja incompatível com o ato constritivo. A prova dessa condição poderá ser feita por meio de documentos ou testemunhas.

Caso seja necessária a prova por meio de testemunhas, essas já deverão ser arroladas na petição inicial, para que sejam intimadas a participar da *audiência preliminar* a ser designada pelo magistrado. Tal *audiência preliminar* tem por finalidade a produção da prova (da posse, do domínio ou do direito incompatível com o ato constritivo) que embasará o deferimento da liminar mencionada no art. 678 do CPC/2015. A *audiência preliminar* é realizada perante o juiz, independe da citação do embargado, e antes da audiência de conciliação ou de mediação prevista no art. 334 do CPC/2015.

Questão interessante relativa à petição inicial dos embargos de terceiro diz respeito à atribuição de valor à causa. Tendo em vista que a finalidade dos embargos de terceiro é o desfazimento ou a inibição de ato de constrição judicial, torna-se difícil subsumir tal situação a uma das hipóteses expressamente previstas no art. 292 do CPC/2015.

Talvez a hipótese do art. 292 do CPC/2015 de que os embargos de terceiro mais se aproximem é a de seu inciso II ("na ação que tiver por objeto a existência, a validade, o cumprimento, a modificação, a resolução, a resilição ou a rescisão de ato jurídico, [o valor da causa] será o valor do ato ou o de sua parte controvertida"). Tal inciso alinha-se com a jurisprudência dominante nos últimos anos de vigência do CPC/1973, segundo a qual o valor da causa nos embargos de terceiro deveria corresponder ao benefício econômico pretendido pelo embargante, qual seja, o valor do bem que se pretende livrar da constrição judicial, limitado ao valor da própria constrição. Assim, por exemplo, se um imóvel avaliado em R$ 100.000,00 foi penhorado numa execução em que se busca a satisfação de um crédito de R$ 30.000,00, aos embargos de terceiro que tenham por objetivo desconstituir essa penhora dever-se-á atribuir o valor da causa de R$ 30.000,00, já que o restante do imóvel não foi objeto da constrição que se pretende desconstituir.

II. Citação

O § 3º do art. 677 do CPC/2015 prevê a possibilidade de a citação do embargado ser realizada na pessoa do advogado que o represente no processo principal, ainda que esse não tenha poderes específicos para receber citação (cf. art. 105 do CPC/2015).

Não tendo procurador constituído no processo principal, o embargado deverá ser citado numa das modalidades do art. 246 do CPC/2015.

III. Legitimidade passiva

Pondo fim à antiga lacuna legal do CPC/1973, o § 4º do art. 677 do CPC/2015 prevê como legitimados passivos dos embargos de terceiro a parte a quem a constrição aproveita e o seu adversário no processo principal, quando a constrição tiver partido de indicação sua.

A norma positiva a *corrente dominante* na doutrina e na jurisprudência durante a vigência do CPC/1973, segundo o qual, em regra, somente figurará como embargado o autor ou o exequente da ação principal em que foi praticado o ato de constrição judicial.

O réu ou o executado apenas integrarão o polo passivo dos embargos de terceiro excepcionalmente, se tiverem indicado o bem para o ato de constrição. É importante frisar que a integração do réu ou executado no polo passivo dos embargos de terceiro se dá *em litisconsórcio, juntamente com o autor ou o exequente*. É esse o sentido da expressão "assim como" do § 4º do art. 677 do CPC/2015.

O legislador de 2015 claramente evitou a discussão quanto à natureza (unitária ou simples) deste litisconsórcio.

Durante a vigência do CPC/1973, a questão era objeto de grande discussão.

Para a corrente majoritária, como visto, tal litisconsórcio era simples e somente deveria ser formado nos casos em que o réu ou o executado participavam ativamente do ato de constrição do bem, indicando-o à penhora, por exemplo.

Já para a corrente minoritária, a natureza desse litisconsórcio era unitária. Assim, seriam legitimadas para figurar no polo passivo dos embargos de terceiro ambas as partes do processo principal em que o ato constritivo foi praticado, pois, se a sentença dos embargos de terceiro tem natureza desconstitutiva, o ato de constrição judicial – que existe e é eficaz perante ambas as partes do processo principal – somente poderá ser desconstituído em processo que se desenvolva perante essas mesmas partes.

Tal posição minoritária, que investigava o efeito que a sentença dos embargos de terceiro teria na relação jurídica subjacente, começava a ganhar força na jurisprudência (*v.g.* o REsp nº 601.920/CE, Rel. Min. Maria Isabel Gallotti, j. 13/12/2011) e ainda poderá ser invocada durante a vigência do CPC/2015, tendo em vista que o texto do § 4º do art. 677 não exclui expressamente essa investigação.

Por fim, ressalte-se que a inclusão do réu ou executado no polo passivo dos embargos de terceiro poderá ser útil em relação à eficácia que se queira obter com sua sentença, em especial a decisão definitiva, com força de coisa julgada, sobre a titularidade do bem ou direito objeto dos embargos (cf. comentário ao art. 681 do CPC/2015, adiante).

IV. Julgados

"Valor da causa que deve corresponder ao proveito econômico esperado com a insurgência; tratando-se de embargos de terceiro, tal valor, a rigor, deve corresponder ao valor do bem penhorado, mas não pode exceder o montante da dívida exequenda" (TJSP, 30ª Câm. Dir. Priv., Apel. nº 1048108-36.2016.8.26.0114, Rel. Des. Maria Lúcia Pizzotti, j. em 24/5/2017).

"O valor da causa nos embargos de terceiro deve corresponder ao valor do bem penhorado, não podendo exceder o valor do débito." (STJ,

4ª T., AgRg no AREsp nº 457315/ES, Rel. Min. Raul Araújo, j. 14/4/2015).

"A jurisprudência é unânime em apregoar que, em ação de embargos de terceiro, o valor da causa deve ser o do bem levado a constrição, não podendo exceder o valor da dívida." (STJ, 4ª T., Resp nº 957760/MS, Rel. Min. Luis Felipe Salomão, j. 12/4/2012).

"Nas hipóteses em que o imóvel de terceiro foi constrito em decorrência de sua indicação à penhora por parte do credor, somente este detém legitimidade para figurar no polo passivo dos Embargos de Terceiro, inexistindo, como regra, litisconsórcio passivo necessário com o devedor." (STJ, 3ª T., REsp nº 282.674/SP, Rel. Min. Nancy Andrighi, j. 3/4/2001).

"Embargos de terceiro. Não caracterização de litisconsórcio passivo necessário. [...] Desnecessidade de que os devedores integrem a relação jurídico-processual, pois não contribuíram para a penhora do bem." (TJSP, 35ª Câm. Dir. Priv., Apel. nº 0158833-93.2012.8.26.0100, Rel. Des. Gilberto Leme, j. 1º/6/2015).

Em sentido contrário, entendendo pela formação de litisconsórcio unitário:

"Se o provimento dos embargos de terceiro pode afetar tanto o exequente como o executado, considerada a natureza da relação jurídica que os envolve, é de se reconhecer a existência, entre eles, de litisconsórcio passivo necessário unitário." (STJ, 3ª T., REsp nº 298.358/SP, Rel. Min. Antônio de Pádua Ribeiro, j. 21/6/2001).

"Nos embargos de terceiro, há litisconsórcio necessário unitário entre o exequente e o executado, quando a constrição recai sobre imóvel dado em garantia hipotecária pelo devedor. Ofensa ao art. 47, do CPC, segundo o qual 'há litisconsórcio necessário, quando, por disposição de lei ou pela natureza da relação jurídica, o juiz tiver de decidir a lide de modo uniforme para todas as partes; caso em que a eficácia da sentença dependerá da citação de todos os litisconsortes no processo.'" (STJ, 4ª T., REsp nº 601.920/CE, Rel. Min. Maria Isabel Gallotti, j. 13/12/2011).

"Embargos de terceiro opostos por promissário comprador, em ação de cobrança de débito condominial, em fase de execução, movida contra a proprietária do imóvel perante o registro imobiliário. Litisconsórcio passivo necessário entre exequente e executado. Aplicação do artigo 47, parágrafo único, do CPC. Eficácia da sentença que depende da citação do litisconsorte necessário. Anulação do processo *ab initio*." (TJPR, 9ª Câm. Cív., Apel. nº 1071277-7, Rel. Des. Francisco Luiz Macedo Junior, j. 8/5/2014).

Art. 678 - A decisão que reconhecer suficientemente provado o domínio ou a posse determinará a suspensão das medidas constritivas sobre os bens litigiosos objeto dos embargos, bem como a manutenção ou a reintegração provisória da posse, se o embargante a houver requerido.

Parágrafo único - O juiz poderá condicionar a ordem de manutenção ou de reintegração provisória de posse à prestação de caução pelo requerente, ressalvada a impossibilidade da parte economicamente hipossuficiente.

I. Decisão liminar dos embargos de terceiro

O CPC/2015 prevê em seu art. 678 a suspensão liminar das medidas constritivas sobre os bens objeto dos embargos de terceiro, bem como a expedição de ordem de manutenção ou reintegração de posse em favor do embargante. Para tanto, é necessário que o juiz entenda que a posse, o domínio ou o direito incompatível com o ato constritivo, em que o terceiro fundamenta sua ação, estejam suficientemente provados. Daí a importância da audiência preliminar prevista no art. 677, § 1º, do CPC/2015, caso o terceiro não disponha de prova documental suficiente a demonstrar sua qualidade de possuidor, proprietário ou titular do direito incompatível com o ato de constrição.

Tal qual ocorria com o art. 1.052 do CPC/1973, a norma do art. 678 do CPC/2015 é de natureza cogente. Demonstrada a posse, a propriedade ou o direito incompatível com a constrição, os embargos devem ser recebidos para discussão e a eficácia do ato constritivo deve ser suspensa.

Para a suspensão liminar da eficácia do ato de constrição, não se exige prova plena, basta a prova sumária. O art. 678 é claro ao prever que a posse, o domínio ou o direito incompatível de que o terceiro seja titular devem estar apenas "suficientemente" provados. Havendo situação de dúvida, esta deve ser sempre decidida em favor do deferimento da liminar suspensiva, para que o terceiro – que, relembre-se, não participou do processo principal – possa exercer seu direito constitucional ao contraditório e ao devido processo legal, discutindo o mérito dos embargos de terceiro sem estar privado da fruição de seu bem ou direito (cf. art. 5º, incisos LIV e LV, da CF).

Observe-se, ainda, que que a suspensão liminar prevista no art. 678 *não acarretará, necessariamente, a suspensão total do processo principal*. Em regra, *só será suspensa a eficácia do ato constritivo* e, ainda, *apenas em relação aos bens objeto dos embargos de terceiro*. Assim, por exemplo, se tiverem sido penhorados dois bens e somente em relação a um deles houver oposição de embargos de terceiro, a execução prosseguirá em relação ao outro bem. Da mesma forma, ainda que tenha sido penhorado apenas o bem objeto dos embargos de terceiro, ficarão suspensos os atos procedimentais subsequentes que logicamente dependem dessa penhora, como a avaliação e alienação do bem. Não ficam suspensos outros atos como a tentativa de penhora de outros bens, o processamento da impugnação eventualmente apresentada pelo devedor, etc.

Por fim, deve-se notar que nem sempre o terceiro necessitará da ordem de manutenção ou reintegração de posse. Há casos em que a simples suspensão do ato constritivo já será suficiente para satisfazer seus interesses enquanto os embargos se processam. Pense-se, por exemplo, na hipótese de embargos de terceiro preventivos, em que a suspensão, por si só, já inibe a prática do ato constritivo que seria realizado.

II. Necessidade de caução para a ordem de manutenção ou reintegração de posse

Nos casos em que a ordem de manutenção ou reintegração de posse seja necessária, ela fica condicionada à prestação de caução pelo terceiro embargante. Tal cautela se justifica pelo fato de o terceiro continuar na fruição do bem durante o processamento dos embargos em vez de tal bem seguir o destino que lhe reservava o processo principal.

A análise da idoneidade da caução a ser prestada dependerá da situação concreta. Por exemplo, se se tratar de ato constritivo que recaia sobre imóvel, bem que (ao menos em tese) não poderá ser subtraído pelo embargante, será excessiva a exigência de prestação de caução no valor total do bem. Será mais adequada, nesse caso, a exigência de caução que cubra o valor pela fruição do bem e eventuais danos que possam ser causados no imóvel durante o curso do processo de embargos de terceiro.

O parágrafo único do art. 678 do CPC/2015 prevê, ainda, a possibilidade de dispensa dessa caução para a parte economicamente hipossuficiente. Nesses casos, durante a vigência do CPC/1973, a jurisprudência também já vinha admitindo que o bem seja colocado sob a guarda de um depositário.

III. Cabimento de agravo de instrumento

Em qualquer dos casos previstos no art. 678 do CPC/2015 (v.g. deferimento ou indeferimento de suspensão do ato constritivo, rejeição ou concessão da ordem de manutenção ou reintegração de posse e discussão sobre a caução exigida para essa), por se tratar nitidamente de hipótese de tutela provisória, pode a parte prejudicada interpor agravo de instrumento (cf. art. 1.015, inciso I, CPC/2015).

IV. Julgados

"Nos termos do art. 1.052 do CPC, a oposição de embargos de terceiro, desde que não tenham sido rejeitados liminarmente, impõe que o julgador suspenda o curso do processo no qual foi determinada a constrição contra a qual se insurge o embargante, tratando-se de medida cogente que independe de requerimento da parte interessada. [...] Merecem destaque as lições de Pontes de Miranda em Comentários ao Código de Processo Civil: [...] 'No Código de 1973, desapareceu a alternativa, como desapareceu o arbítrio do juiz. [...] A suspensão do processo principal é completa se os embargos concernem a todos os bens. Se só a algum, ou alguns deles, apenas quanto a esse ou esses se suspende o processo (arts. 1.051 e 1.052)'" (STJ, 3ª T., REsp nº 1.287.458, Rel. Min. Joao Otavio de Noronha, j. 10/5/2016).

"O art. 1.052 do CPC, norma de natureza cogente, determina que o simples recebimento de embargos de terceiro implica automática suspensão da execução com relação aos bens ou direitos objeto dos embargos" (STJ, 4ª T., AgRg no AREsp nº 463.551, Rel. Min. Luis Felipe Salomão, j. 4/11/2014).

"A norma do artigo 678 do Novo Código de Processo Civil impõe ao magistrado a obrigatoriedade da suspensão do processo principal, caso sejam recebidos os embargos para discussão e versem sobre a totalidade dos bens penhorados" (TJSP, 26ª Câm. Dir. Priv., AI nº 2157121-04.2016.8.26.000, Rel. Des. Renato Sartorelli, j. 6/10/2016).

"Não é adequado o momento do recebimento dos embargos de terceiro à discussão da qualidade da posse, de sua origem, de como foi adquirida. Muito menos é possível adiantar o julgamento do mérito dos embargos, ainda mais considerando o direito da parte em produzir provas no decorrer do processo. [...] A legislação, ainda mais em matéria possessória, é pela proteção da posse estável, e o já mencionado artigo 678 é a concretização de tal sistemática geral no âmbito dos embargos de terceiro" (TJSP, 9ª Câm. Dir. Priv., AI nº 2197827-29.2016.8.26.0000, Rel. Des. Piva Rodrigues, j. 8/11/2016).

"Embargos de terceiro. Deferimento liminar. Art. 1.051 do CPC. Caução não exigida. Possibilidade de dispensa." (STJ, 3ª T., AgRg no REsp nº 1.289.626, Rel. Min. Paulo de Tarso Sanseverino, j. 20/5/2014).

"Se a caução prevista no art. 1.051 do CPC não é exigida ou não puder ser prestada pelo embargante, o objeto dos embargos de terceiro fica sequestrado e quem o recebe assume o cargo de depositário judicial do bem, nos termos do art. 148 do CPC." (STJ, 3ª T., REsp nº 754.895/MG, Rel. Min. Nancy Andrighi, j. 25/9/2006).

"A caução exigida para a concessão da liminar em sede de embargos de terceiro pode, conforme as peculiaridades do caso, ser substituída pela nomeação do embargante como depositário judicial." (TJPR, 17ª Câm. Cív., AI nº 538.868-3, Rel. Des. Francisco Jorge, j. 12/6/2013).

"Embargos de Terceiro. Liminar. Caução. Dispensa. Cabimento. Subsistência da conclusão do magistrado, não infirmada por elementos probatórios, no sentido de que os valores bloqueados, embora encontrados em conta bancária conjunta do embargante e de sua filha (a executada), são frutos unicamente dos proventos da aposentadoria do primeiro, tratando-se de verba impenhorável à luz do art. 649, IV, do CPC - Dispensa da caução decorreu da improbabilidade de haver futura reversibilidade da liminar e indenizabilidade correspondente - Exigência de caução como contracautela pertence à discrição do juiz - Recurso desprovido." (TJSP, 20ª Câm. Dir. Priv., AI nº 0016992-61.2008.8.26.0000, Rel. Des. Álvaro Torres Júnior, j. 23/6/2008).

Art. 679 - Os embargos poderão ser contestados no prazo de 15 (quinze) dias, findo o qual se seguirá o procedimento comum.

I. Adoção do procedimento comum nos embargos de terceiro

O art. 679 do CPC/2015 prevê que o embargado terá prazo de *15 dias para contestar*, após o qual o processo prosseguirá pelo *procedimento comum*.

A adoção do procedimento comum para os embargos de terceiro representa grande evolução em relação ao sistema do CPC/1973, dando a esses embargos maior âmbito cognitivo, cuja ausência limitava muito o instituto no sistema anterior.

Com efeito, era *opinião dominante* tanto na doutrina quanto na jurisprudência que, nos embargos de terceiro, não poderiam ser discutidas questões de alta complexidade, nem se poderia alargar o objeto do processo por meio de ação declaratória incidental ou reconvenção, pois o procedimento seguido após a citação do embargado era o *procedimento restrito do art. 803 do CPC/1973* (reservado aos processos cautelares), impossibilitando a cumulação, no mesmo processo, de demandas que exigissem a adoção do *procedimento ordinário*.

A restrição procedimental e cognitiva era a razão principal, por exemplo, para não se admitir a discussão da fraude contra credores nos embargos de terceiro (matéria que é objeto da antiga Súmula nº 195/STJ).

Tal obstáculo foi totalmente superado pelo CPC/2015 ao prever o procedimento comum para os embargos de terceiro, permitindo a defesa ampla (art. 336 e ss., CPC/2015) e a utilização da reconvenção (art. 343, CPC/2015) pelo embargado.

Dessa forma, aplicando-se o *procedimento comum* para os embargos de terceiro após ultrapassada sua fase preliminar e integrado o embargado na relação jurídica processual, possibilitar-se-á a resolução, *com força de coisa julgada,* de outras questões prejudiciais de mérito (como a titularidade do domínio ou a legitimidade da posse do embargante) que normalmente já são decididas de forma incidental nos embargos de terceiro (cf. comentário ao art. 681 do CPC/2015, *infra*).

Além disso, pode-se, por meio da utilização da reconvenção, também discutir e resolver – por via principal e com força de coisa julgada – outras questões que geralmente não eram aceitas no âmbito dos embargos de terceiro no sistema do CPC/1973 (como a fraude contra credores) garantindo-se um processo muito mais efetivo.

É verdade que, no final da vigência do CPC/1973, a jurisprudência já vinha admitindo um maior alargamento no âmbito dos embargos de terceiro ao permitir, por exemplo, a discussão do usucapião (como matéria de defesa) pelo terceiro embargante. No entanto, tal entendimento ainda era minoritário e esbarrava na restrição procedimental prevista expressamente no CPC/1973, o que agora foi solucionado no CPC/1975.

II. Súmula do STJ

Súmula nº 195: "Em embargos de terceiro não se anula ato jurídico, por fraude contra credores".

III. Julgados

"Nos embargos de terceiro a cognição é horizontalmente limitada à existência de domínio ou posse legítimos por parte do embargante, não cabendo discussão acerca da aquisição da propriedade por usucapião" (TJPR, 15ª Câm. Cív., Apel. nº 780.648-8, Rel. Des. Jucimar Novochadlo, j. 15/6/2011).

"Embargos de terceiro. Desconstituição de penhora sobre bem imóvel. Possibilidade de alegação de usucapião em sede de embargos de terceiro. Súm. 237 do STF. Precedentes da Corte. Revelia do embargado certificada. Presunção de veracidade dos fatos alegados na inicial - Art. 319 do CPC - Reconhecimento de exercício da posse mansa e pacífica dos embargantes sobre o imóvel anterior à constrição do bem - Recurso provido." (TJSP, 16ª Câm. Dir. Priv., Apel. nº 4002583-67.2013.8.26.0604, Rel. Des. Miguel Petroni Neto, j. 26/5/2015).

Art. 680 - Contra os embargos do credor com garantia real, o embargado somente poderá alegar que:
I - o devedor comum é insolvente;
II - o título é nulo ou não obriga a terceiro;
III - outra é a coisa dada em garantia.

I. O mérito nos embargos de terceiro do credor com garantia real

Conforme visto anteriormente, o art. 674, § 2º, inciso II, do CPC/2015 admite a oposição de embargos de terceiro pelo credor com garantia real não intimado no processo principal para obstar a expropriação judicial do objeto do direito real de garantia.

Nota-se, de início, que essa modalidade de embargos de terceiro difere das demais, pois não tem por finalidade a desconstituição do ato de constrição judicial, mas sim *impedir a realização da expropriação judicial do bem objeto da garantia real*.

Os embargos de terceiro do credor com garantia real surgiram como forma de impedir a alienação judicial do bem objeto da garantia real em execução alheia, para que seu direito de preferência ficasse resguardado enquanto a dívida garantida pelo direito real não estivesse vencida. Após o vencimento da dívida, contudo, o credor hipotecário perdia seu interesse processual na oposição dos embargos de terceiro, pois já não poderia impedir que o bem fosse alienado judicialmente, restando-lhe apenas o direito de preferência no recebimento do fruto da expropriação judicial do bem.

Assim, a questão principal de mérito nessa modalidade de embargos de terceiro não é a desconstituição ou a manutenção da penhora que recaiu sobre o bem objeto do direito real de garantia, mas sim se a expropriação judicial do bem objeto da garantia real deve ou não ocorrer na execução em que esse bem foi penhorado.

A situação que geralmente enseja a oposição dessa modalidade de embargos de terceiro é a seguinte: um bem gravado com direito real de garantia é penhorado em uma execução movida por credor quirografário em face do devedor comum. Diante da penhora do bem objeto da garantia real, o credor preferencial pode tomar duas atitudes: (i) aguardar a alienação do bem na execução em que esse foi penhorado, exercendo seu direito de preferência no concurso de credores previsto no art. 908 do CPC/2015; ou (ii) opor embargos de terceiro para obstar a expropriação judicial do bem objeto do direito real de garantia (art. 680, CPC/2015). Tal alternativa conferida ao credor com garantia real é reflexo daquela prevista no art. 333, inciso II, do CC/2002, que lhe faculta o direito de cobrar a dívida antes de seu vencimento caso o bem objeto da garantia real tenha sido penhorado em execução por outro credor.

Havendo outros bens do devedor comum passíveis de serem penhorados, os embargos de terceiro serão julgados procedentes e a expropriação judicial do bem objeto da garantia será obstada. Caso contrário, se o embargado não conseguir provar a existência de outros bens, os embargos de terceiro serão julgados improcedentes e o bem objeto da garantia real seguirá para a expropriação judicial, restando ao credor apenas o direito de preferência no concurso de credores.

Sob essa ótica, bem se compreende a limitação das matérias de defesa do embargado prevista no art. 680 do CPC/2015, especialmente a hipótese do inciso I, que trata da insolvência do devedor comum.

Os outros dois incisos (CPC/2015, art. 680, incisos II e III) referem-se a hipóteses em que, de fato, não existe direito real de garantia sobre o bem objeto do ato de constrição judicial. Seja porque é nulo o ato que instituiu o direito real de garantia alegado pelo embargante (inciso I), seja porque outro é o bem objeto dessa garantia real.

II. Julgados

"Embargos de terceiros. Penhora de imóvel gravado com hipoteca pelo credor quirografário. Ausência de intimação do credor hipotecário. Prazo para oposição dos embargos de terceiro. Arts. 1047 e 1048 do CPC. Preclusão. Ineficácia da alienação judicial de imóvel hipotecado sem intimação do credor hipotecário. Direito de sequela. Persistência do gravame hipotecário que persegue a coisa dada em garantia com quem quer que esteja, enquanto não cumprida a obrigação assegurada pela sujeição do imóvel ao vínculo real." (STJ, 3ª T., REsp nº 303.325/SP, Rel. Min. Nancy Andrighi, j. 26/10/2004).

"O credor com garantia real tem o direito de impedir, por meio de embargos de terceiro, a alienação judicial do objeto da hipoteca; entretanto, para o acolhimento dos embargos, é necessária a demonstração pelo credor da existência de outros bens sobre os quais poderá recair a penhora." (STJ, 3ª T., REsp nº 578.960, Rel. Min. Nancy Andrighi, j. 7/10/2004).

"Embargos de terceiro. Penhora. O credor hipotecário pode opor embargos de terceiro para obstar a alienação judicial do objeto da hipoteca, desde que comprove a solvência do devedor, mediante a indicação de outros bens passíveis de penhora. Inteligência do art. 1.047, II, do Código de Processo Civil. Ausência de indicação de outros bens livres do devedor. Redução da verba honorária fixada em primeiro grau. Recurso parcialmente provido." (TJSP, 36ª Câm. Dir. Priv., Apel. nº 0122255-82.2008.8.26.0000, Rel. Des. Renato Rangel Desinano, j. 31/1/2013).

"Embargos de terceiro - Credor hipotecário - Penhora incidente sobre o imóvel - Possibilidade - Ausência de vedação legal - Instituto processual que não afeta o direito real de garantia - Falta de interesse de agir - Extinção do processo sem resolução do mérito [...] A arrematação de imóvel gravado de hipoteca garante ao credor hipotecário a preferência no recebimento de seu crédito em relação ao exequente (RSTJ 151/403, 4ª T.). Carece de interesse de agir o terceiro-embargante para pleitear a desconstituição da penhora, uma vez que o seu direito real de garantia encontra-se a salvo e pode ser exercitado mediante simples requerimento nos próprios autos da execução." (TJPR, 12ª Câm. Cív., Apel. nº 554567-1, Rel. Des. Antonio Loyola Vieira, j. 1º/ 9/2009).

Art. 681 - Acolhido o pedido inicial, o ato de constrição judicial indevida será cancelado, com o reconhecimento do domínio, da manutenção da posse ou da reintegração definitiva do bem ou do direito ao embargante.

I. O efeito principal da sentença nos embargos de terceiro

O efeito principal da sentença que julgar procedente os embargos de terceiro será desconstituir o ato de constrição judicial, liberando o bem constrito para o embargante. Ou, ainda, no caso dos embargos de terceiro preventivos, impedir, definitivamente, a realização do ato constritivo no processo principal.

II. A ampliação do objeto da coisa julgada

O art. 681 do CPC/2015 traz importante inovação ao permitir que a sentença que julgue os embargos de terceiro já reconheça definitivamente o domínio ou a manutenção ou reintegração da posse do terceiro sobre o bem objeto da constrição judicial.

Conforme visto, a discussão do domínio ou da legitimidade da posse do embargante e outras várias questões de mérito analisadas nos embargos de terceiro são solucionadas *prejudicialmente*, tão somente para que se decida sobre a procedência ou improcedência do pedido principal (desconstituição ou inibição do ato de constrição judicial ou, especificamente, no caso dos embargos de terceiro do credor com garantia real, o impedimento da realização da expropriação judicial do bem objeto da garantia real). E, exatamente por serem prejudiciais, *no sistema do CPC/1973*, tais questões *não faziam coisa julgada*.

Agora, o art. 681 do CPC/2015 prevê a possibilidade de tais questões prejudiciais serem cobertas pela coisa julgada. Tal artigo, contudo, deve ser interpretado em conjunto com o art. 503, § 1º, do CPC/2015. Vale dizer, para que o reconhecimento do domínio ou da posse do terceiro embargante seja coberto pela coisa julgada, é necessário que (i) o juízo em que se processam os embargos de terceiro tenha competência para decidir essa mesma questão se ela fosse deduzida como questão principal; (ii) tal questão seja prejudicial ao julgamento do mérito (o que normalmente será); e (iii) tenha havido contraditório prévio e efetivo sobre tal questão, atentando-se, ainda, para o fato – óbvio – de que tal contraditório deve ter se desenvolvido entre *legítimos contraditores*. Por exemplo, se a questão versar sobre se é o terceiro e não o réu ou o executado o titular do domínio ou da posse sobre o bem constrito, não haverá contraditório efetivo, apto a ensejar a formação de coisa julgada material, a menos que esse réu ou executado participe do processo dos embargos de terceiro. Daí a utilidade de se incluir no polo passivo dos embargos de terceiro também o réu ou o executado do processo principal (cf. comentário ao art. 677, § 3º, do CPC/2015).

Além da ausência dos legítimos contraditores na relação processual dos embargos de terceiro, outro obstáculo à formação da coisa julgada sobre a questão do domínio e da posse do terceiro embargante poderia ser a restrição cognitiva no procedimento dos embargos de terceiro, pois, no sistema do CPC/1973, essa ação autônoma seguia o procedimento restrito dos processos cautelares atípicos (cf. CPC/1973, art. 803). Tal obstáculo foi removido pelo CPC/2015 ao prever a aplicação, aos embargos de terceiro, do *procedimento comum*, cuja cognição e oportunidade de instrução probatória é ampla (cf. comentário ao art. 679 do CPC/2015). Assim, se o processo dos embargos de terceiro se desenvolveu perante legítimos contraditores e se a questão prejudicial a respeito da titularidade da propriedade ou da posse foi objeto de amplo e efetivo contraditório, a coisa julgada abrangerá também essas questões.

III. Sucumbência

A jurisprudência do Superior Tribunal da Justiça já tem entendimento sumulado (Súmula nº 303/STJ) no sentido de que, nos embargos de terceiro, deve arcar com os ônus da sucumbência a parte que deu *causa* à constrição indevida, ainda que esta não seja, necessariamente, a parte vencida nos embargos. Trata-se de caso em que o *princípio da causalidade* prevalece sobre o *princípio da sucumbência*.

Imagine-se, por exemplo, o caso do terceiro embargante que, embora já tenha pago todas as parcelas de compromisso de compra e venda, demore para transferir o domínio do bem do executado para o seu nome no Cartório de Registro de Imóveis. Se, diante da ausência do registro da aquisição do bem pelo terceiro, o exequente indica o imóvel à penhora e depois fica vencido nos embargos de terceiro, não deverá ele – exequente – arcar com os ônus de sucumbência, pois quem deu causa à constrição foi o próprio terceiro embargante ao não realizar o registro oportunamente.

IV. Cabimento de apelação com efeito suspensivo

Por fim, deve-se registrar que a apelação interposta contra a sentença que julga os embargos de terceiro é recebida com efeito suspensivo, conforme a regra geral do art. 1.012 do CPC/2015.

No sistema do CPC/1973 havia discussão sobre tal apelação incidir na hipótese excepcional do art. 520, inciso V, daquele Código, que previa o recebimento apenas no efeito devolutivo da apelação interposta contra sentença que "rejeitar liminarmente embargos à execução ou julgá-los improcedentes". Dizia-se que, se os embargos de terceiro se voltassem contra ato constritivo praticado na execução, a apelação interposta contra a sentença que os rejeitasse seria recebida apenas no efeito devolutivo.

No CPC/2015, contudo, não há margem a dúvida. O inciso III do art. 1.012 aperfeiçoou a redação da norma, tornando claro que a não concessão de efeito suspensivo refere-se apenas à apelação interposta contra a sentença que "extingue sem resolução do mérito ou julga improcedentes os embargos do executado". A menção expressa a "embargos do executado" (e não "embargos à execução", como ocorria no CPC/1973) evidencia tratar-se da figura do art. 914 e seguintes do CPC/2015, e não dos embargos de terceiro.

V. Súmula do STJ

Súmula nº 303: "Em embargos de terceiro, quem deu causa à constrição indevida deve arcar com os honorários advocatícios".

VI. Julgados

"Nos embargos de terceiro cujo pedido foi acolhido para desconstituir a constrição judicial, os honorários advocatícios serão arbitrados com base no princípio da causalidade, responsabilizando-se o atual proprietário (embargante), se este não atualizou os dados cadastrais. Os encargos de sucumbência serão suportados pela parte embargada, porém, na hipótese em que esta, depois de tomar ciência da transmissão do bem, apresentar ou insistir na impugnação ou recurso para manter a penhora sobre o bem cujo domínio foi transferido para terceiro" (STJ, 1ª Seção, REsp Repetitivo nº 1.452.840, Rel. Min. Herman Benjamin, j. 14/9/2016).

"Embargos de terceiro. Processo extinto sem resolução do mérito. Imóvel penhorado no processo de execução que já havia sido vendido a terceiros. Pleito de penhora do crédito decorrente de compra e venda. Ineficácia em extinguir o gravame existente sobre o bem. Embargado que não tomou as cautelas nesse sentido. Penhora posteriormente levantada nos autos da execução. Perda superveniente do interesse do objeto dos embargos de terceiro. Interesse de agir fulminado. Art. 267, VI, e art. 462 do CPC. Extinção do feito que se impõe. Inversão dos ônus da sucumbência. Cabimento. Aplicação do princípio da causalidade e da Súmula 303 do STJ." (TJPR, 6ª Câm. Cív., Apel. nº 1280947-7, Rel. Des. Clayton de Albuquerque Maranhão, j. 12/5/2015).

"Embargos de terceiro. Transferência da meação do imóvel ao embargante não registrada no registro de imóveis competente. Embora se reconheça que o apelante-embargante insistiu junto aos executados para que a outorga de sua meação fosse formalizada, é certo que o embargado não deu causa à instauração dos embargos de terceiro, motivo pelo qual não pode responder pelas verbas de sucumbência. Sentença mantida, recurso improvido" (TJSP, 20ª Câm. Dir. Priv., Apel. nº 0001636-29.2013.8.26.0201, Rel. Des. Alberto Gosson, j. 25/5/2015).

"Embargos de terceiro – Recurso de apelação recebido no efeito devolutivo – Impossibilidade – Inteligência da regra insculpida no art. 520 e seus incisos, do Código de Processo Civil (correspondente ao artigo 1.012, § 1º, incisos I ao VI, da Lei nº 13.105/2015) – Hipótese desamparada pela relação de exceções do citado dispositivo processual – Obrigatoriedade do recebimento nos efeitos suspensivo e devolutivo" (TJSP, 6ª Câm. Dir. Priv., AI nº 2140466-25.2014.8.26.0000, Rel. Des. Percival Nogueira, j. 12/5/2016).

Capítulo VIII - Da Oposição

Art. 682 - Quem pretender, no todo ou em parte, a coisa ou o direito sobre que controvertem autor e réu poderá, até ser proferida a sentença, oferecer oposição contra ambos.

Autor: Rodrigo Otávio Barioni

I. Histórico da tramitação

A oposição era prevista no CPC/1973 como modalidade de intervenção de terceiros. No entanto, mesmo na configuração do CPC/1973, a oposição não representa o ingresso de um terceiro em processo pendente entre autor e réu; antes, caracteriza-se como verdadeira ação ajuizada por terceiro (opoente), por meio da qual deduz pedido sobre a coisa ou o direito disputados entre autor e réu (opostos). Em virtude da conexão entre a ação principal, na qual litigam autor e réu, e a oposição, independentemente de previsão legislativa específica, o processo deveria ser reunido para julgamento conjunto (CPC/1973, art. 105).

Dada essa característica, o Anteprojeto do Novo CPC excluía a oposição do ordenamento. Contudo, o tema revelou-se polêmico já nas audiências públicas que antecederam a elaboração do Anteprojeto. Conforme se verifica de registro realizado na ata da audiência pública realizada em Fortaleza, em 5/3/2010, foi apresentada a seguinte proposta: "Intervenção de terceiros: Oposição é problema de direito material e sua eliminação do CPC não evitará que o terceiro impugne decisões, mas, ao contrário, causará grave problema por eliminar a regulação de como se processa tal impugnação. Modalidades de intervenção de terceiros que forem puramente processuais se podem eliminar, mas esta não". Na audiência realizada em Porto Alegre, em 15/4/2010, apresentou-se proposta em sentido oposto: "Exclusão da oposição, sem a exclusão da nomeação à autoria e do chamamento ao processo".

Após o período de tramitação legislativa, optou-se por manter a oposição no ordenamento, deslocando-a, contudo, para os procedimentos especiais. Registre-se desde logo que são mínimas as diferenças do procedimento da oposição no que se refere ao procedimento comum, o que justificaria a exclusão da oposição, como preconizado no Anteprojeto do Novo CPC.

II. Finalidades

As finalidades da oposição são fundamentalmente duas: de um lado, propiciar economia processual, resolvendo mais amplamente os litígios sobre determinado objeto, por meio de uma sentença; de outro, evitar que sejam tomadas decisões conflitantes sobre o mesmo objeto litigioso, uma vez que a oposição será julgada juntamente com a causa principal.

III. Objeto

A oposição é ação incidental promovida pelo opoente, por meio da qual pretende a defesa de direito próprio, com pretensão própria, contrária à pretensão do autor e ao interesse do réu. Exemplo elucidativo é a ação possessória em que litigam autor e réu: o terceiro pode fazer uso da oposição para alegar ter a posse anterior à do autor e à do réu sobre a área disputada, a fim de obter a tutela possessória a seu favor (1º TAC-SP, 2ª Câm., AI nº 827.620-2, Rel. Juiz Ribeiro de Souza, j. 21/11/2001).

O terceiro (opoente), ao ingressar com a oposição, não visa a auxiliar uma das partes, como na assistência; ao contrário, objetiva excluir ambas da titularidade sobre o direito ou a coisa em litígio. Em outras palavras, o opoente deduz a pretensão em seu próprio favor, contrária à de ambas as partes da demanda principal. Caso o opoente pretenda auxiliar uma das partes, será carecedor de interesse em promover a oposição. Nesse sentido, se ajuizada ação possessória em face do locador, o locatário não tem interesse em ingressar com oposição (TJSP, Ap. Cível nº 207.575-2, Rel. Des. Franklin Neiva, j. 4/5/1993).

Quando houver interesses convergentes entre o terceiro e uma das partes, também não será permitida a oposição. Assim sucede no caso de o bem litigioso ser alienado no curso do processo. O adquirente ou cessionário pode intervir para auxiliar o alienante ou o cedente (CPC/2015, art. 109, § 2º), mas não lhe é permitido o uso da oposição, em virtude da convergência de interesses com uma das partes (TJ-MG, 2.0000.00.503716-5, Rel. Des. Fabio Maia Viani, DJ de 3/6/2006; TJ-SP, Ap. Cível nº 270.587-2 - 7ª Câm. de Dir. Priv., Rel. Des. Mohamed Amaro, j. 5/6/1996).

Em resumo, tem-se como imprescindível que o opoente formule pretensão contrária ao direito de ambas as partes do processo principal e não apenas ao de uma. Se a oposição pudesse ser contrária ao direito de apenas uma das partes, haveria coerência de interesses e poderia caracterizar litisconsórcio (CPC/2015, art. 113, inciso I) ou assistência (CPC/2015, art. 119).

Importante registrar que o art. 682 do CPC/2015 estabelece que o direito ou a coisa objeto da oposição são aqueles sobre os quais "controvertem" autor e réu. Contudo, é desnecessário haver controvérsia em sentido técnico; é suficiente apenas a litispendência sobre a coisa ou o direito. Daí não se exigir que haja contestação na lide principal ou impugnação específica dos fatos alegados pelo autor da ação principal para admitir-se o cabimento da oposição.

Restringe-se o objeto da oposição à coisa ou ao direito controvertidos entre autor e réu. Os contornos estabelecidos na causa principal delineiam o próprio objeto da oposição, cuja pretensão poderá recair sobre idêntico direito ou coisa, ou apenas sobre parte deles. Em outras palavras, é possível que a oposição seja *parcial*. No entanto, não cabe ao opoente ampliar o objeto do litígio, de modo a incluir pedido sobre coisa ou direito não integrantes do processo principal.

A noção dos limites da oposição era mais clara no CPC/1939: "Art. 102. Quando o terceiro se julgar com direito, no todo ou em parte, ao objeto da causa, poderá intervir no processo para excluir autor e réu". De fato, embora a redação do art. 682 do CPC/2015 não seja clara, à semelhança da previsão do art. 56 do CPC/1973, não se permite a oposição sobre controvérsia que não se refira ao objeto do processo. Nessa ordem de ideias, veda-se ao opoente alegar a condição de proprietário em ação que verse sobre direito possessório, pois o objeto do litígio diz respeito à posse e não à propriedade sobre a coisa (STJ, AgRg no REsp nº 1455320/SE, Rel. min. Humberto Martins, 2ª T., DJe 15/8/2014), entendimento que prevalece mesmo no caso de se tratar de bem público (STJ, REsp nº 493927/DF, Rel. Min. Humberto Gomes de Barros, 3ª T., DJ 18/12/2006, *in* RSTJ 210/254). Igualmente inviável a oposição se o opoente diz-se possuidor e, na ação principal, discute-se exclusivamente a necessidade de outorga uxória de uma das partes, com reflexo eminentemente dominial (TJMG, 2.0000.00.447806-0/000, Rel. Des. Mauro Soares de Freitas, DJ de 18/3/2005).

Como a oposição representa verdadeiro exercício do direito de ação, não há exclusão de qualquer dos sujeitos do processo principal: autor e réu continuam a ostentar as mesmas condições na causa original, enquanto na oposição assumem a figura de litisconsortes passivos necessários.

IV. Requisito da litispendência *inter alios*

Pressuposto fundamental da oposição é a existência de lide pendente *inter alios*. Evidente que não pode ser ajuizada a oposição se não houver processo pendente do qual não participe o opoente (condição de terceiro).

A existência de litispendência que autoriza o manejo da oposição em geral advém do processo ajuizado pelo autor, cuja causa *petendi* e o pedido revelam o objeto do processo, o qual também será perseguido, total ou parcialmente, pelo opoente. Nada impede, porém, que a oposição tenha lugar em razão de reconvenção apresentada pelo réu.

O art. 240, *caput*, do CPC/2015 prevê que a citação válida induz o estado de litispendência e torna litigiosa a coisa. O requisito da litispendência fica, portanto, formalizado com o ato citatório. Embora a angularização do processo ocorra somente após a citação, deve-se admitir que a oposição seja ajuizada antes de o réu ser citado para a demanda principal.

V. Procedimentos que admitem oposição

A oposição é processo de conhecimento por meio do qual o opoente pretende que seja reconhecido seu direito sobre a coisa ou o direito disputados em outro processo. O fato de ser preciso encontrar no processo principal a discussão sobre a mesma coisa ou direito indica que apenas quando se tratar de processo na fase de conhecimento será possível o manejo da oposição. Tanto os feitos de procedimento comum quanto as causas de procedimento especial autorizam o manejo da oposição. É preciso, no entanto, que a causa principal possa se desenvolver pelo procedimento comum para admitir a oposição. Não caberá oposição, por exemplo, no mandado de segurança, segundo entendimento consolidado do Superior Tribunal de Justiça na vigência do CPC/1973 (5ª T., AgRg na Pet nº 4337/RJ, Rel. Min. Arnaldo Esteves Lima, DJ de 12/6/2006).

Por outro lado, ficam excluídos da oposição a fase de cumprimento da sentença e o processo de execução fundada em título extrajudicial, por não se tratar de procedimentos voltados ao reconhecimento do direito, mas sim à sua implementação no plano fático.

VI. Facultatividade

O manejo da oposição pelo terceiro é facultativo. Cabe ao terceiro avaliar se pretende discutir, desde logo, o objeto da lide pendente ou se aguardará o desfecho daquele feito para ajuizar ação autônoma apenas em face do vencedor.

O não ajuizamento da oposição enquanto pendente o processo entre autor e réu não gera qualquer espécie de prejuízo – processual ou substancial – e tampouco limita a atuação do terceiro no processo posterior. A coisa julgada eventualmente formada na causa entre autor e réu é limitada subjetivamente às partes que integraram o feito, não prejudicando terceiros (CPC/2015, art. 472). Como o terceiro não participa da lide principal, a coisa julgada ali formada não pode impedi-lo de, em outro processo, deduzir pretensão contra o vencedor do litígio original.

Art. 683 - O opoente deduzirá o pedido em observação aos requisitos exigidos para propositura da ação.
Parágrafo único - Distribuída a oposição por dependência, serão os opostos citados, na pessoa de seus respectivos advogados, para contestar o pedido no prazo comum de 15 (quinze) dias.

I. Petição inicial

Por se tratar de ação de conhecimento incidental, terá início por meio de petição inicial, que deve obedecer aos requisitos estabelecidos nos arts. 319 e 320 do CPC/2015. Não haverá, porém, a necessidade de informar se há interesse na realização de audiência de conciliação (CPC/2015, art. 319, inciso VII). No procedimento da oposição, a contestação é apresentada em 15 dias da citação, e não da data da audiência de conciliação ou de mediação (CPC/2015, art. 335, inciso I), o que indica que o juiz não designará a referida audiência ao despachar a petição inicial da oposição.

No tocante ao pedido, é preciso que seja contrário ao formulado pelo autor do processo principal e à defesa sustentada pelo réu. O pedido contrário à posição jurídica de apenas uma das partes torna inadmissível a oposição, por revelar interesse confluente com a outra parte. A jurisprudência tem recusado que, em ação que visa à resolução de instrumento particular de compromisso de compra e venda de imóvel, por inadimplemento do adquirente, o cessionário dos direitos do adquirente por meio de *contrato de gaveta* apresente oposição, pois seu interesse é excludente apenas ao do autor, mas não ao do réu (TJSP, Ap. Cível nº 258.569-2, Rel. Des. Ruy Coppola, j. 18/4/1995).

O opoente pode formular, na petição inicial da oposição, requerimento de tutela provisória de urgência ou de evidência, com base no art. 294 do CPC/2015. Preenchidos os requisitos estabelecidos em lei, o magistrado deve conceder a medida, que há de restringir-se, evidentemente, ao pleito formulado na oposição.

Do ponto de vista do valor da causa, não há razão para que se atribua, como regra, o mesmo valor indicado na causa principal. Em determinadas circunstâncias práticas, o valor da oposição será efetivamente idêntico ao atribuído à causa principal, o que não significa ser esse critério válido para solucionar o problema. Por isso, deve-se entender que o valor da causa na oposição está desvinculado do valor atribuído à ação principal. O único parâmetro adequado para fixar-se esse valor é o pedido formulado na oposição.

II. Competência

A oposição deve ser distribuída por dependência ao processo principal, conforme determina o art. 683, parágrafo único, do CPC/2015.

Quando forem opoentes União, autarquia ou empresa pública federal, a competência para processar a oposição, assim como a causa principal, será deslocada para a Justiça Federal (art. 109, inciso I, CF). A hipótese é de competência absoluta, o que permite o reconhecimento *ex officio*, de maneira que, ajuizada a oposição por um desses entes federais, o juiz estadual deve ordenar a remessa dos autos à Justiça Federal. A decisão sobre o processamento da causa perante a Justiça Federal caberá, então, ao juiz federal: recusada a competência, os autos serão devolvidos à Justiça Estadual; aceita a competência, o trâmite dar-se-á na Justiça Federal. Esse procedimento para definir a competência é ratificado pelo STJ, conforme o teor das Súmulas nº 150, 224 e 254: "150. Compete à Justiça Federal decidir sobre a existência de interesse jurídico que justifique a presença, no processo, da União, suas autarquias ou empresas públicas"; "224. Excluído do feito o ente federal, cuja presença levara o Juiz Estadual a declinar da competência, deve o Juiz Federal restituir os autos e não suscitar conflito"; "254. A decisão do Juízo Federal que exclui da relação processual ente federal não pode ser reexaminada no Juízo Estadual".

Quando se tratar de oposição oferecida por Estado-membro ou município, poderá ocorrer o deslocamento para juízo específico, se na localidade houver vara privativa para o ente público. Assim, por exemplo, a oposição oferecida pela Fazenda Pública do Estado de São Paulo, sendo incidental a causa que tramita perante vara cível da comarca da Capital, faz com que a competência para julgar a causa principal e a oposição seja transferida a uma das varas da Fazenda Pública.

III. Legitimação passiva

A oposição tem de ser dirigida contra o autor e o réu da demanda originária, uma vez que a pretensão pretende excluir o direito de ambos sobre o objeto do processo. Não pode o opoente limitar a oposição a um ou a alguns dos integrantes do processo originário: a oposição tem de abranger todos os autores e réus do processo principal. Trata-se, por isso, de hipótese de litisconsórcio passivo necessário.

Assim como não pode limitar a oposição do ponto de vista subjetivo, também não está autorizado o opoente a ampliar subjetivamente a lide na oposição. Por isso, não se admite incluir na oposição outros terceiros, na qualidade de réus.

De outra parte, o litisconsórcio formado na oposição é simples, uma vez que é possível regular distintamente a relação jurídica de cada um dos opostos. A decisão poderá ser diferente, de acordo com o direito de cada um dos opostos em relação ao opoente. A título ilustrativo, imagine-se ação em que *A* pretende que lhe seja entregue o bem de que *B* é depositário. Antes da audiência, *C* apresenta oposição contra ambos, formulando pedido de entrega da coisa. É possível que, ao apreciar a oposição, o juiz acolha o pedido contra *A*, com a declaração de que o bem pertence a *C*, e julgue improcedente o pedido de restituição em relação a *B*, sob o fundamento de *C* ter de pagar as despesas feitas por *B* para guardar a coisa (CC, art. 644). Nesse caso, verifica-se a existência de uma decisão na lide entre *C-A* e outra na lide entre *C-B*.

IV. Citação

O parágrafo único do art. 683 do CPC/2015, na mesma linha do que estabelecia o art. 57 do CPC/1973, dispõe que, distribuída a oposição, os opostos serão citados na "pessoa dos seus respectivos advogados". Diante da redação do preceito, a citação ocorrerá na pessoa do advogado, independentemente dos poderes que lhe foram concedidos na procuração. Na linha do que ensinava a doutrina formada no CPC/1973, o dispositivo há de ser interpretado juntamente com a parte final do art. 215 do CPC/2015, a qual permite a citação "do procurador do réu". Por isso, será válida a citação realizada na pessoa do advogado, ainda que a procuração exclua expressamente esses poderes.

A *mens legis* do dispositivo é facilitar o procedimento da oposição, quando os opostos têm advogados constituídos. Todavia, isso não invalida a citação realizada diretamente na pessoa dos opostos. Advirta-se, inclusive, que na hipótese de o réu da ação principal ser revel, a citação há de ser pessoal, como estabelecia expressamente o art. 57, parágrafo único, do CPC/1973.

A permissão para a citação ser realizada na pessoa do advogado não afasta a necessidade de serem observadas as formalidades do ato citatório, por se tratar de ação autônoma e incidental, para a qual não há exceção às modalidades de citação previstas no art. 246 do CPC/2015. A situação não pode ser equipada à reconvenção, para a qual há regra específica que determinada a *intimação* do advogado e não sua *citação*, pelo fato de o autor já integrar a relação processual cujo objeto fora ampliado pelo pedido formulado pelo réu em contestação. Em outras palavras, na oposição a citação deve ocorrer em uma das formas previstas no art. 246 do CPC/2015, obedecidas as exigências legais para a higidez do ato.

V. Resposta dos opostos

O parágrafo único do art. 683 do CPC/2015 prevê que os opostos serão citados "para contestar o pedido". A redação é tecnicamente imprecisa, pois a defesa dos opostos é ampla, podendo veicular na contestação todas as matérias preliminares relacionadas no art. 337 do CPC/2015, salvo a alegação de incompetência relativa.

Ao distribuir a inicial, o autor faz a opção do foro (se não se tratar de hipótese de competência absoluta em razão do local), enquanto ao réu é oportunizado excepcionar a competência. Isso significa que o controle da competência para a ação principal já passou pelo crivo daqueles que figuram como opostos. A distribuição da oposição perante o mesmo juízo em que tramita a causa principal (CPC/2015, art. 683, parágrafo único) impõe concluir que a matéria referente à competência relativa ficou preclusa. Não se trata, portanto, de limitar os meios de defesa dos opostos, mas de impedir que matérias preclusas venham a ser invocadas. Justamente por se tratar de matéria não sujeita a preclusão, permite-se aos opostos arguir a incompetência absoluta.

Admissível também a reconvenção por um dos opostos contra o opoente, desde que presentes os requisitos legais (CPC/2015, art. 343), isto é, desde que conexa com a oposição ou com o fundamento da defesa, e que seja compatível com o procedimento adotado.

A falta de contestação à oposição conduz à revelia, mas não implica, necessariamente, a presunção de veracidade dos fatos alegados pelo opoente. Compete ao juiz analisar todas as alegações constantes no processo, inclusive aquelas apresentadas pelos opostos no processo principal. A hipótese é similar ao que ocorre quando não oferecida defesa à reconvenção: a controvérsia deve ser considerada no seu todo, incluindo a demanda principal.

VI. Prazo para resposta

O prazo para resposta à oposição é de 15 dias. Há previsão de que esse prazo seja *comum*. Como os opostos sempre terão advogados distintos – pois não se pode admitir que autor e réu do processo principal sejam patrocinados pelo mesmo causídico –, tem-se que na oposição não incide a regra do art. 229 do CPC/2015, que concede o prazo em dobro quando houver litisconsortes com procuradores diferentes, desde que os autos sejam físicos.

Nada obstante a opção legislativa, deve-se reconhecer que seria de todo recomendável o prazo em dobro nessa circunstância, pela comodidade que propiciaria à elaboração da defesa pelos opostos, especialmente quando houver na ação principal réus com diferentes procuradores.

Art. 684 - Se um dos opostos reconhecer a procedência do pedido, contra o outro prosseguirá o opoente.

I. Atos de disposição do direito

Os opostos têm liberdade de atuação, notadamente porque o litisconsórcio formado no polo passivo da oposição, em que figuram autor e réu do processo principal, é simples e necessário. Disso resulta que fica a critério dos opostos praticar atos de disposição de direitos. Autoriza-se que qualquer deles reconheça juridicamente o pedido formulado na oposição. Os efeitos desse ato, porém, estão circunscritos à lide envolvendo o opoente e o oposto que reconheceu juridicamente o pedido, não atingindo o interesse do(s) oposto(s) que não praticou(aram) o ato de disposição.

É preciso analisar, porém, as consequências do ato de reconhecimento jurídico do pedido ante o processo principal e a oposição, quando disser respeito à integralidade do objeto litigioso da causa principal. Se o ato de disponibilidade for praticado pelo autor da demanda principal, representará não apenas o reconhecimento da procedência do pedido formulado na oposição, mas igualmente a renúncia ao direito sobre o qual se funda a ação principal. Assim, haverá a extinção do processo principal (CPC/2015, art. 487, inciso III), e a oposição terá curso entre o opoente e o réu do processo principal.

Diferente será a solução se o réu do processo principal reconhecer juridicamente o pedido da oposição. Nesse caso, embora a discussão na oposição fique cingida ao autor da ação principal e ao opoente, tal fato não repercute no processo originário, que seguirá normalmente e será julgado no mérito, caso a oposição seja improcedente. Trata-se, no caso, de renúncia em relação ao suposto direito do opoente que, revelado inexistente, é incapaz de repercutir no processo principal.

Por fim, pode suceder de ambos os opostos reconhecerem juridicamente o pedido: nesse caso, haverá a extinção do processo principal e o acolhimento da oposição.

Se parcial a oposição, em qualquer das hipóteses anteriores, não haverá extinção do processo principal, que prosseguirá sua marcha em relação às matérias não incluídas na oposição.

Art. 685 - Admitido o processamento, a oposição será apensada aos autos e tramitará simultaneamente à ação originária, sendo ambas julgadas pela mesma sentença.
Parágrafo único - Se a oposição for proposta após o início da audiência de instrução, o juiz suspenderá o curso do processo ao fim da produção das provas, salvo se concluir que a unidade da instrução atende melhor ao princípio da duração razoável do processo.

I. Momentos para o ajuizamento

No CPC/1973 há previsão de duas formas de processamento da oposição, conforme o momento em que seja oferecida: antes ou depois de iniciada a audiência. No primeiro caso, a oposição será interventiva; no segundo, autônoma (CPC/1973, art. 59). O CPC/2015 põe fim à dualidade de procedimentos: a oposição será sempre ação incidental ao processo principal.

Quando oferecida antes da audiência de instrução e julgamento, a oposição será apensada aos autos do processo principal e processada simultaneamente com este, sendo ambos julgados pela mesma sentença (CPC/2015, art. 685).

De outra parte, caso a oposição seja oferecida após o início da audiência de instrução e julgamento, caberá ao juiz avaliar as circunstâncias do caso. Como regra, realizará a audiência de instrução e, ato contínuo, suspenderá o processo, a fim de permitir que a oposição possa alcançar a fase procedimental do feito principal. O caráter prejudicial da oposição, em relação à causa principal, impõe a suspensão do processo (CPC/2015, art. 313, inciso V, *a*). No entanto, como o processo principal estará em vias de ser julgado, é preciso que o juiz pondere se a paralisação para o processamento da oposição não violará o princípio da razoável duração do processo (CF, art. 5º, inciso LXXVIII). Em caso positivo, o parágrafo único do art. 685 do CPC/2015 determina que o juiz julgue o feito principal, independentemente da oposição.

Merece registro o fato de que, no CPC/2015, o juiz poderá alterar a ordem de produção das provas (CPC/2015, art. 139, inciso VI). Isso significa que, em determinadas situações, por decisão judicial, a audiência de instrução não será o último momento para a produção de provas no processo. Nessa hipótese, não terá incidência o parágrafo único do art. 685 do CPC/2015.

A oposição encontra limite temporal no encerramento do processo em primeiro grau de jurisdição. Com a prolação da sentença, e ainda que esteja aberto o prazo para a interposição de recurso, torna-se incabível a oposição. O eventual ajuizamento da demanda sob o rótulo de oposição, após a sentença do processo principal, enseja a determinação de emenda da petição inicial, para que a causa seja adequada ao procedimento compatível com o direito envolvido no litígio (comum ou especial).

II. Julgamento

O deferimento da oposição faz surgir, como regra, o dever de que seja julgada juntamente com a ação principal. Esse julgamento conjunto decorre do fato de a oposição se constituir em prejudicial à causa principal. Significa dizer que o julgamento simultâneo permite evitar decisões conflitantes.

Sempre que ajuizada antes do início da audiência de instrução, o julgamento da oposição será necessariamente conjunto com a lide principal. No caso de ser proposta quando iniciada a audiência, é preciso verificar se, para atingir a mesma fase procedimental do feito principal, não será necessário grande consumo de tempo, em detrimento do princípio da razoável duração do processo.

III. Recursos na oposição

Como se afirmou anteriormente, a oposição tem natureza jurídica de ação e, por consequência, será decidida por sentença – a mesma do feito principal. Daí se deduz que, em regra, o recurso que impugna o julgamento da oposição é apelação (CPC/2015, art. 1.009).

No CPC/1973, apesar das inúmeras divergências, prevaleceu a ideia de que a rejeição liminar da oposição interventiva renderia a interposição de agravo de instrumento. Contudo, como no CPC/2015 a oposição terá sempre a natureza de ação autônoma, deve-se entender que qualquer decisão que ponha fim à oposição será impugnável por apelação.

IV. Prioridade de tramitação

O opoente poderá requerer a tramitação do feito com prioridade, na forma prevista no art. 1.048 do CPC/2015. Como a oposição deverá ser julgada pela mesma sentença do processo principal, será insuficiente permitir a tramitação mais célere da oposição. Assim, quando deferido o pedido de prioridade de tramitação da oposição, também a ação principal passará a tramitar de maneira prioritária.

V. Oposições sucessivas

Tal qual o CPC/1973, o CPC/2015 silencia sobre a possibilidade de oposições sucessivas, ou seja, que outro terceiro apresente oposição em processo no qual já há oposição. Sem prejuízo dessa omissão, deve-se admitir a oposição sucessiva.

A oposição sucessiva será dirigida para que o opoente pretenda a coisa ou o direito objeto da oposição anteriormente ajuizada – que também é objeto da demanda principal. Referido procedimento há de ser admitido. Nessa hipótese, devem figurar no polo passivo da nova oposição todos os que figuram como parte na primeira oposição (opoente e opostos).

Convém notar que a admissão irrestrita de oposições poderia implicar risco à celeridade do processo. Por isso, a regra do parágrafo único do art. 685 deve ser aplicada às oposições sucessivas, de maneira a impedir o prejuízo à rápida prestação jurisdicional.

Pode ocorrer de novas oposições serem formuladas apenas em face das partes do feito principal. Essa situação está vinculada às oposições parciais: o primeiro opoente deduz pretensão sobre parte do objeto do processo principal, e outro opoente pleiteia outra parte do objeto do processo principal. Como os objetos das oposições são distintos, não haverá litígio entre os opoentes, de modo que apenas autor e réu do processo originário figurarão como litisconsortes passivos em cada uma das oposições.

Nesse caso, as oposições correrão separadamente, mas serão julgadas pela mesma sentença. Por serem absolutamente distintas quanto ao objeto, a procedência de uma oposição não implica a improcedência da outra.

Art. 686 - Cabendo ao juiz decidir simultaneamente a ação originária e a oposição, desta conhecerá em primeiro lugar.

I. Prejudicialidade

Quando forem julgadas simultaneamente a causa principal e a oposição, esta deve ser apreciada em primeiro lugar (CPC/2015, art. 686). Verifica-se relação de prejudicialidade entre o julgamento da oposição e o do processo principal: o julgamento favorável ao opoente tem por consequência reconhecer que os opostos não têm direito ao objeto da oposição. Com isso, se a oposição abranger todo o objeto do processo principal, o acolhimento do pedido formulado na oposição ensejará a improcedência do pedido da ação principal.

De outra parte, se improcedente a pretensão deduzida na oposição, ou no caso de extinção do processo sem resolução do mérito (CPC/2015, art. 485), a causa principal será julgada de maneira livre pelo magistrado, podendo haver o decreto de procedência ou de improcedência do pedido, ou mesmo a extinção do processo sem resolução do mérito.

Não se descarta, também, a parcial procedência do pedido do opoente e do pedido do autor da causa principal.

Apesar de o julgamento da oposição ser logicamente prejudicial à decisão do processo principal, a inversão da ordem prevista no art. 686 do CPC/2015 não tem sido considerada como causa de nulidade da sentença. A esse respeito, o Superior Tribunal de Justiça decidiu: "Não obstante tenha sido a causa principal decidida antes da oposição, em afronta à letra do art. 61 do CPC, a sentença deu a cada parte o que lhe era de direito. Apesar de não obedecida a forma, criada, aliás, por uma questão de lógica, o fim visado pelo dispositivo foi atingido. Aplicação do princípio da instrumentalidade das formas" (STJ, 6ª T., REsp nº 420216/SP, Rel. Min. Fernando Gonçalves, DJ de 21/10/2002).

Se o juiz verificar a paralisação do processo principal por manifesta inércia das partes, pode julgar desde logo a oposição, independentemente da causa principal. Isso se justifica para evitar que os opostos impeçam o julgamento da oposição (STJ, REsp nº 208.311/RJ, Rel. Min. Sálvio de Figueiredo Teixeira, DJ de 7/8/2000).

A sentença proferida na oposição resolve duas lides: a) entre o opoente e o autor-oposto; b) entre o opoente e o réu-oposto. O pronunciamento em relação à lide a) será declaratório, enquanto para a lide b) será condenatório.

A decisão proferida na oposição fará coisa julgada entre as partes que dela participaram, definindo a relação entre opoente e autor-oposto e opoente e réu-oposto. Mas não vincula as relações entre autor e réu na demanda principal, cujo julgamento será realizado em capítulo distinto.

Capítulo IX - Da Habilitação

Art. 687 - A habilitação ocorre quando, por falecimento de qualquer das partes, os interessados houverem de suceder-lhe no processo.

I. Cabimento da habilitação

Para a formação e o desenvolvimento válidos do processo, é essencial a existência de *partes*. Como regra, uma vez realizada a citação, as partes são mantidas no processo até decisão final. Porém, autoriza-se a sucessão das partes em virtude da prática de ato *inter vivos*, quando alienado o objeto litigioso do processo, desde que consentido pela parte contrária (CPC/2015, art. 109, § 1º), ou por *causa mortis*. A habilitação é procedimento voltado a permitir que, em caso de falecimento de qualquer das partes, os sucessores assumam a posição processual do *de cujus*, de maneira a permitir o regular prosseguimento da causa.

O procedimento de habilitação diz respeito exclusivamente à hipótese de morte da pessoa natural que figura como parte no processo. Disso decorre que a eventual extinção, dissolução ou liquidação da pessoa jurídica não se enquadra, tecnicamente, no procedimento de habilitação.

A habilitação não é procedimento voltado a promover a correção da legitimidade *ad causam*. Antes, pretende-se apenas permitir o prosseguimento do feito, com a inclusão dos sucessores da parte falecida. Na hipótese de a ação ser indevidamente promovida em nome de determinada pessoa, quando a parte legítima eram os sucessores, a consequência é a extinção do processo, sem resolução do mérito, por falta de pressuposto processual referente à capacidade de ser parte. É o que ocorre, por exemplo, quando ajuizada ação rescisória em nome de pessoa falecida. A habilitação dos sucessores, no curso da ação rescisória, é inapropriada, porquanto desde o ajuizamento os sucessores deveriam integrar o polo ativo da demanda (STJ, 3ª S., AR nº 3286/SC, Rel. Min. Og Fernandes, DJe de 20/3/2012).

A habilitação tem lugar em procedimento comum ou especial, em qualquer fase: em primeiro grau de jurisdição, em sede recursal e no cumprimento da sentença. Também na execução fundada em título extrajudicial é cabível a habilitação.

II. A transmissibilidade do direito como pressuposto fundamental

A previsão do art. 687 do CPC/2015 indica que haverá habilitação quando os interessados houverem de suceder o *de cujus* no processo. Disso se extrai que o pressuposto fundamental da habilitação é a *transmissibilidade* do direito. Com o falecimento, os direitos do *de cujus* são transferidos aos herdeiros ou legatários. Esses, por consequência, passam a ostentar a titularidade para prosseguir na demanda promovida pelo *de cujus* ou para assumir o polo passivo.

Quando o direito discutido em juízo for intransmissível, a habilitação dos sucessores do autor será inviável. A não transferência desse direito a uma terceira pessoa impede que o processo possa ter curso regular, de maneira a conduzi-lo à sua extinção. É o que se infere do art. 313, § 2º, inciso II, do CPC/2015, ao determinar a intimação do espólio, do sucessor ou dos herdeiros apenas quando falecer o autor e for transmissível o direito em litígio. Assim ocorre, por exemplo, em ação judicial de divórcio, em que o autor vem a falecer no curso do processo. O direito de requerer o divórcio não é transmitido aos herdeiros. Por consequência, o processo será extinto sem resolução do mérito.

O Superior Tribunal de Justiça tem orientação consolidada no sentido de não admitir a habilitação no mandado de segurança caso o falecimento venha a ocorrer ainda na fase de conhecimento (1ª S., MS nº 17.372/DF, Rel. Min. Herman Benjamin, DJe de 8/11/2011). A habilitação na fase executiva, porém, é plenamente aceita (1ª S., AgRg no ExeMS nº 115/DF, Rel. Min. Humberto Martins, DJe de 15/4/2015). Referido posicionamento parte da premissa de que o direito líquido e certo, postulado no mandado de segurança, é personalíssimo e intransferível. No entanto, a verificação sobre a transmissibilidade do direito há de ser realizada a partir do *direito substantivo* veiculado pela parte. Em outras palavras, o exame do meio processual utilizado pela parte para buscar a tutela jurisdicional não é caminho seguro para concluir pela transmissibilidade ou não do direito em litígio. É preciso ter como objeto da observação o direito substantivo da parte: sendo transmissível esse direito, deve-se assegurar aos sucessores a habilitação para que possam prosseguir no processo iniciado pelo falecido.

III. A obrigatoriedade da habilitação

Em caso de falecimento de qualquer das partes, a habilitação dos sucessores é procedimento obrigatório. Não é suficiente a mera informação nos autos do processo, sem contraditório, para que os sucessores do falecido venham a assumir a posição de parte. O prévio contraditório de todos os integrantes do processo e dos sucessores cujo ingresso se pretende é indispensável, sob pena de nulidade (STJ, 6ª T., AgRg no AgRg no REsp nº 1064919/PR, Rel. Min. Nefi Cordeiro, DJe de 10/11/2014).

Em interessante acórdão, o Superior Tribunal de Justiça registrou que, em caso de falecimento do avalista, que integrava o polo passivo da execução, deve-se promover a habilitação dos sucessores, a fim de que possam assumir a posição do *de cujus*, e não o pedido de habilitação do crédito no inventário (3ª T., REsp nº 615077/SC, Rel. Min. Paulo de Tarso Sanseverino, DJe de 7/2/2011).

Art. 688 - A habilitação pode ser requerida:
I - pela parte, em relação aos sucessores do falecido;
II - pelos sucessores do falecido, em relação à parte.

I. Legitimidade

De acordo com o texto do CPC/2015, que repete a disposição do CPC/1973 (art. 1.056), a habilitação pode ser requerida pelo adversário do falecido, para que os sucessores assumam a posição processual do *de cujus*, ou pelos sucessores do falecido, para que sejam admitidos a litigar.

É vedado ao juiz instaurar de ofício a habilitação dos sucessores do falecido. Deve, no entanto, intimá-los, assim como a parte adversária, para que promovam a habilitação. Caso não haja a respectiva habilitação, se o falecido exibia a condição de autor, o processo será extinto, sem resolução do mérito (CPC/2015, art. 313, § 2º, inciso II); se o falecido figurava como réu no processo, apesar do silêncio do inciso I do § 2º do art. 313 do CPC/2015, a consequência também será a extinção do feito, sem resolução do mérito (STJ, 4ª T., AgRg no AREsp nº 623375/MA, Rel. Min. Maria Isabel Gallotti, DJe de 23/3/2015).

A identificação dos sucessores do falecido, para fins de habilitação, deverá ser realizada pela parte. Caso seja necessário para promover a citação, o requerente da habilitação poderá solicitar providências judiciais, que permitam obter informações relevantes em determinados órgãos, como aquelas referentes a passaportes, registros de saída do país, endereços, etc.

II. Prazo

Não há prazo legal para apresentar o requerimento de habilitação em razão do falecimento de uma das partes. Caso o juiz venha a tomar conhecimento da morte, deverá fixar prazo razoável para que seja promovida a habilitação dos sucessores. No caso de falecimento do réu, estabelece-se o prazo de dois a seis meses (CPC/2015, art. 313, § 2º, inciso I), que por analogia deve ser estendido ao caso de falecimento do réu.

Durante o transcurso do prazo fixado pelo juiz, o processo estará suspenso, de modo que não há contagem de prazo para fins de prescrição intercorrente (STJ, 2ª T., AgRg no REsp nº 1485127/AL, Rel. Min. Mauro Campbell Marques, DJe de 12/2/2015). Na hipótese de o juiz não haver fixado prazo para a habilitação, considera-se inaplicável o prazo máximo para suspender o processo visando à contagem da prescrição intercorrente (STJ, 2ª T., REsp nº 1475399/PE, Min. Herman Benjamin, DJe de 28/11/2014; STJ, 1ª T., AgRg no AREsp nº 387.111/PE, Rel. Min. Ari Pargendler, DJe de 22/11/2013).

Mesmo após o trânsito em julgado da decisão proferida na fase de conhecimento, é permitida a habilitação. Para tanto, é irrelevante o fato de se haver iniciado ou não a fase de cumprimento da sentença, conforme já decidiu o Superior Tribunal de Justiça (1ª S., AgRg no ExeMS nº 115/DF, Rel. Min. Humberto Martins, DJe de 15/4/2015).

III. Habilitação pelo espólio ou pelos herdeiros

O art. 110 do CPC/2015 estabelece que o *de cujus* será sucedido pelo seu espólio ou pelos seus sucessores. A alteração da parte falecida pelo espólio do *de cujus* ocorrerá quando ainda não atribuído o direito em litígio ao cônjuge, companheiro, herdeiros ou legatários. Nesse caso, a administração dos bens inventariados, assim como a titularidade para assumir o polo em que figurava o *de cujus* na relação processual, será do espólio, representado pelo inventariante (CC, art. 1.991).

Os herdeiros do falecido não devem se habilitar juntamente com o espólio, uma vez que ainda não podem representar em juízo o direito que não foi objeto de partilha. Não pode haver requerimento de habilitação concomitante do espólio e dos sucessores (STJ, 4ª T., EDcl nos EDcl no AgRg no REsp nº 1179851/RS, Rel. Min. Antonio Carlos Ferreira, DJe de 29/4/2013). Nada impede, contudo, que os herdeiros figurem como assistentes do espólio, por terem interesse jurídico na solução daquela questão.

Com a realização da partilha, os direitos dos sucessores do falecido são individualizados. Com isso, passa-se a conhecer o verdadeiro titular daquele direito discutido em juízo, que deve se habilitar no processo para suceder o *de cujus*.

Art. 689 - Proceder-se-á à habilitação nos autos do processo principal, na instância em que estiver, suspendendo-se, a partir de então, o processo.

I. Procedimento de habilitação

No CPC/1973, há previsão de dois procedimentos de habilitação: por ação de procedimento especial (arts. 1.057 e 1.058) e por incidente, nos próprios autos do processo (art. 1.060). A distinção procedimental decorre da diferença quanto ao material probatório da sucessão. De maneira geral, no regime do CPC/1973, cabe apurar a existência da situação legitimante do sucessor por meio de ação própria, mediante amplo contraditório, julgada por sentença impugnável por recurso de apelação. Todavia, em algumas situações, diante da prova da sucessão, o CPC/1973 permite a habilitação nos próprios autos do processo principal, mediante simples petição. As hipóteses estão relacionadas no art. 1.050 do CPC/1973: "I - promovida pelo cônjuge e herdeiros necessários, desde que provem por documento o óbito do falecido e a sua qualidade; II - em outra causa, sentença passada em julgado houver atribuído ao habilitando a qualidade de herdeiro ou sucessor; III - o herdeiro for incluído sem qualquer oposição no inventário; IV - estiver declarada a ausência ou determinada a arrecadação da herança jacente; V - oferecidos os artigos de habilitação, a parte reconhecer a procedência do pedido e não houver oposição de terceiros". O elemento comum em todos esses casos é a prova pré-constituída do direito à sucessão, o que facilita solucionar o pedido de habilitação.

A habilitação foi mantida no rol dos "procedimentos especiais", o que poderia conduzir à ideia de continuar como um processo contencioso. Entretanto, o CPC/2015 adotou como regra o procedimento simplificado, realizado nos próprios autos do processo principal. Após a comunicação das partes sobre o pedido de habilitação, o juiz decidirá "imediatamente" sobre ele (CPC/2015, art. 691, primeira parte). Apenas quando necessária instrução probatória, o pedido de habilitação será autuado em apartado, convertendo-se em verdadeiro processo contencioso, a fim de permitir a produção de provas e a consequente decisão por meio de sentença (CPC/2015, art. 691, segunda parte).

Nada obstante a intenção do legislador de simplificar o procedimento da habilitação, ao adotar como regra a habilitação incidental, os dispositivos foram alterados apenas em parte, com desnecessárias repetições de artigos do CPC/1973, o que pode gerar dúvidas sobre a forma procedimental da habilitação. As referências à "citação" dos requeridos (CPC/2015, art. 690) e à "sentença" transitada em julgado (CPC/2015, art. 692) podem dar a impressão de ordinariamente haver um procedimento contencioso – e não um incidente processual. A percepção não é correta, porque a *citação* a que se refere o dispositivo será, na verdade, *intimação* da parte, quando a habilitação for requerida pelos sucessores do *de cujus*; será verdadeira a *citação* apenas quando requerida pela parte, em relação aos sucessores, porque estes ainda não integram a relação processual (CPC/2015, art. 238).

Também o termo *sentença* está mal empregado, porquanto, em regra, a habilitação será decidida por meio de *decisão interlocutória*, proferida nos autos do processo em que realizada a habilitação. A expressão *sentença* fica reservada para as hipóteses em que houver procedimento contencioso, autuado em separado, para a ampla instrução probatória.

Assim, a regra adotada pelo CPC/2015 é a habilitação por meio de incidente processual, nos próprios autos da causa na qual o falecido figurava como parte.

II. Suspensão do processo

Em razão do falecimento da parte, é preciso que seja paralisado o trâmite do processo, de maneira a permitir que os sucessores venham a integrar a relação jurídico-processual. Para esse fim, dispõe o art. 313, inciso I, do CPC/2015, que a suspensão do processo se dá no momento da morte da parte. A partir de então, não podem ser praticados atos processuais, porque uma das partes deixou de ter condições de prosseguir na defesa de seus interesses.

Caso os sucessores voluntariamente não requeiram o ingresso no processo e tampouco o adversário da parte falecida o faça, caberá ao juiz determinar a citação dos sucessores e a intimação da parte, para que, no prazo por ele fixado na forma do art. 313, § 2º, inciso I, do CPC/2015, possam promover a habilitação. A falta de *citação* dos sucessores é causa de nulidade dos atos processuais praticados após o falecimento (2ª T., RMS nº 1639/PR, Rel. Min. Francisco Peçanha Martins, DJ de 24/5/1993, in RSTJ 53/389).

É evidente que, uma vez apresentado o requerimento de habilitação nos próprios autos, por meio de provas pré-constituídas, o processo deve prosseguir no que diz respeito à habilitação. Em outras palavras, a suspensão não atinge os atos que digam respeito ao processamento da habilitação.

A suspensão do processo poderá cessar quando descumprido o prazo estabelecido pelo juiz, sem que tenha havido o requerimento de habilitação. Nessa hipótese, haverá a extinção do processo sem resolução do mérito, por falta de uma das partes da relação processual.

Durante o período de suspensão do processo, é vedada a prática dos atos processuais, com exceção dos urgentes (CPC/2015, art. 314). Eventuais atos praticados no período de suspensão são eivados de nulidade. Contudo, na linha do princípio *pas de nullité san grief*, se não houver prejuízo aos interessados, a nulidade não será ser decretada (CPC/2015, art. 282, § 1º). Em caso interessante, o STJ não invalidou atos executivos praticados durante o período de suspensão do processo, em razão de o falecido ser litisconsorte passivo e o ato executivo haver recaído sobre o patrimônio do outro executado (STJ, 1ª T., REsp nº 1328760/MG, Rel. Min. Napoleão Nunes Maia Filho, DJe de 12/3/2013). Como o dispositivo que estabelece a suspensão tem por finalidade proteger os interesses dos sucessores do *de cujus*, não havendo prejuízo a esses, o ato há de ser reputado válido (STJ, 3ª T., EDcl no REsp nº 1204647/PR, Rel. Min. Paulo de Tarso Sanseverino, DJe de 30/8/2013; STJ, 4ª T., REsp nº 959755/PR, Rel. Min. Luis Felipe Salomão, DJe de 29/5/2012, in RJP 46/119).

Art. 690 - Recebida a petição, o juiz ordenará a citação dos requeridos para se pronunciarem no prazo de 5 (cinco) dias.
Parágrafo único - A citação será pessoal, se a parte não tiver procurador constituído nos autos.

I. Processamento da habilitação

Apresentado o requerimento de habilitação, cumprirá ao juiz ou ao relator analisar a presença dos requisitos de procedibilidade. Caso o requerimento não se apresente formalmente adequado, deverá determinar a emenda, para que sejam reparados os defeitos ou apresentados os documentos essenciais.

Em seguida, será determinada a comunicação à parte que deve responder ao pedido de habilitação. Se a habilitação for requerida pela parte, em relação aos sucessores do falecido

(CPC/2015, art. 688, inciso I), os sucessores serão *citados* para responder ao pedido. Como regra, referida citação será pessoal, por uma das formas previstas no art. 246 do CPC/2015. Cabe observar, porém, o disposto no art. 244, inciso II, do CPC/2015, que veda a citação de cônjuge, companheiro ou qualquer parente do morto, consanguíneo ou afim, em linha reta ou na linha colateral em segundo grau, no dia do falecimento e nos sete dias seguintes.

Enquanto não houver a abertura do inventário, serão legitimados para receber a citação os herdeiros do falecido. Após o início do inventário, com a nomeação de inventariante, a citação será destinada a este, conforme dispõe o art. 75, inciso VII, do CPC/2015.

A citação poderá ser realizada por edital, na hipótese de os sucessores estarem em local ignorado, incerto ou inacessível (CPC/2015, art. 256, inciso II). Igual solução se dá quando desconhecidos ou incertos os sucessores do falecido (CPC/2015, art. 256, inciso I). Em ambos os casos, haverá a nomeação de curador especial.

Na hipótese de o sucessor do falecido ser litisconsorte no processo no qual se pretende realizar a habilitação, será dispensável a citação pessoal, bastando a *intimação* para resposta, por meio do advogado constituído nos autos.

Se o requerimento de habilitação for apresentado pelos sucessores do falecido, a parte do processo – ou, se houver litisconsórcio ativo ou passivo, as partes – será *intimada*, por meio de advogado, para responder ao pedido.

II. Prazo para resposta

O prazo de resposta ao pedido de habilitação é de cinco dias. Nada obstante o *caput* do art. 690 do CPC/2015 utilizar a expressão "requeridos", no plural, registrando que o prazo é para "se pronunciarem", deve-se aplicar a contagem em dobro do prazo, na forma do art. 229 do CPC/2015, quando houver mais de um sucessor, com procuradores pertencentes a diferentes escritórios de advocacia. Sempre que o legislador pretende restringir o prazo, nessas situações, prevê expressamente que o prazo será *comum* (*v.g.*, CPC/2015, art. 683, parágrafo único).

De igual modo, a contagem há de ser dobrada quando a habilitação for requerida pelos sucessores e a parte contrária for o Ministério Público, a Fazenda Pública ou a Defensoria Pública (CPC/2015, arts. 180, 183 e 186).

III. A resposta

A resposta ao pedido de habilitação é restrita às questões concernentes ao ingresso dos sucessores no processo. Pode apontar questões processuais (*v.g.*, ausência de legitimidade para requerer a habilitação) ou versar sobre o mérito do pedido (*v.g.*, tratar-se de direito intransmissível).

A ausência de manifestação do requerido conduz à incidência da revelia, com a presunção de veracidade dos fatos alegados no requerimento de habilitação. Isso não significa, contudo, que o juiz seja obrigado a acolher o pedido formulado. Antes, compete-lhe apreciar as alegações e as provas trazidas aos autos, a fim de decidir a questão submetida. Caso entenda não ser o caso de autorizar a habilitação, porque aquele que se diz sucessor do *de cujus* na verdade não ostenta essa qualidade, poderá indeferir o pedido; ou pode determinar a ampliação do quadro probatório, para uma decisão mais segura.

Art. 691 - O juiz decidirá o pedido de habilitação imediatamente, salvo se este for impugnado e houver necessidade de dilação probatória diversa da documental, caso em que determinará que o pedido seja autuado em apartado e disporá sobre a instrução.

I. Decisão do pedido de habilitação

A habilitação será julgada como regra, por meio de decisão interlocutória. O art. 691 do CPC/2015 informa que o juiz decidirá *imediatamente* o pedido de habilitação. Isso não significa, porém, que o julgamento ocorrerá sem o prévio contraditório. Na verdade, como a prova da sucessão se faz habitualmente por prova pré-constituída, dispensando outras provas, após o transcurso do prazo para manifestação da parte contrária (CPC/2015, art. 690), o juiz apreciará o pedido sem abertura da fase instrutória. Essa é a regra geral.

Em caráter excepcional, quando necessária a produção de outras provas nos autos, a decisão não será imediata. Nessa hipótese, o juiz determinará a autuação em apartado dos autos, para que se possa permitir, de maneira mais adequada, o desenvolvimento do contraditório e da ampla defesa. Assim ocorrerá, por exemplo, na hipótese de o requerido na habilitação afirmar que o documento apresentado pelo requerente diz respeito a homônimo. Pode haver a necessidade de produção de outras provas, como, por exemplo, prova testemunhal ou exame hematológico, para demonstrar a existência (ou não) de homonímia.

Caso haja o apensamento em separado dos autos, a habilitação será julgada por sentença.

II. Necessidade de dilação probatória

Como regra geral, a prova documental será o meio próprio para fundamentar o pedido de habilitação dos sucessores. No entanto, não se podem descartar hipóteses nas quais não haja documentos, de maneira que a prova tenha de ser realizada em processo autônomo de habilitação. Nessas hipóteses, com necessidade de instrução, a habilitação assume natureza de demanda, a ser julgada por sentença. Daí a necessidade de haver a autuação em apartado, de maneira a permitir a produção de provas com a amplitude necessária ao reconhecimento da condição jurídica de sucessor.

Art. 692 - Transitada em julgado a sentença de habilitação, o processo principal retomará o seu curso, e cópia da sentença será juntada aos autos respectivos.

I. Decisão que julga a habilitação

O art. 692 do CPC/2015 determina que, após o trânsito em julgado da "sentença de habilitação", cessará a suspensão do processo principal, devendo-se fazer juntar àqueles autos a "cópia da sentença". A disposição legal, que corresponde substancialmente ao art. 1.062 do CPC/1973, é das mais infelizes para o modelo adotado pelo CPC/2015.

O art. 689 do CPC/2015 estabelece que, em regra, a habilitação deve ser processada nos próprios autos do processo em que litigava o *de cujus*. A possibilidade de tramitação em autos próprios fica reservada aos casos em que for impugnada a habilitação e não seja suficiente a produção de prova documental. Isso significa que, como regra, ao contrário do que sugere o art. 692 do CPC/2015, a habilitação será julgada por *decisão interlocutória*, e não por *sentença*.

Na vigência do CPC/1973, a doutrina se posicionou, de maneira tranquila, pela natureza interlocutória da decisão que julga a habilitação realizada nos próprios autos, com o consequente cabimento de agravo de instrumento.

O equívoco técnico na redação do art. 692 do CPC/2015 não pode conduzir a solução diversa no CPC/2015. A decisão proferida na habilitação processada nos próprios autos é interlocutória e, portanto, sujeita a impugnação por meio do agravo de instrumento. Embora se tenha optado por enunciar de maneira taxativa as hipóteses de cabimento do agravo de instrumento (CPC/2015, art. 1.015), a decisão que julgar a habilitação se enquadra na hipótese do inciso II do referido dispositivo, por se tratar de decisão que julga o mérito da habilitação, conforme já tem reconhecido a doutrina posterior ao CPC/2015.

Apenas quando a habilitação for processada em autos apartados, pode-se entender que efetivamente houve uma *sentença*, de maneira a ensejar a necessidade de ser juntada aos autos do processo principal. Nessa hipótese, o recurso cabível será apelação (CPC/2015, art. 1.009).

II. Período de suspensão do processo

O art. 692 do CPC/2015, que corresponde ao art. 1.062 do CPC/1973, indica que o período de suspensão do processo encerra-

-se com o trânsito em julgado da decisão que decidir a habilitação. No sistema adotado pelo CPC/2015 há de se afastar, como regra, a exigência do trânsito em julgado da decisão da habilitação para permitir-se o prosseguimento do feito. Conforme se verificou anteriormente, como regra, a habilitação será mero incidente processual, a ser julgado por meio de decisão interlocutória. A impugnação dessa decisão interlocutória será realizada por meio de agravo de instrumento, que não tem, como regra, efeito suspensivo (CPC/2015, art. 995). Por isso, acolhido o pedido incidental de habilitação, o processo pode prosseguir com os sucessores no lugar da parte falecida; o preceito do art. 692 deve ficar restrito aos casos em que a habilitação assumir caráter contencioso autônomo, de maneira a ser julgada por sentença. Nesse caso, a suspensão prevalecerá até o trânsito em julgado da decisão que acolher a habilitação, muito embora a solução apresentada pelo CPC/2015 não se revele a mais adequada.

De outra parte, quando não autorizada a habilitação – seja por decisão interlocutória, seja por sentença –, o processo principal não poderá ter seguimento até o julgamento do recurso interposto contra a decisão que julgou a habilitação ou o ingresso dos verdadeiros sucessores nos autos do processo.

Capítulo X - Das Ações de Famílias

Art. 693 - As normas deste Capítulo aplicam-se aos processos contenciosos de divórcio, separação, reconhecimento e extinção de união estável, guarda, visitação e filiação.

Parágrafo único - A ação de alimentos e a que versar sobre interesse de criança ou de adolescente observarão o procedimento previsto em legislação específica, aplicando-se, no que couber, as disposições deste Capítulo.

Autora: Rita de Cássia Corrêa de Vasconcelos

I. Processos contenciosos

Ao tratar das ações de família no Título III do Livro I, Título esse em que são disciplinados os *procedimentos especiais*, o CPC/2015 inova e dá àqueles que militam nas varas de família e, principalmente, às pessoas envolvidas em lides de Direito de Família a resposta há muito esperada, ou seja, o tratamento especial às ações que envolvem relações familiares. Consta, no *caput* do art. 693, que as normas especiais do Capítulo X (arts. 693 a 699) se aplicam aos processos contenciosos. Aos processos consensuais se aplicam as regras dos arts. 731 a 734 do CPC/2015 (Capítulo XV, Seção IV), relativas aos *procedimentos de jurisdição voluntária*.

II. Separação judicial

No tocante às ações arroladas no *caput* do art. 693, é importante observar que o legislador incluiu, entre elas, a ação de separação. Há, efetivamente, quem entenda que subsiste em nosso sistema jurídico a figura da *separação judicial*, que extingue a sociedade conjugal, mas não dissolve o vínculo do casamento. Não seria esse o melhor entendimento. Com a Emenda Constitucional nº 66, de 2010, o § 6º do art. 226 da Constituição Federal – que, ao prever o divórcio como dissolução do casamento, antes estabelecia como requisitos a separação judicial por mais de um ano, ou a comprovada separação de fato por mais de dois anos – passou a vigorar com a seguinte redação: "O casamento civil pode ser dissolvido pelo divórcio". A nova redação é simples, mas operou grande mudança, pois eliminou qualquer requisito para que se decrete o divórcio, levando a concluir que teria desaparecido, além da obrigatoriedade de prévia separação de fato por no mínimo dois anos, a própria figura da separação judicial. Tem-se observado, na prática, que alguns Cartórios do foro extrajudicial têm se recusado a lavrar escritura pública de separação, precisamente por não mais existir essa figura, informando aos interessados que se poderá lavrar somente escritura pública de divórcio. Há, contudo, quem defenda que não se deve eliminar um instituto que extingue a sociedade conjugal, mas preserva o vínculo do casamento. Neste sentido, o TJRS chegou a editar a Súmula nº 39, que enuncia: "A Emenda Constitucional 66/2010, que deu nova redação ao § 6º do art. 226 da Constituição Federal, não baniu do ordenamento jurídico o instituto da separação judicial, dispensados, porém, os requisitos de um ano de separação de fato (quando litigioso o pedido) ou de um ano de casamento (quando consensual)". No âmbito do STJ ainda não há entendimento unânime. Cite-se a seguinte decisão, em que se percebe a divergência de entendimentos, tendo prevalecido o que preserva o instituto da separação judicial: "1. A separação é modalidade de extinção da sociedade conjugal, pondo fim aos deveres de coabitação e fidelidade, bem como ao regime de bens, podendo, todavia, ser revertida a qualquer momento pelos cônjuges (Código Civil, arts. 1.571, III, e 1.577). O divórcio, por outro lado, é forma de dissolução do vínculo conjugal e extingue o casamento, permitindo que os ex-cônjuges celebrem novo matrimônio (Código Civil, arts. 1.571, IV, e 1.580). São institutos diversos, com consequências e regramentos jurídicos distintos. 2. A Emenda Constitucional nº 66/2010 não revogou os artigos do Código Civil que tratam da separação judicial" (STJ, 4.ª T, REsp nº 1247098-MS, Rel. Min. Maria Isabel Gallotti, j. em 14/3/2017, DJe de 16/5/2017). Esse entendimento não deveria prevalecer, pelas razões que se extraem do voto do Min. Luis Felipe Salomão, que ficou vencido: "[...] a partir da EC n. 66/2010, além da extinção do prazo mínimo para a dissolução do vínculo matrimonial, houve o fim da própria separação judicial no ordenamento brasileiro. [...] A base da proposta perfaz justamente o reclamo social pela desburocratização do divórcio, atendendo aos anseios imediatos daqueles que almejam liberar-se de uma relação afetiva falida, minimizando os desgastes psicológicos e o doloroso strepitus fori [...]. Dessarte, diante do espírito constitucional e da racionalidade do sistema, penso que a Emenda Constitucional n. 66/2010 suprimiu o instituto da separação judicial, facilitando a dissolução do casamento, restando superado o sistema binário". Realmente, não parece haver razão para que a separação judicial seja mantida e para que o vínculo do casamento e o fim da sociedade conjugal não possam ser simultaneamente extintos. Espera-se, assim, que continuem os debates no âmbito do Superior Tribunal de Justiça, fazendo-se uma releitura da legislação infraconstitucional, para adequá-la ao verdadeiro sentido da norma constitucional (CF, art. 226, § 6º). É certo que, ao incluir a separação no rol de ações às quais as regras dos arts. 693 a 699 devem ser aplicadas, optou o legislador do CPC/2015 pela corrente que entende ainda existir a separação judicial. De todo modo, a prevalecer a outra corrente, essa menção à separação será tida como não escrita.

III. Rol exemplificativo

Ainda sobre o rol do art. 693, *caput*, deve-se entendê-lo como rol exemplificativo, dando-se interpretação abrangente à menção que se faz às ações de *filiação*.

IV. Ação de alimentos

No parágrafo único do art. 693 faz-se uma ressalva à disposição do caput, afirmando-se que, em se tratando de ação de alimentos e das ações que versam sobre interesse de criança ou de adolescente, aplica-se a legislação específica (Lei nº 5.478/1968 – Lei de Alimentos – e Lei nº 8.069/1990 – Estatuto da Criança e do Adolescente –, respectivamente), incidindo apenas subsidiariamente as regras especiais das ações de família (arts. 693 a 699). Cite-se, nesse sentido: TJSP, 6ª Câmara de Direito Privado, Agravo de Instrumento nº 2098636-11.2016.8.26.0000, Rel. Des. Paulo Alcides, j. em 10/2/2017, DJe de 10/2/2017.

Art. 694 - Nas ações de família, todos os esforços serão empreendidos para a solução consensual da controvérsia, devendo o juiz dispor do auxílio de profissionais de outras áreas de conhecimento para a mediação e conciliação.
Parágrafo único - A requerimento das partes, o juiz pode determinar a suspensão do processo enquanto os litigantes se submetem a mediação extrajudicial ou a atendimento multidisciplinar.

I. Solução consensual

Ao tratar de modo especial das ações de família, o CPC/2015 privilegia a solução consensual, dando a devida importância para a mediação e a conciliação, e valorizando o atendimento multidisciplinar do conflito. A regra do art. 694, caput, é verdadeira orientação ao juiz e às partes envolvidas, no sentido de que, podendo-se valer de mediação e da conciliação, busquem até onde isto for possível, resolver consensualmente a controvérsia. Com tal regra, prevendo-se, inclusive, a possibilidade de suspensão do processo enquanto as partes se submetem à mediação extrajudicial ou a atendimento multidisciplinar (art. 694, parágrafo único), deixa claro o legislador que nas ações de família deve-se dar especial atenção à norma fundamental do processo civil segundo a qual "a conciliação, a mediação e outros métodos de solução consensual de conflitos deverão ser estimulados por juízes, advogados, defensores públicos e membros do Ministério Público, inclusive no curso do processo judicial" (CPC, art. 3º, § 3º).

II. Mediação e conciliação

A previsão de que o juiz possa dispor do auxílio de profissionais habilitados, de outras áreas, evidencia que se reconheceu, agora no CPC, a importância da multidisciplinaridade para a solução dos conflitos na área do Direito de Família. Quando se mencionam conciliação e mediação, pressupõe-se o auxílio de terceiros, que orientam as partes no sentido de encontrarem, elas próprias, a melhor solução. A atuação dos conciliadores e mediadores judiciais está minuciosamente disciplinada no CPC/2015 (arts. 165 a 175). Lá se percebe que conciliadores e mediadores têm atuações diferentes, porque enquanto estes utilizam técnicas para que as partes cheguem a um consenso, sem interferirem nos termos dessa composição, aqueles têm maior interferência na opção por esta ou por aquela cláusula do acordo a ser celebrado. Em relação às referidas disposições dedicadas aos conciliadores e mediadores judiciais, a Lei de Mediação (Lei nº 13.140/2015) inovou em alguns aspectos. Mas, felizmente os dois diplomas legais têm princípios semelhantes e são poucos os pontos de atrito, sendo recomendável que os conflitos sejam solucionados não simplesmente pelos critérios de especialidade e de anterioridade, mas, sim, por uma interpretação sistemática das duas leis.

III. Suspensão do processo

Privilegiando a busca pela melhor solução, o parágrafo único do art. 694 prevê que o juiz possa determinar a suspensão do processo, se as partes assim o requererem, permitindo a elas que recorram a profissionais de sua escolha para realizar a mediação. E não há previsão de limite de tempo para a realização dessa mediação extrajudicial, devendo o processo ficar suspenso até que as partes comuniquem em juízo o resultado desse processo. Como mencionado nas linhas anteriores (item I), com essa regra o legislador deixa claro que nas ações de família deve-se dar especial atenção à norma fundamental do processo civil segundo a qual "a conciliação, a mediação e outros métodos de solução consensual de conflitos deverão ser estimulados por juízes, advogados, defensores públicos e membros do Ministério Público, inclusive no curso do processo judicial" (CPC, art. 3º, § 3º).

Art. 695 - Recebida a petição inicial e, se for o caso, tomadas as providências referentes à tutela provisória, o juiz ordenará a citação do réu para comparecer à audiência de mediação e conciliação, observado o disposto no art. 694.
§ 1º - O mandado de citação conterá apenas os dados necessários à audiência e deverá estar desacompanhado de cópia da petição inicial, assegurado ao réu o direito de examinar seu conteúdo a qualquer tempo.
§ 2º - A citação ocorrerá com antecedência mínima de 15 (quinze) dias da data designada para a audiência.
§ 3º - A citação será feita na pessoa do réu.
§ 4º - Na audiência, as partes deverão estar acompanhadas de seus advogados ou de defensores públicos.

I. Tutela provisória

No *caput* do art. 695, menciona-se que o juiz, ao receber a petição inicial, tomará, se for o caso, as providências referentes à tutela provisória. Sabe-se que em conflitos de Direito de Família é frequente a necessidade de se concederem medidas urgentes, que evitem o perecimento do direito e, não raro, garantam a integridade física dos litigantes e/ou das crianças e adolescentes envolvidos. A tutela provisória, que nesses casos será de urgência (antecipada ou cautelar), será concedida se configurados os requisitos da probabilidade do direito e do risco de dano (CPC, art. 300). Cite-se, exemplificativamente: "Guarda. Mudança. Tutela provisória que deve obedecer os requisitos do art. 300 do CPC. Provas precárias e unilaterais em relação à probabilidade do direito de guarda. Risco concreto de dano à criança, contudo, revelado pelas mensagens de celular trocadas entre mãe e filho, em que a criança se recusa veementemente a voltar para a casa materna. Considerações e prevalecimento do melhor interesse da criança neste momento inicial do processo. Prudência que recomenda conceder a guarda provisória ao pai até pelo menos que sejam feitos os estudos social e psicológico por profissionais isentos do Poder Judiciário. Recurso provido para tanto" (TJSP, 4ª Câmara de Direito Privado, Agravo de Instrumento nº 2044847-63.2017.8.26.0000, Rel. Des. Maia da Cunha, j. em 8/6/2017, DJe de 13/6/2017).

II. Citação para comparecer à audiência

Ainda nos termos do *caput* do art. 695, o juiz determinará a citação do réu para comparecer à audiência de mediação ou conciliação. Essa providência está em consonância com a busca pela solução consensual da controvérsia, de que já se tratou. E essa preocupação se verifica, também, em ações de outra natureza, sendo importante e louvável inovação do CPC/2015 a previsão de que em todos os processos seja designada, de início, uma audiência de conciliação ou mediação, que só será dispensada se ambas as partes se manifestarem no sentido de não haver interesse em sua realização (art. 334, § 4º, inciso I e § 5º). Nas ações de família essa audiência não poderá ser dispensada. Das regras dos §§ 2º, 3º e 4º se extrai que a citação deve ser feita na pessoa do réu, com antecedência de no mínimo 15 dias da data da audiência (antecedência menor do que a prevista para os processos de outra natureza, que nos termos do art. 334 é de 20 dias), ato em que as partes deverão comparecer acompanhadas de seus advogados ou de defensores públicos.

III. Mandado de citação

Nos termos do § 1º, o mandado de citação não irá acompanhado de cópia da petição inicial. É mais uma regra que evidencia a busca pela solução consensual do conflito, pois o desconhecimento do réu, desde logo, dos fatos que lhe são imputados, evita desgastes que possam pôr em risco a conciliação. E não haverá prejuízo ao réu, pois caso prefira ter conhecimento, antes da audiência, do teor da inicial, poderá obtê-lo a qualquer tempo examinando os autos.

Art. 696 - A audiência de mediação e conciliação poderá dividir-se em tantas sessões quantas sejam necessárias para viabilizar a solução consensual, sem prejuízo de providências jurisdicionais para evitar o perecimento do direito.

I. Audiência de mediação e conciliação. Possibilidade de cisão

A regra do art. 696 deixa claro, mais uma vez, que nas ações de família se privilegia a busca pela solução consensual da controvérsia. Trata-se da previsão de que poderá ser cindida a audiência de mediação e conciliação, para que, se necessário, sejam realizadas várias sessões, até que se chegue ao desejado consenso. Em relação aos processos de outra natureza, prevê-se, no art. 334, § 2º, a possibilidade de haver mais de uma sessão destinada à conciliação e à mediação, *não podendo exceder a dois meses da data de realização da primeira sessão*. Em relação às ações de família, não se estabeleceu prazo para término do procedimento de mediação ou conciliação, podendo-se realizar tantas sessões quantas forem necessárias. Daí a importância da previsão da segunda parte do art. 696, pois o prolongamento do procedimento de mediação e conciliação – muitas vezes legítimo e necessário – poderá exigir que o juiz adote providências para evitar o perecimento do direito. E na hipótese, por exemplo, de uma das partes se valer da possibilidade de haver várias sessões de mediação ou conciliação apenas para protelar o andamento do processo, as medidas destinadas a evitar que o direito pereça serão essenciais.

II. Audiência de mediação e conciliação. A não participação do juiz

O juiz não deverá participar das sessões de mediação, pois isso o tornaria suspeito para julgar a causa. A confidencialidade é princípio informador da mediação (CPC, art. 166; Lei da Mediação, art. 2º, inciso VII). Não participando dessas sessões, deverá o juiz contar com a equipe interdisciplinar para comunicá-lo (assim como o Ministério Público deverá fazê-lo, se tiver ciência) sobre eventual necessidade de concessão de medidas de urgência não requeridas pelas partes. Em regra, no entanto, as medidas de urgência destinadas a evitar que o direito pereça devem ser concedidas a requerimento das partes.

III. Medidas cautelares de ofício

A propósito do exposto no item anterior, sobre medidas de urgência não requeridas pelas partes, há quem defenda que na disciplina do CPC/2015 não seria admissível a concessão de medidas cautelares de ofício, por não se ter reproduzido a regra do art. 797 do CPC/1973, segundo a qual "em casos excepcionais, expressamente autorizados por lei, determinará o juiz medidas cautelares sem a audiência das partes". O silêncio do legislador de 2015, no entanto, não deve ser assim interpretado. Há, na legislação em vigor, hipóteses em que se prevê expressamente a possibilidade de o juiz afastar o risco de dano concedendo medidas acautelatórias não requeridas pelas partes. Em especial nos conflitos que envolvem relações familiares, que serão regulados pelas regras aqui em comento, há situações que exigem atuação oficiosa do juiz, sobretudo para a proteção de crianças e adolescentes envolvidos. Cite-se, exemplificativamente, a situação descrita no Código Civil (art. 1.584, § 5º, e art. 1.585), em que mesmo em sede de medida cautelar de separação de corpos, o juiz poderá atribuir a guarda do filho, ainda que provisoriamente, a uma terceira pessoa, que não o pai ou a mãe: "Se o juiz verificar que o filho não deve permanecer sob a guarda do pai ou da mãe, deferirá a guarda a pessoa que revele compatibilidade com a natureza da medida, considerados, de preferência, o grau de parentesco e as relações de afinidade e afetividade". Trata-se, evidentemente, de situação excepcional, em que mais do que evitar o perecimento do direito das partes, a providência jurisdicional evita maiores danos às próprias pessoas envolvidas no conflito.

Art. 697 - Não realizado o acordo, passarão a incidir, a partir de então, as normas do procedimento comum, observado o art. 335.

I. Incidência das normas do procedimento comum

Nos artigos antecedentes está evidente a preocupação do legislador com a busca da solução consensual da controvérsia, nas ações de família, verificando-se verdadeira orientação ao juiz para que atue nesse sentido. Mas, sendo infrutíferas todas as tentativas para que as partes chegassem a um consenso, o art. 697 estabelece que passará a incidir, a partir de então, o procedimento comum.

II. Apresentação de contestação. Prazo

A menção que se faz, no dispositivo, ao art. 335 indica que a contestação deve ser apresentada no prazo de 15 dias contados da audiência de conciliação ou de mediação, ou da última sessão, se estas forem cindidas, quando não obtida a autocomposição.

Art. 698 - Nas ações de família, o Ministério Público somente intervirá quando houver interesse de incapaz e deverá ser ouvido previamente à homologação de acordo.

I. Intervenção do Ministério Público

No tocante às ações de família, o CPC/2015 inova ao prever que o Ministério Público intervirá somente quando houver interesse de incapaz (citem-se, entre essas ações, a de interdição, de tutela ou de divórcio em que há filhos menores). Altera-se, no art. 698, a regra do art. 82, inciso II, do CPC/1973, para restringi-la à hipótese do inciso I deste mesmo artigo.

II. Oitiva do Ministério Público antes da homologação de acordo

A segunda parte do art. 698 pode gerar dupla interpretação. Da afirmação de que o Ministério Público "deverá ser ouvido previamente à homologação de acordo", se poderia extrair que sua ouvida será obrigatória nas ações de família em que houver interesse de incapaz somente na hipótese de se chegar a uma composição; ou, num outro entendimento, que deverá ser ouvido *sempre* nas ações de família em que houver interesse de incapaz, independentemente de haver acordo a ser homologado. Este segundo entendimento é o que se considera correto, não apenas pela importância da atuação do Ministério Público na proteção dos interesses de incapazes, mas, também, porque é a interpretação que está em consonância com a regra do art. 178, inciso II, do CPC/2015. Confira-se a seguinte decisão: "A intervenção do Ministério Público como fiscal da lei, em favor do interesse do menor (art. 178, II, NCPC), é obrigatória, sob pena de nulidade (art. 279 NCPC) [...]" (TJSP, 30ª Câmara de Direito Privado, Apelação nº 0006206-56.2012.8.26.0407, Rel. Des. Maria Lúcia Pizzotti, j. em 10/5/2017, DJe de 19/5/2017).

Art. 699 - Quando o processo envolver discussão sobre fato relacionado a abuso ou a alienação parental, o juiz, ao tomar o depoimento do incapaz, deverá estar acompanhado por especialista.

I. Depoimento de incapaz

Além de inovar, ao prever que o Ministério Público intervirá somente quando houver interesse de incapaz, o CPC/2015 inova ao dispor que o juiz, ao tomar o depoimento de incapaz, deverá estar acompanhado por especialista sempre que a discussão envolver abuso ou alienação parental. Essa previsão evidencia, mais uma vez, a importância que se deu ao atendimento multidisciplinar nas ações de família.

II. Abuso

O abuso de direito está previsto no Código Civil, nos seguintes termos: "Também comete ato ilícito o titular de um direito que, ao exercê-lo, excede manifestamente os limites impostos pelo seu fim econômico ou social, pela boa-fé ou pelos bons costumes" (CC, art. 187). No Direito de Família, o abuso pode assumir diversos contornos, seja o do crime de abuso sexual (CP, arts. 217-A a 218-B), seja o que se verifica no exercício dos direitos de guarda e de visita, ou seja, abusos de ordem psicológica ou mesmo emocional, consistindo em qualquer situação em que haja excesso ou quebra de confiança, pois a confiança é elemento essencial nas relações familiares.

III. Alienação parental

A alienação parental, por sua vez, está assim definida no art. 2º da Lei nº 12.318/2010: "Considera-se ato de alienação parental a interferência na formação psicológica da criança ou do adolescente promovida ou induzida por um dos genitores, pelos avós ou pelos que tenham a criança ou adolescente sob a sua autoridade, guarda ou vigilância para que repudie genitor ou que cause prejuízo ao estabelecimento ou à manutenção de vínculos com este". As formas de alienação parental estão exemplificadas no rol do parágrafo único desse dispositivo, onde se lê: "I - realizar campanha de desqualificação da conduta do genitor no exercício da paternidade ou maternidade; II - dificultar o exercício da autoridade parental; III - dificultar contato de criança ou adolescente com genitor; IV - dificultar o exercício do direito regulamentado de convivência familiar; V - omitir deliberadamente a genitor informações pessoais relevantes sobre a criança ou adolescente, inclusive escolares, médicas e alterações de endereço; VI - apresentar falsa denúncia contra genitor, contra familiares deste ou contra avós, para obstar ou dificultar a convivência deles com a criança ou adolescente; VII - mudar o domicílio para local distante, sem justificativa, visando a dificultar a convivência da criança ou adolescente com o outro genitor, com familiares deste ou com avós". Sempre que se verificar, nas ações de família, uma dessas situações ou outra que se enquadre no *caput* do art. 2º da Lei nº 12.318/2010, o juiz, se valendo da equipe interdisciplinar, tomará o depoimento do incapaz acompanhado por especialista. A regra é louvável, pois em qualquer dessas situações certamente as crianças e/ou os adolescentes envolvidos estarão fragilizados, sendo importante a atuação de profissional com formação específica para entendê-los e identificar os seus conflitos interiores, auxiliando o juiz a tomar a melhor decisão.

Capítulo XI - Da Ação Monitória

Art. 700 - A ação monitória pode ser proposta por aquele que afirmar, com base em prova escrita sem eficácia de título executivo, ter direito de exigir do devedor capaz:

I - o pagamento de quantia em dinheiro;

II - a entrega de coisa fungível ou infungível ou de bem móvel ou imóvel;

III - o adimplemento de obrigação de fazer ou de não fazer.

§ 1º - A prova escrita pode consistir em prova oral documentada, produzida antecipadamente nos termos do art. 381.

§ 2º - Na petição inicial, incumbe ao autor explicitar, conforme o caso:

I - a importância devida, instruindo-a com memória de cálculo;

II - o valor atual da coisa reclamada;

III - o conteúdo patrimonial em discussão ou o proveito econômico perseguido.

§ 3º - O valor da causa deverá corresponder à importância prevista no § 2º, incisos I a III.

§ 4º - Além das hipóteses do art. 330, a petição inicial será indeferida quando não atendido o disposto no § 2º deste artigo.

§ 5º - Havendo dúvida quanto à idoneidade de prova documental apresentada pelo autor, o juiz intimá-lo-á para, querendo, emendar a petição inicial, adaptando-a ao procedimento comum.

§ 6º - É admissível ação monitória em face da Fazenda Pública.

§ 7º - Na ação monitória, admite-se citação por qualquer dos meios permitidos para o procedimento comum.

Autor: Carlos Eduardo Stefen Elias

I. As características essenciais da ação monitória e a ampliação das obrigações acionáveis

A ação monitória é definida por ser exercida em procedimento típico, cujo propósito é obter o mais rapidamente possível o título executivo e, assim, o início da execução. De fato, sob o viés procedimental, a ação monitória é resultado da concatenação de atos típicos de cognição e de execução, para o qual o autor, possuindo prova escrita, recorre em alternativa ao procedimento ordinário (nesse sentido, seria mais adequado falar-se em *procedimento monitório*, não em *ação monitória*).

A positivação da ação monitória no CPC/2015 não alterou os conceitos básicos em que se fundava o instituto no CPC/1973 (embora tenham sido introduzidas importantes ampliações nas obrigações acionáveis e positivados entendimentos pacificados na jurisprudência). Pode-se, pois, continuar a afirmar que ação monitória visa à concessão de *tutela diferenciada* por meio da adoção das técnicas da *cognição sumária* e do *contraditório diferido e eventual*: mediante a cognição sumária, o magistrado perfaz um *juízo de probabilidade* do direito invocado pelo autor, determinando a emissão de mandado para a sua satisfação; por conta do *contraditório diferido*, o comando judicial para a satisfação do direito é emitido antes da oitiva do réu, tendo sua eficácia executiva liberada caso não seja apresentada a defesa típica no prazo cabível.

O CPC/2015 manteve dentre as obrigações acionáveis por via da ação monitória o pagamento de quantia em dinheiro, expandindo, porém, as hipóteses relativas a outras obrigações. Ao lado da obrigação de entrega de coisa fungível (coisa móvel que pode ser substituída por outra da mesma espécie, qualidade e quantidade, nos termos do CC, art. 85), o CPC/2015 introduziu a possibilidade de se reclamar também a entrega de coisa infungível e de bem imóvel. Ainda entre as inovações ampliativas, o CPC/2015 passou a permitir que o autor demande o cumprimento de obrigação de fazer ou de não fazer.

II. A prova escrita

O CPC/2015, a exemplo do CPC/1973, não adotou o procedimento monitório puro, que prescindiria de qualquer suporte probatório, mas sim exigiu a instrução da petição inicial com *prova escrita* sem eficácia de título executivo, capaz de demonstrar a verossimilhança do direito do qual o autor alega ser titular. Ao se afirmar que o juízo de verossimilhança é exercido sobre *prova escrita* (e não documento escrito), admite-se a possibilidade de que tal juízo seja extraído de um conjunto de documentos que consubstanciem tal prova.

Admite-se como prova escrita qualquer documento que possa influir na formação do livre convencimento do juiz a respeito da probabilidade do direito pleiteado pelo autor, não havendo a necessidade de que seja emitido pelo devedor. Não obstante, o mero *início de prova* não permite a instauração da ação monitória. A petição inicial, em conjunto com a prova escrita, deve expor os fatos de modo a demonstrar a *constituição* da obrigação pleiteada, o seu *alcance* e *expressão econômica* e, por fim, a sua *exigibilidade*, muito embora a Súmula nº 531 do STJ tenha considerado dispensável a menção ao negócio jurídico subjacente à emissão do cheque prescrito que sustente ação monitória.

Carece de interesse processual o autor que ostentar documento que já constitua título executivo, pois a finalidade mesma da ação monitória restaria prejudicada; no entanto, perdendo a eficácia executiva, pode o documento embasar a ação monitória. Tendo em vista o comando do § 5º – que impõe ao juiz abrir oportunidade para que o autor emende a petição inicial com a consequente alteração do procedimento (seguindo-se o procedimento comum) no caso de o documento não configurar prova escrita que evidencie o direito pleiteado – não se vê por que o juiz não deva fazer o mesmo quando tal documento já configure título executivo, permitindo também a emenda da inicial e a adequação do procedimento para a execução.

Inovando em relação ao CPC/1973, o CPC/2015 admite a prova oral documentada como documento escrito. Assim, o depoimento pessoal ou testemunhal reduzido a termo em virtude do ajuizamento da ação probatória autônoma prevista no art. 381 servirá como prova das obrigações acionáveis através da ação monitória.

III. Expressão econômica como requisito da petição inicial

Inexistindo espaço para qualquer procedimento de liquidação no processo monitório, o CPC/2015 impõe a identificação da expressão econômica do direito reclamado: se pleiteado o pagamento de quantia, a petição inicial deverá conter não apenas sua expressa indicação, mas também a memória de cálculo pela qual se chegou a tal valor; se objetivada a entrega e coisa, deve ser indicado o seu valor atual; se pleiteado o adimplemento de obrigação de fazer ou de não fazer, deve ser explicitado seu conteúdo patrimonial ou o proveito econômico que tal adimplemento representa.

Embora o § 2º estabeleça que a não identificação da expressão econômica deverá levar ao indeferimento da inicial, deve ser observada a orientação do CPC/2015 para a efetiva solução das controvérsias trazidas ao Estado-juiz. Assim, informado nos comandos dos arts. 9º e 10, que impõem a oitiva da parte antes que seja tomada decisão contrária aos seus interesses, não se pode desconsiderar a oportunidade de emenda da petição inicial antes do seu indeferimento, nos termos do art. 321, caso ela não ostente a identificação da expressão econômica da obrigação.

Em consonância com as disposições do art. 292, que estabelece as regras gerais para a fixação do valor da causa, o § 3º relaciona-a, na ação monitória, com a repercussão econômica do pedido, devendo ser expressa na petição inicial.

IV. A possibilidade de emenda da inicial para adaptação procedimental

Dando concretude ao princípio da eficiência estampado no art. 8º e visando ao máximo aproveitamento dos atos processuais, o § 5º positiva o dever de o magistrado, caso não esteja convencido da força probante do documento que aparelha a ação monitória, facultar ao autor a possibilidade de emendar a inicial, adaptando-a ao procedimento comum, que terá continuidade com a citação do réu para a audiência de conciliação, consoante o art. 334.

Na égide do CPC/1973, a orientação jurisprudencial facultava ao julgador conceder permissão para que o autor complementasse a prova documental quando houvesse dúvida quanto à sua idoneidade para embasar a ação monitória. Nesse sentido, o CPC/2015 coloca um dilema: deverá o julgador permitir a emenda *apenas* para adequação ao procedimento comum ou poderá também permitir, na mesma decisão, a complementação da prova? Parece que a resposta deverá compreender ambas as possibilidades, arcando o autor com o risco da extinção do processo caso a complementação documental não seja suficiente.

V. A Fazenda Pública no polo passivo

O CPC/2015 positivou a orientação da Súmula nº 339 do STJ, acatando o cabimento de ação monitória contra a Fazenda Pública. Assim, como qualquer outro réu, ela será citada para cumprir obrigação pleiteada: tratando-se de obrigação de dar ou de fazer ou não fazer, a eventual constituição do título executivo (pela inércia da Fazenda Pública ou pela improcedência dos embargos monitórios) ensejará o cumprimento de sentença, nos termos do art. 536 e seguintes; tratando-se de obrigação de pagar quantia, seguir-se-á o procedimento previsto nos arts. 534 e 535.

VI. As formas de citação

Em sintonia com a Súmula nº 282 do STJ, que admite a citação por edital, e com decisões da mesma corte que permitiram a citação com hora certa, o CPC/2015 pacificou a questão relativa às formas de citação na ação monitória, acatando todos os meios cabíveis no procedimento comum.

VII. Julgados

Sobre as características essenciais da ação monitória

"O procedimento monitório [...] tem por objetivo abreviar a formação do título executivo, encurtando a via procedimental do processo de conhecimento" (STJ, 4ª T., REsp nº 208.870/SP, Rel. Min. Sálvio de Figueiredo Teixeira, j. 8/6/1999).

Sobre a possibilidade de a prova escrita ser composta por dois documentos

"3. O contrato de abertura de crédito em conta-corrente, acompanhado do demonstrativo de débito, constitui documento hábil para o ajuizamento da ação monitória (Súmula nº 247 do STJ)" (STJ, 3ª T., AgInt no AREsp nº 1.041.801-DF, Rel. Min. Moura Ribeiro, j. em 27/6/2017).

Sobre a admissão de documento emitido pelo próprio credor (faturas de energia elétrica) para aparelhar ação monitória

"Doutrina e jurisprudência, inclusive do STJ, têm entendido que é título hábil para cobrança documento escrito que prove, de forma razoável, a obrigação, podendo, a depender do caso, ter sido produzido unilateralmente pelo credor" (STJ, 2ª T., REsp nº 894.767/SE, Rel. Min. Eliana Calmon, j. 19/8/2008).

Sobre documento que carecia ser complementado com prova testemunhal e por isso não foi admitido em monitória

"Para viabilizar a ação monitória, a prova escrita deve ser suficiente em si mesma, não sendo hábil a tal fim o mero começo de prova escrita. Necessidade de demonstração pelo autor, por intermédio de prova testemunhal complementar, ao menos da autorização dos serviços pelo proprietário do veículo" (STJ, 4ª T., REsp nº 180.515/SP, Rel. Min. Barros Monteiro, j. 3/12/1998).

Sobre monitória baseada apenas em notas fiscais de prestação de serviços cuja conclusão foi comprovada mediante prova testemunhal nos embargos

"Considera-se suficiente à instrução da ação monitória o documento escrito que revele razoavelmente a obrigação, o qual prescinde da assinatura do devedor" (STJ, 3ª T., AgRg no REsp nº 1.248.167/PB, Rel. Min. Ricardo Villas Bôas Cueva, j. 9/10/2012).

Sobre monitória instruída com título executivo

"Mesmo que admissível a execução para a cobrança de crédito, pois se trataria de título executivo extrajudicial, a adoção do procedimento monitório não ensejou nulidade dos atos processuais; adimitindo-se que, no caso, realizados de outro modo, alcançaram a finalidade proposta, sem prejuízo para a defesa" (STJ, 3ª T., REsp nº 182.084/MG, Rel. Min. Ari Pargendler, j. 13/9/2001).

Sobre correspondência eletrônica como documento

"O correio eletrônico (e-mail) pode fundamentar a pretensão monitória, desde que o juízo se convença da verossimilhança das alegações e da idoneidade das declarações, possibilitando ao réu impugnar-lhe pela via processual adequada"; "O exame sobre a validade, ou não, da correspondência eletrônica (e-mail) deverá ser aferida no caso concreto, juntamente com os demais elementos de prova trazidos pela parte autora" (STJ, 4ª T., REsp nº 1.381.603-MS, Rel. Min. Luis Felipe Salomão, j. em 6/10/2016).

Art. 701 - Sendo evidente o direito do autor, o juiz deferirá a expedição de mandado de pagamento, de entrega de coisa ou para execução de obrigação de fazer ou de não fazer, concedendo ao réu prazo de 15 (quinze) dias para o cumprimento e o pagamento de honorários advocatícios de cinco por cento do valor atribuído à causa.

§ 1º - O réu será isento do pagamento de custas processuais se cumprir o mandado no prazo.

§ 2º - Constituir-se-á de pleno direito o título executivo judicial, independentemente de qualquer formalidade, se não realizado o pagamento e não apresentados os embargos previstos no art. 702, observando-se, no que couber, o Título II do Livro I da Parte Especial.

§ 3º - É cabível ação rescisória da decisão prevista no caput quando ocorrer a hipótese do § 2º.

§ 4º - Sendo a ré Fazenda Pública, não apresentados os embargos previstos no art. 702, aplicar-se-á o disposto no art. 496, observando-se, a seguir, no que couber, o Título II do Livro I da Parte Especial.

§ 5º - Aplica-se à ação monitória, no que couber, o art. 916.

I. A *evidência* do direito pleiteado e a decisão que defere a expedição do mandado

Constatada a presença dos requisitos para análise do mérito (condições de ação) e de constituição e regularidade do processo (pressupostos processuais), especialmente a existência da prova escrita que permita o convencimento do juiz a respeito da probabilidade do direito pleiteado pelo autor, será proferida decisão interlocutória que determina a expedição do mandado monitório.

A expressão *evidente* utilizada pelo texto legal para caracterizar o direito reclamado deve ser tomada dentro da perspectiva do instituto e da cognição claramente superficial – embasada em juízo de verossimilhança, não de certeza – do juiz, de modo análogo àquele desempenhado na concessão da *tutela da evidência* prevista no art. 311.

Mesmo que sucinta, deverá constar da decisão a devida *fundamentação*, ou seja, a explicitação das razões pelas quais o juiz restou convencido da *evidência* do direito pleiteado à luz do suporte probatório que lhe foi trazido – até porque essas informações podem vir a ser úteis se a decisão for, no futuro, objeto de ação rescisória.

Por conta das condições em que é emitida (cognição superficial e sem a observância do contraditório), a doutrina produzida durante a vigência do CPC/1973 entendia que a decisão concessiva da tutela monitória não constituiria sentença, mas decisão interlocutória não recorrível por agravo de instrumento em razão da existência de meio adequado à sua impugnação, ou seja, pela oponibilidade de embargos.

A afirmação quanto à irrecorribilidade da decisão não era precisa e passa a ser ainda mais frágil na vigência do CPC/2015: a decisão é agravável, pois inegavelmente outorga a tutela provisória prevista no art. 1.015, inciso I. O que não há é interesse do réu em recorrer, tendo em vista a existência do mecanismo dos embargos. Nada impede, porém, que terceiro juridicamente interessado interponha tal recurso, nos termos do art. 996.

Inovação relevante trazida pelo CPC/2015 foi a possibilidade de a decisão ser objeto de ação rescisória, o que indiretamente impõe o reconhecimento de que seus efeitos – e não os efeitos do mandado, que tem o potencial de constituir título executivo – ficam acobertados pela coisa julgada material, não obstante a cognição ter se realizado de modo sumário.

II. O mandado monitório e a inércia do réu

Citado o réu por alguma das formas previstas no art. 246 e quedando-se ele inerte, ocorre a constituição de pleno direito do título executivo judicial, o que dispensa a tomada de qualquer outra providência por parte do juiz ou do autor. Por equívoco, o § 2º faz menção apenas à falta de *pagamento*, mas a constituição do título dar-se-á pelo não cumprimento (e não oposição de embargos) qualquer que seja o tipo de obrigação descumprida pelo réu.

No caso de obrigação de pagar, uma vez convertido o mandado monitório em mandado executivo, encerra-se a fase de conhecimento do processo monitório e se inicia a fase de cumprimento, que seguirá o trâmite previsto nos arts. 523 e seguintes. Significa dizer que, no caso de entrega de quantia, após a conversão do mandado, deve o autor requerer a intimação do réu, que terá o prazo de quinze dias para adimplemento voluntário, após o qual incidirá sobre o montante exequendo a multa de dez por cento e honorários em igual percentual, sendo expedido mandado de penhora e avaliação. Importante observar que, nessa fase, a defesa cabível ao réu consistirá na impugnação prevista no art. 525, com todas as limitações a ela inerentes.

Tratando-se de obrigação de fazer (ou não fazer) e de dar, serão seguidos os trâmites, respectivamente, dos arts. 536 e seguintes, com a efetivação da tutela específica, e 538 e seguintes, com a expedição do mandado de busca e apreensão ou de imissão na posse.

O CPC/1973 previa que a conversão do mandado em título executivo dar-se-ia "de pleno", mas não "independentemente de qualquer formalidade", tal como agora faz o CPC/2015, no art. 701, § 3º, razão pela qual reforça o STJ que a "decisão" que faz referência à conversão do mandado em executivo não tem conteúdo decisório. No entanto, a possibilidade de ação rescisória contra tal "decisão" (que, a rigor, seria prescindível, nos termos do próprio art. 701, § 2º) mantém incerta sua natureza.

III. Cumprimento voluntário: redução dos honorários advocatícios e isenção das custas

Diferentemente do regramento do CPC/1973, que isentava o réu tanto do pagamento de custas quanto dos honorários advocatícios no caso de cumprimento voluntário do mandado monitório, o CPC/2015 onera o réu em honorários advocatícios na ordem de cinco por cento do valor da causa (que deve, por sua vez, atender ao comando do art. 700, § 3º, e corresponder à expressão econômica do direito pleiteado).

IV. Cumprimento parcelado da obrigação de pagar

Citado na ação monitória para o pagamento de quantia, o réu pode valer-se do parcelamento previsto no art. 916. Para isso, deve – no prazo dos embargos monitórios – depositar o equivalente a trinta por cento do valor exigido, mais custas e honorários advocatícios, e requerer o parcelamento do saldo em até seis parcelas mensais, acrescidas de correção monetária e juros de um por cento ao mês. A exemplo do que ocorre com a execução, o reconhecimento do débito implica a renúncia à faculdade de opor embargos.

V. Julgados

Sobre a decisão que "converte" o mandado monitório em mandado executivo: não é sentença (com referência ao CPC/2015)

"No procedimento monitório, segundo prevê o art. 1.102-C do CPC/73, a ausência de defesa (embargos) implica, por si só, a conversão do mandado de pagamento em mandado executivo, independentemente de qualquer pronunciamento do juiz"; "O ato judicial que determina a conversão do mandado de pagamento em executivo é mero despacho, desprovido de qualquer conteúdo decisório, cabendo ao devedor, depois de constituído, ope legis, o título executivo judicial, impugná-lo, eventualmente, no cumprimento de sentença" (STJ, 3ª T., REsp nº 1.642.320-SP, Rel. Min. Nancy Andrighi, j. em 21/3/2017).

Sobre a decisão que "converte" o mandado monitório em mandado executivo: é sentença (com referência ao CPC/2015)

"A decisão liminar que defere a expedição do mandado de pagamento, posteriormente convertido em mandado executivo em razão da não oposição de embargos à ação monitória (CPC/73, art. 1.102-C, caput), tem a natureza jurídica de sentença"; "A não oposição de embargos, com a consequente conversão do mandado inicial em mandado definitivo e a constituição do título executivo judicial, enseja a produção de coisa julgada material, inviabilizando a posterior propositura de ação de conhecimento relativa ao mesmo contrato objeto da ação monitória anterior" (STJ, 4ª T., REsp nº 1.038.133-PR, Rel. Min. Raul Araújo, j. em 14/3/2017). Lembrar que o CPC/2015 admite a propositura de ação rescisória contra a decisão de conversão.

Sobre o procedimento para cumprimento do mandado executivo

"De acordo com o artigo 1.102-C, *caput* e § 3º, do CPC, a cobrança (execução) do título executivo judicial formado no bojo da ação monitória dá-se na forma do artigo 475-I (cumprimento de sentença) do referido diploma legal. Desta feita, em se tratando de obrigação de entrega de coisa certa, o cumprimento da respectiva sentença observará os termos do artigo 461-A, da lei adjetiva civil" (STJ, 4ª T., Resp nº 1.097.242/RS, Rel. Min. Marco Buzzi, j. 20/8/2013).

Art. 702 - Independentemente de prévia segurança do juízo, o réu poderá opor, nos próprios autos, no prazo previsto no art. 701, embargos à ação monitória.

§ 1º - Os embargos podem se fundar em matéria passível de alegação como defesa no procedimento comum.

§ 2º - Quando o réu alegar que o autor pleiteia quantia superior à devida, cumprir-lhe-á declarar de imediato o valor que entende correto, apresentando demonstrativo discriminado e atualizado da dívida.

§ 3º - Não apontado o valor correto ou não apresentado o demonstrativo, os embargos serão liminarmente rejeitados, se esse for o seu único fundamento, e, se houver outro fundamento, os embargos serão processados, mas o juiz deixará de examinar a alegação de excesso.

§ 4º - A oposição dos embargos suspende a eficácia da decisão referida no caput do art. 701 até o julgamento em primeiro grau.

§ 5º - O autor será intimado para responder aos embargos no prazo de 15 (quinze) dias.

§ 6º - Na ação monitória admite-se a reconvenção, sendo vedado o oferecimento de reconvenção à reconvenção.

§ 7º - A critério do juiz, os embargos serão autuados em apartado, se parciais, constituindo-se de pleno direito o título executivo judicial em relação à parcela incontroversa.

§ 8º - Rejeitados os embargos, constituir-se-á de pleno direito o título executivo judicial, prosseguindo-se o processo em observância ao disposto no Título II do Livro I da Parte Especial, no que for cabível.

§ 9º - Cabe apelação contra a sentença que acolhe ou rejeita os embargos

§ 10 - O juiz condenará o autor de ação monitória proposta indevidamente e de má-fé ao pagamento, em favor do réu, de multa de até dez por cento sobre o valor da causa.

§ 11 - O juiz condenará o réu que de má-fé opuser embargos à ação monitória ao pagamento de multa de até dez por cento sobre o valor atribuído à causa, em favor do autor.

I. Natureza jurídica e conteúdo dos embargos monitórios

A oposição dos embargos instaura processo de conhecimento ao mesmo tempo em que permite a veiculação de toda a matéria de defesa – e somente da matéria de defesa – pelo réu. Essa dupla função cindiu a doutrina entre aqueles que defendem terem os embargos natureza de ação e aqueles que, por outro lado, veem-na como simples contestação. Na égide do CPC/1973, o STJ inclinou-se para a segunda corrente, o que o levou a considerar que a oposição dos embargos ensejaria uma *transformação* da ação monitória em processo de conhecimento, levando, como efeito prático, à desnecessidade do pagamento de custas iniciais.

Independentemente da natureza que lhe seja atribuída, os embargos permitem a veiculação de toda a matéria de defesa, seja ela processual, substancial direta (negação do fato jurídico constitutivo do direito pleiteado, a exemplo da inexistência do contrato que daria causa à obrigação pleiteada) quanto substancial indireta (alegação da ocorrência de fato jurídico substitutivo ou extintivo do direito pleiteado, tais como pagamento e compensação, entre outros).

II. Aspectos procedimentais dos embargos

Com a juntada do mandado monitório, inicia-se o prazo preclusivo de quinze dias para a oposição de embargos. O CPC/2015 não resolveu a oscilação na doutrina e jurisprudência sobre a concessão de prazo em dobro (concepção de que embargos configuram contestação) ou simples (embargos equivalem a nova demanda) quando houver pluralidade de embargantes patrocinados por diferentes advogados. De qualquer forma, espera-se que, com a expansão da adoção do processo eletrônico – que elimina os prazos dobrados (art. 229, § 2º) –, esse tema venha a ser superado.

Protocolada a peça dos embargos, ocorre a suspensão dos efeitos da decisão concessiva do mandado monitório de forma automática (ou seja, independentemente de qualquer decisão do juiz ou de providência do cartório), devendo o autor-embargado ser intimado para respondê-lo, em processo que segue o rito comum, habilitando a ampla instrução probatória. Importante observar, entretanto, que a suspensão da eficácia do mandado monitório será mantida apenas até o julgamento em primeiro grau pela dicção do art. 702, § 4º, de modo que, em caso de interposição de apelação contra sentença de improcedência, tal recurso não seja recebido no efeito suspensivo automático (hipótese aberta pela interpretação conjunta do art. 702, § 4º, e do art. 1.012, §1º). A concessão de tal efeito fica subordinada à demonstração, pelo embargante, da probabilidade de provimento do recurso ou da existência de risco de dano de grave ou difícil reparação (art. 1.012, § 4º).

Julgados procedentes, os embargos determinarão a extinção da ação monitória, impedindo a formação do título executivo. No caso de improcedência dos embargos, resta liberada a eficácia executiva do mandado monitório (agora executivo), o que habilita o seu cumprimento.

Contra a sentença proferida por conta dos embargos cabe o recurso de apelação, recebido, como já apontado, apenas no efeito devolutivo.

III. Embargos parciais

Sendo parciais os embargos, o réu-embargante deverá identificar a quantia que entende devida, bem como apresentar a planilha de cálculo que resultou no referido valor. Se assim não proceder e se o excesso do pleito for o único fundamento de seus embargos, eles serão liminarmente rejeitados; se os embargos veicularem outras alegações, apenas essas serão conhecidas.

O reconhecimento parcial do pleito do autor da ação monitória enseja a formação imediata do título executivo relativo à parcela não embargada, habilitando a tomada dos correspondentes atos de cumprimento, seguindo-se o processamento dos embargos na parte embargada.

IV. Reconvenção

Em consonância com o que já admitia a Súmula nº 292 do STJ, o § 6º positivou a possibilidade de ser apresentada reconvenção. De fato, seguindo os embargos o procedimento comum, não se justificaria a limitação de que o embargado também formulasse, em reconvenção, pedidos ligados a fatos que ensejaram o ajuizamento da monitória ou que fundamentem a defesa a essa pretensão (art. 343).

V. Litigância de má-fé e penalidades

Com o intuito de evitar a utilização indevida do procedimento monitório pelo autor e de barrar táticas dilatórias por parte do embargante, o CPC/2015 impôs multa de proporção relevante. Importante observar que a aplicação da multa – que reverte para a parte contrária – configura penalidade por conduta de má-fé, ou seja, dolosa, do agente.

VI. Julgados

Sobre o prazo preclusivo para oposição de embargos

"A apresentação intempestiva de embargos, no bojo dos autos da ação monitória, autoriza a conversão do mandado injuntivo em mandado executivo, a ser processado nos termos previstos para o cumprimento de sentença" (STJ, 3ª T., REsp nº 1.033.820, Rel. Min. Massami Uyeda, j. 19/2/2009).

Sobre a natureza de contestação dos embargos e a *transformação* da ação monitória

"A ação monitória, com a impugnação do réu através de embargos, se torna ação normal de conhecimento regida pelo procedimento ordinário podendo, assim, dar ensejo a exceções processuais, reconvenção inclusive" (STJ, 5ª T., REsp nº 147.945/MG, Rel. Min. Felix Fischer, j. 6/10/1998).

Sobre as matérias alegáveis nos embargos

"O procedimento dos embargos ao mandado monitório segue o rito ordinário (art. 1.102-C, § 2º, do CPC), o que aponta inequivocamente para a vontade do legislador de conferir-lhe contraditório pleno e cognição exauriente, de modo que, diversamente do processo executivo, não apresenta restrições quanto à matéria de defesa, sendo admissível a formulação de alegação de natureza adjetiva ou substantiva, desde que se destine a comprovar a improcedência do pedido veiculado na inicial" (STJ, 4ª T., REsp nº 1.172.448/RJ, Rel. Min. Luis Felipe Salomão, j. 18/6/2013).

Sobre a diferença entre o juízo de verossimilhança para expedição do mandado monitório e o juízo de certeza para sentença dos embargos

"Admite-se como prova escrita hábil a instruir a ação monitória qualquer documento que denote indícios da existência do débito e seja despido de eficácia executiva, bastando que permita ao Juiz concluir pela plausibilidade ou verossimilhança do direito alegado" e "[n]o que respeita à suposta iliquidez do crédito pretendido, e à necessidade de ampla discussão e produção de provas acerca da expressão quantitativa do crédito, a lei assegura ao devedor a via dos embargos, previstos no art. 1.102-c do CPC, por meio dos quais pode-se discutir os valores, a forma de cálculo e a própria legitimidade da dívida" (STJ, 4ª T., REsp nº 324.135/RJ, Rel. Min. Jorge Scartezzini, j. 27/9/2005).

Sobre a não exigência do pagamento de custas para oposição dos embargos

"Consultando, porém, a *mens legis* vê-se que os embargos na ação monitória não têm 'natureza jurídica de ação', como ocorre nos embargos do devedor, em execução fundada em título judicial ou extrajudicial.

Estes embargos identificam-se com a contestação, até porque inexiste ainda título executivo a ser desconstituído. Não se confundem com os embargos do devedor. Eis que estes têm natureza jurídica de ação incidental proposta finalisticamente com o objetivo de extinguir o processo ou desconstituir a eficácia do título executivo" (STJ, 3ª T., REsp nº 1.265.509/SP, Rel. Min. João Otávio de Noronha, j. 19/3/2015).

Capítulo XII - Da Homologação do Penhor Legal

Art. 703 - Tomado o penhor legal nos casos previstos em lei, requererá o credor, ato contínuo, a homologação.

§ 1º - Na petição inicial, instruída com o contrato de locação ou a conta pormenorizada das despesas, a tabela dos preços e a relação dos objetos retidos, o credor pedirá a citação do devedor para pagar ou contestar na audiência preliminar que for designada.

§ 2º - A homologação do penhor legal poderá ser promovida pela via extrajudicial mediante requerimento, que conterá os requisitos previstos no § 1º deste artigo, do credor a notário de sua livre escolha.

§ 3º - Recebido o requerimento, o notário promoverá a notificação extrajudicial do devedor para, no prazo de 5 (cinco) dias, pagar o débito ou impugnar sua cobrança, alegando por escrito uma das causas previstas no art. 704, hipótese em que o procedimento será encaminhado ao juízo competente para decisão.

§ 4º - Transcorrido o prazo sem manifestação do devedor, o notário formalizará a homologação do penhor legal por escritura pública.

Autor: Elias Marques de Medeiros Neto

I. As hipóteses de penhor legal

As hipóteses de penhor legal estão previstas no Código Civil, no art. 1.467, sendo que, independentemente de convenção entre as partes, são credores pignoratícios: (i) os hospedeiros, ou fornecedores de pousada ou alimento, sobre bagagens, móveis, joias ou dinheiro que os seus consumidores ou fregueses tiverem consigo nas respectivas casas ou estabelecimentos, pelas despesas ou consumo que aí tiverem feito; (ii) o dono do prédio rústico ou urbano, sobre os bens móveis que o rendeiro ou inquilino tiver guarnecendo o mesmo prédio, pelos aluguéis ou rendas.

Outra hipótese de penhor legal decorre do art. 31 da Lei nº 6.533/1978, sendo que também são credores pignoratícios artistas e técnicos de espetáculos profissionais sobre o equipamento e todo o material de propriedade do empregador, utilizado na realização de programa, espetáculo ou produção, pelo valor das obrigações não adimplidas pelo empregador.

O penhor legal decorre automaticamente das hipóteses da lei, sendo desnecessária convenção prévia entre as partes prevendo por escrito a possibilidade de sua incidência.

II. Procedimento

O credor pignoratício, uma vez caracterizado o inadimplemento, e independentemente de prévia autorização judicial, pode reivindicar a posse direta dos bens móveis objeto do penhor legal, respeitando-se sempre o valor total da dívida.

O art. 703 do Código de Processo Civil de 2015 prevê que, uma vez exercido o penhor legal, caberá ao credor, ato contínuo, requerer a sua homologação.

O credor, em sua petição inicial, deve juntar o contrato de locação ou a conta detalhada das despesas incorridas pelo devedor, a tabela dos preços e a relação dos objetos pertencentes ao devedor e que foram retidos para fins de exercício do penhor legal. Fundamental é a demonstração, pelo credor, do exato valor do débito inadimplido pelo devedor.

A petição inicial, além de atender aos requisitos dos arts. 319 e 320 do CPC/2015, deve requerer a citação do devedor para pagar ou contestar na audiência preliminar que for designada.

III. Homologação extrajudicial de penhor legal

O art. 703 do CPC/2015 prevê a possibilidade de a homologação do penhor legal ocorrer extrajudicialmente, em procedimento a ser instaurado perante notário de livre escolha do credor. Neste caso, o requerimento do credor também deve seguir os requisitos previstos no § 1º do art. 703 do CPC/2015.

O Enunciado nº 73 do Fórum Permanente de Processualistas Civis prevê que, no caso de homologação do penhor legal promovida pela via extrajudicial, incluem-se nas contas do crédito as despesas com o notário.

No formato extrajudicial, o notário, ao receber o requerimento, deve notificar o devedor para que este, no prazo de 5 (cinco) dias, pague o débito ou impugne sua cobrança, alegando por escrito uma das causas previstas no art. 704 do CPC/2015.

Caso o devedor apresente impugnação, o procedimento será encaminhado ao Poder Judiciário para apreciação do feito e posterior decisão.

Se o devedor não se manifestar perante o notário, este poderá formalizar a homologação do penhor legal por escritura pública.

IV. Julgado

"Locador tem penhor legal sobre coisas móveis deixadas pelo ex-inquilino no imóvel locado, das quais não há de ser guardião por tempo indefinido, cumprindo-lhe, porém, tomar providência pertinente para excutir a garantia" (TJSP, 4ª Câmara do Segundo Grupo, AI nº 0013991 - 49.2000.8.26.0000, Rel. Des. Celso Pimentel, 16/5/2000).

Art. 704 - A defesa só pode consistir em:
I - nulidade do processo;
II - extinção da obrigação;
III - não estar a dívida compreendida entre as previstas em lei ou não estarem os bens sujeitos a penhor legal;
IV - alegação de haver sido ofertada caução idônea, rejeitada pelo credor.

I. Matérias de defesa

O art. 704 do CPC/2015 enumera as hipóteses de impugnação a ser apresentada pelo devedor, sendo que, em defesa, é possível sustentar: (i) a nulidade do processo; (ii) a extinção da obrigação; (iii) que a dívida e/ou os bens retidos não estão configurados nas situações de penhor legal previstas na legislação; e (iv) que houve prévia oferta de caução idônea injustamente recusada pelo credor.

O Enunciado nº 74 do Fórum Permanente de Processualistas Civis prevê que, no rol que enumera as matérias de defesa da homologação do penhor legal, deve-se incluir a hipótese do art. 1.468 do Código Civil.

O art. 1.468 do Código Civil estipula que a conta das dívidas enumeradas no inciso I do art. 1.467, do mesmo Código, deve ser extraída conforme tabela impressa, prévia e ostensivamente exposta na casa, dos preços de hospedagem, da pensão ou dos gêneros fornecidos, sob pena de nulidade do penhor.

Há doutrina que também sustenta a possibilidade de o devedor alegar excesso do penhor diante da dívida cobrada.

II. Julgados

"Locação de imóveis - *Homologação* de penhor legal - Sentença de procedência - Necessidade de manutenção do julgado - Alegação da empresa ré no sentido de que os bens móveis, objeto do penhor legal, não guarneciam o imóvel, mas constituíam o estoque comercial da loja - Inconsistência jurídica - Ausência de prova cabal nesse sentido - Argumento inovador, diverso do que constou na contestação - A *homologação* do penhor legal prescinde, até mesmo, da comprovação da propriedade dos bens depositados em mãos do credor e tomados em garantia da dívida - Autoras que supriram todos os requisitos do art. 874, do CPC - Precedente jurisprudencial - Inteligência do art. 1.467, II, do CC/2002. Apelo da ré desprovido" (TJSP, 30ª Câmara de Direito Privado, Apelação nº 1148796009, Rel. Des. Marcos Ramos, 20/2/2008).

"O penhor legal pode recair somente sobre alguns bens que o rendeiro ou inquilino tenha guarnecido o prédio. Recurso improvido" (TJSP, Apelação nº 9135617-47.1998.8.26.0000, Rel. Des. Gomes Varjão, 10/11/1999).

Art. 705 - A partir da audiência preliminar, observar-se-á o procedimento comum.

I. Observância do procedimento comum

A defesa do devedor deve ser apresentada na audiência preliminar designada.

A matéria de defesa, conforme visto anteriormente, é restrita; o que não significa dizer que não seja permitida instrução probatória quanto aos pontos controvertidos e diretamente referentes à matéria da impugnação.

Após a audiência preliminar, o rito observará o procedimento comum.

Art. 706 - Homologado judicialmente o penhor legal, consolidar-se-á a posse do autor sobre o objeto.

§ 1º - Negada a homologação, o objeto será entregue ao réu, ressalvado ao autor o direito de cobrar a dívida pelo procedimento comum, salvo se acolhida a alegação de extinção da obrigação.

§ 2º - Contra a sentença caberá apelação, e, na pendência de recurso, poderá o relator ordenar que a coisa permaneça depositada ou em poder do autor.

I. Homologação do penhor legal e consolidação da posse

Uma vez homologado o penhor legal, judicial ou extrajudicialmente, consolidar-se-á a posse do credor sobre o objeto.

No caso da homologação extrajudicial, é condição necessária a ausência de impugnação do devedor, conforme previsão do § 4º do art. 703 do CPC/2015.

Se existir controvérsia, com a apresentação de defesa pelo devedor, o notário deve remeter o procedimento para o Poder Judiciário.

II. Negativa da homologação do penhor legal, entrega do objeto retido ao réu e cobrança da dívida

Nos termos do § 1º do art. 706 do CPC/2015, na hipótese de ser negada a homologação judicial do penhor legal, o objeto retido deve ser entregue ao réu, sendo que o autor, ainda, poderá promover a cobrança da dívida pelo procedimento comum. O autor apenas não poderá ajuizar a ação de cobrança caso a negativa de homologação do penhor legal esteja fundamentada na alegação de extinção da obrigação.

O espírito do art. 706 do CPC/2015 demonstra que, salvo na hipótese de ser acolhida a alegação de extinção da obrigação, o foco maior da sentença que rejeitar a homologação do penhor legal reside na impossibilidade de o credor se valer da excepcional via do penhor legal para reter os bens do devedor; inexistindo óbice para que a dívida, no procedimento comum, venha a ser debatida e cobrada em favor do credor.

III. Recurso

A sentença poderá ser recorrida por apelação, sendo certo que, na pendência do recurso, o relator poderá ordenar que o bem retido permaneça em poder do credor.

A redação dos §§ 1º e 2º do art. 706 do CPC/2015 denota que a apelação não deve ter o efeito suspensivo automático previsto no art. 1.012 do CPC/2015. Caso a sentença seja de negativa de homologação do penhor legal, a regra é a de que o bem retido seja entregue ao réu; ressalvada a hipótese de o relator, uma vez formulado o pedido de efeito suspensivo de que tratam os §§ 3º e 4º do art. 1.012 do CPC/2015, ordenar que o bem permaneça em poder do autor.

Capítulo XIII - Da Regulação de Avaria Grossa

Art. 707 - Quando inexistir consenso acerca da nomeação de um regulador de avarias, o juiz de direito da comarca do primeiro porto onde o navio houver chegado, provocado por qualquer parte interessada, nomeará um de notório conhecimento.

I. Conceito de avaria grossa

A avaria grossa está prevista no art. 764 do Código Comercial e é apontada como "os danos causados deliberadamente em caso de perigo ou desastre imprevisto, e sofridos como consequência imediata destes eventos, bem como as despesas feitas em iguais circunstâncias, depois de deliberações motivadas, em bem e salvamento comum do navio e mercadorias, desde a sua carga e partida até o seu retorno e descarga".

Além do Código Comercial, as regras previstas no acordo de York e Antuérpia, do qual o Brasil é signatário, também tratam das situações de avaria grossa.

Pode-se dizer que avaria grossa consiste nos danos causados, de forma deliberada, à embarcação e/ou às mercadorias embarcadas, em caso de perigo imprevisto, entre o embarque e o desembarque, almejando-se evitar que dano e/ou risco maior pudessem afetar a embarcação e/ou as mercadorias. O conceito de avaria grossa também abarca, conforme redação do art. 764 do Código Comercial, as despesas realizadas nas mesmas circunstâncias ora referidas quanto aos danos causados à embarcação e/ou às mercadorias embarcadas.

II. A necessidade de regulação dos danos e procedimento

Claro que, em virtude da ocorrência da avaria grossa, se faz necessário realizar um procedimento para a regulação dos danos havidos à embarcação e/ou às mercadorias, bem como das despesas incorridas; de forma tal a se estabelecer qual será o critério de rateio entre as partes envolvidas e afetadas pelos atos da avaria grossa.

O art. 707 do CPC/2015 prevê que, quando inexistir consenso entre as partes quanto à nomeação de um regulador de avarias, o juiz de direito da comarca do primeiro porto onde o navio houver chegado, após provocação de qualquer parte interessada, deverá nomear um regulador de avarias de notório conhecimento; observando-se, no que couber, as disposições aplicáveis ao perito (arts. 156 a 158 do CPC/2015).

Por parte interessada deve-se entender qualquer parte que foi prejudicada e/ou beneficiada em razão dos atos de avaria grossa. É certo, ainda, que todos que foram prejudicados e/ou beneficiados com os atos de avaria grossa devem integrar o procedimento, sendo citados para tanto.

O Enunciado nº 75 do Fórum Permanente de Processualistas Civis prevê que, no mesmo ato em que nomear o regulador de avaria grossa, o juiz deverá determinar a citação das partes interessadas.

Na medida em que são aplicáveis ao regulador, no que couber, as disposições aplicáveis ao perito, considera-se plausível sustentar que as partes poderão, nos termos do art. 465 do CPC/2015, arguir impedimento e/ou suspeição do regulador no prazo de 15 (quinze) dias contados de sua ciência quanto à nomeação do regulador, e, dentro do prazo estipulado pelo § 3º do art. 465 do CPC/2015, tão logo conheçam o currículo e a comprovação de especialização do regulador, impugnar sua escolha, caso não tenha a habilidade e aptidão técnica necessária para a execução do trabalho.

Há doutrina sustentando, contudo, que o momento processual adequado para a impugnação da nomeação do regulador, e/ou o apontamento de sua suspeição e/ou impedimento, seria o da impugnação de que trata o § 1º do art. 708 do CPC/2015.

Art. 708 - O regulador declarará justificadamente se os danos são passíveis de rateio na forma de avaria grossa e exigirá das partes envolvidas a apresentação de garantias idôneas para que possam ser liberadas as cargas aos consignatários.

§ 1º - A parte que não concordar com o regulador quanto à declaração de abertura da avaria grossa deverá justificar suas razões ao juiz, que decidirá no prazo de 10 (dez) dias.

§ 2º - Se o consignatário não apresentar garantia idônea a critério do regulador, este fixará o valor da contribuição provisória com base nos fatos narrados e nos documentos que instruírem a petição inicial, que deverá ser caucionado sob a forma de depósito judicial ou de garantia bancária.

§ 3º - Recusando-se o consignatário a prestar caução, o regulador requererá ao juiz a alienação judicial de sua carga na forma dos arts. 879 a 903.

§ 4º - É permitido o levantamento, por alvará, das quantias necessárias ao pagamento das despesas da alienação a serem arcadas pelo consignatário, mantendo-se o saldo remanescente em depósito judicial até o encerramento da regulação.

I. A declaração de abertura da avaria grossa

Caberá ao regulador verificar se os danos e despesas havidos são passíveis de rateio na forma de avaria grossa; apresentando-se às partes interessadas os critérios de indenização, sendo certo que as partes beneficiadas com os atos de avaria grossa deverão indenizar as partes prejudicadas com os mesmos atos. E, na medida em que o procedimento de regulação da avaria grossa ainda está no início, o regulador também deve exigir das partes envolvidas a apresentação de garantias idôneas para que possam ser liberadas as cargas aos consignatários.

II. Impugnação

Caso alguma das partes venha a discordar do regulador quanto à declaração de abertura da avaria grossa, nos termos do § 1º do art. 708 do CPC/2015, poderá apresentar impugnação, a qual deverá ser decidida pelo magistrado no prazo de 10 (dez) dias.

A impugnação, a ser apresentada de acordo com o prazo determinado pelo magistrado, poderá versar sobre os critérios adotados pelo regulador para a abertura da avaria grossa, questões de ordem pública, bem como todos os demais pontos necessários para que o magistrado possa julgar de forma correta quanto à existência e/ou não de situações que possam caracterizar a presença e a extensão de atos de avaria grossa no caso concreto. A impugnação também poderá apresentar questões referentes à nomeação do regulador, conforme já anteriormente referido. Para a doutrina que entende ser a presente impugnação o momento processual adequado para questionar a nomeação do regulador, as partes deverão apresentar razões que justifiquem eventual impedimento e/ou suspeição e/ou inadequação técnica do regulador para o trabalho.

Caso o magistrado não fixe prazo para a apresentação da impugnação, aplica-se o art. 218 do CPC/2015, contado o prazo da intimação das partes para se manifestarem quanto ao teor da declaração do regulador.

É claro que, nos termos dos arts. 9º e 10 do CPC/2015, o magistrado deve prestigiar o amplo contraditório previamente ao julgamento da impugnação.

Há doutrina que sustenta que cabe agravo de instrumento contra a decisão que rejeita a impugnação, apesar de esta hipótese não estar expressamente prevista no art. 1.015 do CPC/2015.

Caso a impugnação venha a acarretar a extinção do procedimento, caberá apelação.

Os §§ 2º a 4º do art. 708 do CPC/2015 cuidam da necessidade de apresentação de caução idônea para que os consignatários possam ter liberadas as suas cargas, de modo a se garantir o pagamento das despesas e danos referentes à avaria grossa.

Art. 709 - As partes deverão apresentar nos autos os documentos necessários à regulação da avaria grossa em prazo razoável a ser fixado pelo regulador.

I. Apresentação de documentos

Para que possa concluir a regulação da avaria grossa, o regulador precisará que as partes apresentem os documentos necessários, devendo o regulador estipular prazo razoável para tanto.

Na declaração justificada de abertura da avaria grossa, o regulador poderá elencar quais são os documentos necessários para o procedimento e que devem ser apresentados pelas partes, além de estipular o prazo para tanto.

Este prazo poderá ser dilatado pelo magistrado, conforme art. 139, inciso VI, do CPC/2015, caso se entenda que o prazo estipulado pelo regulador não foi razoável e/ou caso se entenda que um prazo maior se adéqua às especificidades do procedimento.

Art. 710 - O regulador apresentará o regulamento da avaria grossa no prazo de até 12 (doze) meses, contado da data da entrega dos documentos nos autos pelas partes, podendo o prazo ser estendido a critério do juiz.
§ 1º - Oferecido o regulamento da avaria grossa, dele terão vista as partes pelo prazo comum de 15 (quinze) dias, e, não havendo impugnação, o regulamento será homologado por sentença.
§ 2º - Havendo impugnação ao regulamento, o juiz decidirá no prazo de 10 (dez) dias, após a oitiva do regulador.

I. Regulamento da avaria grossa

Após a apresentação dos documentos pelas partes, o regulador deve apresentar o regulamento da avaria grossa no prazo de até 12 (doze) meses.

O prazo anteriormente referido pode ser prorrogado pelo magistrado, nos termos do art. 139, inciso VI, do CPC/2015.

Após o regulador apresentar o resultado de seu trabalho, com o regulamento da avaria grossa, as partes poderão se manifestar, no prazo comum de 15 (quinze) dias.

II. A *segunda* impugnação e a sentença

Inexistindo impugnação, o regulamento será homologado pelo magistrado.

Havendo impugnação, respeitado o contraditório (arts. 9º e 10 do CPC/2015), e após a oitiva do regulador, o magistrado deverá decidir em 10 (dez) dias.

Na medida em que o regulamento da avaria grossa, nesta fase processual, deverá estar amplamente detalhado, é certo que a impugnação, além de eventual questão de ordem pública, deverá centrar-se, em geral, nos critérios adotados pelo regulador e nas classificações e avaliações dos danos e despesas por ele realizados.

Em razão da preclusão, questões já eventualmente alegadas e decididas quando da apreciação da primeira impugnação, de que trata o § 1º do art. 708 do CPC/2015, não poderão ser novamente alegadas, salvo se houver fato novo que justifique a alegação.

Cumpre destacar que o magistrado, nesta etapa processual, pode vir a entender que o regulador não cumpriu de forma satisfatória o seu encargo, sendo necessária uma "segunda regulação", aplicando-se, por analogia, e no que couber, o art. 480 do CPC/2015.

Caberá apelação contra a sentença que rejeitar a impugnação e homologar o regulamento da avaria grossa. A apelação terá efeito suspensivo, nos termos do art. 1.012 do CPC/2015.

Art. 711 - Aplicam-se ao regulador de avarias os arts. 156 a 158, no que couber.

I. O regulador como perito

O regulador de avaria grossa está submetido, no que couber, às regras aplicáveis ao perito, aí se incluindo, sem a tanto se limitar, as hipóteses de suspeição e/ou impedimento, e a responsabilidade pelos danos que causar à parte em razão de ato praticado com dolo e/ou culpa.

Em razão deste dispositivo (art. 711 do CPC/2015), considera-se plausível sustentar que a dinâmica do art. 465 do CPC/2015 seria aplicável, no que couber, ao procedimento ora comentado, de modo que as partes teriam 15 (quinze) dias para arguir impedimento e/ou suspeição do regulador, contados de sua ciência quanto à nomeação daquele. Da mesma forma, no prazo do § 3º do art. 465 do CPC/2015, após terem as partes ciência quanto ao currículo e comprovação de especialização do regulador, poderão impugnar sua nomeação, por entenderem que o profissional não é apto tecnicamente para o trabalho.

Há doutrina sustentando, contudo, que o momento processual adequado para a impugnação da nomeação do regulador, e/ou o apontamento de sua suspeição e/ou impedimento, seria o da impugnação de que trata o § 1º do art. 708 do CPC/2015.

II. Julgado

"PROCESSUAL CIVIL. ADMINISTRATIVO. CONSELHO PROFISSIONAL. ENSINO. DISCIPLINA DE CUSTOS. CONTABILIDADE. PROFISSIONAL DA ÁREA DE ADMINISTRAÇÃO DE EMPRESAS. EXPERIÊNCIA PROFISSIONAL. AUSÊNCIA DE ÓBICE LEGAL. 1. A atividade de professor da disciplina de Contabilidade e Custos não é privativa de Contador e não está sujeita à ingerência do Conselho Regional de Contabilidade. 2. In casu, sobressai inequívoco do acórdão objurgado que: 'Dentre as atribuições do Conselho de Contabilidade, não se encontra a de fiscalizar o ensino das disciplinas inerentes aos cursos de formação de contador ou técnico em contabilidade, mas tão somente o de fiscalizar o exercício das profissões de contador e guarda-livros, conforme dispõe o art. 10 do Decreto-Lei nº 9.295/46: Art. 10 - São atribuições dos Conselhos Regionais: [...] c) fiscalizar o exercício das profissões de contador e guarda-livros, impedindo e punindo as infrações, e, bem assim, enviando às autoridades competentes minuciosos e documentados relatórios sobre fatos que apurarem, e cuja solução ou repressão não seja de sua alçada; O referido decreto-lei também estabelece quais são os trabalhos técnicos em contabilidade, entre os quais não se inclui o magistério: *Art. 25 - São considerados trabalhos técnicos de contabilidade*: a) organização e execução de serviços de contabilidade em geral; b) escrituração dos livros de contabilidade obrigatórios, bem como de todos os necessários no conjunto da organização contábil e levantamento dos respectivos balanços e demonstrações; c) perícias judiciais ou extrajudiciais, revisão de balanços e de contas em geral, verificação de haveres, revisão permanente ou periódica de escritas, *regulações judiciais ou extrajudiciais de avarias grossas ou comuns*, assistência aos Conselhos Fiscais das sociedades anônimas e quaisquer outras atribuições de natureza técnica, conferida por lei aos profissionais de contabilidade.' 3. Deveras, quem ministra aula em curso técnico de Contabilidade, devidamente licenciado e também habilitado pelo Ministério da Educação para tanto, ainda que não seja Bacharel em Contabilidade ou inscrito no Conselho de Contabilidade, não exerce atividade de contador. (REsp 855432/RS, Rel. Ministro HUMBERTO MARTINS, SEGUNDA TURMA, julgado em 12.12.2006, DJ 05.02.2007 p. 210). 4. O concurso público realizado para o exercício profissional de magistério deve observar, primordialmente, o disposto na Lei de Diretrizes e Bases da Educação Nacional e seus regulamentos. 5. O Conselho Profissional não tem atribuição para analisar a vida acadêmica da instituição de ensino e, muito menos, a partir desta análise, ampliar ou restringir o campo de atuação do profissional. 6. A avaliação da formação do profissional incumbe exclusivamente ao Ministério da Educação, razão pela qual ao Conselho de Classe resta vedado negar registro a profissionais formados em cursos de especialização oferecidos por entidades legalmente autorizadas pelo MEC, devendo a qualificação do profissional ser aferida mediante os certificados que atestam a conclusão da especialização 7. Recurso Especial desprovido" (STJ, 1ª T., REsp nº 503173/RS, Rel. Min. Luiz Fux, 4/11/2008).

Capítulo XIV - Da Restauração de Autos

Art. 712 - Verificado o desaparecimento dos autos, eletrônicos ou não, pode o juiz, de ofício, qualquer das partes ou o Ministério Público, se for o caso, promover-lhes a restauração.
Parágrafo único - Havendo autos suplementares, nesses prosseguirá o processo.

Autora: Priscila Faricelli de Mendonça

I. Notas gerais

O art. 712 (correspondente ao art. 1.063 no CPC/1973) trata do procedimento para requerimento da restauração de autos, tanto para autos físicos quanto para o processo eletrônico.

Caso haja autos suplementares, o processo de restauração seguirá neles. No entanto, sinaliza a interpretação, tal como no CPC/1973, de que, nas hipóteses em que haja autos suplementares, a restauração será dispensável.

II. Inovação do CPC/2015

Interessante destacar que o CPC/2015 prevê expressamente a possibilidade de o juiz de ofício ou o Ministério Público, além das partes, requererem a instauração do processo de restauração (o CPC/1973 somente previa requerimento pelas partes).

III. A inclusão de partes no procedimento de restauração

A jurisprudência entende que a restauração de autos não serve para requerimento de inclusão de parte não incluída no processo principal. Nesse sentido, o Superior Tribunal de Justiça já decidiu pela inviabilidade de a União Federal suscitar restauração quando deveria ter sido parte na ação principal. Confira-se: "PROCESSUAL CIVIL. RECURSO ESPECIAL. AÇÃO DE RESTAURAÇÃO DE AUTOS. VIOLAÇÃO DO ART. 535 DO CPC NÃO CONFIGURADA. REFAZIMENTO DE PROVAS. DESNECESSIDADE. INTERVENÇÃO DA UNIÃO DEFERIDA. AUSÊNCIA DE NULIDADE. EMBARGOS DE DECLARAÇÃO. RECURSO PROTELATÓRIO. APLICAÇÃO DE MULTA. [...]

2. Despropositada a alegação de ofensa ao art. 1.066 do CPC, que determina a repetição das provas produzidas em audiência, na medida em que, ao tempo do desaparecimento dos autos, já havia decisão de mérito com trânsito em julgado.

3. Deferido o ingresso da União no feito na qualidade de assistente simples da INFRAERO, na forma do art. 5º da Lei n.º 9.469/97, não há falar em nulidade da sentença por ofensa ao art. 10 da Lei 5.862/72.

4. Se alguma nulidade decorre de não ter a União participado como parte na ação principal, deve ser suscitada pelos meios próprios de impugnação, e não em simples procedimento de restauração de autos.

5. Situação fática que demonstra resistência injustificada ao andamento do processo, caracterizando a litigância de má-fé, que justifica a manutenção da multa fixada com fundamento no 538, parágrafo único, do CPC.

6. Recurso especial não provido" (2ª T., REsp nº 1100853/ES, Rel. Min. Eliana Calmon, j. em 20/8/2013, DJe de 28/8/2013).

IV. Juízo competente

Quanto ao juízo competente para julgar a restauração de autos, pela jurisprudência será aquele competente para a ação principal (nesse sentido, STJ, Conflito de Competência - 19229 e CPC/2015, art. 61).

Ainda sobre competência, o juízo que julgou os autos a serem restituídos será competente mesmo que posteriormente seja necessária remessa a outro juízo. Nesse sentido: "COMPETÊNCIA. CONFLITO NEGATIVO. AÇÃO DE RESTAURAÇÃO DE AUTOS. AÇÃO TRABALHISTA JULGADA POR JUIZ DE DIREITO COM JURISDIÇÃO TRABALHISTA. COMPETÊNCIA DA JUSTIÇA DO TRABALHO. CONFLITO CONHECIDO.

I - Tratando-se de feito já extinto, ao que consta por acordo entre as partes, competente para a restauração de autos seria o Juízo perante o qual foi processada a causa cujos autos se busca restaurar.

II - Proferida a sentença pela Justiça Estadual quando não havia Junta obreira no local, com trânsito em julgado, é reconhecida a sua incompetência *ratione materiae* para processar a restauração de autos, em virtude de modificação legislativa superveniente (CPC, art. 87), competindo à Justiça do Trabalho a efetivação das etapas processuais posteriores" (STJ, 2ª Seção, Conflito de Competência nº 22501, Rel. Sálvio de Figueiredo Teixeira, DJ de 1º/8/2000, p. 00187).

Art. 713 - Na petição inicial, declarará a parte o estado do processo ao tempo do desaparecimento dos autos, oferecendo:
I - certidões dos atos constantes do protocolo de audiências do cartório por onde haja corrido o processo;
II - cópia das peças que tenha em seu poder;
III - qualquer outro documento que facilite a restauração.

I. Notas gerais

O art. 713 (correspondente ao art. 1.064 no CPC/1973) trata dos documentos que devem ser apresentados no processo de restauração dos autos e não traz novidades com relação à redação do CPC/1973.

II. Prescrição intercorrente

Caso os documentos necessários não sejam apresentados no tempo adequado, ocorre prescrição intercorrente, no entendimento do STF: "AÇÃO RESCISÓRIA. PEDIDO DE RESTAURAÇÃO DE AUTOS, REQUERIDO EM 1963, NO QUAL OS AUTORES, ALÉM DE NÃO APRESENTAREM CÓPIA DA INICIAL, NÃO OFERECERAM, TAMBÉM, NENHUM DOS DOCUMENTOS EXIGIDOS PELO ART. 777 DO CÓDIGO DE PROCESSO CIVIL. PRESCRIÇÃO INTERCORRENTE DECRETADA. NÃO CONHECIMENTO DA AÇÃO" (STF, AR 499, Rel. Barros Monteiro, Plenário, 10/9/1969).

Art. 714 - A parte contrária será citada para contestar o pedido no prazo de 5 (cinco) dias, cabendo-lhe exibir as cópias, as contrafés e as reproduções dos atos e dos documentos que estiverem em seu poder.
§ 1º - Se a parte concordar com a restauração, lavrar-se-á o auto que, assinado pelas partes e homologado pelo juiz, suprirá o processo desaparecido.
§ 2º - Se a parte não contestar ou se a concordância for parcial, observar-se-á o procedimento comum.

I. Notas gerais

O art. 714 (correspondente ao art. 1.065 no CPC/1973) trata do procedimento de citação das partes contrárias ao requerente, fixando prazo de cinco dias para resposta. Caso não haja contestação ou concordância parcial, o procedimento continua sendo o comum.

II. Documentação imprescindível

Há documentos cuja apresentação é imprescindível para que a restauração de autos possa servir à continuidade do processo. Por exemplo, em caso de Execução Fiscal, caso a cópia da dívida ativa ou mesmo do processo administrativo que a originou não possa ser localizada, o processo não terá curso. Nesse sentido: "PROCESSO CIVIL. EXECUÇÃO FISCAL. ABANDONO DO PROCESSO. RESTAURAÇÃO DOS AUTOS. PRÉVIA INTIMAÇÃO PESSOAL. INÉRCIA DA EXEQUENTE. EXTINÇÃO SEM JULGAMENTO DO MÉRITO.

1. Na hipótese, a Corte Regional considerou que a Fazenda Nacional abandonou a causa, conforme os seguintes argumentos: 'Na demanda em questão, quando do fornecimento da documentação necessária para a citada restauração dos autos, o Instituto Nacional do Seguro social não teve êxito em localizar o processo administrativo que deu origem à exe-

cução fiscal, conforme os documentos de fls. 12/13. Ausente o título executivo, uma das condições fundamentais para o processo executivo, ocorre o fenômeno da nulidade, como bem entendeu o juízo *a quo*. Ademais, tendo ocorrido a autuação dos autos, em 02/09/1983, conforme o documento de fls. 07, manifesta está a prescrição, por força dos arts. 174 do CTN e do art. 40 da LEF. [...] Agravo regimental improvido." (2ª T., AgRg no REsp nº 1323730/RJ, Rel. Min. Humberto Martins, j. em 28/8/2012, DJe de 3/9/2012).

Também no sentido de que, caso o exequente não apresente a documentação necessária à restauração, a execução deve ser extinta: "PROCESSUAL CIVIL. EXECUÇÃO FISCAL. VIOLAÇÃO DO ART. 535 DO CPC NÃO CONFIGURADA.

1. Inexiste ofensa ao art. 535 do CPC, quando o Tribunal de origem, embora sucintamente, pronuncia-se de forma clara e suficiente sobre a questão posta nos autos, como ocorreu na presente hipótese, conforme o voto proferido, *in verbis*: 'Com efeito, não há falar, *in casu*, em aplicabilidade da Súmula 240 do Superior Tribunal de Justiça (a extinção do processo, por abandono da causa pelo autos, depende de requerimento do réu), porquanto se trata aqui de procedimento de restauração de autos de ação executiva, onde não há, propriamente, figura de réu, mas de parte executada. Ora, se o próprio exequente é o interessado em promover a restauração de autos desaparecidos e este permanece inerte, impõe-se a extinção do feito por abandono da causa.'

2. Ademais, o magistrado não está obrigado a rebater, um a um, os argumentos trazidos pela parte, desde que os fundamentos utilizados tenham sido suficientes para embasar a decisão.

3. Recurso especial a que se nega provimento" (1ª T., REsp nº 688.053/RJ, Rel. Min. Luiz Fux, j. em 21/6/2005, DJ de 1º/8/2005, p. 339).

Art. 715 - Se a perda dos autos tiver ocorrido depois da produção das provas em audiência, o juiz, se necessário, mandará repeti-las.

§ 1º - Serão reinquiridas as mesmas testemunhas, que, em caso de impossibilidade, poderão ser substituídas de ofício ou a requerimento.

§ 2º - Não havendo certidão ou cópia do laudo, far-se-á nova perícia, sempre que possível pelo mesmo perito.

§ 3º - Não havendo certidão de documentos, esses serão reconstituídos mediante cópias ou, na falta dessas, pelos meios ordinários de prova.

§ 4º - Os serventuários e os auxiliares da justiça não podem eximir-se de depor como testemunhas a respeito de atos que tenham praticado ou assistido.

§ 5º - Se o juiz houver proferido sentença da qual ele próprio ou o escrivão possua cópia, esta será juntada aos autos e terá a mesma autoridade da original.

I. Notas gerais

O art. 715 (correspondente ao art. 1.066 no CPC/1973) cuida da produção de provas no procedimento de restauração de autos. Não há novidades com relação à redação do CPC/1973.

II. Limites da sentença

Com o fim do procedimento, a sentença em restauração de autos deve ser proferida sobre a restauração, e não sobre o mérito da demanda. Nesse sentido é o entendimento do STJ: "PROCESSUAL CIVIL. TRIBUTÁRIO. VIOLAÇÃO DO ART. 535, I e II, DO CPC. NÃO CONFIGURADA. RESTAURAÇÃO DE AUTOS. EXECUÇÃO FISCAL. NULIDADE DA SENTENÇA. AUSÊNCIA DE FUNDAMENTAÇÃO. ALEGAÇÃO DE PRESCRIÇÃO DO CRÉDITO EXECUTADO. QUESTÃO ESTRANHA À AÇÃO DE RESTAURAÇÃO. [...]

3. Deveras, consoante cediço, o juiz, ao julgar o pedido de restauração de autos, ao contrário do que pretende a recorrente, deve cingir-se aos requisitos inerentes à própria restauração, sendo defeso o exame acerca da causa principal.

4. Sobre o *thema decidendum* leciona Pontes de Miranda, in Comentários ao Código de Processo Civil, Tomo XV, Forense, 1977, *litte-*

ris: '[...] 1) NATUREZA DA SENTENÇA E RECURSO - A sentença de restauração de autos é sentença constitutiva em ação constitutiva. Julgada em ação, se o processo não estava terminado, no próprio processo de restauração é que se prossegue, depois do trânsito em julgado da sentença do art. 1.067. Nessa sentença, não se pode dar qualquer decisão ou simples despacho da causa principal (Supremo Tribunal Federal, 27 de junho de 1914, R. de D., 35, 457). (grifos nossos)

5. Deveras, as questões de fato ou de direito pertinentes ao processo originário, como sói ser a questão concernente à prescrição do crédito executado, devem ser discutidas quando do prosseguimento do feito, revelando-se estranhas à ação de restauração de autos, tanto mais que sob o ângulo da eventualidade a prescrição pode ocorrer durante o trâmite da ação de restauração, matéria a ser aferível no juízo principal após a inteireza dos autos.

6. Recurso Especial improvido" (STJ, 1ª T., Recurso Especial nº 676265, Rel. Min. Luiz Fux, DJ de 28/11/2005, p. 00203).

Art. 716 - Julgada a restauração, seguirá o processo os seus termos.
Parágrafo único - Aparecendo os autos originais, neles se prosseguirá, sendo-lhes apensados os autos da restauração.

I. Notas gerais

O art. 716 (correspondente ao art. 1.067 no CPC/1973) não traz novidades quanto ao CPC/1973, sugerindo que, findo o procedimento da restauração, os atos processuais passarão a ser processados nos autos restaurados e, aparecendo os originais, nestes os atos praticados.

II. Efeitos do recurso de apelação

Vale destacar o entendimento jurisprudencial de que o Recurso de Apelação interposto no processo de restauração de autos deve ser recebido no duplo efeito. Nesse sentido: "AÇÃO DE RESTAURAÇÃO DE AUTOS. APELAÇÃO: EFEITOS. ART. 520 DO CÓDIGO DE PROCESSO CIVIL. 1. A apelação na ação de restauração de autos deve ser recebida no duplo efeito. 2. Recurso especial conhecido e provido" (3ª T., REsp nº 774.797/SP, Rel. Min. Carlos Alberto Menezes Direito, j. em 13/9/2005, DJ de 28/11/2005, p. 289).

Art. 717 - Se o desaparecimento dos autos tiver ocorrido no tribunal, o processo de restauração será distribuído, sempre que possível, ao relator do processo.
§ 1º - A restauração far-se-á no juízo de origem quanto aos atos nele realizados.
§ 2º - Remetidos os autos ao tribunal, nele completar-se-á a restauração e proceder-se-á ao julgamento.

I. Notas gerais

O art. 717 (correspondente ao art. 1.068 no CPC/1973) não traz novidades quanto ao texto do CPC/1973: a restauração deve ser distribuída ao relator, quando o desaparecimento ocorrer no tribunal, e ao juízo de origem quanto aos atos ali praticados.

O STJ já manifestou entendimento de que, desaparecidos os autos após julgamento naquela Corte, os autos devem ser ali restaurados (nesse sentido, veja acórdãos proferidos em Petição nº 2.128 e Petição nº 1.001).

Art. 718 - Quem houver dado causa ao desaparecimento dos autos responderá pelas custas da restauração e pelos honorários de advogado, sem prejuízo da responsabilidade civil ou penal em que incorrer.

I. Notas gerais

O art. 718 (correspondente ao art. 1.069 no CPC/1973) repete o texto do CPC/1973, sem novidades quanto à sucumbência relativa à restauração de autos.

II. Condenação em honorários advocatícios

Existe jurisprudência acerca do cabimento de condenação em honorários advocatícios no processo de restauração de autos, devidos por quem dava causa ao desaparecimento dos autos originais: "PROCESSUAL CIVIL. RESTAURAÇÃO DE AUTOS. HONORÁRIOS ADVOCATÍCIOS. CONDENAÇÃO. CPC, ART. 460.

I - O acórdão recorrido, ao aplicar, em feito relativo à restauração de autos, o princípio da sucumbência em razão do caráter litigioso que assumiu por oposição do requerido, não decidiu *ultra* nem *extra petita*, não violando, por isso mesmo, o art. 460 do CPC.

II - Recurso especial não conhecido" (3ª T., REsp nº 127.748/CE, Rel. Min. Antônio de Pádua Ribeiro, j. em 23/5/2000, DJ de 26/6/2000, p. 154).

"PROCESSUAL CIVIL - RESTAURAÇÃO DE AUTOS - PAGAMENTO DE CUSTAS E HONORÁRIOS ADVOCATÍCIOS - ART. 1.069, CPC.

1. Sabendo-se que foi o impetrante, ora apelando, que deu causa ao desaparecimento dos autos, deve ele arcar com o pagamento das custas e honorários do procedimento de restauração de autos, a teor do art. 1.069, do CPC.

2. Mesmo com o reaparecimento dos autos originais, permanece sendo devido o pagamento dos honorários e das custas, um vez que todo o procedimento de restauração foi realizado, o que importa em evidentes custos, bem como houve o labor dos representantes legais, que devem ser devidamente remunerados, sob pena de aviltamento da profissão.

3. Apelação provida" (TRF-5, AC nº 200205000131440, Rel. Des. Federal Francisco Wildo, DJ de 30/11/2004, p. 490).

Esse entendimento foi reafirmado em março de 2017, ressaltando que quem dá causa à necessidade de restauração deverá arcar com custos e também honorários: "PROCESSO CIVIL. RESTAURAÇÃO DE AUTOS. HONORÁRIOS ADVOCATÍCIOS. CONDENAÇÃO DO INSS. SENTENÇA MANTIDA. REMESSA OFICIAL IMPROVIDA.

1. Os autos foram extraviados quando se encontravam em poder do procurador do INSS, o qual não apresentou o motivo que justificasse o desaparecimento do processo.

2. A restauração de autos é procedimento especial de jurisdição contenciosa previsto nos arts. 1.063 a 1.069 do Código de Processo Civil. Por esta razão, as custas e honorários advocatícios são devidos por aquele que deu causa ao desaparecimento dos autos originários. 3. Remessa oficial improvida" (TRF-5, 1ª T., APELREEX nº 00035868320164059999, Des. Fed. Manoel Erhardt, DJE de 23/3/2017, p. 40).

Capítulo XV - Dos Procedimentos de Jurisdição Voluntária

Seção I - Disposições Gerais

Art. 719 - Quando este Código não estabelecer procedimento especial, regem os procedimentos de jurisdição voluntária as disposições constantes desta Seção.

Autor: Eduardo Parente

I. Introdução

A redação do CPC/2015 mantém o formato do art. 1.103 do Código de Processo Civil de 1973, anunciando as normas gerais aplicadas aos procedimentos de jurisdição voluntária. Apesar da discussão acerca da denominação e divergências entre o anteprojeto e o projeto do Senado, prevaleceu a nomenclatura tradicional aplicada, ao invés do título "procedimentos não contenciosos".

II. Conceito

Para algumas crises jurídicas o ordenamento processual oferece remédios diferentes da conhecida relação dialética autor-réu, temperada pelas garantias constitucionais do devido processo legal. São situações em que o juiz não é chamado para resolver diretamente um conflito, mas para criar realidades jurídicas novas, capazes de dar guarida a um dos sujeitos ou a ambos. Assemelha-se, em verdade, a uma verdadeira administração de interesses de um ou de todos os envolvidos, embora havendo também atividade judicial. A doutrina tradicional costuma chamar a atividade de administração pública de interesses privados. Tal é a jurisdição voluntária, que se diferencia da contenciosa, na qual o conflito existente entre os sujeitos é posto diretamente diante do juiz e dele recebe solução. Preferimos utilizar a expressão *processo* de jurisdição voluntária em vez de procedimento, uma vez que, embora sem a relação antagônica típica dos processos contenciosos, há exercício de jurisdição e aplicação de poder do Estado, havendo inclusive contraditório em muitos deles, o que importa em falar de processo cujo procedimento se desenvolve de acordo com as tipicidades descritas no ordenamento.

III. Julgados

Fixação de verba honorária

"[...] Apelação Cível. Ação de interdição. Procedimento de jurisdição voluntária, só admitindo a fixação de verba honorária quando existente resistência, situação inocorrente nos autos. Recurso desprovido [...]" (TJRS, 7ª Câmara Cível, Apelação Cível nº 70019606417, Rel. Des. Ricardo Raupp Ruschel, j. em 13/6/2007).

"[...] Cabem honorários em demandas de jurisdição voluntária quando há resistência à pretensão [...]" (TJRJ, 3ª Câmara Cível, Apelação Cível nº 2005.001.33223, Rel. Des. Luiz Fernando de Carvalho, j. em 10/10/2006).

Inaplicabilidade de astreintes

"Inviável a aplicação de 'astreintes' em procedimento de jurisdição voluntária, pois não há parte, e, em consequência, não se estabelece o contraditório" (TJRS, 17ª Câmara Cível, AI nº 70019177286, Rel. Des. Marco Aurélio dos Santos Caminha, j. em 31/5/2007).

Homologação de cessão de crédito

"O pedido de homologação judicial de crédito oriundo de precatório-requisitório para fim de compensação tributária, não tendo natureza contenciosa, deve seguir o procedimento previsto para as hipóteses de jurisdição voluntária, onde a participação do Judiciário tem por finalidade garantir a lisura da cessão de crédito, evitando que o Estado, por exemplo, compense débito tributário com crédito de precatório inexistente ou viciado" (TJPR, AI nº 472.311-5, Rel. Des. Eduardo Sarrão, j. em 23/9/2008).

Coisa julgada

"As decisões proferidas em ação de jurisdição voluntária, como regra, não têm a força de coisa julgada, sendo-lhes possível a revisão a requerimento dos interessados. Isto porque 'sendo ato administrativo, o procedimento judicial emitido em procedimento de jurisdição voluntária é revogável, desde que não atinja direitos subjetivos, tal como se dá com o ato administrativo em geral'" (TJSC, Ap. Cív. nº 2003.013952-4, Rel. Des. Maria do Rocio Luz Santa Ritta, j. em 8/8/2006).

Art. 720 - O procedimento terá início por provocação do interessado, do Ministério Público ou da Defensoria Pública, cabendo-lhes formular o pedido devidamente instruído com os documentos necessários e com a indicação da providência judicial.

I. Início do procedimento

O dispositivo trata do rito de início de procedimento de jurisdição voluntária, mantendo a estrutura do art. 1.104 do Código de Processo Civil de 1973, trata do que se pode chamar de "fase postulatória" dos procedimentos especiais de jurisdição voluntária. A competência é regulada pelas regras gerais do ordenamento, indicando ainda o dispositivo quem são os legitimados, com destaque para a expressa inclusão da Defensoria Pública, ratificando o crescente espaço do órgão no processo civil brasileiro e na defesa dos interesses individuais e coletivos dos necessitados.

II. Julgado

Legitimidade do Ministério Público

"E de acordo com o disposto no artigo 1.104 do Estatuto, o procedimento especial de jurisdição voluntária pode ser iniciado por provocação do Ministério Público, quando lhe couber intervir nos autos devido à existência de interesse público, devendo como tal ser considerada a necessária harmonia entre a realidade e os registros públicos" (TJSP, AI. nº 288.134.4/8, Rel. Des. Elliot Akel, j. em 12/8/2003).

Art. 721 - Serão citados todos os interessados, bem como intimado o Ministério Público, nos casos do art. 178, para que se manifestem, querendo, no prazo de 15 (quinze) dias.

I. Introdução

Mesclando a redação dos arts. 1.105 e 1.106 do Código de Processo Civil de 1973, a nova disposição determina a citação dos interessados e intimação do Ministério Público, ao contrário da redação errônea no CPC/1973, que determinava a "citação" do Ministério Público. Destaca-se também a ampliação do prazo para resposta dos interessados e manifestação do Ministério Público de 10 dias para 15 dias.

II. Julgados

Interessados

"A validade do processo pressupõe citação regular (art. 214 do CPC). No caso de procedimento de jurisdição voluntária, o art. 1.105 do CPC expressamente determina sejam citados os interessados. É nulo o processo relativo a pedido de alvará judicial para recebimento de seguro obrigatório se a seguradora deixou de ser citada [...]" (TAMG, 3ª Câmara Cível, AI nº 356.419-4, Rel. Juiz Caetano Levi Lopes, j. em 6/3/2002). No mesmo sentido: TJPR, 1ª Câmara Cível, Ap. Cív. nº 13.428, Rel. Juiz Munir Karam, j. em 7/2/1997.

"O art. 1.105, do CPC, nos procedimentos especiais de jurisdição voluntária, determina a citação de todos os interessados e do Ministério Público, sob pena de nulidade" (TJMG, 7ª Câmara Cível, Apelação Cível nº 1.0027.04.003757-7/001, Rel. Des. Pinheiro Lago, j. em 16/5/2006).

Condômino do imóvel indivisivo. Citação

"O condômino do imóvel indivisível que se quer alienar judicialmente deve ser citado. Art. 1.105 do CPC" (STJ, 4ª T., REsp nº 367.665/SP, Rel. Min. Ruy Rosado de Aguiar, j. em 15/5/2003, DJ de 15/12/2003).

Estipulação em favor de terceiro. Desnecessidade de citação

"Havendo entre os estipulantes o terceiro beneficiário um vínculo de caráter meramente obrigacional, o interesse deste último no procedimento de alienação de coisa comum é tão só econômico e não jurídico. Desnecessidade de sua citação" (STJ, 4ª T., REsp nº 36.770/SP, Rel. Min. Barros Monteiro, j. em 30/11/1993).

Intervenção do MP

"Interpretação lógico-sistemática recomenda que se dê ao art. 1.105, CPC, inteligência que o compatibilize com as normas que regem a atuação do MP, especialmente as contempladas no art. 82 do diploma codificado. A presença da Instituição nos procedimentos de jurisdição voluntária somente se dá nas hipóteses explicitadas no respectivo título e no mencionado art. 82" (STJ, 4ª T., REsp nº 46.770/RJ, Rel. Min. Sálvio de Figueiredo, j. em 18/2/1997, DJ de 17/3/1997). No mesmo sentido: STJ, 3ª T., AgRg no Ag nº 41.605/SP, Rel. Min. Nilson Naves, j. em 8/11/1993, DJ de 6/12/1993; TJDF, 3ª T. Cível, Ap. nº 4457997, Rel. Des. Costa Carvalho, j. em 8/11/1999, DJDF de 18/4/2000.

"A regra disposta no art. 1.105 do CPC deve ser analisada em conjunto com a norma contida no art. 82 do mesmo diploma legal, sendo imprescindível a intervenção ministerial apenas nos casos em que configuradas as hipóteses legais previstas neste último dispositivo" (TJMG, 15ª Câmara Cível, Apelação Cível nº 2.00000.00.499330-4/000, Rel. Des. José Affonso da Costa Côrtes, j. em 15/3/2007).

Reconvenção. Não cabimento

"Não cabe reconvenção no procedimento de jurisdição voluntária. Hipótese em que, ademais, há necessidade de empregar-se ritos distintos" (STJ, 4ª T., REsp nº 33.457/SP, Rel. Min. Barros Monteiro, j. em 29/11/1993, DJ de 28/2/1994). No mesmo sentido: TJRGS, 17ª Câmara Cível, Ap. nº 70002798197, Rel. Des. Fernando Braf Henning Júnior, j. em 28/8/2001).

Efeitos da revelia. Aplicabilidade

"Aplicam-se aos procedimentos de jurisdição voluntária os efeitos da revelia. A faculdade de o Juiz investigar livremente os fatos não autoriza a receber e processar resposta intempestiva" (TJSP, 13ª Câmara, AI nº 247.008-2/6, Rel. Des. Marrey Neto, j. em 6/9/1994).

Art. 722 - A Fazenda Pública será sempre ouvida nos casos em que tiver interesse.

I. Oitiva da Fazenda Pública

Correspondente ao art. 1.108 do Código de Processo Civil pode-se apontar a falta de técnica aplicada na redação do dispositivo, já que, nos termos do art. 721, quando interessada, a Fazenda será "citada". O artigo impõe a oitiva da Fazenda Pública "nos casos em que tiver interesse", sendo que o magistrado, de ofício ou atendendo a pedidos dos interessados e/ou do Ministério Público, a intimará para tanto.

II. Julgados

Interesse processual

"Não se confunde o interesse previsto no art. 1.108 do CPC com interesse de agir, uma das condições de ação. Assim, não obstante poder a Fazenda Pública se pronunciar em procedimento especial de separação por mútuo consentimento, não assume a mesma o papel de parte nos autos, donde não ter, destarte, legítimo interesse para recorrer da sentença homologatória do pedido" (TJMG, 2ª Câmara, Ap. nº 67.681, Rel. Des. Walter Veado, j. em 23/9/1986; Jurisp. Min. nº 95 e nº 96/145).

"Nos procedimentos de jurisdição voluntária em que houver interesse da fazenda pública, esta deve ser citada sob pena de nulidade processual, sendo que a expedição de mero ofício solicitando informações ao ente público, não supre o defeito de citação que é ato formal e específico" (TJMG, Ap. Cív. nº 1.0280.03.005007-2/001, Rel. Des. Nepomuceno Silva, j. em 4/5/2004).

"A falta de apreciação a pedido do INSS, de vista dos autos, sob alegação de existir fundada suspeita de que a área em litígio lhe pertença, com precipitação da sentença importa em nulidade processual porquanto 'A Fazenda Pública será sempre ouvida nos casos em que tiver interesse' (art. 1.108 do CPC)" (TJPR, Ap. Cív. nº 227.971-2, Rel. Des. Gamaliel Seme Scaff, j. em 1º/10/2003).

Art. 723 - O juiz decidirá o pedido no prazo de 10 (dez) dias.
Parágrafo único - O juiz não é obrigado a observar critério de legalidade estrita, podendo adotar em cada caso a solução que considerar mais conveniente ou oportuna.

I. Afastamento de legalidade estrita

Com nova redação o dispositivo mantém a regra prevista no art. 1.109 do Código de Processo Civil de 1973. A exclusão da autorização legal expressa para decisão por equidade foi objeto de debate durante a tramitação do projeto na Câmara dos Deputados. A redação foi mantida no texto final com a adoção do fundamento de que o julgamento por equidade somente seria possível em casos expressamente previstos em lei (art. 140, parágrafo único, do CPC). O afastamento de forma expressa pelo artigo permite ao juiz adotar em cada caso a solução que reputar mais conveniente ou oportuna. Deve-se entender o dispositivo como uma autorização para que o magistrado decida o pedido que lhe é formulado, embora pautado por princípios (ou valores) presentes em todo o ordenamento jurídico, mediante regra de hermenêutica.

II. Julgados

Legalidade estrita

"O art. 1.109 do CPC abre a possibilidade de não se obrigar o juiz, nos procedimentos de jurisdição voluntária, à observância do critério de legalidade estrita, abertura essa, contudo, limitada ao ato de decidir, por exemplo, com base na equidade e na adoção da solução mais conveniente e oportuna à situação concreta. Isso não quer dizer que a liberdade ofertada pela lei processual se aplique à prática de atos procedimentais, máxime quando se tratar daquele que representa o direito de defesa do interditando" (STJ, 3ª T., REsp nº 623047/RJ, Rel. Min. Nancy Andrighi, j. em 14/12/2004, DJ de 7/3/2005).

"Em se tratando de procedimento de jurisdição voluntária, em que não há necessidade de se observar a legalidade estrita, podendo o juiz decidir por equidade (art. 1.109 do CPC), a expedição imediata de alvará, antes do término do prazo para a interposição de recurso, não configura ofensa à lei processual" (STJ, 5ª T., REsp nº 215.693/GO, Rel. Min. Félix Fischer, ac. 19/2/2002, DJU de 18/3/2002).

Art. 724 - Da sentença caberá apelação.

I. Recurso

A redação do art. 1.110 do Código de Processo Civil de 1973 foi mantida, mas é desnecessária, considerando a sistemática recursal adotada pelo CPC/2015, em especial a disposição do art. 1.009 ("da sentença cabe apelação"). Não há dúvida de que a decisão é verdadeira sentenca e, como tal, apelável, o que não impede o cabimento dos demais recursos para todas e quaisquer decisões que sejam proferidas ao longo do procedimento (com as restrições do art. 1.015 do CPC/2015). Destaca-se que nem todo procedimento de jurisdição voluntária terminará com o proferimento de sentença, como é o exemplo da notificação/interpelação dos arts. 726 e seguintes.

II. Julgados

Cabimento da apelação

"A decisão que indefere o pedido de alvará judicial põe fim ao processo, razão pela qual desafia o recurso de apelacão" (TJMG, AI nº 2.0000.00.520036-6/000, Rel. Des. Alvimar de Ávila, j. em 28/9/2005).

"À luz do disposto no art. 1.110 do Código de Processo Civil, o recurso cabível em relação à decisão que julga pedido de alienacão judicial é o de apelação, posto tratar-se de sentença, e não de decisão interlocutória, máxime considerando que há, em casos que tais, a composição de lide pelo juiz, quando a questão se torna controvertida, tornando-se contencioso o procedimento" (TJGO, Ap. Cív. nº 74947-0/188 (200302606976), Rel. Des. Luiz Eduardo de Sousa, j. em 5/12/2006).

Princípio da Fungibilidade

"Não se pode qualificar como erro grosseiro opção feita pela parte de ingressar com agravo de instrumento contra decisão que em processo falimentar decidiu pedido de alvará, ainda que se adote o entendimento do acórdão de que, por força do art. 1.110 do Código de Processo Civil, cabível a apelação. Em tal cenário, pertinente a aplicação do princípio da fungibilidade recursal" (STJ, 3ª T., REsp nº 603.930/RS, Rel. Min. Carlos Alberto Menezes Direito, j. em 7/6/2005, DJ de 29/8/2005). No mesmo sentido: STJ, 4ª T., REsp nº 596.866/RS, Rel. Min. Fernando Gonçalves, j. em 18/3/2010, DJe de 12/4/2010. Em sentido contrário: "Cabe apelação da sentença que decide procedimento especial de jurisdição voluntária (art. 1.110 do CPC). A interposição de agravo de instrumento afasta a possibilidade de utilização do princípio da fungibilidade por constituir-se em erro grosseiro" (TJSC, AI nº 6.790, Rel. Des. Eder Graf, j. em 30/6/1992).

Rescisória

"Se no feito de jurisdição voluntária é oferecida contestação, o feito assume feição nitidamente contenciosa, com sentença de mérito, tornando-se possível, em princípio, ser atacada por ação rescisória" (TJSP, 4º Gr. de Câms., AR nº 127.046-2, Rel. Des. Lair Loureiro, j. em 23/2/1989, RJTJSP 120/442).

Art. 725 - Processar-se-á na forma estabelecida nesta Seção o pedido de:
I - emancipação;
II - sub-rogação;
III - alienação, arrendamento ou oneração de bens de crianças ou adolescentes, de órfãos e de interditos;
IV - alienação, locação e administração da coisa comum;
V - alienação de quinhão em coisa comum;
VI - extinção de usufruto, quando não decorrer da morte do usufrutuário, do termo da sua duração ou da consolidação, e de fideicomisso, quando decorrer de renúncia ou quando ocorrer antes do evento que caracterizar a condição resolutória;
VII - expedição de alvará judicial;
VIII - homologação de autocomposição extrajudicial, de qualquer natureza ou valor.
Parágrafo único - As normas desta Seção aplicam-se, no que couber, aos procedimentos regulados nas seções seguintes.

I. Elenco de procedimentos

O dispositivo mantém, com nova redação, as disposições do art. 1.112 do Código de Processo Civil de 1973, enumerando as hipóteses dos procedimentos de jurisdição voluntária, destacando a aplicação das normas gerais. Destaca-se a inclusão das hipóteses dos incisos III, VI e VIII. Merece destaque a inclusão da hipótese de homologação de autocomposição extrajudicial, situação há muito referendada pela doutrina e abordada nos projetos de reforma ao CPC/1973, estabelecendo a direta conexão com o disposto no art. 515 do Código de Processo Civil. No mesmo sentido do ordenamento anterior, o dispositivo impõe para diversas situações de direito material a observância do procedimento padrão. Não obstante, importa destacar que o rol não é exaustivo, pois outras situações podem ser encontradas dispersas no ordenamento jurídico que podem ser submetidas ao procedimento de jurisdição voluntária.

II. Julgados

Procedimento

Ação de partilha de bens. Contestação. Jurisdição voluntária. TJMT: "O simples fato de haver apresentação de contestação em Ação de Partilha Judicial de Bens não retira a qualidade do feito como de procedimento de jurisdição voluntária (art. 1.112, IV, do CPC)" (TJMT, CC Negativo nº 94278/2006, Rel. Des. Walter Pereira de Souza, j. em 5/6/2007).

Competência

"Competente é o juízo do lugar onde o imóvel com cláusula de inalienabilidade e impenhorabilidade se localiza, para sub-rogação de vínculo pedida por quem é proprietário e assim se tornou em virtude de inventário já encerrado" (STJ, 2ª Seção, CC nº 34.167/RS, Rel. Min. Antônio de Pádua Ribeiro, j. em 11/9/2002, DJ de 11/11/2002).

"Processual Civil. Competência. Alienação e sub-rogação de imóvel, com cláusulas de inalienabilidade e impenhorabilidade. Art. 1.112 do CPC. STJ: 'Competente é o juízo do lugar onde o imóvel com cláusula de inalienabilidade e impenhorabilidade se localiza, para sub-rogação de vínculo pedida por quem é proprietário e assim se tornou em virtude de inventário já encerrado'." (STJ, CC nº 34.167-RS, Rel. Min. Antônio de Pádua Ribeiro, j. em 11/9/2002).

Seção II - Da Notificação e da Interpelação

Art. 726 - Quem tiver interesse em manifestar formalmente sua vontade a outrem sobre assunto juridicamente relevante poderá notificar pessoas participantes da mesma relação jurídica para dar-lhes ciência de seu propósito.

§ 1º - Se a pretensão for a de dar conhecimento geral ao público, mediante edital, o juiz só a deferirá se a tiver por fundada e necessária ao resguardo de direito.

§ 2º - Aplica-se o disposto nesta Seção, no que couber, ao protesto judicial.

I. Conceito

Previsto no Código de Processo Civil de 1973 como hipótese de processo cautelar específico (arts. 867 e 870), com o CPC/2015 a notificação e a interpelação estão inseridas no rol dos procedimentos especiais de jurisdição voluntária, em consonância com as novas regras aplicadas às tutelas de urgência e evidência. Destaque-se a expressa determinação de aplicação das regras que disciplinam procedimentalmente as Notificações e Interpelações ao Protesto, desde que não conflitante com a disciplina específica a respeito. Talvez sejam os processos de jurisdição voluntária com maior utilização prática, objeto, portanto, de grande produção jurisprudencial. A notificação comunica, intima, mas também provoca atividade positiva ou negativa. Já a interpelação é exigência efetiva que se dirige ao devedor apenas.

II. Julgados

Notificação

"A notificação de que cuida o artigo 867 do diploma procedimental civil tem por fim prevenir responsabilidade, prover conservação e ressalva de direitos ou manifestação de intenção de modo formal, para tais desideratos, não sendo instrumento hábil para se vindicar informações sobre o andamento ou o estágio de requerimento administrativo de concessão de benefício previdenciário..." (TRF-1ª Região, 2ª T., Ap. nº 01.000.283.447/MG, Rel. Juiz Carlos Moreira Alves, j. em 5/2/2003, DJ de 6/3/2003, p. 109).

"A notificação judicial é instrumento hábil tão só para tornar pública a manifestação de vontade da parte interessada" (TRF-4ª Região, 4ª T., AC nº 272.412/SE, Rel. Juiz Luiz Alberto Gurgel Faria, j. em 10/12/2002, DJ de 25/3/2003, p. 867).

Interpelação

"A interpelação judicial constitui medida cautelar preparatória prevista no art. 867 do CPC e que somente pode ser ajuizada perante esta Corte quando demonstrado que o STJ tem competência originária para conhecer da ação principal de natureza cível. Precedente" (STJ, Corte Especial, AgRg na IJ nº 117/RJ, Rel.

Min. Castro Meira, j. em 15/12/2010, DJe de 31/3/2011).

"Não é título judicial idôneo para fundamentar procedimento de execução a interpelação judicial" (TRF-1ª Região, 3ª T. Suplementar, AC nº 01.170.088/BA, Rel. Juiz Evandro Reimão dos Reis, j. em 27/6/2001, DJ de 5/11/2001, p. 786).

Protesto

"O protesto contra alienação de bens não tem o condão de obstar o respectivo negócio tampouco de anulá-lo; apenas tornará inequívocas as ressalvas do protestante em relação ao negócio, bem como a alegação desse – simplesmente alegação – em ter direitos sobre o bem e/ou motivos para anular a alienação" (STJ, 3ª T., REsp nº 1229449/MG, Rel. Min. Nancy Andrighi, j. em 7/6/2011, DJe de 15/9/2011).

"Não tendo o protesto efeito para impedir a realização de negócios, não se apresenta ilegal a decisão que o admite, determinando as intimações devidas" (STJ, 3ª T., RMS nº 1555/MG, Rel. Min. Dias Trindade, j. em 28/6/1993, DJ de 30/8/1993, p. 17.289).

"É nula a decisão que, sem fundamentação, defere protesto judicial contra alienação de bens, medida de tal gravidade que foi um dos motivos invocados para a liquidação da cooperativa atingida" (STJ, 4ª T., REsp nº 36235/RS, Rel. Min. Ruy Rosado de Aguiar, j. em 8/11/1994, DJ de 12/12/1994, p. 34.350).

Art. 727 - Também poderá o interessado interpelar o requerido, no caso do art. 726, para que faça ou deixe de fazer o que o requerente entenda ser de seu direito.

I. Conceito

O objetivo deste dispositivo é marcar a diferenciação entre a Interpelação e a Notificação, não possuindo correspondência direta com os dispositivos do Código de Processo Civil de 1973, mas, fundamentalmente, reformulando a regra do art. 873 do CPC/1973. O procedimento será o mesmo da notificação.

Art. 728 - O requerido será previamente ouvido antes do deferimento da notificação ou do respectivo edital:
I - se houver suspeita de que o requerente, por meio da notificação ou do edital, pretende alcançar fim ilícito;
II - se tiver sido requerida a averbação da notificação em registro público.

I. Contraditório e abuso de direito

Ainda que o CPC/2015 procure sistematicamente fortalecer o instituto, mesmo com nova redação em relação ao art. 870 do Código de Processo Civil de 1973, o contraditório permanece eventual. Merece destaque a expressa exigência de oitiva do requerido em caso de pedido de averbação da notificação ou protesto em registro público, medida que procura salvaguardar eventual abuso de direito. Essa abordagem ganha relevo, na prática, com a grande utilização do chamado "protesto contra alienação de bens", instrumento muito utilizado e que por vezes assim o é para constranger a parte contra quem se destina, restringindo a plena fruição de seus bens, numa tentativa de forçar determinada situação jurídica, *vis-à-vis* de uma "execução indireta". A oitiva, porém, não pode ser confundida com a defesa processual, incompatível com a natureza do procedimento.

II. Julgados

"Se o réu apesar de possuir duas residências não é encontrado em nenhuma delas em várias tentativas, informando seu empregado que desconhece seu paradeiro, correta é a caracterização de encontrar-se em lugar incerto e não sabido, convalidada a citação pro edital" (TJMG, AI nº 1.0024.05.747309-2/001, Rel. Des. José Flávio de Almeida, j. em 29/11/2006).

"Não se logrando sucesso na tentativa de notificar pessoalmente o devedor no endereço constante do contrato, a notificação do protesto por edital é válida à sua constituição em mora" (TJMT, AI nº 65887/2007, Rel. Des. José M. Bianchini Fernandes, j. em 26/11/2007).

"No caso de protesto judicial visando interromper a prescrição em relação à ação de petição de herança que a autora almeja propor, bem como dar publicidade a essa intenção, a expedição de edital encontra previsão expressa no artigo 870, I, do Código de Processo Civil, o que torna insubsistente a alegação de ofensa a direito líquido e certo, impondo-se, consequentemente, a denegação do mandado de segurança impetrado" (TJMG, MS nº 1.0000.06.440912-1/000, Rel. Des. Renato Martins Jacob, j. em 25/1/2007).

"Não havendo indícios de defraudação do patrimônio, entende-se desnecessária a intimação do protesto por meio de editais, conforme prescreve o art. 870, do CPC. A divulgação por meio de editais é capaz de gerar prejuízos ao devedor, pois, apesar de o protesto não impedir a alienação de bens, poderá embaraçar a perpetração de negócios, e, consequentemente, dificultar o pagamento das dívidas. Assim, a medida deve ser denegada, especialmente quando a eventual alienação de bens por parte do devedor venha a caracterizar fraude à execução, gerando os mesmos efeitos desejados pelo credor com a publicação dos editais, que é a ineficácia do negócio em relação ao mesmo" (TJSC, AI nº 2004.017834-4, Rel. Des. Sérgio Roberto Baasch Luz, j. em 13/12/2005).

"Encontrando-se o citando em lugar incerto e não sabido e esgotados os meios para sua localização, possível fazer-se a notificação cautelar por editais – inteligência do art. 870 do CPC" (TJSP, AI nº 1.102.631-0/0, Rel. Des. Egídio Giacoia, j. em 16/4/2007).

Art. 729 - Deferida e realizada a notificação ou interpelação, os autos serão entregues ao requerente.

I. Fim do procedimento e entrega dos autos

A redação permanece inalterada em relação ao disposto no art. 872 do Código de Processo Civil de 1973. Este ritual de entrega dos autos é bem específico do procedimento, sacramentando o fim da atividade jurisdicional deste procedimento que possui uma via muito diferenciada em termos de simplicidade e celeridade.

II. Julgados

"A Notificação é mera exteriorização de vontade que, ao efetuar-se, seguida do pagamento das custas, põe fim a atividade jurisdicional, devendo, inclusive, após 48 horas, serem entregues os autos ao requerente" (Ap. Cív. nº 2003.020885-2, Rel. Des. Wilson Augusto do Nascimento, j. em 24/11/2003).

"Feitas as intimações, ordenará o juiz que, pagas as custas e decorridas 48 horas, sejam os autos entregues à parte independentemente de traslado. Assim, não havendo ainda a lide, que só acontecerá no processo principal, não se pode nos autos de protesto homologar acordo apresentado pelo protestante e protestado, sob pena de se dar efeito litigioso à medida cautelar" (TJSC, 1ª Câmara, Ap. nº 21.665, Rel. Des. Protásio Leal Filho, j. em 25/10/1984, *JC* 46/182).

Seção III - Da Alienação Judicial

Art. 730 - Nos casos expressos em lei, não havendo acordo entre os interessados sobre o modo como se deve realizar a alienação do bem, o juiz, de ofício ou a requerimento dos interessados ou do depositário, mandará aliená-lo em leilão, observando-se o disposto na Seção I deste Capítulo e, no que couber, o disposto nos arts. 879 a 903.

I. Conceito

Com uma redação simplificada em relação ao atual art. 1.113 do Código de Processo Civil, destaca-se no novo texto a ausência de acordo entre os interessados como único requisito para a alienação judicial. Além disso, aponta-se a eliminação do procedimento anteriormente previsto nos arts. 1.114 a 1.119 do CPC/1973, sendo adotado o procedimento aplicado à alienação no processo de execução (por iniciativa particular ou por leilão), que poderá ocorrer incidentalmente ou como procedimento autônomo. As alienações judiciais devem ser compreendidas como aquelas situações em que a alienação de um determinado bem deve ser feita pelo Estado-juiz pois as partes não conseguem resolver a venda por si mesmas amigavelmente, presentes as condições pelas quais determinado bem foi alienado. Pouco importa a razão pela qual isso ocorra, bastando que não haja consenso ou que a lei obrigue a adotar o caminho jurisdicional. Embora a lei não mais preveja expressamente, como assim o fazia o § 2º do art. 1.113 do CPC/1973, impõe-se o contraditório.

II. Julgados

Bem em perfeito estado de conservação

"Alienação antecipada de bens penhorados em garantia. Possibilidade de alienação antecipada de bens penhorados sujeitos a deterioração ou depreciação. Avaliação judicial realizada. Insuficiência de bens. Inaplicabilidade do art. 620 do CPC. Parcial provimento. Exclusão de veículo que se acha em perfeito estado de conservação. Manutenção de alienação antecipada dos demais bens. [...]. Mérito. Possibilidade de alienação antecipada de bens penhorados em garantia de processos de execução desde que sujeitos a deterioração ou depreciação, devendo ser precedido de avaliação judicial, como na hipótese dos autos. Não tem fundamento a aplicação do art. 620 do CPC, se não existem outros meios para se satisfazer o crédito executado. Exclui-se, da alienação antecipada, veículo que se encontre em perfeito estado de conservação" (TJES, 3ª Câmara Cível, AI nº 069009000097, Rel. Des. José Eduardo Grandi Ribeiro, j. em 3/4/2001, DJES de 8/5/2001).

Alienação judicial. Embargos à arrematação. Impossibilidade

"Na alienação judicial de coisa comum (CPC, arts. 1.112 a 1.119), inadmissível é a oposição de embargos à arrematação" (STJ, 4ª T., REsp nº 184465/MG, Rel. Min. Sálvio de Figueiredo Teixeira, j. em 10/10/2000, DJU de 18/2/2000).

Alienação de coisa comum indivisível. Honorários advocatícios e custas

"Alienação judicial de coisa comum indivisível. Honorários advocatícios e custas. Responsabilidade pelo pagamento. Conquanto se trate de procedimento especial de jurisdição voluntária, responde o vencido pelas despesas, em se tratando, como aqui se trata, de pretensão resistida. Precedente da 3ª Turma do STJ: REsp 8.596" (STJ, 3ª T., REsp nº 77.057/SP, Rel. Min. Nilson Naves, j. em 12/2/1996, DJ de 25/3/1996).

Venda de imóveis. Interesse de menores. Prevalência do foro da situação do imóvel

"Conflito de competência. Processo civil. Prevalência do foro da situação do imóvel sobre o do inventário. Mesmo havendo interesse de menores, em se tratando de venda de imóvel, o foro da situação deste (CPC, art. 95) deve prevalecer sobre o foro do inventário (CPC, art. 96), regendo-se aquele por critério de competência absoluta" (STJ, 2ª Seção, CC nº 799/DF, Rel. Min. Sálvio de Figueiredo Teixeira, j. em 13/12/1989, DJ de 12/3/1990).

Alienação com função cautelar

"O art. 1.113, do CPC, autoriza a alienação deferida em 1ª instância, posto que é permitida a alienação com função cautelar, quando os bens forem de fácil deterioração, evitando-se prejuízos aos interessados" (TJMG, 17ª Câmara Cível, Agravo nº 1.0079.02.011059-3/001, Rel. Des. Eduardo Mariné da Cunha, j. em 8/3/2007).

Seção IV - Do Divórcio e da Separação Consensuais, da Extinção Consensual de União Estável

Art. 731 - A homologação do divórcio ou da separação consensuais, observados os requisitos legais, poderá ser requerida em petição assinada por ambos os cônjuges, da qual constarão:
I - as disposições relativas à descrição e à partilha dos bens comuns;
II - as disposições relativas à pensão alimentícia entre os cônjuges;
III - o acordo relativo à guarda dos filhos incapazes e ao regime de visitas; e
IV - o valor da contribuição para criar e educar os filhos.
Parágrafo único - Se os cônjuges não acordarem sobre a partilha dos bens, far-se-á esta depois de homologado o divórcio, na forma estabelecida nos arts. 647 a 658.

Autor: Marcelo Truzzi Otero

I. Divórcio e separação consensuais

Corrente doutrinária majoritária vinha sustentando que o instituto da separação foi extinto do ordenamento jurídico brasileiro com o advento da EC/66, de julho de 2010, conhecida como *Emenda do Divórcio*. Para os defensores deste ponto de vista, insista-se, majoritário, a redação conferida ao art. 226 da Constituição Federal pela referida EC/66, interpretada a partir da perspectiva hermenêutica existencialista imposta pela própria CF/88, extirpou do ordenamento todos os requisitos e condicionantes para a concessão do divórcio, impedindo não só a discussão da culpa pelo fim do casamento, mas a própria possibilidade da separação judicial em face da inutilidade do instituto, cuja finalidade pode ser alcançada de forma mais fácil e objetiva pelo divórcio, que passa a ser caminho único para a dissolução do casamento válido.

Em sentido contrário, a corrente minoritária vinha defendendo que a EC/66 apenas extirpou os prazos estabelecidos pela legislação infraconstitucional para a concessão da separação e do divórcio, mas manteve o instituto da separação no ordenamento, que passou a ser uma faculdade aos que desejam apenas a dissolução da sociedade conjugal, e não a sua extinção. Esse entendimento acabou prevalecendo entre os participantes da V Jornada de Direito Civil do Conselho da Justiça Federal que, por maioria, aprovaram os Enunciados nº 514 e nº 515, concluindo pela manutenção da separação, judicial e extrajudicial, no sistema jurídico, mesmo após a EC/66.

O CPC/2015 houve por bem manter o sistema dual, prevendo que as partes podem submeter o acordo da separação ou do divórcio a homologação judicial, preenchidos os requisitos estabelecidos nesse artigo.

Em edição anterior desta obra, foi defendido que semelhante previsão na legislação processual não colocaria termo à discussão sobre a extinção da figura da separação judicial do ordenamento brasileiro, mesmo porque não competiria à lei instrumental selar o destino de institutos de direito material, mas apenas lhes disciplinar o procedimento a ser observado em juízo, como fez no CPC/12015 com a separação judicial.

O Superior Tribunal de Justiça, nos autos do REsp nº 1.247.098-MS, relatado pela Min. Maria Isabel Galotti, julgado em 14/3/2017, reconheceu que o instituto da separação está mantido no sistema jurídico vigente, o que não coloca termo à discussão envolvendo a utilidade da separação, que, na prática, tende ao completo desuso.

II. Requisitos legais

Simplificando os procedimentos para a dissolução do casamento, o CPC/2015 não mais prevê que as assinaturas dos cônjuges sejam lançadas na presença do juiz e tampouco exige a oitiva pessoal a respeito dos motivos ensejadores da separação ou do divórcio, como fazia o CPC/1973, o que não significa que o juiz não poderá fazê-lo se, da leitura do acordo submetido à homologação judicial, suspeitar que os cônjuges não o subscreveram de forma espontânea e consciente.

Segundo a literalidade do dispositivo, o acordo submetido à homologação judicial deve disciplinar a pensão alimentícia entre os cônjuges, a guarda e o regime de visitas aos filhos incapazes e o valor da contribuição dos genitores para criar e educar os filhos, além da descrição e partilha dos bens comuns, caso a composição também alcance patrimônio comum.

Relativamente aos alimentos devidos entre cônjuges, caberá aos interessados decidir se renunciarão, dispensarão ou exercerão, ainda que transitoriamente, o direito a alimentos. É que muito embora o CC/2002, art. 1.707, estabeleça que o credor de alimentos não pode renunciar a este direito, tem se entendido que a proibição está circunscrita aos parentes, não alcançando os cônjuges e os companheiros. Eventual omissão acerca dos alimentos entre cônjuges deve ser recebida como simples dispensa do direito de percebê-los, reservando ao direito de reclamá-los ulteriormente, caso deles necessite. Essa, aliás, é a solução, *de lege ferenda*, a ser adotada em todas as hipóteses em que os litigantes não chegam a um consenso quanto aos alimentos devidos reciprocamente. Considerando que o CPC/2015 adota a colaboração e a conciliação como postulado, não parece lógico e razoável que a lei instigue as partes a um conflito generalizado ante a falta de consenso sobre um único ponto que pode ser resolvido de forma autônoma e independente, em ação própria.

Segundo o inciso III do art. 731, o acordo submetido à homologação judicial deverá disciplinar a guarda e o regime de visitas dos pais aos filhos. A redação do dispositivo é censurável, tendo o CPC/2015 perdido excelente oportunidade de harmonizar o seu texto aos passos da doutrina familiarista e aos comandos da CF/1988, art. 227, e das Leis nº 11.698/2008 e 13.058/2014, que buscam assegurar a convivência familiar entre pais e filhos (CF/1988, art. 227). Melhor seria se tivesse dito que o acordo submetido à homologação judicial deve disciplinar a convivência entre pais e filhos – direito convivencial – suprimindo da legislação os termos *guarda* e *visitas*, de conteúdo manifestamente reducionista.

O inciso IV, a seu turno, determina que o *valor* da contribuição que será paga pelos genitores aos filhos conste do acordo de separação ou do divórcio. Como o inciso anterior, esse dispositivo também poderia ter uma redação mais precisa, já que a sua literalidade sugere que a contribuição dos pais aos filhos será sempre em dinheiro, olvidando que a contribuição pode se dar na forma de hospedagem e sustento (CC/2002, art. 1.701) ou mediante o pagamento direto de todas as despesas do menor junto a fornecedores e prestadores de serviço, a exemplo do pagamento direto da escola, de cursos extracurriculares, das despesas com moradia, despesas escolares. Casuisticamente, o magistrado poderá dispensar tal estipulação se constatar que o genitor exerce a guarda unilateral dos filhos ou simplesmente não está em condições de concorrer para o sustento do filho sem o mínimo vital.

III. Partilha de bens

A lei confere ampla e irrestrita liberdade aos cônjuges para convencionarem a respeito da partilha do patrimônio comum, afigurando-se perfeitamente lícito que um deles transfira ao outro parcela significativa ou a integralidade do patrimônio comum. Desde que consciente do ato e de suas consequências, não haverá obstáculo à homologação do acordo entabulado pelo casal nesse sentido.

Acaso não tenham se acertado a respeito da partilha ou lhes afigure conveniente formalizá-la após a homologação da separação ou do divórcio, poderão assim fazê-lo, como permite o parágrafo único deste art. 731, em sintonia com o art. 1.581 do CC/2002, com a jurisprudência consolidada dos Tribunais Superiores e, substancialmente, com a perspectiva existencialista imposta pela CF/1988, que, tutelando os interesses dos partícipes das relações familiares, assegura a tutela da liberdade e da intimidade da pessoa para constituir ou extinguir entidades familiares sem entraves injustificáveis.

Postergada para momento posterior à homologação da separação ou divórcio consensuais, a partilha do patrimônio deve ser feita nas modalidades consensual ou litigiosa. Na primeira delas, as partes poderão apresentá-la nos próprios autos da separação e do divórcio ou formalizá-la por escritura pública. Na modalidade litigiosa, o rito procedimental é aquele previsto nos arts. 647 a 658 do CPC/2015, que trata da partilha no inventário judicial, e que, de forma feliz, repristinou o art. 505 do CPC/1939, estabelecendo comandos a serem observados na partilha de bens e que obrigam o magistrado a decidi-la em conformidade com a máxima comodidade e interesse dos cônjuges/herdeiros (CPC/2015, art. 648, inciso III), projetando uma perspectiva existencialista que deve orientar todas as decisões judiciais.

IV. Julgados

Reconhecendo que a EC/66 extinguiu a separação judicial da ordem jurídica brasileira

"[...] Superveniência da E.C. nº 66/2010 que colocou fim ao sistema dualista da extinção do matrimônio em duas etapas: separação judicial para extinguir a sociedade conjugal e conversão em divórcio que extinguia o vínculo matrimonial – Divórcio que é sempre direto e imotivado, afigurando-se como direito potestativo [...]" (TJSP, AI nº 2071543-78.2013.8.26.0000, 3ª Câm. Dir. Privado, Rel. Des. Egidio Giacoia, 1º/4/2014).

"[...] A Emenda Constitucional nº 66 limitou-se a admitir a possibilidade de concessão de divórcio direto para dissolver o casamento, afastando a exigência, no plano constitucional, da prévia separação judicial e do requisito temporal de separação fática. 2. Essa disposição constitucional evidentemente não retirou do ordenamento jurídico a legislação infraconstitucional que continua regulando tanto a dissolução do casamento como da sociedade conjugal e estabelecendo limites e condições, permanecendo em vigor todas as disposições legais que regulamentam a separação judicial, como sendo a única modalidade legal de extinção da sociedade conjugal, que não afeta o vínculo matrimonial. [...]" (TJRS, AI nº 70039285457, 7ª Câm. Cível, Des. Rel. Sérgio Fernando de Vasconcellos Chaves, j. 29/10/2010).

Reconhecendo a validade dos alimentos transitórios entre cônjuges e companheiros

"[...] 4. Os alimentos transitórios – que não se confundem com os alimentos provisórios – têm por objetivo estabelecer um marco final para que o alimentando não permaneça em eterno estado de dependência do ex-cônjuge ou ex-companheiro, isso quando lhe é possível assumir sua própria vida de modo autônomo. 5. Recurso especial provido em parte. Fixação de alimentos transitórios em quatro salários mínimos por dois anos a contar da publicação deste acórdão, ficando afastada a multa aplicada com base no art. 538 do CPC. [...]" (STJ, 4ª T., REsp nº 145263-CE, Rel. Min. Luis Felipe Salomão, j. 16/4/2015)

Reconhecendo que a omissão de alimentos no acordo não implica renúncia

"[...] Não há falar-se em renúncia do direito aos alimentos ante a simples inércia de seu exercício, porquanto o ato abdicativo do direito deve ser expresso e inequívoco.

3. Em atenção ao princípio da mútua assistência, mesmo após o divórcio, não tendo ocorrido a renúncia aos alimentos por parte do cônjuge que, em razão dos longos anos de duração do matrimônio, não exercera atividade econômica, se vier a padecer de recursos materiais, por não dispor de meios para suprir as próprias necessidades vitais (alimentos necessários), seja por incapacidade laborativa, seja por insuficiência de bens, poderá requerê-la de seu ex-consorte, desde que preenchidos os requisitos legais. [...]" (STJ, 4ª T., REsp nº 1073052/SC, Rel. Min. Marco Buzzi, j. 11/6/2013).

Reconhecendo a validade da renúncia de alimentos

"[...] São irrenunciáveis os alimentos devidos na constância do vínculo familiar (art. 1.707 do CC/2002). Não obstante considere-se válida e eficaz a renúncia manifestada por ocasião de acordo de separação judicial ou de divórcio, nos termos da reiterada jurisprudência do Superior Tribunal de Justiça, não pode ser admitida enquanto perdurar a união estável [...]." (STJ, 4ª T., REsp nº 1178233/RJ, Rel. Min. Raul Araújo, j. 6/11/2014).

Art. 732 - As disposições relativas ao processo de homologação judicial de divórcio ou de separação consensuais aplicam-se, no que couber, ao processo de homologação da extinção consensual de união estável.

I. Homologação de dissolução consensual da união estável

A Constituição Federal de 1988 reconheceu expressamente a união estável como um dos modelos de família, assegurando-lhe especial proteção. As Leis nº 8.971/1994 e 9.278/1996 e, posteriormente, o CC/2002, arts. 1.723 e 1.726, disciplinaram os direitos e deveres recíprocos entre companheiros, evidenciando o claro interesse dos conviventes em regrá-los por ocasião da dissolução da união estável.

A liberdade conferida aos conviventes para disciplinarem esses efeitos oriundos da união estável é mais ampla do que a assegurada aos cônjuges. Enquanto os companheiros podem distratar a união estável por instrumento particular, por escritura pública ou judicialmente, os cônjuges poderão fazê-lo judicialmente ou por escritura pública, e desde que observados os requisitos legais exigidos para uma ou outra modalidade.

Diante da maior liberdade conferida aos companheiros para disciplinarem os efeitos da união estável, questiona-se, em momento de desjudicialização, se os companheiros teriam interesse jurídico na submissão do distrato consensual da união estável à homologação judicial.

O CPC/2015, no dispositivo em causa, deixa absolutamente claro que sim, dispondo expressamente que se aplicará, no que couber, à dissolução consensual da união estável o mesmo procedimento observado para a separação e o divórcio consensuais.

A homologação judicial do distrato celebrado pelos conviventes pacifica interesses em conflito, confere título executivo, transmite um inegável sentimento de segurança que os instrumentos particulares não proporcionam, ainda que desfrutem de idêntica eficácia jurídica. Isso sem considerar que, ao negar homologação judicial para o distrato a que chegaram os conviventes, impõe-lhes tratamento distinto àquele conferido aos cônjuges, em clara afronta ao comando do art. 226 da CF/1988. Andou bem o legislador, pontificando a legalidade do acordo.

II. No que couber

O dispositivo ressalva que as disposições relativas ao processo de separação e divórcio consensuais serão aplicadas, no que couber, ao distrato consensual da união estável. Guardadas as semelhantes entre casamento e união estável, os institutos também apresentam dessemelhanças que devem ser observadas quando da homologação da união estável. Enquanto o casamento prova-se pela certidão de casamento, a união estável é um ato-fato jurídico que prescinde da manifestação de vontade dos conviventes, contentando-se com a presença de todos os requisitos essenciais objetivos e subjetivos para a sua caracterização.

Submetido um distrato de união estável à homologação judicial, o juiz pode designar uma audiência para oitiva dos conviventes e de testemunhas a fim de se certificar da efetiva existência da união estável antes de simplesmente chancelar o acordo submetido à sua homologação, o que não ocorre com o casamento, ato solene, cuja prova se faz mediante apresentação da certidão de casamento.

Discute-se também a possibilidade de os conviventes adotarem o regime da comunhão universal de bens, razão pela qual o juiz, entendendo pela impossibilidade de semelhante contratação, poderá negar homologação à partilha dos bens anteriores ao início da união estável, fato que não se dá com o casamento, onde a adoção de semelhante regime de bens é incontroversa.

Em resumo, cada modelo de família tem suas particularidades e não cabe à legislação instrumental discipliná-las, mas apenas ressalvá-las, como fez o dispositivo, dispondo que as disposições inerentes do processo de separação e divórcio consensuais aplicar-se-ão ao processo de homologação da extinção consensual da união estável, conquanto compatíveis com o regime jurídico da união estável.

III. Julgados

Interesse jurídico na homologação judicial de acordo de dissolução de união estável

"[...] Homologação judicial de acordo de dissolução de união estável. Interesse de agir. A união estável é vínculo jurídico tutelado pelo estado e gerador de direitos e deveres recíprocos que trazem profundas repercussões na esfera jurídica dos companheiros, existindo, portanto, interesse de agir em pedido de homologação judicial de acordo de dissolução de união estável, consoante jurisprudência deste Tribunal e do Col. STJ." (TJDF, 6ª T. Cível, AC nº 200501102844168, Rel. Des. Ana Maria Duarte Amarante Brito, j. 10/10/2005, DJU de 8/11/2005).

Impossibilidade de adoção do regime da comunhão universal

"[...] 1. Nas uniões estáveis, de acordo com a previsão do art. 1.725 do Código Civil, salvo contrato escrito, incide, no que tange às questões patrimoniais, a disciplina do regime da comunhão parcial de bens, no que couber; com isso, é admissível que os conviventes afastem, através de contrato escrito, a presunção de comunicação dos bens adquiridos a título oneroso no interregno da vida em comum, sendo presumida essa comunhão parcial na ausência de contrato escrito dispondo de forma diversa. 2. Não é viável juridicamente a comunicação dos bens adquiridos por um só dos conviventes antes do início da convivência em comum, por simples contrato escrito. O contrato a que alude o nosso Código Civil, em seu art. 1.725, não tem esse alcance, por não equivaler ao pacto antenupcial exigido na hipótese de casamento, como pressuposto indispensável da eficácia do regime da comunhão universal de bens. [...]" (TJSC, AC nº 2011.096525-0, 2ª CC, Rel. Des. Trindade Santos, j. 2/7/2013).

Art. 733 - O divórcio consensual, a separação consensual e a extinção consensual de união estável, não havendo nascituro ou filhos incapazes e observados os requisitos legais, poderão ser realizados por escritura pública, da qual constarão as disposições de que trata o art. 731.

§ 1º - A escritura não depende de homologação judicial e constitui título hábil para qualquer ato de registro, bem como para levantamento de importância depositada em instituições financeiras.

§ 2º - O tabelião somente lavrará a escritura se os interessados estiverem assistidos por advogado ou por defensor público, cuja qualificação e assinatura constarão do ato notarial.

I. Separação, divórcio e extinção da união extrajudicial

A Lei nº 11.441, de 2007, conferiu nova redação aos arts. 982, 103 e 1.124 do CPC/1973, facultando aos interessados promoverem a separação, o divórcio e o inventário consensualmente, pela via extrajudicial, desde que fossem capazes, estivessem de acordo, não existissem filhos ou herdeiros incapazes e estivessem representados por advogado. Referida lei foi regulamentada pela Resolução nº 35 do CNJ, adaptada pela Lei nº 11.965, de 2009, e impactada pela EC/66.

O CPC/2015, no dispositivo em causa, basicamente recepcionou, de forma mais simplificada, o conteúdo da Lei nº 11.441, de 2007, ampliando o seu alcance para consignar expressamente que a dissolução consensual da união estável também pode ser formalizada por escritura pública, nos mesmos termos que o divórcio e a separação.

II. Observados os requisitos legais

O art. 731 do CC/2015 condiciona a homologação da separação, do divórcio e a homologação da dissolução da união estável pela via extrajudicial à observância dos requisitos legais.

A Lei nº 11.441, de 2007, responsável pela instituição da separação, do divórcio e do inventário na modalidade extrajudicial, condicionava a via extrajudicial aos seguintes requisitos: capacidade dos interessados, acordo quanto aos termos do divórcio ou da separação, inexistência de filhos menores, representação por advogado.

Essa Lei nº 11.441 foi tacitamente revogada pelo CPC/2015. De fato, embora tenha instituído a separação, o divórcio e o inventário extrajudiciais na legislação ordinária, a Lei nº 11.441 o fez conferindo uma nova redação aos artigos 982, 983, 1.031 e 1.124 do CPC/1973, expressamente revogados pelo CPC/2015, art. 1.046.

Diante da revogação da referida lei, os requisitos legais para separação, divórcio e distrato da união estável extrajudicial resumem-se àqueles extraídos do art. 733 do CPC/2015 e que muito se aproximam daqueles exigidos pela lei revogada: ausência de nascituro e de filhos incapazes, acordo quanto a alimentos entre cônjuges, disciplina da partilha de bens e assistência por advogado ou defensor público, ressalvando que a ausência da partilha de bens não obstaculizará a via extrajudicial, nos termos do parágrafo único do próprio art. 731.

Muito embora tenha sido editada com o intuito *precípuo* de uniformizar o entendimento e orientar a aplicação da Lei nº 11.441, 2007, revogada pelo CPC/2015, a Resolução nº 35 do CNJ trata das separações, divórcios e inventários extrajudiciais de uma forma geral e abrangente, não se mostrando incompatível ou inconciliável com o regramento do art. 731 do CPC/2015, de modo que Resolução nº 35 do CNJ e CPC/2015 coexistirão normalmente.

III. Título hábil para ato de registro e levantamento de importâncias

O parágrafo único deste dispositivo praticamente reproduz o conteúdo do art. 3º, da Resolução nº 35 do CNJ, que prevê a suficiência da escritura pública para os atos de registro civil e imobiliário, para a transferência de bens e de direitos e para o levantamento de valores, independentemente de homologação judicial. Esse claro esforço do legislador em dotar as escrituras públicas de separação, de divórcio e de distrato de união estável de eficácia plena para a execução do quanto nelas acordado tem esbarrado na resistência de instituições privadas em cumprir o comando legal, exatamente como é verificado até hoje com o Decreto nº 85.845, de 1981, que, mesmo autorizando expressamente os dependentes habilitados do falecido a levantar saldos de FGTS e PIS-Pasep, de contas bancárias e de poupança e restituições de Imposto de Renda independentemente de autorização judicial, não consegue vencer a desconfiança das instituições financeiras que sistematicamente condicionam os levantamentos à concessão de alvarás judiciais.

IV. Assistência por advogado ou defensor público

O CPC/2015 exige, para a lavratura da escritura de separação, divórcio e distrato de união estável, que as partes estejam assistidas por advogado de confiança delas e por elas eleito, vedada a indicação pelo Tabelião, nos termos do art. 9º, da Resolução nº 35 do CNJ, inteiramente aplicável ao CPC/2015. Na hipótese de os interessados declararem-se carentes de recursos para contratar advogado, o Tabelião deverá orientá-los a procurar a Defensoria Pública local ou o Convênio da Ordem dos Advogados do Brasil, onde ainda não estiver instalada a Defensoria Pública ou simplesmente não existir defensor público designado para aquela localidade.

V. Julgados

Instituições exigindo alvará judicial para cumprimento do acordado em escritura pública

"[...] A Lei 6.858/80 dispõe sobre o pagamento dos valores não recebidos em vida pelos respectivos titulares relativos aos resíduos de FGTS e PIS. Nesse sentido, prevê em seu art. 1º que tais quantias serão pagas aos dependentes habilitados perante a Previdência Social e, na sua falta, aos sucessores previstos na lei civil, indicados em alvará judicial, independentemente de inventário ou arrolamento. A mencionada lei dispõe, ainda, que o saldo bancário do *de cujus* também poderá ser levantado pelo beneficiário junto à Previdência Social, como se depreende do art. 2º. Compulsando os autos, verifica-se que fora promovido inventário extrajudicial dos bens dos *de cujus* e que estes não possuíam dependentes cadastrados junto à Previdência Social (doc. 35), sendo os recorrentes, porém, seus sucessores de acordo com a lei civil, de modo que cabível a concessão de alvará judicial para o levantamento dos valores perseguidos, sob pena de se negar vigência aos dispositivos legais acima transcritos. [...]" (TJRJ, 3ª T. Cível, AC nº 00284361120148190054, Rel. Des. Renata Machado Cotta, j. 22/4/2015).

"[...] A apelante insurge-se com a sentença que extinguiu o processo sem resolução do mérito, com base no art. 267, IV, do CPC. Pretende, a recorrente, a liberação de valores existente em fundo de investimento – Ourocap – em nome da falecida (fl. 07 e 22). Os sucessores da *de cujus* optaram em realizar inventário extrajudicial, que foi concluído em fevereiro de 2013, conforme escritura pública das fls. 32-33. Contudo, para receber os valores depositados no Banco do Brasil, é necessário autorização judicial. Assim, evidenciada a necessidade do provimento judicial pleiteado, deve ser reformada a sentença hostilizada para dar prosseguimento ao processo. [...]" (TJRS, 7ª CC, AC nº 70057935991, Rel. Des. Jorge Dall'Agnol, j. 26/3/2014).

Desnecessidade de alvarás judiciais

"[...] 2. Com a nova sistemática das ações de inventário e partilha, adotada pela Lei 11.441 /2007, que possibilitou a realização de inventário, partilha, separação consensual e divórcio consensual por via administrativa, a limitação de valores imposta pela Lei 6.858/80 mostra-se inócua e incongruente com a intenção do legislador de desburocratizar os inventários e partilhas; 3. Na espécie, todos os herdeiros são capazes e vieram conjuntamente a juízo requerer o levantamento do saldo em conta-corrente, ressaltando que a *de cujus* não deixou dependentes tampouco bens a inventariar, não havendo motivos plausíveis para o indeferimento do alvará judicial, uma vez que os Apelantes poderiam adjudicar os valores constantes na conta-corrente por simples ato notarial, com a realização do inventário extrajudicial. [...]" (TJBA, 1º C. Cível, AC nº 000020542.2010.80.5.0235, Rel. Des. Maria Marta K. Martins Abreu, j. 9/8/2013).

Art. 734 - A alteração do regime de bens do casamento, observados os requisitos legais, poderá ser requerida, motivadamente, em petição assinada por ambos os cônjuges, na qual serão expostas as razões que justificam a alteração, ressalvados os direitos de terceiros.

§ 1º - Ao receber a petição inicial, o juiz determinará a intimação do Ministério Público e a publicação de edital que divulgue a pretendida alteração de bens, somente podendo decidir depois de decorrido o prazo de 30 (trinta) dias da publicação do edital.

§ 2º - Os cônjuges, na petição inicial ou em petição avulsa, podem propor ao juiz meio alternativo de divulgação da alteração do regime de bens, a fim de resguardar direitos de terceiros.

§ 3º - Após o trânsito em julgado da sentença serão expedidos mandados de averbação aos cartórios de registro civil e de imóveis e, caso qualquer dos cônjuges seja empresário, ao Registro Público de Empresas Mercantis e Atividades Afins.

I. Requisitos legais

Na sistemática do CC/1916, o regime de bens do casamento era imutável. Era exemplo característico de pedido juridicamente impossível. Coube ao CC/2002 inserir na ordem jurídica nacional a possibilidade da alteração do regime de bens do casamento, porém, não fez irrestritamente, como deveria ter feito. Nos termos do art. 1.639, § 2º, da codificação civil, o pedido de alteração do regime de bens será deduzido judicialmente, em pedido conjunto e motivado, ressalvados os interesses de terceiros.

O CPC/2015, em seu art. 734, disciplina o procedimento para esta alteração do regime de bens, condicionando a alteração do regime de bens à observância dos requisitos legais do § 2º do art. 1.639, do CC/2002, repetindo que o pedido deve ser formulado judicialmente, em petição assinada conjuntamente pelos cônjuges, expondo as razões que justificam a pretendida alteração, preservados os interesses de terceiros.

II. Justificativa

Condicionar a alteração do regime de bens à apresentação de justificativa não parece harmonizar com o princípio da intervenção mínima nas relações familiares e menos ainda com a liberdade e com a autodeterminação que devem ser asseguradas às pessoas capazes. Semelhante exigência também colide com a disponibilidade característica dos direitos de natureza patrimonial, como é o caso do regime de bens. É direito do casal alterar o regime de bens se lhe convier, bastando demonstrar que a decisão nesse sentido é refletida e consciente, fato que pode ser facilmente aferido pelo magistrado com a oitiva separada das partes, em audiência designada especificamente para este fim.

III. Pedido conjunto

A petição deve ser subscrita pelo casal, em pedido conjunto, sendo vedado na ordem jurídica vigente o pedido unilateral de alteração de regime de bens, por mais relevantes que sejam as alegações.

IV. Direitos de terceiros, a intervenção do Ministério Público e a publicação de editais

Tanto o CC/2002 quanto o CPC/2015 condicionam a alteração do regime de bens à preservação dos interesses de terceiros. No propósito de preservá-los, o CPC/2015 exige a intervenção do Ministério Público e a publicação de editais para cientificar eventuais interessados acerca da pretendida alteração do regime de bens, proibindo qualquer decisão antes do transcurso de 30 dias da publicação do edital.

A participação do Ministério Público no pedido de alteração do regime de bens encontra justificativa no pálido fundamento de que a matéria debatida envolve registro público (Ato nº 313/03-PGJ-CGMP/SP, de 24 de junho de 2003, art. 3º, inciso VI). A alteração do regime de bens versa primordialmente sobre questão de natureza exclusivamente patrimonial entre pessoas maiores e capazes, não se vislumbrando interesse público que justifique a intervenção ministerial. A regularidade do registro civil pode perfeitamente ser feita, neste caso, exclusivamente pelo Magistrado, reservando a atuação ministerial às questões que devotem atenção à tutela de interesses de ordem supraindividual, o que, efetivamente, não ocorre no pedido de alteração do regime de bens.

A publicação de edital para dar publicidade à alteração do regime de bens é outra exigência de duvidosa eficácia. Tomando como paradigma o edital dos proclamas e a própria citação edilícia, a prática revela a pouquíssima utilidade da providência, dado o número insignificante de pessoas que atentam para o conteúdo destes editais, publicados no diário oficial eletrônico e em jornais de tiragem insignificante e baixíssima circulação. Além de não atingir a finalidade pretendida pelo legislador, a exigência onera, burocratiza e retarda a prestação jurisdicional. Seria infinitamente mais profícuo condicionar o pedido de alteração de regime de bens à apresentação de certidões de distribuições de ações e de protestos. Existindo algum apontamento em nome das partes, o Magistrado determinaria a intimação do terceiro interessado para manifestar sobre a pretendida alteração do regime de bens, salientando que, mesmo deferido o pedido, a alteração será ineficaz relativamente aos terceiros prejudicados quando importar em redução das garantias de credores.

V. Alternativa ao edital

O § 2º do dispositivo autoriza que as partes proponham ao juízo, já com a inicial ou por petição autônoma, formas alternativas de divulgação da pretendida alteração do regime de bens, evitando a publicação de edital. A veiculação pelo rádio; pelo sistema de som das igrejas matrizes das pequenas comarcas do interior; em páginas da internet especialmente criadas pelos Tribunais de Justiça para esta finalidade ilustram algumas das alternativas para a publicidade almejada com a publicação de edital que, como dito, de duvidosa eficácia.

A comprovação da inexistência de distribuição de ações e da lavratura de protestos contra o casal ainda é o mecanismo mais eficiente para preservar os interesses de terceiros, tornando desnecessária outra providência. Desburocratiza, desonera e prontifica a entrega da prestação jurisdicional ao mesmo tempo em que preserva suficientemente os interesses de terceiros.

VI. Registro da sentença

O § 2º do dispositivo em exame determina que a alteração do regime de bens seja averbada no assento de casamento do casal, no livro próprio do fólio imobiliário e também perante o registro público de empresas mercantis, se um dos cônjuges exercer atividade empresarial. Antes desta averbação, a sentença, transitada em julgado, produzirá efeitos entre o casal, vinculando terceiros somente após a averbação perante o fólio imobiliário, pois é ele que empresta eficácia *erga omnes* à modificação do regime.

VII. Julgados

Pela necessidade de intervenção do Ministério Público

"[...] 1. Recusa de intervenção. Procedimento de alteração de regime de bens. Órgão ministerial que, ao receber o feito com vista, recusa-se a intervir. [...] 3. Presença de fundamento da intervenção. Situação mencionada expressamente pelo Ato n. 313/03 – PGJ-CGMP, de 24 de junho de 2003, art. 3º, VI: procedimento de jurisdição voluntária que envolve matéria alusiva aos registros públicos. 4. Dirimida a questão, determinando-se a intervenção do Ministério Público [...]" (PGE/SP, Autos nº 533.01.2011.0032896-5/000000-0000, Marcio Fernando Elias Rosa, Procurador-Geral de Justiça, j. 15/8/2012).

Pela desnecessidade de maiores justificativas

"[...] a melhor interpretação que se deve conferir ao art. 1.639, § 2º, do CC/02 é a que não exige dos cônjuges justificativas exageradas ou provas concretas do prejuízo na manutenção do regime de bens originário, sob pena de se esquadrinhar indevidamente a própria intimidade e a vida privada dos consortes [...]" (STJ, 4ª T., REsp nº 1.119.462-MG, Rel. Min. Luis Felipe Salomão, j. 26/2/2013).

Pela desnecessidade da publicação de edital

"[...] 1. Nos termos do art. 1.639, § 2º, do Código Civil de 2002, a alteração do regime jurídico de bens do casamento é admitida, quando procedentes as razões invocadas no pedido de ambos os cônjuges, mediante autorização judicial, sempre com ressalva dos direitos de terceiros. 2. Mostra-se, assim, dispensável a formalidade emanada de Provimento do Tribunal de Justiça de publicação de editais acerca da alteração do regime de bens, mormente pelo fato de se tratar de providência da qual não cogita a legislação aplicável. 3. O princípio da publicidade, em tal hipótese, é atendido pela publicação da sentença que defere o pedido e pelas anotações e alterações procedidas nos registros próprios, com averbação no registro civil de pessoas naturais, e, sendo o caso, no registro de imóveis. [...]" (STJ, 4ª T., REsp nº 776.455-RS, Rel. Min. Raul Araújo, j. 17/12/2012).

Seção V - Dos Testamentos e dos Codicilos

Art. 735 - Recebendo testamento cerrado, o juiz, se não achar vício externo que o torne suspeito de nulidade ou falsidade, o abrirá e mandará que o escrivão o leia em presença do apresentante.
§ 1º - Do termo de abertura constarão o nome do apresentante e como ele obteve o testamento, a data e o lugar do falecimento do testador, com as respectivas provas, e qualquer circunstância digna de nota.
§ 2º - Depois de ouvido o Ministério Público, não havendo dúvidas a serem esclarecidas, o juiz mandará registrar, arquivar e cumprir o testamento.
§ 3º - Feito o registro, será intimado o testamenteiro para assinar o termo da testamentária.
§ 4º - Se não houver testamenteiro nomeado ou se ele estiver ausente ou não aceitar o encargo, o juiz nomeará testamenteiro dativo, observando-se a preferência legal.
§ 5º - O testamenteiro deverá cumprir as disposições testamentárias e prestar contas em juízo do que recebeu e despendeu, observando-se o disposto em lei.

Autor: Osmar Mendes Paixão Côrtes

I. Modalidades de testamento

Segundo a legislação civil, os testamentos podem ser ordinários e especiais. Os ordinários são o público, o cerrado e o particular (CC, art. 1.862). Os especiais são o marítimo, o aeronáutico e o militar (CC, arts. 1.886 e seguintes).

II. Testamento cerrado

É aquele escrito pelo testador (ou por alguém a seu rogo) e entregue ao tabelião na presença de duas testemunhas, que o lacrará após a elaboração e a leitura de auto confirmando a aprovação (CC, arts. 1.868 e seguintes).

III. Vícios externos do testamento

O testamento cerrado não pode ter vício externo, não podendo apresentar sinais de violação ou falsidade, sob pena de não ser determinado o seu cumprimento.

IV. Procedimento e formalidades

Estando em ordem o testamento cerrado, sem sinal de violação ou falsidade, o juiz o abrirá e mandará que o escrivão o leia na presença de quem o apresentou. Devem necessariamente constar do termo de abertura o nome do apresentante, o modo como obteve o testamento, a data e o local do falecimento do testador (com eventuais provas – certidão de óbito) e eventuais circunstâncias dignas de nota. Após a oitiva do Ministério Público, o magistrado competente mandará registrar, arquivar e cumprir o testamento, nos autos do inventário.

V. Participação do Ministério Público

Sob pena de nulidade, representante do Ministério Público deve ser ouvido, como fiscal da lei.

VI. Testamenteiro

É a pessoa encarregada de dar cumprimento ao que disposto no testamento, podendo ser nomeado pelo testador (CC, arts. 1.976 e 1.883); legal, se não houver nomeado ou esse recusar o encargo (CC, art. 1.984), ou dativo, se não houver nomeado ou legal (CC, art. 1.984). Ele deverá assinar termo (testamentária) comprometendo-se a dar fiel cumprimento ao que disposto no testamento. O testamenteiro tem obrigações legais (CC, arts. 1.976 e seguintes) e as previstas no testamento, devendo prestar contas nos autos do inventário (CPC, art. 553).

VII. Competência

O foro do último domicílio do autor da herança, no Brasil, é o competente para a abertura do testamento (CPC, art. 48).

VIII. Julgados

Sobre a exigência de apresentação de certidões negativas para verificar se há algum vício

"Testamento. Abertura (execução). Ministério Público (exigências).

Poder geral de cautela. 1. No procedimento de jurisdição voluntária, ao juiz é lícito investigar livremente os fatos (Cód. de Pr. Civil, art. 1.109). 2. É lícita a exigência de certidões negativas, porque só se cumpre o testamento, 'se lhe não achar vício externo que o torne suspeito de nulidade ou falsidade' (Cód. de Pr. Civil, art. 1.126). 3. Recurso especial não conhecido" (STJ, 3ª T., REsp nº 95861/RJ, Rel. Min. Nilson Naves, DJ de 21/6/1999).

Sobre a competência para ação anulatória

"[...] 2. O fato da ação de abertura, registro e cumprimento de ter se processado na comarca de Uberaba-MG não implica a prevenção do juízo para a ação anulatória de testamento. Afinal, trata-se de um processo de jurisdição voluntária, em que não se discute o conteúdo do testamento limitando-se ao exame das formalidades necessárias à sua validade. 3. Nem sempre coincide a competência para conhecer do pedido de abertura registro e cumprimento de testamento e para decidir as questões relativas à sua eficácia, tais como a ação declaratória, constitutiva negativa de nulidade ou de anulação. [...] 6. A denominada *vis atrativa* do inventário (art. 96 do CPC) é abrangente, sendo conveniente que todas as demais ações que digam respeito à sucessão, dentre elas o cumprimento das suas disposições de última vontade (art. 96 do CPC), também sejam apreciadas pelo juízo do inventário. [...]" (STJ, 3ª T., REsp nº 1153194/SP, Rel. Min. Nancy Andrighi, DJ de 21/11/2012).

Sobre formalidades – falta de assinatura do testador

"TESTAMENTO CERRADO. Auto de aprovação. Falta de assinatura do testador.

Inexistindo qualquer impugnação à manifestação da vontade, com a efetiva entrega do documento ao oficial, tudo confirmado na presença das testemunhas numerárias, a falta de assinatura do testador no auto de aprovação é irregularidade insuficiente para, na espécie, causar a invalidade do ato. Art. 1.638 do CCivil. Recurso não conhecido" (STJ, 4ª T., REsp nº 223799/SP, Rel. Min. Ruy Rosado, DJ de 17/12/1999).

Relevando algumas formalidades do testamento

"[...] 2. Especificamente em relação aos testamentos, as formalidades dispostas em lei possuem por finalidade precípua assegurar a higidez da manifestação de última vontade do testador e prevenir o testamento de posterior infirmação por terceiros. Assim, os requisitos formais, no caso dos testamentos, destinam-se a assegurar a veracidade e a espontaneidade das declarações de última vontade.

2.1. Todavia, se, por outro modo, for possível constatar, suficientemente, que a manifestação externada pelo testador deu-se de forma livre e consciente, correspondendo ao seu verdadeiro propósito, válido o testamento encontrando-se, nessa hipótese, atendida a função dos requisitos formais, eventualmente inobservados.

2.2. A jurisprudência desta Corte de Justiça (a partir do julgamento do Resp n. 302.767/PR), em adoção a essa linha de exegese, tem contemporizado o rigor formal do testamento, reputando-o válido sempre que encerrar a real vontade do testador, manifestada de modo livre e consciente. [...]" (STJ, 3ª T., REsp nº 1419726/SC, Rel. Min. Marco Aurélio Bellizze, DJ de 16/12/2014).

Art. 736 - Qualquer interessado, exibindo o traslado ou a certidão de testamento público, poderá requerer ao juiz que ordene o seu cumprimento, observando-se, no que couber, o disposto nos parágrafos do art. 735.

I. Testamento público

O testamento público é o ordinário lavrado pelo tabelião ou seu substituto em livro próprio, na presença de duas testemunhas, com a leitura pública do instrumento (CC, arts. 1.864 a 1.867).

II. Legitimidade

Qualquer um que exiba o traslado ou a certidão de um testamento público pode requerer o seu cumprimento. Deve, todavia, demonstrar o seu interesse.

III. Julgados

Sobre a validade do testamento público

"[...].1. O testamento público exige, para sua validade, que sua lavratura seja realizada por tabelião ou seu substituto legal, na presença do testador e de duas testemunhas que, após leitura em voz alta, deverão assinar o instrumento.

2. É inválido o testamento celebrado por testador que, no momento da lavratura do instrumento, não tenha pleno discernimento para praticar o ato, uma vez que se exige a manifestação perfeita de sua vontade e a exata compreensão de suas disposições. [...]" (STJ, 4ª T., REsp nº 1155641/GO, Rel. Min. Raul Araújo, DJ de 28/9/2012).

Art. 737 - A publicação do testamento particular poderá ser requerida, depois da morte do testador, pelo herdeiro, pelo legatário ou pelo testamenteiro, bem como pelo terceiro detentor do testamento, se impossibilitado de entregá-lo a algum dos outros legitimados para requerê-la.

§ 1º - Serão intimados os herdeiros que não tiverem requerido a publicação do testamento.

§ 2º - Verificando a presença dos requisitos da lei, ouvido o Ministério Público, o juiz confirmará o testamento.

§ 3º - Aplica-se o disposto neste artigo ao codicilo e aos testamentos marítimo, aeronáutico, militar e nuncupativo.

§ 4º - Observar-se-á, no cumprimento do testamento, o disposto nos parágrafos do art. 735.

I. Testamento particular

É o escrito de próprio punho pelo testador, devendo ser lido e assinado na presença de três testemunhas (CC, art. 1.876).

II. Publicação e procedimento

O testamento particular necessita ser publicado, em juízo, para que produza seus efeitos (já que, ao contrário dos outros ordinários – cerrado e público –, não teve a sua idoneidade confirmada). Têm legitimidade para requerer a publicação, o testador, o herdeiro, o legatário e o testamenteiro. O terceiro que está na posse do testamento apenas tem legitimidade se demonstrada a impossibilidade de entrega a algum dos primeiros legitimados. Os herdeiros devem ser todos intimados, sob pena de nulidade. Após a oitiva de representante do Ministério Público, o juiz, por sentença, confirmará o testamento e o mandará cumprir, seguindo o rito do art. 735 (testamento cerrado).

III. Ministério Público

Como fiscal da lei, necessariamente, sob pena de nulidade, o Ministério Público deve ser ouvido.

IV. Codicilo e testamentos especiais

Codicilo é o documento escrito, datado e assinado em que o testador especifica procedimentos para seu enterro, doações de pequena monta (esmolas), define legados de móveis e bens de seu uso pessoal de valor pequeno (CC, art. 1.881). Testamentos especiais são o marítimo (CC, arts. 1.888 a 1.892), o aeronáutico (CC, arts. 1.889 a 1.891) e o militar (CC, arts. 1.893 a 1.896). O nuncupativo é espécie do militar, feito a duas testemunhas quando o testador estiver em combate ou ferido durante ação militar. Tanto o codicilo quanto os testamentos especiais seguirão o que disposto sobre o testamento particular (dependem de publicação).

Seção VI - Da Herança Jacente

Art. 738 - Nos casos em que a lei considere jacente a herança, o juiz em cuja comarca tiver domicílio o falecido procederá imediatamente à arrecadação dos respectivos bens.

I. Herança jacente

Nos termos do art. 1.784, do Código Civil, aberta a sucessão hereditária, a herança transmite-se imediatamente aos herdeiros e legatários. Ou seja, após o falecimento, o patrimônio do falecido imediatamente é transmitido. Se não houver ou for desconhecido qualquer herdeiro e não existir testamento, a herança será considerada jacente (CC, arts. 1.819 e seguintes).

II. Arrecadação dos bens

Sendo considerada jacente a herança, os bens que a compõem serão judicialmente arrecadados para que seja adotado o procedimento que culminará (se não aparecerem herdeiros) com a declaração de vacância e incorporação ao patrimônio público.

III. Competência

A competência para arrecadar os bens é do juízo onde o falecido tiver o seu último domicílio.

Art. 739 - A herança jacente ficará sob a guarda, a conservação e a administração de um curador até a respectiva entrega ao sucessor legalmente habilitado ou até a declaração de vacância.
§ 1º - Incumbe ao curador:
I - representar a herança em juízo ou fora dele, com intervenção do Ministério Público;
II - ter em boa guarda e conservação os bens arrecadados e promover a arrecadação de outros porventura existentes;
III - executar as medidas conservatórias dos direitos da herança;
IV - apresentar mensalmente ao juiz balancete da receita e da despesa;
V - prestar contas ao final de sua gestão.
§ 2º - Aplica-se ao curador o disposto nos arts. 159 a 161.

I. Curadoria

Os bens arrecadados ficarão sob a guarda de um curador, responsável pela sua conservação e administração até a entrega a algum sucessor ou até a declaração de vacância.

O curador tem deveres e pode responder civilmente se não cumpri-los. Incumbe a ele representar a herança, bem guardar e conservar os bens, promover a arrecadação de outros bens porventura existentes, executar as medidas conservatórias da herança, prestar contas mensalmente ao juiz (apresentando balancete de receita e despesa), prestar contas gerais ao final de sua gestão.

Ao curador, que poderá ter remuneração fixada pelo juiz, aplicam-se as normas relativas ao depositário e ao administrador (CPC, arts. 159 a 161).

II. Ministério Público

O Ministério Público deve participar de todo o procedimento até a declaração de vacância, sendo ouvido inclusive sobre os deveres do curador, sob pena de nulidade.

Art. 740 - O juiz ordenará que o oficial de justiça, acompanhado do escrivão ou do chefe de secretaria e do curador, arrole os bens e descreva-os em auto circunstanciado.

§ 1º - Não podendo comparecer ao local, o juiz requisitará à autoridade policial que proceda à arrecadação e ao arrolamento dos bens, com 2 (duas) testemunhas, que assistirão às diligências.

§ 2º - Não estando ainda nomeado o curador, o juiz designará depositário e lhe entregará os bens, mediante simples termo nos autos, depois de compromissado.

§ 3º - Durante a arrecadação, o juiz ou a autoridade policial inquirirá os moradores da casa e da vizinhança sobre a qualificação do falecido, o paradeiro de seus sucessores e a existência de outros bens, lavrando-se de tudo auto de inquirição e informação.

§ 4º - O juiz examinará reservadamente os papéis, as cartas missivas e os livros domésticos e, verificando que não apresentam interesse, mandará empacotá-los e lacrá-los para serem assim entregues aos sucessores do falecido ou queimados quando os bens forem declarados vacantes.

§ 5º - Se constar ao juiz a existência de bens em outra comarca, mandará expedir carta precatória a fim de serem arrecadados.

§ 6º - Não se fará a arrecadação, ou essa será suspensa, quando, iniciada, apresentarem-se para reclamar os bens o cônjuge ou companheiro, o herdeiro ou o testamenteiro notoriamente reconhecido e não houver oposição motivada do curador, de qualquer interessado, do Ministério Público ou do representante da Fazenda Pública.

I. Arrolamento e arrecadação dos bens

O oficial de justiça, acompanhado do escrivão (ou do chefe de secretaria) e do curador deve, a mando do juiz, arrolar os bens, lavrando auto detalhado, que será juntado aos autos.

A prática do ato subsequente ao arrolamento, a arrecadação dos bens, deve ser realizada pelo juiz ou, na impossibilidade da presença do juiz no local, pela autoridade policial acompanhada de duas testemunhas. Se ainda não tiver sido nomeado curador, o juiz deve nomear um depositário, mediante compromisso e lavratura de termo que irá aos autos, que terá a guarda provisória dos bens.

Durante a arrecadação, será lavrado ainda auto de inquirição e informação onde devem constar os depoimentos dos moradores da casa e da vizinhança sobre a qualificação do falecido, o paradeiro de seus sucessores e a existência de outros bens.

Bens porventura existentes em outra comarca deverão ser arrecadados mediante carta precatória.

A arrecadação será suspensa se comparecerem aos autos e requererem os bens o cônjuge ou companheiro, o herdeiro ou o testamenteiro reconhecido, desde que não haja oposição do Ministério Público, do curador, do representante da Fazenda Pública ou de qualquer outro interessado.

II. Documentos domésticos

Os documentos domésticos, de ordem pessoal, como papéis, cartas e livros, deverão ser empacotados e lacrados para entrega aos sucessores legalmente reconhecidos do falecido. Se a herança for declarada vacante, serão queimados.

Art. 741 - Ultimada a arrecadação, o juiz mandará expedir edital, que será publicado na rede mundial de computadores, no sítio do tribunal a que estiver vinculado o juízo e na plataforma de editais do Conselho Nacional de Justiça, onde permanecerá por 3 (três) meses, ou, não havendo sítio, no órgão oficial e na imprensa da comarca, por 3 (três) vezes com intervalos de 1 (um) mês, para que os sucessores do falecido venham a habilitar-se no prazo de 6 (seis) meses contado da primeira publicação.

§ 1º - Verificada a existência de sucessor ou de testamenteiro em lugar certo, far-se-á a sua citação, sem prejuízo do edital.
§ 2º - Quando o falecido for estrangeiro, será também comunicado o fato à autoridade consular.
§ 3º - Julgada a habilitação do herdeiro, reconhecida a qualidade do testamenteiro ou provada a identidade do cônjuge ou companheiro, a arrecadação converter-se-á em inventário.
§ 4º - Os credores da herança poderão habilitar-se como nos inventários ou propor a ação de cobrança.

I. Edital – publicidade para habilitação

Encerrada a arrecadação, o juiz ordenará a expedição de edital que deverá ser publicado na internet, no sítio eletrônico do tribunal a que estiver vinculado o juiz e na plataforma de editais do Conselho Nacional de Justiça, onde deverá ficar disponibilizado por três meses.

Pelo CPC de 1973, a publicação deveria ocorrer na imprensa oficial necessariamente.

Pela regra atual, apenas não havendo sítio eletrônico é que deverá ocorrer a publicação no órgão oficial e na imprensa da comarca, por três vezes, com intervalo de um mês entre cada publicação.

A finalidade da publicação é dar conhecimento para que os sucessores habilitem-se no prazo de seis meses contado da data da primeira publicação.

Se o falecido for estrangeiro, far-se-á a comunicação também à autoridade consular.

II. Habilitação de sucessor

Eventual sucessor ou testamenteiro deve ser citado para integrar o processo e se habilitar.

III. Conversão da arrecadação em inventário

Concluída a habilitação do sucessor, confirmada a qualidade do testamenteiro e a identidade do cônjuge ou testamenteiro, a arrecadação será convertida em inventário, já que o procedimento de declaração de vacância da herança perderá a razão de ser.

Art. 742 - O juiz poderá autorizar a alienação:
I - de bens móveis, se forem de conservação difícil ou dispendiosa;
II - de semoventes, quando não empregados na exploração de alguma indústria;
III - de títulos e papéis de crédito, havendo fundado receio de depreciação;
IV - de ações de sociedade quando, reclamada a integralização, não dispuser a herança de dinheiro para o pagamento;
V - de bens imóveis:
a) se ameaçarem ruína, não convindo a reparação;
b) se estiverem hipotecados e vencer-se a dívida, não havendo dinheiro para o pagamento.
§ 1º - Não se procederá, entretanto, à venda se a Fazenda Pública ou o habilitando adiantar a importância para as despesas.
§ 2º - Os bens com valor de afeição, como retratos, objetos de uso pessoal, livros e obras de arte, só serão alienados depois de declarada a vacância da herança.

I. Alienação de bens arrecadados

O artigo arrola situações nas quais o magistrado poderá autorizar a alienação dos bens arrecadados. São hipóteses de absoluta necessidade, já que o ideal é que os bens sejam conservados e guardados até a habilitação de sucessor ou declaração de vacância dos bens.

As hipóteses são: bens móveis de difícil ou cara conservação, bens semoventes não utilizados para nenhuma atividade industrial, títulos e papéis de crédito que possam vir a ser depreciados, ações de sociedade ainda não integralizadas quando a herança não tiver recursos para realizar o pagamento, bens imóveis que não possam ser reparados e corram risco de virarem ruína, e bens imóveis hipotecados quando a herança não tiver dinheiro para quitar a dívida e liberar a hipoteca.

Bens pessoais, como retratos, objetos de uso pessoal, livros e obras de arte só serão alienados após a declaração de vacância da herança.

II. Do pagamento das despesas pela Fazenda Pública ou interessado

A Fazenda Pública ou eventual interessado na habilitação poderão, mediante autorização judicial, pagar as despesas que levariam à alienação do bem, a título de adiantamento.

Art. 743 - Passado 1 (um) ano da primeira publicação do edital e não havendo herdeiro habilitado nem habilitação pendente, será a herança declarada vacante.
§ 1º - Pendendo habilitação, a vacância será declarada pela mesma sentença que a julgar improcedente, aguardando-se, no caso de serem diversas as habilitações, o julgamento da última.
§ 2º - Transitada em julgado a sentença que declarou a vacância, o cônjuge, o companheiro, os herdeiros e os credores só poderão reclamar o seu direito por ação direta.

I. Declaração de vacância

Transcorrido o prazo de um ano da primeira publicação do edital e não tendo aparecido nenhum herdeiro (ou nenhum tenha sido habilitado), será a herança declarada vacante por sentença.

A sentença transferirá os bens para o Poder Público e será proferida com a sentença que julgar improcedente a habilitação de herdeiro ou legatário. Eventuais herdeiros colaterais poderão se habilitar (até a declaração de vacância), nos termos do art. 1.822 e parágrafo do Código Civil.

II. Ação direta

Declarada a vacância e transitada em julgado a sentença, o cônjuge, companheiro, os herdeiros e os credores só poderão reclamar o seu direito mediante ação específica (direta de petição de herança) no prazo de cinco anos. Não se cogita do ajuizamento de ação anulatória ou rescisória em virtude da natureza voluntária do processo de declaração de vacância.

III. Julgados

Sobre a apresentação de herdeiros

"[...]. 4. A jacência, ao reverso do que pretende demonstrar o recorrente, pressupõe a incerteza de herdeiros, não percorrendo, necessariamente, o caminho rumo à vacância, tendo em vista que, após publicados os editais de convocação, podem eventuais herdeiros se apresentarem, dando-se início ao inventário, nos termos dos arts. 1.819 a 1.823 do Código Civil. [...]" (STJ, 4ª T., REsp nº 445653/RS, Rel. Min. Luis Felipe Salomão, DJ de 26/10/2009).

Sobre a possibilidade de aquisição por usucapião

"CIVIL. USUCAPIÃO. HERANÇA JACENTE. O Estado não adquire a propriedade dos bens que integram a herança jacente, até que seja declarada a vacância, de modo que, nesse interregno, estão sujeitos à usucapião. Recurso especial não conhecido" (STJ, 3ª T., REsp nº 36959/SP, Rel. Min. Ari Pargendler, DJ de 11/6/2001).

Seção VII - Dos Bens dos Ausentes

Art. 744 - Declarada a ausência nos casos previstos em lei, o juiz mandará arrecadar os bens do ausente e nomear-lhes-á curador na forma estabelecida na Seção VI, observando-se o disposto em lei.

I. Declaração de ausência

A ausência civil está regulada no art. 22 do Código Civil – ausente é a pessoa que desapareceu do domicílio, sem informar o seu paradeiro e sem deixar representante ou procurador para a administração dos seus bens. Também é considerado ausente (CC, art. 23) aquele que deixou representante ou procurador que não puder ou quiser exercer o mandato.

Se a ausência for requerida (pelo MP ou interessado) e vier a ser declarada por sentença, o juiz mandará arrecadar os seus bens e nomeará curador, conforme as normas relativas à herança jacente.

Art. 745 - Feita a arrecadação, o juiz mandará publicar editais na rede mundial de computadores, no sítio do tribunal a que estiver vinculado e na plataforma de editais do Conselho Nacional de Justiça, onde permanecerá por 1 (um) ano, ou, não havendo sítio, no órgão oficial e na imprensa da comarca, durante 1 (um) ano, reproduzida de 2 (dois) em 2 (dois) meses, anunciando a arrecadação e chamando o ausente a entrar na posse de seus bens.

§ 1º - Findo o prazo previsto no edital, poderão os interessados requerer a abertura da sucessão provisória, observando-se o disposto em lei.

§ 2º - O interessado, ao requerer a abertura da sucessão provisória, pedirá a citação pessoal dos herdeiros presentes e do curador e, por editais, a dos ausentes para requererem habilitação, na forma dos arts. 689 a 692.

§ 3º - Presentes os requisitos legais, poderá ser requerida a conversão da sucessão provisória em definitiva.

§ 4º - Regressando o ausente ou algum de seus descendentes ou ascendentes para requerer ao juiz a entrega de bens, serão citados para contestar o pedido os sucessores provisórios ou definitivos, o Ministério Público e o representante da Fazenda Pública, seguindo-se o procedimento comum.

I. Edital relativo à arrecadação

Concluída a arrecadação, o juiz ordenará a publicação de edital na internet, no sítio eletrônico do tribunal a que o juízo estiver vinculado e na plataforma do Conselho Nacional de Justiça, pelo prazo de um ano.

Apenas no caso de não haver sítio eletrônico, deverá ocorrer a publicação na imprensa oficial e na da comarca, por um ano, reproduzida de dois em dois meses.

O objetivo do edital é tornar pública a arrecadação dos bens para que o ausente eventualmente possa tomar ciência para tomar posse de seus bens.

II. Sucessão provisória

Após o término do prazo fixado no edital, eventuais interessados poderão requerer a abertura da sucessão provisória (CC, art. 26).

Deverá ser requerida a citação pessoal dos herdeiros e do curador, por editais, e dos ausentes, a fim de se habilitarem aos autos. A sucessão provisória está regulada nos arts. 26 e seguintes do Código Civil.

III. Conversão da sucessão provisória em definitiva

A lei civil prevê (CC, art. 37) que, após dez anos do trânsito em julgado da sentença na sucessão provisória, poderá haver a conversão em definitiva.

No caso do ausente (CC, art. 38), o prazo é de cinco anos após o desaparecimento se ele tiver mais de 80 anos de idade.

IV. Regresso do ausente ou comparecimento dos sucessores

Se o ausente regressar ou se algum descendente ou ascendente (herdeiros necessários) requerer ao juiz a entrega dos bens, os sucessores provisórios ou definitivos serão citados, assim como o Ministério Público e o representante da Fazenda Pública.

Se o ausente não regressar ou se nenhum interessado requerer a conversão em definitiva, os bens serão, nos termos do parágrafo único do art. 39 do Código Civil, declarados vacantes e transferidos ao Poder Público.

Seção VIII - Das Coisas Vagas

Art. 746 - Recebendo do descobridor coisa alheia perdida, o juiz mandará lavrar o respectivo auto, do qual constará a descrição do bem e as declarações do descobridor.
§ 1º - Recebida a coisa por autoridade policial, esta a remeterá em seguida ao juízo competente.
§ 2º - Depositada a coisa, o juiz mandará publicar edital na rede mundial de computadores, no sítio do tribunal a que estiver vinculado e na plataforma de editais do Conselho Nacional de Justiça ou, não havendo sítio, no órgão oficial e na imprensa da comarca, para que o dono ou o legítimo possuidor a reclame, salvo se se tratar de coisa de pequeno valor e não for possível a publicação no sítio do tribunal, caso em que o edital será apenas afixado no átrio do edifício do fórum.
§ 3º - Observar-se-á, quanto ao mais, o disposto em lei.

I. Coisa alheia perdida

Coisa alheia perdida é aquela que não tem dono, ao menos aparente, ou que já teve dono, mas foi abandonada.

II. Obrigação do descobridor

Aquele que acha uma coisa sem dono tem a obrigação legal de entregar à autoridade judiciária ou policial. Há, inclusive, norma penal própria (CP, art. 169, parágrafo único, inciso II) tipificando como crime a apropriação indébita.

III. Procedimento judicial

Se a coisa aparentemente sem dono for entregue à autoridade policial, deverá ser encaminhada, por esta, ao juiz. O juiz, *de plano*, mandará lavrar o auto, descrevendo o bem e consignando as declarações do descobridor (onde achou, como achou).

Após a lavratura do auto, o juiz ordenará a publicação de edital na internet, no sítio eletrônico do tribunal a que estiver vinculado o juízo e na plataforma de editais do Conselho Nacional de Justiça. A intenção é dar publicidade à coisa achada para que eventualmente o dono apareça.

No caso de ausência de sítio eletrônico, deverá ser o edital publicado na imprensa oficial e na imprensa da comarca do juízo.

Se a coisa tiver pequeno valor e não for possível a publicação no sítio eletrônico (ausência de sítio), fica dispensada pela lei a publicação na imprensa oficial e na imprensa local da comarca, bastando que seja o edital afixado no átrio do edifício do fórum.

IV. Reclamação da coisa achada

Regula a matéria o Código Civil que, no art. 1.237, estabelece que, feita a publicação, os interessados terão 60 dias para comparecer em juízo alegando e provando serem os reais donos da coisa depositada.

Não sendo reconhecido nenhum dono, a coisa deverá ser alienada, ficando o saldo (deduzidas as despesas) ao Município onde se deu a descoberta (CC, art. 1.237).

Apenas se o achador manifestar vontade de adquirir a coisa, e o dono manifestar vontade de abandonar a coisa, é possível que se autorize judicialmente a aquisição pelo achador (CC, art. 1.234).

V. Da recompensa e da responsabilidade do achador

A legislação civil prevê ainda uma recompensa ao achador (CC, art. 1.234). O valor não pode ser inferior a 5% do valor da coisa achada, devendo ser considerado ainda o esforço do descobridor para eventualmente tentar localizar o dono.

Se o achador causar qualquer prejuízo ao bem achado, responderá civilmente perante o dono ou legítimo possuidor (CC, art. 1.235).

Seção IX - Da Interdição

Art. 747 - A interdição pode ser promovida:
I - pelo cônjuge ou companheiro;
II - pelos parentes ou tutores;
III - pelo representante da entidade em que se encontra abrigado o interditando;
IV - pelo Ministério Público.
Parágrafo único - A legitimidade deverá ser comprovada por documentação que acompanhe a petição inicial.

Autora: Viviane Girardi

I. Interdição. Curatela. Estatuto da Pessoa com Deficiência

O Código de Processo Civil, Lei nº 13.105, de 15 de março de 2015, que entrou em vigor no dia 16 de março de 2016, manteve o instituto da interdição e o seu procedimento como um instrumento para viabilizar a curatela judicial. Por sua vez, o art. 1.072, inciso II, deste mesmo Código de Processo Civil revogou expressamente os arts. 1.768 a 1.773 do Código Civil, que disciplinava o tema dos, então, incapazes sujeitos à curatela. Nesse mesmo contexto legislativo, restou promulgada a Lei nº 13.146, de 6 de julho de 2015, denominada Estatuto da Pessoa com Deficiência, que, seguindo a Convenção Internacional sobre os Direitos da Pessoa com Deficiência e ao entrar em vigor em 6 de janeiro de 2016, alterou substancialmente o regime da capacidade civil entre nós. Isto porque o Estatuto da Pessoa com Deficiência revogou os incisos I, II, III do art. 3º do Código Civil e alterou o art. 4º, caput, incisos II, III e parágrafo único, que disciplinavam, respectivamente, a matéria da incapacidade absoluta e da incapacidade relativa para o exercício de direitos e deveres. Temas esses coligados ao instituto da interdição e curatela. O Estatuto da Pessoa com Deficiência também alterou o regime daqueles sujeitos à curatela ao alterar os incisos I e III, e, ao revogar os incisos II e IV do art. 1.767, resultou que atualmente estão sujeitos à curatela i) aqueles que não puderem transitória ou permanentemente exprimir sua vontade (válida); ii) os ébrios habituais e/ou viciados em tóxicos e, por fim, iii) os pródigos. E, por força do novo regime da capacidade civil e da revogação do art. 1.776 do Código Civil, que falava em pessoa "interdita", não poderá mais haver a declaração de incapacidade absoluta pelo juiz para fins de curatela. Tampouco a pessoa com deficiência mental está, ipso fato, sujeita à interdição e curatela, como se fosse absolutamente incapaz de manifestar sua vontade. Agora, mesmo diante da curatela remanescerá, ainda que relativamente, aspectos da capacidade civil da pessoa, inclusive como forma de concretização da dignidade da pessoa deficiente. A noção de interdição como instituto voltado à supressão total da capacidade civil está fora do nosso Direito por contrariar a principiologia da Convenção Internacional de Proteção à Pessoa com Deficiência. Nesse âmbito subsiste a possibilidade do deferimento da curatela, como instituto protetivo e voltado especificamente para os atos que a pessoa não possa por si realizar por alguma debilidade e que a impeça de manifestar (expressar) validamente sua vontade no mundo jurídico. Vale dizer, a curatela prescinde da prévia declaração da incapacidade absoluta da pessoa como outrora ocorria. Agora, nesse novo panorama do Direito Material, a curatela pode ser deferida pelo juiz, total ou parcialmente, pois ela volta-se, clara e especificamente, para a incapacidade de exercício dos direitos e obrigações, permanecendo inatingível o núcleo essencial de direitos que permite inclusive à pessoa sujeita à curatela realizar outras esferas da vida ligadas aos direitos fundamentais, como, por exemplo, o direito ao casamento, à parentalidade e ao consentimento, como discorrem, entre outros, os arts. 6º, 11 e 12 do Estatuto da Pessoa com Deficiência. O Estatuto, como digo, seguindo a tônica do Direito internacional voltado para a promoção da dignificação da pessoa, reformulou a noção da pessoa com deficiência física, mental ou psicológica, como sujeito de direitos, ainda que sujeita à curatela de outrem. Por isso os artigos do CPC que tratam da interdição como procedimento para se conferir a curatela devem ser interpretados e aplicados seguindo as novas balizas interpretativas. Por outro lado, registre-se que houve a supressão da chamada "curatela do enfermo ou deficiente físico" como uma categoria tipificada subsistindo a noção de curatela lato sensu, e a curatela do nascituro stricto sensu (art. 1.767, CC), por força dos seus contornos próprios, curador dos bens da herança (art. 1.800, CC) e ainda as curadorias de cunho processual, como são, v.g., a dos bens do ausente (art. 22, CC). Ademais, houve no âmbito do instituto da curatela a introdução, no CC, do art. 1.775-A, cujo teor permite agora o exercício compartilhado da curatela – o que igualmente aponta para a modificação deste instituto com a possibilidade fragmentada de cuidados a serem dirigidos à pessoa debilitada e/ou vulnerada em seu discernimento por alguma causa ou situação temporária ou permanente. Por fim, ainda no âmbito das significativas mudanças introduzidas por essa nova lei de matriz internacional, houve a criação do novo instituto, que é a "tomada de decisão apoiada", voltada a permitir o apoio de terceiro para as deliberações da própria pessoa com deficiência em alguma área da vida, guardada assim a sua autonomia, e a prescindir do estabelecimento da curatela. Este novel instituto é tratado no art. 1.783-A, que introduziu o Capítulo III do Título IV do CC. (Para maior compreensão do tema sobre o EPD remetemos o leitor aos escritos de Joyceane Bezerra de Menezes, em especial O direito protetivo após a convenção sobre os direitos da pessoa, disponível na revista eletrônica civilistica.com a.4.n.1.2015).

Porém, ao largo dessas considerações é fato que o CPC manteve, por meio dos arts. 747 a 763, se não o instituto em si, ao menos o procedimento da interdição que, agora, deve ser utilizado como instrumental para viabilizar a constatação pelo juiz, primeiro, da necessidade da medida de curatela em favor de alguém, e segundo, o grau de extensão em que ela deve ser deferida, a fim de garantir o quanto possível níveis de autonomia da pessoa curatelada.

II. Interdição

A interdição é instituto de cunho protetivo relacionado à curatela da pessoa e dos seus interesses existenciais e patrimoniais. Nos moldes das modificações introduzidas pelo Estatuto da Pessoa com Deficiência, que visa promover a dignidade das pessoas marcadas por alguma debilidade física, mental ou psicológica, a interdição não fará mais o decreto da incapacidade absoluta da pessoa, mas sim a declaração sobre o espaço de ausência de discernimento do curatelado e o campo de atuação do curador, que poderá se dar de forma total – sobre todos os atos, ou então parcial, sobre determinadas esferas da vida. Vale dizer que a interdição recai sobre a capacidade de agir, e não sobre a pessoa em si, uma vez que entre nós, por força da atual redação dos arts. 3º e 4º do CC, somente os menores de 16 anos podem ser considerados absolutamente incapazes. As demais categorias que se sujeitam à curatela referem-se aos relativamente incapazes, que guardam um núcleo de atuação cuja extensão será verificada pelo juiz por meio, justamente, do procedimento da interdição. Ademais, remanesce o exercício dos direitos personalíssimos da pessoa que levam, por sua vez, à garantia da subsistência de direitos fundamentais do curatelado. O que permite, nos termos do EPD, que mesmo as pessoas portadoras de alguma deficiência, temporária ou permanente, possam ter acesso aos direitos civis como o casamento, a paternidade, a maternidade, a própria sexualidade, o planejamento familiar, etc. assim como à expressão de seu consentimento para diversas outras áreas da vida em relação ou à própria integridade do curatelado. Neste sentido, para que a pessoa esteja sujeita a uma curatela total ou parcial, temporária ou permanente, é imprescindível a constatação, pelo juízo, do grau de discernimento do maior de idade para a manifestação de vontade válida, como exigem os atos da vida civil. De um modo geral, a interdição, ou seja, a interdição de agir, abrange a supressão total ou parcial da capacidade de exercício da pessoa, cujos atos e interesses passam a ser realizados e tutelados por outrem, seu curador ou seus curadores (art. 1.775-A do CC). Diz repeito ao que Pontes de Miranda denomina como a "capacidade de obrar" (Tratado de Direito Privado, Tomo I, RT, 2012, p. 247-248), ou seja, a capacidade para o exercício não pode se confundir com a capacidade de ser sujeito de direito, que permanece intacta e garantida para todos os fins. Pode-se dizer que o procedimento da interdição, mais do que voltar-se para a pessoa do curatelado para determinar a sua condição de agir, volta-se para o curador para declarar em quais espaços da vida este deverá agir. Assim, se antes a interdição declarava a incapacidade absoluta do curatelado, agora ela informa ao curador qual será o seu campo de atuação com base no nível do discernimento do curatelado. Portanto, diante da completa ausência de discernimento, a curatela poderá ser total, ou somente parcial, se subsistirem esferas em que o curatelado poderá agir por si próprio (art. 755, inciso I). O procedimento da interdição está diretamente vinculado à curatela e à falta de discernimento total ou parcial, temporária ou permanente, da pessoa para a realização da universalidade ou de determinados atos da vida. De pouco uso no passado e comumente relegada aos filhos portadores de alguma enfermidade que alcançavam a maioridade, ou então aos chamados "loucos de todo gênero", a interdição, que é um ato processual prévio à curatela, passa agora por uma renovação, a fim de incorporar a noção mais de procedimento do que propriamente de instituto. Não se interdita a pessoa, mas sim os seus atos. E ela retoma força nos tempos atuais, seja por conta da maior longevidade física das pessoas, sem que ela venha, necessariamente, acompanhada da plena lucidez; seja porque o desenvolvimento das áreas da neurologia, da psiquiatria e da psicologia vem impactando a aplicação do Direito ao revelarem a existência de doenças ou síndromes, ou mesmo vícios, compulsivos ou não, que interferem, ainda que de modo parcial, no campo do pleno discernimento e, pois, da livre manifestação da vontade da pessoa. Por isso também, no espectro que vai da plena capacidade de agir à incapacidade, total ou parcial, permanente ou temporária, se pode falar em estágios de paracapacidade ou de capacidade intermédia a justificar curatelas de mesmas características.

III. Julgados

Deficiência. Plena capacidade. Curador

"Apelação cível - Ação de interdição - Lei nº 13.146/15 - deficientes - Manutenção da plena capacidade civil - Nomeação de curador - Possibilidade - Assistência nos atos de natureza patrimonial e negocial - Inconstitucionalidade do Estatuto da Pessoa com Deficiência - Tese afastada. - Nos termos da Lei nº 13.146/15 (Estatuto da Pessoa com Deficiência), ainda que um indivíduo seja considerado deficiente (físico, mental, intelectual ou sensorial), não será afetada a sua plena capacidade civil, e ele manterá o direito de exercê-la, em igualdade de condições com as outras pessoas. - Havendo constatação de no caso concreto é efetivamente necessária a proteção extraordinária, ao deficiente poderá ser nomeado um curador, o qual, todavia, só atuará nos atos relativos às questões patrimoniais e negociais, mantida a capacidade e a autonomia do curatelado para os demais atos da vida civil. - A Lei nº 13.146/15 teve por objetivo permitir às pessoas com deficiência o exercício dos direitos fundamentais, com dignidade e igualdade de condições com os demais cidadãos, não restringindo o exercício dos direitos relativos capacidade, mas sim ampliando sua abrangência, em total compatibilidade com a previsão da Convenção Sobre os Direitos da Pessoa com Deficiência, não havendo que se falar em inconstitucionalidade" (TJMG, 3ª Câmara Cível, AC nº 1.0701.15.043414-3/001, Rel. Adriano de Mesquita Carneiro (JD Convocado), j. em 10/8/2017).

Estatuto da Pessoa com Deficiência. Inconstitucionalidade. Incapacidade. Interdição. Capacidade relativa

"Ação de interdição. Declaração incidental de inconstitucionalidade do art. 114, da Lei nº 13.146/15. Estatuto da Pessoa com Deficiência. Interdição absoluta. Reforma da sentença. Ausência de inconstitucionalidade. Adequação da lei à convenção sobre os direitos das pessoas com deficiência. Status constitucional. Incapacidade relativa. Art. 4º, III, CC. Atuação da curadora quanto aos direitos de natureza patrimonial e negocial. Apelação do Ministério Público provida. 1. A sentença declarou, incidentalmente, a inconstitucionalidade parcial do art. 114, da Lei nº 13.146/15 (Estatuto da Pessoa com Deficiência) e decretou a interdição absoluta da apelada. 2. Recurso do Ministério Público. Hipótese de provimento. 3. A Lei nº 13.146/15, no que tange ao estabelecimento da incapacidade relativa para os portadores de deficiência, está em conformidade com a Convenção Sobre os Direitos das Pessoas com Deficiência, promulgada pelo Decreto nº 6.949/2009, e com status equivalente ao de emenda constitucional (art. 5º, § 3º, CF). 4. Interditanda tem 91 anos, é portadora de doença mental, de prognóstico incurável, e não exprime nenhum pensamento, nem vontade. 5. Reforma da r. sentença para afastar a declaração incidental de inconstitucionalidade, decretar a interdição nos termos do art. 114, da Lei nº 13.146/15 e do art. 4º, III, CC, bem como para manter a nomeação da curadora, que poderá praticar os atos relacionados aos direitos de natureza patrimonial e negocial, conforme art. 85, da Lei nº 13.146/15. 6. Apelação do Ministério Público provida" (TJSP, 9ª Câmara de Direito Privado, APL nº 10037659420158260564, Rel. Des. Alexandre Lazzarini, j. em 14/3/2017).

Incapacidade civil. Lei nº 13.146/2015

"Direito Civil. Ação de interdição. Incapacidade civil alterações promovidas pela Lei 13.146/2015. Incapacidade de exprimir suas próprias vontades. Paralisia cerebral. Incapacidade relativa (art. 4º, inciso III, CC/02). Necessidade de curatela. Deferimento. Interdição indeferida. Recurso parcialmente provido. A matéria sobre a capacidade civil foi consideravelmente alterada recentemente, em especial pela Lei 13.146/2015 (Estatuto da Pessoa com Deficiência). Com efeito, em casos em que a pessoa não consegue exprimir suas vontades, deve-se considerar a incapacidade relativa, na inteligência do art. 4º, inciso III, CC/02. O Estatuto da Pessoa com Deficiência teve a nítida intenção de suprimir a ideia de interdição, que restou substituída pelo termo curatela, de forma a abrandar o tema. Assim, em uma interpretação mais moderna, deve-se evitar e indeferir a interdição. Reconhecida a incapacidade relativa, é necessário, para resguardar os interesses e direitos da pessoa deficiente, definir a curatela, tudo conforme os arts. 84 da Lei 13.146/15 e art. 1.767 do CC/02. Recurso parcialmente provido" (TJMG, 1ª Câmara Cível, Apelação Cível nº 1.0003.14.003754-4/001, Rel. Des. Armando Freire, j. em 20/6/2017, publicação da súmula em 27/6/2017).

Interdição. Transtorno depressivo recorrente

"Interdição. Pessoa com quadro de transtorno depressivo recorrente, mas com remissão estável. Necessidade de assistência relativamente às questões que digam respeito à saúde e exercício da função parental. Levantamento parcial. 1. A interdição é um instituto com caráter nitidamente protetivo da pessoa, não se podendo ignorar que constitui também uma medida extremamente drástica, e, por essa razão, é imperiosa a adoção de todas as cautelas para agasalhar a decisão de privar alguém da capacidade civil, ou deixar de dar tal amparo quando é incapaz. 2. Se a interditada é portadora de Transtorno Depressivo Recorrente (CID-10F33), que responde bem às terapêuticas disponíveis, mas exige tratamento permanente e contínuo, justifica-se a manutenção da interdição relativamente às questões que digam respeito à saúde e exercício da função parental, mormente em decorrência do abandono do tratamento por ela. Recurso desprovido" (TJRS, 7ª Câmara Cível, AC nº 70057802340, Rel. Sérgio Fernando de Vasconcellos Chaves, j. em 29/1/2014).

Interdição. Parcial. Efeitos

"Apelações cíveis. Curatela. Ação de interdição. Laudo pericial psiquiátrico que aponta a incapacidade parcial da requerida. Cumprimento do disposto no art. 1.183 do CPC. Decretação da interdição com limites da curatela em relação à administração do patrimônio. Aplicação de medida de proteção de abrigo em entidade prevista no Estatuto do Idoso. Resguardo dos interesses da curatelada. 1. Tramitando o feito com observância do procedimento de interdição, que é previsto nos arts. 1.177 a 1.186 do Código de Processo Civil, inclusive a respeito da necessidade de exame do interditando por médico psiquiatra com a elaboração de laudo, não há falar em nulidade. 2. Havendo suficientes provas de que a requerida possui uma incapacidade, ainda que parcial, para o exercício dos atos da vida civil, não há qualquer reparo a ser feito na sentença vergastada, já que a extensão da interdição decretada respeita os limites apontados pelo laudo médico produzido pelo expert, qual seja, a administração de patrimônio. 3. Verificada a negligência dos anteriores cuidadores da interdita, que residia em moradia desorganizada e em precárias condições de higiene, impõe-se a manutenção da medida de proteção de abrigo em entidade, prevista no art. 45, inc. V, do Estatuto do Idoso, como forma de resguardar os interesses e direitos da curatelada, permitindo-lhe um envelhecimento saudável e em condições de dignidade. Negaram provimento. Unânime" (TJRS, 8ª Câmara Cível, AC nº 70054659040, Rel. Luiz Felipe Brasil Santos, j. em 29/8/2013, DJE de 3/9/2013).

IV. Jurisdição voluntária

O procedimento da interdição vem tratado no CPC/2015 nos arts. 747 a 758 e é procedimento de jurisdição voluntária, que não encontra interesses subjetivos contrapostos, mas sim a tutela dos interesses do próprio interditando. Não obstante se tratar de jurisdição voluntária, pode-se dizer que há uma lide na medida em que o art. 751 do CPC impõe a citação da pessoa de quem se busca a curatela. Desse modo, há a possibilidade de pretensão resistida, sem que, necessariamente, se esteja no âmbito da dicotomia jurídica de uma situação subjetiva ativa versus situação subjetiva passiva, porque a pretensão e à resistência recaem sobre a mesma esfera de direitos subjetivos, ou seja, aquelas do curatelado.

V. Julgado

Jurisdição voluntária

"Apelação. Interdição. Procedimento de jurisdição voluntária. Preclusão. Incorrência. Desconstituição da sentença. Pedido de interdição é procedimento de jurisdição voluntária, no qual não se aplica a legalidade estrita. À vista disso, viável superar-se a preclusão da faculdade de pedir produção de provas. Prevalece a necessidade de aferir a existência ou não de incapacidade para os atos da vida civil. Caso em que inexiste qualquer prova judicializada a apontar a incapacidade da interditanda para os atos da vida civil" (TJRS, 8ª Câmara Cível, AC nº 70041725607, Rel. Rui Portanova, j. em 30/5/2011, DJE de 1º/6/2011).

VI. Legitimidade processual

O art. 747 do CPC/2015 elenca o rol das pessoas legitimadas a requerer o pedido da curatela, cuja ordem para concessão do encargo, a princípio, também segue esse mesmo rol. Entretanto, o juízo, uma vez provocado para a atribuição da curatela, e constatada a necessidade de proteção do curatelado por alguma debilidade temporária ou permanente, não precisa ficar adstrito a conferir o encargo ao requerente. Isto porque o § 1º do art. 755 do CPC impõe, (nota-se aqui um dever) ao juiz a concessão da curatela "a quem melhor possa atender aos interesses do curatelado". Por sua vez, vale registrar que a curatela poderá, guardadas as especificidades de cada caso, ser deferida a mais de uma pessoa, que também podem ser, inclusive, diversas do autor da medida. Como dito, o procedimento de interdição que visa à curatela não tem a natureza de típica lide, sendo medida de cunho protetivo que permite o deferimento do pleito em favor de outrem que não o próprio demandante. No que tange à legitimidade, vale relembrar que o art. 1.072, inciso II, do CPC revogou expressamente os arts. 1.768 a 1.772 do CC, que também disciplinavam a curatela.

VII. Legitimidade. Cônjuge ou companheiro

O legislador, ao enumerar em primeiro lugar o cônjuge ou o companheiro como legitimados a requerer a curatela, o faz em consonância com o princípio constitucional que confere a igualdade de tratamento ao casamento e à união estável. Procurou preservar, de plano, o exercício da curatela pelo cônjuge ou convivente em relação ao consorte. Sendo natural que a pessoa mais próxima e unida afetivamente ao curatelado possa conhecer o grau de sua debilidade e, pois, vulnerabilidade a imprescindir de proteção. Por isso, ainda que tenha havido a expressa revogação do artigo do CC que referia ao casamento ou união estável vigentes, ou seja, sem separação de fato, é de rigor contextualizar que a interpretação a ser dada a esse dispositivo pressupõe a higidez do vínculo matrimonial e da união estável entre o curatelado e o curador. Não havendo cônjuge ou companheiro ou não sendo recomendável o exercício da curatela por ele, passa o juiz a averiguar as pessoas constantes do inciso II do referido artigo, com a análise entre os parentes para se saber, dentre esses, quem terá as melhores condições e exercerá a curatela de modo mais satisfatório para os interesses do curatelado.

VIII. Legitimidade. Parentes ou tutores

O artigo trata aqui das hipóteses do curatelado solteiro, divorciado, viúvo ou não convivente em união estável ou ainda cujo outro cônjuge ou convivente não tenha interesse ou condições de promover e mesmo de exercer a curatela e, assim, naturalmente estabelece que qualquer dos parentes poderá propor a medida. O CPC/2015, ao elencar a classe dos parentes sem discriminar uma ordem de preferência entre eles como legitimados a requerer a curatela, informa que cumprirá ao juiz in concreto, e diante do possível conflito entre eles, indicar aquele que terá as melhores condições de exercer a curatela, sem que ele, julgador, fique adstrito a qualquer grau do parentesco com o curatelado. Ao simplesmente elencar a "classe" parentes, o legislador deixou margem de discricionariedade tanto para quem pode formular o pedido quanto para aquele que poderá exercer a curatela, sobretudo porque vale relembrar o teor do § 1º do art. 755 que impõe o dever de a curatela ser deferida em favor de quem revelar melhor condições de atender aos interesses próprios do curatelado. Ademais, vale ainda fazer menção à possibilidade de um ou mais parentes exercerem concomitantemente a curatela a depender das condições do caso.

IX. Julgados

Curatela. Interdição. Disputa entre filhos

"Apelação cível - Ação de interdição - Autores distintos - Filhos da mesma interditanda - Falta de interesse processual - Disputa pela curadoria - Desnecessidade de nova ação - Recurso não provido. 1. Dado que a mesma pessoa não pode ser interditada, simultaneamente, mais de uma vez, manifesta a falta de interesse processual do autor da segunda ação de interdição, proposta em face da mesma interditanda. 3. A discussão sobre qual filho desempenhará melhor o encargo de curador pode ser deduzida por simples petição, nos próprios autos da primeira ação, notadamente por se tratar de procedimento de jurisdição voluntária" (TJMG, 2ª Câmara Cível, AC nº 1.0000.17.032008-9/001, Rel. Marcelo Rodrigues, j. em 12/7/2017).

Legitimidade. Ordem. Não observância

"Direito Civil. Apelação cível. Interdição determinada. Curadoria outorgada a filha em detrimento do cônjuge. Alegação de desobediência ao art.1.775 do Código Civil. Ordem de preferência estabelecida na lei não absoluta. Possibilidade de determinar a curadoria para pessoa diversa do cônjuge. Precedentes jurisprudenciais. Arcabouço probatório que denota prejuízo para os interesses do interditado caso a curatela fique com seu cônjuge. Sentença mantida. Recurso conhecido e desprovido. Agravo regimental. Decisão monocrática que negou provimento ao agravo de instrumento, após rejeitar as preliminares. Interdição. Curador provisório. Nomeação sobre um terceiro. Preterição do cônjuge. Art. 1.775 do CC/02. Possibilidade. 1. Há possibilidade de julgamento monocrático de recurso de apelação, nos termos do art. 557 do CPC, quando a fundamentação jurídica já encontrar decisão sedimentada junto ao órgão fracionário. 2. A ordem de preferência legal estabelecida no art. 1.775 do CC/02 não é absoluta, podendo o julgador nomear um terceiro como curador provisório ao interdito, se a situação assim o recomendar (art. 1.109 do CPC). Precedentes. Decisão monocrática mantida. Recurso desprovido" (TJRS, 8ª Câmara Cível, AgReg nº 70031151145, Rel. José Ataídes Siqueira Trindade, j. em 30/7/2009).

X. Legitimidade. Do representante da entidade em que se encontra abrigado o interditando

Esse inciso III é uma inovação do legislador tanto em relação ao CPC anterior quanto em relação ao CC ao tratar do tema da interdição e da curatela. Trata-se de sintonia da lei processual com o Estatuto do Idoso, Lei nº 10.741/2003, e com a realidade da existência de muitas casas de repouso ou de acolhimento a pessoas dependentes químicos ou com alguma debilidade mental, ao permitir que a curatela venha a ser requerida e exercida por quem esteja abrigando institucionalmente a pessoa com a finalidade de melhor tutelar os interesses desse sujeito vulnerável. Entende-se, no entanto, que nessas hipóteses os demais legitimados do inciso I e II, se houver, deverão ser necessariamente intimados para se manifestarem e aquiescerem com o pedido. É de se notar que a lei confere igual legitimidade ao representante do abrigo e ao cônjuge, convivente ou parente, naturalmente autorizando que o representante da casa de acolhimento assim o proceda, se ausentes ou inertes os legitimados dos incisos I e II anteriores, ou, então, se esses não estejam exercendo a curatela de modo favorável ao curatelado abrigado. Lembrando que a decisão que defere a curatela confere o trânsito em julgado formal, podendo ser tanto levantado total ou parcialmente esse instituto protetivo, quando alterada a pessoa do curador sempre que a situação assim o exigir ou recomendar.

XI. Legitimidade. Ministério Público

Ao tratar da legitimidade do órgão do Ministério Público para promover o pedido de curatela é preciso que se observe o que também prescreve o art. 748 do CPC/2015, cujo teor só autoriza o representante do Ministério Público a requerer a curatela em favor do portador de doença mental grave e se os sujeitos elencados nos incisos I, II, III não existirem ou, se existindo, forem incapazes; vale dizer, menores de 16 anos ou então considerados incapacitados por questões pessoais para o exercício da curatela de outrem. Curioso que o inciso IV do art. 747 seja restringido pelo art. 748 porque pareceria natural que o Ministério Público por fonte própria ou mesmo provocado por outrem devesse ter ampla legitimidade ad causam para a propositura do pedido de curatela de alguém, uma vez que essa medida tem caráter e natureza protetiva e tutelar. No entanto, a lei parece ter sido clara nesse sentido, deixando essa legitimidade residual no art. 747 e depois ainda mais restrita para a hipótese única do caput do art. 748. Por sua vez, essa norma esboça o dever de solidariedade social, devendo a curatela prioritariamente ser perquirida e recair sobre membro da família do curatelado, ficando em segundo plano o agir do Estado para tal fim.

XII. Prova da legitimidade processual. Requisito da inicial

O parágrafo único do art. 747 do CPC/2015, assim como o fazia o art. 1.180 do anterior CPC/1973, impõe ao requerente o dever de demonstrar, no momento de ingresso em juízo, a sua legitimidade para a propositura da ação, devendo, inclusive, quando não respeitada a ordem trazida no rol dos legitimados, expor de forma minimamente comprovada os motivos de ter sido ela afastada no caso sub judice. Assim, ao largo dos documentos comprobatórios da falta de discernimento, total ou parcial do curatelado, o proponente deverá comprovar a sua qualidade de cônjuge, de convivente, grau de parentesco ou a condição de tutor que o vincule ao curatelado, sob pena de a petição inicial ser indeferida. Nesse âmbito, o casamento pode ser provado pela respectiva certidão de termo, de natureza civil ou religiosa, pois a lei equipara os efeitos jurídicos desses dois atos. Mas é imperioso que, além da prova documental, o cônjuge também ateste, sob as penas da lei, estar hígido e vigente o casamento, já que a matriz interpretativa desse artigo não é a mera existência do vínculo formal do casamento, mas sim a sua higidez no plano da eficácia. O que equivale a dizer: resta afastada a hipótese de separação de fato. Quanto à união estável, se não houver contrato firmado reconhecendo-a, se entende ser necessário colacionar prova documental suficiente que possa dar ao juízo o mínimo de certeza e segurança para atestar, de plano, a legitimidade do requerente. Deste modo, pode o interessado se valer de declarações em escrituras públicas ou escritos particulares de terceiros, comprovantes da comum residência do casal, comprovantes de dependência econômica entre os conviventes, tais como declaração junto ao Fisco federal, plano de saúde conjunto, além de certidão de nascimento de filhos, etc., enfim, um conjunto de provas que autorize o julgador a reconhecer minimamente a existência de uma união estável e afetiva entre o curador e curatelado. Essa demonstração inicial não garantirá, por sua vez, que essa mesma pessoa seja ao final consagrada como o curador, mas tão somente indicará a aptidão do interessado para o pleito da curatela.

Art. 748 - O Ministério Público só promoverá interdição em caso de doença mental grave:
I - se as pessoas designadas nos incisos I, II e III do art. 747 não existirem ou não promoverem a interdição;
II - se, existindo, forem incapazes as pessoas mencionadas nos incisos I e II do art. 747.

I. Legitimidade do Ministério Público. Limites

Esse artigo indica uma limitação à legitimidade processual do representante do Ministério Público que será sempre subsidiária, residual e, mais que isso, específica para a hipótese de doença mental grave. Refere-se à circunstância de inércia ou impossibilidade de os demais legitimados promoverem a medida protetiva. Assim, ao se fazer a interpretação do art. 747 combinado com o art. 748 deste CPC/2015, resta claro que o legislador trouxe uma ordem nos incisos destacando as primeiras posições àqueles que, naturalmente, têm mais afinidade afetiva com a pessoa do curatelado. Assim, ainda que se possa falar em legitimidade de todos aqueles indicados nos incisos de I a IV do art. 747 do CPC/2015, especificamente no caso do Ministério Público, a sua legitimidade processual é residual e está condicionada a prova da existência das duas circunstâncias trazidas nos incisos I e II do art. 748 do CPC/2015.

Art. 749 - Incumbe ao autor, na petição inicial, especificar os fatos que demonstram a incapacidade do interditando para administrar seus bens e, se for o caso, para praticar atos da vida civil, bem como o momento em que a incapacidade se revelou.
Parágrafo único - Justificada a urgência, o juiz pode nomear curador provisório ao interditando para a prática de determinados atos.

I. Deveres impostos ao requerente da medida. Inicial

O art. 749 do CPC/2015 indica a possibilidade de distinção entre a capacidade específica para a administração de bens e direitos e aquela atinente aos demais atos da vida civil. Essa norma dever ser interpretada consoante a disciplina do Estatuto da Pessoa com Deficiência, o que pressupõe entender incapacidade aqui total ou parcial para a realização dos atos da vida civil ou então a específica para a administração de seus bens. De se notar que a incapacidade de administração dos bens deve ser interpretada de modo funcionalizado em prol da pessoa. O que importa considerar é que a incapacidade de administração é aquela na qual o curatelado está fazendo mau uso ou malversação dos seus bens ao ponto de colocá-lo numa situação de miserabilidade econômica ou então que ele esteja sendo ludibriado por terceiro. O que não pode é a interpretação de incapacidade de administração ser entendida como gestão contrária a interesses de terceiros, como, por exemplo, de filho, herdeiros, etc. que é muito comum quando se analisa a história da curatela jurídica. Os bens do curatelado pertencem a ele e a ele e a promoção de sua pessoa esse conteúdo econômico deve se voltar e deve servir. Essa é a noção jurídica de patrimônio funcionalizado: patrimônio a serviço da pessoa, e não o contrário. Da interpretação literal da norma se extrai o dever e, portanto, o ônus, de a inicial ser detalhada a fim de bem demonstrar em que esfera da vida do curatelado ele carece do discernimento para o exercício dos atos da vida civil a necessitar de curador. Este artigo exige também que o autor informe o momento em que se revelou a impossibilidade de manifestação da vontade plena ou da falta ou falha no discernimento porque a sentença, que é de natureza constitutiva, poderá ser oposta contra eventuais atos realizados pelo curatelado quando ele não mais gozava da plena higidez mental ou psicológica. É, no entanto, de se reconhecer difícil precisar o momento em que se deu a falta da lúcida e válida manifestação da vontade, sobretudo quando a ausência do discernimento vai se manifestando gradativamente, sem que se possa saber exatamente o momento em que o curatelado tinha condições de manifestar plena e validamente, total ou parcialmente a sua vontade no mundo dos fatos. Mas essa ideia temporal serve de substrato tanto para o juiz aferir a idoneidade do pedido, inicio litis, quanto para a equipe multidisciplinar ter elementos para também contribuir com sua convicção e diagnóstico a respeito do comportamento do curatelado e dos diversos níveis do seu discernimento.

II. Curador provisório

O parágrafo único autoriza ainda, em benefício do curatelado, a possibilidade da nomeação do curador provisório que, como o próprio nome diz, precisará depois, e ao final, ser confirmado ou afastado desse encargo por decisão definitiva. No entanto, para que seja nomeado o curador provisório, deve ser forte a convicção do juízo quanto à razão da curatela, ou seja, quanto à incapacidade total ou parcial de manifestação da vontade válida do curatelado, a fim de justificar que outrem possa agir em seu lugar. Recomenda-se detalhar o quanto possível na inicial as situações que levam à necessidade da curatela, assim como as causas e circunstâncias que justificam o agir limitado ou a total incapacidade de agir do curatelado. Imprescindível também a comprovação de que a curatela será exercida na direção da proteção da pessoa e dos seus bens, eis que essa é a finalidade primordial do instituto.

III. Julgados

Curador provisório. Doença incapacitante

"Interdição. Curatela provisória. Cabimento. 1. É cabível a nomeação de curador provisório quando existem elementos de convicção seguros que evidenciem a incapacidade civil do interditando. 2. Justifica-se o deferimento da curatela provisória quando está comprovado que a interditada enfrenta doença mental incapacitante e claramente não tem condições de reger a sua pessoa e administrar a sua vida, necessitando receber a pensão previdenciária para prover a sua subsistência, pois vem sendo atendida pela mãe, que pretende exercer a curatela. Recurso provido" (TJRS, 8ª Câmara Cível, AI nº 70063870349, Rel. Sérgio Fernando de Vasconcellos Chaves, j. em 11/3/2015, DJE de 16/3/2015).

Curador provisório. Dependente químico

"Agravo de instrumento. Interdição. Curatela provisória. Dependente químico e de álcool. Inexistindo, nos autos, prova cabal da incapacidade do interditando – em tratamento decorrente de drogadição – para os atos da vida civil, correta a decisão que revogou a curatela provisória. Agravo desprovido, de plano" (TJRS, 7ª Câmara Cível, AI nº 70063512008, Rel. Jorge Luís Dall'Agnol, j. em 28/5/2015, DJE de 3/6/2015).

Art. 750 - O requerente deverá juntar laudo médico para fazer prova de suas alegações ou informar a impossibilidade de fazê-lo.

I. Laudo médico. Efeitos

Trata-se da imposição de um ônus ao requerente ao exigir que a alegada falta de discernimento seja previamente atestada por laudo médico. A impossibilidade de apresentação do laudo médico antes mesmo do chamamento e da apresentação do curatelado em juízo não traz prejuízo ao pedido, mas inviabiliza de todo a possível nomeação de curador provisório dado que o laudo, ainda que produzido unilateralmente pelo interessado, é indício forte, quando não prova cabal, do estado e dos graus da incapacidade de discernimento e, portanto, de manifestação da vontade que se busca suprir com a curatela. E a possibilidade de aferição dessa incapacidade não pode se dar de outro modo se não por profissional da saúde, com expertise voltada para a causa que motivou a curatela ou, ao menos, à frente dos tratamentos ministrados e do acompanhamento do curatelado.

Art. 751 - O interditando será citado para, em dia designado, comparecer perante o juiz, que o entrevistará minuciosamente acerca de sua vida, negócios, bens, vontades, preferências e laços familiares e afetivos e sobre o que mais lhe parecer necessário para convencimento quanto à sua capacidade para praticar atos da vida civil, devendo ser reduzidas a termo as perguntas e respostas.

§ 1º - Não podendo o interditando deslocar-se, o juiz o ouvirá no local onde estiver.

§ 2º - A entrevista poderá ser acompanhada por especialista.

§ 3º - Durante a entrevista, é assegurado o emprego de recursos tecnológicos capazes de permitir ou de auxiliar o interditando a expressar suas vontades e preferências e a responder às perguntas formuladas.

§ 4º - A critério do juiz, poderá ser requisitada a oitiva de parentes e de pessoas próximas.

I. Contato pessoal com o juiz. Indispensabilidade. Garantia fundamental

O art. 751 do CPC/2015 melhora a redação do anterior art. 1.181 do CPC/1973 porque o contato com o juiz se dá sob o enfoque de maior dignidade da pessoa sujeita à curatela na medida em que ele é citado para comparecer em juízo e ser entrevistado e não mais examinado ou inspecionado como referia o CPC/1973. É a oportunidade que o juízo tem de ter contato direito com a pessoa sujeita à curatela de aferir por seus próprios meios e certa dose de sensibilidade não as condições de sanidade e de higidez mental para as quais é imprescindível o laudo técnico, mas sim elementos outros como grau de afinidade e afetividade do curatelado com as pessoas que requerem a curatela. E também fase de suma importância para que o amplo direito de defesa e do pleno exercício do contraditório pelo próprio curatelado possam ser exercidos em face da medida de cunho restritivo sobre ele requerida. Sábio o legislador ao prescrever a necessidade de contato pessoal com a obrigatória vinda do curatelado a juízo para que tanto o juiz quanto o representante do Ministério Público possam, com certa dose de experiência e guardadas as especificidades do caso, aferir as reais circunstâncias que permeiam o pedido de curatela, o curatelado, sua saúde e cuidados, assim como as suas relações de cunho afetivo e emocional com aqueles que dele se ocupam e/ou que tenham requerido a medida. Nota-se a importância dada a esse ato, fundamental para que se evitem abusos contra a pessoa vulnerada por causa que lhe impossibilite o total ou parcial discernimento a respeito dos atos da vida ou da gestão de bens. O juiz deverá se deslocar até o curatelado na hipótese de ele não poder ser conduzido até a sala de audiência. Reforçados ainda os poderes do magistrado para o seu livre convencimento porque os parágrafos do artigo permitem, de ofício, a requisição da presença de um expert para aferir as reais condições da pessoa quando da sua oitiva, assim como do chamamento de parentes e/ou pessoas próximas que possam inclusive ter sido referidas por ele em seu depoimento. Trata-se de momento singular e de aguda percepção para o julgador, sobretudo diante da drasticidade e das consequências da medida da curatela e da necessidade de a decisão determinar os graus de atuação da pessoa do curador ou curadores, considerando-se, como já se disse, a possibilidade da curatela parcial ou total.

II. Julgados

Interrogatório. Impossibilidade de dispensa

"Interdição. Interrogatório do interditando. Ato de extrema importância e próprio do magistrado. Dispensa possível apenas em situações extremas e no interesse do interditando, quando evidente a inexistência de qualquer possibilidade de fraude. Determinação para a imediata designação de data para a realização do interrogatório. Recurso provido para esse fim" (TJSP, 10ª Câmara de Direito Privado, AI nº 2037686-07.2014.8.26.0000, Rel. Araldo Telles, j. em 3/2/2015, DJE de 3/2/2015).

Interrogatório. Solenidade obrigatória

"Agravo de instrumento. Interdição. Prova da incapacidade para os atos da vida civil. Necessidade de realização de audiência do interdito pelo juiz. O interrogatório do interditando, pessoalmente pelo juiz da interdição é solenidade obrigatória e indispensável à validade da ação de interdição. Inteligência do artigo 1.771 do Código Civil e artigo 1.181 do CPC. Precedentes jurisprudenciais. Provido. Em monocrática" (TJRS, 8ª Câmara Cível, AI nº 70061379947, Rel. Rui Portanova, j. em 29/8/2014, DJE de 2/9/2014).

Art. 752 - Dentro do prazo de 15 (quinze) dias contado da entrevista, o interditando poderá impugnar o pedido.
§ 1º - O Ministério Público intervirá como fiscal da ordem jurídica.
§ 2º - O interditando poderá constituir advogado, e, caso não o faça, deverá ser nomeado curador especial.
§ 3º - Caso o interditando não constitua advogado, o seu cônjuge, companheiro ou qualquer parente sucessível poderá intervir como assistente.

I. Defesa do interditando. Impugnação ao pedido de interdição

O Código deixa claro que o curatelado poderá impugnar o pedido de curatela que sobre ele recai. A lei não fala especificamente em contestação, mas dá o prazo legal de 15 dias para que ele possa trazer a juízo toda a matéria para defender os seus interesses de modo a prescindir da curatela requerida. Entende-se que é uma faculdade do curatelado e não um ônus processual de ele impugnar o pedido. Por essa razão, se ele não se utilizar dessa faculdade processual, não haverá prejuízo processual porque não se trata de contestação stricto sensu com a advertência da possibilidade de decreto judicial de pena de confissão e revelia. Registre-se também para afastar possível decreto de revelia e confissão que a matéria versada em feito de curatela diz respeito a direitos indisponíveis, o que afasta tal penalidade processual. No entanto, se o curatelado não constituir o advogado para exercer amplamente a defesa, formal e materialmente no feito, será nomeado um curador especial, que não poderá ser o mesmo representante do Ministério Público já oficiante do feito e que, nos moldes do § 1º, atual no feito como custos legis. Outrossim, ainda na presença de curador especial, o cônjuge, companheiro ou qualquer parente sucessível, o que equivale a dizer que descentes e ascendentes (arts. 1.833 e 1836 do CC) e colaterais até o quarto grau (art. 1.839 do CC) podem intervir no feito como assistente dele curatelado.

II. Direito ao advogado. Curador especial

A curatela é medida drástica que subtrai total o parcialmente a capacidade de agir da pessoa para os atos de gerência de sua vida e dos seus bens. Recai necessariamente sobre um sujeito de direito vulnerável pela ausência ou deficiência no discernimento, daí todo o cuidado da lei em garantir, da forma mais concreta possível, o amplo direito de defesa. Nesse sentido, o CPC atual deixa claro que o advogado, além de ser figura essencial à administração da Justiça, no caso específico, deve estar presente para a defesa dos interesses exclusivos da pessoa sobre a qual recai o pedido de curatela. Assim, o próprio curatelado poderá constituí-lo, caso tenha condições para tanto e, se não o fizer, será obrigatoriamente nomeado um curado especial que, da forma mais rigorosa possível, agirá em prol da defesa dos interesses do curatelado. Note-se, portanto que o Ministério Público atua na função custos legis e o advogado na defesa dos direitos subjetivos patrimoniais e existenciais do próprio curatelado. Pode o advogado e com mais razão ainda o curador especial, toda e qualquer medida, procedimento e prova a fim de demonstrar as reais condições da sanidade e da manifestação de vontade do curatelado. Poderá requerer inspeções, realização de exames, perícias, exibição de documentos, laudos, depoimentos de médicos ou outros profissionais da saúde que tenham atendido ou que atendam ao curatelado de modo a dar plena garantia e concretização ao exercício da defesa pelo vulneral, se o caso, assim como elementos para o juízo aferir o grau de discernimento do curatelado e, portanto, o nível de atuação do curador.

III. Assistência processual

O CPC elencou de forma taxativa o rol de legitimados processuais que, na ausência ou impossibilidade real de o curatelado nomear para si um advogado, poderão atuar no feito como assistentes dele. Nota-se o esforço do legislador em garantir a ampla defesa de todas as formas, ciente da drástica medida que é o estabelecimento da curatela de uma pessoa, ainda que parcial. Tanto isso é verdadeiro que se fazem possíveis três esferas de atuação direcionadas a garantir o estabelecimento da curatela quando estritamente necessária; e mais, nos estritos limites da incapacidade de gerência pessoal e ou patrimonial da pessoa cujo discernimento não é mais plenamente alcançado. Dessa forma, nos termos do art. 757 e parágrafos é possível que coexistam no mesmo feito de pedido de curatela: i) o representante do Ministério Público na função de múnus público, ii) o curador especial, nomeado pelo Juízo e iii) a figura processual do assistente do curatelado, que poderá ser seu cônjuge ou companheiro ou até mesmo qualquer parente sucessível, desde que atue em prol da defesa dos interesses do curatelado. Vale referir que a ausência de curador especial levará o feito à sua nulidade porque é essencial que o curatelado tenha nomeado em seu favor procurador ou quem faça as vezes de seu advogado, não podendo haver confusão dessa figura processual com a do próprio representante do Ministério Público e nem mesmo podendo o assistente constituir advogado em favor do curatelado.

IV. O Ministério Público. Obrigatoriedade. Função de custos legis

Trata-se de ação que visa reduzir ou suprimir a capacidade de agir de uma pessoa em que o interesse público é evidente na medida em que o Estado tem o dever de zelar pelo respeito aos direitos e garantias individuais fundamentais de todo cidadão. Assim, o representante do Ministério Público deve oficiar no feito e contribuir para a devida instrução da demanda e a mais estrita legalidade do procedimento e no sentido de ser verificada a imprescindibilidade da curatela e os seus limites. O foco reside na garantia de ampla defesa dos interesses da pessoa debilitada física, psicológica ou mentalmente a ponto de ser garantida o quanto possível a autonomia e a plenitude da capacidade de agir de toda e qualquer pessoa. O papel do Ministério Público elencado no § 1º do artigo não pode, por isso, ser confundindo com o do advogado do curatelado tratado no § 2º, ou mesmo com a figura do assistente do § 3º que, como refere o art. 752 do CPC e que são tratados em parágrafos próprios e específicos, só se somam e jamais se excluem.

V. Julgados

Curador especial. Ministério Público. Conflito de interesses

"Procedimento de interdição. Ministério Público. Curador especial. Nomeação. Conflito de interesses. Ausência. Interesses do interditando. Garantia. Representação. Função institucional do Ministério Público. Decisão singular do relator (CPC, art. 557). Nulidade. Julgamento do colegiado. Inexistência. 1. Eventual ofensa ao art. 557 do CPC fica superada pelo julgamento colegiado do agravo regimental interposto contra a decisão singular do relator. Precedentes. 2. A designação de curador especial tem por pressuposto a presença do conflito de interesses entre o incapaz e seu representante legal. 3. No procedimento de interdição não requerido pelo Ministério Público, quem age em defesa do suposto incapaz é o órgão ministerial e, portanto, resguardados os interesses interditando, não se justifica a nomeação de curador especial. 4. A atuação do Ministério Público como defensor do interditando, nos casos em que não é o autor da ação, decorre da lei (CPC, art. 1182, § 1º e CC/2002, art. 1770) e se dá em defesa de direitos individuais indisponíveis, função compatível com as suas funções institucionais. 5. Recurso especial não provido" (STJ, 4ª Turma, Resp nº 1099458-PR, Rel. Maria Isabel Gallotti, j. em 2/12/2014, DJE de 10/12/2014).

Curador especial. Ausência de nomeação. Impossibilidade. Função de custos legis

"Agravo de instrumento - Decisão que indeferiu pedido de nomeação de curador especial ao interditando - Inadmissibilidade - Necessidade de nomeação de curador especial para que este, durante a tramitação do feito, proceda à defesa processual do interditando - Inteligência do artigo 1.182, § 1º, do Código de Processo Civil - munus processual, ademais, que não pode ser exercido pelo representante do Ministério Público que atua no âmbito da interdição como custos legis - Agravo conhecido diretamente e provido" (TJSP, 6ª Câmara de Direito Privado, AI nº 990.10.477718-6, Rel. Sebastião Carlos Garcia, j. em 11/11/2010).

Curador especial. Nomeação. Nulidade. Ausência de prejuízo ao interditando

"Apelação cível - Ação de interdição - Ausência de nomeação de curador especial - Atuação do Ministério Público como fiscal da lei inexistência. No caso concreto de prejuízo à interditanda, desnecessidade de nulidade do processo. Princípios da razoável duração do processo, celeridade e economia processual. Interdição. Impossibilidade ante as provas colhidas nos autos. Ausência de incapacidade absoluta. Não obstante o entendimento já exarado por esta corte de justiça, na ação de interdição não se verifica nulidade quando a ausência de nomeação de curador especial não impõe prejuízo ao interditando, desde que o Ministério Público, como fiscal da lei, tenha atuado no decurso dos atos processuais, até porque a própria legislação à luz do artigo 1.770 do Código Civil autoriza a atuação do parquet. Apelação não provida" (TJPR, 11ª Câmara Cível, AC nº 880618-2, Rel. Gamaliel Seme Scaff, j. em 21/11/2012).

Curador especial. Ausência de nomeação. Nulidade. Garantia fundamental do processo

"Apelação cível. Interdição e curatela - Ausência de nomeação de curador ao interditando - Artigo 1.182 do Código de Processo Civil. Violação às garantias constitucionais - Ampla defesa e Contraditório. Nulidade. Recurso provido. 1. Houve, não se nega, a participação do Ministério Público como curador especial ou curador à lide (art. 1.182, § 1º do CPC), contudo essa atuação não supre a necessidade de se nomear curador no processo que defenderá a interditanda, já que a função de curador à lide é diferente da do curador ao interditando" (TJPR, Ac nº 715.833- 6, Rel. Augusto Lopes Cortes, j. em 01.12.2010). 2. Recurso conhecido e provido" (TJPR, 11ª Câmara Cível, Ac. nº 702763-4, Rel. Ruy Muggiati, j. em 20/4/2011).

Art. 753 - Decorrido o prazo previsto no art. 752, o juiz determinará a produção de prova pericial para avaliação da capacidade do interditando para praticar atos da vida civil.

§ 1º - A perícia pode ser realizada por equipe composta por expertos com formação multidisciplinar.

§ 2º - O laudo pericial indicará especificadamente, se for o caso, os atos para os quais haverá necessidade de curatela.

I. Perícia judicial. Necessidade. Nulidade processual

A perícia judicial é ato essencial ao processo para atribuição de curatela a alguém e deve ser realizada por determinação do juízo, sob pena de nulidade do processo. Ainda em situações de curatelado acamado ou mesmo abrigado em instituição de cuidados especiais, a perícia judicial se faz imprescindível, pois não basta relatório médico, ainda que circunstanciado, atestando a incapacidade da pessoa sobre a qual recai o pedido de curatela. A perícia judicial, com perito nomeado e, portanto, de confiança do juízo, é ato essencial da produção de provas porque traz ao feito a segurança acerca da imprescindibilidade da determinação da curatela. E mais. A perícia deverá ainda trazer elementos e aspectos fundamentais para o julgador estabelecer os limites de atuação do curador e as esferas da vida do curatelado em que ele terá atuação, lembrando que pode haver curatela parcial ou então mais de um curador com atuações específicas seja sobre os bens do curatelado, seja sobre os demais atos da vida.

II. Perito. Equipe multidisciplinar

O CPC/2015, atendendo a dinâmica da vida moderna e a complexidade das doenças psíquicas e mentais no campo da memória e do discernimento, possibilita ao juiz que ele nomeie uma equipe de profissionais de áreas diversas e complementares para a realização da perícia. Assim, ao lado do tradicional perito médico, neurologista ou psiquiatra, a equipe pode contar com psicólogo, assistente social, etc. E esse dispositivo legal toma relevo sobretudo quando o pedido de interdição diz respeito às chamadas incapacidades parciais. Naquelas em que o interditando possui condições de realizar diversos atos da vida, mas não todos. E nesse aspecto, muitas das vezes, é preciso o conhecimento complementar de mais de um expert para auxiliar o juízo quanto aos limites da curatela, por consequência, a extensão e a profundidade dos atos a serem realizados pelo curador, bem como a possibilidade de ela ser definitiva ou mesmo temporária. A atuação da equipe multidisciplinar também é uma garantia para o curatelado e para a análise dos campos onde permanece a sua autonomia ou, ao menos, níveis de discernimento que garantam, o quanto possível, que a curatela somente recaia onde essa for essencial. Cumprindo-se assim os ditames do Estatuto da Pessoa com Deficiência e as diretivas internacionais para o tema da autonomia da pessoa com deficiência. Daí o reforço do § 2º desse artigo, determinando o conteúdo obrigatório de especificar os atos sujeitos à curatela.

III. Julgados

Equipe multidisciplinar. Desnecessidade

"Apelação cível. Direito Civil. Curatela. Alterações legais introduzidas pela Lei n. 13.146/2015. Estatuto da Pessoa com Deficiência. Arguição de nulidade da sentença pelo Ministério Público. Afastada. Magistrado somente será auxiliado por equipe multidisciplinar quando absolutamente necessário, sob pena de impor inadmissível ônus ao desenvolvimento da relação jurídico-processual. Aplicação do artigo 1.771 do Código Civil, artigo 753, §1º, do Código de Processo Civil e art. 2º, §1º, da Lei n. 13.146/2015. O Estatuto da Pessoa com Deficiência reconstruiu e ampliou o conceito de capacidade civil, objetivando esclarecer que a deficiência física, mental ou intelectual não gera, a priori, incapacidade absoluta ou relativa, consequentemente, refletindo diretamente no instituto da interdição e da curatela. Existência de prova pericial nos autos que merece valoração probatória, uma vez que se consubstancia em prova técnica produzida por profissional da área médica. Conclusão pelo reduzido grau de discernimento da interditanda. Incapacidade parcial demonstrada. Aplicação do art. 84, §1º, do estatuto. Sentença reformada. Recurso conhecido e provido" (TJAL, 3ª Câmara Cível, AC nº 0700105-05.2016.8.02.0046, Rel. Domingos de Araújo Lima, j. em 22/3/2017).

Perícia médica. Prova. Especialista

"Apelação civil. Interdição. Revogação da interdição provisória. Cabimento. Eventual resultado de avaliação social realizada por assistente social não teria o condão de afastar as conclusões constantes do laudo pericial acerca da capacidade mental do interditando, sendo esta aferível somente por médico psiquiatra. Apelação desprovida" (TJRS, 7ª Câmara Cível, AC nº 70044684652, Rel. Roberto Carvalho Fraga, j. em 2/4/2012).

Perícia judicial. Formalidade dispensável

"Civil e processual. Interdição. Laudo art. 1183 do CPC. Não realização. Nulidade. Não ocorrência. 1 - Constatado pelas instâncias ordinárias que o interditando, por absoluta incapacidade, não tem condições de gerir sua vida civil, com amparo em laudo pericial (extrajudicial) e demais elementos de prova, inclusive o interrogatório de que trata o art. 1181 do Código de Processo Civil, a falta de nova perícia em juízo não causa nulidade, porquanto, nesse caso, é formalidade dispensável (art. 244 do CPC). 2 - Recurso especial não conhecido" (STJ, 4ª Turma, REsp nº 253733-MG, Rel. Min. Fernando Gonçalves, j. em 16/3/2004).

Laudo pericial. Prova fundamental sobre a capacidade de discernimento

"Apelação cível. Curatela. Ação de interdição. Laudo pericial psiquiátrico que conclui pela inexistência de evidências de incapacidade para o exercício dos atos da vida civil. Improcedência do pedido. Invalidez para o trabalho que não se confunde com incapacidade para os atos da vida civil. 1. Sopesados os elementos probatórios coligidos aos autos, mormente a conclusão do laudo pericial psiquiátrico, no sentido da inexistência de evidências de incapacidade do requerido para o exercício dos atos da vida civil, não há razões para decretar sua interdição, impondo-se a manutenção da sentença de improcedência. 2. A invalidez para o trabalho, detectada por meio de laudos médicos produzidos pelo órgão de previdência pública a que vinculado o requerido, não se afigura meio hábil para embasar o decreto de interdição, tendo em vista que a incapacidade para o exercício de atividade laboral, ainda que por motivos de ordem psicológica, não significa necessariamente a incapacidade para os atos da vida civil, a demandar a curatela. Negaram provimento. Unânime" (TJRS, 8ª Câmara Cível, Ac. nº 70059468173, Rel. Luiz Felipe Brasil Santos, j. em 25/9/2014, DJe de 1º/10/2014).

Art. 754 - Apresentado o laudo, produzidas as demais provas e ouvidos os interessados, o juiz proferirá sentença.

I. Instrução processual. Prova pericial e audiência

No que diz respeito à produção das provas, nota-se que a prova pericial é da essência do processo de curatela. Ela não pode ser suprimida por nenhuma outra. A prova documental, a prova oral, a inspeção judicial e os demais meios de provas admitidos como garantias do devido processo legal estão naturalmente assegurados. No nosso entender esse dispositivo seria despiciendo porque, ainda que o pedido de curatela conte com dispositivos específicos para regulamentar o procedimento, fato que nenhuma das garantias constitucionais da ampla defesa e do contrário podem ser supridas, sob pena de nulidade do processo. Assim, é de rigor que, produzida uma prova nos autos, todos sejam ouvidos sobre ela para somente após o juiz deliberar. E esse é o sentido também do art. 754, reforçando talvez a ideia de que mesmo constatada, por prévia perícia ou por prova inicial, a necessidade da curatela, o juiz não pode se antecipar no julgamento sem que todos os interessados tenham se manifestado pelo até então processado e produzido. E de se notar que o dispositivo se refere especificamente aos interessados no feito e não às partes, como é de rigor no CPC. Encontram-se talvez nessa característica do pedido de curatela – que é a possibilidade de vários interessados, tais como o Ministério Público, o curatelado ou seu curador especial, o assistente – a razão de ser desse artigo que, numa leitura rápida, poderia indicar a sua desnecessidade. Trata-se, como se disse, de reforço à garantia constitucional e de plena efetividade dos princípios da ampla defesa e do exercício do contraditório, este último sensivelmente valorizado no CPC/2015, sobretudo em virtude da nova sistemática que se pretende concretizar o quanto possível a dignidade da pessoa com algum tipo de deficiência, evitando que ela seja tratada como "objeto do feito", e não como sujeito de direito.

Art. 755 - Na sentença que decretar a interdição, o juiz:
I - nomeará curador, que poderá ser o requerente da interdição, e fixará os limites da curatela, segundo o estado e o desenvolvimento mental do interdito;
II - considerará as características pessoais do interdito, observando suas potencialidades, habilidades, vontades e preferências.
§ 1º - A curatela deve ser atribuída a quem melhor possa atender aos interesses do curatelado.
§ 2º - Havendo, ao tempo da interdição, pessoa incapaz sob a guarda e a responsabilidade do interdito, o juiz atribuirá a curatela a quem melhor puder atender aos interesses do interdito e do incapaz.
§ 3º - A sentença de interdição será inscrita no registro de pessoas naturais e imediatamente publicada na rede mundial de computadores, no sítio do tribunal a que estiver vinculado o juízo e na plataforma de editais do Conselho Nacional de Justiça, onde permanecerá por 6 (seis) meses, na imprensa local, 1 (uma) vez, e no órgão oficial, por 3 (três) vezes, com intervalo de 10 (dez) dias, constando do edital os nomes do interdito e do curador, a causa da interdição, os limites da curatela e, não sendo total a interdição, os atos que o interdito poderá praticar autonomamente.

I. Sentença. Requisitos

Esse é mais um artigo que deve ser interpretado segundo a nova sistemática introduzida pelo Estatuto da Pessoa com Deficiência, Lei nº 13.146/2015, em especial os arts. 84 a 87 do EPC. Portanto se pode dizer que a curatela atualmente prescinde da interdição. Ou então, sob a perspectiva do CPC, a interdição é um procedimento e uma fase prévia para a concessão da curatela, nada além disso. Segundo o que se extrai da nova matriz exegética dada pelo Estatuto da Pessoa com Deficiência, não se pode mais falar em interdição com a declaração de incapacidade absoluta da pessoa. A categoria de absolutamente incapaz restou somente para os menores de 16 anos. Assim, entende-se aqui que a sentença irá decretar a interdição, no sentido de proibição de realização de determinados atos pelo curatelado, que de igual modo sendo relativamente incapaz necessitará da anuência de seu curador para dar validade. Haverá, no entanto, ainda aquelas situações em que a impossibilidade de realização de qualquer ato será de forma total e na qual o curador substituirá integralmente a manifestação de vontade do curatelado, mas parece que nem mesmo nessas hipóteses se poderá falar em incapacidade absoluta com a conotação que historicamente se tem no âmbito jurídico. Ao invés, poder-se-á falar em incapacidade parcial ou total para a realização de ato sem que necessariamente recaia sobre a pessoa do curatelado o peso de ser ele absolutamente incapaz. Ao seu turno, o art. 755 do CPC, assim como os seus incisos I e II, impõe deveres ao juiz, que, ao proferir a interdição, vale dizer, a proibição de atos, deverá estabelecer expressamente os limites dessa proibição e de atuação da curatela, respeitando as peculiaridades do caso em concreto. O Direito valoriza cada vez mais a autonomia do sujeito no sentido de ele gerir e responsabilizar-se por sua pessoa e bens. O progresso científico e das áreas da saúde vem promovendo avanços significativos no campo das doenças mentais, que são na grande maioria dos casos os motivos dos pedidos de curatela. Assim, hoje e também por conta da elevada qualidade das perícias que pode vir a detalhar os campos de debilidade de atuação. Isto é, a possibilidade da pessoa ter dificuldades mentais e incapacidade somente para agir em algumas esferas da vida civil e não nela como um todo. Tanto é assim que o inciso I determina o dever de fixar os limites e, portanto, a extensão da interdição e o inciso II busca promover a dignidade do curatelado, com respeito às suas potencialidades de desenvolvimento, bem como sua possibilidade de exercício de vontades e preferências.

II. Interdição. Curatela

Uma vez provada a incapacidade total ou parcial do curatelado, a sentença será de procedência. No entanto, esse artigo deixa claro que poderá haver procedência do pedido e não necessariamente da nomeação da curatela em favor de quem o requereu. A curatela é medida protetiva voltada para assegurar os interesses e os direitos da pessoa vulnerável e, sendo assim, o juiz não está obrigado a conferir o encargo da curatela em favor de quem a pleiteou, pois não é o direito subjetivo do requerente o que está em discussão, mas sim a proteção do curatelado. A curatela é munus, encargo e como tal deve ser analisada sempre em favor do cumprimento das suas prerrogativas: melhores interesses do curatelado. Atendendo-se as peculiaridades do caso, a razão e a motivação do pedido, o juiz poderá eleger, dentre os pretendentes, aquele que exercerá de forma mais eficaz a curatela, inclusive sopesando quem tem maior proximidade afetiva e de relacionamento com o curatelado. Poderá ainda o juiz, inclusive, nomear terceiro de sua confiança se restar provado que os pretendentes não exercerão ou possuem conflito de interesses com o instituto da curatela. O curador nos atos de gestão da pessoa e do patrimônio do curatelado poderá se valer de outros profissionais para bem exercer esse encargo, respondendo sempre pelos prejuízos causados.

III. Curatela do interdito e de incapaz sob guarda dele

A rigor e num primeiro momento, quem exerce a curatela do curatelado também exercerá a curatela sobre os menores e incapazes que estejam sob a guarda e responsabilidade dele. No entanto, essa regra poderá ser modificada nos termos autorizados no art. 757 do CPC, que permite ao juiz determinar de outro modo a tutela e os cuidados de menor ou incapaz sob a guarda e responsabilidade do sujeito à curatela. Também aqui o caso concreto é que irá recomendar o uso do § 2º e a extensão da curatela aos que estão sob a guarda ou então a possibilidade de outra medida ser deferida para melhor atender aos interesses desses menores ou incapazes.

IV. Interdição. Curatela. Publicidade

Outro aspecto que é essencial para a ampla produção dos efeitos da sentença que decreta a interdição de atos e a curatela é a sua publicidade. E aqui a lei determina o modo que deverá se dar essa publicidade a fim de que o ato produza os seus efeitos, principalmente perante terceiros. A decisão que determinar a necessidade de curatela e o grau de proibição (interdição) dos atos realizados será necessariamente inscrita no registro de pessoais naturais e apontada nas respectivas certidões de nascimento e de casamento, se o caso. Além do apontamento junto ao registro civil, a sentença será ainda publicada nos sítios do tribunal de competência da prolação da sentença e do Conselho Nacional de Justiça (CNJ), onde permanecerá por seis meses. Ademais, deverá ser publicada via edital uma vez na imprensa local e por três vezes, com intervalos de 10 dias entre uma e outra publicação, no Diário Oficial, devendo informar, sob pena de nulidade da publicação, os nomes do curatelado e do curador, a causa do pedido e os limites da curatela e, não sendo ela total, quais os atos que a pessoa pode praticar sem anuência ou assistência do curador.

V. Julgados

Pais. Manifestação do curatelado. Curatela compartilhada

"Apelação cível - Interdição - Nomeação da mãe como curadora - Compartilhamento com o pai - Inadequado, segundo os relatórios de assistente social e de psicóloga - Manifestação do incapaz de ser mantido com a genitora - Recurso ao qual se nega provimento. A existência de divergências e dificuldades de relacionamento entre os genitores inviabiliza o compartilhamento da curatela entre eles, somando-se ao fato do interditando ter manifestado intenção de permanecer sob os cuidados da mãe (fl. 149 e-STJ)" (STJ, Resp nº 594.473, Rel. Ricardo Villas Bôas Cueva, j. em 22/6/2015).

Irmãos. Curatela compartilhada. Inviabilidade

"Agravo de instrumento - Interdição - Curatela compartilhada - Pedido formulado pelos irmãos - Inexistência de vedação legal - Melhor interesse do interditando - Potenciais divergências e conflitos. 1. Ainda que se considere a possibilidade do compartilhamento da curatela, a nomea- ção dos seis irmãos do interditando não se mostra razoável, ou apta a atender ao seu melhor interesse. 2. No caso em análise, há que se ponderar potenciais divergências e conflitos entre os responsáveis, de forma conjunta, pela incumbência – o que poderia ensejar uma situação de instabilidade para o curatelado, assim como obstáculos em relação à organização e ao dever de prestação de contas. 3. Recurso não provido" (TJMG, 8ª Câmara Cível, Agravo de Instrumento nº 1.0024.13.274106-7/001, Rel. Rogério Coutinho, j. em 11/3/2015).

Curador. Melhor interesse do curatelado. Afeição

"Apelação cível. Ação de interdição. Decretação e nomeação de curador pelo juízo monocrático de pessoa que visa atender os interesses do interdito. Prevalência do bem-estar do curatelado. Decisão de primeiro grau confirmada. Manutenção do curador nomeado. Recurso improvido. A curatela tem por finalidade precípua preservar os interesses do interditado, cuidando de tudo que diz respeito à sua pessoa e aos seus bens. Não resta dúvida de que a curatela deve ser deferida àquele que tem melhores condições de zelar pelos interesses do curatelado, a quem demonstre afeição ao incapaz. No caso dos autos, o magistrado 'a quo', com base no acervo probatório e visando o bem-estar do interdito, nomeou curador quem demonstrou ser mais apto para o exercício do múnus. Sentença de primeiro grau confirmada. Recurso conhecido e improvido. À unanimidade" (TJSE, 1ª Câmara Cível, AC nº 2009205539, Rel. Suzana Maria Carvalho Oliveira, j. em 30/6/2009).

Curador. Ordem de preferência não é absoluta

"Direito Civil. Processual Civil. Ação de interdição. Nomeação de curador. Substituição. Não cabimento. Melhor interesse do interditado. Ordem de preferência. Observância. Honorários advocatícios. Sucumbência recíproca. Sentença reformada em parte. 1. Na espécie, verifica-se que o recurso atende aos requisitos indicados pelo art. 514 do CPC, de maneira a permitir uma suficiente análise da matéria devolvida ao Tribunal e a garantir aos apelados contraditá-lo em ordem à ampla defesa e ao contraditório, merecendo, pois ser conhecido. 2. Conquanto seja cediço que a ordem de preferência listada pelo art. 1.775 do CC não possua caráter absoluto, há que se ponderar que ela impõe uma certa predileção entre os parentes do interditando que possam vir a assumir a curatela deste, a qual deve ser ponderada à luz do melhor interesse do incapaz. 3. Com efeito, os elementos constantes dos autos, por si sós, são suficientes para acudir o entendimento segundo o qual o interditando ficará melhor ao lado de sua companheira de longa data, pessoa escolhida por ele e que vive ao seu lado há longa data, havendo suficientes provas nos autos de que ela vem auxiliando-o no combate da enfermidade de que está acometido, não havendo motivos relevantes e cabalmente comprovados para modificar a curadora nomeada também segundo os critérios legais pertinentes. 4. Embora o presente requerimento de interdição, inicialmente, consubstanciasse procedimento de jurisdição voluntária, em tese, sendo oferecido segundo o melhor interesse do interditando, a pretensão foi resistida. Isto é, o interditando e sua companheira impugnaram o pedido de interdição bem como o referente à pessoa que deveria assumir o encargo. Com isso, houve estabelecimento de lide e, com lastro no resultado do imbróglio, cumpria ao julgador arbitrar os honorários advocatícios de sucumbência e as despesas processuais proporcionalmente em desfavor dos vencidos. 5. Recurso conhecido. Preliminar suscitada pelos apelados rejeitada. Apelação parcialmente provida. Sentença reformada em parte" (TJDF, 3ª Turma Cível, APC nº 20110111904075, Rel. Alfeu Machado, j. em 22/10/2014, DJE de 29/10/2014).

Art. 756 - Levantar-se-á a curatela quando cessar a causa que a determinou.
§ 1º - O pedido de levantamento da curatela poderá ser feito pelo interdito, pelo curador ou pelo Ministério Público e será apensado aos autos da interdição.
§ 2º - O juiz nomeará perito ou equipe multidisciplinar para proceder ao exame do interdito e designará audiência de instrução e julgamento após a apresentação do laudo.
§ 3º - Acolhido o pedido, o juiz decretará o levantamento da interdição e determinará a publicação da sentença, após o trânsito em julgado, na forma do art. 755, § 3º, ou, não sendo possível, na imprensa local e no órgão oficial, por 3 (três) vezes, com intervalo de 10 (dez) dias, seguindo-se a averbação no registro de pessoas naturais.
§ 4º - A interdição poderá ser levantada parcialmente quando demonstrada a capacidade do interdito para praticar alguns atos da vida civil.

I. Interdição. Duração

A curatela tem a finalidade de proteger os interesses da pessoa com seu discernimento vulnerado assim como a coletividade em geral no sentido de dar garantia às relações jurídicas e, pois, validade aos atos praticados pelos sujeitos de direito no âmbito da vida em relação. A curatela pode ter diversas causas e muitas delas podem ser de natureza temporária ou não definitiva. Nesse sentido, uma vez cessada a causa determinante que incapacitava o agir da pessoa e restabelecido o seu pleno discernimento para os atos da vida civil ou os meios de expressão dele, se o caso, ainda que parcial, a curatela deverá ser levantada. Nota-se que a norma tem um cunho imperativo, no sentido de ser obrigatório o levantamento da curatela e da decisão que determinou os atos interditos, objetivando que o sujeito restabeleça a ampla ou parcial capacidade para os atos da vida. Novamente aqui o legislador privilegia a dignidade do sujeito e a autonomia da pessoa como um valor a ser promovido.

II. Legitimidade. Procedimento

O § 1º estabelece os legitimados a requererem o levantamento da curatela, podendo ser a própria pessoa, o seu curador ou o Ministério Público. Nesse âmbito e considerando que a curatela impõe uma limitação ao direito da pessoa diante da ausência de discernimento ou capacidade de agir constatada, qualquer pessoa poderá provocar o Ministério Público a fim de ser promovido o levantamento da curatela que, obviamente, será deferida uma vez verificada a cessação da causa que levou à medida. O procedimento será o mesmo, sendo de rigor a nova perícia e a ampla produção de provas, a fim de se garantir a defesa e proteção da pessoa do curatelado. E possível inclusive que de total a curatela passe a ser parcial, acompanhada, nesse caso, da declaração dos atos a serem realizados autonomamente daqueles a precisarem de curador. O processo de levantamento da curatela terá tramitação no juízo onde se processou a medida originária e será levantada por sentença que deverá, após o trânsito em julgado, ser publicada em sítio do tribunal e do Conselho da Justiça Federal, como determina o art. 755, § 3º, CPC. No caso de ser impossível a publicidade nos termos do que prevê o art. 755, § 3º, CPC, a sentença deverá ser publicada na imprensa local e na imprensa oficial por três vezes, com intervalos de dez dias entre uma publicação e outra. Depois disso se deve proceder à devida averbação do levantamento junto ao registro civil do interessado. Nessa averbação deverá também constar se a medida cessou totalmente ou se foi mitigada, permitindo a realização de atos pela própria pessoa sem o curador, devendo, pois, nessa hipótese, ser apontada a extensão da curatela. De se destacar, novamente, a natureza de trânsito em julgado meramente formal da decisão que determina a curatela, assim como igualmente daquela que a levanta.

III. Julgados

Levantamento da interdição. Legitimidade ativa. Representação do interdito

"Agravo de instrumento. Levantamento de interdição. Legitimidade da pessoa interditada para figurar no polo ativo. Representação por procurador. Inteligência do art. 1.186, § 1º, do CPC. Cessando a causa determinante da limitação da capacidade civil da pessoa, deve ser levantada a da interdição e o próprio interditado tem legitimidade para postular o levantamento da sua interdição, sendo que este pedido deve ser apensado à ação de interdição, devendo o juiz nomear perito para proceder ao exame de sanidade no interditado, designando, após a apresentação do laudo, audiência de instrução e julgamento. Inteligência do art. 1.186, § 1º do CPC. Recurso provido" (TJRS, 7ª Câmara Cível, AI nº 70036263705, Rel. Sérgio Fernando de Vasconcellos Chaves, j. em 27/12/2010, DJe de 13/1/2011).

Levantamento da interdição. Ilegitimidade ativa da companheira

"Apelação cível. Levantamento de interdição. Ilegitimidade ativa. Embora a revisão de ofício dos processos de interdição não seja juridicamente possível, pela ausência de lei a respeito, o levantamento da interdição tem previsão legal, mas depende de pedido formulado pelo próprio interditado, nos termos do art. 1.186 do Código Civil, de modo que exclui a legitimidade da companheira do incapaz, a quem resta se assim o desejar, postular a substituição da curadora. Negaram provimento. Unânime" (TJRS, 8ª Câmara Cível, AC nº 70048289417, Rel. Luiz Felipe Brasil Santos, j. em 6/12/2012).

Art. 757 - A autoridade do curador estende-se à pessoa e aos bens do incapaz que se encontrar sob a guarda e a responsabilidade do curatelado ao tempo da interdição, salvo se o juiz considerar outra solução como mais conveniente aos interesses do incapaz.

I. Extensão da curatela

Não se pode interpretar esse dispositivo de forma dissociada ao que determina o art. 6º do EPD. Porém, de regra geral, os atos do curador estendem-se a toda a esfera jurídica do curatelado. Assim, se este tinha sobre si a responsabilidade por menores ou incapazes, ou por bens e direitos desses, será o curador quem irá responder e administrar também esses interesses. No entanto, considerando as peculiaridades do caso concreto, a lei autoriza, em prol do melhor exercício da curatela, assim como para a plena preservação dos interesses dos menores ou incapazes sob custódia do curatelado que outra solução seja adotada. Podendo, por exemplo, ser nomeado tutor para a tutela dos interesses dos menores ou outro curador se o caso de incapazes. A proposta e o interesse do legislador é dar a maior proteção possível aos interesses pessoais e patrimoniais desses sujeitos dada a vulnerabilidade que os marca. Outra hipótese ainda de não ser o mesmo curador para o curatelado e para pessoas sob a sua responsabilidade se dá diante de conflito de interesses entre esses sujeitos, razão a recomendar que cada um tenha um representante próprio. Agora é de se dar destaque ao direito e à manifestação da vontade do curatelado em relação ao direito de convivência familiar e comunitária, à guarda e convivência com filhos, nos termos dos incisos V e VI do art. 6º do EPD.

Art. 758 - O curador deverá buscar tratamento e apoio apropriados à conquista da autonomia pelo interdito.

I. Dever do curador

Esse artigo indica uma consonância com o Estatuto da Pessoa com Deficiência, ou seja, a ideia de só vigorar a curatela quando e onde ela for fundamental e essencialmente necessária. O valor a ser privilegiado, ao lado da proteção, é a autonomia do curatelado. A postura do legislador visa a preservar o quanto possível o restabelecimento do pelo agir da pessoa tanto que determina que nos termos da norma o curador deverá, ou seja, há a imposição desse dever de o curador buscar meios que, quando possível, possam restabelecer a plena autonomia do curatelado. Essa norma revela a sensibilidade com a importância da autonomia e autogerência de vida que prima facie é assegurada a toda e qualquer pessoa. Assim, ainda que declarada a necessidade de curatela de uma pessoa, total ou parcialmente, a finalidade da medida é de proteção e, se possível, de ser ela transitória, pois é interesse do Estado e daí o comando ao curador, a promoção da dignidade da pessoa e o restabelecimento da autonomia pessoal e negocial dela, com o incentivo ao levantamento da medida sempre que possível.

Seção X - Disposições Comuns à Tutela e à /curatela

Art. 759 - O tutor ou o curador será intimado a prestar compromisso no prazo de 5 (cinco) dias contados da:
I - nomeação feita em conformidade com a lei;
II - intimação do despacho que mandar cumprir o testamento ou o instrumento público que o houver instituído;
§ 1º - O tutor ou o curador prestará o compromisso por termo em livro rubricado pelo juiz.
§ 2º - Prestado o compromisso, o tutor ou o curador assume a administração dos bens do tutelado ou do interditado.

I. Termo de compromisso

A partir desse artigo o CPC trata de disciplinar os deveres que são comuns ao cargo de curador e de tutor. Assim, o art. 759 trata das hipóteses de nomeação do curador e do tutor e o modo como se dá a investidura no cargo. A nomeação pode se dar, portanto, por meio do regular processo de curatela ou então por ordem do juiz que for dar cumprimento a um testamento ou um instrumento público que tiver instituído, por declaração de vontade, o curador ou o tutor de incapaz ou menor de idade. Em ambas as hipóteses, o curador ou o tutor será intimado para prestar o compromisso de aceitar os encargos e os ônus da curatela ou da tutela, devendo, nos termos da lei, firmar o termo em livro próprio e rubricado pelo juiz e do qual serão extraídas as certidões necessárias. Como o compromisso prestado, o curador e o tutor assumem a gestão sobre os interesses patrimoniais e de cuidado da pessoa do curatelado ou tutelado, passando a representá-lo para todos os fins de direito, respeitadas, sempre, as hipóteses de manifestação de vontade e de discernimento do curatelado, em especial quanto aos direitos que lhe são assegurados pelo Estatuto da Pessoa com Deficiência (art. 85, § 1º, entre outros).

Art. 760 - O tutor ou curador poderá eximir-se do encargo apresentando escusa ao juiz no prazo de 5 (cinco) dias contado:
I - antes de aceitar o encargo, da intimação para prestar compromisso;
II - depois de entrar em exercício, do dia em que sobrevier o motivo da escusa.
§ 1º - Não sendo requerida a escusa no prazo estabelecido neste artigo, considerar-se-á renunciado o direito de alegá-la.
§ 2º - O juiz decidirá de plano o pedido de escusa, e, não o admitindo, exercerá o nomeado a tutela ou a curatela enquanto não for dispensado por sentença transitada em julgado.

I. Encargo. Escusa

Como referido, a curatela e a tutela são encargos legais e como tais pode a pessoa encarregada de exercê-las se escusar dessa obrigação. A curatela e a tutela conferem poderes para o curador e tutor, mas naturalmente também o oneram com substanciais obrigações de ordem pessoal e patrimonial em relação ao curatelado e/ou tutelado. Pode haver inclusive o dever de reparação pelos atos de má gestão à frente do encargo. Nesse sentido, para as hipóteses de nomeação de curador ou tutor por testamento ou instrumento público, como faculta a lei civil, o interessado poderá se eximir de assumir o encargo, apresentando escusa ao juiz. A escusa referida pela lei diz respeito a uma justificação ou a um pedido de dispensa do encargo, sem que o interessado precise fazer robusta prova da não aceitação dessa nomeação. Ninguém pode ser obrigado a assumir a tutela ou a curatela de alguém por ser tal imposição incompatível com o exercício da curatela e da tutela – que é, essencialmente, de preservar todos os interesses, inclusive afetivos, da pessoa e dos bens do vulnerável.

II. Escusa. Prazo

Na hipótese de exercício do direito à escusa pelo indicado curador ou tutor, ele deverá se manifestar requerendo-a ao juízo em cinco dias, contados da intimação para prestar o compromisso e antes de ter aceitado o encargo. O inciso I do art. 760 versa acerca da hipótese de não ser o próprio interessado que está a requerer para si a curatela ou tutela de outrem, portanto, em tese, não houve ainda a manifestação de aceitação do encargo, de modo que ele poderá opor a escusa em até cinco dias contados da intimação para prestar o compromisso de curador ou tutor.

III. Escusa. Exercício da curatela

O inciso II do art. 760 versa sobre a hipótese de o curador ou tutor já se encontrar no exercício do encargo e, então, sobrevir um motivo de escusa. Ou seja, a lei confere a possibilidade de, havendo um motivo superveniente ao termo de compromisso, o curador ou tutor vir a requerer a sua exoneração do encargo, devendo, para isso, apresentar o seu pedido de dispensa da obrigação em até cinco dias, contados do momento em que ocorrer um motivo para a escusa. Por exemplo eventual conflito de interesse entre interesses do curador e do curatelado, ou qualquer outra situação ou fato posterior à assunção do encargo que torne impossível ou inviável a continuidade do exercício da tutela ou da curatela.

IV. Escusa. Renúncia

O § 1º do art. 760 do CPC determina que, uma vez não exercido o direito de escusa no prazo legal assinalado no caput e inciso I e II, ocorrerá a renúncia ao direito de pedir a dispensa do encargo. Note-se que a curatela é um encargo e, por isso mesmo, o interessado pode exercer o seu direito de não assumir o encargo, requerendo ao juiz simples escusa. Porém, se ele não o fizer no tempo certo, a lei atribuirá o efeito de renúncia a sua desídia e ele será considerado o curador ou tutor da pessoa e dos bens em questão, devendo exercer tal mister dentro dos ditames da lei. No entanto, não se vê como recomendável a manutenção em tal múnus público de alguém que não tenha o real interesse e a integral aceitação de tal encargo. De todo recomendável que, nessas hipóteses, mesmo que não exercitado no tempo certo, se aceite a renúncia a fim de se bem tutelar os interesses e os cuidados que devem ser dispensados ao curatelado ou tutelado.

V. Escusa. Decisão judicial

A escusa é um fato trazido no bojo do processo da curatela ou da tutela e deve ser decidido de plano pelo juízo. Vale dizer: não é matéria que demanda instrução ou se revela de alta indagação a justificar, de rigor, que o magistrado não possa solucioná-la sem grandes tumultos processuais. No mais das vezes, o motivo e, portanto, a justificativa em si da dispensa do encargo é, por si só, reveladora da incompatibilidade do exercício da curatela ou tutela frente ao dever de preservação dos interesses do tutelado e/ou curatelado. A questão crucial que muitas das vezes se coloca é que, mesmo diante de um pedido de escusa, o juízo não tenha a quem conferir a curatela ou tutela ou, se o fizer naquelas circunstâncias, trará evidentes prejuízos para o curatelado ou menor. Nessa hipótese determina o § 2º que o juiz manterá a tutela e/ou a curatela até que sobrevenha sentença com trânsito em julgado. Portanto, nota-se aqui uma imposição legal que deriva do dever objetivo de solidariedade familiar e comunitária a reger as relações privadas e de natureza protetiva. Dever esse que, se não exercido de fonte própria por aquele que deverá ser o curador ou tutor, deverá ser exigido pelo Poder Judiciário.

Art. 761 - Incumbe ao Ministério Público ou a quem tenha legítimo interesse requerer, nos casos previstos em lei, a remoção do tutor ou do curador.
Parágrafo único - O tutor ou o curador será citado para contestar a arguição no prazo de 5 (cinco) dias, findo o qual observar-se-á o procedimento comum.

I. Remoção de tutor ou curador. Legitimidade

O art. 761 enfoca prioritariamente o órgão do Ministério Público como o legitimado a requerer a remoção de tutor ou curador que não esteja exercendo a contento esse mister. Mas a lei também ressalva a legitimidade para qualquer pessoa que demonstre ter legítimo interesse na remoção do tutor ou curador. O legítimo interesse deve ser prioritariamente a preservação dos interesses do curatelado e/ou tutelado. Interesses de ordem pessoal ou patrimonial, ainda que o terceiro seja, por exemplo, alguém que comercialize coisas do interditado e possa demonstrar que os negócios não estão sendo geridos a contento. Ou seja, demonstrado o prejuízo que os bens e a própria pessoa do curatelado ou tutelado venha tendo em função do curador ou tutor, por má ou ainda que de boa-fé nesse exercício, ocorre legitimidade processual para o requerimento de remoção.

II. Remoção. Procedimento

Trata-se de procedimento autônomo que se entende que deve ser distribuído por dependência ao juízo da curatela ou tutela, e que deverá obedecer a todos os requisitos da petição inicial. Uma vez citado o curador ou tutor, este terá o prazo de cinco dias para contestar a medida, devendo, a partir desse momento, ser observado o rito processual ordinário, com réplica, produção de provas e sentença. Nota-se que a exiguidade do prazo de defesa visa estabelecer, rapidamente, o contraditório e, com isso, dar possibilidade de o juiz apreciar as razões do pedido de remoção, considerando-se, sobretudo, a vulnerabilidade do curatelado e do tutelado diante da gestão e da pessoa do curador. Com a motivação constante da exordial e da defesa, o juízo terá condições, ainda que não exaurientes, para examinar os autos e tomar medidas que possam ser de natureza urgente para preservação dos interesses do incapaz ou menor, sobretudo porque no feito também e necessariamente atuará o representante do Ministério Público na função de custos legis, que poderá requerer tais medidas.

III. Julgados

Ação autônoma

"Civil. Processual civil. Conflito de competência. Ação de interdição. Ação de remoção de curador. Autonomia. 1. A remoção de curador é postulada em ação autônoma (CPC, arts. 1195 a 1197), que não guarda relação de acessoriedade com a ação de interdição já finda. A circunstância de o curador nomeado ter domicílio em São Paulo, foro onde se processou a ação de interdição, não afasta a competência territorial do juízo do Distrito Federal, onde têm domicílio a interdita e sua mãe, titular do direito de guarda, para a ação de remoção do curador. Princípio do melhor interesse do incapaz. 2. Conflito de competência conhecido, para declarar a competência do juízo suscitado" (2ª Seção, CC nº 101.401-SP, Rel. Min. Maria Isabel Gallotti, j. em 10/11/2010, DJE de 23/11/2010).

Ação autônoma. Duplo grau de jurisdição. Direito

"Processo Civil. Ação para remoção de curador julgada procedente. Interposição de recurso de apelação pelo curador removido. Improvimento, com aplicação da pena por litigância de má-fé, com fundamento em que a interposição de apelação seria ato protelatório. Ilegalidade. O direito da parte ao duplo grau de jurisdição integra o devido processo legal, inerente ao sistema processual civil. Configura-se exagerada a decisão que restringe o exercício desse direito, ainda que em nome do princípio da celeridade processual. - Ainda que admitido, pelo recorrente, em audiência, que não pretendia continuar exercendo a curatela, a interposição de recurso de apelação contra a decisão que o removera desse encargo não pode ser considerada ato meramente protelatório, de forma que autorizasse a imposição da pena por litigância de má-fé. Recurso a que se dá provimento" (3ª Turma, REsp nº 600.713-RS, Rel. Min. Nancy Andrighi, j. em 13/9/2005, DJ de 3/10/2005, p. 243).

Art. 762 - Em caso de extrema gravidade, o juiz poderá suspender o tutor ou o curador do exercício de suas funções, nomeando substituto interino.

I. Urgência da medida

O art. 762 do CPC autoriza, em verdade, o deferimento em sede de medida de urgência ou até mesmo de tutela de evidência, da suspensão peremptória do tutor ou curador com a cassação dessa condição e a imediata nomeação de outrem, ainda que temporária, para o exercício do encargo. Nessas hipóteses o juiz pode se valer inclusive de pessoa de sua confiança até que outro curador ou tutor mais adequado possa ser chamado ou venha a se habilitar para o exercício do encargo. A urgência da medida milita sempre em prol do curatelado e do tutelado, de modo que, diante da menor suspeita e não somente em caso de extrema gravidade, entende-se deve o juiz suspender o exercício da curatela e ou da tutelada pelo indicado a tal mister.

II. Julgado

Curatela. Remoção provisória. Bloqueio de contas

"1. Admitida a existência de fatos sérios, suficientes para a destituição provisória da curadora nomeada ao marido interdito, não tem ela direito líquido e certo, amparável por mandado de segurança, para se manter na função. 2. Atingida a meação da mulher, com o bloqueio das contas determinado pelo juiz, em parte deve ser deferida a ordem, para liberar esse patrimônio. Recurso ordinário provido em parte" (4ª Turma, RMS nº 5.756-MS, Rel. Min. Ruy Rosado de Aguiar, j. em 19/9/1995, DJ 27/11/1995, p. 40890).

Art. 763 - Cessando as funções do tutor ou do curador pelo decurso do prazo em que era obrigado a servir, ser-lhe-á lícito requerer a exoneração do encargo.
§ 1º - Caso o tutor ou o curador não requeira a exoneração do encargo dentro dos 10 (dez) dias seguintes à expiração do termo, entender-se-á reconduzido, salvo se o juiz o dispensar.
§ 2º - Cessada a tutela ou a curatela, é indispensável a prestação de contas pelo tutor ou pelo curador, na forma da lei civil.

I. Encargo por prazo

Esse artigo trata das hipóteses de cessação da tutela ou de curatela por prazo determinado, sendo, portanto, lícito ao interessado requerer ao juízo a sua exoneração, demonstrando ter cumprido a contento o encargo que lhe foi imposto por outrem. Momento em que ele deverá prestar contas do exercício da curatela e da tutela. Mas o art. 763 aplica-se também diante da aquisição da capacidade civil pelo tutelado, que a partir dos 16 anos será assistido pelo tutor até os 18 anos, quando, então, passará a gozar da plena capacidade civil e, de rigor, terá acesso à gestão de seus bens e interesses com a consequente cessação da tutela que deverá ser dada por ordem judicial com as consequentes averbações de praxe e mediante prestação de contas.

Seção XI - Da Organização e da Fiscalização das Fundações

Art. 764 - O juiz decidirá sobre a aprovação do estatuto das fundações e de suas alterações sempre que o requeira o interessado, quando:
I - ela for negada previamente pelo Ministério Público ou por este forem exigidas modificações com as quais o interessado não concorde;
II - o interessado discordar do estatuto elaborado pelo Ministério Público.
§ 1º - O estatuto das fundações deve observar o disposto na Lei nº 10.406, de 10 de janeiro de 2002 (Código Civil).
§ 2º - Antes de suprir a aprovação, o juiz poderá mandar fazer no estatuto modificações a fim de adaptá-lo ao objetivo do instituidor.

Autor: Rogerio Mollica

I. Correlação com o CPC/1973

A disciplina do CPC/2015 é muito mais condensada do que a do CPC/1973. O art. 764 abrange os arts. 1.199 a 1.201 do CPC/1973.

II. As fundações

As fundações são pessoas jurídicas de direito público ou privado que são constituídas mediante dotação de certo patrimônio destinado à consecução de suas finalidades, que só podem ser religiosas, morais, culturais ou de assistência.

Cabe ao instituidor da fundação elaborar o seu estatuto ou designar quem o faça. Ausente tal previsão, a elaboração caberá ao Ministério Público. O estatuto deverá obedecer ao disposto nos arts. 62 a 69 do Código Civil (CC).

III. O controle da atividade do Ministério Público pelo Poder Judiciário

Caso o interessado não concorde com as modificações requeridas pelo Ministério Público ou com o estatuto por ele elaborado, caberá ao juiz decidir sobre as referidas alterações ou mesmo sobre o estatuto elaborado pelo *parquet*, nos termos do presente procedimento de jurisdição voluntária.

A competência é do Ministério Público do Estado em que estiver situada a fundação (art. 66 do CC). Se a fundação estender suas atividades por mais de um Estado, caberá o encargo, em cada um deles, ao respectivo Ministério Público (§ 2º). O § 1º do art. 66 do CC foi julgado inconstitucional na Adin nº 2.794-8; sendo assim, caberá ao Ministério Público do Distrito Federal e Territórios velar sobre as fundações que funcionam na sua área de atuação. Por outro lado, só cabe ao Ministério Público Federal velar pelas fundações federais de direito público, que funcionem, ou não, no Distrito Federal ou nos eventuais Territórios.

Por fim, nos termos do § 2º do art. 764, o Judiciário poderá promover alterações *ex officio* no estatuto a fim de adaptá-lo ao objetivo do instituidor.

IV. Entidades de previdência privada

As entidades fechadas de previdência privada, mesmo quando sejam fundações, não estão sujeitas ao presente procedimento de jurisdição voluntária, nos termos do art. 74 da Lei Complementar nº 109/2001.

V. Julgados

A fiscalização do Ministério Público só se aplica em temas de relevância para a manutenção dos princípios e fins que inspiraram a criação da fundação. Estando em discussão no Judiciário uma questão meramente negocial, o Ministério Público não está obrigado a intervir (4ª T., RESP nº 243.691/MG, Rel. Min. Sálvio de Figueiredo Teixeira, DJ de 7/8/2000). Neste sentido, não cabe a intervenção do Ministério Público em uma ação de um aluno em face da cobrança de mensalidade perpetrada por fundação de ensino (TJSP, 17ª Câmara de Direito Privado, nº 0399146-44.2009.8.26.0577, Rel. Des. Luiz Sabbato, j. em 11/5/2011).

Cumpre consignar que o Superior Tribunal de Justiça entende que "Para a validade da alienação do patrimônio da fundação é imprescindível a autorização judicial com a participação do órgão ministerial, formalidade que se suprimida acarreta a nulidade do ato negocial" (3ª T., RESP nº 303.707/MG, Rel. Min. Nancy Andrighi, DJ de 15/4/2002).

"O MP tem legitimidade para propor ação de destituição de curador de fundação, no desempenho do seu dever de velar pelas fundações" (4ª T., REsp nº 162.114/SP, Rel. Min. Ruy Rosado de Aguiar, DJ de 26/10/1998).

Art. 765 - Qualquer interessado ou o Ministério Público promoverá em juízo a extinção da fundação quando:
I - se tornar ilícito o seu objeto;
II - for impossível a sua manutenção;
III - vencer o prazo de sua existência.

I. Correlação com o CPC/1973

A redação do art. 765 do CPC/2015 é praticamente idêntica à do art. 1.204 do CPC/1973, só sendo acrescentado que a extinção se dará em juízo.

II. Extinção das fundações

O CPC/2015 repetiu a previsão de que a fundação pode ser extinta a requerimento de qualquer interessado ou do Ministério Público quando se tornar ilícito o seu objeto, for impossível a sua manutenção ou quando vencer o prazo de sua existência.

Cumpre ressaltar que o Código Civil prevê, em seu art. 69, mais uma hipótese de extinção, quando a existência da fundação for inútil. O Enunciado nº 189 do Fórum Permanente de Processualistas Civis (FPPC) prevê que o dispositivo analisado deve ser interpretado em consonância com o art. 69 do Código Civil para também admitir essa quarta forma de extinção.

A previsão expressa de que a extinção se dará obrigatoriamente pela forma judicial visa a sanar divergência doutrinária a respeito do tema, já que o art. 1.204 do CPC/1973 nada previa a respeito.

III. Reversão do patrimônio em caso de extinção da fundação

Extinta a fundação, seu patrimônio será incorporado ao de outra fundação que tenha finalidade semelhante, salvo a existência de disposição estatutária expressa a respeito.

Seção XII - Da Ratificação dos Protmunháveis Formados a Bordoestos Marítimos e dos Processos Test

Art. 766 - Todos os protestos e os processos testemunháveis formados a bordo e lançados no livro Diário da Navegação deverão ser apresentados pelo comandante ao juiz de direito do primeiro porto, nas primeiras 24 (vinte e quatro) horas de chegada da embarcação, para sua ratificação judicial.

I. Correlação com o CPC/1973 e CPC/1939

O CPC/1973, em sua redação originária, não tratou dos protestos marítimos. A Lei nº 6.780/1980 incluiu o inciso VIII ao art. 1.218 para prever que continuariam em vigor até serem incorporados nas leis especiais os procedimentos regulados pelo CPC/1939 concernentes aos protestos formados a bordo (arts. 725 a 729 do CPC/1939). Não tendo sido editadas leis a respeito do tema, os arts. 725/729 continuaram regulando a matéria até a vigência do CPC/2015.

O artigo ora em estudo corresponde ao art. 727 do CPC/1939.

II. Escrituração das ocorrências a bordo

O capitão é obrigado a ter escrituração regular de tudo quanto diz respeito à administração do navio, e à sua navegação (art. 501, CCo). Um dos livros obrigatórios é o Diário da Navegação, onde devem ser assentados, diariamente, enquanto o navio se achar em algum porto, os trabalhos que tiverem lugar a bordo, e os consertos ou reparos do navio. No mesmo livro se assentará também toda a derrota da viagem, notando-se diariamente as observações que os capitães e os pilotos são obrigados a fazer, todas as ocorrências interessantes à navegação, acontecimentos extraordinários que possam ter lugar a bordo, e com especialidade os temporais, e os danos ou avarias que o navio ou a carga possam sofrer, as deliberações que se tomarem por acordo dos oficiais da embarcação, e os competentes protestos (art. 502, CCo).

Assim, o procedimento em análise visa dar publicidade do Diário da Navegação, nos termos previstos no art. 505 do CCo: "Todos os processos testemunháveis e protestos formados a bordo, tendentes a comprovar sinistros, avarias, ou quaisquer perdas, devem ser ratificados com juramento do capitão perante a autoridade competente do primeiro lugar onde chegar; a qual deverá interrogar o mesmo capitão, oficiais, gente da equipagem (artigo nº 545, nº 7) e passageiros sobre a veracidade dos fatos e suas circunstâncias, tendo presente o Diário da Navegação, se houver sido salvo".

III. Competência

A competência para processar e julgar a ratificação de protesto marítimo é da Justiça Estadual, tendo em vista a inexistência de interesse jurídico da União Federal, em que pese o disposto no art. 109, incisos III e IX, da Constituição Federal (STJ, 2ª Seção, CC nº 59018/PE, Rel. Min. Castro Filho, DJ de 19/10/2006).

Nos termos do dispositivo, a ratificação deve se dar no primeiro porto de escala da embarcação após a ocorrência dos fatos que ensejaram o protesto. Neste sentido, o extinto 1º TAC de São Paulo já teve oportunidade de decidir que "[...] Por isso, a ratificação deveria ter ocorrido tão logo o navio chegou ao porto de Santos. Cumpria ao requerente a tomada das medidas necessárias para que tal se desse. Não tem sentido que a ratificação ocorra em momento posterior, ou seja, na próxima escala do navio no porto de Santos. Porque aí o tempo decorrido impossibilitará a validade da ratificação. Não mais estará ela ocorrendo no 'primeiro lugar onde chegar' o navio depois dos fatos cuja ratificação se pretende [...]" (8ª Câmara, Processo nº 9111070-40.1998.8.26.0000, Rel. Franklin Nogueira, j. em 7/2/2001).

"'Protesto Marítimo - Transporte de carga - Mau tempo no mar – 'Contêineres' avariados - Protesto lavrado a bordo de navio - Ratificação judicial - Reconhecimento de oficio da Incompetência absoluta do juízo, por já ter o navio deixado o Porto de Santos para águas estrangeiras - Extinção do processo, sem julgamento do mérito - Alegada impropriedade da extinção, por ser o primeiro lugar de chegada da embarcação e por não ser hipótese de extinção - Acolhimento - Competência da autoridade onde, após a ocorrência, em primeiro lugar chegar o navio - Postulação, ademais, de oitiva das testemunhas por ocasião de sua próxima atracação, prevista para cerca de dois meses - Inteligência do art. 505 do Código Comercial - Recurso provido. Fixada pela lei comercial brasileira a competência do juízo do local onde o navio atracar, pela vez primeira, após a ocorrência do sinistro, avaria ou qualquer perda relativa ao próprio meio de transporte ou à carga que este transportar, para o processamento e homologação do protesto formado a bordo, a fim de que possa fazer prova da ocorrência de força maior ou de 'fortuna do mar', nos termos do artigo 102" (TJSP, 11ª Câmara de Direito Privado, Apelação nº 9126614-97.2000.8.26.0000, Rel. Des. Vieira de Moraes, j. em 17/8/2006).

IV. Do prazo decadencial de 24 horas

O prazo decadencial de 24 (vinte e quatro) horas para a apresentação da petição inicial da ratificação é contado de minuto a minuto, nos termos do art. 132, § 4º, do CC, sendo o termo inicial o momento em que a autoridade marítima permitir o desembarque.

Art. 767 - A petição inicial conterá a transcrição dos termos lançados no livro Diário da Navegação e deverá ser instruída com cópias das páginas que contenham os termos que serão ratificados, dos documentos de identificação do comandante e das testemunhas arroladas, do rol de tripulantes, do documento de registro da embarcação e, quando for o caso, do manifesto das cargas sinistradas e a qualificação de seus consignatários, traduzidos, quando for o caso, de forma livre para o português.

I. Correlação com CPC/1939

O artigo se relaciona aos arts. 725 e 726 do CPC/1939.

II. Da petição inicial

O artigo descreve o conteúdo da petição inicial, os documentos essenciais à propositura e obriga a juntada desde logo do rol de testemunhas.

III. Da tradução livre dos documentos em língua estrangeira

Para dar celeridade ao feito, a tradução de documentos em língua estrangeira pode ser livre, dispensando-se as formalidades previstas no art. 192, parágrafo único, do CPC/2015.

Art. 768 - A petição inicial deverá ser distribuída com urgência e encaminhada ao juiz, que ouvirá, sob compromisso a ser prestado no mesmo dia, o comandante e as testemunhas em número mínimo de 2 (duas) e máximo de 4 (quatro), que deverão comparecer ao ato independentemente de intimação.
§ 1º - Tratando-se de estrangeiros que não dominem a língua portuguesa, o autor deverá fazer-se acompanhar por tradutor, que prestará compromisso em audiência.
§ 2º - Caso o autor não se faça acompanhar por tradutor, o juiz deverá nomear outro que preste compromisso em audiência.

I. Da urgência na distribuição

Como os navios costumam permanecer poucos dias atracados em cada porto, o artigo prevê a distribuição, com urgência, do protesto e oitiva do comandante e testemunhas no mesmo dia do protocolo ou no máximo no dia seguinte. A excessiva demora pode causar a impossibilidade de ouvir o comandante e as testemunhas ou o atraso na liberação do navio, com todos os enormes prejuízos decorrentes de tal atraso.

O Enunciado nº 79 do Fórum Permanente de Processualistas Civis (FPPC) prevê que, não sendo possível a inquirição sem prejuízo aos compromissos comerciais da embarcação, o juiz expedirá carta precatória itinerante para a tomada de depoimentos em um dos portos subsequentes de escala.

II. Dos tradutores

Os §§ 1º e 2º preveem que os estrangeiros que não dominem o português deverão ser acompanhados por tradutores próprios ou nomeados pelo juiz.

Art. 769 - Aberta a audiência, o juiz mandará apregoar os consignatários das cargas indicados na petição inicial e outros eventuais interessados, nomeando para os ausentes curador para o ato.

I. Correlação com CPC/1939

O artigo corresponde ao art. 728 do CPC/1939.

II. Da oitiva das pessoas arroladas na inicial e de eventuais terceiros interessados

O dispositivo cuida da oitiva das pessoas arroladas na inicial. Apesar de citar os consignatários de carga, também devem ser ouvidos eventuais terceiros interessados. O juiz nomeará curador para eventuais ausentes, sendo que tal tarefa deverá ser desempenhada, sempre que possível, por defensor público.

Art. 770 - Inquiridos o comandante e as testemunhas, o juiz, convencido da veracidade dos termos lançados no Diário da Navegação, em audiência, ratificará por sentença o protesto ou o processo testemunhável lavrado a bordo, dispensado o relatório.
Parágrafo único - Independentemente do trânsito em julgado, o juiz determinará a entrega dos autos ao autor ou ao seu advogado, mediante a apresentação de traslado.

I. Correlação com CPC/1939

O artigo corresponde ao art. 729 do CPC/1939.

II. Da sentença de ratificação

Após as oitivas e estando o juiz convencido da veracidade dos termos lançados no Diário da Navegação, proferirá sentença ratificando o protesto ou o processo testemunhável lavrado a bordo. Tal sentença prescinde de relatório. Mesmo antes do trânsito, os autos serão entregues ao autor ou ao seu advogado, mediante apresentação de translado.

No caso temos somente a homologação da declaração prestada pelo comandante no livro Diário de Navegação. A presunção de veracidade das alegações é relativa, podendo ser afastada por qualquer legitimado em ação própria. A ausência de ratificação judicial do protesto não impede a discussão da matéria.

Neste sentido o extinto 1º TAC/SP previu a possibilidade de substituição da ratificação por vistoria particular alfandegária, desde que essa ocorra no desembarque ou ao menos no próprio porto, não sendo, porém, possível a sua realização no armazém, muito tempo após a vistoria alfandegária (1º TAC/SP, 7ª Câmara, Processo nº 9040787-31.1994.8.26.0000, Rel. A. Santini Teodoro).

III. Do recurso cabível

Da sentença que acolher ou rejeitar a ratificação caberá apelação por parte do autor ou dos demais interessados, sendo também possível a oposição de embargos de declaração, se estiverem presentes os requisitos constantes do art. 1.022 do CPC/2015.

LIVRO II
DO PROCESSO DE EXECUÇÃO

TÍTULO I
DA EXECUÇÃO EM GERAL

Capítulo I - Disposições Gerais

Art. 771 - Este Livro regula o procedimento da execução fundada em título extrajudicial, e suas disposições aplicam-se, também, no que couber, aos procedimentos especiais de execução, aos atos executivos realizados no procedimento de cumprimento de sentença, bem como aos efeitos de atos ou fatos processuais a que a lei atribuir força executiva.
Parágrafo único - Aplicam-se subsidiariamente à execução as disposições do Livro I da Parte Especial.

Autor: Carlos Alberto Carmona

I. Abandono da via unificada das execuções

Quando editou o Código de Processo Civil de 1973, o legislador – empolgado com as lições de Enrico T. Liebman – decidiu uniformizar as vias executivas: assim, o Livro II daquele Código foi dedicado ao processo de execução (*rectius*, a todos os procedimentos executivos), englobando a execução por título judicial, por título extrajudicial e a execução fiscal.

A novidade foi saudada pela doutrina, mas o método unificado revelou-se em pouco tempo inadequado: a Fazenda Pública alegava precisar de um procedimento diferenciado, adequado às especificidades da cobrança da dívida ativa, de modo que já em 1976 lançava ao Congresso Nacional proposta que viria a converter-se, anos depois, na Lei nº 6.830/1980, que regula até hoje a execução fiscal (e que contém, convenhamos, uma quantidade excepcional de impropriedades técnicas, caracterizando um processo desequilibrado e inseguro para o contribuinte).

O Livro II do moribundo Código ficou, portanto (já na década de 1980), mutilado e passou a reger apenas a execução *civil* (por assim dizer) calcada em títulos judiciais e em títulos extrajudiciais. Não demorou muito, porém, para que o legislador percebesse que o sistema da *actio iudicati* estava com os dias contados.

O primeiro golpe em direção à separação entre a execução de títulos judiciais e extrajudiciais foi desferido pela Lei nº 8.952/1994, que permitiu ao juiz, já na sentença condenatória, fixar medidas que levariam à consecução do bem da vida objetivado pelo vencedor sem a necessidade de execução formal; em seguida veio a Lei nº 10.444/2002, que extinguiu a execução das sentenças condenatórias de obrigação de fazer e não fazer, bem como a execução das sentenças condenatórias de obrigação de entregar coisa. O golpe de morte veio com a Lei nº 11.232/2005, que introduziu entre nós o sistema do cumprimento das sentenças condenatórias de obrigação de pagar quantia.

Assim, a partir da vigência da Lei nº 11.232/2005, passamos a conviver com um sistema que trata de forma diferenciada as diversas espécies de "execução" *lato sensu*, de modo que o vocábulo – execução – serve hoje para designar o conjunto de atos de invasão patrimonial desencadeado pelo magistrado contra aquele que não cumpre obrigação representada em título executivo extrajudicial.

O CPC/2015 deixa clara sua escolha no sentido de manter a separação das vias executivas, estabelecendo que o Livro II da Parte Especial está dedicado à execução fundada em título executivo extrajudicial, mantendo o sistema de *cumprimento* para as sentenças condenatórias de modo geral.

II. Aplicação subsidiária

Na medida em que o Livro II descreve e regula com razoável precisão os atos de força a serem praticados pelos magistrados para expropriar ou transformar – conforme a necessidade –, é natural que os modelos descritos pelo legislador sirvam de padrão para todos os atos processuais a que a lei atribuir força executiva, aplicando-se também, no que couber, ao cumprimento de sentença e aos outros procedimentos executivos. Entre tais procedimentos certamente está a execução fiscal, que sentirá a influência das novas disposições, já que a Lei nº 6.830/1980 expressamente determina (art. 1º) que subsidiariamente a execução judicial para a cobrança da dívida ativa será regida pelo Código de Processo Civil (reforçando a determinação constante do *caput* do art. 771 do CPC/2015).

Por outro lado, o legislador remete o operador às normas do processo de conhecimento (Livro I da Parte Especial), determinando que os respectivos dispositivos sejam aplicados de forma complementar. Dentre tais normas, destaco o art. 334, que trata da audiência de conciliação ou de mediação, apenas para lembrar que o juiz poderá, mesmo em sede de execução – e desde que entenda adequada a tentativa – remeter as partes aos cuidados de um mediador ou de um conciliador para eventual composição: embora a audiência não faça parte do procedimento de execução, o juiz – lançando mão dos poderes de gestão processual de que dispõe – pode a qualquer momento valer-se do concurso dos mediadores ou conciliadores para aproximar as partes, incentivando a transação.

Art. 772 - O juiz pode, em qualquer momento do processo:
I - ordenar o comparecimento das partes;
II - advertir o executado de que seu procedimento constitui ato atentatório à dignidade da justiça;
III - determinar que sujeitos indicados pelo exequente forneçam informações em geral relacionadas ao objeto da execução, tais como documentos e dados que tenham em seu poder, assinando-lhes prazo razoável.

I. Comparecimento das partes

Entre os poderes instrutórios do juiz está o de convocar as partes para – a qualquer momento – comparecerem à sua presença, seja para prestar esclarecimentos que o juiz julgar oportunos, seja para tomar esclarecimentos que o habilitem a resolver algum incidente do processo, seja para tentar a conciliação ou a mediação.

Note-se que *instruir* não significa produzir provas (o que é incompatível com o processo de execução), mas sim *preparar*: instruir o processo de execução tem o sentido de preparar os atos de expropriação típicos desta atividade jurisdicional.

Deste modo, nada impede o juiz de convocar as partes para que o devedor informe, por exemplo, onde estão os bens que podem ser penhorados ou para que o credor esclareça sua eventual resistência acerca da substituição da penhora. Da mesma forma, nada impede que o juiz convoque as partes para melhor decidir questão que diga respeito a fraude de execução ou a desconsideração de personalidade jurídica. Por fim, pode o juiz determinar o comparecimento das partes para tentativa de conciliação (dirigida por ele), ou mesmo designar audiência perante o mediador ou conciliador (se verificar que há possibilidade de composição entre as partes).

A convocação das partes pode também ser determinada pelo magistrado para a melhor organização do processo de execução (nos moldes do que está previsto no art. 357 do CPC/2015), de modo que nada impede o juiz de chamar as partes para tratar, por exemplo, da alienação particular do bem penhorado (art. 879 do CPC/2015), ouvindo-as sobre a escolha do leiloeiro ou sobre a melhor forma de levar a cabo a alienação. Em outros termos, estou afirmando que o magistrado pode usar seu poder de convocação das partes para exercitar os muitos graus de "conciliação" de que dispõe para a gestão do processo executivo, tentando aproximar as partes quer para uma abordagem direta sobre a composição do litígio, quer para mitigar os naturais danos que os procedimentos de expropriação tendem a causar, seja para o devedor (com a venda do bem constrito por preço inferior ao de mercado), seja ao credor (que terá a necessidade de prosseguir a execução para encontrar outros bens para o pagamento do valor exequendo).

II. Advertência ao executado

Embora a aplicação das penalidades decorrentes da litigância de má-fé não esteja condicionada à prévia advertência da parte infratora, é de todo recomendável que o magistrado, vislumbrando que alguma das partes esteja se comportando de modo reprovável, alerte o infrator, evitando assim a aplicação imediata da sanção, desde que a parte possa cessar o comportamento desviado, pondo termo ao dano causado com sua atitude não colaborativa (art. 774, incisos II a V). Desse modo, não se concebe que o juiz advirta o executado que pratica ato que fraude a execução, já que tal ato não comporta modificação útil da atitude maliciosa, sendo caso de aplicação imediata da penalidade respectiva; já o emprego de artifícios ou a resistência injustificada a ordens judiciais, por exemplo, pode comportar o alerta, no sentido de que a continuidade do comportamento desairoso provocará a aplicação de pena. O alerta, portanto, só será dado pelo magistrado quando a ameaça for útil; não sendo, a pena deve ser aplicada desde logo, sendo claro que a admoestação não é pressuposto para a aplicação da sanção.

O legislador referiu-se apenas ao executado como destinatário da reprimenda, mas nada impede que o exequente também seja admoestado: não é raro ver comportamentos completamente desarrazoados do credor que procura *castigar* o devedor em vez de obter a tutela para a obrigação inadimplida. Alguns exequentes, insatisfeitos com a identificação dos três escopos do processo (político, jurídico e social), procuram criar um quarto (e inadmissível) escopo para a atividade executiva: a vingança! A aplicação do art. 805 do CPC/2015 (que impede seja imposto gravame desnecessário ao devedor) pode levar o magistrado a chamar às falas o exequente excessivamente agressivo. Exemplo desta atividade destemperada seria o exequente requerer a penhora de valor modesto depositado em conta sabidamente destinada a salário (art. 833, § 2º, do CPC/2015), ou pleitear a apreensão de bem que já sabe não pertencer ao devedor: o juiz deve zelar pela higidez do processo executivo de forma equilibrada, evitando que o devedor fuja às suas obrigações por meio de manobras procedimentais escusas, mas também tem o dever de evitar que o credor use o processo para fins pouco nobres, tripudiando do devedor.

III. Informações a serem prestadas por terceiros

O dever de colaboração impõe também aos terceiros, estranhos ao processo, o dever de prestar seu concurso para a rápida e eficiente prestação da atividade jurisdicional. Afinal, o interesse no sucesso da execução é acima de tudo do Estado, que precisa desincumbir-se da tarefa de entregar a cada um o que é seu com o menor custo, no menor prazo e com o menor esforço. Daí a explicitação no inciso III do artigo sob foco do dever de informar.

Com efeito, por vezes o credor não tem os elementos necessários para localizar o bem objeto da execução (se for caso de entrega de coisa certa) ou bens do devedor para penhorar (execução por quantia), mas tem informação de que terceiros podem auxiliar na busca dos meios para a implementação de medidas constritivas: nada obsta que a parte interessada requeira ao juiz que determine ao terceiro que colabore com o adequado funcionamento do processo, fornecendo os dados que tiver. Isto vale para repartições públicas em geral e para particulares, não sendo necessário o lento e burocrático manejo de demanda para exibição de documento.

Pode surgir dúvida sobre a necessidade de o exequente – para valer-se do expediente em questão – demonstrar que esgotou as providências que estavam à sua disposição antes de incomodar terceiros, alheios ao processo de execução. Entendo que tal prova não é necessária, da mesma forma que não é condição *sine qua non* para pleitear o auxílio do magistrado previsto no art. 319, § 1º, do CPC/2015, mostrar ter esgotado previamente as tentativas para obtenção de dados. Em outras palavras: as informações necessárias ao bom desenvolvimento do processo, de modo geral, devem ser sempre facilitadas, para que a atividade jurisdicional (de interesse do Estado) seja desenvolvida com o menor sacrifício possível.

Recusando-se injustificadamente o terceiro – instado pelo juiz a prestar informações ou fornecer documentos – a colaborar com o adequado desenvolvimento do processo, ficará sujeito às penas do art. 77, § 2º, do CPC/2015.

Art. 773 - O juiz poderá, de ofício ou a requerimento, determinar as medidas necessárias ao cumprimento da ordem de entrega de documentos e dados.
Parágrafo único - Quando, em decorrência do disposto neste artigo, o juízo receber dados sigilosos para os fins da execução, o juiz adotará as medidas necessárias para assegurar a confidencialidade.

I. Cumprimento da ordem de entrega de documentos ou dados

Um mero ofício – ou até mesmo mensagem eletrônica, quando for possível – deve bastar para a implementação da ordem judicial de exibir documento ou fornecer dados. Fisiologicamente, a ordem será cumprida pelo terceiro destinatário do comando judicial. Mas se a determinação judicial não for cumprida, haverá consequências amargas, até porque – como regra geral (aplicável também ao processo de execução) – todos aqueles que de qualquer forma participem do processo devem cumprir com exatidão as decisões judiciais, como deixa patenteado o art. 77, inciso IV, do CPC/2015, sob pena de multa (§ 2º do mesmo artigo).

Independentemente da punição do terceiro desidioso, que recusa injustificadamente a entrega de documentos em seu poder (considerados úteis para o normal desenvolvimento da execução), ou de dados relacionados ao objeto da execução, o juiz tomará as providências que se imponham para que sua ordem seja cumprida. Seria realmente inútil – do ponto de vista do exequente e do Estado – a pura e simples punição do terceiro que não colabore com a atividade jurisdicional, eis que a falta dos dados e dos documentos emperraria o andamento produtivo do processo de execução.

Desta forma, o dispositivo legal examinado autoriza o magistrado – *sponte sua* ou mediante provocação – a tomar as providências que julgue cabíveis para a obtenção dos documentos ou dos dados relevantes para localização de bens relacionados à execução. Pode o magistrado, portanto, mandar apreender os documentos de que necessite, ordenando desde logo arrombamento de portas, armários ou arquivos; pode determinar a apreensão de computadores ou a cópia de arquivos digitais; pode até mesmo nomear um administrador dativo para a pessoa jurídica que se recusar a fornecer informações (uma repartição pública ou uma instituição privada), cessando a intervenção tão logo sejam obtidos os dados almejados. Ordens devem ser cumpridas: os poderes do magistrado para fazer cumprir suas determinações são, portanto, amplos e rigorosos. O julgador somente suportará resistências frívolas se não souber (ou não quiser) manejar com a necessária destreza os poderes instrutórios que a lei lhe concedeu.

II. Confidencialidade

Recebidos os documentos ou informações – com ou sem a utilização de medidas de força –, pode ocorrer que o material colhido mereça tratamento sigiloso: informações bancárias, dados colhidos junto à Receita Federal ou ao Instituto Nacional da Propriedade Industrial devem ser tratados com reserva, evitando desnecessária exposição do devedor ou de informações ligadas a ele ou a seus negócios, cuja revelação poderia causar prejuízo, constrangimento ou mesmo dano.

A apreensão de informações armazenadas em computadores pessoais inspira cuidados ainda maiores, na medida em que a memória eletrônica pode conter dados que dizem respeito ao processo (informações relevantes para o prosseguimento da execução) e dados pessoais, que não devem ser expostos. O fato de estarem armazenadas informações relevantes ao processo justifica medidas de apreensão e recolhimento de dados eletrônicos; em contrapartida, o fato de estarem armazenados dados pessoais recomenda que o juiz tome as medidas necessárias para o resguardo da privacidade.

Por conta disso, caberá ao juiz proteger a confidencialidade de dados, documentos e informações, permitindo acesso limitado a eles ou – se for necessário – determinando a tramitação do processo em segredo de justiça (o que se admitirá, faço a ressalva, apenas em casos extremados).

Art. 774 - Considera-se atentatória à dignidade da justiça a conduta comissiva ou omissiva do executado que:
I - frauda a execução;
II - se opõe maliciosamente à execução, empregando ardis e meios artificiosos;
III - dificulta ou embaraça a realização da penhora;
IV - resiste injustificadamente às ordens judiciais;
V - intimado, não indica ao juiz quais são e onde estão os bens sujeitos à penhora e os respectivos valores, nem exibe prova de sua propriedade e, se for o caso, certidão negativa de ônus.
Parágrafo único - Nos casos previstos neste artigo, o juiz fixará multa em montante não superior a vinte por cento do valor atualizado do débito em execução, a qual será revertida em proveito do exequente, exigível nos próprios autos do processo, sem prejuízo de outras sanções de natureza processual ou material.

I. Atos atentatórios à dignidade da Justiça

Com o objetivo de estabelecer parâmetros éticos para o processo em geral e para o processo de execução em especial, o legislador procurou identificar alguns comportamentos maliciosos da parte que podem comprometer o normal desfecho do processo executivo. Trata-se de verdadeira adaptação de condutas gerais caracterizadoras da litigância de má-fé à especificidade da execução.

Diferentemente do que ocorre com as condutas descritas no art. 80 do CPC/2015, nas quais a participação do advogado da parte é quase inevitável para que se perpetre o dolo processual, as atitudes descritas no art. 774 do CPC/2015 estão quase todas voltadas a atos que provavelmente serão praticados pelo executado que pretenda criar entraves ao normal seguimento do processo. Assim, exceção feita ao inciso II, será reduzida a participação do advogado na fraude à execução, no embaraço à penhora, na resistência a ordens judiciais e na falta de indicação ou especificação dos bens ao juiz. Tais atos – em princípio – serão tomados diretamente pela parte, que merecerá a pena respectiva; a dúvida fica sempre por conta da responsabilidade do advogado (no caso do inciso II, por exemplo), sabendo-se que a doutrina e a jurisprudência inclinaram-se pela blindagem do patrono que pratica – em nome de seu cliente (mas por vezes sem que a parte sequer saiba) – atos desabonadores que podem render ao litigante o agravamento de sua situação.

A responsabilidade do advogado pela prática de atos atentatórios à dignidade da justiça acarreta – diz a doutrina majoritária – responsabilidade profissional, que será averiguada e punida nos termos das regras corporativas. Mas tudo isso acaba sendo de pouca valia para o exequente que sofre as consequências concretas dos desvios processuais protagonizados – em última análise – pelo responsável técnico pelo processo, ou seja, pelo advogado, que será normalmente o grande artífice de manobras destinadas a ganhar tempo, a evitar a constrição judicial, a embaraçar a avaliação de bens ou a adiar hastas públicas, entre tantos outros procedimentos danosos ao andamento do processo executivo. Não ignoro que o STJ tem jurisprudência majoritária no sentido de que as verbas decorrentes da litigância de má-fé não podem ser estendidas ao advogado, de modo que eventuais danos causados pelo profissional do Direito devem ser apurados em demanda própria. Mas vez por outra – especialmente em casos particularmente grotescos, em que fica clara a elaboração de estratégia maliciosa pelo advogado – os tribunais reagem de forma rigorosa, determinando a aplicação da pena solidariamente à parte e ao seu patrono. Com efeito, o Tribunal de Justiça de São Paulo, invocando precedente do próprio STJ, entendeu aplicável à parte e ao seu advogado a penalidade decorrente da litigância de má-fé. Afirma o acórdão que "[...] se houver razoável comprovação da fraude e dos atos atentatórios à dignidade da justiça, é desnecessária maior delonga para penalizar os profissionais que atuaram sem a seriedade que a profissão exige", sendo certo que "[...] o magistrado *a quo* ao proferir a sentença apresentou argumentos razoáveis para entender pela ocorrência da deslealdade processual passível de sanção, reconhecendo que a fraude na argumentação foi engendrada não só pela parte autora, mas também por seus advogados que ajuizaram pretensão sabidamente destituída de veracidade" (Ap. Cível nº 0021391-03.2009.8.26.0032, 15ª Câmara de Direito Privado, Rel. Coelho Mendes, j. em 29/9/2015, v.u.).

Creio que, restando clara a conduta temerária do advogado (em representação de seu cliente) em incidente processual criado com o objetivo de ganhar tempo e retardar a execução, deve o profissional ser condenado – solidariamente com a parte – a pagar a multa de que trata o parágrafo único do artigo que ora comento. Se não for assim, dificilmente vingará o padrão ético que o legislador quer consolidar.

O comportamento malicioso do executado parece estar voltado exclusivamente a atos ligados ao processo de execução por quantia certa contra devedor solvente, já que o legislador trata de fraude e penhora, culminando por determinar a aplicação de multa ao executado desairado no importe de até 20% do valor atualizado do "débito em execução". Mas é bom lembrar que pode haver fraude à execução quando se aliena o bem objeto da execução (execução para entrega de coisa certa), do mesmo modo que pode haver resistência maliciosa a medidas de busca e apreensão da coisa ou a determinação sobre desfazimento de ato, para fixar dois exemplos, de modo que se caracteriza, também nas outras espécies de execução, atentado à dignidade da justiça, sendo a multa fixada, em tal hipótese, com base no valor da causa (valor da coisa pretendida pelo credor), ou valor da obrigação de fazer (ou não fazer) que se pretende ver satisfeita.

II. Fraude à execução

Prevê o art. 789, inciso V, do CPC/2015, que estão sujeitos à execução os bens alienados ou gravados com ônus real em fraude à execução. Reafirma o dispositivo a ideia básica de que o devedor responde com todos os seus bens (presentes e futuros) para o cumprimento de suas obrigações, de modo que, desfazendo-se o executado de bens durante a pendência da execução, torna-se ineficaz (em relação ao exequente) a alienação (ou a oneração) se não forem reservados bens suficientes para a liquidação do débito. Da mesma forma, o legislador considera ineficaz a alienação ou oneração do bem penhorado ou do bem objeto da ação de execução (obrigação de entregar coisa certa) no curso da demanda executiva. Trata-se de ato praticado pelo executado na pendência da execução, com o objetivo claro de prejudicar uma atividade estatal; daí a reação vigorosa do legislador no sentido de considerar ineficaz a alienação (ou oneração) que tenta prejudicar o curso normal do processo, punindo o infrator pelo dolo processual.

Tendo em vista que o dispositivo está sendo analisado em conexão com a execução de título executivo extrajudicial, é razoável sustentar que a fraude caracteriza-se a partir do momento em que o executado for citado para os termos da demanda, já que o devedor não pode agir com malícia inconscientemente (*fraudar*, não custa lembrar, significa enganar, burlar, lesar). Dito de outro modo, o executado só fraudará a execução, prejudicando o Poder Judiciário, depois de cientificado da existência da ação de execução, o que só acontecerá depois da citação.

O art. 792, inciso IV, do CPC/2015, porém, usa uma forma elíptica (tão elíptica quanto aquela usada no art. 593, inciso II, do CPC/1973): afirma que haverá fraude à execução quando, ao tempo da alienação (ou oneração), *tramitava* contra o devedor ação capaz de reduzi-lo à insolvência. Não foi resolvido o problema criado pelo CPC/1973 (que usava a expressão *correr demanda*): a demanda de execução *tramita* a partir do momento em que a inicial é apresentada ao Poder Judiciário!

Minha conclusão é no sentido de que a fraude de execução, em princípio, só pode ser praticada pelo executado após ter sido regularmente citado para os termos do processo de execução (a afirmação, relembro, tem em mira apenas a análise que estou fazendo da execução calcada em título executivo extrajudicial). A ressalva ("em princípio") é importante: se o bem (ou os bens) for(em) alienado(s) ou onerado(s) entre o momento da propositura da demanda e a citação do executado, pode ter havido fraude à execução, pois o devedor, tomando conhecimento da existência do processo (pela imprensa ou pela internet, por exemplo, já que o acesso às informações do Cartório do Distribuidor é cada vez mais amplo, tudo sendo facilitado por conta da disseminação do processo eletrônico), pode tentar livrar-se dos bens sujeitos à execução. Neste caso, o ônus da prova passa a ser do credor: caberá a ele demonstrar que o devedor, conhecedor da existência do processo executivo, procurou onerar (ou alienar) seus bens, de modo a prejudicar ou impedir a atividade estatal.

III. Ardis e meios artificiosos

O executado que cria incidentes infundados, dificultando o normal andamento do processo executivo está naturalmente sujeito a punição. Incidente infundado, entretanto, não se confunde com legítimo controle dos atos do procedimento executivo, direito inalienável do devedor. Também não se considera maliciosa a simples utilização dos embargos do devedor, meio de defesa legítimo conferido ao executado pela lei. A utilização de *ardil* (estratagema, embuste, trama) denota dolo e chicana, vontade de provocar demora, atraso ou nulidades na prática de algum ato processual; o *artifício* (simulação, astúcia, fingimento), da mesma forma, indica a intenção do devedor de fugir às suas obrigações, causando confusão que possa retardar as atividades jurisdicionais. Tais desvios de conduta devem ser bem caracterizados para que possa ser aplicada a pena decorrente da litigância de má-fé ao executado: o STJ tem reiteradamente decidido que a utilização de recurso ou de meio de defesa previsto em lei, sem que se demonstre a existência de dolo, não caracteriza a ilicitude que conduz à aplicação da pena decorrente da má-fé processual (*vide*, por todos, o que foi decidido no REsp nº 1.016.394, Rel. Min. Eliana Calmon, j. em 4/3/2008).

IV. Dificultar ou embaraçar a penhora

O devedor que oculta os bens sujeitos à penhora, obrigando o magistrado a determinar buscas e arrombamentos, certamente pratica a conduta indesejável punida com a multa prevista no parágrafo único do artigo enfocado. Da mesma forma o devedor que oculta documentos (ou propositadamente os confunde), indica erroneamente os bens sujeitos a constrição ou os transfere de lugar para ocultá-los incidirá na mesma pena. O inciso III do art. 774 do CPC/2015, porém, poderia ser perfeitamente enquadrado no inciso anterior, que trata de oposição do devedor à execução com o emprego de ardis ou artifícios, pois dificultar a penhora é forma de opor-se à execução. O legislador, por certo, quis apenas explicitar sua intenção de punir o executado que cria dificuldades com o ato de apreensão, já que a jurisprudência é bastante farta ao tratar da criatividade de devedores maliciosos que exatamente neste ponto crítico do procedimento – qual seja a penhora – tentam dificultar de modo exacerbado a tarefa do Poder Judiciário, provocando alongamento desnecessário do processo.

Embora o dispositivo trate apenas da penhora, é natural que a conduta abranja também atos preparatórios (o arresto, por exemplo), bem como a busca e apreensão de coisa móvel (na execução para entrega de coisa), já que, de modo semelhante, poderá haver atitude do executado que tenda a dificultar ou embaraçar a apreensão da coisa (ocultação, remoção, indicação do bem errado).

V. Resistência às ordens judiciais

Como regra de fechamento para abarcar todos os desvios de conduta que podem levar à punição do devedor, o legislador utilizou uma fórmula geral que abarca todas as espécies de execução (fazer, entregar, pagar), de modo que ameaça punir qualquer resistência (injustificada) a ordens judiciais.

É preciso interpretar o dispositivo com cautela, pois todo *mandado* judicial é uma *ordem* judicial. O executado, portanto, é citado com uma ordem de pagar quantia, com uma ordem de entregar a coisa, com uma ordem de fazer ou deixar de fazer (ou desfazer). Se não cumprir a ordem, porém, ainda que não tenha justificativa para tanto, não estará, apenas por isso, sujeito ao *contempt of court*: a penalidade fica reservada apenas àquele que não cumpre a ordem injustificadamente e de modo a prejudicar o prosseguimento da execução (dolo). Sem a caracterização do espírito emulativo do devedor, não pode ser aplicada a penalidade legal.

VI. Indicação dos bens sujeitos à penhora

O cerco ao executado vem sendo apertado nas duas últimas décadas, demonstrando o sério compromisso do legislador com o comando constitucional que garante ao cidadão um processo com duração razoável (art. 5º, inciso LXXVIII, da CF). Este compromisso naturalmente vem em detrimento do devedor, que se vê cada vez mais acuado na execução, atribuindo-se-lhe dever de colaboração ao qual não se pode furtar.

Convém examinar a evolução histórica recente do inciso em questão para compreender seu efetivo sentido.

Na versão original do CPC/1973 (*rectius*, depois da alteração imposta pela Lei nº 5.925/1973, que alterou o Código antes de sua entrada em vigor, em janeiro de 1974), o legislador determinava, no art. 600, inciso IV, que seria considerado ato atentatório à dignidade da justiça a não indicação, pelo devedor ao juiz, da localização dos bens sujeitos à execução; o inciso foi alterado em 2006 (Lei nº 11.382) para fazer constar que o devedor poderia ser penalizado se, intimado, não indicasse (em cinco dias) quais seriam os bens sujeitos à penhora, o local em que se encontravam e seus respectivos valores. O CPC/2015, como ser percebe, embora não fixe prazo (o juiz o fará), agrava as obrigações do devedor, determinando que exiba – se instado a fazê-lo – prova da propriedade do bem e certidão negativa de ônus.

Muitos doutrinadores, ao interpretar a redação original do CPC/1973, procuravam minimizar o impacto do dispositivo, afirmando que, se o devedor não estivesse ocultando ou desviando bens, não seria adequado obrigá-lo a indicar onde estariam os bens sujeitos à constrição judicial. Tal postura não parece muito adequada à visão publicista do processo, que realça o interesse do Estado em ver chegar a bom resultado a tutela executiva. Exatamente por conta disso, a reforma de 2006 assumiu postura mais clara, afirmando o dever de colaboração do executado, que o CPC/2015 reforçou, de modo que a conduta omissiva do executado – desde que instado a prestar as informações sobre bens penhoráveis – é suficiente para que se lhe aplique a pena por litigância de má-fé.

VII. Outras sanções

A multa de até 20% sobre o valor atualizado do débito (ou sobre o valor da causa, se a execução for de obrigação de fazer ou de entregar coisa) não esgota o rol das penalidades a que fica sujeito o executado que age com desvio de conduta. Avisa desde logo o legislador que a imposição da multa não impede a aplicação de outras sanções de natureza processual ou material.

A previsão contida no parágrafo único do art. 774 do CPC/2015 deixa campo livre, desde logo, para aplicação das penas decorrentes da litigância de má-fé se for detectado algum dos comportamentos descritos no art. 80 do CPC/2015. Assim, se alguma das partes alterar a verdade dos fatos ou se interpuser recurso com fim protelatório (lembre-se que as decisões interlocutórias proferidas em sede de execução são agraváveis), poderá o juiz aplicar a penalidade respectiva, ainda que já tenha imposto à mesma parte multa por conta de *contempt of court*.

Recordo ainda outra sanção – de caráter processual – que estava descrita no art. 601 do CPC/1973 e foi revogada em 1994 (Lei nº 8.953): se o devedor, advertido pelo juiz, perseverasse na prática dos atos definidos no art. 600 (que arrolava os atos considerados atentatórios à dignidade de Justiça), o juiz poderia proibi-lo de falar nos autos, o que o impediria de reclamar, recorrer ou praticar no processo qualquer ato enquanto não fosse relevada a pena. A sanção draconiana era francamente inconstitucional, já que alijava o devedor do contraditório, que, embora mitigado, está sempre presente no processo de execução. Ainda assim, mesmo depois da revogação do dispositivo, há precedente jurisprudencial que permitiu ao juiz aplicar a medida usando seus poderes disciplinares (TJSP, 5ª Câmara de Direito Privado, Apelação Cível nº 66.635-4, Rel. Des. Marco Cesar, j. em 6/11/1997, v.u.): na decisão em questão afirmaram os julgadores que "a proibição de falar nos autos, antes decorrência necessária da sanção do artigo 601, agora é faculdade judicial, impondo o Juiz multa não superior a vinte por cento do valor atualizado do débito em execução, sem prejuízo de outras sanções de natureza processual (ou material), sendo típica sanção processual a proibição de falar nos autos, também admissível no processo de atentado (artigo 881 do Código de Processo Civil)". Discordo frontalmente desta decisão e de sua premissa: a supressão do contraditório era – e continua sendo – inconstitucional, de modo que juiz algum pode impor à parte a pena de "silêncio obsequioso", pois a determinação violaria frontalmente o princípio do contraditório (art. 5º, inciso LV, da CF).

Art. 775 - O exequente tem o direito de desistir de toda a execução ou de apenas alguma medida executiva.
Parágrafo único - Na desistência da execução, observar-se-á o seguinte:
I - serão extintos a impugnação e os embargos que versarem apenas sobre questões processuais, pagando o exequente as custas processuais e os honorários advocatícios;
II - nos demais casos, a extinção dependerá da concordância do impugnante ou do embargante.

I. Desistência da execução

Diferentemente do que ocorre no processo de conhecimento, o processo de execução é voltado à satisfação do demandante. Isso significa que o credor pode a qualquer momento desistir da demanda sem a necessidade do consentimento do demandado. No processo de conhecimento não é assim, na medida em que o réu pode ter interesse na solução do litígio, já que a sentença de improcedência do pedido do autor declara a inexistência do direito, da obrigação ou da relação jurídica avançada pelo demandante, estabilizando a favor do réu uma determinada situação jurídica (e se o pleito do autor for declaratório da inexistência de um direito, a sentença de improcedência equivalerá à declaração da existência da relação jurídica, sempre favorecendo o réu). Em resumo, ainda que o autor queira desistir de seu pleito, o réu pode ter interesse no prosseguimento do processo para obter uma sentença de improcedência que o favoreça e estabilize a situação jurídica, formando-se a coisa julgada material.

O processo de execução, sendo de desfecho único, não pode favorecer o executado, que está simplesmente submetido aos atos de constrição e expropriação. Assim, a desistência da execução tenderá sempre a favorecê-lo, sendo impensável a insistência do demandado no prosseguimento da execução.

II. Desistência da execução embargada (ou impugnada)

Se o devedor, porém, manejar a ação de embargos, haverá ingrediente novo que deve ser ponderado, dependendo do conteúdo (objeto) daquela demanda incidental.

Versando os embargos sobre questões processuais (que atacam a higidez do processo de execução), a desistência apresentada pelo exequente torna tais embargos totalmente despiciendos, de modo que qualquer manifestação do embargante (executado) concordando com a desistência é irrelevante. Nesse sentido, se o exequente quiser desistir da execução, ainda que tenham sido ajuizados embargos (que tratem de questão ligada ao processo de execução), não há necessidade de perquirir o consentimento do executado-embargante.

Situação diferente é aquela em que os embargos versam questão de fundo (nulidade do título de crédito, inexistência da obrigação, pagamento, novação): neste caso, o embargante tem interesse em ver julgados seus embargos, proferindo-se sentença que estabilize sua situação jurídica. Em outros termos, a desistência da execução pelo exequente não o impedirá de propor nova demanda executiva, mas a decisão favorável dos embargos pode criar tal obstáculo. Importa, portanto, ouvi-lo para que informe o juiz se pretende (ou não) que os embargos sejam julgados.

É preciso destacar que o legislador repete no art. 775 do CPC/2015 a impropriedade do art. 569 do CPC/1973: o devedor embargante não é ouvido para se manifestar sobre sua concordância ou não sobre a desistência da execução. Na verdade, o que se quer saber dele é se pretende – na hipótese do art. 775, parágrafo único, inciso II – que os embargos sejam ou não julgados. A execução (com ou sem a concordância do devedor) será extinta *sempre*, bastando para tanto a desistência do credor. Se o executado manifestar interesse no julgamento dos embargos, a demanda seguirá seu curso autonomamente, extinguindo-se de qualquer forma a execução.

O regime da desistência – como apontado pelo legislador – deve ser aplicado também ao cumprimento de sentenças, valendo, por consequência, para as impugnações (que no regime do cumprimento de sentenças têm a mesma função dos embargos à execução).

III. Custas e despesas

Manifestando o credor desistência do processo de execução, deverá pagar as custas e as despesas do processo, bem como honorários advocatícios a favor do executado (princípio da causalidade). Estes últimos (honorários) deverão ser fixados levando em conta o estado em que o processo se encontra, a duração do processo e o trabalho desenvolvido pelo advogado do executado (mantendo-se os patamares de 10% a 20% sobre o valor da causa). Ao contrário do que parece da redação encambulhada do inciso II do art. 775 do CPC/2015, também nesta hipótese o juiz deve fixar honorários a favor do devedor (pela desistência, pelo credor, da ação de execução), ainda que o executado opte pelo prosseguimento dos embargos (a partir de então processados como ação autônoma), cujas verbas de sucumbência serão arbitradas em momento próprio (sentença a ser proferida nos embargos).

Art. 776 - O exequente ressarcirá ao executado os danos que este sofreu, quando a sentença, transitada em julgado, declarar inexistente, no todo ou em parte, a obrigação que ensejou a execução.

I. Ressarcimento do devedor

O legislador manteve no CPC/2015 dispositivo semelhante ao antigo art. 574 (CPC/1973), que previa hipótese específica de indenização para o caso de o juiz declarar inexistente (no todo ou em parte) a obrigação que deu lugar à execução. Trata-se de desestimular a execução ilegal, independentemente de culpa ou dolo do exequente.

Declarada a inexistência da obrigação que deu causa à execução (o que pode ocorrer no julgamento dos embargos do devedor ou em ação ajuizada independentemente da execução), pode o executado promover demanda própria para pleitear os prejuízos sofridos. Aqui convém salientar que o legislador de 2015 perdeu ótima oportunidade de acelerar os trâmites da reparação: em vez de permitir que o executado liquidasse os prejuízos nos próprios autos da execução, da demanda incidental de embargos ou da demanda autônoma (onde se tenha reconhecido a inexistência da obrigação), o dispositivo sob enfoque mantém a técnica do Código/1973, obrigando o devedor a promover nova demanda para obter a condenação do credor à reparação de danos. Poderia o legislador ter sido mais enfático, determinando que o juiz condenasse o credor a ressarcir desde logo o devedor dos danos sofridos, o que acabaria certamente refletido no escopo do art. 777 do CPC/2015. Essa via não foi escolhida: o apressado legislador de 2015, que não teve o tempo necessário para elaborar com engenho a parte do Código dedicada à execução, preferiu simplificar sua tarefa, cingindo-se a repetir (com alguma correção de estilo) uma fórmula bolorenta. Em síntese, não será possível ao executado cobrar nos mesmos autos da execução (ou dos embargos, ou ainda nos autos da ação autônoma que tiver promovido para declarar a inexistência da obrigação que deu causa à execução) os danos causados pelo credor; não há, por consequência, como recorrer ao art. 509 do CPC/2015 (liquidação de sentença) para apurar danos que não foram objeto de prévia condenação.

Ocorre-me, porém, uma possibilidade – que dependerá da proatividade do magistrado que estiver lidando com uma execução injusta: se, ao declarar a inexistência da obrigação, reconhecer desde logo a existência da obrigação de indenizar pelos prejuízos (decisão proferida no processo civil que reconhece a exigibilidade de obrigação de pagar quantia, nos termos do art. 515, inciso I, do CPC/2015), o vencedor poderá utilizar tal declaração para encetar o cumprimento de sentença, submetendo o preceito ao procedimento de liquidação e requerendo, ato contínuo, a intimação da parte contrária para efetuar o pagamento do valor apurado utilizando o procedimento dos arts. 513 e seguintes do CPC/2015, sendo certo que a decisão somente comportará cumprimento após o trânsito em julgado (requisito preconizado pelo art. 776 em foco).

II. Sentença transitada em julgado

O art. 776 refere-se à necessidade de uma sentença, com trânsito em julgado, para que o executado possa ajuizar a demanda de ressarcimento de que trata. Creio, porém, que nada impedirá que uma decisão interlocutória possa servir ao mesmo propósito, bastando pensar numa decisão proferida em sede de impugnação de sentença em que o juiz reconheça inexistente parte da obrigação que deu causa à execução: se tal decisão não for tempestivamente impugnada, poderá dar ensejo à demanda ressarcitória.

Art. 777 - A cobrança de multas ou de indenizações decorrentes de litigância de má-fé ou de prática de ato atentatório à dignidade da justiça será promovida nos próprios autos do processo.

I. Simplificação

O legislador procurou, nos últimos anos de vigência do CPC/1973, desenvolver um verdadeiro cinturão ético que pudesse amedrontar aqueles que pretendessem transgredir os padrões adequados de comportamento no processo, seja durante a fase de conhecimento, seja durante a fase de excussão patrimonial. Insistiu o legislador, portanto, na repetição – em partes distintas do Código – de comportamentos que seriam considerados desleais (seja das partes, seja de terceiros), instando o julgador a aplicar penas severas quando detectar o *contempt of court*.

Para completar o cerco, o legislador procurou facilitar a cobrança das multas aplicadas aos contendentes (ou a terceiros), o que justificou a inclusão no CPC/1973 do art. 739-B (por meio da Lei nº 11.382/2006) para permitir que multas ou indenizações decorrentes de litigância de má-fé fossem cobradas nos próprios autos do processo de execução (em apenso), operando-se a compensação (quando fosse o caso) ou, se necessário, permitindo aparelhamento de execução.

A forma detalhada (mas atabalhoada) do dispositivo inserido no CPC/1973 levava a alguma perplexidade, já que o legislador referia-

-se expressamente aos arts. 17 e 18 daquele Estatuto, deixando de fazer menção às multas decorrentes dos atos atentatórios à dignidade da justiça (previstos no art. 601) ou aos embargos manifestamente procrastinatórios (art. 740, parágrafo único), por exemplo. A doutrina encarregou-se, de qualquer modo, de incluir tudo isso no escopo do art. 739-B, que ganha nova roupagem no CPC/2015 (art. 777).

Para não deixar dúvida, o novo dispositivo menciona multas ou indenizações, sejam decorrentes de litigância de má-fé, sejam decorrentes da prática de atos atentatórios à dignidade da justiça.

II. Títulos executivos judiciais

As multas e indenizações fixadas por conta de desvio de conduta serão objeto de cumprimento (se os valores forem líquidos) ou de liquidação (e, posteriormente, cumprimento). Trata-se – tecnicamente – de *cumprimento de decisão judicial* (não de *execução*, reservada para os títulos executivos extrajudiciais). As verbas em questão, embora fixadas em sede de execução, constituirão títulos executivos judiciais, acarretando todo o peso (e os gravames) próprio(s) do cumprimento de sentença.

Vale lembrar que a redação do art. 515 do CPC/2015 – que relaciona os títulos executivos judiciais – deixa claro, no inciso I, que assim são consideradas as decisões proferidas no processo civil que reconheçam a exigibilidade de uma obrigação de pagar. Em outras palavras, o legislador abandonou o modelo do CPC/1973 (que, aliás, já havia sido mudado em 2005, mercê da Lei nº 11.232) que se reportava a *sentenças* para adotar fórmula mais ampla (*decisões*). O reconhecimento da conduta imprópria de qualquer das partes pode vir reconhecida em sentença ou em decisões interlocutórias; a de terceiros (que também pode resultar em multa) será objeto de decisão interlocutória. Num caso ou noutro, o credor cobrará a verba respectiva através do cumprimento de sentença (embora nem sempre se trate de sentença!).

III. Compensação

O art. 777 – propositadamente ou não – deixou de incluir a possibilidade de operar-se a compensação, como dispunha a parte final do art. 739-B do CPC/1973. A ausência, notada pelos comentaristas do CPC/2015, inaugura a polêmica sobre o cabimento ou não do mecanismo de extinção de obrigações. Explico: se o exequente vê aplicada contra si uma multa por litigância de má-fé (proceder de modo temerário em algum incidente do processo, por exemplo), o valor pode ser compensado com o crédito exequendo, não havendo necessidade de autorização no Código para que se opere a extinção parcial da obrigação, nos termos do Código Civil.

Naturalmente o problema não se coloca quando a execução disser respeito a obrigação de fazer ou de entregar coisa: nestes casos, eventuais multas ou indenizações serão objeto de providências de invasão processual nos moldes do Título II, Livro I, da Parte Especial do CPC/2015, embora não haja necessidade de instaurar nova demanda (o juiz prosseguirá em sua atividade, inaugurando nova fase do processo para a excussão de bens do devedor).

Capítulo II - Das Partes

Art. 778 - Pode promover a execução forçada o credor a quem a lei confere título executivo.
§ 1º - Podem promover a execução forçada ou nela prosseguir, em sucessão ao exequente originário:
I - o Ministério Público, nos casos previstos em lei;
II - o espólio, os herdeiros ou os sucessores do credor, sempre que, por morte deste, lhes for transmitido o direito resultante do título executivo;
III - o cessionário, quando o direito resultante do título executivo lhe for transferido por ato entre vivos;
IV - o sub-rogado, nos casos de sub-rogação legal ou convencional.
§ 2º - A sucessão prevista no § 1º independe de consentimento do executado.

I. Legitimidade ordinária

É parte originária na execução aquele a quem a lei outorga título executivo: alterando – corretamente – a dinâmica do art. 566 do CPC/1973, o legislador enuncia a regra básica atinente à legitimidade ativa, deixando claro que todos os demais legitimados são secundários, inclusive o Ministério Público.

Com efeito, sob o regime anterior, apontava-se que o Ministério Público teria legitimação ordinária para promover a execução dos títulos judiciais, formados nas demandas para as quais o *parquet* tinha (e tem) legitimidade. Separadas as técnicas executivas desde 2005 (cumprimento de sentença e execução), mostrava-se desde então mais adequado redimensionar o dispositivo que trata da legitimidade ativa na execução (destinada, repita-se, aos títulos executivos extrajudiciais), de modo que soa melhor afirmar – como agora faz o art. 778, inciso I, do CPC/2015 – que a legitimidade pertence ao credor (indicado como tal no título executivo), sendo todos os demais legitimados meros sucessores do exequente originário.

II. Ministério Público

De modo acertado, o CPC/2015 separou as hipóteses de cumprimento de sentença (em que o Ministério Público teria legitimidade originária para pleitear as medidas satisfativas que obtiver do Poder Judiciário) daquelas decorrentes de execução (de título extrajudicial, portanto). Explico: sob o regime do cumprimento de sentença, ficam superadas – em sede de execução – as discussões relativas à legitimidade (extraordinária) do Ministério Público, na medida em que, tendo o *parquet* legitimidade para propor a demanda de conhecimento, terá também legitimidade (ainda que concorrente) para pleitear o cumprimento da decisão. Os exemplos são bem conhecidos: ação acidentária, ação civil pública, demandas coletivas previstas no Código de Defesa do Consumidor, tutela dos direitos difusos, entre tantas outras hipóteses.

O dispositivo sob análise, porém, está inserido no âmbito do processo de execução, o que diz respeito – diretamente – aos títulos executivos extrajudiciais (únicos que merecem execução propriamente dita). Deste modo, restarão poucas hipóteses que autorizarão o representante do *parquet* a encetar uma demanda executiva: seria o caso, por exemplo, da execução de título executivo extrajudicial resultante de decisão de um tribunal de contas estadual que determinasse o ressarcimento de valores desviados por administrador ou gestor público, de modo a fazer ressarcir os cofres públicos do valor desfalcado. Outro exemplo de título executivo extrajudicial que poderia ensejar demanda proposta pelo Ministério Público é o termo de ajustamento de conduta (a rigor, "termo de ajustamento de conduta do interessado às exigências legais"), previsto no art. 5º, § 6º, da Lei nº 7.347, de 24 de julho de 1985: vale consultar o bem fundamentado acórdão proferido pelo Tribunal de Justiça do Estado de Pernambuco a respeito do tema (TJPE, AI nº 18267920088170730, Rel. Des. Luiz Carlos Figueiredo, v.u., public. em 5/4/2011), esclarecendo que o termo de ajuste de conduta não está sujeito a homologação pelo Poder Judiciário, reconhecendo a legitimidade do Ministério Público nos termos do art. 566, inciso II, do CPC/1973 (art. 778, § 1º, inciso I, do CPC/2015).

III. Sucessão *causa mortis*

Os sucessores do credor podem promover a execução (ou nela prosseguir) sempre que situações supervenientes à formação do título executivo extrajudicial tornarem necessário abrir a terceiro a legitimidade para a prática dos atos executivos.

Falecendo o credor, imediatamente estabelece-se a sucessão (ainda que *pro indiviso*), de modo que assumirá a legitimidade para executar o título extrajudicial o espólio do credor, representado por seu inventariante. Findo o inventário, o herdeiro (ou os herdeiros) a quem tocar o crédito exequendo (ou o legatário, se for o caso) assumirá a testa do processo executivo.

Se o falecimento do credor ocorrer antes da propositura da demanda executiva, caberá ao exequente apresentar, já com a petição inicial, a prova de que há inventário em curso (com a exibição da certidão de nomeação de inventariante) ou prova de que o espólio está na posse de administrador provisório; se o falecimento ocorrer depois da propositura da demanda de execução, a sucessão processual será implementada por meio da habilitação, que ocorrerá nos autos do próprio processo de execução (art. 689 do CPC/2015) que ficará suspenso até o trânsito em julgado da sentença respectiva (art. 692 do CPC/2015).

IV. Cessionário

O inciso III do art. 778 do CPC/2015 reproduz, praticamente *ipsis litteris*, a redação do inciso II do art. 566 do CPC/1973: trata-se de fixar a regra de que o titular de crédito representado por título executivo pode cedê-lo, de modo que o novo titular está autorizado a promover a execução. Note-se que a novação subjetiva (modificação do credor) pode ocorrer antes do início da execução ou depois de seu ajuizamento, de modo que a cessão ocorrida durante o curso da demanda autoriza a substituição processual, independentemente do consentimento do executado.

Nem todos os créditos comportam cessão por ato *inter vivos*: créditos previdenciários e alimentares, por exemplo, não podem ser objeto de cessão, de sorte que nestes casos o juiz impedirá a propositura da demanda pelo cessionário (ou a modificação do polo ativo, se a cessão tiver ocorrido durante o processo).

V. Sub-rogação

A sub-rogação pode ser legal ou convencional: será *legal* quando o credor pagar a dívida do devedor comum, quando o adquirente do imóvel hipotecado pagar o credor hipotecário, quando o terceiro efetuar pagamento para não ser privado de direito sobre imóvel ou quando terceiro pagar a dívida pela qual era ou poderia ser responsabilizado (art. 346 do Código Civil); será *convencional* a sub-rogação (art. 347 do Código Civil) quando o credor receber o pagamento de terceiro, transferindo-lhe expressamente todos os seus direitos, ou quando terceiro emprestar ao devedor a quantia exata necessária para solver a dívida (sob condição de sub-rogar-se nos direitos do credor satisfeito).

Nas duas hipóteses de sub-rogação (legal ou convencional) – bem como nos casos de cessão, como já se viu –, caberá ao exequente provar sua qualidade de sub-rogado (ou de cessionário), sendo claro que o executado terá sempre o direito de impugnar a legitimidade do exequente. Não há impedimento algum de que se crie um hiato de conhecimento no processo de execução para a averiguação dos documentos apresentados pelo sub-rogado (ou pelo cessionário) sendo certo que o incidente não precisará ser introduzido necessariamente pela via dos embargos (já que o tema toca uma das condições da ação e pode haver pleito de substituição depois do ajuizamento da demanda executiva). Certamente o sub-rogado (ou o cessionário) produzirá prova pré-constituída (documental) para provar a ocorrência de um dos fatos descritos nos arts. 346 ou 347 do Código Civil (ou para demonstrar a higidez da cessão). Mas tal prova pré-constituída poderá ser desafiada (falsidade documental, sub-rogação ou cessão parcial, fraude ou simulação do ato, entre tantas outras possibilidades), de modo que será preciso produzir provas constituendas (perícias, oitiva de testemunhas) para aferição da legitimidade do exequente. Este hiato cognitivo, de qualquer forma, é perfeitamente tolerável em sede de execução e será objeto de decisão sujeita a recurso de agravo de instrumento (art. 1.015, parágrafo único, do CPC/2015).

VI. Desnecessidade de consentimento do executado

O STJ já teve oportunidade, sob a égide do CPC/1973, de decidir que a substituição do credor por ocorrência de qualquer uma das hipóteses do art. 567 (atual art. 778, § 1º, incisos II a IV) não ficava sujeita à concordância do executado (art. 42, § 1º, atual art. 109, § 1º). Com efeito, à míngua de dispositivo claro a respeito, sustentavam alguns que se aplicava subsidiariamente a regra do processo de conhecimento, que exigia a concordância da parte contrária para que o cessionário (ou o sub-rogado) pudesse substituir o cedente (ou o sub-rogante). O STJ, porém, decidiu que a aplicação subsidiária das regras de processo de conhecimento só devem ocorrer quando não existir incompatibilidade com as normas específicas do processo de execução (o que ocorre no caso em tela).

Consolidando a jurisprudência do STJ (vale, como exemplo, o acórdão proferido no REsp nº 284190-SP, Rel. Min. José Delgado, j. em 24/4/2001), o CPC/2015 deixou claro, no § 2º do art. 778, que a substituição processual prevista no § 1º do artigo não depende do consentimento do executado.

Art. 779 - A execução pode ser promovida contra:
I - o devedor, reconhecido como tal no título executivo;
II - o espólio, os herdeiros ou os sucessores do devedor;
III - o novo devedor que assumiu, com o consentimento do credor, a obrigação resultante do título executivo;
IV - o fiador do débito constante em título extrajudicial;
V - o responsável titular do bem vinculado por garantia real ao pagamento do débito;
VI - o responsável tributário, assim definido em lei.

I. O devedor indicado no título executivo

O sujeito passivo da execução, em princípio, é o *devedor* apontado no título executivo. O vocábulo *devedor*, neste contexto, é utilizado em sentido ambíguo, já que nem sempre aquele cujo nome constar num título executivo extrajudicial será efetivamente o *obrigado*. Basta pensar no emitente de uma nota promissória que garanta determinada dívida. O signatário do título de crédito (emitente), embora possa ser *executado*, não será *devedor*, mas sim mero garantidor da operação de mútuo (responsável), embora seja reconhecido como devedor no título.

O CPC/2015, tentando evitar a confusão entre o plano processual e o material, utilizou, sempre que possível, o vocábulo *executado*, substituindo a palavra *devedor* (utilizada no CPC/1973). De qualquer modo, diante da tradição que se solidificou nas décadas precedentes, não creio que haja inconveniente em continuar a utilizar indistintamente os dois termos para indicar a posição processual daquele que é demandado no processo de execução, desde que se perceba a distinção apontada entre dívida e responsabilidade (importante para o plano civil).

II. Sucessores

Falecendo o devedor, a execução pode ser promovida em face do espólio, herdeiros ou sucessores.

Enquanto correr o inventário (e estiver indivisa a herança), pode a demanda ser dirigida ao espólio, que será representado pelo inventariante; encerrada a tramitação daquela demanda (ou processada extrajudicialmente a partilha), a legitimidade passiva é de todos os herdeiros (sempre limitada à força da herança) ou daquele que recebeu o bem objeto da execução (execução para entrega de coisa).

Se o falecimento do devedor ocorrer antes da propositura da demanda executiva, cabe ao exequente demonstrar – *ab initio* – o passamento do devedor e direcionar a execução ao espólio, ao herdeiro ou ao sucessor, conforme for o caso. Deverá presentar, com a petição inicial, a documentação necessária para demonstrar a morte do devedor (certidão de óbito do devedor), bem como a representação do espólio (certidão de inventariante) ou a existência de partilha e atribuição da obrigação (ou do bem) a determinado herdeiro ou legatário (formal de partilha, certidão de partilha ou escritura pública). Ocorrendo o falecimento durante o processo, a substituição será efetivada por meio do procedimento de habilitação (arts. 687 e seguintes do CPC/2015).

Nem sempre o credor terá à sua disposição os dados que lhe permitam encetar a habilitação. O art. 690 do CPC/2015 prevê que serão citados os requeridos para se manifestarem sobre a substituição, sendo possível que o credor não saiba o paradeiro do inventariante, do herdeiro ou do legatário, conforme o caso: nesta hipótese, nada impede que o credor solicite o concurso do Poder Judiciário para obtenção das informações necessárias à implementação da substituição (expedição de ofícios a cartórios ou repartições, à Delegacia da Receita Federal, a bancos ou autarquias, etc.).

III. Assunção de dívida

Dá-se a novação subjetiva quando novo devedor sucede ao antigo, ficando este quite com o credor (art. 360, inciso II, do Código Civil). É objetiva a novação quando as partes permanecem as mesmas, alterando-se apenas o objeto da obrigação (constitui-se nova dívida com a extinção da obrigação primitiva); a novação é subjetiva quando há alteração no sujeito passivo ou ativo da obrigação; finalmente, a novação é mista quando tanto os sujeitos como o objeto da obrigação são mudados. O inciso III do art. 779 do CPC/2015 trata da hipótese de novação subjetiva passiva.

A novação subjetiva passiva pode ocorrer de dois modos: por delegação ou por expromissão. A novação subjetiva por expromissão, como dispõe o art. 362 do Código Civil, não depende do consentimento do devedor originário (novação subjetiva passiva por expromissão liberatória). Neste último caso há liberação do primitivo devedor, mas o credor deve manifestar sua concordância. Na expromissão cumulativa (sem concordância do credor), tanto o devedor primitivo como o expromissor permanecerão obrigados. A hipótese focada pelo legislador no art. 779, inciso III do CPC/2015, portanto, é a de expromissão liberatória.

Cabe ao exequente, diante da existência de expromissão liberatória, apontar (demonstrando documentalmente a situação) o novo devedor. Assim, se o título executivo for uma confissão de dívida (instrumentalizada na forma do art. 784, inciso III, do CPC/2015), deverá o exequente apresentar – juntamente com o título executivo extrajudicial – o instrumento de novação como documento indispensável à propositura da ação de execução.

IV. Fiador

Fiança – diz o art. 818 do Código Civil – é o contrato pelo qual uma pessoa garante satisfazer ao credor uma obrigação assumida pelo devedor caso este não a cumpra. Trata-se de uma garantia pessoal e escrita (a fiança não pode ser verbal) que pode também ser outorgada para fins judiciais (até mesmo por termo nos autos). O legislador de 1973 mantinha um inciso dedicado apenas ao fiador judicial, guindando-o ao polo passivo; o legislador de 2015 mudou a perspectiva e determinou que a execução pudesse ser direcionada a qualquer fiador.

A modificação aportada pelo art. 779 do CPC/2015 faz todo sentido, na medida em que o legislador trata agora da execução de forma sistematicamente distinta do cumprimento de sentença, de modo que a fiança judicial, prestada no processo ou para fins do processo, comporta não a propositura de uma demanda executiva contra o fiador, mas sim o redirecionamento, na fase de cumprimento de sentença, das medidas de excussão contra tal garantidor, penhorando-se-lhe bens suficientes para o pagamento do débito garantido. Assim, se o fiador prestar garantia para a concessão de tutela de urgência (contracautela, art. 300 do CPC/2015), será ele formalmente intimado – se houver motivo para a excussão da garantia – para o respectivo pagamento, voltando-se contra ele os mecanismos de excussão patrimonial no caso de inadimplemento.

V. Titular do bem vinculado

Também aqui o legislador inovou, com o intuito de evitar dúvidas: o hipotecante do imóvel (terceiro hipotecante) ou o garantidor (terceiro que aporta garantia real) podem ser executados, independentemente da formação de litisconsórcio com os respectivos devedores.

A dúvida que o legislador vem de resolver foi criada pela redação dada ao art. 585, inciso III, do CPC/1973 pela Lei nº 11.382/2006, que afirmou serem títulos executivos não os *contratos de hipoteca,* mas os contratos *garantidos por hipoteca:* com tal redação, podia-se chegar à conclusão de que para a execução de hipoteca outorgada por terceiro haveria sempre a necessidade de um litisconsórcio passivo entre o hipotecante (responsável) e o devedor (obrigado), já que título executivo era o contrato (firmado entre o credor e o devedor), garantido pela hipoteca (outorgada por terceiro). De qualquer modo, creio que o desvio – que levou alguém a sustentar até mesmo que a demanda executiva não precisava sequer envolver o terceiro hipotecante, que ficava sujeito aos efeitos da execução sem ser executado! – está corrigido com a determinação de que o responsável (titular do bem vinculado pela garantia real) é o legitimado passivo na execução em que se pretenda exatamente excutir o bem objeto da garantia real.

Não se trata, como é fácil perceber, de mera questão acadêmica. O exequente pode ter interesse em direcionar a execução apenas contra o hipotecante, sabendo desde logo que o devedor (obrigado) não tem bens suficientes para o pagamento do débito (ou que está em situação de recuperação judicial ou em estado falimentar). O litisconsórcio, em tais situações, é (ou pode ser) inconveniente, de modo que resta claro haver mera possibilidade (não necessidade) de guindar o devedor ao polo passivo da execução.

VI. Responsável tributário

Por último, relaciona o legislador a legitimidade passiva do responsável tributário, ou seja, aquele a quem o art. 134 do Código Tributário Nacional atribui responsabilidade subsidiária para o cumprimento de obrigações tributárias ou não. Anoto – e tenho feito isso ao longo desses muitos anos em que estudo o processo de execução – que tanto o CTN quanto a Lei de Execuções Fiscais parecem tratar o responsável tributário como um devedor solidário: não é assim, pois a ideia é de responsabilidade *subsidiária*, não *solidária*. Dito de outro modo, apenas na hipótese de o obrigado principal não cumprir a obrigação tributária é que o Fisco poderá incomodar o responsável. Assim, diretores ou gerentes só responderão pela dívida tributária da sociedade (por excesso de poderes na prática de atos de gestão, por exemplo) se a sociedade, executada, não puder quitar o débito. Não é razoável que a Fazenda direcione, *ab initio,* contra o diretor ou gerente a execução fiscal (por vezes em litisconsórcio passivo com a sociedade) sem que se excuta primeiramente o patrimônio da sociedade e – o que é pior – sem que se apure em procedimento administrativo a responsabilidade subsidiária que depende, no exemplo que figurei, da constatação do desvio previsto na legislação própria.

Art. 780 - O exequente pode cumular várias execuções, ainda que fundadas em títulos diferentes, quando o executado for o mesmo e desde que para todas elas seja competente o mesmo juízo e idêntico o procedimento.

I. Cumulação de execuções

Nada impede que o credor cumule contra o mesmo devedor pleitos executivos calcados em títulos diversos. Não é necessário, para a cumulação admitida pelo CPC/2015 (de resto semelhante àquela preconizada no CPC/1973), que a origem dos créditos exequendos tenha alguma inter-relação; importa apenas que haja identidade de credor, de procedimento e que o juízo seja competente para o processamento de todas as demandas. Assim, pode o credor executar uma nota promissória e uma confissão de dívida contra o mesmo devedor (relativos a negócios jurídicos distintos), mas não pode cumular a execução de um título de crédito e um instrumento particular que trate de uma obrigação de fazer.

Vale lembrar que a Súmula nº 27 do STJ estabilizou a jurisprudência no sentido de permitir que a execução seja fundada em mais de um título extrajudicial, todos relativos a um mesmo negócio: esta súmula, a meu ver, destrói a ideia das ações concorrentes, já que impede que o credor, tendo mais de um título para cobrança do mesmo crédito (uma confissão de dívida firmada pelo devedor e duas testemunhas, garantida por fiança, para dar um exemplo) ajuíze mais de uma execução para a cobrança da dívida (uma execução contra o devedor, outra contra o responsável). A acreditar na súmula referida, na hipótese ventilada, o credor pode, quando muito, cumular as duas execuções contra pessoas distintas, mesmo não havendo na lei tal autorização, como admitiu expressamente a decisão proferida no REsp nº 80.403 (4ª T., Rel. Min. Sálvio de Figueiredo Teixeira, j. em 30/4/1998, v.u.), que preconiza: "a propositura de uma única execução contra avalizada e avalistas, instrumentalizada com ambos os títulos – instrumento contratual e promissória – [...] o que se viabiliza mesmo quando não figurem os referidos avalistas como garantes solidários no contrato ou quando o valor exigido com base neste seja superior ao reclamado com base na cambial". Discordo da visão encampada pela Súmula nº 27 e reputo mais adequada a postura adotada pelo próprio STJ no REsp nº 32.627-1 (4a T., Rel. Min. Barros Monteiro, j. em 20/10/1993, v.u.), que decidiu que a execução simultânea de títulos diversos representativos da mesma dívida (contra pessoas distintas, no caso devedor principal – signatário de contrato de câmbio – e avalistas de notas promissórias emitidas em garantia) é possível, desde que o exequente, recebendo o seu crédito em um dos processos, comunique o fato no outro, evitando o *bis in idem*.

II. Cumulação de execução e cumprimento de sentença

Parece que o legislador deixou claro que não é possível cumular execução (de título extrajudicial) e cumprimento de sentença (sempre calcada em título judicial). Considerando que os procedimentos são diversos, ainda que haja identidade entre credor e devedor, a ação de execução e a fase de cumprimento seguirão caminhos separados.

Capítulo III - Da Competência

Art. 781 - A execução fundada em título extrajudicial será processada perante o juízo competente, observando-se o seguinte:
I - a execução poderá ser proposta no foro de domicílio do executado, de eleição constante do título ou, ainda, de situação dos bens a ela sujeitos;
II - tendo mais de um domicílio, o executado poderá ser demandado no foro de qualquer deles;
III - sendo incerto ou desconhecido o domicílio do executado, a execução poderá ser proposta no lugar onde for encontrado ou no foro de domicílio do exequente;
IV - havendo mais de um devedor, com diferentes domicílios, a execução será proposta no foro de qualquer deles, à escolha do exequente;
V - a execução poderá ser proposta no foro do lugar em que se praticou o ato ou em que ocorreu o fato que deu origem ao título, mesmo que nele não mais resida o executado.

I. Competência concorrente para processar a execução

O legislador de 2015 fez escolha diferente daquela preconizada pelo legislador anterior: em vez de reportar-se aos critérios gerais de competência, que valiam tanto para o processo de conhecimento quanto para o processo de execução, preferiu estabelecer critérios mais fluidos e apropriados para a atividade de invasão patrimonial. Mais que isso, optou por enunciar foros concorrentes, favorecendo a escolha do credor que normalmente se pautará pela maior facilidade na implementação das medidas executivas.

A competência é *exclusiva* quando atribuída a um juiz (ou grupo de juízes) com exclusão de quaisquer outros; é *concorrente* quando atribuída a mais de um juiz (ou grupo de juízes), à escolha do demandante. O art. 781 do CPC/2015 permitiu que o exequente, a seu talante, escolhesse entre diversos foros igualmente competentes, sem que o executado possa impugnar a escolha do demandante.

A possibilidade ampla de escolha pelo credor do local onde deverá ser proposta a demanda executiva facilita, por um lado, o desenvolvimento da tarefa do Poder Judiciário, na medida em que o exequente tenderá a procurar o foro onde seja mais fácil desenvolver as medidas de apreensão do bem objeto da execução ou de excussão patrimonial. Este *forum shopping* admitido pelo legislador poderá, evidentemente, ter repercussão negativa no que diz respeito à previsibilidade do desenvolvimento do processo em detrimento do executado inadimplente, que estará sujeito às escolhas do exequente (mesmo que levadas a efeito com o objetivo de tornar mais difícil a defesa dos interesses do devedor), sem que o demandado possa opor resistência.

II. Desvalorização do foro de eleição

Diante da escolha do legislador para favorecer o exequente na seleção do local em que a demanda será promovida, chama a atenção o disposto no inciso I, que desvaloriza sobremaneira a eleição de foro.

Com efeito, num Código que defere especial atenção à vontade das partes, fixando amplo alcance para os mais diversos negócios jurídicos processuais, causa certa perplexidade a determinação de que, mesmo havendo escolha (consensual) do local em que a demanda de execução deva ser movida, possa tal avença ser simplesmente desprezada potestativamente por um dos contratantes (o exequente), optando pelo domicílio do executado ou pelo local dos bens.

Já se disse que a propositura de demanda no foro do domicílio do demandado (seja ação de conhecimento, seja de execução) não pode causar-lhe nenhuma desvantagem, de modo que não seria admissível reação adversa da parte favorecida pela escolha. É difícil discordar do raciocínio, já que o demandado terá maior facilidade de tutelar seus interesses se for acionado no local onde concentra suas atividades, sendo menores suas despesas de locomoção e de acompanhamento do processo. Mas a opção pelo local em que se encontram os bens – em detrimento do foro de eleição – é coisa bem diferente: aqui o devedor pode ser amplamente desfavorecido, tendo que litigar em local distante, tudo em franca violação ao que as partes haviam anteriormente convencionado. O que se percebe é que o legislador, opondo o interesse público ao privado, fez opção pelo primeiro: a convenção entre as partes cede lugar à conveniência do Estado de que as medidas executivas se concretizem de forma mais ágil e mais rápida, tudo em prol da eficiente (e veloz) prestação jurisdicional.

III. Domicílios múltiplos ou domicílio desconhecido

O domicílio da pessoa natural é o lugar onde ela estabelece a sua residência com ânimo definitivo, informa o art. 70 do Código Civil. E nada impede que alguém tenha várias residências, onde – alternativamente – viva e exerça suas atividades (profissionais ou não). Daí a determinação do legislador (que está em consonância com o direito material) de permitir ao exequente que promova a demanda executiva em qualquer dos diversos domicílios do devedor, não podendo o executado voltar-se contra a preferência manifestada pelo exequente: mais uma vez, trata-se de escolha potestativa, que não requer justificação e que provoca simplesmente a submissão do executado.

Se o domicílio do executado for incerto ou desconhecido, pode o exequente propor a demanda em seu próprio domicílio ou no local em que o devedor for encontrado. Não há, na regra do inciso III do artigo sob foco, qualquer prioridade entre as duas possibilidades, ficando tudo a critério do exequente (que terá ainda ao seu alcance, é claro, as múltiplas opções que o legislador ofereceu nos demais incisos). A regra, percebe-se, é de fechamento, para que nenhuma hipótese fique sem previsão, especialmente considerando-se a execução das obrigações de fazer e não fazer, em que as opções são mais restritas (entram em cena também, neste ponto, as possibilidades oferecidas pelo inciso V do art. 781 do CPC/2015).

IV. Mais de um devedor

Em caso de litisconsórcio passivo, garante o legislador que o exequente poderá promover a demanda no domicílio de qualquer um dos executados. Mais uma vez, a regra expandida de competência favorece de forma abrangente o exequente, que tem a seu dispor não só a opção do domicílio de qualquer dos devedores, mas também todo o leque de possibilidades oferecido nos demais incisos do dispositivo. Dito de outro modo, as hipóteses não se excluem, mas se somam, não havendo prioridades entre elas, de modo que tudo fica a critério do demandante.

V. Local do ato ou do fato

Para arrematar as ofertas dadas ao credor para facilitar a atividade executiva, o legislador permite que a demanda seja promovida no lugar em que se praticou o ato (lugar da assinatura da confissão de dívida, lugar em que foi lavrada a escritura pública em que se consigna a obrigação de dar, fazer ou pagar) ou em que ocorreu o fato (lugar em que ocorreu o falecimento do segurado, para a execução do contrato de seguro de vida).

Art. 782 - Não dispondo a lei de modo diverso, o juiz determinará os atos executivos, e o oficial de justiça os cumprirá.
§ 1º - O oficial de justiça poderá cumprir os atos executivos determinados pelo juiz também nas comarcas contíguas, de fácil comunicação, e nas que se situem na mesma região metropolitana.
§ 2º - Sempre que, para efetivar a execução, for necessário o emprego de força policial, o juiz a requisitará.
§ 3º - A requerimento da parte, o juiz pode determinar a inclusão do nome do executado em cadastros de inadimplentes.
§ 4º - A inscrição será cancelada imediatamente se for efetuado o pagamento, se for garantida a execução ou se a execução for extinta por qualquer outro motivo.
§ 5º - O disposto nos §§ 3º e 4º aplica-se à execução definitiva de título judicial.

I. Oficial de justiça

Dentre os auxiliares permanentes da justiça, o oficial de justiça é o encarregado das diligências externas do juízo. Historicamente – e por conta da origem humilde dos meirinhos (cuja função era a de executar os atos judiciais sempre sob as ordens do magistrado), ficou tal servidor adstrito a cumprir estritamente os comandos do juiz, praticamente sem autonomia. O *caput* do art. 782 do CPC/2015 dá, numa primeira leitura, a impressão de que esta situação de total subordinação teria sido modificada, já que o legislador afirma que o juiz determina os atos a serem praticados e o oficial de justiça os cumpre, *salvo se houver disposição em contrário.*

A consulta ao art. 154 do CPC/2015, porém, afasta qualquer dúvida que a redação estropiada do art. 782 do CPC/2015 poderia causar ao operador: o meirinho continua a ter função subordinada diretamente ao magistrado, de modo que o legislador não quis outorgar a tal auxiliar da justiça qualquer função autônoma. Trata-se, em verdade, apenas de apontar que algumas atividades executivas não serão praticadas por este servidor, mas por outro auxiliar (como o escrivão ou o depositário), nada mais.

Mesmo a atividade de avaliação, atribuída ao oficial de justiça pelo art. 154, inciso V, do CPC/2015, não é nova, já que o art. 680 do CPC/1973 (com a redação que lhe foi dada pela Lei nº 11.382/2006) carreou ao auxiliar da justiça a tarefa de avaliar bens (quando isso fosse necessário e possível). O problema aqui envolvido não é propriamente legislativo, mas sim operacional, pois o que se observou em muitos Estados (São Paulo foi um deles) é que os oficiais de justiça não foram preparados para a tarefa que lhes foi atribuída a partir da vigência da Lei nº 11.382/2006, de modo que, no mais das vezes, os julgadores acabam recorrendo aos préstimos de avaliadores.

O oficial de justiça está autorizado a cumprir as ordens que receber do juiz nas comarcas circunstantes – lindeiras ou não – desde que seja fácil a comunicação entre elas. A regra repete basicamente a redação do art. 230 do CPC/1973 (com a redação que foi dada ao artigo pela Lei nº 8.710/1993). O dispositivo original constante do CPC/1973 tratava apenas de comarcas contíguas, permitindo-se a diligência se o local estivesse próximo à divisa. Tal dicção, desnecessariamente formalista, impedia que o oficial de justiça de uma comarca realizasse diligências em outra localidade, ainda que estivesse situada na mesma região metropolitana (embora não fosse contígua). A comarca de Barueri (SP), por exemplo, não faz divisa com a comarca de São Paulo, embora estejam ambas situadas na mesma região metropolitana (Grande São Paulo), sendo fácil o acesso entre ambas. O legislador remediou a restrição em 1993 (Lei nº 8.710), repetindo o preceito no § 1º do art. 782 do CPC/2015.

Por fim, o oficial de justiça, sendo isso necessário, pode solicitar ao juiz que requisite força policial. Em verdade, se o juiz desde logo perceber a necessidade de medida de força para o cumprimento de alguma ordem sua, expedirá mandado em que já conste a requisição do reforço policial; se tal necessidade for percebida pelo oficial de justiça, caberá a ele informar a situação ao juiz, para que este determine, se for o caso, as providências adequadas.

II. Cadastro de inadimplentes

O credor pode requerer ao juiz a inclusão do nome do devedor no cadastro de inadimplentes: a providência serve não só como estímulo suplementar para que os devedores cumpram suas obrigações, mas também para alertar a sociedade em geral sobre a conduta (ou sobre a situação econômica) do executado.

A comunicação aos órgãos que se encarregam de apontar os devedores inadimplentes deve ser requerida pelo credor (não pode ser decretada de ofício pelo juiz) e, portanto, acarreta responsabilização do exequente caso a execução mostre-se infundada. A anotação, junto aos órgãos de proteção ao crédito, sabem todos, acarreta uma série de entraves à vida civil, com possível bloqueio de crédito e de acesso a serviços bancários diversos. Por isso mesmo, deve o juiz verificar, diante do pedido do credor, se é efetivamente caso de fazer a comunicação. Em outros termos, não basta o pedido do credor para que o juiz proceda à inclusão do nome do devedor no rol dos inadimplentes: é preciso que o juiz pondere se existe dúvida razoável acerca da existência do direito do credor. Se existir algum receio do magistrado de que a execução possa ser abusiva, ilícita ou indevida, o pleito será indeferido. Este o sentido da utilização do verbo *poder* no § 3º do art. 782 do CPC/2015 (e não do verbo *dever*).

Deferida a inclusão do nome do devedor no cadastro de inadimplentes, informa o legislador que a anotação será cancelada tão logo seja efetuado o pagamento do débito ou garantida a execução. Da mesma forma, a inscrição será cancelada se for extinta a execução (falta de alguma das condições da ação, procedência dos embargos do executado).

Capítulo IV - Dos Requisitos Necessários para Realizar Qualquer Execução

Seção I - Do Título Executivo

Art. 783 - A execução para cobrança de crédito fundar-se-á sempre em título de obrigação certa, líquida e exigível.

Autor: Gelson Amaro de Souza

I. Execução

É o procedimento utilizado para obtenção da satisfação do direito do credor. Em se tratando de obrigação constituída em título extrajudicial, exige-se a propositura de ação que formará o processo de execução. Em se tratando de obrigação imposta em decisão judicial, por já haver processo, o procedimento executivo é denominado cumprimento de sentença e correrá, nos mesmos autos onde houve o julgamento, dispensando-se, de regra, a instauração de outro processo. A lei fala em cumprimento de sentença, mas, entende-se qualquer julgamento que imponha a obrigação, podendo ser sentença, decisão ou acórdão.

O procedimento de execução ou cumprimento de sentença difere do procedimento de conhecimento. Enquanto o procedimento de conhecimento se volta para o passado, buscando prova de fatos anteriores ao processo para definir quem tem direito e quem tem obrigação, o de execução ou cumprimento de sentença inicia com o direito e a obrigação já definidos e se volta para o futuro, em busca da prática de atos futuros tendentes a forçarem o cumprimento da obrigação, tais como citação ou intimação para pagamento, penhora (ou arresto), hasta pública, arrematação, adjudicação ou fruição de determinados bens até que a obrigação seja cumprida e o direito do credor satisfeito.

1. O objeto da execução

É a obrigação de pagar quantia representada por título de crédito. Este título de crédito deve conter as figuras da certeza, liquidez e exigibilidade.

2. Objetivo da execução

A execução para recebimento por quantia tem por objetivo obter a satisfação do direito de crédito do credor que pode ser através de pagamento ou de outra forma que possa satisfazer a obrigação.

3. Meio de execução

A expropriação não é o objeto da execução, senão, apenas meio de se chegar à efetivação da execução com a satisfação do direito do credor. Em verdade, o objetivo da execução é a satisfação do credor. Sempre que esta satisfação ocorrer de outra forma antes da expropriação de bens do devedor, o objetivo da execução foi alcançado, dispensando-se a expropriação de bens. A expropriação de bens é o recurso último que se deve utilizar para a efetivação da execução. Tanto isso é verdade que o próprio sistema jurídico indica a impenhorabilidade de alguns bens, retirando-os do alcance da expropriação, ainda que a execução não se possa efetivar por outros meios ou outros bens.

II. Crédito

A palavra crédito no aspecto social corresponde à confiança que uma pessoa deposita em outra. No Direito, recebe tratamento mais restrito, correspondendo ao direito que alguém tem de receber certa quantia de outrem ou de exigir o cumprimento de qualquer outra obrigação. É o contrário de dívida, em que o devedor tem a obrigação de pagar.

III. Obrigação

É possível dizer-se que direito e obrigação são faces de uma mesma moeda. Onde existe direito, também existe obrigação ou, em outras palavras, a cada direito corresponde uma obrigação. No passado se dizia que em caso de direito potestativo não haveria obrigação porque não existiria um obrigado direto em relação do titular do direito. Esse pensamento se mostra ultrapassado, pois, mesmo em caso de direito potestativo, existe obrigação para todos que devem respeitá-lo. O direito de ir e vir é um direito potestativo, visto não existir um obrigado singular e direto em relação a outra pessoa. Mas todos são obrigados a respeitá-lo e não impedir ou dificultar o seu uso. Desta forma, sempre que existir direito de um lado, de outro, haverá obrigação.

Sob o ponto de vista jurídico, considera-se como obrigação aquela que tem como objeto o dever ou a imposição de uma prestação que pode ser de entregar coisa, fazer, não fazer ou pagar quantia. É o dever a que se está sujeito ao cumprimento, em virtude de lei, decisão ou contrato. Em sentido restrito a obrigação está contida em um vínculo entre pessoas impondo a uma delas o dever de prestação à outra. No caso de obrigação de crédito, surge o dever de pagamento.

1. Obrigação certa

É aquela que não permite dúvida nem discussão a respeito, visto estar amparada por uma situação juridicamente protegida, que já se encontra definida definitivamente por decisão judicial, arbitral ou por consenso das partes.

2. Obrigação líquida

É aquela em que a quantia a ser paga ou objeto a ser entregue estejam delimitados. Em caso de obrigação de pagar quantia, esta deve estar calculada de forma a demonstrar valor definido, não se exigindo qualquer outra operação para apuração do *quantum* devido, salvo nos casos em que o crédito pode ser apurado através de simples operações aritméticas (CPC/2015, art. 786, parágrafo único).

3. Obrigação exigível

É aquela que se encontra em situação de ser exigida pelo credor de imediato, não dependendo de qualquer outra condição. Em se tratando de obrigação de pagar quantia, esta há de estar vencida e revestida de certeza e liquidez, para que possa ser objeto de execução.

4. Título executivo

Denomina-se título executivo o documento que serve de base para a execução. Somente quem está de posse de documento que represente obrigação certa, líquida e exigível é que poderá iniciar a execução. Assim, título executivo é documento dotado de dados que demonstrem a existência de obrigação líquida, certa e exigível. Aquele que possuir documento que não traduz a certeza, liquidez e exigibilidade de uma obrigação não pode se valer do procedimento de execução (execução), devendo, antes, buscar o procedimento de cognição para obter através de julgamento a definição do direito e da obrigação.

Art. 784 - São títulos executivos extrajudiciais:

I - a letra de câmbio, a nota promissória, a duplicata, a debênture e o cheque;

II - a escritura pública ou outro documento público assinado pelo devedor;

III - o documento particular assinado pelo devedor e por 2 (duas) testemunhas;

IV - o instrumento de transação referendado pelo Ministério Público, pela Defensoria Pública, pela Advocacia Pública, pelos advogados dos transatores ou por conciliador ou mediador credenciado por tribunal;

V - o contrato garantido por hipoteca, penhor, anticrese ou outro direito real de garantia e aquele garantido por caução;

VI - o contrato de seguro de vida em caso de morte;

VII - o crédito decorrente de foro e laudêmio;

VIII - o crédito, documentalmente comprovado, decorrente de aluguel de imóvel, bem como de encargos acessórios, tais como taxas e despesas de condomínio;

IX - a certidão de dívida ativa da Fazenda Pública da União, dos Estados, do Distrito Federal e dos Municípios, correspondente aos créditos inscritos na forma da lei;

X - o crédito referente às contribuições ordinárias ou extraordinárias de condomínio edilício, previstas na respectiva convenção ou aprovadas em assembleia geral, desde que documentalmente comprovadas;
XI - a certidão expedida por serventia notarial ou de registro relativa a valores de emolumentos e demais despesas devidas pelos atos por ela praticados, fixados nas tabelas estabelecidas em lei;
XII - todos os demais títulos aos quais, por disposição expressa, a lei atribuir força executiva.
§ 1º - A propositura de qualquer ação relativa a débito constante de título executivo não inibe o credor de promover-lhe a execução.
§ 2º - Os títulos executivos extrajudiciais oriundos de país estrangeiro não dependem de homologação para serem executados.
§ 3º - O título estrangeiro só terá eficácia executiva quando satisfeitos os requisitos de formação exigidos pela lei do lugar de sua celebração e quando o Brasil for indicado como o lugar de cumprimento da obrigação.

I. Títulos executivos extrajudiciais

Títulos executivos são aqueles que representam um direito já definido e, que, por isso, não mais precisam de processo de definição e autorizam o ingresso direto com a execução sem a necessidade de pedir qualquer condenação do devedor em anterior processo de conhecimento.

São documentos em que a obrigação do devedor e o direito do credor já se encontram estabelecidos de forma que dispensam qualquer pronunciamento cognitivo pelo Judiciário. A dispensa de decisão pelo Judiciário se dá em razão de que o direito e a obrigação já se encontram definidos, e não há mais necessidade de processo de conhecimento para definição.

Esta definição, de regra, ocorre pela vontade das partes, que de forma livre e consciente atuam na formação do título executivo. Todavia, em alguns casos específicos, este título pode ser formado unilateralmente pelo credor, como acontece nos casos de dívida ativa junto ao Poder Público, em que este unilateralmente forma o título executivo através da CDA – certidão de dívida ativa (CPC/2015, art. 784, inciso IX). Assim também se dá nos casos dos incisos X e XI do mesmo dispositivo em que o título é formado sem a participação do devedor. Diferentemente é o que parece ocorrer nos casos dos incisos II e III do mesmo artigo, que falam na participação do devedor, mas nada se refere ao credor, dando a impressão de que os documentos mencionados não exigem a participação do credor, bastando apenas a confissão do devedor.

A lei processual (CPC/2015, art. 784) indica um rol de documentos que considera serem títulos executivos extrajudiciais.

II. Títulos executivos, inalterados em relação ao CPC/1973

No que diz respeito ao inciso I (CPC/2015, art. 784), foi mantida a mesma redação da norma anterior (CPC/1973, art. 585). Também em relação ao inciso II não houve modificação, permanecendo igual à primeira parte do inciso II do CPC/1973, art. 585. O inciso III (CPC/2015, art. 784) corresponde à segunda parte do inciso II (CPC/1973, art. 585).

O inciso VII corresponde ao inciso IV do art. 485 do CPC/1973, sem nada acrescentar ou retirar. O mesmo quanto ao inciso VIII, sem qualquer alteração.

O inciso IX, acerca da certidão de dívida ativa, apenas suprimiu o trecho *dos territórios*, mantendo-se tudo igual no mais o que estava disposto na norma anterior.

III. Instrumento de transação

O inciso IV, do CPC/2015, inovou com essa nova disposição, considerando títulos executivos a transação referendada pelo Ministério Público, pela Defensoria Pública, pela Advocacia Pública, pelos advogados dos transatores ou por conciliador ou mediador credenciado por tribunal. Não havia norma semelhante na sistemática anterior (CPC/1973). Esta inovação apresenta a vantagem de permitir a elasticidade dos títulos executivos extrajudiciais, afastando a exigência de homologação judicial, o que é bom, porque muitos juízes se recusavam a homologar acordos ou transações, impedindo que ganhassem força executiva.

IV. Contrato garantido por hipoteca, penhor, anticrese ou outro direito real de garantia e aquele garantido por caução

Ao se referir a outro direito real sem limitação, este inciso ampliou a caracterização de título executivo em relação à norma anterior (CPC/1973, art. 485, inciso III).

V. Contrato de seguro de vida

O inciso III do art. 485 do CPC/1973 já previa o contrato de seguro de vida como título executivo. Só não fazia a limitação que apareceu no inciso VI do art. 784 do CPC/2015, porque este restringe a força executiva do contrato de seguro de vida somente para o caso de morte. Afastando, assim, a força executiva para os casos de acidente.

VI. Contribuições ordinárias ou extraordinárias de condomínio edilício

Aqui houve inovação, acrescentado mais um título executivo extrajudicial que não constava na normatização anterior. Agora passaram a ser título executivo extrajudicial os créditos referentes às contribuições ordinárias, bem como as de caráter extraordinário de edifício edilício, desde que previstas na convenção ou se aprovada em assembleia geral. A lei fala ao final do inciso X da necessidade de comprovação por documento. Esta última parte parece desnecessária, porque todo título de crédito há de ser documentado, não se permitindo título oral.

VII. Emolumentos e demais despesas por serventia notarial ou de registro

Aqui também houve inovação, criando novo título executivo, não constante da norma processual anterior. Aqui a norma se refere à certidão expedida por serventia notarial ou de registro e que atuam em atividade extrajudicial, não podendo ser confundida com a serventia judicial de que tratava o inciso VI (CPC/1973, art. 585).

O CPC/2015 introduziu a certidão da serventia notarial ou registral como título executivo extrajudicial, mas suprimiu a norma do inciso VI (CPC/1973, art. 585), que contemplava como título executivo extrajudicial o crédito de serventuário da justiça, de perito, de intérprete e de tradutor. Assim o crédito destes profissionais não mais representa título executivo extrajudicial, passando para a categoria de título judicial (CPC/2015, art. 515, inciso V). O CPC/2015, ao qualificar este crédito como título executivo judicial, laborou em vantagem em comparação com o antecedente, que curiosamente colocava, entre os títulos extrajudiciais, o documento produzido pelo juiz com a homologação. Agora com o CPC/2015, art. 515, inciso V, corrigiu-se a falha da norma anterior.

VIII. Demais títulos aos quais a lei atribui força executiva

O inciso XII repete a redação da norma anterior (CPC/1973, art. 585, inciso VIII), não apresentando nenhuma novidade. Apenas uma reflexão se faz: aparentemente a norma quis dar ao rol dos títulos executivos extrajudiciais a condição de *numerus clausus*. Todavia, ao se referir a "todos os demais títulos aos quais, por disposição expressa, a lei atribuir força executiva", parece haver dado caráter exemplificativo, e não taxativo, como indica ser os títulos executivos judiciais (CPC/2015, art. 515), uma vez que em relação a estes não há norma semelhante.

IX. Execução é ação autônoma (CPC/2015, 784, § 1º)

A norma do § 1º (CPC/2015, art. 784) nada trouxe de novo, mantendo-se a redação anterior inserida no art. 585 do CPC/1973. Trata-se de normatização importante. Da mesma forma que a propositura da execução não impede a propositura da ação autônoma, a propositura desta também não impede a propositura da execução. Esta norma contempla a autonomia e a independência das ações. Estas ações têm finalidades diferentes e, por isso, podem caminhar paralelamente.

Toda execução já começa com o direito e obrigação definidos, não se exigindo qualquer tipo de cognição, senão, somente o cumprimento da obrigação. Como a execução só começa quando o credor demonstrar a existência de crédito contido em título que representa obrigação certa, líquida e exigível, ela não pode ser impedida ou paralisada, simplesmente em razão de ação de conhecimento que visa discutir a existência ou a extensão da obrigação. Por isso, enquanto se discute em processo de cognição a existência ou a extensão da obrigação, o título executivo continua hígido. Enquanto não declarado nulo ou anulado o título executivo, ele mantém a força executiva. Somente decisão (sentença ou acórdão) declarando a nulidade ou anulando o título executivo com o trânsito em julgado é que pode retirar a força executiva do título e impedir a execução.

X. Título executivo extrajudicial estrangeiro

Neste ponto o CPC/2015 manteve a mesma postura do CPC/1973, apenas retirando a referência ao Supremo Tribunal Federal, feita na legislação anterior (CPC/1973, art. 585, § 2º), visto que, a partir da CF/1988, a competência para homologação de sentença estrangeira passou a ser do Superior Tribunal de Justiça. No mais, manteve o que importa, afirmando a exequibilidade de título extrajudicial estrangeiro independentemente de homologação pela Justiça brasileira. Aliás, esta referência à desnecessidade de homologação do título pelo Judiciário brasileiro era imprópria ou graciosa, porque se fosse necessária a homologação pelo Judiciário, deixaria de ser o título extrajudicial e passaria a incorporar o rol dos títulos judiciais.

XI. Requisitos do título estrangeiro

A norma em análise admite a condição de título executivo extrajudicial ao documento estrangeiro que reconheça a existência de uma obrigação. Mas, para isso, exige que o documento preencha os requisitos para a sua formação conforme exigência da legislação estrangeira do lugar de sua formação e, ainda, quando nele constar a indicação do Brasil como lugar de cumprimento da obrigação. Ainda que perfeito o título executivo no que se diz respeito à sua formação geral, se faltar a indicação de que o cumprimento da obrigação deve ser no Brasil, não será o documento hábil para fundamentar execução no Brasil.

Relevante esclarecer que não se exige para o título estrangeiro que ele preencha os requisitos da legislação brasileira para ser executado no Brasil. Basta que o documento preencha os requisitos previstos na lei do país de origem, que podem não coincidir com os previstos na lei brasileira.

O que importa é ser elaborado de acordo com a lei do país de origem e, mais, a observação de que a obrigação deve ser cumprida no Brasil.

Art. 785 - A existência de título executivo extrajudicial não impede a parte de optar pelo processo de conhecimento, a fim de obter título executivo judicial.

A disposição desta norma traz interessante inovação, sem precedente na lei anterior. O CPC/1973 não continha disposição semelhante. Diante desta circunstância, a doutrina e a jurisprudência da época passaram a entender que implicaria falta de interesse de agir sempre que alguém portador de título executivo extrajudicial intentasse ação de conhecimento. Entendia-se que o portador de título executivo extrajudicial não tinha a necessidade de se utilizar do processo de conhecimento; segundo pensavam, o credor não teria interesse de agir através de processo de conhecimento. Mas a realidade não é bem assim. Já houve caso em que, proposta ação de conhecimento, o juiz indeferiu a petição inicial por falta de interesse de agir alegando que o credor poderia se valer da ação de execução; proposta ação de execução, foi ela distribuída a outro juízo e a petição inicial foi também indeferida, porque o outro juiz entendeu que o título não tinha força executiva. Agora, com a nova disposição, isto não vai ocorrer mais.

A norma atual (CPC/2015, art. 785), inovando sobre o assunto, passou a admitir expressamente ao portador de título executivo extrajudicial a possibilidade de optar pelo processo de conhecimento em vez de buscar diretamente a via executiva.

Parece melhor a posição do CPC/2015, porque, ao permitir ao credor portador de título executivo extrajudicial buscar a via cognitiva, dá a ele maior segurança, pois, com isso, evita eventual discussão em embargos sobre a higidez do título e uma possível sucumbência do credor. Este pode não estar seguro de que o título que possui se reveste de força executiva e, temeroso de ver sua execução extinta e ainda ter que arcar com encargos sucumbenciais e, para não correr riscos, pode escolher entre o processo de execução e o processo de conhecimento. Como é sabido, o processo de execução não é vocacionado para dirimir dúvidas nem para julgamento sobre eventual direito. A Constituição Federal (CF/1988, art. 5º, inciso XXXV) afirma que a lei não pode excluir a apreciação do judiciário a alegação de violação ou ameaça a direito. O processo de execução não é vocacionado a apreciação alguma no sentido de definir direito, senão, apenas, ao cumprimento do direito já definido sem necessidade de julgamento. Assim, nada mais natural que, em caso de dúvida sobre a executibilidade do título, poderá o credor buscar a apreciação de seu direito via processo de conhecimento, porque a apreciação da ameaça ou violação a direito não pode ser excluída por norma alguma (CF/1988, art. 5º, inciso XXXV).

Seção II - Da Exigibilidade da Obrigação

Art. 786 - A execução pode ser instaurada caso o devedor não satisfaça a obrigação certa, líquida e exigível consubstanciada em título executivo.

Parágrafo único - A necessidade de simples operações aritméticas para apurar o crédito exequendo não retira a liquidez da obrigação constante do título.

I. Inadimplemento como condição para iniciar a execução

O *caput* deste artigo repete a redação do art. 580 do CPC/1973, reafirmando que a execução somente poderá ser instaurada quando verificada a inadimplência do devedor. Isto é, quando ele não cumprir, a tempo e modo, obrigação certa, líquida e exigível. Sem a prova de inadimplência do devedor, não há razão para iniciar-se a execução. A execução tem por objetivo a satisfação da obrigação. Quando esta é satisfeita voluntariamente pelo devedor, não haverá motivo para a execução, faltando assim, ao credor, interesse de agir em processo de execução. Toda e qualquer execução somente pode ser proposta quando o devedor não adimpliu a obrigação. Também deve ser extinta quando iniciada e posteriormente o executado cumprir a obrigação objeto da execução.

II. Liquidez do título mediante simples cálculos aritméticos

O *caput* do art. 786 do CPC/2015 faz alusão à liquidez da obrigação, sem a qual o título não será exequível, não servindo de fundamento para o início da execução. Todavia, o seu parágrafo único ameniza esta rigidez, dispondo que, mesmo quando a obrigação ainda não foi liquidada, mas cuja liquidez possa ser obtida por simples operação aritmética, considerar-se-á como líquida para efeito de execução. A legislação anterior (CPC/1973) não continha norma correspondente, mas isso não impedia que a doutrina e a jurisprudência adotassem entendimento neste sentido. Pode-se dizer que, sob este aspecto, o CPC/2015 está em vantagem, por viabilizar a execução evitando maiores formalidades com procedimento próprio de liquidação. Agora, com esta nova norma, a liquidação que se pode obter por simples operação aritmética poderá ser feita pelo credor na própria petição inicial ou mesmo durante a execução, sem necessidade de procedimento de liquidação em separado.

Art. 787 - Se o devedor não for obrigado a satisfazer sua prestação senão mediante a contraprestação do credor, este deverá provar que a adimpliu ao requerer a execução, sob pena de extinção do processo.
Parágrafo único - O executado poderá eximir-se da obrigação, depositando em juízo a prestação ou a coisa, caso em que o juiz não permitirá que o credor a receba sem cumprir a contraprestação que lhe tocar.

I. Contratos bilaterais, prova do adimplemento do credor

Este artigo reproduz o conteúdo da regra anterior (CPC/1973, art. 615, inciso IV) apenas com diferença na redação, mas mantendo-se o conteúdo, que é o que mais interessa. O mais importante disso é que o credor não pode exigir do devedor ou responsável que cumpra antes a obrigação se ele, credor, ainda não cumpriu a sua contraprestação. Pode-se dizer do caso do mecânico que está obrigado a entregar a coisa consertada após o pagamento, mas não está obrigado a fazê-lo sem antes receber o pagamento pelo serviço prestado. Também é o caso daquele que tem a obrigação de entregar a coisa, mas tem o direito de receber a contraprestação pelas despesas de benfeitorias, sendo autorizado, para tanto, a reter a coisa até o recebimento das benfeitorias. O mesmo se dá com vendedor que por contrato somente está obrigado a entregar a coisa após o comprador efetuar o pagamento ou o comprador que está autorizado a reter o pagamento até que o vendedor entregue a coisa. Desta forma, o credor que quiser exigir pelo meio executivo que o devedor cumpra a obrigação deverá provar antes que cumpriu a sua.

II. Depósito em juízo da coisa ou da prestação

O texto acima está de acordo com aquele estampado no parágrafo único do art. 582 do CPC/1973, mantendo-se o mesmo conteúdo, apenas se utilizando de redação diferente. Parece conter melhor técnica ao utilizar a palavra *executado*, melhorando a redação da norma anterior que se referia ao devedor. Isto porque pode haver executado sem ser devedor e devedor sem ser executado.

Cuida-se de obrigações recíprocas em que uma parte somente está obrigada a cumprir a sua obrigação diante do cumprimento da obrigação pela outra. Mas pode acontecer de uma parte pretender cumprir a sua obrigação espontaneamente e haver recusa da outra em receber, ou, ainda, a outra negar-se a cumprir a obrigação dela. Neste caso é que tem aplicação o presente parágrafo, porque permite àquele que quiser livrar-se da obrigação depositar em juízo a coisa ou a prestação pecuniária, evitando assim a situação de inadimplente. Mas a parte contrária que não cumpriu a sua obrigação não poderá levantar o depósito enquanto não cumpri-la satisfazendo o direito da outra.

Art. 788 - O credor não poderá iniciar a execução ou nela prosseguir se o devedor cumprir a obrigação, mas poderá recusar o recebimento da prestação se ela não corresponder ao direito ou à obrigação estabelecidos no título executivo, caso em que poderá requerer a execução forçada, ressalvado ao devedor o direito de embargá-la.
Esta norma parece ser fruto do esforço do legislador para afastar qualquer dúvida ou evitar a ocorrência de eventual lacuna. Neste esforço, parece ter caído na obviedade. Disse o óbvio.

I. Falta de interesse de agir

A primeira parte desta norma fala que se o devedor cumprir a obrigação não pode credor iniciar a execução ou nela prosseguir. Nada mais óbvio! Se o devedor cumprir a sua obrigação, esta deixa de existir e nada haverá para ser executado. Nada havendo para executar, faltará interesse de agir na propositura da execução.

II. Recusa de recebimento

A segunda parte afirma que poderá o credor recusar o recebimento quando o pagamento ou a entrega da coisa não corresponder ao seu direito ou à obrigação do devedor. Também, nada mais óbvio! Se o devedor oferecer em pagamento quantia não correspondente ao crédito ou coisa diferente daquela que deve ser entregue, a obrigação não está sendo cumprida. É natural que neste caso o credor possa recusar o recebimento e propor a execução, porque o devedor não está cumprindo a obrigação.

III. Direito de embargar a execução

A última parte da norma afirma que o devedor pode embargar a execução. Mais uma vez, ressalta a obviedade. É natural que o executado sempre poderá embargar a execução. É nos embargos que o devedor vai expor a sua defesa. Não pudesse o executado interpor embargos à execução, ele não poderia exercer o seu direito constitucional de defesa (CF/1988, art. 5º, inciso LV). Sabe-se que a execução não é palco para discussão e julgamento do mérito da obrigação, visto que esta já vem definida no título executivo, não prevendo a lei etapa de defesa dentro da execução. Mas se sabe que em todo processo ou procedimento há de se proporcionar o contraditório e a ampla defesa (CF/1988, art. 5º, inciso LV). O direito de defesa como garantia constitucional precisa ser proporcionado em relação a qualquer modalidade de processo, seja defesa por dentro ou defesa por fora. Como a execução não está vocacionada para analisar defesa do executado, esta será feita através de embargos à execução, uma espécie de defesa por fora e, em incidente em separado.

Capítulo V - Da Responsabilidade Patrimonial

Art. 789 - O devedor responde com todos os seus bens presentes e futuros para o cumprimento de suas obrigações, salvo as restrições estabelecidas em lei.

I. Devedor

O artigo em análise, ao tratar da responsabilidade patrimonial, inicia fazendo referência ao devedor, como se apenas este estivesse sujeito à execução. Nenhuma referência fez ao obrigado sem ser devedor. Mas não se pode deixar enganar-se. Esta norma parece haver mencionado menos do que pretendia o legislador. Disse expressamente que o devedor responde com todos os seus bens presentes e futuros para cumprimento de suas obrigações, mas nada disse em relação àquele que é executado em razão da posição de garante pela simples responsabilidade pelo pagamento sem ser devedor. Pode haver obrigação de pagar sem ser devedor. É o caso de responsabilidade pelo pagamento de dívida alheia, como acontece com aquele que se torna responsável na posição de garante em razão de contrato (ex. fiador), aquele que se torna responsável por disposição de lei (ex. responsável tributário, CTN/1966, arts. 133, 134 e 135) e, ainda, nos casos descritos no CPC/2015, art. 790.

II. Responsável sem ser devedor

Todo devedor é responsável pelo pagamento da dívida, mas nem todo responsável é devedor. Por isso, torna-se necessária a separação entre devedor responsável e responsável sem ser devedor.

Devedor é aquele que participa diretamente do fato ou do ato que dá origem à dívida. Quem contrai uma dívida é o devedor; quem pratica ato ilícito causador de dano torna-se devedor de indenização. Já o responsável é aquele que não participa diretamente do fato gerador da dívida, mas por previsão legal ou por contrato assume a condição de responsável obrigado para pagamento de dívida alheia. Exemplo de responsável sem ser devedor é o fiador, que nada deve, mas é garantidor da dívida de outro em face de contrato; o mesmo se dá em caso de ato ilícito praticado pelo empregado, em que, por previsão legal, o patrão é também responsável por qualquer indenização a favor da vítima (CC/2002, art. 932, inciso III).

O artigo em comento fala em responsabilidade do devedor com os seus bens, para satisfazer o direito do credor. Sabe-se que a regra é a execução ser proposta contra o devedor e a expropriação recair sobre os bens deste. Mas existem hipóteses em que a execução pode ser direcionada contra quem não é devedor. É o caso em que alguém, por lei ou por contrato, é responsável pelo pagamento da dívida, sem ser devedor. A regra é que, nestes casos, o credor pode executar o devedor e o responsável em litisconsórcio, mas nada impede a escolha pelo credor em acionar um ou outro.

III. Interpretação extensiva

Esta norma deve ser interpretada extensivamente, para que sua disposição alcance também os bens dos garantidores que sempre respondem pelas dívidas do garantido e daqueles que têm por força de lei a responsabilidade pelo pagamento da dívida de outro.

Uma leitura apressada pode levar o intérprete a pensar que só o patrimônio do devedor vai responder pelas dívidas deste. Mas não é simples assim. Os bens dos garantidores também responderão pelas dívidas, muito embora sejam apenas garantes e não devedores. É o caso do fiador que responde pela dívida do afiançado. Não fosse assim, de nada serviriam as garantias que os terceiros firmam junto com o devedor.

IV. Restrições

A norma indica que há exceções que afastam ou retiram os bens dos devedores e dos garantes do alcance da execução. Esta é uma forma de restrição que impede que certos bens necessários à sobrevivência do obrigado (devedor ou garantidor) sejam penhorados, levados à hasta pública e retirados do executado. Entres estes bens que não podem ser penhorados para pagamento de dívida estão os bens pertencentes à União, Estados, DF e suas autarquias, além dos bens particulares relacionados no CPC/2015, art. 833, por se tratar de bens absolutamente impenhoráveis, bem como o bem de família protegido pela Lei nº 8.009/1990. Todavia, é de se notar que a impenhorabilidade é uma exceção à regra da penhorabilidade e, por isso, deve ser interpretada restritivamente. Somente nos casos em que a lei expressamente dispuser que o bem é impenhorável é que assim deve ser considerado.

Ainda é de se ver que a impenhorabilidade, que já é uma exceção, e que, por isso, deve ser interpretada restritivamente, acolhe dentro de si outras exceções para permitir a penhora sobre certos bens que em princípio seriam impenhoráveis. São os casos previstos no CPC/2015, art. 833, §§ 1º e 2º do art. 833; o primeiro permitindo a penhora para pagamento de dívida gerada pelo próprio bem ou aquela contraída para a própria aquisição; o segundo autoriza a penhora de salário ou equivalente para pagamento de dívida alimentícia de qualquer origem, bem como nos casos de importâncias acima de 50 (salários mínimos). A própria Lei nº 8.009/1990, conhecida como protetora de bem família, abre exceção permitindo a penhora deste, quando se tratar de dívida contraída em razão do próprio bem, como construção, reforma e taxa de condomínio (Lei nº 8.009/1990, art. 3º, incisos I a VI).

V. Bens presentes e futuros

A lei não se refere aos bens passados, limitando-se a dizer que somente respondem pelas dívidas os bens presentes e futuros. A intenção do legislador parece clara. Não se referiu aos bens passados, porque estes já não mais pertencem ao executado (devedor ou responsável). Se não mais pertencem ao executado, *de regra*, não podem responder pelas dívidas. Mas existe exceção em que mesmo o bem passado, que não mais pertença ao executado, poderá ser atingido e chamado a responder pela execução. É o que ocorre nos casos de alienação em fraude à execução (CPC/2015, art. 790, inciso V), em que o exequente poderá buscar o bem nas mãos de quem quer que seja, ou requerer a penhora do bem quando se tratar de dívida de dinheiro, não importando quem é o atual titular do domínio. Sendo caso de alienação em fraude à execução, o bem deixa de pertencer ao devedor-vendedor, passando a titularidade do domínio ao terceiro adquirente (não devedor). Mesmo não mais pertencendo ao devedor, sendo em relação a este bem do passado, o mesmo fica sujeito à execução, respondendo pela obrigação que fundamenta a execução.

Art. 790 - São sujeitos à execução os bens:
I - do sucessor a título singular, tratando-se de execução fundada em direito real ou obrigação reipersecutória;
II - do sócio, nos termos da lei;
III - do devedor, ainda que em poder de terceiros;
IV - do cônjuge ou companheiro, nos casos em que seus bens próprios ou de sua meação respondem pela dívida;
V - alienados ou gravados com ônus real em fraude à execução;
VI - cuja alienação ou gravação com ônus real tenha sido anulada em razão do reconhecimento, em ação autônoma, de fraude contra credores;
VII - do responsável, nos casos de desconsideração da personalidade jurídica.

I. Bens sujeitos à execução

Aqui a norma não se refere ao devedor, referindo-se apenas aos bens. Direciona o seu comando aos bens dos responsáveis pelo cumprimento da obrigação, muito embora não sejam os devedores. São responsáveis, sem serem devedores.

II. Bens do sucessor

Respondem os bens do sucessor pela dívida do sucedido, quando se tratar de execução baseada em direito real ou em obrigação reipersecutória.

O direito real é aquele que se vincula à determinada coisa, sendo que ao seu titular é permitido buscá-la nas mãos de quem quer seja. Trata-se de direito material regrado pelo Código Civil. Pode ter origem em direito pessoal, mas depois se transforma em direito real quando o seu titular o faz recair o seu exercício sobre determinada coisa, com a qual a obrigação deva ser cumprida. Ex.: hipoteca, servidão, enfiteuse, usufruto, uso, habitação, entre outros.

Obrigação reipersecutória é aquela que permite perseguir a coisa e, da mesma forma, buscá-la nas mãos de quem que seja. É aquela em que o credor demanda coisa certa que lhe pertença ou que lhe é devida, mas que se encontra com outra pessoa. Desta forma, qualquer que seja o fundamento da demanda, se o credor tem direito à entrega ou devolução do bem, a demanda será reipersecutória e o título executivo conterá obrigação reipersecutória. Ex.: bem penhorado e alienado, obrigação do promitente vendedor em cumprir o compromisso ou quando se pede a anulação de uma venda com devolução da coisa. Refere-se àquela oriunda de direito pessoal, que tem por fim alcançar o bem que por obrigação processual fica sujeito à execução. Cuida-se de obrigação de Direito Processual.

III. Bens do sócio

Também ficam sujeitos à execução os bens dos sócios sempre que a lei assim os considere. São os casos em que o sócio, mesmo não sendo devedor, é responsável pelo pagamento da dívida em razão de algum ato capaz de lhe imputar esta responsabilidade. Exemplifica-se com o caso em que o sócio gerente da empresa se torna responsável tributário pelo pagamento de dívida tributária da sociedade ou nos casos de abuso da personalidade jurídica em que sócio se torna também responsável pelas dívidas da sociedade (CTN/1966, art. 135) na forma prevista no CC/2002, art. 50.

IV. Bens do devedor, em poder de terceiros

Este inciso III, ao que se pensa, é até mesmo desnecessário, porque já abrangido pelo art. 789 do CPC/2015, afirmando que responde pelas dívidas todos os bens do devedor. Ora, se o bem é do devedor, é natural que venha responder pelas dívidas deste, ainda que esteja de posse de terceiro. A posse não altera a titularidade do domínio, razão por que parece ser desnecessário este inciso.

V. Bens do cônjuge ou companheiro

Este inciso sofreu alteração com o atual Código, que retirou de sua redação os bens reservados dos cônjuges e incluiu a palavra *companheiro*. Parece melhor esta redação do que aquela que constava da legislação anterior (CPC/1973, art. 592).

De qualquer forma, não se refere ao devedor, cuida-se apenas da responsabilidade que recai sobre os bens próprios do cônjuge ou do companheiro ou da respectiva meação de um que respondem pelas dívidas do outro. Isto se dá quando a dívida diz respeito aos dois ou quando foi contraída em benefício da unidade familiar que resulta em benefício para o casal.

VI. Bens alienados ou gravados com ônus real em fraude à execução

A redação deste inciso é muito parecida com a contida no Código de Processo Civil anterior (CPC/1973, art. 592, inciso V), mantendo-se o mesmo conteúdo, apenas alterando a redação porque onde constava *fraude de execução*, agora em melhor técnica diz-se *fraude à execução*. A fraude à execução, como todas as modalidades de fraudes, não pode ser vista sob o ponto de vista objetivo, como se fazia antigamente, visto que toda fraude traz ínsito o caráter subjetivo que é a vontade do agente de enganar, ludibriar, trapacear, visando sempre prejuízo de terceiro e fruição de vantagem própria à custa de prejuízo alheio.

A fraude à execução é figura exclusiva da legislação nacional, visto não ser encontrada em outras legislações. Pode-se dizer que é irmã gêmea da fraude ao credor, tendo em vista a apertada semelhança entre ambas. Diferenciando somente porque a fraude contra credor pode se dar antes do início da execução ou após esta, mas sempre antes do registro da constrição do bem.

VII. Bens cuja transmissão foi anulada em virtude de fraude contra credores

Este dispositivo não tinha correspondência no CPC/1973. A fraude contra credores era tratada no Código Civil e considerada instituto de Direito Civil. Todavia, agora ganhou atenção da legislação processual, sendo incluída no contexto do CPC/2015.

Esta nova norma manteve o mesmo equívoco a que se submeteram a doutrina e a jurisprudência no século passado. Continua o mesmo erro em dizer que a fraude contra credor implica anulação da venda ou da gravação com ônus real. Neste passo, o CPC/2015 em nada evoluiu, pois continua falando em anulação, quando a melhor técnica indica tratar-se de caso de ineficácia. Melhor laboram a doutrina e a jurisprudência, que desde há muito descobriram este equívoco e têm afirmado que o caso é de ineficácia em face de quem já era credor na época da disposição, e não de anulação do negócio jurídico.

"VI. A fraude contra credores, proclamada em ação pauliana, não acarreta a anulação do ato de alienação, mas, sim, a invalidade com relação ao credor vencedor da ação pauliana, e nos limites do débito do devedor para com este" (STJ, REsp nº 971.884-PR. (2007/0178029-4), Rel. Sidnei Beneti, j. em 22/3/2011, Dje de 16/2/2012, RDDP, v. 109, p. 181, de abril, 2012).

"Fraude contra credores – Efeitos – Ineficácia do ato em face do credor, e não anulação – Interpretação dos arts. 106, 107 e 118, do CC/1916 – Recurso provido para esse fim" (TJSP, ap. 55.091-1, Rel. Des. Cândido Dinamarco, RJTJSP-Lex, v. 95, p. 32).

Fosse caso de anulação do ato de alienação, o bem voltaria ao antigo proprietário e poderia ser alcançado por dívidas posteriores, beneficiando até mesmo quem não era credor à época da alienação ou da instituição do ônus real. Todavia, isso não ocorre. O bem não volta ao antigo proprietário, apenas será objeto de penhora pelo credor que já o era à época do ato, não podendo beneficiar eventuais credores posteriores, como já foi decidido.

"Registre-se, ainda, que a revocatória, por sua natureza e finalidade, não visa à satisfação do crédito por via direta, mas viabilizar o processo executivo, mediante a declaração de *ineficácia* jurídica do negócio fraudulento em relação ao credor, na exata medida do prejuízo que tenha sofrido, consoante jurisprudência do STJ, *in verbis*:

2. A fraude contra credores *não gera a anulabilidade do negócio* – já que o retorno, puro e simples ao *status quo ante poderia beneficiar credores supervenientes à alienação, que não foram vítimas de fraude alguma,* e que não poderiam alimentar expectativa legítima de se satisfazerem à custa do bem alienado ou onerado.

3. Portanto, a ação pauliana, que, segundo o próprio Código Civil, *só pode ser intentada*

pelos credores que já o eram ao tempo em que se deu a fraude (art. 158, § 2º; CC/16, par. único), *não conduz a uma sentença anulatória do negócio, mas sim à de retirada parcial de sua eficácia, em relação a determinados credores,* permitindo-lhes excutir os bens que foram maliciosamente alienados, restabelecendo sobre eles, *não a propriedade do alienante, mas a responsabilidade por suas dívidas*.

5. REesp provido (REsp 50631/MS, rel. Ministro TEORI ALBINO ZAVASCKI. 1ª T. 15/08/2006, DJ 31/08/2006, p. 198)" (TRF-3ª R, 2ª T., 00019 – Apelação Cível nº 1204331-75.1995.4.03.6112/SP – 2008.03.99.018910-4/SP, j. em 18/8/2014, Des. Batista Gonçalves, DJF – 3ª Região, disponibilizado em 5/9/2014, arquivo 537, publicação 5, grifo nosso).

O equívoco do legislador é manifesto, ao anular a alienação, faz com que o bem volte ao devedor ou ao responsável fraudador, beneficiando, assim, o próprio infrator, que se torna novamente titular da propriedade, e com direito a voltar para si eventual sobra do dinheiro obtido em hasta pública e, até mesmo, a totalidade do bem, em caso de prescrição, remissão e perdão, ou ainda por qualquer outro fato que torna o crédito inexigível.

VIII. Caracterização da fraude contra credores (interpretação extensiva)

A norma do artigo em comento (CPC/2015, art. 790, inciso VI) fala que ficam sujeitos à execução os bens alienados ou onerados em fraude contra credores. Ao falar somente em alienação ou oneração, a norma disse menos do que queria dizer. Não é só a alienação e/ou a oneração de bens pelo devedor ou pelo responsável que pode caracterizar a fraude contra credor. Qualquer que seja o ato em prejuízo do credor em que o devedor ou o responsável em conluio com terceiro vise retirar algum bem do alcance da execução e prejudicar seu credor, já se caracteriza fraude contra credor.

Não é só a alienação ou a oneração de bens próprios com fim de burlar a lei e direitos dos credores que implicam fraude contra credores. Pode parecer estranho, mas também a aquisição de bens pelo devedor ou responsável através de atos simulados para disfarçar as aparências e encobrir o negócio realizado com o fim de prejudicar os credores, configura fraude contra credores. Quaisquer aquisições que o devedor ou o responsável fizer através de disfarces visando esconder o bem para não ser alcançado pelo credor já configura fraude contra credor. Não é só a alienação ou oneração, como diz a lei, mas também a compra simulada em nome de terceiros, visando impedir a execução sobre o bem, da mesma forma, implica fraude contra credores, como foi recentemente decidido.

"AÇÃO CAUTELAR DE ARRESTO. INDÍCIOS DE FRAUDE CONTRA CREDORES. PREVALÊNCIA DO ARRESTO. IMISSÃO DE POSSE.

1. Havendo indícios de que o Réu tem o costume de adquirir bens em nome de terceiros, com o intuito de distanciar o seu patrimônio dos seus credores, é cabível a medida judicial de arresto, nos termos do artigo 813, do CPC" (TJGO, 5ª Câmara, AI nº 0394255-60.2014.8.09.0000 (201493942557), Rel. Des. Francisco Vildon j. Valente, v.u., j. em 25/1/2015, DJGO de 6/2/2015, p. 247). Também *Revista Magister de Direito Civil e Processual Civil*, v. 64, p. 152, ementa 64/04, jan./fev. 2015.

Desta forma, para averiguar a existência de fraude contra credores, não se pode utilizar de interpretação restritiva, pois o caso exige que se dê interpretação extensiva, para alcançar até mesmo as aquisições disfarçadas que o devedor ou o responsável faça em nome de terceiros, visando esconder os bens e, como isso, prejudicar os seus credores.

IX. Desconsideração da personalidade jurídica

O inciso VII não tinha correspondente na norma anterior. É novidade no CPC/2015, aparecendo como inspiração extraída do Código Civil (CC/2002, art. 50). No afã de atender e buscar aproximação com a norma do direito material Civil (CC/2002, art. 50) e afastar qualquer dúvida a respeito da desconsideração da personalidade jurídica de empresa, positivou-se esta norma com conteúdo semelhante ao do inciso II, do mesmo artigo. Desta forma, parece que esta matéria já estava consagrada no inciso II, quando este dispôs que estão sujeitos à execução os bens do sócio.

Art. 791 - Se a execução tiver por objeto obrigação de que seja sujeito passivo o proprietário de terreno submetido ao regime do direito de superfície, ou o superficiário, responderá pela dívida, exclusivamente, o direito real do qual é titular o executado, recaindo a penhora ou outros atos de constrição exclusivamente sobre o terreno, no primeiro caso, ou sobre a construção ou a plantação, no segundo caso.

§ 1º - Os atos de constrição a que se refere o caput serão averbados separadamente na matrícula do imóvel, com a identificação do executado, do valor do crédito e do objeto sobre o qual recai o gravame, devendo o oficial destacar o bem que responde pela dívida, se o terreno, a construção ou a plantação, de modo a assegurar a publicidade da responsabilidade patrimonial de cada um deles pelas dívidas e pelas obrigações que a eles estão vinculadas.

§ 2º - Aplica-se, no que couber, o disposto neste artigo à enfiteuse, à concessão de uso especial para fins de moradia e à concessão de direito real de uso.

I. Distinção entre direito de propriedade e direito de superfície

Esta disposição é novidade no nosso sistema. Não havia norma equivalente no CPC/1973. Apesar de ser nova a positivação da norma, não houve verdadeira inovação em seu conteúdo. Apenas reforça o que foi disposto no CPC/2015, art. 789, ao afirmar que o devedor responde com os seus bens para o pagamento de suas dívidas. O que se diz aqui é exatamente isso, cada devedor ou responsável vai responder com os direitos reais que possui. Caso o devedor ou responsável seja o proprietário do imóvel, somente este será atingido pela execução e não o direito de superfície pertencente ao superficiário. De outra forma, se devedor ou responsável for o superficiário (aquele que detém o direito de superfície sobre imóvel alheio), somente este direito de superfície será atingido pela execução (CC/2002, art. 1.371), e não o imóvel propriamente dito que pertence a outra pessoa (fundeira). Reafirma o que é da tradição do direito nacional de que somente os bens ou direitos do executado ou do responsável respondem pela execução, não atingindo, de regra, bens e direitos de quem não é devedor nem responsável.

II. Individuação do bem penhorado

Seguindo o exemplo do *caput,* a norma deste parágrafo também não tem correspondente no CPC/1973. Ela quis apenas esclarecer, para afastar eventuais dúvidas, mas não contém verdadeira novidade, pois determina somente a averbação separadamente do bem constrito, seja o imóvel ou o direito de superfície. Nada mais natural. Nem seria de se pensar diferente. O bem ou o direito pertencente a quem não é o executado não pode, de regra, ser alcançado pela execução, motivo pelo qual a constrição e a averbação devem recair somente sobre o direito ou bem do executado. De forma que, se penhorado o imóvel, a averbação somente pode recair sobre este. Se constrito o direito de superfície, por dívida do superficiário, a averbação deve se referir apenas a este direito, não podendo envolver o imóvel que pertence a quem não é executado. No caso de alienação onerosa do imóvel, o superficiário terá direito de preferência e, sendo caso de alienação apenas do direito real de superfície, o proprietário do imóvel (fundeiro) é quem terá direito de preferência na forma do CC/2002, art. 1.373. Neste ponto o Código Civil impõe direito de preferência recíproco.

III. Enfiteuse, uso especial para fins de moradia e direito real de uso

O § 2º também aparece como novidade na redação da lei, mas não é novidade no sistema sob o ponto de vista de conteúdo, visto que descreve direito já implicitamente assegurado no sistema pátrio. Sempre que o devedor ou responsável pela dívida for o proprietário da coisa, somente esta pode responder pela dívida, não prejudicando outros direitos, tais como o direito de uso, de enfiteuse, de moradia, entre outros. Nos casos de serem devedores ou responsáveis os titulares destes direitos, somente eles serão alcançados pela execução, sem atingir o direito de propriedade se o proprietário não for também executado.

Art. 792 - A alienação ou a oneração de bem é considerada fraude à execução:
I - quando sobre o bem pender ação fundada em direito real ou com pretensão reipersecutória, desde que a pendência do processo tenha sido averbada no respectivo registro público, se houver;
II - quando tiver sido averbada, no registro do bem, a pendência do processo de execução, na forma do art. 828;
III - quando tiver sido averbado, no registro do bem, hipoteca judiciária ou outro ato de constrição judicial originário do processo onde foi arguida a fraude;
IV - quando, ao tempo da alienação ou da oneração, tramitava contra o devedor ação capaz de reduzi-lo à insolvência;
V - nos demais casos expressos em lei.
§ 1º - A alienação em fraude à execução é ineficaz em relação ao exequente.
§ 2º - No caso de aquisição de bem não sujeito a registro, o terceiro adquirente tem o ônus de provar que adotou as cautelas necessárias para a aquisição, mediante a exibição das certidões pertinentes, obtidas no domicílio do vendedor e no local onde se encontra o bem.
§ 3º - Nos casos de desconsideração da personalidade jurídica, a fraude à execução verifica-se a partir da citação da parte cuja personalidade se pretende desconsiderar.
§ 4º - Antes de declarar a fraude à execução, o juiz deverá intimar o terceiro adquirente, que, se quiser, poderá opor embargos de terceiro, no prazo de 15 (quinze) dias.

I. Conceito de fraude à execução

Aqui a norma brasileira distanciou dos demais sistemas estrangeiros, porque estes não conhecem e nem contemplam a figura da fraude à execução. Trata-se de figura jurídica exclusivamente pátria, sem nenhum parâmetro em outras legislações. Os demais sistemas contemplam apenas a figura da fraude ao credor, o que evidentemente já é o suficiente. Instituir duas figuras diferentes com a mesma finalidade, que é a defesa dos direitos do credor ou a proteção do credor para recebimento do seu crédito, é algo extravagante e sem sentido. As duas fraudes, aquela contra o credor e a outra contra a execução, são irmãs gêmeas. As duas figuras visam proteção do direito do credor, motivo pelo qual os países estrangeiros só adotam a fraude contra o credor. A doutrina e a jurisprudência pátrias de forma equivocada procuravam distinguir a fraude ao credor da fraude à execução, sob a falsa ideia de que a primeira era matéria de Direito Civil e exigia o elemento subjetivo que era a vontade de fraudar, porquanto a segunda era de natureza processual e de caráter objetivo, não se exigindo o elemento subjetivo. Nada mais pueril. O elemento subjetivo é ínsito em qualquer modalidade de fraude, não se podendo falar em fraude objetiva. Toda fraude exige o elemento subjetivo que é a vontade de fraudar. Melhor decidiu o Tribunal Superior do Trabalho, ao reconhecer a impossibilidade de fraude objetiva.

"A configuração de fraude à execução não pode ser absolutamente objetiva. Não se deve presumir que a adquirente do imóvel tivesse conhecimento de que o negócio jurídico em questão era viciado, para enquadrar-se, em tese, nos requisitos da fraude à execução. A ciência, pelo adquirente, da existência de demanda contra o alienante, constitui elemento subjetivo essencial para se perquirir sua qualidade, ou não, de terceiro de boa-fé. Na hipótese em questão, não há prova de que o ato alienatório foi praticado com a finalidade de frustrar a execução e de que a adquirente do bem tivesse conhecimento de procedimentos executórios os quais pudessem reduzir o devedor à insolvência, segundo a previsão do art. 593, II, do CPC" (TST, 8ª T., RR nº 894-47. 2011.5.10.0014. Rel. Min. Dora Maria da Costa, j. 11/12/2013).

Falar-se em fraude objetiva é o mesmo que falar que alguém engana o outro sem querer, sem saber que estava enganando ou assim agindo por descuido, o que o bom senso não admite.

II. Processo de conhecimento averbado no registro de imóveis

Com essa disposição o CPC/2015 inovou-se e assim o fez para melhor. O CPC/1973 não tinha norma semelhante a esta parte final deste inciso. Não exigia a norma anterior, como o faz agora a norma nova, exigindo para a configuração da fraude à execução que a demanda de cognição esteja averbada no respectivo registro público. Trata-se de normatização nova, cuja exigência de averbação para se ter a fraude à execução é exigência lógica.

"ALIENAÇÃO POSTERIOR À CITAÇÃO DE UM DOS DEVEDORES. FRAUDE À EXECUÇÃO. NÃO OCORRÊNCIA. TERCEIRO ADQUIRENTE DE BOA-FÉ. Ausência de registro junto à matrícula do imóvel. Sumula nº 375 do STJ. Má-fé não comprovada. Precedentes do STJ" (TJPR, 7ª C. Civ, AgInstr nº 0953216-3, Rel. Juiz conv. Victor Martin Batschke. DJPR de 5/12/2012, p. 287. RMDCPC, v. 51, p. 157, nov./dez. 2012).

Não havendo a averbação da ação de conhecimento, não há como o adquirente do bem saber da existência daquela. A omissão do diploma anterior fez com que o Judiciário se tornasse palco de incontáveis injustiças, julgando como fraude à execução muitas aquisições de boa-fé, sem que o terceiro adquirente soubesse da existência de demanda vinculativa da coisa. Este inciso trata de ação de conhecimento e não ainda de processo de execução, exigindo-se que, para a configuração de fraude à execução, antes precisa haver a averbação no registro público. A jurisprudência do STJ já vinha decidindo neste sentido:

"Fraude à execução – Veículo automotor – Inexistência de restrição junto ao Detran – Boa-fé do adquirente – CPC, art. 593, II. 1. Não se configura fraude à execução inexistindo qualquer restrição no Detran que pudesse levar à indicação da ocorrência do *consilium fraudis*. 2. Ademais, em se tratando de bem móvel, não há a praxe de os compradores pesquisarem junto a cartórios de distribuição e protesto para verificar se contra o vendedor pesa alguma dívida ou ação. 3. Precedentes do STJ. 4. Recurso especial não conhecido" (STJ, 4ª T., REsp nº 618.444-SC, Rel. Min. Aldir Passarinho Junior, v.u., j. em 7/4/2005. Bol. AASP 2435, p. 1.079, de 5 a 11/9/2005).

Além de não haver o costume de se pesquisar em órgão público a respeito, também nem sempre existe onde pesquisar por ausência de sistema de registro de dados dos bens móveis.

III. Processo de execução averbado no registro de imóveis

Este inciso muito se assemelha ao anterior. Diferencia-se apenas porque aqui já se refere à ação de execução e o anterior se refere ao processo de conhecimento. No mais, as semelhanças entre ambos são notáveis. Este inciso traz inovação interessante e necessária, que não continha na legislação precedente. Ante a omissão da legislação anterior chegava-se ao absurdo de se considerar fraude à execução a alienação ou a oneração de bem, mesmo sem a existência de averbação do processo de execução. Agora, inovando e o fazendo para melhor, este inciso passou a exigir que se faça a averbação da execução, para, somente depois poder atribuir-se ao adquirente ou titular de ônus reais sobre a coisa, a pecha de fraude à execução (CPC/2015, art. 828, § 4º).

Agora somente a partir da averbação da execução no registro público é que se poderá pensar em fraude à execução. Só com a averbação da ação (CPC/2015, art. 828, § 4º) é que surge a relativa presunção de fraude à execução. Mesmo assim, cuida-se de *presunção relativa* (não absoluta), visto que o terceiro adquirente pode apresentar sua defesa e demonstrar a inexistência de fraude com amparo na CF/1988, art. 5º, incisos LIV e LV. Pode o terceiro adquirente demonstrar que a dívida alegada não passa de simulação (portanto, inexistente), que existia, mas ocorreu fato extintivo ou modificativo, como no caso de pagamento, prescrição, novação, perdão ou que por qualquer outro motivo não pode ser exigida. Além do mais, pode haver erro no registro do bem e constar averbação ilegítima ou, ao contrário, pode haver averbação legítima, mas que por equívoco do cartório não consta da certificação. Ainda, é de se esclarecer que o sistema nacional não mais admite *presunção absoluta (juri et juri)* como o fazia antigamente.

Presunção absoluta (juri et juri) era aquela que não admitia defesa ou contestação, vivia sobre os auspícios da arbitrariedade, da prepotência e da arrogância, da verdade sabida, entre outros males. Hoje em qualquer processo ou procedimento é obrigatória a concessão da defesa (CF/1988, art. 5º, inciso LV) e, se fosse caso de *presunção absoluta*, não haveria direito de defesa nem contestação, coisa que o sistema constitucional atual não admite.

IV. Averbação de hipoteca judiciária ou outro ato de constrição

A averbação no registro público, de penhora, arresto, hipoteca ou qualquer outro de constrição é requisito necessário para configurar a fraude à execução, embora não seja o único requisito. Assim já se julgou:

"1.2. O reconhecimento da fraude de execução depende do registro da penhora do bem alienado ou da prova de má-fé do terceiro adquirente (Súmula n. 375/STJ)." (STJ, REsp nº 956.943-PR (2007/0124251-8), DJe de 1º/12/2014).

Trata-se de norma original sem correspondência na sistemática anterior. Inovou-se para melhor. Mais uma vez, a exemplo dos incisos anteriores, aqui também se exige, para a configuração da fraude à execução, que antes se faça a averbação do ônus que recai sobre a coisa. Sem anterior averbação da ação ou da constrição no registro público, não haverá fraude à execução.

"3/27258 – Súmula 375. Fraude à execução – Registro da penhora do bem alienado – Prova de má-fé do terceiro adquirente – Dependência. 'O reconhecimento da fraude à execução depende do registro da penhora do bem alienado ou da prova de má-fé do terceiro adquirente'." (STJ, DJe de 30/3/2009, rep. DJe STJ 31/3/2009, rep. Dje. STJ, 1º/4/2009.

Nada mais natural. É até mesmo de se estranhar que antes se permitia alegar fraude mesmo sem qualquer registro. Sem a averbação no registro público, o processo não ganha a publicidade necessária e não chega ao conhecimento de terceiros.

O que parece não haver ficado bem claro é o procedimento que se deve utilizar para arguir a fraude à execução (CPC/2015, art. 792, § 4º). Falar-se que antes de se declarar a fraude à execução deve ser intimado o adquirente para, se quiser, apresentar embargos de terceiro (CPC/2015, art. 792, § 4º) não está indicando procedimento algum. Não esclarece se o reconhecimento da fraude será antes ou depois do julgamento dos embargos de terceiro. Se o reconhecimento da fraude à execução for antes do julgamento dos embargos de terceiros, estes serão inúteis. Se for após o julgamento dos embargos de terceiro (CPC/2015, art. 792, § 4º), não se pode falar em intimação do terceiro para eventual propositura de embargos porque estes embargos já existem.

O texto anterior também não previa procedimento próprio. Parece que o CPC/2015, art. 792, no seu inciso III, parte final, autoriza a arguição de fraude à execução dentro do mesmo procedimento em que se deu a constrição. Assim agindo, não fez a melhor escolha. Mesmo quando a lei não indica um tipo de procedimento próprio, a norma processual impõe a aplicação a todas as causas do procedimento comum, salvo quando houver disposição expressa em contrário (CPC/2015, art. 318), o que não existe na espécie.

À míngua de disposição expressa em contrário, deve-se aplicar sempre o procedimento comum (CPC/2015, art. 318), com todos os direitos e garantias constitucionais (CF/1988, art. 5º, incisos XXXV, LIV e LV). Isto porque, além da necessidade de ouvir o executado alienante para que ele possa se valer do contraditório e da ampla defesa, é necessária ainda a participação do terceiro adquirente em procedimento próprio, até porque este não pode sofrer restrição de seus bens sem o devido processo legal (CF/1988, art. 5º, inciso LIV), bem como tem direito ao contraditório e à ampla defesa (CF/1988, art. 5º, inciso LV) e, ainda, tem direito à apreciação de eventual lesão ou ameaça de lesão a seu direito, apreciação esta que não pode ser afastada ou suprimida por legislação alguma por se tratar de direito e garantia constitucional (CF/1988, art. 5º, inciso XXXV). Nenhuma lei poderá afastar da apreciação do Poder Judiciário lesão ou ameaça de lesão a direito (CF/1988, art. 5º, inciso XXXV). De outra forma, não se pode decidir qualquer questão sem que exista e se respeite o devido processo (procedimento) legal (CF/1988, art. 5º, inciso LIV). Para qualquer decisão é necessário procedimento próprio, porque somente com este é que se terá o devido processo legal. A necessidade de procedimento próprio é tão natural que assim já foi julgado:

"E essa situação não pode ser resolvida no processo de execução, como pretende o agravante, através do reconhecimento de uma fraude de execução. Torna-se indispensável o ajuizamento de ação própria, onde se demonstre a alegada fraude na relação trabalhista" (TJSP, AI nº 1.266.226-1, JTACSP, v. 206, p. 51-53, de julho-agosto, 2004).

"Alegação de fraude à execução – Existência de indícios – Necessidade de apuração e decretação da fraude por meio da via própria da ação pauliana – Pleito negado. Recurso não provido". (TJSP, AI nº 7.361.274-5, j. em 13/8/2009, Rel. Des. Soares Levada, JTJSP-Lex, 341, p. 167, outubro, 2009).

Caso a intenção do legislador foi de permitir a arguição e julgamento da fraude de execução dentro do mesmo processo originário onde se deu a constrição, sem as garantias constitucionais, essa parte final do inciso III, em comento, é da mais perceptível inconstitucionalidade por contrariar as normas e as garantias constitucionais (CF/1988, art. 5º, incisos XXXV, LIV e LV), por não garantir ao devedor e ao terceiro adquirente os direitos ao contraditório, à ampla defesa e ao devido processo legal, além de afastar da apreciação pelo Poder Judiciário eventual lesão ao direito do terceiro adquirente, que poderá perder a coisa sem ser ouvido e sem o amparo das garantias e dos direitos constitucionais (CF/1988, art. 5º, incisos XXXV, LIV e LV).

V. Demanda contra o devedor capaz de reduzi-lo à insolvência

A norma deste inciso manteve, em linhas gerais, a disposição da sistemática anterior, considerando fraude à execução a alienação ou oneração de bens ou direitos enquanto pende ação *capaz* de levar o devedor à insolvência. Não é difícil compreender que a alienação ou oneração de bens ou direitos que possam levar o devedor ou o responsável à insolvência pode configurar fraude, pois pode trazer a intenção de prejudicar o futuro credor. O texto parece incoerente, pois se é a ação quem vai reduzir o devedor à insolvência, a legislação, mesmo sem que o legislador percebesse, acabou por afirmar que, enquanto tramita a ação, por não haver julgamento definitivo a respeito, o réu ainda é solvente. Se afirma que o devedor somente vai se tornar insolvente após a decisão, deixa a entender que a venda feita antes do julgado não pode ser considerada fraude à execução. De outra forma, o vendedor quando já é devedor, ao assim agir maliciosamente, dúvida nenhuma haverá de que seu ato configura fraude à execução. No entanto, a norma fala em ação contra o devedor *capaz* de levá-lo à insolvência. Se assim é, então o devedor ainda é solvente e somente se tornará insolvente depois do resultado da demanda ao final, se sair vencido. Caso, ao final, o devedor seja o vencedor da demanda, não se configura a insolvência. Como ficará a venda ou a oneração nesse caso? Deixa-se de ser fraude à execução ou já não era fraude? Uma coisa é certa, ao alienar ou onerar a coisa, ainda não havia a insolvência, pois, se esta já existir, não há razão para se falar em ação capaz de levá-lo a tal situação. Sobre essa questão é que não se acha explicação na legislação pátria. Talvez por isso é que nenhuma outra legislação estrangeira tenha adotado esta figura, preferindo ficar somente com a fraude contra credores.

O texto deste inciso mais se adequa ao instituto da fraude contra credores que é mais abrangente do que a fraude à execução. Utiliza-se o nome de fraude à execução, mas trata-se de negociação que mais se aproxima da fraude ao credor.

Aqui também a legislação disse menos do queria ou seria lógico dizer. Ao falar apenas em alienação ou oneração, limitou-se a possibilidade de ocorrência de fraude à execução, silenciando-se a respeito de eventual aquisição (compra) quando feita de forma simulada, em que o devedor procura dar a falsa ideia de que o verdadeiro comprador seja terceiro e, não ele, o devedor. Isto se dá, por exemplo, quando o devedor adquire bens em nome de terceiro, disfarçando para encobrir a verdadeira titularidade da propriedade, como já foi julgado recentemente pelo Tribunal de Justiça de Goiás no AI. nº 0394255-60.2014.8.09.0000 (201493942557), 5ª Câmara, Rel. Des. Francisco Vildon J. Valente, v.u., j. em 25/1/2015. Publicado no DJGO de 6/2/2015, p. 247, e também na *Revista Magister de Direito Civil e Processual Civil*, v. 64, p. 152, ementa 64/04, de jan./fev. 2015.

VI. A insolvência e a fraude à execução

O legislador do CPC/2015 titubeou entre colocar a fraude à execução depois da existência de insolvência, ou a colocar antes da existência desta. Os institutos da fraude contra o credor e da fraude à execução visam proteger o credor e garantir o cumprimento da obrigação pelo devedor. Tanto uma como a outra têm por finalidade proteger o crédito e autorizam o credor alcançar o bem nas mãos de quem quer que seja. Por isso é que, nestes casos, considera-se ineficaz qualquer ato de disposição de bem ou mesmo de aquisição de certa coisa desde que feita de forma simulada com o fim de impedir que a coisa seja alcançada pela execução para cumprimento da obrigação devida.

Mas para que o negócio jurídico seja considerado ineficaz frente ao credor, necessário se faz que antes se instale a insolvência do obrigado.

"Fraude à execução – Inexistência de comprovação da insolvência do devedor – Ônus probatório da credora – Art. 593, II, *in fine,* do CPC – inviabilidade do reconhecimento da fraude – Recurso provido".

"Para que possa ser reconhecida a existência de qualquer fraude à execução, deverá ocorrer a demonstração da insolvência do devedor executado, cujo ônus probatório é da credora" (1º TACivSP, 7ª Câm, Ap. nº 940.835-3, j. em 17/8/2004, v.u., Bol. AASP, Ementário, nº 2465, p. 1.175, de 3 a 9 de abril de 2006).

Vê-se, pois, que a insolvência do devedor é elemento obrigatório. Sem a insolvência, não se pode falar em fraude contra credor nem em fraude à execução.

VII. Inexistência de fraude sem insolvência

Neste caso, a insolvência é elemento essencial para a ocorrência de fraude à execução e precisa ser demonstrada em procedimento próprio, devendo assim ser considerada somente depois de devidamente comprovada. Por isso não pode haver presunção de insolvência enquanto pender ação alguma. O legislador fala em ação capaz de reduzir o devedor à insolvência, não se atentando que, se é a ação que está em andamento e que poderá causar a insolvência, é porque esta ainda não existe. É mais uma das incoerências do sistema, pois se ainda pende a ação é porque ela não está decidida e, por não estar decidida, não pode produzir efeitos. Se ainda não pode produzir efeitos, não pode, antes do julgamento, produzir a insolvência do devedor. Não é sem razão que julgadores conscientes já decidiram pela necessidade de prova de insolvência para reconhecimento da fraude à execução.

"Alegação de fraude à execução – Existência de indícios – Necessidade de apuração e decretação da fraude por meio da via própria da ação pauliana – Pleito negado. Recurso não provido" (TJSP, AI nº 7.361.274-5, Rel. Des. Soares Levada, j. em 13/8/2009, JTJSP-Lex, 341, p. 167, outubro, 2009).

Quando a ação ainda está em pendência (CPC/2015, art. 792, inciso IV), ainda não há a insolvência, que somente pode aparecer depois do julgamento e, ainda, a depender do resultado da demanda. Caso o resultado da ação seja favorável ao réu, jamais esta ação produzirá a insolvência. A ação pendente poderá reduzir o devedor à insolvência, bem como poderá não fazê-lo, a depender do resultado de seu julgamento.

VIII. Insolvência e prejuízo ao credor

A insolvência é elemento necessário para que se possa pensar em fraude contra o credor ou em fraude à execução. Todavia, não é suficiente para tal configuração. É um elemento necessário, mas não único. Além da insolvência, que deve existir no momento em que é realizado o negócio jurídico, outro elemento da mais alta importância precisa se fazer presente – é o prejuízo. Sem prejuízo não há fraude. Sem a presença da insolvência não se pode falar em fraude contra credor nem em fraude à execução. Primeiro demonstra-se a existência da insolvência, depois há de se demonstrar se esta insolvência prejudicou o credor. Pode ocorrer insolvência do devedor, sem que esta prejudique o credor.

Quando a insolvência, por si só, não causar prejuízo para o credor, não se dará a fraude. Inúmeros são os casos em que, apesar da figura da insolvência, esta não é capaz de, por si só, dar prejuízo ao credor. São os casos em que, apesar da alienação ou da oneração ser capaz de tornar o devedor insolvente, tais bens sejam insuscetíveis de serem vinculados ao pagamento ou constritos para garantir a execução.

Os bens impenhoráveis, ainda que alienados durante o trâmite de qualquer ação em face do devedor, cuja alienação ou oneração possa causar a insolvência, esta não causa prejuízo ao credor porque este já não podia perseguir (penhorar, arrestar, etc.) o bem, mesmo antes da venda ou da oneração, por se tratar de bens impenhoráveis (CPC/2015, arts. 832 e 833), como já se decidiu:

"3. Quando se trata da alienação ou oneração do próprio bem impenhorável, nos termos da Lei n. 8.009/90, entende-se pela inviabilidade da referida Lei de caracterização da fraude à execução, haja vista que, consubstanciando imóvel absolutamente insuscetível de constrição, não há falar em sua vinculação à satisfação da execução, razão pela qual carece ao exequente interesse jurídico na declaração de ineficácia do negócio jurídico. Precedentes." (STJ, 4ª T., REsp nº 1.227.366-RS (2011/0000140-0), Rel. Min. Luis Felipe Salomão, j. em 21/10/2014, DJe de 17/11/2014 e na *Revista Dialética de Direito Processual*, v. 143, p. 201. São Paulo: Dialética, fevereiro, 2015).

Desta forma não é a simples insolvência capaz de causar prejuízo ao credor e, sem prejuízo, não poderá ser o negócio jurídico considerado em fraude à execução ou em fraude ao credor. Outros bens existem que, em princípio, são considerados penhoráveis, mas, quando vinculados a certos e determinados direitos, deixam de sê-lo. É o que acontece com o imóvel que é destinado para moradia do cônjuge sobrevivente, sobre ele recaindo o direito real de habitação vitalício e gracioso (CC/2002, art. 1.831). O direito de habitação destinado a garantir a moradia ao cônjuge supérstite não se confunde com o direito de propriedade, mas é direito real de habitação, vitalício e gratuito, sendo, por isso, impenhorável e não sujeito à configuração de fraude ao credor ou à execução.

"Direito real de habitação sobre coisa alheia de natureza indivisível e necessariamente gratuita – inteligência do art. 1.415 do CC/2002" (TJDF-EI, Ap. nº 200.2011005695-7, 2ª CDPriv, j. em 18/8/2008, Rel. Des. Cruz Macedo, m.v., RT. v. 879, p. 306, janeiro, 2009).

"O cônjuge supérstite casado pelo regime da comunhão parcial de bens participa da herança em relação aos bens particulares e possui direito real de habitação em relação ao imóvel destinado à residência da família, quando for o único daquela natureza a inventariar" (TJRS, I7ª CC, AI nº 70059170324. j. em 2/7/2014, Rel. Des. Jorge Luis Dall'Agnol, v.u., Bol. AASP. nº 2917, p. 12, de 1º a 7/12/2014).

Os bens com estas qualificações não podem ser objeto de constrição para pagamento de dívida nem para cumprimento de outra obrigação que possa prejudicar os direitos dos interessados, não são suscetíveis de ser objeto de fraude contra o credor nem de fraude à execução.

IX. Demais casos expressos em lei

Repete-se a redação da sistemática anterior. Parece dizer o óbvio. Porque para haver fraude à execução sempre vai precisar de previsão expressa em lei. O que mais parece é que o Código de Processo quis apenas dizer que não é exclusividade dele disciplinar a fraude à execução, sendo que esta pode ser prevista em qualquer outra norma, seja específica, seja de caráter geral.

X. Ineficácia da alienação em fraude à execução

Em relação ao § 1º, a norma anterior não continha texto semelhante. Não dispunha expressamente que a venda feita em fraude à execução era apenas ineficaz em face do exequente, o que levou muitos a pensarem que era caso de nulidade. Agora surgiu esta nova disposição como inovação no Direito Processual Civil Positivo pátrio. O efeito da alienação em fraude à execução sempre foi e é mesmo a ineficácia frente ao exequente que já era credor ao tempo da alienação. O que é inovação, na verdade, é a positivação, porque o conteúdo já era de aplicação pragmática. Na prática já se reconhecia que, em caso de fraude à execução, o caso não era de nulidade, mas apenas de ineficácia e, mesmo assim, a venda é ineficaz somente em relação ao credor exequente que já o era ao tempo da alienação. Em outros termos – considera-se ineficaz a venda ou oneração feita em fraude à execução somente em relação a quem já era exequente, sendo a alienação e a oneração válida e eficaz em relação às demais pessoas e até mesmo contra eventuais credores que ainda não tinham ação movida em relação ao vendedor ou se já movida ação, mas sem a averbação desta no registro público. No passado muitos aplicadores do Direito, desavisadamente ao decidirem pela fraude à execução, proclamaram a anulação da venda, entendimento equivocado, porque, com a anulação, a coisa voltava para o vendedor, incorporando novamente ao seu patrimônio, o que o bom senso jamais permitiu, porque, em vez de punir o devedor fraudador com a volta da coisa ao seu patrimônio, acabava por beneficiá-lo.

XI. Validade da alienação em fraude à execução

A venda ou a oneração em fraude à execução não é nula nem anulável. É ato perfeitamente válido e eficaz entre as partes contratantes. A ineficácia que pode advir da fraude à execução é somente em relação ao exequente que já o era no momento do negócio jurídico. Trata-se de simples ineficácia do negócio realizado em fraude à execução, somente em benefício do exequente, sendo, portanto, válido e eficaz, frente às demais pessoas. Tanto isso é verdade que, se o credor perdoar a dívida ou se a obrigação por qualquer outro motivo deixar de ser exigida, a ineficácia parcial desaparece e o negócio passa a ter eficácia total.

"Não se pode olvidar que a alienação ou oneração em fraude de execução não é nula, mas apenas ineficaz relativamente ao juízo da execução (RT 594/122, 741/318, JTJ 174/37, JTA 88/358, 100/61, 104/354). Citado em JTJ 300/45.

1. A alienação havida em fraude de execução é válida e existente entre o alienante e o adquirente, somente não podendo ser oponível em face do credor da ação em que a alienação fraudulenta foi reconhecida (arts. 592, V e 593 do CPC). II – somente pelo reconhecimento de fraude contra credores, por meio de ação própria, o negócio jurídico seria anulado retornando o bem ao patrimônio do alienante, fazendo com que todos os demais credores pudessem penhorar o imóvel (arts. 158 e 171, II, do CC)" (TRT-24ª R. nº 0057000-08.2007.5.24.0005 – Ap., 2ª T., Rel. Des. Nicanor de Araújo Lima, j. em 14/9/2011, Justiça do Trabalho-HS, v. 334, p. 114. Porto Alegre-RS: HS, outubro, 2011).

A finalidade do instituto da fraude é apenas a ineficácia do negócio frente ao credor que já o era ao tempo da operação. Não pode ser caso de nulidade, porque se assim fosse o negócio seria totalmente desfeito e a coisa alienada voltaria aos domínios do devedor faltoso, beneficiando-o com a volta do bem para o seu patrimônio, o que o bom senso não pode admitir.

XII. Eficácia da alienação

A alienação ou oneração feita em fraude ao credor ou à execução é existente, válida e eficaz para os demais membros da sociedade. Somente será ineficaz frente ao credor ou ao titular do ônus que recai sobre a coisa. Trata-se de ineficácia relativa, pois somente em relação ao credor é que se dá a ineficácia, sendo o negócio jurídico plenamente eficaz entre as partes contratantes, bem como em relação às demais pessoas que não eram credoras no momento da realização do negócio jurídico.

Enganam-se aqueles que pensam que a alienação ou a oneração em fraude ao credor ou à execução é nula ou anulável. A alienação nessa hipótese é válida e eficaz, tanto que, para o reconhecimento da fraude e a declaração de ineficácia do negócio em relação ao credor, exige-se ação própria em que sejam respeitados os direitos e as garantias constitucionais, como se colhem das normas do art. 5º da CF/1988 e seus incisos XXXV, LIV e LV.

XIII. Boa-fé do adquirente

A boa-fé sempre esteve presente nos meios sociais e, por isso, sempre foi presumida. A boa-fé se presume; a má-fé exige prova.

"1.3. A presunção de boa-fé é princípio geral de direito universalmente aceito, sendo milenar a parêmia: a boa-fé se presume; a má-fé se prova" (STJ, REsp nº 956.943-PR (2007/0124251-8), DJe de 1º/12/2014).

Como a boa-fé é sempre presumida, cabe ao credor provar a má-fé do terceiro adquirente, para que o negócio jurídico seja considerado em fraude à execução. Por isso, já foi decidido.

"1.4. Inexistindo registro da penhora na matrícula do imóvel, é do credor o ônus da prova de que o terceiro adquirente tinha conhecimento de demanda capaz de levar o alienante à insolvência, sob pena de tornar-se letra morta o disposto no art. 659, § 4º, do CPC" (STJ, REsp nº 956.943-PR (2007/0124251-8), DJe de 1º/12/2014).

Apesar disto, no passado era corrente a ideia de que somente no caso de fraude contra credor é que se haveria de averiguar a existência da boa-fé. Afirmavam os autores do passado que a boa-fé e a má-fé eram irrelevantes para o caso de fraude à execução. O engano era evidente, tanto que repercutiu até que pensadores modernos passaram a adotar o entendimento de que também é necessário o aferimento da boa-fé ou má-fé, para só depois julgar-se pela existência da fraude à execução. Assim é que, mais recentemente, o Egrégio Superior Tribunal de Justiça expediu o verbete nº 375 de sua súmula, acolhendo a tese da necessidade de se respeitar a boa-fé do terceiro adquirente.

STJ – Súmula nº 375: "O reconhecimento da fraude à execução depende do registro da penhora do bem alienado ou da prova de má-fé do terceiro adquirente".

Esta súmula demonstra um avanço diante da distorcida interpretação legal que se dava antes, quando se afirmava que a boa ou má-fé era irrelevante para a análise da fraude. A concepção de que é necessária a análise da boa-fé e também a necessidade da averbação de qualquer constrição sobre o bem em registro público, como providência necessária, e que sem elas não poderia haver declaração de fraude, ganhou força com o verbete 375, da Súmula do STJ.

O terceiro de boa-fé tem o direito de defesa e, contra si, não pode ser alegada a existência de fraude para atingir o negócio do qual participou de boa-fé. Assim se tem decidido.

"FRAUDE À EXECUÇÃO – Ineficácia da alienação do imóvel nos moldes do art. 593, II, do CPC – Oposição contra terceiro de boa-fé – Inadmissibilidade.

A ineficácia, proclamada pelo art. 593, II, do CPC, da alienação de imóvel com fraude à execução não pode ser oposta ao terceiro de boa-fé" (STJ, EDiv em REsp nº 144.190-SP, 2ª Rel. Min. Ari Pargendler, v.u., j. em 14/9/2005, DJU de 1º/2/2006. RT. v. 850, p. 211, de agosto de 2006).

"ALIENAÇÃO POSTERIOR À CITAÇÃO DE UM DOS DEVEDORES. FRAUDE À EXECUÇÃO. ART. 593, II, DO CPC. NÃO OCORRÊNCIA. TERCEIRO ADQUIRENTE DE BOA-FÉ. Ausência de registro junto à matrícula do imóvel. Súmula nº 375 do STJ. Má-fé não comprovada. Insolvência do devedor não caracterizada. Decisão de 1º grau mantida. Precedentes do STJ. Recurso conhecido e não provido" (TJPR, AgInstr nº 0953216-3, 7ª C.Civ, Rel. Juiz conv. Victor Martin Batschke, DJPR de 5/12/2012, p. 287. RMDCPC, v. 51, p. 157, nov./dez., 2012).

A tese por nós apresentada que antes causava reação em sentido contrário hoje já é aceita e se apresenta com maior frequência tanto na doutrina como no âmbito da jurisprudência. A este respeito exemplifica-se:

339/30 - "FRAUDE À EXECUÇÃO – REQUISITOS CONFIGURADORES – AVERBAÇÃO DA PENHORA OU DA EXISTÊNCIA DE DEMANDA EM FACE DO ALIENANTE PARA FINS DE CONHECIMENTO DE TERCEIROS OU COMPROVAÇÃO DA MÁ-FÉ DO ADQUIRENTE. Para a configuração da fraude à execução faz-se necessário que a alienação ou oneração tenha ocorrido ao tempo em que corria demanda em face do alienante, capaz de causar a sua insolvência, e que seja concretizada após a averbação da execução nos registros de imóveis ou de veículos, para fins de presunção de conhecimento por terceiros, ou que tenha ocorrido a má-fé do adquirente. Inteligência dos artigos 593, 615-A, § 3º e 659, § 4º do CPC" (TRT-24ª R. 0000644-45.2011.5.24.0007-Ap, 2ª T., Rel. Des. Nicanor de Araújo Lima, j. em 15/2/2012. JT-HS, v. 339, 112, março, 2012).

Graças à evolução do Direito, a nossa tese frutificou na nova sistemática processual, antes pela Súmula nº 375 do STJ e hoje pela positivação no CPC/2015, art. 792, incisos I, II e III, que exigem para a ocorrência de fraude à execução que antes se analise a boa-fé do adquirente, bem como se a ação ou a constrição foi antes averbada em registro público. Nesse aspecto houve um avanço com a nova sistemática. Avanço este que merece o aplauso de todos que militam na seara do Direito.

XIV. Inexistência de fraude à execução em certas alienações

Nem toda alienação ou oneração de bens pelo devedor vai configurar fraude. Bens existem que não serão objeto de fraude à execução. Neste rol, podem ser indicados os bens impenhoráveis (CPC/2015, art. 833), o bem de família (Lei nº 8.009/1990), os imóveis gravados com cláusula de impenhorabilidade ou inalienabilidade, bem como aquele reservado ao cônjuge supérstite para lhe servir de residência em face do direito vitalício e gratuito de habitação (CC/2002, art. 1.831). Os bens vinculados a estes direitos, ainda que alienados ou onerados pelo devedor, não são alcançados pela fraude e o negócio jurídico assim realizado, não será considerado fraudulento, como foi decidido:

"3. Quando se trata da alienação ou oneração do próprio bem impenhorável, nos termos da Lei n. 8.009/90, entende-se pela inviabilidade da referida Lei de caracterização da fraude à execução, haja vista que, consubstanciando imóvel absolutamente insuscetível de constrição, não há falar em sua vinculação à satisfação da execução, razão pela qual carece ao exequente interesse jurídico na declaração de ineficácia do negócio jurídico. Precedentes." (STJ, 4ª T., REsp nº 1.227.366-RS (2011/0000140-0), Rel. Min. Luis Felipe Salomão, j. em 21/10/2014. DJe de 17/11/2014. RDDP v. 143, p. 201, fevereiro, 2015).

Este julgado está conforme a melhor interpretação do direito, pois, se o devedor continuasse com o bem, a execução não poderia atingi-lo e o credor não poderia penhorá-lo. Se não poderia penhorá-lo sob o domínio do devedor por ser impenhorável, seria ilógico que pudesse sê-lo nas mãos de terceiros adquirentes. Se assim o fosse, o credor passaria a ter mais vantagem com a alienação do que com a não alienação. Se a alienação pelo devedor viesse a proporcionar mais vantagem para credor, não se poderia falar em fraude na alienação, porque a razão deste instituto é permitir que o credor obtenha a constrição do bem com quem quer que seja. Fraude à execução que viesse a beneficiar o credor seria aberração jurídica, que o bom senso não pode admitir.

XV. Ônus da prova do exequente quanto às cautelas na aquisição do bem

A norma do § 2º não tem correspondente no sistema anterior. Trata-se de inovação que, salvo melhor juízo, não merece aplauso. Parece-nos que mais atrapalha do que ajuda, se é que se pode falar em ajuda alguma. A primeira impressão, neste momento de fase de transição entre as duas normas, é a de que este § 2º só atrapalha e confunde. Se é que podem ser consideradas avanços as normas do CPC/2015, art. 792, incisos I, II, e III e § 1º, o mesmo não se pode dizer com relação à norma do § 2º, do mesmo dispositivo.

XVI. Bens não sujeitos a registro

O CPC/2015, art. 792, § 2º, inicia fazendo referência a bens não sujeitos a registro, como se tais bens fossem considerados exceção no mundo do negócio. Bens não sujeitos a registro são a regra, enquanto são casos de exceção os bens que estão sujeitos a registro. No caso dos bens sujeitos a registro (exceção), uma vez realizadas as averbações necessárias, surge a presunção relativa de que o adquirente sabe da situação da coisa, invertendo assim, o ônus da prova, caso queira provar que desconhecia a vinculação do bem à execução. Diferentemente, nos casos de bens não sujeitos a registro (regra), não se pode inverter o ônus da prova em prejuízo do adquirente, pois é muito mais fácil e menos dispendioso para o credor provar que o adquirente sabia da vinculação do bem à execução do que para o terceiro adquirente provar que adotou todas as cautelas necessárias para a aquisição.

XVII. Todas as cautelas necessárias

Falar em cautelas necessárias já representa um conceito indefinido de difícil compreensão. Pior é falar em *todas as cautelas necessárias*. De início a referência a *cautelas necessárias* já induz à imaginação de que existem *cautelas desnecessárias*. O que ou quais são umas e outras?

O legislador de gabinete e sem vivência no dia a dia da sociedade talvez pense que isto é muito simples. A inocência ou simplicidade chegou a ponto de tentar definir o indefinível e limitar o ilimitável, apontando o que pensa ser as *cautelas necessárias*. Diz a norma: *mediante a exibição das certidões pertinentes, obtidas no domicílio do vendedor e no local onde se encontra o bem*. (CPC/2015, art. 792, § 2º, parte final).

Fala a norma em *certidões pertinentes*, mas não disse em que consistem estas certidões, e em que lugar obtê-las, se se tratam de bens não sujeitos a registro. Como agir para obter certidão de bens não sujeitos a registros. Sabe-se que bens móveis, de regra, não estão sujeitos a registro. Onde obter certidão de bens móveis? A norma fala em obter certidão no domicílio do vendedor ou no local onde se encontra o bem, mas não fala em qual órgão? Seria certidão de distribuição de processo? Se o vendedor não tem ação ajuizada contra si em seu domicílio, mas pode ter ação em outra Comarca e não aparecer na certidão de distribuição local. Depois, em se tratando de bem móvel, o mesmo pode se encontrar ou ter passado pelos mais variados lugares.

Melhor seria se, no caso de bem não sujeito a registro, o ônus da prova ficasse com o credor, que deveria provar que o adquirente tinha conhecimento da existência de processo contra o devedor e que tal ou tais bens estivesse(m) vinculado(s) à execução. Inverter este ônus, passando-o para o adquirente, é exigir demais, é sacrifício injustificável. Infelicidade plena do legislador. Espera-se que a jurisprudência e a doutrina, que sempre laboram com sabedoria, eficiência e coerência, saibam equacionar a questão e dar a ela a melhor interpretação possível, evitando assim maior sacrifício de uma parte em comparação e em benefício à outra.

XVIII. Fraude à execução e desconsideração da personalidade jurídica

Aqui também se apresenta inovação no sistema, visto que inexistia norma correspondente na sistemática anterior. A redação da norma neste ponto não parece ser das mais primorosas. Começa falando em casos de desconsideração, dando a ideia de que esta já existe, e termina em sentido contrário, falando em personalidade que ainda se pretende desconsiderar. A já existência da desconsideração da personalidade jurídica é uma coisa, e a pretensão a desconsiderar é outra. Se já existe a desconsideração, não se pode mais falar em pretensão a desconsiderar, porque são duas situações incompatíveis. De duas uma: ou já se desconsiderou a personalidade jurídica, ou, ainda, a questão está pendente de decisão, cujo resultado ainda é desconhecido, podendo a pretensão de desconsideração ser acolhida ou rejeitada. Se rejeitada, não há de se falar em fraude à execução. Se acolhida, considera a ocorrência de fraude desde a citação da pessoa desconsiderada.

A norma parece indicar que a fraude à execução se dará a partir da citação da pessoa jurídica a ser desconsiderada. Desta forma, ocorrendo a citação da pessoa jurídica em um momento, mesmo que a sua desconsideração se dê em outro posterior, é o primeiro que serve de marco para a ocorrência da fraude à execução.

Não parece ficar claro qual é o efeito da decisão de desconsideração da personalidade jurídica, se se cuida de efeito declarativo ou constitutivo. Ao falar que a fraude à execução se verifica a partir da citação da parte cuja personalidade jurídica se pretende desconsiderar, dá-se a ideia de que esta decisão tem efeito retroativo, o que a caracterizaria como de natureza declaratória com efeito *ex tunc*. Fosse esta decisão de natureza constitutiva, somente produziria efeito para o futuro (*ex nunc*), o que deslocaria a verificação da fraude somente para o momento da desconsideração. Como a norma fala da verificação da fraude a partir da citação da pessoa a ser desconsiderada, por decisão futura, indica tratar-se de decisão com efeito declaratório.

O inconveniente desta postura legislativa é manter-se sob condição suspensiva a figura da fraude à execução, porque o ato jurídico antes realizado fica sob condição e sem definição até que surja decisão sobre a desconsideração da pessoa jurídica, e o negócio praticado antes sem restrição passa agora a ser considerado como em fraude à execução. Mal comparando, igualmente uma bomba de efeito retardado, que passa a produzir seus efeitos deletérios tempos depois de praticado o ato. A figura da fraude à execução não parece permitir sobreviver sob condição suspensiva nem que sua caracterização possa se dar em momento outro, que não o da realização do negócio jurídico. O ato ou o negócio jurídico é praticado com fraude à execução, constatável de imediato ou, por outro lado, não se caracteriza como fraude, porque é impróprio dizer-se que o negócio está em pendência de ser ou não ser inquinado de fraude à execução. Afinal é fraude ou não é fraude, pois, a própria natureza desta não permite que a mesma fique sob condição suspensiva, a depender do resultado de outro ato que não o próprio negócio jurídico.

XIX. Intimação prévia do terceiro adquirente

O § 4º traz disposição que não havia similar no texto anterior, que era silente em relação ao terceiro, nada falando sobre seu chamamento para processo. Comete o equívoco de determinar a intimação do adquirente para se quiser propor ação de embargos de terceiro. Não esclarece se a propositura dos embargos de terceiro vai ou não impedir o reconhecimento da fraude à execução. Se a fraude à execução não for obstada em face dos embargos de terceiros, estes não terão utilidade alguma. De outra maneira, caso ocorresse o impedimento do reconhecimento da fraude antes do julgamento dos embargos de terceiro, estar-se-ia discutindo nestes questão sobre uma fraude que nem sequer saberá se vai ser ao final declarada ou não.

Além do mais, não é de nossa tradição intimar ou citar alguém para se quiser vir a juízo, para propor qualquer ação. A tradição indica que citação ou intimação serve para que a parte possa participar de processo ou procedimento já instaurado, e não para instaurá-lo. Intimar alguém com a finalidade de provocá-lo à propositura de ação é algo que a nossa sistemática não alberga.

Era razoável se a intimação fosse para se defender e não para atacar com nova ação. Mesmo assim, a alteração do pedido ou da causa de pedir, e nesta está o chamamento de terceiro, somente pode ser feita até a citação ou após esta, com a anuência do réu (CPC/2015, art. 329), e mesmo assim, somente para se defender, e nunca para se propor ação nova. Esta é mais uma norma que não primou pela sua redação.

Melhor seria se a norma determinasse que, para a apreciação, julgamento e reconhecimento de fraude à execução, fosse necessária ação própria do credor (polo ativo) e com a citação em litisconsórcio necessário no polo passivo (vendedor-devedor e o terceiro adquirente), com todas as garantias constitucionais para se defenderem e, somente após cumprido o devido procedimento legal, contraditório e ampla defesa, pudesse haver julgamento para reconhecer ou não a fraude à execução. A intenção da nova regra em se permitir a defesa do terceiro adquirente é boa, mas não pode ser de forma simplória pela simples intimação e sem assegurar a ele, bem como ao devedor-vendedor, todas as garantias constitucionais (CF/1988, art. 5º, incisos XXV, LIV e LV), em procedimento próprio.

Art. 793 - O exequente que estiver, por direito de retenção, na posse de coisa pertencente ao devedor não poderá promover a execução sobre outros bens senão depois de excutida a coisa que se achar em seu poder.

A norma deste artigo está diferenciada da similar anterior somente porque onde constava *credor* agora consta *exequente*. Ser credor e ser exequente são coisas diferentes. A diferença é sutil, porém muito útil. Neste ponto modificou-se para melhor. Não se pode confundir o *credor* com o *exequente*. Isto porque nem sempre o exequente é *credor* (pode não haver crédito) ou ele não é o *credor* (pode haver crédito, mas o titular deste direito é outrem). O *exequente* pode não ser o próprio *credor* e o *credor* pode não ser o *exequente*. Nada de estranho nisto. São figuras jurídicas diferentes.

O exequente é aquele que propõe a execução, de regra é quem tem o crédito. Mas pode acontecer de alguém pensar que tem crédito sem tê-lo e propor execução. Assim se tem exequente, sem que exista credor (o crédito alegado não existe); pode ainda existir crédito em favor de uma pessoa, mas outra ser legitimada para a execução e, por isso, ser exequente sem ser credora. Isto é, pode ser exequente sem ser credora. Exemplo ilustrativo disto é a legitimação dada ao Ministério Público para propor execução em benefício de terceiro credor, tal como prevista no CPC/2015, art. 778, § 1º, inciso I, no CPP/1942, art. 68, na Lei nº 7.347/1985, arts. 13 e 15, e na Lei nº 4.717/1965, art. 16.

I. Coisa do devedor

Diz a norma que o exequente que estiver, por direito de retenção, na posse de coisa pertencente ao devedor não poderá promover a execução sobre outros bens senão depois de excutida a coisa que se achar em seu poder. Ao se referir à *coisa pertencente ao devedor*, não laborou bem o legislador, pois melhor seria se tivesse feito referência ao *executado*. Como foi observado anteriormente, nem sempre o executado é o próprio devedor, muitas vezes se executa o responsável e se o exequente estiver de posse de bem do responsável haverá de executar primeiramente este. Por exemplo, o exequente (credor) poderá estar de posse de bem do executado e este ser apenas um garantidor, como o fiador ou outro responsável legal pelo cumprimento da obrigação, sem ser o devedor. Mas figura como executado. Melhor seria se em vez da palavra *devedor* fosse utilizada a palavra *executado*, porque a norma deve ser aplicada igualmente para ambos os casos.

II. Proibição de execução sobre outros bens

A intenção do legislador parece ser das melhores. A lógica indica que é mais conveniente promover-se a execução sobre o bem que já se encontra na posse do exequente, por várias razões. Entre elas pode-se dizer que, se o executado não está de posse da coisa, logo ele não está utilizando a mesma e, por isso, a execução sobre ela será menos onerosa para o executado; de outro, se o bem já se encontra na posse do exequente, a execução sobre esta coisa será menos dispendiosa para este.

Todavia, pode acontecer que, em determinadas situações, esta previsão não se confirme ou não seja a melhor. Melhor seria se o legislador, após esta imposição (regra), abrisse a possibilidade de exceção para determinados casos e, entre estes, quando as partes em comum acordo preferissem a execução sobre outros bens, ou mesmo quando a execução desde logo se demonstra insuficiente sobre a coisa que está com o exequente.

Se o executado oferece outro bem em garantia e com esta oferta concorda o exequente, não se vê como impedir o abrandamento da norma. Imagine-se a hipótese de litisconsortes na execução (devedor e fiador), o exequente de posse de uma coisa pertencente ao fiador (coexecutado) e o devedor principal se apresenta e oferece bem próprio para penhora com a qual concorda o exequente. Qual a razão de se manter a rigidez na norma? Exigir-se a rigidez da norma neste caso é causar prejuízo para todas as partes. Isto porque o bem oferecido pelo devedor principal pode ser de maior interesse em hasta pública e por isso ser de preferência pelo exequente; de outra vez, se se insistir na execução do bem do fiador (coexecutado), após todo o trâmite da execução, este poderá, nos mesmos autos, se voltar contra o devedor principal e buscar o mesmo bem deste que antes foi oferecido, agora para garantir o ressarcimento em via regressivamente (CPC/2015, art. 794, § 2º).

Além do mais, a norma do art. 793 do CPC/2015, ao dizer que o exequente não pode executar outros bens sem antes executar o bem que está em garantia, está em conflito com a norma do art. 794, do mesmo CPC/2015, porque esta afirma que, se o executado for o fiador, este tem o direito de exigir que primeiro sejam executados os bens do devedor. Ao exercer este direito, o fiador executado poderá indicar bens do devedor para penhora, mesmo que, em garantia, o exequente esteja de posse de bem do fiador. Se o exequente está de posse de bem do fiador, mesmo assim este pode indicar para a execução outro ou outros bens do devedor (CPC/2015, art. 794). Isto vem demonstrar que as duas normas são incompatíveis entre si. Ao se aplicar uma, necessariamente, a outra não poderá sê-lo. A aplicação do direito do art. 794, do CPC/2015, afasta a aplicação da norma do art. 793, o que já pode ser considerado como caso de exceção. Sendo este um caso de exceção, nada impede que outros assim também possam ser considerados.

Art. 794 - O fiador, quando executado, tem o direito de exigir que primeiro sejam executados os bens do devedor situados na mesma comarca, livres e desembargados, indicando-os pormenorizadamente à penhora.
§ 1º - Os bens do fiador ficarão sujeitos à execução se os do devedor, situados na mesma comarca que os seus, forem insuficientes à satisfação do direito do credor.
§ 2º - O fiador que pagar a dívida poderá executar o afiançado nos autos do mesmo processo.
§ 3º - O disposto no caput não se aplica se o fiador houver renunciado ao benefício de ordem.

A norma contida no *caput* deste artigo guarda sintonia com a disposição da sistemática processual anterior (CPC/1973, art. 595), com modificações apenas formais, sem se alterar o conteúdo. Onde constava que o fiador poderia nomear à penhora bens do devedor (seja este executado ou não), agora consta que o fiador quando executado tem o direito a exigir que antes se executem bens do devedor situados na comarca da execução. Isto parece ser uma inovação, no sentido de que, se o devedor não possuir bens na comarca da execução, o fiador não poderá exercer este direito. Esta restrição ao direito do fiador é que não constava da sistemática anterior (CPC/1973, art. 595).

O *caput* do art. 794 do CPC/2015 utiliza-se da expressão *mesma comarca*, ao que parece para se referir à mesma comarca onde se processa a execução. Já o § 1º parece utilizar-se da expressão *mesma comarca* em outro sentido. A expressão *mesma comarca*, que se vê aqui, salvo engano, deve ser entendida onde se localizam os bens de ambos (fiador e devedor) e não à mesma comarca da execução. A norma é novidade no sistema processual pátrio, razão pela qual somente o tempo poderá indicar qual é a melhor interpretação a ser dada.

I. Sub-rogação do fiador que paga a dívida

Aqui houve apenas modificação do que era parágrafo único no CPC/1973, art. 595, que agora aparece como § 2º, mas mantendo-se a mesma redação. O que a norma quer dizer é que, quando o fiador efetuar o pagamento da dívida, ele se sub-roga no direito do credor. Isto é, todo direito de crédito que tinha o exequente transfere-se ao fiador e este não precisa iniciar-se outro processo de execução, podendo aproveitar os mesmos onde fora efetuado o pagamento e, agora, já como credor (sub-rogado), dar seguimento à execução contra o devedor, antes, seu afiançado.

II. Renúncia ao benefício de ordem

A positivação desta exceção aparece como novidade na sistemática processual, simplesmente porque anteriormente não havia previsão expressa neste sentido. Mas já era de aceitação geral que, se o fiador renunciasse ao benefício de ordem, este deixava de existir e o fiador não poderia se valer do direito de indicar bens do devedor antes de executar o seu. Parece óbvio, se o fiador renunciar o direito ao benefício de ordem, dele não pode mesmo fazer uso. Em verdade, qualquer direito que comportar renúncia e, se dele renunciar validamente o seu titular, este direito desaparece, não mais se podendo falar em seu exercício. Não havia expressão similar na sistemática anterior, mas a regra já era assim aplicada.

Art. 795 - Os bens particulares dos sócios não respondem pelas dívidas da sociedade, senão nos casos previstos em lei.
§ 1º - O sócio réu, quando responsável pelo pagamento da dívida da sociedade, tem o direito de exigir que primeiro sejam excutidos os bens da sociedade.
§ 2º - Incumbe ao sócio que alegar o benefício do § 1º nomear quantos bens da sociedade situados na mesma comarca, livres e desembargados, bastem para pagar o débito.
§ 3º - O sócio que pagar a dívida poderá executar a sociedade nos autos do mesmo processo.
§ 4º - Para a desconsideração da personalidade jurídica é obrigatória a observância do incidente previsto neste Código.

Norma semelhante já existia na sistemática anterior (CPC/1973, art. 596), não havendo novidade em relação a esta disposição. Aqui, mais uma vez, parece que o legislador não se preocupou em dizer o óbvio. Dizer que só haverá responsabilidade nos casos previstos em lei parece óbvio. A própria Constituição Federal já impôs tal regra, quando solenemente afirma: "Ninguém será obrigado a fazer ou deixar de fazer alguma coisa senão em virtude de lei" (CF/1988, art. 5º, inciso II). Diante deste ditame constitucional, fica evidente que qualquer obrigação somente pode ser imposta por lei. Imaginar-se que alguém possa responder por obrigação de outro, sem previsão legal, é cultuar o absurdo. Mesmo assim, não é qualquer norma que poderá transferir obrigação para uma pessoa assumir dívida de outra. A lei que poderá impor responsabilidade a uma pessoa para impor a responsabilidade de pagamento de dívida de outra precisa respeitar uma série de princípios, garantias e direitos constitucionais. Entre estes, pode-se citar os princípios da proporcionalidade, da relatividade, do interesse público, da dignidade da pessoa humana, entres outros. Ainda, as garantias do devido procedimento legal, da ampla defesa e do contraditório. Entre os direitos constitucionais, podem ser anotados exemplificativamente o direito de propriedade, o direito à sobrevivência ou à manutenção da atividade empresarial, sem que, para se exigir o pagamento de dívida de um devedor falido, sacrifique-se outro, levando-o também à falência. Para haver esta transferência de obrigação e impor como responsabilidade de alguém o dever de pagar dívida de outrem, há necessidade da ocorrência de algum fato ou a prática de algum ato específico, vistos nos parágrafos seguintes.

I. Preferência pela execução sobre bens da sociedade

A regra é responder pelas dívidas somente o devedor, mas, em se tratando de sociedade, nos casos previstos em lei, o sócio pode também ser chamado à responsabilidade. A lei restringe a aplicação deste parágrafo apenas em relação ao sócio que também é réu para responder pelas dívidas da sociedade. Todavia, essa mesma norma dá ao sócio o benefício de ordem pelo qual tem o sócio direito de exigir que antes a execução recaia sobre bens da sociedade, para, somente depois, recair sobre seus bens para pagamento de eventual remanescente. Mas esse benefício de ordem não é absoluto, pois somente se aplica para os bens localizados na mesma comarca. É uma forma de responsabilidade subsidiária, de modo que os bens do sócio somente serão alcançados quando faltarem na mesma localidade bens da sociedade para satisfazer a execução.

II. Dever do sócio de nomear bens da sociedade

Este parágrafo reafirma a existência do benefício de ordem, mas condicionado não só à existência de bens da sociedade na mesma comarca, bem como impôs outra condição que é a nomeação de bens da sociedade, quantos bastem para pagar a dívida. Não atingidas ou não cumpridas estas duas condições pelo sócio, não haverá benefício de ordem algum.

III. Sub-rogação do sócio que paga a dívida da sociedade

Este parágrafo é semelhante à norma do art. 794, § 2º, do CPC/2015, que também permite ao fiador que pagar a dívida do afiançado dar continuidade à execução contra este nos mesmos autos. Aqui a mesma orientação se repete, permitindo-se, ao sócio que pagar a dívida da sociedade, sub-rogar-se no crédito e dar continuidade à execução contra esta nos mesmos autos, para receber o que pagou.

IV. Obrigatoriedade de observar Incidente de Desconsideração da Personalidade Jurídica

Normalmente quando se fala em desconsideração da personalidade, logo vem a ideia de que isto se dá para alcançar o sócio e impor a ele a responsabilidade pela pagamento das dívidas da empresa. No entanto, não é bem assim. Desconsiderar a personalidade jurídica para que suas dívidas possam ser exigidas do sócio é apenas uma das possíveis variantes da desconsideração. Mas a desconsideração da personalidade jurídica pode ser realizada não só com o objetivo de atingir algum sócio ou administrador. Pode até ser o contrário (desconsideração inversa), desconsiderar a personalidade para que a empresa responda por dívida de seu sócio (CPC/2015, art. 133, § 2º). Pode ainda ocorrer a desconsideração da personalidade jurídica para impor a uma empresa a responsabilidade pela dívida de outra. Neste caso desconsideram-se as personalidades de empresas isoladas, para que se considere como só uma empresa e uma só pode responder pelas dívidas das outras.

A previsão deste parágrafo representa avanço na processualística pátria, visto que até então não existia norma similar. A necessidade de instauração de processo incidente para processar e julgar o pedido de desconsideração da personalidade faz parte de um procedimento democrático para aperfeiçoar ou cumprir o devido procedimento legal (CPC/2015, arts. 133 a 137). Trata-se de reivindicação antiga da doutrina, que propugnava pela instalação de procedimento justo com respeito aos princípios e às garantias constitucionais, em que a sociedade e o sócio pudessem exercer todos os seus direitos, entre eles, o contraditório, a ampla defesa, visando buscar um procedimento justo (devido procedimento legal) e sem risco de arbitrariedade.

A exigência da formação de incidente é extremamente necessária para o atendimento do devido processo legal (em verdade, devido procedimento legal), com todas as garantias e direitos constitucionais, como o contraditório, a ampla defesa, entre outros. Esse novo incidente tem natureza de processo autônomo incidente, visto que tem força para suspender o processo principal, até que a questão da qual surgiu o incidente seja solucionada. Desta forma o processo principal fica suspenso e o processo incidente continua até o julgamento do pedido com a solução da questão (ação incidental) sobre a desconsideração da personalidade jurídica.

V. Procedimento da desconsideração

O CPC/2015, art. 795, § 4º, fala que para a desconsideração da personalidade é necessária a instauração de incidente apropriado (CPC/2015, arts. 133 a 137).

Antes, a desconsideração da personalidade jurídica era decidida sem processo próprio e sem o respeito aos direitos e garantias constitucionais, porque sem o auspício de um procedimento legal, o que colocava as decisões sempre sob suspeitas e sujeitas à sensação de injustiças. Com essa nova concepção mais democrática e menos arbitrária, a novel legislação deu passo à frente rumo à processualística moderna e à ordem jurídica justa.

1. Processo próprio

Com processo e procedimento próprio e com o respeito aos ditames constitucionais, haverá mais segurança jurídica e mais confiança dos jurisdicionados na lisura das decisões. Pode pedir para instaurar o processo incidente de despersonalização a parte interessada e o Ministério Público, nos casos em que caiba a sua intervenção (CPC/2015, art. 133).

A norma fala apenas em incidente, o que poderia levar ao entendimento de mero incidente, sem a instauração de novo processo de desconsideração da personalidade jurídica. Mas não é bem assim. Exige-se um novo processo com a observância de todos os pressupostos previstos em lei (CPC/2015, art. 133, § 1º), bem como a citação do sócio e a pessoa jurídica para as respectivas defesas (CPC/2015, art. 135).

Mais ainda, a norma é imperativa ao dizer que uma vez instaurado o incidente será o processo (principal) suspenso (CPC/2015, art. 134, § 3º). Se se tratasse de mero incidente, além de não se exigir nova citação, também não poderia ter efeito suspensivo do processo. Porque, quando suspenso o processo, suspende-se o que nele consta como incidente.

A falar que o incidente suspende o processo, está se referindo a dois processos, em que a propositura do segundo suspende o andamento do primeiro. Para se suspender o processo, como diz a lei (CPC/2015, art. 134, § 3º), e dar seguimento ao incidente, é porque este incidente está em outro processo, porque, se não fosse outro processo, não poderia seguir sozinho.

2. Processo incidental e processo principal

Em interpretação mais cuidadosa, torna-se fácil perceber que a norma do CPC/2015, art. 795, § 4º, exige a instauração de um processo próprio (incidental) para apuração (com produção de prova) e decisão sobre a desconsideração da personalidade jurídica. Exige-se novo processo, e não simples incidente, como pode parecer à primeira vista, em interpretação apressada.

Tanto é verdade que se exige um novo processo, porque, além dos pressupostos processuais (CPC/2015, art. 133) e das condições da ação, exige-se a citação (CPC/2015, art. 135), sendo que a citação é medida própria que se cumpre para dar início ao processo.

3. Suspensão do processo principal

Para confirmar que a nova sistemática exige um processo novo (incidental), basta atentar para a imperatividade da norma ao dizer que, uma vez instaurado o incidente, será o processo (principal) suspenso (CPC/2015, art. 134, § 3º).

Inclusive os seus incidentes. Não fosse assim, seria o mesmo que falar em outra seara: *embarcados os passageiros, a decolagem do avião fica suspensa, dando-se continuidade na viagem apenas os passageiros, sem o avião.* Como poderia isto acontecer? Para suspender um, há de existir outro. Processo suspenso não anda (CPC/2015, art. 314) e não andando não se chega ao final. Não se chegando ao final – nada se resolve. De que serviria um incidente dentro de um processo suspenso? Quando se suspende o processo, suspensos também ficarão todos os seus incidentes (CPC/2015, art. 314).

VI. Requisitos da desconsideração da personalidade jurídica

A desconsideração da personalidade jurídica somente pode acontecer quando comprovadamente houver prática de atos pelos sócios ou por várias sociedades que se reúnem para praticar atos danosos ou prejudiciais a terceiros. Trata-se de comportamento fraudulento, adrede preparado, com o fim específico de causar prejuízo a terceiro com a obtenção de lucro próprio e indevido.

1. Impossibilidade de ser objetiva

Por se tratar de uma das modalidades de fraude, não pode ser considerada sem que haja o dolo, a vontade livre e a consciência de assim agir. Da mesma forma, a exemplo do que acontece com as demais fraudes, entre elas a fraude à execução e a fraude contra credores, não se pode pensar que se trata de fraude objetiva, pois, em se tratando de fraude, esta será sempre subjetiva. Ao julgar questão de fraude à execução, assim pronunciou-se o TST:

"A configuração de fraude à execução não pode ser absolutamente objetiva. Não se deve presumir que o adquirente do imóvel tivesse conhecimento de que o negócio jurídico em questão era viciado, para enquadrar-se, em tese, nos requisitos da fraude à execução. A ciência, pelo adquirente, da existência de demanda contra o alienante, constitui elemento subjetivo essencial para se perquirir sua qualidade, ou não, de terceiro de boa-fé. Na hipótese em questão, não há prova de que o ato alienatório foi praticado com a finalidade de frustrar a execução e de que a adquirente do bem tivesse conhecimento de procedimentos executórios os quais pudessem reduzir o devedor à insolvência, segundo a previsão do art. 593, II, do CPC" (TST, 8ª T., RR nº 894-47.2011.5.10.0014, Rel. Min. Dora Maria da Costa, j. em 11/12/2013).

É da essência da fraude ser ela praticada sob o comando da vontade livre e consciente do agente e sempre com o envolvimento de no mínimo duas pessoas: uma para fraudar e a outra para ser vítima da fraude. O que não pode existir é fraude objetiva, porque, nesta modalidade de ilícito, sempre há de preponderar o elemento subjetivo do agente. Não se pode aceitar fraude alguma sem o dolo.

2. Exigência do elemento subjetivo

Considerando-se que em toda modalidade de fraude para a sua configuração exige-se o elemento subjetivo do agente, no caso da desconsideração de personalidade jurídica, para ocorrer motivação para a sua decretação, é necessário que antes se apure o comportamento do agente, para averiguação se houve ou não dolo por parte do agente. Desta forma já decidiu o Superior Tribunal de Justiça:

"Para a aplicação da teoria maior da desconsideração da personalidade social, exige-se o dolo das pessoas naturais que estão por trás da sociedade desvirtuando-lhe os fins institucionais e servindo-se os sócios ou administradores desta para lesar credores ou terceiros" (STJ, ED em REsp nº 1.306.553/SC, 2ª Seção, j. em 10/12/2014, Rel. Min. Maria Isabel Gallotti, RMDCPC, v. 64, p. 16, de jan./fev., 2015, grifo nosso).

O simples encerramento das atividades da sociedade ou a sua dissolução pura e simples, se não houve intenção (dolo) no sentido de prejudicar terceiros, não pode ser caso de desconsideração da personalidade jurídica:

"Não se quer dizer com isso que o encerramento da sociedade jamais será causa de desconsideração de sua personalidade, mas que somente o será quando sua dissolução ou inatividade irregulares ***tenham o fim de fraudar a lei*** *[...]".* (STJ, ED em REsp nº 1.306.553/SC, 2ª Seção, j. em 10/12/2014, Rel. Min. Maria Isabel Gallotti, RMDCPC, v. 64, p. 16, de jan./fev., 2015, grifo nosso).

3. Ônus da prova

Por se tratar de comportamento ilícito por parte da sociedade ou de seus sócios, para justificar a desconsideração da personalidade jurídica, a prova da ocorrência de atos neste sentido, bem como a sua prática com dolo com o fim de prejudicar terceiros, o encargo probatório fica a cargo de quem alega. Não é qualquer ato que cause prejuízo a terceiros que vai autorizar a desconsideração, necessário se faz que este tenha sido praticado com a finalidade de causar prejuízo a outrem. Neste caso, o que prepondera é a vontade livre e consciente de fraudar a lei e prejudicar terceiros.

"Tratando-se de regra de exceção, de restrição ao princípio da autonomia patrimonial da pessoa jurídica, a interpretação que melhor se coaduna com o art. 50 do Código Civil é a que relega sua aplicação a casos extremos em que a pessoa jurídica tenha sido mero instrumento para fins fraudulentos por aqueles que idealizaram, valendo-se dela para encobrir os ilícitos que propugnaram seus sócios ou administradores" (STJ, ED em REsp nº 1.306.553/SC, 2ª Seção, j. em 10/12/2014, Rel. Min. Maria Isabel Gallotti., RMDCPC, v. 64, p. 16, de jan./fev., 2015, grifo nosso).

Quando o pedido de desconsideração da personalidade jurídica não se fundamentar em ato fraudulento através do qual o agente livre e consciente tenha agido com a finalidade de prejudicar terceiros, não poderá ser acolhido como já foi decidido.

"Com esses fundamentos, não estando consignado no acórdão estadual que ***a dissolução da sociedade tinha por fim fraudar credores ou ludibriar terceiros****, não se configurando, portanto, o desvio de finalidade social ou confusão patrimonial entre sociedade e sócios ou administradores, acolho os embargos de divergência para que prevaleça a tese adotada pelo acórdão paradigma e, por conseguinte, restabelecer o acórdão especialmente recorrido"* (STJ, ED em REsp nº 1.306.553/SC, 2ª Seção, j. em 10/12/2014, Rel. Min. Maria Isabel Gallotti, RMDCPC, v. 64, p. 16, de jan./fev., 2015, grifo nosso).

Art. 796 - O espólio responde pelas dívidas do falecido, mas, feita a partilha, cada herdeiro responde por elas dentro das forças da herança e na proporção da parte que lhe coube.

No que se diz respeito às dívidas deixadas pelo falecido, a atual legislação (CPC/2015, art. 796) mantém a mesma disposição anterior (CPC/1973, art. 597), nada trazendo de novo em relação à responsabilidade dos herdeiros nos limites da herança recebida. No entanto, trata-se de normatização interessante, visto que se trata da responsabilidade do espólio e de cada herdeiro na proporção do que cada um tenha recebido como herança. A norma trata da responsabilidade dos herdeiros pelas dívidas do falecido, mas não quer dizer que aqueles se tornam devedores, como muitas vezes se pensa. Os herdeiros que receberem herança passam a ser responsáveis, mas sem serem devedores. Tanto é assim que não são obrigados a pagarem quando nada receberem de herança.

"EXECUÇÃO CONTRA CODEVEDOR – FALECIMENTO – AUSÊNCIA DE PATRIMÔNIO – IMPOSSIBILIDADE DE TRANSMISSÃO DA OBRIGAÇÃO AOS HERDEIROS – RECURSO PROVIDO" (TJSP, Ap. nº 7.236.487-1, Rel. Des. Silveira Paulilo, j. em 14/5/2008, JTJSP-Lex v. 327, p. 302, agosto, 2008).

É importante deixar bem claro que os herdeiros não herdam dívidas, como pode ser imaginado à primeira vista. As dívidas do falecido jamais são transferidas para os herdeiros. Enganam-se aqueles que pensam que existe esta transferência. Por não haver a transferência das dívidas do falecido aos herdeiros, estes jamais se tornam devedores substitutos do *de cujus*.

"[...] é a herança, nos termos do artigo supracitado, que responde por eventual obrigação deixada pelo *de cujus* [...]" (STJ, RE nº 1.125.510-RS (2009/0131588-0), Rel. Min. Massami Uyeda, v. u., j. em 6/11/2011, DJe de 19/10/2011).

É necessário distinguir *devedor* e *responsável*. O devedor é sempre responsável, mas o responsável nem sempre é devedor. O devedor é aquele que tem o dever de responder por dívida própria. O responsável é aquele que responde pela dívida de outrem. É o que se dá com fiador que responde pela dívida do devedor e também do sócio de empresa quando é chamado a responder pelas dívidas desta (CTN, 135). No caso em análise os herdeiros não se tornam devedores, apenas se tornam responsáveis pelo pagamento da dívida do falecido e, mesmo assim, só nos limites da herança recebida. Se nada recebeu de herança, nada tem a responder, pois não há responsabilidade pelas dívidas do *de cujus*, senão apenas até limite da herança obtida. Em outros termos, os herdeiros não respondem pelas dívidas do falecido, o que responde é a herança.

No caso de dívida contraída direta e pessoalmente pelo falecido, a execução e a respectiva penhora recairá sobre os bens do espólio diretamente nos autos do processo de execução, não sendo cabível efetuar-se a constrição no rosto dos autos do inventário (CPC/2015, art. 860).

"Em se tratando de dívida que foi contraída pessoalmente pelo autor da herança, pode a penhora ocorrer diretamente sobre os bens do espólio e não no rosto na forma do que dispõe o art. 674 do CPC, o qual só terá aplicação na hipótese em que o devedor for um dos herdeiros"

(STJ, REsp nº 1.318.506-RS (2012/0072647-7), RDDP, v. 143, p. 200, fevereiro, 2015).

A penhora no rosto dos autos somente se admite quando o devedor que estiver sendo executado for herdeiro, e não quando o devedor era o falecido. Quando a dívida foi contraída pelo falecido, penhoram-se os bens do espólio diretamente no processo de execução; sendo dívida própria contraída pelo herdeiro e sendo este o executado, assim é que se penhoram os seus direitos nos autos do inventário antes de ocorrida a partilha (CPC/2015, art. 860).

TÍTULO II
DAS DIVERSAS ESPÉCIES DE EXECUÇÃO

Capítulo I - Disposições Gerais

***Art. 797** - Ressalvado o caso de insolvência do devedor, em que tem lugar o concurso universal, realiza-se a execução no interesse do exequente que adquire, pela penhora, o direito de preferência sobre os bens penhorados.*
Parágrafo único - Recaindo mais de uma penhora sobre o mesmo bem, cada exequente conservará o seu título de preferência.

Autora: Stela Marlene Schwerz

I. Preferência gerada pela anterioridade da penhora

Este artigo consagra dois princípios importantes da execução: (I) o princípio do resultado e (II) princípio do *prior tempore potior jure*, que significa, literalmente, *o primeiro no tempo prefere no direito* e representa o direito de preferência gerado pela anterioridade da penhora.

O primeiro princípio revela a finalidade da execução que se realiza no interesse do exequente e deve lhe proporcionar o resultado prático equivalente ao cumprimento espontâneo da obrigação.

Como desdobramento do anterior, o segundo princípio estabelece o direito de preferência do exequente que realizou a primeira penhora, havendo várias sobre o mesmo bem, assegurando o recebimento de valores até a satisfação do seu crédito, produto da alienação judicial desse bem ou o levantamento de dinheiro, se a garantia for em espécie.

Os demais exequentes que penhoraram o mesmo bem receberão a sobra na ordem da respectiva penhora, obedecendo ao princípio da anterioridade (CPC/2015, art. 797, parágrafo único).

Aplica-se o dispositivo se existirem várias execuções promovidas por credores quirografários (que possuem créditos sem privilégios) contra devedor solvente e as penhoras recaírem sobre o mesmo bem. O direito de preferência gerado pela anterioridade da penhora (de caráter processual) não persiste se posterior penhora decorre de créditos privilegiados estabelecidos pelo direito material na seguinte ordem: créditos trabalhistas, tributários, com garantia real (CC, arts. 958, 959 e 961). Incluem-se como crédito especial os decorrentes da obrigação de alimentos, com prevalência sobre os demais.

A preferência tratada neste dispositivo constitui-se com a penhora e não com o registro da penhora que tem a finalidade apenas de dar conhecimento da constrição a terceiros.

Tem a mesma preferência da penhora, para os fins estabelecidos neste artigo, se efetivado o arresto de natureza cautelar.

A ressalva constante no início do artigo exclui a preferência adquirida pela penhora se for estabelecido o concurso universal de credores, com a declaração de insolvência do devedor (CPC/2015, art. 1.052, dispõe que o procedimento para a insolvência ainda permanece regido pelo CPC/1973, art. 748 a art. 753), com o tratamento igualitário dos credores quirografários, dividindo-se os bens do devedor entre todos.

Visto que o dispositivo em referência repete a mesma regra constante do CPC/1973, art. 612 e apenas substituiu os vocábulos credor/devedor por exequente/executado, o entendimento jurisprudencial sobre a preferência da penhora tem aplicação à interpretação do CPC/2015, art. 797.

II. Julgados

Desnecessidade de averbação no registro para configuração da preferência da penhora

"[...] 1. Havendo pluralidade de credores com penhora sobre o mesmo imóvel, o direito de preferência se estabelece pela anterioridade da penhora, conforme os arts. 612, 613, 711 e 712 do CPC, que expressamente referem à penhora como o 'título de preferência' do credor.

2. A precedência da data da averbação da penhora no registro imobiliário, nos termos da regra do art. 659, § 4º, do CPC, tem relevância para efeito de dar publicidade ao ato de constrição, gerando presunção absoluta de conhe-

cimento por terceiros, prevenindo fraudes, mas não constitui marco temporal definidor do direito de prelação entre credores.

3. Nos termos do art. 664 do CPC, 'considerar-se-á feita a penhora mediante a apreensão e o depósito dos bens, lavrando-se um só auto se as diligências forem concluídas no mesmo dia'. Assim, o registro ou a averbação não são atos constitutivos da penhora, que se formaliza mediante a lavratura do respectivo auto ou termo no processo. Não há exigência de averbação imobiliária ou referência legal a tal registro da penhora como condição para definição do direito de preferência, o qual dispensa essas formalidades. [...]" (4ª T., REsp nº 1209807/MS, Rel. Min. Raul Araújo, j. em 15/12/2011, DJe de 15/2/2012).

Preferência da penhora e créditos privilegiados

"[...] 2. Havendo pluralidade de penhora sobre o mesmo bem, devem ser analisadas duas situações: em primeiro lugar, a existência de crédito privilegiado, em decorrência de previsão legal; afastada essa hipótese, em segundo lugar, a anterioridade da penhora. Na hipótese da existência de privilégio em virtude da natureza do crédito, deve o credor privilegiado, a fim de exercer a preferência legalmente prevista, demonstrar que promoveu a execução, e que penhorou o mesmo bem objeto de outra constrição judicial, conforme prevê o art. 711 do Código de Processo Civil.

3. Reconhecido pela Corte de origem que a execução fiscal movida pelo INSS está garantida pelo mesmo bem objeto de penhora na execução promovida pelo particular, há de prevalecer o direito de preferência daquele sobre o produto da arrematação, porquanto o crédito fiscal goza de privilégio sobre os demais créditos, à exceção daqueles de natureza trabalhistas e dos encargos da massa, na hipótese de insolvência do devedor. [...]" (1ª T., REsp nº 660.655/MG, Rel. Min. Denise Arruda, j. em 17/4/2007, DJ de 24/5/2007, p. 312).

Preferência da penhora e arresto da execução

"[...] 1. O arresto, tendo a mesma natureza executiva da penhora, assegura ao credor que o efetiva, providenciando o devido registro, direito de preferência em relação a credor que posteriormente penhora o mesmo imóvel. O arresto, como a penhora, implica inalienabilidade do bem, presumindo-se, ademais, através do respectivo registro, seu absoluto conhecimento por terceiros, de molde a tornar indiscutível o interesse do credor, que prontamente diligenciou quanto ao arresto, na consequente excussão do bem para garantia de seu crédito.

2. Interpretando-se sistematicamente a legislação processual civil, irretorquível a equiparação do arresto incidental ou executivo (art. 653 do CPC) à penhora, para fins de preferência na percepção creditícia em concurso de credores, haja vista a natureza constritiva do ato, inclusive designado de 'pré-penhora', vez que meramente antecipatório da penhora em hipóteses nas quais não localizado o devedor; ou seja, trata-se de atos processuais de idêntico fim, decorrendo mesmo automaticamente a conversão do arresto em penhora em não se verificando o pagamento pelo executado, nos termos do art. 654 do CPC. Precedente. [...]" (4ª T., REsp nº 759.700/SP, Rel. Min. Fernando Gonçalves, Rel. p/ Acórdão Min. Jorge Scartezzini, j. em 18/8/2005, DJ de 24/4/2006, p. 407).

Preferência da penhora e arresto cautelar

"[...] I - Em face do princípio 'prior tempore potiur iure', que teve vigência no direito luso-brasileiro até meados do século XVIII, e que retornou no CPC de 1973, regendo a execução por quantia certa contra devedor solvente, a prioridade na fase do pagamento, inexistindo título legal de preferência, é de quem primeiro penhorou e não daquele que primeiro promoveu a execução.

II - Em interpretação sistemática, e de ter-se por abrangida, na expressão 'penhora' do art. 612, CPC, as figuras de arresto contempladas nos arts. 653/654 e 813/821 do mesmo diploma legal. [...]" (4ª T., REsp nº 2.435/MG, Rel. Min. Bueno de Souza, Rel. p/ Acórdão Min. Sálvio de Figueiredo Teixeira, j. em 1º/12/1994, DJ de 28/8/1995, p. 26635, REPDJ 16/10/1995, p. 34663).

Preferência da penhora e crédito alimentar

"[...] – No concurso com outros créditos, o alimentar tem prevalência, uma vez que vital à sobrevivência do alimentando. Precedente: REsp n.451.199-SP. [...]" (4ª T., REsp nº 410.254/RO, Rel. Min. Barros Monteiro, j. em 15/3/2005, DJ de 9/5/2005, p. 309).

Preferência da penhora e crédito de honorários advocatícios

"[...] II - Embora esta Corte Superior já tenha reconhecido a natureza alimentar dos créditos decorrentes dos honorários advocatícios, estes não se equiparam aos créditos trabalhistas, razão por que não há como prevalecerem, em sede de concurso de credores, sobre o crédito fiscal da Fazenda Pública [...]" (3ª T., REsp nº 939.577/RS, Rel. Min. Massami Uyeda, j. em 3/5/2011, DJe de 19/5/2011).

Art. 798 - Ao propor a execução, incumbe ao exequente:
I - Instruir a petição inicial com:
a) o título executivo extrajudicial;
b) o demonstrativo do débito atualizado até a data de propositura da ação, quando se tratar de execução por quantia certa;
c) a prova de que se verificou a condição ou ocorreu o termo, se for o caso;
d) a prova, se for o caso, de que adimpliu a contraprestação que lhe corresponde ou que lhe assegura o cumprimento, se o executado não for obrigado a satisfazer a sua prestação senão mediante a contraprestação do exequente;
II - indicar:
a) a espécie de execução de sua preferência, quando por mais de um modo puder ser realizada;
b) os nomes completos do exequente e do executado e seus números de inscrição no Cadastro de Pessoas Físicas ou no Cadastro Nacional da Pessoa Jurídica;
c) os bens suscetíveis de penhora, sempre que possível.
Parágrafo único - O demonstrativo do débito deverá conter:
I - o índice de correção monetária adotado;
II - a taxa de juros aplicada;
III - os termos inicial e final de incidência do índice de correção monetária e da taxa de juros utilizados;
IV - a periodicidade da capitalização dos juros, se for o caso;
V - a especificação de desconto obrigatório realizado.

I. Requisitos da petição inicial da execução

São requisitos específicos da petição inicial da execução de título extrajudicial aqueles indicados no CPC/2015, art. 798, inciso II, alíneas *a*, *b* e *c*, devendo-se atender, naquilo que for compatível, também o art. 319 que trata da petição inicial do processo de conhecimento (aplicação das regras do processo comum ao de execução ocorre por força do CPC/2015, art. 771). Conjugando-se os dois dispositivos, a petição inicial executiva deverá indicar:

(i) o juízo a que é dirigida (CPC/2015, art. 319, inciso I) definindo-se a competência para a propositura da ação, via de regra no foro de domicílio do executado, foro de eleição constante do título ou da situação dos bens (CPC/2015, art. 781, inciso I);

(ii) qualificação do exequente e executado, com os nomes completos, estado civil e existência de união estável, profissão, endereço, inclusive o eletrônico, números de inscrição no Cadastro de Pessoas Físicas ou no Cadastro Nacional da Pessoa Jurídica (CPC/2015, arts. 319, inciso II, e 798, inciso II, *b*). O exequente poderá deixar de indicar todos os dados previstos para qualificação do executado, pois possível ao juiz acessá-los por meio de informações eletrônicas ou por outras diligências, devendo-se aplicar o disposto no CPC/2015, art. 319, §§ 1º ao 3º. A previsão para que a inicial não seja indeferida por ausência de todas as informações do réu/executado está justificada pela necessidade de facilitação do acesso à justiça. Se ao exequente foi possível identificar o executado, de forma incompleta, possibilitando a citação, o juízo deverá determiná-la sem emenda à inicial. Compete ao Judiciário, caso não seja possível a citação do réu por ausência de alguma das informações, diligenciar para complementá-las. A aplicação dessas previsões à execução está em consonância com o sistema processual de aproveitamento dos atos e acesso à justiça;

(iii) os fatos e fundamentos jurídicos do pedido ou causa de pedir (CPC/2015, art. 319, inciso III), que na execução traduz-se pela referência à obrigação constante do título necessariamente juntado à inicial e a afirmação do seu inadimplemento. Se existente condição ou termo, deve-se demonstrar sua ocorrência para possibilitar a execução;

(iv) o pedido (CPC/2015, art. 319, inciso IV) será de execução de um valor ou outra prestação (fazer, não fazer, entrega de coisa). Na execução por quantia certa o valor da execução será atualizado até a data da propositura da ação com indicação precisa dos itens que compõem o cálculo (*vide* comentários ao parágrafo único deste artigo);

(v) a espécie de execução que prefere (CPC/2015, art. 798, inciso II, *a*), se houver vários meios legais à disposição do exequente para a sua realização, por exemplo, nas execuções de obrigação de alimentos o credor poderá requerer o desconto em folha da pensão, a prisão ou a execução por quantia certa do valor devido dos alimentos, devendo a inicial esclarecer que meio executivo deve ser empregado;

(vi) o valor da causa (CPC/2015, art. 319, inciso V) de acordo com as regras estabelecidas no CPC/2015, arts. 291 e 292 e na execução devem refletir o valor atualizado da dívida acrescido dos encargos, se a espécie for de execução por quantia certa. Nas demais espécies de execuções a quantia correspondente à obrigação contratual ou da coisa, especificamente quanto às obrigações de trato sucessivo, a observância das regras no CPC/2015, art. 292, inciso II e §§ 1º e 2º. Havendo cumulação de execuções, a soma dos valores de todas as dívidas;

(vii) a indicação de bens do executado passíveis de penhora é faculdade do exequente (CPC/2015, art. 798, inciso II, *c*), portanto, não se trata de requisito da petição inicial executiva tendo o intuito de agilizar a realização da constrição judicial;

(viii) a indicação do endereço do advogado do exequente onde receberá intimações, embora não conste como requisito da petição inicial executiva, consta como dever genérico de todo profissional em toda e qualquer ação (CPC/2015, art. 77, inciso V), inclusive de mantê-lo atualizado (regra aplicável também à parte).

É desnecessário constar na petição inicial o requerimento de citação do executado, notando-se que a regra anterior (CPC/1973, art. 222, *d*) não foi reproduzida no CPC/2015, sendo de regra a citação realizada pelo correio, inclusive nas execuções, para qualquer Comarca do País, salvo se o exequente justificar o pedido para que se realize de outra forma (CPC/2015, art. 247, inciso V).

II. Documentos que devem instruir a petição inicial da execução

Constituem-se documentos essenciais para a propositura da execução e devem ser juntados com a petição inicial aqueles elencados no CPC/2015, art. 798, inciso I, alíneas *a*, *b* e *c* e parágrafo único:

(i) o título executivo extrajudicial em sua via original, de regra, fundada a execução em cambial (CPC/2015, art. 784, inciso I), evitando-se que o crédito exigido possa circular, admitindo-se a juntada de cópia se a execução se fundar em títulos não circuláveis (como, por exemplo, a escritura pública ou documento particular assinado pelo devedor e duas testemunhas, CPC/2015, art. 784, incisos II e III). Juntada a cópia do título executivo nos processos físicos e processos eletrônicos, o juízo da execução poderá determinar a apresentação do original para conferência, e, tratando-se de cambial, a sua guarda em cartório para evitar a circulação.

(ii) o demonstrativo do débito atualizado até a data de propositura da ação é exigência para a execução por quantia certa, garantindo-se ao devedor a possibilidade de conferência do cálculo, exige-se que o exequente aponte os critérios pormenorizados que utilizou para o efetuar. São requisitos do demonstrativo (na forma do CPC/2015, art. 798, parágrafo único) o apontamento do índice de correção monetária adotado, a taxa de juros, especificação dos termos inicial e final de incidência desses mesmos índices e a periodicidade dos juros capitalizados, se houver, e, finalmente, a especificação dos descontos obrigatórios que porventura incidam sobre o cálculo. Em que pese a referência do demonstrativo como documento que instrui a inicial executiva, nada impede que o cálculo, com os itens mencionados, integre a petição inicial, pois sua finalidade é dar ciência ao executado do que lhe é cobrado para que possa objetar-se contra eventual excesso de execução.

(iii) a prova de que se verificou a condição nos casos em que a obrigação está sujeita a verificação de evento futuro e incerto em negócios com cláusula suspensiva ou resolutiva (CC, arts. 121, 125 e 127); ou ocorreu o termo que é evento futuro e certo (inicial e final). Apenas em casos em que a exequibilidade do título executivo está sujeita a estes eventos é que há necessidade de se comprovar que se realizou condição ou termo.

(iv) nas obrigações bilaterais o exequente deve provar, na inicial, que cumpriu a sua obrigação para exigir a contraprestação do executado. Nessa hipótese, o contratante deve cumprir a sua parte ou comprovar que a cumpriu para poder exigir a do outro, e a ausência dessa demonstração acarretará a extinção da execução, por aplicação do *exceptio non adimplenti contractus* ou exceção de contrato não cumprido, prevista no CC, art. 476.

(v) a petição inicial executiva deve vir acompanhada da procuração outorgada ao advogado do exequente que o autoriza a atuar em juízo, salvo em casos urgentes ou para evitar preclusão, decadência ou prescrição, ressaltando-se que os novos elementos da procuração (como a indicação do endereço eletrônico do advogado) e a exigência de constar na inicial, como documento substancial, encontram-se expressos no CPC/2015, arts. 104 e 287.

III. Julgados

Prova da ocorrência da condição suspensiva da obrigação

"[...] 2) Estipulação expressa do contrato de honorários no sentido de que a verba honorária no percentual de 4% seria paga mensalmente na medida em que a empresa executada fosse autorizada pela autoridade fazendária a se creditar dos valores de ICMS recolhidos anteriormente em excesso.

3) Não comprovação pelo exequente do implemento da condição suspensiva prevista no contrato.

4) Ausência de certeza, liquidez e exigibilidade do título executivo, por falta de comprovação do implemento da condição, nos termos do art. 614, III, do CPC. [...]" (3ª T., REsp nº 1378389/DF, Rel. Min. Paulo de Tarso Sanseverino, j. em 27/5/2014, DJe de 13/6/2014).

Ausência de prova do inadimplemento

"[...] 3. No caso, a propositura da ação executiva com base em nota promissória vinculada ao contrato de desconto bancário foi condicionada à prova do inadimplemento pelos sacados, ou seja, a exigibilidade do título só seria caracterizada no caso do não pagamento das duplicatas pelos devedores originários.

4. A não comprovação do inadimplemento das duplicatas impede o ajuizamento da execução, nos moldes em que ora proposta, sendo certo que tal prova deve acompanhar a exordial, porquanto inerente à própria exigibilidade da obrigação. [...]" (4ª T., REsp nº 986.972/MS, Rel. Min. Luis Felipe Salomão, j. em 4/10/2012, DJe de 23/10/2012).

Demonstrativo de débito e desnecessidade na execução fiscal

"[...] 3. Pela sistemática do art. 543-C, do CPC, a Primeira Seção do STJ decidiu: 'é desnecessária a apresentação do demonstrativo de cálculo, em execução fiscal, uma vez que a Lei 6.830/80 dispõe, expressamente, sobre os requisitos essenciais para a instrução da petição inicial e não elenca o demonstrativo de débito entre eles. Inaplicável à espécie o art. 614, II, do CPC.' (REsp nº 1.138.202-ES, de relatoria do Min. Luiz Fux, DJ de 01/2/2010). [...]" (1ª T., AgRg no REsp nº 1213672/PE, Rel. Min. Benedito Gonçalves, j. em 9/10/2012, DJe de 16/10/2012).

Prova do cumprimento da obrigação do exequente para exigir a contraprestação do executado

"[...] 1. Nenhum dos sujeitos da relação jurídica, antes de cumprida sua obrigação, pode exigir o adimplemento da obrigação contraposta, eis a transposição para o processo da máxima civilista do *exceptio non adimplenti contractus*.

2. A alegada ausência de contraprestação do exequente - consistente no pagamento de indenização determinada no processo de conhecimento -, possui a virtualidade de atingir a própria exigibilidade do título, matéria absolutamente passível de ser alegada em sede de embargos à execução (art. 741, inciso II) ou de impugnação ao cumprimento de sentença (art. 475-L, inciso II), no momento da execução de sentença constitutiva de obrigação bilateral. [...]" (4ª T., REsp nº 826.781/RS, Rel. Min. Luis Felipe Salomão, j. em 22/2/2011, DJe de 25/2/2011).

Instrução da petição inicial com título executivo original

"[...] 2. Os artigos 283 e 614, I, do Código de Processo Civil devem ser interpretados de forma sistemática, sem que haja descuido quanto à observância das demais regras e princípios processuais, de modo que o magistrado, antes de extinguir o processo de execução, deve possibilitar, nos moldes do disposto no artigo 616 do Código de Processo Civil, que a parte apresente o original do título executivo.

3. Não havendo má-fé do exequente, conforme apurado pelo Tribunal de origem, a alegação, sem demonstração de prejuízo, de não haver oportunidade para manifestação sobre o original do título exequendo, por ocasião da oposição dos embargos à execução, não tem o condão de impedir a sua posterior juntada. [...]" (4ª T., REsp nº 924.989/RJ, Rel. Min. Luis Felipe Salomão, j. em 5/5/2011, DJe de 17/5/2011).

Art. 799 - Incumbe ainda ao exequente:

I - requerer a intimação do credor pignoratício, hipotecário, anticrético ou fiduciário, quando a penhora recair sobre bens gravados por penhor, hipoteca, anticrese ou alienação fiduciária;

II - requerer a intimação do titular de usufruto, uso ou habitação, quando a penhora recair sobre bem gravado por usufruto, uso ou habitação;

III - requerer a intimação do promitente comprador, quando a penhora recair sobre bem em relação ao qual haja promessa de compra e venda registrada;

IV - requerer a intimação do promitente vendedor, quando a penhora recair sobre direito aquisitivo derivado de promessa de compra e venda registrada;

V - requerer a intimação do superficiário, enfiteuta ou concessionário, em caso de direito de superfície, enfiteuse, concessão de uso especial para fins de moradia ou concessão de direito real de uso, quando a penhora recair sobre imóvel submetido ao regime do direito de superfície, enfiteuse ou concessão;

VI - requerer a intimação do proprietário de terreno com regime de direito de superfície, enfiteuse, concessão de uso especial para fins de moradia ou concessão de direito real de uso, quando a penhora recair sobre direitos do superficiário, do enfiteuta ou do concessionário;

VII - requerer a intimação da sociedade, no caso de penhora de quota social ou de ação de sociedade anônima fechada, para o fim previsto no art. 876, § 7º;

VIII - pleitear, se for o caso, medidas urgentes;

IX - proceder à averbação em registro público do ato de propositura da execução e dos atos de constrição realizados, para conhecimento de terceiros.

X - requerer a intimação do titular da construção-base, bem como, se for o caso, do titular de lajes anteriores, quando a penhora recair sobre o direito real de laje; (Incluído pela Lei nº 13.465, de 2017)

XI - requerer a intimação do titular das lajes, quando a penhora recair sobre a construção-base. (Incluído pela Lei nº 13.465, de 2017)

I. Intimação de terceiros na execução

A penhora de bens gravados ou onerados é possível, desde que sejam intimados os terceiros designados nos incisos I a VI, para que, cientes da constrição, possam exercer os seus respectivos direitos. Se a indicação à penhora desses bens gravados ou onerados foi efetuada na inicial pelo exequente (conforme lhe faculta o CPC/2015, art. 798, inciso II), nessa mesma oportunidade deverá requerer a intimação dos terceiros, providência dispensada se os bens indicados forem livres e desembaraçados. Realizada a penhora no curso do processo de execução sobre bens com ônus ou gravames, também se exige a intimação dos terceiros que se fará com no mínimo 5 (cinco) dias de antecedência da alienação (CPC/2015, art. 889, incisos III a VII).

A previsão do inciso VII refere-se a obrigatoriedade de intimação dos sócios, efetivada a penhora sobre cotas sociais do executado ou de ações de sociedade anônima fechada, para que esses possam exercer o direito de preferência na aquisição das cotas ou ações (CPC/2015, art. 876, § 1º).

A ausência de intimação dos terceiros da penhora realizada, sob bens gravados ou onerados, e dos sócios na hipótese do inciso VII tem como consequência a ineficácia da alienação em relação aos titulares desses direitos a ser reconhecida na própria execução.

Os incisos X e XI, incluídos pela Lei nº 13.465, de 11 de julho de 2017, preveem a intimação do titular da construção-base quando a penhora recair sobre o direito real de laje ou do titular das lajes ou se a penhora recair sobre a construção-base.

O direito de laje é direito que confere ao titular a possibilidade de construir e manter construção em unidade autônoma acima ou abaixo da edificação existente, com registro (matrícula) distinto da construção-base. Tratou a nova legislação da regulamentação de propriedade informal, construções em laje ou subsolo que não eram reconhecidas pelo Direito, mas uma realidade social em grandes cidades.

A penhora da laje ou da construção-base torna necessária a intimação dos respectivos titulares, conforme indicação do dispositivo, sob pena de ineficácia da alienação no processo executivo.

II. Medidas urgentes na execução

A possibilidade de concessão de medidas urgentes, a requerimento do exequente, na inicial da execução ou no curso do processo executivo já era prevista no CPC/1973, art. 615, inciso III, mas ofuscada pela possibilidade de o credor utilizar-se de procedimentos autônomos cautelares, antecedente ou incidental, diante de previsão expressa de cautelares específicas para proteção da atividade jurisdicional executiva. Restringia-se, pois, a sua aplicação ao poder geral de cautela do juiz em caráter excepcional quando não havia previsão de proteção cautelar. Entendemos que o dispositivo permitirá, no novo sistema processual, que todas as medidas urgentes para proteção da execução se façam no bojo do processo executivo, pois suprimidos pelo CPC/2015 os procedimentos autônomos cautelares. As medidas a serem pleiteadas na própria inicial ou no curso da ação podem consistir em medidas de cunho cautelar ou satisfativo – de urgência – conforme previsão do CPC/2015, arts. 300 a 310.

III. Averbação da propositura da execução e dos atos constritivos

Faculta-se ao exequente averbar a existência da ação executiva sob os bens do executado penhoráveis e sujeito a registro (CPC/2015, art. 799, inciso IX). A anotação da existência da ação de execução e da penhora realizada é medida prevista para ciência de terceiros, configurando-se fraude à execução, presumindo-se a má-fé daquele que participou do negócio, se ocorrer a alienação ou oneração dos bens que possuem a averbação. O procedimento para a averbação da execução e da penhora encontra-se disciplinado no CPC/2015, art. 828 e art. 844 (vide comentários a estes artigos), obtendo-se certidão da ação, da existência da penhora e registrando-as, com previsão de sanção ao exequente que agir abusivamente ou em excesso pelo cotejamento do valor dos bens e da dívida executada ou por não promover a baixa da anotação se verificado o excesso.

IV. Julgados

Ausência de intimação do credor hipotecário – consequência

"[...] 1. No processo de execução, é indispensável a intimação do credor hipotecário (art.

615, nº II, do CPC), sob pena de não produzir efeitos, em relação à pessoa que devia ter sido intimada, a eventual alienação do bem no curso do processo executivo. [...]" (4ª T., AgRg no REsp nº 345.902/SP, Rel. Min. Hélio Quaglia Barbosa, j. em 13/3/2007, DJ de 2/4/2007, p. 274).

Averbação de ação rescisória no registro de imóveis

"[...] 1 - Requerimento de averbação da existência da ação rescisória no Ofício do Registro de Imóveis.

2 - Acolhimento do pedido, preservando-se os interesses de terceiros de boa-fé. [...]" (2ª Seção, AgRg na AR nº 4.878/DF, Rel. Min. Paulo de Tarso Sanseverino, j. em 24/4/2013, DJe de 30/4/2013).

Averbação de penhora e venda do bem - configuração de fraude à execução

"[...] 1.- Penhoradas, com averbação da penhora, cotas de sociedade por cotas de responsabilidade limitada em execução movida contra os sócios, configura fraude de execução a alienação fraudulenta de imóvel pela sociedade em proveito dos sócios executados, patenteado pelo recebimento do valor da venda mediante endosso de cheque dado em pagamento. [...]" (3ª T., REsp nº 1355828/SP, Rel. Min. Sidnei Beneti, j. em 7/3/2013, DJe de 20/3/2013).

Art. 800 - Nas obrigações alternativas, quando a escolha couber ao devedor, esse será citado para exercer a opção e realizar a prestação dentro de 10 (dez) dias, se outro prazo não lhe foi determinado em lei ou em contrato.

§ 1º - Devolver-se-á ao credor a opção, se o devedor não a exercer no prazo determinado.

§ 2º - A escolha será indicada na petição inicial da execução quando couber ao credor exercê-la.

I. Definição da prestação nas obrigações alternativas

A obrigação alternativa caracteriza-se pela possibilidade de o devedor cumprir sua prestação mediante escolha. Esta obrigação pode constar em título judicial se a condenação na sentença for desta mesma natureza (originada de pedido alternativo CPC/2015, art. 325, parágrafo único) ou extrajudicial se a alternatividade da prestação decorre de lei ou contrato e possui força executiva. A indefinição da obrigação retira a exequibilidade do título, por isso o CPC/2015, art. 800, estabelece procedimento prévio para a realização da escolha da prestação que caberá ao credor ou ao devedor conforme constar no título. Se a escolha couber ao credor, já na petição inicial deverá indicar a prestação que prefere ver cumprida (CPC/2015, 800, § 2º), por isso o dispositivo em referência consta na seção relativa aos requisitos da petição inicial. Entretanto, se a escolha couber ao devedor duas condutas são possíveis: (i) o devedor, citado no prazo de 10 (dez) dias para exercer o direito de optar, escolhe e cumpre a obrigação (CPC/2015, 800, *caput*), o que acarretará a extinção da execução por seu cumprimento; ou (ii) omisso o devedor, incumbe ao credor a escolha (CPC/2015, 800, § 1º). Acrescente-se que a escolha da obrigação (se possuírem naturezas diferentes) pode acarretar procedimento distinto da execução (por exemplo, uma obrigação de pagar ou obrigação de fazer), também por isso a necessidade de definição do objeto da prestação em procedimento prévio anterior à execução.

II. Julgado

Obrigação alternativa e ação monitória

"III – É válida a ação monitória que contém pedido para a entrega dos bens depositados junto à ré ou o pagamento de seu equivalente em dinheiro" (3ª T., REsp nº 299.037/ES, Rel. Min. Castro Filho, j. em 25/11/2002, DJ de 1º/9/2003, p. 277).

Art. 801 - Verificando que a petição inicial está incompleta ou que não está acompanhada dos documentos indispensáveis à propositura da execução, o juiz determinará que o exequente a corrija, no prazo de 15 (quinze) dias, sob pena de indeferimento.

I. Correção da petição inicial executiva

O CPC/2015, art. 798, inciso II (*vide* comentários supra), e art. 319 estabelecem requisitos que devem ser observados para a elaboração da petição inicial executiva. O juiz fará o controle da existência desses requisitos na peça inicial e sua adequada instrução com os documentos substanciais relacionados no CPC/2015, art. 798, inciso I. Ao constatar vícios sanáveis por não obediência a essas regras, o juiz determinará a correção no prazo de 15 (quinze) dias, sob pena de extinção da execução por indeferimento da petição inicial. No nosso entender, é aplicável o CPC/2015, art. 321, no que se refere ao dever do juiz, ao determinar a emenda ou complementação da inicial da execução, de indicar com precisão os defeitos existentes para possibilitar ao exequente a sua correção. Tal conclusão está em consonância com o sistema processual que prestigia o aproveitamento dos atos processuais. O pronunciamento judicial que determina a emenda ou correção é impugnável por agravo de instrumento, por força do CPC/2015, art. 1.015, parágrafo único, que prevê a utilização do referido recurso das decisões proferidas no processo de execução. Entretanto, o indeferimento da inicial constitui-se sentença, desafiando o recurso de apelação (CPC/2015, art. 331) com a possibilidade de retratação do juiz.

II. Julgados

Emenda da inicial da execução. Possibilidade mesmo após embargos do devedor

"[...] 1. A decisão vergastada, com fulcro no princípio da instrumentalidade das formas, deu provimento ao recurso para reconhecer a emenda à inicial realizada e determinar a reabertura do prazo para a apresentação dos embargos à execução, porquanto caberia ao juízo de origem franquear à exequente a possibilidade de emendar a sua exordial, oportunidade que não foi concedida. [...]" (4ª T., AgRg no AgRg no AREsp nº 466.380/AM, Rel. Min. Raul Araújo, j. em 24/4/2014, DJe de 26/5/2014).

Requisitos do demonstrativo do débito – emenda para indicação de critérios utilizados no cálculo

"[...] 2. A ausência de demonstrativo do débito, ou a sua insuficiência, pois não comprovado de forma pormenorizada a evolução do valor, com os índices e critérios atualizados, afronta o art. 614, II, do CPC, pois impede a adequada defesa da executada.

3. Esta Corte, atenta à função instrumental do processo e em homenagem aos princípios da efetividade e da economia processual, tem buscado evitar a anulação de todo o processo, possibilitando o suprimento de eventual irregularidade (art. 616 do CPC) mesmo em momentos posteriores ao primeiro contato que o juiz tiver com a petição inicial. Para tanto, contudo, necessário o prequestionamento da matéria, o que não ocorreu na espécie. [...] Recurso especial provido para declarar extinto o processo, sem julgamento de débito" (3ª T., REsp nº 1262401/BA, Rel. Min. Nancy Andrighi, j. em 18/10/2011, DJe de 15/12/2011).

Emenda da inicial para complementação do demonstrativo do débito

"[...]. A incompletude do demonstrativo atualizado da dívida não acarreta a extinção automática da execução, devendo o órgão julgador, antes, permitir ao credor que supra a falta, nos termos do art. 616, combinado com o art. 614, II, do Código de Processo Civil. Precedentes. [...]" (4ª T., REsp 507.335/SC, Rel. Min. Barros Monteiro, j. em 7/6/2005, DJ de 29/8/2005, p. 348).

Art. 802 - Na execução, o despacho que ordena a citação, desde que realizada em observância ao disposto no § 2º do art. 240, interrompe a prescrição, ainda que proferido por juízo incompetente.
Parágrafo único - A interrupção da prescrição retroagirá à data de propositura da ação.

Autor: Claudionor Benite

I. Interrupção da prescrição

A citação é o ato pelo qual se dá ciência ao executado da propositura da demanda executiva e, sendo válida, induz litispendência, torna litigiosa a coisa e constitui em mora o devedor (CPC/2015, art. 240, *caput*). Também tem o efeito de interromper a prescrição, ainda que ordenada por juízo incompetente.

II. Efeito retroativo

Para retroagir o efeito interruptivo da prescrição à data da propositura da execução (art. 312, CPC/2015), necessário que o exequente promova a citação do executado no prazo legal. Por isso, a remissão ao § 2º, do art. 240, do CPC/2015, é para alertar o exequente que é dele a incumbência de tomar as providências necessárias para viabilizar a citação do executado, no prazo de 10 (dez) dias, sob pena de não se ter por interrompido o prazo prescricional. Conta-se esse prazo a partir da intimação do despacho que ordenou a citação.

Observe-se que o art. 240, do CPC/2015, não prevê a possibilidade de prorrogação desse prazo, como expressamente previa o § 3º, do art. 219, CPC/1973. Contudo, havendo prorrogação do prazo por decisão judicial, é de se admitir interrompido o prazo prescricional, desde a data da propositura da execução, se efetivado o ato citatório dentro do prazo estendido.

A citação do executado poderá ser feita pelas formas previstas no art. 246, do CPC/2015. De regra, a citação será por via postal, o que já ocorre na execução fiscal (art. 8º, inciso I, da Lei nº 6.830/1980) e nas execuções perante o juizado especial cível (art. 18, inciso I, da Lei nº 9.099/1995).

A principal diligência do exequente é providenciar o recolhimento de custas devidas para expedição do mandado citatório e o seu cumprimento, seja pela via postal, pessoal ou por edital, eis que admitida quaisquer das modalidades previstas no art. 246, do CPC/2015, ao contrário do sistema anterior que não permitia a citação via postal no processo de execução (art. 222, *d*, CPC/1973).

III. Precedentes

STJ – Súmula nº 106: "Proposta a ação no prazo fixado para o seu exercício, a demora na citação, por motivos inerentes ao mecanismo da justiça, não justifica o acolhimento da arguição de prescrição ou decadência"

"[...] 1. Considera-se interrompida prescrição na data em que a petição inicial é protocolada, desde que não seja imputada ao exequente culpa pelo atraso do despacho ou da citação [...]" (3ª T., AgRg no AREsp nº 433.766/MG, Rel. Min. João Otávio de Noronha, j. em 20/11/2014, DJe de 25/11/2014).

"[...] Para fins de interrupção da prescrição, os efeitos da citação válida devem retroagir à data da propositura da ação, nos termos do art. 219, § 1º, do CPC [...]" (1ª T., AgRg no AREsp nº 539.253/SP, Rel. Min. Sérgio Kukina, j. em 19/8/2014, DJe de 27/8/2014).

"[...] Esta Corte tem manifestado entendimento no sentido de considerar interrompida a prescrição desde a data em que a petição inicial da execução dá entrada no protocolo do Juízo, salvo se considerada inepta ou seja atribuída ao autor a demora na distribuição ou citação. Precedentes. 2. Recurso especial conhecido e provido. (REsp nº 204.730/PB, Rel. Ministro FERNANDO GONÇALVES, QUARTA TURMA, julgado em 22/6/2004, DJ de 2/8/2004, p. 395) 2. Recurso não provido" (TJPR, 13ª C.Cível, AC nº 1289138-4 - Guarapuava, Rel. Luciano Carrasco Falavinha Souza, unânime, j. em 4/3/2015).

Art. 803 - É nula a execução se:
I - o título executivo extrajudicial não corresponder a obrigação certa, líquida e exigível;
II - o executado não for regularmente citado;
III - for instaurada antes de se verificar a condição ou de ocorrer o termo.
Parágrafo único - A nulidade de que cuida este artigo será pronunciada pelo juiz, de ofício ou a requerimento da parte, independentemente de embargos à execução.

I. Função do título executivo

É tornar adequada a tutela jurisdicional executiva (*nulla executio sine titulo*) e para ter eficácia executiva deve reunir os três requisitos de exequibilidade, ou seja, obrigação certa, líquida e exigível (art. 783, CPC/2015).

É certa a obrigação quando não há dúvida de sua existência e do que é devido *an debeatur*. Diz-se líquida a obrigação quando é determinada ou determinável a quantia ou qualidade do que é devido *quantum debeatur e quid debeatur* e exigível quando vencida e não sujeita a condição.

Execução sem título leva à carência do direito de ação por falta de interesse processual (inadequação da via jurisdicional executiva), extinguindo-se o processo por ausência de uma das condições da ação.

II. Citação: pressuposto de validade da relação processual

É o ato de convocação das partes para integrarem a relação processual (art. 238, CPC/2015). Sem este ato não há formação válida do processo. A citação deverá observar o disposto no art. 240, §§ 1º a 4º, quanto aos efeitos, e o art. 246, incisos I a V, quanto à modalidade. O comparecimento espontâneo do executado supre o vício. Será inválida a citação por edital, por exemplo, se o executado tem endereço certo e conhecido.

III. Exigibilidade

O termo e condição estão afetos à exigibilidade do título que se vincula ao interesse necessidade. Verificado o termo (evento futuro e certo) e não havendo condição pendente (evento futuro e incerto) que condicione o início dos efeitos do negócio jurídico, o inadimplemento do devedor torna exigível a obrigação representada no título. Obrigação vencida e não sujeita a condição, representada em título executivo, autoriza a execução forçada.

Tratando-se de obrigação bilateral representada em título executivo, compete ao exequente comprovar que cumpriu com sua contraprestação, para exigir o cumprimento da prestação do executado, sob pena de extinção do processo de execução (art. 787, CPC/2015, c.c. o art. 476, do CC).

IV. Precedentes

STJ - Súmula nº 233: "O contrato de abertura de crédito, ainda que acompanhado de extrato da conta-corrente, não é título executivo".

STJ - Súmula nº 414: "A citação por edital na execução fiscal é cabível quando frustradas as demais modalidades".

STJ – Súmula nº 196: "Ao executado que, citado por edital ou por hora certa, permanecer revel, será nomeado curador especial, com legitimidade para apresentação de embargos".

"[...] Execução. Título imperfeito. Nulidade. Declaração independentemente da apresentação de embargos. A arguição de nulidade da execução com base no art. 618 do Estatuto Processual Civil não requer a propositura da ação de embargos à execução, sendo resolvida incidentalmente" (STJ, 4ª T., RESP nº 3.079, Rel. Min. Cláudio Santos).

"[...] ausentes a certeza, liquidez e exigibilidade da obrigação (art. 586, do CPC) - Ausente a data de vencimento da obrigação – Aplicação da súmula 233 STJ – nulidade da execução – Recurso conhecido e não provido" (TJPR, 14ª C.Cível, AC nº 1235277-5 - Chopinzinho, Rel. Octavio Campos Fischer, unânime, j. em 3/12/2014).

"[...] nula é a execução desacompanhada do título executivo" (TJPR, 5ª Câmara Cível (extinto TA), AC nº 617538/PR, Apelação Cível nº 061753-8, Rel. Newton Luz, j. em 4/5/1994).

"[...] Nula se apresenta a execução se instaurada antes de se verificar a condição ou de ocorrido o termo, como proclamam as normas dos arts. 572 e 618, III do CPC. Não ocorrida a condição acordada, indevida a multa pactuada" (STJ, 4ª T., REsp nº 1.680/PR, Rel. Min. Sálvio de Figueiredo, DJU de 2/4/1990) (RJ 153/73).

"[...] se a nulidade da execução pode ser reconhecida de ofício, claro está que poderá ser arguida pela parte a qualquer tempo, não sendo necessário, por isso, que o juízo esteja previamente seguro pela penhora ou que haja, necessariamente, a obrigatoriedade de serem opostos embargos" (TJPR, Ap. Cív. nº 66.464, 2ª C., Rel. Des. Munir Karam, p. 18/3/1996, v.u.).

"[...] A citação por edital na execução fiscal é cabível quando frustradas as demais modalidades. (Súmula 414/STJ). - Verificada a citação nula do réu, realizada na forma editalícia, bem como sua revelia no feito, sem que lhe fosse designado curador, este vício pode ser reconhecido a qualquer tempo, inclusive de ofício, dentro da própria execução, porquanto não houve registro da Carta de Arrematação. Recurso não provido" (TJPR, 1ª C.Cível, AI nº 633747-1 - Goioerê, Rel. Ruy Cunha Sobrinho, unânime, j. em 29/6/2010).

Art. 804 - A alienação de bem gravado por penhor, hipoteca ou anticrese será ineficaz em relação ao credor pignoratício, hipotecário ou anticrético não intimado.

§ 1º - A alienação de bem objeto de promessa de compra e venda ou de cessão registrada será ineficaz em relação ao promitente comprador ou ao cessionário não intimado.

§ 2º - A alienação de bem sobre o qual tenha sido instituído direito de superfície, seja do solo, da plantação ou da construção, será ineficaz em relação ao concedente ou ao concessionário não intimado.

§ 3º - A alienação de direito aquisitivo de bem objeto de promessa de venda, de promessa de cessão ou de alienação fiduciária será ineficaz em relação ao promitente vendedor, ao promitente cedente ou ao proprietário fiduciário não intimado.

§ 4º - A alienação de imóvel sobre o qual tenha sido instituída enfiteuse, concessão de uso especial para fins de moradia ou concessão de direito real de uso será ineficaz em relação ao enfiteuta ou ao concessionário não intimado.

§ 5º - A alienação de direitos do enfiteuta, do concessionário de direito real de uso ou do concessionário de uso especial para fins de moradia será ineficaz em relação ao proprietário do respectivo imóvel não intimado.

§ 6º - A alienação de bem sobre o qual tenha sido instituído usufruto, uso ou habitação será ineficaz em relação ao titular desses direitos reais não intimado.

I. Alienação de bem com gravame

A regra procedimental em análise aplica-se conjugada com os arts. 799, incisos I a VI; 889 e 903, § 1º, inciso II, do CPC/2015.

A principal finalidade da referida intimação prévia do ato de alienação do bem penhorado com gravame é dar ciência àquele que, não sendo exequente, mantenha relação jurídica de direito material com o bem objeto da constrição judicial e que será expropriado, para que possa manifestar seu interesse no produto da alienação (particular ou judicial) ou até mesmo na adjudicação, em face de privilégio do seu crédito ou preferência do seu direito.

O efeito dessa intimação é o de liberar o bem penhorado do gravame para ser transferido livre e desembaraçado ao patrimônio do adquirente, pois o gravame sub-roga-se no produto da alienação, desde que, no prazo, assim se manifeste e se habilite nos autos aquele que tem privilégio ou preferência. A propósito do efeito da intimação, observe-se as disposições dos arts. 1499, inciso VI, e 1.501, do CC.

Essa intimação deverá ser feita pelo menos 5 (cinco) dias antes da alienação (art. 889, CPC/2015), mesmo que já tenha ocorrido a intimação nas hipóteses previstas no art. 799 do CPC/2015.

A regra em comento somente será observada se a penhora incidir sobre bem gravado com ônus real ou vinculado por relação jurídica de direito material com quem não faça parte da relação jurídica processual executiva.

Efetivada a penhora sobre bem gravado, compete ao exequente diligenciar a intimação do respectivo titular do direito real ou vinculado ao bem pelas hipóteses descritas no art. 804 e seus parágrafos, sob pena da ineficácia da expropriação.

A intimação prévia também tem o escopo de evitar litígio na fase satisfativa da execução envolvendo pessoa estranha a relação processual.

O gravame deve estar registrado ou averbado na matrícula do bem imóvel ou perante o órgão competente de registro de bem móvel ou semovente.

O artigo em comento traz inovação nos seus parágrafos, na medida em que elenca outras hipóteses de gravames além do penhor, hipoteca e a anticrese, adequando-se ao posicionamento dos tribunais.

II. Precedentes

"[...] A ausência de intimação do credor hipotecário para a hasta pública não contamina a validade da expropriação judicial, mas acarreta a ineficácia da arrematação em relação ao titular da garantia. Interpretação do art. 698 do CPC que melhor se coaduna com os arts. 619 do CPC e 826 do CC/16 (equivalente ao art. 1.501 do CC/2002). Fica assegurado o direito de regresso do arrematante contra o devedor. 7. Recursos especiais parcialmente providos" (STJ, 3ª T., REsp nº 1219329 RJ 2010/0187467-3, Rel. Min. João Otávio de Noronha, j. em 11/3/2014, DJe de 29/4/2014).

"[...] A arrematação levada a efeito sem intimação do credor hipotecário é inoperante relativamente a esse, não obstante que seja eficaz entre executado e arrematante. Precedentes. 2. Agravo regimental não provido" (2ª T., AgRg no REsp nº 1461782/PR, Rel. Min. Mauro Campbell Marques, j. em 2/10/2014, DJe de 8/10/2014).

"[...] I - Conforme entendimento firmado no âmbito desta Corte Superior é necessária a intimação do credor hipotecário da realização da praça do bem imóvel dado em garantia, sob pena de nulidade da arrematação. Precedentes: REsp nº 739.197/DF, Rel. Min. LAURITA VAZ, DJe de 08/02/2010; e REsp nº 397.899/AL, Rel. Min. FRANCIULLI NETTO, DJ de 31/03/2003. II - Agravo regimental improvido" (1ª T., AgRg nos EDcl no AREsp nº 116.955/SP, Rel. Min. Francisco Falcão, j. em 28/8/2012, DJe de 9/10/2012).

"[...] 3. O objetivo da notificação, de que trata o art. 1.501 do Código Civil, é levar ao conhecimento do credor hipotecário o fato de que o bem gravado foi penhorado e será levado à praça de modo que este possa vir a juízo em defesa de seus direitos, adotando as providências que entender mais convenientes, dependendo do caso concreto.

4. Realizada a intimação do credor hipotecário, nos moldes da legislação de regência (artigos 619 e 698 do Código de Processo Civil), a arrematação extingue a hipoteca, operando-se a sub-rogação do direito real no preço e transferindo-se o bem ao adquirente livre e desembaraçado de tais ônus por força do efeito purgativo do gravame.

5. Extinta a hipoteca pela arrematação, eventual saldo remanescente em favor do credor hipotecário poderá ser buscado contra o devedor originário, que responderá pessoalmente pelo restante do débito (art. 1.430 do Código Civil) [...]" (3ª T., REsp nº 1201108/DF, Rel. Min. Ricardo Villas Bôas Cueva, j. em 17/5/2012, DJe de 23/5/2012).

"[...] Prévia e regular intimação pessoal do credor hipotecário para habilitação do crédito – Ausência de manifestação – Extinção da hipoteca – Inteligência dos artigos 1501 do Código Civil e 619 do Código de Processo Civil – Precedentes desta Corte do Superior Tribunal de Justiça – Recurso provido" (TJPR, 8ª C.Cível, AI nº 1277906-1 - Região Metropolitana de Londrina - Foro Central de Londrina, Rel. Marcos S. Galliano Daros, unânime, j. em 5/3/2015).

"[...] Para fins de expropriação do bem imóvel hipotecado, não há necessidade de intimação do seu possuidor, mas tão somente do credor hipotecário ou senhorio direto (TJPR, 15ª C.Cível, AC nº 418987-5 - Cascavel, Rel. Luiz Carlos Gabardo, unânime, j. em 4/7/2007) [...]" (TJPR, 15ª C.Cível, AC nº 1221073-8 - Ibaiti, Rel. Shiroshi Yendo, unânime, j. em 22/10/2014).

"[...] Prescindibilidade do ajuizamento de execução própria para a satisfação do crédito hipotecário – Credor não intimado que pode, inclusive, pleitear pela invalidação da hasta ou fazer valer a sua ineficácia [...]" (TJPR, 2ª C.Cível, AI nº 1152178-9 - Umuarama, Rel. Antônio Renato Strapasson, unânime, j. em 25/3/2014).

"[...] II - Realizada a arrematação de imóvel gravado com o ônus da hipoteca, com a prévia notificação do credor hipotecário, há a extinção deste gravame, recebendo a arrematante o bem livre e desembaraçado. Enquanto o credor hipotecário sub-roga-se no preço daquela. III - Necessário o ajuizamento de execução para a satisfação do crédito hipotecário, forte nos princípios do contraditório, da ampla defesa e da segurança jurídica, porém, o remanescente da arrematação deve manter-se depositado em juízo [...]" (TJPR, 10ª C.Cível, AI nº 785911-6 - Curitiba, Rel. Arquelau Araujo Ribas, unânime, j. em 15/12/2011).

"[...] Se a lei não autoriza sequer a praça de imóvel hipotecado ou emprazado, sem que seja intimado, com um mínimo de dez dias de antecedência, o credor hipotecário ou o senhorio direto, como garantia (art. 698 do CPC) ao credor ou senhoria, o que dizer-se então de uma praça onde o proprietário do imóvel, aquele que tem o imóvel registrado em seu nome não foi intimado? [...] (Ministro Waldemar Zveiter, REsp 2008/SP, j. 10/06/91)" (TJPR, 14ª C.Cível, AC nº 487534-1 - Curitiba, Rel. Laertes Ferreira Gomes, unânime, j. em 1º/10/2008).

"[...] Hasta pública – Falta de intimação de credor hipotecário – Ineficácia da arrematação – art. 619 do CPC [...]" (TJPR, 10ª C.Cível, AI nº 285067-3 - Maringá, Rel. Paulo Roberto Hapner, unânime, j. em 5/4/2005).

"[...] 1. Nos termos do artigo 619 do CPC, necessária a intimação do credor hipotecário para alienação do bem gravado, sob pena de invalidade. 2. Ausente tal intimação e ingressando o credor hipotecário com ação de execução, fica o adquirente sujeito à perda do bem, mesmo que arrematado em hasta pública, diante do direito de sequela do credor da hipoteca. 3. E o cancelamento da arrematação se dá independentemente do ajuizamento de ação de nulidade em face do arrematante [...]" (TAPR, 2ª C.Cível (extinto TA), AI nº 218647-2 - Cascavel, Rel. Rosene Arão de Cristo Pereira, unânime, j. em 12/3/2003).

Art. 805 - Quando por vários meios o exequente puder promover a execução, o juiz mandará que se faça pelo modo menos gravoso para o executado.
Parágrafo único - Ao executado que alegar ser a medida executiva mais gravosa incumbe indicar outros meios mais eficazes e menos onerosos, sob pena de manutenção dos atos executivos já determinados.

I. Princípio da menor onerosidade

O art. 805, *caput*, do CPC/2015, reproduz a regra do art. 620, do CPC/1973, que trata do princípio da menor onerosidade da execução para o executado. A inovação fica por conta do parágrafo único, que transfere ao executado a incumbência de demonstrar o meio mais eficaz para satisfazer o exequente, com o menor sacrifício. Por exemplo: para evitar a expropriação de bens do seu patrimônio, o executado pode oferecer em pagamento da obrigação pecuniária percentual do faturamento da empresa; de frutos ou rendimento de determinado bem (art. 825, CPC). Essa forma de satisfação do crédito está prevista no art. 905, do CPC/2015.

Observe-se que o sistema atual não menciona o usufruto como modalidade de expropriação, no que andou bem, corrigindo uma incongruência do sistema anterior (art. 647, inciso IV, CPC/1973). De fato, o usufruto de bem para satisfazer o exequente não importa em transferência de domínio (art. 1.393, CC), apenas se lhe transfere o uso, gozo e administração da coisa (art. 1.394, CC) por certo tempo, não podendo o exequente alterar a sua substância ou destinação, obrigando-se a zelar pela integridade e conservação do bem, pelo período concedido. Satisfeito o exequente, retornam todos os direitos inerentes ao domínio ao executado.

Ainda que o art. 904, CPC/2015, não mencione expressamente o usufruto como forma de satisfação do crédito, não há dúvida dessa sua finalidade.

II. Precedentes

"[...] O princípio da menor onerosidade do devedor, insculpido no art. 620 do CPC, tem de estar em equilíbrio com a satisfação do credor, sendo indevida sua aplicação de forma abstrata e presumida, cabendo ao executado fazer prova do efetivo prejuízo [...]" (STJ, 2ª T., AgRg no REsp nº 1.469.455/SC, Rel. Min. Humberto Martins, DJe de 9/2/2015).

"[...] A Primeira Seção deste Superior Tribunal consolidou o entendimento de que a penhora - ou eventual substituição de bens penhorados - deve ser efetuada conforme a ordem prevista no art. 655 do CPC, podendo a parte exequente recusar a nomeação de bem quando fundada na inobservância da ordem legal, sem que implique ofensa ao art. 620 do CPC (REsp 1.090.898/SP, Rel. Min. CASTRO MEIRA, DJe de 31/8/09). 7. Recurso especial parcialmente provido" (1ª T., REsp nº 1260443/RS, Rel. Min. Arnaldo Esteves Lima, j. em 26/6/2012, DJe de 2/8/2012).

"[...] A incidência da multa de 10% prevista no art. 475-J do CPC é imposição que decorre do mero descumprimento obrigacional no prazo definido em lei, não se incompatibilizando com o princípio da menor onerosidade, considerando-se o objetivo do legislador em prestigiar a satisfação espontânea do título judicial exequendo [...]" (1ª T., AgRg no AREsp nº 318.967/RJ, Rel. Min. Benedito Gonçalves, j. em 24/3/2015, DJe de 7/4/2015).

"[...] Princípio da menor onerosidade do devedor que deve ser interpretado em conjunto com o princípio do interesse do credor – Recurso desprovido" (TJPR, 12ª C.Cível, AI nº 1286271-2 - Região Metropolitana de Londrina - Foro Central de Londrina, Rel. Joeci Machado Camargo, unânime, j. em 18/3/2015).

"[...] a menor onerosidade para o devedor não pode ser razão de grande prejuízo para o credor (comprometendo a efetividade da tutela); e a tutela efetiva para o credor não justifica penhora excessivamente onerosa para o devedor. (DIDIER, Freddie. Curso de direito processual civil: execução. Vol. 5. ed. 4. Bahia: 2012, Editora Jus Podivm. p. 613-614.). Requisitos não atendidos na espécie. 3. Recurso não provido" (TJPR, 13ª C.Cível, AI nº 1279802-6 - Chopinzinho, Rel. Luciano Carrasco Falavinha Souza, unânime, j. em 25/2/2015).

"[...] Não observância da ordem legal. Princípio da menor onerosidade ao devedor que deve ser interpretado em conjunto com o princípio da efetividade da execução. Decisão Mantida [...]" (TJPR, 15ª C.Cível, AI nº 1281966-6 - Colombo, Rel. Shiroshi Yendo, unânime, j. em 28/1/2015).

Capítulo II - Da Execução para a Entrega de Coisa
Seção I - Da Entrega de Coisa Certa

Art. 806 - O devedor de obrigação de entrega de coisa certa, constante de título executivo extrajudicial, será citado para, em 15 (quinze) dias, satisfazer a obrigação.
§ 1º - Ao despachar a inicial, o juiz poderá fixar multa por dia de atraso no cumprimento da obrigação, ficando o respectivo valor sujeito a alteração, caso se revele insuficiente ou excessivo.
§ 2º - Do mandado de citação constará ordem para imissão na posse ou busca e apreensão, conforme se tratar de bem imóvel ou móvel, cujo cumprimento se dará de imediato, se o executado não satisfizer a obrigação no prazo que lhe foi designado.

Autora: Letícia de Souza Baddauy

I. Coisa certa

Coisa certa é coisa individuada, cujas características só as têm exatamente a coisa a ser entregue como prestação da obrigação exequenda. Logo, tal individualização da coisa deve constar do título extrajudicial em questão, sendo possível e devida sua indicação desde o momento da propositura da demanda executiva, na petição inicial.

O processo de execução autônomo para entrega de coisa, sendo reservado aos casos em que já existe título executivo em favor de quem pretende seu recebimento, independe do fundamento obrigacional (ex.: dever de entrega da coisa pelo vendedor no contrato de compra e venda) ou de direito real (ex.: hipótese de demanda reivindicatória da propriedade do bem) da pretensão.

II. Inicial e prazo

Feito o exame de admissibilidade da demanda, com a devida verificação da presença dos pressupostos processuais e dos requisitos da petição inicial executiva (CPC, arts. 319, 320 e 798), a execução da obrigação para entrega de coisa certa inicia-se, então, com a citação do executado para o cumprimento da obrigação, tendo em vista que a coisa já se encontra especificada no título em qualidade e quantidade.

O prazo de 15 dias, sendo legal, não poderá ficar a arbítrio do juiz, contando-se a partir do ato de citação. A previsão de prazo mais dilatado em relação ao anteriormente previsto (dez dias, CPC/1973, art. 621) segue a política de uniformização dos prazos, presente no CPC/2015. Ademais, tratando-se de prazo processual em dias, a contagem deve ser feita computando-se apenas os dias úteis (CPC, art. 219). Cabe destacar, no entanto, haver divergência quanto à natureza material ou processual do referido prazo para cumprimento da obrigação.

Lembre-se que a citação na execução, em regra, deve ser pessoal, por oficial de justiça.

III. Satisfação da obrigação

Considerando-se que no processo de execução não há discussão sobre a existência do direito (como regra, podendo a questão ser excepcionalmente discutida diretamente na execução), a citação será feita para que o executado satisfaça a obrigação. No caso, para que entregue a coisa, já individualizada no título.

A entrega da coisa, em atendimento ao despacho inicial, acarreta a extinção da obrigação, podendo ensejar o fim da execução, que deverá ser extinta por sentença (CPC, art. 924, inciso II, e art. 925). Vale lembrar que existem hipóteses de prosseguimento do processo. *Vide* art. 807.

IV. Coerção

Na execução para entrega de coisa pode ser adotado meio executivo coercitivo (técnica mandamental) para imprimir mais eficiência ao processo. Desde o despacho inicial o juiz pode fixar a coerção patrimonial, impondo multa por dia de atraso na entrega do bem, independentemente de requerimento do exequente. Embora normalmente a multa seja fixada por dia de atraso (*astreintes*), entendemos que sua periodicidade pode ser outra, estipulada pelo juiz conforme o caso concreto, sempre atentando para sua idoneidade em pressionar o executado a satisfazer a obrigação.

Dada a natureza coercitiva da multa, seu valor tem que ser avaliado a ponto de cumprir tal propósito. Valor aquém ou além não geram o efeito esperado, de pressão sobre o executado que o leve a cumprir a obrigação. Por isso, poderá ser revisto pelo juiz a fim de encontrar-se um valor que se coadune com a finalidade da multa (coerção, e não punição ou indenização).

Ressalte-se que, se houver valor para esta multa já previsto no título executivo, o juiz poderá reduzi-lo se o entender excessivo (CPC, art. 814, parágrafo único). Embora a lei preveja apenas a possibilidade de redução, entendemos ser cabível também a elevação do valor, dada a natureza processual desta técnica mandamental, seguindo o critério de sua idoneidade como mecanismo de pressão sobre o executado, cuidando-se para não haver abusividade.

Se a entrega (tutela específica) tornar-se impossível, evidencia-se a necessidade de revogação da multa, que passa a não ter finalidade. Ainda, a incidência da multa não pode se prolongar indefinidamente, mesmo que o executado não entregue a coisa objetivamente possível de ser entregue. Verificando o juiz que a medida é inidônea à coerção no caso concreto, deve substituí-la por outra (*vide* itens V e VI), ou buscar-se a tutela reparatória. *Vide* art. art. 809.

V. Sub-rogação

Além da possibilidade do emprego do meio executivo coercitivo (multa) desde o início do procedimento, o dispositivo legal prevê também que conste no próprio mandado inicial o meio executivo sub-rogatório, que prescinde, portanto, da colaboração do executado. Ou seja, no mandado de citação deve constar a determinação para que se proceda à imissão na posse pelo exequente, no caso dos bens imóveis, ou à busca e apreensão do bem, no caso dos móveis. A previsão da medida executiva já no mandado inicial vem ao encontro da racionalização do procedimento adotada pelo CPC/2015, conferindo mais eficiência em relação ao anteriormente previsto pelo art. 625 (CPC/1973), que previa a expedição do mandado de busca ou imissão na posse em momento posterior.

Para que o oficial de justiça pratique tais atos executivos basta que o executado não efetue, no prazo legal (15 dias), a satisfação da obrigação, com a respectiva entrega da coisa em juízo. Encontrado o bem e estando em perfeito estado, fica satisfeita a obrigação.

VI. Conciliação das medidas executivas

Causa estranheza a previsão de duas técnicas executivas concomitantemente, como é feito nos parágrafos do dispositivo. Se a lei estabelece que no próprio mandado inicial conste determinação de desapossamento (busca e apreensão ou imissão na posse), qual seria a utilidade de previsão também da multa coercitiva? Em nosso entendimento, maior racionalidade encontra-se em interpretar no sentido de uma conciliação entre as técnicas, colocando ambas à disposição do Estado e mesmo da parte exequente, de modo a entendê-las como opção a ser feita no caso concreto, a partir do quadro fático de realização da execução. Ou seja, o juiz deverá determinar a adoção de um único meio executivo (multa ou desapossamento), conforme seu entendimento do que seja mais eficiente no momento da decisão, ou, ainda, conforme a escolha do exequente, podendo, contudo, alterá-lo caso se revele sua ineficiência.

VII. Defesa do executado

O artigo nada dispõe sobre a defesa do executado. Aplica-se ao caso o regime geral dos embargos à execução, previsto a partir do art. 914. O executado poderá, portanto, caso não entregue a coisa, defender-se opondo embargos no prazo de 15 dias, sem necessidade do depósito prévio do bem, o que somente se tornará necessário para eventual concessão, pelo juiz, de efeito suspensivo àqueles (CPC, art. 919, § 1º). O depósito da coisa tem por finalidade assegurar que, diante de eventual improcedência dos embargos suspensivos, o bem não tenha desaparecido ou se deteriorado, garantindo assim sua entrega ao credor.

VIII. Julgados

CPC/2015

"AGRAVO DE INSTRUMENTO – EXECUÇÃO DE TÍTULO EXTRAJUDICIAL PARA ENTREGA DE COISA – DECISÃO QUE DETERMINOU A ENTREGA DO BEM SOB PENA DE MULTA DIÁRIA. PEDIDO DE REVOGAÇÃO DA DECISÃO – ALEGAÇÃO DE QUE O PAGAMENTO DA PARCELA OCORREU DEPOIS DO HORÁRIO ESTIPULADO EM CONTRATO – IMPROCEDÊNCIA – CONSORCIADO QUE TEM DIREITO DE PAGAR A PARCELA ATÉ A DATA DE VENCIMENTO – NECESSIDADE DE CONSIDERAR DATA DO VENCIMENTO ATÉ AS 23:59 – PAGAMENTO REALIZADO NA DATA DO VENCIMENTO. DECISÃO MANTIDA. RECURSO NÃO PROVIDO" (TJPR, 17ª Câmara Cível, AI nº 1630726-1, Rel. Des. Rui Portugal Bacellar Filho, j. em 21/6/2017).

CPC/1973

"RECURSO ESPECIAL. BANCÁRIO E PROCESSUAL CIVIL. CÉDULA DE PRODUTO RURAL. NEGATIVA DE PRESTAÇÃO JURISDICIONAL. NÃO OCORRÊNCIA. OBRIGAÇÃO DE ENTREGA DE COISA. INADIMPLÊNCIA. JUROS PACTUADOS À TAXA DE 1% AO MÊS. CUMULAÇÃO COM ASTREINTES. CABIMENTO. HONORÁRIOS ADVOCATÍCIOS E ASTREINTES. REVISÃO. ÓBICE DA SÚMULA 7/STJ. 1. [...] 2. Incidência de juros de mora na obrigação para entrega de coisa. Exegese do art. 407 do Código Civil. Doutrina sobre o tema. 3. Possibilidade de cumulação de astreintes com encargos contratuais devido à natureza distinta dos dois institutos. Natureza processual das astreintes e de direito material dos encargos contratuais. Doutrina e jurisprudência. 4. [...]. 5. RECURSO ESPECIAL DESPROVIDO. É possível ao Juiz arbitrar de ofício astreintes na hipótese de execução de título extrajudicial que encerre obrigação de entrega de coisa certa, haja vista que tal faculdade é conferida expressamente pela lei ao magistrado, segundo o artigo 621, parágrafo único, do CPC, como forma de obtenção da tutela específica da obrigação. (VOTO VENCIDO) (MIN. MASSAMI UYEDA) Não é possível ao Juiz arbitrar de ofício astreintes na hipótese de execução de título extrajudicial que encerre obrigação de entrega de coisa certa, sem que haja, ao menos, um pedido expresso do exequente nesse sentido, haja vista que a fixação da multa diária somente se mostra pertinente quando exteriorizada a má-fé do executado, cumprindo ao juiz, segundo interpretação do § 1° do artigo 621 do CPC, antes de fixar a multa diária, determinar a citação do executado, para possibilitar o exercício do contraditório" (STJ, 3ª T., REsp nº 1198880/MT, Rel. Min. Paulo de Tarso Sanseverino, j. em 20/9/2012).

"[...] 1. Apesar de os arts. 621 e 622 do CPC determinarem a necessidade de depósito da coisa para a apresentação de embargos, a segurança do juízo, no atual quadro jurídico, introduzido pela Lei 11.382/2006, não é mais pressuposto para o ajuizamento dos embargos à execução, configurando apenas um dos requisitos para atribuição de efeito suspensivo. 2. O procedimento da execução para entrega de coisa, fundada em título extrajudicial, deve ser interpretado à luz das modificações feitas pela Lei 11.382/2006, porquanto o juiz deve conferir unidade ao ordenamento jurídico [...]" (STJ, 3ª T., REsp nº 1177968/MG, Rel. Min. Nancy Andrighi, j. em 12/4/2011).

"[...] 1. Nas ações para entrega de coisa, os embargos à execução podem ser opostos independentemente de penhora, depósito ou caução, de acordo com a alteração realizada pela Lei n. 11.382/2006 ao art. 736, do Código de Processo Civil. 2. Não existe nenhum óbice quanto à fixação da multa por descumprimento da obrigação de entrega de coisa, pois o texto de lei (CPC, art. 621, parágrafo único) confere essa faculdade ao Magistrado" (TJSC, AI nº 2011.066470-5/RS, Rel. Des. Trindade dos Santos, j. em 10/5/2012).

"AGRAVO DE INSTRUMENTO. ENTREGA DE COISA INCERTA. SACAS DE SOJA. DESNECESSIDADE DE GARANTIA DO JUÍZO PARA O OFERECIMENTO DE EMBARGOS À EXECUÇÃO, EM FACE DO ADVENTO DA LEI Nº 11.382/06 QUE REVOGOU O ART. 737 DO CPC. MULTA COERCITIVA DIÁRIA PELO DESCUMPRIMENTO DA OBRIGAÇÃO. POSSIBILIDADE. AGRAVO PARCIALMENTE PROVIDO. [...] O MM. Juiz da causa também consignou na decisão atacada que, no caso de atraso no cumprimento da obrigação, seria fixada multa diária de R$300,00 (trezentos reais), conforme art. 621, parágrafo único do CPC. É possível a cominação de multa coercitiva para estimular o executado a entregar a coisa em juízo (art. 621, parágrafo único, CPC). No caso em que é entregue a coisa em juízo no prazo legal, a multa coercitiva não incide. Também não incide a multa coercitiva se o executado depositar a coisa em juízo no prazo legal. Observe-se, ainda, que os referidos dispositivos legais não condicionam a fixação das astreintes à demonstração, pela exequente, de perigo de dano irreparável ou de difícil reparação, *uma vez que o seu escopo é forçar o cumprimento da ordem judicial proferida, não tendo, portanto, nem caráter punitivo, nem indenizatório* [...]" (TJPR, 13ª C. Cível, AI nº 760922-3, Rel. Cláudio de Andrade, j. em 8/2/2012, grifo nosso).

"[...] Os Artigos 621, parágrafo único e 631, do CPC, facultam ao Magistrado a aplicar multa no caso de descumprimento da obrigação nos autos da execução para entrega de coisa incerta. Embora a multa diária possa ser fixada em patamares elevados, não pode o Julgador se distanciar do princípio da razoabilidade, devendo, ainda, evitar um possível enriquecimento da parte que vier a se tornar credora. Por outro lado, também não pode fixar valores ínfimos que, na prática, não atendam ao fim a que se destinam [...]" (TJMG, 10ª C. Cível, AI nº 1.0071.09.043525-7/001, Rel. Des. Pereira da Silva, j. em 14/7/2009).

Art. 807 - Se o executado entregar a coisa, será lavrado o termo respectivo e considerada satisfeita a obrigação, prosseguindo-se a execução para o pagamento de frutos ou o ressarcimento de prejuízos, se houver.

I. Satisfação da obrigação. Extinção da execução

A satisfação da obrigação ocorre com a entrega da coisa (*vide* comentário ao art. 806, item III). Vale lembrar que, em se tratando de obrigação para entrega de coisa certa, somente a entrega exata da coisa prevista no título executivo extrajudicial caracterizará a satisfação integral da obrigação, de modo a ensejar o encerramento da execução. Ouvido o exequente e constatada pelo juízo a efetiva satisfação integral da obrigação, deverá ser declarada a extinção da execução por sentença.

Destaque-se que entrega e depósito da coisa não são equivalentes no procedimento em questão. A entrega, mesmo em juízo, representa o cumprimento da obrigação; enquanto o depósito, mera garantia do juízo.

II. Frutos pendentes. Indenização

Pode dar-se a entrega da coisa devida, sem, contudo, haver encerramento da execução nos casos em que ficar pendente o pagamento de eventuais frutos ou prejuízos. O dispositivo autoriza a lavratura do termo de entrega, com a quitação do débito correspondente ao dever de entrega da coisa. Porém, além da entrega, abre-se a possibilidade de execução por quantia em prosseguimento à execução para entrega de coisa. Logo, sem necessidade de instauração de novo processo, a obrigação pecuniária pode desde logo ser cobrada judicialmente.

Verifica-se que a lei permite ao credor que, de fato, cumule pedidos nesta espécie de execução. Interessante notar que se trata de pedidos que envolvem procedimentos diversos, a serem adotados sucessivamente.

III. Prosseguimento da execução. Execução por quantia

Assim, com base no título executivo extrajudicial, contendo dever de entregar coisa, pede-se a realização do direito material.

Além disto, a depender da previsão no título ou da lei civil (CC, art. 233 e seguintes), caso o exequente alegue inicialmente que, além do direito a receber a coisa, possui direito a receber quantia correspondente aos frutos que lhe entende devidos, bem como a ressarcimento por prejuízos sofridos com a perda da disponibilidade da coisa, e, ainda, acrescente-se, eventuais lucros cessantes, deverá requerer a instauração de uma fase verdadeiramente cognitiva no curso do mesmo processo, a fim de apurarem-se os valores devidos. Ou seja, dever-se-á proceder à liquidação de tais valores, em contraditório, logicamente (CPC, art. 509 e seguintes).

Somente após a apuração da existência de quantia devida ao exequente é que se passará ao procedimento de execução por quantia (expropriação), com a observância do rito de cumprimento de sentença (CPC, art. 523 e seguintes), pois se trata de execução de decisão judicial, e não mais do título extrajudicial que inicialmente fundou a demanda.

IV. Julgados – CPC/1973

"[...] Mesmo aceita a prestação, o credor poderá prosseguir, ainda, com a execução para buscar o pagamento de frutos e o ressarcimento por perdas e danos. Destarte, o art. 624 do Código de Processo Civil admite que o ressarcimento de perdas e danos e o pagamento de frutos se deem na própria demanda executiva, mas apenas se concernentes à coisa objeto da entrega e se presente disposição expressa no título executivo [...]" (TJMG, 16ª C., ApCível nº 1.0643.06.000729-8/001, Rel. Des. Batista de Abreu, j. em 15/4/2009).

"[...] O artigo 627 c/c artigo 624, ambos do CPC, permitem a cumulação da execução com perdas e danos. Apelo provido, sentença cassada apenas na parte que extingue a execução" (TJMG, 15ª C. Cível, ApCível nº 1.0069.03.010661-6/001, Rel. Des. Electra Benevides, j. em 12/2/2009).

Art. 808 - Alienada a coisa quando já litigiosa, será expedido mandado contra o terceiro adquirente, que somente será ouvido após depositá-la.

I. Alienação da coisa. Fraude

A alienação de coisa litigiosa, ou seja, cuja transferência da propriedade tenha ocorrido após a citação em demanda na qual a coisa é disputada, pode não produzir efeitos no âmbito da execução para entrega da coisa. Isso porque a alienação neste contexto é passível de caracterizar fraude à execução (CPC, art. 792, inciso I), e, assim, ser ineficaz no âmbito da execução que recai sobre a tal coisa (CPC, art. 792, § 1º). Por esta razão, o legislador prevê que se expeça contra o terceiro adquirente o mandado para entrega da coisa, tendo em vista permanecer esta objeto da execução. Em outras palavras, a coisa permanece na esfera da responsabilidade patrimonial, isto é, sujeição do bem aos atos executivos (CPC, art. 790, inciso V).

O ato executivo de desapossamento do bem será praticado independentemente de onde e sob o poder de quem se encontre o bem. O mandado a que se refere o artigo é o de busca e apreensão ou imissão na posse. Entendemos não ser cabível a citação do terceiro, que não é parte no processo, tampouco a adoção de medida coercitiva contra este.

Ressalte-se que o exequente não é obrigado a perseguir o bem no patrimônio do terceiro. *Vide* art. 809.

II. Defesa do terceiro

À luz do princípio do contraditório, o terceiro adquirente deverá ter oportunidade de manifestação na execução que recai sobre a coisa adquirida. Entretanto, a lei exige o prévio depósito da coisa para que haja esta manifestação, diversamente do que ocorre em relação ao próprio devedor, cuja defesa por meio dos embargos não está vinculada ao depósito da coisa (*vide* comentário ao art. 806, item VII).

O terceiro tem responsabilidade, limitada à coisa litigiosa adquirida. Não passa a ter a condição de devedor apenas porque os atos executivos o atingirão. Não adquire a qualidade de parte na execução. Portanto, sua defesa deverá ser exercida por meio dos embargos de terceiro (CPC, art. 674 e seguintes).

III. Má-fé do adquirente

Deve ser verificada a má-fé do terceiro para que este venha a efetivamente ser desapossado do bem. Para defender-se, tem de depositar a coisa, como já visto. Contudo, o levantamento da coisa pelo exequente somente ocorrerá com a improcedência dos embargos de terceiro, em cujo âmbito necessário se faz provar a má-fé do adquirente. O CPC/2015 exige para caracterização da fraude e presunção absoluta de má-fé a averbação da existência do processo de execução no competente registro (CPC, art. 792, inciso II, e art. 828).

IV. Julgado – CPC/1973

"[...] 2. A alienação da coisa litigiosa em execução de entrega de coisa certa é ineficaz perante o credor, nos termos do art. 626 do Código de Processo Civil. 3. Pode o julgador, diante do poder geral de cautela, determinar o gravame de inalienabilidade sobre o bem litigioso, evitando tumulto processual e prejuízo a interesse de terceiros. [...]" (TJMG, 15ª C. Cível, ApCível nº 1.0024.06.271223-7/002, Rel. Des. Wagner Wilson, j. em 2/12/2008).

Art. 809 - O exequente tem direito a receber, além de perdas e danos, o valor da coisa, quando essa se deteriorar, não lhe for entregue, não for encontrada ou não for reclamada do poder de terceiro adquirente.
§ 1º - Não constando do título o valor da coisa e sendo impossível sua avaliação, o exequente apresentará estimativa, sujeitando-a ao arbitramento judicial.
§ 2º - Serão apurados em liquidação o valor da coisa e os prejuízos.

I. Tutela reparatória

Na execução da obrigação para entrega de coisa, a tutela específica consiste na exata entrega da coisa prevista no título. Ocorrem situações, contudo, que autorizam a conversão da tutela específica em perdas e danos. Na impossibilidade de a tutela específica ser prestada, vale dizer: se o bem objeto da execução não for entregue ao exequente, este terá a possibilidade de pleitear tutela reparatória, recebendo indenização no valor da coisa, eventualmente acrescido caso tenha havido perdas e danos decorrentes do não cumprimento da obrigação pelo devedor.

Havendo deterioração da coisa, esta perde, em maior ou menor grau, seu valor e utilidade. Cabe ao credor aceitar recebê-la no estado em que se encontre. Não a aceitando ou ainda que a aceite com estragos, terá direito a ser indenizado pelas perdas e danos (CC, art. 234 a 240). Porém, caso não queira receber a coisa, não está obrigado, surgindo, então, o direito a receber seu valor integral, além das perdas e danos.

Embora citado para cumprir a obrigação de entrega, e ainda que seja prevista multa coercitiva, pode acontecer de o executado não entregar o bem. Não havendo entrega, o dispositivo prevê também o direito do exequente de receber o valor da coisa cumulado com as perdas e danos. Entendemos que o sistema processual dá preferência à concessão da tutela específica. Isto, em princípio, deveria ensejar a aplicação da medida sub-rogatória cabível (busca e apreensão para bens móveis ou imissão na posse para os imóveis) quando o bem não seja entregue ao exequente. Entretanto, o juiz deve considerar a situação fática do caso, pois pode se revelar excessivamente difícil ou onerosa a busca do bem, sobretudo o móvel. E não se descarte inclusive a dificuldade na localização até mesmo de bens imóveis (ex.: áreas rurais em determinadas regiões do País).Também é opção do exequente perseguir a coisa que tenha sido transferida para terceiro (*vide* comentários ao art. 808). Poderá preferir o recebimento do valor da coisa, cumulado com as perdas e danos.

Por fim, não sendo encontrada a coisa, a tutela específica torna-se inviável, restando ao exequente a conversão em obrigação pecuniária.

II. Valor da coisa. Prejuízos. Liquidação

O valor do bem a ser entregue pode estar previsto no próprio título executivo, o que facilita a conversão do procedimento em execução de quantia. Se não estiver previsto, o exequente, ao optar pelo recebimento do valor da coisa, deve apresentar uma estimativa deste. Obviamente, o valor estimado pelo exequente está sujeito ao contraditório e à análise judicial.

Os prejuízos sofridos pelo exequente devem também ser apurados judicialmente. Tanto o valor da coisa como os prejuízos serão apurados por meio da abertura de uma fase de liquidação, que deverá seguir o devido rito processual (CPC, art. 509 e seguintes), sempre com o estabelecimento do contraditório.

É importante a compreensão da expressão adotada pelo § 1º do artigo, ao referir-se ao arbitramento judicial. Certamente, não se está tratando de uma avaliação subjetiva a ser feita pelo juiz. A liquidação poderá ser feita pelo procedimento comum (CPC, art. 509, inciso II) ou por arbitramento (CPC, art. 509, inciso I), de acordo com a necessidade do caso. E, em sendo adotada a liquidação por arbitramento, o juízo pode valer-se de perito, conforme previsto na lei. O arbitramento judicial, com ou sem auxílio de trabalho pericial, deve ser entendido como a decisão judicial sobre os valores em debate devidamente fundamentada (CPC, art. 489), com base nos dados e argumentos trazidos pelas partes, inclusive no caso de o bem ter desaparecido e serem necessárias estimativas.

A decisão da liquidação é impugnável por agravo de instrumento (CPC, art. 1.015, parágrafo único).

III. Procedimento

Cabe lembrar que, encerrada a liquidação, a execução dar-se-á por cumprimento de sentença, nos moldes do art. 523 e seguintes (CPC/2015).

IV. Julgados – CPC/1973

"[...] II - O objetivo específico da execução para entrega da coisa é a obtenção do bem que se encontra no patrimônio do devedor (ou de terceiro). Caso não mais seja encontrado o bem, ou no caso de destruição ou alienação, poderá o credor optar pela entrega de quantia em dinheiro equivalente ao valor da coisa e postular a transformação da execução de coisa certa em execução por quantia certa, na linha do art. 627, CPC. III - Indispensável, nessa hipótese, contudo, a prévia apuração do *quantum*, por estimativa do credor ou por arbitramento. Sem essa liquidação, fica inviável a conversão automática da execução para entrega da coisa em execução por quantia certa, mormente pelo fato de que a execução carecerá de pressuposto específico, a saber, a liquidez" (STJ, 4ª T., REsp nº 327.650/MS, Rel. Min. Sávio de Figueiredo Teixeira, j. em 26/8/2003).

"[...] Apenas nas hipóteses em que há a perda da coisa, o seu perecimento ou deterioração, que se aplica a regra do art. 627 do CPC, o que assegura ao credor o direito a receber, além das perdas e danos, o valor da coisa [...]" (STJ, 3ª T., REsp nº 720.061/GO, Rel. Min. Nancy Andrighi, j. em 14/11/2006).

"[...] Não havendo o cumprimento espontâneo da obrigação exequenda, e tendo restado frustrada a apreensão da coisa certa, pode o credor pleitear a conversão do rito de execução para entrega de coisa certa para execução por quantia certa, nos termos do art. 627 do CPC. [...]" (TJPR, 15ª C. Cível, AI nº 1224381-7, Rel. Shiroshi Yendo, j. em 10/9/2014).

"[...] 1. Execução para entrega de coisa incerta. Conversão. Na execução para entrega de coisa certa ou incerta, o fim específico é a restituição do bem que se encontra no patrimônio do devedor (ou de terceiro). Somente após deixar o devedor de promover a restituição ou depositar a coisa, objeto do contrato, admite-se a conversão para execução por quantia certa. A execução para entrega de coisa incerta, por ter procedimento próprio, não admite transformação, já de início, para a execução por quantia certa, a não ser no momento processual do art. 627 do CPC, após frustrado o procedimento estabelecido nos arts. 629 a 631 do CPC [...]" (TJPR, 15ª C. Cível, Ap. Cível nº 906877-3, Rel. Jurandyr Souza Junior, j. em 18/7/2012).

"[...] Decido. II. [...] A agravante aduz, em síntese, que é possível a imediata conversão da execução para entrega de coisa em execução por quantia certa, independentemente da busca e apreensão determinada pela magistrada de primeiro grau, uma vez que os agravados não entregaram, nem depositaram o bem almejado. Não lhe assiste razão. Isso porque, conforme consta da decisão agravada de f. 102-TJ, 'A presente execução segue o rito do art. 621 e seguintes do Código de Processo Civil.'. Logo, deve ser observado o procedimento previsto para esta execução específica (entrega de coisa incerta), inclusive a regra do artigo 625, do Código de Processo Civil: 'Não sendo a coisa entregue ou depositada, nem admitidos embargos suspensivos da execução, expedir-

-se-á, em favor do credor, mandado de imissão na posse ou de busca e apreensão, conforme se tratar de imóvel ou de móvel.' Desse modo, para que se possa requerer o recebimento do valor da coisa, nos termos do artigo 627 do CPC, devem ser cumpridas, primeiramente, as providências previstas em lei para localização do bem, o que ainda não ocorreu no caso dos autos. [...] Ressalte-se, por fim, que a agravante não demonstrou quais foram as supostas diligências por ela realizadas a fim de localizar o produto em armazéns da região, pelo que deve ser mantida a decisão exarada pela Dra. Luzia Terezinha Grasso Ferreira. III. Pelo exposto, com fulcro no art. 557, *caput*, do Código de Processo Civil, nego seguimento ao presente agravo de instrumento, por conter fundamentação contrária à jurisprudência desta Corte. IV. Remeta-se cópia da presente decisão ao juízo de origem, via sistema 'Mensageiro'. V. Intimem-se. VI. Oportunamente, baixem" (TJPR, 15ª C. Cível, AI nº 93698-8, Rel. Luiz Carlos Gabardo, decisão monocrática, j. em 30/7/2012).

"Agravo de instrumento - Execução por quantia certa contra devedor solvente - Conversão da execução para entrega de coisa incerta para execução de quantia, pelo valor estimado pela exequente, sem que tenha sido aberta oportunidade para manifestação dos devedores - Impossibilidade - Era de rigor a instauração do procedimento de liquidação (art. 627, § 2º) - O valor da coisa será apurado por arbitramento (art. 627, § 1º). Determinada a realização de prova pericial técnica - Decisão reformada - Recurso provido.

'[...] Ante o exposto, não se mostra cabível a conversão automática da execução de entrega de coisa certa para execução de quantia certa sem prévia manifestação da parte executada sobre a estimativa efetuada pelo credor, razão pela qual admissível a realização da prova pericial técnica [...]'" (TJSP, 37ª C. de Direito Privado, AI nº 0112521-34.2013.8.26.0000, Rel. Sergio Gomes, j. em 15/10/2013).

"AGRAVO DE INSTRUMENTO - BEM MÓVEL - CONVERSÃO DE EXECUÇÃO PARA ENTREGA DE COISA CERTA EM EXECUÇÃO POR QUANTIA CERTA - POSSIBILIDADE, DESDE QUE APURADO O *QUANTUM* DEVIDO ATRAVÉS DE ARBITRAMENTO POR NÃO CONSTAR NO TÍTULO EXECUTIVO A DETERMINAÇÃO DE VALOR - RECURSO PARCIALMENTE PROVIDO. '[...] O credor tem direito a receber, além de perdas e danos, o valor da coisa, quando esta não lhe for entregue ou não for encontrada, transformando-se em execução por quantia certa, a teor do disposto no art. 627, Código de Processo Civil. Sucede que, nessa hipótese, faz-se imprescindível a prévia apuração do *quantum* por arbitramento (art. 627, § 2º, do Código de Processo Civil), salvo se o valor já estava expresso no título executivo [...]'" (TJSP, 26ª C. de Direito Privado, AI nº 2002709-86.2014.8.26.0000, Rel. Renato Sartorelli, j. em 19/2/2014).

"EXECUÇÃO PARA ENTREGA DE COISA INCERTA - PETIÇÃO DO DEVEDOR DANDO CONTA DA PERDA DA SAFRA DADA EM GARANTIA - IMPUGNAÇÃO DO CREDOR - CONVERSÃO DA EXECUÇÃO - IMPOSSIBILIDADE - NECESSIDADE DE BUSCA E APREENSÃO DA GARANTIA PARA, ESGOTADAS AS DILIGÊNCIAS, HAVER REGULAR LIQUIDAÇÃO DAS PERDAS E DANOS - RECURSO PROVIDO. No caso da execução para entrega de coisa incerta, o legislador previu rigorosamente o íter a ser seguido, não cabendo a uma das partes, principalmente com oposição expressa da outra, dar caminho diverso ao processo. '[...] a providência do artigo 630, do Código de Processo Civil, apenas faz menção à impugnação da escolha feita pelo credor, sendo que, no caso de mera alegação de impossibilidade de cumprimento da ordem judicial remete ao disposto no artigo 625 e seguintes, do mesmo 'codex'", ou seja, expedição de mandado de busca e apreensão, inclusive com a possibilidade de o mandado ser cumprido em face de terceiros, quando alienada a coisa litigiosa (art. 626, CPC). Somente então, fracassadas todas as tentativas, admite-se a liquidação dos prejuízos, como previsto no artigo 627, do Código de Processo Civil [...]'" (TJSP, 35ª Câmara do oitavo grupo (extinto TA), AI nº 1063097900, Rel. Artur Marques, j. em 18/9/2006).

Art. 810 - Havendo benfeitorias indenizáveis feitas na coisa pelo executado ou por terceiros de cujo poder ela houver sido tirada, a liquidação prévia é obrigatória.
Parágrafo único - Havendo saldo:
I - em favor do executado ou de terceiros, o exequente o depositará ao requerer a entrega da coisa;
II - em favor do exequente, esse poderá cobrá-lo nos autos do mesmo processo.

I. Benfeitorias indenizáveis

Neste artigo a lei estabelece um pressuposto para que possa ocorrer efetivamente a execução da obrigação para entrega da coisa prevista no título. Trata-se da prévia liquidação das benfeitorias indenizáveis. A regra aplica-se tanto à hipótese de aquelas terem sido realizadas pelo executado como pelo terceiro de quem se pretende retirar a coisa.

Logo, a liquidação prévia é obrigatória, não se autorizando a execução sem que assim se proceda. O credor deve, portanto, requerer a liquidação antes de pretender a satisfação da obrigação.

A liquidação deverá ser feita nos termos do CPC/2015 (art. 509 e seguintes). Estabelecido o valor das benfeitorias, o exequente deverá depositá-lo antes de requerer a entrega da coisa. Caso não o faça, e venha a pedir a entrega da coisa, o credor da indenização por benfeitorias (executado ou terceiro) tem o direito a exercer a retenção da coisa (CC, art. 242, *caput,* e art. 1.219), sendo esta questão passível de alegação em seus embargos (*embargos de retenção* – CPC, art. 917, inciso IV).

II. Benfeitorias x frutos

O parágrafo único do dispositivo menciona eventual existência de saldo credor a ser verificado, conforme o resultado da liquidação, para que se determine como se dará o prosseguimento da execução. De seu teor extrai-se que o legislador prevê a possibilidade de ser feita, na apuração dos valores, uma compensação entre o crédito pecuniário do exequente (frutos, danos) e o crédito do executado (benfeitorias) (CC, art. 242, parágrafo único).

Se o saldo for favorável ao executado, temos a situação já comentada no item I, ou seja, a necessidade do prévio depósito do valor para o prosseguimento da execução de entrega (desapossamento).

Se o saldo for favorável ao exequente, poderá ser cobrado no mesmo processo. Ter-se-á, assim, após satisfeita a obrigação para entrega de coisa, o prosseguimento do processo para execução de quantia, na forma de cumprimento de sentença (CPC, art. 523), tendo em vista que se trata de título judicial.

III. Julgado – CPC/1973

"[...] A liquidação prévia a que faz referência o art. 628 do CPC pressupõe o reconhecimento, no título executivo, das benfeitorias a serem indenizadas [...]" (STJ, 4ª T., AgRg no Ag nº 405.987/SP, Rel. Min. Barros Monteiro, j. em 18/3/2003).

Seção II - Da Entrega de Coisa Incerta

Art. 811 - Quando a execução recair sobre coisa determinada pelo gênero e pela quantidade, o executado será citado para entregá-la individualizada, se lhe couber a escolha.
Parágrafo único - Se a escolha couber ao exequente, esse deverá indicá-la na petição inicial.

I. Coisa incerta

É admitida a execução do título extrajudicial que contenha obrigação para entrega de coisa incerta, entendendo-se esta como a coisa somente determinada pelo gênero e pela quantidade. Vez que a citação no processo de execução é para que o executado cumpra a obrigação, faz-se necessária a precisa indicação da coisa a ser entregue nos casos em que no título executivo esteja ainda incerta.

II. Escolha. Individualização

Quando a escolha couber ao credor, o que deverá estar previsto no título, a indicação é requisito da inicial da execução. O título estabelece a quem compete a escolha. Não exercendo sua faculdade, a escolha será do executado. Entendemos, contudo, que deva ser-lhe, antes, oportunizada a emenda da inicial (CPC, art. 321), tendo em vista que, para qualquer outro requisito, existe esta oportunidade.

Cabendo ao devedor, sua citação deve ser para entregá-la já individualizada, no prazo de 15 dias (CPC, art. 806). Como a individualização é que caracteriza o objeto, e sendo o devedor sujeito à prestação, o Código Civil (art. 244) defere-lhe a faculdade de escolher, dentre as do mesmo gênero, aquela a ser entregue, na quantidade estabelecida. Também esta poderá resultar das circunstâncias que envolvem a obrigação. No silêncio do título, e na falta de indicação oriunda das outras, cabe ao devedor fazê-la.

Nos termos da lei civil (CC, art. 244), na hipótese de obrigação de dar coisa incerta, isto é, genérica, determinável pelo gênero e pela quantidade, a escolha (*concentração*) deverá recair nos bens de média qualidade. Portanto, não pode recair sobre a coisa menos valiosa nem tampouco pode ser o executado compelido a entregar a coisa mais valiosa, de modo que o objeto obrigacional deve recair dentro do gênero intermediário.

III. Coisa incerta x coisa fungível

A lei processual não se ocupa presentemente da polêmica acerca de eventual distinção entre coisa incerta e coisa fungível. Apenas estabelece que, ao ser determinável pelo gênero e quantidade, há coisa incerta e, portanto, necessária sua individualização. Ou seja, ainda que a coisa seja fungível (o que poderia levar à conclusão de que não haveria que se falar em escolha), sendo necessária a determinação, estar-se-á diante do procedimento de entrega de coisa incerta. Muito comum na prática forense, tem-se o dever de entrega de sacas de produtos agrícolas. Embora se trate de bens fungíveis, há escolha a ser feita (ano da safra, por exemplo).

IV. Julgados

CPC/2015

"AGRAVO DE INSTRUMENTO. EXECUÇÃO PARA ENTREGA DE QUANTIA CERTA. ESCRITURA PÚBLICA DE CONFISSÃO DE DÍVIDA. INADEQUAÇÃO DA VIA ELEITA. CONVERSÃO PARA EXECUÇÃO PARA ENTREGA DE COISA INCERTA. POSSIBILIDADE. VÍCIO SANÁVEL. EMENDA DA INICIAL. DETERMINAÇÃO. DECISÃO ANULADA. 1. Sob a nova ótica do Código de Processo Civil de 2015, de aproveitamento dos atos processuais, e em homenagem aos princípios da economia, efetividade e instrumentalidade, é possível a adequação de execução por quantia certa para execução para entrega de coisa incerta. 2. Reconhecida a inadequação da via eleita, deve ser determinada a emenda da inicial. 3. Agravo de instrumento conhecido e julgado prejudicado" (TJPR, 15ª C. Cível, AI nº 1.616.056-2, Rel. Des. Luiz Carlos Gabardo, j. em 29/3/2017).

CPC/1973

"[...] Na execução de obrigação de entregar coisa incerta, cabendo a escolha ao devedor, este deverá ser citado para entregá-la individualizada [...]" (STJ, 3ª T., REsp nº 701.150/SC, Rel. Min. Nancy Andrighi, j. em 15/12/2005).

"[...] Recaindo a execução sobre coisas determinadas pelo gênero e quantidade, o procedimento a ser adotado deve ser aquele previsto no art. 629, CPC [...]" (TJMG, 13ª C. Cível, Ap. Cível nº 1.0035.09.164564-4/001, Rel. Des. Cláudia Maia, j. em 14/4/2011).

"[...] A execução de quantia certa contra devedor solvente visa, exclusivamente, ao cumprimento de obrigações pecuniárias. Constando do título executivo a obrigação do embargante a entrega de sacas de café, deveria a exequente ter eleito o rito previsto a partir do art. 629 do CPC, que trata da execução para entrega de coisa incerta. A escolha do rito errado acarreta a inadequação da via eleita e, consequentemente, a extinção da execução. Tratando-se de obrigação de entrega de coisa, somente é possível o ajuizamento da ação de execução por quantia certa, uma vez sendo impossível o cumprimento destas e após a conversão/apuração do valor devido" (TJMG, 11ª C. Cível, Ap. Cível nº 1.0144.07.020670-7/001, Rel. Des. Wanderley Paiva, j. em 11/3/2015).

"CÉDULA DE PRODUTO RURAL. Prescrição. Instituto que não confunde com decadência. Prescrição trienal não operada (art. 206, § 3º, inciso VIII, do CC). Preliminar de mérito rejeitada. EMBARGOS À EXECUÇÃO. Cédula de Produto Rural. Título extrajudicial criado pela Lei nº 8.929/94 com alterações da Lei nº 10.200/2001. Título líquido, certo e exigível. Execução para entrega de coisa incerta. Conversão para ação de execução para quantia certa. Bens objeto da transação firmada entre as partes que não restaram entregues e nem pago o valor em dinheiro. Possibilidade. Precedente do STJ. Hipótese de liquidação restrita ao caso de o título não previr o valor da coisa, ou se sua avaliação fosse impossível (art. 631 c.c. art. 627 § 1º do Código de Processo Civil). Desnecessidade de liquidação por não haver divergência quanto à forma de se apurar o valor da coisa (soja brasileira). Recurso improvido.

'[...] a ação ajuizada está de conformidade com o disposto nos artigos 629 e seguintes do CPC, e art. 15, da Lei 8.929, de 22.08.94, que instituiu a Cédula de Produto Rural, que acentuou que a ação cabível para cobrança da Cédula de Produto Rural é a execução para entrega de coisa incerta [...]'" (TJSP, 14ª C. de Direito Privado, Apelação nº 0002836-95.2011.8.26.0539, Rel. Lígia Araújo Bisogni, j. em 16/7/2014).

Coisa incerta no Código Civil

"[...] Cuida-se de fato de obrigação indeterminável e, portanto, inexequível, pois sequer foi indicada a quantidade, requisito mínimo exigido para a constituição de obrigação de dar coisa incerta a teor do art. 243 do Código Civil. Admite-se a obrigação de dar coisa incerta desde indicada pelo menos pelo gênero e quantidade [...]" (TJMG, 4ª C. Cível, Ap. Cível nº 1.0251.12.000822-1/003, Rel. Heloisa Combat, j. em 7/8/2014).

"[...] mas não se especificou na avença quais eram as frações do terreno que estavam sendo negociadas. Trata-se, pois, de objeto não determinado, mas determinável, como previsto no art. 243 do Código Civil: 'A coisa incerta será indicada, ao menos, pelo gênero e pela quantidade'. A principal característica dessa modalidade de obrigação reside no fato de o objeto ou conteúdo da prestação, indicado genericamente no começo da relação, vir a ser determinado por um ato de escolha, o qual compete ao devedor, se outra coisa não se estipulou. A escolha só competirá ao credor se o contrato assim dispuser. Sendo omisso nesse aspecto, como é no caso ora em análise, ela pertencerá ao devedor (art. 244 do Código Civil) [...]" (TJDF, 4ª C. Cível, Ap. Cível nº 20120310030168, Rel. Fernando Habibe, j. em 9/7/2014).

Art. 812 - Qualquer das partes poderá, no prazo de 15 (quinze) dias, impugnar a escolha feita pela outra, e o juiz decidirá de plano ou, se necessário, ouvindo perito de sua nomeação.

I. Impugnação

Na hipótese de discordância pela parte contrária, será instaurado o *incidente de individualização*, no bojo da própria execução. Nesta etapa o juiz decidirá a respeito da coisa a ser entregue, contando com auxílio de perito, caso necessário, ou seja, se necessitar de conhecimentos especializados que não detenha para decidir de plano, logo após a impugnação. Após a decisão, de natureza interlocutória (CPC, art. 203, § 1º), prosseguirá a execução.

O prazo, uniformizando-se com os demais do CPC/2015, é de 15 dias úteis, contados da juntada do mandado de citação para o executado, quando a individualização tiver sido feita na inicial. Entendemos que a impugnação à escolha, quando feita pelo executado, suspende o prazo para a entrega.

Quando a escolha couber ao executado, o exequente deve ser intimado da entrega da coisa para que se inicie seu prazo, para aceitá-la ou impugnar a escolha.

Entendemos que a impugnação à escolha feita pelo credor também poderá ser feita pela via dos embargos à execução.

II. Julgado – CPC/1973

"[...] Inteligência do artigo 630, CPC. A perícia realizada que não foi impugnada no momento adequado, não merece reparo, salvo no caso de ser totalmente contrária às provas nos autos [...]" (TJMG, 15ª C. Cível, Apelação Cível nº 1.0028.03.003727-0/001, Rel. Des. Antônio Bispo, j. em 10/4/2014).

Art. 813 - Aplicar-se-ão à execução para entrega de coisa incerta, no que couber, as disposições da Seção I deste Capítulo.

O estado de indeterminação cessa com a escolha. A coisa, então, passa a ser determinada. Portanto, em tudo aquilo que for compatível, as regras referentes à execução para entrega de coisa certa aplicam-se à execução para entrega de coisa incerta, inclusive o art. 809. O procedimento sub-rogatório de desapossamento (busca e apreensão ou imissão na posse), bem como o meio coercitivo (multa) são cabíveis.

I. Julgados

CPC/2015

"Apelação cível. Embargos à execução de título executivo extrajudicial. Execução por quantia certa. Impossibilidade. Obrigação de entrega de coisa incerta. Ritos distintos. Inadequação da via eleita. Sentença mantida. Recurso desprovido. 1. Trata-se de obrigação de entrega de coisa incerta, motivo pelo qual deveria o exequente ter ajuizado a respectiva ação executiva, objetivando a entrega do produto, não podendo propor execução por quantia certa, como ocorreu no presente caso. 2. Apenas na impossibilidade de cumprimento da obrigação por meio da entrega da coisa, poderiam os exequentes requerer a conversão do rito para execução por quantia certa" (TJPR, 16ª C. Cível, Apelação Cível nº 1.623.362-6, Rel. Des. Hélio Henrique Lopes Fernandes Lima, j. em 29/3/2017).

"Execução para entrega de coisa incerta convertida em execução por quantia certa - Objeção de executividade - Contrato de compra e venda - Sacas de soja. 1. Inadequação da via eleita - Ausência de interesse recursal quanto a essa insurgência - Conversão para execução por quantia certa evidenciada. 2. Título executivo extrajudicial - Documento particular assinado pelo devedor e duas testemunhas - Preenchimento dos requisitos de certeza, liquidez e exigibilidade - Apuração do montante devido pela data do vencimento da obrigação. 3. Recurso conhecido em parte, e nessa extensão, desprovido" (TJPR, 10ª C. Cível, AI nº 1611801-7, Rel. Des. Rabello Filho, j. em 15/3/2017).

"AGRAVO DE INSTRUMENTO. EXECUÇÃO DE TÍTULO EXTRAJUDICIAL. DECISÃO QUE DEFERE A CONVERSÃO DA EXECUÇÃO DE ENTREGA DE COISA INCERTA EM EXECUÇÃO POR QUANTIA CERTA E DETERMINA A CITAÇÃO DO DEVEDOR. IRRESIGNAÇÃO DA PARTE EXEQUENTE. NOVA CITAÇÃO DO DEVEDOR COM ABERTURA DE NOVO PRAZO PARA OPOSIÇÃO DE EMBARGOS. NECESSIDADE. OBSERVÂNCIA AOS PRINCÍPIOS DO CONTRADITÓRIO E AMPLA DEFESA. RECURSO CONHECIDO E NÃO PROVIDO" (TJPR, 13ª C. Cível, AI nº 1.581.712-4, Rel. Des. Francisco Eduardo Gonzaga de Oliveira, j. em 8/2/2017).

"AGRAVO DE INSTRUMENTO. EXECUÇÃO DE ENTREGA DE COISA INCERTA. DESCUMPRIMENTO DA ORDEM DE ENTREGA. INEXISTÊNCIA DOS BENS. CONVERSÃO EM EXECUÇÃO POR QUANTIA CERTA. APURAÇÃO DO QUANTUM. SACAS

DE SOJA. COTAÇÃO CORRESPONDENTE AO DIA DO VENCIMENTO DA DÍVIDA. PRECEDENTES DO TJPR. RECURSO CONHECIDO E PARCIALMENTE PROVIDO" (TJPR, 16ª C. Cível, AI nº 1.548.970-2, Rel. Des. Astrid Maranhão de Carvalho Nunes, j. em 24/8/2016).

CPC/1973

"AGRAVO DE INSTRUMENTO. EXECUÇÃO PARA ENTREGA DE COISA INCERTA. DECISÃO QUE DETERMINA A CITAÇÃO PARA CUMPRIMENTO DA OBRIGAÇÃO, SOB PENA DE MULTA DIÁRIA. CABIMENTO. COMINAÇÃO RESPALDADA NOS ARTIGOS 621, PARÁGRAFO ÚNICO, E 631, DO CÓDIGO DE PROCESSO CIVIL. MANUTENÇÃO DA DECISÃO QUE SE IMPÕE. RECURSO NÃO PROVIDO" (TJPR, 14ª C. Cível, AI nº 732661-4, Rel. Des. Guido Döbeli, j. em 27/4/2011).

"AGRAVO DE INSTRUMENTO. EXECUÇÃO PARA ENTREGA DE COISA INCERTA. FIXAÇÃO DE MULTA DIÁRIA NA HIPÓTESE DE INADIMPLEMENTO VOLUNTÁRIO DA ENTREGA. POSSIBILIDADE APLICAÇÃO SUBSIDIÁRIA DAS DISPOSIÇÕES REFERENTES À EXECUÇÃO PARA ENTREGA DE COISA CERTA. APLICABILIDADE DO ART. 631, DO CPC, QUE PERMITE A ADOÇÃO DO ART. 621, PARÁGRAFO ÚNICO, DO MESMO DIPLOMA LEGAL E AUTORIZA A MULTA DIÁRIA ESTABELECIDA. AGRAVO DESPROVIDO" (TJPR, 13ª C. Cível, AI nº 737012-1, Rel. Angela Maria Machado Costa, j. em 20/7/2011).

"[...] É cabível a fixação de multa diária em razão do atraso no cumprimento da obrigação de entregar coisa incerta, com base no art. 621, parágrafo único c/c art. 631 do CPC. - A imposição de multa diária objetiva assegurar o efetivo cumprimento da determinação, devendo ser fixada em valor suficiente para compelir a parte à prática da ordem judicial, porém de forma razoável para não gerar enriquecimento sem causa [...]" (TJMG, 12ª C. Cível, AI nº 1.0071.08.040818-1/001, Rel. Des. Alvimar de Ávila, j. em 2/4/2014).

"AGRAVO. DECISÃO MONOCRÁTICA QUE NEGOU SEGUIMENTO AO AGRAVO DE INSTRUMENTO COM FUNDAMENTO NO *CAPUT* DO ART. 557 DO CPC. MULTA DIÁRIA. INCIDÊNCIA EM EXECUÇÃO PARA ENTREGA DE COISA INCERTA. POSSIBILIDADE. INTELIGÊNCIA DOS ARTIGOS 621 E 631 DO CÓDIGO DE PROCESSO CIVIL. De acordo com os artigos 621 e 631, do Código de Processo Civil, é possível a cominação de multa diária na execução para entrega de coisa incerta, desde que o juiz, primeiramente, determine a citação do executado para, dentro de dez (10) dias, satisfazer a obrigação. Agravo não provido" (TJPR, 15ª C. Cível, AgRg nº 545.312-7/01, Rel. Des. Jucimar Novochadlo, j. em 4/2/2009).

"PROCESSUAL CIVIL. RECURSO. APELAÇÃO. EMBARGOS À EXECUÇÃO. TÍTULO EXECUTIVO EXTRAJUDICIAL. CONTRATO PARTICULAR DE COMPRA E VENDA. ENTREGA FUTURA DE SOJA. EXECUÇÃO POR QUANTIA CERTA. PROCEDIMENTO EQUIVOCADO. TÍTULO EXECUTIVO PARA ENTREGA DE COISA INCERTA. CONVERSÃO AUTOMÁTICA DO FEITO. INADMISSIBILIDADE. REQUISITOS LEGAIS. AUSÊNCIA. OFENSA AO PRINCÍPIO DO CONTRADITÓRIO E AMPLA DEFESA. EXTINÇÃO DA EXECUÇÃO. EXEGESE DO ART. 629 DO CPC. PRINCÍPIO DA SUCUMBÊNCIA. HONORÁRIOS ADVOCATÍCIOS. REDUÇÃO. IMPOSSIBILIDADE. PROPORCIONALIDADE E RAZOABILIDADE. MANUTENÇÃO DA VERBA ARBITRADA. 1. Execução para entrega de coisa incerta. Conversão. Na execução para entrega de coisa certa ou incerta, o fim específico é a restituição do bem que se encontra no patrimônio do devedor (ou de terceiro). Somente após deixar o devedor de promover a restituição ou depositar a coisa, objeto do contrato, admite-se a conversão para execução por quantia certa. A execução para entrega de coisa incerta, por ter procedimento próprio, não admite transformação, já de início, para a execução por quantia certa, a não ser no momento processual do art. 627 do CPC, após frustrado o procedimento estabelecido nos arts. 629 a 631 do CPC. 2. [...] Recurso de apelação desprovido" (TJPR, 15ª C. Cível, ApCiv nº 906877-3, Rel. Jurandyr Souza Junior, j. em 18/7/2012).

"EXECUÇÃO PARA ENTREGA DE COISA INCERTA. Soja. Cédula de Crédito de Produto Rural. O executado (embargante) foi citado para a entrega do produto agrícola, todavia, quedou-se inerte. Procedeu-se a conversão da ação para execução de quantia certa, pelo valor estimado pelo exequente, sem chance de manifestação do devedor. Impossibilidade. Era de rigor a instauração do procedimento de liquidação (art. 627, § 2º). O valor da coisa será apurado por arbitramento (art. 627, § 1º) e o das perdas e danos pelo procedimento que se mostrar adequado ao caso. Sem essa liquidação, fica inviável a conversão automática da execução para entrega da coisa em execução por quantia certa, mormente pelo fato que a execução carecerá de pressuposto específico, a saber, a liquidez. (Resp 327650/MS RECURSO ESPECIAL 2001/0057043-8. DJ 06/10/2003 p. 273). Sentença anulada. RECURSO DO EMBARGANTE PROVIDO, E PREJUDICA DA EMBARGADA. [...] falta de manifestação do executado sobre o valor apontado pela exequente, não há como aceitar a conversão da execução de entrega de coisa, para execução de quantia certa, justamente pela falta de liquidez [...]'" (TJSP, 18ª Câmara de Direito Privado, Ap. Cível nº 9175420-90.2005.8.26.0000, Rel. Jurandir de Sousa Oliveira, j. em 13/4/2010).

Capítulo III - Da Execução das Obrigações de Fazer ou de Não Fazer

Seção I - Disposições Comuns

Art. 814 - Na execução de obrigação de fazer ou de não fazer fundada em título extrajudicial, ao despachar a inicial, o juiz fixará multa por período de atraso no cumprimento da obrigação e a data a partir da qual será devida.
Parágrafo único - Se o valor da multa estiver prevista no título e for excessivo, o juiz poderá reduzi-lo.

I. Coerção. Multa periódica

No despacho inicial, ao estabelecer o prazo para que o executado cumpra o fazer ou o não fazer (conforme art. 815), o juiz pode também adotar a multa como medida coercitiva tendente a dar maior efetividade ao processo, independentemente de requerimento da parte, à semelhança do que se encontra previsto para a execução da obrigação para entrega de coisa.

A periodicidade da multa levará em consideração a específica obrigação a ser cumprida em consonância com a própria finalidade da multa (*vide* comentário ao art. 806, item IV).

II. Alteração do valor da multa

A fim de que se atinja o objetivo da multa (coercitiva), o juiz está autorizado a alterar o valor previsto no título, visto que tanto valor aquém como além do necessário colocam em risco sua efetividade.

Caso haja valor para esta multa já previsto no título executivo, o juiz poderá reduzi-lo se o entender excessivo, de modo igual ao previsto para a obrigação de entrega de coisa. Embora a lei preveja apenas a possibilidade de redução, reiteramos nosso entendimento de ser cabível também a elevação do valor, dada a natureza processual desta técnica mandamental, seguindo o critério de sua idoneidade como mecanismo de pressão sobre o executado, cuidando-se para não haver abusividade.

III. Julgados

CPC/2015

"AGRAVO DE INSTRUMENTO INTERPOSTO CONTRA R. DECISÃO PELA QUAL FOI FIXADA MULTA DIÁRIA NO VALOR DE R$ 1.000,00, LIMITADA AO TETO DE R$ 100.000,00, PARA QUE OS EXECUTADOS, ORA RECORRIDOS, CUMPRISSEM OBRIGAÇÃO DE FAZER ALEGAÇÃO DE INCORREÇÃO PEDIDO DE REFORMA DESACERTO DA R. DECISÃO ATACADA CONTRATO CELEBRADO ENTRE AS PARTES QUE JÁ CONTÉM DISPOSIÇÃO ACERCA DO VALOR A SER EXIGIDO A TÍTULO DE MULTA DIÁRIA EXIGÍVEL EM CASO DE DESCUMPRIMENTO DA OBRIGAÇÃO EM DISCUSSÃO NO FEITO REDUÇÃO PELO JUÍZO QUE SÓ PODERÁ SE DAR NAS HIPÓTESES DESCRITAS PELO PARÁGRAFO ÚNICO, DO ART. 814, DO CPC DE 2015 – NECESSÁRIA FIXAÇÃO DE UM TETO MÁXIMO PARA A INCIDÊNCIA DA MULTA EM TELA, CONTUDO, SOB PENA DE AFRONTA AO TEOR DO MESMO DISPOSITIVO LEGAL MENCIONADO RECURSO PARCIALMENTE PROVIDO" (TJSP, 16ª C. de Direito Privado, AI nº

2022983-66.2017.8.26.0000, Rel. Des. Simões de Vergueiro, j. em 22/6/2017).

"Execução de obrigação de não fazer. Contrato de franquia. Decisão que converte a obrigação em perdas e danos e determina a liquidação da indenização por arbitramento. Inadmissibilidade. Execução que não observou o rito previsto no art. 814 e sgs. do CPC/2015. Executada que foi equivocadamente citada para pagamento de dívida no prazo de 3 dias, como se de execução por quantia certa se tratasse. Anulação da execução desde o despacho inicial. Executada que deve ser citada para cumprir a obrigação de não fazer no prazo de 48h00, sob pena de multa diária de R$ 500,00. Agravo provido, com observação" (TJSP, 2ª C. Reservada de Direito Empresarial, AI nº 2062184-65.2017.8.26.0000, Rel. Des. Alexandre Marcondes, j. em 19/6/2017).

Seção II - Da Obrigação de Fazer

Art. 815 - Quando o objeto da execução for obrigação de fazer, o executado será citado para satisfazê-la no prazo que o juiz lhe designar, se outro não estiver determinado no título executivo.

Autor: Flávio Luiz Yarshell

I. Concorrência de vias processuais para o credor de obrigações de fazer (e não fazer)

Embora a leitura isolada do art. 815 possa dar a entender que o CPC/2015 teria conferido ao credor de obrigações de fazer (e não fazer) apenas uma via processual para a efetivação de seus direitos, a sua interpretação sistemática autoriza afirmar que conferiu, na realidade, três vias processuais para esse mister.

A primeira delas é a do *processo de conhecimento*, de que resultará a imposição judicial do dever de prestar (o que tradicionalmente se denomina *condenação*), com a formação de *título executivo judicial* e posterior *cumprimento de sentença* (arts. 513 e seguintes) – ressalvada a possibilidade de concessão de *tutela antecipada* (arts. 303 e seguintes); a segunda é a da *ação monitória*, que não apenas remanesceu no sistema, como ainda passou também a abranger essa modalidade obrigacional (art. 700, inciso III); a terceira é a da *execução fundada em título extrajudicial*, cuja disciplina é inaugurada pelo artigo ora comentado.

Com efeito, no novo Diploma a existência de título executivo extrajudicial não impede a parte de optar pelo processo de conhecimento, com o objetivo de obter título judicial (art. 785). Vale dizer: o CPC/2015 superou a controvérsia que havia na vigência do CPC/1973 sobre haver interesse processual para demanda de conhecimento mesmo quando o credor já dispõe de título extrajudicial. A lei não explicitou, mas daí se extrai também a possibilidade de opção pela ação monitória: se o credor pode optar entre execução e cognição mediante condenação, parece coerente dizer que pode optar entre execução e monitória – que tem igualmente natureza de atividade cognitiva.

Assim, na premissa (complementar) de ser faculdade do credor a de optar entre processo de conhecimento condenatório e ação monitória (conforme entendimento formado à luz do CPC/1973), forçoso é concluir que o sistema oferece ao credor uma dessas três vias, apenas com as seguintes ressalvas: a) se o credor não dispuser de título executivo nem de prova escrita (sem eficácia de título) deverá obrigatoriamente se valer da demanda de conhecimento (embora com teórica possibilidade de antecipação de tutela); b) se o credor dispuser de prova escrita sem eficácia de título, não poderá – por razões evidentes – valer-se desde logo da execução, conquanto possa optar entre a demanda condenatória e a ação monitória.

Essa multiplicidade de vias processuais, conquanto até possa ser vista positivamente como forma de ampliação do acesso à tutela jurisdicional; e quiçá inspirada por um regime parcialmente comum a todas essas formas de tutela; traz consigo, contudo e paradoxalmente, o risco de ensejar dúvidas e, portanto, de produzir resultado inverso ao desejado. É preciso, portanto, interpretá-las de forma coerente e harmoniosa.

II. Concorrência de vias processuais: tentativa de comparação

Se, embora com as ressalvas anteriores, é faculdade do credor a de optar por uma das três vias processuais anteriormente indicadas, deverá o autor considerar as vantagens ou desvantagens que cada qual possa oferecer – pensando sempre nos casos em que realmente haja tal opção. Sem caráter exaustivo, o exame que segue pretende examinar tais aspectos.

Às três formas de tutela são aplicáveis as regras constantes dos arts. 497 a 501, 536 e 537, que encerram, por assim dizer, normas gerais do sistema para a tutela de toda e qualquer obrigação ou dever de fazer (ou não fazer). Isso quer dizer o seguinte: a) o juiz deve dar primazia à tutela específica ou à obtenção de resultado prático equivalente; b) para a obtenção da tutela, o juiz poderá determinar medidas executivas indiretas ou "medidas de apoio" (§§ 1º, 2º e 3º do art. 536) – dentre os quais tem particular importância a multa diária; c) só ocorrerá conversão para obrigação pecuniária se assim requerer o credor ou se for impossível a obtenção da tutela específica ou do resultado prático equivalente (art. 499); d) indenização não se confunde com multa diária (art. 500).

Contudo, há diferenças entre cada uma dessas vias processuais.

Se o autor optar pela via cognitiva "ordinária" (lembrando que a ação monitória também é demanda de conhecimento), abrirá mão da possibilidade de o processo começar com a determinação imediata para que o autor faça ou deixe de fazer, possível tanto na execução quanto na monitória, embora de formas diversas (arts. 815 e 701). Assim ocorrerá, salvo se o autor puder obter antecipação da tutela provisória antecipada – cuja efetivação se submete ao regime do cumprimento de sentença (art. 519). Se não houver a antecipação, a sentença de procedência ensejará recurso de apelação com efeito suspensivo; mas, a senso contrário, se houver antecipação, confirmada pela sentença, então o apelo não terá efeito suspensivo (CPC, art. 1.012, § 1º, inciso IV).

Se o autor optar pela monitória, deverá considerar que a eficácia do mandado para cumprimento da obrigação ficará suspensa pela oposição dos embargos (art. 702, § 4º). Mais do que isso, eventual sentença de rejeição dos embargos e de convolação do mandado monitório em título executivo judicial estará sujeita a recurso de apelação. Essa, à míngua de regra expressa no art. 1.012, terá efeito suspensivo. Finalmente, obtido o título judicial (via convolação do mandado monitório), o regime legal será o do cumprimento de sentença – o que remete ao resultado obtido pela via cognitiva "ordinária" (condenatória).

Nos casos de cumprimento provisório de sentença (aplicável aos casos de condenação e de mandado monitório convolado em título executivo), aplica-se o disposto no art. 520, por força de regra expressa de seu § 5º. Isso quer dizer que a ordem para fazer ou não fazer pode ser cumprida provisoriamente, como se definitiva fosse. Contudo, se houver risco de grave dano ao executado, deverá ser exigida caução suficiente e idônea (inciso IV), sem prejuízo das demais regras constantes do referido art. 520.

Mais ainda, nos casos de cumprimento de sentença, além da possibilidade reconhecida pelo art. 518, o demandado poderá apresentar *impugnação*, conforme art. 525. Essa, por regra, não terá efeito suspensivo, salvo se seus fundamentos forem relevantes, se houver risco de grave dano e se o juízo estiver garantido (§ 6º). Mas, mesmo assim, se o credor prestar caução idônea e suficiente, a prática dos atos executivos para satisfação do credor poderá prosseguir (§ 10).

Já se o credor dispuser de título extrajudicial e optar pela via executiva, o demandado poderá opor embargos à execução, que não exigem garantia do juízo (art. 914); permitem ampla cognição, dado que podem veicular, dentre outras, "qualquer matéria que lhe seria [ao embargante] lícito alegar como defesa em processo de conhecimento" (art. 917, inciso VI); e, como regra, não terão efeito suspensivo (art. 919). Esse último poderá ser concedido quando "verificados os requisitos para a concessão da tutela provisória" e desde que a execução esteja garantida caução suficiente (art. 919, § 1º). Embora a lei não tenha feito ressalva, interpretação sistemática autoriza que o efeito suspensivo seja afastado, se o credor – agora ele – prestar caução, de forma análoga ao que dispõe o § 10 do art. 525, dado que a *ratio* da norma é a mesma.

Mas, mesmo que não exista essa possibilidade, se opostos embargos e esses forem julgados improcedentes, eventual recurso de apelação – que deverá ser recebido sem efeito suspensivo (art. 1.012, § 1º, inciso III) – não impedirá o prosseguimento da execução, de forma definitiva. É que o CPC/2015 não reeditou regra igual ou análoga à do art. 587 do CPC precedente.

Art. 816 - Se o executado não satisfizer a obrigação no prazo designado, é lícito ao exequente, nos próprios autos do processo, requerer a satisfação da obrigação à custa do executado ou perdas e danos, hipótese em que se converterá em indenização.

Parágrafo único - O valor das perdas e danos será apurado em liquidação, seguindo-se a execução para cobrança de quantia certa.

I. Prazo para que o devedor realize a prestação

O artigo precedente determina que a realização voluntária da obrigação ocorra em prazo a ser fixado pelo juiz, se outro não houver no título executivo. Mas, toda execução tem por pressuposto – além do título – o inadimplemento (art. 786). Portanto, quando o credor vem a juízo para promover a execução, o prazo previsto para adimplemento espontâneo já foi superado e não pode mais servir de parâmetro – não ao menos de forma pura e simples – para o juiz. Do contrário, o juiz estaria a simplesmente dobrar o prazo de que o devedor dispunha para adimplemento da obrigação.

Isso quer dizer que o prazo é sempre aquele fixado pelo juiz – exceto se, por alguma improvável razão, as partes tivessem, para além do prazo previsto para o adimplemento, estabelecido um segundo prazo, para ser observado ao ensejo de ordem judicial. O lapso fixado pelo juiz deve ser proporcional e, para tanto, há que considerar o prazo – convencional ou legal – de que já dispusera o devedor para adimplemento espontâneo da obrigação.

II. Objeto do processo

Na execução não há cognição voltada à declaração do direito. Na concepção clássica, o processo de execução é composto de atos de invasão da esfera patrimonial do devedor para satisfação do credor, mediante sub-rogação. Mas, a tutela do credor também pode ser perseguida mediante a imposição de medidas coercitivas, tendentes a pressionar o devedor a adimplir – se não de forma espontânea – de forma voluntária (execução indireta).

No caso das obrigações de fazer e não fazer, os meios executivos atuam mediante *transformação* (enquanto nas obrigações de quantia isso se dá por expropriação e nas obrigações de dar isso ocorre por desapossamento). Ao resultado buscado pelo exequente, portanto, chega-se por uma dessas formas: mediante sub-rogação ou mediante a imposição de mecanismos de coerção, que pressionem o devedor a adimplir.

A delimitação da obrigação deve constar do título executivo e é ônus do autor indicar como pretende ser satisfeito (art. 798, inciso II, *a*), observada a regra de menor onerosidade (art. 805) e com a ressalva de que a imposição dos meios executivos (diretos ou indiretos) pode ocorrer de ofício (art. 536, aplicável também à execução fundada em título extrajudicial).

Mas o objeto do processo pode também ser *quantia certa*. Isso pode ocorrer se o autor o requerer ou se a tutela específica (ou obtenção do resultado prático equivalente) se tornar impossível (art. 499). Não há necessidade de propositura de demanda condenatória ou de outra execução. Contudo, tratando-se de obrigação de pagar, será usualmente necessária prévia liquidação, para que se chegue ao valor em dinheiro correspondente ao inadimplemento. Excepcionalmente, poderá ocorrer que o valor correspondente em dinheiro já esteja expresso no título; caso em que se poderá partir diretamente para a execução por quantia.

O sucedâneo há que se ater estritamente aos limites da obrigação constante do título executivo. Qualquer outro valor a que entenda fazer jus o credor deverá ser perseguido pela via cognitiva (condenatória).

Além disso, o credor de obrigação de fazer (ou não fazer) poderá se tornar credor de quantia, a ser cobrada nos mesmos autos. Isso ocorrerá quando (i) houver a imposição de multa diária (arts. 500 e 536, § 1º); (ii) houver imposição de multa pela litigância de má-fé (art. 81); (iii) fixação de verba honorária, haja ou não resistência à execução (art. 85). Nesses casos, salvo eventual exceção, não haverá necessidade de prévia liquidação, bastando que o credor apresente memória de cálculo.

Em qualquer caso, é preciso observar a regra de menor onerosidade (art. 805), desde que isso obviamente não prejudique a satisfação do credor. O processo de execução é instrumento de tutela do credor, no interesse de quem aquele é instaurado (art. 797); e de tutela do devedor, na medida em que garante que os meios executivos atuarão nos estritos limites do necessário para entrega do bem da vida ao credor.

Art. 817 - Se a obrigação puder ser satisfeita por terceiro, é lícito ao juiz autorizar, a requerimento do exequente, que aquele a satisfaça à custa do executado.
Parágrafo único - O exequente adiantará as quantias previstas na proposta que, ouvidas as partes, o juiz houver aprovado.

I. Obrigações fungíveis: atuação de medidas executivas indiretas

O dispositivo trata das obrigações de fazer *fungíveis*, isto é, aquelas nas quais terceiros podem proporcionar o resultado no lugar do executado. Mas, essa forma de buscar a satisfação é onerosa para o credor, porque ele tem o encargo de adiantar a quantia necessária para a atividade do terceiro; e, a rigor, é onerosa para o Estado, na medida em que essa solução, além de ser mais demorada, acabará por gerar um crédito por quantia certa que, depois de toda a atividade relativa à obrigação de fazer, ainda demandará execução por expropriação.

Além disso, a interferência de um terceiro – para realizar uma atividade originariamente a cargo do devedor – é potencialmente problemática. Basta ver a situação retratada pelo art. 819.

Por essas e por outras razões, antes de se cogitar da satisfação por terceiro, é preciso sujeitar o demandado a medidas que possam compeli-lo a prestar voluntariamente (art. 536, § 1º). Essas medidas podem atuar de forma indireta sem envolver atividade de sub-rogação, ao menos em um primeiro momento. Tal é o que ocorre no caso da multa diária. Mas, também é possível que medidas sub-rogatórias acabem por proporcionar o resultado prático desejado pelo exequente. Isso ocorre, para ilustrar, quando se determina a apreensão do equipamento de que se vale o réu para fazer o que não deveria (poluir, por exemplo); ou quando se ordena a interdição do local em que a atividade ilícita estaria a ocorrer. Nesses casos, os meios executivos não atuam diretamente sobre o bem da vida que é devido ao credor, mas sobre outros. Mais uma vez, indiretamente se chega ao resultado estabelecido pelo direito material em favor do exequente.

Enfim, a execução mediante a atividade de terceiro há de ser tida como subsidiária e só mesmo em último caso é que a ela se deve chegar.

II. Segue: crime de desobediência

Além das medidas previstas pelo § 1º do art. 536, o § 3º do mesmo artigo também estabelece que o descumprimento injustificado à ordem (para fazer ou não fazer) configurará (para além da litigância de má-fé) o crime de desobediência.

A opção do legislador processual civil, conquanto compreensível e até louvável (na medida em que busca estabelecer uma forma de tutela penal do processo civil), precisa ser interpretada à luz do entendimento da doutrina e da jurisprudência penal acerca dessa figura penal. É que, na esteira do que aí se preconiza, não há crime de desobediência se já existe sanção civil para a conduta. No caso das obrigações fungíveis, além das medidas coercitivas ou sub-rogatórias indiretas, existe a possibilidade de o resultado ser obtido a partir da atuação de terceiro. Portanto, de crime de desobediência só se deve cogitar se nenhuma dessas sanções, no caso concreto, revelar-se efetiva.

Para deixar claro: não há previsão constitucional ou legal para prisão civil como medida coercitiva tendente ao cumprimento de obrigações de fazer (ou não fazer). O que existe é a previsão de crime e, quando muito e desde que preenchidos os requisitos constitucionais e legais, poderá haver prisão por conta desse ilícito – não a prisão por fundamento civil.

III. Custo da atividade prestada pelo terceiro

Não há previsão legal de que haja prévia avaliação da atividade a ser prestada pelo terceiro e tampouco de que a escolha seja precedida de certame licitatório – exigências outrora vigentes no ordenamento brasileiro. Mas as partes têm a oportunidade de se pronunciar sobre o tema: o exequente, na perspectiva de que terá o ônus de adiantamento dos valores necessários para a obra do terceiro; o executado, na perspectiva de que, ao final, terá tais valores acrescidos a seu débito total. Além disso, é relevante saber outros dados do terceiro – sua idoneidade, capacidade técnica e outros – e da própria empreitada a realizar (especialmente o respectivo cronograma).

A atividade do terceiro há que se pautar por economia: o mais eficiente resultado com o menor custo possível. O que se busca é a satisfação do credor, da forma menos onerosa para o devedor (art. 805).

Particularmente quanto ao custo, se houver objeção, a parte que a fizer terá o ônus de indicar concretamente de que forma o mesmo resultado poderia ser obtido com custo menor (ou, como dito anteriormente, por outra pessoa, ou em tempo menor, ou de forma mais eficiente). Compete-lhe fazer essa eventual impugnação no âmbito da execução, antes que a atuação do terceiro se inicie. Depois, no momento da execução por quantia que se seguir, a matéria terá restado preclusa.

IV. Atuação de terceiro para a atuação de medidas indiretas

Não se pode descartar que o recurso à atuação de terceiros ocorra também em relação às medidas – coercitivas ou sub-rogatórias – que, sem diretamente proporcionar o resultado buscado pelo credor, sirvam para contribuir para o resultado prático equivalente (art. 536, § 1º). Certo que a imposição de multa e a busca e apreensão são providências ao alcance do juízo e do aparato de que dispõe. Contudo, a remoção de pessoas e coisas, o desfazimento de obras, o impedimento a atividade nociva, a interdição de locais – e outras de que se possa cogitar nesse caso – podem eventualmente ficar a cargo de terceiros, aplicando-se o dispositivo legal aqui comentado, quando menos por analogia.

Art. 818 - Realizada a prestação, o juiz ouvirá as partes no prazo de 10 (dez) dias e, não havendo impugnação, considerará satisfeita a obrigação.
Parágrafo único - Caso haja impugnação, o juiz a decidirá.

I. Contraditório no decorrer dos trabalhos do terceiro

O dispositivo alude à oitiva das partes após a realização da atividade pelo terceiro. Contudo, o contraditório deve ser observado antes do início dos trabalhos e durante sua realização.

É preciso considerar que há obrigações de fazer complexas e, por vezes, de cumprimento diferido/contínuo. Embora se trate de processo de execução, em que a cognição é limitada e voltada ao escopo de satisfação do credor, tal complexidade e peculiaridade do direito material poderão recomendar (ou até impor) que a atividade do terceiro seja acompanhada de um perito e de assistentes técnicos. Isso permitirá que o juízo e as partes controlem o andamento dos trabalhos, de sorte a evitar potenciais problemas que possam decorrer do fato prestado pelo terceiro.

II. Encerramento da atividade do terceiro

Tanto que proporcionado o resultado correspondente à prestação (objeto da obrigação), a atividade do terceiro reputar-se-á encerrada. Mas para que isso se consume é preciso ouvir as partes.

Mais uma vez, é necessário considerar que eventuais obrigações (de fazer) são complexas e podem se desenrolar no tempo; o que é potencial fonte de problemas, relativamente à efetiva satisfação do credor. Nesse caso, é preciso levar em conta os contornos e limites da obrigação, tal qual ela consta do título executivo. Não se descarta, em tese, que a atividade do terceiro possa ser tida como encerrada e que, mais a frente, diante de novo inadimplemento, seja necessária nova atuação jurisdicional e, portanto, nova atividade do terceiro para satisfação da obrigação.

A *impugnação* de que fala a lei é conceito genérico e naturalmente não se confunde com a figura prevista pelo art. 525 – que é forma de defesa do demandado no cumprimento de sentença. Ela ocorrerá de forma incidental no processo de execução, não obstante os limites à cognição que vigoram nesse âmbito. Ela poderá versar exclusivamente sobre pontos relativos à atividade do terceiro e, especialmente, o fato de estar ou não satisfeita a obrigação por conta dessa atividade.

Da decisão que apreciar essa impugnação caberá agravo de instrumento, se o juiz não puser fim ao processo (art. 1.015, parágrafo único); se o juiz – correta ou incorretamente – extinguir o processo (art. 922, inciso I), então o recurso cabível será o de apelação.

Art. 819 - Se o terceiro contratado não realizar a prestação no prazo ou se o fizer de modo incompleto ou defeituoso, poderá o exequente requerer ao juiz, no prazo de 15 (quinze) dias, que o autorize a concluí-la ou a repará-la à custa do contratante.
Parágrafo único - Ouvido o contratante no prazo de 15 (quinze) dias, o juiz mandará avaliar o custo das despesas necessárias e o condenará a pagá-lo.

I. Posição processual do terceiro encarregado de realizar a prestação

A interferência de um terceiro, no contexto examinado, é potencialmente problemática: não bastasse a controvérsia estabelecida entre credor e devedor, a situação descrita pelo dispositivo é potencialmente geradora de novos problemas, cuja superveniência, pior ainda, põe em evidência que sequer a controvérsia que justificou a instauração do processo de execução foi superada. É que, se a prestação não foi realizada no prazo ou se o foi de modo incompleto ou defeituoso, isso quer dizer que o credor ainda não foi satisfeito e, a bem da verdade, nem o devedor se pode ainda reputar desonerado da obrigação.

Mais ainda: a interferência de um terceiro pode interferir no nexo de causalidade entre a situação decorrente do inadimplemento, de um lado, e a conduta (comissiva ou omissiva) do devedor originário, de outro lado. Tanto isso é verdade que a lei, diante agora do inadimplemento do terceiro, fala que ele deverá ser condenado a pagar as despesas "necessárias". Ou seja: o credor não apenas não resolve seu problema, como ainda passa a enfrentar outro. Portanto, a crise de adimplemento só aumenta... O resultado disso é nocivo para o Estado, dentre outras, porque tende a eternizar o processo, sem que a prestação jurisdicional tenha sido efetivamente entregue.

Sob a ótica do direito material, o terceiro que se disponha a realizar a atividade ficará submetido às regras civis que regulam a prestação de serviços. Não se afiguram aplicáveis as disposições do Código de Defesa do Consumidor, na medida em que o credor não pode ser tido como consumidor final do terceiro que, a bem da verdade, presta serviço no contexto de um processo jurisdicional.

Sob a ótica processual, o terceiro passa a ser protagonista do contraditório: ele deverá ser ouvido sobre impugnação das partes e procurará demonstrar que a empreitada a seu cargo foi adequada e completamente realizada, na medida em que tem autêntico interesse jurídico em assim proceder. E, a depender do que decida o juiz, ele terá inclusive interesse para recorrer – caso em que o pressuposto processual da capacidade postulatória exclusiva de advogado passará a vigorar para ele.

II. Via processual adequada para apuração de danos causados pelo terceiro

A lei autoriza que o juiz condene o terceiro a pagar as despesas decorrentes da inexecução da obrigação que assumiu no processo. Sem outra referência, presume-se que isso deveria ocorrer nos autos do processo de execução, em que primitivamente litigavam credor e devedor. Mas, como reconheceu o Legislador, isso exige prévia e adequada cognição: é preciso "avaliar o custo das despesas necessárias". Na verdade, é mais do que isso: é preciso dar espaço às partes para que debatam sobre os defeitos do serviço realizado e os prejuízos daí decorrentes.

Portanto, embora a competência – ditada por critério funcional – seja do juízo em que processada a execução, afigura-se recomendável que, determinada a exclusão do terceiro (inclusive sua eventual substituição), o ressarcimento a que faça jus o credor originário – agora no confronto com o terceiro, que se tornou também seu devedor – seja reclamado em via própria. Trata-se de atividade tipicamente declaratória (em sentido amplo), a exigir cognição própria dessa forma de atividade jurisdicional. Isso permitirá que a execução retome seu curso, voltando ao que deve ser: prática de atos materiais para satisfação do credor.

Art. 820 - Se o exequente quiser executar ou mandar executar, sob sua direção e vigilância, as obras e os trabalhos necessários à realização da prestação, terá preferência, em igualdade de condições de oferta, em relação ao terceiro.
Parágrafo único - O direito de preferência deverá ser exercido no prazo de 5 (cinco) dias, após aprovada a proposta do terceiro.

I. Obras a cargo do credor

Repetindo a regra vigente no CPC/1973, o diploma de 2015 abre a oportunidade para que o credor, em igualdade de condições com a proposta do terceiro, assuma a execução – aqui entendida em sentido genérico e não jurídico – do que for necessário para a realização da prestação. Com isso, ele se dispensa do adiantamento de que trata o parágrafo único do art. 634 e, ao mesmo tempo, previne a ocorrência de controvérsia com terceiros, sobre a qualidade dos trabalhos e consecução do respectivo resultado. Contudo, essa opção não é imune a riscos.

Ao assumir a execução dos trabalhos, o credor atrai parcialmente para si os potenciais problemas a que o terceiro está exposto e que estão retratados no art. 819: se o credor – investido na posição do executor dos trabalhos – produzir algo incompleto ou defeituoso, ele próprio terá que arcar com os custos daí decorrentes.

Mas, pior do que isso, tal como ocorre no caso da interferência de um terceiro, aquela a cargo do credor pode também interferir com o nexo de causalidade entre a situação decorrente do inadimplemento, de um lado, e a conduta (ou omissão) do devedor originário, de outro lado. Isso quer dizer que, em dado momento, o devedor pode vir a alegar que sua obrigação inicial se extinguiu diante da má execução das obras pelo credor.

Como desdobramento dessa situação, ampliar-se-á o objeto da controvérsia. Embora não haja sentido em se condenar o credor pela má execução dos trabalhos, fato é que se tal imperfeição ocorrer poderá haver indesejáveis repercussões no processo, mais uma vez a torná-lo longo e ineficiente.

II. Obra a cargo do credor realizada fora do processo

O credor de obrigação de fazer fungível, diante do inadimplemento, tem duas alternativas: ou exige do credor que realize a prestação ou se vale de terceiro, cuja atividade produza o mesmo resultado. Mas, ao abrir a possibilidade de o credor executar ou *mandar executar,* a lei faz lembrar que, a rigor, o credor tem a opção de contratar terceiro *antes e fora do processo*; e tanto que, realizada a obra, pode o credor buscar o ressarcimento do que gastou.

Para ilustrar, nos corriqueiros casos de danos a veículo, não se demanda o causador para que promova os reparos, isto é, para lhe impor obrigação de fazer. Tais reparos são providenciados de forma extrajudicial, mediante a cautela de prévia coleta de três orçamentos junto a terceiros (oficinas idôneas); os reparos são executados e o credor vem cobrar o valor desembolsado (ou por desembolsar). Isso pode ocorrer também, embora com maior complexidade, em defeitos em bens imóveis entregues por construtoras.

Tal alternativa é realmente possível, mas essa opção – que a depender das circunstâncias pode ser a mais factível e pragmática – impede que se promova desde logo a execução; que, no caso, passaria a ser por quantia certa. Nesse caso, é preciso ajuizar demanda de conhecimento, obter a condenação ao ressarcimento e, então, partir-se para o cumprimento de sentença. Mas isso é possível, ainda que a obrigação de fazer conste de título executivo: primeiro, porque o objeto da demanda condenatória passa a ser dinheiro; segundo, porque a existência de título extrajudicial não impede a propositura de ação de conhecimento (art. 785).

Se essa for a opção do credor, certamente o devedor – quando cobrado – poderá discutir o custo do trabalho realizado pelo terceiro; em situação muito próxima do que ocorreria se o serviço tivesse sido executado perante o processo judicial. Mas, como foi dito, tal alternativa, a depender das circunstâncias, pode se afigurar como mais pragmática.

Art. 821 - Na obrigação de fazer, quando se convencionar que o executado a satisfaça pessoalmente, o exequente poderá requerer ao juiz que lhe assine prazo para cumpri-la.

Parágrafo único - Havendo recusa ou mora do executado, sua obrigação pessoal será convertida em perdas e danos, caso em que se observará o procedimento de execução por quantia certa.

I. Obrigações infungíveis e meios executivos indiretos

A circunstância de a obrigação ser infungível não afasta a possibilidade da tutela específica. Primeiro, o conceito de infungibilidade, se não foi propriamente alterado, acabou por ser ao menos relativizado na medida em que a lei abriu espaço para a produção de "resultado prático equivalente". Segundo, o obrigado está sujeito – até mais do que no caso de obrigações fungíveis – às medidas coercitivas, que atuam para estimulá-lo ao adimplemento.

Portanto, em boa medida, aplicam-se aqui as considerações feitas a propósito das obrigações fungíveis; às quais fica feita remissão.

Naturalmente, se a prestação depende da atividade do devedor, os meios de coerção devem ter limite e, inoperantes que sejam, abre-se espaço para sucedâneo em dinheiro.

II. Consequências da mora

A lei estabelece que se houver recusa ou mora a obrigação será convertida em pecúnia. Mas, a mora não afasta a possibilidade da tutela específica. Aqui é preciso distinguir: uma coisa é a prática de atos materiais para proporcionar ao credor o resultado a que faz jus por vontade do direito material, relativamente ao fazer. Outra coisa são as consequências pecuniárias decorrentes da mora; consequências cuja extensão dependerá inclusive da forma e do momento pelo qual se possa superar a renitência do devedor. Quanto à mora, é preciso examinar quais as consequências previstas pela lei ou pelo contrato. Em condições normais, bastará liquidar a obrigação (de quantia) e cobrá-la executivamente. Mas, não se descarta que a obrigação invocada pelo credor – como consequência da mora – não se revista de certeza e que demande eventual atividade declaratória (com a imposição da correspondente condenação).

III. Interesse processual para ajuizamento da execução por quantia

A lei parece sugerir que a instauração do processo de execução cujo objeto seja o fazer seria imprescindível; e que, somente a partir daí, seria possível se chegar ao sucedâneo pecuniário, a ensejar execução por quantia certa. Mas, se o credor se depara desde logo com o inadimplemento absoluto, não há sentido em determinar a citação do demandado para fazer o que não mais se afigura útil ou, eventualmente, sequer possível. Portanto, pode sim haver interesse processual para que, desde logo, seja buscado o sucedâneo. Se, para tanto, for necessário proceder à prévia liquidação, esse dado é relevante, mas não impede o pleito direto de quantia.

Seção III - Da Obrigação de Não Fazer

Art. 822 - Se o executado praticou ato a cuja abstenção estava obrigado por lei ou por contrato, o exequente requererá ao juiz que assine prazo ao executado para desfazê-lo.

I. Abstenção e fungibilidade

A obrigação de não fazer – a que a lei alude como dever de abstenção – poderia ser vista como tipicamente infungível e sequer ensejaria execução no sentido técnico e mais restrito da palavra: não seria possível atividade sub-rogatória, de tal sorte que ninguém poderia tomar o lugar de outrem para produção do resultado desejado pelo direito material. Nessa linha de raciocínio, talvez não houvesse sequer a tutela específica de obrigação de não fazer: realizado pelo devedor o que não se podia realizar, o resultado automaticamente ensejaria uma obrigação positiva, isto é, de desfazer o que fora indevidamente feito.

Essa visão é apenas parcialmente correta: com o advento das medidas indiretas – que atuam mediante coerção e sub-rogação – é possível impedir que o réu faça aquilo que deveria se abster de fazer. Para além da imposição da multa diária e da tutela penal ao descumprimento (via crime de desobediência), é possível obter por vias indiretas, mas com sub-rogação, que o devedor descumpra a obrigação. Para ilustrar, é possível apreender os veículos daquele que se recusa a lhes dotar do meio de segurança; como é possível apreender os instrumentos pelos quais se está na iminência de praticar ilícito – o que, por exemplo, pode ocorrer em matéria ambiental, apenas para dar um exemplo; como ainda é possível impedir a prática de certo ato mediante a interdição de determinado local.

II. Abstenção e tutela preventiva

Na esteira das considerações precedentes, a execução das obrigações de não fazer precisa ser vista no contexto mais amplo da tutela dessa modalidade obrigacional. Remete-se o leitor aos comentários ao art. 815, supra.

Dessa forma, é preciso considerar que os deveres de abstenção comportam tutela *preventiva*, isto é, aquela que atua antes do ilícito, de sorte a impedir sua ocorrência; e não apenas para sancionar ou reparar as consequências da violação. Se, de um lado, essa ideia conflita com a exigência de que a execução – além do título – pressupõe o inadimplemento, de outro lado, o sistema expressamente garante meio para "inibir a prática, reiteração ou a continuação de um ilícito", sem que se exija a consumação do dano (art. 498, parágrafo único). Então, suposto não ser viável lançar mão da execução para impedir o fazer, isso poderá ser obtido mediante demanda condenatória, com antecipação de tutela, desde que preenchidos os requisitos legais para tanto.

Art. 823 - Havendo recusa ou mora do executado, o exequente requererá ao juiz que mande desfazer o ato à custa daquele, que responderá por perdas e danos.
Parágrafo único - Não sendo possível desfazer-se o ato, a obrigação resolve-se em perdas e danos, caso em que, após a liquidação, se observará o procedimento de execução por quantia certa.

I. Consumação do ato (de que o obrigado deveria se abster)

Se, não obstante a tutela preventiva que o sistema proporciona ao credor, a violação ao dever de abstenção restou consumada e o resultado daí decorrente for uma realidade, é preciso desfazer esse estado de coisas. Nesse caso, realmente o não fazer se transmuda em um fazer e são aplicáveis as regras legais correspondentes, acima comentadas.

Capítulo IV - Da Execução por Quantia Certa

Seção I - Disposições Gerais

Art. 824 - A execução por quantia certa realiza-se pela expropriação de bens do executado, ressalvadas as execuções especiais.

Autor: Evaristo Aragão Santos

I. Objetivo

Por meio dessa modalidade de execução o credor postula ao Judiciário que atue no sentido de buscar a satisfação de seu direito de crédito, expresso numa determinada quantia em dinheiro e registrado num título executivo. Como o credor não pode, com suas próprias mãos, buscar junto ao devedor a satisfação do direito de crédito que afirma ter, pede ao Judiciário que atue no sentido de cumpri-la. Quando esse direito de crédito está expresso em quantia em dinheiro e representado num título executivo, o procedimento de que se valerá para tanto é o da execução forçada por quantia certa.

II. Expropriação de bens do devedor

Diante do descumprimento da obrigação, o Judiciário se sub-roga na pessoa do credor e, em seu lugar, ingressa no patrimônio do devedor, para ali buscar os bens necessários à satisfação daquele direito de crédito. O dinheiro tem preferência. Caso, porém, o devedor não tenha em seu patrimônio dinheiro disponível, o Judiciário nele buscará outro bem, móvel ou imóvel; corpóreo ou incorpóreo. Nem todos os bens do devedor respondem à execução, mas apenas aqueles *disponíveis* (isto é, penhoráveis). Para tanto o Judiciário precisa "transformar" aquele bem em dinheiro, para entregá-lo ao credor, satisfazendo a dívida. Em algumas hipóteses, essa satisfação poderá ocorrer mediante a entrega ao credor do próprio bem penhorado (adjudicação).

III. Devedor solvente

Aquele cujo patrimônio disponível é suficiente para saldar a universalidade de suas dívidas. Não cabe ao credor perquirir, porém, antes de iniciar a execução, se o devedor é solvente ou não. Deve-se limitar a pedir a satisfação do crédito e que o Judiciário busque, no patrimônio do executado, bens suficientes para tanto. É possível, porém, que o devedor ou não possua bens ou não os tenha em volume suficiente para satisfazer a obrigação. Nesse caso, a execução poderá ser suspensa por até um ano para que bens penhoráveis sejam encontrados (art. 921, inciso III e § 1º). Passado esse prazo, o processo será arquivado (art. 921, § 2º). Essa insuficiência, porém, não gera, por si só e automaticamente, o reconhecimento formal da situação jurídica de *insolvência* do devedor. Deve-se ficar atento, porém, para que, após o prazo de suspensão de um ano e o arquivamento dos autos por falta de localização de bens, passa a correr em favor do devedor a prescrição intercorrente (art. 921, § 4º).

IV. Devedor solidário

Desde que reconhecido como tal o título executivo (art. 779, inciso I), deve ser executado no mesmo processo. Do contrário, segundo o STJ, "o ajuizamento de 'nova' execução, com base no mesmo crédito, agora, contra o codevedor, redundará, na prática, na existência de duas execuções concomitantes para cobrar a mesma dívida, o que não se afigura lícito. Veja-se que, nessa descabida hipótese, ter-se-ia duplicidade de penhora para satisfazer o mesmo débito, bem como de condenações às verbas sucumbenciais, o que, inequivocamente, onera, em demasia, o devedor, contrariando, por conseguinte, o artigo 620 do CPC" (3ª T., REsp nº 1167031/RS, Rel. Min. Massami Uyeda, DJe de 17/10/2011).

Art. 825 - A expropriação consiste em:
I - adjudicação;
II - alienação;
III - apropriação de frutos e rendimentos de empresa ou de estabelecimentos e de outros bens.

I. Significado da expropriação

É o ato por meio do qual o Estado-Juiz, após separar do patrimônio do devedor bens mediante o ato de penhora, transfere a outra pessoa o próprio bem ou seus frutos, com o intuito de satisfazer o direito representado no título executivo.

II. Modalidades de expropriação na execução forçada

Caso a penhora não tenha recaído sobre dinheiro (e a penhora e transferência de dinheiro para o credor não deixar de ser um ato expropriatório), o usual é o que os bens penhorados tenham de ser convertidos em moeda corrente para pagamento do credor. A venda dos bens pode ocorrer tanto por meio da iniciativa do credor (art. 879, inciso I), por leilão judicial (art. 879, inciso II) ou por intermédio de corretor credenciado perante a autoridade judiciária (art. 880). Caso, porém, o próprio credor tenha interesse em receber referido bem como pagamento, poderá, então, requerer sua *adjudicação* (art. 876).

III. Ordem preferencial entre essas modalidades

O dispositivo apresenta uma sequência de atos. Não, propriamente, uma ordem rígida. Apenas se não requerida a adjudicação é que terão espaço as demais modalidades. Nada impede, todavia, que, após a frustração da alienação em hasta pública, o credor opte por adjudicar o bem penhorado e, assim, alcance a satisfação de seu direito.

IV. Imposição de ofício de alguma das modalidades expropriatórias

O órgão judicial não pode impor ao credor que adjudique o bem penhorado, tampouco que o aliene por iniciativa particular. O texto de lei é claro ao estabelecer que ambos dependem de requerimento expresso do credor (arts. 876 e 880). Caso não opte por nenhuma dessas modalidades, aí o caminho natural será providenciar a venda do bem por leilão judicial (art. 881). Já no que se refere à penhora de frutos e rendimentos, esta pode ser determinada de ofício pelo órgão judicial, caso perceba ser esse o *meio menos gravoso* ao executado, mas sem prejuízo a eficiente satisfação do crédito (art. 867). A fórmula exige o equilíbrio entre os princípios da menor onerosidade para o devedor e a máxima efetividade da execução para o credor.

Art. 826 - Antes de adjudicados ou alienados os bens, o executado pode, a todo tempo, remir a execução, pagando ou consignando a importância atualizada da dívida, acrescida de juros, custas e honorários advocatícios.

I. Remição da execução

Remir a execução significa, essencialmente, pagar a dívida. É ato pelo qual o executado pode ou pagar ou consignar em juízo o valor da dívida, devidamente acrescida dos encargos previstos no *caput.*

II. Termo final

De acordo com o texto da regra, a remição pode acontecer "a todo o tempo". Isso, porém, desde que antes da adjudicação ou alienação dos bens penhorados. Portanto, esse é o limite. Vale dizer, o *termo final* para que o devedor exerça a remição. Por essa razão, "assinado o auto pelo juiz, pelo arrematante e pelo serventuário da justiça ou leiloeiro, a arrematação considerar-se-á perfeita, acabada e irretratável, impossibilitando-se, destarte, a remição da dívida" (STJ, 6ª T., AgRg no REsp nº 844532/SP, Min. Jane Silva, DJe de 9/12/2008). Justamente por isso, eventual "pagamento da dívida após a assinatura do auto de arrematação não tem o condão de remir a execução" (STJ, 3ª T., AgRg no AG nº 1116932/RJ, Rel. Min. Vasco Della Giustina, DJe de 14/2/2011).

III. Remição de bens penhorados

Não se confunde com as demais. Aqui se possibilita ao devedor impedir a alienação do bem, ou oferecendo o valor da avaliação (no caso de adjudicação) ou o do maior lance oferecido (art. 877, § 3º). Deverá exercer essa faculdade no curto espaço entre a arrematação/pedido de adjudicação e a assinatura do respectivo auto (art. 902).

IV. Remissão de dívida

É modalidade de extinção da obrigação, prevista no art. 385 do Código Civil. Por meio dela o credor renuncia ao seu direito de crédito. Tem reflexos diretos na esfera processual, porque dessa manifestação de vontade, eventual execução forçada já iniciada para cobrança da dívida não tem outro caminho senão a extinção.

Seção II - Da Citação do Devedor e do Arresto

Art. 827 - Ao despachar a inicial, o juiz fixará, de plano, os honorários advocatícios de dez por cento, a serem pagos pelo executado.
§ 1º - No caso de integral pagamento no prazo de 3 (três) dias, o valor dos honorários advocatícios será reduzido pela metade.
§ 2º - O valor dos honorários poderá ser elevado até vinte por cento, quando rejeitados os embargos à execução, podendo a majoração, caso não opostos os embargos, ocorrer ao final do procedimento executivo, levando-se em conta o trabalho realizado pelo advogado do exequente.

I. Honorários na fase inicial da execução

O dispositivo estabelece que os honorários de advogado devem ser fixados pelo juiz não mais por apreciação equitativa (como fixava o CPC/1973), mas no percentual de 10% sobre o valor do crédito executado, conforme já orienta a jurisprudência: "Desta forma, tendo em vista a existência de disposição legislativa expressa indiciando o percentual a ser inicialmente adotado, não há que se falar em alteração do parâmetro estipulado, devendo o magistrado observar o critério adotado pelo Código. Portanto, necessário o provimento do recurso para fixar os honorários advocatícios em 10%" (TJSP, 14ª Câmara de Direito Público, Agravo de Instrumento nº 2212227-48.2016.8.26.0000, Rel. Des. Cláudio Marques, j. em 27/7/2017, DJe de 1º/8/2017).

II. Prazo de três dias para pagamento – termo inicial

Caso efetue o pagamento integral no prazo de três dias, o valor dos honorários será reduzido à metade. Regra similar existia no CPC/1973. Diante da relevância econômica (redução da verba honorária pela metade), é importante fixar qual o termo inicial desse prazo. A regra geral é o dia da juntada aos autos do aviso de recebimento ou do mandado (art. 231, incisos I e II). Há, porém, no CPC/2015, regra sem correspondência com o regime anterior, tratando da comunicação dos atos que devam ser praticados diretamente pela parte ou não exijam a intermediação de representante judicial. O pagamento, em nosso sentir, é um deles. Assim, citado pagar a dívida, o prazo de três dias para pagamento, previsto no art. 827, §1º, corre da data do recebimento do mandado pelo executado, e não da sua juntada aos autos, por força da regra do art. 231, § 3º

III. Majoração dos honorários de advogado

A majoração da verba honorária é medida excepcional. Além disso, tem de estar baseada na constatação de elementos objetivos que justifiquem o aumento. Não basta a mera rejeição dos embargos. É indispensável considerar a intensidade, relevo, riscos e complexidade da atuação do advogado do exequente, a justificar a majoração da verba honorária.

Art. 828 - O exequente poderá obter certidão de que a execução foi admitida pelo juiz, com identificação das partes e do valor da causa, para fins de averbação no registro de imóveis, de veículos ou de outros bens sujeitos a penhora, arresto ou indisponibilidade.

§ 1º - No prazo de 10 (dez) dias de sua concretização, o exequente deverá comunicar ao juízo as averbações efetivadas.

§ 2º - Formalizada penhora sobre bens suficientes para cobrir o valor da dívida, o exequente providenciará, no prazo de 10 (dez) dias, o cancelamento das averbações relativas àqueles não penhorados.

§ 3º - O juiz determinará o cancelamento das averbações, de ofício ou a requerimento, caso o exequente não o faça no prazo.

§ 4º - Presume-se em fraude à execução a alienação ou a oneração de bens efetuada após a averbação.

§ 5º - O exequente que promover averbação manifestamente indevida ou não cancelar as averbações nos termos do § 2º indenizará a parte contrária, processando-se o incidente em autos apartados.

I. A averbação da existência da execução

O credor tem a faculdade de averbar, em registros públicos, tanto a existência da execução quanto os atos de constrição realizados (art. 799, inciso IX). O objetivo é dar publicidade a respeito da existência da demanda. O credor obtém certidão sobre a execução e a apresenta para averbação. Tal providência, já se decidiu, está "restrita ao processo executivo e ao cumprimento de sentença segundo a melhor exegese do artigo 828 do CPC de 2015", não sendo possível realizá-la na fase de conhecimento (TJSP, 15ª Câmara de Direito Privado, Agravo de Instrumento nº 2087412-42.2017.8.26.0000, Rel. Des. Mendes Pereira, j. em 25/7/2017, DJe de 25/7/2017). Cabe-lhe a responsabilidade pelas custas desses atos, as quais integrarão as despesas processuais para posterior ressarcimento. Todo e qualquer registro público no qual esteja anotada a propriedade de bens do exequente pode receber essa averbação.

II. Momento a partir do qual se pode pedir a certidão

No CPC/1973, uma vez *distribuída* a inicial, a certidão para fins de averbação poderia ser obtida. Agora o texto prevê outro termo: a *admissão* da execução pelo juiz. Algo, portanto, necessariamente posterior à distribuição. Não basta, então, apenas a distribuição da inicial. É necessário que esta tenha sido *admitida* pelo órgão judicial. Por *admissão* deve-se entender o pronunciamento judicial que recebe a inicial, determinado seu processamento.

III. Importância dessa providência

A averbação tem por objetivo indicar a terceiros que aquele determinado bem do devedor poderá ser destinado à satisfação de crédito cobrado por meio de execução forçada. Dessa forma, previne-se a ocorrência de fraude de execução, "pois permite dar conhecimento público acerca da existência de execução civil em desfavor do devedor, bem como presumir fraudulentos quaisquer atos de disposição posteriores à prenotação" (TJSP, 15ª Câmara de Direito Privado, 2224941-40.2016.8.26.0000, Rel. Des. Lucila Toledo, j. em 16/1/2017, DJe de 16/1/2017).

Presume-se, desta forma, que eventual terceiro adquirente sabia da existência da execução e do risco de aquele bem vir a ser requisitado para satisfazê-la. No CPC/2015 essa providência se sobreleva em importância, justamente porque é requisito para caracterização da fraude de execução (art. 792, inciso II). Sem a averbação, essa presunção não existe. Caberá então ao credor, que eventualmente suscite a ocorrência da fraude, provar, por outros meios, que o adquirente sabia da existência da demanda.

IV. Limites para a averbação

O dispositivo não impõe limites. Em princípio, o credor poderá averbar a existência da execução sobre todo o patrimônio do devedor sujeito a algum registro. O correto, porém, é que a realize apenas sobre a parcela do patrimônio suficiente para garantir a satisfação de seu crédito. A averbação visivelmente desproporcional deverá ser controlada pelo órgão judicial antes mesmo da penhora e poderá sujeitar o exequente a ressarcir os prejuízos a que essa sua conduta tenha dado causa.

V. Responsabilidade do exequente

A averbação da existência da execução sobre bens do devedor sujeitos a registro é medida que não só gera constrangimentos, como também limita muito a disponibilidade desse patrimônio. Embora não impeça a alienação, na prática costuma inviabilizá-la. É comum que possíveis interessados sobre o bem percam esse interesse diante da anotação. Por isso, a averbação claramente desproporcional, com o objetivo mais de constranger o devedor do que de assegurar a satisfação do crédito, poderá ensejar pedido de indenização. Essa pretensão será processada em autos apartados, mas incidentais à execução. Nessa demanda deverão ser provados tanto a conduta danosa do credor quanto a efetiva ocorrência dos prejuízos (inclusive morais, se for o caso) suportados pelo devedor.

Art. 829 - O executado será citado para pagar a dívida no prazo de 3 (três) dias, contado da citação.

§ 1º - Do mandado de citação constarão, também, a ordem de penhora e a avaliação a serem cumpridas pelo oficial de justiça tão logo verificado o não pagamento no prazo assinalado, de tudo lavrando-se auto, com intimação do executado.

§ 2º - A penhora recairá sobre os bens indicados pelo exequente, salvo se outros forem indicados pelo executado e aceitos pelo juiz, mediante demonstração de que a constrição proposta lhe será menos onerosa e não trará prejuízo ao exequente.

I. Dinâmica da fase inicial da execução forçada

Na execução por quantia certa lastreada em título extrajudicial, o devedor é citado para pagar a dívida no prazo de três dias. Essa é a obrigação principal que a regra lhe imputa ao ser cientificado sobre a execução: pagar o débito, se assim o desejar. O prazo para esse pagamento é "contado da citação". Embora o texto não seja claro, isso quer dizer que o prazo para pagamento flui a partir do momento em que o executado recebe a comunicação.

Isso, inclusive, em nosso sentir, quando o executado seja citado pela via postal, modalidade, aliás, admitida pelo CPC/2015 no processo de execução. Ou seja, o prazo para pagamento flui a partir do momento em que o executado recebe a carta de citação e não quando da juntada aos autos do comprovante de seu recebimento.

Tal entendimento se baseia em dois pontos. Primeiro no art. 231, inciso I, do CPC/2015. Esse dispositivo estabelece que a regra geral para início do prazo nas citações por carta é a juntada aos autos do comprovante de recebimento, mas já inicia o caput com uma ressalva: "salvo disposição em sentido contrário". O texto do art. 829 revela, justamente, orientação encartável nessa exceção.

Além disso, há também o art. 231, § 3º, cujo texto estabelece exceção à regra do início da fluência dos prazos decorrentes de comunicações destinadas às partes. Fluirá do recebimento da comunicação o prazo para o cumprimento de atos a serem cumpridos pela própria parte sem a intermediação de seu representante judicial. O pagamento, por sua vez, é ato que cabe exclusivamente ao devedor e independe de seu advogado. Por isso, submetido a referida regra.

Assim e caso, nos três dias assinalados pela lei, o executado não pague a dívida e tampouco obtenha qualquer determinação sobrestando o andamento da execução (p. ex., por meio de exceção de pré-executividade), estará aberta a possibilidade para que o oficial de justiça proceda à penhora de tantos bens quantos bastem para o cumprimento da obrigação, assim como, logo em seguida e se possível, avalie-os. Desses atos (penhora e avaliação), intimará o executado.

II. Atitudes do executado ao ser citado

Embora a regra determine ao executado apenas o *pagamento* da dívida no prazo de três dias, isso não significa que, nesse espaço de tempo, suas atitudes fiquem todas circunscritas a essa única possibilidade. Caso não pretenda pagar a dívida, ao ser citado o devedor pode por conta própria indicar ao Juízo bens passíveis de penhora. Com isso, a um só tempo, não apenas alinha seu comportamento com a boa-fé processual que se espera dos litigantes, como, também, assegura o cumprimento da obrigação. Nesse sentido tem-se aplicado a regra do § 2º do art. 829: "Como se dessume, a norma em testilha faculta ao devedor a nomeação de bens, em substituição àqueles indicados pelo credor, desde que comprove que não haverá prejuízo a este. Relevante ressaltar que devem sempre ser buscadas as medidas necessárias para a concretização da prestação jurisdicional, possibilitando ao credor que receba o bem da vida a que tem direito, escolhendo entre os diversos meios de execução, o menos oneroso para o devedor (CPC, art. 805) e, ao mesmo tempo, que se atendam aos princípios da instrumentalidade e efetividade do processo" (TJSP, 28ª Câmara de Direito Privado, 2114290-04.2017.8.26.0000, Rel. Des. Dimas Rubens Fonseca, j. em 28/7/2017, DJe de 28/7/2017). Outra alternativa ao pagamento nos três dias seria já reagir contra a execução, por meio da exceção (ou, para alguns, da objeção) de pré-executividade.

III. Mandado de citação e determinação para que o devedor indique bens à penhora

O dispositivo estabelece que a penhora recairá, preferencialmente, sobre os bens indicados pelo próprio credor. Na falta dessa indicação com a inicial, porém, o legislador perdeu a oportunidade de também forçar o executado a comunicar ao juízo da execução seu patrimônio penhorável. O princípio da boa-fé no âmbito processual para legitimar a exigência de que, citado, o devedor já apresente bens para assegurar o cumprimento da obrigação. Do contrário, tendo patrimônio livre, mas omitindo-o da execução, comete ato atentatório à dignidade da justiça. Assim e para *lembrá-lo* desse dever, mais do que aguardar passivamente os primeiros desdobramentos da execução, seria oportuno e produtivo que já no mandado de citação o órgão judicial cientificasse o devedor da obrigação de indicar no processo bens passíveis de penhora (art. 774, inciso V), sob pena de multa (art. 774, parágrafo único). Há espaço para isso no atual sistema processual. A postura do órgão judicial não precisa ser meramente *reativa* (como dá a entender a estrutura do dispositivo), mas, sim, mais *proativa*: já no mandando inicial o devedor pode ser também intimado a apresentar bens suficientes para assegurar o cumprimento da obrigação, sob pena de, não o fazendo, ter contra si caracterizada a prática de ato atentatório à dignidade da justiça.

Art. 830 - Se o oficial de justiça não encontrar o executado, arrestar-lhe-á tantos bens quantos bastem para garantir a execução.

§ 1º - Nos 10 (dez) dias seguintes à efetivação do arresto, o oficial de justiça procurará o executado 2 (duas) vezes em dias distintos e, havendo suspeita de ocultação, realizará a citação com hora certa, certificando pormenorizadamente o ocorrido.

§ 2º - Incumbe ao exequente requerer a citação por edital, uma vez frustradas a pessoal e a com hora certa.

§ 3º - Aperfeiçoada a citação e transcorrido o prazo de pagamento, o arresto converter-se-á em penhora, independentemente de termo.

I. Arresto executivo (ou prévio)

Trata-se de ato que, na prática, *prepara* a penhora sobre o bem arrestado, caso o devedor não pague a dívida nos dias subsequentes. Por isso, alguns designam esse ato como *pré-penhora* ou arresto *prévio*. Para ser viável, exige a presença de dois requisitos: a não localização do devedor e a detecção de bens penhoráveis. Nesse sentido: "Constatada a ausência do executado de seu domicílio após as diligências habituais do oficial de justiça para localizá-lo e a existência de bens penhoráveis, possível a pré-penhora (NCPC, art. 830)" (TJSP, 35ª Câmara de Direito Privado, Agravo de Instrumento nº 2092594-09.2017.8.26.0000, Rel. Des. Gilberto Leme, j. em 17/7/2017, DJe de 20/7/2017).

II. Localização do devedor

O dispositivo exige que o oficial de justiça procure o devedor por duas vezes, nos dez dias subsequentes ao arresto. Deverá fazê-lo em todos os endereços conhecidos. Havendo mais de um local em que possa ser localizado, comparecerá em todos, certificando o horário e o resultado da diligência.

III. Citação por hora certa ou por edital

Apesar das diligências, o devedor pode não ser encontrado pelo oficial de justiça. Isso ou porque deliberadamente se oculta ou porque realmente está em local desconhecido. Confirmada a primeira hipótese, o oficial de justiça, então, realizará a citação por hora certa. Caso, porém, não haja a suspeita de ocultação (p. ex., o devedor é desconhecido nos endereços fornecidos ao oficial; os endereços estão desocupados, etc.), a citação, então, deverá ocorrer por edital. Esse requerimento cabe ao credor. Uma vez aperfeiçoada a citação, o arresto se converterá em penhora.

IV. Arresto prévio *on-line*

O dispositivo menciona que o *oficial de justiça*, não encontrando o devedor, arrestar-lhe-á tantos bens quantos necessários para garantir a execução. Tem-se a impressão, então, que fará isso ao averiguar, p. ex., os bens que guarnecem a residência ou sede do devedor. Além dessa possibilidade (que parece ser a primeira a emergir do texto normativo), o arresto prévio pode ocorrer sobre qualquer bem do patrimônio do devedor. O STJ já admitiu no regime do CPC/1973 aquilo que designou por *arresto prévio "on-line"* (4ª T., REsp nº 1370867, Rel. Min. Antonio Carlos Ferreira, DJe de 15/8/2013), providência essa que continua viável no CPC/2015. Nesse sentido: "Assim, o arresto on-line ou pré-penhora pode ser realizado desde que não localizados os executados para citação" (TJSP, 13ª Câmara de Direito Privado, Agravo de Instrumento nº 2079013-24.2017.8.26.0000, Rel. Des. Francisco Giaquinto, j. em 14/7/2017, DJe de 14/7/2017).

Seção III - Da Penhora, do Depósito e da Avaliação

Subseção I - Do Objeto da Penhora

Art. 831 - ***A penhora deverá recair sobre tantos bens quantos bastem para o pagamento do principal atualizado, dos juros, das custas e dos honorários advocatícios.***

I. Penhora

É o ato executivo por meio do qual o juízo da execução individualiza, no patrimônio do devedor, a parcela sobre a qual efetivamente recairá a atividade executiva, com o objetivo de satisfazer o direito do credor. Caso recaia já sobre dinheiro, as fases seguintes, superada a necessidade de se oportunizar ao devedor o direito de defesa, poderão transferir ao credor o montante penhorado. Tendo a penhora recaído sobre outro bem que não dinheiro, aí, então, outros atos serão necessários para, por meio da venda ou da transmissão desse bem ao credor, cumprir a obrigação registrada no título executivo.

Art. 832 - Não estão sujeitos à execução os bens que a lei considera impenhoráveis ou inalienáveis.

I. Distinção entre bens *inalienáveis* e *impenhoráveis*

A regra geral é a de que o devedor responde pelas suas dívidas com todos os seus bens, *salvo* restrições estabelecidas em lei (art. 789). Dentre essas, estão a inalienabilidade e a impenhorabilidade. *Inalienável* é o bem que nem mesmo o executado pode dele dispor. Nessa situação o bem se torna, também, impenhorável. Isso porque, se nem mesmo seu titular pode dele dispor, não há sentido em permitir-se que o Estado o faça por meio da execução forçada. A inalienabilidade do bem acarreta sua impenhorabilidade. Já a *impenhorabilidade* refere-se a bens do patrimônio do devedor que, embora sobre eles tenha livre disposição, o legislador entendeu adequado excluí-los do âmbito da responsabilidade patrimonial de seu titular.

II. Impenhorabilidade e previsão legal

Somente a norma legal expressa instituiu a impenhorabilidade (p. ex, do bem de família; do salário; do seguro de vida, etc.). Vigora, aqui, o princípio da tipicidade. Assim e não havendo previsão legal atribuindo a determinado bem o predicado da impenhorabilidade, admite-se sua expropriação para satisfazer o direito do credor.

III. Impenhorabilidade absoluta e relativa

Pelo regime do CPC, a impenhorabilidade admite graus. Serão absolutamente impenhoráveis os bens que jamais admitirão constrição. Já a impenhorabilidade relativa, refere-se àqueles que, embora num primeiro momento não admitam penhora, preenchidos determinados requisitos ou formado específico contexto, voltam a ser passíveis de contrição.

IV. Impenhorabilidade e preclusão

Assim como no regime do CPC/1973, a impenhorabilidade absoluta é considerada questão de ordem pública, motivo pelo qual pode tanto ser reconhecida de ofício pelo juiz quanto suscitada a qualquer tempo e grau de jurisdição pelo devedor (STJ, 2ª T., AgRg no AREsp nº 223196/RS, Rel. Min. Humberto Martins, DJe de 24/10/2012). Já na penhora de bem relativamente impenhorável, o silêncio do devedor convalidará o ato.

Art. 833 - São impenhoráveis:

I - os bens inalienáveis e os declarados, por ato voluntário, não sujeitos à execução;

II - os móveis, os pertences e as utilidades domésticas que guarnecem a residência do executado, salvo os de elevado valor ou os que ultrapassem as necessidades comuns correspondentes a um médio padrão de vida;

III - os vestuários, bem como os pertences de uso pessoal do executado, salvo se de elevado valor;

IV - os vencimentos, os subsídios, os soldos, os salários, as remunerações, os proventos de aposentadoria, as pensões, os pecúlios e os montepios, bem como as quantias recebidas por liberalidade de terceiro e destinadas ao sustento do devedor e de sua família, os ganhos de trabalhador autônomo e os honorários de profissional liberal, ressalvado o § 2º;

V - os livros, as máquinas, as ferramentas, os utensílios, os instrumentos ou outros bens móveis necessários ou úteis ao exercício da profissão do executado;

VI - o seguro de vida;

VII - os materiais necessários para obras em andamento, salvo se essas forem penhoradas;

VIII - a pequena propriedade rural, assim definida em lei, desde que trabalhada pela família;
IX - os recursos públicos recebidos por instituições privadas para aplicação compulsória em educação, saúde ou assistência social;
X - a quantia depositada em caderneta de poupança, até o limite de 40 (quarenta) salários-mínimos;
XI - os recursos públicos do fundo partidário recebidos por partido político, nos termos da lei;
XII - os créditos oriundos de alienação de unidades imobiliárias, sob regime de incorporação imobiliária, vinculados à execução da obra.
§ 1º - A impenhorabilidade não é oponível à execução de dívida relativa ao próprio bem, inclusive àquela contraída para sua aquisição.
§ 2º - O disposto nos incisos IV e X do *caput* ***não se aplica à hipótese de penhora para pagamento de prestação alimentícia, independentemente de sua origem, bem como às importâncias excedentes a 50 (cinquenta) salários-mínimos mensais, devendo a constrição observar o disposto no art. 528, § 8º, e no art. 529, § 3º.***
§ 3º - Incluem-se na impenhorabilidade prevista no inciso V do *caput* ***os equipamentos, os implementos e as máquinas agrícolas pertencentes a pessoa física ou a empresa individual produtora rural, exceto quando tais bens tenham sido objeto de financiamento e estejam vinculados em garantia a negócio jurídico ou quando respondam por dívida de natureza alimentar, trabalhista ou previdenciária.***

I. Bens declarados inalienáveis por ato voluntário

A inalienabilidade pode também ser estabelecida por ato bilateral entre credor e devedor: ambos estipulam que determinado bem não será abrangido por eventual execução forçada do direito de crédito daí decorrente. Essa restrição não prevalece em relação aos terceiros estranhos ao pacto.

II. Bens garantidores de cédulas de crédito

Nas cédulas de crédito rural (art. 69 do CL nº 167/1967), industrial (art. 57 do DL nº 413/1969) e comercial (art. 5º da Lei nº 6.840/1980), a legislação prevê que os bens dados em garantia "não serão penhorados, arrestados ou sequestrados por outras dívidas do emitente ou do terceiro empenhador ou hipotecante, cumprindo ao emitente ou ao terceiro empenhador ou hipotecante denunciar a existência da cédula às autoridades incumbidas da diligência ou a quem a determinou, sob pena de responderem pelos prejuízos resultantes de sua omissão". O texto parece conferir a esses bens condição de impenhorabilidade absoluta. A jurisprudência do STJ, porém, a relativiza: a) quando se tratar de dívida de natureza fiscal ou trabalhista; b) quando o valor do bem exceda ao da dívida garantida; c) após a vigência do contrato de financiamento; d) para com dívidas do mesmo credor; e) quando houver a anuência do credor (3ª T., AgRg no AREsp nº 128211/MT, Rel. Min. Paulo de Tarso Sanseverino, DJe de 15/8/2013. Mais recentemente: STJ, 4ª T., AgInt no REsp nº 1636034/MG, Rel. Min. Raul Araújo, j. em 6/4/2017, DJe de 27/4/2017).

III. Créditos oriundos da alienação de unidades imobiliárias

O dispositivo não é propriamente claro. Diz tornar impenhoráveis os créditos decorrentes da alienação de unidades imobiliárias, mas desde que a obra esteja em *regime de incorporação* e referidos recursos *vinculados à execução da obra*. Na realidade, por "regime de incorporação" e com "recursos vinculados à execução da obra", deve-se entender a existência da prévia constituição de um *patrimônio de afetação* por parte do incorporador. Tal afetação, diga-se de passagem, pode ou não vir a ser constituída (é uma faculdade do incorporador) e, para que exista, precisa ter sido previamente averbada no registro de imóveis (art. 31-B da Lei nº 4.561/1964). Só a constituição desse patrimônio, porém, não é o suficiente para tornar impenhorável a integralidade dos recursos auferidos com toda e qualquer venda de unidades imobiliárias. De acordo com as próprias regras que disciplinam o patrimônio de afetação, ficam sujeitos à sua proteção apenas os recursos destinados "para pagamento ou reembolso das despesas inerentes à incorporação" (art. 31-A, § 6º da Lei nº 4.561/1964) e, ainda assim, dele ficam excluídos, por expressa previsão legal, todos "os recursos financeiros que excederem a importância necessária à conclusão da obra" (art. 31-A, § 8º, da Lei nº 4.561/1964). Ou seja, isso quer dizer que não é todo e qualquer crédito decorrente da alienação de unidades imobiliárias "sob o regime de incorporação" que se torna automaticamente impenhorável. Primeiro é preciso que o incorporador tenha constituído o patrimônio de afetação, na forma da Lei nº 4.561/1964. Depois e mesmo aí, parece gozar de impenhorabilidade apenas aquela parcela do crédito indispensável ao pagamento ou reembolso das despesas inerentes à incorporação. Aquilo que porventura exceda esse limite (como, p. ex., eventuais lucros a serem embolsados pela incorporadora com a alienação) não conta, em nosso sentir, com a proteção da impenhorabilidade.

IV. Impenhorabilidade da remuneração

A jurisprudência do STJ já vinha admitindo desde o CPC/1973 o caráter absoluto da impenhorabilidade de "vencimentos, soldos e salários" (dentre outras verbas destinadas à remuneração do trabalho). Esse entendimento continua tendo lugar no CPC/2015, ressalvada a hipótese do art. 833, § 2º (STJ, AREsp nº 1099028, Rel. Min. Moura Ribeiro, decisão monocrática, j. em 29/6/2017, DJe de 3/8/2017).

V. Honorários pertencentes à sociedade de advogados

"Preserva sua natureza de verba alimentar, especialmente, diante, agora, do art. 89, §§ 14 e 15. Por essa razão, também são considerados impenhoráveis" (STJ, 2ª T., REsp nº 1358331/RS, Rel. Min. Mauro Campbell Marques, j. em 19/2/2013, DJe de 26/2/2013). No mesmo sentido, mais recentemente: "Os honorários advocatícios pertencentes a sociedade de advogados têm natureza alimentar, sendo, portanto, impenhoráveis" (STJ, 3ª T., AgRg no AREsp nº 715524/SC, Rel. Min. João Otávio Noronha, j. em 22/9/2015, DJe de 25/9/2015).

VI. Honorários de advogado e limites de sua impenhorabilidade

Até a impenhorabilidade dos honorários de advogado é relativa, apesar de seu caráter alimentar. Esse era o entendimento do STJ à luz do CPC/1973 e que tem lugar também perante o CPC/2015, ainda mais diante do art. 833, § 2º. Isso quer dizer que se admite a penhora ao menos de parcela da verba, tal qual "sucede com crédito de natureza alimentar de elevada soma, que permite antever-se que o próprio titular da verba pecuniária destinará parte dela para o atendimento de gastos supérfluos, e não, exclusivamente, para o suporte de necessidades fundamentais" (4ª T., REsp nº 1356404/DF, Rel. Min. Raul Araújo, DJe de 23/8/2013). Também se admitiu a penhora da verba honorária, quando esta não comprometia a subsistência do executado e, além disso, sua penhora visava a "satisfação de crédito originado da ausência de repasse dos valores que os recorrentes receberam na condição de advogados do recorrido" (3ª T., REsp nº 1326394, Rel. Min. Nancy Andrighi, DJe de 18/3/2013).

A dificuldade está em se conciliar a regra do art. 833, § 2º, com a natureza dos honorários de advogado. Não se pode ignorar que referido dispositivo estabelece como limite da impenhorabilidade a quantia equivalente a 50 salários mínimos mensais. Note-se: o emprego do adjetivo mensal, no plural, demonstra tratar a hipótese legal, ao menos em regra, de remuneração periódica e que, a cada mês, supere o limite ali estabelecido. Não, portanto, de qualquer remuneração, por mais eventual que possa ser.

Isso tem importância fulcral para os profissionais liberais em geral, os quais normalmente não ficam sujeitos a uma relação empregatícia e, consequentemente, não costumam contratar (e receber) remuneração periódica. Exemplo prático dessa situação ocorre, justamente, com os honorários de advogado: os de sucumbência deveriam remunerar a atuação do profissional ao longo de todo o processo (o qual, comumente, supera vários anos); já os contratuais destinam-se a remunerar tanto o serviço do advogado quanto os custos de sua prestação ao longo do tempo (muitas vezes, por prazo indeterminado). Então, o limite legal (de 50 salários mínimos mensais) precisa levar em consideração peculiaridades como essas. Não é apenas por que eventuais honorários de sucumbência, por exemplo, possam acabar superando o limite legal, que o excedente, automaticamente, deverá ser tido como penhorável. No mínimo será preciso ponderar-se o período de tempo que tal verba se destina a remunerar (por exemplo, número de meses de duração do processo), além dos custos ali envolvidos. Algo semelhante se diz também em relação aos honorários contratuais: não poderá ser simplesmente considerada automaticamente penhorável qualquer verba que exceda 50 salários mínimos. É preciso avaliar desde a expectativa de tempo de duração do serviço a ser remunerado por aqueles valores, bem como os custos inerentes a essa atividade. Em outras palavras: é preciso avaliar o valor "líquido" da remuneração do advogado naquele contrato.

VII. Bens de microempresa ou de pequeno empresário

A literalidade do texto do art. 833, inciso V, tal qual já o fazia seu antecessor (o art. 649, inciso V, do CPC/1973), trata da proteção da pessoa física, enquanto profissional. Torna impenhoráveis os instrumentos (em sentido amplo) indispensáveis ao exercício de qualquer profissão (apenas as pessoas físicas exercem profissão). O art. 833, § 3º, agregou a essa proteção os equipamentos da "pessoa física" do produtor rural, bem como da "empresa individual" também no âmbito rural. Silenciou quanto às demais empresas de pequeno porte. Em relação à proteção dos instrumentos profissionais da pessoa física do produtor rural, esse dispositivo é evidentemente redundante: tanto o trabalhador rural quanto o urbano já estão alcançados pelo art. 833, inciso V. Não ficou tão clara, porém, a situação dos bens da microempresa ou do pequeno empresário (não apenas o rural). Por isso e de acordo com a orientação do STJ, "a impenhorabilidade do art. 649 inciso V do CPC/73, correspondente ao art. 833 do CPC/2015, protege os empresários individuais, as pequenas e as microempresas, onde os sócios exerçam sua profissão pessoalmente, alcançando apenas os bens necessários às suas atividades" (STJ, 4ª T., REsp nº 1224774/MG, Rel. Min. Maria Isabel Gallotti, j. em 10/11/2016, DJe de 17/11/2016).

VIII. Imóvel sede do estabelecimento comercial

O tema aparece agora tratado no art. 862 e seguintes. A jurisprudência consolidada do STJ já admitia a penhora do imóvel do estabelecimento comercial (STJ, Súmula nº 451), embora tal providência fosse excepcional. Essa excepcionalidade prevalece no CPC/2015, em nosso sentir. Terá lugar, de acordo com precedente do STJ (fixado no julgamento de recurso repetitivo) apenas "quando inexistentes outros bens passíveis de penhora e desde que não seja servil à residência familiar" (Corte Especial, REsp nº 1114767/RS, Rel. Min. Luiz Fux, DJe de 4/2/2010). Ver, também, art. 862 e ss.

IX. Pequena propriedade rural

De acordo com precedente do STJ, "para se saber se o imóvel possui as características para enquadramento na legislação protecionista é necessário ponderar as regras estabelecidas pela Lei nº 8629/93 que, em seu artigo 4º, estabelece que a pequena propriedade rural é aquela cuja área tenha entre 1 (um) e 4 (quatro) módulos fiscais" (3ª T., REsp nº 1284708/PR, Rel. Min. Massami Uyeda, DJ de 9/12/2011). Isso porque, na falta de expressa disposição legal definindo o que seja pequena propriedade rural, o STJ considera que o módulo fiscal "por contemplar o conceito de 'propriedade familiar' estabelecido pelo Estatuto da Terra como aquele suficiente à absorção de toda a força de trabalho do agricultor e de sua família, garantindo-lhes a subsistência e o progresso social e econômico, atende também ao preceito da impenhorabilidade da pequena propriedade rural" (4ª T., REsp nº 1018635/ES, Rel. Min. Luis Felipe Salomão, DJe de 1º/2/2012). De acordo com entendimento mais recente manifestado também pelo STJ, "a proteção da pequena propriedade rural ganhou status Constitucional, tendo-se estabelecido, no capítulo voltado aos direitos fundamentais, que a referida propriedade, 'assim definida em lei, desde que trabalhada pela família, não será objeto de penhora para pagamento de débitos decorrentes de sua atividade produtiva, dispondo a lei sobre os meios de financiar o seu desenvolvimento' (art. 5º, XXVI). Recebeu, ainda, albergue de diversos normativos infraconstitucionais, tais como: Lei nº 8.009/90, CPC/1973 e CPC/2015 [...]. Para fins de proteção, a norma exige dois requisitos para negar constrição à pequena propriedade rural: i) que a área seja qualificada como pequena, nos termos legais; e ii) que a propriedade seja trabalhada pela família" (STJ, 4ª T., REsp nº 1408152/PR, Rel. Min. Luis Felipe Salomão, j. em 1º/12/2016, DJe de 2/2/2017).

X. Pequena propriedade rural – perda da impenhorabilidade

A propriedade rural perde a proteção da impenhorabilidade quando não se revela indispensável à sobrevivência do agricultor e de sua família. Há precedente do STJ afastando essa proteção "quando os titulares do domínio sequer residem na Comarca nem o imóvel é trabalhado por sua família" (3ª T., REsp nº 469496/PR, Rel. Min. Menezes Direito, DJ de 1º/9/2003).

XI. Bem de família convencional – art. 1.711 do CC/2002

Nosso sistema permite a constituição de bem de família, mediante ato dos cônjuges ou da entidade familiar, manifestado em escritura ou testamento, além de anotado no Registro de Imóveis (arts. 1.771 e 1.714, CC/2002). Consistirá em "prédio residencial urbano ou rural, com suas pertenças e acessórios" (art. 1.712 do CC/2002), embora seu valor não possa ultrapassar um terço do patrimônio líquido familiar existente ao tempo da instituição da proteção (art. 1.711, CC/2002). Esse bem ganha impenhorabilidade, salvo em relação a dívidas provenientes de tributos do próprio imóvel ou de despesas de condomínio (art. 1.715, CC/2002).

XII. Bem de família legal – Lei nº 8.009/1990

A Lei nº 8.009/1990 estabelece que o imóvel residencial do casal ou da entidade familiar é impenhorável, na eventualidade de execução de dívida civil de qualquer natureza (art. 1º), salvo exceções ali também previstas (arts. 2º, 3º e 4º). Também estabelece que por residência, se deve entender o único imóvel utilizado pelo casal ou pela entidade familiar para moradia permanente.

XIII. Residência familiar – extensão do conceito

Da edição da lei para cá, o conceito de residência foi sendo paulatinamente ampliado. Embora o texto mencione o casal e a entidade familiar, acepções que designam sempre um conjunto de duas ou mais pessoas, sua interpretação literal se revelou insuficiente. Pela literalidade do texto perderiam a proteção os imóveis no qual residisse uma só pessoa, como alguém solteiro, o cônjuge que permaneceu no imóvel após a separação ou, mesmo, o viúvo. Como essa situação se revela claramente incompatível com a proteção buscada pela lei, o STJ já sedimentou o entendimento de que o "conceito de impenhorabilidade de bem de família abrange também o imóvel pertencente a pessoas solteiras, separadas ou viúvas" (Súmula nº 364).

XIV. Residência familiar em construção ao tempo do vencimento da dívida

"O vencimento da dívida exequenda durante a construção de imóvel sobre terreno de propriedade da devedora não afasta a incidência da Lei 8.009/1990, de modo que o imóvel fica a salvo da penhora, por constituir bem de família" (STJ, 4ª T., REsp nº 1087727/GO, Rel. Min. Aldir Passarinho Junior, DJe de 16/11/2009).

XV. Imóvel residencial alugado e de cuja renda depende a subsistência da família

"É impenhorável o único imóvel residencial do devedor que esteja locado a terceiros, desde que a renda obtida com a locação seja revertida para a subsistência ou a moradia da sua família" (STJ, Súmula nº 486).

XVI. Vaga de garagem e bem de família

"A vaga de garagem que possui matrícula própria no registro de imóveis não constitui bem de família para efeito de penhora" (STJ, Súmula nº 449).

XVII. Residência do fiador no contrato de locação

A jurisprudência do STJ tem admitido a penhora, mesmo quando a fiança foi contratada antes da vigência da Lei nº 8.254/1991, que alterou o art. 3º, inciso VII, da Lei nº 8.009/1990 (6ª T., AgRg nos EDcl nos EDcl no AgRg nos EDcl no REsp nº 771700/RJ, Rel. Min. Vasco Della Giustina, DJe de 26/3/2012). Também admitindo a penhora: STJ, 3ª T., AgRg no AREsp nº 160852/SP, Rel. Min. Ricardo Villas Boas Cueva, DJe de 28/8/2012.

XVIII. Bem de família divisível – possibilidade de penhora

Admite-se o desmembramento do imóvel que serve de residência familiar, para viabilizar a penhora de parte dele. Esse desmembramento não pode acarretar a descaracterização do imóvel e, tampouco, gerar prejuízo para a área residencial. Isso ocorre com mais frequência, quando parte do imóvel serve de residência e outra parcela é destinada ao comércio. Há precedente do STJ, no qual se admitiu o desmembramento de imóvel cujo andar inferior era ocupado por estabelecimento comercial e garagem, enquanto que a moradia ficava restrita ao andar superior (3ª T., REsp nº 968907/RS, Rel. Min. Nancy Andrigui, DJe de 1º/4/2009). Mais recentemente: STJ, 4ª T., AgInt no AREsp nº 573226/SP, Rel. Min. Raul Araújo, j. 2/2/2017, DJe de 10/2/2017.

XIX. Nomeação a penhora do bem de família

O STJ tem posição consolidada no sentido de que a proteção legal ao bem de família "é irrenunciável pela vontade do seu titular por tratar-se de um princípio relativo às questões de ordem pública" (STJ, 4ª T., AgRg no Ag nº 1355749/SP, Rel. Min. Marco Buzzi, j. em 26/5/2015, DJe de 1º/6/2015).

XX. Indicação a penhora de bem impenhorável. Princípio da boa-fé objetiva

Há precedentes do STJ, aplicáveis ao atual regime processual, no sentido de que o oferecimento a penhora de bem sabidamente impenhorável acarreta renúncia à proteção legal. Isso porque admitir-se o contrário seria chancelar a má-fé e a reserva mental do devedor que, num momento posterior, argui em seu benefício a impenhorabilidade do bem, tumultuando (e, muitas vezes, inviabilizando) a execução. O STJ vê nessa situação a proibição do comportamento contraditório (venire contra factum proprium), considerando tal atitude como "incompatível com a lealdade e boa-fé processual" (STJ, 4ª T., REsp nº 1365418/SP, Rel. Min. Marco Buzzi, DJe de 16/4/2013).

Art. 834 - Podem ser penhorados, à falta de outros bens, os frutos e os rendimentos dos bens inalienáveis.

I. Penhora de *usufruto* e penhora dos *frutos* de bem do devedor

Apenas os frutos do imóvel são penhoráveis, e não o direito real de usufruto (STJ, 3ª T., AgRg no REsp nº 1351076/SP, Rel. Min. Sidnei Beneti, j. em 28/5/2013, DJe de 18/6/2013). Por isso o STJ já considerou em fraude de execução o executado que, usufrutuário de diversos imóveis alugados, renuncia ao usufruto logo após a expedição de mandado de penhora dos rendimentos. O ato de renúncia foi considerado ineficaz até a satisfação do crédito exequendo (STJ, 3ª T., EDcl no AgRg no Ag nº 1370942/SP, Rel. Min. Paulo de Tarso Sanseverino, DJe de 4/2/2013).

II. Frutos e rendimentos destinados à satisfação de prestação alimentícia

O dispositivo não traz mais a ressalva, presente na legislação anterior (art. 650 do CPC/1973), no sentido de serem impenhoráveis os frutos de bem do devedor quando destinados à satisfação de pensão alimentícia. O desaparecimento dessa ressalva no atual art. 834, porém, não deve levar à conclusão de que a prestação alimentícia teria deixado de receber proteção diferenciada da legislação processual e por isso estaria em pé de igualdade com as demais obrigações. Havendo essa destinação prévia dos frutos de bem do devedor para satisfação de prestação de alimentos, esta prevalece sobre o interesse dos demais credores, inclusive por força do princípio constitucional da dignidade da pessoa humana.

Art. 835 - A penhora observará, preferencialmente, a seguinte ordem:
I - dinheiro, em espécie ou em depósito ou aplicação em instituição financeira;
II - títulos da dívida pública da União, dos Estados e do Distrito Federal com cotação em mercado;
III - títulos e valores mobiliários com cotação em mercado;
IV - veículos de via terrestre;
V - bens imóveis;
VI - bens móveis em geral;
VII - semoventes;
VIII - navios e aeronaves;
IX - ações e quotas de sociedades simples e empresárias;
X - percentual do faturamento de empresa devedora;
XI - pedras e metais preciosos;
XII - direitos aquisitivos derivados de promessa de compra e venda e de alienação fiduciária em garantia;
XIII - outros direitos.
§ 1º - É prioritária a penhora em dinheiro, podendo o juiz, nas demais hipóteses, alterar a ordem prevista no caput de acordo com as circunstâncias do caso concreto.
§ 2º - Para fins de substituição da penhora, equiparam-se a dinheiro a fiança bancária e o seguro garantia judicial, desde que em valor não inferior ao do débito constante da inicial, acrescido de trinta por cento.
§ 3º - Na execução de crédito com garantia real, a penhora recairá sobre a coisa dada em garantia, e, se a coisa pertencer a terceiro garantidor, este também será intimado da penhora.

I. A ordem de preferência entre os bens penhoráveis

O texto do *caput* continua apontando ser *relativa* a ordem de preferência entre os bens penhoráveis. Isso, porém, não quando o devedor tenha dinheiro disponível para constrição. Nesse caso, o art. 835, § 1º, não deixa dúvidas de que a penhora do numerário é *prioritária*. Apenas em relação aos demais bens (ou, de acordo com o dispositivo, *nas demais hipóteses* ali listadas) o órgão judicial poderá alterar a ordem prevista no dispositivo, sempre buscando equilibrar, no caso concreto, os princípios da *máxima efetividade da execução* e da *menor onerosidade para o devedor*. Havendo equilíbrio entre esses dois aspectos, terá sido atingido o objetivo do legislador ao sugerir uma ordem preferencial de bens penhoráveis. Do contrário, poderá o credor buscar a substituição do bem e a penhora de outro, com mais liquidez, mas desde que não onere, desmedidamente, a situação do devedor. Nesse sentido: TJSP, 22ª Câmara de Direito Privado, Agravo de Instrumento nº 2063466-41.2017.8.26.0000, Rel. Des. Matheus Fontes, j. em 4/5/2017, DJe de 5/5/2017.

II. Penhora de dinheiro. Superação da Súmula nº 417 do STJ

O texto do art. 835, § 1º, torna superada a orientação de referida súmula, de acordo com a qual, "na execução civil, a penhora de dinheiro na ordem de nomeação de bens não tem caráter absoluto". Agora, havendo dinheiro disponível, este tem *prioridade* sobre os demais bens.

III. Penhora de quotas de fundo de investimento

O art. 835, inciso I, menciona a possibilidade de se penhorar dinheiro *depositado* ou *aplicado* em instituição financeira. De acordo com precedente do STJ, isso "não equivale ao valor financeiro correspondente às cotas de fundos de investimento" (STJ, 1ª T., REsp nº 1346362/RS, Rel. Min. Benedito Gonçalves, DJe de 7/12/2012). Ainda de acordo com a jurisprudência do STJ, em orientação mais recente, a "cota de fundo de investimento não se subsume à ordem de preferência legal disposta no inciso I do art. 655 do CPC/73 (ou no inciso I do art. 835 do NCPC)". Isso porque, "A partir da própria literalidade do art. 2º, V, da Lei n. 6.385/76, as cotas de fundo de investimento são valores mobiliários, e, como tal, não constam, em primeiro lugar, na ordem legal de preferência da penhora. Diversamente do que ocorre com o dinheiro em espécie, com o dinheiro depositado em conta bancária ou com aquele representado por aplicações financeiras, em que a constrição recai sobre um valor certo e líquido, as cotas de fundo de investimentos encontram-se vinculadas às variações e aos riscos de mercado, de crédito e de liquidez atinentes aos ativos financeiros componentes da carteira, em maior ou menor grau, o que, por si só, justifica a diversidade de gradação, para efeito de penhora, imposta pela lei adjetiva civil" (STJ, Corte Especial, REsp nº 1388638/SP, Rel. Min. Marco Aurélio Bellizze, j. em 3/8/2016, DJe de 6/9/2016).

IV. Menor onerosidade para o devedor. Necessidade de demonstração no caso concreto

É certo que a ordem prevista no art. 835, quando não exista dinheiro passível de penhora, deve ser temperada mediante o equilíbrio entre a vocação do processo executivo (satisfazer o direito do credor), mas se desenvolvendo pela via menos onerosa para o devedor. Essa menor onerosidade, porém, precisa ser efetivamente demonstrada, pelo executado, no caso concreto. Conforme precedente do STJ, "a tese da violação do princípio da menor onerosidade excessiva não pode ser defendida de modo genérico ou simplesmente retórico, cabendo à parte executada a comprovação, inequívoca, dos prejuízos a serem efetivamente suportados, bem como da possibilidade, sem comprometimento dos objetivos do processo de execução, de satisfação da pretensão creditória por outros meios" (2ª T., AgRg no REsp nº 1.103.760/CE, Rel. Min. Herman Benjamin, DJe de 19/5/2009). Assim, não demonstrada "a concreta violação ao princípio da menor onerosidade, inviável é o deferimento do pedido para obstar a substituição da penhora efetivada" (STJ, 2ª T., AgInt no REsp nº 1239163/RJ, Rel. Min. Og Fernandes, j. em 6/12/2016, DJe de 15/12/2016).

V. Fiança bancária e seguro-garantia judicial substituindo penhora em dinheiro

No regime anterior era controvertida, inclusive no âmbito do STJ (3ª T., REsp nº 1168543/RJ, Rel. Min. Sidnei Beneti, DJe de 13/3/2013), a possibilidade de se substituir penhora em dinheiro por fiança bancária ou seguro garantia. Agora, com o art. 835, § 2º, essa controvérsia está superada. Ambos *equiparam-se a dinheiro*. Além disso e também diferentemente do que estabelecia o regime anterior, a redação do dispositivo não prescreve mais a mera *possibilidade* de substituição (no CPC/1973, "a penhora pode ser substituída [...]"). Por isso e desde que preenchidos os requisitos previstos no dispositivo (não ser o valor inferior ao do débito e estar acrescido de trinta por cento) a substituição agora não pode ser recusada ou indeferida.

Orientação nesse mesmo sentido começa a despontar na jurisprudência: "o Código de Processo Civil equipara o seguro garantia judicial à penhora em dinheiro, desde que a apólice garanta o valor atualizado do débito acrescido de 30% (art. 835, §2º, CPC)" (TJSP, 3ª Câmara de Direito Privado, Agravo de Instrumento nº 2050937-87.2017.8.26.0000, Rel. Des. Carlos Alberto de Salles, j. em 28/7/2017, DJe de 28/7/2017). Por isso, entende-se que "o oferecimento de fiança bancária deve ser recebida como uma forma de conciliar dois objetivos a serem constantemente buscados na execução, a saber, o princípio da menor onerosidade ao executado (art. 805 do CPC), e a necessidade de se garantir bens adequados e suficientes para a satisfação integral do credor (art. 797 do CPC). Foi nesse contexto que tal faculdade foi conferida pelo legislador" (TJSP, 25ª Câmara de Direito Privado, Agravo de Instrumento nº 2095118-76.2017.8.26.0000, Rel. Des. Edgard Rosa, j. em 27/7/2017, DJe de 31/7/2017).

VI. Precatório judicial

Consolidou-se na jurisprudência que o precatório judicial equivale à penhora de crédito prevista tanto no art. 11, inciso VIII, da Lei de Execução Fiscal, quanto, agora, no art. 835, inciso XIII (outros direitos). Por essa razão e de acordo com o STJ, "é imprescindível a anuência do credor com a penhora do precatório judicial" (STJ, 2ª T., AgRg no AREsp nº 320646/SP, Rel. Min. Humberto Martins, DJe de 28/5/2013).

Art. 836 - Não se levará a efeito a penhora quando ficar evidente que o produto da execução dos bens encontrados será totalmente absorvido pelo pagamento das custas da execução.

§ 1º - Quando não encontrar bens penhoráveis, independentemente de determinação judicial expressa, o oficial de justiça descreverá na certidão os bens que guarnecem a residência ou o estabelecimento do executado, quando este for pessoa jurídica.

§ 2º - Elaborada a lista, o executado ou seu representante legal será nomeado depositário provisório de tais bens até ulterior determinação do juiz.

I. Penhora de bem de baixo valor

A penhora deve recair sobre bem com expressão econômica suficiente para cobrir, pelo menos, parte do pagamento do crédito cobrado por meio da execução. Caso, porém, já de antemão (isto é, no momento da penhora), se perceba ser insuficiente seu valor até para cobrir as custas do processo, a penhora não se realizará (ou deverá ser levantada caso tenha sido efetivada).

II. Custas da execução

O dispositivo fala em *custas* da execução, enquanto o Código destinou às *despesas* do processo tratamento bastante detalhado (art. 82 e ss.). Por custas, deve-se entender os valores necessários para instauração e desenvolvimento do processo até a satisfação do direito registrado no título executivo. Não ficam aí incluídos, portanto, os honorários de advogado cuja natureza é diversa e que na execução deverão ser satisfeitos apenas após o cumprimento integral do crédito postulado na execução.

III. Inventário de bens da residência ou estabelecimento do devedor

Independe de requerimento. Percebendo o oficial de justiça a ausência de bens penhoráveis, deverá, então, automaticamente, inventariar os bens que guarnecem a residência ou estabelecimento comercial do executado. Não lhe cabe, aqui, fazer juízo de valor a respeito da penhorabilidade ou não de determinado bem, tampouco de sua expressão econômica. Seu dever é elaborar a lista. Caberá ao credor, a partir dela, requerer ao juízo da execução a constrição de alguns ou de todos os bens ali elencados.

IV. Depositário provisório

A regra é que os bens móveis *penhorados* tenham sua guarda confiada ao depositário judicial (art. 840, inciso II) ou ao próprio exequente (art. 840, § 1º). Apenas excepcionalmente e com a anuência do próprio credor é que ficarão com o executado (art. 840, § 2º). Embora na hipótese tratada no art. 836, § 2º, ainda não tenha havido penhora (o oficial se limitou a elaborar uma lista de bens), o executado ali assume, ainda que provisoriamente, o encargo formal de guardá-los e conservá-los até ulterior definição do juízo.

Subseção II - Da Documentação da Penhora, de seu Registro e do Depósito

Art. 837 - Obedecidas as normas de segurança instituídas sob critérios uniformes pelo Conselho Nacional de Justiça, a penhora de dinheiro e as averbações de penhoras de bens imóveis e móveis podem ser realizadas por meio eletrônico.

Autores: José Antonio Fichtner e André Luís Monteiro

I. Penhora por meio eletrônico

A penhora é medida executiva que objetiva a individualização e afetação de determinado bem à atividade executiva, com vistas à satisfação do direito de crédito do credor. A evolução dos sistemas de informática trouxe para o processo judicial a possibilidade de realização da penhora por meio eletrônico, comumente designada de penhora *on-line*. Rigorosamente falando, a penhora se materializa através de auto de penhora ou termo de penhora, juntado aos autos a partir de uma decisão judicial. O que se faz por meio eletrônico é a pesquisa de bens e, especialmente, a comunicação da penhora determinada judicialmente às instituições em que estão arquivados, anotados ou custodiados os bens penhorados. E esta comunicação feita por meio eletrônico não dispensa e nem substitui a lavratura de auto de penhora ou de termo de penhora.

II. Pesquisa, bloqueio e penhora

A ordem de penhora é expedida pelo magistrado e tal ato deflagra um procedimento de pesquisa para apurar se o devedor possui numerário em alguma instituição financeira ou se possui a propriedade de algum veículo automotor registrado junto ao departamento estadual de trânsito. Encontrados estes bens, tornam-se eles desde já indisponíveis ao devedor, lavrando-se em seguida termo de penhora ou auto de penhora para, de fato, formalizar o ato de constrição judicial.

III. Penhora de dinheiro, bens imóveis e outros bens móveis

A Lei nº 11.382/2006 já havia inaugurado no processo judicial brasileiro a possibilidade de utilização de meios eletrônicos para a comunicação de penhora não apenas de dinheiro, mas também de bens imóveis e outros bens móveis, o que foi mantido pelo CPC/2015. Em termos bastante estritos, a penhora de determinado numerário depositado em instituição bancária não é propriamente uma penhora do dinheiro, mas, sim, em razão da natureza fungível do bem dinheiro, uma penhora do direito de crédito que o devedor possui contra a instituição bancária. Não há necessidade de esgotamento de outros meios executórios ou da busca por outros bens para que se requeira a penhora *on-line*. Na atividade executiva, privilegia-se a satisfação do direito de crédito (já reconhecido por sentença ou presumido pela lei em título executivo extrajudicial), razão pela qual se deve empregar o meio mais eficiente de alcançar os bens do devedor.

IV. Conselho Nacional de Justiça

Criado pela Emenda Constitucional nº 45/2004 (Reforma do Judiciário), ao Conselho Nacional de Justiça compete, dentre outras funções, nos termos do § 4º do art. 103-B da Constituição da República, "o controle da atuação administrativa e financeira do Poder Judiciário e do cumprimento dos deveres funcionais dos juízes". Concretizando o comando constitucional, o CPC/2015 atribuiu ao Conselho Nacional de Justiça o papel de instituir normas de segurança para utilização destes meios eletrônicos. No CPC/1973 este papel cabia a cada um dos tribunais, o que, evidentemente, criava o risco de regulamentações díspares entre estados e regiões do país, ocasionando insegurança jurídica. A alteração do CPC/2015 é extremamente positiva, pois unifica a competência para tratar do assunto no Conselho Nacional de Justiça, de maneira que as normas a esse respeito sejam nacionalmente uniformes.

V. Bacenjud, Renajud e Infojud

Antes mesmo da promulgação do CPC/2015, o Conselho Nacional de Justiça já havia criado programas – e editado as normas correspondentes – a esse respeito, como, na área cível, o Bacenjud, o Renajud e o Infojud. É fundamental destacar que a criação destes mecanismos tornou possível a busca de bens do devedor em âmbito nacional, por meio de um mesmo mecanismo, reduzindo os custos do processo e tornando a execução mais efetiva. O Bacenjud é um sistema que interliga o Poder Judiciário ao Banco Central e às instituições financeiras, por meio do qual os juízes pesquisam as informações necessárias e comunicam às instituições bancárias a penhora de ativos financeiros de propriedade do devedor. O Renajud é um sistema que interliga o Poder Judiciário ao Departamento Nacional de Trânsito (Denatran), por meio do qual os juízes pesquisam informações e comunicam aos departamentos estaduais de trânsito as ordens de constrição de veículos de propriedade do devedor. O Infojud é um sistema que interliga o Poder Judiciário à Receita Federal, por meio do qual os juízes pesquisam as informações cadastrais e cópias de declarações de imposto de renda de partes do processo judicial.

VI. Outros atos executivos

Apesar de o texto legal se referir apenas à penhora, parece adequada a utilização dos meios eletrônicos para a prática de outros atos executivos, como, por exemplo, o arresto, notadamente por se qualificar como ato preparatório, preliminar e convolável na constrição definitiva.

VII. Julgados

Penhora on-line como principal modalidade executiva

"A realização da penhora on-line é a principal modalidade executiva destinada à execução pecuniária e não mais depende do esgotamento das diligências na busca de outros bens do devedor. Inteligência dos artigos 835, I, 837 e 854, todos do CPC/2015, bem como do artigo 11 da Lei 6.830/1980" (TJSP, AI nº 2069351-36.2017.8.26.0000, Des. Henrique Harris Júnior, j. em 22/6/2017, DJ de 7/7/2017).

Preferência da penhora *on-line* sobre títulos e valores mobiliários (debêntures)

"Código de Processo Civil atual que estabelece a preferência de valores em espécie ou em depósito bancário sobre títulos e valores mobiliários com cotação em mercado. Inteligência do art. 835, do CPC. [...]. Efetivamente as debêntures oferecidas como garantia à execução não obedecem à ordem legal prevista no art. 840 do CPC, sendo ainda de baixa liquidez" (TJRJ, 21ª CC, AI nº 0022770-26.2016.8.19.0000, Des. Cezar Augusto Rodrigues Costa, j. 22/11/2016).

Art. 838 - A penhora será realizada mediante auto ou termo, que conterá:
I - a indicação do dia, do mês, do ano e do lugar em que foi feita;
II - os nomes do exequente e do executado;
III - a descrição dos bens penhorados, com as suas características;
IV - a nomeação do depositário dos bens.

I. Auto de penhora x termo de penhora

O auto de penhora é elaborado pelo oficial de justiça quando a constrição judicial ocorre em diligência externa. O termo de penhora é redigido pelo escrivão, no bojo do próprio processo judicial, sem que a constrição tenha demandado diligência fora da sede do juízo. O CPC/2015 preferiu manter a terminologia, mas talvez fosse adequado atribuir a mesma denominação para tais atos processuais, simplificando as nomenclaturas utilizadas e tornando o processo algo mais acessível e facilmente inteligível.

II. Requisitos

Os requisitos do auto de penhora e do termo de penhora são (i) indicação do tempo e lugar da penhora, (ii) indicação das partes do processo, (iii) indicação dos bens penhorados e (iv) indicação do nome do depositário.

III. Importância do tempo da penhora

O auto de penhora e o termo de penhora, além de formalizarem a penhora, possuem uma especial relevância porque estabelecem, na hipótese de estabelecimento de concurso particular de credores, a preferência do credor para receber os resultados da excussão daquele determinado bem. Em outras palavras, possui preferência quem primeiramente penhorou aquele determinado bem (*prior in tempore, potior in iure*). Por essa razão é que o auto de penhora e o termo de penhora devem conter a indicação do dia, do mês e do ano em que realizada a constrição. A definição precisa do tempo em que ocorreu a penhora revela-se fundamental também para fins de identificar eventual fraude do devedor que aliena bem penhorado. Por estas duas razões, apesar da omissão legal, recomenda-se que o auto de penhora e o termo de penhora sejam detalhados com o horário em que ocorreu a constrição e não apenas com dia, mês e ano.

IV. Preferência: data de lavratura do auto de penhora ou do termo de penhora x data da averbação da penhora

É importante deixar claro que a precedência da data da averbação da penhora no registro imobiliário não constitui marco temporal definidor do direito de prelação entre credores no concurso particular. Não há exigência de averbação imobiliária ou referência legal a tal anotação da penhora como condição para definição do direito de preferência, o qual dispensa essas formalidades. Para estes fins, o que importa é o momento da lavratura do auto de penhora ou do termo de penhora. Quem primeiro lavrou a penhora possuirá preferência para excutir o bem.

V. Importância do lugar da penhora

A descrição correta do lugar em que foi realizada a penhora revela-se importante para fins de verificar se a diligência foi realizada dentro da circunscrição de competência territorial do juízo da execução, pois, caso contrário, a penhora deve se realizar, em regra, por carta precatória. Diz-se "em regra" porque o art. 255 do CPC/2015 aduz que "nas comarcas contíguas de fácil comunicação e nas que se situem na mesma região metropolitana, o oficial de justiça poderá efetuar, em qualquer delas, citações, intimações, notificações, penhoras e quaisquer outros atos executivos". Em outras palavras, nas comarcas contíguas de fácil comunicação ou nas comarcas situadas na mesma região metropolitana dispensa-se a expedição de carta precatória, podendo o oficial de justiça vinculado a uma determinada comarca realizar atos de constrição nas comarcas vizinhas.

VI. Descrição dos bens

O oficial de justiça deve descrever os bens penhorados com suas características. Não obstante a omissão legal, cumpre deixar claro que esta descrição deve ser bastante detalhada. Observe-se que a ausência de descrição detalhada pode impossibilitar a identificação do bem, o que possui graves consequências em relação à caracterização da alienação de bem penhorado (se não se sabe qual o bem, como afirmar que houve alienação de bem penhorado?).

VII. Depositário dos bens

Quando o oficial de justiça faz a *nomeação do depositário dos bens*, ele o faz como *longa manus* do magistrado, pois isso é atribuição exclusiva do juiz. O oficial de justiça ou o escrivão, ao elaborarem o auto de penhora e o termo de penhora, devem indicar precisamente a pessoa a quem tiver sido delegada a posse dos bens penhorados.

VIII. Ausência destes requisitos e princípio da instrumentalidade das formas

A ausência de algum destes requisitos, em regra, é vício sanável, podendo ser corrigido a qualquer tempo, caso o ato tenha atingido a sua finalidade. Evidentemente que para tanto é imperioso que do vício não tenha decorrido prejuízo às partes, pois se houver prejuízo, a invalidade deve ser reconhecida. A aplicação do princípio da instrumentalidade das formas encontra limite na existência de prejuízo causado às partes pela irregularidade cometida. A ausência de assinatura do oficial de justiça no auto de penhora não invalida o ato. Da mesma forma, a ausência de nomeação de depositário para o bem imóvel é irregularidade sanável.

IX. Julgados

Diferenciando termo de penhora de auto de penhora

"Duas são as modalidades de documentação da penhora no Código de Processo Civil: termo de penhora lavrado pelo escrivão (art. 657, primeira parte) e auto de penhora, confeccionado pelo oficial de justiça (art. 664, segunda parte)" (STJ, 4ª T., REsp nº 259.272/GO, Rel. Min. Fernando Gonçalves, j. em 11/10/2005, DJ de 7/11/2005).

Direito de preferência pela anterioridade da penhora

"Havendo pluralidade de credores com penhora sobre o mesmo imóvel, o direito de preferência se estabelece pela anterioridade da penhora, conforme os arts. 612, 613, 711 e 712 do CPC, que expressamente referem à penhora como o 'título de preferência' do credor. A precedência da data da averbação da penhora no registro imobiliário, nos termos da regra do art. 659, § 4º, do CPC, tem relevância para efeito de dar publicidade ao ato de constrição, gerando presunção absoluta de conhecimento por terceiros, prevenindo fraudes, mas não constitui marco temporal definidor do direito de prelação entre credores" (STJ, 4ª T., REsp nº 1.209.807/MS, Rel. Min. Raul Araújo, j. em 15/12/2011, DJ de 15/2/2012).

"O registro ou a averbação não são atos constitutivos da penhora, que se formaliza mediante a lavratura do respectivo auto ou termo no processo. Não há exigência de averbação imobiliária ou referência legal a tal registro da penhora como condição para definição do direito de preferência, o qual dispensa essas formalidades" (STJ, 4ª T., AgInt no REsp nº 1.161.821/SP, Min. Marco Buzzi, j. em 7/6/2016, DJ de 17/6/2016).

"No processo de execução, recaindo mais de uma penhora sobre o mesmo bem, terá preferência no recebimento do numerário apurado com a sua arrematação, o credor que em primeiro lugar houver realizado a penhora, salvo se incidente outro título legal de preferência. Aplicação do brocardo *prior tempore, potior iure*. Quando incidente sobre bens imóveis, deve-se proceder a averbação da penhora no Registro de Imóveis a fim de dar publicidade à constrição realizada e gerar presunção absoluta de seu conhecimento em relação a terceiros. Tal providência não constitui requisito integrativo do ato de penhora e, portanto, não interfere na questão relativa à preferência temporal das penhoras realizadas que, para esse efeito, contam-se a partir da data da expedição do respectivo termo de penhora" (STJ, 3ª T., REsp nº 829.980/SP, Rel. Min. Sidnei Beneti, j. em 1º/6/2010, DJ de 18/6/2010).

Ausência dos requisitos do termo de penhora ou auto de penhora

"Não há como se ter pela nulidade do auto de penhora, por não constar a assinatura do oficial de justiça, quando restou assinado o seu verso e o auto de depósito. A uma, porque a finalidade foi alcançada. A duas, porque prejuízo algum sofreu o réu com a ausência da assinatura. A três, porque, nos termos do art. 664, CPC, efetuados a penhora e o depósito no mesmo dia, como no caso, lavra-se um só auto, restando suficiente uma assinatura para todas as diligências. A instrumentalidade do processo e o perfil deste no direito contemporâneo não permitem que meras irregularidades constituam empeço à satisfação da prestação jurisdicional" (STJ, 4ª T., REsp nº 175.546/RS, Rel. Min. Sálvio de Figueiredo Teixeira, j. em 5/8/1999, DJ de 13/9/1999).

"A ausência de nomeação de depositário no auto de penhora constitui mera irregularidade formal, incapaz de conduzir à nulidade do processo, por contrastar com o princípio da instrumentalidade das formas" (STJ, 2ª Seção, EDcl no AgRg no CC nº 88.620/MG, Rel. Min. Nancy Andrighi, j. em 27/8/2008, DJ de 1º/9/2008).

Dever de descrição detalhada dos bens penhorados

"Havendo indícios no sentido de que a divergência entre valores atribuídos a um mesmo imóvel quando da realização da avaliação judicial se deu em razão de não ter sido a respectiva área devidamente discriminada, nos termos dos artigos 838 e 886, ambos do CPC, deve o Juízo de primeiro grau fazê-la, para uma correta análise acerca do excesso ou insuficiência de penhora" (TJMG, AI nº 1.0702.07.383835-2/002, Des. Alexandre Santiago, j. em 19/4/2017, DJ de 27/4/2017).

Art. 839 - Considerar-se-á feita a penhora mediante a apreensão e o depósito dos bens, lavrando-se um só auto se as diligências forem concluídas no mesmo dia.
Parágrafo único - Havendo mais de uma penhora, serão lavrados autos individuais.

I. Penhora x depósito

Enquanto a penhora representa a afetação de determinado bem à execução, o depósito é ato complementar à penhora que tem por função conservar o bem constrito. A concatenação da penhora com o depósito serve para garantir a manutenção do bem penhorado até que sejam realizados os atos definitivos de expropriação.

II. Um ou mais autos de penhora

Em regra, cada penhora enseja a lavratura de um auto de penhora. Assim, quando a diligência do oficial de justiça disser respeito a uma penhora, será lavrado apenas um auto de penhora. Quando a diligência do oficial de justiça disser respeito a duas ou mais penhoras, como no caso de devedores solidários ou bens localizados em lugares diferentes, serão lavrados dois ou mais autos de penhora. Excepcionalmente, mesmo diante de uma só penhora, lavrar-se-ão dois autos de penhora quando a diligência não se encerrar em apenas um único dia. Observe-se que quando se tratar de vários bens, mas no mesmo lugar, relacionados a um único devedor, lavrar-se-á apenas um auto de penhora, relacionando-se no documento todos esses bens. Trata-se, neste caso, de apenas uma penhora, não obstante haja pluralidade de bens constritos.

Art. 840 - Serão preferencialmente depositados:
I - as quantias em dinheiro, os papéis de crédito e as pedras e os metais preciosos, no Banco do Brasil, na Caixa Econômica Federal ou em banco do qual o Estado ou o Distrito Federal possua mais da metade do capital social integralizado, ou, na falta desses estabelecimentos, em qualquer instituição de crédito designada pelo juiz;
II - os móveis, os semoventes, os imóveis urbanos e os direitos aquisitivos sobre imóveis urbanos, em poder do depositário judicial;
III - os imóveis rurais, os direitos aquisitivos sobre imóveis rurais, as máquinas, os utensílios e os instrumentos necessários ou úteis à atividade agrícola, mediante caução idônea, em poder do executado.
§ 1º - No caso do inciso II do caput, se não houver depositário judicial, os bens ficarão em poder do exequente.
§ 2º - Os bens poderão ser depositados em poder do executado nos casos de difícil remoção ou quando anuir o exequente.
§ 3º - As joias, as pedras e os objetos preciosos deverão ser depositados com registro do valor estimado de resgate.

I. Depositário de bens penhorados

A função do depositário é conservar os bens penhorados, evitando extravios e deteriorações, até a conclusão do processo executivo, agindo sempre em nome do juiz. Excepcionalmente, quando os bens penhorados exigirem contínua exploração econômica (*v.g.*: empresas comerciais, semoventes, plantações), o depositário assume também a tarefa de administrá-los. Neste caso, a função é também de gestão, e não mais de mera guarda.

II. Nomeação do depositário pelo juiz

O depositário é nomeado pelo juiz e não pelo oficial de justiça que realiza a penhora, pois trata-se de ato jurisdicional de competência exclusiva do juiz, a quem cabe avaliar a idoneidade do depositário. O oficial de justiça, durante a diligência, pode escolher quem fique com os bens penhorados, mas a nomeação – enquanto ato propriamente dito – só estará concretizada por decisão judicial.

III. Preferência e não exclusividade

Os bens penhorados devem ser preferencialmente depositados em poder das pessoas ou dos estabelecimentos previstos neste artigo, mas não se trata de uma lista exclusiva, pois razões ligadas ao caso concreto podem justificar a nomeação de outros depositários. Isso significa, em outras palavras, que a nomeação pelo juiz de depositários não previstos neste dispositivo é plenamente possível quando o caso o recomendar. É importante, todavia, neste caso, fundamentar o porquê de não se seguir a regra geral da nomeação do depositário de acordo com este dispositivo legal do CPC/2015.

IV. Recusa da nomeação pelo depositário

O encargo de depositário de bens penhorados pode ser expressamente recusado. Esse entendimento está fundamentado no princípio da legalidade, segundo o qual, na forma do inciso II do art. 5º da Constituição da República, "ninguém será obrigado a fazer ou deixar de fazer alguma coisa senão em virtude de lei". A mesma regra autoriza o depositário, desde que justificadamente, a renunciar à nomeação no curso do processo. A regra, contudo, não se aplica ao depositário judicial, que possui o dever funcional de aceitar o cargo quando determinado pelo juiz da causa, já que se trata de auxiliar do juiz com atribuições específicas para tanto.

V. Responsabilidade civil do depositário

As atribuições do depositário se traduzem na guarda e conservação de bens penhorados, respondendo esse auxiliar do juízo pelos prejuízos que, por dolo ou culpa, causar à parte.

VI. Impossibilidade de prisão civil do depositário infiel

O Supremo Tribunal Federal, com base na interpretação do § 3º do art. 5º da Constituição da República c.c. Convenção Americana de Direito Humanos (Pacto de São José da Costa Rica), editou a Súmula Vinculante nº 25, segundo a qual é ilícita a prisão civil de depositário infiel, qualquer que seja a modalidade do depósito. Em atenção a este entendimento, o CPC/2015, corretamente, não previu a possibilidade de prisão civil do depositário infiel.

VII. Responsabilidade penal do depositário

Não obstante não possa mais ser preso civilmente, o depositário pode responder criminalmente por apropriação indébita, caso tome para si o bem penhorado sob sua guarda (CP, art. 168). Na hipótese de o depositário ser o próprio executado, pode configurar-se o tipo da fraude descrita no art. 179 do Código Penal.

VIII. Inconstitucionalidade da preferência dada aos bancos públicos?

Já se debatia na doutrina a eventual inconstitucionalidade da preferência legal dada aos bancos públicos (Caixa Econômica Federal, Banco do Brasil e qualquer instituição bancária em que o Estado ou o Distrito Federal possua mais da metade do capital social integralizado) em detrimento dos bancos privados para fins de atuar como depositário, pois este dispositivo poderia violar o princípio da livre concorrência, inserto no inciso IV do art. 170 da Constituição da República. O CPC/2015 manteve esta preferência legal e a discussão doutrinária permanecerá viva até que o dispositivo seja submetido ao exame de constitucionalidade perante o Supremo Tribunal Federal.

IX. Juros e correção monetária em depósitos judiciais

O entendimento do Superior Tribunal de Justiça é no sentido de que, após realizado o depósito judicial, a responsabilidade pela correção monetária e pelos juros é da instituição financeira onde o numerário foi depositado. Desta forma, efetuado o depósito judicial do valor da execução, cessa a responsabilidade do devedor sobre os encargos da quantia depositada, eis que tal responsabilidade passa a ser do banco depositário.

X. Regra geral de terceiros como depositários

O CPC/2015 adota a regra geral segundo a qual o depositário dos bens penhorados não deve ser nem o exequente e nem o executado, mas sim um terceiro. Isso ocorre, primeiramente, em relação à penhora de quantias em dinheiro, em que o depositário deverá ser uma instituição bancária, preferencialmente pública. Também em relação aos móveis, semoventes, imóveis urbanos e direitos aquisitivos sobre imóveis urbanos, o CPC/2015 não atribui a função de depositário ao exequente ou ao executado, mas prefere que ela recaia sobre um depositário judicial, que é um auxiliar da justiça, terceiro em relação às partes da demanda, *ex vi* dos arts. 159 a 161 do CPC/2015. Não é comum, entretanto, que motivadamente o executado faça as vezes do depositário. Observe-se que há uma alteração sensível no caso de bens imóveis, pois o CPC/1973 atribuía a função de depositário ao executado e o CPC/2015 confia esta tarefa ao depositário judicial. Como os bens imóveis, em geral, não correm riscos de desvio – especialmente depois de averbada a penhora na matrícula do imóvel –, a solução do CPC/1973 de deixar a sua guarda e conservação com o próprio executado parecia adequada, pois a atribuição deste mister a terceiros eleva o custo do processo e, ao fim e ao cabo, onera o executado desnecessariamente. O CPC/2015 não repetiu essa regra, preferindo que depositário judicial seja nomeado para a custódia de bens imóveis, mas ainda assim, como não se trata de regra absoluta, parece mais adequado permanecer nomeando o próprio executado como depositário de bens imóveis. No que diz respeito a joias, pedras preciosas e objetos preciosos, o CPC/2015 não informa a preferência pelo depositário, mas, a contar pela regra geral, parece mais adequada a nomeação novamente de terceiros, especialmente instituições bancárias que possam guardar estes bens em segurança.

XI. Executado como depositário

O CPC/2015 prevê apenas dois casos em que o executado atuará como depositário dos bens penhorados, mas ambas estão sujeitas a condicionantes. Primeiramente, quando se tratar de penhora de imóveis rurais, direitos aquisitivos sobre imóveis rurais, máquinas, utensílios e instrumentos necessários ou úteis à atividade agrícola. A condicionante, neste caso, é que o executado preste caução idônea. Essa previsão é uma inovação do CPC/2015 em relação ao CPC/1973, cujo objetivo foi permitir a continuidade da atividade agrícola pelo executado. Neste caso, literalmente, o CPC/2015 não condiciona a nomeação à concordância do exequente. Ademais, o CPC/2015 também admite o executado como depositário quando se tratar de bens penhorados de difícil remoção ou quando anuir o exequente. Quando se tratar de bens de difícil remoção, o CPC/2015 não prevê a necessidade de concordância do exequente. Em todos os casos tratados neste dispositivo, porém, o executado poderá ser o depositário dos bens penhorados, independentemente da natureza destes bens, bastando que para tanto o exequente anua com esta opção.

XII. Exequente como depositário

O CPC/2015 só prevê uma hipótese – e mesmo assim subsidiária – em que o exequente assume a função de depositário dos bens penhorados. Trata-se do caso de móveis, semoventes, imóveis urbanos e direitos aquisitivos sobre imóveis urbanos quando não haja, na localidade, depositário judicial. Apenas nesta hipótese é que o CPC/2015 prefere que a tarefa de depositário fique a cargo do exequente. Não há obrigatoriedade, aqui, de o exequente prestar caução idônea, pois o CPC/2015 silencia a este respeito. Ainda nesta hipótese, se o juiz entende mais adequado para o caso concreto, poderá preferir a nomeação de um depositário particular, não obstante a omissão legal do CPC/2015 a respeito desta figura.

XIII. Preferência não absoluta

Sob a égide do CPC/1973, o Superior Tribunal de Justiça já se manifestou no sentido da possibilidade de permanência dos bens penhorados com o executado, quando a remoção puder lhe causar evidentes prejuízos, pois estas regras de preferência não são absolutas. Como foram poucas as mudanças a este respeito no CPC/2015, intui-se que esta jurisprudência não se alterará, permanecendo o entendimento de que a preferência legal para atribuição do encargo de depositário não é absoluta, podendo o juiz alterá-la a partir das circunstâncias especiais do caso concreto, inclusive para nomear o próprio executado como depositário dos bens penhorados.

XIV. Penhora de bem fungível depositado sob a responsabilidade do executado

A jurisprudência vem se orientando no sentido de que a penhora de bens fungíveis se aperfeiçoa independentemente da tradição, sendo que, na hipótese de recair sobre produção agrícola, não deve impedir a respectiva comercialização, transferindo-se sempre à produção futura, que deverá ser apresentada no momento oportuno. A norma que estabelece a preferência na nomeação de depositários não é absoluta, devendo ser cotejada com as demais regras e princípios do processo de execução, notadamente, o da menor onerosidade. Assim, o executado poderá permanecer na posse do bem penhorado, exercendo o encargo de depositário, quando a remoção do bem puder lhe causar evidentes prejuízos. Se o executado tem disponibilidade sobre, por exemplo, um volume de açúcar arrestado, em razão da sua fungibilidade, podendo comercializá-lo, isso não o exime da obrigação de manter consigo quantidade suficiente para entregá-lo quando do momento de alienação judicial para satisfação do crédito.

XV. Julgados

Recusa do encargo pelo depositário

"O encargo de depositário de bens penhorados pode ser expressamente recusado" (Enunciado nº 319 da Súmula de Jurisprudência do STJ).

"A Súmula 319 do STJ dispõe que: 'O encargo de depositário de bens penhorados pode ser expressamente recusado', por isso que o mesmo tratamento deve ser conferido ao depositário que assume o encargo e, posteriormente, de forma justificada, pleiteia exonerar-se do *munus* posto não poder mais suportar referido ônus" (STJ, 1ª T., REsp. nº 1.120.403/SP, Rel. Min. Luiz Fux, unânime, j. em 3/12/2009, DJ de 2/2/2010).

Exequente como depositário

"Não se mostra razoável estabelecer que o credor aguarde pela eventual e incerta apreensão do veículo em *blitz* policial para, posteriormente, tê-lo depositado em sua posse, tendo em vista que tal ato pode vir a nunca ocorrer, haja vista que, sabendo-se o local onde possam ser localizados os bens penhorados, se afigura não só legítima, como necessária a pretensão do exequente para que sejam apreendidos e depositados sob a sua posse e responsabilidade, nos termos do art. 839 cumulado com o art. 840, § 1º, ambos do CPC/2015" (TJSP, 31ª CDPriv., AI nº 2123056-80.2016.8.26.0000, Des. Adilson de Araujo, DJ de 13/7/2017).

Não havendo depositário judicial, a regra é que os bens fiquem em poder do exequente

"Inexiste direito incontestável do devedor de permanecer como fiel depositário dos bens penhorados. Segundo o art. 840 do NCPC, se não houver depositário judicial, os bens ficarão em poder do exequente. Os bens poderão ser depositados em poder do executado nos casos de difícil remoção ou quando anuir o exequente" (TJMG, 16ª CC, AI nº 1.0024.03.181162-3/005, Des. Pedro Aleixo, DJ de 25/8/2016).

"Não havendo depositário judicial, a regra é que o bem penhorado ficará na posse do exequente, nos termos do art. 840, do NCPC" (TJMG, 18ª CC, AI nº 1.0223.10.012975-6/001, Des. Sérgio André da Fonseca Xavier, DJ de 13/12/2016).

Impossibilidade de prisão civil do depositário infiel

"É ilícita a prisão civil de depositário infiel, qualquer que seja a modalidade do depósito" (Enunciado nº 25 da Súmula Vinculante do Supremo Tribunal Federal).

Juros e correção monetária em depósitos judiciais

"O estabelecimento de crédito que recebe dinheiro, em depósito judicial, responde pelo pagamento da correção monetária relativa aos valores depositados" (Enunciado nº 179 da Súmula de Jurisprudência do Superior Tribunal de Justiça).

IOF em depósitos judiciais

"Nos depósitos judiciais, não incide o Imposto sobre Operações Financeiras" (Enunciado nº 185 da Súmula de Jurisprudência do Superior Tribunal de Justiça)

Art. 841 - Formalizada a penhora por qualquer dos meios legais, dela será imediatamente intimado o executado.

§ 1º - A intimação da penhora será feita ao advogado do executado ou à sociedade de advogados a que aquele pertença.

§ 2º - Se não houver constituído advogado nos autos, o executado será intimado pessoalmente, de preferência por via postal.

§ 3º - O disposto no § 1º não se aplica aos casos de penhora realizada na presença do executado, que se reputa intimado.

§ 4º - Considera-se realizada a intimação a que se refere o § 2º quando o executado houver mudado de endereço sem prévia comunicação ao juízo, observado o disposto no parágrafo único do art. 274.

I. Regra geral da intimação do executado pelo seu advogado

Reproduzindo o sistema do CPC/1973, este dispositivo consagra como regra geral a intimação do executado sobre a penhora realizada na pessoa de seu advogado ou da sociedade de advogados da qual faça parte o advogado que represente nos autos. Esta intimação na pessoa do advogado do executado será realizada por meio de publicação no Diário Oficial, constando o nome e número de registro profissional na Ordem dos Advogados do Brasil deste patrono, bem como os dados necessários à identificação do processo (número do processo, juízo em que tramita a demanda, nomes das partes), sob pena de nulidade, a não ser que o ato atinja a sua finalidade sem causar prejuízo.

II. Intimação pessoal do executado

Caso o executado não esteja representado nos autos, a sua intimação a respeito da penhora realizada se dará pessoalmente, mas por meio da expedição de mandado de intimação por via postal com aviso de recebimento. O mandado de intimação será enviado ao endereço declarado nos autos, presumindo-se que o executado tenha recebido a intimação caso esteja residindo em outro local e não tenha comunicado o juízo deste fato. Esta previsão conspira em favor da lealdade processual, estabelecendo o dever de a parte manter o juiz atualizado a respeito de seu paradeiro.

III. Julgados

Desnecessidade de intimação prévia do executado para penhora on-line

"Sendo a constrição eletrônica medida eficaz para a garantia da efetividade da prestação jurisdicional buscada pelo credor, além de atingir os primeiros bens na ordem preferencial da penhora (art. 835 do CPC), possível o deferimento da penhora *on-line* via BACENJUD, sendo dispensável a intimação prévia da parte executada, à luz do art. 841 do CPC. Tal medida, inegavelmente, facilita a execução e contribui para a celeridade e efetividade da jurisdição" (TJMG, 10ª CC, AI nº 1.0702.97.011629-0/007, Des. Mariangela Meyer, j. em 4/7/2017).

Desnecessidade de intimação pessoal e executado atendido pela Defensoria Pública

"O cerne do recurso engloba apenas e tão somente a necessidade, como pretendem os agravantes, de se promover a intimação pessoal dos executados, não bastando a intimação pessoal do defensor público. [...]. Intimação pessoal dos devedores requerida pelo seu defensor, a pretexto de que o seu vínculo com esses seus representados possui características excepcionais, decorrentes da Constituição da República, estas que não guardam relação com os poderes gerais e especiais outorgados por mandato aos advogados (art. 105 do novo Código de Processo Civil). Alegada inexistência de poderes para recepção de intimações para a prática de atos de natureza intuitu personae, quando haja necessidade de prática de ato material. Afirmação de que a instituição dispõe apenas da prerrogativa da intimação pessoal e da contagem dos prazos em dobro (art. 44, inciso I, da Lei Complementar nº 80/1994). Irrelevância. [...]. Rigorosamente desnecessária é a intimação pessoal dos executados, ainda quando sejam representados pela Defensoria Pública, para que se dê início ao processo de execução, e como no caso, na sequência, para a ciência da convolação em penhora. [...]. Por fim, eventual dificuldade de contato entre a parte e o seu defensor será perfeitamente evitável mediante a pura e simples observância do disposto no parágrafo único do art. 274 do novo CPC, haja vista que cumpre às partes manter atualizados os seus endereços no processo, mediante a informação quanto a modificações temporárias ou definitivas" (TJRJ, 3ª CC, AI nº 0009209-95.2017.8.19.0000, Des. Mario Assis Gonçalves, j. em 19/4/2017).

Nulidade da intimação e preclusão

"Apesar de ser nula a intimação quando não observado pedido expresso de publicação em nome de advogado específico, por se tratar de nulidade relativa, tal vício deve ser alegado na primeira oportunidade em que couber à parte falar nos autos, sob pena de preclusão (art. 245 do CPC/73, reeditado no art. 278 do NCPC)" (STJ, 3ª T., REsp nº 1.641.610/GO, Min. Moura Ribeiro, j. em 13/6/2017, DJ de 21/6/2017).

Advogado que retira os autos de cartório toma ciência da realização da penhora

"Efetuada a penhora na fase do cumprimento de sentença e tendo o patrono do devedor tomado ciência inequívoca do ato com a retirada do processo em carga, se mostra preclusa a alegação de nulidade de sua intimação no curso do processo, porque o incidente foi manejado fora do prazo de 15 dias (art. 475-J, § 1º, do CPC/73 e art. 525 do NCPC). O advogado que retira os autos de cartório, toma ciência inequívoca de todos os atos processuais nele praticados, dispensando a sua formal intimação" (STJ, 3ª T., REsp nº 1.641.610/GO, Min. Moura Ribeiro, j. em 13/6/2017, DJ de 21/6/2017).

Excepcionalidade da penhora *on-line* antes da citação do executado em execução fiscal com base no art. 185-A do CTN

"O fato de o legislador haver previsto que a penhora de dinheiro pode se dar por meio eletrônico não conduz, por si só, ao raciocínio de que tal meio de constrição deva sempre ser feito antes da citação da parte contrária. Por essa razão, a aplicação das normas indicadas pelo recorrente, tendentes à efetivação do bloqueio via BacenJud antes da citação do executado, com base no poder geral de cautela do juiz, deve ser feita em conformidade com a jurisprudência do STJ, isto é, a penhora pretendida somente é admissível em caráter excepcional, quando adequadamente demonstrado pelo ente público que estão presentes os requisitos que ensejam a efetivação de medida de natureza acautelatória" (STJ, 2ª T., REsp nº 1.670.176/PE, Min. Herman Benjamin, j. em 27/6/2017, DJ de 30/6/2017).

Art. 842 - Recaindo a penhora sobre bem imóvel ou direito real sobre imóvel, será intimado também o cônjuge do executado, salvo se forem casados em regime de separação absoluta de bens.

I. Intimação do cônjuge

A doutrina debate se, numa execução movida apenas contra um dos cônjuges, a penhora sobre bem imóvel de casal cria um litisconsórcio necessário superveniente em relação ao outro cônjuge, razão pela qual deve ele ser integrado à relação processual executiva não por meio de mera "intimação", mas sim por meio de verdadeira "citação". A ausência de intimação do cônjuge gera a nulidade de todos os atos processuais posteriores à penhora.

II. Regime de bens

Sob a égide do CPC/1973, havia dúvidas na doutrina em saber se o cônjuge deveria ser intimado da penhora independentemente do regime de bens ou se este procedimento poderia ser dispensado no caso de o casal ser casado sob o regime da separação total de bens (convencional – CC, art. 1.687) e/ou sob o regime da separação obrigatória de bens (legal – CC, art. 1.641). O Superior Tribunal de Justiça vinha entendendo que a intimação do cônjuge do devedor é imprescindível quando a penhora incidir sobre bem imóvel, independentemente do regime de bens estabelecido no casamento. Havia, contudo, entendimentos divergentes, considerando a desnecessidade de intimação do cônjuge, casado sob o regime da separação absoluta (legal ou convencional), sobre a penhora que recaiu sobre imóvel do outro cônjuge, executado. O CPC/2015 afirma expressamente que a intimação do cônjuge somente é dispensada no caso de *separação absoluta de bens*. A expressão *separação absoluta de bens*, utilizada neste dispositivo pelo CPC/2015, é mencionada no Código Civil em apenas uma única oportunidade, especificamente no art. 1.647 do CC. Há dúvidas doutrinárias sobre o seu alcance. E isto porque a expressão *separação absoluta de bens* tanto pode se referir ao regime da separação total de bens quanto pode se referir ao regime da separação obrigatória de bens. Normalmente, a doutrina civilista identifica a expressão *separação absoluta de bens* com o regime convencional da separação total de bens. De toda forma, melhor seria que o legislador do CPC/2015 tivesse tomado o cuidado de utilizar as expressões consagradas no Código Civil para se referir aos regimes de bens: "Comunhão parcial" (CC, arts. 1.658/1.666), "Comunhão universal" (CC, arts. 1.667/1.671), "Participação final nos aquestos" (CC, arts. 1.672/1.686), "Separação de bens" (CC, arts. 1.687/1.688) e Separação obrigatória de bens (CC, art. 1.641).

III. Companheiro

Parcela da doutrina entende que se exige a intimação do companheiro do executado nestes casos, caso a união estável esteja provada nos autos ou, ao menos, seja ou possa ser do conhecimento do exequente. A preocupação doutrinária faz sentido porque a união estável cria um regime de comunhão de bens entre os companheiros – em regra comunhão parcial, a partir da constituição da união estável, mas que as partes podem adotar a comunhão total. Não há, porém, jurisprudência consolidada a esse respeito. O Superior Tribunal de Justiça já teve oportunidade de decidir que, reconhecida a união estável por sentença transitada em julgado, é a companheira parte legítima para oferecer embargos de terceiro com o objetivo de excluir a sua meação da penhora incidente sobre imóvel adquirido em conjunto com o companheiro. Vale ressalvar, contudo, que esta interpretação nem sempre será de fácil aplicação na prática, pois bem se sabe que a constituição da união estável independente de declaração judicial ou mesmo de ata notarial. A união estável se forma na vida privada dos companheiros, sem obrigatoriedade de registros oficiais. Nestes casos, pode muito bem ocorrer de o exequente não requerer a intimação do companheiro do executado a respeito da penhora simplesmente porque desconhece a existência da união estável. Nestas hipóteses de existência de união estável sem registros oficiais, parece adequado que se privilegie a boa-fé do exequente, até porque, rigorosamente, trata-se de uma informação que deve ser prestada nos autos pelo executado, em respeito ao princípio da lealdade processual. Nesta linha, o Superior Tribunal de Justiça já teve oportunidade de entender que não deve ser preservada a meação da companheira do devedor que agiu de má-fé, omitindo viver em união estável para oferecer bem do casal em hipoteca, sob pena de sacrifício da segurança jurídica e prejuízo do credor. Nesta hipótese, o companheiro prejudicado pode obter reparação do outro companheiro, mas isso em nada prejudica o direito do credor de boa-fé de excutir a integralidade do bem.

IV. Reação do cônjuge no caso de penhora de bem imóvel divisível: embargos à execução ou impugnação ao cumprimento de sentença x embargos de terceiro

Ocorrendo a penhora sobre bem imóvel divisível, o cônjuge possui legitimidade para oposição de embargos à execução ou impugnação ao cumprimento de sentença, bem como embargos de terceiro. Por um lado, os embargos à execução ou impugnação ao cumprimento de sentença podem ser opostos para discutir a dívida ou a higidez do título executivo. Por outro lado, os embargos de terceiros podem ser opostos para defesa da meação. Neste sentido, é o Enunciado nº 134 da Súmula de Jurisprudência do Superior Tribunal de Justiça, segundo o qual, embora intimado da penhora em imóvel do casal, o cônjuge do executado pode opor embargos de terceiro para defesa de sua meação. Tratando destas duas formas de defesa de patrimônio na execução, o Superior Tribunal de Justiça já teve oportunidade de entender que a intimação do cônjuge enseja-lhe a via dos embargos à execução, nos quais poderá discutir a própria *causa debendi* e defender o patrimônio como um todo, na qualidade de litisconsorte passivo do(a) executado(a) e a via dos embargos de terceiro, com vista à defesa da meação a que entende fazer jus. Talvez fosse mais adequada a unificação dos mecanismos de defesa do cônjuge, evitando-se que diferentes interpretações a respeito do cabimento de embargos à execução, impugnação ao cumprimento de sentença e embargos de terceiro criassem armadilhas processuais indesejáveis. O processo não pode ser fonte de armadilhas às partes e deve ser pensado no sentido de facilitar ao máximo o manejo dos institutos processuais. Parece-nos, ademais, que há espaço para aplicação do princípio da fungibilidade de meios, a depender das circunstâncias do caso concreto.

V. Reação do cônjuge no caso de penhora de bem imóvel indivisível: embargos à execução ou impugnação ao cumprimento de sentença x embargos de terceiro

No caso de bem imóvel indivisível, não há interesse processual, em regra, para oposição de embargos de terceiro para defesa da meação pelo cônjuge, pois o art. 843 do CPC/2015 garante que o produto da alienação lhe será revertido à proporção da metade. Ainda assim, possui o cônjuge legitimidade para opor embargos à execução ou impugnação ao cumprimento de sentença para discutir a dívida ou a higidez do título executivo.

VI. Julgados

Ausência de intimação do cônjuge

"Restou assente na jurisprudência deste Superior Tribunal que, no caso de penhora de bens imóveis, a ausência de intimação do cônjuge gera a nulidade do ato" (STJ, 5ª T., REsp nº 538.765/RS, Rel. Min. Felix Fischer, j. em 18/3/2004, DJ de 10/5/2004).

Regime de bens

"A intimação do cônjuge do devedor é imprescindível quando a penhora incidir sobre bem imóvel, independentemente do regime de bens estabelecido no casamento" (STJ, 4ª T., REsp. nº 706.284/RS, Rel. Min. Cesar Asfor Rocha, j. em 28/6/2005, DJ de 10/10/2005).

"Recaindo a penhora sobre bem imóvel, é imprescindível a intimação do cônjuge do devedor, independentemente do regime de bens" (STJ, 3ª T., REsp nº 753.453/RJ, Rel. Min. Castro Filho, j. em 24/4/2007, DJ de 14/5/2007).

"É dispensável a intimação do ex-cônjuge casado sob o regime de separação convencional de bens da penhora sobre bem imóvel de propriedade particular, sobre o qual não tem direito de meação. Na hipótese, não subsiste interesse jurídico do ex-cônjuge em defender o patrimônio a que não faz jus, devendo ser afastado eventual litisconsórcio passivo" (STJ, 3ª T., REsp nº 1.367.343/DF, Min. Ricardo Villas Bôas Cueva, j. em 13/12/2016, DJ de 19/12/2016).

"Dúvida não há de que recaindo a penhora sobre bem imóvel ou direito real (caso dos autos), necessária se faz a intimação do cônjuge do executado acerca do ato de constrição, salvo se forem casados em regime de separação absoluta de bens. É certo, todavia, que a falta de intimação do cônjuge não torna inválida a penhora propriamente dita, mas, sim, apenas a intimação desta" (TJSP, 29ª Câmara de Direito Privado, Agravo de Instrumento nº 2072302-03.2017.8.26.0000, Rel. Des. Neto Barbosa Ferreira, j. em 12/7/2017).

Companheiro

"É exigida a intimação apenas do cônjuge do executado acerca da penhora de bem imóvel, sendo dispensável tal comunicação no caso de união estável" (TJMG, 9ª CC, AC nº 1.0111.05.004850-8/002, Des. Pedro Bernardes, j. em 6/12/2016).

"Reconhecida a união estável por sentença transitada em julgado, é a companheira parte legítima para oferecer embargos de terceiro com o objetivo de excluir a sua meação da penhora incidente sobre imóvel adquirido em conjunto com o companheiro" (STJ, 4ª T., REsp nº 93.355/PR, Rel. Min. Barros Monteiro, j. em 24/10/2000, DJ de 18/12/2000).

"Os efeitos patrimoniais da união estável são semelhantes aos do casamento em comunhão parcial de bens (art. 1.725 do novo Código Civil). Não deve ser preservada a meação da companheira do devedor que agiu de má-fé, omitindo viver em união estável para oferecer bem do casal em hipoteca, sob pena de sacrifício da segurança jurídica e prejuízo do credor" (STJ, 3ª T., REsp nº 952.141/RS, Rel. Min. Humberto Gomes de Barros, j. em 28/6/2007, DJ de 1º/8/2007).

Reação do cônjuge no caso de penhora de bem imóvel

"Embora intimado da penhora em imóvel do casal, o cônjuge do executado pode opor embargos de terceiro para defesa de sua meação" (Enunciado nº 134 da Súmula de Jurisprudência do Superior Tribunal de Justiça).

"A intimação do cônjuge enseja-lhe a via dos embargos à execução, nos quais poderá discutir a própria *causa debendi* e defender o patrimônio como um todo, na qualidade de litisconsorte passivo do(a) executado(a) e a via dos embargos de terceiro, com vista à defesa da meação a que entende fazer jus. Não obstante, o cônjuge só será parte legítima para opor embargos de terceiro quando não tiver assumido juntamente com seu consorte a dívida executada, caso em que, figurando no polo passivo do processo de execução como corresponsável pelo débito, não se lhe é legítimo pretender eximir seu patrimônio como 'terceiro'" (STJ, Corte, EREsp. nº 306.465/ES, Rel. Min. Laurita Vaz, j. em 20/3/2013, DJ de 4/6/2013).

Art. 843 - Tratando-se de penhora de bem indivisível, o equivalente à quota-parte do coproprietário ou do cônjuge alheio à execução recairá sobre o produto da alienação do bem.

§ 1º - É reservada ao coproprietário ou ao cônjuge não executado a preferência na arrematação do bem em igualdade de condições.

§ 2º - Não será levada a efeito expropriação por preço inferior ao da avaliação na qual o valor auferido seja incapaz de garantir, ao coproprietário ou ao cônjuge alheio à execução, o correspondente à sua quota-parte calculado sobre o valor da avaliação.

I. Reserva do produto da alienação

O CPC/1973 já previa, no caso de alienação de bem indivisível, que o produto da venda seria revertido ao cônjuge do executado para garantir-lhe a meação. O CPC/2015 estendeu este benefício ao coproprietário.

II. Preferência na arrematação

Em linha com o que dispõe o art. 1.322 do CC em relação ao condômino, o CPC/2015 garante ao coproprietário e também ao cônjuge o direito de preferência na arrematação integral do bem penhorado. Trata-se de direito de preferência, que deve ser exercido nas condições do mercado, razão pela qual este direito de preferência cede diante de uma proposta melhor de terceiro. Pode-se pensar na aplicação analógica do § 1º do art. 2.019 do CC de modo a tornar possível ao cônjuge ou coproprietário alheio à execução adjudicar para si o bem imóvel penhorado do qual detém a quota-parte, desde que o valor oferecido não seja inferior ao da avaliação.

III. Limite do valor da alienação

O CPC/2015 garante que o bem penhorado não será expropriado se o produto da arrematação não servir para garantir, ao menos, a quota-parte do coproprietário ou do cônjuge. Isso significa que o valor decorrente da alienação primeiramente é destinado ao coproprietário e ao cônjuge, tudo isso sempre considerando o valor previsto no laudo de avaliação. O valor restante após estas deduções é que será revertido ao exequente, para satisfazer o seu direito de crédito. Quando o valor do maior lance não superar sequer a quota-parte do coproprietário e do cônjuge, não se realizará a alienação. Trata-se do mínimo a permitir a alienação. Assim, se determinado bem imóvel de propriedade de executado casado é avaliado em R$ 2.000.000,00 (dois milhões de reais) e o maior lance não alcança sequer R$ 1.000.000,00 (um milhão de reais), a arrematação não poderá ser concretizada. Já se o maior lance atingir, por exemplo, R$ 1.300.000,00 (um milhão e trezentos mil reais), a arrematação poderá ser concluída, mas o valor de R$ 1.000.000,00 (um milhão de reais) será revertido ao cônjuge para preservar a sua meação e apenas os R$ 300.000,00 (trezentos mil reais) restantes serão destinados à satisfação do direito de crédito do exequente.

IV. Julgado

"Nesse diapasão, extrai-se cristalina a intenção do legislador de afastar qualquer questionamento quanto à imprescindibilidade da formação de litisconsórcio passivo necessário para legitimar a constrição judicial de um bem indivisível que integra o patrimônio comum de um casal. Insta salientar que a nova sistemática processual inova ao ampliar o alcance da regra outrora prevista no artigo 655-B do CPC/1973, posto que abarca à hipótese a alienação judicial de um bem indivisível que esteja em condomínio com terceiros, não cônjuge. Destarte, não há empecilho à penhora integral e, posterior, hasta pública de bem imóvel cuja copropriedade pertença a cônjuge do executado que, porventura, não figurou no polo passivo da demanda, desde que o valor de sua quota-parte recaia sobre o fruto da alienação judicial do bem" (TJRJ, 15º CC, AI nº 0012311-28.2017.8.19.0000, Des. Gilberto Clóvis Farias Matos, j. em 23/5/2017).

Subseção III - Do Lugar de Realização da Penhora

Art. 844 - Para presunção absoluta de conhecimento por terceiros, cabe ao exequente providenciar a averbação do arresto ou da penhora no registro competente, mediante apresentação de cópia do auto ou do termo, independentemente de mandado judicial.

I. Averbação (e não registro) da penhora

A penhora – e o arresto – deve ser averbada na matrícula do bem imóvel ou no registro administrativo do bem móvel. A ausência de averbação não torna nula a penhora, mas apenas a torna, em regra, ineficaz perante terceiro. A penhora não averbada, porém, poderá ser eficaz perante terceiros caso seja possível provar que o terceiro tinha ciência da constrição judicial, o que, todavia, na maioria dos casos, revela-se bastante complexo. A relevância de se demonstrar que o terceiro sabia da penhora – seja por meio da averbação (presunção absoluta) ou por qualquer outro modo de prova – é que a jurisprudência privilegia o terceiro de boa-fé (presunção relativa), de modo que os atos da execução não prejudicarão o terceiro, que eventualmente tenha adquirido um bem penhorado.

II. Bens sujeitos à averbação da penhora

O CPC/2015 ampliou a possibilidade de averbação da penhora para outros bens, não apenas para os bens imóveis, como fazia o CPC/1973. Pode-se pensar, assim, na averbação da penhora de bens móveis, como veículos automotores, em que a penhora pode ser averbada no registro administrativo do automóvel perante os departamentos estaduais de trânsito. O Superior Tribunal de Justiça já vinha decidindo que apenas a inscrição da penhora no Detran torna absoluta a assertiva de que a constrição é conhecida por terceiros e invalida a alegação de boa-fé do adquirente da propriedade, para efeito de demonstração de que as partes contratantes agiram em *consilium fraudis*.

III. Averbação da penhora e fraude à execução

A averbação da penhora também possui reflexo direto na caracterização da fraude à execução. Conforme consagra o Enunciado nº 375 da Súmula de Jurisprudência do Superior Tribunal de Justiça, o reconhecimento da fraude à execução depende do registro da penhora do bem alienado ou da prova de má-fé do terceiro adquirente.

IV. Julgados

Averbação da penhora e terceiro de boa-fé

"O reconhecimento da fraude à execução depende do registro da penhora do bem alienado ou da prova de má-fé do terceiro adquirente" (Enunciado nº 375 da Súmula de Jurisprudência do Superior Tribunal de Justiça).

"Mesmo antes da alteração do artigo 659, § 4º, do CPC pela Lei nº 8.953/94, para que se pudesse ter como ineficaz a venda de imóvel, sob o argumento de fraude à execução, fazia-se necessário o registro da penhora ou a demonstração concreta de ciência do ato constritivo por parte do adquirente" (STJ, 3ª T., AgRg no Ag nº 1.121.725/PR, Rel. Min. Sidnei Beneti, j. em 14/6/2011, DJ de 22/6/2011).

"O reconhecimento da fraude de execução depende do registro da penhora do bem alienado ou da prova de má-fé do terceiro adquirente (Súmula nº 375/STJ). A presunção de boa-fé é princípio geral de direito universalmente aceito, sendo milenar a parêmia: a boa-fé se presume; a má-fé se prova. Inexistindo registro da penhora na matrícula do imóvel, é do credor o ônus da prova de que o terceiro adquirente tinha conhecimento de demanda capaz de levar o alienante à insolvência, sob pena de tornar-se letra morta o disposto no art. 659, § 4º, do CPC. Conforme previsto no § 3º do art. 615-A do CPC, presume-se em fraude de execução a alienação ou oneração de bens realizada após a averbação referida no dispositivo" (STJ, Corte, REsp nº 956.943/PR, Rel. Min. João Otávio de Noronha, j. em 20/8/2014, DJ de 1º/12/2014).

"Conforme a Súmula 375/STJ, o reconhecimento da fraude à execução depende do registro da penhora do bem alienado ou da prova da má-fé do terceiro adquirente, contudo tais requisitos não restaram configurados na espécie, obstando a afirmação da ocorrência de fraude à execução. O prévio registro da penhora do bem constrito gera presunção absoluta de conhecimento para terceiros e sua ausência implica presunção relativa de má-fé do terceiro adquirente que dependeria de comprovação, o que não ocorreu na espécie" (STJ, 3ª T., AgRg no AREsp nº 7.771/SP, Min. Nancy Andrighi, j. em 16/5/2017, DJ de 25/5/2017).

Art. 845 - Efetuar-se-á a penhora onde se encontrem os bens, ainda que sob a posse, a detenção ou a guarda de terceiros.

§ 1º - A penhora de imóveis, independentemente de onde se localizem, quando apresentada certidão da respectiva matrícula, e a penhora de veículos automotores, quando apresentada certidão que ateste a sua existência, serão realizadas por termo nos autos.

§ 2º - Se o executado não tiver bens no foro do processo, não sendo possível a realização da penhora nos termos do § 1º, a execução será feita por carta, penhorando-se, avaliando-se e alienando-se os bens no foro da situação.

I. Lugar de realização da penhora

Esta disposição tem como premissa o princípio da territorialidade da jurisdição, segundo o qual os poderes de um juiz não vão além dos limites do foro em que exerce a jurisdição (competência = medida da jurisdição = medida do poder jurisdicional). Consequência direta disto é que o oficial de justiça – *longa manus* do juiz – não pode proceder à penhora de bens situados fora dos limites geográficos do juízo da execução, sob pena, em regra, de nulidade. Não obstante isso, o Superior Tribunal de Justiça, privilegiando o princípio da instrumentalidade das formas, tem entendido que, quando se tratar de foros contíguos, é possível a realização da penhora pelo oficial de justiça do juízo da execução no foro vizinho. Este entendimento possui expresso amparo legal, uma vez que o art. 255 do CPC/2015 aduz que "nas comarcas contíguas de fácil comunicação e nas que se situem na mesma região metropolitana, o oficial de justiça poderá efetuar, em qualquer delas, citações, intimações, notificações, penhoras e quaisquer outros atos executivos". Em outras palavras, nas comarcas contíguas de fácil comunicação ou nas comarcas situadas na mesma região metropolitana, dispensa-se a expedição de carta precatória, podendo o oficial de justiça vinculado a uma determinada comarca realizar atos de constrição nas comarcas vizinhas. Não obstante, a verdade é que, em razão desta regra geral de limitação territorial, prefere-se sempre que a penhora recaia sobre bens situados na circunscrição territorial de competência do juízo da execução (mesma comarca, na Justiça Estadual; mesmo seção judiciária, na Justiça Federal). Caso o executado não possua bens no foro do juízo da execução, dever-se-á efetuar a penhora em outras localidades, em regra, por meio da expedição de carta precatória, daí a expressão "execução por carta".

II. Penhora de bens imóveis e de veículos automotores

O CPC/2015, objetivando reduzir as hipóteses de execução por carta, criou regra nova dispondo que não apenas bens imóveis como agora também veículos automotores, mesmo situados em foros diversos do foro da execução, podem ser penhorados pelo próprio juízo da execução, independentemente da expedição de carta precatória. A constrição se realiza, nestes casos, por simples elaboração de termo nos autos, desde que apresentada a certidão de ônus reais contendo a matrícula do imóvel ou a certidão do departamento estadual de trânsito dando provas da existência e titularidade do automóvel.

III. Execução por carta

Caso o executado não possua bens no foro do juízo da execução e estes bens sejam coisa diversa de imóvel ou veículo automotor, inevitavelmente será necessária a expedição de carta precatória para o juízo em que estão situados os bens que se pretende penhorar, de modo que lá se procedam a penhora, a avaliação e a alienação.

IV. Defesa do executado e competência do juízo deprecante e do juízo deprecado na execução por carta

Segundo o Enunciado nº 46 da Súmula de Jurisprudência do Superior Tribunal de Justiça, na execução por carta, os embargos do devedor serão decididos no juízo deprecante, salvo se versarem unicamente vícios ou defeitos da penhora, avaliação ou alienação dos bens. A defesa na execução pode ser oferecida no juízo deprecante ou no juízo deprecado, mas a competência para julgá-los é do juízo deprecante, salvo se versarem unicamente sobre vícios ou defeitos da penhora, avaliação ou alienação, hipóteses em que a competência para julgá-los será do juízo deprecado.

V. Julgados

Lugar de realização da penhora

"De acordo com a moderna ciência processual, que coloca em evidência o princípio da instrumentalidade e o da ausência de nulidade sem prejuízo (*pas de nullité sans grief*), antes de se anular todo o processo ou determinados atos, atrasando, muitas vezes em anos, a prestação jurisdicional, deve-se perquirir se a alegada nulidade causou efetivo prejuízo às partes. Na hipótese, embora o perito fosse de São Paulo, está consignado no acórdão que ele se dirigiu ao Município de Aguaí-SP para a realização da avaliação, estando, por conseguinte, em contato direto com todos os elementos necessários à apuração do valor do bem. Também foi franqueado às partes o pleno exercício do contraditório, possibilitando o atingimento da finalidade do ato, sem prejuízo às partes" (STJ, 3ª T., REsp nº 1.276.128/SP, Rel. Min. Nancy Andrighi, j. em 17/9/2013, DJ de 23/9/2013).

Penhora de veículos onde forem encontrados

"O CPC/2015 ampliou regra anteriormente prevista, restrita a imóveis, para abarcar os veículos, admitindo que a penhora seja efetuada onde os bens forem encontrados, ainda que em poder de terceiro, desde que apresentada a certidão de matrícula do imóvel ou certidão da existência do automóvel" (TJMG, 4ª CC, AI nº 1.0079.13.038471-6/001, Des. Renato Dresch, DJ de 12/7/2017).

Defesa do executado e competência do juízo deprecante e do juízo deprecado na execução por carta

"Na execução por carta, os embargos do devedor serão decididos no juízo deprecante, salvo se versarem unicamente vícios ou defeitos da penhora, avaliação ou alienação dos bens" (Enunciado nº 46 da Súmula de Jurisprudência do Superior Tribunal de Justiça).

Art. 846 - Se o executado fechar as portas da casa a fim de obstar a penhora dos bens, o oficial de justiça comunicará o fato ao juiz, solicitando-lhe ordem de arrombamento.

§ 1º - Deferido o pedido, 2 (dois) oficiais de justiça cumprirão o mandado, arrombando cômodos e móveis em que se presuma estarem os bens, e lavrarão de tudo auto circunstanciado, que será assinado por 2 (duas) testemunhas presentes à diligência.

§ 2º - Sempre que necessário, o juiz requisitará força policial, a fim de auxiliar os oficiais de justiça na penhora dos bens.

§ 3º - Os oficiais de justiça lavrarão em duplicata o auto da ocorrência, entregando uma via ao escrivão ou ao chefe de secretaria, para ser juntada aos autos, e a outra à autoridade policial a quem couber a apuração criminal dos eventuais delitos de desobediência ou de resistência.

§ 4º - Do auto da ocorrência constará o rol de testemunhas, com a respectiva qualificação.

I. Fechar as portas

O CPC/2015, tal como já fazia o CPC/1973, permite que se conceda ordem de arrombamento, caso o executado feche as portas de sua residência com o objetivo de impedir a penhora. A expressão "fechar as portas da casa" é exemplificativa, pois toda e qualquer forma induvidosa de impedir a penhora de bens guardados em determinado local autoriza a concessão da ordem de arrombamento. Assim, configura-se esta hipótese se o executado, por exemplo, obstrui a entrada em propriedade rural, esconde as chaves de veículo automotor, se recusa a fornecer a senha do cofre em que guarda seus pertences, etc. Da mesma forma, a ordem de arrombamento não se dirige apenas e tão somente à casa do executado, mas a qualquer local em que estejam abrigados os bens sujeitos à execução.

II. Garantia constitucional da inviolabilidade do domicílio

O inciso XI do art. 5º da Constituição da República afirma que "a casa é asilo inviolável do indivíduo, ninguém nela podendo penetrar sem consentimento do morador, salvo em caso de flagrante delito ou desastre, ou para prestar socorro, ou, durante o dia, por determinação judicial". Como se observa, o próprio dispositivo constitucional ressalva a hipótese de violação do domicílio em razão do cumprimento de ordem judicial, inclusive em processo judicial cível. A única condicionante é que a diligência de arrombamento se dê durante o dia, razão pela qual a diligência pode se realizar entre 6 h e 18 h. Atendida esta condicionante, a lei autoriza o arrombamento do domicílio do executado para, em cumprimento a ordem judicial cível, proceder à penhora de bens. Impõe-se, ademais, mandado específico de arrombamento, não servindo para tanto o simples mandado de penhora e avaliação.

III. Força policial

Havendo necessidade, o oficial de justiça pode requisitar força policial para o ingresso no domicílio do executado. Os oficiais de justiça – a lei exige, neste caso, dois – deverão lavrar auto circunstanciado, em duas vias, que deverá ser assinado por duas testemunhas presentes na diligência. Em seguida, uma via do auto será juntada ao processo de execução e a outra remetida à autoridade policial para apuração de eventual crime de resistência, na forma do art. 329 do Código Penal.

Subseção IV - Das Modificações da Penhora

Art. 847 - O executado pode, no prazo de 10 (dez) dias contado da intimação da penhora, requerer a substituição do bem penhorado, desde que comprove que lhe será menos onerosa e não trará prejuízo ao exequente.

§ 1º - O juiz só autorizará a substituição se o executado:

I - comprovar as respectivas matrículas e os registros por certidão do correspondente ofício, quanto aos bens imóveis;

II - descrever os bens móveis, com todas as suas propriedades e características, bem como o estado deles e o lugar onde se encontram;

III - descrever os semoventes, com indicação de espécie, de número, de marca ou sinal e do local onde se encontram;

IV - identificar os créditos, indicando quem seja o devedor, qual a origem da dívida, o título que a representa e a data do vencimento; e

V - atribuir, em qualquer caso, valor aos bens indicados à penhora, além de especificar os ônus e os encargos a que estejam sujeitos.

§ 2º - Requerida a substituição do bem penhorado, o executado deve indicar onde se encontram os bens sujeitos à execução, exibir a prova de sua propriedade e a certidão negativa ou positiva de ônus, bem como abster-se de qualquer atitude que dificulte ou embarace a realização da penhora.

§ 3º - O executado somente poderá oferecer bem imóvel em substituição caso o requeira com a expressa anuência do cônjuge, salvo se o regime for o de separação absoluta de bens.

§ 4º - O juiz intimará o exequente para manifestar-se sobre o requerimento de substituição do bem penhorado.

Autor: Bruno Garcia Redondo

I. Modificação da penhora por iniciativa exclusiva do executado

O CPC/2015, art. 847, corresponde à conjugação de regras que constavam do CPC/1973, arts. 656, § 3º, e 668, com inovações nos parágrafos finais. O dispositivo em comento trata das hipóteses em que a modificação da penhora pode ser requerida por iniciativa exclusiva do executado, caso em que o pedido deve ser formulado no prazo de 10 (dez) dias contado da intimação da penhora.

II. Pressupostos/requisitos para o pedido de modificação

Para o pedido de modificação da penhora, deve o executado atender a um número significativo de pressupostos/requisitos, previstos no CPC/2015, art. 847, *caput* e §§ 1º a 3º. O *caput* traz, de início, três pressupostos: prazo de 10 dias, menor onerosidade para o executado e inexistência de prejuízo ao exequente. O § 1º elenca requisitos que variam conforme a natureza do bem que será oferecido em substituição (*v.g.* certidão do ofício comprovando matrícula e registro do imóvel; descrição dos bens móveis com todas as suas propriedades, características, seus estados de conservação e os locais onde se encontram, etc.). Por seu turno, o § 2º traz um requisito comum a qualquer espécie de bem, devendo o executado indicar onde se encontram todos os seus demais bens sujeitos à execução, exibir a prova de sua propriedade e a certidão negativa ou positiva de ônus, bem como abster-se de qualquer atitude que dificulte ou embarace a realização da penhora. Finalmente, o § 3º traz mais um pressuposto quando se tratar de oferta de bem imóvel, caso em que o executado deverá comprovar a expressa anuência de seu cônjuge, salvo se o regime for o de separação absoluta de bens.

III. Considerações sobre o prazo de dez dias

Doutrina e jurisprudência consideravam, majoritariamente, como não preclusivo o prazo de 10 (dez) dias referido no CPC/1973, art. 668, para que o executado requeresse a substituição dos bens penhorados. Esse é o entendimento que deve prevalecer relativamente ao prazo de 10 (dez) dias referido no CPC/2015, art. 847, podendo o executado formular o requerimento de substituição da penhora a qualquer tempo, mesmo após o prazo de 10 dias contados de sua intimação sobre a penhora, desde que o pedido seja anterior à expropriação dos bens e/ou à extinção da execução.

IV. Contraditório ao exequente

O CPC/2015, art. 847, § 4º, garante o contraditório ao exequente, exigindo que o juiz o intime para manifestar-se sobre o requerimento de substituição do bem penhorado. Esse dispositivo não prevê para contraditório. Apesar da aparente omissão legal, o prazo para manifestação do exequente é o de 3 (três) dias, prazo expressamente previsto no CPC/2015, art. 853, parágrafo único, aplicável, de modo geral, a todos os incidentes de modificação da penhora previstos no CPC/2015, arts. 847 a 853.

V. Julgados

Prazo de 10 dias não é preclusivo

"[...] I- A jurisprudência do STJ assentou entendimento no sentido de que é faculdade do devedor a substituição do bem penhorado por dinheiro, contanto que o faça antes da arrematação, ou da adjudicação. Inteligência do art. 668 do CPC [1973]. [...]" (STJ, 3ª T., REsp nº 12.805/CE, Rel. Min. Waldemar Zveiter, j. em 22/10/1991, DJ de 2/12/1991, p. 17.533).

Art. 848 - As partes poderão requerer a substituição da penhora se:
I - ela não obedecer à ordem legal;
II - ela não incidir sobre os bens designados em lei, contrato ou ato judicial para o pagamento;
III - havendo bens no foro da execução, outros tiverem sido penhorados;
IV - havendo bens livres, ela tiver recaído sobre bens já penhorados ou objeto de gravame;
V - ela incidir sobre bens de baixa liquidez;
VI - fracassar a tentativa de alienação judicial do bem; ou
VII - o executado não indicar o valor dos bens ou omitir qualquer das indicações previstas em lei.
Parágrafo único - A penhora pode ser substituída por fiança bancária ou por seguro garantia judicial, em valor não inferior ao do débito constante da inicial, acrescido de trinta por cento.

I. Modificação da penhora por iniciativa de qualquer das partes

O CPC/2015, art. 848, corresponde ao CPC/1973, art. 656, sem inovações relevantes. O dispositivo traz as hipóteses em que qualquer das partes pode requerer a substituição dos bens penhorados. Note-se que, ao contrário do CPC/2015, art. 847, esse dispositivo não estabelece prazo para a formulação do pedido de modificação, sendo forçoso concluir que podem as partes requerer a substituição da penhora a qualquer tempo, desde que antes da concretização da expropriação do bem originalmente penhorado e/ou da extinção da execução.

II. Hipóteses de cabimento do pedido de modificação

A modificação aqui referida deve-se, basicamente, a algum defeito na penhora originária, ou à frustração prática da medida (penhora e/ou tentativa de expropriação do bem). Assim é que cabe o pedido de substituição quando a penhora for defeituosa, incidindo sobre bem a princípio descabido, situação essa descrita nos incisos I a IV: não obedecer à ordem legal (CPC/2015, art. 835); não incidir sobre os bens designados em lei, contrato (*v.g.*, bem hipotecado) ou ato judicial para o pagamento; havendo bens no foro da execução, outros tiverem sido penhorados; ou havendo bens livres, ela tiver recaído sobre bens já penhorados ou objeto de gravame (*v.g.*, arresto ou hipoteca). Também cabe o pedido de substituição da penhora com base nos incisos V ou VI, que trazem situações de frustração (efetiva ou provável) da expropriação: quando a penhora incidir sobre bens de baixa liquidez ou quando fracassar a tentativa de alienação judicial do bem. Finalmente, o inciso VII permite a alteração da penhora como forma de sanção ao executado por infração aos seus deveres de informar o valor dos bens e de apresentar qualquer das demais indicações previstas em lei.

III. Penhora de dinheiro passa a ser mais do que preferencial, tornando-se absoluta

A penhora de dinheiro sempre foi prioritária, já que esse bem sempre veio, em todos os Códigos de Processo Civil federais brasileiros (CPC/1939, art. 930, inciso I; CPC/1973, art. 655, inciso I; CPC/2015, art. 835, inciso I), em primeiro lugar na lista preferencial de bens penhoráveis. Com o novel Diploma, a penhora de dinheiro passou a ser mais do que meramente preferencial, tornando-se inteiramente *absoluta*, tal como expressamente previsto no CPC/2015, art. 835, inciso I e § 1º, dispositivos que claramente deixam, sem efeito, a Súmula nº 417 do STJ.

IV. Substituição da penhora de qualquer bem por fiança bancária ou seguro garantia judicial

Havendo dinheiro, não cabe a penhora de qualquer outro bem. Excepcionalmente, admite-se a substituição do dinheiro por fiança bancária ou seguro garantia judicial, desde que em valor não inferior ao do débito constante da inicial, acrescido de 30% (trinta por cento), conforme a regra do CPC/2015, art. 835, § 2º. Somente quando não for localizado dinheiro e inexistir fiança ou seguro garantia judicial é que deve se buscar a penhora dos bens dos demais incisos do CPC/2015, art. 835. Caso seja constrito um desses demais bens, torna-se possível a aplicação da regra do CPC/2015, art. 848, parágrafo único: pode o executado requerer a substituição da penhora por fiança bancária ou seguro garantia judicial, em valor não inferior ao do débito constante da inicial, acrescido de 30% (trinta por cento).

V. Considerações sobre a exigência de acréscimo de 30% (trinta por cento) para fiança ou seguro

A nosso ver, viola a proporcionalidade (sendo, assim, inconstitucional) a exigência de acréscimo de 30% (trinta por cento) caso se trate de fiança bancária ou de seguro garantia judicial, constante do CPC/2015, arts. 835, § 2º, e 848, parágrafo único. Não há razão para que todos os demais bens (*v.g.*, veículo, algum bem móvel ou um imóvel) de valor equivalente ao da execução sirvam para penhora, mas que a fiança bancária e o seguro garantia judicial sejam considerados como "menos idôneos" do que todos os demais bens, servindo para a constrição judicial somente se acrescidos de 30%.

VI. Julgados

Substituição cabível somente se houver, ao mesmo tempo, vantagem para o executado e ausência de prejuízo ao exequente

"[...] 1. - A preterição da ordem estabelecida no artigo 655 do Código de Processo Civil só pode ser admitida quando comprovada não somente a manifesta vantagem para o executado, mas também a ausência de prejuízo para o exequente. [...]" (STJ, 3ª T., REsp nº 1.168.543/RJ, Rel. Min. Sidnei Beneti, j. em 5/3/2013, DJe de 13/3/2013).

Inexistência de direito subjetivo de substituição da penhora de dinheiro por fiança bancária

"1. Não é adequada a pretendida substituição da penhora de dinheiro por fiança bancária, pois implicaria retrocesso ao feito executivo, visto que a penhora de dinheiro é mais conveniente à célere satisfação da execução. 2. Outrossim, 'A despeito da nova redação do art. 656, § 2º, do Código de Processo Civil, a substituição da garantia em dinheiro por outro bem ou carta de fiança somente deve ser admitida em hipóteses excepcionais e desde que não ocasione prejuízo ao exequente, sem que isso enseje afronta ao princípio da menor onerosidade da execução para o devedor' (REsp 1.090.864/RS, Rel. Min. Massami Uyeda, Terceira Turma, julgado em 10/5/2011, DJe 1º/7/2011)" (STJ, 4ª T., AgRg no AREsp nº 610.844/RJ, Rel. Min. Luis Felipe Salomão, j. em 16/12/2014, DJe de 19/12/2014).

Art. 849 - Sempre que ocorrer a substituição dos bens inicialmente penhorados, será lavrado novo termo.

I. Lavratura de novo termo de penhora

O CPC/2015, art. 849, exige que seja lavrado novo termo de penhora sempre que ocorrer a substituição dos bens inicialmente penhorados. Trata-se de regra não apenas lógica – havendo atualização da penhora, sua documentação deve ser igualmente atualizada – quanto, principalmente, jurídica: a penhora se concretiza, no plano processual, com a lavratura de auto ou termo de penhora. Somente a partir desse momento é que existe penhora e, assim, começam a se produzir os efeitos materiais e processuais da penhora (*v.g.*, direito de preferência). Para que esses efeitos possam se produzir em relação aos novos bens penhorados, é essencial a correta documentação da novel constrição.

Art. 850 - Será admitida a redução ou a ampliação da penhora, bem como sua transferência para outros bens, se, no curso do processo, o valor de mercado dos bens penhorados sofrer alteração significativa.

I. Redução, ampliação ou transferência da penhora, em caso de alteração significativa do valor do bem constrito

O CPC/2015, art. 850, corresponde ao CPC/1973, art. 685, com significativas alterações redacionais. Enquanto o anterior dispositivo referia-se somente à redução e à ampliação da penhora, o novo artigo mantém a possibilidade de redução e ampliação, como passa a permitir, ainda, a transferência da penhora para outros bens, ainda que, a rigor, o valor do bem constrito estivesse compatível com o do crédito atualizado. Em suma, qualquer das partes pode requerer – bem como pode o juiz suscitar a questão *ex officio*, levando-a para contraditório pelas partes (CPC/2015, art. 10) – a redução, a ampliação ou a transferência da penhora para outros bens se, no curso do processo, o valor de mercado dos bens constritos sofrer alteração significativa. O novo dispositivo tampouco estabelece prazo para a ampliação ou redução da penhora, levando à conclusão no sentido de que a transferência da penhora pode operar-se a qualquer tempo, desde que antes da concretização da expropriação do bem originalmente penhorado ou da extinção da execução.

Art. 851 - Não se procede à segunda penhora, salvo se:
I - a primeira for anulada;
II - executados os bens, o produto da alienação não bastar para o pagamento do exequente;
III - o exequente desistir da primeira penhora, por serem litigiosos os bens ou por estarem submetidos a constrição judicial.

I. Excepcionalidade da segunda penhora

O CPC/2015, art. 851, corresponde ao CPC/1973, art. 667, com alterações redacionais insignificantes. Realizada a primeira penhora, a regra geral é a de que a constrição se mantenha e os bens constritos sejam expropriados. Somente de forma excepcional é que se permite a modificação dos bens penhorados (CPC/2015, arts. 847 a 850). Ao lado da possibilidade de modificação da penhora, cabe a realização de segunda penhora somente se presentes os estritos pressupostos dos incisos do CPC/2015, art. 851: se a primeira penhora for anulada; se, executados os bens, o produto da alienação não bastar para o pagamento do exequente; ou se o exequente desistir da primeira penhora, por serem litigiosos os bens ou por estarem submetidos a constrição judicial.

Art. 852 - O juiz determinará a alienação antecipada dos bens penhorados quando:
I - se tratar de veículos automotores, de pedras e metais preciosos e de outros bens móveis sujeitos à depreciação ou à deterioração;
II - houver manifesta vantagem.

I. Alienação antecipada dos bens penhorados

O CPC/2015, art. 852, corresponde ao CPC/1973, art. 670, com alteração redacional irrelevante no inciso I. O novel diploma mantém erro topológico cometido pelo anterior Código, uma vez que faria mais sentido que a regulamentação da alienação antecipada dos bens penhorados viesse prevista na Seção que regula a expropriação de bens (CPC/2015, arts. 876 e ss.), em vez de vir deslocada dentre as regras referentes ao procedimento da penhora.

II. Excepcionalidade da alienação antecipada dos bens penhorados

A alienação antecipada dos bens penhorados é medida que deve ser adotada em caráter excepcional, uma vez que expropria os bens do executado antes do tempo originalmente adequado.

III. Legitimidade (iniciativa) para requerimento de alienação antecipada

O CPC/2015, art. 852, é omisso sobre a legitimidade para o requerimento de alienação antecipada. Como a lei não traz qualquer restrição no que tange à iniciativa, deve-se admitir que tanto o executado quanto o exequente possam requerer, ao juízo, a alienação antecipada do bem penhorado. Também deve ser admitida a iniciativa *ex officio* do juiz nesse sentido, conjugando-a com o imperativo do CPC/2015, art. 10, que exige que o juiz submeta, ao contraditório pelas partes, todo ponto que ele vier a levantar de ofício.

IV. Pressupostos alternativos de cabimento da alienação antecipada

O CPC/2015, art. 852, apresenta os pressupostos *alternativos* de cabimento da expropriação antecipada, todos eles destinados a evitar que o executado sofra prejuízo com a perda de valor dos bens constritos, caso a expropriação viesse a ser realizada em momento posterior (ainda que o originalmente adequado). A medida, ainda que excepcional, acaba sendo economicamente benéfica ao executado, desde que presente algum de seus pressupostos: quando se tratar de veículos automotores, de pedras e metais preciosos e de outros bens móveis sujeitos à depreciação ou à deterioração; ou se houver manifesta vantagem. Caso não esteja presente qualquer das situações descritas nos incisos, não há cabimento para a alienação antecipada do bem penhorado.

V. Ônus da comprovação da presença dos pressupostos

Segundo a regra geral do ônus da prova de qualquer alegação – o ônus compete a quem alega – cabe à parte que requerer a alienação antecipada o ônus de comprovar a presença de seus pressupostos de cabimento.

VI. Contraditório sobre o pedido de alienação antecipada

Importante conjugar, ainda, o CPC/2015, art. 852, com o CPC/2015, art. 853, que traz a obrigatoriedade de contraditório às demais partes, no prazo de 3 (três) dias, no caso de alienação antecipada de bem penhorado.

VII. Julgados

Ônus da prova sobre o preenchimento dos pressupostos

"1. É ônus processual do requerente da alienação antecipada do art. 670 do CPC [1973] comprovar a presença dos requisitos para sua implementação. [...]" (STJ, 4ª T., AgRg no AREsp nº 345.266/MG, Rel. Min. Maria Isabel Gallotti, j. em 19/8/2004, DJe de 4/9/2014).

Art. 853 - Quando uma das partes requerer alguma das medidas previstas nesta Subseção, o juiz ouvirá sempre a outra, no prazo de 3 (três) dias, antes de decidir.
Parágrafo único - O juiz decidirá de plano qualquer questão suscitada.

I. Contraditório sobre a modificação (*lato sensu*) da penhora e a alienação de bem penhorado

O CPC/2015, art. 853, corresponde à conjugação de regras que vinham no CPC/1973, arts. 657 e 670, parágrafo único. O referido dispositivo trata do contraditório à outra parte sempre que houver qualquer pedido de modificação (*lato sensu*) da penhora, seja a que título for (alteração, substituição, ampliação, redução, segunda penhora, etc.), bem como no caso de pedido de alienação antecipada de bem penhorado. Em qualquer dessas hipóteses, elencadas nos arts. 847 a 852, devem os demais sujeitos processuais ser ouvidos no prazo de 3 (três) dias, prazo esse que pode, excepcionalmente, ser ampliado pelo juiz (CPC/2015, art. 139, inciso VI). Importante observar que o parágrafo único diz que cabe ao juiz decidir, *de plano*, qualquer questão suscitada. Não se deve interpretar a expressão *de plano* como uma exigência de decisão *inaudita altera parte*. O CPC/2015, art. 10, é claro e taxativo no sentido da necessidade absoluta de contraditório, inclusive quando se tratar de ponto que o juiz possa conhecer *ex officio*. Assim, qualquer questão deve ser decidida pelo juiz, o mais rapidamente possível (*de plano*), sendo essencial, porém, a observância do contraditório (CPC/2015, arts. 7º, 9º e 10 c.c. art. 853, parágrafo único).

Subseção V - Da Penhora de Dinheiro em Depósito ou em Aplicação Financeira

Art. 854 - Para possibilitar a penhora de dinheiro em depósito ou em aplicação financeira, o juiz, a requerimento do exequente, sem dar ciência prévia do ato ao executado, determinará às instituições financeiras, por meio de sistema eletrônico gerido pela autoridade supervisora do sistema financeiro nacional, que torne indisponíveis ativos financeiros existentes em nome do executado, limitando-se a indisponibilidade ao valor indicado na execução.
§ 1º - No prazo de 24 (vinte e quatro) horas a contar da resposta, de ofício, o juiz determinará o cancelamento de eventual indisponibilidade excessiva, o que deverá ser cumprido pela instituição financeira em igual prazo.
§ 2º - Tornados indisponíveis os ativos financeiros do executado, este será intimado na pessoa de seu advogado ou, não o tendo, pessoalmente.
§ 3º - Incumbe ao executado, no prazo de 5 (cinco) dias, comprovar que:
I - as quantias tornadas indisponíveis são impenhoráveis;
II - ainda remanesce indisponibilidade excessiva de ativos financeiros.
§ 4º - Acolhida qualquer das arguições dos incisos I e II do § 3º, o juiz determinará o cancelamento de eventual indisponibilidade irregular ou excessiva, a ser cumprido pela instituição financeira em 24 (vinte e quatro) horas.
§ 5º - Rejeitada ou não apresentada a manifestação do executado, converter-se-á a indisponibilidade em penhora, sem necessidade de lavratura de termo, devendo o juiz da execução determinar à instituição financeira depositária que, no prazo de 24 (vinte e quatro) horas, transfira o montante indisponível para conta vinculada ao juízo da execução.
§ 6º - Realizado o pagamento da dívida por outro meio, o juiz determinará, imediatamente, por sistema eletrônico gerido pela autoridade supervisora do sistema financeiro nacional, a notificação da instituição financeira para que, em até 24 (vinte e quatro) horas, cancele a indisponibilidade.
§ 7º - As transmissões das ordens de indisponibilidade, de seu cancelamento e de determinação de penhora previstas neste artigo far-se-ão por meio de sistema eletrônico gerido pela autoridade supervisora do sistema financeiro nacional.

§ 8º - A instituição financeira será responsável pelos prejuízos causados ao executado em decorrência da indisponibilidade de ativos financeiros em valor superior ao indicado na execução ou pelo juiz, bem como na hipótese de não cancelamento da indisponibilidade no prazo de 24 (vinte e quatro) horas, quando assim determinar o juiz.

§ 9º - Quando se tratar de execução contra partido político, o juiz, a requerimento do exequente, determinará às instituições financeiras, por meio de sistema eletrônico gerido por autoridade supervisora do sistema bancário, que tornem indisponíveis ativos financeiros somente em nome do órgão partidário que tenha contraído a dívida executada ou que tenha dado causa à violação de direito ou ao dano, ao qual cabe exclusivamente a responsabilidade pelos atos praticados, na forma da lei.

I. Bloqueio e penhora de dinheiro por meio eletrônico (penhora *on-line*)

O CPC/2015, art. 854, corresponde ao CPC/1973, art. 655-A, com inovações. A penhora *on-line* veio a ser positivada, no anterior Código, no art. 655-A, inserido pela Lei nº 11.382/2006. O novel Diploma atualizou as disposições relativas ao procedimento de penhora de dinheiro por meio eletrônico.

II. Preferência pela utilização de sistema eletrônico

O CPC/2015, art. 854, § 7º, estabelece que as transmissões das ordens de indisponibilidade, de cancelamento e de determinação de penhora de dinheiro (depositado ou aplicado) sejam realizadas por meio de sistema eletrônico, gerido pela autoridade supervisora do sistema financeiro nacional.

III. Procedimento inicial do bloqueio *on-line* de dinheiro

O *caput* do CPC/2015, art. 854, determina que, no momento adequado para a realização da penhora, deve o juiz, sem dar prévio contraditório ao exequente (para evitar a frustração da efetividade da tentativa de bloqueio), acessar o sistema eletrônico e determinar, às instituições financeiras, o bloqueio (indisponibilidade) de ativos financeiros existentes em nome do executado, até o limite máximo do valor atualizado do crédito em execução. O § 1º do referido dispositivo exige que o juiz, *ex officio*, analise o extrato de resposta e, no prazo de 24 (vinte e quatro) horas, determine o cancelamento de eventual indisponibilidade excessiva, devendo a instituição financeira efetuar o desbloqueio do excesso em igual prazo. Já de acordo com o § 2º, uma vez atendida essa providência inicial, deve o executado ser intimado (na pessoa de seu advogado ou, não o tendo, pessoalmente) sobre a indisponibilidade de ativos. Ainda que o § 2º determine a intimação somente do executado, é evidente que o exequente também deve ser comunicado sobre o resultado da tentativa de bloqueio *on-line*. A intimação, portanto, deve dirigir-se tanto ao exequente quanto ao executado, e não apenas a este.

IV. Defesa do executado em cinco dias contra o resultado do bloqueio *on-line*

O CPC/2015, art. 854, § 3º, consagra o prazo – preclusivo – de 5 (cinco) dias para contraditório, pelo executado, a respeito do bloqueio de seus ativos financeiros em depósito ou aplicação bancária. Nesse prazo, cabe ao executado, em defesa contra a indisponibilidade, alegar e comprovar as matérias indicadas nos 2 (dois) incisos do referido dispositivo: (i) que as quantias tornadas indisponíveis são impenhoráveis (*v.g.*, CPC/2015, art. 833, incisos IV, IX, X e XI); ou (ii) que ainda remanesce indisponibilidade excessiva de ativos financeiros.

V. Contraditório pelo exequente em cinco dias, a despeito do silêncio da lei

O CPC/2015, art. 854, §§ 3º e 4º, não prevê, expressamente, o contraditório pelo exequente a respeito das alegações defensivas do executado sobre o resultado do bloqueio *on-line*. A despeito do silêncio legal nesta parte relativa à penhora *on-line*, sabe-se que o contraditório é garantia constitucional (CRFB/1988, art. 5º, inciso LV) e veio, mais do que nunca, fortalecido no novel Diploma (*v.g.*, CPC/2015, arts. 7º e 9º). Por essa razão, caso o executado apresente manifestação a respeito do resultado do bloqueio *on-line* (CPC/2015, art. 854, § 3º), deve o juiz, antes de proferir a decisão do CPC/2015, art. 854, § 4º, intimar o exequente para contraditório em 5 (cinco) dias.

VI. Cancelamento de indisponibilidade irregular ou excessiva

Alegada, pelo executado, a irregularidade (*v.g.*, verba impenhorável) ou o excesso do bloqueio *on-line*, e intimado o exequente para contraditório, deve o juiz, à luz do CPC/2015, art. 854, § 4º, determinar o imediato cancelamento da indisponibilidade irregular ou excessiva, providência essa que deve ser cumprida, pela instituição financeira, no prazo de 24 (vinte e quatro) horas.

VII. Conversão do bloqueio *on-line* em penhora

O CPC/2015, art. 854, § 5º, dispõe que, não apresentada ou rejeitada eventual manifestação do executado, a indisponibilidade deve ser imediatamente convertida em penhora, sem necessidade de lavratura de termo. Essa conversão formal do bloqueio em penhora, ainda que sem lavratura de termo, é essencial para que ocorra, propriamente, a constituição da penhora, que é ato processual que gera efeitos materiais e processuais relevantes (*v.g.*, direito de preferência para recebimento, caracterização de fraude em caso de transferência indevida de bem penhorado, etc.).

VIII. Transferência do montante penhorado para conta judicial vinculada à execução

O mesmo CPC/2015, art. 854, § 5º, exige que o juiz da execução determine, também de imediato, à instituição financeira depositária, que, no prazo de 24 (vinte e quatro) horas, transfira o montante indisponível para conta vinculada ao juízo da execução. Essa transferência para conta judicial vinculada ao processo tem relevância tanto prática (*v.g.*, a conta judicial permite rendimentos, gerando automática correção monetária do valor ali depositado, evitando a indevida desvalorização histórica do montante bloqueado) quanto jurídica (essa operação gera uma substituição de depositário e, assim, a transferência de responsabilidade pelo depósito, até então da instituição financeira originalmente depositária, para a instituição que tem a função de administrar os depósitos judiciais vinculados a processos).

IX. Pagamento da dívida por outro meio e cancelamento imediato da penhora e da indisponibilidade

O CPC/2015, art. 854, § 6º, determina que, realizado o pagamento da dívida por outro meio, deve o juiz determinar, imediatamente, pelo próprio sistema eletrônico, a notificação da instituição financeira para que, em até 24 (vinte e quatro) horas, cancele a indisponibilidade. A despeito do silêncio do dispositivo, devem ser realizadas outras providências além da mera ordem de cancelamento da indisponibilidade. Se o montante já tiver sido transferido para conta judicial (CPC/2015, art. 854, § 5º), deve ser determinado seu retorno imediato à conta bancária do executado ou autorizado o levantamento da importância pelo executado. Além disso, caso a indisponibilidade tenha sido convertida em penhora (CPC/2015, art. 854, § 5º), deve ser formalmente cancelada a penhora.

X. Responsabilidade civil da instituição financeira pelos prejuízos indevidamente causados ao executado

O CPC/2015, art. 854, § 8º, consagra a responsabilidade civil da instituição financeira pelos prejuízos indevidamente causados ao executado, resultantes da indisponibilidade de ativos financeiros realizada de forma equivocada ou irregular. Em suma, a instituição financeira responde pelos prejuízos resultantes do descumprimento de seus deveres previstos no CPC/2015, art. 854, tais como, *v.g.*, o dever de, em 24 (vinte e quatro) horas contadas da comunicação do juízo, cancelar a indisponibilidade irregular ou excessiva (CPC/2015, art. 854, §§ 1º,

4º e 6º) ou de, no mesmo prazo, transferir o valor bloqueado para conta judicial vinculada ao processo (CPC/2015, art. 854, § 5º). É objetiva (independentemente da existência de culpa ou de dolo), e não subjetiva, a responsabilidade da instituição financeira pelo descumprimento de seus deveres previstos neste dispositivo. Nesses casos, cabe ao executado comprovar, apenas, os demais elementos da responsabilidade civil (nexo de causalidade e dano).

XI. Penhora *on-line* de ativos financeiros apenas do órgão partidário responsável

O CPC/2015, art. 854, § 9º, traz regra destinada a evitar confusão entre pessoas jurídicas diferentes e, por consequência, uma indevida constrição patrimonial de quem, a princípio, não tenha a responsabilidade patrimonial. De acordo com o dispositivo, quando se tratar de execução contra partido político, a ordem de bloqueio eletrônico, transmitida pelo juiz à instituição financeira, deve buscar a indisponibilidade de ativos financeiros somente em nome do órgão partidário que tenha contraído a dívida executada, ou que tenha dado causa à violação de direito ou ao dano, ao qual caiba, com exclusividade, a responsabilidade pelos atos praticados, na forma da lei.

Subseção VI - Da Penhora de Créditos

Art. 855 - Quando recair em crédito do executado, enquanto não ocorrer a hipótese prevista no art. 856, considerar-se-á feita a penhora pela intimação:
I - ao terceiro devedor para que não pague ao executado, seu credor.
II - ao executado, credor do terceiro, para que não pratique ato de disposição do crédito.

Autora: Ana Carolina Aguiar Beneti

I. Mesma sistemática

O artigo traz o *mesmo texto do CPC/1973, art. 671*, com a alteração de nomenclatura de "devedor" para "executado". Dessa forma, a penhora de créditos do executado mantém a mesma sistemática já prevista na legislação anterior.

Foram introduzidas pequenas alterações na redação do dispositivo visando adequar nomenclatura (ex.: "credor do terceiro" para "executado").

II. A penhora de créditos – Modalidade especial de penhora

Trata-se de modalidade especial de penhora, estabelecida para determinados casos tendo em vista as peculiaridades do tipo de bens e direitos penhoráveis. Nesse caso, o dispositivo se faz importante em razão do envolvimento de terceiro estranho à execução.

O entendimento dominante sobre a possibilidade de penhora de crédito de terceiros (*debitor debitoris*) é o de que a penhora exige a presença de dois requisitos, sendo eles: (i) o valor econômico e (ii) a possibilidade de cessão, mas esses requisitos, situados no âmbito do direito material, não vieram a ser especificamente disciplinados pelo CPC/2015.

O artigo regulamenta a forma de penhora de créditos do executado. O dispositivo aplica-se a todos os tipos de crédito, ainda que não vencidos, desde que não ocorram as hipóteses previstas no CPC/2015, art. 856, ou seja, de penhora de crédito "representado por letra de câmbio, nota promissória, duplicata, cheque ou outros títulos". Nessas hipóteses, a penhora é efetivada mediante a apreensão e depósito do documento representativo do crédito.

III. Efetivação da penhora

A penhora de créditos perfaz-se (i) com a intimação do terceiro devedor do executado (*debitor debitoris*) para que não realize o pagamento ao executado (CPC/2015, art. 855, inciso I), e (ii) com a intimação do executado para que não pratique atos de disposição do crédito (CPC/2015, art. 855, inciso II). Quando a penhora é feita em crédito do executado junto a terceiro, só após a intimação deste se considera feita a penhora (RT 557/129).

Com a intimação prevista no inciso I, o terceiro torna-se o depositário judicial da quantia devida e objeto de execução. Ainda: praticando atos de disposição do crédito após a intimação prevista no inciso II, haverá a configuração de fraude à execução.

A lei é silente sobre o assunto, mas a doutrina entende que o termo inicial da eficácia da penhora tem início com a intimação do terceiro, prevista no CPC/2015, art. 855, inciso II, uma vez que só assim fica o terceiro proibido de cumprir sua obrigação para com o executado na execução.

A individualização do crédito é feita por meio de dados gerais e essenciais, que permitam a sua identificação, por exemplo, a indicação do montante, qualificação do *debitor debitoris*, menção ao objeto do crédito e data de vencimento.

A dupla intimação é, entretanto, considerada temporária até que o terceiro devedor do executado deposite o valor em juízo, momento em que se lavrará auto de penhora, na forma estabelecida no CPC/2015, art. 856, § 2º ("O terceiro só se exonerará da obrigação depositando em juízo a importância da dívida"), aplicável ao CPC/2015, art. 855, de forma subsidiária.

O terceiro tem a via dos embargos de terceiro para se opor à penhora do crédito.

Art. 856 - A penhora de crédito representado por letra de câmbio, nota promissória, duplicata, cheque ou outros títulos far-se-á pela apreensão do documento, esteja ou não este em poder do executado.
§ 1º - Se o título não for apreendido, mas o terceiro confessar a dívida, será este tido como depositário da importância.
§ 2º - O terceiro só se exonerará da obrigação depositando em juízo a importância da dívida.
§ 3º - Se o terceiro negar o débito em conluio com o executado, a quitação que este lhe der caracterizará fraude à execução.
§ 4º - A requerimento do exequente, o juiz determinará o comparecimento, em audiência especialmente designada, do executado e do terceiro, a fim de lhes tomar os depoimentos.

I. Mesma sistemática

O artigo traz o *mesmo texto do CPC/1973, art. 672*, com a alteração de nomenclatura de "devedor" para "executado".

II. A penhora de créditos representados por títulos

Trata-se, tal qual o CPC/2015, art. 855, de modalidade especial de penhora, estabelecida para determinados casos tendo em vista as peculiaridades do tipo de bens e direitos penhoráveis.

Mas o dispositivo possui especial importância em razão do atingimento de terceiro estranho à execução e é, ainda, mais específico pois trata de penhora representada por título de crédito ("letra de câmbio, nota promissória, duplicata, cheque ou outros títulos").

III. Efetivação da penhora

Nesses casos tratados pelo CPC/2015, art. 856, a efetivação da penhora perfaz-se preferencialmente com a efetiva apreensão do título, estando ele ou não em poder do executado, conforme tratado no *caput* do referido artigo.

Na forma estabelecida no § 1º, no caso de não apreensão do título, mas de confissão de dívida por parte do terceiro, este será considerado, para todos os fins, o depositário da importância representada pelo título, sendo que ele somente se exonerará da obrigação realizando o depósito, em juízo, da quantia (§ 2º).

No caso de silêncio por parte do terceiro com relação à existência da dívida, prevalece o entendimento de que se trata de confissão tácita, presumindo-se a existência do crédito por parte do terceiro.

O § 3º estabelece a hipótese e a consequência para a tentativa de fraude, com a negativa do débito por parte do terceiro devedor, em conluio com o executado. Nesses casos, a quitação que o terceiro eventualmente conceder ao executado caracterizará fraude à execução e é ineficaz perante exequente.

Nesse ponto e em sendo considerado ineficaz o pagamento, o terceiro será obrigado a pagar novamente, preservado seu direito de regresso (CPC/2015, arts. 855 e 856, § 3º, e CC, art. 312).

De acordo com o § 4º, do CPC/2015, art. 856, nos casos de penhora de créditos fundada em títulos, pode o exequente requerer que o juiz determine o comparecimento do executado e do terceiro para, em audiência especialmente designada, tomar depoimentos a fim de esclarecer e definir a situação do crédito, em verdadeiro incidente cognitivo no âmbito da execução (CC, art. 212, inciso III). Outros meios de prova, que não a prova oral, são também admitidos para a demonstração da existência do crédito no caso de suspeita de fraude ou qualquer hipótese de negativa do crédito por parte do terceiro.

O terceiro tem a via dos embargos de terceiro para se opor à penhora do crédito.

Art. 857 - Feita a penhora em direito e ação do executado, e não tendo ele oferecido embargos ou sendo estes rejeitados, o exequente ficará sub-rogado nos direitos do executado até a concorrência de seu crédito.

§ 1º - O exequente pode preferir, em vez da sub-rogação, a alienação judicial do direito penhorado, caso em que declarará sua vontade no prazo de 10 (dez) dias contado da realização da penhora.

§ 2º - A sub-rogação não impede o sub-rogado, se não receber o crédito do executado, de prosseguir na execução, nos mesmos autos, penhorando outros bens.

I. Mesma sistemática

O artigo traz o *mesmo texto do CPC/1973, art. 673*, com a alteração de nomenclatura de "devedor" para "executado". A penhora em direito e ação, portanto, mantém a mesma sistemática já prevista na legislação anterior.

II. Penhora em direito e ação

No caso de penhora em direito e ação do executado e no caso de ele ter oferecido embargos, ou tendo sido eles rejeitados, o exequente sub-roga-se nos direitos do executado até a concorrência do crédito objeto de execução (CC, arts. 346 a 351).

Em havendo a sub-rogação, o exequente poderá promover as medidas judiciais necessárias para o recebimento do crédito, no lugar do executado.

Entretanto, o exequente, com base no CPC/2015, art. 857, § 1º, pode optar pela alienação judicial do direito penhorado, devendo declarar sua vontade no prazo de 10 dias, contado da realização da penhora. Havendo a opção por parte do exequente pela alienação, passa-se à avaliação, adequando-se a penhora, e os demais ritos, para a alienação judicial.

A opção de alienar o direito de crédito é do exequente, "inexistindo interesse do devedor em contestar referida escolha, pois eventual prejuízo na apuração do crédito atingirá somente o direito material do credor, não interferindo na esfera de direitos do devedor" (STJ, 2ª T., REsp nº 1.153.126-AgRg, Rel. Min. Castro Meira, j. em 6/5/2010, DJ de 17/5/2010).

De qualquer forma, é garantido ao exequente, caso não consiga apurar o suficiente para saldar seu crédito por meio de sub-rogação, a continuação da execução nos mesmos autos com a penhora de outros bens do executado (caso de sub-rogação insuficiente), na forma estabelecida no CPC/2015, art. 857, § 2º. Isso demonstra o caráter *pro solvendo* da transferência do crédito ao exequente.

Resta claro, também, que a sub-rogação tratada no dispositivo tem seu limite no valor do crédito executado, sendo que o exequente deve prestar contas de tudo o que recebeu do terceiro devedor.

Ainda, recaindo mais de uma penhora sobre o mesmo crédito, o titular da primeira penhora tem preferência sobre a sub-rogação.

É possível a penhora de quotas sociais do executado, mas há, nesse caso, a necessidade de avaliação, praça e arrematação, não sendo autorizada a sub-rogação do credor dos direitos na sociedade.

Art. 858 - Quando a penhora recair sobre dívidas de dinheiro a juros, de direito a rendas ou de prestações periódicas, o exequente poderá levantar os juros, os rendimentos ou as prestações à medida que forem sendo depositados, abatendo-se do crédito as importâncias recebidas, conforme as regras de imputação do pagamento.

I. Mesma sistemática

O artigo traz o *mesmo texto do CPC/1973, art. 675*, com a alteração de nomenclatura de "devedor" para "executado".

II. Penhora sobre dívidas de dinheiro a juros, de direito a rendas ou de prestações periódicas

Trata-se de permissão para que a penhora recaia sobre créditos vincendos exigíveis em prestações ou sujeitos a juros periódicos. Nesses casos, o terceiro devedor (*debitor debitoris*) fica obrigado ao depósito em juízo dos valores (juros, rendas ou prestações) à medida que vencerem e nas datas de vencimento. Esse tipo de penhora é interessante para o exequente, uma vez que são parcelas já em dinheiro.

A penhora consuma-se com as intimações previstas no CPC/2015, art. 855, determinando-se ao terceiro devedor a não realização do pagamento dos valores ao executado.

Os valores depositados poderão ser levantados pelo exequente periodicamente, com o abatimento parcelado do crédito objeto de execução (CPC/2015, art. 520, inciso IV, quando for o caso, e CC, arts. 352 e 355).

Cabe agravo de instrumento da decisão que defere o levantamento.

A jurisprudência, entretanto, veda a penhora indiscriminada e, em se tratando de valores que podem afetar o capital de giro da empresa, estabelece cautelas (CPC/2015, arts. 862 e 866). Nesse sentido, a orientação é a de que "há de se atentar para certos requisitos, tais como a nomeação de administrador e o limite da penhora em percentual que permita à empresa a continuidade de suas atividades" (STJ, 4ª T., AgRg no REsp nº 1.184.025/RS, Rel. Min. João Otávio de Noronha, j. em 10/5/2011, DJe de 19/5/2011).

Art. 859 - Recaindo a penhora sobre direito a prestação ou a restituição de coisa determinada, o executado será intimado para, no vencimento, depositá-la, correndo sobre ela a execução.

I. Mesma sistemática

O artigo traz o *mesmo texto do CPC/1973, art. 676*, com a alteração de nomenclatura de "devedor" para "executado" e uma revisão de texto, mantendo-se, portanto, a mesma sistemática da legislação anterior.

II. Penhora sobre direito a prestação ou a restituição de coisa determinada

O objeto da penhora, nesse caso, é coisa corpórea e determinada. Nesse sentido, entende-se que a coisa deve ser identificada por seus sinais característicos e que a discriminem e individualizem diante de outras coisas semelhantes ou do mesmo tipo.

A penhora sobre direito a prestação ou a restituição de coisa certa faz-se por meio de intimação do executado para depositar o objeto da prestação ou coisa restituída quando venha ele a recebê-las. O dispositivo trata da entrega na data do vencimento, mas essa entrega pode ser fisicamente impossível naquele momento. Além disso, a intimação para a entrega deve ser feita ao detentor da coisa, ou seja, o *debitor debitoris*, terceiro devedor que se libera da obrigação mediante o depósito da coisa em juízo.

O prazo para embargos começa a correr a partir da intimação da penhora e nunca da entrega da coisa (CPC/2015, arts. 915 e 231).

Após o cumprimento da determinação, a execução deve ter andamento com a lavratura do auto de penhora da coisa e, em seguida, os demais atos tendentes à expropriação, com a futura satisfação do exequente.

Art. 860 - Quando o direito estiver sendo pleiteado em juízo, a penhora que recair sobre ele será averbada, com destaque, nos autos pertinentes ao direito e na ação correspondente à penhora, a fim de que esta seja efetivada nos bens que forem adjudicados ou que vierem a caber ao executado.

I. Mesma sistemática

O artigo traz o *mesmo texto do CPC/1973, art. 674*, com a alteração de nomenclatura de "devedor" para "executado", uma revisão de texto que facilita a compreensão da abrangência do artigo e a eliminação da expressão "no rosto dos autos" utilizada pela praxe forense. A penhora sobre direito que estiver sendo pleiteado em juízo, de qualquer forma, mantém a mesma sistemática já prevista na legislação anterior.

II. Penhora sobre direito pleiteado em juízo

Trata-se de caso de penhora sobre direito pleiteado em outra ação em curso proposta pelo executado contra terceiro (ou quota de herança em inventário ou partilha) (STJ, REsp º 2709, Rel. Min. Eduardo Ribeiro, j. em 2/10/1990, DJU de 19/11/1990).

O objeto da penhora é, nesse caso, o direito litigioso (incerto e demarcado temporariamente pela litispendência), não sendo o direito material e nem a ação processual.

A sub-rogação (bens que forem adjudicados ou vierem a caber ao executado) ocorre no trânsito em julgado da sentença da ação de mérito, na qual foi realizada a penhora.

Nesse caso, a penhora deve ser averbada, com destaque, nos autos relacionados ao direito pleiteado e, também, nos autos da execução atinentes à penhora. Assim, a penhora será efetivada nos bens que forem adjudicados ou que vierem a caber ao executado.

A penhora é efetivada, normalmente, por oficial de justiça que intima o escrivão ou o chefe da secretaria do ofício, pelo qual tem andamento o caso, para a exibição dos autos do processo e a lavratura do auto de penhora. Não há necessidade de interferência do juízo da outra ação para a efetivação da penhora. Com o trâmite eletrônico do processo, o procedimento deve passar a ser feito de forma eletrônica, por meio de certidão nos autos e com o devido destaque.

A penhora nos autos relacionados ao direito constitui a denominada "penhora no rosto dos autos", expressão essa que foi eliminada do artigo, mas que deve continuar a ser utilizada dado o seu amplo e conhecido uso na praxe forense. Os efeitos da penhora começam a fluir com a averbação do ato "no rosto dos autos", ou na expressão "com destaque nos autos".

Após a penhora, ao exequente são possíveis três caminhos: a) o aguardo do final da demanda, com vistas à sub-rogação real e expropriação sobre possíveis bens; b) alienação do direito litigioso (CPC/2015, art. 857) ou c) sub-rogação também tratada no CPC/2015, art. 857 (e CPC/2015, art. 109, CPC/1973, art. 42), com substituição do executado no polo que ocupar na relação processual. Tais opções somente se mostrarão possíveis inexistindo embargos ou sendo eles julgados improcedentes.

Subseção VII - Da Penhora das Quotas ou das Ações de Sociedades Personificadas

Art. 861 - Penhoradas as quotas ou as ações de sócio em sociedade simples ou empresária, o juiz assinará prazo razoável, não superior a 3 (três) meses, para que a sociedade:

I - apresente balanço especial, na forma da lei;

II - ofereça as quotas ou as ações aos demais sócios, observado o direito de preferência legal ou contratual;

III - não havendo interesse dos sócios na aquisição das ações, proceda à liquidação das quotas ou das ações, depositando em juízo o valor apurado, em dinheiro.

§ 1º - Para evitar a liquidação das quotas ou das ações, a sociedade poderá adquiri-las sem redução do capital social e com utilização de reservas, para manutenção em tesouraria.

§ 2º - O disposto no caput e no § 1º não se aplica à sociedade anônima de capital aberto, cujas ações serão adjudicadas ao exequente ou alienadas em bolsa de valores, conforme o caso.

§ 3º - Para os fins da liquidação de que trata o inciso III do caput, o juiz poderá, a requerimento do exequente ou da sociedade, nomear administrador, que deverá submeter à aprovação judicial a forma de liquidação.

§ 4º - O prazo previsto no caput poderá ser ampliado pelo juiz, se o pagamento das quotas ou das ações liquidadas:
I - superar o valor do saldo de lucros ou reservas, exceto a legal, e sem diminuição do capital social, ou por doação; ou
II - colocar em risco a estabilidade financeira da sociedade simples ou empresária.
§ 5º - Caso não haja interesse dos demais sócios no exercício de direito de preferência, não ocorra a aquisição das quotas ou das ações pela sociedade e a liquidação do inciso III do caput seja excessivamente onerosa para a sociedade, o juiz poderá determinar o leilão judicial das quotas ou das ações.

I. Sem correspondência no CPC/1973

Trata-se de novo dispositivo no CPC/2015. Não há, efetivamente, correspondência no CPC/1973 para o processamento da penhora de quotas ou das ações de sócio em sociedade simples ou empresária.

II. Da penhora das quotas ou das ações de sociedades personificadas

A possibilidade de penhora de ações de sociedades empresárias já estava presente no CPC/1973, art. 655 (atual CPC/2015, art. 835), quando estabelecia a ordem de preferência da penhora. A expressa menção à penhora de ações e quotas de sociedades empresárias foi incluída por meio das reformas ocorridas em 2006. O CPC/2015, art. 861, encontra-se em consonância com o CC, art. 1.026, que determina a possibilidade de o credor particular de sócio fazer recair a execução sobre o que lhe couber nos lucros da sociedade ou na parte que lhe tocar em liquidação (CC/2015, art. 1.026).

O CPC/2015, art. 861, inova, entretanto, quando traz as regras procedimentais específicas para a efetivação desse tipo de penhora. O procedimento busca claramente prestigiar a *affectio societatis*, garantindo o direito de preferência dos sócios na alienação das quotas, além do princípio da preservação da empresa.

De acordo com o *caput* do artigo, após realizada a penhora das quotas ou das ações de sócio em sociedade simples ou empresária, o juiz determinará prazo razoável, mas não superior a 3 (três) meses para que a sociedade, na figura de seu representante legal: (i) apresente balanço especial, na forma da lei (CPC/2015, art. 861, inciso I); (ii) ofereça as quotas ou as ações aos demais sócios, observando-se o direito de preferência (CPC/2015, art. 861, inciso II); e (iii) em não havendo interesse dos sócios, proceda à liquidação das quotas ou das ações. Após a venda, o valor dela decorrente deverá ser depositado em dinheiro (CPC/2015, art. 861, inciso III).

O § 1º do CPC/2015, art. 861, permite que a própria sociedade venha a adquirir as quotas ou ações, com a manutenção em tesouraria e sem a necessidade de diminuição do capital social. O intuito do dispositivo é, com isso, a proteção da empresa e a manutenção da *affectio societatis*. Nesse sentido:

"É possível a penhora de cotas de sociedade limitada, porquanto prevalece o princípio de ordem pública segundo o qual o devedor responde por suas dívidas com todos os seus bens presentes e futuros, não sendo, por isso mesmo, de se acolher a oponibilidade da *affectio societatis*. É que, ainda que o estatuto social proíba ou restrinja a entrada de sócios estranhos ao ajuste originário, é de se facultar à sociedade (pessoa jurídica) remir a execução ou o bem, ou ainda, assegurar a ela e aos demais sócios o direito de preferência na aquisição a tanto por tanto" (STJ, 6ª T., RT nº 781/197).

O mesmo não se aplica às sociedades anônimas de capital aberto, nas quais não se cogita da *affectio societatis* e, portanto, não há impedimento a ações que sejam penhoradas e adjudicadas ao exequente ou alienadas em bolsa de valores, tal qual dispõe o CPC/2015, art. 861, § 2º.

Nos casos em que não há interesse dos sócios na aquisição das ações, procede-se à liquidação das quotas ou das ações na forma do CPC/2015, art. 861, *caput*, inciso III. Nesses casos, o juiz poderá, conforme estabelece o CPC/2015, art. 861, § 3º, a requerimento do exequente ou da sociedade, nomear administrador, que ficará responsável por submeter a forma de liquidação à aprovação judicial. A ele podem ser aplicadas, de forma analógica, as regras vigentes para o administrador judicial nos casos de falência e recuperação judicial (Lei de Falências, arts. 21 a 34).

O artigo também estabelece, em evidente hipótese de flexibilização procedimental, a possibilidade de ampliação do prazo de três meses para que a sociedade realize os atos indicados no *caput*, no caso de o pagamento das quotas ou das ações liquidadas: (i) superar o valor do saldo de lucros e reservas, exceto a legal, sem diminuição do capital social ou por doação; ou (ii) colocar em risco a estabilidade financeira da sociedade simples ou empresária.

Para a flexibilização do prazo, o juiz deve ter em consideração, além do princípio da fundamentação das decisões: (i) a efetividade do processo; (ii) as garantias processuais, como a ampla defesa e o contraditório; e (iii) a preservação da empresa e a *affectio societatis*.

Por fim, o § 5º do artigo determina a possibilidade de o juiz determinar o leilão judicial das quotas ou ações para aquelas hipóteses em que nenhuma das outras formas de expropriação com menor impacto na companhia. Assim, se não houver interesse dos demais sócios no exercício de direito de preferência, não ocorrer a aquisição das quotas ou das ações pela sociedade e a liquidação do inciso III do *caput* for excessivamente onerosa para a sociedade, o juiz terá a opção de determinar o leilão judicial.

A medida facultada por meio do CPC/2015, art. 861, § 5º, deve, entretanto, ser vista como a última solução uma vez que terceiros, estranhos à sociedade, teriam a possibilidade de fazer parte dela por meio da aquisição de quotas em leilão. A providência, entretanto, enseja críticas tendo em vista as dificuldades de inclusão de sócios em sociedades nas quais o objeto social depende dos atributos dos sócios ou nos casos de vedação contratual à admissão de novo sócio em razão da oposição dos demais.

A sociedade poderá se opor à penhora por meio de embargos de terceiro.

Subseção VIII - Da Penhora de Empresa, de Outros Estabelecimentos e de Semoventes

Art. 862 - Quando a penhora recair em estabelecimento comercial, industrial ou agrícola, bem como em semoventes, plantações ou edifícios em construção, o juiz nomeará administrador-depositário, determinando-lhe que apresente em 10 (dez) dias o plano de administração.

§ 1º - Ouvidas as partes, o juiz decidirá.

§ 2º - É lícito às partes ajustar a forma de administração e escolher o depositário, hipótese em que o juiz homologará por despacho a indicação.

§ 3º - Em relação aos edifícios em construção sob regime de incorporação imobiliária, a penhora somente poderá recair sobre as unidades imobiliárias ainda não comercializadas pelo incorporador.

§ 4º - Sendo necessário afastar o incorporador da administração da incorporação, será ela exercida pela comissão de representantes dos adquirentes ou, se se tratar de construção financiada, por empresa ou profissional indicado pela instituição fornecedora dos recursos para a obra, devendo ser ouvida, neste último caso, a comissão de representantes dos adquirentes.

I. Mesma sistemática e adições

O artigo traz o *mesmo texto do CPC/1973, art. 677, §§ 1º e 2º*, com a alteração de nomenclatura de "devedor" para "executado" e "depositário" para "administrador-depositário", mantendo-se, portanto, a mesma sistemática já prevista na legislação anterior.

O CPC/2015 dispõe especificamente sobre o procedimento da penhora de edifícios em construção, inexistente no CPC/1973 e, agora, introduzida nos §§ 3º e 4º.

II. Da Penhora de estabelecimento comercial, industrial ou agrícola

O conceito de estabelecimento comercial é previsto no CC, art. 1.142. O dispositivo busca evitar que a empresa ou o estabelecimento tenha suas atividades suspensas ou corra o risco de deixar de produzir.

Apesar de a penhora de estabelecimento comercial, prevista no CPC/2015, art. 862, vir antes da penhora de faturamento (CPC/2015, art. 866) no CPC/2015, entende-se que a penhora de estabelecimento comercial deve ser medida extrema tomada após frustração dos demais tipos, tendo em vista seu caráter mais drástico. Nesse sentido, o CPC/2015, art. 835 (equivalente ao CPC/1973, art. 655), que estabelece a ordem de preferência das penhoras, indica que a penhora de percentual de faturamento de empresa deve ser precedida da penhora de "outros direitos" (CPC/2015, art. 835, incisos X e XIII), sendo que nestes está incluída a penhora de estabelecimento comercial tratada no artigo ora comentado.

O CPC/2015, art. 862, prevê a nomeação de um administrador-depositário nos casos em que a penhora venha a recair sobre estabelecimento comercial, industrial ou agrícola, bem como em semoventes, plantações ou edifícios em construção. A nomeação deve recair em pessoa estranha aos quadros sociais da devedora (Lex-JTA 169/274). Também, de acordo com o *caput*, o juiz fará a nomeação, determinando que seja apresentado um plano de administração no prazo de 10 (dez) dias, contado da nomeação. Esse prazo é considerado dilatório, podendo ser alterado (ampliado ou reduzido) pelo juiz ou por convenção das partes.

De acordo com o § 2º, as partes podem acordar sobre a forma de administração e escolher o depositário, hipótese em que o juiz homologará por despacho a indicação. Dessa decisão homologatória não cabe recurso, tendo em vista a evidente falta de interesse processual das partes.

Ao administrador-depositário, são aplicadas as regras do depositário, mas a ele podem ser aplicadas, de forma analógica e no que couber, também, as regras vigentes para o administrador judicial nos casos de falência e recuperação judicial (Lei de Falências, arts. 21 a 34).

Os bens que integram o estabelecimento são considerados de forma ampla, abrangendo todos os bens que fazem parte da atividade-fim da empresa, entre outros, o imóvel, os signos e nomes empresariais, a clientela, o direito à locação comercial, direitos de propriedade industrial, depósitos bancários, estoques, mobiliário, equipamentos etc. A penhora deve alcançar todo o ativo do estabelecimento, incluindo o direito de arrendamento do local onde o estabelecimento funciona e o direito ao trespasse (alienação).

III. Penhora de semoventes ou plantações

A penhora desses bens deve seguir as regras da penhora de empresa e de estabelecimento comercial, com a nomeação do administrador-depositário na forma prevista no *caput* do dispositivo.

IV. Penhora de edifícios em construção

A penhora de edifícios em construção, que já vinha prevista no CPC/1973, art. 677, possui, agora, disposições específicas estabelecidas no CPC/2015, art. 862, §§ 3º e 4º, que se somam à exigência de nomeação do administrador-depositário.

Assim, de acordo com o § 3º, a penhora fica limitada às unidades imobiliárias ainda não comercializadas pelo incorporador, uma vez que, evidentemente, as demais encontram-se vinculadas ao patrimônio de terceiros que as adquiriram. A propósito, veja-se as Súmulas nº 84 e nº 308 do STJ.

O § 4º prevê a possibilidade de afastamento do incorporador da administração da incorporação, devendo ela passar a ser exercida por comissão de representantes dos adquirentes ou, se se tratar de construção financiada, por empresa ou profissional indicado pela instituição fornecedora dos recursos. Em ocorrendo essa hipótese, a comissão de representantes dos adquirentes deve ser ouvida (função consultiva).

Importante lembrar que o numerário decorrente da alienação de unidades imobiliárias sob regime de incorporação, afetado à execução da obra, é inalienável, de acordo com o CPC/2015, art. 833, inciso XII.

Art. 863 - A penhora de empresa que funcione mediante concessão ou autorização far-se-á, conforme o valor do crédito, sobre a renda, sobre determinados bens ou sobre todo o patrimônio, e o juiz nomeará como depositário, de preferência, um de seus diretores.

§ 1º - Quando a penhora recair sobre a renda ou sobre determinados bens, o administrador-depositário apresentará a forma de administração e o esquema de pagamento, observando-se, quanto ao mais, o disposto em relação ao regime de penhora de frutos e rendimentos de coisa móvel e imóvel.

§ 2º - Recaindo a penhora sobre todo o patrimônio, prosseguirá a execução em seus ulteriores termos, ouvindo-se, antes da arrematação ou da adjudicação, o ente público que houver outorgado a concessão.

I. Mesma sistemática

O artigo traz o *mesmo texto do CPC/1973, art. 678*, com a alteração de nomenclatura e desmembramento do parágrafo único em dois parágrafos. Mantém-se, assim a sistemática da penhora de empresa que funcione mediante concessão ou autorização.

II. A penhora de empresa que funcione mediante concessão ou autorização

A penhora de empresa que exerça serviço público, mediante concessão ou autorização, pode recair sobre a renda, determinados bens ou todo o patrimônio, e deve ser feita conforme o valor do crédito. Nesses casos o juiz deve nomear um dos diretores da empresa, como administrador-depositário.

A ideia central do dispositivo é garantir a execução sem prejudicar o serviço público prestado pela empresa e prever uma execução mediante graus, priorizando a penhora sobre a renda, depois, sobre determinados bens (os bens penhoráveis), e, como última alternativa, a penhora sobre todo o patrimônio.

III. Penhora sobre renda ou sobre determinados bens

De acordo com o CPC/2015, art. 863, § 1º (da mesma forma que ocorria no CPC/1973, art. 678), na penhora que recaia sobre renda ou determinados bens da empresa, o administrador-depositário deverá apresentar, para homologação do juiz, a forma de administração e o esquema de pagamento. Além disso, a penhora deve observar o regime de penhora de frutos e rendimentos de coisa móvel e imóvel, na forma do CPC/2015, arts. 867 e 869.

IV. Penhora sobre todo o patrimônio

De acordo como CPC/2015, art. 863, § 2º (da mesma forma que ocorria no CPC/1973, art. 678), no caso de penhora sobre todo o patrimônio da empresa, a execução deverá prosseguir "em seus ulteriores termos".

Antes da arrematação ou da adjudicação, o ente público que tiver autorizado a concessão deverá ser ouvido. O objetivo é permitir que o ente público tenha chances de intervir, procurando evitar a descontinuidade do serviço público.

Apesar de o § 2º disciplinar a necessidade de oitiva da Administração Pública no caso de penhora de todo o patrimônio da empresa, a legislação especial sobre concessões exige a manifestação do poder público no caso de penhora de bens reversíveis e imóveis de empresas que funcionem mediante concessão ou autorização. Assim, prevalece o entendimento de que sempre deve haver a manifestação da Administração Pública nos casos de penhora.

Tendo em vista o fato de que os bens da empresa objeto da concessão e que têm vínculo com a prestação dos serviços públicos revertem-se para a Administração Pública ao final da concessão (encampação), a Administração Pública tem o direito de impedir a alienação judicial do acervo penhorado da empresa concessionária (Lei nº 8.987/1995, arts. 35, 36 e 37). Importante ressaltar que, no caso de os bens da concessionária virem a ser absorvidos por parte da Administração Pública, esta terá de responder pelas obrigações que os oneram, até os limites estabelecidos no acervo incorporado ao patrimônio público.

V. Julgados

"A jurisprudência do STJ se orientou no sentido de que são penhoráveis os bens das concessionárias, desde que a constrição judicial não comprometa a execução do serviço público" (STJ, 1ª T., AgReg no AREsp nº 439.718/AL, Rel. Min. Ari Pargendler, j. em 11/3/2014, DJe de 19/3/2014). No mesmo sentido: "As empresas concessionárias de serviço público não têm patrimônio afetado e pode o mesmo sofrer penhora" (STJ, 2ª T., REsp nº 241.683/SP, Rel. Min. Eliana Calmon, j. em 6/4/2000).

Art. 864 - A penhora de navio ou de aeronave não obsta que continuem navegando ou operando até a alienação, mas o juiz, ao conceder a autorização para tanto, não permitirá que saiam do porto ou do aeroporto antes que o executado faça o seguro usual contra riscos.

I. Mesma sistemática

O artigo traz o *mesmo texto do CPC/1973, art. 679*, com a alteração de nomenclatura de "devedor" para "executado". A penhora de navio ou aeronave, portanto, mantém a mesma sistemática já prevista na legislação anterior.

II. Penhora de navio ou de aeronave

De acordo com o dispositivo, a penhora de navio ou de aeronave autoriza a continuidade de operação do bem até a alienação judicial, desde que o executado comprove a contratação de seguro.

A penhora de aeronave deve ser registrada no Registro Aeronáutico Brasileiro (RAB), conforme determinação do Código Brasileiro de Aeronáutica (CBA, arts. 74, inciso II, *c*, e 155).

Novamente nesses casos, o depositário deverá, preferencialmente, ser um dos diretores da empresa executada.

Ocorrendo sinistro, a indenização do seguro pode servir tanto para a recuperação do bem quanto para a eventual sub-rogação no objeto da penhora.

Art. 865 - A penhora de que trata esta Subseção somente será determinada se não houver outro meio eficaz para a efetivação do crédito.

I. Sem correspondência no CPC/1973

Trata-se de *novo dispositivo no CPC/2015*. Não há, portanto, artigo correspondente no CPC/1973.

II. Objeto do artigo

O dispositivo trata das penhoras da Subseção VIII, ou seja, penhoras estabelecidas no CPC/2015, arts. 862 a 864 – penhoras que recaírem sobre empresas ou outros estabelecimentos, semoventes, plantações, edifícios, empresas concessionárias de serviços públicos, navios e aeronaves. Nesses casos, a penhora somente será determinada se não houver outro meio eficaz para a efetivação do crédito. O CPC/2015, art. 865, indica, portanto, o caráter subsidiário das penhoras autorizadas por meio da Subseção VIII.

Importante notar que o caráter subsidiário também é aplicável à penhora de percentual de faturamento da empresa (CPC/2015, art. 866), posterior ao dispositivo ora comentado, e tais bens e direitos não estão nos últimos lugares da lista de preferências do CPC/2015, art. 835 (CPC/1973, art. 655), o que faz com que cause confusão quanto a real preferência das penhoras estabelecidas pelo CPC/2015.

Subseção IX - Da Penhora de Percentual de Faturamento de Empresa

Art. 866 - Se o executado não tiver outros bens penhoráveis ou se, tendo-os, esses forem de difícil alienação ou insuficientes para saldar o crédito executado, o juiz poderá ordenar a penhora de percentual de faturamento de empresa.

§ 1º - O juiz fixará percentual que propicie a satisfação do crédito exequendo em tempo razoável, mas que não torne inviável o exercício da atividade empresarial.

§ 2º - O juiz nomeará administrador-depositário, o qual submeterá à aprovação judicial a forma de sua atuação e prestará contas mensalmente, entregando em juízo as quantias recebidas, com os respectivos balancetes mensais, a fim de serem imputadas no pagamento da dívida.

§ 3º - Na penhora de percentual de faturamento de empresa, observar-se-á, no que couber, o disposto quanto ao regime de penhora de frutos e rendimentos de coisa móvel e imóvel.

Autor: Marcelo Vieira von Adamek

I. Empresa e a penhora de seu faturamento: precisões conceituais

Em sua literalidade, a lei regula a "penhora de percentual de faturamento de empresa". *Empresa* é vocábulo polissêmico: não possui um conceito jurídico unitário, na exata medida em que é difusamente utilizado pelo legislador com diferentes acepções (ora designando o *empresário*, ora o *estabelecimento*, ora a própria *atividade*). O CPC/2015 não adota a palavra em um só sentido (*vide* arts. 45, 69, 246, 529, 825, 833, 862 e 866). Diz-se, por isso mesmo, que a *empresa* possui na legislação diferentes sentidos, ou perfis: (i) *perfil subjetivo*: quando é empregada como sinônimo de empresário, sujeito de direitos; (ii) *perfil objetivo* ou *patrimonial*: quando se refere ao estabelecimento, objeto de direitos; (iii) *perfil funcional*: a palavra é utilizada, em sentido estrito, para designar a atividade econômica organizada de produção ou circulação de bens ou serviços para o mercado; e, mais amiúde no direito italiano, ainda (iv) *perfil institucional*: nos casos em que empresa equivale a instituição. De outro lado, *faturamento* designa o incremento patrimonial resultante do exercício das atividades empresariais; a soma de todas as receitas da vendas de produtos ou da prestação de serviços em dado período. No caso, embora o legislador tenha se referido a faturamento *de empresa*, como sinônimo de empresário, não deve a expressão ser interpretada de forma restritiva, de modo a abranger inclusive o faturamento resultante do exercício de atividades econômicas, por empresários ou não, pouco importando, também, a forma jurídica adotada pelo devedor. Por isso, é viável a penhora de percentual de faturamento decorrente do exercício de atividades econômicas por não empresários – como por exemplo: auditores independentes, sociedades de advogados, engenheiros ou médicos (CC, art. 966, parágrafo único); cooperativas (CC, art. 982, parágrafo único; *vide*: STJ, REsp nº 783.227-SP, 2ª T., Rel. Min. Humberto Martins, v.u., j. em 24/4/2007, DJe de 27/11/2008); e exercentes de atividade rural que tenham optado por não se inscrever na Junta Comercial (CC, art. 971). Indo além, e dando às receitas em geral tratamento análogo ao faturamento e reconhecendo que naquelas se encontram direitos de crédito passíveis de constrição, a jurisprudência tem permitido a aplicação da mesma medida para associações, fundações e coletividades não personificadas, como condomínios edilícios (STJ, 3ª T., REsp nº 829.583-RJ, Rel. Min. Nancy Andrighi, v.u., j. em 3/09/2009, DJe de 30/9/2009).

II. Excepcionalidade da medida

Em razão dos efeitos que a penhora do faturamento pode trazer para a exploração da atividade econômica exercida pelo devedor, o legislador restringiu e a condicionou a estritas balizas, dando-lhe, pois, caráter excepcional (CPC, art. 835, inciso X): apenas legitimar-se-á a medida constritiva "se o executado tiver outros bens penhoráveis ou, se, tendo-os, esses forem de difícil alienação ou insuficientes para saldar o crédito executado". É evidente aqui a preocupação com a preservação da empresa (atividade) – e, por extensão e indiretamente, com os interesses daqueles que a circundam (trabalhadores, colaboradores, consumidores e sócios) – na medida em que se criou uma espécie de benefício de ordem. Essa mesma preocupação, aliás, está presente em outros preceitos legais, como os que tratam da penhora de estabelecimento (LEF, art. 11, § 1°) ou de bens que, transformados em dinheiro, podem indiretamente comprometer a exploração da atividade (CC, arts. 1.026 e 1.031). Ainda assim, é preciso ter presente que o interesse a ser primordialmente satisfeito é o do credor, a cujo benefício se desenvolve o processo nesta etapa (valendo aqui lembrar a conhecida passagem da Exposição de Motivos do CPC/1973 do Prof. Alfredo Buzaid, segundo a qual na execução "há desigualdade entre o exequente e o executado", pois "o exequente tem posição de preeminência; o executado, estado de sujeição"). Por isso, sob a genérica invocação de valores de alta projeção social ou do elástico princípio da menor onerosidade (CPC, art. 805), não é possível, fática e concretamente, frustrar a satisfação dos interesses do credor: "a tese da violação do princípio da menor onerosidade excessiva não pode ser defendida de modo genérico ou simplesmente retórico, cabendo à parte executada a comprovação, inequívoca, dos prejuízos a serem efetivamente suportados, bem como da possibilidade, sem comprometimento dos objetivos do processo de execução, de satisfação da pretensão creditória por outros meios" (STJ, 2ª T., REsp nº 1.103.760-CE-AgRg, Rel. Min. Herman Benjamin, v.u., j. em 19/5/2009, DJe de 19/5/2009, RP 179/254). Até porque, com a penhora do faturamento, o devedor empresário não fica impedido, se assim entender necessário, de vir a juízo requerer a sua recuperação judicial, em busca do equacionamento coletivo de suas dívidas (LRF, art. 47), notadamente porque no Direito brasileiro é só sua – e não dos credores – a legitimidade para dar início ao processo concursal (LRF, art. 48). Ainda assim, os tribunais têm sido bastante cautelosos ao deferir a medida: "As Turmas que compõem a Segunda Seção deste Tribunal têm admitido a penhora sobre o faturamento da empresa, desde que, cumulativamente: a) o devedor não possua bens ou, se os tiver, sejam estes de difícil execução ou insuficientes a saldar o crédito demandado; b) haja indicação de administrador e esquema de pagamento (CPC-1973, arts. 678 e 719) e c) o percentual fixado sobre o faturamento não torne inviável o exercício da atividade empresarial" (STJ, 3ª T., REsp nº 782-901, Rel. Min. Nancy Andrighi, j. em 27/5/2008, DJU de 20/6/2008). No mesmo sentido, *vide* também: STJ, REsp nº 1.130.972-PR; STJ, AREsp nº 242.970-PR-AgRg; STJ, AREsp nº 483.558-SP-AgRg; RSTJ nº 56/338, nº 109/107, RT nº 801/155, nº 808/312 e nº 839/202. Mas vale reiterar o necessário contraponto: "A execução visa a recolocar o credor no estágio de satisfatividade em que se encontrava antes do inadimplemento. Assim, realiza-se a execução em prol dos interesses do credor [...]. Em consequência, o princípio da Economicidade não pode superar o princípio maior da Utilidade da execução para o credor, propiciando que a execução se realize por meios ineficientes à solução do crédito exequendo, máxime tratando-se de execução de sentença trânsita, cujo direito do credor restou soberanamente reconhecido" (STJ, 1ª T., REsp nº 419.151-SP, Rel. Min. Luiz Fux, v.u., j. em 5/11/2002, DJ de 10/3/2003, p. 97).

III. Objeto da penhora

O objeto da penhora, em sua literalidade, é o *faturamento*. No entanto, trata-se de uma forma elíptica de designar o conjunto de créditos, constituídos e a constituir, presentes e futuros, atuais e expectativos, decorrentes do exercício da atividade econômica pelo devedor. A penhora de créditos do devedor junto a administradoras de cartões de crédito não é propriamente penhora de faturamento, mas, diante da identidade de efeitos e consequências, as regras daquela são aplicáveis a esta (cf. STJ, 2ª T., REsp nº 1.408.367-SC, Rel. Min. Herman Benjamin, v.u., j. em 25/11/2014, DJe de 16/12/2014, RDDP nº 144/150 e RSTJ nº 236/278). Em qualquer caso, ao deferir a penhora sobre o faturamento, deverá o juiz estipular o percentual razoável destinado a satisfazer o credor, em tempo razoável, e sem com isso, ao mesmo tempo, sacrificar em demasia a atividade empresarial. Embora a jurisprudência formada à luz do CPC/1973 tenha consagrado percentuais de praxe, quer-nos parecer que, em obséquio às balizas trazidas pelo artigo em comento, será sempre necessário considerar as particularidades do caso concreto e, em especial, o segmento em que o devedor atua e, portanto, a atividade que efetivamente exerce: em setores nos quais a margem de lucro é reduzida, o percentual aplicável a uma mesma grandeza de faturamento deverá ser comparativamente inferior àquele aplicado a quem opera em segmento com margens de lucros maiores. Em qualquer caso, o percentual de faturamento fixado pelo juiz não é imutável e, por isso mesmo, nada impede que, ouvido o administrador, possa revê-lo a qualquer tempo, inexistindo aqui preclusão *pro judicato*. A jurisprudência tem fixado percentuais os mais diversos, oscilando de: (i) 30% do faturamento mensal (STJ, REsp nº 287.603; RT nº 692/88, nº 695/107, nº 813/293 e nº 874/235; JTJ nº 165/242, nº 291/492 e nº 329/168); até (ii) 20% do faturamento (STJ, MC nº 2.753; STJ, AREsp nº 389.440-SP-AgRg; TJSP, AI nº 2184191-93.2016.8.26.0000; TJSP, AI nº 0208015-57.2012.8.26.0000; TJSP, AI nº 2115871-54.2017.8.26.0000); (iii) 15% da receita bruta (STJ, REsp nº 782.901; TJSP, AI nº 2136199-39.2016.8.26.0000; TJSP, AI nº 2052634-46.2017.8.26.0000); (iv) 6% do faturamento bruto (STJ, MC nº 14.919); e (v) 5% do faturamento, "à míngua de outros bens penhoráveis" (STJ, REsp nº 515.208; TJSP, AI nº 2184695-02.2016.8.26.0000) – e assim por diante. O faturamento excedente ao percentual da penhora, evidentemente, deve ser liberado em favor do devedor. Por fim, é possível que haja penhoras concomitantes ou sucessivas de faturamento: "A existência de mais de uma ordem de penhora sobre faturamento, proveniente de juízos diferentes, não inviabiliza a medida. Na sua execução, o administrador deverá observar a ordem de preferencia para os pagamentos" (STJ, 3ª T., AG nº 1.380.194-SC, Rel. Min. Nancy Andrighi, v.u., j. em 6/12/2011, DJe de 16/12/2011).

IV. Administrador judicial

O administrador judicial é auxiliar da Justiça (CPC, arts. 149 e 159), sujeito assim a todas as responsabilidades próprias do cargo que exerce. Ele não é um simples depositário, pois a sua missão não é apenas de guarda e conservação de bem constrito, mas, pelo contrário, implica realizar atos próprios de administração, recebendo e segregando valores, em relação aos quais deve posteriormente prestar contas ao juiz da causa. Trata-se de encargo que não pode ser impingido a quem não o queira exercer (Súmula nº 319 do STJ). No regime anterior, entendeu-se certa feita que o administrador deveria ser pessoa estranha ao devedor, o qual assim não poderia ser investido cumulativamente na função (JUTACivSP-Lex 169/274); no regime atual, apesar de prevista a aplicação subsidiária à penhora de faturamento de regras próprias da penhora de frutos e rendimentos de coisa móvel ou imóvel (CPC, arts. 866, § 3º, e 869), não nos parece lógico que devedor e administrador devam ou possam ser a mesma pessoa, à vista das atribuições próprias que sobre este recaem (CPC, art. 866, § 2º).

V. Procedimento

Presentes os pressupostos legitimadores, o juiz deferirá a penhora do faturamento, fixando o percentual, e nomeará administrador-depositário que, depois de assumir o encargo mediante a assinatura de termo, submeterá a aprovação judicial a forma de sua atuação. Lógica e cronologicamente, a designação de administrador pressupõe a realização da penhora, pois aquela não existe sem esta. Por isso, formalizada a constrição, o administrador-depositário deverá assumir formalmente o encargo e, no desempenho do mister, mensalmente prestar contas, entregando em juízo as quantidades recebidas, com os respectivos balancetes mensais, a fim de serem imputadas no pagamento da dívida.

VI. Regência supletiva

Na penhora de percentual de faturamento de empresa, observar-se-á, no que couber, o disposto quanto ao regime de penhora de frutos e rendimentos de coisa móvel e imóvel (CPC, arts. 867 e ss.).

VII. Julgados

Penhora de faturamento: medida viável, desde que presentes os pressupostos

"Agravo regimental no agravo de instrumento – Execução – Título extrajudicial – Penhora de faturamento da empresa – Possibilidade, desde que presentes os requisitos – Ausência *in casu* – Afastamento da penhora – Recurso improvido" (STJ, 3ª T., Ag nº 1.175.578-MG-AgRg, Rel. Min. Massami Uyeda, v.u., j. em 4/2/2010, DJe de 12/2/2010).

"AGRAVO REGIMENTAL - PENHORA DO FATURAMENTO MENSAL - LEGALIDADE - ARTS. 620, 677 E 678 DO CÓDIGO DE PROCESSO CIVIL - DECISÃO AGRAVADA MANTIDA - IMPROVIMENTO. I. É admitida a penhora de faturamento mensal da empresa, desde que cumpridas as regras dos artigos 620, 677 e 678 do Código de Processo Civil. II. A agravante não trouxe qualquer argumento capaz de modificar a conclusão alvitrada, a qual se mantém por seus próprios fundamentos. Agravo improvido" (STJ, 3ª T., Ag nº 663.717-RJ-AgRg, Rel. Min. Sidnei Beneti, v.u., j. em 16/9/2008, DJe de 8/10/2008).

Penhora de faturamento: pressupostos legitimadores da medida excepcional

"Agravo no agravo de instrumento. Processo de execução. Embargos de declaração. Prequestionamento. Dissídio jurisprudencial. Verificação dos motivos que justificaram a rejeição dos bens oferecidos à penhora. Súmula 7/STJ. Interpretação do art. 620 em harmonia com o art. 655, ambos do CPC. Penhora sobre o faturamento. Requisitos – Rejeitam-se os embargos de declaração quando ausente omissão, contradição ou obscuridade a ser sanada – Inviável o recurso especial quanto a temas não prequestionados – O recurso especial pela divergência exige similitude fática para seu conhecimento – O entendimento pacífico da 3ª e 4ª Turmas do STJ é que a verificação dos motivos que justificaram a rejeição dos bens oferecidos à penhora demanda, necessariamente, o revolvimento do acervo fático-probatório dos autos, procedimento vedado nos termos da Súmula 7 do STJ – O art. 620 do CPC há de ser interpretado em consonância com o art. 655 do CPC, e não de forma isolada, levando-se em consideração a harmonia entre o objetivo de satisfação do crédito e a forma menos onerosa para o devedor – As Turmas que compõem a Segunda Seção deste Tribunal têm admitido a penhora sobre o faturamento da empresa, desde que, cumuladamente: a) o devedor não possua bens ou, se os tiver, sejam esses de difícil execução ou insuficientes a saldar o crédito demandado, b) haja indicação de administrador e esquema de pagamento (CPC, arts. 678 e 719) e c) o percentual fixado sobre o faturamento não torne inviável o exercício da atividade empresarial. Agravo no agravo de instrumento não provido" (STJ, 3ª T., AG nº 777.351-SP, Rel. Min. Nancy Andrighi, v.u., j. em 10/10/2006, DJ de 27/11/2006, p. 283).

"PROCESSUAL CIVIL. EXECUÇÃO FISCAL. PENHORA DE FATURAMENTO. MEDIDA EXCEPCIONAL. PRESENÇA DE REQUISITOS AUTORIZATIVOS. 1. Questões de fato, como a que conclui pela difícil alienação de bem da executada em hasta pública, não podem ser revistas em sede de recurso especial. Óbice imposto pela Súmula 7/STJ. 2. A jurisprudência do Superior Tribunal de Justiça é assente no sentido de que a penhora sobre o faturamento da empresa, em execução fiscal, é providência excepcional e só pode ser admitida quando presentes os seguintes requisitos: (a) não localização de bens passíveis de penhora e suficientes à garantia da execução ou, se localizados, de difícil alienação; (b) nomeação de administrador (art. 677 e seguintes do CPC); e (c) não comprometimento da atividade empresarial. Precedentes desta Corte. Agravo regimental improvido" (STJ, 2ª T., REsp nº 1.213.661-RS-AgRg-EDcl, Rel. Min. Humberto Martins, v.u., j. em 1º/3/2011, DJe de 15/3/2011).

"AGRAVO REGIMENTAL EM RECURSO ESPECIAL. EXECUÇÃO FISCAL. PENHORA SOBRE O FATURAMENTO DA EMPRESA. EXCEPCIONALIDADE. VERIFICAÇÃO DE BENS APTOS A GARANTIR A EXECUÇÃO. AGRAVO IMPROVIDO. 1. "Em observância ao consagrado princípio *favor debitoris* (art. 620 do CPC), tem-se admitido apenas excepcionalmente a penhora sobre o faturamento, desde que presentes, no caso, requisitos específicos que justifiquem a medida, quais sejam, (a) inexistência de bens passíveis de constrições, suficientes a garantir a execução, ou, caso existentes, sejam de difícil alienação; (b) nomeação de administrador (arts. 678 e 719, *caput*, do CPC), ao qual incumbirá a apresentação da forma de administração e do esquema de pagamento; (c) fixação de percentual que não inviabilize o próprio funcionamento da empresa. Precedentes: AGA 593006/PR, 1ª Turma, Min. Luiz Fux, DJ de 30/5/2005; REsp 723038 / SP, 2ª T., Min. Castro Meira, DJ de 20/6/2005' (REsp nº 803.435/RJ, Relator Ministro Teori Albino Zavascki, Primeira Turma, in DJ 18/12/2006). 2. '*In casu*, depreende-se da literalidade do acórdão recorrido que a penhora de faturamento teve tratamento equivalente a de dinheiro. Assim, não tendo o Tribunal *a quo* se utilizado das condições firmadas pela jurisprudência desta Corte para, somente em casos excepcionais, quando preenchidos cumulativamente os requisitos, deferir penhora sobre o faturamento da empresa, impõe-se o retorno dos autos para que a penhora sobre o faturamento obedeça aos requisitos fixados pela jurisprudência deste Tribunal Superior' (REsp nº 1.086.514/RJ, Relator Ministro Benedito Gonçalves, 1ª Turma, in DJe 23/11/2009). 3. Agravo regimental improvido" (STJ, 1ª T., REsp nº 1.170.166-RJ-AgRg, Rel. Min. Hamilton Carvalhido, v.u., j. em 5/10/2010, DJe de 1º/12/2010).

"PROCESSO CIVIL. AGRAVO DE INSTRUMENTO. ARTS. 522 E SEGUINTES DO CPC. [...] PENHORA SOBRE FATURAMENTO. POSSIBILIDADE, ATENDIDOS OS REQUISITOS FIXADOS PELA JURISPRUDÊNCIA [...]. RECURSOS IMPROVIDOS. 1. [...]. 2. A penhora sobre faturamento de empresa pode ser deferida pelo juízo se cumpridos três requisitos: (i) que o devedor não possua bens ou, se os tiver, sejam esses de difícil execução ou insuficientes a saldar o crédito demandado; (ii) seja promovida a nomeação de administrador e que apresente plano de pagamento; (iii) o percentual fixado sobre o faturamento não torne inviável o exercício da atividade empresarial. Precedentes. 3. A existência de mais de uma ordem de penhora sobre faturamento, proveniente de juízos diferentes, não inviabiliza a medida. Na sua execução, o administrador deverá observar a ordem de preferência para os pagamentos [...]" (STJ, 3ª T., AG nº 1.380.194-SC, Rel. Min. Nancy Andrighi, v.u., j. em 6/12/2011, DJe de 16/12/2011).

"TRIBUTÁRIO. AGRAVO REGIMENTAL NO AGRAVO DE INSTRUMENTO. PENHORA SOBRE O FATURAMENTO DA EMPRESA. MEDIDA EXCEPCIONAL. CUMPRIMENTO DOS REQUISITOS PREVISTOS NOS ARTS. 677 E 678 DO CPC. REEXAME DE MATÉRIA FÁTICO-PROBATÓRIA. SÚMULA 7/STJ. 1. A jurisprudência do Superior Tribunal de Justiça firmou o entendimento de que a penhora de faturamento não equivale à de dinheiro, mas à constrição da própria empresa, porquanto influi na administração de parte dos seus recursos, e, ante o princípio da menor onerosidade (art. 620 do CPC), só pode ser deferida em caráter excepcional, quando preenchidas, cumulativamente, as seguintes condições: (a) inexistência de bens passíveis de constrições, suficientes a garantir a execução, ou, caso existentes, sejam tais bens de difícil alienação; (b) nomeação de administrador (arts. 678 e 719, *caput*, do CPC) ao qual incumbirá a apresentação da forma de administração e do esquema de pagamento; (c) fixação de percentual que não inviabilize o próprio funcionamento da empresa. Precedentes. 2. A respeito do tema em discussão (possibilidade de penhora sobre o faturamento), o acórdão recorrido consignou que não houve comprovação, pela Exequente, de que não foram encontrados outros bens, livres e desembaraçados para a constrição, não se caracterizando a situação excepcional a justificar a determinação da incidência de penhora sobre o faturamento da executada. 3. Na esteira dos precedentes desta Corte, reexaminar o entendimento ora transcrito, conforme busca a ora agravante demanda o revolvimento de matéria fático-probatória dos autos, inadmissível em sede de recurso especial, nos termos da Súmula 7/STJ. 4. Decisão agravada que se mantém por seus próprios fundamentos. 5. Agravo regimental não provido" (STJ, 1ª T., Ag nº 1.161.283-SP-AgRg, Rel. Min. Benedito Gonçalves, v.u., j. em 24/11/2009, DJe de 1º/12/2009).

"PROCESSUAL CIVIL. AGRAVO REGIMENTAL EM AGRAVO DE INSTRUMENTO. ART. 544 E 545 DO CPC. RECURSO ESPECIAL. TRIBUTÁRIO. EXECUÇÃO FISCAL. PENHORA SOBRE O FATURAMENTO DA EMPRESA. PRESSUPOSTOS.

SÚMULA 7/STJ. INAPLICABILIDADE. 1. A penhora de faturamento não é equivalente à penhora de dinheiro e reclama requisitos específicos. 2. É que a jurisprudência do Tribunal é pacífica no sentido de que 'a penhora sobre faturamento da empresa não é sinônimo de penhora sobre dinheiro, razão por que o STJ tem entendido que referida a constrição exige sejam tomadas cautelas específicas discriminadas em lei. Isto porque o artigo 620 do CPC consagra *favor debitoris* e tem aplicação quando, dentre dois ou mais atos executivos a serem praticados em desfavor do executado, o juiz deve sempre optar pelo ato menos gravoso ao devedor. É admissível proceder-se à penhora sobre faturamento da empresa, desde que: a) comprovada a inexistência de outros bens passíveis de garantir a execução ou sejam os indicados de difícil alienação; b) nomeação de administrador (arts. 678 e 719, *caput* do CPC), ao qual incumbirá a presentação das formas de administração e pagamento; c) fixação de percentual que não inviabilize a atividade econômica da empresa' (AgRg no REsp 768.946/RJ, Rel. Ministro LUIZ FUX, 1ª T., julgado em 2/8/2007, DJ de 23/8/2007 p. 211) 3. *In casu*, não foram atendidos pela Corte *a quo* os requisitos necessários, sendo certo que o desatendimento de quaisquer deles é suficiente para invalidar a ordem de penhora sobre o faturamento. 4. Interposto o recurso por força da alínea *c* é passível de acolhimento diante da similitude fática, necessariamente aferível, o que torna incompatível nesses casos a aplicação da Súmula 7 do STJ. 5. Agravo regimental provido para dar provimento ao agravo de instrumento, determinando a subida do recurso especial" (STJ, 1ª T., Ag nº 1.032.631-RJ-AgRg, Rel. Min. Teori Albino Zavascki, m.v., j. em 4/11/2008, DJe de 2/3/2009).

"AGRAVO REGIMENTAL NO RECURSO ESPECIAL. EXECUÇÃO. ARGUMENTOS INSUFICIENTES PARA ALTERAR A DECISÃO AGRAVADA. PENHORA SOBRE FATURAMENTO DA EMPRESA. POSSIBILIDADE. REDUÇÃO DO PERCENTUAL. INCIDÊNCIA DA SÚMULA 7/STJ. 1. A agravante não apresentou argumentos novos capazes de infirmar os fundamentos que alicerçaram a decisão agravada, razão que enseja a negativa do provimento ao agravo regimental. 2. É possível a penhora de faturamento da empresa, desde que em percentual que não inviabilize a atividade da empresa. Precedentes. 3. A modificação do percentual fixado no acórdão recorrido requer reavaliação do conjunto fático-probatório depositado nos autos, o que é vedado na via especial, conforme verbete sumular 7/STJ. 4. Agravo regimental a que se nega seguimento" (STJ, 6ª T., REsp nº 976.925-SP-AgRg, Rel. Min. Vasco Della Giustina, v.u., j. em 20/10/2011, DJe de 9/11/2011).

"AGRAVO REGIMENTAL NO AGRAVO (ART. 544 DO CPC) – PENHORA SOBRE O FATURAMENTO DE EMPRESA – DECISÃO MONOCRÁTICA QUE NEGOU PROVIMENTO AO RECURSO. INSURGÊNCIA DA EMPRESA EXECUTADA. [...]. 3. A jurisprudência desta Corte é assente quanto à possibilidade de a penhora recair, em caráter excepcional, sobre o faturamento da empresa – desde que observadas, cumulativamente, as condições previstas na legislação processual (art. 655-A, § 3º, do CPC) e o percentual fixado não torne inviável o exercício da atividade empresarial – sem que isto configure violação do princípio exposto no art. 620 do CPC. 4. Para afastar a premissa firmada pela Corte de origem – de que estão presentes os requisitos autorizadores da penhora sobre o faturamento da executada – faz-se necessário o reexame do conteúdo fático-probatório dos autos, o que é vedado pela Súmula 7/STJ. 5. Agravo regimental desprovido" (STJ, 4ª T., AREsp nº 158.436-SP-AgRg, Rel. Min. Marco Buzzi, v.u., j. em 27/3/2014, DJe de 4/4/2014).

Penhora de faturamento: encargo de administrador judicial não pode ser imposto

Súmula nº 319 do STJ: "O encargo de depositário de bens penhorados pode ser expressamente recusado".

"PROCESSUAL CIVIL. EXECUÇÃO FISCAL. RECURSO ESPECIAL. AUSÊNCIA DE PREQUESTIONAMENTO. PENHORA SOBRE O FATURAMENTO DA EMPRESA. NOMEAÇÃO DE ADMINISTRADOR. REPRESENTANTE LEGAL. ENCARGO FACULTATIVO. 1. A falta de prequestionamento da matéria federal impede o conhecimento do recurso especial (Súmulas 282 e 356 do STF). 2. Na penhora de faturamento, em relação ao administrador judicial, aplica-se o entendimento firmado na Súmula 319 do STJ, segundo o qual 'o encargo de depositário de bens penhorados pode ser expressamente recusado'. 3. Recurso especial parcialmente conhecido e, nessa parte, improvido" (STJ, 1ª T., REsp nº 689.432-SP, Rel. Min. Teori Albino Zavascki, v.u., j. em 4/12/2007, DJ de 19/12/2007).

"*HABEAS CORPUS*. PRISÃO CIVIL. EXECUTIVO FISCAL. PENHORA DE FATURAMENTO DE EMPRESA. ADMINISTRADOR. DEPOSITÁRIO INFIEL. NOMEAÇÃO COMPULSÓRIA. IMPOSSIBILIDADE. 1. Admitida em caráter de excepcionalidade, a penhora sobre o faturamento deve observar as formalidades dos artigos 677 e 678, parágrafo único, do Código de Processo Civil, de sorte a assegurar que a medida não acarrete solução de continuidade nos serviços desenvolvidos pela empresa executada. 2. Somente com a assinatura do auto de penhora é que se aperfeiçoa o depósito judicial, não podendo o representante legal da empresa executada ser coagido a assumir o encargo de depositário, sob pena de violação de direito fundamental previsto no art. 5º, inciso II, da Constituição da República. 3. Ordem de *habeas corpus* concedida" (STJ, 2ª T., HC nº 26.351-SP, Rel. Min. João Otávio de Noronha, v.u., j. em 26/8/2003, DJ de 20/6/2007).

"*HABEAS CORPUS*. PRISÃO CIVIL. EXECUÇÃO FISCAL. DEPOSITÁRIO INFIEL. PENHORA SOBRE O FATURAMENTO DA EMPRESA. AUSÊNCIA DE NOMEAÇÃO DE ADMINISTRADOR. 1. A penhora sobre o faturamento mensal da empresa pressupõe a nomeação de um administrador, inexistência de outros bens e percentual que não inviabilize a gestão da empresa, circunstâncias inocorrentes *in casu* e que nulificaram a penhora. 2. Inatendidos os requisitos dos artigos 677 e 678 do CPC, revela-se ilegal o ato de constrição, e, *a fortiori*, o decreto de prisão civil da paciente. 3. O aperfeiçoamento formal da penhora depende da efetivação do depósito, de sorte que sem a nomeação de depositário e sua assinatura no auto, a penhora não resta formalizada à luz art. 665 do CPC. 4. É cediço que resta possível a recusa do depositário nomeado compulsoriamente e contra a sua vontade, com respaldo no art. 5º, II da CF/88, que consagra 'ninguém será obrigado a fazer ou deixar de fazer alguma coisa senão em virtude de lei' (*vide* REsp 276.886, Rel. Min. José Delgado, DJ de 05/02/01), máxime porque há auxiliares do Juízo capazes de exercerem as tarefas equivalentes ao depositário" (STJ, 1ª T., RHC nº 15.891-SP, Rel. Min. Luiz Fux, v.u., j. em 17/6/2004, DJU de 23/8/2004, RSTJ nº 26/202). Ainda sobre o tema: STJ, 2ª T., RHC nº 16.897-SP, Rel. Min. João Otávio de Noronha, v.u., j. em 12/4/2005, DJ de 13/6/2005, JSTJ nº 191/19; STJ, 1ª T., RHC nº 18.799-RS, Rel. Min. José Delgado, v.u., j. em 9/5/2006, DJ de 8/6/2006, p. 120; STJ, 1ª T., RHC nº 20.075-SP, Rel. Min. Luiz Fux, m.v., j. em 17/10/2006, DJ de 13/11/2006, p. 225; STJ, 4ª T., HC nº 71.222, Rel. Min. Quaglia Barbosa, v.u., j. 13/2/2007, DJU de 13/2/2007, p. 234; e JTJ nº 202/216, nº 236/225 e nº 236/236.

Penhora de faturamento: necessária apresentação de plano de pagamento

"*HABEAS CORPUS*. EXECUÇÃO. PENHORA DE FATURAMENTO. PLANO DE PAGAMENTO. DEPOSITÁRIO-ADMINISTRADOR. INADIMPLÊNCIA NA APRESENTAÇÃO. PRISÃO. ILEGALIDADE. ORDEM CONCEDIDA. A denominada 'penhora sobre faturamento' de empresa somente torna-se eficaz após apresentação do plano de pagamento, pelo depositário-administrador. Antes de tal plano é impossível estabelecer o valor a ser gravado com penhora (CPC, arts. 677 e 678). A omissão do depositário-administrador em apresentar o plano justifica destituição sumária – jamais sua prisão" (STJ, 3ª T., RHC nº 22.166-RS, Rel. Min. Humberto Gomes de Barros, v.u., j. em 13/11/2007, DJ de 28/11/2007).

"PENHORA DE FATURAMENTO – REQUISITOS – INVIABILIDADE NO CASO. A nossa jurisprudência se assentou no entendimento – e não é recente – de que a penhora sobre faturamento da empresa é quase que uma declaração de insolvência. Embora lícita só é viável depois da nomeação de um administrador dessa empresa e quando esse administrador apresenta um plano de pagamentos" (STJ, 3ª T., REsp nº 431.638-SP, Rel. Min. Humberto Gomes de Barros, v.u., j. em 2/10/2007, DJ de 29/10/2007).

Penhora de faturamento: necessidade de compatibilização entre princípios reitores da execução

"Agravo de instrumento – Ação de indenização de danos materiais e morais, fundada em acidente de trânsito – Cumprimento de sentença – Penhora de faturamento da executada – Percentual fixado que deve compatibilizar os princípios da máxima utilidade da execução com o da menor onerosidade ao executado – Redução – Possibilidade – Preservação da atividade econômica desenvolvida pelo executado. O parágrafo primeiro do art. 866 do Código de Processo Civil de 2015 dispõe que 'o juiz fixará percentual que propicie a satisfação do crédito exequendo em tempo razoável, mas que não torne inviável o exercício da atividade empresarial'. Portanto, ao ser determinada a penhora de faturamento, deve-se compatibilizar a preservação da atividade econômica desenvolvida pelo executado e a efetividade do processo, consistente na satisfação do direito do credor. A redução da constrição para 5% do faturamento bruto é medida que atende ao princípio da proporcionalidade e permite a compatibilização dos princípios da máxima utilidade da execução com o da menor onerosidade ao executado, não inviabilizando a atuação da agravante no segmento em que atua, tendo em vista que ficou satisfatoriamente comprovado já haver penhoras expressivas sobre o faturamento da agravante" (TJSP, 30a Câm. Dir. Priv., AI nº 2184695-02.2016.8.26.0000, Rel. Des. Lino Machado, v.u., j. em 15/2/2017).

Penhora de faturamento: percentuais e revisibilidade pelo STJ

"Execução. Penhora de faturamento. Administrador. O faturamento da receita bruta diária no quantitativo de 20% inviabiliza o funcionamento da empresa; admitida em situações excepcionais e em valores razoáveis, a medida deve ser precedida de instauração do regime de administração. Art. 678, par. único, do CPC. Recurso conhecido e provido" (STJ, 4ª T., REsp nº 252.739-GO, Rel. Min. Ruy Rosado de Aguiar, v.u., j. em 19/10/2000, DJ de 18/12/2000).

"Ação de execução de título extrajudicial. Contrato de trespasse de estabelecimento comercial. Decisão que deferiu penhora sobre o faturamento da executada. Agravo de instrumento desta. Indeferimento de penhora de imóvel indicado pela recorrente anteriormente analisada e mantida por esta 1a Câmara Reservada de Direito Empresarial. Percentual de 15% fixado para a penhora que se afigura razoável e alinhado com a jurisprudência deste tribunal. Ausência de provas que demonstram que a medida inviabilizará as atividades da agravante. Manutenção da decisão agravada. Agravo de instrumento desprovido" (TJSP, 1a Câm. Dir. Empr., AI nº 2052634-46.2017.8.26.0000, Rel. Des. Cesar Ciampolini, v.u., j. em 21/6/2017).

"Cumprimento de sentença. Violação de direito marcário. Decisão que deferiu pedido de penhora do faturamento da ré, após sucessivas tentativas frustradas de constrição de seus bens. Agravo de instrumento da devedora. Inércia desta em indicar outros meios efetivos de satisfação do crédito, nos termos do par. ún. do art. 805 do CPC/2015. Percentual fixado para a penhora do faturamento (20%) que é razoável e alinhado com a jurisprudência deste TJSP. Ausência de provas que demonstram que a medida inviabilizará as atividades empresariais da agravante. Manutenção da decisão agravada. Agravo de instrumento desprovido" (TJSP, 1a Câm. Res. Dir. Empr., AI nº 2115871-54.2017.8.26.0000, Rel. Des. Cesar Ciampolini, v.u., j. em 15/8/2017).

"PROCESSUAL CIVIL. AGRAVO REGIMENTAL NO AGRAVO EM RECURSO ESPECIAL. CUMPRIMENTO DE SENTENÇA. PENHORA SOBRE FATURAMENTO DA EMPRESA. PRINCÍPIO DA MENOR ONEROSIDADE. AUSÊNCIA DE AFRONTA AO ART. 620 DO CPC. REEXAME DO CONJUNTO FÁTICO-PROBATÓRIO DOS AUTOS. INADMISSIBILIDADE. INCIDÊNCIA DA SÚMULA N. 7 DO STJ. DECISÃO MANTIDA. 1. O recurso especial não comporta o exame de questões que impliquem revolvimento do contexto fático-probatório dos autos, a teor do que dispõe a Súmula n. 7 do STJ. 2. O Tribunal de origem, com base nos elementos de prova, concluiu que a penhora sobre 20% do faturamento da empresa não caracteriza violação do princípio da menor onerosidade. Alterar esse entendimento é inviável em recurso especial, ante o óbice da referida súmula. Precedentes. 3. Agravo regimental a que nega provimento" (STJ, 4a T., AREsp nº 389.440-SP-AgRg, Rel. Min. Antonio Carlos Ferreira, v.u., j. em 20/11/2014, DJe de 28/11/2014).

Penhora de faturamento não é simples penhora de dinheiro

"Processo civil. Execução fiscal. Penhora em dinheiro. A penhora em dinheiro supõe a disponibilidade deste, não se confundindo com a penhora de faturamento que exige nomeação de administrador na forma do art. 719, CPC. Agravo regimental improvido" (STJ, 2ª T., Ag nº 123.365-SP-AgRg, Rel. Min. Ari Pargendler, v.u., j. em 12/12/1996, DJ de 3/2/1997, p. 711).

Subseção X - Da Penhora de Frutos e Rendimentos de Coisa Móvel ou Imóvel

Art. 867 - O juiz pode ordenar a penhora de frutos e rendimentos de coisa móvel ou imóvel quando a considerar mais eficiente para o recebimento do crédito e menos gravosa ao executado.

I. Objeto da penhora

A medida corresponde em parte àquilo que equivocadamente no código anterior era designado de "usufruto de empresa" (entendida aqui a palavra "empresa" como sinônimo de estabelecimento): a situação jurídica do credor não era em nada assemelhada a de um usufrutuário, aproximando-se, muito mais, à de um credor anticrético, cujas regras eram então subsidiariamente aplicáveis, de modo que bem andou o legislador em eliminar aquela imprecisa designação. O exequente não tem a faculdade de utilizar e desfrutar do bem constrito; só tem o poder de se apropriar dos seus frutos e rendimentos. Mas, bem vistas as coisas, agora incorreu em outra imprecisão, ao designá-la de "penhora de frutos e rendimentos", porquanto, mais do que simples penhora (que tem por objeto garantir o juízo), é ela modo de satisfação direta do credor – estando arrolada dentre as medidas expropriatórias (CPC, art. 825, inciso III), das quais se distingue porque a satisfação do crédito não é imediata, mas gradativa. Seja como for, frutos e rendimentos de bens corpóreos (ou coisas), móveis ou imóveis, em princípio e desde que não se verifique situação de impenhorabilidade, podem ser livremente constritos e disso nunca ninguém duvidou. Compreende-se na medida não só a penhora de frutos e rendimentos presentes, mas, sobretudo, os futuros, expectativos ou meramente eventuais; além disso, embora se tenha feito alusão a coisas que, em sentido estrito, são somente os bens corpóreos, não há boa razão para afastar o cabimento da medida também em relação a frutos e rendimentos de bens incorpóreos. Podem assim ser penhorados alugueres, rendas temporárias, lucros, juros, dividendos, *royalties*, direitos de participação, gratificações, bônus e assim por diante. Ainda por essa linha, os tribunais admitem a penhora de créditos do devedor junto a administradoras de cartões de crédito, mas em casos que tais, pela similitude de efeitos e consequências, devem ser observadas as limitações próprias da penhora sobre faturamento (STJ, REsp nº 1.348.462-RS-AgRg; STJ, REsp nº 1.408.367-SC, RDDP nº 144/150 e RSTJ nº 236/278; STJ, REsp nº 1.491.707-RS-AgRg; STJ, AREsp nº 385.525-MG-AgRg; STJ, AREsp nº 450.575-MG-AgRg; e STJ, AREsp nº 692.696-SP-AgRg).

II. Eficiência e menor onerosidade

Ao deferir a penhora, deve o juiz sopesar, de um lado, se se trata de uma forma eficiente para o recebimento do crédito e, de outro, se é menos gravosa ao executado (CPC, art. 805). "Menos gravosa"; não "*a* menos gravosa". De toda forma, trata-se de preocupação que remonta às origens do instituto (Lei de 20 de junho de 1774, § 24). Em caso de penhora de bem de valor muito superior ao crédito exequente, poderá eventualmente se afigurar mais vantajoso para todos que, ao invés de proceder à alienação judicial, o juiz conceda a penhora de frutos e rendimentos do bem. Da mesma forma, para créditos de menor monta, a penhora em questão poderá não se justificar, pelos custos envolvidos em sua implementação.

III. Concordância do devedor

No regime atual, a penhora de frutos e rendimentos deixa de ser providência expropriatória condicionada à manifestação do devedor.

IV. Julgados

Análise judicial de adequação da medida

"Execução – Usufruto de empresa. Cabe ao juiz da execução decidir sobre a viabilidade de conceder ao credor o usufruto de empresa, como forma de satisfazer seu direito" (STJ, 2ª Seção, CC nº 1.483-RJ, Rel. Min. Eduardo Ribeiro, v.u., j. em 27/2/1991, DJ de 25/3/1991).

"Execução por Quantia Certa contra Devedor Solvente. A execução visa a recolocar o credor no estágio de satisfatividade que se encontrava antes do inadimplemento. Assim, realiza-se a execução em prol dos interesses do credor (artigos 612 e 646 do CPC). Em consequência, o princípio da Economicidade não pode superar o princípio maior da Utilidade da execução para o credor, propiciando que a execução se realize por meios ineficientes à solução do crédito exequendo, máxime tratando-se de execução de sentença trânsita, cujo direito do credor restou soberanamente reconhecido" (STJ, 1a T., REsp nº 419.151-SP, Rel. Min. Luiz Fux, v.u., j. em 5/11/2002, DJ de 10/3/2003, p. 97).

Penhora de créditos de cartão de crédito

"PROCESSUAL CIVIL. EXECUÇÃO FISCAL. PENHORA DE VALORES VINCENDOS, A SEREM REPASSADOS POR ADMINISTRADORAS DE CARTÃO DE CRÉDITO. OFENSA AO ART. 535 DO CPC NÃO CONFIGURADA. DIREITO PROBATÓRIO. ÔNUS. AUSÊNCIA DE PREQUESTIONAMENTO. NATUREZA JURÍDICA DE DIREITO DE CRÉDITO. POSSIBILIDADE. EQUIPARAÇÃO PARCIAL, PARA FINS PROCESSUAIS, AO REGIME JURÍDICO DA PENHORA DE FATURAMENTO. Introdução. 1. Controverte-se a respeito da decisão que manteve a penhora de percentual incidente sobre os créditos vincendos, a serem pagos por administradoras de cartão de crédito. 2. A recorrente defende a tese de que esses créditos são pagos em dinheiro, razão pela qual devem receber o tratamento idêntico ao dispensado à penhora de aplicações financeiras via BacenJud – isto é, penhora em dinheiro, nos termos do art. 655, I, do CPC – e, portanto, sem limitação percentual (constrição sobre a integralidade dos valores). 3. O Tribunal a quo equiparou a medida constritiva, para fins processuais, à penhora sobre faturamento, razão pela qual, diante da verificação da existência de penhora similar deferida em outros processos judiciais, manteve a penhora determinada pelo juízo de primeiro grau, mas a limitou a 3% do montante a ser repassado pelas operadoras de cartão de crédito [...]. Mérito 8. Atualmente, a maior parte das relações obrigacionais possui expressão monetária e, por essa razão, em dinheiro é naturalmente extinta. Assim, quer o pagamento seja feito em dinheiro, cheque ou cartão de crédito, em última instância, sempre haverá a conversão do bem em dinheiro. 9. Fosse esse o raciocínio, portanto, não haveria sentido no estabelecimento de uma ordem preferencial de bens, para efeitos de constrição judicial, uma vez que qualquer um deles (metais preciosos, imóveis, veículos, etc.) será, com maior ou menor dificuldade, transformado em dinheiro. 10. Os recebíveis das operadoras de cartão de crédito, naturalmente, serão pagos em dinheiro – tal qual ocorre, por exemplo, com o precatório judicial –, mas isso não significa que o direito de crédito que o titular possui possa ser imediatamente considerado dinheiro. 11. Por essa razão, os valores vincendos a que a empresa recorrida faz jus, tendo por sujeito passivo as administradoras de cartão de crédito, possuem natureza jurídica de direito de crédito, listado no art. 11, VIII, da Lei 6.830/1980 e no art. 655, XI, do CPC. 12. É correta a interpretação conferida no acórdão recorrido, que, embora acertadamente não confunda a penhora do crédito com a do faturamento, confere uma equiparação entre ambos, para fins estritamente processuais (isto é, de penhora como instrumento de garantia do juízo). 13. Isso porque é legítima a suposição de que os recebíveis das administradoras de cartão de crédito têm por origem operações diretamente vinculadas à atividade empresarial do estabelecimento, o que autorizaria enquadrá-los no conceito de faturamento (isto é, como parte dele integrante). 14. Assim, a constrição indiscriminada sobre a totalidade desses valores tem potencial repercussão na vida da empresa – quanto maior a sua representatividade sobre o faturamento global do estabelecimento, maior a possibilidade de lesão ao regular desempenho de suas atividades. 15. Não bastasse isso, as questões relacionadas à efetivação de penhora pelo mecanismo ora apreciado possuem consequências que ultrapassam a relação jurídica existente entre as partes credora e devedora, o que justifica a cautela adotada pelo Tribunal a quo. 16. Dada a larga difusão, no sistema financeiro, da utilização do denominado 'dinheiro de plástico', a autorização para a penhora do montante total a ser repassado pelas administradoras de cartão de crédito acarretaria, de certo, sensível abalo no sistema financeiro, pois, de um lado, haveria forte queda, no terceiro setor, na aceitação dessa forma de pagamento. De outro lado, a realidade mostra que o forte segmento financeiro não arcará, ao final, com o prejuízo daí decorrente, o que significa dizer, a exorbitante taxa de juros já praticada tenderia a aumentar, como forma de absorver o impacto social. 17. Recurso Especial parcialmente conhecido e, nessa parte, não provido" (STJ, 2a T., REsp nº 1.408.367-SC, Rel. Min. Herman Benjamin, v.u., j. em 25/11/2014, DJe de 16/12/2014, RDDP nº 144/150 e RSTJ nº 236/278).

Art. 868 - Ordenada a penhora de frutos e rendimentos, o juiz nomeará administrador-depositário, que será investido de todos os poderes que concernem à administração do bem e à fruição de seus frutos e utilidades, perdendo o executado o direito de gozo do bem, até que o exequente seja pago do principal, dos juros, das custas e dos honorários advocatícios.

§ 1º - A medida terá eficácia em relação a terceiros a partir da publicação da decisão que a conceda ou de sua averbação no ofício imobiliário, em caso de imóveis.

§ 2º - O exequente providenciará a averbação no ofício imobiliário mediante a apresentação de certidão de inteiro teor do ato, independentemente de mandado judicial.

I. Procedimento

Ordenada a penhora de frutos e rendimentos, o juiz nomeará administrador-depositário, que será investido de todos os poderes que concernem à administração do bem e à fruição de seus frutos e utilidades. Trata-se de encargo que não pode ser impingido a quem não o queira exercer (Súmula nº 319 do STJ) e deve ser assumido de maneira inequívoca (STJ, HC nº 96.164-RS). Da decisão que ordena a penhora, cabe recurso de agravo (CPC, art. 1.015, parágrafo único).

II. Restrições ao poder do devedor

A penhora produz efeitos materiais: com o deferimento da medida, o devedor sofre restrições em sua posição jurídica e perde o direito de gozo do bem, perda do poder de fruição, até que o credor seja integralmente satisfeito, com o pagamento do principal, juros e correção monetária, e todas as demais despesas do processo, incluindo custas judiciais e honorários advocatícios. Então, e só então, a constrição será levantada. A medida tem, pois, natureza temporária e caráter *pro solvendo*.

III. Oponibilidade a terceiros

Para que a medida se torne oponível a terceiros e tenha eficácia *erga omnes*, o legislador previu duas distintas medidas de publicidade, conforme se trate de coisa móvel ou imóvel: (i) para as coisas móveis, basta a publicação da decisão concessiva (equivocadamente designada na lei anterior de "sentença"), e, para tanto, não é necessária a veiculação de edital específico, bastando a publicação da decisão no Diário Oficial; e (ii) para as coisas imóveis, torna-se necessária a averbação junto à matrícula do bem no cartório de Registro de Imóveis (LRP, art. 167, inciso I, 5) – sendo que, para tanto, o exequente apresentará, diretamente e independentemente de mandado judicial, certidão judicial completa ao Oficial do Cartório de Registro de Imóveis em que o bem estiver registrado, para que se efetive a averbação (*rectius*: registro) junto à matrícula do bem.

IV. Julgado

Súmula nº 319 do STJ: "O encargo de depositário de bens penhorados pode ser expressamente recusado".

Art. 869 - O juiz poderá nomear administrador-depositário o exequente ou o executado, ouvida a parte contrária, e, não havendo acordo, nomeará profissional qualificado para o desempenho da função.
§ 1º - O administrador submeterá à aprovação judicial a forma de administração e a de prestar contas periodicamente.
§ 2º - Havendo discordância entre as partes ou entre essas e o administrador, o juiz decidirá a melhor forma de administração do bem.
§ 3º - Se o imóvel estiver arrendado, o inquilino pagará o aluguel diretamente ao exequente, salvo se houver administrador.
§ 4º - O exequente ou o administrador poderá celebrar locação do móvel ou do imóvel, ouvido o executado.
§ 5º - As quantias recebidas pelo administrador serão entregues ao exequente, a fim de serem imputadas ao pagamento da dívida.
§ 6º - O exequente dará ao executado, por termo nos autos, quitação das quantias recebidas.

I. Administrador-depositário: escolha e designação

A lei processual permite que, ouvida a parte contrária e por esta não sendo suscitada objeção, o juiz possa nomear administrador-depositário o exequente ou executado. A lei processual assegurou o direito de oposição (dedutível da expressão "não havendo acordo" interpretada *a contrario sensu*) e não previu necessidade de fundamentação por parte de quem a levanta, nem a possibilidade de o juiz analisá-la em seu mérito. Assim, não havendo acordo, consenso, entendimento entre as partes (CPC, art. 190), o juiz nomeará terceira pessoa, profissional qualificado de sua confiança, para o desempenho da função.

II. Sujeição ao controle judicial

O administrador-depositário deverá submeter à aprovação judicial a forma de administração; além disso, ao longo do período de gestão, havendo discordância entre as partes ou entre essas e o administrador, o juiz decidirá a melhor forma de administração do bem. Em qualquer caso, deverá o administrador-depositário prestar contas periodicamente e entregar ao exequente as quantias recebidas, a fim de que as mesmas sejam imputadas ao pagamento da dívida. Em sua literalidade, prevê-se que as quantias recebidas pelo administrador serão entregues ao exequente, a fim de serem imputadas ao pagamento da dívida; ou seja, a entrega dar-se-á diretamente ao exequente. Mas nada impede que o plano de administração aprovado preveja – ou que o juiz determine – o depósito das quantias em juízo, para ulterior levantamento.

III. Locação

Se o imóvel estiver arrendado, o inquilino pagará o aluguel diretamente ao exequente, salvo se houver administrador. Mas, além disso, a lei permite, tal como já o fazia a anterior (CPC/1973, art. 724), que o exequente ou o administrador possa, ouvido o executado, celebrar a locação (nova ou renovação da anterior) do bem móvel ou imóvel. Resta a dúvida: em nome de quem será o contrato celebrado? A resposta só pode ser: em nome do executado, legalmente representado pelo exequente ou administrador. Mas, como o devedor estará assim vinculado ao contrato e aos seus efeitos, os quais podem se projetar para além do prazo necessário ao pagamento do credor e abranger, por exemplo, a constituição de situações jurídicas de locações protegidas ou passíveis de renovação compulsória, bem andou o legislador ao assegurar a sua oitiva, muito embora esta não seja de per si vinculante: ao juiz caberá decidir, à vista do que for objetado.

IV. Quitação?

De forma absolutamente ilógica, o legislador contemplou a regra segundo a qual o exequente dará ao executado, por termo nos autos, quitação das quantias recebidas. Trata-se de providência anódina, autêntica superfetação. Que fará o juiz se o credor porventura espontaneamente não a outorgar? Ora, o pagamento estará sendo feito no bojo do processo judicial e o acertamento também deve se processar diretamente por autoridade do juiz. Por isso, a recusa do credor em outorgar quitação ao executado até poderá sujeitar aquele às sanções próprias do descumprimento de deveres processuais, mas nada impede que o juiz, suprindo-a e, afinal de contas, fazendo valer a sua autoridade, declare satisfeita e extinta a dívida.

Subseção XI - Da Avaliação

Art. 870 - A avaliação será feita pelo oficial de justiça.
Parágrafo único - Se forem necessários conhecimentos especializados e o valor da execução o comportar, o juiz nomeará avaliador, fixando-lhe prazo não superior a 10 (dez) dias para entrega do laudo.

Autora: Debora Inês Kram Baumöhl Zatz

I. Regra: avaliação pelo oficial de justiça (manutenção da regra geral atual)

O CPC/2015 manteve a disciplina prevista no CPC/1973, art. 680, de que a avaliação do bem penhorado deve ser feita, *em regra*, pelo oficial de justiça. O *caput* do art. 870, no entanto, adota redação mais simplificada, eliminando a redundante menção à aceitação do valor estimado pelo executado como uma das causas para a dispensa da avaliação (o que já era previsto no CPC/1973, art. 684, inciso I), mantendo, porém, esta hipótese de dispensa de avaliação no art. 870, inciso I, como será visto adiante.

II. Exceção à regra: avaliação por avaliador especializado

O parágrafo único, por sua vez, prevê mais claramente a possibilidade de o juiz nomear avaliador, estabelecendo, para tanto, dois requisitos *cumulativos*:

(i) se forem necessários conhecimentos especializados (repetição do que já era previsto no CPC/1973, art. 680, *caput*). Na realidade, a jurisprudência já aceitava tranquilamente a ideia de que, havendo fundada impugnação sobre a avaliação realizada pelo oficial de justiça, poderia o magistrado determinar a realização de nova avaliação por avaliador mais especializado (STJ, 3ª T., MC nº 15976/PR, Rel. Min. Nancy Andrigui, j. em 3/9/2009, DJe de 9/10/2009 (www.stj.jus.br); TJSP, 10ª Câmara de Direito Privado, AI nº 2220809-08.2014.8.26.0000, Rel. Des. Cesar Ciampolini, j. em 12/5/2015 e TJSP, 4ª Câmara de Direito Público, AI nº 0278636-16.2011.8.26.000, Rel. Des. Ferreira Rodrigues, j. em 2/2/2015 (www.tjsp.jus.br) e;

(ii) se o valor da execução comportar. A introdução desse requisito, que constitui *novidade*, é benéfica porque aclara a ideia óbvia – antes apenas implícita – de que deve ser considerada a relação "custo-benefício" na realização desta avaliação mais especializada (cujo ponto de partida deve ser, evidentemente, o valor do próprio crédito). Em outras palavras, não seria razoável que o custo de avaliação especializada suplantasse o valor do próprio crédito exequendo. Daí por que, inclusive, outros meios mais *simplificados* de avaliação podem e devem ser considerados pelo magistrado, como visto a seguir.

III. Perícia, prova técnica de menor complexidade, pareceres técnicos

Sendo nomeado o *avaliador*, terá ele prazo não superior a dez dias para entrega do *laudo*. Configura-se, nessa hipótese, situação típica de *prova pericial*, aplicando-se, pois, *no que couber*, as disposições legais atinentes a esse meio de prova (CPC/2015, art. 464). Evidentemente, no entanto – e até mesmo em razão dos valores envolvidos –, caberá ao magistrado *adaptar* a aplicação dessas regras à avaliação, sob pena de complicar-se demasiadamente o procedimento avaliatório (que, por sua natureza, deve ser o mais simples possível). Por isso, crê-se que, na maior parte dos casos, seria o caso de aplicar os §§ 3º e 4º do art. 464, considerando-se a avaliação como "prova técnica de menor complexidade". Outra alternativa que poderá ser adotada pelo magistrado, sempre levando-se em conta o valor envolvido na execução e a relação "custo-benefício" anteriormente referida, seria, por exemplo, a aplicação do art. 472 do CPC/2015 mediante a intimação das partes para apresentação de *pareceres técnicos*, dispensando-se a perícia. Ou seja, de um modo geral, a intenção do dispositivo é a de propiciar meios alternativos para a avaliação do bem penhorado nas hipóteses em que não for o caso de fazê-la por meio do oficial de justiça, preservando-se, sempre, o *contraditório* entre as partes (CPC 2015, art. 872, § 2º, comentado a seguir).

Art. 871 - Não se procederá à avaliação quando:
I - uma das partes aceitar a estimativa feita pela outra;
II - se tratar de títulos ou de mercadorias que tenham cotação em bolsa, comprovada por certidão ou publicação no órgão oficial;
III - se tratar de títulos da dívida pública, de ações de sociedades e de títulos de crédito negociáveis em bolsa, cujo valor será o da cotação oficial do dia, comprovada por certidão ou publicação no órgão oficial;
IV - se tratar de veículos automotores ou de outros bens cujo preço médio de mercado possa ser conhecido por meio de pesquisas realizadas por órgãos oficiais ou de anúncios de venda divulgados em meios de comunicação, caso em que caberá a quem fizer a nomeação o encargo de comprovar a cotação de mercado.
Parágrafo único - Ocorrendo a hipótese do inciso I deste artigo, a avaliação poderá ser realizada quando houver fundada dúvida do juiz quanto ao real valor do bem.

I. Hipóteses de dispensa de avaliação

No inciso I estabelece-se a possibilidade de dispensa da avaliação quando uma das partes aceitar a estimativa de valor feita pela outra, adotando-se a antiga disposição prevista no CPC/1973, art. 684, inciso I, porém de forma mais *abrangente*. Deveras, no CPC/1973, previa-se essa mesma possibilidade de dispensa da avaliação quando o *exequente* concordasse com eventual estimativa do *executado* por ocasião de eventual pedido e substituição de penhora (CPC/1973, art. 688, parágrafo único, inciso V). A jurisprudência aceitava também em outras situações, como, por exemplo, na indicação de bens à penhora e na hipótese de avaliação já realizada em outros autos, com a qual concordara o executado (TJSP, 12ª Câmara de Direito Privado, AI nº 0089895-55.2012.8.26.0000, Rel. Des. Castro Figliolia, j. em 24/10/2012, www.tjsp.jus.br). Enfim, em todas as hipóteses de estimativa feita pelo executado, havendo concordância expressa ou tácita do exequente (silenciando após ter sido intimado dela), já eram consideradas, na maior parte dos casos, como suficientes à dispensa da avaliação. Na realidade, mesmo diante de ausência de previsão legal, havia casos em que a concordância do executado com a estimativa apresentada pelo exequente gerava a dispensa de avaliação (TJSP, 7ª Câmara do Quarto Grupo (Extinto 2º TAC), AI n º 0003687-83.2003.8.26.0000, Rel. Des. Antonio Rigolin, j. em 1º/7/2003, www.tjsp.jus.br), mas o detalhamento legal expresso dessa possibilidade é salutar porque pode evitar discussões desnecessárias. Outro ponto de remarque, que será retomado a seguir, diz respeito ao fato de que, mesmo na hipótese de concordância entre as partes, havendo dúvida para o juiz, poderá ele determinar a realização de avaliação, tal como passou a prever expressamente o CPC/2015, art. 871, parágrafo único (comentário correspondente *infra*).

O CPC/2015, art. 870, inciso II, repete *ipsis litteris* o CPC/1973, art. 684, inciso II, estipulando que não haverá avaliação quando o bem penhorado se tratar de títulos ou de mercadorias que tenham cotação em bolsa, cabendo ao nomeante comprovar a cotação por meio de certidão ou publicação no órgão oficial.

E o inciso III, por sua vez, repete *ipsis litteris* o CPC/1973, art. 682, ao estipular que não haverá avaliação quando o bem penhorado se tratar de títulos da dívida pública, de ações de sociedades e de títulos de crédito negociáveis em bolsa, cujo valor [de avaliação] será o da cotação oficial do dia, comprovada por certidão ou publicação no órgão oficial; sendo mais bem alocado, em termos topográficos, em relação ao dispositivo anterior.

O inciso IV, traduz *maior novidade* em relação às hipóteses legais de dispensa de avaliação e felizmente acolhe no texto legal uma realidade que já vinha ocorrendo nos foros. Estipula-se, ali, que não deverá haver avaliação em caso de bens cujos valores de mercado sejam facilmente apuráveis mediante mera consulta a órgãos oficiais ou de anúncios de venda divulgados em meios de comunicação (nominando expressamente a situação mais corriqueira dos veículos automotores, mas não restringindo a hipótese a eles), cabendo, também nesse caso, à parte que nomeou o bem, o encargo de fazer a comprovação da cotação de mercado.

Novamente, cumpre dizer que é salutar a expressa disposição legal porque havia casos em que, mesmo a despeito de notável divergência entre a avaliação judicial e as cotações daquelas fontes, os tribunais mantinham aquela em detrimento destas, justamente em razão de ausência de expressa disposição legal que os autorizasse expressamente a agir de modo diferente.

II. Procedimento

Na hipótese do CPC/2015, art. 871, inciso IV, uma vez comprovada pela parte que indicou o bem a sua cotação, por meio de documentos idôneos, deverá ser intimada a parte contrária para sobre ela manifestar-se, sendo que a ausência de impugnação implicará dispensa da avaliação (art. 871, inciso I). Caso a parte contrária, no entanto, de modo *fundamentado*, venha a impugnar a cotação inicialmente estimada, o juiz decidirá – podendo, nessa hipótese, inclusive, requisitar informações a órgãos oficiais ou mesmo determinar a realização da avaliação (CPC 2015, art. 871, parágrafo único).

III. Avaliação determinada *judicialmente* mesmo em caso de concordância entre as partes: parágrafo único

O parágrafo único inova ao permitir expressamente que o juiz determine a realização da avaliação mesmo na hipótese de as partes terem concordado entre si (inciso I), desde que haja "fundada dúvida do juiz quanto ao real valor do bem". Na prática forense, isso já ocorria, além de essa possibilidade decorrer, como parece óbvio, dos poderes instrutórios e executórios conferidos ao magistrado (CPC/1973, arts. 131, 461, 461-A, por exemplo). De todo modo, considera-se salutar a adoção expressa dessa possibilidade, até porque o intuito do dispositivo parece ser também o de evitar fraude, simulação ou prejuízo a terceiros.

IV. Rol não taxativo

Entende-se não ser taxativo o rol das hipóteses previstas no dispositivo em questão, pois há outras situações em que poderá ser dispensada a avaliação. Relembre-se, por exemplo, a hipótese de penhora de bem hipotecado cujo valor tenha sido previamente estipulado pelas partes e constado em escritura (CC/2002, art. 1.484). Vale ressaltar, no entanto, que mesmo nessas situações, havendo mudança substancial no mercado imobiliário, há de ser permitida a avaliação no âmbito do processo executivo. Quando o bem penhorado tratar-se de dinheiro, por óbvio, tampouco haverá necessidade de avaliação.

Art. 872 - A avaliação realizada pelo oficial de justiça constará de vistoria e de laudo anexados ao auto de penhora ou, em caso de perícia realizada por avaliador, de laudo apresentado no prazo fixado pelo juiz, devendo-se, em qualquer hipótese, especificar:
I - os bens, com as suas características, e o estado em que se encontram;
II - o valor dos bens.
§ 1º - Quando o imóvel for suscetível de cômoda divisão, a avaliação, tendo em conta o crédito reclamado, será realizada em partes, sugerindo-se, com a apresentação de memorial descritivo, os possíveis desmembramentos para alienação.
§ 2º - Realizada a avaliação e, sendo o caso, apresentada a proposta de desmembramento, as partes serão ouvidas no prazo de 5 (cinco) dias.

I. Requisitos mínimos do laudo de avaliação

O *caput* do dispositivo dedica-se a estipular os requisitos mínimos necessários ao laudo de avaliação, repetindo, nesse tópico, o que dispunha o CPC/1973 em seu art. 681, incisos I e II: (i) a especificação dos bens, com suas características, e o estado em que se encontram e (ii) o valor dos bens. No caso de a avaliação ser realizada por oficial de justiça, esse laudo *simplificado* deverá vir anexo ao auto de penhora. E, no caso de ser realizado por avaliador nomeado pelo juiz, o laudo deverá ser entregue no prazo fixado judicialmente (art. 870, parágrafo único), nunca superior a dez dias.

II. Memorial descritivo de sugestão de desmembramento de bem imóvel

O § 1º cuida da hipótese de o bem avaliado ser *imóvel suscetível de divisão*, determinando que a avaliação, nesses casos, leve em consideração esta peculiaridade e impondo a apresentação de *memorial descritivo* que *sugira possíveis desmembramentos*, tudo com vistas a facilitar eventual alienação do bem e satisfação do crédito exequendo. O CPC/1973 fazia menção a esse "memorial" apenas ao regulamentar a ação de divisão (CPC/1973, arts. 968 c.c. 959), sendo que o CPC/2015 incorpora agora esse elemento no procedimento de avaliação do bem penhorado.

Como é sabido, sobejam, na prática forense, as hipóteses em que o valor do bem penhorado excede em muito o valor do próprio crédito, de modo que a viabilização do seu desmembramento e subsequente alienação parcial (partes ideais) é, em muitos casos, a única saída para a satisfação do crédito exequendo.

Ainda que não haja consenso quanto a sugestão de desmembramento, se o magistrado verificar que não haverá sensível diminuição do seu valor de mercado ou qualquer tipo de prejuízo para o seu uso, poderá determinar o desmembramento *coercitivo*, a exemplo do que já ocorria na ação de divisão (CPC/1973, arts. 968 c.c. 958 e 959; CPC/2015, arts. 589 c.c. 581 e 582).

III. Prazo para oitiva das partes: necessário contraditório

O § 2º passa a prever expressamente a necessidade de intimação das partes acerca da avaliação do bem penhorado, num louvável esforço de concretização do princípio do contraditório. Apesar disso, talvez pela redação confusa, talvez pela localização topográfica, há entendimento de que essa oitiva no prazo de cinco dias estipulada pelo § 2º deveria ocorrer apenas na hipótese de ser apresentada alguma proposta de desmembramento do bem, o que não parece ser a interpretação mais adequada. Na verdade, a oitiva sobre a avaliação do bem em cinco dias prevista no dispositivo deve ocorrer em *qualquer* hipótese, havendo ou não proposta de desmembramento.

Art. 873 - É admitida nova avaliação quando:
I - qualquer das partes arguir, fundamentadamente, a ocorrência de erro na avaliação ou dolo do avaliador;
II - se verificar, posteriormente à avaliação, que houve majoração ou diminuição no valor do bem;
III - o juiz tiver fundada dúvida sobre o valor atribuído ao bem na primeira avaliação.
Parágrafo único - Aplica-se o art. 480 à nova avaliação prevista no inciso III do caput deste artigo.

I. Hipóteses que permitem nova avaliação

Trata o dispositivo das hipóteses em que é permitida a realização de *nova avaliação*, reproduzindo, em seus incisos I, II e III, exatamente as mesmas disposições contidas no CPC/1973, art. 683, incisos I, II e III, quais sejam:

(i) quando qualquer das partes arguir fundamentadamente *erro na avaliação* ou *dolo do avaliador*. A locução *erro*, aqui, deve ser entendida no sentido de equívoco, como, por exemplo, sensível disparidade entre o valor de mercado do bem e aquele atribuído pelo avaliador. Não se trata, pois, das hipóteses de erro que implicam anulabilidade do negócio jurídico, nos termos do quanto estipulado no CC/2002, art. 138 e ss. Era nesse sentido, já, a jurisprudência antiga do STJ: 3ª T., REsp nº 59525/RO, Rel. Min. Carlos Alberto Menezes Direito, j. em 26/11/1996, DJ de 3/2/1997.

Dolo, por sua vez, envolve a ideia de atitude deliberada que tenha sido adotada pelo avaliador para influenciar o resultado da avaliação em detrimento de uma das partes (e, por isso mesmo, estende-se também ao oficial de justiça);

(ii) quando se verificar sensível majoração ou diminuição do valor do bem após a avaliação. Há entendimento jurisprudencial consolidado, inclusive, no sentido de que caso tenha decorrido largo espaço de tempo entre a avaliação e a hasta pública é recomendável que se proceda à reavaliação do bem penhorado (STJ, 3ª T., REsp nº 1269474/SP, Rel. Min. Nancy Andrigui, j. em 6/12/2011, DJe de 13/12/2011, www.stj.jus.br) e;

(iii) quando o juiz tiver *fundada dúvida* sobre o valor atribuído ao bem na primeira avaliação. A hipótese, aqui, é distinta daquela prevista no CPC/2015, art. 871, parágrafo único, que prevê a possibilidade de o juiz determinar que haja avaliação do bem (no caso, a primeira) caso tenha dúvidas a respeito do seu valor *a despeito de haver concordância entre as partes*.

O dispositivo traz quase imperceptível alteração de conteúdo, uma vez que o CPC/1973, art. 683, inciso III, fazia remissão expressa ao art. 668, parágrafo único, inciso V, que, por sua vez, tratava da avaliação feita pelo *executado*. Assim, a novel disposição (CPC/2015, art. 878, inciso III) é mais ampla porque permite a realização de segunda avaliação quando houver dúvida do juiz acerca do valor da primeira avaliação *independentemente* de quem a tenha feito (exequente ou executado).

II. Incidência das regras da "segunda perícia" (parágrafo único)

Caso seja determinada a realização da segunda avaliação, dispõe o parágrafo único que serão aplicáveis a ela as regras da "segunda perícia" (CPC/2015, art. 480, § 3º), de modo que caberá ao juiz expor fundamentadamente as razões pelas quais determina a realização de segunda avaliação, desafiando, tal decisão, o recurso de agravo de instrumento, nos termos do CPC/2015, art. 1.015, parágrafo único.

Convém ressaltar, outrossim, que a segunda avaliação (assim como a segunda perícia) não invalida nem substitui a primeira, devendo ambas ser livremente apreciadas pelo magistrado, a quem caberá, de modo *fundamentado*, optar por uma ou outra (CPC/2015, art. 480, § 3º).

Art. 874 - Após a avaliação, o juiz poderá, a requerimento do interessado e ouvida a parte contrária, mandar:
I - reduzir a penhora aos bens suficientes ou transferi-la para outros, se o valor dos bens penhorados for consideravelmente superior ao crédito do exequente e dos acessórios;
II - ampliar a penhora ou transferi-la para outros bens mais valiosos, se o valor dos bens penhorados for inferior ao crédito do exequente.

I. "Ajuste" da penhora ao valor do crédito exequendo

O dispositivo reproduz quase que literalmente o que previa o CPC/1973 no *caput* do art. 685, estipulando que, após a avaliação, o magistrado poderá reduzir ou ampliar a penhora, ou mesmo transferi-la para outros bens, como consequência de uma razoável ponderação entre o valor do crédito e o valor do bem penhorado. Em outras palavras, trata-se apenas de adaptar a penhora ao valor executado.

A alteração, quase imperceptível à primeira vista, diz respeito à exclusão da expressão bens "que bastem à execução" na eventual transferência de penhora. Isso porque, nessa fase processual, seria ainda difícil apurar todas as custas processuais, incluindo a fixação de honorários, bem como o valor real pelo qual o bem penhorado será, eventualmente, alienado. Por isso, a manutenção da expressão "consideravelmente" inferior (ou superior), crê-se, é suficiente para transmitir a ideia de que a redução/ampliação/transferência da penhora estaria autorizada em casos de *notável* diferença entre o valor avaliado e o valor do crédito.

II. A requerimento do interessado/atuação de ofício pelo magistrado

Tanto no CPC/1973 quanto no CPC/2015, a previsão é de que o ajuste de penhora ocorra *a requerimento do interessado* e sempre após a oitiva da parte contrária. Seria possível, contudo, que o magistrado assim procedesse de ofício, caso verificasse considerável disparidade entre o valor do crédito e o valor da avaliação – apoiado em seus poderes executórios e visando alcançar uma execução equilibrada; e sempre tendo em conta, evidentemente, o princípio da menor onerosidade possível ao executado.

Art. 875 - Realizadas a penhora e a avaliação, o juiz dará início aos atos de expropriação do bem.

Não há modificações, determinando-se mais claramente que, cumpridas as providências de avaliação, o juiz dará início à fase de expropriação do bem penhorado.

Seção IV - Da Expropriação de Bens

Subseção I - Da Adjudicação

Art. 876 - É lícito ao exequente, oferecendo preço não inferior ao da avaliação, requerer que lhe sejam adjudicados os bens penhorados.
§ 1º - Requerida a adjudicação, o executado será intimado do pedido:
I - pelo Diário da Justiça, na pessoa de seu advogado constituído nos autos;
II - por carta com aviso de recebimento, quando representado pela Defensoria Pública ou quando não tiver procurador constituído nos autos;
III - por meio eletrônico, quando, sendo o caso do § 1º do art. 246, não tiver procurador constituído nos autos.
§ 2º - Considera-se realizada a intimação quando o executado houver mudado de endereço sem prévia comunicação ao juízo, observado o disposto no art. 274, parágrafo único.
§ 3º - Se o executado, citado por edital, não tiver procurador constituído nos autos, é dispensável a intimação prevista no § 1º.
§ 4º - Se o valor do crédito for:
I - inferior ao dos bens, o requerente da adjudicação depositará de imediato a diferença, que ficará à disposição do executado;
II - superior ao dos bens, a execução prosseguirá pelo saldo remanescente.
§ 5º - Idêntico direito pode ser exercido por aqueles indicados no art. 889, incisos II a VIII, pelos credores concorrentes que hajam penhorado o mesmo bem, pelo cônjuge, pelo companheiro, pelos descendentes ou pelos ascendentes do executado.
§ 6º - Se houver mais de um pretendente, proceder-se-á a licitação entre eles, tendo preferência, em caso de igualdade de oferta, o cônjuge, o companheiro, o descendente ou o ascendente, nessa ordem.
§ 7º - No caso de penhora de quota social ou de ação de sociedade anônima fechada realizada em favor de exequente alheio à sociedade, esta será intimada, ficando responsável por informar aos sócios a ocorrência da penhora, assegurando-se a estes a preferência.

I. Adjudicação: meio expropriatório preferencial

A adjudicação consiste na transferência coativa do bem penhorado para o patrimônio do exequente, de modo que o seu pagamento dar-se-á por meio do recebimento desse bem ao invés do valor pecuniário correspondente ao seu crédito.

Desde a edição da Lei nº 11.382/2006, a adjudicação passou a ser o meio expropriatório *preferencial* adotado pelo legislador. Tal como disciplinada, tanto no CPC/1973 como no CPC/2015, consiste ela, portanto, na primeira alternativa a ser adotada na tentativa de satisfação do crédito exequendo, numa clara adoção legislativa segundo a qual deve-se evitar a *alienação* do bem penhorado (seja por iniciativa particular ou por leilão, conforme CPC/2015, art. 879 e ss.). É claro que, para que isso ocorra, no entanto, deverá haver manifestação de vontade do exequente ou dos demais legitimados a requerer a adjudicação, sem o que passar-se-á para o meio expropriatório consistente na alienação dos bens penhorados (CPC/2015, art. 879/903).

Na realidade, essa opção do legislador, tendo se iniciado com a edição da Lei nº 11.232/2006, foi não só mantida mas *reforçada* no CPC/2015, no qual buscou-se, visivelmente, aperfeiçoar os dispositivos atinentes a esse meio expropriatório, prestigiando-o, tanto quanto possível, na visível esperança de que ele possa de fato contribuir para elevar o número de casos em que haja efetiva satisfação do crédito exequendo (ainda que não pelo recebimento em *pecúnia*), dificuldade que, como se sabe, na maior parte dos casos esbarra na simples ausência de patrimônio do devedor.

A adjudicação pode se dar tanto no caso de o bem penhorado ser *móvel* ou *imóvel*, tal como deflui claro do *caput* do art. 876, que reproduziu literalmente o quanto disposto no CPC/1973, art. 685-A, *caput*, no sentido de que é lícito ao exequente adjudicar "os bens penhorados", sem qualquer ressalva.

Antes da edição da Lei nº 11.232/2006, havia certa discussão doutrinária a respeito do tema. Isso porque a Seção II ("Do Pagamento ao Credor") do CPC/1973 contava então com a subseção III, cujo título era "Da Adjudicação *de Imóvel*", o que levava parte da doutrina à equivocada conclusão de que apenas os bens imóveis poderiam ser adjudicados. A Lei nº 11.232/2006 corrigiu essa distorção – que já à época era detectável, mediante o simples exame do que dispunha o CPC/1973, art. 708, inciso II – ao revogar textualmente a referida subseção e os artigos que ela encerrava (CPC/1973, arts. 714, 715).

II. Adjudicação pelo exequente: preço não inferior ao da avaliação e momento para requerer: *caput* e § 4º

O CPC/2015, art. 876, *caput*, prevê a possibilidade de adjudicação do bem penhorado pelo exequente (e pelos demais legitimados previstos no § 5º), que, para tanto, deve oferecer preço "não inferior ao da avaliação", tal como já previa o CPC/1973, art. 685-A, *caput*. Se, por alguma das razões constantes do art. 871, não tenha ocorrido avaliação no processo, o critério deverá ser, de todo modo, o valor fixado/homologado pelo juiz.

A previsão de que a adjudicação não se dê por preço inferior ao valor da avaliação, já existente no CPC/1973 (art. 685-A, *caput*), tutela, por razões evidentes, os interesses do devedor. Desse modo, o § 4º do artigo ora comentado reproduz os termos do que já dispunha o CPC/1973 (art. 685-A, § 1º), no sentido de que, sendo o valor do crédito *inferior* ao valor do bem penhorado, deverá o adjudicante depositar *imediatamente* a diferença, que ficará à disposição do juízo da execução para posterior levantamento pelo executado (CPC/2015, art. 907) – ou pelos demais credores, se for o caso (CPC/2015, art. 908, § 1º). Por outro lado, sendo o crédito *superior* ao valor do bem adjudicado, "a execução prosseguirá pelo saldo remanescente" (CPC/2015, art. 876, § 4º, inciso II), cabendo ao credor, se possível, realizar segunda penhora. A extinção da execução em razão da adjudicação somente dar-se-á, pois, na remota – porém possível – hipótese de o valor do bem adjudicado coincidir com o crédito exequendo. Vale registrar, outrossim, que, em se tratando de execução hipotecária, a adjudicação deverá abranger o valor do saldo devedor, tal como estipula o art. 7º da Lei nº 5.741/1971 (STJ, 2ª T., REsp nº 605456/MG, Rel. Min. Eliana Calmon, j. em 1º/9/2005, DJ de 19/9/2005, www.stj.jus.br).

Embora o CPC/2015 não tenha sido muito claro quanto ao momento para requerer-se a adjudicação, uma interpretação sistemática dos dispositivos em comento permite concluir que tal requerimento é possível desde a conclusão da fase de avaliação do bem penhorado até que se dê início aos procedimentos relativos à alienação (que, nos termos do art. 880, dar-se-á por requerimento do próprio exequente). Contudo, importante remarcar que o CPC/2015 trouxe importante inovação ao permitir a reabertura da possibilidade de requerer-se a adjudicação caso restem frustradas as tentativas de alienação, nos termos do que dispõe o art. 878.

Há entendimento doutrinário, ainda sob a vigência do CPC/1973, de que a adjudicação, sendo meio expropriatório preferencial, poderia ocorrer a qualquer momento. Não parece ser essa, contudo, a intenção do legislador, especialmente o do CPC/2015, que, ao estipular a possibilidade expressa de "reabertura" de possibilidade de requerer-se a adjudicação (art. 878), corrobora com o entendimento de que, iniciados os procedimentos para a alienação, vedada estaria a adjudicação.

III. Formas de intimação do executado sobre o requerimento de adjudicação: §§ 1º, 2º e 3º

A exigência expressa de intimação legal do executado para manifestar-se sobre o pedido de adjudicação formulado pelo exequente (ou dos demais legitimados arrolados no § 5º), bem como o cuidadoso detalhamento das possíveis formas de intimação, consistem em importantes novidades do CPC/2015 em relação à disciplina da matéria constante do CPC/1973, art. 685-A.

Tal inovação representa benefício considerável em prol do devedor, porque, embora a necessidade de intimação do executado pudesse ser sistematicamente intuída na vigência do CPC/1973, tanto a doutrina quanto a jurisprudência hesitavam em admiti-lo, exatamente em razão da ausência de previsão legal expressa.

Assim, após o requerimento de adjudicação e antes de sua efetivação, deverá o executado *necessariamente* dele ser intimado – inclusive de todos os elementos a ele atinentes, tais como valor oferecido e depósito de eventual saldo pelo adjudicante, por exemplo – podendo manifestar-se no prazo de cinco dias (CPC/2015, art. 877, a seguir comentado).

Nos termos do § 1º, a intimação do executado deverá ocorrer: (i) pelo *Diário da Justiça*, na pessoa de seu *advogado constituído nos autos* (inciso I); (ii) pessoalmente, por *carta com aviso de recebimento*, quando representado pela *Defensoria Pública* ou quando *não tiver procurador constituído nos autos* (inciso II); presumindo-se válida a intimação, nessas hipóteses, quando o executado houver mudado de endereço sem prévia comunicação ao juízo (§ 2º), nos termos do art. 214 e; (iii) *por meio eletrônico*, quando o executado se tratar de *empresa pública ou privada cadastrada* nos sistemas de processo em autos eletrônicos para efeito de recebimento de citações e intimações (CPC/2015, art. 246, § 1º) *e não tiver procurador constituído nos autos*.

Na hipótese de o executado ter sido *citado por edital*, dispensa-se a sua intimação, tal como previsto no § 3º do dispositivo em comento.

IV. Detalhamento e ampliação do rol dos legitimados a requererem a adjudicação do bem penhorado: § 5º

O § 5º reproduz o quanto estipulado no CPC/1973, art. 685-A, § 2º, *ampliando*, no entanto, o rol de legitimados mediante maior detalhamento dos credores que detêm direito real de garantia ou algum tipo de preferência (fazendo referência, pois, aos incisos II a VIII do art. 889) e incluindo expressamente o *companheiro* no rol de legitimados.

Assim, pode-se dividir, basicamente, em *três categorias* de legitimados a requererem a adjudicação do bem penhorado (além do próprio exequente), a seguir separadamente analisadas:

(i) credores com *direito real de garantia* ou algum tipo de *preferência*, expressamente indicados nos incisos II a VIII do art. 889 (para o qual o CPC/2015, em seu § 5º, remete expressamente). São eles: (a) o coproprietário de bem indivisível do qual tenha sido penhorada fração ideal; (b) o titular de usufruto, uso, habitação, enfiteuse, direito de superfície, concessão de uso especial para fins de moradia ou concessão de direito real de uso, quando a penhora recair sobre bem gravado com tais direitos reais; (c) o proprietário do terreno submetido ao regime de direito de superfície, enfiteuse, concessão de uso especial para fins de moradia ou concessão de direito real de uso, quando a penhora recair sobre tais direitos reais; (d) o credor pignoratício, hipotecário, anticrético, fiduciário ou com penhora anteriormente averbada, quando a penhora recair sobre bens com tais gravames, caso não seja o credor, de qualquer modo, parte na execução; (e) o promitente comprador, quando a penhora recair sobre bem em relação ao qual haja promessa de compra e venda registrada; (f) o promitente vendedor, quando a penhora recair sobre direito aquisitivo derivado de promessa de compra e venda registrada e; (g) a União, o Estado e o Município, no caso de alienação de bem tombado.

A expressa menção a esses credores mostra-se bastante compatível com o sistema preconizado pelo CPC/2015, que passou a prever tratamento mais sistemático aos credores com direitos de garantias reais em caso de penhora desses bens ou direitos. Confira-se, nesse sentido, que o art. 799 dispõe que tais credores deverão ser intimados da penhora que eventualmente recaia sobre os direitos ou bens sobre os quais detenham algum direito ou garantia real (CPC/2015, art. 799). Por outro lado, o próprio art. 889, em seu *caput*, estipula que esses mesmos terceiros legitimados a requerer a adjudicação deverão necessariamente ser "cientificados da alienação judicial, com pelo menos 5 (cinco) dias de antecedência", disposição essa que, evidentemente, aplica-se também na hipótese de adjudicação, embora o CPC/2015 não tenha disposto expressamente a respeito.

(ii) credores concorrentes (quirografários) *que já tenham penhorado o mesmo bem em outras execuções* também têm legitimidade para postular a adjudicação – exigência a que os credores de garantia real não estão sujeitos, como visto anteriormente. Lembre-se, nesse sentido, que o CPC/2015, art. 842, prevê que "recaindo a penhora sobre bem imóvel ou direito real sobre imóvel, será intimado também o cônjuge do executado, salvo se forem casados em regime de separação absoluta de bens".

(iii) cônjuge, *companheiro*, descendentes ou ascendentes do executado. A novidade, aqui, fica por conta da inclusão expressa do companheiro no rol de legitimados a requerer a adjudicação, embora a jurisprudência e doutrina já o admitissem. Araken de Assis, comentando a alteração introduzida pelo CPC/1973, 685-A, § 2º (equivalente, pois, ao dispositivo ora comentado), chega a equiparar textualmente a ordem de preferência nele estipulada com uma *simplificada forma de "resgate de bens"* (*remição*), afirmando ainda que a remição do imóvel hipotecado, tal como prevista no CC, art. 1.482, não discrepa em nada da legitimidade aqui estabelecida para a adjudicação do bem.

De qualquer modo, vale dizer que aplicam-se aos terceiros legitimados à adjudicação do bem penhorado exatamente as mesmas exigências quanto ao preço a ser ofertado (nunca inferior ao valor da avaliação); bem como quanto ao momento para requerer a adjudicação (ver comentários *supra*).

Já no que diz respeito à regra do § 4º, alguma adaptação deverá haver na sua aplicação quando se tratar de adjudicação realizada não pelo exequente, mas sim pelos legitimados do § 5º. Isso porque, nessas hipóteses, a adjudicação equivalerá a uma espécie peculiar de alienação, já que terá por objetivo exatamente trazer ao processo dinheiro (pecúnia) para satisfazer o crédito exequendo (e, por isso mesmo, é denominada por Cândido Dinamarco de "adjudicação liquidativa").

V. Concurso de pretendentes à adjudicação e a ordem legal de preferência para o seu exercício: § 6º

Na hipótese de serem vários os pretendentes à adjudicação, determina o § 6º (preservando a regra do CPC/1973, art. 685-A, § 3º) a realização de uma licitação simplificada, adotando-se como critério inicial o maior preço (e, nesse caso, o exequente concorrerá em igualdade de condições com os demais interessados). Em caso de igualdade de ofertas, a preferência será dada ao cônjuge ou ao companheiro e, subsequentemente, ao descendente e ao ascendente.

De acordo com a redação do dispositivo, portanto, parece claro que a intenção do legislador foi exatamente a de manter a preferência dos familiares em qualquer hipótese de concurso de pretendentes à adjudicação, ou seja, independentemente da classificação entre os legitimados, havendo concurso, é de se aplicar a ordem de preferência do § 7º, privilegiando-se, desse modo, a possibilidade de o bem permanecer no âmbito familiar do executado. Há, no entanto, entendimento doutrinário no sentido de que a primazia do direito à adjudicação caberia, primeiramente, aos credores com garantia real, sendo eles secundados pelos familiares e, em último caso, seria dada a preferência aos chamados credores quirografários (respeitando-se, nessa hipótese, a anterioridade da penhora e a categoria de seus créditos).

Havendo licitação entre os possíveis pretendentes à adjudicação, decidirá o magistrado por meio de decisão interlocutória passível de ser desafiada por agravo de instrumento, nos termos do CPC/2015, art. 1.015, parágrafo único.

VI. Adjudicação de penhora de cota social ou ação e a intimação da sociedade: § 7º

O § 7º reproduz, com melhora redacional significativa (mas ainda passível de críticas, como será visto), a disposição do CPC/1973, art. 685-A, § 4º. Dedica-se a regulamentar a hipótese de adjudicação de cota social ou de ação de sociedade anônima fechada, estipulando que, quando esta adjudicação se der por pessoa estranha à sociedade, deverá ela necessariamente ser intimada para que os sócios sejam cientificados da intenção da adjudicação, cabendo a eles exercer, eventualmente, preferência na aquisição.

Portanto, embora tenha havido melhoras redacionais em relação ao CPC/1973, ainda assim o dispositivo em comento, tal como redigido, pode levar a equívocos: a intimação da sociedade sobre a penhora propriamente dita (e subsequente cientificação que ela deverá fazer aos sócios) já deverá ter ocorrido antes do requerimento de adjudicação, por força do que dispõem os arts. 799, inciso VII, e 876, § 7º. O § 7º do art. 876 regulamenta, pois, *nova intimação* que deverá ocorrer em caso de requerimento de adjudicação, deixando, nessa hipótese, indene de dúvidas que haverá direito de preferência dos sócios na aquisição das cotas (ou ações).

No ponto, vale referir o entendimento doutrinário de que há *prevalência* da preferência para adjudicação conferida aos sócios (da sociedade cujas cotas ou ações foram penhoradas) em detrimento dos demais legitimados do § 5º, inclusive dos familiares do executado.

Art. 877 - Transcorrido o prazo de 5 (cinco) dias, contado da última intimação, e decididas eventuais questões, o juiz ordenará a lavratura do auto de adjudicação.

§ 1º - Considera-se perfeita e acabada a adjudicação com a lavratura e a assinatura do auto pelo juiz, pelo adjudicatário, pelo escrivão ou chefe de secretaria, e, se estiver presente, pelo executado, expedindo-se:

I - a carta de adjudicação e o mandado de imissão na posse, quando se tratar de bem imóvel;

II - a ordem de entrega ao adjudicatário, quando se tratar de bem móvel.

§ 2º - A carta de adjudicação conterá a descrição do imóvel, com remissão à sua matrícula e aos seus registros, a cópia do auto de adjudicação e a prova de quitação do imposto de transmissão.

§ 3º - No caso de penhora de bem hipotecado, o executado poderá remi-lo até a assinatura do auto de adjudicação, oferecendo preço igual ao da avaliação, se não tiver havido licitantes, ou ao do maior lance oferecido.

§ 4º - Na hipótese de falência ou de insolvência do devedor hipotecário, o direito de remição previsto no § 3º será deferido à massa ou aos credores em concurso, não podendo o exequente recusar o preço da avaliação do imóvel.

I. Prazo para manifestações sobre eventuais requerimentos de adjudicação e momento para deferimento da adjudicação: *caput*

Nos termos do *caput* do artigo ora comentado – e tal como já havia sido dito anteriormente –, o CPC/2015 *inova* ao detalhar o procedimento para a adjudicação do bem penhorado, não só no que diz respeito à necessidade expressa de intimação do executado (e demais interessados) quanto a eventual requerimento de adjudicação como, também, ao estabelecer um *prazo de cinco dias* para que manifestem-se a respeito desse requerimento, estabelecendo verdadeiro *incidente* (o CPC/1973, art. 685-A, § 5º, estipulava apenas que "decididas eventuais questões, o juiz mandará lavrar o auto de adjudicação").

Assim, a decisão acerca do(s) requerimento(s) de adjudicação deverá ser proferida decorrido o prazo de cinco dias após serem ultimadas *as intimações* e resolvidas eventuais questões. Trata-se, pois, de decisão interlocutória, que resolve um incidente, desafiando agravo de instrumento, nos termos do CPC/2015, art. 1.015, parágrafo único; cujo objeto deverá ser, evidentemente, a presença (ou ausência) dos requisitos necessários ao deferimento da adjudicação.

Vale frisar que o fato de o dispositivo dispor expressamente que o prazo para manifestação tem início após a "última intimação" justifica-se não só em razão da possível existência de mais de um executado, mas, sobretudo, porque deverão ser intimados também todos os entes arrolados no art. 889, tal como comentado no item IV ao art. 877 *supra*.

Deferida a adjudicação, será imediatamente ordenada a lavratura do auto de adjudicação.

II. Carta de adjudicação e Mandado de Imissão na Posse: *caput*, §§ 1º e 2º

O *caput* do dispositivo e o § 2º estipulam os requisitos e elementos necessários à *carta de adjudicação* no caso de tratar-se de *imóvel* o bem adjudicado (CPC/2015, art. 877, inciso II); devendo, tal documento, conter "a descrição do imóvel, com remissão à sua matrícula e aos seus registros, a cópia do auto de adjudicação e a prova de quitação do imposto de transmissão" (reprodução quase que literal do que dispunha o CPC/1973, art. 685-B, parágrafo único). Inova o CPC/2015 ao estipular expressamente a necessidade de expedição de *Mandado de Imissão* na posse do imóvel, exigência inexistente no CPC/1973 (mas que, na prática, acabava sendo solicitada pelos adjudicantes, conforme se vê de STJ, 4ª T., REsp nº 509262/DF, Rel. Min. Aldir Passarinho, j. em 14/10/2003, DJ de 24/11/2003, www.stj.jus.br).

Em se tratando de adjudicação de *bem móvel*, será entregue *ordem de entrega* ao adjudicatário, a qual, contudo, deverá conter os mesmos requisitos estabelecidos no *caput* (CPC/2015, art. 877, inciso II). A diferença já era prevista no CPC/1973, art. 685-B, *caput*, que, no entanto, denominava o documento de "mandado de entrega" no caso de bem móvel. Deveras, levando-se em consideração o próprio direito material, plenamente justificável a relativa diferença de tratamento entre as situações, uma vez que a transferência de propriedade de bem imóvel depende do respectivo registro no Cartório de Registro de Imóveis (CC, art. 1.227), ao passo que a transferência de propriedade de bem móvel dá-se pela mera tradição (CC, art. 1.226).

Por fim, ainda nos termos do que dispõe o *caput*, importante destacar que a lavratura da carta de adjudicação (ou da ordem de entrega) torna *perfeita e acabada* a adjudicação, que somente poderá ser contestada pelo executado por meio de *ação própria* (CPC/2015, arts. 903, § 4º c.c. 966, § 4º), uma vez que *o CPC/2015 extinguiu a possibilidade de oposição de embargos à adjudicação* (CPC/1973, art. 746).

III. Possibilidade de remição do bem *hipotecado*, inclusive na hipótese de falência: §§ 3º e 4º

Na hipótese de o bem penhorado estar hipotecado, o dispositivo em comento prevê a possibilidade de o executado remir o bem (resgatá-lo), desde que: (i) ofereça preço igual ao da avaliação ou ao do maior lance (na hipótese de ter havido licitação entre os legitimados à adjudicação) e; (ii) o faça até a assinatura do auto de adjudicação. Trata-se de *inovação* do CPC/2015, uma vez que o CPC/1973 nada dispunha a respeito dessa possibilidade. Mas é importante notar, no caso, que a remição, tal como prevista, pressupõe ter havido prévio requerimento (e deferimento) de *adjudicação* do bem.

Na verdade, a possibilidade de remição do bem hipotecado está em perfeita consonância com o direito material, que dispõe que "realizada a praça, o executado poderá, até a assinatura do auto de arrematação ou até que seja publicada a sentença de adjudicação, remir o imóvel hipotecado, oferecendo preço igual ao da avaliação, se não tiver havido licitantes, ou ao do maior lance oferecido. Igual direito caberá ao cônjuge, aos descendentes ou ascendentes do executado" (CC, art. 1.482).

Há manifestação doutrinária no sentido de que a inovação estaria consonante apenas com a primeira parte do dispositivo legal anteriormente referido (CC, art. 1.482), uma vez que pelo CPC/2015 somente o executado poderia remir o bem, reservando-se ao cônjuge/companheiro, descendente ou ascendente, o direito de preferência na sua adjudicação – havendo, inclusive, entendimento doutrinário de que essa preferência conferida aos familiares para a adjudicação do bem penhorado (CPC/1973, art. 685-A, § 2º) consistiria, na prática, numa "remição camuflada".

Por fim, ainda em se tratando de bem penhorado hipotecado, em caso de falência do devedor hipotecário, nos termos do § 4º, fará jus ao direito de remição do bem a massa ou os credores falimentares (em concurso); e, nessa hipótese, não será lícito ao exequente opor-se ao preço da avaliação do imóvel. Esta inovação é compatível com o que dispõe a lei material no CC, art. 1.483, segundo o qual "no caso de falência, ou insolvência, do devedor hipotecário, o direito de remição defere-se à massa, ou aos credores em concurso, não podendo o credor recusar o preço da avaliação do imóvel".

Art. 878 - Frustradas as tentativas de alienação do bem, será reaberta oportunidade para requerimento de adjudicação, caso em que também se poderá pleitear a realização de nova avaliação.

I. Reabertura da possibilidade de adjudicação na hipótese de restarem frustradas as tentativas de alienação

Como já comentado alhures, o dispositivo em comento traz importante *inovação* ao permitir a reabertura da possibilidade de requerer-se a adjudicação caso restem frustradas as tentativas de alienação.

Ao estipular a possibilidade expressa de "reabertura" de oportunidade de requerer-se a adjudicação, o novel dispositivo corrobora, *contrario sensu*, o entendimento de que, iniciados os procedimentos para a alienação, vedada estaria a adjudicação, e reforça a ideia de que o CPC/2015 segue privilegiando a adjudicação como meio expropriatório preferencial.

Subseção II - Da Alienação

Art. 879 - A alienação far-se-á:
I - por iniciativa particular;
II - em leilão judicial eletrônico ou presencial.

Autor: André Vasconcelos Roque

I. Modalidades de alienação forçada

A alienação forçada é ato executivo complexo, que envolve alguns atos preparatórios e outros de documentação (além da alienação propriamente dita), mediante a qual bens penhorados são convertidos em dinheiro, para que este seja entregue ao exequente. Somente com a entrega do dinheiro ao exequente – não com a alienação – é que ocorre efetivamente a satisfação da execução. O dispositivo em tela relaciona as modalidades de alienação forçada no processo de execução, quais sejam por iniciativa particular (CPC, art. 880) e em leilão judicial eletrônico ou presencial (CPC, arts. 881 a 903). A diferença de uma para a outra está no grau de intensidade da participação do Poder Judiciário. Na alienação por iniciativa particular, o juiz se limita a estabelecer parâmetros gerais e a controlar possíveis desvios ou irregularidades no curso da expropriação, que ocorrerá fora do âmbito judiciário. Por outro lado, no leilão judicial, a expropriação será operacionalizada dentro da estrutura do próprio Poder Judiciário. Resta mantida a regra de que a alienação por iniciativa particular prefere ao leilão, valendo destacar, todavia, que foi abolida a distinção entre praça e leilão do CPC/1973.

II. Meio de execução por sub-rogação

A alienação forçada se realiza por sub-rogação, ou seja, independentemente da vontade ou participação do executado. É frequente, inclusive, que ocorra apesar da reiterada oposição do executado. Não há como se cogitar, portanto, de um contrato de compra de venda, nem mesmo mediante representação legal do executado pelo órgão jurisdicional, que venderia seus bens. O Poder Judiciário não é mandatário do executado, o que afasta a disciplina de figuras típicas do direito privado para esse ato executivo. Em vez disso, valendo-se dos poderes inerentes à atividade jurisdicional, o Poder Judiciário incursiona no patrimônio do executado para promover expropriação forçada, transformando os bens penhorados em dinheiro.

Art. 880 - Não efetivada a adjudicação, o exequente poderá requerer a alienação por sua própria iniciativa ou por intermédio de corretor ou leiloeiro público credenciado perante o órgão judiciário.
§ 1º - O juiz fixará o prazo em que a alienação deve ser efetivada, a forma de publicidade, o preço mínimo, as condições de pagamento, as garantias e, se for o caso, a comissão de corretagem.
§ 2º - A alienação será formalizada por termo nos autos, com a assinatura do juiz, do exequente, do adquirente e, se estiver presente, do executado, expedindo-se:
I - a carta de alienação e o mandado de imissão na posse, quando se tratar de bem imóvel;
II - a ordem de entrega ao adquirente, quando se tratar de bem móvel.
§ 3º - Os tribunais poderão editar disposições complementares sobre o procedimento da alienação prevista neste artigo, admitindo, quando for o caso, o concurso de meios eletrônicos, e dispor sobre o credenciamento dos corretores e leiloeiros públicos, os quais deverão estar em exercício profissional por não menos que 3 (três) anos.
§ 4º - Nas localidades em que não houver corretor ou leiloeiro público credenciado nos termos do § 3º, a indicação será de livre escolha do exequente.

I. Alienação por iniciativa particular: hipóteses

A modalidade em tela, que prefere à alienação pública, caracteriza-se pela alienação do bem do executado por iniciativa do próprio exequente ou de corretor ou leiloeiro público devidamente credenciado. O Poder Judiciário, portanto, não operacionaliza o ato de expropriação, limitando-se a estabelecer parâmetros gerais e a controlar eventuais desvios ou irregularidades. Para que seja determinada a alienação por iniciativa particular, é necessário que estejam preenchidos três requisitos: (i) prévio encerramento das etapas de penhora e avaliação (art. 875); (ii) não ter havido adjudicação (arts. 876 a 878); e (iii) requerimento (de acordo com o dispositivo legal, do exequente) para que se providencie a alienação por iniciativa particular, que não poderá, portanto, ser realizada contra a vontade das partes. Embora o juiz possa até sugerir, de ofício, a realização da alienação por iniciativa particular, quando verificar que se trata do meio menos gravoso (CPC, art. 805), deverá ouvir as partes antes de determinar tal providência. As partes não podem ser obrigadas a seguir por esse caminho se preferirem se utilizar do leilão judicial que, embora mais moroso e complexo, oferece maiores garantias.

É possível que ocorra a alienação por iniciativa particular, ainda, após leilão judicial frustrado. Isso porque, embora o leilão seja a modalidade que se siga à alienação por iniciativa particular (CPC, art. 879), pode acontecer de, num primeiro momento, o exequente preferir o leilão que, por qualquer motivo, acaba não tendo êxito. Tal circunstância, em princípio, abriria a oportunidade para a adjudicação (art. 878), meio preferencial de expropriação, mas diante da ausência de interessados em adjudicar o bem penhorado, nada impede que se proceda à alienação por iniciativa particular. Invariavelmente, todavia, será necessária a apresentação de requerimento para que se determine tal modalidade de alienação forçada.

II. Ausência de preclusão temporal até o aperfeiçoamento da arrematação

Como a alienação por iniciativa particular é a modalidade preferencial de alienação judicial, frente ao leilão, admite-se que o requerimento para que se proceda à alienação por iniciativa particular seja apresentado até o aperfeiçoamento do leilão judicial (assinatura do auto de arrematação, como previsto no art. 903, *caput*). Não é necessário, portanto, aguardar eventual leilão judicial frustrado para reabrir a possibilidade de alienação por iniciativa particular. A opção tardia por tal modalidade, porém, pode ensejar a responsabilidade da parte requerente pelas despesas incorridas (CPC, art. 93), como as relativas à desnecessária publicação do edital do leilão que não se realizou. Além disso, deve-se atentar para a exigência de que se trate de requerimento sério, não podendo o executado, por exemplo, querer retardar o leilão judicial sob o fundamento de que prefere a alienação por iniciativa particular, sem demonstrar de forma concreta por que se trata de meio executivo menos oneroso (CPC, art. 805, parágrafo único).

III. O executado pode requerer a alienação por iniciativa particular?

Em que pese o dispositivo se referir apenas ao requerimento do exequente, nada impede que o executado requeira a realização da alienação por iniciativa particular, até mesmo em razão da paridade de armas no processo, sobretudo se demonstrar que se trata de meio executivo menos oneroso e igualmente efetivo (art. 805, parágrafo único). O exequente não tem o direito de impor ao executado meio executivo desnecessariamente mais oneroso, por simples capricho. No entanto, será indispensável a anuência do exequente para que a alienação se realize por sua própria iniciativa. Caso contrário, a alienação somente poderá ser levada a cabo – contra a vontade do exequente – mediante a atuação de corretor ou leiloeiro ou, ainda, por iniciativa do próprio executado. De todo modo, independentemente de quem requeira a alienação por iniciativa particular (exequente ou executado), deverá a parte contrária ser ouvida, em respeito ao contraditório.

IV. Credenciamento do corretor ou leiloeiro

A alienação por iniciativa particular pode ser realizada pelo próprio exequente ou, mesmo na ausência de previsão legal, pelo executado, que ficarão responsáveis por encontrar eventuais interessados em adquirir o bem penhorado. Nada impede que estas pessoas contratem, por sua própria conta, um corretor para intermediar a alienação. Nesse caso, contudo, nenhuma comissão será fixada pelo juiz, a qual deverá ser arcada pessoalmente por quem contratou o corretor. A alienação pode ser intermediada, ainda, por corretor ou leiloeiro, caso em que será fixada pelo juiz a comissão de corretagem (§ 1º). Nesse caso, o corretor ou o leiloeiro público responsável pela alienação por iniciativa particular deve estar previamente cadastrado perante o órgão judiciário, exigindo-se o exercício profissional pelo tempo mínimo de três anos (§ 3º). Os corretores e leiloeiros cadastrados devem ter seus nomes divulgados pelo tribunal, com dados para contato, registros nos órgãos de classe competentes e indicação das especialidades, a fim de que possa ser escolhido o profissional mais adequado para atuar na alienação do bem. Somente nas localidades em que não houver profissional cadastrado é que sua indicação será de livre escolha do exequente (CPC, art. 880, § 4º), que poderá se valer, por exemplo, de profissional que atue em localidade distinta. Mesmo neste caso, todavia, o juiz exercerá o controle sobre a indicação do exequente, podendo recusar o profissional, por exemplo, em caso de falta de idoneidade ou capacitação. Nada impede que as partes, de comum acordo, escolham o corretor ou leiloeiro que será responsável por operacionalizar a alienação por iniciativa particular (e, inclusive, estabeleçam consensualmente o percentual de sua comissão). Trata-se de negócio jurídico processual atípico, que encontra amparo no art. 190 e deve ser respeitado pelo juiz, a não ser em caso de invalidade, na forma do art. 190, parágrafo único.

V. Parâmetros para a alienação por iniciativa particular

A alienação por iniciativa particular deve atender a algumas condições, a serem fixadas previamente pelo juiz. A mais importante delas é o preço mínimo. Não há exigência de que o preço mínimo para a alienação por iniciativa particular corresponda à avaliação do bem penhorado, embora esse seja um dado fundamental para que o juiz estabeleça os parâmetros da alienação. De todo modo, fora situações excepcionais, que exigem fundamentação explícita e analítica, não deve o juiz estabelecer um preço mínimo inferior ao critério legal de cinquenta por cento do valor da avaliação do bem a ser alienado (CPC, art. 891, parágrafo único). Nada impede, evidentemente, que seja fixado preço mínimo superior. Se for o caso, nova avaliação deve ser realizada, especialmente nas hipóteses de majoração ou diminuição do valor de mercado do bem a ser alienado (CPC, art. 873, inciso II).

Além disso, o juiz deve fixar o prazo para ser efetivada a alienação (o qual, todavia, pode ser prorrogado, caso o julgador ainda acredite ser possível a alienação por iniciativa particular), a forma de publicidade (podendo o juiz se orientar pelas diretrizes do leilão judicial, nos termos do art. 887, embora seja recomendável deixar certa margem de flexibilidade para quem ficar responsável pela alienação, sobretudo se houver intermediação profissional de corretor ou leiloeiro), as condições de pagamento (podendo o magistrado, se permitir desde logo o pagamento parcelado, se orientar pelas diretrizes do leilão judicial, como previsto no art. 895), as garantias (no caso de se permitir o pagamento parcelado) e, se for o caso (ou seja, desde que realizada por iniciativa de corretor ou leiloeiro), a comissão de corretagem (cujos parâmetros devem observar, no que for possível, a comissão do leiloeiro no leilão judicial, como estabelecido pelo art. 884, parágrafo único). É importante que, ao estabelecer as condições gerais em que deverá ser realizada a alienação, o juiz considere a realidade do local, as circunstâncias do mercado, a liquidez do bem penhorado, entre outros critérios, de maneira a não estipular condições tão rígidas que não atraiam eventuais interessados, nem tão flexíveis, que possam gerar prejuízos para as partes. Tais condições podem ser alteradas pelo juiz no curso do procedimento da alienação, inclusive mediante requerimento de qualquer das partes ou do corretor ou leiloeiro indicados, submetendo-se tal questão à prévia oitiva das partes, em respeito ao contraditório. Além disso, é possível que alguma proposta para aquisição do bem venha a ser apresentada sem que tenham sido atendidos rigorosamente todos os critérios estabelecidos, situação em que o juiz, após a oitiva das partes, deverá decidir se a oferta consiste, ainda assim, em um bom negócio, sob as perspectivas da efetividade da execução e da menor onerosidade para o executado (CPC, art. 805).

VI. Termo de alienação. Alienação perfeita e acabada

Ocorrida a alienação, deverá esta ser formalizada mediante o respectivo termo nos autos, o qual será assinado pelo juiz, pelo exequente, pelo adquirente e, opcionalmente, pelo executado. O termo de alienação formaliza o ato de expropriação e, a partir desse momento, cessa a possibilidade de remição da execução (CPC, art. 826). Não é mais possível, tampouco, requerer nova avaliação do bem alienado, ante a ocorrência da preclusão, conforme entendimento do Superior Tribunal de Justiça (STJ, REsp nº 1.014.705, Rel. Min. Massami Uyeda, j. em 24/8/2010). Uma vez formalizada, a alienação somente poderá ser desfeita nas hipóteses dos §§ 1º e 5º do art. 903, aplicáveis subsidiariamente. Visa-se, desse modo, a proteger o adquirente de boa-fé, até mesmo como estímulo para que outras pessoas se interessem em adquirir bens por meio de alienação por iniciativa particular, possibilitando que melhores propostas sejam apresentadas no futuro e assegurando maior efetividade à tutela jurisdicional. Nessa direção, o acolhimento, de forma superveniente à assinatura do termo de alienação, da impugnação ao cumprimento de sentença ou dos embargos do executado, por si só, não autoriza o desfazimento da alienação (a não ser que tenha sido o próprio exequente a adquirir o bem, porque aí ele não será terceiro de boa-fé, caso em que o ato de expropriação cairá por terra), restando ao executado apenas pedir indenização pelos prejuízos sofridos, a ser arcada pelo exequente (CPC, art. 903, *caput*, também de forma subsidiária) e liquidada em incidente próprio.

VII. Expedição dos títulos em favor do adquirente

Após transcorridos dez dias (úteis, por se tratar de prazo processual) da assinatura do termo de alienação (CPC, art. 903, § 3º, aplicável subsidiariamente), destinados à alegação de eventuais vícios no ato de expropriação, e desde que tenha sido efetuado o pagamento do preço (se à vista), prestadas as garantias pelo adquirente (no caso de pagamento em prestações) e realizado o pagamento de eventual comissão do corretor ou leiloeiro, bem como das demais despesas da execução (CPC, art. 901, § 1º, aplicável subsidiariamente), serão expedidos os títulos pertinentes em favor de quem adquiriu o bem. Se o bem for imóvel, serão expedidos (i) a carta de alienação, para fins de registro do novo proprietário na matrícula imobiliária (art. 1.245, do Código Civil), e (ii) o mandado de imissão na posse, a fim de que aquele que adquiriu o bem possa ingressar na posse do imóvel. Por outro lado, se o bem for móvel, será expedida apenas a ordem de entrega do bem ao adquirente. Caso, eventualmente, a transferência do bem móvel também deva ser informada ao registro pertinente (por exemplo, veículos automotores e o registro mantido pelo Detran), será expedido alvará, com a identificação do bem e de seu novo proprietário, o qual será levado pelo interessado ao órgão competente para a anotação da transferência. A carta de alienação apresenta alguns requisitos formais para que possa ser aceita pelo registro de imóveis, aplicando-se de forma subsidiária o disposto no art. 901, § 2º. Ela deve conter a descrição do imóvel, com remissão à sua matrícula e registros (o que pode estar reproduzido no termo de alienação), a cópia do termo de alienação e o comprovante de quitação do imposto de transmissão do bem, o qual deve ser recolhido em favor do município no qual se localiza o imóvel, além da indicação da existência de eventual ônus real ou gravame que recaia sobre a coisa. Regras locais podem estabelecer que outros documentos devem ser apresentados com a carta de alienação para que essa seja registrada na matrícula do imóvel.

VIII. Imissão na posse

Aquele que adquiriu o bem não necessita ingressar com ação autônoma para se imitir na posse do imóvel se este estiver sendo ocupado pelo executado (ou pelo depositário nomeado na execução), podendo tal medida ser determinada incidentalmente, no curso da própria execução. Afinal, a expropriação levada a cabo pelo Poder Judiciário traz consigo o dever de o executado (ou depositário) entregar o bem ao adquirente, sem a necessidade de nova demanda judicial. Entretanto, se terceiro alheio à execução está na posse do bem, como este não teve a oportunidade de se defender em juízo anteriormente, estará o adquirente obrigado a ingressar com ação autônoma para, se for o caso, discutir a posse do bem. Isso porque quem adquire o bem mediante alienação judicial sucede o executado em todos os direitos e ações que este porventura tinha contra quem está na posse do bem. Se a posse do terceiro for justa, quem adquiriu o bem necessitará respeitá-la, observado o regime jurídico pertinente. Assim, por exemplo, se o imóvel urbano estiver locado a terceiros, o adquirente terá que primeiro, se assim preferir, denunciar a locação, concedendo prazo de 90 dias para desocupação voluntária (art. 8º da Lei nº 8.245/1991). Encerrado o prazo, poderá então o adquirente ingressar com ação de despejo em face do locatário. Note-se, ainda, que se a locação for por prazo determinado e contiver cláusula de vigência devidamente averbada na matrícula do imóvel, o adquirente não poderá denunciá-la, tendo que respeitar o prazo do contrato de locação na sua integralidade.

IX. Regulamentação

O dispositivo autoriza que os tribunais detalhem o procedimento da alienação por iniciativa particular, observando as particularidades locais, com vistas a otimizar sua realização e disciplinar a utilização de meios eletrônicos. Não se trata, contudo, de norma com eficácia contida, cujos efeitos dependam de regulamentação. A regulamentação regional serve unicamente para aperfeiçoar o instituto, que produz todos os seus efeitos por força de lei federal, independentemente da iniciativa do tribunal. A propósito, a matéria foi parcialmente tratada, em nível nacional, pela Resolução nº 236/2016, do CNJ, sobretudo no que concerne ao credenciamento de corretores e leiloeiros (arts. 2º a 4º), o que evidentemente não afasta o espaço para regulamentação local pelos próprios tribunais, conforme estabelecido pelo legislador.

X. Aplicação subsidiária das regras relativas ao leilão judicial

As regras relativas ao leilão judicial aplicam-se subsidiariamente à alienação por iniciativa particular. Assim, até a lavratura e assinatura do termo de alienação, poderá o executado remir a execução (CPC, art. 826). Após este momento, a alienação considera-se perfeita e acabada. A realização da alienação por iniciativa particular deve ser devidamente comunicada aos sujeitos pertinentes, inclusive a terceiros com algum direito sobre o bem penhorado (CPC, art. 889), sob pena de ineficácia da expropriação ou mesmo, no caso do credor com garantia real que deixou de ser intimado, da apresentação de embargos de terceiro para obstar a alienação (CPC, art. 674, § 2º, inciso IV). Aplicam-se, ainda, os impedimentos previstos no art. 890, de maneira que as pessoas relacionadas em seus incisos não podem apresentar proposta para a aquisição do bem sujeito à alienação por iniciativa particular. Da mesma forma, as hipóteses de resolução, invalidação ou ineficácia da alienação por iniciativa particular observarão o disposto no art. 903, que se refere ao leilão judicial.

Art. 881 - A alienação far-se-á em leilão judicial se não efetivada a adjudicação ou a alienação por iniciativa particular.

§ 1º - O leilão do bem penhorado será realizado por leiloeiro público.

§ 2º - Ressalvados os casos de alienação a cargo de corretores de bolsa de valores, todos os demais bens serão alienados em leilão público.

I. Leilão judicial. Fim da distinção entre praça e leilão

Caso não tenha sido requerida a adjudicação, nem realizada a alienação por iniciativa particular (seja porque não houve requerimento para que ocorressem ou porque se frustraram), deve-se passar à alienação por meio de leilão judicial. Restou abolida, em boa hora, a vetusta distinção entre praça (bens imóveis) e leilão (bens móveis) do CPC/1973. Em regra, o leilão será realizado por leiloeiro público, designado na forma do art. 883, ressalvados os casos de alienação de títulos da dívida pública, ações de sociedades e demais títulos negociáveis na bolsa de valores, que será efetivada mediante pregão, por corretores especializados.

Art. 882 - Não sendo possível a sua realização por meio eletrônico, o leilão será presencial.
§ 1º - A alienação judicial por meio eletrônico será realizada, observando-se as garantias processuais das partes, de acordo com regulamentação específica do Conselho Nacional de Justiça.
§ 2º - A alienação judicial por meio eletrônico deverá atender aos requisitos de ampla publicidade, autenticidade e segurança, com observância das regras estabelecidas na legislação sobre certificação digital.
§ 3º - O leilão presencial será realizado no local designado pelo juiz.

I. Preferência do leilão por meio eletrônico

Inovando na matéria, o CPC/2015 prevê que o leilão deverá ser realizado preferencialmente por meio eletrônico. O leilão judicial necessita se adequar às modernas ferramentas de comunicação para atrair o maior número possível de interessados. Atualmente, a rede mundial de computadores apresenta-se como ferramenta fundamental para o leilão judicial, possibilitando que eventuais interessados dele participem a distância, algo importante em um país de dimensões continentais e também nas grandes cidades, com todas as suas dificuldades de deslocamento.

O dispositivo em tela, contudo, se mostra bastante lacônico, estipulando apenas que devem ser observadas as garantias processuais das partes – nem poderia ser diferente – e a regulamentação específica do Conselho Nacional de Justiça. Tal disciplina foi levada a cabo pela Resolução nº 236/2016 do CNJ.

Tal escolha do CPC provavelmente se deve ao fato de que as inovações tecnológicas na área da informática são constantes e muito mais velozes que o processo legislativo. Como requisitos legais, previu-se somente a necessidade de ser assegurada ampla publicidade, autenticidade e segurança, com observância das regras estabelecidas sobre certificação digital. Dessa maneira, as regras sobre leilão eletrônico deverão ser lidas em conjunto com a normativa específica sobre a certificação digital e sobre a prática eletrônica dos atos processuais (CPC, arts. 193 a 199).

II. Principais regras sobre leilão eletrônico da Resolução nº 236/2016, do CNJ

As principais regras sobre leilão eletrônico na Resolução nº 236/2016, do CNJ, são as seguintes: (i) a recepção de lances será aberta com, no mínimo, cinco dias (úteis, por se tratar de prazo processual) de antecedência da data designada para o início do período em que se realizará o leilão (art. 886, inciso IV), na forma do art. 11 da Resolução; (ii) o leilão poderá ser simultaneamente eletrônico e presencial, sendo que este se realizará no último dia do período designado para o leilão eletrônico (art. 11, parágrafo único, da Resolução); (iii) eventuais interessados em participar do leilão eletrônico, por meio da rede mundial de computadores, deverão se cadastrar previamente na página respectiva (art. 12 da Resolução); (iv) os bens penhorados serão oferecidos em página designada pelo juízo da execução (art. 887, § 2º), com descrição detalhada e preferencialmente por meio de recursos multimídia, para melhor aferição de suas características e de seu estado de conservação (art. 16 da Resolução); (v) o período para a realização do leilão eletrônico (art. 886, inciso IV) terá sua duração definida pelo juiz da execução ou pelo leiloeiro (art. 20 da Resolução); (vi) sobrevindo lance nos três últimos minutos do leilão exclusivamente eletrônico, o horário de fechamento do pregão será prorrogado em três minutos para que todos os usuários interessados tenham oportunidade de ofertar novos lances; se o leilão for simultaneamente eletrônico e presencial, o tempo será prorrogado em apenas 15 segundos (art. 21 da Resolução); (vii) os lances deverão ser imediatamente divulgados *on-line*, para conhecimento de todos em tempo real (art. 22 da Resolução); (viii) com a aceitação do lance, o sistema emitirá guia de depósito judicial identificado vinculado ao juízo da execução (art. 23 da Resolução), para ser paga pelo arrematante; (ix) serão de exclusiva responsabilidade do leiloeiro os ônus decorrentes da manutenção e operação da página disponibilizada para a realização dos leilões eletrônicos (art. 30 da Resolução); e (x) todo o procedimento deverá ser gravado em arquivos eletrônicos e de multimídia, com capacidade para armazenamento de som, dados e imagens (art. 34 da Resolução).

III. Leilão presencial

Não sendo possível a realização do leilão eletrônico – seja porque ainda não implantados os equipamentos necessários, seja por ser inviável o atendimento aos requisitos legais ou aos previstos na Resolução nº 236/2016, do CNJ –, deve o leilão se efetivar na modalidade presencial. Nesse caso, o leilão deverá ser realizado no local designado pelo juiz. Nada impede, ainda, que o leilão seja simultaneamente eletrônico e presencial, sendo que este se realizará no último dia do período designado para o leilão eletrônico (art. 11, parágrafo único, da Resolução nº 236/2016, do CNJ).

Ao contrário do CPC/1973, não mais se privilegia o átrio do fórum como local para o leilão presencial (CPC/1973, art. 686, § 2º), podendo ser realizado em qualquer outro espaço no fórum ou mesmo fora dele, inclusive no lugar onde estão os bens (CPC, art. 884, inciso II). Ao determinar o lugar para o leilão presencial, deverá o juiz proporcionar maior facilidade de acesso aos interessados e a redução das despesas processuais, de modo a assegurar a maior efetividade possível da execução, da forma menos onerosa ao executado (CPC, art. 805).

Art. 883 - Caberá ao juiz a designação do leiloeiro público, que poderá ser indicado pelo exequente.

I. Leiloeiro

Leiloeiro é um profissional matriculado na Junta Comercial, cuja atividade é regulada pelo Decreto nº 21.981/1932 e pela Instrução Normativa nº 113/2010, do Departamento Nacional de Registro do Comércio. O leiloeiro somente pode atuar no Estado correspondente à Junta Comercial em que se matriculou. Além disso, por força do art. 1º da Resolução nº 236/2016, do CNJ, deverá o leiloeiro também se credenciar perante o órgão judiciário em que desejar atuar para a realização de leilões judiciais.

II. Designação do leiloeiro

O leiloeiro deverá, em todo caso, ser designado pelo juiz. O exequente poderá indicar um profissional, cuja nomeação estará, de qualquer modo, submetida ao controle do juiz, que poderá preferir outro leiloeiro, por considerá-lo mais idôneo ou capacitado. O exequente tem o direito apenas à indicação do leiloeiro, mas não à sua efetiva nomeação pelo juiz: "Infere-se do art. 706 do CPC (o leiloeiro público será indicado pelo exequente) ser juridicamente possível a indicação de leiloeiro público pelo exequente, o que significa dizer que o credor tem o direito de indicar, mas não de ver nomeado o leiloeiro indicado, porquanto inexiste obrigação de homologação pelo juiz" (STJ, 2ª T., REsp nº 1.354.974/MG, Rel. Min. Humberto Martins, j. em 5/3/2013, DJe de 14/3/2013).

Da mesma forma, embora o dispositivo não preveja, poderá o executado sugerir outro profissional para atuar como leiloeiro, em decorrência da paridade de armas no processo (CPC, art. 7º). Seja como for, a inércia das partes não impede que o juiz, de ofício, nomeie o leiloeiro, tendo em vista que a este competem os poderes de direção do processo. Confira-se: "No caso concreto, não há falar em nulidade, pois, em razão da inércia do exequente em indicar leiloeiro oficial, efetuou-se a nomeação pelo juízo, de modo que 'houve a escolha de pessoa com credibilidade, considerada apta para a realização dos atos necessários e que desempenhou sua tarefa sem ofender qualquer interesse das partes'" (STJ, 2ª T., AgRg no REsp nº 1.434.880/PR, Rel. Min. Mauro Campbell Marques, j. em 18/6/2014, DJe de 6/8/2014).

III. Escolha do leiloeiro por negócio jurídico processual

Nada impede que as partes, de comum acordo, escolham leiloeiro. Trata-se de negócio jurídico processual atípico, que encontra amparo no art. 190 e deve ser respeitado pelo juiz, a não ser em caso de invalidade, na forma do art. 190, parágrafo único. Há, contudo, um limite específico para este negócio jurídico processual: o escolhido pelas partes deve necessariamente ser um leiloeiro, não podendo ser, por exemplo, um corretor.

Art. 884 - Incumbe ao leiloeiro público:
I - publicar o edital, anunciando a alienação;
II - realizar o leilão onde se encontrem os bens ou no lugar designado pelo juiz;
III - expor aos pretendentes os bens ou as amostras das mercadorias;
IV - receber e depositar, dentro de 1 (um) dia, à ordem do juiz, o produto da alienação;
V - prestar contas nos 2 (dois) dias subsequentes ao depósito.
Parágrafo único - O leiloeiro tem o direito de receber do arrematante a comissão estabelecida em lei ou arbitrada pelo juiz.

I. Deveres do leiloeiro

O leiloeiro é um auxiliar da justiça que atua na alienação forçada de bens do executado pela modalidade do leilão judicial, exercendo *munus* público, razão pela qual seus atos se revestem da presunção de legitimidade e veracidade. O dispositivo em análise impõe os seguintes deveres ao leiloeiro: (i) providenciar a publicação do edital, para anunciar a realização do leilão (CPC, art. 886); (ii) realizar o leilão onde se encontrem os bens ou no local designado pelo juiz (CPC, art. 882, § 3º – ou, no caso de leilão eletrônico, supervisionar a sua realização na página designada); (iii) expor aos pretendentes os bens ou amostras das mercadorias a serem leiloadas; (iv) receber o produto da alienação e depositá-lo à disposição do juízo, no prazo de um dia; (v) prestar contas das despesas que teve, as quais deverão ser ressarcidas, sem prejuízo do pagamento da comissão, no prazo de dois dias, contados do depósito.

O art. 5º da Resolução nº 236/2016, do CNJ, ainda relaciona os seguintes deveres do leiloeiro: (i) remover os bens penhorados, arrestados ou sequestrados, em poder do executado ou de terceiro, para depósito sob sua responsabilidade, assim como a guarda e a conservação dos referidos bens, na condição de depositário judicial, mediante nomeação pelo juízo competente; (ii) divulgar o edital dos leilões de forma ampla, por meio de material impresso, mala direta, publicações em jornais e na rede mundial de computadores, inclusive com imagens reais dos bens nesse canal de comunicação, para melhor aferição de suas características e de seu estado de conservação; (iii) expor os bens sob sua guarda, mantendo atendimento ao público em imóvel destinado aos bens removidos no horário ininterrupto das 8 h às 18 h, nos dias úteis, ou por meio de serviço de agendamento de visitas; (iv) responder ou justificar sua impossibilidade, de imediato, a todas as indagações formuladas pelo juízo da execução; (v) comparecer ao local da hasta pública com antecedência necessária ao planejamento das atividades; (vi) comprovar, documentalmente, as despesas decorrentes de remoção, guarda e conservação dos bens; (vii) excluir bens da hasta pública sempre que assim determinar o juízo da execução; (viii) comunicar, imediatamente, ao juízo da execução, qualquer dano, avaria ou deterioração do bem removido; (ix) comparecer ou nomear preposto igualmente credenciado para participar de reuniões convocadas pelos órgãos judiciais onde atuam; (x) manter seus dados cadastrais atualizados; e (xi) criar e manter, na rede mundial de computadores, endereço eletrônico e ambiente web para viabilizar a realização de leilão eletrônico e divulgar as imagens dos bens ofertados.

Se, por acaso, o leiloeiro não cumpre seu dever de depositar o produto da alienação em juízo, o arrematante não pode ser prejudicado: "é da responsabilidade do leiloeiro 'receber e depositar, dentro de vinte e quatro (24) horas, à ordem do juízo, o produto da alienação', de modo que, se este não cumpre com seu mister, não pode tal fato ser computado em prejuízo do arrematante, comprometendo a validade da arrematação" (STJ, 3ª T., REsp nº 1.308.878/RJ, Rel. Min. Sidnei Beneti, j. em 4/12/2012, DJe de 19/12/2012).

II. Comissão do leiloeiro

Em contrapartida à sua atuação no leilão, o leiloeiro faz jus a uma remuneração a ser recebida do arrematante, que consiste na sua comissão. De acordo com o Decreto nº 21.981/1932, a comissão devida ao leiloeiro será de cinco por cento sobre quaisquer bens arrematados (Decreto nº 21.981/1932, art. 24, parágrafo único). No entanto, de acordo com o Superior Tribunal de Justiça (STJ, REsp nº 680.140, Rel. Min. Gilson Dipp, j. em 2/2/2006), em entendimento que deve ser preservado no CPC/2015 e que foi confirmado no art. 7º da Resolução nº 236/2016, do CNJ, o montante de 5% sobre o valor da arrematação corresponde apenas à comissão mínima do leiloeiro, podendo o juiz arbitrá-la em valor superior, que deverá, de todo modo, constar previamente do edital do leilão (CPC, art. 886, inciso II).

O pressuposto para que seja devida a comissão do leiloeiro é que a arrematação se aperfeiçoe. Se ocorre a adjudicação (CPC, arts. 876 a 878) ou a remição da execução (CPC, art. 826) antes da assinatura do auto de arrematação, não é devida comissão ao leiloeiro. Da mesma forma, caso não apareçam interessados no leilão ou a arrematação não ocorra por qualquer outro motivo, o leiloeiro não fará jus à comissão (art. 7º, § 1º, da Resolução nº 236/2016, do CNJ). Invalidada a arrematação (CPC, art. 903, § 1º), o leiloeiro deverá devolver ao arrematante o valor recebido a título de comissão, corrigido monetariamente. Na hipótese de acordo após a arrematação, contudo, o leiloeiro fará jus à comissão, pois a expropriação se aperfeiçoou (art. 7º, §§ 2º e 3º, da Resolução nº 236/2016, do CNJ). Se o valor de arrematação for superior ao crédito do exequente, a comissão do leiloeiro público, bem como as despesas com remoção e guarda dos bens, poderão ser deduzidas do produto da arrematação (art. 7º, § 4º, da Resolução nº 236/2016 do CNJ).

III. Ressarcimento das despesas

Mesmo nos casos em que não tenha direito a receber a comissão, o leiloeiro deve ser ressarcido das despesas que comprovadamente realizou com anúncios, guarda e conservação dos bens que lhe foram entregues para venda (art. 40 do Decreto nº 21.981/1932), de acordo com a prestação de contas que vier a apresentar, com a comprovação documental das despesas em que incorreu (CPC, art. 884, inciso V). Tais despesas poderão ser cobradas pelo leiloeiro do exequente (que deverá incluir esta quantia no valor total da execução para ser ressarcido pelo executado) ou do executado (esta última situação, contemplada no art. 7º, § 7º, da Resolução nº 236/2016, do CNJ).

Art. 885 - O juiz da execução estabelecerá o preço mínimo, as condições de pagamento e as garantias que poderão ser prestadas pelo arrematante.

I. Parâmetros para o leilão judicial

Deve o juiz estabelecer os parâmetros necessários para a realização do leilão, que compreendem o preço mínimo, as condições de pagamento e as garantias que poderão ser prestadas pelo arrematante, mediante apreciação das circunstâncias concretas do mercado e da liquidez e valor do bem leiloado. O objetivo do legislador consiste justamente em antecipar eventuais discussões sobre as condições para a realização do leilão, diminuindo a probabilidade de sua suspensão ou mesmo do desfazimento da arrematação. Quanto ao preço mínimo, fora situações excepcionais, que exigem fundamentação explícita e analítica, não deve o juiz estabelecê-lo em valor inferior ao critério legal de 50% do valor da avaliação (CPC, art. 891, parágrafo único). O CPC/2015 não manteve, portanto, a exigência de que no primeiro leilão o valor das propostas fosse, no mínimo, igual ao valor da avaliação. De todo modo, a ausência de fixação do preço mínimo pelo juiz não ensejará nulidade do leilão, até mesmo em razão do parâmetro estabelecido no referido art. 891, parágrafo único, para o preço vil (abaixo de 50% da avaliação, na falta de decisão do juiz em contrário), como apontado pelo Enunciado nº 193, do FPPC: "Não justifica o adiamento do leilão, nem é causa de nulidade da arrematação, a falta de fixação, pelo juiz, do preço mínimo para a arrematação". As condições de pagamento e as garantias a serem prestadas pelo arrematante deverão observar o CPC, arts. 892 a 895, incumbindo ao juiz especificar se o pagamento se realizará mediante depósito judicial ou meio eletrônico e, ainda, de que maneira deverão ser encaminhadas eventuais propostas para pagamento parcelado e que espécies de garantias serão admitidas.

Além disso, embora não previsto no dispositivo, deve o juiz arbitrar a comissão devida ao leiloeiro em caso de arrematação (CPC, art. 884, parágrafo único), que deverá constar do edital do leilão (CPC, art. 886, inciso II). Caso não haja esse arbitramento explícito pelo magistrado, entende-se que a comissão corresponderá ao mínimo legal, de 5% sobre o valor da arrematação (Decreto nº 21.981/1932, art. 24, parágrafo único).

Art. 886 - O leilão será precedido de publicação de edital, que conterá:
I - a descrição do bem penhorado, com suas características, e, tratando-se de imóvel, sua situação e suas divisas, com remissão à matrícula e aos registros;
II - o valor pelo qual o bem foi avaliado, o preço mínimo pelo qual poderá ser alienado, as condições de pagamento e, se for o caso, a comissão do leiloeiro designado;
III - o lugar onde estiverem os móveis, os veículos e os semoventes e, tratando-se de créditos ou direitos, a identificação dos autos do processo em que foram penhorados;
IV - o sítio, na rede mundial de computadores, e o período em que se realizará o leilão, salvo se este se der de modo presencial, hipótese em que serão indicados o local, o dia e a hora de sua realização;
V - a indicação de local, dia e hora de segundo leilão presencial, para a hipótese de não haver interessado no primeiro;
VI - menção da existência de ônus, recurso ou processo pendente sobre os bens a serem leiloados.
Parágrafo único - No caso de títulos da dívida pública e de títulos negociados em bolsa, constará do edital o valor da última cotação.

I. Edital do leilão

Para que o leilão judicial alcance sua finalidade, qual seja converter os bens penhorados em dinheiro mediante sua alienação forçada, é importante que o maior número de pessoas possível seja informado de sua realização e dos dados relevantes sobre o bem a ser leiloado, a fim de que avaliem o seu real interesse na aquisição da coisa e o preço que estão dispostos a pagar para obtê-la. Dessa forma, considerou o legislador ser conveniente a publicação de edital previamente ao leilão, de maneira a conferir-lhe publicidade e transparência, o qual deve contemplar, no mínimo, as informações relacionadas no dispositivo em análise. Além desses dados indicados em lei, deve o edital conter quaisquer outras informações que sejam consideradas relevantes sobre o bem a ser leiloado e as condições para a arrematação.

II. Descrição do bem

Entre as informações mínimas exigidas no edital, encontra-se a descrição do bem penhorado, com suas características e, tratando-se de imóvel, sua situação e divisas, com remissão à matrícula e aos registros nela constantes. Estes dados são de evidente importância para eventuais interessados, que devem avaliar previamente as características do bem a ser leiloado e sua situação registral, a fim de que possam decidir se irão oferecer algum lance e, em caso positivo, qual será o seu valor.

III. Valor da avaliação, preço mínimo, condições de pagamento e comissão do leiloeiro

Exige-se, ainda, que conste do edital o valor da avaliação, bem como o preço mínimo pelo qual poderá ser alienado o bem leiloado e as condições de pagamento, fixados previamente pelo juiz (CPC, art. 885). Deve constar, ainda, a comissão do leiloeiro designado. Com exceção do valor da avaliação, entretanto, a omissão de tais informações no edital não acarreta prejuízo, nem enseja a nulidade do leilão. Não tendo o juiz fixado preço mínimo para a arrematação, aplica-se a regra legal segundo a qual se considera vil o preço inferior a 50% do valor da avaliação (CPC, art. 891, parágrafo único). Nessa direção, estabelece o Enunciado nº 193, do FPPC: "Não justifica o adiamento do leilão, nem é causa de nulidade da arrematação, a falta de fixação, pelo juiz, do preço mínimo para a arrematação". Se não consta do edital nenhuma condição específica de pagamento, este deverá ser realizado de imediato pelo arrematante, por depósito judicial ou por meio eletrônico (CPC, art. 892). Finalmente, se não há informação no edital acerca da comissão do leiloeiro, entende-se que esta será devida no mínimo legal, correspondente a 5% sobre o valor da arrematação (art. 24, parágrafo único, do Decreto nº 21.981/1932).

IV. Local em que se encontram os bens

Deve o edital também especificar o local onde estiverem os móveis, os veículos e os semoventes e, tratando-se de créditos ou direitos, a identificação dos autos do processo em que foram penhorados. A importância dessa informação reside no fato de que eventuais interessados no bem devem ter a oportunidade de examiná-lo previamente ao leilão – cuja exibição, aliás, consiste em um dos deveres do leiloeiro (CPC, art. 884, inciso III). No caso de penhora de créditos ou de direitos, os interessados devem ter a possibilidade de examinar os autos em que foi determinada a constrição, anteriormente à realização do leilão, razão pela qual deverá constar do edital a identificação dos autos do processo em que foram penhorados.

V. Página na rede mundial de computadores e período em que se realizará o leilão eletrônico

Tratando-se de leilão eletrônico, modalidade preferencial (CPC, art. 882, *caput*), o edital necessita indicar a página, na rede mundial de computadores, e o período durante o qual será realizado o ato, especificando-se dia e horário de seu encerramento. Observe-se que, nos termos da Resolução nº 236/2016, do CNJ, no caso de leilão eletrônico: (i) a recepção de lances será aberta com, no mínimo, cinco dias (úteis, por se tratar de prazo processual) de antecedência da data designada para o início do período em que se realizará o leilão, na forma do art.

11 da Resolução; (ii) eventuais interessados em participar do leilão eletrônico deverão se cadastrar previamente na página respectiva (art. 12 da Resolução); (iii) o período para a realização do leilão eletrônico (CPC, art. 886, inciso IV) terá sua duração definida pelo juiz ou pelo leiloeiro (art. 20 da Resolução); (vi) sobrevindo lance nos três últimos minutos do leilão exclusivamente eletrônico, o horário de fechamento do pregão será prorrogado em três minutos para que todos os usuários interessados tenham oportunidade de ofertar novos lances; se o leilão for simultaneamente eletrônico e presencial, o tempo será prorrogado em apenas 15 segundos (art. 21 da Resolução); (iv) os lances deverão ser imediatamente divulgados *on-line*, para conhecimento de todos em tempo real (art. 22 da Resolução); (v) com a aceitação do lance, o sistema emitirá guia de depósito judicial identificado vinculado ao juízo da execução (art. 23 da Resolução), para ser paga pelo arrematante; e (vi) todo o procedimento deverá ser gravado em arquivos eletrônicos e de multimídia, com capacidade para armazenamento de som, dados e imagens (art. 34 da Resolução).

VI. Local, dia e hora para a realização de leilão presencial

Se o leilão se realizar de forma presencial, deverão ser indicados o local, dia e hora de sua realização (CPC, art. 882, § 3º). Se o leilão for simultaneamente eletrônico e presencial, este se realizará no último dia do período designado para o leilão eletrônico (art. 11, parágrafo único, da Resolução nº 236/2016, do CNJ). Deverão desde logo, ainda, ser indicados no edital o local, dia e hora para eventual segundo leilão presencial, na hipótese da ausência de interessados no primeiro, não fazendo sentido que se publicasse um segundo edital em separado para este fim, em flagrante desperdício de tempo e dinheiro. Observe-se que o dispositivo determina que somente se realiza o segundo leilão se não houver interessados no leilão anterior, o que significa, de forma implícita, que as propostas já no primeiro leilão podem ser inferiores ao valor da avaliação, desde que não consistam em preço vil (CPC, art. 891). Trata-se de relevante alteração em relação ao CPC/1973, o qual determinava que as propostas no primeiro leilão deveriam corresponder, no mínimo, ao valor da avaliação, fazendo com que quase sempre o segundo leilão fosse necessário.

VII. Ônus, recurso ou processo pendente sobre os bens

Outra exigência, da maior importância, é que conste no edital a existência de ônus, recurso ou processo pendente sobre os bens a serem leiloados. Ônus consistem em eventuais gravames sobre o bem que afetem a sua fruição ou disposição (hipoteca, penhor, anticrese, alienação fiduciária ou mesmo outras penhoras). Recursos podem existir nos casos de cumprimento provisório de sentença, ainda que, em regra, os atos de expropriação demandem a prestação de caução pelo exequente (CPC, art. 520, inciso IV). Processos pendentes podem se relacionar não somente a eventuais ações reivindicatórias ou possessórias sobre o bem a ser leiloado, como também a ação rescisória que tenha por objeto o título executivo judicial que ampara o cumprimento de sentença. Tais informações podem impactar de forma decisiva a situação jurídica de eventuais interessados na aquisição do bem e, por isso mesmo, sua omissão no edital autoriza a desistência do arrematante, ainda que já tenha sido assinado o auto de arrematação (CPC, art. 903, § 5º, inciso I).

VIII. Última cotação dos títulos da dívida pública e de títulos negociados em bolsa

O parágrafo único do dispositivo em análise prevê que, tratando-se de títulos da dívida pública e de títulos negociados em bolsa, constará do edital o valor da última cotação. Sua finalidade consiste em servir como parâmetro não apenas para fins de definição do preço vil – uma vez que tais bens não necessitam ser submetidos à avaliação (CPC, art. 871, incisos II e III) –, mas para eventuais interessados em oferecer lance. Em que pese a literalidade do dispositivo (valor da última cotação anterior à elaboração do edital), tratando-se de informação de fácil obtenção pelo leiloeiro, a cotação constante do edital deve ser atualizada no próprio dia do leilão.

IX. Omissão e demonstração de prejuízo

Havendo omissão das informações mínimas exigidas pelo dispositivo em análise, não se deve decretar de imediato a nulidade do leilão, até mesmo em razão do sistema geral de nulidades do CPC/2015. É preciso, em aplicação específica dos arts. 277 e 282, § 1º, verificar se houve algum prejuízo, seja para as partes – por não terem sido atraídos interessados em número suficiente para o leilão –, seja principalmente para o arrematante, a quem o edital se dirige. Nesse sentido: "De regra, pois, eventual nulidade relacionada à omissão do edital aproveita apenas ao arrematante e depende da demonstração da existência de prejuízo, sendo incabível tal alegação pelo devedor que não foi prejudicado" (STJ, 3ª T., REsp nº 1.316.970/RJ, Rel. Min. Nancy Andrighi, j. em 28/5/2013, DJe de 7/6/2013). Referido prejuízo, contudo, é presumido no caso de ônus, recurso ou processo pendente sobre o bem e não informado no edital, caso em que se autoriza a desistência do arrematante, mesmo após a assinatura do auto de arrematação, nos termos do art. 903, § 5º, inciso I.

Art. 887 - O leiloeiro público designado adotará providências para a ampla divulgação da alienação.
§ 1º - A publicação do edital deverá ocorrer pelo menos 5 (cinco) dias antes da data marcada para o leilão.
§ 2º - O edital será publicado na rede mundial de computadores, em sítio designado pelo juízo da execução, e conterá descrição detalhada e, sempre que possível, ilustrada dos bens, informando expressamente se o leilão se realizará de forma eletrônica ou presencial.
§ 3º - Não sendo possível a publicação na rede mundial de computadores ou considerando o juiz, em atenção às condições da sede do juízo, que esse modo de divulgação é insuficiente ou inadequado, o edital será afixado em local de costume e publicado, em resumo, pelo menos uma vez em jornal de ampla circulação local.
§ 4º - Atendendo ao valor dos bens e às condições da sede do juízo, o juiz poderá alterar a forma e a frequência da publicidade na imprensa, mandar publicar o edital em local de ampla circulação de pessoas e divulgar avisos em emissora de rádio ou televisão local, bem como em sítios distintos do indicado no § 2º.
§ 5º - Os editais de leilão de imóveis e de veículos automotores serão publicados pela imprensa ou por outros meios de divulgação, preferencialmente na seção ou no local reservados à publicidade dos respectivos negócios.
§ 6º - O juiz poderá determinar a reunião de publicações em listas referentes a mais de uma execução.

I. Divulgação do leilão

Para que o leilão judicial alcance sua finalidade, é conveniente que o maior número de pessoas possível seja informado de sua realização. Diante dessa constatação, o legislador abandonou o antiquado sistema de divulgação do CPC/1973 – afixação do edital no fórum e publicação em jornal de circulação local, que limitava a publicidade do leilão e favorecia que sempre as mesmas pessoas dele tomassem conhecimento e oferecessem lances – e promoveu renovada disciplina na matéria.

II. Obrigação do leiloeiro

Incumbe ao leiloeiro tomar todas as providências necessárias para a publicação do edital e, de forma geral, para a ampla divulgação do leilão judicial, sendo este o primeiro dos deveres a ele conferido (CPC, art. 884, inciso I). Corroborando esse dever, o art. 5º, inciso II, da Resolução nº 236/2016, do CNJ, determina que deve o leiloeiro divulgar o edital dos leilões de forma ampla ao público em geral, por meio de material impresso, mala direta, publicações em jornais e na rede mundial de computadores, inclusive com imagens reais dos bens nesse canal de comunicação, para melhor aferição de suas características e de seu estado de conservação.

III. Prazo para a publicação

O edital deve ser publicado no prazo mínimo de cinco dias antes da realização do leilão. Tratando-se de prazo processual, ou seja, intervalo de tempo estabelecido para a prática de um ato processual, sua contagem deve ser realizada apenas nos dias úteis (CPC, art. 219). O desrespeito a referido prazo, contudo, não acarreta por si só a nulidade do leilão, havendo que se verificar se houve prejuízo para as partes – por exemplo, porque a divulgação sem a necessária antecedência impediu que fosse apresentada proposta de arrematação em melhores condições.

IV. Preferência pela publicação por meio eletrônico

A publicação do edital deve ocorrer, sempre que possível, em página própria indicada pelo juízo da execução, na rede mundial de computadores. Essa nova forma de divulgação, que toma o lugar da vetusta afixação do edital no fórum e da publicação em jornal de ampla circulação local, foi priorizada pelo legislador por se considerar que poderia atingir a um número muito maior de interessados, além de ser menos onerosa para as partes que os custos de um anúncio no jornal. Não basta, porém, que a publicação se limite às informações mínimas do edital exigidas por lei (CPC, art. 886): é necessário constar a descrição detalhada e, sempre que possível, ilustrada dos bens, informando-se expressamente se o leilão será realizado por via eletrônica ou presencial (CPC, art. 882). Tal evidencia que a publicação do edital por meio eletrônico ocorrerá mesmo nos casos de leilão presencial.

V. Alternativas para a publicação do edital

Em caráter de exceção, tendo em vista as condições da sede do juízo, pode ser que se verifique que a publicação por meio eletrônico não seja a melhor forma de divulgação do leilão, como nos casos de comarcas distantes, com precário acesso à rede mundial de computadores. Outra hipótese em que a publicação por meio eletrônico pode não ser a mais adequada se refere aos casos em que, por qualquer motivo, os eventuais interessados nos bens a serem leiloados não acessem – ou raramente acessem – a rede mundial de computadores. Nestes casos, fica restabelecido o sistema de divulgação do CPC/1973: afixação do edital "no local de costume" e publicação, pelo menos uma vez, em jornal de ampla circulação local. O local em que o edital será afixado não deve se limitar ao fórum: em vez disso, devem ser priorizados lugares de amplo acesso público, como praças ou igrejas. Jornal de ampla circulação local, por sua vez, é aquele que chega ao conhecimento de grande parte da população na comarca ou seção judiciária, podendo se tratar de veículos que apenas circulam naquela localidade ou que são comercializados em território mais amplo, o qual pode compreender todo o país. Se o exequente for beneficiário de gratuidade de justiça (CPC, art. 98, § 1º, inciso III), poderá ser determinada a publicação do edital no Diário Oficial, em vez do jornal de ampla circulação.

Em qualquer caso, mesmo nas hipóteses de divulgação do edital pela rede mundial de computadores, deve o juiz – se assim considerar adequado – determinar outras formas de divulgação do leilão. O dispositivo em análise (§ 4º) estabelece um rol exemplificativo: alterar a forma e a frequência da publicidade na imprensa, mandar publicar o edital em local de ampla circulação de pessoas (como praças ou igrejas), divulgar avisos em emissora de rádio ou televisão local, ou em outras páginas na rede mundial de computadores (como a página do leiloeiro ou mesmo em redes sociais, por exemplo). Como se vê, o CPC/2015 conferiu ao juiz o poder de flexibilização procedimental na determinação das formas de divulgação do leilão, devendo sempre o magistrado raciocinar em termos de custo-benefício. O juiz, ao se valer de tal prerrogativa, mediante decisão fundamentada, deve ponderar entre a exigência de efetividade do leilão judicial e as despesas ocasionadas pela realização de formas adicionais de divulgação do ato, com vistas a proporcionar a menor onerosidade possível do executado (CPC, art. 805), sobre quem, ao fim e ao cabo, recairão todas as despesas processuais necessárias à expropriação.

VI. Leilão de imóveis e veículos automotores

Em relação especificamente aos imóveis e veículos automotores, considerou-se que a forma mais eficiente de divulgação do leilão consistiria na publicação do edital pela imprensa ou por outros meios de divulgação, preferencialmente na seção ou no local reservados à publicidade dos respectivos negócios, ou seja, nos classificados de imóveis e veículos ou, ainda, em páginas da rede mundial de computadores destinadas à compra e venda desses bens. Como o objetivo do legislador é obter a maior divulgação possível para a realização do leilão, esta forma específica de publicidade não afasta a regra geral de disponibilização do edital na página designada pelo juízo da execução, na rede mundial de computadores: são formas de publicidade cumulativas, devendo o julgador ter em mente sempre, contudo, a exigência de menor onerosidade da execução (CPC, art. 805), evitando despesas extras que a divulgação adicional poderia proporcionar, em prejuízo ao executado.

VII. Reunião de publicações

Por questão de economia processual e redução de custos, permite-se que as publicações de mais de um edital sejam reunidas em listas, referentes a mais de uma execução. Tal medida é especialmente útil nos casos de publicação do edital nos jornais ou em outros meios de comunicação, caso em que a divulgação do leilão acarreta despesas significativamente superiores à simples inclusão do edital em uma página na rede mundial de computadores.

Art. 888 - Não se realizando o leilão por qualquer motivo, o juiz mandará publicar a transferência, observando-se o disposto no art. 887.
Parágrafo único - O escrivão, o chefe de secretaria ou o leiloeiro que culposamente der causa à transferência responde pelas despesas da nova publicação, podendo o juiz aplicar-lhe a pena de suspensão por 5 (cinco) dias a 3 (três) meses, em procedimento administrativo regular.

I. Redesignação de leilão não iniciado

Qualquer que seja o motivo, se o leilão não puder se realizar na data indicada, sua transferência para nova data deverá ser divulgada com a mesma cautela e formalidade que a divulgação do edital anterior (CPC, art. 887). Não há mais a previsão da exigência, contemplada no CPC/1973, de que o adiamento ocorra por "motivo justo", o que é importante para eventual responsabilização de quem deu causa à transferência do leilão, mas não à adequada divulgação da nova data, que diz respeito à efetividade da tutela jurisdicional executiva e deve ocorrer independentemente de quem tenha dado causa à redesignação do leilão. Observe-se que o dispositivo em tela se refere à transferência do leilão ainda não iniciado, não do prosseguimento do leilão que já começou em outro dia, hipótese regulada no art. 900.

II. Responsabilização do escrivão, do chefe de secretaria ou do leiloeiro

Caso o escrivão, o chefe de secretaria ou o leiloeiro culposamente deem causa ao adiamento do leilão, responderão pelas despesas para a nova publicação do edital. Além disso, havendo indícios de adiamento culposo, deverá o juiz determinar a instauração de procedimento administrativo para apuração de sua responsabilidade, assegurado o direito de defesa, que poderá culminar na pena de suspensão do ofício por cinco dias até três meses (prazo bem superior ao máximo de 30 dias que era previsto no CPC/1973). Caso o exequente entenda que sofreu prejuízos decorrentes da transferência do leilão, por exemplo, em virtude da perda de proposta vantajosa, poderá também pedir indenização contra o responsável em ação judicial autônoma.

III. Responsabilização do executado

Se quem deu causa à transferência do leilão foi o executado, não se aplica o dispositivo em análise. Podem incidir, entretanto, as penas cominadas pela prática de ato atentatório à dignidade da justiça (art. 774, inciso II), caso em que o executado será condenado a pagar multa, de até 20% do valor executado, a ser revertida ao exequente, sem prejuízo de outras sanções. O valor da multa, neste caso, será fixado de plano pelo juiz, sendo possível promover a sua cobrança nos próprios autos da execução (art. 777).

IV. Quem paga as despesas de nova divulgação do leilão se houve adiamento por justo motivo?

Pode ser que o leilão tenha que ser transferido sem que ninguém possa ser responsabilizado por isso, como no caso de chuvas torrenciais que inviabilizam o acesso ao local designado. Para essa situação, não há resposta clara no CPC/2015, não restando alternativa, senão exigir que o exequente arque com tais despesas, as quais deverão ser ressarcidas pelo executado ao final da execução.

Art. 889 - Serão cientificados da alienação judicial, com pelo menos 5 (cinco) dias de antecedência:
I - o executado, por meio de seu advogado ou, se não tiver procurador constituído nos autos, por carta registrada, mandado, edital ou outro meio idôneo;
II - o coproprietário de bem indivisível do qual tenha sido penhorada fração ideal;
III - o titular de usufruto, uso, habitação, enfiteuse, direito de superfície, concessão de uso especial para fins de moradia ou concessão de direito real de uso, quando a penhora recair sobre bem gravado com tais direitos reais;
IV - o proprietário do terreno submetido ao regime de direito de superfície, enfiteuse, concessão de uso especial para fins de moradia ou concessão de direito real de uso, quando a penhora recair sobre tais direitos reais;
V - o credor pignoratício, hipotecário, anticrético, fiduciário ou com penhora anteriormente averbada, quando a penhora recair sobre bens com tais gravames, caso não seja o credor, de qualquer modo, parte na execução;
VI - o promitente comprador, quando a penhora recair sobre bem em relação ao qual haja promessa de compra e venda registrada;
VII - o promitente vendedor, quando a penhora recair sobre direito aquisitivo derivado de promessa de compra e venda registrada;
VIII - a União, o Estado e o Município, no caso de alienação de bem tombado.
Parágrafo único - Se o executado for revel e não tiver advogado constituído, não constando dos autos seu endereço atual ou, ainda, não sendo ele encontrado no endereço constante do processo, a intimação considerar-se-á feita por meio do próprio edital de leilão.

I. Intimação do leilão

Embora o dispositivo em tela refira-se genericamente a cientificação, trata-se de verdadeira intimação da realização do leilão. Sempre que a comunicação dos atos processuais não se realize por citação (o que obviamente não se verifica, pois o executado já foi citado anteriormente e nenhum dos demais sujeitos relacionados na regra em destaque será convocado para integrar a relação jurídica processual executiva), será o caso de intimação (CPC, art. 269).

Embora, em tese, seja possível que a intimação se realize por qualquer das modalidades conhecidas (meio eletrônico, correios, oficial de justiça, com hora certa ou por edital), esta será efetivada, sempre que possível, por meio eletrônico (CPC, art. 270). Tal regra será especialmente útil nos casos em que qualquer dos sujeitos relacionados na regra em análise já tenha advogado constituído nos autos (situação em que serão intimados na pessoa de seu advogado) ou nas hipóteses em que tais sujeitos estejam previamente cadastrados no portal eletrônico do tribunal, aptos a receberem intimações por meio eletrônico (CPC, art. 246, § 1º). Perfeitamente possível, ainda, que o advogado do exequente ou mesmo o leiloeiro intime o advogado dos sujeitos relacionados neste dispositivo pelo correio, juntando aos autos, a seguir, cópia do ofício de intimação e do aviso de recebimento (CPC, art. 269, § 1º).

II. Prazo para intimação

A intimação deve ocorrer no prazo mínimo de cinco dias antes da data do leilão. Tratando-se de prazo processual, ou seja, intervalo de tempo estabelecido para a prática de um ato processual, sua contagem deve ser realizada apenas nos dias úteis (CPC, art. 219).

III. Intimação do executado

A intimação do executado é necessária, porque o leilão consiste em ato de expropriação forçada sobre bem de sua titularidade, devendo este ter a possibilidade de se opor contra eventuais desvios e irregularidades (por exemplo, aceitação de lance que configure preço vil). Além disso, o executado tem o direito de remir a execução até o aperfeiçoamento da arrematação (art. 826). Por isso mesmo, existindo vários executados, basta que seja intimado aquele cujo bem será leiloado.

O executado deve ser intimado por meio de seu advogado constituído nos autos ou, caso não o possua, por meio eletrônico (se estiver cadastrado no portal do tribunal, apto a receber intimações eletrônicas), carta registrada, mandado, edital ou outro "meio idôneo", ou seja, aquele que com alguma segurança permita inferir que a informação chegou ao conhecimento do executado. Para o Superior Tribunal de Justiça, "a intimação 'via telefone' não se enquadra no conceito legal de 'meio idôneo', sendo, por isso, írrita e de nenhum efeito" (STJ, 3ª T., AgRg nos EDcl no REsp nº 1.427.316/SC, Rel. Min. Sidnei Beneti, j. em 5/8/2014, DJe de 2/9/2014).

A ausência de intimação do executado enseja nulidade do leilão (CPC, art. 903, § 1º, inciso I), a não ser que seja demonstrado que ele, de alguma forma, já tinha conhecimento da data do leilão, como no caso em que peticionou nos autos buscando adiar sua realização. Nesse sentido: "A intimação pessoal do executado, para a hasta pública, nos termos do art. 687, § 5º, do CPC [de 1973], é desnecessária quando demonstrado ter ele inequívoco conhecimento da data da hasta pública ao requerer, por intermédio do seu Advogado nos autos, o adiamento da praça, como ocorrido no caso" (STJ, 3ª T., REsp nº 1.423.308/PE, Rel. Min. Sidnei Beneti, j. em 20/2/2014, DJe de 25/2/2014).

Não se pode, todavia, condicionar o prosseguimento da execução à localização do executado. Por isso, dispõe o parágrafo único do dispositivo em análise que se o executado for revel e não tiver advogado constituído, não constando dos autos seu endereço atual ou, ainda, não sendo ele encontrado no endereço informado, a intimação será feita pela simples publicação do edital de leilão (CPC, art. 887). Essa solução, todavia, somente pode ser adotada se preenchidos todos os requisitos do art. 889, parágrafo único, e como último recurso, devendo antes se esgotar as tentativas de localização do executado, sob pena de nulidade do leilão. É possível, ainda, no caso de mudança de endereço do executado sem que esta tenha sido informada nos autos, que a intimação seja considerada aperfeiçoada no endereço anterior (CPC, art. 274, parágrafo único).

Por outro lado, nos casos em que o executado não seja revel, se por algum motivo ele não possui advogado constituído ao tempo em que for determinada a intimação da realização do leilão, não é possível a intimação no endereço anterior (por exemplo, porque se trata de imóvel desapropriado para a construção de uma estrada) e não é localizado para ser comunicado por carta registrada ou mandado, pode ser determinada a sua intimação por edital (CPC, art. 275, § 2º), nada impedindo que, por economia processual, a intimação do executado e a divulgação do leilão sejam consolidadas em um só edital, respeitada a forma de publicidade exigida para cada comunicação.

IV. Intimação dos terceiros que tenham algum direito sobre o bem

Além do executado, devem ser intimados quaisquer terceiros que titularizem direitos sobre o bem penhorado. Basta, porém, uma só intimação endereçada a tais terceiros ao longo da execução, sendo desnecessária a dupla intimação: uma por ocasião da penhora (art. 799, incisos I a VII) e outra, quando da realização do ato destinado à expropriação do bem (altera-se, nesse sentido, entendimento manifestado em edição anterior da presente obra).

O coproprietário de bem indivisível do qual tenha sido penhorada fração ideal deve ser intimado para que exerça o direito de preferência (CPC, art. 843, § 1º). A intimação não é exigida, contudo, tratando-se de bem que já se encontra dividido ou no caso de alienação fracionada de bem divisível (CPC, art. 894).

Os demais sujeitos relacionados nos incisos III a VII devem ser intimados do leilão para que possam contrapor seu direito ao exequente, especialmente nos casos em que se tratar de credor com preferência ou privilégio superior. Observe-se que a relação de terceiros a serem intimados é significativamente mais ampla que a do CPC/1973.

A União, o Estado e o Município também devem ser intimados, caso o leilão recaia sobre bem tombado, para que exerçam o direito de preferência na arrematação (CPC, art. 892, § 3º). O assunto estava regulado no art. 22 do Decreto-Lei nº 25/1937, que vedava a expedição dos editais de praça antes da comunicação aos entes públicos. Com a revogação desse dispositivo (CPC, art. 1.072, inciso I), nada impede a publicação dos editais relativos a leilão de bem tombado, mas deverá ocorrer a intimação da União, do Estado e do Município com pelo menos cinco dias de antecedência.

Se o objeto do leilão forem quotas sociais ou ações de sociedade anônima fechada e sendo o exequente alheio à sociedade, embora o dispositivo em tela não preveja, deve também a sociedade ser intimada do leilão, se tal comunicação já não ocorreu por ocasião da penhora (CPC, art. 799, inciso VII), de maneira que esta repasse a informação aos demais sócios, a fim de que estes exerçam a preferência na arrematação do bem penhorado.

No caso específico de estrada de ferro hipotecada, deverá ser intimado ainda o representante da União ou do Estado, para, querendo, dentro de 15 dias (úteis, por se tratar de prazo processual), exercer o direito à remição, pagando o preço da arrematação (art. 1.505 do Código Civil). O objetivo do legislador, ao estabelecer esse caso de remição, é a preservação do serviço público, evitando que a estrada de ferro passe para a titularidade de quem não tem condições de prestá-lo adequadamente.

Observe-se, por fim, que a mera intimação de ente federal em execução em curso na Justiça Estadual não desloca o feito para a Justiça Federal, como se depreende da Súmula nº 270 do STJ.

V. Consequências em caso de não realização das intimações

Caso não realizada a intimação do executado, será nula a arrematação (CPC, art. 903, § 1º, inciso I), a não ser que seja demonstrado que ele, de alguma forma, já tinha conhecimento da data do leilão, como no caso em que peticionou nos autos buscando adiar sua realização. Confira-se: "Dessa forma, malgrado considerada perfeita, acabada e irretratável com a assinatura do auto pelo juiz, pelo escrivão, pelo arrematante e pelo porteiro ou leiloeiro, a arrematação, *in casu*, deverá ser desfeita, uma vez que presente vício de nulidade insanável: a ausência de cientificação do devedor" (STJ, 2ª T., AgRg nos EDcl no AREsp nº 479.566/SP, Rel. Min. Herman Benjamin, j. em 16/9/2014, DJe de 10/10/2014).

Especificamente quanto ao credor com garantia real que deixou de ser intimado, este poderá buscar obstar a realização do ato de expropriação mediante embargos de terceiro (CPC, art. 674, § 2º, inciso IV).

Em relação aos demais sujeitos não intimados que não o executado (incluindo o coproprietário de bem indivisível e a União, o Estado e o Município, no caso de alienação de bem tombado), a arrematação realizada será válida, mas ineficaz quanto ao terceiro não intimado, que poderá contrapor seu direito contra o exequente e o próprio arrematante (arts. 804 e 903, § 1º, inciso II). Assim, por exemplo, se um credor hipotecário deixou de ser intimado e houve a arrematação, a hipoteca permanecerá gravando o bem, ainda que este tenha sido transferido ao arrematante. Observe-se que somente o terceiro não intimado tem legitimidade para alegar a ineficácia da arrematação. Por outro lado, caso o direito exercido por tais terceiros não intimados decorra de gravame que deixou de ser informado ao arrematante no edital do leilão, este poderá simplesmente desistir da arrematação, ainda que já assinado o respectivo auto (art. 903, § 5º, inciso I).

Art. 890 - Pode oferecer lance quem estiver na livre administração de seus bens, com exceção:

I - dos tutores, dos curadores, dos testamenteiros, dos administradores ou dos liquidantes, quanto aos bens confiados à sua guarda e à sua responsabilidade;

II - dos mandatários, quanto aos bens de cuja administração ou alienação estejam encarregados;

III - do juiz, do membro do Ministério Público e da Defensoria Pública, do escrivão, do chefe de secretaria e dos demais servidores e auxiliares da justiça, em relação aos bens e direitos objeto de alienação na localidade onde servirem ou a que se estender a sua autoridade;

IV - dos servidores públicos em geral, quanto aos bens ou aos direitos da pessoa jurídica a que servirem ou que estejam sob sua administração direta ou indireta;

V - dos leiloeiros e seus prepostos, quanto aos bens de cuja venda estejam encarregados;

VI - dos advogados de qualquer das partes.

I. Legitimidade para participar do leilão: regra geral

Podem participar do leilão todos os que se encontrem na livre administração de seus bens, o que pressupõe a plena capacidade civil (CC, art. 5º). Desse modo, não podem oferecer lance os absoluta ou relativamente incapazes (CC, arts. 3º e 4º), nem o insolvente ou o falido, que perderam a livre administração de seus bens (CPC/1973, art. 752, e Lei nº 11.101/2005, art. 103).

II. Pode o condomínio edilício arrematar a unidade imobiliária autônoma?

O condomínio edilício não possui personalidade jurídica no Direito brasileiro (embora possua capacidade para ser parte ou personalidade judiciária – CPC, art. 75, inciso XI), razão pela qual se questiona sua legitimidade para arrematar a unidade imobiliária autônoma na execução proposta para satisfação de débito condominial. Há entendimento jurisprudencial (sobretudo do Tribunal de Justiça do Estado de São Paulo, como se vê, ilustrativamente, em TJSP, 32ª CDPri., AI nº 0074722-25.2011.8.26.0000, Rel. Des. Kioitsi Chicuta, j. em 7/7/2011) conferindo ao condomínio edilício a legitimidade para adjudicar unidade imobiliária autônoma no caso de execução fundada em falta de pagamento das quotas condominiais. O fundamento para referida tese é a interpretação extensiva do art. 63, § 3º, da Lei nº 4.591/1964, que alude a tal possibilidade no inadimplemento de condômino de incorporação imobiliária. Tal raciocínio pode ser transposto sem dificuldades da adjudicação para a arrematação. É importante deixar assentada a possibilidade de arrematação pelo condomínio edilício de maneira a evitar discussões junto aos ofícios de registro de imó-

veis, que por vezes se negam a registrar a carta de arrematação sob o fundamento de que o condomínio não poderia titularizar unidades imobiliárias, justamente por não possuir personalidade jurídica.

III. Impedidos de oferecer lance

Os incisos referem-se a pessoas que, embora estejam na livre administração de seus bens, não podem oferecer lance por se situarem em posição na qual poderiam usufruir de vantagem indevida com eventual arrematação, colocando-se em situação de conflito de interesses. A arrematação por esses sujeitos será considerada nula (CC, art. 497) e autorizará o seu desfazimento, mesmo após eventual assinatura do respectivo auto (Enunciado 542 do FPPC: "Na hipótese de expropriação de bem por arrematante arrolado no art. 890, é possível o desfazimento da arrematação").

Os tutores, os curadores, os testamenteiros, os administradores, os liquidantes e os mandatários atuam no interesse de outrem, o que pressupõe que busquem assegurar que o bem confiado à sua guarda seja alienado pelo melhor preço possível. Se pudessem oferecer lance, buscariam adquirir o bem pelo menor preço, configurando-se conflito de interesses.

O juiz, o membro do Ministério Público e da Defensoria Pública, o escrivão, o chefe de secretaria e os demais servidores e auxiliares da justiça não podem participar do leilão devido ao risco de comprometimento de sua imparcialidade e de manipulação do resultado da alienação judicial. Por tal razão, o impedimento apenas ocorre se o sujeito estiver diretamente vinculado ao juízo em que se realizar o leilão, não sendo necessário, contudo, que tais sujeitos tenham efetivamente atuado no processo. Nesse sentido: "Da análise sistemática da legislação adjetiva e material, extrai-se que o impedimento à aquisição de bens em hasta pública atinge quaisquer serventuários da justiça que se encontrarem lotados no local em que for realizada a arrematação.Tais restrições objetivam resguardar a ética e a moralidade públicas, impedindo as pessoas que se encontrem vinculadas ao juízo possam tirar vantagens nas compras e vendas realizadas sob sua autoridade e fiscalização" (STJ, 2ª T., REsp nº 774.161/SC, Rel. Min. Castro Meira, j. em 6/12/2005, DJ de 19/12/2005).

Em relação aos servidores públicos em geral, o impedimento se caracteriza apenas em relação aos bens e direitos da pessoa jurídica a que se vinculam ou que estejam sob sua administração direta ou indireta. A razão dessa específica vedação está no receio de que esses agentes privilegiem seu interesse pessoal na arrematação, em detrimento da sua atuação como servidor público.

Os leiloeiros e seus prepostos também não podem oferecer lance, não apenas porque se trata de auxiliares da justiça, mas porque tais sujeitos seriam os que mais facilmente poderiam manipular o resultado do leilão, colocando em dúvida sua idoneidade, já que essa modalidade de alienação forçada se realiza sob o seu comando.

Finalmente, os advogados das partes também não podem oferecer lance, a fim de que se assegure a independência no exercício de sua profissão. Além das informações privilegiadas a que pode ter acesso, o advogado seria colocado em situação de conflito de interesses, por exemplo, caso pudesse arrematar o bem de seu cliente, hipótese em que, naturalmente, buscaria o menor preço possível.

IV. Possibilidade de arrematação pelo exequente

Ao contrário de seu advogado, o exequente não está impedido de oferecer lance, havendo referência expressa na legislação a tal possibilidade (CPC, art. 892, § 1º). O exequente, portanto, não precisa necessariamente exercer o direito à adjudicação para ter para si o bem penhorado. Se o exequente não considerar conveniente adquirir o bem por, no mínimo, o valor da avaliação (requisito para a adjudicação – art. 876, *caput*), pode aguardar a realização do leilão e oferecer lance abaixo da avaliação (desde que, é óbvio, não se trate de preço vil, conforme previsto no art. 891). A desvantagem é que, no leilão judicial, o exequente não só terá que aguardar todo o trâmite exigido para a prática do ato, como ainda concorrerá com quaisquer outros interessados em adquirir o bem, e não somente com aqueles que seriam legitimados para exercer o direito à adjudicação.

V. Arrematante e fiador remissos

Além das hipóteses de impedimento referidas no dispositivo em análise, o art. 897 estabelece que o arrematante ou fiador remissos (ou seja, que não adimpliram os valores a que se obrigaram em anterior arrematação) também não serão admitidos a participar do novo leilão.

Art. 891 - Não será aceito lance que ofereça preço vil.
Parágrafo único - Considera-se vil o preço inferior ao mínimo estipulado pelo juiz e constante do edital, e, não tendo sido fixado preço mínimo, considera-se vil o preço inferior a cinquenta por cento do valor da avaliação.

I. Preço vil

A finalidade da alienação forçada consiste em converter os bens penhorados do executado em dinheiro, que será entregue ao exequente para a satisfação de seu crédito. Entretanto, este objetivo não pode ser perseguido a qualquer custo, até mesmo em razão do princípio da menor onerosidade para o executado (CPC, art. 805). A arrematação deve ser realizada a preço justo, não se justificando a espoliação do patrimônio do executado. Para tal, deve ser confrontado o lance com o valor de mercado do bem penhorado, evitando prejuízo desproporcional ao executado.

Ao tempo do CPC/1973, preço vil consistia em conceito jurídico indeterminado, cuja verificação se realizava de forma casuística pelos tribunais. O dispositivo em análise mantém certa flexibilidade, dispondo que o preço vil será aquele inferior ao mínimo estipulado pelo juiz e constante do edital (CPC, arts. 885 e 886, inciso II). Não há como ser diferente, à vista das específicas características de cada bem, do local em que se encontre e do seu valor de mercado. Entretanto, de forma vantajosa, agora há uma regra subsidiária segundo a qual, não tendo sido fixado preço mínimo pelo juiz, considera-se vil o preço inferior a cinquenta por cento do valor da avaliação, critério este que já vinha sendo adotado em alguns precedentes. Confira-se: "O Superior Tribunal de Justiça firmou o entendimento de que se caracteriza preço vil quando a arrematação não alcançar, ao menos, a metade do valor da avaliação" (STJ, 2ª T., AgRg no REsp nº 1.308.619/RS, Rel. Min. Humberto Martins, j. em 15/5/2012, DJe de 21/5/2012). O valor da avaliação deve ser atualizado para a data do leilão e, em caso de necessidade, poderá ser determinada nova avaliação (CPC, art. 873, inciso II), especialmente se houver decorrido tempo considerável entre a avaliação e o leilão ou, ainda, se houver indícios de majoração ou diminuição no valor de mercado do bem penhorado.

O juiz não está obrigado a fixar como preço mínimo o valor correspondente à metade da avaliação. Não há restrição a que seja arbitrado valor superior. Mesmo um preço inferior pode ser fixado, desde que, neste caso, seja apresentada fundamentação expressa e analítica, como, por exemplo, a reduzida liquidez do bem penhorado ou o pequeno número de eventuais interessados. Nessa direção: "Dada a inexistência de critérios objetivos na conceituação do preço vil, repudiado pelo nosso direito para que não haja locupletamento do arrematante à causa do devedor, certo é que o mesmo fica na dependência, para a sua caracterização, de circunstâncias do caso concreto, no qual peculiaridades podem permitir uma venda até mesmo inferior à metade do valor em que foram avaliados os bens" (STJ, 4ª T., REsp nº 166.789/SP, Rel. Min. Salvio de Figueiredo Teixeira, j. em 23/6/1998, DJ de 21/9/1998).

II. Bens não sujeitos à avaliação

No caso de bens não sujeitos à avaliação, deverá ser considerado como parâmetro para a definição do preço vil, em seu lugar, a estimativa do valor feita por uma das partes e aceita pela outra (CPC, art. 871, inciso I) ou a cotação do título, da mercadoria ou das ações em bolsa (CPC, art. 871, inciso II) ou, finalmente, a cotação de mercado, tratando-se de veículos automotores ou outros bens (como os imóveis urbanos) cujo preço médio de mercado possa ser conhecido por meio de pesquisas realizadas por órgãos oficiais ou de anúncios de venda (CPC, art. 871, inciso III). Ou seja, em tais hipóteses, será considerado vil o preço abaixo do mínimo fixado pelo juiz ou, na sua falta, de 50% do valor definido de acordo com os critérios estabelecidos nos incisos do art. 871.

III. Nulidade da arrematação por preço vil

Caso realizada a arrematação por preço vil, ou seja, por valor inferior ao preço mínimo estabelecido pelo juiz ou, na sua falta, a cinquenta por cento do valor da avaliação do bem penhorado, esta será considerada nula (CPC, art. 903, § 1º, inciso I), sanção esta que poderá ser decretada inclusive após expedida a carta de arrematação ou a ordem de entrega do bem leiloado, mediante ação autônoma própria, na qual o arrematante figurará como litisconsorte necessário (CPC, art. 903, § 4º).

Art. 892 - Salvo pronunciamento judicial em sentido diverso, o pagamento deverá ser realizado de imediato pelo arrematante, por depósito judicial ou por meio eletrônico.

§ 1º - Se o exequente arrematar os bens e for o único credor, não estará obrigado a exibir o preço, mas, se o valor dos bens exceder ao seu crédito, depositará, dentro de 3 (três) dias, a diferença, sob pena de tornar-se sem efeito a arrematação, e, nesse caso, realizar-se-á novo leilão, à custa do exequente.

§ 2º - Se houver mais de um pretendente, proceder-se-á entre eles à licitação, ***e, no caso de igualdade de oferta, terá preferência o cônjuge, o companheiro, o descendente ou o ascendente do executado, nessa ordem.***

§ 3º - No caso de leilão de bem tombado, a União, os Estados e os Municípios terão, nessa ordem, o direito de preferência na arrematação, em igualdade de oferta.

I. Pagamento pelo arrematante

A regra geral é que o pagamento do bem pelo arrematante seja feito à vista, ressalvadas condições de pagamento diversas estabelecidas pelo juiz (CPC, art. 885) ou proposta de pagamento parcelado aceita pelo magistrado (CPC, art. 895). Criticável é a previsão de que, em regra, o pagamento seja feito de imediato, na medida em que dificulta sua realização pelo arrematante, que deverá prontamente efetuá-lo, sem ter a possibilidade de, eventualmente, baixar aplicações financeiras que exijam determinado número de dias para o resgate. No CPC/1973, o prazo para o pagamento, ainda que à vista, era de 15 dias (CPC/1973, art. 690), o que não foi mantido no dispositivo em análise. Recomendável, assim, que o juiz se atente para tal dificuldade, estabelecendo, anteriormente ao leilão, com fundamento no art. 885, prazos mais dilatados para pagamento pelo arrematante, sobretudo quando se tratar de bem de valor expressivo ou de baixa liquidez.

O pagamento pode se realizar mediante depósito judicial (o qual será a regra no leilão eletrônico, como previsto no art. 23 da Resolução nº 236/2016, do CNJ) ou por meio eletrônico, inclusive mediante cartão de crédito. Nada impede, ainda, embora não esteja previsto explicitamente na regra em destaque, que o valor seja entregue pelo arrematante ao leiloeiro, que deverá providenciar o depósito, no prazo de um dia, à disposição do juízo da execução (CPC, art. 884, inciso IV).

II. Arrematação pelo exequente

O exequente pode participar do leilão, em igualdade de condições com os demais participantes. O exequente, portanto, não precisa necessariamente exercer o direito à adjudicação para ter para si o bem penhorado. A vantagem da arrematação, em relação à adjudicação (CPC, art. 876), está no fato de possibilitar a aquisição do bem penhorado pelo exequente por preço inferior ao valor da avaliação, desde que não seja vil (CPC, art. 891). A desvantagem é que, no leilão judicial, o exequente não só terá que aguardar todo o trâmite exigido para a prática do ato, como ainda concorrerá com quaisquer outros interessados em adquirir o bem, e não somente com aqueles que seriam legitimados para exercer o direito à adjudicação.

Caso o arrematante dos bens seja o exequente, este não estará obrigado a exibir o preço – ou seja, a efetuar o pagamento – desde que o seu crédito corresponda ou seja superior ao valor do bem arrematado. Caso o seu crédito, por outro lado, seja inferior ao valor da arrematação, o exequente deverá depositar apenas a diferença, no prazo de três dias, sob pena de tornar-se sem efeito a arrematação (CPC, art. 903, § 1º, inciso III). Esse é um prazo processual, que deve ser computado apenas nos dias úteis (CPC, art. 219). Uma vez resolvida a arrematação pela ausência do depósito da diferença pelo exequente, procede-se a novo leilão, cujas despesas deverão por este ser arcadas (e, naturalmente, sem a possibilidade de cobrar o reembolso do executado, pois estas novas despesas foram causadas exclusivamente pelo exequente, que as deve absorvê-las).

Se o exequente estiver promovendo várias execuções nas quais tenha sido penhorado o mesmo bem, estará dispensado de exibir o preço se a soma de seus créditos atingir ou ultrapassar o valor da arrematação, desde que o montante devido nessas execuções seja incontroverso. Nesse sentido: "Execuções diversas – não embargadas – todas garantidas pelo mesmo bem; o credor pode, em face do caráter incontroverso de todos os débitos, aproveitar os créditos respectivos no lanço oferecido por ocasião da praça realizada nos autos de uma das execuções" (STJ, 3ª T., REsp nº 507.513/TO, Rel. Min. Ari Pargendler, j. em 15/2/2007, DJ de 14/5/2007).

Há, ainda, uma situação peculiar, em que o exequente arrematante deverá, invariavelmente, depositar todo o preço pela arrematação do bem. Como estabelece o dispositivo em análise, o exequente só está dispensado de exibir o preço se for o único credor – ou, pelo menos, se não existir outro credor com preferência ou privilégio face ao crédito do exequente. Caso contrário, havendo concurso singular de credores e existindo algum outro credor com preferência (por penhora anteriormente averbada, por exemplo) ou privilegiado (face à natureza do crédito) frente ao crédito do exequente, este estará obrigado a depositar todo o preço, a fim de que a preferência ou o privilégio recaia sobre o dinheiro.

III. Licitação e preferências

Se houver mais de um pretendente no leilão, procede-se à licitação entre eles, com o objetivo de alcançar o maior preço possível. Caso as ofertas sejam de mesmo valor, terá preferência na arrematação o cônjuge, o companheiro, o descendente ou o ascendente, nessa ordem. Visa o legislador a, sempre que possível, manter o bem pelo menos na esfera familiar do executado, mitigando os efeitos da expropriação forçada e assegurando que a execução se realize com o menor sacrifício possível para o executado (art. 805). Além disso, tratando-se de bem tombado, a União, os Estados e os municípios terão, nessa ordem, o direito de preferência na arrematação. Concorrendo mais de um Estado ou município, a preferência se opera em favor do ente que tiver realizado o ato de tombamento. Veja-se que tais sujeitos também são legitimados para a adjudicação, mas, assim como o exequente, podem optar por aguardar a realização do leilão e tentar adquirir o bem por preço inferior ao da avaliação.

Outras hipóteses de preferência estão previstas no CPC/2015 e devem ser igualmente consideradas, no caso de ofertas de idêntico valor. Nesse sentido, por exemplo, a oferta global prefere às ofertas isoladas de apenas alguns bens leiloados (CPC, art. 893); o coproprietário tem direito de preferência se o bem leiloado for indivisível (CPC, art. 843, § 1º); os sócios têm direito de preferência no caso de arrematação de quota social ou de ação de sociedade anônima fechada realizada em favor de terceiro alheio à sociedade (CPC, art. 876, § 7º, aplicável por analogia) e a proposta de pagamento à vista prefere às de pagamento parcelado (CPC, art. 895, § 7º). Fora do CPC/2015, estabelece o art. 1.422 do Código Civil a preferência do credor pignoratício e hipotecário, frente a outros credores, na aquisição do bem sobre o qual recai o penhor ou a hipoteca.

Art. 893 - Se o leilão for de diversos bens e houver mais de um lançador, terá preferência aquele que se propuser a arrematá-los todos, em conjunto, oferecendo, para os bens que não tiverem lance, preço igual ao da avaliação e, para os demais, preço igual ao do maior lance que, na tentativa de arrematação individualizada, tenha sido oferecido para eles.

Autor: Frederico Fontoura da Silva Cais

I. Preferência a arrematação global

O art. 893 do Código de Processo Civil de 2015 dispõe sobre o critério de preferência para aquisição global de bens quando o leilão envolver vários bens e houver mais de um lançador, reproduzindo com pequenas alterações na redação o art. 691 do CPC/1973. Num leilão desse tipo terá prioridade na aquisição dos bens aquele que se propuser a adquirir todos eles conjuntamente, oferecendo, para tanto, preço igual ao da avaliação pelos que não tiverem lance e, para os demais, preço igual ao do maior lance oferecido para aquisição individualizada de cada um deles.

Merece registro o fato de o CPC/2015 não mais fazer distinção entre leilão (bens móveis) e praça (bens imóveis), utilizando o termo "leilão" para ambos.

Não sendo a hipótese do art. 893 tão comum, é natural que sofra pequenas variações procedimentais em cada juízo.

Na prática, a hipótese se opera da seguinte forma: ao iniciar o pregão, o juiz ou o leiloeiro anunciam que serão leiloados vários bens do mesmo devedor e questionam se há licitantes interessados na arrematação global dos bens e, outrossim, se há licitantes interessados na arrematação de bens particulares. Havendo licitante interessado na arrematação global, este terá preferência. Se, contudo, além dele houver interessados na arrematação de bem particular, o leiloeiro iniciará a hasta para a venda do bem particular. Finda esta, se o produto for suficiente para o pagamento do credor, bem como para a satisfação das despesas da execução, o leilão será suspenso, por força do disposto no art. 899 do CPC. Caso contrário, o licitante que manifestou interesse na aquisição conjunta dos bens levados a leilão deverá apresentar lance com preço igual ao da avaliação para os bens que não tiverem lance e preço igual ao do maior lance para aqueles leiloados individualmente.

Segundo entendimento consagrado na doutrina, a proposta de arrematação global dos bens pode ser feita até o encerramento da hasta pública, e nunca antes que se verifique, em relação a cada um dos bens, se existe outro pretendente e quanto oferece.

Em tese o disposto no art. 893 é cabível tanto para leilões presenciais como para os eletrônicos judiciais. Todavia, é difícil conceber como a hipótese descrita poderia ocorrer num leilão eletrônico.

Art. 894 - Quando o imóvel admitir cômoda divisão, o juiz, a requerimento do executado, ordenará a alienação judicial de parte dele, desde que suficiente para o pagamento do exequente e para a satisfação das despesas da execução.
§ 1º - Não havendo lançador, far-se-á a alienação do imóvel em sua integridade.
§ 2º - A alienação por partes deverá ser requerida a tempo de permitir a avaliação das glebas destacadas e sua inclusão no edital, e, nesse caso, caberá ao executado instruir o requerimento com planta e memorial descritivo subscritos por profissional habilitado.

I. Alienação de bem imóvel divisível

A regra estampada no *caput* do art. 894 reproduz a prevista no art. 702, *caput*, do CPC/1973, tendo sido levemente aprimorada para incluir, de modo expresso, nova condição para a permissão judicial de venda do imóvel em partes: que a venda do imóvel dividido permita a arrecadação de numerário bastante para fazer frente não apenas do crédito executado, mas também das despesas da execução.

Segundo disposto no *caput* do art. 894, comportando o imóvel penhorado divisão, o juiz, a requerimento do executado, determinará que sua alienação seja realizada em partes, contanto que uma delas ou a soma delas seja suficiente para pagar o credor e, outrossim, a satisfação das despesas da execução. O objetivo da norma é minimizar os danos do executado sem prejudicar o direito do exequente à satisfação de seu crédito. Efetivamente, ela consubstancia o princípio da menor onerosidade para o devedor, constante do art. 805 do CPC (art. 620 do CPC/1973) em sede de expropriação imobiliária.

A inovação, no tocante ao CPC/1973, vem expressa no § 2º, que prescreve a necessidade de o executado requerer tempestivamente a alienação por partes do bem imóvel, instruindo o requerimento com documentos hábeis a viabilizar a avaliação de cada uma das partes e sua inclusão no edital de leilão.

Art. 895 - O interessado em adquirir o bem penhorado em prestações poderá apresentar, por escrito:
I - até o início do primeiro leilão, proposta de aquisição do bem por valor não inferior ao da avaliação;
II - até o início do segundo leilão, proposta de aquisição do bem por valor que não seja considerado vil.
§ 1º - A proposta conterá, em qualquer hipótese, oferta de pagamento de pelo menos vinte e cinco por cento do valor do lance à vista e o restante parcelado em até 30 (trinta) meses, garantido por caução idônea, quando se tratar de móveis, e por hipoteca do próprio bem, quando se tratar de imóveis.
§ 2º - As propostas para aquisição em prestações indicarão o prazo, a modalidade, o indexador de correção monetária e as condições de pagamento do saldo.
§ 3º - VETADO.
§ 4º - No caso de atraso no pagamento de qualquer das prestações, incidirá multa de dez por cento sobre a soma da parcela inadimplida com as parcelas vincendas.
§ 5º - O inadimplemento autoriza o exequente a pedir a resolução da arrematação ou promover, em face do arrematante, a execução do valor devido, devendo ambos os pedidos ser formulados nos autos da execução em que se deu a arrematação.
§ 6º - A apresentação da proposta prevista neste artigo não suspende o leilão.
§ 7º - A proposta de pagamento do lance à vista sempre prevalecerá sobre as propostas de pagamento parcelado.
§ 8º - Havendo mais de uma proposta de pagamento parcelado:
I - em diferentes condições, o juiz decidirá pela mais vantajosa, assim compreendida, sempre, a de maior valor;
II - em iguais condições, o juiz decidirá pela formulada em primeiro lugar.
§ 9º - No caso de arrematação a prazo, os pagamentos feitos pelo arrematante pertencerão ao exequente até o limite de seu crédito, e os subsequentes, ao executado.

I. Pagamento parcelado

O art. 895 do CPC/2015 disciplina a aquisição do bem penhorado de forma parcelada em leilões presenciais.

Cabe lembrar que o leilão será sempre eletrônico, somente sendo presencial quando não for possível ou não for viável sua realização pelo meio virtual (art. 882).

Embora, em tese, até seja possível criar mecanismos para instituir o parcelamento nos leilões eletrônicos, a leitura da norma permite inferir que ela restringe essa possibilidade aos leilões presenciais.

Pela nova sistemática qualquer tipo de bem, seja móvel ou imóvel, pode ser adquirido em prestações, o que representa uma novidade em relação à anterior que restringia tal forma de aquisição aos bens imóveis (art. 690, § 1º, do CPC/1973).

Como a regra é a de que o valor da arrematação seja pago de imediato (art. 892), à vista, o pagamento dessa forma terá sempre preferência em relação ao pagamento parcelado, por melhor que sejam suas condições (§ 7º). A intenção do legislador foi instituir um critério que permitisse ao exequente receber seu crédito de modo mais seguro e rápido e ao mesmo tempo acelerar a extinção da execução, desafogando o Judiciário.

O interessado terá até o início do primeiro leilão para apresentar proposta de aquisição do bem por valor igual ou superior ao da avaliação ou até o início do segundo leilão para apresentar proposta por valor que não seja vil – leia-se preço inferior ao mínimo estipulado pelo juiz e constante do edital e, quando não fixado, por preço inferior a cinquenta por cento do valor da avaliação (parágrafo único do art. 891 do CPC).

Importa registrar que a hipótese prevista no *caput* do art. 895 não implica a suspensão do leilão por força do disposto no § 6º.

II. Condições da proposta

Os parágrafos do art. 895 disciplinam as condições que a proposta deverá conter (§ 1º), as garantias (§ 1º), o prazo, a modalidade, o indexador de correção monetária, as condições do pagamento do saldo (§§ 2º e 3º), a penalidade em decorrência da mora no pagamento de parcela inadimplida (§ 4º) e as opções que o exequente tem na hipótese de inadimplemento (§ 5º). Além disso, disciplinam os critérios de desempate quando há mais de uma proposta de pagamento (§§ 7º e 8º).

No tocante às condições da proposta propriamente ditas, as inovações trazidas pelo CPC/2015 são o estabelecimento de um percentual mínimo de 25% (vinte e cinco por cento) do lance que deverá ser pago à vista e de um prazo máximo de 30 (trinta) meses para término do parcelamento – o CPC/1973 impunha a oferta de pelo menos 30% (trinta por cento) à vista e não estipulava prazo máximo para o parcelamento.

Por fim, o § 9º repete a regra – de conteúdo óbvio, mas salutar – prevista no § 4º do art. 690 do CPC/1973 de que os pagamentos parcelados realizados pelo arrematante que sobejarem o crédito do exequente pertencerão ao executado.

Art. 896 - Quando o imóvel de incapaz não alcançar em leilão pelo menos oitenta por cento do valor da avaliação, o juiz o confiará à guarda e à administração de depositário idôneo, adiando a alienação por prazo não superior a 1 (um) ano.

§ 1º - Se, durante o adiamento, algum pretendente assegurar, mediante caução idônea, o preço da avaliação, o juiz ordenará a alienação em leilão.

§ 2º - Se o pretendente à arrematação se arrepender, o juiz impor-lhe-á multa de vinte por cento sobre o valor da avaliação, em benefício do incapaz, valendo a decisão como título executivo.

§ 3º - Sem prejuízo do disposto nos §§ 1º e 2º, o juiz poderá autorizar a locação do imóvel no prazo do adiamento.

§ 4º - Findo o prazo do adiamento, o imóvel será submetido a novo leilão.

I. Imóvel de incapaz

O art. 896 regula o leilão de bem imóvel de executado incapaz. Regra idêntica era prevista no art. 701 do CPC/1973, tendo sido reproduzida pelo CPC/2015 com leves alterações redacionais.

Tutelando a norma interesse de pessoa sem a capacidade de gerir a própria vida e os próprios bens, ela impede a alienação judicial de bens de raiz em condição desvantajosa, qual seja arrematação do bem penhorado por montante inferior a 80% (oitenta por cento) do valor da avaliação.

II. Suspensão do leilão

Se não alcançar o montante mínimo previsto no *caput*, o leilão será suspenso pelo prazo fixado pelo juiz, que não poderá ser superior a 1 (um) ano. Findo o prazo de adiamento, o imóvel será submetido a novo leilão, dessa vez em condições normais, isto é, comportando alienação pelo maior lance.

Segundo disposto no § 1º, o bem poderá ser alienado mesmo durante o prazo de adiamento na hipótese de algum pretendente apresentar proposta de aquisição pelo preço de sua avaliação, oferecendo, para tanto, caução idônea. Caso, entretanto, referido pretendente se arrependa – o que é permitido até a assinatura do auto (art. 903) –, ser-lhe-á aplicada multa de 20% (vinte por cento) sobre o valor da avaliação, que reverterá em benefício do incapaz.

III. Arrependimento

Como o arrependimento do pretendente, em princípio, não ocasiona prejuízo algum ao incapaz, mas, por outro lado, implica atividade jurisdicional desnecessária, mais justo seria que a multa revertesse para o Tesouro.

IV. Administração do imóvel

Durante o prazo do adiamento o imóvel será administrado por depositário idôneo, que poderá ser colocado à locação até antes do seu término, mediante autorização expressa do juiz (§ 3º).

A leitura conjunta dos dispositivos do Código anterior, em especial dos arts. 677, *caput* (atual art. 862), e 701, § 3º (atual § 3º do art. 896), nos leva a crer que o depositário do bem do incapaz tem a incumbência de tornar o bem frutífero, elaborando plano razoável de administração para ele, dentro do prazo de adiamento, e sugerindo formas de exploração direta ou indireta. Todavia, não nos parece ser o caso, uma vez que o juiz apenas faculta – e não impõe – a locação do bem.

Art. 897 - Se o arrematante ou seu fiador não pagar o preço no prazo estabelecido, o juiz impor-lhe-á, em favor do exequente, a perda da caução, voltando os bens a novo leilão, do qual não serão admitidos a participar o arrematante e o fiador remissos.

I. Inadimplemento do arrematante

Referido dispositivo trata das consequências do inadimplemento de parcela nas hipóteses em que o pagamento do lance não é realizado à vista.

O legislador repetiu no art. 897 a regra prevista no art. 695 do CPC/1973, sem, contudo, observar que o contexto em que referido artigo estava inserto no Código anterior não tem mais lugar no atual. Efetivamente, não foi levado em consideração que a caução referida no art. 695 do CPC/1973 era a do art. 690 daquele Código que não encontra paralelo no atual. A propósito, nem na sistemática anterior a perda da caução se mostrava razoável.

A única caução prevista no CPC/2015 para pagamento de lance que não é realizado à vista é a do § 1º do art. 895, mas sua perda em favor do exequente concomitantemente com o retorno do bem a novo leilão representa penalidade excessiva e descabida. Por tal razão, entendemos que a "caução" referida no artigo, na realidade, corresponde ao montante de 25% (vinte e cinco por cento) pagos à vista para fim de apresentação de oferta parcelada (§ 1º, art. 895).

De acordo com a sistemática atual, deixando o arrematante ou seu fiador de pagar a parcela no prazo estabelecido (hipótese do § 4º do art. 895), incidirá multa de 10% (dez por cento) sobre a soma dela com as demais parcelas vincendas. Caso um deles deixe de pagar a parcela acrescida da multa, ao exequente será facultado executar o saldo em face do arrematante (§ 5º do art. 895) ou pedir a resolução da arrematação (art. 903, § 1º, inciso III).

Tratando o bem leiloado de imóvel, não haverá dificuldades, pois a garantia do parcelamento é a hipoteca do próprio bem, de modo que a remissão do arrematante implicará o retorno do imóvel ao leilão. Em outras palavras, não haverá "perda da caução" propriamente dita, apenas do percentual pago à vista.

A interpretação literal do art. 897 poderia trazer dificuldade na hipótese de o bem leiloado ser móvel e o arrematante ofertar outro bem a título de "caução idônea". Representando essa garantia valor igual ou superior a 75% (setenta e cinco por cento) do bem levado a leilão – já que a garantia terá que ser integral e 25% terá que ser pago à vista –, não é razoável que haja perda dela em favor do exequente e ainda novo leilão do bem do executado porquanto, se houver a perda da caução, o exequente já terá seu crédito satisfeito com o bem dado em garantia e, por conseguinte, a designação de novo leilão para venda judicial do bem do executado representará uma punição muito severa para o arrematante remisso e ao mesmo tempo um enriquecimento ilícito para o exequente, que, pela letra da lei, receberá, além da caução, o montante que for arrecadado no novo leilão.

Destarte, a "caução" referida no art. 897 deve ser interpretada como um sinal (arras), equivalendo ao montante de 25% (vinte e cinco por cento) do total do lance pago à vista para fim de apresentação de oferta parcelada (§ 1º, art. 895).

Art. 898 - O fiador do arrematante que pagar o valor do lance e a multa poderá requerer que a arrematação lhe seja transferida.

I. Possibilidade assegurada ao fiador

O art. 898 reproduz sem nenhuma alteração a regra do art. 696 do CPC/1973. Nele é prevista a possibilidade de o fiador do arrematante, tendo que pagar o lance, substituir o afiançado no negócio jurídico e ficar com o bem arrematado para si.

Tradicionalmente, o fiador que paga a dívida do devedor se sub-roga nos direitos do credor. Na hipótese do artigo em referência, entretanto, é conferida uma possibilidade diferente ao fiador: em vez de ficar na posição de credor e poder cobrar o afiançado, o fiador pode requerer a transferência do bem arrematado e ficar na posição dele (arrematante) – tudo isso sem necessidade de concordância de quem quer que seja.

Convém registrar que, tratando-se de uma faculdade outorgada ao fiador, ele, se desejar, poderá optar pela sub-rogação clássica, deixando o bem arrematado para o arrematante (afiançado) para posteriormente exigir dele seu crédito.

Sendo disposição de caráter excepcional, o art. 898 se aplica tão somente ao fiador, jamais ao terceiro, interessado ou não, que paga a dívida do arrematante.

Art. 899 - Será suspensa a arrematação logo que o produto da alienação dos bens for suficiente para o pagamento do credor e para a satisfação das despesas da execução.

I. Suspensão da arrematação

A disposição deste artigo é idêntica à do parágrafo único do art. 692 do CPC/1973. Poder-se-ia criticar a utilização da terminologia ("será suspensa"), pois transmite a ideia de que o leilão será paralisado temporariamente para ser retomado em seguida, quando, na realidade, ele deverá ser finalizado.

Segundo prescreve o art. 899, o leilão deverá ser encerrado no momento em que a soma dos bens alienados atingir patamar suficiente para satisfazer o crédito do exequente e as despesas da execução.

É, contudo, possível que, num primeiro momento, o produto da arrematação mostre-se suficiente para saldar todos os créditos, mas no momento da liquidação constate-se a ocorrência de equívoco na soma dos bens ou na atualização das despesas da execução. Nesses casos novo leilão deverá ser designado.

Importa registrar que o encerramento do leilão, em qualquer hipótese, não implicará a liberação imediata dos demais bens penhorados levados à hasta, o que só acontecerá com a extinção da execução.

Art. 900 - O leilão prosseguirá no dia útil imediato, à mesma hora em que teve início, independentemente de novo edital, se for ultrapassado o horário de expediente forense.

I. Prosseguimento do leilão

O art. 900 do CPC/2015 regula a hipótese de prosseguimento do leilão quando ele se estende além do horário de expediente forense.

A regra anterior, que determinava a suspensão do leilão com o advento da noite (art. 689 do CPC/1973), já estava de longa data antiquada, carecendo completamente de sentido.

Deve o art. 900 ser lido harmonicamente com o art. 212, § 1º, do CPC e, outrossim, com o princípio da eficiência e da economia processual. Assim, será lícito ao juiz determinar o prosseguimento do leilão em período posterior ao término do expediente dos serviços judiciários sempre que o adiamento puder prejudicar seu curso ou causar grave dano.

Art. 901 - A arrematação constará de auto que será lavrado de imediato e poderá abranger bens penhorados em mais de uma execução, nele mencionadas as condições nas quais foi alienado o bem.
§ 1º - A ordem de entrega do bem móvel ou a carta de arrematação do bem imóvel, com o respectivo mandado de imissão na posse, será expedida depois de efetuado o depósito ou prestadas as garantias pelo arrematante, bem como realizado o pagamento da comissão do leiloeiro e das demais despesas da execução.
§ 2º - A carta de arrematação conterá a descrição do imóvel, com remissão à sua matrícula ou individuação e aos seus registros, a cópia do auto de arrematação e a prova de pagamento do imposto de transmissão, além da indicação da existência de eventual ônus real ou gravame.

I. Lavratura do auto de arrematação

Nos leilões presenciais a arrematação é realizada oralmente; já nos eletrônicos, é realizada por meio de transmissão de dados. Uma vez aceito o lance, será lavrado o auto de imediato, mas a arrematação só será considerada perfeita, acabada e irretratável, tornando impossível a remição da dívida pelo executado (art. 826) depois que o juiz, o arrematante e o leiloeiro o assinarem (art. 903).

O art. 901 inova ao instituir a possibilidade de ser lavrado um único auto para bens arrematados em mais de uma execução, nele mencionadas as condições de alienação do bem.

II. Condições para a transmissão do bem

Segundo disposto no § 1º, o documento que autoriza a transmissão do bem móvel (ordem de entrega) ou imóvel (carta de arrematação) – que, se necessário, pode vir acompanhada de mandado de imissão na posse – será expedido depois de efetuado o depósito ou prestadas as garantias pelo arrematante, bem como realizado o pagamento da comissão do leiloeiro e das demais despesas da execução.

Independentemente do fato de o pagamento do lance ser realizado à vista ou a prazo, a posse e propriedade do bem arrematado serão transmitidas de imediato ao arrematante. Cabe lembrar que, sendo a aquisição em prestações (art. 895, § 1º), deverá ser precedida da apresentação de caução ou realização de hipoteca. Caso o pagamento do lance seja efetuado pelo fiador, este poderá requerer que o bem arrematado – já em nome do arrematante – lhe seja transferido (art. 898), devendo o juiz, nesse caso, expedir os competentes mandados e ordens para recuperação do bem. Não sendo efetuado o pagamento do preço no prazo estipulado, o bem poderá voltar a leilão mesmo já pertencendo ao arrematante (art. 897).

III. Conteúdo da carta de arrematação

O § 2º do art. 891 trata do conteúdo da carta de arrematação de bem imóvel, reproduzindo e aprimorando o conteúdo do art. 703 do CPC/1973.

Art. 902 - No caso de leilão de bem hipotecado, o executado poderá remi-lo até a assinatura do auto de arrematação, oferecendo preço igual ao do maior lance oferecido.
Parágrafo único - No caso de falência ou insolvência do devedor hipotecário, o direito de remição previsto no caput defere-se à massa ou aos credores em concurso, não podendo o exequente recusar o preço da avaliação do imóvel.

I. Leilão de bem hipotecado

O art. 826 do Código de Processo Civil de 2015, equivalente ao art. 651 do CPC/1973, assegura ao executado o direito de remir (solver) a dívida a qualquer tempo antes da adjudicação ou da alienação – leia-se, arrematação – do bem penhorado.

Segundo se infere da leitura do referido artigo (826), o executado pode pleitear a extinção da execução e consequentemente a liberação dos bens penhorados até antes da assinatura do auto de arrematação pelo juiz, pelo arrematante e pelo serventuário da justiça ou leiloeiro; depois dessa, a arrematação será considerada perfeita e acabada impossibilitando a remição da dívida.

Consoante se verifica do art. 902, *caput*, este mantém a regra do art. 826, mas com algumas diferenças. Enquanto o art. 826 concede ao executado a faculdade de salvar os bens levados a leilão mediante o pagamento da importância atualizada da dívida, acrescida de juros, custas e honorários advocatícios, o art. 902 concede ao executado a faculdade de salvar seu bem imóvel hipotecado, mediante a oferta de preço igual ao do maior lance oferecido.

Em outras palavras, mercê do disposto no art. 902, o executado que desejar permanecer com a propriedade do seu bem imóvel hipotecado não tem que saldar a integralidade da dívida exigida na execução com todos os acréscimos legais (como na hipótese do art. 826), bastando-lhe cobrir o lance mais alto.

Contudo, na hipótese de o lance mais alto ser superior ao valor integral da dívida atualizada, com juros, custas e honorários advocatícios, então, obviamente aplicar-se-á o art. 826, não tendo o executado que pagar um valor a mais para salvar seu bem.

II. Falência ou insolvência do devedor hipotecário

A teor do disposto no parágrafo único do art. 902, no caso de falência ou insolvência do devedor hipotecário, é assegurado à massa ou aos credores em concurso o direito de remição, sendo defeso ao exequente recusar o preço da avaliação do imóvel.

Extrai-se do texto da norma em referência que o legislador pretendeu conferir proteção adicional ao executado proprietário de imóvel.

Art. 903 - Qualquer que seja a modalidade de leilão, assinado o auto pelo juiz, pelo arrematante e pelo leiloeiro, a arrematação será considerada perfeita, acabada e irretratável, ainda que venham a ser julgados procedentes os embargos do executado ou a ação autônoma de que trata o § 4º deste artigo, assegurada a possibilidade de reparação pelos prejuízos sofridos.

§ 1º - Ressalvadas outras situações previstas neste Código, a arrematação poderá, no entanto, ser:

I - invalidada, quando realizada por preço vil ou com outro vício;

II - considerada ineficaz, se não observado o disposto no art. 804;

III - resolvida, se não for pago o preço ou se não for prestada a caução.

§ 2º - O juiz decidirá acerca das situações referidas no § 1º, se for provocado em até 10 (dez) dias após o aperfeiçoamento da arrematação.

§ 3º - Passado o prazo previsto no § 2º sem que tenha havido alegação de qualquer das situações previstas no § 1º, será expedida a carta de arrematação e, conforme o caso, a ordem de entrega ou mandado de imissão na posse.

§ 4º - Após a expedição da carta de arrematação ou da ordem de entrega, a invalidação da arrematação poderá ser pleiteada por ação autônoma, em cujo processo o arrematante figurará como litisconsorte necessário.

§ 5º - O arrematante poderá desistir da arrematação, sendo-lhe imediatamente devolvido o depósito que tiver feito:

I - se provar, nos 10 (dez) dias seguintes, a existência de ônus real ou gravame não mencionado no edital;

II - se, antes de expedida a carta de arrematação ou a ordem de entrega, o executado alegar alguma das situações previstas no § 1º;

III - uma vez citado para responder a ação autônoma de que trata o § 4º deste artigo, desde que apresente a desistência no prazo de que dispõe para responder a essa ação.

§ 6º - Considera-se ato atentatório à dignidade da justiça a suscitação infundada de vício com o objetivo de ensejar a desistência do arrematante, devendo o suscitante ser condenado, sem prejuízo da responsabilidade por perdas e danos, ao pagamento de multa, a ser fixada pelo juiz e devida ao exequente, em montante não superior a vinte por cento do valor atualizado do bem.

I. Assinatura do auto de arrematação

O art. 903 estabelece o momento em que a arrematação é tida como finalizada e imodificável, qual seja o seguinte à assinatura do auto pelo juiz, pelo arrematante e pelo leiloeiro. Referido dispositivo aperfeiçoa o regime relativo às hipóteses em que a arrematação deve ser invalidada, considerada ineficaz ou resolvida. Além disso, trata do meio como deve ser realizada a impugnação da arrematação (§§ 2º e 3º), das hipóteses em que o arrematante pode desistir da arrematação (§ 5º) e de outras contingências (§ 6º).

Efetivamente, o art. 903 absorve e aprimora o conteúdo de dois artigos do Código de Processo Civil de 1973 ao mesmo tempo: o 694 e o 746.

II. Vícios da arrematação

O § 1º do art. 903 especifica de maneira clara as hipóteses de invalidade (quando realizada por preço vil ou outro vício), ineficácia (se não intimados os credores pignoratícios, hipotecário e anticrético) e resolução da arrematação (não pagamento do preço ou não prestação da caução).

Uma das grandes novidades introduzidas por este dispositivo legal é a criação de um meio mais simples e rápido de impugnação à arrematação: ela deve ser feita por simples petição nos autos em até 10 (dez) dias do aperfeiçoamento da arrematação (§ 2º); depois desse prazo, só poderá ser realizada por meio de ação autônoma, na qual o arrematante deverá figurar como litisconsorte necessário (§ 4º). Com isso acabam os embargos à arrematação previstos no art. 746 do CPC/1973.

Extrai-se dos §§ 2º e 3º do art. 903 do CPC que a assinatura do auto de arrematação pelo juiz, pelo arrematante e pelo leiloeiro não é imediata, devendo ocorrer somente depois de decorridos pelo menos 10 (dez) dias da arrematação, porque nesse prazo poderá ser pedida a sua anulação, declaração de ineficácia ou resolução.

III. Hipóteses em que pode ocorrer a desistência da arrematação

O § 5º enumera as situações em que o arrematante poderá desistir da arrematação. São elas: (I) se provar, nos 10 (dez) dias seguintes, a existência de ônus real ou gravame não mencionado no edital; (II) se o executado alegar alguma das situações previstas no § 1º, antes de expedida a carta de arrematação ou da ordem de entrega do bem; (III) se ele for citado como litisconsorte em ação autônoma objetivando a invalidação da arrematação. Nesta hipótese, ele deverá formular o pedido de desistência no prazo de resposta da ação. Embora a norma não especifique nos autos de qual processo o pedido de desistência deverá ser apresentado (se nos autos da execução ou nos autos da ação autônoma de invalidação da arrematação), o mais razoável é que seja nessa última, até porque os autos da execução podem já ter sido arquivados. Registre-se que a desistência na hipótese de citação em ação autônoma é difícil de conceber, pois em tese deixa o arrematante em situação bastante vulnerável: ao mesmo tempo que fica sem o bem arrematado não tem garantia de receber de volta o dinheiro pago para arrematá-lo.

IV. Criação de incidente infundado

Dispõe o § 6º do art. 903 que será considerado ato atentatório à dignidade da justiça a criação de incidente infundado visando ensejar a desistência da arrematação, impondo a quem o criar multa de até 20% (vinte por cento) do valor atualizado do bem em favor do exequente, sem prejuízo de eventual responsabilidade por perdas e danos. Conquanto não seja fácil demonstrar que o alegado vício na arrematação seja infundado e tenha o objetivo de ensejar a desistência da arrematação, a iniciativa do legislador foi louvável.

Seção V - Da Satisfação do Crédito

Art. 904 - A satisfação do crédito exequendo far-se-á:
I - pela entrega do dinheiro;
II - pela adjudicação dos bens penhorados.

Autor: Fabio Peixinho Gomes Corrêa

I. Momento satisfativo da execução

O CPC/2015 deixou de denominar a fase satisfativa do processo de execução como "do pagamento ao credor" (CPC/1973), optando por substituir tal expressão por "da satisfação do crédito". Dessa forma, buscou-se evitar a equiparação desses atos de expropriação forçada com os meios de solução da dívida característicos do direito material. Isso porque o propósito desse dispositivo legal é indicar os meios que põem termo à lide executiva, independentemente das formas de pagamento ao credor que pressupõem espontaneidade e voluntariedade. Esse momento satisfativo do exequente envolve ato imperativo de um agente estatal encarregado do exercício da jurisdição, mas não implica o exame do mérito do processo executivo, e sim a realização de atividades preparatórias do provimento satisfativo final, as quais compõem a fase instrutória do processo executivo.

II. Objeto da prestação e bem apreendido

Há diferentes caminhos que podem levar ao ponto culminante do processo de execução por quantia certa contra devedor solvente que é a satisfação do crédito contemplado no título. Para atingir tal ponto, é preciso ter êxito nas etapas anteriores, cujo início dá-se com a penhora de dinheiro ou bens. A constrição que recair em dinheiro, por iniciativa do exequente ou do executado, tem a vantagem de não gerar divergência entre o bem apreendido e o objeto da prestação, desde que efetuado o depósito "no valor do débito, já acrescido de correção monetária, juros de mora e quaisquer outros encargos estipulados judicialmente" (STJ, 1ª T., AgRg no REsp nº 1161329/PR, Rel. Min. Napoleão Nunes Maia Filho, j. em 15/12/2011, v.u., DJe de 8/2/2012). A seu turno, a constrição que recair sobre bens permitirá a satisfação da prestação por dois meios alternativos, quais sejam a adjudicação de tais bens pelo exequente ou sua alienação pública ou por iniciativa particular.

III. Duas ou uma expropriação

Uma vez penhorado o bem móvel ou imóvel, a fase instrutória passará pelo depósito, avaliação e hasta pública, para chegar à alienação do bem penhorado, recolhimento do produto e sua derradeira entrega. Esse caminho leva a duas expropriações, sendo a primeira consistente na expropriação forçada por meio da venda do bem penhorado e a segunda mediante a entrega do dinheiro ao exequente. Por mais que seja o caminho mais frequentado no expediente forense, o CPC/2015 manteve a orientação de que a adjudicação é modalidade expropriatória preferencial (art. 825), por dispensar a segunda expropriação. Nesse caso, o exequente recebe os bens desapropriados em adjudicação, cabendo-lhe apenas depositar o excedente, se houver, para que seja entregue ao executado (STJ, 4ª T., REsp nº 522820/SP, Rel. Min. Antonio Carlos Ferreira, j. em 22/10/2013, v.u., DJe de 5/3/2014).

IV. Dinheiro oriundo do usufruto judicial

O CPC/2015 excluiu o usufruto de bem móvel ou imóvel do rol das hipóteses de satisfação do crédito, por se tratar de instituto que visa entregar dinheiro ao exequente e, portanto, já estar abrangido por essa modalidade de satisfação do crédito (inciso I). Com efeito, a fruição dos bens em regime de usufruto judicial continua sendo viável no regime do CPC/2015, mas passou a ser intitulada "penhora de frutos e rendimentos" (art. 867), inserindo-se dentre as demais hipóteses de expropriação de bens do executado. Apesar disso, a manutenção de regras voltadas ao cumprimento da obrigação indica que continua válida a distinção entre esse usufruto judicial de empresa e a penhora de empresa (CPC, art. 862). Sendo assim, as partes podem instituir consensualmente essa modalidade de usufruto, assumindo a feição de negócio processual (CPC, art. 190) que colocará fim à execução ante a satisfação do crédito, hipótese na qual tal convenção deverá ser levada à homologação pelo juiz.

V. Usufruto judicial e satisfação do crédito

A satisfação do crédito por meio da "penhora de frutos e rendimentos" dependerá da entrega das quantias recebidas pelo administrador-depositário ao exequente, "a fim de serem imputadas no pagamento da dívida" (CPC, art. 869, § 5º). Essa imputação de pagamento deve ser entendida, entretanto, como mecanismo impróprio de satisfação do crédito, pois se trata de modalidade *pro solvendo* de extinção da dívida, que assegura a continuação da execução pelo crédito remanescente. Além disso, a previsão de que o exequente dará ao executado quitação das quantias recebidas, por termo nos autos (CPC, art. 869, § 6º), deve ser interpretada sistematicamente com as disposições atinentes a concurso de credores. Nesse contexto, a necessidade de se respeitar as preferências e benefícios de outros credores que não figuram na execução inviabiliza a "penhora de frutos e rendimentos" em favor apenas do exequente.

VI. Prosseguimento da execução até a satisfação integral do crédito

A entrega do dinheiro é condição antecedente à extinção do processo de execução. Enquanto não houver declaração judicial de que a obrigação foi integralmente cumprida pelo devedor, o processo de execução deve prosseguir, seja mediante o levantamento dos valores incontroversos, seja mediante a determinação de penhora de outros bens. Afinal, "o levantamento dos valores já depositados em nada prejudicará o curso regular do processo executivo, pois se trata de quantias incontroversas, inexistindo oposição do executado, cabendo mencionar que a apuração de eventual saldo devedor independe da retenção de tais valores" (TJSP, 29ª Câmara de Direito Privado, Rel. Des. Carlos Trevisan, AI nº 2096681-42.2016.8.26.0000, v.u., j. em 27/7/2016).

Art. 905 - O juiz autorizará que o exequente levante, até a satisfação integral de seu crédito, o dinheiro depositado para segurar o juízo ou o produto dos bens alienados, bem como do faturamento de empresa ou de outros frutos e rendimentos de coisas ou empresas penhoradas, quando:
I - a execução for movida só a benefício do exequente singular, a quem, por força da penhora, cabe o direito de preferência sobre os bens penhorados e alienados;
II - não houver sobre os bens alienados outros privilégios ou preferências instituídos anteriormente à penhora.
Parágrafo único - Durante o plantão judiciário, veda-se a concessão de pedidos de levantamento de importância em dinheiro ou valores ou de liberação de bens apreendidos.

I. Da penhora à satisfação

O levantamento do dinheiro pelo exequente observará procedimento adequado à modalidade de penhora que tiver sido realizada nos autos, as quais podem envolver "dinheiro depositado", "bens alienados", "penhora de faturamento", "penhora de frutos" e "penhora de empresa". Esses diferentes mecanismos de constrição proporcionam a entrega em dinheiro, mas até chegar a esse ponto o exequente percorrerá fases com duração e complexidade variadas. Ao final, a entrega do dinheiro dependerá da análise dos créditos que afetem os bens alienados.

II. Exequente singular

No inciso I do art. 905 está prevista a satisfação de um único crédito de titularidade do exequente singular. Nessa hipótese, o bem penhorado foi avaliado e alienado, sem a necessidade de observar qualquer direito de preferência que pudesse afetar a posição do exequente singular. Sendo assim, o exequente singular será o único beneficiário do produto da alienação do bem penhorado. Vale esclarecer que o exequente singular não precisa aguardar o depósito de todo o valor para requerer o levantamento, podendo realizar levantamentos parciais e promover novas penhoras.

III. Concurso de exequentes ou de créditos

No inciso II do art. 905 encontram-se estabelecidos os parâmetros para autorizar o levantamento do valor nos casos em que a) houver mais de um exequente ou b) pesar sobre o bem alienado outro privilégio ou preferência. Se o bem tiver sido gravado por direitos reais, dado em garantia de outra dívida ou estiver sujeito a algum tipo de preferência, a realização da penhora implicará a intimação do respectivo credor, que também deverá ser comunicado em caso de alienação. Em todo caso, o levantamento do dinheiro não poderá ser realizado sem o exame da prioridade temporal das penhoras ou dos privilégios e preferências, por meio do concurso singular de credores (CPC, art. 908).

IV. Execução provisória

Admite-se o levantamento do dinheiro antes que a execução tramite em caráter definitivo, desde que o exequente preste caução idônea "nas situações que possam resultar grave dano de difícil reparação ao executado, nos termos do inciso III do art. 475-O do Código de Processo Civil" (STJ, 4ª T., AgRg no AREsp nº 473059/RJ, Rel. Min. Maria Isabel Galotti, j. em 16/10/2014, v.u., DJe de 28/10/2014). Caso se trate de crédito alimentar e de situação de urgência, tal caução poderá ser dispensada (STJ, 4ª T., AgRg no AREsp nº 270028/RS, Rel. Min. Luis Felipe Salomão, j. em 16/4/2013, v.u., DJe 23/4/2013).

V. Verba honorária advocatícia

Em se tratando de honorários advocatícios, a identificação do titular do crédito se dá por meio da procuração, na forma do art. 15, § 3º, da Lei nº 8.906/1994. Se a sociedade de advogados não constar da referida procuração, o levantamento do depósito relativo aos honorários advocatícios deverá ser realizado pelos advogados que nela constarem. Em caráter alternativo, o Superior Tribunal de Justiça admite a viabilidade de cessão desse crédito para a sociedade de advogados (1ª T., REsp nº 1.013.458/SC, Rel. Min. Luiz Fux, , j. em 9/12/2008, v.u., DJe de 18/2/2009).

VI. Plantão judiciário

No parágrafo único do art. 905, o CPC/2015 acolheu o entendimento firmado pelo Conselho Nacional de Justiça por meio da Resolução nº 71/2009, no sentido de que fica vedado o levantamento de dinheiro ou liberação de bens durante o plantão judiciário em primeira e segunda instâncias (art. 1º, § 3º). Cuida-se de medida que visa racionalizar a prestação jurisdicional nesse período, evitando distorções no desempenho das competências dos órgãos judiciais, as quais ocorriam em regime de plantão sob a justificativa da urgência, com grave risco de lesões irreparáveis.

VII. Levantamento de valores na pendência da execução

Não se pode condicionar o levantamento de valores depositados nos autos à manifestação do credor dando-se por satisfeito integralmente. Na verdade, cabe ao devedor adotar medidas que visem impedir a satisfação do credor, sendo certo que não constitui óbice à satisfação do credor a mera potencialidade de discussão sobre a existência e validade da dívida, não materializada por meio de embargos ou impugnação. Nesse sentido, "não havendo pendência de incidentes garantidos pelos valores penhorados, o levantamento das quantias na execução só está subordinado ao previsto no art. 905" (TJSP, 19ª Câmara de Direito Privado, Rel. Des. Mario de Oliveira, AI nº 2076251-35.2017.8.26.000, v.u., j. em 22/5/2017).

Art. 906 - Ao receber o mandado de levantamento, o exequente dará ao executado, por termo nos autos, quitação da quantia paga.

Parágrafo único - A expedição de mandado de levantamento poderá ser substituída pela transferência eletrônica do valor depositado em conta vinculada ao juízo para outra indicada pelo exequente.

I. Retirada do mandado de levantamento

Para entregar o dinheiro depositado ao exequente (CPC, art. 905), o CPC/2015 prevê a expedição de mandado de levantamento, que poderá ser retirado pelo credor, pessoalmente, ou por seu advogado, desde que este comprove ter poderes para dar e receber quitação (CPC, art. 105). "Tratando-se de honorários advocatícios decorrentes da sucumbência, o alvará de levantamento deve ser expedido em nome do advogado, titular do direito, a quem, no caso, além disso, foram outorgados poderes para receber e dar quitação" (STJ, 4ª T., REsp nº 531.276-DF, Rel. Min. Barros Monteiro, j. em 10/2/2004, v.u., DJ de 3/5/2004). Por ocasião da retirada do referido mandado, caberá à parte ou a seu advogado firmar termo de quitação da quantia paga nos autos, o qual será lavrado por escrivão ou chefe da secretaria (CPC, art. 152 e 209). Desde a introdução do processo eletrônico pela Lei nº 11.419/2006, tal termo pode ser produzido, transmitido, armazenado e assinado por meio eletrônico (CPC, arts. 193 e 209, § 1º).

II. Consequências do levantamento

Se o valor levantado ou recebido não for suficiente para satisfação do crédito, a quitação deverá ser parcial, ficando resguardado o direito de o exequente prosseguir com a execução pelo que sobejar. Consequentemente, tal levantamento parcial não enseja a prolação das sentenças previstas nos arts. 924, inciso II, e 925. Nas execuções contra a Fazenda Pública, "o ente público exonera-se de sua obrigação ao fazer o depósito do precatório requisitório (art. 100, § 6º, da Constituição Federal). Assim, não sendo de sua competência a determinação de pagamento ao credor, não pode a Fazenda executada responder por eventual ilícito ocorrido por ocasião do levantamento da quantia" (STJ, 1ª T., REsp nº 1.365.319/SP, Rel. Min. Benedito Gonçalves, j. em 19/3/2013, v.u., DJe 25/3/2013).

III. Transferência bancária eletrônica

A expedição do mandado de levantamento poderá ser dispensada caso o exequente opte por receber o valor depositado diretamente em sua conta bancária. Tal transferência pode ter como destino tanto conta em instituição financeira regida pelas leis brasileiras quanto conta em banco estrangeiro. Neste último caso, a transferência poderá envolver o fechamento de contrato de câmbio e seu respectivo registro perante o Banco Central do Brasil. Como a remessa desses recursos ao exterior terá por origem conta bancária situada no território brasileiro, este será considerado o "local de cumprimento da obrigação" (STJ, 3ª T., REsp nº 1.080.406-SP, Rel. Min. Nancy Andrighi, j. em 23/9/2008, v.u., DJe de 10/12/2008), de forma que as questões relacionadas a tal transferência eletrônica estarão sob jurisdição brasileira. O CPC/2015 não esclarece se essa transferência eletrônica também se aplicaria no caso de fiança bancária ou seguro garantia judicial, mas a necessidade de firmar o termo de quitação inviabiliza tal alternativa, de tal sorte que, uma vez rejeitados os embargos à execução, o banco fiador ou a seguradora serão intimados a recolherem em juízo o montante correspondente à garantia prestada.

IV. Entraves burocráticos para transferência bancária

A substituição da expedição de mandado de levantamento pela transferência eletrônica do valor depositado em conta vinculada ao juízo não pode ser obstaculizada por razões burocráticas. Isso porque essa inovação "objetiva justamente atender aos princípios da celeridade da prestação jurisdicional e pronta satisfação da execução" (TJSP, 37ª Câmara de Direito Privado, Rel. Des. João Panzine Neto, AI nº 2022329-79.2017.8.26.0000, v.u., j. em 11/4/2017). Na falta de ferramenta específica para transferir eletronicamente os valores, cabe ao juiz expedir ofício à instituição bancária, ordenando a realização da transferência do valor depositado conforme pedido pelo credor.

V. Segregação dos honorários advocatícios

Nos termos do art. 22, § 4º, da Lei nº 8.906/1994, "se o advogado fizer juntar aos autos o seu contrato de honorários antes de expedir-se o mandado de levantamento ou precatório, o juiz deve determinar que lhe sejam pagos diretamente, por dedução da quantia a ser recebida pelo constituinte, salvo se este provar que já os pagou". Cuida-se de evidente proteção ao direito autônomo do patrono que visa prevenir futura cobrança judicial, por meio da separação do montante dos honorários contratados. A apresentação do contrato de honorários nos autos representa marco temporal para assegurar a segregação do crédito devido ao advogado, a partir de quando o mandado de levantamento em favor da parte só deve permitir o saque do valor que lhe cabe. Nos casos de pagamentos devidos pela Fazenda Pública nos moldes do art. 100 da Constituição Federal, "é firme a jurisprudência do Superior Tribunal de Justiça no sentido de que é impossível a dedução dos honorários advocatícios da quantia a ser recebida pelo constituinte se o contrato não foi juntado antes da expedição do precatório" (STJ, 5ª T., AgRg no AI nº 971.074-RS, Rel. Min. Arnaldo Esteves Lima, j. em 24/4/2008, v.u., DJe de 23/6/2008).

Art. 907 - Pago ao exequente o principal, os juros, as custas e os honorários, a importância que sobrar será restituída ao executado.

I. Suficiência do valor levantado

No momento satisfativo do exequente, há três possíveis situações que podem se descortinar: i) o crédito não se encontra integralmente satisfeito, de forma que o credor buscará uma nova penhora; ii) o valor entregue ao exequente corresponde ao principal devidamente corrigido, aos juros, às custas e aos honorários, não havendo qualquer excedente; e iii) a quantia depositada em juízo ou apurada após a alienação dos bens penhorados supera o valor do crédito, razão pela qual a importância que sobejar poderá ser levantada pelo executado. Nessa última hipótese, a apuração da suficiência da quantia para satisfação do crédito é do interesse do exequente e do executado.

II. Crédito exequendo e consectários

O ponto de partida dessa apuração é a dívida retratada no título executivo. No demonstrativo de cálculo que acompanhar a petição inicial (CPC, art. 798, inciso I, *b*), o exequente indicará (art. 798, parágrafo único): I – o índice de correção monetária adotado; II – a taxa de juros aplicada; III – os termos inicial e final de incidência do índice de correção monetária e dos juros utilizados; IV – periodicidade da capitalização dos juros, se for o caso; e V – a especificação do desconto obrigatório realizado. O executado poderá alegar excesso de execução (CPC, art. 917, § 2º), mas terá que indicar o valor que entende correto mediante a exibição de demonstrativo de cálculo (CPC, art. 917, § 3º).

III. Custas processuais

Apesar de não estarem expressamente mencionadas na relação dos itens do demonstrativo de cálculo, as custas processuais adiantadas pelo exequente também devem ser referidas na petição inicial. Se novas custas processuais forem suportadas pelo exequente após a propositura da petição inicial, estas também deverão ser computadas para fins de apurar o crédito a ser satisfeito pelo executado. Dentre tais custas processuais estão as taxas judiciárias, as diligências de oficial de justiça, os honorários do perito avaliador e a publicação dos editais de hasta pública. No entanto, a menção genérica a custas processuais em título executivo judicial não assegura que todas essas verbas estarão contidas no crédito exequendo. Na verdade, o Superior Tribunal de Justiça entende que os honorários periciais não estarão abrangidos pela sentença exequenda se esta não lhes fizer expressa referência (2ª T., REsp nº 1.039.604-MG, Rel. Min. Humberto Martins, j. em 4/11/2008, v.u., DJe de 12/12/2008).

IV. Honorários na execução

O exequente também fará jus aos honorários advocatícios devidos pela execução, bem como à verba honorária devida pela rejeição de eventual impugnação ou embargos à execução. Na execução, o juiz fixará, provisoriamente, os honorários advocatícios em dez por cento (CPC, art. 827), o qual poderá ser reduzido à metade se houver o pagamento integral pelo executado no prazo de três dias (§ 1º) ou poderá ser majorado até vinte por cento quando não opostos ou rejeitados os embargos à execução (§ 2º). Nesse ponto, deve ficar claro que a fixação definitiva dos honorários advocatícios levará em conta o trabalho efetivamente realizado pelo advogado do exequente. Assim, a falta de pagamento imediato, por si só, não é motivo para a majoração dos honorários advocatícios (STJ, 2ª T., REsp nº 1.297.844-PR, Rel. Min. Herman Benjamin, , j. em 6/3/2012, v.u., DJe de 12/4/2012).

V. Entrega do excedente ao executado

Uma vez somados todos esses valores, o montante depositado em juízo deverá ser entregue ao exequente até o valor total, sendo que eventual excedente pertencerá ao executado. O levantamento desse excedente pelo executado também seguirá o procedimento previsto no art. 906 do CPC, com exceção da lavratura do termo de quitação. Por se tratar de numerário de titularidade do executado, tais recursos financeiros depositados em juízo são passíveis de penhora nos moldes do art. 860 do CPC, caso outros credores não tenham se manifestado antes de o crédito exequendo ser satisfeito.

VI. Bloqueio do saldo por requerimento de outro credor

Para que outro credor impeça o levantamento do excedente pelo executado, é imprescindível que pleiteie a penhora no rosto dos autos, nos termos do art. 860 do CPC. Sem que tenha sido deferida medida de apreensão a partir de "requerimento oportuno e adequado, inviável autorizar essa 'reserva'" (TJSP, 28ª Câmara de Direito Privado, Rel. Des. Gilson Delgado Miranda, AI nº 2203939-14.2016.8.26.0000, v.u., j. 28/3/2017).

Art. 908 - Havendo pluralidade de credores ou exequentes, o dinheiro lhes será distribuído e entregue consoante a ordem das respectivas preferências.
§ 1º - No caso de adjudicação ou alienação, os créditos que recaem sobre o bem, inclusive os de natureza propter rem, sub-rogam-se sobre o respectivo preço, observada a ordem de preferência.
§ 2º - Não havendo título legal à preferência, o dinheiro será distribuído entre os concorrentes, observando-se a anterioridade de cada penhora.

I. Ordem das preferências entre os credores

Se um mesmo bem tiver sido penhorado por mais de um credor em mais de uma execução (CPC, art. 797, parágrafo único) ou se sobre o bem penhorado pesar algum direito real de garantia (CPC, art. 905, inciso II), será instaurado concurso singular de credores com o propósito de definir a ordem das respectivas preferências a ser respeitada na entrega do dinheiro. Essa ordem deve coordenar dois tipos de preferência: de um lado, o privilégio tem fundamento no direito material, independentemente de penhora; e, de outro, aplica-se o princípio *prior tempore potior jure* (CPC, art. 797, *caput*), segundo o qual o exequente que obtiver a primeira penhora desfrutará de privilégio em relação às penhoras ulteriores. Caso existam os dois tipos de preferência antes mencionados, o título legal de preferência prevalece em relação à regra da primeira penhora. O exame dessas preferências ocorrerá no âmbito desse incidente na fase de pagamento dentro da execução, no qual o juiz realiza cognição sumária e superficial.

II. Execução em curso e penhora

Para participar do concurso singular, em princípio, os credores deverão ter movido suas respectivas execuções e ter penhorado o bem cuja alienação resultou no numerário depositado. No entanto, essa exigência de execução em curso para legitimar o credor a participar de tal incidente é controversa em relação aos credores com garantia de direito real, vale dizer, hipotecários ou pignoratícios. Embora exista opinião jurisprudencial condicionando a participação do credor hipotecário no aludido concurso singular à prévia propositura de execução e penhora (STJ, 4ª T., REsp nº 32.881/SP, Rel. Min. César Ásfor Rocha, j. em 2/12/1997, v.u., DJ de 27/4/1998), prevalece o entendimento jurisprudencial no sentido de que "o credor hipotecário, embora não tenha proposto ação de execução, pode exercer sua preferência nos autos de execução ajuizada por terceiro, uma vez que não é possível sobrepor uma preferência de direito processual a uma de direito material" (STJ, 3ª T., AgRg nos EDcl no REsp nº 775723-SP, Rel. Min. Sidnei Beneti, j. em 20/5/2010, v.u., DJe de 9/6/2010).

III. Créditos trabalhistas e tributários

Em se tratando de créditos tributários e trabalhistas, a relevância social de sua solvência os exclui do concurso de credores (CTN, art. 186), por terem preferência no recebimento do produto da alienação. Ocorre que o crédito trabalhista implica a propositura da respectiva execução, sem a qual o executado não tem condições de exercer seu direito à ampla defesa. Essa situação paradoxal entre a suficiência do título legal de preferência e a necessidade de prévia execução foi resolvida pelo Superior Tribunal de Justiça da seguinte forma: "garante-se o direito de preferência do credor [trabalhista] apenas reservando-lhe o produto da penhora, ou parte deste, levada a efeito em execução de terceiros, condicionando o seu levantamento a execução futura aparelhada pelo próprio credor" (STJ, 4ª T., REsp nº 280.871-SP, Rel. Min. Luis Felipe Salomão, j. em 5/2/2009, v.u., DJe de 23/3/2009).

IV. Produto da alienação do bem penhorado

Enquanto se processa o concurso singular de credores, a alienação do bem penhorado poderá prosseguir até o depósito do dinheiro. Nesse ponto, é importante destacar que o adquirente do bem penhorado deverá exibir o preço, ainda que seja o exequente (CPC, art. 892, § 1º), de modo que tais recursos ficarão depositados em juízo até o juiz dirimir o concurso singular de credores. O credor vitorioso no concurso singular se sub-rogará no preço até o limite de seu crédito, mas deverá ressarcir as custas da praça suportadas pelo exequente, caso este sucumba no referido incidente, sob pena de se caracterizar enriquecimento sem causa.

V. Anterioridade da constrição

Se não pesar sobre o bem direito real de garantia, o produto de sua alienação será dividido entre os credores quirografários levando em conta a primariedade da penhora, independentemente do seu registro (STJ, 4ª T., REsp nº 1.209.807-MS, Rel. Min. Raul Araújo, j. em 15/12/2011, v.u., DJe de 15/2/2012). Além da penhora, o arresto previsto no art. 830 também confere preferência no âmbito do concurso singular de credores, pois é mera antecipação de ato executivo (STJ, 4ª T., AgRg no REsp nº 902.536-RS, Rel. Min. Isabel Gallotti, j. em 27/3/2012, v.u., DJ de 11/4/2012).

VI. Crédito advocatício com natureza alimentar

A preferência advinda da anterioridade da penhora cede ante a preferência de direito material que caracteriza um crédito como alimentar, como é o caso do crédito advocatício (STJ, Rel. Min. Luis Filipe Salomão, REsp nº 1152218-RS). Assim, verificado o privilégio de direito material de determinado crédito, sua preferência prevalecerá a eventual penhora que lhe seja anterior (TJSP, 36ª Câmara de Direito Privado, Rel. Des. Pedro Baccarat, AI nº 2021921-88.2017.8.26.0000, v.u., j. em 31/5/2007).

VII. Manutenção da competência

A rigor, o exequente não ostenta qualquer privilégio só por ter movido a execução. Não obstante, a instauração de tal concurso não implica modificação da competência, ainda que o titular do crédito seja a União Federal, suas empresas públicas ou entidades autárquicas, conforme determina o enunciado nº 270 da súmula de jurisprudência do STJ: "o protesto pela preferência do crédito, apresentado por ente federal em execução que tramita na Justiça Estadual, não desloca a competência para a Justiça Federal".

Art. 909 - Os exequentes formularão as suas pretensões, que versarão unicamente sobre o direito de preferência e a anterioridade da penhora e, apresentadas as razões, o juiz decidirá.

I. Instauração do incidente concursal

Compete ao juiz o exame dos privilégios e preferências entre os credores que participam do concurso singular previsto no art. 908 do CPC. A despeito de o dispositivo legal mencionar apenas os "exequentes", sua incidência estende-se também para os credores de direitos reais de garantia que ainda não tenham movido execução, mas já tenham manifestado sua preferência. Isso porque esse concurso singular não se instaura de ofício, cabendo sempre aos credores apresentar suas petições nos autos da execução em que ocorreu a alienação forçada, deduzindo o direito de preferência ou a anterioridade da penhora. A bem do princípio do contraditório (CPC, arts. 7º e 10), os credores terão oportunidade para se manifestarem sobre as pretensões de preferência dos demais concorrentes.

II. Objeto do incidente concursal

Caso surjam questões de alta indagação, o juiz tanto poderá remeter os interessados para as vias ordinárias ou dirimir tais questões no âmbito do próprio incidente, com a produção das provas que se mostrarem necessárias (STJ, 3ª T., REsp nº 976.522-SP, Rel. Min. Nancy Andrighi, j. em 2/2/10, v.u., DJe de 25/2/10). Ao final desse procedimento, o juiz apreciará a gradação dos créditos garantidos pelo mesmo bem, a fim de determinar a preferência e anterioridade da penhora, conforme o caso. Se a existência do crédito e seu valor forem objeto de divergência no âmbito de sua respectiva execução, o juiz prosseguirá com a alienação do bem penhorado e reservará a quantia correspondente ao referido crédito até a solução da referida divergência.

III. Competência para julgar o incidente concursal

O incidente de concurso singular de credores será instaurado em apenas uma das execuções. "Em princípio, havendo, em juízos diferentes, mais de uma penhora contra o mesmo devedor, o concurso efetuar-se-á naquele em que se houver feito a primeira. Essa regra, porém, comporta exceções. Sua aplicabilidade se restringe às hipóteses de competência relativa, que se modificam pela conexão. Tramitando as diversas execuções em Justiças diversas, haverá manifesta incompatibilidade funcional entre os respectivos juízos, inerente à competência absoluta, inviabilizando a reunião de processos" (STJ, 3ª T., REsp nº 976.522-SP, Rel. Min. Nancy Andrighi, j. em 2/2/2010, v.u., DJe de 25/2/2010).

IV. Decisão sobre o incidente concursal

A decisão sobre este incidente na execução constitui decisão interlocutória, que poderá ser reformada por meio de recurso de agravo de instrumento (CPC, art. 1.050, parágrafo único). Os interessados no concurso singular poderão celebrar consensualmente negócio jurídico processual (CPC, art. 190), com o fito de definir a ordem de preferência, atribuindo ao contador a função de preparar o plano de pagamento, que orientará os respectivos levantamentos. Uma vez efetuados os levantamentos para satisfação de todos os interessados, será proferida sentença de extinção da execução. Se o valor não for suficiente para a satisfação de todos os credores que acudiram ao concurso, aos credores insatisfeitos restará a retomada do curso de suas execuções, almejando a penhora de novos bens.

Capítulo V - Da Execução contra a Fazenda Pública

***Art. 910** - Na execução fundada em título extrajudicial, a Fazenda Pública será citada para opor embargos em 30 (trinta) dias.*

§ 1º - Não opostos embargos ou transitada em julgado a decisão que os rejeitar, expedir-se-á precatório ou requisição de pequeno valor em favor do exequente, observando-se o disposto no art. 100 da Constituição Federal.

§ 2º - Nos embargos, a Fazenda Pública poderá alegar qualquer matéria que lhe seria lícito deduzir como defesa no processo de conhecimento.

§ 3º - Aplica-se a este Capítulo, no que couber, o disposto nos artigos 534 e 535.

Autor: Leonardo Carneiro da Cunha

I. Dispositivos correspondentes no CPC/1973

"Art. 730 - Na execução por quantia certa contra a Fazenda Pública, citar-se-á a devedora para opor embargos em 10 (dez) dias; se esta não os opuser, no prazo legal, observar-se-ão as seguintes regras: I - o juiz requisitará o pagamento por intermédio do presidente do tribunal competente; II - far-se-á o pagamento na ordem de apresentação do precatório e à conta do respectivo crédito."

"Art. 731 - Se o credor for preterido no seu direito de preferência, o presidente do tribunal, que expediu a ordem, poderá, depois de ouvido o chefe do Ministério Público, ordenar o sequestro da quantia necessária para satisfazer o débito."

II. Previsão constitucional

Art. 100, CF.

III. Execução contra a Fazenda Pública

A execução contra a Fazenda Pública pode fundar-se em título judicial ou em título extrajudicial. Quando o título for judicial, há cumprimento de sentença contra a Fazenda Pública (arts. 534 e 535). Sendo extrajudicial, propõe-se a execução disciplinada no art. 910. Tanto numa como noutra, é necessário observar o regime de precatórios ou de requisição de pequeno valor (RPV), previsto no art. 100 da Constituição Federal.

IV. Execução fundada em título extrajudicial

Já houve muita discussão sobre o cabimento de execução fundada em título extrajudicial contra a Fazenda Pública. Tal discussão está superada. Não há mais dúvida quanto ao cabimento.

V. Súmula nº 279 do STJ

"É cabível execução por título extrajudicial contra a Fazenda Pública."

VI. Procedimento

Quando a Fazenda Pública é executada, não se aplicam as regras de penhora e expropriação de bens, eis que os bens públicos são impenhoráveis e inalienáveis. A execução contra a Fazenda Pública contém normas próprias. A citação não a convoca para pagar ou expor-se à penhora. A Fazenda Pública é citada para, em trinta dias, opor embargos. Não opostos os embargos ou transitada em julgado a decisão que os inadmitir ou rejeitar, deverá ser expedido precatório ou RPV, seguindo-se com a observância das normas contidas no art. 100 da CF/1988.

VII. Súmula nº 144 do STJ

"Os créditos de natureza alimentícia gozam de preferência, desvinculados os precatórios da ordem cronológica dos créditos de natureza diversa."

VIII. Súmula nº 655 do STF

"A exceção prevista no art. 100, caput, da Constituição, em favor dos créditos de natureza alimentícia, não dispensa a expedição de precatório, limitando-se a isentá-los da observância da ordem cronológica dos precatórios decorrentes de condenações de outra natureza."

IX. Efeito suspensivo dos embargos à execução

Opostos embargos pela Fazenda Pública, a execução suspende-se. Os embargos da Fazenda contêm efeito suspensivo automático. Nos termos do § 1º do art. 919, "o juiz poderá, a requerimento do embargante, atribuir efeito suspensivo aos embargos quando verificados os requisitos para a concessão da tutela antecipada, e desde que a execução já esteja garantida por penhora, depósito ou caução suficientes". Tal dispositivo não se aplica à execução proposta contra a Fazenda Pública, pelos seguintes motivos: (a) o efeito suspensivo depende de penhora, depósito ou caução. A Fazenda Pública não se sujeita a penhora, depósito nem caução, não precisando garantir o juízo; (b) a expedição de precatório ou RPV depende do prévio trânsito em julgado (CF/1988, art. 100, §§ 3º e 5º), de sorte que somente pode ser determinado o pagamento, se não houver mais qualquer discussão quanto ao valor executado. Por essa razão, os embargos opostos pela Fazenda Pública devem ser recebidos no efeito suspensivo. Não é por outra razão, aliás, que o § 1º do art. 910 estabelece que somente será expedido, ou precatório ou a RPV, se não forem opostos os embargos ou se já houver trânsito em julgado da decisão que os rejeitar. Enquanto não houver trânsito em julgado da decisão, não se expede precatório nem RPV. O dispositivo alinha-se ao § 5º do art. 100 da CF/1988, que exige trânsito em julgado. Logo, os embargos têm efeito suspensivo.

X. Embargos parciais

Quando os embargos forem parciais, a execução, nos termos do § 3º do art. 919, prosseguirá quanto à parte não embargada. Tal regra aplica-se aos embargos opostos pela Fazenda Pública. Nesse caso, a execução deve prosseguir relativamente ao valor equivalente à parte incontroversa, expedindo-se, quanto a essa parte, o precatório. Em tal situação, não está havendo o fracionamento vedado no § 8º do art. 100 da CF/1988, pois não se trata de intenção do exequente de repartir o valor para receber uma parte por RPV e outra por precatório.

XI. Valor da causa nos embargos à execução opostos pela Fazenda Pública

Os embargos assumem forma de ação de conhecimento, devendo ser deduzidos por petição inicial que atenda aos seus requisitos, entre os quais desponta o valor da causa. O valor da causa nos embargos à execução não deve coincidir, necessariamente, com o valor da execução ou do crédito cobrado. O valor da causa deve corresponder ao proveito econômico a ser auferido. Se os embargos voltam-se contra a totalidade do crédito, uma vez acolhidos, o proveito econômico consiste em deixar de pagar tudo o que está sendo cobrado. Nesse caso, o valor da causa será o mesmo da execução. Caso seja alegado, nos embargos, excesso de execução, o valor da causa deve corresponder à diferença entre o que está sendo exigido e o que foi reconhecido pelo embargante. Nesse sentido: STJ, 4ª T., REsp nº 1.001.725/SP, Rel. Min. Aldir Passarinho Junior, j. em 11/3/2008, DJ de 5/5/2008. No mesmo sentido: STJ, 1ª T., REsp nº 584.983/PE, Rel. Min. Luiz Fux, j. em 11/5/2004, DJ de 31/5/2004, p. 218.

XII. Rejeição liminar dos embargos

Os embargos opostos pela Fazenda Pública podem ser rejeitados liminarmente nas hipóteses previstas no art. 918, bem como na hipótese prevista no § 3º do art. 917. Em outras palavras, serão rejeitados liminarmente os embargos quando intempestivos, nos casos de inépcia e de improcedência liminar, quando manifestamente infundados ou protelatórios, ou quando for alegado excesso de execução, sem que seja apontado o valor correto ou demonstrado em que consiste o excesso (não desincumbimento do ônus de opor a *exceptio declinatoria quanti*) – art. 917, § 4º, inciso I.

XIII. Decisão que rejeita os embargos

O ato do juiz que rejeita liminarmente os embargos, indeferindo, desde logo, a petição inicial, é uma sentença. Logo, é cabível a apelação prevista no art. 331, sendo conferido ao juiz o poder de retratar-se.

XIV. Conteúdo dos embargos

Sendo a execução fundada em título extrajudicial, não há limitação cognitiva. A Fazenda Pública pode alegar toda e qualquer matéria. É nos embargos que a Fazenda Pública pode, inclusive, alegar incompetência absoluta ou relativa do juízo da execução, nos termos do art. 917, inciso V. A arguição de impedimento e de suspeição deve observar o disposto nos arts. 146 e 148.

XV. Alegação de excesso de execução (*exceptio declinatoria quanti*)

O STJ, ao julgar o REsp nº 1.387.248/SC, submetido ao regime dos recursos repetitivos, confirmou ser indispensável apontar o valor que o executado entende correto, quando alegar excesso de execução. Em tal julgamento, a Fazenda Nacional, atuando como *amicus curiae,* defendeu que a regra não se aplica à Fazenda Pública, suscitando a questão a ser examinada pelo STJ. Ao enfrentar a questão, o STJ concluiu que a *exceptio declinatoria quanti* não se aplica à Fazenda Pública. Tal entendimento do STJ, manifestado sob a égide do CPC/1973, não prevalece mais diante do CPC/2015. É que o § 3º do art. 910 determina a aplicação do disposto nos arts. 534 e 535. E, no § 2º do art. 535, está expresso que "Quando se alegar que o exequente, em excesso de execução, pleiteia quantia superior à resultante do título, cumprirá à executada declarar de imediato o valor que entende correto, sob pena de não conhecimento da arguição". Ainda que assim não fosse, o STJ, na verdade, acolheu alegação da Fazenda Nacional, segundo a qual "os credores de títulos executivos judiciais em desfavor da Fazenda Nacional promovem o cumprimento do julgado, indicando o valor que entendem devido, com base em documentos imprescindíveis à feitura dos cálculos que sequer constam dos autos". O que se percebe é que o STJ generalizou uma situação particular. Quando a Fazenda Pública embargar alegando excesso de execução, deve, sim, indicar o valor que entende correto. A regra é geral, não havendo qualquer particularidade que a afaste da execução contra a Fazenda Pública. Afastá-la é desconsiderar os deveres de cooperação que devem ser cumpridos no processo, além de permitir dilações indevidas na execução contra a Fazenda Pública, o que não se revela adequado. A regra tem aplicação nos casos em que o valor da execução foi liquidado em fase própria ou, unilateralmente, pelo credor, se isso for possível por simples cálculos aritméticos. Em regra, a Fazenda Pública deve submeter-se ao ônus da declinação do valor. Nos casos, entretanto, em que se exige a dilação probatória para a verificação dos valores, a Fazenda Pública pode ter a certeza de que o valor é despropositado, mas não pode afirmar de pronto quanto deve, exatamente porque é necessária a produção de provas em audiência, como as provas pericial e testemunhal. *Nesses* casos (e não em *todos* os casos), não incide a exigência de a Fazenda Pública demonstrar o valor devido ou em que consistiria o excesso. Não há, *nessas* situações (e não em *todas* as situações), o ônus de demonstrar o valor que deveria ser executado. É que, rigorosamente, tais casos não constituem hipóteses de excesso de execução, revelando-se como situações de iliquidez da obrigação, afastando-se, portanto, o ônus da alegação, por parte do executado, do valor correto. Ao executado caberá, isto sim, apontar a iliquidez da obrigação, indicando a necessidade de uma liquidação por artigos ou por arbitramento.

XVI. Procedimento dos embargos

Recebidos os embargos pela Fazenda Pública, a execução fica suspensa, devendo o juiz determinar a intimação do embargado para se manifestar no prazo de quinze dias (art. 920, inciso I). Em seguida, o juiz julgará imediatamente o pedido ou designará audiência (art. 920, inciso II). Encerrada a instrução, o juiz proferirá sentença (art. 920, inciso III).

XVII. Inadmissão ou rejeição dos embargos: ausência de remessa necessária

Inadmitidos ou rejeitados os embargos opostos pela Fazenda Pública, a sentença não está sujeita à remessa necessária. Segundo entendimento do STJ, "[...] a sentença que rejeita ou julga improcedentes os embargos à execução opostos pela Fazenda Pública não está sujeita ao reexame necessário" (STJ, 2ª T., REsp nº 1.107.662/SP, Rel. Min. Mauro Campbell Marques, j. 23/11/2010, DJe de 2/12/2010). No mesmo sentido: STJ, 1ª T., AgRg no REsp nº 1.253.018/BA, Rel. Min. Arnaldo Esteves Lima, j. 2/4/2013, DJe de 16/4/2013).

XVIII. Inadmissão ou rejeição dos embargos: apelação

Segundo o art. 1.012, § 1º, inciso III, a apelação interposta contra a sentença que extinga sem resolução do mérito ou rejeite os embargos não tem efeito suspensivo. Só que a expedição de precatório ou de RPV depende do prévio trânsito em julgado (CF/1988, art. 100, §§ 3º e 5º), de modo que somente pode ser determinado o pagamento se não houver qualquer discussão quanto ao valor executado. Por causa disso, a apelação contra sentença que extingue sem resolução do mérito ou julga improcedentes os embargos à execução contra a Fazenda Pública, mercê das referidas exigências constitucionais, há de ser recebida no duplo efeito. Vale dizer que o art. 1.012, § 1º, inciso III, não se aplica a execuções por quantia certa contra a Fazenda Pública.

XIX. Honorários de advogado na execução fundada em título extrajudicial contra a Fazenda Pública

De acordo com o art. 1º-D da Lei nº 9.494/1997, "Não serão devidos honorários advocatícios pela Fazenda Pública nas execuções não embargadas". O Plenário do STF, ao julgar o RE nº 420.816/PR, considerou *constitucional* tal dispositivo, conferindo-lhe, porém, *interpretação conforme a CF/1988* para reduzir seu campo de incidência, de modo a excluir "os casos de pagamento de obrigações definidos em lei como de pequeno valor". Quer dizer que, nas execuções que tenham a Fazenda Pública como *executada* e que acarretem a expedição de *precatório*, não haverá condenação em honorários sucumbenciais, caso não haja oposição de embargos do executado. Tal regra aplica-se apenas ao cumprimento da sentença contra a Fazenda Pública, não incidindo na execução fundada em título extrajudicial. Aliás, o § 7º do art. 85 do CPC refere-se apenas ao cumprimento da sentença, não mencionando a execução fundada em título extrajudicial. Assim está redigido o § 7º do art. 85: "Não serão devidos honorários no cumprimento de sentença contra a Fazenda Pública que enseje expedição de precatório, desde que não tenha sido impugnada". Ainda que seja caso de precatório, haverá honorários na execução fundada em título extrajudicial que não seja embargada. Quando há um título executivo extrajudicial que imponha ao Poder Público o pagamento de quantia certa, já há previsão orçamentária e rubrica específica para pagamento. Em outras palavras, ao firmar o contrato ou subscrever o documento que se encaixa na previsão contida no art. 784 do CPC, a Fazenda Pública já assumiu a dívida. Se não paga no prazo ajustado, está a dar causa ao ajuizamento da execução. Em razão da causalidade, haverá honorários na execução fundada em título extrajudicial, ainda que não embargada e mesmo que seja necessária a expedição do precatório. Não se aplica, portanto, o disposto no art. 1º-D da Lei nº 9.494/1997 nas execuções fundadas em título extrajudicial que não sejam embargadas.

1. Enunciado nº 240 do Fórum Permanente de Processualistas Civis

"São devidos honorários nas execuções fundadas em título executivo extrajudicial contra a Fazenda Pública, a serem arbitrados na forma do § 3º do art. 85."

2. Súmula nº 345 do STJ

"São devidos os honorários advocatícios pela Fazenda Pública nas execuções individuais de sentença proferida em ações coletivas, ainda que não embargadas."

Capítulo VI - Da Execução de Alimentos

Art. 911 - Na execução fundada em título executivo extrajudicial que contenha obrigação alimentar, o juiz mandará citar o executado para, em 3 (três) dias, efetuar o pagamento das parcelas anteriores ao início da execução e das que se vencerem no seu curso, provar que o fez ou justificar a impossibilidade de fazê-lo.
Parágrafo único - Aplicam-se, no que couber, os §§ 2º a 7º do art. 528.

Autora: Fernanda Tartuce

I. Efetividade à obrigação alimentar reconhecida em título executivo extrajudicial

O Código de Processo Civil de 2015 aperfeiçoa o sistema executivo da obrigação alimentar ao buscar assegurar plena efetividade ao resultado da atuação extrajudicial das partes.

O parágrafo único do art. 911 reconhece que, havendo inadimplemento do dever de prestar alimentos reconhecido em título executivo extrajudicial, será aplicável o regime executivo que permite a prisão do executado. A previsão é salutar: como muitos acordos são celebrados na seara extrajudicial (como, por exemplo, os divórcios consensuais por escrituras públicas), a efetividade de seu teor – quando consubstanciar título executivo que prevê pensão alimentícia – precisa ser amplamente reconhecida.

O Superior Tribunal de Justiça, em tempos pretéritos, relutou em admitir a possibilidade de prisão por obrigação alimentar prevista em título executivo extrajudicial que restava inadimplida (cf. STJ, 3ª T., HC nº 22401/SP, Rel. Min. Carlos Alberto Menezes Direito, j. em 20/8/2002). Ainda às vésperas da entrada em vigor do CPC/2015, tal visão restritiva era encontrada em decisões segundo as quais apenas o inadimplemento de obrigações alimentares previstas em títulos executivos judiciais viabilizaria a pena de prisão (cf. TJRS, 7ª Câmara Cível, AI nº 380206-64.2013.8.21.7000, Rel. Des. Sérgio Fernando de Vasconcellos, j. em 19/9/2013; TJDFT, 5ª Turma Cível, AC nº 0001795-06.2013.8.07.0005, Rel. Des. Angelo Passareli, j. em 17/9/2014).

Esse entendimento, porém, não tinha como prevalecer: o rito executivo especial já podia ser aplicado ao inadimplemento de obrigação alimentar reconhecida em quaisquer títulos executivos. A execução de alimentos engendrada no sistema jurídico brasileiro, como autêntica *tutela diferenciada*, sempre visou propiciar maior efetividade à proteção de um direito considerado especial pelo ordenamento.

O posicionamento pela impossibilidade de execução sob pena de prisão no caso de alimentos fixados em escritura distanciava o intérprete da verdadeira missão do processo e de seu caráter protetor; ademais, era contraditório disponibilizar às partes uma opção para valorizar o consenso e retirar do credor a possibilidade de exigir a pensão alimentícia com presteza e eficiência.

Quando a Constituição Federal menciona a possibilidade de prisão em virtude do inadimplemento voluntário e inescusável da obrigação alimentar, não faz distinção quanto ao instrumento de reconhecimento do crédito; sempre se revelou primordial, portanto, considerar o conteúdo (obrigação alimentar inadimplida voluntária e inescusavelmente) e não o continente (título executivo de índole judicial ou extrajudicial).

Por fim, vale lembrar que a Lei de Alimentos, no art. 19, menciona expressamente o acordo como possível fundamento de execução sob pena de prisão. A previsão legal menciona as execuções de sentença e de acordo para não haver dúvida de que em ambas é possível a adoção de todas as medidas necessárias à efetivação do teor (dentre as quais se inclui a prisão). Assim, não era necessário fazer esforço interpretativo para considerar a escritura como apta a ensejar a execução sob pena de prisão; não só a Lei de Alimentos expressamente autoriza a execução de acordos sob pena de encarceramento como também a Constituição Federal concebeu a obrigação alimentar como objeto de máxima proteção.

Assim, já se podia cogitar sobre a execução sob pena de prisão também dos alimentos fixados em títulos executivos extrajudiciais, como o acordo referendado pela Defensoria Pública ou pelo Ministério Público, há tempos.

Felizmente a visão restritiva foi sendo superada, havendo cada vez mais posicionamentos reconhecendo a necessidade de conferir máxima coercibilidade aos instrumentos em que esteja prevista a obrigação alimentar, rompendo-se a ideia de "monopólio de decisão judicial" para tanto.

O Superior Tribunal de Justiça, em tempos mais recentes, adotou esta solução quando chamado a decidir se o acordo referendado pela Defensoria Pública sem a intervenção do Poder Judiciá- rio permitiria a execução de alimentos com o possível decreto prisional do obrigado alimentar inadimplente.

Em decisão do STJ prolatada sobre o sistema do CPC/1973, considerou-se que a previsão sobre execução de alimentos por prisão civil (art. 733) não fazia referência a título executivo extrajudicial porque, quando tal Código entrou em vigência, a única forma de constituir obrigação de alimentos era por título executivo judicial; apenas depois, na busca de meios alternativos para resolver conflitos, foram introduzidas no ordenamento alterações que permitiram a fixação de alimentos em acordos extrajudiciais com dispensa de homologação judicial. Também se afirmou ser indevido dar interpretação literal aos dispositivos sobre possibilidade de prisão civil do alimentante e acordo extrajudicial; finalmente,

"[...] destacou-se que a obrigação constitucional de alimentar e a urgência de quem necessita de alimentos não poderiam mudar com a espécie do título executivo (se judicial ou extrajudicial). Os efeitos serão sempre nefastos à dignidade daquele que necessita de alimentos, seja ele fixado em acordo extrajudicial ou título judicial. Ademais, na hipótese de dívida de natureza alimentar, a própria CF/1988 excepciona a regra de proibição da prisão civil por dívida, entendendo que o bem jurídico tutelado com a coerção pessoal sobrepõe-se ao direito de liberdade do alimentante inadimplente" (3ª T., REsp nº 1.117.639/MG, Rel. Min. Massami Uyeda, j. em 20/5/2010).

Esse entendimento foi se consolidando a partir da repetição em diversas outras decisões (cf. STJ, 4ª T., HC nº 212934/SP, Rel. Min. Marco Buzzi, j. em 1º/12/2011; STJ, 4ª T., REsp nº 1531084/GO, Rel. Min. Raul Araújo, j. em 17/4/2017; TJCE, 5ª Câmara Cível, AI nº 0621853-86.2014.8.06.0000, Rel. Des. Carlos Alberto Mendes Forte, DJ de 11/3/2015; TJMG, AI nº 1.0701.14.032795-1/001, Rel. Des. Darcio Lopardi Mendes, j. em 26/3/2015).

II. Similitude de regimes executivos relativos a obrigações alimentares

O CPC/2015 engendra seus dispositivos de forma a abolir definitivamente a distinção entre alimentos provenientes de títulos judiciais ou extrajudiciais, prevendo que na execução fundada em título executivo extrajudicial que reconheça obrigação alimentar aplicam-se, no que couber, as regras típicas da execução de alimentos.

Na nova sistemática processual os indevidos óbices perdem espaço, já que o parágrafo único do art. 911 do CPC/2015 promove a apropriada equiparação entre os alimentos fixados no âmbito judicial e na seara extrajudicial.

Assim, todo o regramento clássico da execução de alimentos (identificada pela incidência do art. 733 do CPC/1973 e do art. 528 do CPC/2015) poderá ser aplicado para a observância das obrigações alimentícias reconhecidas em títulos executivos extrajudiciais.

III. Julgados

Entendimento restritivo em relação à prisão

"*Habeas corpus*. Título executivo extrajudicial. Escritura pública. Alimentos. Art. 733 do Código de Processo Civil. 1. O descumprimento de escritura pública celebrada entre os interessados, sem a intervenção do Poder Judiciário, fixando alimentos, não pode ensejar a prisão civil do devedor com base no art. 733 do Código de Processo Civil, restrito à execução de 'sentença ou decisão que fixa os alimentos provisionais'. 2. *Habeas corpus* concedido" (3ª T., HC nº 22401/SP, Rel. Min. Carlos Alberto Menezes Direito, j. em 20/8/2002).

"O descumprimento de escritura pública celebrada entre os interessados, sem a intervenção do poder judiciário, fixando alimentos, não pode ensejar a prisão civil do devedor com base no art. 733 do Código de Processo Civil, restrito à execução de sentença ou de decisão, que fixa os alimentos provisionais. (STJ. HC 22401/SP)" (TJMT, AI nº 48302/2014, Capital, Rel. Des. Rubens de Oliveira Santos Filho, j. em 23/7/2014, DJMT de 28/7/2014, p. 75).

"AGRAVO DE INSTRUMENTO. EXECUÇÃO. Título executivo extrajudicial. Prestação de alimentos. Prisão civil. Impossibilidade" (TJDF, 4ª Turma Cível, Rec nº 2010.00.2.013286-3, Ac. nº 914.783, Rel. Des. Fernando Habibe, DJDFTE de 3/2/2016, p. 186).

Títulos executivos extrajudiciais e possibilidade de prisão

"[...] Os alimentos fixados em acordos extrajudiciais, referendados pelo Ministério Público, constituem títulos executivos hábeis a embasar a ação de execução de alimentos pelo rito do art. 733 do Código de Processo Civil. Agravo conhecido e provido" (TJDF, 1ª Turma Cível, Rec nº 2011.00. 2.025116-2, Ac. 564.607, Rel. Des. Silva Lemos, DJDFTE de 15/2/2012, p. 53).

"[...] Em resumo, o acordo referendado pelo defensor público tem força de título executivo extrajudicial e pode ser executado pelo procedimento previsto no artigo 733, parágrafo 1.º, do CPC, independente de homologação judicial (ver STJ, REsp 1117639/MG)" (TJMG, 7ª Câmara Cível, APCV nº 1806333-70.2004.8.13.0702/ Uberlândia, Rel. Des. Wander Paulo Marotta Moreira, j. em 11/10/2011, DJEMG de 16/12/2011).

"[...] A expressão 'acordo' contida no art. 19 da Lei n. 5.478/68 compreende não só os acordos firmados perante a autoridade judicial, alcançando também aqueles estabelecidos nos moldes do art. 585, II, do Estatuto Processual Civil, conforme dispõe o art. 733 do Código de Processo Civil. Nesse sentido: RESP 1117639/ MG, Rel. Ministro Massami Uyeda, Terceira Turma, julgado em 20/5/2010, DJe 21/2/2011. (STJ, RESP 1285254/DF, Rel. Ministro Marco Buzzi, d.j. 4/12/2012)" (TJCE, 5ª Câmara Cível, AI nº 0621853.86.2014.8.06.0000, Rel. Des. Carlos Alberto Mendes Forte, DJCE de 11/3/2015, p. 33).

"[...] O acordo transacionado perante a Defensoria Pública, devidamente assinado pelas partes, é título executivo extrajudicial, líquido, certo e exigível, podendo, pois, ser executado judicialmente. É possível tal execução pelo rito previsto no art. 733 do CPC, tendo em vista interpretação voltada à maior efetividade das normas constitucionais de proteção do direito fundamental do alimentando" (TJMG, AI nº 1.0701.14.032795-1/001, Rel. Des. Darcio Lopardi Mendes, j. em 26/3/2015, DJEMG de 31/3/2015).

"AGRAVO DE INSTRUMENTO. EXECUÇÃO DE ALIMENTOS. ART. 733, CPC. Acordo extrajudicial que fixou alimentos é válido para ensejar execução. Precedentes. O decreto prisional decorre da providência prevista no art. 733 do CPC para efetivar a execução alimentar. Decisão de acordo com entendimento consagrado na Súmula 309 do STJ. A existência de ação de revisão de alimentos não impede o processo de execução, seja pela via da coerção pessoal, seja pela patrimonial. AGRAVO IMPROVIDO. UNÂNIME" (TJRS, AI nº 0024451-26.2016.8.21.7000, Rel. Des. Ivan Leomar Bruxel, j. em 13/10/2016).

"PROCESSO CIVIL. EXECUÇÃO DE ALIMENTOS. EXTINÇÃO DO PROCESSO. SEM RESOLUÇÃO DE MÉRITO. INDEFERIMENTO DA PETIÇÃO INICIAL. ACORDO DE ALIMENTOS REFERENDADO PELO MINISTÉRIO PÚBLICO OU PELA DEFENSORIA PÚBLICA. TÍTULO EXECUTIVO EXTRAJUDICIAL. EXECUÇÃO PELO RITO DA PRISÃO. POSSIBILIDADE. SENTENÇA CASSADA. Diante da importância da prestação alimentícia, o processo de execução de alimentos deve se direcionar à concretização do direito do alimentando e assegurar o adimplemento dos débitos alimentares da forma mais célere e eficaz. É cabível a execução de alimentos, fixados em acordo extrajudicial referendado pelo Ministério Público ou pela Defensoria Pública, pelo rito da prisão, disciplinado no art. 733 do CPC. Precedentes do STJ. Ao se permitir que o acordo referendado pelo MP ou pela Defensoria seja executado pelo rito da prisão se estimula que os litigantes busquem não apenas a tutela jurisdicional para fixação da obrigação alimentar, mas a realização de acordos amigáveis para solucionar eventuais controvérsias. Portanto, privilegia-se o direito do alimentando e o próprio desafogamento do Poder Judiciário. Apelação conhecida e provida. Sentença cassada" (TJDF, 6ª Turma Cível, Rec nº 2015.13.1.002128-5,

Ac. nº 905.568, Rel. Des. Ana Maria Duarte Amarante Brito; DJDFTE de 18/11/2015, p. 259).

"AGRAVO DE INSTRUMENTO. EXECUÇÃO DE ALIMENTOS PELO RITO DA PRISÃO. TÍTULO EXECUTIVO EXTRAJUDICIAL. POSSIBILIDADE. Ainda na vigência do anterior CPC, a jurisprudência do STJ e deste TJRS já era consolidada no sentido de que era possível executar título extrajudicial de alimentos sob pena de prisão. O atual CPC prevê expressamente essa possibilidade. Logo, no caso concreto, em face do inadimplemento, mostra-se plenamente viável o manejo da execução sob pena de prisão, independentemente do título ter sido homologado em juízo, ou do devedor/executado ter ou não participado do processo de homologação (já que não é a homologação que confere exequibilidade ao título, ou que possibilita sua execução sob pena de prisão). Negaram provimento" (TJRS, Salto do Jacuí, 8ª Câmara Cível, AI nº 0389765-40.2016.8.21.7000, Rel. Des. Rui Portanova, j. em 9/3/2017, DJERS de 20/3/2017).

"AGRAVO DE INSTRUMENTO. Ação de execução de alimentos intentada pela ex-esposa. Obrigação alimentar estabelecida em escritura pública de divórcio direto consensual. Decisão agravada determinando a adequação do rito processual, sob pena de extinção. Insurgência da exequente. Pedido de reforma da decisão interlocutória ao argumento de que possível a adoção do rito previsto no art. 733 do CPC/73 para execução de título extrajudicial. Subsistência. A utilização de procedimento que enseja prisão civil não se restringe a títulos executivos judiciais. Possibilidade de prisão do devedor de obrigação alimentar expressamente prevista na Constituição Federal (artigo 5º, LXVII) e em norma infraconstitucional (artigo 19, da Lei n. 5.478/1968). Natureza extrajudicial do título que se afigura indiferente neste aspecto. Precedentes do Superior Tribunal de Justiça. Entendimento assentado na sistemática adotada pelo novo código de processo civil (parágrafo único do art. 911). Reforma da decisão que se faz necessária. Prosseguimento da ação executiva que se impõe. Recurso conhecido e provido" (TJSC, 1ª Câmara de Direito Civil, AI nº 2015.076591-3, Criciúma, Rel. Des. Denise Volpato, j. em 5/4/2016, DJSC de 8/4/2016, p. 195).

Art. 912 - Quando o executado for funcionário público, militar, diretor ou gerente de empresa, bem como empregado sujeito à legislação do trabalho, o exequente poderá requerer o desconto em folha de pagamento de pessoal da importância da prestação alimentícia.

§ 1º - Ao despachar a inicial, o juiz oficiará à autoridade, à empresa ou ao empregador, determinando, sob pena de crime de desobediência, o desconto a partir da primeira remuneração posterior do executado, a contar do protocolo do ofício.

§ 2º - O ofício conterá os nomes e o número de inscrição no Cadastro de Pessoas Físicas do exequente e do executado, a importância a ser descontada mensalmente, a conta na qual deve ser feito o depósito e, se for o caso, o tempo de sua duração.

I. Semelhança com regramento do CPC/1973

Enquanto o art. 911 do CPC/2015 tem leve correspondência com o art. 733 do CPC/1973, o art. 912 apresenta forte similaridade com o art. 734 do Código de 1973; tanto a semelhança como a diferença entre os dispositivos podem ser mais bem percebidas pelo confronto das previsões:

A forma imperativa do verbo que reconhecia ser dever do juiz promover a ordem de desconto no ofício foi excluída: passou a constar que tal medida deve decorrer de iniciativa do exequente, que deve requerê-lo expressamente.

II. Escolha pelo exequente e necessidade de requerimento

A mudança é coerente com a valorização da autonomia privada, diretriz que orienta de modo significativo o CPC/2015. Como cabe à parte decidir qual a melhor estratégia para a gestão de seu conflito, entendendo ser pertinente o desconto, ela o requererá à autoridade judicial; se, contudo, entender que deve investir tempo e recursos em outras iniciativas que lhe pareçam mais produtivas, não fará o requerimento de desconto.

Embora já houvesse decisões reconhecendo que a decisão sobre a via executiva pertence ao credor (cf. STJ, 3ª T., HC nº 128.229/SP, Rel. Min. Massami Uyeda, j. em 23/4/2009), é importante o reforço expresso de tal entendimento pela regra processual.

Assim, o entendimento de que o desconto em folha é a medida preferencial do ordenamento jurídico não mais prevalecerá. Vale destacar, aliás, que o art. 1.072, inciso V, do CPC revoga o art. 16 da Lei de Alimentos (segundo o qual, na execução de sentença ou acordo, seria observado o art. 734 e o parágrafo único do CPC/1973); esta previsão costumava ser citada em decisões que afirmavam a preferência do ordenamento pelo desconto (Cf. TJGO, 3ª Câmara Cível, AI nº 0344638-34.2014.8.09.0000, Rel. Des. Walter Carlos Lemes, DJGO de 28/1/2015).

De todo modo, deverá ser recorrente a formulação de requerimento dos exequentes para haver desconto em folha, já que tal medida costuma ser vista como prática, eficiente e segura.

III. Reforço da efetividade pela previsão de crime de desobediência

O CPC/2015 também aperfeiçoa a sistemática do abatimento em folha das parcelas alimentícias ao destacar que, no ofício à autoridade, à empresa ou ao empregador, constará a determinação de desconto sob pena de crime de desobediência.

A previsão, inovadora, busca reforçar o incentivo à observância da ordem judicial e consta também no art. 529, § 1º, do CPC.

No regime do CPC/1973 era comum ter notícia de casos em que o empregador (por fatores diversos, sendo um deles possivelmente a solidariedade ao empregado) deixava de registrar o recebimento do ofício judicial e de lhe dar operacionalidade. Eis excerto de decisão sobre o tema:

"o imbróglio teve início após ter sido certificado que o empregador não deu retorno acerca do cumprimento da determinação de desconto em folha, de forma que caberia ao juízo renovar o pedido de informação ou, até mesmo, dar efetividade à advertência feita no despacho da folha 117, de que a falta de informação solicitada poderia caracterizar crime de desobediência, ou, até mesmo, determinar o cumprimento da decisão extintiva, com arquivamento e baixa do processo. Nesta última hipótese, caso não tenha sido implementado o desconto em folha – o que, aliás, não se sabe, em face da falta de informação do empregador do alimentante e deste próprio –, dispõe a credora da pensão de ação de execução de alimentos. Certo é que o feito não poderia ter sido extinto, como o foi, pois já assim se encontrava! Desta forma, medida outra não resta senão desconstituir a decisão atacada, para que a julgadora se manifeste acerca da renovação ou não do pedido de informações ao empregador ou dê efetividade à advertência feita no despacho da folha 117 ou, ainda alternativamente, determine o arquivamento e baixa do processo (sem extinção, pois extinto já se encontra), independente de novas informações" (TJRS, 8ª Câmara Cível, AC nº 347681-29.2013.8.21.7000, Cruz Alta, Rel. Des. Luiz Felipe Brasil Santos, j. em 28/11/2013, DJERS de 5/12/2013).

A situação lembra a advertência de Marcio Thomaz Bastos; ao mencionar, ainda em 2004, a necessidade de "passarmos do pensamento à ação em tema de melhoria dos procedimentos executivos", ele apontava que a execução permanecia o "calcanhar de Aquiles" do processo, e nada era mais difícil, "com frequência, do que impor no mundo dos fatos os preceitos abstratamente formulados no mundo do direito" (cf. Subchefia de Assuntos Parlamentares, EM nº 120/MJ. Disponível em: <http://www.planalto.gov.br/ccivil_03/Projetos/EXPMOTIV/MJ/2004/120.htm>. Acesso em: 11 jul. 2017.

As previsões do CPC/2015 cumprem o papel de aprimorar o sistema executivo e contribuem na busca de melhores resultados nas execuções de alimentos embasadas no desconto em folha.

IV. Julgados

Desconto em folha como medida preferencial e/ou mais adequada

"[...] os artigos 16 da Lei nº 5.478/1968 e 734 do Código de Processo Civil preveem, preferencialmente, o desconto em folha para satisfação do crédito alimentar" (TJGO, 3ª Câmara Cível, AI nº 0344638-34.2014.8.09.0000, Anápolis, Rel. Des. Walter Carlos Lemes, DJGO de 28/1/2015, p. 246).

"Atende aos princípios da economia processual, pela praticidade do desconto diretamente junto à fonte pagadora e o da segurança jurídica Percentual que se mostra adequado" (TJSP, 5ª Câmara de Direito Privado, AI nº 2112029-71.2014.8.26.0000, Ac. 7744131, Matão, Rel. Des. Moreira Viegas, j. em 6/8/2014, DJESP de 21/8/2014).

"O desconto em folha da pensão alimentícia é a melhor forma de assegurar o pagamento pontual do encargo alimentar, evitando mais litígios entre alimentante e alimentado" (TJRS, 7ª Câmara Cível, AI nº 0033872-74.2015.8.21.7000, Santa Cruz do Sul, Rel. Des. Sérgio Fernando de Vasconcellos Chaves, j. em 27/3/2015, DJERS de 2/4/2015).

"A forma de pensionamento determinada no juízo de origem prestigia os interesses do menor, uma vez que garante o pagamento mensal e contínuo dos alimentos determinados, afastando a possibilidade de atraso da obrigação, em perfeita sintonia com o disposto no art. 734, do CPC" (TJMG, AGIN nº 1.0024.13.209971-4/001, Rel. Des. Edilson Olímpio Fernandes, j. em 11/2/2014, DJEMG de 25/2/2014).

"Agravo de instrumento. Execução de alimentos. Decisão que autorizou desconto em folha dos alimentos para os meses vincendos. Ausência de qualquer ilegalidade, abuso ou inadequação. Medida que garante o pagamento. Caso em que, aliás, o acordo firmado entre as partes quando do divórcio prevê expressamente tal possibilidade verificado o inadimplemento. Recurso desprovido" (TJSP, 9ª Câmara de Direito Privado, AI nº 2094004-39.2016.8.26.0000, Rel. Des. Piva Rodrigues, j. em 5/8/2016, DJE de 5/8/2016).

"DISSOLUÇÃO DE UNIÃO ESTÁVEL. ALIMENTOS. ACORDO HOMOLOGADO JUDICIALMENTE. FORMA DE CUMPRIMENTO. PEDIDO DE DESCONTO EM FOLHA DE PAGAMENTO. REMESSA ÀS VIAS PRÓPRIAS. OBSERVÂNCIA DE PRESSUPOSTO RECURSAL. TEMPESTIVIDADE. 1. Como o agravo de instrumento foi interposto dentro do transcurso do prazo legal de dez dias, o recurso merece ser conhecido, pois atende pressuposto recursal objetivo, que é a tempestividade. 2. Mesmo entendendo que o crédito alimentar é preferencial em relação a qualquer outro, não é possível determinar o desconto em folha de pagamento, pois o acordo homologado não estabeleceu tal forma de cumprimento da obrigação, e a implementação desse desconto poderá acarretar grave prejuízo ao alimentante. 3. Caso a obrigação não esteja sendo cumprida regularmente deverá a credora manejar a cabível ação de execução pleiteando a constrição patrimonial ou cumprimento sob pena de prisão. Recurso desprovido" (TJRS, São Borja, 7ª Câmara Cível, AI nº 0458388-93.2015.8.21.7000, Rel. Des. Sérgio Fernando de Vasconcellos Chaves, j. em 18/5/2016, DJERS de 2/6/2016).

Art. 913 - Não requerida a execução nos termos deste Capítulo, observar--se-á o disposto no art. 824 e seguintes, com a ressalva de que, recaindo a penhora em dinheiro, a concessão de efeito suspensivo aos embargos à execução não obsta a que o exequente levante mensalmente a importância da prestação.

I. Similaridade com outros dispositivos

O dispositivo guarda parcial correspondência com o art. 732 do CPC/1973 e forte similaridade com o art. 528, § 8º, do CPC/2015, como se percebe pelo comparativo a seguir:

II. Opção do exequente pelo rito executivo que dispõe exclusivamente de expropriação de bens

Coerente com a premissa de que a decisão sobre o rito executivo pertence ao titular do direito, a regra prevê que o exequente pode optar pela execução sob pena de expropriação de bens, abrindo mão do rito executivo que possibilita a prisão.

A previsão é importante porque no regime do CPC/1973 alguns magistrados convertiam de ofício o regime executivo, sendo necessário então que os executados recorressem para que os tribunais competentes reformassem decisão.

III. Possibilidade de levantamento mensal das prestações

A previsão final sobre a possibilidade de levantamento mensal das prestações demonstra a preocupação do legislador com a subsistência do exequente – que já existia, aliás, no art. 732, parágrafo único, do CPC/1973.

Vale destacar que a possibilidade de que o exequente realize levantamentos mensais esvazia, em certa medida, o efeito suspensivo porventura atribuível à defesa do executado; a opção legislativa, contudo, é acertada por atender ao desiderato de garantir a subsistência do alimentando.

IV. Julgados

"[...] ao credor é facultada a opção de conversão da execução ajuizada pelo rito do art. 733 do CPC para o rito do art. 732 do CPC. O que se objetiva é o célere adimplemento do débito alimentar, não sendo prioridade a prisão do executado" (TJRS, 7ª Câmara Cível, AI nº 18795-30.2012.8.21.7000, Sapucaia do Sul, Rel. Des. Jorge Luís Dall'Agnol, j. em 30/5/2012, DJERS de 11/6/2012).

"I. Cabe ao credor, na abertura da execução de alimentos, optar entre requerer a citação com cominação de prisão (art. 733), ou apenas de penhora (art. 732). II. A execução de alimentos foi proposta pelo rito do art. 732 do CPC (execução por quantia certa). Não pode o magistrado convertê-lo de ofício para o rito mais gravoso do art. 733 do CPC" (TJMA, 5ª Câmara Cível, Rec nº 0008352-40.2013.8.10.0000, Ac. 156606/2014, Rel. Des. Raimundo José Barros de Sousa, j. em 17/11/2014, DJEMA de 21/11/2014).

"[...] não poderia o Ministério Público manifestar-se genericamente pela decretação de prisão civil do executado, nem tampouco poderia o magistrado a quo, também em decisão genérica e que, inclusive, alude à suposta ausência de apresentação de 'justificativa', esta apresentada e recebida como embargos, decretar a prisão civil do executado, porquanto, ao passo que cabe ao exequente a escolha do rito para a execução dos alimentos, e aqui ele optou expressamente pela execução comum [...]" (TJSC, 4ª Câmara de Direito Civil, HC nº 4013149-59.2017.8.24.0000, Rel. Des. Gilberto Gomes de Oliveira, j. em 28/6/2017, DJE de 4/7/2017).

"AGRAVO DE INSTRUMENTO. EXECUÇÃO DE ALIMENTOS. INCLUSÃO DAS PARCELAS QUE SE VENCERAM NO CURSO DA AÇÃO. ART. 323 DO CPC/15. Na cobrança de débito alimentar pelo rito do art. 913 do CPC/15 é cabível a inclusão das parcelas vencidas no curso da execução, porquanto se tratam de prestações periódicas e sucessivas (art. 323 do CPC). Negaram provimento" (TJRS, 8ª Câmara Cível, AI nº 0104368-94.2016.8.21.7000, Montenegro, Rel. Des. Rui Portanova, j. em 7/7/2016, DJERS de 14/7/2016).

TÍTULO III
DOS EMBARGOS À EXECUÇÃO

Art. 914 - O executado, independentemente de penhora, depósito ou caução, poderá se opor à execução por meio de embargos.

§ 1º - Os embargos à execução serão distribuídos por dependência, autuados em apartado e instruídos com cópias das peças processuais relevantes, que poderão ser declaradas autênticas pelo próprio advogado, sob sua responsabilidade pessoal.

§ 2º - Na execução por carta, os embargos serão oferecidos no juízo deprecante ou no juízo deprecado, mas a competência para julgá-los é do juízo deprecante, salvo se versarem unicamente sobre vícios ou defeitos da penhora, da avaliação ou da alienação dos bens efetuadas no juízo deprecado.

Autor: Antonio Adonias Aguiar Bastos

I. Cabimento

Os embargos à execução consistem no meio típico de defesa do executado na execução fundada em título extrajudicial.

II. Natureza jurídica

Trata-se de ação de conhecimento, incidental, de cognição ampla e de natureza constitutiva negativa ou declaratória, conforme a matéria alegada pelo executado, veiculada em processo autônomo.

Incidental porque pressupõe a pendência da execução. Se, antes da execução, o devedor ajuizar ação versando sobre matéria que poderia ser alegada em eventuais embargos, tratar-se-á de defesa heterotópica. Ela consistirá em ação autônoma que observará o rito comum, não observando as particularidades dos embargos, a exemplo do procedimento especialmente delineado para a oposição do executado e da inexistência de efeito suspensivo em relação à apelação interposta contra a sentença dos embargos.

Permite um juízo cognitivo amplo, pois pode versar sobre qualquer matéria que seria lícito ao executado deduzir como defesa em processo de conhecimento, nos termos do art. 917, inciso VI.

Parte da doutrina entende tratar-se de ação constitutiva negativa, que visa à desconstituição da relação jurídica certa e líquida constante no título.

Alinhamo-nos à outra corrente doutrinária, que afirma que a ação pode ter natureza meramente declaratória ou constitutiva, dependendo da matéria e do pedido apresentados pelo embargante. Seria meramente declaratória ao versar sobre a inexistência da relação obrigacional que o título aparenta documentar, como no caso de alegação do pagamento. Seria constitutiva negativa ao atacar o título, afirmando, por exemplo, ter havido vício de consentimento na emissão de um cheque. Nesta hipótese, a relação jurídica existirá até que a sentença dos embargos retire a validade do documento.

Além disso, cuida-se de ação veiculada em processo próprio, não tramitando no bojo do processo executivo, dada a incompatibilidade procedimental e as suas distintas finalidades. Enquanto o rito da execução é composto por atos voltados para a expropriação, o dos embargos volta-se para a cognição sobre a regularidade do título, a verificação da existência do direito ali estampado e/ou a regularidade dos atos executivos.

III. Legitimidade ativa

O executado possui legitimidade ativa para propor os embargos. O executado é aquele em face de quem o exequente moveu o feito satisfativo, não importando seja ele o devedor (sujeito passivo do liame jurídico-material) ou não. Pode-se ilustrar com a execução equivocadamente proposta contra quem não é devedor, isto é, contra o sujeito que não participou da relação de direito material. Nesta situação, existe ilegitimidade passiva do executado para o processo satisfativo, mas haverá legitimação ativa para os embargos, inclusive para defender-se com base no argumento da ilegitimidade passiva para a execução.

Havendo litisconsórcio passivo na execução, qualquer dos executados poderá propor a ação de embargos, e, via de regra, a defesa de um deles será autônoma e independente em relação à do(s) outro(s). Também é possível que dois ou mais executados proponham apenas uma ação de oposição, formando um litisconsórcio ativo e voluntário nos embargos, desde que configurada pelo menos uma das hipóteses do art. 113 do CPC/2015.

Caso o executado tenha sido fictamente citado (por edital ou por hora certa) e permaneça "revel", deve o magistrado designar curador especial, para defender os interesses do executado. Mantém-se aplicável o Enunciado nº 196 da Súmula do STJ: "Ao executado que, citado por edital ou por hora certa, permanecer revel, será nomeado curador especial, com legitimidade para apresentação de embargos" (Corte Especial, j. em 1º/10/1997, DJ de 9/10/1997, p. 50.799). Destacamos que a expressão "revel" contida no enunciado foi empregada de maneira inadequada, afinal não acontece a revelia na execução fundada em título extrajudicial, já que o executado não é citado para defender-se, mas para adimplir a obrigação constante no título. Ademais, a legitimidade não é do curador especial, mas do próprio executado. Não se trata de hipótese de legitimidade extraordinária do curador especial. Ele tem o poder de praticar atos em prol do executado-curatelado, representando-o, mas não o substituindo processualmente.

O responsável patrimonial tem legitimidade para propor os embargos à execução. O estudo da responsabilidade patrimonial permite identificar quem são os sujeitos cujo patrimônio poderá ser afetado pela atividade judicial satisfativa (arts. 789 a 796 do CPC/2015). Na análise da legitimidade, busca-se identificar quem deve ocupar o polo passivo da relação jurídico-processual (art. 779 do CPC/2015). É possível, por exemplo, que o cônjuge ou o companheiro possua responsabilidade patrimonial (art. 790, inciso IV, do CPC/2015) e que não seja passivamente legitimado para figurar como executado no processo satisfativo. Respondendo pela dívida contraída pelo outro consorte com os seus bens próprios, reservados ou de sua meação, ele poderá mover os embargos à execução com o intento de desconstituir o título, impugnar certo ato executivo ou obter a declaração de que ocorreu certo fato extintivo ou modificativo da obrigação, ou que impeça a sua exigibilidade. Se o sujeito que tem responsabilidade patrimonial quiser apenas questionar o ato constritivo ou expropriatório, visando à sua desconstituição, poderá valer-se dos embargos de terceiro (arts. 674 a 681 do CPC/2015), meio pelo qual não estará autorizado a impugnar o título ou opor um dos fatos jurídicos que afetam a relação obrigacional. Também poderá manejar tal via processual aquele que não é parte na execução e que não tem responsabilidade patrimonial, buscando somente desconstituir o ato constritivo que recaiu indevidamente sobre o seu patrimônio. Ele não tem legitimidade para os embargos do executado, não lhe tocando interesse para debater sobre a obrigação ou o título. Foi neste sentido que o STJ firmou seu entendimento sobre o assunto (4ª T., REsp nº 252854/RJ, Rel. Min. Sálvio de Figueiredo Teixeira, j. em 29/6/2000, DJ de 11/9/2000, p. 258).

IV. Legitimidade passiva

No polo passivo dos embargos deverá figurar o exequente. Distinguindo-se, mais uma vez, a figura processual da do direito material, não deve haver confusão entre o exequente e o credor. É possível que o sujeito que tenha movido o processo satisfativo não tenha legitimidade para tanto, até mesmo por não ser o credor. Neste caso, o executado deverá opor os embargos em face dele, demonstrando a sua ilegitimidade para figurar como exequente.

Se houver litisconsórcio ativo na execução, qualquer dos exequentes ou todos eles poderão figurar no polo passivo dos embargos. É possível que o executado queira se insurgir quanto ao pedido ou quanto à legitimidade de apenas um deles, e não contra os dos demais.

V. Função da penhora, do depósito e da caução

O dispositivo estabelece expressamente que prévia garantia do juízo não consiste num requisito para a propositura nem para o desenvolvimento válido dos embargos. A interpretação conjunta do *caput* do art. 914 com o § 1º do art. 919 do CPC/2015 evidencia que a garantia é um dos requisitos para a atribuição do efeito suspensivo aos embargos, e não para o seu processamento. Trata-se de medida de aceleração do procedimento executivo, afinal o executado tem o ônus de apresentar a sua defesa após ter sido citado, adiantando a alegação e a apreciação de matérias que não dependem da prévia invasão patrimonial, a exemplo da inexequibilidade do título, da inexigibilidade da obrigação ou da incompetência absoluta ou relativa do juízo da execução.

A garantia do juízo também impede a inclusão do nome do executado em cadastros de inadimplentes ou provoca o seu cancelamento, caso já tenha sido efetuado o registro (§§ 3º e 4º do art. 780).

VI. Competência

O § 1º do art. 914 trata de três aspectos distintos: (a) da competência para o processamento e para o julgamento dos embargos à execução; (b) da autuação; e (c) da instrução da petição inicial.

A primeira parte do dispositivo afirma que os embargos serão distribuídos por dependência em relação à execução. Trata-se de regra de competência. O juízo que processa a execução terá a atribuição de examinar e julgar os embargos do executado.

Cuida-se de competência funcional, sendo, pois, absoluta, aplicando-se todo o regramento pertinente à espécie. Assim, não acontecerá a modificação ou a prorrogação da competência e o próprio Judiciário poderá/deverá examinar a questão de ofício em qualquer tempo e grau de jurisdição.

O legislador excepcionou, contudo, as situações em que a execução se desenvolve por carta precatória. Quando os embargos versarem exclusivamente sobre vícios ou defeitos da penhora, avaliação ou alienação dos bens efetuadas no juízo deprecado, a regra de competência será aquela prevista pelo § 2º do art. 914 do CPC/2015, que comentaremos mais adiante.

VII. Autuação

O § 1º do art. 914 do CPC/2015 estabelece que os embargos devem ser "autuados em apartado", evidenciando que a defesa do executado se processa em autos próprios, e não nos da execução, o que contribui para a distinção entre os atos de cada processo (evitando a eventual confusão entre os atos da execução e os da defesa, caso todos fossem praticados nos mesmos fólios) e para o prosseguimento da atividade satisfativa, mesmo que propostos e pendentes os embargos, já que, via de regra, eles não possuem efeito suspensivo (*caput* do art. 919 do CPC/2015). Assim, mesmo iniciada e pendente a defesa do executado, o processo satisfativo continuará tramitando, rumo ao cumprimento da obrigação constante no título.

O legislador determinou apenas a autuação "em apartado", não estabelecendo que os embargos sejam autuados "em apenso". Trata-se de coisas distintas. Autuar "em apartado" significa formar novos fólios, próprios para a defesa do executado, como acabamos de explicar. "Apensar" significa anexar.

Assim, não é necessário apensar os autos dos embargos aos da execução. Associada tal regra à de não se atribuir efeito suspensivo à defesa do executado e à de se instruir a petição inicial dos embargos com as peças relevantes do feito executivo, essa medida reforça a concepção de que o processamento de uma demanda não deve retardar o da outra.

Essa regra convive perfeitamente com a da competência, já vista anteriormente. Embora a defesa do executado deva ser distribuída para o mesmo juízo em que se processa a execução, os autos não precisarão estar necessariamente anexados uns aos outros.

A independência entre os autos de cada processo ganha realce na fase recursal. É possível que a decisão dos embargos não provoque a extinção da execução (se eles forem julgados improcedentes, por exemplo). Uma vez interposta apelação contra a sentença proferida na defesa do executado, os seus autos deverão ser remetidos ao tribunal. De outro lado, a execução continuará tramitando, o que deve acontecer perante o juízo originário. A determinação de autuação em apartado, mas não em apenso, permite que os fólios dos embargos não estejam anexados aos da execução, eliminando qualquer questionamento acerca da possibilidade de permanência dos autos da execução no juízo de origem, que dará seguimento aos atos satisfativos, ao passo que os dos embargos serão remetidos ao tribunal, para processamento e julgamento do recurso ali interposto.

VIII. Instrução da petição inicial dos embargos à execução

A última parte do § 1º do art. 914 do CPC/2015 estabelece que a petição inicial dos embargos à execução deve ser instruída com cópias das peças do processo de execução que sejam relevantes para o julgamento da pretensão apresentada pelo embargante, que poderão ser declaradas autênticas pelo próprio advogado, sob sua responsabilidade pessoal.

Embora o dispositivo só se refira à instrução com cópias de tais peças, é possível juntar outros documentos, sendo relevante distinguir uma situação da outra.

IX. Instrução com cópias das peças processuais relevantes da execução

A instrução da petição inicial dos embargos com cópias das peças processuais relevantes da execução possibilita a permanência dos autos do processo satisfativo no juízo de 1º grau enquanto os da defesa do executado serão remetidos para o tribunal, caso venha a ser interposta apelação contra a sentença dos embargos que não extinga a execução.

Entre as diversas matérias que podem ser alegadas nos embargos, o executado pode impugnar atos praticados na execução (*v.g.*, incorreção da penhora ou avaliação errônea), o título executivo ou a planilha que instrui a petição inicial do processo satisfativo. Nestas situações, o seu julgamento exigirá o exame do auto de penhora e avaliação, do título, da planilha de cálculos, etc.

Julgados os embargos e interposta a apelação, o pedido de reexame da sentença também demandará uma nova apreciação de tais documentos.

O § 1º do art. 914 do CPC/2015 possibilita enviar apenas os fólios dos embargos ao tribunal, já que a sua petição inicial fora instruída com as cópias das peças processuais relevantes da execução. Desta maneira, os autos da execução permanecerão no juízo de 1º grau, permitindo a retomada ou a continuidade dos atos de cumprimento forçado da obrigação constante no título, conforme os embargos tenham, ou não, sido recebidos com efeito suspensivo (art. 919).

Além disso, a juntada de tais documentos é relevante apenas para o processo físico, não sendo aplicável para o processo eletrônico. Neste caso, os autos da execução poderão ser consultados pelos magistrados de 1º e de 2º grau a qualquer tempo, em qualquer etapa dos embargos.

X. Momento preclusivo para o requerimento de juntada das peças processuais relevantes da execução

Considerando que os embargos são distribuídos por dependência em relação à execução, não é indispensável a sua juntada na 1ª instância. Tramitando os dois processos perante o mesmo juízo, o magistrado pode proceder à análise dos documentos nos autos da própria execução, não havendo qualquer prejuízo ao processamento de qualquer dos dois feitos.

Assim, a utilidade de tais documentos só surgirá para a apreciação da apelação interposta contra a sentença dos embargos.

De outro lado, o § 1º do art. 938 do CPC/2015 permite a correção, durante o processamento do recurso, de vício sanável, devendo o relator determinar a realização ou a renovação do ato processual, no próprio tribunal ou em primeiro grau, intimadas as partes. Uma vez cumprida a diligência, o tribunal prosseguirá no julgamento do recurso, sempre que possível. O § 2º estabelece que, reconhecida a necessidade de produção de prova, o julgamento do recurso seja convertido em diligência, a ser realizada no tribunal ou em instância inferior, decidindo-se o recurso após a conclusão da instrução. Por fim, o § 3º afirma que as providências indicadas nos §§ 1º e 2º poderão ser determinadas pelo órgão competente para julgamento do recurso, quando não tiverem sido determinadas pelo relator.

É possível que, durante o processamento da apelação, o tribunal constate a ausência das peças processuais relevantes da execução. Cuida-se de vício sanável, cuja correção pode acontecer em tal fase. Nesta situação, o relator ou o órgão colegiado devem determinar a intimação do executado para que ele providencie a juntada de tais documentos, sob pena de preclusão.

Em homenagem à instrumentalidade das formas (art. 277 do CPC/2015), a petição inicial dos embargos não deve ser indeferida *de plano* por ausência das cópias de tais documentos, já que não há qualquer prejuízo para o processamento e para o julgamento dos embargos nem da execução em tal etapa. Só haverá preclusão quando o juízo de 2º grau intimar o executado para acostar tais documentos e ele não cumprir a diligência no prazo assinado pelo tribunal.

XI. Definição das peças processuais relevantes

O legislador não indicou taxativamente quais são as peças processuais relevantes da execução que devem instruir a inicial dos embargos. Nem poderia, pois essa análise depende da matéria apresentada pelo executado no caso concreto. Se ele afirma, por exemplo, que existe prescrição do cheque ou que a assinatura ali aposta não é sua, será necessário juntar cópia do título. Se alegar que a penhora, na execução de crédito com garantia real, recaiu sobre coisa diversa daquela dada em hipoteca, penhor ou anticrese, violando a preferência prevista no § 3º do art. 835 do CPC/2015, deverá juntar a cópia do documento que instituiu a garantia (que pode ser o próprio título executivo, no caso do contrato garantido por hipoteca, penhor, anticrese ou outro direito real de garantia, nos termos do art. 784, inciso V) e o auto de penhora, permitindo que o juiz coteje os dois documentos para averiguar se a constrição incidiu, ou não, sobre o mesmo bem que foi dado em garantia.

Não havendo uma indicação expressa na lei sobre quais são as peças consideradas relevantes e por se tratar de vício sanável, o embargante deve ser intimado para complementar a documentação por ele juntada, caso o magistrado entenda que não estão presentes todas as peças necessárias para o exame da questão apresentada nos embargos. Além disso, cumpre ao magistrado indicar precisamente quais são as peças que ele entende faltantes. Trata-se de aplicação dos princípios da economia processual, da instrumentalidade das formas e da cooperação.

XII. Responsabilidade do advogado pela declaração de autenticidade das peças

A parte final do § 1º afirma que as peças relevantes da execução que instruem a petição inicial dos embargos "poderão ser declaradas autênticas pelo próprio advogado, sob sua responsabilidade pessoal".

Primeiramente, não há a obrigatoriedade de o advogado realizar tal declaração. As cópias poderão ser autenticadas pelos servidores do próprio órgão jurisdicional ou de cartório extrajudicial que possua competência para fazer tal conferência.

Se o advogado optar por declarar a autenticidade, a responsabilidade ficará limitada apenas pela conferência da cópia com a peça processual que existe nos autos da execução, e não por ser autêntico o documento que se encontra nos fólios executivos. Assim, se ele declara que a cópia do título executivo que instrui a inicial dos embargos é autêntica, ele está se referindo à sua identidade em relação à via do título que instrui a inicial da execução, o que não significa que este documento seja efetivamente autêntico. Caso tenha sido falsificado, não poderá o advogado ser responsabilizado se não concorreu para a sua adulteração.

A responsabilidade do advogado tanto pode se dar na esfera civil como na penal e na administrativa.

XIII. Instrução com outros documentos

Além das peças processuais relevantes da execução, o executado também possui o ônus de instruir a petição inicial dos embargos com os documentos que fazem prova de suas alegações que não estão relacionadas aos atos executivos.

Assim, se ele alegar, por exemplo, o pagamento, a compensação ou a celebração de novação, haverá de juntar os documentos que visam a demonstrar a respectiva ocorrência.

XIV. Foro para a apresentação dos embargos

O § 2º do art. 914 do CPC/2015 confirma o entendimento sedimentado pelo STJ no Enunciado nº 46 da sua súmula.

O dispositivo trata de duas regras aplicáveis à execução por carta: (a) a do foro onde podem ser propostos os embargos; e (b) a da competência para o seu processamento e o seu julgamento.

A execução por carta encontra-se prevista no § 2º do art. 845 do CPC/2015, que estabelece que a penhora, a avaliação e a alienação do bem serão efetuadas, pelo juízo deprecado, no local da situação da coisa, se o executado não tiver bens no foro da causa e a penhora não puder ser realizada pela apresentação de certidão da matrícula do imóvel ou de certidão que ateste a existência de veículo automotor, conforme ela recaia sobre um ou outro bem.

XV. Embargos sobre vícios ou defeitos da penhora, da avaliação ou da alienação dos bens

Caso a penhora, a avaliação e a alienação recaiam sobre bens localizados em foro diverso daquele onde tramita a execução, por deprecação, os embargos poderão ser oferecidos tanto perante o juízo deprecante quanto perante o deprecado.

Essa regra independe da matéria sobre a qual verse a defesa do executado. Não importa se a apresentação dos embargos se deu, ou não, perante o juízo competente para os seus processamento e julgamento. Caso os embargos sejam propostos perante o juízo incompetente, ele providenciará a remessa, ao órgão competente. Trata-se de medida de proteção ao embargante, concedendo-lhe maior facilidade de acesso à via judicial.

Além disso, o dispositivo não impõe ao embargante o ônus de indicar o juízo competente. Cabe aos juízos deprecante e deprecado a verificação da competência no caso concreto.

XVI. Foro para o processamento e o julgamento dos embargos

Já a competência para o processamento e o julgamento dos embargos à execução por carta depende da matéria alegada na defesa do executado. A atribuição será do deprecante, salvo se os embargos versarem unicamente sobre os atos de penhora, avaliação ou alienação praticados pelo deprecado, hipótese em que a competência será deste juízo.

Se a matéria dos embargos desbordar destes últimos atos, caberá ao deprecante examinar os aspectos que dizem respeito às relações processual e material, ao cerne da execução, às exceções ou ao título executivo.

Não é demais ressaltar que a competência só será do deprecado se os embargos versarem exclusivamente sobre aquele tema (STJ, 2ª Seção, CC nº 62.973/SP, Rel. Min. Castro Filho, j. em 11/4/2007, DJ de 3/5/2007, p. 216; 2ª Seção, CC nº 1.567/SP, Rel. Min. Eduardo Ribeiro, j. em 27/2/1991, DJ de 25/3/1991, p. 3.206) e se o vício do ato lhe for intrínseco, não envolvendo qualquer outra matéria, como acontece quando a constrição recai sobre bem impenhorável (STJ, 2ª Seção, CC nº 6.504/GO, Rel. Min. Salvio de Figueiredo Teixeira, j. em 15/12/1993, DJ de 21/2/1994, p. 2.086).

Se o vício for extrínseco, a competência será do deprecante. É o que acontece, por exemplo, quando há nulidade da penhora por ter sido preterido o credor com direito de preferência sobre o bem constrito (STJ, 2ª Seção, CC nº 35.346/SP, Rel. Min. Nancy Andrighi, j. em 11/9/2002, DJ de 28/10/2002, p. 215); ou quando há nulidade da arrematação por ter sido ela realizada após a homologação da transação celebrada entre as partes (STJ, 2ª Seção, CC nº 967/PR, Rel. Min. Waldemar Zveiter, j. em 26/9/1990, DJ de 29/10/1990, p. 12.119).

Art. 915 - Os embargos serão oferecidos no prazo de 15 (quinze) dias, contado, conforme o caso, na forma do art. 231.

§ 1º - Quando houver mais de um executado, o prazo para cada um deles embargar conta-se a partir da juntada do respectivo comprovante da citação, salvo no caso de cônjuges ou de companheiros, quando será contado a partir da juntada do último.

§ 2º - Nas execuções por carta, o prazo para embargos será contado:
I - da juntada, na carta, da certificação da citação, quando versarem unicamente sobre vícios ou defeitos da penhora, da avaliação ou da alienação dos bens;
II - da juntada, nos autos de origem, do comunicado de que trata o § 4º deste artigo ou, não havendo este, da juntada da carta devidamente cumprida, quando versarem sobre questões diversas da prevista no inciso I deste parágrafo.
§ 3º - Em relação ao prazo para oferecimento dos embargos à execução, não se aplica o disposto no art. 229.
§ 4º - Nos atos de comunicação por carta precatória, rogatória ou de ordem, a realização da citação será imediatamente informada, por meio eletrônico, pelo juiz deprecado ao juiz deprecante.

I. Prazo para a propositura dos embargos

O prazo para apresentação dos embargos será de 15 dias, contados da juntada aos autos do aviso de recebimento, se a citação for realizada pelo correio (art. 231, inciso I, do CPC/2015); do mandado cumprido, se efetuada pelo oficial de justiça, inclusive com hora certa (arts. 231, inciso II e § 4º, e 830, § 2º, do CPC/2015); da ocorrência da citação, se ela for efetivada pelo escrivão ou pelo chefe de secretaria (art. 231, inciso III, do CPC/2015); do dia útil seguinte ao fim da dilação assinada pelo juiz, caso ocorra por edital (arts. 231, inciso IV, e 830, § 2º, do CPC/2015); do dia útil seguinte à consulta do seu teor ou ao término do prazo para que a consulta se dê, se efetuada eletronicamente (art. 231, inciso V, do CPC/2015).

II. Comparecimento espontâneo do executado

O executado também pode comparecer espontaneamente, suprindo a falta ou a nulidade da citação, fluindo, a partir daí, o prazo para a apresentação dos embargos à execução, na forma do art. 239, § 1º, do CPC/2015.

III. Propositura dos embargos antes da citação

Se o executado apresentar os embargos antes de ser citado, eles devem ser admitidos e processados, desaparecendo, no entanto, o benefício de redução pela metade dos honorários fixados inicialmente pelo juiz em 10% (art. 827, § 1º, do CPC/2015), bem como a possibilidade de requerer o parcelamento de que trata o art. 916 do CPC/2015.

IV. Contagem individual do prazo para a propositura dos embargos

A contagem do prazo para o ajuizamento dos embargos será individual em relação a cada executado, mesmo que haja litisconsórcio passivo na execução. Distingue-se do sistema de defesa do réu utilizado no processo de conhecimento, em que o prazo para todos os demandados começa a fluir da data da comprovação da citação do último deles, na forma do § 1º do art. 231 do CPC/2015.

V. Contagem do prazo quando os executados são cônjuges ou companheiros entre si

A exceção se dá quando os executados forem cônjuges ou companheiros entre si, caso em que o prazo para embargar será conjunto, contado a partir da juntada do último comprovante de citação.

VI. Prazo para a propositura dos embargos na execução por carta

O § 2º do art. 915 do CPC/2015 trata do termo *a quo* do prazo para o oferecimento dos embargos à execução por carta, que pode ser precatória, rogatória ou de ordem, como, aliás, consta expressamente no § 4º do mesmo artigo de lei, ao qual se refere o inciso II do § 2º.

O inciso I do § 2º do art. 915 do CPC/2015 trata da situação em que a competência para processar e julgar os embargos é do deprecado, por versarem eles unicamente sobre vícios ou defeitos intrínsecos da penhora, avaliação ou alienação dos bens, conforme já vimos nos comentários ao § 2º do art. 914 do CPC/2015.

Nesta hipótese, a defesa do executado poderá ser oferecida tanto perante este juízo como perante o deprecante, e os 15 dias serão contados da juntada, na carta, da certificação da citação.

Se a competência para apreciar os embargos for do deprecante, o prazo para o oferecimento dos embargos será contado da juntada, nos autos de origem, da informação prestada pelo deprecado ao deprecante acerca da realização da citação, o que deverá acontecer imediatamente e por meios eletrônicos, na forma do § 4º. Em regra, não será necessário aguardar a devolução da carta precatória ao juízo deprecante e a sua juntada aos autos do processo executivo. Isso só acontecerá se não houver o comunicado aqui referido.

O CPC/2015 trouxe de volta duas formas distintas de identificar o início do prazo para a apresentação dos embargos à execução, conforme o seu objeto, na forma assentada pela jurisprudência (3ª T., REsp nº 299.440/MT, Rel. Min. Nancy Andrighi, j. em 13/8/2001, DJ de 8/10/2001, p. 214). Esta diferenciação havia sido eliminada pelo § 2º do art. 738 do CPC/1973, que definiu um só critério para estabelecer o *dies a quo*: o da juntada da informação, feita pelo deprecado ao deprecante, de que a citação foi realizada.

VII. Prazo simples

O prazo para oferecer os embargos será sempre de 15 dias, mesmo que haja litisconsórcio passivo na execução e que os executados estejam representados por procuradores distintos. O § 3º do art. 915 do CPC/2015 é expresso ao afastar a incidência do art. 229, que estabelece ser em dobro o prazo para todas as manifestações, na ação de conhecimento, dos litisconsortes representados por diferentes procuradores, de distintos escritórios de advocacia, em qualquer juízo ou tribunal, independentemente de requerimento.

Esta regra se aplica, inclusive, quando os executados são cônjuges ou companheiros entre si.

Art. 916 - No prazo para embargos, reconhecendo o crédito do exequente e comprovando o depósito de trinta por cento do valor em execução, acrescido de custas e de honorários de advogado, o executado poderá requerer que lhe seja permitido pagar o restante em até 6 (seis) parcelas mensais, acrescidas de correção monetária e de juros de um por cento ao mês.

§ 1º - O exequente será intimado para manifestar-se sobre o preenchimento dos pressupostos do caput, e o juiz decidirá o requerimento em 5 (cinco) dias.

§ 2º - Enquanto não apreciado o requerimento, o executado terá de depositar as parcelas vincendas, facultado ao exequente seu levantamento.

§ 3º - Deferida a proposta, o exequente levantará a quantia depositada, e serão suspensos os atos executivos.

§ 4º - Indeferida a proposta, seguir-se-ão os atos executivos, mantido o depósito, que será convertido em penhora.

§ 5º - O não pagamento de qualquer das prestações acarretará cumulativamente:

I - o vencimento das prestações subsequentes e o prosseguimento do processo, com o imediato reinício dos atos executivos;

II - a imposição ao executado de multa de dez por cento sobre o valor das prestações não pagas.

§ 6º - A opção pelo parcelamento de que trata este artigo importa renúncia ao direito de opor embargos.

§ 7º - O disposto neste artigo não se aplica ao cumprimento da sentença.

I. Parcelamento do crédito exequendo

O art. 916 do CPC/2015 permite que, no prazo para a propositura dos embargos, o devedor, em vez de defender-se, reconheça o crédito pleiteado pelo exequente, e, comprovando o depósito de 30% do valor em execução, mais custas e honorários advocatícios, requeira o pagamento do saldo restante em até seis parcelas mensais, que serão corrigidas monetariamente, além de serem acrescidas de juros de 1% ao mês.

Embora o dispositivo esteja situado dentro do título referente aos embargos à execução, ele não trata da defesa do executado. Cuida de um favor legal que visa a incentivar o executado a pagar, em vez de resistir à execução.

A medida também é vantajosa para o exequente, que terá reconhecido o crédito e poderá levantar imediatamente a quantia depositada. Além disso, os seis meses para o recebimento das parcelas consistem num lapso de tempo mais curto do que aquele que, ante a realidade, seria necessário para levar a cabo os atos executivos até a satisfação forçada da obrigação.

O parcelamento consiste num direito potestativo do executado, cujo exercício exige que ele reconheça o crédito postulado pelo exequente e que deposite uma parcela da dívida, mais custas e honorários advocatícios. Ao torná-lo incontroverso, o executado estará impedido de opor embargos sobre o mérito da execução e sobre os atos processuais já praticados. Todos esses atos são de vantagem para o autor e de ônus para o réu. A contrapartida dada ao executado é exatamente o parcelamento. Se ele não tiver a segurança de que terá êxito neste intento, não arriscará as providências anteriores, tornando a medida legislativa inócua e sem aplicação prática.

II. Requisitos para o deferimento do parcelamento

A aplicação do comando exige quatro requisitos: *(i)* que o devedor reconheça o crédito do exequente; *(ii)* que comprove o depósito de 30% do valor executado, incluindo as custas e os honorários advocatícios; *(iii)* que requeira o parcelamento; e *(iv)* que pratique todos esses atos no prazo que teria para opor os embargos.

Quanto ao primeiro requisito, cuida-se de ato de reconhecimento jurídico do pedido satisfativo. É necessário que o réu se pronuncie expressa e inequivocamente no sentido de admitir que a obrigação existe e é devida. O reconhecimento não se confunde com a confissão (voltada exclusivamente para os fatos) nem com a inércia. O silêncio do executado durante o prazo para a propositura dos embargos não ensejará o direito ao parcelamento.

O depósito é realizado a título de início de pagamento ou de garantia do juízo, não estando sujeito à devolução. Se a proposta de parcelamento for deferida, a quantia será levantada pelo exequente, observadas as regras do art. 905 do CPC/2015, inclusive no que diz respeito à formalização da quitação parcial, nos autos, como estabelece o art. 906 do CPC/2015. Se for indeferida, a quantia será convertida em penhora, nos termos do § 4º do art. 916 do CPC/2015.

O terceiro requisito é a formalização do requerimento de parcelamento. Sem ele, o depósito poderá surtir os efeitos de garantia parcial do juízo, caso o executado oponha os embargos. Caso não se defenda, o depósito parcial surtirá os efeitos de pagamento parcial, avançando o processo para a prática dos demais atos executivos.

Sendo o parcelamento um direito potestativo do executado, o requerimento não precisa ser motivado.

O último requisito é o prazo para a prática de tais atos, que é o mesmo para a apresentação dos embargos. Assim, o executado terá os mesmos 15 dias estipulados pelo art. 915 do CPC/2015 para depositar o sinal, reconhecer a obrigação e requerer o parcelamento.

A mesma regra da autonomia do prazo para a apresentação da defesa do executado (art. 915, § 1º) aplica-se para a postulação do parcelamento.

Sob outra perspectiva, se o executado embargar antes de findos os 15 dias, ocorrerá a preclusão consumativa, não lhe sendo mais lícito obter o favor legal previsto pelo art. 916.

Findo o prazo, seja por ter acontecido a preclusão temporal ou a consumativa, o executado não poderá mais beneficiar-se do parcelamento de que trata o dispositivo legal. Contudo, nada impede que as partes cheguem a um parcelamento por meio de uma posterior transação.

III. Intimação do exequente

O § 1º do art. 916 do CPC/2015 estabelece que o exequente será intimado para manifestar-se sobre o requerimento de parcelamento. Ao fazê-lo, o legislador fulminou questão que se mostrava controvertida tanto na doutrina como na jurisprudência acerca da necessidade, ou não, de prévia oitiva do credor antes da concessão do parcelamento.

Respeitam-se, assim, os princípios do contraditório e da ampla defesa.

IV. Manifestação do exequente

A manifestação do exequente poderá versar exclusivamente sobre o preenchimento dos pressupostos necessários para o deferimento do parcelamento.

Sendo o parcelamento um direito potestativo do executado, a manifestação do exequente é vinculada, cabendo-lhe demonstrar, objetivamente, que não foi observado um ou mais dos pressupostos estabelecidos pelo *caput* do art. 916. Não deverá tratar de aspectos ligados à conveniência e à oportunidade, como, por exemplo, a pequena monta econômica do débito em face do grande porte econômico do executado.

V. Prazo para manifestação do exequente

Ao deixar de especificar um prazo para a manifestação do exequente acerca do requerimento formulado pelo executado, deve-se aplicar o prazo de cinco dias, a que alude o § 3º do art. 218 do CPC/2015.

Cuida-se de prazo próprio, sujeito à preclusão temporal. Ultrapassado o lapso de tempo sem a manifestação expressa do exequente em sentido contrário, presume-se a sua aceitação em relação ao requerimento.

A presunção decorrente da omissão do autor do processo satisfativo é relativa, podendo o juiz indeferir o requerimento de ofício, caso constate que algum dos requisitos exigidos pelo *caput* não foi preenchido.

VI. Decisão sobre o requerimento de parcelamento

Preenchidos os requisitos que autorizam o parcelamento, o juiz deve deferi-lo, não possuindo discricionariedade em face da pretensão de parcelamento formulada pelo executado.

O parcelamento está alinhado ao princípio da menor onerosidade, positivado pelo art. 805 do CPC/2015, pelo qual o juiz mandará que a execução se faça pelo modo menos gravoso para o executado, quando, por vários meios, puder o exequente promovê-la.

O prazo de cinco dias para que o juiz decida é impróprio, não estando sujeito à preclusão temporal, como se infere da interpretação sistemática dos §§ 1º e 2º, que comentaremos mais a frente.

VII. Recurso cabível contra a decisão que defere ou indefere o requerimento do parcelamento

A decisão é impugnável por agravo de instrumento, conforme preceitua o parágrafo único do art. 1.015.

VIII. Depósito das parcelas vincendas enquanto o requerimento não for apreciado pelo juiz

O dispositivo comentado determina que o executado deposite as prestações vincendas, independentemente da análise do magistrado acerca do requerimento de parcelamento. Além disso, ele autoriza o levantamento da respectiva quantia pelo exequente.

A sua inserção contribui para a efetividade da prestação jurisdicional. Durante a vigência da legislação anterior, o executado atendia aos requisitos estabelecidos pelo *caput* e aguardava a decisão do magistrado acerca do seu requerimento para, só depois do deferimento, depositar as parcelas vincendas. Ocorre que, muitas vezes, a intimação do exequente para apresentar manifestação e a apreciação judicial demoravam a acontecer, retardando o depósito das prestações vincendas. Por consequência, atrasava-se também o recebimento das parcelas vincendas pelo exequente.

Além disso, a interpretação conjunta dos §§ 1º e 2º evidencia ser impróprio o prazo de cinco dias para que o magistrado aprecie o requerimento de parcelamento. Mesmo depois de esgotado tal lapso temporal e mesmo que o executado venha realizando os depósitos equivalentes às parcelas vincendas, o juiz poderá/deverá examinar o requerimento, seja para deferi-lo ou para indeferi-lo. Se o referido prazo estivesse sujeito à preclusão temporal, o magistrado estaria impedido de indeferir o requerimento após o transcurso *in albis* dos cinco dias.

IX. Deferimento da proposta

O § 3º afirma que, deferida a proposta pelo juiz, o exequente estará autorizado a levantar a quantia depositada e serão suspensos os atos executivos.

O valor pode corresponder apenas aos 30% iniciais ou também às parcelas subsequentes, conforme o requerimento formulado pelo réu venha a ser analisado pelo juiz antes ou depois do vencimento das prestações ulteriores.

Além disso, o legislador determinou que sejam suspensos os atos executivos. Cuida-se de um benefício para o executado, buscando incentivá-lo a optar pelo parcelamento.

Isso, contudo, não implica a invalidação nem a ineficácia dos atos invasivos já praticados. Assim, se já foi realizada a penhora, ela deverá ser mantida válida e eficaz, enquanto pendente o integral adimplemento da obrigação. Caso haja a completa satisfação do direito do exequente, a constrição será desconstituída. Caso haja o inadimplemento de qualquer das parcelas ou o indeferimento da proposta, o processo executivo seguirá adiante a partir dos atos já praticados.

X. Indeferimento da proposta

Se a proposta for indeferida, o magistrado dará seguimento aos atos satisfativos, mantendo o depósito, que será convertido em penhora, nos termos do § 4º do art. 916. Se o depósito não for suficiente para a total garantia do juízo, deve-se proceder à complementação da penhora.

XI. Inadimplemento do devedor

Na legislação revogada, o legislador impunha três consequências para o inadimplemento de qualquer das parcelas: *(a)* o vencimento das subsequentes, com o prosseguimento do processo e o início dos atos executivos; *(b)* a incidência de multa de 10% sobre o valor das prestações não pagas; e *(c)* a vedação à oposição dos embargos.

O CPC/2015 diferencia as sanções decorrentes do inadimplemento da proibição da apresentação dos embargos.

XII. Sanções decorrentes do inadimplemento do parcelamento

O § 5º afirma que o não pagamento de qualquer das prestações implicará o vencimento das subsequentes e o prosseguimento do processo, com o imediato início dos atos executivos. Além disso, impõe ao executado multa de 10% sobre o valor das prestações não pagas. Essas são as duas consequências provocadas pelo inadimplemento de qualquer das parcelas.

Neste contexto, a execução prosseguirá a partir do último ato invasivo que fora praticado. Assim, se já tiver sido realizada a penhora, o processo seguirá seu curso daí por diante.

XIII. Renúncia ao direito de opor embargos

O § 6º estabelece que a opção pelo parcelamento implica a renúncia ao direito de opor embargos. Deve-se notar que este parágrafo não guarda relação com o anterior. Desta maneira, a renúncia ao direito de resistir à execução não consiste numa consequência do inadimplemento de qualquer das parcelas, mas, sim, da opção feita pelo executado.

Nos termos do *caput* do art. 916, o parcelamento pressupõe que o réu reconheça o crédito do exequente. Daí sucede uma preclusão lógica, afinal o reconhecimento é incompatível com a resistência à execução. Não poderia o acionado, de um lado, afirmar expressamente que a obrigação existe e é devida, pleiteando o parcelamento, e, de outro lado, insurgir-se contra o mesmo crédito. Caso o executado adotasse tal comportamento, ele se revelaria contraditório, configurando um *venire contra factum proprium*. O dispositivo tutela a boa-fé objetiva e a confiança.

No entanto, a renúncia é parcial, e não total. Ao optar pelo parcelamento, o executado não poderá mais se insurgir contra o título, contra a obrigação nem contra os atos processuais que foram praticados antes do requerimento.

Não poderá alegar a inépcia da petição inicial da execução, por exemplo. Contudo, ser-lhe-á possível opor-se contra os atos executivos posteriores ao oferecimento da proposta, como a penhora incorreta ou a avaliação errônea.

XIV. Vedação ao parcelamento no cumprimento de sentença

O § 7º fulmina a controvérsia que existia na doutrina e na jurisprudência sobre a aplicação do favor legal ao cumprimento de sentença, vedando-o expressamente.

De um lado, é inócuo/impossível que o executado reconheça o crédito do exequente no cumprimento de sentença, pois a obrigação já se encontra certificada por título judicial, constituído com a observância do devido processo legal, oportunizando-se o amplo debate e os recursos para revisão/invalidação da decisão exequenda.

Também não há vantagem para o exequente, que já teve que suportar o ônus do tempo decorrente do processamento da demanda de conhecimento, ao passo que uma das justificativas do parcelamento é exatamente a abreviação da atividade jurisdicional.

Além disso, todo o regramento do cumprimento de sentença é composto por mecanismos voltados a compelir o executado a cumprir a obrigação (a exemplo da multa do § 1º do art. 523), relevando-se incompatível com o benefício previsto pelo art. 916.

Art. 917 - Nos embargos à execução, o executado poderá alegar:
I - inexequibilidade do título ou inexigibilidade da obrigação;
II - penhora incorreta ou avaliação errônea;
III - excesso de execução ou cumulação indevida de execuções;
IV - retenção por benfeitorias necessárias ou úteis, nos casos de execução para entrega de coisa certa;
V - incompetência absoluta ou relativa do juízo da execução;
VI - qualquer matéria que lhe seria lícito deduzir como defesa em processo de conhecimento.
§ 1º - A incorreção da penhora ou da avaliação poderá ser impugnada por simples petição, no prazo de 15 (quinze) dias, contado da ciência do ato.
§ 2º - Há excesso de execução quando:
I - o exequente pleiteia quantia superior à do título;
II - ela recai sobre coisa diversa daquela declarada no título;
III - ela se processa de modo diferente do que foi determinado no título;
IV - o exequente, sem cumprir a prestação que lhe corresponde, exige o adimplemento da prestação do executado;
V - o exequente não prova que a condição se realizou.
§ 3º - Quando alegar que o exequente, em excesso de execução, pleiteia quantia superior à do título, o embargante declarará na petição inicial o valor que entende correto, apresentando demonstrativo discriminado e atualizado de seu cálculo.
§ 4º - Não apontado o valor correto ou não apresentado o demonstrativo, os embargos à execução:
I - serão liminarmente rejeitados, sem resolução de mérito, se o excesso de execução for o seu único fundamento;
II - serão processados, se houver outro fundamento, mas o juiz não examinará a alegação de excesso de execução.
§ 5º - Nos embargos de retenção por benfeitorias, o exequente poderá requerer a compensação de seu valor com o dos frutos ou dos danos considerados devi-

dos pelo executado, cumprindo ao juiz, para a apuração dos respectivos valores, nomear perito, observando-se, então, o art. 464.

§ 6º - O exequente poderá a qualquer tempo ser imitido na posse da coisa, prestando caução ou depositando o valor devido pelas benfeitorias ou resultante da compensação.

§ 7º - A arguição de impedimento e suspeição observará o disposto nos arts. 146 e 148.

I. Conteúdo dos embargos à execução

A matéria que o embargante poderá alegar em sua defesa encontra-se disposta no art. 917 do CPC/2015.

II. Inexequibilidade do título e inexigibilidade da obrigação

O inciso I afirma que o embargante pode alegar a inexequibilidade do título ou a inexigibilidade da obrigação. Cuida-se de matéria processual.

Ao alegar a inexequibilidade do título, o executado impugna a regularidade da execução, que pode decorrer, por exemplo, de o documento acostado à petição inicial não estar no rol dos títulos extrajudiciais (*v.g.* seguro-garantia prestado por ocasião da licitação – STJ, 1ª T., REsp nº 476.450/RJ, Rel. Min. Luiz Fux, j. em 18/11/2003, DJ de 19/12/2003, p. 329); não preencher um dos requisitos formais exigidos pela lei; ou de já ter ocorrido a sua prescrição. Também pode se opor contra o conteúdo do título, alegando que ele não estampa obrigação certa e líquida (*v.g.* contrato particular pelo devedor e por duas testemunhas que não contenha cláusula estipulando obrigação com tais características).

Ao alegar a inexigibilidade da obrigação, o executado também se defende em relação ao aspecto material do título, afirmando mais especificamente que a obrigação ainda não atingiu o termo, que não foi implementada a obrigação ou que ela já está prescrita – a sua prescrição não se confunde com a do título.

O inciso I trata dos vícios intrínsecos do título. Ao basear sua defesa em tais argumentos, o executado impugna um dos requisitos de formação e desenvolvimento válido do processo executivo, demonstrando que o exequente simplesmente não tem direito à atividade jurisdicional satisfativa com base naquele documento. Isso, no entanto, não o impedirá de ajuizar ação de conhecimento, a fim de obter a indispensável certificação, a partir da qual poderá, então, pleitear o cumprimento da sentença, observando o regramento que lhe é próprio.

Não se trata de impugnação a vício extrínseco do título. O executado não busca a sua desconstituição, o que ocorreria se ele alegasse, por exemplo, ter havido vício de consentimento na sua formação.

Por dizer respeito à regularidade da via executiva, cuida-se de questão de ordem pública, podendo o juiz apreciar essa matéria de ofício, em qualquer fase do processo e grau de jurisdição.

III. Penhora incorreta ou avaliação errônea

O inciso II também trata de matéria processual, não se relacionando com o direito material.

O embargante pode se irresignar em relação ao ato constritivo, por ter recaído sobre bem impenhorável, por ter incidido sobre bem diverso daquele dado em garantia em uma execução hipotecária (art. 835, § 3º).

Pode também insurgir-se contra a avaliação, sendo seu o ônus de indicar precisamente o equívoco, assim como o valor que considera devido.

O § 1º do art. 917 permite que a matéria constante no inciso II também seja veiculada por simples petição, no prazo de 15 dias, contados da ciência do ato. Essa disposição tem aplicação, sobretudo, quando a penhora e/ou a avaliação acontecem supervenientemente ao oferecimento dos embargos. Como o prazo para a apresentação da defesa do executado é de 15 dias a contar da juntada do comprovante de citação aos autos (art. 915), como o ajuizamento e o desenvolvimento dos embargos não pressupõem a prévia garantia do juízo (*caput* do art. 914), é possível que os embargos sejam apresentados antes da realização da penhora. Considerando, ainda, que não lhes será atribuído efeito suspensivo senão depois de realizada a constrição (art. 919), a sua propositura não impede o prosseguimento da execução, para que sejam efetivados os atos de constrição e de mensuração econômica do(s) bem(ns) constrito(s). Nessa situação, a impugnação à penhora e à avaliação poderá ser realizada por simples petição nos autos da execução. Essa solução, que já vinha sendo preconizada por uma parte da doutrina na vigência do CPC/1973, pode trazer consigo algumas dificuldades. Em certos casos, a alegação do executado exige o desdobramento da atividade cognitiva (com a produção, a manifestação e a valoração de provas, por exemplo). Como o rito da execução não comporta a ampliação da cognição, o processamento da petição no próprio *iter* satisfativo pode se revelar inadequado.

IV. Excesso de execução

O inciso III estatui que o embargante pode alegar o excesso de execução como fundamento dos embargos. Ele deve ser interpretado em conjunto com os §§ 2º e 3º.

O § 2º define as situações em que ocorre o excesso de execução.

No nosso modo de ver, apenas as disposições constantes nos incisos I e II do § 2º tratam propriamente do excesso, cuja matriz consiste na disparidade entre o objeto da execução e o objeto da obrigação constante no título. Em outras palavras, aquilo que o exequente postula no processo satisfativo não coincide, qualitativa ou quantitativamente, com a prestação estampada no documento.

Assim, há excesso quando:

a) O exequente pleiteia quantia superior à do título. Trata-se do excesso na obrigação de pagar quantia. Considerando que o *quantum debeatur* consiste num direito disponível, o silêncio do executado sobre o valor postulado na execução implica a sua aceitação. Se o executado entender que o valor pleiteado pelo exequente é superior ao que consta no título, caber-lhe-á impugná-lo expressamente.

Ao apresentar essa alegação, o embargante terá o ônus de declarar, na petição inicial dos embargos, o valor que entende correto, apresentando demonstrativo discriminado e atualizado de seu cálculo. Caso assim não proceda, a defesa do executado será liminarmente rejeitada, com extinção do processo sem resolução de mérito, se esse for o seu único fundamento. Se ela versar sobre outras matérias, o juiz lhe dará seguimento, mas não examinará essa alegação. É o que determina o § 4º.

Cuida-se de disposição bastante útil ao andamento do processo, vedando a defesa genérica. Não basta que o embargante alegue o excesso, pura e simplesmente. É necessário tornar incontroversa uma parcela da demanda, permitindo que os atos satisfativos sejam praticados em relação a ela. Permite-se a pacificação fracionada da demanda, atendendo ao preceito da duração razoável do processo, previsto pelo art. 5º, inciso LXXVIII, da CF/1988.

É importante observar que, ao extinguir os embargos sem resolução do mérito ou, ao menos, deixar de conhecer a alegação de excesso de execução, não ocorrerá a formação da coisa julgada material sobre essa matéria, o que autoriza o executado a ajuizar ação autônoma com base no mesmo fundamento.

b) Quando recai sobre coisa diversa daquela declarada no título. Aqui, temos o excesso na execução de entregar coisa diversa de dinheiro. A disparidade pode se referir tanto à qualidade como à quantidade das coisas devidas nessa espécie de obrigação. Na primeira hipótese, a procedência dos embargos provocará a invalidação dos atos invasivos. Na segunda, a constatação do excesso conduzirá à redução do objeto da execução.

Embora os §§ 3º e 4º se refiram somente ao excesso de execução nas obrigações de pagar quantia, parece-nos que os dispositivos sejam aplicáveis à obrigação de entregar coisa distinta de dinheiro. Não bastaria ao embargante defender-se de maneira genérica. Teria ele o ônus de indicar qual seria a coisa e/ou a quantidade devida, sob pena de não apreciação dos embargos ou dessa alegação, conforme seja esse o único ou um dos fundamentos da sua defesa.

O inciso III do § 2º diz haver excesso de execução quando ela se processa de modo diferente do que foi determinado no título. Como explicamos anteriormente, essa hipótese não versa propriamente sobre um excesso de execução. Ela cuida da inadequação do rito escolhido pelo exequente para o processamento do processo satisfativo, o que levará à sua extinção sem o cumprimento forçado da obrigação.

Por sua vez, o inciso IV afirma existir excesso quando o exequente, sem cumprir a prestação que lhe corresponde, exige o adimplemento da prestação do executado; e o inciso V, quando o exequente não prova que a condição se realizou. Em realidade, os dois dispositivos cuidam da falta de prova da exigibilidade da obrigação. Em ambos os casos, o vício pode ser sanado, abrindo-se a oportunidade para o exequente acostar o documento que comprove que ele adimpliu a prestação que lhe cabia ou que a condição se realizou.

V. Cumulação indevida de execuções

O inciso III ainda afirma que o embargante pode alegar a cumulação indevida de execuções.

O art. 780 exige que sejam preenchidos os seguintes requisitos para a cumulação: mesmo executado, juízo com competência absoluta e idêntico procedimento para as diversas execuções, que podem estar fundadas em títulos diferentes.

A inobservância de qualquer deles implicará a cumulação indevida. Trata-se de requisito para o regular desenvolvimento do processo, consistindo em matéria de ordem pública, que poderá ser controlada *ex officio*.

O acolhimento da alegação do embargante não provoca a extinção do processo executivo. Caso a cumulação seja indevida por ter sido formulada em face de diferentes executados, dever-se-á assinar prazo para que o exequente opte contra qual deles pretende dar seguimento ao feito satisfativo. O outro executado será excluído do processo. Caso o juízo seja absolutamente incompetente para um dos pedidos cumulados, somente ele será extinto, levando-se a execução adiante em relação ao outro. De maneira semelhante, se a questão estiver relacionada à adequação procedimental, manter-se-á o processo satisfativo em relação ao pedido que pode ser processado naquele rito, extinguindo-se o outro. Em todas essas situações, o exequente poderá propor um novo processo satisfativo contra o executado que fora excluído e/ou sobre o pedido que fora extinto no feito anterior.

VI. Retenção por benfeitorias necessárias ou úteis nos casos de execução para entrega de coisa certa

O inciso IV deve ser interpretado à luz do direito material (a exemplo dos arts. 571, 578 e 681, entre outros tantos do Código Civil), que estabelece as hipóteses de retenção do bem em decorrência da realização de benfeitorias necessárias ou úteis.

Caberá ao embargante especificar quais foram as benfeitorias por ele realizadas e o valor que deve lhe ser ressarcido pelo exequente, sob pena de tal argumento não ser apreciado ou de os embargos serem rejeitados liminarmente, caso repousem exclusivamente sobre este fundamento.

Não poderá o exequente ser imitido na posse da coisa perseguida enquanto não pagar ao embargante o valor a que este tem direito em decorrência das benfeitorias necessárias ou úteis que realizou e que lhe conferem o poder de retenção.

O § 5º permite que, na apuração do saldo, o exequente requeira a compensação de seu valor com o dos frutos ou dos danos considerados devidos pelo executado, caso em que o juiz nomeará perito, observando-se o procedimento para a produção da prova pericial (art. 464 e seguintes).

O parágrafo subsequente afirma que, a qualquer tempo, o exequente poderá ser imitido na posse da coisa, prestando caução ou depositando o valor devido pelas benfeitorias ou resultante da compensação.

VII. Incompetência absoluta ou relativa do juízo da execução

O inciso V do art. 917 pôs fim ao questionamento que existia durante a vigência do CPC/1973. Na legislação anterior, a matéria vinha prevista tanto no art. 741, inciso VII, como no art. 742. O primeiro dispositivo afirmava que a alegação de incompetência do juízo da execução, bem como de suspeição ou de impedimento do juiz, deveria ser veiculada nos embargos. Já o artigo subsequente estabelecia que tais matérias haveriam de ser apresentadas por meio de exceção, juntamente com os embargos (e não neles mesmos).

O CPC/2015 deixa claro que a arguição da incompetência, seja ela absoluta ou relativa, deve dar-se nos próprios embargos.

VIII. Impedimento e suspeição

Já o § 7º não deixa dúvidas de que o impedimento e a suspeição devem ser objeto de petição específica dirigida ao juiz da causa, a fim de que ele mesmo se declare impedido ou suspeito ou de que se forme o incidente previsto nos arts. 146 e 148 do CPC/2015, que será julgado pelo tribunal, caso ele entenda ser imparcial. Assim, essas matérias não serão objeto dos embargos à execução.

Em observância ao princípio da instrumentalidade das formas (art. 277), nada obsta o aproveitamento da alegação do impedimento ou da suspeição formulada nos embargos, se esse for o único fundamento da defesa do executado.

IX. Qualquer matéria que lhe seria lícito deduzir como defesa em processo de conhecimento

Sendo o título extrajudicial, nem ele nem a obrigação passaram pelo crivo do contraditório, da ampla defesa e do devido processo legal perante o Judiciário, anteriormente à propositura da execução, como acontece com os títulos judiciais. O acertamento deu-se em outra seara, seja ela negocial ou administrativa. Pode o executado insurgir-se contra o título, buscando sua desconstituição, ou contra a obrigação, demonstrando ter havido fato que a extinguisse ou modificasse, ou ainda que impedisse a sua exigibilidade. Os fatos alegados podem ser anteriores ou posteriores à formação do título. Os embargos também podem versar sobre matéria processual, a exemplo da litispendência ou da ilegitimidade. Cuida-se de defesa bastante ampla e situada na esfera da disponibilidade do interesse do embargante.

O dispositivo também é útil para evidenciar que os embargos consistem numa ação cujo juízo cognitivo é amplo e que o rol do art. 915 é meramente exemplificativo.

Art. 918 - O juiz rejeitará liminarmente os embargos:
I - quando intempestivos;
II - nos casos de indeferimento da petição inicial e de improcedência liminar do pedido;
III - manifestamente protelatórios.
Parágrafo único - Considera-se conduta atentatória à dignidade da justiça o oferecimento de embargos manifestamente protelatórios.

O art. 918 do CPC/2015 prevê as hipóteses de rejeição liminar dos embargos, em que eles deverão ser extintos antes da convocação do embargado para se manifestar.

I. Rejeição liminar dos embargos por intempestividade

O inciso I determina que o juiz negue seguimento aos embargos oferecidos depois do prazo de 15 dias, fixado pelo art. 915.

Embora parte da doutrina entenda tratar-se de prazo preclusivo, alinhamo-nos à corrente que explica tratar-se de prazo para que o executado possa valer-se do meio adequado de defesa pelo qual pretende obter a tutela jurisdicional, usufruindo das particularidades dos embargos à execução, a exemplo do rito diferenciado, dos requisitos específicos para a obtenção do efeito suspensivo e da inexistência de efeito suspensivo da apelação. Além disso, a preclusão consiste num fenômeno endoprocessual. Considerando que os embargos consistem num processo autônomo, o direito de opô-los não poderia ser atingido pela preclusão ocorrida na execução, já que seus efeitos ficariam restritos ao processo satisfativo. Ultrapassado o prazo previsto pelo art. 913, nada impedirá que ele utilize outros meios, ou seja, a defesa heterotópica (como, por exemplo, a propositura de uma "ação declaratória da inexistência da obrigação", que não possuirá as especificidades dos embargos). Apenas não será mais adequado pleitear a tutela jurisdicional através dos embargos. Na jurisprudência: STJ, 3ª T., REsp nº 135355/SP, Rel. Min. Eduardo Ribeiro, j. em 4/4/2000, DJ de 19/6/2000, p. 140.

Tampouco podemos olvidar que as nulidades absolutas podem ser apreciadas de ofício em qualquer fase do processo e em qualquer grau de jurisdição, não estando sujeitas à preclusão temporal. Elas podem ser alegadas por simples petição pela parte ou em ação anulatória. Se faltar pressuposto de existência do ato, pode ser adequada a *querela nulitatis insanabilis*, que não tem prazo para propositura, por se tratar de ação meramente declaratória.

Assim, se a petição inicial dos embargos for oferecida depois dos 15 dias fixados pela lei, ela deve ser examinada pelo juiz. Se versar sobre matéria de ordem pública, ela deverá ser recebida como defesa do executado, no seu rito próprio. Se versar sobre a inexistência de ato processual ou sobre a relação jurídica-material, o magistrado deve recebê-la como ação autônoma de conhecimento, sem as particularidades que caracterizam os embargos (STJ, 4ª T., REsp nº 94.811/MG, Rel. Min. César Asfor Rocha, ac. 29/10/1998, DJU de 1º/2/1999, p. 197).

II. Indeferimento da petição inicial

O inciso II do art. 918 CPC/2015 alargou a hipótese de rejeição liminar dos embargos, que antes se restringia à inépcia da inicial, para abranger todos os casos de indeferimento da peça vestibular e os de improcedência liminar do pedido.

De acordo com o art. 330 do CPC/2015, a petição inicial será indeferida quando for inepta; quando a parte for manifestamente ilegítima; quando o autor carecer de interesse processual; quando, ao postular em causa própria, o advogado deixar de declarar o endereço, seu número de inscrição na OAB e o nome da sociedade de advogados da qual participa, para o recebimento de intimações (art. 106); e quando a petição inicial não preencher os requisitos dos arts. 319 e 320 ou apresentar defeitos e irregularidades capazes de dificultar o julgamento de mérito (art. 321).

De acordo com o § 1º do art. 330, a inépcia restará configurada quando faltar pedido ou causa de pedir na petição inicial; quando o pedido for indeterminado, ressalvadas as hipóteses legais em que se permite o pedido genérico; quando a conclusão não decorrer logicamente da narração dos fatos; e quando contiver pedidos incompatíveis entre si.

Se o advogado não fornecer as informações exigidas pelo art. 106, o juiz ordenará que ele supra a omissão, no prazo de cinco dias. Só depois disso, a petição inicial poderá ser indeferida (§ 1º do art. 106).

Caso não sejam atendidos os requisitos dos arts. 319 e 320 ou existam defeitos e irregularidades capazes de dificultar o julgamento de mérito, o juiz deverá conceder prazo de 15 dias para que o embargante a emende ou a complete, indicando com precisão o que deve ser corrigido ou completado.

Todas essas hipóteses levam à extinção dos embargos sem resolução do mérito, nos termos do art. 485, inciso I. Sobre essa decisão não recai a imutabilidade da coisa julgada material. Daí ser ainda possível ao executado propor ação autônoma de conhecimento (defesa heterotópica).

III. Improcedência liminar do pedido

Os embargos serão julgados liminarmente improcedentes quando dispensarem a fase instrutória e se o pedido contrariar enunciado de súmula do Supremo Tribunal Federal ou do Superior Tribunal de Justiça; acórdão proferido pelo Supremo Tribunal Federal ou pelo Superior Tribunal de Justiça em julgamento de recursos repetitivos; entendimento firmado em incidente de resolução de demandas repetitivas ou de assunção de competência; enunciado de súmula de tribunal de justiça sobre direito local; se for, de logo, verificada a prescrição ou a decadência do direito do exequente, seguindo-se o disposto no art. 332.

Aqui, haverá resolução do mérito, incidindo os efeitos da coisa julgada material.

IV. Embargos manifestamente protelatórios

Consideram-se manifestamente protelatórios os embargos evidentemente desprovidos de fundamentos plausíveis, o que acontece quando não apresentam uma tese minimamente viável.

A aplicação do dispositivo deve ser realizada de maneira criteriosa, sob pena de ofender o contraditório e a ampla defesa, garantias inafastáveis, por resguardarem o caráter democrático do processo. Neste passo, a rejeição liminar só deve ser aplicada quando o caráter protelatório dos embargos for "manifesto", ou seja, quando o magistrado tem a certeza de que o embargante jamais poderá alcançar a vitória, o que pode ocorrer, por exemplo, quando o embargante alega matéria sobre a qual já há decisão transitada em julgado.

Visando a coibir conduta de evidente má-fé processual, o parágrafo único do art. 918 considera a apresentação dos embargos manifestamente protelatórios como uma conduta atentatória à dignidade da justiça, atraindo a incidência do parágrafo único do art. 774, que determina a aplicação de multa em montante não superior a 20% do valor atualizado do débito em execução, a qual será revertida em proveito do exequente, exigível na própria execução, sem prejuízo de outras sanções de natureza processual ou material.

A multa só poderá ser aplicada se ficar caracterizado o evidente intento protelatório dos embargos. Ela não incidirá se eles forem processados e rejeitados, afinal o direito de defender-se na execução corresponde à garantia do contraditório e da ampla defesa, tutelada em nível constitucional pelo ordenamento jurídico. Só se pode punir o abuso, o nítido propósito de embaraçar e protelar a execução, e não o uso regular do direito de defesa.

Parece-nos, ademais, que, ao rejeitar liminarmente os embargos por serem manifestamente protelatórios, o juiz apreciará o mérito da defesa do executado, rejeitando o pedido sem a prévia ouvida do embargado. Para considerá-los nitidamente protelatórios, o magistrado precisa examinar o seu conteúdo – a sua causa de pedir e o seu pedido –, concluindo não haver a mínima possibilidade de o executado sagrar-se vitorioso. Trata-se de uma hipótese de improcedência *prima facie* específica da oposição à execução.

Cuida-se de decisão que se tornará imutável pela coisa julgada material.

Art. 919 - Os embargos à execução não terão efeito suspensivo.

§ 1º - O juiz poderá, a requerimento do embargante, atribuir efeito suspensivo aos embargos quando verificados os requisitos para a concessão da tutela provisória e desde que a execução já esteja garantida por penhora, depósito ou caução suficientes.

§ 2º - Cessando as circunstâncias que a motivaram, a decisão relativa aos efeitos dos embargos poderá, a requerimento da parte, ser modificada ou revogada a qualquer tempo, em decisão fundamentada.

§ 3º - Quando o efeito suspensivo atribuído aos embargos disser respeito apenas a parte do objeto da execução, esta prosseguirá quanto à parte restante.

§ 4º - A concessão de efeito suspensivo aos embargos oferecidos por um dos executados não suspenderá a execução contra os que não embargaram quando o respectivo fundamento disser respeito exclusivamente ao embargante.

§ 5º - A concessão de efeito suspensivo não impedirá a efetivação dos atos de substituição, de reforço ou redução da penhora e de avaliação dos bens.

I. Efeito suspensivo dos embargos à execução

Os embargos à execução não serão recebidos com efeito suspensivo. Mesmo com a sua propositura e durante o seu processamento, a execução deve seguir o seu curso, com a prática dos atos de constrição, expropriação e satisfação. Essa é a regra geral. Trata-se de medida que visa a partilhar o ônus do tempo do processo entre as partes, observando a garantia da duração razoável do processo, prevista pelo art. 5º, inciso LXXVIII, da CF/1988.

No entanto, é possível obter o sobrestamento do processo satisfativo, desde que preenchidos os requisitos previstos pelo § 1º do art. 919: (a) requerimento da parte; (b) observância dos requisitos para a concessão da tutela provisória; e (c) garantia do juízo.

O dispositivo deixa claro que o efeito suspensivo depende de requerimento da parte. O juiz não pode concedê-lo de ofício, até porque ele visa à proteção do interesse de uma das partes, e não da prestação jurisdicional. O sobrestamento é proveitoso ao embargante e desvantajoso ao exequente. Sustados os atos de invasão, ele terá que suportar o ônus do tempo do processo.

Quanto aos requisitos para a concessão da tutela provisória, eles podem variar conforme ela esteja fundada na urgência ou na evidência (art. 294).

A tutela de urgência será concedida quando restar evidenciada (i) a probabilidade do direito e (ii) o perigo de dano ou o risco ao resultado útil do processo, nos termos do art. 300.

Já a tutela de evidência independe da demonstração de perigo e deverá ser concedida quando for verificada pelo menos uma das seguintes situações: (i) ficar caracterizado o abuso do direito de defesa ou o manifesto propósito protelatório do réu; (ii) as alegações de fato puderem ser comprovadas exclusivamente por documento e houver tese firmada em julgamento de casos repetitivos ou em súmula vinculante; (iii) tratar-se de pedido reipersecutório fundado em prova documental adequada do contrato de depósito, caso em que será decretada a ordem de entrega do objeto custodiado, sob cominação de multa; (iv) a petição inicial for instruída com prova documental suficiente dos fatos constitutivos do direito do autor, a que o réu não oponha prova capaz de gerar dúvida razoável (art. 311).

Sob o aspecto aqui comentado, a contraposição do § 1º do art. 919 do CPC/2015 com o seu correspondente na legislação anterior demonstra que as hipóteses de suspensão do feito executivo foram ampliadas. Antes se exigia fundamento relevante e risco de grave dano de difícil ou incerta reparação. Hoje, permite-se o sobrestamento mesmo sem o referido perigo, nas hipóteses da tutela provisória de evidência.

Também deve haver garantia do juízo. A necessidade de penhora, depósito ou caução para que seja suspensa a execução integra-se com perfeição ao sistema. Ela permite que, ao resguardar o interesse do executado com o sobrestamento do processo satisfativo, a esfera jurídica do exequente não fique desamparada. A exigência da garantia do juízo atende às duas partes: o exequente, pela penhora; o executado, pela suspensão.

Mas o legislador exige que a garantia do juízo seja suficiente. A interpretação literal leva à conclusão de que a penhora, o depósito ou a caução devem corresponder ao valor em execução. Enquanto não for atingido tal limite, não seria possível conceder o efeito suspensivo. Ainda na vigência do CPC/1973, que trazia disposição semelhante, parte da doutrina entendia que a exigência de suficiência da garantia do juízo merecia interpretação consentânea com as forças patrimoniais do executado. Em algumas situações, ele não dispõe de bens ou meios para garantir completamente a dívida, mas consegue demonstrar a evidência do seu direito ou a urgência da tutela requerida nos embargos.

Além disso, não se pode perder de vista que a garantia do juízo acontece apenas nas execuções que têm por objeto o pagamento de certa quantia contra devedor solvente ou a entrega de coisa diversa de dinheiro, não se aplicando naquelas que visam ao adimplemento de obrigação de fazer ou não fazer. Não havendo tal ato nessa espécie de execução, também não se pode exigir esse requisito para o seu sobrestamento.

Uma vez preenchidos os requisitos indicados no § 1º, o juiz deve deter a marcha da execução. Cuida-se de ato vinculado, não havendo margem para discricionariedade judicial.

O recurso cabível contra essa decisão é o agravo de instrumento, nos termos do parágrafo único do art. 1.015.

Por depender de apreciação judicial no caso concreto, o critério para a atribuição do efeito suspensivo é *ope iudicis*, e não *ope legis*.

Por fim, é importante destacar que a suspensão é do processo executivo, e não da eficácia dos atos invasivos já praticados. Eles conservarão sua eficácia, mesmo que seja sobrestado o feito satisfativo. Assim, o bem penhorado deverá permanecer constrito ao longo do processamento dos embargos.

II. Revogação ou modificação da decisão que atribui efeito suspensivo

Não há preclusão consumativa para o juiz em relação à atribuição do efeito suspensivo aos embargos. Ele poderá modificar ou revogar a decisão anterior, fazendo-o de maneira fundamentada. Também deve haver iniciativa do embargado, a quem cabe demonstrar que cessaram as circunstâncias que provocaram o sobrestamento da marcha da execução. O Código manteve a isonomia entre as partes, exigindo o requerimento tanto para a suspensão como para que o feito executivo volte a tramitar se tiver sido sobrestado.

O recurso cabível contra essa decisão é o agravo de instrumento, a teor do parágrafo único do art. 1.015.

III. Abrangência objetiva dos embargos e do seu efeito suspensivo

Mesmo sendo atribuído efeito suspensivo, ele só deve atingir a parte da execução em relação à qual forem preenchidos os requisitos previstos no § 1º. Assim, não recairá necessariamente sobre todo o objeto da atividade satisfativa, até porque o sobrestamento consiste numa exceção, e não na regra geral. O efeito suspensivo deve ser modulado, não sacrificando indevidamente o exequente.

IV. Amplitude subjetiva dos embargos e do seu efeito suspensivo

Mantendo a tradição da autonomia da defesa de cada executado, o § 4º afirma que a concessão de efeito suspensivo aos embargos oferecidos por um dos executados não suspenderá, necessariamente, a execução em relação aos que não a embargaram, exceto se o fundamento for comum aos demais executados.

O comando deve ser interpretado ampliativamente, alcançando outras duas situações.

Em primeiro lugar, ele deve ser aplicado aos demais executados que também embargaram, e não somente aos que deixaram de fazê-lo (que é a hipótese expressamente prevista pelo § 4º). É possível que todos os executados tenham embargado, mas que o fundamento que levou ao sobrestamento do feito satisfativo diga respeito apenas a um deles. A execução deverá prosseguir em relação aos demais, mesmo tendo eles a embargado. Se, de outro modo, o fundamento for comum a todos ou a alguns deles, a suspensão deverá lhes beneficiar.

Em segundo lugar, o dispositivo também tem incidência sobre o proveito da decisão dos embargos em relação aos demais executados. Caso o fundamento invocado pelo embargante abranja todos ou alguns dos outros executados, aproveitar-lhes-á a defesa proposta por apenas um deles. Tome-se o exemplo da prescrição do título executivo que estampe uma obrigação solidária. Declarada a sua prescrição, ele perderá a sua eficácia em relação a todos os executados.

Mas é necessário dissociar a eficácia da decisão dos embargos da atribuição do efeito suspensivo. Elas devem ser analisadas isoladamente. Eventualmente, a defesa pode resguardar o interesse de mais de um executado, inclusive daquele que não se defendeu, o que não significa que deverá haver a suspensão em relação a todos eles.

V. Efeito suspensivo e atos de constrição e de avaliação

Com redação muito melhor do que a da legislação anterior, o § 5º esclarece que o efeito suspensivo atribuído aos embargos impede que a execução avance para as etapas de expropriação e de satisfação, mas não obsta a prática de atos próprios da fase constritiva. Mesmo sobrestado o feito satisfativo, poderão ser praticados os atos que visam a manter a regularidade da penhora, podendo-se proceder à substituição do bem constrito (art. 848), o reforço ou a redução da constrição (art. 872), além da avaliação e da sua repetição (art. 873).

Art. 920 - Recebidos os embargos:
I - o exequente será ouvido no prazo de 15 (quinze) dias;
II - a seguir, o juiz julgará imediatamente o pedido ou designará audiência;
III - encerrada a instrução, o juiz proferirá sentença.

I. Procedimento dos embargos

Oferecidos os embargos, por meio da protocolização da sua petição inicial, que deverá estar instruída com cópias das peças processuais relevantes da execução, eles deverão ser distribuídos por dependência e autuados em apartado, na forma do § 1º do art. 914.

Não sendo hipótese de rejeição liminar, o juiz deverá receber os embargos, citando-se o exequente na pessoa do seu advogado (que já fora constituído para a propositura da execução), para manifestar-se em 15 dias.

A manifestação terá caráter de contestação, incidindo todo o regramento pertinente a tal espécie de resposta do réu.

O embargado não poderá reconvir, por já formulado o seu pedido no feito executivo. Apenas no caso de embargos de retenção por benfeitorias, no entanto, o art. 917, § 5º, admite que ele formule pedido de compensação do valor pedido pelo embargante em relação às benfeitorias necessárias ou úteis com o dos danos que o embargado entender que experimentou, fazendo-o na própria impugnação aos embargos. Cuida-se realmente de pedido formulado pelo exequente-embargado e não de mera resistência ao pedido formulado pelo executado nos embargos, já que o inciso II do parágrafo único do art. 810 o autoriza a cobrar o saldo apurado em seu favor nos mesmos autos. Fosse somente defesa, o legislador autorizaria apenas o abatimento do valor, mas não a sua cobrança.

Não contestados os embargos, ocorrerá a revelia do embargado. A incidência do seu efeito material (presunção *iuris tantum* da verdade dos fatos alegados pelo embargante – art. 344, o que pode desincumbi-lo do ônus da prova) é assunto controvertido. Há quem entenda incidir a presunção relativa da verdade dos fatos invocados pelo embargante, como acontece em qualquer processo de conhecimento. De outro lado, há quem afirme não incidir tal efeito, já que, contra o embargante, existe a certificação contida no título executivo. Também neste sentido: STJ, 4ª T., REsp nº 23177/PR, Rel. Min. Fontes de Alencar, j. em 23/3/1993, DJ de 3/5/1993, p. 7.800). Alinhamo-nos a este posicionamento, entendendo que, se existe alguma presunção na execução e nos embargos, ela diz respeito à existência da obrigação em virtude da eficácia executiva do título, e não às alegações do embargante. Desta forma, se o embargante alega ter adimplido a obrigação e o embargado não contesta os embargos, o juiz não poderá presumir que o pagamento tenha ocorrido. Ainda assim, caberá ao embargante provar que adimpliu, incumbindo-lhe o encargo probatório. O mesmo ocorrerá se o executado alega ter ocorrido transação ou novação. Tocar-lhe-á o *onus probandi*, mesmo que o exequente não se insurja contra a alegação lançada na peça vestibular dos embargos.

De outro lado, o embargado poderá alegar o impedimento ou a suspeição do juiz que processa a causa, observando o que determinam os arts. 146 e 148 do CPC/2015. Caber-lhe-á apresentar petição específica, dirigida ao magistrado. Se ele mesmo não se declarar impedido ou suspeito, desenvolver-se-á o respectivo incidente, que será julgado pelo tribunal.

Em seguida, o juiz verificará se é necessária a produção de prova. Caso não seja, julgará imediatamente o pedido. Se for necessária a dilação probatória, deverá determiná-la, inclusive com a designação de audiência de instrução.

Nos embargos, o ônus da prova distribui-se da mesma maneira que ocorre em relação a qualquer processo de conhecimento.

A concessão do efeito suspensivo, bem como a modificação e/ou a revogação da respectiva decisão, poderá acontecer ao longo do processamento dos embargos na 1ª instância, tão logo tenham sido preenchidos os respectivos requisitos ou tenham cessado as circunstâncias que levaram ao sobrestamento da execução.

Finda a fase instrutória, o juiz deverá sentenciar os embargos. O recurso cabível contra essa decisão é a apelação (art. 1.009), que será recebida sem efeito suspensivo, se os embargos forem extintos sem resolução do mérito ou se forem julgados improcedentes (art. 1.012, § 1º, inciso III).

O acolhimento do pedido do embargante não desfaz a arrematação do bem, caso ela já tenha acontecido, exceto se a decisão for proferida antes mesmo de aperfeiçoado o ato expropriatório, o que ocorre com a assinatura do auto de arrematação (*caput* do art. 903). Todavia, é capaz de retirar os efeitos da adjudicação quando ela é realizada pelo exequente, por não haver interesse de terceiros de boa-fé.

TÍTULO IV
DA SUSPENSÃO E DA EXTINÇÃO DO PROCESSO DE EXECUÇÃO

Capítulo I - Da Suspensão do Processo de Execução

Art. 921 - Suspende-se a execução:
I - nas hipóteses dos arts. 313 e 315, no que couber;
II - no todo ou em parte, quando recebidos com efeito suspensivo os embargos à execução;
III - quando o executado não possuir bens penhoráveis;
IV - se a alienação dos bens penhorados não se realizar por falta de licitantes e o exequente, em 15 (quinze) dias, não requerer a adjudicação nem indicar outros bens penhoráveis;
V - quando concedido o parcelamento de que trata o art. 916.
§ 1º - Na hipótese do inciso III, o juiz suspenderá a execução pelo prazo de 1 (um) ano, durante o qual se suspenderá a prescrição.
§ 2º - Decorrido o prazo máximo de 1 (um) ano sem que seja localizado o executado ou que sejam encontrados bens penhoráveis, o juiz ordenará o arquivamento dos autos.
§ 3º - Os autos serão desarquivados para prosseguimento da execução se a qualquer tempo forem encontrados bens penhoráveis.
§ 4º - Decorrido o prazo de que trata o § 1º sem manifestação do exequente, começa a correr o prazo de prescrição intercorrente.
§ 5º - O juiz, depois de ouvidas as partes, no prazo de 15 (quinze) dias, poderá, de ofício, reconhecer a prescrição de que trata o § 4º e extinguir o processo.

Autor: Sidnei Amendoeira Jr.

I. Suspensão da execução

A suspensão corresponde a fato objetivo que impede o prosseguimento do processo, seja ele em qualquer de suas fases ou em processo autônomo de execução.

Nos termos do novo art. 921 (similar, em parte ao menos, ao art. 791 do CPC/1973), suspende-se o processo de execução em diversas oportunidades. Entendemos que estas hipóteses não são taxativas, mas meramente exemplificativas. Assim, por exemplo, também se suspende a execução quando a partir da oposição de embargos o juiz determina a suspensão das medidas expropriativas sobre o bem litigioso nos termos do art. 687, CPC/2015.

1. Hipóteses de suspensão

1.1. Arts. 313 e 315 do CPC/2015

A primeira delas se dá nas hipóteses previstas nos arts. 313 e 315 do CPC/2015 (o CPC/1973 referia-se apenas aos incisos I e II do art. 265). Assim, o rol do CPC/2015 é muito mais amplo e adequado que o anterior, seguindo tendência da jurisprudência, naquilo que for aplicável. Os arts. 313 e 315 preveem as seguintes hipóteses de suspensão do processo:

(i) *Morte ou perda da capacidade processual das partes, de seus representantes legal ou procurador (art. 313, inciso I)*

No caso de morte das partes terá início o processo de habilitação dos interessados (que seguirá os termos do art. 689, CPC/2015) a fim de que se dê a sucessão do falecido (§ 1º do art. 313). Não iniciado o processo de habilitação, o juiz suspenderá o feito e determinará a intimação: (i) do espólio do autor (no caso do exequente), de quem for seu sucessor ou seus herdeiros diretos (se já realizada da partilha) para que manifestem seu interesse na sucessão processual e promovam sua habilitação, no prazo que o juiz lhes consignar, sob pena de extinção do feito (art. 313, § 2º, alínea *a*); ou (ii) em caso de falecimento do réu (no caso do executado), será intimado o exequente para que este promova a citação do espólio do executado, de quem for seu sucessor ou seus herdeiros diretos (se já realizada da partilha), em prazo que vier a fixar, de no mínimo dois e no máximo seis meses (art. 313, § 2º, alínea *b*). Note-se que aqui o exequente será intimado para citar o sucessor do executado, já que foi este quem faleceu. No caso anterior, os sucessores do exequente falecido é que serão intimados para que iniciem processo de habilitação.

No caso de morte do procurador de qualquer uma das partes, o juiz determinará a intimação da parte cujo procurador faleceu para que esta constitua novo mandatário em 15 dias. Se o procurador que tiver falecido for o do autor (no caso do exequente) e novo procurador não for constituído, o processo será extinto após o prazo legal. Se, porém, quem tiver falecido for o procurador do executado, este restará revel (art. 313, § 3º). Na execução, como em princípio não haverá julgamento de mérito, a questão restringe-se ao fato de que os prazos fluirão da data da publicação contra o revel sem patrono nos autos e deve ser entendida como tal, lembrando, porém, que pode intervir a qualquer momento ou fase, recebendo os autos no estado em que estiverem (art. 346, *caput* e parágrafo único do CPC/2015).

(ii) *Por convenção das partes (art. 313, inciso II).*

Sempre se entendeu que essa convenção das partes encontraria uma exceção no que diz respeito a prazos peremptórios que justamente por terem tal natureza não podem ser suspensos pela parte.

O prazo de suspensão do processo neste caso não poderá ser superior a seis meses (art. 313, § 4º, parte final).

No entanto, o art. 922, CPC/2015 (equivalente ao art. 792 do CPC/1973) prevê que o juiz declarará suspensa a execução durante o prazo que o exequente conceder ao executado para que este cumpra voluntariamente a execução, retomando-se o curso do processo de execução se, findo o prazo em questão, o crédito não tiver sido satisfeito. Com isso, entendemos, afasta-se a regra do art. 313, § 4º, CPC/2015, na execução.

(iii) *Arguido impedimento ou suspensão do juiz (art. 313, inciso III)*

A suspensão e o impedimento do juiz vêm previstos nos arts. 145 e 144 do CPC/2015, respectivamente.

Nos termos do art. 146, a parte terá prazo de 15 dias, a contar do conhecimento do fato, para alegar o impedimento ou a suspeição. Se reconhecer o impedimento ou a suspeição, o juiz ordenará imediatamente a remessa dos autos a seu substituto legal, caso contrário, determinará a autuação em apartado da petição, ordenando a remessa do incidente ao tribunal, já com suas razões. Cabe ao relator dizer os efeitos do incidente no processo de conhecimento. Na execução, porém, fica expresso que arguido o impedimento e suspeição do juiz, suspende-se a execução.

(iv) *Admitido incidente de resolução de demandas repetitivas (art. 313, inciso IV)*

Neste caso, determina o art. 982, inciso I, CPC/2015, que sejam suspensos os processos individuais e coletivos que tramitem.

Segundo pensamos, somente os processos de conhecimento devem ser suspensos; jamais os processos executivos, uma vez que aqui não se estará julgando mérito e a ideia do incidente é justamente uniformizar o julgado relativo a causas repetitivas. Na execução nada se está a julgar pelo mérito, mas a praticar atos executivos.

(v) *Por motivo de força maior (art. 313, inciso VI)*, ou seja, diante de um fato ou ocorrência que seja imprevisível ou de difícil previsão e que gera efeitos e consequências inevitáveis (art. 393, CC).

(vi) *Prejudicialidade externa (art. 313, incisos V e VII; art. 315)*

Quatro são as hipóteses em que se faz necessário suspender o processo em função de prejudicialidade externa, ou seja, questão que deve ser julgada antes, previamente à questão principal que é objeto do processo e a condiciona, trata-se de uma precedência que é temporal, mas por uma questão de lógica. São elas:

a) Quando a sentença de mérito depender do julgamento de outra causa ou da declaração de existência ou inexistência de relação jurídica que constitua o objeto principal de outro processo em curso;

b) Quando a sentença de mérito depender da verificação de determinado fato ou produção de prova requisitada a outro juízo;

c) Se o conhecimento do mérito depender da verificação quanto à existência de fato delituoso para que se possa aguardar a manifestação da Justiça criminal (haverá três meses para propositura da ação penal ou um ano para seu julgamento sob pena de que o juiz civil deva decidir);

d) Quando se tiver que discutir questão decorrente de acidentes e fatos da navegação que são da competência do Tribunal Marítimo.

Em princípio, como dito, no processo de execução não se discute o mérito, de modo que estas hipóteses, salvo uso excepcional de objeção ou exceção de pré-executividade, não se aplicariam ao processo de execução.

1.2. Recebimento dos embargos do devedor com efeito suspensivo

A segunda hipótese em que se dá a suspensão da execução se verifica quando forem recebidos os embargos do devedor, no todo ou em parte, com efeito suspensivo.

Opostos embargos, e em não sendo rejeitados liminarmente, ou seja, se forem recebidos em regra, sem efeito suspensivo (art. 919). No entanto, nos termos do art. 919, § 1º, poderá o juiz, a requerimento do executado/embargante suspender o andamento da ação executiva, desde que estejam presentes: (i) os mesmos requisitos legais para a concessão da tutela provisória (tanto de urgência quanto de evidência, tudo nos termos dos arts. 300 e 311, CPC/2015); e (ii) execução já garantida por penhora, caução ou depósito suficientes.

O alcance da suspensividade dos embargos, no entanto, irá variar conforme variará a matéria alegada pelo embargante ou o alcance que lhe der o juiz. Assim, se os embargos forem parciais, somente com relação à parte efetivamente impugnada da execução restará essa suspensa (art. 919, § 3º).

Ademais, se a matéria disser respeito aos demais executados, também com relação a eles estará suspensa a execução, do contrário (ou seja, se a matéria alegada não aproveitar aos demais) prosseguirá a execução contra os que não embargaram, restando suspensa a execução apenas com relação ao embargante (art. 919, § 4º).

Cessando os motivos que levaram à concessão do efeito suspensivo aos embargos, pode ser este revisto (revogado ou modificado), a requerimento da parte, em decisão motivada (art. 919, § 2º). Por fim, deve restar claro que a suspensão não obsta a penhora e a avaliação de bens, mas apenas os atos expropriativos (art. 919, § 5º).

Mas não somente os embargos à execução! Movendo o devedor ação autônoma de conhecimento e ali obtendo por meio de antecipação de tutela (tutela provisória de urgência nos termos do CPC/2015) a suspensão da execução, isso também será de rigor. Confira-se neste sentido: "2. Destarte, constatando o Tribunal a quo a presença dos requisitos exigidos pelo art. 273 do CPC, tendo em vista os indícios da prática de agiotagem e a ocorrência de simulação e fraude, cujas comprovações exigem investigação probatória ampla a justificar a suspensão da execução, e o evidente perigo de dano irreparável ou de difícil reparação, diante da possibilidade de alienação de bens que já foram penhorados (e-fls. 924-925), mostra-se impossível a reforma da decisão sem detida análise dos fatos e provas dos autos, providência inviável, ante o enunciado da Súmula 7 do STJ, como dito. 3. Agravo regimental provido." (4ª T., AgRg no REsp nº 1378890/MT, Rel. Min. Marco Buzzi, Rel. p/ Acórdão Min. Luis Felipe Salomão, j. em 16/6/2015, DJe de 13/8/2015).

1.3. Ausência de bens penhoráveis

A terceira hipótese pode ocorrer quando ausentes bens penhoráveis do executado.

Vale lembrar que devem ser penhorados tantos bens do executado quantos bastem para o pagamento do principal atualizado, dos juros, custas e honorários (art. 831). Não havendo bens suficientes, poderá ser suspensa a execução.

A suspensão dar-se-á até o pedido do exequente de retorno dos autos através da indicação de bens passíveis de penhora.

Aliás, o caso é de suspensão e não extinção justamente por isso, ou seja, a fim de permitir ao exequente buscar bens penhoráveis do executado. Neste sentido: "1. A decisão recorrida está em consonância com a jurisprudência do Superior Tribunal de Justiça no sentido de que, se o devedor não possui bens penhoráveis, aplica-se o disposto no art. 791, III, do Código de Processo Civil, o qual determina a suspensão da execução, e não a sua extinção. Tal norma visa a resguardar o direito do credor, conferindo-lhe prazo razoável para obtenção de elementos suficientes ao seguimento do processo, evitando-se, assim, que o devedor inadimplente se beneficie, locupletando-se em detrimento do credor. 2. Agravo regimental a que se nega provimento" (4ª T., AgRg no AREsp nº 481.724/DF, Rel. Min. Raul Araújo, j. em 23/6/2015, DJe de 3/8/2015).

Muito se discutiu – sob a égide do CPC/1973 – a questão da prescrição intercorrente em função do pedido de suspensão por parte do exequente em função da ausência de bens do executado.

A prescrição intercorrente está prevista no parágrafo único do art. 202 do Código Civil, onde se lê que: "A prescrição interrompida recomeça a correr da data do ato que a interrompeu, ou do último ato do processo para a interromper".

Para uns, porém, não haveria que se falar em prescrição intercorrente na ação executiva na hipótese de suspensão por ausência de bens – a suspensão seria, neste caso, *sine die*. Esta era, inclusive, a posição do E. STJ (3ª T., AgRg no REsp nº 1463664/SC, Rel. Min. Ricardo Villas Bôas Cueva, j. em 23/10/2014, DJe de 30/10/2014). Para outros, o prazo deveria ser de seis meses, por analogia ao art. 265, § 3º, do CPC, e, por fim, para outros, o prazo deveria ser de um ano por analogia aos arts. 265, § 4º, do CPC, art. 174 do CTN e art. 40, § 2º, da Lei nº 6.830/1980.

Uma primeira novidade então, do CPC/2015 quanto ao tema da suspensão da execução, diz respeito ao disposto nos §§ 1º ao 5º do art. 921 ora comentado e que tratam justamente da *prescrição intercorrente* e que seguem a linha oriunda das execuções fiscais e da Súmula nº 314, STJ ("Em execução fiscal, não localizados bens penhoráveis, suspende-se o processo por um ano, findo o qual se inicia o prazo da prescrição quinquenal intercorrente").

Assim, constando-se a ausência de bens do executado, o juiz suspenderá a execução pelo prazo de até um ano. Durante este período de um ano, suspende-se a prescrição (§ 1º) – antes, porém, diferentemente do que se exige agora, nossos Tribunais admitiam a prescrição intercorrente até sem a prévia e expressa suspensão do feito e apenas diante da inércia do exequente (30ª Câmara de Direito Privado, Apelação nº 0037645-14.2000.8.26.0114, Rel. Orlando Pistoresi, Campinas, j. em 16/4/2014).

Decorrido este prazo, não sendo localizado o executado ou bens penhoráveis, o juiz ordenará o arquivamento dos autos (§ 2º). Ademais, não havendo manifestação do exequente, começa a correr o prazo de prescrição intercorrente (§ 4º) podendo o juiz extinguir o feito, até de ofício, desde que após ter ouvido as partes previamente pelo prazo de 15 dias (§ 5º). Como se percebe desnecessária a intimação prévia do exequente para dar andamento ao feito antes do início da contagem do prazo prescricional, basta seu silêncio após o prazo de um ano contado da suspensão do feito.

A jurisprudência, sob a égide do CPC/1973, titubeava entre exigir (4ª T., AgRg no AREsp nº 131.359/GO, Rel. Min. Marco Buzzi, j. em 20/11/2014, DJe de 26/11/2014) ou não (TJSP, 25ª Câmara de Direito Privado, Apelação nº 0002292-87.2004.8.26.0625, Rel. Vanderci Álvares, Taubaté, j. em 15/5/2014) a intimação prévia do exequente.

Para muitos, não andou bem o CPC/2015 nesse tocante porque parece ser um fardo muito pesado para o exequente, após se frustrar com a ausência de bens do executado, ver seu direito de executá-lo extinto por prescrição intercorrente sem ter dado causa a isso e até diante da possibilidade de se ver nesta situação por conta do emprego pelo executado de meios fraudulentos.

Uma última observação, a contagem deverá observar os termos da Súmula nº 150 do STF, que prevê que: "prescreve a execução no mesmo prazo de prescrição da ação", ou seja, deve-se verificar o prazo prescricional para a demanda e, em seguida, aplicá-lo após o período de um ano de suspensão do feito na execução.

Outras duas novidades do CPC/2015 correspondem justamente às duas novas hipóteses que foram incluídas no tratamento da suspensão da execução, quais sejam:

1.4. Inocorrência de expropriação por falta de licitantes ou de interesse do exequente

Nos termos do novo inciso IV, se a alienação dos bens penhorados não se realizar por falta de licitantes e o exequente, em 15 (quinze) dias, não requerer a adjudicação e nem tampouco indicar outros bens penhoráveis, então, deve o juiz suspender a execução. Ora, em nosso sentir, também aqui seria o caso de aplicar-se a prescrição intercorrente nos termos dos citados §§ 1º a 5º do art. 921.

1.5. Concessão de parcelamento do art. 916

E, por fim, nos termos do novo inciso V, também deve ser suspensa a execução quando concedido o parcelamento de que trata o art. 916, ou seja, no prazo para embargar a execução, poderá o executado, após reconhecer o crédito do exequente, requerer o parcelamento, devendo pagar 30% no ato e o saldo em mais seis parcelas mensais, acrescidas de juros de 1% ao mês e correção monetária. A execução restará suspensa desde o depósito, durante a análise pelo magistrado e após deferida, até o pagamento integral ou eventual inadimplemento pelo executado.

1.6. Suspensão da execução e recuperação judicial

Apesar de não guardar relação direta com o CPC/2015, valem ser mencionadas duas questões que afetam diretamente a execução por consequência da recuperação judicial da empresa devedora.

A primeira diz respeito à suspensão por 180 dias das execuções ajuizadas contra a recuperanda e seus sócios solidários (art. 6º, § 4º).

A segunda diz respeito à impossibilidade de suspensão e/ou extinção da execução direcionada aos coobrigados da recuperanda, geralmente seus sócios, na qualidade de fiadores e avalistas por novação, mesmo após a aprovação do plano de recuperação. O entendimento majoritário de nossos tribunais é que as garantias devem ser mantidas de forma autônoma, já a novação civil seria diversa da novação oriunda da Lei nº 11.101/2005. Enquanto a primeira extingue as garantias (art. 364, CC), a Lei de recuperação mantém as garantias (art. 59 da LF). Neste sentido: "3. Tratando-se de dívida da empresa em recuperação direcionada a coobrigado, não há suspensão da execução em decorrência da aprovação do plano de recuperação judicial. Precedentes.

4. Agravo regimental a que se nega provimento" (4ª T., AgRg no AREsp nº 190.790/SP, Rel. Min. Maria Isabel Gallotti, j. em 6/8/2015, DJe de 13/8/2015).

Art. 922 - Convindo as partes, o juiz declarará suspensa a execução durante o prazo concedido pelo exequente para que o executado cumpra voluntariamente a obrigação.

Parágrafo único - Findo o prazo sem cumprimento da obrigação, o processo retomará o seu curso.

I. Suspensão por moratória

A regra estabelece que, em sendo concedida moratória pelo exequente, ou seja, prazo para pagamento da dívida pelo executado, então, o processo executivo restará suspenso neste período.

Essa suspensão convencional, sem interesse de novar, não está limitada aos seis meses previstos no art. 313, § 4º, podendo ser pelo período justo e necessário ao cumprimento da obrigação nos termos avençados. Neste sentido, a jurisprudência do STJ (por todos *vide* o AgRg no EDcl no Ag nº 744.297/SP).

Decorrido, porém, o prazo concedido, se o pagamento não tiver sido integral, então, o processo de execução voltará a correr. Se, porém, tiver sido cumprido integralmente, o processo será extinto.

Art. 923 - Suspensa a execução, não serão praticados atos processuais, podendo o juiz, entretanto, salvo no caso de arguição de impedimento ou de suspeição, ordenar providências urgentes.

I. Impossibilidade de se praticarem atos durante a suspensão

Encerra o CPC/2015 este tema estabelecendo que, *enquanto perdurar a suspensão da execução, nos termos do art. 923, CPC/2015* (equivalente ao art. 793 do CPC/1973), *é defeso às partes a prática de qualquer ato processual*.

No entanto, é de se admitir a prática de atos urgentes, de modo que o juiz poderá ordenar tutelas urgentes (por exemplo: busca e apreensão de bens, arrematação de bens perecíveis, reforço de penhora, venda antecipada de bens, etc.).

A única hipótese em que nem mesmo as tutelas urgentes podem ser concedidas será no caso de ter sido arguido o impedimento ou a suspeição do juiz da execução.

Os atos praticados durante a suspensão são ineficazes produzindo efeitos apenas após a retomada do processo executivo.

Capítulo II - Da Extinção do Processo de Execução

Art. 924 - Extingue-se a execução quando:
I - a petição inicial for indeferida;
II - a obrigação for satisfeita;
III - o executado obtiver, por qualquer outro meio, a extinção total da dívida;
IV - o exequente renunciar ao crédito;
V - ocorrer a prescrição intercorrente.

I. Extinção da execução

1. Hipóteses de extinção

O art. 924 (equivalente ao art. 794 do CPC/1973) determina que *o processo de execução deve ser extinto* quando:

(i) A petição inicial da execução for indeferida. Cumpre ao exequente observar o disposto nos arts. 798-800, CPC/2015, acerca da petição inicial da execução. Não estando esta em termos, deverá o juiz mandar emendá-la (art. 801) em 15 dias. Sendo o vício insanável ou não sendo emendada, aí sim será caso de extinção;

(ii) A obrigação for satisfeita, o que irá variar conforme o tipo de obrigação (se de pagar com a transferência do dinheiro ou com a adjudicação de bens; se de fazer ou não fazer pelo cumprimento da obrigação; e se de entrega de coisa pela efetiva transferência do bem);

(iii) O executado obtiver, por qualquer outro meio que não a satisfação, a extinção total da dívida (como, por exemplo, transação/autocomposição, novação, remissão, etc.);

(iv) O exequente renunciar ao seu crédito – de forma expressa, e não tácita; e

(v) Ocorrer a prescrição intercorrente (nos termos do art. 921 anteriormente comentado).

O rol é exemplificativo apenas, de modo que se aplica aqui o disposto no art. 485 (que trata da extinção do processo sem resolução de mérito) por conta do permissivo do art. 771.

Art. 925 - A extinção só produz efeito quando declarada por sentença.

I. Extinção por sentença

A extinção em questão somente produzirá efeitos quando for declarada por sentença. Daí a pergunta, essa sentença é definitiva ou terminativa? Há ou não julgamento do mérito na execução?

Ora, em princípio e como dito, há cognição na execução, mas não para a análise do mérito, que é relegado para os embargos do devedor, de modo que todas as sentenças do processo de execução seriam meramente terminativas, ou seja, diferentemente do que ocorre com os processos de conhecimento, cuja finalidade é a certeza, nos processo de execução ela é o pressuposto – parte-se da certeza rumo à satisfação do credor.

No entanto, há quem defenda que, na verdade, *a sentença no processo executivo fundada nos artigos em questão extingue não só a relação jurídica de direito processual, como ainda a de direito material, declarando a satisfação do crédito exequendo, havendo que se falar, portanto, em mérito (que é a satisfação do credor), manifestação sobre o direito material das partes e coisa julgada material.*

Esta também a posição do STJ: "1. A extinção da execução por força do pagamento perfaz-se por sentença de mérito rescindível ou anulável conforme a hipótese, maxime porque o erro mencionado no art. 463 do CPC tem como destinatário o juiz e não a parte. 2. In casu, a própria Fazenda requereu por 'suposto' erro a extinção da execução pelo pagamento, contradizendo-se, a posteriori, sob a alegação de equívoco de sua parte, pleiteando a aplicação do art. 463 do CPC" (1ª T., REsp nº 1073390/PB, Rel. Min. Luiz Fux, j. em 2/3/2010, DJe de 16/3/2010).

Para outros, o mais adequado seria falar em extinção do processo de execução com ou sem a satisfação do credor. Mas isso não quer dizer que haveria manifestação sobre o direito material das partes. A sentença seria meramente declaratória no sentido que a execução forçada acabou porque o crédito, conforme o que consta no título, foi satisfeito. Assim, essas sentenças seriam meramente terminativas porque poriam fim apenas à relação jurídica processual, só haveria, é claro, coisa julgada formal.

Opinião intermediária é a daqueles que entendem que, se não houver embargos à execução, a sentença nada dirá a respeito da relação material entre as partes, mas somente em relação à própria relação jurídica processual, ou seja, simplesmente se declara extinto o processo de execução. Já no caso de extinção do processo com fundamento nos incisos do art. 924 do CPC haveria sim julgamento de mérito e trânsito em julgado material, uma vez que se estaria tratando da própria relação jurídica de direito material. No entanto, lembram que o CPC deixou de fora da relação do art. 794 que é, portanto, exemplificativa, situações importantes como o julgamento total dos embargos, sendo que aí *haveria, naturalmente, sentença de mérito, fazendo coisa julgada material e sujeitando-se à ação rescisória, tal como acontece no julgamento dos embargos à execução.*

Entendemos que, na execução, todas as sentenças são terminativas, com ou sem satisfação do credor, transitando em julgado apenas formalmente. Ainda, porém, que se entenda que a satisfação do credor é o mérito da execução e que, portanto, existam sentenças definitivas, nem assim, há como se imaginar o trânsito em julgado material, já que não há nenhuma declaração formulada, além da de extinção do feito, que precise ter seus efeitos prolongados no tempo – aliás a letra da lei é clara ao afirmar que "*extingue-se a execução*", e não a relação jurídica material a ela subjacente. Essa orientação permite, por exemplo, que o devedor possa ajuizar posteriormente ação de repetição do indébito visando recuperar aquilo que pagou indevidamente ou até propor nova execução para receber resíduos do crédito remanescentes.

Problema sério, no entanto, serão aquelas sentenças proferidas na própria execução ao tratar de objeções de pré-executividade e que fujam um pouco à noção inicial do instituto. Assim, por exemplo, se a sentença em questão reconhecer o pagamento, a decadência, a prescrição ou a novação, a transação, ou seja, a inexistência total ou parcial do crédito, estará havendo efetivo julgamento de mérito, estar-se-á decidindo a própria relação de crédito entre credor e devedor. Nesta hipótese, o magistrado está a proferir sentença de mérito que admitirá trânsito em julgado material e eventual coisa julgada.

LIVRO III
DOS PROCESSO NOS TRIBUNAIS E DOS MEIOS DE IMPUGNAÇÃO DAS DECISÕES JUDICIAIS

TÍTULO I
DA ORDEM DOS PROCESSOS E DOS PROCESSOS DE COMPETÊNCIA ORIGINÁRIA DOS TRIBUNAIS

Capítulo I - Disposições Gerais

Art. 926 - Os tribunais devem uniformizar sua jurisprudência e mantê-la estável, íntegra e coerente.

§ 1º - Na forma estabelecida e segundo os pressupostos fixados no regimento interno, os tribunais editarão enunciados de súmula correspondentes a sua jurisprudência dominante.

§ 2º - Ao editar enunciados de súmula, os tribunais devem ater-se às circunstâncias fáticas dos precedentes que motivaram sua criação.

Autor: Luis Eduardo Simardi Fernandes

I. Uniformização de jurisprudência

Percebe-se nitidamente no CPC/2015 a preocupação do legislador em valorizar a jurisprudência dos tribunais, para que elas sirvam de paradigma para os juízes de grau inferior. Isso somente será possível se a jurisprudência dos tribunais for estável, íntegra e coerente.

Muito já se disse a respeito das dificuldades provocadas pela instabilidade jurisprudencial, que prejudica a previsibilidade das decisões e faz com que, muitas vezes, questões idênticas acabem sendo decididas de forma diferente, gerando a sensação de injustiça naquele jurisdicionado que não obteve o resultado favorável.

Trata-se de problema que ocorre inclusive no âmbito do STJ, não sendo incomum que turmas diferentes apliquem a Lei Federal de formas diferentes, ou que até mesmo uma turma acabe por contrariar suas próprias decisões, mesmo aquelas recentemente proferidas.

Tal situação se torna especialmente grave quando se lembra que a Constituição Federal, ao criar o STJ, para dividir competência com o STF, fixou dentre suas relevantes funções a de uniformizar a interpretação das Leis Federais infraconstitucionais em todo o território nacional, demonstrando aos diversos tribunais brasileiros e juízes de primeiro grau como essas leis devem ser corretamente aplicadas.

Ora, se internamente muitas vezes existe controvérsia a respeito da correta aplicação dessas leis, como poderá o STJ firmar o entendimento correto que se deve dar a elas? Como poderão os demais tribunais acompanhar a jurisprudência do STJ se este ora decide em um sentido, ora decide em outro? Essa situação gerou crítica ofertada por um Ministro do próprio STJ, que em voto-vista bastante comentado, a seguir referido, comparou a jurisprudência do STJ com um *"banana boat"*, boia inflável puxada por uma lancha que faz movimentos bruscos, tentando derrubar as pessoas nele sentadas. Disse então o Ministro que o STJ não podia dar guinadas bruscas na sua jurisprudência, sob pena de derrubar o jurisdicionado.

Todavia, não se pode dizer que se trate de situação que ocorra apenas no âmbito do STJ, mas ao contrário, também comum nos tribunais inferiores, desorientando muitas vezes os juízes que pretendem seguir sua jurisprudência. Estes últimos acabam tendo dificuldade em identificar qual é essa jurisprudência, por força das decisões conflitantes que os tribunais proferem.

Dessa forma, se a intenção do novo diploma é a de que os juízes apliquem a jurisprudência dos tribunais, como estabelece o CPC, art. 927, imprescindível que a conheçam. Para tanto, necessário que seja, no mínimo, estável.

É certo, pois, que esse sistema em que as decisões anteriores têm a função de nortear as decisões futuras não se coaduna bem com a instabilidade jurisprudencial. O sucesso desse sistema depende da adaptação dos tribunais, que devem se dedicar com mais atenção à formação dos seus precedentes. Se a proposta é a de valorizar os precedentes, o primeiro a valorizá-los deve ser o próprio tribunal.

Tamanha importância o CPC dá aos precedentes que, caso não se observe em um julgamento o enunciado de súmula vinculante ou de precedente proferido em julgamento de casos repetitivos ou em incidente de assunção de competência, o desrespeito é fundamento para a apresentação de reclamação pela parte interessada, como prevê o CPC, art. 988, adiante analisado.

Respeitando-se a jurisprudência dos tribunais, valoriza-se a segurança jurídica, a previsibilidade das decisões, a celeridade do julgamento e o princípio da isonomia, para que os jurisdicionados em situações iguais recebam tratamentos iguais, chegando ao mesmo resultado. Até porque os juízes e os diversos Tribunais fazem parte de um mesmo Poder, justificando essa uniformização. Foram esses os fatores que moveram o legislador a seguir por esse caminho no CPC/2015.

A igualdade de tratamento, aqui manifestada no sentido de que os jurisdicionados em igual posição jurídica recebam o mesmo tratamento pelo Poder Judiciário, encontra suporte na CF, art. 5º, no seu *caput* e no inciso I.

A previsibilidade e a segurança jurídica, de seu turno, podem até mesmo contribuir para a redução das ações propostas, uma vez que antes do ajuizamento o interessado conseguirá avaliar, com mais precisão, a viabilidade da demanda e as chances de êxito. E pode até mesmo reduzir a quantidade de recursos interpostos, ante a facilidade de se perceber em certos casos que a medida está fadada ao fracasso. Hoje, a incerteza acaba sendo geradora de esperança e decepção, incentivadoras da litigiosidade e da recorribilidade.

Uma vez que os juízes inferiores tenham posicionamentos dos tribunais para seguirem, o trabalho intelectual do julgador é especialmente voltado a avaliar a existência de identidade entre o caso em julgamento e o pretérito. Ou apontar diferenças entre eles, justificando a inobservância do procedente. Isso pode agilizar os julgamentos, em momento em que a preocupação é grande com os efeitos nocivos da demora no processo, a ponto de a garantia à razoável duração do processo ter sido inserida na CF, art. 5º, inciso LXXVIII, pela EC nº 45/2004, e reiterada no art. 4º do CPC.

Não se pode dizer, todavia, que a adoção dos precedentes retire do juiz sua atividade argumentativa ou interpretativa. Mas sofrerá uma mudança de foco, cabendo ao julgador empregar esforços na análise da aplicabilidade de determinado precedente ao caso sob julgamento.

II. Edição das súmulas

Antes de mais nada, convém deixar claro que o enunciado de súmula nada mais é do que aquilo que habitualmente denominamos apenas de "Súmula". Pois bem, também determina o dispositivo ora analisado que os tribunais editem enunciado de súmulas correspondentes à sua jurisprudência dominante, por ser forma eficiente de firmar e dar conhecimento da sua posição aos demais juízes e operadores do direito, e por que não também dizer aos jurisdicionados. Deixa o diploma, contudo, de fixar as regras para a edição desses enunciados, entendendo que tal providência deva caber aos regimentos dos tribunais.

Ainda, convém assinalar que essa padronização de decisões não pode se confundir com o engessamento da jurisprudência, impeditiva da sua evolução, tendo em vista a possibilidade de superação dos precedentes ou da distinção, expressamente previstas e adiante referidas.

III. Circunstâncias fáticas dos precedentes

Importante recomendação consta do CPC, art. 927, § 2º, de que os tribunais, ao editarem os enunciados de súmulas, devem se ater às circunstâncias fáticas dos precedentes que motivaram a sua edição.

Percebe-se aqui clara preocupação de evitar que um enunciado seja aplicado como fundamento de decisão que verse sobre matéria fática completamente diferente, como às vezes hoje ocorre. O enunciado que bem pode servir para determinada matéria fática pode ser inadequado para julgamento de matéria diferente, e sua aplicação nessa hipótese será inadequada e pode ser fonte de injustiças.

Daí a preocupação do dispositivo legal em impedir a edição das súmulas genéricas, aquelas que deixam de lado os aspectos fáticos enfrentados na decisão e podem se encaixar em diversos outros casos, ainda que sem coincidência com os fatos geradores do enunciado.

IV. Julgados

"Nós somos os condutores, e eu – Ministro de um Tribunal cujas decisões os próprios

Ministros não respeitam – sinto-me triste. Como contribuinte, que também sou, mergulho em insegurança, como um passageiro daquele voo trágico em que o piloto que se perdeu no meio da noite em cima da Selva Amazônica: ele virava para a esquerda, dobrava para a direita e os passageiros sem nada saber, até que eles de repente descobriram que estavam perdidos: O avião com o Superior Tribunal de Justiça está extremamente perdido. Agora estamos a rever uma Súmula que fixamos há menos de um trimestre. Agora dizemos que está errada, porque alguém nos deu uma lição dizendo que essa Súmula não devia ter sido feita assim.

Nas praias de Turismo, pelo mundo afora, existe um brinquedo em que uma enorme boia, cheia de pessoas é arrastada por uma lancha. A função do piloto dessa lancha é fazer derrubar as pessoas montadas no dorso da boia. Para tanto, a lancha desloca-se em linha reta e, de repente, descreve curvas de quase noventa graus.O jogo só termina quando todos os passageiros da boia estão dentro do mar. Pois bem, o STJ parece ter assumido o papel do piloto dessa lancha. Nosso papel tem sido derrubar os jurisdicionados" (STJ, AgRg no Recurso Especial, nº 382.736-SC, voto-vista do Min. Humberto Gomes de Barros).

Art. 927 - Os juízes e os tribunais observarão:
I - as decisões do Supremo Tribunal Federal em controle concentrado de constitucionalidade;
II - os enunciados de súmula vinculante;
III - os acórdãos em incidente de assunção de competência ou de resolução de demandas repetitivas e em julgamento de recursos extraordinário e especial repetitivos;
IV - os enunciados das súmulas do Supremo Tribunal Federal em matéria constitucional e do Superior Tribunal de Justiça em matéria infraconstitucional;
V - a orientação do plenário ou do órgão especial aos quais estiverem vinculados.
§ 1º - Os juízes e os tribunais observarão o disposto no art. 10 e no art. 489, § 1º, quando decidirem com fundamento neste artigo.
§ 2º - A alteração de tese jurídica adotada em enunciado de súmula ou em julgamento de casos repetitivos poderá ser precedida de audiências públicas e da participação de pessoas, órgãos ou entidades que possam contribuir para a rediscussão da tese.
§ 3º - Na hipótese de alteração de jurisprudência dominante do Supremo Tribunal Federal e dos tribunais superiores ou daquela oriunda de julgamento de casos repetitivos, pode haver modulação dos efeitos da alteração no interesse social e no da segurança jurídica.
§ 4º - A modificação de enunciado de súmula, de jurisprudência pacificada ou de tese adotada em julgamento de casos repetitivos observará a necessidade de fundamentação adequada e específica, considerando os princípios da segurança jurídica, da proteção da confiança e da isonomia.
§ 5º - Os tribunais darão publicidade a seus precedentes, organizando-os por questão jurídica decidida e divulgando-os, preferencialmente, na rede mundial de computadores.

I. Identidade de casos e fundamentação da decisão

O CPC/2015, art. 927, determina aos juízes e tribunais que observem (assim redigido, de forma impositiva) as decisões e súmulas relacionadas nos cinco incisos do art. 927.

Esse caráter de imposição também é sentido quando o art. 988 do CPC prevê o uso da reclamação pela parte interessada ou pelo Ministério Público, quando esses precedentes dos tribunais deixarem de ser observados.

De se notar que os referidos incisos relacionam como paradigmas diversas decisões dos tribunais superiores, mas também expressam a necessidade de o juiz observar a orientação do plenário ou do órgão especial do tribunal ao qual estiver vinculado.

Também estabelece o dispositivo legal, agora no § 1º, que os juízes e os tribunais, quando julgarem com base nos precedentes, deverão observar o quanto disposto no CPC, art. 10, e CPC, art. 489, § 1º. Portanto, ao se referir ao art. 10, nota-se que a primeira preocupação é com a vedação das "decisões-surpresas", aquelas proferidas pelo juiz sem dar previamente às partes a oportunidade de se manifestarem sobre aquele tema, no sentido de tentar influenciar a formação do convencimento do juízo. Trata-se de evidente valorização do contraditório, a impedir que até mesmo as matérias apreciáveis de ofício sejam decididas sem dar às partes a possibilidade de sobre elas se manifestarem.

Dessa forma, garante-se às partes, em necessário respeito à garantia constitucional do contraditório, a oportunidade de demonstrarem as particularidades ou semelhanças dos casos, autorizadoras da aplicação ou não do precedente invocado.

O CPC, art. 489, § 1º, por seu turno, estabelece regras para que as decisões judiciais sejam efetivamente fundamentadas, dando cumprimento à CF, art. 93, inciso IX. Com esse propósito, deixa claro serem insuficientes para preenchimento da exigência da fundamentação a mera indicação, reprodução ou paráfrase de ato normativo, ou o emprego de conceitos jurídicos indeterminados sem explicação quanto ao motivo de sua incidência no caso.

Mas o que aqui especialmente nos interessam são os incisos que afirmam que não será considerada fundamentada a decisão (V) que se limitar a invocar precedente ou enunciado de súmula sem demonstrar a identidade de casos entre aquele que gerou o precedente e o que agora está sendo julgado, ou (VI) deixar de seguir enunciado de súmula, jurisprudência ou precedente, sem demonstrar a existência de distinção no caso em julgamento.

Isso significa, portanto, que tanto a aplicação do precedente, súmula ou jurisprudência, quanto a não aplicação deles para casos aparentemente semelhantes, deve sempre vir acompanhada da imprescindível fundamentação, não se contentando o novo diploma com uma decisão padrão e despida de maiores justificativas.

Deixando de aplicar o precedente, o juiz deve explicar por que o entende inadequado ao caso que está julgando, demonstrando a distinção dos casos (*distinguishing*), mostrando que a hipótese fática em julgamento difere daquela que gerou o precedente. Ou, diante de eventual superação do precedente, o julgador deve fundamentadamente demonstrar que o mesmo está superado e não deve ser aplicado. São as chamadas técnicas de superação do precedente (*overruling*) ou diferenciação fática (*distinguishing*), que permitem a evolução da jurisprudência, que não fica indefinidamente estática.

II. Alteração da tese jurídica

Os §§ 2º ao 5º preocupam-se em prever e regular a forma de superação da jurisprudência dominante ou do precedente. É o que se costuma denominar de *overruling*.

A opção pela valorização da jurisprudência ou dos precedentes, caminho que adota o nosso CPC, não produz o engessamento da jurisprudência, impeditivo da sua evolução. Quando existem mecanismos para superação ou modificação dos precedentes, tal efeito indesejável não ocorre. Daí a importância de a superação do precedente estar expressamente prevista no texto ora comentado.

Pois bem, se o precedente mostra-se incompatível com uma nova realidade, não pode ele subsistir e continuar a pautar as decisões. O mesmo ocorre quando o precedente for fruto de uma decisão equivocadamente proferida, sendo certo que a superação do precedente é necessária para correção do erro, evitando que se repita em outras demandas.

Justamente por reconhecer a relevância dos efeitos da alteração de uma tese jurídica adotada em enunciado de súmula ou em julgamento de casos repetitivos, o CPC/2015 prevê a possibilidade de tal providência ser precedida de audiências públicas e da participação de pessoas, órgãos ou entidades, que tenham algo para contribuir com a discussão a respeito da tese em análise. Tem-se, nessas hipóteses, verdadeira possibilidade de atuação do *amicus curiae*, figura expressamente consagrada no CPC/2015 e tratada como modalidade de intervenção de terceiro.

Ocorrendo a alteração da jurisprudência dominante do STF e dos Tribunais Superiores, ou daquela formada no julgamento de casos repetitivos, o Código autoriza a modulação dos efeitos dessa alteração, se isso for do interesse social ou tiver como propósito garantir a segurança jurídica.

Nesse sentido, dever-se-á apreciar a conveniência de a superação do precedente produzir efeitos retroativos ou prospectivos, opção que deverá levar em conta os valores acima referidos, quais sejam interesse social e segurança jurídica.

Ora, como já se afirmou, a valorização dos precedentes e da jurisprudência dominante tem, dentre seus benefícios, a previsibilidade das decisões e a segurança jurídica, uma vez que o jurisdicionado terá condições de saber qual é o entendimento jurisprudencial a respeito de determinado tema.

Dessa forma, caso haja uma superação do precedente, e essa superação produza efeitos retroativos, o jurisdicionado pode ser prejudicado por ter acreditado em um precedente que não mais prevalece. Para evitar tal indesejável situação, possível estabelecer-se que a superação do precedente não produza efeito retroativo, ou seja, somente alcance os atos praticados após essa mudança de entendimento.

III. Fundamentação da decisão

Seguindo sua proposta de valorizar o dever de fundamentação das decisões judiciais, do que o CPC/2015, art. 489, § 1º, é incontestável exemplo, exige-se também que a modificação de enunciado de súmula, de jurisprudência pacificada ou tese aplicada em julgamento de casos repetitivos seja feita de forma fundamentada.

Ora, se o CPC/2015, art. 489, § 1º, exige efetiva fundamentação nas decisões judiciais, e se a fundamentação é objeto inclusive de previsão constitucional (CF, art. 93, inciso IX), quanto às decisões aqui comentadas a solução não poderia ser outra.

Aliás, no caso dessas decisões modificativas, mais relevante ainda se torna a fundamentação, para que a comunidade jurídica e os jurisdicionados possam conhecer o que motivou a mudança de entendimento, e avaliar se os argumentos trazidos pelos interessados foram apreciados pelo órgão julgador ou se este agiu arbitrariamente.

Levando em conta que essa decisão terá ampla repercussão, podendo atingir uma vasta quantidade de demandas futuras, com mais razão deve se exigir a profunda e cuidadosa fundamentação da decisão. Através dela, o órgão julgador dá satisfação à comunidade jurídica quanto à mudança de entendimento.

IV. Publicidade dos precedentes

Dentre as vantagens decorrentes da adoção do sistema de precedentes, aponta-se com destaque a previsibilidade das decisões e a segurança jurídica. Isso porque fica mais fácil aos operadores do direito e aos jurisdicionados preverem como os seus casos serão decididos, podendo pautar sua conduta por essa previsão.

Todavia, esses efeitos somente serão alcançados se os precedentes receberem ampla divulgação. Afinal, de que adianta valorizar os precedentes se, por outro lado, deles não é dado conhecimento à comunidade jurídica?

Por isso, para que os precedentes sejam de conhecimento geral, o CPC/2015, art. 927, § 5º, determina que os tribunais deem publicidade aos mesmos, organizando-os por questão jurídica decidida e promovendo sua divulgação via internet.

Art. 928 - Para os fins deste Código, considera-se julgamento de casos repetitivos a decisão proferida em:
I - incidente de resolução de demandas repetitivas;
II - recursos especial e extraordinário repetitivos.
Parágrafo único - O julgamento de casos repetitivos tem por objeto questão de direito material ou processual.

I. Julgamento de casos repetitivos

Dentro dessa preocupação de racionalização de julgamentos e valorização das decisões paradigmáticas, que servirão de modelo para decisões futuras, entendeu por bem o legislador, no presente dispositivo legal, definir o que se deve entender por "julgamento de casos repetitivos". E com esse propósito, afirmou que devem ser assim entendidas as decisões proferidas no incidente de resolução de demandas repetitivas e aquelas proferidas nos julgamentos de recursos especial e extraordinário repetitivos.

Também esclareceu que não apenas as questões de direito material podem ser objeto de julgamento de casos repetitivos, mas também podem envolver o julgamento de questão de direito processual. Com isso, afasta-se qualquer dúvida a respeito da possibilidade de as discussões de cunho processual serem enquadradas na técnica de julgamento de casos repetitivos.

II. Incidente de resolução de demandas repetitivas

Dentre as novidades mais relevantes do novo diploma, encontra-se o denominado "incidente de resolução de demandas repetitivas", regulado no art. 976 do CPC/2015 e que, portanto, será adiante comentado com mais profundidade.

Por ora, basta mencionar que se trata de instituto a ser observado quando ocorrer efetiva repetição de processos que apresentem controvérsia sobre a mesma questão de direito e, simultaneamente, risco de ofensa à isonomia e à segurança jurídica. São estes dois últimos, portanto, os principais valores que se busca preservar, a segurança jurídica e a isonomia, que deve garantir às partes iguais o mesmo tratamento pelo Poder Judiciário.

Com esse propósito de dar tratamento isonômico aos jurisdicionados, a admissão do incidente deve provocar a suspensão de outros processos pendentes, como regulado no art. 982 adiante. E justamente em razão da repercussão da decisão proferida nesse incidente sobre outras demandas, admite-se a participação de *amici curiae*, uma vez que a tese jurídica produzida no julgamento do incidente será aplicada em todos os processos individuais ou coletivos que versem sobre idêntica questão de direito, que tramitem na área de jurisdição do tribunal que realizou o julgamento, e também em casos futuros que venham a tramitar no território de competência desse tribunal e versem sobre idêntica questão de direito.

III. Julgamento dos recursos extraordinário e especial repetitivos

Havendo multiplicidade de recursos extraordinários ou especiais com fundamento em idêntica questão de direito, receberão eles o tratamento especificado no art. 1.036 do CPC, em que se estabelece o julgamento de um recurso-piloto, sendo certo que a decisão proferida incidirá sobre os demais recursos sobre idêntica questão de direito. Uma vez escolhidos dois ou mais recursos representativos da controvérsia pelo presidente ou vice-presidente do tribunal de justiça ou do tribunal regional federal, serão eles remetidos ao STF ou ao STJ, conforme o caso, com a determinação de suspensão de todos os processos pendentes sobre idêntica questão de direito. Por conta da ampla repercussão que terá a decisão proferida, atingindo os demais recursos sobre idêntica controvérsia, admite-se a manifestação de pessoas, órgãos ou entidades com interesse na controvérsia. Tem-se aqui outra técnica de obtenção de decisão-paradigma, como será mais adiante abordado.

Capítulo II - Da Ordem dos Processos no Tribunal

Art. 929 - Os autos serão registrados no protocolo do tribunal no dia de sua entrada, cabendo à secretaria ordená-los, com imediata distribuição.
Parágrafo único - A critério do tribunal, os serviços de protocolo poderão ser descentralizados, mediante delegação a ofícios de justiça de primeiro grau.

Autor: Augusto Tavares Rosa Marcacini

I. Destinatário da norma

Trata-se de norma voltada para orientar os serviços de secretaria do Tribunal, a determinar a realização dos competentes registros e conferências formais, além de documentar o momento de entrada do processo. Com o avanço da informatização judicial, tais registros de movimentação de autos haverão de ser produzidos automaticamente. A nova norma contém poucas novidades em relação ao texto do CPC/1973, pois apenas ordena que os feitos entrados nos tribunais sejam distribuídos imediatamente, prática que já vinha sendo observada por força da EC nº 45, que inseriu orientação nesse sentido no inciso XV do art. 93 da CF. Assim, desde quando entrado no tribunal, todo processo deverá ter um relator designado por sorteio, ou por prevenção anterior, quando for o caso.

II. Protocolo integrado

A integração do protocolo de primeiro e segundo graus é um aspecto importante para o acesso à justiça, especialmente do jurisdicionado que se encontra distante das sedes dos tribunais. Havendo tal integração, o ato pode ser tempestivamente praticado pela parte com a apresentação da petição no protocolo de primeiro grau mais próximo. Teria sido mais adequado, do ponto de vista do acesso à justiça, que a regra do parágrafo único deixasse de ser apenas uma faculdade conferida aos tribunais, mesmo porque, caso não existisse tal regra legal, essa providência de criar protocolos integrados em primeiro grau por meio de determinação administrativa já não lhes seria proibida, não dependendo, portanto, dessa autorização contida no parágrafo único. De todo modo, com o avanço da informatização e a possibilidade cada vez mais ampla de peticionamento remoto pela internet, a norma desse parágrafo há de se tornar cada vez menos relevante.

Art. 930 - Far-se-á a distribuição de acordo com o regimento interno do tribunal, observando-se a alternatividade, o sorteio eletrônico e a publicidade.
Parágrafo único - O primeiro recurso protocolado no tribunal tornará prevento o relator para eventual recurso subsequente interposto no mesmo processo ou em processo conexo.

I. Aleatoriedade do sorteio e o juiz natural

Poucas modificações são observadas também nesse dispositivo. A distribuição, seja em primeiro grau, seja perante os tribunais, deve ser resultado de sorteio aleatório, a fim de se evitar que qualquer dos sujeitos processuais – partes, advogados, juízes e funcionários – possa determinar a escolha do julgador. O juiz natural de uma causa é aquele a quem ela foi atribuída, como resultado da aplicação das normas gerais e abstratas que definem a competência dos órgãos judiciais. Esgotada a aplicação dessas regras, havendo mais de um órgão igualmente competente, a escolha final deve ser feita mediante sorteio aleatório. Mas do mesmo modo como ocorre em primeiro grau, não se faz distribuição por sorteio nos casos de prevenção do relator (v. art. 930, parágrafo único).

II. Publicidade da distribuição

Assim como todos os demais atos do processo, a distribuição deve ser pública. O princípio da publicidade, que rege não apenas o processo judicial, pois é uma característica inerente ao exercício do poder por parte do Estado, tem por finalidade permitir um controle social sobre quem exerce tal poder, como garantia de maior lisura no agir. A transparência é uma importante arma contra o abuso de poder, a corrupção e outros desvios incompatíveis com o correto exercício das funções públicas. No que toca à distribuição, é desejável que também seja feita sob a vigilância da sociedade, tanto que assim o determinou o CPC/1973, no art. 548, e a regra é mantida no CPC/2015. Ao tempo em que tal sorteio era feito manualmente, usando-se bolas retiradas aleatoriamente de um engradado em forma de globo, era facultada a presença do público, embora a frequência de espectadores a tais sessões não fosse evento dos mais disputados. Anote-se que o art. 289, que deve ser aplicado a todas as distribuições, dispõe que "a distribuição poderá ser fiscalizada pela parte, por seu procurador, pelo Ministério Público e pela Defensoria Pública", regra semelhante à encontrada no art. 256 do CPC/1973.

III. Sorteio eletrônico, publicidade e aleatoriedade

O CPC/2015 prevê que o sorteio possa ser feito por meio eletrônico, tanto em primeiro grau (art. 285) como nos tribunais, como previsto neste artigo. Já tem sido assim há algum tempo, desde que as Cortes providenciaram o desenvolvimento de sistemas informáticos que executam tais funções, dispensando-se o sorteio manual. O novo texto legal, portanto, apenas reconhece uma prática que já vem sendo efetuada há algumas poucas décadas. Não se pode deixar de considerar, entretanto, que o sorteio eletrônico, ao menos do modo como vem sendo feito, retirou qualquer possibilidade de publicidade ou escrutínio público de seus resultados. Não há como o público observar o que sucede nas entranhas de um sistema informático, nem como ou com quais critérios o sorteio está sendo processado pela máquina. Como o CPC/2015, felizmente, ao introduzir no ordenamento escrito essa novidade tecnológica aplicada à distribuição, manteve a exigência de publicidade – que, aliás, é garantia constitucional aplicável a todos os atos do processo –, pode-se argumentar que houve intenção do legislador de fazer valer ambos os preceitos. Será necessário, então, dar maior clareza sobre os métodos utilizados pelos programas de computador que produzem o sorteio. O problema é que computadores não geram números verdadeiramente aleatórios. As funções randômicas proporcionadas por sistemas informáticos geram apenas números pseudoaleatórios, isto é, números calculados a partir de funções matemáticas específicas e de um número original – tecnicamente conhecido por *seed*, ou *semente* – a partir do qual o computador produz uma sequência previamente imprevisível de números pseudoaleatórios. Mas, se a mesma semente é utilizada, a sequência gerada será sempre idêntica, pois é resultado de operações matemáticas exatas e determinadas. Destarte, é necessário que seja desenvolvida alguma forma de dar transparência a esses sorteios eletrônicos, que também demonstre a aleatoriedade na escolha das sementes, de modo que o público em geral possa conferir a lisura das distribuições. A princípio, essa é uma tarefa que parece possível, se alguns métodos e formalidades fossem seguidos e divulgado o algorítimo usado na operação, juntamente com as sementes que iniciaram os cômputos de cada sorteio.

IV. Alternatividade da distribuição

A distribuição também deve seguir o critério de alternatividade, isto é, balancear adequadamente o volume de feitos atribuídos a cada magistrado, dentre aqueles de mesma competência.

V. Prevenção do relator

A regra contida no parágrafo não tem correspondência no CPC/1973. As disposições sobre prevenção, nos tribunais, são normalmente objeto de previsão nos regimentos internos. A normatização legislativa é importante, a fim de estabelecer certo padrão de uniformidade, mas esta regra não é suficiente para resolver todas as dificuldades que podem ocorrer nos tribunais acerca da definição da competência por prevenção. Há casos em que o relator, removendo-se do órgão fracionário, passa a integrar outro que não é competente para a matéria; ou quando são criadas, posteriormente, turmas especializadas, isso costuma gerar discussões sobre a prevalência ou não da prevenção. Para solução desses casos, deve-se aplicar o disposto no regimento dos tribunais, ou, por analogia, as demais disposições e princípios que regem a competência. No texto em análise, escolheu-se como momento definidor da prevenção o do protocolo da causa no tribunal (v. art. 929). Aquele a quem for distribuída a primeira causa entrada no tribunal, considerando-se a data de seu protocolo, ficará prevento para os demais recursos interpostos no mesmo processo ou para as ações conexas (v. art. 55) e seus recursos.

Art. 931 - Distribuídos, os autos serão imediatamente conclusos ao relator, que, em 30 (trinta) dias, depois de elaborar o voto, restituí-los-á, com relatório, à secretaria.

I. Prazo para o relator

Além da distribuição imediata prevista no art. 547, este artigo determina prazo de 30 dias para que o relator restitua os autos à secretaria, após elaborar o seu voto. Tratando-se, porém, de prazo impróprio, como impróprios são todos os prazos atribuídos ao órgão judicial, não há qualquer consequência processual para o seu descumprimento. O não cumprimento de prazo impróprio apenas acarreta para o infrator a sujeição a sanções disciplinares, exceto se o atraso for justificável. Em verdade, não será a lei que terá o condão de resolver o problema de excesso de serviço que acomete, em geral, os órgãos judiciais do país, em todos os graus de jurisdição. O texto ainda se apega ao uso de autos em papel. Autos eletrônicos ficam simplesmente disponíveis para acesso, o que ocorre ao mesmo tempo para todos, de qualquer lugar; não são, pois "restituídos", como também não "vão" à conclusão.

II. Voto

A nova norma determina que o relator já tenha preparado o voto, dentro do prazo de 30 dias que lhe é concedido, e não apenas aposto seu "visto", com exposição dos pontos controvertidos sobre que versar o recurso, como dispunham o art. 549 e seu parágrafo único, do CPC/1973.

III. Fim da revisão

O art. 551 do CPC/1973 estabelecia que, em apelação, embargos infringentes ou ação rescisória, após passados pelo relator, os autos seriam conclusos ao revisor, que também teria vista direta dos autos e neles lançaria seu "visto", após o quê seguir-se-ia a designação de data para julgamento. O CPC/2015 não repete a regra e aboliu a função de revisor, o que, em nome de uma celeridade tentada a qualquer custo, contribui para esvaziar cada vez mais a importância e o significado do julgamento colegiado que se pratica perante os tribunais. Em todas as causas, então, os demais julgadores se basearão, *a priori*, somente na exposição da causa feita pelo relator, pois nenhum deles teve acesso direto aos autos. Poderão ter vista se a solicitarem, caso não se sintam habilitados, na sessão, a proferir voto. Tal regra sobrevaloriza a atuação dos defensores em segundo grau, tornando cada vez mais necessária, para bom patrocínio da causa, a apresentação de memoriais aos demais membros do órgão colegiado, ou a sustentação oral em sessão.

Art. 932 - Incumbe ao relator:
I - dirigir e ordenar o processo no tribunal, inclusive em relação à produção de prova, bem como, quando for o caso, homologar autocomposição das partes;

II - apreciar o pedido de tutela provisória nos recursos e nos processos de competência originária do tribunal;
III - não conhecer de recurso inadmissível, prejudicado ou que não tenha impugnado especificamente os fundamentos da decisão recorrida;
IV - negar provimento a recurso que for contrário a:
a) súmula do Supremo Tribunal Federal, do Superior Tribunal de Justiça ou do próprio tribunal;
b) acórdão proferido pelo Supremo Tribunal Federal ou pelo Superior Tribunal de Justiça em julgamento de recursos repetitivos;
c) entendimento firmado em incidente de resolução de demandas repetitivas ou de assunção de competência;
V - depois de facultada a apresentação de contrarrazões, dar provimento ao recurso se a decisão recorrida for contrária a:
a) súmula do Supremo Tribunal Federal, do Superior Tribunal de Justiça ou do próprio tribunal;
b) acórdão proferido pelo Supremo Tribunal Federal ou pelo Superior Tribunal de Justiça em julgamento de recursos repetitivos;
c) entendimento firmado em incidente de resolução de demandas repetitivas ou de assunção de competência;
VI - decidir o incidente de desconsideração da personalidade jurídica, quando este for instaurado originariamente perante o tribunal;
VII - determinar a intimação do Ministério Público, quando for o caso;
VIII - exercer outras atribuições estabelecidas no regimento interno do tribunal.
Parágrafo único - Antes de considerar inadmissível o recurso, o relator concederá o prazo de 5 (cinco) dias ao recorrente para que seja sanado vício ou complementada a documentação exigível.

I. Competência funcional do relator

O art. 932 do CPC/2015 define a competência funcional do relator, relacionando atos que possam ser por ele praticados isoladamente, sem a necessidade de submeter a questão ao órgão colegiado. O CPC/2015 rege o tema de modo mais abrangente do que no sistema processual anterior, dispondo sobre detalhes antes previstos apenas nos regimentos internos dos tribunais. Segundo o inciso I, compete ao relator exercer os poderes ordinatórios de condução dos feitos que tramitam nos tribunais, cabendo-lhe, por ato monocrático, também homologar as soluções autocompositivas. O inciso II estabelece que ao relator é atribuída a competência para decidir pedidos de tutela provisória não apenas de recursos, como já se observava, mas também para as ações de competência originária dos tribunais. Essa norma se sobrepõe a regras regimentais que atribuam como competência da presidência ou vice-presidência dos tribunais a tarefa de examinar pedidos de liminares, como, por exemplo, em mandados de segurança de competência originária dos tribunais. Entretanto, o pedido de suspensão de liminar em mandado de segurança, como regra especial que é, expressamente prevista no art. 15 da Lei nº 12.016/2009, continua a ser ato de competência da presidência dos tribunais. É também atribuição do relator apreciar a admissibilidade dos recursos, segundo dispõe o inciso III. O CPC/2015, em sua redação original, havia eliminado o juízo prévio de admissibilidade de recursos feito pelo órgão *a quo*, tanto em apelações (v. art. 1.010, § 3º) como nos recursos ordinário (v. art. 1.028, § 3º), especial e extraordinário (v. art. 1.030, parágrafo único). Entretanto, ainda durante a *vacatio legis*, o novo diploma processual foi alterado pela Lei nº 13.256/2016, que modificou o art. 1.030 e impediu o fim do juízo prévio de admissibilidade para os recursos especial e extraordinário. Deste modo, apenas a admissão dos demais recursos passou a ser realizada unicamente pelo tribunal *ad quem*. A competência do relator para o exame da admissibilidade, todavia, não pode suprimir a competência do órgão colegiado, que, se divergir do relator, poderá decidir pelo não conhecimento do recurso por ocasião do julgamento. E das decisões monocráticas do relator que indeferem o recurso, cabe agravo interno (art. 1.021). Segundo os incisos IV e V, também cabe ao relator proferir julgamento de mérito, tanto para dar como para negar provimento aos recursos. A expressa referência a "recursos", nos dois incisos, exclui sua aplicação às causas de competência originária dos tribunais, cujo julgamento de mérito somente poderá ser proferido pelo órgão colegiado. O novo incidente de desconsideração da personalidade jurídica, quando apresentado perante os tribunais, será apreciado monocraticamente pelo relator, de acordo com o disposto no inciso VI. Cabe-lhe, ainda, determinar a intimação do Ministério Público, nas causas de sua intervenção obrigatória como fiscal da ordem jurídica (art. 178), ou praticar outros atos definidos no regimento dos tribunais, segundo dispõem os derradeiros incisos VII e VIII, respectivamente. Conforme teor desse último inciso, nota-se que o rol de atribuições do relator não é exaustivo, cabendo ao regimento interno conferir-lhe competência para a prática de outros atos não previstos neste dispositivo.

II. Juízo de admissibilidade e possibilidade de correção de requisitos formais

Prestigiando a função jurisdicional estatal e a solução do mérito das questões postas em juízo, que é sua finalidade primordial, o parágrafo único deste artigo estabelece que, antes de inadmitir o recurso, o recorrente deve ser ouvido no prazo de cinco dias, dando-lhe a oportunidade de corrigir eventual vício formal, inclusive no tocante às peças que instruem agravo de instrumento. A regra deve pôr fim às armadilhas criadas pela chamada "jurisprudência defensiva", que, com crescente imaginação, vem criando ao longo dos anos os mais inusitados requisitos de admissibilidade para obstar o conhecimento de recursos, desde a exigência de peças em agravo que não eram expressamente previstas em lei, ou a alegação de ilegibilidade de timbres e carimbos apostos com tinta clara pelos próprios órgãos judiciais de grau inferior, ou outras surpresas semelhantes, cada vez mais inesperadas, que transformaram o juízo de admissibilidade nos tribunais em uma espécie de gincana, ou corrida de obstáculos, que pouca semelhança guardava com a função judicial de dizer o Direito. Considerando que "o art. 932, parágrafo único, do CPC/2015, em privilégio ao julgamento meritório dos recursos, impõe ao Relator que intime o recorrente para suprir vícios sanáveis antes da inadmissão do pleito recursal", a 2ª Câmara de Direito Privado do TJSP admitiu a juntada posterior de procuração do advogado recorrente, afastando alegação de nulidade invocada em embargos de declaração pela parte contrária, eis que, nos termos do voto, não há nulidade sem prejuízo (TJSP, Embargos de Declaração nº 2151591-19.2016.8.26.0000/50000, 2ª Câm. de Dir. Privado, Rel. Des. Rosangela Telles, j. 25/10/2016, v.u.).

Art. 933 - Se o relator constatar a ocorrência de fato superveniente à decisão recorrida ou a existência de questão apreciável de ofício ainda não examinada que devam ser considerados no julgamento do recurso, intimará as partes para que se manifestem no prazo de 5 (cinco) dias.

§ 1º - Se a constatação ocorrer durante a sessão de julgamento, esse será imediatamente suspenso a fim de que as partes se manifestem especificamente.

§ 2º - Se a constatação se der em vista dos autos, deverá o juiz que a solicitou encaminhá-los ao relator, que tomará as providências previstas no caput e, em seguida, solicitará a inclusão do feito em pauta para prosseguimento do julgamento, com submissão integral da nova questão aos julgadores.

I. Contraditório sobre questões apreciáveis de ofício

O CPC/2015 tem como característica marcante a valorização do princípio do contraditório, vedando que haja decisão sobre questão que não tenha sido suficientemente debatida, ou sobre a qual não tenha sido ao menos dada a oportunidade para que fosse objeto de manifestação das partes. Neste dispositivo, que não tem correspondência no CPC/1973, essa oportunidade de estabelecer o contraditório adequado é assegurada em grau de recurso. Não apenas as questões que tenham sido observadas pelo relator, mas também as que só surgirem durante a sessão perante o órgão colegiado deverão se submeter ao procedimento previsto neste artigo.

II. Questões sujeitas a este procedimento

A aplicação deste dispositivo é ampla, não se distinguindo entre questões de mérito ou questões processuais, de modo que ambos os casos são atingidos pela norma. Assim, questões relativas à incompetência absoluta, à admissibilidade para a ação, ou versando sobre prescrição ou decadência, entre outras, se já não foram objeto de debate no processo, somente poderão ser apreciadas e decididas nos tribunais após a oitiva das partes. Em caso de não observância do procedimento aqui previsto, o acórdão será marcado por nulidade. Não há previsão expressa quanto a eventual recurso cabível em tal situação, mas, tratando-se de uma forma de omissão, recomenda-se a interposição de embargos de declaração, em que a parte já aproveitaria para se manifestar sobre o ponto novo. De decisões do relator que não observem o disposto neste artigo, caberá agravo interno; do acórdão de segundo grau que cometeu o mesmo descuido, admite-se interposição de recurso especial por violação de lei federal.

Art. 934 - Em seguida, os autos serão apresentados ao presidente, que designará dia para julgamento, ordenando, em todas as hipóteses previstas neste Livro, a publicação da pauta no órgão oficial.

I. Inclusão do processo na pauta de julgamento

Norma que meramente aponta um trâmite formal para a colocação do processo em julgamento, encontrava-se prevista no art. 552 do CPC/1973. Compete ao presidente do órgão fracionário mandar organizar a pauta de toda a sessão, nela incluindo os feitos já passados pelos demais juízes e prontos para julgamento. A publicação da pauta deverá obedecer à forma e aos prazos previstos no art. 935.

II. Consequências da não publicação

As partes devem ter ciência de todos os atos do processo, razão pela qual, em caso de não publicação tempestiva da pauta, ou de não inclusão do feito nessa publicação, ou ainda caso a publicação contenha vícios, o julgamento não poderá ser realizado na sessão designada, cabendo ao presidente, ao relator ou aos demais juízes do colegiado apontar de ofício o vício eventualmente constatado. Se, no entanto, o julgamento foi realizado, apesar dos defeitos anteriormente apontados, o acórdão deve ser considerado nulo. Foi o que entendeu o TJSP, em sede de embargos de declaração, diante da omissão do nome do patrono na intimação da pauta de julgamento, anulando-se o acórdão embargado e designando-se nova sessão (TJSP, Embargos de Declaração nº 1000576-74.2014.8.26.0037/50000, 19ª Câm. de Dir. Privado, Rel. Des. Mario de Oliveira, j. em 8/5/2017, v.u.).

Art. 935 - Entre a data de publicação da pauta e a da sessão de julgamento decorrerá, pelo menos, o prazo de 5 (cinco) dias, incluindo-se em nova pauta os

processos que não tenham sido julgados, salvo aqueles cujo julgamento tiver sido expressamente adiado para a primeira sessão seguinte.

§ 1º - Às partes será permitida vista dos autos em cartório após a publicação da pauta de julgamento.

§ 2º - Afixar-se-á a pauta na entrada da sala em que se realizar a sessão de julgamento.

I. Antecedência para inclusão na pauta

A publicação da pauta de julgamento deve ser feita com certa antecedência, pois as partes têm o direito de fazer sustentação oral, e isso exige que o advogado tenha tempo hábil para preparar-se ou para organizar sua agenda. Ou, de modo geral, ainda que não deseje apresentar sustentação oral, as partes têm o direito de presenciar a sessão de julgamento, o que pode se mostrar ainda mais importante diante das novas disposições contidas no art. 942, a seguir comentado.

O CPC/1973 previa prazo bastante exíguo, de apenas 48 horas antes do julgamento, para que a pauta fosse publicada, conforme § 2º do seu art. 552, mas autorizava o pedido de adiamento por uma sessão, pelo advogado que desejasse fazer sustentação oral, segundo a regra do art. 565. Pelo novo regime, essa prerrogativa de postular tal adiamento foi extinta, sendo, porém, compensada praticamente com a dilatação do prazo para cinco dias anteriores à sessão, que, contados em dias úteis, corresponderá praticamente ao intervalo entre sessões, normalmente realizadas em dia fixo da semana; ou mais, havendo feriados nesse interregno. De todo modo, com a informatização e a consequente maior eficiência das cortes na gestão de seus trâmites internos, tem sido observado que tais intimações já vêm sendo feitas com intervalo bem maior do que o disposto neste novo artigo. A consequência de não publicação da pauta com pelo menos cinco dias de antecedência autorizará a qualquer das partes exigir o seu adiamento.

II. Disponibilidade do processo para vista

O § 1º inova ao assegurar que os autos estejam disponíveis em cartório, para consulta pelas partes, durante o intervalo entre a publicação da pauta e o julgamento. A consequência do descumprimento, do mesmo modo, há de ser a redesignação da sessão a pedido das partes. Com o avanço da informatização processual, porém, tal regra deixará de ter utilidade, eis que autos digitais estão sempre e permanentemente disponíveis para consulta por comunicação remota.

Art. 936 - Ressalvadas as preferências legais e regimentais, os recursos, a remessa necessária e os processos de competência originária serão julgados na seguinte ordem:

I - aqueles nos quais houver sustentação oral, observada a ordem dos requerimentos;

II - os requerimentos de preferência apresentados até o início da sessão de julgamento;

III - aqueles cujo julgamento tenha iniciado em sessão anterior; e

IV - os demais casos.

I. Ordem de julgamentos durante a sessão

O CPC/1973 não previa uma enumeração consolidada, como esta, para estabelecer a ordem em que os feitos serão apreciados em cada sessão de julgamento perante os tribunais. As preferências, ali, embora semelhantes às previstas no novel art. 936, estavam espalhadas pelas disposições dos arts. 559, parágrafo único, 562 e 565, que, respectivamente, determinavam que o agravo deve ter precedência ao apelo interposto na mesma causa, que o recurso iniciado noutra sessão terá preferência em relação aos demais feitos, ou que, havendo solicitação para sustentação oral, o feito seria julgado em primeiro lugar, sem prejuízo das preferências legais. A nova norma consolida essas situações, ordenando-as: primeiramente, serão julgadas as causas em que foi requerida a sustentação oral e, havendo mais de um pedido, será respeitada a ordem em que foram apresentados, passando-se, a seguir, aos pedidos de preferência – normalmente solicitados por patronos ou partes presentes à sessão, que desejem assistir ao julgamento –, mesmo sem o requerimento de sustentação oral. Depois desses, apenas, é que serão julgados os casos iniciados em sessão anterior. Por último, os demais casos são decididos, observando-se a ordem cronológica do art. 12.

II. Outras preferências legais

À semelhança do previsto no art. 565 do CPC/1973, a ordem prevista neste artigo, as sustentações orais e os pedidos de preferência são antecedidos de preferências legais e regimentais, como, por exemplo, os casos de urgência, entre outras.

Art. 937 - Na sessão de julgamento, depois da exposição da causa pelo relator, o presidente dará a palavra, sucessivamente, ao recorrente, ao recorrido e, nos casos de sua intervenção, ao membro do Ministério Público, pelo prazo improrrogável de 15 (quinze) minutos para cada um, a fim de sustentarem suas razões, nas seguintes hipóteses, nos termos da parte final do caput do art. 1.021:
I - no recurso de apelação;
II - no recurso ordinário;
III - no recurso especial;
IV - no recurso extraordinário;
V - nos embargos de divergência;
VI - na ação rescisória, no mandado de segurança e na reclamação;
VII - VETADO;
VIII - no agravo de instrumento interposto contra decisões interlocutórias que versem sobre tutelas provisórias de urgência ou da evidência;
IX - em outras hipóteses previstas em lei ou no regimento interno do tribunal.
§ 1º - A sustentação oral no incidente de resolução de demandas repetitivas observará o disposto no art. 984, no que couber.
§ 2º - O procurador que desejar proferir sustentação oral poderá requerer, até o início da sessão, que o processo seja julgado em primeiro lugar, sem prejuízo das preferências legais.
§ 3º - Nos processos de competência originária previstos no inciso VI, caberá sustentação oral no agravo interno interposto contra decisão de relator que o extinga.
§ 4º - É permitido ao advogado com domicílio profissional em cidade diversa daquela onde está sediado o tribunal realizar sustentação oral por meio de videoconferência ou outro recurso tecnológico de transmissão de sons e imagens em tempo real, desde que o requeira até o dia anterior ao da sessão.

I. Feitos que admitem sustentação oral

Nos incisos do art. 973, optou o legislador por enumerar as causas que admitem sustentação oral. No CPC/1973, o art. 554 definia o cabimento da sustentação oral por exclusão, quando o recurso não fosse de agravo nem de embargos de declaração. Como se observa da nova disposição, continua vedada a sustentação em embargos de declaração, mas passou-se a admiti-la em alguns agravos, quando interpostos contra decisões interlocutórias que versem sobre tutelas provisórias de urgência (arts. 300 a 310) ou da evidência (art. 311). Lembrou o legislador de também incluir no rol as causas de competência originária dos tribunais, a ação rescisória, o mandado de segurança e a reclamação. No § 3º ainda temos mais uma situação de cabimento da sustentação oral, que bem poderia ter sido relacionada entre os incisos do *caput*: o agravo interno contra decisão do relator que extinga as ações de competência originária previstas no inciso VI. O rol não é exaustivo, admitindo-se que o regimento dos tribunais autorize a sustentação oral também em outras causas, não expressamente relacionadas neste artigo. Uma notável omissão é a do agravo contra sentença parcial de mérito (art. 356, § 5º); não parece haver motivo razoável para não admitir sustentação oral nesse caso, apenas porque o julgamento de mérito recaiu sobre somente um ou alguns dos pedidos formulados. Tendo havido julgamento de mérito, o direito da parte em sustentar seu recurso, ou sua resposta a ele, deve ser o mais amplo possível. Ou, ainda, se se admite a sustentação em agravos contra decisões provisórias, como previsto no inciso VIII, parece inconcebível que não se admita tal atuação da parte quando a decisão atacada no agravo pode se tornar definitiva e coberta pela coisa julgada material.

II. Sustentação oral em incidente de demandas repetitivas

A sustentação oral no incidente de demandas repetitivas é objeto de regras próprias, fixadas no art. 984, inciso II, ao qual remete o § 1º aqui comentado. Autor e réu do processo originário e o Ministério Público terão prazo de 30 minutos para cada um. É facultada, também, pelo prazo total de 30 minutos, a fala dos demais interessados, que, neste caso, deverão inscrever-se com dois dias de antecedência.

III. Pedido de sustentação oral

O § 2º deste artigo contém disposição correlata à do art. 565 do CPC/1973. O pedido de sustentação oral pode ser apresentado até o início da sessão, em cuja pauta o feito foi relacionado. No entanto, diversamente do texto anterior, que autorizava o patrono a pedir o adiamento por uma sessão, o CPC/2015 não prevê tal possibilidade, de modo que o pedido é feito para que a sustentação se dê na própria sessão.

IV. Uso de videoconferência

O uso das tecnologias de transmissão de som e imagem já foram objeto de muitas críticas nos meios jurídicos, e de decisões contrárias das cortes superiores, pois alguns tribunais começaram a utilizá-las em momentos no mínimo controvertidos: em processos criminais para o interrogatório de réus presos. Muito se questionou, desde então, acerca do porquê de não se empregar a tecnologia para incrementar o acesso à justiça e não para dificultá-lo, como se considerou ocorrer, naqueles casos, com o direito de defesa do acusado penal. O CPC/2015, então, teve a feliz iniciativa de assegurar o direito à realização de sustentação oral perante os tribunais por meio dessas novas tecnologias de transmissão de som e imagem a distância. Em um país de dimensões continentais como o Brasil, disposições legais como essa do § 4º, tendentes a aumentar o acesso à justiça, deveriam ter sido prioritárias nos projetos de informatização do Poder Judiciário, pois implantam concretamente o tratamento isonômico a todos os jurisdicionados e seus patronos, dando-lhes iguais meios de atuação, não importando em que lugar do país estejam domiciliados. Note-se, pelo texto, que não se dá opção aos tribunais de oferecer ou não esse canal de acesso: é norma imperativa! Destarte, cabe aos tribunais, durante o período de um ano da *vacatio legis* do CPC/2015, providenciar a instalação da infraestrutura necessária para que as sessões de julgamento realizadas sob sua vigência já permitam essa nova forma de comunicação. O direito ao uso de videoconferência é conferido apenas aos advogados cujo domicílio profissional seja situado em comarca distinta da sede do tribunal. A prerrogativa não se estendeu a advogados da mesma localidade em que se situa o tribunal, e que porventura desejassem realizar a sustentação a partir de seu próprio escritório. O único requisito legal exigido pelo texto é a apresentação do requerimento até o dia anterior da sessão. É de se considerar, porém, que esse prazo fixado pelo legislador talvez possa causar problemas práticos, eis que, sendo possível peticionar eletronicamente até o último minuto do dia (art. 213), e sendo a sessão iniciada pela manhã do dia seguinte, é possível que o tribunal e seus funcionários não tenham tempo hábil para providenciar os equipamentos, instalações ou configurações necessários à conexão do solicitante, ao menos enquanto tais meios tecnológicos não fiquem constantemente instalados e disponibilizados nas salas de julgamento. Com o avanço da tecnologia, a comunicação será mais facilmente implementada por meio da própria internet, conectando-se o computador do advogado a outro computador localizado na sala de julgamento dos tribunais, ou mesmo aos computadores utilizados individualmente pelos magistrados, durante a sessão, e não por custosos aparelhos e canais de videoconferência, que eventualmente precisem ser deslocados para o local.

Art. 938 - A questão preliminar suscitada no julgamento será decidida antes do mérito, deste não se conhecendo caso seja incompatível com a decisão.
§ 1º - Constatada a ocorrência de vício sanável, inclusive aquele que possa ser conhecido de ofício, o relator determinará a realização ou a renovação do ato processual, no próprio tribunal ou em primeiro grau de jurisdição, intimadas as partes.
§ 2º - Cumprida a diligência de que trata o § 1º, o relator, sempre que possível, prosseguirá no julgamento do recurso.
§ 3º - Reconhecida a necessidade de produção de prova, o relator converterá o julgamento em diligência, que se realizará no tribunal ou em primeiro grau de jurisdição, decidindo-se o recurso após a conclusão da instrução.
§ 4º - Quando não determinadas pelo relator, as providências indicadas nos §§ 1º e 3º poderão ser determinadas pelo órgão competente para julgamento do recurso.

I. Apreciação de questões preliminares

O *caput* desse artigo traz regra bastante óbvia, que era também expressamente prevista no CPC/1973, em seu art. 560: as questões preliminares devem ser decididas antes do mérito, e este não será conhecido se isso for incompatível com a decisão dada àquelas questões. Questão preliminar é aquela de cuja decisão depende o julgamento de uma questão que logicamente lhe sucede; a depender do julgamento que lhe é dado, uma outra questão seguinte nem será apreciada. Também pode ser assim considerada a decisão de questão que implique alguma consequência a ser observada na apreciação das questões seguintes, caso em que pode haver compatibilidade entre o acolhimento da preliminar e o julgamento do mérito, seja quanto à ordem em que os pontos seguintes devam ser apreciados, ou sobre eventual impedimento ou suspeição de membro do colegiado. Não se deve confundir a preliminar de recurso com as preliminares que se antepõem ao julgamento de mérito da causa. Por vezes, são estas últimas o mérito do recurso, como ocorre quando a parte recorre de sentença terminativa, ou quando postula, por meio do recurso, o reconhecimento de algum motivo para extinção do processo sem julgamento de mérito que foi rejeitado pelo órgão inferior. Questão preliminar, em grau recursal, é a que impede o julgamento de mérito do recurso, ou que importe alguma alteração no modo de julgá-lo.

II. Vícios sanáveis

O CPC/1973, no parágrafo único do art. 560, já estabelecia que, diante da existência de vícios sanáveis, estes poderiam ser corrigidos perante o próprio tribunal ou, se necessário, perante o órgão de primeiro grau, ao qual os autos seriam restituídos para que os atos fossem ali praticados. O CPC/2015, em vários de seus dispositivos, contém nítidas e induvidosas determinações voltadas a prestigiar o julgamento de mérito, tanto das ações como dos recursos. Assim, os §§ 1º a 4º reforçam e ampliam a extensão dos dizeres do texto anterior, indicando que, o quanto possível, o mérito deve ser julgado. Identificados vícios sanáveis, pelo relator ou durante a sessão de julgamento, devem ser tomadas as providências previstas neste artigo. Deve-se providenciar o suprimento de vícios sanáveis, tanto os que tenham sido arguidos pelas partes como aqueles que possam ser decretados de ofício; se o tribunal entender que para proceder ao julgamento há necessidade de colher prova que não tenha sido ainda produzida, o julgamento deverá ser suspenso, para que tal prova seja produzida.

Art. 939 - Se a preliminar for rejeitada ou se a apreciação do mérito for com ela compatível, seguir-se-ão a discussão e o julgamento da matéria principal, sobre a qual deverão se pronunciar os juízes vencidos na preliminar.

I. Independência entre as questões preliminares e o mérito

O art. 939 repete a regra do art. 561 do CPC/1973. Assim, o juiz vencido que acolhia a preliminar rejeitada, para, por exemplo, não conhecer o recurso, ou para acolher eventual nulidade, não está impedido de proferir julgamento do mérito, que se descola dessas questões preliminares. Embora tenha votado pelo não conhecimento do recurso, sendo esse, porém, conhecido pelo voto da maioria, cabe ao magistrado decidir o mérito pelos seus próprios fundamentos, sendo-lhe possível, se assim lhe parecer, firmar seu entendimento no sentido de que o recorrente tenha razão.

Art. 940 - O relator ou outro juiz que não se considerar habilitado a proferir imediatamente seu voto poderá solicitar vista pelo prazo máximo de 10 (dez) dias, após o qual o recurso será reincluído em pauta para julgamento na sessão seguinte à data da devolução.
§ 1º - Se os autos não forem devolvidos tempestivamente ou se não for solicitada pelo juiz prorrogação de prazo de no máximo mais 10 (dez) dias, o presidente do órgão fracionário os requisitará para julgamento do recurso na sessão ordinária subsequente, com publicação da pauta em que for incluído.
§ 2º - Quando requisitar os autos na forma do § 1º, se aquele que fez o pedido de vista ainda não se sentir habilitado a votar, o presidente convocará substituto para proferir voto, na forma estabelecida no regimento interno do tribunal.

I. Pedidos de vista

O presente artigo rege os pedidos de vista feitos pelos juízes que compõem o órgão colegiado, matéria que se encontrava nos §§ 2º e 3º do art. 555 do CPC/1973 e que foi ligeiramente remodelada. É de se esperar que o fim das revisões possa levar a maior número de pedidos de vista, eis que, a partir da vigência do CPC/2015, os recursos todos serão diretamente examinados, antes da sessão, somente pelo juiz relator. Do mesmo modo como previsto no diploma anterior, tem o magistrado o prazo de dez dias, prorrogáveis a seu pedido por mais dez dias, para que tenha vista dos autos. Diversamente do que constava do CPC/1973, a continuidade do julgamento exige nova inclusão do processo em pauta, que haverá de ser publicada na forma e no prazo previstos no art. 935, a fim de evitar surpresas à parte, que, por vezes, não tem meios de saber se e quando o processo foi devolvido pelo magistrado que solicitou a vista.

II. Não restituição no prazo

Do mesmo modo previsto no CPC/1973, retidos os autos para além do prazo concedido ao magistrado, caberá ao presidente do órgão fracionário requisitá-los e incluí-los na próxima sessão, determinando a publicação da pauta. O § 2º, no entanto, cria uma inovação de constitucionalidade duvidosa. Voltado para o festejado propósito de dar celeridade aos feitos, esse dispositivo permite a convocação de juiz substituto para o caso de o magistrado que pediu vista, e não restituiu os autos a tempo, ainda não se sentir mesmo assim habilitado a decidir a causa. Restaurou-se, a prevalecer tal regra, a opção de o julgador pronunciar um *non liquet*, tal como se dava no vetusto processo romano, em suas primeiras fases, quando ainda esboçava características de índole privada. Não autorizam, os sistemas modernos, que o magistrado deixe de julgar a causa sob qualquer pretexto. Ademais, a convocação de um substituto atenta contra o preceito do juiz natural, vez que a causa deixa de ser apreciada e decidida pelo juiz definido segundo os critérios gerais e abstratos que determinam a distribuição de competências entre os órgãos jurisdicionais, substituindo-se um magistrado competente por outro que é incluído *ad hoc*. Mesmo do ponto de vista da celeridade, é discutível se tal mecanismo propiciará mais rápida solução do feito. Excetuadas as excepcionalíssimas situações de desleixo do magistrado, é de se supor que o atraso e a dificuldade em julgar a causa decorram da sua maior complexidade. Neste caso, não é de se esperar que o substituto convocado também peça uma nova vista?

Art. 941 - Proferidos os votos, o presidente anunciará o resultado do julgamento, designando para redigir o acórdão o relator ou, se vencido este, o autor do primeiro voto vencedor.
§ 1º - O voto poderá ser alterado até o momento da proclamação do resultado pelo presidente, salvo aquele já proferido por juiz afastado ou substituído.
§ 2º - No julgamento de apelação ou de agravo de instrumento, a decisão será tomada, no órgão colegiado, pelo voto de 3 (três) juízes.
§ 3º - O voto vencido será necessariamente declarado e considerado parte integrante do acórdão para todos os fins legais, inclusive de pré-questionamento.

I. Definição do colégio e redação do acórdão

Este artigo e seus parágrafos regulam quatro questões distintas, que bem poderiam ter sido dispostas em artigos independentes. Duas dessas regras, as do *caput* e do § 2º, tratam de temas de pouca complexidade, que vinham expressos nos arts. 556 e 555 do CPC/1973. Apelações e agravos serão julgados pelo voto de três juízes. Não havendo disposição legal para os demais feitos julgados pelos tribunais, caberá ao regimento interno fixar os órgãos competentes para apreciá-los e decidi-los. A redação do acórdão fica a cargo do relator, a menos que este seja vencido, caso em que a tarefa incumbirá ao juiz prolator do primeiro voto vencedor, segundo a ordem de juízes do órgão fracionário.

II. Alteração de voto durante o julgamento

Uma das razões para que o julgamento colegiado se dê em sessão é permitir que a prática da oralidade e eventual troca de opiniões entre os julgadores proporcione um maior aprofundamento das questões que são objeto de decisão. Mais do que a repetida afirmação de que os magistrados do tribunal seriam mais experientes, ou que teriam maior conhecimento jurídico do que os do grau inferior, os principais fatores de legitimação da superioridade jurídica de seu julgamento são outros. De um lado, a prévia existência de um julgamento, bem fundamentado, e que foi objeto das críticas apresentadas pelas partes em recurso e contrarrazões, faz com que o julgamento do recurso se dê em outras condições, pois a causa se encontra mais debatida, mais esmiuçada e, portanto, menos sujeita a erros; de outro lado, o colégio e a discussão que pode se estabelecer também entre os magistrados são certamente um importante mecanismo que colabora para o aprimoramento da decisão. Portanto, é natural que, como resultado dos votos apresentados em sessão, magistrados que anteriormente votaram possam se convencer do melhor direito esboçado na declaração de voto de algum juiz que lhes seguiu. Assim, até que o resultado final seja proclamado pelo presidente do órgão julgador, os julgadores podem rever sua decisão. Decretado o resultado, esgota-se a competência funcional do órgão para decidir o mérito do recurso ou da causa de competência originária, bem como quaisquer outras questões antecedentes, ressalvado o disposto no art. 494.

III. Obrigatoriedade da declaração de voto vencido

O CPC/1973 não previa expressamente quando o voto vencido deveria ser declarado, não havendo em seu texto norma correspondente à do § 3º deste artigo. Era necessária a declaração de voto vencido apenas em causas que admitissem embargos infringentes, eis que tal modalidade recursal tinha fundamento e limites estabelecidos pela decisão minoritária. Pela nova regra, todos os votos vencidos, em quaisquer recursos, deverão ser declarados, pois, como mencionado no texto legal, o voto vencido poderá servir para demonstração do prequestionamento. Assim, ainda que a decisão majoritária não faça referência às questões federal ou constitucional, sua exposição no voto vencido servirá para preencher esse requisito de admissibilidade dos recursos especial e extraordinário.

Art. 942 - Quando o resultado da apelação for não unânime, o julgamento terá prosseguimento em sessão a ser designada com a presença de outros julgadores, que serão convocados nos termos previamente definidos no regimento interno, em número suficiente para garantir a possibilidade de inversão do resultado inicial, assegurado às partes e a eventuais terceiros o direito de sustentar oralmente suas razões perante os novos julgadores.

§ 1º - Sendo possível, o prosseguimento do julgamento dar-se-á na mesma sessão, colhendo-se os votos de outros julgadores que porventura componham o órgão colegiado.

§ 2º - Os julgadores que já tiverem votado poderão rever seus votos por ocasião do prosseguimento do julgamento.

§ 3º - A técnica de julgamento prevista neste artigo aplica-se, igualmente, ao julgamento não unânime proferido em:

I - ação rescisória, quando o resultado for a rescisão da sentença, devendo, nesse caso, seu prosseguimento ocorrer em órgão de maior composição previsto no regimento interno;

II - agravo de instrumento, quando houver reforma da decisão que julgar parcialmente o mérito.

§ 4º - Não se aplica o disposto neste artigo ao julgamento:

I - do incidente de assunção de competência e ao de resolução de demandas repetitivas;

II - da remessa necessária;

III - não unânime proferido, nos tribunais, pelo plenário ou pela corte especial.

I. Extinção dos embargos infringentes

O recurso de embargos infringentes foi extinto no CPC/2015. Sua incidência já havia sido restringida com a vigência da Lei nº 10.352/2001, e não foram poucas as críticas que se levantavam contra a sua existência. De certo modo, se a preocupação era com a celeridade, tais críticas eram exageradas, pois a incidência estatística desse recurso, há décadas, tem sido baixíssima em comparação com as outras classes de feitos que tramitam nos tribunais. E se, conforme comentário apresentado ao art. 941, um dos principais fatores de legitimação do julgamento dado em recursos é a formação do colegiado e a possibilidade de confronto de posições entre os juízes, a permitir melhor depuração de erros, a existência de uma divergência entre grupo tão reduzido, porém qualificado, de julgadores (apenas três, conforme art. 555 do CPC/1973, ou 941, § 2º, do CPC/2015) haveria de ser objeto de preocupação para aqueles que esperam não apenas um julgamento rápido, mas também um julgamento justo, em que a possibilidade de cometer erros tenha sido o mais possível eliminada. A extinção do recurso, porém, foi substituída por mecanismo que deverá preencher sua finalidade, mas que não tem natureza recursal, encontrando-se inteiramente previsto neste único artigo.

II. Procedimento a adotar em caso de divergência

Segundo estabelecido neste artigo, havendo divergência entre os magistrados inicialmente competentes para a apreciação da causa ou do recurso, o julgamento simplesmente prosseguirá, com a adição de novos juízes ao colégio, independentemente de outra manifestação da parte vencida. Assim, não se trata de recurso, pois não há provocação da parte. É apenas um procedimento aplicável ao julgamento colegiado, de modo que, ocorrida a divergência, nos casos previstos neste artigo, não há a proclamação final do resultado (como referida no art. 941, § 1º), acrescendo-se ao colegiado os novos juízes e prosseguindo-se no julgamento. Haverá, entretanto, uma cisão dos trabalhos, ainda que os juízes acrescidos componham a turma julgadora e estejam presentes à sessão, na forma do § 1º, pois, após proferidos os votos e constatada a divergência, as partes e eventuais terceiros, bem como – embora não mencionado no texto – o representante do Ministério Público, nas causas em que ocorre sua intervenção, poderão sustentar oralmente perante os novos julgadores. Evidentemente, se os juízes a integrar o colégio houverem de ser colhidos de outro órgão fracionário, ou, se integrantes do mesmo, não estiverem presentes à sessão, o julgamento continuará em outra sessão, aplicando-se por analogia as disposições do art. 940, a exigir inclusão do feito na futura pauta, observando-se também o prazo do art. 935, para que as partes tenham ciência prévia de sua designação.

III. Situações de cabimento

O prosseguimento do julgamento, diante da divergência, ocorrerá em um rol de situações ligeiramente mais amplo do que aquele em que se admitiam embargos infringentes, segundo o texto mais recente do art. 530 do CPC/1973. Todas as apelações cujo julgamento não for unânime seguirão o rito definido neste artigo, trazendo parcialmente de volta a situação de amplo cabimento dos embargos infringentes do regime anterior ao da Lei nº 10.352/2001. Assim, independentemente de ser dado provimento ou não ao recurso, ou de tratar-se de julgamento de mérito ou não, havendo divergência em qualquer apelação, será adotada a técnica descrita neste art. 942. O § 3º estende a aplicação da regra também às ações rescisórias, seguindo a tradição de cabimento dos embargos infringentes, mas neste caso limitou-se às hipóteses de rescisão da sentença, como consta do art. 530 do CPC/1973, na redação dada pela Lei nº 10.352/2001. Incluiu-se também, por força do inciso II do § 3º, o agravo de instrumento, quando houver reforma da decisão que julgar parcialmente o mérito. O CPC/2015 introduziu no sistema processual a figura das decisões interlocutórias parciais de mérito proferidas em julgamento antecipado (art. 356), contra as quais é cabível recurso de agravo de instrumento (art. 356, § 5º). Portanto, o mérito desses agravos de instrumento versa sobre o mérito da causa, razão que levou o legislador a incluir tal situação entre as que seguem a técnica de prosseguimento do julgamento prevista neste art. 942. Se qualquer apelação está sujeita aos ditames deste dispositivo, não soa coerente o texto do inciso II do § 3º, ao incluir no rol somente o agravo que tenha sido provido para reformar o ato decisório atacado. São criadas, desse modo, distinções puramente casuísticas. Se todos os pedidos forem julgados antecipadamente, da sentença total e final caberá apelação, que se submete ao procedimento deste artigo em caso de julgamento não unânime em qualquer sentido; se apenas um dos pedidos é julgado antecipadamente, por decisão interlocutória de mérito, só haverá extensão do julgamento dado por maioria caso o agravo seja provido, não havendo razões lógicas para explicar tal distinção. Em tentativa da parte recorrente em estender a aplicação desta forma de julgamento para o agravo em recurso especial, decidiu o STJ que "para que essa técnica seja adotada, é necessário que o acórdão não unânime seja proferido no julgamento da Apelação, Agravo de Instrumento ou Ação Rescisória, o que não é a hipótese dos autos, que trata de recurso de Embargos de Declaração julgados, por maioria, por esta Corte Superior" (STJ, 2ª Turma, EDcl nos EDcl nos EDcl no AgRg no Agravo em Recurso Especial nº 705.844-SP, Rel. Min. Herman Benjamin, j. em 6/10/2016, v.u.). Situação semelhante enfrentou o TJSP, em que o recorrente pleiteava o prosseguimento do julgamento em caso de divergência havida em agravo de instrumento tirado contra decisão relativa à penhora de bens, proferida em execução, sendo igualmente negada a incidência do art. 942 ao caso concreto (TJSP, Proc. nº 2226477-86.2016.8.26.0000/50000, 12ª Câm. de Dir. Privado, Rel. Des. Castro Figliolia. j. em 9/8/2017, v.u.). Entretanto, admitiu-se aplicar o julgamento estendido em agravo de instrumento contra decisão que versa sobre o plano de recuperação judicial da empresa (TJSP, 2ª Câm. de Dir. Empresarial, Proc. nº 2082159-10.2016.8.26.0000, Rel. Des. Claudio Godoy, j. em 13/3/2017, m.v.).

IV. Mandado de segurança

Acompanhando tradição de nosso sistema processual, a Lei nº 12.016/2009, em seu art. 25, excluiu expressamente o cabimento dos embargos infringentes em mandado de segurança. Embora a técnica processual prevista neste artigo tenha sido criada em substituição dos embargos infringentes, extintos pelo CPC/2015, ela não pode ser confundida com estes. Como ressaltado anteriormente, não se trata de modalidade recursal, mas mero procedimento que estende o julgamento cujo resultado não foi unânime, para que mais juízes conheçam e decidam o recurso original. Se um dos motivos que justificavam a orientação pelo não cabimento dos embargos infringentes em mandado de segurança era a celeridade desta via heroica, que seria prejudicada com a possibilidade de interposição de mais um recurso, abertura de prazo para contrarrazões e, finalmente, designação de data para julgamento e publicação de outro acórdão, não parece que a novidade introduzida no CPC/2015 mereça igual restrição. A mera continuidade do julgamento tem se mostrado mais célere do que era o finado recurso. E, tratando-se de técnica que aperfeiçoa o julgamento e aprimora o entendimento do direito controverso, não parece haver motivos razoáveis para restringir sua aplicação em função da natureza da lide ou do tipo de procedimento adotado, bastando que o recurso seja um dos previstos neste artigo. Observa-se, no entanto, divergência na jurisprudência sobre a possibilidade de julgamento estendido nas apelações decididas por maioria em sede de mandado de segurança. Nas Apelações de nº 1005396-20.2016.8.26.0053 (TJSP, 4ª Câm. de Dir. Público, Rel. Des. Paulo Barcellos Gatti, j. em 29/8/2016) e nº 0018456-82.2013.8.26.0053 (TJSP, 6ª Câm. de Dir. Público. Rel. Des. Evaristo dos Santos, j. em 10/4/2017), prosseguiu-se de ofício no julgamento ao ser constatada a divergência, aplicando-se, portanto, este art. 942. Entretanto, escorando-se no anterior entendimento acerca do não cabimento de embargos infringentes em mandado de segurança, e invocando as antigas Súmulas nº 597, do STF, e 169, do STJ, decidiu a 13ª Câmara de Direito Publico do TJSP que *"o julgamento continuado é inadmitido em sede de mandado de segurança"* (TJSP, 13ª Câm. de Dir. Público, Embargos de Declaração nº 0003573-07.2014.8.26.0309/50000, Rel. Des. Souza Meirelles, j. em 17/8/2016). Anote-se, ainda, peculiar caso em que, em sede de embargos de declaração calcado sobre outros fundamentos, decidiu-se pela anulação *ex officio* do acórdão embargado, porque, segundo a turma julgadora, o julgamento teria sido irregularmente estendido na forma deste art. 942; fundado no descabimento dos antigos embargos infringentes em mandado de segurança, o acórdão anulou o julgamento anterior para restabelecer a orientação esposada pelo colégio menor, de três magistrados (TJSP, 3ª Câm. de Dir. Público, Embargos de Declaração nº 1017702-97.2014.8.26.0309/50000, Rel. Des. Marrey Uint, j. em 1º/8/2017, v.u.).

V. Divergência parcial

A divergência entre os magistrados pode ser apenas parcial, caso em que alguns dos pedidos recursais foram acolhidos por votação unânime e outros, julgados por maioria. Não há distinção entre as situações para a aplicação desta técnica de julgamento. Até o advento da Lei nº 10.352/2001, havendo julgamento em parte unânime, em parte por maioria, o prazo para apresentar os recursos especial e extraordinário contra aquela, e embargos infringentes contra esta, era o mesmo. Assim, não interpostos recursos contra a parte unânime, esta transitava em julgado. Com a vigência da referida lei, alterou-se o art. 498 do CPC/1973, de modo que a interposição de embargos infringentes contra a parte não unânime do acórdão passou a sobrestar o prazo para os recursos especial e extraordinário contra os capítulos unânimes do julgado. Não há, no CPC/2015, referência expressa a essa situação. Entretanto, se o julgamento não foi considerado encerrado, nem mesmo o acórdão dessa votação intermediária deve ser lavrado, não havendo, pois, como recorrer dos pontos decididos por votação unânime. Haverá um único acórdão, final, contendo a decisão unânime e a decisão não unânime cujo julgamento teve seguimento perante o colégio ampliado de juízes.

VI. Sustentação oral direcionada aos magistrados incluídos

O CPC/2015 tem como característica marcante ser uma lei bastante zelosa para com o princípio do contraditório e, assim, não descuidou de expressamente conferir às partes a oportunidade de sustentar oralmente suas razões perante os novos juízes acrescidos ao colegiado por força da divergência. Neste caso, poderá o defensor apontar os acertos e equívocos dos votos contrários até então apresentados, contribuindo para aclarar ainda mais a causa aos novos integrantes. Não diz o texto se essa sustentação deve ser concedida apenas àqueles que já se inscreveram anteriormente e a apresentaram ao início do julgamento. Como ao intérprete não cabe fazer distinções que o legislador não fez, o melhor entendimento há de ser no sentido de permitir ao patrono presente à sessão solicitar no ato a realização da sustentação oral, tão logo constatada a divergência e anunciado o prosseguimento do julgamento na mesma sessão. Não se pode desprezar que, embora não tenha *a priori* desejado fazer sustentação oral, a parte dispôs previamente da oportunidade de levar memoriais aos magistrados, nos dias que antecederam o julgamento, e por certo só os entregou aos que julgariam a causa segundo a formação original. Além disso, nenhum dos juízes acrescidos teve sequer acesso aos autos; em comparação com os embargos infringentes, que este mecanismo se propõe a substituir, novo relator e revisor seriam designados e poderiam examinar diretamente as minúcias da causa ou da divergência. Assim, em homenagem ao direito de ser adequadamente ouvido por um juiz, como previsto na Convenção Americana de Direitos Humanos, o litigante deve ter o direito de dirigir sua palavra aos novos julgadores incluídos no colegiado, mesmo que houvesse dispensado a sustentação diante dos magistrados originalmente competentes para a ação ou o recurso. Evidentemente, se por qualquer motivo o julgamento não puder prosseguir na mesma sessão, a parte poderá requerer a sustentação oral para a sessão a ser designada, na forma do art. 937 e seus parágrafos, não se descartando a possibilidade de requerer sua comunicação remota com o tribunal, na hipótese e na forma definidas no § 4º do mesmo art. 937.

VII. Competência

Como diz o *caput*, os julgadores iniciais continuam competentes para o julgamento continuado, a eles se somando outros juízes em quantidade suficiente para possibilitar a inversão do julgamento. No caso de apelação, ou do agravo mencionado no inciso II do § 3º, ao qual a regra do *caput* também parece aplicável, tais recursos são decididos por três magistrados (art. 941, § 2º), de modo que o único resultado divergente possível é o de haver dois votos vencedores e um voto vencido. Assim, basta incorporar outros dois julgadores da mesma turma ou câmara. O § 2º diz que os primeiros julgadores poderão modificar o seu voto, o que é coerente com o disposto no art. 941, § 1º, pois, afinal, se o julgamento "terá prosseguimento", como diz a lei, isso indica que ele ainda não se encerrou. No regime dos embargos infringentes, também havia nova votação, em que os prolatores do acórdão embargado poderiam julgar de modo diverso do voto antes emitido. No caso das ações rescisórias, porém, o inciso I do § 3º remete ao regimento interno a definição do órgão competente para dar "prosseguimento" ao julgamento, estabelecendo apenas que seja um órgão de maior composição, isto é, que conte com um maior número de juízes. Neste caso, parece evidente que ocorrerá um novo julgamento, e não um mero prosseguimento do anterior, eis que nem se tem por certo que os primeiros prolatores da decisão divergente estarão na composição do órgão maior.

Art. 943 - Os votos, os acórdãos e os demais atos processuais podem ser registrados em documento eletrônico inviolável e assinados eletronicamente, na forma da lei, devendo ser impressos para juntada aos autos do processo quando este não for eletrônico.
§ 1º - Todo acórdão conterá ementa.
§ 2º - Lavrado o acórdão, sua ementa será publicada no órgão oficial no prazo de 10 (dez) dias.

I. Disposições meramente formais sobre o acórdão e sua publicação

O art. 943 e seus dois parágrafos reúnem disposições meramente formais constantes, respectivamente, dos arts. 556, parágrafo único, 563 e 564 do CPC/1973. No *caput,* mantém-se a autorização para que o acórdão seja originalmente lavrado em meio eletrônico, utilizando-se assinaturas digitais. Se os autos são também digitais, nessa mesma forma o julgado será juntado. Mas, se o processo ainda é documentado por autos físicos, uma impressão do documento original deverá ser providenciada para proporcionar sua juntada a eles. Continua a obrigatoriedade de redação de uma ementa oficial, a ser publicada no órgão oficial dentro de dez dias. Anote-se que, com a crescente informatização do Poder Judiciário, é de se esperar que acórdãos, ou quaisquer outros atos judiciais, sejam publicados no diário eletrônico no dia imediato ao de sua assinatura. O uso do computador não admite tempo morto.

II. Documento eletrônico "inviolável"

Não existe documento eletrônico "inviolável", expressão infeliz que a Lei nº 11.419/2006 introduziu em dois dispositivos do CPC/1973, o art. 169, § 2º, e o art. 556, parágrafo único. E dali as regras foram transcritas para os textos correspondentes no CPC/2015, que são o art. 209, § 1º, e o ora comentado art. 943, *caput*. Nenhum arquivo digital que esteja legível e acessível, como deve ser o caso de atos processuais, tem essa qualidade. A possibilidade de alteração desses arquivos é inerente à sua natureza. Nem a assinatura digital torna um arquivo informático "inviolável": apenas permite que seja detectada a alteração, caso tenha havido violação.

Art. 944 - Não publicado o acórdão no prazo de 30 (trinta) dias, contado da data da sessão de julgamento, as notas taquigráficas o substituirão, para todos os fins legais, independentemente de revisão.
Parágrafo único - No caso do caput, o presidente do tribunal lavrará, de imediato, as conclusões e a ementa e mandará publicar o acórdão.

I. Substituição do acórdão pela publicação das notas taquigráficas

Com o objetivo de imprimir celeridade aos feitos, e combater o tempo morto que eventualmente se segue entre o julgamento proferido em sessão e a redação final do acórdão e sua publicação, o CPC/2015 introduziu esta nova disposição, inexistente no CPC/1973. O Código atribui à presidência dos tribunais a função de providenciar a publicação dos julgados após decorridos 30 dias da realização da sessão, se o relator original ou designado não der o acórdão à luz. Caberia à presidência, neste caso, redigir conclusões e ementa, e publicá-las juntamente com as notas taquigráficas registradas na sessão. Ao que parece, contudo, nem todas as cortes registram suas sessões por taquigrafia, ou outro meio qualquer, mais moderno, como gravação em áudio e vídeo. De todo modo, a versão escrita desses registros, a ser providenciada por algum funcionário, precisará ser conferida, e soa estranho que não o seja pelo magistrado que pronunciou os tais dizeres, ou ao menos pelo relator designado que os presenciou.

II. Congestionamento transferido para a presidência?

Leis não aceleram o processo. Podem atrasá-lo, se cheias de equívocos, redações contraditórias ou formalidades inúteis; daí, a posterior retirada de tais entraves pode ilusoriamente fazer crer que leis acelerem o processo. Quando a causa da morosidade evidentemente não é o excesso de formalismo legal, como parece ser o caso do tempo morto que este art. 944 tenta combater, as soluções legislativas tendentes a combatê-la deixam severas dúvidas sobre sua eficácia. À parte situações de força maior, como um problema de saúde que acometa o magistrado encarregado de elaborar o voto, fato eventual cuja solução mais simples seria a designação de um substituto para suprir suas funções, o atraso na redação do acórdão aparentemente tem apenas duas causas. A primeira é o excesso de serviço que aflige nossas cortes. Sob outro ângulo, excesso de serviço é consequência de trabalhadores em número insuficiente para executá-lo. Se isso estiver a acontecer com os relatores, porque o número de processos cujos votos devem ser elaborados é incompatível com uma carga normal de trabalho, é de se indagar como a presidência, que centralizará a feitura de todos esses acórdãos abandonados, conseguirá fazê-lo mais rapidamente. Se a solução é publicar a transcrição da sessão, não seria mais eficiente e seguro que o próprio relator o fizesse? A outra causa de atraso, se não for o caso da primeira, é a falta de vontade, mas para combater tal fator de morosidade seria mais oportuno que a lei designasse competências à corregedoria, e não à presidência.

Art. 945 - (Revogado pela Lei nº 13.256, de 4 de fevereiro de 2016).

Art. 946 - O agravo de instrumento será julgado antes da apelação interposta no mesmo processo.

Parágrafo único - Se ambos os recursos de que trata o caput houverem de ser julgados na mesma sessão, terá precedência o agravo de instrumento.

I. Agravo e apelação apresentados no mesmo processo

Finalizando este capítulo, este último artigo repete disposição contida no art. 559 do CPC/1973. Pendentes de julgamento agravo e apelação tirados do mesmo processo, aquele deve ser decidido em primeiro lugar. E o motivo é simples: a decisão objeto do agravo antecede, cronológica e logicamente, o que foi decidido na sentença; eventualmente, o julgamento do agravo pode tornar prejudicada a apelação, caso seu provimento acarrete decretação de nulidade de atos subsequentes e da própria sentença apelada. Havendo diversos agravos, todos eles devem ser decididos antes do apelo.

II. Consequências da não observância dessa regra

Se, inadvertidamente, a apelação for julgada antes do agravo, isso será motivo de nulidade do acórdão, que, todavia, só poderá ser objeto de arguição em recurso especial por violação deste mesmo dispositivo federal.

Capítulo III - do Incidente de Assunção de Competência

Art. 947 - É admissível a assunção de competência quando o julgamento de recurso, de remessa necessária ou de processo de competência originária envolver relevante questão de direito, com grande repercussão social, sem repetição em múltiplos processos.

§ 1º - Ocorrendo a hipótese de assunção de competência, o relator proporá, de ofício ou a requerimento da parte, do Ministério Público ou da Defensoria Pública, que seja o recurso, a remessa necessária, ou o processo de competência originária julgado pelo órgão colegiado que o regimento indicar.

§ 2º - O órgão colegiado julgará o recurso, a remessa necessária ou o processo de competência originária se reconhecer interesse público na assunção de competência.

§ 3º - O acórdão proferido em assunção de competência vinculará todos os juízes e órgãos fracionários, exceto se houver revisão de tese.

§ 4º - Aplica-se o disposto neste artigo quando ocorrer relevante questão de direito a respeito da qual seja conveniente a prevenção ou a composição de divergência entre câmaras ou turmas do tribunal.

Autor: Ricardo Alexandre da Silva

I. Questão jurídica relevante, grave repercussão social e não repetição

Caracterizando-se questão juridicamente relevante, com intensa repercussão social, que não seja objeto de múltiplos processos, poderá o relator, de ofício ou a requerimento da parte, do Ministério Público ou da Defensoria Pública, propor a assunção de competência ao órgão colegiado indicado no regimento. Essa proposta do relator deverá ser votada pelo órgão fracionário e será objeto de deliberação também no colegiado superior. A assunção de competência poderá ocorrer em recursos, remessa necessária ou em processos de competência originária do tribunal. O CPC/2015 emprega conceitos abertos, de modo que em cada caso concreto deverá ser analisada a presença de questão juridicamente relevante dotada de grave repercussão social. O dispositivo também menciona a não repetição em múltiplos processos como requisito para a aplicação da assunção de competência. Desse modo, se a questão estiver repetida em múltiplos processos, impõe-se a deflagração do incidente de resolução de demandas repetitivas, disciplinado nos arts. 976 a 987 do CPC/2015, ou a submissão da questão ao regime de recursos repetitivos, previsto nos arts. 1.036 a 1.041 do CPC/2015. Vê-se que o *caput* do art. 947 traz importante inovação ao assinalar o cabimento do incidente também na remessa necessária e nos processos de competência originária do tribunal, hipóteses não contempladas no art. 555, § 1º, do CPC/1973.

II. Legitimidade para suscitar o incidente

É digno de nota que sob o CPC/1973 apenas ao relator incumbia suscitar o incidente. Assim, outra importante inovação consiste na possibilidade de o incidente de assunção de competência ser provocado pelas partes, pelo Ministério Público ou pela Defensoria Pública. Também pode ser instaurado de ofício pelo relator ou por outro julgador do recurso, da remessa necessária ou da ação de competência originária do tribunal. Na hipótese de instauração de ofício do incidente, deverão ser intimadas as partes, em conformidade com o art. 10 do CPC/2015. O uso da expressão "poderá o relator propor" no art. 555, § 1º, do CPC/1973, levou o E. STJ a decidir que a instauração do incidente seria mera faculdade do relator. Saliente-se que o art. 947, *caput*, do CPC/2015, está redigido de forma diferente, razão pela qual se pode concluir que, presentes os requisitos nele elencados – relevância da questão jurídica, grave impacto social e inocorrência de repetição em múltiplos processos – o incidente *deverá* ser instaurado pelo relator caso nenhum dos outros legitimados o tenha suscitado. No novo sistema é expressa a atribuição de legitimidade às partes, ao Ministério Público e à Defensoria Pública. Também é bastante evidente que o CPC/2015 propõe a adoção de um sistema precedentalista, o que fica claro nos arts. 926 e 927. Considerando a valorização dos precedentes no CPC/2015, crê-se que a assunção de competência tenha deixado de ser mera faculdade do relator, transformando-se em importante mecanismo para a tutela da igualdade perante o Direito. Assim, presentes seus requisitos, deverá ser suscitada pelo relator caso os outros legitimados tenham se omitido, a fim de que seja dirimida ou prevenida a divergência entre diferentes órgãos fracionários do tribunal.

III. Órgão colegiado indicado pelo regimento

No Regimento Interno do E. TJPR a assunção de competência é prevista no art. 331, §§ 1º e 2º, cabendo o julgamento do incidente à Seção Civil. No Regimento Interno do E. TJSP, conforme estabelecem os arts. 32, inciso II, e 184, inciso III, alínea *a*, a competência para julgamento do incidente é atribuída às Turmas Especiais.

IV. Interesse público

O incidente de assunção de competência se notabiliza pelo fato de que os órgãos indicados no regimento interno julgarão o próprio recurso, a remessa necessária ou a ação de competência originária, desde que constatem a existência de interesse público. O CPC/2015 lança mão de outro conceito indeterminado. Evidentemente caberá ao órgão colegiado examinar a existência de interesse público no caso concreto, sem a qual o feito – recurso, remessa necessária ou ação de competência originária – deve ser devolvido ao órgão fracionário em que o incidente fora suscitado.

V. Vinculação à decisão

O art. 947, § 3º, do CPC/2015 é inequívoco ao assentar a vinculação dos juízes e dos outros órgãos fracionários do tribunal ao acórdão proferido no incidente de assunção de competência. Esse posicionamento é reiterado no art. 927, inciso III, segundo o qual os juízes e os tribunais observarão os acórdãos proferidos em incidente de assunção de competência. Existe expressa ressalva à possibilidade de revisão de tese. Trata-se de indicação desnecessária, pois em um sistema precedentalista obviamente será possível a revisão de posicionamento quando houver evolução na economia, na sociedade ou na concepção jurídica sobre determinado tema. Do mesmo modo, caso o processo posterior apresente relevante distinção em relação ao anterior, em que fora deflagrado o incidente, o acórdão proferido na assunção de competência não o vinculará.

VI. Finalidade

Nos termos do art. 947, § 4º, do CPC/2015, a finalidade do incidente de assunção de competência é assegurar a igualdade de tratamento perante o Direito, por meio da prevenção de divergência entre os órgãos fracionários do tribunal ou a uniformização de entendimento. Isso significa que o incidente poderá ser suscitado mesmo nas hipóteses em que não exista divergência jurisprudencial. Nesse caso, a fim de evitar que órgãos fracionários divirjam sobre questão jurídica relevante e de grande impacto social, o CPC/2015 prevê a possibilidade de instauração do incidente de assunção de competência. Note-se que o incidente propicia o julgamento do próprio recurso, da remessa necessária ou da ação de competência originária pelo órgão colegiado regimentalmente indicado. Não haverá somente fixação de tese jurídica, mas julgamento do feito em que o incidente foi instaurado.

VII. Julgados

Assunção de competência como faculdade do relator no CPC/1973

"[...] III - O art. 555, § 1º, do Código de Processo Civil confere ao relator a possibilidade de propor o julgamento do recurso pelo órgão colegiado que o regimento indicar, quando o recomendar o interesse público. Trata-se de faculdade do relator, não de imposição legal para que assim proceda. O dispositivo, aliás, versa sobre julgamento por turma ou câmara, nada dispondo acerca da obrigatoriedade de julgamento do recurso pelo órgão especial do Tribunal. IV - Recurso especial parcialmente provido" (STJ, 1ª T., REsp nº 723.890/MG, Rel. Min. Francisco Falcão, j. em 15/8/2006, DJU de 25/9/2006, p. 235).

Órgão fracionário, divergência jurisprudencial e instauração do incidente de assunção

"Apelação. Mandado de Segurança. Servidor público municipal. Analista em Planejamento, Orçamento e Finanças Públicas. Pretensão ao recebimento de Prêmio de Incentivo à Qualidade (PIQ). Denegação da ordem. Inconformismo. Evidente divergência entre as Câmaras deste E. Tribunal acerca da questão posta em debate. Solidificada dissonância de entendimento residente na interpretação da esfera de incidência do art. 28, I, da Lei Complementar Estadual nº 1.122/10, qual seja, se alcançaria ou não os Analistas em Planejamento, Orçamento e Finanças Públicas. Assunção de competência que se mostra apta a pacificar a questão e, assim, evitar injustiças e tratamento anti-isonômico entre servidores que detêm o mesmo cargo. Interesse público presente também na busca por segurança jurídica e diminuição da litigiosidade entre as partes. Inteligência do art. 555, § 1º, do CPC e do art. 32, II, do Regimento Interno. Proposta de julgamento do recurso pela Turma Especial da Seção de Direito Público deste E. Tribunal, em assunção de competência" (TJSP, 13ª C. Dir. Público, Ap. Cív. nº 0001882-81.2013.8.26.0053, Rel. Des. Souza Meirelles, j. em 13/5/2015, registro 14/5/2015).

Capítulo IV - Do Incidente de Arguição de Inconstitucionalidade

Art. 948 - Arguida, em controle difuso, a inconstitucionalidade de lei ou de ato normativo do poder público, o relator, após ouvir o Ministério Público e as partes, submeterá a questão à turma ou à câmara à qual competir o conhecimento do processo.

I. Controle de constitucionalidade de lei ou de ato normativo

O controle de constitucionalidade pode ser classificado como difuso ou concentrado, conforme seja atribuído a todos os juízes ou limitado a um órgão ou conjunto de órgãos. Também pode ser classificado como abstrato ou concreto, conforme ocorra mediante a propositura de demanda na qual a constitucionalidade seja o objeto do processo ou em que seja questão prejudicial ao exame do mérito da demanda, impondo-se sua resolução incidentalmente. Convivem no ordenamento jurídico brasileiro tanto o controle de constitucionalidade abstrato, realizado pelo Supremo Tribunal Federal no julgamento de ação direta de inconstitucionalidade, ação declaratória de constitucionalidade e arguição de descumprimento de preceito fundamental, quanto o controle concreto, realizado por todos os juízes em processos nos quais a questão da constitucionalidade integre a causa de pedir, sendo prejudicial em relação ao exame do mérito. O controle abstrato é atribuído ao Supremo Tribunal Federal no art. 102, inciso, alínea *a* e § 1º da Constituição, dispositivos que se referem, respectivamente, às ações diretas de inconstitucionalidade e declaratórias de constitucionalidade e à arguição de descumprimento de preceito fundamental. A ação direta de inconstitucionalidade e a declaratória de constitucionalidade são disciplinadas na Lei nº 9.868/1999. Por sua vez, a arguição de descumprimento de preceito fundamental tem seu procedimento regulado na Lei nº 9.882/1999, em cujo art. 1º, § 1º, inciso I, é prevista a arguição incidental, por meio da qual se realiza controle concreto de constitucionalidade. Também convivem no direito brasileiro o controle difuso, atribuído a todos os juízes, e o concentrado, realizado exclusivamente pelo Supremo Tribunal Federal. A decisão produzida no âmbito de controle concentrado tem eficácia *erga omnes*, ao passo que a decisão sobre a constitucionalidade prolatada no âmbito do controle difuso vincula somente as partes. Para a doutrina majoritária, só haverá eficácia *erga omnes* de decisão proferida incidentalmente pelo STF se o Senado suspender os efeitos da lei ou do ato normativo, nos termos do art. 52, inciso X da Constituição.

II. Controle difuso de constitucionalidade

Nos arts. 948 e seguintes o CPC/2015 disciplina a arguição incidental de inconstitucionalidade perante órgãos fracionários dos tribunais, de que são exemplos as câmaras dos tribunais estaduais e as turmas dos tribunais regionais federais. Suscitada incidentalmente a inconstitucionalidade de lei ou ato normativo, deve o relator do recurso, após ouvir o Ministério Público e as partes, submeter o tema à apreciação do órgão fracionário, que detém competência apenas para admitir ou rejeitar o incidente, não podendo se pronunciar sobre a constitucionalidade. Com efeito, o art. 97 da Constituição estabelece que a inconstitucionalidade só poderá ser decretada pela maioria absoluta do plenário do tribunal ou de seu órgão especial. Trata-se da regra da reserva de plenário, também denominada *full bench*. Por maioria absoluta se entende a maioria dos integrantes do plenário ou do órgão especial, não a maioria dos presentes.

III. Julgados

Interpretação de dispositivo infraconstitucional pelo órgão fracionário e desnecessidade de observância da reserva de plenário

"[...] 2. A interpretação extensiva da norma infraconstitucional efetuada pelos órgãos fracionários que compõem o Superior Tribunal de Justiça não se confunde com a declaração de inconstitucionalidade, que requer rito próprio, nos termos do art. 97 da CF. [...] 4. Agravo regimental não provido" (STJ, 1ª T., AgRg nos EDcl nos EDcl no REsp nº 1.022.092/RS, Rel. Min. Arnaldo Esteves Lima, j. em 3/6/2014, DJe de 11/6/2014).

Inobservância da reserva de plenário e nulidade da decisão do órgão fracionário

"[...] 3. O princípio da reserva de plenário de que trata os arts. 480 a 482 do CPC e 97 da CF/88 somente é excetuado quando o Plenário ou Órgão Especial do Tribunal de origem ou o Supremo Tribunal Federal tenham declarado a inconstitucionalidade da norma impugnada. 4. Não aplicação da exceção do princípio da reserva de plenário quando a declaração de inconstitucionalidade ocorre em relação a lei diversa da objeto do litígio, ainda que disponha de matéria semelhante. Respeito aos princípios da constitucionalidade das leis e da segurança jurídica. 5. O desrespeito ao princípio da reserva de plenário implica nulidade absoluta, por ofensa aos arts. 480 e 481 do CPC e 97 da Constituição Federal (Precedentes: AgRg no Ag 847155/RS, Rel. Min. Herman Benjamin, DJ 7/2/2008; REsp 792600/MS, Rel. Min. Arnaldo Esteves Lima, DJ 5/11/2007; REsp 745970/RS, Rel. Min. João Otávio de Noronha, DJ 6/8/2007; REsp 619.860/RS, Rel. Min. Teori Albino Zavascki, DJ 17/5/2007; REsp 89297/MG, Rel. Min. Ari Pargendler, DJ 7/2/2000). Recursos especiais providos em parte" (STJ, 2ª T., REsp nº 727.208/RR, Rel. Min. Humberto Martins, j. em 17/3/2009, DJe de 16/4/2009).

Cabimento da arguição de inconstitucionalidade suscitada pelo Ministério Público

"[...] 1. Questão de Ordem arguida pelo Ministério Público Federal, em preliminar, quanto à inconstitucionalidade do art. 16, § 2º, da Lei 8.213/91, na redação da Lei 9.528/97, acolhida pela Turma. 2. Julgamento suspenso para, após as providências de praxe, encaminhamento dos autos à Corte Especial a fim de processar e julgar o incidente" (STJ, 3ª Seção, EREsp nº 727.716/CE, Rel. Min. Celso Limongi, j. em 10/2/2010, DJe de 14/4/2010).

Art. 949 - Se a arguição for:
I - rejeitada, prosseguirá o julgamento;
II - acolhida, a questão será submetida ao plenário do tribunal ou ao seu órgão especial, onde houver.
Parágrafo único - Os órgãos fracionários dos tribunais não submeterão ao plenário ou ao órgão especial a arguição de inconstitucionalidade quando já houver pronunciamento destes ou do plenário do Supremo Tribunal Federal sobre a questão.

I. Reserva de plenário

Nos termos do art. 97 da Constituição, não cabe aos órgãos fracionários decretar a inconstitucionalidade de lei ou de ato normativo. Essa competência recai sobre o plenário do tribunal ou, nos tribunais que o tiverem, sobre o órgão especial, previsto no art. 93, inciso XI, da Constituição. A decretação de inconstitucionalidade exige a maioria absoluta do plenário ou do órgão especial e não poderá ser proferida por órgãos fracionários isolada ou conjuntamente. Reitere-se que por maioria absoluta se compreende a maioria do número de integrantes do plenário ou do órgão especial, não a maioria dos julgadores presentes.

II. Legitimidade para a arguição

O incidente de arguição de inconstitucionalidade pode ser suscitado pelas partes, pelo Ministério Público ou por um dos julgadores. O órgão fracionário deliberará sobre a pertinência da arguição na forma de seu regimento interno. Decorre de interpretação sistemática a necessidade de deliberação pelo órgão fracionário, sendo vedada a rejeição ou acolhimento da arguição apenas pelo relator. O cabimento do incidente deve ser examinado somente pelos julgadores votantes no recurso em que a arguição foi suscitada, a não ser que haja disposição regimental em sentido contrário.

III. Suspensão do processo

Suscitada a arguição de inconstitucionalidade perante o órgão fracionário, será suspenso o julgamento do processo.

IV. Rejeição da arguição de inconstitucionalidade

A rejeição a que alude o art. 949, inciso I, do CPC/2015, refere-se ao incidente de arguição, não à inconstitucionalidade. Assim, se o órgão fracionário, após a oitiva do Ministério Público e das partes, considerar a questão constitucional irrelevante para o julgamento do mérito, rejeitará a arguição e prosseguirá no julgamento do processo. A rejeição da arguição deverá ser manifestada pela maioria dos componentes do órgão fracionário. O sistema processual não prevê o cabimento de recurso contra a decisão que rejeita o incidente de arguição de inconstitucionalidade.

V. Acolhimento da arguição de inconstitucionalidade

Se o órgão fracionário acolher a arguição, deverá remetê-la ao plenário do tribunal ou ao órgão especial, se houver. Conforme assenta o art. 93, inciso XI, da Constituição, poderá ser constituído órgão especial nos tribunais com mais de vinte e cinco julgadores, o qual será constituído pelo mínimo de onze e pelo máximo de vinte e cinco membros, cabendo-lhe o exercício de atribuições administrativas e jurisdicionais delegadas da competência do tribunal pleno. O sistema processual não prevê o cabimento de recurso contra a decisão que admite a arguição de inconstitucionalidade.

VI. Prévia manifestação sobre a questão de constitucionalidade

Se o plenário do tribunal ou seu órgão especial ou se o plenário do Supremo Tribunal Federal já tiverem se manifestado sobre a constitucionalidade de determinada lei ou ato normativo, os órgãos fracionários não deverão submetê-la novamente ao plenário ou ao órgão especial do respectivo tribunal. Ocorre que o art. 949, parágrafo único, do CPC/2015, estabelece a vinculação do órgão fracionário à decisão anteriormente proferida pelo plenário ou órgão especial do respectivo tribunal ou pelo plenário do Supremo Tribunal Federal. Atente-se que a dispensa de submissão à regra da reserva de plenário só será possível se tiver ocorrido declaração sobre a constitucionalidade da *mesma* lei ou ato normativo. A anterior decretação de inconstitucionalidade de leis similares editadas por outros entes, não autoriza a exceção à regra da reserva de plenário. Suponha-se que a lei orgânica de determinado município preveja o repasse de receitas em favor de uma instituição de ensino superior gerida por uma fundação municipal. Imagine-se que seja decretada a inconstitucionalidade do dispositivo da lei orgânica com fundamento no art. 165 da Constituição Federal, ao argumento de que cabe exclusivamente ao executivo municipal dispor sobre suas receitas e despesas. Considerado esse cenário, tem-se que a inconstitucionalidade do dispositivo da lei orgânica de um determinado município não autoriza a dispensa da reserva de plenário para o exame de constitucionalidade de lei orgânica de *outro* município que preveja o repasse de verbas para o financiamento de determinada instituição de ensino superior. A submissão da questão ao plenário ou ao órgão especial poderá levar a entendimento diverso ao que fora adotado no exame de constitucionalidade da lei do primeiro município. O respeito à reserva de plenário é fundamental para que seja resguardada eventual modificação na concepção do tribunal sobre a constitucionalidade da questão.

VII. Declaração prévia de inconstitucionalidade e novo fundamento

A doutrina assinala a possibilidade de submissão da arguição de inconstitucionalidade ao pleno ou ao órgão especial quando a constitucionalidade for tratada sob fundamento não apreciado na decisão anterior proferida pelo plenário do STF, ou pelo plenário ou órgão especial do respectivo tribunal. Esse entendimento está correto e preserva o caráter dinâmico do controle de constitucionalidade. Um novo fundamento pode ensejar a prolatação de decisão diferente sobre o tema. Ademais, os valores subjacentes à concepção do tribunal sobre a constitucionalidade de determinada lei podem se alterar com o passar do tempo, o que legitima a realização de novo exame sobre a constitucionalidade. Não se pode admitir que posições rígidas engessem o controle de constitucionalidade difuso, impondo-se novo exame sobre a constitucionalidade do ato normativo quando houver elementos que diferenciem a arguição atual da que fora anteriormente suscitada.

VIII. Afastamento da incidência de lei ou de ato normativo e reserva de plenário

Nos termos da Súmula Vinculante nº 10, do Supremo Tribunal Federal, deverá ser observada a reserva de plenário mesmo que o órgão fracionário não decrete a inconstitucionalidade da lei ou do ato normativo, mas se limite a afastar sua incidência no todo ou em parte. É nítido, portanto, que o órgão fracionário não poderá nem mesmo afastar a incidência de determinada lei ou ato normativo se considerar presente a inconstitucionalidade. Nada poderá fazer além de submeter a arguição de inconstitucionalidade ao plenário do tribunal ou, se houver, ao órgão especial.

IX. Julgados

Rejeição da arguição de inconstitucionalidade pelo órgão colegiado e retorno do processo ao órgão fracionário

"[...] 2. Declarada a constitucionalidade da norma impugnada pelo órgão especial do tribunal, seu órgão fracionário deve retomar o julgamento, aplicando o direito à espécie. [...]. 4. Recurso especial provido para anular o acórdão recorrido" (STJ, 2ª T., REsp nº 970.215/RJ, Rel. Min. Eliana Calmon, j. em 2/6/2009, DJe de 19/6/2009).

Acolhimento da arguição e retorno dos autos ao órgão fracionário para julgamento do processo

"[...] 3. Apenas a título de esclarecimento, cumpre salientar que o acórdão ora embargado, ao asseverar que os autos retornaram ao órgão fracionário para julgar 'questões remanescentes', apenas relatou o trâmite processual seguido pelo Tribunal de origem, que, inclusive, decorre da própria sistemática do art. 481 do CPC, segundo a qual, acolhida a arguição de inconstitucionalidade, o julgamento do recurso pela turma julgadora fica sobrestado até que o Pleno aprecie a prejudicial de inconstitucionalidade, e, após, os autos são devolvidos ao órgão fracionário para apreciação do caso concreto, aplicando a tese firmada pelo Pleno. 4. Na hipótese, após declarada a inconstitucionalidade do referido artigo da Lei 10.865/04, cumpria ao órgão fracionário, diante da existência de cumulação de pedidos, apreciar o caso concreto, para decidir se acolhia o pedido principal, no qual o recorrente postulou o aproveitamento de créditos de PIS e de COFINS decorrentes de todos os bens que compõem o ativo imobilizado até 30.4.2004, ou o pedido secundário, referente ao creditamento apenas daqueles bens adquiridos 'entre a vigência da não cumulatividade e

30/4/2004', tendo a Segunda Turma do Tribunal Regional decidido pelo acolhimento daquele pedido subsidiário de aproveitamento dos créditos relativos aos bens adquiridos a partir da vigência da não cumulatividade. 5. Embargos de declaração rejeitados" (STJ, 2ª T., EDcl no REsp nº 1.238.360/PR, Rel. Min. Mauro Campbell Marques, j. em 7/6/2011, DJe de 14/6/2011).

Casos similares e necessidade de observância da reserva de plenário

"[...] 1. Os arts. 480 a 482 do CPC devem ser interpretados na forma da Súmula Vinculante 10/STF, segundo a qual 'viola a cláusula de reserva de plenário (CF, artigo 97) a decisão de órgão fracionário de tribunal que, embora não declare expressamente a inconstitucionalidade de lei ou ato normativo do poder público, afasta sua incidência, no todo ou em parte'. 2. Na hipótese, não podia o órgão fracionário declarar a inconstitucionalidade do Decreto Estadual 2.460/89, sem observar as regras contidas nos arts. 480 a 482 do CPC, ou seja, sem suscitar o incidente de declaração de inconstitucionalidade. 3. Cumpre esclarecer que, nos termos do art. 481, parágrafo único, do CPC, 'os órgãos fracionários dos tribunais não submeterão ao plenário, ou ao órgão especial, a arguição de inconstitucionalidade, quando já houver pronunciamento destes ou do plenário do Supremo Tribunal Federal sobre a questão'. Conforme se verifica, a regra exceptiva exige o prévio pronunciamento sobre a questão pelo plenário (ou órgão especial) do respectivo tribunal ou pelo plenário do Supremo Tribunal Federal, de modo que a existência de precedentes em casos similares – que levaram em consideração a legislação de outros entes federativos –, por si só, não é suficiente para afastar a cláusula de reserva de plenário. 4. Recurso especial provido" (STJ, 2ª T., REsp nº 1.076.299/BA, Rel. Min. Mauro Campbell Marques, j. em 19/10/2010, DJe de 27/10/2010).

X. Súmulas

Súmula Vinculante nº 10 do STF: "Viola a cláusula da reserva de plenário (CF, art. 97) a decisão do órgão fracionário de tribunal que, embora não declare expressamente a inconstitucionalidade de lei ou ato normativo do poder público, afasta sua incidência, no todo ou em parte".

Súmula nº 513 do STF: "A decisão que enseja a interposição de recurso ordinário ou extraordinário não é a do plenário, que resolve o incidente de inconstitucionalidade, mas a do órgão (Câmara, Grupo ou Turmas) que completa o julgamento do feito".

Art. 950 - Remetida cópia do acórdão a todos os juízes, o presidente do tribunal designará a sessão de julgamento.

§ 1º - As pessoas jurídicas de direito público responsáveis pela edição do ato questionado poderão manifestar-se no incidente de inconstitucionalidade se assim o requererem, observados os prazos e as condições previstos no regimento interno do tribunal.

§ 2º - A parte legitimada à propositura das ações previstas no art. 103 da Constituição Federal poderá manifestar-se, por escrito, sobre a questão constitucional objeto da apreciação, no prazo previsto pelo regimento interno, sendo-lhe assegurado o direito de apresentar memoriais ou de requerer a juntada de documentos.

§ 3º - Considerando a relevância da matéria e a representatividade dos postulantes, o relator poderá admitir, por despacho irrecorrível, a manifestação de outros órgãos ou entidades.

I. Julgamento da arguição de inconstitucionalidade

Será remetida cópia do acórdão do órgão fracionário que admitiu o processamento da arguição de inconstitucionalidade para cada um dos componentes do plenário ou do órgão especial do tribunal. O plenário ou o órgão especial só poderão se manifestar sobre a questão concernente à constitucionalidade de lei ou ato normativo, sendo-lhes vedado analisar qualquer outra questão atinente ao processo.

II. Manifestação da pessoa jurídica de direito público que editou a lei ou ato normativo

A pessoa jurídica que tiver editado o ato normativo poderá ser ouvida, se assim o requerer, nos termos do regimento interno do tribunal. O objetivo é permitir a mais ampla discussão sobre a constitucionalidade do ato normativo. No Regimento Interno do E. TJSP a arguição de inconstitucionalidade é disciplinada nos arts. 190 e 191. Por sua vez, no Regimento Interno do E. TJPR o tema é tratado nos arts. 270 a 272. Não há regra específica, nos referidos regimentos internos, sobre a manifestação das pessoas jurídicas que tiverem editado o ato cuja constitucionalidade é examinada. Ocorre que o CPC/2015, lei federal, obviamente se sobrepõe aos regimentos internos. Considerando que o código possibilita a oitiva, evidentemente a falta de regra específica nos regimentos não pode ensejar a inadmissibilidade de oitiva do ente público. Requerida a manifestação pelo ente público que editou a lei, deverá o tribunal abrir vistas para a manifestação, a fim de que o ente público indique as razões que o levaram a considerar constitucional o ato normativo impugnado.

III. Manifestação dos legitimados à propositura de ações diretas de inconstitucionalidade e declaratória de constitucionalidade

No art. 950, § 2º, admite-se a manifestação no incidente de arguição de inconstitucionalidade de todas as pessoas legitimadas à propositura de ações diretas de inconstitucionalidade e ações declaratórias de constitucionalidade, arroladas no art. 103 da Constituição. O objetivo é permitir a mais ampla discussão sobre o tema. Evidentemente a inconstitucionalidade de determinada lei ou ato normativo desperta amplo interesse social, razão pela qual o código permite que sejam ouvidos os legitimados à propositura de ações de controle concentrado. Quanto mais amplo for o debate sobre o tema, melhor terá sido o exercício do controle de constitucionalidade.

IV. Representatividade adequada e manifestação de terceiros

Desde que exerçam representação adequada de determinado setor da sociedade, poderão ser ouvidos órgãos ou entidades não elencados no art. 103 da Constituição. Basta imaginar determinada associação constituída para a proteção do interesse ambiental na arguição de determinada lei que discipline a proteção ao meio ambiente. Embora não conste no rol do art. 103 e não seja parte na causa, referida associação poderá ser ouvida se representar adequadamente os interesses que se dispôs a defender. Nos termos do art. 950, § 3º, do CPC/2015, a decisão que admitir a manifestação de entidade que represente adequadamente determinados interesses será irrecorrível. Também não será recorrível a decisão que rejeitar o pedido de manifestação de terceiro que se considere representante adequado de determinada categoria.

V. Vinculação do órgão fracionário à decisão do plenário ou do órgão especial

A decisão sobre a constitucionalidade proferida pelo órgão especial ou pelo plenário vinculará o órgão fracionário. Após o julgamento do incidente de arguição caberá ao órgão fracionário prosseguir o julgamento do processo, suspenso a partir do momento em que a arguição foi suscitada.

VI. Julgados

Vinculação do órgão fracionário à decisão do órgão especial

"Reexame Necessário. Mandado de Segurança. Concessão em 1º Grau. Autuação Administrativa por Venda Ambulante de Botijões de Gás (GLP). Lei Municipal n. 824/2006 de Piraquara. Matéria de Fundo Constitucional. Arguição de Constitucionalidade. Inconstitucionalidade Declarada pelo Órgão Especial. Reserva de Plenário respeitada. Vinculação deste Órgão Fracionário à Decisão do incidente. Sentença Concessiva da Segurança Confirmada em Sede de Reexame Necessário. Entendeu o Órgão Especial deste TJPR que, por violação do estatuído nos artigos 22, IV, e 238 da Constituição, o Município de Piraquara, ao editar a Lei nº 824 de 11 de maio de 2006, invadiu competência privativa da União, sendo referido diploma eivado de inconstitucionalidade formal. Julgada agora a questão constitucional pelo órgão competente desta Corte, não resta outra solução senão confirmar, em sede de reexame necessário, a sentença que concedeu a segurança, pois a autuação e imposição de multa administrativa à impetrante se deu com base naquela lei viciada, praticando assim a autoridade coatora ato abusivo e ilegal, que merece ser afastado nesta via mandamental, reconhecendo-se o direito líquido e certo do impetrante em exercer sua atividade comercial de revendedora de GLP autorizada pela Agência Nacional do Petróleo" (TJPR, 5ª C. Cível, Reexame Necessário nº 976.042-1, Rel. Des. Rogério Ribas, j. em 5/5/2015, DJe de 25/5/2015).

Capítulo V - Do Conflito de Competência

Art. 951 - O conflito de competência pode ser suscitado por qualquer das partes, pelo Ministério Público ou pelo juiz.

Parágrafo único - O Ministério Público somente será ouvido nos conflitos de competência relativos aos processos previstos no art. 178, mas terá qualidade de parte nos conflitos que suscitar.

Autora: Ana Cândida Menezes Marcato

I. Esclarecimentos iniciais

O CPC/2015 alterou a topologia das normas que tratam do conflito de competência, disciplinando esse incidente em seu Livro III (Dos processos nos tribunais e dos meios de impugnação das decisões judiciais), e não mais junto às regras de fixação de competência, como no CPC/1973, deixando claro que os dispositivos legais sob exame têm aplicação nos incidentes relacionados a conflitos instaurados entre órgãos de primeiro ou de segundo graus, devendo o vocábulo "juiz", utilizado por seu art. 951, ser entendido como autoridade investida de poder jurisdicional, qualquer que seja a sua posição hierárquica.

Quanto à caracterização do conflito, tem-se decidido que *"a mera potencialidade ou risco de que sejam proferidas decisões conflitantes é suficiente para caracterizar o conflito de competência, consoante interpretação extensiva conferida por esta Corte ao disposto no artigo 115 do Código de Processo Civil"* (STJ, 2ª Seção, AgRg no CC nº 112.956-MS, Rel. Min. Nancy Andrighi, DJe de 2/5/2012 e AgRg no CC nº 143.507-SP, Rel. Min. Antonio Carlos Ferreira, DJE de 1º/3/2017, grifo nosso).

Acerca das características e da forma de configuração do conflito de competência, *vide* art. 66 do CPC/2015.

II. Legitimidade para suscitar o conflito

O conflito, positivo ou negativo, pode ser suscitado de ofício pelo juiz, ou, ainda, pelas partes ou pelo Ministério Público.

Sendo suscitado pelo juiz, a causa determinante do conflito será a incompetência absoluta, pois a arguição da relativa depende de iniciativa da parte, não podendo, em regra, ser declarada de ofício, nos termos da Súmula nº 33 do Superior Tribunal de Justiça. A exceção está, no entanto, na possibilidade de o juiz suscitar conflito de competência baseado em causa de incompetência relativa, fundada na abusividade de cláusula de eleição de foro (CPC/2015, art. 63, §§ 3º e 4º).

Sendo suscitado pelo tribunal – e a despeito da existência de posicionamento contrário –, o suscitante poderá ser tanto um órgão colegiado quanto monocrático. Eis o exemplo do Tribunal de Justiça do Estado de São Paulo, cujo art. 200 do Regimento Interno permite que o conflito também possa ser suscitado pelo presidente da Seção ou por órgão fracionário:

"Conflito Negativo de Competência Interna. Desembargador aposentado. Prevenção para recursos subsequentes que é do sucessor da cadeira. Eventual substituição, no período de vacância da cadeira, que não gera prevenção. *Conflito dirimido em desfavor do eminente desembargador suscitante*, a quem cabe a relatoria do novo recurso. Conflito Procedente" (TJSP, Turma Especial – Privado 1, CC nº 0031934-54.2015.8.26.0000, Rel. Des. José Joaquim dos Santos, DJe de 19/6/2015 – grifo nosso).

"Conflito de competência. Recurso redistribuído por motivo de prevenção. [...]. Possibilidade de reconhecimento de prevenção do relator que conheceu do primeiro incidente processual relativo a uma das ações reunidas. Aplicabilidade, no caso, do art. 226, *caput,* do Regimento Interno (atual art. 102, *caput*), por derivarem as ações originárias do mesmo contrato ou relação jurídica. *Conflito procedente, firmada a competência do Relator suscitante*" (TJSP, Órgão Especial, CC nº 0229243-93.2009.8.26.0000, Rel. Des. José Santana, DJ de 5/4/2010 – grifo nosso).

Quanto ao *terceiro*, em regra, não tem legitimidade para suscitar o conflito de competência, pois *"[...] sem a qualificação de parte nas ações referenciadas, falta-lhe legitimação ativa para suscitar o conflito (art. 116, CPC)"* (STJ, 1ª

Seção, CC nº 26.967/PE, Rel. Min. Milton Luiz Pereira, DJ de 11/3/2002).

Denota-se a exceção a essa regra na existência de *interesse jurídico do terceiro que o sujeite à eficácia da sentença* (como acontece, por exemplo, com o assistente):

"[...] 1. O terceiro interessado possui legitimidade ativa para ajuizar o presente incidente processual, pois, nos termos da jurisprudência da Segunda Seção do Superior Tribunal de Justiça, pode suscitar conflito de competência quem quer que esteja sujeito à eficácia da sentença, que qualquer dos juízes, no conflito positivo de competência, possa proferir" (CC nº 137.178-MG, Rel. Min. Marco Buzzi, DJ de 19/10/2016).

III. Ministério Público

Nos termos do *caput* do artigo sob exame, o Ministério Público poderá suscitar o conflito de competência na qualidade de parte. No entanto, agindo na qualidade de *fiscal da ordem jurídica* (parágrafo único), o CPC/2015 traz inovação referente à obrigatoriedade de sua oitiva apenas nos conflitos relativos aos processos previstos pelo art. 178. Em outras palavras, o Ministério Público somente será obrigatoriamente ouvido nos conflitos de competência, na qualidade de *custos legis*, quando se tratar de causas que envolvam interesse público ou social, interesses de incapaz ou litígios coletivos pela posse de terra rural ou urbana (e nos demais casos previstos expressamente na lei ou na CF).

Art. 952 - Não pode suscitar conflito a parte que, no processo, arguiu incompetência relativa.
Parágrafo único - O conflito de competência não obsta, porém, a que a parte que não o arguiu suscite a incompetência.

I. Ilegitimidade para suscitar o conflito de competência

Tendo a parte ré – única legitimada a alegar incompetência relativa, pois o autor é a parte que deu causa ao vício – já se manifestado sobre a matéria atinente à competência, arguindo a incompetência relativa em preliminar de contestação (CPC, art. 337, inciso II), não mais possui interesse processual em suscitar conflito de competência. Isto porque sua iniciativa em suscitar o conflito representaria repetição inaceitável do ato processual já esgotado por meio da alegação de incompetência relativa; em outras palavras, arguida a incompetência relativa na contestação, ocorre preclusão consumativa da faculdade de o próprio réu suscitar questões relacionadas à competência. Nesse sentido:

"Conflito positivo de competência. Suscitante que ofereceu exceção de incompetência. Conflito não conhecido.

1.- Segundo dispõe o artigo 117 do Código de Processo Civil, 'não pode suscitar conflito a parte que, no processo, ofereceu exceção de incompetência.' Precedentes.

2.- Agravo Regimental provido, para não conhecer do Conflito de Competência" (STJ, 2ª Seção, AgRg nos EDcl no CC nº 106934/PR, Rel. Min. Sidnei Beneti, DJe de 4/11/2011).

Por outro lado, mesmo se já arguida a incompetência em preliminar de contestação, pode ser suscitado conflito com base em *outro fundamento*, pois a precedente alegação de incompetência não obsta o conhecimento de conflito resultante de causa absolutamente distinta daquela em que se fundou a arguição anterior. Portanto, não se pode interpretar a regra processual contida no art. 952 do CPC/2015 de modo a gerar uma situação de impasse, subtraindo da parte meios de insurgir-se contra uma situação que repute injusta, eis que o direito processual deve, à luz do princípio da instrumentalidade, e sempre que possível, estar a serviço do direito material (argumentos extraídos do voto da Ministra Nancy Andrighi ao relatar o CC nº 111.230-DF, 2ª Seção, DJe de 3/4/2014).

II. Possibilidade de alegação de incompetência relativa

Já estando em processamento o conflito de competência suscitado pelo autor, pelo Ministério Público ou pelo juiz, de ofício, o réu poderá arguir a incompetência relativa, em preliminar de contestação, sem qualquer empecilho:

"Processo civil. Embargos de declaração em agravo em conflito de competência. Inexistência de prorrogação de competência ou de sentença com trânsito em julgado. Suscitação a tempo. Exceção de incompetência apresentada por pessoa diversa da suscitante. Inaplicabilidade do disposto no art. 117 do CPC.

[...] - Inaplicável, na espécie, o disposto no art. 117 do CPC, pois a exceção de incompetência foi apresentada por outra pessoa. [...]" (STJ, 2ª Seção, EDcl no AgRg no CC nº 39340/SP, Rel. Min. Nancy Andrighi, DJ de 10/5/2004).

Por fim, o art. 955 do CPC/2105 prevê a possibilidade de o conflito positivo de competência ensejar o sobrestamento do processo – determinado pelo relator, de ofício, ou a requerimento das partes –, impedindo-se a prática de qualquer ato. Por isso, é importante salientar que o disposto no parágrafo único do art. 952 ora comentado somente terá aplicação caso esse sobrestamento não tenha sido determinado. Já estando sobrestado o feito, em virtude de conflito de competência suscitado antes do prazo para apresentação da defesa, o réu deverá aguardar o julgamento do incidente, oportunidade em que poderá apresentar a sua contestação e, se for o caso, arguir em sede preliminar a incompetência relativa, com base em fundamento diferente.

Art. 953 - O conflito será suscitado ao tribunal:
I - pelo juiz, por ofício;
II - pela parte e pelo Ministério Público, por petição.
Parágrafo único - O ofício e a petição serão instruídos com os documentos necessários à prova do conflito.

I. Competência para apreciar o conflito de competência

Nos termos do *caput* do art. 953, o conflito de competência será suscitado ao tribunal competente para conhecê-lo, dependendo de sua relação funcional com os órgãos jurisdicionais envolvidos no incidente.

A Constituição Federal norteia o estabelecimento dessa competência, apontando algumas das hipóteses (arts. 102, inciso I, *o*, 105, inciso I, *d*, 108, inciso I, e 114, inciso V) e explicitando onde encontrar as demais (arts. 121 e 125, § 1º). Eis o rol de possibilidades:

1. Tribunais de Justiça Estaduais

Competentes para conhecer conflitos de competência havidos entre juízes de direito estaduais, de primeira instância, e aqueles ocorridos entre integrantes do próprio tribunal (art. 125, § 1º, CF).

No caso específico do Tribunal de Justiça do Estado de São Paulo, por exemplo, a Câmara Especial é competente para julgar os conflitos de competência entre juízes de primeira instância, devendo a petição ser endereçada ao presidente da Câmara Especial, que é o vice-presidente do tribunal (cf. arts. 33, inciso II, e 200 do regimento interno do TJSP). Por outro lado, o Órgão Especial é o competente para conhecer dos conflitos de competência entre os órgãos do tribunal pertinentes a seções diversas (cf. arts. 8º e 13, inciso I, *e*, do regimento interno);

2. Tribunais Regionais Federais

Competentes para apreciar os conflitos de competência entre juízes federais vinculados ao tribunal (CF, art. 108, inciso I, *e*); entre os membros do próprio tribunal; entre juiz federal e juiz estadual investido de jurisdição federal (Súmula nº 3/STJ); e entre juizado especial federal e juízo federal da mesma seção judiciária (Súmula nº 428/STJ);

3. Tribunais Regionais do Trabalho

Competentes para apreciar os conflitos de competência entre juízes trabalhistas vinculados aos tribunais regionais, ainda que distintos (CF, art. 114, inciso V, e Súmula nº 236/STJ); entre os membros do próprio tribunal;

4. Superior Tribunal de Justiça

Competente para processar e julgar os conflitos de competência entre quaisquer tribunais, ressalvado o disposto no art. 102, inciso I, *o*, da CF; entre tribunal e juízes a ele não vinculados; entre juízes vinculados a tribunais diversos; e entre seus próprios membros (CF, art. 105, inciso I, *d*);

5. Supremo Tribunal Federal

Competente para apreciar os conflitos de competência entre o Superior Tribunal de Justiça e quaisquer tribunais; entre os tribunais superiores; e entre os tribunais superiores e qualquer outro tribunal (CF, art. 102, inciso I, *o*).

II. Trâmite procedimental

O conflito de competência será suscitado por ofício, caso seja de iniciativa do juiz e endereçado à autoridade competente para o seu processamento, observado, para tanto, o disposto no respectivo regimento interno.

Suscitado pelas partes ou pelo Ministério Público, o conflito será formalizado por meio de petição, igualmente endereçada ao tribunal competente e à autoridade processante também indicada no regimento interno.

Tanto o ofício quanto a petição devem ser fundamentados, contendo as razões do convencimento do suscitante do conflito, além dos documentos comprobatórios necessários. Vale lembrar que, sendo o conflito suscitado pelas partes, é necessária a juntada da procuração do advogado do suscitante; não apresentada, deverá ser franqueada à parte a chance de suprir o vício, nos termos do art. 76 do CPC/2015, sob pena de interpretação analógica aos termos da Súmula nº 115/STJ:

"[...] Falimentar. Instrução. CPC, art. 118. Não essencialidade dos instrumentos procuratórios. Recurso. Procuração. Peça obrigatória. Súmula n. 115/STJ. Juntada tardia. Descabimento. Improvimento.

I. As procurações outorgadas pelos litigantes não são necessárias à prova do conflito, que pode ter solução independente da interferência das partes. *Porém, a partir do momento em que elas intervêm nos autos, devem fazê-lo regularmente representadas, ante o óbice inscrito na Súmula n. 115/STJ.*

II. Descabe a juntada posterior de peça imprescindível ao conhecimento de recurso já interposto (STJ, 2ª Seção, EDcl no AgRg no CC nº 33346/GO, Rel. Min. Aldir Passarinho Junior, DJ de 26/8/2002).

III. Prova do conflito

O ofício ou a petição apresentados para formalizar o conflito de competência devem vir instruídos com os documentos necessários à comprovação da existência de juízes em conflito, e, ainda, de elementos que possam demonstrar qual deles é, em princípio, o competente para processar e julgar a causa.

A ausência de apresentação dos documentos necessários tem por consequência o não conhecimento do conflito suscitado:

"Conflito Positivo de Competência. Conflito suscitado pela parte. Ação Civil Pública. Ausência de manifestação expressa e específica de quaisquer dos juízos suscitados no que tange a competência para conhecer das demais ações em andamento. Não configurada a hipótese do Artigo 115, inciso I, do CPC.

Documentação juntada pelo Município Suscitante que não comprova a existência do conflito. Artigo 118, parágrafo único, do CPC. Precedentes desta C. Câmara. Conflito não conhecido" (TJSP, Câmara Especial, Conflito de Competência nº 2003928-66.2016.8.26.0000, Rel. Lidia Conceição, DJe de 18/2/2016, grifo nosso).

"Agravo Regimental em Conflito de Competência - Instrução Deficiente - Ausência de Peças Indispensáveis à Compreensão da Controvérsia - Não Conhecimento - Precedentes da Segunda Seção do STJ.

1. Aberto prazo para sanar a deficiência da instrução do feito, mormente quanto à necessidade de juntada da decisão judicial de

decretação de falência e de outras peças indispensáveis à compreensão da controvérisa, o desatendimento pela suscitante implica na impossibilidade de se conhecer do conflito de competência, consoante orientação firmada no âmbito da Segunda Seção do STJ. Precedentes. [...]" (STJ, 2ª Seção, AgRg no CC nº 126039, Rel. Min. Marco Buzzi, DJE de 15/12/2014).

"Conflito Negativo de Competência. Alegação de inocorrência de prevenção em razão do concurso de credores na desapropriação com as execuções por sub-rogação e ações regressivas. Falta de prova do alegado. Descumprimento do parágrafo único do art. 118, do Código de Processo Civil. Conflito não conhecido" (TJSP, Turma Especial de Direito Público, CC nº 0118092-20.2012.8.26.0000, Rel. Des. Moreira de Carvalho, DJe de 7/1/2013).

Art. 954 - Após a distribuição, o relator determinará a oitiva dos juízes em conflito ou, se um deles for suscitante, apenas do suscitado.
Parágrafo único - No prazo designado pelo relator, incumbirá ao juiz ou aos juízes prestar as informações.

I. Oitiva dos juízes em conflito

Cumpridas as fases de instauração e distribuição do conflito de competência – com o registro e encaminhamento do feito ao relator competente (*vide* comentários ao art. 953) –, tem início a fase de oitiva dos conflitantes. Tendo sido suscitado pela parte ou pelo Ministério Público, ambas as autoridades judiciárias envolvidas no conflito deverão ser ouvidas, a fim de que justifiquem suas respectivas posições:

"[...] 2. A matéria debatida, relativa à validade, ou não, de cláusula de eleição de foro, exige uma análise mais cuidadosa, *sendo pertinente a manifestação dos Juízos apontados em conflito, os quais poderão prestar esclarecimento necessário e relevante ao julgamento. Embora os precedentes mencionados pela requerente, aparentemente, guardem semelhança com a hipótese destes autos, há necessidade de apreciar detidamente os elementos juntados aos autos e as demais peças e informações que serão trazidas pelos Juízes em conflito, nos termos do que dispõe o art. 119 do Código de Processo Civil.*

3. Agravo regimental desprovido" (STJ, 2ª Seção, AgRg no CC nº 35998/SP, Rel. Min. Carlos Alberto Menezes Direito, DJ de 21/10/2002 – grifo nosso).

Por outro lado, caso o conflito de competência tenha sido suscitado pelo juiz, fica dispensada a sua oitiva – ouvindo-se apenas a parte suscitada –, pois seus argumentos sobre o incidente já foram expostos no ofício dirigido ao tribunal, sendo inócua a sua repetição.

A depender do caso concreto, e estando o incidente bem instruído desde o início, pode-se afastar a necessidade de oitiva dos conflitantes:

"[...] 7. A audiência dos juízos em conflito não constitui providência obrigatória estando os autos devidamente instruídos (Edcl/CC 403-BA, Rel. Min. Torreão Braz, DJ 13/12/93, *apud* Código de Processo Civil Anotado, 7ª edição, 2003, Saraiva, Ministro Sálvio de Figueiredo Teixeira). [...]" (STJ, 1ª Seção, CC nº 41444/AM, Rel. Min. Luiz Fux, DJ de 16/2/2004).

Por fim, embora a redação do artigo não traga explicitamente essa possibilidade, uma interpretação sistêmica do novo diploma processual permite concluir pela viabilidade de oitiva também das partes, e não apenas dos juízes conflitantes. De fato, decorre da análise do capítulo relacionado às normas fundamentais a necessária observância dos princípios da cooperação e do contraditório, evitando-se a chamada "decisão surpresa" (CPC/2015, arts. 6º, 9º e 10).

Portanto, sendo necessário, as partes podem ser ouvidas durante a tramitação do incidente do conflito de competência, pois a decisão final as afetará diretamente (sejam ambas as partes, quando o conflito não é suscitado por elas; seja apenas a parte que não o suscitou).

II. Prazo

As informações serão prestadas no prazo estipulado pelo relator, levando em conta a complexidade do caso e fluirá em dias úteis (CPC/2015, arts. 218, § 1º, e 219). Não sendo estipulado prazo específico, deverão ser prestadas no prazo geral de 5 (cinco) dias úteis (arts. 218, § 3º, e 219).

Art. 955 - O relator poderá, de ofício ou a requerimento de qualquer das partes, determinar, quando o conflito for positivo, o sobrestamento do processo e, nesse caso, bem como no de conflito negativo, designará um dos juízes para resolver, em caráter provisório, as medidas urgentes.

Parágrafo único - O relator poderá julgar de plano o conflito de competência quando sua decisão se fundar em:

I - súmula do Supremo Tribunal Federal, do Superior Tribunal de Justiça ou do próprio tribunal;

II - tese firmada em julgamento de casos repetitivos ou em incidente de assunção de competência.

I. Esclarecimentos iniciais

O artigo em questão faz menção tanto ao conflito positivo de competência (quando dois ou mais órgão jurisdicionais afirmam a sua competência) quanto ao conflito negativo (quando dois ou mais órgãos jurisdicionais se consideram incompetentes, atribuindo um ao outro a competência), ambos conceituados pelo art. 66 do CPC/2015.

Ressalte-se que o art. 955 traz duas alterações pontuais em seu parágrafo único: i) a primeira diz respeito à substituição da expressão "jurisprudência dominante", pelas súmulas dos Tribunais Superiores ou do próprio tribunal e pelas teses firmadas em casos repetitivos e incidentes de assunção de competência; ii) a segunda é a supressão da menção ao cabimento do agravo, pois essa hipótese já se encontra disciplinada no regramento geral de agravo interno, cabível em face de decisões do relator (CPC/2015, art. 1.021).

II. Sobrestamento do processo

Embora conste do artigo sob exame que o relator "poderá" determinar o sobrestamento do processo, sua correta leitura impõe o reconhecimento de que se trata de um dever, não de um poder. Isto porque, suscitado o conflito, os autos do processo permanecem no grau de origem, daí o sobrestamento de seu curso ser medida obstativa da prática de atos processuais por órgão jurisdicional que pode ser, ao final, reconhecido como incompetente; assim, a providência de sobrestamento evita a prática de atos inúteis e a tomada de decisões que, futuramente, possam vir a ser declaradas nulas.

Esse sobrestamento poderá ser necessário apenas nos casos de conflito positivo de competência, pois nos negativos a tramitação do processo já estará automaticamente suspensa, visto que nenhum dos juízes envolvidos reconhece sua competência para o processamento da causa – e, consequentemente, para a prática de qualquer ato processual. Mas, é evidente, os atos já praticados antes do sobrestamento continuam a surtir efeito até que o conflito seja julgado, sejam cassados por via recursal ou por qualquer outro meio adequado de impugnação, ou, ainda, até que sejam reapreciados pelo juiz designado pelo relator para conhecer das medidas de urgência.

Em outras palavras: uma medida liminar concedida anteriormente ao sobrestamento, por exemplo, permanece válida (i) até que o conflito de competência seja julgado – não cabendo ao relator a sua reapreciação –, (ii) até que seja eventualmente cassada pelo acórdão que julga recurso de agravo de instrumento anteriormente interposto ou, ainda, (iii) até que seja reapreciada pelo órgão jurisdicional escolhido pelo relator, dentre os conflitantes, para conhecer de eventuais medidas de urgência (caso seja necessária essa designação – *vide* comentários ao item III).

III. Resolução de medidas urgentes

Estando o feito sobrestado, e tratando-se de conflito positivo ou negativo de competência, o relator pode designar um dos juízes envolvidos no conflito, em caráter provisório, para conhecer de medidas urgentes. Ou seja: suspensa a tramitação do processo e a prática de quaisquer atos decisórios pelos conflitantes – e existindo circunstância fática ou processual superveniente que demande concessão de uma medida urgente –, o relator escolherá um deles para adotar as medidas urgentes em caráter de provisoriedade.

Esse dispositivo visa evitar que potenciais situações causadoras de danos graves ou de difícil reparação permaneçam sem apreciação durante o sobrestamento; contudo, aplica-se apenas em casos de real urgência:

"[...] 3. Se, ao chegar à Justiça Estadual, é suscitado conflito de competência no feito originário, cabe ao Relator do conflito, com amparo no disposto no art. 955 do novo CPC (lei 13.105/2015), 'designar um dos juízes para resolver, em caráter provisório, as medidas urgentes'" (STJ, 4ª Turma, AgInt na PET no Recurso em MS nº 47.155, Rel. Min. Reynaldo Soares da Fonseca, DJe de 17/8/2016).

"Dissolução de sociedade. Conflito de competência negativo. Sobrestamento do feito. Pedido de realização de auditoria. Medida que não é urgente. Recurso improvido. A determinação de realização da auditoria não é medida urgente e de tal modo não era passível de apreciação pelo juiz, tendo em vista que não há notícia de que a postergação da realização da prova possa acarretar prejuízos à empresa" (TJSP, 3ª Câmara de Direito Privado, Agravo Regimental nº 062697-77.2011.8.26.0000, Rel. Des. Jesus Lofrano, DJe de 8/6/2011).

Designado o juiz com competência provisória, e concedida eventual medida urgente, esta terá sua validade resguardada até o julgamento do conflito, oportunidade em que poderá ser revista ou convalidada pela autoridade ao final declarada como competente.

IV. Possibilidade de julgamento *de plano* do conflito por decisão monocrática do relator

Presentes as condições enunciadas pelo parágrafo único do art. 955, o relator poderá, em decisão monocrática, decidir *de plano* o conflito de competência.

Essas condições para o julgamento *de plano* vinham enunciadas pelo CPC/1973 sob a rubrica de "jurisprudência dominante do tribunal", passando o CPC/2015 a enunciá-las como "súmulas dos tribunais superiores ou dos próprios tribunais" ou "teses firmadas em julgamentos de casos repetitivos ou incidentes de assunção de competência" (*vide*, ainda, CPC/2015, art. 927).

Independentemente da rubrica, o espírito do legislador era o de fixar circunstâncias em que o julgamento do conflito de competência pudesse ocorrer sem a necessidade da obtenção de outros elementos de convicção, pois fundado em orientação jurisprudencial já sedimentada. Então, em última análise, tanto as súmulas quanto os julgamentos repetitivos e de incidentes de assunção de competência também se consubstanciam em meios pelos quais se firma e se unifica o entendimento de determinado tribunal acerca de tema específico.

Presentes os requisitos, o relator poderá decidir o conflito de competência *de plano*, por decisão monocrática:

"Agravo regimental no conflito negativo de competência. Violação do princípio da colegialidade. Inexistência. [...] 1. Nos termos do disposto no art. 120 do Código de Processo Civil c/c o art. 3º do Código de Processo Penal, é possível o julgamento do conflito de competência por decisão monocrática com base no entendimento jurisprudencial dominante desta Corte, sendo certo, outrossim, que a possibilidade de submissão da decisão singular ao controle recursal dos órgãos colegiados no âmbito dos Tribunais Superiores tem o condão de preservar o princípio da colegialidade. [...]" (STJ, 3ª Seção, AgRg no CC nº 133334, Rel. Min. Maria Thereza de Assis Moura, DJe de 17/11/2014).

"Processo civil. Agravo regimental no conflito de competência. Possibilidade de resolução da controvérsia por decisão monocrática. Art. 120, parágrafo único, do CPC. [...] 1. *Constatada a existência de jurisprudência dominante do Tribunal, nada obsta – e até se recomenda – que o relator decida, de plano, o conflito de competência.* Aplicação do art. 120, parágrafo único, do CPC. [...]" (STJ, 2ª Seção, AgRg no CC nº 120642/RS, Rel. Min. João Otávio de Noronha, DJe de 18/11/2014 – grifo nosso).

"Agravo regimental no conflito de competência. Ofensa ao princípio da colegialidade. Sumulado. Inexistência. [...]

1. Não há ofensa ao princípio da colegialidade se a questão suscitada é decidida com lastro *na jurisprudência dominante do tribunal, inclusive sumulada, conforme autoriza o art. 120, parágrafo único, do Código de Processo Civil* c/c o art. 3º do Código de Processo Penal" (STJ, 3ª Seção, AgRg no CC nº 110372/AM, Rel. Min. Nefi Cordeiro, DJE de 16/10/2014 – grifo nosso).

Por fim, decidido o conflito de competência por meio de decisão monocrática, esta desafiará a interposição, ao órgão colegiado e em 15 dias úteis, do agravo interno disciplinado no regramento geral do recurso cabível em face de decisões de relatores (CPC/2015, arts. 219, 1.003, § 5º, e 1.021).

Art. 956 - Decorrido o prazo designado pelo relator, será ouvido o Ministério Público, no prazo de 5 (cinco) dias, ainda que as informações não tenham sido prestadas, e, em seguida, o conflito irá a julgamento.

I. Esclarecimentos iniciais

Cumpre salientar que esse artigo estaria topologicamente melhor posicionado se viesse logo em seguida ao art. 954, que trata da oitiva dos órgãos jurisdicionais conflitantes; isto porque sua atual localização gera dúvidas sobre se a expressão "decorrido o prazo designado pelo relator" diz respeito ao prazo de manifestação concedido no art. 954 ou ao prazo de sobrestamento possibilitado pelo art. 955.

Assim, imperativo esclarecer que a fluência do prazo a que se refere o presente artigo é daquele de manifestação dos órgãos jurisdicionais conflitantes ou também das partes (para os que assim entendem possível – *vide* comentários ao art. 954).

II. Oitiva do Ministério Público: nulidade e prazo

Decorrido o prazo para manifestação das autoridades judiciárias em conflito e/ou das partes – ou dispensadas as informações, quando o caso (*vide* comentários ao art. 954) –, o Ministério Público será ouvido na condição de fiscal da ordem jurídica, mesmo que as informações previstas no art. 954 não tenham sido prestadas.

Assim, tratando-se de causas que envolvam interesse público ou social, interesses de incapaz ou litígios coletivos pela posse de terra rural ou urbana – além das demais hipóteses previstas em lei e na CF –, é obrigatória a intimação do Ministério Público para que se manifeste no incidente, sob pena de nulidade, conforme expressamente disposto no art. 279 do CPC/2015.

O prazo assinalado de 5 (cinco) dias é impróprio, sua inobservância não trazendo consequências de ordem processual – acarretando, no entanto, eventuais consequências de ordem administrativa cabíveis, a serem apuradas pelo respectivo órgão de classe ou corregedoria; ausente a manifestação do *parquet* no prazo, o conflito de competência será remetido a julgamento.

Em outras palavras, cuidando-se de quaisquer das hipóteses de oitiva obrigatória do Ministério Público como fiscal da ordem jurídica, a ausência de sua intimação para que exerça essa função acarreta nulidade da decisão a ser proferida no incidente; se, intimado a manifestar-se, não o fizer no prazo impróprio de 5 (cinco) dias, os autos do conflito de competência serão remetidos a julgamento sem essa manifestação (CPC, art. 180, § 1º).

III. Sustentação oral em julgamento de conflito de competência

Decorrido o prazo conferido pelo relator e acostada aos autos a manifestação do Ministério Público, o conflito de competência vai a julgamento. Surge, então, a dúvida sobre a viabilidade, ou não, de sustentação oral nesse julgamento.

O Estatuto da OAB (Lei nº 8.906/1994) previa, em seu art. 7º, inciso IX, a possibilidade de sustentação oral dos advogados, em qualquer recurso ou processo, mesmo após o voto do relator; contudo, em julgamento de ação direta de inconstitucionalidade, o Supremo Tribunal Federal declarou inconstitucional esse artigo, sob os argumentos de que a presença de advogado pode ser dispensada em certos atos judiciais e de que a possibilidade de sustentação oral, após o voto do relator, fere o devido processo legal (Pleno, ADI nº 1127, Rel. Min. Marco Aurélio, DJ de 11/6/2010).

Assim, não é o Estatuto da OAB que define a possibilidade, ou não, de sustentação oral em determinados casos específicos, mas, sim, os regimentos internos dos tribunais (aplicando-se, subsidiariamente, o Código de Processo Civil), valendo como exemplos as seguintes normas regimentais:

1. Supremo Tribunal Federal

Em tese, é permitida a sustentação oral no julgamento de conflito de competência, uma vez que essa hipótese não consta das vedações do § 2º do art. 131 do Regimento Interno;

2. Superior Tribunal de Justiça

Em tese, igualmente é permitida a sustentação oral no julgamento de conflito de competência, pois não vedada expressamente pelo art. 159 do Regimento Interno. Contudo, na prática, essa iniciativa pode ser dificultada pelo fato de o julgamento do conflito de competência independer de pauta e de intimação das partes (cf. art. 91, inciso I, regimento interno do STJ), circunstância que, aliás, não dá causa a nulidade:

"Conflito de competência. Embargos de declaração. Desnecessidade de intimação. Julgamento em mesa. [...] 1. A ausência de intimação dos interessados para o julgamento do feito não gera nulidade, pois é o conflito de competência apresentado em mesa para o julgamento, nos termos do art. 91, I, do RI desta Corte [...]" (SJT, 3ª Seção, EDcl no CC nº 132126/MA, Rel. Min. Nefi Cordeiro, DJe de 10/4/2015).

3. Tribunal de Justiça de São Paulo

O tribunal paulista, por sua vez, expressamente veda a possibilidade de sustentação oral no julgamento de conflito de competência, nos termos do art. 465, inciso V, de seu Regimento Interno;

4. Tribunal de Justiça do Paraná

O tribunal paranaense igualmente veda a possibilidade de sustentação oral no julgamento de conflito de competência, nos termos do art. 226, § 1º, de seu Regimento Interno.

Art. 957 - Ao decidir o conflito, o tribunal declarará qual o juízo competente, pronunciando-se também sobre a validade dos atos do juízo incompetente.
Parágrafo único - Os autos do processo em que se manifestou o conflito serão remetidos ao juiz declarado competente.

I. Declaração do juízo competente e remessa dos autos

Andou bem o *caput* do artigo ao mencionar claramente a expressão "juízo", como sinônimo de órgão jurisdicional, em vez de apenas juiz; assim, o disposto no parágrafo único, que, infelizmente, não corrigiu esse equívoco, deve ser lido igualmente como "juízo" competente onde atua autoridade judiciária.

Julgando o conflito de competência, o tribunal proferirá decisão de cunho declaratório, visto que apenas declara qual o juízo competente, não contendo a decisão qualquer comando que possa modificar outras situações jurídicas.

Justamente por isso, nesse julgamento é vedado ao tribunal decidir sobre qualquer outra matéria estranha à competência, pois a sua própria cognição, nessa oportunidade específica, está limitada às questões cujos contornos foram traçados pelo conflito de competência suscitado:

"[...] 1. A definição do juízo competente consubstancia questão preliminar, que, por óbvio, antecede o exame de mérito da controvérsia e, por conseguinte, não pode utilizar como premissa a solução de questão de fundo, mas apenas as regras de distribuição de competência constantes da Constituição Federal, do Código de Processo Civil, das leis estaduais e das leis especiais, no caso, a Lei 11.101/2005.

2. *Assim, 'o conflito de competência não é via adequada para se aferir a inteireza e legitimidade de deliberações dos juízos suscitados nem para se pronunciar o acerto ou desacerto de decisões proferidas em demandas que deram origem a sua instauração'* (AgRg no CC nº 131.891, Rel. Min. João Otávio de Noronha, DJe 12/9/2014)" (STJ, 2ª Seção, AgRg no AgRg no CC nº 130.674, Rel. Min. Luis Felipe Salomão, DJe de 31/8/2015, grifo nosso).

Nada obsta, no entanto, que ao julgar o conflito de competência o tribunal declare a competência de um terceiro órgão jurisdicional, diferente dos conflitantes, conforme já decidiu o Superior Tribunal de Justiça, ao afirmar que *"pode declarar a competência de outro juízo ou tribunal que não o suscitante e o suscitado"* (2ª Seção, CC nº 33935/AC, Rel. Min. Sálvio de Figueiredo Teixeira, DJ de 5/5/2003 – grifo nosso).

Ademais, proferida a decisão, o órgão jurisdicional declarado incompetente submete-se a ela, não mais podendo suscitar novo conflito: *"Uma vez decidido o conflito de competência, 'functus officio est', devendo o juízo inferior submeter-se à decisão do juízo competente para a solução do incidente processual. A lei processual não prevê o conflito do conflito nem autoriza o juízo competente por força da solução do incidente reavivar a matéria através de sui generis recurso. Aplicação do Art. 122 do CPC"* (STJ, 1ª Seção, CC nº 34777/RS, Rel. Min. Humberto Gomes de Barros, DJ de 9/9/2002 – grifo nosso).

Por fim, nos termos do parágrafo único, julgado o conflito e declarado qual o juízo competente, os autos do processo serão a ele remetidos. Estando os autos com o juízo declarado competente, com ele permanecerão; estando com o juízo declarado incompetente, esse será comunicado sobre a decisão e deverá remeter os autos àquele competente.

II. Validade dos atos do juízo incompetente

Os atos proferidos pelo juízo incompetente serão, em regra, conservados até que seja proferida outra decisão pelo juízo competente, se o caso (CPC/2015, art. 64, § 4º).

Esse comando atende aos corolários da instrumentalidade das formas, do aproveitamento dos atos processuais na ausência de prejuízo e da duração razoável do processo (CPC, arts. 4º e 283, parágrafo único, e CF, art. 5º, inciso LXXVIII). Justamente por isso, a citação válida, ainda quando ordenada por juízo incompetente, interrompe a prescrição e obsta a decadência (CPC/2015, art. 240, §§ 1º e 4º).

A *contrario sensu*, sendo o caso e reconhecendo-se a potencialidade prejudicial de atos processuais praticados pelo juízo incompetente, o tribunal poderá identificá-los e anulá-los ao decidir o conflito de competência, observado o disposto no art. 282 do CPC/2015:

"[...] 2. *Para solver tal controvérsia, prevê o vigente diploma processual procedimento adequado, no qual incumbe ao tribunal tão somente declarar qual é o juízo competente, pronunciando-se, ainda e se necessário, quanto à validade dos atos praticados pelo juízo reconhecidamente incompetente. Inteligência do art. 957 do CPC.* 3. Todavia, não se pode extrair, dessa última regra, esteja o tribunal, no caso este STJ, autorizado a imiscuir-se no mérito da demanda para examinar fatos e provas, antecipando indevido juízo de valor quanto ao próprio objeto da ação originadora do conflito de competência [...]" (1ª Seção, AgRg no CC nº 144.175-MG, Rel. Min. Sérgio Kukina, DJE de 8/11/2016, grifo nosso).

"Conflito negativo de competência. [...] 4. Aplicação ao caso, de forma excepcional, do disposto no art. 122 do CPC. 6. Conflito conhecido para declarar a competência do juízo estadual (suscitado), cassando-se a decisão que deferiu o pedido de denunciação da lide. [...] 4. Considerando que não houve recurso contra a decisão que deferiu o pedido de denunciação da lide, bem como a necessidade de se solucionar o presente conflito a fim de possibilitar o prosseguimento da ação de arbitramento de honorários, *deve ser aplicada a solução prevista no art. 122 do CPC, que permite ao Tribunal, no julgamento de conflito de competência, pronunciar-se acerca da 'validade dos atos do juiz incompetente'.* [...] 6. Conflito conhecido para *declarar a competência do Juízo Estadual (suscitado), anulando-se a decisão que deferiu a denunciação da lide, nos termos do art. 122 do CPC*" (STJ, 2ª Seção, CC nº 135710/RS, Rel. Min. Marco Aurélio Bellizze, DJe de 6/4/2015 – grifo nosso).

"Processo civil. Conflito de competência. Justiça estadual e justiça federal. [...]

3. Tendo em vista que a ação já foi julgada pelo juízo incompetente, *a solução mais consentânea com os princípios da celeridade e da economia processual consiste em anular os atos praticados pelo juízo estadual, remetendo-se os autos ao juízo competente.*

4. Conflito conhecido para declarar a competência da Justiça Federal" (STJ, 2ª Seção, CC nº 122253/AL, Rel. Min. Nancy Andrighi, DJe de 1º/10/2013 – grifo nosso).

III. Recorribilidade

A decisão que julga o conflito de competência desafiará a oposição de embargos de declaração e, presentes os requisitos de admissibilidade específicos, a interposição de recurso especial e extraordinário (CPC/2015, arts. 219, 1.003, § 5º, 1.023 e 1.029 e ss.).

Eis exemplos de conflitos de competência que chegaram à apreciação do Superior Tribunal de Justiça, por meio de recursos especiais:

"Agravo Interno no Agravo em Recurso Especial. Conflito de Competência. Servidores Municipais Estatutários. Incorporação de Vantagens Salariais, Competência da Justiça Comum. Omissão no Acórdão Estadual. Inocorrência.

1. Verifica-se não ter ocorrido omissão no acórdão estadual, na medida em que o Tribunal de origem dirimiu, fundamentadamente, as questões que lhe foram submetidas, apreciando integralmente a controvérsia posta nos autos, não se podendo, ademais, confundir julgamento desfavorável ao interesse da parte com negativa ou ausência de prestação jurisdicional.

2. Ademais, é firme o entendimento nesta Corte Superior no sentido de ser a Justiça Comum competente para processar e julgar as ações oriundas das relações de trabalho entre a Administração Pública e os seus servidores estatutários.

3. Agravo interno a que se nega provimento" (1ª T., AgInt no Agravo em REsp nº 1.032.613-BA, Rel. Min. Sérgio Kukina, DJe de 26/6/2017).

"Administrativo. Processo civil. Improbidade. Competência. Local do dano. [...] 1. Cuida-se de Recurso Especial interposto contra Acórdão da Segunda Seção do Tribunal Regional Federal da 3ª Região, que conheceu do conflito de competência suscitado nos autos de Ação de Improbidade Administrativa, pelo Juízo da 3ª Vara Federal de Sorocaba/SP em face do Juízo da 3ª Vara Federal de Bauru/SP, para declarar competente o Juízo suscitado, sob o fundamento de que, no caso dos autos, o local em que ocorridos os danos à Administração Pública fora o Município de Bauru, onde consumados os atos ímprobos praticados, em favor de pessoas físicas e empresas privadas, por empregados e dirigentes da Diretoria Regional dos Correios de Bauru. [...] 6. Dessume-se que o acórdão recorrido está em sintonia com o atual entendimento deste Tribunal Superior, razão pela qual não merece prosperar a irresignação. Incide, *in casu*, o princípio estabelecido na Súmula 83/STJ. [...]" (2ª Turma, AgRg no Resp nº 1447388/SP, Rel. Min. Herman Benjamin, DJe de 20/3/2015).

"Processual civil. Conflito de competência negativo. Execução Individual de sentença proferida no julgamento de ação coletiva. Foro do domicílio do consumidor. Inexistência de prevenção do juízo que examinou o mérito da ação coletiva. [...]

1. A jurisprudência do Superior Tribunal de Justiça consolidou entendimento de que a execução individual de sentença condenatória proferida no julgamento de ação coletiva não segue a regra geral dos arts. 475-A e 575, II, do Código de Processo Civil, pois inexiste interesse apto a

justificar a prevenção do Juízo que examinou o mérito da ação coletiva para o processamento e julgamento das execuções individuais desse título judicial. Desse modo, o ajuizamento da execução individual derivada de decisão proferida no julgamento de ação coletiva tem como foro o domicílio do exequente, em conformidade com os artigos 98, § 2º, I, 101, I, do Código de Defesa do Consumidor.

2. Não se conhece do Recurso Especial quanto a matéria (arts. 600, II, e 17, II, do CPC), que não foi especificamente enfrentada pelo Tribunal de origem, dada a ausência de prequestionamento. Incide, por analogia, a Súmula 282/STF. 3. Recurso Especial parcialmente conhecido e, nessa parte, provido" (2ª Turma, Resp nº 1495354/RS, Rel. Min. Herman Benjamin, DJe de 6/4/2015).

Art. 958 - No conflito que envolva órgãos fracionários dos tribunais, desembargadores e juízes em exercício no tribunal, observar-se-á o que dispuser o regimento interno do tribunal.

I. Esclarecimentos iniciais

Os artigos anteriores destacaram as hipóteses de conflito externo de competência – basicamente, entre juízes e tribunais ou tribunais diversos – e a sua forma de processamento. Já este artigo cuida do processamento de conflitos internos de competência, relacionados aos órgãos fracionários e aos membros integrantes dos próprios tribunais.

A única inovação do CPC/2015, nesse particular, refere-se à terminologia, substituindo-se os termos "turmas, seções, câmaras e Conselho Superior da Magistratura", pela expressão "órgãos fracionários".

II. Conflito interno de competência

Tratando-se de conflito interno de competência, observar-se-á o procedimento previsto nos respectivos regimentos internos, elaborados à luz das leis de organização judiciária de cada Estado (CF, art. 125, § 1º).

A despeito disso, aplicam-se de forma subsidiária as normas do Código de Processo Civil, razão pela qual muitos dos regimentos internos até mesmo reproduzem determinados artigos de observância obrigatória do diploma processual, valendo, como exemplos, o que dispõem os Regimentos Internos do STF (arts. 163/168), do STJ (arts. 193/198), do TJSP (arts. 200/204 e 222/228) e do TJPR (arts. 318/321).

A fim de facilitar a compreensão da possibilidade de conflito interno de competência, exemplifica-se o Regimento Interno do Tribunal de Justiça de São Paulo, que em seu art. 13, inciso I, *e*, disciplina a competência de seu Órgão Especial para apreciar conflitos de competência entre órgãos do tribunal pertencentes a seções diversas, como ocorreu nesses casos:

"Conflito de Competência. [...] Demanda que não versa contrato bancário ou de 'alienação fiduciária' entre partes, mas declaração de inexistência de relação jurídica entre as partes – Ação fundada na responsabilidade civil extracontratual – Competência da Subseção de Direito Privado I (1ª a 10ª Câmaras), nos termos do art. 5º, 'I.29', da Resolução 623/2013 – Resolução 693/2015, que alterou essa disposição, mas ressalvou não se aplicar aos processos 'já distribuídos', à sua aplicação – Conflito julgado procedente, declarada competente a Câmara suscitante (5ª Câmara de Direito Privado)" (TJSP, Grupo Especial da Seção de Direito Privado, CC nº 0035545-15. 2015.8.26.0000, Rel. Des. João Carlos Saletti, DJE de 26/6/2015).

"Conflito de Competência – [...] Seguro prestamista que é apenas acessório do contrato bancário cujas cláusulas e consequências (cálculo de juros capitalizados e tributo) se busca discutir – Matéria que se insere dentre as de competência preferencial da Seção de Direito Privado II (art. 5º, II.11, da Resolução nº 623/2013 desta Egrégia Corte) – Conflito julgado procedente, para afirmar competente a Câmara suscitada (38ª Câmara de Direito Privado)" (TJSP, Grupo Especial da Seção de Direito Privado, CC nº 0017618-36.2015.8.26.0000, Rel. Des. João Carlos Saletti, DJE de 22/5/2015).

Art. 959 - O regimento interno do tribunal regulará o processo e o julgamento do conflito de atribuições entre autoridade judiciária e autoridade administrativa.

I. Conceituação de conflito de atribuições

Existindo conflito entre autoridade judiciária e autoridade administrativa no campo das atribuições, estaremos diante de um conflito de atribuições, e não de conflito de competência.

O conflito de atribuições pressupõe, no entanto, que a autoridade judiciária esteja praticando atos de cunho administrativo, já que não há que se falar em conflito de atribuições quando a autoridade judiciária está no exercício de função jurisdicional:

"Agravo regimental no conflito de atribuições. Hipótese que não se subsume ao preceito constitucional. Autoridades integrantes de um mesmo poder. Não provimento.

1. O Superior Tribunal de Justiça firmou compreensão segundo a qual: *'O conflito de atribuições ocorre quando autoridades de dois Poderes diferentes, no desempenho de atividades administrativas, se julgam competentes para a edição de ato administrativo análogo' (AgRg no CAt 150/SP, Relator Ministro José Delgado, DJ 31.5.04).*

2. Na mesma linha de entendimento, asseverou a mencionada Corte Superior de Justiça que: '[...] o conflito de atribuições entre autoridades administrativa e judiciária somente surge quando ambas atribuem-se competência para o conhecimento e solução de matéria puramente administrativa. Quando, como no caso concreto, a autoridade judiciária, no exercício pleno de sua função jurisdicional, aprecia e decide uma ação popular ou outra qualquer, não pode haver conflito de atribuições com a autoridade administrativa'. (CAt n.º 90/DF, Relator Ministro Garcia Vieira, DJ 29.5.00) 3. No caso específico dos autos, o conflito de atribuições não se revela idôneo, porquanto, para além de estarmos diante de duas autoridades integrantes do mesmo Poder, uma delas encontra-se no exercício de genuína função jurisdicional. [...]" (STJ, 3ª Seção, AgRg no CAt nº 224/CE, Rel. Min. Og Fernandes, DJe de 24/9/2009 – grifo nosso).

"Penal e processo penal. *Conflito de atribuições. Estatuto do desarmamento. Autoridade judiciária e autoridade militar. Determinação do local de entrega de armas apreendidas em processos judiciais findos. Atribuição da autoridade judiciária.*

1. É atribuição do Juízo de Direito a designação da unidade do Exército onde serão entregues as armas e munições apreendidas em processos judiciais findos para serem destruídas.

2. Cabe ao Comando do Exército, *in casu*, apenas a atribuição de determinar em quais unidades da Organização Militar serão as armas e munições levadas à destruição.

3. Conheço do conflito de atribuições para declarar competente o Juízo de Direito da Vara Crime da Comarca de São Gabriel/BA, ora suscitante" (STJ, 3ª Seção, CAt nº 191/BA, Rel. Min. Maria Thereza de Assis Moura, DJe de 19/3/2010 – grifo nosso).

II. Trâmite procedimental

Para a resolução dessa modalidade de conflito deverão ser observadas as normas constantes dos respectivos regimentos internos dos tribunais, os quais, como já salientado, são elaborados à luz das leis de organização judiciária de cada Estado (CF, art. 125, § 1º). Nesse sentido, pode-se exemplificar com os dispositivos dos regimentos internos do STF (arts. 163/168), do STJ (arts. 193/198), do TJSP (arts. 200/204 e 222/228) e do TJPR (arts. 318/321), que tratam do conflito de atribuições nos mesmos artigos tocantes ao conflito de competência.

Assim, compete ao Superior Tribunal de Justiça apreciar os conflitos de atribuições entre autoridades administrativas e judiciárias da União, entre autoridades judiciárias de um Estado e administrativas de outro, entre autoridades judiciárias de um Estado e administrativas do Distrito Federal, ou entre as deste e da União (CF, art. 105, inciso I, *g*).

Já a competência para apreciar os demais conflitos não albergados nesse rol – entre autoridades administrativas e judiciais do mesmo Estado ou entre autoridades judiciais e administrativas pertencentes ao Município – é fixada nos regimentos internos dos tribunais estaduais (CF, art. 125).

III. Conflito de atribuições entre membros do Ministério Público

Da mesma forma, o conflito de atribuições entre os membros do Ministério Público representa categoria distinta do conflito de competência.

As Leis Orgânicas do Ministério Público Estadual (Lei nº 8.625/1993) e do Ministério Público da União (LC nº 75/1993) estipulam as competências para dirimir os conflitos de atribuições entre seus membros:

- Os conflitos de atribuições entre os membros do Ministério Público Estadual serão dirimidos pelo Procurador Geral de Justiça do Estado, que designará qual dos membros deverá oficiar no caso específico (LOMP, art. 10, inciso X);

- Os conflitos de atribuições entre integrantes de diferentes ramos do Ministério Público da União e, em grau recursal, entre os órgãos do Ministério Público Federal, serão dirimidos pelo procurador-geral da República, na qualidade de chefe do MPU (LOMPU, arts. 26, inciso VII, e 49, inciso VIII);

- Já os conflitos de atribuições originários entre os órgãos do Ministério Público Federal serão dirimidos pelas Câmaras de Coordenação e Revisão do MPU (LOMPU, art. 62, inciso VII);

- Finalmente, no tocante aos conflitos de atribuições entre membros do Ministério Público Federal e Estadual, houve grande divergência, durante anos, sobre a competência para a sua apreciação: se do Superior Tribunal de Justiça ou do Supremo Tribunal Federal.

O STJ vinha reiterando seu entendimento no sentido de que a *"competência para julgar conflito de atribuição entre Ministério Público Estadual e Ministério Público Federal recai sobre o Supremo Tribunal Federal"* (3ª Seção, CAt nº 237/PA, Rel. Min. Gilson Dipp, DJe de 16/12/2010).

O STF, por sua vez, inicialmente não reconhecia sua competência para a apreciação dos conflitos de atribuições entre esses órgãos, sob o argumento central de que *"A competência originária do Supremo Tribunal Federal, a que alude a letra f do inciso I do artigo 102 da Constituição, restringe-se aos conflitos de atribuições entre entes federados que possam, potencialmente, comprometer a harmonia do pacto federativo. Exegese restritiva do preceito ditada pela jurisprudência da Corte. Ausência, no caso concreto, de divergência capaz de promover o desequilíbrio do sistema federal. 3. Presença de virtual conflito de jurisdição entre os juízos federal e estadual perante os quais funcionam os órgãos do Parquet em dissensão. Interpretação analógica do artigo 105, I, 'd', da Carta da República, para fixar a competência do Superior Tribunal de Justiça a fim de que julgue a controvérsia"* (Tribunal Pleno, Pet. nº 1503/MG, Rel. Min. Maurício Corrêa, DJ de 14/11/2002 – grifo nosso).

Alterou seu posicionamento, no entanto, durante o julgamento da Pet. nº 3528, entendendo que *"compete ao Supremo a solução de conflito de atribuições a envolver o Ministério Público Federal e o Ministério Público Estadual"* (Tribunal Pleno, Pet. nº 3528/BA, Rel. Min. Marco Aurélio, DJ de 3/3/2006 – grifo nosso), orientação que vem sendo mantida:

"[...] Conflito negativo de atribuições. Ministério Público Federal e Ministério Público Estadual. [...] 1. A ação de improbidade administrativa que se volta contra dirigente de sociedade de economia mista da qual a União é acionista majoritária não acarreta, por si só, a presunção de violação de interesse, econômico ou jurídico, da União. 2. *In casu*, não se vislumbra, *a priori*, interesse jurídico direto da União apto a fixar a competência da justiça federal, e por conseguinte, a atribuição do *Parquet* Federal. 3. Agravo regimental a que se nega provimento" (STF, 1ª T., ACO nº 2438 AgR/ES, Rel. Min Luiz Fux, DJe de 9/3/2015).

"[...] Conflito positivo de atribuições. Ministério Público Federal e Ministério Público Estadual. Atuação perante cortes superiores. Legitimidade do *parquet* estadual para atuar como parte, de forma autônoma, resguardada a atuação do MPF como *custos legis*. [...] Conflito resolvido para assentar a atribuição do ministério estadual do Rio Grande do Norte para atuar no caso *sub examine*. [...] 1. Os Ministérios Públicos estaduais não estão vinculados nem subordinados, no plano processual, administrativo e/ou institucional, à Chefia do Ministério Público da União, o que lhes confere ampla possibilidade de atuação autônoma nos processos em que forem partes, inclusive perante os Tribunais Superiores. 2. *In casu*, o Ministério Público do Rio Grande do Norte possui legitimidade para o ajuizamento de ação rescisória perante o Superior Tribunal de Justiça que tem por objeto decisão daquela Corte em processo no qual o *parquet* estadual era parte. [...]" (STF, 1ª T., ACO nº 2351 AgR/RN, Rel. Min. Luiz Fux, DJe de 4/3/2015).

Por fim, vale ressaltar que não configura conflito de atribuições a providência estabelecida pelo art. 28 do Código de Processo Penal, ao prever que requerimento do órgão do *Parquet* para arquivamento de inquérito policial, não aceito pelo juiz, seja encaminhado ao procurador-geral para oferecimento de denúncia:

"[...] 1. São institutos diversos, o conflito de atribuições entre membros do Ministério Público e a providência do artigo 28 do Código de Processo Penal. Pelo conflito de atribuições, dentre dois ou mais representantes do *Parquet*, um deles é escolhido para tomar prosseguir no feito, ao passo em que, pelo artigo 28 do Código de Processo Penal, o Procurador-Geral reavalia a posição ministerial de arquivamento, e, discordando, *per se*, denuncia, ou designa representante da instituição para fazê-lo. [...]" (STJ, 6ª T., HC nº 198633/SP, Rel. Min. Maria Thereza de Assis Moura, DJe de 28/11/2013).

"Conflito de atribuições. MPF e juiz federal. [...] Manifestação do MPF pela definição da conduta como furto mediante fraude e declinação da competência para o local onde mantida a conta-corrente. Interpretação diversa do juízo federal, que entende tratar-se de estelionato. Inexistência de conflito de atribuições. Arquivamento indireto. Aplicação analógica do art. 28 do CPP. Precedentes da 3ª Seção desta corte. Parecer do MPF pelo não conhecimento do conflito. Conflito de atribuição não conhecido.

[...] 2. Inexiste conflito de atribuição quando o membro do Ministério Público opina pela declinação de competência e o Juízo não acata o pronunciamento; destarte, não oferecida a denúncia, em razão da incompetência do juízo, opera-se o denominado arquivamento indireto, competindo ao Juiz aplicar analogicamente o art. 28 do CPP, remetendo os autos à 2ª. Câmara de Coordenação e Revisão do MPF. Precedentes do STJ. [...] 4. Conflito de atribuição não conhecido" (STJ, 3ª Seção, CAt nº 222/MG, Rel. Min. Napoleão Nunes Maia Filho, DJe de 16/5/2011).

Capítulo VI - Da Homologação de Decisão Estrangeira e da Concessão do *Exequatur* à Carta Rogatória

Art. 960 - A homologação de decisão estrangeira será requerida por ação de homologação de decisão estrangeira, salvo disposição especial em sentido contrário prevista em tratado.
§ 1º - A decisão interlocutória estrangeira poderá ser executada no Brasil por meio de carta rogatória.
§ 2º - A homologação obedecerá ao que dispuserem os tratados em vigor no Brasil e o Regimento Interno do Superior Tribunal de Justiça.
§ 3º - A homologação de decisão arbitral estrangeira obedecerá ao disposto em tratado e em lei, aplicando-se, subsidiariamente, as disposições deste Capítulo.

Autoras: Vera Cecilia Monteiro de Barros e Paula de Magalhães Chisté

I. Do direito anterior

CPC/1973, art. 483, parágrafo único - "A homologação obedecerá ao que dispuser o Regimento Interno do Supremo Tribunal Federal".

II. Da nova organização das regras pertinentes à homologação e concessão de *exequatur*

O CPC/2015 optou por disciplinar dentro de um novo livro, que trata dos processos nos tribunais e dos meios de impugnação das decisões judiciais (Livro III), o processo de homologação da decisão estrangeira e da concessão do *exequatur* à carta rogatória. Tal opção teve por objetivo imprimir organicidade às regras do processo civil brasileiro e dar maior coesão ao sistema.

III. Da ação de homologação

De acordo com o *caput* do art. 960 do CPC/2015, salvo disposição especial prevista em tratado, a homologação de decisão estrangeira será requerida por ação de homologação. Note-se que citado dispositivo, mostrando certa tendência à modernização do sistema, permite que os tratados isentem provimentos estrangeiros do processo de homologação.

A ação de homologação tem por fim tornar a decisão estrangeira oficial em território nacional, passando a produzir efeitos em nossa jurisdição. O ato de homologação chancela a internalização dos efeitos da decisão estrangeira. A ação de homologação se processa em juízo de delibação, não sendo admitida a revisão do mérito da decisão homologanda (nesse sentido, *vide*: STJ, SEC 6.365, Rel. Min. Eliana Calmon, j. em 6/2/2013). O processo de homologação faz instaurar uma situação de contenciosidade limitada (nesse sentido, *vide*: STF, SEC nº 4738, Rel. Min. Celso de Mello, j. em 24/11/1994, e STJ, SEC nº 4572, Rel. Min. Gilson Dipp, j. em 1º/8/2013).

Até 2004, a competência para processar e julgar, originariamente, a ação de homologação de sentenças estrangeiras e a concessão de *exequatur* às cartas rogatórias era do Supremo Tribunal Federal (STF). Contudo, a cooperação internacional ganhou novos contornos com a Emenda Constitucional nº 45, de 8 de dezembro de 2004, que transferiu para o Superior Tribunal de Justiça (STJ) a referida competência.

Transferida a competência do STF para o STJ, a Presidência desse Tribunal baixou a Resolução nº 22, de 31 de dezembro de 2004, que resolveu que se observasse, em caráter excepcional, o Regimento Interno do STF a respeito da matéria (arts. 215 a 229), até que fossem aprovadas disposições regimentais próprias. Posteriormente, o STJ editou a Resolução nº 9, de 4 de maio de 2005, que repetiu as normas do capítulo derrogado do Regimento Interno do Supremo, com algumas modificações e acréscimos. E, em 17 de dezembro de 2014, o STJ editou a Emenda Regimental nº 18, revogando a Resolução nº 9/2005 e alterando o seu Regimento Interno quanto ao processo de homologação de sentenças estrangeiras. Nesse cenário, desde então, o procedimento de homologação de uma sentença estrangeira segue o disposto nos arts. 216-A a 216-X do Regimento Interno do STJ (RISTJ), que foram introduzidos por referida Emenda Regimental nº 18/2014.

Dentro desse contexto, o § 2º do art. 960 do CPC/2015 ora comentado estabelece expressamente que a homologação de decisão estrangeira obedecerá ao que dispuserem os tratados em vigor no Brasil e o Regimento Interno do Superior Tribunal de Justiça.

Já com relação à homologação das decisões arbitrais estrangeiras, em harmonia com o disposto no art. 34, *caput*, da Lei nº 9.307/1996 ("Lei Brasileira de Arbitragem" ou "LBA"), o § 3º do art. 960 do CPC/2015 estabelece que se observará ao disposto em tratado e em lei, aplicando-se subsidiariamente as disposições do CPC. Diante de tais dispositivos, verifica-se que o regime geral de homologação de sentenças arbitrais estrangeiras no Brasil é o da Convenção sobre Reconhecimento e Execução de Sentenças Arbitrais Estrangeiras de Nova Iorque de 1958 ("CNI"), internalizada no ordenamento jurídico nacional com a promulgação do Decreto nº 4.311, de 23 de julho de 2002.

A Convenção de Nova Iorque foi criada para assegurar a efetividade das sentenças arbitrais nos Estados signatários, mediante o compromisso expresso de reconhecer e dar execução a tais sentenças, respeitadas as regras processuais que se aplicam no território do país de reconhecimento. A regra geral consagrada pela Convenção de Nova Iorque está prevista em seu art. III, que estabelece que cada Estado signatário reconhecerá as sentenças como obrigatórias e as executará "em conformidade com as regras de procedimento do território no qual a sentença é invocada". Desse modo, a CNI remete a disciplina do processo homologatório a ser realizado no Brasil, de acordo com o seu sistema processual.

Nesse passo, as normas constantes do Regimento Interno do STJ, introduzidas pela Emenda Regimental nº 18/2014, também regem o procedimento homologatório das decisões arbitrais estrangeiras, com as adaptações previstas pela própria Convenção e pela Lei Brasileira de Arbitragem, aplicando-se subsidiariamente as disposições do Código de Processo Civil.

IV. Do procedimento homologatório

De acordo com o previsto no art. 216-C do RISTJ, a homologação da decisão estrangeira deverá ser requerida pela parte interessada, que deve formular seu pedido por meio de petição inicial dotada dos requisitos indicados na lei processual, bem como os previstos no art. 216-D do RISTJ. Estão legitimadas para propor a ação homologatória todas as partes em relação às quais a decisão homologanda possa surtir efeitos, ou seja, as partes originárias do processo estrangeiro, seus herdeiros e sucessores, assim como terceiros que possam ser juridicamente atingidos pela decisão.

A petição deverá ser endereçada ao Ministro Presidente do STJ e protocolada na Coordenadoria de Processos Originários, e deverá vir instruída com o original ou cópia autenticada da decisão homologanda, e outros documentos indispensáveis, devidamente traduzidos por tradutor oficial ou juramentado no Brasil e chancelados pela autoridade consular brasileira competente, quando for o caso. No que diz respeito às sentenças arbitrais estrangeiras, esses documentos indispensáveis à propositura da ação também estão definidos no art. IV da Convenção de Nova Iorque e art. 37 da Lei Brasileira de Arbitragem.

Por se tratar de processo de competência originária do STJ, não há necessidade de se pagar porte de remessa e retorno dos autos, mas há necessidade de pagar custas judiciais, sendo que o valor das referidas custas para o processo de homologação consta da Tabela "A", do Anexo I, da Resolução nº 3, de 5 de fevereiro de 2015. O valor das referidas custas é corrigido anualmente.

Ausentes os requisitos da petição inicial, o requerente será intimado para que a emende ou complete, sob pena de arquivamento do processo (art. 216-E do RISTJ).

Deferida a petição inicial, a parte interessada será citada para, no prazo de 15 dias, contestar o pedido de homologação da decisão estrangeira, que, de acordo com o art. 216-H do RISTJ, só poderá versar sobre a inteligência da decisão alienígena e a observância dos requisitos indicados nos arts. 216-C, 216-D e 216-F do mesmo RISTJ.

Cabe destacar que, no que diz respeito às sentenças arbitrais estrangeiras, além dos requisitos indicados nos arts. 216-C, 216-D e 216-F do Regimento Interno do STJ, a contestação poderá versar sobre os temas enumerados no art. V da CNI e arts. 38 e 39 da LBA. Só é lícito ao julgador conhecer as questões que possam impedir a homologação da sentença arbitral vinculadas às circunstâncias taxativas previstas nas referidas normas jurídicas, nada mais. A "inteligência da decisão", prevista no parágrafo único do art. 216-H do Regimento não se aplica às decisões arbitrais, uma vez que a restrição das questões invocáveis ao pedido de homologação resulta da determinação expressa do art. 38, *caput,* da LBA e art. V da CNI.

Havendo contestação à homologação de decisão estrangeira, o processo será distribuído para julgamento pela Corte Especial, cabendo ao Relator os demais atos relativos ao andamento e à instrução do processo (art. 216-K do RISTJ). Nas hipóteses em que já houver jurisprudência consolidada da Corte Especial a respeito do tema, o relator poderá decidir monocraticamente.

Se o requerido for revel ou incapaz, será lhe dado curador especial, pessoalmente notificado (art. 216-I do RISTJ). Após a contestação serão admitidas réplica e tréplica em 5 (cinco) dias (art. 216-J do RISTJ). O art. 216-L do RISTJ estabelece que o Ministério Público terá vista dos autos, pelo prazo de 10 dias, podendo impugnar a homologação.

Das decisões do Presidente ou do relator caberá agravo (art. 216-M do RISTJ). Contra tal decisão caberão embargos de declaração a fim de suprir eventuais omissões, obscuridades ou contradições.

Cabe esclarecer, por fim, que no âmbito do Mercosul, conforme o disposto no Protocolo de Las Leñas, a homologação de sentença estrangeira se submete a um procedimento especial e pode ser realizada pela via simplificada da carta rogatória.

V. Da execução da decisão interlocutória estrangeira

A decisão interlocutória estrangeira, por sua vez, poderá ser executada no Brasil por meio de carta rogatória. Os requisitos da carta rogatória estão previstos no CPC/2015, art. 260. De acordo com o CPC/2015, art. 36, o procedimento da carta rogatória perante o STJ é de jurisdição contenciosa e deve assegurar às partes as garantias do devido processo legal. A defesa se restringirá à discussão quanto ao atendimento dos requisitos para que o pronunciamento judicial estrangeiro produza efeitos no Brasil e é vedada a revisão do mérito do pronunciamento judicial estrangeiro pela autoridade judiciária brasileira.

Art. 961 - A decisão estrangeira somente terá eficácia no Brasil após a homologação de sentença estrangeira ou a concessão do exequatur às cartas rogatórias, salvo disposição em sentido contrário de lei ou tratado.

§ 1º - É passível de homologação a decisão judicial definitiva, bem como a decisão não judicial que, pela lei brasileira, teria natureza jurisdicional.

§ 2º - A decisão estrangeira poderá ser homologada parcialmente.

§ 3º - A autoridade judiciária brasileira poderá deferir pedidos de urgência e realizar atos de execução provisória no processo de homologação de decisão estrangeira.

§ 4º - Haverá homologação de decisão estrangeira para fins de execução fiscal quando prevista em tratado ou em promessa de reciprocidade apresentada à autoridade brasileira.

§ 5º - A sentença estrangeira de divórcio consensual produz efeitos no Brasil, independentemente de homologação pelo Superior Tribunal de Justiça.

§ 6º - Na hipótese do § 5º, competirá a qualquer juiz examinar a validade da decisão, em caráter principal ou incidental, quando essa questão for suscitada em processo de sua competência.

I. Do direito anterior

CPC/1973, art. 483 - "A sentença proferida por tribunal estrangeiro não terá eficácia no Brasil senão depois de homologada pelo Supremo Tribunal Federal".

II. Da necessidade de homologação da decisão estrangeira

O *caput* do art. 961 do CPC/2015 quase que reproduziu inteiramente o *caput* do art. 483 do CPC/1973. Com isso, constata-se que a intenção do legislador foi a de manter a obrigatoriedade do procedimento homologatório para que uma decisão estrangeira tenha eficácia no Brasil, até daquelas com conteúdo meramente declaratório.

Contudo, houve uma ampliação quanto ao seu objeto, pois o *caput* do art. 483 revogado fazia menção à *sentença estrangeira*, enquanto o *caput* do art. 961 é mais abrangente ao mencionar *decisão estrangeira* da qual se pretenda dar eficácia no Brasil. Assim, sentenças proferidas por autoridades administrativas ou religiosas são sujeitas a homologação, caso tenham sido emitidas por autoridades competentes no país estrangeiro para a prática do ato. Portanto, se o ato, pelo direito brasileiro, apresentar os mesmos resultados de uma sentença, será equiparado a decisão judicial. Veja que o § 1º do art. 216-A do RISTJ já autorizava a homologação de provimento não judicial que, pela lei brasileira, tivesse natureza de sentença.

III. Das decisões passíveis de homologação

No § 1º do art. 961 do CPC/2015, o legislador dispõe ser passível de homologação a decisão judicial definitiva, assim como a decisão não judicial que, pela lei brasileira, teria natureza jurisdicional. Desse modo, o que importa é que a decisão tenha sido proferida por órgão jurisdicional (ou órgão administrativo com função judicante), com caráter definitivo, ou seja, dela não cabendo mais recurso.

IV. Da possibilidade de homologação parcial

O § 2º do art. 963 do CPC/2015, por sua vez, na linha do que já autorizava o § 2º, do art. 216-A do RISTJ, estabelece a possibilidade de homologação parcial de sentença estrangeira, sendo essa alternativa confirmada por diversos julgados do STJ. E aqui podem ocorrer duas situações: o STJ pode homologar somente em parte um provimento estrangeiro, como pode o autor requerer que a homologação seja concedida apenas parcialmente.

V. Da possibilidade de concessão de tutelas de urgência e dos atos de execução provisória

O CPC/2015, em seu art. 961, § 3º, reproduzindo o art. 216-G do RISTJ, permite a concessão de tutela de urgência nos processos de homologação de decisão estrangeira. As denominadas tutelas de urgência adotadas pelo ordenamento processual brasileiro constituem instrumentos práticos que visam, em princípio, proporcionar maior celeridade no trâmite do processo e estabilidade jurídica, evitando-se, assim, causar perdas irreparáveis ao autor, enquanto se aguarda a discussão acerca do direito à homologação. A novidade é que o § 3º ampliou o que já autorizava o referido art. 216-G do RISTJ, para permitir também a realização de atos de execução provisória. Tanto em relação à concessão de pedidos de urgência quanto à realização de atos de execução provisória, a parte deverá atentar às disposições nacionais acerca de tais matérias.

VI. Da homologação de decisão estrangeira para fins de execução fiscal

O § 4º do art. 961 do CPC/2015 também trouxe outra inovação, ao passar a aceitar a homologação de decisões estrangeiras de execução fiscal, desde que haja tratado neste sentido ou promessa de reciprocidade apresentada à autoridade brasileira. Trata-se de regra de direito internacional e a intenção é impedir que o devedor do fisco estrangeiro não seja cobrado no Brasil.

VII. Da dispensa de homologação de sentença estrangeira de divórcio consensual

Dentre as novidades, o art. 961, § 5º, estabelece a dispensa de homologação de sentença estrangeira de divórcio consensual. A inserção desse parágrafo deve-se ao fato de que o direito brasileiro, desde o advento da Lei nº 11.441/2007, que incluiu o art. 1.124-A no CPC/1973, permite o divórcio consensual independentemente de decisão judicial. Assim, nada mais natural que o legislador, atento a essas mudanças, também dispense a homologação do divórcio consensual estrangeiro não jurisdicional. No entanto, de acordo com o § 6º desse mesmo artigo, é permitido ao Poder Judiciário brasileiro examinar a validade da decisão em caráter principal ou incidental, quando qualquer das partes resolver suscitá-la.

Art. 962 - É passível de execução a decisão estrangeira concessiva de medida de urgência.

§ 1º - A execução no Brasil de decisão interlocutória estrangeira concessiva de medida de urgência dar-se-á por carta rogatória.

§ 2º - A medida de urgência concedida sem audiência do réu poderá ser executada, desde que garantido o contraditório em momento posterior.

§ 3º - O juízo sobre a urgência da medida compete exclusivamente à autoridade jurisdicional prolatora da decisão estrangeira.

§ 4º - Quando dispensada a homologação para que a sentença estrangeira produza efeitos no Brasil, a decisão concessiva de medida de urgência dependerá, para produzir efeitos, de ter sua validade expressamente reconhecida pelo juiz competente para dar-lhe cumprimento, dispensada a homologação pelo Superior Tribunal de Justiça.

I. Do direito anterior

Sem correspondente no CPC/1973.

II. Da execução de decisão estrangeira concessiva de medida de urgência

No *caput* do art. 962, tal como no § 1º do art. 961 do CPC/2015, uma vez mais, o legislador inovou ao preferir a utilização do termo *decisão estrangeira* em vez de *sentença estrangeira*, bem como afastou a antiga disposição de que somente as sentenças estrangeiras transitadas em julgado eram homologáveis. Isto porque a doutrina admitia a possibilidade de execução de *sentenças* cautelares, mas não a execução de *medidas interlocutórias*. Portanto, agora é passível de execução a decisão estrangeira concessiva de medida de urgência e, nos termos do § 1º deste mesmo artigo, a mesma ocorrerá mediante carta rogatória.

O § 2º do art. 962, por sua vez, trata da regra de que poderão ser homologadas as medidas de urgência, mesmo que proferidas sem a audiência do réu (sendo garantido posteriormente o contraditório). Tal norma tem como objetivo permitir a medida de urgência *inaudita altera pars*.

Segundo o § 3º do art. 962, o juízo de valor sobre a urgência destas medidas compete exclusivamente à autoridade jurisdicional prolatora da decisão estrangeira, não cabendo ao STJ, portanto, fazer essa aferição. Assim, quem irá analisar se há ou não os requisitos autorizadores para a concessão de medida de urgência (*fumus boni iuris* e *periculum in mora*) é o juízo estrangeiro, não podendo, pois, o juízo brasileiro reapreciar a existência de direito provável e da urgência alegada.

Por último, quando a sentença estrangeira for dispensada de homologação para produzir efeitos no Brasil (§ 4º do art. 962), a medida de urgência que tenha sido concedida estará sujeita à apreciação do juiz competente para o cumprimento do provimento.

Art. 963 - Constituem requisitos indispensáveis à homologação da decisão:

I - ser proferida por autoridade competente;

II - ser precedida de citação regular, ainda que verificada a revelia;

III - ser eficaz no país em que foi proferida;

IV - não ofender a coisa julgada brasileira;

V - estar acompanhada de tradução oficial, salvo disposição que a dispense prevista em tratado;

VI - não conter manifesta ofensa à ordem pública.
Parágrafo único - Para a concessão do exequatur às cartas rogatórias, observar-se-ão os pressupostos previstos no caput deste artigo e no art. 962, § 2º.

I. Do direito anterior

Sem correspondente no CPC/1973.

II. Dos requisitos indispensáveis à homologação da decisão

O art. 963 do CPC/2015 estabelece os requisitos indispensáveis à homologação da decisão, em linha com o disposto no art. 216-D do RISTJ.

1. Da necessidade de a decisão ter sido proferida por autoridade competente

O primeiro requisito é que a decisão tenha sido proferida por autoridade competente. Trata-se de exame de competência geral ou internacional, segundo os parâmetros dos arts. 21 a 23 do CPC/2015 (arts. 88 e 89 do CPC/1973). A autoridade competente para fins de homologação é aferida de acordo com as normas internas que fixam a jurisdição nacional. O STJ deverá verificar se a decisão que se pretende homologar está entre as que a autoridade judiciária brasileira tenha competência concorrente em relação a outras jurisdições.

2. Da necessidade de citação regular

O segundo requisito é a citação regular. A citação é o ato pelo qual a parte requerida é chamada para se defender, em garantia ao devido processo legal. O contraditório é princípio fundamental do processo, razão pela qual a citação é requisito essencial para que o ato estrangeiro possa ter validade no Brasil. Se a parte requerida estiver domiciliada no Brasil, deverá ser citada por carta rogatória (nesse sentido, *vide*: STJ, SEC nº 8.720, Min. Rel. Maria Thereza de Assis Moura, j. em 19/3/2014). Mas se a parte requerida estiver domiciliada em território estrangeiro, a citação deverá ser realizada de acordo com a legislação local (nesse sentido, *vide*: STJ, SEC nº 3.897, Min. Rel. Nancy Andrighi, j. em 15/6/2011).

No que diz respeito às sentenças arbitrais estrangeiras, o parágrafo único do art. 39 da Lei Brasileira de Arbitragem permite a efetivação da citação da parte residente ou domiciliada no Brasil nos moldes da convenção de arbitragem ou da lei processual do país onde se realizou a arbitragem, admitindo, inclusive, a citação postal com prova inequívoca de recebimento, desde que assegure à parte brasileira tempo hábil para o exercício do direito de defesa.

Diante disso, em ações de homologação de sentenças arbitrais estrangeiras, a alegação de violação à ordem pública por ausência de citação por carta rogatória já foi devidamente afastada pelo STJ em diversas ocasiões, admitindo-se a citação postal, desde que haja prova inequívoca do recebimento, e confirmando que a citação por outra via que não a carta rogatória não ofende a ordem pública. Nesse sentido, confira-se: SEC nº 6.760, Rel. Min. Sidnei Beneti, DJ de 22/5/2013, SEC nº 3.660, Rel. Min. Arnaldo Esteves Lima, DJ de 25/6/2009, SEC nº 6.365, Rel. Min. Eliana Calmon, DJ de 28/2/2013, SEC nº 8.847, Rel. Min. João Otávio de Noronha, DJ de 28/11/2013 e SEC nº 10.658, Rel. Min. Humberto Martins, DJ de 16/10/2014.

A revelia do réu não impede a homologação da decisão estrangeira.

3. Da necessidade de a decisão ser eficaz no país em que foi proferida

O terceiro requisito é que a decisão seja eficaz no país em que foi proferida. Com relação a tal requisito, verifica-se que o legislador não faz referência ao trânsito em julgado e se utiliza de um conceito diverso de estabilidade, da decisão eficaz, que é aquela que desde logo está apta a produzir efeitos.

4. Da necessidade de a decisão a ser homologada não ofender a coisa julgada brasileira

O quarto requisito é que a decisão homologanda não ofenda a coisa julgada brasileira. De acordo com o disposto no art. 24 do CPC/2015 (art. 90 do CPC/1973), a propositura de ação fora do território nacional não impede o juiz brasileiro de conhecer da mesma causa, ressalvadas as disposições em contrário de tratados internacionais e acordos bilaterais em vigor no Brasil. O parágrafo único do mesmo dispositivo estabelece que a pendência de causa perante a jurisdição brasileira não impede a homologação de sentença judicial estrangeira quando exigida para produzir efeitos no Brasil. Sendo assim, a existência de ação em curso no Brasil não impedirá a homologação de decisão estrangeira. Entretanto, se no processo brasileiro tiver se formado a coisa julgada, prevalecerá a decisão nacional, impedindo-se a homologação da decisão estrangeira.

5. Da necessidade de tradução oficial

O quinto requisito é que a decisão esteja acompanhada de tradução oficial, salvo dispensa prevista em tratado. Na medida em que não se pode exigir que o magistrado tenha conhecimento de todos os idiomas, a decisão deve vir acompanhada da sua respectiva tradução. Exige-se, contudo, que a tradução seja "oficial", ou seja, deverá ser feita no Brasil, por tradutor público e juramentado. Essa burocrática exigência se prende ao fato de que o tradutor público juramentado brasileiro tem fé pública em todo o território nacional (nesse sentido, confira-se: STF, SE nº 5.835-3, Rel. Min. Celso de Mello, j. em 27/4/1999, e STJ, SEC nº 2.052, Rel. Min. Castro Meira, j. em 19/12/2007).

6. Da necessidade de a decisão não ofender a ordem pública

E o sexto requisito é que a decisão não contenha manifesta ofensa à ordem pública. No Direito Interno, a ordem pública funciona como limitadora da vontade das partes. Já no Direito Internacional Privado, a ordem pública impede a aplicação de leis estrangeiras, o reconhecimento de atos realizados no exterior e a execução de sentenças estrangeiras. A ordem pública é o princípio mais importante do Direito Internacional Privado.

A ordem pública funciona como verdadeiro filtro para a eficácia das decisões estrangeiras. A ordem pública varia no tempo e no espaço e consubstancia valores filosóficos, sociais, políticos, éticos, morais e econômicos, essenciais à convivência de uma nação, extraídos do momento sociopolítico vivido por seus cidadãos e que caracteriza o estado de legalidade corrente.

Por seu caráter extremamente subjetivo e casuístico, a ordem pública é frequentemente utilizada como um veículo para meras frustrações da parte que se opõe à homologação de decisões estrangeiras, dando margem a toda espécie de alegação infundada.

A ordem pública não pode ser usada abusivamente pela parte que resiste ao cumprimento de suas obrigações e se insurge infundadamente contra a homologação de uma decisão estrangeira. Deve-se recorrer à ordem pública com muita parcimônia, apenas quando de fato forem violados princípios fundamentais da sociedade. Deve-se, também, recusar a homologação da decisão estrangeira apenas em casos excepcionais, sob pena de se ferirem os princípios fundamentais da cooperação jurídica internacional.

Analisados brevemente os requisitos necessários à homologação, vale destacar que, de acordo com o art. 216-E do RISTJ, se a petição inicial não preencher os requisitos exigidos ou apresentar defeitos ou irregularidades que dificultem o julgamento do mérito, o Presidente assinará prazo razoável para que o requerente a emende ou complete. Se, após a intimação, o requerente ou o seu procurador não promover, no prazo assinalado, ato ou diligência que lhe for determinada no curso do processo, será este arquivado pelo Presidente.

Vale comentar que o art. 216-F do RISTJ estabelece que não será homologada a sentença estrangeira que ofender a soberania nacional, a dignidade da pessoa humana e/ou a ordem pública. Trata-se de novidade a inclusão da dignidade da pessoa humana, que consiste em um dos princípios sobre os quais se funda a nossa Constituição (art. 1º, inciso III, da CF).

A jurisprudência brasileira tem construído uma série de garantias à pessoa humana, sendo assim, apesar de a noção de dignidade da pessoa humana integrar a ordem pública brasileira, parece que a sua inclusão como fundamento à não homologação de sentença estrangeira deve ser compreendida no atual contexto de afirmação histórica de direitos fundamentais no Brasil. Deve-se ter cuidado, contudo, para que a inclusão de novo fundamento de recusa à homologação não dê ensejo a decisões equivocadas.

Art. 964 - Não será homologada a decisão estrangeira na hipótese de competência exclusiva da autoridade judiciária brasileira.
Parágrafo único - O dispositivo também se aplica à concessão do exequatur à carta rogatória.

I. Do direito anterior

Sem correspondente no CPC/1973.

II. Da competência exclusiva da autoridade brasileira

De acordo com o disposto no art. 964 do CPC/2015, não será homologada a decisão estrangeira e não será concedido o *exequatur* às cartas rogatórias nas hipóteses de competência exclusiva da autoridade brasileira.

Conforme estabelecido no art. 23 do CPC/2015, que tem redação semelhante ao art. 89 do CPC/1973 e manteve basicamente a mesma exclusividade, compete à autoridade judiciária brasileira, com exclusão de qualquer outra, "I - conhecer de ações relativas a imóveis situados no Brasil; II - em matéria de sucessão hereditária, proceder à confirmação de testamento particular e ao inventário e à partilha de bens situados no Brasil, ainda que o autor da herança seja de nacionalidade estrangeira ou tenha domicílio fora do território nacional; III - em divórcio, separação judicial ou dissolução de união estável, proceder à partilha de bens situados no Brasil, ainda que o titular seja de nacionalidade estrangeira ou tenha domicílio fora do território nacional".

III. Da recusa à homologação nos casos de competência exclusiva da autoridade brasileira

Tendo sido estabelecida a competência exclusiva da autoridade brasileira, nada mais natural do que se estabelecer que não será homologada a decisão estrangeira e não será concedido o *exequatur* às carta rogatórias nesses casos, tal como ocorreu no julgamento abaixo citado:

"[...] Nos termos do art. 89, incisos I e II, do Código de Processo Civil, a competência para 'conhecer de ações relativas a imóveis situados no Brasil' e 'proceder a inventário e partilha de bens situados no Brasil, ainda que o autor da herança seja estrangeiro e tenha residido fora do território nacional' é exclusiva da Justiça brasileira, com exclusão de qualquer outra. Diante disso, nega-se o *exequatur* a pedido rogatório de inscrição de adjudicação de bem imóvel situado em território brasileiro. Agravo regimental a que se nega provimento. [...]" (STJ, AgRg nos EDcl na CR nº 2894/MX, Min. Rel. Barros Monteiro, j. em 13/3/2008).

Art. 965 - O cumprimento de decisão estrangeira far-se-á perante o juízo federal competente, a requerimento da parte, conforme as normas estabelecidas para o cumprimento de decisão nacional.
Parágrafo único - O pedido de execução deverá ser instruído com cópia autenticada da decisão homologatória ou do exequatur, conforme o caso.

I. Do direito anterior

CPC/1973, art. 484 - "A execução far-se-á por carta de sentença extraída dos autos da homologação e obedecerá às regras estabelecidas para a execução da sentença nacional da mesma natureza".

II. Da competência do juízo federal

Como visto na análise do art. 960, § 2º, do CPC/2015, o STJ tem a competência para proceder à homologação de decisão estrangeira e para a concessão do *exequatur*; contudo, para o cumprimento da decisão, a competência é da

Justiça Federal, tal como preconizado no art. 109, inciso X, da CF. O juízo federal de primeiro grau, para o cumprimento da decisão, deverá atentar às normas estabelecidas para o cumprimento de decisão nacional. Considerando esse aspecto, o credor/exequente poderá optar por ingressar no juízo federal do atual domicílio do executado, no juízo do local onde se encontrem os bens sujeitos à execução ou no juízo do local onde deva ser executada a obrigação de fazer ou não fazer. O devedor/executado, por sua vez, poderá apresentar impugnação alegando a incompetência em qualquer de suas modalidades, a teor do art. 525, § 1º, inciso VI, do CPC/2015.

III. Do procedimento

De acordo com o parágrafo único do artigo ora comentado, o cumprimento da sentença deverá ser instruído com cópia autenticada da decisão homologatória ou do *exequatur*. Nesse aspecto, o legislador quis simplificar, pois tanto pelo CPC/1973, art. 484, quanto pelo Regimento Interno do STJ, art. 216-N, era necessária a extração de carta de sentença para que fosse possível ingressar com o pedido de execução.

Capítulo VII - Da Ação Rescisória

Art. 966 - A decisão de mérito, transitada em julgado, pode ser rescindida quando:
I - se verificar que foi proferida por força de prevaricação, concussão ou corrupção do juiz;
II - for proferida por juiz impedido ou por juízo absolutamente incompetente;
III - resultar de dolo ou coação da parte vencedora em detrimento da parte vencida ou, ainda, de simulação ou colusão entre as partes, a fim de fraudar a lei;
IV - ofender a coisa julgada;
V - violar manifestamente norma jurídica;
VI - for fundada em prova cuja falsidade tenha sido apurada em processo criminal ou venha a ser demonstrada na própria ação rescisória;
VII - obtiver o autor, posteriormente ao trânsito em julgado, prova nova cuja existência ignorava ou de que não pôde fazer uso, capaz, por si só, de lhe assegurar pronunciamento favorável;
VIII - for fundada em erro de fato verificável do exame dos autos.
§ 1º - Há erro de fato quando a decisão rescindenda admitir fato inexistente ou quando considerar inexistente fato efetivamente ocorrido, sendo indispensável, em ambos os casos, que o fato não represente ponto controvertido sobre o qual o juiz deveria ter se pronunciado.
§ 2º - Nas hipóteses previstas nos incisos do caput, será rescindível a decisão transitada em julgado que, embora não seja de mérito, impeça:
I - nova propositura da demanda; ou
II - admissibilidade do recurso correspondente.
§ 3º - A ação rescisória pode ter por objeto apenas 1 (um) capítulo da decisão.
§ 4º - Os atos de disposição de direitos, praticados pelas partes ou por outros participantes do processo e homologados pelo juízo, bem como os atos homologatórios praticados no curso da execução, estão sujeitos à anulação, nos termos da lei.
§ 5º - Cabe ação rescisória, com fundamento no inciso V do caput deste artigo, contra decisão baseada em enunciado de súmula ou acórdão proferido em julgamento de casos repetitivos que não tenha considerado a existência de distinção entre a questão discutida no processo e o padrão decisório que lhe deu fundamento.
§ 6º - Quando a ação rescisória fundar-se na hipótese do § 5º deste artigo, caberá ao autor, sob pena de inépcia, demonstrar, fundamentadamente, tratar-se de situação particularizada por hipótese fática distinta ou de questão jurídica não examinada, a impor outra solução jurídica.

Autor: Thiago Marinho Nunes

I. O que está sujeito à ação rescisória?

O CPC/2015, art. 966, corresponde ao CPC/1973, art. 485, o qual estabelece as hipóteses de cabimento da ação rescisória. Antes de discutir acerca das hipóteses de cabimento contidas nos incisos do CPC/2015, art. 966, é preciso delinear objetivamente o que se pretende com a ação rescisória. O grande propósito da ação rescisória é a desconstituição da coisa julgada material. Foca-se apenas e tão somente o mérito da decisão definitiva, de modo a expurgar daquela decisão os vícios nela contidos. Digno de se notar que, à diferença do CPC/1973, a ação rescisória agora se presta a rescindir não apenas a sentença, mas a decisão de mérito. Isso implica dizer que a partir de agora as decisões interlocutórias revestidas de aspectos substantivos e materialmente transitadas em julgado podem ser objeto de rescisão (nesse sentido, ver o Enunciado nº 336 do Fórum Permanente de Processualistas Civis: "Cabe ação rescisória contra decisão interlocutória de mérito"). Trata-se de mudança importantíssima na legislação processual civil brasileira, pois consolida posicionamento da doutrina e jurisprudência brasileiras no sentido de que as decisões interlocutórias estão sujeitas à rescisão uma vez que elas podem conter julgamento acerca do mérito e, dessa forma, estarem aptas a projetar efeitos substanciais para fora do processo.

II. Hipótese de cabimento da ação rescisória

Os incisos do CPC/2015, art. 966, dispõem acerca das hipóteses de cabimento da ação rescisória. Comparando-se com o CPC/1973, art. 485, foram excluídas das novas regras a rescisão quando houver fundamento para invalidar confissão, desistência e transação que dê fundamento à sentença. A supressão de tais hipóteses gerou, por consequência, a criação do § 4º do CPC/2015, art. 966, disciplinando que os atos de disposição de direitos praticados pelas partes ou por outros participantes do processo, assim como outros atos homologatórios praticados no curso da execução, estão sujeitos a processo anulatório. Por outro lado, o CPC/2015 ampliou as hipóteses de rescisão aos casos que envolvem coação da parte vencedora em detrimento da parte vencida e simulação entre partes com objetivo de fraudar a lei.

Restaram mantidas no CPC/2015 as demais hipóteses de cabimento da ação rescisória como nos casos de decisão concedida por força de prevaricação, concussão ou corrupção do juiz (inciso I), decisão proferida por juiz impedido ou absolutamente incompetente (inciso II), decisão resultante de dolo e/ou colusão (inciso III), decisão que ofende a coisa julgada (inciso IV), decisão que viola manifestamente a norma jurídica (inciso V), decisão que for fundada em prova falsa (inciso VI), decisão fundada em ausência de prova fundamental de que não se pôde fazer uso no momento apropriado (inciso VII) e decisão fundada em erro de fato (inciso VIII).

Dentre os novos incisos acima listados e relativos ao CPC/2015, art. 966, merece destaque o inciso V – "violar manifestamente norma jurídica". Na redação anterior (inciso V do CPC/1973, art. 485), era rescindível a sentença que violasse disposição literal de lei. A nova redação, tal como se encontra, é defeituosa, pois, de um lado procura ampliar o leque de possibilidades para a propositura da ação rescisória (trocando o termo *lei* por *norma jurídica*), mas ao mesmo tempo restringe o cabimento da ação rescisória com o advérbio *manifestamente*. O texto anterior já se mostrava suficiente para caracterizar o caráter excepcional da medida e fora robustecido com a edição da Súmula nº 343 do STF, segundo a qual "Não cabe ação rescisória por ofensa a literal dispositivo de lei, quando a decisão rescindenda tiver se baseado em texto legal de interpretação controvertida nos tribunais". Dado o imenso grau de subjetivismo imposto pelo legislador com a inserção do termo *manifestamente*, caberá aguardar a posição dos tribunais acerca da interpretação de cada caso, de modo a se entender o que poderia ser uma *manifesta* violação à norma jurídica. Digno de nota ainda a nova regra prevista no § 5º do art. 966, por meio do qual autoriza o cabimento da ação rescisória contra decisão transitada em julgado baseada em enunciado de súmula ou acórdão proferido em julgamento de casos repetitivos que não tenha considerado a existência de distinção entre a questão discutida no processo e o padrão decisório que lhe deu respaldo.

Destaque-se ainda o inciso VII do CPC/2015, art. 966, que introduz o termo *prova nova*, enquanto que no CPC/1973 falava-se em *documento novo*. A modificação aqui trazida pelo legislador é salutar na medida em que imprime maior amplitude ao âmbito de incidência da rescisória para os casos de obtenção de prova pós-trânsito em julgado da decisão sujeita a rescisão. A *prova nova* continua a ser aquela cuja existência a parte ignorava ou não podia fazer uso, capaz de lhe gerar julgamento favorável. O termo *prova nova* é adequado por constituir o elemento forte a ensejar a alteração do conjunto fático-probatório gerador da decisão rescindenda.

Finalmente, destaque-se a possibilidade criada pelo § 3º do CPC/2015, art. 966, de a ação rescisória ser parcial, *i.e.*, ter como objeto apenas um dos capítulos da decisão rescindenda.

Por fim, oportuno salientar que, a despeito da nova redação do CPC/2015, art. 966, permanecem hígidas as Súmulas nº 343 e nº 514 do STF a respeito da matéria, com uma observação tão somente em relação ao termo *decisão de mérito transitada em julgado*, que agora é o que prevalece em vez de *sentença de mérito*, como era lançado no código anterior.

Art. 967 - Têm legitimidade para propor a ação rescisória:
I - quem foi parte no processo ou o seu sucessor a título universal ou singular;
II - o terceiro juridicamente interessado;
III - o Ministério Público:
a) se não foi ouvido no processo em que lhe era obrigatória a intervenção;
b) quando a decisão rescindenda é o efeito de simulação ou de colusão das partes, a fim de fraudar a lei;
c) em outros casos em que se imponha sua atuação;
IV - aquele que não foi ouvido no processo em que lhe era obrigatória a intervenção.
Parágrafo único - Nas hipóteses do art. 178, o Ministério Público será intimado para intervir como fiscal da ordem jurídica quando não for parte.

I. Legitimidade ativa na ação rescisória

A nova disposição acerca da legitimidade para propositura da ação rescisória, tal como encampada no CPC/2015, art. 967, apenas aumenta o leque de atuação do Ministério Público. O inciso III da aludida disposição reconhece a legitimidade do Ministério Público quando o fundamento da ação rescisória for a simulação ou colusão das partes para fins de fraudar a lei, mas também para evidenciar que sua legitimidade se dá "em outros casos em que se imponha sua atuação" (alínea *c*).

Além disso, o CPC/2015, art. 967, em seu inciso IV, determina que é também parte legítima para propor ação rescisória "aquele que não foi ouvido no processo em que lhe era obrigatória a intervenção". Diante de redação expressa, presume-se que o objetivo do legislador foi o de dar a chance ao eventual litisconsorte ativo necessário, outrora preterido, de poder ajuizar demanda de rescisão. A título de exemplo prático, o Enunciado nº 339 do Fórum Permanente de Processualistas Civis dispõe o seguinte: "O CADE e a CVM, caso não tenham sido intimados, quando obrigatório, para participar do processo (art. 118, Lei nº 12.529/2011; art. 31, Lei nº 6.385/1976), têm legitimidade para propor ação rescisória contra a decisão ali proferida, nos termos do inciso IV do art. 967". A redação do inciso IV do art. 967 não deve ser confundida com a do terceiro interessado, parte legítima conforme o inciso II do mesmo artigo. À diferença do exemplo citado anteriormente, o terceiro juridicamente interessado é aquele que foi atingido e prejudicado pela eficácia reflexa da decisão rescindenda.

II. Legitimidade passiva na ação rescisória

Em tese, a ação rescisória deve ser proposta contra aquela parte que efetivamente se beneficiou da decisão judicial que se pretende rescindir. Normalmente, é a parte vencedora do litígio que figurará no polo passivo da ação rescisória. No entanto, segundo entendimento recente do STJ, todos os beneficiados por decisão judicial, inclusive os advogados que perceberam honorários sucumbenciais, devem integrar o polo passivo de ação rescisória. Trata-se de julgado de relatoria do Min. Moura Ribeiro, da 3ª Turma do STJ, nos autos do Recurso Especial nº 1.651.057-CE, em que restou estabelecido o seguinte princípio: "1. A legitimidade passiva, na ação rescisória, se estabelece em função do pedido deduzido em juízo. Assim, conforme informado pela teoria da asserção, devem figurar no polo passivo da demanda todos aqueles (e somente aqueles) que foram concretamente beneficiados pela sentença rescindenda. 2. A ação rescisória, quando busca desconstituir sentença condenatória que fixou honorários advocatícios sucumbenciais deve ser proposta não apenas contra o titular do crédito principal formado em juízo, mas também contra o advogado em favor de quem foi fixada a verba honorária de sucumbência, porque detém, com exclusividade, a sua titularidade" (STJ, 3ª T., REsp nº 1.651.057/CE, Rel. Min. Moura Ribeiro, j. em 16/5/2017). Nos termos do aludido julgado: "Se a legitimidade passiva é definida, essencialmente, a partir do pedido formulado, não há nenhum obstáculo de ordem técnico-jurídica que impeça a atribuição da legitimidade passiva a quem não tenha sido parte no processo matriz. Desde que essa pessoa tenha obtido, por meio da sentença rescindenda, a certificação de uma situação jurídica que lhe seja favorável, terá ela interesse na manutenção do decisum, ostentando, por isso, legitimidade passiva para figurar na ação rescisória. Isso sucederá, por exemplo, quando a ação rescisória buscar desconstituir somente o capítulo da sentença que fixou os honorários advocatícios. Nessa situação, o titular do direito material discutido na ação rescisória, haja vista o artigo 23 da Lei 8.906/94, é o próprio advogado, e não a parte cujos interesses ele patrocinou".

Em artigo publicado no respeitado *Conjur* (Disponível em: <http://www.conjur.com.br/2017 jun-20/paradoxo-corte-legitimidade--passiva-advogado-acao-rescisoria>. Acesso em: 15 set. 2017), o professor José Rogério Cruz e Tucci entende normal a inclusão dos advogados que se beneficiaram da decisão por meio do recebimento da verba honorária sucumbencial no polo passivo da ação rescisória. No entanto, afirma o aludido autor "*que a legitimação do advogado para figurar como réu na ação rescisória não é automática, ainda que esteja em risco a subsistência do capítulo da sentença atinente aos honorários de sucumbência. E isso, porque nem sempre o favorecido destes é o próprio advogado da parte vencedora*".

Art. 968 - A petição inicial será elaborada com observância dos requisitos essenciais do art. 319, devendo o autor:

I - cumular ao pedido de rescisão, se for o caso, o de novo julgamento do processo;

II - depositar a importância de cinco por cento sobre o valor da causa, que se converterá em multa caso a ação seja, por unanimidade de votos, declarada inadmissível ou improcedente.

§ 1º - Não se aplica o disposto no inciso II à União, aos Estados, ao Distrito Federal, aos Municípios, às suas respectivas autarquias e fundações de direito público, ao Ministério Público, à Defensoria Pública e aos que tenham obtido o benefício de gratuidade da justiça.

§ 2º - O depósito previsto no inciso II do caput deste artigo não será superior a 1.000 (mil) salários mínimos.

§ 3º - Além dos casos previstos no art. 330, a petição inicial será indeferida quando não efetuado o depósito exigido pelo inciso II do caput deste artigo.

§ 4º - Aplica-se à ação rescisória o disposto no art. 332.

§ 5º - Reconhecida a incompetência do tribunal para julgar a ação rescisória, o autor será intimado para emendar a petição inicial, a fim de adequar o objeto da ação rescisória, quando a decisão apontada como rescindenda:

I - não tiver apreciado o mérito e não se enquadrar na situação prevista no § 2º do art. 966;

II - tiver sido substituída por decisão posterior.

§ 6º - Na hipótese do § 5º, após a emenda da petição inicial, será permitido ao réu complementar os fundamentos de defesa, e, em seguida, os autos serão remetidos ao tribunal competente.

I. Requisitos da petição inicial

A redação do CPC/2015, art. 968, reproduz a totalidade do CPC/1973, art. 488, e ainda faz acréscimos meramente complementares e formais. Além da manutenção dos requisitos essenciais da petição inicial da ação rescisória (cumulação do pedido de rescisão e de novo julgamento da causa e juntada do depósito prévio de 5% sobre o valor da causa), a nova regra se ocupa com as exigências formais da petição inicial da ação rescisória e dos casos em que ela pode ser indeferida ou emendada.

Entre as novas mudanças, há destaque para o limite de valor do depósito prévio, agora com o teto de 1.000 (mil) salários mínimos (§ 2º do art. 968). E além da isenção do depósito para a União, o Estado, o Município, o Ministério Público e a Defensoria Pública, a nova regra acresce que estão igualmente dispensados do depósito as correspondentes autarquias e fundações de direito público, assim como os beneficiários da justiça gratuita. Em relação a esse ponto, a regra merece críticas severas, uma vez que inexiste razão plausível para que o ente estatal esteja imune à realização do depósito prévio. Ora, o objetivo primordial do depósito prévio é o de garantir a seriedade da ação rescisória que está sendo proposta, e a garantia de seriedade só vale quando aplicada para todos. Da forma como se encontra a regra do art. 968, § 1º, viola-se o princípio constitucional da igualdade das partes (art. 5º, inciso XXXV, da Constituição Federal). Nada obstante a opinião aqui colocada, há de ser citada a Súmula nº 175 do STJ, segundo a qual "Descabe o depósito prévio nas ações rescisórias propostas pelo INSS".

Ademais, o depósito prévio deixa de ser rotulado como "multa", como era previsto no CPC/1973, art. 488, inciso II, e agora é classificado como um valor que apenas se *converte* em multa em caso de inadmissibilidade ou improcedência da ação. Importante salientar a natureza do depósito prévio, de caráter eminentemente repressivo e não indenizatório, criado tão somente para evitar o abuso no exercício da ação rescisória (nesse sentido v. STJ, 1ª T., REsp nº 943.796/PR, Rel. Min. Luiz Fux, j. em 1º/12/2009).

As demais regras, que constam dos §§ 3º a 6º, tratam de aspectos formais acerca da petição inicial da ação rescisória, que será indeferida, além dos casos previstos no CPC/2015, art. 330 (casos de inépcia, ilegitimidade da parte, carência da ação, entre outras causas), se o depósito prévio de 5% do valor da causa não for juntado com a petição inicial. Nada obstante o silêncio do legislador a respeito, é possível a aplicação do CPC/2015, art. 321 (emenda da petição inicial) às regras da ação rescisória, sob pena de se criar gravíssima injustiça à parte (nesse sentido, aliás, já se posicionou o Enunciado nº 284 do Fórum Permanente de Processualistas Civis). A forma de emenda da petição inicial da ação rescisória está apenas expressamente prevista em caso de reconhecimento imediato da incompetência do tribunal para julgar a ação rescisória (§§ 5º e 6º do art. 968).

Finalmente, merece destaque a regra prevista no § 4º do CPC/2015, art. 968, segundo a qual se aplicam à ação rescisória as regras do CPC/2015, art. 332, acerca da improcedência liminar do pedido. Ou seja, será liminarmente rejeitada a ação rescisória, cujo pedido contrariar, *inter alia*: "I – enunciado de súmula do Supremo Tribunal Federal ou do Superior Tribunal de Justiça"; "II – acórdão proferido pelo Supremo Tribunal Federal ou pelo Superior Tribunal de Justiça em julgamento de recursos repetitivos"; "III – entendimento firmado em incidente de resolução de demandas repetitivas ou de assunção de competência"; e "IV - enunciado de súmula de tribunal de justiça sobre direito local".

Art. 969 - A propositura da ação rescisória não impede o cumprimento da decisão rescindenda, ressalvada a concessão de tutela provisória.

I. Cumprimento da decisão rescindenda

A redação do CPC/2015, art. 969, conserva, em sua plenitude, a regra que outrora estava estampada no CPC/1973, art. 489. A adequação da nova redação se dá em razão do termo *decisão*, que substitui sentença de mérito e se adéqua às hipóteses de concessão de tutela provisória no CPC/2015, que poderá ser de urgência ou de evidência, a depender das peculiaridades do caso (nesse sentido é o teor do Enunciado nº 80 do Fórum Permanente de Processualistas Civis: "(art. 919, § 1º; art. 969) - A tutela antecipada prevista nestes dispositivos pode ser de urgência ou de evidência".

A regra primordial é a de que a propositura da ação rescisória não impede de qualquer modo o cumprimento da decisão rescindenda. Todavia, em casos excepcionais e devidamente fundamentados, o cumprimento da decisão rescindenda poderá ser obstado se o autor da ação demonstrar a presença dos requisitos legais (*fumus boni iuris* e *periculum in mora*) a ensejar a concessão do efeito suspensivo. Em caso de concessão da tutela provisória, o Juízo que processa a execução da decisão objeto da ação rescisória deverá ser oficiado para suspensão do curso da execução da decisão rescindenda. A regra prevista no CPC/2015, art. 969, está em linha com a nupérrima jurisprudência do Superior Tribunal de Justiça (nesse sentido v. STJ, 1ª Seção, AgRg na AR nº 4.636/PI, Rel. Min. Benedito Gonçalves, j. em 8/2/2012; ver ainda STJ, 2ª T., REsp nº 1193256/ES, Rel. Min. Eliana Calmon, j. em 22/6/2010).

Com o exercício da prática após o advento do CPC/2015, indaga-se a respeito do cabimento das regras relativas à tutela antecipada requerida em caráter antecedente no âmbito de uma ação rescisória. Além de configurar hipótese excepcionalíssima (nesse sentido v. STJ, 1ª T., AgRg no AREsp nº 36420/GO, Rel. Min. Sérgio Kukina, j. em 13/6/2014), algumas das regras atinentes à tutela antecipada requerida em caráter antecedente não se aplicam em sede de ação rescisória. Entre elas está a chamada "estabilização da demanda", prevista no art. 304 do CPC/2015. A estabilização da demanda nesses casos se dá quando, na medida em que requerida a tutela antecipada (de modo antecedente) e, se deferida, não for confrontada pela parte adversa por meio do recurso cabível, ela se estabiliza, ou seja, ela conserva seus efeitos práticos, independentemente da complementação da petição inicial e da defesa do réu. Ante evidente incompatibilidade de tal instituto no âmbito das ações rescisórias, a I Jornada de Direito Processual (Brasília/DF, 24 e 25 de agosto de 2017) estabeleceu o Enunciado nº 43, segundo o qual: "Não ocorre a estabilização da tutela antecipada requerida em caráter antecedente, quando deferida em ação rescisória".

Art. 970 - O relator ordenará a citação do réu, designando-lhe prazo nunca inferior a 15 (quinze) dias nem superior a 30 (trinta) dias para, querendo, apresentar resposta, ao fim do qual, com ou sem contestação, observar-se-á, no que couber, o procedimento comum.

I. Resposta à ação rescisória

A redação do CPC/2015, art. 970, conserva integralmente a regra que era prevista no CPC/1973, art. 491: o prazo para oferecimento da resposta ou contestação à ação rescisória varia de no mínimo 15 a no máximo 30 dias, conforme a complexidade do caso a ser aferida pelo relator da ação.

Uma vez citada, a parte requerida na ação rescisória poderá apresentar, além de contestação, reconvenção (CPC/2015, art. 343). Deixando de contestar a ação rescisória, indaga-se se os efeitos da revelia poderiam ser operar. Entende-se que não. Toda e qualquer omissão do réu em relação à ação rescisória proposta não reputará verdadeiras as alegações fáticas postas na inicial da rescisória em razão da simples inafastabilidade da autoridade da coisa julgada material. Nesse sentido, o enunciado do julgado do STJ na AR nº 4.309-SP: "Inaplicável os efeitos da revelia, previstos no art. 319 do Código de Processo Civil, uma vez que esses não alcançam a demanda rescisória, pois a coisa julgada envolve direito indisponível, o que impede a presunção de veracidade dos fatos alegados pela parte autora" (STJ, 3ª Seção, AR nº 4.309-SP, Rel. Min. Gilson Dipp, j. em 11/4/2012).

À diferença do CPC/1973, os prazos, sejam para resposta, oferecimento de exceção e reconvenção, deverão atender à nova regra do CPC/2015, art. 219, *caput*, segundo a qual "Na contagem de prazo em dias, estabelecido por lei ou pelo juiz, computar-se-ão somente os dias úteis". Além disso, citação do réu na ação rescisória é para o oferecimento de contestação apenas, e não para comparecimento em audiência de conciliação ou de mediação (CPC/2015, art. 250, inciso IV).

Com a apresentação da contestação/reconvenção, observam-se as regras do procedimento comum ordinário, com a possibilidade inclusive do julgamento antecipado da lide (CPC/2015, arts. 355 e 356).

Art. 971 - Na ação rescisória, devolvidos os autos pelo relator, a secretaria do tribunal expedirá cópias do relatório e as distribuirá entre os juízes que compuserem o órgão competente para o julgamento.
Parágrafo único - A escolha de relator recairá, sempre que possível, em juiz que não haja participado do julgamento rescindendo.

I. Competência para julgamento da ação rescisória

A nova regra contida no CPC/2015, art. 971, reproduz parcialmente o que dispunha o CPC/1973, art. 553, excetuando-se tão somente a figura dos embargos infringentes, agora abolida na nova sistemática processual. Devolvidos os autos pelo relator, a secretaria do tribunal deverá expedir cópias do relatório e as distribuirá entre os juízes que compuserem o órgão competente para o julgamento.

Cumpre notar, ademais, que o parágrafo único dita a regra segundo a qual a escolha do relator deve recair, quando possível, em juiz que não tenha participado do julgamento objeto da rescisória. Tal regra deverá ser incorporada pelos Regimentos Internos dos Tribunais dos Estados e é de crucial importância para se evitar nulidades no julgamento da ação rescisória.

Finalmente, é importante consignar que a nova regra prevista no CPC/2015, art. 971, apesar de encorajar pela possibilidade apenas de que o relator da ação não tenha participado do julgamento da decisão rescindenda, não impede que os demais juízes que participaram do julgamento da decisão rescindenda participem do julgamento da ação rescisória. Nesse sentido, a Súmula nº 252 do STF: "Na ação rescisória, não estão impedidos juízes que participaram do julgamento rescindendo".

Art. 972 - Se os fatos alegados pelas partes dependerem de prova, o relator poderá delegar a competência ao órgão que proferiu a decisão rescindenda, fixando prazo de 1 (um) a 3 (três) meses para a devolução dos autos.

I. Fase instrutória da ação rescisória

O CPC/2015, art. 972, diz respeito à fase instrutória da ação rescisória, a qual, se for o caso, poderá se realizar com a possibilidade de delegação de competência ao juízo prolator da decisão rescindenda. Trata-se de uma faculdade do relator a remessa dos autos ao Juízo de Primeiro Grau para a produção da prova. Cumpre notar que, segundo o Enunciado nº 340 do Fórum Permanente de Processualistas Civis, "Observadas as regras de distribuição, o relator pode delegar a colheita de provas para juízo distinto do que proferiu a decisão rescindenda". Ou seja, a prova deve ser colhida conforme as necessidades do caso concreto, o que se adéqua ao propósito da busca pela verdade material.

No que tange à sua operacionalidade, a regra conserva idêntica premissa em relação ao seu correspondente anterior (CPC/1973, art. 492). Delegada a competência ao Juízo prolator da decisão rescindenda para colheita da prova, este possui prazo que varia de 1 (um) a 3 (três) meses para devolução dos autos ao relator da ação rescisória. No CPC/1973, art. 492, o prazo mínimo para a colheita da prova era de 45 (quarenta e cinco) dias e agora diminuiu para 30 (trinta) dias no CPC/2015. O prazo concedido pelo legislador é bastante exíguo e gera o indesejável risco de tornar a prova imprestável. Espera-se que o órgão incumbido de julgar a ação rescisória adote as providências cabíveis de modo a permitir que o prazo de 1 a 3 meses possa ser excepcionalmente prorrogado, desde que devidamente fundamentado o pedido.

Importante consignar, por fim, que a prova a que alude a regra prevista no CPC/2015, art. 972, deve ser a prova oral (oitiva de testemunhas, por exemplo) ou prova pericial. Ambas podem ser colhidas em audiência de audiência de instrução, inclusive com a participação do perito nomeado para fins de prestar seus esclarecimentos na forma oral. A prova documental que suporta as alegações de fato deve estar acostada na petição inicial da ação rescisória, na contestação ou na possível réplica.

Art. 973 - Concluída a instrução, será aberta vista ao autor e ao réu para razões finais, sucessivamente, pelo prazo de 10 (dez) dias.
Parágrafo único - Em seguida, os autos serão conclusos ao relator, procedendo-se ao julgamento pelo órgão competente.

I. Razões finais e julgamento da ação rescisória

A redação do CPC/2015, art. 973, reproduz praticamente a íntegra do CPC/1973, art. 493. O objetivo da norma é operacionalizar o prosseguimento do feito pós-fase de instrução. Assim, terminada a colheita das provas, as partes terão vista sucessiva dos autos para apresentação de suas razões finais seguindo-se a sua remessa para o relator para elaboração de voto. Como o CPC/2015 excluiu a figura do revisor, após a elaboração do voto o relator deverá remeter os autos ao julgamento pelo colegiado competente (CPC/2015, art. 973, parágrafo único).

A regra que define a apresentação de razões finais pelas partes é revestida pelo princípio da ordem pública processual. A não concessão de prazo para apresentação das razões finais gera prejuízo às partes de natureza pública, concernente à decretação de nulidade da decisão que julga a ação rescisória ou mesmo do próprio processo, conforme já decidiu o STJ: "Processo Civil. Ação Rescisória. Ausência de razões finais. O acórdão proferido em ação rescisória, sem prévia oportunidade às partes para as razões finais, induz à nulidade do processo, se o defeito foi arguido a tempo, isto é, até a sustentação oral na sessão de julgamento. Recurso Especial conhecido e provido" (STJ, 2ª T., REsp nº 23.626/RS, Rel. Min. Ari Pargendler, j. em 13/12/1996). Por outro lado, é questionável a necessidade de se abrir prazo para as razões finais sem a realização da fase instrutória. Nesse caso, o contraditório ficaria efetivado com a apresentação de contestação, réplica ou mesmo tréplica. Ainda que tal abertura seja questionável, entende-se prudente que o relator abra prazo para apresentação das razões finais pelas partes, ainda que a ação comporte apenas prova documental. As razões finais, além de serem a última chance de manifestação das partes, são de grande utilidade para o julgador pois poderão confrontar analiticamente (mediante a apresentação de quadro sinótico) os pleitos de parte a parte e decidir com segurança (nesse sentido v. STJ, 2ª T., REsp nº 322.021/PR, Rel. Min. Herman Benjamin, j. em 1º/9/2009).

Após a apresentação das razões finais pelas partes, ainda que não esteja previsto no CPC/2015, art. 973, entende-se que o Ministério Público deve ser intimado a ter vista dos autos para manifestação, muito em razão do interesse público do julgamento da ação rescisória (justificado pela excepcionalidade da rescisão da coisa julgada material e seu intrínseco vínculo com a segurança jurídica).

Vale relembrar, ao final, que o julgamento da ação rescisória dar-se-á conforme as regras dispostas nos regimentos internos dos tribunais de cada Estado e deverá observar a regra prevista no CPC/2015, art. 971, parágrafo único, segundo a qual "A escolha do relator recairá, sempre que possível, em juiz que não haja participado do julgamento rescindendo". Ademais, nos termos da precitada Súmula nº 252 do STF, não estão impedidos, no julgamento da rescisória, os magistrados que participaram do julgamento rescindendo.

Art. 974 - Julgando procedente o pedido, o tribunal rescindirá a decisão, proferirá, se for o caso, novo julgamento e determinará a restituição do depósito a que se refere o inciso II do art. 968.

Parágrafo único - Considerando, por unanimidade, inadmissível ou improcedente o pedido, o tribunal determinará a reversão, em favor do réu, da importância do depósito, sem prejuízo do disposto no § 2º do art. 82.

Seguindo a regra disposta no CPC/1973, art. 493, o CPC/2015, art. 974, trata do julgamento da ação rescisória e do destino do depósito prévio recolhido quando da distribuição da ação rescisória.

I. Procedência de ação rescisória

Se julgada procedente a ação rescisória (CPC/2015, art. 974, *caput*), o tribunal julgador rescinde a decisão desconstituindo a coisa julgada formada anteriormente. Como consequência da rescisão e pelo dever de prestação da tutela jurisdicional, o tribunal deverá proferir novo julgamento da demanda, exercendo o juízo rescisório em sua plenitude. Dessa forma, é vedado ao tribunal que julga a ação rescisória deixar de julgar a causa e transferir o novo julgamento ao juízo de primeira instância (excetuando-se apenas a hipótese de rescisão por juiz impedido ou absolutamente incompetente – CPC/2015, art. 966, inciso II; ou nos casos de rescisão de coisa julgada anterior – CPC/2015, art. 966, inciso IV; eis que nesses casos a tutela jurisdicional já foi entregue com a desconstituição da decisão rescindenda). Finalmente, com o decreto de procedência da ação rescisória, o valor do depósito prévio é restituído ao autor da ação.

II. Inadmissibilidade e improcedência da ação rescisória

A ação rescisória pode ser julgada inadmissível ou improcedente. No caso de inadmissibilidade, esta é verificada quando a causa de pedir da ação rescisória não segue qualquer dos requisitos taxativos previstos no CPC/2015, art. 966. Pode ser ainda inadmissível a ação rescisória que não tenha como objetivo a rescisão de decisão de mérito transitada em julgado. Mas, nesse caso, é bem possível que haja o julgamento monocrático previsto no CPC/2015, art. 332. Já no caso de improcedência, há inarredável julgamento de mérito do tribunal, uma vez que há o convencimento da inocorrência de fundamento para a rescisão. Julgado o pedido inadmissível ou improcedente, o tribunal determinará a reversão do depósito prévio em favor do réu (ou a sua conversão a título de multa), sem prejuízo de fixar as verbas de sucumbência (honorários advocatícios e despesas processuais) das quais o autor deve ser inarredavelmente condenado.

Art. 975 - O direito à rescisão se extingue em 2 (dois) anos contados do trânsito em julgado da última decisão proferida no processo.

§ 1º - Prorroga-se até o primeiro dia útil imediatamente subsequente o prazo a que se refere o caput, quando expirar durante férias forenses, recesso, feriados ou em dia em que não houver expediente forense.

§ 2º - Se fundada a ação no inciso VII do art. 966, o termo inicial do prazo será a data de descoberta da prova nova, observado o prazo máximo de 5 (cinco) anos, contado do trânsito em julgado da última decisão proferida no processo.

§ 3º - Nas hipóteses de simulação ou de colusão das partes, o prazo começa a contar, para o terceiro prejudicado e para o Ministério Público, que não interveio no processo, a partir do momento em que têm ciência da simulação ou da colusão.

I. Prazo da ação rescisória

A disposição do CPC/2015, art. 975, amplia substancialmente o artigo correspondente do CPC/1973, art. 495. Na redação anterior estipulava-se tão somente que o direito de propor ação rescisória se extinguiria em 2 (dois) anos, contados do trânsito em julgado da decisão. Segundo a nova regra, o prazo permanece de 2 (dois) anos, mas contém diversas nuances.

A primeira se refere ao *dies a quo* da contagem do prazo. Se no CPC/1973 a determinação da contagem do prazo se dava tão somente a partir do trânsito em julgado da decisão rescindenda, no CPC/2015 a contagem do prazo se inicia expressamente a partir do trânsito em julgado da *última* decisão proferida no processo. Tal regra encontra sintonia com o disposto na Súmula nº 401 do STJ, segundo a qual "O prazo decadencial da ação rescisória só se inicia quando não for cabível qualquer recurso do último pronunciamento judicial". Fica, todavia, mantido o posicionamento do STJ de que a contagem do prazo se dá efetivamente a partir da data do trânsito em julgado e não da data da certidão de trânsito em julgado, comumente feita pelos cartórios judiciais (nesse sentido v. STJ, 3ª Seção, AR nº 4.156/RJ, Rel. Min. Campos Marques, j. em 26/6/2013). Ademais, importante lembrar a recente orientação do STJ segundo a qual a contagem do prazo para ajuizamento de ação rescisória só começa depois da última decisão no processo judicial, ainda que o recurso em análise tenha sido considerado intempestivo (ver, nesse sentido, STJ, Corte Especial, Embargos de Divergência em REsp nº 1.352.730/AM, Rel. Min. Raul Araújo, j. em 5/8/2015).

A segunda refere-se ao cuidado do legislador de regulamentar a eventual prorrogação do prazo para ajuizamento da ação rescisória em caso de o prazo se expirar durante o período de férias forenses, recesso, feriados ou em dia em que não houver expediente forense. Tal cuidado se deve ao caráter decadencial do prazo de 2 (dois) anos para propositura da ação rescisória. Em regra, os prazos decadenciais possuem natureza material, de modo que não se suspendem e nem se interrompem, muito menos se prorrogam. Salutar aqui a inclusão do § 1º ao art. 975, pois estanca dúvidas altamente indesejáveis dos operadores do direito e, ao mesmo tempo, não fere a essência do direito potestativo inerente à rescisão da coisa julgada maculada por uma das hipóteses previstas no CPC/2015, art. 966.

A terceira refere-se à aceitação de um prazo diferenciado e superior ao do CPC/2015, art. 975, *caput*, para o ajuizamento da ação rescisória. Se o fundamento da ação rescisória se basear em prova nova, a regra processual agora vigente determina que o prazo decadencial de 2 (dois) anos começa a contar da *descoberta* da prova nova. O legislador foi ainda flexível ao dispor que o prazo não pode ultrapassar 5 (cinco) anos do trânsito em julgado da última decisão proferida no processo.

A quarta refere-se à contagem do prazo para eventual terceiro prejudicado e para o Ministério Público ajuizarem a ação rescisória em casos de simulação ou de colusão das partes. Segundo a nova regra, o prazo para a propositura da ação rescisória nesses casos conta-se tanto para o terceiro prejudicado e para o Ministério Público que não interveio no processo, no momento da ciência do fato constitutivo da simulação ou da colusão. Interessante ressalvar o Enunciado nº 341 do Fórum Permanente de Processualistas Civis que estabelece uma exceção às regras dispostas nos §§ 3º e 4º do CPC/2015, art. 975: "O prazo para ajuizamento da ação rescisória é estabelecido pela data do trânsito em julgado da decisão rescindenda, de modo que não se aplicam as regras dos §§ 2º e

3º do art. 975 do CPC à coisa julgada constituída antes de sua vigência".

Por fim, vale lembrar que, a despeito de orientação anterior do STJ, não se admitindo a coisa julgada por capítulos, sob pena de se criar grande conturbação processual (nesse sentido v. STJ, 1ª T., REsp nº 639.233/DF, Rel. Min. José Delgado, j. em 6/12/2005), a nova sistemática processual admite a ação rescisória dirigida apenas contra 1 (um) capítulo da decisão (art. 966, § 3º, do CPC/2015).

Capítulo VIII - Do Incidente de Resolução de Demandas Repetitivas

Art. 976 - É cabível a instauração do incidente de resolução de demandas repetitivas quando houver, simultaneamente:

I - efetiva repetição de processos que contenham controvérsia sobre a mesma questão unicamente de direito;

II - risco de ofensa à isonomia e à segurança jurídica.

§ 1º - A desistência ou o abandono do processo não impede o exame de mérito do incidente.

§ 2º - Se não for o requerente, o Ministério Público intervirá obrigatoriamente no incidente e deverá assumir sua titularidade em caso de desistência ou de abandono.

§ 3º - A inadmissão do incidente de resolução de demandas repetitivas por ausência de qualquer de seus pressupostos de admissibilidade não impede que, uma vez satisfeito o requisito, seja o incidente novamente suscitado.

§ 4º - É incabível o incidente de resolução de demandas repetitivas quando um dos tribunais superiores, no âmbito de sua respectiva competência, já tiver afetado recurso para definição de tese sobre questão de direito material ou processual repetitiva.

§ 5º - Não serão exigidas custas processuais no incidente de resolução de demandas repetitivas.

Autor: Alexandre Gustavo Melo Franco Bahia

I. O Incidente e as demandas seriais

O Incidente de Resolução de Demandas Repetitivas (IRDR) é uma das grandes apostas do CPC/2015 no tratamento das chamadas *causas seriais*, isto é, aquelas ações virtualmente idênticas e que se repetem às centenas/milhares. Sua inspiração é o processo-modelo das controvérsias do mercado de capital alemão.

Até então apenas mecanismos nos Tribunais Superiores buscavam cuidar da questão. Agora, com aquele Incidente, a questão jurídica repetitiva poderá ser tratada localmente (TJ/TRF) ou até ser nacionalizada: uma vez instaurado o procedimento, suspendem-se todas as ações que discutem a temática que se repete e o Tribunal julgará esta questão em separado e, após, a devolverá para que os juízos originais continuem a julgar seus casos, mas já tendo a definição sobre o tema repetitivo a nortear seus julgamentos. Este é o grande objetivo do Incidente, afinal, suspender a tramitação das causas em que a questão repetitiva esteja presente para que esta seja resolvida e, após, os processos voltem ao seu trâmite normal tendo já solucionado aquele debate. O que o IRDR faz é uma cisão da cognição através de técnica conhecida como "procedimento-modelo" – não se trata de uma ação autônoma, mas de um tipo especial de incidente processual.

Perceba-se que o IRDR apenas poderá ser intentado se demonstrado já haver a efetiva repetição de processos (causas seriais) e que isso signifique risco de ofensa à isonomia e à segurança jurídica. Tais questões são importantes uma vez que, originalmente, ele foi previsto como forma de se lidar com questões que "poderiam" gerar a multiplicação de demandas e, então, o Incidente teria função "preventiva", o que foi rechaçado pois que significaria um reforço da "jurisprudência defensiva" que se quis combater no CPC/2015. Não há um número mínimo de processos que autorize o uso do Incidente e nem matérias jurídicas que possam (ou não possam) ser submetidas ao procedimento (Enunciado nº 87 do FPPC: "A instauração do incidente de resolução de demandas repetitivas não pressupõe a existência de grande quantidade de processos versando sobre a mesma questão, mas preponderantemente o risco de quebra da isonomia e de ofensa à segurança jurídica"; Enunciado nº 88: "Não existe limitação de matérias de direito passíveis de gerar a instauração do incidente de resolução de demandas repetitivas e, por isso, não é admissível qualquer interpretação que, por tal fundamento, restrinja seu cabimento". Por outro lado, há que se cogitar que o preenchimento dos dois requisitos acima citados exige um número considerável de ações.

II. Características do instituto

O *§ 1º* mostra que o IRDR não se dá apenas em função de um interesse particular, mas de um interesse público na estabilização de entendimento quanto a determinada questão repetitiva, por isso a desistência/abandono por seu autor não impede que o Tribunal o julgue no mérito, devendo, em tais casos, o procedimento ser assumido pelo Ministério Público (§ 2º). Pelas mesmas razões o § 3º estabelece que a inadmissão em uma primeira tentativa de instaurar o Incidente não impede que ele seja intentado novamente.

Como o grande objetivo do IRDR é a uniformização e a geração de segurança jurídica sobre questão repetitiva controversa, não faz sentido sua ocorrência quando a mesma questão já é objeto de RE/REsp repetitivos (art. 1.036 e ss.), pois que aí os Tribunais Superiores estarão exercendo sua função precípua de uniformização jurisprudencial, por isso o disposto no § 4º.

III. Procedimento trifásico

O procedimento do IRDR é trifásico: instauração do Incidente, instrução e julgamento e aplicação do entendimento aos casos sobrestados (e aos futuros casos sobre a mesma matéria).

Art. 977 - O pedido de instauração do incidente será dirigido ao presidente de tribunal:
I - pelo juiz ou relator, por ofício;
II - pelas partes, por petição;
III - pelo Ministério Público ou pela Defensoria Pública, por petição.
Parágrafo único - O ofício ou a petição será instruído com os documentos necessários à demonstração do preenchimento dos pressupostos para a instauração do incidente.

I. Legitimidade para instaurar o Incidente

O art. 977 trata da legitimidade ativa para o IRDR e da competência para o seu julgamento. Quanto a esta última, o Incidente pode ocorrer em face de uma ação que esteja em 1º ou 2º graus e o pedido, de qualquer forma, é dirigido ao respectivo Presidente do Tribunal (TJ/TRF) – ver também o art. 978. Sobre a legitimidade ativa, podem instaurar o Incidente o juiz/Relator, de ofício ou via petição, de qualquer uma das partes, do Ministério Público ou da Defensoria Pública. Atente-se que o Ministério Público, quando não for o autor do IRDR, irá intervir como *custos legis* (art. 976, § 2º) e que o ofício ou a petição devem estar acompanhados dos documentos que mostrem o cumprimento dos requisitos para a instauração do procedimento.

Ainda, de acordo com o Enunciado nº 89 do FPPC: "Havendo apresentação de mais de um pedido de instauração do incidente de resolução de demandas repetitivas perante o mesmo tribunal todos deverão ser apensados e processados conjuntamente; os que forem oferecidos posteriormente à decisão de admissão serão apensados e sobrestados, cabendo ao órgão julgador considerar as razões neles apresentadas". E o Enunciado nº 90 prescreve: "É admissível a instauração de mais de um incidente de resolução de demandas repetitivas versando sobre a mesma questão de direito perante tribunais de 2º grau diferentes".

Art. 978 - O julgamento do incidente caberá ao órgão indicado pelo regimento interno dentre aqueles responsáveis pela uniformização de jurisprudência do tribunal.
Parágrafo único - O órgão colegiado incumbido de julgar o incidente e de fixar a tese jurídica julgará igualmente o recurso, a remessa necessária ou o processo de competência originária de onde se originou o incidente.

I. Competência para o julgamento do Incidente

O art. 978 estabelece o órgão que, dentro do Tribunal, terá competência para julgar o IRDR: será aquele que, de acordo com o Regimento Interno, for o responsável pela uniformização da jurisprudência. Este órgão fica também prevento para julgar futuro recurso/remessa necessária/processo de competência originária de onde se originou o Incidente.

Art. 979 - A instauração e o julgamento do incidente serão sucedidos da mais ampla e específica divulgação e publicidade, por meio de registro eletrônico no Conselho Nacional de Justiça.
§ 1º - Os tribunais manterão banco eletrônico de dados atualizados com informações específicas sobre questões de direito submetidas ao incidente, comunicando-o imediatamente ao Conselho Nacional de Justiça para inclusão no cadastro.
§ 2º - Para possibilitar a identificação dos processos abrangidos pela decisão do incidente, o registro eletrônico das teses jurídicas constantes do cadastro conterá, no mínimo, os fundamentos determinantes da decisão e os dispositivos normativos a ela relacionados.
§ 3º - Aplica-se o disposto neste artigo ao julgamento de recursos repetitivos e da repercussão geral em recurso extraordinário.

I. Publicidade necessária a ser dada sobre a instauração e julgamento do Incidente

O objetivo do IRDR é resolver o problema de insegurança jurídica e de quebra de isonomia que podem ser gerados pela existência de uma multiplicidade de ações tratando da mesma questão. Por isso é que, uma vez instaurado, deve ser dada a mais ampla publicidade ao mesmo para que se saiba exatamente quais as causas que estão afetadas ao Incidente (ver art. 982) e para que a decisão que ali for dada possa servir de parâmetro para futuras ações. Assim, os Tribunais devem registrar eletronicamente o Incidente no CNJ e manter tal cadastro atualizado e em tal cadastro deve haver informações sobre os fundamentos que nortearam a decisão (qual a *ratio decidendi* da decisão) e que diplomas normativos foram implicados.

II. Aplicação das disposições sobre publicidade aos recursos extraordinário e especial repetitivos

O § 3º determina que os mecanismos dispostos no artigo sobre a forma de dar publicidade sobre a instauração e julgamento do Incidente de Resolução de Demandas Repetitivas seja aplicado também ao procedimento e julgamento dos Recursos Extraordinário e Especial Repetitivos (art. 1.036 *et seq.*)

Art. 980 - O incidente será julgado no prazo de 1 (um) ano e terá preferência sobre os demais feitos, ressalvados os que envolvam réu preso e os pedidos de habeas corpus.
Parágrafo único - Superado o prazo previsto no caput, cessa a suspensão dos processos prevista no art. 982, salvo decisão fundamentada do relator em sentido contrário.

I. Prazo máximo de duração do Incidente

O art. 980 previne um problema já conhecido quanto à repercussão geral das questões constitucionais nos Recursos Extraordinários (e que o CPC/2015 também resolve para estes): que o procedimento permaneça sem solução durante longos períodos. Assim, não só se prevê a preferência de julgamento do Incidente sobre outros feitos (exceto casos de réu preso e *habeas corpus*) como também se estabelece o prazo máximo de 1 ano para o julgamento do IRDR; se não for julgado no prazo, é encerrado o procedimento e as causas afetadas (ver art. 982) voltam à sua tramitação normal.

Art. 981 - Após a distribuição, o órgão colegiado competente para julgar o incidente procederá ao seu juízo de admissibilidade, considerando a presença dos pressupostos do art. 976.

I. Competência para julgamento do Incidente

Distribuído o Incidente, o órgão competente para julgá-lo no Tribunal (ver art. 978) fará o juízo de admissibilidade do mesmo, verificando se estão presentes os requisitos do art. 976. De acordo com o Enunciado nº 91 do FFPC: "Cabe ao órgão colegiado realizar o juízo de admissibilidade do incidente de resolução de demandas repetitivas, sendo vedada a decisão monocrática".

Art. 982 - Admitido o incidente, o relator:
I - suspenderá os processos pendentes, individuais ou coletivos, que tramitam no Estado ou na região, conforme o caso;
II - poderá requisitar informações a órgãos em cujo juízo tramita processo no qual se discute o objeto do incidente, que as prestarão no prazo de 15 (quinze) dias;
III - intimará o Ministério Público para, querendo, manifestar-se no prazo de 15 (quinze) dias.
§ 1º - A suspensão será comunicada aos órgãos jurisdicionais competentes.
§ 2º - Durante a suspensão, o pedido de tutela de urgência deverá ser dirigido ao juízo onde tramita o processo suspenso.
§ 3º - Visando à garantia da segurança jurídica, qualquer legitimado mencionado no art. 977, incisos II e III, poderá requerer, ao tribunal competente para conhecer do recurso extraordinário ou especial, a suspensão de todos os processos individuais ou coletivos em curso no território nacional que versem sobre a questão objeto do incidente já instaurado.
§ 4º - Independentemente dos limites da competência territorial, a parte no processo em curso no qual se discuta a mesma questão objeto do incidente é legitimada para requerer a providência prevista no § 3º deste artigo.
§ 5º - Cessa a suspensão a que se refere o inciso I do caput deste artigo se não for interposto recurso especial ou recurso extraordinário contra a decisão proferida no incidente.

I. Procedimentos a partir da instauração

Presentes os requisitos de admissibilidade do IRDR (art. 981 c.c. art. 976), cabe ao Relator no Tribunal (pertencente ao órgão competente para julgar o Incidente) afetar as demais causas (individuais ou coletivas) que, dentro do raio de competência daquele, tratem da mesma questão repetitiva. Como já adiantado nos comentários ao art. 976, este é o grande objetivo do Incidente: suspender a tramitação das causas em que a questão repetitiva esteja presente para que esta seja resolvida e, após, os processos voltem ao seu trâmite normal tendo já solucionado aquele debate. A essa cisão da cognição se dá o nome técnico de "procedimento-modelo". Os respectivos juízos nos quais as ações tramitam devem ser comunicados sobre a instauração do IRDR para que aquelas sejam suspensas (§ 1º) – Enunciado nº 92 do FFPC: "A suspensão de processos prevista neste dispositivo é consequência da admissão do incidente de resolução de demandas repetitivas e não depende da demonstração dos requisitos para a tutela de urgência"; Enunciado nº 93: "Admitido o incidente de resolução de demandas repetitivas, também devem ficar suspensos os processos que versem sobre a mesma questão objeto do incidente e que tramitem perante os juizados especiais no mesmo estado ou região". Ainda sobre a suspensão, o § 5º prescreve que os processos permanecem suspensos havendo RE/REsp contra decisão do Incidente (ver art. 987).

II. Exceção à suspensão dos processos

Pretensões relativas a tutelas de urgência (art. 300 e ss.) ficam submetidas a deliberação do juízo da causa suspensa (§ 2º).

III. Instrução do Incidente

Suspensos os processos, o Incidente deve ser instruído e, para isso, pode o Relator requisitar informações dos juízos onde tramitam as ações, que devem ser prestadas em 15 dias. O objetivo aqui é arregimentar subsídios sobre os debates havidos nas ações a respeito do tema comum e, inclusive, ter-se um mapa de eventual diversidade de causas em que aquela aparece. O Ministério Público, quando agir como *custos legis* (art. 976, § 2º), terá também 15 dias para se manifestar. Ver também art. 983.

IV. Ampliação do Incidente em nível nacional

O IRDR pode ter seu raio de abrangência ampliado: do nível local (TJ/TRF) para o nível nacional. Para isso os legitimados a instaurar o Incidente citados nos incisos II e III do art. 977 poderão pedir ao STF ou ao STJ (a depender se a questão é "constitucional" ou "federal") que assumam o Incidente e ordenem a suspensão de todos os processos sobre a mesma matéria que tramitem no País (§ 3º) (ver também o art. 1.029, § 4º). Tal providência de nacionalização do debate sobre o tema repetitivo poderá, também, ser requerida por quem seja parte em algum processo que também discuta o tema noutro Estado/Região, de forma a estender a discussão para além do nível local (§ 4º).

Art. 983 - O relator ouvirá as partes e os demais interessados, inclusive pessoas, órgãos e entidades com interesse na controvérsia, que, no prazo comum de 15 (quinze) dias, poderão requerer a juntada de documentos, bem como as diligências necessárias para a elucidação da questão de direito controvertida, e, em seguida, manifestar-se-á o Ministério Público, no mesmo prazo.
§ 1º - Para instruir o incidente, o relator poderá designar data para, em audiência pública, ouvir depoimentos de pessoas com experiência e conhecimento na matéria.
§ 2º - Concluídas as diligências, o relator solicitará dia para o julgamento do incidente.

I. Contraditório

Após o Relator pedir informações aos juízos em que tramitam os processos sobrestados (art. 982, inciso II), a instrução do IRDR se completa com o que dispõe o art. 983. O Relator deverá ouvir as partes (do processo que deu origem ao Incidente), bem como *amicus curiae* que se habilitem para falar no processo. Tanto uns como outros terão o prazo de 15 dias e poderão juntar documentos e solicitar diligências. Após se manifesta o Ministério Público quando age como *custos legis*, no mesmo prazo.

II. Ampliação do debate através de audiência pública

Poderá haver audiência pública com a convocação, pelo Relator, "de pessoas com experiência e conhecimento na matéria". Tanto a audiência pública quanto a atuação dos *amici curiae* não são novidade no direito brasileiro, que já os admite para as ações de controle concentrado de normas (Leis nos 9.868/1999 e 9.882/1999), bem como para o julgamento do Incidente de Controle difuso de constitucionalidade (arts. 948-950 do CPC/2015). Sobre o papel/poderes dos *amici curiae*, conferir o art. 138 do CPC/2015.

III. Solicitação de pauta para julgamento

Terminada a instrução e havidos os debates, o Relator solicitará que o Incidente seja colocado em pauta para julgamento.

Art. 984 - No julgamento do incidente, observar-se-á a seguinte ordem:
I - o relator fará a exposição do objeto do incidente;
II - poderão sustentar suas razões, sucessivamente:
a) o autor e o réu do processo originário e o Ministério Público, pelo prazo de 30 (trinta) minutos;
b) os demais interessados, no prazo de 30 (trinta) minutos, divididos entre todos, sendo exigida inscrição com 2 (dois) dias de antecedência.
§ 1º - Considerando o número de inscritos, o prazo poderá ser ampliado.
§ 2º - O conteúdo do acórdão abrangerá a análise de todos os fundamentos suscitados concernentes à tese jurídica discutida, sejam favoráveis ou contrários.

I. Ordem na sessão de julgamento e tempo de sustentação oral

O art. 984 disciplina a ordem na pauta de julgamento do IRDR: leitura do Relatório, sustentações orais: do autor e do réu do processo originário e do Ministério Público, com o prazo comum de 30 minutos; depois, os *amici curiae*, inscritos para o julgamento com antecedência mínima de 2 dias, que dividirão o prazo comum de 30 minutos.

II. Possibilidade de ampliação do prazo

O § 1º permite que esse prazo seja ampliado quando houver um número muito grande de interessados.

III. Alcance da decisão no Incidente

O § 2º estabelece o alcance e os contornos do acórdão que julga o IRDR: ele deverá enfrentar todos os fundamentos (favoráveis e contrários) suscitados que digam respeito à tese debatida. A norma nem precisaria ter sido posta, uma vez que há regra geral sobre o tema: art. 489, § 1º, a exigir que qualquer sentença/acórdão seja dada na forma acima estabelecida.

Art. 985 - Julgado o incidente, a tese jurídica será aplicada:
I - a todos os processos individuais ou coletivos que versem sobre idêntica questão de direito e que tramitem na área de jurisdição do respectivo tribunal, inclusive àqueles que tramitem nos juizados especiais do respectivo Estado ou região;
II - aos casos futuros que versem idêntica questão de direito e que venham a tramitar no território de competência do tribunal, salvo revisão na forma do art. 986.
§ 1º - Não observada a tese adotada no incidente, caberá reclamação.
§ 2º - Se o incidente tiver por objeto questão relativa a prestação de serviço concedido, permitido ou autorizado, o resultado do julgamento será comunicado ao órgão, ao ente ou à agência reguladora competente para fiscalização da efetiva aplicação, por parte dos entes sujeitos a regulação, da tese adotada.

I. Aplicação da tese aos casos sobrestados e aos casos futuros sobre o mesmo tema

Julgado o IRDR, o entendimento ali fixado deve ser adotado no julgamento dos casos que ficaram sobrestados (inclusive ao caso que deu origem ao Incidente), de forma que os respectivos juízes/Tribunais retomam o julgamento dos seus casos tendo como um parâmetro adicional a decisão do Incidente. O IRDR se trata de uma cisão da cognição, assim, o órgão que o julga apenas trata da questão de direito que foi objeto do procedimento, devendo o restante da cognição ser dada pelo juízo de origem; este, por sua vez, deverá aplicar o entendimento uniformizado, sob pena de a parte prejudicada intentar Reclamação ao órgão que julgou o Incidente – sobre o instituto da Reclamação ao órgão que julgou o incidente – sobre o instituto da Reclamação no CPC/2015, ver os arts. 988-993. De igual sorte, processos futuros que tramitem no mesmo âmbito de jurisdição e que tratem da mesma matéria deverão seguir o entendimento ali fixado, salvo se houver revisão do entendimento (como será tratado no art. 986). Apesar de não mencionado, vale lembrar também que o juiz/parte poderá argumentar pela não aplicação do que foi decidido anteriormente se demonstrarem a não coincidência de fatos relevantes entre um e outro casos – isto é, proceder-se a uma "distinção" (*distinguishing*), como possibilitado pelo art. 489, § 1º, incisos V e VI.

II. Cabimento de reclamação

Caso algum juiz/tribunal submetido à jurisdição do órgão prolator da decisão não a observe em casos sobre o mesmo tema, caberá à parte intentar Reclamação a este último (§ 1º).

III. Incidente e a prestação de serviços públicos

O § 2º dispõe sobre a possibilidade – bem plausível – do IRDR se dar sobre matéria relativa à prestação de serviço público. Como uma garantia adicional ao cumprimento da decisão, a prestadora do serviço, bem como a respectiva agência reguladora, deverão ser comunicadas.

Art. 986 - A revisão da tese jurídica firmada no incidente far-se-á pelo mesmo tribunal, de ofício ou mediante requerimento dos legitimados mencionados no art. 977, inciso III.

I. Revisão da tese (*overruling*) fixada no Incidente

O CPC/2015 contempla a possibilidade de revisão (*overruling*) acerca do entendimento firmado anteriormente no IRDR (e noutros procedimentos de formação de precedentes e súmulas). Apesar de o propósito do procedimento ser a uniformização, há que se compreender que o Direito é um fenômeno dinâmico e que está inserido em uma sociedade em constante mudança. Assim, o Ministério Público ou a Defensoria Pública (art. 977, inciso III), ou o próprio Tribunal, "de ofício", poderão pedir a revisão da tese firmada.

Art. 987 - Do julgamento do mérito do incidente caberá recurso extraordinário ou especial, conforme o caso.
§ 1º - O recurso tem efeito suspensivo, presumindo-se a repercussão geral de questão constitucional eventualmente discutida.
§ 2º - Apreciado o mérito do recurso, a tese jurídica adotada pelo Supremo Tribunal Federal ou pelo Superior Tribunal de Justiça será aplicada no território nacional a todos os processos individuais ou coletivos que versem sobre idêntica questão de direito.

I. Recurso cabível a decisão de mérito dada no Incidente

Contra a decisão de mérito dada no IRDR caberá Recurso Extraordinário (RE) ou Recurso Especial (REsp), conforme se trate a matéria de questão constitucional (art. 102, inciso III – CR/1988) ou federal (art. 105, inciso III – CR/1988).

II. Efeito suspensivo automático do recurso e presunção de repercussão geral

Este RE/REsp tem efeito suspensivo automático – ao contrário da regra do art. 1.029, § 5º, que prescreve que o efeito suspensivo nesses recursos tem de ser requerido e poderá não ser concedido. Sendo o caso de RE, o CPC/2015 já prevê a existência de repercussão geral (art. 1.035) da matéria ali discutida. Ainda, de acordo com o Enunciado nº 94 do FPPC: "A parte que tiver o seu processo suspenso [...] poderá interpor recurso especial ou extraordinário contra o acórdão que julgar o incidente de resolução de demandas repetitivas".

III. Alcance nacional da decisão do recurso

Diferentemente da decisão quando dada por TJ/TRF no julgamento do IRDR, que tem alcance apenas regional, sendo a tese decidida em sede de RE/REsp, o entendimento fixado terá abrangência nacional (§ 2º).

Capítulo IX - Da Reclamação

Art. 988 - Caberá reclamação da parte interessada ou do Ministério Público para:
I - preservar a competência do tribunal;
II - garantir a autoridade das decisões do tribunal;
III - garantir a observância de enunciado de súmula vinculante e de decisão do Supremo Tribunal Federal em controle concentrado de constitucionalidade; (Redação dada pela Lei nº 13.256, de 4 de fevereiro de 2016)
IV - garantir a observância de acórdão proferido em julgamento de incidente de resolução de demandas repetitivas ou de incidente de assunção de competência; (Redação dada pela Lei nº 13.256, de 4 de fevereiro de 2016)
§ 1º - A reclamação pode ser proposta perante qualquer tribunal, e seu julgamento compete ao órgão jurisdicional cuja competência se busca preservar ou cuja autoridade se pretenda garantir.
§ 2º - A reclamação deverá ser instruída com prova documental e dirigida ao presidente do tribunal.
§ 3º - Assim que recebida, a reclamação será autuada e distribuída ao relator do processo principal, sempre que possível.
§ 4º - As hipóteses dos incisos III e IV compreendem a aplicação indevida da tese jurídica e sua não aplicação aos casos que a ela correspondam.
§ 5º - É inadmissível a reclamação: (Redação dada pela Lei nº 13.256, de 4 de fevereiro de 2016)
I - proposta após o trânsito em julgado da decisão reclamada; (Incluído pela Lei nº 13.256, de 4 de fevereiro de 2016)
II - proposta para garantir a observância de acórdão de recurso extraordinário com repercussão geral reconhecida ou de acórdão proferido em julgamento de recursos extraordinário ou especial repetitivos, quando não esgotadas as instâncias ordinárias. (Incluído pela Lei nº 13.256, de 4 de fevereiro de 2016)
§ 6º - A inadmissibilidade ou o julgamento do recurso interposto contra a decisão proferida pelo órgão reclamado não prejudica a reclamação.

Autor: Rogerio Licastro Torres de Mello

I. Conceito, características e cabimento

A reclamação constitucional consiste no instituto processual destinado, conforme indicam os incisos do art. 988 do CPC/2015, à preservação da competência do tribunal, à manutenção do império e da autoridade de decisões do tribunal, à garantia da obediência das decisões proferidas pelo STF em sede de controle concentrado da constitucionalidade e, por fim, à observância e ao respeito às súmulas vinculantes, aos precedentes formados em sede de julgamentos de incidentes de resolução de demandas repetitivas ou proferidos em incidente de assunção de competência.

Outrora tratada pela Lei nº 8.038/1990, em seus arts. 13 a 18, a reclamação agora é tratada pelo CPC/2015, arts. 988 e ss., que revogou expressamente, em seu art. 1.072, inciso IV, os arts. 13 a 18 referidos (Lei nº 8.038/1990).

Reconhece-se sua natureza jurídica de ação, e sua finalidade, como acima observado, é a de preservar não apenas determinado pronunciamento decisório ou a competência de determinado tribunal, porém fundamentalmente colima-se, por intermédio da reclamação, garantir a *autoridade e a observância* das decisões arroladas nos incisos II a IV deste art. 988 sob comento, bem como a competência dos tribunais (tribunais de jurisdição ordinária e excepcional).

A reclamação constitucional é cabível em face de atos do Poder Público (atos do Poder Judiciário ou do Poder Executivo, por exemplo) que se enquadrem em alguma das hipóteses dos incisos do art. 988 do CPC e revelem negativa de observância ou usurpação de competência, respectivamente, das decisões ou da autoridade de determinado tribunal, nas circunstâncias indicadas nos incisos do artigo em referência.

Uma importante inovação gerada pelo CPC/2015 diz respeito ao cabimento da reclamação não apenas quando houver negativa de aplicação da decisão de determinado tribunal (e, também, negativa de aplicabilidade de súmula vinculante, consoante disposto no inciso III), conforme indicado nos incisos II a IV do art. 988 do CPC/2015: caberá reclamação, também, quando houver aplicação indevida de tais decisões a determinado caso, sobre o qual estas não deveriam incidir (§ 4º do art. 988 do CPC/2015).

É de se observar que, em termos gerais, a reclamação revela-se de grande importância para a preservação da autoridade das decisões do STF adotadas em sede de julgamento de ações de controle concentrado de constitucionalidade, quais sejam a Ação Direta de Inconstitucionalidade, a Ação Declaratória de Constitucionalidade e a Arguição de Descumprimento de Preceito Fundamental.

O CPC/2015, aliás, ao prever que a reclamação é cabível para preservar a competência e a autoridade de decisões do "tribunal" (CPC/2015, art. 988, incisos I e II), expressamente elimina a polêmica outrora existente acerca do cabimento da reclamação i) exclusivamente perante o STF e o STJ ou, ao contrário, ii) também perante outros tribunais. Doravante, com o advento da novel codificação processual civil, caberá o direcionamento da reclamação a qualquer tribunal, verificadas as hipóteses legais descritas no artigo em exame.

De remate, cumpre-nos registrar que a reclamação, conforme as novas feições que lhe foram atribuídas pelo CPC/2015, deve funcionar como potente elemento de fomento ao sistema de precedentes proporcionado pela nova codificação processual civil.

Com efeito, a reclamação deve ser vista como um mecanismo em grande parte garantidor da necessária obediência às decisões que configurem precedentes jurisprudenciais, no sentido de que o desrespeito a estes deve ser denunciado, corrigido, justamente por intermédio da reclamação ao órgão formador do precedente em questão.

II. Legitimações ativa e passiva

A legitimação ativa para a propositura da reclamação constitucional é do Ministério Público ou da parte interessada. Em essência, a parte interessada para o ajuizamento da reclamação é aquela prejudicada pela não observância da autoridade dos pronunciamentos decisórios indicados nos incisos II a IV do art. 988 do CPC/2015, ou que experimentou em seu desfavor usurpação de competência de determinado tribunal.

O legitimado ativo típico para o aforamento da reclamação, portanto, será o beneficiário da decisão cuja autoridade foi violada (beneficiário da aplicação da súmula vinculante, da decisão do tribunal que não foi observada, da decisão firmada em controle concentrado de constitucionalidade exercido pelo STF, da decisão firmada em incidente de resolução de demandas repetitivas ou assunção de competência).

A legitimação passiva será da autoridade à qual se atribui, na reclamação, a usurpação de competência ou a inobservância de decisão judicial que se amolde às hipóteses dos incisos I a IV do art. 988 do CPC/2015, devendo ser citado, também (e, portanto, sendo legitimado passivo), o beneficiário da decisão ou do ato reclamados.

III. Aspectos relevantes de sua tramitação e de seu julgamento

O § 1º do art. 988 do CPC/2015, de maneira esclarecedora, dispõe ser cabível a reclamação perante qualquer tribunal, o que afasta eventuais dúvidas outrora existentes acerca do cabimento de tal medida apenas no STF ou no STJ. Como sobredito, com o advento da nova codificação processual civil, estabelece-se que usurpações de competência ou não observância de decisões de quaisquer tribunais poderão ser objeto de reclamação. Dispõe o referido § 1º, ainda, que a reclamação deverá ser julgada pelo órgão "cuja competência se busca preservar ou cuja autoridade se pretenda garantir".

Deverá a reclamação ser dirigida ao presidente do tribunal (§ 2º do art. 988 do CPC/2015), para fins de autuação e direcionamento ao relator do processo principal, em que proferida a decisão que se está a descumprir pela autoridade reclamada, ou está sob usurpação de competência (§ 3º do art. 988 do CPC/2015).

De conformidade com o § 2º do art. 988 sob análise, a reclamação comporta prova documental, e esta deverá acompanhar a petição inicial.

Dada sua natureza não recursal (pensamos, com efeito, tratar-se de ação), a reclamação, a teor do § 6º do art. sob análise, pode perfeitamente coexistir com eventual recurso interposto em face da decisão proferida pelo órgão reclamado, que esteja (i) ou a usurpar competência do tribunal, ou (ii) a violar a autoridade de decisão que se enquadre nas hipóteses previstas nos incisos I a IV do art. 988 do CPC/2015.

A única ressalva que merece ser feita quanto a esta possibilidade de coexistência da reclamação com recursos localiza-se no § 5º, inciso II, inserido no art. 988 do CPC/2015 pela Lei nº 13.256/2016: não será admitida a reclamação se "proposta para garantir a observância de acórdão de recurso extraordinário com repercussão geral reconhecida ou de acórdão proferido em julgamento de recursos extraordinário ou especial repetitivos, quando não esgotadas as instâncias ordinárias".

Aliás, a reclamação independe do destino do recurso interposto em face da decisão que lhe deu causa, dado que o § 6º em exame é expresso ao dispor que a reclamação não se verá prejudicada por eventual inadmissibilidade ou julgamento de improcedência do recurso interposto, apresentando-se, portanto, como instituto processualmente independente.

Há que se registrar, contudo, que a reclamação não pode ser apresentada após o trânsito em julgado da decisão que justificaria seu ajuizamento (CPC/2015, § 5º, inciso I, do art. 988), conforme consta do Enunciado nº 734 da Súmula do STF: "Não cabe reclamação quando já houver transitado em julgado o ato judicial que se alega tenha desrespeitado decisão do Supremo Tribunal Federal".

Ainda acerca do § 5º do art. 988 do CPC/2015, é de se consignar que, mesmo antes do encerramento da *vacatio legis* do CPC/2015, a Lei nº 13.256/2016 já promoveu alterações na nova codificação processual civil, passando predito § 5º a contar, agora, com dois incisos.

O inciso I do § 5º do art. 988 consiste em hipótese que já constava da redação original do CPC de 2015: não caberá reclamação após o trânsito em julgado da decisão reclamada.

A novidade reside no inciso II do § 5º do art. 988: não será admissível reclamação "proposta para garantir a observância de acórdão de recurso extraordinário com repercussão geral reconhecida ou de acórdão proferido em julgamento de recursos extraordinário ou especial repetitivos, quando não esgotadas as instâncias ordinárias".

Trata-se, em nosso pensar, de alteração sofrida pelo CPC/2015 em seu período de vacância legislativa que, lamentavelmente, acarreta restrição ao aforamento da reclamação em caso de esta ser destinada à manutenção da autoridade de acórdão em recurso extraordinário com repercussão geral verificada ou de aresto oriundo de recursos excepcionais repetitivos.

Na redação original do art. 988 do CPC/2015 (antes das alterações implementadas pela Lei nº 13.256/2016), nestas hipóteses (violação à autoridade de acórdão proferido em recurso extraordinário com repercussão geral ou proferido em sede de recursos repetitivos) poderiam conviver os recursos às instâncias ordinárias e as reclamações; com o advento da novel redação do § 5º do art. 988, notadamente seu inciso II, não mais caberá reclamação ao STF ou ao STJ em virtude de não observância da autoridade de acórdão em recurso extraordinário dotado de repercussão geral ou acórdãos em recursos excepcionais repetitivos concomitantemente com os recursos ordinários cabíveis, dado que deverão ser esgotadas as instâncias ordinárias como requisito de admissibilidade da reclamação (na hipótese prevista no inciso II, § 5º, do art. 988).

Caberá a reclamação ao STF e ao STJ, dessarte, apenas e somente quando aberta a via recursal excepcional em sentido amplo (vale dizer, quando verificar-se o momento procedimental de interposição de recurso extraordinário e/ou de recurso especial), o que pressupõe esgotamento das vias ordinárias.

Avulta, aqui, o receio das Cortes Superiores de experimentar incremento em suas atividades em virtude da reclamação concomitante ao recurso ordinário. O espírito de que imbuída a Lei nº 13.256/2016, neste aspecto procedimental da reclamação, é o mesmo que restaurou a dupla admissibilidade dos recursos excepcionais, extinta na redação original do CPC/2015: a jurisprudência defender-se de eventual aumento de atividade jurisdicional.

Art. 989 - Ao despachar a reclamação, o relator:
I - requisitará informações da autoridade a quem for imputada a prática do ato impugnado, que as prestará no prazo de 10 (dez) dias;
II - se necessário, ordenará a suspensão do processo ou do ato impugnado para evitar dano irreparável;
III - determinará a citação do beneficiário da decisão impugnada, que terá prazo de 15 (quinze) dias para apresentar a sua contestação.

O polo passivo da reclamação é, pragmaticamente, integrado (i) pela autoridade à qual se imputa a usurpação de competência ou a não observância da autoridade das decisões arroladas no art. 988 do CPC/2015, incisos I a IV, e (ii) pelo beneficiário da decisão reclamada, que deverá ser citado e terá quinze dias para apresentar contestação (CPC, 989, inciso III).

Neste passo, o relator da reclamação determinará a requisição de informações à autoridade dita "reclamada", que terá dez dias para tanto.

Nas informações, caberá à autoridade reclamada expor as circunstâncias do caso em que se deu a decisão objeto de reclamação, além das razões que justificariam o ato ou a decisão reclamados. Tais informações têm o objetivo de permitir à autoridade reclamada que informe ao relator da reclamação o que teria sucedido no procedimento em que proferido o ato objeto da reclamação.

A contestação propriamente dita (vale dizer, a defesa) a ser apresentada em face da reclamação caberá ao beneficiário do ato ou da decisão que forem reclamados.

Poderá o relator, ainda, determinar a suspensão do processo em que proferida a decisão objeto da reclamação, caso a usurpação de competência ou a violação à autoridade das decisões arroladas no art. 988 do CPC/2015 provenham de autoridade judicial ou mesmo de autoridade não judicial (na hipótese de o processo ser administrativo, por exemplo). Poderá, também, ser determinada apenas a suspensão do ato impugnado, e não do processo.

Para fins de se determinar a suspensão referida no parágrafo acima, faz-se necessária a demonstração de risco de dano irreparável, vale dizer, é preciso restar configurado o chamado *periculum in mora.*

Art. 990 - Qualquer interessado poderá impugnar o pedido do reclamante.

O art. 990 sob análise contém disposição normativa que confere a qualquer interessado o direito de impugnar a reclamação (leia-se, apresentação de defesa da legitimidade do ato ou da decisão reclamados).

O ponto a ser analisado, aqui, respeita à pertinência da atuação deste "interessado" para fins de apresentação de impugnação à reclamação.

Por "qualquer interessado" deve-se entender aquele que demonstre relação de pertinência com o objeto da reclamação, demonstrando, por conseguinte, que sua esfera jurídica será afetada pela decisão a ser proferida quando do julgamento da reclamação.

Art. 991 - Na reclamação que não houver formulado, o Ministério Público terá vista do processo por 5 (cinco) dias, após o decurso do prazo para informações e para o oferecimento da contestação pelo beneficiário do ato impugnado.

O Ministério Público pode funcionar como legitimado ativo da reclamação, conforme preconiza o art. 988 do CPC/2015.

Na hipótese de a reclamação não ser de sua iniciativa, o MP funcionará como *custos legis,* e terá vista dos autos da reclamação por cinco dias após o prazo para informações (dez dias) e após o prazo para apresentação de contestação pelo beneficiário do ato impugnado (15 dias), de modo que opine acerca da questão.

Art. 992 - Julgando procedente a reclamação, o tribunal cassará a decisão exorbitante de seu julgado ou determinará medida adequada à solução da controvérsia.

O julgamento de procedência da reclamação gerará a cassação da decisão ou do ato que tenham usurpado a competência do tribunal, ou que tenham configurado a violação das decisões arroladas nos incisos do art. 988 do CPC/2015.

Pode ocorrer, contudo, que a cassação da decisão ou do ato reclamados necessite de providências outras, complementares, para que se restabeleça a autoridade da decisão do tribunal objeto da reclamação.

Nesta hipótese, o tribunal, além da cassação da decisão ou do ato reclamados propriamente dita, poderá determinar quaisquer medidas complementares necessárias à solução da usurpação de competência ou da violação de autoridade decisória que geraram o ajuizamento da reclamação.

Neste sentir, a "medida" que se apresenta como mais comum para fins de solução da controvérsia consiste na determinação de que a autoridade reclamada observe e respeite a competência do tribunal e a autoridade de quaisquer das decisões arroladas nos incisos do art. 988 do CPC/2015.

Registre-se que, por intermédio da genérica expressão "determinará medida adequada à solução da controvérsia", parece-nos claro o intuito do legislador de conferir amplitude e flexibilidade de atuação ao tribunal para, além da cassação do ato ou da decisão reclamados, determinar a adoção de qualquer providência que se apresente útil ao restabelecimento do respeito à sua competência ou à autoridade das decisões indicadas nos incisos II a IV do art. 988 do CPC/2015.

Art. 993 - O presidente do tribunal determinará o imediato cumprimento da decisão, lavrando-se o acórdão posteriormente.

A decisão proferida quando do julgamento da reclamação deverá ser objeto de imediata determinação de cumprimento por parte do presidente do tribunal, independentemente de lavratura prévia do acórdão.

O objetivo, aqui, é restabelecer-se, mediante determinação de cumprimento da decisão de acolhimento da reclamação, a competência e a autoridade decisória do tribunal sem que se aguarde o prazo (por vezes excessivo) de lavratura de acórdão, particularmente considerando-se a própria gravidade inerente ao cenário que justificou o ajuizamento da reclamação.

Com o acolhimento da reclamação, está-se, ao final das contas, a excluir do mundo jurídico uma decisão ou um ato que são violadores da autoridade e da competência do órgão jurisdicional, e isto é grave por si só, gerando, por conseguinte, consequências práticas também graves.

A ordem de cumprimento da decisão proferida quando do julgamento da reclamação, portanto, deverá ser objeto de cumprimento independentemente de lavratura do acórdão respectivo.

TÍTULO II
DOS RECURSOS

Capítulo I - Disposições Gerais

Art. 994 - São cabíveis os seguintes recursos:
I - apelação;
II - agravo de instrumento;
III - agravo interno;
IV - embargos de declaração;
V - recurso ordinário;
VI - recurso especial;
VII - recurso extraordinário;
VIII - agravo em recurso especial ou extraordinário;
IX - embargos de divergência.

Autor: Ricardo de Carvalho Aprigliano

I. Conceito

Os recursos são o meio idôneo para o exercício de inconformismo da parte (e eventualmente de terceiros interessados) quanto às decisões que lhes são desfavoráveis. Trata-se de meio voluntário, que exige sempre a manifestação de vontade da parte. Seus objetivos estão atrelados à *anulação*, à *complementação* ou à *revisão* das decisões, tenham elas conteúdo meramente processual, ou de mérito. Para que se possa considerar um recurso, o meio impugnativo deve ser exercitado na mesma relação processual, tendo, em qualquer caso, aptidão para obstar o trânsito em julgado da decisão recorrida.

Disso decorre que as formas automáticas de revisão das decisões, como o reexame necessário (art. 496), não são consideradas recursos. A distinção, meramente teórica para vários aspectos da dinâmica de um novo julgamento, agora ganha importância, diante da previsão de fixação adicional de honorários pelo tribunal, "ao julgar recurso" (art. 85, § 11). A razão de ser da nova disciplina é a de aumentar o valor dos honorários na proporção do trabalho realizado, o que também se verifica no reexame necessário. Contudo, não havendo recurso da Fazenda Pública, parece inviável a majoração da sua condenação, se tal reexame necessário for improvido. Tanto pior se houver a inversão do julgamento, pois o particular que litigou contra a Fazenda Pública nada fez para proporcionar esse aumento de trabalho.

Da mesma forma, eventuais outras formas de impugnação das decisões, como a ação rescisória, mandado de segurança e ação anulatória, também não se enquadram no conceito de recursos, porque *não se exercitam na mesma relação processual*.

II. Taxatividade e unicidade dos recursos

O sistema processual brasileiro assegura ampla recorribilidade das decisões, ainda que não de forma absoluta. Contudo, somente poderão ser interpostos os recursos expressamente previstos na legislação. Não obstante o CPC ser o diploma que os prevê e disciplina suas hipóteses de cabimento, outros recursos podem ser previstos em legislação extravagante. De todos os exemplos, o mais comum e recorrente é o recurso inominado, cabível em face das sentenças proferidas no âmbito dos Juizados Especiais (Lei nº 9.099/1995 e Lei nº 10.259/2001).

A esse fenômeno dá-se o nome de princípio da taxatividade. Os órgãos de administração do Poder Judiciário, como o Conselho Nacional de Justiça, Corregedorias de Justiça e os próprios tribunais – por meio de seus Regimentos Internos – não podem criar novas figuras recursais, além daquelas expressamente previstas na legislação. Vale ainda lembrar que a disciplina processual pode ser fixada apenas por legislação federal, conforme limitação estabelecida na Constituição da República, art. 22, inciso I.

Em termos práticos, muitos tribunais preveem em seus regimentos internos figuras de agravo, que bem por isso são denominadas agravos regimentais. Não se pode considerar que tais recursos sejam criados no âmbito dos regimentos, já que o agravo é modalidade recursal largamente prevista no CPC. O que fazem os tribunais é regulamentar hipóteses específicas de cabimento dos agravos, em vista da organização de competências e funcionamento interno dos seus órgãos. Com isso, evita-se a situação inversa, qual seja, a de que provimentos com cunho decisório, capazes de causar gravame à parte, sejam tornados irrecorríveis em função de disposições dos Regimentos Internos.

Outro aspecto comumente mencionado diz respeito à impossibilidade de, como regra geral, ser interposto mais de um recurso contra uma mesma decisão (princípio da unirrecorribilidade das decisões). O sistema processual trabalha sob a premissa geral de que, para cada decisão, há um único recurso cabível.

Disso decorre que a parte não pode apresentar dois recursos, ainda que o segundo se dê dentro do prazo. Não há espaço para a complementação das razões do recurso, pois prevalece o entendimento de que ocorre, na hipótese, preclusão consumativa.

A regra da unirrecorribilidade não inclui os *embargos de declaração*, que são cabíveis contra qualquer decisão. A parte pode opor os declaratórios, que interromperão o prazo para o outro recurso, e após o seu julgamento, aí então apresentar o recurso próprio (por exemplo, da sentença, a apelação).

São exemplos de situações que não admitem o manejo de dois recursos ou meios impugnativos:

Pedido de reconsideração. Cuida-se de figura surgida na praxe forense, que não configura recurso, mas mera manifestação adicional que a parte pode formular perante o juiz que proferiu a decisão, como tentativa de que o magistrado a reveja. Não há previsão legal para tal figura, razão pela qual o pedido de reconsideração (i) não interrompe ou suspende o prazo para a interposição do recurso correspondente, se houver, (ii) por não ser recurso, não se insere na proibição inerente à regra da unicidade e (iii) não há dever legal do magistrado em sequer examinar novamente a decisão, diante da consideração de que, como regra, nenhum juízo pode proferir decisão sobre questão já decidida (art. 505) o que, naturalmente, abrange o próprio juiz prolator da primeira decisão.

A exceção fica por conta das hipóteses de cabimentos dos Embargos de Declaração, porque a própria lei determina que o juiz deverá complementar sua decisão anterior, se ela apresentar omissão, obscuridade, contradição ou erro material.

Sentenças que revoguem, confirmem ou concedam tutela provisória. Como foi visto nos comentários ao art. 203, o CPC/2015 manteve a tradição do CPC/1973 e optou por definir o conceito de sentença e de decisão interlocutória, como forma de prevenir problemas decorrentes do correto enquadramento e dos recursos correspondentes.

Problema muito comum se dá quando a parte que teve contra si a tutela provisória concedida (ou confirmada) na própria sentença opte por atacar essa parcela da decisão pelo recurso de agravo, dirigindo a apelação contra os demais capítulos da sentença. Tal comportamento parte da premissa equivocada de que é possível separar tais decisões, ou que tenham sido proferidas, na verdade, duas decisões simultaneamente.

Não se trata disso. Ao proferir uma decisão que põe fim à fase cognitiva do procedimento comum", todas as questões relativas àquele procedimento são decididas e absorvidas em uma única decisão, que tem natureza de sentença. É bastante comum que a sentença seja dividida em partes, relativas a pedidos diferentes que integrem a demanda, ou relacionadas às divisões inerentes ao procedimento. Não é apenas o conteúdo da decisão que a qualifica como sentença ou decisão interlocutória, mas a sua colocação em momento do procedimento que a torne apta a encerrar tal fase de conhecimento. Todos os possíveis conteúdos da decisão (por exemplo, a parcela que indefere provas, que acolhe ou rejeita alegação de prescrição, que concede ou não a tutela provisória) são absorvidos e passam a compor um único provimento, que é a sentença. E se é sentença, o único recurso cabível é a apelação.

III. Necessidade de impugnação específica (dialeticidade)

Outra característica inerente aos recursos é a crítica que devem conter à decisão impugnada. Em termos de relações de massa, não é incomum que as demandas, as defesas e as decisões judiciais sejam produzidas aos milhares, para causas que se repetem. Tal fenômeno, inerente às sociedades modernas, não exclui, contudo, a necessidade de se atacarem especificamente as razões da decisão, como forma de viabilizar o exame do recurso.

O recurso não pode se resumir à repetição de razões deduzidas antes, seja na petição inicial, seja na contestação. Se configuram meio de impugnação de uma decisão, devem fazer referência específica aos aspectos da decisão que justificam a sua anulação, complementação ou reforma. Em reforço dessa regra, o art. 932, inciso III, dispõe que o relator não deve conhecer o recurso "que não tenha impugnado especificamente os fundamentos da decisão recorrida".

IV. Recursos cabíveis

O CPC/2015 não inovou de forma relevante em relação ao cabimento dos recursos, com a única ressalva do agravo de instrumento, como será visto. Em termos nominais, o único recurso extinto é o dos embargos infringentes, que foi transformado em técnica de julgamento das apelações julgadas por maioria e que, em termos práticos, representa, na verdade, uma ampliação da sua aplicação, comparativamente ao regime do CPC/1973.

O recurso de agravo foi mais bem explicitado e, por isso, dividido em três tipos. O *agravo de instrumento*, como modalidade de recurso cabível de forma imediata contra certas e específicas decisões interlocutórias (art. 1.015). O *agravo interno*, cabível contra as decisões monocráticas do relator, no âmbito dos tribunais. Por fim, o *agravo em recurso especial ou extraordinário*, meio cabível para impugnar a decisão do relator que, nos Tribunais Superiores, negar seguimento aos recursos especiais e extraordinários.

Por política legislativa, o sistema processual abandona a regra anterior, de ampla recorribilidade das decisões interlocutórias, com a preclusão das decisões não recorridas, e passa a funcionar sob sistema novo.

As decisões interlocutórias não são mais, em regra, recorríveis de forma imediata. Em contrapartida, dispensa-se a parte de qualquer impugnação ou manifestação de inconformismo, permitindo que todas as questões decididas desfavoravelmente sejam suscitadas posteriormente, por ocasião das razões ou contrarrazões de apelação.

Com isso, diminuiu o espectro de decisões que desafiam o agravo de instrumento, limitado às hipóteses taxativamente previstas no art. 1.015 e em outros dispositivos legais. Seja como for, se não há previsão específica de recorribilidade pela via do agravo de instrumento, não é possível submeter a questão desde logo ao segundo grau de jurisdição.

Nesse verdadeiro "cobertor curto", restam hipóteses que potencialmente podem causar dano grave ou de difícil reparação, que tenderão a fazer ressurgir a figura do mandado de segurança contra ato judicial, como meio indireto de se obter a revisão imediata dessas questões. Pense-se, por exemplo, nas decisões acerca de competência relativa, ou que indefiram a produção de certos meios de prova.

V. Julgados

Único recurso cabível contra a sentença é a apelação

"AGRAVO INTERNO - Pretensão de reforma da decisão monocrática que negou seguimento a recurso de agravo, interposto sob a forma de instrumento - Descabimento - Hipótese em que, conforme diversos precedentes judiciais do Colendo Superior Tribunal de Justiça, 'não cabe agravo de instrumento contra a sentença que julga pedido de antecipação de tutela. O único recurso oportuno é a apelação' (AgRg no Ag 723547/DF, Rel. Min. Humberto Gomes de Barros) - Decisão monocrática que deve ser mantida - RECURSO DESPROVIDO." (TJ-SP, 13ª Câmara de Direito Privado, AGR: 990103928849 SP, Rel. Ana de Lourdes Coutinho Silva, j. em 10/11/2010, data de publicação: 07/12/2010).

"AGRAVO REGIMENTAL - AÇÃO DE REINTEGRAÇÃO DE POSSE - TUTELA ANTECIPADA CONCEDIDA POR OCASIÃO DA PROLAÇÃO DA SENTENÇA - RECURSO CABÍVEL - APELAÇÃO - PRECEDENTES - AGRAVO REGIMENTAL IMPROVIDO." (STJ, 3ª T., Rel. Min. Massami Uyeda, j. em 8/9/2009).

Apelação deve impugnar especificamente os fundamentos da sentença

"PROCESSUAL CIVIL. RECURSO ESPECIAL. AÇÃO REVISIONAL. APELAÇÃO. FUNDAMENTOS DA SENTENÇA NÃO IMPUGNADOS. INÉPCIA. - Ação revisional que discute a abusividade de cláusulas inerentes a contratos bancários, cingindo as razões do recurso especial ao debate acerca da inépcia da apelação interposta pelo recorrente. - A petição de apelo tece alegações demasiado genéricas, sem demonstrar qualquer equívoco na sentença, seguidas de mera afirmação de que o apelante 'se reporta' aos termos da petição inicial. - É inepta a apelação quando o recorrente deixa de demonstrar os fundamentos de fato e de direito que impunham a reforma pleiteada ou de impugnar, ainda que em tese, os argumentos da sentença. - Recurso especial não provido." (STJ, 3ª T., REsp nº 1320527 RS 2012/0089834-4, Rel. Min. Nancy Andrighi, j. em 23/10/2012, DJe de 29/10/2012).

Rol taxativo

"PROCESSUAL CIVIL E PREVIDENCIÁRIO. AGRAVO INTERNO NO AGRAVO REGIMENTAL. ENUNCIADO ADMINISTRATIVO 3/STJ. REVISÃO DE BENEFÍCIO. RECÁLCULO DA RENDA MENSAL INICIAL. AGRAVO INTERNO NÃO CONHECIDO. A teor do que dispõe o art. 1.021 do CPC/2015, já em vigor quando da publicação do acórdão ora atacado, somente cabe agravo interno 'contra decisão proferida pelo relator', o que não é a hipótese dos autos, porque já existe pronunciamento de mérito por parte do colegiado. O meio empregado pela parte recorrente não encontra amparo no ordenamento jurídico pátrio, revelando-se manifestamente inadmissível, pois não inserido no rol taxativo do art. 994 do diploma processual vigente. (CPC/2015). Agravo interno não conhecido" (STJ, AgInt no AgRg no Agravo em Recurso Especial nº 826.164-SP, Rel. Min. Mauro Campbell Marques, j. em 24/5/2016).

Intempestividade de agravo em recurso especial interposto fora do prazo de 15 dias úteis

"PROCESSUAL CIVIL. AGRAVO EM RECURSO ESPECIAL. INTEMPESTIVIDADE. INOBSERVÂNCIA DO PRAZO RECURSAL. Conforme estabelecido pelo Plenário do STJ, 'aos recursos interpostos com fundamento no CPC/2015 (relativos a decisões publicadas a partir de 18 de março de 2016) serão exigidos os requisitos de admissibilidade recursal na forma do novo CPC' (Enunciado Administrativo n. 3). É intempestivo o agravo em recurso especial interposto fora do prazo de quinze dias úteis previsto no art. 994, VIII, c/c os arts. 1.003, § 5º, 1.042, *caput*, e 219, *caput*, todos do CPC/2015. Hipótese em que a decisão agravada foi publicada no dia 18/04/2016, de modo que o prazo recursal começou a fluir em 19/04/2016 e encerrou-se em 10/05/2016. Assim, a interposição do agravo apenas no dia 11/05/2016 torna o recurso intempestivo. Agravo interno desprovido" (STJ, AgInt no Agravo em Recurso Especial nº 1.006.405-SP, Rel. Min. Gurgel de Faria, j. em 9/3/2017).

"AGRAVO INTERNO NO AGRAVO (ART. 1042 DO NCPC) - DECISÃO MONOCRÁTICA DA PRESIDÊNCIA DO STJ QUE NÃO CONHECEU DO RECLAMO ANTE A SUA INTEMPESTIVIDADE. IRRESIGNAÇÃO DA RÉ. É intempestivo o agravo em recurso especial interposto fora do prazo de 15 (quinze) dias úteis, nos termos dos arts. 994, VIII, c/c 219, 1.003, § 5º, 1.042 e 1.070 do NCPC. A jurisprudência do STJ entende que o pronunciamento do Tribunal local acerca da tempestividade recursal não vincula o juízo de admissibilidade exercido por esta Corte. Agravo interno desprovido" (STJ, AgInt no Agravo em Recurso Especial nº 1.008.277-MT, Rel. Min. Marco Buzzi, j. em 9/5/2017).

É possível o recebimento de pedido de reconsideração como agravo interno

"PROCESSUAL CIVIL. PEDIDO DE RECONSIDERAÇÃO RECEBIDO COMO AGRAVO INTERNO. PETIÇÃO RECEBIDA COMO RECLAMAÇÃO. INSURGÊNCIA CONTRA RETENÇÃO DE RECURSO ESPECIAL, CONSOANTE SISTEMÁTICA PREVISTA NO ART. 543-C DO CPC/1973. NÃO CABIMENTO. Consoante os princípios da fungibilidade e da economia processual, e tendo em vista que o pedido de reconsideração não consta do rol de recursos do art. 994 do NCPC, é possível o recebimento pedido de reconsideração como agravo interno (RCD no AREsp 886.650/SP, Segunda Turma, Rel. Min. Humberto Martins, julgado em 17.5.2016, DJe 25.5.2016). Também em homenagem aos princípios retrocitados, a petição foi recebida como reclamação, pois a requerente se insurge contra decisão proferida por Tribunal Estadual, que teria usurpado a competência do STJ ao reter seu recurso especial. Não é cabível o ajuizamento de reclamação contra decisão do Tribunal *a quo* que obsta o seguimento de recurso especial, com fundamento no art. 543-C do CPC/1973, porquanto não é admitida a utilização desta via como sucedâneo recursal. Precedentes. Agravo interno não provido" (STJ, RCD na Petição nº 11.844-PE, Rel. Min. Luis Felipe Salomão, j. em 18/5/2017).

"PROCESSUAL CIVIL. PEDIDO DE RECONSIDERAÇÃO. FINALIDADE DE REFORMA DA DECISÃO MONOCRÁTICA. CUMPRIMENTO DO PRAZO DESCRITO NO ART. 1.021, § 2º, DO CPC/2015. RECEBIMENTO COMO AGRAVO INTERNO. FUNGIBILIDADE. FUNDAMENTOS INATACADOS. SÚMULA 182/STJ. São taxativas as espécies de recursos oponíveis contra as decisões judiciais descritas no art. 994 do CPC/2015, dentre elas, não consta o pedido de reconsideração. Contudo, a jurisprudência desta Corte Superior, aplicando o princípio da fungibilidade, admite o recebimento de pleitos como o presente como se recurso fossem, se cumpridas as finalidades e os prazos recursais. "É inviável o agravo do art. 545 do CPC que deixa de atacar especificamente os fundamentos da decisão agravada' (Sumula 182/STJ). As colocações feitas pela parte, em suas razões recursais, são insuficientes para impugnar a solução estabelecida no *decisum*. Agravo interno não conhecido" (STJ, RCD no AgRg no Agravo em Recurso Especial nº 797.591-MG, Rel. Min. Og Fernandes, j. em 17/11/2016).

"PROCESSUAL CIVIL. PEDIDO DE RECONSIDERAÇÃO NO MANDADO DE SEGURANÇA. ENUNCIADO ADMINISTRATIVO 3/STJ. RECEBIMENTO COMO AGRAVO INTERNO. OBSERVÂNCIA DO PRAZO RECURSAL. [...]. Embora não se enquadre como recurso, o pedido de reconsideração de decisão monocrática pode ser recebido como agravo interno se apresentado dentro do prazo legal previsto para o recurso e quando nele se observar a impugnação aos fundamentos da decisão monocrática, bem como a postulação da retratação do julgado. É vetusta a lição de que o processo mandamental constrói-se mediante rito angusto, destituído de dilação probatória, de sorte que o demandante deve necessariamente alicerçar a sua causa de pedir em prova pré-constituída por si próprio, pena de denegação da ordem. [...] Pedido de reconsideração recebido como agravo interno, ao qual se nega provimento. [...] Sobre o caso concreto em si, saliento que o pedido de reconsideração não constitui modo regular de impugnação a decisório judicial, visto que o princípio da taxatividade somente assim considera aqueles estabelecidos em rol legal, de forma que se não se encontra previsto no art. 994 do CPC/2015 o pedido de reconsideração não pode ser considerado recurso, isso, é claro, sem embargo de que o art. 10, § 1º, da Lei 12.016/2009 prevê expressamente o cabimento do agravo para a hipótese presente" (STJ, RCD no Mandado de Segurança nº 22.672-DF, Rel. Min. Mauro Campbell Marques, j. em 26/10/2016).

Art. 995 - Os recursos não impedem a eficácia da decisão, salvo disposição legal ou decisão judicial em sentido diverso.

Parágrafo único - A eficácia da decisão recorrida poderá ser suspensa por decisão do relator, se da imediata produção de seus efeitos houver risco de dano grave, de difícil ou impossível reparação, e ficar demonstrada a probabilidade de provimento do recurso.

I. Eficácia imediata das decisões

Com exceção do recurso de apelação, que possui regra própria em sentido contrário, determina o CPC que, como regra geral, *as decisões judiciais produzem efeitos desde logo*, ou seja, têm aptidão a gerar eficácia tão logo sejam proferidas. Esta regra é importante e gera diversas repercussões práticas. Por exemplo, no que diz respeito às decisões interlocutórias, impugnáveis ou não por agravo de instrumento, o seu "estado normal" será o de eficácia imediata, a ensejar o cumprimento provisório das decisões (arts. 520-522).

O mesmo em relação aos acórdãos proferidos pelos Tribunais de Justiça e Regionais Federais, bem como pelos Tribunais Superiores. Ainda que haja recurso cabível contra tais decisões, a mera interposição do recurso não será suficiente para retirar delas a aptidão para produzir efeitos imediatamente.

A crítica que se deve fazer ao CPC/2015 diz respeito à timidez com que o recurso de apelação foi tratado, pois quanto a ele foi mantida a regra geral do efeito suspensivo. Isso significa que, na maior parte dos casos, a sentença de primeiro grau não será suficiente para que os efeitos práticos da decisão se façam sentir. Apenas após o julgamento do recurso pelos tribunais é que terá início a produção de efeitos. E mesmo nessas hipóteses, sujeito às regras e limitações do cumprimento provisório da sentença (arts. 520-522). Tal sistema é francamente incompatível com a possibilidade de produção de efeitos concretos por meio da tutela provisória. Assim, incompreensível que a lei permita, de um lado, que decisões liminares produzam efeitos práticos desde logo e, de outro lado, não consinta que sentenças de primeiro grau (proferidas com ampla cognição e respeito ao contraditório) possam produzir seus regulares efeitos.

II. Atribuição excepcional de efeito suspensivo

Quanto aos demais recursos, a lei prevê ainda a possibilidade de suspensão excepcional dos efeitos da decisão, atividade que compete ao relator do recurso.

Nas decisões interlocutórias que admitirem agravo de instrumento (art. 1.015), o recorrente deverá interpor o agravo diretamente ao tribunal, requerendo já na minuta a atribuição excepcional do efeito suspensivo, fundamentada nas razões referidas no parágrafo único. Cuida-se de típica hipótese de antecipação de tutela recursal, especificamente para suspender a eficácia da decisão agravada.

O relator decidirá tal pedido de forma imediata (art. 932, inciso II), cabendo agravo interno contra sua decisão (art. 1.021), o qual será examinado pela turma julgadora. Merece destaque a previsão que autoriza a turma a fixar multa entre um e cinco por cento do valor atualizado da causa, caso o agravo seja considerado manifestamente inadmissível ou improcedente.

O mesmo pode se dar em relação às poucas hipóteses de sentenças imediatamente eficazes, que excepcionam a regra geral do efeito suspensivo da apelação (art. 1.012). Nesses casos, se o apelante pretender o efeito suspensivo, deve formular o requerimento de duas possíveis formas.

A mais comum delas será nas próprias razões da apelação, cabendo a análise ao relator que será designado, tão logo os autos sejam remetidos (ainda que eletronicamente) ao tribunal. Caso a situação seja de urgência, tal requerimento pode ser feito diretamente ao tribunal, "no período compreendido entre a interposição da apelação e sua distribuição". O desembargador relator será sorteado para examinar tal pedido, conforme os critérios fixados no Regimento Interno do respectivo tribunal. Posteriormente, esse julgador será o relator do próprio recurso (art. 1.012, § 3º).

Idêntica sistemática foi prevista em relação ao julgamento dos recursos de apelação e à obtenção de efeito suspensivo aos recursos especiais e extraordinários. Após o julgamento da apelação, o vencido que pretender a suspensão dos efeitos do acórdão deverá apresentar pedido de atribuição *ope iudicis* de efeito suspensivo nas razões de seu recurso especial ou extraordinário. No CPC/2015, após a resposta, os recursos especiais e extraordinários serão objeto de exame de admissibilidade pelo tribunal *a quo*, e apenas serão remetidos aos tribunais superiores em caso de juízo positivo de admissibilidade. Caso seja negado seguimento a tais recursos, deverá ser interposto o agravo previsto no art. 1.030, § 1º e § 2º.

Quanto ao efeito suspensivo, nas situações urgentes (que tendem a ser a maioria dos casos), o recorrente pode formular pedido ao tribunal de origem, enquanto ainda estiver pendente o exame da admissibilidade (art. 1.029, § 5º, inciso III), ao tribunal superior, se o recurso tiver sido admitido, mas ainda não distribuído (art. 1.029, § 5º, inciso I) ou diretamente ao relator, se já tiver ocorrido a distribuição do recurso ao ministro do tribunal superior.

III. Julgados

Recursos extraordinários e especiais não possuem, via de regra, efeito suspensivo

"Agravo de instrumento. Cumprimento provisório da sentença. Arquivamento. Pendência do julgamento dos Recursos Especial e Extraordinário. Tais recursos não possuem, em regra, o efeito suspensivo. Inteligência dos artigos 995 e 520 do Novo Código de Processo Civil. Recurso provido" (TJSP, Agravo de Instrumento nº 2111851-20.2017.8.26.0000, Rel. Des. Carlos Alberto Lopes, j. em 25/7/2017).

Recurso especial pendente sem efeito suspensivo não impede o cumprimento de sentença

"Ação de extinção de comodato verbal e reintegração de posse. Expedição de mandado de reintegração de posse, conforme decidido em sentença. Desnecessidade de trânsito em julgado. Recurso de apelação que manteve o decidido na sentença. Recurso especial pendente de julgamento, sem notícia de concessão de efeito suspensivo - Ausência de óbice ao cumprimento da sentença, independentemente de trânsito em julgado. Inteligência do art. 995, do CPC. Determinada a imediata expedição do mandado de reintegração de posse em favor dos agravados, dando-se cumprimento ao decidido em sentença e mantido por esta corte - Decisão mantida. Recurso não provido" (TJSP, Agravo de Instrumento nº 2117476-35.2017.8.26.0000, Rel. Des. Spencer Almeida Ferreira, j. em 2/8/2017).

Eficácia da decisão, como regra geral. Necessidade de atribuição de efeito suspensivo para obstar a eficácia da decisão

"Agravo de instrumento. Decisão anterior que determinou a espera do trânsito em julgado do acórdão, que acolheu a pretensão de prosseguimento do feito executório em face dos coobrigados (avalistas). Embargos declaratórios interpostos pelo polo exequente contra tal decisão, sobrevindo o r. 'decisum' agravado, que os rejeitou e aplicou penalidade nos termos do artigo 1.026, § 2º, do CPC - Inadmissibilidade. Inteligência do artigo 995 do CPC. Decisão reformada para admitir o prosseguimento do feito executivo, nos termos do v. aresto, com afastamento da penalidade aplicada. Decisão reformada - Recurso provido para tal fim. [...] Com efeito, os recursos cabíveis contra o v. acórdão proferido, em tese, não possuem efeito suspensivo conforme se extrai do artigo 995 do CPC. Não há razão para a suspensão da decisão passível de recurso especial ou extraordinário, posto que, nos termos do artigo mencionado, verifica-se que se pretende prestigiar, a priori, a característica de definitividade às decisões proferidas. Eventual concessão de efeito suspensivo em sede de tais recursos, apenas pode ser discutida no âmbito de seus respectivos recebimentos, se possível a interposição diante da matéria a ser debatida. Como já dito, não há notícias nesse particular" (TJSP, Agravo de Instrumento nº 2076210-68.2017.8.26.0000, Rel. Des. Heraldo de Oliveira, j. em 2/8/2017).

Art. 996 - O recurso pode ser interposto pela parte vencida, pelo terceiro prejudicado e pelo Ministério Público, como parte ou como fiscal da ordem jurídica.
Parágrafo único - Cumpre ao terceiro demonstrar a possibilidade de a decisão sobre a relação jurídica submetida à apreciação judicial atingir direito de que se afirme titular ou que possa discutir em juízo como substituto processual.

I. Legitimidade recursal

A exemplo do que se dá em relação à ação, também quanto aos recursos existe um conjunto de requisitos cujo preenchimento se faz necessário para autorizar o seu julgamento por parte dos tribunais. Em relação à demanda, fala-se em pressupostos de admissibilidade do julgamento do mérito, que compreendem as condições da ação (legitimidade de agir e interesse processual) e os pressupostos processuais (competência, capacidade, inexistência de coisa julgada ou litispendência, etc.).

A verificação desses requisitos é necessária para que as demandas judiciais prossigam e se desenvolvam quando efetivamente reunirem as condições de um julgamento de mérito. Cuida-se de imperiosa exigência de economia processual e, de um modo geral, de racionalidade e eficiência nas atividades estatais.

O mesmo se dá em relação aos recursos, cujo julgamento pressupõe o preenchimento de requisitos específicos, tanto relacionados às condições da ação como aos pressupostos recursais. O artigo sob comento dispõe sobre a legitimidade recursal. Se, no plano da ação, a legitimidade se estabelece a partir da pertinência da parte em relação ao direito material deduzido, à relação jurídica submetida a juízo, no âmbito dos recursos esse panorama se modifica um pouco.

II. Legitimados para recorrer: partes, terceiro e Ministério Público

Primeiro, é preciso reconhecer que as partes do processo são, sempre e necessariamente, legitimadas para recorrer. Ainda que o objeto da discussão seja, precisamente, a legitimidade da parte em relação à demanda principal. A mera condição de parte (aquele que demanda e em face de quem é demandado) garante tal legitimidade recursal. Nesse conceito incluem-se o assistente simples e litisconsorcial, eis que sua atuação na relação processual foi admitida ainda em primeiro grau de jurisdição. Quanto ao assistente simples, a ressalva necessária é a que pode ser interposto recurso apenas por ele, desde que não haja manifestação expressa do assistido no sentido de concordar com o teor da decisão.

A lei, contudo, contempla outros legitimados, que são os terceiros prejudicados e o Ministério Público. Quanto a este último, a novidade do CPC/2015 é a explicitação de que a possibilidade de recorrer se dá tanto na condição de parte como na condição de fiscal da ordem jurídica (expressão mais ampla e muito mais apropriada que a anterior "fiscal da lei"), conforme já determinava a Súmula nº 99 do Superior Tribunal de Justiça.

O terceiro pode recorrer se demonstrar que é titular de direitos que serão afetados pela decisão do recurso. Fala-se, por isso, em interesse jurídico na solução da causa, caracterizado pela existência de um nexo entre a relação jurídica de que é titular com aquela discutida no processo. Este vínculo pode estar presente de duas formas.

O terceiro pode ser diretamente ou indiretamente prejudicado. Ele o é diretamente quando a decisão da qual ele recorre afetar relação jurídica da qual ele é titular, como por exemplo o litisconsorte unitário facultativo não incluído no polo passivo e que deseja ingressar no feito, ou ainda o adquirente de coisa ou direito litigioso alienado *inter vivos*, que não sucedeu o alienante no feito.

Será o terceiro indiretamente prejudicado quando for titular de relação jurídica conexa àquela discutida no processo. É o caso do sublocatário, em demanda de despejo contra seu contratante, tendo em vista que o seu direito depende da preservação de direito de outrem – preservação do direito do locatário/sub-locador de continuar alugando (e consequentemente sublocando) o imóvel.

Contudo, vale a ressalva de que os efeitos da coisa julgada não se estenderão, como regra, aos terceiros. O art. 506 do Código é expresso ao afirmar que a sentença faz coisa julgada entre as partes as quais é dada, não prejudicando terceiros. Assim, no mais das vezes, o terceiro poderá optar por permanecer fora da relação processual, não sujeito, portanto, aos eventuais efeitos desfavoráveis da decisão, ou ingressar na relação como terceiro juridicamente prejudicado, hipótese em que o julgamento da causa o atingirá igualmente, como se tivesse participado da relação processual desde a sua formação.

Assim como se dá em certas modalidades de intervenção de terceiros, razões estratégicas podem ser relevantes para a decisão sobre a prática ou não do ato processual, pois pode ser mais conveniente não ser diretamente envolvido na causa, se esse distanciamento representar a possibilidade de, posteriormente, submeter a juízo a relação jurídica de que o terceiro se afirme titular, com todas as garantias inerentes ao processo de cognição ampla e exauriente.

III. Interesse recursal

A previsão da lei acerca da legitimidade recursal não exclui, por óbvio, o exame concreto da decisão, para se aferir quais das partes têm, além da legitimidade, interesse na interposição do recurso. É comum que se confundam tais planos, mas convém esclarecer que *nem todos os legitimados para recorrer terão, sempre, interesse recursal, pois este está atrelado à ideia da sucumbência*.

Somente quem sofreu algum tipo de prejuízo com a decisão poderá interpor recurso. É necessário que o recorrente possa efetivamente obter, em segundo grau, uma situação melhor do que a obtida em grau inferior, ou seja, buscar situação mais favorável.

Assim, por exemplo, caso ocorra a procedência total da demanda, a única parte que terá, simultaneamente, legitimidade e interesse para apelar será o réu. Disso decorre que a afirmação da legitimação para recorrer não implica, automática e necessariamente, a conclusão de que o legitimado possa efetivamente interpor o recurso.

O CPC/2015 não traz dispositivo específico acerca do interesse recursal, e nem deveria. Decorre da compreensão do sistema como um todo, bem como das disposições acerca do efeito devolutivo dos recursos (limitado à matéria impugnada – art. 1.013), do recurso adesivo, que pode ser manejado pelo recorrido quando, em outras parcelas da decisão, também ele for sucumbente.

Por isso se afirma que o réu tem interesse em apelar da sentença que não resolve o mérito (art. 485), pretendendo o julgamento de improcedência da demanda. De outro lado, se a parte venceu por um fundamento, não pode apelar para o acolhimento de outro, que conduziria ao mesmo resultado.

Tendo em vista o novo regime do art. 1.009 e seu § 1º, segundo o qual as decisões interlocutórias não previstas no art. 1.015 não precluem e devem ser suscitadas em preliminar de apelação ou nas contrarrazões, também se pode afirmar que haverá interesse recursal do vencedor em apresentar recurso de apelação autônomo, para impugnar decisão interlocutória que lhe foi desfavorável, e cujo conteúdo seja independente do resultado final. Um exemplo esclarecerá melhor. Se o réu impugnou o valor da causa, mas sua impugnação foi rejeitada, a causa seguirá até o julgamento do mérito. Caso o pedido seja julgado improcedente, ele pode ter interesse em recorrer de forma autônoma desta decisão, porque o valor fixado a menor impacta a condenação em sucumbência. E ao fazê-lo, o réu-vencedor não fica na dependência da eventual apelação do autor, para submeter ao tribunal o seu inconformismo quanto à decisão interlocutória que manteve o valor original da causa. O mesmo quanto à multa aplicada às partes pelo não comparecimento à audiência do art. 334.

Dessa forma, o CPC/2015 consagra uma nova dinâmica, em que deverá ser reconhecido interesse recursal a quem foi vencedor quanto ao mérito da disputa, em regime bastante modificado em relação ao regime antecedente.

IV. Julgados

"Processual e administrativo. Registro de arma de fogo. Legitimidade recursal do Ministério Público Federal. Porte e registro. Membro do Ministério Público federal. Comprovação de capacidade técnica. Necessidade. É firme o entendimento no âmbito do STJ no sentido de que o Ministério Público tem legitimidade para recorrer nos processos em que oficiou como *custos legis*, ainda que se trate de controvérsia relativa a direitos individuais disponíveis e as partes estejam devidamente representadas por advogados. Enunciado da Súmula n. 99/STJ, art. 499 do Código de Processo Civil de 1973, art. 996 do Código de Processo Civil de 2015. Precedentes do STF e do STJ. Preliminar de ilegitimidade recursal do Parquet afastada" (STJ, AgInt no Recurso Especial nº 1.606.433-RS, Rel. Min. Francisco Falcão, j. em 7/3/2017).

"Agravo regimental no recurso especial – Embargos à execução – Decisão monocrática da lavra deste signatário que, ante a ilegitimidade passiva da Caixa Econômica Federal e em decorrência da ausência de demonstração do interesse para recorrer como terceira prejudicada, negou seguimento ao recurso especial. Irresignação da exequente/embargada. Nos termos do revogado art. 499 do Código de Processo Civil de 1973 (atual art. 996 do NCPC), só podem interpor recurso a parte vencida, o terceiro prejudicado e o Ministério Público, cabendo ao segundo, nos moldes do § 1º do mesmo dispositivo, demonstrar o nexo de interdependência entre o seu interesse de intervir e a relação jurídica submetida à apreciação judicial. Hipótese em que, a despeito de a CAIXA ECONÔMICA FEDERAL ter atuado como representante da EMPRESA GESTORA DE ATIVOS - EMGEA desde o ajuizamento da ação de execução embargada, a mesma não integrou a demanda como parte, revelando-se manifestamente inadmissível, portanto, a interposição de recurso especial exclusivamente em nome próprio, como o fez. A única hipótese que legitimaria a interposição de recurso em nome próprio seria por meio da demonstração do nexo de interdependência entre o seu interesse de intervir e a relação jurídica submetida à apreciação judicial, ônus do qual não se desincumbiu. Agravo regimental desprovido" (STJ, AgRg no Recurso Especial nº 1.371.714-PE, Rel. Min. Marco Buzzi, j. em 19/4/2016).

"Processo Civil. Embargos de divergência. Pessoa jurídica. Desconsideração. Pedido deferido. Impugnação. Legitimidade recursal. Embargos de divergência não providos. Trata-se de embargos de divergência interpostos contra acórdão que decide legitimidade da pessoa jurídica para interpor recurso de pronunciamento judicial que desconsidera a personalidade jurídica. No caso, entendeu-se que, diante do rol de legitimados à interposição de recursos (arts. 499 do Código de Processo Civil de 1973 e 996 do Código de Processo Civil de 2015), do qual emerge a noção de sucumbência fundada no binômio necessidade/utilidade, a pessoa jurídica detém a mencionada legitimidade quando tiver potencial bastante para atingir o patrimônio moral da sociedade. Fundamenta-se tal entendimento no fato de que à pessoa jurídica interessa a preservação de sua boa fama, assim como a punição de condutas ilícitas que venham a deslustrá-la. Os fundamentos trazidos no acórdão recorrido estão mais condizentes com a própria noção de distinção de personalidades no ordenamento jurídico pátrio. A pessoa jurídica, como ente com personalidade distinta dos sócios que a compõem, também possui direitos a serem preservados, dentre eles o patrimônio moral, a honra objetiva, o bom nome. De fato, o argumento da falta de interesse na reforma da decisão, tendo em vista o fato de que apenas os sócios seriam prejudicados com a resolução (já que é sobre os seus bens particulares que recairia a responsabilidade pelas obrigações societárias), mostra-se frágil. 'O interesse na desconsideração ou, como na espécie, na manutenção do véu protetor, pode partir da própria pessoa jurídica, desde que, à luz dos requisitos autorizadores da medida excepcional, esta seja capaz de demonstrar a pertinência de seu intuito, o qual deve sempre estar relacionado à afirmação de sua autonomia, vale dizer, à proteção de sua personalidade. Assim, é possível, pelo menos em tese, que a pessoa jurídica se valha dos meios próprios de impugnação existentes para defender sua autonomia e regular administração, desde que o faça sem se imiscuir indevidamente na esfera de direitos dos sócios/administradores incluídos no polo passivo por força da desconsideração' (REsp 1.421.464/SP, Rel. Ministra Nancy Andrighi, Terceira Turma, julgado em 24/4/2014, DJe 12/5/2014). Embargos de divergência conhecidos, aos quais se nega provimento" (STJ, Embargos de Divergência em Recurso Especial nº 1.208.852-SP, Rel. Min. Og Fernandes, j. em 4/5/2016).

Art. 997 - Cada parte interporá o recurso independentemente, no prazo e com observância das exigências legais.

§ 1º - Sendo vencidos autor e réu, ao recurso interposto por qualquer deles poderá aderir o outro.

§ 2º - O recurso adesivo fica subordinado ao recurso independente, sendo-lhe aplicáveis as mesmas regras deste quanto aos requisitos de admissibilidade e julgamento no tribunal, salvo disposição legal diversa, observado, ainda, o seguinte:

I - será dirigido ao órgão perante o qual o recurso independente fora interposto, no prazo de que a parte dispõe para responder;
II - será admissível na apelação, no recurso extraordinário e no recurso especial;
III - não será conhecido, se houver desistência do recurso principal ou se for ele considerado inadmissível.

I. Sucumbência parcial. Autonomia e independência dos recursos

Como dito, o recurso é um meio voluntário de provocar nova manifestação do Estado-juiz, que tem por fundamento principal a sucumbência. O seu manejo depende exclusivamente da parte, que pode optar por fazê-lo em relação a todas as parcelas desfavoráveis da decisão, ou a apenas algumas delas. Não é incomum, entretanto, que o conteúdo das decisões *imponha sucumbência a mais de uma parte*, por exemplo, quando a sentença acolhe apenas parcialmente o pedido do autor.

Nesses casos, autor e réu terão interesse em recorrer, pois ambos perderam alguma parcela do que pediram. O autor, porque não teve deferido todo o seu pedido. O réu, porque não teve acolhido o pedido de improcedência total do pedido do autor. Surgida essa situação, cada litigante deverá interpor seu recurso de forma autônoma, sem depender ou interferir no direito que a outra parte tem de fazer o mesmo.

O prazo para interposição dos recursos é comum, conta-se a partir da intimação da respectiva decisão no Diário da Justiça eletrônico. Nos locais e enquanto existirem os processos físicos, terá particular utilidade a regra do art. 107, que autoriza a carga rápida dos autos para a extração de cópias. Tal problema não se põe no processo eletrônico, evidentemente.

De toda forma, cada recorrente deve cuidar para que seu recurso seja regularmente interposto, observar os respectivos pressupostos de admissibilidade. Caberá ao tribunal, por consequência, processar os recursos autonomamente, de forma que os eventuais defeitos de um não interfiram no processamento do outro.

II. Independência dos recorrentes e formação parcial da coisa julgada

Como consequência da autonomia legal entre os recorrentes, pode ocorrer de apenas parte dos sucumbentes efetivamente recorrer da decisão. Nesses casos, a parte que deixar de apresentar recurso verá contra si formada a coisa julgada, ainda que outras parcelas do objeto do processo sejam transferidas ao conhecimento do tribunal.

Se há coisa julgada por ausência de recurso, a consequência imediata é a possibilidade de cumprimento definitivo da sentença em relação àquela parte. Mesmo que, posteriormente, na relação jurídica que for submetida ao tribunal, seja constatada a ausência de condições da ação ou de pressupostos processuais, ou mesmo alguma nulidade, tais vícios não terão o condão de afetar a coisa julgada que se formou, eis que, como sabido, a coisa julgada tem justamente essa aptidão à imutabilidade da decisão.

III. Recurso adesivo. Conceito e hipóteses de cabimento

Nas hipóteses de sucumbência parcial, entretanto, o ordenamento oferece às partes a possibilidade de excepcionar a regra da autonomia entre os recursos, como mecanismo para estimular a aceitação da decisão. Por vezes, diante de uma vitória parcial, a parte pode pretender aceitar o conteúdo decisório, abrindo mão de seguir litigando quanto à parcela do seu pedido que foi rejeitada. Na perspectiva da autonomia entre os recursos, anteriormente mencionada, a parte sabe que somente poderá ver sua situação melhorada se ela própria recorrer, já que o recurso porventura interposto pela parte contrária não servirá para esta finalidade.

Tal aceitação da decisão não importa, contudo, a vedação absoluta ao recurso, pois, diante de recurso da parte contrária, o recorrido pode, então, mudar de ideia e decidir brigar contra a parcela desfavorável da decisão. Imagine-se, por exemplo, que o autor propôs demanda cobrando danos materiais (perdas e danos e lucros cessantes) e pleiteando danos morais. Se a sentença defere os danos materiais apenas, esse autor poderá apelar pleiteando a condenação em danos morais. Já o réu pode apelar para tentar a absolvição também quanto aos danos materiais.

Imagine-se que o autor, em princípio, se satisfaz com a sentença e não apela. Já o réu interpõe, desde logo, o seu recurso de apelação, cujo objetivo é reformar a decisão que o condenou nos danos materiais. Nessa situação é que terá aplicação o recurso adesivo, que competirá ao autor, no prazo das contrarrazões, caso pretenda a reforma da decisão para obter a condenação nos danos morais, que lhe foi negada em primeiro grau.

Com base nessa premissa, a jurisprudência costuma negar a possibilidade de o recorrente principal, diante do recurso autônomo da outra parte, apresentar também recurso adesivo, quanto a parcelas da decisão que excluíra, originalmente, do seu próprio recurso.

Outra restrição ao cabimento do recurso adesivo diz respeito ao seu objeto. Se não há oposição entre os pedidos do recurso autônomo e do adesivo, este não deve ser conhecido. Assim, não cabe adesivo de um corréu, a partir de recurso do outro réu.

Em suma, o recurso adesivo configura interessante técnica processual, que pretende desestimular os recursos, sob a consideração de que a parte se contentaria com a decisão, desde que a outra o fizesse também. Assim, nenhuma delas precisa interpor seu recurso desde logo, podendo fazê-lo apenas e tão somente se a parte contrária o fizer.

IV. Regras procedimentais e de julgamento do recurso adesivo

O recurso adesivo do autor será então interposto "como se fosse um recurso independente", perante o órgão prolator da decisão. No caso da apelação, perante o juiz de primeiro grau. Nos recursos especial e extraordinário, perante os tribunais prolatores do acórdão recorrido.

O recurso adesivo será processado e julgado em conjunto com o recurso principal. Porém, tendo sido manejado depois, sob esse viés secundário, *o recurso adesivo somente será efetivamente julgado se o recurso principal o for.* Eventual inadmissibilidade do recurso principal (intempestividade, falta de regularidade formal, de preparo, etc.), ou mesmo se o recorrente dele desistir, tornará prejudicado o exame do recurso adesivo.

É excessivamente rigoroso, de outro lado, o indeferimento de um recurso interposto no prazo para resposta, pelo simples fato de não ser ele denominado recurso adesivo, ou não referir ao art. 997. Tais requisitos de ordem puramente formal não encontram mais aplicação, seja pelas já consolidadas regras acerca das nulidades e da instrumentalidade das formas, seja pela ênfase que o CPC/2015 confere ao julgamento do mérito das controvérsias (arts. 139, inciso IX, 352, 932, parágrafo único). Infelizmente, porém, já no regime do CPC/2015, observam-se julgamentos bastante desconectados dessa realidade proposta pela lei, como o que indeferiu o recurso adesivo por ter sido interposto na mesma peça que as contrarrazões (TJSP, Apelação nº 1000764-25.2015.8.26.0266, Rel. Des. Carmen Lúcia da Silva, j. em 25/7/2017).

V. Julgados

Formação gradual da coisa julgada

"Com efeito, a formação gradual da coisa julgada é uma decorrência lógica da interposição de recurso parcial, mais precisamente, da limitação imposta – pelo recorrente ou pela lei – à extensão do efeito devolutivo dos recursos. De outro modo, pode-se dizer que, interposto recurso de apenas um capítulo de mérito da sentença, os outros transitarão em julgado – formal e materialmente – assim que findar o prazo de interposição de recursos contra eles oponíveis, tornando-se assim imutáveis, pois já não será lícito ao órgão *ad quem* deliberar sobre tais capítulos, por se tratar de matéria que não lhe foi devolvida, localizada, portanto, fora do seu âmbito de cognição (admitindo-se, claro, que não se trate de matéria sujeita ao reexame necessário)." (TJSC, 1ª Câmara de Direito Público, Rel. Vanderlei Romer, j. em 16/12/2011).

"Portanto, no caso, apenas as questões atinentes ao valor arbitrado a título de danos morais e a viabilidade da devolução em dobro dos valores cobrados indevidamente serão objeto de apreciação por este Órgão Fracionário. As demais matérias enfrentadas pela sentença recorrida estão cobertas pelo manto da coisa julgada (formação gradual da coisa julgada)." (TJMS, 3ª Câmara Cível, Rel. Des. Fernando Mauro Moreira Marinho, j. em 8/1/2013).

Recurso adesivo fica subordinado ao recurso principal

"DIREITO PREVIDENCIÁRIO. CORREÇÃO MONETÁRIA. RECURSO ADESIVO. PREJUDICIALIDADE. 1. O não conhecimento do Recurso Especial do INSS torna prejudicado o recurso adesivo do particular, nos termos do art. 997, § 2º, III, do CPC/2015. Trata-se de recurso cujo conhecimento está totalmente adstrito ao recurso principal: 'o recurso adesivo fica subordinado ao recurso principal'." (STJ, Recurso Especial nº 1.658.843, Rel. Min. Herman Benjamin, j. em 27/6/2017).

Sucumbência recíproca como requisito para admissibilidade recursal

"APELAÇÃO CÍVEL E RECURSO ADESIVO. DIREITO À SAÚDE. AÇÃO DE OBRIGAÇÃO DE FAZER. TRATAMENTO MÉDICO. OXIGENOTERAPIA HIPERBÁRICA. Fornecimento gratuito para pessoa hipossuficiente e acometida de ferida no calcâneo. Possibilidade. Sentença de procedência do pedido, para que o Município réu forneça 40 sessões de tratamento, providenciando, ainda, o transporte adequado às condições físicas da paciente. Manutenção. Presença de interesse processual da autora. Necessidade e adequação da tutela jurisdicional. Mérito. Dever constitucional do Estado de garantir a saúde de todos os cidadãos, nos termos do art. 196, da Constituição Federal. Necessidade do tratamento atestada em receituário médico. Prova suficiente para demonstrar o direito da autora. Atividade jurisdicional que não expressa ingerência indevida na área de competência do Poder Executivo. Precedentes. Sentença de procedência do pedido mantida. RECURSO ADESIVO. Interposição pela autora. Não conhecimento. Ausência de sucumbência recíproca, requisito objetivo e específico de admissibilidade recursal. Inteligência do art. 997, § 1º, do CPC/2015. Sucumbência recursal - Verba honorária majorada em favor dos advogados da autora e arbitrada em favor dos procuradores da ré, nos termos do art. 85, §§ 1º e 11, do CPC. Recurso adesivo não conhecido e recurso de apelação não provido" (TJSP, Apelação nº 1010634-20.2015.8.26.0032, Rel. Des. Djalma Lofrano Filho, j. em 2/8/2017).

Art. 998 - O recorrente poderá, a qualquer tempo, sem a anuência do recorrido ou dos litisconsortes, desistir do recurso.

Parágrafo único - A desistência do recurso não impede a análise de questão cuja repercussão geral já tenha sido reconhecida e daquela objeto do julgamento de recursos extraordinários ou especiais repetitivos.

I. Desistência do recurso, direito potestativo do recorrente

A interposição do recurso, como dito, é prerrogativa exclusiva do próprio recorrente, que dessa forma adia a formação da coisa julgada e impõe ao órgão *ad quem* o dever de examinar a matéria especificamente trazida com o recurso (limitada aos capítulos da decisão que tenham sido recorridos).

Cuida-se de ônus do recorrente, que, uma vez exercido, faz surgir ao Poder Judiciário o dever ao respectivo exame. Mas diferentemente do que se dá com a demanda em primeiro grau, na qual a desistência da ação só é possível com a concordância do réu (exceto se ele não tiver sido ainda citado), nos recursos a lei não contempla qualquer papel relevante ao recorrido no que toca à desistência.

Se o recorrente pretender desistir do recurso interposto, pode e deve fazê-lo autonomamente. Tal ato produz efeitos imediatos (CPC, art. 200), ainda que seja comum, na praxe forense, a subsequente homologação da desistência pelo tribunal. Em termos práticos, a desistência do recurso faz prevalecer o teor da decisão recorrida, razão pela qual os tribunais se limitam a homologar a desistência e devolver os autos à instância anterior, a quem competirá prosseguir a tramitação do feito.

Se, por exemplo, um recurso pretendia aumentar uma certa indenização, de 50 para 60, e o recorrente desiste, o efeito prático será a confirmação da decisão condenatória dos 50, que poderá então ser definitivamente cobrada, tendo em vista o trânsito em julgado que decorrerá da desistência do recurso.

Quando se fala em desistência, presume-se que o ato processual já tenha sido praticado. Assim, o único requisito para se admitir a desistência do recurso é ter ele sido interposto. Se ainda não ocorreu a interposição, a hipótese não é de desistência, e será tratada no artigo seguinte do Código.

A desistência pode ser manifestada a qualquer momento até a conclusão do julgamento do recurso, inclusive nos casos em que ele tem início, mas é interrompido por pedido de vista.

Vale observar que, ao homologar a desistência, o relator poderá majorar os honorários devidos ao advogado do vencedor, a teor do art. 85, § 11. É verdade que o texto legal fala que a majoração ocorrerá "ao julgar o recurso", mas a razão de ser de tal incremento é o trabalho realizado no grau recursal, o que terá ocorrido, independentemente de ser realizado o julgamento do mérito do recurso. Claro que apresentar as razões ou contrarrazões recursais compõe uma etapa do trabalho adicional, complementada por despachos e sustentação oral. Mas ao menos aquela primeira parte terá sido feita, justificando a majoração mesmo no caso de desistência.

II. Desistência do recurso interposto por um dos litisconsortes

Situação que merece exame é a de o recurso ter sido interposto apenas por um dos litisconsortes, mas cujo julgamento é apto a projetar seus efeitos sobre os demais. Por exemplo, o recurso de um dos devedores solidários contra a condenação de todos.

Diz o art. 1.005 *que o recurso interposto por um litisconsorte a todos aproveita, salvo se distintos ou opostos os seus interesses*. Sem prejuízo dos comentários ao próprio artigo, vale ponderar que a disposição pretende projetar os efeitos do julgamento do recurso aos demais litisconsortes, se o fundamento do recurso e as alegações do recorrente puderem beneficiar a todos os integrantes daquela relação jurídica material.

Contudo, se um litisconsorte (o fiador, por exemplo) não recorre contra a sentença condenatória, mas se beneficia do recurso interposto pelo outro litisconsorte (o devedor principal), fato é que o seu comportamento inicial – conformar-se com a decisão – deve ser levado em consideração. Aliada esta circunstância à previsão de autonomia entre os recursos, conclui-se que os demais litisconsortes não poderão se insurgir contra a desistência do recurso, nem tampouco deverá o tribunal julgá-lo apenas para satisfazer interesses dos litisconsortes que não recorreram.

Justamente para evitar esse fenômeno é o que o ordenamento contempla a autonomia entre os recursos. A parte que pretender o reexame da questão que lhe foi desfavorável pela instância superior deverá interpor o próprio recurso, no prazo original e atendidos todos os pressupostos de admissibilidade. Qualquer outro comportamento representará um risco de que sua pretensão não seja novamente examinada.

III. Restrições ao poder de desistir: repercussão geral e recursos repetitivos

O CPC/1973 consagrava a regra da desistência do recurso como prerrogativa exclusiva do recorrente. De outro lado, modificações legislativas posteriores introduziram os mecanismos de maximização dos julgamentos, como a repercussão geral da questão constitucional e os recursos especial e extraordinário repetitivos.

Os Tribunais Superiores se depararam, assim, com a situação de que o recurso selecionado como paradigma para o julgamento da questão repetitiva foi objeto de desistência, forçando o tribunal a interromper tal julgamento e impedindo-o de fixar a tese jurídica a respeito daquele ponto, em virtude da iniciativa isolada daquele recorrente específico. Por exemplo, nos Recursos Especiais n°s 1.091.044, da 3ª T., e 1.308.830, 3ª T., julgado em 8/5/2012, Rel. Min. Nancy Andrighi.

Para eliminar esse inconveniente e adequar a técnica de julgamentos massificados com a tradicional regra que permite ao recorrente definir o destino do seu próprio recurso, o legislador de 2015 fez prever esse parágrafo único.

Com ele, pretende-se preservar a autonomia individual do recorrente, cujo poder de desistir é assegurado, e ao mesmo tempo permitir que aquele recurso (aquelas razões recursais, com os respectivos fundamentos), que fora considerado anteriormente como representativo da controvérsia, possa seguir sendo o canal por meio do qual a questão será pacificada no âmbito dos Tribunais Superiores.

De se observar que o parágrafo único não contradiz o *caput*, não o excepciona, isto é, não retira do recorrente o direito de desistir do seu recurso. Apenas regulamenta a hipótese específica em que aquele recurso, já registrado perante o Tribunal Superior, que tenha sido examinado e colocado na sequência para julgamento, continue sendo utilizado como o "exemplo", o "modelo" de todos os recursos que versam sobre a mesma questão jurídica.

Nessa situação, será certamente necessário extrair o equivalente a uma carta de sentença, para que aquele recorrente possa retomar o seu processo a partir da desistência, sem prejudicar o trâmite do recurso repetitivo, cujo julgamento ainda será realizado e interessará a milhares de outros processos e pessoas por eles afetadas.

IV. Julgados

Desistência não obsta julgamento de mérito

"[...] Em síntese, deve prevalecer, como regra, o direito da parte à desistência, mas verificada a existência de relevante interesse público, pode o Relator, mediante decisão fundamentada, promover o julgamento do recurso especial para possibilitar a apreciação da respectiva questão de direito, sem prejuízo de, ao final, conforme o caso, considerar prejudicada a sua aplicação à hipótese específica dos autos." (STJ, 3ª T., REsp nº 1.308.830/RS, Rel. Min. Nancy Andrighi, j. em 8/5/2012).

"PROCESSUAL CIVIL. RECURSO ESPECIAL. PEDIDO DE DESISTÊNCIA. HOMOLOGAÇÃO. O recorrente poderá, a qualquer tempo, sem a anuência do recorrido ou dos litisconsortes, desistir do recurso. Regra geral, é possível a desistência do recurso especial a qualquer tempo, inclusive com o julgamento já iniciado e com pedido de vista, salvo os casos em que são identificadas razões de interesse público na uniformização da jurisprudência ou em que se evidencia a má-fé processual em não ver fixada jurisprudência contrária aos interesses do recorrente quando o julgamento já está em estado avançado. Precedentes: DESIS no AgRg na MC 22.582/RJ, Rel. Ministro SÉRGIO KUKINA, PRIMEIRA TURMA, julgado em 15/05/2014, DJe 22/05/2014; REsp 689.439/PR, Rel. Ministro MAURO CAMPBELL MARQUES, SEGUNDA TURMA, julgado em 04/03/2010, DJe 22/03/2010. Hipótese em que não há interesse público no prosseguimento da apreciação deste feito, não se evidenciando, também, má-fé por parte da requerente. Recurso especial prejudicado. Desistência homologada" (STJ, Recurso Especial nº 1.555.363-SP, Rel. Min. Humberto Martins, j. em 3/5/2016).

Desistência de recurso principal implica a perda de objeto de recurso adesivo

"AGRAVO INTERNO. DESISTÊNCIA DO RECURSO PRINCIPAL. HOMOLOGAÇÃO. PERDA DO OBJETO DO RECURSO ADESIVO. MÁ-FÉ PROCESSUAL. NÃO OCORRÊNCIA. Agravo interno contra decisão que homologou o pedido de desistência do recurso especial formulado pelo Distrito Federal e, na sequência, não conheceu do recurso especial adesivo. A lei faculta ao recorrente desistir do recurso, independentemente da anuência da parte contrária. Isso ocorrendo, fica sem objeto o recurso adesivo. Dicção dos arts. 997 e 998 do CPC/2015. A configuração de má-fé processual da parte que desistiu do recurso principal não se presume; depende de prova inequívoca, que inexiste. Agravo interno a que se nega provimento" (STJ, AgInt na DESIS no Recurso Especial nº 1.494.486-DF, Rel. Min. Og Fernandes, j. em 21/2/2017).

Recorrente pode desistir de recurso a qualquer tempo

"AGRAVO DE INSTRUMENTO. Contrato bancário. Ação de prestação de contas. Ausência de clareza e objetividade na fundamentação das razões do agravo. Requisitos legais do recurso não preenchidos. Determinação de emenda. Pedido de desistência formulado pelo recorrente. Deferimento. Inteligência do disposto no *caput*, do art. 998 do CPC/2015. Desistência homologada. RECURSO PREJUDICADO" (TJSP, Agravo de Instrumento nº 2108609-53.2017.8.26.0000, Rel. Des. Carmen Lúcia da Silva, j. em 25/7/2017).

"AGRAVO DE INSTRUMENTO. Execução por título extrajudicial. Indeferimento de desbloqueio de ativos financeiros do devedor apreendidos por meio do sistema BacenJud. Desistência comunicada nos autos. Perda do objeto. Artigo 998 do CPC. Homologação da desistência" (TJSP, Agravo de Instrumento nº 2236466-19.2016.8.26.0000, Rel. Des. Correia Lima, j. em 26/6/2017).

Art. 999 - A renúncia ao direito de recorrer independe da aceitação da outra parte.

I. Renúncia: decisão unilateral

Na linha do que se afirmou nos comentários ao artigo anterior, o recorrente tem amplo controle sobre o seu recurso. A lei lhe assegura o direito de recorrer, desde que observados os requisitos específicos de cada recurso.

Uma vez proferida a decisão, surge para o litigante que sofre algum tipo de prejuízo a perspectiva de recorrer. Nesse momento, a parte pode optar por renunciar ao direito de recorrer, e assim como se dá com a interposição do recurso ou com sua desistência, também a renúncia é ato próprio, não condicionado à aceitação da parte contrária ou do órgão julgador, inclusive a teor do que dispõe o art. 200 do CPC/2015.

Nas edições anteriores, afirmei que a renúncia ao direito de recorrer, se exercitada antecipadamente à própria decisão da qual se poderia recorrer, não poderia ser admitida, por afronta ao devido processo legal. Penso, contudo, que as novas bases sistemáticas do nosso ordenamento positivo justificam uma mudança de posição. A ampla liberdade das partes em dispor de suas posições jurídicas, inclusive de renunciar ao próprio direito material objeto do litígio, explica a admissibilidade da renúncia prévia ao direito de recorrer.

Aliás, não é incomum que, em acordos judiciais, as partes requeiram a homologação da transação por sentença e renunciem desde logo ao direito de interpor recurso contra a decisão homologatória.

Permanece, contudo, a advertência de que não é aconselhável tal renúncia, parecendo temerário admitir, no plano prático, que as partes possam combinar entre si a renúncia, em tese, ao direito de recorrer, antes mesmo de ter acesso ao conteúdo da decisão que lhes desfavorece.

II. Julgados

"EMBARGOS DE DECLARAÇÃO. CAPITALIZAÇÃO. DECISÃO *EXTRA PETITA*. DESISTÊNCIA SUPERVENIÊNCIA DE SENTENÇA. RECURSO PREJUDICADO - Petição informando a desistência do recurso interposto, em razão de acordo firmado entre as partes - Em consulta realizada junto ao sistema SAJ deste Egrégio Tribunal de Justiça, verificou-se que houve, no processo principal, prolação de sentença, julgando extinto sem julgamento do mérito o processo, com fundamento no artigo 267, inciso VIII, do Código de Processo Civil - Apreciação do recurso prejudicada em face de ambas as razões. Desistência do recurso homologada - Perda superveniente do objeto. Recurso prejudicado. Inteligência dos artigos 501 e 502, do ACPC, com correspondência nos artigos 998 e 999, do NCPC. Não conhecimento do recurso" (TJSP, Embargos de Declaração nº 2085341-38.2015.8.26.0000.50000, Rel. Des. Salles Vieira, j. em 1º/12/2016).

"Agravo de Instrumento. Ação de Obrigação de Fazer contra decisão que indeferiu a inicial e julgou extinto o processo, sem resolução do mérito, diante do teor do disposto no artigo 3º, § 2º, da Lei 9.099/95 (Lei que rege os Juizados Especiais Cíveis). Comunicação nos autos de desistência do presente recurso, uma vez que o feito será redistribuído para a Vara que responde pelo Juizado Especial da Fazenda Pública. Homologação da desistência recursal, nos termos dos artigos 998 e 999, do Código de Processo Civil. Recurso prejudicado, ante a perda superveniente de interesse. Agravo prejudicado" (TJSP, Agravo de Instrumento nº 2048365-61.2017.8.26.0000, Rel. Des. Eduardo Gouvêa, j. em 17/4/2017).

Art. 1.000 - A parte que aceitar expressa ou tacitamente a decisão não poderá recorrer.
Parágrafo único - Considera-se aceitação tácita a prática, sem nenhuma reserva, de ato incompatível com a vontade de recorrer.

I. Aceitação da decisão

Todos os provimentos jurisdicionais com conteúdo decisório têm aptidão de causar gravame às partes, impondo-lhes deveres, determinando providências. Diante de tais decisões, as partes terão, ordinariamente, dois possíveis caminhos. O primeiro é o de acatar a decisão e cumpri-la. Assim, por exemplo, ao efetuar o pagamento do valor da condenação, realizar a prestação que foi determinada, cumprir a providência processual fixada, etc.

Nesses casos, entende-se que a parte aceitou a decisão, pela prática explícita de atos de cumprimento, ou pela adoção de comportamentos que se revelam incompatíveis com a irresignação, insurgência contra essa mesma decisão.

O segundo caminho possível é o recurso, pelo qual a parte exercita o direito legítimo de crítica e procura reformar a decisão desfavorável. O que não se admite é que a parte adote simultaneamente comportamentos no sentido de não se conformar com a decisão e cumpri-la. Nesses casos, o recurso será tido por inadmissível, cabendo ao órgão *ad quem* negar seguimento ao recurso. Registre-se que, com a abolição do duplo regime de admissibilidade dos recursos ordinários, o CPC/2015 retirou do órgão *a quo* a competência para averiguar os pressupostos recursais, razão pela qual não poderá ele indeferir a remessa ao tribunal, ainda que constate a prática de atos de aceitação da decisão.

II. Aceitação expressa e tácita

A aceitação expressa consiste em apresentação de manifestação de vontade nos autos, declarando que a parte aceita o teor da decisão interlocutória ou da sentença, no prazo para o recurso. Note-se que, nesse prazo, a parte pode aceitar expressamente a decisão, ou renunciar ao direito de recorrer. Ainda que se trate de manifestações diferentes, o efeito prático é o mesmo, o de obstar a via recursal e antecipar a formação da coisa julgada.

Tal aceitação expressa pode, ou não, ser seguida de atos práticos de cumprimento voluntário do comando judicial, o que não chega a ser determinando para a caracterização da renúncia. Seja como for, a aceitação expressa é, em termos práticos, incomum.

Já a aceitação tácita se apresenta mais comum, pois consiste, como a própria lei define, na prática de atos incompatíveis com a vontade de recorrer. Se a sentença determina a rescisão de um contrato de venda e compra de uma mercadoria, por exemplo, e a parte propõe a devolução do produto, significa que aceitou a decisão e pretende desde logo tomar medidas concretas para o seu cumprimento.

Ou, ainda, se a parte entrega as chaves após sentença que decreta o despejo, se realiza depósito judicial da quantia cobrada, se formula pedido de parcelamento do débito. Em todos esses casos, não poderá ser admitido o eventual recurso que essas mesmas partes interponham.

III. Exceções à regra

Questão sempre debatida era se a realização de depósito da quantia em cumprimento provisório da sentença, para que o devedor não se sujeitasse à multa de 10%, poderia afastar o seu direito ao recurso. No CPC/2015, tais regras vêm claramente postas. Primeiro, a multa de 10% é exigível também no cumprimento provisório (art. 520, § 2º). Segundo, e que mais interessa para o presente tema, é que o depósito voluntário pelo executado, com o intuito de isentar-se da multa, não será tido como ato incompatível com a vontade de recorrer.

Da mesma forma, se a sentença contém capítulo que antecipa a tutela em relação a parcelas do pedido, o fato de o recorrente cumprir a determinação e, simultaneamente, apelar, não deve ser interpretado como ato incompatível. O mesmo no âmbito do julgamento em segundo grau de jurisdição. Se parcelas da condenação admitem produção imediata de efeitos, é razoável admitir que a parte – inclusive em atenção ao dever de cooperação consagrado no art. 6º do CPC/2015 – pratique atos para cumprimento provisório da decisão, ao mesmo tempo em que a impugna, pretendendo a sua reforma.

O mesmo quanto ao cumprimento de decisão liminar, que deve ser compatibilizado com a posterior prática de atos de resistência, tanto pela via do agravo como da defesa propriamente dita.

IV. Julgados

Ocorrência de preclusão lógica

"Cobrança de mensalidades escolares. Prescrição reconhecida. Autora que paga voluntariamente as custas e honorários do réu, sem ressalva, e em seguida recorre. Inadmissibilidade. Aplicação do artigo 1.000, 'caput' e parágrafo único, do CPC, ocorrida preclusão lógica pela incompatibilidade entre os atos antecedente e subsequente. Apelo não conhecido" (TJSP, Apelação nº 3006860-57.2013.8.26.0180, Rel. Des. Soares Levada, j. em 31/7/2017).

"Agravo de Instrumento. Busca e Apreensão. Restituição do veículo ao réu. Cumprimento de decisão judicial pela agravante, que, concomitantemente, dela recorreu. A devolução do veículo ao réu, na ação de busca e apreensão, sem qualquer ressalva, caracteriza ato incompatível com a vontade de recorrer. Preclusão lógica. Ocorrência. Inteligência do artigo 1.000 do Novo Código de Processo Civil. Recurso não conhecido" (TJSP, Agravo de Instrumento nº 2022128-87.2017.8.26.0000, Rel. Des. Neto Barbosa Ferreira, j. em 5/4/2017).

Art. 1.001 - Dos despachos não cabe recurso.

I. Gravame como pressuposto da recorribilidade

O CPC/2015 cuidou de definir os provimentos jurisdicionais em seu art. 203. Ao lado da sentença e da decisão interlocutória, os despachos são definidos como todos os demais pronunciamentos do juiz praticados no processo, de ofício ou a requerimento da parte.

Por exclusão, compreende-se que o despacho não tem qualquer conteúdo decisório, mas configura mero ato de impulso procedimental. Se o pronunciamento é capaz de causar gravame à parte, isto é, impor-lhe alguma situação de sucumbência, este pronunciamento será uma decisão interlocutória (se proferido no curso do processo, sem aptidão de pôr fim à fase cognitiva do procedimento comum e não vinculado ao conteúdo dos arts. 485 e 487 do CPC/2015) ou uma sentença.

Da casuística forense, os despachos mais comuns são os que deferem a citação, intimam as partes para manifestação sobre atos praticados ou documentos apresentados pela parte contrária, determinam o requerimento de provas, designam audiências de conciliação. Ainda, as decisões que remetem os autos ao arquivo, ao contador e ao partidor, ou que determinam a distribuição de incidentes como a reconvenção, que nomeiam perito e que determinam vista ao Ministério Público.

De outro lado, pode ocorrer de um pronunciamento ser denominado despacho, mas possuir conteúdo decisório. Como é natural, o conteúdo da decisão prevalece, de forma que será considerada uma decisão interlocutória, passível de agravo de instrumento nas hipóteses do art. 1.015.

II. Julgado

"O agravo interno não merece conhecimento. Com efeito, o presente recurso foi manejado contra despacho proferido pela Presidência desta Corte, no qual restou determinada a devolução dos autos ao Tribunal de origem para fins de análise do agravo interposto com fulcro no art. 544 do CPC/73. Nesse passo, o despacho impugnado não possui conteúdo decisório, limitando-se à remessa dos autos ao Juízo de origem para análise apropriada do recurso interposto, configurando-se, portanto, despacho de mero expediente insuscetível de recurso, nos termos do art. 1.001 do Novo Código de Processo Civil" (STJ, AgInt no Agravo em Recurso Especial nº 746.333-PR, Rel. Min. Paulo de Tarso Sanseverino, j. em 4/4/2017).

Art. 1.002 - A decisão pode ser impugnada no todo ou em parte.

I. Recurso total e recurso parcial

Por meio do recurso, o recorrente obsta a formação da coisa julgada e submete a novo grau de jurisdição a parcela da relação jurídica objeto do recurso. Os recursos podem abranger todo o conteúdo da decisão, ou apenas uma parte dela. Isso se dá, obrigatoriamente, se a decisão concede apenas parte do que foi pedido, pois o recorrente não terá interesse recursal em se insurgir contra o que ganhou. Mas o recurso pode ser parcial também porque o recorrente assim optou, por exemplo quando se conforma com parte da decisão e concentra sua irresignação contra outra parte.

Seja como for, os limites do objeto do recurso são estabelecidos pelo próprio recorrente, fazendo surgir ao tribunal o dever de examinar apenas e tão somente aquele objeto. Por isso a lei fala em conhecimento da matéria impugnada, além de prever limitações à cognição judicial aos limites propostos pelas partes (arts. 141 e 492).

Na ausência de especificação ou delimitação pelo recorrente, deve-se entender que o recurso é total, inclusive por força da amplitude do efeito devolutivo dos recursos. Por isso, não incorre em julgamento *extra petita* nem impõe *reformatio in pejus* a decisão que, diante de recurso total do réu, mantém a procedência do pedido, reduzindo, porém, o montante da indenização. Entende-se que o apelante pediu a redução a zero do montante, de forma que ao tribunal é lícito acolher parte do recurso e reduzir o valor em algum patamar intermediário.

II. Julgado

"PROCESSUAL CIVIL. AGRAVO INTERNO NO AGRAVO EM RECURSO ESPECIAL. ENUNCIADO ADMINISTRATIVO 3/STJ. DESCUMPRIMENTO DO ÔNUS DA DIALETICIDADE. FALTA DE IMPUGNAÇÃO À INTEGRALIDADE DA MOTIVAÇÃO ADOTADA NA DECISÃO MONOCRÁTICA. A teor do art. 1.021, § 1º, do CPC/2015, cumpre ao recorrente, na petição de agravo interno, impugnar especificadamente os fundamentos da decisão agravada. A interpretação desse preceito conjuntamente com a regra prevista no art. 1.002 do CPC/2015 resulta na conclusão de que a parte recorrente pode impugnar a decisão no todo ou em parte, mas deve para cada um dos capítulos decisórios impugnados refutá-los em tantos quantos forem os motivos autonomamente considerados para mantê-los. Tal necessidade configura-se no denominado 'ônus da dialeticidade', cuja inobservância no exercício do direito de recorrer atinge o interesse recursal quanto ao elemento 'utilidade', tendo em vista de nada adiantar a impugnação apenas parcial dos motivos da decisão se aquele que remanescer inatacado mantiver incólume o julgado. No caso concreto, a decisão agravada firmou-se quanto à tese recursal de ilegitimidade do agravante pela incidência dos óbices das Súmulas 211/STJ e 283/STF, apenas aquela primeira tendo sido refutada na minuta do agravo interno, o que notadamente desatende o aludido ônus da dialeticidade tendo em vista que o segundo fundamento é capaz de por si só manter o resultado de não conhecimento do recurso especial. Agravo interno não conhecido" (STJ, AgInt no Agravo em Recurso Especial nº 895.746-SP, Rel. Min. Mauro Campbell Marques, j. em 9/8/2016).

Art. 1.003 - O prazo para interposição de recurso conta-se da data em que os advogados, a sociedade de advogados, a Advocacia Pública, a Defensoria Pública ou o Ministério Público são intimados da decisão.
§ 1º - Os sujeitos previstos no caput considerar-se-ão intimados em audiência quando nesta for proferida a decisão.
§ 2º - Aplica-se o disposto no art. 231, incisos I a VI, ao prazo de interposição de recurso pelo réu contra decisão proferida anteriormente à citação.
§ 3º - No prazo para interposição de recurso, a petição será protocolada em cartório ou conforme as normas de organização judiciária, ressalvado o disposto em regra especial.
§ 4º - Para aferição da tempestividade do recurso remetido pelo correio, será considerada como data de interposição a data de postagem.
§ 5º - Excetuados os embargos de declaração, o prazo para interpor os recursos e para responder-lhes é de 15 (quinze) dias.
§ 6º - O recorrente comprovará a ocorrência de feriado local no ato de interposição do recurso.

I. Prazo para interposição dos recursos. Forma de contagem do prazo

O art. 231 do Código cogita diferentes hipóteses para marcar o dia do começo dos prazos, mas de todas elas, a mais comum e a mais segura é a intimação das partes pelo Diário da Justiça eletrônico. No caso da sentença, a ressalva cabível se dá quando a sentença for dada em audiência. De novidade relevante, o fato de as intimações poderem ser feitas para a sociedade de advogados da qual o advogado faça parte.

Pelo Diário da Justiça é possível aferir, sem margem para dúvidas, quem foi intimado (e quem não foi), qual o teor exato da intimação e a data a partir da qual, objetivamente, as partes devem considerar-se intimadas. Além disso, cuida-se de sistema público, que assegura o princípio constitucional da publicidade das decisões.

A solução proposta pela Lei nº 11.419/2006 (Lei do Processo Eletrônico) padece de grave vício de inconstitucionalidade, pois concebe um mecanismo de intimações a que apenas as partes terão acesso, retirando de terceiros (e da sociedade em geral) o controle sobre a existência das demandas e o conteúdo das decisões judiciais nelas proferidas. Ademais, do ponto de vista técnico, constitui mecanismo frágil, pois cria uma dependência excessiva nas comunicações por correio eletrônico, as quais, não obstante muito comuns hoje em dia, não permitem com clareza determinar se a mensagem foi efetivamente enviada e recebida, nem se o seu conteúdo real corresponde ao conteúdo declarado pelo remetente.

Questão sempre tormentosa é a da contagem do prazo para a parte que, em diligências regulares para verificação do processo, toma conhecimento da sentença antes da sua intimação. Há jurisprudência que determina a antecipação da contagem do prazo para esse litigante, sob considerações de isonomia entre as partes.

A solução é criticável, pois pune o litigante diligente, que se antecipa e constata a existência da decisão. Privilegia-se uma aparente igualdade, fazendo surgir complicações procedimentais, pois nesse caso o prazo de cada parte terá início em dias diferentes, dificultando o seu controle. Os poucos dias que se pode cogitar de ganhar com a antecipação da intimação de uma das partes são irrelevantes para o quadro geral da duração da causa. De outro lado, impõem um modelo não cooperativo, que desestimula a boa-fé e a diligência do advogado.

II. Requisitos formais quanto ao protocolo

Com a universalização do processo eletrônico, diversos dispositivos do CPC/2015 tendem ao esquecimento, por absoluta perda do objeto. Até que isso se dê, é importante relembrar que as regras formais servem para conferir previsibilidade e segurança aos atos do procedimento, mas não devem ser encaradas como um fim em si mesmas, cabendo sua flexibilização sempre que não houver prejuízo.

Regra geral, o recurso será protocolado perante o juízo onde tramita a demanda. Nas comarcas com subdivisões internas, que criem foros regionais (São Paulo, Rio de Janeiro), bem como naquelas onde se estabelece o protocolo integrado, o recurso pode ser interposto em quaisquer dos fóruns, sem prejuízo ao recorrente.

Tal regramento será aplicado aos recursos de apelação, que podem ser protocolados nas unidades judiciárias que integrem o protocolo integrado, bem como aos agravos de instrumento, se as normas de organização judiciária permitirem a sua interposição na própria comarca. Em qualquer caso, como determina o art. 1.016, o recurso será *dirigido diretamente ao tribunal competente*, daí por que o agravante deve cuidar para que seu recurso seja efetivamente endereçado ao segundo grau, a fim de evitar risco de não conhecimento.

No âmbito do recurso especial e extraordinário, que são protocolados perante o tribunal *a quo*, também é válido o protocolo integrado, conforme dispõe o art. 929, parágrafo único, do CPC/2015.

III. O recurso protocolado por correio

Novidade importante, que encerra um dos capítulos da jurisprudência defensiva criada sob o regime do CPC/1973, está previsto no § 4º do art. 1.003. O que está sob o controle das providências do recorrente é a data em que ele posta a correspondência contendo o recurso, endereçada ao respectivo órgão. O tempo necessário para que os Correios entreguem tal recurso ao destinatário não pode ser colocado sob a responsabilidade da parte, como se entendia no regime anterior.

Agora, a lei esclarece que o recorrente deve postar a correspondência até o último dia do prazo. É o que basta para que o seu recurso seja considerado tempestivo. Cuida-se de medida simples, que nem sequer seria necessária se a razoabilidade imperasse, mas que constitui uma excelente novidade do CPC/2015, compatível com um modelo cooperativo de processo civil. Em consequência, a Súmula nº 216 do STJ perderá objeto.

IV. Padronização dos prazos e intempestividade dos recursos

Com exceção dos embargos de declaração, que permanecem oponíveis em cinco dias, o legislador padronizou em quinze dias (úteis) o prazo para recorrer e responder, preservadas ainda as regras específicas do *prazo em dobro* da Fazenda Pública, Ministério Público e Defensoria Pública.

A tempestividade costuma ser um pressuposto processual mais rigoroso, sob a consideração de que não se pode flexibilizar regra que visa à igualdade entre os litigantes e à racionalidade do procedimento. Por isso, por exemplo, os embargos de declaração proferidos fora do prazo não têm o condão de interromper o prazo para o recurso subsequente, diferentemente de todas as demais hipóteses de não conhecimento ou improvimento dos declaratórios.

No CPC/2015, o juízo de admissibilidade dos recursos ordinários foi unificado e se realizará apenas pelo órgão *ad quem* (arts. 1.010, § 3º, e 1.030, parágrafo único). Não será possível, assim, ao juiz de primeiro grau negar seguimento à apelação, mesmo que intempestiva.

De toda forma, a tempestividade segue como um pressuposto processual que o juiz poderá conhecer de ofício, inclusive após ter realizado o exame de admissibilidade e ter considerado o recurso apto ao julgamento. Tal afirmação não exclui, contudo, a necessidade de permitir manifestação prévia das partes (art. 10).

Da mesma forma, vale advertência de Theotônio Negrão, citando JTA 48/65, de que o recurso é de direito natural; na dúvida quanto à sua tempestividade, deve ser conhecido (nota 1 ao artigo 508. *Código de Processo Civil e legislação processual em vigor*, 46. ed, 2014, São Paulo, Saraiva, p. 666). Inúmeras situações de dúvida ou de erros escusáveis devem ser interpretadas de modo a favorecer o conhecimento dos recursos e o exame do seu mérito. Por exemplo, recurso apresentado em cartório diverso, ou com erro na indicação do número do processo, ou aquele apresentado no prazo, mas cujos autos permanecem com o advogado alguns dias depois (art. 234).

V. A prova do feriado local

Questão igualmente tormentosa no regime anterior dizia respeito aos recursos protocolados após o prazo final, em decorrência de feriados locais na origem, ou mesmo em função de eventos extraordinários que determinavam o fechamento do fórum.

Prevalecia o entendimento de que o recorrente deveria provar a ocorrência de feriado local, admitida tal prova posteriormente ao protocolo do recurso inclusive no âmbito dos Tribunais Superiores.

O legislador contemplou essa situação, que antes era tratada apenas pela jurisprudência. À primeira vista, a disposição é mais rigorosa do que os precedentes que a inspiraram, porque exige tal comprovação no ato da interposição do recurso. Contudo, tratando-se de exigência para aferir a tempestividade do recurso, e considerando o cuidado com que o legislador historicamente cuidou do tema, a exigência tem sua razão de ser.

Não se quer dizer, porém, que a falta de tal comprovação não possa ser suprida posteriormente. Os arts. 139, inciso IX, e 932, parágrafo único, são bastante eloquentes quanto a essa possibilidade. Em reforço, até mesmo a ausência de peças obrigatórias do agravo de instrumento (art. 1.017, § 3º) ou do preparo do recurso (art. 1.007, § 4º) configura mera irregularidade, passível de regularização.

Esse entendimento, amplamente sustentado no CPC/2015, não tem sido observado pelo Superior Tribunal de Justiça, que vem considerando inadmissível a comprovação posterior do feriado local, ressuscitando as manifestações da jurisprudência defensiva, que a nova lei expressamente quis combater.

VI. Julgados

Para aferição da tempestividade do recurso remetido pelo correio, será considerada como data de interposição a data de postagem

"PREVIDENCIÁRIO. CONCESSÃO DE PENSÃO POR MORTE. AGRAVO EM RECURSO ESPECIAL INTERPOSTO INTEMPESTIVAMENTE, NA VIGÊNCIA DO CPC/2015. PROTOCOLO POSTAL. ART. 1.003, § 4º, DO CPC/2015. INAPLICABILIDADE, NO CASO, DA SÚMULA 216 DO STJ. PROTOCOLO POSTAL INEXISTENTE NOS AUTOS. AUSÊNCIA DE CERTIDÃO DO TRIBUNAL DE ORIGEM QUE COMPROVE EVENTUAL FALHA DE DIGITALIZAÇÃO. AGRAVO EM RECURSO ESPECIAL NÃO CONHECIDO. Agravo em recurso especial interposto contra decisão publicada sob a vigência do Código de Processo Civil de 2015. O art. 1.003, § 4º, do Código de Processo Civil de 2015, prevê que, para a apuração da tempestividade do recurso remetido pelos Correios, será considerada como data de interposição aquela da postagem. Assim, tendo o recurso sido interposto sob a vigência do Código de Processo Civil de 2015, inaplicável o enunciado n. 216 da Súmula do STJ. A decisão agravada foi disponibilizada no Diário eletrônico da Justiça Federal da 3ª Região em 21/3/2016 (segunda-feira), considerando-se publicada em 22/3/2016 (terça-feira). Assim, a contagem do prazo, para interposição do agravo em recurso especial, iniciou-se em 28/3/2016 (segunda-feira), finalizando em 15/4/2016 (sexta-feira). Na hipótese dos autos, apesar da alegação da parte agravante de que houve a postagem do recurso via Correios em 15/4/2016, o protocolo postal colacionado na petição de agravo interno não consta dos autos do processo, razão pela qual não fica comprovada a tempestividade do agravo em recurso especial. Ademais, a jurisprudência do Superior Tribunal de Justiça consolidou entendimento de que é ônus da parte aferir e fiscalizar a correta instrução do recurso interposto, sendo insuficiente a alegação de erro na digitalização quando desacompanhada de certidão comprobatória do tribunal de origem. Precedentes: AgInt nos EDcl no AREsp 913.931/RS, Rel. Ministra Nancy Andrighi, Terceira Turma, julgado em 09/03/2017, DJe 20/03/2017; AgInt no AREsp 954.540/SP, Rel. Ministro Og Fernandes, Segunda Turma, julgado em 06/12/2016, DJe 15/12/2016; AgRg no AREsp 809.087/RJ, Rel. Ministra Maria Isabel Gallotti, Quarta Turma, julgado em 08/11/2016, DJe 17/11/2016. Agravo interno não provido" (STJ, AgInt no Agravo em Recurso Especial nº 992.767-MS, Rel. Min. Francisco Falcão, j. em 20/6/2017).

O recorrente comprovará a ocorrência de feriado local no ato de interposição do recurso

"PROCESSO CIVIL. AGRAVO INTERNO. DECISÃO QUE NÃO ADMITIU, NA ORIGEM, O RECURSO ESPECIAL PUBLICADA APÓS A VIGÊNCIA DO NOVO CPC/15. AGRAVO INTEMPESTIVO. COMPROVAÇÃO DE FERIADO LOCAL EM MOMENTO POSTERIOR À INTERPOSIÇÃO DO RECURSO. IMPOSSIBILIDADE. PRECLUSÃO. A decisão agravada, publicada no dia 13/5/16, demanda a aplicação, no caso concreto, do novo CPC/15, devendo ser exigidos os requisitos de admissibilidade recursal na forma nele prevista, nos termos do Enunciado Administrativo nº 3 aprovado pelo Plenário do STJ na sessão de 9/3/2016: 'Aos recursos interpostos com fundamento no CPC/2015 (relativos a decisões publicadas a partir de 18 de março de 2016) serão exigidos os requisitos de admissibilidade recursal na forma do novo CPC'. Nos termos do art. 1.003, § 6º, do novo CPC/15, 'o recorrente comprovará a ocorrência de feriado local no ato de interposição do recurso', de forma que a tentativa de comprovação de feriado local, em momento posterior à interposição do recurso, encontra óbice na preclusão consumativa. No caso, intimado o ente municipal em 13/5/2016, é manifesta a intempestividade do agravo interposto em 28/6/2016, eis que não foi observado o prazo de 30 (trinta) dias úteis, nos termos do art. 183, do art. 994, VIII, c/c. os arts. 1.003, § 5º, 1.042, *caput*, e 219, *caput*, todos do novo CPC/15. Agravo interno a que se nega provimento" (STJ, AgInt no Agravo em Recurso Especial nº 1.000.002-MG, Rel. Min. Sérgio Kukina, j. em 6/6/2017).

No mesmo sentido: STJ, AgInt no Agravo em Recurso Especial nº 1.001.909-SP, Rel. Min. Paulo de Tarso Sanseverino, j. em 27/6/2017; STJ, AgInt no Agravo em Recurso Especial nº 1.036.572-RJ, Rel. Min. Marco Aurélio Bellizze, j. em 13/6/2017.

Executados os embargos de declaração, o prazo para interpor os recursos e para responder-lhes é de 15 (quinze) dias

"AGRAVO INTERNO NO AGRAVO EM RECURSO ESPECIAL. 1. ENUNCIADO ADMINISTRATIVO N. 3 DO STJ. 2. SUSPENSÃO DO EXPEDIENTE FORENSE NA ORIGEM. NECESSIDADE DE COMPROVAÇÃO NO ATO DE INTERPOSIÇÃO DO RECURSO. EXEGESE DO ART. 1.003, § 6º, DO CPC/2015. NORMA ESPECÍFICA QUE PREVALECE SOBRE OS ARTS. 932, PARÁGRAFO ÚNICO, E 1.029, § 3º, DO CPC/2015. NÃO DEMONSTRAÇÃO NA HIPÓTESE. INTEMPESTIVIDADE CONFIGURADA. PRAZO RECURSAL DE 15 DIAS ÚTEIS ESCOADO. ART. 1.003, § 5º, C/C O ART. 219, CAPUT, DO CPC/2015. 3. AGRAVO DESPROVIDO. Tendo em vista que o agravo em recurso especial foi interposto contra decisão publicada já na vigência do Código de Processo Civil de 2015, conforme se observa do protocolo de fl. 1.362 (e-STJ), aplica-se ao caso o Enunciado Administrativo n. 3 do Plenário do STJ, segundo o qual 'aos recursos interpostos com fundamento no CPC/2015 (relativos a decisões publicadas a partir de 18 de março de 2016) serão exigidos os requisitos de admissibilidade recursal na forma do novo CPC'. 'A interpretação literal da norma expressa no § 6º do art. 1.003 do CPC/2015, de caráter especial, sobrepõe-se a qualquer interpretação mais ampla que se possa conferir às disposições de âmbito geral insertas nos arts. 932, parágrafo único, e 1.029, § 3º, do citado diploma legal' (AgInt no REsp 1.626.179/MT, Rel. Ministro Ricardo Villas Bôas Cueva, Terceira Turma, julgado em 7/3/2017, DJe 23/3/2017). É intempestivo o agravo em recurso especial interposto fora do prazo de 15 dias úteis, nos termos dos arts. 219 c/c com o 1.003, § 5º, ambos do CPC/2015. Agravo interno desprovido" (STJ, AgInt no Agravo em Recurso Especial nº 1.004.115-SP, Rel. Min. Marco Aurélio Bellizze, j. em 27/6/2017).

"PROCESSUAL CIVIL. AGRAVO INTERNO NO AGRAVO EM RECURSO ESPECIAL. RECURSO ESPECIAL INTERPOSTO APÓS O PRAZO LEGAL. INTEMPESTIVIDADE. CERTIDÕES DO TRIBUNAL DE ORIGEM QUE ATESTAM A DATA DA PUBLICAÇÃO DO ACÓRDÃO E A INTEMPESTIVIDADE DO RECURSO. FÉ PÚBLICA. AGRAVO INTERNO IMPROVIDO. Agravo interno aviado contra decisão publicada em 17/02/2017, que, por sua vez, julgara recurso interposto contra *decisum* publicado na vigência do CPC/2015. No caso, o acórdão recorrido foi disponibilizado em 03/06/2016, sexta-feira, considerando-se publicado em 06/06/2016, segunda-feira – na vigência do CPC/2015 –, sendo o Recurso Especial interposto somente em 13/07/2016, quarta-feira, após o transcurso do prazo recursal de 15 dias úteis, ocorrido em 27/06/2016, segunda-feira, a teor do que dispõem os arts. 219 e 1.003, § 5º, do CPC/2015. Com efeito, 'é manifestamente intempestivo o recurso especial interposto fora do prazo de 15 (quinze) dias úteis estabelecido no art. 1.003, § 5º, do novo CPC/2015' (STJ, AgInt no AREsp 1.011.549/RJ, Rel. Ministro SÉRGIO KUKINA, PRIMEIRA TURMA, DJe de 27/03/2017). Na forma da jurisprudência, 'existindo conflito entre a informação contida na certidão emitida pelo Tribunal recorrido e aquela publicada no DJe, prevalece o prazo de publicação informado pela Corte local, em razão da fé pública que detém a certidão oficial' (STJ, AgInt no AREsp 910.544/PB, Rel. Ministro MOURA RIBEIRO, TERCEIRA TURMA, DJe de 03/04/2017). No mesmo sentido: STJ, AgRg no AREsp 804.894/MS, Rel. Ministro PAULO DE TARSO SANSEVERINO, TERCEIRA TURMA, DJe de 28/03/2017; AgInt nos EDcl no AREsp 881.315/MG, Rel. Ministro MAURO CAMPBELL MARQUES, SEGUNDA TURMA, DJe de 18/11/2016. Agravo interno improvido" (STJ, AgInt no Agravo em Recurso Especial nº 1.035.208-SP, Rel. Min. Assusete Magalhães, j. em 27/6/2017).

"AGRAVO INTERNO NO AGRAVO EM RECURSO ESPECIAL. PROCESSUAL CIVIL. RECURSO ESPECIAL INTERPOSTO APÓS O PRAZO PREVISTO NO ART. 1.003, § 5º DO CPC DE 2015. INTEMPESTIVIDADE. POSSIBILIDADE DE COMPROVAÇÃO DA SUSPENSÃO DOS PRAZOS NO AGRAVO INTERNO. JOGOS OLÍMPICOS DE 2016. FALTA DE APRESENTAÇÃO DE DOCUMENTO HÁBIL. PRECLUSÃO CONSUMATIVA. DECISÃO MANTIDA. O prazo para interposição do recurso especial contra acórdão proferido pelo Tribunal *a quo* (art. 1.003, § 5º do CPC de 2015) é de 15 (quinze) dias úteis, conforme o art. 219 do CPC de 2015. Intempestividade verificada. A Corte Especial, no julgamento do AREsp 137.141/SE, Relator Ministro Antônio Carlos Ferreira, ocorrido no dia 19.9.2012, acompanhando o entendimento proferido pelo Supremo Tribunal Federal no AgRg no RE 626.358/MG, Relator Ministro Cezar Peluso, DJ 23.8.2012, modificou sua jurisprudência, passando a permitir a comprovação de feriado local ou suspensão dos prazos processuais não certificada nos autos em momento posterior à interposição do recurso na origem. Ainda que se adotasse o entendimento firmado, sob a égide do CPC de 1.973, pela Corte Especial do STJ não se poderia conhecer do recurso uma vez que a parte agravante apresentou o presente agravo interno desacompanhado de documento hábil a comprovar a suspensão dos prazos pelo Tribunal de origem. Preclusão consumativa. Agravo interno não provido" (STJ, AgInt no Agravo em Recurso Especial nº 1.060.185-RJ, Rel. Min. Luis Felipe Salomão, j. em 20/6/2017).

"AGRAVO INTERNO NOS EMBARGOS DE DECLARAÇÃO NO AGRAVO EM RECURSO ESPECIAL. SUSPENSÃO DO EXPEDIENTE FORENSE NA ORIGEM. NECESSIDADE DE COMPROVAÇÃO NO ATO DE INTERPOSIÇÃO DO RECURSO. EXEGESE DO ART. 1.003, § 6º, DO CPC/2015. NORMA ESPECÍFICA QUE PREVALECE SOBRE OS ARTS. 932, PARÁGRAFO ÚNICO, E 1.029, § 3º, DO CPC/2015. NÃO DEMONSTRAÇÃO NA HIPÓTESE. INTEMPESTIVIDADE CONFIGURADA. PRAZO RECURSAL DE 15 DIAS ÚTEIS ESCOADO. ART. 1.003, § 5º, C/C O ART. 219, *CAPUT*, DO CPC/2015. AGRAVO DESPROVIDO. 'A interpretação literal da norma expressa no § 6º do art. 1.003 do CPC/2015, de caráter especial, sobrepõe-se a qualquer interpretação mais ampla que se possa conferir às disposições de âmbito geral insertas nos arts. 932, parágrafo único, e 1.029, § 3º, do citado diploma legal' (AgInt no REsp 1.626.179/MT, Rel. Ministro Ricardo Villas Bôas Cueva, Terceira Turma, julgado em 7/3/2017, DJe 23/3/2017). É intempestivo o recurso especial interposto fora do prazo de 15 dias úteis, nos termos do art. 1.003, § 3º, c/c o art. 219, caput, do CPC/2015. Agravo interno desprovido" (STJ, AgInt nos EDcl no Agravo em Recurso Especial nº 990.219-MS, Rel. Min. Marco Aurélio Bellizze, j. em 27/6/2017).

Art. 1.004 - Se, durante o prazo para a interposição do recurso, sobrevier o falecimento da parte ou de seu advogado, ou ocorrer motivo de força maior que

suspenda o curso do processo, será tal prazo restituído em proveito da parte, do herdeiro ou do sucessor, contra quem começará a correr novamente depois da intimação.

I. Morte da parte ou de seu procurador

A fim de reforçar a concepção da lei de que há um verdadeiro direito ao recurso, o Código traz previsão específica sobre a necessidade de suspensão do processo se a parte ou o procurador vier a falecer durante o prazo para a sua interposição. A regra geral, de que o processo é suspenso em caso de morte de qualquer das partes, do seu procurador ou representante legal (art. 313, inciso I), abrange a fase recursal, mas o legislador preferiu contemplar regra própria.

As hipóteses de morte da parte são mais complexas, porque a regularização depende da habilitação dos herdeiros no processo. Se o procurador falece, a lei determina que o juiz intime as partes a constituir novo advogado em quinze dias, após o que o processo será retomado, independentemente de nova constituição. Na fase recursal, não se aplicam as disposições do art. 313, § 3º, em seus literais termos, mas não se pode afastar a consequência da retomada do andamento da causa, cuja consequência prática será o decurso do prazo para a interposição do recurso.

II. Força maior e outras causas de suspensão

Mais comum é a suspensão do andamento do feito no intervalo para o recurso em virtude de causas inerentes ao próprio juízo, como as correições parciais, greve dos servidores, dos Correios, etc. Também os problemas sofridos pelos advogados costumam suscitar a aplicação deste dispositivo.

Pense-se, por exemplo, no advogado da causa que se acidenta quando a caminho para protocolar o recurso, ou que é assaltado e a pasta com o original do recurso (e da guia de preparo) lhe é subtraída. De outro lado, doenças e tratamentos médicos só costumam ser considerados pela jurisprudência se (i) o advogado era o único constituído na procuração e (ii) se ocorreu a impossibilidade absoluta de substabelecer os poderes.

III. Suspensão do prazo, não interrupção

Vale registrar, por último, que o benefício do artigo é de mera suspensão do prazo, o que significa que, cessada a causa, apenas os dias restantes para a prática do ato serão restituídos ao recorrente. A hipótese não é a mesma dos embargos de declaração, por exemplo, que interrompem o prazo do recurso subsequente.

Art. 1.005 - O recurso interposto por um dos litisconsortes a todos aproveita, salvo se distintos ou opostos os seus interesses.
Parágrafo único - Havendo solidariedade passiva, o recurso interposto por um devedor aproveitará aos outros quando as defesas opostas ao credor lhes forem comuns.

I. Extensão subjetiva do recurso e litisconsórcio

A redação do *caput* do art. 1.005 do CPC/2015 repete a do art. 509 do CPC/1973 e incorre no mesmo equívoco. Pior, por falta de clareza, induz a erro o jurisdicionado, pois diz menos do que deveria.

É sabido que há diferentes motivos que permitem (ou obrigam) que pessoas diferentes litiguem juntas. Conforme a natureza da relação jurídica, o litisconsórcio será facultativo ou necessário, e conforme os efeitos que a decisão deverá produzir, o litisconsórcio será unitário ou não unitário.

A única hipótese efetivamente abarcada pelo dispositivo legal é a do litisconsórcio unitário, no qual o julgamento deve ser, forçosamente, de igual teor para todos os litisconsortes.

Assim, por exemplo, em demanda de rescisão contratual proposta pelo vendedor contra os dois compradores, não pode haver decisão que rescinde a avença em relação a apenas um deles.

Nesses casos, ocorre a exceção à regra do art. 997, *caput*, eis que basta a um dos litisconsortes apresentar recurso para que a situação de todos permaneça igual e, com o julgamento, os efeitos práticos da decisão atinjam uniformemente todos os integrantes dessa relação jurídica.

II. Solidariedade passiva entre os litisconsortes

O parágrafo único traz uma exceção ao regime efetivo do *caput*, para permitir o efeito expansivo dos recursos a outro tipo de litisconsorte, mesmo não unitário.

Imagine-se uma ação de cobrança proposta pelo credor contra os dois devedores solidários. O credor poderia optar por acionar apenas um deles (e nisso consiste, precisamente, a característica principal da solidariedade), mas optou por demandar contra ambos.

Naquilo que as defesas forem comuns a tais devedores solidários (por exemplo, que há vício na manifestação de vontade que enseja a anulação do negócio jurídico), basta o recurso de um dos devedores solidários para que a situação do outro permaneça *sub judice*. Não ocorrerá a formação da coisa julgada em face do litisconsorte que não recorreu, e será ele normalmente afetado – beneficiado ou prejudicado – pelo julgamento subsequente, inclusive em relação à majoração dos honorários na fase recursal a que alude o art. 85, § 11.

III. Julgado

"IMPROBIDADE ADMINISTRATIVA. Indisponibilidade de bens. Fracionamento de compra de materiais de escritório, pela Câmara Municipal de Campinas, para adoção da forma mais simples da carta-convite, licitação simulada, chegando ao total de R$ 777.560,78 com uma única empresa, sendo o montante de R$ 989.360,78 provável atualização para data próxima à do ajuizamento da ação. Fora pedido que a medida também contemplasse a multa civil, alcançando o total de R$ 2.968.082,34, mas não houve recurso do Ministério Público-autor contra a decisão que a limitou ao referido montante de R$ 989.360,78. Como esse montante diz respeito ao total das compras, que foram entregues, dado que não se alega o contrário, não comportando devolução, a despeito da alegação de nulidade, ou por que foram consumidos ou pela depreciação motivada pelo uso, não houve prejuízo ao erário senão em caso de aquisição por preço superfaturado, hipótese não aventada pela petição inicial. Assim, por falta de apontamento de real prejuízo ao erário e porque a medida concedida pela decisão agravada não diz respeito à multa civil que possa vir a ser aplicada em caso de procedência da demanda, cumpre afastar a medida de indisponibilidade de bens, aproveitando aos demais réus, consoante o disposto no artigo 1.005 do Código de Processo Civil atual. Recurso provido" (TJSP, Agravo de Instrumento nº 2052533-43.2016.8.26.0000, Rel. Des. Edson Ferreira, j. em 25/7/2017).

Art. 1.006 - Certificado o trânsito em julgado, com menção expressa da data de sua ocorrência, o escrivão ou chefe de secretaria, independentemente de despacho, providenciará a baixa dos autos ao juízo de origem, no prazo de 5 (cinco) dias.

I. Certidão de trânsito em julgado

Em aprimoramento de redação, o art. 1.006 preserva a regra do art. 510 do CPC/1973, regulando o término da fase recursal e o retorno dos autos à vara de origem. De novidade, a previsão específica de que a secretaria do tribunal deve certificar o trânsito em julgado, expedindo, em consequência, simples ato ordinatório de remessa dos autos ao juízo de origem. De relevante, a obrigação de informar a data exata do trânsito em julgado, relevante para certas finalidades práticas, em especial para o cômputo do prazo para a ação rescisória.

O artigo cuida da situação em que os recursos são definitivamente julgados, operando-se a coisa julgada formal. No trâmite processual, o trânsito em julgado se dá ainda no âmbito dos tribunais, mas o cumprimento definitivo da decisão se dará necessariamente no juízo de origem.

Assim, todos os pedidos de cunho condenatório, como a execução de obrigação de pagar, dar quantia, fazer e não fazer, bem como no cumprimento de prestações pecuniárias decorrentes de processos com objeto declaratório ou constitutivo (como o reembolso de custas e o pagamento de honorários de sucumbência), deverão ser processados perante o juízo de origem, que é o competente para atos de cumprimento.

O mesmo fenômeno pode se dar independentemente do trânsito em julgado, nas hipóteses de cumprimento provisório da sentença. Mas tais casos não exigem a certificação do trânsito em julgado e, bem por isso, são regulados no art. 520 do CPC/2015.

II. "Baixa dos autos" para a origem

A ressalva final fica por conta da previsão de baixa dos autos. No mínimo, cuida-se de expressão incompleta, porque não contempla a situação já muito comum de processos (e autos) eletrônicos, que não são baixados após o trânsito em julgado. Por mecanismos do sistema, o processo eletrônico volta a ser disponibilizado, ambientado e operacionalizado em primeiro grau, sem qualquer transferência física.

Com o passar do tempo, tal dispositivo tende a se tornar obsoleto, em virtude da adoção de terminologia própria da fase histórica em que os autos eram exclusivamente físicos.

Art. 1.007 - No ato de interposição do recurso, o recorrente comprovará, quando exigido pela legislação pertinente, o respectivo preparo, inclusive porte de remessa e de retorno, sob pena de deserção.

§ 1º - São dispensados de preparo, inclusive porte de remessa e de retorno, os recursos interpostos pelo Ministério Público, pela União, pelo Distrito Federal, pelos Estados, pelos Municípios e respectivas autarquias, e pelos que gozam de isenção legal.

§ 2º - A insuficiência no valor do preparo, inclusive porte de remessa e de retorno, implicará deserção se o recorrente, intimado na pessoa de seu advogado, não vier a supri-lo no prazo de 5 (cinco) dias.

§ 3º - É dispensado o recolhimento do porte de remessa e de retorno no processo em autos eletrônicos.

§ 4º - O recorrente que não comprovar, no ato de interposição do recurso, o recolhimento do preparo, inclusive porte de remessa e de retorno, será intimado, na pessoa de seu advogado, para realizar o recolhimento em dobro, sob pena de deserção.

§ 5º - É vedada a complementação se houver insuficiência parcial do preparo, inclusive porte de remessa e de retorno, no recolhimento realizado na forma do § 4º.

§ 6º - Provando o recorrente justo impedimento, o relator relevará a pena de deserção, por decisão irrecorrível, fixando-lhe prazo de 5 (cinco) dias para efetuar o preparo.

§ 7º - O equívoco no preenchimento da guia de custas não implicará a aplicação da pena de deserção, cabendo ao relator, na hipótese de dúvida quanto ao reconhecimento, intimar o recorrente para sanar o vício no prazo de 5 (cinco) dias.

I. Preparo dos recursos e deserção

Os serviços judiciários não são, em regra, gratuitos, mas remunerados mediante o pagamento de custas processuais. As etapas, fases, bem como os valores e percentuais de tais custas são fixados concretamente nas leis de organização de cada Estado, ou em regramento federal para as causas em trâmite perante aquela Justiça especializada.

Em regra, são devidas custas processuais pelo autor, no ato da propositura da demanda, bem como pelo recorrente, no ato da interposição de determinados recursos. A regra geral é que se exija o preparo, sendo que a própria lei se encarrega de dispensá-lo expressamente em algumas hipóteses, como nos Embargos de Declaração (art. 1.023) e no Agravo em Recurso Especial e Extraordinário (art. 1.042, § 2º).

De modo geral, o valor do preparo dos recursos em geral corresponde a uma taxa fixa, sendo que na apelação ele é fixado como um percentual do valor em disputa. Disso decorre a necessidade de se apurar o valor da condenação, sendo que as Serventias costumam publicar o valor devido para fins de preparo, com o objetivo de eliminar dúvidas e prevenir problemas práticos. Em São Paulo, o regime de custas é disciplinado pela Lei Estadual nº 11.608/2003-SP. No Paraná, pela Lei Estadual nº 6149/1970-PR.

Ver também:

<http://www.tjsp.jus.br/Egov/IndicesTaxasJudiciarias/DespesasProcessuais/TaxaJudiciaria.aspx>;

<http://www.tjpr.jus.br/calculadora-de-custas>.

De qualquer forma, o desconhecimento do valor do preparo não autoriza o não recolhimento, nem é causa para a relevação da pena de deserção a que se refere o § 6º.

O CPC/2015 preserva a regra anterior, acerca do preparo imediato, isto é, exige-se que as custas recursais sejam recolhidas antes, de forma que o respectivo comprovante possa ser apresentado juntamente com o recurso. Daí por que a lei exige a comprovação do preparo *no ato de interposição do recurso*.

O preparo compreende, em regra, o recolhimento das respectivas custas e o porte de remessa e retorno, que corresponde à taxa cobrada pela remessa física dos autos, a qual varia conforme a quantidade de volumes de cada processo. Por não haver remessa e retorno nos processos eletrônicos, o § 3º expressamente dispensa tal exigência.

Nos demais processos, porém, a exigência persiste, e a ausência do seu recolhimento importa igualmente na pena de deserção.

Se o preparo não for feito, ou se as irregularidades verificadas não forem sanadas, o juiz aplicará a pena de deserção, que importa no não conhecimento do recurso. Cuida-se, assim, de um dos pressupostos de admissibilidade dos recursos em geral, justificado pela necessidade de custear as despesas com a administração da Justiça.

Não obstante se possa criticar a regra, pois contempla uma penalidade excessivamente rigorosa para uma deficiência que, em última análise, diz respeito apenas aos interesses pecuniários do Estado com a arrecadação das custas processuais, fato é que se trata de norma já tradicional, prevalecendo o entendimento de que, afora as situações previstas na própria lei, não pode haver tolerância com relação à ausência ou insuficiência do preparo.

II. Insuficiência e inexistência do preparo

A lei regula hipótese prática bastante comum, em que o valor recolhido pelo recorrente é insuficiente. Isso pode ocorrer por diversas razões, como, por exemplo, por divergência entre o valor dado à causa e o valor da eventual condenação (quando for ilíquido, ou fixado em valores históricos), pela não fixação de valores pela sentença, pela natureza extrapatrimonial do pedido, etc.

Também pode ocorrer de o recurso se voltar apenas contra uma parte da condenação, hipótese em que terá o recorrente interesse em determinar um valor menor, sobre o qual aplicará o percentual das custas do preparo. Hipótese muito comum é o recurso com objetivo exclusivo de majorar os honorários fixados. Se o recorrente ganhou R$ 1.000,00 e pretende majorar a verba para R$ 10.000,00, o objeto do seu recurso terá R$ 9.000,00 como valor, incidindo sobre esse total o percentual da lei de custas respectiva. O valor da causa ou da condenação principal não serão relevantes para a determinação do preparo, neste caso específico.

Pois bem. No sistema anterior, a lei e a jurisprudência eram bastante rigorosas com as situa-ções de falta de comprovação do recolhimento do preparo, no ato da interposição. Hipóteses como a de esquecimento da parte em juntar o comprovante (mas tendo feito o recolhimento antes), equívoco nas informações constantes das guias, juntada de vias não originais e afins eram tratados, na maior parte das vezes, como irregularidades insanáveis e que geravam a pena de deserção. Também não se admitia a apresentação posterior da guia de preparo, ainda que dentro do prazo para a interposição do recurso. Como honrosa exceção a tal tratamento rigoroso, a situa-ção tratada na Súmula nº 484 do STJ: "Admite-se que o preparo seja efetuado no primeiro dia útil subsequente, quando a interposição do recurso ocorrer após o encerramento do expediente bancário".

Em certa medida, o preparo consiste em forma de os tribunais reduzirem a carga de trabalho, indeferindo recursos sob fundamento na irregularidade do seu recolhimento.

Tal comportamento não era justificado sob o regime do CPC/1973, e tornou-se ainda mais inadequado no CPC/2015. Primeiro, porque todas as regras acerca da instrumentalidade das formas foram repetidas na nova lei. Adicionalmente, o legislador previu dispositivos que combatem o julgamento meramente formal, incentivando e impondo ao julgador que regularize os vícios de forma e realize o julgamento quanto ao mérito das controvérsias (por exemplo, o já citado art. 932, parágrafo único).

Ciente da necessidade de reforçar a natureza instrumental das normas processuais, bem como de combater a mentalidade excessivamente formal que se observa ainda hoje na praxe forense, o legislador foi além, para prever que não apenas a insuficiência do preparo admite regularização, mas que mesmo a inexistência de preparo não deve conduzir, de modo imediato, à deserção do recurso.

Nessa hipótese, o legislador previu penalidade específica, consistente no pagamento em dobro do valor do preparo (§ 4º), vedando uma segunda chance de regularização, caso este preparo em dobro seja recolhido de forma insuficiente (§ 5º).

Uma última cautela foi ainda adotada pelo legislador, no sentido de prever especificamente a hipótese de recolhimento do preparo em guia equivocada. Como há diferentes sistemas de recolhimento, a depender da Justiça comum ou especializada, bem como do estado da federação onde tramite a demanda, pode haver equívoco da parte no recolhimento. Assim, não obstante a clara intenção em cumprir a lei, bem como o desembolso do valor pelo recorrente, fato é que a inadequação da guia será equiparada, para os fins legais, à insuficiência do preparo, gerando para o Estado o interesse no seu recolhimento adequado.

Não é o caso, a toda evidência, de considerar irregular o ato a ponto de decretar a deserção do recurso. Nunca foi o caso, aliás. Mas para evitar interpretações distorcidas e rigorosas, o legislador criou o § 7º com a específica finalidade de prevenir a situação, determinando ao julgador que permita a regularização pelo recorrente.

A solução aqui será a de aplicar o § 4º, permitindo ao recorrente que realize o pagamento na guia adequada, sem cogitar, contudo, de exigência do preparo em dobro, por não se tratar de inexistência no recolhimento da exação.

Vale ressalvar, por fim, que, diante do regime de aplicação subsidiária do CPC aos processos trabalhistas, eleitorais e administrativos (art. 15), as regras sobre o preparo recursal terão plena aplicação a esses outros processos. Com ainda mais razão, as disposições são plenamente aplicáveis aos processos dos Juizados Especiais.

III. Órgão competente para o reconhecimento da deserção e o recurso cabível

Modificação relevante diz respeito ao juízo de admissibilidade dos recursos, que, como visto, deixa de ser bifurcado entre os juízos *a quo* e *ad quem*, concentrando-se apenas no órgão responsável pelo julgamento dos recursos.

Assim, somente o relator poderá identificar e, se for o caso, decretar a pena de deserção, negando o processamento do recurso. Ainda que se trate de hipótese evidente, como a de ausência absoluta da guia de preparo, o órgão *a quo* não tem competência legal para conhecer dos pressupostos de admissibilidade dos recursos.

Em decorrência, a sua eventual decisão que considere deserto um recurso será recorrida por meio do agravo interno (art. 1.021), o qual será julgado pelo órgão colegiado ao qual pertence o relator, prolator da decisão de deserção.

IV. Julgados

Configuração de deserção

"AGRAVO INTERNO NO PEDIDO DE RECONSIDERAÇÃO DE DESPACHO NO AGRAVO EM RECURSO ESPECIAL. PROCESSUAL CIVIL. PREPARO. FALTA DO COMPROVANTE DE PAGAMENTO DA GUIA DE RECOLHIMENTO DAS CUSTAS JUDICIAIS. JURISPRUDÊNCIA DA CORTE ESPECIAL. PROVIMENTO NEGADO. A eg. Corte Especial do Superior Tribunal de Justiça orienta-se no sentido de que a ausência dos comprovantes de pagamento vinculados às guias de recolhimento das custas judiciais e ao porte de remessa e retorno do recurso especial macula a regularidade do preparo recursal, ensejando a sua deserção. Precedentes. Na hipótese dos autos, considerando a ausência da guia de custas e o respectivo comprovante de pagamento, mesmo após intimação da agravante para sanar o vício, nos termos do § 4º do art. 1.007 do Código de Processo Civil de 2015, o recurso especial não foi devidamente preparado, configurando-se a deserção. Agravo interno a que se nega provimento" (STJ, AgInt no RCD no Agravo em Recurso Especial nº 1.009.730-MS, Rel. Min. Raul Araújo, j. em 20/6/2017).

"RECURSO INTERPOSTO NA VIGÊNCIA DO CPC/2015. AGRAVO INTERNO EM RECURSO ESPECIAL. PROCESSUAL CIVIL. INTERPRETAÇÃO DOS ENUNCIADOS ADMINISTRATIVOS N.N. 2 E 3 DO STJ. PENA DE DESERÇÃO. MERO AGENDAMENTO DE PAGAMENTO QUE NÃO COMPROVA O PREPARO. A data a ser levada em consideração para a aplicação dos Enunciados Administrativos n.n. 2 ou 3, do STJ, é a data em que publicado o acórdão que foi objeto do recurso especial e não a data da decisão de admissibilidade do referido recurso especial, ainda que essa decisão de admissibilidade tenha sido objeto de embargos de declaração ou agravo interno julgados posteriormente já na vigência do Enunciado Administrativo n. 3, do STJ. Assim, interposto o recurso especial na vigência do Enunciado Administrativo n. 2, do STJ, é inaplicável o disposto no art. 1.007, §§ 4º, do CPC/2015, sendo que o mero agendamento não comprova o recolhimento do preparo. Aplicável a pena de deserção. Precedentes: AgRg no AREsp 466.639/DF, 4ª Turma, Rel. Min. Maria Isabel Gallotti, DJe de 1º/8/2014; EDcl no AREsp 519.784/MG, 1ª Turma, Rel. Min. Sérgio Kukina, DJe de 20/6/2014. Agravo interno não provido" (STJ, AgInt no Recurso Especial nº 1.635.521-RN, Rel. Min. Mauro Campbell Marques, j. em 18/5/2017).

A regularização do preparo deve ocorrer na primeira manifestação do recorrente, sob pena de não conhecimento do recurso

"PROCESSUAL CIVIL. AGRAVO INTERNO EM RECURSO ESPECIAL. SUBMISSÃO À REGRA PREVISTA NO ENUNCIADO ADMINISTRATIVO 03/STJ. PREPARO. IRREGULARIDADE. INTIMAÇÃO (ART. 1.007, § 7º, DO CPC/2015). DESCUMPRIMENTO DA DETERMINAÇÃO. A decisão agravada decretou a deserção do recurso especial, tendo em vista que, verificada a irregularidade do preparo, com a intimação para que o vício fosse sanado (art. 1.007, § 7º, do CPC/2015), a determinação não foi cumprida, havendo a juntada de petição que não corresponde ao presente caso (fls. 565/567). Ressalte-se que, no presente recurso, a própria agravante admite que o recurso especial foi interposto sem a juntada da respectiva guia de recolhimento. Para fins de regularização, efetua a juntada da guia mencionada. A regularização do preparo, em razão da aplicação do disposto no art. 1.007, § 7º, do CPC/2015, deve ocorrer na primeira manifestação do recorrente, após a determinação, sob pena de não conhecimento do recurso. Aplica-se, por analogia, o disposto no art. 76, § 2º, I, do CPC/2015 [...]. Agravo interno não provido" (STJ, AgInt no Recurso Especial nº 1.651.793-SC, Rel. Min. Mauro Campbell Marques, j. em 23/5/2017).

Art. 1.008 - O julgamento proferido pelo tribunal substituirá a decisão impugnada no que tiver sido objeto de recurso.

I. Efeito substitutivo dos recursos

Para fins didáticos, os efeitos dos recursos costumam ser divididos em efeitos da sua existência, da sua interposição e do seu julgamento. Nessa última categoria se encontra o denominado efeito substitutivo, previsto expressamente no art. 1.008.

Os elementos centrais do efeito substitutivo estão na própria lei. Em primeiro lugar, é preciso que o recurso tenha sido efetivamente julgado quanto ao seu mérito, o que significa ultrapassar o juízo de admissibilidade do próprio recurso. Assim ocorrendo, a nova decisão, proferida pelo tribunal, necessariamente deverá prevalecer sobre a decisão anterior, pois esta substituição é da essência da própria ideia de recurso.

Não tivesse a decisão posterior o condão de substituir a anterior, não faria sentido sequer se cogitar das figuras recursais. Como é reiteradamente afirmado, os recursos são meios autônomos de impugnação das decisões, proferidos normalmente por outros órgãos jurisdicionais, situados em posição hierarquicamente superior, de cuja atividade resulta uma revisão do exame das alegações já expendidas, bem como a revisão da decisão impugnada.

Fruto de tradição secular, compreende-se que um segundo exame sobre as mesmas questões, realizado por julgadores mais experientes e, em regra, de forma colegiada, tem maior aptidão a averiguar a justiça da decisão. E ainda que se deva considerar hipóteses – não raras – em que a primeira decisão era a mais correta, tal circunstância não retira a utilidade de um sistema judicial estruturado em instâncias e que contemple a previsão de recursos, também pela consideração de que um juiz cujas decisões não estão sujeitas a qualquer controle tenderá a julgamentos menos cuidadosos e, quiçá, mais autoritários.

Se o julgamento esbarra em alguma questão formal que impeça o conhecimento do mérito, este artigo não terá aplicação, porém. A decisão negativa quanto ao juízo de admissibilidade apenas declara a impossibilidade de o recurso ser julgado, sem nada dizer a respeito do seu mérito. Prevalecerá, assim, a decisão anterior. O efeito substitutivo dos recursos exige que seja rompida a barreira da sua admissibilidade, sobre qualquer matéria, ainda que se trate de questão que o juiz possa conhecer de ofício.

II. Efeito substitutivo e decisões parciais

O segundo elemento relevante se extrai da expressão final, *no que tiver sido objeto do recurso*. Em casos de recursos parciais, que não submetam ao tribunal o mesmo objeto do processo julgado em primeiro grau, tal substituição será apenas parcial. Por exemplo, se a sentença decreta o divórcio, estabelece o regime de visitas e fixa alimentos, e o recurso das partes se volta apenas contra a decisão condenatória aos alimentos, a substituição a ser operada pela decisão do tribunal não se estenderá à parcela da sentença que desconstituiu a relação conjugal, nem a que fixou o regime de visitas.

Quanto a esses capítulos da decisão, na ausência de recurso das partes, ocorrerá o trânsito em julgado da própria sentença, não sendo mais passível de ataque ou influência por conta do recurso parcial interposto para discutir a condenação em alimentos. Tal disciplina se extrai do art. 1.008, parte final, mas também dos arts. 1.002, 1.013, *caput* e § 1º, e no plano mais geral, não restrito aos recursos, dos arts. 141 e 492.

Outra consequência da substitutividade se observa quanto à competência para a ação rescisória. Com efeito, a Constituição da República estabelece a competência do Supremo Tribunal Federal para julgar as ações rescisórias de seus próprios julgados (art. 102, inciso I, *j*), o mesmo quanto ao Superior Tribunal de Justiça (art. 105, inciso I, *e*) e aos Tribunais Regionais Federais (art. 108, inciso I, *b*). Por sua vez, a Lei Orgânica da Magistratura atribui aos Tribunais de Justiça competência para julgar ações rescisórias das decisões proferidas nas Seções ou Turmas de Julgamento, bem como das sentenças de primeiro grau.

Tais regras se aplicam considerando a decisão de mérito proferida pelo último órgão competente. Se não ocorre substituição, a decisão terá sido proferida pelo órgão *a quo*, a quem tocará o julgamento da ação rescisória. Por exemplo, se no âmbito do Superior Tribunal de Justiça ocorre julgamento que apenas e tão somente nega seguimento ao recurso especial, a decisão de mérito final terá sido a proferida pelo tribunal de origem. Será, portanto, desse tribunal a competência para a respectiva ação rescisória.

De outro lado, se o STJ julga o mérito do recurso especial, naquilo que tiver sido o objeto do recurso, será ele o último órgão a decidir a causa, atraindo para si a competência para a respectiva ação rescisória.

III. Efeito substitutivo e formação de precedentes

Ainda que o principal efeito prático da substituição operada pelo julgamento do recurso diga respeito ao dispositivo da decisão, isto é, ao comando contido no julgado, não se pode negar que a substituição se opera também no plano dos fundamentos, ou seja, da motivação.

Por isso, o recurso especial interposto contra acórdão de um Tribunal de Justiça deverá atacar os fundamentos desta decisão, não mais os da sentença. Da mesma forma, o recurso de apelação ou de agravo deve atacar os fundamentos da própria decisão, não se admitindo que as razões recursais se limitem a repetir argumentos lançados na petição inicial ou contestação (art. 932, inciso III).

Tal sistemática assume particular relevância diante das novas disposições acerca dos precedentes judiciais, pois é da formulação de jurisprudência *estável, íntegra e coerente* que depende todo o sistema de precedentes do CPC/2015 (art. 926). Tais precedentes devem ainda ser formulados considerando as circunstâncias fáticas que motivaram sua criação, daí por que, na atividade substitutiva inerente aos recursos, os elementos relevantes da fundamentação das decisões deverão ser expostos e reafirmados.

Ao mesmo tempo que não se considera motivada uma decisão que reproduza ou faça paráfrase de texto normativo, que empregue conceitos jurídicos indeterminados sem aplicá-los ao caso concreto, também não se pode considerar motivada decisão que meramente se reporte à decisão anterior. O dever de fundamentação, contido no art. 489 e seus parágrafos, impacta igualmente na função substitutiva do julgamento dos recursos, pois é a motivação das decisões dos tribunais, em especial dos Tribunais Superiores, que terá o condão de formar os novos precedentes, sobre os quais o novo sistema processual pretende se basear.

IV. Julgado

"Nulidade processual. Violação ao princípio do contraditório. Acolhimento dos embargos de declaração sem prévia intimação da parte adversária. Inocuidade da pretensão anulatória. Decisão alusiva a mero esclarecimento do conteúdo deliberativo. Hipótese, assim, de simples aclaramento da questão, sem nenhum prejuízo à parte. Subsistência, depois, de estabelecimento de verba horária de sucumbência, pese a reciprocidade antes decretada. Reapreciação desse conteúdo em grau recursal. Prejuízo inexistente. Observância, ainda, do disposto no art. 1.008 do CPC, segundo o qual 'o julgamento proferido pelo tribunal substituirá a decisão impugnada'." (TJSP, Apelação nº 1006644-67.2016.8.26.0361, Rel. Des. Donegá Morandini, j. em 21/3/2017).

Capítulo II - Da Apelação

Art. 1.009 - Da sentença cabe apelação.
§ 1º - As questões resolvidas na fase de conhecimento, se a decisão a seu respeito não comportar agravo de instrumento, não são cobertas pela preclusão e devem ser suscitadas em preliminar de apelação, eventualmente interposta contra a decisão final, ou nas contrarrazões.
§ 2º - Se as questões referidas no § 1º forem suscitadas em contrarrazões, o recorrente será intimado para, em 15 (quinze) dias, manifestar-se a respeito delas.
§ 3º - O disposto no caput deste artigo aplica-se mesmo quando as questões mencionadas no art. 1.015 integrarem capítulo da sentença.

Autor: Manoel Caetano Ferreira Filho

I. Cabimento da apelação

Os pronunciamentos do juiz são classificados com vistas à sistematização do cabimento dos recursos. O art. 203 estabelece que "os pronunciamentos do juiz consistirão em sentenças, decisões interlocutórias e despachos". Os despachos não têm "natureza decisória" (art. 203, § 3º, combinado com o § 2º) e, portanto, são irrecorríveis (art. 1.001). No presente Código já não mais existem os *despachos de mero expediente*. Os "atos meramente ordinatórios, como a juntada e a vista obrigatória, independem de despacho" (art. 203, § 4º). Logo, não são sequer despachos, embora, à semelhança destes, sejam irrecorríveis.

Os pronunciamentos que têm conteúdo decisório ou são sentenças, ou são decisões interlocutórias. A diferença entre elas é fundamental para a definição do recurso cabível. O critério adotado por este Código, como pelo revogado, é eminentemente pragmático: sentença é o ato que *extingue* a *fase cognitiva do procedimento comum* ou a *execução*; decisões interlocutórias são todos os demais (art. 203, §§ 1º e 2º). Não importa à identificação da natureza do pronunciamento decisório o seu conteúdo, vale dizer, a matéria nele apreciada e decidida, mas sim o efeito que produz: se extinguir a fase de conhecimento do procedimento comum ou a execução é sentença, se não os extinguir é decisão interlocutória. É bem verdade que o § 1º do art. 203 afirma que "sentença é o pronunciamento por meio do qual o juiz, com fundamento nos arts. 485 e 487, põe fim à fase cognitiva do procedimento comum, bem como extingue a execução". No entanto, a referência aos arts. 485 (que arrola as hipóteses em que não há resolução do mérito) e 487 (casos em que há resolução do mérito) é absolutamente inócua, pois, mesmo que aprecie as matérias ali indicadas, o pronunciamento que não extingue a fase de conhecimento não é sentença. Em resumo, é preciso desapego às concepções do passado ou adequadas a outros sistemas processuais e aceitar que, no processo civil brasileiro, sentença é o ato que extingue a fase de conhecimento em primeiro grau de jurisdição. Não existe sentença interlocutória (muito menos, interlocutória mista) nem apelação parcial, por instrumento.

II. Pronunciamentos que apreciam matérias dos arts. 485 e 487 e não são sentenças

Como está escrito nos §§ 1º e 2º do art. 203, todos os pronunciamentos do juiz que têm conteúdo decisório e não extinguem o procedimento comum são decisões interlocutórias. Portanto, se constarem do rol do art. 1.015, serão impugnáveis por agravo de instrumento; caso contrário, serão recorríveis somente na apelação ou nas contrarrazões. São exemplos de interlocutórias, e não de sentenças: a) julgamento antecipado de parte do mérito, devendo o processo prosseguir quanto à porção não julgada; b) exclusão de um ou alguns dos litisconsortes ativos ou passivos, devendo o processo prosseguir em relação aos demais; c) indeferimento liminar de denunciação da lide. Nos três casos é cabível o agravo de instrumento (art. 1.015, incisos II, VII e IX).

III. Questões resolvidas por decisões interlocutórias não agraváveis

Este Código, rompendo com a tradição do processo civil brasileiro, prevê que as decisões interlocutórias arroladas, casuisticamente, no art. 1.015 são recorríveis de imediato pelo agravo de instrumento. Todas as demais "não são acobertadas pela preclusão" e somente poderão ser impugnadas na apelação ou nas contrarrazões. Foi extinto, pois, o agravo retido, cuja finalidade era precisamente evitar a preclusão. Assim, o apelante e o apelado têm o ônus de impugnar, nas razões ou nas contrarrazões, todas as decisões anteriores à sentença para as quais não haja previsão do agravo de instrumento, sob pena de preclusão. Tal impugnação deve ser feita em capítulo próprio das referidas peças processuais, sem exigência de qualquer outra formalidade.

IV. Preclusão das decisões interlocutórias agraváveis

Todas as decisões interlocutórias que, nos termos do art. 1.015, são impugnáveis pelo agravo de instrumento, ficarão preclusas se tal recurso não for interposto e, por isso, não poderão ser reexaminadas na apelação. Neste ponto, assume importância saber se o art. 1.015 contempla rol *taxativo* ou *exemplificativo*. Uma coisa é certa: surgirão muitas situações, não contempladas naquele rol, em que o agravo de instrumento terá que ser necessariamente admitido. Já se discute sobre a decisão que julga a alegação de incompetência, relativa ou absoluta; a que determina a emenda da petição inicial; e a que indefere liminarmente a reconvenção, para ficar em alguns exemplos. Mesmo que se argumente que, por analogia, outras situações não expressamente previstas nos incisos do art. 1.015 poderão ser neles enquadradas, fato é que nem todas que exigem reexame imediato serão atendidas por tal critério. Resta, portanto, o entendimento de que o rol é meramente exemplificativo. Para que outras hipóteses sejam a ele adicionadas, o critério será o da existência de dano grave, de difícil ou impossível reparação, decorrente da eficácia imediata da decisão interlocutória. Caso contrário, será inevitável o uso do mandado de segurança como meio adequado à impugnação de decisão interlocutória que, malgrado cause grave dano imediato à parte, de difícil ou impossível reparação, não esteja contemplada no rol do art. 1.015.

V. Questão preliminar

A questão resolvida por decisão interlocutória não agravável (art. 1.015) e que for suscitada na apelação ou nas contrarrazões deverá ser julgada como preliminar da própria apelação (arts. 938 e 939). Aliás, o § 2º, ora comentado, afirma que se trata de "preliminar de apelação". Julgada a questão preliminar, o mérito da apelação não será apreciado "caso seja incompatível com a decisão" (art. 938, *caput*). Ou seja, o julgamento do mérito da apelação (isto é, do pedido formulado pelo apelante, que pode dizer respeito ao mérito da ação ou a questão de natureza processual, como nulidade da sentença ou carência de ação) pode restar prejudicado pelo julgamento da questão preliminar suscitada na apelação ou nas contrarrazões. Tal ocorrerá, por exemplo, se a decisão interlocutória que indeferiu prova for impugnada na apelação ou nas contrarrazões e o tribunal, em julgamento preliminar, a reformar, reconhecendo cerceamento de defesa. Neste caso, se o tribunal entender que a prova não deve ser produzida em segundo grau, o processo retornará à origem, para que ela seja colhida e proferida nova sentença de mérito.

VI. Impugnação de decisão interlocutória nas contrarrazões

Por imposição do princípio do contraditório (arts. 9º e 10), o § 2º prevê que, se o apelado impugnar decisão interlocutória nas contrarrazões, o recorrente será intimado para, no prazo de 15 (quinze) dias, manifestar-se sobre ela. Não se trata de recurso (nem mesmo adesivo) interposto pelo apelado, mas simplesmente de matéria apreciável no âmbito da apelação interposta pela parte contrária, desde que suscitada nas contrarrazões.

VII. Questão preliminar condicionada

Permanece atual o problema que surgiu no sistema do CPC/1973 quando o agravo retido era interposto pelo vencedor. Se o apelado, nas contrarrazões, impugnar decisão interlocutória não agravável, o julgamento da questão por ele suscitada ficará condicionado ao provimento da apelação, pois a reforma da decisão poderá acarretar a anulação da sentença, o que não é do seu interesse. Por isso, o tribunal deverá primeiro verificar se a apelação será provida, ou não. Se não o for, conclui o julgamento da apelação e confirma a sentença. Se concluir que a apelação será provida, deverá suspender seu julgamento e examinar a questão suscitada nas contrarrazões. Se reformar a decisão interlocutória, anulará a sentença e devolverá os autos ao primeiro grau; se a confirmar, voltará ao julgamento da apelação, que, então, será provida. Trata-se de aplicação da regra do § 2º do art. 282: "Quando puder decidir o mérito a favor da parte a quem aproveite a decretação da nulidade, o juiz não a pronunciará nem mandará repetir o ato ou suprir-lhe a falta". Imagine-se a situação em que o réu teve requerimento de prova indeferido, mas, mesmo sem a prova por ele pretendida, o pedido do autor foi julgado improcedente. Ao responder a apelação, em que o autor pede a reforma da sentença, o réu, apelado, terá o ônus de impugnar a decisão interlocutória que indeferiu a prova. Assim agindo, o tribunal deverá, em um primeiro momento, inverter a ordem normal do julgamento e apreciar antes o mérito da apelação. Se concluir pelo seu desprovimento, assim decidirá e proclamará o resultado. Porém, se concluir pelo provimento, deverá suspender o julgamento da apelação e passar ao exame da questão suscitada nas contrarrazões: necessidade da prova indeferida no primeiro grau. Se acolher o pedido do apelado e deferir a prova, o julgamento da apelação ficará prejudicado; se confirmar a interlocutória que indeferiu a prova, concluirá o julgamento da apelação, dando-lhe provimento.

VIII. Unirrecorribilidade da sentença

A apelação é o recurso cabível para a impugnação de todas as questões decididas na sentença. Para afastar qualquer dúvida, o § 3º do art. 1.009 prevê que mesmo as questões mencionadas no art. 1.015, que contempla o rol das decisões interlocutórias impugnáveis pelo agravo de instrumento, serão reexaminadas na apelação quando forem decididas na sentença. Assim, se na sentença o juiz conceder, confirmar ou revogar tutela provisória de urgência, cautelar ou antecipatória (art. 1.015, inciso I), ou excluir litisconsorte, permanecendo outros no processo (art. 1.015, inciso VII), tais decisões serão impugnáveis pela apelação, e não pelo agravo de instrumento.

Art. 1.010 - A apelação, interposta por petição dirigida ao juízo de primeiro grau, conterá:
I - os nomes e a qualificação das partes;
II - a exposição do fato e do direito;
III - as razões do pedido de reforma ou de decretação de nulidade;
IV - o pedido de nova decisão.
§ 1º - O apelado será intimado para apresentar contrarrazões no prazo de 15 (quinze) dias.
§ 2º - Se o apelado interpuser apelação adesiva, o juiz intimará o apelante para apresentar contrarrazões.
§ 3º - Após as formalidades previstas nos §§ 1º e 2º, os autos serão remetidos ao tribunal pelo juiz, independentemente de juízo de admissibilidade.

I. Regularidade formal

Este artigo disciplina a forma que deve ser observada na petição que interpõe a apelação. À semelhança do que ocorre com todos os demais recursos, a regularidade formal, isto é, o cumprimento dos requisitos constantes do artigo em exame, é um dos pressupostos de admissibilidade da apelação, cuja ausência conduz, pois, ao seu não conhecimento. Se a petição não estiver assinada pelo advogado do apelante deverá ele ser intimado para suprir a irregularidade, no prazo de 5 (cinco) dias (art. 932, parágrafo único). Já na vigência do CPC/1973 esta era a solução correta, embora houvesse opiniões que defendiam a inexistência do recurso cuja petição não estivesse assinada, que foram, agora, definitivamente sepultadas pela norma do art. 932, parágrafo único.

II. Petição escrita

A apelação deve ser interposta por petição escrita, subscrita por advogado, contendo todos os elementos constantes dos incisos do artigo em comentário e dirigida ao juízo de primeiro grau prolator da sentença recorrida. A apelação é processada e julgada nos próprios autos, não sendo possível sua interposição por instrumento, diretamente perante o tribunal. É prática forense consagrada a interposição do recurso em petição dirigida ao juízo recorrido, acompanhada das razões constantes de peça separada, direcionadas ao tribunal. Mas não se trata de forma exigida em lei. Nada impede que as razões do recurso estejam na mesma petição em que é interposto, constituindo uma única peça.

III. Nomes e qualificação das partes

A petição da apelação deve indicar os nomes e a qualificação do recorrente e do recorrido, embora, como regra, tais elementos já constem dos autos, por serem requisitos da petição inicial (art. 319, inciso II). Assim, a qualificação é dispensável quando já tenha sido realizada nos autos em peças anteriores: nesses casos, é suficiente que, conforme consagrado na praxe forense, a qualificação seja feita de forma remissiva, através do uso da fórmula "já qualificado nos autos". Essa exceção naturalmente não se aplica ao *terceiro prejudicado*, uma vez que sua primeira intervenção no processo ocorre justamente na apelação. O uso da expressão "e outros", embora desaconselhável, tem sido admitido pela jurisprudência, desde que não haja dúvida de que todos os autores ou todos réus estão recorrendo.

IV. Exposição do fato e do direito

O CPC/1973 exigia, além da qualificação das partes e do pedido, somente "os fundamentos de fato e direito" (art. 514). O artigo ora comentado inovou, passando a exigir, também, a *exposição do fato e do direito* (inciso II). Tal exigência só pode referir-se a um relatório do que ocorreu no processo, contendo os fatos que estão na base da(s) causa(s) de pedir e o direito que o autor afirma ter, além dos fatos eventualmente alegados na contestação e os fundamentos de direito alegados por ambas as partes. Além disso, há de expor a decisão objeto do recurso e seus respectivos fundamentos. Somente assim pode-se compreender a distinção feita entre "a exposição do fato e do direito" (inciso II) e "as razões do pedido de reforma ou de decreto de nulidade", ou seja, a fundamentação do recurso (inciso III).

V. Razões da apelação

O apelante deve expor as razões de fato e de direito que fundamentam a existência de erro de procedimento ou de julgamento na sentença e justificam o de decreto de nulidade ou o pedido de reforma, respectivamente. Para tanto, deve submeter a uma análise crítica os argumentos que nela estão expendidos, com vistas a demonstrar o vício alegado. A fundamentação deve constar do ato de interposição da apelação, ainda que em petição apartada, não sendo possível apresentá-la depois de interposto o recurso. Todavia, mais uma vez, o parágrafo único do art. 932 impõe que o relator, antes de negar conhecimento ao apelo, dê oportunidade à parte para que, no prazo de 5 (cinco) dias, sane o vício.

VI. Princípio da dialeticidade

As razões de um recurso devem atacar os fundamentos da decisão impugnada. Por isso, não servem como fundamentação da apelação razões totalmente estranhas aos motivos considerados na sentença como razão de decidir. Esse é o sentido do denominado *princípio da dialeticidade*: entre os fundamentos da sentença e os da apelação, deve haver antagonismo lógico-dialético e este deve ser *explicitado* pelo apelante em suas razões. Porém, a pertinência das razões não deve ser analisada do ponto de vista meramente formal, como, por exemplo, verificar se o recorrente limitou-se a transcrever argumentos constantes de petição anterior à sentença. Isso é irrelevante: às vezes petição anterior à sentença pode conter fundamentos que infirmem diretamente os motivos nela expostos para justificar seu dispositivo. O que importa é que as razões da apelação, ainda que simplesmente reproduza petição anterior ou apenas faça remissão a argumentos presentes em tal peça processual, enfrente e rebata os fundamentos da sentença. Logo, é criticável o entendimento de parte da jurisprudência que, sob o argumento de violação ao princípio da dialeticidade, não conhece de recursos somente porque suas razões são mera reprodução de petição anterior. Veja-se o seguinte exemplo: ao contestar o réu alega prescrição trienal; o autor, na manifestação sobre a preliminar, afirma que o prazo é de 5 (cinco) anos, em petição com robusta argumentação, apoiada inclusive na doutrina e na jurisprudência. Se a sentença acolher a prescrição, fundamentando que o prazo é de 3 (três) anos, bastará que o autor, como razões de apelação, reproduza sua anterior petição, na qual expõe argumentos que conduzem à conclusão de que o prazo prescricional é 5 (cinco) anos. De qualquer modo, convém sempre que o apelante, até mesmo porque tem o ônus de expor o fato e o direito (ver comentários ao inciso II), evite mera reprodução ou remissão à peça processual já constante dos autos.

Se as razões da apelação estiverem totalmente divorciadas dos fundamentos da sentença, deverá o relator dar oportunidade ao apelante para que sane o vício? À luz da norma constante do art. 932, parágrafo único, a resposta apresenta-se positiva.

VII. Pedido de nova decisão

Tal como ocorre com a petição inicial, em que o pedido fixa os limites da atuação do órgão jurisdicional, a apelação deve conter *pedido,* que irá delimitar o ofício jurisdicional em segundo grau (art. 1.013, *caput*). A regra ora comentada: a) decorre do *princípio dispositivo*, segundo o qual a jurisdição, por ser inerte, deve ser provocada para que possa atuar no caso concreto, fazendo-o nos limites da provocação; b) relaciona-se com o denominado *efeito devolutivo* da apelação (*tantum devolutum quantum apellatum*), que veda ao tribunal conhecer de matérias não impugnadas. Daí a importância da formulação clara e correta do pedido de nova decisão. Ainda que ele possa ser inferido a partir dos fundamentos da apelação (porque, segundo a jurisprudência, basta que o pedido esteja formulado nas razões de apelação como um todo, não sendo imprescindível que conste da parte final da peça, topologicamente considerada), é conveniente e aconselhável que o advogado lhe dedique zelo e cuidado, redigindo-o da forma mais clara e adequada possível, pois, como visto, o ofício jurisdicional do tribunal estará condicionado à pretensão recursal. Se, por exemplo, o apelante pedir apenas o decreto de nulidade da sentença, o tribunal não a poderá reformá-la, ainda que injusta lhe pareça.

VIII. Contrarrazões

Por força do princípio do contraditório, o juiz deve intimar a parte apelada para que, no prazo de 15 (quinze) *dias*, ofereça contrarrazões à apelação. Na falta desta intimação, há nulidade processual decorrente da violação ao mencionado princípio, de modo que, nessa hipótese, eventual provimento da apelação será nulo. As contrarrazões devem conter argumentos que infirmem os fundamentos da apelação e justifiquem, assim, a manutenção da sentença. Se não apresentar contrarrazões, o apelado apenas perderá a oportunidade de interferir no julgamento do tribunal, não sofrendo, por isso, qualquer outra consequência processual. As contrarrazões constituem também a oportunidade para que o apelado impugne as decisões interlocutórias não recorríveis pelo agravo de instrumento (art. 1.009, § 1º). Se isto ocorrer, o apelante deverá ser intimado para se manifestar (art. 1.009, § 2º).

IX. Resposta à apelação adesiva

No mesmo prazo para o oferecimento de contrarrazões (quinze dias), o apelado pode interpor *apelação adesiva* ou, mais precisamente, poderá *interpor apelação adesivamente* (art. 997, § 1º). Assim agindo, o apelante deverá ser intimado para oferecer contrarrazões ao recurso adesivo, no mesmo prazo de quinze dias. Embora esse prazo não conste expressamente do art. 1.010, § 2º, não há razão para que seja outro, em vista dos princípios da igualdade e da isonomia entre as partes.

X. Extinção do juízo de admissibilidade em primeiro grau

A extinção do juízo provisório de admissibilidade dos recursos no órgão jurisdicional recorrido é uma das significativas novidades introduzidas por este Código. No que concerne à apelação, o § 3º expressamente determina que o juiz remeta os autos ao tribunal, "independentemente de juízo de admissibilidade". Portanto, o juízo recorrido deve remeter os autos ao tribunal ainda que a apelação seja manifestamente inadmissível, como nos casos de intempestividade ou ausência de preparo, até mesmo porque não há previsão de recurso contra eventual decisão de primeiro grau que negue seguimento à apelação. Caso isso ocorra, a decisão será impugnável pelo mandado de segurança, por caracterizar ato ilegal e abusivo de poder. Cabível, também, será a reclamação prevista no art. 988, para "preservar a competência do tribunal" (inciso I), usurpada pelo juiz.

Quando muito, poderá o juiz, ao remeter os autos ao tribunal, anotar que a apelação é inadmissível, por intempestiva ou deserta, para ficar nos exemplos anteriormente mencionados.

XI. Efeitos em que a apelação é recebida

Na nova sistemática o juiz deve determinar a intimação do apelado para apresentar contrarrazões e, se este impugnar decisão interlocutória não agravável ou interpuser apelação adesiva, intimar o apelante (apelado no recurso adesivo) para se manifestar sobre aquela ou apresentar contrarrazões a esta (arts. 1.009, § 2º, e 1.010, § 2º) e, após tais formalidades, remeter os autos ao tribunal. Logo, não se lhe exige mais que declare os efeitos em que a apelação é recebida, como fazia o CPC/1973 (art. 518). Esta opção legislativa gera o inconveniente de deixar dúvida quanto ao fato de a apelação, no caso concreto, ter ou não efeito suspensivo. Isso, por sua vez, gera insegurança sobre poder ou não o apelado, desde logo, promover a execução provisória (art. 1.012, § 2º). Poder-se-ia argumentar que as hipóteses do § 1º do art. 1.012, em que a apelação não tem efeito suspensivo, são totalmente claras e, assim, imunes a eventuais dúvidas. A história recente da nossa jurisprudência, contudo, não autoriza tal otimismo. Muito ao contrário, não são poucos os casos que engendram sérias dúvidas sobre a apelação ter ou não efeito suspensivo. Assim, embora não seja mais uma determinação legal, é aconselhável que o juiz, ao despachar a petição da apelação, declare os seus efeitos no caso concreto. Com isso, evitará insegurança jurídica e cumprirá seu dever de cooperação, imposto pelo art. 6º a "todos os sujeitos do processo". Acrescente-se que, se o apelado requerer a execução provisória da sentença, o juiz terá que decidir se a apelação foi ou não recebida com efeito suspensivo. Além do mais, tal declaração permitirá ao recorrente avaliar com segurança a necessidade ou não do requerimento de efeito suspensivo a que se refere o § 1º do art. 1.012. Em resumo: ainda que não haja norma expressa que assim o determine, convém que o juiz, ao despachar a petição da apelação, declare os seus efeitos no caso concreto.

Art. 1.011 - Recebido o recurso de apelação no tribunal e distribuído imediatamente, o relator:
I - decidi-lo-á monocraticamente apenas nas hipóteses do art. 932, incisos III a V;
II - se não for o caso de decisão monocrática, elaborará seu voto para julgamento do recurso pelo órgão colegiado.

I. Distribuição imediata

Somente em relação ao agravo de instrumento, o CPC/1973, no art. 527, com a redação que lhe foi dada pela Lei nº 10.352/2001, determinava que fosse distribuído *incontinenti*. Porém, a Emenda Constitucional nº 45/2004 acrescentou o inciso XV ao art. 93 da Constituição Federal, garantindo que "a distribuição de processos será imediata, em todos os graus de jurisdição". O *caput* em análise reafirma a garantia constitucional e impõe que a apelação seja distribuída *imediatamente*. Por outro lado, o art. 931 prevê que, "distribuídos, os autos serão imediatamente conclusos ao relator". Logo, não só a distribuição, mas também a conclusão ao relator deve ser imediata. Tal providência é de fundamental importância, pois da conclusão começa a contar o prazo de 30 (trinta) dias para que o relator elabore seu voto e restitua os autos à secretaria (art. 931, segunda parte). O descumprimento deste prazo, que é impróprio, não gera nulidade processual, mas expõe o magistrado ao risco de sanção administrativa, se não houver justificativa para o atraso.

II. Decisão monocrática

O relator pode, em decisão monocrática, negar conhecimento ao recurso de apelação "inadmissível, prejudicado ou que não tenha impugnado especificamente os fundamentos da decisão recorrida", como está escrito no inciso III do art. 932. O recurso é inadmissível quando não preenche todos os seus pressupostos de admissibilidade, intrínsecos ou extrínsecos. Dentre tais pressupostos está a exigência de que o recurso seja fundamentado, isto é, contenha as razões que impugnem os fundamentos da decisão recorrida e justifiquem o pedido de invalidação, reforma, esclarecimento ou integração (os dois últimos valem para os embargos de declaração). Prejudicado é o recurso cujo julgamento tornou-se impossível ou dispensável, em razão de algum evento acontecido depois de sua interposição. Portanto, o relator tem o poder de negar conhecimento à apelação por qualquer motivo que gere sua inadmissibilidade. Sendo admissível o recurso, o relator poderá negar-lhe (art. 932, inciso IV) ou dar-lhe (art. 932, inciso V) provimento, vale dizer, julgá-lo no mérito, para confirmar, invalidar, reformar, esclarecer ou integrar a decisão recorrida. Para tanto, sua decisão deverá estar obrigatoriamente fundamentada em súmula do STF (vinculante ou não), do STJ ou do próprio tribunal a que ele pertence; em acórdão proferido pelo STF ou pelo STJ em julgamento de recursos repetitivos; ou em entendimento firmado em incidente de demandas repetitivas (arts. 976 a 987) ou de assunção de competência (arts. 947).

III. Fundamentação vinculada

O *caput* do artigo em comentário limita a decisão monocrática do relator aos fundamentos descritos nos incisos, o que faz ao usar o restritivo "apenas". Portanto, ao contrário do que permitia o CPC/1973 (art. 557, *caput*), não pode mais o relator negar provimento ao recurso sob o argumento de que seja manifestamente *improcedente*.

IV. Elaboração do voto

Se não for o caso de decisão monocrática, o relator elaborará o voto, no prazo de 30 (trinta) dias, e devolverá os autos à secretaria, com o relatório (art. 931). Trata-se de prazo impróprio, cujo descumprimento não gera nulidade processual, mas expõe o relator ao risco de sofrer sanção administrativa se o atraso não tiver justificação.

V. Extinção da revisão

Este Código, rompendo com a tradição do processo civil brasileiro, extinguiu a figura do revisor. Assim, o relator deve elaborar o voto e, no prazo de 30 (trinta) dias, contados da conclusão, devolver os autos à secretaria, que os encaminhará ao presidente do órgão fracionário, "que designará dia para julgamento" (art. 934). Como tantas outras imposições decorrentes do excesso de trabalho que chega aos tribunais, trata-se de medida que reduz o tempo do processo, mas que, sem dúvida, pode reduzir também a qualidade da decisão.

Art. 1.012 - A apelação terá efeito suspensivo.

§ 1º - Além de outras hipóteses previstas em lei, começa a produzir efeitos imediatamente após a sua publicação a sentença que:

I - homologa divisão ou demarcação de terras;

II - condena a pagar alimentos;

III - extingue sem resolução do mérito ou julga improcedentes os embargos do executado;
IV - julga procedente o pedido de instituição de arbitragem;
V - confirma, concede ou revoga tutela provisória;
VI - decreta a interdição.
§ 2º - Nos casos do § 1º, o apelado poderá promover o pedido de cumprimento provisório depois de publicada a sentença.
§ 3º - O pedido de concessão de efeito suspensivo nas hipóteses do § 1º poderá ser formulado por requerimento dirigido ao:
I - tribunal, no período compreendido entre a interposição da apelação e sua distribuição, ficando o relator designado para seu exame prevento para julgá-la;
II - relator, se já distribuída a apelação.
§ 4º - Nas hipóteses do § 1º, a eficácia da sentença poderá ser suspensa pelo relator se o apelante demonstrar a probabilidade de provimento do recurso ou se, sendo relevante a fundamentação, houver risco de dano grave ou de difícil reparação.

I. Efeito suspensivo

Ressalvadas as exceções previstas nos incisos deste artigo e em leis especiais, a apelação tem efeito suspensivo, ou seja, retira a eficácia da sentença desde o momento em que é proferida até o julgamento daquela. É que a previsão de recurso com efeito suspensivo faz com que a decisão judicial nasça sem eficácia e nesse estado permaneça até que o recurso seja julgado. Neste lapso de tempo, a sentença não pode ser executada, nem mesmo provisoriamente.

Este artigo guarda correspondência com o art. 520 do CPC/1973, tendo apenas suprimido o inciso que retirava o efeito suspensivo da apelação interposta da sentença que decidia o processo cautelar e acrescentado o que se refere ao decreto de interdição. Além disso, deu nova e melhor redação ao inciso que trata da tutela provisória.

II. Interpretação ampliativa dos incisos

Na vigência do CPC/1973, a regra era que os recursos em geral tinham efeito suspensivo e somente nas exceções previstas em lei não o tinham. No seu sistema defendia-se, com certa razão, que os incisos do art. 520, por constituírem exceção, deveriam ser interpretados restritivamente. Com este Código, porém, houve significativa alteração, pois o art. 995 diz textualmente: "Os recursos não impedem a eficácia da decisão, salvo disposição legal ou decisão judicial em sentido diverso". Portanto, agora a regra é que os recursos não têm efeito suspensivo. Logo, o *caput* do artigo ora considerado, ao afirmar que "a apelação terá efeito suspensivo", caracteriza-se como norma excepcional e, portanto, exige interpretação *restritiva*. Os seus incisos, ao contrário, exatamente por constituírem exceção ao *caput*, estão em harmonia com a regra geral, que é a não suspensividade. Assim, a interpretação restritiva dos incisos é imperativo que decorre do princípio hermenêutico segundo o qual a norma que contém exceção deve ser interpretada restritivamente. Ademais, a supressão do efeito suspensivo dos recursos atende às exigências do processo civil moderno, preocupado com a efetividade da prestação jurisdicional. Neste aspecto, ao manter o efeito suspensivo à apelação como regra, este Código não conseguiu se desvencilhar de nefasto ranço histórico.

III. Sentença que homologa divisão ou demarcação de terras

Esta norma já constava do CPC/1939 (art. 830, inciso I) e do CPC/1973 (art. 520, inciso I) e decorre do elevado grau de certeza que estas sentenças traduzem, por estarem sempre fundadas em prova técnica, sendo remota a possibilidade de provimento da apelação. A ausência do efeito suspensivo permite que, ainda na pendência da apelação, tais sentenças sejam averbadas no Registro Imobiliário.

IV. Sentença que condena a pagar alimentos

Tendo em vista a natureza, o conteúdo e a finalidade do direito a receber alimentos, a sentença que o reconhece e condena o réu a pagá-los tem eficácia imediata. Não somente na hipótese de parentesco (Lei de Alimentos), mas também no caso de condenação decorrente da prática de ato ilícito, no procedimento comum, a apelação não terá efeito suspensivo. Além de o inciso II não fazer distinção entre as sentenças fundadas no parentesco e no ato ilícito, a regra, no sistema deste Código, é que os recursos não têm efeito suspensivo (art. 995). Por outro lado, como o objetivo é proteger a pessoa que tem direito a receber os alimentos, impõem-se as seguintes soluções: a) a sentença que majora o valor dos alimentos também está sujeita a apelação sem efeito suspensivo e, assim, produz efeito imediatamente; b) as sentenças que reduzem o valor dos alimentos ou extinguem a obrigação de pagá-los (exoneração) estão sujeitas a apelação com efeito suspensivo e, assim, não têm eficácia imediata. Nestas duas hipóteses, o devedor (autor da ação de redução ou de exoneração de alimentos), malgrado a sentença de procedência, continuará com a obrigação de pagar no valor integral que estava fixado antes da sentença. Somente se estas duas sentenças confirmarem, concederem ou revogarem tutela provisória a apelação não terá, quanto a estes capítulos, efeito suspensivo (ver comentários ao inciso V, a seguir).

V. Sentença terminativa ou de improcedência dos embargos do executado

Para compreender bem o alcance desta norma é imprescindível breve incursão histórica. Na sua versão original, o CPC/1973 previa que o recebimento dos embargos do devedor sempre suspendia a execução e que a apelação da sentença que os indeferisse liminarmente ou que os julgasse improcedentes estava sujeita a apelação sem efeito suspensivo. Naquela época surgiu grande controvérsia sobre a natureza da execução na pendência da referida apelação, se provisória ou definitiva. Prevaleceu ao final o entendimento de que a execução era definitiva, para o que contribuiu decisivamente marcante estudo do paranaense Edson Ribas Malachini (*Questões sobre a execução e os embargos do devedor*, São Paulo, RT, 1980, p. 131 a 173). Assim, naquele ambiente, o STJ editou a Súmula nº 317: "É definitiva a execução de título extrajudicial, ainda que pendente apelação contra sentença que julgue improcedentes os embargos". Porém, a reforma da execução fundada em título extrajudicial, procedida pela Lei nº 11.382/2006, operou duas profundas alterações: primeiro, retirou o efeito suspensivo automático dos embargos do devedor, admitindo, no entanto, que, diante de determinados requisitos, o juiz pudesse atribuí-lo (art. 739-A, *caput* e § 1º, do CPC/1973); segundo, deu novo conceito à execução provisória fundada em título extrajudicial: "É definitiva a execução fundada em título extrajudicial; é provisória enquanto pendente apelação da sentença de improcedência dos embargos do executado, quando recebidos com efeito suspensivo" (art. 587, CPC/1973). Com isso, a jurisprudência firme e pacífica, consolidada ao longo de mais de 20 anos e acolhida na Súmula nº 317 do STJ, ficou totalmente superada. Foi uma lamentável opção legislativa. Ocorre que, agora, com o CPC/2015, foi restabelecida exatamente a sistemática anterior à Lei nº 11.382/2006, eis que nele não se encontra norma correspondente à do art. 587 do CPC/1973. Portanto, no sistema atual, mesmo que os embargos do devedor sejam recebidos com efeito suspensivo, se a sentença os extinguir ou julgá-los improcedentes, mesmo na pendência da apelação que a impugnar, a execução voltará a tramitar de forma *definitiva*. Assim como a Lei nº 11.382/2006 superou o entendimento jurisprudencial consolidado na Súmula nº 317 do STJ, este Código, ao restabelecer o sistema anterior àquela lei, o revigorou: a execução de título extrajudicial, que é definitiva, depois de suspensa pelos embargos do devedor, se estes forem extintos ou julgados improcedentes, na pendência da apelação da respectiva sentença, voltará a tramitar de forma definitiva. Já se argumentava na polêmica que se estabeleceu no início da vigência do CPC/1973 que o que é provisório pode tornar-se definitivo, mas o que é definitivo não se pode tornar provisório. Em boa hora o CPC/2015 veio corrigir o grave equívoco cometido pela Lei nº 11.382/2006.

Por fim, aplica-se o disposto no inciso III aos embargos à arrematação, permanecendo hígido o entendimento cristalizado na Súmula nº 331/STJ: "A apelação interposta contra sentença que julga embargos à arrematação tem efeito meramente devolutivo".

VI. Sentença que julga procedente o pedido de instituição de arbitragem

A Lei de Arbitragem (nº 9.307/1996) prevê, no art. 7º, uma ação de instituição de arbitragem, com procedimento especial e sumário, para a hipótese em que, existindo cláusula compromissória, uma das partes opuser "resistência quanto à instituição da arbitragem". Julgada procedente a ação, a arbitragem deve ser imediatamente instituída, ainda que o réu tenha apelado e, na pendência da apelação, seguirá regularmente seu curso até ser proferida a sentença arbitral.

VII. Sentença que confirma, concede ou revoga tutela provisória

A sentença que confirma, concede ou revoga tutela provisória tem eficácia imediata. Como a tutela provisória pode ser parcial, é preciso compreender que, se assim ocorrer, somente o capítulo relativo à tutela provisória terá eficácia imediata. Por exemplo, se a sentença condenar o réu em *A*, *B* e *C*, mas antecipar a tutela somente em relação a *C*, a apelação terá efeito suspensivo em relação aos dois primeiros e não o terá em relação ao terceiro. Desta forma, somente a obrigação decorrente de *C* terá que ser imediatamente cumprida pelo réu, sob pena de o juiz "determinar as medidas adequadas para efetivação da tutela provisória" (art. 297). A possibilidade de o juiz antecipar a tutela na sentença só se justifica pela absurda manutenção do efeito suspensivo da apelação como regra. Do ponto de vista lógico, não faz o menor sentido que o juiz conceda tutela provisória na sentença, que contém a tutela definitiva.

VIII. Sentença que decreta a interdição

A previsão do inciso sétimo é duplamente desnecessária: primeiro, porque o art. 1.773 do Código Civil já prevê que "a sentença que declara a interdição produz efeitos desde logo, embora sujeita a recurso"; segundo, porque o § 1º deste artigo afirma que, além dos casos arrolados nos seus incisos, a sentença "começa a produzir efeitos imediatamente" nas "outras hipóteses previstas em lei". De qualquer modo, uma vez julgado procedente o pedido de interdição, a sentença terá eficácia imediata.

IX. Cumprimento provisório

Em todos os casos em que a decisão judicial (de qualquer instância) estiver impugnada por recurso sem efeito suspensivo, o recorrido pode promover o seu cumprimento provisório (art. 520). Assim, as decisões, de qualquer grau de jurisdição (até mesmo extraordinária), que julguem procedentes pedidos formulados em *ações relativas às prestações de fazer, de não fazer e de entregar coisa* (arts. 497 a 501) ou que condenem ao pagamento de quantia em dinheiro (art. 523) podem ser imediatamente objeto de pedido de cumprimento provisório de sentença, mesmo na pendência de recurso recebido sem efeito suspensivo. O *cumprimento provisório da sentença impugnada por recurso desprovido de efeito suspensivo* será realizado na forma dos arts. 520 a 522 deste Código.

X. Atribuição de efeito suspensivo pelo relator

Nos casos previstos nos incisos do § 1º do art. 1.012 e nas outras hipóteses legais em que a apelação não tem efeito suspensivo, o relator poderá atribuí-lo, suspendendo a eficácia da sentença, desde que haja probabilidade de provimento e perigo de dano decorrente da demora do seu julgamento. Tal previsão encontra-se igualmente, abrangendo todos os recursos, no parágrafo único do art. 995, com curiosa diferença no que respeita aos requisitos: ali está escrito que a eficácia da decisão poderá ser suspensa se "houver risco de dano grave e ficar demonstrada a probabilidade de provimento do recurso" (destaco o uso da conjunção aditiva *e*). Já no § 4º do art. 1.012, lê-se que a eficácia da decisão será suspensa "se o apelante demonstrar a probabilidade de provimento do recurso ou, sendo relevante a fundamentação, houver risco de dano grave ou de difícil reparação" (agora, realço a conjunção alternativa *ou*). Parece que seriam duas as hipóteses de concessão do efeito suspensivo: para a primeira, bastaria a *probabilidade de provimento do recurso*; já a segunda exigiria *relevante fundamentação e risco de dano*. A interpretação literal, contudo, deve ser abandonada por conduzir a conclusão absolutamente desarrazoada. Além do mais, qual seria a diferença entre *probabilidade de provimento* e *relevante fundamentação*? Aquela é mera consequência desta. Debite-se a confusa redação do parágrafo único do art. 995 ao notório açodamento com que o Código foi aprovado. Em suma: o efeito suspensivo deve ser concedido pelo relator se houver probabilidade de provimento do recurso e risco de dano grave ou de difícil reparação, decorrente da demora do julgamento da apelação. Em hipótese alguma tal requisito (risco de dano) pode ser dispensado.

XI. Diferença entre efeito suspensivo *ope legis* e efeito suspensivo *ope judicis*

Um sistema processual pode definir no texto legal se os recursos têm ou não efeito suspensivo, restando ao juiz, quando muito, simplesmente *declarar*, no caso concreto, a opção feita pelo legislador. Mas pode, também, nada dispor sobre referido efeito e atribuir ao juiz o poder de, no caso concreto, decidir se o recurso obsta ou não a eficácia da decisão recorrida. O processo civil brasileiro adota, de forma concatenada, os dois critérios: define expressamente quando a apelação tem efeito suspensivo e, ao mesmo tempo, dá ao relator o poder, nos casos em que não o tem, de agregá-lo, desde que presentes os requisitos da probabilidade de provimento e o perigo da demora (ver comentário número X, anterior). Sendo assim, equivoca-se o relator que indefere pedido de efeito suspensivo à apelação com o só argumento de que, no caso concreto e nos termos da lei, ela não tem tal efeito. Ora, exatamente porque, no caso concreto, a lei não atribui efeito suspensivo à apelação é que o recorrente tem o ônus (e o *direito*) de requerer ao relator que o conceda. Ou seja, a não concessão do efeito suspensivo ao recurso pela lei é exatamente um dos pressupostos para que o relator o atribua. O que ele tem é o dever de examinar a existência ou não dos pressupostos exigidos em lei para que, ao recurso que não o tenha, seja acrescentado o efeito suspensivo: se estiverem presentes há que suspender a eficácia da sentença apelada; caso contrário, indeferirá o pedido. Em conclusão: seja pela garantia constitucional (art. 93, inciso IX, CF), seja pela repetição do art. 11 deste Código, seja, primordialmente, pela norma insculpida no § 1º do art. 489, em especial no inciso III, o relator tem o dever de fundamentar a decisão que aprecia pedido de concessão do efeito suspensivo a recurso e tal fundamentação é vinculada à existência ou inexistência da probabilidade de provimento e ao perigo de dano advindo da demora no seu julgamento.

XII. Competência para suspender a eficácia da sentença

Tanto o § 3º quanto o § 4º deixam evidente que a competência para atribuir efeito suspensivo à apelação é do *relator*. A primeira observação, portanto, é que o juiz de primeiro grau, que proferiu a sentença apelada, não tem competência para conceder efeito suspensivo ao recurso, pois esta é exclusiva do relator. O perigo (ou risco) de dano grave ou de difícil reparação pode existir já no momento em que o recurso é interposto. Em semelhante hipótese o pedido de efeito suspensivo até pode ser feito na própria petição em que o recurso é interposto, inclusive nas razões. Porém, se o perigo for *iminente* (*atual*) será mais eficaz que o recorrente, logo após a interposição, dirija ao tribunal petição requerendo a suspensão da eficácia da sentença, como prevê o inciso I do § 3º. Com isso, evita que o tempo que medeia a interposição e a distribuição do recurso seja suficiente à consumação do dano. Todavia, se o perigo surgir depois que o recurso já tiver sido interposto, a única possibilidade é de requerimento direto ao tribunal: antes da distribuição do recurso (que deve ser *imediata*, como impõe o *caput* do art. 1.011) o requerimento será distribuído, ficando o relator prevento para o recurso; depois de distribuído o recurso, o pedido de efeito suspensivo será encaminhado diretamente ao relator.

XIII. Ausência de forma específica do pedido de efeito suspensivo

O pedido de efeito suspensivo deve ser efetuado em simples petição, porém fundamentada, sem exigência de maiores formalidades. Quando não o fizer na própria petição da apelação, o recorrente deverá dirigir-se ao tribunal ou diretamente ao relator, se já distribuída. Quando o pedido for efetuado antes de distribuído o recurso, a petição deverá ser instruída com a prova de sua interposição e das demais peças necessárias à demonstração dos fundamentos alegados pelo requerente. Não se trata de ação cautelar, mas de simples petição, que, depois de autuada, distribuída e despachada, ficará aguardando a distribuição do recurso, para o qual estará prevento o relator.

Art. 1.013 - A apelação devolverá ao tribunal o conhecimento da matéria impugnada.
§ 1º - Serão, porém, objeto de apreciação e julgamento pelo tribunal todas as questões suscitadas e discutidas no processo, ainda que não tenham sido solucionadas, desde que relativas ao capítulo impugnado.
§ 2º - Quando o pedido ou a defesa tiver mais de um fundamento e o juiz acolher apenas um deles, a apelação devolverá ao tribunal o conhecimento dos demais.
§ 3º - Se o processo estiver em condições de imediato julgamento, o tribunal deve decidir desde logo o mérito quando:
I - reformar sentença fundada no art. 485;
II - decretar a nulidade da sentença por não ser ela congruente com os limites do pedido ou da causa de pedir;
III - constatar a omissão no exame de um dos pedidos, hipótese em que poderá julgá-lo;
IV - decretar a nulidade de sentença por falta de fundamentação.
§ 4º - Quando reformar sentença que reconheça a decadência ou a prescrição, o tribunal, se possível, julgará o mérito, examinando as demais questões, sem determinar o retorno do processo ao juízo de primeiro grau.
§ 5º - O capítulo da sentença que confirma, concede ou revoga a tutela provisória é impugnável na apelação.

I. Efeito devolutivo

Como decorrência do princípio dispositivo (arts. 2º e 141), o tribunal só tem o poder de julgar o que lhe for pedido pelo apelante. Significa que também o tribunal tem sua atuação limitada pela vontade do recorrente. Assim como pode não recorrer, caso em que o tribunal, obviamente, nada julgará, o apelante pode impugnar apenas parte da sentença. Se isto ocorrer, o tribunal julgará somente esta parte que foi impugnada. Este é o efeito devolutivo do recurso, pelo qual ao tribunal é conferido o poder (e, ao mesmo tempo, *dever*) de proferir novo julgamento da causa, respeitado o limite posto pelo recorrente. O *caput* deste artigo, que tem exatamente a mesma redação do *caput* do art. 515 do CPC/1973, utiliza a expressão "matéria impugnada" para se referir ao pedido de nova decisão formulado pelo apelante. Tome-se a seguinte hipótese: autor pretendia indenização de dano material e de dano moral, mas a sentença concedeu-lhe apenas o primeiro; se somente ele apelar para obter, também, a indenização do dano moral, o tribunal julgará unicamente este objeto do seu pedido. O pior que pode acontecer ao apelante é o tribunal confirmar a sentença na parte que julgou improcedente o pedido de indenização do dano moral. A condenação do réu a indenizar o dano material, na ausência de recurso dele, não pode ser apreciada pelo tribunal no âmbito do recurso do autor, mesmo que a pretexto de haver matéria de ordem pública a ela relativa. É preciso aceitar, com todas as consequências que disso decorre, que o apelante é quem fixa, no pedido, os limites da apelação. Parte da doutrina diz ser esta a *extensão* do efeito devolutivo. Por outro lado, a *profundidade* do efeito devolutivo (§§ 1º e 2º) define o que o tribunal pode (e deve) tomar em consideração para julgar o pedido formulado na apelação, que abrange: a) todas as questões efetivamente decididas na sentença; b) as questões suscitadas e debatidas no processo, ainda que não tenham sido solucionadas na sentença; c) a causa de pedir ou o fundamento da defesa que não tenham sido objeto de decisão pela sentença; d) as matérias de ordem pública não analisadas pela sentença. Parte da doutrina atribui o dever de o tribunal examinar as matérias referidas nas letras *b*, *c* e *d*, anteriores, à manifestação do efeito *translativo* da apelação.

II. Efeito translativo

O *caput* deste artigo, como explicado anteriormente, disciplina o efeito devolutivo, pelo qual é fixado *o que* o tribunal pode julgar na apelação. Os §§ 1º e 2º tratam do *efeito translativo da apelação*. Por ele o tribunal pode, respeitados os limites que lhe são impostos pela "matéria impugnada", isto é, pelo *pedido do apelante*, examinar todas as questões suscitadas e debatidas no processo e, mais, as causas de pedir e os fundamentos da defesa, ainda que não tenham sido objeto de decisão na sentença. A parte final do § 1º limita expressamente o efeito translativo ao julgamento do "capítulo impugnado", superando polêmica existente da legislação revogada. Portanto, o capítulo da sentença que não for objeto de apelação não pode, em hipótese alguma, ser reexaminado pelo tribunal, ainda que a pretexto de aplicar os §§ 1º e 2º ou apreciar matéria de ordem pública a ele relativa. Aliás, na sistemática deste Código também está claro que o capítulo da sentença não impugnado pela apelação transita em julgado imediatamente. Sucede que, nos termos do art. 356, parte do mérito pode ser antecipadamente julgada, por decisão interlocutória, que, esgotados os recursos dela cabíveis, *transita em julgado*, podendo ser objeto *execução definitiva* (§ 3º do art. 356). Ora, se a *decisão interlocutória* que julga parte do mérito transita em julgado, por que não o faria o *capítulo da sentença* que não foi impugnado pela apelação? Assim, se o réu for condenado a indenizar dano material e dano moral, mas apelar somente do dano moral, a "matéria impugnada" (*caput*), ou seja, a que tribunal vai julgar, será somente a existência da obrigação de indenizar o dano moral. Para julgar este pedido do apelante, o tribunal poderá examinar todas as questões suscitadas e debatidas no processo, todas as causas de pedir e todos os fundamentos da defesa, mesmo que não tenham sido apreciados pela sentença. Porém, a indenização do dano material, *por não ter sido objeto de apelação*, não pode ser reexaminada pelo tribunal. Neste exemplo, se o tribunal concluir que houve prescrição (alegada, ou não, pelo réu) ou que há carência de ação (suscitada, ou não, pelo réu), dará provimento à apelação *somente* para retirar da condenação a obrigação de indenizar o dano moral, que constitui o "capítulo impugnado". A condenação ao dano material, primeiro, não foi objeto da apelação e, por isso, não pode ser julgada pelo tribunal; segundo, exatamente por não ter sido objeto da apelação, transitou em julgado e, se o tribunal a reapreciasse, estaria ofendendo a garantia constitucional da coisa julgada.

III. Matéria de ordem pública

As chamadas questões de ordem pública podem ser examinadas pelo juiz de ofício e sobre elas não se opera a preclusão (arts. 337, § 5º, e 485, § 3º). Desse modo, mesmo que não tenham sido alegadas nem apreciadas em primeiro grau, deverão ser analisadas pelo tribunal no julgamento da apelação. Isso, contudo, não permite ao tribunal julgar o que não foi impugnado na apelação. Como justificado anteriormente (comentário II), o capítulo da sentença não impugnado na apelação transita em julgado imediatamente e se o tribunal o reexaminar ofenderá a garantia constitucional da coisa julgada. Ademais, se o recurso não for conhecido, seu julgamento estará concluído e esgotado o ofício jurisdicional do tribunal, que não poderá, nesta hipótese, anular ou reformar a sentença, ainda que a pretexto de examinar matéria de ordem pública.

IV. Julgamento imediato do mérito

Nas hipóteses do § 3º, o tribunal tem o *dever* de julgar o mérito, desde que o processo esteja em condições de imediato julgamento, isto é, se já estiver suficientemente instruído, não havendo necessidade de produção de outras provas além das que já se encontram nos autos. O § 3º do art. 515 do CPC/1973 contemplava somente a hipótese do inciso I deste artigo. Se a sentença que extingue o processo sem resolver o mérito (art. 485) for reformada pelo tribunal, não haverá necessidade de que os autos retornem ao primeiro grau para que o mérito seja julgado. Do mesmo modo, se anular a sentença *extra petita* ou *ultra petita*, que não guardam congruência com os limites do pedido ou da causa de pedir, o tribunal passará imediatamente ao julgamento do mérito, desde que haja condições para tanto. É *extra petita* a sentença que acolhe *pedido* diverso do formulado ou que aprecia *causa de pedir* distinta daquela delimitada pelo autor. É *ultra petita* a sentença que, embora se mantendo nos limites do pedido, concede-o em medida superior à pleiteada. O mesmo deve ocorrer no caso de o tribunal reconhecer que a sentença é *citra petita*, vale dizer, não examinou todos os pedidos formulados pelo autor: nessa situação, julgará, desde logo, o pedido sobre o qual se omitiu o juiz. Na verdade, nos casos de sentença *citra* ou *ultra petita*, confirmando-as no essencial, bastará que o tribunal complemente a primeira ou picote o excesso da segunda, sem declarar a nulidade. Anulada a sentença por falta de fundamentação, também deve o tribunal prosseguir e julgar o mérito, se a causa estiver madura para julgamento. Tal procedimento visa à celeridade, efetividade e tempestividade da tutela jurisdicional, não implicando violação ao princípio do duplo grau de jurisdição ou supressão de instância. Ademais, a hipótese de julgamento pelo tribunal só se concretizará caso sejam preservados os princípios do devido processo legal, do contraditório e da ampla defesa, não havendo qualquer prejuízo para as partes.

V. Reforma da sentença que reconhece decadência ou prescrição

O § 4º disciplina situação que, a rigor, já está contemplada no § 2º (sentença que, por acolher um dos fundamentos da defesa, não aprecia os demais): sempre que a defesa estiver assentada em vários fundamentos, cada um deles capaz de, por si mesmo, conduzir à improcedência da pretensão do autor, e a sentença acolher um deles, todos os demais deverão ser apreciados no julgamento da apelação. Assim, se no julgamento da apelação o tribunal rejeitar decadência ou prescrição acolhidas na sentença (de ofício ou mediante provocação do réu), deverá prosseguir no julgamento e examinar todas as demais defesas suscitadas na contestação, desde que para tanto não haja necessidade da produção de provas.

VI. Capítulo da sentença que confirma, concede ou revoga tutela provisória

O capítulo da sentença que concede, confirma ou revoga tutela provisória é impugnável na apelação. O § 5º deste art. 1.013 é mera repetição da norma geral do § 3º do art. 1.009, segundo a qual é cabível a apelação "mesmo quando as questões mencionadas no art. 1.015 integrarem capítulo da sentença". Ora, o primeiro inciso do art. 1.015 é precisamente *tutelas provisórias*. A elaboração de norma específica para a tutela provisória concedida, confirmada ou revogada na sentença só revela que o legislador quis sepultar de vez o excêntrico entendimento, defendido por alguns, de que caberia, simultaneamente, agravo de instrumento do capítulo antecipatório e apelação do restante da sentença. Agora a ninguém mais é dado ter dúvida. Por outro lado, ante a dupla previsão do cabimento da apelação, não se deve aplicar o princípio da fungibilidade a eventual agravo de instrumento que, por insensatez, for interposto.

Art. 1.014 - As questões de fato não propostas no juízo inferior poderão ser suscitadas na apelação, se a parte provar que deixou de fazê-lo por motivo de força maior.

I. Proibição de inovação recursal

Na apelação, a regra é que o tribunal reexamine a causa, proferindo novo julgamento nas mesmas condições de fato em que foi proferida a sentença. Portanto, em princípio, os fatos a serem considerados pelo tribunal devem ser os mesmos submetidos à análise do juízo de primeiro grau. Contudo, o artigo em comento, que repete a norma do art. 517 do CPC/1973, prevê a possibilidade de que a parte, apelante ou apelado, alegue fato não suscitado em primeiro grau, desde que prove que deixou de fazê-lo por motivo de força maior. O fato a ser alegado pela primeira vez na apelação pode ser anterior ou superveniente à sentença.

II. Fato superveniente à sentença

Se o fato for superveniente à sentença, esta circunstância, por si só, já é motivo suficiente à justificativa de não ter sido alegado em primeiro grau. Esta questão, aliás, encontra-se expressamente disciplinada no art. 493, que impõe ao juiz o dever de tomar em consideração, de ofício ou a requerimento da parte, o fato ocorrido depois da propositura da ação. Ora, se o fato ocorreu depois da sentença, cumpre ao tribunal considerá-lo, inclusive de ofício, no julgamento da apelação. De todo modo, para considerá-lo deve submetê-lo ao contraditório, ouvindo a parte contrária à que o alegou; ou ambas as partes, na hipótese de atuar oficiosamente (arts. 9º, 10, 493, parágrafo único, e 933).

III. Fato anterior à sentença

O fato anterior à sentença somente pode ser alegado na apelação se a parte provar que não o suscitou em primeiro grau por motivo de força maior.

O Código utiliza as expressões "justa causa" (art. 223, *caput*), "justo impedimento" (art. 1.007, § 6º) e "força maior" (art. 1.014), para identificar a condição que reabre à parte a oportunidade de praticar determinada atividade no processo, que, na ausência dela, estaria preclusa. Todas as três têm o mesmo significado, que é aquele constante do § 1º do art. 223: "Considera-se justa causa o evento alheio à vontade da parte e que a impediu de praticar o ato por si ou por mandatário". A parte tem o ônus de provar o evento que caracteriza a justa causa.

IV. Prova do fato alegado na apelação

Uma vez admitido o fato na apelação, a parte tem o direito de prová-lo por todos os meios juridicamente admissíveis (arts. 435 e 938, § 3º). Neste caso, o julgamento será convertido em diligência, para que a prova seja produzida no próprio tribunal ou em primeiro grau de jurisdição (art. 938, § 3º).

V. Recurso do terceiro prejudicado

Na apelação do terceiro prejudicado (art. 996) não se exige a prova do motivo de força maior para que o fato possa ser alegado pela primeira vez. Na verdade, a força maior decorre exatamente da condição de terceiro, estranho à relação processual, que o impedia de fazer qualquer alegação.

VI. Matérias de ordem pública

Se o fato disser respeito a matéria de ordem pública, que deve ser conhecida de ofício pelo tribunal, fica dispensada a prova do motivo de força maior.

VII. Questão de direito

A questão de direito não está sujeita à preclusão e pode ser alegada em qualquer tempo e grau de jurisdição ordinária. O órgão jurisdicional tem o dever de aplicar o direito aos fatos alegados pelas partes, mesmo que não tenha sido por elas invocado. Não fica o tribunal vinculado às questões de direito suscitadas pelas partes. Cumpre-lhe, porém, tal qual ocorre em relação ao juiz de primeiro grau, submeter a questão, mesmo de direito, ao contraditório, ouvindo, antes de decidir, as partes (arts. 9º e 10).

Capítulo III - Do Agravo de Instrumento

Art. 1.015 - Cabe agravo de instrumento contra as decisões interlocutórias que versarem sobre:

I - tutelas provisórias;

II - mérito do processo;

III - rejeição da alegação de convenção de arbitragem;

IV - incidente de desconsideração da personalidade jurídica;

V - rejeição do pedido de gratuidade da justiça ou acolhimento do pedido de sua revogação;

VI - exibição ou posse de documento ou coisa;

VII - exclusão de litisconsorte;

VIII - rejeição do pedido de limitação do litisconsórcio;

IX - admissão ou inadmissão de intervenção de terceiros;

X - concessão, modificação ou revogação do efeito suspensivo aos embargos à execução;

XI - redistribuição do ônus da prova nos termos do art. 373, § 1º;

XII - VETADO;

XIII - outros casos expressamente referidos em lei.

Parágrafo único - Também caberá agravo de instrumento contra decisões interlocutórias proferidas na fase de liquidação de sentença ou de cumprimento de sentença, no processo de execução e no processo de inventário.

Autor: Sandro Marcelo Kozikoski

I. A opção pela concentração da recorribilidade ordinária

O CPC/2015 aboliu a figura do agravo retido, alterando-se ainda a sistemática de preclusões. O § 1º do art. 1.009 do CPC dispõe que "as questões resolvidas na fase de conhecimento, se a decisão a seu respeito não comportar agravo de instrumento, não são cobertas pela preclusão e devem ser suscitadas em preliminar de apelação, eventualmente interposta contra a decisão final, ou nas contrarrazões".

II. A discussão acerca da taxatividade do cabimento do agravo de instrumento

Uma das discussões mais fecundas do sistema recursal de 2015, que exigirá exame parcimonioso das Cortes brasileiras, diz respeito à taxatividade ou não do art. 1.015 do CPC, no tocante ao manuseio do agravo de instrumento. A questão é relevante, pois a experiência revela que as restrições exageradas à recorribilidade *imediata* das decisões interlocutórias despertam o uso do mandado de segurança como sucedâneo recursal, o que, diga-se de passagem, não pode causar verdadeira surpresa ante a dicção expressa do art. 5º, inciso II, da Lei nº 12.016/2009. Porém, é indisputável que o CPC/2015 fez uma opção em prol da *restrição* da recorribilidade *imediata* de certas decisões interlocutórias.

Até o momento, subsistem as seguintes posições doutrinárias em relação à taxatividade do rol do art. 1.015 do CPC: i) adeptos de um rol taxativo no tocante ao cabimento do agravo de instrumento, ainda que não circunscrito à lista do art. 1.015 do CPC (mas adstritos à estrita legalidade); ii) defensores da existência de um rol *taxativo*, porém, maleável às interpretações *analógicas* ou *extensivas*; e, por fim, iii) partidários da tese de que as restrições ou lacunas quanto ao cabimento do agravo de instrumento autorizam o mandado de segurança como sucedâneo recursal. Nesta última perspectiva, são frequentes as afirmativas de que certas decisões não podem aguardar o desfecho da fase cognitiva em primeira instância. A decisão denegatória da decretação do segredo de justiça se enquadra nessa perspectiva, despertando interesse recursal imediato.

Não se pode perder de vista, por fim, que a ocorrência de erro de procedimento, com inversão tumultuária do processo, mesmo não autorizando o uso imediato do agravo de instrumento, pode admitir o emprego da *correição parcial*, figura que remanesce em vários regimentos internos dos tribunais de segundo grau.

III. Hipóteses taxativas de cabimento

1. Agravo de instrumento contra as decisões que envolvam tutelas provisórias

Conforme previsão da exposição de motivos da Lei nº 13.105/2015, "o agravo de instrumento ficou mantido para as hipóteses de concessão, ou não, de tutela de urgência, para as interlocutórias de mérito, para as interlocutórias proferidas na execução (e no cumprimento de sentença) e para todos os demais casos a respeito dos quais houver previsão legal". Logo, o agravo de instrumento é cabível para impugnação das decisões interlocutórias relacionadas com as tutelas provisórias (CPC, art. 294 e ss.) fundadas em *urgência* ou *evidência*. Porém, é preciso atentar que "o capítulo da sentença que confirma, concede ou revoga a tutela provisória é impugnável na apelação" (CPC, art. 1.013, § 5º).

2. Decisões relativas ao mérito

Admite-se ainda o emprego do agravo de instrumento contra as decisões parciais de mérito, na forma dos arts. 354, parágrafo único, e 356, § 5o, do CPC. Isto porque o juiz decidirá parcialmente o mérito, quando um ou mais dos pedidos formulados ou parcela deles, i) mostrarem-se incontroversos, e ii) estiverem em condições de imediato julgamento. A decisão proferida com base no art. 356 do CPC é impugnável por agravo de instrumento.

3. Rejeição da alegação de convenção arbitral

Por força do inciso III do art. 1.015 do CPC é admissível o agravo de instrumento contra decisão que *rejeitar* a alegação de convenção de arbitragem, pois, com o seu acolhimento, o processo será extinto sem resolução de mérito, o que ensejará o emprego da apelação.

4. Desconsideração da personalidade jurídica

No tocante à impugnação das decisões proferidas no incidente de desconsideração da personalidade jurídica (CPC, art. 1.015, inciso IV), o uso do agravo de instrumento é reforçado pela menção expressa à natureza *interlocutória* desse tipo de decisão, na forma do art. 136 do CPC/2015. Atente-se, contudo, que o ordenamento jurídico pátrio é verdadeiramente pródigo ao contemplar outras hipóteses de desconsideração da pessoa jurídica (CDC, art. 28; Lei nº 12.846/2013, art. 14, etc.).

Nesses casos, admite-se o agravo de instrumento em face das decisões finais, que venham a apreciar o mérito do incidente de desconsideração, bem como ainda aquelas que reputem *inadmissível* o seu emprego.

5. Rejeição do pedido de gratuidade da justiça ou acolhimento do pedido de sua revogação

O art. 101 do CPC dispõe que "contra a decisão que indeferir a gratuidade ou a que acolher pedido de sua revogação caberá agravo de instrumento, exceto quando a questão for resolvida na sentença, contra a qual caberá apelação". Oportuno registrar que o art. 101 do CPC sinaliza com uma hipótese de *assimetria*, pois são agraváveis por instrumento apenas (i) a decisão que indeferir a gratuidade ou (ii) que acolher o seu pedido de revogação. A *rejeição* da impugnação, resultando na *manutenção* da assistência gratuita, é matéria a ser discutida na fase de apelação (CPC, art. 1.009, § 1º).

6. Admissão ou inadmissão de intervenção de terceiros

Apesar da previsão do inciso X do art. 1.015, o *caput* do art. 138 do CPC contempla hipótese de *irrecorribilidade* da decisão que admite a participação do *amicus curiae*, ainda que se trate de uma intervenção de terceiros *anômala*.

7. Redistribuição ou inversão do ônus da prova nos termos do § 1º do art. 373 do CPC

O inciso XI do art. 1.015 do CPC contempla hipótese relevante, ao aludir aos casos de decisões que venham a redistribuir o ônus da prova nos termos do § 1º do art. 373 do CPC. Ao se admitir a chamada interpretação *analógica*, torna-se agravável ainda a decisão que *deixar* de distribuir o ônus da prova.

8. Outros casos expressamente referidos em lei

Os demais casos arrolados no art. 1.015 do CPC envolvem matérias que tornariam contraproducente a opção de reservá-las para a fase de julgamento da apelação. Ao fazer menção a outros casos expressamente referidos em lei (CPC, art. 1.015, inciso XIII), estão incluídas no rol das hipóteses de admissão do agravo de instrumento determinadas disposições esparsas do mesmo diploma legal ou ainda dedutíveis da legislação especial. Sem o propósito de esgotá-las, torna-se conveniente a abordagem de algumas outras dessas situações.

O indeferimento *liminar* da reconvenção parece autorizar o emprego do agravo de instrumento. Ao se conjugar o parágrafo único do art. 321, parágrafo único do art. 354 e ainda o disposto no § 5º do art. 356 do CPC, conclui-se que a reconvenção pode ser rejeitada *liminarmente*, ou ainda sua apreciação pode ser dissociada do pedido principal (*vide* Enunciado nº 154 do FPPC). Porém, a decisão que concluir pela impossibilidade de sua rejeição liminar ou antecipada não induz semelhante tratamento, de modo que essa última situação está abarcada pelo regime instituído pelo § 1º do art. 1.009 do CPC.

O inciso I do § 13 do art. 1.037 do CPC faz menção ao uso do agravo de instrumento, para fins de impugnação da decisão responsável pela *afetação* ou *desafetação* de determinado processo alcançado pela sistemática de processamento dos *recursos repetitivos*. Isto porque o § 9º do art. 1.037 do CPC dispõe que "demonstrando distinção entre a questão a ser decidida no processo e aquela a ser julgada no recurso especial ou extraordinário afetado, a parte poderá requerer o prosseguimento do seu processo".

9. Leis especiais

Com relação às hipóteses dedutíveis de leis especiais, tem-se que, em matéria de ação de improbidade, o § 10 do art. 17 da Lei nº 8.429/1992 prevê o cabimento de agravo de instrumento em face da "decisão que receber a petição inicial". Ainda da legislação extravagante, colhe-se a regra do § 1º do art. 7º da Lei nº 12.016/2009: "Da decisão do juiz de primeiro grau que conceder ou denegar a liminar caberá agravo de instrumento, observado o disposto na Lei nº 5.869, de 11 de janeiro de 1973 – Código de Processo Civil". Por fim, o Enunciado nº 560 do FPPC ainda sugere que "as decisões de que tratam os arts. 22, 23 e 24 da Lei 11.340/2006 (Lei Maria da Penha), quando enquadradas nas hipóteses do inciso I do art. 1.015, podem desafiar agravo de instrumento".

10. Agravo de instrumento dirigido ao STJ

O § 1º do art. 1.027 do CPC prevê o cabimento de agravo de instrumento dirigido ao Superior Tribunal de Justiça, nos casos de decisões interlocutórias proferidas nos "processos em que forem partes, de um lado, Estado estrangeiro ou organismo internacional e, de outro, Município ou pessoa residente ou domiciliada no País".

11. Cabimento do agravo de instrumento contra decisões interlocutórias proferidas na fase de liquidação de sentença ou de cumprimento de sentença, no processo de execução e no processo de inventário

O parágrafo único do art. 1.015 do CPC retrata hipóteses de decisões interlocutórias proferidas na fase de liquidação, cumprimento de sentença e também afetas ao processo de execução, além de fazer menção ao processo de inventário. Em tais situações, o *interesse recursal* inerente à impugnação dessas modalidades de decisões interlocutórias exige o acesso imediato ao tribunal de segundo grau.

IV. Julgado

Taxatividade do art. 1.015 do CPC

"AGRAVO REGIMENTAL EM AGRAVO DE INSTRUMENTO CONTRA DECISÃO QUE INADMITIU RECURSO ORDINÁRIO. INADMISSIBILIDADE. PRINCÍPIO DA FUNGIBILIDADE. INAPLICABILIDADE. HIPÓTESE NÃO CONTEMPLADA NO ROL TAXATIVO DO ART. 1.015 DO CPC/2015. RECURSO ORDINÁRIO INTERPOSTO CONTRA ACÓRDÃO PROFERIDO NO JULGAMENTO DE APELAÇÃO. DESCABIMENTO (ART. 105, II, DA CF). PRINCÍPIO DA FUNGIBILIDADE. INAPLICABILIDADE. ERRO GROSSEIRO. Agravo regimental improvido" (STJ, 6ª T., AgRg no Ag nº 1433611/MS, Rel. Min. Sebastião Reis Junior, j. em 15/12/2016, DJe de 2/2/2017).

V. Súmula nº 118 do STJ:

"O agravo de instrumento é o recurso cabível da decisão que homologa a atualização do cálculo de liquidação".

Art. 1.016 - O agravo de instrumento será dirigido diretamente ao tribunal competente, por meio de petição com os seguintes requisitos:
I - os nomes das partes;
II - a exposição do fato e do direito;
III - as razões do pedido de reforma ou de invalidação da decisão e o próprio pedido;
IV - o nome e o endereço completo dos advogados constantes do processo.

I. Forma de interposição

O agravo de instrumento deve ser interposto por meio de petição escrita (impressa ou eletrônica), no prazo de 15 (quinze) dias, endereçada ao tribunal competente para processá-lo e julgá-lo (CPC, art. 1.016), ressalvada ainda a possibilidade de postagem no correio sob registro (CPC, art. 1.003, § 4º), ou ainda observada outra forma de interposição prevista em lei (CPC, art. 1.003, § 3º). A petição do agravo deverá indicar (i) o nome das partes; (ii) a exposição do fato e de direito relacionados com a causa originária; (iii) as razões do pedido de reforma ou de invalidação da decisão (fundamentação) e o próprio pedido; e, (iv) o nome e o endereço completo dos advogados constantes do processo.

II. Processamento em apartado

Independentemente da forma "física" de autuação ou de sua tramitação *eletrônica*, o agravo de instrumento será processado de maneira apartada dos autos originários em que se deu a decisão impugnada. Objetiva-se, assim, afastar os riscos da paralisação indevida do trâmite da demanda.

III. Cassação da decisão inválida e devolutividade da matéria ao órgão *ad quem*

O agravo de instrumento conterá o pedido de *reforma* ou *invalidação* da decisão recorrida. Em qualquer das hipóteses, o órgão *ad quem* não está restrito ao juízo de cassação. Estando presentes os requisitos legais, o órgão *ad quem* poderá atender o pedido formulado pelo recorrente.

IV. Nome e endereço dos advogados atuantes no processo

A indicação dos advogados atuantes no processo deverá observar, quando for o caso, o disposto no art. 272, §§ 1º e 5º, CPC, evitando-se ainda o uso de abreviações (CPC, art. 272, § 4º) em atenção ao dever de boa-fé (CPC, art. 5º). Sob a vigência do CPC/1973, julgados do Superior Tribunal de Justiça vinham flexibilizando a indicação do nome e endereço dos advogados da parte agravada, mormente em se tratando de *entes públicos*.

V. Julgados

Indicação dos nomes e dos endereços dos advogados

"PROCESSO CIVIL. AGRAVO. INDICAÇÃO DOS NOMES E DOS ENDEREÇOS DOS ADVOGADOS. LITISCONSORTES. PRESCINDIBILIDADE. ART. 524, III, CPC. EXEGESE. PRECEDENTE. AGRAVADO: MINISTÉRIO PÚBLICO. INDICAÇÃO DO NOME DO MEMBRO DO PARQUET. DISPENSABILIDADE. JUNTADA DA PETIÇÃO INICIAL. UNICIDADE E INDIVISIBILIDADE DO ÓRGÃO. INTIMAÇÃO PESSOAL. RECURSO PROVIDO. I - A norma do art. 524-III, CPC, não exige a indicação do nome e endereço dos advogados dos litisconsortes, que, no caso, aliás, sequer integraram a relação processual. O escopo da lei é a obtenção de dados para a intimação do agravado, uma vez que, diante da nova sistemática processual, o agravo passou a ser protocolado diretamente no tribunal. II - Dispensa-se a indicação dos nomes e dos endereços dos advogados, quando da interposição do agravo de instrumento, se nas peças juntadas aos autos se podem claramente verificar tais registros. III - Na linha do parecer do Ministério Público Federal, 'tem-se desnecessária a indicação de nome e endereço do representante do Parquet, pois, à sombra dos princípios da unicidade e indivisibilidade do Ministério Público, a norma citada não alcança os membros desse órgão, porquanto, segundo o disposto no art. 236, § 2º, do Código de Processo Civil, a intimação do Ministério Público, em qualquer caso, será feita pessoalmente'" (STJ, 4ª T., REsp nº 254.087-MG, Rel. Min. Sálvio de Figueiredo Teixeira, j. em 20/2/2003).

"[...] 3. A exigência contida no inciso III do art. 524 do CPC não é absoluta, de forma que pode ser relevada se existirem nos autos outros elementos que possam identificar o nome e o endereço completo do advogado da agravada, mormente em se tratando de ente público. (AgRg no REsp 1065571/MA, Rel. Ministro HUMBERTO MARTINS, SEGUNDA TURMA, julgado em 16/12/2008, DJe 4/2/2009); [...]" (STJ, 2ª T., AgRg-Ag nº 1.366.511-PR, Rel. Min. Mauro Campbell Marques, j. em 13/9/2011).

Art. 1.017 - A petição de agravo de instrumento será instruída:
I - obrigatoriamente, com cópias da petição inicial, da contestação, da petição que ensejou a decisão agravada, da própria decisão agravada, da certidão da respectiva intimação ou outro documento oficial que comprove a tempestividade e das procurações outorgadas aos advogados do agravante e do agravado;
II - com declaração de inexistência de qualquer dos documentos referidos no inciso I, feita pelo advogado do agravante, sob pena de sua responsabilidade pessoal;
III - facultativamente, com outras peças que o agravante reputar úteis.
§ 1º - Acompanhará a petição o comprovante do pagamento das respectivas custas e do porte de retorno, quando devidos, conforme tabela publicada pelos tribunais.
§ 2º - No prazo do recurso, o agravo será interposto por:
I - protocolo realizado diretamente no tribunal competente para julgá-lo;
II - protocolo realizado na própria comarca, seção ou subseção judiciárias;
III - postagem, sob registro, com aviso de recebimento;
IV - transmissão de dados tipo fac-símile, nos termos da lei;
V - outra forma prevista em lei.
§ 3º - Na falta da cópia de qualquer peça ou no caso de algum outro vício que comprometa a admissibilidade do agravo de instrumento, deve o relator aplicar o disposto no art. 932, parágrafo único.
§ 4º - Se o recurso for interposto por sistema de transmissão de dados tipo fac-símile ou similar, as peças devem ser juntadas no momento de protocolo da petição original.
§ 5º - Sendo eletrônicos os autos do processo, dispensam-se as peças referidas nos incisos I e II do caput, facultando-se ao agravante anexar outros documentos que entender úteis para a compreensão da controvérsia.

I. Peças obrigatórias (CPC, art. 1.017, inciso I)

O rol das peças obrigatórias foi ampliado no CPC 2015, fazendo-se menção expressa à petição inicial, à contestação e à petição que ensejou a decisão agravada. A exibição da "certidão da respectiva intimação" prende-se ao propósito de permitir ao juízo *ad quem* averiguar a *tempestividade* do agravo de instrumento. Em atenção ao princípio da instrumentalidade das formas e da primazia do julgamento de mérito, a comprovação da tempestividade do recurso poderá ser feita por outros meios. A apresentação da íntegra da decisão agravada é justificável para permitir que o tribunal possa investigar a *fundamentação* exarada pelo juízo *a quo*, confrontando-a com os argumentos perfilhados na minuta do agravo. As cópias das procurações outorgadas às partes também constituem *peças obrigatórias*. Essa última exigência alcança ainda as procurações dos demais envolvidos no processo, tais como assistentes e litisconsortes. Recomenda-se especial atenção quanto à "cadeia" completa de procurações e substabelecimentos. Da mesma forma subsistem casos em que não há o dever legal de exibição de instrumento de mandato (*vide* o caso dos advogados públicos). Em caso de tramitação eletrônica, não haverá necessidade de traslado de peças obrigatórias, facultando-se a exibição de outros documentos úteis para a compreensão da controvérsia (CPC, art. 1.017, § 5º).

II. Peças facultativas (CPC, art. 1.017, inciso III)

Faculta-se ainda ao agravante promover a juntada de outras peças que entender *úteis* ou *convenientes* à compreensão do litígio e das razões recursais. Dentre as *peças facultativas*, poder-se-ia cogitar da apresentação de *documentos inéditos*, com a exigência de posterior *traslado* aos autos principais (CPC, art. 1.017, § 5º).

III. Declaração acerca da ausência de peças obrigatórias (CPC, art. 1.017, inciso II)

A ausência de peças obrigatórias poderá ser objeto de declaração por parte do procurador do agravante (CPC, art. 1.017, inciso II). A prerrogativa conferida ao procurador do agravante afasta a necessidade de certidões *explicativas* para fins de chancelar a situação envolvendo o documento faltante.

IV. Princípio da primazia do julgamento de mérito

O § 3º do art. 1.017 do CPC, alinhado com outros dispositivos correlatos (CPC, art. 932, parágrafo único), corrobora o princípio da primazia em prol do julgamento de mérito. Assim, na falta de traslado de qualquer peça ou no caso de algum outro vício que comprometa a admissibilidade do agravo de instrumento, deve o relator aplicar o disposto no art. 932, parágrafo único, concedendo prazo de 5 (cinco) dias para que seja sanada a questão ou complementada a documentação. O Enunciado nº 82 do Fórum Permanente de Processualistas Civis (FPPC) assinala que "é dever do relator, e não faculdade, conceder o prazo ao recorrente para sanar o vício ou complementar a documentação exigível, antes de inadmitir qualquer recurso, inclusive os excepcionais".

V. Exigência de custas, porte e retorno

O agravo de instrumento deverá ainda estar acompanhado do "comprovante do pagamento das respectivas custas e do porte de retorno, quando devidos, conforme tabela publicada pelos tribunais" (CPC, art. 1.017, § 1º). A exigência de recolhimento das custas recursais do agravo poderá ficar postergada no caso previsto no § 1º do art. 101 do CPC, ao sinalizar que "o recorrente estará dispensado do recolhimento de custas até decisão do relator sobre a questão, preliminarmente ao julgamento do recurso".

VI. Protocolo no correio e outras formas de interposição

O agravo de instrumento será interposto (i) por meio de protocolo realizado diretamente no tribunal competente para julgá-lo (art. 1.017, § 2º, inciso I); (ii) protocolo realizado na própria comarca, seção ou subseção judiciárias (art. 1.017, § 2º, inciso II); (iii) postagem, sob registro, com aviso de recebimento (art. 1.017, § 2º, inciso III), considerando-se a data de postagem (art. 1.003, § 4º, CPC); (iv) transmissão de dados tipo fac-símile, nos termos da lei (art. 1.017, § 2º, inciso IV); ou ainda (v) outras formas previstas em lei (art. 1.017, § 2º, inciso V), com ênfase para as formas eletrônicas. No caso da opção pela interposição via *fac-símile*, "as peças devem ser juntadas no momento de protocolo da petição original" (CPC, art. 1.017, § 4º).

VII. Julgados

Recurso repetitivo

"AUTENTICAÇÃO DE CÓPIAS.

EMENTA: 1. A autenticação das peças que instruem o agravo de instrumento, previsto no art. 525, I, do CPC, não é requisito de admissibilidade recursal. [...] 2. A autenticação de cópias do Agravo de Instrumento do artigo 522, do CPC, resulta como diligência não prevista em lei, em face do acesso imediato aos autos principais, propiciado na instância local. A referida providência somente se impõe diante da impugnação específica da parte adversa. 3. O recurso de agravo, recentemente modificado pela reforma infraconstitucional do processo civil, não incluiu a referida exigência, muito embora institua a obrigatoriedade da afirmação da autenticidade, relegada ao advogado, nos agravos endereçados aos Tribunais Superiores, porquanto, em princípio, não acodem os autos principais na análise da irresignação. [...] 6. À míngua de exigência legal, mercê da interpretação teleológico-sistêmica, é defeso erigir-se requisito que tranca a via recursal sem obediência à reserva legal" (STJ, Corte Especial, REsp nº 1.111.001-SP, Rel. Min. Luiz Fux, j. em 4/11/2009).

Peças obrigatórias e complementação do agravo de instrumento

"[...] 3. Para fins do artigo 543-C do CPC, consolida-se a tese de que: no agravo do artigo 522 do CPC, entendendo o Julgador ausente peças necessárias para a compreensão da controvérsia, deverá ser indicado quais são elas, para que o recorrente complemente o instrumento. 4. Recurso provido" (STJ, Corte Especial, REsp nº 1.102.467-RJ, Rel. Min. Massami Uyeda, j. em 2/5/2012, DJe de 29/8/2012).

Possibilidade de comprovação da tempestividade recursal por outros meios

"PROCESSO CIVIL. AGRAVO REGIMENTAL. ADMINISTRATIVO. EMBARGOS DE DIVERGÊNCIA. AGRAVO DE INSTRUMENTO. TEMPESTIVIDADE. COMPROVAÇÃO POR OUTROS MEIOS. POSSIBILIDADE. INCIDÊNCIA DA SÚMULA 168/STJ. 1. A jurisprudência do Superior Tribunal de Justiça, em respeito ao princípio da instrumentalidade das formas, tem possibilitado a comprovação da tempestividade recursal por outros meios, que não a certidão de intimação do acórdão recorrido. [...]" (STJ, 1ª Seção, AgRg-EAg nº 1.390.726-SC, Rel. Min. Humberto Martins, j. em 26/6/2013).

Dispensa de procuração de advogado do Estado

"[...] 2. É dispensável a juntada de procuração de advogado do Estado em razão da outorga da representação decorrer de disposição legal. O entendimento é aplicado por isonomia quanto à necessidade do agravante juntar a procuração do agravado quando este é advogado do Estado. Precedentes: AgRg no Ag 871706/RJ, Rel. Ministro JOÃO OTÁVIO DE NORONHA, QUARTA TURMA, julgado em 20/11/2007, DJ 11/2/2008, p. 1; AgRg no Ag 919.059/SC, Rel. Ministro TEORI ALBINO ZAVASCKI, PRIMEIRA TURMA, julgado em 16/9/2008, DJe 24/9/2008; AgRg no REsp 1065571/MA, Rel. Ministro HUMBERTO MARTINS, SEGUNDA TURMA, julgado em 16/12/2008, DJe 4/2/2009. [...] (STJ, 2ª T., AgRg-Ag nº 1.366.511-PR, Rel. Min. Mauro Campbell Marques, j. em 13/9/2011).

Art. 1.018 - O agravante poderá requerer a juntada, aos autos do processo, de cópia da petição do agravo de instrumento, do comprovante de sua interposição e da relação dos documentos que instruíram o recurso.

§ 1º - Se o juiz comunicar que reformou inteiramente a decisão, o relator considerará prejudicado o agravo de instrumento.

§ 2º - Não sendo eletrônicos os autos, o agravante tomará a providência prevista no caput, no prazo de 3 (três) dias a contar da interposição do agravo de instrumento.

§ 3º - O descumprimento da exigência de que trata o § 2º, desde que arguido e provado pelo agravado, importa inadmissibilidade do agravo de instrumento.

I. Tramitação física e eletrônica

O agravante poderá requerer, no prazo de 3 (três) dias contados da interposição do recurso, a juntada aos autos da demanda originária, de cópia da petição do agravo de instrumento, comprovante de sua interposição e relação de documentos que o instruíram. Essa providência revela-se *dispensável* no caso da tramitação *eletrônica* (CPC, art. 1.018, § 2º), sem prejuízo da prerrogativa do agravante reiterar os seus argumentos em prol do juízo de retratação.

II. Ônus da arguição

Em atenção ao princípio da primazia do julgamento do mérito recursal, o órgão *ad quem* não poderá *ex officio* conhecer do não atendimento do preceito, devendo aguardar a *arguição* e a *comprovação* por parte do agravado, que poderá promover a juntada de certidão comprobatória da omissão do agravante, fornecida pelo juízo *a quo*. Por força do princípio da instrumentalidade das formas, a comprovação acerca da *omissão* do agravante quanto à providência prevista no *caput* do art. 1.018 do CPC poderá ser feita ainda por outros meios probatórios. Ainda que o tribunal *ad quem* venha a suscitar *ex officio* a ausência de observância da providência prevista no *caput* do art. 1.018 do CPC, dar-se-á a necessidade de prévia intimação das partes para se manifestarem a respeito, com vistas à leitura de contraditório substancial (art. 10 do CPC) e ainda em atenção ao preceito do art. 933, *caput*, CPC.

III. Momento para alegação do não cumprimento da regra do art. 1.018 do CPC

O § 3º do art. 1.018 do CPC não contempla previsão explícita acerca do *momento* para arguição, por parte do agravado, acerca da *omissão* do agravante quanto à satisfação da regra prevista no *caput* do dispositivo em questão. Sob a égide do CPC/1973, a doutrina afirmava que a alegação do agravado dar-se-ia (i) no prazo de resposta do agravo ou (ii) antes do julgamento do mérito do recurso. Julgados do STJ defendiam que a alegação está circunscrita ao prazo de resposta do agravo.

IV. Juízo de retratação e prejudicialidade do agravo

Como é de se notar, o § 1º do art. 1.018 do CPC assinala que, em caso de reforma *integral* da decisão agravada pelo juízo *a quo*, via juízo de retratação, restará *prejudicado* o agravo de instrumento.

V. Julgados

Recurso repetitivo

"EMENTA: [...] 2. Destarte, o descumprimento das providências enumeradas no *caput* do art. 526 do CPC, adotáveis no prazo de três dias, somente enseja as consequências dispostas em seu parágrafo único se o agravado suscitar a questão formal no momento processual oportuno, sob pena de preclusão. [...] 4. Consectariamente, para que o Relator adote as providências do parágrafo único do art. 526 do CPC, qual seja não conhecer do recurso, resta imprescindível que o agravado manifeste-se acerca do descumprimento do comando disposto em seu *caput*, porquanto a matéria não é cognoscível de ofício. [...]" (STJ, Corte Especial, REsp nº 1.008.667-PR, Rel. Min. Luiz Fux, j. em 18/11/2009).

Prazo para comunicação da interposição do agravo

"[...] 3. Ademais, como o agravante dispõe do prazo de 3 dias para comunicar o juízo acerca da interposição do agravo de instrumento, da mesma forma deve o agravado dispor de prazo para a arguição da irregularidade contida no art. 526, parágrafo único, do CPC, sob pena de se conferir tratamento diverso às partes, em evidente prejuízo ao princípio da paridade de armas, que rege o ordenamento processual pátrio. [...]" (STJ, 4ª T., AgRg-REsp nº 1.092.621-PR, Rel. Min. Luis Felipe Salomão, j. em 17/5/2012).

Arguição de vício formal do recurso

"[...] 3. A prerrogativa processual do agravado (arguição e comprovação do vício formal) deve ser exercida no prazo das contrarrazões (art. 523, § 2º, do CPC), sob pena de preclusão. Precedentes do STJ" (STJ, 2ª T., REsp nº 834.089-RJ, Rel. Min. Hermann Benjamin, j. em 4/9/2008).

Art. 1.019 - Recebido o agravo de instrumento no tribunal e distribuído imediatamente, se não for o caso de aplicação do art. 932, incisos III e IV, o relator, no prazo de 5 (cinco) dias:
I - poderá atribuir efeito suspensivo ao recurso ou deferir, em antecipação de tutela, total ou parcialmente, a pretensão recursal, comunicando ao juiz sua decisão;
II - ordenará a intimação do agravado pessoalmente, por carta com aviso de recebimento, quando não tiver procurador constituído, ou pelo Diário da Justiça ou por carta com aviso de recebimento dirigida ao seu advogado, para que responda no prazo de 15 (quinze) dias, facultando-lhe juntar a documentação que entender necessária ao julgamento do recurso;
III - determinará a intimação do Ministério Público, preferencialmente por meio eletrônico, quando for o caso de sua intervenção, para que se manifeste no prazo de 15 (quinze) dias.

I. Prerrogativa de negar seguimento ao agravo de instrumento (CPC, art. 932, incisos III e IV)

O relator não conhecerá de recurso inadmissível, prejudicado ou que não tenha impugnado especificamente os fundamentos da decisão recorrida (CPC, art. 932, inciso III). Poderá *negar provimento* ao recurso que for contrário a (i) súmula do STF, do STJ ou do próprio tribunal; (ii) acórdão proferido pelo STF ou pelo STJ em julgamento de recursos repetitivos; (iii) entendimento firmado em incidente de resolução de demandas repetitivas ou de assunção de competência (CPC, art. 932, inciso IV).

II. Atribuição de efeito suspensivo ao agravo de instrumento ou antecipação dos efeitos da tutela recursal (CPC, art. 1.019, inciso I)

O relator poderá conferir efeito *suspensivo* ao recurso de agravo até pronunciamento definitivo da turma ou câmara; ou ainda *antecipar total* ou *parcialmente* os *efeitos da tutela pretendida* (CPC, art. 1.019, inciso I). Vale dizer: presentes os pressupostos legais, o relator poderá (i) conceder *efeito suspensivo* ao agravo, suspendendo a eficácia da decisão agravada, ou (ii) antecipar a tutela recursal em proveito do agravante (conferindo a "tutela" que foi negada pela instância *a quo*).

O pronunciamento monocrático responsável por antecipar os efeitos da tutela recursal estará *adiantando* os efeitos do *provável* provimento do agravo de instrumento. Importante acrescentar ainda que a tutela antecipada recursal poderá estar fundada na urgência ou evidência (Enunciado nº 423 do FPPC).

III. A oitiva do agravado (CPC, art. 1.019, inciso II)

A intimação do agravado dar-se-á na pessoa de seu procurador, via Diário de Justiça ou carta com aviso de recebimento. Não havendo advogado constituído, far-se-á sua intimação pessoal via correio. A situação é comum nos casos de decisões liminares proferidas antes da citação do réu. O art. 1.019, inciso II, do CPC permite ainda que o agravado possa trazer aos autos a documentação que entender conveniente, não estando limitado às cópias das peças constantes do processo. Os documentos *inéditos* fornecidos pelo agravado deverão ser submetidos ao crivo do contraditório no juízo *a quo*. A intimação para fins de oferecimento de resposta ao agravo deverá observar, quando for o caso, o disposto no art. 272, § 1º, CPC.

IV. Intimação do Ministério Público (CPC, art. 1.019, inciso III)

A intimação do Ministério Público far-se-á nos casos em que for exigível sua atuação como fiscal da lei (CPC, art. 178).

V. Julgado

Recurso repetitivo

"1. A intimação da parte agravada para resposta é procedimento natural de preservação do princípio do contraditório, nos termos do art. 527, V, do CPC, [...]. 2. A dispensa do referido ato processual ocorre tão somente quando o relator nega seguimento ao agravo (art. 527, I), uma vez que essa decisão beneficia o agravado, razão pela qual conclui-se que a intimação para a apresentação de contrarrazões é condição de validade da decisão que causa prejuízo ao recorrente. [...] 6. Recurso especial provido, determinando-se o retorno dos autos à instância de origem, para que proceda à intimação do recorrente para apresentação de contrarrazões ao agravo de instrumento. Prejudicadas as demais questões suscitadas" (STJ, Corte Especial, REsp nº 1.148.296-SP, Rel. Min. Luiz Fux, j. em 1º/9/2010).

Art. 1.020 - O relator solicitará dia para julgamento em prazo não superior a 1 (um) mês da intimação do agravado.

I. Submissão do recurso ao colegiado

O dispositivo contempla o prazo *impróprio* de 1 (um) mês, contado da intimação do agravado, para fins de *inclusão* do agravo de instrumento em pauta. Portanto, superada a possibilidade de julgamento monocrático (CPC, art. 932, incisos III e IV), dar-se-á a *submissão* do mérito do agravo de instrumento ao órgão colegial competente.

II. Sustentação oral (CPC, art. 937, inciso VIII)

Nos casos de interposição de agravo de instrumento contra decisões interlocutórias que versem sobre tutelas provisórias de urgência ou de evidência, é facultado ao recorrente e ao recorrido se valerem da sustentação oral durante a sessão de julgamento (CPC, art. 937, inciso VIII).

III. Julgado

Necessidade de inclusão do recurso em pauta de julgamento

"AGRAVO DE INSTRUMENTO. Julgamento pela Câmara. Pauta. Se o relator não usa do permissivo legal que autoriza a decisão monocrática e submete o agravo diretamente ao órgão colegiado, deve o feito ser incluído em pauta (arts. 528 e 552 do CPC). Recurso conhecido e provido" (STJ, 4ª T., REsp nº 489.642-RS, Rel. Min. Ruy Rosado de Aguiar, j. em 17/6/2003).

Capítulo IV - Do Agravo Interno

Art. 1.021 - Contra decisão proferida pelo relator caberá agravo interno para o respectivo órgão colegiado, observadas, quanto ao processamento, as regras do regimento interno do tribunal.

§ 1º - Na petição de agravo interno, o recorrente impugnará especificadamente os fundamentos da decisão agravada.

§ 2º - O agravo será dirigido ao relator, que intimará o agravado para manifestar-se sobre o recurso no prazo de 15 (quinze) dias, ao final do qual, não havendo retratação, o relator levá-lo-á a julgamento pelo órgão colegiado, com inclusão em pauta.

§ 3º - É vedado ao relator limitar-se à reprodução dos fundamentos da decisão agravada para julgar improcedente o agravo interno.

§ 4º - Quando o agravo interno for declarado manifestamente inadmissível ou improcedente em votação unânime, o órgão colegiado, em decisão fundamentada, condenará o agravante a pagar ao agravado multa fixada entre um e cinco por cento do valor atualizado da causa.

§ 5º - A interposição de qualquer outro recurso está condicionada ao depósito prévio do valor da multa prevista no § 4º, à exceção da Fazenda Pública e do beneficiário de gratuidade da justiça, que farão o pagamento ao final.

I. Cabimento

Decisões *monocráticas* proferidas pelo relator ou *autoridade presidencial* admitem o uso do agravo interno. É o caso das decisões prolatadas com substrato no art. 932 do CPC. Da mesma forma, admite-se o seu emprego nos casos do inciso I do art. 1.019 do CPC. A Lei nº 13.256/2016 ainda conferiu nova redação ao art. 1.030, com acréscimo de § 2º, além do disposto no § 3º do art. 1.036 e § 7º do art. 1.035 do CPC, contemplando novas modalidades de agravo interno. Ou seja, diante da previsão do art. 1.021 do CPC restam superadas as eventuais distinções forjadas entre o agravo interno e o agravo regimental. Quaisquer decisões monocráticas, proferidas de forma unipessoal, admitem o uso do agravo interno.

A competência para julgá-los, em princípio, será do órgão colegiado ou fracionário ao qual o relator estiver vinculado. No caso da previsão do § 2º do art. 1.030, § 7º, do art. 1.035 e § 3º do art. 1.036, a competência para julgamento seguirá os parâmetros regimentais.

II. Decisões presidenciais

O § 1º do art. 15 da Lei nº 12.016/2009 contemplou o cabimento de *agravo* em face da decisão presidencial responsável pela *suspensão* da segurança. Porém, o *caput* do art. 15 da Lei nº 12.016/2009 autoriza o cabimento deste tipo de agravo apenas na hipótese de *deferimento* da medida; não de seu *indeferimento*. Para a hipótese de *indeferimento*, parece estar reservado novo pedido de suspensão de segurança.

III. Afetação e desafetação de recursos

O inciso II do § 13 do art. 1.037 do CPC contempla relevante hipótese de cabimento de agravo interno, derivada dos casos de requerimentos fundados no § 9º daquele dispositivo, para fins de *desafetação* de determinado processo submetido ao regime de julgamento dos recursos especial e extraordinários repetitivos, permitindo a impugnação de eventual ordem *monocrática* de *suspensão*, para fins de permitir o seu prosseguimento. Nesses casos, dar-se-á o uso do agravo interno contra a decisão unipessoal que negar ou acolher o pedido de desafetação.

IV. Desconsideração da personalidade jurídica

Atente-se ainda que o parágrafo único do art. 136 do CPC dispõe que a decisão envolvendo desconsideração da personalidade jurídica, quando praticada pelo relator, induz o cabimento do agravo interno. Quer-se acreditar, no entanto, que apenas as decisões *de mérito*, proferidas no curso do incidente de desconsideração da personalidade jurídica, em ações de competência originária (CPC, art. 932, inciso VI), é que desafiam o agravo interno. As decisões monocráticas, que se limitam a autorizar o seu processamento, não induzem semelhante tratamento.

V. Prazo para interposição do agravo interno e oferecimento de contrarrazões

O art. 1.021 do CPC deverá ser contextualizado com a regra do art. 1.070, que disciplina o prazo para interposição do agravo interno ("Art. 1.070 - É de 15 (quinze) dias o prazo para a interposição de qualquer agravo, previsto em lei ou em regimento interno de tribunal, contra decisão de relator ou outra decisão unipessoal proferida em tribunal"). Interposto o agravo interno dirigido ao relator, por critério de isonomia, far-se-á a intimação do agravado para manifestar-se sobre o recurso também no prazo de 15 (quinze) dias (CPC, art. 1.021, § 2º).

VI. Requisitos de admissibilidade do agravo interno

O agravo interno está sujeito aos demais requisitos recursais de admissibilidade e às prescrições do Regimento Interno do respectivo tribunal. Em atenção ao princípio da dialeticidade, competirá ao recorrente impugnar especificamente os fundamentos adotados pela decisão monocrática (CPC, art. 1.021, § 1º).

Conforme previsão do § 2º do art. 1.021 do CPC, "não havendo retratação, o relator levá-lo-á a julgamento pelo órgão colegiado, com inclusão em pauta". Não ficou definido o momento processual exato para o exame dos pressupostos de *admissibilidade* do agravo interno. Logo, poder-se-á cogitar do referido exame por ocasião do juízo de retratação imposto ao relator e, sem prejuízo disso, a análise desses pressupostos ainda poderá ocorrer pelo órgão colegiado responsável pelo exame de mérito.

VII. Dever de fundamentação substancial

O § 3º do art. 1.021 do CPC trata do dever de fundamentação das decisões, competindo ao relator levar em consideração as razões e os fundamentos esposados no agravo interno, restando vedada a mera "reprodução dos fundamentos da decisão agravada" (fundamentação *per relationem*).

VIII. Sanção imposta ao agravo protelatório

Quando o agravo interno for "declarado manifestamente inadmissível ou improcedente em votação unânime, o órgão colegiado, em decisão fundamentada, condenará o agravante a pagar ao agravado multa fixada entre um e cinco por cento do valor atualizado da causa" (CPC, art. 1.021, § 4º). Porém, o STJ decidiu que "o mero inconformismo com a decisão agravada não enseja a necessária imposição da multa, prevista no § 4º do art. 1.021 do Código de Processo Civil de 2015, quando não configurada a manifesta inadmissibilidade ou improcedência do recurso, por decisão unânime do colegiado" (STJ, 2ª T., AgInt no AREsp nº 986.246-RS, Rel. Min. Francisco Falcão, j. em 27/4/2017, DJe de 2/5/2017).

Ou seja, em casos de aplicação de multa ao agravo interno, a interposição de qualquer outro recurso subsequente está condicionada ao depósito *prévio* do seu valor, excetuando-se apenas a Fazenda Pública e o beneficiário de gratuidade da justiça, que farão o pagamento ao término do processo (CPC, art. 1.021, § 5º). Apesar de não incluídos nas exceções previstas no referido dispositivo, tratamento similar deve ser dispensado ao Ministério Público. A ausência de recolhimento da multa aplicada nos moldes do § 4º do art. 1.021 resultará em fato impeditivo (pressuposto recursal objetivo) quanto ao processamento do eventual recurso subsequente que venha a ser manejado pelo interessado.

IX. Julgados

Impossibilidade de verificação da pertinência da multa em sede de recurso especial

"REAJUSTE DE BENEFÍCIO PREVIDENCIÁRIO. ACÓRDÃO DE ÍNDOLE EMINENTEMENTE CONSTITUCIONAL. EMENDAS CONSTITUCIONAIS 20/1998 E 41/2003. MULTA PREVISTA NO ART. 1021 DO CPC/2015. REEXAME. CONJUNTO FÁTICO-PROBATÓRIO. SÚMULA 7/STJ. 1. O acórdão recorrido apreciou a questão sob o enfoque das Emendas Constitucionais 20/1998 e 41/2003, o que impede sua análise em Recurso Especial porquanto a adoção pela instância ordinária de fundamento exclusivamente constitucional na solução da lide inviabiliza o conhecimento do Recurso Especial. 2. Não é possível, em Recurso Especial, avaliar a legitimidade da afirmação, feita nas instâncias ordinárias, acerca do caráter manifestamente inadmissível ou improcedente do Agravo Interno, por demandar revolvimento dos fatos e das circunstâncias da causa, medida sabidamente vedada pela Súmula 7/STJ. 3. Recurso Especial não conhecido" (STJ, 2ª T., REsp nº 1.670.758-RS, Rel. Min. Herman Benjamin, j. em 27/6/2017, DJe de 30/6/2017).

Ausência de impugnação específica dos fundamentos da decisão agravada

"AGRAVO INTERNO. RECURSO QUE DEIXA DE IMPUGNAR ESPECIFICAMENTE OS FUNDAMENTOS DA DECISÃO ORA AGRAVADA. INOBSERVÂNCIA DO ART. 1.021, § 1º, DO CPC E INCIDÊNCIA DA SÚMULA 182 DO STJ. AGRAVO NÃO CONHECIDO. 1. Inexistindo impugnação específica, como seria de rigor, aos fundamentos da decisão ora agravada, essa circunstância obsta, por si só, a pretensão recursal, pois, à falta de contrariedade, permanecem incólumes os motivos expendidos pela decisão recorrida. Desse modo, no presente caso, resta caracterizada a inobservância ao disposto no art. 1.021, § 1º, do CPC e a incidência da Súmula 182 do STJ. 2. Agravo interno não conhecido" (STJ, 4ª T., AgInt no AgRg no AREsp nº 760.986/SP, Rel. Min. Luis Felipe Salomão, j. em 2/8/2017, DJe de 5/8/2017).

Impugnação de decisão colegiada, erro grosseiro e multa

"AGRAVO INTERNO NO AGRAVO INTERNO NO AGRAVO EM RECURSO ESPECIAL. PROCESSUAL CIVIL. RECURSO INCABÍVEL. ERRO GROSSEIRO. PRINCÍPIO DA FUNGIBILIDADE RECURSAL. INAPLICABILIDADE. MULTA. ART.

1021, §§ 4º E 5º, DO CÓDIGO DE PROCESSO CIVIL DE 2015. 1. Nos termos dos arts. 1.021 do Código de Processo Civil/2015 e 258 do Regimento Interno do Superior Tribunal de Justiça, somente as decisões singulares são impugnáveis por agravo interno, configurando erro grosseiro a interposição do recurso contra acórdão proferido por órgão colegiado. 2. A caracterização de erro grosseiro impede a aplicação do princípio da fungibilidade recursal e reforça o caráter protelatório da insurgência, recomendando a aplicação da multa de 1% sobre o valor corrigido da causa, conforme preceitua o art. 1.021, § 4º, do Código de Processo Civil. 3. Agravo interno não conhecido" (STJ, 3ª T., AgInt no AgInt no AREsp nº 971.589-RS, Rel. Min. Ricardo Villas Boas Cueva, j. em 16/3/2017, DJe de 24/3/2017).

Depósito da multa como pressuposto objeto de admissibilidade de qualquer recurso seguinte

"RECURSO FUNDADO NO NOVO CPC/2015. TRIBUTÁRIO. PROCESSUAL CIVIL. EMBARGOS DE DECLARAÇÃO. AUSÊNCIA DE RECOLHIMENTO DA MULTA IMPOSTA COM BASE NO ART. 1021, § 4º, DO NOVO CPC/2015. IRREGULARIDADE FORMAL. NÃO CONHECIMENTO. 1. O prévio recolhimento da multa prevista no art. 1.021, § 4º, do Novo CPC/2015 é pressuposto recursal objetivo de admissibilidade de qualquer impugnação recursal, e a inexistência de comprovação do depósito dessa penalidade enseja o não conhecimento do recurso subsequente. Precedentes: EDcl no AgInt no AREsp 604.595/RS, Rel. Ministro Paulo de Tarso Sanseverino, Terceira Turma, DJe 06/12/2016; EDcl no AgInt no Ag 1390732/RJ, Rel. Ministro Gurgel de Faria, Primeira Turma, DJe 04/11/2016 e EDcl no AgRg no AREsp 835.942/SP, Rel. Ministro Luis Felipe Salomão, Quarta Turma, DJe 23/06/2016. 3. Embargos de declaração não conhecidos" (STJ, 1ª T., EDcl no AgInt no REsp nº 1.533.928-BA, Rel. Min. Sergio Kukina, j. em 14/3/2017, DJe de 23/3/2017).

Capítulo V - Dos Embargos de Declaração

Art. 1.022 - Cabem embargos de declaração contra qualquer decisão judicial para:
I - esclarecer obscuridade ou eliminar contradição;
II - suprir omissão de ponto ou questão sobre o qual devia se pronunciar o juiz de ofício ou a requerimento;
III - corrigir erro material.
Parágrafo único - Considera-se omissa a decisão que:
I - deixe de se manifestar sobre tese firmada em julgamento de casos repetitivos ou em incidente de assunção de competência aplicável ao caso sob julgamento;
II - incorra em qualquer das condutas descritas no art. 489, § 1º.

Autora: Teresa Arruda Alvim

I. Âmbito de cabimento

O *caput* do art. 1.022, CPC/2015, esclarece a dúvida que chegou a existir à luz do CPC/1973 e diz claramente serem cabíveis embargos de declaração contra todo e qualquer pronunciamento do juiz, seja decisão interlocutória, sentença, decisão de relator, de órgão colegiado, etc. Pode-se afirmar ser recurso interponível até mesmo de pronunciamento desprovido de conteúdo relevantemente decisório.

O legislador de 2015, assim, corrigiu imperfeição do art. 535, inciso I, CPC/1973, que se refere tão somente à sentença ou ao acórdão, como pronunciamentos suscetíveis de serem impugnados por meio dos embargos de declaração.

II. Interesse em recorrer

Sabe-se, quanto aos recursos em geral, que a noção de interesse de agir liga-se à sucumbência. No entanto, considerando-se as características peculiares dos embargos de declaração não existe necessidade de que a decisão impugnada tenha gerado, para o recorrente, prejuízo.

Todos aqueles a quem a decisão atinge, direta ou indiretamente, podem apresentar os embargos de declaração: réu, autor, assistentes simples ou litisconsorciais, o Ministério Público, *amicus curiae,* etc. Com efeito, os embargos de declaração servem para revelar decisão que já deveria ter sido proferida antes. Assim, e por isso, até mesmo o vencedor tem "interesse" em que a decisão seja clara, completa e não contraditória. O interesse em recorrer, no caso dos embargos, não nasce da sucumbência.

III. Recurso de fundamentação vinculada

Os embargos de declaração são recurso de fundamentação vinculada, o que significa dizer que só podem ser interpostos nas expressas situações previstas em lei.

O inciso I cuida das hipóteses de haver obscuridade ou contradição. Diz-se que a decisão é obscura quando não se pode compreender o sentido do que foi decidido. Há casos em que a obscuridade é tamanha, que leva à impossibilidade de obediência à ordem judicial. A obscuridade pode estar no relatório, na fundamentação ou na parte decisória propriamente dita; ou, ainda, na relação entre estes elementos.

Há contradição quando a decisão contém elementos racionalmente inconciliáveis. A contradição, desta forma, confunde-se com a incoerência interna da decisão. Assim como a obscuridade, a contradição interna pode estar no relatório, na fundamentação, na parte decisória propriamente dita, ou, ainda, na relação entre estes elementos.

Há contradição externa quando o conteúdo do acórdão e sua respectiva ementa são incoerentes entre si. Ainda, fala-se em contradição entre o teor dos votos proferidos e o teor do acórdão. Por outro lado, a contradição que porventura exista entre a decisão e os elementos do processo não enseja a interposição de embargos de declaração.

O inciso II trata da hipótese mais frequente de interposição dos embargos de declaração: a omissão. A omissão pode caracterizar-se pela falta de elementos da sentença ou da decisão (relatório, fundamentação e parte decisória propriamente dita). Pode haver omissão em apenas um dos capítulos da decisão. A interpretação conjunta das regras contidas no art. 489 e § 1º do art. 943, do CPC/2015, nos leva a afirmar que a ausência da ementa também é vício que enseja a interposição de embargos de declaração.

A norma expressa do CPC/2015 indica que a omissão pode dizer respeito a ponto ou questão "sobre o qual devia se pronunciar o juiz de ofício ou a requerimento". Inova o CPC/2015, ao nosso ver, de maneira muito positiva, ao acrescentar, no conceito de omissão, ausência de pronunciamento a respeito das matérias sobre as quais o juiz deveria ter-se manifestado de ofício, encerrando discussões havidas em relação ao texto do CPC/1973, tanto na doutrina quanto na jurisprudência, a respeito da possibilidade de o juiz conhecer de *matéria de ordem pública* no bojo dos embargos de declaração, ainda que não tivesse relação alguma com a matéria impugnada.

O fato de os embargos de declaração terem efeito devolutivo restrito levantou a questão a respeito de ser ou não possível o órgão julgador conhecer de uma nulidade, sem que esta tivesse sido abrangida pelos limites do efeito devolutivo do recurso de embargos de declaração. À luz do CPC/1973 isto já era possível e agora o CPC/2015 expressamente admite essa hipótese, de forma a realizar, de modo inequívoco, o princípio da economia processual.

A orientação predominante do STJ já era, à luz do CPC/1973, no sentido de que o juiz ou o tribunal devia conhecer de matéria de ordem pública que não tinha sido objeto dos embargos de declaração, de ofício ou por provocação das partes (STJ, 6ª T., EDcl no AgRg no REsp nº 982.011/SC, Rel. Min. Rogerio Schietti Cruz, v.u., j. em 19/9/2013, DJe de 27/9/2013; STJ, 2ª T., REsp nº 1.225.624/RJ, Rel. Min. Castro Meira, v.u., j. em 18/10/2011, DJe de 3/11/2011; STJ, 5ª T., AgRg no REsp nº 1.103.473/RS, Rel. Min. Laurita Vaz, v.u., j. em 14/6/2011, DJe de 28/6/2011).

Já dissemos que os vícios da obscuridade e da contradição são defeitos normalmente internos à decisão, salvo quando a hipótese for de haver contradição entre acórdão e ementa. É claro que a falta de qualquer dos elementos da sentença – relatório, fundamentação ou parte decisória propriamente dita – caracteriza-se como omissão para fins de interposição dos de declaração. Porém, no que diz com a omissão relativa às matérias sobre as quais o juiz deve se manifestar a requerimento das partes, o CPC/2015 traz norma analítica, no tocante à forma como a sentença deve ser fundamentada, que, na verdade, diz respeito a todas as decisões.

IV. Especificamente, sobre a omissão

Diz-se que há omissão quando o juiz deixa de manifestar-se sobre todas as alegações feitas pelas partes no curso do processo, a fim de que sejam expressamente acolhidas ou repelidas na decisão final. Evidentemente, o grande problema que envolve a figura da omissão para fins de interposição dos embargos declaratórios é o de se saber *quais são estas questões relevantes*.

Sabe-se que o relatório é parte integrante da fundamentação da decisão. É, em verdade, uma espécie de "pré-fundamentação", visto que é o relatório que imprime sentido à fundamentação da decisão. Assim, sua ausência ou incompletude gera nulidade, passível de ser corrigida com a interposição dos embargos declaratórios (STJ, 3ª T., REsp nº 101.845/RJ, Rel. Min. Carlos Alberto Menezes Direito, v.u., j. em 24/6/1997, DJ de 22/9/1997).

Há três espécies de vícios intrínsecos das sentenças, que, a bem da verdade, se reduzem a um só, em última análise: (i) ausência de fundamentação; (ii) deficiência de fundamentação; e, (iii) ausência de correlação entre fundamentação e decisório.

Todas as espécies se reduzem à ausência de fundamentação, vício que gera a nulidade da sentença. Esse entendimento realiza de forma plena a garantia constitucional de que as decisões judiciais devem ser motivadas.

O art. 489, § 1º, do CPC/2015 endossa a concepção que, desde há muito, temos sustentado ser correta, no sentido de que *sentença inadequadamente fundamentada é sentença não fundamentada*.

O § 1º do art. 489 estabelece, em seis incisos, hipóteses em que *não se considera fundamentada qualquer decisão judicial*. Diz, por exemplo, ser necessário que se expliquem os motivos pelos quais o magistrado elegeu determinada norma para incidir no caso concreto, não bastando que indique a lei. A mesma exigência apresenta-se, e de forma mais intensa, quando da aplicação de *conceitos jurídicos indeterminados*: deve o magistrado demonstrar o vínculo entre a norma eleita e o caso concreto. E isso se torna mais aparente justamente porque o emprego de conceitos vagos ou indeterminados enseja discussões a respeito de sua correta interpretação no contexto do caso concreto. São conceitos que não dizem respeito a objeto fácil, imediato e prontamente identificável no mundo dos fatos. Aliás, esses conceitos frequentemente aparecem na formulação de princípios jurídicos e de cláusulas gerais. As cláusulas gerais, ao lado dos *princípios jurídicos* e dos *conceitos vagos*, são elementos característicos do direito contemporâneo, que estão cada vez mais presentes nos textos das leis, são expressões cujo significado também é vago, que se consubstanciam em *poros*, através dos quais o direito se comunica com a realidade. Um direito que com estas feições pretende abranger a realidade que há hoje e a que está por vir, integrando um sistema aberto e flexível, desempenhando o papel de "janela aberta" para a mobilidade social e para a velocidade em que as coisas ocorrem no mundo de hoje.

São técnicas que, a rigor, devem ser mescladas com as técnicas tradicionais do nosso sistema, balanceando assim o grau de insegurança trazido pela aplicação dessas técnicas, admissível num certo grau que não resulte em convulsão social.

Estabelece o parágrafo único que se considera omissa a decisão que não faz alusão à tese firmada em julgamento de casos repetitivos, ou seja – incidente de resolução de demandas repetitivas ou recursos especial e extraordinário julgados no regime do art. 1.036 do CPC/2015 – ou em incidente de assunção de competência "aplicável" ao caso sob julgamento. Com o termo "aplicável", o CPC/2015 faz referência à necessidade de que os precedentes sejam respeitados, sob pena de reclamação.

Ademais, é impossível deixar de perceber isso: o legislador trata a decisão judicial proferida nessas circunstâncias como regra jurídica que deve (ou não) ser "aplicada", usada, para decidir o caso concreto. Fica evidente o reconhecimento do legislador de 2015 da força criativa da jurisprudência.

V. Erro material

O inciso III traz regra expressa do entendimento que já tinha-se consolidado à luz do CPC/1973, no sentido de ser possível a interposição dos embargos de declaração para a correção de erro material (tenha-se presente que o erro de cálculo é uma espécie de erro material) (STJ, 3ª T., EDcl no REsp nº 1.273.643/PR, Rel. Min. Sidnei Beneti, v.u., j. em 11/9/2013, DJe de 1°/10/2013; STJ, 2ª T., EDcl no REsp nº 1.334.533/PE, Rel. Min. Eliana Calmon, v.u., j. em 17/9/2013, DJe de 24/9/2013).

Considera-se erro material todo erro evidente, no sentido de ser facilmente verificável por qualquer *homo medius*, e que, obviamente, não tenha correspondido à intenção do juiz. Havendo qualquer dificuldade em demonstrar a percepção do erro, este descaracteriza-se como erro material, e como tal não pode ser corrigido por mera petição ou pela interposição de embargos de declaração.

Art. 1.023 - Os embargos serão opostos, no prazo de 5 (cinco) dias, em petição dirigida ao juiz, com indicação do erro, obscuridade, contradição ou omissão, e não se sujeitam a preparo.

§ 1º - Aplica-se aos embargos de declaração o art. 229.

§ 2º - O juiz intimará o embargado para, querendo, manifestar-se, no prazo de 5 (cinco) dias, sobre os embargos opostos, caso seu eventual acolhimento implique a modificação da decisão embargada.

I. Sobre o prazo

O prazo para interposição dos embargos declaratórios é de 5 (cinco) dias, conforme *caput* do art. 1.023 do CPC/2015. Os embargos não se sujeitam a preparo, uma vez que são recurso voltado a corrigir decisões ditas *defeituosas*. Ou seja, as partes têm direito à prestação jurisdicional clara, completa e não contraditória e sem erros materiais. Decisão esta que deveria ter sido proferida desde o início. Portanto, não faria sentido sujeitar a interposição os embargos aclaratórios ao recolhimento de preparo.

Dispõe o § 1º que há prazo em dobro quando se tratar de litisconsortes com diferentes procuradores, de escritórios de advocacia distintos, salvo se de processo eletrônico se tratar.

II. Contraditório e efeito modificativo

O § 2º trata da necessidade de o magistrado proporcionar ao embargado a possibilidade de responder ao recurso, quando os embargos forem daqueles capazes de gerar alteração da decisão. Sobre essa exigência já tinha se apercebido tanto a doutrina como a jurisprudência à luz do CPC/1973 (STJ, 2ª T., AgRg no REsp nº 1488613/PR, Rel. Min. Humberto Martins, j. em 7/5/2015, DJe de 13/5/2015).

Os embargos de declaração não têm vocação de gerar alteração da decisão impugnada, tendo em vista que, uma vez corrigidas as contradições, esclarecidas as obscuridades, feitas as necessárias complementações, corrigidos os erros materiais e conhecidas as matérias de ordem pública, *tem-se a decisão como deveria ter sido originalmente proferida.*

III. Situações em que pode haver o efeito modificativo

Em nosso entender são basicamente três as situações em que os embargos de declaração podem ter efeito modificativo ou infringente: (i) quando o efeito modificativo for efeito secundário decorrente das hipóteses comuns de cabimento dos embargos de declaração (STJ, 3ª T., EDcl no AgRg no Ag nº 1.410.715/RS, Rel. Min. João Otávio de Noronha, v.u., j. em 10/9/2013, DJe de 16/9/2013); (ii) quando houver correção de erro material, situação de que trata expressamente a nova lei; ou, ainda (iii) quando for o caso de decretação de nulidade absoluta, de ofício ou a requerimento das partes, formulado nos próprios embargos declaratórios, hipótese de que trata também o CPC/2015. Nestes três casos, necessariamente, deve haver contraditório, à luz da nova lei e da posição que já prevalecia nos tribunais, à luz do CPC/1973.

Art. 1.024 - O juiz julgará os embargos em 5 (cinco) dias.

§ 1º - Nos tribunais, o relator apresentará os embargos em mesa na sessão subsequente, proferindo voto, e, não havendo julgamento nessa sessão, será o recurso incluído em pauta automaticamente.

§ 2º - Quando os embargos de declaração forem opostos contra decisão de relator ou outra decisão unipessoal proferida em tribunal, o órgão prolator da decisão embargada decidi-los-á monocraticamente.

§ 3º - O órgão julgador conhecerá dos embargos de declaração como agravo interno se entender ser este o recurso cabível, desde que determine previamente a intimação do recorrente para, no prazo de 5 (cinco) dias, complementar as razões recursais, de modo a ajustá-las às exigências do art. 1.021, § 1º.

§ 4º - Caso o acolhimento dos embargos de declaração implique modificação da decisão embargada, o embargado que já tiver interposto outro recurso contra a decisão originária tem o direito de complementar ou alterar suas razões, nos exatos limites da modificação, no prazo de 15 (quinze) dias, contado da intimação da decisão dos embargos de declaração.

§ 5º - Se os embargos de declaração forem rejeitados ou não alterarem a conclusão do julgamento anterior, o recurso interposto pela outra parte antes da publicação do julgamento dos embargos de declaração será processado e julgado independentemente de ratificação.

I. Prazo "impróprio" para o juiz

O juiz tem o prazo (impróprio) de 5 (cinco) dias para julgar os embargos interpostos de suas decisões. As decisões que podem ser atacadas por meio de embargos de declaração são as interlocutórias (mesmo as que à luz do CPC/2015 ficam sem recurso autônomo), as decisões agraváveis de instrumento e as apeláveis. Também as sujeitas aos demais recursos, e mesmo aquelas de que não cabe mais recurso algum... fadadas a transitar em julgado.

II. Processamento do recurso

Conforme dispõe o § 1º, o relator apresentará os embargos em mesa, proferindo voto, na sessão subsequente e, caso não haja julgamento, o recurso será incluído em pauta. Este parágrafo determina a competência para o julgamento dos aclaratórios que é do próprio relator.

O § 2º encerra discussões levantadas na jurisprudência formada à luz do CPC/1973 a respeito de quando houver embargos de declaração da decisão do relator, este decidir monocraticamente ou levar o julgamento ao órgão colegiado. A jurisprudência majoritária se firmou à luz do CPC/1973, a nosso ver, equivocadamente, no sentido de os embargos deverem ser decididos pelo órgão colegiado (STJ, 3ª T., EDcl nos EDcl no AgRg nos EDcl no Ag nº 1270856/RJ, Rel. Min. Ricardo Villas Bôas Cueva j. em 26/5/2015, DJe de 2/6/2015).

Como dissemos há pouco, o § 1º do artigo ora sob exame determina a competência do relator para julgar os embargos interpostos contra suas decisões. E os embargos são recurso que deve ser julgado pelo *mesmo órgão* que proferiu a decisão impugnada.

III. Embargos de declaração e agravo "regimental"

Outro problema que o CPC/2015 resolve, com o disposto no § 3º, é a tendência, a nosso ver equivocada, da jurisprudência que se formou à luz do CPC/1973 no sentido de não se considerarem cabíveis os embargos de declaração contra decisões monocráticas proferidas pelos Tribunais Superiores (STJ, 2ª T., EDcl nos EDcl no REsp nº 1410943/SP, Rel. Min. Og Fernandes, j. em 4/9/2014, DJe de 22/9/2014). Nesse sentido, por entender que só são cabíveis embargos de declaração de decisões colegiadas e, portanto, recebendo os embargos de declaração como agravo regimental, são as decisões: STF, 2ª T., EDcl no ARE nº 779.621/CE, Rel. Min. Gilmar Mendes, v.u., j. em 10/12/2013, DJe de 3/2/2014 e STJ, 6ª T., EDcl no REsp nº 764.303/DF, Rel. Min. Rogerio Schietti Cruz, v.u., j. em 19/9/2013, DJe de 27/9/2013.

Entendemos que, na verdade, a solução deste problema estaria resolvida pelo *caput* do art. 1.022, que diz que cabem embargos de declaração contra qualquer decisão judicial. No entanto, apesar da solução encontrada pelos Tribunais Superiores em converter os embargos de declaração em agravo interno, o que corriqueiramente acontecia é a não admissão do recurso por ausência de preenchimento dos requisitos próprios do agravo (impugnação específica dos fundamentos da decisão agravada). Assim, andou bem o legislador de 2015 no sentido de conceder prazo de 5 (cinco) dias ao recorrente para que adéque os requisitos do recurso em que se transformará.

Tendo em vista que o resultado do julgamento do acolhimento dos embargos de declaração, dispõe o § 4º, integra a decisão recorrida, quando uma das partes antes da decisão dos embargos de declaração já tiver interposto outro recurso (dito principal), a esta será assegurado o direito de modificar ou complementar suas razões, no prazo de 15 (quinze) dias, nos limites das alterações decorrentes do acolhimento dos aclaratórios.

IV. Combate à jurisprudência "defensiva"

A regra contida no § 5º tem nítida finalidade de combater tendência jurisprudencial, ao nosso ver equivocada, que se consolidou no sentido de considerar "precoce" o recurso principal interposto quando a parte contrária anteriormente interpôs embargos de declaração, devendo o recurso principal, para ser conhecido, ratificado (STJ, 4ª T., AgRg no AREsp nº 621.365/RJ, Rel. Min. Luis Felipe Salomão, j. em 16/4/2015, DJe de 27/4/2015. A matéria, inclusive é sumulada pelo STJ: "É inadmissível o recurso especial interposto antes da publicação do acórdão dos embargos de declaração, sem posterior ratificação" (Súmula nº 418)). A nova lei diz que, se os embargos de declaração forem rejeitados ou não alterarem a conclusão do julgamento anterior, não há razão em se exigir ratificação das razões do recurso ou a sua complementação.

Art. 1.025 - Consideram-se incluídos no acórdão os elementos que o embargante suscitou, para fins de pré-questionamento, ainda que os embargos de declaração sejam inadmitidos ou rejeitados, caso o tribunal superior considere existentes erro, omissão, contradição ou obscuridade.

I. Prequestionamento "ficto"?

Esta nova regra tem por objetivo levar a efeito de modo mais visível e evidente a economia processual. Ela torna dispensável a volta do processo à instância *a quo*, quando houve embargos de declaração, não admitidos ou rejeitados no mérito, caso, segundo o tribunal *ad quem*, embargos devessem ter sido admitidos e providos. Neste caso, os elementos que deveriam, segundo o recorrente, integrar a decisão, pois eram imprescindíveis para a configuração da questão federal ou da questão constitucional (prequestionamento), serão considerados "fictamente" integrantes do acórdão.

À luz do sistema recursal de 1973, ocorria com frequência que a primeira ofensa à lei que dava azo à interposição de recurso especial fosse justamente a não supressão da omissão por embargos de declaração no tribunal *a quo*. Em seguida, no próprio recurso especial, formulava o recorrente outro pedido, decorrente da ilegalidade da decisão de mérito proferida pelo segundo grau de jurisdição. Frequentemente o STJ determinava o retorno dos autos ao tribunal *a quo*, para que este suprisse a omissão, ficando prejudicado o resto do recurso. Uma vez suprida a lacuna, maneja outro recurso especial, agora reiterando o pedido de correção da ilegalidade da decisão de mérito (STJ, 2ª T., AgRg no Ag nº 1113494/SP, Rel. Min. Castro Meira, j. em 19/5/2009, DJe de 29/5/2009).

O STF, a seu turno, não determinava a volta do processo ao juiz *a quo*, tendendo a decidir no sentido de considerar suficiente a iniciativa da parte em interpor o recurso de embargos de declaração (o STF entende que era possível, por meio da sua Súmula nº 356, prequestionar fictamente acórdão: "O ponto omisso da decisão, sobre o qual não foram opostos embargos declaratórios, não pode ser objeto de recurso extraordinário, por faltar o requisito do prequestionamento").

Esta última tendência foi prestigiada pelo legislador de 2015.

De rigor, o artigo ora comentado diz respeito principalmente à hipótese de omissão, embora possam-se configurar hipóteses em que seja possível ao Tribunal Superior ter por "corrigida" a contradição ou a obscuridade, sem determinar a volta dos autos.

A lei diz: "consideram-se incluídos". Todavia, é claro que se trata de uma *possibilidade*. O órgão *ad quem* age como se estivesse dando provimento aos embargos, considerando que o embargante de declaração tem direito àquilo que pede, quando isso for possível, materialmente, não gerando prejuízo.

Então, por exemplo, no acórdão de segundo grau não há menção à questão de ser caso de intervenção do MP. As partes discutiram sobre este ponto, mas, no acórdão, o tribunal decidiu o mérito, sem tocar na questão. Nos embargos, pleiteia-se que o tribunal se manifeste expressamente sobre não se ter determinado a intimação do MP. Embargos rejeitados, tem o tribunal *ad quem* plenas condições de julgar o recurso especial aplicando o dispositivo ora comentado.

Nem sempre, entretanto, isso acontece.

O novo dispositivo também diz respeito a matéria fática: o art. 1.024, § 4º, menciona *elementos*. Hoje não mais se discute que os recursos excepcionais também se prestam para a correção da subsunção, ou seja, da *adequação* da solução jurídica encontrada à situação fática retratada no processo. Os Tribunais Superiores, de fato, não reveem provas: mas reveem fatos, na medida em que estejam *descritos* no acórdão impugnado. O encarte equivocado dos fatos no quadro normativo leva a uma solução equivocada, e isto pode ser corrigido pelos recursos excepcionais, porque se trata de *quaestio iuris*.

O encaixe dos fatos sob a norma, ou seja, o processo subsuntivo, consiste em matéria essencialmente jurídica. Se o processo de qualificação se dá de modo equivocado, tudo o que se lhe segue equivocado será.

Em outros termos, se a função do recurso especial e do recurso extraordinário é fundamentalmente a de verificar a existência de ilegalidades e inconstitucionalidades, todos os casos em que os fatos foram *qualificados* erradamente, tendo-se-lhes aplicado norma diferente daquela que, na verdade, deveria ser aplicada, *deveriam* ser reavaliados pelos tribunais superiores no bojo desses recursos.

Mas o erro ou o acerto na aplicação da lei não pode ser avaliado, se se desconhecem os fatos sobre os quais foi aplicada.

O conhecimento dos fatos sobre os quais versa a decisão pode ocorrer de dois modos. *Ou se conhece dos fatos por meio da descrição que deles há na própria decisão – e é só esse o modo por meio do qual se permite levar os fatos aos tribunais superiores em recurso especial ou extraordinário – ou por meio da análise das provas que constam dos autos.*

Julgando o recurso especial ou o recurso extraordinário, a ilegalidade ou a inconstitucionalidade consistente na solução normativa ter sido "escolhida" equivocadamente só pode ser corrigida se compararem *os fatos tais quais descritos na decisão sob foco com a solução normativa que se deu àqueles fatos naquela mesma decisão*. Essa é a regra geral, com algumas peculiaridades (e que sofreu algumas "variações" de significado ao longo da história do nosso Direito).

Embora a reavaliação da subsunção seja, em si mesma, uma questão de direito, quando, para reavaliar o seu erro ou o seu acerto, precisa o tribunal obter dados que não constam expressamente da decisão proferida pelo órgão *a quo*, mas dos autos, diz-se que, "tecnicamente", se está diante de uma questão de fato.

Essa é a razão que leva a que a parte possa, *por meio dos embargos de declaração*, pedir que se *complete* a descrição do quadro fático que ficou comprovado nos autos, para provocar em RESP ou em RE a reavaliação do processo subsuntivo. Pedindo o embargante que se coloquem fatos 1, 2 e 3 no acórdão recorrido e respondendo o tribunal *a quo* que a referência a estes fatos não é relevante para se avaliar o acerto da decisão, pode o Tribunal Superior, se preenchidos os demais pressupostos, considerar incluídos no acórdão os fatos 1, 2 e 3.

Art. 1.026 - Os embargos de declaração não possuem efeito suspensivo e interrompem o prazo para a interposição de recurso.

§ 1º - A eficácia da decisão monocrática ou colegiada poderá ser suspensa pelo respectivo juiz ou relator se demonstrada a probabilidade de provimento do recurso ou, sendo relevante a fundamentação, se houver risco de dano grave ou de difícil reparação.

§ 2º - Quando manifestamente protelatórios os embargos de declaração, o juiz ou o tribunal, em decisão fundamentada, condenará o embargante a pagar ao embargado multa não excedente a dois por cento sobre o valor atualizado da causa.

§ 3º - Na reiteração de embargos de declaração manifestamente protelatórios, a multa será elevada a até dez por cento sobre o valor atualizado da causa, e a interposição de qualquer recurso ficará condicionada ao depósito prévio do

valor da multa, à exceção da Fazenda Pública e do beneficiário de gratuidade da justiça, que a recolherão ao final.
§ 4º - Não serão admitidos novos embargos de declaração se os 2 (dois) anteriores houverem sido considerados protelatórios.

I. Ausência de efeito suspensivo

Consoante dispõe o *caput* do dispositivo os embargos de declaração *não* têm efeito suspensivo. O efeito suspensivo dos embargos de declaração era um problema que, à luz do CPC/1973, gerava acirradas discussões na doutrina com os naturais reflexos na jurisprudência dos Tribunais Superiores, agora resolvidos pelo CPC/2015.

A expressão "efeito suspensivo" é, de certo modo, equívoca, porque se presta a fazer supor que só com a interposição do recurso *passem* a ficar tolhidos os efeitos da decisão, como se *até esse momento* estivessem eles a manifestar-se normalmente. Rigorosamente, mesmo antes de interposto o recurso, a decisão, pelo simples fato de estar-lhe sujeita, é ato *ainda* ineficaz, e a interposição apenas *prolonga* semelhante ineficácia.

A ausência de efeito suspensivo dos recursos está cada vez mais presente nos Códigos de Processo Civil modernos, sendo marcada tendência a ampliarem-se as exceções à regra de que, normalmente, os recursos devem ser recebidos em ambos os efeitos. A bem da verdade, admitirem-se recursos *sem efeito suspensivo* é decorrência necessária da autoridade que se deve atribuir desde logo às decisões do Estado. (V. art. 1.065 do CPC/2015, que alterou o art. 50 da Lei 9.099/1995, dispondo que os embargos de declaração interrompem o prazo para a interposição do recurso, no âmbito dos Juizados Especiais.)

II. Flexibilização dos efeitos dos recursos

Mesmo em relação aos recursos que têm efeito suspensivo, a regra não é absoluta. Pense-se no exemplo da apelação. O *caput* do art. 1.012 é inequívoco ao afirmar que a apelação terá efeito suspensivo, porém o disposto no § 1º possibilita que em algumas hipóteses algumas sentenças produzam efeito imediatamente, bem como o § 4º ressalva que, em casos de risco de dano grave ou difícil reparação, a eficácia poderá ser suspensa. Esse exemplo demonstra que as partes conseguem alterar os efeitos *ex lege* dos recursos, de forma a fazer com que produzam efeito imediatamente (nos casos em que a lei prevê o contrário) ou deixem de produzir efeitos quando normalmente – de acordo com a literalidade da lei – produziriam.

Porém o tipo de efeito suspensivo que os embargos podem ter não é igual ao da apelação, como dissemos. Trata-se de outra espécie de efeito suspensivo. Existem recursos que realmente fazem cessar os efeitos que *já ocorrem no plano dos fatos.*

É o efeito que decorre da *interposição do recurso* somada a um *pedido da parte* nesse sentido e faz com que cesse a eficácia da decisão, como acontece quando da interposição de agravo de instrumento. A ineficácia decorre da decisão de provimento do agravo. Diferentemente da apelação, que apenas *prolonga* o estado de ineficácia que já existia antes da interposição do recurso.

No caso do efeito suspensivo do agravo de instrumento, caso este seja improvido, a decisão volta a produzir os efeitos que produzia antes. A decisão sujeita a apelação que tenha efeito suspensivo, só por isso já não produz efeitos; a decisão sujeita a agravo produz efeitos desde logo, que cessam se houver interposição do recurso *somada a pedido expresso de cessação de efeitos*, que seja deferido.

III. Interrupção da contagem dos prazos para outros recursos

Importa repisar aqui que esse efeito de cuja incidência se está cogitando nada tem que ver com a interrupção do prazo para os demais recursos, gerada pela interposição dos embargos declaratórios: salvo no caso de inadmissibilidade dos embargos de declaração por *intempestividade*, os embargos de declaração interrompem o prazo para interposição dos demais recursos, para ambas as partes, seja qual for seu intuito.

Isto porque a intempestividade é considerada uma *causa diferenciada* de inadmissibilidade do recurso, tendo em vista os critérios objetivos em que se baseia. Nos demais casos de inadmissibilidade, ainda mais quando se trata de recurso de fundamentação vinculada, a avaliação da inadmissibilidade envolve inevitável dose de subjetividade, implicando o exame, ainda que superficial, do mérito. E no caso da intempestividade, é certo que esta pode ser verificada independentemente de fatores subjetivos.

Julgados os embargos, *ambas* as partes terão o *prazo por inteiro* para interporem os demais recursos. Entretanto, isto não se aplica ao prazo que tem a parte contrária para embargar de declaração. Ou seja, para a interposição dos embargos de declaração, o prazo é *comum* para ambas as partes. Porém, uma vez julgados os embargos, é claro que as partes podem embargar de declaração, agora da nova decisão.

No entanto, parte da doutrina e da jurisprudência adota posição mais liberal e, como a parte não pode ser prejudicada diante da *dúvida objetiva*, deve prevalecer sempre a interpretação que mais favoreça o recorrente.

IV. Excepcionalmente, o efeito suspensivo

O § 1º, usando de conceitos vagos, especifica as razões que justificariam o pedido da parte, no sentido de se atribuir efeito suspensivo aos embargos declaratórios: (i) probabilidade de provimento do recurso somada ao risco de dano grave ou de difícil reparação; ou (ii) fundamentação relevante. O primeiro caso são justamente os pressupostos típicos das providências de natureza cautelar, e, neste ponto, remetemos o leitor aos comentários aos arts. 305 e ss. do CPC/2015. Por fundamentação relevante considera-se a real impossibilidade de cumprimento da decisão, dada a gravidade do vício (omissão, contradição ou obscuridade) que a macula; outro exemplo de fundamento relevante consiste na hipótese de a parte requerer a atribuição de efeito infringente ao embargo e, por consequência, a integral reforma da decisão (como resultado natural de uma das hipóteses legais de interposição do recurso ou como resultado do reconhecimento de um vício ligado à matéria de ordem pública).

V. Embargos protelatórios – multa

O § 2º cuida da hipótese dos embargos de declaração *protelatórios*.

O dispositivo limita o percentual da multa em 2% (dois por cento) do valor causa. A incidência dessa multa independe de outras penalidades que podem ser aplicadas, como, por exemplo, a multa decorrente de litigância de má-fé.

O § 3º condiciona a interposição de qualquer outro recurso ao depósito prévio do valor da penalidade, que pode chegar a 10% (dez por cento) do valor da causa, no caso de reiteração dos embargos protelatórios. Essa regra não se aplica se a parte for beneficiária da justiça gratuita ou for a Fazenda Pública, casos em que o recolhimento do valor da multa se dará ao final.

O § 4º estabelece que, depois de dois embargos protelatórios, os terceiros serão inadmitidos, *ex lege*. No entanto, é discutível a constitucionalidade desta regra.

Capítulo VI - Dos Recursos para o Supremo Tribunal Federal e para o Superior Tribunal de Justiça

Seção I - Do Recurso Ordinário

Art. 1.027 - Serão julgados em recurso ordinário:
I - pelo Supremo Tribunal Federal, os mandados de segurança, os habeas data e os mandados de injunção decididos em única instância pelos tribunais superiores, quando denegatória a decisão;
II - pelo Superior Tribunal de Justiça:
a) os mandados de segurança decididos em única instância pelos tribunais regionais federais ou pelos tribunais de justiça dos Estados e do Distrito Federal e Territórios, quando denegatória a decisão;
b) os processos em que forem partes, de um lado, Estado estrangeiro ou organismo internacional e, de outro, Município ou pessoa residente ou domiciliada no País.
§ 1º - Nos processos referidos no inciso II, alínea b, contra as decisões interlocutórias caberá agravo de instrumento dirigido ao Superior Tribunal de Justiça, nas hipóteses do art. 1.015.
§ 2º - Aplica-se ao recurso ordinário o disposto nos arts. 1.013, § 3º, e 1.029, § 5º.

Autor: Nelson Luiz Pinto

I. Cabimento

Trata-se de recurso dirigido ao STF e ao STJ exclusivamente nas hipóteses disciplinadas, respectivamente, na CF, arts. 102, inciso II, e 105, inciso II, sendo que suas hipóteses de cabimento em matéria cível são reproduzidas nos arts. 1.027 e 1.028 do CPC/2015.

O inciso I deste art. 1.027 reproduz quase que integralmente a CF, art.102, inciso II, *a*, atribuindo ao STF a competência recursal ordinária, sempre que se tratar de decisão denegatória de mandado de segurança (ver CF, art. 5º, incisos LXIX e LXX), *habeas data* (ver CF, art. 5º, inciso LXXII) ou mandado de injunção (ver CF, art. 5º, inciso LXXI), da competência originária dos Tribunais Superiores; portanto, tanto do STJ como também da justiça especializada. Militar, Trabalhista e Eleitoral, excluindo apenas a referência ao *habeas corpus*, por se tratar de matéria penal.

Para o STJ, o CPC/2015, art. 1.027, inciso II, reproduz exatamente o contido na CF, art. 105, inciso II, *b* e *c*, atribuindo a esse tribunal a competência recursal ordinária, sempre que se tratar de decisão denegatória de mandado de segurança (ver CF, art. 5º, incisos LXIX e LXX), da competência originária dos TRFs ou dos Tribunais dos Estados, do Distrito Federal e Territórios, bem como contra as decisões finais nas causas em que forem partes Estado estrangeiro ou organismo internacional, de um lado e, do outro, Município ou pessoa residente ou domiciliada no País.

Trata-se, portanto, de recurso que tem como finalidade permitir um segundo grau de jurisdição em determinadas ações que são, via de regra, processadas originariamente nos tribunais, podendo ter como objetivo tanto a reforma (em caso de *error in judicando*) como a invalidação da decisão (em caso de *error in procedendo*). Funciona, pois, para as hipóteses aqui previstas, como verdadeira apelação.

Apesar de a Constituição Federal utilizar a expressão "quando denegatória a decisão", deve-se interpretá-la no sentido amplo, sendo cabível o recurso ordinário ainda que o Mandado de Segurança, o *habeas data* ou o Mandado de Injunção seja indeferido liminarmente ou por qualquer motivo extinto sem a apreciação de mérito (ver *RTJ* 132/718).

Deve-se observar, no entanto, tratar-se de recurso cabível apenas para o impetrante que vê sua pretensão indeferida ou denegada pelo mérito. Essa limitação quanto a legitimidade para a impetração não gera qualquer inconstitucionalidade na medida em que, quando concedida a segurança, terá sempre a autoridade coatora ou o ente público a ela vinculado a possibilidade de requerer a suspensão da segurança ao presidente do respectivo tribunal nas hipóteses previstas no art. 15 da Lei nº 12.016, de 7 de agosto de 2009 (Lei do Mandado de Segurança).

Como já decidiu o STJ (ver *RT* 712/307), será cabível o recurso ordinário nas hipóteses previstas na CF, art. 105, inciso II, ainda que se trate de matéria constitucional que, neste caso, será apreciada em segundo grau de jurisdição pelo STJ, e não pelo STF.

II. Agravo de instrumento

O CPC/2015, art. 1.027, § 1º, preceitua que nos processos em que forem partes, de um lado, Estado estrangeiro ou organismo internacional e, de outro, Município ou pessoa residente ou domiciliada no país que, segundo a CF, art. 109, inciso II, são de competência dos juízes federais de primeiro grau, caberá, contra as decisões interlocutórias, agravo de instrumento dirigido ao Superior Tribunal de Justiça, se afigurar-se nas hipóteses do CPC/2015, art. 1.015.

Ou seja, causas referidas no CPC/2015, art. 1.027, inciso II, *b*, quando não se tratar de decisão final, mas de decisão interlocutória, será cabível o recurso de agravo (ver CPC/2015, arts. 1.027, § 1º, e 1.015), também dirigido ao STJ, que nessas hipóteses, como mencionamos, funciona como órgão de segundo grau de jurisdição, ainda que se trate de decisão proferida por juiz de primeiro grau de jurisdição, uma vez que, de acordo com o disposto na CF, art. 109, inciso II, as "causas em que forem partes, de um lado, Estado estrangeiro ou organismo internacional e, de outro lado, Município ou pessoa residente ou domiciliada no País" são de competência, em primeiro grau de jurisdição, dos juízes federais (STJ, 3ª T., Ag. nº 410.661-DF, Rel. Min. Carlos Alberto Menezes Direito, DJU de 1º/4/2002, p. 187).

Vale a pena lembrar que o novo diploma processual trouxe um rol de hipóteses restritas de cabimento do agravo de instrumento. Assim, salvo outra disposição expressamente prevista em lei, somente possibilitar-se-á a interposição do recurso nos casos enumerados nos incisos I a XIII do art. 1.015, ficando as demais matérias para apreciação como preliminar do recurso ordinário eventualmente interposto contra a decisão final, como ocorre com a apelação.

III. Efeito devolutivo

O recurso ordinário tem efeito devolutivo, semelhante ao da apelação, tanto na dimensão horizontal quanto na vertical ou, para parte da doutrina, translativo. Ou seja, tanto aquela atrelada à vontade do recorrente como aquela atinente às demais causas de pedir, aos demais fundamentos de defesa e às questões de ordem pública, sempre com obediência ao necessário contraditório, nos termos do art. 933 do CPC/2015.

Tem sido entendido pelo STJ que o recurso em mandado de segurança tem natureza similar à apelação, devolvendo o conhecimento de toda a matéria alegada na impetração (*RSTJ* 94/362 e *RTJ* 131/115). Ainda nos termos do art. 1.008 do CPC/2015, a decisão de mérito proferida no recurso substituirá a decisão recorrida.

Deve ser observado também o que dispõe o CPC/2015, art. 1.027, § 2º, no que se refere à observância do disposto no CPC/2015, art. 1.013, § 3º. Tal dispositivo prestigia a economia processual e a garantia constitucional da razoável duração do processo, o que parte da doutrina chama de julgamento *per saltum*, prevendo a possibilidade de que no recurso interposto contra decisão que não apreciou o mérito da causa, mas que esteja em condição "madura", há viabilidade de seu imediato julgamento de mérito pelo órgão superior, sem a necessidade do retorno da causa à instância inferior. Contrariamente, na vigência do CPC/1973, decidiu o STJ no RMS nº 35.234-SP, 17.10.2013, Rel. Min. Eliana Calmon, DJE de 24/10/2013.

IV. Efeito suspensivo

Impende destacar, de antemão, que o Código de Processo Civil de 2015 alterou a regra geral no que tange aos efeitos dos recursos. É o que se extrai do CPC/2015, art. 995, quando prevê que "os recursos não impedem a eficácia da decisão, salvo disposição legal ou decisão judicial em sentido diverso".

Em outras palavras, os recursos, via de regra, são recebidos somente no efeito devolutivo.

No caso do recurso ordinário, o CPC/2015, art. 1.027, § 2º, remete ao art. 1.029, § 5º, que trata do pleito do efeito suspensivo nos recursos extraordinário e especial, possibilitando para o recurso em tela a obtenção do efeito suspensivo quando formulada por requerimento dirigido: a) ao tribunal superior respectivo, quando do período compreendido entre a interposição e a distribuição do recurso, ficando o relator designado para seu exame prevento para julgá-lo; b) ao relator, se já distribuído o recurso; c) ao presidente ou vice-presidente do tribunal local, no caso de o recurso ter sido sobrestado, nos termos do CPC/2015, art. 1.037 (recursos repetitivos).

V. Recurso ordinário adesivo

Entendemos ser plenamente possível, na hipótese prevista no CPC/2015, art. 1.027, inciso II, *b*, a interposição de recurso ordinário adesivo, semelhantemente ao que ocorre com a apelação, quando se tratar de sucumbência recíproca e só uma das partes venha a interpor o recurso principal, conforme já decidiu o STJ no RMS nº 12.227-SC, j. em 19/8/2003, Rel. Min. Jorge Scartezzini, DJU de 13/10/2003, p. 376.

Concordam com esse entendimento José Carlos Barbosa Moreira, Cândido Rangel Dinamarco e Paulo Cezar Aragão. Já em sentido contrário, Araken de Assis, citando decisão do STJ, 4ª T., no RMS nº 5.085-SP, Rel. Min. Barros Monteiro, j. em 19/9/1995, DJU de 29/11/1995, p. 39596.

VI. Julgados

Súmula nº 272 do STF: "Não se admite como ordinário recurso extraordinário de decisão denegatória de mandado de segurança" (ver também *RTJ* 142/472, 144/187 e 158/76).

Súmula nº 513 do STF: "A decisão que enseja a interposição de Recurso Ordinário ou Extraordinário não é a do Plenário, que resolve o incidente de inconstitucionalidade, mas a do órgão (Câmaras, Grupos ou Turmas) que completa o julgamento do feito".

Cabimento também em matéria constitucional

"Se o Tribunal estadual denegou em única instância o mandado de segurança, o recurso cabível, independentemente de versar ou não matéria constitucional, é o ordinário para o STJ, de acordo com o art. 105, inciso II, *b*, da CF" (*RTJ* 146/665 e *RTJ* 158/976).

Desnecessidade de prequestionamento

"O prequestionamento não é requisito de admissibilidade do recurso ordinário" (STF, *RT* 712/307).

Cabimento do recurso ordinário contra decisão de agravo regimental

"Caso não seja provido o agravo regimental contra a decisão do relator que denegou liminarmente a segurança, caberá recurso ordinário para o STJ" (STJ, 4ª T., RMS nº 1.164-MT, Rel. Min. Bueno de Souza, j. em 11/2/1992, deram provimento, v.u., DJU de 22/6/1992, p. 9759, 2ª col., em.; STJ, 6ª T., RMS nº 5.921-RS, Rel. Min. Fernando Gonçalves, j. em 4/2/1997, negaram provimento, v.u., DJU de 10/3/1997, p. 6000, 2ª col., em.).

Erro grosseiro

"Constitui erro grosseiro a interposição de recurso ordinário contra decisão do relator que indefere, liminarmente, mandado de segurança (*RSTJ* 73/178), cabendo, portanto, agravo regimental" (*RSTJ* 11/191, 32/141, 32/169, 34/176, 48/548 e 87/379; *STJ*, RT 699/175 e *RISTJ*, art. 247).

"Da decisão proferida em mandado de segurança por tribunal de segundo grau de jurisdição, em única instância, cabe recurso ordinário, constituindo erro inescusável a sua substituição por recurso especial – Inaplicabilidade do princípio da fungibilidade dos recursos" (*RSTJ* 75/153).

Efeito devolutivo

"O recurso ordinário devolve ao STF ou STJ, a exemplo da apelação, o conhecimento de toda a matéria impugnada, que pode abranger todas as questões suscitadas e discutidas no processo de natureza constitucional ou não, e ainda que a sentença não as tenha julgado por inteiro" (*RTJ* 131/115).

Art. 1.028 - Ao recurso mencionado no art. 1027, inciso II, alínea b, aplicam-se, quanto aos requisitos de admissibilidade e ao procedimento, as disposições relativas à apelação e o Regimento Interno do Superior Tribunal de Justiça.

§ 1º - Na hipótese do art. 1.027, § 1º, aplicam-se as disposições relativas ao agravo de instrumento e o Regimento Interno do Superior Tribunal de Justiça.
§ 2º - O recurso previsto no art. 1.027, incisos I e II, alínea a, deve ser interposto perante o tribunal de origem, cabendo ao seu presidente ou vice-presidente determinar a intimação do recorrido para, em 15 (quinze) dias, apresentar as contrarrazões.
§ 3º - Findo o prazo referido no § 2º, os autos serão remetidos ao respectivo tribunal superior, independentemente de juízo de admissibilidade.

I. Requisitos de admissibilidade

Trata-se de recurso cujo juízo de admissibilidade é semelhante ao da apelação, aplicando-se o regime jurídico do referido recurso, tal como preceitua o CPC/2015, art. 1.028, *caput*. Assim sendo, observará todo o conjunto intrínseco e extrínseco de admissibilidade, imposto de forma genérica à apelação (legitimidade, interesse, tempestividade, preparo, etc.).

Destaca-se, no entanto, quanto a legitimidade, é que parte legítima para interpor o recurso ordinário, via de regra, somente o impetrante do *writ* denegado pelo tribunal de origem. Observa-se, no entanto, que, nas causas em que envolvem estado estrangeiro ou entes internacionais, de um lado, e, de outro, Municípios ou pessoa residente ou domiciliada no país, de competência dos juízes federais de primeira instância, ambas as partes serão legítimas para interposição do recurso ordinário, por força do disposto no CPC/2015, art. 1.027, inciso II, *b*, que não restringe o cabimento do recurso à hipótese de improcedência, como ocorre no inciso I deste mesmo artigo.

Quanto ao prazo de interposição, seguir-se-á a regra dos recursos em geral, prevista no CPC/2015, art. 1.003, § 5º, e reiterado no dispositivo específico em comento, ou seja, deve ser interposto no prazo de 15 dias, não havendo alteração em relação ao diploma processual anterior.

No que diz respeito ao preparo, aplica-se o disposto no art. 1.007 do CPC/2005, não havendo exceção à regra geral de sua exigência no recurso ordinário. Observa-se, contudo, a possibilidade de dispensa de sua realização por previsão expressa de lei ou pela concessão do benefício da gratuidade de justiça, bem como a possibilidade de sua complementação, na forma do § 4º do mencionado art. 1.007.

Em relação às alterações mais relevantes do recurso ordinário, urge informar que o juízo de admissibilidade estará, no CPC/2015, sujeito a análise somente no tribunal *ad quem* (STF ou STJ) e não mais atribuído ao tribunal ou ao juiz federal de origem, por força do art. 1.028, § 3º.

II. Procedimento

Trata-se de recurso que tem seu procedimento semelhante ao da apelação e vem disciplinado nos Regimentos Internos do Supremo Tribunal Federal e do Superior Tribunal de Justiça.

O CPC/2015, art. 1.028, *caput*, determina, expressamente, que ao recurso ordinário, na hipótese mencionada no art. 1.027 inciso II, *b*, seja aplicado, quanto aos requisitos de admissibilidade e ao procedimento, as regras que regulam a apelação e o Regimento Interno do Superior Tribunal de Justiça.

Deve-se, portanto, entender, que o agravo de instrumento nas causas previstas na letra *b* do inciso II do art. 1.027 deverá ser interposto no prazo de 15 dias (CPC, art. 1.003, § 5º) diretamente no STJ (CPC/2015, art. 1.027, § 1º), com distribuição imediata a um ministro relator (CPC/2015, art. 1.019, *caput*).

Já nos MS de competência originária dos tribunais, a decisão monocrática que concede ou denega liminar pode ser revista pelo colegiado através de agravo interno, nos termos do art. 1.021 do CPC/2015.

Cabível, também, no julgamento do recurso ordinário no STF e no STJ, a realização de sustentação oral, por disposição expressa do art. 937, inciso II, do CPC/2015.

O Regimento Interno do STF não se encontra ainda adaptado às novas disposições constitucionais, aplicando-se ali, ainda, as antigas disposições contidas nos arts. 318 a 320, que se referiam à apelação cível dirigida ao STF, em matérias hoje da competência do STJ.

Quanto ao procedimento no STJ, o Regimento Interno deste tribunal regula o recurso ordinário nos arts. 247 e 248 e o recurso de agravo de instrumento nos arts. 253 e 254.

Como já foi anteriormente referido, o recurso ordinário deverá ser interposto, também, dentro do prazo de 15 dias, seguindo assim a regra geral de prazos para os recursos em geral, prevista no art. 1.003, § 5º, do CPC/2015.

Aplicam-se, ainda, ao recurso ordinário, as regras gerais relativas "à ordem dos processos no tribunal" previstas no CPC/2015, arts. 929 e seguintes, especialmente o disposto no art. 932 com relação aos poderes do relator.

Entendemos, também, contrariamente a alguns posicionamentos em sentido diverso, que é perfeitamente aplicável ao recurso ordinário o procedimento previsto no art. 942 do CPC/2015, referente à apelação, quando a decisão do ROC for tomada por maioria de votos, na medida em que, segundo disposição dos arts. 179 e 181 do RISTJ e 147 do RISTF, em ambos os tribunais o julgamento desse recurso será tomado pela maioria absoluta do voto de três juízes, o que permite a ocorrência da divergência justificadora do procedimento de continuidade do julgamento previsto no referido dispositivo do CPC/2015.

Em face do CPC/1973 prevalecia o entendimento do não cabimento de embargos infringentes contra decisão por maioria de votos do ROC, por falta de disposição expressa. Na medida em que o procedimento anteriormente referido não constitui um novo recurso, mas simplesmente uma continuidade do julgamento da apelação, parece-nos perfeitamente possível, em face do disposto no CPC/2015, art. 1.028, a sua aplicação no julgamento majoritário do ROC.

III. Julgados

Abertura de vistas à autoridade coatora

"Interposto recurso ordinário contra acórdão que denegou a segurança, deve-se dar vista dos autos à pessoa jurídica de direito público a cujos quadros pertence à autoridade impetrada, sob pena de nulidade" (STJ, 5ª T., ROMS nº 5161/SP, j. em 15/9/1998).

Intempestividade

"Não se conhece de recurso ordinário em que as razões do pedido de reforma da decisão foram apresentadas fora do prazo" (STJ, 1ª T., ROMS nº 468/MT, j. em 30/10/1991).

Suspensão do prazo de interposição nas férias forenses

"O prazo de interposição do recurso ordinário constitucional suspende-se ante a superveniência das férias forenses" (STF – *RTJ* 145/186 e *RT* 691/227).

Legitimidade do MP para interposição de recurso ordinário

"O MP tem legitimidade para recorrer ordinariamente de acórdão que denega segurança em caráter originário" (STJ, 6ª T., ROMS nº 2.389-8/SP, j. em 30/8/1993).

Seção II - Do Recurso Extraordinário e do Recurso Especial

Subseção I - Disposições Gerais

Art. 1.029 - O recurso extraordinário e o recurso especial, nos casos previstos na Constituição Federal, serão interpostos perante o presidente ou o vice-presidente do tribunal recorrido, em petições distintas que conterão:

I - a exposição do fato e do direito;

II - a demonstração do cabimento do recurso interposto;

III - as razões do pedido de reforma ou de invalidação da decisão recorrida.

§ 1º - Quando o recurso fundar-se em dissídio jurisprudencial, o recorrente fará a prova da divergência com a certidão, cópia ou citação do repositório de jurisprudência, oficial ou credenciado, inclusive em mídia eletrônica, em que houver sido publicado o acórdão divergente, ou ainda com a reprodução de julgado disponível na rede mundial de computadores, com indicação da respectiva fonte, devendo-se, em qualquer caso, mencionar as circunstâncias que identifiquem ou assemelhem os casos confrontados.

§ 2º - (Revogado pela Lei nº 13.256, de 4 de fevereiro de 2016).

§ 3º - O Supremo Tribunal Federal ou o Superior Tribunal de Justiça poderá desconsiderar vício formal de recurso tempestivo ou determinar sua correção, desde que não o repute grave.

§ 4º - Quando, por ocasião do processamento do incidente de resolução de demandas repetitivas, o presidente do Supremo Tribunal Federal ou do Superior Tribunal de Justiça receber requerimento de suspensão de processos em que se discuta questão federal constitucional ou infraconstitucional, poderá, considerando razões de segurança jurídica ou de excepcional interesse social, estender a suspensão a todo o território nacional, até ulterior decisão do recurso extraordinário ou do recurso especial a ser interposto.

§ 5º - O pedido de concessão de efeito suspensivo a recurso extraordinário ou a recurso especial poderá ser formulado por requerimento dirigido:

I - ao tribunal superior respectivo, no período compreendido entre a publicação da decisão de admissão do recurso e sua distribuição, ficando o relator designado para seu exame prevento para julgá-lo; (Redação dada pela Lei nº 13.256, de 4 de fevereiro de 2016)

II - ao relator, se já distribuído o recurso;

III - ao presidente ou ao vice-presidente do tribunal recorrido, no período compreendido entre a interposição do recurso e a publicação da decisão de admissão do recurso, assim como no caso de o recurso ter sido sobrestado, no termos do art. 1.037. (Redação dada pela Lei nº 13.256, de 4 de fevereiro de 2016).

Autor: Heitor Vitor Mendonça Sica

I. Nota introdutória

Os recursos extraordinário e especial constituem meios de impugnação de "fundamentação vinculada", pois permitem reexame limitado da decisão recorrida, isto é, exclusivamente com relação à regularidade da aplicação da legislação federal (constitucional e infraconstitucional, respectivamente). Daí por que são denominados também remédios de "estrito direito". Ambos propiciam aos tribunais superiores (STF e STJ) a possibilidade de uniformizar a interpretação e aplicação do direito federal, tarefa essa conotada por manifesto interesse público, que transcende o mero interesse do recorrente na anulação ou reforma da decisão recorrida. Os principais requi- sitos de cabimento dessas modalidades recursais estão assentados na Constituição Federal (arts. 102, inciso III, e 105, inciso III, respectivamente), sobre os quais se falará adiante, ainda que nos exíguos limites destes comentários.

II. Sujeição do CPC à Constituição Federal

A exemplo do que dispunha o art. 541, caput, do CPC/1973, o art. 1.029, caput, do CPC/2015 fez bem em explicitar a ideia de que o cabimento dos recursos extraordinário e especial se sujeita à Constituição Federal, respectivamente em seus arts. 102, inciso III, e 105, inciso III. Daí se extrai que a legislação infraconstitucional não tem aptidão de ampliar ou restringir o cabimento desses recursos em relação ao que preceitua a Constituição da República. Lamentavelmente, po- rém, se veem nos últimos anos diplomas infraconstitucionais que têm obstado o acesso aos tribu- nais superiores ao arrepio do texto constitucional. O mais gritante exemplo disso é o regime dos recursos especiais repetitivos (criado pela Lei nº 11.672/2008 e mantido no CPC/2015, à luz dos arts. 1.036 a 1.041), que claramente instituem filtros para que irresignações recursais cheguem ao STJ mesmo sem previsão constitucional.

III. Órgão perante o qual se dá a interposição

A exemplo do que dispunha o art. 541, caput, do CPC/1973, no art. 1.029, caput, do CPC, os recursos extraordinário e especial continuam a ser interpostos perante a presidência ou vice- presidência do tribunal que proferiu a decisão recorrida (a definição será feita pelo respectivo regimento interno). Em se tratando do recurso especial, de fato não há alternativa ao recorrente senão dirigir a peça à presidência ou vice-presidência de Tribunal de Justiça do Estado ou de Tribunal Regional Federal. Contudo, em se tratando de recurso extraordinário, qualquer órgão que tenha decidido a causa em única ou última instância pode receber um recurso extraordinário, mesmo que não se trate de um tribunal (exemplo é o do recurso extraordinário interposto em face de decisão de turma recursal no âmbito dos Juizados Especiais Cíveis, conforme sedimentado pelo STF no Verbete nº 640). Nesse caso, há que se reconhecer que a interposição se dará perante órgão diverso daquele indicado no dispositivo aqui comentado.

IV. Peças separadas em caso de interposição simultânea de recursos extraordinário e especial

A decisão de única ou última instância proferida por Tribunal de Justiça do Estado ou por Tribunal Regional Federal pode ser simultaneamente desafiada tanto por recurso extraordinário quanto por recurso especial, desde que haja matérias de direito federal constitucional e infra- constitucional a serem suscitadas. As nuances que decorrem desse expediente, que quebram o chamado "princípio da unirrecorribilidade das decisões", serão objeto de atenção ao ensejo dos comentários ao art. 1.031.

V. Conteúdo das razões recursais

Os recursos extraordinário e especial permitem ao recorrente, tal como quase todas as demais modalidades recursais, obter a invalidação ou a reforma da decisão recorrida, mediante reconhe- cimento de errores in procedendo e errores in iudicando respectivamente. Daí por que os incisos I e III do art. 1.029 coincidem com os incisos II e III do art. 1.010, que, embora constantes do capítulo relativo à apelação, aplicam-se a todos os recursos. Nesse ponto, o art. 1.029 mostra-se redundante. Por outro lado, o inciso II do dispositivo amplia o ônus argumentativo do recorrente, pois é preciso demonstrar o cabimento dos recursos excepcionais, que compreende três questões à luz da Constituição Federal: (a) que a decisão desafiada se encaixa em hipóteses do caput do art. 102, inciso III, e 105, inciso III, a depender da modalidade de recurso (isto é, decisão de única ou última instância proferida por qualquer órgão judiciário, em se tratando de recurso extraor- dinário, e decisão de única ou última instância, proferida por TJ ou TRF, no caso de especial); (b) que a matéria foi prequestionada (rectius, que a questão analisada à luz do direito federal tenha sido "decidida", tal como exigem os já referidos arts. 102, inciso III, e 105, inciso III); e (c) que a decisão recorrida incorreu em alguns dos vícios das alíneas a a d do art. 102, inciso III, e a a c do art. 105, inciso III, respectivamente nos casos de recurso extraordinário e especial. Por fim, embora silencie o art. 1.029, é evidente a necessidade de se observar as exigências gerais que os incisos I e IV do já citado art. 1.010 impõem a todos os recursos, isto é, "os nomes e a qualifica- ção das partes" e o "pedido de nova decisão".

VI. Recurso especial fundado em dissídio jurisprudencial – breve introito

O recurso especial admite, nos termos do art. 105, inciso III, c, da Constituição Federal, que o recorrente aponte divergência entre o acórdão recorrido e decisão proferida por outro tribunal no tocante à interpretação de lei federal infraconstitucional (o recurso extraordinário não encerra essa situação em suas hipóteses de cabimento). Trata-se de mecanismo destinado a reforçar o poder do STJ na uniformização da interpretação e aplicação do direito federal infraconstitucional em todo o território nacional (função nomofilácica). A interpretação que o STJ tem dado ao art. 105, inciso III, da Constituição Federal é a de que o cabimento do recurso especial pela alínea c pressupõe a interposição, simultaneamente, pela alínea a, isto é, apontando-se a "negativa de vi- gência de lei federal" e, também, sucessivamente, divergência na aplicação das mesmas normas em julgado de outro tribunal. Com isso, afasta-se a possibilidade de o recurso especial ser inter- posto exclusivamente com fundamento na alínea c apontando-se, por exemplo, que o tribunal a quo aplicou os arts. 109 ou 114 da Constituição Federal em desacordo com o entendimento do STJ no julgamento de conflitos de competência (casos em que o STJ atua, em sede de competên- cia originária, interpretando e aplicando normas constitucionais).

VII. Recurso especial fundado em dissídio jurisprudencial – requisitos formais

Para valer-se dessa hipótese de cabimento, o recorrente deve sustentar que a interpretação da lei federal dada pelo Tribunal a quo é errada, e a de outro Tribunal, certa. Considerando-se que o próprio art. 105, inciso III, c, da Constituição Federal alude a "outro tribunal", há tempos se acha consolidado o entendimento de que é descabida a demonstração da divergência do acórdão recorrido com julgado do mesmo tribunal (Súmula nº 13/STJ). Nos termos do art. 1.029, § 1º, do CPC/2015 e do art. 255 do Regimento Interno do STJ, há a necessidade de o recorrente anexar à peça recursal a(s) cópia(s) da(s) íntegra(s) do(s) julgado(s) paradigma(s), seja mediante cópia obtida junto ao próprio tribunal, seja mediante extração de "repositório oficial ou credenciado" (rectius, revista editada pelo próprio tribunal divulgando seus julgados ou revista editada por terceiro que a credencia como tal perante o STJ), seja, finalmente, mediante referência do endereço eletrônico do portal virtual de onde o aresto foi extraído. Além disso, é preciso que o recorrente proceda ao cotejo analítico entre o acórdão recorrido e o acórdão divergente, a fim de demonstrar que a situação fática retratada em ambos é similar e que, a despeito disso, as soluções dadas à luz da aplicação e interpretação do direito federal foram diferentes.

VIII. Recurso especial fundado em dissídio jurisprudencial – fundamentação do juízo de admissibilidade

Em sua versão original, o CPC de 2015 continha, em seu art. 1.029, § 2º, um verdadeiro "pu- xão de orelha" no STJ, que consagrou a péssima (e absolutamente inconstitucional) prática de não conhecer de recursos especiais fundados em divergência jurisprudencial sob o genérico (e não fundamentado) argumento de que não havia similitude fática entre o acórdão recorrido e o(s) acórdão(s) paradigma(s). A Lei nº 13.256/2016, em franco retrocesso, revogou esse dispositivo. A despeito dessa revogação, entende-se que decorre da Constituição Federal (art. 93, inciso IX) e de outros dispositivos do CPC de 2015 (em especial o art. 489, § 1º), a impossibilidade de o STJ lançar mão de decisões padronizadas e o dever de analisar qual a situação fática examinada nos julgados confrontados pelo recorrente, apresentando motivação adequada para a hipótese de reconhecer que não há similitude. É dizer: o STJ precisará identificar no acórdão recorrido alguma circunstância fática que não se acha presente no(s) julgados(s) paradigma(s) – ou vice- versa – que descaracterize a identidade entre cada fattispecie e, portanto, impeça que se dê aos casos a mesma solução.

IX. Correção de vícios

Sempre se mostrou um absurdo contrassenso que o STF e o STJ aplicassem rigor formal se- veríssimo no exame de admissibilidade de recursos extraordinários e especiais sob o pretexto de que, neles, haveria maior intensidade de interesse público na interpretação e aplicação do direito federal. Faria mais sentido o contrário: a projeção do interesse público implicaria abran- damento de rigores formais, de modo a permitir que questões jurídicas relevantes pudessem ser examinadas pelas Cortes Superiores (de modo que elas exercessem suas funções de uniformizar a interpretação e aplicação do ordenamento) sem preocupação tão manifesta com eventuais ví- cios formais no exercício do direito de recorrer por parte do litigante sucumbente. O art. 1.029, § 3º, abre ensejo à superação dessa contradição, ao permitir que o STF e o STJ superem vícios formais que não se considerem "graves". Esse dispositivo deve ser lido à luz do parágrafo único do art. 932 do CPC, segundo o qual "antes de considerar inadmissível o recurso, o relator concederá o prazo de 5 (cinco) dias ao recorrente para que seja sanado vício ou complementada a documentação exigível". Ou seja: mesmo que o vício seja "grave", as Cortes Superiores devem dar ao recorrente a oportunidade de saná-lo. E se considerarem que um vício não é grave em determinada situação, deverão admitir todos os recursos que incorram no mesmo vício.

X. Relação entre recurso extraordinário e especial e o IRDR

Uma das grandes apostas do CPC/2015, o incidente de resolução de demandas repetitivas tem um verdadeiro "calcanhar de Aquiles", relacionado com o fato de ele ser cabível perante os Tri- bunais de Justiça ou os Tribunais Regionais Federais no tocante à análise de teses jurídicas que envolvem direito federal. Desse modo, pode-se imaginar que a mesma questão de direito federal poderia ser afetada, em IRDR, perante 27 TJs e cinco TRFs simultaneamente. Cada corte pode- ria unificar o entendimento na área de sua competência territorial, mas obviamente não haveria uniformidade em nível nacional, a qual só seria atingida mediante atuação dos tribunais superiores.

Ciente desse problema, o CPC/2015 previu, tanto no art. 1.029, § 4º, quanto no art. 982, §§ 3º ao 5º, que, em havendo IRDR sobre matéria federal (constitucional ou infraconstitucional), qual- quer legitimado mencionado no art. 977, incisos II e III (e independentemente de sua sede ou domicílio coincidir com a do local em que o incidente foi instaurado), pode pedir ao STF ou ao STJ, conforme o caso, a suspensão de todos os processos (individuais ou coletivos) em território nacional mesmo antes de as cortes de sobreposição terem sido acionadas para examinar a maté- ria. A suspensão vigorará até julgamento de eventual recurso extraordinário e/ou especial contra a decisão que julgar o IRDR ou até o transcurso in albis do prazo para interposição desses recur- sos contra a decisão que julgar o IRDR. Nesse segundo caso, a suspensão de todos os processos no território brasileiro terá sido inteiramente em vão.

XI. Pedido de concessão de efeito suspensivo a recurso extraordinário ou especial à luz do CPC/1973

Os recursos excepcionais, historicamente, não têm aptidão de suspender a eficácia da decisão recorrida. Sob a vigência do CPC/1973, para que o recorrente obtivesse a atribuição de efeito suspensivo (ou, de forma geral, a antecipação dos efeitos da tutela recursal, incluído o impro- priamente chamado "efeito ativo"), o litigante teria opções bem limitadas. A primeira (e mais ineficiente) alternativa seria o litigante aguardar que o recurso estivesse distribuído ao relator no STF ou STJ para, com base no art. 558 do CPC/1973, pleitear a ele a providência urgente. Como, no mais das vezes, não era possível ao recorrente aguardar esse trâmite, tornou-se comum a uti- lização de medida cautelar incidental, interposta diretamente no STF e/ou no STJ para antecipar tutela quanto ao recurso extraordinário e/ou especial tão logo interpostos perante o tribunal a quo. Base legal para tanto não faltava, pois o art. 800, parágrafo único, do CPC/1973 previa que, "interposto o recurso, a medida cautelar será requerida diretamente ao tribunal", ao passo que o art. 273, § 7º, do mesmo diploma, permitia a fungibilidade (que a doutrina cuidou corretamen- te de apontar ser de "de mão dupla") entre tutela cautelar e tutela antecipada. Contudo, o STF pacificou, por dois verbetes de sua Súmula (nº 634 e nº 635), o entendimento de que não seria competente para "conceder medida cautelar para dar efeito suspensivo a recurso extraordinário que ainda não foi objeto de juízo de admissibilidade na origem", e que tal providência deveria ser, nesse momento do procedimento, pleiteada ao "Presidente do Tribunal de origem decidir". O STJ acolheu esse entendimento, mas de forma atenuada, afastando-se em situações tidas por "excepcionais". Esse quadro havia se alterado profundamente à luz da redação original do CPC de 2015, que facilitava o pedido de efeito suspensivo. Contudo, essas alterações foram em parte descartadas pela Lei nº 13.256/2016.

XII. Forma do pedido de concessão de efeito suspensivo a recurso extraordinário ou especial à luz do CPC de 2015 (alterado pela Lei nº 13.256/2016)

O primeiro avanço do CPC de 2015 concerne à simplificação da forma para pedir efeito sus- pensivo a recurso especial e extraordinário. Não há mais necessidade de uma petição inicial de medida cautelar, bastando incluir capítulo no próprio recurso ou apresentar uma simples petição.

XIII. Competência para apreciação do pedido de concessão de efeito suspensivo a recurso extraordinário ou especial à luz do CPC de 2015 (alterado pela Lei nº 13.256/2015)

Para saber a quem cabe apreciar o pedido de efeito suspensivo a recurso especial e extraor- dinário. No intervalo entre a interposição do recurso e a decisão de admissão (art. 1.030) ou de sobrestamento (art. 1.037), bem como após a decretação do sobrestamento, a competência é do presidente ou vice-presidente do tribunal a quo (§ 5º, inciso III). No intervalo entre a admissão do recurso pelo tribunal a quo e sua distribuição, o pedido deve ser dirigido ao presidente do tribunal ad quem respectivo, que o submeterá à distribuição, gerando prevenção (§ 5º, inciso I). Por fim, se já houver no tribunal superior um relator designado, a ele deve ser dirigido o pedido (§ 5º, inciso II). O dispositivo silencia sobre a hipótese em que o recurso excepcional for inadmitido. Entende-se que a presidência ou vice-presidência do tribunal a quo já não ostenta mais competência a partir do proferimento de tal decisão, devendo ser o pedido processado na forma dos incisos I e II do § 5º. Trata-se, aliás, de entendimento alinhado à redação do Enunciado nº 634 da súmula do STF, que permanece compatível com o CPC de 2015 reformado pela Lei nº 13.256/2016.

XIV. Verbetes de súmula que continuam compatíveis com o CPC/2015

Súmula nº 279 do STF: "Para simples reexame de prova não cabe recurso extraordinário".

Trata-se de verbete que decorre da natureza constitucional do recurso extraordinário como remédio de estrito direito e, portanto, permanece compatível com o CPC/2015.

Súmula nº 280 do STF: "Por ofensa a direito local não cabe recurso extraordinário".

Trata-se de verbete que decorre da estrutura federativa da República brasileira e alinhado ao entendimento de que o recurso extraordinário é mecanismo destinado a controlar, apenas, a regularidade da aplicação e interpretação da Carta Constitucional Federal.

Súmula nº 281 do STF: "É inadmissível Recurso Extraordinário, quando couber na justiça de origem, recurso ordinário da decisão impugnada".

Trata-se de verbete que decorre da interpretação do art. 102, inciso III, da Constituição Federal, o qual determina que o recurso extraordinário só cabe contra decisão de "única ou última instân- cia". Logo, se a decisão proferida na instância de origem ainda era passível de ser desafiada por algum outro recurso (salvo embargos de declaração, a teor do art. 1.024, §§ 4º e 5º), a interposição direta do recurso extraordinário esbarra nesse pressuposto de cabimento (não se trata propriamente de "intempestividade por prematuridade", fenômeno inexistente sob a égide do CPC/2015).

Súmula nº 282 do STF: "É inadmissível o recurso extraordinário, quando não ventilada, na decisão recorrida, a questão federal suscitada".

O verbete se acha alinhado com o requisito

imposto pela Constituição Federal tanto para o recurso extraordinário (art. 102, inciso III) quanto para o recurso especial (art. 105, inciso III) de que se voltem contra "causas decididas", isto é, quanto a questões de direito federal (respectiva- mente constitucional e infraconstitucional) que tenham sido enfrentadas.

Súmula nº 283 do STF: "É inadmissível o recurso extraordinário, quando a decisão recorrida assenta em mais de um fundamento suficiente e o recurso não abrange todos eles".

Não há razão para negar a subsistência desse verbete à luz do CPC/2015, cujo fundamento é o interesse recursal.

Súmula nº 284 do STF: "É inadmissível o recurso extraordinário, quando a deficiência na sua fundamentação não permitir a exata compreensão da controvérsia".

Trata-se de verbete que se mantém coerente ao CPC de 2015, embora deva ser aplicado à luz do art. 932, parágrafo único, que determina que se dê oportunidade à parte de corrigir vício sa- nável em recurso antes de se decretar sua inadmissão.

Súmula nº 356 do STF: "O ponto omisso da decisão, sobre o qual não foram opostos embargos declaratórios, não pode ser objeto de recurso extraordinário, por faltar o requisito do prequestio- namento".

O verbete continua compatível com o sistema erigido pelo CPC/2015, pois toca ao requisito do prequestionamento que tem assento constitucional para ambos os recursos excepcionais (arts. 102, inciso III, e 105, inciso III). Contudo, ele pode ser lido com outros olhos à luz do art. 1.025 do CPC/2015, do qual se infere que o prequestionamento se considera cumprido pela simples oposição de embargos declaratórios (independentemente de terem sido eles acolhidos, para o fim de ensejar manifestação expressa do órgão prolator sobre questões de direito federal suscitadas pelo embar- gante): "Consideram-se incluídos no acórdão os elementos que o embargante suscitou, para fins de pré-questionamento, ainda que os embargos de declaração sejam inadmitidos ou rejeitados, caso o tribunal superior considere existentes erro, omissão, contradição ou obscuridade".

Súmula nº 399 do STF: "Não cabe recurso extraordinário, por violação de lei federal, quando a ofensa alegada for a regimento de tribunal".

Trata-se de verbete que decorre da estrutura federativa da República brasileira e alinhado ao entendimento de que os recursos excepcionais são mecanismos destinados a controlar, apenas, a regularidade da aplicação e interpretação de normas federais, não se incluindo aí atos normativos infralegais.

Súmula nº 454 do STF: "Simples interpretação de cláusulas contratuais não dá lugar a recurso extraordinário".

Trata-se de verbete que decorre da natureza constitucional do recurso extraordinário como remédio de estrito direito e, portanto, permanece compatível com o CPC/2015.

Súmula nº 456 do STF: "O Supremo Tribunal Federal, conhecendo do recurso extraordinário, julgará a causa, aplicando o direito à espécie".

O verbete está alinhado ao CPC/2015, em especial à luz do seu art. 1.034.

Súmula nº 528 do STF: "Se a decisão contiver partes autônomas, a admissão parcial, pelo presidente do tribunal a quo, de recurso extraordinário que, sobre qualquer delas se manifestar, não limitará a apreciação de todas pelo Supremo Tribunal Federal, independentemente de inter- posição de agravo de instrumento.

Com a reinstituição do juízo de admissibilidade do recurso especial na instância de origem, por força da Lei nº 13.256/2016, esse verbete continua compatível com o CPC de 2015.

Súmula nº 634 do STF: "Não compete ao Supremo Tribunal Federal conceder medida cautelar para dar efeito suspensivo a recurso extraordinário que ainda não foi objeto de juízo de admissi- bilidade na origem".

O art. 1.029, § 5º, reformado é compatível com esse enunciado.

Súmula nº 635 do STF: "Cabe ao Presidente do Tribunal de origem decidir o pedido de medida cautelar em recurso extraordinário ainda pendente do seu juízo de admissibilidade".

O art. 1.029, § 5º, reformado é compatível com esse enunciado.

Súmula nº 637 do STF: "Não cabe recurso extraordinário contra acórdão de tribunal de justiça que defere pedido de intervenção estadual em município".

Trata-se de entendimento assentado na ideia de que o recurso extraordinário não pode atacar atos de natureza administrativa, mas apenas jurisdicional. Não há nada no CPC de 2015 que altere esse entendimento.

Súmula nº 640 do STF: "É cabível recurso extraordinário contra decisão proferida por juiz de primeiro grau nas causas de alçada, ou por turma recursal de juizado especial cível e criminal".

As decisões proferidas pelos órgãos recursais no âmbito dos Juizados Especiais (Cíveis, Fe- derais e da Fazenda Pública) são de "última instância" e, portanto, se amoldam à hipótese de cabimento do recurso extraordinário descrita no art. 102, inciso III, da Constituição Federal.

Súmula nº 727 do STF: "Não pode o magistrado deixar de encaminhar ao Supremo Tribunal Federal o agravo de instrumento interposto da decisão que não admite recurso extraordinário, ainda que referente a causa instaurada no âmbito dos juizados especiais".

O art. 1.029, § 5º, reformado é compatível com esse enunciado.

Súmula nº 733 do STF: "Não cabe recurso extraordinário contra decisão proferida no proces- samento de precatórios".

Trata-se de entendimento assentado na ideia de que o recurso extraordinário não pode atacar atos de natureza administrativa, mas apenas jurisdicional. Não há nada no CPC de 2015 que al- tere esse entendimento.

Súmula nº 735 do STF: "Não cabe recurso extraordinário contra acórdão que defere medida liminar".

Embora o verbete não se sustente à luz da Constituição Federal, não há no CPC de 2015 nenhum elemento que conduza à reavaliação de seu acerto ou erro pelo STF.

Súmula nº 5 do STJ: "A simples interpretação de cláusula contratual não enseja recurso especial".

Trata-se de verbete que decorre da natureza constitucional do recurso especial como remédio de estrito direito e, portanto, permanece compatível com o CPC de 2015.

Súmula nº 7 do STJ: "A pretensão de simples reexame de prova não enseja recurso especial".

Trata-se de verbete que decorre da natureza constitucional do recurso especial como remédio de estrito direito e, portanto, permanece compatível com o CPC de 2015.

Súmula nº 13 do STJ: "A divergência entre julgados do mesmo Tribunal não enseja recurso especial".

Trata-se de entendimento perfeitamente alinhado à expressão "outro tribunal" contida no art. 105, inciso III, c, da Constituição Federal.

Súmula nº 83 do STJ: "Não se conhece do recurso especial pela divergência, quando a orientação do Tribunal se firmou no mesmo sentido da decisão recorrida".

Embora o verbete não se sustente à luz da Constituição Federal, não há no CPC de 2015 nenhum elemento que conduza à reavaliação de seu acerto ou erro pelo STJ.

Súmula nº 86 do STJ: "Cabe recurso especial contra acórdão proferido no julgamento de agravo de instrumento".

Trata-se de verbete que decorre da interpretação da expressão "causa decidida", constante do art. 105, inciso III, da Constituição Federal, como sinônimo de "questão jurídica decidida", e não "processo decidido" (hipótese em que só se cogitaria de recurso especial contra decisão final do processo).

Súmula nº 98 do STJ: "Embargos de declaração manifestados com notório propósito deprequestionamento não têm caráter protelatório".

O verbete persiste válido à luz do CPC de 2015, especialmente à luz do seu art. 1.025, do qual se inferiria que o prequestionamento se consideraria cumprido pela simples oposição de embar- gos declaratórios (independentemente de terem sido eles acolhidos, para o fim de permitir ao prolator da decisão recorrida examinar questões de direito federal suscitadas pelo embargante).

Súmula nº 123 do STJ: "A decisão que admite, ou não, o recurso especial, deve ser fundamen- tada, com o exame dos seus pressupostos gerais e constitucionais".

O verbete subsiste, sobretudo à luz do art. 489, § 1º, do CPC de 2015.

Súmula nº 126 do STJ: "É inadmissível recurso especial, quando o acórdão recorrido assenta em fundamentos constitucional e infraconstitucional, qualquer deles suficiente, por si só, para mantê-lo, e a parte vencida não manifesta recurso extraordinário".

Não há razão para negar a subsistência desse verbete à luz do CPC de 2015, cujo fundamento é o interesse recursal.

Súmula nº 182 do STJ: "É inviável o agravo do art. 545 do CPC que deixa de atacar especificamente os fundamentos da decisão agravada".

O verbete subsiste, sobretudo à luz do art. 1.030, do CPC de 2015.

Súmula nº 203 do STJ: "Não cabe recurso especial contra decisão proferida por órgão de segundo grau dos Juizados Especiais".

Trata-se de verbete que decorre do texto expresso do art. 105, inciso III, da Constituição Fe- deral, o qual limita o cabimento do recurso especial contra decisões dos tribunais de justiça ou tribunais regionais federais. Os órgãos recursais no âmbito dos Juizados Especiais (Cíveis, Fe- derais e da Fazenda Pública) não podem ser considerados tribunais, pois são formados por juízes que atuam nos processos em primeiro grau nos juizados.

Súmula nº 207 do STJ: "É inadmissível recurso especial quando cabíveis embargos infringentes contra o acórdão proferido no Tribunal de origem".

Trata-se de verbete que decorre da interpretação do art. 105, inciso III, da Constituição Fede- ral, o qual determina que o recurso especial só cabe contra decisão de "única ou última instân- cia". Logo, se a decisão proferida na instância de origem ainda era passível de ser desafiada por algum outro recurso (salvo embargos de declaração), a interposição direta do recurso especial esbarra nesse pressuposto de cabimento (não se trata propriamente de "intempestividade por prematuridade", fenômeno inexistente sob a égide do CPC de 2015).

Súmula nº 315 do STJ: "Não cabem embargos de divergência no âmbito do agravo de instru- mento que não admite recurso especial".

Trata-se de enunciado compatível com o art. 1.043 do CPC de 2015, com redação dada pela Lei nº 13.256/2016.

XV. Verbetes de súmula que restaram incompatíveis com o CPC/2015

Súmula nº 636 do STF: "Não cabe recurso extraordinário por contrariedade ao princípio constitucional da legalidade, quando a sua verificação pressuponha rever a interpretação dada a normas infraconstitucionais pela decisão recorrida".

Caso o STF entenda que o recurso extraordinário aponta uma "ofensa meramente reflexa" à Constituição Federal, deverá encaminhar o recurso ao STJ, nos termos do art. 1.033.

Súmula nº 115 do STJ: "Na instância recursal é inexistente recurso interposto por advogado sem procuração nos autos".

O verbete mostra-se incompatível com o art. 76, § 2º, inciso I, o qual prevê expressamente que os tribunais superiores devem dar ao recorrente oportunidade para sanar o vício de representação antes de não conhecer do recurso.

Súmula nº 211 do STJ: "Inadmissível recurso especial quanto à questão que, a despeito da oposição de embargos declaratórios, não foi apreciada pelo Tribunal a quo".

O verbete mostra-se incompatível com o art. 1.025 do CPC de 2015, do qual se infere que o prequestionamento se considera cumprido pela simples oposição de embargos declaratórios (independentemente de terem sido eles acolhidos, para o fim de ensejar manifestação expressa do órgão prolator sobre questões de direito federal suscitadas pelo embargante).

Súmula nº 418 do STJ: "É inadmissível o recurso especial interposto antes da publicação do acórdão dos embargos de declaração, sem posterior ratificação".

Esse verbete é incompatível com o teor do art. 1.024, § 4º e § 5º.

Art. 1.030 - Recebida a petição do recurso pela secretaria do tribunal, o recorrido será intimado para apresentar contrarrazões no prazo de 15 (quinze) dias, findo o qual os autos serão conclusos ao presidente ou ao vice-presidente do tribunal recorrido, que deverá: (Redação dada pela Lei nº 13.256, de 4 de fevereiro de 2016)

I - negar seguimento: (Incluído pela Lei nº 13.256, de 4 de fevereiro de 2016)

a) a recurso extraordinário que discuta questão constitucional à qual o Supremo Tribunal Federal não tenha reconhecido a existência de repercussão geral ou a recurso extraordinário interposto contra acórdão que esteja em conformidade com entendimento do Supremo Tribunal Federal exarado no regime de repercussão geral; (Incluída pela Lei nº 13.256, de 4 de fevereiro de 2016)

b) a recurso extraordinário ou a recurso especial interposto contra acórdão que esteja em conformidade com entendimento do Supremo Tribunal Federal ou do Superior Tribunal de Justiça, respectivamente, exarado no regime de julgamento de recursos repetitivos; (Incluído pela Lei nº 13.256, de 4 de fevereiro de 2016)

II - encaminhar o processo ao órgão julgador para realização do juízo de retratação, se o acórdão recorrido divergir do entendimento do Supremo Tribunal Federal ou do Superior Tribunal de Justiça exarado, conforme o caso, nos regimes de repercussão geral ou de recursos repetitivos; (Incluído pela Lei nº 13.256, de 4 de fevereiro de 2016)

III - sobrestar o recurso que versar sobre controvérsia de caráter repetitivo ainda não decidida pelo Supremo Tribunal Federal ou pelo Superior Tribunal de Justiça, conforme se trate de matéria constitucional ou infraconstitucional; (Incluído pela Lei nº 13.256, de 4 de fevereiro de 2016)

IV - selecionar o recurso como representativo de controvérsia constitucional ou infraconstitucional, nos termos do § 6º do art. 1.036; (Incluído pela Lei nº 13.256, de 4 de fevereiro de 2016)

V - realizar o juízo de admissibilidade e, se positivo, remeter o feito ao Supremo Tribunal Federal ou ao Superior Tribunal de Justiça, desde que: (Incluído pela Lei nº 13.256, de 4 de fevereiro de 2016)

a) o recurso ainda não tenha sido submetido ao regime de repercussão geral ou de julgamento de recursos repetitivos; (Incluída pela Lei nº 13.256, de 4 de fevereiro de 2016)

b) o recurso tenha sido selecionado como representativo da controvérsia; ou (Incluída pela Lei nº 13.256, de 4 de fevereiro de 2016)

c) o tribunal recorrido tenha refutado o juízo de retratação. (Incluída pela Lei nº 13.256, de 4 de fevereiro de 2016)

§ 1º - Da decisão de inadmissibilidade proferida com fundamento no inciso V caberá agravo ao tribunal superior, nos termos do art. 1.042. (Incluído pela Lei nº 13.256, de 4 de fevereiro de 2016)

§ 2º - Da decisão proferida com fundamento nos incisos I e III caberá agravo interno, nos termos do art. 1.021. (Incluído pela Lei nº 13.256, de 4 de fevereiro de 2016)

I. Juízo de admissibilidade do recurso extraordinário e do recurso especial perante o órgão prolator da decisão recorrida

Lembre-se que a versão original do CPC de 2015 abolia o juízo de admissibilidade dos re- cursos especial e extraordinário realizado pelo órgão prolator da decisão recorrida e, conse- quentemente, excluiu o agravo contra decisões denegatórias de subida por eles proferidas. A Lei nº 13.256/2016 não apenas reinstituiu esse juízo de admissibilidade, como ainda estabeleceu diversas regras com a finalidade inequívoca de evitar ao máximo a subida de recursos especiais e extraordinários aos respectivos tribunais superiores. Antes de realizar juízo de admissibilidade recursal, a presidência ou vice-presidência do tribunal prolator da decisão recorrida deve anali- sar o mérito dos recursos especial e extraordinários, para verificar:

a) se a tese jurídica neles versada já foi reconhecida pelo STF como desprovida de repercussão geral;

b) se a tese jurídica neles versada já foi selecionada, mas ainda não julgada pelo STJ ou STF em sede de recursos repetitivos;

c) se a tese jurídica neles versada já foi selecionada e julgada pelo STJ ou STF em sede de recursos repetitivos;

d) se a tese jurídica neles versada, embora não tenha ainda sido selecionada pelo STJ ou STF para julgamento em sede de recursos repetitivos, deveria sê-lo;

e) se a tese jurídica neles versada não selecionada pelo STJ ou STF para julgamento em sede de recursos repetitivos e, ao ver do tribunal recorrido, não deveria sê-lo.

Na hipótese a, deve-se negar seguimento ao recurso (art. 1030, inciso I, a). Dessa decisão caberá apenas agravo interno (arts. 1.021 e 1.030, § 2º).

Na hipótese b, deve-se sobrestar o recurso (art. 1.030, inciso III). Dessa decisão caberá apenas agravo interno (arts. 1.021 e 1.030, § 2º).

Na hipótese c, a solução dependerá do alinhamento da tese veiculada no recurso e do entendimento firmado pelo STF ou STJ:

1) Se o recurso veicula tese contrária ao entendimento firmado pelo STF ou STJ, deve-se negar seguimento a ele (art. 1.030, inciso II), cabendo apenas agravo interno dessa decisão (arts. 1.021 e 1.030, § 2º).

2) Se o recurso propõe tese alinhada ao entendimento firmado pelo STF ou STJ, deve-se devolvê-lo ao órgão fracionário para retratação (art. 1.030, inciso III).

i) Se houver retratação, o recurso perderá objeto.

ii) Se a retratação não ocorrer, o recurso se sujeitará ao juízo de admissibilidade (art. 1.030, inciso V, c), que, caso negativo, poderá ensejar agravo dirigido ao tribunal superior correspondente (arts. 1.030, § 1º, e 1.042).

Na hipótese d, deve o presidente do tribunal selecionar o recurso como representativo da con- trovérsia e enviá-lo ao STF ou STJ, conforme o caso. Para tanto, o recurso deve ser admissível (art. 1.030, inciso V, b) e preencher os demais requisitos para ser selecionado como paradigma (art. 1.036, § 6º). Dessa decisão não caberá qualquer recurso.

Na hipótese e, deve o presidente do tribunal fazer o juízo de admissibilidade (art. 1.030, inciso V, a) o qual, caso negativo, ensejará agravo dirigido ao tribunal superior correspondente (arts. 1.030, § 1º, e 1.042).

Art. 1.031 - Na hipótese de interposição conjunta de recurso extraordinário e recurso especial, os autos serão remetidos ao Superior Tribunal de Justiça.

§ 1º - Concluído o julgamento do recurso especial, os autos serão remetidos ao Supremo Tribunal Federal para apreciação do recurso extraordinário, se este não estiver prejudicado.

§ 2º - Se o relator do recurso especial considerar prejudicial o recurso extraordinário, em decisão irrecorrível, sobrestará o julgamento e remeterá os autos ao Supremo Tribunal Federal.

§ 3º - Na hipótese do § 2º, se o relator do recurso extraordinário, em decisão irrecorrível, rejeitar a prejudicialidade, devolverá os autos ao Superior Tribunal de Justiça para o julgamento do recurso especial.

I. Interposição conjunta de recurso extraordinário e recurso especial

O dispositivo não inova em relação ao art. 543 do CPC/1973, embora ele possa ser impacta- do indiretamente pelos arts. 1.032 e 1.033 (conforme adiante comentado). O caput estabelece que o STJ será sempre o primeiro tribunal a receber os autos. Trata-se de regra pensada em uma realidade de autos físicos, pois, em se tratando de autos digitais, os dois tribunais superiores po- deriam receber os autos simultaneamente. Essa diretriz pode eventualmente se alterar a depender da relação existente entre os dois recursos:

a) Os recursos podem ser totalmente independentes (como, por exemplo), no caso de atacarem capítulos diferentes da decisão recorrida, hipótese em que se manterá a ordem de envio dos autos (primeiramente ao STJ e, depois, ao STF).

b) Ambos os recursos podem atacar o exato mesmo capítulo decisório, mas se valendo de diferentes fundamentos independentes entre si (um infraconstitucional, outro constitucional), caso em que o provimento dado ao recurso especial bastaria para assegurar ao litigante a reforma ou anulação da decisão recorrida. Nesse cenário, aplica-se a parte final do § 1º, face à perda do objeto do recurso extraordinário.

c) Os recursos podem ter atacado capítulo decisório fundado, simultaneamente, em norma infraconstitucional e constitucional, de modo que a reforma ou anulação da decisão recorrida de- penderia do êxito de ambos. Nesse caso, a interposição de ambos os recursos é forçosa (conforme estava assentado no Verbete nº 126 da Súmula do STJ) e o improvimento do recurso especial tornará insubsistente o recurso extraordinário.

d) O recurso extraordinário pode se referir a matéria prejudicial ao recurso especial, isto é, sobre questão constitucional que, a depender de como for solucionada, impactaria a análise da matéria infraconstitucional. Nessa (rara) hipótese, o STJ encaminhará os autos ao STF (§ 2º), o qual pode recusar a existência da prejudicialidade e devolver os autos, por decisão irrecorrível (§ 3º).

Art. 1.032 - Se o relator, no Superior Tribunal de Justiça, entender que o recurso especial versa sobre questão constitucional, deverá conceder prazo de 15 (quinze) dias para que o recorrente demonstre a existência de repercussão geral e se manifeste sobre a questão constitucional.

Parágrafo único - Cumprida a diligência de que trata o caput, o relator remeterá o recurso ao Supremo Tribunal Federal, que, em juízo de admissibilidade, poderá devolvê-lo ao Superior Tribunal de Justiça.

I. Flexibilização do juízo de admissibilidade do recurso especial

Com a criação da dualidade de recursos excepcionais pela Constituição de 1988 e pela Lei nº 8.038/1990, o recorrente pode se ver diante de uma situação realmente insólita: ver seu recurso especial não conhecido pelo STJ em razão de versar questão constitucional e ver o recurso extra- ordinário (simultaneamente interposto) pelo STF não conhecido por se considerar que haveria, quando muito, ofensa "reflexa" à Constituição. O art. 1.032 visa resolver o mesmo problema: caso o STJ entenda que a matéria versada no recurso é constitucional, não poderá mais inadmiti-lo, e, sim, enviá-lo ao STF, não sem antes abrir ensejo para que o recorrente cumpra um dos requi- sitos exigíveis no recurso extraordinário, mas não no recurso especial (isto é, a demonstração da repercussão geral). O parágrafo único desse mesmo dispositivo, alinhado ao § 3º do art. 1.033, permite que o STF dê a última palavra a respeito e devolva os autos ao STJ. Por uma interpreta- ção sistemática se chegaria ao entendimento de que essa decisão é irrecorrível.

Art. 1.033 - Se o Supremo Tribunal Federal considerar como reflexa a ofensa à Constituição afirmada no recurso extraordinário, por pressupor a revisão da interpretação de lei federal ou de tratado, remetê-lo-á ao Superior Tribunal de Justiça para julgamento como recurso especial.

I. A "ofensa reflexa" à Constituição Federal

Na vigência do CPC/1973, o STF editou o Verbete nº 636 de sua Súmula, assim redigido: "Não cabe recurso extraordinário por contrariedade ao princípio constitucional da legalidade, quando a sua verificação pressuponha rever a interpretação dada a normas infraconstitucionais pela decisão recorrida". Tratava-se de mecanismo que excluía do STF a análise de incontáveis temas que, além de regulados (ainda que de maneira completa) pela Constituição Federal, eram também tratados em sede infraconstitucional. Exemplo típico era o recurso extraordinário que alegava violação ao art. 93, inciso IX, da Constituição Federal, interposto contra decisão desprovida de motivação adequa- da. O STF sistematicamente inadmitia recursos interpostos com essa fundamentação, sob alegação de que, em realidade, o recorrente estava a apontar violação ao art. 458, inciso II, do CPC/1973 (embora essa norma fosse muito mais lacônica que o referido dispositivo constitucional para efeito de definir o direito do litigante a uma decisão motivada). Com essa benfazeja novidade instituída pelo art. 1.033, veda-se ao STF inadmitir o recurso e impõe-se necessário que ele o remeta ao STJ. A Súmula nº 636, portanto, resta revogada. Dois problemas podem advir desse novo dispositivo:

(a) já há no STJ recurso especial que versa sobre a mesma questão jurídica, mas analisada à luz da legislação infraconstitucional; nesse caso, o STJ estaria autorizado a inadmitir o recurso extraor- dinário remetido pelo STF por falta de interesse recursal; (b) o STJ entende que a matéria versada é, em realidade, constitucional; nesse caso, não seria possível aplicar o art. 1.032, pois o parágrafo único desse dispositivo deixa claro que a última palavra a respeito dessa questão é do STF e ela já foi antecipadamente dada. O STJ será, pois, obrigado a examinar o recurso.

Art. 1.034 - Admitido o recurso extraordinário ou o recurso especial, o Supremo Tribunal Federal ou o Superior Tribunal de Justiça julgará o processo, aplicando o direito.
Parágrafo único - Admitido o recurso extraordinário ou o recurso especial por um fundamento, devolve-se ao tribunal superior o conhecimento dos demais fundamentos para a solução do capítulo impugnado.

I. Análise do dispositivo

Numa primeira vista, o caput do dispositivo parece repetir o que restara assentado no Verbete nº 456 da Súmula do STF ("O Supremo Tribunal Federal, conhecendo do recurso extraordinário, julgará a causa, aplicando o direito à espécie") e o que já vinha expressamente previsto no art. 257 do Regimento do STJ ("No julgamento do recurso especial, verificar-se-á, preliminarmente, se o recurso é cabível. Decidida a preliminar pela negativa, a Turma não conhecerá do recurso; se pela afirmativa, julgará a causa, aplicando o direito à espécie"). Contudo, a semelhança não é total, pois o verbete e o dispositivo regimental falam em julgamento da "causa", ao passo que o art. 1.034 fala em julgamento do "processo". Pode-se entender que os dispositivos são sinônimos e que nada mudou ou se pode considerar ampliado o âmbito de análise do STF e do STJ quando do julgamento do mérito dos recursos extraordinários e especiais, respectivamente. Isso porque o conceito de causa, para esses tribunais superiores, sempre foi entendido restritivamente, como "questões controvertidas de direito federal". Aliás, justamente por isso é que o STJ pacificou o entendimento do cabimento do recurso especial contra "acórdão proferido no julgamento de agravo de instrumento" (Súmula nº 86), em que, via de regra, não há exame do processo como um todo, mas sim de alguma questão incidental, apenas. Considerando-se que a competência das Cortes Superiores é definida pela Constituição Federal e que os arts. 102, inciso III, e 105, inciso III, definem que elas julgarão "causas decididas", parece adequado sustentar a primeira tese, se- gundo a qual, nesse caso, "processo" seria sinônimo de causa, sob pena de inconstitucionalidade material do dispositivo. Isso significa que o STF e o STJ, ao conhecerem do recurso extraordiná- rio e especial, respectivamente, deverão efetivamente reanalisar a questão de direito federal que lhes foi submetida e proferir nova decisão para o caso, seja anulando a decisão recorrida, seja reformando-a. É evidente aqui a conformação dos recursos excepcionais como mecanismos de judicial review (inspirados no sistema estadunidense), afastando-se do modelo dos recursos de cassação (de tradição europeia continental), em que a decisão da Corte Superior é apenas a de anular a decisão incompatível com o ordenamento jurídico e devolver o caso para rejulgamen- to. Nem por isso a questão fica livre de dúvidas, havendo diversas questões a serem analisadas, como, por exemplo, as seguintes:

a) Se o tribunal superior, ao conhecer o recurso especial e extraordinário, e prover o pedido de anulação de decisão terminativa, não pode desde logo julgar o mérito, sendo inaplicável aqui o art. 1.013, § 3º, inciso I, hipótese em que devem retornar os autos ao órgão a quo.

b) Se o tribunal conhecer o recurso especial e extraordinário, e prover o pedido de rejeição da alegação de prescrição ou decadência decretada nas instâncias de origem, não pode prosseguir no exame do mérito, sendo inaplicável aqui o art. 1.013, § 4º, hipótese em que devem retornar os autos ao órgão a quo.

c) Se o tribunal conhecer o recurso especial e extraordinário, e prover o pedido de afastamento de um fundamento de direito federal que embasou a decisão recorrida poderá examinar os demais fundamentos debatidos, desde que sejam também de direito federal e sobre eles não haja neces- sidade de produção de novas provas.

Art. 1.035 - O Supremo Tribunal Federal, em decisão irrecorrível, não conhecerá do recurso extraordinário quando a questão constitucional nele versada não tiver repercussão geral, nos termos deste artigo.

§ 1º - Para efeito de repercussão geral, será considerada a existência ou não de questões relevantes do ponto de vista econômico, político, social ou jurídico que ultrapassem os interesses subjetivos do processo.

§ 2º - O recorrente deverá demonstrar a existência de repercussão geral para apreciação exclusiva pelo Supremo Tribunal Federal.

§ 3º - Haverá repercussão geral sempre que o recurso impugnar acórdão que:

I - contrarie súmula ou jurisprudência dominante do Supremo Tribunal Federal;

II - (Revogado pela Lei nº 13.256, de 4 de fevereiro de 2016)

III - tenha reconhecido a inconstitucionalidade de tratado ou de lei federal, nos termos do art. 97 da Constituição Federal.

§ 4º - O relator poderá admitir, na análise da repercussão geral, a manifestação de terceiros, subscrita por procurador habilitado, nos termos do Regimento Interno do Supremo Tribunal Federal.

§ 5º - Reconhecida a repercussão geral, o relator no Supremo Tribunal Federal determinará a suspensão do processamento de todos os processos pendentes, individuais ou coletivos, que versem sobre a questão e tramitem no território nacional.

§ 6º - O interessado pode requerer, ao presidente ou ao vice-presidente do tribunal de origem, que exclua da decisão de sobrestamento e inadmita o recurso extraordinário que tenha sido interposto intempestivamente, tendo o recorrente o prazo de 5 (cinco) dias para manifestar-se sobre esse requerimento.

§ 7º - Da decisão que indeferir o requerimento referido no § 6º ou que aplicar entendimento firmado em regime de repercussao geral ou em julgamento de recursos repetitivos caberá agravo interno. (Redação dada pela Lei nº 13.256, de 4 de fevereiro de 2016)

§ 8º - Negada a repercussão geral, o presidente ou o vice-presidente do tribunal de origem negará seguimento aos recursos extraordinários sobrestados na origem que versem sobre matéria idêntica.

§ 9º - O recurso que tiver a repercussão geral reconhecida deverá ser julgado no prazo de 1 (um) ano e terá preferência sobre os demais feitos, ressalvados os que envolvam réu preso e os pedidos de habeas corpus.

§ 10 - (Revogado pela Lei nº 13.256, de 4 de fevereiro de 2016)
§ 11 - A súmula da decisão sobre a repercussão geral constará de ata, que será publicada no diário oficial e valerá como acórdão.

I. Breve introdução

A Emenda Constitucional nº 45/2004 instituiu a chamada "repercussão geral da questão cons- titucional", que se revela um filtro para admissibilidade do recurso extraordinário (art. 102, § 3º, CF). Desse dispositivo se extrai que causas não revestidas de repercussão geral (conforme defi- nidas por lei ordinária) não serão examinadas pelo STF, desde que haja pronunciamento de dois terços de seus membros (isto é, 8 dos 11 ministros) nesse sentido. Com tal quórum qualificado, a repercussão geral se tornou um filtro relativamente frágil e, o que é pior, em flagrante contrassenso com a possibilidade de julgamento monocrático de qualquer processo desde que preenchidos os requisitos legais (art. 932, incisos IV e V). Assim, pode-se afirmar que a repercussão geral – origi- nalmente regulamentada pela Lei nº 11.418/2007, que introduziu os arts. 543-A e 543-B no CPC – abriu ensejo para um melhor gerenciamento de recursos repetitivos. Tanto isso é verdade que essa técnica de gestão de litigiosidade repetitiva, de início assentada sobre a repercussão geral, serviu de inspiração para a criação de um mecanismo similar no STJ (por meio da Lei nº 11.672/2008), sem que aquela Corte contasse com um filtro constitucional para os recursos especiais. O CPC/2015 representa o ponto culminante dessa evolução, cujo art. 1.035 trata do requisito da repercussão geral (válido apenas para o recurso extraordinário) e cujos arts. 1.036 a 1.041 cuidam da gestão de recursos extraordinários e especiais repetitivos, com poucas distinções entre as hipóteses.

II. O que se entende por questão constitucional com repercussão geral (§§ 1º e 3º)

Os §§ 1º e 3º do art. 1.035 cuidaram de especificar o que a Constituição Federal não dispõe, isto é, o que se considera questão constitucional com "repercussão geral". O primeiro dispositivo (§ 1º) descreve que serão "consideradas de repercussão geral" as questões "relevantes do ponto de vista econômico, político, social ou jurídico que ultrapassem os interesses subjetivos do pro- cesso". Nas quatro primeiras situações, leva-se em conta a importância do caso em si; na última, identifica-se claramente a possibilidade de se gerar precedente para aplicação em casos futuros. Já o segundo dispositivo (§ 3º), no claro intuito de reforçar a eficácia de precedentes, estabelece, em seu inciso I, ser a repercussão geral inerente a recurso extraordinário que alegar que a deci- são recorrida "contrarie súmula ou jurisprudência dominante do Supremo Tribunal Federal". Por fim, o inciso III reforça o papel do STF como Corte Constitucional, ao prever que se revestem de repercussão geral os recursos extraordinários contra decisão do pleno do tribunal que tenha exer- cido o controle de constitucionalidade difuso para o fim de decretar a inconstitucionalidade de lei ou tratado federal. Interessante notar que não se encaixa no inciso III a hipótese de o tribunal de justiça local ter exercido controle concentrado de constitucionalidade de norma estadual ou mu- nicipal em face da Constituição Estadual respectiva e tampouco a hipótese em que a arguição de inconstitucionalidade foi rejeitada pelo tribunal local em sede de controle difuso. Nesses casos, o recorrente terá que se sujeitar à demonstração da repercussão à luz do § 1º.

III. Ônus argumentativo do recorrente (§ 2º)

O § 2º impõe ao recorrente o ônus de demonstrar que a questão constitucional versada no seu recurso extraordinário se reveste de repercussão geral, seja nas hipóteses do § 1º do art. 1.035, seja nos casos do § 3º, não se podendo considerar esses últimos como casos de "repercussão geral presumida" (embora sejam de imediata demonstração). Quando o legislador quis dispensar o re- corrente desse ônus argumentativo, o fez expressamente (como no caso do recurso extraordinário que desafia acórdão proferido em sede de incidente de resolução de demandas repetitivas, ex vi do § 1º do art. 987 do CPC/2015) ou quando a repercussão geral já foi reconhecida em ao menos um outro caso igual ou no mínimo análogo (art. 323, § 2º, do Regimento Interno do STF). A falta de um capítulo na peça recursal dedicado a demonstrar a repercussão geral vem ensejando há tempos o não conhecimento do recurso extraordinário por vício formal, nos termos do art. 327 do Regimento Interno do STF, alterado pela Emenda Regimental nº 21/2007).

IV. Procedimento (§§ 4º a 11)

Os §§ 4º ao 11 se apresentam um tanto redundantes em relação aos arts. 1.036 a 1.041, pois se ocupam de diversos aspectos do procedimento de análise da existência ou não de repercussão geral e do julgamento de recursos extraordinários com repercussão geral tendo em vista o impac- to dessas duas decisões em casos futuros. Por isso mesmo é que a análise dessas questões pode ser sucinta, deixando-se o exame dos pormenores das técnicas de gerenciamento de recursos extraordinários repetitivos para os comentários aos arts. 1.036 a 1.041. O reconhecimento de ine- xistência de repercussão geral ensejará não só na inadmissão do próprio recurso extraordinário analisado, como ainda de todos os outros que versam a mesma questão jurídica (art. 1.035, § 8º). De outra parte, o reconhecimento da repercussão ensejará o sobrestamento de todos os processos individuais e coletivos pendentes em todos os graus de jurisdição baseados na mesma questão constitucional (arts. 1.035, § 5º, 1.036, §§ 1º e 5º, e 1.037, inciso II). Assim, considerando-se que a decisão que reconhece a existência ou inexistência de repercussão geral tende a atingir, de um modo ou de outro, uma pluralidade indeterminável de sujeitos, o CPC/2015 houve por bem permitir que essa decisão seja proferida em contraditório com amici curiae, observado o Regi- mento Interno do STF (a teor do art. 1.035, § 4º, do CPC/2015), bem como as regras muito mais detalhadas do art. 1.038 (que se sobrepõem às regimentais). Por fim, também coerente com as regras aplicáveis ao regime dos dois recursos excepcionais repetitivos (art. 1.037, §§ 9º ao 13) e ao IRDR (art. 983), faculta-se ao litigante interessado, cujo processo foi sobrestado, a possibili- dade de demonstrar que versa questão constitucional diversa daquela em que a repercussão geral foi reconhecida (§ 6º), desafiando-se essa decisão por agravo interno (§ 7º).

V. Análise de outros requisitos formais do recurso extraordinário

Pela leitura que se pode sistematicamente fazer do art. 1.035, é possível afirmar que só será analisada a presença da repercussão geral se o recurso preencher os demais requisitos extrínsecos e intrínsecos de admissibilidade. Quanto à tempestividade, há disposição expressa (§ 6º do art. 1.035), mas se pode afirmar que a mesma lógica vale para os demais requisitos.

Subseção II - Do Julgamento dos Recursos Extraordinário e Especial Repetitivos

Art. 1.036 - Sempre que houver multiplicidade de recursos extraordinários ou especiais com fundamento em idêntica questão de direito, haverá afetação para julgamento de acordo com as disposições desta Subseção, observado o disposto no Regimento Interno do Supremo Tribunal Federal e no do Superior Tribunal de Justiça.

§ 1º - O presidente ou o vice-presidente de tribunal de justiça ou de tribunal regional federal selecionará 2 (dois) ou mais recursos representativos da controvérsia, que serão encaminhados ao Supremo Tribunal Federal ou ao Superior Tribunal de Justiça para fins de afetação, determinando a suspensão do trâmite de todos os processos pendentes, individuais ou coletivos, que tramitem no Estado ou na região, conforme o caso.

§ 2º - O interessado pode requerer, ao presidente ou ao vice-presidente, que exclua da decisão de sobrestamento e inadmita o recurso especial ou o recurso extraordinário que tenha sido interposto intempestivamente, tendo o recorrente o prazo de 5 (cinco) dias para manifestar-se sobre esse requerimento.

§ 3º - Da decisão que indeferir o requerimento referido no § 2º caberá apenas agravo interno. (Redação dada pela Lei nº 13.256, de 4 de fevereiro de 2016)

§ 4º - A escolha feita pelo presidente ou vice-presidente do tribunal de justiça ou do tribunal regional federal não vinculará o relator no tribunal superior, que poderá selecionar outros recursos representativos da controvérsia.

§ 5º - O relator em tribunal superior também poderá selecionar 2 (dois) ou mais recursos representativos da controvérsia para julgamento da questão de direito independentemente da iniciativa do presidente ou do vice-presidente do tribunal de origem.

§ 6º - Somente podem ser selecionados recursos admissíveis que contenham abrangente argumentação e discussão a respeito da questão a ser decidida.

Autor: Flávio Cheim Jorge

I. Tratamento unificado do procedimento para RE e REsp

O CPC/1973 previa procedimentos distintos para o julgamento do recurso extraordinário e do recurso especial repetitivos.

O art. 543-B do CPC/1973 disciplinava a apreciação da repercussão geral em recursos extraordinários, e o art. 543-C do CPC/1973 cuidava exclusivamente do recurso especial, sendo certo que ambos tinham como pressupostos a multiplicidade de recursos com base em idêntica controvérsia.

O CPC/2015 unificou o procedimento tratando ambos indistintamente nos arts. 1.036 a 1.041.

II. Técnica de julgamento dos recursos excepcionais (RE e REsp)

O artigo em comento consiste, em síntese, numa técnica por intermédio da qual são escolhidos um ou mais recursos excepcionais (especial ou extraordinário), que contemplam uma idêntica controvérsia estabelecida em vários outros recursos, cujo julgamento projetará efeito vinculante na solução de todos e quaisquer recursos, bem como nas causas que tenham por fundamento essa mesma questão (*ratio decidendi*).

III. Objetivo dessa técnica de julgamento

Objetiva-se que, uma vez estabelecida a interpretação jurisprudencial pelo STJ ou pelo STF, todos os demais órgãos jurisdicionais fiquem vinculados a esse entendimento e decidam obrigatoriamente as causas e os recursos de acordo com a tese jurídica firmada por esses tribunais.

Os recursos excepcionais repetitivos (RE e REsp) são espécie de um gênero criado pelo CPC/2015 intitulado *"julgamento de casos repetitivos"*(art. 976), que também possui como espécie o Incidente de Resolução de Demandas

Repetitivas, conforme expõe didaticamente o art. 828 do CPC.

Ambos têm como ponto comum o escopo de ser um instrumento processual destinado a resolução de demandas em série, repetitivas, que tutelam o mesmo direito, isto é, que cuidam de direitos da mesma natureza e contemplam várias pessoas diante de uma mesma situação fático-jurídica.

Há semelhança entre ambos quanto à técnica adotada pelo CPC que prevê a escolha de uma "causa" ou de um "recurso" que, uma vez julgado, faz com que a interpretação dada pelo tribunal seja posteriormente aplicada a todos os processos e recursos de forma vinculada.

Por tal razão é que podem ser chamados de "recursos por amostragem". Os recursos a serem julgados são uma "amostra" e representam a controvérsia existente em todos os demais.

IV. Multiplicidade de recursos extraordinários ou especiais com fundamento em idêntica questão de direito

Esse é o requisito específico para que a técnica em comento seja adotada pelos tribunais superiores. Somente há que se falar no julgamento por amostragem se houver vários recursos com fundamento em idêntica questão de direito.

É imprescindível que a questão, como diz a lei, seja idêntica, isto é, que a questão julgada pelos tribunais superiores seja exata e precisamente a mesma.

Não se presta ao julgamento por amostragem a questão jurídica semelhante ou que tenha algum elemento comum com a questão de outros recursos.

A presença de qualquer feição que não torne idêntica não a questão jurídica impede que a tese fixada seja aplicada aos demais recursos.

Cumpre ressaltar a importância desse requisito, pois, na forma proposta pelo legislador, os recursos que tiveram seu curso suspenso terão o seu resultado condicionado à tese firmada pelo tribunal no julgamento do recurso representativo da controvérsia.

Por isso, não sendo idêntica a questão jurídica e submetido o recurso a essa técnica, o Judiciário fornecerá ao jurisdicionado uma solução equivocada e injusta à pretensão deduzida em juízo.

V. A referência aos regimentos internos dos tribunais superiores

O art. 1.036, *caput*, faz referência expressa ao regimento interno dos tribunais superiores, porque neles é que são encontradas as disposições relativas à composição dos órgãos fracionários, à competência, ao funcionamento, enfim, à própria organização interna dos tribunais.

Devem os tribunais superiores, portanto, estabelecer as regras próprias para o julgamento dos recursos repetitivos, até mesmo porque possuem procedimento diverso dos demais recursos. No STJ, essa matéria, na vigência do CPC/1973, era disciplinada pela Resolução nº 8/2008.

É importante observar, todavia, que os regimentos internos não devem se contrapor à Constituição Federal e tampouco ao CPC.

VI. Procedimento nos tribunais de origem

Existindo multiplicidade de recursos com idêntica controvérsia, o presidente ou vice-presidente do tribunal local – que pode ser os tribunais de justiça ou os tribunais regionais federais – selecionarão dois ou mais recursos representativos que sejam capazes de evidenciar adequadamente a questão objeto da discussão.

Cabe, portanto, a esse órgão (presidência ou vice-presidência) a escolha dos recursos. A lei não impõe a quantidade de recursos escolhidos. Diz apenas que serão, no mínimo, dois.

A escolha adequada dos recursos representativos da controvérsia é tarefa fundamental para que essa técnica de julgamento funcione, pois aquele recurso deve refletir não só o exato objeto da discussão, mas também conter todos os fundamentos jurídicos que serão enfrentados pelos tribunais superiores.

Essa é apenas uma primeira etapa do *procedimento de afetação* que se aperfeiçoará com a *decisão de afetação*, proferida pelo relator, no tribunal superior (art. 1.037).

Como será visto com maior profundidade nos comentários ao art. 1.037, no tribunal de origem existe apenas a identificação da multiplicidade de recursos, a escolha dos recursos e a suspensão dos processos que tramitem no Estado ou região. Essa é uma decisão provisória que será submetida ao crivo do tribunal superior respectivo. Neste tribunal é que poderá ser proferida a *decisão de afetação* que fixará a questão a ser submetida a julgamento e determinará a suspensão de todos os processos no âmbito nacional.

VII. A suspensão provisória de todos os processos individuais e coletivos no âmbito do respectivo tribunal

Caberá ainda ao presidente ou vice-presidente do tribunal de origem determinar a suspensão de todos os processos, sejam individuais, sejam coletivos, que estejam submetidos à jurisdição do respectivo tribunal.

Essa decisão é bem abrangente, pois atinge não só a processos, mas também a todos os recursos que porventura estejam em curso naquele tribunal.

Ela deve alcançar também os processos que tramitam nos Juizados Especiais Estaduais ou Federais, conforme o caso. É importante essa observação porque, de fato, é nos juizados que se encontram em maior número os processos em série ou as chamadas demandas repetitivas. A inexistência de competência recursal em relação aos juizados não é óbice à suspensão dos processos porque a jurisdição dos tribunais superiores (STJ e STF) alcança todos os órgãos do Poder Judiciário.

Se o relator no tribunal superior entender que não estão preenchidos os requisitos necessários para a utilização dessa técnica de julgamento determinará ao tribunal de origem que revogue a decisão de suspensão proferida (art. 1.037, § 1º).

VIII. A inadmissão do recurso sobrestado pelo presidente ou vice-presidente do tribunal local

O § 2º do art. 1036 autoriza que o recorrido ou qualquer terceiro interessado possa requerer ao presidente ou vice-presidente do tribunal de origem que profira decisão de inadmissão do recurso sobrestado por ser intempestivo.

O escopo do legislador é fazer com que o recurso sobrestado tenha sua inadmissibilidade reconhecida, com a extinção do processo, na hipótese de intempestividade. Evita-se prejuízo ao recorrido, que não pode ver o seu direito integralmente satisfeito em razão da suspensão do trâmite recursal.

Em homenagem ao contraditório, terá o recorrente 5 (cinco) dias para se manifestar e comprovar a tempestividade do seu recurso.

O acolhimento do requerimento formulado fará com que seja proferida decisão de inadmissão dos recursos especial ou extraordinário.

Apesar de o dispositivo referir-se à tempestividade, não encontramos óbice a que o não conhecimento se dê também pela ausência de qualquer outro requisito de admissibilidade.

IX. Cabimento de agravo interno (art. 1.021) contra a decisão que indefere o requerimento de inadmissão do recurso sobrestado

A Lei nº 13.256/2016 deu nova redação ao § 3º, do art. 1.036, prevendo o cabimento do agravo interno (art. 1.021) contra a decisão de inadmissão do recurso sobrestado. E assim o fez em sintonia com o restabelecimento da competência do órgão *a quo* (presidente ou vice-presidente do tribunal local) para fazer a admissibilidade dos recursos excepcionais.

Isso porque a referida lei deu nova roupagem ao "Agravo em Recurso Especial e em Recurso Extraordinário" (art. 1.042) para restringir seu cabimento contra decisões de inadmissão dos recursos excepcionais que não estejam fundamentadas "na aplicação de entendimento firmado em regime de repercussão geral ou em julgamento de recursos repetitivos".

Nessa toada, prevê *§ 3º* o cabimento do agravo interno, caso o requerimento formulado de inadmissão do recurso escolhido seja indeferido. Isto é, caso seja mantido o sobrestamento, sob o fundamento de que o recurso é tempestivo, a parte pode interpor o agravo para obter a reforma da decisão.

Com efeito, a lei não prevê o cabimento desse agravo para a hipótese em que o requerimento de inadmissão é deferido, isto é, quando se reconhece a intempestividade e, por via de consequência, o recurso sobrestado é inadmitido.

Apesar de ausência de previsão legal, não nos parece incorreto sugerir que o agravo também tenha cabimento, pois do contrário teremos uma decisão que causa gravíssimo prejuízo à parte e que não se submete a qualquer recurso (irrecorrível).

Se a decisão que mantém o sobrestamento do recurso especial ou extraordinário é recorrível, com muito mais razão deve caber recurso contra a decisão que não conhece desses recursos.

Uma de duas: aceita-se o recurso de agravo contra essa última decisão ou a decisão poderá ser impugnada pelo mandado de segurança contra ato judicial.

X. Compete também ao relator no tribunal superior selecionar recursos representativos da controvérsia

O *§ 5º* atribui competência concorrente e disjuntiva ao relator do recurso no tribunal superior e ao presidente ou vice-presidente do tribunal de origem para selecionarem os recursos representativos da controvérsia.

Significa dizer que a escolha pode ser feita por um *ou* pelo outro, independentemente de qualquer sujeição.

A previsão é adequada principalmente porque demonstrou a experiência, durante a vigência do CPC/1973, que, na imensa maioria das vezes, é no STJ que se dá início à utilização dessa técnica. De um modo geral, no âmbito deste tribunal é que se determina a afetação do recurso para julgamento como representativo da controvérsia.

Por fim, observe-se que o relator no tribunal superior poderá escolher outros recursos além daqueles apontados pelo tribunal de origem.

XI. O critério de escolha dos recursos representativos da controvérsia: abrangente discussão e argumentação sobre a matéria a ser decidida

Essa técnica de julgamento por amostragem somente será útil se o recurso escolhido contiver argumentação jurídica adequada à solução da controvérsia.

Se o recurso não tiver "abrangente argumentação e discussão a respeito da questão a ser decidida" (§ 6º), é perfeitamente possível que o acórdão que o julgue deixe de ser aplicado em outros casos, porque estes podem possuir argumentos que não foram objeto de análise e que poderiam levar a resultado diverso.

A eficácia vinculante pretendida pelo legislador passa pela necessidade de que os argumentos e fundamentos dos recursos sobrestados tenham sido objeto de expressa análise quando do julgamento dos recursos selecionados. Daí a redação do parágrafo em referência.

Além disso, toma cuidado o legislador que indicar que o recurso escolhido seja "admissível", pois evita-se que, após desencadeado o procedimento de julgamento, não possa o tribunal superior julgar a questão controvertida, em razão da inadmissibilidade do recurso.

Assim, deve-se proceder ao exame prévio de admissibilidade do recurso escolhido.

Art. 1.037 - Selecionados os recursos, o relator, no tribunal superior, constatando a presença do pressuposto do caput do art. 1.036, proferirá decisão de afetação, na qual:

I - identificará com precisão a questão a ser submetida a julgamento;

II - determinará a suspensão do processamento de todos os processos pendentes, individuais ou coletivos, que versem sobre a questão e tramitem no território nacional;

III - poderá requisitar aos presidentes ou aos vice-presidentes dos tribunais de justiça ou dos tribunais regionais federais a remessa de um recurso representativo da controvérsia.

§ 1º - Se, após receber os recursos selecionados pelo presidente ou pelo vice-presidente de tribunal de justiça ou de tribunal regional federal, não se proceder à afetação, o relator, no tribunal superior, comunicará o fato ao presidente

ou ao vice-presidente que os houver enviado, para que seja revogada a decisão de suspensão referida no art. 1.036, § 1º.
§ 2º - (Revogado pela Lei nº 13.256, de 4 de fevereiro de 2016).
§ 3º - Havendo mais de uma afetação, será prevento o relator que primeiro tiver proferido a decisão a que se refere o inciso I do caput.
§ 4º - Os recursos afetados deverão ser julgados no prazo de 1 (um) ano e terão preferência sobre os demais feitos, ressalvados os que envolvam réu preso e os pedidos de habeas corpus.
§ 5º - (Revogado pela Lei nº 13.256, de 4 de fevereiro de 2016).
§ 6º - Ocorrendo a hipótese do § 5º, é permitido a outro relator do respectivo tribunal superior afetar 2 (dois) ou mais recursos representativos da controvérsia na forma do art. 1.036.
§ 7º - Quando os recursos requisitados na forma do inciso III do caput contiverem outras questões além daquela que é objeto da afetação, caberá ao tribunal decidir esta em primeiro lugar e depois as demais, em acórdão específico para cada processo.
§ 8º - As partes deverão ser intimadas da decisão de suspensão de seu processo, a ser proferida pelo respectivo juiz ou relator quando informado da decisão a que se refere o inciso II do caput.
§ 9º - Demonstrando distinção entre a questão a ser decidida no processo e aquela a ser julgada no recurso especial ou extraordinário afetado, a parte poderá requerer o prosseguimento do seu processo.
§ 10 - O requerimento a que se refere o § 9º será dirigido:
I - ao juiz, se o processo sobrestado estiver em primeiro grau;
II - ao relator, se o processo sobrestado estiver no tribunal de origem;
III - ao relator do acórdão recorrido, se for sobrestado recurso especial ou recurso extraordinário no tribunal de origem;
IV - ao relator, no tribunal superior, de recurso especial ou de recurso extraordinário cujo processamento houver sido sobrestado.
§ 11 - A outra parte deverá ser ouvida sobre o requerimento a que se refere o § 9º, no prazo de 5 (cinco) dias.
§ 12 - Reconhecida a distinção no caso:
I - dos incisos I, II e IV do § 10, o próprio juiz ou relator dará prosseguimento ao processo;
II - do inciso III do § 10, o relator comunicará a decisão ao presidente ou ao vice-presidente que houver determinado o sobrestamento, para que o recurso especial ou o recurso extraordinário seja encaminhado ao respectivo tribunal superior, na forma do art. 1.030, parágrafo único.
§ 13 - Da decisão que resolver o requerimento a que se refere o § 9º caberá:
I - agravo de instrumento, se o processo estiver em primeiro grau;
II - agravo interno, se a decisão for de relator.

I. A decisão de afetação

Uma vez selecionados os recursos, seja pela remessa do tribunal de origem, seja pelo próprio relator, o art. 1.037 prevê que o relator proferirá a *decisão de afetação*.

A *decisão de afetação* consiste no reconhecimento de que está preenchido o requisito necessário para a incidência da técnica do julgamento por amostragem, isto é, que se encontra presente a multiplicidade de recursos com idêntica controvérsia, bem como de que já se encontram selecionados os recursos representativos dessa controvérsia.

Essa decisão é de extrema importância pois ela é que definirá, com precisão, aquilo que será objeto de julgamento pelo tribunal superior e que deverá posteriormente ser observado em todos os demais recursos e ações.

Dada sua importância, o legislador detalhou o seu conteúdo nos incisos do art. 1.037.

II. A indicação precisa da questão jurídica

O legislador foi cuidadoso ao exigir que, antes do julgamento do recurso, seja dado conhecimento a todos da questão que será objeto (submetida) de apreciação pelo tribunal, cuja interpretação vinculará os demais órgãos jurisdicionais.

Assim, na decisão de afetação, é imprescindível que o relator indique com precisão a "questão a ser submetida a julgamento". É dessa questão que será extraída a *ratio decidendi* ou o *fundamento determinante*.

Em sintonia com esse dispositivo, torna-se relevante observar a previsão inserta no § 7º do art. 1.037, que afirma que, se os recursos requisitados tiverem outras questões, aquela fixada na decisão de afetação será decidida em primeiro lugar e as demais em outros processos.

III. A suspensão de todos os recursos e processos no território nacional

Após selecionados os recursos e identificada a questão que será objeto de julgamento, o relator poderá determinar a suspensão de todos os processos em curso, sejam individuais, sejam coletivos.

Determinará também, por óbvio, apesar de não mencionado no inciso acima, a suspensão de todos os recursos em trâmite nos tribunais superiores e nos tribunais estaduais ou federais.

A suspensão, portanto, alcançará todas as ações e recursos em trâmite no território brasileiro.

O escopo da suspensão é fazer com que seja aguardada a resolução da questão jurídica submetida a julgamento e que, posteriormente, seja adotado o entendimento (interpretação) dado pelos tribunais superiores.

É imprescindível que os processos suspensos contenham a mesma questão delimitada na decisão de afetação, de modo que cada juiz ou relator deverá analisar a causa ou recurso sob sua competência e determinar, se for o caso, a incidência da decisão de afetação.

IV. A possibilidade de participação dos tribunais na remessa de outro recurso representativo da controvérsia

A escolha do recurso representativo da controvérsia é um dos pontos mais relevantes para a utilização da técnica dos recursos repetitivos, pois dele serão extraídos os fundamentos da questão a ser decidida.

Quanto mais abrangentes e diversos os fundamentos, maior será o alcance da decisão a ser proferida, pois, caso uma causa contenha um fundamento não analisado pelo tribunal superior, esta causa não poderá ser alcançada pela eficácia vinculante.

Por isso, prevê-se que a escolha do recurso representativo da controvérsia pode ser feita pelo presidente ou vice-presidente do tribunal de origem (§ 1º, art. 1.036) ou pelo relator no tribunal superior (§ 5º, art. 1.036), e quando feita por esse último, que ele possa requisitar aos presidentes ou vice-presidentes a remessa de outros recursos.

V. A escolha de recursos pelo tribunal de origem não vincula o relator no tribunal superior

O § 1º do art. 1.037 se relaciona diretamente ao § 1º do art. 1.036. Ele trata da hipótese em que o procedimento de afetação se inicia com a escolha dos recursos representativos da controvérsia pelo presidente ou vice-presidente dos tribunais de origem.

Em tais situações, quando o relator nos tribunais superiores entender que não estão presentes os requisitos para a incidência da técnica dos recursos repetitivos, deverá comunicar esse fato ao presidente ou vice-presidente do tribunal local para que revogue a decisão de suspensão dos recursos e causas no âmbito estadual ou regional.

Não preceder a afetação, como diz o texto legal, significa reconhecer que não há os requisitos legais para a incidência do julgamento dos recursos especial ou extraordinários repetitivos.

VI. A decisão de afetação fixa dos limites do julgamento pelo tribunal superior

Esse dispositivo é de suma pertinência porque revela a importância de ser fixada e delimitada precisamente a questão objeto de julgamento.

No inciso I deste art. 1.037, se mostrou que na decisão de afetação deve o relator indicar "com precisão a questão a ser submetida a julgamento". Também se disse que dessa questão é que será extraída a *ratio decidendi* (ou o *fundamento determinante*) que deverá nortear a solução de todos os recursos e causas sobrestados.

Não pode haver qualquer tipo de disparidade ou distinção, por menor que seja, entre a questão julgada no tribunal superior e aquela contida na causa (ou recurso) sujeita à vinculação determinada pelo art. 1.040.

Registre-se que a sistemática de julgamento desses recursos era mais adequada até a edição da Lei nº 13.256/2011, pois com esta foi revogado o § 2º do art. 1.037, que vedava ao tribunal o julgamento de questão que não tivesse sido delimitada na decisão de afetação. Essa vedação era correta porque todo o contraditório desenvolvido no julgamento do recurso repetitivo – inclusive com possibilidade de participação de terceiros, de audiência pública, etc. (art. 1.038) – recai apenas sobre essa questão.

Assim, ainda que durante o julgamento notasse o tribunal que existia outra questão que também precisava ser julgada, não poderia assim proceder. Estava vedado seu exame e, por via de consequência, impedia-se a violação ao contraditório.

Em que pese a revogação do § 2º, ainda assim, há que se convir, dada a eficácia imediata da Constituição Federal e do art. 10 do CPC, que, não havendo contraditório sobre determinada questão, impedido estará o tribunal de se manifestar sobre ela.

VII. A decisão de afetação como critério definidor do relator competente

A existência de recursos em várias instâncias com idêntica questão de direito faz com que possa ser proferida a decisão de afetação por mais de um relator nos tribunais superiores.

O § 3º do art. 1.037 traz uma regra de prevenção, isto é, de fixação de competência entre juízos.

De acordo com esse dispositivo, o prevento, isto é, o competente, será aquele que proferir a decisão de afetação e delimitar a questão objeto de julgamento.

VIII. O prazo para julgamento dos recursos afetados

O dispositivo estabelece dois aspectos.

O primeiro fixa um prazo para o julgamento dos recursos afetados, isto é, aqueles representativos da controvérsia e escolhidos por amostragem. Devem ser julgados no prazo máximo de um ano.

O segundo é a preferência em relação aos demais processos, com exceção aos que envolvem réu preso e os pedidos de *habeas corpus*.

A celeridade no trâmite processual desses recursos é relevante não só para fazer incidir sua conclusão às causas em curso, mas também porque atingem diretamente centenas de pessoas que têm suas causas sobrestadas em decorrência da decisão de afetação.

IX. O não respeito ao prazo de um ano para julgamento dos recursos afetados

A Lei nº 13.256/2016 revogou o § 5º do artigo em comento. Esse dispositivo estabelecia a consequência advinda do não julgamento dos recursos afetados no prazo de um ano. Ultrapassado esse prazo, a afetação e a suspensão dos processos cessavam automaticamente em todo o território nacional e os processos retomavam seu curso normal.

A revogação do § 5º fez com que o prazo estabelecido no § 4º se tornasse impróprio, vez que não possui qualquer consequência significativa.

Também não foi louvável a revogação imposta pela Lei nº 13.256/2016, vez que permite que uma situação que deve ser necessariamente temporária (suspensão dos processos) possa se tornar indefinida, com imenso prejuízo aos jurisdicionados.

X. A possibilidade de nova decisão de afetação

O não julgamento dos recursos afetados no prazo de um ano não impede que futuramente essa técnica de julgamento seja utilizada em relação à mesma questão jurídica.

O § 6º faz referência ao § 5º, que, como dito, foi revogado pela Lei nº 13.256/2016. Apesar de inexistir este último dispositivo, o entendimento adequado deve ser no sentido de que, caso não julgados os recursos afetados no prazo de um ano, poderá outro relator, do mesmo tribunal, selecionar outros recursos e afetá-los para julgamento.

Como se está diante de julgamento de causas em massa, deve haver outros recursos no tribunal distribuídos com relatores diferentes. Com a Lei nº 13.256/2016, a consequência para o não julgamento em um ano será a possibilidade de seleção de outros recursos e prolação da decisão de afetação.

XI. A decisão sobre outra questão diversa daquela objeto da afetação

Como já dito, para o perfeito funcionamento do julgamento por amostragem é imprescindível que a questão jurídica submetida a julgamento seja perfeitamente identificada. A respeito dela é que se formará a *ratio decidendi* que vinculará todos os órgãos julgadores que possuem sobre sua competência outros recursos e causas que contenham idêntica questão.

Por isso na *decisão de afetação* essa questão deve ser delimitada (art. 1.037, inciso I) e, na versão original do CPC/2015, era vedado ao órgão colegiado decidir questão fora do âmbito dessa delimitação (art. 1.037, § 2º).

A Lei nº 13.256/2016, de forma incompreensível e inaceitável, revogou o § 2º do art. 1.037, com a pretensão de permitir que os tribunais superiores apreciassem qualquer questão, ainda que não delimitada na decisão de afetação, quando do julgamento do recurso.

Com efeito, não nos parece que a revogação desse dispositivo seja suficiente para alcançar a pretensão mencionada, vez que exige o art. 10 do CPC que as partes não podem ser surpreendidas com o julgamento de qualquer questão, sem prévia ciência e manifestação – ainda que seja de ordem pública.

Assim, ainda há que se entender que outras e diferentes questões que possam existir em recursos requisitados dos tribunais de origem não devem interferir no julgamento da questão objeto da afetação.

Essas outras questões devem ser julgadas em outro momento, por intermédio de outro acórdão. Busca-se evitar que a sua solução, no mesmo acórdão, sugira que ela também constitui fundamento determinante e passe a ter eficácia vinculante.

XII. A intimação da decisão de suspensão do processo ou do recurso

A *decisão de afetação*, proferida pelo relator no tribunal superior, além da delimitação da questão jurídica, importará na suspensão de todos os recursos e processos em curso no território brasileiro.

Assim, os juízes ou relatores, ao receberem o inteiro teor da *decisão de afetação* deverão identificar aquelas causas e recursos que contemplam a mesma questão e determinar a sua suspensão, intimando-se as partes para ciência dessa decisão.

A literalidade do dispositivo sugere essa interpretação: o juiz ou relator determina a suspensão em concreto daquele processo e intima as partes dessa decisão. Somente após a suspensão do processo ou do recurso é que podem apontar a distinção e requerer o seu prosseguimento, em conformidade com o parágrafo seguinte.

Esse procedimento destoa dos arts. 9º e 10 do CPC, pois impõe uma "decisão-surpresa" às partes, sem que elas tenham tido a oportunidade de previamente se manifestar.

De fato, impunha-se que fossem inicialmente intimadas as partes, para que somente após sua manifestação, com a demonstração ou não da distinção, pudesse ser proferida a decisão de suspensão.

XIII. A técnica da distinção

A distinção (*distinguishing*) significa uma técnica que permite às partes demonstrarem que o seu caso, apesar de semelhante àquele que será julgado pelos tribunais superiores, apresenta particularidades ou características que o tornam diferente (distinto).

A eficácia vinculante da decisão dos tribunais superiores sobre os recursos sobrestados faz com que essa ferramenta seja um dos pontos de maior destaque do procedimento idealizado para os recursos repetitivos.

Há, de fato, grande responsabilidade das partes e dos juízes ao aferir se, em concreto, a questão jurídica abordada nos recursos escolhidos por amostragem é idêntica àquela contida no recurso e/ou processo suspensos.

A inexistência de identidade entre ambas as questões faz com que seja proferida uma decisão injusta, já que será conferida uma solução jurídica equivocada (errada) à pretensão formulada em juízo.

Para fins de se encontrar a distinção, é imprescindível a análise da *decisão de afetação* e, em especial, que confira em seu teor a *questão jurídica* e *os argumentos e fundamentos* que serão enfrentados para a sua solução. De outra parte, há que se fazer o mesmo em relação ao processo ou ao recurso sobrestado, isto é, que sejam identificadas a questão jurídica e os argumentos e fundamentos.

A discrepância entre um desses elementos faz com que seja imperioso o reconhecimento da distinção.

A mera identidade da questão jurídica não é suficiente para suspender os processos e recursos. A eficácia vinculante da decisão dos recursos afetados somente deve incidir nos processos que contenham os mesmos argumentos e fundamentos.

Demonstrada a distinção, as partes têm direito ao prosseguimento do processo ou do recurso.

XIV. O juízo competente para apreciar o requerimento de distinção

Buscando evitar maiores discussões, o legislador foi enfático ao identificar o competente para analisar o requerimento de distinção e determinar, se for o caso, o prosseguimento do processo ou do recurso.

Se o processo tiver sido sobrestado em primeiro grau, o competente será o próprio juiz que determinou a suspensão.

Se antes de julgar o recurso ou o processo, o relator determinar a suspensão do processo/recurso, será ele, o relator, o competente para apreciar o requerimento de distinção.

No inciso III fala o legislador em "acórdão recorrido", o que significa que já existe contra o acórdão proferido no tribunal local recurso especial ou recurso extraordinário. Nesse caso, apesar de a suspensão ter sido determinada pelo presidente ou vice-presidente, compete ao relator do acórdão recorrido analisar e decidir o requerimento de distinção.

O inciso IV acima espanca qualquer dúvida quanto à suspensão dos recursos também no âmbito dos tribunais superiores, ao contrário do que acontecia com o CPC/1973 (art. 543-C), em que o STJ entendia que não eram suspensos os recursos especiais (STJ, 2ª T., AgRg-AResp nº 438148-RS, Rel. Min. Herman Benjamim, j. em 1º/4/2014).

XV. O contraditório antes da decisão a respeito da distinção

Em observância ao princípio do contraditório, dispõe o § 11 que a outra parte deverá ser ouvida sobre o requerimento de distinção. Isso se faz porque há interesse de ambas as partes quanto à desvinculação ou não do recurso.

XVI. As consequências do reconhecimento da distinção

O reconhecimento da distinção tem como consequência imediata o prosseguimento do processo ou do recurso outrora suspenso por força da decisão judicial que, inicialmente, entendeu pela identidade das questões jurídicas.

O dispositivo, assim, explicita esse seguimento do processo ou do recurso em conformidade com o momento processual em que a suspensão ocorreu.

A particularidade entre ambos os incisos é que como regra o prosseguimento se dá pelo próprio juiz ou relator que determinou a suspensão, tratando o inciso II da exceção. Nesta, a suspensão é feita pelo presidente ou vice-presidente do tribunal e o reconhecimento da distinção e a determinação de prosseguimento é de competência do relator do acordão recorrido pelo recurso especial ou extraordinário.

XVII. O cabimento de agravo contra a decisão que resolve o requerimento de distinção

A decisão que decide o requerimento de distinção é recorrível. Sua resolução atinge ambas as partes, de modo que a recorribilidade existe tanto para a decisão que a reconhece quanto para que a rejeita.

O interesse é de ambas as partes. Sua rejeição fará com que a parte que requereu a distinção tenha interesse recursal; ao passo que o seu acolhimento, fará com que a outra parte possa ter interesse recursal e pretenda a manutenção da suspensão e a aceitação da afetação.

Estando o processo em primeiro grau, o recurso cabível será o agravo de instrumento (art. 1.015, inciso XIII), a ser interposto diretamente no tribunal de origem, no prazo de 15 dias.

Caso seja decisão de relator, cabível será o agravo interno (art. 1.021) a ser interposto no tribunal em que se encontrava o recurso quando de sua suspensão: tribunal de origem, STJ ou STF.

Art. 1.038 - O relator poderá:
I - solicitar ou admitir manifestação de pessoas, órgãos ou entidades com interesse na controvérsia, considerando a relevância da matéria e consoante dispuser o regimento interno;
II - fixar data para, em audiência pública, ouvir depoimentos de pessoas com experiência e conhecimento na matéria, com a finalidade de instruir o procedimento;
III - requisitar informações aos tribunais inferiores a respeito da controvérsia e, cumprida a diligência, intimará o Ministério Público para manifestar-se.
§ 1º - No caso do inciso III, os prazos respectivos são de 15 (quinze) dias, e os atos serão praticados, sempre que possível, por meio eletrônico.
§ 2º - Transcorrido o prazo para o Ministério Público e remetida cópia do relatório aos demais ministros, haverá inclusão em pauta, devendo ocorrer o julgamento com preferência sobre os demais feitos, ressalvados os que envolvam réu preso e os pedidos de habeas corpus.
§ 3º - O conteúdo do acórdão abrangerá a análise dos fundamentos relevantes da tese jurídica discutida. (Redação dada pela Lei nº 13.256, de 4 de fevereiro de 2016)

I. O poder/dever do relator

A possibilidade de repercussão coletiva de um processo individual, isto é, a vinculação sofrida pelos inúmeros processos em curso em decorrência do resultado de apenas dois recursos, faz com que seja necessária uma ampla divulgação e efetiva participação de terceiros no julgamento.

A experiência dos recursos repetitivos durante a vigência do CPC/1973 mostra que não era comum a formulação de convite para que interessados se manifestassem ou participassem do julgamento. Tampouco era natural a própria participação de terceiros na formação do precedente.

O CPC/2015 procurou melhorar o procedimento desses recursos atribuindo poderes/deveres ao relator no seu julgamento.

II. O dever de publicidade e de aceitação da participação de terceiros

O inciso I do art. 1.038 consagra um dever do relator. Deve dar publicidade, nos sistemas próprios de informação dos respectivos tribunais, da existência de um recurso afetado para julgamento, bem como disponibilizar a decisão de afetação, em que se contenha a questão jurídica a ser decidida e os fundamentos e argumentos a serem apreciados.

Da mesma forma, deve permitir a manifestação de pessoas, órgãos ou entidades com interesses na controvérsia. É natural que as demandas de massa ensejam a tutela de direitos de categorias de pessoas ou interessados. É o que acontece com demandas de interesses de consumidores, de bancos, de advogados, de pensionistas, etc.

Em tais hipóteses, as entidades que têm por finalidade a defesa de direitos correlatos àqueles deduzidos em juízo podem ingressar em juízo para auxiliar na tutela desse direito.

Trata-se da intervenção do *amicus curiae*, previsto expressamente no CPC/2015, no art. 138, como modalidade de intervenção de terceiros, que corresponde à "participação de pessoa natural ou jurídica, órgão ou entidade especializada, com representação adequada".

A participação do *amicus curiae* com oferecimento de memoriais, arrazoados e de sustentação oral é fundamental para a legitimidade e o contraditório da formação das decisões em julgamento de casos repetitivos.

Por isso que também no Incidente de Resolução de Demandas Repetitivas há previsão expressa de participação do *amicus curiae*.

III. A audiência pública

O inciso II contempla o poder do relator de, havendo necessidade, determinar a realização de audiência pública para ouvir depoimento de pessoas com experiência e conhecimento na matéria, com a finalidade de instruir o procedimento.

Diz-se que é um poder do relator, porque, dependendo da natureza da questão jurídica, não se faz necessária a audiência.

Essa audiência pública não tem por finalidade ouvir as partes, mas sim permitir que sejam arguidos *experts* na matéria objeto de julgamento e que possam explicitar e transmitir conhecimento científico sobre questões específicas.

As partes e os terceiros terão o direito de participar, inclusive por intermédio da formulação de perguntas e questionamentos aos depoentes.

O STF vem adotando a realização dessas audiências no controle concentrado de constitucionalidade, com bons resultados, de modo que foi importante a previsão desse dispositivo.

IV. A participação do Ministério Público

O inciso III descreve um poder do relator quanto à requisição de informações aos tribunais de origem, vez que nem sempre há necessidade dessa providência. Todavia, consagra um dever quanto à intimação do Ministério Público.

A participação do Ministério Público, como fiscal da ordem jurídica (art. 176, CPC/2015), é obrigatória no julgamento de casos repetitivos. A eficácia vinculante das decisões proferidas nesse sistema impõe a presença do Ministério Público não só na guarda da obediência do procedimento estabelecido pelo legislador, mas, sobretudo, na efetiva participação na construção do precedente.

V. O prazo para a manifestação do Ministério Público e informações

Preferiu, por segurança, não deixar ao livre-arbítrio do relator a fixação de prazos para que sejam prestadas as informações pelos tribunais locais e para a manifestação do Ministério Público.

O prazo, para tanto, será de 15 dias e, como diz o dispositivo em comento, em sintonia com o escopo de celeridade pretendido pelo legislador, serão praticados sempre que possível por meio eletrônico.

VI. A preferência no julgamento em relação aos demais recursos e feitos

A manifestação do Ministério Público é o último ato antes do julgamento do recurso. Após, será elaborado o relatório e incluído o processo em pauta para julgamento.

Repete aqui o legislador a dicção do art. 1.037, § 4º, ao estabelecer que o julgamento terá preferência sobre os demais feitos, ressalvados os que envolvam réu preso e os pedidos de *habeas corpus*.

VII. A fundamentação do acórdão

O perfeito funcionamento do sistema de julgamento dos recursos repetitivos passa pelo enfrentamento do maior número possível de fundamentos ou argumentos relativos à questão jurídica deduzidos em juízo, sejam eles favoráveis ou contrários.

A vinculação do precedente se faz pela sua *ratio decidente,* que contempla o reconhecimento do fundamento determinante utilizado como premissa necessária para a conclusão. Para a construção da *ratio decidendi* é natural que fundamentos apresentados pelas partes sejam levados em consideração e que tantos outros sejam afastados por impertinentes, irrelevantes ou inaplicáveis.

A existência em outros processos de fundamentos não apreciados pelo precedente faz com que este não possa ser utilizado como motivo para decidi-los. Em especial, não poderá o precedente ter eficácia vinculante e ser capaz de condicionar a solução deles.

Daí a importância dada pelo legislador, ao ponto de impor amplo dever de fundamentação ao julgador. O descumprimento do disposto neste parágrafo autoriza a oposição de embargos de declaração, pela omissão.

Art. 1.039 - Decididos os recursos afetados, os órgãos colegiados declararão prejudicados os demais recursos versando sobre idêntica controvérsia ou os decidirão aplicando a tese firmada.
Parágrafo único - Negada a existência de repercussão geral no recurso extraordinário afetado, serão considerados automaticamente inadmitidos os recursos extraordinários cujo processamento tenha sido sobrestado.

I. A aplicação da tese firmada aos demais recursos no próprio tribunal superior

Os arts. 1.039 e seguintes dedicam-se à aplicação da tese acolhida no acórdão paradigma às demais causas e processos.

O *caput* do art. 1.039 cuida das consequências no âmbito dos próprios tribunais superiores para aqueles recursos que foram sobrestados em razão da decisão de afetação proferida pelo relator.

Após o julgamento dos recursos afetados surgem duas alternativas:

(i) os recursos que se insurgirem contra acórdãos que foram proferidos no mesmo sentido do acórdão paradigma serão considerados prejudicados. Considera-se, portanto, que tais recursos carecem de interesse recursal (superveniente), de modo que devem prevalecer os acórdãos recorridos, pois na visão do tribunal superior julgaram a causa adequadamente;

(ii) o tribunal superior deve aplicar a tese firmada e, sendo admitidos, dar provimento aos recursos, reformando o acórdão recorrido e aplicando a tese firmada no acórdão paradigma.

É importante ressaltar que o art. 1.039 fala expressamente em "órgãos colegiados", circunstância que afasta por completo o julgamento monocrático de aplicação da tese adotada pelo acórdão paradigma.

Esse procedimento não se confunde com a previsão do art. 932, inciso IV, *b*, e inciso V, *b*, do CPC, que permite o julgamento pelo relator, monocraticamente, com base em decisões proferidas em julgamento de recursos repetitivos. Esta hipótese refere-se à apreciação de recursos subsequentes à definição da tese, ao passo que a previsão do art. 1.039 disciplina o julgamento dos recursos que, por decisão do relator, foram sobrestados até o julgamento dos recursos afetados.

Assim, julgados os recursos afetados, a solução dada aos recursos sobrestados será dada única e exclusivamente pelo órgão colegiado.

II. A inexistência de repercussão geral no recurso extraordinário afetado

O parágrafo único consagra a solução a ser dada especificamente ao recurso extraordinário afetado, quando o relator no STF decide pela inexistência de repercussão geral.

Em tal hipótese, por coerência lógica, se não há repercussão geral, os recursos sobrestados carecem desse requisito de admissibilidade recursal e, por via de consequência, deverão ser inadmitidos (conhecidos).

Não se pode deixar de tecer um certo arremedo de crítica a esse dispositivo, já que se afigura como verdadeiro contrassenso. Se há *decisão de afetação* que reconheceu a existência de multiplicidade de recursos extraordinários com fundamento em idêntica questão de direito, não pode haver dúvida de que está preenchido o requisito da repercussão geral.

Isto é, se existem ações em massa que proporcionaram a existência de recursos extraordinários em série, inegável a existência de "questões relevantes do ponto de vista econômico, político, social ou jurídico que ultrapassem os interesses subjetivos do processo".

Art. 1.040 - Publicado o acórdão paradigma:
I - o presidente ou o vice-presidente do tribunal de origem negará seguimento aos recursos especiais ou extraordinários sobrestados na origem, se o acórdão recorrido coincidir com a orientação do tribunal superior;
II - o órgão que proferiu o acórdão recorrido, na origem, reexaminará o processo de competência originária, a remessa necessária ou o recurso anteriormente julgado, se o acórdão recorrido contrariar a orientação do tribunal superior;
III - os processos suspensos em primeiro e segundo graus de jurisdição retomarão o curso para julgamento e aplicação da tese firmada pelo tribunal superior;
IV - se os recursos versarem sobre questão relativa a prestação de serviço público objeto de concessão, permissão ou autorização, o resultado do julgamento será comunicado ao órgão, ao ente ou à agência reguladora competente para fiscalização da efetiva aplicação, por parte dos entes sujeitos a regulação, da tese adotada.
§ 1º - A parte poderá desistir da ação em curso no primeiro grau de jurisdição, antes de proferida a sentença, se a questão nela discutida for idêntica à resolvida pelo recurso representativo da controvérsia.
§ 2º - Se a desistência ocorrer antes de oferecida contestação, a parte ficará isenta do pagamento de custas e de honorários de sucumbência.
§ 3º - A desistência apresentada nos termos do § 1º independe de consentimento do réu, ainda que apresentada contestação.

I. A aplicação da tese firmada aos recursos e processos sobrestados nos tribunais de origem e em primeiro grau

O art. 1.040 traz em seus incisos as consequências advindas da prolação do acórdão paradigma para os recursos que foram sobrestados nos tribunais de origem e para os processos em primeiro grau de jurisdição. O que se requer é que o acórdão proferido nos recursos repetitivos tenham efeito vinculante em relação àqueles que foram sobrestados.

Pretende-se, pois, que os tribunais de origem e os juízes de primeiro grau adotem a *ratio decidendi* para a solução dos recursos e processos.

Os dispositivos a seguir revelam que, de um lado, não quis o legislador impor a eficácia vinculante ao acórdão paradigma, pois permite, no art. 1.041, que o acórdão divergente seja mantido, mas de outro, em vários dispositivos do CPC, prevê a obrigatoriedade de seguir esse acórdão, quando estipula o cabimento de reclamação (art. 988, inciso IV) e determina que os juízes e tribunais observem o julgamento de casos repetitivos (art. 927, inciso III).

Essa matéria é uma das mais complexas do CPC/2015, até mesmo porque as hipóteses de eficácia vinculante das decisões judiciais são tratadas exclusivamente pela Constituição Federal, como se vê no controle concentrado de constitucionalidade e na Súmula Vinculante (Emenda Constitucional nº 45/2004).

II. A aplicação da tese quando o acórdão recorrido coincidir com a orientação do tribunal superior

Se os acórdãos recorridos nos tribunais de origem coincidirem com a orientação firmada no tribunal superior, isto é, tiverem dado o mesmo entendimento à questão jurídica, o presidente ou vice-presidente do respectivo tribunal deverá negar seguimento aos recursos especiais ou extraordinário.

Trata-se, assim, de reconhecer a inexistência de interesse recursal (superveniente), em verdadeiro e inegável juízo negativo de admissibilidade. A coisa julgada recairá sobre o acórdão no âmbito daquele tribunal.

Dessa decisão de inadmissibilidade, pode o recorrente interpor agravo interno, nos termos do art. 1.021 c.c. art. 1.030, § 2º, do CPC.

III. A aplicação da tese quando o acórdão recorrido contrariar a orientação do tribunal superior

O inciso II contempla a hipótese em que o acórdão proferido no tribunal local contrariar a orientação firmada pelo tribunal superior.

Como os tribunais não possuem competência para o julgamento de mérito dos recursos especial e extraordinário, a solução encontrada pelo legislador foi permitir que, mesmo após a interposição desses recursos, sejam os autos devolvidos para o órgão que proferiu o acórdão recorrido, para que ele seja "reexaminado".

Em outras palavras, deverá o órgão julgador do tribunal de origem (Câmara, Turma, etc) exercer o *juízo de retratação* e, se assim entender, reformar o acórdão para que se ajuste ao comando do acórdão paradigma.

Esse procedimento comporta duas observações.

A primeira, de que é no mínimo estranho que após ter julgado um recurso (ou demanda de competência ordinária) e havendo um recurso a ser decidido pelo tribunal superior, seja imposto um retrocesso processual para que se permita que o órgão "rejulgue" e reforme a sua própria decisão. E mais do que isso, que o recurso interposto (extraordinário ou especial) seja simplesmente ignorado, como se ele não existisse ou fosse um nada jurídico.

A segunda é que o art. 1.041, § 1º, intitula esse reexame de "juízo de retratação" e, portanto, procura atribuir-lhe semelhança com aquele existente nas várias espécies de agravo (por exemplo, art. 1.021, § 1º, CPC) e em algumas hipóteses na apelação (por exemplo, arts. 331 e 332, ambos do CPC).

Existe semelhança quando se percebe que em ambos se permite que o órgão que prolatou a decisão recorrida se convença das razões do recurso interposto e, por via de consequência, modifique sua decisão.

Contudo, há certa diferença, porque nos recursos repetitivos não haverá propriamente análise do recurso interposto, mas sim a aceitação da tese consagrada no acórdão paradigma pelo tribunal superior.

E mais: quanto ao procedimento, nos recursos repetitivos, o órgão julga o recurso ou causa e o processo tem o seu curso normal, até que, tempos após, os autos retornam ao órgão para a retratação.

Não é o que ordinariamente acontece. Nos casos acima citados, interposto o recurso, a possibilidade de retratação é imediata, naquela fase procedimental. Não existe um retrocesso, como o previsto no dispositivo em análise.

IV. A aplicação da tese para os processos sobrestados em primeiro e segundo graus

Com o julgamento dos recursos afetados, os processos e recursos suspensos em primeiro e segundo graus de jurisdição retomarão seu curso.

Com a fixação do entendimento dos tribunais superiores sobre a questão jurídica, o que se espera é que, extraída a *ratio decidendi* – aquilo que o dispositivo chama de 'tese firmada' – os órgãos competentes julguem os processos e os recursos seguindo essa orientação.

Em relação aos processos em curso em primeiro grau de jurisdição, é preciso observar seu estágio procedimental, pois se a instrução probatória não tiver sido concluída, será inviável a aplicação da tese firmada. O processo deverá ter o seu curso regular com a produção das provas em conformidade com os ditames legais aplicáveis ao caso.

Por outras palavras, não se pode abreviar o procedimento e proferir a sentença de imediato independentemente de seu estágio processual. A produção de provas é um direito constitucional da parte, que não pode ser mutilado porque já existe entendimento dos tribunais superiores a respeito da questão jurídica objeto daquele processo.

De outro lado, há que se ter criteriosa análise quanto ao acórdão paradigma para se verificar se ele enfrentou os mesmos e exatos fundamentos contidos nos processos em primeiro e segundo graus. Se há, nos processos que retomarão o curso, particularidades que afastam a perfeita e exata identificação da questão jurídica, deverão ter seu curso sem qualquer interferência.

V. A fixação da tese e as questões relativas a prestação de serviço público objeto de concessão, permissão ou autorização

Existe verdadeira litigiosidade de massa quanto a serviços públicos concedidos, permitidos ou autorizados. As empresas detentoras de tais serviços figuram no topo da lista das maiores e habituais litigantes.

Espera-se que, proferida decisão pelos tribunais superiores, em recursos representativos da controvérsia, essas empresas sigam o entendimento adotado.

A referência no dispositivo passa pela comunicação à agência reguladora competente, para que fiscalize a efetiva aplicação da tese adotada, até mesmo porque o interesse público em tais serviços faz com que sejam adotadas as decisões do Poder Judiciário.

VI. A desistência da ação para os processos suspensos

O CPC estabelece um regime diferenciado da desistência da ação para os processos que foram suspensos por força do procedimento dos recursos repetitivos.

Como cediço, a desistência da ação pode ser feita até a prolação da sentença (art. 485, § 5º), e depende do consentimento do réu se oferecida após a contestação (art. 485, § 4º).

Além disso, o autor é responsável pelo pagamento das despesas e honorários advocatícios (art. 90).

O regime diferenciado procura estimular a desistência da ação, após o surgimento da decisão proferida no recurso representativo da controvérsia.

Se, de fato, o processo antes suspenso contemplar questão idêntica, a parte poderá desistir da ação até a prolação da sentença, sem concordância da parte contrária e sem a responsabilidade pelo pagamento das custas e honorários de sucumbência.

Art. 1.041 - Mantido o acórdão divergente pelo tribunal de origem, o recurso especial ou extraordinário será remetido ao respectivo tribunal superior, na forma do art. 1.036, § 1º.

§ 1º - Realizado o juízo de retratação, com alteração do acórdão divergente, o tribunal de origem, se for o caso, decidirá as demais questões ainda não decididas cujo enfrentamento se tornou necessário em decorrência da alteração.

§ 2º - Quando ocorrer a hipótese do inciso II do caput do art. 1.040 e o recurso versar sobre outras questões, caberá ao presidente ou ao vice-presidente do tribunal recorrido, depois do reexame pelo órgão de origem e independentemente de ratificação do recurso, sendo positivo o juízo de admissibilidade, determinar a remessa do recurso ao tribunal superior para julgamento das demais questões. (Redação dada pela Lei nº 13.256, de 4 de fevereiro de 2016)

I. A manutenção do acórdão divergente pelo tribunal de origem

Com o julgamento dos recursos afetados, duas alternativas se abrem ao tribunal de origem quando nele há acórdão divergente:

(i) o órgão que prolatou o acórdão recorrido reexamina sua decisão (juízo de retratação, art. 1.040, II);

(ii) o órgão não exerce o juízo de retratação e mantém hígido o acórdão divergente, permanecendo igualmente íntegros os recursos especiais e extraordinários contra ele interpostos.

O *caput* do art. 1.041 contempla essa segunda hipótese, qual seja a de que tribunal de origem mantém o acórdão recorrido que contrariou a orientação do tribunal superior.

Nesse caso, prevê esse dispositivo que os recursos que foram sobrestados (especial e/ou extraordinário) sejam remetidos pelo presidente ou vice-presidente, para julgamento.

A referência feita ao § 1º do art. 1.036 se justifica dessa forma, a saber, com a remessa dos recursos especiais e extraordinários que contenham a mesma questão de direito e que tinham sido inicialmente sobrestados.

II. O exercício do juízo de retratação pelo tribunal de origem e o surgimento de novas questões ainda não decididas

Esse § 1º prevê hipótese diversa do *caput*, qual seja aquela em que o órgão prolator do acórdão recorrido (Câmara, Turma, etc.) exerce o juízo de retratação e modifica o acórdão, para se ajustar ao entendimento definido pelo STJ ou STF no recurso representativo da controvérsia.

A modificação do acórdão pode fazer com que haja necessidade de decidir outras questões apreciadas, cujo enfrentamento à época de sua prolação eram desnecessárias.

Tais circunstâncias acontecem com certa frequência, pois não é incomum a cumulação de pedidos ou de causas de pedir, em que o acolhimento de uma questão faz com que outras sejam automaticamente prejudicadas. A alteração da premissa quanto a essa questão, por exemplo, pode provocar a necessidade da análise das questões subsequentes.

Pode-se até mesmo cogitar de situações mais simples, mas necessárias, como, por exemplo, da inversão do ônus sucumbencial e a fixação de nova verba de honorários – tudo isso em razão da modificação do acórdão recorrido.

Por fim, há que se lembrar que havendo a modificação do acórdão, mediante o juízo de retratação, é natural que surja para a parte anteriormente vitoriosa o interesse na interposição de recurso especial ou extraordinário.

III. O exercício do juízo de retratação pelo tribunal de origem e a modificação parcial do acórdão com o consequente interesse do recorrente

Na esteira do § 1º, o § 2º cuida da hipótese em que, após o julgamento dos recursos afetados nos tribunais superiores, o tribunal de origem, por força do juízo de retratação, modifica o acórdão recorrido.

Estipula-se que, versando o recurso sobre outras questões, além daquela que gerou o sobrestamento e, portanto, reexaminada, deve o presidente ou vice-presidente determinar a remessa do recurso aos tribunais superiores para o seu julgamento, caso seja conhecido.

Em tal hipótese, a modificação do acórdão foi apenas parcial e não prejudicou integralmente o recurso interposto, mantendo vivo o interesse do recorrente quanto às demais questões.

Seção III - Do Agravo em Recurso Especial e em Recurso Extraordinário

Art. 1.042 - Cabe agravo contra decisão do presidente ou do vice-presidente do tribunal recorrido que inadmitir recurso extraordinário ou recurso especial, salvo quando fundada na aplicação de entendimento firmado em regime de repercussão geral ou em julgamento de recursos repetitivos. (Redação dada pela Lei nº 13.256, de 4 de fevereiro de 2016)

I - (Revogado pela Lei nº 13.256, de 4 de fevereiro de 2016)

II - (Revogado pela Lei nº 13.256, de 4 de fevereiro de 2016)

III - (Revogado pela Lei nº 13.256, de 4 de fevereiro de 2016)

§ 1º - (Revogado pela Lei nº 13.256, de 4 de fevereiro de 2016)

I - (Revogado pela Lei nº 13.256, de 4 de fevereiro de 2016)

II - (Revogado pela Lei nº 13.256, de 4 de fevereiro de 2016)

a) (Revogada pela Lei nº 13.256, de 4 de fevereiro de 2016)

b) (Revogada pela Lei nº 13.256, de 4 de fevereiro de 2016)

§ 2º - A petição de agravo será dirigida ao presidente ou ao vice-presidente do tribunal de origem e independe do pagamento de custas e despesas postais, aplicando-se a ela o regime de repercussão geral e de recursos repetitivos, inclusive quanto à possibilidade de sobrestamento e do juízo de retratação. (Redação dada pela Lei nº 13.256, de 4 de fevereiro de 2016)

§ 3º - O agravado será intimado, de imediato, para oferecer resposta no prazo de 15 (quinze) dias.

§ 4º - Após o prazo de resposta, não havendo retratação, o agravo será remetido ao tribunal superior competente.

§ 5º - O agravo poderá ser julgado, conforme o caso, conjuntamente com o recurso especial ou extraordinário, assegurada, neste caso, sustentação oral, observando-se, ainda, o disposto no regimento interno do tribunal respectivo.

§ 6º - Na hipótese de interposição conjunta de recursos extraordinário e especial, o agravante deverá interpor um agravo para cada recurso não admitido.

§ 7º - Havendo apenas um agravo, o recurso será remetido ao tribunal competente, e, havendo interposição conjunta, os autos serão remetidos ao Superior Tribunal de Justiça.

§ 8º - Concluído o julgamento do agravo pelo Superior Tribunal de Justiça e, se for o caso, do recurso especial, independentemente de pedido, os autos serão remetidos ao Supremo Tribunal Federal para apreciação do agravo a ele dirigido, salvo se estiver prejudicado.

I. Agravo contra decisão do tribunal local relativa aos recursos especial e extraordinário

O Código de Processo Civil disciplina os recursos para os tribunais superiores (STF e STJ) nos arts. 1.027 a 1.043, sendo que os arts. 1029 a 1041 tratam do recurso extraordinário e do recurso especial. Alguns desses artigos foram alterados, antes mesmo de o Código entrar em vigor, pela Lei nº 13.256, de 4/2/2016.

O Código de Processo Civil de 1973 tratava da matéria nos arts. 539 e seguintes, sendo que os arts. 541 a 545 cuidavam dos recursos especial e extraordinário.

O CPC/1973 previa a interposição do recurso especial e do recurso extraordinário no prazo de 15 dias (art. 508), sendo ambos dirigidos ao presidente ou vice-presidente do tribunal recorrido, em petições distintas (art. 541). Interposto o recurso, cabia à secretaria do respectivo tribunal providenciar a intimação do recorrido para oferecer contrarrazões, no prazo de 15 dias, conforme art. 542, *caput*. Decorrido o prazo, os autos deviam ser encaminhados ao presidente ou vice-presidente para, em decisão fundamentada, proceder ao juízo de admissibilidade (art. 542, § 1º). Presentes os pressupostos legais, o recurso era recebido no *efeito devolutivo* (art. 542, § 2º), podendo ser requerida a execução provisória (arts. 497 e 475-0). Cabia ao presidente ou o vice-presidente, após a decisão de admissibilidade positiva, encaminhá-lo ao Superior Tribunal de Justiça ou ao Supremo Tribunal Federal, conforme o caso. Não admitido o recurso no tribunal de origem, havia a possibilidade de o recorrente interpor agravo nos próprios autos, no prazo de dez dias, para o STJ ou STF (art. 544). Da decisão do relator proferida no agravo ou no próprio REsp ou RE cabia agravo interno em cinco dias (art. 545).

No CPC/2015, em sua redação inicial (Lei nº 13.105/2015), diferentemente do que ocorria no CPC/1973, o RE e o REsp seriam protocolados no tribunal de origem, mas não caberia a este, no novo regime, a análise da admissibilidade dos recursos. Assim, interpostos os recursos no tribunal de origem e viabilizado o contraditório ao recorrido, os recursos seriam enviados aos tribunais superiores para que fosse exercido o juízo de admissibilidade e, se admitidos os recursos, o juízo de mérito. Feito o juízo de admissibilidade pelo relator no tribunal superior, não sendo ele admitido, seria cabível o recurso de agravo interno previsto no art. 1.021. Assim, a Lei nº 13.105/2015 eliminou o recurso de agravo contra decisão denegatória de RE ou REsp previsto no art. 544 do CPC/1973, tendo previsto outro recurso de agravo no art. 1.042 do CPC/2015.

O agravo previsto no art. 1.042, antes das alterações promovidas pela Lei nº 13.256/2016, não se confundia com o recurso de agravo contra decisão denegatória existente no CPC/1973 (art. 544), salvo pelo fato de ambos dizerem respeito a decisões proferidas pelo tribunal local no âmbito dos recursos especial e extraordinário. Também não se confundia com o agravo previsto no art. 545 do CPC/1973, que tratava do recurso contra a decisão do relator no STJ ou no STF. O agravo previsto no art. 1.042 do CPC/2015 era, portanto, inicialmente, um recurso novo, não existente no regime anterior.

Ocorre que, antes mesmo da entrada em vigor do CPC/2015, foi editada a Lei nº 13.256/2016, que alterou o regime jurídico dos recursos para os tribunais superiores, atribuindo ao tribunal de origem (presidente ou vice-presidente) competência para exercer o juízo preliminar e provisório de admissibilidade dos recursos especial e extraordinário. Pode-se afirmar que a Lei nº 13.256/2016 restabeleceu o regime do CPC/1973 nesse aspecto, devolvendo ao presidente ou vice-presidente do tribunal de origem a competência para admitir ou não o REsp ou RE na origem, sendo que desta decisão cabe agravo para o tribunal superior respectivo.

Desse modo, de acordo com o art. 1.042 do CPC, com a redação que lhe foi dada pela Lei nº 13.256/2016, cabe agravo contra decisão do presidente ou do vice-presidente do tribunal recorrido que inadmitir recurso extraordinário ou recurso especial, salvo quando fundada na aplicação de entendimento firmado em regime de repercussão geral ou em julgamento de recursos repetitivos.

Trata-se do recurso denominado no art. 994, inciso VIII, do CPC "agravo em recurso especial ou extraordinário". Vale dizer que no CPC/1973 tal recurso não recebia uma denominação própria, sendo chamado simplesmente de agravo. Pode-se concluir que o CPC/2015 deu maior importância ao recurso, não apenas por tê-lo inserido no rol dos recursos com denominação própria, mas também por disciplinar seu regime jurídico em seção própria (seção III do capítulo relativo aos recursos para o Supremo Tribunal Federal e para o Superior Tribunal de Justiça). Ressalte-se que se trata de recurso muito relevante, pois, na prática, é comum a não admissão do recurso especial ou extraordinário no tribunal *a quo*, sendo o agravo o veículo capaz de permitir o acesso aos tribunais superiores.

II. Regime jurídico do agravo em recurso especial e em recurso extraordinário com as alterações promovidas pela Lei nº 13.256/2016

Como já afirmado, de acordo com o art. 1.042 do CPC, com a redação que lhe foi dada pela Lei nº 13.256/2016, cabe agravo contra decisão do presidente ou do vice-presidente do tribunal recorrido que inadmitir recurso extraordinário ou recurso especial, salvo quando fundada na aplicação de entendimento firmado em regime de repercussão geral ou em julgamento de recursos repetitivos.

Desse modo, a decisão do presidente ou vice-presidente no tribunal de origem pode ensejar dois recursos: a) agravo interno, se o recurso especial ou extraordinário for obstado, na origem, em razão da aplicação de entendimento firmado em regime de repercussão geral ou no julgamento de recursos repetitivos (arts. 1.021 e 1.030, inciso I, do CPC); b) agravo em recurso especial ou extraordinário, se o presidente ou vice-presidente do tribunal *a quo*, ao realizar o juízo de admissibilidade (art. 1.030, inciso V, do CPC), por outro motivo (por exemplo, ausência de prequestionamento, alegação de fato, não esgotamento dos recursos ordinários, etc.), não admitir o recurso especial ou extraordinário (art. 1.042 do CPC).

Vale mencionar o Enunciado nº 77 da I Jornada de Direito Processual Civil, promovida pelo Centro de Estudos Judiciários do Conselho da Justiça Federal (CEJ/CJF), nos dias 24 e 25 de agosto de 2017, segundo o qual podem ser interpostos dois recursos caso o trânsito do recurso especial ou extraordinário seja obstado pelos dois motivos anteriormente mencionados.

"Para impugnar decisão que obsta trânsito a recurso excepcional e que contenha simultanea- mente fundamento relacionado à sistemática dos recursos repetitivos ou da repercussão geral (art. 1.030, inciso I, do CPC) e fundamento relacionado à análise dos pressupostos de admissibilidade recursais (art. 1.030, inciso V, do CPC), a parte sucumbente deve interpor, simultanea- mente, agravo interno (art. 1.021 do CPC) caso queira impugnar a parte relativa aos recursos repetitivos ou repercussão geral e agravo em recurso especial/extraordinário (art. 1.042 do CPC) caso queira impugnar a parte relativa aos fundamentos de inadmissão por ausência dos pressupostos recursais."

Acrescente-se, ainda, que da decisão que não admite o recurso especial ou extraordinário cabem embargos de declaração. Nesse sentido, o Enunciado nº 75 da I Jornada de Direito Processual Civil: "Cabem embargos declaratórios contra decisão que não admite recurso especial ou extraordinário, no tribunal de origem ou no tribunal superior, com a consequente interrupção do prazo recursal".

O agravo em recurso especial ou extraordinário se assemelha ao agravo contra decisão denegatória previsto no art. 544 do CPC/1973, pois é dirigido ao tribunal de origem, independe de preparo e deve ser interposto nos próprios autos.

O procedimento do agravo em recurso especial ou extraordinário está previsto no § 2º do artigo sob análise. De acordo com o referido dispositivo, a petição de agravo será dirigida ao presidente ou ao vice-presidente do tribunal de origem e independe do pagamento de custas e despesas postais, aplicando-se a ela o regime de repercussão geral e de recursos repetitivos, inclusive quanto à possibilidade de sobrestamento e do juízo de retratação.

Assim, cabe ao agravante elaborar a petição de agravo, cumprindo todos os requisitos de admissibilidade dos recursos em geral (salvo preparo – art. 1.042, § 2º, do CPC/2015), e endereçá-la ao presidente ou vice-presidente do tribunal de origem, no prazo de 15 dias, conforme art. 1.003, § 5º, do CPC/2015. O agravado será intimado, de imediato, para oferecer resposta no prazo também de 15 dias. O presidente ou vice-presidente poderá se retratar, após o prazo da resposta, e, caso não o faça, os autos serão remetidos ao tribunal superior competente, tratando-se, portanto, de agravo nos próprios autos, e não de instrumento.

Ressalte-se que o agravo é interposto no órgão *a quo*, mas não cabe a este a análise da admissibilidade do recurso, sendo obrigatória a remessa dos autos aos tribunais superiores. Desse modo, ainda que o recurso não preencha algum requisito de admissibilidade, como, por exemplo, a tempestividade, cabe ao STJ ou ao STF, conforme o caso, julgá-lo, evitando-se, com isso, novo recurso no caso de não admissão do agravo pelo órgão *a quo*. Vale lembrar a incidência da Súmula nº 727 do STF, que se refere ao agravo contra decisão denegatória de REsp ou RE (art. 544 do CPC/1973) e impõe ao magistrado a remessa dos autos ao Supremo Tribunal Federal. Isso porque também o referido agravo do CPC de 1973 não ficava sujeito a juízo de admissibilidade pelo órgão *a quo*.

O agravo pode ser julgado, conforme o caso, conjuntamente com o recurso especial ou extraordinário, assegurada, em tal hipótese, sustentação oral, observando-se, ainda, o disposto no regimento interno do tribunal respectivo. Assim, caso o agravo seja conhecido e provido, conforme o caso, pode o tribunal superior julgar desde logo o REsp ou RE.

Aplica-se ao agravo, como ocorre com os recursos em geral, o art. 932 do CPC.

Quanto aos efeitos do recurso de agravo, como a regra no CPC/2015 é do efeito meramente devolutivo, salvo as exceções previstas em lei (art. 995), ele será recebido apenas no efeito devolutivo, podendo o relator conceder-lhe efeito suspensivo se presentes os requisitos legais, risco de dano grave de difícil ou impossível reparação e probabilidade de provimento do recurso (art. 995, parágrafo único).

No que tange ao âmbito de devolutividade do agravo, vale destacar que o recurso deve tratar apenas do motivo de inadmissão do REsp ou RE, cabendo ao agravante atacar a decisão agravada, indicando os motivos pelos quais os recursos deveriam ter sido admitidos.

III. Agravos interpostos simultaneamente em REsp e RE

Se o recorrente pretender interpor recurso especial e recurso extraordinário, deverá fazê-lo concomitantemente. Ressalte-se que, se a decisão recorrida tiver fundamento na lei federal e na Constituição e puder subsistir por qualquer um dos fundamentos, os dois recursos terão que ser interpostos, conforme as Súmulas nº 126 do STJ e nº 283 do STF. Nesse caso, ambos serão processados e remetidos primeiro para o STJ e depois, se não prejudicado o extraordinário, para o STF. Entretanto, entendendo o relator ser o extraordinário prejudicial em relação ao especial, fará, excepcionalmente, o encaminhamento para o STF; nesse caso, se o relator do extraordinário não concordar com a prejudicialidade, procederá à devolução ao STJ para o julgamento do especial em primeiro plano, em decisão irrecorrível (art. 1.031 do CPC/2015).

Caso tenham sido interpostos recursos especial e extraordinário e seja necessário recorrer quanto aos dois recursos, devem ser interpostos dois agravos. Ressalte-se que cada recurso será endereçado a um tribunal (STJ e STF).

Na hipótese de interposição de apenas um agravo, o recurso será remetido ao tribunal competente; havendo interposição conjunta, os autos serão remetidos ao Superior Tribunal de Justiça. Concluído o julgamento do agravo pelo Superior Tribunal de Justiça e, se for o caso, do recurso especial, independentemente de pedido, os autos serão remetidos ao Supremo Tribunal Federal para apreciação do agravo a ele dirigido, salvo se estiver prejudicado.

Aplica-se, no caso de interposição conjunta dos dois agravos, o regime anteriormente explicado relativo à interposição conjunta de REsp e RE. Logo, se o STJ entender que o julgamento do agravo relativo ao RE é prejudicial, encaminhará os autos ao STF e, se o relator no STF não concordar com a prejudicialidade, devolverá os autos ao STJ para julgamento do agravo relativo ao REsp.

Seção IV - Dos Embargos de Divergência

Art. 1.043 - É embargável o acórdão de órgão fracionário que:
I - em recurso extraordinário ou em recurso especial, divergir do julgamento de qualquer outro órgão do mesmo tribunal, sendo os acórdãos, embargado e paradigma, de mérito;
II - (Revogado pela Lei nº 13.256, de 4 de fevereiro de 2016).
III - em recurso extraordinário ou em recurso especial, divergir do julgamento de qualquer outro órgão do mesmo tribunal, sendo um acórdão de mérito e outro que não tenha conhecido do recurso, embora tenha apreciado a controvérsia;
IV - (Revogado pela Lei nº 13.256, de 4 de fevereiro de 2016).
§ 1º - Poderão ser confrontadas teses jurídicas contidas em julgamentos de recursos e de ações de competência originária.
§ 2º - A divergência que autoriza a interposição de embargos de divergência pode verificar-se na aplicação do direito material ou do direito processual.
§ 3º - Cabem embargos de divergência quando o acórdão paradigma for da mesma turma que proferiu a decisão embargada, desde que sua composição tenha sofrido alteração em mais da metade de seus membros.
§ 4º - O recorrente provará a divergência com certidão, cópia ou citação de repositório oficial ou credenciado de jurisprudência, inclusive em mídia eletrônica, onde foi publicado o acórdão divergente, ou com a reprodução de julgado disponível na rede mundial de computadores, indicando a respectiva fonte, e mencionará as circunstâncias que identificam ou assemelham os casos confrontados.
§ 5º - (Revogado pela Lei nº 13.256, de 4 de fevereiro de 2016).

Autor: João Francisco Naves da Fonseca

I. Finalidades institucionais

Entre as funções dos embargos de divergência destaca-se a uniformização da jurisprudência *interna* do Supremo Tribunal Federal e do Superior Tribunal de Justiça. O exercício dessa função é dependente da iniciativa da parte, que opõe os embargos de divergência objetivando a reforma ou a anulação do acórdão recorrido.

II. Cabimento

Os embargos de divergência são cabíveis contra acórdão, unânime ou majoritário, lavrado por *órgão fracionário* do tribunal de superposição. Com o novo CPC, não só os acórdãos proferidos por turmas, mas também aqueles oriundos de qualquer uma das três *seções* do Superior Tribunal de Justiça estão sujeitos ao ataque por embargos de divergência. Estes apenas não são cabíveis, portanto, contra decisão proferida pelo Plenário do Supremo Tribunal Federal ou pela Corte Especial do Superior Tribunal de Justiça.

A jurisprudência dos tribunais de superposição tem admitido embargos de divergência contra acórdão que, em *agravo regimental*, julga o mérito de recurso extraordinário ou especial (STF, Pleno, ED no RE nº 283.240-AgRg-EDcl-AgRg, rel. p/ o ac. Min. Marco Aurélio, j. 26/4/2007, maioria, DJ 14/3/2008; Súmula nº 316 do STJ). Todavia, com o advento da Lei nº 13.256, de 4/2/2016, que revogou o inciso II do artigo ora comentado, tende a subsistir também o entendimento jurisprudencial no sentido de que "não cabem embargos de divergência no âmbito do agravo de instrumento que não admite recurso especial" (Súmula nº 315 do STJ).

A hipótese de cabimento prevista no inciso III do art. 1.043 já estaria abrangida pelo próprio inciso I. Todavia, ela se justifica porque, durante algum tempo, prevaleceu nos tribunais de superposição entendimento no sentido de subordinar o "conhecimento" dos recursos extraordinário e especial ao seu provimento (STJ, 3ª T., REsp nº 45.672-EDcl, Rel. Min. Nilson Naves, v.u., j. em 24/4/1995, DJ de 28/8/1995; STJ, 4ª T., REsp nº 32.309-EDcl, Rel. Min. Sálvio de Figueiredo, v.u., j. em 13/9/1993, DJ de 8/11/1993). Para essa corrente jurisprudencial, a impugnação fundada na alínea *a* do inciso III do art. 102 ou no art. 105 da Constituição Federal deveria ser conhecida somente quando se verificasse a efetiva violação à norma constitucional ou federal infraconstitucional apontada. Essa impropriedade técnica gerou, ao longo dos anos, confusão sobre o real conteúdo de algumas decisões dos referidos tribunais que "não conheciam" do recurso, mas claramente enfrentavam o próprio cerne da impugnação. Por conseguinte, em suma, o inciso III em comento tem o escopo de reforçar a diretriz segundo a qual o dispositivo da decisão deve ser interpretado a partir de sua motivação (cf., a propósito, art. 489, § 3º).

III. Comprovação da divergência

O embargante pode confrontar acórdão proferido em recurso com outro relativo a ação de competência originária (art. 1.043, § 1º). O dissídio pode se dar, em qualquer hipótese, na solução de questão de direito material ou processual (§ 2º).

O acórdão paradigma pode ser de qualquer órgão do tribunal, inclusive "da mesma turma que proferiu a decisão embargada, desde que sua composição tenha sofrido alteração em mais da metade de seus membros" (§ 3º). Com a entrada em vigor do CPC/2015, portanto, não haverá mais substrato legal para aplicação da Súmula nº 353 do STF, segundo a qual são incabíveis os embargos com fundamento em divergência entre decisões de uma mesma turma. Tendo em vista que as turmas dos tribunais de superposição são compostas por cinco integrantes, a substituição de três deles já será suficiente para configurar a hipótese prevista no § 3º do art. 1.043. Por fim, embora esse dispositivo refira-se expressamente a acórdãos "da mesma turma", sua interpretação teleológica e sistemática recomenda que ele seja aplicado também na hipótese de o aresto ser de uma *mesma seção* do Superior Tribunal de Justiça. Nesse caso, seis ministros representariam mais da metade dos membros do órgão fracionário.

O recurso ora analisado deve trazer *dissídio atual*. A esse respeito, a Súmula nº 168 do STJ enuncia que "não cabem embargos de divergência, quando a jurisprudência do Tribunal se firmou no mesmo sentido do acórdão embargado". Ainda nessa direção dispõem o art. 332 do RISTF e a Súmula nº 247 do STF. Além disso, exige-se que o acórdão paradigma tenha sido proferido por órgão que ainda mantenha competência para julgar a matéria ali tratada (Súmula nº 158 do STJ).

Conforme dispõe o § 4º do art. 1.043, o embargante deve comparar *analiticamente* o acórdão recorrido com o paradigma, a fim de demonstrar que os julgados deram tratamento jurídico diverso para situações fáticas idênticas ou muito semelhantes. Para tanto, a jurisprudência entende não bastar a mera transcrição de ementas dos arestos conflitantes (STF, Pleno, ED no RE nº 140.829-EDcl, Rel. Min. Celso de Mello, v.u., j. em 15/12/2011, DJ de 10/12/2012; STJ, Corte Especial, ED no REsp nº 1.318.306-AgRg, Rel. Min. Luis Felipe, v.u., j. em 19/12/2014, DJ de 2/2/2015). Trata-se, em suma, de cotejo similar àquele realizado em recurso especial fundado em dissídio jurisprudencial (CF, art. 105, inciso III, *c*; e CPC/2015, art. 1.029, § 1º).

O recorrente deve cuidar para não subsistir no acórdão embargado fundamento não impugnado suficiente para sustentar a conclusão do *decisum*. Vale aqui a mesma lógica aplicável aos recursos extraordinário e especial (Súmulas nº 283 do STF e nº 126 do STJ). Nesse sentido, "não se conhece dos embargos de divergência se o paradigma colacionado diverge de apenas um dos fundamentos do aresto embargado, sendo o outro, não objeto do dissídio, suficiente, por si só, para mantê-lo" (STJ, 1ª Seção, ED no REsp nº 3.274, Rel. Min. Pádua Ribeiro, v.u., j. em 12/3/1997, DJ de 7/4/1997).

Art. 1.044 - No recurso de embargos de divergência, será observado o procedimento estabelecido no regimento interno do respectivo tribunal superior.

§ 1º - A interposição de embargos de divergência no Superior Tribunal de Justiça interrompe o prazo para interposição de recurso extraordinário por qualquer das partes.

§ 2º - Se os embargos de divergência forem desprovidos ou não alterarem a conclusão do julgamento anterior, o recurso extraordinário interposto pela outra parte antes da publicação do julgamento dos embargos de divergência será processado e julgado independentemente de ratificação.

I. Procedimento

É de 15 dias o prazo para oposição dos embargos de divergência (art. 1.003, § 5º). Aplicam-se aqui as regras gerais sobre contagem, prorrogação, suspensão e interrupção dos prazos processuais.

Naquilo que não contrariar o CPC/2015, o procedimento dos embargos de divergência é aquele estabelecido, conforme o caso, no RISTF (arts. 330 a 332 e 334 a 336) e no RISTJ (arts. 266 e 267).

II. Efeito interruptivo dos embargos de divergência (art. 1.044, § 1º)

O acórdão proferido pelo Superior Tribunal de Justiça pode ser objeto, em tese, de três recursos: embargos de declaração, embargos de divergência e recurso extraordinário. O legislador manteve a regra do efeito interruptivo dos embargos declaratórios (art. 1.026, *caput*), segundo a qual sua interposição faz com que os prazos para outros recursos recomecem a fluir por inteiro a partir da intimação de sua decisão. Além disso, acertadamente estendeu o referido efeito para os embargos de divergência, pondo fim à insegurança jurídica derivada da ausência de disposição nesse sentido no CPC/1973. Quanto a esse ponto, o Superior Tribunal de Justiça tem entendido que "a interposição simultânea, contra o acórdão que julgou o recurso especial, de embargos de divergência e recurso extraordinário, acarreta a inadmissibilidade do recurso que foi protocolado por último, ante a preclusão consumativa" (STJ, Corte Especial, ED no REsp nº 511.234-AgRg, Rel. Min. Luiz Fux, v.u., j. em 4/8/2004, DJ de 20/9/2004); e o Supremo Tribunal Federal, nas mesmas circunstâncias, não tem admitido o recurso extraordinário (STF, 1ª T., AI nº 563.505-AgRg, Rel. Min. Eros Grau, v.u., j. em 27/9/2005, DJ de 4/11/2005; STF, 2ª T., RE nº 355.497-AgRg, Rel. Min. Maurício Corrêa, v.u., j. em 25/3/2003, DJ de 25/4/2003). No entanto, como já dito, o CPC/2015 tende a trazer maior segurança para o jurisdicionado nessa situação.

O § 1º ora comentado não impõe nenhuma condição para que o efeito interruptivo dos embargos de divergência se opere. Todavia, a prevalecer a jurisprudência relativa ao aludido efeito em sede de embargos declaratórios, a interposição *intempestiva* dos embargos de divergência não terá o condão de interromper o prazo para outros recursos. Nesse sentido, em embargos de declaração: STJ, 3ª T., REsp nº 434.913-EDcl-AgRg, Rel. Min. Pádua Ribeiro, v.u., j. em 12/8/2003, DJ de 8/9/2003; STJ, 4ª T., REsp nº 230.750, Rel. Min. Sálvio de Figueiredo, v.u., j. em 9/11/1999, DJ de 14/2/2000; STJ, 5ª T., REsp nº 227.820, Rel. Min. Felix Fischer, v.u., j. em 26/10/1999, DJ de 22/11/1999. Para a *outra parte*, porém, até mesmo embargos de declaração intempestivos são dotados do efeito interruptivo, tendo em vista que ela "não tem como verificar *de plano* a referida intempestividade" (STJ, 3ª T., REsp nº 869.366, Rel. Min. Sidnei Beneti, v.u., j. em 17/6/2010, DJ de 30/6/2010). Observe-se, no entanto, que a oposição intempestiva de embargos de divergência não tornará oportuno o recurso extraordinário extemporâneo, sequer para a outra parte, na medida em que ambos os recursos são interponíveis no mesmo prazo de 15 dias. Assim, quando aqueles forem opostos, a decisão do Superior Tribunal de Justiça já terá transitado em julgado; por conseguinte, não haverá mais o que interromper.

Registre-se, por fim, que a oposição dos embargos de divergência deve interromper o prazo do recurso extraordinário não só para as partes, mas também para outros possíveis recorrentes, tais como o terceiro prejudicado e o Ministério Público atuante na condição de fiscal da ordem jurídica. Nesse sentido, em sede de embargos de declaração: STJ, 3ª T., REsp nº 712.319, Rel. Min. Nancy Andrighi, v.u., j. em 25/9/2006, DJ de 16/10/2006.

III. Desnecessidade de ratificação do recurso extraordinário (art. 1.044, § 2º)

O efeito interruptivo dos embargos, benefício instituído em favor da parte, não pode se transformar em armadilha contra ela. Daí por que outra boa novidade do CPC/2015 consiste na dispensa do embargado de reiterar seu recurso extraordinário interposto antes da publicação da decisão dos embargos de divergência, se eles forem desprovidos ou não alterarem a conclusão do julgamento anterior. O § 5º do art. 1.024 contém previsão similar a essa para os embargos de declaração, com o acréscimo de que, se eles modificarem a decisão embargada, a outra parte terá o direito de complementar ou alterar as razões do recurso já interposto – dentro dos limites da modificação – no prazo de quinze dias (art. 1.024, § 4º). Trata-se de norma coerente com as garantias do contraditório e da ampla defesa, ínsitas ao devido processo legal, razão pela qual ela deve ser aplicada analogicamente nas hipóteses em que os embargos de divergência alterarem a conclusão do julgamento anterior.

LIVRO COMPLEMENTAR

DISPOSIÇÕES FINAIS E TRANSITÓRIAS

Art. 1.045 - Este Código entra em vigor após decorrido 1 (um) ano da data de sua publicação oficial.

Autor: João Carlos Areosa

I. A *vacatio legis* do Código de Processo Civil de 2015

À luz das determinações do Decreto nº 4.176 de 2002, o Código de Processo Civil de 2015, na qualidade de ato normativo de maior repercussão (art. 19, § 2º), indicou o início de sua vigência de forma expressa (art. 19, caput) e de modo a contemplar prazo razoável para que o seu conteúdo seja objeto de amplo conhecimento (art. 19, § 2º, inciso I). Assim, o CPC/2015 incluiu o prazo de vacância certo (art. 19, § 2º, inciso II) de 1 (um) ano, o qual começou a fluir mediante a publicação no Diário Oficial de 17/3/2015. Seguindo a regra de contagem inserta no art. 20 do Decreto nº 4.176 de 2002, este Código começou a viger em sua plenitude no dia 18/3/2016, ainda que se possa considerar exíguo o prazo estipulado diante da necessidade de adaptação, principalmente pelos órgãos judiciários, a tantas novidades salutarmente instituídas.

Art. 1.046 - Ao entrar em vigor este Código, suas disposições se aplicarão desde logo aos processos pendentes, ficando revogada a Lei nº 5.869, de 11 de janeiro de 1973.
§ 1º - As disposições da Lei nº 5.869, de 11 de janeiro de 1973, relativas ao procedimento sumário e aos procedimentos especiais que forem revogadas aplicar-se-ão às ações propostas e não sentenciadas até o início da vigência deste Código.
§ 2º - Permanecem em vigor as disposições especiais dos procedimentos regulados em outras leis, aos quais se aplicará supletivamente este Código.
§ 3º - Os processos mencionados no art. 1.218 da Lei nº 5.869, de 11 de janeiro de 1973, cujo procedimento ainda não tenha sido incorporado por lei submetem-se ao procedimento comum previsto neste Código.
§ 4º - As remissões a disposições do Código de Processo Civil revogado, existentes em outras leis, passam a referir-se às que lhes são correspondentes neste Código.
§ 5º - A primeira lista de processos para julgamento em ordem cronológica observará a antiguidade da distribuição entre os já conclusos na data da entrada em vigor deste Código.

I. Aplicação do Código de Processo Civil de 2015 aos processos pendentes

O caput do art. 1.046, a exemplo do art. 1.211 do Código de Processo Civil de 1973, trata da consagrada regra tempus regit actum, segundo a qual a lei processual aplica-se de imediato aos processos pendentes. A nova lei processual atinge o processo no estágio em que ele se encontra, contudo, sua incidência não pode gerar prejuízo algum às partes. Por isso, a Constituição Federal, em seu art. 5º, inciso XXXVI, e a de Lei de Introdução às Normas do Direito Brasileiro (LINDB), em seu art. 6º, tutelam o direito adquirido, o ato jurídico perfeito e a coisa julgada. Por conseguinte, os atos processuais praticados na vigência do Código de Processo Civil de 1973, como regra geral, não serão impactados pelas novas disposições do Código de Processo Civil de 2015. Outrossim, todo direito processual adquirido durante a vigência do Código de 1973 deverá ser resguardado.

As últimas alterações havidas no Código de Processo Civil de 1973 são capazes de nos fornecer alguns bons exemplos das regras de direito intertemporal aplicáveis às normas de direito processual civil. Após o início do cumprimento de uma sentença (à época, execução de título judicial) que tenha sido acobertada pelo manto da coisa julgada antes da vigência da Lei nº 11.232 de 2005, o credor não poderia – como de fato não pôde – fazer uso do art. 475-J daquele diploma, notadamente requer a aplicação da multa de 10% prevista, justamente pelo fato de o devedor já possuir, ao tempo da vigência da nova lei, o direito de ser cobrado de acordo com o texto primitivo do Código de Processo Civil de 1973. Acertou o Superior Tribunal de Justiça ao adotar reiteradas vezes essa posição (por ex.: STJ, 2ª T., REsp nº 1.019.057, Rel. Min. Humberto Martins, j. em 24/3/2009, DJe de 23/4/2009). Outra hipótese ilustrativa, ainda do momento da entrada em vigor da Lei nº 11.232 de 2005, diz respeito à alteração do recurso cabível contra a decisão lançada nos embargos à execução de título judicial. Antes da nova lei, a decisão era atacável por apelação, dado que se tratava de demanda autônoma. Contudo, com a vigência da nova lei a decisão passou a encerrar a fase de cumprimento de sentença e, portanto, passível de insurgência via agravo de instrumento. Diante da regra tratada neste tópico, fica claro que os embargos à execução pendentes quando da entrada da nova sistemática teriam contra a sua decisão final a interposição do recurso de apelação, embora, sob o escólio do princípio da fungibilidade recursal, muitos agravos de instrumento tenham sido aceitos pelos tribunais pátrios. A Corte Especial do Superior Tribunal de Justiça foi clara ao expor que "processados os embargos à execução na vigência da regra anterior, a decisão monocrática, ainda que proferida após a Lei 11.232/05, possui caráter de sentença e é atacável pela via de apelação" (STJ, Corte Especial, REsp nº 1.044.693, Rel. Min. Aldir Passarinho Jr., j. em 3/12/2008, DJe de 6/8/2009). Aliás, importante ressalva deve ser feita no âmbito recursal, na medida em que os requisitos de cabimento e admissibilidade do recurso interposto devem ser analisados sob o espectro da lei vigente à época da publicação da decisão alvo de eventual impugnação, salvo, como visto anteriormente, em casos em que não se afigure possível transmutar o procedimento já em curso. Há conhecida divergência doutrinária, contudo, no que se refere ao rito recursal a ser adotado: (i) se aquele vigente à época da interposição do recurso (Nelson Nery Junior e Rosa Maria Nery, Comentários ao Código de Processo Civil, RT, 2015, p. 2.235); ou (ii) se o procedimento da nova lei processual deve prevalecer, ainda que tenha entrado em vigor após a apresentação do respectivo recurso (José Carlos Barbosa Moreira, Comentários ao Código de Processo Civil, Forense, v. V, 2006, p. 270). Embora prevaleça a segunda orientação no campo doutrinário e jurisprudencial, acredita-se que a melhor solução seja a primeira, pois, em se mantendo o procedimento recursal vigente à época da interposição, a parte recorrente não terá afetado o seu direito processual adquirido no que tange à forma pela qual o seu recurso será julgado, evitando-se, em última análise, que os dispositivos processuais supervenientes impactem os atos já praticados e os respectivos efeitos já produzidos antes de sua vigência. Na legislação processual pátria, podemos dar como exemplo o art. 11 do Código de Processo Penal de 1941, que, privilegiando a posição de que a lei vigente na data de interposição do recurso deve reger toda sua tramitação, dispõe que já tendo sido interposto recurso de despacho ou de sentença, as condições de admissibilidade, a forma e o julgamento serão regulados pela lei anterior. Por fim, quando a nova lei processual extinguir o órgão previamente competente ou modificar a competência do órgão judiciário em razão da matéria ou da hierarquia, a aplicação desta será imediata, nada obstante o momento recursal em que tenha iniciado a sua vigência.

II. Exceção quanto à aplicação imediata do Código de Processo Civil de 2015

Tendo em vista que o Código de Processo Civil de 2015 alterou significativamente o rol dos procedimentos especiais, bem como extinguiu o procedimento sumário elencado no art. 275 do Código de Processo Civil de 1973, o § 1º do art. 1.046 regulou expressamente a aplicação deste último diploma às demandas propostas sob os procedimentos especiais e sumário revogados que ainda não tenham sido sentenciadas até o início da vigência do novo diploma processual civil. Com a ulterior prolação da sentença, os atos processuais subsequentes, tais como a eventual interposição de recurso e o efetivo cumprimento de decisões, por exemplo, deverão obedecer às regras positivadas no Código de Processo Civil de 2015.

III. Aplicação supletiva do Código de Processo Civil de 2015

Não obstante a edição do CPC/2015, os procedimentos especiais criados por leis extravagantes continuarão vigorando, razão pela qual as regras deste Código apenas serão aplicadas de maneira supletiva, ou seja, nos assuntos que não forem regulados pela legislação extravagante. Alguns exemplos: Lei nº 7.347 de 1985 (Ação Civil Pública), Lei nº 8.078 de 1990 (Código de Defesa do Consumidor) e Lei nº 12.016 de 2009 (Mandado de Segurança). Todos esses diplomas continuarão em vigor e aplicáveis às matérias processuais ali disciplinadas, a despeito da superveniência do Código de Processo Civil de 2015.

IV. Aplicação do procedimento comum aos processos do art. 1.218 ante a ausência de procedimento próprio

Com o passar do tempo diversos processos listados nos incisos do art. 1.218 do Código de Processo Civil de 1973 foram tratados pelo legislador em procedimentos especiais, sendo certo que a regra do § 3º do art. 1.046 aplicar-se-á apenas aos seguintes assuntos: protestos formados a bordo, dinheiro a risco, vistoria de fazendas avariadas, apreensão de embarcações, avaria a cargo do segurador, avarias e arribadas forçadas.

V. Referência ao Código de Processo Civil de 1973

O § 4º do art. 1.046 dispõe acerca de uma mera formalidade, ou seja, qualquer referência acerca do Código de Processo Civil de 1973 em outras leis deve ser lida como se Código de Processo Civil de 2015 fosse, a fim de evitar a aplicação equivocada do diploma processual revogado.

VI. A lista cronológica para julgamento

Diante da regra geral já tratada anteriormente, aos processos pendentes aplicar-se-ão imediatamente os dispositivos do Código de Processo Civil de 2015, salvo as exceções expressamente previstas. Assim, considerando que o Código de Processo Civil de 2015 instituiu em seu art. 12 a obrigação de os juízes e desembargadores obedecerem a ordem cronológica de conclusão para proferir sentença e acórdão, o § 5º do art. 1.046 aparece como um dispositivo de caráter pedagógico, porquanto objetiva sanar eventual dúvida acerca da elaboração da primeira lista de processos que deve observar tal ordem cronológica de julgamento. Em outras palavras, o dispositivo em comento afastou qualquer possibilidade de juízes e desembargadores aplicarem tal regra apenas às novas demandas, ou seja, a todas aquelas inauguradas após o início da vigência deste Código, o que, indubitavelmente, afetaria os efeitos desejados pela criação dessa regra.

VII. Julgados

"1. A incidência do duplo grau de jurisdição obrigatório é imperiosa quando a resolução do processo cognitivo for anterior à reforma engendrada pela Lei 10.352/2001, porquanto, à época, não havia a imposição do mencionado valor de alçada a limitar o cabimento da remessa oficial. (Precedentes...) 2. A adoção do princípio tempus regitactum, pelo art. 1.211 do CPC, impõe o respeito aos atos praticados sob o pálio da lei revogada, bem como aos efeitos desses atos, impossibilitando a retroação da lei nova. Sob esse enfoque, a lei em vigor à data da sentença regula os recursos cabíveis contra o ato decisório e, a fortiori, a sua submissão ao duplo grau obrigatório de jurisdição. [...] 4. Recurso especial provido, determinando-se o retorno dos autos ao Tribunal a quo, para apreciação da remessa oficial. Acórdão submetido ao regime do art. 543-C do CPC e da Resolução STJ 08/2008" (STJ, Corte Especial, REsp nº 1.144.079/SP, Recurso Repetitivo, Tema nº 316, Rel. Min. Luiz Fux, j. em 2/3/2011, DJe de 6/5/2011).

"Agravo em recurso especial. Impugnação ao cumprimento de sentença. Rejeição. Continuidade da execução. Recurso cabível. Agravo de instrumento. Art. 475-M, § 3º, do CPC. 1. O art. 475-M, § 3º, do CPC, incluído pelas inovações introduzidas pela Lei nº 11.232/2005, disciplina: 'A decisão que resolver a impugnação é recorrível mediante agravo de instrumento, salvo quando importar extinção da execução, caso em que caberá apelação'. 2. Com base no princípio do tempus regit actum, impugnada a execução de sentença quando já em vigor a Lei nº 11.232/05, o recurso cabível será o agravo de instrumento quando a decisão que resolver o incidente não extinguir a execução, hipótese dos autos. Havendo previsão expressa na lei, a utilização do recurso de apelação configura erro grosseiro, sendo inadmissível a aplicação do princípio da fungibilidade recursal. Precedentes. 3. Embargos conhecidos como agravo regimental. Agravo não provido" (STJ, 2ª T., EDcl no AREsp nº 319.343/SC, Rel. Min. Castro Meira, j. em 18/6/2013, DJe de 28/6/2013).

Art. 1.047 - As disposições de direito probatório adotadas neste Código aplicam-se apenas às provas requeridas ou determinadas de ofício a partir da data de início de sua vigência.

I. Aplicação das novas regras no campo probatório

Optou-se por esclarecer que as provas requeridas pelas partes ou determinadas de ofício antes do início da vigência do Código de Processo Civil de 2015 serão regidas pelo Código de Processo Civil de 1973, a fim de que nenhuma das partes venha a ser surpreendida ou prejudicada no curso da fase instrutória pelas novas regras deste Código. Em síntese, para a aplicação do Capítulo XII (Das Provas) e demais dispositivos inerentes ao tema é fundamental que os atos no campo probatório tenham tido a sua fluência inicial já sob a vigência do Código de Processo Civil de 2015.

Art. 1.048 - Terão prioridade de tramitação, em qualquer juízo ou tribunal, os procedimentos judiciais:

I - em que figure como parte ou interessado pessoa com idade igual ou superior a 60 (sessenta) anos ou portadora de doença grave, assim compreendida qualquer das enumeradas no art. 6º, inciso XIV, da Lei nº 7.713, de 22 de dezembro de 1988;

II - regulados pela Lei nº 8.069, de 13 de julho de 1990 (Estatuto da Criança e do Adolescente).

§ 1º - A pessoa interessada na obtenção do benefício, juntando prova de sua condição, deverá requerê-lo à autoridade judiciária competente para decidir o feito, que determinará ao cartório do juízo as providências a serem cumpridas.

§ 2º - Deferida a prioridade, os autos receberão identificação própria que evidencie o regime de tramitação prioritária.

§ 3º - Concedida a prioridade, essa não cessará com a morte do beneficiado, estendendo-se em favor do cônjuge supérstite ou do companheiro em união estável.

§ 4º - A tramitação prioritária independe de deferimento pelo órgão jurisdicional e deverá ser imediatamente concedida diante da prova da condição de beneficiário.

I. A prioridade na tramitação no Código de Processo Civil de 2015

O art. 1.048 regula a prioridade de tramitação dos procedimentos judicias, em qualquer instância ou tribunal e, ao fazê-lo, em verdade, aprimora a sistemática presente no Código de Processo Civil de 1973 a respeito desse tema. Esse dispositivo deixa claro que as partes ou interessados que (i) possuam idade igual ou superior a 60 (sessenta) anos – em consonância com o art. 71 da Lei nº 10.741 de 2003 (Estatuto do Idoso), (ii) seja portadora de doença grave, nos termos do art. 6º, inciso XIV, da Lei nº 7.713 de 1988, quais sejam: acidente em serviço, moléstia profissional, tuberculose ativa, alienação mental, esclerose múltipla, neoplasia maligna, cegueira, hanseníase, paralisia irreversível e incapacitante, cardiopatia grave, doença de Parkinson, espondiloartrose anquilosante, nefropatia grave, hepatopatia grave, estados avançados da doença de Paget (osteíte deformante), contaminação por radiação, síndrome da imunodeficiência adquirida, com base em conclusão da medicina especializada, ou, ainda, (iii) esteja sob procedimento regulado pela Lei nº 8.069 de 1990 (Estatuto da Criança e do Adolescente) farão jus ao benefício de prioridade na tramitação, desde que comprovem nos autos as condições precedentes (§ 1º). Cumprida essa formalidade, o órgão judiciário deverá reconhecer o direito à tramitação prioritária (§ 1º), determinando que o cartório ou a secretaria competente identifique e cadastre tal condição imediatamente (§ 2º). Abra-se parêntese para esclarecer que o fato de a parte ou interessado ser pessoa jurídica e seus sócios se enquadrarem nos requisitos supracitados não autoriza a concessão do benefício, como já decidiu o Superior Tribunal de Justiça.

II. Não cessação do benefício com a morte da parte beneficiada

O § 3º desse dispositivo seguiu a regra preexistente no Código de Processo Civil de 1973 (art. 1.211-A), segundo a qual o benefício da prioridade de tramitação já concedido será recepcionado pelo cônjuge supérstite ou pelo companheiro em união estável, após a morte da parte ou interessado inicialmente beneficiado, independentemente da presença, com relação a esses sucessores, dos requisitos elencados nos incisos I e II do art. 1.048.

III. Prova da condição de beneficiário como único requisito para a concessão do benefício

O § 4º do art. 1.048 reforçou a noção de que o direito à prioridade de tramitação deve ser reconhecido pura e simplesmente ante a demonstração documental dos requisitos postos nos incisos I e II. Mostrar-se-á totalmente arbitrária a decisão do órgão judiciário que negar a efetivação da prioridade mesmo depois de comprovada a existência das hipóteses previstas, o que poderá ensejar a interposição de recurso.

IV. Âmbito de incidência da prioridade de tramitação

O âmbito de incidência da prioridade de tramitação não se esgota no processo judicial. Tal benefício, principalmente à luz do ainda aplicável § 4º, art. 71, do Estatuto do Idoso, alcança, outrossim, os processos e procedimentos na Administração Pública, empresas prestadoras de serviços públicos e instituições financeiras, sem prejuízo do atendimento preferencial diante das Defensorias Públicas da União, dos Estados e Municípios.

V. Inaplicabilidade aos advogados

O art. 1.048 é aplicável apenas às partes e aos interessados constantes da relação processual. Os advogados que se enquadrem nos requisitos dos incisos I e II poderão requerer a tramitação prioritária na hipótese de estarem advogando em causa própria ou, ainda, no momento em que estiverem executando os honorários advocatícios devidos, justamente porque nessas hipóteses estarão inseridos na relação processual.

VI. Julgados

"Processual Civil. Agravo de Instrumento. Prioridade na tramitação de processos. Lei nº 10.173/01. Pessoa Jurídica. Inaplicabilidade. [...] II. A preferência na tramitação de processos determinada pela Lei nº 10.173/01 não se aplica a pessoa jurídica. III. Agravo Regimental desprovido. [...] Ainda que entenda o inconformismo dos agravantes, não há como prover seu apelo. A própria norma legal, ao fazer alusão à idade, já afasta a concessão de preferência à pessoa jurídica" (STJ, 3ª T., AgRg no Ag 468.648/SP, Rel. Antônio Pádua Ribeiro, j. em 6/11/2003, DJe de 1º/12/2003).

"Execução de título extrajudicial. Prioridade de tramitação requerida pela agravante em nome de seu advogado. Estatuto do Idoso. Ilegitimidade para o pleito. Causídico com idade superior a 60 anos. Não verificada a persecução de honorários de sucumbência pelo patrono da agravante. Não atendidos os requisitos do art. 71 do Estatuto do Idoso. Recurso não provido" (TJSP, 22ª Câmara de Direito Privado, Agravo de Instrumento nº 0009381-81.2013.8.26.0000, Rel. Des. Fernandes Lobo, j. em 21/2/2013, DJe de 21/3/2013).

Art. 1.049 - Sempre que a lei remeter a procedimento previsto na lei processual sem especificá-lo, será observado o procedimento comum previsto neste Código. Parágrafo único - Na hipótese de a lei remeter ao procedimento sumário, será observado o procedimento comum previsto neste Código, com as modificações previstas na própria lei especial, se houver.

I. Aplicação geral do procedimento comum

A todos os procedimentos especiais previstos no Código de Processo Civil de 2015, bem como nas leis extravagantes que se referirem a este Código, deverá se aplicar o procedimento comum de forma subsidiária e nos pontos em que não houver conflito.

II. Extinção do procedimento sumário e aplicação do procedimento comum

Tendo em vista a extinção do procedimento sumário pelo Código de Processo Civil de 2015, em qualquer legislação pretérita em que ainda exista menção ao procedimento sumário deverá ser aplicado o procedimento comum, respeitando-se ainda as modificações previstas na lei especial que, por ser mais específica, deve prevalecer em relação a regra geral. Ainda que a ressalva não tenha sido feita expressamente no dispositivo em comento, deve-se considerar igualmente aplicável o comando do § 1º do art. 1.046 que, repita-se, determina a manutenção da aplicação do procedimento sumário às demandas propostas e ainda não sentenciadas ao tempo da entrada em vigor deste novo diploma processual.

III. Manutenção da competência dos Juizados Especiais no que tange ao art. 275, inciso II, do CPC/1973

Não se deve questionar a manutenção da competência dos Juizados Especiais, com base no art. 3º, inciso II, da Lei nº 9.099 de 1995, acerca do conteúdo do revogado art. 275, inciso II, do Código de Processo Civil de 1973, uma vez que esse dispositivo faz simples menção às demandas mencionadas no artigo revogado, ou seja, é como se a lei do procedimento sumaríssimo contivesse expressamente a possibilidade de acessar os juizados especiais cíveis por meio de demandas que versem sobre a) arrendamento rural e parceria agrícola; b) cobrança ao condômino de quaisquer quantias devidas ao condomínio; c) ressarcimento por danos em prédio urbano ou rústico; d) ressarcimento por danos causados em acidente de veículo de via terrestre; e) cobrança de seguro, relativamente aos danos causados em acidente de veículo, ressalvados os casos de processo de execução; f) cobrança de honorários dos profissionais liberais, ressalvado o disposto em legislação especial; e g) revogação de doação. Isso não quer significar, entretanto, que estar-se-ia aplicando o art. 275 já revogado. O dispositivo, por outro lado, apenas garante que tais demandas possam continuar a ser ajuizadas perante os Juizados Especiais, a despeito da publicação e entrada em vigor do Código de Processo Civil de 2015.

Art. 1.050 - A União, os Estados, o Distrito Federal, os Municípios, suas respectivas entidades da administração indireta, o Ministério Público, a Defensoria Pública e a Advocacia Pública, no prazo de 30 (trinta) dias a contar da data da entrada em vigor deste Código, deverão se cadastrar perante a administração do tribunal no qual atuem para cumprimento do disposto nos arts. 246, § 2º, e 270, parágrafo único.

I. O cadastro nos sistemas de processo com autos eletrônicos

Com o intuito de viabilizar o caput do art. 270, segundo o qual as intimações realizam-se, sempre que possível, por meio eletrônico, instituiu-se por meio do art. 1.050 a obrigação de efetivo cadastramento perante os tribunais nos quais os entes elencados desenvolvam atividades, no prazo de 30 (trinta) dias a contar da data da entrada em vigor do Código de Processo Civil de 2015.

Art. 1.051 - As empresas públicas e privadas devem cumprir o disposto no art. 246, § 1º, no prazo de 30 (trinta) dias, a contar da data de inscrição do ato constitutivo da pessoa jurídica, perante o juízo onde tenham sede ou filial.
Parágrafo único - O disposto no caput não se aplica às microempresas e às empresas de pequeno porte.

I. Ainda sobre o cadastro nos sistemas de processo em autos eletrônicos

Na esteira do dispositivo anterior, o Código de Processo Civil de 2015 também impõe o cadastramento perante os tribunais pelas novas empresas públicas e privadas, a contar da data de inscrição do ato constitutivo dessas pessoas jurídicas, excetuando-se aquelas criadas sob a égide do Estatuto da microempresa e da empresa de pequeno porte (LC nº 123 de 2006). De maneira conservadora, é razoável entender que as empresas públicas e privadas já existentes deverão efetivar o cadastramento de imediato no âmbito dos tribunais em que possuírem sede e filial. Nada obstante, acredita-se que haverá salutar compreensão dos tribunais com relação a um possível atraso no cumprimento desse requisito pelas pessoas jurídicas, até mesmo por questões práticas, já que o volume de cadastros iniciais, presume-se, será enorme.

Art. 1.052 - Até a edição de lei específica, as execuções contra devedor insolvente, em curso ou que venham a ser propostas, permanecem reguladas pelo Livro II, Título IV, da Lei nº 5.869, de 11 de janeiro de 1973.

I. Manutenção da sistemática anterior acerca da execução certa contra devedor insolvente

Segundo o art. 1.052 deste Código, mantiveram-se em vigor os arts. 748 a 786-A do Código de Processo Civil de 1973, os quais dispõem sobre o procedimento para a execução certa contra devedor insolvente. O legislador perdeu uma ótima oportunidade de avançar no assunto, mas ao menos não retrocedeu. Isso porque manteve a sistemática existente no Código de Processo Civil de 1973 – em diversas versões do Código de Processo Civil de 2015 a questão nem sequer fora abordada –, além de ter rechaçado a alternativa proposta pelo saudoso ministro Athos Gusmão Carneiro, segundo a qual poderia haver a distribuição proporcional do valor arrecadado aos credores em vez da disciplina atual.

Art. 1.053 - Os atos processuais praticados por meio eletrônico até a transição definitiva para certificação digital ficam convalidados, ainda que não tenham observado os requisitos mínimos estabelecidos por este Código, desde que tenham atingido sua finalidade e não tenha havido prejuízo à defesa de qualquer das partes.

I. Informatização do processo judicial e o atingimento da sua finalidade

O Código de Processo Civil de 2015 explicita relevante preocupação em resguardar os atos processuais praticados, ainda que exercidos de maneira imprópria ou em desacordo com determinadas regras processuais, desde que tenham atingido a sua finalidade e não tenha havido prejuízo às partes. Essa concepção foi aplicada no último artigo deste Código aos atos praticados por meio eletrônico, justamente pelo fato de a comunidade jurídica brasileira estar em meio ao processo de transição e adaptação ao processo judicial pela via digital. Por fim, esse dispositivo encontra respaldo na Lei nº 11.419 de 2006 (Informatização do Processo Judicial), notadamente em seu art. 19.

Art. 1.054 - O disposto no art. 503, § 1º, somente se aplica aos processos iniciados após a vigência deste Código, aplicando-se aos anteriores o disposto nos arts. 5º, 325 e 470 da Lei nº 5.869, de 11 de janeiro de 1973.

Autora: Lilian Patrus Marques

I. Direito intertemporal em matéria de limites objetivos da coisa julgada

O art. 503 do Código de Processo Civil de 2015 alterou a disciplina dos limites objetivos da coisa julgada em comparação ao diploma de 1973. De acordo com o § 1º do art. 503, poderá ser acobertada pela imutabilidade e intangibilidade inerentes à coisa julgada material, além da questão principal expressamente decidida, a questão prejudicial, desde que preenchidos os requisitos previstos nos incisos I a III do § 1º do art. 503.

O art. 1.054 excepciona a regra de direito intertemporal aplicável à lei processual civil – *tempus regit actum*, segundo a qual as novas disposições legais aplicam-se imediatamente aos processos pendentes, mas não são retroativas, pois respeitam o direito adquirido e o ato jurídico perfeito (LINDB, art. 6º, e CPC/2015, art. 1.046, *caput*) – e estabelece um tratamento próprio para o art. 503, § 1º. No que se refere à abrangência mais ampla dos limites objetivos da coisa julgada, ela só se aplicará aos processos iniciados após a entrada em vigor no Código de Processo Civil de 2015 e não a toda e qualquer decisão que transitar em julgado após a entrada em vigor do novo *codex*.

Essa ressalva do legislador justifica-se pelo fato de que a nova disciplina dos limites objetivos da coisa julgada poderá alterar a conduta das partes no processo. Ou seja, caso as partes estejam cientes de que a questão prejudicial decidida poderá tornar-se imutável e indiscutível em determinadas hipóteses, certamente adotarão estratégia processual diversa, dedicando maior ou menor atenção à discussão da questão prejudicial controvertida, conforme seus interesses e a conveniência de rediscutir ou não a questão prejudicial em futura demanda. Neste ponto, portanto, o legislador privilegia a segurança jurídica.

Art. 1.055 - VETADO.

Art. 1.056 - Considerar-se-á como termo inicial do prazo da prescrição prevista no art. 924, inciso V, inclusive para as execuções em curso, a data de vigência deste Código.

I. Termo inicial do prazo de prescrição intercorrente

O art. 1.056 refere-se ao prazo de prescrição intercorrente, que constitui uma das causas de extinção da execução nos termos do art. 924, inciso V, do Código de Processo Civil de 2015. Lembre-se que a prescrição intercorrente tem lugar nas hipóteses de paralisação e arquivamento do processo na fase de execução pela falta de bens penhoráveis ou quando a expropriação não puder ser levada adiante pela ausência de licitantes interessados, sem que o exequente tome novas providências para recebimento do crédito.

O termo inicial desse prazo será a data de entrada em vigor do Código, inclusive nos processos em curso.

O Código de Processo Civil de 1973 não contempla um regramento específico acerca da prescrição intercorrente. Há apenas o disposto nos arts. 475-L, inciso VI, e 741, inciso VI, que tratam da defesa do executado, baseada em prescrição "superveniente à sentença", que é interpretada pela doutrina e pela jurisprudência como alusão à prescrição intercorrente. Entretanto, o diploma de 1973 não disciplina o termo inicial e contagem do prazo da prescrição intercorrente. No que se refere à execução fiscal, a Súmula nº 314 do Superior Tribunal de Justiça dispõe: "Em execução fiscal, não localizados bens penhoráveis, suspende-se o processo por um ano, findo o qual se inicia o prazo da prescrição quinquenal intercorrente". Porém, não entendimento sumulado semelhante para a execução civil.

O Código de Processo Civil de 2015, por seu turno, disciplinou a matéria de forma ampla. O art. 921, inciso III, determina que, quando o executado não possuir bens penhoráveis, "o juiz suspenderá a execução pelo prazo de 1 (um) ano, durante o qual se suspenderá a prescrição" (§ 1º). Ao final desse interregno, "sem manifestação do exequente, começa a correr o prazo de prescrição intercorrente" (art. 921, § 4º).

Logo, o Código de Processo Civil de 2015 inovou ao tratar o marco inicial para a contagem da prescrição intercorrente em processo de execução. Embora no capítulo referente ao cumprimento de sentença não exista disposição semelhante, o regramento da execução de título extrajudicial aplica-se também ao cumprimento de sentença nos termos do art. 771 do Código de Processo Civil de 2015.

As inovações do CPC/2015 quanto à prescrição intercorrente justificam, em parte, a cautela do legislador ao dispor, no art. 1.056, que o termo inicial do prazo de prescrição intercorrente será o início da vigência do novo diploma, evitando, assim, dúvidas e discussões desnecessárias sobre prazos iniciados na vigência do CPC/1973.

Por outro lado, o art. 1.056 do Código de Processo Civil de 2015 institui a interrupção dos prazos de prescrição intercorrente em curso, na medida em que seu termo inicial será a entrada em vigor do novo diploma legal. Desse modo, a norma pode vir a favorecer credores pouco diligentes.

Art. 1.057 - O disposto no art. 525, §§ 14 e 15, e no art. 535, §§ 7º e 8º, aplica-se às decisões transitadas em julgado após a entrada em vigor deste Código, e, às decisões transitadas em julgado anteriormente, aplica-se o disposto no art. 475-L, § 1º, e no art. 741, parágrafo único, da Lei nº 5.869, de 11 de janeiro de 1973.

I. Direito intertemporal para arguição de inexigibilidade do título fundado em lei ou ato normativo considerado inconstitucional pelo Supremo Tribunal Federal

De acordo com os arts. 525, § 12, e 535, § 5º, do Código de Processo Civil de 2015, são inexi-gíveis as obrigações reconhecidas em título executivo judicial fundado em lei ou ato normativo considerado inconstitucional pelo Supremo Tribunal Federal, ou fundado em aplicação ou interpretação da lei ou do ato normativo tido pelo Supremo Tribunal Federal como incompatível com a Constituição Federal, em controle de constitucionalidade concentrado ou difuso. Para que tal matéria possa ser deduzida pelo executado em impugnação ao cumprimento de sentença, a decisão proferida pelo Supremo Tribunal Federal que embasa a alegação de inexigibilidade deve ser *anterior ao trânsito em julgado da decisão exequenda* (CPC/2015, arts. 525, § 14, e 535, § 7º). Esse regramento é idêntico ao dos arts. 475-L, inciso II e § 1º, e 741, inciso II e parágrafo único, do Código de Processo Civil de 1973. Embora referido diploma não fosse claro quanto à incidência da norma também para decisões proferidas pelo Supremo Tribunal Federal em controle difuso de constitucionalidade, o Superior Tribunal de Justiça foi favorável a essa interpretação (STJ, 1ª Seção, REsp nº 1189619/PE, Recurso submetido ao regime dos recursos repetitivos do art. 543-C do CPC/1973, Rel. Min. Castro Meira, j. em 25/8/2010; STJ, 1ª T., REsp nº 819.850/RS, Rel. Min. Teori Albino Zavascki, j. em 1º/6/2006.)

Outrossim, o Supremo Tribunal Federal firmou entendimento de que a superveniência de decisão que declara a inconstitucionalidade da norma que embasa o título executivo não é circunstância apta, por si só, para desconstituir a coisa julgada em impugnação ao cumprimento de sentença, sendo necessário, para tanto, o ajuizamento de ação rescisória (STF, 2ª T., AgRg no RE nº 592912, Rel. Min. Celso de Mello, j. em 3/4/2012).

Tal ação rescisória, contudo, nos termos do Código de Processo Civil de 2015, terá um prazo maior: dois anos a contar do trânsito em julgado da decisão proferida pelo Supremo Tribunal Federal, e não do trânsito em julgado da decisão rescindenda (CPC/2015, arts. 525, §

15, e 535, § 8º). Essa é a grande inovação do Código de Processo Civil de 2015 no que se refere à desconstituição de decisões baseadas em lei declarada inconstitucional pelo Supremo Tribunal Federal.

Diante dessa inovação, o art. 1.057 do Código de Processo Civil de 2015 dispõe que só se sujeitarão a esse novo regime decisões cujo trânsito em julgado se der após a entrada em vigor do CPC/2015. Contra as decisões que se tornarem imutáveis sob a égide do Código de Processo Civil de 1973, o executado que desejar alegar inexigibilidade do título com base em decisão proferida pelo Supremo Tribunal Federal em controle de constitucionalidade concentrado ou difuso deverá se basear nos arts. 475-L, § 1º, e 741, parágrafo único, do *codex* de 1973. Em outras palavras, o executado ainda poderá valer-se de impugnação ao cumprimento de sentença, embargos à execução contra a Fazenda Pública ou ação rescisória, conforme o caso, mas sem ter prazo dilatado para propositura da rescisória.

O art. 1.057 visa a afastar eventual insegurança jurídica na contagem do prazo para a ação rescisória na hipótese ora tratada, pois, caso contrário, ter-se-ia eventual alteração de um prazo decadencial já em curso.

II. Julgados

"1. O art. 741, parágrafo único, do CPC, atribuiu aos embargos à execução eficácia rescisória de sentenças inconstitucionais. Por tratar-se de norma que excepciona o princípio da imutabilidade da coisa julgada, deve ser interpretada restritivamente, abarcando, tão somente, as sentenças fundadas em norma inconstitucional, assim consideradas as que: (a) aplicaram norma declarada inconstitucional; (b) aplicaram norma em situação tida por inconstitucional; ou (c) aplicaram norma com um sentido tido por inconstitucional.

2. Em qualquer desses três casos, é necessário que a inconstitucionalidade tenha sido declarada em precedente do STF, em controle concentrado ou difuso e independentemente de resolução do Senado, mediante: (a) declaração de inconstitucionalidade com ou sem redução de texto; ou (b) interpretação conforme a Constituição.

3. Por consequência, não estão abrangidas pelo art. 741, parágrafo único, do CPC as demais hipóteses de sentenças inconstitucionais, ainda que tenham decidido em sentido diverso da orientação firmada no STF, tais como as que: (a) deixaram de aplicar norma declarada constitucional, ainda que em controle concentrado; (b) aplicaram dispositivo da Constituição que o STF considerou sem autoaplicabilidade; (c) deixaram de aplicar dispositivo da Constituição que o STF considerou autoaplicável; e (d) aplicaram preceito normativo que o STF considerou revogado ou não recepcionado.

4. Também estão fora do alcance do parágrafo único do art. 741 do CPC as sentenças cujo trânsito em julgado tenha ocorrido em data anterior à vigência do dispositivo" (STJ, 1ª Seção, REsp nº 1189619/PE, Recurso submetido ao regime dos recursos repetitivos do art. 543-C do CPC/1973, Rel. Min. Castro Meira, j. em 25/8/2010).

"Não podem ser desconsideradas as decisões do Plenário do STF que reconhecem constitucionalidade ou a inconstitucionalidade de diploma normativo. Mesmo quando tomadas em controle difuso, são decisões de incontestável e natural vocação expansiva, com eficácia imediatamente vinculante para os demais tribunais, inclusive o STJ (CPC, art. 481, § único: 'Os órgãos fracionários dos tribunais não submeterão ao plenário, ou ao órgão especial, a arguição de inconstitucionalidade, quando já houver pronunciamento destes ou do plenário do Supremo Tribunal Federal sobre a questão'), e, no caso das decisões que reconhecem a inconstitucionalidade de lei ou ato normativo, com força de inibir a execução de sentenças judiciais contrárias, que se tornam inexigíveis (CPC, art. 741, § único; art. 475-L, § 1º, redação da Lei 11.232/05)" (STJ, 1ª T., REsp nº 819.850/RS, Rel. Min. Teori Albino Zavascki, j. em 1º/6/2006).

"A sentença de mérito transitada em julgado só pode ser desconstituída mediante ajuizamento de específica ação autônoma de impugnação (ação rescisória) que haja sido proposta na fluência do prazo decadencial previsto em lei, pois, com o exaurimento de referido lapso temporal, estar-se-á diante da coisa soberanamente julgada, insuscetível de ulterior modificação, ainda que o ato sentencial encontre fundamento em legislação que, em momento posterior, tenha sido declarada inconstitucional pelo Supremo Tribunal Federal, quer em sede de controle abstrato, quer no âmbito de fiscalização incidental de constitucionalidade. A superveniência de decisão do Supremo Tribunal Federal, declaratória de inconstitucionalidade de diploma normativo utilizado como fundamento do título judicial questionado, ainda que impregnada de eficácia *'ex tunc'* – como sucede, ordinariamente, com os julgamentos proferidos em sede de fiscalização concentrada (RTJ 87/758 - RTJ 164/506-509 - RTJ 201/765) –, não se revela apta, só por si, a desconstituir a autoridade da coisa julgada, que traduz, em nosso sistema jurídico, limite insuperável à força retroativa resultante dos pronunciamentos que emanam, 'in abstracto', da Suprema Corte. Doutrina. Precedentes. O significado do instituto da coisa julgada material como expressão da própria supremacia do ordenamento constitucional e como elemento inerente à existência do Estado Democrático de Direito" (STF, 2ª T., AgRg no RE nº 592912, Rel. Min. Celso de Mello, j. em 3/4/2012).

Art. 1.058 - Em todos os casos em que houver recolhimento de importância em dinheiro, esta será depositada em nome da parte ou do interessado, em conta especial movimentada por ordem do juiz, nos termos do art. 840, inciso I.

I. Depósito de importância em dinheiro

Trata-se de dispositivo semelhante ao art. 1.219 do Código de Processo Civil de 1973. Dispõe sobre o recolhimento de depósito em dinheiro, que deverá ser feito em nome da parte ou do interessado, e em conta mantida *preferencialmente* nas instituições financeiras mencionadas no art. 840, inciso I, do Código de Processo Civil de 2015 (Banco do Brasil, Caixa Econômica Federal ou em banco do qual o Estado ou o Distrito Federal possua mais da metade do capital social integralizado, ou, na falta desses estabelecimentos, em qualquer instituição de crédito designada pelo juiz).

Art. 1.059 - À tutela provisória requerida contra a Fazenda Pública aplica-se o disposto nos arts. 1º a 4º da Lei nº 8.437, de 30 de junho de 1992, e no art. 7º, § 2º, da Lei nº 12.016, de 7 de agosto de 2009.

I. Medidas de urgência contra o Poder Público

O Código de Processo Civil de 2015 manteve o regime diferenciado dispensado à Fazenda Pública no que se refere às tutelas provisórias requeridas em seu desfavor. Portanto, permanecem em vigor as disposições da Lei nº 8.437/1992 e da Lei nº 12.016/2009, que instituem diversos obstáculos à concessão de tutelas provisórias em desfavor da Fazenda Pública, como, por exemplo, a proibição à concessão de liminar de natureza satisfativa contra a Fazenda Pública (Lei nº 8.437, art. 1º, § 3º), a vedação à concessão de medidas que tenham por objeto a compensação de créditos tributários e à entrega de mercadorias e bens provenientes do exterior, a vedação à reclassificação ou equiparação de servidores públicos e proibição à concessão de aumento ou a extensão de vantagens ou pagamento de qualquer natureza (Lei nº 12.016/2009, art. 7º, § 2º). Ademais, a Fazenda Pública goza da prerrogativa de se valer da suspensão do cumprimento da liminar pelo presidente do tribunal respectivo (Lei nº 8.437, art. 4º); e, no mandado de segurança coletivo e na ação civil pública, tem o direito de ser ouvida antes da apreciação da medida de urgência (Lei nº 8.437, art. 2º).

Além dos diplomas citados expressamente no art. 1.059, a Lei nº 9.494/1997 também disciplina, de maneira restritiva, a concessão de medidas antecipatórias contra a Fazenda Pública. Embora seu art. 1º faça remissão a leis revogadas (Leis nº 4.348/1964 e nº 5.021/1966), algumas ressalvas ali previstas ainda estão em vigor, como a proibição de execução provisória em desfavor da Fazenda Pública (art. 2-B).

Todas as restrições presentes nesses diplomas, somadas à obrigatoriedade de remessa necessária prevista no Código de Processo Civil de 1973 (art. 475), corroboram a conclusão de que é praticamente vedada em nosso ordenamento a concessão de medidas provisórias contra a Fazenda Pública.

Em duas oportunidades, o Supremo Tribunal Federal analisou, em controle concentrado, a constitucionalidade das restrições à concessão da tutela provisória em desfavor da Fazenda Pública.

A primeira vez foi na ADI-MC nº 223, proposta em 28 de março de 1990, e que foi extinta após o exame da liminar, por perda de objeto (STF, Tribunal Pleno, Rel. Min. Paulo Brossard, Relator p/ acórdão Min. Sepúlveda Pertence, j. em 5/4/1990). Posteriormente, por meio da ADC nº 4, o Supremo Tribunal Federal reputou constitucional o art. 1º da Lei nº 9.494/1997 (STF, Tribunal Pleno, ADC nº 4, Rel. Min. Sydney Sanches, j. em 1º/10/2008), chancelando a criação de um regime próprio para a concessão de medidas provisórias contra a Fazenda Pública.

O art. 1.059 do Código de Processo Civil de 2015, de certa forma, afasta-se do espírito que norteou redação do novo diploma. De fato, o legislador de 2015 extirpou vários benefícios processuais do Poder Público, como o prazo quádruplo para contestar (CPC/2015, art. 183), bem como reduziu as hipóteses de remessa necessária (CPC/2015, art. 496, § 3º). O art. 496 também afasta o duplo grau de jurisdição obrigatório quando a decisão for calçada em súmula de tribunal superior, acórdãos do Supremo Tribunal Federal e do Superior Tribunal de Justiça em recursos repetitivos, em entendimento vinculante do próprio ente público, em resoluções de demandas repetitivas ou de assunção de competência.

Art. 1.060 - O inciso II do art. 14 da Lei nº 9.289, de 4 de julho de 1996, passa a vigorar com a seguinte redação:
"Art. 14 - [...]
II - aquele que recorrer da sentença adiantará a outra metade das custas, comprovando o adiantamento no ato de interposição do recurso, sob pena de deserção, observado o disposto nos §§ 1º a 7º do art. 1.007 do Código de Processo Civil; [...]" (NR).

I. Custas recursais na Justiça Federal

O art. 1.060 do Código de Processo Civil de 2015 visa a harmonizar o disposto no art. 14, inciso II, da Lei nº 9.289/1996 com o art. 1.007 do novo diploma processual. De acordo com a redação primitiva do referido art. 14, na Justiça Federal de primeiro e segundo grau, a parte autora deveria adiantar metade das custas no momento de ajuizamento da demanda. A segunda metade das custas seria paga pela parte que apelasse da sentença, em até 5 (cinco) dias após a interposição do recurso.

Porém, de acordo com o art. 1.007, *caput,* do Código de Processo Civil de 2015, o preparo deve ser comprovado *no ato de interposição do recurso.*

Desse modo, o art. 14, inciso II, da Lei nº 9.289 apenas foi harmonizado com o referido art. 1.007, para que, na Justiça Federal, a segunda metade das custas seja adimplida pela parte recorrente e tal pagamento comprovado no ato de interposição do recurso.

A não comprovação do recolhimento do preparo recursal e do referido adiantamento das custas ensejará a intimação do recorrente, na pessoa de seu advogado, para realizar o recolhimento em dobro, sob pena de deserção (CPC/2015, art. 1.007, § 4º). Por outro lado, eventual insuficiência no valor do preparo implicará deserção se o recorrente, intimado na pessoa de seu advogado, não vier a supri-lo no prazo de 5 (cinco) dias (CPC/2015, art. 1.007, § 2º).

Art. 1.061 - O § 3º do art. 33 da Lei nº 9.307, de 23 de setembro de 1996 (Lei de Arbitragem), passa a vigorar com a seguinte redação:
"Art. 33 - [...]
§ 3º - A decretação da nulidade da sentença arbitral também poderá ser requerida na impugnação ao cumprimento da sentença, nos termos dos arts. 525 e seguintes do Código de Processo Civil, se houver execução judicial" (NR).

I. Adequação na Lei de Arbitragem

O art. 1.061 do Código de Processo Civil de 2015 adapta a Lei de Arbitragem à disciplina do cumprimento de sentença. Como a Lei nº 9.307/1996 é anterior à Lei nº 11.232/2005, que inseriu os arts. 475-A a 475-R no Código de Processo Civil de 1973 e instituiu novo procedimento para cumprimento de decisões inseridas em títulos judiciais, ela previa, em seu art. 33, § 3º, que a nulidade da sentença arbitral também poderia ser requerida por meio de embargos do devedor.

Contudo, como a sentença arbitral é título executivo judicial (CPC/1973, art. 475-N, inciso IV, e CPC/2015, art. 515, inciso VII), a forma correta de defesa do executado é a impugnação ao cumprimento de sentença. Portanto, trata-se de mero ajuste terminológico do art. 33, § 3º, da Lei de Arbitragem para que reflita as últimas alterações processuais.

Art. 1.062 - O incidente de desconsideração da personalidade jurídica aplica-se ao processo de competência dos juizados especiais.

I. Incidente de desconsideração da personalidade jurídica e os Juizados Especiais

O procedimento previsto na Lei nº 9.099/1995 para os Juizados Especiais é orientado pelos princípios da oralidade, simplicidade, economia processual e celeridade. Nesse contexto, os incidentes processuais praticamente não são admitidos, com exceção da arguição de suspeição e impedimento do juiz, que são processadas em autos apartados e observando o rito do Código de Processo Civil. Todas as demais matérias de defesa devem ser arguidas na contestação (art. 30).

Assim, o legislador de 2015 visou a instituir mais uma exceção ao disposto no art. 30 da Lei nº 9.099, ao prever a aplicabilidade, ao procedimento sumaríssimo, do incidente de desconsideração da personalidade jurídica previsto nos arts. 133 a 137 do Código de Processo Civil de 2015.

Art. 1.063 - Até a edição de lei específica, os juizados especiais cíveis previstos na Lei nº 9.099, de 26 de setembro de 1995, continuam competentes para o processamento e julgamento das causas previstas no art. 275, inciso II, da Lei nº 5.869, de 11 de janeiro de 1973.

I. Extinção do procedimento sumário e a competência dos Juizados Especiais

O Código de Processo Civil de 2015 extingue o procedimento sumário, previsto nos arts. 275 e seguintes do Código de Processo Civil de 1973. Assim, para que não haja dúvidas quanto à interpretação do art. 3º, inciso II, da Lei nº 9.099/1995, o art. 1.063 em comento é expresso quanto à manutenção da competência dos Juizados Especiais para processar e julgar as causas previstas no art. 275, inciso II, do Código de Processo Civil de 1973.

Lembre-se, contudo, que submissão ou não de determinado litígio ao procedimento dos Juizados Especiais é facultativa (Lei nº 9.099/1995, art. 3º). Logo, as causas enumeradas no art. 275, inciso II, do Código de Processo Civil de 1973 também poderão ser propostas perante a Justiça Comum, submetendo-se ao procedimento ordinário.

Art. 1.064 - O caput do art. 48 da Lei nº 9.099, de 26 de setembro de 1995, passa a vigorar com a seguinte redação:
"Art. 48 - Caberão embargos de declaração contra sentença ou acórdão nos casos previstos no Código de Processo Civil. [...]" (NR).

I. Uniformização entre a disciplina do Código de Processo Civil e da Lei dos Juizados Especiais quanto ao cabimento dos embargos de declaração

O art. 1.064 do Código de Processo Civil de 2015 visa a uniformizar o disposto na Lei dos Juizados Especiais e no novo diploma processual quanto ao cabimento dos embargos de declaração. O art. 48 da Lei nº 9.099, em sua redação original, dispunha serem cabíveis embargos de declaração "quando, na sentença ou acórdão, houver obscuridade, contradição, omissão ou dúvida". Contudo, no Código de Processo Civil de 2015, os declaratórios podem ser opostos para sanar obscuridade, contradição, omissão e corrigir erro material. Nesse contexto, o art. 1.064 ora analisado pôs fim à incongruência entre esses diplomas legislativos e, em termos práticos, excluiu a "dúvida" como hipótese de cabimento dos embargos de declaração, passando a contemplar, por outro lado, o "erro material", como vício ensejador do recurso integrativo.

Art. 1.065 - O art. 50 da Lei nº 9.099, de 26 de setembro de 1995, passa a vigorar com a seguinte redação:
"Art. 50 - Os embargos de declaração interrompem o prazo para a interposição de recurso" (NR).

I. Uniformização entre a disciplina do Código de Processo Civil e da Lei dos Juizados Especiais quanto aos efeitos dos embargos de declaração

O art. 50 da Lei nº 9.099/1995, em sua redação original, assim dispunha: "quando interpostos contra sentença, os embargos de declaração *suspenderão* o prazo para recurso". Entretanto, de acordo com o art. 1.026, *caput,* do Código de Processo Civil de 2015, os embargos de declaração possuem efeito interruptivo quanto ao prazo para interposição de recursos impugnativos. Portanto, o art. 1.065, a exemplo do art. 1.064, tem por objetivo unificar a nomenclatura e a disciplina referente aos efeitos dos embargos de declaração em toda a legislação processual civil.

Art. 1.066 - O art. 83 da Lei nº 9.099, de 26 de setembro de 1995, passa a vigorar com a seguinte redação:
"Art. 83 - Cabem embargos de declaração quando, em sentença ou acórdão, houver obscuridade, contradição ou omissão. [...]
§ 2º - Os embargos de declaração interrompem o prazo para a interposição de recurso" [...] (NR).

I. Uniformização entre a disciplina do Código de Processo Civil e da Lei dos Juizados Especiais quanto ao cabimento dos embargos de declaração

Trata-se de mais um dispositivo que visa a uniformizar o tratamento dado aos embargos de declaração no Código de Processo Civil e na Lei nº 9.099/1995. O art. 1.066 do Código de Processo Civil de 2015 altera o art. 83 da Lei nº 9.099/1995 que trata dos embargos de declaração no procedimento dos Juizados Especiais Criminais, estabelecendo, como hipóteses de cabimento, obscuridade, contradição e omissão, bem como o efeito interruptivo do recurso integrativo.

Art. 1.067 - O art. 275 da Lei nº 4.737, de 15 de julho de 1965 (Código Eleitoral), passa a vigorar com a seguinte redação:

"Art. 275 - São admissíveis embargos de declaração nas hipóteses previstas no Código de Processo Civil.

§ 1º - Os embargos de declaração serão opostos no prazo de 3 (três) dias, contado da data de publicação da decisão embargada, em petição dirigida ao juiz ou relator, com a indicação do ponto que lhes deu causa.

§ 2º - Os embargos de declaração não estão sujeitos a preparo.

§ 3º - O juiz julgará os embargos em 5 (cinco) dias.

§ 4º - Nos tribunais:

I - o relator apresentará os embargos em mesa na sessão subsequente, proferindo voto;

II - não havendo julgamento na sessão referida no inciso I, será o recurso incluído em pauta;

III - vencido o relator, outro será designado para lavrar o acórdão.

§ 5º - Os embargos de declaração interrompem o prazo para a interposição de recurso.

§ 6º - Quando manifestamente protelatórios os embargos de declaração, o juiz ou o tribunal, em decisão fundamentada, condenará o embargante a pagar ao embargado multa não excedente a 2 (dois) salários mínimos.

§ 7º - Na reiteração de embargos de declaração manifestamente protelatórios, a multa será elevada a até 10 (dez) salários mínimos" (NR).

I. Uniformização entre a disciplina do Código de Processo Civil e do Código Eleitoral quanto aos embargos de declaração

O art. 1.067 do Código de Processo Civil de 2015 reflete a preocupação do legislador em uniformizar as hipóteses de cabimento e os efeitos dos embargos de declaração. O Código Eleitoral, em sua redação original, a exemplo da Lei nº 9.099/1995, também arrolava a "dúvida" como hipótese de cabimento dos declaratórios. Embora a dúvida deflua da própria obscuridade, trata-se de hipótese dotada de alto grau de subjetividade e que não está prevista no Código de Processo Civil. A nova redação dada ao art. 275 do Código Eleitoral corrige essa incongruência para estabelecer que "são admissíveis embargos de declaração nas hipóteses previstas no Código de Processo Civil". O dispositivo passa a contemplar ainda diferentes procedimentos para processamento e julgamento dos embargos, conforme sejam opostos em primeira ou segunda instância. Por fim, destaque-se o efeito interruptivo dos embargos quanto ao prazo para interposição de recursos impugnativos – em substituição à incorreta menção a efeito suspensivo –, bem como a previsão de multa de dois salários em caso de embargos manifestamente protelatórios.

Art. 1.068 - O art. 274 e o caput do art. 2.027 da Lei nº 10.406, de 10 de janeiro de 2002 (Código Civil), passam a vigorar com a seguinte redação:
"Art. 274 - O julgamento contrário a um dos credores solidários não atinge os demais, mas o julgamento favorável aproveita-lhes, sem prejuízo de exceção pessoal que o devedor tenha direito de invocar em relação a qualquer deles. [...]" (NR).
"Art. 2.027 - A partilha é anulável pelos vícios e defeitos que invalidam, em geral, os negócios jurídicos. [...]" (NR).

I. Aprimoramento de dispositivos do Código Civil: art. 274

O art. 1.068 do Código de Processo Civil de 2015 visa a aprimorar a redação dos arts. 274 e 2.027 do Código Civil.

No que se refere ao art. 274, sua redação era objeto de críticas, especialmente diante da parte final do dispositivo, que, incongruentemente, afirmava que o julgamento favorável a um dos credores solidários aproveita aos demais "a menos que se funde em exceção pessoal ao credor que o obteve". Contudo, por razões óbvias, o julgamento favorável ao credor não pode estar fundado em exceção pessoal, pois esta é uma alegação da defesa. Assim, se o julgamento estiver fundado em exceção pessoal, a decisão seria desfavorável e, desse modo, não estenderia seus efeitos aos demais credores.

Nessa senda, o Código de Processo Civil de 2015 aprimora a redação do art. 274 do Código Civil, especialmente de sua parte final, para dispor que, na solidariedade ativa, o julgamento contrário a um dos credores não atinge os demais; porém, o julgamento favorável aproveita-lhes, ressalvado o direito do(s) devedor(es) de invocar(em) exceção pessoal contra qualquer dos credores solidários que se aproveitaram do julgamento. Contra o credor solidário que ajuizou a demanda, nada mais pode ser alegado, em atenção à coisa julgada e sua eficácia preclusiva, nos termos do art. 474 do Código de Processo Civil de 1973 e do art. 508 do Código de Processo Civil de 2015.

A nova redação dada ao art. 274 corresponde à interpretação que vinha sendo feita do dispositivo pela doutrina e jurisprudência. A coisa julgada, neste caso, é *secundum eventum litis* no que se refere a sua extensão aos demais credores solidários.

II. Aprimoramento de dispositivos do Código Civil: art. 2.027

Quanto ao art. 2.027 do Código Civil, seu *caput* foi alterado também diante da criticável redação de 2002. Com efeito, o art. 2.027, em sua redação original, dispunha que "a partilha uma vez feita e julgada, só é anulável pelos vícios e defeitos que invalidam, em geral, os negócios jurídicos". A expressão "feita e julgada" gerava dúvidas quanto ao alcance do dispositivo, pois dava a entender que este se aplicaria tanto para partilhas promovidas amigavelmente como para partilhas judiciais, decretadas por sentença em procedimento litigioso.

Todavia, se a partilha for judicial, com decisão de mérito quanto à divisão do espólio, e a sentença apresentar vício, deve ser desconstituída por ação rescisória. Mas, se a partilha for amigável, a decisão judicial é meramente homologatória e, desse modo, sua invalidação se dá por demanda anulatória. Caso o vício seja grave, cominando o ato de nulidade absoluta, a propositura da demanda não se sujeita a prazo decadencial. Porém, se o vício for de mera anulabilidade, a demanda visando à invalidação deve ser ajuizada no prazo decadencial de um ano. Essa interpretação coaduna-se com o disposto nos arts. 1.029 e 1.030 do Código de Processo Civil de 1973, correspondentes aos arts. 657 e 658 do Código de Processo Civil de 2015.

Por fim, embora o art. 1.068 ora analisado não tenha mencionado expressamente que apenas a redação do *caput* do art. 2.027 do Código Civil estaria sendo alterada, é razoável se entender que o parágrafo único teria sido mantido, especialmente porque ele se coaduna com os art. 657, parágrafo único, do Código de Processo Civil de 2015.

Art. 1.069 - O Conselho Nacional de Justiça promoverá, periodicamente, pesquisas estatísticas para avaliação da efetividade das normas previstas neste Código.

I. Conselho Nacional de Justiça e a realização de pesquisas estatísticas

O Conselho Nacional de Justiça (CNJ) é um órgão de controle do Poder Judiciário, criado pela Emenda Constitucional nº 45/2004. O art. 1.069 do Código de Processo Civil de 2015 contempla um comando para o CNJ para que este levante subsídios para auxiliar o aprimoramento e a evolução da prestação jurisdicional no país.

Nos termos da Lei nº 11.364/2006, já funciona junto ao CNJ o Departamento de Pesquisas Jurídicas (DPJ), com sede em Brasília (art. 5º). Os objetivos do DPJ são (i) desenvolver pesquisas destinadas ao conhecimento da função jurisdicional brasileira; (ii) realizar análise e diagnóstico dos problemas estruturais e conjunturais dos diversos segmentos do Poder Judiciário; e (iii) fornecer subsídios técnicos para a formulação de políticas judiciárias.

Art. 1.070 - É de 15 (quinze) dias o prazo para a interposição de qualquer agravo, previsto em lei ou em regimento interno de tribunal, contra decisão de relator ou outra decisão unipessoal proferida em tribunal.

I. Prazo para interposição de agravo interno

O Código de Processo Civil de 2015 unificou todos os prazos recursais, que passarão a ser de 15 (quinze) dias, com exceção do interregno para oposição de embargos de declaração, que permanece de 5 (cinco) dias (art. 1.003, § 5º).

Nessa mesma linha, o art. 1.070 dispõe que o prazo para interposição de qualquer agravo previsto em lei ou regimento interno dos tribunais passará a ser de 15 dias.

Ressalte-se, todavia, que o Código de Processo Civil de 2015 não pode simplesmente modificar os regimentos internos dos tribunais. Esses atos normativos são editados pelo Poder Judiciário e, embora não possam contrariar a lei, devem ser alterados pelo próprio órgão que os elaborou.

Na verdade, os regimentos internos nem sequer poderiam prever recursos em sentido contrário ao que dispõe a legislação. Portanto, bastaria o Código de Processo Civil de 2015 dilatar o interregno para interposição de agravos internos, como fez no art. 1.003, § 5º, para que esse novo prazo prevaleça sobre qualquer interregno mencionado nos regimentos internos dos tribunais.

Certamente a intenção do legislador foi evitar qualquer controvérsia quanto ao prazo para agravo interno após a entrada em vigor do novo diploma, especialmente diante da larga utilização em todo país dos chamados "agravos regimentais", que nem sequer poderiam existir diante da impossibilidade legal de os regimentos internos dos tribunais criarem recurso não previsto na legislação federal.

Por fim, no que se refere aos recursos de agravo previstos em outras leis anteriores ao Código de Processo Civil de 2015, o art. 1.070 está correto e a uniformização feita por ele deve ser elogiada.

Art. 1.071 - O Capítulo III do Título V da Lei nº 6.015, de 31 de dezembro de 1973 (Lei de Registros Públicos), passa a vigorar acrescida do seguinte art. 216-A:
"Art. 216-A - Sem prejuízo da via jurisdicional, é admitido o pedido de reconhecimento extrajudicial de usucapião, que será processado diretamente perante o cartório do registro de imóveis da comarca em que estiver situado o imóvel usucapiendo, a requerimento do interessado, representado por advogado, instruído com:

I - ata notarial lavrada pelo tabelião, atestando o tempo de posse do requerente e seus antecessores, conforme o caso e suas circunstâncias;
II - planta e memorial descritivo assinado por profissional legalmente habilitado, com prova de anotação de responsabilidade técnica no respectivo conselho de fiscalização profissional, e pelos titulares de direitos reais e de outros direitos registrados ou averbados na matrícula do imóvel usucapiendo e na matrícula dos imóveis confinantes;
III - certidões negativas dos distribuidores da comarca da situação do imóvel e do domicílio do requerente.
IV - justo título ou quaisquer outros documentos que demonstrem a origem, a continuidade, a natureza e o tempo da posse, tais como o pagamento dos impostos e das taxas que incidirem sobre o imóvel.
§ 1º - O pedido será autuado pelo registrador, prorrogando-se o prazo da prenotação até o acolhimento ou a rejeição do pedido.
§ 2º - Se a planta não contiver a assinatura de qualquer um dos titulares de direitos reais e de outros direitos registrados ou averbados na matrícula do imóvel usucapiendo e na matrícula dos imóveis confinantes, esse será notificado pelo registrador competente, pessoalmente ou pelo correio com aviso de recebimento, para manifestar seu consentimento expresso em 15 (quinze) dias, interpretado o seu silêncio como discordância.
§ 3º - O oficial de registro de imóveis dará ciência à União, ao Estado, ao Distrito Federal e ao Município, pessoalmente, por intermédio do oficial de registro de títulos e documentos, ou pelo correio com aviso de recebimento, para que se manifestem, em 15 (quinze) dias, sobre o pedido.
§ 4º - O oficial de registro de imóveis promoverá a publicação de edital em jornal de grande circulação, onde houver, para a ciência de terceiros eventualmente interessados, que poderão se manifestar em 15 (quinze) dias.
§ 5º - Para a elucidação de qualquer ponto de dúvida, poderão ser solicitadas ou realizadas diligências pelo oficial de registro de imóveis.
§ 6º - Transcorrido o prazo de que trata o § 4º deste artigo, sem pendência de diligências na forma do § 5º deste artigo e achando-se em ordem a documentação, com inclusão da concordância expressa dos titulares de direitos reais e de outros direitos registrados ou averbados na matrícula do imóvel usucapiendo e na matrícula dos imóveis confinantes, o oficial de registro de imóveis registrará a aquisição do imóvel com as descrições apresentadas, sendo permitida a abertura de matrícula, se for o caso.
§ 7º - Em qualquer caso, é lícito ao interessado suscitar o procedimento de dúvida, nos termos desta Lei.
§ 8º - Ao final das diligências, se a documentação não estiver em ordem, o oficial de registro de imóveis rejeitará o pedido.
§ 9º - A rejeição do pedido extrajudicial não impede o ajuizamento de ação de usucapião.
§ 10 - Em caso de impugnação do pedido de reconhecimento extrajudicial de usucapião, apresentada por qualquer um dos titulares de direito reais e de outros direitos registrados ou averbados na matrícula do imóvel usucapiendo e na matrícula dos imóveis confinantes, por algum dos entes públicos ou por algum terceiro interessado, o oficial de registro de imóveis remeterá os autos ao juízo competente da comarca da situação do imóvel, cabendo ao requerente emendar a petição inicial para adequá-la ao procedimento comum".

I. Procedimento extrajudicial de usucapião

O Código de Processo Civil de 2015 introduz no ordenamento brasileiro, como uma opção ao jurisdicionado, o procedimento extrajudicial de usucapião, que se processa perante o Cartório de Registro de Imóveis.

A concessão da usucapião, pela via administrativa, foi instituída no Brasil por meio da Lei nº 11.977/2009, em seu art. 60. Contudo, esse diploma é aplicável apenas para usucapião especial urbano, previsto no art. 183 da Constituição Federal, e no contexto especial de projetos de regularização fundiária.

A usucapião extrajudicial prevista no Código de Processo Civil de 2015, por outro lado, terá ampla abrangência, podendo ser aplicada para qualquer espécie de usucapião prevista na legislação brasileira.

O dispositivo insere-se no contexto de diversas mudanças legislativas que visam a desjudicializar a solução de situações não litigiosas e que, no entanto, demandariam a intervenção do Poder Judiciário para produção de efeitos. Assim, alguns procedimentos vêm sendo atribuídos a notários visando a garantir uma solução célere, tais como retificação extrajudicial de registro imobiliário (Lei nº 10.931/2004), divórcio e inventário extrajudiciais (Lei nº 11.441/2007), consignação em pagamento extrajudicial (art. 890 do Código de Processo Civil de 1973, com redação da Lei nº 8.951/1994, e art. 539 do Código de Processo Civil de 2015).

Como se depreende do art. 216-A, que será inserido na Lei de Registros Públicos, a usucapião extrajudicial imprescinde do consenso entre o titular do direito, o proprietário do bem indicado no registro imobiliário, eventuais titulares de outros direitos mencionados na matrícula do bem e os proprietários de imóveis confinantes. Diante da imprescindibilidade do consenso, pode-se prever que a usucapião extrajudicial será um instrumento com maior utilização em casos de regularização fundiária, como, por exemplo, diante de negócio jurídico realizado que não pôde ser registrado por questões formais.

O requerimento de usucapião deverá ser instruído com: (i) ata notarial atestando o tempo de posse do requerente e seus antecessores; (ii) planta e memorial descritivo assinado por profissional legalmente habilitado, com prova de anotação de responsabilidade técnica no respectivo conselho de fiscalização profissional, e pelos titulares de direitos reais e de outros direitos registrados ou averbados na matrícula do imóvel usucapiendo e na matrícula dos imóveis confinantes; (iii) certidões negativas dos distribuidores da comarca da situação do imóvel e do domicílio do requerente; e (iv) justo título ou quaisquer outros documentos que demonstrem a origem, a continuidade, a natureza e o tempo da posse, tais como o pagamento dos impostos e das taxas que incidirem sobre o imóvel.

Recebida a petição, devidamente instruída, o oficial de registro procederá à prenotação no livro de protocolo e a autuará. Se falta algum documento, formulará nota devolutiva entregue ao requerente, para que supra a ausência. Caso algum dos interessados mencionados no item (ii) anterior deixe de assinar a planta e o memorial descritivo, será notificado para dar sua anuência em 15 dias, interpretando-se o silêncio como discordância.

União, Estado, Distrito Federal e Município também serão notificados do procedimento instaurado para se manifestarem em 15 dias. O oficial do registro de imóveis deverá publicar edital em jornal de grande circulação para ciência de terceiros interessados. Admitem-se diligências para solucionar eventuais dúvidas, a serem realizadas pelo oficial do registro de imóveis.

Se toda a documentação estiver em ordem e na ausência de impugnação por parte dos titulares de direitos indicados na matrícula do imóvel, bem como dos demais interessados, o pedido será deferido e a usucapião será averbada no registro imobiliário. Caso contrário, o oficial do registro de imóveis rejeitará o pedido e essa rejeição não impede a propositura de ação de usucapião perante o Poder Judiciário.

Em caso de impugnação do pedido de reconhecimento extrajudicial de usucapião, apresentada por qualquer um dos titulares de direito reais e de outros direitos registrados ou averbados na matrícula do imóvel usucapiendo e na matrícula dos imóveis confinantes, por algum dos entes públicos ou por algum terceiro interessado, o oficial de registro de imóveis remeterá os autos ao juízo competente da comarca da situação do imóvel, cabendo ao requerente emendar a petição inicial para adequá-la ao procedimento comum.

Como se verifica, a principal vantagem do procedimento extrajudicial de usucapião é sua celeridade. Como se assemelha ao procedimento de retificação consensual, previsto nos arts. 212 e 213 da Lei de Registros Públicos, não é equivocado estimar que deva durar entre 90 e 120 dias.

Art. 1.072 - Revogam-se:
I - o art. 22 do Decreto-Lei nº 25, de 30 de novembro de 1937;
II - os arts. 227, caput, 229, 230, 456, 1.482, 1.483 e 1.768 a 1.773 da Lei nº 10.406, de 10 de janeiro de 2002 (Código Civil);
III - os arts. 2º, 3º, 4º, 6º, 7º, 11, 12 e 17 da Lei nº 1.060, de 5 de fevereiro de 1950;
IV - os arts. 13 a 18, 26 a 29 e 38 da Lei nº 8.038, de 28 de maio de 1990;
V - os arts. 16 a 18 da Lei nº 5.478, de 25 de julho de 1968; e
VI - o art. 98, § 4º, da Lei nº 12.529, de 30 de novembro de 2011.

I. Disposições revogadas

O último dispositivo do Código de Processo Civil de 2015 trata das disposições que ficam revogadas por contrariarem artigos do novo diploma, porque as matérias nelas previstas foram tratadas pelo Código, ou porque o legislador optou por retirar tais normas do sistema.

Com efeito, o direito de preferência da União, dos Estados e dos Municípios na alienação de bens tombados, previsto no art. 22 do Decreto-Lei nº 25/1937, passará a ser regulado pelos arts. 889, inciso VII, e 892, § 3º, do Código de Processo Civil de 2015.

No que se refere ao Código Civil, foram revogados dispositivos relacionados à disciplina do direito probatório (arts. 227, *caput*, 229 e 230), ao exercício do direito do adquirente em caso de evicção (art. 456), ao direito de remir (arts. 1.482 e 1.483) e ao procedimento de interdição (arts. 1.768 a 1.773). Essas questões estão reguladas de modo diverso no Código de Processo Civil de 2015. A prova testemunhal, no novo diploma, será admitida para a prova de qualquer contrato independentemente do valor (arts. 442 e seguintes). O disposto no art. 229 do Código Civil está regulado de modo diverso nos arts. 388 e 448 do Código de Processo Civil de 2015. No que se refere ao art. 230 do Código Civil, o legislador simplesmente preferiu excluí-lo do sistema. Como o Código de Processo Civil de 2015 pôs fim ao entendimento de que a denunciação da lide seria obrigatória em caso de evicção, o art. 1.072 revogou o art. 456 do Código Civil, que corroborava tal interpretação. No que se refere aos arts. 1.482 e 1.483, a mesma matéria está regulada nos arts. 826, 877, § 4º, e 902, parágrafo único, do Código de Processo Civil de 2015. Por fim, todo o procedimento da interdição passou a ser disciplinado pelo Código de Processo Civil de 2015, nos arts. 747 e seguintes, justificando-se assim a revogação dos arts. 1.768 a 1.773 do Código Civil.

Além disso, diversos dispositivos da Lei nº 1.060/1950 foram revogados, pois a matéria neles regulada passou a ser prevista no Código de Processo Civil de 2015, nos arts. 98 e seguintes, sob o título da Gratuidade da Justiça.

A Lei nº 8.038/1990 trata de determinados procedimentos perante o Supremo Tribunal Federal e o Superior Tribunal de Justiça. Foram revogados os artigos que tratam da reclamação (arts. 13 a 18), dos recursos extraordinário e especial (arts. 26 a 29) e dos poderes do relator (art. 38), pois tais matérias foram disciplinas no Código de Processo Civil de 2015, nos arts. 988 a 993, 1.029 a 1.044 e 932, respectivamente, ainda que com abrangência maior.

Diante das mudanças promovidas pelo legislador na execução de alimentos (CPC/2015, art. 528 a 533), foram revogados os arts. 16 a 18 da Lei nº 5.478/1968.

Por fim, foi revogado também o art. 98, § 4º, da Lei nº 12.529/2011. Referido dispositivo instituiu ônus processual para a parte que almejasse discutir em juízo determinada decisão administrativa do Cade. Vale dizer, competia ao autor, na demanda que tivesse por objeto decisão do Cade, "deduzir todas as questões de fato e de direito, sob pena de preclusão consumativa, reputando-se deduzidas todas as alegações que poderia deduzir em favor do acolhimento do pedido, não podendo o mesmo pedido ser deduzido sob diferentes causas de pedir em ações distintas, salvo em relação a fatos supervenientes". Eventuais causas de pedir não alegadas como fundamento para a desconstituição do ato não poderiam ser invocadas posteriormente, nem mesmo em demanda futura, caso a primeira fosse julgada improcedente. Ficavam excluídos da abrangência do dispositivo apenas fatos supervenientes. A norma visava a solucionar definitivamente a controvérsia em torno da validade ou não de determinada decisão do Cade. Como o Código de Processo Civil de 2015 não adotou ônus semelhante, a manutenção do art. 98, § 4º, da Lei nº 12.529 criaria uma incongruência no sistema, fazendo com que o autor de demanda que tenha por objeto decisão do Cade tenha que cumprir ônus não imposto em nenhum outro tipo de demanda. Por esse motivo, optou-se pela revogação.

ÍNDICE ALFABÉTICO-REMISSIVO DO CÓDIGO DE PROCESSO CIVIL (LEI 13.105/2015)

T

ROTAPLAN
GRÁFICA E EDITORA LTDA
Rua Álvaro Seixas, 165
Engenho Novo - Rio de Janeiro
Tels.: (21) 2201-2089 / 8898
E-mail: rotaplanrio@gmail.com